金重權의

국민중심

行政法

[제6판]

法 文 社

Administrative Law

Sixth Edition

Kim, Jung-Kwon
Professor of Law
School of Law, Chung-Ang University

2025
Bobmunsa
Paju Bookcity, Korea

제 6 판 머리말

법학의 큰 바다에 작은 돛단배를 띄우는 심정으로 2013년에 초판을 낸 이후 여섯 번째 책을 낸다. 공공법제를 현대화하고 개혁하여 민주적 법치국가원리에 입각한 새로운 행정법 및 공법을 구축하는 것을 목표로, 기왕의 통념에 대한 비판적 안목에서 교과서를 만들었다. '장애인 접근권'의 침해에 따른 국가배상 사건과 관련한 대법원 공개변론(2024.10.23.)에서 참고인 진술의 기회를 가져 그간의 학문적 고투(苦鬪)가 전부 헛되지 않았는데, 그럼에도 논란이 된 공법적 이슈를 제대로 다루지 않아 그리고 갈수록 모르는 것투성인지라 늘 불편하였다. 교수 법정 정년을 앞두고 출간하는 이번 판에서는, 오롯이 세상에 나를 보내는 마음으로 쟁점을 자유로이 사유하고 주장한다.

1980년에 법과대학에 입학하여 그 후 대학원에 진학하여 학문으로서의 법학을 공부하기 시작하여 1995년부터 직업적 학문 활동을 해 왔다. 교수직을 시작할 때 전체 일정을 3분하여 계획을 잡았는데, 지금 마지막 3분의 1의 끝머리에 있다. 과거 법과대학 시절 민법총칙을 수강하면서 '법률행위'의 개념에 대해 "법률이 어떻게 행위를 합니까?"라는 매우 엉뚱한 물음을 제기하는 등 법학 자체가 의문투성이고 전혀 흥미를 느끼지 못하였는데, 우연한 계기로 학문을 생업으로 삼아 오늘까지 왔다. 지나온 학문적 삶은, 행정법 및 공법의 기왕의 통념, 즉 레거시 코드와 시스템에 대한 의문과 비판을 학문적 정체성으로 삼아(dubito, ergo cogito, ergo sum) 기왕의 통념에 대한 반대자로서의 부단한 도전이자 투쟁이었다.

지금의 행정법 및 공법의 원형은 관헌국가 시대에 만들어졌다. 일찍이 福澤諭吉가 민주정과 대비된 왕정의 특징으로 주창한 '관존민비'의 기조가, 행정법 및 공법에는 배어 있다. 일본과 완전히 다른, 민주제를 내세운 대한민국임에도 불구하고 여전히 공공법제나 공법판례는 결정적인 전환을 하지 못하고 있다. '헌법구체화의 플랫폼'이자 '행동하는 헌법'이라 할 수 있는 「행정기본법」의 제정(2021.3.23.)에도 불구하고, 20세기에 형성된, 민주적 법치국가원리에 맞지 않는 공법체제가 여전히 통용되고 있다. 근대 시민사회를 제대로 경험하지 않아, '관존민비'의 분위기가 일신되지 않는 상황에서, 의문스럽고 공감할 수 없는 先국가-後개인의 **'국가중심 행정법'**은 여전하고, 발본적 구조개혁이 시급하다.

개인적으로 제3공화국의 시종(始終)을 함께한 유년기와 청소년기(1961.5.16., 1964.3.24., 1968.12.5., 1969,9,14,, 1970.7.7., 1972.10.17., 1974.8.15., 1978.12.12., 1979.10.26., 1979.12.12.), 이른바 제5공화국의 시작과 함께하고 민주화의 격동을 몸소 느낀 20대(1980.5.17., 5.18., 1987.6.10., 1988.9.17., 1989.11.9.), 선진화로 시작하여 IMF 구제금융으로 끝맺음을 한 30대(1990.1.22., 1994.10.21., 1995.6.27., 1996.12.12., 1997.12.3., 2000.6.13.), 2002년 월드컵의 열기 속에 새로운 대한민국의 도래를 느낀 40대(2001.9.11., 2002.5.31., 2003.3.20., 2004.3.12., 2008.9,, 2009.5.23.), 민주공화국의 현주소를 체험하면서 미증유의 코로나 팬데믹을 경험한 50대(2014.4.16., 2017.3.10., 2019.7.1., 2020.1.20.)를 거쳐, 지금 본격적인 인공지능의 시대에 *法治*가 *法恥* 및 *法痴*로 되지 않게 민주적 법치국가원리를 심각하게 고민하면서 非理法權天(民)을 되새기는 60대(2022.3.9., 2022.10.29., 2022.11.30., 2024.4.10., 2024.12.3·14.)에 이르렀다. 대한민국의 역동적인 현대사와 함께한 지난 시절의 경험이, 제3세대 학자로서 공법 및 법학의 학문적 존재이유를 되새기게 하였다. 그리고 19세기나 20세기에 만들어진 공법의 기본틀을 21세기에 언제까지 고수할 것인지 늘 고민하였다. 그 이전, 그 이후 세대보다 상대적으로 좋은 시대를 살아온 학문의 3세대 일원으로, 시대에 걸맞은 공법의 구축을 위한 기초를 하루바삐 조성해야 한다는, 내가 겪은 무의미한 수고를 현세대가 하지 않게 해야 한다는 나름의 책임도 늘 느꼈다.

"내용 없는 사유는 공허하고, 개념 없는 직관은 맹목이다."라는 Immanuel Kant의 명제에 빗대어 보면, 행정법이 배제된 헌법적 문제제기는 공허하고, 헌법적 문제인식이 배제된 행정법은 과거에 머물 수밖에 없다. 일찍이 Lorenz von Stein이 행정을 '행동하는 헌법'으로 명명하였는데(Handbuch der Verwaltungslehre und des Verwaltungsrechts, 3. Aufl. 1888, Bd. I, S.6.), 행정이 민주적 법치국가원리를 제대로 구현하지 못하면 민주적 법치국가원리의 구체화로서의 행정법은 그 존재이유가 심각하게 의문스러워진다. 개인과 국가와의 관계 및 국가의 성격 등에 의거해서 접근할 수 있는 공법의 역사에서, 1984년의 행정심판법의 제정 및 행정소송법의 전면 개정과 더불어 헌법재판소의 출범 이후 비로소 공법이 실존적으로 존재하게 된 국면을 '공법 2.0'로, 행정기본법의 제정 이후의 국면을 '공법 3.0'으로 평가할 수 있는데, 여전히 헌법과 행정법은 제각기 '마이웨이'하는 식이어서 공법 전체에 획기적인 발전이 이루어지지 않았다. '1987년 민주화' 때 초등학교를 다닌 세대를 기준으로 그 이후의 세대가 이미 전체 인구의 50%를 넘어가는데, 이들 세대는 국가적 인식에서 그 이전 세대와 다르다. 87년 민주화는 민주적 법치국가원리에 터 잡은 제대로 된 근대(近代)의 시작이고, 2024년 12월에 민주적 법치국가원리가 실천적으로 작동하였다. 진정한 시민사회로 진전하기

위해 또한 '디지털 국가'에 부합하기 위해 행정법 및 공법의 '관헌국가성'과 '관존민비'적 상태가 시급히 타파되어야 한다.

관헌국가적 역사성에 비롯된, 시대와 조화되지 않는 지체상황은 '비동시성의 동시성의 상황'이다. 행정법 및 공법의 역사는 관헌국가 시대에 만들어진 행정법 및 공법의 국가중심적 원형을 민주적 법치국가원리에 맞춰 새롭게 개혁하는 과정이다. 그동안 변화를 위한 쟁점거리를 나름 부단히 많이 제기하였지만, 근본적인 변화가 느껴지지 않아 답답한데, 이 역시 국가적·학문적·개인적 운명이다. 설령 눈 내리는 중에 눈 치우는 일마냥 허사(虛事)가 되더라도, 행정법 및 공법의 바위를 현대화와 개혁의 산정상에 올리는 작업을 현재와 미래의 나를 만들어 가는 실존적 존재로서 학자로서의 생을 마칠 때까지 성실히 다하고자 한다. 관존민비를 저변에 둔 공법의 국가중심성을 타파하여 패러다임 교체를 목표로 한 그간의 학문적 고투를 더욱 진작하기 위해, 책 이름을 先개인-後국가를 표방하는 **'국민중심 행정법'**으로 수정한다. 행정법에서 과도한 민주성의 요청을 효과적으로 제어하기 위해서는 법치국가원리의 정교한 구현이다. '민주적 법치국가원리의 구체화'로 행정법을 새롭게 자리매김해야 한다. 민주적 법치국가원리에 맞춰 새로운 행정법 및 공법이 구축되는 나비효과가 생겨서, **'국민과 시민중심'**이란 표현이 췌언(贅言)이 되는 그날이 빨리 오길 소망한다. 특히 부진정 행정입법부작위에 의한 국가배상책임을 효시적으로 인정한 대법원 2024.12.19. 선고 2022다289051전원합의체판결의 별개의견에 필자의 지론이 반영된 것에서 필자의 소망이 혼자만의 것이 아님이 느껴지고 그날이 무척 기다려진다.

이런 문제의식을 바탕으로 2024년 12월 말을 기준으로 판례와 바뀐 법률상황 역시 최대한 반영하였다. 2023년 제5판을 낸 다음에 발표한 논문에서 다룬 제 쟁점은 물론, 최근 문제가 되는 여러 쟁점도 빠짐없이 수록하였다. 먼저 '행정의 민주성과 시민의 법적 지위'를 중심축으로 하여 전체 내용을 다듬었다. 새로이 또는 대폭 보완하여 정리한 대표적인 내용으로, 이론의 차원에서는 행정의 민주성과 시민의 법적 지위, 태생적인 국가중심적 공법의 문제, 공법과 사법의 협력체제, 행정작용의 가늠잣대, 리스크결정, 이른바 망인에 대한 서훈취소, 공무원의 전출결정, 운전면허의 일괄철회, 광의의 행정행위의 재심사, 법률효과의 일부배제, 부관론 전반, 행정입법형성의 자유, 법령보충적 규칙, 이의신청, 해양안전심판의 재결, 행정소송규칙, 집행정지의 원천 배제 등 행정소송법의 향후 개정사항, 국가배상책임주체의 축소, 국가배상법상의 위법개념, 기타의 재산권제한(개입)에 따른 보상 등을 다루었고, 판례의 차원에서는 처분적 시행규칙의 존재를 부인한 대법원 2022.12.1. 선고 2019두48905판결, 학교용지부담금 면제재량의 문제는 낳은 대법원 2022.12.29. 선고 2020두49041판결, '개발행위허가 운영지침'의 법령보충적 규칙을 보지 않은 대법원 2023.2.2. 선고 2020두43722판결, 비행정행위의 상황을 다룬 대법원 2023.2.23. 선고 2021두44548판결, 업무정지처분을 과징금부과처분으로 대체한 데 따른 소송법적 문제를 진작시킨 대법원 2023.3.16. 선고 2022두58599판결, 법인설립허가취소에서 논증방식의 문제를 낳은 대법원 2023.4.27. 선고 2023두30833판결, 대법원 96누433판결을 사실상 번복한 대법원 2023.4.27. 선고 2020두47892판결, 공법상 당사자소송에서 민사소송으로의 소 변경을 허용한 대법원 2023.6.29. 선고 2022두44262판결, 이의신청의 각하에서 제소기간을 잘못 설정한 대법원 2023.7.27. 선고 2022두52980판결, 행정처분의 실효가 다루어진 대법원 2023.9.14. 선고 2021두44944판결, 국가를 상대한 행정행위에서 절차적 요청이 다루어진 대법원 2023.9.21. 선고 2023두39724판결, 건축신고수리에서의 검토사항을 다룬 대법원 2023.9.21. 선고 2022두31143판결, 정비기반시설의 새로운 설치에 따른 귀속이 문제된 대법원 2023.9.27. 선고 2023다256539판결, 국내적 효력을 국제법규범이 민사사건에 우선 통용된다고 본 대법원 2024.3.12. 선고 2023다288772판결, 망인에 대한 서훈취소를 다룬 대법원 2024.4.12. 선고 2021두47219판결, 환수처분을 기속으로 보면서 그 금액확정에는 재량을 인정한 대법원 2024.6.13. 선고 2023두54112판결, 의대증원 건을 다룬 대법원 2024.6.19. 자 2024무689결정, 코로나 조치가 문제된 대법원 2024.7.18. 선고 2022두43528전원합의체판결, 동성 동반자에 대한 국민건강보험 피부양자 인정 여부가 문제된 대법원 2024.7.18. 선고 2023두36800전원합의체판결, 부진정 행정입법부작위에 대한 국가배상책임을 효시적으로 인정한 대법원 2024.12.19. 선고 2022다289051전원합의체판결 등을 다루었다. 그리고 학습효과를 제고하기 위해 수록된 300여개의 사례 및 해당 판결요지는 법문사 홈페이지 자료실을 통해 제공된다.

우리의 공법 및 행정법의 정체성에 관한 의문을 완전히 해소하지 못한 채 근 40에 가까운 성상(星霜)이 지났다. 이제까지 단독저서로 이번 책, 총 7권의 「행정법기본연구」 및 「EU행정법연구」로 전체 9권을 출간하는 행운을 가졌다. 학문적 궁금함을 해소하려는 과정에서 홀로 길을 가고 있어서 여느 교과서와 다른 교과서를 만들었고, 교과서 아닌 교과서로서의 성격도 강한 데도, 다행히 계속 책을 낼 수 있었다. 늘 긍정적으로 평가해주신 先學 및 同學의 많은 분들의 성원 덕분이다. 특히 두 분을 뵙지 않았다면 완전히 다른 삶을 살았을 것이다. 먼저 "행정법의 헌법구체화법론의 명암 ―행정법의 독자성에 대한 재인식―"(고시계 1992.5.)과 같이, 평생 대부분이 가지 않는 길을 가시어 행정법의 새로운 길을 열어주신 김남진 선생님(대한민국 학술원 회원)께 사전에서 알맞은 표현을 찾을 수 없는 존경과 깊은 감사를 드린다. 오래오래 강건하시어 '기왕의 통설에 대한 위대한 반대자'로서 선생님께서 제기하신 쟁점들이 하나하나 바르게 정립되는 것을 지켜보아 주시길 빕니다. 그리고 1985년 가을에 우연한 만남을 통해 행정법이 흥미롭다는 甘言으로 예정에 없게 행정법을 전공하게 이끌어 주셨고, 늘 격의 없는 학문적 대화를 통해 자극을 주시는 이일세 강원대 명예교수님께도 더할 수 없는 깊은 감사를 드린다. 그리고 눌린 자를 쳐들고 굽은 것을 펴고자 하는 소신을 견지하는 힘과 원형을 만들어 주셨던 고려대학교 법과대학의 은사님들께도 깊이 감사를 드린다. 동료로 인연을 맺은 중앙대학교 법학전문대학원 및 충북대학교 법과대학의 선생님들께도 깊이 감사를 드린다. 언제나처럼 이번에도 김영수 계명대학교 교수의 세심한 검토와 유익한 지적에 깊은 고마움을 표하고, 연구자로서의 초심을 언제나 유지하길 기대한다. 수업 등을 통해 인연을 맺었던 모든 학생들에게도 고마움을 전한다. 우리 공동체를 더욱더 좋게 만들어 줄 이들과의 만남에 늘 즐거웠다. 마지막으로 어려운 사정에도 불구하고, 이제까지 저자의 저작물이 학술적 실체로 존재할 수 있게 도와주신 법문사의 여러분들께도 깊이 감사를 드린다.

나홀로 남다른 길을 가는데, 언제나 가까이에서 든든한 버팀목이 되어 기쁨은 배가, 어려움은 반감시켜준 가족(어머니, 손경수, 김지연, 김준형) 덕분에 순탄하게 학문적 정체성을 변함없이 유지하며 연구자의 삶을 살아왔다. 한없는 사랑과 고마움을 전한다. 어릴 적 남다른 생각과 행동을 늘 칭찬해주신, 역사의 수레바퀴로 굴절된 인생의 여정을 보내신 아버지가, 교수로서 첫걸음을 내디딜 때 내 자식보다 남의 자식을 더 잘 가르쳐야 한다고 말씀하신 어머니가, 너무 그립다.

해는 지고 갈 길은 멀더라도(日暮途遠),
오늘도 나는 내일의 새로움을 꿈꾼다.

2025년 2월

金 重 權

제 5 판 머리말

다섯 번째 책을 낸다. 2013년에 초판을 내어 강산이 한 번 변했다. 행정법의 기왕의 논의에 대해 항상 거리두기를 견지해, 대부분의 행정법 쟁점을 아주 다른 관점에서 접근하는 이 책으로 학교에서 실제로 강의하는지 종종 곤혹스러운 질문을 받곤 한다. 교과서 아닌 교과서로서의 성격이 짙은 이 책의 개성을 긍정적으로 보아주신 많은 분들의 성원이 고마울 따름이다.

행정법의 뉴-노멀인 「행정기본법」이 2021.3.23.에 제정되었다. 이제 행정법은 더 이상 법전외의 존재가 아니라, 제정법이 되었다. 행정법 및 행정법학에서 2021.3.23.은 남다른 날이다. 7.17. 제헌절이 '헌법의 날'이라면, 3.23.은 '행정법의 날'이다. 현재 법률을 해석하고 집행하는 자는 자신의 시대의 물음에 대한 답을 법률에서 찾아야 하는데, 시간적으로 민주화로부터 멀면 멀수록 법제는 민주성과는 거리가 있다. 일본식의 관헌국가적 역사성을 핵심으로 하는 식민지근대화모델이 여전히 지배하는 우리의 공공법제나 공법판례는 전시대에 형성된 기본 틀에서 벗어나지 못하여 많은 부분에서 시대적 요구를 따라가지 못하여 정체가 빚어지고 있다. 민주화는 단지 정치에서의 민주화에 머물지 않는다. 민주화는 자유로운 개인의 주체적 지위를 전제로 하기에, 국민이 통치의 대상에서 벗어나 국가를 상대로 권리주체로서의 지위를 갖는 임계점에 행정의 민주성의 실현이 있다. 민주국가와 국민간의 관계에서 국민은 더 이상 국가적 배려의 단순한 객체가 아니라, 적어도 자신의 매우 중요한 이익이 문제되는 한, 국가에 대한 주관적 권리의 주체이다. 행정법의 관헌국가적 역사성에 비롯된, 시대와 부조화된 행정법의 상황은 '비동시성의 동시성의 상황'인 동시에 '이질적 시간의 병존'을 여실히 나타낸다. 이런 부조화되고 모순이 내재된 법상황에서 과연 법해석과 법집행은 어떠해야 하는지 근본적인 물음이 던져진다. 행정법의 역사는 관헌국가시대에 만들어진 행정법의 원형을 민주적 법치국가원리에 맞춰 새롭게 개혁하는 과정이다.

결정론에 사로잡히지 않는 이상, 어떤 경우에도 결정의 可逆性은 필연적이다. 민주적 지배의 구조요소의 하나가 결정의 수정가능성이다. 굳이 행동경제학에서의 현상유지적 편향을 내세우지 않더라도, 사람은 가능한 현재 상태를 유지하려는 것이 그 속성이다. 선례구속의 원칙이 지배하는 법학에서 현상유지적 편향으로 인해 비판적 안목이 사라지면, 선례구속은 선례존중을 넘어 수정가능성이 없는, 매우 위험한 선례숭배이자 선례맹신이 된다. 전적으로 과거지향적인 상황이 恒存한다. 그리하여 법제의 현대화가 결정적으로 저지되곤 한다. 매우 우려되는 지체상황이다. 토머스 제퍼슨이 죽은 자가 산 자를 지배하는 것에 대한 우려를 표하였듯이, "현재 사는 사람에 대한 亡人의 지배는 아니 된다."(Keine Herrschaft der Toten über die Lebenden) 민주적 법치국가원리와 맞지 않는 시대역행적인 요소가 아무런 비판 없이 미래의 주역에 계속 전승되면 미래가 과거에 가두어진다. Chat GPT의 출현으로, 다르게 생각하는 학문적 거리두기(academic distancing)가 시급하고 절실하다(J.F.K.: We need men who can dream of things that never were).

「행정기본법」이 제1차적 목표로 '행정의 민주성'을 규정한 것처럼, 행정법제 전반을 민주성의 차원에서 새롭게 접근하여 시대적 요구에 맞춰 해석과 집행을 새롭게 가다듬고, 나아가 행정법제를 현대화하고 개혁해야 한다. 이번 판부터 민주적 법치국가원리에 더 철저하게 입각하여 새로운 행정법을 구축하고자 한다.

이런 문제의식을 바탕으로 2022년 12월 말을 기준으로 판례와 바뀐 법률상황(행정절차법, 정보공개법 등) 역시 최대한 반영하였다. 2021년 제4판을 낸 다음에 발표한 논문에서 다룬 제 쟁점은 물론, 최근에 문제가 되는 여러 쟁점도 빠짐없이 수록하였다. 이번 개정작업에서 새로이 또는 대폭 보완하여 정리한 대표적인 내용으로, 이론의 차원에서는 행정의 고유한 민주적 정당성, 행정법의 민주성 문제, 판례를 통한 법의 현재화 문제, 과잉금지의 원칙과 과소(보호)금지의 원칙의 충돌의 문제, 좋은 행정에 관한 권리, 행정행위의 재심사제도, 2021년 개정 행정절차법의 주요 내용 및 문제점, 행정입법부작위에 대한 권리구제 등을 다루었고, 판례의 차원에서는 특히 긴급조치의 위헌무효화에 따른 오랜 숙제를 한 대법원 2022.8.30. 선고 2018다212610전원합의체판결, 불복고지를 근거로 이의신청절차 이후의 행정처분을 독립되게 인정한 대법원 2022.7.28. 선고 2021두60748판결; 2022.3.17. 선고 2021두53894판결; 2021.1.14. 선고 2020두50324판결, 개성공단 전면중단 조치가 비례원칙에 위반되지 않는다고 본 헌재 2022.1.27. 선고 2016헌마364, 절차하자의 국가배상책임을 다룬 대법원 2021.7.29. 선고 2015다221668판결; 2021.8.12. 선고 2015다208320판결, 공기업의 공급자등록취소·제한을 행정처분으로 본 대법원 2020.5.28. 선고 2017두66541판결, 판례변경의 절차를 밟지 않고 사실상 위법판단의 기준시점을 재판시로 바꾼 대법원 2020.12.24. 선고 2020두39297판결 등을 비판적으로 다루었다. 그리고 학습효과를 제고하기 위해 수록된 290여개의 사례 및 해당 판결요지는 법문사 홈페이지 자료실을 통해 제공된다.

학술원통신 등을 통해 '행정법을 위한 새로운 길'을 정력적으로 계속 열어주시는 김남진 선생님(대한민국 학술원 회원)께 깊이 감사를 드린다. 공법학의 구루(Guru)로서 오래오래 강건하시어 귀한 가르침을 주시길 빌며, 淺學菲才로 기대부응이 쉽지 않지만, 성실함으로 그 은혜에 보답하고자 한다. 2004년에 검은 돌 동네에 둥지를 튼 이래 언제나 따뜻한 격려와 든든한 성원을 해주신 중앙대학교 법학전문대학원의 모든 선생님들께 깊이 감사드린다. 수업을 통해 직접적인 학연을 맺거나 지면을 통해 만난 많은 학생들에게도 고마움을 전한다. 이들이 우리 공동체를 더욱더 좋게 만들어 줄 것으로 확신한다. 특히 계명대학교 법학과 행정법 교수로 부임하는 김영수 박사(독일 Leipzig 대학)의 섬세한 검토에 깊은 고마움을 표하고, 연구자로서의 초심을 언제나 유지하길 기대한다.

행정법에 입문한 지 서른일곱의 星霜이 지났다. 공부의 목표를 자유와 진보로 삼아 관헌국가적 행정법의 타파 및 행정법의 현대화와 개혁에 두고서 늘 다르게 논의를 전개하였고, 그 일환으로 태어난 해를 다시 맞이한 2021년에는 연구성과를 집성하여 「행정법의 현대화와 개혁」을 출간하였다. 그동안 공법연구나 법률신문 등에 게재한 글이 300편 정도인데 그 작업성과를 돌이켜 보면, 나름의 문제제기가 별다른 성과를 거두지 못해 무력감이 들기도 하지만, 「행정기본법」의 경우처럼 학문적 버킷 리스트에 올린 아이템이 언젠가는 실현되리라 희망한다. 공동체 전체로부터 유형, 무형의 도움을 받아 별 어려움 없이 교수로서 살아왔다. 노동의 분업으로 학문적 활동은 오직 전인격을 헌신해야만 성공적으로 추진할 수 있다(Max Weber). 공동체로부터 받은 많은 도움을 갚기 위하여, 행정법 및 행정판례의 바위를 행정법 및 공법의 현대화와 개혁의 산정상에 올리는 작업을, 비록 그것이 徒勞에 그치더라도 학자로서의 생을 마칠 때까지 다하고자 한다.

즐거움보다는 그 반대가 훨씬 많은 것이 인생이지만, 언제나 가까이에서 기쁨은 배가, 어려움은 반감시켜준 가족(어머니, 손경수, 김지연, 김준형)이 든든한 버팀목이 되어 연구자로 무사히 여기까지 왔다. 더없는 사랑에 감사하고, 늘 함께하길 빈다.

해는 지고 갈 길은 멀더라도(日暮途遠),
진정한 새로움이 늘 나를 부른다.

2023년 2월

金 重 權

제 4 판 머리말

행정법교과서의 형식으로 네 번째 책을 낸다. 코로나 19의 미증유의 사태로 더욱 척박해진 출판환경에도 불구하고 자신의 생각을 정리하여 담을 수 있어서 개인적으로 큰 행운이다. 교과서로서 적잖이 다른 이 책의 개성을 좋게 보아주신 많은 분들의 성원과 배려 덕분이다. 깊이 감사드린다.

필자가 일찍부터 행정법일반이론을 담은 일반법의 제정을 '행정기본법'의 이름으로 주장하였는데(김중권/김영수, 21세기 국가모델을 위한 가칭 행정기본법의 제정을 통한 행정법과 행정법제의 개혁, 공법연구 제41집 제3호(2013.2.28.)), 공론화를 거쳐 최종 제정을 앞두고 있다. 행정법 및 공법을 위한 새로운 이정표가 될 「행정기본법」의 보통명사화가 학자로서 큰 보람이었지만, 그 과정에서 새삼 행정법은 무엇을 위해 누구를 위해 존재하는가의 물음을 몸으로 깨달았다. 현장의 실무담당자와 일반 시민의 기대, 바램 및 현실의 수요와 학자들의 인식 사이의 간극이 예상보다는 훨씬 컸다. 시급히 「행정기본법」 시즌2에 나서야 한다.

이번 제4판 작업에서는 「행정기본법안」에 맞춰 행정법교과서 일반의 내용을 대폭 수정·보완하고, 2020년 12월 말을 기준으로 법률상황과 판례 역시 최대한 반영하였다. 2019년 제3판을 낸 다음에 발표한 논문에서 다룬 쟁점은 물론, 최근에 문제가 되는 여러 쟁점도 빠짐없이 수록하였다. 이번 개정작업에서 새로이 또는 대폭 보완하여 정리한 대표적인 내용은, 헌법은 행정법으로부터 무엇을 배울 수 있는가?, 국제적 행정법, 군인의 복종의무와 기본권행사의 충돌, 자유로운 인격발현과 공직자의 외양과의 충돌 문제, 완전자동행정행위, 인허가의제제도, 불가쟁적 행정행위의 재심사, 제재처분, 행정입법부작위에 대한 권리구제 등이다. 근래 행정판례가 매우 적극적인 입장을 취한다. 가령 직사살수에 대해 적법절차의 원칙을 −과도하게− 요구한 대법원 2019.1.17. 선고 2015다236196판결, '물량배정을 중지하겠다'는 내용의 통보의 처분성을 긍정한 대법원 2019.5.10. 선고 2015두46987판결, 병역의무기피자인적사항의 공개와 관련해서 사전에 행정행위로서의 공개결정이 존재한다고 하면서 취소판결의 기속력의 일환으로 결과제거의무를 적극적으로 인정한 대법원 2019.6.27. 선고 2018두49130판결, −타당하지 않게도 입국금지결정이 존재하지 않음을 근거로− 재미동포에 대한 사증발급거부의 위법성을 논증한 대법원 2019.7.11. 선고 2017두38874판결, ―허용되지 않는 입법을 한 셈인― 판결에 의해 등록장애종류를 확장시킨 대법원 2019.10.31. 선고 2016두50907판결, 국민건강보험법상의 요양급여비용 부당이득징수처분을 ―어의에 반하게― 재량행위로 본 대법원 2020.7.9. 선고 2018두44838판결, ―타당하지 않게도― 법률유보의 원칙의 차원에서 전교조법외노조통보를 위법하다고 본 대법원 2020.9.3. 선고 2016두32992전원합의체판결, 「폐기물관리법」상의 계약대상제외를 처분으로 본 대법원 2020.11.12. 선고 2019두60394판결 등이 그것이다. 종전과 같이 판례에 관해 단순 전달이 아닌 나름의 의미와 비판을 제시하고자 하였다. 기존 내용을 많이 다듬어 책 분량이 크게 늘지 않아 다행인데, 행정조직법을 중심으로 완전히 새롭게 전개하려는 시도를 실천에 옮기지 못한 것은 아쉽다. 책에 수록된 270여개의 사례에 관한 판결요지와 「행정기본법안」과 관련한 상황도 법문사 홈페이지 자료실을 통해 제공한다.

2010년부터 한해 전체 행정판례를 분석하고 비판하는 작업을 해오고 있다. 그동안의 성과를 '행정판례의 분석과 비판'(2019)을 통해 중간 결산하였다. 판례에 관한 비판적 성찰이 동반되지 않으면 학문과 실무의 건강한 긴장관계가 사라져 종내 법학과 실무는 선례구속의 기치하에 시간이 멈춘 영역이 되어버린다. 판례가 ―일찍이 저자가 주장한 것처럼― 법규정에 의거하여 법효과발생 여부 및 처분성 여부를 논증한 다음에, 법률유보의 물음으로 이전하는 기조를 공고히 한 데(대법원 2020.1.16. 선고 2019다264700판결)서 판례를 분석하고 비판하는 일을 평생작업으로 삼아 부단히 문제제기할 것을 다짐한다. 단순 비교는 곤란하나, 의학지식의 반감기가 5년이라는 지적은 법학 및 판례에 대해 많은 것을 시사한다.

얼마 전까지 지구적으로 회자되는 단어가 인공지능과 제4차 산업혁명시대이었는데, 지금은 코로나 19 팬데믹이다. 코로나 19사태나 인공지능의 도입의 확산으로 법질서는 물론, 공동체가 놓인 환경과 현실이 예상할 수 없을 정도로 급격하게 변하였고, 계속적으로 변하고 있다. 알고리즘의 지배(Algocracy; Algokratie)가 민주주의를 무색할 우려가 있을 정도로 제4차 산업혁명에서 공동체가 급속하게 온라인 기반의 새로운 사회로 바뀌었다. 엄청난 변혁의 흐름에 즈음하여 향상된 인식에서 공법질서를 비롯한 전체 국가시스템을 비판적으로 바라볼 필요가 있다. "법학은 개혁에 대항하기보다는 반대로 이를 즐겨 받아들여야 한다. 왜냐하면 법학은 이를 통해 새로운 개념형성 활동의 기회를 가지게 되기 때문이다."(Jhering, Scherz und Ernst in der Jurisprudenz, 1884, S.344).

공부의 목표를 관헌국가적 행정법의 타파 및 행정법의 현대화와 개혁에 두고서 연구주제를 설정하여, 관련 논의를 전개하였다. 그 일환으로 2008년 이래로 행정법 기본연구(Ⅰ, 2008; Ⅱ, 2009; Ⅲ, 2010; Ⅳ, 2013; Ⅴ, 2019)와 EU행정법연구(2018)를 출간하였다. 하지만 국제적 행정법의 경우처럼, 공부하면 할수록 더욱더 모르는 것 투성이다. 능력부족을 실감하지만 초심을 잃지 않고 행정법의 현대화와 개혁을 위해 행정법적, 공법적 쟁점을 더욱더 예각화하겠다. "법발전을 관철하며, 그 상관관계를 분석하고, 입법·행정·사법에서의 법실무에 대해 가능한 발전관점을 지적하는 것이 법학의 핵심임무이다."(Schmidt-Aßmann, in: Liber Amicorum R. Wolfrum, Bd.2, 2012, S.2119).

지속적으로 학술원통신 등을 통해 행정법을 위한 새로운 지평을 정력적으로 열어주시는 김남진 선생님(대한민국 학술원 회원)께 깊이 감사를 드린다. 공법학의 구루(Guru)로서 오래오래 귀한 가르침을 주시길 빌며, 淺學菲才로 기대부응이 쉽지 않지만, 성실함으로 그 은혜에 보답하고자 한다. 언제나 곁에서 든든한 성원을 해주시는 중앙대학교 법학전문대학원의 모든 선생님들께도 깊이 감사드린다. 마지막으로 행정법수업을 통해 직접적인 학연을 맺은, 또한 지면을 통해 만난 많은 학생들에게도 고마움을 전한다. 이들이 우리 공동체를 더욱더 좋게 만들어주길 기대하고 희망한다.

교수로서의 공식적인 시간이 얼마 남지 않았다. 맡은 소임을 다하고 있는지를 늘 자문해본다. 행정법의 현대화와 개혁을 위한 작은 디딤돌 하나 만든다는 심정으로 소중한 오늘 하루를 보내고자 한다. 변화와 개혁의 속도가 너무 늦고, 비단 행정법과 공법만이 아니라 법학 전체가 갈수록 본연의 자리를 잃어가는 상황이 너무 안타깝지만, 이 역시 운명이다.

언제나 가까이에서 기쁨은 배가, 어려움은 반감시켜준 가족(어머니, 손경수, 김지연, 김준형)이 든든한 버팀목이 되어 연구자로 큰 어려움 없이 지내왔다. 더없는 사랑과 고마움을 전한다.

해는 지고 갈 길은 먼데(日暮途遠),
진정한 새로움은 여전히 저 너머에 있다.

2021년 2월
金 重 權

제 3 판 머리말

작은 돛단배를 바다에 띄우는 심정으로 행정법의 이해와 기본적인 문제상황을 교과서의 차원에서 정리한 지 벌써 6년 가까이 되었다. 명색이 교과서라고는 하지만 체제와 내용에서 대부분의 행정법교과서와는 매우 다름에도 불구하고, 많은 분들이 계속적 출간을 격려해주셨다. 심지어 지금의 척박한 출판환경에서 책이 계속 출간될지 염려해 주시기도 한다. 행정법개혁을 위해 가능한 지속될 수 있도록 최대한 노력하여 성원과 배려에 보답하겠다.

행정법교과서 일반의 내용을 가능한 빠짐없이 수록하고, 2018년 12월 말을 기준으로 ―가령 건축법상의 수리여부 통지제도 등과 같은― 법률상황과 판례의 경향을 최대한 반영하였다. 2016년 제2판을 낸 다음에 발표한 여러 논문에서 다룬 여러 논점과 최근에 문제가 되는 여러 쟁점도 가능한 빠짐없이 수록하였다. 이번 개정작업에서 새로이 또는 대폭 보완하여 정리한 대표적인 내용은, 조직적·제도적 법률유보, 독일에서의 형식적·실체적 행정행위 개념에 관한 논의, 행정행위의 완전자동화, 추단적 행정행위, 범국가적 행정행위, 행정행위의 변경, 사실상의 공무원 이론, 행정심판전치주의에 따른 헌법 제107조 제3항의 문제, 집행정지결정의 논증구조, 헌법재판에 의한 행정구제, 지방자치법상의 공법소송, 손실보상에서의 공공필요와 비례원칙 등이다. 또한 글로벌스탠다드가 되고 있는 EU행정법에서 배워야 할 유익한 점도 행정법의 현대화를 위하여 알맞게 소개한다. 그리고 예년처럼 책에서 든 250여개의 사례에 관한 판결요지는 법문사 홈페이지 자료실을 통해 제공한다.

오래 전부터 매년 행정판례의 분석과 비판을 하는 작업을 해오고 있으며, 그동안의 성과를 결산하기 위하여 근간 「행정판례의 분석과 비판」을 출간하는데, 근래 행정판례가 매우 적극적인 입장을 취하고 있다. 가령 거부처분취소소송에서 위법판단기준시점을 여전히 처분시로 보는 대법원 2017.6.15. 선고 2013두2945판결처럼 어떤 부분에선 기왕의 판례태도가 변함이 없지만, 몇몇 판례에서는 매우 전향적인 자세를 보인다. 예를 들어, 재량의 불행사(재량해태)를 재량하자의 하나로 공고히 하는 대법원 2016.8.29. 선고 2014두45956판결, ―필자가 여러 차례 문제점을 제기한― 행정개입청구권 및 행정행위의 재심사의 법리를 제시한 대법원 2017.3.15. 선고 2014두41190판결, ―필자의 주장과 같이- 인·허가의 의제에서 의제된 인·허가가 항고소송의 대상될 수 있게 한 대법원 2018.11.29. 선고 2016두38792판결, -필자가 문제제기한 것과 같은 맥락에서- 소멸시효제도의 운용에서 매우 전향적인 입장을 피력한 헌재 2018.8.30. 2014헌바148, 일련의 집행정지결정을 통해 집회시위의 자유를 획기적으로 신장시킨 서울행정법원 2016.11.4. 자 2016아12248결정 등이 그것이다. 그간 학계에서 논의된 사항이 하나하나 현실화되어 간다는 점에서 매우 고무적인 일이다. 과거 재개발조합설립인가를 보충행위인 인가가 아니라 설권적인 특허로 보아야 한다고 주장하여 판례변경을 유발한 것처럼, 기왕의 통념과 통설의 닻내림효과(정박효과)를 부단히 제거하기 위한 그간의 노력이 헛되지 않았다고 위안을 느낀다.

지금 우리 공동체는 새로운 국면을 맞이하고 있다. 가령 카풀 앱처럼 이른바 4차 산업혁명으로 인한 공유경제의 요청에서 중대한 변화가 요구되지만, 면허사업을 시종 특허로 접근하는 현재의 체제는 이런 변화된 상황에 효과적으로 대처할 수 없다. 국가와 사회의 전통적인 2분의 경계가 무너지고, 공·사 융합의 경향이 가속화되며, WTO 등에 의해 초국가적 메커니즘이 작동하며, 원전과 화학공장의 가동, 이민정책의 문제와 같은 것은 더 이상 개별 국가의 단위에 머물지 않는다. 행정법의 좌표를 더 이상 국내공법에 둘 수 없는 상황이다. 민주주의에 관한 새로운 인식과 자각에 즈음하여 법치주의를 바람직하게 실현하기 위하여 기왕의 국가시스템 전반에 관한 새로운 이해와 형성이 요구되고 있음에도, 공법체계의 발본적인 개혁으로 이어지지 못하여, 도리어 기왕의 틀이 舊殼마냥 그것을 방해한다. 어려움은 새로운 생각이 아니라, 오래된 생각으로부터 벗어나는 데 있다(케인즈, 고용·이자 및 화폐에 관한 일반이론 서문).

개인적으로 공부의 목표점을 관헌국가적 행정법을 타파하는 행정법의 개혁에 두고서 그에 따라 연구의 주제를 설정하고, 논의를 전개하여 왔다. 눌린 것을 쳐들고 굽은 것을 펴는 데 부족한 능력을 실감하여 공부하면 할수록 더욱더 모르는 것투성이다. 과연 아는 것이 무엇인지 혼자 자문하곤 한다. 여기까지 오는 데, 늘 격려와 칭찬 그리고 비판을 통해 일련의 문제인식이 결코 나 혼자만의 그것이 아님을 확인시켜 주신, 행정법 및 공법의 같은 길을 동행하는 先學과 同學의 모든 선생님들께 깊이 감사드린다. 특히 완전한 무지의 상태에서 행정법에 입문한 이래 늘 학문적·학문외적 가르침을 통해 평생 인생의 행로를 제시하여 주셨고, 특히 최근 보장국가론 등을 통해 행정법을 위한 새로운 길을 열어주시고 적극적으로 이끌어 주시는 김남진 선생님(대한민국 학술원 회원)께 깊이 감사드린다. *淺學菲才*로 극복하기 힘든 엄연한 한계를 느끼지만, 행정법적·공법적 문제의식을 바탕으로 치열하게 끊임없이 연구하는 것만이 선생님의 은혜에 보답하는 것이라 생각한다. "오늘을 위하여 다리를 놓은 분들에게 그 다리를 건너 미래로 전진하는 이들은 손을 흔들어야 한다."는 말씀을 뒤로 한 채 너무 아쉽게도 홀연히 떠나신 최송화 선생님께도 큰 배려에 깊이 감사드린다. 오늘의 다리를 건너면서 내일을 위한 다리를 놓도록 늘 정진하고자 다짐해 본다. 언제나 곁에서 든든한 성원을 해 주시는 중앙대학교 법학전문대학원의 모든 선생님들께도 깊이 감사드린다. 마지막으로 그동안 행정법수업을 통해 직접적인 학연을 맺은 또한 지면을 통해 만난 많은 학생들에게도 고마움을 전한다. 이들 모두 우리 공동체를 더욱 더 좋게 만들어 주길 기대한다.

2008년 이래로 행정법의 개혁을 목표로 삼아 행정법기본연구(Ⅰ, 2008; Ⅱ, 2009; Ⅲ, 2010; Ⅳ, 2013)와 EU행정법연구(2018)를 출간하였다. 학문하기에 너무나 척박한 환경에서 단행본을 연이어 출간하여 학문적 초심을 유지할 수 있다는 점에서 개인적으로 큰 행운이다. 교수로서의 공식적인 시간이 얼마 남지 않았지만, 은혜와 성원에 보답하도록 행정법의 개혁을 위해 더 열심히 하겠다.

배움과 현실 사이의 현격한 괴리와 너무나 더딘 현실적 변화에 늘 몸과 마음이 편치 않지만, 어제보다 오늘이, 오늘보다 내일이 나아지리라는 기대와 희망을 잃지 않으려 한다. 지금까지 자신을 지킬 수 있은 것은 전적으로 언제나 사사롭게 기쁨은 배가, 어려움은 반감시켜준 가족(어머니, 손경수, 김지연, 김준형)이 있어서였다. 사랑과 고마움을 전한다.

해는 지고 갈 길은 멀지만(日暮途遠),

진정한 새로움을 위하여 오늘도 걷는다.

2019년 2월

金 重 權

제 2 판 머리말

작은 돛단배를 바다에 띄우는 심정으로 행정법의 이해와 기본적인 문제상황을 교과서의 차원에서 정리한 지 2년이 넘었다. 내용과 편제에서 기왕의 행정법교과서와 적지 않게 다르고, 행정법기본연구 시리즈(Ⅰ(2008), Ⅱ(2009), Ⅲ(2010))를 통해 기왕에 다룬 내용을 정리한 것에 불과함에도 불구하고, 많은 분들이 격려해 주셨다. 깊이 감사드린다. 하지만 淺學菲才로 학자의 본연을 다하기에는 처음부터 일정한 한계가 있다고 느끼는 나 자신으로서는 너무나 계면쩍다. 특히 강의하면서 교과서로서는 부족한 부분이 많아서 너무나 부끄러웠다. 이번 제2판을 통해 부끄러움을 가능한 최대한 없애려고 하였다. 행정법교과서 일반의 내용을 최대한 수록하고, 2015년 12월을 기준으로 법률상황과 판례의 경향을 최대한 반영하였다. 또한 초판 이후에 행한 저자의 연구결과물 즉, 행정법기본연구Ⅳ(2013)를 비롯해서 새롭게 읽고 쓴 것은 물론, 2010년부터 현재까지 해온, 행정판례에 관한 나름의 분석과 비판 작업의 성과 역시 교과서의 수준에서 반영하였다. 그리고 제1판의 경우와 마찬가지로, 책에서 든 사례에 관한 판결요지는 법문사 홈페이지 자료실을 통해 제공하고자 한다.

최근 행정결정과 관련해서 판례는 －집회신고를 정보제공적 신고로 설정한 것(대법원 2012.4.19. 선고 2010도6388전원합의체판결)이나 저자의 주장과 같은 맥락에서 국립 강원대학교의 헌법소원심판의 청구인능력을 인정한 것(헌재 2015.12.23. 2014헌마1149)처럼－ 향상된 인식에 바탕을 두고서 부단히 진화하고 있으며, －저자의 주장처럼 위법성의 권리침해견련성의 요청을 확인한 것(대법원 2015.12.10. 선고 2011두32515판결)처럼－ 관련 의문점을 바람직하게 해소하였다. 반면 －보험급여지급결정과 부당이득징수처분을 분리시킨 것(대법원 2014.7.24. 선고 2013두27159판결)처럼－ 종종 종래의 프레임과 부조화도 드러내고 있으며, 나아가 －저자의 기대와는 달리 자동차관리사업자단체인 조합설립인가를 보충행위로 본 것(대법원 2015.5.29. 선고 2013두635판결)처럼－ 여전히 종래의 틀을 고수하고 있다. 판례란 맞닥친 현안을 나름 가장 적절하게 해결하는 데 초점을 두고 있기에, 기왕의 행정법패러다임은 행정판례의 지속적 변화를 발전적으로 수용하고 새로운 변화를 향도하는 데 치명적인 한계를 지니고 있다. 기왕의 판례 및 법제의 전체 시스템과의 부조화가 종종 빚어지는 것은 당연하다. 기왕의 행정법패러다임의 한계에 따른 그것의 발본적인 개혁 및 현대화가 시급하다.

초판을 내면서 입법예고된 법무부 행정소송법개정안의 내용을 개정시안과 비교해서 소개하였다. 일말의 불안감은 있었지만, 이번 행정소송법개정이 최소한에 그쳤기에, 적어도 제2판을 낼 때까지는 좋은 소식이 있겠지 하는 기대를 가졌다. 그런데 예고된 상태에서 근 3년의 시간이 지나도록 더 이상의 진전이 없다. 이것만이 아니라, 기관위임사무를 대체하는 법정수임사무의 도입을 내용으로 국회에 제출된(2012.9.19.) 지방자치법개정안 역시 비슷한 상황이다. 우리 공법학 및 행정법학의 시계가 멈춰진 것이다. 세상일이란 추진력이 한번 꺾이면 복원하는 데 적잖이 시간이 걸린다. 자칫 지금의 정지상태가 그대로 학문적 무력상황으로 굳어질까 걱정이 앞선다. 물론 언젠가는 현재상황이 바뀔 것이지만, 행정소송법개정작업에 직접 참여한 사람으로서 아까운 시간이 속절없이 지나가는 것 같아 참으로 비감스럽다.

교수로서 인생을 시작할 때 전체 일정을 3분하여 계획을 잡았는데, 어느새 마지막 3분의 1이 남았다. 남은 시간 개인적으로 관헌국가적 행정법을 민주적 법치국가원리에 입각한 행정법의, 공법의 현대화에 진력을 다하고자 한다. "생각한다는 것은 우리 앞에 바로 주어진 것에 대해 부정하는 것이다."(헤겔) 많은 분들의 기대와 격려에 부응하는 길은 현재의 공법, 행정법 및 공법판례에 대해 부단히 문제의식을 갖고서 접근하여 새로운 결과물을 제시하는 것이다. 하지만 공부를 하면 할수록 모르는 것 투성이다. 학문의 길이 너무나 힘들다는 것을 실감한다. 어제까지 아무런 의문 없이 수긍하였던 것이 공부하면서 새삼스럽게 문제되곤 한다. 학자로서 남다른 길을 가겠다는 다짐이 그저 부끄러울 따름이다. 그렇지만 함께 公法學의 길을 가는 先學 및 同學의 가르침에서 늘 시사점을 발견하여 하루하루를 넘어가고 있다.

교과서작업을 하면서 개인적으로 유익한 점은, 무릇 세상일이 자기 혼자만의 것이 아니듯이, 학문공동체에서 발현된 수많은 성과를 직접 확인할 수 있었다는 점이다. 나 자신 先學 및 同學의 기왕의 학문적 성과라는 거인의 어깨 위에서 세상을 바라 볼 뿐이다. 公法學界의 先學 및 同學의 가르침과 후의에 깊이 감사드린다. 언제나 곁에서 든든한 성원을 해 주시는 중앙대학교 법학전문대학원의 선생님들께도 깊이 감사드린다. 멀리 충북대학교 법과대학에서부터 지금의 중앙대학교 법과대학과 법학전문대학원에 이르기까지 직접적인 학연을 맺은 많은 친구들은 물론, 지면을 통해 만난 많은 친구들에게도 고마움을 전한다. 우리 친구들이 법학도로서 눌린 자를 쳐들고 굽은 것을 펴고 나아가 우리 공법 및 행정법을 획기적으로 발전시켜줄 것을 기대한다.

갈수록 고단해지고, 하루하루가 무채색인 연구자의 삶을 지금까지 큰 어려움 없이 순탄하게 지내왔다. 배움과 현실사이의 현격한 괴리에 종종 실망하곤 하지만, 언제나 사사롭게 기쁨은 배가, 어려움은 반감시켜준 가족(어머니, 경수, 지연, 준형)이 결정적인 힘이 되었다. 사랑과 고마움을 전한다.

진정한 새로움이 조속히 펼쳐지길 고대하면서

2016년 2월

金 重 權

머 리 말

작은 돛단배를 바다에 띄우는 심정으로 행정법의 이해와 기본적인 문제상황을 행정법총론 교과서의 차원에서 정리하였다. 한편에서는 행정법교과서가 많다고 하고, 다른 한편에서는 행정법교과서가 없다고 한다. 그럼에도 불구하고, 별반 차이나 특성도 그다지 없는 행정법교과서를 만들었다. 1980년에 법학과의 첫 만남을 가졌고, 1986년에 공법(행정법)에 입문한 이래로 행정법을 공부한 나름의 성과를, 행정법기본연구 Ⅰ(2008), Ⅱ(2009), Ⅲ(2010)을 통해 엮고 점검하는 기회를 가졌다. 행정법기본연구를 출간한 이후 많은 분들이 교과서집필을 격려해 주셨다. 하지만 성원과 기대에 부응하기에는 많이 부족하고 모르는 것이 태반이어서 매우 주저하였다. 솔직히 행정법교과서에 대한 요구치를 감당할 자신이 없어서 애써 외면하여 왔다. 그런데 여전히 모르는 것은 많지만, 새로운 행정법학을 모색하기 위해서는 하루바삐 기왕의 논의를 정리하는 것이 급선무라고 불현듯 깨달았다. 아울러 교과서저술이라는 이 땅의 교수들에게 늘 따라 붙는 곤혹스럽고 황당한 숙제로부터 다소간 자유로워지려고도 하였다.

행정법은 본래 그 연원이 입헌군주제의 官憲(官治)國家이다. 그리하여 용어와 개념이 종종 민주적 법치국가 시대에 어울리지 않는다. 가령 행정법관계를 권력관계로 설정하여 일반권력관계와 특별권력관계를 논하는 것이 대표적인 예이다. 특히 우리의 경우 근대법제가 입헌군주국가인 일본의 식민시대에 만들어졌고, 그 후에도 그것을 벤치마킹하였기에 우리 법제에는 관헌국가적 殘痕이 너무나 많다. 행정법의 전개와 발전은 관헌국가적 틀과 요소를 민주적 법치국가원리에 맞춰 새롭게 정립하는 과정이다. 따라서 이 책은 법치국가원리의 구체화로서의 행정법이 그 본연의 임무와 과제를 제대로 수행할 수 있는 근거를 제공하는 것을 목표로 한다. 이를 위해 우선 올바른 용어나 개념의 사용을 그 출발점에 두고자 한다(必也正名呼). 따라서 기대가능한 범위에서 용어와 개념을 재정립하고자 하였다. 아울러 무익한 논의를 없애기 위해 법제에서 형식(명칭)과 실질간의 ―비록 괴리가 불가피하고 자연스러운 일이긴 하나― 불일치 역시 최대한 제거하려 하였다.

"'○○'는 '○○'다워야 한다"는 명제에서 보면, 교과서는 교과서다워야 한다. 이번 작업을 하면서 늘 '교과서다워야 한다'는 명제와 갈등하였다. 교과서가 무엇이며, 과연 어느 수준과 정도가 교과서에 맞는 것인지를 고민하였다. 연구는 개인적 의미를 강하게 지니나, 그것의 결과를 세상에 드러내는 경우에는 자신의 정체성을 버려선 아니 되지만, 그렇다고 하여 마이웨이식으로 자신의 개인적 관심만을 고집해서도 아니 된다. 왜냐하면 책을 포함한 연구결과의 발표는 상대방이 있는 행위이기 때문이다. 특히 교과서의 경우에는 교육의 측면이 연구의 측면보다 강하기에, 독자인 상대방과의 공감대 형성이 더욱 중요하다. 그래서 교과서로서의 이 책은 우선 법과대학과 법학전문대학원에서 행정법을 공부하는 학생과 시험을 준비하는 수험생을 대상으로 한다. 당연히 행정법에 대한 흥미와 관심을 제고하는 것이 일차적 목표이자 그 주된 내용이다. 따라서 배움에 수반된 궁금함을 해소하고 행정법적 재미를 진작하여 행정법이 친근하게 되는 데 주안점을 두었다. 그리하여 책에서 든 사례의 당해판결의 요지는 법문사 홈페이지 자료실을 통해 제공하고자 한다.

법적 다툼에서 궁극적으로 요구되는 것은 분명한 답인 이상, 법률전문가로서는 법적 논증을 피할 수 없거니와 피해서도 아니 된다. 이는 위법(위헌)/적법(합헌)이냐 하는 2진법적 구분에 터 잡은 법시스템의 기능방식에서 당연하다. 그럼에도 불구하고 늘 법은 분명하고 바른 해결책을 마련해 놓고 있지 않다. 법학과 같은 문언학문의 경우 해석과 그것에 수반된 논증은 굳이 학문의 차원이 아니더라도 실무의 차원에서도 핵심적 물음이 된다. 법적 논증은 제시되는 논거를 통해 그것의 설득력을 담보한다. 배후에 있는 논거를 자세히 탐문하지 않은 채 통설을 단순히 원용하는 것은 논증을 포기한 것이다. 통설의 경우 그것이 안정화와 목표지향화를 매개한다는 점에서 나름의 근거가 있다. 넘쳐나는 사건으로 어려움을 겪는 법원으로서는 논증의 수고를 면할 수 있다는 점에서 통설의 존재는 매우 중요하다. 통설에 나름 정당한 근거는 분명히 있겠지만, 그것이 논증의무를 없앨 수 없거니와, 결코 논거로 되지 않는다.

하지만 우리 법학에서는 논쟁은 물론, 논증이 실종된 지 오래되었다. 권위를 신봉하는 법률가의 직업의식에 비추어 논쟁과 논증의 실종은 매우 우려스러운 현상이다. 특히 통일화된 성문법전이 없는 행정법의 경우 법학방법론에 터 잡은 해석과 논증이 다른 법영역보다 더욱 강조되어야 함에도 불구하고, 오히려 판례추수적 경향이 거세다. 행정판례가 새로운 문제상황에 조응하기 위해 부단히 나름의 변화를 모색하는 데 반해서, －대표적으로 신고제 논의가 보여주듯이－ 행정법문헌은 행정법적 이슈를 선도하지 못하고 있다. 더욱이 소위 실무교육을 내세운 로스쿨체제하에서 판례암기만이 법적 논증에서 이상적 해결책인 양 받아들여지고 있다(행정법=행정판례). 고정관념에 대한 비판적 성찰이 동반되지 않은, 행정법학의 판례에로의 도피는 일시적인 편안함을 넘어 행정법학의 학문적 정체성에 심각한 의문을 던진다. 과연 행정법학은 어디에 존재하며, 무엇을 지향하는가? 학생과 수험생으로 하여금 기존의 틀을 답습하게 하여 그들의 창발력을 억누르는 것은 학문과 사회의 진화의 싹을 막는 것과 같다. 오늘의 학생과 수험생이 언제나 학생이거나 수험생은 아니다. 그래서도 아니 된다. 이들은 우리의 미래를 책임질 내일의 법률전문가이다. 진화가 없는 국가와 사회는 그 구성원 모두를 힘들게 만든다. 학문 역시 마찬가지이다. 따라서 행정사례와 행정법제를 늘 마주하는 전문가(법률가와 법제실무가)도 시야에 넣어, 행정법적 이슈를 예각화하기 위해 비록 교과서일망정 가능한 많은 문제의식을 제시하고자 하였다. 그 일환으로 2013. 3. 20.에 입법예고된 행정소송법개정의 성과까지도 부분적으로 반영하였다.

이제 수입법학을 벗어나 우리의 법학을 논할 때가 되었다고 한다. 그래서인지 심지어 외국에서의 논의가 무슨 소용이 있느냐고 강하게 주장되곤 한다. 그런데 나 자신이 공부를 하면 할수록 이런 주장에 동조하기 어렵다. 서양이 지나온 시민사회를 경험하지 않은 우리로서는 그들의 바탕에 터 잡은 지금의 우리 법제를 제대로 구현하기란 쉽지 않다. 그리고 −당위성의 물음과 더불어 지금 과연 해야 했을까 하는 시간적 물음과는 별도로− FTA체제가 출범하였다. 이제 내외국법의 경계가 무너졌다. 유럽법에 정통하며, 미국 인디아나 대학을 정기적으로 방문하여 미국행정법과 유럽법을 가르치는 영국 옥스퍼드 대학의 Paul Craig 교수의 수업과 만남을 통해, 이제 행정법이 급속도로 동조화되어 나름 글로벌 스탠다드가 만들어지고 있음을 확인하였다. 오히려 과거보다 知彼知己의 자세가 더욱 필요하다. 사실 학문을 하는 이는, 늘 無知를 알고 부족함을 느끼며, 새로움에 배고파해야 한다. 따라서 비록 교과서일지언정 부단히 새로움에 열려 있어야 한다. 법이란 비록 예전에 만들어졌지만, 적용하는 시점은 지금이기에, 늘 새로운 접근이 강구되어야 한다. 새로움은 비교에서 나온다. 여기서 無知의 知에 실린 경구를 상기하여 본다. “Comparativa est omnis investigatio (Nicolaus von Cues): 모든 연구는 비교이다.” 따라서 외국에서의 논의, 특히 유럽연합을 주도하는 독일행정법에서의 논의를 나름 소개하고자 한다. 물론 교과서로서의 본분을 유지하기 위해 그 논의를 극대화하지는 않았다.

이상의 행정법적 문제인식을 구현하는 데 있어서 기존의 교과서적 틀은 결코 조화되지 않는다. 체계와 틀은 한편으로는 수고로움을 덜고 체계성을 확보하는 데 도움을 주지만, 다른 한편으로는 새로운 인식을 구현하는 것을 어렵게 만든다. 사실 불필요하면서도 기존의 틀을 떨치지 못하는 교과서적 체계와 장식이 너무나 많다. 대표적으로 국가배상법에서의 위법성 논쟁과 원고적격에 관한 논의가 그러하다. 생경하다는 지적을 받겠지만, 새로운 존재지평에서 행정법을 접근하기 위해, 기존의 교과서적 틀에서 벗어나고자 한다. 그 자체로서는 별스럽지 않지만, 기왕의 체제에서 보자면 낯설기 때문에, 공감대를 형성하지 못할 수 있다. 당연한 우려이다. 그럼에도 불구하고 새로운 행정법을 모색하고 다양성을 추구하기 위해 제3세대 학자로서 과감하게 도전하고자 한다. 이를 계기로 다양한 개성의 행정법 책이 많이 출현하여 학문적 생태계가 건강하게 유지되길 소망한다.

비단 독일에까지 가지 않더라도 가까운 일본만 하더라도 독자를 달리하여 다양한 법학문헌과 법학잡지가 나오고 있다. 우리는 전혀 그렇지 않다. 이론서와 체계서를 기약할 수 없는 현실이어서 교과서수준에 맞지 않을 수도 있는 내용을 다소간 담을 수밖에 없다. 언필칭 세계 무역규모가 몇 번째니 운위되지만, 안타까운 아니 부끄럽고 개탄스러운 현실이다. 이런 척박한 학문토양에서 교수로서, 학자로서 본연의 소임을 다하기란 쉽지 않다.

대학이 대학다움을 잃어버린 지 오래이며, 법학이 학문다움을 잃어버린 지 오래라는 말을 종종 듣는다. 본래 연구란 누구도 하지 않은 것을 처음으로 하는 것이다. 솔직히 말해 지금 나 자신의 공부는 그저 외국의 논의를 走馬看山式으로 전달하는 데 지나지 않는다. 외국 논의의 국산화(현지화)를 위해 전달자로서 소기의 노력을 하였다곤 하지만, 그것은 자기변명이고 그저 부끄러울 따름이다. 그리하여 비슷한 또래의 외국학자들의 저술목록을 보면서 —상황구속성으로 어쩔 수 없다고는 하지만— 종종 부끄러움과 자괴감으로 심각한 우울에 빠지곤 한다. 생떼쥐베르의 "어린왕자"에서 어떤 별에 사는 술꾼이 술을 마시고 있다는 게 부끄러워 그것을 잊기 위해 늘 술을 마신다고 한다. 부끄러움과 자괴감이 다소나마 가시도록, 새로움에 대한 호기심을 갖고 그저 부지런히 읽고 쓰고자 한다. 아울러 앞으로도 존경하는 江湖諸賢의 叱正을 받으면서 行政法의 拔本的 改革을 실현하는 데 공부의 초점을 맞추고자 한다.

법학은 물론 행정법과 공법에 대한 완벽한 無知의 상태에서 지금 이 자리에 오기까지 어느 곳에서나 정말 많은 분들의 도움을 받았다. 개인적으로 학문적으로나 학문외적으로나 과분한 행운이라 늘 여긴다. 특히 4반세기전에 金南辰 선생님과의 만남이 없었다면 지금의 나는 물론, 이번 작업 역시 존재하지 않는다. 늘 새로움을 추구하시는 선생님을 통해 학문적 기쁨이 새로움을 통한 것임을 깨달았다. 늦게나마 교과서 집필을 통해 선생님의 은혜에 보답하게 되어 매우 다행이라 여기며, 앞으로도 선생님께서 그리하시듯이, 항상 통념에 대해 도전하는 마음으로 학문을 대하고자 한다. 짧지만 미국에서의 방문연구를 통해 대학원에서 공부한 영미행정법의 이해를 새삼 실감하였고, 아울러 행정법의 글로벌 스탠다드의 차원에서 또 다른 흥미와 재미를 느꼈다. 李尙圭 선생님의 오래 전의 가르침에 깊이 감사를 드린다. 그리고 지금의 나의 원형을 결정적으로 만들어 주셨던 고려대학교 법과대학의 여러 선생님들께도 깊이 감사를 드린다. 또한 학교생활에서 동료교수로서 많은 도움을 주셨던, 그리고 주시는 충북대학교 법과대학과 중앙대학교 법학전문대학원의 여러 선생님들께도 깊이 감사를 드린다. 특히 好學의 자세를 잃지 않도록, 이 책의 題字를 써 주신 權寧卨 선생님께 깊이 감사를 드린다. 비록 부득이 하게 다른 분들의 소중한 말씀 모두를 책에 담지는 못하였지만, 先學과 同學의 소중한 가르침이 큰 자양분이 되었으며, 학문이 축척의 산물임을 분명히 확인할 수 있었다. 새삼 여기서 존함을 올리지 않더라도, 늘 따뜻하게 격려와 성원을 해주시는 선생님들께 머리 숙여 깊이 감사를 드린다. 淺學菲才로 학자의 본연을 다하기란 처음부터 일정한 한계가 있다고 느끼기에, 펜으로나마 눌린 자를 쳐들고 굽은 것을 펴기 위하여 교수로서의 직업적 임무나마 최대한 성실하게 수행하여 그 은혜에 보답할 것을 다짐하여 본다.

하루하루를 무거운 짐을 어깨에 지고 가는 것이 우리네 인생이듯이, 연구자의 삶은 고단하기 짝이 없다. 그럼에도 사사롭게 기쁨은 배가, 어려움은 반감시켜준 가족(어머니, 경수, 지연, 준형)이 있기에 큰 어려움 없이 여기까지 왔다. 사랑과 고마움을 전한다. 끝으로 이 책은 분단의 역사수레바퀴로 인해 굴절된 인생의 道程 끝에 낯선 저 남단에 흔적을 남기신 선친께 바치는 작은 하나의 보답이다.

"아름다운 것은 얻기 힘들다"(chalepa ta kala)

2013년 3월

金 重 權

법률명칭 약어

「가축분뇨의 관리 및 이용에 관한 법률」: 가축분뇨법, 「감염병의 예방 및 관리에 관한 법률」: 감염예방법, 「개발제한구역의 지정 및 관리에 관한 특별조치법」: 개발제한구역법, 「건강기능식품에 관한 법률」: 건강기능식품법, 「고용보험 및 산업재해보상보험의 보험료징수 등에 관한 법률」: 고용산재보험료징수법, 「공공감사에 관한 법률」: 공공감사법, 「공공기관의 운영에 관한 법률」: 공공기관운영법, 「공공기관의 정보공개에 관한 법률」: 정보공개법, 「공유수면 관리 및 매립에 관한 법률」: 공유수면법, 「공유재산 및 물품 관리법」: 공유재산법, 「공익사업을 위한 토지 등의 취득 및 보상에 관한 법률」: 토지보상법, 「광주민주화운동관련자보상 등에 관한 법률」: 5·18보상법. 「교육환경보호에 관한 법률」: 교육환경법, 「교통약자의 이동편의 증진법」: 교통약자법, 「국가를 당사자로 하는 계약에 관한 법률」: 국가계약법, 「국가유공자 등 예우 및 지원에 관한 법률」: 국가유공자법, 「국립대학법인 서울대학교 설립·운영에 관한 법률」: 서울대법, 「국방·군사시설사업에 관한 법률」: 국방시설사업법, 「국유림의 경영 및 관리에 관한 법률」: 국유림법. 「국토의 계획 및 이용에 관한 법률」: 국토계획법, 「금융감독기구의 설치 등에 관한 법률」: 금융위원회법, 「금융산업의 구조개선에 관한 법률」: 금융산업구조개선법, 「남북교류협력에 관한 법률」: 남북교류협력법, 「농업、농촌 공익기능 증진 직접지불제도 운영에 관한 법률」: 농업농촌공익직불법, 「다중이용업소의 안전관리에 관한 특별법」: 다중이용업소법, 「대학교원 기간임용제 탈락자 구제를 위한 특별법」: 임용탈락구제법, 「도시 및 주거환경정비법」: 도시정비법, 「독립유공자예우에 관한 법률」: 독립유공자법, 「독점규제 및 공정거래에 관한 법률」: 공정거래법, 「마약류관리에 관한 법률」: 마약류관리법, 「마약류불법거래방지에 관한 특례법」: 마약거래방지법, 「민영교도소 등의 설치·운영에 관한 법률」: 민영교도소법, 「민원사무 처리에 관한 법률」: 민원처리법, 「법령 등 공포에 관한 법률」: 법령공포법, 「법학전문대학원의 설치·운영에 관한 법률」: 법학전문대학원법

「보조금 관리에 관한 법률」: 보조금법, 「부동산 가격공시 및 감정평가에 관한 법률」: 부동산공시법, 「부동산 거래신고 등에 관한 법률」: 부동산거래신고법, 「부동산소유권 이전등기 등에 관한 특별조치법」: 부동산소유권이전등기법, 「부동산 실권리자명의 등기에 관한 법률」: 부동산실명법, 「부패방지권익위원회의 설치와 운영에 관한 법률」: 부패방지권익위법, 「사회기반시설에 대한 민간투자법」: 민간투자법, 「산업입지 및 개발에 관한 법률」: 산업입지법, 「석유 및 석유대체연료 사업법」: 석유사업법, 「소방시설 설치·유지 및 안전관리에 관한 법률」: 소방시설법

「소상공인 보호 및 지원에 관한 법률」: 소상공인법, 「수질 및 수생태계 보전에 관한 법률」: 수질수생태계법, 「수산식품산업의 육성 및 지원에 관한 법률」: 수산식품산업법, 「수입식품안전관리 특별법」: 수입식품법, 「식품 등의 표시·광고에 관한 법률」: 식품표시광고법, 「신용정보의 이용 및 보호에 관한 법률」: 신용정보법 「액화석유가스의 안전 및 사업관리법」: 액화석유가스

법, 「일제강점하 반민족행위 진상규명에 관한 특별법」: 반민족규명법, 「잡지 등 정기간행물의 진흥에 관한 법률」: 정기간행물법, 「정보통신망 이용촉진 및 정보보호 등에 관한 법률」: 정보통신망법, 「전자문서 및 전자거래 기본법」: 전자문서법, 「조달사업에 관한 법률」: 조달사업법, 「주민소환에 관한 법률」: 주민소환법

「지방교육자치에 관한 법률」: 교육자치법, 「지가공시 및 토지 등의 평가에 관한 법률」: 부동산공시법, 「집회 및 시위에 관한 법률」: 집시법, 「체육시설의 설치·이용에 관한 법률」: 체육시설법, 「총포·도검·화약류 등의 안전관리에 관한 법률」: 총포화약법, 「특수임무수행자 보상에 관한 법률」: 특임자보상법, 「표시·광고의 공정화에 관한 법률」: 표시광고법, 「폐기물처리시설 설치촉진 및 주변지역지원 등에 관한 법률」: 폐기물시설촉진법, 「하도급거래 공정화에 관한 법률」: 하도급법, 「환경분야 시험·검사 등에 관한 법률」: 환경시험검사법, 「해양사고의 조사 및 심판에 관한 법률」: 해양사고심판법, 「행정기관 소속 위원회의 설치·운영에 관한 법률」: 행정기관위원회법, 「행정업무의 운영 및 혁신에 관한 규정」: 행정업무규정

차　　례

제1편　행정과 행정법

제 2 편 행정작용의 구속과 자유

Chapter 01 행정의 법(법률)구속 91

제 4 편 행정작용법: 행정의 작용(행위) 형식의 체계

제 5 편 정보와 관련한 행정활동

제 6 편 행정의 실효성확보수단

제 7 편 행정구제법

제 1 편

행정과 행정법

01 행정의 의의 및 시민의 법적 지위

Ⅰ. 행정의 개념

우리는 '요람에서부터 무덤까지 심지어 무덤 이후에도' 행정과 관계를 갖는다. 국가가 존재하는 한, 우리는 행정과 더불어 생을 시작하여(출생신고) 직간접적 관계(학교재학, 혼인신고, 병역복무, 사업허가, 세금납부, 연금수급 등)에서 살아가다가 그 생을 마친다(사망신고). 심지어 생이 끝난 뒤에도 가령 장사법과 연금법을 통해 그 관계를 이어간다. 행정과의 만남 역시 비단 관공서에서만이 아니라, 도로, 도서관 나아가 심지어 (경찰개입의 상황에서는) 자기 집에서도 이루어진다(행정의 遍在性; 유비쿼터스 행정).

우리가 한평생은 물론 그 이후에도 또한 어느 곳에서도 늘 맞닥치는 행정의 개념이 헌법과 법률에 다수 등장하지만, 그것에 관한 법적 정의는 존재하지 않는다. **3가지의 개념으로 행정을 나눌 수 있다: 조직상의 의미의, 실체적(실질적) 의미의, 그리고 형식적 의미의 행정.** 여기서 조직상의 의미의 행정은 국가 및 그것의 기관의 총체를 의미하며, 형식적 의미의 행정은 조직상의 의미에서의 행정이 행사한 활동 전반이 -입법이든 통치행위이든- 해당한다. 그다지 다툼이 없는 이들에 비하면, 실체적 의미의 행정을 두고서는 논의가 활발하다.[1] 일찍이 Forsthoff가 "행정이란 서술할 순 있지만 정의내릴 수는 없다."고 주장하였지만,[2] 행정법학에서는 나름 행정을 정의하려고 모색한다. 여기에는 2가지 상반된 흐름이 있다. 먼저 공동체의 다양한 임무를 하나의 개념으로 포착하는 것이 어려워서 행정을 소극적으로, 즉 공제의 방법으로 접근하고자 한다. 가령 "행정이란 입법과 사법이 아닌 국가활동이다."는 W. Jellinek의 정의가[3] 그 예이다. 반면 소극적 접근에 따른 정의가 덜 계발적(啓發的)이라 하여 행정을 적극적

1) 사실 행정(Verwaltung, administration)이란 용어가 비단 공적 부문만이 아니라 사적 부문에서는 경영(business administration)을 의미하기도 하지만, 일찍부터 공행정(öffentliche Verwaltung, public administration)만을 의미한다.
2) Forsthoff, Lehrbuch des Verwaltungrechts, 10.Aufl., 1973, S.1.
3) W. Jellinek, VerwR, 3.Aufl., 1931, S.6.

으로 모색하려는 입장이 있다. H.J. Wolff는 다음과 같이 적극적으로 정의를 내렸다: “실체적 의미의 행정이란 공동체 및 그 하부영역의 업무 그 자체를 임명된 업무담당자에 의해 다양하게, 목적에 맞춰서, 부분계획적으로 그리고 자발참여식으로 시행하고 형성하는 식으로 수행하는 것이다.”[4]

여기서는 공임무의 변화에 대해 개방성을 유지하기 위해서, 특정한 행정모습에 국한되는 것을 피하기 위해서 일단 공제적 방법을 취한다. 다만 정치적 지도임무를 수행하는 통치행위(고도의 정치행위)를 배제하기 위해 W. Jellinek의 정의를 수정한다. **“행정이란 국가나 기타의 행정주체에 의해 공임무를 수행하는 것이되, 입법, 사법 그리고 통치행위에 해당하지 않아야 한다.”**[5] 행정의 징표로 사회형성작용, 공익실현작용, 미래지향적인 형성작용 등이 제시된다.[6]

Ⅱ. 행정의 민주성과 시민의 법적 지위

1. 행정의 고유한 민주적 정당성

행정부는 민주주의와 법치국가원리에 바탕을 둔 국가권력분배의 필수적이고, 바람직한 구성부분에 해당한다.[7] **법치국가원리에 따른 행정의 법구속에서 행정 및 행정부와 입법 및 입법부 간의 상호관계가 문제된다.** 비록 법률집행적 활동이라 하더라도, 행정에 대해서 권력분립주의에 의해 −입법부가 침범할 수 없는 기능에서의 핵심영역에 해당하는− 고유한 기능영역이 부여되어 있다. 법치국가원리에 입각한 기능조직으로서의 행정부는 민주주의에서 필수적이며, 권력분립에 의해 의회에 대해서 독립적이다. 행정부는 원칙적으로 법률의 테두리 내에서 독립되게 자신의 집행방식을 형성할 수 있다. **행정부는 법률집행에 있어서 결코 제품자판기, 집행기계나 자동포섭기와 같은 존재가 아니다.**

우리 국가체제는 대통령제 국가이고 대통령이 행정수반이므로, 행정은 더욱더 독립된(인적) 민주적 정당성을 가진다. 민주적 정당화가 독일과는 달리 이원적으로 형성되는 것(다원적 정당화: pluralistische Legitimation)으로 보아야 한다. 여기서 법률구속의

4) H.J. Wolff, VerwR Ⅰ, 6.Aufl., 1965, §2 Ⅱ 5c.
5) Vgl. J. Ipsen, Allg. VerwR, 7.Aufl., 2011, §1 Rn.51. 통치행위는 행정소송의 한계에서 검토한다.
6) 김남진/김연태, 행정법Ⅰ, 2024, 5면 이하.
7) Groß, Das Kollegialprinzip in der Verwaltungsorganisation, 1999, S.191.

원칙이 견지되면서도 행정의 자유 영역은 존중되어야 한다. 특히 복합적인 사안에서는 입법자 스스로 뒤로 물러서는 것이 요구된다. 왜냐하면 행정의 민주적 정당성이 확보된 이상, 행정 스스로 의회의 통제하에서 —법구속의 원칙 및 의회통제의 범위를 넘지 않을 것을 전제로— 나름 자유롭게 내용적 정당성을 강구할 수 있기 때문이다.[8]

법치국가원리에서의 법률의 지배가, 우월적 지위를 전제로 한 의회의 지배를 의미하지 않는다. 나아가 행정의 법구속 원칙이 행정의 고유한 결정여지를 부인하는 식으로 지나치게 엄격한 사법심사를 용인하는 근거가 되어서는 아니 된다. 정책적 사안을 적법과 위법의 프레임으로 재단하는 것에 대한 문제인식이 필요하다. 오늘날의 복잡한 상황에서 법률의 조종력이 과거보다 약화되었기에, 법률유보의 요청을 견지하면서 그것을 보완하는 차원에서 행정유보의 문제를 적극적으로 접근할 필요가 있다. 유연한 이런 관점은 특히 리스크행정에서의 법률유보의 문제(본서 108면), 재량에 관한 과도한 사법심사의 문제(본서 62면 이하), 행정입법에 관한 현대적 인식(본서 445면 이하) 등에서 매우 유효하게 통용될 수 있다. 물론 행정유보가 법률유보를 대체하는 것은 결코 허용되지 않는다.

2. 행정의 민주성에 따른 시민의 법적 지위

행정기본법의 목적은 국민의 권익보호에 이바지함에 있고, 이를 방도로 행정의 민주성과 적법성의 확보 및 행정의 적정성과 효율성의 향상이 제시된다(1조). 목적은 '국민의 권익보호'이고, 그 목표는 '행정의 민주성', '행정의 적법성', '행정의 적정성' 및 '행정의 효율성'이다. 이들 목표 가운데 가장 중요한 것이 '행정의 민주성'의 확보이다.

민주화는 자유로운 개인의 주체적 지위 즉, '자율적 시민'을 전제로 한다. 민주국가에서 국민은 더 이상 통치의 대상은 물론, 국가적 배려의 단순한 객체가 아니다. 국민은 적어도 자신의 중요한 이익이 문제되는 한, 국가에 대해 주관적 권리의 주체로서의 지위를 갖는다.[9] 민주화는 단지 정치에서의 민주화에 머물지 않는다. 행정의 차원에서의 민주화의 명제는 국민을 공권력의 대상이자 객체로 보기보다는 국가에 대한 주관적 권리의 주체로 보게 한다. **행정법의 주관적 권리화**(Subjektivierung des Verwaltungsrechts)

8) 상론: 김남진, 행정의 민주적 정통화론, 학술원통신 제290호, 2017.9.1., 9면 이하; Dreier/Kuch, in: Kahl/Ludwigs(Hrsg.), Handbuch des Verwaltungsrechts, Bd. Ⅲ, 2022, §60.

9) "개인은 공권력에 복종하지만 臣民(Utertan)이 아니라 시민(Bürger)이다. 그는 원칙적으로 단순히 국가적 활동의 대상이 되어서는 아니 된다. 오히려 그는 독립적이고 도덕적으로 책임 있는 인격체로서, 그래서 권리와 의무를 지닌 사람으로 인식된다."(BVerwGE 1, 159ff.). "사람을 국가내에서 객체(대상)로 만드는 것은 인간의 존엄성에 반한다."(BVerfGE 27, 1(6).

는 이러한 사정의 변화를 상징적으로 표현한 것이다(본서 184면).

국가(행정)와 국민(시민)과의 관계를 군신관계마냥 명령복종의 권력관계를 접근하는 입장(본서 152면)을 명시적으로나 묵시적으로 견지하는 한, 시대에 맞는 공법적 접근은 기대할 수 없다. 행정기본법이 제1차적 목표로 '행정의 민주성'을 규정한 것을 계기로, 행정법제 전반을 민주성의 차원에서 그리고 '국민의 좋은 행정에 관한 권리'(본서 186면)의[10] 차원에서 국가중심적인 것이 아니라 국민중심적으로 새롭게 접근해야 한다. 민주성이 아니라 관헌국가성에 바탕을 둔 기왕의 행정법제에 대한 해석과 집행을 계속하는 것을 비판적으로 성찰해야 한다. 특히 행정공무원은 법관보다 더 적극적으로 행정기본법의 목적 및 개별 조항의 입법취지를 유념해야 한다. 나아가 개인이 중심에 서는 계몽주의와 이성법이 지배하는 바른 근대국가 즉, 본연의 민주적 헌법국가가 실현되도록 헌법상의 인간존엄성 규정(10조)을 헌법 제1조 제1항으로 옮길 필요가 있다.[11]

Ⅲ. 행정의 목표

1. 공익(공공복리) 추구

매우 다양한 목표를 추구하지만, 행정은 다른 국가기능과 마찬가지로 궁극적으로 항상 공익을 위하여 활동한다.[12] 관할과 권한이 국가에게 이전되는 것은 단지 국가 자신을 위한 것이 아니라 국민을 위한 것이다. 당연한 명제이긴 해도 행정기본법은 행정의 공익지향성을 명문화하였다.[13] 행정법의 일반원칙의 하나가 공익(공공복리)관련성의 원칙이다. 따라서 국가는 의무구속적인 활동만을 할 수 있으며, 사주체와는 대조적으로 사적자치(私的自治)에 의해 활동할, 즉 임의로 목표를 설정할 권리를 갖지 못한다. 공익개념 대신 공공필요나 공공복리란 개념이 사용되곤 한다. 사기업과 같은 사적 조직체 역시 본래의 업무와 병행해서(또는 결과적으로) 공적 임무를 수행하기에 공익개

10) 유럽기본권헌장(GRCh) 제41조는 신속하고 공정한 절차진행을 목표로 한 '좋은 행정에 관한 권리(Recht auf eine gute Verwaltung)'를 규정하고 있다.

11) 독일 공법학은 1949년 기본법 제1조 제1항의 인간존엄성 규정에 의거하여 민주적 헌법국가에 걸맞는 새로운 변화를 적극적으로 전개하였다. 상론: 김중권, 개인을 국가보다 앞세우는 헌법의 개혁이 필요하다, 법률신문 제5125호, 2023.10.30.

12) 참고문헌: 최송화, 공익론, 2002; 공익의 법문제화, 법학 제47권 제3호(2006.9.), 10면 이하.

13) §4 ① 행정은 공공의 이익을 위하여 적극적으로 추진되어야 한다. 참고: 스위스 연방헌법 §5 ②: 국가활동은 공익을 위해 존재해야 한다.

념 자체가 취약점을 지니나, 공감가능한 결정적인 구별이 힘든 이상, 일단 이들 개념이 표현만을 달리한 것으로 본다.

법도그마틱적 개념이 아니라 이론적 개념인 공익(및 공공필요나 공공복리)을 명확히 정의하기란 극히 어렵다. 그것은 실체적으로 제시된 내용이나 객관화하여 포착가능한 실제상태에 바탕을 두지 않는다. 오히려 그 개념은 행정이 행하는 일련의 조치의 내적 지향을 나타낸다. 공익은 다름 아닌 준칙이다. 그리하여 민주적 정당성을 갖는 국가기관은 공익이 무엇을 요구하는지를 자유로이 정할 수 있는데, **특정이익 내지 고립된 개별이익이 아니라 전체로서의 공동체의 '더 좋은' 상태를 목표로 해야 한다.**[14]

공익이란 모든 사람의 이익을 위해 존재할 수 있지만, 반드시 그럴 필요는 없다. 가령 행정주체인 공공단체(변호사회나 재개발조합)는 단지 그 구성원의 이익만을 증진한다. 그리하여 전체의 복리가 부분의 그것과 동일시될 수 있다. 공동선과 부분선은 상호 배제되지 않는다. 가령 한 사람의 이익조차도 공익의 대상이 될 수 있다. 그리하여 사적 권리를 보호하기 위한 경찰개입이나 사기업체를 위한 공용수용 역시 엄격한 제한하에 허용될 수 있다(본서 992면 이하). 한편 행정의 공익지향성으로 인해 행정이 순전히 영리경제적인 활동에 나서는 것은 원칙적으로 허용되지 않으며, 보충성조항(지방공기업법 3조 2항)에 위배되지 않게 허용된다.[15]

공익에 이바지하기 위해 개별경우에 어떤 조치를 취해야 할지 또는 취하지 말아야 할지와 관련해서, 행정은 그때그때의 법규범을 근거로 개별경우의 구체적 사정에 의거하여 그리고 결정에 중요한 모든 관점을 고려하여 결정할 수 있다. 여기서 헌법 및 개별법률의 목표는 물론, 헌법상의 국가의 목표(예: 국가의 사회보장증진, 환경보전 등)와 기본권이 그 판단과 결정을 향도한다. 그런데 가령 도로노선의 확정에서 환경이익과 교통이익처럼 서로 조화될 수 없는 상이한 공익이 추구되는 경우도 있다. 이런 경우 **행정은 가능한 모든 공익상의 요청이 최적화되도록 도모해야 한다**. 물론 어느 관점을 더 강조할 수는 있다.

그리고 행정은 공익의 추구에서 적극적으로 나서야 한다. 행정이 법을 내세워 소극적인, 방어적인 업무수행이 문제되어 '적극행정'의 표제가 등장할 정도이다.[16] 이미

---

14) Masing, in: Voßkuhle/Eifert/Möllers(Hrsg.), Grundlagen des Verwaltungsrechts, Bd. I, 3.Aufl., 2022. §10 Rn.24.

15) 지방자치단체의 경영활동의 공법적 문제점에 관해서는 김중권, 행정법기본연구Ⅱ(2009), 414면 이하.

16) 본래 행정기본법 제4조의 제목이 '적극행정의 추진'이었는데, 일각에서 적극행정에 대해 비판과 의구심이 제기되어 제목부터 바뀌었다. 그러나 비판론이 제기하는 공무원을 옥죄는 효과는 생길 수가 없다. 적극행정의 문제는 결코 특정 정부만의 문제가 아니고, 최근 모든 정부의 과제이다.

적극행정과 관련된 제도가 시행되고 있는 이상, 그것은 단순히 자세의 문제가 아니고, 동시에 제도의 문제이기도 하다. 행정작용은 법치행정의 대전제에서 행해져야 하므로, 적극행정을 내세워 탈법, 불법이 정당화될 수는 없다. 그런데 행정기본법 제4조상의 '적극적으로 추진한다'는 것과 관련해서 구체적인 방향을 제시하지 않아서 자칫 슬로건에 그칠 우려가 있다.[17] 적극행정에 나서게 하는 제도적 압박이 필요한데, '국민의 좋은 행정에 관한 권리'가 효과적인 수단이 될 수 있다(본서 186면 이하).

2. 보장국가의 등장

공익추구가 국가 내지 행정의 독점은 아니다. 사기업이나 사인의 활동 역시 공익을 위하여 존재할 수 있다. 나아가 오늘날의 시대트렌드인 민간화(Privatisierung: 사적화)로 인해 사인(사개인과 사법인)은 국가임무이행에 직접 참여한다(국가임무이행상의 분업).[18] '책임분배' 개념을 민간화의 종류에 결부시켜 표현하면, 국가와 사회간에는, (조직사적화의 경우의) 국가의 '이행책임'에서 (임무사적화의 경우의) 단순한 '보장(보증)책임'에 이르기까지 여러 가지 변위가 생겨난다(본서 169면 이하). **국가임무의 이런 이행상의 주목할 만한 변화가 보장국가의 등장이다.** 여기서 국가는 갈수록 확대되는 생존배려의 영역에서 자신의 임무를 스스로 수행하기보다는 사인이 공법적으로 정한 규제적 규준의 테두리 안에서 그 임무를 수행하게 한다.[19] **보장국가적 모델의 매력은** 양립할 수 없는 대립된 가치, 즉 **국가작용상의 합리성과 사회활동상의 합리성을 결합시켜 동시에 추구하는 것이다. 이런 혼합관계는 물론, 거버넌스체제를 법학적으로 어떻게 다룰 것인지가 행정법의 중요한 새로운 임무이다.** 종래 법학방법론에 기초한 해석학이 아닌 행정법개혁의 차원에서 법정립지향적인 행동과학으로서의 새로운 행정법학이 강구되고 있다.[20]

17) 오히려 "법령에 반하지 않는 한 국민에게 이익이 되도록 적극적으로 추진한다."는 식으로 규정하면 더 좋았을 것이다.
18) 대표적 문헌으로 김남진, 행정의 私化와 관련 문제, 학술원통신 2013.2.1.
19) 보장국가에 관한 상론은 김남진, 자본주의 4.0과 보장국가 · 보장행정론, 학술원통신 2011.12; 정기태, 공법연구 제44집 제1호(2015. 10.), 457면 이하; 김중권, 행정법기본연구 VI(2021), 48면 이하.
20) 법에서의 조종이론적 관점이 새로운 행정법학을 창설하는 데 주효한다. 규범과 관련한, 사회적, 정책적, 경제적, 문화적, 기술적, 생태적 실제(현실)를 알지 못하면, 법의 조종능력은 거의 반영될 수가 없다. 법학 및 법제도가 과연 현실에 터 잡고 있는지 깊은 성찰이 필요하다.

02 행정법의 의의

제 1 절 행정법에 관한 기초이해

Ⅰ. 행정법은 무엇인가?

행정법의 개념은 넓은 의미로도 좁은 의미로도 사용할 수 있다. 대부분의 행정법 문헌들은 행정법(das Verwaltungsrecht)을 '행정에 관한 공법'으로 설정한 다음, 행정법을 '공법의 성문의, 불문의 법규의 총체'로 정의한다(협의의 행정법).[1] 반면 광의의 행정법을 추구하는 입장에서는 행정법을 '행정을 조직화하거나 행정에 의해 준수되어야 할 법규의 총합'으로 이해하며, 비단 공법규정에 한하지 않고 사법규정까지도 포함시킨다. 이 입장에서는 행정법을 '행정의 법'(das Recht der Verwaltung)으로 이해한다.

오늘날 법현실에선 공법에 의한 사법의 사용이 날로 증대되고, 동시에 사법에 대한 공법의 영향 역시 날로 심화되고 있다. 전통적인 범주론적 접근을 고수하면, 자칫 구별에 관한 논의가 법현실로부터 유리될 수 있다. 공법과 사법은 종종 대립적이지 않고, 협력적으로 영향을 미친다. 구별을 전제로 하면서도, 이들을 교호적 포용(포괄)질서(wechselseitige Auffangordnungen)로서 인식해야 한다(후술).[2]

공법과 사법을 전체법질서의 부분으로 교호적 포용질서로 파악하면, 행정법의 이해는 바뀔 수밖에 없다. **공법과 사법의 협력체제에서 더 이상 행정법을 공법의 부분영역으로만 접근해선 아니 되고, '행정의 법'으로 인식할 필요가 있다.** 종래 민사사건으로 취급하여 온 사건을 공법사건으로 바꾸는 당사자소송의 활성화 역시 행정법의 새로운 이해를 촉발시킬 계기가 될 것이다.

1) 대표적으로 Ehlers/Pünder, in: Ehlers/Pünder(Hrsg.), Allg. VerwR, 16.Aufl., 2022, §3 Rn.1ff.
2) Vgl. Hoffmann-Riem/Schmidt-Aßmann(Hrsg.), Öffentliches Recht und Privatrecht als wechselseitige Auffangordnungen, 1996.

Ⅱ. 행정법의 성격

1. 민주적 법치국가원리의 구체화로서의 행정법

법치국가는 법과 합리성을 통해서, 자신의 활동을 사전엔(ex ante) 예상가능하게, 사후엔(ex post) 통제가능하게 만든다. 그런 식으로 규율되어 있을 때, 법치국가는 개인의 자유 등에 대한 제어된 개입권력일 뿐만 아니라, 개인에게 유리한 보호권력, 즉 개인적 인간존엄성, 자유, 재산권 그리고 주관적 권리를 위한 보증인이기도 하다. 고전적 행정법은 권력분립, 법원의 독립성, 행정의 법률적합성, 행정조치에 대한 사법구제, 국가책임법의 여러 원칙과 같은 5가지를 기본요소로 하여 구축되었다. **고전적 행정법은 법치국가원리의 구체화로서 생겨났으며, 그것은 오늘날에도 변함이 없다.** 이제 후술할 '행정법의 헌법구체화'와 동반하여 또는 그에 갈음하여 '민주적 법치국가원리의 구체화'로 행정법을 새롭게 자리매김할 만하다. 새삼 -당시에 형식적 법치국가적 이해가 지배하긴 했지만- O. Mayer가 법치국가를 '잘 정리된 행정법의 국가'(Staat der wohlgeordneten Verwaltungsrecht)로 특징을 지운 것을[3] 상기할 필요가 있다.

그런데 고전적 행정법에서 자유를 위협하는 국가를 시민에 대비시킨 것이, 오늘날에는 흡사 목가적 인상을 준다. 이런 대비는 단순한 양극관계에서 성립한 19세기적 구성이다. 안전이란 국가목적의 변천, 즉 전통적인 위험방지로부터 과학·기술의 발전에 대해 엄격히 규정하면서 개입하는 리스크배려·리스크형성으로 바뀐 것과 더불어, 법치국가원리지향적 행정법의 고수와 관련한 의문점이 증폭·확대되었다. 예전엔 근대적이었지만 이젠 고전적이게 되어버린 법치국가원리의 양극성이 문제된다.

국가가 사회의 리스크를 고도의 규준으로 완화시키고, 그 리스크의 성립을 저지하며, 리스크의 결과를 제한하는 것을 목표로 삼을 경우에, 시민적·자유주의적 법치국가의 '규범틀'은 구조적으로 과중하다고 여겨진다. **'예방국가'에[4] 즈음하여, 행정법은 법치국가적 자리매김은 견지하면서도, 자신의 도그마틱을 어떻게 특별한 소재상의 변화에 상응하게 할 수 있는지가 관건이다.**[5]

3) O. Mayer, Deutsches Verwaltungsrecht, 3.Aufl. 1924, S.58.
4) Denninger, Der Präventionsstaat, KJ 1988, S.1.
5) Vgl. U. Di Fabio, Risikoentscheidungen im Rechtsstaat(1994), 5장(번역: 김중권, 행정법기본연구Ⅱ(2009), 463면 이하).

2. 행정작용을 정당화하는 법으로서의 행정법

행정이 공적 임무를 이행하기 위해 왜 특별법으로서의 행정법을 필요로 하는가? 이런 물음에 대한 전래적인 답은 자유와 재산에 대한 개입은 헌법에 의해 법률을 필요로 한다는 것이다. 전통적인 개입(침해)행정에 초점을 맞추는 이 견해에 의하면, **행정법이란 기본권적인 법률유보로 인해 헌법적으로 필요로 하는 법규의 총합으로 여겨질 것이다.** 왜냐하면 법규의 총합이 개입행정의 작용을 정당화하기 때문이다. 여기서 법률로부터 구속받지 않는 행정은 헌법의 기본원리에 합치하지 않는다.

국민주권의 시대에 민주적 정당성은 국민에 의한 권력자선출에 그치지 않고, 공익실현과 같은 실체적(사물적) 정당성에까지 확대된다. 사물적 정당성은 의회에서 의결된 법률 및 그에 터 잡은 명령, 즉 법령에 의해 매개된다. 여기서 행정법은 공익을 실현하는 행정작용, 즉 공적 임무의 이행을 정당화하는 법규의 총합으로 정의를 내릴 수 있다. 이런 접근을 하면, 입헌군주제에 따른 개입적 사고틀의 협소함을 극복할 수 있거니와, 행정작용이 단지 시민을 상대해서만 정당화되어서는 아니 된다는 사정도 고려된다. **행정법은 행정의 사물적 정당성, 즉 공익실현에 이바지하고, 그럼으로써 행정작용을 정당화하는 법에 해당한다.**[6)]

Ⅲ. 전체 법질서에서 행정법의 위상, 특히 헌법과의 관계

1. 양대 명제

O. Mayer는 1924년에 출간 그의 독일 행정법 제3판 서문에서, "1914년과 1917년 이래로 크게 새로운 것을 추가할 필요는 없다. **"헌법은 사라져도 행정법은 남는다"**(Verfassungsrecht vergeht, Verwaltungsrecht besteht)고 서술하였다. 시민과 국가간의 관계 －신민과 관헌간의 관계－ 를 기본적으로 인정하는 데 바탕을 두었던 입헌군주제하의 행정법이 민주공화적 헌법질서에도 그다지 마찰 없이 이행될 수 있다는 것이다. O. Mayer의 명제는 행정법의 헌법비의존성이자 시대초월성을 나타낸다.[7)] 이에

6) J. Ipsen, Allg. VerwR, 7.Aufl., 2011, §1 Rn.52.

7) 그런데 O. Mayer의 명제는 유럽화에 즈음하여 역설적 상황을 낳고 있다. 독일의 경우 유럽화로 헌법은 별반 영향을 받지 않지만, 행정법의 경우 그 바탕에서부터 심대한 영향을 받고 있다. "헌법은 남는데 행정법은 사라진다."는 반대명제가 상징적으로 운위될 정도이다. 그리하여 독일 행정법은 1970년대의 전초논의를 거쳐 이미 1980년대 말부터 포괄적인 변혁의 국면에 진입하여, －비판이 있긴 하나－ 방법론상의 새로운 지향을 초래하였고, 그런 변혁의 양상이 대표적 문헌(Grundlagen des Verwaltungsrecht

대비되는 것이 **'구체화된 헌법으로서의 행정법'**이란 F. Werner의 명제이다.[8] 이 입장은 행정법을 전적으로 헌법의 기능으로서 파악한다. 여기서 행정법은 고도로 헌법에 의해 특징이 지워지며, 헌법의 근본적인 변화의 지배를 받는다. 다만 F. Werner도 분명히 지적하듯이, 행정법을 단지 헌법의 도출, 연역이나 구체화로 파악해서는 곤란하다.

2. 제3의 길: 상호 의존적, 교호적 관계

비록 헌법상의 명시적인 근거는 없지만, 행정은 헌법상의 내용이 최적으로 유효하게 되도록 그것의 실현을 위하여 적극적으로 노력을 할 헌법적 의무를 지기에, F. Werner의 명제가 설득력이 있다. 하지만 행정법의 위상과 좌표를 적확하게 설정하는 데, 그리고 행정법에 내재한 갈등을 명료하게 설명하는 데 두 입장은 공히 적합한 면이 있다. 헌법은 행정법에 대해 영향을 미치고 서서히 관류하고 있으며(행정의 기본권 구속, 행정법의 일반원칙의 헌법적 도출 등), 정반대로 입법자의 개입을 요구하는 새로운 헌법적 문제제기가 행정법과 행정실무로부터 발흥하기도 한다. 원래 행정규칙인 국세청훈령에 규정되었던 고액·상습체납자의 명단공개 제도가 2003.12.30.에 국세기본법에 규정된 것이 좋은 예이다. 구 건축법 제69조 제2항상의 공급거부제도가 부당결부금지의 원칙에 의거한 비판이 주효하여 2005.11.8. 법률개정을 통해 삭제된 것 역시 예가 된다. **이제는 O. Mayer의 명제와 F. Werner의 명제를 발전적으로 극복하여 헌법과 행정법을 상호 의존적, 교호적(交互的) 관계에서 접근할 필요가 있다.**

3. 행정법의 적용우위 再論

어떤 경우도 헌법이 행정법적 물음을 완전히 결정할 수는 없다. 현재의 공법상황 전반을 보면, 두드러진 특징이 헌법적 물음과의 적조함이 아니라, 정반대, 즉 헌법과 그것의 원리에 대한 조악한 치유기대감이다. 특히 모든 쟁점사항이 공법적인, 특히 헌법적인 것이 되어 버린 참여정부에선, 가히 헌법(재판)의 전성시대라 여겨질 정도였다. 헌법적 원리에 의거한 인플레된 논증의 배후에는 종종 절제되지 않는 만족감이 존재한다. 모든 행정법적 사례는 잠재적인 헌법적 사례이듯이(Otto Bachof), 헌법과 행정법의 긴밀한 조응과 견련(牽聯)은 일반적인 현상이거니와, 필요하다. 하지만 그럼에

Bd. I (2006, 2010, 2022), Bd. II (2008, 2012, 2022), Bd. III (2009, 2013))을 통해 집대성되었다. 참고문헌: 이진수, 오토 마이어의 행정법상 방법론에 관한 연구, 2018.

8) F. Werner, DVBl. 1959, S.527.

도 불구하고, 개별법적 차원을 경시한다거나 헌법에로의 곧바로 안락하게 도피한다거나 하는 것은 정당화되지 않는다.[9] **효력의 우위는 헌법이 누리지만, 적용우위는 행정법이 누린다.**[10]

4. 헌법은 행정법으로부터 무엇을 배울 수 있는가?

그동안 F. Werner의 명제를 행정법의 차원에서만 바라보았는데, 이는 단선적이다. 헌법의 차원에서 행정법이 헌법을 구체화하는 과정과 그 결과를 성찰하면 헌법적 논의는 물론 행정법적 논의까지도 더욱더 심화시킬 수 있는데, 아쉽게도 이 문제가 그동안 학계에서 제기되지 않았다.[11] 그러나 독일의 많은 공법학자들은 F. Werner의 명제에 관한 비판적 접근을 통해 헌법과 행정법의 교호적 관계를 성찰하기도 한다. 가령 행정법의 헌법에 대한 소급효가 확인되거나 헌법의 행정법 의존성이 종종 간과되고 있는 점이 지적되곤 하는데, 특히 Möllers 교수는 헌법을 추상화된 행정법으로 정의한다.[12] 그리고 Schmidt-Aßmann 교수는 헌법의 결정력만을 강조하려고 하는 것은 헌법과 행정법의 관계를 불충분하게 서술하는 것이라는 점과 행정법에서 헌법으로도 영향을 미치곤 한다는 점을 지적하고서, 3가지의 차원(법역사적으로, 법실무적으로, 법도그마틱적으로)에서 행정법이 헌법에 대해 영향을 미치는 양상을 서술한다.[13] 헌법우위의 원칙에서 어떤 경우에도 헌법과 행정법의 규범위계의 관계를 전도시키는 것은 허용되지 않는다. 하지만 비례의 원칙의 예가 보여주듯이, 엄연히 **헌법이 행정법에서 배웠다는 점을 도외시할 수 없다.** 차제에 공법학의 계발적 논의를 전개하기 위하여 행정법이 헌법을 어떻게 구체화하는지에 관한 논의는 물론, 헌법과 행정법의 상호(교호)작용에 관한 진전된 논의가 필요하다.[14]

---

9) 일찍이 아도르노/호르크하이머가, "주어진 관계에서 노동으로부터 면제된 것은 실업자에 대해서든 그 반대의 경우이든 불구를 의미하기도 한다. '위에 있는 자들은' 자신이 더 이상 다룰 필요가 없는 삶을 단지 '기체(基體)'로서만 경험하며 그래서 전적으로 명령하는 자로 굳어진다."고 지적한 것(Max Horkheimer/Theodor W. Adorno, Dialektik der Aufklärung, 1969, S.52)은 많은 것을 시사한다.

10) 박정훈 교수는 실정법의 법해석방법은 행정법이 '일반공법'으로서의 지위를 가지며 그 내용을 보충·강화하기 위한 것이 헌법이며, 이 의미에서 헌법이 행정법의 '특별법'이라고 강조한다. 행정법의 체계와 방법론, 2005, 67면.

11) 일찍이 김남진 교수님은 '행정법의 헌법구체화법으로서의 특수성"을 지나치게 강조하게 되면, 행정법의 자율성이나 민주적 입법자의 독자성을 무시하게 된다는 점을 통해 헌법구체화법으로서의 행정법론의 문제점을 제기하셨다. 동인, 헌법과 행정법, 공법학의 역사와 미래(2019년 한국공법학회 신진학자학술대회) 발표문(2019.2.14.), 257면 이하.

12) ders., in: GVwR Ⅰ, §2 Rn.13. 그는 F. Werner의 명제를 타당하지도 바람직하지도 않아서 더 이상 문제 삼지 않아야 한다고 강변한다.

13) ders., Das allgemeine Verwaltungsrecht als Ordnungsidee, 2.Aufl., 2004, S.11f.

Ⅳ. 행정법의 전체 체계: 일반행정법과 개별행정법

1. 일반행정법

민법이나 형법은 총칙을 두고 있다. 이를 통해 여러 법영역에 공통되게 통용되는 규정을 요약하고, 개별사안에서 그것의 구체적 적용메커니즘을 각칙으로 규율한다. 그런데 행정법은 총칙은 물론 성문법이 존재하지 않음에도 불구하고 다른 법에서의 총칙(총론)과 각칙(각론)마냥 일반행정법(행정법총론)과 개별행정법(특별행정법)의 체제를 갖는다. 법규정을 실제사안에 접목시키는 데 있어서 이음쇄의 역할을 하는 행정법 도그마틱을 주된 내용으로 하는 일반행정법은 행정법적 규율과 제도의 규준으로서 기능한다. 그런데 **질서이념으로서의 일반행정법(Das allgemeine Verwaltungsrecht)은 개별법 제도상의 정렬(법규정)의 상관관계, 지속적인 발전계보와 적합성을 항상 재차 확인하는 데 이바지한다.** 그것의 바탕은 일반화되어야 할 분석적 사고의 합리화효력에 관한 통찰이다. 질서이념으로서의 일반행정법은 지속적인 성찰과 시스템형성의 장소이자 임무에 해당한다.[15] 즉, 체계사고의 산물로서의 일반행정법은 그 자체로 잠정적이고 변화에 개방적이어야 한다.[16] 질서이념으로서의 일반행정법이 제대로 기능하자면, 우선 규범적 기본틀이 구비되어야 한다. 행정절차법과 행정규제기본법이 부분적으로 그런 기능을 하지만, **행정기본법이 행정법일반이론을 부분적으로 성문화하였다.**

2. 개별행정법

개별행정법 역시 확고한 성문화된 틀이 없고, 국가임무를 중심으로 하여 개개의 법영역에 의거하여 개별행정법이 편성되어 있다. 가령 지방자치법, 경찰행정법, 경제행정법, 공물법, 교통행정법, 공기업법, 토지·건축행정법, 환경행정법, 과학기술행정법, 보건행정법, 사회행정법, 미디어행정법, 조세행정법 등이다.[17] **일반행정법의 내용과 개별행정법의 내용을 통일된 범주에서 설정할 경우, 이들의 교호적(상호적) 관련성이 당연**

---

14) 상론: 김중권, 행정법이 헌법에 있고, 헌법이 행정법에 있기 위한 모색, 헌법학연구 제26권 제4호(2020.12.31.); 민주적 헌법국가에서 교호(상호)작용의 관계로서의 헌법과 행정법의 관계, 헌법논총 제34집(2023.12.22.).

15) Schmidt-Aßmann, Das allgemeine Verwaltungsrecht, S.1ff.

16) Kahl, in: HVwR Ⅰ, §12 Rn.17, 18..

17) 한편 독일에서는 일반적 특별행정법의 범주를 인정하는 3원화 모델이 개혁의 착안점으로 제시되고 있는데, 우리로서는 일반행정법의 바른 구축이 시급한 선결과제이다.

히 드러날 것이다. 특히 환경행정법, 과학기술행정법, 보건행정법과 같은 개별행정법에서 생긴 변화가 일반행정법을 변화시킬 동인(動因)을 제공하였다. 그 대표적인 예가 경고나 특정제품의 추천과 같은 정보제공작용이다. 반대로 일반행정법에서의 논의부족이 고스란히 이식·확대될 우려도 있다. 가령 관리처분계획인가를 보충행위로서 인가로 접근하는 것(대법원 93누22753판결 등)과 같은 인가에 관한 난맥상(본서 287면)이 그 예이다.

3. 일반행정법과 개별행정법의 관계

부단히 변하는 행정환경과 시대적 요청에 즈음하여 개별행정법에서 구조상의 비판과 구조상의 혁신이 늘 제기된다. 개별행정법의 원심력을 포착하기 위해 새로운 현상을 기왕의 틀에 결합시키는 식으로 일반행정법의 사고틀은 항시 개별행정법 분야에 피드백됨으로써 지속적으로 발전한다. 가령 도시정비법상의 재건축조합설립인가와 관련해서 종래의 강학상의 인가론이 어울리지 않아 －저자가 처음 반론을 제기한 대로－ 판례가 설권적 처분으로 수정하였다(본서 291면). 개별행정법의 차원에서 나름의 도그마틱이 일반행정법의 범주에 연계됨으로써 개별행정법의 연결성이 공고하게 된다. 결국 **일반행정법과 개별행정법은 서로서로에 대해 배워야 한다.** 행정법일반이론을 완전히 뒤로 물리고, 오로지 개별행정법의 고유함을 내세워 접근하는 것은 행정법도그마틱은 물론, 행정법제에 치명적인 난맥을 초래한다. 행정기본법의 제정을 통해 이런 난맥상이 다소 해소될 것이다.

V. 국제적 행정법의 등장

행정의 법률관계는 특히 19세기에서 20세기로의 전환시대에 산업화와 기계화에 맞춰서 고도로 심화되었다. 대표적인 예가 교통법과 보건법이고, 최근에는 환경법, 경제감독법, 규제법, 사회법 및 WTO법과 같은 영역이 해당한다. **행정관계의 증대된 국제화가 행정법을 국제적 차원에서 새롭게 구상할 계기를 제공하는데, 여기에 국제적 행정법(Internationales Verwaltungsrecht)이 등장하였다.**

공법의 탈영토화는 공법이 국내의 영토적 한계를 넘어섰다는 것을 나타낸다. 오늘날 고전적 영토국가의 모습은 강하게 씻겨지고 있다. 법은 그 조종능력을 유지하기 위해 경우에 따라서는 국경을 넘어야 한다. 결과 국제법과 행정법은 급속히 근접하고 있다. 국제적 행정법 개념은 매우 다양하게 사용되고 있다. 전통적으로 국제사법에 비견되게 저촉법(抵觸法)으로 보지만, 오늘날에는 이를 넘어 국제법적으로 근거가 지워진 행정법, 즉 국제법에 근거를 둔 행정법으로 보고서 행정법의 발전을 견인한다.[18] **글로벌 스탠다드에 해당하는 EU AI법의 의의가 시사하듯이,**[19] 국제적 행정법이라는 '혁신의 실험실'이 국내 차원에서의 행정법의 발전을 위한 자극을 제공할 수 있다.[20] 국제적 행정법을 국제법과의 관계설정의 차원을 넘어 접근해야 한다.[21]

Ⅵ. 디지털 대전환에 따른 디지털 행정법의 출현

디지털 대전환의 표현은 디지털에 의한 광폭적인 변화의 프로세스를 나타낸다. AI가 널리 사용되면 모호한 유행어인 'Legal Tech'가 시사하듯이, 필연적으로 사람의 존재와 역할이 거세된 메커니즘이 출현하고, 그에 따른 부조화가 심대하게 된다. 아날로그 질서의 대표인 법질서는 이제까지 경험하지 않은 도전에 직면한다. 여기서 법은 디지털화의 기회 포착을 가능하게 하는 것과 동시에 리스크를 축소·배제하는 것을 목표로 한다. 혁신을 가능하게 하고 혁신책임을 확고히 하는 법을 구상하는 것이다. 전자는 법적 자유여지를 제공함으로써, 후자는 혁신에 대한 개방성과 책임성을 법상으로 확고히 함으로써 강구된다. 법은 개인과 공공복리에 맞춰 형성하기 위한 수단으로 AI를 사용하는 데 그치지 않고, 법 자체가 즉, 입법은 물론 법집행에 AI 기술이 활용될 수 있다. 나아가 디지털 우선을 넘어 디지털 전용도 실현될 수 있다(본서 590면).

인간과 기계의 共生(Symbiose)을 최적으로 형성하기 위하여 공법 3.0에서 공법은 '디지털 국가'를 전제로 새로이 구축되어야 한다. 전자적 행정행위를 거쳐 완전자동적 행정행위가 제도적으로 도입된 이상, 디지털 법집행에 기반한 디지털행정법(Digitalverwaltungsrecht)의 구축이 현안이다. 특히 행정절차가 입법에 되먹임효과를, 권리보호에 사전효과를 미치기 때문에 '디지털 우선의 원칙'에 입각하여 디지털화에 상응한

18) 대표적으로 Schmidt-Aßmann, Der Staat 45(2006), 315ff.
19) 참고문헌: 김중권, EU의회의 인공지능법안의 주요 내용에 관한 소고, 공법연구 제52집 제3호, 2024.2.28.; EU인공지능명령안의 주요 내용과 그 시사점, 헌법재판연구 제8권 제2호, 2021.12.31.
20) Ruffert, Perspektiven des Internationalen Verwaltungsrecht, S.395(418).
21) 상론: 김중권, 공법의 탈속지주의화에 따른 국제적 행정법에 관한 연구, 공법연구 제49집 제1호(2020.10.31.). 참고문헌: Terhechte, in: HVwR Bd. Ⅱ, 2021, §53; 이창휘, 국제행정법의 개념 및 기능에 대한 일 고찰, 공법연구 제31집 제2호(2002); 류병운, 세계행정법, 행정법연구 제16호(2006.10); 김대인, 세계행정법과 국제기구, 행정법연구 제45호(2016); 김성원, WTO 체제의 유효성에 관한 세계행정법 시각에서의 검토, 동아법학 제64호(2014.8).

절차법의 정비가 시급하다.[22] 디지털화에 의한 복잡계로 인해 '시각장애인 지팡이'로 더듬으면서 길을 잃지 않기 위해서는, 기왕의 관점에 사로잡혀서는 곤란하다. 관점을 초학제적으로 확장하고 또한 초학제적·학제간의 협력을 강구하기 위한 준비가 되어 있어야 한다. 특히 Chat GPT보다 가성비 높은 'Deepseek'의 출현이 누구나 전문가가 될 수 있는 시대를 앞당길 것이어서, 법학 교육의 대전환이 시급하다.[23]

Ⅶ. 지금 우리 공법 및 행정법은 어떤 상황인가?

1. 공법 '3.0'의 국면

1984년의 행정심판법의 제정 및 행정소송법의 전면 개정은 실로 진정한 민주적 법치국가가 등장하는 첫걸음이다. 여기에 1988년에 헌법재판소가 출범하여 유효한 공법적 권리구제가 완성되었고, 그에 따라 중요한 공법상의 변화가 많이 일어났으며 또한 일어나고 있다. 공법의 역사에서 보면, 1984년의 행정심판법의 제정 및 행정소송법의 전면 개정과 더불어 헌법재판소의 출범을 기점으로 삼아 공법의 국면을 첫 번째 국면과 두 번째 국면으로 나눌 수 있다. 그리고 행정기본법의 제정(2021.3.23.)을 분기점으로 삼아 그 이전을 두 번째 국면으로, 그 이후를 세 번째 국면으로 나눌 수 있다. 유행하는 표기법을 빌리면, 첫 번째 국면은 '공법 1.0'으로, 두 번째 국면은 '공법 2.0'으로, 세 번째 국면은 '공법 3.0'으로 표기할 수 있다.[24]

2. 태생적인 국가중심적 공법에 대한 자각의 필요

행정법의 역사는 관헌국가시대에 만들어진 그 원형을 민주적 법치국가원리에 맞춰 새롭게 개혁하는 과정이다. 법사학적으로 보면 법률이 민주화되기 오래 전에 제정되면

22) 참고문헌: 김중권, 사람이 없는(人空) 人工知能 시대에 공법적 대응-人空知能·人倥知能 시대로 되지 않기 위해 디지털 대전환 시대의 논리가 시급하다, 공법연구 제53집 제1호, 2024.10.31.,; 디지털 대전환 시대의 공법적 논리, 청촌논총 제25집, 2024; 인공지능시대에 자동화에 적합한 입법의 문제, 공법연구 제50집 제3호, 2022.2.28.,

23) 참고로 독일의 경우 R. Wahl 교수는 기본법의 제정 이후를 독일 공법학의 첫 번째 국면의 전개로, 유럽화에 따른 변화상을 독일 공법의 두 번째 국면의 전개로 표현하였다(ders., Der Staat 38(1999), 495ff.). 한편 행정법만의 경우에는 L. Michael 교수는 연방 행정법원의 개원(1953년)의 전후를 첫 번째, 두 번째 국면으로, 행정절차법을 통한 일반행정법의 법전화를 세 번째 국면으로 나누었다(ders., VVDStRL 75(2016), 131(145f.)).

24) 상론: 김중권, AI 시대, 법학·공법 교육 어떻게 해야 하는가?, 법률신문 제5228호(2024.11.25.).

될수록, 그 법률은 민주적 정당성이 취약할 수밖에 없다.25) 역사적으로 우리의 법제도는 대부분 일본의 그것을 본뜬 것이다. 처음부터 민주공화국으로 출범한 우리와 여전히 －서구와 다른－ 입헌군주제가 사실상 통용되는 일본은 국가시스템과 역사적 전통에서 매우 다름에도 불구하고, 근본적인 차이점이 간과된 채 별다른 이론(異論)의 제기 없이 어느덧 우리의 고유한 법제도로 여겨지고 있다. 일찍이 福澤諭吉가 민주정과 대비된 왕정의 특징으로 주창한 '관존민비'의 기조가, 행정법 및 공법에는 배어있다. 우리 공법 및 행정법이라 하였지만, 실은 그 뿌리가 일본 공법 및 행정법이며, 당연히 현행 공법 및 행정법은 부단히 제기되는 새로운 시대적 요청에 전혀 대응하지 못하고 '국가중심 공법 및 행정법'에 머문다. **'국가중심 공법'을 타파하고 공법 및 행정법의 바른 정체성을 확립하기 위한 첫걸음은, 우리 공법 및 행정법의 근원이 일본 공법 및 행정법이라는, 불편하지만 부인할 수 없는 사실을 정면으로 직시하는 것이다.**

3. 우려되는 심각한 정체상황

근대국가모델을 기반으로 구축된 행정법은 제4차 산업혁명 시대, global시대, 초연결시대, 분권화시대, 저출산 고령화시대, 반퇴시대, 리스크시대, 자본주의 4.0 시대, 보장국가 또는 공사협력의 시대를 맞이하여 나날이 새로운 모습으로 진화되고 있다.26) 하지만 우리의 행정법제나 행정판례는 전시대에 형성된 기본틀에서 벗어나지 못하고 있다. 앞서가는 나라에서 시대에 부응하는 새로운 행정법학이 등장하여 국법시스템 역시 더욱더 현대화되어가는 상황과27) 비교하면 여전히 O. Mayer 행정법의 수준에서 크게 벗어나지 못하는 현재의 정체상황은 매우 우려된다.28)

지금 우리 공동체는 새로운 국면을 맞이하고 있다. 기왕의 국가시스템 전반에 관한 새로운 이해와 형성이 요구되고 있음에도 공법체계의 발본적 개혁으로 이어지지

25) 일찍이 미국 토머스 제퍼슨은 죽은 자가 산 자를 지배하는 것에 대한 우려를 표하였는데, 독일에서도 시대에 조응하는 법의 의의를 강조하기 위해 "죽은 자에 의한 산 자의 지배는 아니 된다"(Keine Herrschaft der Toten über die Lebenden)는 표제가 매우 익숙하다.

26) 제4차 산업혁명시대에 따른 법적 대응이 어떠해야 하는지를 극명하게 보여주는 대표 문헌으로 김남진, 제4차 산업혁명시대와 중요 법적 문제, 학술원 통신 제319호(2020.2.1.), 2면 이하.

27) 독일의 경우 공화주의적 관헌국가(republikanischer Obrigkeitsstaat)인 바이마르 시대에 질서개념으로 만들어진, 오토 마이어 행정법이라는 공고화된 제복은, 기본권을 바탕으로 법질서의 입헌주의화가 강구됨으로써, 더이상 몸에 전혀 맞지 않게 되었다. 많은 이들은 오토 마이어의 업적이 이제는 낙후된 것으로 본다. T. Vesting, VVDStRL 63(2004), S.41(52).

28) 일찍이 최송화 선생님이 지적하신 '한국 행정법학의 문제점'(학문적 종속성, 법학교육 위주의 이론체계, 방법론과 기초이론의 빈곤, 입법 및 정책에 대한 적절한 대응태도의 결여, 헌법학과의 지나친 영역구분, 총론에의 지나친 경향, 공권력 우월의 이데올로기의 온존)은 안타깝게 여전하다 할 수 있다. 최송화, 한국 행정법학 50년의 성과와 21세기적 과제, 법학 제36권 제2호(1995).

못하여, 도리어 기왕의 틀이 구각(舊殼)마냥 그것을 방해하곤 한다. 코로나 팬데믹으로 인해 우리 공동체가 급속하게 온라인 기반의 새로운 사회로 바뀌었다. AI 시대를 맞이하여 등장한 '디지털 국가'(digitaler Staat)에서 인간이 주도하고 인간을 매개로 한 기왕의 법질서는 변모할 수밖에 없다. **변화된 행정환경과 현실에 즈음하여 공법 및 행정법은 민주적 법치국가원리의 구체화의 차원에서 고유한 존재감이 부인될 수 있는 임계상황이다.** 기왕의 법체제가 과연 제 기능을 다 하는지 깊은 숙고가 필요하고,[29] **새로운 길의 모색은 미룰 수 없는 시급한 과제이다.**[30]

4. 독일에서의 개혁지향적 행정법학의 모습

독일에서의 새로운 행정법학은 다음과 같은 모습의 개혁지향적 행정법학이다.[31]

i) 개혁지향적 행정법학은 경제학적으로 지도된 국가임무를 생산적인 행정법적 휴리스틱(heuristics)으로 전환하는 것을 임무로 삼는다. ii) 개혁지향적 행정법학은 광범한 민간화과정에 즈음하여, 사회과학과 경제학과 손을 맞잡고 국가의 활동능력을 견지하기 위한 전략을 전개한다. iii) 개혁지향적 행정법학은 법학적 혁신연구를 촉진한다. iv) 개혁지향적 행정법학은 행정직원에 대해 (결정근거에 관한 확실한 인식이 없는 경우에는) 제한된 합리성의 조건하에서 책임지고 결정을 내리기 위한 도움을 제공한다. v) 개혁지향적 행정법학은 증대하는 법질서의 유럽화에서 비롯된 변화의 압력을 국내법에서 지연시키는 반대움직임과 조화시킨다. vi) 개혁지향적 행정법학은 사회변화를 처리하기 위한 기능적합성의 규준, 즉 효과유발에 의거하여 행정법도그마틱을 평가하고, 특히 법치국가와 사회국가의 관료주의적 비용을 분석한다. vii) 개혁지향적 행정법학은 학문분과적 독립성을 반성하기 위하여 학제지향적인 방법론논의를 개시하였고, 학제적 결합개념을 수용하고, 이를 통해서 새로운 관심영역을 펼쳤다. viii) 개혁지향적 행정법학은 이런 방법으로 행정학과 법학의 상관관계를 분명히 하고, 헌법과 행정법에 의한 '공동의 학습과정'을 증진한다.

아무리 개혁의 당위성이 분명하더라도 우리와 독일의 법상황이 많은 점에서 다르

29) U. Stelkens, in: HVwR Ⅰ, §6 Rn.50.

30) 국내에서 일찍부터 김남진 선생님이 선구자적 역할을 하셨다. 참고문헌: 김남진, 새로운 공법 및 행정법을 통한 민주적 법치국가夢의 실현/공법연구 제51집 제2호(2022.12.31.); 새로운 공법 및 행정법을 통한 민주적 법치국가夢의 실현, 공법연구 제51집 제1호(2022.10.30.); 행정법의 종말론과 재생론, 법연 Vol.46(2015.3.); 時代와 호흡을 함께하는 公法學과 司法, 공법연구, 제44집 제4호(2016.6.); 행정법을 위한 새로운 길, 학술원통신 제260호(2015.3.1.); 후기근대국가의 행정법, 학술원통신 제272호(2016.3.1.); 학문연구의 동향과 쟁점(법학) 제3편 행정법학(학술원, 2018), 261면 이하; 독일의 행정·행정법(학)의 변용, 학술원통신 제254호(2014.9.1.); 홍준형, 법과 사회 제59권(2017); 박정훈, 行政法과 '民主'의 自覺 행정법연구 제53호(2018); 김성수, 강원법학 제51권(2017.6.,); 문병효, 고려법학 제52호(2008.4); 계인국, 고려법학 제87호(2017).

31) J. Schaffer, Die Umgestaltung des Verwaltungsrechts, 2016, S.3ff.

기에 그들의 논의를 우리에 곧바로 이식시킬 수는 없다. 이번 코로나 팬데믹를 통해 공법의 탈영토화로 모든 국가가 급속하게 동조화(同調化)되고 있다. **국가의 임무와 공동체질서의 변화에 맞춰 행정법과 공법을 부단히 진화시키려는 독일을 비롯한 다른 나라에서의 움직임에서 시사점을 적극적으로 찾아야 한다.**[32)]

Ⅷ. 행정 및 공법의 현대화와 개혁을 위한 플랫폼으로서의 행정기본법

행정법일반이론을 담은 일반법의 제정을 '행정기본법'의 이름으로 촉구한 필자의 주장이[33)] 행정법학계의 차원에서 치열한 논의를 거쳐 결실을 거두었다.[34)] 국가 법령의 대부분을[35)] 차지하고 국민생활과 기업활동에 중대한 영향을 미치나, 그동안 행정법 분야의 집행 원칙과 기준이 되는 기본법이 없어 일선 공무원과 국민들은 행정법을 이해하기 어려웠다. 행정결정이 구조와 논거를 접근할 수 없게 불투명한(opaque) 방식으로 내려지기에, 국민에게 행정작용의 방식은 블랙박스(Blackbox)에 흡사하다. 국민일반이 법집행의 메커니즘을 알 수 있고, 국가권력행사의 투명성의 원리가 통용되어야 민주주의가 제대로 구현된다. 그 목적이 행정의 원칙과 기본사항을 규정하여 행정의 민주성과 적법성을 확보하고 적정성과 효율성을 향상해서 국민의 권익 보호에 이바지하는 것인 점에서, **행정기본법은 실로 민주적 법치국가원리를 구현한다.**

행정기본법은 행정작용과 관련해서 일반법에 해당한다.[36)] 행정기본법은 행정법제에 대한 국가주의적, 국가중심적 사고를 벗어날 토대이자 공법 및 행정법 전반을 현대화·개혁하는 플랫폼이다. **행정기본법의 보통명사 시대를 맞이하여 새로운 공법 및 행정법을 시급하게 과감하게 강구해야 한다.**[37)] 법학적 언명은 바탕규준의 불변성은 견지

32) 상론: 김중권, 대전환의 시대에 국가의 역할과 행정법(공법)의 개혁 및 현대화, 공법연구 제50집 제2호(2021.12.31.); 21세기 국가모델을 위한 행정법의 현대화와 개혁, 공법연구 제48집 제1호(2019.10.31.); 행정법의 危機이냐, 행정법학의 委棄이냐? 행정법학 제17호(2019.6.30.).

33) 김중권/김영수, 21세기 국가모델을 위한 가칭 행정기본법의 제정을 통한 행정법과 행정법제의 개혁, 공법연구 제41집 제3호(2013.2.28.); 법률신문 제4078호(2012.11.8.).

34) 김남진, 行政法의 法典化, 법제 2020.12.; 행정의 법원칙의 성문법원칙화, 학술원통신 제326호(2020.9.1.); 정하중, 행정기본법 제정안에 대한 소고, 법제 2020.6.

35) 국가법령 4,786개 중 4,400여건(92%) 이상이 행정법령에 해당한다.

36) ① 행정에 관하여 다른 법률에 특별한 규정이 있는 경우를 제외하고는 이 법에서 정하는 바에 따른다., ② 행정에 관한 다른 법률을 제정, 개정하는 경우 이 법의 목적과 원칙, 기준 및 취지에 부합되도록 노력해야 한다. 원래 국회제출안에서는 '부합하도록 하여야 한다'고 규정하였는데, 구속의 의미로 여겨져서 바람직하지 않게 자칫 파급영향이 크지 않는 '노력규정'으로 바뀌었다.

37) 김중권, 「행정기본법」의 보통명사 시대에 행정법학의 과제 Ⅰ, 공법학연구 제22권 제2호(2021.5.31.); Ⅱ, 법제 제693호(2021.6.15.); Ⅲ, 공법연구 제49집 제4호(2021.6.30.); 행정의 현대화와 행정법개혁을

하면서도, 미래의 향상된 인식에 개방적이어야 한다.[38)]

제 2 절 공법의 부분영역으로서의 행정법의 대상

Ⅰ. 공법과 사법의 구별의 의의

1. 구별에 관한 논의

(1) 구별부인론(공사법일원론)

법질서는 2가지의 대법역(大法域)인 公法과 私法으로 나뉜다. 국내공법은 헌법과 행정법(및 형법)으로 이루어지기에, (협의의) 행정법은 공법의 부분영역이다. 그렇지만 공법과 사법의 구별에 대한 회의론이 비등하다. 즉, 양자의 구별은 "거의 완전히 붕괴되었다.", "존재의 정당성마저 상실하였다."는 견해가 문헌상 자주 주장되고 있다.[39)] 부인론(否認論)에서는 다음의 점을 논거로 든다: 법질서의 이원화는 관헌국가와 시민사회의 구분이란 낡은 사고에 바탕을 두었다, 공법과 사법에서 동일한 문제가 발생한다, 공법관계도 법률관계이어서 사법관계와 근본적 차이가 없다, 공법과 사법의 특성이 심하게 완화되고 있다(예: 노동법, 경제법과 사회법).

(2) 구별긍정론(공사법이원론)

대륙법계국가의 특징인 사법과 공법의 구별은 근대국가의 동반현상이다.[40)] 독일에서는 공법이 절대주의시대에 비로소 성립한 것이 아니라, 그 이전에 성립하였을 정도로, 집행권의 특별법으로서 확고히 자리를 잡았다.[41)] 즉, 독일에서는 공법과 사법의 이원화가 오랜 역사적 과정에서 법질서내의 질적 차별화로 서서히 이루어졌다. 역사적 산

위한 행정기본법 제정, 법률신문 2020.10.26.

38) Schmidt-Aßmann, Das allgemeine Verwaltungsrecht, S.1.

39) 참고문헌: 서원우, 전환기의 행정법이론, 1997, 176면 이하.

40) 한편 영국에서는 본래 양자의 구별을 인정하지 않았지만, 대륙법처럼 구별을 강조하고, 독일과 프랑스의 행정법학에서 도움을 구하려는 문헌도 상당하다. 대표적으로 P. Craig, Administrative Law, 1983, S.11ff.

41) Vgl. 참고문헌: 정호경, 법학논총 제23집 제1호(2006.6.); 정하명, 공법연구 제37집 제3호(2009); 안동인, 영국법상의 공·사법의 이원체계에 관한 연구, 2009; Stolleis, Geschichte des öffentlichen Rechts in Deutschland, Bd.1, 1988, S.126ff., S.394ff.

물로서의 이원화의 바탕에는, 한편으론 국가와 사회의 분리의 중요성과 다른 한편으론 이데올로기적 영향의 중요성이[42] 있다. 그리하여 국가에 대해서는 개인과는 다른 규율이 통용되어야 한다는 것이다.

비록 공법과 사법상으로 다수의 실체적 겹침이나 기타의 근사(近似)가 존재한다 하더라도, 법적으로 보자면, 국가와 사회의 이원화의 불가피성에는 지금껏 아무런 변화가 없다. 즉, 국가권력의 주체는 여전히 인간적 자유의 행사가 아니라, 권한의 행사로 활동을 한다. 私人은 원칙적으로 사적자치를 누리지만, 모든 국가 활동은 정당성에 바탕을 둔다. 이에 따라 국가는 헌법에 의해 원칙적으로 사인의 경우와는 다른 원칙의 지배를 받는다. 예컨대 민주주의원리, 법치국가원리, 법률적합성의 원칙, 사회국가원리 및 기본권은 (직접으로) 국가만을 구속하지, 기타의 권리주체를 구속하지는 않는다. 요컨대 **국가의 직무법(職務法)으로서의 공법과 만인법(萬人法)으로서의 사법간에는 일단 구별하여 접근하는 것이 본질에 맞다.**[43]

2. 구별의 실제적 필요성

실정법상 공법과 사법의 구별은, 새로운 인식에 이르는 발견을 돕는 식의(heuristisch) 가치를 가질 뿐더러, 행정청과 법원이 결정이나 판결을 내리는 체제를 형성하기도 한다.[44] **양법역상으로 실체법적 차원에서는 적용될 법규정과 법원리가 다르며, 쟁송법적 차원에서는 분쟁해결을 위한 쟁송수단(권리구제방도)이 다르다. 그 결과 양자의 구분은 결국 권리구제방도의 선택과 결정을 위해서 필요하다**(본서 766면 이하 참조). 예컨대 다툼의 대상이 공법상의 법률관계이면, 행정소송법이 적용된다(1조 참조). 나아가 관할법원에서도 차이가 난다. 왜냐하면 현행 법원조직법상 1998.3.1부터 행정사건을 제1심을 행정법원이나 지방법원본원의 관할로 규정하고 있기 때문이다. 처분, 신고 등의 행정절차에 관해서는 행정절차법이 통용되기에(3조), 사법에서의 행정활동에 대해서는 행정절차법이 통용되지 않는다. 따라서 **행정절차법의 적용여부는 행정활동이 공법에 귀속될 수 있는지 여부에 좌우된다. 이 밖에 공법과 사법은 집행과 관련해서도 나뉜다.** 원칙적으로 자력집행이 배제되기에, 사법적 청구권은 국가적 강제력에 의거해서 실현되는 데(타력집행) 대해서, 행정청이 행정행위(하명처분)로 활동한 경우에는 행정청은 스스로 그것을 집행할 수 있

42) 이는 '자유의 법으로서의 사법', '강제의 법으로서의 공법'이란 표제에서 잘 나타난다.
43) 구별의 상대화를 내세워 상대적으로 구별의 의의를 낮게 보는 입장으로 김철용, 행정법, 2024, 56면.
44) 한편 우리의 경우 양자구별의 근거를 법률상의 제도적 차원에서 구하지만, 독일의 경우에는 헌법적 근거(기본법 제33조 제4항 등)를 출발점으로 삼는다.

다(자력집행). **행정의 위법한 활동 역시 구별되는 법효과를 발생시킨다.** 공무원이 직무를 집행함에 있어서의 불법행위를 행한 경우에는 국가책임법으로서 국가배상법규정이, 사법적 행정활동에서 불법행위를 행한 경우에는 민법상의 배상책임규정이 적용된다. 한편 여기서 구별의 필요성에 관한 개개의 내용은 역으로 공법이나 사법에로의 귀속기준으로 동원될 수 있다.

3. 외국, 특히 유럽연합법상의 구별에 관한 논의[45]

유럽연합이 스스로 활동에 나선 경우, 그의 활동은 통상 연합법에 의거하여 정해진다. 유럽연합운영조약(AEUV) 제272조나 유럽연합의 여러 지침(Richtlinien)[46]이 보여주듯이, 공법과 사법간의 구분은 유럽연합법에서도 새롭지 않다. 하지만 현행 유럽연합법은 원칙적으로 공법과 사법을 구별하지 않으며, 그리하여 동법에서는 여태 양자구별에 대해 체계형성적 의의가 주어지지 않았다.[47] 이는 유럽연합이나 회원국국민이 행동할 수 있는, 바탕이 되는 연합법적 사법질서가 존재하지 않는 데서 기인한다. (가령 직접적 자금지원을 교부할 목적으로 또는 비품을 구입하기 위하여) 유럽연합이 사법적으로 활동하고자 하고, 또한 그것이 허용되는 경우엔, 유럽연합은 (적어도 원칙적으론) 회원국의 국내사법을 사용해야 한다. 따라서 공법과 사법의 구별을 위해 전개된 후술할 주체이론을 일관되게 유럽연합의 차원에 대입하면, 유럽연합법은 압도적으로 공법에 귀속될 수밖에 없을 것이다. 왜냐하면 적어도 유럽공동체의 법규상의 적시된 수범자(受範者)는 원칙적으로 유럽연합이나 회원국일 뿐이기 때문이다. 전반적으로 볼 때, 전적으로 사권주체에 대해 권리/의무를 지우는 유럽연합의 명령(EG-Verordnung)만이 사법적 성질을 가져야 한다.

유럽연합운영조약 제335조 제1문에 의해 유럽연합은 국내법도 사용할 수 있다. 그런데 유럽연합법상의 규범이 국내법영역에서 공법이나 사법에 귀속할지에 대해서 유럽연합법은 관심이 없다. -예외를 제외하고서- 공법과 사법간의 구별여부 및 공법이나 사법의 적용여부를 회원국에게 맡겼다. 유럽연합법(지침)이 국내법에서의 전환을 필요로 하면, 당해 국내법의 법적 성질은 국내법에 따라 판단된다.[48] 유럽법의 차원에서는 개별 회원국에서의 상이한 출발상황을 고려해야 하고, 그래서 많은 분야에서 법체제와 무관한 착안점이 유럽법의 기초가 되곤

45) Vgl. Ehlers/Pünder, in: Ehlers/Pünder, §3 Rn.7, 43ff..

46) Vgl. ABl L 210/1 v. 21.7.1983; ABl C 264/22 v. 16.10.1989.

47) 그러나 이 점이 구별부인의 논거로 동원될 수 없다. 일부에서는 유럽적 규준이 특징적인 것은 아니라고 지적된다. Vgl. Burgi, in: GVwR Ⅰ, §18 Rn.30.

48) 가령 유럽연합의 공공발주지침이 회원국으로 하여금 국가의 공공발주를 공법에 의거하도록 강제하지 않는다. 그래서 독일의 경우 우리의 공공계약 및 입찰참가제한에 해당하는 공공발주 및 발주제한을 비롯한 전체 과정을, 유럽연합법에 따라 관련 법규정에 공법적 요소가 가미되었음에도 불구하고, 지배적으론 여전히 사법적 견지에서 바라본다.

한다. 핵심적인 질서요소로서의 법체제의 역할은 감소한다. 나아가 유럽공동체의 탈규제화/자유화의 입법으로 인해, 간접적으로 공법체제와 사법체제의 범위가 영향을 받는다. 특별한 정도로 유럽화된 분야에서는, 단일의 법체제가 통용되기보다는 공법과 사법의 균형이 잡힌 혼합관계를 가진 법영역이 자연히 증가하였다.[49] 이런 경향을 두고서 공·사법의 구별이란 이젠 시대낙후적인 것이라고 단언할 순 없다.

4. 새로운 인식을 위한 환경적 변화

양자관계를 두고 전개되는 '이원론'과 '일원론'의 논쟁은 과거와는 달리 그 명칭만큼이나 치열하지 않다. 그저 공법의 본질을 이해하기 위한 바탕으로 보는 것이 바람직하다. 이미 공법 자체가 근대서구에서 확립된 국가와 사회의 二分에서 기인한다는 점에서, 그 구별양상의 변화는 바로 공법의 현재 모습에 그대로 투영된다. 따라서 비록 공법과 사법 양자를 하나의 공통법(Gemeinrecht)에서 결합시키려는 시도도 종종 있지만,[50] 오히려 단일모델보다 차별적인 법인식이 생활관계(사안)의 다양성을 더 잘 포착한다. 이미 실정법상으로 양자의 구별이 제도화된 상황에서, 구별 자체를 부인하는 것이 혼란을 자아낼 수 있다. 물론 양자를 고립 분산적으로 접근하는 것은 바람직하지 않다.

행정소송법의 개정에서 당사자소송을 활성화하기 위해 그 대상으로 행정상 손실보상, 처분 등의 위법으로 인한 손해배상·부당이득반환 등을 구체적으로 규정하고 있다(법무부 행정소송법 개정안 3조 2호). 이로써 종래 민소지향적인 태도로 인해 사실상 휴면상태나 다름없던 당사자소송의 활성화가 기대되고, 이에 맞춰 기왕에 사법관계로 보았던 것(예: 국가배상청구사건)이 공법관계로 바뀔 것으로 예상된다. 법률개정 이전에도 공법의 확장이 행해졌다. 법원이 하천법상의 손실보상청구권을 공법상 권리로 보아 당사자소송의 대상이 된다고 판시함으로써(대법원 2004다6207전합판결), 종래 민사소송으로 다루던 입장이 바뀌었다. 또한 공무원의 보수에 관한 법률관계에 관한 다툼(초과근무수당의 지급) 역시 당사자소송의 대상으로 본다(대법원 2012다102629판결). 최근 행정처분의 확대화경향이 두드러지는 등 행정사건을 대하는 법원의 태도가 이전보다 적극적이어서, 공법과 사법의 구별은 다른 국면을 맞는다. **이제 법적, 법외적 상황의 이런 변화에 즈음하여, 공법관계와 사법관계의 구분에서 체계정합성을 기할 수 있다. 공법과 사법의 구별요부(要否)에 전적으로 초점을 맞춘 현재의 논의에서 벗어나야 한다.**

49) Burgi, in: GVwR Ⅰ, §18 Rn.31.
50) M. Bullinger, in: FS für F. Rittner, 1991, S.69ff.

Ⅱ. 교호적 포용질서로서의 공법과 사법의 자리매김

1. 사법(私法)에 대한 공법의 영향

비록 공사법 이원론의 견지에서 공법적 판단과 사법적 판단이 기본적으로 독립된다 하더라도,[51] 공법은 사법에 대해 매우 강한 정도로 영향을 미친다.[52] 행정이 사법을 사용하더라도, 결코 사법이 행정의 활동양상을 전적으로 규율하는 것은 아니며, 오히려 행정사법이 통용된다.[53] 이를 넘어서 헌법과 행정법은 다수의 광범한 효과를 사법에 전개한다. **헌법과 관련해서는 소위 기본권의 간접적인 제3자효가 언급되며, 또한 행정법은 법령에 의거해서 또는 사법적 접근을 통해서 다음과 같이 사법구속적(私法拘束的) 효과와 증빙적 효과를 나타낼 수 있다.** 사법구속적 효과의 측면에서는 행정법적 규율이 사법상으로 반드시 고려되어야 하지만, 증빙적 효과의 측면에서는 그것은 유의해야 할 근거점일 뿐이다.[54]

전자의 경우를 보면, 행정법이나 (행정의 공법규율과 연계된) 사법이 사법형성적 효과를 다양하게 명시적으로 규정하고 있다. 인가제가 대표적인 예이며, 이 밖에 행정행위만으로도 직접적인 사권(사법질서)의 형성이 빚어지기도 한다. 가령 징발법에 따라 징발집행통지서가 피징발자에게 교부되면, 피징발자로선 징발목적물이 징발관에게 인계완료될 때까지 징발관의 허가 없이는 그것을 대여, 양도를 하지 못한다(징발법 10조).[55] 식품위생법상으로 종전의 영업자에 대한 행정제재처분효과는 원칙적으로 일정기간 양수인 등에게 승계된다(61조). 나아가 행정에 대해 사인의 계약적 합의를 수정하거나 무효화하는 권능이 부여되기도 한다(공정거래법 19조 4항 등). 또한 사법적 규범의 구성요건적 징표(사

---

51) 가령 소정의 최소대지면적 제한규정을 어긴 위법한 건축허가에 기하여 공사가 완료된 건축물의 철거를 구하는 데 있어서 건축허가처분의 취소가 필요한 것은 아니다(대법원 93누20481판결).

52) 그리하여 독일에서는 사법학계가 공법이 사법에 대해 침탈을 강구한다고 질책을 가하며, 아울러 사법적 '原性岩'을 공법적 '파편'으로부터 구출할 필요가 있다고(Medicus, NuR 1990, 150) 주장된다.

53) 프랑스행정법에서도 비록 행정사법의 법리가 공식적으로 거론되진 않지만, 실질적으론 인정되고 있다고 한다(김동희/최계영, 행정법 I, 83면).

54) Ehlers/Pünder, in: Ehlers/Pünder, §3 Rn.58ff.

55) 여기서 금지위반의 사법행위의 효력이 문제되는데, 판례는 그 법률행위가 무효인가 또는 법원이 법률행위 내용의 실현에 대한 조력을 거부하거나 기타 다른 내용으로 그 효력이 제한되는가의 여부는 명문의 정함이 없으면 종국적으로 금지규정의 목적과 의미에 비추어 그에 반하는 법률행위의 무효 기타 효력 제한이 요구되는지를 검토하여 정한다(대법원 2018다258562판결 등). 자칫 사법적 논리로 공법적 금지가 유명무실해질 우려가 있다. 금지규정의 합헌성을 전제로 무효화규정을 적극적으로 강구할 필요가 있다.

안성립징표)가 행정법의 규정이나 행정법적 활동에 빈번히 연계된다. 가령 제조물의 결함이 제조물의 공급시의 법령이 정하는 기준을 준수함으로써 발생한 경우엔 원칙적으로 책임이 면해진다(제조물책임법 4조 3호). 지방자치법 제47조 제1항에 의해 '대통령령으로 정하는 중요 재산의 취득·처분'을 위해 지방의회의 의결이 있어야 한다.[56]

행정법적 규율이 사법영역에서 청구권의 성립요건을 위한 근거점으로, 즉 증빙(Indiz)으로 이용될 때, 행정법의 증빙적 효과가 존재한다. 이는 행정법적 규준이 증거평가에서 고려되는 것을 의미하며, 행정법적 규준의 위반이 유리한 증거로 또는 불리한 증거로 영향을 미친다. 가령 행정법적 규준의 위반이 국가배상책임의 성립에서 요구되는 직무상의 불법행위의 성부에 직접적으로 영향을 미친다.[57] 또한 소음진동이나 일조권에 관한 공법상의 규율이 소음진동행위나 일조방해행위의 위법성을 전적으로 좌우하지는 않지만, 일종의 판단기준으로 사법상의 수인한도(참을 한도)를 판단하는데 이바지한다.[58]

2. 공법에 대한 사법의 영향

공법 역시 명시적으로 혹은 묵시적으로 사법의 적용(준용)지시를 할 수 있다.[59] 각종 개별공법에서 규정하고 있는 공법인에 대해서 보충적으로 민법의 법인규정이 준용되도록 규정하고 있는 예가 많다.[60] 또한 연대납세의무에 관해서는 민법 제413조 등이

56) 대법원 2024다211762판결: 지방의회의 의결을 받지 아니한 채 중요 재산에 관한 매매계약을 체결하였다면 이는 강행규정인 지방자치법령에 위반된 계약으로서 무효가 된다.

57) 판례는 법령에 위반하여 감독관청의 승인 없이 임상시험에 해당하는 의료행위를 하였더라도 그 자체가 의료상의 주의의무 위반행위에 해당하지 않는다고 판시하였다(대법원 2007다3162판결). 이는 법원칙으로서의 의약품안전성의 원칙을 공허하게 만들고, 국가의 의약품감시(통제)의 의미를 약화시킨다. 국가의 의약품감시(통제)에 관해서는 김중권, 행정법기본연구Ⅱ, 503면 이하.

58) 대법원 2003다64602판결: 어떠한 건물 신축이 건축 당시의 공법적 규제에 형식적으로 적합하다고 하더라도 현실적인 일조방해의 정도가 현저하게 커 사회통념상 수인한도를 넘은 경우에는 위법행위로 평가될 수 있다. 동지: 대법원 2015다23321판결.

59) 적용(준용)지시의 효과를 보면, 적용(준용)지시의 대상규범의 내용이 적용(준용)지시의 근거규범상으로 변환되어 그대로 또는 유보하에 편입된다(적용·준용의 자동성). 즉, 편입된 대상규범은 근거규범의 효력과 위계를 같이한다. 따라서 사법상의 금전급부의무의 불이행에 대하여 국세징수법 중 체납처분에 관한 규정을 준용하더라도 그 의무는 여전히 사법상의 의무이다(대법원 99다61675판결). 적용(준용)지시에 관해서는 김중권, 행정법기본연구Ⅰ(2008), 157면 이하.

60) 여기서 적용지시와 준용지시는 구분된다. 전자의 경우 원칙적으로 대상규범이 그대로 적용되어야 하지만, 후자의 경우에는 기본적으로 유추의 일환으로 준용근거규범 및 그 법률관계의 특수성에 비추어, 즉 준용근거규범이 규율하고자 하는 사항의 성질에 반하지 않는 한도 내에서만 대상규범이 적용되기에, 준용의 경우 대상규범이 그대로 적용되지 않을 가능성이 인정된다. 대상규범의 수정적 적용이 허용된다. 따라서 국유재산의 무단점유자에 대한 변상금에 관하여 국세징수법의 체납처분에 관한 규정을 준용하여 징수할 수 있다고 정한 구 국유재산법 제51조 제2항, 제25조 제3항 등에 따라 변상금 체납처분절차에서 민사상 압류의 특칙인 구 국세징수법 제47조 제2항의 적용을 배제시킨 대법원

준용되도록 규정되어 있다(국세기본법 25조의2). 독일의 경우 그들 행정절차법 제62조 제2문은, 민법규정이 일정한 요건하에서 공법계약에 적용된다는 명시적인 적용지시를 담고 있다. 그리고 헌법 제23조 제1항상의 재산권보장규정은 묵시적으로 사법의 적용지시를 규정한 것으로 봄직하다. 왜냐하면 동 규정상의 재산권은 공법만이 아니라, 특히 사법에 의해서도 결정되기 때문이다.

적용(준용)지시의 차원을 넘어 사법 자체가 행정법에 대해 영향을 미칠 수 있다. 특히 조세실체법은 많은 부분에서 사법적 규준의 도움을 받고 있다. 나아가 사법의 규정은 많은 경우에 공법에서의 해석과 흠결보완을 위하여 동원될 수 있다: 그것이 (공법에도 통용되는) 일반적인 법감정을 반영한 것이든, 유추결론의 방법으로 공법에로 이전될 수 있든. 그런데 −사법적 행정의 사법적, 공법적 구속처럼− 공법적 규범과 사법적 규범이 나란히 적용될 수 있고, 공법이 사법적 활동을 조종할 수 있긴 하지만, 역으로 **사법적 규범이 공법적 행위를 명하거나 금지할 수는 없다. 왜냐하면 그것은 공법의 특별성에 모순되기 때문이다.**[61)]

3. 공법과 사법의 협력체제

甲이 2015.2.7.에 2015.1.8.에 발한 A시장의 가축전염병예방법에 따른 이동제한명령에 위반하여, 자신의 돼지 260마리를 강원도 B군의 乙에게 판매하여 그 농장으로 이동시켰는데, 그 후 乙의 농장에 있는 돼지 중 일부가 구제역이 의심되는 증상을 보여 2015.2.9. 가축전염병예방법에 따라 돼지 618마리가 살처분되었다. 여기에는 甲이 이동시킨 돼지 260마리가 포함되어 있었다. B군은 가축전염병예방법에 근거하여 乙에게 살처분 보상금. 생계안정자금을 지급하였고, 살처분 비용을 지출하였다. 그 후 B군은 이동제한명령을 위반한 甲을 상대로 민법상 손해배상책임을 청구하였다. 甲의 주장은 주효하는가? (대법원 2017다247589판결)

비록 실정법상의 이원화에 의거하여 공법과 사법을 구별하더라도, 그것의 범주를 구별하는 것만으로 모든 문제점이 해소되지 않는다. 설령 공법이나 사법 가운데 하나가 통용되더라도, 이것이 법형성에 있어서 다른 법역은 그다지 중요하지 않다는 것을 의미하지는 않는다. 양자의 구별 문제를 양자간의 우열의 문제로 확대해서는 곤란하다. 양자는 형상과 기능에서 구별되지, 위계에서는 구별되지 않는다.[62)] **양 법체제**

2015두41371판결은 준용의 법리 자체에 반하는 것은 아니다.

61) Ehlers/Pünder, in: Ehlers/Pünder, §3 Rn.39. 가령 주택재건축정비사업조합과 사적으로 관리처분계획의 수립 혹은 변경과 관련한 약정을 체결한 개별 조합원은 조합에 대하여 약정 내용대로 관리처분계획을 수립하도록 강제할 수 있는 민사상 권리를 가지지 않는다(대법원 2022다206391판결).

(Rechtsregime)는 **통일된 법질서의 부분영역으로서 다양한 방법으로 상호 영향을 미친다. 양자의 대립성을 과장해서 표현하는 것은 피해야 한다**: "사법과 공법은 한 어머니의 동일한 자식이다."(Otto v. Gierke).[63]

공법과 사법간에 규범·평가상의 불일치가 생길 수 있다. 모순이 없어야 한다는 것이 법질서의 핵심이기 때문에, 법적 평가상의 모순은 가능한 한 피해야 한다. 공법과 사법은 종종 대립적인 것이 아니라, −경우에 따라선 공통법의 긍정으로 표현되긴 하나− 협력적으로 영향을 미친다. 가령 인인법(隣人法)에서 −건축법과 같은− 공법은 대강의 조종을 떠맡고, −민법의 상린관계 규정과 같은− 사법은 세부조종을 떠맡는 식이다. 결론적으로 **공법과 사법의 구별을 전제로 하면서도, 이들을 교호적 포용(포괄)질서로 인식해야 한다.**[64] 이런 맥락에서 공법적 규제에서 피할 수 없는 불충분함을 민사적 수단으로 메우는 것을 적극적으로 모색할 필요가 있는데, 대법원 2017다247589판결은 이동제한명령의 위반을 손해배상을 구하는 근거인 불법행위로 보지 않는 등 그런 모색을 전혀 상정하지 않았다. 개별사안의 해결의 차원을 넘어 공법과 사법의 바람직한 관계설정을 위한 획기적인 전기가 마련되었을 텐데, 매우 아쉽다.[65]

Ⅲ. 공법과 사법의 구별이론

1. 구별이론

법학적 이론의 요청은 당연히 자연과학에서와는 다르고, 현행법의 행사가능성과 아울러 모순이 없음을 보장하는 목표에 기여한다.[66] 이론을 단순한 (임의로 고려나 제외할 수 있는) '시검석'으로 활용하는 것은 방법론상으로 허용되지 않는다.[67] 공법·사법의 구별은 어디까지나 실정법을 바탕으로 해야 한다.

62) Burgi, in: GVwR Ⅰ, §18 Rn.2.
63) Die soziale Aufgabe des Privatrechts, 1889, Neudruck 1948, S.34(Burgi, in: GVwR Ⅰ, §18 Rn.1에서 재인용).
64) 박정훈, 행정법의 체계와 방법론, 223면.
65) 상론: 김중권, 이동제한명령의 위반에 따른 지방자치단체의 손해배상청구, 인권과 정의 제522호, 2024. 5.31., 59면 이하.
66) Vgl. K. Larenz, Methodenlehre der Rechtswissenschaft, 1975, S.451.
67) 독일에서 공·사법의 구별을 위하여 판례와 문헌은 다수의 이론을 전개하였다. 이미 1904년에 17개의 구별이론이 거론되었으며, 오늘날 몇 개가 추가되었다. 그러나 전반적으로 여기서 기술하는 서너 가지의 이론만이 다투어진다.

(1) 이익이론

이는 (우세한) 공익에 대해선 공법을, (우세한) 사익에 대해선 사법을 대입시킨다. 법이 규율하는 목적에 기준을 두어, 공익에 봉사하는 법이 공법이고 사익에 봉사하는 법이 사법이라고 한다. 그러나 이익이론은 다음의 3가지 상황으로 인해 유용하지 않다. i) 행정은 규정에 맞춰 공익을 위하여 활동하긴 하나, 활동 모두에서 공법형식을 취하진 않는다. ii) 사인 역시 사법의 형식으로 공익을 추구할 수 있다. iii) 많은 공법규정이 사익에도 기여한다. 주관적 공권의 도그마틱적 전개는, 공권이 전적으로 공익만에 기여하는 것이 아니라, 개개인에게 법적 지위를 부여할 수 있다는 인식(보호규범이론)을 바탕으로 한다. 보호규범이론은 공법과 공익을 동일시 여긴다면 이론상 성립할 수 없을 것이다.

이런 상황을 고려한, 즉 공익적 관점이 –공법과 사법간의 구분문제를 추상적이고 모순 없는 방식으로 해결하는 데 적합하다는 의미의– '이론'(Theori)으로 심화되지 못한 것은 그다지 놀라운 일이 아니다. **이익이론은 법학적 이론에 대해 요구되는 사항을 충족하지 못할 뿐더러, 문헌과 판례상으로도 주장되고 있지 않다.**[68]

(2) 종속이론(복종이론)

관계자의 관계에 초점을 맞추는 이에 의하면, 공법의 특징은 상하관계이고, 사법의 특징은 대등관계라고 한다. 이는 앞서의 이익이론과는 대조적으로 독일 판례상으로 오랫동안 '지배적인 것'으로 적용되고 있으며,[69] 문헌상으로 Fleiner, W. Jellinek, Forsthoff에 의해 주장되었다.

이에 대한 근본적인 의문은 다음과 같다: i) 순환론에 바탕을 두고 있다고 이의(異議)가 제기된다. 판단척도로 상하관계인지 대등관계인지 여부는 오로지 법규범으로만 생겨날 수 있는데, 지금 그 규범의 귀속이 문제된다는 점이다. 이런 순환론적 결함을 제거하기 위해 국가란 시민에 대해 선험적으로 우월하고 따라서 시민은 헌법의 성립이전부터 국가에 대해서 종속관계에 선다는 주장을 해야 하는데, 이런 주장은 국민과 국가와의 관계를 신민(臣民)과 관헌(官憲)의 관계로 파악한 과거의 관헌국가시대에나 통용될 법한 주장이다. ii) 사법에서도 친자관계처럼 종속관계가 존재한다. iii) 오늘날 행정계약법의 중요성이 증대하는데, 종속이론은 행정계약법의 전체 영역을 없애버린다. **종속관계는 공법의 적용의 결과인 점에서, 원인과 효과를 잘못 판단한 종속이론은 구별이론상의 요구를 충족치 못하고, 또한 양자구별을 위한 이론적 제안으로도 유용하지 않다.**

(3) (수정된) 주체이론: 귀속이론, 특별법이론

(수정된) 주체이론은 누가 어떤 법에 의거하여 활동하는지에 따라 구별한다: 전적으로 국가나

68) J. Ipsen/T. Koch, JuS 1992, S.809(810).
69) 독일 제국법원에 의해 주장되었던 이 이론은 연방대법원은 물론 연방행정법원에서도 구분기준으로 기여하였다.

기타 공권력주체에 대해서만 권리/의무를 부여하는 법규는 공법에 속하고, 모든 이에게 통용되는 법규는 사법에 속한다. 따라서 공법은 귀속주체가 전적으로 고권주체인 법규의 총체를 의미한다. 그리하여 공법은 국가의 특별법이요, 사법은 만인법이 된다. 일방이 행정주체이면 단번에 공법으로 본 과거의 주체이론과는 달리, 국가도 사법의 적용을 받는 만인이 될 수 있다는 점을 인정한다. 규준은 법규범이 단지 고권주체를 인식하였는지 여부가 아니라, 고권주체 그 자체를 귀속주체로서 인식하였는지 ―공권력주체로서의 특성을 지닌 고권주체에 대해서 권리/의무를 부여하였는지― 여부이다. 사실상 결정적인 기준은 '공권력'과의 연계이다.[70]

(수정된) 주체이론 역시 유용성이란 점에서 다음과 같은 이의(異議)가 제기된다: 공법에 의거하여 활동하는 자는 공권력으로써 활동하며, 이를 위해 공법이 그에게 권리를 부여한다는 것은 일종의 순환논법이다. 즉, 언제 공법이 존재하는지가 언제 누가 공권력으로써 활동하는지에 따라 결정되는 셈이다.

2. 현재 논의의 문제점

구별이론의 어느 것도 설득력이 있는 구별기준을 제공하지 못한다. 따라서 개별사건에서 어떤 이론이 동원되어야 할지의 물음에 대해서 독일에서조차 통설이 없다는 것이 전혀 놀랍지 않다. 그리하여 여러 구별이론은 서로 다양하게 결합되고 있다: 가령 주체이론과 종속이론과의 결합, 주체이론과 이익이론과의 결합, 종속이론과 이익이론과의 결합. 다만 전체로 보아 판례상으론 항상 종속(복종)이론이 가장 만연한 것 같지만, 문헌상으론 (수정된) 주체이론이 우세하다. 독일에서는 최근 구별을 위한 여러 이론(중요성이론, 전통이론, 옹호자이론 등)이 전개되었지만,[71] 실제로 그 노력에 비하면 성과와 가치는 그다지 높지 않다. 비슷한 맥락에서 우리의 경우에도 복수의 기준을 통해 구별을 도모해야 한다는 이른바 복수기준설이 다수설로 주장된다. 또한 다소간 일관되지 않는 판례는 이론 가운데 어느 하나를 고집하는 것이 아니라, 문제의 경우를 여러 상이한 관점에서 포착하고 정렬하고자 한다. 이런 결론은 법도그마틱의 차원에선 전적으로 불만족스럽다. 개별사건에서 여러 상이한 구별이론을 동시에 동원하는 것은 불필요하다. 요컨대 여러 관점과 결합될 수 있는 (수정된) 주체이론을 바탕으로 구체적인 귀속기준을 제시하고자 한다(후술).

---

70) 한편 현대민주국가에서는 관헌국가의 잔흔인 '고권적'이란 표현은 '공권력행사', '행정적', '공법적'이란 표현으로 대체되어야 한다고 주장된다. Vgl. Emmerich-Fritsche, NVwZ 2006, 762ff.

71) Vgl. Maurer/Waldhoff, Allg. VerwR, 19.Aufl., 2017, §3 Rn.10.

3. 관견(管見)

공법과 사법의 구분이 어렵다고 하나, 일상적인 행정사건의 해결에 있어서 그것이 항상 난제(難題)로 등장하지는 않는다. 오히려 행정사건에 있어서 公·私法의 구분이 문제로서 등장하는 경우는 드물다. 특정 법규범의 성질을 둘러싼 물음은 그 자체가 별 문제가 되지 않는다. 구체적 사건이 경찰법, 영업법 등 개입(침해)행정에서 발생한 경우엔, 규준이 되는 법률은 공법에 속하고 따라서 공법적 분쟁이 존재한다고 짧게 언급하면 족하다. 단지 해당 규범이 공법이나 사법에 속한지가 불분명한 드문 경우에 이론의 문제로 귀착되어야 한다. **법규범이 공법인지 사법인지 여부는 수정된 주체이론에 의거하면 대개 큰 어려움 없이 확인될 수 있다. 왜냐하면 행정주체에게 전적으로 권리나 의무가 부여되었는지 여부를 대개 법규범을 통해 알 수 있기 때문이다.** 비록 사법에서 연유한 법개념이나 용어가 사용되더라도, 법규범이 국가 등 공권력주체에 대해 의무나 권리를 부여하면 그 규범은 공법적 성질을 갖는다.[72]

Ⅳ. 공법이나 사법에로의 귀속 문제

1. 귀속의 문제로서의 공·사법의 구별

공법과 사법의 구별에 관한 제 논의는 구체적인 구별의 기준을 제시하기보다는 양법체제의 특성을 대비시키는 데 그친 느낌이다. **공법규정으로서의 성질결정의 물음과 공법에로의 귀속의 물음은 엄연히 구분되어야 한다.** 전자가 구별기준의 차원이라면, 후자는 공법규정의 적용영역의 차원이다. **공법과 사법의 구별은 실무상으론 성질의 문제가 아니라, 귀속의 문제이다.**[73]

귀속물음의 광범한 부분은 단순한 포섭의 방법으로 답해질 수 있다. 가령 개입적 성질을 갖는 행정활동의 귀속이 관건인 경우에는 원칙적으로 공법적 규범만이 동원된다. 반면 행정이 사법적 활동의 일환으로 판단될 수 있는 법규를 추구하는 경우에는 전적으로 사법만이 바탕이 된다. **결국 귀속이 문제가 되는 경우란 대개 구체적인 사건(경우)을 위한 법규범이 없거나 상반된 공법과 사법의 2가지 법규범이 존재하여서 그 사**

72) 독일의 예로 게마인데에게 부여된 先買權(§§24ff. BauGB)은 공권적 성질을 갖는다.
73) 귀속에 따른 행정사건인지 민사사건인지의 물음은 행정소송에서(본서 766면 이하) 검토하는데, 그 부분을 먼저 공부한 다음에 이 부분을 공부하면 더 쉽게 이해될 것이라 여겨진다.

건이 어떤 법규범이나 법역에 속해야 할지가 의문스러운 경우이다. 해당 법규범의 공법적, 사법적 성질이 문제되어 귀속의 문제가 생기지는 않는다.

2. 귀속을 위한 전제적 논의

(1) 조직형식과 작용형식간의 상관관계

농지개량조합이 공유수면을 매립하여 조성한 농지의 일부를 甲 등에게 분배하였다가 절차상의 하자를 이유로 이 농지분배를 취소하였다. 이에 대해 甲 등은 이 사건 농지분배는 단순한 사법상의 매매계약에 불과하므로 자신들에게 귀책사유가 없는 한 농지개량조합이 이를 일방적으로 취소할 수 없다고 주장하였다. 하지만 하급심은 농지를 분배하는 행위를 행정처분으로 보고서 이 분배처분의 취소처분에 대해 행정쟁송의 방법으로 다투지 않았기에 분배처분의 취소처분이 확정되었다고 판시하였다. 농지개량조합과 같은 행정주체의 행위는 언제나 공법행위인가? (대법원 80다2545판결)

공법적으로 조직화된 행정단위의 활동은 공법에 원칙적으로 귀속되어야 한다. 그렇지만 급부행정에서 관리주체(특히 공기업)의 조직형식이 공법적이라고 하여, 그것의 모든 대외적 법률관계를 공법관계로 구성하여선 아니 된다. 왜냐하면 작용형식선택의 자유가 인정되기 때문이다(이중적 형식선택의 자유).[74] 그런데 **행정주체라고 하여 항상 공권력행사만이 존재하는 것은 아니며, 사법적 영역(광의의 국고영역)에서는 사권주체로서 나설 수 있다**(대법원 80다2545판결).[75] 국가 등이 행정주체로서가 아니라 사권주체로서 활동하는 광의의 국고작용(사법적 활동 전반)에서는 －국고적 특권이 인정되는 경우가 아니라면－ 시종 사법관계가 지배한다. 조직형식의 선택이 다름 아닌 작용형식의 물음까지 결정을 내린 셈이다.[76] 하지만 사주체의 경우 공무위탁을 통해 공무수탁사인으로 되지 않는 한, 공법적 활동을 할 수가 없다.

74) 독일에서 통설적 지지를 받는 형식선택의 자유설은 오늘날 증가하는 비판에 봉착하고 있다. 우선 형식선택의 자유이란 용어표현과 관련해서 형식이 아닌 법체제의 선택이라고 비판되며, 또한 결코 "자유"가 아니라 기껏해야 의무구속적인 형성여지가 주어진다고 지적된다. 그리고 행정을 규율하기 위해 고유하게 만들어진 법체제(가령 공법적 활동에 대해서만 통용되는 행정절차법규정)를 행정 스스로 현저한 범위에서 면할 수 있게 허용하는 셈이라고 비판된다. 이에 공법의 원칙적 통용설이 강력히 주장되고 있다. Vgl. Ehlers/Pünder, in: Ehlers/Pünder, §3 Rn.29ff.

75) 도시정비법상 재개발조합과 조합장 또는 조합임원 사이의 선임·해임 등을 둘러싼 법률관계는 사법상의 법률관계에 해당한다(대법원 2009마168결정).

76) Schmidt-Aßmann(Hrsg.), Besonderes. VerwR, 13.Aufl., 2005, 1.Kap. Rn.113.

⑵ 실체적 상관관계이론의 적용

구 도시정비법 제65조 제2항은, "시장·군수 또는 주택공사 등이 아닌 사업시행자가 정비사업의 시행으로 새로이 설치한 정비기반시설은 그 시설을 관리할 국가 또는 지방자치단체에 무상으로 귀속되고, 정비사업의 시행으로 인하여 용도가 폐지되는 국가 또는 지방자치단체 소유의 정비기반시설은 그가 새로이 설치한 정비기반시설의 설치비용에 상당하는 범위 안에서 사업시행자에게 무상으로 양도된다."라고 규정하고 있다. 후단 규정에 따른 정비기반시설의 소유권 귀속에 관한 소송은 어떤 소송방식으로 제기해야 하는가? (대법원 2015다221569판결)

판단대상인 활동이 공법법규에 분명히 귀속될 수 있는 활동과 분리할 수 없는 실체적 상관관계에 있을 때는 그것은 공법에로의 귀속되어야 한다는 소위 실체적 상관관계이론(Sachzusammenhangstheori)이 중요한 도움을 준다.[77] 이를 통해서 가령 행정구성원이 직무수행과 관련되어 행한 공적 견해표명 등은 별다른 어려움 없이 공법에로 귀속될 수 있다. 따라서 그런 견해표명으로 명예를 훼손당한 자는 공법상의 결과제거청구권을 토대로 당사자소송을 통해 그것의 철회를 도모해야 한다(김남진/김연태, 758면). 다만 예외적으로 사법계약의 청산과 상관관계가 있는 견해표명이 행해진 경우에는 사법에로의 귀속이 이루어진다.

일종의 어림원칙(Faustregel, rule of thumb)으로 여겨지는 실체적 상관관계이론은 공권력작용과의 일체성에서 공법적 착안점을 찾고자 한다. 이는 종래 국가배상청구권과 행정상 손실보상청구권의 법적 성질과 관련하여 주장된 공권설의 입장을 더욱 강하게 뒷받침할 것이다.[78] 실체적 상관관계이론을 통해서 많은 경우가 손쉽게 공법관계로 귀착될 수 있다. 도시정비법상의 소유권귀속과 관련하여 판례가 국가나 지방자치단체에로의 무상 귀속을 공법적 성격으로 본 다음, 그것의 대체적 성격을 지닌 후속절차(사업시행자에로의 무상양도)의 법률관계 역시 공법관계로 보아 당사자소송의 적용을 판시하였는데(대법원 2015다221569판결), 이런 태도는 실체적 상관관계이론에서 접근할 수 있다.

⑶ 소위 국고적 특권의 경우

울산시는 철도이설사업 시행을 위하여 구 「공공용지의 취득 및 손실보상에 관한 특례법」에 의하여 甲 소유의 토지를 협의취득을 하고서 甲에게 토지보상금 등을 전액 지급하였다. 甲은 보상금을 청구할 당시 울산시가 지장물 등에 대한 철거를 요구하는 때에는 아무런 이의 없이 요구에 응하겠다는 내용의 서약서를 제출하였는데, 그렇게 하지 않았다. 이에 울산시는 甲에게

77) Burgi, in: GVwR Ⅰ, §18 Rn.26; Wolff/Bachof/Stober/Kluth, VerwR I, 13.Aufl., 2017, §22 Rn.41.
78) 그러나 판례는 국가배상청구사건을 여전히 민사사건으로 접근한다.

계고서 송달일로부터 10일 이내에 이 사건 주택 등을 자진철거하지 아니하면 강제철거하거나 제3자로 하여금 이를 집행하게 하고 그 비용을 징수하겠다는 내용의 대집행계고처분을 하였다. 그런데 甲 등은 자신이 부담하는 철거의무는 계약상의 작위의무에 불과할 뿐 행정대집행의 전제가 되는 법률의 규정 또는 하명에 의한 의무가 아니므로, 이 계고처분이 위법하다고 주장하였다. 여기서의 철거의무를 행정대집행으로 실현할 수 있는가? (대법원 2006두7096판결)

행정이 법형식이자 작용형식을 선택한다는 것은 통용되는 법체제를 선택한 것이다(일종의 경로의존성). **따라서 행정이 사법적 작용형식을 사용하면, 원칙적으로 사법에 구속된다. 당사자란 이유만으로 행정이 그 자신을 우대하는**(특권을 주는) **특별한 지위를 요구할 수는 없다.**[79] 자신 임무가 사법적 수단으로 수행되도록 하였다면, 행정은 그로부터 비롯된 결과가 설령 원하지 않은 것일지언정 받아들여야 한다.[80] 행정대집행법의 준용을 비롯한 특별한 법규정이 없는 이상, 사법적 성격의 의무의 경우에 자력집행을 인정하여 행정에 유리한 행정대집행의 메커니즘을 동원하여 실현시킬 수는 없다(대법원 2006두7096판결).[81] 마찬가지로 판례는 행정대집행절차가 인정되는 공법상 의무의 이행을 민사소송의 방법으로 구할 수 없다고 본다(대법원 2009다1122 판결; 99다18909판결).

행정은 '사법에로 도피'함에 있어 도피행장으로 고권을 챙겨선 아니 된다.[82] 그렇다고 사법의 '국고적 특권(Fiskusprivilegien)'을 배제하는 것은 아니며, 정당화가 필요한 예외적 경우에는 국고적 특권의 부여가 허용된다. 가령 국유 일반재산(잡종재산)의 대부에서의 연체료 징수에서 국세징수법 체납처분에 관한 규정을 준용한 것(국유재산법 73조 2항)은 일반재산이 공물이 아닌 사물에 해당하더라도 국·공유재산이라는 공적 특성을 감안하여 정당화될 수 있다.[83] 그리고 다른 이에게 부담을 과하지 않는 법률행위상의 특혜가 '국고적 특권'으로 행정에게 부여될 때는 그 자체가 문제되지 않는다.[84]

국고적 특권은 실체법적인 것과 절차법적인 것은 나뉜다. 전자는 민법 제80조 제3항(해산법인의 잔여재산의 귀속), 제252조 제2항(무주부동산의 국유) 등이 해당하고, 후자

79) Ehlers/Pünder, in: Ehlers/Pünder, §3 Rn.77.
80) BVerfGE 27, S.364(374).
81) 반면 협의취득을 공법계약으로 보고서 행정대집행이 통용될 수 있다는 견해로, 정준현, 안암법학 제26호(2008.4.), 319면 이하.
82) 다만 私法的 債權을 행정행위를 발하는 방법으로 관철하는 것이 부인되어 위법이라 하더라도, 그것은 공법적 쟁송으로 다투어야 한다(본서 221면).
83) 그리하여 판례는 국유 일반재산의 대부료 등의 징수를 민사소송의 방법으로 관철하는 것은 허용되지 않는다고 본다(대법원 2014다203588판결).
84) 예: 민법 제80조 제3항(해산법인의 잔여재산의 귀속), 제252조 제2항(무주부동산의 국유), 독일 민법 제45조 제3항(사단재산의 귀속), 제928조 제2항(소유권포기에 따른 국고의 선점), 제981조(경매대금의 수령) 등.

는 민사소송법, 민사집행법, 파산법, 등기법상으로 행정주체에 대해 특별한 지위를 부여하는 것이 해당한다.[85] 절차법적 국고적 특권은 해당 법영역 자체가 공법에 속하여, 다툼 없이 공법규정에 속한다. 반면 실체법적 국고적 특권의 경우 논의가 활발하다.[86]

3. 구체적 귀속기준

어떤 활동을 공법이나 사법에 귀속시키기 위해서는 우선 다음의 3가지 기준(작용형식, 행정청의 의사, 법적 근거)을 고려해야 한다.[87]

(1) 작용형식

행정이 법형식이자 작용형식을 선택한다는 것은 통용되는 -공법체제든 사법체제든- 법체제를 선택한 것이다. 따라서 행정이 선택한 작용형식이 우선적인 가늠잣대가 된다. 특히 문제가 되는 것은 행정의 계약적 활동이다. 왜냐하면 행정의 사법적 작용형식은 계약으로만 이루어지고,[88] 작용형식을 선택할 자유가 행정에 대해 인정되기 때문이다. 행정의 형식선택의 자유가 인정된다고 해서, 이것이 계약에 통용되는 법체제를 마음대로 정할 수 있는 권리를 의미하는 것은 아니다. 따라서 행정이 체결한 계약이 공법 또는 사법에 귀속되는지 여부는 객관적 기준에 의거하여 가늠되어야 한다. 수정된 주체이론의 기준이 결정적이다. 행정계약이 공법규범을 집행하는 한에 있어서 분명한 공법귀속이 드러난다. 계약을 통해서 행정행위를 대체하거나 행정행위의 발급이 약속되어 있을 때는 규범집행적 공법계약이 존재한다. 계약의 규율대상이 공법에 속하는 권리/의무와 밀접한 상관관계가 있는 계약 역시 공법계약이다.[89] 공법에로의 귀속을 위해 결정적인 것은 공법적 권리/의무와의 실체적 상관관계의 밀접성이다.[90]

그런데 **행정활동의 형식으로부터 아무런 의문 없이 어떠한 법체제가 도출되는 경우에**

85) Vgl. §882a ZPO, §15 Nr.3 EGZPO, §12 InsO, §3 Abs.2 GBO. 우리의 경우 이에 해당하는 것을 찾기가 어렵다.

86) -공법을 단지 '국가의 특별법'으로 인식하는- H.J. Wolff가 주장한 본래 버전의 주체이론에 의거하여 접근하면 공법에 속할 수밖에 없지만, 수정된 주체이론에 의하면 당연히 사법관계이다. 논의상황에 관해선 vgl. Stelkens, Verwaltungsprivatrecht, 2005, S.331 Fn.5, 9.

87) J. Ipsen, §1 Rn.34ff.

88) 국가를 당사자로 하는 계약이나 공공기관의 운영에 관한 법률의 적용 대상인 공기업이 일방 당사자가 되는 계약('공공계약')은 국가 등이 사경제의 주체로서 상대방과 대등한 지위에서 체결하는 사법상의 계약으로서 본질적인 내용은 사인간의 계약과 다를 바가 없다(대법원 2012다74076전합판결).

89) 그리하여 일방의 주된 급부만을 규율하고 타방의 반대급부는 명시하지 않은, '불완전 교환계약'(hinkende Austauschverträge) 역시 공법계약에 해당한다.

90) Gurlit, in: Ehlers/Pünder, §30 Rn.4.

는 설령 취한 작용형식(법형식)이 틀렸다 하더라도, 즉 위법이라 하더라도, 그 작용형식이 법체제판단의 규준이 된다.[91] 행정청이 사법적인 청구권을 행정행위를 통해 확정할 경우, 이는 형식선택의 남용이어서 위법하다. 그럼에도 불구하고 이런 법형식의 동원을 둘러싼 다툼은 공법에 귀속시켜 행정소송을 밟아야 한다. 쟁송방법을 가늠하는 법적 성질(법형식)을 위해 결정적인 것은, 행정주체가 행한 것 그 자체일 뿐, 그가 행해야 할 것도, 행할 수 있는 것도 아니다. 마찬가지로 행정처분이 동원될 수 있음에도 불구하고, 행정청이 그에 갈음하여 사법적 법률행위를 한 경우엔 일단 선택된 법체제(사법)의 지배를 받는다. 쟁송방법은 당위명제가 아니라, 존재명제에 의해 정해진다(본서 221면).

(2) 행정청의 의사

두 번째로 명료성의 결여로 작용형식의 분명한 귀속이 허용되지 않을 경우에는, 자명하게 해석의 일반원칙에 따라 의사표시에 바탕을 두고서 행정이 무엇을 하려는지 탐문해야 한다. 행정의 의사표시가 일반원칙에 의하여 해석되어야 한다. 설령 의심스럽더라도 행정의 법률구속에 의거하여 행정의 의사표시가 적법한 활동을 목표로 삼았다고 보아야 한다. 따라서 사법적으로 활동하려는 의사가 나타나지 않는 한, -공법법규에 의해 과해진 임무나 권한의 이행과 상관관계에 있는- **행정의 모든 활동은 공법에 따라 판단되어야 한다**(공법추정의 원칙).[92]

(3) 법적 근거

세 번째로, 이상의 기준을 갖고서도 어떤 법제도에로의 귀속이 불분명하면, (수정된) 주체이론(특별법이론)을 이용하여 법적 근거에 의거하여 판단을 내려야 한다. 구체적 사건이 발생한 전체 상관관계, 행정활동의 목적과 목표를 고려해야 한다. 유의할 점으로, 마치 '이익이론'이 제시하듯이, 단지 공적 임무를 수행한다고 해서 이로부터 공법을 도출하는 것은 적절치 않다. 국가기관은 이미 그 정의상으로 공적 임무를 수행하기 때문이다. 행정활동이 어떠한 목표를 추구하는지가 관건이 되지 않고, 그 활동이 어떠한 법규범을 목표로 삼는지 여부가 가늠잣대이다. 해당 법규범이 만인(萬人)에 대해 의무/권리를 부여하면, 그 활동은 사법에 귀속시켜야 하고, 관련 청구권의 실현은 일

91) 하나의 조치가 때로는 공법적 성질로, 때로는 사법적 성질을 갖는 양성적(이중적) 조치의 존재는 부인되어야 한다. 본서 213면 참조.

92) 행정활동이 법적 구속을 소홀히 할 수도 있기 때문에, 추정원칙을 행정청이 명백히 의도하지 않은 작용형식과 작용내용까지도 행정청에게 맡기는 식으로 확대해서는 곤란하다. Vgl. J. Ipsen/T. Koch, S.814.

반법원에서 강구되어야 한다. 반면 (사권주체가 아닌) 행정주체가 반드시 참여하는 법률관계가 존재하면, 그 활동은 공법에 귀속되어야 한다. 다만 행정처분에 관한 실정법적 근거를 이유로 민사적 접근을 불허하는 판례의 입장은 일관되지 않는다(본서 768면 참조).

4. 판례상의 귀속현황

어떤 활동이 공법이나 사법에 귀속하는지의 물음은 소송에서 재판방식(쟁송형태)의 물음으로 귀착되어 판례상 행정사건인지 아니면 민사사건인지의 물음으로 귀착된다(본서 766면 이하 참조). 잘못된 소송방식을 취하였을 때, 관할위반과 이송 등의 문제가 제기된다.

03 행정법의 법원

제 1 절 행정법의 법원론에 관한 일반적 논의

Ⅰ. 법원론의 임무

여러 법규(법규범)들은 구분된 특성을 갖는다. 이러한 특성(성립유형, 효력범위, 심사, 법원론체계상의 위계, 위반효과 등)은 다양한 방식으로 나뉘거나 결합되곤 하여, 법적으로 매우 중요한 법규의 구분을 가져다준다. **법원론(法源論)의 임무는 여러 상이한 법과 법규를 나름의 특성에 따라 기술하며, 설명하고, 체계적 상관관계에 넣는 것이다.** 다수의 상이한 법규범들로 이루어진 행정법은 법원론을 통해서 다양성에 질서가 잡힌다. 행정작용의 가늠잣대가 되는 행정법이 어디서 왔는지를 답을 해주는 것이 법원론이다.

그런데 '법원' 개념과 그와 결부된 현행법의 탐구를 법원론에 맡기는 데 대해서, Ipsen은 다음과 같이 문제를 제기한다: 법원(Rechtsquelle)개념에는 근원(원천, Quelle)이란 명확하지 않은 은유(Metapher)가 포함되어 어떠한 법개념이 그 바탕이 되는지를 확실하게 인식하지 못하게 만든다, 행정법학적 관점에서 법원론이 법규범의 구속력을 근거지울 수는 없다.[1)]

Ⅱ. 법원의 의의

근원(이나 원천)에 法이 결합하여 생겨난 법원 개념은 광의로는 법의 성립근거이자 통용근거이다. 그리고 법원 개념은 구체적으로 다음의 3가지 의미를 나타낸다. i) 인간

1) ders., §2 Rn.84.

의 사고와 용태를, 그리하여 －실정법을 포함한 의미의－ 법을(das Recht) 결정하는 법창설의 근원이다. ii) 법질서를 판단할 수 있도록 규준(정의, 공정, 법적 안정성 등)을 제공하는 법평가의 근원이다. 오늘날 이런 규준은 헌법의 법치국가원리처럼 법질서의 최상위에 표현되고 있으며 그래서 법으로 여겨진다. iii) 현행법을 직접적으로 도출할 수 있는 언명(법률, 명령, 조례 등)에 관한 법인식의 근원이다.

법이론적 문제제기를 위해선, 일찍이 1929년에 Alf Ross가 수립한 법원의 정의가 주효하다. 그는 법원을 '무엇을 법으로 인식하게 하는 근거'(법인식근거로서의 법원)로 정하였다.[2] 이런 의미에선, 어떤 형식으로 나타나든 상관없이, 행위의 전범을 미리 정하며, 행정활동의 목표와 수단을 확정하고, 충돌에 관한 법적 결정을 정하는 모든 활동지시와 제 규준이 법원에 해당한다.[3] **행정법에서 법원(法源)이란 행정이 자신의 판단과 결정을 정당화시킬 수 있는 근거점이 되며, 동시에 법원(法院)을 위해선 다툼의 대상이 되는 행정활동을 위법으로 판단할 수 있는 근거점이 된다.** 전통적으로 법원개념을 행정규칙과 관련지어 행정규칙이 배제된 것으로 파악하는 협의의 법원개념과 그것을 포함시키는 광의의 법원개념으로 나눈다.

Ⅲ. 용어의 정리: 법규범과 법규

법규범은 내용, 즉 법원에 표현된 규율과 관련이 있다. 법규범 역시 일의적이지 않다. 일부는 그것을 법규 및 실질적 의미상의 법률과 동일시 여기며, 일부는 구분한다. **법규와 법규범의 의의와 그 관계에 관한 논의가 행해지는 장소는 행정규칙의 법적 성질이며, 그 논의의 출발점은 '법규'의 이해에 있다.** 가령 "행정규칙은 법규가 아니되, 법(또는 법규범)이다.", "행정규칙은 법규이되, 내부법규이고 법규범(외부법규)이 아니다.", "행정규칙은 비법은 아니지만, 내부법규범이고, 외부법규범은 아니다.", "행정규칙은 특별한 종류의 규범이다." 등등 분분하다.[4]

종래 행정규칙의 재판규범성을 절대적으로 부인한 입장에 결정적인 변화가 왔다. 특히 우리로서는 법령보충적 규칙이 일찍부터 인정되어 왔기에, 행정규칙의 비구속성설이 통설과 판례의 입장인 독일보다 행정규칙에 대해 더욱더 전향적인 자세를 취

---

2) Ross, Theorie der Rechtsquellen, 1929, 291f.

3) Ossenbühl, in: Erichsen/Ehlers, Allg. VerwR, 12. Aufl., 2002, §5 Rn.6.

4) 독일의 판례상으로도 "행정규칙은 법규범이 아니다.", "행정규칙은 법규적 성질을 갖지 않는다.", "행정규칙은 실질적 법이 아니다."고 설시되곤 하였다. BVerwGE 58,45(49); 107, 338(340).

할 수 있다. 본래 '법규'(Rechtssatz)는 독일의 19세기의 입헌주의시대에 창안된 개념이다. 이미 1916년에 독일 Richard Thoma가 법규(법규범)의 개념이 다의적이어서 가장 탁월한 그들 국법학자들이 무익한 다툼에 휩쓸려 들어갔다고 기술하였다.[5] 이러한 지적은 오늘날에도 여전히 통용될 수 있다. **여기서는 행정법적 흥미를 저하시키는 용어상의 난맥을 정리하기 위해 법규범과 법규를 동일하게 보는 입장에서, 법규를 고권적인 일반적 추상적 규율로 정의한다.** 이런 법규는 국가와 시민과의 관계에서 뿐만 아니라, 국가 내부관계에서도 존재하는 것으로 본다.

제 2 절 행정법의 법원의 구성

I. 성문법원

1. 헌법, 법률, 법규명령, 자치법규

내국법의 규범은 내국법질서에서 차지하는 위상에 따라 헌법, 법률, 법규명령 및 자치법규(조례, 자치규칙 및 정관)로 나뉜다. 헌법은 실정 헌법(률)은 물론 헌법관습법을 포함한다. 헌법관습법 역시 법적 확신을 수반한 장기적 관행의 존재를 전제로 하는데, 이들 헌법관습법의 성립요건(장기계속적 관행과 법적 확신)은 헌법적 차원에서 관련이 된다. 다른 법규범에 대한 헌법의 통용상의 우위로 헌법에 위배된 규범은 무효가 된다.

법률(개별법률, 의회법률)은 가장 중요한 행정법의 법규범이다. 왜냐하면 기본권개입이나 기본권제한이 직접 법률에 의해 또는 법률에 의거하여(법규명령에 의해) 행해질 수 있으며, 기본권은 대개 법률유보하에 있기 때문이다. 오늘날의 공동체의 규범화필요는 단지 의회법률만으로 메워지지 않는다.[6] 그래서 행정부에게도 규범정립권이 이전될 수 있으며, 그 결과물이 법규명령이다. 개념상으로 법규명령이란 행정부가 법률상의 개별적 수권에 바탕으로 두고서 제정한, 일반적 구속성을 지닌 법규범을 말한다. 법규명령은 다른 법규범과는 다음의 점에서 구별된다. 즉, 의회법률에 대해서는 명령제정자가 의회입법자에 비해 낮은 중요성을 지닌다는 점에서, 행정규칙에 대해

5) In: Festgabe Mayer, 1916, S.176.
6) 독일 연방의회의 경우 13대부터 15대 사이에 법률은 1,485건이, 명령은 4,236건이 발해졌다.

서는 통상 일반적 구속효를 갖는다는 점에서, (자치)조례에 대해서는 개별수권에 바탕을 둔다는 점에서 구별된다. 자치법규는 지방자치단체가 자치의 일환으로 지방자치법상의 일반적 수권(28조)에 바탕을 두고서 제정한 법규범이다. 그 가운데 (자치)조례는 지방의회가 자치사무와 관련하여 제정한 것이다(본서 456면 이하 참조).

2. 행정규칙의 문제

행정규칙의 법원성 내지 법규성의 문제는 법원개념의 광협(廣狹)을 둘러싼 용어상의 일이기 때문에, 문제원인은 결코 법규의 정의에 있지 않다. 이 점에서 종래 행정규칙의 문제를 법규성(법규적 효력)의 차원이 아닌, 그것의 직접적 외부효(구속력)의 차원에서 접근하는 것이 바람직하다(본서 478면 이하). 이렇게 논의를 새롭게 하더라도 궁극적으론 기왕의 논의와 크게 다를 바 없을 수 있다. 하지만 적어도 직접적 외부효가 인정된 행정규칙을 '법규명령'으로 부르는 것은 피할 수 있다.[7] **기왕의 행정규칙의 개념정의 역시 손질이 필요하다.** 행정규칙이 이론(異論)없이 내부적으론 직접적 구속효를 발생시키는 데도 불구하고, '법적 규율'로서의 징표가 제거된 그것의 개념정의로 인해 관련 논의가 무익한 소모와 불필요한 오해를 겪고 있다.

3. 행정법의 법전화 문제: 행정기본법의 시즌 2를 기대하며

개별법의 체계 전반을 나타내는 행정법의 경우 다른 법과는 달리 일반규정을 담은 법률이 없다. 행정절차법이나 행정규제기본법에 일반규정이 있긴 해도 매우 국소적이다. 독일은 행정절차법의 제정을 통해 당시까지 이룩한 학문적 업적을 성문화함으로써 행정법의 발전에 새로운 전기가 마련되었다. 행정법도그마틱에 관한 그간의 성과를 결산하고 새롭게 나아가기 위해서라도 총론적 내용을 성문화해야 한다. 최근 특별행정법에서의 나름의 고유함과 특징이 지나쳐 행정법일반이론에 대한 계발적 영향에 못지않게 부정적 영향이 심각하게 노정되고 있다(예: 도시정비법상의 인가제).

좋은 법률이 좋은 법학을 만든다. **행정기본법이 행정법총론의 기능을 할 것이다.** 행정기본법의 제정은 그동안 행정법학이 일구어온 행정법발전의 (중간)결실이다. 이미 행정환경과 공동체질서가 전혀 생각하지 못할 정도로 엄청나게 변하였음에도 불구하

7) 판례가 법규적 효력이 있는 행정규칙을 바로 법규명령이라 표현하여, 정연한 사고를 방해하곤 한다.

고, 기왕의 틀을 온전하게 유지한다는 것은 너무나 비현실적이다. 행정기본법의 내용이 기대에 미치지 못한다는 지적대로 하루속히 행정기본법 시즌2에 나서야 한다.

Ⅱ. 불문법원-행정관습법, 판례법, 조리

1. 행정관습법

甲이 인테리어 업체들에서 교부받은 세금계산서의 '상호'란에는 인테리어 업체들의 상호가, '성명'란에는 인테리어 업체들을 실제 운영하는 乙 대신 乙에게 명의를 대여한 丙 등의 성명이 기재되어 있었다. 甲이 관련 매입세액을 매출세액에서 공제하여 부가가치세를 신고·납부하자, 과세관청은 세금계산서는 공급자의 기재가 사실과 다른 세금계산서에 해당한다고 보아 부가가치세를 부과하였다. 과세관청이 타인 명의로 사업자등록을 한 자가 발행한 세금계산서를 사실과 다른 세금계산서로 보아 거래상대방에게 부가가치세를 과세한 사례가 거의 없었다는 사정을 들어 甲은 이 과세처분이 비과세관행에 위배되어 위법하다고 주장한다. 반면 과세관청은 단순한 과세누락이라고 항변한다. 甲의 주장은 주효하는가? (대법원 2016두43077판결)

(1) 의 의

장기 계속적인 선례나 관행에 대해 국민일반의 법적 확신과 인식이 존재할 때 그 선례나 관행은 관습법이 된다(비법적 규범인 사회생활규범 + 법적 확신→법규범). 법적 확신이 확인되지 않은 '사실인 관습'과는 구별된다. 행정활동이나 공법관계에서 성립한 선례나 관행을 대상으로 한 것이 행정관습법이다. 관습법은 기획되고 제정된 법과는 달리 **'서서히 생성된 법'**이다. 그리하여 제정법과는 달리 관습법의 '규범제정자'는 바로 관행에 대한 관련자 그 자신들이다.

과거엔 별다른 논란의 여지가 없었던 **관습법은 오늘날에는 일부는 '판례법(법관법)'에, 일부는 '행정법의 일반원칙'에 긴밀히 연계되어 있다.** 이런 법상황을 분명히 나누기란 거의 불가능하거니와, 관습법 개념을 전체 불문법원을 위한 집합개념이나 상위개념으로 확장해서는 곤란하다.

(2) 성립요건

행정실무에서나 공법관계와 관련해서 일정한 사실이 오랫동안 되풀이 되어 일종의 장기 계속적인 선례나 관행(longa consuetudo)이 존재해야 하고, 그것에 관해 국민

일반이 법적 확신(opinio iuris)을 가져야 한다(이른바 법적 확신설, 비승인설). **여기에 더해서 국가의 승인이 필요한지 여부를 두고서 다툼이 있다.** 대부분의 문헌이 비승인설을 취하고, 판례 역시 그렇다고 소개된다. 그런데 공표나 인정과 같은 국가의 명시적 승인을 문제로 삼지 않는 한, 이런 논의 자체는 별의미가 없다. 관습법의 성립요건의 존부는 국가기관인 법원이 최종 판단하기 때문이다. 가령 단순한 과세누락을 넘어 비과세관행이 존재하는지 여부의 물음과 관련해서, 판례는 시종 엄격한 입장을 견지한다. 즉, 객관적 사실의 존재만을 기준으로 삼지 않고, 관행의 존재를 확인할 수 있는 행정청의 명시적, 묵시적 의사표시가 있을 것까지 요구한다(대법원 2016다43077판결).[8] 그리하여 단순히 착오로 어떠한 처분을 계속하더라도 행정관행이 되지 않고, 처분청이 추후 오류를 발견하여 합리적인 방법으로 변경하더라도 신뢰보호원칙에 위배되지 않으며(대법원 2020두33824판결), 비과세관행에 대해 일반 국민이 신뢰를 가질 정도가 되어야 한다(대법원 2011두5940판결).[9] **관행 및 법적 확신의 존재여부가 법원의 판단을 거쳐 확인된다는 점을 간과하는 것은 곤란하다.**

최근 대법원은, 어떤 사회생활규범이 법규범인 관습법이 되기 위해서는 그 사회생활규범이 헌법을 최상위 규범으로 하는 전체 법질서에 반하지 아니하고 정당성과 합리성이 있어야 한다고 요구한다(대법원 2002다13850전합판결; 2001다48781전합판결). **이런 변화를 감안하여 관습법의 성립요건을 새롭게 설정할 필요가 있다.** 적극적 요건으로 장기계속적인 관행 및 그것에 관한 국민일반의 법적 확신이 존재해야 하고, 소극적 요건으로 그 관행이 전체 법질서에 반하지 아니하고 정당성과 합리성이 있어야 한다.

(3) 종 류

甲은 허가를 받지 않고 집근처의 바다에 일정한 시설을 고정설치하여 오랫동안 굴 채묘어업을 해왔는데, 그 지역이 공유수면매립법에 의거하여 매립되게 되었다. 이에 甲은 자신의 관

---

8) 대법원 2016두43077판결: 국세기본법 제18조 제3항에 규정된 비과세관행이 성립하려면, 상당한 기간에 걸쳐 과세를 하지 아니한 객관적 사실이 존재할 뿐만 아니라, 과세관청 자신이 그 사항에 관하여 과세할 수 있음을 알면서도 어떤 특별한 사정 때문에 과세하지 않는다는 의사가 있어야 한다. 위와 같은 공적 견해나 의사는 명시적 또는 묵시적으로 표시되어야 하며, 묵시적 표시가 있다고 하기 위하여는 단순한 과세누락과는 달리 과세관청이 상당기간의 불과세 상태에 대하여 과세하지 않겠다는 의사표시를 한 것으로 볼 수 있는 사정이 있어야 한다.

9) 대법원 22011두5940판결: 비과세관행이란 일반적으로 납세자에게 받아들여진 세법의 해석 또는 국세행정의 관행인데, 그것은 비록 잘못된 해석 또는 관행이라도 특정 납세자가 아닌 불특정한 일반 납세자에게 정당한 것으로 이의 없이 받아들여져 납세자가 그와 같은 해석 또는 관행을 신뢰하는 것이 무리가 아니라고 인정될 정도에 이르러야 인정되고, 단순히 세법의 해석기준에 관한 공적인 견해의 표명이 있었다는 사실만으로 비과세관행이 있다고 볼 수는 없으며, 그러한 해석 또는 관행의 존재에 대한 증명책임은 그 주장자인 납세자에게 있다.

행어업권과 관련해서 매립에 따른 특별희생이 발생하였음을 내세워 손실보상을 주장한다. 甲의 주장은 어필할까? (대법원 99다56697판결)

행정관습법은 행정상의 선례, 즉 행정관행을 대상으로 하는 행정선례법과 공법적 의미를 지닌 생활관계상의 관행을 대상으로 하는 (지방적)민중적 관습법으로 나뉜다. 행정선례법의 경우 실정법 —행정절차법 제4조 제2항, 국세기본법 제18조 제3항[10]— 을 통해 그것의 성립가능성이 시인된다. 행정관습법은 그 자체로 법원으로서 기능하기보다는 신뢰보호나 신의성실의 원칙의 모습으로 구현된다.[11] 그다지 많지 않은 민중적 관습법의 사례는 공유수면의 이용(어업 등) 및 하천용수(인수·배수)에서 그 존재를 발견할 수 있다. 이는 손실보상과 행정결정에 영향을 미친다. 가령 관행어업권은 공유수면매립에 따른 손실보상의 대상이 된다. 판례는 일정한 시설의 고정설치에 의한 굴 채묘어업은 그 어업형태로 보아 일정 수면을 구획하여 배타적으로 지배하며 어업시설을 장기간 정치하는 점에서 양식어업이나 정치어업과 다르지 아니하므로 관행어업권의 대상으로 될 수 없다고 판시하였다(대법원 99다56697판결). 또한 어선어업자들이 해수욕장의 백사장 등에서 어선을 양육·정박시키거나 어구의 수리·보관 등을 하는 것 역시 관행어업권으로 인정하지 않았다(대법원 99다35300판결).

(4) 효 력

관습법은 성문법이 없거나 불충분한 경우에 흠결을 메우는 식으로 존재한다. 관습법에 의한 메움을 성문법보충적인 것으로만 파악하는 태도는 지양해야 한다. 예외적으로 성문법개폐적 효력을 지닐 경우도 있을 수 있는데,[12] 이는 법관법에서 보듯이 관습법이 오히려 성문법과 병행적으로 구속력을 발휘할 수 있기 때문이다. 그러나 개폐적 관습법의 인정은 극히 억제되어야 한다는 점에서 의회법률과 성문헌법의 경우 당연히 관습법으로 이들을 배척할 수 없다. 한편 관습법도 법률유보의 원칙상의 법률을 의미하는지 여부가 문제된다. 대법원은 관습법이 헌법재판소의 위헌법률심판의 대상

10) ② 행정청은 법령등의 해석 또는 행정청의 관행이 일반적으로 국민들에게 받아들여졌을 때에는 공익 또는 제3자의 정당한 이익을 현저히 해칠 우려가 있는 경우를 제외하고는 새로운 해석 또는 관행에 따라 소급하여 불리하게 처리하여서는 아니 된다. ③ 세법의 해석이나 국세행정의 관행이 일반적으로 납세자에게 받아들여진 후에는 그 해석이나 관행에 의한 행위 또는 계산은 정당한 것으로 보며, 새로운 해석이나 관행에 의하여 소급하여 과세되지 아니한다.

11) 대법원 2016두43077판결이 기왕의 신뢰보호나 신의성실의 원칙에서 요구되는 공적 견해표명의 존재에 바탕을 두고서 비과세관행과 과세누락을 구분한 것이 이 점을 잘 보여준다.

12) 독일 판례의 예로 BVerfGE 9, 213(221); BVerwGE 8, 317(321).

이 아니라고 판시하였다(대법원 2007카기134결정).[13][14]

(5) 효력의 소멸

관습법은 그 성립요건이 소멸하면, 가령 사회 구성원들이 그러한 관행의 법적 구속력에 대하여 확신을 갖지 않게 되었다거나, 사회를 지배하는 기본적 이념이나 사회질서의 변화로 인하여 그러한 관습법을 적용해야 할 시점에 있어서의 전체 법질서에 부합하지 않게 되었다면 －궁극적으로 재판에 의하여－ 법으로서의 효력이 부정된다. 물론 그 밖에 관습법은 추후의 법규범이나 기존의 관습법을 부분폐지하는 관습법에 의해서도 효력을 상실할 수 있다.

(6) 관습법에 대한 비판과 그것의 현대적 위상

가산세는 본세와 함께 부과하면서 세액만 병기하고, 그리고 가산세의 종류가 여러 가지인 경우에도 그 합계액만 표시하는 것이 오랜 과세관행이었다. 이에 과세당국은 종류와 세액의 산출근거 등을 전혀 밝히지 않고 가산세의 합계액만을 기재한 가산세 부과처분은 관행에 따른 것이어서 적법하다고 주장한다, 이 주장은 주효하는가? (대법원 2010두12347전합판결)

(가) 관습법에 대한 비판

관습법의 존재에 대해서는 다음과 같은 의문이 제기된다: 사실적 관행이 존재하는가? 그 관행이 어떤 내용과 범위를 갖는가? 관습법의 성립에 필요할 정도로 관행이 지속적인가? 법적 확신은 성립하는가? 법적 확신이란 어느 정도의 인적 범위에서 존재해야 하는가? 인적 범위에 속한 이가 관행을 따르지 않거나 법적 구속성을 부인하면 어떻게 되나? 다수결원칙이 통용되는가? 그리하여 관습법에 대해 "법률유보를 충족시키지 못한다.", "관련자의 법적 확신의 인정은 허구이다.", "관습법은 비민주적으로 성립한다.", "위법한 행위의 반복으로부터 어떻게 법이 되는지 불분명하다."고 하여 일부는 관습법의 법원성을 부정하려 하지만,[15] 그 주장은 받아들여지지 않는다.

---

13) 그러나 헌법재판소는 관습법 역시 실질적 의미의 법률과 같은 효력을 갖는다는 것을 이유로 위헌법률심사의 대상이 된다고 판시하였다(헌재 2009헌바129).

14) 독일 연방헌법재판소는 자유권을 관습법에 의거하여 제한하는 것을 인정하는 데 대해 부정적이다. BVerfGE 32, 54(75).

15) 대표적으로 Schmidt, NVwZ 2004, 930(932f.).

(나) 관습법의 현대적 위상

오늘날에는 관습법에 의거한 판례와 견해가 드물다. **과거와는 달리 관습법의 비중은 낮아졌다.** 크게 다음과 같은 원인을 들 수 있다: i) 현대 국가의 특징인 법규범의 대량생산, 급격한 사회변동과 다원화사회에서의 가치관의 변화로 인해 장기 계속적 관행이 존재할 수 있는지 의문스럽다. ii) 문명화된 법질서에서 자연스럽게 합리성이 증대되었다. 이런 변화된 상황의 결과, －대법원 2002다13850전합판결의 기조대로－ 이제는 전체 법질서에 반하지 않는 것으로서 합리적이고 분명한 이유가 있다고 여겨질 수 있는 것만이 법으로서, 관습법으로서도 인정을 받는다. 판례는 가산세 역시 본세와 마찬가지 수준으로 그 형식과 내용을 갖추어 세액의 산출근거 등을 밝혀서 고지해야 한다고 하여 종래의 가산세부과관행을 정당하지 않은 것으로 판시하였다(대법원 2010두12347전합판결).

그런데 여기에 더해서 **관습법의 성립과정 자체가 그것의 입지를 축소한다.** 한번 확인된 관습법은 일반구속적인, 즉 원칙적으로 법관도 구속하는 힘을 지녀서, 법관은 전적으로 행정법의 일반원칙에 그 근거를 두고자 한다. 더욱이 현실적으로 관습법은 법관의 승인에 의해서 비로소 실체가 인정된다는 점에서, 약간 과장하자면 관습법은 다름 아닌 법관법(판례법)이다. 그렇지만 이런 변화된 상황을 관습법의 전면부정으로 곧바로 결론을 내리는 것은 곤란하다. 왜냐하면 만약 그렇다면 결과적으로 전면적인(완전한) 판례법의 등극이 초래될 것이기 때문이다.[16)]

2. 판례법(법관법)

甲은 가족관계등록부상 남성으로 등재되어 있으나 학창시절부터 심한 성정체성 장애를 겪어 수차례 정신과 치료를 받아왔는데, 대법원 2004스42전합결에 의해 성전환자 성별정정이 허용된 것을 기화로 성전환수술을 받은 다음에 가족관계등록부상 성별을 남성에서 여성으로 정정하여 줄 것을 신청하였다. 그런데 甲이 과거 혼인을 한 적이 있고, 신청 당시에 미성년자인 아들이 있었다. 이런 사정에서 법원은 어떤 결정을 내렸으며, 법원의 이런 결정은 어떤 문제가 있는가? (대법원 2009스117전합결정; 2020스616전합결정)

1963년 제정 의료보험법 제2조는 부양가족인 '배우자'에 '사실상 혼인관계에 있는 자'를 포함한다고 규정하였으나 1976년 개정 이래, 현행 국민건강보험법은 피부양자인 '배우자'에 '사실상 혼인관계에 있는 자'를 포함한다는 규정을 두고 있지 않는데, 보험공단의 '자격관리 업무지침'은 사실상 혼인관계에 있는 사람도 배우자에 준하여 피부양자로 인정한다. 동성 동반자인

16) Ossenbühl, in: Erichsen/Ehlers(2002), §6 Rn.73.

甲을 직장의료보험가입자의 피부양자로 인정하지 않고 행한 처분은 헌법상 평등원칙을 위반하여 위법하다는 판결은 어떤 문제가 있는가? (대법원 2023두36800전합판결)

(1) 의 의

권리보호임무를 수행하는 법관은 법적 다툼에서 법을 최종적으로 해석·구체화·적용할 임무를 지닌다. 해당 법적 규율이 없을 때, 현행 법적 규율이 흠결·불확정적·다의적이라거나 심지어 모순적일 때, 외관상으론 해당되는 법적 규율이 대상 사안에는 적합하지 않을 때, 법관은 난처하다. 이런 경우에 법적용은 단순한 포섭의 차원에서는 강구될 수가 없다. 오히려 법관 **스스로 법적 규준을 발전시켜 법형성자로서 활동할 것이 요구되기에, 이런 방식을 통해 일정한 판례원칙이 성립한다.** 이것이 바로 판례법(또는 법관법)이다.[17] 관습법마냥 판례법은 행정법의 특유한 것은 아니고, 전체 법질서, 자세히 말하면 법학의 존재론적 문제이다. 특히 최근 관습법이 매우 드물게 성립할 수 있다는 점에서, 법학적 관심은 올바르게도 법관의 법형성(Rechtsfortbildung), 즉 판례법(법관법)에 모아진다.

행정법의 일반이론의 구축에서 법관의 법형성은 매우 중요한 역할을 하였다. -비록 독일에서 연유하였지만- 법원이 행정사건에서 발전시킨 여러 원칙들(취소철회의 제한원칙, 부관의 한계로서의 부당결부금지의 원칙 등)은, 오늘날 법치국가원리적 절차방식에 도달하기 위해서는 모든 법영역이 언제나 반드시 법률적으로 규정될 필요는 없다는 충분한 증좌(證左)를 제공한다.[18] 특히 행정법영역에서 판례법과 유사한 것이 행정법의 일반원칙이다. 하지만 비록 대부분의 행정법의 일반원칙이 판례법을 통해 생성·공인되어 왔지만, 이들을 바로 판례법과 동일시해서는 아니 된다.

(2) 법원성 여부

법원(法院)에 의해 법형성의 방법으로 만들어진 판례법이 고유한 법원(法源)에 해당하는지 여부는 다투어진다. **영미법계와는 달리 대륙법계국가의 특징은 판결의 선결적 구속을 부인하는 것이다.** 그런데 대륙법계라도 판결은 종종 개별경우를 능가한다. 그것이 장래의 판결을 정하고 실무를 이끌기 때문이다. 행정은 법률해석에 있어 원칙적으로 재판에 구속되지 않고, 예외적 경우에는 심지어 대법원의 일관된 판례와도 배치되게 결정을 내릴 수 있다. 물론 이때 논증책임과 근거제시의무가 행정에 과해진다.

17) 판례에서 드물게 판례법이란 표현이 사용되기도 한다(대법원 2007다27670전합판결).
18) 독일의 경우 이런 판례법의 성과물이 바탕이 되어 행정절차법에 행정법일반이론이 담겨졌다.

하지만 행정이 새로운 중요한 근거도 없이 대법원의 판결을 무시하여 손해를 끼치면, 국가배상책임이 성립한다.[19] 상위나 동위의 법원 판결의 주문과 배치되면, 당연히 불복의 이유가 된다. 특히 대법원 판결의 경우 그것의 위배는 상고이유가 되거니와, 그것의 변경이 지극히 어렵다는 점(대법관 전원의 3분의 2 이상의 전원합의체에서 과반의 찬성을 요함)에서 그 자체로서 최고의 공고한 효력을 갖는다. 따라서 판결 특히 대법원 판결의 경우 그것의 추정적 구속성은 당연히 인정된다(선결례에 유리한 추정). 문헌상으로도 시인되고 입법자도 아무런 이의를 제기하지 않는 '지속적 판례'가 성립하면, 판례의 사실적 구속성은 규범적 구속성으로 응축(凝縮)될 수 있으며, 이 경우 판례법적 원칙은 추정적으로뿐만 아니라 법 그자체로부터 구속성을 갖게 될 것이다.

그런데 판례의 법원성, 즉 판례법의 인정여부는 그것의 사실적 위상의 차원이 아니라 *法源論* 그 자체에서도 접근할 수 있다. 법규개념과 마찬가지로 법원 개념을 역사적 전래적인 것으로 제한하려는 입장에서는 판례법의 법원성을 부인할 수 있지만, **법이론적 법원개념, 즉 법인식근거로서 그것을 이해하면, 판례법 역시 법원으로 여겨야 한다.** 더 이상 판례'법'의 인정여부가 문제되지 않고, 그것의 정도와 한계가 문제된다.

(3) 한 계

판례'법'이나 법관'법'이란 표현에 오도(誤導)되어선 아니 된다. 판례법은 법률적 규정이 전혀 없는 경우와 입법자가 개괄조항을 설정하거나 불확정법개념을 사용하여 규정한 경우에 한하여 주효할 수 있다. 즉, 법관은 현행법을 토대로 삼아야 하고, 흠결과 의문이 있을 때 그 현행법을 보충하고 구체화해야 한다.[20] 따라서 판례법은 법률적 법의 테두리내에서만 성립할 수 있다. **법률구체화적, 법률보충적 판례법만이 존재할 수 있다. 결코 법률수정적 판례법은 존재할 수 없다.**[21]

법관은 '법의 입'(bouche de la loi)으로서만 기능하며, 법적용은 항상 다소간 주관적 편차내에서의 법실현이라는 점에서, －비록 그 한계를 긋기가 매우 어렵지만－ 법의 해석·구체화·적용은 현행 법질서를 넘어 새로운 법질서를 제시하는 양상인 법정립

19) 가령 법원이 형사소송법 등 관련 법령에 근거하여 검사에게 어떠한 조치를 이행할 것을 명하였고, 달리 해석될 여지가 없는데도 검사가 관련 법령의 해석에 관하여 대법원판례 등의 선례가 없다는 이유 등으로 법원의 결정에 어긋나는 행위를 한 경우, 당해 검사에게 직무상 의무를 위반한 과실이 있다(대법원 2011다48452판결).

20) 대법원 2014두35225판결이 육군사관학교의 생도생활예규 제35조 제6호에서 정한 동침 및 성관계 금지규정이 도덕적 한계를 넘는 동침 및 성관계 행위를 금지하는 것으로 해석하여 법의 타당성이 과거가 아니라 현재에 있음을 보여주었다.

21) 일련의 판례가 가능성의 차원에서 논의되었던 이른바 처분적 명령(조례)의 존재를 인정하였는데(대법원 95누8003판결 등), 이는 명백히 법규범체계와는 어울리지 않는다(본서 211면 이하 참조).

(입법)과는 구분되어야 한다. 판례법이 법률유보를 대체하는 것은 허용되지 않는다. 다만 '창조적 법발견'을 통해 법률흠결을 메우는 것이 법관에게 맡겨진 이상, 법관의 법창조를 법정립과 동일하게 여겨서는 곤란하다.[22] 그러나 판례는 성전환 사건,[23] 틱장애 사건(대법원 2016두50907판결)[24] 및 동성 동반자 피부양자 사건(대법원 2023두36800전합판결)에서[25] 매우 바람직하지 않게도 사법의 본질을 넘어 사실상 적극적인 입법을 한 양상을 보인다. 권력분립주의와의 마찰을 피할 수 없다.

(4) 보론(補論): 판례를 통한 법의 현재화 문제

판례는 과거사를 다루지만 과거분석과 과거평가로부터 현재는 물론, 미래를 결정한다.[26] 판례(Rechtsprechung)는 법(Recht)을 말하는 것(Sprechen)이다. 법을 말한다는 것은 민주적 법치국가에서는 개별사례를 위해 법률의 언명을 현재에 맞게 해석(설명)하는 것을 의미한다. 판례는 사전에 규정된 것(입법)을 사후에 말하는 것 이상이며, 항상 불완전한 규정을 숙고해야 한다. 그리하여 법관은 현재의 법구속성을 위해 책임을 지고, 법치국가의 현재적 대변자이다(判例의 日新又日新). 법관은 법률내용을 현재에 맞게 계속 숙고해야 하고, 그래서 발전(전개)을 동반한 숙고를 해야 한다. 특히 최고법원의 법관은 과거와 현재의 중재자이기도 하다. 또한 입법권의 단순한 사자(使者)에 그치지 않고, 법률적 규준의 동반적 해석자이다. 법관은 국가 및 법의 갱신능력의 보장자이기도 하다. 결국 법원은 법률에 의한 민주적 미래선취의 범주에서 법치국가의 미래개방성을 보장한다. 요컨대 행정사건에서 법관은 행정법의 대변자이다. 판례에 관한 학계의 지속적인 문제의식과 이에 대한 법원의 개방적 성찰이 견지되어야 한다. **행정기본법의 제정을 계기로 공법, 행정법을 민사법의 연장으로 보는 자세를 벗어나야 한다.**[27]

---

22) 독일 연방헌법재판소는 법의 후속적 형성이란 법원의 임무와 권능을 인정하면서도 동시에, 그들 기본법 제20조 제3항의 법관의 법·법률의 구속에 의해 도출된 한계 역시 강조하였다. Vgl. BVerfGE 34, 269(286ff.).

23) 대법원 2004스42전합결정이 구 호적법상의 호적정정의 차원에서 성전환에 따른 성별정정을 허용하였는데, 성전환자성별변경의 요건에 해당하는 물음은 판례법으로 대응할 순 없다. 이는 기본권상 본질적인 내용이어서 법률에 의거해야 한다. 해당 법률규정의 부재상황을 문제삼는 것이 순서이다(본서 106면). 해당 대법원 예규의 성질이 문제된다(본서 475면). 한편 대법원 2009스117전합결정은 현재 혼인중에 있거나 미성년자인 자녀를 둔 성전환자의 성별정정은 허용되지 않는다.고 보았지만, 2020스616전합결정은 현재 혼인중이 아니라면 미성년 자녀의 존재는 불허가사유가 되지 않는다고 보았다.

24) 본서 470·874면. 상론: 김중권, 판결에 의한 장애종류의 확장의 문제, 사법 제55호(2021.3.15.).

25) 현행법의 피부양자를 단순히 확대하는 것에 그치지 않고, 헌법상의 가족제도에 심대한 영향을 미친다는 점에서, 대상판결은 법률수정적 판례법 이상의 의미를 지닌다. 다만 절차적 요청에서는 긍정적인 측면이 있다. 본서 620면. 상론: 김중권 법률신문 제5197호, 2024.7.25.

26) P. Kirchhof, in: Festgabe 50 Jahre BVerwG, 2003, S.255(257ff.).

27) 상론: 김중권, 행정소송과 행정법, 저스티스 제146권 제2호(2015.2.5.); 행정법이론의 발전과 행정판례의 동향에 관한 비판적 고찰, 한국행정법학회 제54회 정기학술대회(2022.12.16.) 발표문.

3. 조리의 정체성 문제

흔히들 사물의 이치를 조리(條理)라고 하지만, 조리의 본질이 무엇인지 분명치 않다. 조리 그 자체의 의미를 근본(條)이 되는, 즉 으뜸이 되는 사리(事理)로 이해하면, 소위 근본규범으로서의 법원칙(Rechtsgrundsatz)을 과거 일본학자들이 조리로 옮긴 것이 아닐까 짐작한다. 행정법문헌상으론 조리와 일반원칙과의 상관관계가 애매하다. 일부는 양자를 동일하게 보나, 일부는 일반원칙을 조리의 부분집합으로 이해하기도 한다. 조리를 최후보충적 법원으로 설정하면서 다른 한편으로는 개개의 행정작용 전반에 편재적(偏在的)으로(올라운드식으로) 적용되는 일반원칙을 그것과 동일한 차원에서 논한다는 것은 바람직하지 않다. **최후보충적 법원으로서의 조리의 의의는, 재판규범이 전혀 없을 경우에 법관으로 하여금 사물의 본성에 맞게, 즉 합사실적(合事實的)으로 판단을 내리게 하는 기준으로 기능하는 점에 있다.** 다만 조리(근본규범적 법원칙)는 일반원칙의 궁극적 근거이자 유래로 볼 수 있기에, 그것에 대해 단순하게 전적으로 최후보충적 위상을 부여하는 것은 바람직하지 않다.[28]

Ⅲ. 국제법규범

지방자치단체 A도의회는 그 지방자치단체의 초·중·고등학교에서 실시하는 학교급식을 위해 위 지방자치단체에서 생산되는 우수 농수축산물과 이를 재료로 사용하는 가공식품을 우선적으로 사용하도록 하고 그러한 우수농산물을 사용하는 자를 선별하여 식재료나 식재료 구입비의 일부를 지원하며 지원을 받은 학교는 지원금을 반드시 우수농산물을 구입하는 데 사용하도록 하는 것을 내용으로 하는 'A도학교급식조례안'을 제정하였다. 이 조례안에 대해 그 지방자치단체의 교육감이 내국민대우원칙을 규정한 WTO 협정의 일부인 '1994년 관세 및 무역에 관한 일반협정'(GATT) 제3조 제1항, 제4항에 위반된다고 무효확인의 소를 대법원에 제기하였다. 교육감의 주장은 주효하는가? (대법원 2004추10판결)

한국 내 수입·판매업체들의 덤핑행위 여부에 대한 조사를 실시한 결과, 중국 C 회사가 공급한 타일에 대해 37.40%의 덤핑률 및 29.41%의 국내 산업피해율을 최종 판정한 다음, 그 판정에 기초하여 기획부장관은 해당 타일에 대해 향후 5년간 29.41%의 덤핑방지관세를 부과하

28) 한편 배병호 교수는 유가법사상에 의거하여 조리의 연혁을 탐문하였다(성균관법학 제22권 제1호(2010.4.), 239면 이하).

는 내용으로 규칙을 제정·공포하였다. 반덤핑부과처분으로서 이 규칙에 대해 중국 C 회사는 WTO 협정의 일부인 '1994년 관세 및 무역에 관한 일반협정'(GATT) 제6조 위반을 이유로 직접 국내법원에 취소소송을 제기하였다. C의 주장은 주효하는가? (대법원 2008두17936판결)

1. 헌법 제6조 제1항의 의의

헌법에 의하여 체결·공포된 조약과 일반적으로 승인된 국제법규는 국내법과 같은 효력을 가진다(헌법 6조 1항). 따라서 이들 국제법규범의 경우 자기집행력이 있으되 행정법적 사항을 담고 있으면, 당연히 행정법의 법원이 된다. 다만 여기서 조약은 국제법의 주체 사이(국가와 국가 사이에, 국가와 국제기구 사이에)에 국제법의 영역에서 행한 合意를 의미한다. 형식은 대개 문서에 의하나 구두에 의한 것도 가능하다고 보며, 명칭은 굳이 조약이 아니라도 무방하다(가령 협약, 협정, 약정, 의정서, 합의록, 선언, 헌장 등). 그리하여 국회의 동의를 얻은 조약인 WTO협정(조약 1265호)의 부속 협정(다자간 무역협정)인 GATT에 대해서도 마찬가지로 국내법령과 동일한 효력이 인정된다(대법원 2004추10판결). 유의할 점은 조약의 경우 국회의 동의여하에 따라 법률적 효력을 갖는지 여부가 정해진다. **국회의 동의를 거친 국가조약은 법률적 효력을, 반면 국회의 동의가 불필요하여 그에 따라 성립한 행정협정은 법규명령적 효력을 갖는다.**

'일반적으로 승인된 국제법규'에는 −설령 우리나라에 의해 승인되지 않았다 하더라도− 통상 국제사회의 대다수의 국가에 의해 승인되어 보편적으로 받아들여진 국제조약이나 국제관습법이 속한다. 그렇지만 문명국민에 의해 인정되는 일반적 법원칙의 경우 국제법규범 그 자체의 차원에서는 여기서의 '일반적으로 승인된 국제법규'에는 속하지는 않지만, 국내법에 공통되게 적용되는 법원칙의 차원으로서 국내법질서에 이미 통용되고 있다(한수웅, 361면).

2. 국제법규범의 법원성에 따른 문제

이들 국제법규범을 국내법과 같이 법원으로 인정할 때, 제기되는 문제가 우선 **그것의 국내적용의 문제와 국내법규범과의 충돌의 문제이다.**[29] 종래 국제법규범과 국내법규범의 관계를 두고서 별개의 법질서인지 아니면 통일된 법질서인지 여부에 의거하여 이원론과 일원론이 다투어지나, 대부분의 문헌과 판례는 일원론의 입장을 취한다.

29) 참고문헌: 장경원, 행정판례평선, 23면 이하; 김태호, 법학 제46권 제4호(2005.12.).

일원론에 서면, -일부 문헌에서 반론이 있지만- 해당 국제법규범이 국내적으로 직접 적용되고 효력을 갖는다는 결론 역시 자연스럽다(헌재 2000헌바20; 대법원 2001다58269판결).

국내법규범과의 충돌에 있어서는 법규범충돌에 통용되는 3원칙(상위법우선·신법우선·특별법우선의 원칙)에 의거하여 해결할 수 있다. 어떤 경우에도 헌법에 반하는 국제법규범은 존재할 수 없으며, 동위의 국제법규범과 국내법규범이 충돌하면 신법우선·특별법우선의 원칙이 통용된다.

국제법규범을 국내적 효력을 갖는 법원으로 인정하면, 국제법규범은 민사사건은[30] 물론 국내 사건에서 사법심사의 직접적 잣대가 되는데,[31] 조약의 성질상 국내에서 바로 집행될 수 없는 조약 즉, 이른바 비자기집행적(non-self-executing) 조약은 그러하지 아니한다.[32] 대법원 2008두17936판결은 GATT규정이 사인에 대하여는 직접 효력이 미치지 아니한다고 정당하게 판시하였다.[33] 그리고 위헌·위법에 따른 규범통제의 문제는 그대로 통용된다(위헌법률심판과 명령규칙에 대한 통제). 즉, 그 위헌·위법의 효과는 -국내법규범이든 국제법규범이든- 해당 법규범은 무효가 되어 버린다(대법원 2004추10판결).

두 번째 문제가 되는 것이 조약이나 협정이 대인적 효력범위의 차원에서 국민에게도 그것이 구속력을 미치는지 여부이다. 조약에서 비롯된 권리와 의무의 수범자는 그 조약을 체결한 당사자, 즉 국가이다. 조약을 체결한 국가의 국민이나 주민은 조약의 당사자가 아니며, 조약으로부터 직접 개인의 권리와 의무가 도출되지는 않는다.[34] 여기서는 그것의 **국내법적 효력의 인정과는 별개로, 국민이 국가적 행위가 조약에 위반한다는 것을 이유로 국내법원에 소를 제기하는 것은 허용되지 않는다.**[35]

---

30) 가령 '국제물품매매계약에 관한 국제연합협약'은 민법이나 상법 또는 국제사법보다 우선적으로 적용된다(대법원 2023다288772판결).

31) 가령 대법원 96다55877판결은 '시민적 및 정치적 권리에 관한 국제규약' 제19조를 표현의 자유를 침해한 것을 판단하는 데 동원하였으며, 헌재 97헌바65가 마라케쉬협정도 적법하게 체결되어 공포된 조약이므로 국내법과 같은 효력을 갖는 것이어서 그로 인하여 새로운 범죄를 구성하거나 범죄자에 대한 처벌이 가중된다고 하더라도 이것은 국내법에 의하여 형사처벌을 가중한 것과 같은 효력을 갖게 되는 것이라고 판시하였다.

32) 정인섭, 서울국제법연구 제22권 제1호(2015,.6.), 29면 이하.

33) 대법원 2004추10판결이 GATT규정을 사법심사의 잣대로 삼아 해당 조례안을 무효화시킨 것은 타당하지 않다.. GATT규정에 의거한 무역분쟁은 대부분의 국가에서 국내사건으로 여기지 않아서 국제기구에 대한 제소가 유일한 해결절차인데, 대법원 2004추10판결은 그것을 국내사건으로 만든 치명적인 문제점이 있다. 여기서 문제되는 것은 모순된 판결의 존재이다. 비록 정식의 판례변경의 절차를 거치지 않았지만, 사실상 판례변경이 행해진 셈인데, 정식의 판례변경을 하지 않은 이유가 제시되어야 한다. 참고문헌: 주진열, 서울국제법연구 제16권 제1호(2009).

34) Ehlers/Pünder, in: Ehlers/Pünder, §2 Rn.75. 대법원 96다55877판결 역시 '시민적 및 정치적 권리에 관한 국제규약' 제2조 제3항에 의하여 별도로 개인이 위 국제규약의 당사국에 대하여 손해배상 등 구제조치를 청구할 수 있는 특별한 권리가 창설된 것은 아니라고 판시하였다.

35) 동지: 이일세, 행정법총론, 2024, 34면.

제 3 절 행정 및 행정법의 일반원칙

Ⅰ. 행정 및 행정법의 일반원칙에 관한 일반론

1. 개 념

행정 및 **행정법의 일반원칙이란 행정활동의 가늠잣대를 총칭한 것이다.** 과거 법률적 규율이 부족하여 행정법일반이론은 전적으로 불문의 행정법의 일반원칙에 의해서 구축되었다. 이런 사정은 일부 일반원칙이 행정기본법, 행정절차법 등 개별법에 성문화된 오늘날에도 여전하다. 이들 일반원칙은 통상 판례와 학설에 의해서 전개되었다. '일반원칙'이란 표현에 오해의 여지가 있지만, 여기엔 일반적인 법원리・원칙을 포함하여 －원리・원칙에 대비된－ (문헌과 판례를 통하여 세세한 데까지 구체화되고, 형성되고, 정비된) 일련의 법규칙(Regel)차원의 것[36]까지도 종종 해당한다. 이 책에서는 우선 원칙의 차원에서 논의되는 것에 한하여 설명한다.

종래 **행정법의 일반원칙은 그 자체로 사법적 판단잣대가 될 수 있는 규범적 특성을 강하게 드러낸다.** 오늘날 행정법이 해석법학에 머물지 않고 행동과학으로 변모하였기에, 기왕의 법의 일반원칙만을 드는 것은 이에 어울리지 않는다. 효율성의 원칙이나 합리성의 원칙과 같은 행정활동에서 존중되어야 할 현대행정의 원칙 역시 비록 규범성이 약하여 사법적 판단의 잣대로 동원되는 데 피할 수 없는 제약은 있지만, 긍정해야 한다.[37] 이미 판례상으로 합리성과[38] 효율성이 사법적 판단잣대로 동원되기도 한다. 한편 행정기본법이 통상의 일반원칙과는 결이 다른, 권한남용금지의 원칙을 행정의 법원칙의 하나로 드는데(11조 2항), 행정의 법구속을 강조한 것이다.

36) 행정행위의 존속, 취소, 철회에 관한 원칙, 행정행위의 무효기준에 관한 원칙, 공권의 실효에 관한 원칙 등이 이에 해당한다.

37) 김남진 선생님은 이런 현대행정의 원칙으로 ⅰ) 보장행정의 원칙. ⅱ) 투명성의 원칙, ⅲ) 능률성의 원칙, ⅳ) 실효성의 원칙을 제시한다. 동인, 行政法의 一般原則, 학술원통신 제283호(2017.2.1.)

38) 대법원 2018두45633판결: 해당 처분에 적용한 기준이 상위법령의 규정이나 신뢰보호의 원칙 등과 같은 법의 일반원칙을 위반하였거나 객관적으로 합리성이 없다고 볼 수 있는 구체적인 사정이 있다면 해당 처분은 위법하다고 평가할 수 있다.

2. 근 거

행정법의 일반원칙은 법치국가원리와 기본권으로부터 도출되는데, 행정기본법의 제정을 통해 성문화되었다. 그 근거를 헌법규정이나 원리(원칙)에서 찾아야 하므로, 이들은 '구체화된 헌법'이자, '헌법원칙으로부터의 결과물'이다. 비록 행정법의 일반원칙 대부분이 행정기본법을 통해 성문화되었다 하더라도,[39] 이들 원칙은 대부분 헌법차원의 원칙에 해당한다. 그런데 유의할 점은 그것의 위상이 헌법차원이라 하여 그것의 위반을 곧바로 무효사유나 흠의 중대성으로 판단해선 아니 된다(가늠잣대의 위상≠위반결과). **특별한 사정이 개재되지 않는 한, 행정법의 일반원칙의 위반은 단순 위법에 그친다.**

한편 이들 원칙의 근거제시는 개별적으로 독립적으로 전개되지 않고, 종종 보완적으로 중첩적으로 전개된다. 가령 비례원칙을 보면, ―독일의 경우이지만― 오래 전부터 인정되어 판례법적으로 공고하게 되어 헌법(기본권, 기본권제한)으로부터 생겨났거니와, 경찰법을 비롯한 개별 실정법(예: 행정규제기본법 5조 3항)에도 규정되어 있으며, 나아가 근본법규범인 '법원칙'인 조리로부터도 도출될 수 있다.

이들 일반원칙의 전개는 법의 발견에 속한다. 일반원칙은 특히 최고 사법기관의 결정으로 법의 통일성과 법적 안정성에 이바지한다. 사법기관은 그럼으로써 정당한 고유한 임무를 수행한다. 물론 전통적인 법률해석이나 법관에 의한 법형성의 한계를 존중해야 한다.[40]

3. 법적 성질

일반원칙이라는 점에서 다음의 2가지 점을 확인할 수 있다: 생성시기가 근 일세기가 된 것에서부터 얼마 되지 않은 것까지 매우 다양하다는 점과 이들 일반원칙은 연원과 유래에 관계없이 판례에 의해서 지속적으로 적용됨으로써 마치 성문규범처럼 적용된다는 점. 법적 성질과 관련하여 보면, 이들은 고유한 새로운 법원의 범주에 해당하지 않고, 대부분 불문인 상이한 법규범을 위한 집합개념으로 사용되고 있다.

이들 일반원칙은 원칙적으로 행정의 모든 영역에 통용되고, 특별한 대상에 국한하여 통용되진 않는다. 고도의 추상성과 일반성으로 인해, 그것은 법규범을 해석·적용하는 데

---

39) 한편 이들 원칙 가운데 비례원칙(제10조)을 제외하고 평등의 원칙 등의 경우에 주체를 행정청으로 규정하고 있어서 그 소속 공무원과 관련해서 이들 원칙의 적용이 문제될 수 있는데, 제2장의 표제가 '행정의 법원칙'인 이상 여기서의 행정청에 소속 공무원은 당연히 포함된다.

40) BVerfGE 95, 48(62).

있어서의 방향지시기일 뿐 그 자체 직접 적용가능한 규범은 아니다. 즉, 일반원칙은 독립된 고유한 법원(法源)은 결코 아니며, 또한 특정한 법원에 귀결될 수도 없다. 오히려 통용의 근거로서 상이한 근거이자 유래가 고려된다. 따라서 이들 일반원칙을 자세히 보면, −(일종의 법규칙으로서의) 위법한 부담적 행정행위의 자유로운 취소의 원칙과 같이− 관습법으로 혹은 대개는 판례법(법관법)으로 혹은 간혹 실정법으로 판명되어서 해당 법원(法源)의 범주에서 다루어진다.

Ⅱ. 공익(공공복리)관련성의 원칙

비록 헌법이 명시적으로 언급하지 않지만, 국가활동의 공익(공공복리)관련성의 원칙 역시 오늘날 중요한 행정법의 원칙으로 여겨야 한다.[41] −공법형식이든 사법형식이든− **국가활동은 그것이 단지 특별이익에 이바지하는 것이 아니라 공익(공공복리)에 이바지해야만 허용되고, 정당화된다.** 효율성의 원칙마냥 공익(공공복리)관련성의 원칙 역시 헌법상 자명하게 전제되는데, 또한 민주주의와 공화주의로부터도 당연히 도출된다. 즉, 사정판결(행정소송법 28조 1항)에서처럼 명문으로 규정되어 있지 않더라도, 국가활동 전반은 늘 공익(공공복리)관련성의 원칙에서 되새겨야 한다. 공익(공공복리) 개념은 임의로운 내용으로 메울 수 있는 개념이 결코 아니다. 공익(공공복리)관련성의 원칙은 특히 개별법을 해석함에 있어서, 개별법이 동 원칙에 합치하는지 여부를 심사함에 있어서 그리고 개별법을 적용함에 있어서 실제적 의의를 갖는다. 가령 오로지 특정 토지소유자에게만 유리한 개발계획을 수립하는 것, 오로지 정치적 고위인사의 땅을 온존시킬 관점에서만 도로방향을 정하는 것, 자연보호구역에 소재한 특정 개인의 땅만을 전적으로 개발할 목적으로 도로를 건설하는 것은 공익(공공복리)관련성의 원칙에 위반되어 위법하게 된다.

Ⅲ. 투명성의 원칙

행정조직 및 행정활동의 메커니즘은 일반 국민에게 익숙하지 않다. 행정은 그 자체로 불투명하다(opaque). 국가의 권력행사에 투명성이 확보되지 않으면, 민주주의는 제대로 구현될 수 없다. 국가활동의 투명성은 민주주의의 일 부분이어서[42] 행정의 민

41) 최송화, 공익론, 2002, 266 · 267 · 272면.

주화는 행정의 투명성에 비례한다. 그리하여 행정절차법이 투명성의 원칙(5조)을 명시적으로 규정하고 있다.[43] 또한 투명성이 높아지면 행정이 국민에게 친근하게 되어 결정의 수용도 역시 상승한다. 투명성이 어느 정도로 확보되었으면 피할 수 있었던 불필요한 오해로 인해 심각한 불신이 조성되어 과다하게 행정비용이 든 사례가 많다.

행정의 투명성을 보장하는 대표적 법제도가 정보공개와 행정절차이다. **특히 알고리즘에 기반한 디지털 행정의 도래에 즈음하여 전체 행정활동에서 투명성의 원칙을 새롭게 인식할 필요가 있다.** 물론 투명성의 원칙이 절대적 가치는 아니며, 결정메커니즘의 효율성과 비밀유지의 이익과 균형이 맞아야 한다. 결정메커니즘의 효율성과 비밀유지의 이익을 고려한 즉, 가능한 공개해야 한다. 디지털화가 급속하게 진행되기에, 「행정기본법」의 차원에서 명확성의 원칙과 투명성의 원칙이 명문화될 필요가 있다.[44]

Ⅳ. 효율성(능률성)의 원칙

> 국가재정법령에 의하면 재해예방 등으로 시급한 추진이 필요한 사업이 아니면 총사업비 500억원 이상 사업은 예비타당성조사를 해야 한다. 그런데 정부는 4대강 사업을 내용별로 구분하여 총사업비가 500억원 이하의 개별 사업이라는 이유로 예비타당성조사를 하지 않았고, 특히 보의 설치와 준설에 대하여는 총사업비가 500억원 이상인 데도 재해예방사업을 이유로 예비타당성조사를 하지 않았다. 이것이 위법사유가 되는가? (부산고법 2011누228판결)

정책적 사안에 대한 법적 고찰은 그 본질에서 한계를 지닌다. 여기서 법은 정책형성이 구체적으로 어떠해야 하는지를 지적하기보다는 그것의 한계를 설정하는 데 만족할 수밖에 없다. 정책과 정치가 결코 사법으로부터 자유로울 수는 없지만, 이들을 오로지 규범적 잣대로만 가늠하는 것 역시 지양해야 한다. 헌법은 공적 임무를 효과적으로 수행하는 유능한 국가를 전제로 한다. 이 점은 행정주체는 물론 입법과 사법에도 마찬가지로 통용된다. 특히 국민을 상대로 한 행정활동은 임무를 효과적으로 이행할 것이 요구됨으로써 정당화된다. **국가활동의 효율성의 원칙은 새롭게 헌법원칙이자**

42) 유럽연합조약 제10조 제3항 제2문은 민주적 원칙의 차원에서 투명성의 원칙을 표방한다: 제 결정은 가능한 공개적이고 국민에 가까이 발해진다.

43) 행정청이 행하는 행정작용은 그 내용이 구체적이고 명확하여야 하며, 행정작용의 근거가 되는 법령등의 내용이 명확하지 아니한 경우 상대방은 당해 행정청에 대하여 그 해석을 요청할 수 있다. 이 경우 당해 행정청은 특별한 사유가 없는 한 이에 응하여야 한다.

44) 참고로 독일 Schleswig-Holstein 주 헌법 제53조가 '투명성'(Transparenz)을 표제로 주 행정청이 상반된 공익이나 보호가치 있는 사익이 우월하지 않는 한 직무상의 정보를 제공하도록 규정한다.

행정법의 일반원칙으로 부각된다.[45] **같은 맥락에서 행정기본법의 목적규정(1조)이 행정의 효율성을 국민의 권익보호를 위한 목표로 설정한다.**

효율성의 개념을 단지 '기술적으로' 이해해선 아니 되고, 국가의 임무와 관련하여 헌법과 개별법의 가치결단의 측면에서 바라보아야 한다. 순수한 법적 잣대가 아닌 효율성과 합리성을 행정활동을 위한 법적 잣대로 만드는 것이 과제이다.[46] 4대강사업의 집행정지기각결정에 대한 재항고사건에서 대법원 2010무111전합결정의 반대의견은 효율성에 대한 검토 결여의 한 근거로 국가재정법상의 예비타당성조사의 결여를 들었다. 판례에서 처음으로 효율성의 관점에서 접근하여 매우 의미심장하다. 그리고 부산고법 2011누228판결은 효율성의 관점에 터 잡아 국가재정법상의 예비타당성조사의 결여를 이유로 하천공사시행계획고시의 위법성을 논증하였는데, (계쟁처분의) 위법성의 권리침해 견련성의 요청과 관련해서 치명적 문제가 있다(본서 788면).[47]

V. (광의의) 비례의 원칙

대구고등검찰청 검사장으로 근무하던 甲에 대해 다음과 같은 이유로 면직처분이 내려졌다: i) "1999. 1. 28. 오후에 대검찰청에 출석하라."는 검찰총장의 직무상의 명령을 전달받고도 정당한 이유 없이 출석을 거부하였다. ii) 미리 검찰총장에게 그 사유를 보고하여 승인을 얻지 아니하고, 스스로 자신의 출장신청을 승인한 다음, 바로 근무지를 떠났다. iii) 검찰에 대한 국민의 신뢰를 실추시킬 위험성이 더욱 큰 기자회견발표를 통해 검사로서의 체면이나 위신을 손상시켰다. 이 징계처분은 문제가 없는가? (대법원 2000두7704판결)

1. 의의 및 성질

비례원칙(Verhältnismäßigkeitsgrundsatz, Proportionality)은 국가의 법적으로 중요한 영향과 그것의 목적간의 관계, 즉 목적-수단의 관계에 관한 것이다. 이에 의하면, 국가의 조치는 추구하는 목적과 관련해서 시민의 법적 지위에 대해 필요하고 적합한 정도를 초과하여 상당하지 않게 개입하여선 아니 된다. 즉, **행정주체가 구체적인 행정목적을 실현함에 있어서는 실현하려는 목적과 이를 위해 선택한 수단(조치) 사이에 합리적인**

45) 참고문헌: 조태제, 공법학연구 제5권 제1호(2004.2.); 박정훈, 한국공법이론의 새로운 전개(2005.6.).
46) Ellerbrok, in: HVwR Ⅲ, §76.
47) 반면 대법원 2011두32515판결은 (계쟁처분의) 위법성의 권리침해 견련성의 요청을 견지하였다.

비례관계가 유지되어야 한다. 비례원칙은 신뢰보호의 원칙과 함께 현대행정법이론에 있어서 가장 강조되고 중시되는 법원칙의 하나로 당연히 헌법차원의 효력을 갖는다. 과잉(개입)금지의 원칙이라고도 한다.[48]

2. 연혁, 근거 및 실정법상의 구현

사상적으로 비례원칙의 사고는 옛날의 정의론까지 거슬러 갈 수 있지만, 독일에서 18세기에 경찰개입을 제한하기 위해 처음으로 명시적으로 나타났다. **독일 경찰법의 영역에서 개괄적 수권조항에 근거하여 발동된 경찰권의 한계를 긋는 법원칙의 하나로서 설명되어 왔다.** 독일에서 주로 행정법에서 논해졌던 동 원칙은 제2차 세계대전 이후에는 헌법차원에서 더욱 활발히 논해지고 그 내용이 다듬어졌다.[49] 나아가 독일을 넘어 유럽국가에도 이전되어 결국 **EU법의 차원에서도 일반법원칙으로 통용되고 있다**(유럽연합조약 5조 4항).[50]

비례원칙은 헌법상으로 명문으로 규정되어 있지 않아, 법치국가원리와 자유권으로부터 도출되는데, 오늘날 동 원칙은 헌법을 비롯한 실정법에서 직접적으로 구현되고 있다. 즉, 일반적인 기본권제한에 관한 헌법 제37조 제2항은 이를 구체적으로 천명하고 있으며, 행정기본법 제10조는 파생원칙을 망라하여 구체적으로 명문화하였다. 그리고 행정규제기본법 제5조 제3항, 경찰관직무집행법 제1조 제2항, 식품위생법 제79조 제4항 등이 비례원칙, 특히 필요성의 원칙(최소침해의 원칙)을 내세운다. 이런 명시적 규정에 관계없이, 비례원칙은 국가활동 전반에 대해 통용된다. 이런 비례원칙의 승리행진으로 법률유보는 비례원칙에 부합하는 법률에 의한 유보가 되었다.

3. 내용(파생원칙)

(1) 변천상 및 적용과정

비례원칙은 당초 좁은 의미의 비례원칙(상당성의 원칙)으로서 통용되다가 의미와 내용이 확대되어 **오늘날에는 적합성의 원칙 · 필요성의 원칙 · 상당성의 원칙(협의의 비례**

48) 비례원칙과 과잉금지의 원칙의 이해와 그 관계를 두고서 논란이 많은데, 일반적으로 양자를 동일하게 여긴다.

49) 독일에서의 성립과정에 관해서는 김대환, 세계헌법연구 제11권 제2호(2005.12.), 69면 이하.

50) 그러나 유럽최고재판소(EuGH)는 독일식의 논증구조(적합성, 필요성, 상당성)를 그대로 따르지 않는다. 즉, 기본자유에 대한 회원국의 개입에서 그 제한의 적합성과 필요성만을 심사한다. 하지만 몇몇 판례에서는 상당성을 명시적으로 또는 암시적으로 관련짓기도 한다.

원칙)을 포괄하는 대원칙으로 성장하였다. 그리하여 행정기본법 제10조가 표방하듯이, 동 원칙의 적용은 적합성, 필요성 그리고 상당성의 3단계심사로 진행된다. 구체적 심사에 들어가기에 앞서 추구하는 목적(목표)을 선행적으로 추출해야 하고, 아울러 그 목적이 법적으로 정당하여 허용되는지 여부를 심사해야 한다. 일괄적으로 공익을 목적으로 삼을 수는 없고, 입법자의 동기와 법률의 객관적 의미를 전개할 필요가 있다.

유의할 점은 이하의 파생원칙은 기본적으로 여러 수단을 선택할 수 있는 상황, 즉 -입법에서든 행정결정에서든- 선택재량이 인정되는 경우에 적용될 수 있고, 하나의 수단을 취할 것인지 여부의 재량이 부여된 상황, 즉 -전적으로 행정결정에서- 결정재량만이 인정되는 경우에는 그러하지 않다. 이런 경우에는 협의의 비례원칙인 상당성의 원칙만이 적용될 수 있다.

(2) 구체적인 적용의 모습

i) **적합성의 원칙**: 행정작용은 행정목적을 달성하는 데 유효하고 적절하여야 한다(행기법 10조 1호). 이는 **국가활동(수단)은 추구하는 목적에 적합해야 한다**는 것이다. 어떤 수단을 이용하여 추구하는 목적이 증진될 수 있다면 그 수단은 적합한 수단이 된다. 나아가 어떤 활동이 다른 활동과 결합하여 나름의 목적달성을 기대할 수 있게 하면 그것의 적합성에 문제가 없다. 목적과 수단의 관계에 관한 논의의 첫걸음으로 목적과 수단을 별도로 도출해 내야 한다. 다만 적합성여부의 잣대가 되는 법률목적을 축소해서도 입법자의 의도에 배치되게 확장해서도 아니 된다. 한편 경제정책적 조치의 경우 그 적합성이 불확실한 것이 빈번한데, 이런 경우엔 그 적합성여부를 인정된 방법론이나 이론을 적용하여 면밀히 심사하면 충분하다. 만약 부적합성이 나중에 드러나면 행정청은 택한 기존의 수단을 중지해야 하고, 아울러 취한 조치 이전의 상황으로 원상회복시켜야 한다. 여기서 완전한 원상회복이 이루어질 수 없다면, 관계기관은 최소한 이미 취해진 조치로 발생한 결과를 완화시키도록 노력해야 한다.

ii) **필요성의 원칙**: 행정작용은 행정목적을 달성하는 데 필요한 최소한도에 그쳐여야 한다(행기법 10조 2호). 이는 **국가활동(수단)은 정한 목적을 달성하는 데 필요한 정도보다 더 나아가선 아니 된다**는 것(**일종의 파레토 최적의 상황**)이다. 상당성의 원칙과는 달리 여기선 비교의 문제이다. 즉, 선택가능한 여러 수단이 적합하되, 선택한 것보다 덜 부담적인 수단은 없을 때, 그 선택한 수단이 필요성의 원칙에 맞는다. 그리하여 동일하게 유효한 여러 수단을 동원할 수 있을 땐, 그 가운데 관련자에게 가장 덜 부담스런 수단을 택해야 한다(**최소침해성의 원칙, 가장 약한 수단의 선택**). 가령 건축물의 법위반부분을 수

선으로 제거가능하고 건물주 역시 그렇게 할 수 있다고 하면 그 건축물 자체에 대한 철거명령을 내려서는 아니 된다. 허가를 신청한 경우 그에 대립된 공익을 부관(부담)의 부가에 의해서도 충분히 커버할 수 있을 땐 그 허가신청을 단번에 반려하는 것은 문제가 있다. 더불어 '대체수단제공의 법리'[51] 역시 긍정되어야 한다.

iii) **상당성의 원칙**(협의의 비례원칙): 행정작용은 그로 인한 국민의 이익 침해가 그 행정작용이 의도하는 공익보다 크지 아니하여야 한다(행기법 10조 3호). 어떤 활동이 그 자체로 필요성의 원칙에 부합한다 하더라도, 그것으로 인한 불이익이 결과의 가치와 전혀 균형을 이루지 못할 것같으면 그 활동은 허용되지 않는다. 즉, **개인에게 가해진 최소한의 부담이 (그로써) 추구하는 목적과 실현될 공익에 비해 결코 불균형이라 할 수 없을 때**(부담≤추구하는 목적이나 공익), **그 수단은 상당한 수단이 된다.** 상당성의 심사는 비용편익분석에 기한 칼도-힉스 효율성 심사를 의미하는데, 이를 상징적으로 나타내는 독일의 法諺이 -비록 그것이 유일한 수단일지라도- **버찌나무에 앉은 참새에 대해서 대포를 쏘아선 아니 된다**는 것이다. 우리의 **"빈대 잡으려 초가삼간 태우랴?", '견문발검'**(見蚊拔劍) 역시 동일한 상황을 나타낸다. 상당성의 원칙을 적용함에 관련자에 대한 부정적 영향과 대립된 공익에 대한 영향을 전체적으로 형량할 것이 요구된다. 이때 양 측면을 위해 어떤 중요사항이 관련되며 이들이 어떻게 법적으로 평가되어야 할지를 먼저 추상적으로 확인해야 한다. 그 다음, 문제의 조치에 의한 구체적인 관련성의 강도와 구체적인 공공복리의 획득이 정해져야 한다. 그런 다음에 비로소 나름의 형량을 하면서, 이런 전제를 고려한즉, 강구된 결과(효과)가 시민의 부담에 합당하지 않은지 여부를 탐문해야 하는데, 수인한도의 한계가 견지되어야 한다. 가령 행정대집행의 요건인 '불이행을 방치함이 심히 공익을 해할 것으로 인정될 것'과 관련해서, 건축허가면적보다 0.02m^2 정도 초과한 위반만으로는 철거대집행계고처분이 위법하다고 본 것(대법원 90누10070판결)은 상당성의 원칙이 고려된 것이다.[52]

---

51) 비록 원래의 행정수단에 비하면 수범자가 제의한 수단이 객관적으로 보아 침해강도가 더 큼에도 불구하고, 수범자의 의사를 존중하는 차원에서 그것을 용인해야 한다는 것을 말한다.

52) 대법원 2023두62465판결 역시 행위허가구역 경계를 벗어난 지점에 조명탑을 설치함으로써 허가를 받지 아니한 채 개발행위를 하였다는 이유로 조명탑 원상복구 처분에 대해 다음과 같이 비례원칙에 입각하여 위법하다고 판시하였다: 경정장의 부대시설 중 하나로, 이를 철거할 경우 사실상 이 사건 경정장에서의 야간 경기 전체가 제한되는 결과가 초래될 것으로 보이고, 같은 역할을 하는 조명탑을 다시 설치하기 위하여 상당한 비용이 소요될 것으로 보이며, 피고가 18년 이상의 기간이 지나도록 조명탑 설치를 문제 삼았다고 볼만한 자료가 없는 점을 종합하면, 개발제한구역 지정의 공익상 필요가 원고가 입을 불이익을 정당화할 만큼 강하다.

4. 적용범위

오늘날 비례원칙은 전체 국가권력, 모든 종류의 고권적 활동 및 전체 공법에 적용되는 (모든 국가활동의) 포괄적인 지도원칙으로 발전하였다. 먼저 기본권의 영역에서 자유권에 대한 개입을 심사함에 있어서 그것은 제한의 한계로서 중핵적 역할을 한다. 비례원칙은 전적으로 개인의 권리와 자유의 영역을 방어하는 기능을 갖기에, 그것은 국가와 국민(시민)간의 관계에서만 통용되지, 고권주체간의 권한의 분배에선, 즉 국가조직법 및 지방자치의 영역에선 통용되지 않는다. **비례원칙은 입법에서는 입법형성의 자유**(입법재량)**와 관련이 있는데, 행정법의 차원에선 특히 침익적인 행정재량 일반과 관련이 있다.** 관련자에게 과도한 제한을 가져다 줄 재량행사는 재량남용으로 위법한 재량행사가 된다. 특히 징계권행사와 관련해서는, 그 재량권의 행사가 징계권을 부여한 목적에 반하거나, 징계사유로 삼은 비행의 정도에 비하여 균형을 잃은 과중한 징계처분을 선택함으로써 비례원칙에 위반하게 된다(대법원 2000두7704판결). 공법의 도그마틱은 이제 비례원칙에 관한 심사에서 비롯되고 끝날 정도이다. 비례원칙의 적용영역을 둘러싼 논란은 별 의미가 없다.

5. 비례원칙의 사법심사와 관련한 검토사항

(1) 사법심사강도

비례원칙의 사법심사강도는 사법심사밀도의 차원에서 구별된다. 행정활동에 대해서는 적합성과 필요성의 차원에서 완전히 심사할 수 있다. 반면 입법작용의 경우에는 의회입법자는 헌법에만 구속될 뿐이고, 원칙적으로 헌법의 테두리 안에서 법률목적을 스스로 결정할 수 있다. 따라서 법률의 적합성을 판단함에 있어서는 입법자가 갖는 민주적 정당성으로 인해 헌법에 반하지 않는 이상, 그에게 평가특권은 인정되어야 한다. 그리고 적합성의 원칙은 최적의 적합성이나 심지어 목적의 최적의 실현을 요구하지 않는다. 대신 극단적으로 부적합한 조치를 금지하는 것으로 충분하다. 따라서 적합성의 심사는 동원된 수단이 두말할 것 없이(곧바로) 부적합한지 여부의 물음(명백성심사의 방법)으로 축소된다. 동일한 맥락에서 법률의 필요성 역시 단지 명백성심사의 방법으로만 심사할 수 있다. 기본권개입이 강하면 강할수록, 필요성의 물음에서 심사권한은 확대된다. 끝으로 상당성에 관한 법원의 심사는 입법작용이든 행정작용이든 수인한도의 한계가 견지되었는지 여부의 물음으로 제한된다. 여기서 법원은 그 자신 나름의 최적화고려를 하여선 아니 된다. 하지만 헌법상의 유보없는 보호법익이 직접적으로 충돌하는 경우에는 다르다. 이 경우에는 비례성심사를 대신하여 양 보호법익의 실제적 조화의 명령이나 최대한 균형의 명령이 통용되어야 한다.

⑵ 판례의 접근태도

대부분의 행정법문헌은 3단계의 심사구조만을 언급한다. 반면 헌법재판소는 일찍부터 앞에서 본 선행작업을 일단계에 포함시켜 **'목적의 정당성 및 방법의 적절성'을 1차적 심사잣대로 설정한 다음, 그 후에 '침해의 최소성'과 '법익의 균형성'을 심사한다.** 대부분 헌법 문헌 역시 이를 따른다.[53] 법원도 법규정의 위헌성 여부의 심사에서 헌법재판소와 동일한 기조에서 구체적인 파생원칙을 내세워 접근하기도 한다(대법원 2008두16001판결; 2005다24646판결 등).

일찍부터 판례는 관련 여러 이익을 비교교량하는 데 있어서 비례원칙에 적합해야 한다고 강조하였다(가령 대법원 2009두1051판결; 2000두7704판결).[54] 이는 비례원칙의 파생원칙 가운데 상당성의 원칙과 직접 관련이 있다. 상당성의 원칙이 비례원칙의 원형인 점에서 이런 접근은 자연스럽다. 또한 판례는 별다른 추가적 논증을 하지 않고 판단근거로 비례원칙을 들기도 한다. 가령 적합성과 필요성의 원칙과 같은 일부 파생원칙을 내세워 비례원칙을 적용하기도 하며(대법원 2008다24050판결), 경우에 따라서는 일반적인 의미로 비례원칙을 적용하기도 한다(대법원 2008두549판결). 사법심사강도에 의거하여 원칙의 적용에 관한 실증적 검토가 필요하다.[55]

⑶ 위반의 효과

비례원칙의 위반을 들어 무효로 논증한 대법원 2005다24646판결과 관련하여, 비례원칙위반을 무효사유로 봄직한 오해를 자아내긴 하나, 그 사안에서 법원이 하자의 정도를 중대하게 본 것으로 이해하는 것이 바람직하다. 비례원칙위반의 결과는 원칙적으로 단순 위법에 그친다.

⑷ 비례원칙의 과도한 적용의 문제점

그런데 **과도해선 아니 된다는 비례원칙의 －역설적 상황인－ 과도한 적용에 대한 비판**

53) 적합성, 필요성 및 상당성의 심사에 앞서, 선행 단계로 조치로 추구하는 목적을 추출하는 단계와 목적의 정당성 및 허용성을 심사하는 단계를 별도로 설정하면 비례성 심사가 5단계로 진행된다. Voßkuhle JuS 2007, 429 (430).

54) 대법원 2009두1051판결은 토지보상법상의 사업인정에서 그 사업이 공용수용을 할 만한 공익성이 있어야 함을 강조하여 마치 헌재결정에서의 목적의 정당성 요청과 흡사하다.

55) 상론: 김태호, 공법연구 제37집 제4호(2009.6.), 89면 이하.

이 제기된다. 즉, 그로 인해 쟁송이 과도하게 증가하고 사법통제가 너무 강화됨으로써, 재량영역이 소멸됨으로써 일각에서는 법치국가가 법조국가나 법관(법조)국가로 되어 버렸다는 혹평을 한다(김남진, 기본문제, 543면). 아울러 동 원칙의 확대에 대해서는, 규범적 규준을 허용되지 않는 방법으로 완화하는 일종의 공법의 '연화제'(軟化劑)로서 심지어 법질서의 연골화(軟骨化)를 초래할 우려가 있다고 경고되었다.[56]

6. 과소(보호)금지의 원칙

(1) 논의의 전제: 국가의 기본권적 보호의무

오늘날 비례원칙에는 3가지의 논증모델-과잉(개입)금지, 과소(보호)금지, 평등원칙의 한계-이 담겨져 있다. 이상에서 본 것은 전통적인 과잉금지에 관한 것이고, 평등원칙과 관련해선 후술하고, 여기서는 과소금지(過少禁止)의 원칙(Untermaßverbot)에 관해 살펴본다. 독일 연방헌법재판소의 1975년의 낙태판결[57]을 계기로 등장한 국가의 기본권적 보호의무는 기본권에 의해서 보호되는 법익을 타인의 위법한 개입으로부터 지켜야 한다는 것을 내용으로 한다. 기본권을 객관적 원리로 이해하는 데서 연유한 국가의 기본권적 보호의무는 주관적 공권론은 물론, 행정법과 헌법과의 관계 등에 새로운 전기를 가져왔다. 그리하여 기본권적 보호의무 자체가 비례적으로 이행되어야 할지 여부가 문제되는데, 독일 연방헌법재판소는 이를 인정하는 입장을 취하였으며 그 논의는 과소금지의 원칙이란 틀로서 수용되었다.[58] **우리 헌법재판소 역시 과소보호금지의 원칙에 의거하여 국가의 보호의무의 위반을 인정한다.** "국민의 생명·신체의 안전을 보호하기 위한 조치가 필요한 상황인데도 국가가 아무런 보호조치를 취하지 않았든지 아니면 취한 조치가 법익을 보호하기에 전적으로 부적합하거나 매우 불충분한 것임이 명백한 경우"에 과소보호금지의 원칙에 반한다(헌재 2008헌마419·423·436(병합) 등).[59]

---

56) Ossenbühl, Lerche-FS, S.157.

57) BVerfGE 39, 1.

58) 과소금지의 용어는 일찍이 Schuppert가 헌법재판소의 심사에서 요구되는 신중함을 분명히 하기 위해 창안한 것이다(Ders., Funktionell-rechtliche Grenzen der Verfassungsinterpretation, 1980, S.15.). 제1판에서 민법학자인 Canaris 교수의 글(Grundrechte und Privatrecht, AcP 184(1984), S.201(227ff.)) 에서 처음 등장하였다는 기술을 수정한다.

59) 대법원 2018두44302 판결: 헌법상 기본권 보호의무란 기본권적 법익을 기본권 주체인 사인에 의한 위법한 침해 또는 침해의 위험으로부터 보호하여야 하는 국가의 의무를 말하며, 주로 사인인 제3자에 의한 개인의 생명이나 신체의 훼손에서 문제 되는 것이다.

(2) 과소금지의 원칙의 의의 및 적용의 모습

기본권적 보호의무의 수범자가 국가기관이어서 그것은 특히 입법부와 집행부에 과해지며,[60] 현실적으로 전자의 경우에는 입법부작위가, 후자의 경우에는 위험방지의 부작위로 인한 행정(경찰)개입청구권 및 국가배상책임이 다투어진다(후술). 그런데 기본권적 보호의무의 인정에 결부된 도그마틱적 문제는, 국가로선 목표인 보호를 달성하는 데 있어서 다수의 가능수단을 갖는다는 사실이다. 특정한 조치만이 보호의무의 요청을 충족시키는 경우란 매우 드물다. 통상 광범한 평가·형성의 여지가 국가에게 인정된다. 그것의 한계치가 바로 과소금지의 원칙이다. 즉, **과소금지의 원칙에 의하면, 국가로선 국민의 기본권을 보호할 의무를 헌법상 요구되는 정도보다 하회(下廻)해서 이행하여선 아니 된다.** 위험방지의 부작위의 경우 궁극적으로 행정재량의 축소의 문제인데, 유의할 점은 이 경우 아무리 기본권적 보호의무를 매개시킨다 하더라도 개입의무는 성립시킬 수 있을지언정 -재량 영으로의 축소에 따른- 특정 개입을 강제할 순 없다. 왜냐하면 여전히 선택재량은 남아 있기 때문이다.[61]

한편 현대사회가 리스크사회(Risikogesellschaft)化될수록 국가의 기본권적 보호의무의 영향은 더할 것이다. 법률적 수권근거가 없더라도, 국가의 기본권적 보호의무에 의거하여 관련 공권력발동을 정당화할 수 있다고 주장되곤 하는데, 주의가 필요하다. 자칫 국가의 기본권적 보호의무가 제3자에 대한 국가의 무한적(법률적 수권을 검토함이 없이) 개입을 정당화시킬 수 있는 구실이 될 수 있기 때문이다. 국가의 기본권적 보호의무에 관한 피상적 이해는 이런 위험을 증폭시킨다.[62] 이런 수권상의 의문점을 해소하는 수단이 바로 개괄적 수권조항이다.

7. 과잉금지의 원칙과 과소(보호)금지의 원칙의 충돌의 문제

코로나 팬데믹에 따른 거리두기나 영업제한·금지와 같은 코로나조치의 경우 -영업주의 차원에서는- 과잉금지의 원칙과 -안전을 요구하는 일반 국민의 차원에서는- 과소금지의 원칙이 충돌하는 양상이 펼쳐진다. 팬데믹의 상황에서는 안전에 대한 위협이 다른 사인(私人)에 의해 유발되는데, 이런 상황은 사인들간에 -안전 vs 영업의 자유- 기본권이 충돌하는 상황이다. 생명과 건강과 같은 중대한 법익이 헌법상 최고의

60) 한편 서울고법 2007나72665판결은 법원의 기본권보호의무와 관련하여 기본권의 보호를 위해 불법행위법을 적용하는 것이 과소보호금지의 원칙에도 맞다고 판시하였다.
61) Isensee, in: Isensee/Kirchhof(Hrsg.), HStR Bd. V, §111.
62) 국가의 기본권적 보호의무와 재량축소에 관해서는 김중권, 행정법기본연구 I (2008), 230면 이하.

법익이 아닌 이상, 예방조치에 의해 제한되는 제 기본권의 실제적 조화가 관건이다. **기본권보장과 관련한 자유와 안전의 균형이 강구되어야 한다.** 일련의 코로나조치의 당부와 관련하여 비례원칙에 관한 심도 있는 논의가 필요하다(본서 134면 이하).[63]

Ⅵ. 신뢰보호의 원칙

제2차 세계대전 패전까지 연금을 받아온 동베를린거주의 미망인에 대해 베를린시당국은 유족연금청구권이 있음을 확인하였고, 이에 그녀는 서베를린으로 이주하여 베를린시당국으로부터 연금수급결정을 받았다. 그 후 베를린시당국이 그녀가 독일 항복일(1945.5.8.) 당시에 베를린 밖에 거주하였음을 확인하여 이를 이유로 연금지급을 중단하였고, 이에 그녀는 신의성실의 원칙을 위반하였다고 주장하였다(미망인판결).

甲은 A구청장으로부터 폐기물처리업의 사업계획이 적정하니 소정의 허가요건을 갖추어 허가신청을 하라는 내용의 적정통보를 받은 다음, 법정 허가요건을 완비하여 폐기물처리업 허가신청을 하였다. 그런데 A구청장은 기존업체가 두 곳이 있어서 다수 청소업자의 난립으로 능률적이고 안정적인 청소업무 수행에 지장이 있어 주민들의 공익을 저해할 소지가 있다는 이유로 불허가처분을 하였다. 이 불허가처분은 어떤 법적 문제가 있는가? (대법원 98두4061판결)

1. 의의와 연혁

신뢰보호의 원칙이란, **"국민이 행정기관의 어떤 결정(명시적 언동·묵시적 언동을 포함)의 정당성 또는 존속성에 대하여 신뢰한 경우 그 신뢰가 보호받을 가치가 있는 한, 그 신뢰를 보호해 주어야 한다는 것"**으로 정의한다. 사실 영미행정법상의 금반언(禁反言, estoppel)의 법리 역시 목적과 기능에서 신뢰보호의 원칙과 다를 바 없다.[64] 이른바 독일의 미망인판결에서 독일 연방행정법원은 미망인의 신뢰를 보호하기 위해 -비록 신의성실의 원칙에 의거하였지만- 행정의 법률적합성의 원칙을 뒤로 물려 베를린시당국의 연금지급중단조치가 위법하다고 판시하였다. 이로써 **신뢰보호의 원칙은 행정의 최고원칙인 행정의 법률적합성원칙에 견줘 특별한 의의를 갖게 되었다.** 독일의 경우 1973

63) 여기서 유의할 점은 감염병예방법상의 예방조치가 지향하는 공익에는 국민의 생명과 건강의 법익만이 아니라, 건강상의 응급상황 즉, 보건시스템의 특히, 중환자실의 과도한 부담을 피하는 것과 사망건수와 위중한 병세의 진행을 줄이는 것도 포함된다. 상론: 김중권, 코로나 팬데믹 시대에 행정법적 위기모드와 관련한 문제점, 법조 제746호, 2021.4.28.

64) 미국행정법상의 금반언의 법리에 관해서는 박수헌, 토지공법연구 제18집(2003.6.), 191면 이하.

년에 개최된 국법학자대회에서 행정법분야의 테마로 논의되었으며, 1977년부터 시행되고 있는 독일행정절차법에 전면적으로 수용되었다. Forsthoff처럼 행정의 법률적합성원칙을 절대시하는 입장에 대해 신뢰보호의 원칙의 승리행진이 시작되었다.

법질서의 신뢰성은 자유행사의 기본적 전제요건에 해당한다. 자신의 행위가 나중에 불이익한 결과에 연계되지 않으리라고 믿을 수 있는 者만이 자신의 자유권을 꺼리지 않고 행사할 것이다.[65] 독일의 미망인판결과 비슷하게 최근 판례가 사회보장행정에서 신뢰보호의 원칙을 두드러지게 강조하여 새로운 국면이 전개되고 있다(후술).

2. 이론적, 실정법적 근거

(1) 이론적 근거

(가) 신의칙설

신뢰보호의 근거를 사법의 일반원칙인 신의성실의 원칙에서 구하는 입장이다. 비록 그것이 이른바 독일의 미망인판결에서 나타난 것처럼 신뢰보호의 원칙의 모태이긴 해도 그것이 본래 민사법에서 유래한 것이어서 공법의 영역에 적용하는 데는 나름 한계가 있을 수밖에 없다. 즉, i) 계약 등과 같이 구체적 관계를 전제로 하지 않는 행정작용에는 적용하기 어렵다는 점, ii) 신의칙은 개념상의 일반추상성 때문에 신뢰보호의 원칙은 물론, 다른 원칙들의 근거도 될 수 있기 때문에, 어떤 구체적 사안의 해결을 신의칙에 의한다는 것은 일반조항에의 도피를 의미한다는 점 등이 비판되고 있다. 그리하여 이미 독일의 경우에도 연방행정법원은 1960년부터 신의칙설을 버렸고, 연방헌법재판소 역시 1961년부터 법적 안정성설을 애용하여 왔다.

(나) 법적 안정성설

신뢰보호를 법치국가원리 및 그의 요소로서의 법적 안정성으로부터 도출하는 입장이다. 대부분의 문헌이 이를 따르며, 헌법재판소 역시 신뢰보호의 원칙을 법치국가원리의 파생원칙으로 본다(헌재 97헌마38 등). 이에 대한 비판으로 i) 행정의 법률적합성의 원칙과 법적 안정성의 원칙이 공히 법치국가원리의 요소에 해당하기에, 동일한 원리내에서 일종의 내적이율배반성이 초래된다는 점, ii) 이익형량을 통한 신뢰보호의 인정여부는 사실상 법적 불안정성을 초래할 수도 있다는 점, iii) 동 원칙은 법치국가원리의 독립된 요소가 아니라 법적 안정성의 반사적 효과에 지나지 않는다는 점 등이 지적된다.

---

65) Voßkuhle/Kaufhold, JuS 2011, S.794.

(다) 기타의 입장

독일 문헌상으로 신뢰보호의 원칙을 사회적 법치국가원리로부터 직접 도출될 수 있는 헌법상의 원리로 보거나(사회국가원리설), 독일 기본법 제2조상의 인격의 자유로운 발전의 권리나 독일 기본법 제14조상의 재산권에서 도출하거나(기본권설), 어느 법원칙도 단독으로는 만족할 만한 논거를 제공하지 못함을 이유로, 그 자체 독립한 비헌법적, 보충적 법원칙으로 볼 것(독자성설)이 주장되고 있다.

⑵ 실정법적 근거

행정절차법은 동 원칙의 제명하에 규정하고 있으며(4조 2항),[66] 국세기본법 역시 소급과세금지의 제명하에 비슷하게 규정한다(18조 3항).[67] 행정기본법 제12조 제1항은 신뢰보호의 원칙을 적극적으로 천명한다.[68]

⑶ 기왕의 논의의 문제점

(가) 논의구조의 문제점

대부분의 문헌이 행하는, 이론적 근거와 실정법적 근거의 구별 그 자체가 의문스럽다. 왜냐하면 이론적 근거의 경우 동 원칙에 관한 실정법적 근거를 정립하거나 그것의 설득력을 제고하는 데 주로 동원되고, 동 원칙의 실제 적용의 차원에서는 매우 제한적으로 기능하기 때문이다. 반면 독일의 경우 동 원칙의 헌법적 자리매김이 강조되어, 그것을 직접 반영한 개별법(특히 행정절차법상의 취소·철회규정)을 비롯한 입법작용은 물론, 모든 국가작용에 대해서 동 원칙을 적극적으로 투영시키고 있다. 따라서 성문화된 이상, 기존의 이론적 근거와 실정법적 근거와 같은 도식은 피하고, 이론적 근거를 헌법적 근거로 새롭게 자리매김하는 것이 바람직하다.

(나) 독일에서의 경향

대부분의 행정법문헌은 법적 안정성설이 독일에서의 다수학설과 판례가 취하는 입장이라고

---

66) 법령의 해석 또는 행정청의 관행이 일반적으로 국민에게 받아들여진 때에는 공익 또는 제3자의 정당한 이익을 현저히 해할 우려가 있는 경우를 제외하고는 새로운 해석 또는 관행에 의하여 소급하여 불리하게 처리되지 아니한다.

67) 세법의 해석 또는 국세행정의 관행이 일반적으로 납세자에게 받아들여진 후에는 그 해석 또는 관행에 의한 행위 또는 계산은 정당한 것으로 보며 새로운 해석 또는 관행에 의하여 소급하여 과세되지 아니한다.

68) 행정청은 공익 또는 제3자의 이익을 현저히 해칠 우려가 있는 경우를 제외하고는 행정에 대한 국민의 정당하고 합리적인 신뢰를 보호하여야 한다.

소개한다. 그러나 독일의 연방헌법재판소는 변화된 입장을 취한다. 과거와는 달리, 근자에는 특히 부진정소급효의 헌법적 허용성에 관한 심사에서 해당 기본권(예: 재산권, 직업자유 등)으로부터 당사자의 신뢰보호를 도출하고 있으며, 다만 신뢰를 보호할 만한 상황이 개별기본권의 보호영역에 포함될 수 없는 경우엔 법치국가원리를 동원하였다. 즉, 전체적 경향은 기본권으로부터 신뢰보호를 도출하되, 법치국가원리는 보충적으로 동원하고 있다.[69] 다수 문헌 역시 법치국가원리 −법적 안정성− 의 동원에 찬성하면서도 우선적으론 기본권으로부터의 도출을 선행시키고 법치국가원리는 보충적으로 동원한다. 독일 W. Schmidt처럼 전적으로 특정 기본권(기본법 14조상의 재산권보장)만을 근거로 삼기도 하지만, 대부분 문헌들은 전체 기본권 범주를 근거로 삼는다. 나아가 법치국가원리에 의거한 보충적인 신뢰보호의 필요성마저 정면으로 부인하는 입장도 있다: "신뢰보호는 −더도 덜도 말고− 기본권보호 바로 그것이다."[70]

(4) 관견(管見)

신뢰보호를 해당 기본권에서 도출하는 것의 이점은, 행정법에 대해 기본권의 방사효(파급효)를 적극적으로 모색할 수 있다는 것, 특히 입법차원에서 상이한 이익상황에서의 형량에서 기왕의 기본권론에서 발전된 −실제적 조화와 같은− 충돌해결수단이 동원될 수 있다는 것이다.[71] **신뢰보호의 원칙을 확고하게 헌법적 차원에서 자리매김하는 것을 강구함으로써 그것의 효과적인 제도화를 기할 때이다.**

한편 실정법적 근거인 행정절차법 제4조 제2항의 경우, 그것은 국세기본법 제18조 제3항상의 소급과세의 금지를 일반 행정에 맞춰 수정한 것이다. 사실 이들은 신뢰보호원칙의 천명보다는 관습법의 실정법적 승인의 의미를 갖는다는 점에서 신뢰보호의 원칙의 전반을 커버하지 못하거니와, 동 규정 자체가 신뢰보호의 원칙의 활발한 전개를 가로 막는다. 신뢰보호의 원칙을 직접적으로 천명한 행정기본법 제12조 제1항을 계기로 새로운 논의전개가 기대된다.

3. 성립요건

(1) 판례와 문헌상의 요건

행정상의 법률관계에 있어서 행정청의 행위에 대하여 신뢰보호의 원칙이 적용되기 위해서는, **첫째** 행정청이 개인에 대하여 신뢰의 대상이 되는 공적인 견해표명을 해야 하고, **둘째** 행

69) BVerfGE 45, 142(168); 72, 200(242).
70) Schwarz, Vertrauensschutz als Verfassungsprinzip, 2002, S.232.
71) Vgl. Fuhrmanns, Vertrauensschutz im deutschen oesterreichischen öffentlichen Recht, 2004, S.67.

정청의 견해표명이 정당하다고 신뢰한 데에 대하여 그 개인에게 귀책사유가 없어야 하며, **셋째** 그 개인이 그 견해표명을 신뢰하고 이에 상응하는 어떠한 행위를 하였어야 하고, **넷째** 행정청이 위 견해표명에 반하는 처분을 함으로써 그 견해표명을 신뢰한 개인의 이익이 침해되는 결과가 초래되어야 하며, **마지막으로** 위 견해표명에 따른 행정처분을 할 경우 이로 인하여 공익 또는 제3자의 정당한 이익을 현저히 해할 우려가 있는 경우가 아니어야 한다(대법원 2004두46판결 등).

⑵ 요건과 관련한 검토사항

(가) 행정의 법률적합성의 원칙과의 관계

문헌상으로 신뢰보호우위설, 법률적합성우위설, 양자동위설 등이 주장된다.[72] **1996년에 제정된 행정절차법이 일종의 소극적 요건으로 공익에 대한 침해의 우려를 명문으로 규정하였다.** 반면 행정법상의 신뢰보호가 벤치마킹한 국세기본법 제18조 제3항은 행정절차법과는 달리 그런 내용을 담고 있지 않다. 판례 역시 과거엔 그런 소극적 요건에 대한 언급을 전혀 하지 않았다(대법원 84누593판결 등). 현행 행정절차법에서는 양자동위설이 천명된 셈이어서 이상의 학설을 나열하는 것은 별의미가 없다. 판례 역시 대법원 98두4061판결을 계기로 지금과 같이 소극적 요건을 포함한 논증을 한다.

그런데 **공익과 같은 소극적 요건의 도입과 관련해서는 성찰이 필요하다**. 왜냐하면 토석채취허가나 산림형질변경허가처럼 환경적 이슈와 같은 공적 이슈를 동반하는 사안에서 자칫 신뢰보호를 무색하게 만들 수 있는데, 판례는 여기서 신뢰보호에 인색한 경향을 보인다(대법원 98두7343판결 등).[73] 공익에 대한 침해의 인정에서 엄격한 장치("현저한")가 있긴 하나, 양자동위설에 입각한다면 소극적 요건의 인정에서 좀더 엄격한 태도를 견지할 필요가 있다.

(나) 신뢰성립근거로서의 공적 견해표명과 관련한 문제점

많은 문헌들은 신뢰보호원칙의 적용의 기점으로 행정기관의 일체의 선행조치를 들어 그것에 행정처분, 확인(확약포함), 행정계획, 행정지도 등이 포함될 수 있다고 기술한다. 반면 일찍이 신의성실의 원칙(신뢰보호의 원칙)의 성립요건을 정립한 대법원 84누593판결 이래로 공적 견해표명이 마치 신뢰조성행위로, 즉 신뢰보호의 원칙의 출

---

72) 이 논의는 행정행위의 취소나 철회에서의 상황이고, 확약이나 법개정의 상황과는 관계가 없다.
73) 또한 장차 어떤 처분을 하겠다고 공적인 의사표명을 하였다고 하더라도, 그 후에 사실적·법률적 상태가 변경되었다면, 그 공적인 의사표명은 행정청의 별다른 의사표시를 기다리지 않고 실효된다(대법원 95누10877판결).

발점(제1성립요건)으로 치부되었다.[74] 그리하여 **판례는 시종 공적 견해표명 여부에 일차적인 초점을 맞추되, 과세관청의 의사표시가 일반론적인 견해표명에[75] 불과한 경우에는 신의성실의 원칙의 적용을 부정한다**(대법원 2007두19447, 19454판결; 2000두5203판결 등). 그리고 공적인 견해표명 등을 통하여 부여한 신뢰가 평균적인 납세자로 하여금 합리적이고 정당한 기대를 가지게 할 만한 것이어야 하며(대법원 2011두5940판결), 다만 공적 견해를 표명할 당시의 사정이 사후에 변경된 경우에는 그 공적 견해가 더 이상 개인에게 신뢰의 대상이 된다고 보기 어려워, 그 견해표명에 반하는 처분은 신뢰보호의 원칙에 위반되지 않는다(대법원 2018두34732판결).

일련의 신뢰조성행위에는 다소간 공적 견해표명의 측면이 내포될 수 있긴 하나, 본래 사실적·법률적 견해표명(Auskunft)은 지식의 전달로 끝나는 지식표시에 해당하고 비구속성을 지녀서 그 자체론 신뢰조성행위가 될 수가 없다(물론 견해표명이 신뢰보호를 성립시키는지 여부와 그 정도는 그때그때의 상황에 좌우된다). **판례상으로 구분하는 공적 견해표명과 일반론적 견해표명이 그 자체로서 완연히 구별될 수 있는지도 의문스럽다.** 신뢰보호의 원칙을 작동시키는 첫 단추로서 공적 견해표명의 존부가 과연 논증의 안정성을 가져다줄 지 의문스럽다.[76] 단순히 공적 견해표명만으로 포착할 수 없는 사안의 경우에도 부자연스럽게 공적 견해표명식의 접근이 강구되어 행정법도그마틱의 체계에 불협화음이 초래된다. 동사무소 직원이 행정상 착오로 국적이탈을 사유로 주민등록을 말소한 것을 굳이 공적 견해표명으로 설정하여 접근한 대법원 2006두10931판결이 좋은 예이다.

(다) 신뢰의 보호가치성을 가늠하는 귀책사유의 문제

당초의 공적 견해표명이 번복됨에 따라 신뢰보호가 문제되는데, **당초의 잘못된 공적 견해표명에 상대방이 영향을 끼치지 않아야 그 신뢰가 보호할 만하다.** 신뢰의 보호가치성을 가늠하는 귀책사유라 함은 행정청의 견해표명의 하자가 상대방 등 관계자의

74) 가령 법적으로 혼인한 상태가 아닌 대한민국 국적인 부와 중화인민공화국 국적인 모 사이에 출생한 자들에 대해 행정청이 공신력 있는 주민등록번호와 이에 따른 주민등록증을 부여한 행위는 이들에게 대한민국 국적을 취득하였다는 공적인 견해를 표명한 것이다(대법원 2022두60011판결).

75) 가령 예식장 등을 건축하는 것이 관계 법령상 가능한지 여부를 질의하는 민원예비심사에서 관련부서 의견으로 개발이익환수에 관한 법률에 '저촉사항 없음'이라고 기재한 것(대법원 2004두46판결), 수입신고 시 또는 그 사후에 협정관세 적용을 신청한 것에 대해 세관장이 형식적 심사만으로 수리한 것(대법원 2017두63726판결).

76) 가령 대법원 2005두9644판결이 공적 견해표명에 해당하지 않는 것으로 본, '관광숙박시설지원 등에 관한 특별법의 유효기간까지 관광호텔업 사업계획 승인신청을 한 경우에는 그 유효기간이 경과한 이후에도 특별법을 적용할 수 있다는 내용의 문화관광부 장관의 지방자치단체장에 대한 회신'의 경우, -판례의 접근과는 다르게- 그 자체가 단순한 공적 견해표명에 그쳐 확약과는 달리 구속적 표시행위가 아니어서 신뢰보호를 가져다줄 수 없는 것으로 접근했어야 한다.

사실은폐나 기타 사위의 방법에 의한 신청행위 등 부정행위에 기인한 것이거나 그러한 부정행위가 없다고 하더라도 하자가 있음을 알았거나 중대한 과실로 알지 못한 경우 등을 의미한다고 해석함이 상당하고, 귀책사유의 유무는 상대방과 그로부터 신청행위를 위임받은 수임인 등 관계자 모두를 기준으로 판단해야 한다(대법원 2001 두1512판결).

4. 신뢰보호의 내용과 적용영역

(1) 존속보호와 보상보호의 문제

신뢰보호는 1차적으로 현존에 대한 믿음을 존중하는 것이다. 당연히 존속보호를 지향한다. 다만 존속보호가 관철될 수 없는 경우엔 보상보호가 강구되어야 한다. 수익적 행정행위의 취소나 철회에서 시민의 귀책사유가 없음에도 불구하고 그 취소나 철회가 행해질 때에는 손실보상이 강구되어야 한다(본서 385·389면).

(2) 신뢰보호원칙의 적용영역-특히 법률개정의 문제

신뢰보호는 주로 수익적 행정행위의 취소와 철회에서 문제되나, 확약, 불법에 있어서의 평등대우 및 계획보장에서도 문제된다(후술). 이런 법집행의 영역이외에도 법개정에 따른 요건의 강화나 새로운 금지의 설정의 경우에 특히 문제된다.[77]

(가) 소급입법의 문제

의약분업제도가 시행된 후 2001.8.14. 약사법이 개정되면서 신설된 제16조 제5항 제3호는 의료기관의 시설 또는 부지의 일부를 분할·변경 또는 개수하여 약국을 개설하는 경우를 약국개설등록 거부사유로 규정하였으며, 위 약사법 부칙 제2조 제1항은 위 약사법 제16조 제5항 제3호에 해당하는 기존의 약국개설등록자는 위 약사법 시행일로부터 1년까지만 영업을 할 수 있도록 규정하였으며, 그 이후에는 약사법 제69조 제1항 제2호에 의하여 약국개설등록이 취소될 수 있도록 하였다. 소아과의 수유실로 사용하던 부분에 대하여 건물의 소유주와 별도로 임대차계약을 체결하여 2000.8.14. 약국개설등록을 받은 후 그곳에서 약국을 경영해 온 甲에 대해, 감독관청이 개설한 약국은 개정 약사법 부칙 제2조 제1항에 해당되므로, 2002.8.13.까지만 영업할 수 있다고 2001.8.28.자로 통보하였다. 이런 통보는 법적으로 문제가 없을까? (헌재 2001헌마700, 2003헌바11(병합))

규제개혁위원회의 방침에 따라 변리사 등 전문자격사의 인원을 확대하기 위한 일환으로 변리사 제1, 2차 시험을 종전의 '상대평가제'에서 '절대평가제'로 전환하는 것을 내용으로 하는

---

77) 참고문헌: 한수웅, 인권과 정의 제250호(1997.6.) 76면 이하.

변리사법 시행령이 2002.3.25. 개정되었는데, 부칙에서 그 해부터 바로 시행하게 하였다. 종래 절대평가제가 요구하는 합격기준에 맞추어 시험을 준비한 수험생들이 제1차 시험 실시를 불과 2개월밖에 남겨놓지 않은 시점에 개정된 시행령이 즉시 시행되는 데 대해 문제를 삼았다. 문제제기가 주효할까? (대법원 2003두12899전합판결)

소급입법의 문제를 보면, 그것은 새로운 입법을 이미 종료된 사실관계 또는 법률관계에 적용하게 하는 진정소급입법과 새로운 입법을 현재 진행중인 사실관계 또는 법률관계에 적용하여 기존의 법에 의하여 형성되어 이미 굳어진 개인의 법적 지위를 사후에 박탈하는 것 등을 내용으로 하는 부진정소급입법으로 나눌 수 있다. 전자의 경우 금지가 원칙이고, 예외적으로 허용되며, 후자의 경우 허용이 원칙이고 예외적으로 금지된다. 따라서 진정소급입법이든 부진정소급입법이든 그것의 허용성은 원칙과 예외의 관계를 전제로 궁극적으로 당사자의 예상손실의 정도, 신뢰보호이익의 정도와 중대한 공익적 요청의 형량에 의거한다(헌재 97헌바76).[78]

(나) 개정신법의 적용의 문제

부진정소급입법과 비슷한 문제상황인 개정신법의 적용과 관련해서는 법적용의 기준과 신뢰보호의 원칙의 적용의 문제를 구분해야 한다. 위법판단의 기준시점은 처분시점이다. 따라서 법령의 변경 전에 발생한 사항에 대하여는, 변경 후의 신 법령이 아니라 변경 전의 구 법령이 적용되어야 한다. 그리고 인·허가신청 후 처분 전에 관계법령이 개정 시행된 경우에는, 행정행위는 처분 당시에 시행중인 법령과 허가기준에 의하여 하는 것이 원칙이므로, 개정된 법령 및 허가기준에 따라 불허가처분을 할 수 있다. 그러나 신법령 부칙에 그 시행 전에 이미 허가신청이 있는 때에는 종전의 규정에 의한다는 취지의 경과규정을 두고 있거나, 소관 행정청이 허가신청을 수리하고도 정당한 이유 없이 처리를 늦추어 그 사이에 법령 및 허가기준이 변경된 경우에는 그렇지 않다(대법원 2003두3550판결).

개정신법의 적용에서 다음과 같이 신뢰보호가 강구된다. 즉, i) 법령의 개정에 있

78) 부진정소급입법은 원칙적으로 허용되지만 소급효를 요구하는 공익상의 사유와 신뢰보호의 요청 사이의 교량과정에서 신뢰보호의 관점이 입법자의 형성권에 제한을 가하게 되는데 반하여, 진정소급입법은 개인의 신뢰보호와 법적 안정성을 내용으로 하는 법치국가원리에 의하여 특단의 사정이 없는 한 헌법적으로 허용되지 아니하는 것이 원칙이고, 다만 일반적으로 국민이 소급입법을 예상할 수 있었거나 법적 상태가 불확실하고 혼란스러워 보호할 만한 신뢰이익이 적은 경우와 소급입법에 의한 당사자의 손실이 없거나 아주 경미한 경우 그리고 신뢰보호의 요청에 우선하는 심히 중대한 공익상의 사유가 소급입법을 정당화하는 경우 등에는 예외적으로 진정소급입법이 허용된다.

어서 구 법령의 존속에 대한 당사자의 신뢰가 합리적이고도 정당하며, ii) 법령의 개정으로 야기되는 당사자의 손해가 극심하여 새로운 법령으로 달성하고자 하는 공익적 목적이 그러한 신뢰의 파괴를 정당화할 수 없다면, 입법자는 경과규정을 두는 등 당사자의 신뢰를 보호할 적절한 조치를 해야 한다. 만약 신뢰보호를 위한 적절한 조치 없이 새 법령을 그대로 시행하거나 적용하는 것은 허용될 수 없다. 판례는 약사법 개정의 경우에는 신뢰보호를 앞세우지 않았지만(헌재 2001헌마700, 2003헌바11(병합)), 한약사국가시험과 변리사시험과 관련해서는 법개정에서 신뢰보호를 강하게 인정하였다(대법원 2005두4649전합판결; 2003두12899전합판결). 그리고 갱신심사 도중에 심사기준을 변경하여 변경된 심사기준에 따라 갱신 거부처분을 하는 것은 중대한 공익상 필요가 있거나 관계 법령의 제·개정 등의 특별한 사정이 없는 한, 허용되지 않는다(대법원 2018두45633판결).

(3) 임용결격자임용의 무효와 신뢰보호원칙의 문제

한편 임용결격자의 임용과 관련해서 판례는 시종 무효로 접근하는데(대법원 86누459판결 등), 대부분의 문헌은 이를 단순 위법으로 보아 신뢰보호의 차원에서 취소권제한의 법리를 대입하고 있다. **임용결격자임용의 무효는 임용결격자에 대한 당연퇴직통보제(국가공무원법 69조)에 따른 결과이기에 그 자체로는 신뢰보호의 차원에서 문제를 삼기는 곤란하다.**[79] 물론 해당 규정의 위헌성을 신뢰보호의 차원에서 문제삼을 수는 있다.

5. 사회보장행정에서 신뢰보호의 원칙의 고양 및 그 문제점

출장 중 교통사고로 사망한 甲의 아내 乙에 대해 근로복지공단은 2010.1.6. 유족급여·요양급여·장의비의 지급결정을 내려 이들 보험급여를 2011.10.31.까지 지급하였다. 산업재해보상보험법 37조 2항에 의하면 근로자의 범죄행위 또는 그것이 원인이 되어 발생한 부상·질병·장해 또는 사망은 업무상의 재해에 해당하지 않는데, 甲의 음주운전 사실을 확인한 후 공단이 2011.12.16. 지급결정을 취소하고 이미 지급된 보험급여를 부당이득금으로 징수하는 처분을 하였다. 제1심은 지급결정취소처분의 위법성을 전제로 징수처분 역시 위법하다고 판시했지만(서울행법 2012구합13474판결), 제2심은 지급결정취소처분은 적법하지만, 징수처분은 위법하다고 판시하였다(서울고법 2013누21429판결). 상고심은 선행처분인 지급결정취소처분과 징수처분의 관계를 어떻게 보는가? (대법원 2013두27159판결)

국민연금공단은 乙의 가족관계등록부상 출생연월일(1948.2.10.)을 기준으로 乙이 2008.2.10. 60세에 이르러 국민연금법에서 규정한 특례노령연금 수급요건을 충족하였다고 보아 특례노령

---

79) 동지: 이경운, 행정판례평선, 1044면.

연금지급결정을 하였고, 2008.3.부터 2014.5.까지 특례노령연금을 지급하였다. 그런데 乙은 2014.5.2. 법원의 허가를 받아 가족관계등록부상 출생연월일을 1948.2.10.에서 1949.6.28.로 정정하였다. 그러자 국민연금공단은 乙에게 변경된 출생연월일인 1949.6.28.을 기준으로 하면 乙이 2008.2.10. 당시 특례노령연금 수급요건(1999.4.1. 현재 50세 이상일 것)을 충족하지 못함을 이유로 특례노령연금지급 취소처분을 한 다음, 乙이 2008.3.부터 2014.5.까지 지급받은 연금액에 대한 환수처분을 하였다. 판례는 환수처분을 어떻게 보는가? (대법원 2015두43971판결)

(1) 판례의 내용과 의의

독일의 미망인판결이 유족연금에 관한 것인 점과 유사하게 판례는 사회보장행정분야의 부당이득징수처분 사건에서 신뢰보호의 원칙을 두드러지게 강조하여 부당이득징수(환수)처분의 위법성을 적극적으로 확인한다(대법원 2012두17186판결; 2013두27159판결 등; 2011두31697판결 등). 대법원 2011두31697판결은 환수처분의 근거규정이 기속규정임에도 불구하고, 신뢰보호의 원칙에 의거하여 공익과 사익의 형량의 요청을 강조하여 환수처분의 위법성을 논증하였다(본서 384면). 특히 **대법원 2013두27159판결은 부당이득징수처분의 적법성여부의 물음을 선행 지급취소결정의 적법성과는 분리시켜 신뢰보호의 원칙의 관점에서 접근하여 부당이득징수처분의 위법성을 확인하였다.**[80] 통상 금전급부제공과 관련해서는 주어진 급부를 이미 사용한 경우나 수인할 수 없는 불이익을 동반해서(만) 되돌려질 수 있는 재산적 지위가 인정되는 경우에, 법상황의 존속에 관한 신뢰보호가 인정될 수 있다는 점에서, 이들 판례를 계기로 신뢰보호의 원칙의 의의가 제고된 점은 나름 의미가 있다.

(2) 관견(管見)

그런데 부당이득징수처분을 선행처분과 독립되게 접근하는 것은[81] **자칫 지급결정의 위법성을 도외시하며, 부당이득법리를 무색하게 만들 우려가 있다.** 그리고 징수처분의 근거규정(특임자보상법 18조 1항 등)이 기속규정으로 되어 있는 명문규정에도 반한다. 신뢰보호원칙에 의거하더라도 기속규정을 재량규정으로 바꿀 수는 없다. 판례의 입장에 의하면 자칫 정당하지 않은 지급이 결과적으로 정당화되는 역설적 상황이 빚어진다. 사회보장에서 금원이 공적 재원인 점에서도 문제가 있다. 대법원 2015두43971판결의 사안은 연금지

80) 대법원 2013두27159판결: 산재보상법상 각종 보험급여 등의 지급결정을 변경 또는 취소하는 처분과 처분에 터 잡아 잘못 지급된 보험급여액에 해당하는 금액을 징수하는 처분이 적법한지를 판단하는 경우 비교·교량할 각 사정이 동일하다고는 할 수 없으므로, 지급결정을 변경 또는 취소하는 처분이 적법하다고 하여 그에 터 잡은 징수처분도 반드시 적법하다고 판단해야 하는 것은 아니다. 동지: 대법원 2015두43971판결; 2014두39012판결.

81) 대법원 2015두43971판결은 원심(서울고법 2014누70985판결)과는 달리 연금지급취소처분은 적법하지만 환수처분은 위법하다고 판시하였다.

급취소처분은 강학상의 철회이어서 원칙적인 미래효의 차원에서 연금지급취소처분 이전의 수급부분에 대한 환수처분은 허용되지 않는 것으로 볼 수 있다. 반면 대법원 2013두27159판결의 사안은 강학상의 취소가 분명하기에 당연히 기 수급 전액에 대한 환수가 정당하다. 신뢰보호의 원칙이 반영될 수 없는 규정 자체의 문제점을 제기하는 것이 바람직하다.[82)]

Ⅶ. 신의성실의 원칙

甲은 자신의 군사기밀 누설행위가 일반사면령에 의하여 사면되었음에도 불구하고 이를 이유로 징계처분을 받았다. 그는 이 징계처분이 무효임을 알면서도 퇴직금 등 급여를 지급받고 퇴직하였다. 퇴직시에 이 징계처분에 대하여 항고소송을 제기하였으나 곧 취하하고 그 후 5년 이상이나 위 징계처분의 효력을 일체 다투지 아니하다가 위 비위사실에 대한 공소시효가 완성되어 더 이상 형사소추를 당할 우려가 없게 되자 새삼 위 흠을 들어 징계처분의 무효확인을 구하였다. 甲의 주장은 받아들여지는가? (대법원 88누8869판결)

1. 의 의

신의성실의 원칙(Grundsatz von Treu und Glauben)이란 **법률관계의 당사자는 상대방의 이익을 배려하여 형평에 어긋나거나 신뢰를 저버리는 내용 또는 방법으로 권리를 행사하거나 의무를 이행하여서는 아니 된다**는 추상적 규범을 말한다. 본래 민사법에서 전개된 신의성실의 원칙 역시 오늘날 일반적으로 공법에서도 중요한 원칙으로 여겨진다. 동 원칙은 법치국가원리로부터 비롯된 것으로서 헌법적 위상이 주어지곤 하며,[83)] 실정법적으로도 규정되어 있다(행정절차법 4조 1항, 국세기본법 15조, 행기법 11조 1항). 행정이 그 임무를 이행함에 있어서 또한 시민이 그의 권리를 관철하거나 방어할 때 신의성실의 원칙을 준수해야 한다.[84)]

사실 신의성실의 원칙은 그에 담겨진 윤리적 요청으로 인해 행정청의 행위를 믿을만하게 가늠하는 데 있어서 다소간 부적합하다. 그리고 쌍방적 고려의 명령으로서의 동 원칙은 적어도 양 관계자의 의사표시를 전제로 하는데, 이런 관계가 공법에서는 흔하지

82) 상론: 김중권, 사회보장급부지급취소처분과 환수처분간의 관계, 법조 제730호(2018.8.28.).
83) Mayer/Kopp, Allg. VerwR, 5.Aufl., 1985, S.299.
84) 가령 정보공개청구가 오로지 상대방을 괴롭힐 목적이라면 그것은 신의칙에 반하거나 권리남용에 해당한다(대법원 2004두2783판결).

않다. 그리하여 동 원칙을 헌법적으로 구성하는 데 의문이 있으며, 공법에서의 그것의 적용에 대한 의구심이 현실적으로 상존한다. "행정청은 법령등에 따른 의무를 성실히 수행하여야 한다."는 행정기본법 제11조 제1항이 새로운 전기를 제공한다. 비록 여전히 신의성실의 원칙이란 표현을 사용하지만, 공법적 차원에서 그것에 관한 새로운 좌표설정이 기대된다.

2. 성립요건

일찍이 판례는 조세법률관계에서 과세관청의 행위에 대하여 신의성실의 원칙이 적용되기 위한 요건으로, 「① 과세관청이 납세자에게 신뢰의 대상이 되는 공적인 견해를 표명해야 하고, ② 납세자가 과세관청의 견해표명이 정당하다고 신뢰한 데 대하여 납세자에게 귀책사유가 없어야 하며, ③ 납세자가 그 견해표명을 신뢰하고 이에 따라 무엇인가 행위를 해야 하고, ④ 과세관청이 위 견해표명에 반하는 처분을 함으로써 납세자의 이익이 침해되는 결과가 초래되어야 한다」를 설정하였다(대법원 84누593판결).

신뢰보호의 원칙마냥 여기서도 관건은 -보호받지 못하는 일반론적인 견해표명과 구별된- **공적 견해표명여부이다.** 그 표명이 명시적이든 묵시적이든 가능하다고 할 때 묵시적 표시에 의한 공적 견해표명의 인정여부가 쟁점거리이다. 판례에 의하면, 공적 견해표명이 될 수 있는 묵시적 표시가 되기 위해서는 단순한 과세 누락과는 달리 과세관청이 상당기간 불과세의 상태에 대하여 과세하지 않겠다는 의사표시를 한 것으로 볼 수 있는 사정이 있어야 한다(대법원 2000두5203판결 등).

한편 이상의 성립요건과는 별도로, 판례는 신의성실의 원칙을 적용하곤 한다. 즉, 신의성실의 원칙에 위배된다는 이유로 그 권리의 행사를 부정하기 위하여는 상대방에게 신의를 공여하였다거나, 객관적으로 보아 상대방이 신의를 가짐이 정당한 상태에 있어야 하고, 이러한 상대방의 신의에 반하여 권리를 행사하는 것이 정의관념에 비추어 용인될 수 없는 정도의 상태에 이르러야 한다(대법원 2008두21300판결 등).

3. 신뢰보호의 원칙과의 경계 문제

(1) 신뢰보호의 원칙과의 차이점

이상에 본 성립요건은 신의성실의 차원은 물론 신뢰보호의 차원에서도 그대로 통용되고 있다. 양자의 경계가 불분명하거니와 혼란스럽다. 그리하여 구별을 애써 하려 하지 않

는 분위기가 조성되어 결과적으로 양자가 동일하게 인식되기도 한다. 신뢰보호의 원칙이 신의성실의 원칙을 지도이념으로 하여 만들어지긴 했지만, 양 원칙은 합동적이지 않다.

신의성실의 원칙이 신뢰보호의 원칙보다 한편으론 넓고, 다른 한편으론 좁다. 국세기본법 제15조가 납세자에게도 신의성실을 요구하듯이, 전자가 시민의 신뢰만이 아니라 행정청의 신뢰까지도 보호하는 한에 있어서 후자를 넘어선다. 즉, 조세법관계에서 보자면 신의성실원칙은 구체적인 관계에서 모든 이는 다른 사람의 정당한 관심사를 상당하게 고려하여 자신의 이전행위와 모순되지 않을 것을 요구한다(모순금지원칙). 반면 가령 입법자와 다수의 시민간의 추상적인 법관계가 아니라 과세행정청과 조세의무자간의 구체적인 법관계를 전제로 하는 점에서는 신의성실의 원칙이 신뢰보호의 원칙에 비해 좁다고 하겠다.[85] 가령 개정입법에 대해 신의성실의 차원에서 접근하는 것은 부자연스럽다. 따라서 양 원칙은 단지 부분적으로만 겹친다.[86]

(2) 관견(管見)

신의성실의 원칙이 신뢰보호의 원칙을 낳았으며, 본래 법학에서 일찍부터 자리매김하여 관련 판례 역시 그것에서 비롯되었다는 점에서, 공법관계라 하여 그것의 적용을 배제할 수는 없다. 하지만 공법관계에서 만병통치약인 양 가령 신뢰보호의 원칙과의 구별을 유명무실하게 만들 정도로 무분별하게 신의성실의 원칙을 적용하는 것은 피해야 한다. 오히려 **신의성실의 원칙이 그 자체로 지나친 추상성을 지닌다는 점에서, 이제는 관련 사안을 신뢰보호의 원칙에 의거하여 접근할 필요가 있다.**

4. 신의성실의 원칙의 구체적 적용의 문제

행정청이 위법한 직업능력개발훈련과정 인정제한처분을 하여 사업주가 제때 훈련과정 인정신청을 할 수 없었다. 인정제한처분에 대한 취소판결 확정 후 사업주가 인정제한 기간 내에 실제 실시되었던 훈련에 관하여 비용지원신청을 한 경우에, 행정청이 단지 해당 훈련과정에 관하여 사전에 훈련과정 인정을 받지 않았다는 이유만을 들어 훈련비용 지원을 거부한 것은 정당한가? (대법원 2016두52019판결)

신의성실의 원칙은 −교호적 관계를 갖는 행위관련적인 범주로서− **모순행위금지라는**

85) 이런 차이점은 신뢰보호의 원칙이 발현된 비과세관행(및 행정선례법)을 신의성실의 원칙과 비교할 때도 그대로 확인된다(신동승, 행정판례평선, 1270면).
86) Tipke/Lang, Steuerrecht, 18.Aufl., 2005, S.825.

일반적 법원칙의 표현이며, 오히려 구체적인 법관계에서의 개별적 정의에 좌우된다.[87] 이 점에서 판례가 신의칙 내지 금반언의 원칙은 합법성의 원칙을 희생하여서라도 납세자의 신뢰를 보호함이 정의에 부합하는 것으로 인정되는 특별한 사정이 있을 경우에 한하여 적용된다고 한 것은 타당하다(대법원 91누9848판결). 그리하여 국가배상청구사건에서 국가의 소멸시효의 항변을 신의성실의 원칙에 반하는 권리남용으로 배격하곤 하였다(대법원 2011다36091판결).[88] **신의성실의 원칙이란 신뢰보호와 법적 안정성과는 직접적으로 무관하고, 단지 형평의 수단임을 인식하여 적용해야 한다**(대법원 2002두11233판결).[89] **또한 법령상의 의무를 해태한 것에 대한 효과적인 통제장치로 기능하리라 기대된다.**

5. 파생원칙: 실권, 실효의 법리

공무원 甲은 면직된 후 바로 퇴직금을 청구하여 수령하였고 그로부터 9년이 지난 후 1980년해직공무원의보상등에관한특별조치법 소정의 보상금까지 수령한 다음 면직일로부터 10년이 다 되어 새삼스럽게 제기한 면직처분무효확인의 소는 적법한가? (대법원 92다3670판결)

(1) 의 의

실권(실효)의 법리(Verwirkung)는, **본래 권리행사의 기회가 있음에도 불구하고 권리자가 장기간에 걸쳐 그의 권리를 행사하지 아니하였기에** 의무자인 상대방으로 하여금 이미 그 권리를 행사하지 아니할 것으로 믿을 만한 정당한 사유가 있거나 행사하지 아니할 것으로 추인케 할 경우에 새삼스럽게 그 권리를 행사하는 것이 신의성실의 원칙에 반하는 결과가 될 때 그 권리행사를 허용하지 않는 것을 의미한다(대법원 87누915판결). 종래 실정법적으로 규율되어 있지 않았는데, 행정기본법 제12조 제2항은[90] 신뢰보호의 원칙의 차원에서 명문화하였다. 그런데 본래 그것은 신의성실의 원칙에서 도출되고(신의성실의 원칙의 파생원칙), 실무에서는 양자가 병렬적으로 적용되기도 한다(대법원 92다3670판결).

---

87) Waldhoff, DStJG 27(2004), S.129(154ff.).

88) 반면 대법원 2008두21300판결은 지방공무원 임용신청 당시 잘못 기재된 호적상 출생연월일에 근거한 공무원인사기록카드의 생년월일 기재에 대하여 처음 임용된 때부터 약 36년 동안 전혀 이의를 제기하지 않다가, 정년을 1년 3개월 앞두고 호적상 출생연월일을 정정한 후 그 출생연월일을 기준으로 정년의 연장을 요구하는 것이 신의성실의 원칙에 반하지 않는다고 판시하였다.

89) 대법원 2016두52019판결은 취소판결의 기속력의 취지를 전제로 하여 사안에서 훈련과정 인정절차가 진행될 수 없는 사정을 신의성실의 원칙의 견지에서 적극 반영하여 판단하였다.

90) 행정청은 권한 행사의 기회가 있음에도 불구하고 장기간 권한을 행사하지 아니하여 국민이 그 권한이 행사되지 아니할 것으로 믿을 만한 정당한 사유가 있는 경우에는 그 권한을 행사해서는 아니 된다. 다만, 공익 또는 제3자의 이익을 현저히 해칠 우려가 있는 경우는 예외로 한다.

(2) 실권의 대상

공법차원에서 실권의 대상은 국민의 대국가적 권리, 청구권만이 아니라. 공권주체의 권리 · 권능도 될 수 있다. 즉, 시민의 제소권[91]이나 급부청구권만이 아니라 행정행위의 취소권과 같은 행정행위의 발급권능[92] 역시 실효될 수 있다. 그러나 **실권의 대상에는 한계가 있다.** 즉, 포기불가한 권리와 권능과 관련하여, 공익에 대해 특별한 비중이 주어지는 분야에선, 실권은 원칙적으로 불가능하다.[93] 특히 공익을 위해 부여된, 즉 중요한 공동체이익이나 포기불가한 권리의 유지와 보호에 이바지하는 권능과 권리(가령 위험방지법, 경찰 · 안전법, 공무원법상의 규율에서의 그것)가 그러하다.[94]

(3) 실권법리의 요건의 충족여부

실권기간(권리를 행사하지 아니한 기간)이 상당한지(시간적 요건) 또한 의무자인 상대방이 권리가 행사되지 아니하리라고 신뢰할 만한 정당한 사유가 있었는지(상황적 요건)의 여부는 일률적으로 판단할 수 없다. 구체적인 경우마다 권리를 행사하지 아니한 기간의 장단과 함께 권리자측과 상대방측 쌍방의 사정 및 객관적으로 존재하는 사정 등을 모두 고려하여 사회통념에 따라 합리적으로 판단해야 한다(대법원 92다3670판결 등). 따라서 실권의 시간적 요건과 상황적 요건의 충족여부를 검토함에 있어서는 해당 법률관계의 특징이 충분히 반영되어야 한다.

실권에서의 시간적 요건의 충족에 대해서는, 권리보유자의 시각이 아닌 그 상대방의 시각에서 접근해야 한다. 권리보유자가 상당기간 권리행사를 하지 않은 것 그 자체가 관건이기에, 권리행사의 가능시점을 －실권법리의 성립을 위해서면 몰라도－ 권리보유자가 실권법리의 성립을 저지하기 위해서 주장하는 것은 실권법리의 본지(本旨)와 맞지 않다. 권능 · 권리의 보유자가 보여준 행위에 의거하여 전체상황을 고려한, 즉 신의와 성실에 비추어 권리 · 권능 등이 더 이상 행사되지 않으리라는 정당한 기대를 가질 수 있다는 것이, 실권의 상황적 요건이다. 이런 인상과 기대는 표현(표시)행위는 물론, 다른 행위에 의해서도 야기될 수 있다.

91) 퇴직금을 수령하여 퇴직한 후 10년이 지난 다음에 제기한 면직처분무효확인의 소는 실권의 법리에서 허용되지 않았다(대법원 92다3670판결; 92다23285판결).
92) Vgl. OVG Münster NVwZ-RR 1990, 435.
93) BVerwGE 83, 384(387); 76, 176.
94) Vgl. BSG 122, 177=NJW 1965, 1502; BGH NJW 1981, 123; VG Stuttgart NVwZ 1982, 578.

Ⅷ. 기대가능성(수인한도성)의 원칙

경찰이 인질 구출 및 납치범의 검거를 하는 과정에서 범인에게 돈을 전달하기로 한 인질의 아버지 甲이 피살되었다. 甲의 유족은, 경찰이 망인이 범인을 직접 만나지 않고 특정 장소에 돈을 두고 떠나게 되는 상황을 가정하여 범인이 돈 보자기를 갖고 현장을 이탈하기 전에 인질의 안전을 확보하는 작전을 수립했어야 함에도 아무 대책을 세우지 않았다는 점 등을 주장하여 국가배상을 청구하였다. 국가는 어떤 반론을 제기할 수 있는가? (대법원 2005다23438판결)

1. 의의와 근거

오늘날 기대가능성의 원칙이자 수인한도성의 원칙 역시 헌법차원의 독립적인 공법원칙으로 강조되고 있다.[95] 이는 **모든 국가기관의 활동의 경우 시민에 대한 그것의 영향은 기대가능해야(수인가능해야) 한다는 것**을 의미한다. 통상 기대가능성(수인가능성)은 개인적 권리에 대한 국가개입을 제한하기 위한 논거, 다시 말해 개인적 희생의 한계로서 기능하지만, 반대로 국가가 쟁송으로 강제될 수 있는 개입의무상황에 봉착하였을 때 그 자신의 책임을 면하기 위해서도 주장될 수 있다. 대부분의 행정법관계가 국가와 이익이 대립된 두 부류의 국민간에 형성된 삼극관계로 바뀌었다. 이런 이익의 상충상황에서 행정이 자신의 고유한 기능·역할을 다하기 위해 기대가능성(期待可能性)이나 비례원칙과 같은 일종의 상대화원칙(相對化原則)을 주장할 수 있다.

동 원칙은 한편으론 법치국가원리와 결합하여 기본권의 파생의 결과로서 생겨나며, 다른 한편으론 비례원칙의 특별한 적용으로 여겨진다. 비례원칙과 비슷하게 기대가능성의 원칙에서는 구체적 사례에서 관련 사인의 보호이익에 대해 공익을 형량해야 한다.

2. 판례에서의 구현양상

(1) 개인적 희생의 한계로서

우선 동 원칙은 직접적인 국가개입을 방지하거나 제한하는 수단으로서의 실제적 의의를 갖는다. 이런 취지는 직접적이든 간접적이든 판례에서 반영되고 있다. 즉, 하자승

95) 이에 해당하는 독일의 개념(Grundsatz der Zumutbarkeit)을 문헌과 판례에서는 기대가능성의 원칙이나 수인한도성의 원칙으로 옮기고 있다. 의당 용어정리가 필요하지만 추후과제로 두고자 한다.

계와 관련하여, 선행처분의 불가쟁력이나 구속력이 그로 인하여 불이익을 입게 되는 자에게 수인한도를 넘는 가혹함을 가져올 때에는 선행처분의 후행처분에 대한 구속력은 인정될 수 없다(대법원 93누8542판결). 나아가 오늘날에는 기본권과 연계하여 간접적인 데 불과한 권리제한에 대해서 동 원칙은 국민의 권리확대에도 이바지한다. 가령 어떤 활동이 국민에게 직접 향하진 않지만 실제론 (기본권에 의해 보호되는) 국민의 이익이 심대하게 수인할 수 없을 정도로 제한되는 결과가 빚어질 때에는, 국가 등 행정주체는 -설령 개별법상 국민에게 상응한 주관적 공권이 없더라도- 그런 활동을 해서는 아니 될 의무를 진다. 이런 취지 역시 판례에서 반영되고 있다. 즉, 환경영향평가를 비롯한 일련의 조치에 대한 취소소송에서, 특히 평가지역 밖의 주민과 관련해서 환경피해의 수인한도초과여부가 원고적격의 가늠잣대가 되곤 한다(대표적으로 대법원 2006두330 전합판결(새만금사건)).

⑵ 국가적 개입의무의 한계로서

오늘날 국가의 기본권적 보호의무 등의 진전에 따라, 대부분의 행정법관계가 국가와 이익이 대립된 두 부류의 국민간에 형성된 삼극관계로 변모했다. 그러기에 법적 의무를 지게 되는 -설령 긴급상황에서 국가개입에 관한 개인의 주관적 권리가 존재하더라도- **국가는 이런 이익의 상호충돌에서 자신의 고유한 기능·역할을 다하기 위해 기대가능성의 원칙에 의거하여 그 개입의무로부터 벗어날 수 있다.** 그리하여 동 원칙은 특히 공무원의 부작위에 대한 국가배상책임의 인정에서 재량축소론적 접근을 강구하면서 동원된다. 즉, 손해발생의 결과를 예견하여 그 결과를 회피하기 위한 조치를 취할 수 있는 가능성이 있는지 여부도 고려되고 있다(대법원 2006다32132판결 등). 또한 입법부작위의 위헌확인사건에서, 국가의 기본권적 보호의무와 관련한 과소보호금지의 원칙에 대한 위반여부를 가늠하는 데도 동 원칙은 동원되고 있다(헌재 2006헌마711 등).

Ⅸ. 부당결부금지의 원칙

甲이 신고하지 않고 불법적으로 용도변경한 건축물에서 영업을 하고 있던 차에 관계 공무원이 이를 적발하여 시정명령을 발하였다. 甲이 이를 이행하지 아니하였기에, 관할 행정청은 해당 건축물에 대한 도시가스사업자에게 도시가스 공급중지를 요청하였다. 도시가스사업자는 법률에 의해 특별한 이유가 없는 한 이 요청을 따라야 한다. 이런 식의 제재메커니즘은 어떤 문제가 있는가? (구 건축법 제69조 제2항)

1. 의의와 근거

부당결부금지의 원칙이란 **행정주체가 행정작용을 하면서 상대방에게 이와 실질적인 관련이 없는 의무를 부과하거나 그 이행을 강제하여서는 아니 된다**는 원칙을 말한다.[96] 다시 말해, 행정활동은 사물적으로 결코 내적 상관관계가 없는 시민의 급부와 서로 결부(융합)되어서는 아니 된다. 동 원칙은 역사적으로 과거 독일 나치시대에 자행된 법치국가원리에 반하는 부당결부적 조치에 대응하기 위함이다. 당시 유대인 소유토지를 강탈하기 위해 해외이주를 위한 외국환교환에서 국내토지의 매각을 강제한 것이 대표적이다. 일찍이 판례가 부관의 한계와 관련하여 특별한 근거를 내세움이 없이 동 원칙을 인정하였는데(대법원 96다49650판결 등), 행정기본법 제13조가 그것을 명문화하였다: 행정청은 행정작용을 할 때 상대방에게 해당 행정작용과 실질적인 관련이 없는 의무를 부과해서는 아니 된다. 헌법차원의 것인지 법률차원의 것인지 다툼이 있지만, 동 원칙 역시 법치국가원리와 자의금지에서 도출된 것이어서 당연히 헌법차원의 효력을 갖는다.

2. 구체적 적용의 양상

일각에서 비례원칙 특히 적합성의 원칙과 관련해서 동 원칙의 독자적 의의에 대해 비판적으로 보는 입장도 있지만, 내적 상관관계에 초점을 맞추는 동 원칙의 특징을 감안하면, 독자적 가치를 부여하여 동 원칙의 활발한 적용을 강구하는 것이 바람직하다.[97] 부관의 한계 이외에 동 원칙은 공법계약과 행정사법의 계약의 적법요건 및 행정의 실효성확보수단의 차원(공급중단: 구 건축법 69조 2항; 관허사업제한: 구 국세징수법 7조와 건축법 79조 2항)에서도 논의되고 있다(본서 695면). 행정기본법에서의 명문화를 계기로 **동 원칙이 행정활동은 물론, 실정법제도 자체의 위법성과 위헌성을 논증하는 데 적극적으로 동원되어 관헌국가적 성격이 짙은 많은 실정법제도가 바뀌길 기대한다.**[98] 특히 양육비이행법이 양육비 채무 불이행에 대응하여 운전면허 정지처분 요청제를 규정하고 있는데(21조의 3), 비록 일정한 제한(직접적인 생계유지로 사용되거나 생계유지가 곤란한 경우)이 있긴 하나 논란이 될 수 있다.

96) 참고문헌: 한견우, 행정판례평선, 58면 이하; 김동건, 고시계 2006.4.; Breuer, NVwZ 2017, 112ff.

97) 상론: 김영수, 행정법 일반원칙으로서 부당결부금지원칙에 관한 소고, 공법연구 제51집 제1호, 2022.10.30., 243면 이하.

98) 가령 구 건축법 제69조 제2항상의 공급거부의 경우, 인간다운 생활을 할 권리와 전기, 수도, 가스 등의 공공서비스에 대한 전면적 의존성 등에 의거한 비판이 주효하여 2005.11.8. 법률개정을 통해 삭제되었다.

X. 행정활동의 명확성의, 사전예측가능성의, 가측성의 원칙

친일재산귀속법 제2조 제1호 가목에서 인용하고 있는 반민족규명법 제2조 제6호는 '국권을 침해한 조약을 체결 또는 조인하거나 이를 모의한 행위'를 '친일반민족행위'로 규정하고 있다. 그런데 여기서 정한 '국권을 침해', '모의'라는 규정 부분이 불명확하여 명확성의 원칙에 위배된다고 甲이 주장하는데, 이는 관철될 수 있는지? (대법원 2009다26831판결)

1. 의의와 근거

법치국가에서 행정활동은 사전예측할 수 있어야 하고, 가늠할 수 있어야 하고, 심사할 수 있어야 한다. 법치국가원리 및 행정의 법률구속으로부터 직접적으로 도출되는 행정활동의 명확성의 원칙, 사전예측가능성의 원칙, 가측성(可測性)의 원칙은, 헌법 제12조 및 제13조, 포괄위임금지의 법리는 물론 개별법(행정절차법 5조)에 담겨져 있거나 표현되고 있다. 불명확 무효의 법리(ubi jus incertum, ibi jus nullum)에 바탕을 둔 명확성의 원칙 등은 법적 안정성의 기본전제를 보장한다.[99]

2. 구체적 적용의 양상

명확성의 원칙 등은 입법자는 물론 -행정행위를 통해 결정을 내리는- 행정에 대해서도 미친다. 즉, 모든 기본권제한입법에서 법률은 명확한 용어로 규정함으로써 적용대상자에게 그 내용을 미리 알 수 있도록 공정한 고지를 하여 장래의 행동지침을 제공하고, 동시에 법집행자에게 객관적 판단지침을 주어 차별적, 자의적인 법해석을 예방할 수 있어야 한다(헌재 2003헌바11(병합) 등). 위임명령의 경우 위임입법의 법리, 포괄위임금지와 결부되는데, 모법에서 입법목적과 규정 내용만 가지고서도 대통령령으로 정할 내용의 대강을 충분히 예측할 수 있으면, 포괄위임금지원칙에 위반되지 않는다(서울행법 2006구합46480판결).

이런 문제는 행정행위의 차원에선 행정행위의 하자론의 문제이다. 행정행위의 발급시점을 기준으로 충분한 명확성이 담보되지 않아 명확성의 원칙에 위반하였다 하더라도 그 자체로는 무효사유가 아니라 단순위법사유에 그친다.

99) 참고문헌: 김봉철, 공법연구 제43집 제3호(2015), 305면 이하.

3. 궁극적인 가늠잣대

통상 법개념은 불확정적이므로, 명확성의 원칙 등과 관련해서는 궁극적으로 법규범과 행정결정의 해석가능성의 문제로 귀결된다. 법규범이 행정활동에 관한 충분히 분명한 심사규준을 제공할 정도인지가 관건이다. 그것을 통해 예측가능성 및 자의적 법집행의 배제가 확보되는지 여부가 가늠척도이다(헌재 2014헌바405).

그런데 **명확성의 원칙이란 기본적으로 최대한이 아닌 최소한의 명확성을 요구한다.** 명확성에 대해 매우 적극적인 자세로 접근하여 그에 대한 지나친 요구는 경계해야 한다. 해석의 방법으로 규정의 상관관계로부터 규율의 의미와 내용을 도출할 수 있으면 충분하다. 법관의 보충적인 해석을 필요로 하는, 다소 넓은 개념을 사용하였다고 하더라도 통상의 해석방법에 의하여 건전한 상식과 통상적인 법감정을 가진 사람이면 당해 처벌법규의 보호법익과 금지된 행위 및 처벌의 종류와 정도를 알 수 있도록 규정하였다면 명확성의 원칙에 위배되지 않는다(대법원 2006도920판결). 특히 정의조항과 관련해선, 적어도 건전한 상식과 통상적인 법감정을 가진 사람이[100] 그 의미를 대략적으로 예측할 수 있으면 충분하다(대법원 2009다26831판결).

XI. 평등원칙

평등원칙은 입법, 행정 및 사법을 동일한 방법으로 구속한다. 헌법 제11조상의 평등권에 바탕을 둔 평등원칙은 본래 "같은 것은 같게 다른 것은 다르게"를 지향한다. 행정기본법의 평등원칙 역시 그러하다: 행정청은 합리적 이유 없이 국민을 차별해서는 아니 된다(9조). 따라서 자의금지의 원칙에 의거하여 차별에 대한 합리적 이유가 있는지 여부가 관건이 된다.

그런데 **헌법재판소는 평등위반의 심사에서 구별적 접근을 강구하여 사안에 따라 완화된 심사척도나 엄격한 심사척도를 적용한다.** 즉, 헌법에서 특별히 평등을 요구하고 있는 경우나 차별적 취급으로 인하여 관련 기본권에 중대한 제한을 초래하는 경우에는 엄격한 심사척도를 적용하여 비례성원칙에 따른 심사, 즉 차별취급의 목적과 수단간

100) 한편 수범자에 대한 행위규범으로서의 법령이 명확하여야 한다는 것은 누구나 그 뜻을 명확히 알게 하여야 한다는 것을 의미하지는 않고, 일정한 신분 내지 직업 또는 지역에 거주하는 사람들에게만 적용되는 법령의 경우에는 그 사람들 중의 평균인을 기준으로 하여 판단하여야 한다(헌재 2014헌바405).

에 엄격한 비례관계가 성립하는지를 기준으로 한 심사를 행한다. 반면 관련 기본권에 덜 중대한 제한을 초래하는 경우에는 완화된 심사척도(자의금지의 원칙)를 적용한다(헌재 2005헌마1179 등). 다만 불법(不法)에서는 평등원칙이 통용되지 않는다(대법원 2008두13132판결).101)

대법원 2022두56661판결은 헌법이 보장하는 실질적 평등을 실현할 의무와 책무를 부담하는 국립대 총장이 불이익을 해소하기 위한 적극적인 조치를 취할 의무가 있다고 전제하면서, 종교적 이유로 한 법전원 면접 일정 변경의 이의신청을 거부하고 불합격처분을 한 것은 위법하다고 판시하였다(본서 826면 이하).102) 특히 헌재 2019헌마1234가 표준휠체어만을 기준으로 휠체어 고정설비의 안전기준을 정하고 있는 교통약자법 시행규칙 규정이 합리적 이유 없이 표준휠체어를 이용할 수 없는 장애인을 달리 취급하여 청구인의 평등권을 침해하여 헌법불합치결정을 내렸다.103)

XII. 행정의 자기구속의 법리

A시장은 '2008년도 농림사업시행지침서'에 따른 요건에 더해 추가적 기준을 설정하였는데, 이 추가기준이 충족되지 못함을 이유로 甲의 신규 사업자인정신청을 반려하였다. 甲은 지침에 명시된 요건을 충족할 경우 사업자로 선정되리라는 신뢰를 가지게 되었으므로 이 지침에 명시되어 있지 아니한 추가적 기준을 충족하지 못하였다는 것을 이유로 행한 반려처분은 이 사건 지침이 예기하고 있는 자기구속을 위반한 것이거나 자의적인 조치로서 평등의 원칙에 부합하지 않는다고 주장한다. 한편 지침서는 건조저장시설사업자 인정기준에 있어 벼 가공시설 과잉 지역 등은 신규 사업자 신청 및 선정에서 제외한다고 하면서 '선정 제외 지역은 신규 미곡종합

101) 위법한 행정처분이 수차례에 걸쳐 반복적으로 행하여졌다 하더라도 그러한 처분이 위법한 것인 때에는 행정청에 대하여 자기구속력을 갖게 된다고 할 수 없다.

102) 한편 원심(광주고등 2021누12649)이 해당 사안을 이례적으로 소위 '간접차별'의 차원에서 접근하였는데, 대법원의 입장에 의하면, 종교를 이유로 한 특별한 고려에 대한 요구가 정당화되는 결과를 낳는다. 비단 종교적 이유만이 아니라 개별적 사유에 따른 특별한 고려에 대한 요구가 정당화되면, 자칫 공법관계의 획일성과 정형성이 훼손될 우려가 있다. 더해서 이 거부가 과연 위법한지 의문스럽다(본서 471면). 참고로 사법시험을 토요일 또는 토요일을 포함한 기간에 실시하도록 한 사법시험계획 공고가 종교의 자유를 침해하는지에 관해 헌재 2010헌마41은 부정하였다. 상론: 정주백, 평등정명론, 2019.

103) 그 본질이 부진정 행정입법부작위의 사안에서 누워서 이동할 수밖에 없는 장애인을 비교하여 평등권 침해를 논증한 것은 사회권의 본질을 부정하는 결과를 낳는 등 문제가 있다. 평등원칙을 매개로 사회권을 자유권에 비견하게 만드는 것의 문제인식이 시급하다. 사회재판의 임무가 사회국가원리 개념을 내용적으로 확정하고, 구체화하고, 개개의 법률적 규율을 청구권자에게 유리하게 사회국가원리에 의거하여 가늠하는 것이더라도, 판례가 사회정책적 종류의 불충분함을 직접 제거할 수는 없다. 그것은 입법의 몫이다. 일찍이 Zacher 교수가, "사회적인 것 그 자체가 결코 예외를 정당화시키지는 않는다.."고 지적하였다(in: Isensee/Kirchhof(Hrsg.), HStR, Bd.1, 2000, §25 Rn.97.).

처리장 사업자 인정기준에 준함'이라고 명시하고 있다. (대법원 2009두7967판결)

1. 의의와 유형

행정의 자기구속(Selbstbindung)은 **행정에 고유한 기능영역에서 스스로가 정한 결정준칙(決定準則)에 구속된다는 것에 특별한 의미가 있다.**[104] 행정의 자기구속은 행정의 재량영역에 통용되며, 행정재량이 하나의 적법한 행위선택만으로 제한될 수 있는 상황을 의미한다. 따라서 통상 행정의 자기구속은 일반・추상적이다. 한편 개별・구체적 성질을 갖는 행정의 자기구속도 있을 수 있다. 이러한 자기구속은 대표적으로 확약을 통해서 성립한다. 그 밖에도 고권적 사실행위나 위법상태에 관한 행정청의 묵인 등에 의해서도 성립한다. 개별・구체적 자기구속의 경우에도 하나의 행위가능성만이 허용되도록 행정청의 재량자유가 제한(축소)될 수 있다.

2. 근거와 성립

오늘날 일반적으로 통상의 자기구속, 즉 **일반・추상적 자기구속은 평등원칙에 그 근거를 둔다.** 그리고 이런 행정의 자기구속은 오랜 행정관습, 즉 행정관례(行政慣例) 및 동일한 행정활동을 보장하는 행정규칙, 즉 재량준칙에 의해서 성립한다. 특히 후자가 중요한 성립요건이다. 최근 법원은 종전과는 달리 자기구속의 법리, 평등원칙과 신뢰보호원칙과 같은 전환규범에 의거하여 행정규칙의 대외적 구속력을 논증하는 식으로 입장을 바꾸었다(대법원 2009두7967판결 등. 이것의 문제점에 관해선 본서 479면). 반면 **확약에 따른 개별・구체적 자기구속의 경우에는 평등원칙보다는 신뢰보호원칙에서 그 근거를 찾을 수 있다.** 따라서 개별・구체적 자기구속을 통해 재량축소를 인정하기 위해선, 행정청이 관계자의 신뢰를 훼손해야 한다. 즉, 개별・구체적 자기구속의 경우에는 신뢰보호원칙에 의거하여 재량축소가 인정될 수 있다. 다만 자기구속의 구체적 근거가 다소간 겹치는 것은 인정된다.

3. 자기구속의 정도

경주시장이 실제의 공원구역과 다르게 경계측량 및 표지를 설치함으로 인하여 甲은 그 잘못된 경계를 믿고 관할 행정청으로부터 초지조성허가를 받아 초지를 조성하고 축사를 신축하

104) 상론: 김남진, 기본문제, 91면 이하; 김중권, 행정법기본연구 I, 231면 이하.

여 그러한 상태가 십수년이 경과하였다. 그 후 (당시) 내무부장관이 위와 같은 착오를 발견하고 사건 토지가 그 공원구역 안에 있는 것으로 지형도를 수정하는 조치를 하였다. 이에 甲은 이 수정조치가 신뢰보호의 원칙이나 행정의 자기구속의 법리에 반한다고 주장하였다. 甲의 주장은 받아들여질까? (대법원 92누2325판결)

행정의 자기구속에 의한 재량축소가 시인되더라도, 다수의 행위가능성이 여전히 남아있으면 선택재량이 인정된다. 그리고 같은 것은 같게 다른 것은 다르게 취급해야 하는 평등원칙에 비추어, 평등원칙에 근거한 행정의 자기구속을 통한 재량축소는 나름대로 한계・제약이 있다. **사안이 재량준칙상의 전형적인 것이 아니라 이형적인 것인 경우에는, 재량준칙을 따르지 않더라도 무방하며, 자기구속이 통용되지 않는다.** 不法에서는 평등원칙이 통용되지 않는 점도 자기구속의 법리(및 그에 의거한 재량축소)를 제약한다(대법원 2008두13132판결). 개별・구체적 자기구속의 경우에도 신뢰보호는 절대적이지 않다. 확약에선 사정변경의 원칙이 통용되어 그렇다. 판례는 행정의 자기구속보다는 위법상태의 수정을 더 우위에 둔다(대법원 92누2325판결). 요컨대 **행정의 자기구속은 법률에 의한 타자구속에 비해 구속의 강도가 낮다.**

제 2 편

행정작용의 구속과 자유

Chapter 01 행정의 법(법률)구속

제 1 절 법치국가원리

Ⅰ. 행정작용의 가늠잣대

행정작용은 단지 적법해야만 하는 것은 아니고, 포괄적인 의미에서 타당해야 즉, 합리적이어야 한다. 법만이 행정작용의 유일한 (합리성의) 잣대는 아니다. **행정작용의 정당성은 적법성이나 법적 상태의 규준만이 아니라, 그 밖의 다수의 맥락의존적인 실체적 타당성(Sachrichtigkeiten)에 의해서도 담보된다.** 행정심판을 통해 위법성만이 아니라 부당성까지 심사할 수 있는데(본서 이하 734면), **문제는 합목적성(부당성)을 어떻게 파악할 것인지이다.** 합목적성이란 궁극적으로 실체(사실)에 대한 합당성(Sachangemessenheit)이다. 합목적성의 고려는 행정이 현행의 법의 테두리 안에서 스스로 정립한 (헌법·법률에 의해 향도된) 목적상의 규준을 목표로 하여 활동하는 것에서 나타난다. 즉, 경제성, 대민접근, 지속(유지)가능성, 수용성, 효과성, 능률성, 신빙성, 실용성, 혁신개방성, 시대합당성, 친환경성과 같은 비법적인 타당성목표·규준이 고려될 수 있다.[1)]

그런데 산지관리법 제26조에 의해 토석채취허가가 채석 경제성의 평가를 바탕으로 하듯이, 이들 비법적 규준은 실정법을 통해 법적 규준이 되곤 한다. 합목적성을 배경으로 적법성에 유리하게 격상시킨 것인데, −일반적인 합목적성의 특별한 케이스인 셈인− 비례원칙과 −행정의 자기구속을 낳는− 평등취급의 원칙에 터 잡은 것이다.

1) Jestaedt, in: Ehlers/Pünder, §11 Rn.1.

Ⅱ. 법치국가원리의 기본이념

본래 법치국가 개념은, 독일에서 18세기에서 19세기로 넘어가는 전환기에 국가를 제한하는 프로그램으로서 성립하였다.[2] 하지만 그 이념과 여러 제도는, 독일과 유럽에서의 법발전의 기층으로 소급하며, 국가가 법을 통해서 보장하는 평화질서를 그 목표로 한다. 법치국가의 실현이 헌법상의 기본이념으로 됨으로써(헌재 90헌바24 등), 그것의 이념과 여러 제도는 하나의 규범적 헌법결단으로 합쳐진다. 그리하여 국가와 사회는 특수한 질서매개체로서의 법을 수단과 규준으로 삼아 생활을 형성할 의무를 진다. 여기서 법치국가는 다음과 같이 이중적 임무를 지닌다.[3] 즉, 국가권력을 상대로 해서는 물론 개인 상호간의 관계에서도, "인간존엄성, 자유, 정의와 법적 안정성"을 보장하기 위하여, 국가활동을 제한하는 것과 아울러 동일하게 그것을 보장하는 것이다. 결국 법은 국가의 생명수(Lebenselixier)에 해당하며, 법적 정당성은 모든 국가활동의 전제가 된다.

법치국가사상에서 칸트의 영향을 지대하게 받은 독일에선 법치국가적 활동의 지도원칙(Leitmaxime)은 합리성(合理性)이다. 입법과 법률집행의 가치합리적인 불변성 및 목적합리적인 정연성이 그에 해당한다.[4] 따라서 합리성의 결여가 위법이유가 되고, 모든 행정작용 및 그 기준 역시 합리성을 갖추어야 한다.[5] 결국 **법치국가는 법과 합리성을 통해서, 자신의 활동을 사전에는 예상가능하게, 사후에는 통제가능하게 만든다.** 그런 식으로 규율되어 있을 때, **법치국가는 제어된 개입적 권력일 뿐만 아니라, 개인에게 유리한 보호권력, 즉 개인적 인간존엄성, 자유, 재산권 그리고 주관적 권리에 관한 보장자이기도 하다.** 법치국가의 핵심은 법을 통한 인간의 자기결정의 보장이다. 법치국가적 사고의 착안점이 개인의 자유이므로, 법치국가는 개인의 자율이 유지되도록 거리를 둔 국가형식에 해당한다. 법의 만능을 저지하기 위해 법치국가원리에서 거리요청(Distanzgebot)은 항상 유지되어야 한다.[6]

---

2) 참고문헌: 김도균/최병조/최종고, 법치주의의 기초, 2005.
3) Vgl. Schmidt-Aßmann, in: Isensee/Kirchhof(Hrsg.), HStR, Bd. Ⅰ, §24 Rn.1.
4) Vgl. Breuer, in: FG 50 Jahre BVerwG, S.223(228).
5) 가령 해당 처분에 적용한 기준이 … 객관적으로 합리성이 없다고 볼 수 있는 구체적인 사정이 있다면 해당 처분은 위법하다고 평가할 수 있다(대법원 2018두45633판결).
6) Schmidt-Aßmann, Das allgemeine Verwaltungsrecht, S.11f.

Ⅲ. 민주적 법치국가원리의 구체화로서의 행정법

법치국가개념의 도그마적 내용은 간단한 정의상의 토대에 고정될 순 없다. 이들을 연역추론함에 있어서, 헌법본문이 가장 중요한 인식원(認識源)이긴 하나, 유일한 것은 아니다. 헌법상으로 확실히 규정되어 있지 않는 영역의 경우, 법치국가적 상태(Rechtsstaatlichkeit)는 개별법적인 결정(규정)을 통해서 완성될 뿐더러, 전통/의미의 상관관계로부터 구체화되면서 명료하게 된다.[7] 실로 법치국가(원리)의 구성은 개념으로부터, 실정법상의 개별적 보장의 도그마틱을 거쳐, 종국적으로 원리로 진행된다.[8]

한편 법치국가원리의 이해와 관련해서, 그것이 헌법의 개별적 보장을 위한 집합적 표현에 지나지 않는지, 또는 독립된 도그마틱적 내용을 지닌 원리(Prinzip)로서 존재하는지 물음이 제기된다. 일반적인 법치국가원리의 독립된 의의에 대해 강한 의구심을 논증한 Kunig의 견해가[9] 비록 많은 공감을 얻지는 못했지만,[10] 순전히 헌법상의 원리로서는 법치국가원리가 분명 다소간 공허할 수 있다. 반면에 연혁에 비추어 행정법에서는 법치국가원리가 더욱 생생히 기능한다.[11] 왜냐하면 **법률유보의 원칙, 적법성의 원칙, 신뢰·존속보호의 원칙, 사법구제와 같은 공리적(公理的) 요소는 물론 명료한 행위형식과 관련해서도, 법치국가원리의 여러 요소를 합성한 것이 체계로서의 행정법이기 때문이다.** 물론 모든 행정법이 구체화된 헌법은 아니다.

행정법에서 과도한 민주성의 요청을 효과적으로 제어하기 위해서는 법치국가원리의 정교한 구현이다. 따라서 현행 행정법제의 문제점과 미비점은 민주적 법치국가원리의 관점에서 늘 성찰해야 한다. 이런 성찰을 통해 현행 법제의 한계를 적극적으로 모색해야 민주적 법치국가원리의 구체화로서의 행정법의 위상이 유지될 수 있다.[12] '민주적 법치국가원리의 구체화'로 행정법을 새롭게 자리매김해야 한다.

---

7) 그래서 독일 연방헌법재판소도 다음과 같이 판시하였다: "헌법상으로 일부에서만 상세히 형태가 부여되어 있는 법치국가원리는 세세히 분명하게 결정된 명령과 금지를 결코 담고 있지 않다; 사실적으로 주어진 여건(所與)에 맞춰 구체화가 필요하다; 하지만 이때 법치국가와 법치국가적 상태의 근간적 요소(기본권보장과 권력분립)는 전체적으로 변함없이 견지되어야 한다." BVerfGE 65, 283(290).

8) Schmidt-Aßmann, Der Rechtsstaat, §24 Rn.1.

9) "법치국가원리의 내용과 규범적 본질은 점점 우리에게 녹아내렸다, 해서 이러한 점은 대부분의 헌법해석자의 사고에 존재한다." Kunig, Das Rechtsstaat, 1986, S.89ff., 109f., 457ff.

10) 가령 Breuer는 만약 Kunig의 설명이 맞을 것 같으면, 법치주의의 구체화에 대한 광범한 추구 자체가 잘못일뿐더러, 무용하게 될 것이라고 지적한다. Ders., in: FG 50 Jahre BVerwG, S.223(226).

11) Schmidt-Aßmann, Der Rechtsstaat, §24 Rn.1.

12) 여기서 판례가 현행 법제의 한계를 확인하고 극복하여 법의 지속적 갱신을 가능케 한다(본서 49면).

Ⅳ. 대륙법계와 영미법계의 접근상의 차이

일반적으로 법률의 지배와 법의 지배를 대비시켜, 전자는 특히 독일의 경우에 견주어 형식적 법치주의로, 후자는 영미법계에 견주어 실질적 법치주의로 단순화한다.[13] 이것은 지나친 단순 도식이다. **위헌법률심판제도를 통해 공히 법률의 내용까지도 사법통제가 가능한 이상, 형식적·실질적 법치주의의 구분은 별다른 의미가 없다.** 법치국가원리의 구체화의 차원에서 새롭게 접근할 필요가 있다(후술).

한편 **영미에서의 법의 지배를 실질적 법치주의로 등치하면 유의할 점이 있다.** 유럽과 대비하여 특히 미국의 경우에는, 공익목적의 달성에 있어서 국가에 대한 강한 불신이 지배하고 기업가층의 사적 주도권을 앞세우며, 행정의 법구속은 물론 사법적 통제 역시 강하지 않는 반면에, 사인 또는 사적 단체의 행정에 대한 참여의 정도가 강하다. 당연히 적법절차의 보장에 초점이 모아진다. 기본적으로 미국류의 법치주의는 강자(산업계, 이익단체)의 약자(개개의 시민)에 대한 장치로서 가동하는 것은 아닌지 검토가 필요하다. 왜냐하면 포획이론이 보여주듯이, 행정의 결정이 정치과정과 밀접히 연관되어 있어, 과연 행정이 공공복리의 중립적 관리자의 역할을 수행할 수 있을지 의문스럽기 때문이다.[14]

Ⅴ. 법치국가원리의 형식적 측면과 실질적 측면

먼저 권력분립, 법원의 독립성, 행정의 법률적합성, 공권력에 대한 권리보호, 국가책임(공법적 손해배상/손실보상)을 포기불가한 제도로 인정하는 국가가, 형식적 법치국가에 해당한다.[15] 법치국가가 이런 형식요소를 구비·준수하기만 할 뿐, 내용적으로 이들 법제도를 규율하는 개별입법상황을 상위의 규범(원리)에 맞추는 것을 인식하지 않는다면, 그 법치국가는 '전적으로' 형식적이라 하겠다. 반면 내용적 방향설정도 보

13) 여기서 법치주의란 용어를 되새겨 볼 필요가 있다. '주의'는 이념을 나타내므로, 법치주의는 실은 법의 지배체제를 의미한다. 법치주의란 용어는 자칫 법률가에 의한 지배 즉, 법률가 지배(juristocracy)로 오인될 수 있다. 법치주의보다는 법치국가원리 또는 법의 지배가 바른 용어이다.

14) 미국형 법치주의의 이상의 문제점에 관해서는 김남진, 고시연구 1997.4., 47면 이하 참조.

15) 법치국가의 형식적 요소와 실질적 요소는 가늠하기가 쉽지 않다는 점에서, 그것의 획정 자체가 쟁점거리이다. 여기서는 Breuer의 견해에 의한다.

장하고, 그것을 특히 입법의 헌법구속과 기본권의 규범화를 통해 확고히 할 때, 그런 국가는 실질적 법치국가로서 여겨진다. 실질적 법치국가는 법과 합리성을 통해 모든 국가활동을 규율하는 것의 이념적 전제 및 목표와 관련이 있다. 그리하여 실질적 법치국가에서는 관건이, 개인적 인간존엄성, 자유, 재산권과 주관적 권리는 물론, 법적 명확성, 법적 안정성과 실제적 법적 유효성을 직접적으로 존중하고 확고히 하는 것이다.[16] 이런 의미에서 **실질적 법치국가는 형식적 법치국가의 반대가 아니라, 법의 실질적 요소와 형식적 요소를 합일시킨 국가이다. 법치국가적 상태는 형식적, 실질적 구성부분을 함께 포함한다. 형식적 측면을 저평가하는 것은 대단한 잘못이다.**[17]

그런데 법률구속이 예측가능성과 신뢰성을 보장하고, 법치국가와 민주주의를 합치게 하듯이, 법치국가원리의 형식적 측면과 실질적 측면은 서로 내외하는 것이 아니라, 서로 겹친다. 그럼에도 불구하고, 이들 양 측면의 구분은 중요하고 요구된다.[18] 결국 양 측면은 분리되되 결합하는 것이다. 여기서 형식적 법치국가와 실질적 법치국가의 개개의 요소간의 二律背反(Antinomie)에 특별한 주의를 해야 한다. 가령 행정의 적법성의 원칙과 위법한 수익적 행정행위의 취소에서의 신뢰보호간의 충돌이 바로 그것이다. 나아가 형식적 법치국가적 요청과 실질적 법치국가적 요청만이 상호 대립되는 것은 아니다. 오히려 실질적 법치국가적 요청 간에서도 충돌이 일어날 수 있다. 가령 소급효적 새로운 규율이 불명료하거나 심지어 난맥인 법률상황을 제거하는 데 이바지한다고 할 때 개개의 관련인에게는 종전의 법률상황이 더 유리할 수 있다. 이때 법적 명료성과 법적 안정성이 신뢰보호의 요청과 맞부딪힐 수 있다. 여기서 무엇을 우위에 둘지 여부는 추상적으로 답해질 순 없고, 당시의 상황에 맞춰서만 답해질 수 있다(참조: 소급입법에 관한 헌재 97헌바76, 98헌바50·51·52 등).

기본적으로 법치국가의 형식적 측면의 경우엔 엄격성의 차원에서 최소규준의 준수를 목표로 하는 데 대해서, 그것의 실질적 측면의 경우엔 헌법정책적 고려가 아닌 사법적 통제와 관련해서 소극적인 오판금지의 척도를 목표로 삼아야 한다.[19]

16) Breuer, in: FG 50 Jahre BVerwG, S.223(230).
17) Schmidt-Aßmann, Der Rechtsstaat, in: HStR, Bd. Ⅰ, §24 Rn.19.
18) 이에 관한 상세는 Breuer, in: FG 50 Jahre BVerwG, S.223(230f.).
19) Breuer, in: FG 50 Jahre BVerwG, S.223(232ff.).

제 2 절 행정의 법률적합성의 원칙

Ⅰ. 법률우위의 원칙: 소극적 적법성의 원칙

1. 법률우위의 원칙의 의의

모든 국가작용은 헌법과 법률에 위배되게 행해서는 아니 된다. 행정기본법은 행정작용에 한하여 법률우위의 원칙을 명문화하였다.[20] 법률우위의 원칙은 행정을 포함한 국가기관이 법률에 맞는 행위를 하게끔 의무를 지운다. 법률우위는 다름 아닌 법률구속이다. 여기서의 구속은 비단 형식적 의미의 법률만이 아니라 법률하위적 법규범(법규명령, 법령보충적 규칙, 조례)에도 미친다. 법률우위의 원칙은 다름 아닌 법령우위의 원칙이며, 소극적 적법성의 원칙이기도 하다. 법률(법령)우위의 원칙으로부터 자유로운 국가활동이란 존재하지 않는다. 법률유보의 원칙과 달리, 여기서는 적용영역을 둘러싼 다툼은 있을 수 없다. 법률우위의 원칙이 통용되는 전제는 법률의 구체적 내용이 합리성과 정당성을 갖춘 실체적인 적법성이 있어야 한다(헌재92 헌가8).

법률우위에 따른 법(법률)준수의무를 위반할 때 어떠한 법효과가 생길지는 일률적으로 말할 수 없다. 위반행위의 법형식(법적 성질)에 따라 다르다. 즉, 위법한 법규명령은 무효로,[21] 위법한 행정행위는 −하자가 중대하고 명백하지 않는 한− 원칙적으로 단순위법(취소가능)하게 되고, 위법한 행정계약은 무효가 된다(본서 498면).

2. 법률우위의 원칙에 따른 행정의 규범심사·배척권의 문제

상위범에 반한 법규범은 규범통제를 통해 다툴 수 있다. 법률은 그 위헌성 여부를 법원은 심사할 수 있을 뿐이고, 위헌판단과 배척은 헌법재판소의 몫이다. 법률하위적 법규범은 법원이 부수적 규범통제를 통해 무효화하여 직접 배척할 수 있다(본서 466면 이하).

문제는 행정 및 행정공무원이 규범에 대한 심사·배척권을 갖는지 여부이다. 어떤 법

---

20) 제8조: 행정작용은 법률에 위반되어서는 아니 되며, …
21) 지방의회가 의결한 예산의 집행목적이 법령이나 조례에 반하는 경우 당해 예산안 의결은 효력이 없다(대법원 2012추84판결).

률(법률규정)의 위헌성(무효성)이 명백하다고 여겨지길 경우에 그럼에도 불구하고 행정이 그 법률(법규정)을 적용해야 할지가 문제된다. 법률의 공표이전에 대통령의 거부권행사를 통해 위헌상황을 미연에 방지하지 못한 경우가 문제되는데, 여기에는 그런 법률은 적용해서는 아니 된다는 입장과 헌법재판소가 위헌법률심판권을 독점하는 이상, 법률은 항상 행정에 의해 적용되어야 한다는 입장으로 대별될 수 있다.[22] 당위의 명제에서 보자면 전자의 입장이 타당하겠지만, 현행법상황에서 그것이 더 큰 혼란을 낳을 수 있다. 나아가 법률의 위헌성이 간단히 확인될 수 없는 보통의 경우에는 자칫 위헌성의 시비로 법집행이 정당하지 않게 저지되는 결과가 빚어질 수도 있다. 헌법재판소 역시 행정청이 행정처분 단계에서 당해 처분의 근거가 되는 법률이 위헌이라고 판단하여 그 적용을 거부하는 것은 권력분립의 원칙상 허용될 수 없다고 정당하게 판시하였다(헌재 2004헌바44). 다만 행정처분이 다투어지는 행정소송절차에서는 그 행정처분을 발한 행정청도 행정처분의 근거법률의 위헌 여부에 대한 심판의 제청을 신청할 수 있으며, 헌법재판소법 제68조 제2항의 헌법소원을 제기할 수 있다(헌재 2004헌바44).

한편 법률하위적 법규범의 경우에는 행정이 해당 규범을 폐지하는 것이 바른 방법이다. 다만 법규범의 제정자만이 폐지할 수 있기에, 상급행정청이나 감독청은 해당 규범을 폐지하도록 영향을 미칠 수 있으며, 아울러 배치되는 상위 법규범을 제정하여 해당 규범을 사실상 실효되게 할 수도 있다. 특히 지방의회의 조례와 관련해서는 지방자치법 제120조 및 제192조의 재의와 제소가 통용될 수 있다(본서 905면 이하).

Ⅱ. 법률유보의 원칙: 적극적 적법성의 원칙

금융감독원장이 甲에게 여신전문금융회사인 A 주식회사의 대표이사로 재직하던 중 신용카드를 부정하게 발급하였다는 등의 이유로 「금융기관검사 및 제재에 관한 규정」('제재규정') 제18조 제1항 제3호, 제2항에 따라 문책경고처분을 하였다. 제재규정 제22조는 금융기관의 임원이 문책경고를 받은 경우에는 금융업 관련 법 및 당해 금융기관의 감독 관련 규정에서 정한 바에 따라 일정기간 동안 임원선임의 자격제한을 받는다고 규정하고 있고, 은행법 제18조 제3항의 위임에 기한 구 은행업감독규정 제17조 제2호 (다)목, 제18조 제1호는 제재규정에 따라 문책경고를 받은 자로서 문책경고일로부터 3년이 경과하지 아니한 자는 은행장, 상근감사위원, 상임이사, 외국은행지점 대표자가 될 수 없다고 규정하고 있다. 이에 甲은 금융감독원장이

22) 독일의 경우 여기에 더해 행정절차를 더 이상 진행하지 않고 행정내부의 확인을 거쳐 헌법재판소에 규범통제를 신청할 수 있도록 하자는 중간입장이 있지만, 우리의 법상황에는 부합하지 않는다.

자신에게 직접적으로 문책경고처분을 할 법률적 근거가 없음을 들어 위법을 주장하였는데, 반면 금융감독원장은 금융위원회법 제17조 제1호, 제3호, 제37조 제1호, 제2호의 직무와 사무에 관한 규정, 동법 제42조상의 여신전문금융회사의 임원에 대한 해임권고 및 업무집행정지건의의 권한규정, 여신전문금융업법 제53조, 제53조의2상의 여신전문금융회사에 대한 감독·검사에 관한 규정을 내세워 법률적 근거가 있음을 주장하였다. 여기서의 문책경고처분의 법적 성질은 무엇인가? 그리고 법률유보의 원칙에서 요구되는 법률적 근거란 반드시 행위규범의 차원에서의 법률적 수권을 필요로 하는가? (대법원 2003두14765판결)

1. 법률유보의 원칙의 의의

(1) 의 의

국가활동 특히 행정작용이 행해지기 위해서는 먼저 의회에 의한 허용이 있어야 한다. 즉, 법률이 없으면 국가는 활동에 나서면 아니 된다는 것이 법률유보의 원칙의 함의(含意)이다. 독일에서는 19세기에 영국에서는 그보다 2세기 앞서[23] 실현된 **法律留保의 原則은 법치국가원리에 따른 자유보장의 원칙이다.** 그리하여 입헌주의의 헌법적 수단으로 전개된 법률유보는 원래 개입행정에 국한되었으며, 군주를 상대로 개인과 사회의 고유영역을 보호하는 기능을 가졌다. 아울러 행정권능을 입법의 규율대상으로 만듦으로써, 동 원칙에 대한 요청은 의회와 행정부간의 책임분배를 설정한다.

국가활동에 대해 법률우위의 원칙이 한계의 차원에서 통제하는 것이라면, 법률유보의 원칙은 처음부터, 즉 활동근거의 차원에서 통제하는 기능을 갖는다. 그리하여 일종의 적극적 적법성의 원칙으로서 동 원칙은 행정활동에 대해 법률우위의 원칙보다 더 강력한 제어기능을 수행한다. 행위규범의 차원에서 법률적 수권을 필요로 하며, 조직규범이나 감독규정으로 대체할 수는 없다(대법원 2003두14765판결). 당연히 관습법은 법률유보의 요청을 충족시키지 못한다. 법률유보의 원칙의 위반에 따른 결과는 법률우위의 원칙 위배의 경우와 마찬가지로 대상행위에 따라 구별된다.[24] 헌법재판의 활성화로 행정의 법률적 합성에서 법률의 합헌성으로 무게중심이 이동하였다.

(2) 근 거

법률유보의 원칙은 민주주의원리와 법치국가원리에서 도출할 수 있다. 즉, 직접적으

23) 1628년의 '권리청원'(Petition of Rights)은 조세가 의회의 동의하에 확정되지 않은 경우에는 아무도 납세의무를 지지 않으며, 법률적 근거의 영장 없이는 어떤 자유인도 구금되어서는 아니 된다는 것을 분명히 확인하였다.

24) 다만 유의할 점은 법률적 근거가 없다는 것은 행정처분의 인정과는 무관하다(본서 232면 이하).

로 민주적 정당성을 갖는 기관인 의회가 중요한 결정을 내려야 한다는 것이 민주주의 원리로부터 생겨나며, －기본권규정과 결합하여－ 법치국가원리는 국가와 시민간의 법관계를 예측가능하고 통제가능한 형식적 규율에 의해 형성하도록 요구한다. 아울러 기본권제한에 관한 일반규정인 헌법 제37조 제2항이 동 원칙을 명시적으로 규율하고 있다. 나아가 행정기본법은 행정작용에 한하여 법률유보의 원칙을 명문화하였다: 국민의 권리를 제한하거나 의무를 부과하는 경우와 그 밖에 국민생활에 중요한 영향을 미치는 경우에는 법률에 근거하여야 한다(8조).

(3) 구별개념

개념적으로 법률유보, 의회유보 그리고 법규(법령: 법률＋법률하위적 법규범)유보는 구분되어야 한다. 법률유보(Gesetzesvorbehalt)는 입법절차를 거쳐 법률의 형식으로 행해진 의회결정과 관련이 있다. 이는 의회의 관할, 의회입법절차란 특별한 보장 그리고 법률이란 특별한 형식을 확고히 하는 것을 목표로 삼는다. (광의의) 의회유보(Parlamentsvorbehalt)는 공론을 전제로 한 의회결정을 요구하는데, 다만 이 의회결정은 반드시 엄격한 입법절차를 밟아서 그리고 법률의 형식으로 내려질 필요는 없지만,[25] (구속적인) 의회결의만은 요구된다. 법규유보(Rechtssatzvorbehalt)는 행정이 활동에 나서기 위한 근거로 일반구속적인 규율을 요구하는데, 그 규율이 법률의 형식만이 아니라, 법규명령이나 조례의 형식으로도 성립할 수 있다. 종래 법률유보와 법규유보가 분명히 구분되지 않았으며, 법규명령 역시 법률유보를 위해서 충분하다고 보았다. 이유는 행정입법의 기능확대를 인정하면서, 법규명령이 형식적 의미의 법률에 바탕을 두고 있다는 것이다. 그러나 본질사항유보설의 등장으로 인해 법률유보와 법규유보를 재차 엄격히 구분하려는 경향이다.

2. 적용영역을 둘러싼 논의

10년의 의무복무기간을 마친 공군 조종사 甲이 전역허가를 신청하였는데, 甲을 포함한 전역희망 조종사가 종전보다 50명이 늘어 128명에 달하였다. 공군본부는 전역희망자 모두를 허가하면 국가안보 내지 군 전투력 유지에 차질을 초래할 수 있다고 판단하였다. 군인사법 제35조 제1항에 의하면, “제7조에 규정된 복무기간을 마친 자는 원에 의하여 현역으로부터 전역할

25) 동지: 정남철, 한국행정법론, 2024, 33면. 반면 협의의 의회유보는 의회결정이 반드시 입법절차의 엄격한 형식으로 법률에 의해 내려질 것을 요구하는 것을 말한다.

수 있다. 다만 전시, 사변 등의 국가비상시에는 예외로 한다." 동 규정에 의거하여 공군본부가 甲의 전역일정을 조정하였는데, 그 결과 甲은 전역이 1년 정도 지연될 것으로 예상된다. 甲이 전역이 1년 정도 지연된다면 이는 전역일의 조정의 차원을 넘어 사실상 전역제한의 의미를 지니기에 군인사법 제35조 제1항의 단서에 의해 포착될 수 없고 구체적인 법률적 근거가 있어야 한다고 주장하는데, 판례상 그 주장은 주효하는지? (대법원 2009다77280판결)

노동조합법 제2조 제4호 단서는 근로자가 아닌 자의 가입을 허용하는 경우 "노동조합으로 보지 아니한다."라고 규정하고 있다. 동법 시행령 제9조 제2항에 의거하여 전교조에 대해 법외노조통보를 한 것에 대해 원고는 법률에 직접 근거가 없는 이상, 시행령 규정은 무효이이서 법외노조통보는 위법하다고 주장하는데, 그 주장은 주효하는지? (대법원 2016두32992전합판결)

공법적 쟁점거리에서는 늘 법치국가원리의 보편적 도그마틱인 법률유보의 문제가 먼저 제기된다. 독일의 경우를 보면, 학교·대학정책에 관한 논쟁, 형벌집행에 관한 논쟁, 원자력발전소의 건설, 중거리미사일의 배치, 유전공학의 허용, 위험경고와 같은 정보행위, 전자파의 리스크에 관한 논의에 있어서, 법학적 논구는 늘 법률유보원칙의 적용가능성과 그 범위를 맴돌았다. 우리 역시 소고기수입고시,[26] TV 수신료 건, 사드배치 사태, 학생인권조례 및 원전정책의 전환[27] 등이 보여주듯이, 공법적 다툼에는 종종 법률유보의 물음이 우선 제기되었다. 그러나 법률유보적 물음에 아직 철저하지 못하다. 가령 대법원 2009다77280판결은 법률유보적 물음은 제쳐두고 전역허가재량의 위법성의 차원에서 접근하였다.[28] 대법원 2016두32992전합판결은 법외노조통보를 확인적 행정행위가 아닌 형성적 행정행위로 보고서 법률유보의 원칙이 적용되어야 하므로 시행령의 법외노조통보규정은 무효이고 법외노조통보가 위법하다고 판시하였다. 그러나 과연 법외노조통보가 형성적인지는 의문스럽다(본서 253면).[29]

법률유보의 원칙이 적용되어야 할 영역을 둘러싸고, 의회민주주의의 발전, 급부행

26) 청구인들은 법령이 아닌 고시의 형식으로 기본권을 제한하는 데 문제가 있다고 하여 법률유보에 위반한 것이라고 주장하였다.

27) 향후 원전건설을 추진하지 않겠다는 것은 관련 허가를 하지 않겠다는 것인데, 이는 불허가 방침의 문제이고, 전기사업법 제25조의 전력수급기본계획의 문제가 되어 결국 정책문제가 되어버린다. 물론 정책기조의 전환에 따른 정치적 책임은 당연히 별개이다. 반면 독일의 원전폐쇄 문제는 민간전력회사에 대한 법률에 의한 재산권적 개입으로서 재산권의 내용한계결정에 따른 손실보상의 문제이다. 상론: 김중권, 환경법연구 제43권 제2호(2021.8.31.); 행정법기본연구Ⅴ(행정판례의 분석과 비판)(2019), 172면 이하; 김중권/김영수, 환경법연구 제42권 제2호(2020.8.31.).

28) 그리하여 업무 공백의 방지 등 공익적 목적을 위하여 필요한 한도 내에서 전역일을 조정하는 등 조치를 취할 수 있으며, 국가안보의 공백가능성과 1년의 전역지연기간 등을 고려하여 전역제한처분이 위법하지 않다고 보았다. 그런데 전역일의 조정처분의 법률적 근거의 필요성을 적극적으로 탐문하였으면, 그것을 계기로 군인사법 역시 새롭게 정비되었을 것이다.

29) 사안을 노조설립신고수리의 취소로 접근하는 한, 법률유보의 원칙은 통용되지 않는다. 김중권, 법률신문 제4829호(2020.9.20.).

정의 중요성 증대 등에 따라 다양한 논의가 전개되었다. 행정부에 대해 가장 많은 자유를 주는 것과 그 반대로 의회에 대해 가장 큰 힘을 주는 것을 대비시켜 보면, 전자는 전통적(구) 개입(침해)유보설이 표방하고, 후자는 전부유보설이 표방한다. 이들 중간에 사회(급부행정)유보설, 신개입유보설 그리고 권력행정유보설이 있다. 그리고 이들과 다른 차원의 접근을 하는 본질성이론(본질사항유보설, 중요사항유보설)이 있다.

(1) 기왕의 논의현황

전통적 개입(침해)유보설에 의하면, 국민의 자유와 권리를 제한하는 경우에만 법률의 수권이 필요하고, 그렇지 않은 경우 급부행정은 물론, 특히 심지어 특별권력관계에서도 행정이 자유롭게 활동에 나설 수 있다. 반면 국민주권주의에 터 잡아 민주주의를 극대화시키는 전부유보설에 의하면, 모든 국가작용은, 심지어 국가의 사경제작용조차도 의회의 수권인 법률에 의해야 한다. 사회(급부행정)유보설에 의하면, 전부유보설에 의할 때 법률유보가 필요한 영역 가운데 사경제작용을 제외한 영역, 즉 급부행정의 영역까지는 의회수권이 요구된다. 이유인, 즉 급부행정에서 어느 일방에 대한 혜택은 자칫 다른 일방의 법적 지위를 위태롭게 만들 수 있다는 것인데, 그 이면에는 의회의 예산특권이 잠재되어 있다. 신개입유보설에 의하면, 사회급부유보설과 대비해서는 급부행정의 경우에는 국민에 대한 수익(授益)이라는 점에서 굳이 법률이 없더라도 예산 그 자체로서 행정이 나설 수 있다고 보아야 하며, 전통적 개입유보설과 대비해서는 법률유보가 당연히 특별권력관계에서는 통용되어야 한다. 일본에서 주창된 권력행정유보설은 작용성질의 침익·수익 여부가 아니라, 일방적 의사에 의한 권력작용인지 여부를 기준으로 삼는다. 개입유보설에 사회급부유보설을 합친 것으로 볼 수 있다.

(2) 본질성이론

법률유보의 원칙에 관한 기왕의 논의는 그것의 적용영역에 초점을 맞춘 나머지, 위임입법의 법리(포괄위임금지의 원칙 등)의 형해화(形骸化)에 충분히 대처할 수 없었다. 가령 어떤 사물영역이 법률유보에 의해 포착되는지, 무엇을 입법자 스스로 규율해야 할 것인지, 무엇이 명령제정자에게 위임가능한 것인지, 그리고 법률적 규율이 얼마나 촘촘하고 엄밀해야 할지가 문제되는데, 기왕의 논의로는 해결책을 강구할 수 없었다. 이에 **독일 연방헌법재판소는 일련의 판례를 통해 규범영역에서 본질적인 결정은 모두 입법자 스스로 규율해야 하고, 기본권실현에 중요한(본질적인) 것이 본질적인 것이라고 판시하였다.**[30] 이를 통해 본질성이론이 형성되었다. 그 결과 종래 법규유보와의 경계가 허물어진 법률유보의 의미가 원래의 것(전적으로 형식적 법률에 의한 것)으로 환원

30) BVerfGE 40, 237(249); 49, 89(126); 83, 130(142, 151f.); 95, 267(307); 108, 282(311).

되었다. 즉, 본질성이론은 의회유보를 매개로 하여, 무엇이 입법자 스스로 규율해야 할 것인지, 무엇이 명령제정자에게 위임가능한 것인지, 그리고 법률적 규율이 얼마나 촘촘하고 엄밀해야 할지를 가늠케 한다. 본질성이론에 터 잡은 의회유보는 민주주의와 법치국가원리의 맞물림을 나타낸다.

본질성이론은 법률유보와 관련한 기왕의 논의와는 그 접근기조가 다르다. 기왕의 논의가 법률유보의 적용영역에 초점을 맞추었다면, 이는 문제의 작용의 성질에 바로 초점을 맞추었다. 하지만 그 기준이 너무나 개괄적이고 불확정이라고 비판을 받는다. 구분경계의 애매함은 숙명적으로 피할 수 없다. 하지만 본질성이론에 의하더라도 전통적인 법률유보의 기본권관련성은 여전히 견지되며 오히려 기본권기능의 확대에 맞춰 기본권관련성이 확장된 점에서, 그것(본질성이론)이 기왕의 논의를 완전히 배격한 것으로 보는 것은 무리이다. 기왕의 논의를 새롭게 진화시킨 것이다.

(3) 관견(管見): 행정기본법 규정에 따른 새로운 전개

법률유보와 관련한 논의에서 본질성이론이나 사회(급부)급부유보설처럼 특정 입장을 지지하는 문헌도 있지만, 다수 문헌은 개별적인 행정작용의 유형에 따라 법률유보의 원칙의 적용여부를 검토해야 한다는 입장을 취한다. 개별적 타당성을 내세우지만 후자의 입장은 학문적 접근은 아니고, 임기응변적 모색일 뿐이다.

의회가 입법부라고는 하지만 실제로는 국민의 기본권과 관련해서 매우 중요한 사항조차 종종 불충분하게 규율한 경우가 많다. 이에 행정부는 효과적인 법집행을 위해 나름의 기준을 만들 수밖에 없다. 그리하여 행정작용에서 종종 법률유보와 위임입법법리(포괄위임금지)의 문제가 제기되는데, 문제의 원인제공자와 비난의 대상이 일치하지 않는다는 것이 딜레마이다. **대통령제하에서는 의원내각제마냥 의회와 행정부간에 긴밀한 관계를 도모하기 힘들다. 의회의 소임을 확실히 하기 위해서, 그리고 적어도 기본권실현을 위해 본질적인 사항은 의회의 지배를 받도록 하기 위해서, 기왕의 논의를 새롭게 발전시킨 본질성이론에 입각할 필요가 있다.**

법률유보의 원칙을 명문화한 행정기본법 제8조에 따라 새로운 접근이 강구되어야 한다. 국민생활에 중요한 영향을 미치는 경우에도 법률유보의 원칙이 통용되어야 한다고 한 이상, 이는 본질성이론을 표방한 것이서 종래의 논의는 더 이상 주효할 수 없다. **본질성이론의 차원에서 구체적 전개가 앞으로의 과제이다.**

3. 본질성이론에 따른 검토사항

한국전력공사가 1998.2.2. 甲에 대하여 1998년 2월분 텔레비전방송수신료 금 2,500원의 부과처분을 하였는데, 이에 대해 甲은 행정소송의 거쳐 1998.9.8. 구 한국방송공사법 제35조, 제36조 제1항이 위헌이라고 헌법소원심판을 청구하였다. 甲은 "수신료는 실질에 있어서 조세이므로, 수신료의 징수근거는 물론이고 징수권자, 납부의무자 등 제반 사항은 헌법 제59조가 정한 조세법률주의에 따라 법률의 형식으로 규정되어야 하는데, 동법 제35조는 첫째, 한국방송공사라는 일개 공법인으로 하여금 수신료를 부과·징수할 수 있게 하고, 둘째, 수신료의 납부에 관한 규정을 법률에 일의적으로 규정하지 않은 채 대통령령에 위임하고 있으며, 셋째, '텔레비전방송을 수신하기 위하여 텔레비전수상기(이하 '수상기'라 한다)를 소지한 자'라는 막연한 요건만으로 수신료를 부과하도록 함으로써 조세법률주의에 위반되는 위헌규정이고, 동법 제36조 제1항은 실질적으로 조세인 수신료의 금액 및 납부기간 등을 형식적 의미의 법률로 정하지 아니하고 공사의 이사회 및 공보처장관의 승인을 통해 결정하도록 하고 있으므로 역시 조세법률주의에 반하는 위헌규정이다."라고 주장하였다. 甲의 주장은 주효하는가? (헌재 98헌바70)

(1) 판례의 입장

헌법재판소는 일련의 판례(92헌바49병합; 98헌바70)를 통해서 의회유보를 전제로 한 본질성이론의 입장을 취하고 있다. 특히 헌법 제40조의 국회입법의 원칙에 본질사항유보설이 내포되어 있는 식으로 파악하며(2000헌마122),[31] 그리고 법률유보의 원칙에 의회유보의 원칙이 내포되어 있는 것으로 본다(2011헌마827).[32] 법원 역시 "제한의 본질적인 사항에 관한 한 법률에 근거를 두어야 한다."고 판시하였으며(대법원 2003두14765), 특히 본질성이론을 표방하는 의회유보를 법률유보와 동격시하여 판시하였다(대법원 2006두14476).[33] 따라서 **판례는 문헌에서의 경향과는 달리 분명히 법률유보의 문제에서 본질성이론의 입장에서 접근한다. 그런데 유의할 점이 있다. 법률유보에 견줘서 의회유보를 접근할 때는 해당사항이 행정입법에 대해 위**

---

31) 헌법 제40조의 의미는 적어도 국민의 권리와 의무의 형성에 관한 사항을 비롯하여 국가의 통치조직과 작용에 관한 기본적이고 본질적인 사항은 반드시 국회가 정하여야 한다는 것이다.

32) 오늘날의 법률유보원칙은 단순히 행정작용이 법률에 근거를 두기만 하면 충분한 것이 아니라, 국가공동체와 그 구성원에게 기본적이고도 중요한 의미를 갖는 영역, 특히 국민의 기본권 실현에 관련된 영역에 있어서는 행정에 맡길 것이 아니라 국민의 대표자인 입법자 스스로 그 본질적 사항에 대하여 결정하여야 한다는 요구, 즉 의회유보 원칙까지 내포하는 것으로 이해되고 있다. … 적어도 헌법상 보장된 국민의 자유나 권리를 제한한 때에는 그 제한의 본질적인 사항에 관한 한 입법자가 법률로써 스스로 규율하여야 한다.

33) (주택재개발사업 및 도시환경정비사업의) 시행인가신청시의 동의요건은 사업시행인가 신청에 대한 토지 등 소유자의 사전 통제를 위한 절차적 요건에 불과하고 토지 등 소유자의 재산상 권리·의무에 관한 기본적이고 본질적인 사항이라고 볼 수 없으므로 법률유보 내지 의회유보의 원칙이 반드시 지켜져야 하는 영역이라고 할 수 없다.

임이 금지된다는 것으로, 즉 반드시 법률형식을 취해야 하는 것(협의의 의회유보)**으로 이해해야 한다.** 대법원은 비슷한 맥락에서 의회유보의 원칙을 입법자가 형식적 법률로 스스로 규율해야 하는 본질적 사항으로 접근한다(대법원 2012두23808전합판결).

⑵ 헌재 98헌바70에 대한 평가

의회유보를 처음으로 명시적으로 언급한 헌재 98헌바70은 분명 법률유보의 원칙에 전기를 가져왔다. 그런데 동 결정이 "한국방송공사법 제36조 제1항에서 국회의 결정이나 관여를 배제한 채 한국방송공사로 하여금 수신료금액을 결정해서 문화관광부장관의 승인을 얻도록 한 것은 법률유보원칙에 위반된다."고 판시하였는데, 그에 따라 개정된 법률은 물론, 현행 법률(방송법 65조) 역시 수신료의 결정이 입법형식으로 정해지는 것이 아니라 단지 국회의 승인을 얻도록 규정하고 있다. 이는 수신료를 특별부담금으로 보아 법률유보의 대상임을 분명히 한 헌재 98헌바70에 정면으로 배치된다. 관견에서 보건대, 한국방송공사가 영조물법인으로서 행정주체라는 점과 수신료의 징수근거를 법률이 규정한 점이 충분히 고려되지 않은 채, 그 당시에 거센 수신료거부란 사회적 이슈에 법적 논증이 매몰되었다. **어떤 형식이 되었든 의회의 개입을 유보시키는 단순한 (광의의) 의회유보와 법률유보의 의미를 지닌 (협의의) 의회유보는 구분해야 한다.**

⑶ 법률유보의 원칙의 논증방법

본질성이론에 의하면 다음의 세 단계로 나뉠 수 있다. 매우 본질적인(중요한) 사항은 의회입법자의 전속적 규율이 필요하고(위임금지, 의회유보), 상대적으로 덜 본질적인 사항은 법률상의 명령제정자에 의해서도 규율될 수 있으며(여기선 포괄위임금지의 법리가 통용된다), 끝으로 비본질적인 사항은 전혀 법률유보원칙이 통용되지 않기 때문에 (법령상의 위임 없이도) 행정에 의해서도 규율될 수 있다. 따라서 논증 역시 단계적으로 행해진다. 먼저 대상 행정작용이 본질적인지 여부를 검토하여 그다지 본질적이지 않다고 하면 행정입법 심지어 행정규칙에 의해 규율하더라도 문제가 되지 않고, 본질적이라고 하면 그 다음 수순으로 매우 본질적인 사항인지 상대적으로 덜 본질적인 사항인지를 따져본다. 전자의 경우라면 위임금지가 통용되어 반드시 입법자가 법률의 형식으로 규율해야 하지만, 후자의 경우라면 위임법리에 의거하여 위임하더라도 무방하게 된다.[34] 이런 논증방법은 후술할 의회유보와 헌법 제75조의 포괄위임금지의 관계에서 2단계적 절차로 논증하는 것과 상통한다.

34) 참고문헌: 송동수, 토지공법연구 제34집(2006.12.), 117면 이하.

여기서 관건은 본질성의 기준인데, 실체의 본질을 목표로 삼지 않고, 규율이 헌법적 측면에서 얼마나 의미가 있는지, 중요한지, 근본적인지 그리고 강력한지를 목표로 삼는다. 이때 기본권자인 국민의 이익은 물론, 공공의 보충적, 대립적 이익 역시 중요한 역할을 한다. '본질성'은 확고한 개념은 아니며, 일종의 탄성공식(彈性公式)과 같다. 즉, **국민과(이나) 공공을 위하여 사항이 중대하면 중대할수록, 입법자에 대한 요청은 더욱 높아진다.** 이로부터 규율의 밀도가 도출되는데, 개개 국민의 기본권이 더욱더 지속적으로 관련되거나 위협을 받을수록, 공공을 위한 영향이 더욱더 중요하게 될수록, 총체적 문제가 一般公衆에서 더욱더 다투어질수록, 법률적 규율은 한층 엄밀하고 조밀해야 한다.[35] 궁극적으로 기본권과 결합한 민주주의원리와 법치국가원리의 규준이 결정적이다. 무엇이 기본권의 실현을 위해 본질적인지, 즉 중요한지에 좌우된다.

(4) 포괄위임금지와의 관계

다투어지는 것이 위임금지의 의미의 의회유보와 헌법 제75조가 표방하는 포괄위임금지의 관계이다. 독일에서도 마찬가지로 본질성이론과(기본법 80조 1항 2문상의) 명확성의 원칙간의 관계가 문제된다. 문헌과 판례상으로 크게 2가지의 입장으로, 즉 양자를 분리하여 그에 따라 2단계적 절차로 심사해야 한다는 입장과 양자가 합동이라는 입장으로 나뉜다. 전자의 입장에 의하면 대상사항이 (매우) 본질적이라면 위임해서는 아니 되고, 그렇지 않다면 위임할 수 있는데, 다만 수권이 명확해야 한다.[36] 이와 비슷하게 헌법재판소 역시 최근 초·중등교육법 제47조 제2항이 고등학교의 입학방법 및 절차를 대통령령에서 정하도록 위임한 것이 교육의 영역에서의 의회유보의 원칙인 교육제도 법정주의에 위반한 것인지 여부를 검토한 다음, 포괄위임금지의 위배여부를 논증하였다(2011헌마 827). 대법원 역시 법률유보의 원칙이 적용되어야 할 사인인지를 판단한 다음, 포괄위임금지의 원칙의 위배여부를 판단하는 식으로 논증을 하였다(대법원 2014다61340판결).

4. 법률유보의 원칙과 관련한 검토사항

(1) 법률의 법규창조력의 문제

법률의 법규창조력은 의회가 제정한 형식적 의미의 법률만이 '법규로서의 구속력'

---

35) 즉, 규율대상이 국민의 기본권 및 기본적 의무와 관련한 중요성을 가질수록 그리고 그에 관한 공개적 토론의 필요성 또는 상충하는 이익 사이의 조정 필요성이 클수록, 그것이 국회의 법률에 의해 직접 규율될 필요성은 더 증대된다(대법원 2012두23808전합판결).

36) 하지만 독일 연방헌법재판소의 판례는 통일적이지 않다.

을 가지며, 대외적 구속력과 재판규범성을 갖는다는 것이다. 과거 O. Mayer가 '법률의 지배'라는 개념하에 이상의 법률우위, 법률유보와 더불어 법률의 법규창조력을 기술한 이래로 아직까지도 많은 문헌에서 소개되고 있다. 법률은 물론 법률하위적 법규범까지도 상위 법령의 수권에 기하여 당연히 법규로서의 재판규범성을 갖는 이상, 법률의 법규창조력에 관한 논의는 이제 과감하게 삭제할 필요가 있다.

(2) 사인의 행위에 대한 법률유보의 적용 문제

국가작용이 아니라 사인(私人)의 행위 역시 법률적 근거에 의존하게 할 수 있는지 여부가 독일에서 문제되었다. Hessen 주 고등행정법원(VGH Kassel)은 유전공학법이 제정되기 전에, 독일 기본법 제2조 제2항으로부터의 보호목적의 사고를 목표로 삼고서, 입법자가 유전공학상의 리스크의 중대한 위험잠재성을 포착하는 그 밖의 특별한 규정을 만들어야만 유전공학시설의 가동이 허용된다고 판시하였다(소위 유전공학판결).[37] 기본권의 통용에서 법률은 사인으로 하여금 활동하도록 수권하는 것이 아니라, 오히려 그 활동을 제한한다는 점에서 동 판결은 대다수의 문헌에서 강력한 비판을 받았다. 동 판결은 법정책적인 동기에서 비롯한 보호의무지향으로 말미암아 전통적인 방어지향적 기본권보호가 오도(誤導)되고 잠식되어 정반대의 방향으로 흘러 갈 수 있는가를 잘 보여주는 전형적인 예이다.[38] 국가의 기본권적 보호의무를 내세우더라도, 결코 그것으로부터 법률유보의 요청을 도출해선 아니 된다.

(3) 성전환자에 대한 성별정정허가의 문제

> 미성년자 자녀를 두고 있는 甲이 성전환수술 등을 받고 가족관계등록부상의 성별란 정정을 신청하였는데, 법원의 법정의견(다수의견)은 "성전환자가 혼인 중에 있거나 미성년자인 자녀가 있는 경우에는, 가족관계등록부에 기재된 성별을 정정하여, 배우자나 미성년자인 자녀의 법적 지위와 그에 대한 사회적 인식에 곤란을 초래하는 것까지 허용할 수는 없으므로, 현재 혼인 중에 있거나 미성년자인 자녀를 둔 성전환자의 성별정정은 허용되지 않는다."고 판시하였다. 이에 대해 甲은 성전환에 따른 성별변경에 관한 실정법이 없는 점을 문제로 삼았다. 甲의 주장은 법률유보의 원칙의 차원에서 주효하는가? (대법원 2009스117전합결정; 2020스616전합결정)

성전환에 따른 성별변경에 관한 실정법이 없지만, 대법원 2004스42전합결정에 의

37) NJW 1990, 336ff.
38) 비슷한 우리의 사례로, 소고기수입고시와 관련하여 청구인들이 법령이 아닌 고시의 형식으로 기본권을 제한하는 데 문제가 있다고 하여 법률유보에 위반한 것이라고 주장하였다.

하여, 성전환자에 대한 호적상(지금은 가족관계등록상)의 성별기재의 정정이 허용되었다.[39] 성전환자는 가정법원의 허가를 얻어 정정을 신청할 수 있다. 성전환자에 대한 성별정정허가는 비록 법원이 행하지만, 그 실질은 사법(司法)작용이 아니라 행정작용이다. 법률유보의 원칙의 문제가 제기될 수 있다. 만약 이를 사법작용으로 본다면, 일단 법률유보의 원칙의 물음은 피해갈 수 있지만, 가족관계등록상의 정정에 성전환에 따른 성별변경을 포함시키는 것이 판례의 법형성기능을 넘어선 것이라는 물음이 던져진다. 입법결여의 현재 상황은 어떤 식으로든 정당화될 수 없다.

모법률이 없음에도 불구하고, 이를 처리하기 위해 일본의 실정법을 참고하여 대법원 가족관계등록예규인 「성전환자의 성별정정허가신청사건 등 사무처리지침」이 제정·시행되고 있다. 본래 법률대위적 규칙은 급부행정영역에서 입법의 불비상황에서 행정이 나름의 지침에 의거하기 위해 고안된 것이지만 성별정정허가는 실질적 의미의 행정작용이기에, 동 지침은 법률대위적 규칙이라 하겠다. 그런데 **법률대위적 규칙은 법률유보의 원칙이 통용되지 않는 한에 있어서만 허용될 뿐이다. 성전환자에 대한 성별정정허가의 기준을 규정한 동 지침은 법률유보의 원칙 특히, 본질성이론의 차원에서는 치명적인 문제를 안고 있다**(본서 476면).[40]

(4) 조직적, 제도적 법률유보의 문제

행정의 법률적합성의 원칙, 특히 법률유보의 원칙은 본래 국민의 자유와 권리의 행사와 관련한 대국민적 행정작용을 상정하여 전개되었다. 그런데 비단 대국민적 행정작용만이 아니라, 국가권력의 행사와 관련한 기본적인 구조와 메커니즘과 같은 국가작용의 운용시스템 역시 법률적 바탕에서 마련되어야 한다. 제도적 법률유보는 헌법이 보장하는 지방자치제나 직업공무원제 등의 형성과 관련하여 법률적으로 규율하는 것이고, 조직적 법률유보는 국가기관이나 행정기관을 법률적으로 규율하는 것이다. **이는 국가작용의 기본적 운용시스템에 관하여 법률에서 정해야 하며, 그 정한 대로 국가작용이 운용되어야 한다는 것을 의미한다.**

조직적, 제도적 법률유보에 관한 논의는 생소하지만, 관할법정주의에 바탕을 둔 정부조직법이 조직적 법률유보의 실례이고, 국가기관의 권한분쟁 역시 제도적 법률

39) 한편 허가요건과 관련해서 대법원 2020스616전합결정은 대법원 2009스117전합결정을 변경하여 현재 혼인중이 아니라면 미성년자녀의 존재는 불허가사유가 되지 않는다고 보았다.

40) 상론: 김중권, 법률신문 제3493호(2006.9.25.). 한편 2006.9.6. 제정된 동 지침은 2011.12.5. 개정을 통해 '조사사항'으로, 2020.2. 21. 개정을 통해 '참고사항'으로 변경하였다. 한편 국가인권위원회가 2023.5.11.에 대법원장에게 사무처리지침의 개정을, 국회의장에게 관련 특별법의 제정을 권고하였다.

유보의 차원에서 접근할 수 있다.[41] 가령 지방의회가 법령에 의하여 주어진 권한의 범위를 넘어서 집행기관에 대하여 새로운 견제장치를 조례의 형식으로 만드는 것은 위법이라 판시한 일련의 판례와[42] 법률에 근거하지 않고 지방의회의원에 대하여 유급 보좌 인력을 두는 것은 위법이라 판시한 일련의 판례(대법원 2012추84판결; 96추121판결)는 제도적 법률유보의 차원에서 바르게 접근할 수 있다. 한편 법개정으로 지방의회의원 정수의 2분의 1 범위에서 해당 지방자치단체의 조례로 정하는 바에 따라 지방의회에 정책지원 전문인력을 둘 수 있게 되어(41조) 후자의 판례는 이제 더 이상 주효하지 않을 것이다.

5. 현대행정, 특히 리스크행정에서의 법률유보의 원칙의 이해

법치국가적 행정법의 대부(代父)가 되었던 개입행정의 패러다임은 위험을 방지하는 국가와 자유를 요구하는 국민간의 법관계를 상정하여 이루어져 있다. 그러나 예방국가의 리스크행정에서는 개입행정은 자신의 기본모델을 완전히 상실하였다. 리스크행정에서 개입적 위험방지가 형성적 위험방지(배려)로 바뀜에 따라, 국가의 전통적인 모습, 즉 오로지 개별항목별로 그리고 특별한 수권에 의거해서만 개인의 자유에 대해 개입할 수 있다는 모습은 극히 제한적으로만 통용될 수 있다. 협력적 리스크형성의 차원에서 민간 역시 리스크를 축소할 의무를 지며, 아울러 개연성이 아닌 가능성이 지배하는 혐의(염려)가 개입요건에 들어감으로써, 법률조종에서도 변화가 생겼다. 그리하여 **리스크행정에서는 엄격한 고전적인 법률유보의 원칙에 갈음하여 맥락적 접근이 강구되곤 한다.** 즉, 법률유보의 요청은 더 이상 개별적 개입수권에 의하여 충족되지 않고, 대신 형량지침과 조직·절차규정으로 이루어진 동조(同調)화된 규범체계에 의하여 충족될 수 있는 것으로 보려고 한다.[43]

---

41) 제도적 법률유보에 관한 관심제고를 촉구하는 문헌으로 김남진, 법연 2014 Summer Vol.43.

42) 예: 지방의회가 선임한 검사위원이 결산에 대한 검사 결과, 필요한 경우 결산검사의견서에 추징, 환수, 변상 및 책임공무원에 대한 징계 등의 시정조치에 관한 의견을 담을 수 있고, 그 의견에 대하여 시장이 시정조치 결과나 시정조치 계획을 의회에 알리도록 하는 내용의 개정조례안(대법원 2007추103판결).

43) 상론: 김중권, 행정법기본연구Ⅱ, 471면 이하 참조.

Ⅲ. 행정기본법에 따른 법적용의 기준

법치국가원리에 따라 위법(및 부당)판단의 기준은 원칙적으로 처분시점이 되며, 특별한 상황에서는 그와 달리한다. 새로운 행정수요에 부응하기 위해 행정법영역에서는 빈번히 법개정이 행해지므로, 당연히 그 적용을 둘러싼 다툼이 빈번하다. 법적용을 둘러싼 소모적인 논란을 일소(一掃)하기 위하여 행정기본법 제14조는 관련 판례와 문헌에서의 논의를 집약하여 법적용의 기준을 규정하였다.

먼저 새로운 법령등은 법령등에 특별한 규정이 있는 경우를 제외하고는 그 법령등의 효력 발생 전에 완성되거나 종결된 사실관계 또는 법률관계에 대해서는 적용되지 아니한다(1항). 그리고 당사자의 신청에 따른 처분은 법령등에 특별한 규정이 있거나 처분 당시의 법령등을 적용하기 곤란한 특별한 사정이 있는 경우를 제외하고는 처분 당시의 법령등에 따른다(2항).[44] 법령등을 위반한 행위의 성립과 이에 대한 제재처분은 법령등에 특별한 규정이 있는 경우를 제외하고는 법령등을 위반한 행위 당시의 법령등에 따르는데,[45] 다만 법령등을 위반한 행위가 있은 후 법령등이 변경되어 그 행위가 법령등을 위반한 행위에 해당하지 아니하게 되거나 제재처분 기준이 가벼워진 경우에는 해당 법령등에 특별한 규정이 있는 경우를 제외하고는 변경된 법령등을 적용한다(3항).[46] 한편 비형벌조항에 대해 헌법재판소의 헌법불합치결정이 내려지면, 잠정적용이나 적용중지인지에 따라 상반된 효과가 생긴다.[47]

---

44) 대법원 2020두43722판결: '정당한 이유 없이 처리를 지연하였는지'는 법정 처리기간이나 통상적인 처리기간을 기초로 당해 처분이 지연되게 된 구체적인 경위나 사정을 중심으로 살펴 판단하되, 개정 전 법령의 적용을 회피하려는 행정청의 동기나 의도가 있었는지, 처분지연을 쉽게 피할 가능성이 있었는지 등도 아울러 고려할 수 있다.

45) 이는 질서위반행위규제법 제3조 제1항에 비견되며, 기왕의 판례의 입장(대법원 2016두33292판결; 86누63판결)을 반영한 것이다.

46) 이는 질서위반행위규제법 제3조 제2항에 비견되며, 기왕의 판례의 입장(대법원 82누1판결; 83누383판결)과 배치되는데, 이제 기왕의 판례는 통용되지 않을 것이다.

47) 대법원 2018두49154판결: 비형벌조항에 대해 잠정적용 헌법불합치결정이 선고되었으나 위헌성이 제거된 개선입법이 이루어지지 않은 채 개정시한이 지남으로써 그 법률조항의 효력이 상실되었다고 하더라도 그 효과는 장래에 향해서만 미칠 뿐이고, 당해 사건이라고 하여 이와 달리 취급할 이유는 없다. 한편 비형벌조항에 대한 적용중지 헌법불합치결정이 선고되었으나 위헌성이 제거된 개선입법이 이루어지지 않은 채 개정시한이 지난 때에는 헌법불합치결정 시점과 법률조항의 효력이 상실되는 시점 사이에 아무런 규율도 존재하지 않는 법적 공백을 방지할 필요가 있으므로, 그 법률조항은 헌법불합치결정이 있었던 때로 소급하여 효력을 상실한다. 비형벌조항에 대해 잠정적용 헌법불합치결정이 선고된 경우라도 해당 법률조항의 잠정적용을 명한 부분의 효력이 미치는 사안이 아니라 적용중지 상태에 있는 부분의 효력이 미치는 사안이라면, 그 법률조항 중 적용중지 상태에 있는 부분은 헌법불합치결정이 있었던 때로 소급하여 효력을 상실한다고 보아야 한다.

02 행정의 결정상 자유

재미동포 가수 Y가 미국 시민권을 취득한 다음, 대한민국 국적상실을 신고하고, 바로 그 다음날 공연목적으로 입국사증을 신청하여 받고서, 2002.2.2. 새벽에 인천공항에 도착하여 입국을 시도하였지만, 인천공항 출입국관리사무소는 그의 입국을 금지했다. 2002.1.28. 병무청장이 법무부장관에게 "병역의무대상자인 Y가 공연 목적으로 출국해 미국 시민권을 취득한 것은 병역법을악용한 고의적인 병역의무회피이다"라고 하면서, 연예인의 병역기피는 병역의무를 지닌 사람들에게 나쁜 영향을 미치는 만큼 입국이 금지되어야 한다는 취지의 '입국금지협조'를 요청하였고, 이에 법무부장관은 출입국관리법을 검토, Y가 출입국관리법 제11조 제1항의 '대한민국의 이익이나 공공의 안전을 해하는 행동을 할 염려가 있다고 인정할 만한 상당한 이유가 있는 자'(3호)에 해당한다고 판단하여 입국금지결정을 하고, 그 정보를 내부전산망인 '출입국관리정보시스템'에 입력하였으나, Y에게 통보는 하지 않았다. 법무부장관의 판단과 그에 따른 입국금지결정에 대해 사법심사가 어떻게 진행될 것인가? (대법원 2017두38874판결)

Ⅰ. 서 론

1. 행정의 법적용과정

행정의 법적용은 통상 다음의 4가지 과정을 거쳐 행해진다. ⅰ) 사안의 조사와 확인: 무엇이 실제로 일어났는지? 무엇이 실제로 존재하는지? ⅱ) 법률적 성립요건의 내용을 파악·해석·확인: 법률적 성립요건이 무엇을 의미하는지? ⅲ) 포섭: 사안이 법률적 성립요건에 합치하는지? ⅳ) 법효과의 확인: 그러면 사안에 어떠한 법효과가 인정되는지? 법적용의 이들 네 과정은 상호 고립적이지 않고 상호 연계된다. 그리하여 사안은 일정한 법률상 성립요건의 측면에서 조사되어야 하고, 법률해석시에 구체적 사건과 그것을 둘러싼 실제상황이 함께 고려되어야 한다. 나아가 법적용이란 논리적인 결론도출일 뿐만 아니라, 평가적 인식절차이기도 하다.

2. 법적용과정에서의 행정의 법구속 및 그 완화

법적용과정에서 행정은 자신의 결정에 법・법률의 구속을 받는다.[1] 그런데 **행정이 준수하고 적용해야 할 법률은 다양한 측면에서 결정여지를 제시한다.** 한편으로는 이런 결정여지가 법규범의 적용이란 결코 자동주의를 따르지 않고, 평가적 해석을 필요로 한다는 일반적 상황에서 비롯된다. 다른 한편으로는 −법학방법론적 대상이 되는 이런 기본물음을 넘어서− 행정으로 하여금 자신의 임무를 탄력적으로 합당하게 이행할 수 있게 행정에 대해 특별한 결정여지가 부여된다. 재량부여를 통해 활동여지를 남겨둔다든지 아니면 불확정법개념의 확정을 통해 판단여지를 인정한다든지 함으로써 행정의 법(법률)구속은 완화될 수 있다. 이런 완화는 법원의 심사 역시 완화시킨다.

3. 법적용과정에서 취할 자세

현행 법률을 해석・적용하는 자는 자신이 마주한 시대의 물음에 대한 답을 법률에서 찾는다.[2] 일찍이 독일 연방헌법재판소는 법률이 그 법률의 아버지보다 훨씬 똑똑할 수 있다고 강조한다.[3] 같은 맥락에서 Radbruch 교수는 "해석자는 법률의 창조자보다 법률을 더 잘 이해할 수 있다. 법률은 그 제정자보다 더 똑똑할 수 있는데, 심지어 더 똑똑해야 한다."고 지적하였다.[4] 이는 제정 당시의 법률의 취지에 사로잡혀서는 아니 된다는 것이다. 대부분의 행정법제가 민주적 법치국가원리가 제대로 작동하기 전에 만들어진 것이기에, **실정법을 포함한 전체 법질서에 명백히 반하지 않는 한, 법관과 행정 공무원은 국민의 권익이 실현되도록 법해석을 강구해야 한다**(본서 244면). 여기서 행정기본법은 이런 접근을 가능하게 하는 플랫폼이므로, 적극적으로 적용되어야 한다.

---

1) 사법(司法) 역시 당연히 법・법률의 구속을 받는다. 다만 행정의 경우에는 법적용이 시원적(始原的)이고 고유한 데 대해서 사법의 경우에는 그것이 반작용적이다. 왜냐하면 권력분립원리에 따라 법원은 자신이 어떤 결정을 내린 다음 접근하여서는 아니 되고, 마치 행정청의 결정을 뒤따라 그 스스로 법적용을 한 것처럼 이해하는 식으로(추체험적으로) 행정의 법적용의 정당성(적법성)을 심사하기 때문이다. 추체험적 사법심사에 관해서는 본서 133면, 854면.
2) Larenz/Canaris, Methodenlehre d. Rechtswissenschaft, 1995, S.139.
3) BVerfGE 36, 342(362).
4) Radbruch, Rechtsphilosophie, 8.Aufl. 1973, S.207.

Ⅱ. 불확정법개념과 판단여지

1. 불확정법개념 및 판단여지의 의의

일종의 조건명제에 해당하는 법률의 성립(구성)요건을 설정함에 있어서, 입법자가 동원한 개념은 내용상의 명확성의 고저(高低)에 따라 나뉜다. 가령 물건, 재산권, 영업 등의 개념은 그 징표가 매우 명확하고, '일출', '옥내장소' 등의 개념은 확정되어 있지 않으나 구체적 사건에서 확정될 수 있다. 반면 공익, 공공복리, 중대한 이유, 거래이익, 신뢰성, 적합성, 필요성, 특별한 어려움, 장애, 경관의 훼손 등의 개념은 내용적으로 모호하여 일의적으로 확정할 수가 없다. 이런 법규정상 성립(구성)요건상의 '불확정법개념'(나은 표현으로 '불확정(된)법률개념')은 일종의 법적 평가를 수반하는 가치개념이며, 복잡한 독립된 평가와 예측을 필요로 한다. 따라서 **이런 불확정법개념을** -추상적으로- **해석하고,** -특히 구체적 사건에서- **그것을 적용하기란 매우 어렵다.**

불확정법(률)개념의 문제는 인식의 영역에 있으며, 궁극적으로 해석의 물음이기에, 법학방법론의 차원에서의 여러 해석의 잣대(문언적, 역사적, 목적론적, 체계적 해석)가 동원된다. 그럼에도 불구하고 종종 그 자체로 유일하게 적법한 결정을 명확하게 확인할 수 없곤 한다. 행정은 이런 어려움에도 불구하고 구체적 사건에서 결단을 내릴 수밖에 없다. 여기서 판단수권은 가능한 최선의 지식에 의거하여 전문적인 평가를 내리도록 한다. 따라서 **궁극적으로 불확정법개념을 적용함에 있어서 행정의 판단이 과연 어느 정도로 주효할 것인지의 물음, 즉 사법심사가 제한되는 의미에서 행정의 판단여지를 인정할 것인지의 물음이 되어 버린다.**[5)]

2. 판단여지와 재량여지의 구별

행위효과선택의 차원에서 접근하는 재량여지의 문제와 불확정법개념의 적용의 차원에서 접근하는 판단여지의 문제를 함께, 즉 포괄적인 재량차원에서 볼 것인지 아니면 구분하여 볼 것인지가 논란이 된다. 왜냐하면 제한된 사법심사의 가능성을 시사한다는 점에서 양자가 유사하게 보이기 때문이다. 논의의 전제이자 연계된 물음이 행정

5) 하지만 법해석에서는 행정의 판단여지가 주장될 수 없다. 왜냐하면 그렇게 되면 법원의 기본임무를 초과하거나 방해할 수밖에 없는 법파괴와 법적 불안정성이 초래될 것이기 때문이다.

재량이 어디에 소재하는지 여부인데, 법규상의 요건의 측면에 있다는 요건재량설과 효과의 측면에 있다는 행위재량설로 나뉜다.[6]

재량여지와 판단여지의 구별에 대해 독일과는 달리 우리의 경우 문헌상으로는 적극적인 입장과 소극적인 입장, 양 입장이 비등하다.[7] 재량의 경우 어떤 법효과의 선택은 −어떤 결정이 재량하자로 위법판단을 받는 것은 차치하고서− 그 자체로 가능하다. 반면 행위성립요건의 충족, 즉 구성요건해당성의 충족여부와 관련해선 법적 관점에서 상반될 판단이 동시에 존재할 수가 없고, 하나의 판단만이 존재할 수 있다. 즉, 어떤 하나의 판단이 있을 뿐이지, 결코 판단의 선택이란 존재하지 않는다. 그런데 이런 법논리적 문제점 말고도, 재량에서의 기조인 형량의 관점이 성립요건의 충족여부의 물음에까지 투영됨으로써 사법심사의 논증이 명확하지 않을 수 있다(본서 855면). 왜냐하면 재량이 비록 과거와는 달리 오늘날에는 판단여지와 마찬가지로 사법심사의 대상이 되긴 하나 법원이 판단할 수 없는 부당의 범주가 존재하기 때문이다. 구별소극설은 전시대이론인 요건재량과 연계될 소지가 있다.

3. 비교법적 검토: 특히 독일

(1) 독일에서의 논의현황

독일의 통설과 판례는 효과부분에 재량을 인정하는 이른바 행위재량(효과재량)설을 취하고, 재량여지와 구별하여 판단여지를 설정한다.[8] 그곳에선, 법원이 불확정법개념에 의거하여 내린 행정결정을 심사하고 경우에 따라선 이들 결정을 자신(법원)의 결정으로 대체할 수 있는지 여부 및 그 정도가 −1950년대부터− 문제되고 다투어진다. 제한된 사법심사만을 인정하는 입장(판단여지론)에선 세 가지 논거를 제시한다: 규범논리적 근거에서 단 하나의 '올바른' 해석은

6) 본래 행위재량설은 효과재량설인데, 우리나 일본의 경우 효과재량설에 대한 이해가 다르다. 즉, 그것은 행정행위의 효과에 기하여 재량유무를 판단한다(수익적이면 재량, 침익적이면 기속)는 일종의 성질설을 의미한다. 하루바삐 고쳐야 할 부분이다.

7) 판단여지를 재량과 엄격히 구분하여 접근하는 대표적인 입장으로 김남진/김연태, 231면. 반면 재량차원으로 접근하는 대표적인 입장으로 김철용, 272면; 김동희/최계영, 282면.

8) 독일의 경우에도 본래 유럽의 다른 나라처럼 광의의 재량개념을 취하였지만, 행정재판의 확대에 따라 성립요건상의 불확정법개념에 대해 완전한 사법심사를 가능케 하기 위해 그것을 제한적 사법심사의 대상인 재량으로부터 분리시켰다. 광의의 재량개념이 궁극적으로 사법심사권의 축소를 초래한 반면, 재량을 효과측면에 국한시킴으로써 사법통제가 강화되었다. 나찌불법국가를 경험한 독일로선 다른 유럽국가와는 달리 사법부에 대해 월등한 힘을 부여한 것이다. 이런 완전한 사법심사의 기조에서 판단여지론이 나온 것이다. 사실 광의의 재량개념을 취하는 메커니즘에서는 이미 행정결정에 대한 사법심사가 그다지 강하지 않기에, 판단여지론 자체가 논의될 수가 없다. 사법심사에서의 이런 차이점은 유럽화에 따른 독일 행정법의 쟁점거리이다. Hoffmann-Riem, in: GVwR I (2012), §10 Rn.71ff. 한편 유럽에서도 오스트리아와 스위스는 불확정법개념과 재량을 구분하나, 프랑스와 영국은 통일적으로 재량으로 접근한다. Ludwigs, in: HVwR I, §8 Rn.43.

존재하지 않는다. 일정한 결정은 상황구속성과 대인구속성으로 인해 법원에 의해 재현될 수가 없다. 행정은 나름의 책임, 특별한 지식 그리고 ―법원이 갖지 못한― 문제근접성을 지닌 독립된 국가권력이다. 반대견해는 그들 기본법 제19조 제4항의 권리보호보장(일종의 재판청구권의 보장)에 의거하여 법적, 사실적 측면에서 완전한 사법심사의 관철을 내세운다. 양 입장의 절충이 바로 오늘날 광범한 지지를 받는 소위 '규범적 수권설'이다. 이에 의하면 입법자가 스스로 의식적으로 판단여지를 부여한 드문 경우에 한하여 불확정법개념이 사법적으로 완전히 심사되지 않을 수 있다. 독일 내에서도 이원론에 대한 비판은 여전히 상당하다.[9]

⑵ 독일 법원의 입장

독일 연방행정법원은 **불확정법개념이란 완전한 사법심사가 가능하고 행정에 대해 결코 판단여지가 (처음부터) 주어지지 않는 것으로 보되, 예외적으로 판단여지가 인정된다**고 본다. 즉, 특별한 이유에서 정당화되어야 하고, 그때그때 법률적 규율로부터 끌어낼 수 있어야 그 판단여지가 인정된다고 본다.[10] 그들 연방헌법재판소 역시 동일한 궤에서 기본권제한에 있어 판단여지인정이란 예외에 대해 더욱 좁게 한계를 설정한다. 즉, 불확정법개념이 규율재료의 고도의 복잡성과 특별한 역동성으로 말미암아 애매하고, 행정결정에 대한 (법원의) 추체험에서 그것의 구체화가 어려워 사법통제가 판례의 기능한계에 저촉될 경우에만, '제한된 결정여지'가 고려된다고 판시하였다.[11]

그래서 **독일 판례상으로 다음의 상황에서만 판단여지가 인정되었다**: i) 시험결정 및 시험유사한 결정, ii) 공무원법상의 적격판단과 근무평정, iii) 지시로부터 독립되며, 국가에 속하지 않고, 특수한 경력자(전문가나 이익대표자)에 의해 구성된 위원회가 내린 일종의 평가결정(구속적 가치평가), iv) 환경법과 경제법에서의 예측과 리스크평가.[12] 그런데 판단여지가 인정된다 하더라도 어느 정도의 범위에선 사법통제가 가능하다. 특히 독일 법원은 시험결정과 관련해서 절차적 차원의 심사프로그램을 전개하였다. 즉, 절차규정이나 일반적인 절차원칙(공정의 원칙)에 대한 위반이 있는가? 시험관이 ―자의가 개입되어― 타당하지 않은 사안을 출발점으로 삼았는가? 시험관이 본질과 맞지 않는 고려를 하였는가? 일반적으로 인정된 평가원칙(시험에서의 경험법칙)을 준수하지 않았는가? 모든 물음이 'No'라고 답해질 수 있는 경우에만, 시험결정은 적법하다. 시험평가의 내용적 반론은 그 평가가 강한 자의성을 드러내지 않는 한 어필하기 쉽지 않았는데, 시험과 직업의 연계성을 강조하면서 독일 연방헌법재판소는 1991.4.17.의 2가지의 원칙적 결정을 통해, ―판단여지가 인정된― 시험특유의 평가와는 달리 전문학술적 타당성의 물음에선 판단여지가 부인되어야 한다고 판시하였다.[13] 그리고 연방행정법원이 청소

9) Jestaedt, in: Ehlers/Pünder, §11 Rn.124ff. 그런데 독일 연방행정법원은 민영화후속법인 규제법 규범에서는 요건측면과 효과측면을 구분하여 접근하지 않는다(규제재량). BVerwGE 120, 263(265).
10) BVerwGE 94, 307; 100, 221(225).
11) BVerfGE 84, 34(50).
12) 행정상의 미래예측에 관해서는 김해룡, 공법연구 제21집(1993.7.), 355면 이하 참조.

년유해매체판정과 관련해서 종래 인정되어 온 판단여지를 부인하는 판례변경을 하였다.[14]

4. 판례의 태도

'2005년도 제1회 안양시 지방공무원특별임용시험'에 응시하여 제1차 필기시험 및 제2차 서류전형에 모두 합격하였지만 제3차 면접시험 결과 최종합격자 13인에 들어가지 못한다. 甲이 다음의 2가지 이유로 불합격처분의 위법을 주장한다: ⅰ) 시인사위원회 위원장이 면접시험을 시행함에 있어 5가지 추상적인 평정요소에 대해 상, 중, 하로 나누어 평정하였을 뿐, 그 평정의 객관성을 담보할 만한 세부적인 평가기준을 따로 두지 않았고, 위 평정이 정당하게 이루어졌음을 뒷받침할 최소한의 객관적 증빙자료도 제시하지 못하였다. ⅱ) 시장이 면접위원이 아님에도 면접시험장에 들어가 응시생들에게 안양시거주여부 등을 질문한 행위는 면접위원들의 동의 여부를 떠나 공정한 평정에 영향을 미칠 우려가 있다. 甲의 주장은 판례상으로 주효하는가? (대법원 2008두8970판결)

불확정법개념의 적용에 관한 판단여지의 문제를 판례는 전적으로 재량의 문제로 인식하고 있다(대법원 2009두19960판결; 99두264판결).[15] **일종의 재량으로의 흡수방법을 취하고 있는 셈이다**(본서 128면 이하). 판례는 공무원임용에서 자유재량적 기조에서 임용신청자의 능력이나 적격성 등에 관한 면접위원의 판단은 현저하게 재량권을 일탈·남용하지 않은 한 이를 위법하다고 할 수 없다고 하였으며(대법원 2008두8970판결)[16] 전역처분에서도 자유재량적 기조에서 전역심사위원회의 현역복무적합여부의 판단을 존중해야 한다고 강조한다(대법원 2004두107판결; 98두12253판결). 특히 시험결정과 관련하여 광범한 재량여지를 전제로 하여 재량하자의 가능성을 매우 좁게 인정하려는 태도를 취한다(대법원 2007두22061판결; 2005다66770판결; 2017다233061판결). 또한 일종의 구속적 가치평가에 해당하는 교과서검정의 경우에도 제한적 사법심사를 인정한다(대법원 91누6634판결). 미래예측의 평가와 판단에서도 그러하다. 즉, 건설폐기물처리 사업계획서의 적합여부 결정에 관하여 장래에 발생할 불확실한 상황과 파급효과에 대한 예측이 필요한 요건에 관한 재량적 판단은 그 내용이 현저히 합리적이지 않다거나 상반되는 이익이나 가치를 대비해 볼 때

---

13) BVerfGE 84, 34 und 59.

14) BVerwG NJW 2020, 785.

15) 대법원 2009두19960판결: 국토계획법 제56조 제1항 제2호의 규정에 의한 토지의 형질변경허가는 그 금지요건이 불확정개념으로 규정되어 있어 그 금지요건에 해당하는지 여부를 판단함에 있어서 행정청에게 재량권이 부여되어 있다고 할 것이므로, 국토계획법에 의하여 지정된 도시지역 안에서 토지의 형질변경행위를 수반하는 건축허가는 결국 재량행위에 속한다.

16) 대법원 2021도13197판결: 지방공무원의 승진임용에 관해서는 임용권자에게 일반 국민에 대한 행정처분이나 공무원에 대한 징계처분에서와는 비교할 수 없을 정도의 광범위한 재량이 부여되어 있다.

형평이나 비례의 원칙에 뚜렷하게 배치되는 등의 사정이 없는 한 폭넓게 존중된다(대법원 2020두36007판결). 개발행위허가에서의 '환경오염 발생 우려'에 관한 판단 역시 그러하다(대법원 2020두51280판결). 행정청의 전문적인 정성적 평가결과는, 판단의 기초가 된 사실인정에 중대한 오류가 있거나 판단이 사회통념상 현저하게 타당성을 잃어 객관적으로 불합리하다는 등의 특별한 사정이 없는 한 법원이 당부를 심사하기에 적절하지 않으므로 가급적 존중되어야 한다(대법원 2017두39785판결).[17]

5. 관견(管見)

비록 판례가 판단여지를 내세우지 않고 전체로 재량의 문제로 접근하지만, 이상의 사례에서 행정청의 평가와 판단을 존중하는 판례의 태도를 판단여지론과 무관하다고 보는 것은 너무 단선적이다. 시험결정에서의 특수한 상황(재현불가), 교과서감정에서의 특수한 상황(전문가위원회에 의한 결정) 및 미래예측의 특수한 상황에서 광범한 재량여지를 인정하는 데서, 판단여지론의 함의(제한적 사법심사)가 판례에 반영되었다고 하겠다(김남진/김연태, 247면). 사실 판례의 태도는 결합규정에서 불확정법개념을 재량으로 흡수하는 식으로 대처한 것으로 볼 수 있다(후술).

사법심사에서 성립요건의 충족여부와 효과선택의 합당성여부를 나누어 접근하는 것이 체계적이고 설득력이 있는 논증에 이바지한다.[18] **이런 논증을 하기 위해서 재량여지와 판단여지는 구분해서 접근해야 한다.** 판단여지의 인정이 사법심사의 포기나 배제를 의미하진 않는다. 가령 시험결정의 경우에도 굳이 내용적 타당성의 물음에까지 가지 않더라도 자의가 개입되어 있다든가, 시험의 본질적인 절차규정이나 경험법칙에 위배하면 당연히 판단여지가 부인된다(판례의 태도에 따르면 재량하자가 존재한다: 대법원 91누6634판결).[19] 나아가 전문가위원회의 구성이나 의사결정의 과정에서 위법이 있으면 당연히 판단여지는 부인되어야 한다.

역으로 이상의 문제가 없고, 행정적 판단이 나름의 근거를 갖고서 일단 내용적으로도 어느 정도의 타당성을 담보하고 있다면, 사법심사의 밀도를 강화하는 것은 곤란

17) 한편 '특별한 사정'의 표현이 불확정법개념과 관련해서 해석에서 사용되는 경우나 행정법도그마틱을 전개할 경우에는 문제가 없지만, 자칫 가령 기간처럼 일률적인 법취급을 입법자가 실정법을 통해 규정한 경우에 입법자의 의사를 무시하는 데 "특별한 사정이 없는 한"의 표현이 동원되는 것은 '법관의 법구속의 원칙'에 어긋난다. 대법원 2015두38573판결이 사안과 관련이 있는 구 국토계획법 제31조 제1항이 효력발생시점을 명확히 나타냈는데, 그것의 변경을 가능성을 시사할 수 있는 '특별한 사정이 없는 한'이란 표현을 덧붙인 것은 대단히 바람직하지 않다.

18) 대법원 2010두6496판결은 이를 시사한다: 법무부장관은 귀화신청인이 귀화 요건을 갖추었다 하더라도 귀화를 허가할 것인지 여부에 관하여 재량권을 가진다고 보는 것이 타당하다.

19) 가령 대법원 2008두8970판결은 甲의 두 번째 논거를 수긍하였다.

하다(본서 133면, 854면 이하). 복합적이며 과학적이고 매우 전문적인 사안에서 법원은 −비록 절차적 통제에 그치는 것이 불만족스럽더라도− 자제하는 태도를 견지해야 한다.[20] 사법통제가 행정에 대한 가장 효과적인 통제이긴 하나 유일한 통제는 아니기 때문이다. 다만 완전한 사법심사의 원칙을 고려하여, 판단여지가 인정되는 영역은 −우리와 결과적으로 비슷한− 독일에서처럼 한정적으로 설정해야 한다. 결국 **판단여지란 완전한 사법심사를 전제로 하여, 행정적 판단을 법원이 존중한 결과물인 셈이다.**[21] 판단여지론은 사법심사의 확대의 산물이기도 하다.

Ⅲ. 기속행위와 재량행위

1. 개념적 구분

재량이 법효과의 측면에 있다고 보면, 행정이 법률상의 성립요건이 실현될 때 법효과를 발생시키는 여러 행위방식 가운데 선택할 수 있을 경우에, 행정에 대해 재량이 주어진다. **법효과선택의 자유가 바로 재량(행위)이다.** 여기에는 어떤 하나의 결정을 할 수도 아니 할 수도 있는 결정재량(A or $\overline{A}$)과 여러 결정 가운데 하나를 선택할 수 있는 선택재량(A, B 또는 C)으로 나뉠 수 있다. 개괄수권조항에 의거한 경찰권발동의 경우처럼, 결정재량과 선택재량이 공히 인정되는 상황을 경찰(행정)편의주의라 일컫는다.[22] 반면 법률이 어떤 하나의 법효과를 반드시 행하도록 규정하였을 때, 행정은 −설령 그것에 이의가 있더라도− 요건이 충족하면 그 법효과를 발생시키는 특정행위를 해야 한다. 즉, **어떤 특정행위를 반드시 해야 할 때 기속(구속적)행위가 존재한다.**[23]

20) 대법원 2013두21120판결: 행정청이 국민의 건강을 보호하고 증진하려는 목적에서 의료법 등 관계 법령이 정하는 바에 따라 이에 대하여 전문적인 판단을 하였다면, 판단의 기초가 된 사실인정에 중대한 오류가 있거나 판단이 객관적으로 불합리하거나 부당하다는 등의 특별한 사정이 없는 한 존중되어야 한다.

21) 그런데 독일의 제외한 다른 유럽국가나 미국의 경우 이미 제한적 사법심사를 전제로 하기에, 기본적으로 행정에 대한 사법적 통제가 독일에 비하면 매우 약하다는 점을 유의해야 한다. 따라서 재량과 판단여지의 단순한 구별차원의 문제가 아니다. 외국에서의 논의상황과 관련해서는 그 맥락을 항상 유의해야 한다.

22) 선택재량에는 결정재량적 측면이 내포되어 있으며, 보기에 따라서는 선택재량 역시 결정재량일 수 있다는 점에서, 이런 구분에 회의적인 입장도 있겠지만, 재량의 양상을 이해하기 위한 틀인 이런 구분은 행정편의주의적 상황과 같은 복합적 형량과정에 유용하다. Ipsen, §8 Rn.530. 한편 판례상으로 선택재량의 용어가 등장하곤 하는데(대법원 2019두57831판결; 2015두295전합판결 등), 결정재량을 선택재량이라 표현한 대법원 2019두57831판결의 예처럼 아직 엄밀하지는 않다.

23) 한편 여기서의 논의는 비단 행정행위만의 차원이 아니라, 행정작용 전체에 통용될 수 있다.

2. 재량의 존재이유와 그에 따른 행사원칙

(1) 개별적 정의의 추구

법치국가에서는 행정이 법에 의하여 행하도록 되어 있으나, 입법자가 행정청으로 하여금 구체적인 경우에 행정목적에 적합한 행위를 스스로 결정·선택할 수 있는 권한을 부여함으로써 재량행위가 존재한다고 말할 수 있다. 즉, 재량을 통해 행정은 비록 법률적으로 조종은 받지만 고유하게 책임을 지는 결정을 할 가능성을 갖는다. **행정재량은 개별사건을 합목적적으로 그리고 적합하게 규율하는 것이다. 따라서 재량은 무엇보다도 개별사건적 정당성(개별적 정의)에 기여한다.** 따라서 재량메커니즘에서 행정은 한편으론 법률의 목적 및 입법취지를, 다른 한편으론 구체적 상황을 고려하여 개별사건에 알맞고 합사실적인 최적의 해결책을 발견해야 한다.[24)]

(2) 개별적 재량행사의 원칙

개별적 정의를 실현하기 위해, **재량은 우선적으로 개별사건을 목표로 삼는다**(개별적 재량행사의 원칙). 통상 법률은 불이익처분(침익처분)을 세분화하지 않고, 그 처분사유만을 일반적으로 규정할 뿐이다.[25)] 그러므로 행정은 불이익처분(침익처분)을 세분화한 재량준칙을 통해 하급행정청 및 공무원의 통일적 재량행사를 강구할 수 있다. **재량준칙은 물론, 그에 따른 일반적 재량행사는 가능하고 허용된다.**

일반적 재량행사는 구체적인 개별사건이 아니라, 전형적인 개별사건을 목표로 삼기에, 그것은 재량을 제한하는 의미를 갖는다. 따라서 **이형적(비전형적) 사건에서는 재량준칙에서 벗어날 수 있게 함으로써 개별적 재량행사의 원칙은 유지될 수 있다.** 다행히 최근 상위법령에 위임에 의거한 재량준칙(위임재량준칙)이 이런 비구속의 가능성(일종의 일탈유보)을 명시적으로 규정하고 있다(본서 474면).[26)]

---

24) 국가공무원법 제73조의3에 의한 직위해제처분은 재량행위에 해당하기에, 대법원 2022두45623판결이 직위해제처분의 대상자가 중징계처분을 받을 고도의 개연성이 인정되는 경우임을 전제로 하여, 대상자의 직위·보직·업무의 성격상 그가 계속 직무를 수행함으로 인하여 공정한 공무집행에 구체적인 위험을 초래하는지 여부 등에 관한 제반 사정을 면밀히 고려하여 직위해제처분의 요건의 충족 여부 등을 판단하여야 한다고 판시하였다.

25) 예로는 화물자동차운수사업법 제19조 ①: 국토교통부장관은 운송사업자가 다음 각 호의 어느 하나에 해당하면 그 허가를 취소하거나 6개월 이내의 기간을 정하여 그 사업의 전부 또는 일부의 정지를 명령하거나 감차 조치를 명할 수 있다.

26) 화물자동차운수사업법시행령 [별표 1] 화물자동차 운송사업의 허가취소 등의 기준: ※ 비고 10. 천재지변이나 그 밖의 불가항력의 사유로 발생한 위반행위는 위 표의 처분대상에서 제외한다.

3. 재량과 관련한 개념의 명확화

(1) 재량개념과 유사한 것과의 구별

판단여지와의 구별 말고도 다음의 몇 가지 개념과의 구별이 중요하다.

i) '자유로운 행위'와의 구별: 일정한 법효과에 관한 개별수권에 터 잡은 재량과 비교해서, 이것은 법률이 선택대상인 법효과를 전혀 언급하지 않거나 특정하지 않은 경우에 행정이 자유롭게 활동에 나서는 것을 말한다. 전통적인 특별권력관계를 전제로 하여 '법률로부터 자유로운 행위'를 상정하지 않는 한. 이것과 재량을 구별하기란 쉽지 않다. 왜냐하면 재량 자체가 자유로운 행위의 일종이기 때문이다. 이 점에서 **양자의 차이는 자유의 정도, 즉 양적 차이에 불과하다.**

ii) **계획형성의 자유**(이른바 계획재량)**와의 구별**: 행정계획의 특징은 일정한 목표(목적)가 가능한 널리 실현되어야 하며, 이를 위해 다수의 상반된 관심사(중요이익)가 상호 형량되어 조응해야 한다(형량명령)는 것이다. 계획은 가언명제에 따른 조건프로그램이 아니라 목적프로그램의 지배를 받기에, 불확정법개념과 재량수권간의 -효과재량설에 따른- 전통적 이원론은 여기서 난처한 상황에 처한다.[27] 행정계획을 이질적인 것(aliud)으로 접근하려는 것은 이런 난처함을 극복하기 위한 나름의 시도이다. 그리하여 **오늘날에는 계획재량이라는 용어보다는 계획형성의 자유의 차원에서 접근한다**(본서 534면 이하). 계획형성의 자유 역시 '자유로운 행위'의 일종이라 할 수 있는데, 오늘날 법률이 행위요건에 관해 전혀 언급하지 않은 경우도 통상의 재량의 차원이 아닌 계획형성의 자유의 차원에서 접근하기도 한다.[28]

iii) **행정입법형성의 자유**(소위 입법재량)**와의 구별**: 행정은 법규명령이나 조례를 정립함에 있어서, 수권의 법률상의 범위, 공포 등의 절차규정, 그리고 헌법상의 규준을 준수해야 하되, **허용된 범위 안에서 나름의 광범한 형성의 자유를 갖는다**(본서 452면). 이런 상황을 일반적으로 입법재량이라 일컫는데, 자칫 행정재량에서의 심사관점을 무비판적으로 대입할 우려가 있어서[29] 그 용어는 사용하지 않는 것이 바람직하다.

---

27) Jestaedt, in: Ehlers/Pünder, §11 Rn.20.

28) 가령 구 지방자치법 제4조 제3항에 의해 행정자치부장관이 매립지 등의 관할 지방자치단체를 결정하는데, 판례는 여기서의 관할결정이 계획재량적 성격을 가짐을 들어 형량명령의 법리를 대입시켰다(대법원 2010추73판결). 상론: 김희곤, 공법연구 제42집 제3호(2014); 최우용, 헌법실무연구 제12권(2011); 김상태, 행정법연구 제30호(2011.8.); 김중권, 행정법기본연구 V, 663면 이하.

29) 일종의 닻내림효과(정박효과: Ankereffekt, anchoring effect)가 발생하여 초기에 제시된 기준에 영향을 받아 판단을 내릴 우려가 있다.

⑵ 자유재량과 기속재량 구분의 문제

우리 행정법학이 직면한 대표적 문제가 바로 자유재량과 기속재량 구분의 문제이다. 대부분의 문헌에서 그것의 무의미성이 누누이 강조되고 있음에도 불구하고, 판례는 여전히 자유재량과 기속재량의 용어를 사용하고 있다.[30] 더욱이 판례가 '재량 내지 자유재량, 기속행위 내지 기속재량'식으로 종종 무분별하게 표현하며, 아울러 재량이 기속재량과 자유재량으로 나뉜다고 판시하곤 하여 매우 혼란스럽다. 가령 채광계획인가는 기속재량행위로, 공유수면점용허가는 자유재량행위로 본 대법원 2001두151판결은 이런 상황을 극명하게 웅변한다.

본래 사법심사가 배제되었던 재량에 대해 나름의 사법심사가능성을 모색하기 위한 일환으로 강구된 것이 기속재량행위이다. 재량에 대한 사법심사 자체가 문제되지 않는 오늘날 그런 식의 접근은 전혀 타당하지 않다. 자유재량과 기속재량의 구별이유와 구별근거가 무엇인지에 대해 어떤 문헌이나 판례도 설득력이 있게 논증하고 있지 않다. "공무원임용을 위한 면접전형에 있어서 임용신청자의 능력이나 적격성 등에 관한 판단"의 건에서 볼 수 있듯이, 판례는 '자유재량'을 내세워 사법심사의 자제를 정당화시키곤 한다. **"자유롭지 아니한 재량이 없고 기속 받지 않는 재량은 존재하지 아니한다."**(김남진/김연태, 232면)**는 점에서 하루바삐 무의미한 스테레오타입을 제거해야 한다.**

4. 기속행위와 재량행위의 구별

甲은 해양경찰공무원 채용시험에 응시하여 2006.3.3.에 최종 합격하였는데, 울산지방경찰청장이 甲이 시험부정행위자로서 경찰공무원임용령 제46조에 따라 5년간(2004.7.20.부터 2009.7.19.까지) 시험에 응시할 수 없다는 내용을 2005.5.4.자로 관보에 게재하였다. 이에 해양경찰청장이 2006.4.7.에 甲이 경찰공무원 채용시험 부정행위자로서 응시 결격사유가 있다는 이유로 甲에 대한 합격결정을 취소하였다. 甲은 일종의 응시자격제한처분에 해당하는 관보게재가 재량행위임을 들어 합격취소가 재량남용이라고 주장한다. 합격결정을 무효화하는 취소결정은 기

30) 판례상 자유재량행위로 판시된 행위: 지방직특별임용시험불합격처분(대법원 2008두8970판결); 군인사법상 현역복무적합여부의 판정에 기한 전역처분(대법원 2004두107판결); 공유수면점용허가(대법원 2001두151판결); 군인의 전역허가(대법원 98두12253판결); 공무원임용을 위한 면접전형에 있어서 임용신청자의 능력이나 적격성 등에 관한 판단(대법원 97누11911판결); 감정평가사시험의 합격기준 선택(대법원 96누6882판결); 자동차운송사업면허처분(대법원 91누10220판결); 자동차운송사업계획변경인가(대법원 91누2502판결). 판례상 기속재량행위로 판시된 행위: 채광계획인가(대법원 2001두151판결); 산림형질변경허가(대법원 97누19564판결); 채광계획인가(대법원 96누12269판결); 사설묘지 등의 설치허가(대법원 95추32판결); 약사법상의 허가사항 변경허가(대법원 85누674판결); 분뇨 등 관련 영업허가(서울행법 99구4371판결). 참고문헌: 김재협, 법조 제537호(2001.6.), 5면 이하.

속행위인가? 아니면 재량행위인가? (대법원 2007두18321판결)

A 시장이 마을버스 운수업자 甲에 대해 부정수급기간 동안 지급된 유가보조금 전액을 회수하는 내용의 처분을 하였다. 구 여객자동차 운수사업법 제51조 제3항에 의하면, 시장은 여객자동차 운수사업자가 거짓이나 부정한 방법으로 보조금 또는 융자금을 받은 경우 여객자동차 운수사업자에게 보조금 또는 융자금을 반환할 것을 명해야 하며, 그 여객자동차 운수사업자가 이에 따르지 아니하면 국세 또는 지방세 체납처분의 예에 따라 보조금 또는 융자금을 회수할 수 있다. 이 환수처분은 재량행위인가? 아니면 기속행위인가? (대법원 2011두3388판결)

(1) 구별의 필요성

양자의 결정적인 차이점인 행정의 자유여지의 존재 여부는 행정법도그마틱상 의미 있는 결과를 발생시킨다.

i) **행정쟁송의 측면:** 심사대상의 차이를 가져다준다. 기속행위에선 위법성이 확실하게 존재하지만, 재량행위에선 위법한 경우와 아울러 −합목적성이 결여된− 부당한 경우도 존재한다. 행정심판을 통해선 위법한 경우와 부당한 경우를 다툴 수 있는 반면 행정소송을 통해서는 위법한 경우만을 다툴 수 있으되, 합목적성에 심각하게 반한 심한 부당의 경우는 위법의 경우가 된다.

ii) **개인적 공권의 성립 측면:** 기속행위는 바로, 재량행위는 재량축소를 통해 공권이 성립되는 것으로 설명되고 있는데, 이는 타당하지 않다. 공권을 개인적 권리구제의 출발점인 원고적격에 연계하면, 공권성립 여부는 규정의 성격에 직결되지 않는다.

iii) **부관허용성의 측면:** 기속행위에서 부관의 부가에 대해 부정적인 판례와 문헌에 의하면 구별은 의미가 있겠지만, 기속행위에서도 법률요건충족적 부관의 허용성에 대해 전향적 입장을 취할 때, 구별은 여기서도 의미가 없다. 하루바삐 부관허용성에 관한 완고한 입장이 바뀌야 한다.

iv) **사법심사의 측면:** 기속행위에서는 어떤 결정이 적법한지를, 다시 말해 법령에서 요구하는 것을 법원에 의해서도 아무런 어려움 없이 확인할 수 있기에 법원은 나름의 판단에 의거하여 행정결정을 심사할 수 있다. 그러나 재량행위에서는 행정의 자유여지가 있기에 법원은 자신의 독자적 결론을 준거점으로 삼을 수 없고, 단지 재량의 한계를 넘었는지 여부에 심사의 초점을 맞출 수밖에 없다.[31]

31) 대법원 98두17593판결: 기속행위 내지 기속재량행위의 경우 그 법규에 대한 원칙적인 기속성으로 인하여 법원이 사실인정과 관련 법규의 해석·적용을 통하여 일정한 결론을 도출한 후 그 결론에 비추어 행정청이 한 판단의 적법 여부를 독자의 입장에서 판정하는 방식에 의하게 되나, 재량행위 내지 자유재량행위의 경우 행정청의 재량에 기한 공익판단의 여지를 감안하여 법원은 독자의 결론을 도출함이 없이 당해 행위에 재량권의 일탈·남용이 있는지 여부만을 심사하게 되고, 이러한 재량권의 일탈·남용 여부에 대한 심사는 사실오인, 비례·평등의 원칙 위배, 당해 행위의 목적 위반이나 동기의

한편 과거 재량행위에 대한 사법심사가 허용되지 않는 시절에는 양자의 구별이 중요하였지만, **오늘날 재량행위에 대해 사법심사가 특히 과잉금지의 원칙에 의하여 예외 없이 사법심사가 강구되기에,** -문제가 되는 부관의 허용성의 차원을 제외하고선- **양자의 구별필요성은 현저히 저하되었다.**

⑵ 구별기준의 문제

㈎ 논의의 정리: 요건재량설의 존재이유 상실

이 물음은 **재량의 소재의 물음과 결합되어 정리가 필요하다.** 요건에 재량이 존재한다고 보는 요건재량설(법규재량설)의 존치 문제이다. 이에 의하면, 행정행위의 요건에서 행정행위의 종국목적, 즉 공익개념만을 규정하면 재량이, 종국목적 외에 중간목적을 규정하고 있으면 기속행위에 해당한다고 한다. 종국목적과 그렇지 않은 목적간에 구별이 쉽지 않다는 비판 이외에, 과연 오늘날에 이것을 상론할 실익이 있는지 의문스럽다. 오늘날 문헌상으로 판단여지를 재량여지와 구별하는 입장(행위재량설(효과재량설))과 구별하지 않고 통일적 재량의 차원에서 접근하는 입장으로 대별되는 이상, 요건재량설은 설 자리가 마땅치 않고 단지 연혁적 의미만을 지닌다.

㈏ 구체적 구별기준에 관한 논의현황 및 문제점

여기서는 **해당 근거규정의 문언이나 체제에 초점을 맞추는 입장(일종의 문언기준설)과 해당 행위의 내용이나 성질에 초점을 맞추는 입장(일종의 성질설)으로 대별할 수 있다. 판례는 "당해 처분의 근거가 된 규정의 형식이나 체재 또는 문언에 따라 개별적으로 판단해야 한다."**(대법원 2007두18321판결 등)**는 기조를 취하면서도, 기본적으로는 여전히 성질설의 입장에서 침익적 행위는 기속(재량)행위로, 수익적 행위는 (자유)재량행위로 보고 있다.**[32] 다만 문언기준에 입각하여 가능규정인지, 의무규정인지 여부를 착안점으로 삼기도 하는데(대법원 2010두28748판결; 2011두3388판결(기속행위로서의 환수처분) 참조), 대법원 2007두18321판결은 근거규정(경찰공무원임용령 46조 1항)이 법규명령이어서 해당 행위(응시자격제한처분)가 기속행위라고 판시하였다.

대상행위의 성질에 의거한 판례의 논증은 법치국가원리의 차원에서 결정적인 문제가 있다. 왜냐하면 행위의 성질이 부담인지 수익인지 여부는 입법상의 근거유무를 정하

부정 유무 등을 그 판단 대상으로 한다.

32) 대표적으로 대법원 98두17593판결: 개발제한구역 내에서의 건축물의 용도변경에 대한 예외적인 허가는 그 상대방에게 수익적인 것에 틀림이 없으므로, 이는 그 법률적 성질이 재량행위 내지 자유재량행위에 속하는 것이다.

는 데 있어서 바로미터이지, 해당 행위의 성질을 논하는 데 동원될 수 없기 때문이다. 의식하진 않았지만 결과적으로 입법적 개선을 소홀히 하게 만들었고, 더 이상의 논의 전개가 바람직하지 않게도 저지되었다. 법적 판단에 가장 중요한 재량유무 여부가 어떤 확고한 기준이 아닌 법원의 개별적 판단에 궁극적으로 좌우되는 것은 법적 안정성의 차원에서도 문제가 있다. 근거규정의 법적 성질과 그에 의거한 행위의 재량성여부는 무관하다는 점에서 대법원 2007두18321판결은 너무나 수긍하기 힘들다.

법규정상 "할 수 있다."(가능규정),[33] "하여야 한다.", "해서는 아니 된다."(의무규정)는 문언에 의거하여 구별하려는 입장(문언기준설)은 그 자체로는 타당하다. 하지만 현행 법체제는 "…를 하고자 하는 자는 … 시장의 허가를 얻어야 한다."는 식으로 행정청의 권한을 간접적으로 규율하는 방식이다. 이런 **현행 법체제가 이른바 규제에서 '원칙허용, 예외금지'라는 방식으로[34] 발본적으로 바뀌지 않는 한, 문언기준설은 한계가 있으며, 단지 앞으로의 개선방향을 제시하는 데 그칠 뿐이다.** 성질설을 취하는 판례의 태도도 이런 입법상황의 산물인데, 법정외 거부사유의 인정처럼 기조 역시 일관되지 않는다.

(3) 관견(管見)-발상의 전환(재량행위의 원칙화)

(자연적 자유를 회복시키는) 기본권실현이냐 (허용되지 않는 자유를 확대하는) 기본권신장이냐에 따라, 사익보다 공공복리의 증진에 무게중심이 주어지는지 여부에 따라 손쉽게 기속행위인지 재량행위인지를 가늠할 수 있다. 하지만 행정청의 권한을 간접적으로 규율하고 있는 관헌국가적 잔흔(殘痕)을 없애지 않고서는 기속행위와 재량행위의 구별은 요령부득 그 자체이다.[35] 3극적 행정법관계에서 행위성격에 의거하여 접근하는 것도 한계가 있을 수밖에 없다. 그렇다면 **기속행위와 재량행위의 구별기준에 관해 결코 해결방안이 제시될 수 없는 지금의 상황을 발본적으로 타개하는 패러다임의 전환이 필요하다.** 즉, **명문상 의무규정이 존재하지 않는 한, 행정작용은 일반적으로 재량에 해당하는 것으로 볼 필요가 있다(재량행위의 원칙화).** 오늘날 기속행위와 재량행위의 구별 필요성이 저하되고, 행정재량론의 무게중심이 재량한계의 파트에 있으며, 현실적으로

---

33) 그런데 우리말에 '할 수 있다'는 표현은 선택가능성을 나타내기도 하지만, '…할 권한이 있다'는 식의 권한규정도 나타낸다. 권한규정은 기속행위이기에 더욱 혼란스럽다. 이런 난맥은 비단 우리만이 아니라, '권한으로서의 가능규정'을 인정하는 독일도 동일하다.

34) 이것은 국민은 모든 것을 자유롭게 할 수 있음을 전제로 법률은 금지되는 것만을 규정하는 방식이다(네거티브 규제방식). 반면 '원칙금지, 예외허용'(포지티브 규제방식)은, 일단 원칙적으로 모든 것이 금지되는 것을 전제로 예외적으로 법률이 허용하는 것만을 가능하게 한다.

35) 가령 판례는 수도권대기환경특별법상의 대기오염물질 총량관리사업장설치(변경)허가는 일종의 특허로 보아 재량행위로 보지만, 대기환경보전법상의 배출시설설치허가는 허가의 차원에서 기속행위로 보되, 공익상의 필요에 따른 거부가능성을 시인하였다(대법원 2012두22799판결).

과할 정도로 재량통제가 강하게 행해지고 있다는 점에서, 이런 발상의 전환을 강구해야 한다. 더불어 이제는 적극적으로 재량축소를 모색해야 한다.

한편 금전적인 침익적 행정행위를 "할 수 있다."는 식으로 규정하는 것(학교용지법 5조 등)은 문제가 있다. 재량에 따른 공익과의 사익의 형량과정에 부과권자의 자의가 들어갈 수 있다. 관련한 법제도의 개선이 시급하다.

(4) 보론: 부당이득징수(환수)처분의 법적 성질 문제

사회보장법제에서 환수처분의 위법성을 형량을 통해 논증하듯이(대법원 2011두31697판결 등), "징수한다."고 규정한 국민건강보험법의 부당이득의 징수규정(57조)과 관련해서 대법원 2015두39996판결 이래 판례는 특별한 근거 없이 바람직하지 않게 재량행위로 접근한다.[36] 즉, 그것을 수익적 행정행위의 취소의 차원에서 이익형량적 논증을 전개한다(본서 74면·388면). 그리고 사회복지사업법 제42조 제3항 단서에[37] 의한 보조금환수처분에 대해 발급 자체는 기속이지만 환수금액의 확정에서는 재량이 인정된다고 본다(대법원 2023두54112판결).

기속(의무)규정을 통해 입법자가 배제한 징수(환수)처분에서의 이익형량적 접근을 법원이 판례를 통해 강구하는 것은 명문에 명백히 반하여 입법자의 의사에 정면으로 반하거니와, 법원의 심사권을 법률적 근거 없이 확대한 것과 다를 바 없다. 판례의 이익형량적 접근은 아무리 판례의 법형성기능을 내세우더라도 정당화될 수 없다. 판례에 의해 징수(환수)처분에 대해 이익형량이 요구됨으로 인해 자칫 법집행에서 이익형량을 바탕으로 공평하지도 정의롭지도 않은 -예상하지 못한- 일이 생길 수도 있다. 담당자의 자의(恣意)적인 법집행이 그것이다.[38][39] 그리고 환수금액의 확정에서의 재량을 인정하는 것은 실은 환수 자체의 재량과 다르지 않아 정당하지 않다.

36) 동지: 대법원 2019두61243판결; 2020두31668, 31675판결; 2018두44838판결; 2020두36052판결; 2020두38171판결; 2021두48861판결.

37) ③ 국가나 지방자치단체는 제1항에 따라 보조금을 받은 자가 다음 각 호의 어느 하나에 해당할 때에는 이미 지급한 보조금의 전부 또는 일부의 반환을 명할 수 있다. 다만, 제1호 및 제2호의 경우에는 반환을 명하여야 한다.

38) 상론: 김중권, 행정판례연구 제26집 제1호, 2021.6.30., 3면 이하; 법조 제730호, 2018.8.28., 341면 이하.

39) 독일의 경우 가능규정과 의무(기속)규정 사이에 '당위규정(Soll-Vorschrift)'이 있다. 이는 행정청이 원칙적으론 그렇게 해야 하나, 예외적 사건, 즉 비전형적인 상황에선 그렇게 하지 않을 수 있다는 것을 의미한다. 우리는 표현에서 의무규정과 당위규정이 구별되지 않지만, 국민건강보험법의 부당이득징수규정을 당위규정으로 접근할 필요가 있다.

5. 재량행사와 재량의 하자

출입국관리법령은 5천만 원 이상의 '국세·관세 또는 지방세를 정당한 사유 없이 그 납부기한까지 내지 아니한 사람'에 대하여는 기간을 정하여 출국을 금지할 수 있다고 규정하고 있다. 국세청장이 6억의 국세 체납을 이유로 법무부장관에게 甲의 출국금지를 요청함에 따라 법무부장관은 甲에 대하여 6개월간의 출국금지처분을 하였다. 국세징수법령에 따르면 출국금지 요청 대상자는 '체납처분을 회피할 우려가 있다고 인정된 자'이어야 한다. 甲은 자신은 체납처분을 회피할 목적으로 재산을 은닉한 혐의를 받거나 국외에서 재산이 발견되거나 국외로 자금을 송금한 사실도 없음에도 불구하고 재산을 해외로 도피할 우려가 있는지 여부 등을 확인하지 않은 채 단순히 일정 금액 이상의 조세를 미납하였다는 사유만으로 출국금지처분을 한 것은 위법한 재량행사라고 주장한다. 이 주장은 판례상으로 주효하는가? (대법원 2012두18363판결)

S교회가 A구 소유의 국지도로인 참나리길 지하에 자신들의 예배당 지하주차장 진입통로를 건설하고 지하공간에 건축되는 예배당 시설부지의 일부로 사용할 목적으로, 구청장에게 참나리길 지하 부분에 대한 도로점용허가를 신청하여 도로점용허가를 받았다. 이에 A구 주민들이 도로점용허가의 취소를 내용으로 한 주민소송을 제기하면서, 이 사건 예배당 등은 도로점용허가의 대상인 '지하실'의 개념에 포함되지 아니하고 이 사건 도로점용허가로 인하여 추후 새로운 공공매설물 매장이 불가능하고 위 도로점용허가는 오로지 사적인 용도의 시설을 확보하기 위한 것이므로 현저하게 공익에 반하는 것이어서 비례원칙에 위반되며 정교분리원칙과 평등원칙에 위반된다고 주장한다. 이런 주장은 주효하는가? (대법원 2018두104판결)

(1) 재량행사의 과정

재량행사에서 행정청은 먼저 재량수권이 어떠한 목적을 추구하는지와 어떠한 관점이 규준이 되는지를 탐문해야 하고, 그 다음에 이런 측면에서 구체적 사안을 판단하고 그에 따라서 결정을 내려야 한다. 이때 합목적성과 형평에 관한 고려도 포함될 수 있다. 관련 이익을 성실하게 형량을 하였는지가 관건이다. 재량의 핵심은 법적 규준에 의거하여 관련 이익을 합사실적으로(실체에 맞게) 즉, 정당하게 형량하는 것이다(합사실적 형량의 원칙: Gebot des sachgerechten Abwägens). 행정기본법은 이 원칙을 '재량행사의 기준'의 이름으로 명문화하였다: 행정청은 재량이 있는 처분을 할 때에는 관련 이익을 정당하게 형량하여야 하며, 그 재량권의 범위를 넘어서는 아니 된다(21조).

수권목적에 맞춰 재량을 행사해야 하고 재량의 법률적 한계를 지켜야 한다는 점에서, 재량은 '의무에 합당한 재량'이나 더 좋은 말로 '법적으로 구속된 재량'이라 하겠다. 민주적 법치국가에서는 '법으로부터 자유로운 재량'이란 결코 존재하지 않는다. 이 점에서 "행정청의 재량에 속하는 처분이라도 재량권의 한계를 넘거나 그 남용이 있는 때에는

법원은 이를 취소할 수 있다."는 규정(행정소송법 27조)은 당연한 것을 확인한 셈이다.[40)]

재량에서의 관련 이익의 형량의 모습은 대개 행정이 지향하는 공익과 시민이 주장하는 사익 사이의 형량이다. 그런데 계획결정과 같이 복잡한 사안에서는 형량 역시 다차원적으로 전개된다. 즉, 공익과 사익 사이에서는 물론, 공익 상호간 및 사익 상호간에도 정당하게 비교교량해야 한다(형량명령의 법리)(대법원 2003두5426판결). 형량명령은 재량에서의 이익형량의 요청을 계획법적으로 특징지운 것이다. 이런 기조는 허용요건을 상세히 규정하지 않아 포괄적인 재량이 인정될 수 있고, 여러 이해관계자의 이익이 충돌하는 경우에도[41)] 그대로 견지된다.

(2) 재량하자(위법한 재량행사)의 의의

기속행위에서는 법령에서의 요구에 반하면 곧바로 위법이 성립하지만, 재량행위에서는 재량을 잘못 행사하였더라도 그 자체로 위법이 되지는 않는다. 단순한 합목적성이 결여된 부당한 경우에 그칠 수도 있다. 재량에 대한 이상의 법적 구속을 지키지 않았을 때, 행정은 '재량하자 있게' 따라서 위법하게 활동한 것이 된다. 이처럼 재량을 그르쳐, 즉 잘못 행사하여 위법이 되는 모든 경우가 재량의 한계를 넘어선 경우이다. 재량에 대한 사법심사를 긍정하는 이상, 재량의 한계에 따른 논증은 당연하다.[42)]

여기서 유의할 점은 재량적 행정행위에 대한 사법심사에서 왜 법원이 행정행위 자체의 위법성을 검토하지 않고, 재량행사상의 하자에 초점을 맞추는가이다. 권력분립주의에 따라 법원은 기속행위의 경우와는 달리 내용적으로 무엇이 적법한 행정행위인지를 확정할 수가 없다. 법원은 재량하자의 존재 여부로 재량적 행정행위의 위법 여부를 판단할 수밖에 없다.

(3) 재량하자(위법한 재량행사)의 구체적 모습(유형)

일반적으로 재량하자의 경우는 다음과 같이 3가지로 나뉜다.

i) 재량의 불행사(재량의 해태): 이는 행정청이 부여된 재량을 전혀 행사하지 않은 것을 말한다. 가령 행정당국이 업무태만이거나 그 자신이 일정한 활동을 할 의무 또는 하지 않을 의무가 있다고 착각한 경우이다. 이런 사실은 처분의 이유제시를 통해 나타난다. 재량준칙이 커버하지 못하는 이형적인 사례에 해당함에도 불구하고 만연

40) Voßkuhle, JuS 2008, 117(118).
41) 토지보상법상의 사업인정결정의 경우(대법원 2009두1051판결)와 지방자치법상의 매립지관할 지방자치단체의 결정(대법원 2010추73판결; 2015추528판결).
42) 다만 여기서의 '재량권의 한계'는 재량권의 외적 한계라는 좁은 의미이다.

하게 재량준칙을 적용하는 경우도 이에 해당한다. 판례는 재량하자의 모습을 재량의 일탈과 남용만을 제시하여 재량하자로서의 재량해태가 부각되지 않았지만, 최근 비록 명시적으로 표현은 하지 않았지만, 재량해태의 존재가 시사되곤 한다. 즉, 재산을 해외로 도피할 우려가 있는지 여부 등을 확인하지 않은 채 단순히 일정 금액 이상의 조세를 미납하였고 그 미납에 정당한 사유가 없다는 사유만으로 바로 출국금지 처분을 하는 것은 헌법상의 기본권 보장 원리 및 과잉금지의 원칙에 비추어 허용되지 않는다고 보며(대법원 2012두18363판결), 건설업 등록기준에 미달하는 건설업자 등에 대한 영업정지기간의 감경에 관한 참작 사유가 존재함에도 이를 전혀 고려하지 않거나 그 사유에 해당하지 않는다고 오인하여 영업정지기간을 감경하지 않은 경우, 그 영업정지처분은 재량권을 일탈·남용한 위법한 처분이라 판시하였다(대법원 2012두18660판결).[43] 하루바삐 재량해태의 존재가 분명해지면서 바른 재량행사가 강조될 필요가 있다.

ii) **재량일탈**(재량유월): 이는 재량의 외적 한계를 넘어선 것을 말한다. −가령 법률이 예정한 기준을 넘어서 제재처분을 한 경우처럼− 행정청이 재량규정의 범주에 속하지 않는 법효과를 택한 경우가 그것이다. 또한 −징계사유가 없음에도 있다고 착각하여 징계처분을 한 경우처럼− 재량결정을 허용한 성립요건적 요소가 존재한다고 착각하여 나선 경우도 이에 해당한다.

iii) **재량남용**: 이는 재량의 내적 한계를 넘어선 것을 말한다. 행정청이 법률상의 목표설정을 고려하지 않은 경우, 비교형량의 고려대상에 마땅히 포함시켜야 할 사항을 누락하여 재량행사를 위한 규준을 충분히 고려하지 않은 경우 및 비교형량을 하였으나 정당성·객관성이 결여된 경우가 그것이다(대법원 2020두34384판결 참조). 본질과 전혀 무관한 사항 가령 개인적 동기나 정치적 고찰의 경우, 법률상으로 그것이 요구되지 않는 한, 그것을 염두에 두고서 결정을 내리면, 재량남용이 된다.

또한 **기본권과 일반적 법원칙(특히 비례원칙이나 평등원칙 등)은 재량의 객관적 한계로서 재량고려에서도 준수되어야 하므로, 이들에 대한 위반가능성을 간과하면 당연히 재량하자가 인정된다.**[44] 가령 위반건축물에 대한 일부 철거명령은 건축주가 입게 될 불이익과 건축행정이나 도시계획행정상의 공익, 제3자의 이익, 건축법이나 도시계획법 위반의 정도를 비교·교량하여 건축주의 이익을 희생시켜도 부득이하다고 인정되는 경우라야 한다(대법원 2001두1512판결). 한편 대법원 2018두104판결은 공물의 사실상 영구적·전속적

43) 동지: 대법원 2014두45956판결; 2019두52980판결. 비슷한 독일의 예로, 교회의 인근에 사는 사람이 경찰에게 “이른 아침에 고요를 깨는” 종소리에 대해 개입해 줄 것을 요청하였는데, 경찰은 자신이 교회에 대해 하명할 권능이 없다고 착각하여 아무런 조치를 취하지 않았던 경우가 재량해태에 해당한다.
44) Siegel, Allg. VerwR, 14.Aufl., 2022, §8 Rn.216.

사용을 용인한 도로점용허가와 관련해서 비례원칙과 형평의 원칙을 엄격하게 적용하여 위법이라 판시하였다.[45] 대법원 2021두47974판결은 관할청이 보조금을 전부 반환해야 보조금법 제35조 제3항의 중요재산 처분 승인이 가능하다는 사유로 거부처분을 한 것에 대해, 비례의 원칙에 위배되거나 이익형량에 정당성과 객관성이 결여되어 재량권을 일탈·남용한 것으로 보았다.

6. 재량축소

정당이 도로에서 일정한 보조시설(게시판, 현수막 등)을 설치하고서 행하는 정치적 선전행위는 —허가가 필요한— 도로의 특별사용에 속하고, 원칙적으로 그 허가는 재량이다. 독일 연방행정법원은 선거기간중의 그것에 대해서는 취급을 달리하고 있다. 독일 A 정당이 지방선거에 총 680군데의 현수막설치장소를 신청했는데, 행정청은 이를 거부하고 140군데만을 허용하였다. 하급심은 제공된 설치장소 전체가 5,800군데인 점에 비추어 충분한 선거운동이 불가능할 정도로 적게 A 정당에게 할당하였음을 이유로 거부처분이 위법이라 판시하였다. 연방행정법원도 민주국가를 위한 선거의 중요성과 선거를 위한 정당의 중요성을 들어, 정당의 현수막설치에 관한 허가결정상의 행정재량은 통상 정당에게 허가청구권이 성립할 정도로 현저히 제한된다고 판시하였다. (BVerwGE 47, 280ff.)

(1) 재량축소의 의의

행정청의 부작위(不作爲)와 관련하여 행정개입청구권과 국가배상을 검토하면서 논의되고 있는 '재량축소'의 법리는 우리나라에 도입된 지 오래되었다.[46] 하지만 그것의 본질 · 요건 · 효과 등에 관해서 만족스럽게 다루고 있지 않다.[47] 재량이 효과선택을 자유를 인정한 것인 점에서 **'재량축소'란 추상적으로 있음직한 법효과를 제한 · 한정하는 것**을 의미한다. 그리고 **재량의 영으로의 축소(수축)'란, 추상적으로 있음직한 법효과가 최대한 제한되어 재량여지가 완전히 축소되는 것을 상징적으로 나타낸 것이다.**[48] 여기서는

45) 논거: ⅰ) 지하의 점유는 원상회복이 쉽지 않을 뿐 아니라 유지 · 관리 · 안전에 상당한 위험과 책임이 수반된다는 점, ⅱ) 이러한 형태의 점용을 허가하여 줄 경우 향후 유사한 내용의 도로점용허가신청을 거부하기 어려워져 도로의 지하 부분이 무분별하게 사용되어 공중안전에 대한 위해가 발생할 우려가 있는 점, ⅲ) 이 사건 도로 지하 부분이 교회 건물의 일부로 사실상 영구적 · 전속적으로 사용되게 됨으로써 도로 주변의 상황 변화에 탄력적 · 능동적으로 대처할 수 없게 된다는 점.

46) 문헌에서는 ⅰ) 사람의 생명, 신체 및 재산 등에 중대하고 급박한 위험이 존재하고, ⅱ) 그러한 위험이 행정권의 발동에 의해 제거될 수 있는 것으로 판단되며, ⅲ) 피해자의 개인적인 노력으로는 권익침해의 방지가 충분하게 이루어질 수 없다고 인정되는 경우에 재량의 영으로의 축소가 일어난다고 기술한다.

47) 참고문헌: 김중권, 행정법기본연구 I, 212면 이하; 서정범, 안암법학 제2집(1994); 김춘환, 이명구 교수 화갑기념논문집(1996); 박효근, 법과 정책연구 제25호(2012.3.).

재량규범상의 하나의 법효과만이 절대적으로 적법하게 되어 재량규범이 부여한 선택자유가 배제되어 버린다. 즉, 구체적인 경우에서 실체적인 다른 가능수단이 없음을 나타낸 것이다. 따라서 행정이 자기책임을 모면하기 위해 주장할만한 결정대안이 없다는 것이 명백해야 한다.[49]

결정자유는 물론 선택자유까지 배제되는 상황만이 '재량의 영으로의 축소'라 말할 수 있고, 결정자유가 배제되나 선택자유는 여전히 인정되는 경우에는 '재량의 영으로의 축소'에는 미치지 못하고 단지 재량축소에 그친다. 양자는 단계적 관계에 있다. 물론 －법령상 A or $\overline{A}$만이 예정되는 경우처럼－ 선택재량의 가능성이 처음부터 부인되는 경우에는 재량축소가 곧 재량의 영으로의 축소이다.

⑵ 재량축소의 근거

본래 재량축소는 독일에서 위험방지의 차원에서 생명이나 신체와 같은 중요한 법익에 대한 절박하고 중대한 위험이 존재할 때 인정되었다.[50] 재량축소의 근거로는 결과제거부담, 국가의 기본권적 보호의무, 기본권(혼인과 가족보호, 표현의 자유, 집회의 자유 등), 행정의 자기구속 등이 제시된다.[51] 독일 연방행정법원은 외국인이 추방될 국가에서 극도의 개인적 위험상황에 처한다고 할 경우에는 난민절차의 재개결정상의 재량은 통상 영으로 축소된다고 판시하였다.[52]

⑶ 재량축소의 인정에 따른 권리보호적 차원의 결과

재량축소는 부작위에 의한 국가배상책임의 인정에 이바지하는데,[53] **재량축소와 재량의 영으로의 축소는 쟁송법적 차원에서 다른 결과를 빚는다.** 독일의 예를 보자면, 재량의 영으로의 축소의 경우에는 의무이행판결이 행해질 수 있는 데 대해서, 재량의 영으로의 축소에 이르지 못한 재량축소의 경우에는 재결정판결(지령판결)만이 행해질 수 있다.[54] 그리하여 재량의 영으로의 축소에 상응한 것이 행정개입청구권이나 행정행위발

48) Di Fabio, VerwArch 86(1995), S.232.
49) BVerwGE 46, 89(93).
50) 유의할 점은 사실 개괄적 수권조항에 의거하여 경찰권을 발동하면 경찰편의주의에 의해서 선택재량은 당연히 그리고 여전히 인정되기에, 이론적으로 보면 결코 재량의 영으로의 축소의 상황은 생길 수가 없다.
51) 독일에서 논의된 사례에 관해서는 김중권, 행정법기본연구 I, 228면 이하 참조.
52) BVerwG NVwZ 2005, 462ff.
53) 물론 법원은 재량축소론적 접근이 아닌 다른 접근(합리성차원의 접근 및 양자절충적 접근)을 강구하기도 한다(본서 949면 이하).
54) 독일 행정법원법 제113조 제5항 2문이 의무이행소송에서 사건성숙성이 충족되지 않으면 법원은 행정청에 대해 법원의 견해를 존중하여 결정을 내릴 의무가 있다고 판시하도록 규정한 데 따른 것이다.

급청구권이고, 재량축소에 상응한 것이 행정개입이나 행정행위발급에 관한 무하자재량행사청구권이다(본서 194면 이하). 의무이행소송이 도입되지 않은 입법상황에서는 선택재량이 인정되는 경우에는 소송상으로 재량의 영으로의 축소의 상황은 실현될 수 없고, 단지 재량축소의 상황만이 실현될 수 있다(후술). 유의할 점은, 재량축소의 인정에 따라 개입의무가 성립하더라도, 재량결정이 기속결정으로 되지는 않는다(본서 660면).[55]

(4) 대법원 1971.4.6. 선고 71다124판결의 검토

대부분의 문헌에서 김신조 일당과 관련하여 공무원의 부작위에 대한 국가배상책임을 인정한 판례(대법원 71다124판결)에 대해 재량축소론이 인정된 것으로 본다. 하지만 법원은 오히려 공무원의 부작위의 문제를 주로 인과관계의 관점에서 접근하였다. 오히려 위험이 예견되는 자연암벽을 사전에 제거해야 할 의무의 성립을 전제로 부작위에 의한 국가배상책임을 인정한 대법원 79다2341판결이 재량축소론적 접근을 한 것(재량축소론을 인정한 것은 아님)으로 봄직하다. 대법원 98다18520판결을 비롯한 일련의 판례 역시 그런 접근을 하였다(본서 949면 이하). 그런데 유의할 점은, 부작위에 대한 국가배상책임을 인정함에 있어서는 굳이 재량의 영으로의 축소의 단계까지 가지 않더라도 결정재량이 배제되는 재량축소의 단계에 그쳐도 충분하다.

Ⅳ. 결합규정의 문제[56]

1. 결합규정의 의의

행위성립요건의 측면에서는 불확정법개념을, 법률효과의 측면에서는 재량수권을 담고 있는 결합규정(Koppelungsvorschriften)의 법적 취급이 문제된다. 현실적으로 행정의 자유와 구속이 다투어지는 문제상황은 대개 결합규정에서 비롯된다. **결합규정의 존재를 상정하지 않은 채 판례의 태도나 경향을 진단하는 것은 바람직하지 않거니와, 바른 논증의 방향을 제시하지도 못한다.**

결합규정 그 자체는 재량과 불확정법개념간의 차이점을 폐기하는 특별한 존재가

55) Schoch/Schneider, Verwaltungrecht, 2022., Bd. VwGO §114 Rn.43.
56) 상론: 김중권, 행정법기본연구 Ⅰ, 218면 이하; 홍정선, 행정법원론(상), 2024, 367면 이하; 정남철, 140면 참조.

아니다. 따라서 불확정법개념 및 재량에 관한 나름의 논의를 당해 결합규정의 요건·효과에 제각기 적용해야 한다고 본다(분리접근의 원칙). 그러나 －가령 공익, 공공복리와 관련한 개념마냥－ 결합규정의 행위성립요건에 사용된 불확정법개념이 결정을 내리기 위해 생각할 수 있는 모든 실체적 사유를 흡수할 정도로 포괄적이라면(이를테면 특별한 결합규정), 분리하여 접근하기란 어렵다. 사실상 행위성립요건의 해당성 여부를 검토하면서 재량행사시에 고려할 사항까지도 포함시켜 행하는 셈이 된다.

2. 결합규정에 대한 대처방법

분리접근의 원칙에도 불구하고, 이상의 결합(융합)규정에 대해서는 상반된 2가지 방법으로 대처할 수 있다. i) 재량소멸의 방법: 불확정법개념을 적용할 때 재량행사시에 요구되는 관점까지 전부 고려하였기 때문에, 만약 행위성립요건이 충족되면 재량행사를 위한 고려를 새삼 할 필요 없이 곧바로 허용된 결정을 내린다. 재량행사단계에서 이익형량이 사실상 생략되는 점이 특징이다. ii) 재량으로의 흡수방법: 모든 실체적 기준을 담은 행위성립요건상의 개념을 불확정법개념이 아니라 재량행사의 방향을 제시하는 재량지침으로 이해함으로써, 불확정법개념이 재량에 흡수되어버린다.

재량소멸(Ermessensschwund)의 경우는 행정대집행법 제2조에 따른 대집행행사에서 찾을 수 있다. 즉, 「불이행을 방치함이 심히 공익을 해할 것으로 인정될 것」과 관련해서는 불확정법개념의 적용에 따른 판단여지의 존부가 문제되지만, －다른 요건의 충족을 전제로－ 그에 해당한다고 판단되면, 대집행행사에서 요구되는 이익형량은 무의미하며, 대집행하는 것만이 적법한 재량행사가 된다.[57] 또한 재량으로의 흡수방법(Ermessenssog)은 전술한 대법원 2009두19960판결 등 일련의 판례가 보여준다.[58]

---

57) 대북전단 살포를 이유로 한 법인설립허가취소 건에서 대법원 2023두30833판결이 행한 논증 역시 그러하다고 할 수 있다.

58) 대법원 2009두19960판결: 국토계획법 제56조 제1항 제2호의 규정에 의한 토지의 형질변경허가는 그 금지요건이 불확정개념으로 규정되어 있어 그 금지요건에 해당하는지 여부를 판단함에 있어서 행정청에게 재량권이 부여되어 있다고 할 것이므로, 국토계획법에 의하여 지정된 도시지역 안에서 토지의 형질변경행위를 수반하는 건축허가는 결국 재량행위에 속한다.

Ⅴ. (판단여지 및 재량여지를 갖는) 행정결정에 대한 통제

1. 통제의 기본방향

현대사회의 복잡성으로 법률 역시 불확정법개념과 개괄조항 등을 사용할 수밖에 없으며, 재량행사 역시 일반화된다. 행정의 법률적합성의 원칙을 내세워 행정을 전면적으로 구속하려 하지 않는 한, 현대행정에서 행정이 나름의 판단과 결정의 자유를 갖는 것은 지극히 자연스럽거니와 당연히 요구된다. 비록 이런 행정결정에 대한 제도적 통제가 불가피하며 법치국가원리에서 필수적이긴 하나, 현대행정의 특수성이 반영되어 그에 상응한 통제메커니즘이 운용되어야 한다. 다만 **자유를 무색하게 만들 정도로 통제가 지나쳐서 행정이 의회와 사법부 사이에 꼼짝달싹하지 못하는 꽉 끼인 존재가 되어서는 곤란하다.** 그리고 **오늘날의 글로벌체제와 거버넌스 체제에선 전통적인 국가권력에 의한 통제에 못지않게 중요한 것이 비국가권력에 의한 통제이다.** 초국가적 주체, 사적 주체, -私와 국가간의- 하이브리드주체에 의한 통제가 그것이며, 새로운 행정법학의 핵심주제이다.[59] 여기서는 전통적인 내용만을 기술한다.

2. 의회에 의한 통제

의회는 한편으론 법률의 제·개정을 통해, 다른 한편으론 대정부견제를 통해 행정결정에 대해 영향을 미칠 수 있다. 전자의 법규적 통제는 법률 자체에서 판단여지나 재량여지를 제한하거나 없애는 방식으로 행하고, 후자의 정치적 통제는 의회가 갖는 권한 -국정에 관한 감사·조사권(헌법 61조), 국무위원, 정부위원 등에 대한 출석·답변요구(헌법 62조), 해임건의(헌법 63조) 등- 을 행사하는 방식으로 행한다.

3. 행정부에 의한 통제

i) 직무감독: 상급행정청은 하급행정청의 권한행사에 관해 지휘, 감독할 수 있기에 이 직무감독권의 일환으로 행정결정에 영향을 미칠 수 있다. 그 일환으로 감시권,

59) 김남진, 학술원통신 제294호, 2018.1.; Kahl, in: Voßkuhle/Eifert/Möllers(Hrsg.), GVwR Ⅱ, 3.Aufl., §45.

훈령권, 승인권, 취소·정지권 등을 행사할 수 있다. 직무감독은 특히 행정결정의 합목적성을 통제하는 데 매우 효과적이다. 감사원의 감사 역시 동일한 기능을 한다.

ii) **행정절차**: 일반법인 행정절차법에서 요구하는 행정결정의 사전적 절차 ―처리기간의 설정·공표, 처분의 사전통지, 의견청취, 처분의 이유제시 등― 역시 나름의 통제기능을 한다. 특히 동법 제20조상의 처분기준의 설정·공표는 특히 재량행사의 기준을 가늠하게 하는 의의를 갖는다(본서 614면).

iii) **행정심판**: 행정소송을 위한 전심절차의 차원이 아니라, 일종의 사후적 행정절차로서 기능하는 행정심판을 통해서도 행정결정은 영향을 받는다. 특히 행정소송과는 달리 합목적성에 대한 통제가 가능하기에, 재량행위에 대한 가장 효과적인 통제기능을 수행할 수 있다.

4. 사법부에 의한 통제

(1) 사법심사의 강도

재량여지를 포함한 행정결정 전반에 대해 사법심사가 가능하고 허용되기에, 오늘날엔 그 심사의 정도가 문제될 뿐이다. 법원은 부단히 새롭게 제기되는 매우 전문적이고 복합적이며 심각하게 이해가 상충하는 법적 물음에 답해야 하기에 사법심사의 강도는 논란이 된다. 판례는 (판단여지를 포함한) 재량행위에 대한 사법심사에 있어서 추체험적 심사의 기조를 견지한다(대법원 2009두19960판결; 2004두6181판결 등).[60] 그리고 비록 판단여지를 독립되게 설정하지 않고, 종종 ―의문스러운― 자유재량적 인식에 의거하지만, 판례는 행정청이 관계 법령이 정하는 바에 따라 내린 전문적·기술적 판단을 특별히 다른 사정이 없는 한 최대한 존중한다(대법원 99두264판결 등). 특히 장래에 발생할 불확실한 상황과 파급효과에 대한 예측이 필요한 요건에 관한 행정청의 재량적 판단의 경우에 그러하다.[61] 한편 자칫 ―특히 과잉금지의 원칙을 매개로 하여― 재량에 대해 강한 사법심사가 강구되면 법원의

60) 대법원 2004두6181판결: 행정행위를 기속행위와 재량행위로 구분하는 경우 양자에 대한 사법심사는, 전자의 경우 그 법규에 대한 원칙적인 기속성으로 인하여 법원이 사실인정과 관련 법규의 해석·적용을 통하여 일정한 결론을 도출한 후 그 결론에 비추어 행정청이 한 판단의 적법 여부를 독자의 입장에서 판정하는 방식에 의하게 되나, 후자의 경우 행정청의 재량에 기한 공익판단의 여지를 감안하여 법원은 독자의 결론을 도출함이 없이 당해 행위에 재량권의 일탈·남용이 있는지 여부만을 심사하게 되고, 이러한 재량권의 일탈·남용 여부에 대한 심사는 사실오인, 비례·평등의 원칙 위배 등을 그 판단 대상으로 한다.

61) 이 재량적 판단은, 그 내용이 현저히 합리성을 결여하였다거나 상반되는 이익이나 가치를 대비해 볼 때 형평이나 비례의 원칙에 뚜렷하게 배치되는 등의 사정이 없는 한 존중해야 한다(대법원 2022두40376판결; 동지: 대법원 2016두55490; 2019두53389판결).

추체험적 심사의 틀이 붕괴될 우려도 있다. 따라서 법원은 지나친 사법적극주의를 스스로 경계해야 한다.

(2) 현행 사법통제의 미비점

그런데 다른 한편 -위법한 재량행위의 취소와 같은- 진압적 성격의 통제와는 달리, -부작위나 거부에 대한 것처럼- 예방적 성격의 통제에서는 현행 사법통제가 그다지 주효하지 않는 경우가 종종 있다. 가령 판례가 -가령 건축법 제79조와 같은- 개입수권이 인근주민을 위해 동원될 수 없다고 함으로써(대법원 97누17568판결), 제3자에 대한 행정개입과 관련해서는 법적 공백의 상황이 빚어지고 있다(본서 197면 이하). 행정절차의 재개나 행정행위의 재심사의 경우에도 판례가 신청권의 인정에 소극적이어서(대법원 2005두11104판결 등) 국민의 권리보호가 저해되고 있다(본서 399면 이하).

(3) 헌법소원심판에 의한 사법통제

헌법재판소에 의한 헌법소원심판 역시 행정결정에 대한 효과적인 통제의 역할을 수행하는데, 여기서는 헌법소원의 보충성의 원칙이 행정소송에 대한 경계선이 된다.

Ⅵ. 특히 리스크결정의 문제

A시 지역에 코로나19 확진자 수가 2020.8.27.경까지의 누적 확진자가 345명에 이르렀고, 특히 2020.8.26., 8. 27. 이틀간 합계 56명의 확진자가 발생하였는데, 그중 30명이 특정 교회에서 발생하였다. 이에 A 시장은 2020.8.27.에 감염병예방법 제49조 제1항 제2호에 근거하여 2020.8.27. 12:00부터 9.10. 12:00까지 '관내 종교시설에 대한 집합금지' 등을 명하는 예방조치를 하였다. 이에 대해 A시에 있는 교회 대표 목사 甲 등은 비례의 원칙, 평등의 원칙 등을 위반하여 종교의 자유를 침해한다고 주장하면서, 취소소송을 제기하였다. 예방조치의 특징은 무엇인가? 甲의 주장은 주효하는가? (대법원 2022두43528전합판결)

1. 리스크행정법의 의의

예방과 사전대비를 표제어로 내세우는 리스크행정법의 특징은 그때그때의 안전상의 중요점을 특별하게 확장함에 있다. 리스크사회(Risikogesellschaft)에서[62] 국가는 손해의 발생이 개연성 있게 뚜렷이 나타날 때, 즉 위험의 발생까지 기다려서는 아니 되고, 오히려 혐의(의혹)가 있으면 즉, 인식가능한 법익침해 발생의 전단계에서 일정한 조치를 취해야 한다. 감시적 법률관계에서 국가개입의 경계선이 현저히 낮춰지는 것이다. 위험(dange; Gefahr)은 침해자(경찰책임자)에게 귀속될 수 있는, 법익침해의 충분한 개연성(probability)을 전제로 하는 반면, 리스크(risk; Risiko)는 발생가능성의 불확실성에 바탕을 둔다. 가능성(possibility) 기준에 의해 비로소 리스크개념은 위험개념으로부터 해방되고 고유한 특질을 얻는다.[63] 비록 리스크 용어 자체가 독일의 경우 실정법(약사법 등)상으로 사용되는 것과는 달리 우리는 그 자체가 매우 생소하지만, 위험의 발생에 비견되는 '우려' 개념과 대비되게 사용되는 '염려' 개념에 견줘 그것을 자리매김할 수 있다.[64]

2. 감염병예방법의 의의 및 예방조치의 성격

감염병예방법이 '위험'에 상응하는 '우려'란 개념을 사용하긴 하나, '감염병의심자' 역시 수범자로 규정하고 있으며(제2조 제15호의2), 감염병의 예방조치를 명문화하고 있기에(제49조), 동법을 전통적인 위험방지(경찰)법의 차원에서 접근하는 것은 동법의 전체 메커니즘에 부합하지 않는다. 감염병예방법은 감염의 최악의 상황인 팬데믹에 따른 리스크, 즉 팬데믹 리스크(Pandemierisiken)에 대한 사전예방인 리스크사전배려까지 추구하는 점에서 위험방지법을 넘어 리스크행정법에 해당한다. 그리고 감염병예방법 제49조 제1항의 예방조치는 전통적인 위험방지의 조치와 비교해 리스크결정으로서의 특징을 지닌다.[65] 그리고 그것은 불특정 다수를 상대로 구체적 내용을 담은 점에서 일

62) U. Beck, Die Risikogesellschaft:Auf dem Weg in eine andere Moderne, 1986; N. Luhmann, Soziologie des Risikos, 1991.

63) 그리하여 리스크가 위험을 포괄하는 상위개념으로 설정된다:. 일반적인 위험방지법상의 모든 위험은 동시에 리스크이지만, 모든 리스크가 위험은 아니다(Murswiek,, Die staatliche Verantwortung für die Risiken der Technik, 1985, S.83).

64) 가령 식품위생법 제4조 제2호에 의해 '유독·유해물질이 들어 있거나 묻어 있는 것 또는 그 염려가 있는 것(다만, 인체의 건강을 해할 우려가 없다고 식품의약품안전청장이 인정하는 것은 예외로 한다)'이 금지대상이 되는데, 여기서 '염려'에 대한 접근은 리스크적 이해를 전제로 한다. 참고문헌: 김중권, 리스크행정법으로서의 약사법의 의의에 관한 소고, 중앙법학 제7권 제1호, 2005.2.28; 이기춘, 법학논고 제62집, 2018.

65) 리스크결정의 징표는 다음과 같다: i) 위험방지의 임무가 앞당겨지고 있다(개연성문턱의 낮춤). ii) 국가의 결정이 내부나 외부의 학술전문가의 도움에서만 내려질 수 있다. iii) 결정과 결정근거의 명료성이 없다. iv) 평가·비교에 의거하여 국가의 조치가 나오거나 평가·비교하는 효능과 리스크의 분석이 법률적으로 요구되고 있다. v) 개별적 행위(혹은 부작위)와 가능한 훼손에 관한 인과적 귀속가능성이 개입요건에 반드시 들어 있지는 않다. Di Fabio, Risikoentscheidungen im Rechtsstaat, 1994,

반처분이며(본서 225면 이하), 위험발생의 개연성 판단이 아니라 리스크발생의 가능성 판단에 기초한 점에서 잠정적 행정행위이다(본서 258면 이하).[66]

3. 예방조치와 비례원칙

예방조치는 가령 집합금지명령의 경우 직접적인 수범자에 대해 비단 일반적인 행동의 자유만이 아니라. 영업의 자유, 학문의 자유, 집회시위의 자유 등 거의 모든 기본권을 제약하는 효과를 발생한다. 국민의 생명과 건강에 대한 위험이 크면 클수록, 기본권의 제한은 더욱더 포괄적이고 강력하다. 예방조치가 생명과 건강과 같은 중대한 법익을 보호하기 위함이지만, 그것이 중대한 기본권제한(개입)의 효과를 동반하기에, 이를 둘러싼 문제는 기본권의 충돌의 상황이다. 생명과 건강과 같은 중대한 법익이 헌법상 최고의 법익이 아닌 이상, 예방조치로 인해 제한되는 제 기본권과의 실제적 조화가 관건이고, 기본권보장과 관련한 자유와 안전의 균형이 강구되어야 한다.

자유와 기본권에 대한 포괄적이고 망라적인 제한(개입)에 대응하는 유일한 실체법적 보호가 과잉금지의 원칙으로서의 비례원칙인데, 봉쇄와 같은 예방조치에서 적합성 및 필요성의 원칙은 유효하게 주효하지 않고, 협의의 비례원칙(상당성의 원칙)에 의한 심사가 중요하다.[67] 자유제한의 상당성은 적합성 및 필요성의 원칙마냥 예방조치가 추구하는 구체적인 공공복리와 관련해서 판단된다. 생명과 건강을 헌법상 최고의 법익으로 보고서 제한되는 자유를 당연히 후위에 놓는 식으로 상당성의 심사가 추상적인 법익형량으로 끝나서는 아니 된다. 비례성(상당성)의 심사에서 중요한 것은 추상적 목표(여기서는 생명과 건강의 보호)와 해당 자유의 제한과의 형량이 아니라, 이런 목표를 실현하기 위한 자유제한적 조치가 제공하는 구체적인 기여와 해당 자유의 제한과의 형량이다. 초기 사망률이 그리 높지 않았다면, 봉쇄와 같은 감염대처는 용인되

S.113f.

66) 코로나 팬데믹의 조치로 인한 영업손실의 문제는 본서 1015면 참조.

67) 대법원 2022두43528전합판결(다수의견)은 광의의 비례원칙에 입각하여 예방조치가 적법하며(① 행정목적을 달성하기 위한 유효·적절한 수단인 점, 당시 지역 내 주민 등의 생명과 건강을 보호하기 위한 목적을 달성하는 데 위 처분보다 덜 침해적이지만 동일하게 효과적인 수단이 있었다고 보기 어려운 점, 위 처분으로 인한 종교의 자유 제한의 효과가 일시적이고 한시적으로 적용되는 점과 과학적 불확실성이 높고 질병과 관련한 환경이 빠르게 변화하는 팬데믹 상황의 특수성을 고려할 때, 위 처분으로 제한되는 을 교회 등의 종교의 자유가 이를 통하여 달성하고자 하는 공익보다 중하다고 보기 어려운 점), 평등원칙에 반하지 않는다(② 피고가 각종 시설들을 분류하여 예방조치를 명한 기준 설정의 합리성이 인정되고, 피고의 판단이 객관적이고 합리적인 범위를 벗어난 것이라고 보기 어려우며, 감염경로나 종교시설발 확진자가 차지하는 비중, 집단감염 관련 기존 통계치 등에 비추어 합리적인 근거가 없는 것이라고 보기 어렵다)고 판시하였다.

지 않았을 것이다. 요컨대 코로나 조치가 상당성의 원칙에 위반되지 않으려면, 구체적인 공공복리적 효용이 관련인의 불이익을 능가해야 하고, 수인한도의 원칙(본서 80면 이하)이 견지되어야 한다.[68] 다만 원래 비례성이 있는 조치도 심지어 동일한 수준의 전염상황이더라도 시간의 경과에 따라 비례적이지 않을 수 있다. 행정은 지속적인 평가의무를 지며, 계속적으로 통용되게 해당 조치를 견지하는 것이 필요한지 그리고 상당한지 여부를 지속적으로 관리해야 한다.

4. 사법심사의 문제

리스크결정에 관한 비례원칙의 심사가 불가능하지는 않지만, 과학에 기반한 전문적 물음에서 사법부는 기능적 한계에 봉착할 수밖에 없다. 코로나 19에 따른 리스크상황을 감염병예방과 관련한 전문지식에 의거하여 평가하는 데 있어서 매우 광범한 평가특권이 행정에 대해 인정되어야 한다.[69] 즉, 리스크발생의 불확실성과 예측상의 불확실성은 행정에 대해 평가와 판단의 여지를 제공하여 사법통제가 쉽지 않다.

68) 대법원 2022두43528전합판결(다수의견)은 광의의 비례원칙 가운데 상당성의 원칙과 관련한 논증에서 바람직하지 않게 집회금지의 예방조치로 인한 구체적 효용을 제시하지 않은 채 이익형량을 강구하였다. 반면 헌재 2020헌마1028은 나름 구체적 효용을 제시하였다. 참고: 정남철, 법률신문 제5214호, 2024.

69) 상론: 김중권, 코로나 팬데믹 시대에 행정법적 위기모드와 관련한 문제점, 법조 제746호, 2021.4.28.

제 3 편

행정법관계, 그 당사자 및 시민의 주관적 공권

Chapter 01 행정법관계론

제 1 절 행정법관계론의 의의

Ⅰ. 개념과 대상

국가가 자신의 임무를 수행하면, 자연 시민을 상대로 사회적 관계가 성립한다. 이런 **사회적 관계가 법적 규율로부터 비롯된** −적어도 두 권리주체간의− **법적 관계의 특징을 지니게 되면 그것은 법(률)관계가 된다.**[1] 적어도 참여주체의 한쪽이 행정단위일 때 행정법관계가 존재한다. 행정법을 '행정의 법'으로 설정하는 광의의 행정법 개념을 취하면, 행정법관계는 공법관계로서의 그것과 사법관계로서의 그것으로 나뉠 수 있다. 후자는 행정의 사법적 활동에서 논하고(본서 518면 이하), 여기선 공법관계로서의 행정법관계에 초점을 맞춘다. 사실적 관계나 사회적 접촉과는 대조적으로 법관계는 법적 관계를 대상으로 한다. 법적 관계는 적어도 두 권리주체간에 구체적으로 성립하는, 권리(권리부여)와 의무(의무부여)에 관한 것이다. 국가와 국민(시민)과의 관계를 과거에는 군신관계마냥 명령복종의 권력관계로 접근하였지만, 민주적 법치국가에서는 인간존엄성과 기본권의 보장에 따라 당연히 주관적 권리의 차원에서 접근해야 한다(동지: 한수웅, 548면).

여기서 유의할 점은 민사관계와는 달리 공법관계에서는 원칙적으로 권리와 의무가 대응하지 않는다. 즉, 행정이 일반적인 법집행의무를 부담한다고 하여 그것을 기화로 곧바로 시민의 그에 대한 권리가 인정되진 않는다. 행정의 법규위반 일반이 곧바로 시민의 권리침해가 되는 것은 아니다. 예외적으로 법령에 의해 양자가 대응하게 만들어진 경우(예: 정보공개청구권 등)가 아닌 한, 시민의 개인적 공권의 존재가 관련 법규정을 통해 탐문되어야 한다. 이 밖에 종종 가령 공물로서의 도로와 같이 사물이나 권리

1) Remmert, in: Ehlers/Pünder, §18 Rn.1.

주체의 '법적으로 중요한 특성'이 법관계가 되기도 한다.

Ⅱ. 행정법시스템에서의 행정법관계(론)의 의의: 행정작용형식론의 관계

행정법과 그 도그마틱의 핵심은 행정작용형식이다. 일종의 스냅촬영인 셈인 행정행위가[2] 절대적으로 지배하는 행정작용형식은 국가의 우월적 지위를 전제로 구축되었다. **행정작용형식에서 비롯된 국가우위적 행정법상황을 타개하기 위해 고안한 것이 행정법관계론이다.**[3] 일부에선 그것을 국가중심적인 관헌국가의 출발점을 벗어날 행정법의 새로운 모멘텀으로 내세우지만, 민사관계와는 달리 법관계가 권리와 의무를 위한 직접적인 성립근거가 되지 않는 등 아직은 그것이 행정법시스템을 완전히 형성하는 행정법도그마틱의 제도로 되진 않았다. 행정법시스템은 앞으로도 여전히 행정작용형식을 지향할 수밖에 없다. 하지만 행정법도그마틱상의 '법관계'란 사고형상이 결코 새삼스러운 것은 아니며, 행정법관계론을 다루는 것 역시 무가치하지 않다. 관헌국가가 행정법의 기원이어서 그 관헌국가적 잔흔이 여전히 통용되거니와 경우에 따라선 그런 잔흔이 행정법의 현대화를 위한 향상된 인식을 방해하곤 한다. 행정작용관계를 권력관계의 차원에서 접근하는 것이 대표적인 예이다. 행정법관계론을 통해 행정과 시민간의 법관계를 민주적 법치국가에 맞춰 더욱 체계적으로 조망하고 접근할 수 있다. **행정작용형식론과 행정법관계론, 양자는 지향점에서 다툼은 없고 상호 보완관계에 있다.**[4]

Ⅲ. 행정법관계의 성립과 종료

법적 규율이 법관계를 성립시킨다. 법구속적인 법효과를 발생시키거나 법상황을 확인하는 것을 목표로 한 모든 국가결정(헌법, 법령, 행정행위 및 공법계약)이 법적 규율에 해당한다. 규율(법)적 효과를 갖지 않는 결정(사실행위)은 법적 관계의 직접적인 통용

2) 스냅촬영은 순간포착이다. 전통적으로 행정법(행정작용법론)은 행정행위와 같은 행정작용으로부터 형성된 결과적인 구체적인 법관계(권리의무관계)보다는 그 원인행위(행정작용)에 초점을 맞추어 구축되었다. 원인행위에 초점을 맞추어 포착한다는 점에서 일종의 스냅촬영이다. 이런 접근은 분쟁의 조기해결에 이바지한다.

3) 참고문헌: 문상덕, 행정법연구 제14호(2005.10.); 이세정, 공법논총 제1호(2005.6.); 山本隆司, 行政上の主觀法と法關係, 2000.

4) Schmidt-Aßmann, Das allgemeine Verwaltungsrecht, S.302.

근거가 되지 못하여 결코 법관계의 직접적인 성립요건이 되지 못한다. 왜냐하면 법적 규율만이 법상황에 직접적으로 영향을 미칠 수 있기 때문이다. 물론 행정의 위법한 사실행위로 인해 시민의 주관적 권리가 침해되면, 행정에 대해 결과제거의무나 국가배상의무가 생길 수 있지만, 이런 의무와 청구권의 법적 근거는 권리침해적 사실행위가 아니라, 해당 청구권에 관한 규범 그 자체이다. 행정사실행위는 법관계성립을 위한 動因(유발자)은 될 순 있지만, 결코 그 법관계의 법적 통용근거가 될 순 없다. 한편 법적 규율(법령, 행정행위 및 공법계약)상의 하자가 법관계의 성립에서 어떤 영향을 미칠지는 하자효과론에 의거한다. 따라서 행정작용의 법형식에 따른 차별적 결과(무효, 유효)가 빚어진다(본서 208면).

법관계는 그것을 성립시키는 규율이 실효하게 되면 종료한다. 어떤 경우가 그에 해당하는지는 법적 규율의 종류, 즉 법관계를 성립시키는 행정의 작용형식에 좌우된다. 법규범에 의해 직접적으로 성립한 법관계는 그 법규범이 사후적으로 폐지되면 소멸하고, 행정행위에 의해 성립한 법관계는 행정행위가 폐지되지 않거나 그 자체가 실효하지 않는 한, 유효하게 된다. 행정계약의 경우엔 해제나 해지, 기간의 경과, 해제조건의 성취 등에 의해 종료한다. 나아가 의무의 경우에는 그 이행에 의해서도 소멸한다.

Ⅳ. 행정법관계의 종류와 내용

법관계는 협의의 법관계와 광의의 법관계로 나뉜다. 전자는 규율에 의해 성립한 구체적인 법적 관계로 접근하는 반면, 후자는 사회적 관계로부터 비롯된 일체의 법적 관계로 포괄적으로 접근한다. 협의의 법관계는 허가취소처럼 대부분 구체적이고 일회적 동인(動因)에서 성립하는 반면, 광의의 법관계는 종종 어느 정도의 지속성에 의존하기에, 그것은 대인관련성, 재산관련성, 이용관련성을 지니느냐에 의거하여 체계화될 수 있다. 즉, 대인관련적 법관계의 경우 공무원근무관계, 국공립학교재학관계나 군복무관계가 그에 속한다. 사회급부관계나 자금조성관계는 재산관련적 법관계에 속하며, 공물(및 공공시설)의 이용관계는 이용관련적 법관계에 속한다. 하지만 이런 분류가 광의의 법관계를 완전히 커버하지 못할 뿐더러, 그것에 의해 포착된 관계를 엄밀히 나누는 것 역시 항상 가능하진 않다.

법관계에서의 권리에는 권한, 권능 그리고 기타의 권리를 포함한다. 법적 관계의 성립을 기화로 일정한 것을 행해야 하거나(의무), 행할 수 있거나(허용), 행해선 아니 되거나(금

지)의 상황이 형성된다. 이를 행정주체의 측면에서 보면, 법규에 의거하여 일정한 시민에 대해 부담적 행정행위를 발한 권능, ―봉급이 초과지급된 경우와 같은― 구체적인 상황에선 금전급부를 요구하는 권리, 비상시에 시민보호를 위해 행동에 나설 의무가 성립할 수 있다. 이에 대응하여 시민의 입장에서 보면, 행정을 상대로 하여 ―설령 적법성이 의문스럽다 하더라도― 그 부담적 행정행위를 따르거나 금전급부요구에 따라 납부할 의무를 지거나, 행정에 대해 개입을 요구하는 청구권을 갖는다.

Ⅴ. 행정법관계상의 의무위반과 그것의 법적 결과

법관계상의 의무는 종종 이행되지 않는다. 당연히 불이행이나 불충분한 이행의 결과에 대한 물음이 던져진다. **시민과 행정주체간의 법관계에 초점을 맞추면, 불이행의 주체가 누구냐에 따라 나눠 고찰해야 한다.** 행정주체가 불이행할 경우 시민은 의무이행을 요청할 수 있으며, 경우에 따라선 ―위반한 국가의 의무가 객관법적으로 성립할 뿐만 아니라 (시민을 상대로 하여) 주관법적으로도 견지되는 한에 있어서― 소송을 통해 의무이행을 실현할 수 있다. 즉, 여기선 위법한 행정작용에 대한 권리구제가 도모될 수 있다. 가령 정보공개청구에 대해 불응하면, 거부처분취소소송을 제기할 수 있다거나 의무위반이 손해를 발생하면 국가배상청구권이 성립할 수 있다거나 하는 것이다.

반대로 시민이 법관계로부터의 의무를 불이행하면, 그것을 실현하기 위한 행정주체의 권능은 그 의무가 어떤 형식의 법적 규율에 의해 성립하였는지에 의거한다. 의무를 성립시키는 행정작용형식이 규준이 된다. 시민의 의무가 행정행위(하명처분)에 의해 성립하면, 그것은 행정상 강제집행의 방법(자력집행의 방법)으로 일방적으로 실현될 수 있으며, 반면 의무부여가 공법계약에 바탕을 두면, 민사상의 강제집행절차에 의하되, 예외적으로(명문의 규정에 의하여) 행정상 강제집행의 방법에 의할 수 있다.

Ⅵ. 행정법관계의 승계

A 구청장이 甲에게 면적증가로 일조권에 저촉되고 사전입주하여 건축법위반사항이 있다고 하면서 이를 시정할 것을 명하였다. 시정기간 내에 응하지 아니하여 A 구청장은 그에게 이행강제금을 부과하였다. 이에 甲이 소를 제기하였는데, 소송계속 중에 사망하였다. A 구청장은

甲의 상속인 乙에 대해 이행강제금부과처분을 실현할 수 있는가? (대법원 2006마470결정)

甲은 乙 소유의 주유소시설을 경락받아 2001.3.2. 대금을 완납하고, 같은 달 10일 A시장에게 석유판매업자 지위승계신청을 하여 같은 달 14일자로 수리되었다. 그런데 乙이 2001.3.2. 유사석유제품 판매로 적발되었고, A시장은 甲이 乙의 석유판매업자로서의 지위를 승계하였다는 이유로 같은 달 30일 甲에게 유사석유제품판매에 대한 과징금 7,500만원을 부과하였다. 자기책임의 원칙에 반한다는 甲의 주장은 주효할 수 있는가? (대법원 2003두8005판결)

A국유림관리소장이 무단형질변경에 따른 산지관리법상의 복구의무를 내용으로 한 복구명령을 甲에 대해 발하였는데, 그 후 甲이 사망하였고 이를 이유로 그 명령서가 반송되었다. 이에 A국유림관리소장은 그 상속인인 乙에게 구 산림법에 의거하여 복구명령을 발하였다. 이에 乙은 다음과 같이 주장하였다: 무단형질변경을 한 자의 상속인이라고 하여 그 복구의무까지 당연히 상속한다고는 할 수 없다, 행정제재처분효과의 승계규정으로써 무단형질변경에 따른 복구의무가 무단형질변경을 한 자의 상속인에게 승계된다고 할 수도 없다, 무단형질변경을 한 자의 상속인에 대하여 복구명령을 할 아무런 법령상의 근거도 없다. 乙의 주장은 판례상 주효할 수 있는가? (대법원 2003두9817, 9824판결)

甲 주식회사는 乙 주식회사와 2000년 및 2001년의 지게차 내수판매 가격을 인상하기로 합의하고, 그 합의대로 실행하였다. 그런데 甲 주식회사는 신설회사 丙과 분할회사(甲 주식회사를 신설회사로 분할하고 남는 회사) 丁으로 분할되었다. 공정거래위원회는 2000.10.23.에 신설된 丙 주식회사에 대해 1999.12.6.부터 2000.10.22.까지의 기간동안 이루어진 甲 주식회사의 부당한 공동행위를 이유로 2005.6.24. 과징금납부명령을 발하였다. 이에 대해 丙 주식회사는 분할하는 회사인 甲 주식회사의 분할 전 법 위반행위를 이유로 신설회사인 자신에 대해 과징금을 부과한 것으로 위법하다고 주장한다. 이 주장은 주효할 수 있는가? (대법원 2006두18928판결)

1. 승계의 의의

승계 개념의 핵심적 징표는 일정한 공법적 법관계가 관계자의 사망, 대상의 소멸 및 그 밖의 사정변경에 의해서 다른 법주체에게 이전되어야 한다는 점이다. 따라서 승계(承繼)란 법적 지위를 타인으로부터 파생적·유래적으로 취득하게 됨을 의미한다. 파생(유래)되지 않은 경우에는 승계란 있을 수 없다. 경매에서의 낙찰을 통한 소유권취득과 같은 원시적 권리취득의 경우까지 공법상의 승계의 대상으로 보는 것은 (종전 법상황의) 승계와 원시적 권리취득 간의 개념상의 차이를 고려하지 않아 체계파괴적 측면이 있다. 행정쟁송법과 민사소송법이 취하는 넓은 승계개념을 행정실체법과 행정집행법에서는 받아들이지 않는 것이 바람직하다.[5] 실정법상 그렇지 않은 예가 많다(예: 석유사업법 7조 2항). 판례 역시 경매에 의한 승계에 대해 인수인이 시설업과 관련하여 형성된 공법상의 권

5) Vgl. v. Mutius, Verwaltungsvollstreckung gegen den Rechtsnachfolger?, VerwArch 71(1980), S.97.

리 · 의무 및 기왕의 시설업자와 회원 간의 사법상 약정에 따른 권리 · 의무도 승계한다고 보는데(가령 대법원 2023다280778판결), 자칫 인수인이 수인할 수 없는 부담을 질 우려가 있다.

종래 공권과 공의무의 특수성의 관점에선 이전양도에 대해 소극적으로 다루어 왔지만 법관계의 차원에서 법적 지위의 이전양도로 보면 그다지 문제가 되지 않는다. 물론 법률이 사인간의 이전승계를 금하기도 하며(국가배상법 4조, 공무원연금법 32조 등), 사인간의 이전승계에 행정의 사전개입(허가나 승인)이나 시민의 사후협력(신고)을 결부시키기도 한다(하천법 5조 2항).

2. 승계의 구분

행정법관계의 승계는 행정주체간의 승계와 사인의 권리 · 의무의 승계로 나뉠 수 있다. 전자는 지방자치단체의 구역이 변경된 경우 새로 그 구역을 관할하는 지방자치단체가 그 사무와 재산을 승계하는 것처럼(지방자치법 8조 1항), 지방자치단체의 폐치 · 분합, 그 밖의 공공단체(영조물법인 · 공공조합 등)의 통 · 폐합의 경우에 많이 이루어지며, 개별법에 의거한다. 후자와 관련해선 행정절차차원에서 행정절차법이 '지위의 승계'라는 제목하에 일반규정을 두고 있다(10조). 그리고 많은 개별법은 행정제재처분효과의 승계를 명문으로 규정하고 있다(식품위생법 78조 등).

3. 승계가 문제되는 상황

승계의 개념에서 문제되는 것은, 어느 한 법(권리)주체의 권리와 의무가 다른 한 법주체에게 이전될 수 있는지 여부이다. 승계란 권리승계상황과 의무승계상황을 포괄하는데, 주로 후자가 논의의 대상이다. 그리하여 가령 행정청이 위법건축물의 소유권자에게 철거명령을 발했는데, 그 후 그 건물이 제3자에게 양도되거나 상속인에게 이전된 경우에 어려움이 생긴다. **법주체의 변동인 승계와 관련하여 생길 수 있는 행정법상의 구체적 문제상황은 다음의 3가지 경우이다:** 행정당국이 기왕의 법주체를 상대로 어떤 조치를 취하였을 때, 그 조치의 효과가 승계인에게도 당연히 발생하는지 여부(상황 i), 그리고 그 조치에 따른 후속절차(가령 대집행)가 법률상 예정되어 있을 때 승계인을 상대로 곧바로 그 후속절차를 밟을 수 있는지 여부(상황 ii), 나아가 행정당국이 기왕의 권리주체의 귀책사유로 현재의 권리주체를 상대로 불이익한 조치를 취할 수 있는지 여부(상황 iii). 여기서 행정당국은 새로이 절차를 밟지 않는다는 점에서 절차경제와 행정능률에 주안점을 두지만, 승계인의 입장에서는 자기책임원리상 당연히 이의(異

議)를 제기할 법하다. 승계문제는 이런 대립된 이익의 충돌상황이다.

4. 문제해결의 방도: 관견(管見)

식품위생법 제78조[6] 등과 같이, 행정제재처분효과의 승계규정이 명문으로 규정되어 있는 경우에는 '상황 i'과 '상황 ii'의 문제는 해소된다. 행정제재처분효과의 승계에 관한 **명문규정이 없을 때가 문제인데, 여기선 단계적 접근을 강구해야 한다.** 우선 그런 법적 지위의 승계·이전가능성 여부가 탐문되어야 하고(승계가능성·승계적격성의 물음) 그것이 시인되면 특히 의무승계와 관련해선 법적 요건의 유무가 검토되어야 한다(승계요건의 물음).[7]

승계가능성의 물음에 대한 답은 기왕의 이른바 대인적, 대물적 행정행위의 논의에서 착안할 수 있지만, **궁극적으로 일신전속성에 의거하여 가늠할 수 있다.** 즉, －이행강제금납부의무처럼(대법원 2006마470결정)－ 의무가 처음 의무자에 의해서만 이행될 수 있을 정도로 처음 의무자의 일신적(개성적) 징표나 능력이 결정적인 경우에는 그 의무의 승계·이전가능성이 부인되며,[8] －철거명령에 따른 철거의무처럼－ 의무가 사물과 관련하든 효과와 관련하든 처음 의무자의 일신(개성)과 관계없이 이행될 수 있는 경우에는 그 의무의 승계·이전가능성이 긍정된다.

승계요건의 물음은 궁극적으로 기본권제한에서의 법률유보의 물음이다. 종전 법주체를 상대로 한 불이익조치를 승계인에게도 유지관철하기 위해서는, 명문의 승계규정이 요구된다. 따라서 철거명령의 경우 그것의 승계가능성은 시인되나 승계요건이 없는 이상, 승계인을 상대로 그것을 그대로 관철하지 못하고 새로이 절차를 밟을 수밖에 없다. 승계요건과 관련해서는 민법의 개별포괄승계의 규정을 유추하는 것도 허용되지 않기에 자칫 절차경제적 고려가 배제될 우려가 있다. 이 문제는 행정절차법(나아가 행정기본법)에 일반적인 승계규정을 두면 쉽게 해결된다.[9] 한편 국민건강보험법 제98조 제4항은 업무정지처분을 받은 자는 그 사실을 양수인 등에게 지체 없이 알리도

6) 영업자가 영업을 양도하거나 법인이 합병되는 경우에는 제75조 제1항 각 호, 같은 조 제2항 또는 제76조 제1항 각 호를 위반한 사유로 종전의 영업자에게 행한 행정제재처분의 효과는 그 처분기간이 끝난 날부터 1년간 양수인이나 합병 후 존속하는 법인에 승계되며, 행정제재처분 절차가 진행 중인 경우에는 양수인이나 합병 후 존속하는 법인에 대하여 행정 제재처분 절차를 계속할 수 있다. 다만, 양수인이나 합병 후 존속하는 법인이 양수하거나 합병할 때에 그 처분 또는 위반사실을 알지 못하였음을 증명하는 때에는 그러하지 아니하다.

7) 이런 단계적 접근을 처음 제시한 것으로 김중권, 공법연구 제23집 제2호(1995.6.), 285면 이하.

8) 반면 과징금부과에 따른 납부의무(과징금채무)는 대체적 급부가 가능한 의무이므로 과징금을 부과받은 자가 사망한 경우 그 상속인에게 포괄승계된다(대법원 99두35판결).

9) 행정기본법의 제정에서 승계규정의 마련을 적극 주장하였지만, 아쉽게도 관철되지 않았다.

록 규정하고 있는데, 이는 널리 확산될 필요가 있다.

5. 제재사유의 승계 문제

(1) 사안의 특수성

'상황iii'은 다른 경우와는 달리 아직 어떤 조치가 내려지지 않은 상황에서 양도인에게 발생한 행정제재사유에 의거하여 승계인에게 불이익한 조치를 취한 경우이다. 과거 판례는 허가사업인 석유판매업이 양도된 경우 양도전에 양도인이 행한 범법행위(부정휘발유판매)를 이유로 양수인에게 제재조치(허가철회처분)를 할 수 있다고 판시하였다(대법원 86누203판결). 그 논거는 석유판매업허가가 대물적 성격이라는 것이다. 판례는 제재사유의 승계메커니즘이 위헌이 아니라고 하면서 이런 태도를 계속 견지하고 있는데(대법원 2003두8005판결), 많은 문헌은 비판적 입장이다.[10]

분명히 해야 할 점은 양도이전에 발생한 법령위반사유(철회사유)의 이전여부는 본래의 승계차원('상황 i'과 '상황ii')의 문제가 아니다. 따라서 대상행위(석유판매업허가 및 등록)의 성질이 사물관련적(이른바 대물적)인지 아니면 혼합적인지 여부는 논의와 관계가 없으며, 근거점이 될 수도 없다. 엄밀히 말해, **관건은 양수인이 승계하는 양도인의 지위에 양도인의 귀책사유(제재사유)까지 포함되는지 여부인데, 궁극적으로 ―아직 행정처분에 의해 구체화되지 않은― 추상적 책임이 양도인에게 전가될 수 있는지 여부이다. 양도인의 귀책사유는 양수인에게 이전될 수 없다. 자기책임의 원리에 따라 양도인의 귀책사유는 선의의 양수인에게 이전될 수 없다**(동지: 이일세, 94면).

(2) 행정제재처분효과의 승계규정에 의해 접근할 수 있는지 여부

제재사유의 승계 문제가 기왕의 행정제재처분효과의 승계규정에 의해 해소될 수 있는지 여부가 흥미롭다. 일찍이 서울고법 2000누11378판결은 당시 근거법률(공중위생관리법)에 영업자지위승계규정이 없음을 들어 사업(이용업)의 양도자에게 발생한 행정제재사유(밀실설치 등의 법규위반사유)가 양수인에게는 이전되지 않는다고 판시하였지만, 관철되지 않았다.[11] 특히 대법원 2003두9817, 9824판결은 복구명령의 대물적 성격을 전제로 하여 권리의무 등의 승계규정을 근거로 삼아 상속인에 대하여 복구명령을 할

10) 참고문헌: 김남진, 고시연구 2002.9.; 정하중, 고시연구 1999.12.; 김향기, 토지공법연구 제33집(2006.11.); 김기표, 법제 434호(1994.12.); 이현수, 행정판례연구 제10집(2005.6.).

11) 상고심은 이런 논증을 받아들이지 않고 양수인에로의 이전을 긍정하면서 논거로 영업정지나 영업장 폐쇄명령의 사물관련성(대물적 성격)을 전면에 내세웠다(대법원 2001두1611판결).

수 있다고 판시하였다(동지: 대법원 2013도10605판결).[12] 그런데 행정제재처분효과의 승계규정은 양도인의 구체적인 법적 지위가 양수인에게 그대로 이전됨을 규정한 것이다. 이런 규정의 존재만으로 제재사유의 승계가 정당화될 수는 없다. 대상행위의 사물관련성에 의거해서도 결코 정당화될 수 없다.[13] 그런데 권리의무의 승계규정이 엄연히 있음에도 불구하고, 판례가 양도하기 전에 양도인이 개발행위허가를 받지 아니하고 토지의 형질을 변경한 경우 행정청은 명문의 규정이 없는 한 토지를 양수한 자에 대해서 원상회복 등의 조치명령을 할 수 없다고 판시하여(대법원 2021두41686판결; 2006도6845판결). 난맥상이 더욱 심각하다.

한편 대법원 2018두55968판결은 유가보조금환수처분을 대인적 처분으로 보고, '지위의 승계'에 양도인의 의무위반행위에 따른 위법상태의 승계도 포함한다고 보며, 선의·악의를 불문하고 양수인에게 양수 이후의 기간의 유가보조금환수처분을 할 수 있다고 판시하였다.[14] 또한 대법원 2022두31433판결은 흡수합병 전 피합병회사의 대리점에 대한 불이익 제공행위 등을 이유로 합병 후 존속회사에게 시정명령을 하는 경우에 현재 거래 중인 대리점들 중 흡수합병 당시 피합병회사와 거래하지 않았던 대리점들에게도 시정명령을 받은 사실을 통지할 수 있다고 판시하였다.

⑶ 제도적 해결방안

제재사유의 승계 문제는 양도인 등에게 조치를 취할 수 있는 상태책임의 경우에는 특별히 논의할 거리가 되지 못하고, 일신전속적인 행위책임적 사유가 발생한 경우에 다투어진다. 이런 경우에 제재사유의 승계 도그마틱 자체는 "책임이 없으면 범죄가 없다."는 책임원칙에 반하고, 관련한 책임승계규정 역시 위헌성 여부에서 자유로울 수 없다. 사실 이런 상황은 실은 위법을 저지른 양도인이 책임을 모면하기 위해 양도제도를 이용하는 데서 비롯된 것이다. 즉, 행정단속에서의 '히트 앤드 런'의 문제이다. 이는 효과적인 법집행과 승계법리의 체계성의 충돌상황이다. 법해석적(de lege lata) 해결방안은 한계가 있을 수밖에 없다. **입법정책적**(de lege ferenda) **차원에서 신고**

12) 이런 기조에서 판례는 지위승계규정의 부재를 이유로, 행정청이 관광농원 개발사업의 사업시행자 변경으로 인한 사업계획 변경승인 과정에서 변경되는 사업시행자가 농업인 등에 해당하는지 여부에 관하여 새로운 심사를 거친 경우, 종전 사업시행자가 농업인 등이 아님에도 부정한 방법으로 사업계획승인을 취득하였다는 이유만을 들어 변경된 사업시행자에 대한 사업계획 변경승인을 취소할 수 없다고 판시하였다(대법원 2017두73310판결).

13) 그리고 사실 대법원 2003두9817, 9824판결의 사안의 경우 무단형질변경된 현재상태에 초점을 맞추면 굳이 승계의 차원이 아니라, 상태책임의 차원에서 상속인에 대한 복구명령의 적법성을 무리 없이 논증할 수 있었다.

14) 이는 의무자의 일신적 위반에 의거하여 이행강제금납부의무의 승계·이전가능성을 부인한 대법원 2006마470결정과 배치되는 문제점이 있다.

나 사전승인과 같은 행정의 사전개입의 방식으로 선의 양수인을 보호하기 위한 나름 해결책을 강구하는 것이 바람직하다. 식품위생법 제78조의 단서와 같은 선의의 양수인을 보호하는 장치가 마련되어야 하며, 개별법에 그런 규정이 없을 때는 적극적으로 유추의 방법으로 법의 미비를 메울 필요가 있다.[15] 대법원 2003두9817, 9824판결의 사안의 경우 무단형질변경된 현재 상태에 초점을 맞추면 굳이 승계의 차원이 아니라, 상태책임의 차원에서 상속인에 대한 복구명령의 적법성을 무리 없이 논증할 수 있었다.

6. 대법원 2007.11.29. 선고 2006두18928판결의 시사점

대법원 2006두18928판결은 아직 행정처분에 의해 구체화되지 않은 이상, 양도인의 법위반행위를 이유로 양수인에게 제재처분을 할 수 없다고 판시하였다.[16] 종래 제재사유의 양수인에 대한 승계의 물음에서 대법원 86누203판결에서 비롯된 기조를 획기적으로 수정한 것이다. 대법원의 이런 태도는 후속 판결에 그대로 이어졌다(대법원 2008두17035판결; 2008두18335판결). 당시 공정거래법이 합병의 경우에만 명문으로 추상적 책임의 승계를 규정하고(55조의3 2항), 분할과 관련해서는 아무런 언급이 없는 상황에서, 대법원이 그간 비판되어 온, 양도인의 귀책사유의 양수인에 대한 승계의 물음에 나름의 문제인식을 갖고서 바람직하게 헌법합치적 접근을 한 것으로 여겨진다. 사실 기왕의 판례의 사안은 양도인에 대한 당초 허가 등을 시발점으로 하는 반면, 대법원 2006두18928판결의 사안은 국가의 사전행위통제 메커니즘이 전제되고 있지 않는 등 출발상황이 전혀 다르다.

양수인에 대한 책임승계규정이 없고, 양도인의 원래의 지위가 허가 등에 의해 형성되지 않은 경우에 양도인의 귀책사유의 양수인에 대한 승계의 물음에서, 대법원 2006두18928판결은 새로운 전기를 제시하였다. 아쉽게도 분할의 경우에도 귀책사유의 승계를 인정하는 법개정이 2012.3.21.에 행해져서(현행 제102조 제3항), 한번의 해프닝으로 끝났다. 한편 대법원 2021두55159판결이 근거법인 하도급법이 과징금의 부과와는 달리 시정조치에 대해서는 공정거래법 제102조의 준용을 규정하지 않는 것에 착안하여 회사분할 전 법위반행위에 관하여 신설회사에 시정조치의 제재사유가 승계되지 않는 것으로 판시

15) 판례는 승계인이 종전 처분 또는 위반 사실에 관한 선의를 증명해야 하고 그 인정에서 신중해야 한다고 지적한다(대법원 2017두41085판결).

16) "신설회사 또는 존속회사가 승계하는 것은 분할하는 회사의 권리와 의무라 할 것인바, 분할하는 회사의 분할 전 법 위반행위를 이유로 과징금이 부과되기 전까지는 단순한 사실행위만 존재할 뿐 그 과징금과 관련하여 분할하는 회사에게 승계의 대상이 되는 어떠한 의무가 있다고 할 수 없고, 특별한 규정이 없는 한 신설회사에 대하여 분할하는 회사의 분할 전 법 위반행위를 이유로 과징금을 부과하는 것은 허용되지 않는다."

하였다. 대법원 2006두18928판결의 취지를 반영하면서 법규정의 공백을 바람직하게 착안점으로 삼은 셈인데 법개정으로 해프닝이 될 공산이 크다.

제 2 절 기왕의 권력관계, 관리관계, 특별권력관계의 전면적 수정

Ⅰ. 기왕의 권력관계의 문제점

1. 논의현황

대부분 행정법문헌은 행정작용법관계란 행정주체와 그 상대방인 국민 사이의 법률관계로 설정한 다음, 다시 권력관계(權力關係), 관리관계(管理關係) 그리고 행정상의 사법관계로 나눈다. 그리고 권력관계를 '국가 등 행정주체가 개인에 대해 일방적으로 명령·강제하며, 혹은 일방적으로 법률관계를 형성·변경·소멸시키는 등 행정주체에게 개인에게는 인정되지 않는 우월적 지위가 인정되는 법률관계'로 설명한다. 그 관계의 본질은 대등하지 않은 데 있기에, 행정주체의 대표적 법적 행위에는 −법률에 의해서긴 해도− 공정력·집행력·불가쟁력 등 특별한 효력(구속력)이 인정된다고 본다. 전통적인 행정법이론은 행정주체와 일반국민간의 관계는 일반권력관계(allgemeines Gewaltverhältnis)로, 공무원이나 수형자나 대학생 등과 같이 공권력주체와 특별한 관계에 있는 자와 행정주체와의 관계는 특별권력관계(besonderes Gewaltverhältnis)로 설정하였다.

2. 관견(管見)

공권력이나 권력관계는 오늘날의 행정법적 이해와는 어울리지 않는 관헌국가적 잔흔이다. 행정법의 발전과 전개는 다름 아닌 비법(非法)의 세계인 권력관계를 법이 통용되는 법관계로 변환(變換)시킨 것이다. 행정법관계론마냥 '법'관계적 인식에 바탕을 두면, −일반적이든 특별적이든− 권력관계나 다른 '비법관계'는 바로 부인할 수 있다. 시민의 법 이전(法以前)의 복종이란 의미에서의 일반적인 권력관계란 민주적 법치국가의 헌법하에선 인정될 수 없다.[17] 당연히 특별권력관계 역시 부인되어야 한다(후술). 원산지인 독일에서는 일반권력관계나 특별권력관계의 개념과 용어가 역사적 의미만을 지니는 것과 대비되게 **우리는 한 세기 전에 Otto Mayer가 구축한 권력관계에 의거한 행정법적 인식이 여전히 지배하고 있다.** 맹목적일 수 있는 행정주체의 우월적 지위를 완전히 새롭게 접근할 수 있도록, 앞에서의 행정법관계가 민주적 법치국가적 헌법에 바탕을 둔 행정법의 중심개념이 되어야 한다.

Ⅱ. 기왕의 관리관계의 정체

1. 논의현황

문헌의 일반적인 설명은 다음과 같다: “관리관계란 행정주체가 공권력의 주체로서가 아니라 사업 또는 재산의 관리주체로서 개인과 맺는 법률관계를 의미한다.”, “공공복리를 증진시키기 위해 행하는 급부행정의 영역(가령 공물의 관리, 영조물·공기업의 경영)에서 많이 발견된다.”, “비권력관계인 점에서 사법관계와 같으나, 그 목적·효과가 공공성을 지님으로써 대등당사자 사이의 관계가 수정·보완되는 점에 차이가 있다.”, “그 작용의 공공성으로 인하여 사법관계를 수정하는 특별한 규정을 두고 있거나 법률해석상 특별한 취급을 해야 할 필요성이 인정되는 경우에만 공법적 규율을 받으며, 그러하지 않은 경우에는 사법의 규율을 받음이 원칙이다.”

2. 관견(管見)

이른바 관리관계의 정체가 규명되어야 한다. 본래의 사법관계가 특별규범으로서의 공법법규의 존재로 인해 공법관계가 바뀌는 데 지나지 않음에도 불구하고 통상 그것을 관리관계란 이름으로 범주적 차원에서 접근함으로써(가령 대법원 87누915판결), 해당 주체의 모든 법률관계가 공법관계로 여겨지는 등 심각한 오해가 유발되었다. 그 결과 행정법도그마틱상으로도 중대한 난맥이 빚어지곤 한다(홍정선, 150면; 유지태/박종수, 123면). 관리관계 개념을 급부행정 영역에서의 행정작용상의 특징(비권력성, 비일방성, 공법계약적 관계설정의 가능성, 사법관계의 형성가능성 등)을 강조하는 차원에서 사용하면 모르겠지만, **공법관계로서 범주적으로 설정하는 것은 곤란하다.**[18] **행정의 사법적 활동에 관한 바른 이해를 갖고 보면, 관리관**

17) Hesse, Grundzüge des Verfassungsrechts der Bundesrepublik Deutschland, 20. Aufl., 1995, Rn.280ff.

계를 별도로 설정할 필요성 역시 그다지 크지 않다.

Ⅲ. 이른바 특별권력관계의 문제

신병교육지침서에 의하면 신병훈련소에서 교육훈련을 받는 동안에는 중대장급 이상 지휘관이 필요하다고 판단할 때에만 전화를 사용할 수 있도록 통제를 받는다. 군인사법 제47조의2는 "군인의 복무에 관해서 따로 대통령령이 정하는 바에 의한다."고 규율하고 있으며, 대통령령인 군인복무규율 제29조 제2항은 내무생활에 대해 국방부장관이 정한다고 규율하고 있다. 입영대상자 甲이 이 지침서 부분이 자신의 통신의 자유, 평등권, 사생활의 자유 등을 침해한다고 주장하여 헌법소원심판청구를 하였다. 특히 이 지침이 상위 법령의 아무런 수권도 없이 제정되었음을 들어 주장하였다. 이 주장이 주효하였는지? (헌재 2007헌마890)

1. 기왕의 특별권력관계이론에 관한 논의

(1) 전통적 특별권력관계이론의 의의 및 특징

특별권력관계이론의 창시자인 O. Mayer는 특별권력관계의 하나인 '영조물의 이용관계'와 관련해서, **"영조물이용관계의 질서는 법치국가의 특징을 단호히 배격한다. 그것은 법규(Rechtssatz)와 행정행위를 회피한다."**고 지적하였다.[19] 과거의 전통적 입장에 의하면, 일반권력관계의 경우 법치국가원리가 전면적으로 지배하는 반면, 특별권력관계(特别權力關係)에서는 그것이 전면적으로 배제된다. 그곳에서는 특히 법률유보의 원칙이 적용되지 않으며, 기본권도 통용되지 않는다. 특별권력관계를 유지하는 데 필요한 범위 내에서는 그 구성원인 공무원이나 (국공립)학생들의 기본권을 법률의 수권없이도 제한할 수 있다. 법이 지배하지 않는 그곳에서는 법적 행위도 존재하지 않기에, 일반·추상적 규율은 －법규와 구별하여－ 행정규칙으로, 개별적 하명은 －행정행위와 구별하여－ 지시 등으로 불린다. 법이 지배하지 않기에, 사법심사 역시 당연히 배제된다.

(2) 전통적 특별권력관계이론의 근거

역사적으로 특별권력관계이론은 19세기 후반 독일의 입헌군주정에서 의회로부터

18) 권력관계에 대비시켜 관리관계를 '단순고권행정관계'나 '비권력적 행정법관계'로 이름붙이기도 하는데, 전자의 경우에는 본래 행정사실행위를 둘러싼 법률관계를 일컫는 것이어서 오해를 빚을 수 있다.
19) Ders., Deutsches Verwaltugsrecht, Bd. Ⅱ, 1924, S.284.

군주의 자유를 확보하기 위하는 데서 비롯되었다. 그 시기에 P. Laband가 법이론적 근거로서 불침투설(不侵透說)을 제시하였다. 이에 의하면, 법(Recht)이란 인격주체 상호간의 의사의 범위를 규율하는 것이고, 국가 내부에는 인격주체관계가 존재하지 않는 것으로 된다. 따라서 국가 내부에는 법이 침투할 수 없고, 그에 따라 국가내부영역에서, 법으로부터 자유로운 일종의 해방구로써 발해진 행정규칙은 법규가 아니게 된다. **O. Mayer에 의해 창시된 이른바 특별권력관계의 법형상은 (침투불가한) 국가의 내부영역과 외부영역간의 구분에 연계될 뿐만 아니라, 행정규칙의 비법규성을 성립시킨다.**

(3) 전통적 특별권력관계이론의 비판에 따른 인정여부의 논란

(가) 비 판

입헌군주제하에서 군주에게 법률(의회)로부터 자유로운 영역을 보장하기 위한 불손한 의도에서 만들어졌다는 그 자체에서 전통적 특별권력관계이론은 유지될 수가 없다. 법이론적으로도 국가를 상대로 하여 공무원이 국민으로서의 지위도 갖기에 국가내부에서도 독립된 인격주체 상호간의 관계가 존재할 수 있다는 점에서 불침투설은 유지될 수 없게 되었다. 결정적으로 종래 특별권력관계에선 기본권이 통용되지 않고 법률의 수권 없이도 그것을 제한할 수 있다는 주장은 −교도소내규에 의한 서신압수를 위헌으로 판시한− 독일의 수형자판결을[20] 계기로 더 이상 유지될 수 없게 되었다.

(나) 인정여부에 관한 논의

특별권력관계이론의 발원지인 독일에선 제2차 세계대전 이후 그것에 대해 가히 십자포화와 같은 거센 비판이 가해졌다. 우리의 문헌에서도 열띤 공박이 오간다. **전통적 이론을 그대로 수긍하는 −그러나 아무도 주장하지 않는− 전면적 긍정설, 제한적 긍정설, 부정설이 소개된다.** 제한적 긍정설은 일반권력관계와 특별권력관계 사이에 본질적인 차이는 없지만, 특별권력관계에서는 가령 사법심사에서 특정한 행정목적을 위하여 일정한 범위 내에서 법치주의가 완화되어 적용될 수 있음을 이유로 여전히 양자의 구별을 긍정한다.[21] 특별권력관계의 범주에 속하는 부분사회의 목적·기능이 제대로 성취되도록 나름의 특수성을 인정하면서, 구성원의 기본권보장과 부분사회의 특수한 기능이 실제적 조화(praktische Konkordanz)를 기하고자 한다. 그리고 부정설은 그 자

20) Vgl. BVerGE 33, 1.
21) 전통적인 특별권력관계과 구별하고자 '특별행정법관계', '특별신분관계' 등으로 달리 표현하기도 한다.

체를 전면적으로 부정하는 일반적·형식적 부정설과 종래 특별권력관계의 내용을 개별적으로 검토하여 관리관계 또는 일반적인 권력관계로 분해·귀속시킬 수 있다고 보는 개별적·실질적 부정설로 나뉘어 설명되고 있다.

"특별권력관계의 존재를 전적으로 부인함은 기절한 사람을 죽은 줄 잘못 알고 추도사(Nachruf)를 읽는 것과 같다.", "특별권력관계는 너무 성급히 사망선고 되었다."는 서술이 제한적 긍정설의 입장을 대변한다면, "(그것의 긍정하는 것은) 식물인간에 대한 미련이다."는 서술은 개별적·실질적 부정설의 입장을 대변한다.

(4) 특별권력관계의 종류와 그 성립

일반적으로 특별권력관계는 다음의 4가지 종류로 나뉜다: 공법상의 근무관계(국가와 국가공무원, 지방자치단체와 당해 지방공무원의 근무관계 등), 공법상의 영조물이용관계(학생의 국·공립학교에서의 재학관계, 교도소와 재소자와의 관계 등), 공법상의 특별감독관계(공공조합, 특허기업자 또는 국가로부터 행정사무의 위임을 받은 자에 대한 국가의 특별한 감독), 공법상의 사단관계(행정주체로서의 공공조합과 그 조합원의 관계).

성립유형은 2가지이다. 한편으론 법률의 규정에 의해 강제적으로 그 관계가 성립하고(예: 수형자의 교도소수감(행형법 1조·8조), 법정전염병환자의 강제입원(감염예방법 44조)), 다른 한편으론 상대방의 동의에 의해서 성립한다. 나아가 전적으로 자유로운 동의의 경우와 강제된 동의의 경우로 나뉜다 하는데, 이것은 다시 그 동의가 자유로운 의사에 의한 것(공무원관계의 성립, 국공립학교의 입학, 대한변협 등록)과 그 동의가 법률에 의해 강제되어 있는 것(의무교육에 따른 학교입학)으로 나눌 수 있다.

(5) 특별권력관계의 핵심적 내용

특별권력(신분)관계에서 말하는 특별권력의 핵심은 명령권과 징계권이다. 특별권력의 주체는 해당 특별권력관계의 목적달성에 필요한 명령·강제를 -영조물규칙 등의- 일반적·추상적 형식으로나 -직무명령의- 개별적·구체적 형식으로 할 수 있다. 아울러 특별권력관계의 질서를 유지하기 위해 질서문란자를 징계를 할 수 있다. 특별권력은 설치목적을 달성하기 위해 필요한 범위내에서만 행사되어야 한다. 징계벌은 일반사회의 질서를 유지하기 위하여 국가의 일반통치권에 기초하여 과해지는 벌인 형벌과 구별되므로, 특별권력관계로부터의 배제 및 이익의 박탈이 그것의 최고치이다.

(6) 특별권력관계와 사법심사

다음의 3가지 입장이 소개된다. i) 전면적 심사부정설: 전통적인 특별권력관계에 의거하여 특별권력관계에서의 행위가 사법심사의 대상이 되지 않는다. ii) 부분적 심사가능설: 특별권력관계에서의 행위를 —구성원이 조직의 일원으로 관계를 맺은— 내부관계와 —구성원이 고유한 기본권주체로서 관계를 맺은— 외부관계로 나누어, 외부관계만이 사법심사의 대상이 될 수 있다.[22] iii) 전면적 심사가능설: 내부관계와 외부관계의 구별없이 특별권력관계에서의 행위 모두가 사법심사의 대상이 될 수 있다.

전면적 심사부정설은 아무도 주장하지 않는 견해이고, 부분적 심사가능설 역시 전통적인 특별권력관계이론의 연장인 점에서 여전히 문제점을 안고 있다. 법치국가원리에 따른 완전 사법심사의 원칙의 차원에서 법적 조명 및 심사를 받지 않는 영역이란 인정될 수 없다. 당연히 전면적 심사가능설만이 타당하다.[23] **관건은 실제로 법원이 사법심사에서 이런 관계의 특수성을 어느 정도로 전제하고 진행할 것인지의 문제이다.** 즉, 사법심사의 밀도(강도)의 문제이다.

2. 관견(管見): 특별권력관계적 인식과의 결별

육군3사관학교 학칙의 하위문서인 「사관생도 행정예규」 제12조에 의하면, "생도는 음주를 할 수 없다. 단, 부득이한 부모님 상/기일 등으로 본인이 음주를 해야 할 경우 훈육대장의 승인을 받아야 한다."라고 규정하고 있다(금주조항). 이 금주조항은 법치국가원리에서 어떤 문제점이 있는가? (대법원 2016두60591판결)

특별권력관계가 인정된 배경에서 과거와는 전혀 다름에도 불구하고 전혀 존재하지도 않는 것까지 소개되는 등 대부분의 문헌에서 특별권력관계는 여전히 비중이 있게 다루어지고 있다. 판례 역시 그 존재를 인정한다.[24] 하지만 행정법관계론에서 바라보면 특별권력관계는 그 자체로 설 자리가 없다. 굳이 그것을 내세우지 않더라도 관련한 다툼을

22) 이는 독일의 Bachof의 주장이다. 비슷한 맥락에서 Ule는 특별권력관계에서의 행위를 —공무원의 임명 등과 같이 구성원의 신분과 법적 지위와 관련이 있는— 기본관계와 —공무원의 직무수행 등과 같이 구성원의 직무수행과 관련이 있는— 업무(경영)관계로 나누어, 전자는 사법심사가 가능하지만, 후자는 그렇지 않는 것으로 본다.

23) 대법원 91누2144판결: (국립교육대학 학장의) 징계처분이 교육적 재량행위라는 이유만으로 사법심사의 대상에서 당연히 제외되는 것은 아니다.

24) 대법원 94누10870판결(농지개량조합과 그 직원과의 관계는 … 공법상의 특별권력관계이다); 대법원 89누2103판결(서울특별시지하철공사의 임원과 직원의 근무관계의 성질은 … 공법상의 특별권력관계라고는 볼 수 없다). 대법원 94누10870판결은 치명적인 문제점을 지닌다(본서 167, 770면).

행정사건으로 포착할 수 있다.[25)]

공법상의 근무관계를 보면, 공무원에 대해선 가중된 의무가 지워지고 임용 등에서 광범한 재량이 인정되는 등 일반국민과 행정과의 관계에 비하면 나름의 특별한 점이 있다.[26)] 특별권력관계의 범주에 속하는 부분사회의 목적·기능이 제대로 성취되도록 나름의 특수성을 인정하면서, 구성원의 기본권보장과 부분사회의 특수한 기능이 실제적 조화(praktische Konkordanz)를 기하도록 하는 것이 관건이다. 공무원의 집단행위 금지규정과 교원노조의 정치활동 금지규정 등의 위헌성 여부가 다투어진 사건(헌재 2011 헌바32 등)이 보여주듯이, 실제적 조화의 구현여부는 궁극적으로 비례원칙의 심사를 통해서 가늠된다. 헌법재판소는 임무의 특수성을 전제로 공무원이나 교원의 기본권제한을 기본적으로 수긍하는 경향을 보인다.[27)] 대법원 역시 사관생도의 특수한 신분관계를 전제로 존립 목적을 달성하기 위하여 필요한 한도 내에서 일반 국민보다 상대적으로 기본권이 더 제한될 수 있다고 보는데, 관건은 제한의 정도이다.[28)]

그런데 과연 이런 실제적 조화를 굳이 특별권력관계나 그것의 변형인 특별행정법관계 또는 특별신분관계를 설정해야만 기할 수 있는지 의문스럽다. 구태여 특별권력관계 그 자체를 논의의 출발점으로 삼을 필요가 없다. 종래 특별권력관계로 운위되는 공무원근무관계, 재학관계, 병역관계, 수형관계를 독립된 법관계로 고찰하되, 기본권제한과 사법심사에서 해당영역의 나름의 특징을 인정하면 된다. **대표적인 과잉논의대상인 특별권력관계론은 그 역사적 역할을 마쳤다.**[29)] 대체적 표현인 '행정법적 특별관계', '특별신분관계' 등은 오히려 특별권력관계란 전통적 사고가 수용될 위험이 있다.

---

25) 가령 대법원 2010도10202판결이 형법 제156조상의 '징계처분'이란 공법상의 특별권력관계에 기인하여 질서유지를 위하여 과하여지는 제재를 의미한다고 판시하였는데, '공법상의 특별권력관계'를 '공법상의 근무관계'로 바꾸면 된다.

26) 여기서 공무원법에서 복종과 상명하복이 규정된 국가와 사회가 근대적인가에 대한 고민이 필요하다. 김중권, 법률신문 제4919호, 2021.9.2.

27) 헌재 2007헌마890에서 다수의견은 군인교육훈련의 특수성을 전제로 법률유보의 원칙의 위배를 부정하고, 또한 다소 개괄적으로 위임하였다고 하여 헌법 제75조의 포괄위임금지원칙에 어긋난다고 보기도 어렵다고 판시하였다. 그리고 지침이 통신의 자유를 과도하게 제한하지 않는다고 보았다. 그러나 반대의견(이강국)은 포괄위임금지원칙에 반하고 지침 역시 기본권을 침해한다고 보았다. 유의할 점은 현재는 신병교육훈련 중 전화사용이 일정한 제한하에 과거보다 자유롭다.

28) 대법원 2016두60591판결은 기본권 제한의 헌법상 원칙들을 지켜야 한다는 견지에서 금주조항이 사관생도의 모든 사적 생활에서까지 예외 없이 금주의무를 이행할 것을 요구하는 것은 사관생도의 일반적 행동자유권은 물론 사생활의 비밀과 자유를 지나치게 제한하는 것이라 하여 위법, 무효라고 판시하였다. 그런데 육군3사관학교 학칙 및 징계처분이 모법률에 근거가 없다는 점도 문제가 된다.

29) Ipsen, §3 Rn.194.

3. 자유로운 인격발현과 공직자의 외양과의 충돌 문제

언론 보도에 의하면 병무청에서 예비군 훈련 업무를 맡고 있는 공무원이 얼굴과 목, 팔 등에 문신과 피어싱을 했다가 품위유지의무의 위반으로 감봉 3개월의 징계를 받았다. 병무청이 문신 등을 없애라고 했지만 이를 거부해 징계를 받은 것인데, 당사자는 "공무원이기 이전에 사람이다. 그냥 몸에 그림을 좀 새겨 넣은 것이다. 공무원이 문신하면 안 된다는 법적 근거가 없다."고 반론을 제기한다. 공법차원에서 어떻게 접근해야 하는가?

사안에서 음주운전의 경우와 같은 수준의 감봉 3개월의 징계가 과한지 여부가 다투어지지만, 핵심물음은 공무원의 신분에서 문신하는 것이 허용되는지 여부이다. 자신의 몸을 장식한다는 것은 －병역처분이나 경범죄의 성립 등과 같이－ 공적 관심사가 되지 않는 한 오로지 개인의 자유로운 인격발현의 문제이다. 하지만 공무원의 경우에는 공직수행과 그것이 조화될 수 있는지 여부의 물음이다. 헌법 제10조의 행복추구권에서 도출된 일반적 행동자유권이 공무원의 신분으로 인해 제한되는 것의 문제이다. **궁극적으로 개인의 일반적 행동자유권과 공무원의 품위유지 의무와의 충돌의 문제이다.**

공무원의 품위유지 의무에서의 '품위'는 공직의 체면, 위신, 신용을 유지하고, 주권자인 국민의 수임을 받은 국민 전체의 봉사자로서의 직책을 다함에 손색이 없는 몸가짐을 뜻하고, 공무원은 직무의 내외를 불문하고, 국민의 수임자로서의 직책을 맡아 수행해 나가기에 손색이 없는 인품에 걸맞게 본인은 물론 공직사회에 대한 국민의 신뢰를 실추시킬 우려가 있는 행위를 하지 않아야 하고, 품위손상행위 여부는 평균적인 공무원을 기준으로 구체적 상황에 따라 건전한 사회통념에 따라 판단된다(대법원 2017두47472판결 등). 결국 공직사회에 대한 국민의 신뢰가 실추될 개연성이 있는지가 관건이고, 대민업무, 공무원의 신분에 맞는 임무에 해당하는지가 결정기준이 될 수 있다.

오늘날 현대인은 자신의 육체 역시 의식적으로 일종의 의사소통의 수단으로 활용한다.[30] 자유로운 인격발현을 위하여 필요한 기본조건이나 상태를 보호하는 것을 내용으로 하는 일반적 인격권은 행복추구권의 또 하나의 구성내용이다(헌재 2018헌바161). **공무원이 제복을 입은 시민인 점에서 자유로운 인격발현과 공직수행을 조화시킬 수 있도록 기성의 공직제도가 손질되어야 한다.**[31]

30) 2017년 9월 독일 언론 기사에 의하면. 독일인 5분의 1 이상이 문신을 하는데, 특히 25세부터 34세 사이의 여성은 절반에 달하여 2009년보다 19% 증가하였다고 한다.

31) 상론: 김중권, 공직자의 신체는 온전히 자신의 것인가?, 법률신문 제4773호(2020.2.20.). 일련의 문제제기에 따라 '경찰공무원채용 신체검사기준'이 개선되었다.

02 행정법관계의 당사자 및 참여자

제 1 절 기초적 논의

Ⅰ. 행정의 구조와 행정법관계의 당사자

행정은 행정활동을 통해 행정서비스를 제공한다. 행정활동에는 활동을 제공하는 사람(인적 요소)과 건물, 집기 등의 사물적 보조수단(물적 요소), 2가지가 필요하다. 행정을 위한 이런 인적, 물적 요건은 어떤 '기구'를 설립해야 하는데, 이 기구가 바로 행정주체가 되며, 행정주체의 집합이 행정조직이다.

법(률)관계에서 당사자란 보통 권리·의무의 주체를 말하고, 소송법에서는 원고·피고를 말하기도 한다. 국가와 시민간의 법관계는 한쪽 법주체로서의 행정주체와 다른 한쪽 법주체로서의 시민에 의하여 정해진다. 현실적으로는 이 점이 분명히 나타나지 않는다. 그 까닭은 행정주체를 위하여 활동하는 행정청이 대외적으로 특히 시민과의 관계에서 그 자신의 이름(소관 행정부처의 이름)으로 행동할 권한을 갖기 때문이다. 하지만 시민을 상대로 한 행정법관계의 주체가 국가 등의 행정주체인 점에는 다름이 없다. 한편 국가가 사인과 대등한 지위에서 사법관계의 당사자가 되는 경우에는 ―일반적인 민사관계와는 달리 우월적 지위가 부여되는― 행정주체로 설정하지 않는다. 독일의 경우 그것을 애써 국고(Fiskus)라고 다른 명칭을 붙였다.

그런데 행정법관계(공법관계)에서는 사인보다 우월한 지위에 서는 국가·공공단체 등을 행정주체로, 그의 상대방을 행정객체로 부르는 경향이 있다. 그러나 오늘날 민주적 법치국가에서 국가와 국민은 과거처럼 명령복종에 바탕을 둔, 군주와 신민(臣民)과의 관계가 아니라 상호 협력하는 관계에 있다. **주종관계(主從關係)의 잔흔(殘痕)이 느껴지는 행정주체와 행정객체라는 용어는 민주주의원리 및 오늘날 행정법관계의 본연에 부**

합하지 않는다. 오늘날의 시대경향인 행정의 탈규제, 민간화, -公·私의- 공관화(共管化)나 신고제로 인해, 종래의 주체나 객체란 용어는 현실왜곡을 낳을 수도 있다. 행정객체란 용어가 거리낌 없이 사용되는 한, 행정법은 민주적 법치국가원리를 제대로 구체화할 수 없다. 기왕의 행정객체는 행정상대방(행정파트너)으로 바꿔 부른다(동지: 홍정선, 146면).

마지막으로 유의할 점은 시민이라도 늘 행정권발동의 상대방(객체)에 그치지 않고 공무수탁사인처럼 주체적 지위가 인정되기도 한다. 또한 간접적 국가행정으로서의 공공단체는 국가와 마찬가지로 행정주체적 지위를 갖지만, 경우에 따라서는 맡은 임무와 관련해서 국가나 다른 공공단체의 행정권발동의 상대방이 되기도 한다.[1)]

Ⅱ. 행정주체의 개념적 징표와 행정기관

1. 행정주체와 권리능력

행정주체개념은 행정임무의 수행이 맡겨진 구분된 단위와 주체를 위한 집합개념이다. 이런 행정주체개념을 위한 결정적인 연결점이 권리능력이다. 헌법과 법률은 행정주체가 권리(공권력)를 행사할 법적 지위(법인격)를 갖도록 매개하고, 더불어 이행할 일정한 임무를 그 행정주체에게 부여한다. 따라서 **국가를 포함한 행정주체는 공법의 권리능력이 있는 법인에 해당하여, 행정법적 권리와 의무의 귀속주체가 된다.**

공법은 법인이든 법인이 아닌 조직체이든 이들에게 완전한 권리능력이나 부분적 권리능력을 부여할 수 있다. 후자의 경우 해당 단체는 일정한 제한된 권리와 의무만을 보유한다. 완전한 권리능력과 부분적 권리능력은 구분되어야 한다. 후자는 조직체에 대해 권리능력이 일반적으로가 아니라, 일정한 법영역과 관련해서만 심지어 일정한 법규범과 관련해서만 인정되는 경우이다. 따라서 여기서 그 조직체는 처음부터 그에게 인정된 부분영역에서만 독자적으로 활동할 수 있다. 한편 완전한 권리능력의 경우에는 권리능력이 일반적으로 시인될 수 있고, 문제되는 법규범의 적용만이 개개의 경우에 확인되어야 하나, 부분적 권리능력의 경우에는 문제되는 권리와 의무의 특별한 부여가 맨 먼저 심사되어야 한다.

1) 가령 건축법 제29조상의 건축협의와 관련해서 다른 지방자치단체가 행한 협의취소를 관계 지방자치단체가 취소소송을 통해 다툴 수 있다(대법원 2012두22980판결).

2. 부분적 권리능력있는 행정조직: 특히 법인화되지 않은 국립대학교의 법적 지위

교육과학기술부가 로스쿨 인가 조건인 장학금 지급 비율을 지키지 않았다는 이유로 A 국립대학교에 대해 로스쿨 정원 축소와 시정명령을 내렸다. 이에 A 국립대학교 총장이 교육과학기술부를 상대로 학생모집정지처분과 시정명령에 대한 취소소송을 제기하였다. 현행 판례에 의하면 이 소송은 허용되는가? (서울행법 2011구합32485판결 등)

완전한 권리능력이 있는 법인(단체)의 신분은 갖지 않으면서도, 일정한 행정임무를 자신의 책임껏 수행할 수 있고 그러한 한에서 고유한 권리와 의무가 부여되는 공법적으로 성립한 조직체가 부분적 권리능력이 있는 행정단위이다. 그것은 구조에 따라 공공조합(공사단)적, 영조물적 성질을 가질 수 있는데, 권리능력이 있는 범주에 한해서 법주체가 된다. 그 예가 독일의 경우 종합대학교의 단과대학이다.[2] 이는 대학교 자체와는 달리 공법인은 아니되, 일정한 측면에서 권리능력을 갖는다.

판례는 과거 (법인화이전의) 서울대학교는 국가가 설립·경영하는 학교일 뿐 법인도 아니고 대표자 있는 법인격 없는 사단 또는 재단도 아닌 교육시설의 명칭에 불과하여 권리능력과 당사자능력을 인정할 수 없다고 보았다(서울행법 2009구합6391판결). 같은 맥락에서 "국립대는 당사자능력이 인정되지 않는다."고 각하판결을 내렸다(서울행법 2011구합32485판결 등).

법적 성질이 영조물에 해당하는 국립대학교는 법인화법에 의해 성립되지 않는 한, 재산이나 임용에서 귀속주체가 될 수 없다. 다만 학문의 자유와 대학자율권과 관련해서 대학은 기본권의 주체적 지위를 갖기에(헌재 92헌마68 등), **대학자치권과 학문의 자유와 관련하여 부분적 권리능력은 인정된다.** 사립대학교의 경우 기본적으로 학교법인이 법주체이기에, 사립대학교가 그런 지위를 갖는다. 이런 법적 지위를 인정하면, 국가(교육부)나 학교법인이 국립대학교나 사립대학교를 상대로 대학자치권과 관련하여 행한 조치에 대해서 대학교는 소송법상 어려움 없이 다툴 수 있을 것이다(본서 781면).[3] 한편 **헌법재판소는 강원대학교 법학전문대학원에 대한 교육부장관의 모집정지처분과 관련해서 강원대학교의 헌법소원심판의 청구인능력을 -저자의 주장과 같이- 정당하게 인정하였다**(헌재 2014헌마1149).

2) 독일에서는 대학을 과거에는 영조물로 보았지만, '대학기본법'(HRG) 제58조 ①이 '공법단체'임을 명시함으로써, 오늘날에는 인적 단체로 보고 있다. 그러나 동조항이 대학이 동시에 국가시설임을 명시하고 있기에, 공법단체인 대학이 영조물적 특징도 지닌다고 주장이 분분하다. 그 밖의 교육기관은 영조물에 해당한다.

3) 김중권, 법률신문 제4042호(2012.6.25.). 상론: 김중권, 행정법기본연구Ⅳ(2013), 60면 이하 참조.

3. 행정주체와 구별된 행정기관(행정청)의 존재

(1) 행정기관의 필요성

통상 행정주체는 법인이다. 법인으로서 행정주체 자체는 행위능력이 없다. 즉, 그 자체가 활동할 순 없고, 자신을 위해 활동할 매신저(기관)가 필요하다. 구조적으로 법인의 행위능력은 일정한 임무를 수행할 권한이 있는 기관에 의해 구현된다. 이 임무를 구체적으로 수행하는 사람을 직무담당자(Organwalt)라 하는데, 일선 공무원이 이에 속한다. 이런 구성은 사법인이든 공법인이든 동일하다.

(2) 행정기관의 의의

행정주체와 구별해야 할 것에 행정기관(행정청)이 있다. **행정주체는 스스로의 이름으로 행정권을 행사하고, 그의 법적 효과가 자기에게 귀속한다. 반면 행정기관은 행정주체를 위해 일정한 권한을 행사하고 그 법적 효과는 기관이 아니라 행정주체에 귀속한다.** 그런데 일부 문헌은 행정기관에 대해 인격을 인정할 것을 주장한다. 또한 행정기관 상호간의 관계에 있어서는 행정기관에 법적 효과가 귀속하는 것처럼 보이는 경우가 있다. 예컨대 행정기관간에 권한의 위임이 있게 되면 위임된 권한은 수임자의 권한이 되고, 수임자는 자기의 이름과 책임으로 그 권한을 행사하는 것이라든지, 또는 항고소송에 있어서 처분청 등 행정기관이 피고가 되는 것이 그에 해당한다(행정소송법 13조, 국가공무원법 16조). 이 경우 그 행정기관은 독립한 인격을 갖는 것처럼 보인다. 그러나 행정기관 상호간의 관계는 국가·공공단체 등의 인격내의 관계이며, 또한 피고인 행정청에 대한 판결의 효과는 궁극적으로 국가 등 행정주체에 귀속하고, 행정청은 소송편의상 피고가 된 것에 지나지 않는다. 그러한 의미에서, **행정기관은 국가 등이 갖는 인격을 가지는 것은 아니므로 일단 양자는 구별할 필요가 있다.**

제 2 절 행정주체의 양태

Ⅰ. 직접적 국가행정: 국가

국가는 시원적(始原的) 지배권을 보유한다. 파생되지 않는 국가권력의 보유자로서 **국가는 시원적 행정주체이다.** 국가 소속 행정청에 의한 행정활동이 직접적 국가행정에 해당한다. 즉, 국가 자체가 아니라 국가의 기관인 행정청이 국가활동을 하며, 그 활동의 법효과가 국가에 귀속한다. 그런데 국가 역시 자신을 상대로 다른 국가기관이 발한 행정행위의 상대방이 되기도 한다.[4)]

Ⅱ. 간접적 국가행정

1. 간접적 국가행정의 기초

(1) 간접적 국가행정의 의의

국가는 그 자신이 모든 국가권력을 행사하지 않고 법률에 의거하여 다소간 독립된 행정단위(행정체)에게도 넘긴다. 이처럼 **국가로부터 지배권을 위임받아 그 파생된 국가권력을 자치적으로 행사하는 것이 간접적 국가행정이다.**[5)] 이것이 조직상으로나 법적으로나 독립된 경우에는 그 행정단위는 그 자체가 법인(단체)이자 관련인(주민, 조합원, 이용자)에 대해서 행정주체의 성격을 갖는다. 파생적 행정주체이자 공법인이다. **이런 공공단체(공공법인, 공법인)에 공법단체(지방자치단체와 공공조합), 영조물법인, 공재단이 해당한다.**[6)] 나아가 사인이나 사법인이 국가의 위임을 받아 활동하는 공무수탁사인의 경

---

4) 대법원 2023두39724판결에 의하면, 한국전력공사가 원고(대한민국) 산하 군부대 수상기를 대상으로 수신료부과처분을 한 것이 인정된다.

5) 일찍이 Forsthoff는 자치개념을 "원래 국가적 과제를 공법단체, 영조물, 재단에 의해서 수행하는 것"으로 정의내린 다른 다음, 이 자치개념으로써 간접적인 국가행정의 개념 역시 동시에 확인되어 진다고 하였다(ders., Lehrbuch des Verwaltungrechts, 10.Aufl., 1973, S.478). 그의 주장인 즉 양자는 개념상의 합동에 놓인다.

6) 약간의 용어정리가 필요하다. 간접적 국가행정을 담당하는 단체 일반을 우리의 경우 보통 공공단체로 설정하지만, 독일의 경우 공공단체나 공법단체라 함은 우리의 공공조합만을 또는 공공조합과 지방자

우도 간접적 국가행정의 일환으로 —조직상의 의미에서— 행정주체가 될 수 있다.[7]

유의할 점은 이들 공공단체는 맡겨진 공임무의 수행에서 국가행정의 일환이면서도 국가공권력의 상대방이 될 수 있으며, 그 밖의 사무와 관련해서는 사적 존재로서 사법의 지배를 받는다. 가령 상공회의소나 변호사회처럼 그 분야의 이익을 대변하는 자치주체(자치단체)가 경우에 따라서는 국가에 맞서 자신의 이익을 대변하기도 한다.

(2) 간접적 국가행정의 존재이유

간접적 국가행정조직의 기능 · 역할은 해당 업무에 대한 근접성과 전문성을 활용하여 국가행정(조직)의 부담을 경감시키는 데 있다. 따라서 자치와 분화의 원칙(Prinzip der Selbstverwaltung und der Dezentralisation)이 통용되므로,[8] 단체의 법적 독립성은 이들로 하여금 나름의 책임을 지는 행정을 가능케 한다. 그리하여 이들 단체의 임무나 기본조직 등의 중요한 사항은 법률로 커버하지만, 세부적 사항은 단체 나름대로 정관이나 자치규정으로 자율적으로 정할 수 있다.

(3) 국가적 공권의 부여, 보호의 특전 및 공공단체의 임직원의 법적 지위

간접적 국가행정으로서 행정주체인 공공단체는 법률에 의해 행정행위를 발하는 권한, 공용부담특권, 강제징수권, 강제가입권 등 국가적 공권을 가지는데, 구체적 양상은 개별법상황에 좌우된다. 또한 해당 법률을 통해 공공단체는 면세 · 보조금의 교부 · 국공유재산의 무상대부 내지 공여 등 여러 가지 특전과 보호를 받는다.

지방자치단체의 경우를 제외하고서는 다른 공공단체의 임직원은 공무원의 신분을 가지지 않는다. 다만 개별법에서 형사벌과 관련해서, 종종 이들 공공단체의 임직원은 공무원에 준하게 되어 있다.

(4) 국가의 감독

파생적(유래적) 행정주체로서 —비록 구성원이나 이용자 등 일정한 범위 안이지만— 공권력을 발동하기에 민주적 법치국가원리에서 이들이 국가에 구속되는 것은 당연하다. 이들의 존재와 임무가 국가로부터 도출되었을 뿐만 아니라, 이들이 국가의 법률에 구

치단체를 합친 것을 의미한다. 특히 우리의 경우 공공기관운영법상의 공공기관의 목록이 매우 광범하기에 개념의 난맥상이 더하다(후술).

7) 그런데 파생적 행정주체인 공공단체에 의한 공권력행사에 관해 헌법 자체에서 아무런 언급이 없는 것은 문제이다. 향후 개헌에서 유의할 점이다.

8) 지방자치단체를 제외한 단체(공공조합, 영조물법인, 공재단)는 기능적 자치를 행한다.

속되고 국가의 감독하에 있기 때문이다. 자치와 분화의 원칙에 따라 합법성 감독이 원칙이고, 합목적성 감독은 법률이 규정한 경우에 한하여 인정된다. 지방자치법은 이런 법리를 명시하고 있다(188조 5항 단서 참조). 공공단체는 주무부장관의 일반적인 감독을 받는 외에 그의 재무·재산 등에 관하여는 기획재정부장관의 감독을 받는 경우도 있다. 과거에는 이런 특별감독관계를 특별권력관계의 차원에서 접근하였지만, 오늘날에는 그런 식의 접근은 바람직하지 않다.

(5) 권리구제상의 고려사항

특히 국가임무와 관련한 공공단체와 그 구성원간의 또는 그 이용자간의, 공공단체와 국가감독기관간의 다툼은 공법적 성질을 지닌다.

2. 종 류

(1) 지방자치단체

지방자치단체는 일정한 구역에서 그 주민을 상대로 공권력을 행사하는 파생적 행정주체이다.[9] 일정한 구역과 그 주민을 필수적 구성요소로 한다. 따라서 지역단체인 점에서 다른 파생적 행정주체와 구별되는데, 반면 일정한 구역의 주민을 상대로 하기에 인적 결합체로서의 공법상의 사단 또는 공공조합과 유사한 측면을 갖기도 한다.

지방자치제가 헌법상으로 보장되고, 지방자치단체는 주민복리사무를 처리하고 재산을 관리하며 자치에 관한 규정을 제정하는 등 그 지방의 공공사무의 전반에 관하여 권한을 가지며(전권한성), 자기책임껏 행사할 수 있다(자기책임성)(헌법 117조 1항; 지방자치법 12조 참조). 따라서 **지방자치단체는 다른 파생적 행정주체와는 다른 특별한 법적 위상을 갖는다**(가령 배상책임주체 등).

지방자치단체는 보통지방자치단체(특별시·광역시·특별자치시·도·특별자치도·시·군 및 자치구)[10]와 특별지방자치단체(지방자치단체조합)로 나뉜다. 지방자치단체조합은 수도와 같은 공기업의 경영, 도로와 같은 공공시설의 설치·관리 등 개별적인 행정임무를 공동으로 수행하기 위해 복수의 지방자치단체에 의해 설립된 지방적 목적단체이다. 이것 역시 법인의 성격을 가지므로(지방자치법 176조 2항), 지방자치단체의 일종이다.

9) 한편 독일의 경우 주(州) 역시 연방과 마찬가지로 직접적 국가행정조직으로 보는데, 우리와는 달리 그들의 경우 주 헌법·주 법률·주 명령이 인정되고 나아가 주 단위 법원이나 헌법재판소, 경찰 등과 같은 조직이 구비되어 있다.

10) 지방자치법 제3조 제2항에 의하면 자치구는 특별시와 광역시의 관할 구역 안에만 존재할 수 있다.

(2) 공공조합

공공조합(공사단)은 특정한 목적을 위해 일정한 자격을 갖춘 자에 의해 성립한 인적 단체로서 그 구성원(조합원)을 상대로 공권력을 행사하는 파생적 행정주체이다. 지역단체인 지방자치단체와 비교하여 공공조합은 인적 단체라고 말할 수 있다. 이런 공공조합에는 설립목적에 따라 i) 경제적 목적을 위한 것(상공회의소, 각종 협동조합), ii) 지역개발을 목적으로 한 것(도시재개발조합, 산림조합 등), iii) 자유업종의 직능목적을 위한 것(대한변호사회, 대한의사회, 대한약사회, 대한법무사협회 등), iv) 사회복지를 목적으로 한 것(의료보험조합, 국민연금공단 등)으로 나눌 수 있다.

행정주체로서의 공공조합의 지위가 인정되는 근거는 조합원에 대해 협회등록이나 징계와 관련한 공권력의 행사이다. 이런 공권력의 행사가능성이 부여되지 않는 한, 공법인에 불과할 뿐 행정주체가 될 수 없다.[11] **행정주체로서의 공공조합에서 문제가 되는 것은 강제가입의 합헌성 여부이다**(예: 변호사법 7조 1항). 여기서 관련자의 직업선택의 자유 및 일반적 행동의 자유가 충돌하는데, 관건은 정당한 공임무를 이들 단체가 추구하느냐 여부이다.

공공조합과 그 구성원간의, 공공조합과 국가감독기관간의 다툼은 공법적 성질을 지닌다.[12] 가령 변호사법 제8조 제1항에 의거한 등록거부에 대해선 신청자가, 변호사법 제8조 제4항에 의거한 법무부장관의 변호사등록명령에 대해선 변호사협회가, 취소소송을 제기할 수 있다. 독일의 경우 가령 단체가 임무영역과 전혀 무관한 일반적인 정치적 견해표명을 할 때, 그 구성원은 부작위를 내용으로 하는 소송(즉, 예방적 부작위청구소송)을 제기할 수 있다고 한다. 만약 대한변호사협회가 그 목적(법 78조)에 배치되게 특정 정파에 유리할 수 있는 정치적 입장을 표명하려 한다면 이런 문제가 생길 수 있다.

유의할 점은 공공조합의 행정주체적 지위는 그 조합원을 상대로 인정되는 것이지 그 조합직원을 상대로는 인정되지 않는다. 직원의 근무관계는 단순한 사법상의 근로관계이다. 판례는 도시정비법상 재개발조합과 조합장 또는 조합임원 사이의 선임・해임 등을 둘러싼 법률관계의 성질을 사법상의 법률관계로 보고서 민사소송으로 다투어야 한다고 정당히 판시하였다(대법원 2009마168결정).[13] 반면 농지개량조합과 그 직원과의 관계를 이른

---

11) 가령 대한변호사협회는 처음부터가 아니라, 변호사등록업무를 관장하고(1982년), 일정한 징계사항을 협회 변호사징계위원회가 전속적으로 관장한(1993년) 후에 비로소 그 업무에서 행정주체에 해당한다.

12) 유의할 점은 국가배상책임의 경우 국가배상법이 헌법과는 다르게 배상책임의 주체로 지역적 공공단체인 지방자치단체만을 규정하였기에 공공조합을 비롯한 공공단체의 배상책임은 국가배상법이 아닌 민법의 차원에서 접근할 수밖에 없다. 물론 입법정책적으로는(de lege ferenda) 공공단체를 배상책임의 주체로 규정한 국가배상법의 제정 당시로 환원하는 것이 바람직하다. 본서 915면.

13) 대법원 80다2545판결 역시 공공조합의 행위 전부가 공법적 관계에서 하는 것이 아니라고 정당하게 판시하였다(본서 32면).

바 특별권력관계로 접근하였는데(대법원 94누10870판결), 이는 타당하지 않다(본서 770면 참조).

⑶ 공법상의 영조물법인

(가) 영조물의 의의와 구별개념

일찍이 Otto Mayer는 영조물을 「**공행정주체에 의하여 특정한 공적 목적에 계속적으로 봉사하도록 정해진 인적·물적 수단의 종합체**」라고 정의하였다. 이는 오늘까지도 통용된다. 학술, 문화, 의료, 교통상의 편의 등과 같은 공공서비스를 제공하는 것을 목적으로 하는 점에서, 영조물은 수익성에 비중을 두는 공기업과는 구별된다. 또한 인적 요소와 물적 요소(건물, 시설 등)를 결합한 영조물 개념은 단순한 물적 설비를 중심으로 한 개념인 공공시설과는 구별된다. 한편 공공조합과는 달리 영조물의 경우 영조물이 제공하는 서비스를 중심으로 한 이용관계가 대상이어서, 그 이용자는 영조물주체의 상대방에 해당하지 영조물의 구성원은 될 수가 없다. 영조물의 일반직원(국공립도서관의 사서가 아닌 일반직원) 역시 영조물의 구성원은 아니다. 영조물법인이라도 영조물이용관계에서만 행정주체일 뿐이므로, 그 내부근무관계까지 법률의 위임 없이 공법관계로 받아들일 수는 없다.

(나) 영조물법인의 예

파생적 행정주체로서의 영조물법인은 이상의 영조물이 법인격을 취득한 단체이다. 법적 독립성과, 행정행위를 발할 가능성으로 인하여, 영조물법인의 설립의 대강은 전적으로 의회에 맡겨짐으로써 민주주의의 원리가 보장된다. 그리하여 영조물(영조물법인)은 법률에 의해서 또는 법률에 의거해서 설립되어야 한다. 법률(가령 방송법이나 서울대법 등)에 의해 성립한 것은 한국방송공사, 한국은행, 서울대학교, 서울대학교병원, 인천국제공항공사이고, 법률에 의거하여(조례에 의하여) 성립한 것은 서울특별시지하철공사 등을 들 수 있다. 그런데 법인격을 취득하지 못한(권리능력이 없는) 영조물(예: 국공립학교, 박물관, 국공립병원, 교도소, 국공립도서관, 시험소)은 법적으로 독립체가 아니기에, 행정주체가 될 순 없고, 직접적인 국가행정(조직)의 기관에 해당한다(법인이 아닌 국립대학의 경우 대학자치와 관련하여 부분적 권리능력을 갖는다).

유의할 점이 있다. **공공기관운영법상의 공공기관 전부를 영조물법인으로 보아선 아니된다.** 상당수가 공기업에 해당하는 동 법률의 공공기관은 기본적으로 국가의 지분을 중심으로 국가적 개입을 전제로 설정하였기에 그 간극은 당연하다. 더군다나 동법은 대표적 영조물법인인 한국방송공사를 동 법률의 공공기관에서 제외하고 있다. 하루바삐 공공단체나 공공기관 등의 체계를 정립할 필요가 있다.

(다) 영조물이용관계의 법적 성질

영조물법인의 조직과, 영조물법인의 그 설립자(국가나 지방자치단체)에 대한 관계는 공법적이다. 하지만 **영조물법인의 이용자에 대한 관계(이용관계)는 항상 공법적으로만 형성되지 않는다.** 즉, 영조물법인은 물론, 영조물까지도 이용관계에서 사법적으로도 활동(등록금납부)할 수 있다.[14] 그리하여 개입행정의 영역에선 이용관계(가령 영조물법인은 아닌 공무수탁사인인 민영교도소의 재소관계) 역시 반드시 공법적이지만, 급부행정의 영역에선 그 이용관계가 법률규정에 의해 공법관계가 될 수 있으되(TV시청료부과 건), 원칙적으로 사법적으로 형성된다. 영조물의 '공법인'으로서의 징표는 그것이 공법적으로 조직되는 점에 있으며, 그의 이용관계가 항상 공법적으로 형성되는 것에 있지 않은 점에 유의할 필요가 있다.

다만 공공서비스의 이용여부, 즉 그것에 대한 접근문제는 공법적 이슈이므로 행정구제를 강구할 수 있다. 그리하여 공급주체가 영조물법인이나 영조물은 물론 심지어 특허를 받은 사인(특허기업자)이라 하더라도 이용관계와 무관한 사유(가령 특정 정치적 견해)로 특정인으로 하여금 공공서비스의 접속을 못하게 하는 경우에는 그 특정인은 ―민사적 권리구제와는 별도로― 국가의 개입(국가감독권의 발동)을 요구하는 것을 통해 공법적 권리구제를 도모할 수 있다.

(4) 공법상의 재단

공법상의 재단 또는 공재단이란 국가나 제3자가 출연한 재산(기금·물건 등)을 관리하기 위하여 국가가 공법에 의하여 설립하거나 인정한 조직체이다. 행정주체로서의 재단은 재산의 수익으로 공적 목적을 이행한다. 출연자는 출연행위를 넘어서 재단의 활동에 영향을 미치지 못한다. 영조물법인(이나 영조물)에선 이용자가, 공재단에선 수혜자가 행정주체의 상대방이다. 한편 공재단과 일반 민간재단법인과의 구별이 문제되는데, 업무의 공공성의 정도로 법인의 성격을 가늠하는 것은 바람직하지 않다. 법률의 직접적 수권여부에 의거하여 접근해야 한다.

현행법상 공재단에 해당하는 것으로 한국연구재단과 한국학중앙연구원이 있다.

14) 영조물이용관계를 종전의 특별권력관계로 단선적으로 설정하면 그것 일반을 공법관계로 접근할 우려가 있다. 이 점에서도 하루바삐 특별권력관계 및 그것의 변형적 형태를 삭제하는 것이 바람직하다.

근거법률(한국연구재단법과 한국학중앙연구원육성법)에서 이들이 '재단법인'임을 명시적으로 규정하고 있다. 반면 한국과학기술원의 경우 근거법률(한국과학기술원법)이 단지 법인이라고만 규정하고 있으므로, 영조물법인으로 보아야 한다. 다만 한국학중앙연구원의 경우 대학원의 설치 등을 통해 공공서비스의 제공을 기할 수 있다는 점에서 영조물법인으로서의 성격도 일부 지닌다. 한편 판례는 총포화약법에 따라 설립된 총포·화약안전기술협회 역시 '공법상 재단법인'으로 보는데(대법원 2018다241458판결), 타당하지 않다. 총포화약류를 취급하는 회원에 의해 결성된 단체이고 이들에 대한 감독을 주된 업무로 하는 점에서 이 협회는 공공조합의 일종이다.[15]

제 3 절 공임무를 수행하는 사인의 법적 지위

오늘날 사인은 여러 가지 형태로 행정에 참여하여 공무를 수행하고 있다. 때로는 행정주체의 지위에 서서 자신의 이름으로 권한을 행사하기도 하고 때로는 비행정주체로서 행정기관을 보조하는 일을 담당하기도 한다. 따라서 공무를 수행하는 사인이 행정담당자로서의 공무수탁사인에 해당하는지의 여부는 당해 사인이 권리능력의 주체로서 자기책임하에 공권력을 행사하는가, 아니면 국가 또는 공공단체의 수족(보조기관)으로서 활동하는 것인가의 관점에서 판단해야 한다.[16]

Ⅰ. 논의의 전제: 민간화(민영화)에 관한 공법적 논의

1. 의 의

행정청이 충분한 인적·물적 인프라를 갖추는 데 필요한 제반 비용을 감안하면. 민간사이드의 노우하우를 이용하는 것이 만병통치약으로 여겨지고 있다. 일각에서 주장되는 입법아웃소싱도 낯설지 않다.[17] 법정책적 측면에서 주장되는 (법)집행부전

15) 상론: 김중권, 안암법학 제66호(2023.5.30.), 103면 이하.
16) 상론: 김중권, 행정법기본연구Ⅳ, 66면 이하.
17) 상론: 김중권, 이른바 입법아웃소싱의 공법적 문제점에 관한 소고, 입법평가연구 제10-2호(2016.10.30.), 15면 이하.

이 낳은 표제가 바로 민간화(私的化, 私事化, Privatisierung), 탈규제(Deregulation), 사회(민간)적 자기규제이다. 여기에는 능률제고와 동시에 국가적 비용절감의 기대가 담겨져 있다. **민간화는 이제까지 국가가 수행하여 온 임무가 전반적·부분적으로 민간주체에게 맡겨지거나, 행정청의 권한은 유지하되 사적 도움과 협력을 받아 행해지는 현상을 나타낸다.**[18] 행정법적으로 보자면, 공임무를 민간의 힘을 빌려 수행하여 온 종래의 메커니즘(공무수탁사인, 행정보조인 등)이 민간화의 흐름에서 새로운 조명을 받는다.

그런데 공무수탁사인과 행정보조인은 오로지 공임무의 수행에서만 존재하고, 그 임무가 사적 임무라면 단순한 민간감정인이나 민간확인자에 해당한다. 대법원 2013다14217판결은 구 부동산소유권이전등기법에 따른 소유권이전등기에 요구되는 확인서와 관련한 보증서를 발급하는 보증인을 공무수탁사인으로 보지 않는데, 보증임무가 국가임무가 아닌 이상, 이 보증인은 민간확인자에 해당한다.[19]

2. 민간화의 종류

i) 재산민간화(Vermögensprivatisierung): 국가가 국공유재산이나 공기업의 재산을 매각하는 것을 의미한다. 처음부터 공임무와 직접 관련성이 없기에, 큰 법적 문제는 없다.

ii) 임무민간화(Aufgabenprivatisierung, 완전한 민간화, 실질적 민간화): –소위 생존배려의 일부로서든, 국가적 안전보장의 일부로서든– 이제까지 국가가 수행한 공임무를 사회적(민간의) 영역으로 전환하는 것을 의미한다. 이는 사물(실체)대상의 탈국가화(脫國家化)를 나타낸다. 전화사업이나 가스공급사업이 과거에는 국가독점사업이었지만, 지금은 그렇지 않다.

iii) 형식적 민간화(formelle Privatisierung): 공임무 자체는 여전히 공법적, 즉 행정의 영역에 있지만, 공임무의 '집행방법'에서 민간화된 조직과 형식에 의해 공임무가 수행되게 하는 것을 의미한다. 형식적 민간화 또는 조직민간화의 경우, 행정주체는 임무민간화처럼 공임무를 벗어버리는 것이 아니라, 그것을 수행하기 위해 –통상 주식회사와 같은 自己會社를 만드는 식으로– 私法의 조직형식과 법형식을 이용하는 셈이다.[20] 이는 공임무의 수행을 私法의 옷을 입고서 하는 것이다. 국가가 공법의 개입권과 강제권에 의존하는 경우에는 형식적 민간화는 고려되지 않는다. 이런 민간화의 영역은 급부행정이다.

iv) 기능적 민간화(funktionale Privatisierung): 국가나 지방자치단체가 임무를 자신의

18) 참고문헌: 김남진, 고시연구 2006.9.; 김해룡, 외법논집 제35권 제1호(2011.2.); 이종영, 법학논문집(중앙대), 제24집 제1호(2000.2.); 김민호, 토지공법연구 제25집(2005.2.); 문병효, 고려법학 제52호(2008.4.); 조인성, 지방자치법연구 제5권 제1호(2005); 이상해, 지방자치법연구 제32호(2012).
19) 상론: 김중권, 행정법집행에 있어서의 민간전문가의 참여, 공법연구 제40집 제1호(2011.10.31.).
20) 여기서 문제되는 것이 행정회사법론이다. 이에 관해서는 김중권, 행정법기본연구Ⅱ, 391면 이하 참조.

관할과 책임영역에 두고 있되, 그것의 기술적 집행은 전반적·부분적으로 사인에게 맡긴 것을 의미한다. 기능적 민간화 또는 이행민간화의 경우, 고권주체가 민간의 이행보조를 ―독립적 행정보조인으로서― 이용하되, 이행보조의 법효과는 결과인수를 통해 고권주체에게 귀속되는 메커니즘이다.[21] 대외관계에서는 여전히 국가가 절차의 주관자로 공법적으로 나서고, 책임이전은 없다. 민간의 전문지식, 능력, 독자적 이니셔티브를 활용하는 기능적 민간화에서는 민간전문가가 중대한 역할을 한다. 한편 약사법 제36조 등의 의약품등의 제조관리자제도처럼, 일종의 선행·부수작업의 차원에서 민간사업주체를 도와주는 민간전문가들은 고권적으로 규제된 자기(자율)규제의 모델에서는 일종의 '행정대체'(Verwaltungssubstitution)로 행동한다.

3. 민간화, 특히 임무민간화의 한계로서의 국가유보

민간화란 국가와 사회의 관계에서의 임무의 새로운 분할이다. 그것이 허용되지 않는 영역을 도출하여 그것의 한계, 즉 국가유보(國家留保)를 설정할 필요가 있다. 헌법이에 국가유보에 관한 명시적 언급이 없어서 그 근거가 문제되지만, 국가의 존재이유와 헌법상 보장된 공무원제도에 비추어 어려움 없이 국가유보를 상정할 수 있다. 이제껏 생존배려라는 집합개념하에서 시행되었던 사물영역, 즉 공공서비스분야에서의 임무민간화는 별 문제가 없다. 반면 형사소추, 행형이나 일반적인 위험방지와 같은 국가의 핵심영역처럼, **국가적 권력독점의 행사에 의해서 직·간접적으로 지속적으로 정해지는 사물영역의 경우에는, 국가유보가 인정되어야 한다.** 이런 사물영역에선 민주적·사법적으로 통제된 공권력이 책임껏 활동해야 하기에, 임무민간화는 허용되지 않는다. 다만 여기서도 민간교도소의 경우처럼, 사권주체가 공무위탁이나 행정보조라는 기능적 민간화의 형식으로 동원될 수 있는 가능성은 열려 있다.

4. 임무민간화에 따른 국가의 보장책임

임무의 탈국가화에 해당하는 임무민간화가 행해지면 국가는 뒤로 물러서고, 민간 스스로 규율을 만들 수 있게 된다. 여기서 국가의 보장책임이 문제된다. 민간의 규율이 엄격한 행정적 통제를 대신하면, 개인의 자유영역을 위해 긍정적인 면도 있지만, 기본권적 보호본질의 상대화가 초래될 우려도 있다. 특히 국가권력을 조직화된 민간단체(협회)에 넘기는 것은, 다름 아닌 개인의 자유행사를 집단의 권력에 넘기는 것이

---

21) Burgi, Funktionale Privatisierung und Verwaltungshilfe, 1999. S.100; Seidel, Privater Sachverstand und staatliche Garantenstellung im Verwaltungsrecht, 2000, S.196.

다. 따라서 법치국가원리를 구체화하는 행정법의 임무는, 민간에 의한 자기규율적 법집행형식이 그 영역의 자유이념 및 국가이념의 궤도 안에서 유지되게 하는 것이다.[22] 따라서 국가는 국민에 대한 공적 서비스의 제공이 민간화 이후에도 실제적으로 보장되도록 민간화와 동시에 또는 그 이후에 법률적 규율과 규준을 통해 그 제공을 보장하는 대강적 질서를 확고히 마련해야 한다.[23]

Ⅱ. 공무수탁사인

1. 의 의

공무수탁사인(Beliehener)이란 **「자신의 이름으로 일정한 행정임무를 고권적으로 수행하는 것을 맡은 사권주체」**로 정의한다.[24] 국가와 지방자치단체는 고유한 행정장치의 동원을 면하게 하고, 자신에게 없는 인적 자원을 보완하기 위하여, 사인의 전문지식, 경험, 주도권과 상황제어, 영리경제적 사고방식, 기술구비, 사법적 조직형식을 활용할 목적으로 공무위탁을 한다. 특히 높은 행정비용이 예상되는 (부진정한) 대량절차에 (본서 265면) 공무위탁의 필요성이 있다. 가령 차량검사제도의 경우 행정당국의 인력부족과 검사지연 등에 의해 야기된 집행상의 현저한 부전(不全)이 결국 차량검사대행이라는 감시시스템을 도입하게 하였다.

공무위탁을 통해 민간전문가는 행정에 편입되며, 간접적 국가행정의 일부가 된다는 점에서, 공무수탁사인은 －입법자가 선택한－ 법집행조직의 수단인 동시에, 공법적 기능주체인 셈이다.[25] **물론 공무수탁사인은 그의 본래의 사법적 지위를 잃지는 않는다**(소위 이중적 구조). 법집행에서 독자성이 인정되어 공무수탁사인은 원칙적으로 결코 내

---

22) Di Fabio, VVDStRL 56, 1997, S.235(252f., 269).

23) 여기서 민간화법은 민간화후속법과 보장법으로 이어지는데, 독일에서 규제법은 주로 이런 분야에서 전개된다. 참고문헌: 이원우, 저스티스 제106호(2008.9.); 계인국, 공법연구 제44집 제1호(2015.10.); 김중권, 안암법학 제45권(2014.9.).

24) 독일 문헌과 판례상으로 종종 '공무수탁기업'란 옛 개념이 사용되곤 하는데, 이는 종전에 이 개념에 특허를 연계시킨 데서 비롯한 것이다. 여기서 문제되는 것이 'Beliehener'의 번역이다. 종래 임무이론에 의하면 이를 '공무수탁사인'으로 옮기더라도 문제없지만, 임무이론에서 벗어난 이상 '임무'(Aufgaben)에 착안한 공무수탁사인의 용어는 그 자체가 오해를 피할 수 없으며, '공무(공임무)'개념 자체도 약간의 불분명함을 지니고 있다. 실제로 임무수행상의 공법적 권한의 이전이 본질인 점에서 이원우 교수의 지적(경제규제법론, 2010, 731면 주50)마냥 '공권수탁사인'이 더 적확할 수 있다.

25) 헌재 2004헌마262결정: 국가는 당해 임무가 누구에 의해서든 수행되도록 할 책임을 여전히 부담하고 있는 것이고, 민간부문은 단지 당해 임무의 수행에 편입될 뿐이다.

용적인 타자(국가 등)조정의 지배를 받지 않는다. 따라서 국가 등은 공무위탁의 메커니즘이 유지하는 한 공무수탁사인의 법집행에 개입해서는 아니 된다. 물론 간접적 국가행정의 차원에서 공무수탁사인은 국가 등의 감독은 받으며, 공무이외의 사항과 관련해서는 당연히 공권력행사의 상대방이 된다.

2. 공무수탁사인을 성립시키는 공무(민간)위탁의 의의와 헌법적 한계

지적측량업무를 비영리법인만 대행할 수 있도록 규정한 舊 지적법 제41조 제1항에 대하여 헌법재판소가 헌법불합치결정을 내렸다(헌재 2000헌마81). 개정된 舊 지적법 제41조의3에 의하면, 지적측량업자로 등록된 자라도 대한지적공사와는 달리 모든 지적측량업무를 수행할 수는 없고 경계점좌표등록부가 비치된 지역에서의 지적측량과 도시개발사업 등이 완료됨에 따라 실시하는 지적확정측량만을 수행할 수 있다. 지적측량업자 甲이 동 규정에 의하면 지적측량업자가 직접 측량할 수 있는 수치지역은 국토 면적의 불과 3~4%에 불과하다는 점을 들어 동 규정은 지적측량업자의 업무범위를 제한하여 직업선택의 자유와 평등권을 침해하여 위헌이라고 주장하면서 헌법소원심판을 청구하였다. 이 주장은 주효하는지? (헌재 2004헌마262)

(1) 민간화에서의 위치

공무위탁 및 그에 따른 공무수탁사인은 기능적 민간화와 형식적(조직) **민간화의 교차점에 있다.** 국가는 그 자체로서 행정법적 권한이 귀속하는 사적 조직체를 이용한다. 이는 국가적 임무를 사주체(私主體)의 옷을 입고서 이행하는 것이다. 이런 고찰방법으로 보면, 민간위탁은 조직민간화(형식상의 민간화)의 하위경우에 해당한다. 순전히 형식적으로 보자면, 여기선 임무가 부분적으로 민간화되기보다는 사회의 행위자를 행정청적 기능차원으로 격상함으로써 거꾸로 **민간부문이 '국가화'(verstaatlicht)된 셈이다.** 그런데 여기서 국가가 중요하게 여기는 것은, 국가적 임무를 私主體에게 맡김으로써 사회분야에서의 전문가적 노우하우를 나름의 목적을 위하여 효과적이게 만드는 것이다. 실질적 고찰방법에서 보자면, 이것은 기능적 민간화의 사고에 완전히 부합한다.

(2) 헌법적 한계

사인에 대한 공무위탁의 문제는 헌법적으로 제도적 법률유보, 민주주의원리와 법치국가원리와 관련하여 논의될 수 있다. 제도적 법률유보의 차원에서 -행정보조와는 달리- 공무위탁은 법률에 의하여 또는 법률에 의거하여 행해지는 경우에만 적법하다.[26] 그런데 제도적 법률유보의 문제는 허용성의 물음이 아니라 적법성·한계의 물음이다(후술). 해당 법률적 근거가 없더라도 또한 개별법상의 법상황과 배치되더라도 공무위탁은 가능하되, 여기선 위법한 '사실상의 공무위탁'이 존재하며, 私人은 사실상의 측면에서 제도적 법률유보의 규준에 반하는 지위를 가진다.

국가는 당해 임무가 누구에 의해서든 수행되도록 할 책임을 여전히 부담하기에, 공무위탁의 허용성 자체는 원칙적으로 문제되지 않는다. 그런데 민간위탁은 보조금의 교부 등으로 비용이 더 드는 경우가 있고, 공평성의 저해 등에 의한 행정서비스의 질적 저하를 불러올 수 있으며, 위탁기관과 수탁자 간에 책임 한계가 불명확하게 될 우려가 있고, 행정의 민주화와 종합성이 손상될 가능성도 있다. 따라서 **일정한 사무에 관하여 민간위탁을 하는 경우에는 이런 단점을 최대한 보완하여 민간위탁이 순기능적으로 작용하도록 할 필요가 있다(공무위탁의 양적 한계)**(대법원 2010추11판결).[27] **이처럼 공무수탁전문가의 합헌성은 공무위탁의 양적 한계가 준수되는 경우에만 확인될 수 있다.**

하지만 공임무의 수행방법에서 전통적인 방법을 취할 것인지 아니면 공무위탁의 방법을 취할 것인지와 관련해서 입법자에게 광범위한 형성의 자유(입법재량)가 인정되고 있기에, 양적 한계의 가늠요소(당해 사무의 성격과 수행방식의 효율성 정도 및 비용, 공무원 수의 증가 또는 정부부문의 비대화 문제, 민간부문의 자본능력과 기술력의 성장정도, 시장여건의 성숙도, 민영화에 대한 사회적·정치적 합의 등)를 내세우더라도, -헌재 2004헌마262가 잘 보여주듯이- **이런 한계를 초과하였는지를 확인하기란 극히 불확실하다.**

3. 공무수탁사인의 징표

행정보조인처럼 보조의 차원에서 민간전문가를 참여시키는 구조에서는 행정활동을 아웃소싱하는 것이 그 목표이지만, **공무위탁의 경우에는 이런 차원을 넘어, 민간전문**

26) 지방자치법 제104조 제3항에 의하면, 지방자치단체의 장은 그 권한에 속하는 사무 중 주민의 권리·의무와 직접 관련이 없는 사무에 대해서는 조례나 규칙으로 정하는 바에 따라 민간에게 위탁할 수 있다. 한편 민간위탁조례가, 지방자치단체 사무의 민간위탁에 관하여 지방의회의 사전 동의를 받도록 하고, 지방자치단체장이 동일 수탁자에게 위탁사무를 재위탁하거나 기간연장 등 기존 위탁계약의 중요한 사항을 변경하고자 할 때 지방의회의 동의를 받도록 하더라도, 지방자치단체장의 집행권한을 본질적으로 침해한 것은 아니며(대법원 2010추11판결), '사업비 결산서 검사'를 기존 공인회계사 또는 회계법인뿐 아니라 세무사 또는 세무법인도 수행할 수 있게. 하더라도 위법이 아니다(대법원 2022추5125판결).

27) 대법원 2010추11판결: 민간위탁은 다른 한편으로는 보조금의 교부 등으로 비용이 더 드는 경우가 있고, 공평성의 저해 등에 의한 행정서비스의 질적 저하를 불러올 수 있으며, 위탁기관과 수탁자 간에 책임 한계가 불명확하게 될 우려가 있고, 행정의 민주화와 종합성이 손상될 가능성도 있다. 따라서 지방자치단체장이 일정한 사무에 관하여 민간위탁을 하는 경우에는 위와 같은 단점을 최대한 보완하여 민간위탁이 순기능적으로 작용하도록 할 필요가 있다.

가의 활동이 국가적 의사결정과정에 들어간다.

다음의 징표를 설정할 수 있다. 먼저 i) **공무위탁이 존재한다.** 공무위탁은 법령에 의하거나 법령에 의거하여 행정행위(설권적 성격)나[28] 공법계약에 의해 행해진다.[29] 공무위탁이 법령에 의하거나 법령에 의거하여 행정행위에 의하거나 상관이 없다.[30] 그런데 공무위탁의 대상과 관련해서 (독일 문헌상으로) 임무이론과 법적 지위이론이 맞선다.[31] 임무이론은 공무위탁을 넘겨진 임무의 성격에 의거하여 파악하고자 하는데 공무수탁사인의 성립에 국가임무의 이전으로 충분하다는 본다. 반면 법적 지위이론에 의하면 사인이 국가로부터 −직접적인 법효과를 지닌 규율을 발할 수 있는− 법적 힘을 보유하게 되었는지가 관건이다. 오늘날에는 단순고권적 활동 역시 위탁이 가능한 대상으로 파악하는 식으로 법적 지위이론에 약간 변형을 가하는 것이 독일에서는 다수의 입장이다. **공무위탁을 통해 공법적 권한이 민간전문가에게 배타적으로 이전한다.**

ii) **민간전문가가 이제는 공법의 직접적인 지배를 받는다.** 행정보조인적 민간전문가와 대조적으로, 공무수탁사인은 위임과 법령 안에서 자율적으로 활동할 수 있기에, 소관 행정청의 직·간접적인 지도를 받지 않는다. 그리고 그의 활동은 위임의 결과로서 공법활동 및 행정임무이다. 보조기능을 수행하는 민간전문가참여의 경우와는 달리, 공법규범의 집행이 공무수탁민간전문가에게 완전히 맡겨질 수 있기에, 그는 법률이 허용하는 한, 행정청의 관여 없이 자기책임껏 국가적 허가나 기타 공법적 권능(가령 환경표시, 규율대상의 확인된 위법성의 경우에 금지하명이나 거부하명)을 발할 수 있다.

4. 공무수탁사인의 활동의 민주적 정당성의 요청

공무위탁의 특징적 징표가 권한위임이므로, 국민에 의해 선출되지 않은 **민간전문가의 활동에 대해서는 당연히 민주적 정당성의 요청이 제기된다.**[32] 위탁과 동시에 자동

---

28) 재활용자원화시설민간위탁대상자선정행위는 행정처분에 해당한다(대법원 2006두7973판결).

29) 참고문헌: 홍정선, 민간위탁의 법리와 행정실무, 2015; 김종천, 법제 제686호(2019).

30) 헌재 2016헌가8 등이 건강기능식품에 대한 사전광고심의가 식약처장으로부터 위탁받은 한국건강기능식품협회에서 수행하고 있지만 법령을 통해 행정권이 개입하고 지속적으로 영향을 미칠 가능성이 존재한다는 점 등을 이유로 광고심의가 헌법에서 금지되는 사전검열로 보았다. 그 후 제정된 식품표시광고법은 직접 민간단체에 의한 사전광고심의를 직접 규정하고 있다. 모법률에서 직접 위탁하더라도 사전검열의 성격에는 변함이 없다. 헌재결정이 건강기능식품이 일반 식품과는 달리 국가가 승인한 기능성을 바탕으로 한다는 점을 간과하여 사전검열금지의 법리를 단순히 대입한 것은 문제가 있다. 상론: 김중권, 식품과학과 산업 제51권 제4호(2018.12.31.).

31) 논의의 개관은 vgl. Reinhardt, AöR 118(1993), S.617(625).

32) 민간인참여의 일반적인 정당성 문제에 관해서는 vgl. Britz, VerwArch Bd.91(2000), S.418(422ff.).

적으로 민간전문가는 국가내부적인 조정의 지배를 받음으로써, 즉 행정감독의 대상이 됨으로써 그 활동의 민주적 정당성이 확고하게 된다. 민간전문가는 위탁에 의해 "국가행정의 지시권의 범주 안에" 들어가고, (합법성 감독을 당연히 전제로 하는) 합목적성 감독(행정감독)이나 적어도 합법성 감독에 따른 지배를 받는다.[33] 하지만 명령적 조정이나 하명의 형식으로 행한 업무지시는 행정감독에 들어가지 않는다. 그런 종류의 지시는 나름의 독자성을 전제로 한 공무수탁사인의 법제도와는 맞지 않는다.

5. 공무수탁사인의 예

문헌상으로 공무수탁사인의 예로, 공증인, 민사집행관, 사립학교,[34] 자동차검사대행업자를 비롯하여, －토지수용권 등의 공권력을 행사하는－ 기업자(起業者) 또는 공공사업의 시행자로서의 사인, 별정우체국의 지정을 받은 사인, －경찰사무 및 호적사무를 집행할 때의－ 상선의 선장을 든다. 한편 독일의 경우, 전기·가스·수도·난방의 검침을 위한 국가공인검사소, 지역굴뚝청소장인, 일부 주에서의 정식의 건축허가절차에서의 건물안전검사관, 도로교통령 제21조에 따른 차량승인이나 제29조에 따른 차량감시의 범주에서의 공인차량전문가 등이 거론된다.

6. 공무수탁사인의 법적 지위

토지공사(피고)가 甲 에게 관련 보상절차가 완료되었다는 이유로 건물 철거와 지장물의 이전을 요청한다는 내용의 계고를 하였지만, 甲이 이에 응하지 아니한 채 공장건물 등을 계속 사용·수익을 하자, 토지공사는 A 주식회사와 행정대집행 철거도급계약을 체결한 다음 乙을 행정대집행 책임자로 삼아 토지공사의 직원들과 A 주식회사에서 고용한 인부들을 지휘·감독하여 이 사건 토지상의 공장건물 내부에 있던 영업시설물 등을 반출함과 아울러 공장건물을 철거하는 한편 반출물건 중 일부와 철거잔존물을 파주시 교하읍 ○○리에 있는 적치장으로 이전하는 방법으로 행정대집행을 실시하였다. 甲은 이 행정대집행의 위법을 내세워 토지공사와 그의 직원을 상대로 국가배상책임을 구할 수 있는가? (대법원 2007다82950, 82967판결)

33) 여기서 유의할 점은 앞에서 본 간접적 국가행정은 자치와 분화의 원칙에 입각한 것이어서 원칙적으로 적법성 감독이 행해지는 점이다.

34) 공교육 체제에서 비롯된다. 사립중고등 교원봉급의 상당 부분을 국가가 담당한다. 본서 576면 참조.

(1) 논의현황

공무수탁사인의 법적 성격을 두고서 행정주체설과 행정기관설이 다투어진다.[35] 이는 궁극적으로 그가 행한 행위의 법효과의 귀속주체의 문제이고, 또한 국가배상에서의 배상책임주체의 문제이다. 행정주체설을 단순 대입하면 공무수탁사인의 경우 귀속주체인 이상, 위법한 행위로 인한 배상책임은 국가배상차원에선 그 스스로가 져야 한다. **행정주체로서의 공무수탁사인과 관련한 이런 인식(행정주체=배상책임주체)은 별다른 의문 없이 보편적으로 다수 문헌에서 받아들여지고 있다.**[36] **판례 역시 그러하다.**

(2) 관견(管見)

다수 문헌과 판례가 취하는 접근은 의문스럽다. 종래 독일의 'Verwaltungsträger'를 행정주체로 옮겼다. 독일의 문헌이 공무수탁사인 역시 'Verwaltungsträger'의 일종으로 들기에 자연 공무수탁사인에 대해서도 행정주체적 지위를 부여하여 왔다. 그런데 기왕의 논의는 조직법상의 의미, 작용법상의 의미 그리고 책임법상의 의미를 구분하지 않았다. 공무수탁사인이 행정주체가 되어 -지방자치단체, 공공조합, 영조물법인, 공재단처럼- 간접적인 국가행정의 일환이 되나, 이는 조직법상의 의미이다. 작용법의 차원에선 그것은 행정청이나 공무원마냥 나름의 직무담당자이다.[37] 즉, 공무수탁사인은 헌법 제29조와 국가배상법 제2조상의 직무를 집행한다. 직무담당자로서 공무수탁사인을 설정하면, 그의 행위에 따른 법적 효과는 당연히 위탁자(국가나 지방자치단체)에게 귀속하며, 이는 국가책임법의 차원에서도 그대로 통용된다. 따라서 **판례와는 달리 공무수탁사인에게 공임무를 위탁한 행정주체가 공무수탁사인의 위법한 직무행위에 대해 배상책임을 져야 한다.** 행정절차법은 물론 행정소송법상으로 공무수탁사인이 행정청마냥 동일하게 피고가 되기에 행정주체설이 결정적으로 한계가 가질 수밖에 없음에도 불구하고, 고정타입적인 행정주체설에 사로잡혀 왔다. 2009.10.21.의 국가배상법 개정에서 공무수탁사인을 명시적으로 공무원과 병렬적으로 규정하였다(본서 923면).[38] 이제 **공무수탁사인을 행정주체로 보는 것은 결정적으로 저지된다.**

35) 홍준형 교수 역시 행정주체설에 대해 강한 의문을 피력한다(공법연구 제39집 제2호(2010), 639면).
36) 정하중, 법률신문 제3965호(2011.9.5.); 박균성, 행정판례연구 제15집 제1호(2010.6.); 정남철, 행정판례연구 제15집 제1호(2010.6.).
37) 다만 사인이 기업자 또는 공공사업의 시행자로서 수용주체나 보상주체가 되는 경우에는 의당 그것의 행정주체성을 견지한다.
38) 대상판결의 문제점에 관해서는 김중권, 법률신문 제3989호(2011.12.5.).

Ⅲ. 행정보조인

1. 의 의

오늘날에는 행정청 모델이 지닌 기능부전을 극복하기 위하여, 국가임무의 수행과 관련하여 다수의 보조활동에 많은 민간인이 부처의 위임에 따라 참여하고 있다. 행정보조의 범주는 날로 확대되고 있다. 공무수탁사인과는 대조적으로 행정보조인은 '고유한 행정법적 권한'을 독립적으로 행사하여 활동하기보다는 행정청에 종속하여 하위의 기여를 한다. 즉, 임무수행의 권한은 여전히 전적으로 국가의 조직체에게 잔존(殘存)한다. **행정보조인의 집행행위는 민법상의 이행보조인마냥 행정청에게 귀속되고, 그래서 법적으론 행정청의 활동으로 즉,** 궁극적으로 행정청의 결정으로 되어버린다. 여전히 법적으로 행정이 임무수행의 주체이고, -공무수탁사인과는 달리- 행정보조인은 대외적으로 나서지 않는다. 민간인(사인)이 행정의 임무수행에 편입된 셈이다. 하지만 공무수탁사인처럼 행정보조인은 경우에 따라서는 공권행사의 상대방이 되기도 한다.

독일의 경우 불법주정차량이나 사고차량의 견인을 위탁받은 견인업체, 경찰에 의해 혈액검사를 위탁받은 의사, 통학교통안내원, 시청료징수수탁자, 공공시설이용료징수수탁자가 행정보조인에 해당하는데, 우리 역시 그에 견줄 수 있다.

2. 공무수탁사인과 행정보조인의 구별

(1) 구별의 의의

공무수탁사인과 행정보조인의 구분은 제도적 법률유보의 차원에서 매우 중요하다. 행정보조는 법률적 수권이 필요하지 않으며, 원칙적으로 행정청과 보조인간의 사법계약(일종의 도급계약)에 바탕을 두지만, 공무위탁은 법률에 의하여 또는 법률에 의거하여 행해지는 경우에만 적법하기 때문이다. 그런데 공무수탁사인과 행정보조인의 구분은 제도적 법률유보의 통용 여부에 좌우되지는 않는다. 설령 법률에 근거하여 행정보조인을 두더라도 행정보조인에 불과한 자가 공무수탁사인으로 바뀌지 않는다.[39]

39) 역으로 -단지 명칭교환을 통해 제도적 법률유보의 요청을 피하기 위해- 오로지 행정보조인개념을 사용하여 실질적인 공무위탁을 감추려 해서는 아니 된다.

⑵ 공무수탁사인과 구별되는 행정보조인의 도구적 성격

전통적으로 행정보조인은 -광의의 행정청의 의미에서의 비공식적 조직담당자로서- 행정청을 위하여 비독립적으로 활동하며 아울러 단지 도구(道具)로서 공임무의 수행에 참여한다. 종래 행정보조인의 도구적 성격은 지시구속과 감시(감독)이라는 2가지 기준에 의거하여 가늠된다. 행정보조인이 지시구속의 지배를 받는다는 것은, 그가 고유한 결정권한을 행사할 수 없다는 것이다. 국민과의 접촉에서 행정보조인이 어느 정도의 형성여지를 갖는 것은 불가피하다. 견인업체의 경우를 보면, 경찰을 개재시키지 않고도 견인비용을 받고서 보관차량을 반환하는 것은 용인할 수 있다. 그런데 -특히 독일에선- 두 번째 기준인 감시기준과 관련해선, 사실적(실제적) 감시가 행정보조를 인정하기 위한 요건인지가 문제된다. 사설견인업체의 행정보조를 일종의 이행보조로 본 독일 연방대법원(BGH)의 판례에 의하면,[40] 사설견인업체가 충분하게 감시를 받고 있는지 여부, 즉 현실적인 감시의 존부는 중요하지 않다.

⑶ 행정보조인의 비독립성 징표의 포기 문제

'행정보조인'의 개념은 결코 통일적 현상을 나타내지 못하며, 통일적으로 이해되지도 않는다. **그것의 도구적 성격에서 비롯된 비독립성(非獨立性)의 징표가 문제된다.** 국가임무의 수행에 참여하는 민간전문가(사주체)는 사물적 여건과 전문지식상의 자신의 강점을 살려 나름의 판단에 의거하여 -준비적 성격이든 집행적 성격이든- 결정을 내린다. 기능적 민간화의 차원에서 다양하게 동원되고 독립적인 행정보조인의 범주[41]까지도 별 어려움 없이 수긍되는 것이 현실이므로, 행정보조인의 비독립성의 징표를 고수하는 것은 어울리지 않는다. 이런 현실을 감안하여 **행정보조인에 대해서도 나름의 자유여지를 인정하여 비독립성의 징표를 포기하는 것이 바람직하다.** 행정보조인이 나름 결정·판단을 내리는 것은 인정하되, 이런 결정·판단이 -책임귀속의 착안점을 근거지우기 위해- 관할 행정청에 의해 필수적인 공법적 형식으로, 즉 관할 행정청 자신의 고유한 권한행사의 행사로 주조(鑄造)되는 점을 행정보조인의 징표로 삼아야 한다.

---

40) BGH, NJW 1993, 1258(1259).
41) 비독립적 행정보조인과 독립적 행정보조인의 구별에 관해선 vgl. Di Fabio, VVDStRL 56(1997), S.235(273).

Ⅳ. 판례상 문제된 경우

1. 교통할아버지의 법적 지위

A구가 교통할아버지 봉사활동계획을 수립한 후 관할 동장으로 하여금 '교통할아버지'를 선정하게 하여 어린이보호, 교통안내, 거리질서확립 등의 공무를 맡겼다. 甲이 '교통할아버지' 봉사원으로 선정되어 지정된 시간에 교통안내 업무를 하도록 맡았는데 위탁받은 업무 범위를 넘어 교차로 중앙에서 교통정리를 하다가 사고를 발생시켰다. A구로선 위탁받은 업무범위를 넘어섰기에 자신들을 대상으로 국가배상책임을 청구할 것이 아니라 甲을 상대로 민사상 불법행위책임을 물어야 한다고 주장하였다. 이 주장은 주효하는가? (대법원 98다39060판결)

먼저 규명되어야 할 것은 교통할아버지의 법적 지위이다. 그 업무의 성격상 법집행을 보조한다는 점에서 행정보조인으로 보는 데 큰 어려움이 없다. 그런데 행정보조인의 개념적 징표인 도구적 성격을 고수하면, 그 틀을 넘어선 경우 행정보조인이 민사책임을 져야 한다. 따라서 사안에서 지방자치단체가 甲의 개인의 책임을 주장하는 것은 나름 설득력이 있다. 판례는 외관주의를 내세우고 교차로 중앙에서의 교통정리 역시 위탁받은 미션과 상관관계가 있다는 식으로, 즉 직무행위의 범주를 확대하는 식으로 논증하여 甲의 책임을 부인하고 지방자치단체의 책임을 인정하였다. 대법원 98다39060판결이 국가배상책임을 가능한 넓게 인정하기 위해 외관주의가 지배하는 국가배상법의 기조에 부합하지만, 교통할아버지의 법적 지위를 논하지 않은 점이 취약점이다. 판례가 교통할아버지를 공무수탁사인으로 보는 것인 양 비춰지는 데서 약간의 혼란이 생긴다. 행정보조인의 도구적 성격에서 접근하면, 의문 없이 행정보조인으로 보고서 국가배상법상의 직무행위에 관한 신축적인 이해를 접목시킬 수 있다(본서 923면).

2. 불법주정차차량견인업자의 법적 지위

도로교통법 제36조에 따른 견인업무대행에서 대행하는 私人은 결코 공무수탁사인이 아니다. 만약 이 대행업자가 견인과 보관 업무를 잘못하여 자동차를 훼손시켰다면, 그 차량소유자 등은 국가 등에게 국가배상을 청구할 수 있는가? 동조 제4항에 의하여 민간대행업자는 형법 제129조 등의 적용에 있어서 공무원으로 여겨지므로, 국가배상법상의 공무원으로 볼 수 있긴 하나 이는 간접적인 논거이다. 만약 그런 규정이 없다면 어떻게 되는가? 책임법상의 공무원개념은 조직법적 관점이 아니라 기능적 관점에서 파악해야 하고, **민간대행업자는 위탁자의 이행보조자로서의 법적 지위를 지니기에, 공무원의 지위를 전제로 국가배상을 인정하는 데 전혀 문제가 없다.** 그런데 피해자가 처음부터 민간대행업자를 상대로 손해배상을 청구할 수 있는가? 여기서는 판례가 공무원의 고의·중과실인 경우에 선택적 청구권을 인정하고 있는 점을 유의해야 한다.

3. 사적 원천징수의무자의 법적 지위

소득세법상의 원천징수의무자의 법적 지위를 두고서 논란이 있다. 종래 공무수탁사인적 접근을 하곤 하였는데, **판례는 구체적 법적 성질을 논하기보다는 원천징수가 공무원의 행위가 아니라 법규정에 의해 직접적으로 실현되는 점을 근거로, 과세관청이 원천징수의무자라 하더라도 그가 행한 원천징수행위가 행정처분에 해당하지 않는다고 본다**(대법원 89누4789판결). 그 후 일부 문헌은 '공의무부담사인'(Inpflichtnahme Privat)으로 보기도 한다(김남진/김연태, 103면; 정하중/김광수, 61면). 그런데 공의무부담사인(또는 공역무부담사인)의 경우 私人이 결코 행정에 편입되지 않으면서 시민의무를 이행하는 것이다(예: 자연재해대책법 27조의 건축물관리자의 제설책임). 원천징수의 성격을 두고서 접근해야 한다. 그것의 본질은 예납이다. 따라서 원천징수의무자는 자신의 이름으로 자기책임껏 징수권을 행사하는 것은 아니고, -비록 신고납부제하에서도- 과세당국을 대신하여 징수하여 과세당국을 도와주는 것이다. **공의무부담사인의 경우와는 달리 행정의 임무수행(징세)에 직접 편입된다는 점에서, 원천징수행위의 처분성 물음과 관계 없이 사인인 원천징수의무자는 행정보조인에 해당한다.**[42]

4. 한국금융투자협회(종전 한국증권업협회)의 법적 지위

일찍이 한국증권업협회(지금 한국금융투자협회)가 협회등록취소결정과 관련해서 제1심(서울행법 2001아1428결정)은 공무수탁사인에 의한 행정처분으로 보았지만, 항고심(서울고법 2001루100결정)은 사인들 사이의 私法上 契約關係를 해소하는 해지로 보았다. 그런데 재항고심인 대법원 2001무49결정은 항고심의 결론을 그대로 추인하였으며, 이후 원고는 제1심의 본안의 소를 취하하였다. 과거에는 협회등록이 되지 않으면 코스닥시장에서 증권중개업을

42) 독일에서도 마찬가지이다. Vgl. Trzaskalik, DStJG Bd.12(1989), 157ff.

영위할 수가 없었다(구 증권거래법 172조의2 1항). 이 경우 한국증권업협회는 협회등록결정과 관련해서 단순한 私人으로 볼 순 없는데, 동 조항은 2004.1.29.에 삭제되었기에, **이제는 한국증권업협회(지금은 한국금융투자협회)를 공무수탁사인으로 볼 수는 없다.**

판례는 정보공개와 관련하여 한국증권업협회가 정보공개법시행령 제2조 제4호의 '특별법에 의하여 설립된 특수법인'에 해당한다고 보기 어렵다고 판시하였는데(대법원 2008두5643판결), 이 역시 한국증권업협회의 법적 지위의 변화에 합치한다.

5. 한국마사회의 법적 지위

甲은 기수면허를 취득하여 한국마사회 소속 기수로서 기수생활을 하면서, 조교사면허도 취득하였다. 한국마사회는 甲이 경마고객으로부터 향응을 제공받고 경마경보를 제공하여 기수로서의 품위를 손상시켰기에, 경마시행규정에서 규정하는 제재사유가 있다는 이유로 甲의 기수면허 및 조교사면허를 취소하였다. 그런데 형사재판에서 증거부족을 이유로 무죄판결을 받은 다음, 갑이 기수면허 및 조교사면허의 취소의 무효확인을 구하는 행정소송을 제기하였다. 여기서의 취소는 판례상으로 어떤 법적 성질을 갖는가? (대법원 2005두8269판결)

한국마사회법에 의하여 설립된 법인인 한국마사회는 경마시행, 마주 및 마필등록, 조교사·기수 면허교부 등의 업무를 담당하고, 조교사는 한국마사회로부터 면허를 교부받아 마주로부터 위탁받은 경주마를 관리·조련하는 업무를 담당하며, 기수는 한국마사회의 면허를 받아 조교사와 기승계약을 체결하여 경주에 출주한다. 기수 및 조교사 면허가 행정법제에 규정되어 있고, 한국마사회가 행정청 또는 그 소속기관이나 권한을 위임받은 공공단체나 공무수탁사인에 해당하면, 기수 및 조교사 면허의 취소와 일방적 조치는 행정처분에 해당할 수 있다. 판례는 이런 면허취소가 국가 기타 행정기관으로부터 위탁받은 행정권한의 행사(행정처분)가 아니라, 사법상의 법률관계에서 이루어지는 단체 내부에서의 징계 내지 제재(私法행위)로 본다(대법원 2005두8269판결). **한국마사회가 그 본질은 국가의 특별한 보호와 감독을 받는 특허기업에 해당하고, 기수 및 조교사 면허는 한국마사회가 자체적으로 행하는 일종의 자체·민간 자격인 점에서 사안을 내부사(內部事)로 접근한 판례의 태도는 타당하다.**[43)]

43) 反論: 김연태, 행정판례연구 제15집 제1호(2010).

03 행정에 대한 시민의 주관적 공권

Ⅰ. 처음에-문제의 제기

군주와 신민(臣民)의 관계에 터 잡은 과거의 봉건적 행정법관계가 민주적 법치국가원리에 의거하여 권리의무를 내용으로 하는 행정법관계로 전개되는 데 있어서 그 핵심이 주관적 공권론이다. 행정법에서의 주관적 공권의 존재는 권리침해가 사법적으로(쟁송을 통해) 인정됨으로써 확인되는 다분히 귀납적 구조이다. 하지만 권리구제의 가능성에만 초점을 맞춰 그것을 논의하는 데 그치면, 자칫 주관적 공권의 본모습을 제대로 구축하지 못하며, 권리구제 문제 역시 체계성을 잃는다. 나아가 규범의 사익보호성에 치중한 보호규범설은 공권의 확대화경향에 즈음하여 다소간 회의감을 자아내고 있다. 주관적 공권론이 행정법의 핵심물음임에도 불구하고 행정소송의 원고적격여부 정도에서만 간헐적으로 논의될 뿐, 문헌상의 관심은 극히 저조하다. **여기서는 행정법에서의 주관적 공권론에 관해** -사실 그다지 새로운 것은 아니지만 기왕의 사법적 논의의 틀을 타파한다는 의미에서- **새로운 접근을 강구한다.**[1] 안타깝게도 여전히 공론화가 되지 못하고 기왕의 논의수준에 머물러 있다.

Ⅱ. 논의의 전제: 규범적 명령의 주관적 측면과 객관적 측면

법의 어의(語義)를 살펴보면, 독일의 'Recht'와 프랑스의 'droit'는 이중적 의미를 갖는다. 그것은 한편으론 통용되는 규범적 질서, 즉 법을, 다른 한편으론 -권리주체 자체에게 주어지는- 개인적 권능, 즉 권리로 표현된다. 이런 용어사용은 -국민을 상대로 하든

---

1) 상론: 김중권, 행정법기본연구Ⅳ, 99면 이하(이 글은 특히 Scherzberg, in: Ehlers/Pünder(15. Aufl., 2015), §12을 참조하였다). 참고로 여기서의 주관적(주체적) 공권론은 후술할 행정구제의 시스템을 바탕으로 정립된 것이어서 행정소송법의 원고적격에 관해 기초적인 이해를 한 다음, 이하의 논의를 대할 필요가 있다.

행정을 상대로 하든― 일정한 행위를 하게 한 규범적 명령이 지닌 주관적 측면과 객관적 측면이 긴밀히 연계된다는 것을 시사한다. 다시 말해, 개인이 ―행정을 상대로 한― 권리를 보유하면, 동시에 무엇이 객관적으로 가장 올바른 것인지가 실현된다. 객관적 법을 그런 식으로 주관화시킨 것은, 개인주체의 법적 지위를 근거지우고 정하기 위한 이념적·도그마틱적 역사의 산물이다. 특히 독일에서 이것은 관념론의 자유론에 개인적 권능을 근거지운 Savigny의 주장, 소권적 사고에서 벗어나야 한다는 Windscheid의 주장, 법의 기능적 구조결정에 관한 Jhering의 주장에서 비롯되었다. **오늘날 사법영역에서든 공법영역에서든 객관적 법과 주관적 권리는 구분되어야 하고, 주관적 권리는 객관적 법질서에 의거하여 정해져야 한다는 점에 대해 광범하게 의견이 일치되고 있다.**

그런데 권리와 의무는 사법의 영역에서는 원칙적으로 대응관계에 서지만(자연채무의 경우에는 제외), 공법의 영역에서는 기본적으로 그렇지 않다. 그래서 법규위반의 결과가 다르다. **사법에서는 강행규정위반(위법성)은 권리침해를 당연히 동반하나,**[2] **공법에서는 그렇지 않다. 위법한 규범집행을 다툴 수 있다는 것이 헌법을 포함한 관련규정(!)을 통해 확인되어야 비로소 권리침해가 인정된다.**[3] 여기에는 국민이 국가와의 관계에서 더 이상 국가적 배려의 단순한 객체가 아니라, 적어도 자신의 매우 중요한 이익이 문제되는 한, 국가에 대한 주관적 권리의 주체가 된다는 것을 전제로 한다. **행정법의 주관적 권리화(Subjektivierung des Verwaltungsrechts)와 행정법의 개인화(Individualisierung)라는 개념은 이러한 사정의 변화를 상징적으로 표현한 것이다.**

Ⅲ. 주관적 공권의 개념과 본질

1. 기왕의 공권 개념의 문제점

일반적으로 권리를 「개인이 자기의 이익을 위하여 타인에게 작위·부작위·급부·수인 등을 요구할 수 있는, 법에 의해 인정된 힘(Rechtsmacht)」이라고 정의한다. 이런 권리개념에 입각하여 전통적으로 **공권을 「개인이 자기의 이익을 위하여 국가(그 밖의 행정주체 포함)에 대하여 일정한 행위(작위·부작위·급부·수인 등)를 요구할 수 있는 공법에 의하여 부여된 힘」이라고 정의하고 있다.** 그런데 이런 전통적인 정의는 그것이

2) Vgl. Bauer, Geschichtliche Grundlagen der Lehre vom subjektiven öffentlichen Recht, 1986, 73ff.
3) 사실 실체적 권리가 민사소송에서 항상 토대가 되기에 당사자적격 규정 자체가 없는 것이다.

문제되는 상황, 즉 행정소송에서 원고적격 여부가 다투어지는 상황을 체계적으로 커버하지 못하고, 기왕의 보호규범설의 취약점을 그대로 드러낸다.

이제 새로운 접근이 필요하다. 전통적 접근은 독일에서 19세기 말부터 사법에서 지배적이게 된 소위 결합이론에서 기인한 것이다. 결합이론은 주관적 권리에 관한 Savigny적 이해(법적으로 인정된 개인적 의사력(Willensmacht))와 법적으로 보호되는 이익으로서의 주관적 권리에 관한 Jhering의 견해를 합친 것이다.[4] 그렇지만 개인의 고유한 이익에 초점을 맞추는 식의 개념정의는 공법을 위해선 계발적(啓發的)이지 않다. 왜냐하면 공법에 의해 성립한 법치국가적 질서는 직간접적으로 개인적 이익의 보호에 이바지하며, 입법자로서는 공공복리적 중요사항이나 제3자의 중요사항을 관철할 수 있는 권능을 필요에 따라 시민에게 자유롭게 부여할 수 있기 때문이다. 주관적 공권의 개념정의에서 전래적으로 고유한 사적 이익(용무)의 추구를 목표로 삼는 것은 이제 낡았다. 또한 국가에 대해 수익적(授益的) 활동을 요구하는 시민의 지위를 나타내는 데 있어서, 본래 민사법상의 의사표시에서 기원한 '의사력'이란 개념은 부적합하다.

2. 권리의 본질: 제소권, 소송상의 대응청구권, 청구권과의 구별

권리를 소권(訴權)의 차원에서 바라보는 사고가 극복된 이후, '법상의 힘'은 오늘날 실체법적 권능으로 이해된다. 그것은 재판청구권에 바탕을 둔 제소권(또는 행정심판청구권)의 부여와는 구별되어야 한다. '법상의 힘'은 주관적 권리를 위해 의무를 지는 법(권리)주체를 상대로 규범적 명령을 주장할 수 있는 창설적 권능에 존재한다. 권리보호는 규범적 명령의 내용이 아니라, 그것을 관철하기 위한 법기술적 수단이다.[5]

행정소송법 제14조가 "취소소송은 처분등의 취소를 구할 법률상의 이익이 있는 자가 제기할 수 있다."고 규정한다. **이 법률상 이익(권리)이 일체의 '대응권'을 의미하는지 아니면 권리침해행위의 대상이자 전제인 '1차적 법적 지위'를 의미하는지 불분명하다.** 주관적 공권의 개념은 청구권의 개념으로 축소되지 않으며, 또한 결코 대응청구권(Reaktionsanspruch)으로 축소되지도 않는다. 공법에서의 권리와 청구권의 −새로이 재차 강하게 논의되는− 관계에 대해 특별한 주의가 필요하다. **위법한 활동에 의해 침해받은 법적 지위와 그 위반에서 생겨난 보호청구권은 법논리적으로 구별되어야 한다**(본서 790면).

헌법상의 재판청구권(27조 1항), 위법한 처분 등에 의한 권리침해를 구제하는 것을 목적

4) Vgl. Bauer, Geschichtliche Grundlagen der Lehre vom subjektiven öffentlichen Recht, 1986, 73ff.
5) Schoch/Schneider, Bd. VwGO, Vorb. §42 II Rn.45.

으로 규정한 행정소송법 제1조, 행정소송법상의 원고적격에 관한 규정(12조 등)은 권리보호의 보장을 고유한 권리의 침해에 연계시켰다. 취소소송의 제기나 행정심판의 청구로 나타나는 대응청구권의 성립은 주관적 공권의 요건이 아니라, 그것의 존재와 침해의 통상적인 결과물이다. 그리고 **청구권은 본래 적극적인 요구와 관련되어 권리의 부분집합에 해당하므로, 양자는 구별되어야 한다.**

3. 새로운 개념정의: 규범집행에 관한 권리로서의 주관적 공권

법규정의 총체인 객관적 법질서가 법적 의무와 궁극적으로 그것의 짝인 주관적 권리를 성립시킨다. 법질서는 주관적 공권을 부여함으로써 규범적 명령과 법주체의 권리영역을 법적으로 연계시킨다. 이를 통해 주관적 공권은 사실상으로만 이익을 주는, 즉 법적으로 보호를 받지 못하는 소위 반사적 이익(Rechtsreflexen)과는 구별된다. 법주체에 대해 수익의 사실상의 반사효를 넘어서 바탕이 된 당위명령의 법적 효력이 성립할 때, 가령 그에게 수익의 요구, 행사, 기타 법적 주장의 권능이 주어질 경우에, 당위명령과 개인적 권리영역간의 연계가 존재한다. **주관적 공권은 규범집행(법대로 집행할 것)에 관한 권리(Recht auf Normvollzug)로서의, 즉 법률집행청구권(Gesetzesvollziehungsanspruch)으로서의 특징을 지닌다.**[6] 하지만 행정법상의 주관적 공권을 규범집행에 관한 권리라 하여 그것이 만인소송(민중소송)을 용인하는 것은 결코 아니다. −일체의 법위반을 권리침해로 일반화시킬 수 있는, 그리하여 국가에 대해 포괄적으로 책임을 지울 수 있게 하는− **일반적인 법률집행청구권은 헌법상으로 성립할 수 없다.**

4. 좋은 행정에 관한 권리에 관한 이해의 필요

유럽기본권헌장(GRCh) 제41조는 신속하고 공정한 절차진행을 목표로 한 '좋은 행정에 관한 권리(Recht auf eine gute Verwaltung)'를 규정하고 있다. 동조 제1항에 의하면, 모든 사람은 자신의 용무가 EU의 기관, 기구, 그리고 기타 부처에 의해 공평하고, 적합하게 그리고 상당한 기간 내에 처리되는 데 대한 권리를 갖는다.[7] 유럽기본권헌

6) 대법원 2016두52545판결이, 사립학교법의 관련 규정에 따르면, 재임용대상 교원은 교원으로서의 능력과 자질에 관하여 합리적인 기준에 따라 공정한 심사를 받아 관련 기준에 부합하면 특별한 사정이 없는 한 재임용되리라 기대를 하고 재임용 여부에 관하여 합리적인 기준에 따라 공정한 심사를 요구할 권리를 가지고 있다고 판시한 것 역시 비슷한 맥락이다.

7) 그리고 제2항 등은 청문권, 문서접근권, 손해배상청구권 등을 규정하고 있다.

장하에서 이 권리는 '올바른' 의미의 '좋은' 행정결정에 관한 기본권을 보장하는 기본권으로도 이해된다. 그리고 그것은 이를 넘어 서비스지향적, 시민친화적 행정실무에 관한 독립된 권리로 여겨진다.[8)]

명문화되지 않은 이상, 좋은 행정에 관한 권리를 구체적인 권리로 접근하는 것은 허용될 수 없다. 그러나 유럽법이 글로벌 스탠드가 되어 가고 있는 점에서, 이 권리를 전적으로 그들만의 것으로 치부하는 것은 단선적이다. ―독일의 경우 광범한 사법통제가 가능하여서 동 규정이 두드러지게 적용될 필요가 없는 것이 시사하듯이― **기왕의 행정법상의 주관적 공권은 물론, 행정에 대한 시민의 지위를 새롭게 접근하는 착안점을 '좋은 행정에 관한 권리' 에서 찾을 필요가 있다(일종의 방사효).** 관련 논의가 성숙된 다음에, 행정에 대한 시민의 기본적 권리로서 그것이 헌법 및 행정기본법에 명문화되길 기대한다.[9)]

Ⅳ. 주관적 공권의 의의와 유형

1. 주관적 공권의 기능과 행정구제

거제도 해금강 주변을 선회관광하고 귀항하던 유람선이 과속으로 운항하는 바람에 노후 기관이 과열되어 화재가 발생하여 많은 승객이 사망하였다. 유가족들은 관계공무원들이 유람선의 안전운항, 배의 노후 여부 기타 위험방지상 필요한 시설상황 등을 점검하고, 유람선의 안전관리 기타 위해방지에 필요한 임검 등을 하여 위와 같은 위해사실을 시정케 하거나, 유람선의 수선, 사용 또는 운항의 제한 등을 명해야 함에도 그 직무를 이행하지 아니하였다는 점을 들어 국가배상책임을 구하였지만, 국가는 선박안전법상의 선박검사상의 이런 직무상의 의무는 국민일반을 위한 것임을 들어 반론을 폈다. 이 반론은 주효하였는가? (대법원 91다43466판결)

(1) 주관적 공권의 기능

시민을 공권력의 객체로 여기는 것이 아니라, 개인적 성격과 인격성에서 그들을 인정하는 것이 바로 주관적 공권이다. 법질서의 핵심적 구성부분에 해당한다. 법에서 주체적 지위를 갖는다는 것은, 법에 복종하고 법에 의해 의무를 질 뿐만 아니라, 권리를 주장하고 그로부터 권능을 도출할 수 있다는 것이다. **시민이 이런 주체적 지위를 갖**

8) 상론: 김중권, EU행정법연구, 2018, 59면 이하; 장경원, 행정법연구 제25호(2010.12), 273면 이하.
9) 과거 법제처 용역과제(21세기 국가모델을 위한 가칭 행정기본법의 제정을 위한 연구, 2016)를 수행하면서 이 권리를 명문화하였으며, 행정기본법 제정에 반영하려 하였지만, 아쉽게도 성사되지 않았다.

는 것은 주관적 공권에서 실현된다. 그리하여 법적으로 성립한 권능과 자유를 특히 기본권에 의거하여 주관적 공권으로 성격을 부여하는 것이 견지되고 있다.

(2) 행정구제와 주관적 공권

재판청구권의 인정에 따라 공권력에 의해 자신의 권리를 침해당한 자에게는 누구든지 쟁송방도가 열려져 있다. 이는 규범집행에 관한 권리로서의 주관적 공권의 기능을 고려한 것이다. 이런 기능은 쟁송방도를 위해 원고적격에 관한 행정소송법 제12조 등에 의해 구체화된다. 따라서 시민은 자신의 권리(법률상 이익)의 침해를 주장할 수 있어야만 법원에 제소할 수 있다. **행정소송은 주관적 공권의 관철에 이바지한다.**

주관적 공권의 의의는 국가배상법에서도 구현된다. 일찍이 손해발생과 관련하여 직무행위(직무상의 의무)의 사익보호성(제3자성)여부를 효시적으로 논증한 대법원 91다43466판결('극동호사건')처럼 사익보호성 여부는 국가배상책임의 성립요건에서 손해의 발생 그 자체와 직결된 문제이다(본서 945면).[10]

법률과 같은 규범적 명령에 위반한 모든 것이 사법적 구제대상이 되지는 않는다는 점에서, **주관적 공권은 객관적 위법과 주관적 권리침해의 경계면이기도 하다.** 즉, **규범집행에 관한 권리로서의 주관적 공권은 대국가적으로 시민이 -우선 객관적으로- 위법한 공권력행사를 행정소송에서의 원고적격을 매개로 하여 공박함으로써 자신의 권리를 사법적으로 최대한 보장받을 수 있게 하는 축점(軸點)이다**(본서 784면 이하). 객관적 법질서위반을 공박하는 데 가장 효과적인 방법이 사법적 방도(소송)이어서 공권의 확대화 내지 반사적 이익의 공권화는 법치국가원리를 구체화하기 위해 당연히 요구된다. 다만 그것의 인정여부가 궁극적으로 사법부에 의해 확인된다는 점과 관련해서 지나친 이익형량적 관점을 투영하는 것은 경계해야 한다.[11]

2. 주관적 공권의 유형

개인의 주관적 공권의 유형과 관련해서 기본권의 성격의 차원(자유권, 수익권, 참정권 등)에서 논의될 뿐 행정법차원에서는 별로 논의되고 있지 않다. 그런데 **개인의 주관적 공권은 행정법상으론 그 목표방향에 의거하여 다음과 같이 3가지 타입으로 나눌 수**

10) 독일의 경우에도 (제3자보호에서의) 개인보호인정의 기준에서 국가책임법과 행정소송법은 동일한 기조에 있으며, 유럽연합법 역시 -공익만이 아니라- 원고의 이익을 보호하도록 되어 있는 규범을 위반한 경우에 한하여 배상책임을 인정하고 있다.
11) 행정판례에서의 이익형량의 관점의 문제점에 관해서는 이계수, 공법연구 제29집 제1호(2000.11.).

있다: 수익권, 행사권, 방어권. 가령 공무원의 봉급·연금청구권, 행정절차법 제22조 등에 따른 의견청취에 따른 의견제시권(청문권, 의견제출권 등), 영업허가 등에서의 허가발급에 관한 청구권이 사실상의 또는 법상의 수익권(受益權)에 해당한다. 기본권적인 자유권, 공법계약의 해지권과 같은 형성권, 선거권과 같은 정치적 협력권, 행정청의 허가로부터 생겨난 제 권리는 권능의 행사이다(행사권). 방어권은 다양하게 다면적 충돌상황에서 문제가 된다. 가령 인인이 건축법상의 이격규정 등의 위반을 주장하여 다른 인인에게 부여한 건축허가를 다투거나(인인소송) 환경법상의 규준위반을 주장하여 시설허가를 다툴 경우 또는 경쟁관계에 있는 한 기업이 다른 기업에 대한 자금지원결정을 평등원칙이나 경쟁의 자유의 침해를 이유로 다툴(경쟁자소송) 경우가 그러하다. 이러한 개인의 주관적 공권은 행정소송을 통해 구현된다(본서 800면 이하 참조).

Ⅴ. 주관적 공권의 성립요건

1. 명문으로 규범화한 경우

기본권이 개인적 법상의 힘에 관한 최소한의 보장과 관련하여 입법자에게 아무런 의무를 지우지 않는 한, 입법자는 개인적 주장을 위해 법주체에게 어떤 수익을 부여할지를 결정함에 있어서 자유롭다. 그리하여 국가의 급부의무나 기타의 의무를 성립시키는 일련의 규범이 수익자에게 명시적으로 주관적 공권을 부여하거나(정보공개청구권, 계획입안제안권, 행정절차법 제22조 등에 따른 의견청취에 따른 의견제시권 등) 배제한다(군인·군무원 등의 국가배상청구권의 배제 등). **명시적인 규범적 결정이 없을 때 주관적 공권의 존부가 문제되고, 그 탐문이 강구된다.**

2. 명시적인 규범적 결정이 없을 경우

도시계획법에 따라 주거지역으로 지정된 청주시 우암동 402의 2 지상에 청주시장이 1972. 7.12자로 원동기를 사용하여 연탄제조를 목적으로 하는 공장건축을 허가하였다. 이 공장으로부터 70센티미터 사이에 연접한 같은 주거지역내인 우암동 406의 8 소재 가옥에 거주하는 박○○은 이 공장에서의 원동기의 가동으로 인한 소음으로 일상 대화에 지장이 있고 또 원동기의 진동으로 통상적인 주거의 안녕을 영위하기가 곤란함으로 인하여 자신의 소유가옥의 가치가 하락되고 임대가 어려워 재산권의 침해를 받고 있다는 사실을 주장을 하면서 이 공장건축

허가에 대해 취소소송을 제기하였다. (대법원 73누96, 97판결)

(1) 지배적인 보호규범설의 내용

전통적으로 지배적 입장인 소위 보호규범설(Schutznormlehre)**에 의하면, 해석의 방법으로 법규로부터 주관적 공권을 도출한다. 이에 의거한 성립요건은 다음의 3가지이다.** i) 해당 법규가 객관적인 행위의무를 성립시킨다(객관적인 행위의무의 존재). ii) 그 행위의무(법규)는 단지 공익의 실현만을 위한 것이 아니라 적어도 개인적 이익의 만족을 위해서도 이바지한다(사익보호규범성). iii) 그 법규가 관련인에게 의무자를 상대로 규범에 의해 보호되는 이익을 관철할 법상의 힘을 부여한다(의사력 또는 법상의 힘의 존재). **판례 역시 비록 명시적으로 내세우지는 않지만, 원고적격의 인정에서 기본적으로 보호규범설을 바탕으로 하고 있다.**[12]

(2) 지배적인 보호규범설의 문제점

i) **보호규범설의 내용과 관련해서 문헌에서 다투어지는 사항은 세 번째 요소이다.** 다수 문헌은 헌법상의 재판청구권과 행정소송의 개괄주의 등을 논거로 오늘날에는 그것이 필요하지 않다고 보는 반면, 일부 문헌은 특히 독일과 비교하여 권리보장시스템이 미비한 구석이 있음을 들어 여전히 필요하다고 반론을 제기한다(최선웅, 행정법연구 제22호 (2008.12.), 41면 이하). 그런데 규범집행에 관한 권리로서 주관적 공권을 설정할 때, 단지 재판을 통해 권리보호를 강구할 수 있는지, 즉 소구가능성(訴求可能性)의 존재에 초점을 맞추는 기왕의 논의는 별다른 의미가 없다.

ii) 그런데 **첫 번째 요소와 관련해서는 오해의 소지를 없애야 한다.** 우선 행정법규는 모두 강행법규이기에 강행규범에 초점을 맞추어선 아니 되며, 또한 여기서의 행위의무를 두고서 민사법마냥 바로 권리를 대응시키거나 기속행위의 의미로 이해해서도 아니 된다. 행위의무는 법규가 행정이 일정한 행위를 하도록 수권한 것이다. 즉, 법규상으로 행정에 요구된 법집행행위 그 자체일 뿐이지, 그것의 기속성(재량성)의 문제가 아니다. 법규상으로 요구되는 행위와 관련해선, 법규가 그것을 직접적으로 규정한 경우는 물론 간접적으로 규정한 경우, 나아가 반대해석의 경우까지 포괄적으로 고려해야 한다.[13]

iii) **보호규범설의 바탕은 공익과 사익의 구분인데, 이 구분은 공익과 사익의 구별을 위한 '이익설'에 입각한 것으로 그 경계가 분명하지 않다.** 특히 입법자가 경찰법에서와 같이 사인간의 충돌의 규율을 경찰공공의 차원에서 공법으로 이전하고 그것을 국가기관에 맡기는 한, 그 구분은 의문스럽기조차 하다. 그리고 공익이 궁극적으로 집적된 개인이익에 그칠 수 있

12) 청주연탄공장사건에서의 판시(대법원 73누96 · 97판결)가 이를 여실히 증명한다.
13) 이렇게 접근해야 별 마찰 없이 후술할 무하자재량행사청구권을 새길 수 있다.

고, 이 개인이익이 재차 법공동체의 정연한 공생(共生)을 위해서도 보호될 경우, 법규의 보호방향을 연계시킨 보호규범설의 구상은 그 설득력이 약화될 수 있다. 나아가 이런 보호방향(사익보호성)을 실제로 입증하기란 매우 어려운 것이 사실이고, 그에 따라 자칫 ―판례로선― 임기응변적으로 사안을 해결하기도 한다. 법규범이 개인화하는 성립요건적 징표에 의해 일반공중(一般公衆)과 구별된 수익자의 범주를 분명히 나타내지 않는 이상, 위법한 공권력으로 인한 권리침해에 즈음하여 원고적격을 어느 정도의 범주에서 가늠해야 할지가 분명하지 않다.[14] 그 결과 이젠 법의 주관적 권리화를 위해선 ―사익보호의 정도에 의거한― 개인화의 정도는 기껏 부수적인 의의를 가질 뿐이다.

(3) 보호규범설의 문제점을 극복하기 위한 제안

규범의 사익보호성에 치중한 전통적인 보호규범설의 문제점을 극복하기 위해 (독일에서는) 다양한 착안점이 강구되고 있는데, 여기선 규범집행에 관한 권리로 주관적 공권을 이해한 것을 바탕으로 조심스럽게 제안한다. 주관적 공권의 존재를 위해서는 이익(사익)의 법주체에 대한 사실상의 귀속에 좌우되지 않는다. 대신 규범이 규범적 연결을 만들어 내는지 여부, 가령 수익자(受益者)가 행정주체를 상대로 문제되는 규범적 명령의 관철을 주장하기 위한 법상의 힘을 관련 규범이 그 수익자에게 부여하는지 여부에 오로지 좌우된다.

이런 접근을 하면, 기왕의 보호규범설의 범주에서 전개된 두 번째 징표인 사익보호성은 전혀 불필요하게 된다. 궁극적으로 **다음의 경우에 주관적 공권이 권리주체에게 성립한다**: i) 규범이 규율목표로서 일정한 법익이나 이익을 추구한다. 이때 부수적으로 발생하는 부수효과는 해당하지 않는다(보호목표). ii) 추구하는 규율목표가 객관적 법구속과 그것의 행정내부적 보장을 넘는 수준에서 관철되도록 규범이 명한다(관철하명). iii) 규범이 이를 위해 필수적인 법상의 힘을 ―반드시 한정하지는 않지만― 일정한 수범자의 범주에게 부여한다(법상의 힘의 부여). **이런 성립요건의 충족판단은 궁극적으로 관련 규범의 해석으로 이어지는데, 여기서 기본권이 특별한 의의를 지닌다**(본서 794면 이하).[15]

---

14) 그리하여 법원은 환경영향평가제와 관련하여 환경영향평가대상지역의 경우에는 원칙적으로 원고적격을 인정하되, 그 밖의 지역의 경우에는 원고 측에게 환경적 피해에 관한 주장·입증(증명)책임을 과하고 있다(대법원 2006두330전합판결(새만금판결)).

15) 주관적 공권에서의 기본권의 기능에 관해서는 김중권, 행정법기본연구Ⅳ, 111면 이하 참조.

Ⅵ. 개개의 사안에서의 주관적 공권의 탐문

환경부장관은 토지이용 및 개발계획의 수립시행에 활용할 수 있도록 하기 위하여 전국의 자연환경을 권역의 구분에 따라 생태·자연도를 작성해야 한다(자연환경보전법 제34조). 환경부장관이 생태·자연도 1등급으로 지정되었던 A지역을 2등급 또는 3등급으로 변경하는 내용의 생태·자연도 수정·보완을 고시하였다. 1등급 권역에 사는 주민 甲은 이 생태·자연도 등급변경을 다툴 수 있는가? (대법원 2011두29052판결)

울산광역시장이 1994.4.23. 乙 주식회사에 대하여, 기점은 울산, 경유지는 고속도, 언양, 고속도, 종점은 신평, 거리는 37.8km, 횟수는 4회, 수단은 직행인 종전의 운행계통을 1회로 줄이는 한편, 기점은 울산, 경유지는 고속도(언양 무정차), 덕현(또는 석남사), 얼음골, 남명, 종점은 밀양, 거리는 86.1km 또는 86.3km, 횟수는 3회로 하는 내용의 시외버스운송사업계획변경인가처분을 하였다. 이에 울산역에서 공업탑, 언양을 경유하여 덕현(석남사)까지의 시내버스노선을 운행하고 있는 甲 주식회사가 이 변경인가처분을 다툴 수 있는가? (대법원 2001두4450판결)

甲대학교는 법학전문대학원인가를 신청하였지만 예비인가를 받지 못하였다. 그런데 같은 지역의 乙대학교의 법과대학 교수가 법학교육위원회의 위원으로 선임되어 甲대학교를 포함하여 신청 대학 전부를 대상으로 예비인가대학과 그 정원을 심의·의결한 법학교육위원회의의 회의에 관여한 것을 알았다. 甲대학교는 「법학전문대학원법」 제13조를 위반하였다는 점 등을 들어 乙대학교에 대한 예비인가처분을 다툴 수 있는가? (대법원 2009두8359판결)

주관적 공권의 구현의 시작은 행정소송에서의 원고적격의 인정에서 비롯되기에, 그곳에서의 논의와 연계하여 접근해야 한다(본서 783면 이하). 여기서는 간략히 살펴본다.

1. 이극(양극)관계

먼저 법규범이 기본권적으로 보호를 받는 자유나 법익을 형성하거나 축소하는 국가권능을 규율하는 경우, 개별법적으로 부여된 자유여지의 포착·관철할 권능을 관련 기본권주체에게도 수권한다는 목표설정이 해당 법규범으로부터 도출된다. 그리하여 시민과 국가간의 이극(양극)관계에서, 기본권적 보호영역의 제한요건 및 기본권적인 금지명령의 범위를 조종하는 규범(가령 허가제한규정이나 허가취소규정 등)은 모두 '주관적 권리화'되어 있다. 합헌적 질서에 맞지 않는 불이익을 국가권력에 의해 입지 않을 기본권적 요청에 따라서 **가령 영업허가취소와 같이 부담적 공권력행사의 수범자(상대방)는 별다른 언급없이 그것을 다툴 수 있다(이른바 수범자(垂範者)이론)**(본서 791면).[16] 반면 국가에 대해 급부나 허가를 부여할 의무를 성립시키는 규율(가령 허가규정)의 경우, 그 행위의무가 기본권적 전개의 목표에 이바지해야만 동일하게 주관적 권리화를 주장할 수 있다. 허가신청불허에 대해 신청요건을 어느 정도 갖춘 자는 그것을 다툴 수 있지만, 전혀 신청요건을 갖추지 못한 자는 사정이 다르다(본서 792면 이하).

2. 다극(3극)관계

(1) 주관적 공권을 위한 착안점

인인(이웃주민)이 자기에 대한 피해를 없애고자 하는 경우(인인소송의 경우)와 한 경쟁자가 다른 경쟁자의 수익을 방지하는 경우(경쟁자소송의 경우)가 다극적 충돌상황이다. **인인소송에서는 인근주민의 생명·신체 및 환경과 생활상의 이익을 보호하는** −건축법과 환경법상의− **규율의 요소가 주관적 방어적 권리를 부여한다**(본서 803면 이하).[17] **그리고 소극적 경쟁자소송에서는 충돌하는 (기존업자의) 이용이익과 (신규진입자의) 개발이익을 규율하는 포괄적인 보전규율(균형규율)의 요소가 주관적인 방어적 권리를 부여한다**(본서 800면 이하).

주관적인 방어적 권리를 행사할 수 있는 제3자와 논외인 제3자를 구분하는 전형적인 방법이 공간적 근접이나 경제적 경쟁관계이다. 방어권을 갖는 제3자의 범주는 통상 질책대상인 규범위반과 '가중적인 방법으로' 관련성을 갖는 사람에 국한한다.[18] 따라서 환경소송에서 환경영향평가대상지역 안의 주민은 방어적 권리가 당연히 인정되어 원고적격이 있다고 추정되지만, 그 지역 밖의 주민은 환경상 이익에 대한 침해 또는 침해우려를 입증해야 비로소 그것이 인정될 수 있다. 기존업자가 신규진입을 문제 삼는 소극적 경쟁자소송에서는 의도적으로 경쟁의 질이 떨어지거나 기존업자의 존립기반이 직접적으로 위태롭게 되는 경우에만 권리침해의 가능성이 시인된다.[19] 다만 배타적 경쟁자소송의 경합(경원)관계에서는 일방에 대한 수익(授益)이 타방에 대한 침익(侵益)이기에, 수익처분을 받지 못한 자는 어렵지 않게 원고적격이 인정되어 타인에 대한

---

16) Schoch/Schneider, Bd. VwGO, §42 II Rn.48.

17) 대법원 2011두29052판결: 생태·자연도는 토지이용 및 개발계획의 수립이나 시행에 활용하여 자연환경을 체계적으로 보전·관리하기 위한 것일 뿐, 1등급 권역의 인근 주민들이 가지는 생활상 이익을 직접적이고 구체적으로 보호하기 위한 것이 아니다.

18) BVerwG NJW 1983, 1507(1508).

19) Hufen, VerwProzessR, 12.Aufl., 2021, §14 Rn.112. 우리 판례 가운데 기존의 고속형 시외버스운송사업자가 직행형 시외버스운송사업자에 대한 사업계획변경인가처분을 다투는 경우(대법원 2010두4179판결), 기존의 시내버스운송사업자가 시외버스운송사업계획변경인가처분을 다투는 경우(대법원 2001두4450판결), 기존 담배일반소매인이 신규 담배소매인지정처분을 다투는 경우(대법원 2007두23811판결) 등은 이런 관점에서 새롭게 볼 수 있다.

수익처분을 다툴 수 있다.[20)]

(2) 다극적 충돌상황에서 고려할 사항

행정활동의 관련인(가령 제3자효행정행위에서의 제3자)에게 어느 정도 주관적 공권을 관철할 수 있는 법상의 힘을 부여할지는, 우선 입법자가 결정을 내려야 한다. 그런데 다극적 충돌상황이 빈번한 경제법, 계획법, 건축법, 환경법에서의 사안이 보여주듯이, **인인이나 어느 한 경쟁자와 같은 제3자의 보호를 절대적으로 우위에 두는 것은 바람직하지 않다.** 제3자보호로 인해 불이익을 입을 본래의 수범자에 해당하는 건축주나 투자자와 같은 사인 역시 기왕에 자신에게 수여된 수익의 유지·존속에 관해 이익을 갖는다. 제3자에게 법상의 힘을 인정하고 그의 범위를 정함에 있어서는, 이런 대립된 상황을 충분히 고려해야 하고, -명백한 규율이 없을 때는- 해당 규율프로그램을 전체적으로 고찰하여 탐문해야 한다.[21)]

Ⅶ. 행정법도그마틱상의 추가적 물음

1. 무하자재량행사청구권과 행정개입청구권

(1) 문제의 소재

무하자재량행사청구권과 행정개입청구권에 관한 논의는 행정법에서 매우 흥미로운 주제이나, 그것의 내용은 문헌에 따라 차이가 있어 혼란을 자아낸다. 이하에서는 이들의 원류지인 독일에서의 논의를 중심으로 살펴본다. 먼저 분명히 하고자 한다. 여기서의 행정행위발급청구권은 2극관계에서 행정행위의 발급을 신청하는 경우와 관련된 것이고, 행정개입청구권은 3극관계에서 다른 私人에 대한 행정의 개입수단으로서의 행정행위의 발동을 요구(신청)하는 경우와 관련된 것이다. **행정청이 이런 신청이나 요구를 거부하거나 부작위할 때 과연 그 신청이나 요구를 한 자가 소송을 통해 그 거부**

20) 예: 고시에 의하여 군내에 1개소에 한하여 L.P.G. 충전사업의 신규허가가 가능한 경우(대법원 91누13274판결); 기존의 농어촌버스운송사업계획변경신청을 인가하면 신규의 마을버스운송사업면허를 할 수 없게 되는 경우(대법원 99두6026판결); 법학전문대학원 설치인가 신청을 한 41개 대학들이 2,000명이라는 총 입학정원을 두고 그 설치인가 여부 및 개별 입학정원의 배정에 관하여 서로 경쟁관계에 있는 경우(대법원 2009두8359판결); 마을버스운송사업면허가 한정된 상황에서 잠재적 경쟁자인 면허신청자가 농어촌버스운송사업계획변경인가처분의 취소를 구한 경우(대법원 99두6026판결).

21) 상론: 김중권, 제3자 취소소송에서 처분상대방의 권리보호에 관한 소고, 사법 제43호(2018.3.15.).

나 부작위를 다툴 수 있는 수 있는지 여부가 관건이다. 이는 궁극적으로 원고적격 및 대상적격의 물음인 신청권의 문제로 귀착된다(본서 792면 이하).

⑵ 무하자재량행사청구권의 의의와 본질

甲이 사법시험에 합격하여 그 수습과정을 수료하고 법무관으로 병역을 마친 다음 법무부장관에게 검사임용신청을 하였는데, 성적순위미달로 임용을 받지 못하였다. 이에 甲은 이는 헌법과 병역법에 위배될 뿐만 아니라 재량권을 남용한 위법한 처분이므로 그 임용거부처분의 취소를 구하였다. 하급심은 임용권자가 甲을 검사로 임용하지 않은 것을 거부처분이라 볼 수 없고 가사 이를 거부처분이라고 보더라도 甲에게 임용권자에 대해서 검사임용해줄 것을 요구할 수 있는 법규상 또는 조리상의 권리가 있다고 할 수 없으므로, 이 소는 부적법한 것으로 각하판결을 내렸다. 하급심의 이런 판단이 최종심에서도 주효하였는가? (대법원 90누5825판결)

(가) 의 의

재량은 그 자체에서 의무에 적합한, 즉 성실한 재량행사가 요구된다. 행정으로 하여금 일정한 요건하에서 자신의 재량을 행사하게 한 법규(재량규정) 역시 주관적 공권을 성립시킬 수 있다. 그것이 무하자재량행사청구권(또는 무하자재량행사에 관한 권리)이다. 무하자재량행사청구권은 무하자재량행사에 관한 권리를 원고적격의 차원에서 바라본 것이다. **그것은 행정에 대해 재량을 행사함에 있어서 하자가 없도록, 즉 관련 이익을 성실하게 형량하여 행사하여 줄 것을 요구하는 것이다.** 그런데 **이 무하자재량행사청구권은 재량이 하자있게, 즉 위법하게 행사된 상황에서 문제되지, 재량행사이전에 주장할 수 있는 것이 아니다.** 그래서 일반적 무하자재량행사청구권은 당연히 부인된다.

(나) 독일에서의 논의상황

과거와는 달리 위법한, 즉 하자 있는 재량행사는 당연히 사법심사의 대상이 된다. 재량통제가 문제되는 상황은 -수범자에게든 제3자에게든- 침익적 행정행위가 내려진 경우('상황A')와 전적으로 자신에게 수익적 행정행위 또는 자기에겐 수익적이나 제3자에겐 침익적인 행정행위를 신청이나 요구한, 즉 그것이 받아들여지지 않은 경우('상황B')이다. '상황A'에서 재량행사의 결과(선택한 법효과) 그 자체가 위법하면 특별한 논거가 동원되지 않더라도 그것을 다툴 수 있다. 즉, 위법한 재량행사의 결과 상대방인 수범자에게든 제3자에게든 권리침해가 생기면 당연히 원고적격이 인정된다. 여기서는 굳이 무하자재량행사청구권을 동원할 필요가 없다.

그런데 '상황B'에서는 다르다. 독일에서의 논의를 소개하면, 수소법원이 판단한, 즉 신청대상행위를 하는 것만이 재량하자가 없는 상황('상황B-1'), 즉 선택재량과 결정재량의 여지가 완전히, 즉 제로('0')로 없어지는 상황이라면 의무이행판결을 내리고, 그렇지 않은 상황, 즉 반드시 신청대상행위를 해야 할 것은 아니지만 행정청이 -법원의 견해를 존중하여- 다시금 재량판단을 하여 행위를 할 필요가 있는 상황('상황B-2')이라면 재결정판결(지령판결)을 내린다(본서 129면). 그리하여 독일에서는 '상황B-1'에 해당하면 원고에 대해 행정행위발급청구권 또는 행정개입청구권이 인정되는 것으로 보는 반면, '상황B-2'에 해당하면 무하자재량행사청구권 정도만 인정되는 것으로 본다. '상황B-2'는 재량의 단순한 축소에 그치는 상황, 즉 결정재량은 없어지나 선택재량은 남아있는 상황이다.

(다) 형식적 권리로서의 본질

무하자재량행사청구권의 본질은 원고적격의 물음에서 독일의 재결정판결(지령판결)에 상응한 원고의 법적 지위를 나타낸 것이며, 그것은 재결정판결에서 비롯된 결과물일 뿐이다. 그래서 그것은 형식적(formell)이라고 하겠다. 많은 문헌이 무하자재량행사청구권의 법적 성질을 두고서 절차적 권리로 설명하는 결과, 그것이 적법절차 차원의 공정한 절차의 문제인 양 오해를 하게 한다. **사실 그것은 원고적격의 단계에서는 그 자체로는 별다른 고유한 의미를 갖지 않는다.**[22] **과도한 설명으로 인해 마치 그것에서 핵심적 내용이 도출되는 양 그리고 그것이 행정법의 메이저 주제인 양 오해하게 한다.** 나아가 이런 오해와 과장은 일반적 무하자재량행사청구권이 인정되는 것마냥 마치 그것이 재량에 관한 사법심사 전반에 관한 고유한 틀로 여겨지는 데서 절정을 이룬다.

(라) 대법원 1991.2.12. 선고 90누5825판결과 관련한 논의

검사임용거부의 건에서 판례는 "재량권의 한계일탈이나 남용이 없는 위법하지 않은 응답을 할 의무가 임용권자에게 있고 이에 대응하여 원고로서도 재량권의 한계일탈이나 남용이 없는 적법한 응답을 요구할 권리(응답신청권)가 있다."고 하여 원고적격과 대상적격을 인정하였다(대법원 90누5825판결).[23] 이를 계기로 많은 문헌들은 여기서의 응답신청권을 무하자재량행사청구권으로 이해하여 대상판결이 무하자재량행사청구권을 소송상의 독자적 권리를 인정하였다고 평가한다(대표적으로 김동희/최계영, 103면). 반면 일부에서는 적극적으로 반론을 개진한다(홍정선, 193면 이하). 사실 자격을 갖추지 않아 원천적으로 검사임용신청의 자격이 없는 경우가 아닌 한, 검사임용거부에 대해 원고적격 및 대상적격(거부처분)이

22) 이 점에서 Hufen이 의무이행소송의 원고적격과 관련하여 무하자재량행사청구권을 별도로 보아선 아니 되며, 전반적으론 무용하다고 지적한 사실은 많은 것을 시사한다. Vgl. Hufen, §15 Rn.26.
23) 비슷한 맥락에서, 대법원 2015두47492판결 역시 승진후보자 명부에 포함된 후보자는 임용권자로부터 정당한 심사를 받게 될 것에 관한 절차적 기대를 하게 된다는 점을 착안점으로 삼아 승진임용인사발령에서 제외하는 행위와 관련하여 원고적격과 대상적격을 인정한다.

당연히 —특히 타인의 행복은 나의 불행이라는 등식이 성립하는 배타적 경쟁자소송적 성격을 통해서— 인정된다. **무하자재량행사청구권의 의의를 축소시켜 바르게 모색할 필요가 있다.**

⑶ 행정개입청구권의 의의 및 그 전제인 개입수권의 문제

甲은 화학공장을 운영하고 있는데, 공장의 인근에 A시장이 공동주택에 대한 건축허가를 발하였다. 관련 법규정상 자신이 운영하는 공장의 경우 공동주택으로부터 일정한 거리(이격거리)를 확보해야 한다. 차후에 있을 수 있는 분쟁을 미연에 방지하기 위해, 甲은 이격규정 등의 위반을 들어 A시장에게 공동주택건축허가 및 준공검사를 취소하여 줄 것과 철거명령을 하여 줄 것을 요구하였는데, A시장은 불응하였다. 이에 甲이 제기한 거부처분취소소송에 대해 판례는 어떤 태도를 취하는가? (대법원 97누17568판결)

공유수면매립면허처분과 사업시행인가처분을 근거로 하여 새만금간척종합개발사업이 진행되어 오든 차에, 새만금사업의 환경영향평가 대상지역에 거주하는 甲 등이 구 공유수면매립법 제32조 제3호(공유수면의 상황 변경 등 예상하지 못한 사정변경으로 인하여 공익상 특히 필요한 경우)를 들어 농림부장관에게 공유수면매립면허처분 등의 취소·변경 등의 조치를 취해 줄 것을 요청하였지만, 거부되었다. 甲 등은 거부처분취소소송을 통해 다툴 수 있는가? (대법원 2006두330전합판결: 새만금판결)

甲이 乙에게 토지를 매도하였고, 乙은 甲으로부터 토지사용승낙서를 받아 첨부하여 A시장으로부터 공동주택신축허가를 받았다. 그런데 乙이 잔금지급을 하지 않아 문제가 되어 잔금지급기일을 연장하면서 다시 정한 기한까지 잔금을 모두 지급하지 못하면 甲은 별도의 최고 절차 없이 매매계약을 해제할 수 있고 이 경우 사용승낙서는 그 즉시 효력을 잃고 乙은 건축허가를 포기·철회하기로 약정하였다. 그러나 乙은 기일까지 잔금을 지급하지 않았고, 甲은 매매계약을 해제하고 A시장에게 '사용승낙서의 실효로 이에 기초한 건축허가 역시 더 이상 존속시킬 필요가 없는 사정변경이 생겼다.'는 등의 사유로 건축허가의 철회를 구하는 신청을 하였다. 그러나 A시장은 "건축허가 취소는 건축주 본인의 신청 또는 건축법 제11조 제7항 규정에 해당할 경우 취소가 가능하나, 이해당사자간의 협의 또는 소송 등에 의한 결정이 우선 필요하다."라는 이유로 위 철회신청을 거부하였다. 이 거부에 대해 甲은 소송을 통해 다툴 수 있는가? (대법원 2014두41190판결)

독일에서 주거지역에서 운영되어온 석탄제조 및 운송사무소의 인근주민이 그로 인한 먼지·소음의 피해를 이유로 사무소운영을 (건축경찰법적으로) 금지시켜 줄 것을 관할 행정청에게 신청하였지만, 행정청은 그 운영이 건축법위반이 아니라 하여 거부하였다. 제1심 행정법원은 당해 행정청에 대해 사무소 운영금지를 내용으로 하는 의무이행판결을 내렸다. 반면 항소심인 Berlin 고등행정법원은 행정청이 위반상태에 대해 개입할 권한은 있지만 의무는 없다는 점을 들어, (원고에게) 행정개입에 관한 법적 청구권이 없음을 이유로 1심판결을 파기하였다. 하지만 상고심인 독일 연방행정법원은 적법한 재량행사를 위해선 장해나 위험의 정도나 강도 역시 결정적으로 중요하다는 점을 들어, 고도의 장해나 위험이 있을 경우에는 행정청의 불개입결정이 사정에 따라서는 바로 재량하자로도 생각될 수 있다고 판시하면서 항소심판결을 파

기하였다: 띠톱판결(Bandsäge-Urteil)(BVerwGE 11, 95ff.)

(가) 의의 및 성립요건

재량의 축소에서 나아가 선택재량의 여지까지 완전히 소멸되는 상황, 즉 재량 영으로의 축소 상황에 해당하는 것이 행정행위발급청구권과 행정개입청구권이 인정된 경우이다. 여기서 먼저 제기될 수 있는 물음이 행정행위의 발급(발동)의 근거규정의 성격이다. 그런데 관계규정이 시민에게 행정행위의 신청을 규정한 이상, 행정행위발급청구권이 주장된 경우에는 그 근거규정에서 규범적 구속을 관철하기 위한 법상의 힘이 인정되는지(또는 근거규정이 사익보호성을 갖는지)는 문제되지 않는다. 문제는 제3자에 대한 행정개입을 요구한 상황인 행정개입청구권의 경우이다.

일반적으로 행정개입청구권의 성립요건으로 i) 행정개입의무를 부과하는 강행법규가 존재해야 하고, ii) 해당 법규가 공익뿐만 아니라 최소한 사익보호를 의도해야 한다고 기술한다. 그리고 강행법규가 재량규정이면 생명 신체와 같은 중요한 법익에 대한 절박한 위험이 발생하여 재량 영으로의 축소가 인정되어야 한다고 지적한다.

(나) 대법원 1990.12.7. 선고 97누17568판결의 문제점

일찍이 대법원 97누17568판결은 개입수권규정의 제3자 보호성 및 관련성을 명백히 부인하였다: 「구 건축법 및 기타 관계 법령에 국민이 행정청에 대하여 제3자에 대한 건축허가의 취소나 준공검사의 취소 또는 제3자 소유의 건축물에 대한 철거 등의 조치를 요구할 수 있다는 취지의 규정이 없고, 같은 법 제69조 제1항 및 제70조 제1항은 각 조항 소정의 사유가 있는 경우에 시장·군수·구청장에게 건축허가 등을 취소하거나 건축물의 철거 등 필요한 조치를 명할 수 있는 권한 내지 권능을 부여한 것에 불과할 뿐, 시장·군수·구청장에게 그러한 의무가 있음을 규정한 것은 아니므로 위 조항들도 그 근거 규정이 될 수 없으며, 그 밖에 조리상 이러한 권리가 인정된다고 볼 수도 없다」.

개입수권규정의 제3자 보호성 및 관련성이 부인된 이상, 행정개입청구권의 성립은 원천봉쇄된 셈이다. **대법원 97누17568판결을 극복하지 않고서는 제3자에 대한 '행정개입청구권'의 법리는 일반적인 논의와는 달리 건축법을 넘어 전 행정영역에서 실현될 수가 없다.** 당연히 관련 논의 역시 공허할 뿐이다.

(4) 대법원 97누17568판결을 −일회적이나마− 부정한 새만금판결의 의의

대법원 2006두330전합판결(새만금사건)은 행정개입청구권의 법리를 명시적으로 언급하진 않았지만, 개입수권규정(공유수면매립법 32조)에 대한 접근에서 신청권을 전제로 거부처분을 인정한 셈이 되어 결과적으로 대법원 97누17568판결에서 벗어났다. 그런데 사안에서 다툼의 대상인 1991년 최초의 공유수면매립면허처분은 불가쟁력이 발생하였고, 원고는 제소기간의 제약을 받지 않는 무효확인소송 역시 주효하지 않으리라 판단하여, 동 처분에 대한 취소(철회)를 구한 다음 그 거부를 문제 삼았다. 이는 다름 아닌 불가쟁적 행정행위의 재심사의 문제이다(본서 399면 이하). 그러나 대법원 2004두701판결은 이들 법리를 원천 부정하는 셈인 대법원 97누17568판결을 적시하면서, 신청권의 결여를 들어 거부처분의 존재를 부인하였다.[24] **새만금판결이 일회적 일탈에 그친 것처럼 제3자에 대한 행정개입청구권은 안타깝게도 아직 학문적, 법제도적 자산이 되지 못하고 있다.**

개입수권규정에 관한 기본인식에 발본적인 변화가 없는 이상, 장차 의무이행소송을 도입하더라도, 그 도입취지는 행정행위발급청구권의 직접 상대방에 대해서만, 가령 허가신청에 대한 거부의 경우에만 주효하고, 제3자를 상대로 한 본래의 행정개입청구권의 실현에는 별반 이바지하지 못할 것이다. 그런데 주관적 공권을 규범집행에 관한 권리로 설정하면, 의무자(행정주체)를 상대로 문제되는 규범적 명령의 관철을 주장하기 위한 법상의 힘을 이상의 개입수권규정이 −행정개입으로 인한− 수익자에게 부여하였다고 어렵지 않게 볼 수 있다.

(5) 대법원 2017.3.15. 선고 2014두41190판결과 행정개입청구권의 법리

건축허가를 받은 자가 토지에 대해 소유권 등 정당한 권원을 가지지 않은 경우 그 대지의 소유자는 건축허가의 존재로 인해 자신의 정당한 권리행사가 제한을 받는다. 사안의 본질이 3극관계인 이 경우 건축허가는 소유자에 대해서는 일종의 제3자효 행정행위에 해당한다. 사안에서의 허가철회요청은 일종의 행정개입요청이어서 여기서의 신청권 문제는 행정개입청구권의 문제로 귀결된다.[25]

대상판결은 건축허가의 요건에 착안하여 제3자의 건축허가철회신청에 대한 거부와 관련해서 조리상의 철회신청권을 인정하였고 거부처분의 위법성을 확인하였다. 기본적으로 철회가 재량인 데도 불구하고, 철회신청권을 인정하는 이유가 철회되지

24) 이에 대해서는 김중권, 법률신문 제3563호(2007.6.18.).

25) 행정행위의 폐지의 요청인 점에서 대상판결이 사안을 전적으로 일반적인 수익적 행정행위의 철회의 차원에서 접근하지만, 사안의 본질은 행정행위의 재심사의 문제이기도 하다(후술).

않은 법상황이 제3자의 권리행사를 방해한다는 데 있다는 지적은 의미심장하다. 기왕의 판례가 시종 법규상 또는 조리상으로 행정행위의 폐지 및 변경에 관한 신청권이 국민에게 인정되지 않음을 들어 소극적인 태도를 견지한 것과 대비된다. **대법원 2014두41190판결이 비록 표현은 하지 않았지만, 행정개입청구권의 법리가 실현된 셈이다.**[26)]

(6) 현행 소송법에서 행정행위발급청구권과 행정개입청구권이 제대로 실현되는가?

대부분 문헌은 현행 행정소송법이 행정행위발급청구권과 행정개입청구권을 실현하는 데 아무런 장애가 없는 양 기술한다. 그런데 현행법상 거부처분에 대한 취소판결이나 부작위에 대한 위법확인판결에 즈음하여 행정청은 다른 이유를 들어 새로이 또는 처음으로 거부처분을 하는 데 아무런 어려움이 없다. 특정한 행정행위를 내용으로 하는 본래의 행정행위발급청구권과 행정개입청구권은 현행법상으로 실현될 수가 없다. **의무이행소송이 마련되지 않는 이상, 현행법상 단지 무하자재량행사청구권 정도만 실현될 수 있을 뿐이다.** 거부처분이나 부작위에서의 인용판결은 사실상 －결과적으로 무하자재량행사청구권이 인정되는 셈인－ 독일에서의 재결정판결(지령판결)과 동일하다(본서 196면).

(7) 행정개입청구권의 현실적인 성립가능성 再論

대부분 문헌이 행정개입청구권의 성립가능성이 높은 양 기술하는데, 이는 재고되어야 한다. 선택재량의 여지마저 소멸되는 '재량 영으로의 축소' 상황은 현실적으로 인정되기가 매우 어렵다. 대부분 문헌이 기술하는 행정개입청구권의 성립요건은 개괄적 수권조항에 의거하여 행정개입을 요구한 상황에 대응한 것인데, －제논(Zenon)의 역설처럼 말하면－ 개괄적 수권조항의 경우 선택가능한 효과 자체가 무한적이어서 과연 선택재량의 여지가 소멸될 수 있을지 의문스럽다. 독일에서도 개괄수권조항에 의거하여 행정개입청구권이 인정되는 경우란 극히 이례적이다. 독일 연방행정법원의 소위 띠톱판결은 행정법에서 재량축소를 인정한 효시적 판례로서 행정법의 주관적 권리화를 가져오는 결정적인 계기가 되었지만, 재량자유가 결정재량(개입여부)의 측면에서 축소될 뿐, 개입방식은 여전히 행정청의 재량에 머문다고 지적하였다. 동 판결에서도 실은 행정개입청구권이 아닌 무하자재량행사청구권의 정도가 실현되었다.

26) 상론: 김중권, 제3자에 의한 건축허가철회청구권의 행정법적 의의, 법조 제728호(2018.4.28.).

2. 주관적 공권으로서의 절차적 권리

절차규범이 행정절차에서 참여자로 하여금 권리를 효과적으로 추구하는 것과 관련자가 절차상으로 실체적 이익을 제출하는 것을 규율할 경우에, 주관적 공권으로서의 절차적 권리가 생겨난다. 가령 행정절차법 제21조의 처분의 사전통지를 받을 권리, 제22조의 의견청취권, 제27조의 의견제출권, 제29조의 청문주재자의 회피규정, 제37조의 문서열람복사권, 나아가 허가절차와 계획확정절차에서의 참여권. 국세기본법 제81조의12상의 과세전 적부심사청구권 등이 이에 속한다.

한편 절차적 권리를 주관적 공권으로 자리매김하는 것과 별도로 그것의 본질이 문제된다. 여기선 절차봉사설(節次奉仕說)과 절차고유가치설(節次固有價値說)이 대립한다(본서 604면). 절차봉사설의 입장에서는 절차적 권리가 기본적으로 독립되게 성립하지 않기에 절차하자는 실체적 하자와 결부되어 다툴 수 있는 반면, 절차고유가치설의 입장에서는 절차하자는 독립된 의미를 갖기에 실체적 하자와 무관하게 침해의 대상이 될 수 있다. 단순히 절차하자만을 갖고서는 제소할 수 없게 한 독일 행정절차법 제46조가 절차봉사설을 대표한다. 반면 우리의 경우 미국에서의 절차적 정의에 관한 관심 속에 일찍부터 절차하자의 독립가쟁성(獨立加爭性)을 긍정하여 절차적 권리에 대해 고양된 의미를 부여하였고, 그 연장에서 절차하자의 치유에 대해 엄격한 태도를 견지하고 있다.

그런데 **절차하자에 대한 취소판결의 기판력이 절차하자에만 미치기에, 절차적 권리가 생각만큼이나 강고하지 않다.** 실질적 증거의 법칙이나 Chevron 독트린에 의해 실체적 통제가 극히 미약한 미국에서 —실제로 그 효과가 생각만큼이나 주효하지 않는— 절차적 정의가 운위되었다. 실체와 유리시켜 절차를 바라보는 것은 자칫 과도한 규제를 야기할 수 있다는 점에서, 이제 절차하자에 대해 현실적인 새로운 인식이 필요하다(본서 643면 이하).

3. 주관적 공권으로서의 국가의 권능

국가의 권능(Befugniss)도 주관적 공권에 해당하는지 여부가 독일에서 다투어진다.[27] 국가와 그것의 권리능력이 있는 하위단위(공공단체)의 주관적 공권의 인정에 대한 반대론은, 주관적 공권에 관한 전통적인 학설에 바탕을 둔다. 전통적인 입장은 주관적 공권이란 법제도는 권리주체의 고유한 이익의 관철을 목표로 하고, 그래서 '개인화된

27) Schoch/Schneider, Bd. VwGO, §42 II Rn.103.

법적 지위'로 이해한다. 이런 관점은 주관적 사권(私權)에 맞춰진 것인데, 사권은 본질적으로 개인적 이익만을 다룬다. 이런 전통적인 공권론 말고도, 국가의 주관적 권리를 부인하는 데 바탕이 되는 것이 ―법에 의해 단지 제한되나 특별한 법적 보호는 필요로 하지 않는― 국가의 원천적인 주권(主權)에 관한 역사적인 사고이다. 그런데 시민의 법이전(法以前)의 복종이란 의미에서의 일반적인 권력관계는 민주적 법치국가의 헌법하에선 인정될 수 없다. 법은 오히려 국가의 권능과 개인의 이익간의 충돌을 나타낸다.

이런 점을 염두에 두고서, **독일의 다수 문헌은 국가가 시민의 창설된 행위의무를 국가에게 부여된 법상의 힘을 이용하여 관철할 수 있을 경우엔, 시민에 대해서와 마찬가지의 방법으로 국가에 대해 주관적 권리를 승인한다.** 이런 것은 단지 국가가 공법계약에서 비롯된 권리를 향유하는 경우나 ―사경제활동처럼― 국가(행정)가 사권주체로서 출현하는 경우만이 아니라, 법률적으로 성립하거나 허용되고 행정행위에 의해 구체화된 ―시민을 상대로 한― 요구가능한 행위의무의 경우에도 통용된다.

Ⅷ. 유럽연합법에서의 주관적 공권에 관한 논의

유럽법질서의 다차원적 결합에서 연합법과 회원국가의 국내법은 분리된 상호 이질적인 규범이 아니라, 우위법칙과 효과성·고려명령에 의해 다방면으로 상호 교차하고 있다.[28] 유럽연합법이 유럽연합시민에게 연합을 상대로 한 개인적 권리를 부여하는 요건은 독일 행정법적 맥락에서 비교법적 흥미를 자아낸다. ―가령 유럽연합조약 제227조에 의한 청원권과 같이― 유럽연합차원의 개인적 권리가 명시적으로 성립되어 있지 않는 한, 유럽연합운영조약(AEUV) 제263조 제4항에 의해, **모든 자연인과 법인은 그들에 대한 (유럽연합기관의) 결정이나 ―명령으로 발해졌거나 다른 사람을 목표로 한― 기타의 결정이 그에 대해 '직접적이고 개인적으로 관련이 될 때'에는 이들에 대해 소송을 제기할 수 있다.** 독일식의 피침적 구조와는 달리 관련성의 구조를 띠며, 독일식의 피침자소송이 아닌 이익관련자소송(Interessentenklage)에 해당한다.[29]

그런데 이익관련자소송이 피침자소송의 기조를 완전히 배척하지 않는다. **유럽최고재판소(EuGH)는 이들 규정에 대해 소위 'Plaumann 공식'에 의해 엄격한 해석을 하고 있다.** 즉, 개인적 관련성의 징표와 관련해서, **그 자신이 수범자가 아닌 한, 원고는 개인적**

28) 참고문헌: 김중권, EU행정법연구, 2018; 유럽화된 독일행정절차법에 관한 연구, 2008.
29) 상론: 김중권, 행정법기본연구Ⅳ, 276면 이하.

특징이나 사물적 상황으로 인해 수범자와 유사한 방법으로 개별화되는 방법으로 그 자신이 다른 관련인과 구별된다는 점을 전제로 한다.[30] 여기서 원고적격의 인정을 위해 개인적 권리의 침해가 반드시 요구되지는 않으며, 오히려 마치 독일에서의 가능성설처럼, 경제적 이익의 제한으로도 원고적격은 충분하다. 유럽최고재판소는 공동체법(연합법)상의 규정이 시민을 '보호'해야 한다는 점을 명시적으로 강조하였다. 이를 들어 동법원이 독일적 특징인 보호규범설에 동조하는 것 같다고 주장된다.[31]

30) EuGH, Slg. 1963, 211(238f.).
31) Stern, JuS 1998, 769(771).

제 4 편

행정작용법: 행정의 작용(행위) 형식의 체계

Chapter 01 행정의 작용형식론과 가늠잣대

제 1 절 행정의 작용형식론

Ⅰ. 행정의 작용형식의 의의

행정의 작용형식은 법률과 더불어 행정법관계를 안정화시키며 확고하게 만든다. 이를 통해 과거의 관헌국가적 행정과는 결별하고 법치국가적 행정이 구현된다. 행정의 법적 작용형식은 일종의 여러 문(門)이다. **행정상의 다양성으로 인해 개관할 수 없고 무정형(無定型)인 행정활동이 작용형식이란 문을 지나서 법의 질서세계로 들어간다.** 법적으로 정연하고 법적 판단을 가능케 하는 행정의 작용형식을 전개하고 주조(鑄造)하는 것이, 법치국가에서 행정법학과 행정실무의 지속적인 임무이자 두드러진 특징이다.[1)] 다만 여기서 '작용형식'은 법형식의 의미로 사용하고, 법형식과 동치(同値)시킬 수 없는 행정활동의 양상과는 구분한다. 가령 행정계획은 행정활동의 하나이긴 해도 행정의 작용형식(행정의 법형식)은 아니다. 그래서 그 법적 성질이 다투어진다.[2)]

Ⅱ. 작용형식의 임무와 기능

행정의 작용형식(론)의 과제이자 임무는 행정활동을 합리화하는 것, 법에 알맞은 결정

1) Ossenbühl, JuS 1979, S.681.

2) 행정의 작용형식론(Handlungsformenlehre)과 관련하여 별반 논의가 없는 우리의 경우 그것의 고전적인 내용을 성찰하는 것이 시급하다. 참고문헌: 김남진, 행정의 행위형식의 의의 및 기능, 동아대법학연구소 하계학술대회 발표문(2011.8.16.); 정준현, 행정작용의 법형식에 관한 연구, 1990; 성봉근, 전자정부에서 행정작용의 변화에 대한 연구, 2014; Di Fabio, in: Becker-Schwarze(Hrsg.), Wandel der Handlungsformen im Öffentlichen Recht, 1991, S.47ff.

을 장려하는 것, 기본적인 사실 · 평가의 문제를 신뢰할 수 있는 도그마적 구조로 조정하는 것, 행정활동에 관한 법적 통제를 유도하여 개관가능하게 만드는 것이다. 따라서 작용형식의 형성은 행정에 대해 법적용과 법실현의 과정에서 큰 부담경감기능(負擔減輕機能)을 발휘한다. 물론 이런 부담감경기능은 작용형식의 분류가 의심스러울 때는 당연히 부인된다. **궁극적으로 작용형식은 법치국가원리의 구현에 기여한다.** 그것은 행정으로 하여금 결정의 올바름과 정당성을 위하여 일정한 절차상의 원칙(규정)에 구속되게끔 한다. 즉, 무정형인 행정활동을 '형식으로' 인도함으로써 사전에 권리침해의 가능성를 저지하고, 아울러 법적 가치의 적극적 실현을 보장하기도 한다.

Ⅲ. 작용형식체계의 성립과 형성: 작용형식과 하자유형체계와의 상관관계

형식화사고와 체계사고를 결합시킨 데 바탕을 두고 있는 행정의 작용형식론은 대륙법적 사고의 전형적인 특징이다.[3] 그것은 실용적으로 지향된 법발전과 법실무의 산물이지 사전에 숙고된 체계의 파생은 아니다. 행정의 작용형식의 체계는 이론적으로 다양한 착안점에서 전개할 수 있는데, 본래 하자유형의 체계에서 비롯되었다.

하자가 있는, 즉 위법한 국가행위의 문제는 처음부터 공법의 근본 주제이자 계속적 주제이다. 현행의 권리보호체제하에서 하자결과(효과)에는 무효, 취소가능성(소효가능성, 폐지가능성), 결과가 없음(대단치 않음) 뿐만 아니라, 원상회복청구권(부작위청구권도 포함하여)과 (원상회복불가능시엔) 손실보상청구권도 포함된다. 그리하여 하자결과의 관점에서 행정의 작용형식체계는 행정행위, 법률하위적 규범(행정입법), 공법계약, 그리고 사실행위의 4가지 유형으로 완성된다. 그리고 권리구제방도와 관련해서 행정행위는 항고소송이, 법률하위적 법규범은 규범통제가, 공법계약과 사실행위는 당사자소송(독일에서는 일반이행소송)이 강구된다.

결국 **입법자는 그가 택한 법형식을 통해서 사법적(司法的) 권리보호의 방법(재판방식)을 정한 셈이 된다(법형식과 권리구제방도의 연계).**[4] 행정의 작용형식의 체계는 경로의존성을 증명한다.

---

3) Schmidt-Aßmann, DVBl. 1989, S.533.
4) v. Mutius, in: FS für H.J. Wolff z. 75. Geburtstag, 1973, S.181.

Ⅳ. 작용형식체계상의 변화의 움직임

행정의 작용형식은 행정법의 '목적적 창조물'이다. 행정법도그마틱은 우선 전통에 얽매이고, 현행법에 의존하며, 현행법에 이바지한다. 아울러 미래개방적이며, 발전적으로 변화할 가능성 역시 지니고 있다. 따라서 현존 작용형식의 변경과 수정이 필요하다고 제안되거나 새로운 작용형식이 논의에 부쳐질 수 있다.[5)]

행정의 활동형식에 확고한 정원은 없다. 오히려 새로이 나타난 현실적 수요에 국가와 행정에 관한 이해의 변화가 결합해서 새로운 활동형식 −가령 공법계약, 이단계적 구성, 확언− 이 등장하였다. 다른 한편으로는 주지의 활동형식이 기능강화로 인해 종전에 몰랐던 법적 의의가 상승한다거나(예: 행정규칙), 반대로 기능상실로 전체적으로나 부분적으로 낡아빠진 것(예: 이단계적 구성)이 되어버리곤 하였다.

최근 환경법과 안전법에서 진행된 급격한 발전으로 새로운 법형식의 움직임이 있다. 그리고 오늘날 이극(二極)적인 행정법관계이외에 다극적인 규율목표와 법효과를 지닌 행정법관계가 많이 출현함으로써, 행정행위의 제도적 기능과 능력이 한계에 도달하였다고 인식되기도 한다. 그러나 **행정행위 자체가 잠정적 행정행위, 사전배려적 행정행위, 범국가적 행정행위 등을 수용함으로써, 주목할 만한 개혁(에로의)개방성과 탄력성에 의거하여 작용형식 아래에서 진정한 생존의 명수로 발전하였다.**[6)] 행정행위는 21세기의 시민사회와 리스크사회에서도 여전히 행정의 현대적 수단으로서 기능할 것이다.

제 2 절 행정의 작용형식의 가늠잣대: 형식인가 실질인가?

경기도 교육감은 경기도립학교설치조례(1993.3.4. 경기도조례 제2367호) 제2조(도립학교의 명칭과 위치)의 [별표 1] 가평군란 중 '상색초등학교 두밀분교장'란을 삭제하는 개정조례를

5) 가령 Brohm은 전통적인 행정행위개념의 완전한 포기하는 식으로 하자형식론을 근본적으로 새로이 정할 것을 주창하였다(VVDStRL Bd. 30, 1972, S.245(286f.)). 이에 대해 Ossenbühl은 작용형식의 새로운 체계를 수립하려는 자는 완전히 그릇된 공명심에 빠지고, 그런 식의 대처는 법의 발전사적 요소를 도외시할 것이고, 궁극적으로 법외적(法外的)이라고 강변하였다.

6) Vgl. Schoch/Hoffmann-Riem/Schmidt-Aßmann(Hrsg.), Innovation und Flexibilität des Verwaltungshandelens, 1994, S.199(231ff).

1994.2.28.에 공포하면서, 같은 달 28. 급식학교를 같은 해 3.1.부터 두밀분교에서 상색초등학교로 변경하는 급식학교의 변경지정을 하였으며, 경기도 가평교육청 교육장은 같은 달 24일과 25일에 두밀분교의 교사들과 기능직 기사들을 같은 해 3.1.자로 다른 학교로 인사발령을 하였다. 두밀분교의 폐교조치에 반발하여 주민들이 개정조례의 무효확인을 구하는 행정소송을 제기하였다. 개정조례를 소의 대상으로 삼을 수 있는가? (대법원 95누7994, 95누8003판결).

I. 행정작용의 귀속이 문제되는 상황-법형식과 실질(실체)의 교착

어떤 경우에 형식과 내용의 불일치가 문제될 수 있는가? 불일치의 상황은, 형식은 법규범(법률, 대통령, 총리령, 부령, 조례, 규칙)인데, 내용은 개별사건적 규율, 즉 행정행위적 규율인 경우와 형식은 행정행위인데, 내용은 일반추상적 규율, 즉 법규범적 규율인 경우로 크게 나뉜다.[7] 후자의 경우에 i) 하명이나 특허처럼 특정화된 개념이 사용되었을 때는 일단 취소소송이 동원될 수 있으나, 원고적격과 대상적격의 결여로 무위로 돌아 갈 공산이 클 것이며, ii) 만약 조치와 같이 특정성이 떨어지는 개념이 사용되었을 때는 원고적격과 대상적격의 결여가 더하기에, 애초부터 취소소송이 강구되지 않을 것이다. 문제는 전자의 경우인데, 여기서도 iii) 대통령령 등과 같은 (법령공포법 등에서 제정절차가 규정되어 있다는 의미에서) 법정화된, 즉 공인된 법규범이 동원된 경우와, iv) -법정화된 법규범의 형식을 띠지 않는 한에 있어서- 지침이나 고시 등과 같은 비정식적 법규범이 동원된 경우로 나뉜다. iv)의 경우에는 취한 형식이 그 내용에 그다지 영향을 미치지 않기에 당연히 내용(실질)이 해당 행정활동의 법적 성질을 가늠한다(후술). **독일 문헌과 판례상에서 주된 논란거리는 후자의 경우인 반면, '두밀분교폐지조례'처럼 우리 판례에서 문제가 되는 경우는 전자의 경우 특히 iii)의 경우이다.**

II. 가늠잣대에 관한 논의

1. 독일의 경우

독일에선 -가령 개별사건규율적 명령처럼- 규범과 집행이 착종(錯綜)하는 법현상에 즈

7) 후자의 경우와 관련하여 문제되는 것이 바로 일반구체적 규율로서의 '일반처분'이다.

음한 권리구제방법과 관련해서, 그 가늠잣대가 (우리나 일본에서와는 다른 의미의) 형식적 행정행위 개념이냐 아니면 실질적 행정행위 개념이냐를 둘러싼 논의가 전개되었다. 과거의 지배적 입장은 실질에 초점을 맞춰, 독일 행정절차법 제35조에 따라서 실체법에서든 쟁송법에서든 행정행위의 존부를 위해선 행정조치의 형식이 아니라 그 내용이 규준이 된다는 점과, 따라서 행정행위개념은 실체적으로 파악해야 한다는 점을 주장한다. 그러나 오늘날의 지배적 입장은 형식을 일차적 규준으로 삼는다. 그리하여 행정행위와 같은 '개별사건적 규율'이 법률, 법규명령, 조례의 형식으로 발해진 경우에 내용적으로는 행정행위에 해당할 순 있겠지만, 결코 형식상으로는 행정행위가 아니며, 따라서 행정행위처럼 쟁송취소의 대상은 될 수 없고, 규범통제의 방법을 취해야 한다. 반면 만약 법규명령으로 발해야 할 것을 잘못하여 법규명령 대신에 행정행위로 발하였다면, (위법한 행정행위로서) 그것의 쟁송취소가 허용되고, (본안에서) 이유 있다. 즉, 행정행위와 명령의 구분을 위해선, 우선적으로 문제의 규율의 외부적 형식에 좌우되어야 하되, 다만 그 형식이 다의적이거나 －형식선택의 자유를 전제로 하여－ 권리보호를 제한하기 위한 명백한 형식남용이 있는 경우에만 규율의 실질을 목표로 삼아야 한다.[8]

2. 우리의 경우: 이른바 처분적(조치적) 행정입법의 문제

'법규명령형식의 행정규칙'에 관한 논의(본서 482면)가 보여주듯이, 판례는 기본적으로 실질에 절대적 비중을 둔다. **실질적 접근의 기조에서 대법원은 '두밀분교통폐합조례사건'**(대법원 95누7994 판결; 95누8003판결)**에서 이제까지 의례적 논의에 머물렀던 이른바 '처분적' 명령(조례)의 존재를 처음으로 시인하였다.**[9] 종래 광범하게 행해졌던 법규헌법소원심판이 적어도 조례의 경우에는 헌법소원의 보충성의 원칙으로 인해 더 이상 허용되지 않게 되었다. 법원이 처분성확대를 통해 법규헌법소원심판에 대해 '크로스카운터 펀치'를 날린 셈이었다. 그 후 서울행법 2004구합5911판결은, '관세법 제51조의 규정에 의한 인도네시아·중국산 정보용지 및 백상지에 대한 덤핑방지관세부과에 관한 규칙'의 일부 내용에 대해서 처분성을 인정하였다.[10] 또한 유사조문형식의 고시에 대해 일련의 판례(대법원 2003무23결정; 2003무41결정; 2005두2506판결)가 처분성을 인정하였다(이들 판례의 문제점에 관해서는 본서 247면). **'두밀분교통폐합조례사건' 판결 이후 10년 만에 '조치적(처분적)' 명령이** －바람직하지 않게도－ **마치 제5의 행정작용인 양 행정작용형**

---

8) 김중권, 행정법기본연구Ⅰ, 187면 이하 참조.

9) 그러나 곧바로 처분성이 인정되는 양 오해를 낳는 '처분적' 명령(조례)이란 용어는 하루바삐 시정되어야 한다. 日人學者(山田 晟)의 "ドイツ法律用語辭典"(1984)에서도 'Maßnahmegesetz'을 조치법으로 바르게 옮겨 놓고 있다(p.251).

10) 동지: 권순일, 행정판례연구 제12집(2007.6.), 191면 이하; 반론: 김중권, 법률신문 제3478호(2006.7.27.). 그런데 서울행법 2004구합5911판결은 GATT 규정의 대사인적 효력을 인정한 점에서도 문제가 있다(본서 52면 참조).

식의 하나(법규범형식의 행정처분)로 자리를 잡은 셈이다.[11]

그러나 대법원 2019두48905판결은, 기획재정부령 제498호인「일본산 공기압 전송용 밸브에 대한 덤핑방지관세의 부과에 관한 규칙」이 항고소송의 대상이 될 수 없고, 시행규칙의 취소를 구하는 소는 부적법하다고 바람직하게 판시하였다. 결과적으로 저자가 강하게 비판하였던 서울행법 2004구합5911판결은 폐기된 셈이다.

3. 이른바 처분적(조치적) 행정입법의 인정과 그 확대의 문제점[12]

i) **전체 공법질서의 측면:** 공법질서와 공법제도는 규범과 법집행행위를 구분한 것을 토대로 하는데, 양자를 구별하지 않으면 전체 공법질서와 공법제도가 난맥에 처할 수 있다.

ii) **법원론적 측면:** 법원론은 전적으로 법형식에 따라 구축되었는데, 법형식이 아니라 −법관의 판단에 전적으로 가늠되는− 실질에 맞춰 접근하면 법원론 자체가 붕괴될 수 있다.

iii) **행정작용법론적 측면:** 입법자가 법정의 법규범(법률, 명령, 조례, 규칙)을 선택하였는데, 법관의 판단에 의해 그것의 법적 성질이 다르게 되는 것은 입법자의 의사를 무시한 것이다. 법형식을 도외시한 것은 행정작용법론 및 행정의 작용형식의 체계를 난맥에 처하게 한다.

iv) **하자효과의 측면:** 하자와 관련해서 단순 위법인지 무효인지 원칙의 차원에서 통일된 결론이 모아지기 힘들거니와, 단순 위법의 원칙을 취할 때 중대명백성설을 어떻게 관철할 것인지의 물음에서도 필연적으로 소모적 논쟁이 유발될 것이다.

v) **절차법적 요청의 측면:** 통상 부담적 처분에 대해 요구되는 절차법적 요청(사전통지, 의견청취, 이유제시 등)이 통용되는지 여부가 논란이 된다.

vi) **행정상 강제집행의 측면:** 조치적(이른바 처분적) 행정입법이 하명에 해당하면, 집행행위를 게재시키지 않고 불이행에 대해 곧바로 대집행을 강구할 수 있지만, 법령의 수범자가 원칙적으로 불특정다수인 점에 비추어 자칫 대집행의 남용을 가져다줄 우려가 있다.

vii) **소송법적 측면:** 행정입법에 대한 독립된 소송유형이 도입되지 않은 이상, 이런 행정입법에 대해 항고소송의 차원에서 취소소송과 무효확인소송을 공히 강구할 수 있는지 여부가 다투어진다.[13] 여기서의 항고소송의 법적 성격이 과연 규범통제소송인지 아니면 항고소송인지 여부가 논란이 되는데, 이는 헌법 제107조 제2항을 둘러싼 쟁점거리이기도 하다. 이른바 처분적 조례의 경우에 누구를 피고로 삼아야 할지 논란이 있을 수 있는데, 지방자치단체를 그 장이

---

11) 한편 대법원 2008두19550, 2008두19567(병합)판결은 모집단위별 입학정원을 개정한 국립대학교의 학칙개정행위에 대해 그 학칙에 기초한 별도의 집행행위의 개입 없이도 그 자체로 구성원의 구체적인 권리나 법적 이익에 영향을 미친다는 이유로 처분성을 인정하였는데, 이는 입법과 입법행위를 구별하여 후자의 처분성을 논증한 점에서 문제가 있다.

12) 김중권, 행정법기본연구VI, 251면 이하.

13) 대법원 95누8003판결에서는 무효확인소송이, 대법원 95누7994판결에서는 취소소송이 강구되었다.

대표하기에 지방의회가 아니라, 지방자치단체의 장을 피고로 삼아야 한다. 다만 처분적 교육조례의 경우, 교육자치법(18조 2항)이 교육감으로 하여금 교육·학예의 소관사무로 인한 소송에서 시·도를 대표하도록 규정하고 있기에, 시·도의 교육감을 피고로 삼아야 한다(대법원 95누8003판결).

4. 관견(管見)

법원이 전향적으로 처분성확대를 도모하였다고 호평할 수 있지만, 현행의 공법질서 특히 규범체계로서는 심각한 난맥에 처하게 되었다. 입법자가 선택한 규범으로서의 법적 성격이 법원의 판단에 의해서 부인되는 셈이다. 권리구제의 확대의 측면에서 처분성의 확대인정 자체는 이론(異論)이 없지만, 법집행행위의 존재를 무색케 만드는 과도한 처분성인정은 규범통제의 항고소송화는 물론, 규범과 집행행위의 구분을 소멸시켜 행정작용법론의 기능부전까지도 초래할 수 있다. 일찍이 Jhering이 형식을 자의(恣意)의 단호한 배격자(排擊者)이자 자유의 쌍둥이 자매로 평하였듯이,[14] 형식은 그것이 행정활동의 수행을 조정하는 경우에만 그 자신의 힘을 발휘할 수 있다. 법에서 형식은 공식(公式)이자 정식(定式)이다. **법규범의 형식을 갖는 한, 그것의 법적 취급은 시종 법규범으로서의 위상에 맞추어야 한다.** 처분적 명령의 접근을 반대한 저자와 주장이 주효한 것으로 여겨지는 **대법원 2019두48905판결을 계기로 앞으로 부수적 규범통제의 정도를 밟지 않고 무조건 처분성을 확대 인정하려는 경향이 전면 수정되길 기대한다.**

Ⅲ. 이중적 성격의 법적 행위(상대적 행정행위)의 문제

하나의 행위가 행정행위로서의 성질과 함께 행정행위가 아닌 법적 행위(법규범)의 성질을 가질 수 있는지가 문제될 수 있다. '이중적 성격의 법적 행위'이자 '상대적 행정행위'(relativer VA)의 문제이다. 그런 것은 행정작용론을 불필요하게 복잡하게 만든다. 행정행위는 관련인에게만 통지되어도 존재하게 되는 점과도 배치된다. 이중적 성질의 문제는 비단 행정작용의 체계에서만이 아니라 하나의 조치를 어떤 때는 공법적 성격으로 어떤 때는 사법적 성격으로 보는 경우에도 제기된다. 이 역시 부인된다.[15]

---

14) ders., Geist des römischen Rechts auf den verschiedenen Stufen seiner Entwicklung, 2.T1., 2.Abt. 1875, S.471.

15) 독일 통설 역시 마찬가지로 부정적이다. Ehlers/Pünder, in: Ehlers/Pünder, §3 Rn.51.

02 행정행위

제 1 절 행정행위의 의의

Ⅰ. 행정행위와 행정처분과의 관계

1. 관련 입법례

독일 행정절차법 제35조: 행정행위(Verwaltungsakt)는 행정청이 공법의 영역에서 개별적 경우를 규율하기 위하여 발하고 외부에 대하여 직접적 효과를 발생시키는 모든 처분, 결정 또는 기타의 고권적 조치를 말한다. 일반처분이란, 일반적 징표에 의하여 특정되거나 특정될 수 있는 인적 범위를 대상으로 한 행정행위 및 물건의 공법상의 성질 또는 공중에 의한 그 이용과 관련되는 행정행위를 말한다.

미국 통일법전(U.S.C.) 제551조 제13항: agency action이란 행정기관의 규칙·처분·인가·제재·구제 기타 이에 상당하는 행위나 그것의 거부행위·부작위의 전부 또는 일부를 말한다.

일본 행정수속법 제2조 제2호(행정사건소송법 제3조 제2호): 처분이란 행정청의 처분 그 밖에 공권력행사에 해당하는 행위를 말한다.

행정기본법 제2조 제4호(행정소송법 제2조 제1호, 행정심판법 제2조 제1항 제1호, 행정절차법 제2조 제2호): '처분 등'이라 함은 행정청이 행하는 구체적 사실에 관한 법집행으로서의 공권력의 행사 또는 그 거부와 그 밖에 이에 준하는 행정작용을 말한다.

대법원 행정소송법 개정의견 제2조 제1호: '처분'이라 함은 행정청이 행하는 구체적 사실에 관한 공권력의 행사 또는 그 거부와 그 밖에 이에 준하는 행정작용을 말한다.

법무부 행정소송법 개정안 제2조 제1호: '처분'이라 함은 행정청이 행하는 구체적 사실에 관한 법집행으로서의 공권력의 행사 또는 그 거부와 그 밖에 이에 준하는 행정작용을 말하며, '처분등'이라 함은 처분과 행정심판에 대한 재결을 말한다(현행 행정소송법 제2조 제1호, 행정심판법 제2조 제1항 제1호와 동일).

2. 법제도로서의 행정행위 개념의 성립역사

행정행위는 우리를 포함한 대륙법계 국가에서는 행정작용법의 핵심이자, 일반행정법의 출발점이다. 법제도로서의 행정행위 개념은 행정재판제도를 가진 프랑스, 독일 등에서 형성되어 발전된 것이다. 행정법을 공법으로 자리매김하여 성립시킨 역사적 소산이다. 행정재판제도를 가지지 않으며, 공·사법 이원적 법체계를 부인하였던 영·미에서는 특별히 행정행위라는 개념을 구성할 필요가 없었다.[1] 행정행위 개념은 실정법상의 개념이 아니라 학문상의 개념이다. 실정법상으로 행정처분 또는 처분이라는 용어가 많이 사용되고,[2] 판례상으로도 행정행위와 행정처분이 혼용되고 있다.

본래 행정행위의 개념은 19세기 독일 행정법학의 창조물이다. O. Mayer가 행정행위를 '개개의 사건에서 신민에 대해서 무엇이 그를 위하여 적법할 것인지를 정하는 행정에 속하는 관헌적 언명'이라 정의함으로써,[3] 그것의 본질적인 형상이 만들어졌다. 입헌군주시대에 전개된 관헌국가적 권력수단이어서 민주적 법치국가의 행정에는 맞지 않는다고 그 존재이유에 의문이 제기되곤 한다. 하지만 본래 O. Mayer가 법적 안정성의 고려에 바탕을 두고서, 행정활동을 법치국가원리에서 구속하고 제한하기 위하여 행정행위를 만들었다. **행정의 법률구속을 위한 중요한 매체로서의 행정행위는 법치국가원리적 기능에 이바지하기에 결코 관헌국가적 유물이 아니다.**[4]

3. '형식적 행정행위'를 둘러싼 논의: 일원론과 이원론

행정행위의 개념을 둘러싸고 최광의적, 광의적, 협의적, 최협의적 이해가 운위되는데, 지금에 와서는 행정작용형식론의 차원에서 최협의적 이해로 통일되었다. **강학상의 행정행위(실체법적 행정행위 개념)를 쟁송법상의 처분(쟁송법적 행정행위개념)에 견주어 이들이 일치하는지 여부가 다투어진다.**[5] 양자를 같다고 보면서 그 처분과 다른 행정작

---

1) 한편 미국 등에서 사용하는 'agency action'이나 'administrative act' 등은 비록 행정행위로 번역되긴 하지만, 우리 행정법상의 그것과는 달리 행정입법을 포함한 것임(일종의 '광의의 행정행위개념')을 유의해야 한다. 한편 행정재판의 부재로 미국 등에 공법 및 행정법이 존재하지 않는다고 보아서는 곤란하다. 분명 공적 부문에서 민사법과 달리 규정하고 그 나름의 논의가 정립되어 있어서 대륙법에서의 상황과 아주 다르지 않다. 국가 체제에서 공법 및 행정법의 고유한 존재감은 당연히 인정된다.

2) 독일의 경우에도 '행정행위란 용어가 개별법에서 드물게 규정되고 있고, 대개 결정, 처분, 조치 등이 사용되기에 일부에서는 행정행위란 용어로 통일적으로 사용할 것을 주장하기도 한다.

3) Ders., Deutsches Verwaltungsrecht, Bd. Ⅰ, 1.Aufl., 1895, S.95.

4) Bader/Ronellenfitsch, BeckOK VwVfG, 2022, §35 Rn.5f.

5) 이 물음의 진원지인 일본의 관련 문헌상황에 관해선 특히 김유환, 행정작용법(김동희 교수 정년기념

용(특히 행정입법)과의 구별의 징표를 철저히 탐구하려는 일원설(실체법상 처분개념설)과, 양자를 다르다고 보아 후자의 내포를 확대하려고 노력하는 이원설(쟁송법상 처분개념설)의 대립이 있다. 특히 이원설은 일본에서 주창된 (독일에서와는 다른 의미의) '형식적 행정행위론'을 적극적으로 수용한다(쟁송법상 처분개념=실체법상 처분(행정행위)개념+형식적 행정행위). '형식적 행정행위'의 이해가 분분하지만, 통상 '학문상의 행정행위에 포섭될 수 없는 행정작용을 국민의 실효적인 권익구제라는 관점에서 쟁송법상 '처분'으로 파악함으로써 그에 대한 항고쟁송의 제기를 가능하게 하기 위한 '형식적·기술적 의미의 행정행위'로 본다. 그리하여 행위 자체가 공권력의 실체를 가지고 있지 않지만, 실질적으로 국민생활을 '일방적으로 규율하거나' 행정목적을 위하여 국민의 권리·이익에 계속적으로 '사실상의 지배력'을 미치는 경우에, 그것을 인정한다. 그 예로 행정규칙, 행정지도, 행정상 입법, 행정계획, 일반처분 등이 거론된다.

4. 관견(管見)

A시의회의 요청을 A시장이 받아들여 A시 인사위원회위원장이 시간선택제 임기제공무원 40명을 '정책지원요원'으로 임용하여 지방의회 사무처에 소속시킨 후 상임위원회별 입법조사관에 대한 업무지원 업무를 담당하도록 한다는 내용의 채용공고를 하자, 행정자치부장관이 A시장에게, 이 채용공고는 법률에 근거하지 않고 지방의회의원에 대하여 유급 보좌 인력을 두는 것이어서 위법이라고 하여, 이 채용공고를 취소하라는 내용의 시정명령을 하였다. 시정명령에 응하지 않자 행정자치부장관이 이 채용공고를 직권으로 취소하였다. 그러나 A시장은 (구) 지방자치법 제169조 제1항의 적용을 피하기 위해 이 채용공고가 국가의 감독처분(시정명령 및 취소정지)의 대상이 아니라고 주장하였다. 이 주장은 주효하는가? (대법원 2016추5087판결)

현재의 처분개념 물론, 독일의 행정행위 개념은 최협의의 행정행위개념을 입법화한 것이다. **행정행위(처분)의 개념적 징표는 그 자체가 해석을 통해 -한계는 넘지 않으면서- '수범자에게 유리하게' 확장될 수 있다.** 더욱이 '그 밖에 이에 준하는 행정작용'을 통해 처분성확대의 가능성이 열려져 있다. 종래 휴면상태와 다를 바 없었던 당사자소송이 활성화되고 있어서, 항고소송만이 유효한 권리구제수단은 아니다. 권리보호의 이유를 내세워 행정행위를 필요 이상 과도하게, 즉 체계파괴적으로 확대할 필요가 없다. 결국 **이원설이 제시하는 권리구제가능성의 확대는 근거가 없다.** 행정절차법과 행정

논문집), 2005, 80면 주2) 참조.

기본법이 행정소송법과 동일하게 처분개념을 택하기에, 굳이 쟁송법상의 처분개념 자체를 별도로 논의할 필요가 없으며, 그 자체가 실정법 체제에 반한다.

지속적으로 처분성확대를 기하고 있는 판례의 태도를 강학상의 행정행위개념(실체법상 처분개념설)에서 벗어난 것으로 판단해서는 아니 된다. 학문적 논의를 수용하여 진화한 결과이다. **일원설인 판례의 기조가 확고한데,**[6] **불필요하게 과잉 논의된 면이 있다. 행정행위 개념의 광협(廣狹)을 둘러싼 무익한 논의는 하루바삐 그쳐야 한다.**

한편 대법원 2016추5087판결은 구 지방자치법 제169조(현행 제188조) 제1항상의 취소정지의 대상인 처분이 항고소송의 대상인 행정처분에 제한할 이유가 없다고 하면서 채용공고가 취소의 대상이 될 수 있다고 보았다. 이로써 행정처분에 해당하지 않는 일체의 조치가 동 규정상의 처분에 해당할 수 있게 되었는데, 이런 접근은 행정처분에 관한 일반적인 이해를 훼손할 뿐더러, 자칫 행정법상의 엄청난 혼란을 자아낼 수 있다.[7] 또한 대법원 2019두61137판결이 행정절차법에 따른 절차진행 및 불복고지에 의거하여 행정처분의 존재를 논증하면서 절차법적 처분개념과 실체법적 처분개념의 용어를 처음으로 사용하였다. 새로운 논의상황이 전개되는 양 심각한 오해만이 아니라, 현행법의 체제와 심각한 위반을 유발한 점에 대한 맹성(猛省)이 요구된다.

5. 독일에서의 형식적, 실체적 행정행위 개념에 관한 논의

독일에서의 형식적 행정행위와 실질적 행정행위를 둘러싼 논의는 우리나 일본과는 많이 다르다. 그들의 형식적 행정행위개념과 실체적 행정행위개념의 논쟁은, 가령 행정이 행한 사법상의 고용계약을 결정이나 처분의 형식으로 해지한 경우처럼 내용적으로 행정행위가 될 수 없는 것을 행정행위의 형식으로 행한 경우 그것을 소송상의 법적 취급에서 행정행위로서 다룰 수 있는지 여부의 물음과 관련이 있다. 소수의 문헌은 행정행위가 아니므로 취소소송이 아닌 해당 조치의 비행정행위적 성질의 확인을 구하는 소를 제기해야 한다고 주장한다. 그러나 그들 판례와 통설은 형식설의 입장에서 그 형식에 의거하여 행정행위로 다루어야 한다는 형식적 행정행위개념을 취하며, 그런 행정행위는 위법한 것으로 여겨진다(형식설). 그리하여 행정절차

6) 유의할 점은 항고소송에서의 대상적격의 물음은 소의 이익에 접근한다. 그리하여 행정소송법 제2조 소정의 행정처분에 해당하더라도 그 처분의 근거 법률에서 행정소송 이외의 다른 절차에 의하여 불복할 것을 예정하고 있는 처분(검사의 기소, 불기소의 결정)은 소의 이익의 차원에서 항고소송의 대상이 될 수 없다(대법원 2017두47465판결 등).

7) 그런데 채용계획을 확정하여 공시한 채용공고는 일종의 행정계획으로 아무런 문제없이 처분성이 인정될 수 있다. 감독규정으로서 구 지방자치법 제169조(현행 제188조)를 입법정책의 차원(de lege ferenda)에서 몇 가지 개선할 점이 있다. 여기서의 명령을 직접적으로 조례와 규칙으로 분명히 하고, 명령과 처분이 아닌 행정작용 역시 커버할 수 있도록 '기타 조치'를 추가할 필요가 있다.

법상의 행정행위(실체적 행정행위)는 물론, 형식적 행정행위 역시 행정소송법(행정법원법)상의 소송대상이 되는 행정행위가 될 수 있다. 이 점에서 행정절차법상의 행정행위와 행정소송법상의 행정행위는 차이가 있다.[8)]

Ⅱ. 행정행위의 제도적 의의, 기능 및 허용성

1. 행정행위의 제도적 의의

먼저 행정행위는 행정의 능률에 이바지한다. 행정행위는 현대 행정이 대량적 업무를 처리하기 위하여 적합한, 부분적으론 심지어 필요불가결한 규율수단이다. 다른 한편 행정행위는 시민의 이익에도 이바지한다. 왜냐하면 행정행위를 통해서 시민의 권리와 의무가 명확하게 정해지고 한정된다. 아울러 설령 위법하다 하더라도 행정행위는 시민이 자신의 활동을 계속할 수 있는 안정된 근거가 된다. 전체적으로 행정행위는 국가와 시민간의 분명하고 안정된 법적 관계를 제공한다.. 따라서 법적 안정성의 원칙에 그 정당성의 근거가 있다. 그리고 행정행위는 행정활동을 법치국가원리에서 구속하고 제한하는 법치국가적 기능을 수행하는데, 여기서 **개인은 행정에 대해 臣民이 아니라 시민으로서 맞선다는 인식을 가져야 한다.**

2. 행정행위의 기능

실정법상의 행정행위의 개념결정(정의)의 의미는 행정행위의 제 기능을 전제해야만 바르게 접근할 수 있다. 행정행위는 법치국가원리적 기능을 다음의 4가지 차원에서 발휘한다. **행정절차법, 행정소송법에서의 행정처분 개념을 해석·적용함에 있어 이들 기능과 그에 포함된 특수한 법효과를 유의해야 한다.**

(1) 구체화·전환기능(규율기능)

행정행위는 법률집행의 고전적인 수단이다. 행정행위를 통해서, 개입행정에서는 법률상 확정된 의무가, 급부행정에서는 법률상의 청구권이 구속적으로 구체화되며, 그리하여 행정청의 포섭의 결과가 확정된다. 법규범을 구체화하고 전환하는 기능은

8) Stelkens/Bonk/Sachs, VwVfG, 10.Aufl. 2022, §35 Rn.15ff.

다름 아닌 규율기능이다. 이는 행정행위의 실체법적 기능이기도 한데, 행정행위의 개별화기능과 명확화기능 역시 동일하다. 전통적으로 이런 기능은 O. Mayer의 법적 안정성의 고려에 연결된다. 행정행위의 규율기능이 행정행위의 제 구속력(공정력, 구성요건적 효력, 존속력, 기결력 등)을 발생시킨다.

⑵ 절차법적 기능

행정절차법적으로 행정행위는 행정절차법의 적용을 나타내며, 동시에 동법에 따른 행정절차를 종결한다. 동법 제2조상의 행정행위(행정처분)가 존재하면, 형식적, 절차적 적법성요청(예: 사전통지, 의견청취, 이유제시, 방식 등)은 당연히 행정절차법상의 관계 규정을 목표로 한다. 그런데 행정행위를 행정절차에 삽입시킨 것은 이런 차원을 넘는다. −신청을 통해서 행정행위의 발급상의 절차를 진행하는 것이 보여주듯이− 행정절차의 결과조율효과와 (이를 통한) 정당화효과에 관한 인식이 실제적으로 통용되게 한다. 그리고 협력적인 절차진행을 법적으로 구조화한다. 하지만 행정처분에 해당한다고 재판을 통해 사후에 확인되는 작용에 대해서는 절차적 요청을 그대로 적용해서는 아니 된다. 물론 인정된 후에는 다르다(본서 606면).

⑶ 명의기능

행정행위는 처분청 스스로에 의해서 −법원으로부터 명의를 얻을 필요 없이− 직접적으로 그것에 의거하여 집행될 수 있다(자력집행). 즉, 행정은 이로 인해 집행명의를 스스로 얻을 수 있으며, 경우에 따라서는 (행정행위의) 위법에도 불구하고 스스로 집행할 수 있다. 물론 이 같은 명의기능(집행기능)은 행정행위에 의해 '청구권'이 확인되어야 하기에 행정행위 가운데 하명처분에 대해서만 인정된다.

⑷ 행정쟁송적 기능

행정소송법 제3조와 제12조에 의해, 행정행위는 권리구제(권리보호)를 개시하는 기능을 발휘한다.[9] 과거에는 행정행위의 존부가 그에 대한 권리구제의 개시를 좌우하였다면(행정행위구속적 행정구제), 지금은 권리구제의 방법에 영향을 미친다. 우리의 경우 독일과는 달리 소송종류상의 개괄주의를 취하지 않고, 여전히 소송종류의 정원제를 고수하기에, 대상적격의 문제가 독일에서보다는 더 부각된다. 한편 당사자소송의 활

---

9) 그런데 유의할 점은 행정행위에 해당하더라도 근거 법률에서 행정소송 이외의 다른 절차에 의하여 불복할 것을 예정하고 있는 경우(검사의 기소나 불기소 등)에는 항고소송의 대상이 될 수 없다.

성화로 권리보호가 확대되면, 더 이상 행정행위의 존재가 권리보호를 위한 유일한 시발점이 되지는 않는다.

3. 행정행위의 허용성 문제

국가산업단지의 관리업무를 위탁받은 공법인으로서 공단이 甲과 단지 내 공업용지에 관하여 입주계약을 체결하였다. 계약에서 용지 및 건물을 생산활동 이외의 목적으로 사용하거나 수익할 수 없으며 그 위반시에는 공단이 계약을 해지하기로 약정하였다. 공단이 공장에서 할 수 없는 서비스업(세탁업)을 영위하였다는 이유로 甲에게 계약해지를 통보하였다. 이 해지에 대해 취소소송을 제기할 수 있는가? (대법원 2010두23859판결)

국토교통부장관이 甲 해운주식회사의 운항선박 중 LNG선박 2척을 국제선박등록법 제8조 제1항에 따라 국가필수국제선박으로 지정하면서, 그로 인한 외국인선원의 승선제한으로 발생한 손실보상금을 지급하였다. 그 후 감사원의 감사에 의거해서 국토교통부장관이 손실보상금지급처분을 취소하고 지급된 손실보상금의 반환을 명하였지만, 甲은 이 보상금반환처분은 법률적 근거가 없어서 위법이라고 주장한다. 甲의 주장은 주효하는가? (서울행법 2012구합5190판결)

구체적 사건에서 행정이 행정행위를 발하는 것은 통상적으로는 특별히 문제되지 않는다. 하지만 다음의 경우에는 자세한 고찰이 필요하다. i) 행정계약으로 인해 행정이 갖는 청구권에 대해 행정청은 행정행위로 확정하고 이를 통해 실현할 수는 없다. 즉, 행정이 그 청구권을 집행력을 갖는 하명처분을 동원해 자기집행의 차원에서 민사채권과는 달리 손쉽게 실현하는 것은 허용되지 않는다. 사법적(私法的) 채권을 행정행위를 발하는 방법으로 관철하는 것 역시 부인된다. ii) 행정이 법률상 성립한 특히, 행정법적 채무관계에서의 급부청구권을 행정행위를 통해서 확정하고, 나아가 필요시에는 스스로 집행할 수 있는지 여부가 다투어지는데, 문제는 부당이득의 반환의 경우이다(예: 공무원에게 과다 지급된 봉급, 법적 근거 없이 지급된 교육비, 직권취소된 자금조성적 급부제공). 법률에서 환수처분을 직접 규정하지 않는 한, 행정처분의 형식으로 부당이득반환을 강구할 수 없다.[10] iii) 행정법적으로 외부효를 갖는 개별사건적 규율에 해당하는 경우에만 행정행위의 형식이 허용된다. 따라서 행정행위형식에 의한 행정계약의 해지나 일반추상적 규율(법규범)은 원칙적으로 허용되지 않는다.[11]

10) 서울행법 2012구합5190판결: 국토교통부장관은 회생채무자를 상대로 민사소송절차에 따라 부당이득반환청구권을 행사하여 반환을 구할 수 있을 뿐, 법령에 근거도 없는 행정처분을 발하여 공권력의 우월한 지위에서 그 반환을 강제할 수는 없다. 동지: 울산지법 2012구합2584판결. 독일의 경우 판례는 행정행위의 허용성을 시인하나, 통설은 법률유보의 차원에서 부정적이다.

그런데 **허용성의 물음과 권리보호의 방도(방법)의 물음은 별개이다.** 권리보호의 방도는 원칙적으로 행정이 취한 실제 형식에 의거해 정해진다. 일반 추상적 규율을 소정의 절차와 형식을 갖추어 행정행위의 형식으로 발한 경우나 부당이득금의 반환을 '최고'하는 의미이긴 하나 손실보상금의 반환을 명하는 처분을 발한 경우(서울행법 2012구합5190판결), 취소소송의 제기를 통해 그 위법성을 다투어야 한다(본서 36면).

Ⅲ. 행정행위의 개념적 징표

실정법상의 처분개념정의와 더불어 취소소송의 대상적격에 관한 판례의 기조를 함께 고려하여, 다음을 개념적 징표로 하여 전개한다: ⅰ) '행정청'의 행위, ⅱ) '구체적 사실'에 관한 규율, ⅲ) '법효과'를 발생하는 규율'의 존재, ⅳ) '공권력'의 행사, ⅴ) '대외적으로 직접적인' 법효과의 발생. 한편 처분의 개념정의에 있는 '그 밖에 이에 준하는 행정작용' 부분이 문제되는데, 이는 처분성확대의 가능성을 제도화한 것이다. 자칫 오해하여 이를 두고서 쟁송법상의 처분개념이 실체법상의 그것과 다르다고 하여 행정행위의 개념적 징표를 무력화시킬 우려가 있다. **'이에 준하는' 것의 의미가 결코 체계파괴적인, 즉 전형적인 처분개념의 외연을 넘어선 것이 되어서는 아니 된다.**[12]

1. '행정청'의 행위

A군의회는 1차, 2차투표에서 당선자를 정하지 못하여 결선투표를 하여 甲을 의장으로 당선되었음을 선포하였다. 투표절차와 결과에 위법사유가 있다고 여긴 경쟁후보인 乙이 甲의 군의회의장당선을 행정소송을 통해 다툴 수 있는가? (대법원 94누2602판결)

(1) 행정청의 의의

행정청은 일반적으로 「국가, 지방자치단체 등 행정주체의 의사를 결정·표시할 수 있는 권한을 가진 행정기관」의 뜻으로 새겨지고 있다(참조: 행정절차법 2조 1호). 독임제(獨任制)하에서는 행정관서의 장이 그에 해당한다. 또한 정부조직법에서는 '행정기관', '행정기관

11) 판례는 행정계약해지의 법적 성질을 행정처분으로 보거나(대법원 2010두23859판결), 그렇지 않은 것으로 보기도 한다(대법원 2015두41449판결). 본서 500면.

12) 일각에서 판례가 그 부분을 적극적으로 활용하지 않는다고 비판하지만, 판례는 굳이 그 부분을 명시적으로 언급하지 않은 채 그 뜻을 적극 반영하여 처분성을 확대하고 있다.

의 장'등의 용어를 사용하고 있다. 행정청은 단독기관(예: 행정안전부장관 · 산림청장 · 세무서장 등)이 보통이나, 합의제기관(예: 토지수용위원회 · 소청심사위원회 · 국가배상심의회 등)도 있다. 행정청은 법(권리)주체 그 자체가 아니라, 권리주체를 위하여 활동하는 부처(기관, 부서)이고, 공법인이 아니라, 안에서 활동하는 사람의 활동이 귀속되는 부서(기관) 그 자체이다. 그리하여 행정청개념이 부분적으로는 기관과 일치하기 때문에, 모든 행정청이 동시에 기관은 되지만, 모든 기관이 행정청은 아니다. 가령 행정주체 내부에서 행정주체의 의사를 결정할 권한은 있지만 대외적으로 표시할 권한은 갖지 않는 의결기관(공무원징계위원회, 경찰위원회 등)은 행정청에 해당하지 않는다.

여기서의 행정청은 실질적 · 기능적 의미에서 접근해야 하고, 조직법상의 그것이 요구되지 않는다. 즉, 행정청개념은 의식적으로 광범하게 파악되어, 행정의 임무를 수행하는 모든 부서를 의미한다. 다만 기능적인 행정청 개념은 통상 어느 정도의 조직상의 독립성을 요건으로 한다. 보조기관(국장 등)의 경우 이런 독립성이 전제되어야 행정청이 될 수 있다. 그리고 국가의 행정조직에 속한 부서에 한하지 않으며, 국회 · 법원의 기관도 행정임무를 수행할 때는 행정청으로 기능할 수 있다(직원의 임명 등).[13] 또한 공공단체와 공무수탁사인도 위임, 위탁을 통해 행정처분을 발할 수 있다(행정절차법 2조 1호 등). 다만 여기서 전제는 행정처분에 관한 권한이 위임, 위탁되어야 하고, 권한의 위임, 위탁이 없는 단순한 업무의 위임, 위탁의 경우에는 그러하지 아니한다.[14]

한편 각종의 증명이나 등기나 기소여부와 관련하여 사법기관의 행정적 법무행위(administrative Justizakte), 즉 법무행정행위는 실질적으로는 행정행위일 수 있기에, 취소소송의 대상여부가 문제될 수 있다. 독일은 행정절차법에서 명시적으로 동법상의 규율대상에서 배제하는데, 우리는 판례가 소의 이익의 차원에서 접근한다.[15]

(2) 공공기관(정부투자기관)의 입찰참가제한행위의 문제

A 정부투자기관이 甲회사와 물품구매계약(공공계약)을 체결하면서, 입찰참가자격을 제한하는 내용의 청렴계약에 관한 특수조건(특약)을 부가하였다. 甲회사의 직원 乙과 A 정부투자기관의 영업본부장 丙 사이에 금품을 수수한 사실이 확인되어 특약에 의거하여 A 정부투자기

13) 지방의회의 의원제명(대법원 93누7341판결), 지방의회의 의장선임의결(대법원 94누2602판결) 및 의장불신임의결(대법원 94두23결정). 그러나 국회의원의 징계 · 제명은 제소가 불허된다(헌법 제64조④).
14) 한편 어린이집 평가업무를 위탁받은 데 불과한 한국보육진흥원장이 행한 평가등급을 행정처분으로 본 헌법재판소의 입장(헌재 2021헌마1108)은 그런 평가등급을 궁극적으로 보건복지부장관이 공표하도록 되어 있는 법률규정에 배치된다.
15) 기소나 불기소와 같은 형사소추상의 조치는 검찰청법이나 형사소송법에 의한 불복이 예정되어 있어서 취소소송의 대상이 되지 않는다(대법원 2017두47465; 99두16264판결; 89누2271판결).

관이 甲회사에 대해 입찰참가제한조치를 행하였다. 여기서 특약 및 특약에 의한 입찰자격제한 조치의 법적 성질이 무엇인가? (대법원 2010다83182판결)

(가) 논의현황 및 판례

기능적 행정청개념에 연계하여 '공공기관(정부투자기관)의 입찰참가제한행위의 법적 성질'이 문제된다. 종래 판례는 행정청이 행한 경우(처분성인정)와는 달리 정부투자기관이 행한 입찰참가제한은 사법적 효력만을 갖는 통지에 불과하다고 판시하였다(대법원 99부3결정 등). 그런데 1999.2.5.자 구(舊) 정부투자기관관리기본법의 개정에서 입찰참가제한행위에 관한 규정(20조 2항, 3항)을 둔 이후에는 다수 문헌에서 그것의 처분성이 주장되고 있다.[16] 나아가 개정법상황(현, 공공기관운영법 39조 2항)[17]에서는 판례가 당연히 처분으로 볼 것이라 전망되기도 한다. 이런 상황에서 행정심판에서도 그것의 처분성이 인정되었는데, 급기야 대법원 2013두18964판결은 공기업·준정부기관을 '행정청'이라 하면서 부정당업자제재를 행정처분으로 접근하였다.[18] 공공기관이 공공기관운영법에 따른 부정당업자제재처분을 받았다는 이유로 자체의 내부규정인 '공급자관리지침'에 근거하여 행한 '공급자등록 취소 및 10년의 공급자등록제한 조치'를 행정처분으로 본다(대법원 2017두66541판결).[19] 다만 공기업·준정부기관 지정전의 부정당행위에 대해서는 공공기관운영법상의 입찰참가제한을 할 수 없다고 본다(대법원 2016두33537판결).[20] 한편 판례는 정부투자기관이 −사법계약인− 공공계약을 체결하면서 부가한 입찰참가제한 특약을 사법상 계약으로 보며, 아울러 그에 의한 입찰참가제한조치 역시 사법상의 조치로 본다(대법원 2010다83182판결 등).

---

16) 대표적으로 이원우, 저스티스 제68호(2002.8.).

17) 공기업·준정부기관은 공정한 경쟁이나 계약의 적정한 이행을 해칠 것이 명백하다고 판단되는 사람·법인 또는 단체 등에 대하여 2년의 범위 내에서 일정기간 입찰참가자격을 제한할 수 있다.

18) 한편 판례는 수요물자 구매나 시설공사계약의 체결을 공기업·준정부기관으로부터 수탁받은 조달청장이 국가계약법 제27조 제1항에 의거하여 처분으로 입찰참가자격제한을 발할 수 있지만, 기타 공기업으로부터 수탁받은 경우에는 국가계약법 제27조 제1항에 의거해서 처분으로 입찰참가자격제한을 발할 수는 없다고 본다(대법원 2014두14389판결; 2017두39433판결).

19) 이 판결은 공공기관을 행정청으로 인정한 것, 내부규정을 행정규칙으로 본 것, 처분성을 논증하는 것에서 문제가 있다. 거래제한조치를 판례처럼 공법적으로 접근할 필요가 없다. 사법행위로 보더라도 법률우위의 원칙, 과잉금지의 원칙 및 이중처벌금지의 원칙에 위배되어 무효로 볼 수 있다. 상론: 김중권, 공기업의 공급자등록취소·제한(거래제한조치)의 법적 성질, 사법 제61호(2022.9.15.), 429면 이하.

20) 판례가 제재처분의 경우 법위반행위 당시를 기준으로 위법성 여부를 판단하는 기왕의 기조를(본서 701면) 바탕으로 하여서 나름 설득력이 있겠지만, 결과적으로 위반행위에 대해 면죄부를 준 셈이다. 입찰참가제한을 공법적 방법이 아닌 사법적 방법으로 다투었다면, 계약규정의 위반에 기하여 입찰참가제한이 정당화될 수 있다. 대법원 2016두33537판결은 입찰참가제한에 대한 잘못된 처분성 인정이 빚은 어처구니없는 결과이다.

(나) 관견(管見): 처분성 인정의 문제점

그런데 법인체형공기업인 공공기관은 정부가 출자하고, 국가의 감독을 받으며, 근거법률에 의해 성립하기도 한다는 점에서는 공적인 성격을 지니지만, 행정청형공기업과는 달리 국가의 행정조직 밖에 위치하며 그 존재형식은 사법인(私法人)이다. 법인체형공기업인 공공기관은 비록 일종의 간접적 행정주체라 하더라도 그 존재형식이 사법인(私法人)인 이상, 법률상 허용되지 않는 한, 공법의 작용형식을 사용할 권능이 부정된다. 따라서 이런 공공기관은 특별규정이 없는 한 사법적으로만 활동할 수 있다. **이들의 입찰참가제한을 행정처분으로 보는 것은 당연히 재고되어야 한다.**[21] 공공기관운영법은 기본적으로 국가와 공공기관의 관계를 규율하는 것에 불과하다. 사실 판례에 의하여 입찰참가제한의 사법적 특약이 가능하고 그에 의한 입찰참가제한조치 역시 사법상의 조치에 해당하는 이상, 그런 식으로 진행될 경우에는 결과적으로 입찰참가제한을 행정처분으로 보는 것은 아무런 의미가 없다.

2. '구체적 사실'(개별경우)에 관한 규율

서울특별시장이 2020.10.12.부터 2020.12.28.까지 코로나19의 확산을 예방하기 위하여 감염병예방법에 근거하여 서울시 소재 음식점 운영자에게 테이블 간 간격 유지, 21시부터 익일 5시까지는 음식 포장・배달만 허용 등의 방역수칙 준수를 명하는 고시를 11차례에 걸쳐 발령하였다. 이 방역조치 고시는 법적 성질이 무엇이고, 어떤 특징을 지니는가? (헌재 2021헌마21)

(1) 규범과의 구별표지로서의 규율의 개별・구체성

구체적 사실에 관한 법집행이란 개별경우(사건)에 대해서 일정한 규율(조치)을 한다는 것을 의미한다. '구체적 사실에 관한' 징표는 '개별경우' 징표라 할 수 있다. 따라서 개별경우(사건)규율만이 행정행위가 될 수 있다. 법규범의 경우 행정행위와는 달리 위법할 땐 처음부터(ex tunc) 무효가 된다(무효도그마의 원칙). 따라서 '개별경우(사건)'의 개념징표는 양자의 구분의 결정적인 잣대이다. 이 징표는 행정행위로 보아야 할 고권적 조치의 수범자의 범주를 확정하는 임무를 지닌다. 즉, 법규범은 불특정 다수의 사건 및 사람과 관련이 있기에, 일반・추상적 규율에 해당한다. 반면 구체적 사안과 관련하고 일정한 사람을 목표로 삼는 경우에 비로소 행정행위가 존재하기에, 그것은 개

21) 상론: 김중권, 법률신문 제3486호(2006.8.31.).

별・구체적 규율에 해당한다. 여기에서 일반적인가 개별적인가는 '규율의 상대방'에 관한 것이다. 즉, 수범자(행정행위의 규율상대방)가 불특정다수인인 경우를 '일반적'이라 하고, 특정인인(또는 특정가능한) 경우를 '개별적'이라 한다. 추상적인가 또는 구체적인가는 규율의 내용과 관련하여 '적용되는 경우(사건, 사안)'에 관한 것이다. 즉, 불특정다수의 사안에 반복적으로 적용되는 것을 '추상적'이라 하고, 시간적・공간적으로 특정한 사안에 적용되는 것을 '구체적'이라 한다.

(2) 개별・추상적 규율의 문제

행정행위와 법규범간의 구분을 규율의 내용과 수범자의 표지에 따라 행할 때, 가능한 4가지의 조합 가운데 2가지(일반・추상적 규율, 개별・구체적 규율)는 다툼의 여지가 없다. **관건은 개별・추상적 규율과 일반・구체적 규율이다. 그중에서도 후자가 상대적으로 덜 문제된다.** 우리에게 낯선 독일의 사례를 보면, 자신이 운영하는 냉각탑으로부터 생겨난 수증기로 빙판이 생길 때마다 살포제로 전복위험을 제거할 것을 해당 기업에 대해 행정청이 하명처분을 한 경우가 이에 해당한다. 이 처분은 개인적 수범자에 향하지만, 살포의무의 구체적 범위와 관련해서는 추상적이다.[22]

(3) 일반・구체적 규율(일반처분)의 문제

특정 장소에서 예정된 시위에 대해 참가를 금지하는 경찰금지와 같은 것이 일반・구체적 규율에 해당한다. 참가금지와 같은 특정한 사안을 규율하기에 구체적이고, 시위참가자가 처음부터 확정될 수 없기에 일반적이다. 이런 일반・구체적 규율에 대해 법규범으로 성질을 부여하면, 처음부터 이런 법규범은 적법성을 가질 수가 없다. 행정청인 경찰은 수권규정이 없는 한, 이런 법규범을 발할 아무런 권한이 없기 때문이다.

이런 종류의 규율의 법적 성질이 무엇인지는, 행정행위의 2가지 징표(인적 기준과 사물(사건)적 기준) 가운데 어느 것이 규준인지에 좌우된다. 독일의 경우 다수 문헌은 규율의 구체성을 내세우는데, 법규범과 법집행행위간에 구별이 쉽지 않은 곤란함을 해소하기 위해 명문으로 일반처분을 적극적으로 규정하였다. 우리의 경우 독일과는 달리 명문으로 일반처분이 규정되어 있지 않아서 문제될 수 있다. 비록 실정법이 구체성만을 언급하지만, 구체적 생활사안을 포착하는 모든 규율이 '개별경우'의 징표를 충족하기에, 불특정다수를 상대로 한 일반・구체적 규율(즉, 일반처분)까지도 구체적

22) 이 처분이 실제적으로는 추상적이지 않고 구체적인 활동의무를 규율한다는 점에서, 개별・추상적 규율 그 자체가 불필요하다고 주장되기도 한다. Maurer/Waldhoff, §9 Rn.21f.

사실의 법집행(개별경우)에 포함시킬 수 있다. **판례상으로도 일반처분의 존재는 긍정되고**(대법원 2003무41결정), **적극적으로 정의된다.**[23] 다만 행정행위(즉, 일반처분)의 형식으로 일반추상적 규율(법규범)을 발하는 것은 허용되지 않는다. 규율구체성의 결여에도 불구하고 그것을 일반처분으로 인정하면 법집행행위로서의 행정처분과 규범과의 구별이 유명무실하게 되어 자칫 행정작용형식의 체계가 혼란스럽게 된다.

개별적 통지가 없다는 것이 일반처분의 특징이므로, 통상의 행정행위와의 중요한 차이점을 유의해야 한다. 수범자적 요소의 측면에서 통상적 행정행위와 비교하여 절차법적, 쟁송법적 요청(의견청취, 이유제시, 제소기간 등)이 대폭 면해진다. 통상 고시 또는 공고에 의해 행해지기에, 그것에 이해관계를 갖는 자는 고시 또는 공고가 있었다는 사실을 현실적으로 알았는지 여부에 관계없이 고시가 효력을 발생하는 날에 행정처분이 있음을 알았다고 본다(대법원 2004두619판결 등).[24]

거리두기 등 일련의 코로나 조치는 일반처분의 특징을 지니므로,[25] **코로나 팬데믹 시대는 실로 일반처분의 전성시대이다.**[26] 법규범과 행정처분의 구분 자체를 무의미하게 하는 일반처분의 일반화로 나아가서는 아니 된다.[27] 일반처분의 르네상스에 즈음하여 그것에 대한 바른 정립이 시급하다.[28] 가령 일련의 코로나 조치가 발령과 동시에 효력을 발생하도록 시행하는데, 이는 고시 이후 5일이 경과하여 효력을 발생한다는 기왕의 판례 및 법제와는 분명히 거리가 있다. 일련의 코로나 조치는 계속적 행정행위로서의 성질을 가지므로, 위법판단의 기준시점에서 처분시설을 고수하기보다는 처분시설을 택할 필요가 있다(본서 862면 이하). **코로나 팬데믹은 민주적 법치국가원리의 스트레스 테스트이므로, 리스크결정의 이해를 비롯, 집행정지 및 손실보상 등이 문제된다**(본서 64·135·226·849·1017면).

(4) 물적 행정행위의 문제

집회금지구역결정처럼, 직접적인 규율대상은 물건(공물·공공시설)이며, 사람은 그것에 의해 간접적으로 규율을 받을 뿐인, 소위 물적 행정행위의 존재가 문제된다.[29] 횡단보도

23) 구체적인 사실에 관하여 불특정다수인을 대상으로 이루어지는 행정처분(서울고법 2012나34247판결).
24) 다만 특별한 규정이 있는 경우를 제외하고는 그 고시 등이 있은 후 5일이 경과한 날부터 그 고시 등은 효력을 발생한다(행정업무규정 제6조 제3항; 대법원 2010두2623판결).
25) 헌재 2021헌마21은 방역조치고시를 구 감염병예방법 제49조 제1항 제2호에 근거하여 행정처분을 발하려는 의도에서 발령한 것이라는 이유로 행정처분이라 할 뿐, 일반처분적 인식을 나타내지 않았다.
26) Siegel, NVwZ 2020, S.577(579).
27) 코로나 팬데믹을 이유로 독일 바이에른주의 보건장관이 모든 사람에 대해 2주간 정당한 이유 없는 외출을 금지하는 내용의 일반처분을 발하는 것에 대해 주 행정법원은 형식적으로 위법하다고 판시하였다(VG München, NVwZ 2020, S.651 Rn.21).
28) 상론: 김중권, 코로나 팬데믹 시대에 행정법적 위기모드와 관련한 문제점, 법조 제746호(2021.4.28.).

설치결정의 법적 성질이 다투어진 사건(대법원 98두896판결)에서 물적 행정행위가 원고 측의 상고 이유에서 직접 등장하였는데, 대법원은 원심과는 달리 처분성을 인정하면서도 통상의 행정행위적 접근을 하였다. 종래의 관점에서 보면, 물적 행정행위는 수범자적 요소의 측면에서 석연찮은 구석이 있지만, 상대방이 없는 행정행위로 볼 수 있다. 한편 구 도시계획법 제12조상의 도시계획결정(대법원 80누105판결), '폐기물처리시설입지결정및고시처분취소청구건'(대법원 2004두14229판결), '쓰레기소각장입지지역결정고시취소청구건'(대법원 2003두13489판결)이나 '지방문화재에 대한 보호구역지정처분의 건'(대법원 91누6986판결)에서 보듯이, 판례상으로 물적 행정행위의 존재가 암묵적으로 전제되고 있다고 봄 직하다.[30]

물적 행정행위는 사물관련적 일반처분에 해당한다. 일반처분까지도 처분개념에 포함된다고 하면, 독일처럼(행정절차법 35조 2문) 물적 행정행위를 반영한 사물관련적 일반처분을 명문화하지 않더라도, 물적 행정행위의 존재 및 그 처분성을 인정할 수 있다.[31]

3. '직접적 법효과를 발생하는 규율'의 존재

(1) 규율의 의미

공무원 甲이 소속 장관으로부터 "직상급자와 다투고 폭언하는 행위 등에 대하여 엄중 경고하니 차후 이러한 사례가 없도록 각별히 유념하기 바람"이라는 내용의 서면경고를 받았다. 향후 경력관리에 치명적인 불이익을 미친다고 여겨 甲은 취소소송을 제기하였다. 甲은 권리구제를 받을 수 있는가? (대법원 91누2700판결)

70년대 A신문사 광고탄압사태와 관련해서 과거사정리위원회는 국가에 대해 사과 및 피해자들의 피해회복 등의 적절한 조치를 취할 것을 권고하면서, 동시에 A신문사에 대해서도 해직된 자사 언론인들에게 사과하고, 그들의 명예회복과 피해회복을 통해 화해를 이루는 적절한 조치를 취할 것을 권고하는 것을 내용으로 하는 진실규명결정을 내렸다. 이 진실규명결정은 취소소송의 대상이 되는가? (대법원 2010두22856판결)

방송통신위원회가 지상파 방송사 甲에 뉴스보도에서 횡령혐의자의 보석석방소식을 전하면서 피고인의 실루엣으로 乙 의원의 사진을 사용하여 시청자를 혼동케 하고 을 의원의 명예를 훼손함으로써 지상파 방송으로서의 품위를 유지하지 못하였다는 이유로 방송법 제100조 제1항, 제4항에 따라 제재조치명령과 함께 －결정사항 전문을 방송할 것을 내용으로 하는－ 고지방송명령을 하였다. 이 고지방송명령은 취소소송의 대상이 되는가? (대법원 2014두43974판결)

---

29) 유의해야 할 점은 이것과 기왕의 대물적 행정행위와의 구별 문제이다(본서 264면).
30) 서울고법 2012나34247판결은 일반처분의 예로 횡단보도설치행위를 든다.
31) 참고문헌: 최봉석, 토지공법연구 제36집(2007.5.), 213면 이하.

행정행위는 법효과의 설정을 지향하는 규율로서의 성격을 지닌다.[32] 즉, **행정행위는 법효과를 발생 · 변경 · 소멸시키는 '법적 행위'이다.** 여기서의 법효과는 -판례상의 서술대로, 국민의 권리의무에 직접적 변동을 초래한다는 의미에서-[33] 권리 · 의무가 발생, 변경, 소멸되거나, 구속적으로 확인되는 것(후술 확인적 행정행위, 본서 253면)[34] 혹은 -물적 행정행위를 인정하면- 물건의 법상태가 정해지는 것을 의미한다. **법효과를 발생시키는 규율은 처분, 결정, 조치 등의 다양한 형식으로 존재한다. 유의할 점은 통고처분이나 과태료부과처분의 경우처럼 비록 처분의 형식으로 발해지더라도 그 모두가 행정행위에 해당하는 것은 아니다.**

법효과의 직접 발생 여부는 근거규정의 법적 성질과 무관하게 관련 법규정 전체의 상관관계에서 탐문되어야 한다(후술).[35] 다음의 행위는 규율적 성격의 결여로 행정행위의 개념에서 배제된다. i) 법률상의 일정한 사실을 확인하는 데 그치거나 직접적으로는 법적 효과를 발생시키지 않는 행위(비권력적 행정사실행위),[36] ii) 행정내부에서만 결정

32) 여기서의 '규율'의 개념은 통상적으로 사용하는 규제 개념과는 일치하지 않고, 단지 발해진 결정을 의미한다. 다만 그것이 일방성을 항상 포함하지는 않는다(가령 규율로서의 행정계약).

33) 요양기관이 평가결과와 함께 그로 인한 입원료 가산 및 별도 보상 제외 통보를 받게 되면, 해당 요양기관은 평가결과 발표 직후 2분기 동안 요양급여비용 청구시 입원료가산 및 별도 보상규정을 적용받지 못하게 되므로, 결국 위 통보는 해당 요양기관의 권리 또는 법률상 이익에 직접적인 영향을 미치는 공권력의 행사이고 행정처분이다(대법원 2013두13631판결). 자체에 의해 어떠한 법률관계의 변동이나 이익의 침해가 직접적으로 생기지 않으므로 고충심사의 결정은 행정처분이 아니다(대법원 87누657, 87누658판결).

34) 구 표시광고법 위반을 이유로 한 공정거래위원회의 경고의결은 구체적인 조치까지 명하지는 않지만 당해 표시 · 광고의 위법을 확인하여 사업자의 자유와 권리를 제한하는 효과를 지녀서 행정처분에 해당한다(대법원 2011두4930판결); 구 부당한 공동행위 자진신고자 등에 대한 시정조치 등 감면제도 운영고시 제14조 제1항에 따른 시정조치 등 감면신청에 대한 감면불인정통지는 행정처분에 해당한다(대법원 2010두3541판결); 집단환지 방식에서의 환지예정지 지정처분은 -통상의 환지예정지 지정처분과는 달리- 집단환지예정지의 공유지분을 취득할 잠정적 지위에 있음을 알리는 것에 불과하다(대법원 2017두70946판결).

35) 가령 성희롱결정에 연계된 시정권고는 처분성이 인정되지만(대법원 2005두487판결), 위법건축물에 대한 전기 · 전화공급을 중단할 것을 요청하는 행위는 처분성이 부인된다(대법원 96누433판결; 반론: 본서 697면). 그러나 공정거래위원회의 입찰참가자격제한 등 요청은 처분성이 인정된다(대법원 2020두47892판결; 대법원 2020두48260판결). 한편 하급심과는 달리 대법원 2010두22856판결은 피해언론인을 해직한 신문사에 대해 진실규명결정이 처분성을 갖는다고 보았다.

36) 예: 당연퇴직사유에 따른 퇴직발령(대법원 95누2036판결 등), 국방부 중앙전공사망심의위원회가 행한 순직비해당의결의 통보(대법원 2017두42514판결)와 국민건강보험공단이 행한 '직장가입자 자격상실 및 자격변동 안내' 통보 및 '사업장 직권탈퇴에 따른 가입자 자격상실 안내' 통보(대법원 2016두41729판결)는 일정한 사실을 확인하는 데 그친다. 공무원에 대한 단순서면경고(대법원 91누2700판결); 형성적 취소재결 확정 후 처분청이 행한 원처분 취소(대법원 97누17131판결); 사업양도승인 이전에 행정청이 양수인에 대하여 양도인에 대한 사업계획승인을 취소하였다는 사실을 통지한 것(대법원 99두646판결); 공재단인 한국연구재단이 대학총장에게 소속 교원에 대한 대학자체징계를 요구한 것(대법원 2012두28704판결), 방송통신위원회의 고지방송명령(대법원 2014두43974판결)은 직접적 법효과를 발생시키지 않는다. 고지방송의무는 방송통신위원회의 고지방송명령이 아니라 방송법 100조 4항에 직접 기초하여 성립한다. 그런데 대법원 2016두41729판결은 '건강보험 직장가입자의 피부양자 인정요건 미충족'을 이유로 건강보험 지역가입자 건강보험료 납입할 것을 고지한 경우에 사전통지 요청이 통용된다는 대법원 2023두36800전합판결과는 조화되지 않는다. 본서 620면.

되었을 뿐, 외부로 표시되지 않은 행위(내부행위),[37] iii) 종결적(완결적) 규율을 전혀 담지 않은 준비행위와 부분행위,[38] iv) 법적으로 중요한 행정청의 의사표시이나 결코 명령적 성격을 갖지 않는 행위(예: 상계의사표시, 기한확정, 유치권행사, 지불 등). 한편 운전면허의 취소·정지의 기준이 되는 벌점의 부과는 처분성이 부인되었는데(대법원 94누2190판결; 2024도8903판결), 건설기술진흥법에 따른 부실벌점의 부과는 독립된 처분성이 인정되었다(대법원 2018두64924판결).[39]

⑵ 규율징표와 관련한 문제

㈎ 반복처분의 문제

A군수가 무단으로 건축한 甲에 대해 철거명령 및 계고처분을 하였는데, 甲은 응하지 않았다. A군수는 대집행에 바로 들어가지 않고 다시 제2차 계고처분을 발하였다. 철거명령과 제1차 계고처분에 불가쟁력이 발생한 사정을 염두에 두고서 甲이 제2차 계고처분을 대상으로 취소소송을 제기하였다. 甲의 취소소송은 허용되는가? (대법원 98두4665판결)

B공사가 2017.7.28.에 乙에 대하여 이주대책 대상자 제외결정(1차결정)을 통보하면서 '이의신청을 할 수 있고, 또한 행정심판 또는 행정소송을 제기할 수 있다'고 안내하였고, 이에 乙이 이의신청을 하자 2017.12.6.에 乙에게 다시 이주대책 대상자 제외결정(2차결정)을 통보하면서 '다시 이의가 있는 경우 본 처분통보를 받은 날로부터 90일 이내에 행정심판 또는 행정소송을 제기할 수 있다'고 안내하였다. 2차결정이 1차결정과 별도로 행정쟁송의 대상이 되는가? (대법원 2020두50324판결)

반복처분이 단순한 사실확인의 의미에서 반복결정에 불과한지 아니면 독립된 2차처분인지 여부가 문제되는 상황은 1차처분에 불가쟁력이 발생하여서 2차처분을 새롭게 다툴 수 있는지 여부이다. 원처분에 의한 행정법관계의 안정성과 각각의 소송대상의 불확실성을 감안할 때, **반복처분은 처분성이 부인되는 단순한 반복결정에 지나지 않**

37) 공무수탁사인인 한국자산공사가 당해 부동산을 재공매하기로 한 결정(대법원 2006두8464판결). 그리고 어업면허의 우선순위결정에 대해서 판례는 확약으로 보면서 처분성을 부인함으로써(대법원 94누6529판결), 문헌상의 논의와는 달리 확약을 내부행위로서 파악하고 있다(본서 518면 이하).

38) 예: 과세표준결정(대법원 95누12842판결), 징계위원회의 결정(대법원 81누35판결), 국가보훈처 보훈심사위원회의 의결(대법원 88누3314판결), 국가유공자판정을 위한 신체검사판정(대법원 91누9206판결), 병역처분을 위한 군의관의 신체등위판정(대법원 93누3356판결), 공정거래위원회의 고발조치(대법원 94누13794판결). 감사원의 징계요구와 재심의결정(대법원 2014두5637판결). 한편 독일도 우리와 마찬가지로 가령 개개의 학년의 평가나 졸업증서의 과목별점수에 대해서는 처분성이 부인되고, 전체결과만이 행정행위이다. 다만 일정한 법효과가 그것에 의존하여 그 자체로서 법적 의미가 있는 그런 평가(가령 수학성적으로 일정 분야 전공을 허용하는 것)에 대해서는, 독립된 규율로서 행정행위가 인정되었다(Hess. VGH DVBl. 1974, 469).

39) 벌점이 궁극적으로 불이익처분으로 이어지고 당사자가 그럴 소지를 미리 제거할 필요성이 충분히 인정되는 이상, 이제 벌점부과와 관련한 절차요청 등 관련 법제도를 마련하는 것이 바람직하다.

는다.[40] 다만 –공공감사법 제23조에 따른 감사결과 및 조치사항의 통보와 유아교육법 제30조에 의한 시정명령처럼– 내용이 동일하다 하더라도 근거 법규정이 다르면 각기 독립된 처분에 해당한다(대법원 2022두42365판결). 그런데 거부처분이 내려진 다음에 재차 동일한 내용의 신청을 한, 즉 그에 대한 거부의 경우에, 종전 거부처분의 반복인지 아니면 새로운 거부처분인지 여부가 논란이 될 수 있다. 판례는 새로운 신청의 취지에 입각하여 후자의 입장을 취한다(대법원 2000두6084판결; 2017두52764판결 등).

거부처분과 관련해서 유의할 점이 있다. 거부처분에 대해 취소판결이 내려졌더라도 행정청은 기왕의 거부사유와 다른 사유를 들어 재차 거부할 수 있다는 점을 감안하면, 반복된 거부처분을 새로운 거부처분으로 보는 판례의 입장은 수긍할 만하다. 하지만 2차 신청과 1차 신청이 사유에서 아무런 차이가 없거나 1차 거부에서와 2차 거부에서의 사유가 다르지 않음에도 불구하고 2차 신청에 대한 거부를 독립된 처분으로 보는 것은 자칫 불복기간의 준수를 약화시킬 우려가 있다.

판례가 1차결정(이주대책대상자제외결정)에 대한 이의신청에서 재차 이주대책대상자제외결정을 하면서 이에 대해 불복방법을 안내한 경우에 별도의 불복고지가 존재하는 것에 의거하여 독립된 새로운 행정처분이 존재한다고 논증하는데(대법원 2020두50324판결; 2015두58645판결 등),[41] **이는 타당하지 않다.** 이의신청의 기각결정 및 그 취지 통지를 독립된 처분으로 보지 않은 대법원 2010두8676판결과 조화되지 않는다.[42] 이의신청의 각하결정을 통지받은 날부터 제소기간이 기산한다고 본 대법원 2022두52980판결은 타당하지 않다(본서 712면,이하).

(나) 권력적 사실행위의 문제

헌법재판소는 2016.2.10. 개성공단 전면중단과 관련한 대통령의 결정부터 대통령의 지시에 따른 동일한 날의 통일부장관의 통보 및 그 후속행위의 일련의 행위를 심판대상인 '이 사건 중단조치'로 설정하여, 그것이 권력적 사실행위로서 공권력의 행사에 해당한다고 보며, 통일부장관의 조치의 직접적인 법적 근거를 통일부장관의 조정명령에 관한 남북교류협력법 제18조 제1항 제2호에 두었다. 이런 접근은 문제가 없는가? (헌재 2016헌마364)

40) 행정대집행법상의 제2차, 제3차 계고처분(대법원 98두4665판결), 노동조합에 대한 제2차, 제3차 자료제출요구(대법원 93누21156판결 등), 국세징수법상의 제2차 독촉(대법원 97누119판결), 대집행계고를 하면서 재차 한 자진철거 및 원상복구 명령(대법원 2002두12618판결).

41) 동지: 대법원 2021두53894판결.

42) 통상의 2차 거부처분의 경우와는 달리 이의신청에서 원래의 거부처분을 그대로 수긍한 경우까지 독립된 새로운 거부처분이 존재하는 것으로 본 것은 이론적으로는 간이한 재심신청인 이의신청의 제도적 본질과 어울리지 않는다. 이의신청이 새로운 신청이 아니며, 이의신청에서의 기각결정은 독립된 2차 거부처분이 될 수 없다. 대법원 2020두50324판결은 불복고지의 존재로 대법원 2010두8676판결의 사안이 다르다고 지적하지만, 2차 결정의 불복안내문구는 '본처분'인 1차결정에 관한 것이지, 결코 이의신청기각결정인 2차결정에 관한 것으로 볼 수는 없다. 상론: 김중권, 법률신문 제5034호(2022.11.17.).

행정사실행위 가운데 이른바 권력적 사실행위에 대해 대부분의 문헌은 -논거는 다르지만- 일치되게 처분성을 인정한다.[43] 판례는 경찰관직무집행법 제6조 제1항상의 범죄예방을 위한 경찰관 제지행위를 즉시강제이자 권력적 사실행위로 보며(대법원 2007도9794판결), '접견내용 녹음·녹화 및 접견 시 교도관 참여대상자'의 지정행위를 권력적 사실행위로서 처분성을 명시적으로 인정한다(대법원 2013두20899판결).

그런데 문헌에서 처분성이 인정된 것이 과연 진정 사실행위, 특히 권력적 사실행위에 해당하는지 여부를 세심히 살펴보아야 한다. 그 표제(가령 말소, 단수 등)에 사로잡혀서는 곤란하다. 가령 문헌에서 권력적 사실행위의 예로 들곤 하는 '주민등록(직권)말소'는 그 자체가 등록취소로서 행정행위이며, 단수처분 역시 그 자체가 공적 서비스제공의 법률관계를 소멸시키는 행정행위이며, 접골사자격증의 반납지시와 회수는 그 자체가 일종의 하명처분이다. 따라서 이들에 대해서 처분성을 인정한 판례(대법원 94누3223판결 등)를 처분성이 인정된 권력적 사실행위의 예로 드는 것은 타당하지 않다. 명백히 사실행위임에도 불구하고 처분성을 인정한 교도소장의 수형자서신검열행위 건(헌재 96헌마398)이 잘 보여주듯이, **권력적 사실행위를 전제로 무리하게 체계파괴적인 처분성확대를 도모하는 것은 바람직하지 않다**(본서 505면 이하).[44] **헌재 2016헌마364가 개성공단전면중단과 관련하여 대통령 및 통일부장관을 함께 아우른 중단조치를 권력적 사실행위로 본 것은 타당하지 않다.** 대통령과 관련해서는 고도의 정치적 행위, 즉 이른바 통치행위에 해당할 수 있지만, 통일부장관과 관련해서 중단조치의 근거를 남북교류협력법 제18조 조정명령에 두는 이상, 권력적 사실행위가 아니라 일반처분 및 일종의 수익적 행정행위의 철회의 차원에서 논의를 전개해야 한다.[45]

최근 정보행위(경고, 추천, 정보제공 등)가 부각되면서 그것들까지도 행정처분으로 보고자 하는 움직임이 있다. 바람직하지 않다. 판례는 알선·권유(대법원 67누44판결 등)는 물론, 훈격재심사계획이 없다는 회신에 대해서(대법원 88누3116판결) 정당하게 처분성을 부인한다. **당사자소송의 활성화에 즈음하여, 행정행위종속적 권리구제관에 사로잡혀 무리하게 처분성을 논증하는 태도를 이제는 버려야 한다.**

---

43) 여기서는 행정사실행위 전체에 처분성을 인정하는 입장, 권력적 사실행위 그 자체로 처분성을 인정하는 입장, 합성처분적 논증에 의거하여 처분성을 인정하는 입장 등 각각의 입장이 매우 다양하다. 그리고 그것의 실정법적 착안점을 둘러싸고도, '행정청이 행하는 구체적 사실에 관한 법집행으로서의 공권력의 행사'에서 찾는 입장과 '그 밖에 이에 준하는 행정작용'에서 찾는 입장으로 나뉜다.

44) 독일의 경우 과거와는 달리, 다수입장과 판례는 대집행실행에 대해 사실행위로 보아 일반이행소송을 통한 권리구제를 도모하고 있다.

45) 상론: 김중권, 개성공단 전면중단 조치의 공법적 문제점, 저스티스 제193호(2022.12).

(3) 근거규정의 성질과 법효과발생의 상관관계 문제

A군의 주택담당 주사로 근무하는 지방공무원 甲에 대하여 A군 인사위원회는 지방공무원법 제48조에 정한 성실의무를 위반하였다는 징계사유를 들어, A군 「징계양정에 관한 규칙」 제2조 제1항 및 [별표 1] '징계양정기준'에 의하여 견책으로 징계를 해야 할 것이지만, 징계양정규칙 제4조 제1항 제2호 및 [별표 3] '징계양정감경기준'에 따라 원고에게 표창을 받은 공적이 있음을 이유로 그 징계를 감경하여 불문으로 하되, 경고한다는 내용의 의결을 하였고, 이에 A군수는 그대로 甲에게 서면으로 불문경고를 발하였다. 甲이 받은 인사상의 불이익은 법적 불이익인가, 사실상의 불이익인가? (대법원 2001두3532판결)

(가) 종래의 논증방식

처분의 개념정의에 표현된 '법집행으로서'와 관련하여, 통상 여기서의 '법'이란 '법률의 법규창조력'에 바탕을 둔 '법규(범)'을 의미하고, 그리하여 행정행위의 법효과발생의 준거점이 된다고 한다. 그리하여 개별토지가격결정의 처분성을 논증하기 위하여, 법원은 그것의 근거규정인 국무총리훈령 '개별토지가격합동조사지침'을 부동산공시법 제10조의 시행을 위한 집행명령으로서 법률보충적 구실을 하는 법규적 성질을 가지는 것으로 보았다(대법원 93누111판결). 반면 불문경고조치의 처분성을 인정한 대법원 2001두3532판결은 '함양군 지방공무원 징계양정에 관한 규칙'에 대해 법규명령형식의 행정규칙에 관한 기왕의 입장(비법규성)을 고수하면서도, 행정규칙의 내부적 구속력을 근거점으로 법효과발생의 가능성, 즉 행정처분의 존재가능성을 열어 주었다.[46]

(나) 대법원 2002.7.26. 선고 2001두3532판결의 문제점

대법원 2001두3532판결이 국민의 실효적인 권리구제의 지평을 넓힌 의미 있는 판결이긴 하지만, '행정규칙의 내부적 구속력' 논거는 요령부득의 상황에서 나온 것이다. 실질에 경도(傾倒)된 기왕의 판례의 입장을 다수 문헌의 지적처럼 형식중시적 입장으로 수정하여 근거규정을 법규로 보면, 이 물음은 손쉽게 해소될 수 있다. 그런데 이런 방향선회와는 별개로 그런 논증을 할 수밖에 없었던 이유가 중요하다. 그것은 바로 근거규정의 법적 성질과 처분성의 인정을 연계시킨 데서 빚어진 결과물이다. 어떤 행위의 법적 성질을 행정행위로 여기느냐의 물음에서, 법적 근거(수권)가 존재하는지 여부는 전혀 관계가 없다.[47] **법률상의 근거의 유무에 상관없이, 어떤 행위가 직접적인**

46) 평석: 김의환, 대법원판례해설 제43호(2003.7.).
47) Kopp/Ramsauer, VwVfG, 17.Aufl., 2016, §35 Rn.57; BVerwG NVwZ 1985, 264.

근거규정만이 아니라, 관련 규정에 의거해서 행정행위의 개개의 개념적 징표를 충족하고 있는지가 요체이다. 이에 따라 부담적 처분이 인정되면 후속적으로 법률유보적 물음을 검토해야 한다.[48] 저자의 지적 이후 대법원 2001두3532판결을 참조한 대법원 2003두10251, 10268 판결은 '행정규칙의 내부적 구속력' 논거를 제시하지 않고서,[49] 정부간 항공노선의 개설에 관한 잠정협정 및 비밀양해각서와 건설교통부 내부지침에 의한 항공노선에 대한 운수권배분처분이 행정처분에 해당한다고 판시하였다.

(다) 판례상의 논증방식의 수정: 특히 대법원 2003두14765판결의 의의

그 뒤에 나온 대법원 2003두14765판결의 논증방식은 그동안 취해온 것과는 근본적으로 다르다. 처분성여부를 판단함에 있어 근거규정의 법적 성질에서 출발하였던 태도에서 벗어나, −일찍이 저자가 주장한 것처럼− 관련 (법)규정에 의거하여 법효과발생 여부 및 처분성 여부를 논증한 다음에, 그것의 근거규정의 법규성을 요구하는 법률유보의 물음으로 이전하였다(본서 98면). 바뀐 기조에서 대법원 2015다34444판결은, "어떠한 처분에 법령상 근거가 있는지, 행정절차법에서 정한 처분절차를 준수하였는지는 본안에서 당해 처분이 적법한가를 판단하는 단계에서 고려할 요소이지, 소송요건 심사단계에서 고려할 요소가 아니다."고 판시하였다(동지: 대법원 2019다264700판결).

기존의 논증상의 난맥을 일소한 대법원 2003두14765판결의 의의는 여기에 그치지 않는다. **대법원 2006.6.22. 선고 2003두1684전원합의체판결을 통해서, 제재적 행정처분과 관련한 기왕의 리딩판결인 대법원 1995.10.17. 선고 94누14148전원합의체판결의 도식(부령인 제재처분기준⇒행정규칙⇒사실상 불이익의 인정)이 폐기되었다**(협의의 소의 이익의 차원에서의 논의는 본서 830면).[50] 논증방식의 이런 획기적인 변화에 맞춰 법규명령형식의 행정규칙의 문제에 관한 기왕의 판례기조(본서 483면) 역시 법규성 인정으로 바뀌어야 한다.

한편 대법원 2020두47564판결은 대검찰청 자체감사규정 제23조 제3항 등에 의거한 검찰총장의 경고조치의 처분성을 긍정하면서 이미 극복된, 대법원 2001두3532판결의 '행정규칙의 내부적 구속력' 논거를 인용하였다. 판례의 전개양상에 관한 심각한 몰이해가 확인된다.

48) 상론: 김중권, 행정법기본연구Ⅱ, 252면 이하.
49) 어떠한 처분의 근거가 행정규칙에 규정되어 있다고 하더라도, 그 처분이 상대방에게 권리의 설정 또는 의무의 부담을 명하거나 기타 법적인 효과를 발생하게 하는 등으로 그 상대방의 권리의무에 직접 영향을 미치는 행위라면, 이 경우에도 항고소송의 대상이 되는 행정처분에 해당한다.
50) 상론: 김중권, 행정법기본연구Ⅱ, 92면 이하.

(4) 망인(亡人)에 대한 서훈취소의 문제

甲의 조부인 망 乙은 언론인으로서 독립운동 공적이 있다는 사유로 1962년 건국훈장독립장을 수여받았다. 그 뒤 일제의 식민지정책을 미화·장려하는 글을 다수 게재하는 등의 친일행적이 있음이 확인되어 상훈법 제8조 제1항 제1호 '서훈공적이 거짓임이 판명된 경우'에 해당한다는 이유로 건국훈장독립장의 서훈취소가 국무회의의 의결을 거쳐 대통령이 이를 전자결재를 하였다. 이에 따라 국가보훈처장이 甲에게 망인에 대한 독립유공자 서훈을 취소한다는 통보를 하였다. 甲은 자신의 조부에 대한 서훈취소를 다툴 수 있는가? (대법원 2013두2518판결)

상훈법에 따른 서훈은 사망한 사람에 대해서도 가능하다. **대법원 2013두2518판결은** 서훈이 고도의 일신전속적 성격을 가진다는 점, 서훈대상자 본인에 대한 수혜적 행위로서의 성격만을 가지는 것이 아니라, 국가에 뚜렷한 공적을 세운 사람에게 영예를 부여함으로써 국민 일반에 대하여 국가와 민족에 대한 자긍심을 높이고 국가적 가치를 통합·제시하는 행위의 성격을 가진다는 점을 들어 **망인에 대한 서훈 및 서훈취소에 대해 유족은 상대방이 될 수 없다고 보면서,**[51] 원고적격의 물음을 적극적으로 다루지 않은 채 본안판단을 하였다.

서훈취소 때문에 기왕에 받아 온 독립유공자법상 보상금의 지급이 중단되고, 유족의 자긍심이 심각하게 훼손되는 등 유무형의 결과가 생긴다. 서훈이 당사자 본인만을 대상으로 단지 영예만을 주는 것은 아니다. 서훈취소의 직접적 법효과는 분명하다. 그런데 대법원 2012두26920판결은 서훈취소가 고도의 정치성을 띤 행위라고 볼 수 없다고 하면서 본안판단에 들어가서 망인에 대한 서훈취소의 적법성을 논증하였고, 대법원 2021두47219판결 역시 망인에 대한 서훈취소를 유족이 다투는 것을 문제 삼지 않고 본안판단을 하였다. 망인에 대한 서훈취소의 경우 매우 바람직하지 않은 상호부조화된 판결이 병존하는, 상황이다(본서 805면, 이하).[52]

일찍이 저자는 망인에 대한 서훈취소의 법적 성격을 통상적인 제3자효 행정행위와는 다른 의미의 제3자효 행정행위에 해당한다고 보았지만, 망인에 대한 서훈(및 서훈취소)의 효과가 직접적으로 그 유족에게 발생한다는 점에서 굳이 망인을 상대방으로 전제하여 논증할 필요가 있을지 의문스럽다. 망인은 사실 자신의 서훈 사실을 알

51) 그런데 원심(서울고법 2012누5369판결)은 서훈수여의 법효과(독립유공자법 혜택, 국립서울현충원 등 안장 자격)를 적극적으로 논증하여 유족의 원고적격 및 서훈취소의 대상적격성을 인정하였다.

52) 부조화의 판결이 병존하는, 또 다른 예: 공정거래위원회가 관계 행정기관의 장에게 한 원사업자 또는 수급사업자에 대한 입찰참가자격의 제한을 요청한 것을 행정처분으로 본 대법원 2020두48260판결은, 위법건축물에 대한 단전 및 전화통화 단절조치 요청을 행정처분으로 보지 않은 대법원 1996.3.22. 선고 96누433판결과 정면으로 배치된다.

지도 못한다. 서훈의 일신전속적 성격과 무관하게 그로 인해 본인 및 가족은 명예감과 독립유공자법에 따른 법효과 등을 직접 향수하는 점에서, 망인에 대한 서훈 및 서훈취소의 직접적 상대방을 그 유족으로 하더라도 결코 무리한 논증이 아니다.[53]

4. '공권력의 행사'(공법영역에서의 일방적·주도적 조치)

(1) '공권력'의 행사로서의 일방적(주도적) 조치

행정행위를 성립시키는 규율은 반드시 '공권력'의 행사이어야 한다. '공권력의 행사'는 일방적(einseitig) 또는 고권적(hoheitlich) 의미를 지닌 조치(처분, 결정 등)이다. 이 점이 행정청의 구체적 사실에 관한 법집행행위일지라도 상대방과의 의사의 합치에 의해서 성립하는 (공법계약으로서의) 행정계약과 구분되는 점이다.

다만 행정행위가 행정청에 의해 일방적으로 발해진다는 사실이, 관련인이 행정절차상의 협력권(청문권 등)을 가진다는 점과, 일정한 행정행위의 발함은 관련인의 동의를 요건으로 한다는 점(소위 동의를 필요로 하는 행정행위 가령 공무원임용, 재학등록)을 배제하지는 않는다. 행정행위에 동의가 필요할 때, 관련인은 동의거절을 통해 행정행위의 발급을 저지시킬 수는 있지만, 규율 그 자체의 내용적 형성을 주도할 수는 없다.

(2) 공권력의 '행사'로서의 일방적(주도적) 조치

공·사법에 공통되는 의사표시이론에서 보면, 행정청이 법효과를 목적적으로 지향하는 의사를 표시할 때, 즉 공권력을 행사하면 비로소 일방적(주도적) 조치가 존재한다. 물론 행사의 형식은 개방적이다.[54] 공권력의 '행사'로서의 일방적(주도적) 조치는 (행정청의) 의사형성(결정발견)과 의사표시(결정표시) 두 요소로 이루어진다. 행정청의 조치는 항상 적극적인 행위를 전제로 하기에, 행정청의 부작위나 단순 무위(無爲)는 —거부처분 등으로 전화(轉化)되지 않는 한— 의사형성의 결여로 행정행위가 되지 못한다. 그리고 의사형성이 있긴 하나 그것이 대외적으로 표시되지 않은 침묵의 경우에도, 의사표시가 존재하지 않기에, 조치나 규율이 존재할 수 없어서 당연히 행정행위가 존재하지 않는다. 다만 이들 경우에 법률상의 특별한 규정(가령 기간경과적 의제규정)을

53) 독일의 경우 과거 프로이센 헌법(1850년) 제50조는 서훈이 국왕의 고유한 권한임을 규정하였지만, 그 이후 헌법은 특별히 언급하지 않고, 개별법에 의해 서훈제도가 마련되어 있다. 서훈을 통치행위로 접근하게 하는 헌법 규정을 삭제하는 것이 바람직하다. 상론: 김중권, 망인에 대한 서훈에서 상반된 역사적 평가와 관련한 행정소송법적 문제점, 사법 제70호(2024.12.).

54) 당연히 전자서명을 중핵으로 하는 전자적 행정절차에 의해 발해지는 전자적 행정행위가 있을 수 있으며, 나아가 이와 구별되는 자동적 행정행위까지도 가능하다.

통해 예외적으로 법효과(가령 인·허가의제효과)가 생길 수는 있다(후술).

(3) 공법영역상의 조치

甲은 A시장으로부터 도시계획사업(공원조성) 시행허가를 받아 시설물을 설치하여 A시에 기부한 다음 그 시설물에 대하여 40년간의 무상 사용·수익의 허가를 신청하였는데, A시장은 20년 기한의 허가를 발하였다. 허가기간의 산정이 위법하다고 판단한 甲은 어떤 구제방도를 취해야 하는가? (대법원 99두509판결)

乙이 자사물품을 우수조달품목으로 지정받아 조달청장과 물품구매계약을 체결하고, 나라장터 종합쇼핑몰을 통하여 납품요구를 하는 수요기관에 납품하였는데, 조달청장이 물품구매계약 추가특수조건을 위반하였다는 이유로 6개월간 나라장터 종합쇼핑몰 거래정지조치를 하였다. 이 거래정지조치에 대해 乙은 어떤 구제방도를 취해야 하는가? (대법원 2017두34940판결)

공권력의 행사는 당연히 공법영역에서 이루어진다. 사법적인 법적 행위는 결코 행정행위가 아니다(예: 사법적 임대차계약의 해지, 공공조달에서의 공공발주(국가·공공계약)).[55) 이른바 '행정사법적' 조치 역시 사법에 속해야 한다. 사법관계에서는 행정행위의 형식을 취할 수 없다. 사법영역상의 우월적 조치는 행정행위가 아니다.[56) 행정행위의 형식으로 그런 우월적 조치하는 것(가령 근로관계나 임대차관계를 행정행위로 해지하는 것)은 법치국가적 원리에 저촉된다. 사법에 허용되지 않는 특별한 지위(국고특권)가 행정에게 주어질 수 있기 때문이다. 그런데 판례는 사법계약인 물품구매계약 추가특수조건에 근거한 나라장터 종합쇼핑몰 거래정지 조치를 타당하지 않게도 행정처분으로 보았다(대법원 2017두34940판결; 2015두52395판결).[57) 이 문제는 앞에서 본 행정행위의 허용성의 물음이다(본서 220면 이하).

그런데 **행정행위의 '효과'가 공법영역에 빈번히 존재하긴 하나, 그것이 필연적이지는 않다. 문제되는 것이 소위 사권형성적 행정행위인데,** 사권관계(사법관계)를 성립시키거나, 영향을 미치거나, 또는 그것을 종료시키는 행정행위를 말한다. 단독적 사권형성적

55) 낙찰자결정(국가계약법 10조)은 공공계약의 사법적 준비행위에 불과하다. 동법상의 행정청에 의한 입찰참가제한행위를 처분으로 보는 판례의 태도(대법원 95누4087판결 등)는 재고되어야 한다.
56) 가령 잡종재산(일반재산)의 대부행위(대법원 99다61675판결 등), 잡종재산의 사용료의 납입고지(대법원 94누5281판결), 잡종재산대부거부처분(대법원 98두7602판결 등) 등은 행정처분이 아니다. 한편 기부채납받은 공유재산의 무상사용허가의 법적 성질을 종전에는 상대방과 대등한 입장에서 하는 사법상 행위로 보았지만(대법원 93누7365판결 등), 지금은 행정처분으로 본다(대법원 99두509판결).
57) 그런데 판례는 원심이 처분으로 접근하여 법률유보의 원칙의 위배에 초점을 맞추어 인용판결을 내린 것과는 달리 추가특수조건, 국가계약법령 등에 비추어 위법하지 않다고 판시하였다. 사법상 계약에 근거하여 행정처분이 성립하기 위해서는 그런 성립의 가능성을 시사하는 특별한 법규정이 있어야 하는데, 그런 법규정을 발견할 수 없다. 판례는 계약과 행정행위간의 경계를 무색하게 만드는 치명적인 문제점이 있다. 상론: 김중권, 법률신문 제4702호(2019.5.27.).

행정행위와 공동적 사권형성적 행정행위의 유형으로 나뉜다. 전자는 규율내용에 의거하여 법률관계의 변경을 야기하는 것인 반면, 후자는 그 규율의 효과가 전체행위의 측면에서 성립요소의 이행 내지 불이행에 국한된다. 도시정비법 제86조에 의한 이전고시(대법원 2016다233729판결 등), 금융감독위원회가 구 금융산업구조개선법 제14조 제2항에 의하여 내린 계약이전결정이 전자의 예이고(대법원 2002다12727판결 등), 토지거래계약허가(부동산거래신고법 11조)와 사단법인의 정관변경에 대한 주무관청의 허가(민법 42조)와 같은 인가제가 후자의 예이다(본서 286면 이하).

(4) 행정청의 침묵과 추단적(묵시적) 행정행위의 문제

> 국립 S대학교는 7명의 총장후보자 지원자 가운데 후보자추천위원회 표결에서 가장 많은 표를 얻은 甲을 1순위로, 차점자 乙을 2순위로 교육부장관에게 총장임용후보자로 추천하였다. 교육부장관이 乙만을 총장임용 제청하였고, 대통령은 乙을 총장으로 임용하였다. 甲은 교육부장관이 乙만을 제청하여 자신을 제외한 것이나 대통령이 乙을 임용하고 자신을 제외한 것에 대해 취소소송으로 다툴 수 있는가? (대법원 2016두57564판결)

행정청의 침묵에 대해 법률에 의해 예외적으로 법효과가 규정되어 있거나 처리기간의 경과로 거부처분으로 여겨지지 않는 한, 행정청의 단순한 침묵은 행정행위가 될 수 없다. 시민이나 다른 행정청이 행한 활동이나 상태에 대해 행정청이 소극적으로 甘受(감수, Duldung)한 것 역시 같다. 하지만 적극적인 감수의 경우, 가령 일정한 행위를 수긍한다는 것을 공식적으로 나타내거나[58] 개별법이 감수에 이런 법적 의의를 부여하면 다르다. 행정행위가 될 수 있다.

행정청의 침묵과 구분되는 것이 추단적 의사표시이다. **행정의 추단적 용태로부터 행정행위의 개념적 징표를 충족하는 법적으로 의미있는 공법적 의사표시(추단적 의사표시)가 도출될 수 있을 때, 추단적 행정행위가 존재할 수 있다**(대법원 2017다207932판결). 본래 추단적(묵시적) 행정행위는 공식성을 지향하는 국가활동에는 어울리지 않는데, 판례에 의해 확고한 법제도가 되었다. 이를 통해 권리구제에서 소송대상성을 둘러싼 시비가 줄어들며, 나름 절차적 요청도 관철될 수 있고,[59] 그것이 종종 (후속)행정행위를 위한 법적 근거가 되기도 한다. 관건은 행정청의 추단적 의사를 추출하는 것인데, 사실행위로부터 생겨

58) VGH Mannheim NJW 1990, 3164: 이의를 제기하지 않는다는 행정청의 서면상의 표시.
59) '건강보험 직장가입자의 피부양자 인정요건 미충족'을 이유로 건강보험 지역가입자 건강보험료 납입할 것을 고지한 경우에 사전통지 요청이 통용된다는 대법원 2023두36800전합판결은, 국민건강보험공단이 행한 '직장가입자 자격상실 및 자격변동 안내' 통보 및 '사업장 직권탈퇴에 따른 가입자 자격상실 안내' 통보를 처분으로 보지 않은 대법원 2016두41729판결과 조화되지 않는데, 추단적 행정행위의 법제도가 논증의 정당성을 제고할 수 있다.

나기도 한다(예: 경찰관이 행한 수신호).[60]

가령 보조금반환요구(결정)는 보조금지급결정의 묵시적 폐지를 동시에 담고 있다. 여러 명이 한정된 허가(임용)를 신청하여 일부에 대해 허가(임용)가 발해진 경우 다른 이에 대한 거부처분이나 불이익한 제외처분이 존재한다. 내인가 후 본인가신청이 있었으나 내인가가 취소된 경우, 따로이 본인가 여부의 처분을 한다는 사정이 보이지 않는다면 내인가취소는 인가거부처분이다(대법원 90누4402판결). 대법원 2016두57564판결; 2015두50092판결은 총장임용에서의 임용제청제외·임용제외를, 대법원 2015두47492판결은 교장승진임용에서의 임용제외를 제외처분으로 보았는데, 이는 추단적 행정행위로 접근할 수 있다.[61] 그러나 법률상 일정한 형식(서면, 공증증서, 고시 등)이 규정되어 있으면 추단적 행정행위는 배제된다. 판례는 공공용물의 성립과 폐지에서 묵시적 공용지정(개시)이나 공용폐지의 존재를 인정하는 데 엄격한 태도를 취한다(대법원 2015다25524판결 등).[62]

5. '대외적으로 직접적인' 법효과의 발생

(1) 원 칙

건축법 29조에 의하면, 국가나 지방자치단체가 동법 11조 등에 따른 건축물을 건축·대수선·용도변경 등을 하려는 경우에는 미리 건축물의 소재지를 관할하는 허가권자와 협의해야 하고(1항), 협의한 경우에는 동조에 따른 허가를 받았거나 신고한 것으로 본다(2항). 서울시가 국립공원에 숙박시설을 건축하고자 관할 A군수와 협의했는데, 공식적으로 동의를 한 다음 A군수가 취소하였다. 이 협의취소는 취소소송의 대상이 되는가? (대법원 2012두22980판결)

국립대학교 교수, 부교수는 총장, 학장의 제청으로 문교부장관을 거쳐 대통령이 임명하고, 조교수는 총장, 학장의 제청으로 문교부장관이 임용하도록 한 구 교육공무원법 규정에 따라 B국립대학교 총장이 문교부장관에게 甲을 조교수로 임용해 줄 것을 제청하였다가 이를 철회한 경우 이 제청철회는 취소소송의 대상이 되는가? (대법원 88누9640판결)

대외적으로(자연인이나 법인에 대해서) 직접적인 법효과를 목표로 하는, 행정청의 조치

---

60) 대법원 2018두49130판결이 병무청장의 병역의무기피공개와 관련해서 특별한 논거를 제시하지 않고 행정처분인 공개결정이 전제되어 있다고 판시했다. 추단적 행정행위의 인식이 아쉽다. 그리고 기피자가 게시된 상황에서는 직접적 삭제를 구하는 당사자소송으로서의 결과제거청구소송이 더 효과적이다(본서 876면, 890면). 상론: 김중권, 행정판례연구 제25집 제1호(2020.6.30.).

61) 상론: 김중권, 총장임용제청거부와 배타적 경쟁자소송, 법조 제733호(2019.2.28.); 법률신문 제4681호(2019.3.4.). 다만 총장지원절차에서 제청·임용 제외는 그 본질이 거부처분이기도 하다(본서 793면).

62) 토지의 지목이 도로이고 국유재산대장에 등재되어 있다는 사정만으로 바로 토지가 도로로서 행정재산에 해당한다고 할 수는 없다. 이는 국유재산대장에 행정재산으로 등재되어 있다가 용도폐지된 바가 있더라도 마찬가지이다.

만이 행정행위에 해당한다. 국가의 기관인 행정청과 수범자간에 효과가 존재하는지가 결정적이다. 상급행정기관의 하급행정기관에 대한 승인·동의·지시 등은 행정기관 상호간의 내부행위로서 행정행위가 아니다(대법원 2008두2583판결 등). 기타 행정내부사 역시 제외된다. 규준이 되는 것은 사실상의 외부효가 아니라, 조치의 목적성(Finalität)·직접성이다. 판례(대법원 67누44판결 등)는 '국민의 권리의무에 직접 관계가 있는 행위'를 출발점으로 하기에, 조치의 목적성은 당연히 요구된다.[63] 강구된 조치가 행정행위의 결정문언 그 자체에 의해서 유발될 것이되, 행정내부조치의 부수효과만은 아닌 경우에만, 의도한 외부효의 직접성이 존재한다. 규율이 객관적 의미내용에 비추어, 외부효과를 초래하도록 정해져 있으며, 아울러 (법적으로도) 발생시키도록 되어 있는 경우가 이에 해당한다.[64]

외부효지향의 징표는 본래 독일행정법 특유의 바탕인 내부법과 외부법과의 구분에 연관되어 있다. 과거 입헌군주제하에서 풍미하였던 '불침투설'이 사라진 지금에선, 법으로부터의 자유로운 공간으로서의 특별권력관계는 더 이상 존재하지 않는다. 하지만 행정내부의 그런 법관계에서 효과적인 권리보호(권리구제)를 보장하기 위하여, 모든 조치를 행정행위로 성격지울 것까지 요구되지는 않는다. 다수 행정청이 참여하는 다단계적 행정행위에서는 구분의 곤란함이 있다(본서 259면 이하).

(2) 공무원관계에서의 직무명령의 문제

공무원의 법적 지위에서의 직무명령의 문제는 이른바 특별권력관계에서의 사법심사의 범위의 문제이기도 하다. 이들이 항상 행정내부사에 그친다고 할 수는 없다. 종전에 특별권력관계로 성격 지워진 특별행정법관계(국공립학교관계 등)는 더 이상 행정내부영역에 속하지 않으며, 그 관계의 틀에서 내려진 직무명령 역시 －다른 요건이 충족되는 한－ 행정행위가 될 수 있다. 일찍이 Ule 교수가 주장한, 기본관계와 업무(경영)관계라는 추상적인 구분은 더 이상 유용하지 않다. 법적으로 자유롭다는 업무(경영)관계 역시 기본권구속의 원칙, 행정의 법률적합성의 원칙이 면해질 수 없기 때문이다.

(일반·추상적 성격의 것은 제외한) **직무명령 등이 개별사건(경우)에서 자연인으로서의**

63) 이런 관점에서 대법원 2016두57564판결은 교육부장관이 복수의 총장 후보자들 전부 또는 일부를 임용제청에서 제외한 행위에 대해 처분성을 인정하였다. 과거 대법원 88누9640판결은 총장 등의 임용제청 및 그 철회를 행정기관 상호간의 내부적인 의사결정과정의 하나로 접근하여 그 처분성을 부인하였다. 이를 바탕으로 대법원 2016두57564판결의 하급심은 처분성을 부인하였다. 의아스럽게도 대법원 2016두57564판결은 정식의 판례변경절차를 밟지 않고 대법원 88누9640판결을 번복하였다.

64) 대법원 2012두22980판결은 건축법 제29조상 건축협의의 실질이 지방자치단체 등에 대한 건축허가와 다르지 않다고 보아 협의취소의 처분성을 인정한다. 대법원 2013두15934판결은 건축협의의 건축허가 의제효과에 착안하여 협의거부의 처분성을 인정한다. 반론: 정남철, 223면. 여기서 문제되는 것이 소송에서 지방자치단체의 당사자능력 및 원고적격의 물음이다(본서 782면).

공무원에 대해 법효과를 발생시키면, 이들은 대외적으로 직접적인 법효과를 목표로 한다고 볼 수 있다. 여기서 결정적인 규준은 개인간의 법효과의 존재여부인데, 이는 다름 아닌 공무원의 기본권영역에 저촉되는지 여부의 물음이다. 따라서 "소속 공무원에게 서류를 일련의 순서대로 처리하라.", "구체적 사건에서 허가를 거부하라."는 등의 행정청의 장의 지시처럼, −공무원을 직무담당자로서 관련시키는− 업무수행에 관한 직무명령은 통상 행정행위에 해당하지 않는다. 반면 조기퇴직조치나 봉급확정 등과 같이 공무원을 독립된 권리주체로 관련시키면, 행정행위에 해당한다. 전자의 경우에는 흡사 공무원이 행정내부에, 후자의 경우에는 흡사 행정영역의 바깥에 있는 셈이다.[65)]

공무원의 일신상의 변화를 가져다주는 여러 조치, 임용, 전직, 승진 등은 별 의문없이 행정행위를 긍정할 수 있지만, 업무영역상의 변경을 의미하는 전보의 경우엔 논란이 있을 수 있다. 대부분의 국내 문헌들은 처분성을 긍정하고,[66)] 판례도 동일하다(서울고법 97구6200판결). 그런데 군의 병과와 관련한 전과처분에 대해서는 판례가 법효과를 정당하게 부인하였다(대법원 2010두27615판결 등).[67)] 한편 직무상의 외양과 관련한 규칙에 관한 규율(복장, 머리스타일 등)의 경우 판단내리기가 쉽지 않다.[68)]

(3) 조직행위의 문제

행정담당자와 행정조직에 관한 설치, 변경, 폐지를 하는 권능을 의미하는 조직권에 의거한 조직행위는 결코 통일된 법적 성질을 갖지 않는다. 그것은 행하는 형식과 그에 결부된 법효과의 발생에 따라서, 행정행위, 법률하위적 규범, 또는 −특정 구체적인 행정부서의 설치·폐지·이전처럼− 전적으로 행정내부사항일 수 있다. 사실 규율적 성격을 갖지 않은 조직상의 조치(처분)는 곧바로 내부행위이자 사실행위로 분류되어야 한다. 규율적 성격을 지닌 조직행위와 관련해서, 문제되는 것은 일정한 법형식이 법률적으로 규정되어 있는지 여부, 조직행위를 발하는 조직이 이들 규정을 준수하였는지 여부이다(예: 지방자치법 제4조상의 지방자치단체의 명칭·구역의 변경 및 그것의 폐치·분합).

형식을 부여하는 법률적 규정이 없을 경우에 비로소 법적 성질이 개별사건에서 탐구되

---

65) 이런 식의 논증(직무적 관계와 개인적 관계의 구분)이 결과적으로 Ule식의 구분과 일치한데, Ule의 견해는 낡아빠진 '특별권력관계'에 바탕을 두었다. 군인이 상관의 지시와 명령에 대하여 헌법소원 등 재판청구권을 행사하는 것이 군인의 복종의무에 위반하지는 않는다(대법원 2012두26401전합판결).

66) 대표적으로 이경운, 행정판례연구 제4집(1999).

67) 독일에서도 구체적인 직책(직무)에 배속하는 것이 공무원의 개인적 권리영역을 저촉하는 것은 아니라는 이유에서, 전보의 처분성이 부인된다(BVerwGE 60, 144; 98, 334).

68) 참고로 고객과 접촉하지 않는 비행기 기장에 대해서도 수염을 일률적·전면적으로 기르지 못하도록 강제하는 취업규칙 조항은 헌법상 일반적 행동자유권을 침해하여 무효이다(대법원 2017두38560판결).

어야 한다. 우선 확인되어야 할 점은, 바로 조직행위가 순전히 행정내부적으로만 효력을 발생시키는지 아니면 '대외적으로도' 효력을 발생시키는지 여부이다. 따라서 행정행위의 여타의 개념적 징표가 충족된 한에 있어서, 조직행위가 행정내부영역에 영향을 미칠 뿐만 아니라 동시에 시민이나 기타의 권리주체의 권리와도 직접적으로 관련이 있는 경우에는 그 시민과의 관계에서 그것은 행정행위(일반처분)로 여겨야 한다. 대표적으로 국공립학교나 지방의료원의 폐쇄결정이 그 예이다.[69]

6. 거부처분

자신의 대지가 A시장에 의하여 시장 및 아파트지구로 도시계획시설결정이 내려지고 그에 따른 도시계획사업도 완료되었기에, 그 대지의 소유자인 甲이 A시장에게 위 대지를 도시계획에서 제외하여 달라는 내용의 도시계획시설결정 변경신청을 하였다. 그러나 A시장은 확정된 도시계획시설결정의 변경을 구할 신청권이 없으므로 변경할 수 없다는 내용의 통지를 하였다. 甲은 이런 통지를 취소소송으로 다툴 수 있는가? (대법원 84누227판결)

국립 A대학교는 4년의 기간을 정하여 동대학 B학과 조교수로 임용된 甲에 대하여 대학본부 인사위원회의 심의결정에 따라 재임용하지 않기로 결정하고, 甲에게 1998.8.31.자로 임용기간이 만료되었다는 취지의 통지를 하였다. 이에 甲은 교수재임용거부처분취소소송을 제기하였다. 그런데 일찍이 법원은 기간을 정하여 임용된 대학교원이 그 임용기간의 만료에 따른 재임용의 기대권을 가진다고 할 수 없고, 임용권자가 인사위원회의 심의결정에 따라 교원을 재임용하지 않기로 하는 결정을 하고 이를 통지하였다고 하더라도 이를 행정소송의 대상이 되는 행정처분이라고 할 수 없다고 판시하였는데(대법원 96누4305판결), 甲은 어떤 논거를 제시해야 할까? (대법원 2000두7735전합판결)

국토계획법에 의해, 주민은 '지구단위계획구역의 지정 및 변경과 지구단위계획의 수립 및 변경에 관한 사항 등'에 관해 입안권자에게 도시·군관리계획입안을 제안할 수 있으며, 입안제안을 받은 입안권자는 그 처리결과를 제안자에게 통보해야 한다(26조). 도시·군관리계획의 입안권자는 5년마다 관할 구역의 도시·군관리계획에 대하여 타당성 여부를 전반적으로 재검토하여 정비해야 한다(34조). 주민의 입안제안을 반영하지 않은 제안거부에 대해 취소소송을 제기할 수 있는가? (대법원 2003두1806판결)

(1) 대법원 1984.10.23. 선고 84누227판결의 의의

시민이 신청이나 요청한 일정한 행정행위를 행정청이 하지 않았을 때 거부처분이

69) 독일의 예: 학교의 개설 및 폐쇄에 관한 결정, 도축장의 개설이나 폐쇄결정, 김나지움을 연차적으로 종합학교로 바꾸는 것, 학교에 주5일제 도입, -법규에 의해서 행해지지 않는 한- 학군변경. 우리의 경우 판례는 학교와 의료원의 폐지가 조례의 형식으로 행해졌음에도 불구하고 처분성을 인정한다.

존재하는데, 그 상황은 자신에 대한 직접적인 행정행위를 신청(요청)한 경우(후술할 행정법적 문제상황II)와 제3자에 대한 직접적인 행정행위를 신청(요청)한 경우(후술할 행정법적 문제상황IV)로 나뉜다. 이는 후술할 행정소송의 원고적격 및 대상적격에 관한 논의이다(본서 783면 이하).

계획변경신청권을 부인한 대법원 84누227판결의 의의는, 거부처분의 성립요건으로서 '국민이 행정청에 대하여 그 신청에 따른 행정행위를 해줄 것을 요구할 수 있는 법규상 또는 조리상의 권리', 즉 '신청권'의 존재를 요구한 점에 있다.[70] **이로부터 비롯된 거부처분 인정 공식(행정행위의 신청+신청권)은 지금껏 후속 판결은 물론 행정심판에서도 그대로 전승되고 있다.** 이런 인정공식과 관련하여 다툼의 대상은 신청권의 문제인데, 판례가 부작위의 개념정의(2조 2호)상에 있는 "일정한 처분을 해야 할 법률상 의무가 있음에도 불구하고"에 착안하여 요구한 것이다.

(2) 현행 기본포맷의 문제점

대법원 96누14036판결이 거부처분의 성립요건으로 i) 신청권의 존재에 덧붙여, ii) 그 신청한 행위가 공권력의 행사 또는 이에 준하는 행정작용이어야 할 것, iii) 그 거부행위가 신청인의 법률관계에 어떤 변동을 일으킬 것을 요구한 이래로, 이런 논증양식이 기본포맷이다. 일단 행정소송법상의 처분정의에 의거한 듯한 점은 호평할 만하나, 치명적인 문제점을 안고 있다. 우선 ii)와 iii)이 독립되게 요구될 정도로 서로 본질적으로 나누어질 대상인지 의문스럽다. 신청대상행위가 ii)의 요건을 충족하면, 그것의 거부는 당연히 iii)의 요건을 충족한다. 따라서 ii)와 iii)은 불필요한 중복이고, 이런 접근이 현행법상의 처분정의에 부합하는지 여부도 의문스럽다. 행정소송법 제2조 제1항 제1호상의 처분정의상 행정행위(처분)가 아닌 사실행위나 공법계약체결의 거부는 거부처분이 될 수 없다.[71] 이 점에서 대법원 96누14036판결상의 iii)의 요건은 법률상의 처분정의와는 분명히 간극이 있다. 거부행위의 규율성을 인정하기 위해 요구되는, '신청권에 바탕을 둔 신청인의 법률관계상의 변동'과 관련해서는 판례가 비록 완화된 입장을 취하는데,[72] 사실 그것은 전혀 불필요하다.

70) 이에 대한 비판으로 이홍훈, 행정판례연구 제1집(1992).

71) 독일의 경우에도 특히 사실행위의 거부와 관련하여, 다수는 처분성을 부인하지만, 반대의 입장도 상당하며, 판례 또한 그 경향을 판단하기가 쉽지 않다.

72) 대법원 2000두9229판결: 신청인의 실체상의 권리관계에 직접적인 변동을 일으키는 것은 물론 그렇지 않다 하더라도 신청인이 실체상의 권리자로서 권리를 행사함에 중대한 지장을 초래하는 것도 포함한다.

(3) 대표적인 거부처분의 확대인정

일련의 판례를 통해 획기적인 전환이 행해졌다: 명문규정의 부재에도 불구하고 설치자명의변경의 요구권을 인정한 대법원 2001두9929판결, 폐기물처리사업계획의 적정통보를 착안점으로 삼아 국토이용계획변경신청권을 예외적으로 인정한 대법원 2001두10936판결,[73] 문화재보호구역 내에 있는 토지소유자 등은 보호구역의 지정해제를 요구할 수 있는 법규상 또는 조리상의 신청권이 있다는 대법원 2003두8821판결, 지목변경신청반려행위의 처분성을 인정한 대법원 2003두9015전합판결, 임용기간이 만료된 기간제임용교수에 대하여 재임용거부의 처분성을 인정한 대법원 2000두7735전합판결(이른바 서울대 미대 '김민수 교수사건'), 행정개입청구권과 행정행위의 재심의 법리를 반영하여 거부처분을 인정한 대법원 2006두330전합판결(소위 새만금판결).

그러나 획기적인 변화는 확대되지 않았다. 행정개입청구권이 정면으로 다시 부인됨으로써(대법원 2004두701판결), 대법원 2006두330전합판결(새만금판결)의 의미는 일회적 일탈에 그쳤다. 최근 대법원 2014두41190판결이 토지소유자의 건축허가철회신청권을 인정하고 나아가 행정기본법 제37조가 불가쟁적 행정행위의 재심사를 명문화함으로써 행정개입청구권과 행정행위의 재심사와 관련하여 새로운 국면의 전개가 기대된다(본서 197면, 399면, 806면 이하). 대법원 2000두7735전합판결은 하급심과는 달리 재임용거부결정의 통지를 문제로 삼음으로써, 소송대상을 통보처분으로 보았다는 오해를 낳기에 충분하다. 실제 일부 문헌에서 그렇게 소개되기도 한다. 재임용거부의 취지로 한, 여기서의 임용기간만료의 통지를 통보처분(통지처분)으로 자리매김해선 아니 된다(본서 257면 이하).[74]

(4) 대법원 2004.4.28. 선고 2003두1806판결의 문제점

대법원 2003두1806판결은 명문상의 입안제안규정(구 도시계획법 제20조)에 의거하여 '도시계획시설변경입안제안의 거부'를 거부처분으로 보았다(동지: 대법원 2014두42742판결).[75] 판결의 취지를 쫓는다면, 도시계획변경입안의 '제안'에 관해 신청권이 인정되며, 이에 따라 도시(관리)계획

---

73) 상론: 김중권, 행정법기본연구 I, 486면 이하.

74) 국제출원의 출원서에 명백한 잘못이 있음을 이유로 하는 정정신청에 대한 특허청장의 거부사실의 통지에 대해서, 판례는 국제출원에서 갑의 실체상의 권리관계에 직접적인 변동을 일으키거나 갑이 권리를 행사함에 중대한 지장을 초래한다고 보기 어려우므로 항고소송의 대상이 되지 않는다고 판시하였는데(대법원 2016두45745판결), 사안의 본질은 정정거부의 문제이다.

75) 이것에 대해 朴正勳 교수는 다음의 의의를 부여하였다: i) 20년 동안 도시계획·국토이용계획의 분쟁에 관한 행정소송을 봉쇄한 장벽이 사실상 붕괴되었다, ii) 민원에 대한 통지의무와 도시계획입안제안에 대한 통지의무가 근본적으로 다르지 않기에 행정청에 대한 모든 신청에 대해 신청권을 인정하든지 아니면 거부처분의 요건으로 신청권을 요구하는 판례 자체를 포기해야 할 시점이 임박하였다. 동인, 행정판례연구 제11집(2006), 80면 이하.

변경에 관해서는 당연히 신청권이 인정됨으로써 계획변경신청권의 일반적 인정으로 귀착될 수도 있다(본서 540면 참조). 판례는 산업단지개발계획상 산업단지 안의 토지소유자로서 산업단지개발계획에 적합한 시설을 설치하여 입주하려는 자에 대해 산업단지개발계획의 변경에 관한 신청권을 인정하였다(대법원 2016두44186판결).[76] 대법원 2003두1806판결에서는 '도시계획시설변경입안의 제안'에 대한 거부가 문제된다. '도시계획시설변경계획결정'은 분명히 행정처분이지만, 그 이전 단계에서 행해진 '입안결정'은 아직 법적 효과를 발생시키지 않은 점에서 일종의 준비행위이자 절차행위이다. **준비행위나 절차행위가 완료된 행정처분과 동일하게 취급되는 등 법리적 희생이 너무나 크다.**[77]

Ⅳ. 행정행위의 개념적 징표에 관한 해석원칙

대상적격의 문제와 관련해서 행정행위의 성립징표의 심사가 중요하다. 행정행위의 인정에 따른 해당규정(가령 소송유형, 제소기간, 가구제 등)이 문제되기 때문이다. **해석을 통해 행정행위가 존재하는지 여부가 밝혀져야 한다.** 행정행위의 존부를 판단하기 위해서는 그것의 개념적 징표에 관한 해석이 동반되어야 하기에, 여기서는 의사표시(법률행위)를 위해 일반적으로 통용되는 해석원칙이 주효하다.

앞에서 보았듯이(본서 111면). 법적용에서 법집행자는 해결책을 법률에서 찾아야 한다. **상대방의 권익을 제한하거나 상대방에게 의무를 부과하는 경우에는 헌법상 요구되는 명확성의 원칙에 따라 그 근거가 되는 행정법규를 더욱 엄격하게 해석 · 적용해야 하고, 행정처분의 상대방에게 지나치게 불리한 방향으로 확대해석이나 유추해석을 해서는 아니 된다**(대법원 2021두43491판결; 2022두45623판결). 다만 행정행위의 존부(存否)의 판단에서 —도그마틱의 난맥을 야기하지 않는 한— 권리구제를 위하여 **'의심스러우면 관련인에게 유리하게'를 염두에 두어야 한다.**

행정행위는 외부효를 목표로 하고, 유효하기 위해 '수령을 필요로 하기에', 그것의 해석은 수령자의 이해지평에 좌우된다. 이는 행정행위의 내용은 물론, 행정청의 활동이 행정행위인지 여부의 물음에 대해서도 통용된다.[78] 외적 표현양식이 아니라 표시

76) 산업입지법 제11조 등에 의해 토지소유자 등 민간이 산업단지지정을 요청할 수 있으며 그에 따라 사업시행자로 지정을 받을 수 있다는 점이 결정적인 논거이다.

77) 김중권, 법률신문 제3446호(2006.3.27.). 정남철 교수는 계획변경신청권의 인정 자체가 계획고권 및 계획형성의 자유를 심대하게 제약한다고 지적한다(법률신문 제4334호(2015.7.)).

78) 대법원 2016두33537판결: 행정처분으로서의 입찰참가자격 제한조치를 한 것인지 아니면 계약에 근거한 권리행사로서의 입찰참가자격 제한조치를 한 것인지 여부가 여전히 불분명한 경우에는, 그에 대한 불복방법 선택에 중대한 이해관계를 가지는 그 조치 상대방의 인식가능성 내지 예측가능성을 중요하

된 내용(실체)이 결정적이므로. '표현된 그대로의 의미'에 사로잡혀서는 아니 된다. 규준이 되는 것은, **수범자가 개별사건의 상황에 비추어 표시를 어떻게 이해해야 하는지 여부이다.** 처분서의 문언만으로는 어떤 처분인지가 불분명한 경우에는 처분 경위와 목적, 처분 이후 상대방의 태도 등 여러 사정을 고려하여 처분서의 문언과 달리 처분의 내용을 해석할 수 있다(대법원 2017다269152판결).[79] 여기서 절차적 과정 및 불복방법의 적시가 중요하게 영향을 미쳐서, 판례는 행정절차법에 따른 절차진행 및 불복고지에 의거하여 행정처분의 존재를 논증하곤 한다.[80] 불명료함에 따른 불이익은 당연히 행정이 부담한다.

법효과의 발생을 가져다줄 '처분적 부분'의 어의(語義)가 출발점이다. 그것이 분명하지 않으면, 처분의 이유(근거)나 불복고지가 동원되어야 한다. 행정행위의 내용을 정하는 규준은 표시된 의사이지, 업무처리자의 내심 의사가 아니므로, 표시되어 알 수 있는 의사에 반하는 식의 문언해석은 배제된다. 만약 수범자가 표시에서 드러난 것과 다른 의사의 존재를 인식한다면, 그것이 표시의 내용을 정한다. **처분서의 문언만으로는 어떤 처분을 하였는지 불분명한 경우에는 처분 경위와 목적, 처분 이후 상대방의 태도 등 여러 사정을 고려하여 처분서의 문언과 달리 처분의 내용을 해석할 수 있다**(대법원 2017다269152판결).

그러나 제3자와도 관련이 있는 행정행위의 경우에는 이런 도식이 통용되지 않는다. 따라서 행정청과 신청자가 자신들의 진짜 의도로부터 의식적으로 벗어나려고 실제적으로 의도한 바와 다르게 신청서와 허가서에 기재한 경우에는, -일종의 제3자를 보호하기 위하여- 허가서에 표현된 대로 통용되어야 한다.

Ⅴ. 고시의 법적 성질의 문제

1. 고시에 관한 일반론

(1) 행정법난맥상의 현주소로서의 고시

고시(告示)의 법적 성질에 관한 논의가 분분하다. **그것을 일의적으로 행정규칙(또는 이를 포함한 행정입법)으로 조명하는 문헌이 있는 반면, 많은 문헌은 다양한 법적 성질(법규**

게 고려하여 규범적으로 이를 확정함이 타당하다. 동지: 대법원 2016두33292판결; 2019두61137판결.

79) 대법원 2017다269152판결: 특히 행정청이 행정처분을 하면서 논리적으로 당연히 수반되어야 하는 의사표시를 명시적으로 하지 않았다고 하더라도, 그것이 행정청의 추단적 의사에도 부합하고 상대방도 이를 알 수 있는 경우에는 행정처분에 위와 같은 의사표시가 묵시적으로 포함되어 있다 볼 수 있다.

80) 불복고지가 있음을 근거로, -바람직하지 않게도- 이의신청절차 이후의 재심사통보나 2차 통지가 새로운 독립된 처분으로 여겨지곤 한다. 대법원 2020두50324판결; 2015두58645판결; 2021두60748판결.

명령, 행정규칙, 행정행위, 사실행위)의 가능성을 전제로 바라보기도 한다. 고시에 대한 상이한 접근방식은 고시의 본질이 제대로 규명되지 않은 상황에서 당연하다. 그런데 고시를 행정규칙으로 상정하거나 행정입법(법규명령/행정규칙)으로 상정하여 사안에 접근할 때는, 그것의 처분성 인정으로 인해, 행정입법과 행정행위의 구분의 경계가 무의미하게 된다. 심지어 행정작용법론 전체가 임기응변적 상황에 처하게 된다. 특히 행정규제기본법이 위임고시를 인정함으로써(4조 2항 단서) 더 세심한 고려가 요구된다.[81]

⑵ 알림 그 자체로서의 고시의 본질

고시는 불특정다수를 직접적, 간접적 상대로 한 '알림'이되, 본래 그 자체로선 알림의 양식은 고려되지 않는다. 「행정업무의 효율적 운영에 관한 규정」(대통령령: 구 사무관리규정) 제4조에 의해, 고시는 공고문서의 종류로서 행정기관이 법령이 정하는 바에 따라 일정한 사항을 일반에게 알리기 위한 문서를 말한다. 훈령이나 예규는 기본적으로 행정규칙으로서 조문형식 또는 별지 제1호의 서식의 시행문형식에 의하여 작성되기에, 그 자체가 규범의 모습을 띤다. 고시는 알리는 데 초점이 모아질 뿐, 그 형식은 그다지 중요하지 않다. **고시는 일반에 대한 알림 그 자체일 뿐, 그것이 일정한 법형상(법형식)을 의미하진 않는다. 실정법상의 고시는 고시되는 내용에 견주어 판단되어야 한다.**

⑶ 실정법상의 고시에 관한 개관

고시에 대해 그 실질은 물론, 수권규정에 의거하여 다양한 법적 성질을 부여하고자 하는 입장에서는, 실정법상의 고시를 다음처럼 개관할 수 있다.

i) 행정결정의 존재요건이자 성립요건으로서의 고시: '토지수용에서의 사업인정의 고시'(토지보상법 22조)의 경우, 동법 제22조 제3항이 사업인정은 고시한 날로부터 효력을 발생한다고 규정하고 있기에, 사업인정의 고시는 사업인정결정을 외부적으로 알려 대외적 효력을 발생시켜서 그것을 성립시켜 준다. 여기서 고시는 독자적 의미를 갖지 못하고, 사업인정(결정)의 존재요건이자 성립요건이다.[82]

ii) 사실행위로서의 고시: '귀화의 고시'(국적법 17조)의 경우, 국적취득이란 귀화의 효과는 귀화허가가 신청자에게 통지됨으로써 발생하지, 그 고시로부터 비롯되지 않는다. 국적의 취득과 상실에 관한 사항이 발생한 때에 '그 뜻'을 관보에 고시하는 것은 귀화의

---

81) 국가를 소용돌이에 빠뜨린 소고기수입고시의 법적 성질 등의 문제점을 비롯한 위임고시에 관해서는 본서 481면 이하 참조.

82) 마찬가지로 토지이용규제 기본법에서 정한 바에 따른 지형도면 작성 · 고시 전에는 가축사육 제한구역 지정의 효력이 발생하지 아니한다(대법원 2013두10489판결).

효과와 관련하여 법적 의의를 갖지 않는다.[83] 국가계획법 제86조 제3항의 도시계획시설사업자 지정 고시 역시 마찬가지이다. 그것은 사업시행자지정처분을 전제로 하여 그 내용을 불특정 다수인에게 알리는 행위에 불과하고(대법원 2021다283520판결), 사업자지정처분이 반드시 '고시'의 방법으로만 성립하거나 효력이 생긴다고 볼 수 없다(대법원 2016두35120판결).[84]

iii) **행정처분으로서의 고시**: 통상 도로법 제25조상의 도로구역결정의 고시를 공물(公物)적 성격을 창설(부여)하는 공용지정(공용개시)으로 행정행위로 본다.[85] 따라서 이 고시는 물적 행정행위이자 일반처분에 해당한다.

iv) **행정규칙으로서의 고시**: 공정거래위원회가 구 공정거래법 제23조 제1항 제7호의 규정을 운영하기 위하여 만든 '부당한 지원행위의 심사지침'(대법원 2001두6364판결)과 건강보험심사평가원장이 '요양급여비용 심사·지급업무 처리기준'(보건복지부고시)에 따라 정한 요양급여비용의 심사기준 또는 심사지침(대법원 2008두21669판결)은 내부의 사무처리지침(행정규칙)에 불과하다. 한편 법률에 직접 근거하여 규정된 악취공정시험기준(고시)를 바람직하지 않게 행정규칙으로 보기도 한다(대법원 2020두57042판결).[86]

v) **법규명령으로서의 고시**: 수권규정에 의해 만든, '체납과징금에 대한 가산금 요율 고시'(공정거래위원회고시), '건강기능식품표시 및 광고심의 기준'(식품의약품안전청고시), 식품제조영업허가기준(보건사회부장관고시)은 법규명령에 해당한다.

2. 판례가 약가고시의 처분성을 인정함에 따른 오해

대법원 2005두2506판결에서 "보건복지부장관이 제1항의 규정에 의한 요양급여대상을 급여목록표로 정하여 고시한 것"(약제급여·비급여목록및급여상한금액표)의 법적 성질이 문제된다. 이른바 이런 약가고시에 대해 대법원 2005두2506판결은 「어떠한 고시가 일반적·추상적 성격을 가질 때에는 법규명령 또는 행정규칙에 해당할 것이지만, 다른 집행행위의 매개 없이 그 자체로서 직접 국민의 구체적인 권리의무나 법률관계를 규율하는 성격을 가질 때에는 행정처분에 해당한다」고 판시하였다. 약가고시에 대해 대법원 2003무23결정과 대법원 2003무41결정 역시 동일하게 접근한다. 특히

83) 해서 '당연퇴직의 통보'를 독립된 행정처분으로 보지 않은 것(대법원 84누374판결)과 '공매통지'의 행정처분성을 부인한 것(대법원 96누12030판결)은 정당하다.

84) 토지수용에서의 사업인정의 고시와는 달리 고시를 사업인정의 성립요건이자 존재요건으로 보게 한 특별규정이 없는 데서 판례의 태도는 당연하다.

85) 반론: 박균성 교수는 도로법 제39조의 도로사용개시공고를 공용지정(개시)으로 본다(하, 415면). 판례상으로 무엇이 공용지정에 해당하는지는 분명하지 않다(참조: 대법원 99다54332판결).

86) 법규명령이 아닌 행정규칙으로 보는 것이 법원에 대해 어떤 점이 유리한지는 본서 483면 이하.

대법원 2003무41결정은 이런 약가고시를 일반처분의 차원에서 접근한다. 유사조문형식의 고시의 처분성을 인정한 리딩판결인 대법원 2003.10.9.자 2003무23결정에서 비롯된 이들은, '두밀분교통폐합조례사건'에서의 판시와 외양상 흡사하기에, -판례가 명백히 전제하고 있지 않음에도- 행정입법적 고시를 전제한 것인 양 오해를 낳고 있다.

그런데 이들 약가고시의 별표 1.에서 보듯이, 코드, 품명, 업소명, 규격 단위, 상환금액 등이 구체적으로 적시되어 있다. 따라서 그것을 전형적인 개별구체적인 규율로서의 행정처분으로 보는 데, 하등의 문제가 없다. 다수인에게 발해져야 할 여러 처분을 합쳐서 일종의 엑셀파일로 공지한 집합처분이다(대법원 2003무23결정의 대상인).[87] '항정신병 치료제의 요양급여 인정기준에 관한 보건복지부 고시(보건복지부 고시 제2002-57호)' 역시 마찬가지이다. **이들 사안에서 이른바 처분적 명령에서의 논증방식을 동원하는 것은, 불필요하거니와 도리어 왜곡을 가져다줄 수 있다.**[88]

3. 안전운임고시의 법적 성질 문제

국토교통부장관이 '환적 컨테이너'가 모법 규정인 화물자동차 운수사업법 제5조의4 제2항의 '수출입 컨테이너'에 포함된다고 보아 2019.12.30. 국토교통부고시로 「2020년 적용 화물자동차 안전운임」을 고시하면서 환적 컨테이너에 대한 안전운임을 규정하였다. 대법원이 고시 가운데 환적 컨테이너에 대한 안전운임을 규정한 부분이 위임입법의 한계를 일탈하여 위법하다고 판시하였다. 이 판결은 어떤 문제가 있는가? (대법원 2021두61079판결)

안전운임고시와 약가고시를 비교하면, 제정방식은 동일하되, 내용에서 약가고시가 개개의 제약사가 제조한 개개 약제를 대상으로 하여 금액을 정한 데 대해서, 안전운임고시는 개개의 구간을 대상으로 하여 금액을 정하였다. 최저운임제로서의 안전운임고시는 그 이하로 운임이 책정되지 말 것을 강제하는 내용으로 하고, 이를 위반하면 과태료에 처해질 수 있게 하여, 그것은 운수사업자에 대해 일종의 하명처분이라 할 수 있고, 화물운수종사자에게는 안전운임을 요구할 수 있는 권리를 부여하는 설권적 처분이자 사권형성적 처분이라 할 수 있다. 비록 약가고시와 다른 구석이 있긴 해도, 안전운임고시 역시 행정처분에 해당한다고 볼 수 있다. 하지만 판례는 위임입법의 법리의 차원에서 접근하여 안전운임고시의 위법성을 논증하는데, 이런 논증방식

87) 한편 일부 문헌은 당해 고시를 집행적 법규명령으로 보고서 그것의 처분성을 인정한다.
88) 상론: 김중권, 행정법기본연구 Ⅲ(2010), 165면 이하.

은 규범통제의 메커니즘에서나 가능한 논증방식이다. 소송대상이 처분인 이상, 그것에 위임입법의 법리 및 규범통제의 메커니즘을 적용하는 것은 현행 행정구제의 기본에 맞지 않는다. 위임입법의 법리의 차원에서 접근하면서 안전운임고시에 대해 직접 취소판결을 내린 것은 현행의 규범통제의 메커니즘에도 정면으로 배치된다.[89]

Ⅵ. 행정행위의 종류

1. 기초적 논의

(1) 행정행위(행정처분)의 분류의 의의

행정행위를 분류하는 것은 단지 이론상의 유리구슬놀이는 아니고, 직접적인 실제적 의의를 지닌다. **행정행위의 종류는 그것의 유형화한 결과이다. 행정행위의 유형화는 행정행위의의 다양한 양상에 관계없이 그것을 나름의 기준에 의거하여 분류하는 것이다.** 이를 통해 행정행위의 개념적 징표에 관한 설득력 있는 접근을 할 수 있다. 그런데 행정행위는 아래의 그룹의 다수 그룹에 동시에 속할 수 있거나 다수의 규율내용을 가질 수 있다. 가령 건축허가는 한편으로는 건축주에게 건축을 허용하며(처분적 내지 형성적 효과), 다른 한편으로는 장래를 위하여 건축안이 발급시점의 공법에 일치하는 점을 확인하는(확인적 효과) 식으로, 그것은 형성적이고 동시에 확인적이다.[90]

(2) 법률행위적 행정행위와 준법률행위적 행정행위의 구분 문제

행정행위의 분류에 관한 논의에서 가장 걸림돌이 이른바 '준법률행위적 행정행위'의 존재이고, 그에 따른 '법률행위적 행정행위'와 '준법률행위적 행정행위'의 구분이다. 일찍이 김남진 교수님이 '준법률행위적 행정행위'라는 카테고리를 유지할 필요가 없다고 그것의 해체를 주장하였다(행정법의 기본문제, 195면 이하 참조). 구별무의미론에 명시적으로 동조하는 문헌(정하중/김광수, 191면; 박균성, 314면)이 있는 반면에, 일부 문헌은 이 같은 비판적 지적의 타당성은 수긍하면서도 전통적 구분에 기본적인 문제점은 없다고 본다(김동희/최계영, 247면). 이런 문제점의 인식과 지적에도 불구하고, 문헌상으로는 종전의 분류체계가 그대로 통용되고 있으며, 판례 역시 '준법률행위적 행정행위'의 범주를 견지하고 있다(대법원 2008두13491판결).

---

89) 상론: 김중권, 법률신문 제5148호, 2024.1.22.
90) Brohm, Baurecht, 2.Aufl., 2006, §28 Rn.25.

종래의 분류체계는 민법의 법률행위(권리설정행위)와 준법률행위(준권리설정행위)에 터 잡은 것이어서,[91] 내용이 현행 행정법질서에 부합하지 않고, 근거 역시 설득력이 약하다. 부관의 허용성의 물음에서 법률행위적 행정행위와 준법률행위적 행정행위의 구별의 필요성이 없거니와(본서 430면), 준법률행위적 행정행위의 범주 없이도 확인적 행정행위를 인정할 수 있다. '허가'를 어의뿐만 아니라 그 본질에도 반하게 명령적 행정행위로 보는 것과 같이, **설득력 있는 논리전개를 은연중에 저지한다는 점에서 효용이 전혀 없는 종래의 분류체계와는 과감하게 결별해야 한다. 하루바삐 하명적 행정행위, 형성적 행정행위, 확인적 행정행위로 3분하는 분류체계를 근간으로 논의가 전개되어야 한다.**[92]

2. 수익적 행정행위와 침익적(부담적) 행정행위

(1) 의 의

이는 그 자체로 수범자에 대한 행정행위의 법효과에 따른 구분이다. 급부행정과 개입행정의 존재에 따른 결과이다. 통상적 이해를 좇으면, 침익적(부담적) 행정행위는 의무를 과하거나 권익을 제한하는 것(하명처분, 수익적 행정행위의 폐지 등)이고, 수익적 행정행위는 권리나 법적으로 중요한 이익을 성립시키거나 확인하는 것(허가, 침익적 행정행위의 폐지)이다. 구분은 폐지(취소와 철회)시에 신뢰보호원칙의 적용이나 취소소송의 원고적격의 물음을 위해 중요하다. 특히 **판례가 성질설을 취하기에**(본서 112면), **양자의 구분은 기속행위와 재량행위의 원칙적인 구분근거로 작동한다**(대법원 2004두8910판결).

(2) 수익적 효과와 침익적 효과의 결합

수익적 효과와 침익적 효과가 하나의 행정행위에서 다음과 같이 2가지의 형태로 결합될 수 있다: 동일인에게 발생하는 경우(혼합효적 행정행위)와 서로 다른 사람에게 발생하는 경우(복효적 행정행위, 제3자효 행정행위).[93]

혼합효적 행정행위의 경우에는 다시 2가지의 세부경우로 나뉠 수 있다. 가령 건축허가와 아울러 일정한 금액을 환경부담금으로 납부해야 하는 경우와 신청한 기한이 축소된 도로점용허가가 행해진 경우이다. 복효적 행정행위는 먼저 서로 다른 사람에

91) 이 분류는 20세기 초엽에 일본 공법학을 정립한 美濃部達吉 교수의 주장을 충실히 승계한 田中二郎 교수가 확립한 것인데, 현재 그들 행정법 문헌에서 준법률행위적 행정행위 개념은 찾아보기 힘들다.
92) 동지: 최영규, 행정작용법론(김동희 교수 정년기념논문집), 2005, 54면 이하.
93) 독일의 경우 종전에는 동일한 의미로 '제3자효 행정행위'란 용어를 사용하였지만, 그들 행정법원법 80조 a를 통해 '복효(이중효)적 행정행위'(VA mit Doppelwirkung) 용어가 제도화되었다.

게 다른 효과가 발생하는 경우와 동일한 효과가 발생하는 경우로 나눌 수 있고, 전자의 경우는 다시 다음의 2가지 유형으로 나뉠 수 있다: 수익(受益)은 수범자에게 발생하고, 침익(侵益)이 제3자에게 발생하는 경우(예: 이웃의 채광을 차단하는 결과를 초래할 건축허가: 진정한 제3자효 행정행위)와 침익이 수범자에게 발생하고, 제3자에게는 수익이 발생하는 경우(예: 위법건축물에 대한 철거명령으로 인해 이웃집 마당에 채광이 가능하게 된 경우: 역(逆) 제3자효 행정행위). 후자의 경우는 사실상 공급중단결정이나 다를 바 없는 공공서비스의 공급중단요청처럼 수범자와 제3자에게 공히 부(負)의 효과를 발생시키는 경우이다(변종의 제3자효 행정행위).

복효적 행정행위의 경우 기본적으로는 -방어적 성격의 취소소송이든, 개입적 성격의 부작위청구소송(거부처분취소소송과 부작위위법확인소송)이든- 제3자의 권리보호의 관점에서 문제가 된다. 이는 행정소송에서의 제3자의 원고적격의 물음에 해당한다(본서 800면 이하).

3. 집행가능한 행정행위와 집행불가능한 행정행위

이는 그 자체로 집행가능한(비상시에는 집행이 요구되는) 규율과, 더 이상 국가의 적극적 행위 없이도 효과를 발생시키는 규율로 나눈 것이다. 이 같은 분류는 통상적인 분류인 하명적 행정행위, 형성적 행정행위, 확인적 행정행위의 분류와 다르지 않다. 이런 분류를 애써 하고자 함은, 우리의 고착화된 분류인 법률행위적 행정행위와 준법률행위적 행정행위의 분류에서 하루바삐 벗어나기 위함이다.

(1) 집행가능한 행정행위: 하명적 행정행위

철거명령이나 시정명령과 같은 하명처분이 대표적인 집행가능한 행정행위이다. 수범자에 대해 작위, 부작위, 급부 그리고 수인을 명하는 하명처분은 법률상으로 추상적인 형식으로 담겨진 의무를 구체화하는 것이다. 하명처분은 관헌국가시대의 행정법의 원형에 해당한다. 하명을 담고 있는 모든 부담적 행정행위는 집행가능하고, 수범자가 그 하명의 이행을 거부하면 집행이 필요하다. 가령 택시감차통보의 처분성을 판례가 확인하였는데(대법원 2016두45028판결), 실은 감차통보는 운수사업계획변경인가에 따라 후속적으로 감차절차를 밟아야 한다는 의미의 하명처분이다.

(2) 집행불가능한 행정행위: 형성적 행정행위

(가) 형성적 행정행위의 의의

형성적 행정행위와 확인적 행정행위는 집행불가능한 행정행위에 속한다. 형성적 행정행위는 국민에 대하여 적법하게 자유나 권리를 행사할 수 있게 하거나(예: 영업허가) 특정한 권리·권리능력·행위능력 또는 포괄적인 법률관계 기타 법률상의 힘을 설정·변경·소멸시키는 행정행위를 말한다(예: 귀화허가, 사인에 대한 공무의 위탁). 행정행위의 효과는 효력발생과 더불어 직접적으로 발생하고, 다른 국가적 조치가 들어갈 여지가 없다.[94] 형성적 행정행위는 행정행위가 그 효과를 발생시키는 법영역과 관련하여 2가지 경우로 나뉜다: 통상인 공법영역에 대해 효과를 미치는 경우와 특별하게 사법영역에 대해 효과를 미치는 경우(사권형성적 행정행위). 형성적 행정행위는 그것의 형성효과에 한정될 수 있으되, 형성효과 이외에 확인효과도 가능하다.

(나) 허가와 특허의 구분 문제

한편 (통제)허가와 특허를 엄별하여 전자는 명령적(하명적) 행정행위에, 후자는 형성적 행정행위에 귀속시키는 것이 여전히 통용되고 있다. 사실 허가제나 특허제는 공히 사전통제의 방식이지만, 전자가 소극적으로 공공의 안녕·질서유지(위험방지)를 목적으로 하는 데 대하여, 후자는 적극적으로 공공의 복리증진을 목적으로 한다. 허가제는 예방적 금지를 전제로 하는 반면, 특허가 전제하는 금지는 (억제적)규제적 금지로서 관리유보를 설정하는 셈이다.

그러나 양자의 이동(異同)에 관한 현재의 논의는 공통점보다는 차이점에 치중하고 있어서, 전개되고 있는 법제도의 발전을 충분히 반영하지 못하고 있다. 허용유보부 금지의 유형(허가제, 특허제)은 과거 관헌주의적 국가관에서 비롯되었는데, 현재는 자유로운 시장진입이 대폭적으로 허용되고 있다. **이제는 특허를 광의의 허가로 설정하여 양자의 공통점과 차이점(대상사업상의 차이와 요건기준상의 차이 등)을 논해야 한다.**

(3) 집행불가능한 행정행위: 확인적 행정행위

(가) 의 의

확인적 행정행위는 그 자체로 수범자에게 현재의 법상황, 즉 현행법상으로 무엇이 통

---

94) 법적 안정성을 위해 형성적 행정행위는 증서교부, 등록, 고시나 공고와 같은 특별한 형식을 취한다.

용되는지만을 알려 준다. 그리하여 그것에는 통상적인 규율의 효과(법효과의 발생 등)가 없기 때문에, 행정행위가 아니라 행정청의 통지에 불과하다고 볼 수 있다. 그러나 확인적 행정행위는 법상황을 구속적으로 확인한다. 그것은 행정청과 수범자를 위해 법효과를 증명하는 의사(意思)로써 행해진다. **확인적 행정행위의 기능은 개별사건과 관련하여 법적으로 중요한 특성을 구속적으로 확인하거나 부인하는 데 있다.**[95] 근로복지공단의 '개별 사업장의 사업종류 변경결정'으로 사업주가 납부해야 하는 산재보험료가 변동되듯이, 그것으로부터 직접적인 법관계가 형성되는 것은 아니지만, 그 확인이 추후에 법효과를 발생시키는 출발점이 된다. 이 점에서 그것은 규율적 성격을 가지며, 행정행위로 인정된다. 확인적 행정행위는 달리 규정하지 않는 한, 기속행위에 해당한다.

(나) 확인적 행정행위의 예

국가유공자법에 의한 국가유공자등록결정이나 장애등급결정(대법원 2004두6228판결 등), 구 청소년보호법에 따른 청소년유해매체물결정(대법원 2005두4397판결),[96] 국가인권위원회가 구 '남녀차별금지 및 구제에 관한 법률'에 의거하여 내린 성희롱결정(대법원 2005두6461판결 등), 건물의 준공처분(사용승인처분; 사용검사처분)(대법원 93누13988판결), 출입국관리법상의 난민인정 및 학술진흥법에 의한 학술지원대상자지원제외(대법원 2018두56237판결), ―경쟁입찰의 예외사유가 있음을 인정해 주는― 국방전력발전업무훈령에 의한 연구개발확인서 발급(대법원 2019다264700판결), 고용산재보험료징수법에 의한 개별사업장의 사업종류(변경)결정(대법원 2019두61137판결)이[97] 해당한다. 특히 국가유공자등록결정과 장애등급결정과 관련해서는 법률상의 청구권을 행정행위의 법적 효력으로써 확고히 함으로써, 개별사건을 위하여 법률적 규율을 구체화한다. 그리하여 행정이 행할 금전급부에서 국가유공자등록결정은 수급자를 위한 권원(權原)이 된다.[98] 공익사업시행자가 하는 이주대책대상자 확인·결정 역시 구체적인 이주대책상의 수분양권을 부여하는 요건이 되는 확인적 행정행위이다(대법원 2013두10885판결; 92다35783전합판결). 한편 (구) 노동조합법 시행령 제9조 제2항상의 법외노조통보를, 판례는 형성적 행정행위로 보지만(대법원 2016두32992전합판결), 근로자가 아닌 자의 가입을 허용하는 경우 "노동조합으로 보지 아니한다."는 구 노동조합법 제

---

95) 통상 확인적 행정행위를 '특정한 사실 또는 법률관계의 존부 또는 적부에 관해 의문이나 다툼이 있는 경우에 공적으로 판단하여 확정하는 것'으로 정의를 내리고, 의문이나 분쟁을 전제로 하지 않는 공증과 구별한다. 여기선 독일의 대부분 문헌처럼 공증을 확인적 행정행위의 특별한 경우로 보고자 한다.

96) 정남철, 고시계 2007.12., 36면 이하 참조.

97) 이는 조세부과처분을 일종의 확인적 행정처분으로 보는 것과 동일하다.

98) 여기서의 등록은 후술할 등록제(본서 285면 이하)와는 당연히 구별해야 한다. 한편 대법원 90누4440판결이 국가유공자로서 보상 등 예우를 받는 데에 필요한 훈격을 확인받는 것은 당사자소송의 방법에 의해야 한다고 판시하였다(본서 889면 참조).

2조 제4호 단서에서 비롯된 확인적 행정행위로 보아야 한다(본서 100면).[99]

(다) 특별한 확인적 행정행위

확인적 행정행위의 특별한 예가 바로 (준사법적 행위로서의) 재결적 행정행위이다. 재판과 유사한 절차의 종결이 되는데, 여기서 행정청은 현행법의 적용에서 다투어지는 법상황이나 법관계에 대해 중립자로서 결정을 내린다(준사법적 행위). 행정심판재결, 교원징계재심위원회의 재심결정 등이 이에 해당한다. 법적 분쟁에 관한 결정은 원칙적으로 법원의 사무이다. 이 원칙에서 벗어나기 위해서는, 당연히 명시적인 법률적 수권이 필요하다. 따라서 재결적 행정행위는 법률상으로 승인될 때만 헌법상으로 허용된다.[100] 재결적 행정행위에 대해서 불가변력이 인정되는 것과는 별도로, 그에 대한 사법심사는 전적으로 가능하다. 토지수용위원회의 재결의 성질이 문제되는데, 일부에서는 준사법적 행위로 보기도 하지만, 소유권을 사업시행자에게 귀속시키는 점에서 준사법적 행위나 확인적 행위로 볼 수 없고, 창설적·형성적 행위이다.

확인적 행정행위의 또 다른 하위타입이 등재적 행정행위(공증)이다.[101] 통상 증서작성(등재)은 지식표시를 담고 있어 행정행위가 될 수 없다. 국가부처가 작성한 공부에 권리, 법상황 또는 법률관계가 등재되어 일정한 사실·법상황이 사후절차에서 주장될 수 있거나 번복될 수 없는 경우, 그 증서는 행위로 여겨진다. 그 증서(및 등재행위)는 구속효를 지닌 법효과를 규율하고 그리하여 행정행위가 된다.[102] 이처럼 공증은 법효과를 낳는 등재사항을 증명하는 행정청의 의사가 반영되어 처분성이 인정된다.[103]

종래 판례는 지적공부상의 등재 및 지적공부의 복구신청을 거부하거나 그 등재사항에 대한 변경신청을 거부한 것의 처분성을 일관하여 부인하였다. 그러나 대법원

---

99) 시행령 해당조항의 법외노조통보 부분은 삭제되었다(2021.6.29.). 김중권, 인권과 정의 제495호(2021.2.1.); 법률신문 제4829호(2020.9.20.).

100) BVerfGE 2, 280, 293f.

101) 독일의 경우 일찍이 W. Jellinek가 '등재적 행정행위'(공증, der beurkundende VA)를 확인적 행정행위의 하위경우로 여겼듯이(ders., Verwaltungsrecht, 3.Aufl., 1931, S.260), 대부분의 문헌이 양자의 관계를 그처럼 설정하고 있다.

102) 오늘날에서도 '공증(된 것)'의 처분성에 대한 짙은 의구심이 여전할 수 있다. 통설은 반증이 있으면 누구든지 공증의 취소 없이도 그 공적 증거력을 전복시킬 수 있다고 하는데, 이는 행정행위의 핵심적 특질인 공정력을 원천 부정하는 셈이 된다. 따라서 종래의 통설과 같이 공문서의 고양된 증거력에 초점을 맞추는 태도에는 근본적인 변화가 요구된다. 단순한 증명기능에 그쳐서는 곤란하고, 등재 등에 대해서 실정법이 규율적 성격을 부여하거나 ―그렇지 않은 경우에는― 행정청이 이를 법적 구속력이 있는 것으로 하고자 해야 한다. 즉, 법률이 등재에 부여하는 효과가 규율적 성격인지 여부가 관건이다. Vgl. Kopp/Ramsauer, §35 Rn.92a.

103) (기존의) 의료유사업자(접골사, 침사구사) 자격증 갱신발급행위가 공증행위에 해당하는 것(대법원 76누295판결)은 의료법개정으로 이들은 더 이상 의료인이 아니어서 의료법에 따른 자격부여가 허용되지 않기 때문이다.

2003두9015전합판결을 통해서, 지목이 토지소유자의 실체적 권리관계에 밀접하게 관련되어 있음을 들어 지목변경신청의 거부를 거부처분으로 봄으로써, 종래의 판례의 입장이 180° 바뀌었다. 이를 통해 지적공부상의 일련의 행위(등재·말소·변경)는 공증으로서 처분성을 갖는다. 그런데 대법원 2010두12354판결이 토지대장상의 소유자명의변경신청에 대한 거부를 거부처분으로 보지 않아서 새로운 혼란이 발생하였다.[104)]

(4) '통보처분'(통지처분)의 문제

조달청장이 판로지원법 제8조의2 제1항에 해당하는 자는 입찰 참여를 제한하고, 계약체결 후 해당 기업으로 확인될 경우 계약해지 및 기 배정한 물량을 회수한다'는 내용의 레미콘 연간 단가계약을 위한 입찰공고를 하고 입찰에 참가하여 낙찰받은 甲과 레미콘 연간 단가계약을 체결하였는데, 甲이 대기업과 지배 또는 종속의 관계에 있다고 최종적으로 판단하여 조달청장이 "추가특수조건에 따라 관급레미콘 물량 배정을 중지할 수밖에 없음을 알려드린다."는 내용의 통보를 하였다. 이 통보에 대해 취소소송을 제기할 수 있는가? (대법원 2015두46987판결)

(가) 독립적 존재여부에 관한 대립된 입장

대부분의 문헌은 준법률행위적 행정행위의 범주로 통보(통지)처분의 독립적 의의를 긍정하여, 특정한 사실에 관한 관념을 알리는 행위(예: 특허출원의 공개, 귀화의 고시 등)와 의사를 알리는 행위(예: 토지수용에 있어서 사업인정의 고시,[105)] 대집행의 계고, 조세체납자에 대한 독촉 등)로 나눈다. 그러나 일부 문헌에서 통보처분의 독자적 행정행위성에 대해 근본적인 의문이 제기된다. 즉, 내용(법효과)을 표준으로 할 때 사업인정의 고시는 형성적 행위(특허)로, 대집행의 계고와 납세의 독촉은 각각 작위하명과 급부하명의 성질을 갖는다고 볼 수 있다고 주장된다(김남진/김연태, 589면).

(나) 관견(管見)

전통적인 행정행위 분류체계에 관한 기본인식의 차이를 넘어서, 통보처분의 가능성 여부와 그것의 독립성 여부를 세심하게 검토할 필요가 있다. 전자의 물음과 관련해서는 "통보" 자체의 처분성여부에 관한 논의가 행해져야 하고, 후자의 물음과 관련해서는 처분성 인정을 바탕으로 독립된 범주로서 그것을 설정할 수 있는지가 다루어져야 한

104) 하지만 대법원 2011두13286판결이 토지대장상의 기재사항의 종국적 변경인 말소를 처분으로 분명히 판시한 이상, 대법원 2010두12354판결의 전제가 유지될 수 있을지 회의적이다.

105) 한편 다수의 지적과는 달리, 김성수 교수는 이를 의사의 통지가 아닌 단순한 사실 또는 관념의 통지로 보고 있다(257면).

다. 후자의 물음은 통보로부터 비롯된 법효과가 과연 기왕의 행정행위의 틀에서 벗어나 알림이란 통보의 본질에 부합하는 나름의 형상을 제공하는지 여부가 관건이다. 통보 그 자체가 (무엇에 대한) 알림이므로, 통보의 처분성여부는 그것의 대상이자 내용과 연계하여 검토되어야 한다. **통보의 처분성이 문제되는 것은 바로 '행정조치의 통보'이다.**

여기서도 결정적으로 중요한 것은, 통보 그 자체로 인해 일정한 권리가 발생, 변경, 소멸되거나 확인될 것인지 여부이다. 통보의 대상과 연관하여 통보로부터 (통보대상이 지닌) 직접적인 법효과의 발생이 인정되면, 통보처분이 성립할 수 있다. 그런데 통보처분의 존재는 결과선취적(結果先取的) 성격을 지니기에, 그것의 인정이 자칫 무분별한 처분성확대에 따른 난맥을 초래할 수 있다. 따라서 **여기서 관건은, 관련 근거법령이 거래보호와 법적 안정성에 의거하여 당사자 등을 보호하기 위해 독립된 통보처분의 매개로 한 특별한 단계를 두었는지 여부이다.**[106] 아울러 통보처분은 명령적, 형성적 또는 확인적 행정행위에 위치할 수 있다(통보처분의 이중성). 한편 이런 통보처분의 이중성에 착안하여 전적으로 후자의 측면에 초점을 맞추고 강조할 것 같으면, 통보처분이 불필요하다는 주장 역시 설득력을 갖는다.[107]

(다) 통보처분의 예

통보(통지)처분으로 운위되어 온 대상 가운데, '특허출원의 공개'(특허법 64조)는 독립된 통보처분이지만, '토지수용에서의 사업인정의 고시'는 독자적 의미를 갖지 못하고, 사업인정(결정)의 존재요건이자 성립요건에 불과하다. '귀화의 고시'는 귀화의 효과와 관련하여 아무런 법적 의의를 갖지 않으며, 민원사무처리법에 따른 사전심사결과 통보 역시 행정처분에 해당하지 아니한다(대법원 2013두7834판결). 반면 폐기물관리법상의 폐기물처리사업계획(서)의 '(부)적정통보'는 사전결정에 해당하지만, 통보처분이기도 하다(참조: 대법원 97누21086판결). '대집행의 계고'는 대집행실행의 통보처분이면서도 본래의무에 대한 재하명의 성격도 갖는다.[108] 과세표준과 세액이 신고서 제출 당시 이미 자진납부한 금액과 동일하여 별도로 고지할 세액이 없다는 내용의 신고시인결정 통지는 통보처분이면서도(대법원 2016두60898판결)

106) '현재와 같이 중소기업자 간 경쟁입찰 참여제한 대상기업에 해당하는 경우에는 추가특수조건에 따라 관급레미콘 물량 배정을 중지할 수밖에 없음을 알려드린다.'는 내용의 조달청장의 통보를 행정처분으로 보는 대법원 2015두46987판결은 판로지원법 제8조의2가 일정한 중소기업에 대한 경쟁입찰의 참여제한의 의무와 경쟁입찰 참여제한 대상에 해당하는지 여부에 대한 특별한 확인제도를 규정하고 있는 데서 정당화될 수 있다.

107) 상론: 김중권, 행정법기본연구 I, 329면 이하.

108) 대집행영장의 통지에 대해서 대부분의 문헌이 통지처분으로 보지만, 대집행의 사전절차에 불과하고 독립된 처분성을 인정하기 어렵다(본서 662면).

납세의무부존재의 확인의 의미를 가진다.

하지만 재임용거부의 취지로 한 임용기간만료의 통지는 재임용거부처분이기에, 통보처분으로 자리매김하여선 아니 된다(대법원 2000두7735전합판결). 총포·화약안전기술협회의 회비납부통지는 부담금부과처분이다(대법원 2018다241458판결). 농지법상의 농지처분의무통지는 통보처분이 아니라, 농지처분하명 그 자체이거나 그것의 성립요건 또는 존재요건으로서 자리매김할 수 있다(대법원 2001두8742판결은 처분성을 인정한다). 한편 판례는 종전 입장을 바꿔 소득처분에 따른 (원천징수의무자에 대한) 소득금액변동통지가 원천징수의무자(법인)에 대해서는 행정처분에 해당한다고 인정하였지만(대법원 2002두1878전합판결), 원천납세의무자(소득처분에 따른 소득의 귀속자)에 대해서는 처분성을 부인하였다(대법원 2013두9267판결; 2012두27954판결).

(5) '수리'의 문제

행정법의 대부분의 문헌에 의하면, 일반적으로 '수리'란 타인의 행정청에 대한 행위를 유효한 행위로 받아들이는, 즉 수령하는 행위를 말하고, 그 예로 혼인신고의 수리, 행정심판청구의 수리, 수리를 요하는 신고에서의 수리를 든다. 그런데 혼인신고의 수리와 관련해서 신고제의 관점에서 볼 수 있을지 의문스럽다. 법률혼주의에 따라 혼인관계가 국가에 알려지고 그 사실이 공부에 등재됨으로써 대외적으로 증명된 혼인관계가 성립하고 이를 통해 향후 법관계의 기초가 된다는 점에서, 혼인신고를 본연의 신고가 아닌 공증의 차원에서 그것의 신청으로 접근하는 것이 바람직하다.[109] '이의신청'이나 '행정심판청구'의 경우에도, 그 신청이나 심판청구의 수리는 그것에 대한 심리·재결로 나아가는 과정의 일환에 해당하여, 독립된 의미를 갖지 않는다.

수리에 대해 독립된 행정행위성을 인정하기 위한 요건의 측면에서 문헌에서 적시된 법효과의 존재에 수긍하기 어렵다.[110] 사실 수리에 대해서는 일본의 대표적 행정법학자인 鹽野 宏 교수조차 그것의 독립적 행정행위성에 의문을 표하였다.[111] '수리'를 독립된 행정행위로 볼 수 있게 하는 결정적인 근거가 이른바 "수리를 요하는 신고제"이다.[112] 오늘날 수리의 정체성 물음은 여기에 초점이 모아져야 한다(본서 307면).

109) 주민등록전입신고의 본질이 실은 공증으로서의 동록에 해당하는 것과 마찬가지이다. 그러나 판례는 수리를 요하는 신고인 양 접근한다(대법원 2008두10997전합판결). 과거 혼인신고를 정보제공적 신고의 일종으로 보았는데, 여기서 입장을 수정한다.

110) 동지: 김세규, 동아법학 제33호(2003. 12.).

111) 行政法 I, 2009, 118-128頁.

112) 토지보상법 제29조 제3항이 간이한 절차에 의한 협의취득에서 사업시행자가 협의성립의 확인을 신청한 데 대해 토지수용위원회가 수리하면 협의성립이 확인된 것으로 봄으로써, 수리처분을 공인하였는데, 입법적으로 토지수용위원회가 확인신청에 대해 '확인한다'는 식으로 규정하는 것이 바람직하다(본서 997면 참조).

4. 잠정적 행정행위, 일회적 행정행위 그리고 계속적 행정행위

(1) 의 의

이는 규율의 지속과 관련하여 나눈 유형이다. 경찰의 도로변 주차명령은 일회적 규율형태의 행정행위이고, 공무원임용은 지속적 규율의 대표적 예이다. 문제는 잠정적 규율의 경우이다. 잠정적 행정행위의 본질적인 특징은 바로 행정결정의 잠정성이다. −법학전문대학원의 예비인가처럼− i) 사안 전체에 대한 완결적 심사가 아닌 개략적 심사를 바탕으로 결정이 내려지며,[113] ii) 종국적 심사를 바탕으로 새로운 결정의 가능성이 유보된 경우에 잠정적 행정행위가 존재한다. 물론 수범자는 행정청이 잠정적 규율을 종국적 규율로 대체하리라는 점을 인식한다. 잠정세율의 적용에 따른 과세처분이나 사후경정결정이 유보된 조세확정처럼 잠정적 법제도가 낯설지 않다. 오늘날 위험발생(리스크사전배려)과 관련해서 개연성(probably)의 관점이 아닌 가능성(possible)의 관점에서 강구되는 리스크결정(예: 신약제조허가)은 그 자체로 잠정적이다.[114] 가령 사증발급은 잠정적인 입국허가결정으로서의 성격을 갖기에, 종국적으로 입국불허의 가능성이 내재한다.[115]

수익적 행정행위의 경우 시민의 관점에서는 잠정적 행정행위의 발함이 그 자체로서 수익적이고, 향후 종국적 행정행위에 의해 대체될 것이므로 특별한 법적 근거 없이도 잠정적 행정행위가 허용된다.[116] 반면 완성된 사실관계에서 성립할 수 있는, 사적 영역에 대한 개입적, 침익적 행위의 경우(가령 철거명령 등)는 특별한 법적 근거가 없는 한 잠정적 행정행위가 허용되지 아니한다.[117]

(2) 잠정적 행정행위의 특징

법효과상으로 잠정적 행정행위가 '통상적 행정행위' 와 다른 점은, 행정청에게 유리하도록 신뢰보호의 원칙이 주효하지 않으며, 철회권의 행사가 일정 기간이 지나더라도 실효하지 않는다는 것이다. 신뢰보호의 원칙의 배제 등 여러 불이익이 결부되어 있다. 반면

113) 행정행위의 전체 요건을 검토한다는 점에서 일부 개별요건에 한정하는 부분적 행정행위로서의 사전결정과는 구별된다. 따라서 법학전문대학원의 예비인가는 사전결정에는 해당하지 않는다.
114) 상론: 김중권, 행정법기본연구Ⅲ, 411면 이하 참조.
115) 그러나 대법원 2014두42506판결은 법제도에 맞지 않게 그것을 입국하기 위한 예비조건 내지 입국허가의 추천으로서의 성질을 가진다고 본다.
116) 따라서 법학전문대학원의 설치인가에 터 잡은, 법학전문대학원의 예비인가의 경우 법률적 근거가 문제되지 않는다.
117) Vgl. Barczk, JuS 2018, 238(240).

행정은 신뢰보호의 원칙의 배제나 행정의 능률화의 측면에서 이 제도가 그다지 불만스럽지 않다. 행정행위의 일종으로서 잠정적 행정행위가 받아들여지긴 하나,[118] (독일에서조차도) 여전히 그것의 정의는 물론, 성질, 부관과의 구분, 허용요건, 행정절차 등 여러 법적 문제점을 둘러싸고 논의가 분분하다.[119]

(3) 공무원법상의 직위해제 등이 잠정적 행정행위인가?

국가공무원법 제73조의3 제1항에[120] 의거한 직위해제처분은 임무수행의 근거인 직위를 부여하지 않는 것이다. 공무원으로서의 신분은 유지하되 직무담임만을 해제시킨 것이다. 일부 문헌은 판례(대법원 2012두26180판결)가 공무원법상의 직위해제를 잠정적이고 가처분적 성격을 가지는 조치로 본 것을 기화로 직위해제를 잠정적 행정행위(가행정행위)의 예로 든다. 하지만 직위해제는 직위를 일시적으로 박탈하지만 그 자체로 완결적, 종국적 심사를 바탕으로 하는 종국처분이다. **신뢰보호의 원칙의 적용을 배제하는 잠정적 행정행위의 본질적인 특징이 없다는 점에서 본래의 잠정적 행정행위로 보는 것은 바람직하지 않다.** 그리고 판례가 공정거래위원회의 과징금부과처분과 자진신고를 이유로 한 과징금감면처분에 대해 전자를 일종의 잠정적 처분으로, 후자를 종국적 처분으로 접근한 것(대법원 2013두987판결) 역시 오해를 낳는 점에서 전적으로 바람직하지 않다. 단지 행정행위의 소극적 변경의 문제에 불과하다(본서 396면).

5. 일단계적 행정행위와 다단계적 행정행위

(1) 의 의

이는 행정행위의 발급에 협력하는 행정청의 개수에 따른 구분이다. 일단계적 행정행위는 행정행위의 발급에 있어서 오로지 하나의 행정청만이 관할할 경우를 의미하며, 통상적인 경우이다. 다단계적 행정행위는 그것의 발급에 있어서 다수의 행정청이 함

118) 잠정적 행정행위와 구분하여 독일에서는 최근 사전배려적 행정행위가 논의된다. 그 자체로 성립이 완료되지만 그 법적 요건이 다른 행정청에 의해 확인되는 유보가 더해져서 그 확인이 없으면 그 행정행위는 대상이 없어진다. 사전배려적 행정행위는 아직 새로운 독립된 행정행위의 특징을 보여주지 못한다고 평해진다.

119) 참고문헌: 이동찬, 토지공법연구 제54집(2011); 최봉석, 고시연구(2006.4.).

120) 1. 삭제 <1973.2.5.> 2. 직무수행 능력이 부족하거나 근무성적이 극히 나쁜 자. 3. 파면・해임・강등 또는 정직에 해당하는 징계 의결이 요구 중인 자. 4. 형사 사건으로 기소된 자(약식명령이 청구된 자는 제외한다). 5. 고위공무원단에 속하는 일반직공무원으로서 제70조의2 제1항 제2호부터 제5호까지의 사유로 적격심사를 요구받은 자. 6. 금품비위, 성범죄 등 대통령령으로 정하는 비위행위로 인하여 감사원 및 검찰・경찰 등 수사기관에서 조사나 수사 중인 자로서 비위의 정도가 중대하고 이로 인하여 정상적인 업무수행을 기대하기 현저히 어려운 자.

께 협력하는 경우를 의미할 수 있지만, 다른 행정청의 동의를 필요로 하는 경우에 국한해야 한다. 구속성을 지닌 여기서 동의는 위계관계를 전제로 하여 사용하는 본래의 동의만이 아니라, 대등한 관계에서의 협력을 의미하는 의견일치(합의)도 포함한다. 한편 다른 행정청의 미약한 형태의 협력인, 협조, 조언, 의견청취, 견해표명의 경우에는, 그 자체가 비구속적인 점에서 다단계적 행정행위에서의 동의와는 구별된다.[121]

그런데 **판례는 다음과 같은 실정법상의 '협의'를 사전 동의로 보곤 한다**: 군사시설보호법상 요구되는 허가사항에 대한 '군부대장 등과의 협의'(대법원 94누12739판결), 건설공사시 문화재보존의 영향 검토에 관한 구 문화재보호법 제74조 제2항 및 같은 법 시행령 제43조의2 제1항에서 정한 '문화재청장과 협의'(대법원 2004추119판결), 자사고 지정의 취소에서 요구되는 구 초·중등교육법 시행령 제91조의3 제5항의 '교육부장관과의 협의'(대법원 2014추33판결). 법률용어사용에서 구체적인 동의나 허가에 갈음하여 포괄적인 협력을 뜻하는 '협의'가 많이 사용되기에 그것의 의미를 파악하는 것이 관건이다. **명확한 용어사용이 요구된다.**[122]

(2) 다단계적 행정행위에서 중간결정의 처분성 여부

다단계적 행정행위와 관련해서는, 최종 결정이외에 동의거부와 같은 중간결정에 대해서 취소소송을 제기할 수 있는지가 문제된다. 판례는 부정적인 태도를 견지하고 있다(대법원 97누8540판결 등).[123] 그러나 독립된 행정행위로서의 규율효과를 지니는지 여부는 당해 행정청들의 관계가 동치(同値)인지 여부에 좌우된다. 개개의 행정청이 자신의 임무를 독자적이고 전속적으로 수행하기에 나름의 소정의 관점을 고려할 수 있는 경우에는 다른 행정청의 협력(동의 및 그것의 거부)은 규율로서 외부효를 발생시켜 독립된 취소대상이 될 수 있지만, 협력하는 행정청이 원행정청과 동일한 관점을 고려할 수밖에 없는 경우에는 달리 판단해야 한다.[124] 대법원 94누12739판결은 군사시설보호법상 요구되는 허가사항에 대한 '협의'를 '동의'로 이해하면서, 동의 및 동의거부의 처분성을 부인하였다. 그러나 동법의 목적과 더불어 군당국의 고유한 관점이 존재함을 감안한, 즉 독립된 처분성을 부여해야 한다.[125] 비구속적인 협력은 당연히 쟁송대상이 되지 않는다.

---

121) 참고문헌: 경건, 행정판례연구회 제221차 월례발표회, 2007.9.21.; 박영만, 행정판례연구 제6집(2001); 조성제, 강원법학 제40권(2013.10.).

122) 초·중등교육법 시행령 91조의3 제5항의 교육부장관과의 '협의'가 '동의'로 바뀐 것이 좋은 예이다.

123) 상급행정기관의 하급행정기관에 대한 승인·동의·지시 등은 행정기관 상호간의 내부행위로서 국민의 권리 의무에 직접 영향을 미치는 것이 아니므로 항고소송의 대상이 되는 행정처분에 해당한다고 볼 수 없다.

124) BVerwGE 26, 31, 39.

125) 처분성을 인정하는 입장으로 이원우, 법학논총 제19집, 한양대학교 법학연구소(2002.12.).

6. 부분적 행정행위와 전체적 행정행위

甲이 원자력안전법에 따라 발전용원자로 및 관계시설 건설허가를 신청하기 전에 부지사전승인을 신청하여 승인을 받은 것에 대해 인근 주민들이 취소소송을 제기하여 소송이 진행되던 차에 甲에 대해 발전용원자로 등 건설허가가 내려졌다. 부지사전승인은 법적 성질은 무엇이고, 어떤 특징을 지니며, 이 경우 기왕의 취소소송은 어떻게 되는가? (대법원 97누19588판결)

(1) 의 의

이는 규율의 대상과 범위가 사안전체를 포착하는지 아니면 사안의 일부를 포착하는지에 따른 구분이다. 이런 구분은 해당 결정절차의 진행이 일회적인지 아니면 단계적(연속적)인지에 좌우된다. 보통의 경우 결정절차 전체가 일회적으로 진행되어 그 결과로서 행정행위가 내려지기에, 해당 사안전체를 규율한다(전체적 행정행위). 반면 전체 결정절차가 단계적인(연속적인) 부분절차로 이루어진 때에는, 해당 부분절차상의 결과물은 당연히 대상 및 범위에서 한정적인 규율로서의 성격을 갖는다. 이런 부분적 행정행위에 해당하는 것이 단계적 절차에 따른 단계화된(단계적) 행정행위이다.

(2) 부분적 행정행위(단계적 행정행위)의 제도적 취지

원전이나 산업설비와 같은 대규모프로젝트의 허가절차에서는, 종종 복합적이고 광범한 물음에 관한 해명과 결정이 일회적으로 내려져서는 아니 되고, 상이한 공익과 사익을 고려함과 아울러 여러 행정청과 다수 관련자를 참여시키면서 행해질 것이 요구된다. 따라서 여기서는 일정한 선결물음(가령 입지선정물음, 일정한 기술의 허용성 등)이나, 전체설비의 일정한 부분(가령 개개의 건물그룹)에 관해서, 존속력이 있는 행정행위(가령 사전결정 내지 부분허가)에 의해 사전에 또한 모든 관계자에 대해 구속적으로 결정내리는 것이 절차경제적으로 합목적적일 수 있다.[126]

126) 대법원 97누21086판결: … 허가신청을 하였다가 허가단계에서 그 사업계획이 부적정하다고 판명되어 불허가되면 허가신청인이 막대한 경제적·시간적 손실을 입게 되므로, 이를 방지하는 동시에 허가관청으로 하여금 미리 사업계획서를 심사하여 그 적정·부적정통보 처분을 하도록 하고, 나중에 허가단계에서는 나머지 허가요건만을 심사하여 신속하게 허가업무를 처리하는데 그 취지가 있다.

(3) 부분적 행정행위로서의 사전결정(예비결정)과 부분허가

(가) 의 의

부분적 행정행위이자 단계적 행정행위에 속하는 것이 사전결정(예비결정)과 부분허가이다.[127] 이는 전체행위인 다단계적 행정행위와는 완전히 구별된다. **사전결정제도는 가분적(可分的)인 개개의 허가요건, 가령 전체구상이나 부지선정에 관해 본허가 이전에 완결적으로 구속적으로 승인하는 수단이다**(예: 폐기물관리법상의 적정(적합)통보,[128] 폐기물시설촉진법상의 폐기물처리시설의 입지선정, 건축법 제10조의 '건축 관련 입지와 규모의 사전결정').[129] **부분허가제도는 내용적(실체적)으로 나눌 수 있는 설비부분의 설치와 운영에 관해 결정을 내리는 수단인데, 그 본질은 본허가를 내용적으로 분할한 것이다.**

사전결정(예비결정)과 부분허가는 관련 법제도하에서 여러 가지 효과를 낳는다. 우선 ―법률이 정한 내용에 의하긴 해도― 존속력이 있게 결정이 내려진 부분에 대해서 신청자와 관련 제3자가 추후에 이의제기를 하는 것을 배제시킨다(배제효). 제도의 취지에 비추어 하자승계론(본서 368면 이하)을 대입하는 것은 억제될 필요가 있다.

(나) 법효과에서의 차이점

사전결정은 전체 사업안의 잠정적, 긍정적 전체 판단을 요건으로 하지 않는다. 사전결정이 본허가의 요건이라 하더라도, 본허가에 관한 추단적 확약(推斷的 確約)이 수반되지 않는다. 왜냐하면 기본적으로 사전결정과 본처분은 요건에서 차이가 있기 때문이다. 대법원 2001두10936판결 역시 폐기물처리업의 적정통보가 본허가인 폐기물처리업허가에 관한 신뢰를 제공하는 것은 아니라고 타당하게 보았다.[130] 설령 요건상의 차이가 없더라도 양자가 독립적 제도인 이상, 본처분은 사전결정에 구속되지 않는다. 주택건설사업계획의 승인 역시 그 사업에 대한 사전결정에 기속되지 않는다(대법원 99두1052판결).[131]

---

127) 참고문헌: 김남진, 행정법의 기본문제, 808면 이하; 김해룡, 고시계 1994.4, 93면 이하; 김재호, 토지공법연구 제51집(2010).

128) 폐기물처리사업계획서의 적합여부를 판단하는 데 광범위한 재량권이 인정되어(대법원 2019두45579판결), 법에 열거된 사항외의 사유로 부적합처분을 할 수 있다(대법원 2011두12283판결).

129) 여기서 건축법 제10조의 '건축 관련 입지와 규모의 사전결정'의 대상이 건축여부, 건축가능 규모, 건축허가신청에서의 고려사항이어서 논란이 있을 수 있지만, 건축구상에 관한 사전결정으로 봄직하다. 다만 사전결정에 대해 개발행위허가 등을 의제시킨 것(동조 제6항)은 사전결정 제도의 본질과는 맞지 않는다. 잘못된 의제제도의 활용이다.

130) 한편 적정통보를 받고 막대한 비용을 들여 허가요건을 갖춘 다음 허가신청을 하였음에도 다수 청소업자의 난립으로 안정적이고 효율적인 청소업무의 수행에 지장이 있다는 이유로 한 불허가처분은 신뢰보호의 원칙 및 비례의 원칙에 반한다(대법원 98두4061판결).

131) 여기서 판례가 사전결정의 구속력 문제를 처음부터 신뢰보호의 관점에서 바라본 것은 바람직하지 않은 논증이다(동지: 이경운, 행정판례연구 제6집(2001), 95면). 사실 대법원 2001두10936판결 등이

부분허가는 전체허가와는 내용상의 한정성에서 구분될 뿐, 그 자체로서는 진정한 허가이다. 한정된 범위에서는 최종결정인 셈이다. 그리하여 부분허가는 전체사업안을 위해 필수적인 차후의 부분허가와 관련해서도 행정청을 원칙적으로 구속한다. 즉, 사전결정에서와는 달리, 부분허가에서는 전체 사업안, 즉 전체설비와 관련한 잠정적, 긍정적 전체판단이 그 요건일 뿐만 아니라, 부분허가에 의해서 조성된 규율의 실체적(사실적) 부분이기도 하다. 그리하여 후속 허가부분과 관련하여 행정청에 대해서 어느 정도의 사전효과와 구속을 발생시킨다. 다만 판단의 잠정성으로 인해 구속효상의 한정은 필연적이다. 그 결과 허가될 설비부분을 추후에 상세히 심사한, 즉 설비부분이 애초에 계획한 대로 시행될 수 없다는 것이 드러나거나, 미허가설비부분상의 사실·법상황의 변화로 말미암아 새로운 요구가 성립한 경우에는 구속효가 소멸한다.[132]

사전결정과 부분허가에서의 이런 본질적 차이점은, 궁극적으로 형성효의 인정 여부로 귀결된다. 해당 설비허가의 신청자는 부분허가로는 설비 일부를 설치나 운영할 수 있으나, 사전결정으로는 그럴 수 없다. 사전결정은 형성효가 아닌 확인효가 인정될 뿐이어서 확인적 행정행위의 일종에 해당한다.

(다) 원자력법상의 부지사전승인제 문제

한편 대법원 97누19588판결은 구 원자력법 제11조 제3항의 부지사전승인처분에 대해서 진정한 사전결정과는 다소 다르게 부분허가적 측면까지도 있다고 보았으며, 부지사전승인처분이 후행 건설허가처분에 흡수된다고 보았다. 판례의 태도에 대해서는 사전결정제도의 독립된 의의에 반한다는 반론이 있지만(대표적으로 유지태/박종수, 213면), 부지승인을 받은 자에게 일정 범위 안에서 공사를 허용하는 구 원자력법 제11조 제4항(현 원자력안전법 10조 4항)에 따라 판례의 태도는 당연하다.

7. 개성관련적 행정행위와 사물관련적 행정행위

의사 甲은 2010.7.12. A의원을 개설하여 운영하다가 2014.5.7.경 폐업하였고, 그 후 2014.7.5.경 다른 장소에서 B의원을 개설하여 운영하고 있는데, 보건복지부장관이 구 국민건강보험법 제85조 제1항에 의거하여 2011.5.부터 2011.9.까지 속임수나 그 밖의 부당한 방법으로 요양급여비용을 부담하게 한 점을 이유로 2017.5.29. 甲에 대해 업무정지처분을 하였다. 폐업한 요양기

굳이 신뢰보호의 원칙에서 출발할 필요가 없다.

132) Kloepfer, Umweltrecht, 3.Aufl., 2004, §5 Rn.115.

관에서 발생한 위반행위를 이유로 그 요양기관의 개설자가 새로 개설한 요양기관에 대하여 업무정지처분을 할 수 없다는 甲의 주장은 주효하는가? (대법원 2020두39365판결)

이는 행정행위의 행사여부의 바탕, 즉 판단기준의 내용에 따른 구분이다. 개성관련적 행정행위의 경우 사람의 주관적 사정(능력 · 자격 등)이 판단척도가 되며, 사물관련적 행정행위의 경우 사물의 객관적 사정(설비요건 등)이 판단척도가 된다. 사람의 주관적 사정과 사물의 객관적 사정이 함께 판단척도로 삼아 행한 경우는 혼합적 행정행위가 된다. 이 같은 구분은 궁극적으로 절차생략인 법효과의 승계(이전)여부로 귀착된다.[133] 대부분 문헌은 이런 분류 대신 대인적, 대물적 행정행위의 분류를 한다.

그런데 통설에서 사용되고 있는 '대인적', '대물적'이라는 용어는 의미의 엄밀성이라는 측면에서 보면, 해당되는 행정행위의 특징을 정확히 반영하기보다는 오히려 혼란을 초래한다. 물적 행정행위의 개념을 받아들인 후에 더욱 그렇다. 물적 행정행위에 해당하는 공용지정 등을 대물적 행정행위에 포함시켜 논하는 식으로 양자를 동일하게 보기도 한다. 심지어 대법원 2022두30546판결 등은 기관에 대해 행한 처분을 대물적 처분으로 보아,[134] 기왕의 '대인적', '대물적'이라는 용어 자체를 혼란스럽게 한다.[135]

비록 아무런 의문 없이 사용되지만 심각한 혼란을 자아내는 '대인적', '대물적'이라는 용어에 갈음하여, '개성관련적', '사물관련적(사물구속적)'이라는 용어를 사용하는 것이 바람직하다.[136] 개성관련적 행정행위는 물론 사물관련적 행정행위 역시 특정인을 상대로 발해지는 한, 대인적 행정행위이다. 반면 사물관련적 행정행위 가운데 해당되는 인적 범위가 전혀 특정되지 않은 것은 물적 행정행위로서 대물적 행정행위에 해당한다. 따라서 철거명령은 사물이 아닌 사람에 대해 발해져서 대인적 행정행위이며, 또한 그 내용에서 개성관련성보다는 사물관련성이 지배하여 사물관련적 행정행위에 해당한다.[137] 국민건강보험법에서 요양기관이 수범자인 이상 업무정지처분이 요양기관

---

133) 대법원 20210두2296판결: 건축허가는 대물적 성질을 갖는 것이어서 행정청으로서는 그 허가를 함에 있어 건축주가 누구인가 등 인적 요소에 대하여는 형식적 심사만 하고, 건축허가는 허가대상 건축물에 대한 권리변동에 수반하여 자유로이 양도할 수 있는 것이고, 그에 따라 건축허가의 효과는 허가대상 건축물에 대한 권리변동에 수반하여 이전되며 별도의 승인처분에 의하여 이전되는 것이 아니다.

134) 대법원 2022두30546판결; 2020두39365판결; 요양기관이 속임수나 그 밖의 부당한 방법으로 보험자에게 요양급여비용을 부담하게 한 때에 국민건강보험법 제98조 제1항 제1호에 의해 받게 되는 요양기관 업무정지처분은 의료인 개인의 자격에 대한 제재가 아니라 요양기관의 업무 자체에 대한 것으로서 대물적 처분의 성격을 갖는다.

135) 여기서 문제는 요양기관과 그 개설자를 구분하는 체제하에서 제재회피용 폐업을 악용하는 것이다. 차제 요양기관의 부당행위를 그 개설자의 것으로 간주하는 법개정이 요망된다.

136) 상론: 김중권, 행정법기본연구 I, 45면 이하.

137) 기왕의 분류를 대체하는 새로운 분류를 다음과 같이 모색할 수 있다.

을 상대로 하는 것은 당연하기에, 대법원 2022두30546판결 등이 대물적 처분으로 접근한 것은 정말 바람직하지 않다.

8. 인적 행정행위와 자동적 행정행위

(1) 의 의

이는 사람에 의한 것인지 아니면 컴퓨터에 의한 것인지에 따른 구분이다. 결정과정의 정보처리단계가 더 이상 인식론적으로 실행되는 것이 아니라, 컴퓨터를 통해서 실행되는 경우에 비로소 결정과정을 자동화했다고 할 수 있다. 데이터처리부터 최종 결정까지 전체 결정과정이 자동화되어 있는 행정자동절차에 의해 내려진 결정이 자동적 행정행위(컴퓨터행정행위)이다. 그 예로, 컴퓨터에 의한 학생의 학교배정, 주차료 등 공공시설의 사용료결정, 교통신호등을 비롯한 도로교통상의 조치를 들 수 있는데, 정보화의 진전 상황에 맞춰서 그 예는 증가할 것이다. 특히 과세처분과 같이, (부진정한) 대량절차에서[138] 행해지는 대량적 행정행위가 대표적인 자동화대상이다.

과거 일각에서 행정자동절차에 따른 자동화된 최종산물에 대해 법적 성격을 부인하여 행정제품으로 파악하였지만,[139] 오늘날에는 대부분 법적 행위로 보고 있다. 자동적 행정행위의 인정근거를 두고서 크게 프로그램구속설과 귀속설로 나뉘는데, 전자는 컴퓨터가 사람이 만든 프로그램에 의해 작동된다는 점에, 후자는 행정이 임무를 이행하기 위해서 의식적으로 그런 장치를 사용하였다는 점에 초점을 맞춘다. 프로그램구속설은 예측하지 못한 그리고 귀책사유 없는 장애가 발생한 상황에서 행정책임의 한계를 드러내기에, 후자가 더 효과적이다.[140] **자동적 행정행위는 그 특수성으로 절차법적 요청을 보통의 것보다 낮출 수밖에 없으며, 실체적 내용과 요청 및 책임법적 문제[141]에서도 나름의 특수성을 인정할 수밖에 없다. 하지만 법치국가원리가 배제되는 식의**

<table>
<tr><td>기왕의 분류</td><td colspan="2">새로운 분류</td></tr>
<tr><td></td><td>주안점을 어디에 두는지</td><td>상대방이 누구인지 무엇인지</td></tr>
<tr><td>대인적 행정행위</td><td>개성관련적 행정행위</td><td rowspan="2">사람에 대한 행정행위</td></tr>
<tr><td>대물적 행정행위</td><td rowspan="2">사물관련적 행정행위</td></tr>
<tr><td>물적 행정행위</td><td>사물에 대한 행정행위</td></tr>
</table>

138) 경험상 참여자가 이례적으로 많은 절차를 대량절차(Massenverfahren)라 하는데, 이는 진정한 것과 부진정한 것으로 나뉜다. 진정한 대량절차는 환경법상의 행정조치처럼 하나의 행정행위에 의해 다수인이 영향을 받아 이들을 상대로 통일된 쟁송대상이 만들어지는 경우이고, 부진정한 대량절차는 과세처분처럼 다수의 동종의 행정행위가 행해져서 개별경우에 의한 군집에서 개별 행정행위가 쟁송대상이 되는 경우이다.

139) Zeidler, Über die Technisierung der Verwaltung, 1959; DVBl. 1959, 681ff.; DVBl. 1961, 493ff.

140) Zeidler가 주장한 행정제품이론은 위험책임법리를 통해 효과적인 권리구제를 도모하기 위함이다.

접근은 지양해야 한다.[142]

⑵ 전자적 행정행위

전자서명을 중핵으로 하는 전자적 행정절차에 의해서 발해지는 행정행위가 전자적 행정행위(elektronischer VA)이다. 행정과 시민과의 커뮤니케이션이 전자적 방식으로 행해지더라도, 그것의 법효과와 결과에서 종래의 문서 등의 방식에 의한 경우와 하등 다를 바 없으며, 그 일환으로 행정절차법 역시 전자문서방식의 처분방식을 규정하고 있다(24조 1항). 하지만 **전자적 행정행위와 자동적 행정행위와는 -규율상의 차이와 실질적 이유에서- 엄연히 구분된다.** 전자적 행정행위의 본질은 바로 종이란 매개체의 포기이다. 결정의 전달방식이 아닌 -컴퓨터에 의한- 결정의 확정방식 그 자체에 착안점을 둔 자동적 행정행위와는 당연히 거리가 있다. 양자의 본질적 차이점에도 불구하고, 가령 자동적 행정행위가 전자식으로 전달되는 경우처럼, 실제론 양자는 항상 서로 교차한다. 다시 말해, 전자적 행정행위와 자동적 행정행위의 交集合이 존재한다. 명문규정의 미비나 불비에서 다듬어진 도그마틱이 변화된 미디어 환경으로 기능부전(機能不全)을 드러낸다. 이제는 전자방식의 자동적 행정행위는 물론, 전자적 행정절차 전반에 관한 논의가 새롭게 진행되어야 한다.[143]

⑶ 완전자동행정행위의 문제: 행정기본법 제20조의 의의

행정법의 차원에서는 행정작용의 중핵이자 행정법의 중심개념인 행정행위(행정처분)를 자동장치(컴퓨터)가 스스로 발할 수 있는지 여부가 문제된다. 독일의 경우 행정절차법 제정 당시(1976년)에 '자동장치를 이용하여 발해지는 문서적 행정행위', 즉 컴퓨터행정행위를 중심으로 서면형식, 청문, 이유제시 등과 관련하여 특별규율을 담았는데, '행정행위의 완전자동적 발급'을 내용으로 하는 행정절차법 제35조의 a가[144] 신설되었다. 그리하여 2017.1.1.부터 완전자동행정행위 및 완전자동적 행정절차(완전행정자동절차)의 법제도가 시행되고 있다.

바람직하게도 행정기본법 제20조(자동적 처분)를 통해 완전자동행정행위에 관한

141) 가령 독일 연방대법원(BGH)은 '교통신호등 고장사건-Ⅱ'에서는 과거 '교통신호등 고장사건-Ⅰ'에서와는 달리 개입의 직접성을 인정하여 준공용개입(수용유사적 침해)을 인정하였다(NJW 1987, 1945).
142) 상론: 김남진, 행정의 자동화와 법적 문제, 고시연구 1985.4.; 김중권, 행정자동절차에 관한 법적 고찰, 1993; 행정법기본연구Ⅰ, 354면 이하; 행정법기본연구 Ⅱ, 131면 이하.
143) 전자행정에 관해서는 vgl. Britz/Eifert, in: GVwR Ⅰ, §26; Martini, in: HVwR Ⅰ, §28.
144) 제35조의a(행정행위의 완전히 자동화된 발급) 법규정에 의해 허용되고, 재량이나 판단여지가 존재하지 않는 한, 행정행위는 완전히 자동적 장치에 의해 발해질 수 있다.

명문의 근거가 마련되었다.[145] 동 규정은 인간의 의사활동이 결여된 완전자동화된 결정의 경우에도 행정행위가 존재할 수 있다는 것을 분명히 하였다. 물론 결정과정에서 인적 처리가 완전히 배제된 행정행위, 즉 인공지능(AI)기반의 완전자동화된 행정행위이자 완전자동행정행위가 허용되기 위해서는 개별법령에서 그것을 허용해야 하고, 내용적으로 (판단여지를 포함한) 재량의 여지가 없는 경우이어야 한다.[146]

기능적 측면에서 행정은 '국가공동체라는 범주내의 거대한 정보처리시스템' 의 일종이다. 완전자동적 행정행위의 입법화는 행정디지털의 차원에서 새로운 전기를 제공한다. 법적 측면에서 정보기술의 (행정절차상의) 기왕의 도입에 대해서 일종의 패러다임의 교체를 시사한다. AI의 도입확산은 공법학에 심대한 화두를 제기하는데, 희망과 기대가 높은 것에 비례해서 불안과 우려 역시 그에 못지않다. 불안과 우려가 응축된 개념이 바로 알고리즘의 지배(Algocracy; Algokratie)의 위협이다. 인공지능시대와 제4차 산업혁명시대에 디지털 행정법을 새롭게 형성하는 것이 현하의 과제이다.[147]

9. 국내적 행정행위와 범국가적(월경적) 행정행위

이는 행정행위의 효력이 국내를 넘어 다른 국가에까지 미치는지 여부, 즉 행정행위의 효과가 영토고권을 넘는지에 따른 구분이다. 전통적으로 행정법을 국내공법으로 접근하기 때문에 행정행위의 효과는 전적으로 국내에서만 발생한다고 생각한다. 그런데 국

145) 행정청은 법률로 정하는 바에 따라 완전히 자동화된 시스템(인공지능 기술을 적용한 시스템을 포함한다)으로 처분을 할 수 있다. 다만, 처분에 재량이 있는 경우는 제외한다.

146) 예: 수입식품법 제20조의2(수입신고수리의 자동화). 일각에서 재량여지의 경우를 제외하여 인공지능시대에 부응하지 못한다고 지적하는데, 현재의 논의대상 및 실천과제가 약한 인공지능(weak AI)인 이상, 아주 먼 미래의 강한 인공지능(strong AI,)이나 초인공지능(Super AI)을 내세워 현재를 재단하는 것은 바람직하지 않다. 그때가 오면 그때의 공동체가 결정할 것이다.

147) 참고문헌: 김중권, 인공지능시대에 자동적 처분의 법제도화(행정기본법 제20조)에 따른 후속과제, 공법연구 제51집 제1호(2022.10.30.);. 인공지능시대에 자동화에 적합한 입법의 문제, 공법연구 제50집 제3호(2022.2.28.); EU 인공지능명령안의 주요 내용과 그 시사점, 헌법재판연구 제8권 제2호(2021.12.31.).; 인공지능(지능형) 시스템의 도입을 위한 법적 규율의 문제, 공법학연구 제22권 제1호(2021.2.28.); 인공지능시대 알고크라시(Algocracy)에서의 민주적 정당화의 문제, 법조 제743호(2020.10.28.); 행정에 인공지능시스템 도입의 공법적 문제점, 법조 제740호(2020.4.28.); 인공지능시대에 알고리즘에 의한 행위조종과 가상적 행정행위에 관한 소고, 공법연구 제48집 제3호(2020.2.28.); 법제 제673호(2016.9.15.); 공법연구 제28집 제4호(2000.6.); 공법연구 제22집 제3호(1994.6.); 법조 제723호(2017.6.28.); 조성규, 인공지능에 기반한 자동화된 행정결정의 행정법적 쟁점, 동북아법연구 제16권 제4호 (2023.01); 정남철, 인공지능 시대의 도래와 디지털화에 따른 행정자동결정의 법적 쟁점: 특히 행정기본법상 자동적 처분의 문제점을 중심으로, 공법연구 제50집 제2호(2022.12.); 김혜진, 알고리즘 행정결정의 법적 쟁점, 행정법연구 제69호(2022); 김재선, 알고리즘 자동행정결정에 대한 행정법적 해석방안에 관한 연구, 법학논총 제45권 제3(2021); 최승필, 공행정에서 AI의 활용과 행정법적 쟁점, 공법연구 제49집 제2호(2020); 이재훈, 전자동화 행정행위에 관한 연구, 성균관법학 제29권 제3호(2017).

가작용의 초국경적 효과는 새삼스러운 현상이 아니다. 환경변화와 세계무역의 자유화, 인터넷과 같은 전세계적인 커뮤니케이션방식, −고도의 리스크를 자국을 넘어 초래하는− 원전과 화학공장의 가동, 이민정책의 문제와 같은 것은 더 이상 개별 국가의 단위에 머물지 않는다. 이처럼 법의 국경을 넘는 효과, 즉 범국가적(월경적) 효과는 세계화시대에 일상적인 현상이다. 가령 EU AI법 제2조 제1항에 의해 인공지능시스템을 EU에 유통시키거나 운영하는 모든 자는 비록 역외에 주소나 거소를 두더라도 동법의 수범자가 되기에, EU AI법은 국제적 스탠다드로 당연히 국내법에 영향을 미친다.

국내적 행정행위가 전부가 아니다. 범국가적 행정행위란 국내 행정청이 발한 행정행위로서 그 효과가 다른 국가에까지 미치는 것을 말한다. 즉, 국제운전면허나 여권의 발급처럼, 그 법적 효과가 국내적으로만이 아니라, 국경을 넘어, 즉 범국가적으로(transnational)도 발생하는 것을 말한다. 행정행위의 효력을 자국의 국경을 넘어 다른 국가에도 발생하게 하는 기제가 상호인정의 원칙이다. **범국가적 행정행위는 앞에서 본**(본서 15면 이하) **국제적 행정법의 구축을 위한 출발점이 된다.**[148]

제 2 절 사인과 행정행위

Ⅰ. 사적 영역에 대한 국가의 개입모델: 허가, 예외승인, 특허, 인가

1. 국가개입의 전제

한계가 없는 자유란 있을 수 없고, 모든 행위는 일정한 요건에서 금지되거나 허용된다.[149] **금지·허용과 관련해선 법기술상 크게 2가지 방안이 존재한다**: 행위를 일반적으로 허용하면서 개개사건을 위해 금지하는 것(금지유보부 허용)과 일반적으로 금지하면서 개개사건에서 허용하는 것(해제유보부 금지), 그리고 양자의 사이에 단순한 신고의무(신고유보부 금지)와 같은 중간적 유형이 있다. 문제는 해제(허용)유보부 금지를 일원적으로 보느냐 아니면 이원적으로 보느냐에 있다. 독일의 전통적인 다수 견해는 금지의 유형을 허가유보부 예방적(방지적)[150] 금지와 예외승인(면제)유보부 억제적 금지로 나

148) 상론: 김중권, 행정의 국제화에 따른 범국가적 행정작용, 법조 제722호(2017.4.28.).
149) 금지의 합헌성여부에 관한 논의는 김중권, 행정법기본연구Ⅰ, 264면 이하.

누고 있듯이, 우리 문헌 역시 근자에는 대부분 후자를 언급하고 있다.

실정법상의 제도와 그 본질이 합치해야 함에도 불구하고, 현실적으로 그렇지 않은 경우가 다반사이다. 실정법상으로 학문상의 개념과 용어를 엄격히 구별하여 사용하고 있지 않거니와, 허가, 특허, 면허 등의 다양한 용어가 사용되고 있다. **국가개입모델의 법적 성질은 궁극적으로 그것의 용어만이 아니라 관련 법제의 전체 체계에서 가늠되어야 한다.** 자칫 실정법상의 용어에 사로잡힌 나머지 판단을 그르쳐 난맥상이 빚어지곤 하는데, 대표적인 예가 후술할 인가(認可)이다.

2. 행정법상의 금지와 허용의 체계

(1) 해제유보부 금지에서의 허가제 · 예외승인제 · 특허제

(가) 예방적 금지에서의 허가제

건축법 제11조에 의하면 건축물의 건축은 원칙적으로 건축허가가 필요하다. 이는 허가 없이 건축해서는 안 된다는 것을 의미한다. 즉, 건축이 원칙적으로 사전에 금지되어 있다. **이런 금지는 사회적으로 유해한 행위를 저지하기 위함이 아니라, 질서유지를 위하여 건축물의 사전대비적 심사를 가능케 하기 위함이다**(심사허가 또는 통제허가의 절차적 · 형식적 의의). 왜냐하면 건축이란 사회적으로 의미로운 가치를 지녀서 소망되기 때문이다. 여기서의 금지는 처음부터 허가발급의 유보하에 설정된 잠정적인 빗장에 해당한다. 이 빗장이 허가에 의해 종국적으로 폐지되어 버린다. 건축법상의 허가의무는 법기술상으로 허가유보부 예방적 금지의 대표적인 경우이다.[151]

(나) 억제적 금지에서의 예외승인제

입법자가 원칙적으로 사회적으로 유해하다고 보아 일정한 활동을 미연에 방지하기 위해 엄격히 금지한 것이, 예외승인(혹은 법적용면제)유보부 억제적(진압적) 금지에 해당한다. 그 자체가 법적으로 금지되며, 또한 헌법상으로 인정된 자유권 밖에 놓인 행위가, 개별적 정당성의 이유에서 —이는 개인의 이익을 위해서나 전적으로 공익을 위해서도 존재한

150) '예방적'이란 표현은 '사전대비(사전배려)'(Vorsorge)와 구별을 곤란하게 만든다. '예방적'이란 표현보다는 (사전)'방지적'이란 표현이 더 낫다.

151) 허가유보부 금지가 자유적 · 기본권적 관념에 부합하지 않지만(Rupp, NJW 1966, 2037(2039)), 독일 연방헌법재판소는 그것이 법치국가에서도 허용되는 법기술적 수단의 하나임을 인정하였다(BVerfGE 9, 83(87)).

다- 예외승인(법적용면제)을 통해서 예외적으로 허용되고, 그로 인해 국민의 권리영역이 확대된다. 입법자가 사회적으로 유해한 행위를 당연히 완전히 금지할 수 있기에(절대적 금지), 예외승인제에서의 억제적 금지 역시 상대적 금지이어야 한다. 예방적 금지의 경우 통제허가가 예정되어 있다는 의미에서 잠정적 성격을 지니는 반면, 억제적 금지는 해제유무에 관계없이 일단은 종국적 성격을 갖는다.

(다) 조종법상의 규제적(억제적) 금지에서의 특허제

허가제나 특허제가 공히 사전통제의 방식이지만, 전자가 소극적으로 공공의 안녕 · 질서유지(위험방지)를 목적으로 하는데 대하여, 후자는 적극적으로 공공의 복리증진을 목적으로 한다. 따라서 특허가 전제하는 금지는 규제적 금지로서, 공익사업을 무분별하게 벌리는 것을 미연에 방지할 뿐만 아니라 규제하고자 한다. 또한 이러한 금지는 관리유보를 설정하는 셈이 되어, 구체적 사건에서 특허를 받은 행위가 공익의 적극적 증진에 합치하는 경우에만 해제된다. 그리하여 일반적으로 특허의 부여를 행정재량으로 보고, 아울러 그것에 관해 법적 청구권을 인정하지 않는다. 이러한 점에서 특허는 전통적인 의미에서의 억제적 금지와 흡사한 규제적 금지를 전제하는 것으로 간주된다. 영업이나 사업에 관한 조종법상의 이런 서술은 다른 특허상황(여객자동차운수사업면허, 귀화허가, 광업허가)에도 유효하다.

(라) 예방적 금지와 억제적 금지의 구분에 관한 논의

i) **양 금지 구분의 연혁:** 일찍이 R. Thoma가 예방적 금지와 억제적 금지를 나누었다. 본시 O. Mayer가 허가유보부 경찰금지라는 하나의 개념을 정립하여,[152] 당시에 많은 찬동을 받았다. O. Mayer식의 허가유보부 경찰금지를 Thoma가 본질적으로 상이한 2가지로 －허가획득원칙[153]과 진정한 허가유보로－ 나누었다.[154] 후에 그는 판례평석에서 진정한 허가유보대신 경찰상의 법적용면제나 예외승인이라 불렀다.

ii) **양 금지 구분에 따른 결과:** 독일에서의 논의를 참조하면, 우선 허가유보부 예방적 금지의 경우, 법적 요건이 존재하면 개인(신청인)은 허가발급청구권(행정개입청구권)을 가지나, 억제적 금지의 경우에 예외승인은 통상 재량에 속한다. 억제적 금지의 경우 관계자는 당해 요건이 충족하더라도 보통은 예외승인(법적용면제)에 관한 무하자재량결정청구권만을 가질 뿐이다. **기본적으로 양 금지의 차이점은 대립된 원칙 · 예외관계에 있다.** 예방적 금지의 경우 원칙적으로 허가가 발급되어야 하고, 한정된 사건에서 극히 예외적으로만 거부되어야 한다. 반면

152) O. Mayer, Deutsches VerwR I, 3.Aufl. 1924, S.239ff.
153) 여기서 오늘날 우리가 자주 말하는 (통제)허가의 원칙적인 기속성을 짐작할 수 있다.
154) R. Thoma, Der Polizeibefehl im Badischen Recht, 1906, S.341f.

억제적 금지의 경우 금지가 보통이고 해제(예외승인, 법적용면제)가 예외이다.

iii) **양 금지구분에 대한 소극적 움직임:** 독일의 다수 견해와 판례는 예방적 금지와 억제적 금지를 구별하고자 하나, 그에 대한 반론 내지 구별완화의 주장도 적지 않다. 금지유형의 나눔에 일정한 결과(예컨대 허가발급청구권의 존부)를 당연히 결부시켜 논하는 것은 바람직스럽지 않다. 양 금지는 양적으로서의 구분만을 가져다줄 뿐인데 질적인 구분을 당연히 동반하는 것으로 보는 등, 구분에 관한 논의가 과대평가된 감이 없지 않다. **특허와 허가가 상대화되듯이, 오늘날 양 금지는 도그마틱상으로 유사화와 결합의 경향을 띠고 있다.**[155)]

⑵ 금지유보부 허용(해제)로서의 자유: 통제절차의 면제

가령 절차로부터 자유로운 건축행위에 대해선 예방적 금지가 통용되지 않는다. 입법자가 이 경우 예방적 통제가 필요하지 않다고 여겼다. 독일의 대부분의 주 건축법이 (절차로부터) 자유로운 건축행위의 대상을 규정하는 데 반해서, 우리의 건축법에는 이에 관한 명시적 규정은 없다. 하지만 건축법 제11조상의 건축허가대상에서 제외되는 건축행위(대수선 포함)가 이에 해당할 것이다(반대해석). 하지만 이 경우에도 절대적인 건축자유를 누리진 않는다. 실체적 건축법규정에 반하는 건축물의 축조는 절차면제에도 불구하고 금지된다. 만약 건축주가 이러한 구속을 간과하면, 행정청은 건축중지처분이나 철거명령을 통해서 위법한 건축에 대해 개입할 수 있다. (절차로부터) 자유로운 건축행위에 대한 허용은 구체적·개별적인 금지의 유보하에 있다는 점에서, 금지유보부 해제(허용)로 파악해야 한다. 옥내집회는 원칙적으로 아무런 신고도 없이 행할 수 있지만, 집시법 제20조에 의해서 해산명령을 받아서 금지될 수 있는데, 이 역시 금지유보부 해제의 예이다. 공도로의 통행과 같은 공물의 일반사용 역시 그렇다.[156)]

⑶ 신고유보부 금지에서의 신고제

(가) 신고제의 의의

가령 건축신고를 한 다음 소정의 건축행위를 할 수 있다. 허가절차와는 대조적으로 허가의무란 형식적 울타리(빗장)가 없다. 형식적인 건축금지의 울타리를 신고를 통해서 국민이 스스로 열어버린 셈이다. 신고절차에서도 허가절차와 마찬가지로 행정당국의 사전통제(심사)를 가능케 하기 위해서, 건축행위가 예방적으로 금지되어 있다.

155) Gromitsaris, DÖV 1997, S.407f.

156) 대법원 2021다242154판결: 공로(公路)를 통행하고자 하는 자는 그 도로에 관하여 다른 사람이 가지는 권리 등을 침해한다는 등의 특별한 사정이 없는 한, 일상생활상 필요한 범위 내에서 다른 사람들과 같은 방법으로 그 도로를 통행할 자유가 있다.

따라서 절차유보에 반해서, 즉 신고 없이 착공하면 위법하게 되어 일단 원칙적으로 공사중지명령이 내려질 수 있다(건축법 79조 1항). 법기술적으로 (건축법 14조상의) 신고절차는 먼저 신고유보부 예방적 금지를 전제로 한다. **이런 일종의 금지해제적인 신고절차는 해제유보부 예방적 금지와 금지유보부 해제의 중간에 위치한다.**[157] 물론 정보제공적 신고는 금지를 전제로 하지 않는다(신고제 전반에 관해서는 본서 304면 이하).

(나) 신고의무이행의 효과

신고의무이행에 따른 형식적 합법성의 인정은 자세히 규명할 필요가 있다. 신고절차에서의 형식적 합법성은 절차법적 측면에서만 관련이 있다. 신고절차에 있어서 형식적 합법성이란, 신고절차상 요구되는 절차행위를 이행함으로써, 그 점에서는 절차가 적법하게 집행되었다는 것만을 의미한다. 신고의무이행의 효과는 신고가 반려되지 않았다는 것을 의미할 뿐, 건축계획안의 실체적 건축법과의 일치에 관해서는 아무런 언급이 내려지지 않는다. 그리하여 통상 건축허가가 내려지면 합법화효과가 인정되는 것과는[158] 달리, －반려되지 않는 한－ 신고 경우 그 자체로서 사후적 금지 행위(행정청의 철거명령 등)가 저지되지는 않는다.

일종의 절차유보로서의 의미와 절차적(형식적) 합법성 장치로서의 의미를 갖는 신고제와 관련해서 신고대상행위의 허용성에 관한 고려가 전혀 없는 채 신고불이행만으로 제재조치를 취할 수 있게 하는 법제(건축법 79조 1항)는 문제가 있다. 후술할 허가에서의 실체적 위법성(합법성)과 형식적 위법성의 구분을 참고할 필요가 있다.[159]

행정법상의 금지와 허용(해제)에 관한 이상의 논의를 아래와 같이 도식적으로 나타낼 수 있다.[160] 이런 분류는 도식적이어서, 그것과 다를 가능성은 당연하다. 예컨대

157) Schwabe, JuS 1973, S.113.

158) 건축허가로 인하여 건축주가 누리는 존속보호는 건축허가의 합법화효과에서 기인한다. 그리하여 독일의 경우 철거와 사용금지를 목표로 하는 행정처분의 적법성은 건축허가의 폐지를 전제로 한다.

159) 다음의 대법원 2010두12842판결은 이런 시각에서 음미할 필요가 있다: 체육시설업의 영업주체가 영업시설의 양도나 임대 등에 의하여 변경되었음에도 그에 관한 신고를 하지 않은 채 영업을 하던 중에 공익사업으로 영업을 폐지 또는 휴업하게 된 경우라 하더라도, 그 임차인 등의 영업을 보상대상에서 제외되는 위법한 영업이라고 할 것은 아니다. 따라서 그로 인한 영업손실에 대해서는 법령에 따른 정당한 보상이 이루어져야 마땅하다.

160) 【표 1】

- 행정법상의 금지
  - 금지유보부 허용(해제)
  - 신고유보부 금지
  - 허용(해제)유보부 금지
    - 예방적 금지 — 허가
    - 억제적 금지
      - 특허: 규제적 금지
      - 예외적 승인

카지노영업허가는 예외승인적 성격과 특허적 성격을 함께 지니며, 특허는 국가독점의 완화와 경쟁의 확대로 인하여 허가에 접근하는 경향이다.

3. 사전적 개입모델: 허가, 등록, 예외승인, 특허의 구체적 내용

(1) 허가제

(가) 의의와 본질

허가는 법령에 의한 일반적 · 상대적 금지를 요건을 갖춘 경우에 해제시켜 신청자로 하여금 적법하게 대상행위(법적 행위나 사실행위)를 할 수 있게 허용하는 것을 말한다. 전형적인 예가 건축허가, 영업허가, 일정한 시설(설치 및 운영의)허가 등이다. 허가제는 행정청이 사회생활을 예방적(방지적)으로 통제하는 데 기여한다(개시통제).

허가를 비롯한 일체의 사전적 개입모델은 기본적으로 확인적 효과와 형성적 효과의 측면을 갖는다. 가령 건축허가를 보면, 이를 통해 건축안이 실정법과 일치함이 확인되며(건축허가의 확인적 부분), 아울러 건축안에 따른 공사집행이 허락되고 지장을 받지 않는다(건축허가의 형성적 부분: 실체적 합법화효과, 금지해제). 이처럼 **허가는 그것이 승낙한 모든 것을 적법하게 하는 절차적 · 형식적인 요건인 셈이다.**[161] 따라서 **사전개시통제로서의 허가제는 우선 절차유보로서의 의의를 갖는다.** 허가제의 본질, 특히 실체적 합법화효과는 신고제와 비교하여 의미를 갖는다. 즉, 신고제의 경우 실체적 합법화효과가 배제되기에 신고 그 자체만으로 신고자는 허가와 달리 존속보호를 누리지 못하고 행정청의 사후조치(가령 철거명령)의 가능성에 그대로 노출된다.

(나) 허가의 효과

구 약사법시행규칙 제23조에 의하면 원칙적으로 약종상의 허가지역은 약국(의료기관에 부설된 약국을 제외한다) 또는 약종상이나 매약상이 없는 면으로 한다. 다만 하천, 준령, 섬 등으

【표 2】

금지의 유형	금지의 본질	해제의 유형	해제의 성격
예방적 금지	사전통제(심사), 공공의 안녕 · 질서유지	허가	기본권 회복
규제적 금지	독점적 이익의 부여	특허	기본권신장+공익증진
억제적 금지	행위의 사회적 유해성	예외승인	기본권 신장

161) 하지만 허가의 존재만으로 기왕의 허가요건사실이 정당화되지는 않는다. 즉, 건축물에 대하여 사용검사처분이 내려졌다는 사정만으로는 건축물에 있는 하자나 건축법 등 관계 법령에 위반되는 사실이 정당화되지는 않는다(대법원 2011두30465판결).

로 인하여 그 면안의 교통이 극히 불편한 지역으로서 약국(의료기관에 부설된 약국을 제외한다) 약종상이 없는 면에 있어서는 예외로 한다고 규정되어 있다. 그리고 약종상 등이 그 영업소를 이전하고자 할 때에는 동일허가 지역 안에서 이전하는 경우에 한하여 서울특별시장 등의 허가를 얻어야 한다(제24조). 한편 경남 고성군수 A가 준령 때문에 지역간의 교통이 극히 불편하기에, 고성군 대가면을 2개의 지역으로 분리하여 甲과 乙에게 각각 약종상 허가를 내어 주었다. 그 뒤에 고성군수가 乙이 영업장소를 甲의 허가지역으로 이전하도록 허가하였다. 甲은 이 영업장소이전허가처분을 다툴 수 있는가? (대법원 87누873판결)

국민의 권리영역을 확대하는 행정행위(예: 예외승인)와는 달리, **(통제)허가는 헌법상으로 원래 국민에게 귀속하는 것만을 국민에게 되돌려 줌으로써, 실체적으론 일반적인 활동의 자유(건축자유, 영업자유, 재산권행사의 자유)만을 회복시킨다.**[162] 허가전에 이미 잠재하는 개인의 권능을 현실화한 데 불과하다. 즉, 대상 행위의 행사가 예방적 이유에서 허가의 발급시점까지 연기된 데 지나지 않는다. 불허가는 형식적으로 보면 수익적 행정행위의 거부이고, 실체적으로 보면 자유와 재산권에 대한 개입이다. 허가거부는 처음엔 잠정적인 데 불과한 금지를 종국적인 것으로 확정한다.

본래적(자연적) 자유의 회복인 이상, 강학상의 허가를 특허마냥 경쟁제한적 성질을 가지는 것으로 다루는 것은 허용되지 아니 된다. 즉, 기존업체만으로도 충분하다는 이유로 신규허가를 거부하는 것은 위법하다(대법원 2013두10731판결).[163]

(다) 제3자 및 신청자의 권리보호

자격 등을 갖춘 이상, 누구나 향유할 수 있는 자연적 자유를 전제로 하기에 영업허가의 경우 −기존업자에 해당에 해당하는− 제3자가 그 신규허가를 다툴 수 없다(과거의 공중목욕장영업허가: 대법원 63누97판결). 그러나 건축허가상의 인근주민의 경우에는 사정이 다르다. 건축허가 등이 인인보호규정에 위반하면 인근주민은 당연히 그것에 대해 취소소송을 제기할 수 있다. 물론 약종상허가마냥(대법원 87누873판결) 신규 영업허가에 대해 기존업자가 취소를 구할 법률상의 이익이 있는 것으로 인정되기도 하나(소극적 경쟁자소송), 이는 여기서의 통제허가가 아니라 독점경영권이 주어진 일종의 특허에 해당한다. 한편 로스쿨선정(대법원 2009두8359판결)이나 검사임용(대법원 90누5825판결)처럼, 할당적 허가에서 허가를 받지 못한 허가신청자는

162) 대부분 문헌에서 허가의 효과와 관련하여 그것이 부수적·반사적 효과에 지나지 않는다고 기술하곤 하는데, −권리로 화하는− 자연적 자유의 회복인 점에서 바람직하지 않다. 특허와는 달리 독점적이고 배타적인 권리가 부여되지 못한다는 것이지 그 성질이 처음부터 다른 것은 아니다.

163) 대법원 2013두10731판결: 기존의 업체만으로도 폐기물의 수집·운반·처리에 별다른 지장이 없다는 사유만으로 이를 거부함은 실질적으로 허가업체의 수를 유지하거나 독점적 대행권을 유지하는 것이 되어 법령의 목적에 위배되거나 객관적인 합리성과 타당성을 잃은 것으로서 위법하다.

당연히 자신에 대한 거부처분을 다툴 수 있다(배타적 경쟁자소송).

(라) 허가의 성질에 관한 논의

> 대형할인점업을 주사업목적으로 하는 甲이 도시계획법상의 준주거지역인 이 사건 토지상에 판시 대형할인점을 신축하고자 건축허가신청을 하였는데, 지방자치단체 A시가 "인근에 이미 도시계획법에 따라 규모, 위치, 인구 등 종합적인 입지조건 등을 고려하여 도시계획시설로 결정한 농업협동조합 농산물공판장이 설치·운영중이어서 허가할 경우 유통시설편중의 부작용과 균형적인 도시발전에 지장을 초래하며, 도시행정의 공신력 제고에 문제가 발생한다."는 사유 등으로 불허가처분을 하였다. 이에 甲은 그 허가거부사유가 관련 법령에서 규정하지 않은 사유라고 주장하였다. 甲의 주장은 주효하는가? (대법원 2002두3201판결)

1) 허가가 명령적 행정행위인가?: 문헌상으로 (통제)허가와 특허를 엄별하여 전자는 명령적 행정행위에, 후자는 형성적 행정행위에 귀속시키는 것이 여전히 통용되고 있다. 이에 대해 정당한 의문이 제기되며, 나아가 허가와 특허의 구분의 상대화가 주장되기도 한다. 논의 자체가 과연 무슨 법적 의미가 있는지 의심스럽다. 불필요한 논의를 이제는 그만 두어야 한다. **허가는 형성적 행정행위일 뿐이다.**

2) 허가의 재량행위성·기속행위성의 여부: 우선 입법의 태도가 결정적이다. 입법상의 근거(가능규정, 의무규정)를 일의적으로 확인할 수 없는 경우엔 허가제의 지향점인 해제지향성에 의거하여 기속행위로 접근해야 한다.[164] 물론 명문상 가능규정이라 하더라도, 허가의 기본권구체화적 성격에 착안하여 재량축소를 적극적으로 모색해야 하고, 나아가 부관부 허가가 적극 강구되어야 한다.[165]

한편 **판례상으로 허가의 재량행위성·기속행위성의 여부와 관련해서는, 법정외 거부사유의 추가적 인정 여부에 초점이 모아진다.** 가령 "식품위생법상 대중음식점영업허가는 허가신청이 법에서 정한 요건을 구비한 때에는 허가해야 하고 관계법규에서 정하는 제한사유 이외의 사유를 들어 허가신청을 거부할 수 없다."(대법원 93누2216판결), "강학상의 허가에 해당하는 주류판매업 면허를 법에 열거된 면허제한사유에 해당하지 아니하는 한 임의로 그 면허를 거부할 수 없다."(대법원 95누5714판결)고 본 반면, "건축허가권자는 건축허가

164) 가령 교육환경평가서 승인은 실질적으로 허가로서 교육환경평가서를 심사한 결과 교육환경 보호에 관한 법률 시행규칙에 부합하는 경우 교육감은 원칙적으로 제출된 교육환경평가서를 승인해야 한다(대법원 2019두45739판결).

165) 대법원 2019두31839판결: 건축주가 '부지 확보' 요건을 완비하지는 못한 상태이더라도 가까운 장래에 '부지 확보' 요건을 갖출 가능성이 높다면, 건축행정청이 추후 별도로 국토계획법상 개발행위(토지형질변경) 허가를 받을 것을 명시적 조건으로 하거나 또는 당연히 요청되는 사항이므로 묵시적인 전제로 하여 건축주에 대하여 건축법상 건축허가를 발급하는 것이 위법하다고 볼 수는 없다.

신청이 건축법, 도시계획법 등 관계 법규에서 정하는 어떠한 제한에 배치되지 않는 이상 당연히 같은 법조에서 정하는 건축허가를 해야 하고, 중대한 공익상의 필요가 없음에도 불구하고, 요건을 갖춘 자에 대한 허가를 관계 법령에서 정하는 제한사유 이외의 사유를 들어 거부할 수는 없다."고(대법원 2002두3201판결; 2009두8946판결 등) 판시하였다. **판례는 대법원 92누3038판결 이래로 공익과 마찰을 일으킬 수 있는 건축행위에 대해 (허가)제한사유에 해당하지 않더라도 중대한 공익상의 필요에 따른 거부가능성을 인정하였다.** 이 관점은 -후술할 예외승인에 해당할 수 있는- 산림훼손허가나 산림(토지)형질변경허가의 경우(대법원 97누1228판결; 2002두12113판결)에 그대로(산림훼손 금지 또는 제한 지역에 해당하지 않더라도 법규상 명문의 근거가 없어도) 이어지고 있다.[166] 비슷한 맥락에서 국토계획법에 따라 지정된 도시지역 안에 있는 토지에 대한 형질변경행위를 수반하는 건축허가의 경우, 건축법에 의한 건축허가와 국토계획법에 의한 토지형질변경허가의 성질을 아울러 갖는 것으로 보아 재량행위에 속한다고 한다(대법원 2011두29205판결).

(마) 허가와 신청과의 관계

일반적으로 신청이 필요요건이면 신청이 없는 행정행위는 무효가 되고 신청과 다른 수정행정행위(허가 등)도 허용되지 않는 반면, 필요요건이 아니라면 그 신청이 없는 행정행위나 신청과 다른 행정행위는 당연무효가 되지 않는다고 본다. 이런 구별이 허가와 특허를 나누는 차이가 되기도 한다. 일부 문헌은 허가에서 신청을 필요요건으로 보나, 일부 문헌은 반대의 입장을 취한다. 판례는 신청과 다른 내용의 허가가 당연무효로 되는 것은 아니라고 하였다(대법원 85누382판결).

협력을 필요로 하는 행정행위에서 신청은 당연히 필요요건이다. 신청의 필요요건성을 갖고서 신청 없는 허가는 무효라고 하는 것은 재고되어야 한다. -현실적으로 발생하기 어려운- 신청이 애초에 없음에도 불구하고 내려진 허가는 필요한 협력의 원천적 부재로 인해 당연히 무효이다(가령 원하지도 않는데 행해진 공직임명이나 합격처분). **문제상황은 수정허가와 같이 신청과 다른 내용의 허가가 내려진 경우이다.** 여기선 신청과 같은 시민의 협력의 의의 및 대상행위의 성질을 함께 고려하여 해결책을 찾아야 한다. 자연적 자유의 회복이라는 허가의 본질은 물론, 대상행위의 성질, 즉 수익적 행정행위의 수령자에 대한 영향도 감안해야 한다. 수령자가 대상행위를, 가령 허가를 행

166) 사설납골시설의 설치신고의 경우(대법원 2008두22631판결)와 폐기물처리사업 적정통보의 경우(대법원 2013두10731판결)에도 그러하다. 그런데 이런 재량행사의 현상을 기속재량행위의 범주로 설정하는 것은 논의의 혼란을 심화시켜서 바람직하지 않다.

사하고 있을 때는 신청의 결여 그 자체를 너무 중하게 여겨선 곤란하다. 이 점에서 완전히 또는 부분적으로 협력이 없다고 하여 당연 무효로 보는 것은, 절차경제에 반할 뿐더러, 협력의 참뜻이 의견일치를 통해 법적 평화를 지향한다는 점을 간과한다.

효력부인의 명문 규정이 없는 한, 수정허가는 당연무효가 아니되 그 효력발생은 저지되며, 추후에 동의나 신청과 같은 일종의 치유의 가능성을 부여하는 것(일종의 유동적 효력불발생의 상태)이 바람직하다. 이런 접근이 신청의 필요요건성을 훼손하진 않는다. 비록 수정허가에 대한 신청이 없다 하더라도, 허가제에 따른 사전심사가 이루어졌기 때문이다. 물론 처분청은 착오 등을 이유로 수정허가를 취소나 철회할 순 있다. 그런데 수정허가에서 기왕의 신청을 존중하는 이런 관점은 신청자에 대해서는 주효하지만, 3극 관계에서의 제3자(隣人 등)에 대해서까지 확대하는 것은 바람직하지 않다. 권리보호를 도모하는 제3자에 대해선 허가가 유효하게 존재한다는 관점에서 접근해야 한다. **이상의 내용은 특허는 물론, 신청을 필요로 하는 행정행위 일반 특히 후술할 사인의 공법행위의 흠(하자)과 행정행위의 효력의 문제에서도 통용될 수 있다.**

(바) 무허가행위의 효과

> 공인중개사 자격이 없는 甲이 부동산 공인중개사 乙이 운영하는 'A부동산'에서 중개보조원으로 일하던 차에 丙의 부동산 매매계약을 사실상 중개하면서 부동산 매매계약서의 매수인측 중개업자란에 자신의 성명을 기재하였고, 丙은 중개수수료로 3,000만 원을 지급하기로 약정하였다. 그 뒤에 丙은 중개수수료 지급을 거부하면서, 공인중개사 자격이 없는 자가 중개사무소 개설등록을 하지 아니한 채 부동산중개업을 하면서 체결한 중개수수료 지급약정은 무효라고 주장하였다. 그러나 甲은 부동산중개인면허제와 부동산중개사무소개설등록제와 무관하게 사법계약은 유효하다고 주장하였다. 甲의 주장은 주효하는가? (대법원 2008다75119판결)

1) 무허가행위 자체의 법률적 효력: 행정법문헌에서는 일반적으로 무허가행위의 효과에 대해 행정상의 강제집행이나 행정벌의 대상은 되지만, -특별한 규정이 없는 한- 그 무허가행위 자체의 법률적 효력은 부인되지 않는 것으로 본다. 그런데 대법원 2008다75119판결은 일종의 통제허가인 셈인 부동산중개인면허제와 부동산중개사무소개설등록제에 위반하여 행한 사법계약을 관련 규정의 강행법규성을 근거로 무효로 보았다. 종래의 일반론은 수정이 필요하다.[167] 그런데 판례는 금융산업구조개선법의 규정에 위반하여 사전승인을 받지 아니한 금융기관의 주식소유행위는 단속규정위반

167) 김중권, 행정법기본연구Ⅴ, 496면 이하.

이어서 무효가 아니라고 보았다(대법원 2003다5337판결).[168)]

2) **형식적인 위법성과 실체적인 위법성의 구분 문제**: 허가를 신청하여 허가를 받은 경우, 그 허가대상행위와 관련해서 보면, 일단 허가절차를 밟은 이상, 형식적(절차적) 적법성은 충족하고, 허가를 통해 허가대상행위의 허용성에 관한 판단을 받은 셈이 되어 실체적 적법성(합법화)도 충족한다. **국민이 허가를 받아야 할 사항(건축)을 허가없이 시행한 경우, 형식적인 위법성과 실체적인 위법성은 구분되어야 한다**(형식적인 위법성≠실체적인 위법성). 허가절차는 합법화효과를 위한 절차적, 형식적인 요건이다. 무허가건축행위는 허가가 없다는 점에서 형식적으로 위법하다. 아울러 허가거부를 정당화시키는 규정에 반해야 다시 말해, 허가거부사유에 해당하여 허가가 내려질 수 없다면, 비로소 실체적으로도 위법하다.

허가의 합법화효과가 다름 아닌 자연적 자유의 회복이기에, **허가를 받지 않았다는 점만으로 자유행사를 원천적으로 배격하는 것은 자연적 자유의 회복으로서의 허가제와는 부합하지 않는다.** 허가대상인 건축행위를 허가 없이 행하면, 행정청은 형식적인 위법성의 차원에서 허가발급시까지 공사의 중지를 요구할 수 있으되, 이미 조성된 것의 철거까지 요구하기 위해서는 그 건축행위가 실체법적으로도 위법해야 한다. 실체적인 위법성(허가부적격성)까지 요구된다. 위법의 이런 구별은 독일의 판례와 문헌상의 일반적인 태도인데, 아쉽게도 우리는 전혀 논해지지 않고 있다.[169)] 신고의무를 위반한 영업을 보상대상에서 제외되는 위법한 영업으로 보지 않은 대법원 2010두12842판결이 논의의 단초가 되길 기대한다.

(사) 허가의 갱신 및 갱신기준의 변경

허가제에서 통상 -특히 사업과 관련해선- 기한을 설정하고 있으며, 그에 따라 그 허가의 효과를 지속시키기 위해 허가갱신의 제도를 두고 있다. 갱신제도는 사전에 마련되어 공표된, 객관적이고 합리적인 기준에 의한 공정한 심사를 전제로 하며, 처분상대방은 공정한 심사를 받아 그 기준에 부합되면 특별한 사정이 없는 한 갱신되리라는 기대를 가지고 갱신 여부에 관하여 합리적인 기준에 의한 공정한 심사를 요구할 권리를 가진다(대법원 2018두45633판결).[170)] 이하는 모든 인허가 및 승인의 갱신에 통용될 수 있다.

168) 반면 대법원 2020다289163판결은 국유림법에 따라 준보전국유림을 대부받은 자가 산림청장의 허가 없이 체결한 대부권양도계약은 유효한 것으로 보는데, 준보전국유림이 국유재산법상 私物인 일반(잡종)재산에 해당한다는 점을 그 논거로 한다.

169) 예외적으로 김종보, 건설법의 이해, 박영사, 2008, 165면 이하; Lindner, JuS 2014, 118ff.

170) 여기에서 '공정한 심사'란 갱신 여부가 행정청의 자의가 아니라 객관적이고 합리적인 기준에 의하여 심사되어야 할 뿐만 아니라, 처분상대방에게 사전에 심사기준과 방법의 예측가능성을 제공하고 사

허가갱신에서의 문제상황은 크게 i) 명문의 갱신제도를 규정하지 않은 경우, ii) -법정의 갱신제도의 유무와 무관하게- 종기의 도래 이전에 갱신의 신청을 하였는데 허가의 종기 이후에 갱신거부가 행해진 경우 그리고 iii) -후술할 행정절차에서 살펴볼(586면 이하)- 사전에 공표한 심사기준에 어긋나게 심사하거나 그 심사기준을 변경하는 경우이다.

첫번째 상황과 관련해서, 종기가 도래할 때까지 갱신이 없으면 당해 허가의 효력은 당연히 소멸된 것으로 보아야 한다는 견해가 있지만, 국가개입의 성격상 그 허가가 단발성이 아니고 그 기한이 부당하게 짧으면 그 기한의 성격을, 즉 기간제의 성격을 허가 자체의 존속기간이 아닌 허가조건의 존속기간(즉, 허가자체의 갱신기간)으로 보아야 한다(대법원 2005두12404판결 등). 두번째 상황의 경우에는 허가의 가부결정 이전의 법상황이 논란거리인데, 여기선 갱신지연의 사유를 구체적으로 밝힌 다음 판단해야 한다. 법령의 개정이나 허가신청자의 위반사실의 나중 확인 등과 같은 특별한 사유가 있으면 모르되, 그렇지 않다면 거부결정이 내려졌더라도 그 결정이전의 상황을 위법상황으로 치부하여선 아니 된다. 즉, 갱신거부는 비례의 원칙과 신의칙의 원칙상 장래에 향해서만 허가의 효력을 소멸시킨다고 보아야 한다. 민원처리법 제6조를 참고해야 한다.

한편 갱신허가의 성격은 신청 시점에 따라 다르다. 종전의 허가 유효기간이 지나기 전에 신청한 경우는 기존 면허의 효력을 장래에도 지속(유지)시키는 것으로(대법원 83누658판결 등), 지나서 신청한 경우는 별도의 새로운 허가를 신청한 것으로 본다(대법원 94누11866판결).

(2) 예외승인제

(가) 의의 및 존재이유

예외승인이란 사회적으로 유해하여 금지된 일정한 활동을 특별한 공익이나 기본권실현을 위하여 특별히 허용하는 것을 말한다. 구체적으로 법을 적용할 때 해당사안과의 괴리로 종종 곤란함이 생기곤 한다. 이런 곤란함은 추상적·일반적 법규정으로부터 생겨날 수 있고, 애당초 구체적 사건을 전혀 고려하지 않은 데서도 비롯할 수 있다. 예외설정(유보)을 허용하면, 개별적 정당성의 견지에서 이러한 부당함과 어려움을 제거할 수 있으며, 행정청이 특별한 이형적인 사건에선 일반적인 금지로부터 벗어날 수 있다.[171] 즉, **예외승인(법적용면제)제도는 본질적으로 개개사건의 특별성에 관한 고려의**

후에 갱신 여부 결정이 합리적인 기준에 의하여 공정하게 이루어졌는지를 검토할 수 있도록 심사기준이 사전에 마련되어 공표되어 있어야 함을 의미한다. 유의할 점은 공정한 심사 요구권은 갱신거부를 다툴 수 있는 자격(원고적격)을 부여할 뿐 반드시 갱신되어야 할 것을 의미하지는 않는다.

171) BVerwGE 40, 269(271f.); 41, 1(6).

소산이다. 어떤 행위가 억제적 금지로 인해 절대적 금지가 되지 않게 하기 위한 예외인정의 법제도이다.

(나) 법적 성질 및 허가와의 차이점

예외승인은 본래 금지를 지향하는 기조에 있으므로 기속행위가 아니라 재량행위로 접근하는 것이 바람직하다. 허가거부의 경우와는 달리 예외승인의 거부는 종국적인 금지를 다시 확인하는 셈이 되어 원칙적으로 기본권적 개입에 해당하지 않는다. 허가가 차단기를 올려 통행을 허용한 것이라면, 예외승인은 비상시에 그 차단기를 넘어 통행하는 것을 허용하는 것이다. 예외승인으로 인해 허가와는 달리 국민의 본래의 자유가 회복되는 수준을 넘어서 이례적으로 권리영역이 확대된다. 예외승인에서의 거부는 종국적 금지를 다시 확인하는 의미이다. 따라서 허가에서와는 달리 **예외승인을 받지 않은 채 행한 행위는 형식적으로나 실체적으로나 위법하게 된다**(형식적인 위법성=실체적인 위법성).

(다) 예외승인의 예

(억제적, 진압적) 금지에 대한 예외인정은, 명시적이거나 의미상으로 법적 수권(예외유보)을 필요로 하되, 금지가 지향하는 공익을 능가하는 근거에서만 부여될 수 있다. 가령 국무총리의 공관경계지점으로부터 1백 미터 이내의 장소에서는 옥외집회 또는 시위를 해서는 안 되지만, 다만 행진의 경우에는 예외로 한다(집시법 11조). 교육환경보호구역에서는 일정한 행위 및 시설을 해서는 아니 되지만, 상대정화구역 안에선 학습과 학교보건위생에 나쁜 영향을 주지 않는 소정의 행위 및 시설은 제외한다(교육환경법 9조).[172]

한편 **금지의 억제적 성격은 일단 명문상으로 예외나 특례가 인정되면 짐작하기 쉬우나, 금지와 그것의 해제유형을 문언의 표현에만 의거해서 판단하는 것은 적절하지 않다.** 예컨대 마약류관리법 제6조상의 마약취급자의 허가 및 그 전제가 된 금지는 동법의 목적 등에 비추어 건축허가와는 본질적으로 궤를 달리한다. 총포화약법에 따른 총포 등의 소지금지와 소지허가(10조 이하)도 동일하다. 토지보상법상의 타인의 토지에의 출입허가(9조) 역시 자연적 자유의 회복으로 보기 어렵고 예외승인에 해당한다. 판례는 구 도시계획법상의 개발제한구역 내의 건축물의 용도변경허가를 ―예외승인과 같은 의미인― 예외적 허가로 본다(대법원 98두17593 판결; 98두8759판결).[173] 마찬가지로 개발제한구역내의 소정의 건축행

172) 동 구역 안에서의 시설제한에 관해서는 이일세, 행정법논단, 2007, 275면 이하.
173) 판례의 '예외적 허가'란 표현은 자칫 허가의 예외성을 암시할 수 있기에 적절하지 않다. 전제인 금지

위에 관한 허가 역시 예외적 허가로 본다(대법원 2003두7606판결). 비록 판례가 구 기부금품모집규제법상의 기부금품모집허가를 강학상의 허가로 보지만(대법원 99두3690판결), 제도의 본질에서 예외승인으로 보아야 한다.[174] 이 밖에 산림훼손허가, 산림(토지)형질변경허가(산지전용허가), 어업권이전인가, 광업법상의 사업휴지인가, '남북교류협력에 관한 법률'에 의한 협력사업자 승인 및 협력사업 승인, 공정거래법상의 자진신고자감면 등도 예외승인의 차원에서만 바른 접근이 가능하다.

⑶ 특허제

㈎ 의의와 본질

구 도시정비법상 재개발조합설립 인가신청에 대하여 행정청의 조합설립인가처분이 있은 이후에 조합설립결의에 하자가 있음을 이유로 재개발조합 설립의 효력을 부정하기 위해서 甲이 민사소송으로 조합설립결의의 무효확인을 구하였는데, 피고인 乙은 이 조합은 구 도시정비법에 의하여 설립된 법인으로 공법인에 해당하므로 소송을 행정소송으로 해야 함을 들어 관할위반의 항변을 하였다. 이 인가의 법적 성질은 무엇인가? (대법원 2009마168, 169결정)

구 담배사업법과 그 시행령 및 시행규칙의 관계 규정에 의하면, 소매인의 지정기준으로 같은 일반소매인 사이에서는 그 영업소 간에 군청, 읍·면사무소가 소재하는 리 또는 동지역에서는 50m, 그 외의 지역에서는 100m 이상의 거리를 유지하도록 규정하고 있다. 甲이 군산시 소룡동 755 신도시아파트 정문 옆 점포에서 담배 일반소매인 지정을 받아 영업을 하고 있든 차에 군산시장이 자신의 점포로부터 약 30 또는 77.5m 떨어진 곳에 乙에 대해 자신과 같은 담배일반소매인 지정처분을 하였다. 甲은 이를 다툴 수 있는가? (대법원 2007두23811판결)

전기사업법에 의해 풍력발전사업허가를 신청하기 위해서는 먼저 해당 공유수면에 대해 점용·사용허가를 받아 최소 1년 동안 풍황계측기를 설치하여 풍황자원의 현황을 측정해야 해서 甲이 그 신청을 하였는데, 관할청이 해상풍력단지 건설에 관한 이해관계자의 반대의견 다수 존재, 해양풍력 대상지 입지 중복으로 인한 분쟁 가능성 등을 사유로 들어 거부하였다. 이 거부처분은 적법한가? 한편 甲에 대한 풍력발전사업허가 자체의 거부사유를 들어 점용·사용허가를 거부할 수 있는가? (대법원 2024두41106판결)

특허란 특정인을 위해 −보통의 경우에 인정되지 않는− 권리(법률상의 힘)를 부여하거나 새로운 법관계를 창설하는 형성적 행정행위이다. 즉, 권리(공물사용권과 같은 공권, 혹은 광업권과 같은 사권), 권리능력(법인의 설립), 포괄적 법(률)관계(귀화의 허가)를 설정하는

성격의 차이를 반영하여 '예외승인' 및 '예외적 승인'이 바람직하다.

174) 동지: 김남진, 자치발전 2000.4. 현행법상의 기부금품의 모집등록 역시 예외승인에 해당한다.

설권행위이다.[175] 실정법상으로는 특허 이외에 허가, 면허 등의 용어가 사용되는가 하면, 학문상의 특허가 아닌 행위를 특허라고 표현하는 예(특허법 2조 발명특허-확인)도 있기에, 관건은 법적으로 無의 상황에서 법적으로 有의 상황(권리의 창설이나 새로운 법관계의 형성)으로 전환하였는지 여부이다.[176]

(나) 특허의 예

여객자동차운수사업면허, 선박운항사업면허, 담배일반소매인지정처분(대법원 2007두23811판결),[177] 분뇨등 관련 영업허가(대법원 2004두6716판결), 공유수면매립면허(대법원 88누9206판결), 도로점용허가(대법원 2008두4985판결 등), 하천점용허가(대법원 2012두27404판결 등), 재건축조합설립인가(대법원 2009마168, 169결정 등),[178] 귀화허가 등이 특허에 해당한다. 여객자동차운수사업면허, 선박운항사업면허, 담배소매인지정처분, 분뇨등 관련 영업허가는 기존업자의 이익을 보호하는 메커니즘이고, 공유수면매립면허, 도로점용허가, 하천점용허가,[179] 재건축조합설립인가, 도시계획시설사업시행자지정(대법원 2011다283520판결), 귀화허가는 설권적 행위로서의 메커니즘이다. 그리고 토지 등 소유자들이 조합을 설립하지 아니하고 직접 도시환경정비사업을 시행하고자 하는 경우에 사업시행인가처분은 재건축조합설립인가마냥 설권적 처분(특허)의 성격을 가진다(대법원 2011두19994판결).[180]

(다) 성질과 효과상의 허가와 특허의 차이점

해제지향성을 지닌 허가제는 －특별히 규정하지 않는 한－ 원칙적으로 기속행위인 반면,

175) '공법인의 설립'은 법률에 의한 특허(법규특허)로서 여기서의 '행정행위로서의 특허'와는 구별된다.

176) 가령 판례는 「수도권대기환경특별법」상의 대기오염물질 총량관리사업장설치(변경)허가에 대해서는 오염물질을 일정량을 초과하여 배출할 수 있는 특정한 권리를 설정하여 주는 행위(특허)의 차원에서, 「대기환경보전법」상의 배출시설설치허가에 대해서는 통상의 허가의 차원에서 접근하였다(대법원 2012두22799판결). 하지만 전자의 경우에도 통상의 허가의 차원에서 접근하는 것이 바람직하다.

177) 그런데 유의할 점은 구 담배사업법과 그 시행령 및 시행규칙의 관계 규정에 의하면, 구내소매인의 영업소와 일반소매인의 영업소 간에 거리제한이 없기에 일반소매인으로 지정되어 영업을 하고 있는 기존업자의 신규 구내소매인에 대한 이익은 법률상 보호되는 이익이 아니라 단순한 사실상의 반사적 이익에 해당한다(대법원 2008두402판결).

178) 종래 판례는 인가로 접근하였는데(대법원 2002그12결정), 일찍부터 필자는 특허(설권적 처분)로 보아야 한다고 강력히 주장하여(김중권, 행정법기본연구 I, 311면 이하), 그것이 주효하였다. 그런데 도시정비법상의 추진위원회승인처분을 판례는 여전히 타당하지 않게 인가로 본다(본서 277면).

179) 가령 여기서 하천을 점용할 수 있는 권리 즉, 하천점용허가권의 성질이 문제되는데, 판례는 시종 공물사용권의 일종으로서 하천의 관리주체에 대하여 일정한 특별사용을 청구할 수 있는 채권에 지나지 아니하고 대세적 효력이 있는 물권으로 보지 않는다. 공물의 관리주체를 상대로 해서는 판례의 입장이 수긍되나 제3자를 상대로 해서는 배타적인 측면이 있으므로 물권적 성질도 있다고 할 수 있다.

180) 그런데 시행자는 인가를 받고서 비로소 정비사업을 적법하게 시행할 수 있다는 점에서 여기서의 인가는 허가적 측면도 가짐을 유의해야 한다. 한편 아무런 공법적 통제를 받지 않은 私人에게 사업시행인가를 통해 행정주체적 지위를 부여하는 것은 공법적으로 문제가 많다. 민간투자법 제13조의 사업시행자지정과 같은, 공법적 통제장치인 사업시행자지정의 메커니즘을 규정하지 않은 현행 도시정비법은 치명적인 공법적 문제점을 안고 있다. 상론: 김중권, 법률신문 제4161호(2013.9.26.).

無에서 有로의 법상황을 형성하는 특허는 −특별히 규정하지 않는 한− 원칙적으로 재량행위이다. 특히 영업이나 사업에 관한 조종법상 특허를 보면, 국민생활에 필수적인 물자나 서비스를 제공하는 전기・수도・가스 등 공급사업, 운송사업과 같은 공익사업이 주요 대상이 되고 있다. 특허를 받으면, 경쟁의 자유를 넘어 −허가를 통해 비로소 회복되는 수준의 정도를 능가하여− 영업자유(일종의 경쟁제한적 영업의 자유)가 확대되고, 강한 재산권성을 주장할 수 있다.[181] −신규진입을 법적으로 문제 삼을 수 있는− 독점적 경영권이나 보호상의 특전이 부여된다.[182] 특허로 인한 효과를 고려하면, 행정청은 특허의 발급에서 해당 신청을 넘어 전체 메커니즘의 차원에서 여러 사항을 고려할 수 있다.[183] 소극적으로 공공의 안녕・질서유지(위험방지)를 목적으로 하는 허가제에 비하면, 특허제는 적극적으로 공공의 복리증진을 목적으로 한다. 따라서 특허에선 적극목적을 위한 개입의 요건과 관련하여 불확정개념이 −허가에 비하면− 많이 사용되며, 그에 따라 판단의 여지가 인정될 가능성이 많다. 허가영업의 경우 과잉금지원칙에 따라 공공의 안녕・질서를 해치지 않는 이상 행정권(감독권)이 개입해선 아니 되지만, 특허기업에 대해선 복리증진의 기치하에 광범한 감독조치(사업계획의 요구・요금의 승인제・공급조건의 통제・사업의 조정 등)가 허용된다.

한편 −허가지역제한제가 통용되는 약종상(한약업사)허가나[184] 거리기준제가 통용되는 담배일반소매인의 지정제와 같은− 시장진입이 법제도적으로 제한되지 않는 한, 영업이나 사업에서의 허용결정이 허가인지 특허인지를 확정하기란 쉽지 않다. 이상의 효과상의 차이점은 양자 구별의 결과이지, 구별의 근거점이 될 수 없다. **이 물음은 결국 관련 법령이 기존업자의 기득경영권을 보호하는지 여부에 관한 판례의 태도에 전적으로 좌우된다**(본서 800면 이하).[185] **사업의 성격, 운영의 실태 및 신규진입의 용이함이 특허사업 여부를 판단하**

181) 가령 개인택시감차(減車)에 따른 손실보상 문제에서 나타난다. 또한 개인택시운송사업면허의 경우 운전면허취소처분이 내려지지 않은 채 사업자의 운전면허 취소사유만으로 개인택시운송사업면허를 취소할 수 없다(대법원 2007두26001판결).

182) 가령 공항버스 한정면허를 부여 받은 사업자에게는 사업 초기에 불규칙한 수요의 위험을 감수하고 해당 노선을 운영함으로써 공익에 기여한 정도에 상응하는 안정적 사업 운영에 관한 일정한 기대이익이 인정될 수는 있다(대법원 2017두33176판결).

183) 대법원 2024두41106판결이 풍황계측기의 설치를 위한 공유수면 점용·사용허가의 신청을 이해관계자의 반대의견 및 입지 중복으로 인한 분쟁 가능성 등을 거부한 것은 잘못이되, 풍력발전사업허가가 자체의 높은 거부 가능성과 같은 특별한 사정에 기하여 공유수면 점용·사용허가의 신청을 거부할 수 있다고 타당하게 판시하였다. 다만 왜 그런 특별한 사정이 강구되는지에 관한 이유가 제시되지 않았는데, 풍력발전사업허가 사업이 특허사업의 성격을 지니기에 그러하다.

184) 약사법 시행규칙 제33조에 의하면 의료기관이나 약국 등이 없는 면에 대하여 1명의 한약업사만이 허가될 수 있다.

185) 한편 판례(대법원 2013두10731판결)에 의하면, 구역 안의 폐기물발생량에 비하여 기존 업체의 시설이 과다하여 신규허가를 한다면 업체 사이의 과당경쟁 및 무계획적인 수집・운반・처리로 인하여 폐기물의 수집・운반・처리에 관한 안정적이고 효율적인 책임행정의 이행이 불가능하게 될 것이 예

는 데 영향을 미친다. 가령 궤도운송법에 의한 궤도사업의 허가나 전기사업법에 따른 풍력발전사업허가가 역시 여느 허가사업이 아니라, 특허사업의 문제이다.

(라) 광의의 허가로서의 (영업상의) 특허에 대한 접근

허가와 특허의 이동(異同)에 관한 현재의 논의가 지나치게 공통점보다는 차이점에 치중한 결과, 전개되고 있는 행정법학의 이론적 발전을 충분히 반영하지 못하고 있다. 허가를 부자연스럽게 명령적 행정행위로 보는 것이 그 대표적인 예이다. 양자가 재량행위인지 기속행위인지 여부는 기본적으로 관계규정의 성격에 의거해서 판단해야 한다. 따라서 재량유무로 양자를 구별하는 귀납적 논증은 피해야 한다. 일정한 요건이 충족되면 특허에 관해 법적 청구권이 성립할 수 있음도 유의해야 한다. 사법적 권리보호의 측면에서 양자의 차이점은 제3자와 관련해서만 있을 뿐, 수범자(행위상대방)와 관련해선 있지 않다. 허가를 통해 얻어진 이익은 수범자로선 당연히 법적 보호를 받는 권리일 수밖에 없다. 양자가 제3자(경쟁자)와 관련해서 보호의 차이를 나타내는 것은 양자의 본질 및 출발점에 비추어 당연하다. **특허를 광의의 허가로 이해하여 양자의 공통점과 차이점(특히, 대상사업상의 차이와 요건기준상의 차이 등)을 논하는 것이 요망된다.**

(마) 나날이 바뀌고 있는 현실에서 (영업상의) 특허제에 관한 새로운 인식의 필요

영업상의 특허를 통해 독점적 경영권이 부여되기에, 그것의 대상사업은 독점의 필요성이 매우 강하게 인정되는 것이어야 한다. 특허에 해당하는 독일의 Verleihung(수여, 양여)은 특허사업이 본래 국가가 독점적 경영권을 지닌 국가독점사업이라는 점을 잘 나타낸다. **영업상의 특허제는 사실 제도화된 진입장벽이다.** 그런데 시장경제질서에서 자유경쟁시스템이 강조되는 오늘날에, 특허대상인 공익사업 역시 과거의 틀(제한적 경쟁이나 독점)을 고수하기란 어렵다. **규제완화와 자율화에 부응하기 위해 조종법상의 규제적(억제적) 금지를 예방적 금지로 전면적으로 바꾸거나 특허사업의 대상을 축소할 것이 주장되기도 한다.** 비단 공정거래의 차원에서만이 아니라, 카풀 앱처럼 4차 산업혁명으로 인한 공유경제의 요청에서도 중대한 변화가 요구된다. 자원의 효율적 배분과 경쟁의 자유간의 마찰을 공공복리와 영업자유의 실체적 조화속에서 어떻게 해소하느냐가 관건이다. **영업상의 특허를 경쟁제한적 허가로 설정하는 것이 출발점이다.**

상되는 특별한 사정이 있는 경우에는 부적합통보를 할 수 있다. 분뇨등 관련 영업허가마냥 폐기물처리업허가는 특허적 요소가 있다.

(4) 등록제의 문제

(가) 등록제의 본질에 관한 논란

일부 문헌은 등록제를 수리를 요하는 신고제와 동일시하고, 이를 허가제에 대비시켜 전자의 경우엔 형식적 심사만을, 후자의 경우엔 실질적 심사까지 거치는 것으로 본다(대표적 문헌으로 홍정선, 386면). 같은 맥락에서 헌법재판소는 구 정기간행물법 제7조 제1항의 등록제를 규정한 입법취지가 정기간행물의 발행요건에 관하여 실질적 심사가 아니라 단지 형식적 심사에 그치도록 하고 있다고 보았다(헌재 93 헌바51).

이런 태도는 신고제에서의 행정청의 심사에 관한 오해를 유발하거니와, 판례상으로도 심사의 성격에 의거한 구분이 종종 관철될 수 없곤 한다. 가령 용도변경신고의 경우, 판례의 태도에 비추어 실질적 심사를 배제하고 형식적 심사만을 전제하면서도, 한편으론 적법한 요건을 갖춘 신고만 하면 행정청의 수리처분 등 별단의 조처를 기다릴 필요가 없이 용도변경을 할 수 있다면서(대법원 2005 두12565판결), 다른 한편으론 용도변경신고수리거부를 다툴 수 있다고(대법원 2004 두6006판결) 한다.[186] 심사성격에 따른 제도의 구별이 쉽지 않고, 제도의 본질에 관한 이해까지 혼란스러울 수 있다. 결정적으로 심사성격의 착안점은 판례상 더 이상 주효할 수 없다. 판례가 '수리를 요하는 신고'를 행정청이 그 실체적 요건에 관한 심사를 한 후 수리해야 하는 것으로 이해하고 있기 때문이다(대법원 2010두 14954전합판결).

(나) 관견(管見)

제도적 차원에서 등록제를 자기완결적 신고와 허가제의 중간 영역으로 설정하는 이러한 태도에 과연 문제가 없는가? 규제완화의 요구에 즈음하여 허가제를 행정규제의 대표로 인식하는 여론을 의식하여 단지 용어를 바꾼 것에 지나지 않는다. **'등록제'란 본질적으로 '허가제'와 다르지 않고, 그것은 '변형된 허가제'일 뿐이다.** 과거 독일에서 관헌국가시대에 예외승인과 다르지 않았던 허가제에 대한 의구심을 불식하기 위한 방편으로 도입된 것이 등록제이다. 심지어 확인적 행정행위에 해당하는 등록과 불필요한 오해를 낳기도 한다. 오해의 원인인 등록제를 허가제로 개명해야 한다.[187] 이 점

---

186) 그런데 건축법상의 용도변경신고제에 관한 판례의 태도는 일관되지 않는다, 가령 보통의 용도변경신고보다 완화된 수단인 용도기재변경신청에서 그것의 거부를 거부처분으로 봄으로써, 마치 그것이 수리를 요하는 신고인 양 받아들여지고 있다(대법원 2007두7277판결; 2010두8072판결). 이에 대한 의문으로 김중권, 안암법학 제35호(2011.5.), 66면 이하.

187) 최우용 교수는 등록에 관해서 용어의 속박에서 벗어난 자유로운 논의를 강조한다. 동인, 동아법학 제64호(2014.8.).

에서 대법원 2009도9187판결이 인터넷컴퓨터게임시설 제공업 등록이 원칙적으로 -이른바- 대물적 허가의 성격을 갖는다고 바르게 지적하였지만, 대법원 2015두295전합판결이 유통산업발전법 제8조상의 대규모점포의 개설등록을 '수리를 요하는 신고'로 봄으로써 새로운 국면이 전개될 수 있다.

4. 사후적 개입모델: 인가제

도시환경정비사업조합이 甲 등으로부터 조합설립동의를 받기 위한 사업계획서에는 19평형과 25평형대 아파트의 건축계획이 포함되어 있었으나, 그 후 동 조합이 사업시행인가 신청을 함에 있어서는 이런 저 평형대가 모두 36평형 이상의 고 평형대로 변경된 내용의 사업시행계획서를 작성하여 사업시행인가처분을 받았다. 이에 하급심은 이러한 사업계획의 변경은 조합설립 동의내용을 변경하는 것에 해당하므로 동 조합은 구 도시정비법 제16조 제1항에 따라 토지 등 소유자의 5분의 4 이상의 동의를 얻어 조합설립변경인가를 받아야 함에도 이러한 절차를 거치지 않았음을 들어 A구청장이 이런 하자를 간과한 채 위법하게 사업시행인가처분을 하였다고 판시하였다. 이런 접근은 최종심에서도 그대로 유지될 수 있는가? (대법원 2010두1248판결)

(1) 행정행위에 의한 직접적인 사권(사법)형성에 관한 논의

행정행위에 의한 직접적인 사권(사법)형성에 관해 논의가 거의 없다. 사권형성적 행정행위(私權形成的 行政行爲)를 대표하는 인가에 관한 논의 역시 극히 빈약하고,[188] 본질에 관한 진지한 고찰 역시 행해지지 않고 있다. 인가란 명칭에 사로잡혀 인가론을 무분별하게 대입한 결과 인가론의 본연의 모습마저 상실될 정도이다. 가령 대법원은 본질이 시행허가인 주택재건축정비사업시행(계획)인가와[189] 특허인 여객자동차운송사업면허의 변경처분인 운송사업계획변경인가(대법원 2011두14685판결)에 대해서도 인가적 접근을 하곤 한다. 오늘날 시대경향인 공법질서와 사법질서의 융합과 맞물림을 전체 법질서 속에서 바람직스럽게 자리매김해야 한다. **공법과 사법간의 조정수단으로 기능하는 사권형성적 행정행위로서의 인가를 행정법도그마틱의 휴경지로 두어선 곤란하다. 향상된 인식에 바탕을 두고 새롭게 접근해야 한다.**[190]

188) 참고문헌: 이일세, 강원법학 제33권(2011.); 선정원, 행정법연구 제10호(2003.10.); 김종보, 행정법연구 제10호(2003.10.); 김중권/최종권, 법학논문집 제37집 제1호(2013.4.).

189) 대법원 2007두16691판결; 2009두4913판결; 2010두1248판결; 2011두25173판결; 2020두48031판결. 이에 대한 비판으로 김중권, 법률신문 제3737호(2009.4.13.).

190) 상론: 김중권, 행정법기본연구III, 96면 이하 참조.

⑵ 인가의 의의와 대상

인가(認可)란 사인간의 법률행위의 효력을 완성시켜주는 행정행위이다. 완성행위이자 보충행위로 불린다. 민사법의 추인(追認)에 해당하는 인가는 대상이 되는 법률행위를 상대로 그것의 법효과를 발생시킨다는 점에서 일종의 법정조건인 셈이다. 가령 사립학교법 제28조 제1항에 의해 사립학교 법인이 기본재산의 처분 등이나 의무부담행위 등을 하려는 경우 관할청의 허가를 얻어야 하는데, 여기서의 허가가 대표적인 인가이다.[191] 인가로 인해 비로소 사법관계가 형성된다는 점에서 그것은 사권형성적 행정행위에 해당한다.[192] 강제계약이나 명령계약에 해당하는 금융산업구조개선법 제14조 제2항의 계약이전결정 및 도시정비법 제86조에 의한 이전고시가 단독적 사권형성적 행정행위인 데 대해, **인가는 공동적 사권형성적 행정행위이다.**

인가의 대상은 법률(적)행위이다. **대부분 문헌들은 인가대상이 되는 법률적 행위에는 사법행위는 물론 공법행위도 당연히 포함되는 것으로 기술한다.** 그리하여 후자의 예로 공공조합의 설립인가, 공공조합의 정관변경, 지방채기채의 인가 등을 들고 있다. 그런데 공공조합의 설립인가는 이미 본래의 인가가 아니며, 지방채기채는 일종의 금전소비대차에 해당하여 사법행위에 해당한다(동지: 김철용, 260면). **인가제가 본래 고권적 행위에 의한 사권형성적 효과에 착안하여 만들어진 점에서, 인가는 원칙적으로 사법행위를 대상으로 한다. 사적자치를 전제로 한 인가제는 허가제와 비교해서 저강도의 개입수단이다.**

그런데 판례는 관리처분계획을 처분으로 보면서(대법원 94다31235 전합판결 등), 관리처분계획인가처분을 보충행위로서 인가로 접근한다(대법원 93누22753판결 등). 공법작용에 대한 인가(가령 관리처분계획인가)는 본질적으로 감독권차원의 추인이기에, 이것에 기왕의 인가론을 대입하는 것은 바람직하지 않다(본서 527면).

⑶ 인가의 본질

(진정한) **인가의 본질이자 인가를 다른 형성적 행정행위와 구별되게 하는 결정적인 기준은 그것의 보충행위적 성격과 완성행위적 성격이다.** 전자와 관련해선, 기본행위에 대한 인가의 부종성이, 후자와 관련해선, 기본행위를 위한 인가의 법정조건성이 충족되

191) 관할 교육청의 허가(인가)를 받지 않은 사립학교법인의 의무부담행위는 효력이 없다(대법원 2017다207932판결). 그런데 그런 내용의 모든 법률행위가 일률적으로 허가대상에 해당하지 않으며(대법원 2017다270114판결), 또한 반드시 계약 이전에 관할청의 허가를 받아야만 하는 것은 아니고 계약 후라도 관할청의 허가를 받으면 유효하게 될 수 있다(대법원 2019다289815판결).

192) 따라서 분양전환승인 중 분양전환가격을 승인하는 부분은 단순히 분양계약의 효력을 보충하여 그 효력을 완성시켜주는 강학상 '인가'에 해당한다고 볼 수 없다(대법원 2015두48129판결).

어야 한다. 인가의 본질이 (사후적) 추인인 점에 비추어, 인가가 먼저 성립한 법률행위(기본행위)의 효력요건에 해당한다는 점과 인가이전의 법상태와 관련해선 법률행위의 효력이 (유동적으로) 발생하지 않은 점이 가늠잣대이다.[193] 사단법인의 정관변경에 관한 민법 제42조처럼 –다만 허가란 용어를 사용한 점은 제외하고선– 양자의 징표를 분명히 나타내는 경우에는 큰 문제가 되지 않지만, 그렇지 않은 경우에는 간단치 않다. **법문에서 인가란 용어를 사용하더라도, 관련 규정을 통해 추인으로서의 본질적 징표가 확인되지 않으면, 인가로 보아선 아니 된다**(명칭상의 인가≠실질적 인가).[194]

부동산거래신고법상의 토지거래계약허가처럼(법 11조)[195] 허가제마냥 사전승인제적 기조를 바탕으로 하지만, 기본행위의 유동적 효력불발생의 메커니즘이 명문화된 경우도 인가로 보되, 본래의 인가와는 구별하여 부진정한 인가에 해당한다. 인가적 요소(무허가행위의 무효)와 허가적 요소(사전적 통제)를 함께 지닌다.[196] **유의할 점은 해당 법률행위가 판례에 의해 효력규정위반을 이유로 무효가 되는 경우는 인가의 문제가 아니다.**

(4) 인가의 법적 성질과 부관의 부가 문제

구 자동차관리법 제67조에 의하면, 자동차관리사업자는 자동차관리사업의 건전한 발전과 질서 확립을 도모하기 위하여 필요하면 행정청의 인가를 받아 자동차관리사업자로 구성하는 사업자단체인 조합 또는 협회를 설립할 수 있다. 이에 자동차관리사업자 甲이 조합설립인가를 신청하였는데, A 광역시장이 그 관내에 다른 조합이 이미 존재하여 원고의 설립을 인가할 경우 복수 조합으로 인한 위탁업무의 혼선, 사업자 간 분열과 갈등 등으로 자동차관리법상 사업자단체의 목적을 저해할 우려가 있는 점, 원고의 재정적 기초가 확립되어 있다고 보기 어렵고 법인의 목적과 사업의 실현가능성도 낮은 점 등을 들어 조합설립인가신청을 거부하는 내용의 처분을 하였다. 여기서의 인가의 법적 성질은 무엇이며, 설립요건으로 규정되지 않은 –비법정의– 공익적 관점으로 거부할 수 있는가? (대법원 2013두635판결)

193) 법률행위의 효력이 처음부터 발생하지 않은(unwirksam) 경우와 법률행위가 하자가 있어서 무효인(nichtig) 경우는 엄연히 다르기에 양자는 엄별해야 한다. 토지거래계약허가제와 관련하여 판례와 문헌에서 '유동적 무효'로 기술하는 것은 문제가 있다. 엄밀한 용어사용에 관한 문제인식이 시급하다.
194) 따라서 채광계획인가는 본질이 허가로, 버스요금인상인가는 허가로, 공유수면매립법상 매립공사의 준공인가는 특허로, 도시계획사업의 실시계획에 관한 인가와 도시정비법상의 사업시행인가는 허가적 측면과 특허적 측면을 함께 지니는 허용으로, 어업권이전인가와 광업법상의 사업휴지인가는 예외승인으로 볼 수 있다. 상론: 김중권, 행정법기본연구 I, 292면 이하.
195) 토지거래계약허가제의 근거규정이 국토계획법에서 부동산거래신고법으로 바뀌었다.
196) 판례상으로 인가로 취급되는 '민법 제46조의 재단법인의 정관변경 허가'(대법원 95누4810전합판결), '공익법인의 설립·운영에 관한 법률상의 기본재산처분허가'(대법원 87다카2406판결; 73다1975판결), '사립학교법 제28조 제1항에 따른 금원차용허가'(대법원 98다44642판결), '사립학교법인 임원취임승인행위'(대법원 2005두9651판결)를 부진정인가의 예로 볼 수 있다.

인가가 재량행위인지 기속행위인지 여부가 문제된다. 사권형성적 행정행위와 같이 사법관계에 직접적으로 영향을 미치는 고권작용은 사적자치와 마찰을 빚을 수 있어서, **특별한 규정이 없는 한, 인가는 기속행위이고 −반론이 있지만− 수정인가는 허용되지 않는다.**[197] 도시정비법상의 조합설립인가처럼 '자동차관리법'상 사업자단체조합의 설립인가도 설권적 처분(특허)임에도 불구하고, 판례는 타당하지 않게 (강학상의) 인가로 보면서 재량적 접근을 하여(대법원 2013두635판결),[198] 심각한 도그마틱적 문제점을 야기한다.[199]

독일 대표적 문헌과 판례는 인가에 대해선 부관이 부가되어선 아니 된다는 입장을 취한다.[200] 그러나 **우리의 경우 인가에서의 부관허용성 문제를 그것 자체가 아닌 기속행위·재량행위의 차원에서 접근한다**(후술). 나아가 대법원 2004다50044판결은 인가의 기속행위, 재량행위를 논하지 않은 채, 인가라 하더라도 부관의 부가 자체가 문제되지 않는다는 입장을 취하였다. 그런데 판례는 관리처분계획인가와 관련해서는 인가적 착안점에 의거하여 부관을 붙일 수 없다고 본다(대법원 2010두24951판결).

한편 부진정인가의 도그마틱적 정당성은 인가론에 맞지 않는 기왕의 판례나 법상황을 가능한 결정적인 모순 없이 인가론의 차원에서 전개하기 위함에 있다. 따라서 해당 사안이 '부진정인가'의 경우에는 '진정한 인가'에서와는 달리 부관부가의 허용성을 긍정할 수 있다.

⑸ 인가의 효과: 인가와 기본행위와의 관계

유동적으로 효력이 발생하지 않은 법률행위가, 인가됨으로써 그 법률행위의 성립당시로 소급적으로 유효하게 된다. 이런 소급효의 원칙은 당사자가 달리 합의하지 않는 한, 또는 개별법이 소급효를 배제하지 않는 한, 견지되어야 한다. **인가는 단지 기본행위를 완성하는 데 그친다.** 따라서 기본행위상의 하자가 있으면, 인가가 있더라도 그 하자가 치유되어 기본행위가 유효하게 되지 않거니와, −민사소송으로 취소나 무효확인을 구하는 방법으로− 기본행위의 법적 효력을 다투는 것 역시 방해받지도 않는다. 마치 인가가 내려진 다음에는 사안이 공법과 결별하는 셈이다. 이 점에서 기본행위의 불성립 또는 무효(의 가능성)를 내세워 바로 그에 대한 감독청의 인가처분의 취소 또는 무효

---

197) 한편 민법의 법인의 설립과 관련하여 인가의 기속성을 허가의 자유재량성에 대비시켜 이해하곤 하였는데, 이는 바람직하지 않다. 김중권, 법률신문 제3944호(2011.6.20.) 참조.

198) 인가권자는 조합 등의 사업내용이나 운영계획 등이 자동차관리사업의 건전한 발전과 질서확립이라는 사업자단체설립의 공익적 목적에 부합하는지 등을 함께 검토하여 설립인가 여부를 결정할 재량을 가진다.

199) 상론: 김중권, 법률신문 제4343호(2015.8.17.).

200) Vgl. Kopp/Ramsauer, §36 Rn.26; Stelkens/Bonk/Sachs, §36 Rn.12.

확인을 소구할 법률상 이익이 있다고 할 수 없다는 판례의 지적은 타당하다.

(6) 인가의 폐지(취소 · 철회)가능성

인가의 폐지(취소나 철회)는 보통의 행정행위의 폐지와는 결정적으로 다른 구석이 있다. 법률행위인 기본행위가 존재하기 때문이다. 먼저 인가의 폐지가 허용되는지 여부가 의문스러울 수 있다. 이것이 시인된다면, 이것이 인가된 법률행위의 효력에 대해 어떤 영향을 미칠 것인지가 문제된다. 독일에선 사법학(私法學)에선 사법관계의 안정을 위해 인가의 비철회성이 받아들여지고 있기에, 오랫동안 공법학에서의 통설 역시 사적 법률행위의 공법적 인가는 기본적으로 철회와 취소가 불가하다고 여겼다(소위 '사권형성적 행정행위의 특별한 존속력 이론'). 우리의 경우 비록 이런 폐지불가론을 직접 거론하진 않지만, 인가의 경우 취소와 철회가 제한된다고 지적된다. 그런데 폐지불가설을 견지하면, 자칫 인가가 내려진 다음엔 관련 법적 다툼이 전적으로 민사법적 차원에서 전개되는 셈이 되어 국가개입의 수단으로서의 인가제가 단지 통과의례적 차원에 그칠 우려가 있다. 그리하여 독일에선 1970년대에 들어와서 U. Steiner 교수의 주장을[201] 기점으로 하여 사권형성적 행정행위 역시 행정행위의 폐지의 일반원칙에 따라 폐지될 수 있다는 견해가 점차 확산되었다. 사적 법률행위의 안정성의 관점은 취소 내지 철회에 관한 재량행사시에 충분히 고려될 수 있다는 것이 새로운 견해의 바탕이다.[202] 물론 폐지제한의 강한 고려가 통용된다.

(7) 인가에서의 불복메커니즘의 특징: 과도한 인가론적 접근의 문제

인가론의 특징은 인가에 대한 독특한 불복메커니즘에 있다. 즉, 인가 이후 그 인가를 다투기 위해서는 인가 자체에 하자가 있어야 하고, 만약 인가 자체에는 하자가 없고 단지 기본행위에만 하자가 있을 땐 기본행위의 하자를 들어 인가를 다툴 수 없다. 결국 이 경우에는 기본행위를 민사소송을 통해서 다툴 수밖에 없다. 판례가 시종 관리처분계획의 하자를 갖고서 관리처분계획인가를 다툴 수 없다고 보는 것처럼, 판례는 소의 이익의 차원에서 이런 입장을 전개한다. 보충행위이자 완성행위로서의 인가의 위상에 따른 당연한 결과이다.[203]

---

201) Steiner, DVBl. 1970, S.34(37).

202) 인가폐지에 따른 구체적인 효과에 관해서는 김중권, 행정법기본연구III, 113면 이하.

203) 그런데 관리처분계획에 대한 권리구제상의 난처함을 판례는 나름 대처한다. 즉, 관리처분계획과 관련하여 조합총회결의의 효력을 다투는 경우에, 관리처분계획인가 이전에는 행정처분에 이르는 절차적 요건의 존부나 효력 유무에 관한 소송으로서 당사자소송을, 동인가 이후에는 관리처분계획에 대한 항고소송을 취해야 한다(대법원 2007다2428전합판결). 참조: 행정소송규칙 19조 3호.

그런데 이런 전개는 본래의 인가를 전제로 한다. **만약 판례와 같이 사업시행계획인가의 경우처럼 본질이 아님에도 인가로 설정하면 자칫 권리구제의 공백 및 도그마틱의 난맥이 발생한다.** 무리한 인가론적 접근은 차제에 재고될 필요가 있다(본서 527면 참조).[204]

⑻ 바른 인가제의 정립을 위한 판례의 움직임

본질이 인가가 아닌 것을 바로잡아 광정(匡正)한 예가 재건축조합설립인가의 경우이다. 그것이 설권적 처분에 해당하는 이상, 과거 재건축조합설립행위에 하자가 있는 경우, 기본행위의 불성립 또는 무효를 내세워 재건축조합설립인가처분의 취소 또는 무효확인을 소구할 법률상 이익이 없다고 판시한 대법원 99두1854판결은 더 이상 주효하지 않는다. 즉, 조합설립인가처분이 있은 이후에는 조합설립결의의 하자를 이유로 조합설립의 무효를 주장하는 것은 조합설립인가처분의 취소 또는 무효확인을 구하는 항고소송의 방법으로 해야 한다(대법원 2009마1026결정). 또한 지역개발사업실시계획승인에 대해 판례는 인가가 아님을 분명히 하면서 설권적 처분이라고 보며(대법원 2012두5619판결), 도시계획시설사업에 관한 실시계획의 인가처분 역시 설권적 처분(형성행위)에 해당한다(대법원 2011두3746판결; 2016두48416판결). 실시계획승인과 실시계획인가가 있으면 수용권을 발생시키는 토지보상법상의 사업인정이 준용되기에(국토계획법 96조 등), 판례의 이런 설권적 접근은 당연하다.[205]

그러나 조합설립인가의 설권처분적(특허적) 접근을 무색하게, 판례는 도시정비법상의 추진위원회승인처분에 대해서는 –타당하지 않게– 인가적 접근(대법원 2011두11112, 2011두11129판결; 2011두31284판결; 2011두8291판결)을 한다.[206] 한편 일부 문헌은 도시정비법상의 조합설립인가의 법적 성질과 관련해서 판례의 바뀐 입장을 인가적 측면과 특허적 측면을 함께 인정한 것으로 평한다(이른바 인가·특허설). 그러나 대법원 2010두25107판결과 2009마1026결정이[207] 보여주듯이. 이런 입장은 오로지 설권적 처분만으로 접근하는 판례의 분명한 태도와는 배치된다. **하**

---

204) 판례는 단지 수익적 행정행위이자 재량행위로 본다(대법원 2007두6663판결). 사업시행인가의 법효과에 비추어, 여기서의 인가를 강학상의 인가로 보아선 아니 된다.

205) 일찍부터 이런 실시(시행)계획승인(인가)을 인가로 보아선 아니 된다고 주장하였다. 엄밀히 보아 이들 승인(인가)처분은 허가적 측면과 특허적 측면을 함께 지니고 있다(김중권, 행정법기본연구 I, 314면 이하). 토지보상법상의 사업인정이 재량행위이듯이, 이런 설권적 승인이나 인가는 특별한 규정이 없는 한 재량행위인데(대법원 2016두48416판결), 도시계획시설사업에 관한 실시계획의 인가는 법문상으로는 기속행위로 되어 있다(도시계획법 제88조 ③).

206) 하지만 추진위원회의 승인은 정비조합설립인가의 사전과정이기에 연계적 접근을 해야 한다. 당연히 설권적 성격을 갖는 특허에 해당한다. 정비조합설립인가와의 관계가 문제되는데, 본처분에 대한 예비결정의 일종으로 봄직하다. 상론: 김중권, 행정기본연구 V, 629면 이하.

207) 도시환경정비사업조합 설립인가신청에 대한 행정청의 조합설립 인가처분은 단순히 사인들의 조합설립행위에 대한 보충행위로서의 성질을 가지는 것이 아니라 법령상 일정한 요건을 갖추는 경우 행정주체(공법인)의 지위를 부여하는 일종의 설권적 처분의 성질을 가진다고 봄이 상당하다.

루바삐 인가제가 바르게 정립되어야 한다.

Ⅱ. 의제적 행정행위의 문제(인허가의제 제도)

1. 의제 및 의제적 행정행위의 의의

법학에서 의제(Fiktion)라 함은 실제로 존재하지 않는 사안을 인정하도록 법률상으로 확정되어 있는 것을 의미한다.[208] 인허가의제의 상황을 상징적으로 표현한 것이 의제적 행정행위이다. 행정청이 실제로 행정행위를 하지 않았음에도 불구하고, 어떠한 상황의 발생과 더불어 행정행위가 발해진 것으로, 즉 있는 것으로 보는(간주되는) 식으로, **성립한 행정행위가 의제적 행정행위이다.** —확장적 의제방식의 차원에서— 인허가의제를 받으면 그와 관련된 여러 인가·허가등을 받은 것으로 본다(행기법 24조 1항). 즉, **법률이 결정주체의 의사와 무관한 어떤 상황의 발생을 행정행위의 발급으로 대체하는 경우이다.**

인허가의제는 대상인 인허가에 관한 행정청의 관할 및 그 권한행사에 중대한 변경을 가져다준다. 당연히 제도적 법률유보의 차원에서 법률유보의 원칙이 통용되어야 하므로, **인허가의제는 반드시 개별법률에 근거를 두어야 한다(의제법정주의).**[209]

2. 인허가의제의 취지, 본질 및 그 대가

(건축법에서) 인허가의제 제도를 둔 취지는, 인허가의제사항과 관련하여 (건축허가의) 관할 행정청으로 창구를 단일화하고 절차를 간소화하며 비용과 시간을 절감하는 것이다(대법원 2015두39590판결).[210] 신속을 통해 효율성을 극대화하려는 수단으로써 의제의 방식이 활용되어, 탈규제화 및 행정의 간소화의 일환으로 적극적으로 확대되고 있다. 한편 의제되는 관련 인허가와 관련해서 사전허용의 수단인 강학상의 허가, 등록 및 특허는 의제

208) 상론: 김중권, 법조 제731호(2018.10.28.), 509면 이하. 참고문헌: 박균성, 법조 제729호(2018.6.28.); 박균성/김재광, 토지공법연구 제81집(2018); 정태용, 법제 제679호(2017); 오세혁, 중앙법학 제17집 제1호(2014); 박종준, 행정법상 법률의제에 관한 연구, 2014.

209) 대법원 2020두40327판결은 법률만이 아니라 법률의 위임에 따른 법규명령 역시 인허가의제의 법적 근거가 될 수 있다고 보는데, 제도적 법률유보에 철저하기 위해서는 법률적 근거에 국한해야 한다.

210) 대부분의 인허가의제 규정이 의제되는 인허가의 관계 법률에 따라 부과되는 수수료 또는 사용료 등을 면제한다고 규정하고 있는데(예: 산림휴양법 제20조의2 제3항) 인허가의제의 본질에 비추어 문제가 있다. 절차진행의 대가에 해당하는 수수료는 면제가 당연하나, 그렇지 않은 금전급부까지 면제하는 것은 정당성에서 문제가 있다.

가 그다지 문제가 없지만, 강학상의 인가는 기본행위의 법적 효과를 완성시키는 사후 추인의 수단인 점에서 제외하는 것이 바람직하다.

인허가의제의 효과는 법률상의 인허가가 있는 것으로 보는 데 그친다. 그 **본질은 의제와 관련한 인허가의 개개의 행정절차를 생략하는 데 있다.**[211][212] 인허가의제를 통해 행정의 법률구속을 완화시킨 것은 아니다. 행정청은 언제나 인허가신청을 법률적 규준에 의거하여 결정을 내려야 하며, 직접 심사하지 않은 인허가의 적법성까지 의제에 의해 부여하는 것은 헌법적으로 허용되지 않는다. **적법성의 의제(Rechtmäßigkeitsfiktion)는 행정의 법률구속의 원칙에 반한다.**[213] 개개의 신청을 통해 결정을 받은 자와 의제의 방식으로 유리한 효과를 얻은 자를 부당하게 동일 취급하는 셈이 되어 적법성의 의제는 평등의 원칙에도 반한다.

적법성의 의제가 배제되기에, 주된 인허가가 있다고 하여 더 나아가 (의제된 인허가의 근거가 되는) 다른 법률에 의하여 인허가를 받았음을 전제로 한 다른 법률의 모든 규정까지 적용되는 것은 아니다(대법원 2014두2409판결). 또한 건축허가에 따라 다른 법률상의 허가가 의제되는 이상, 건축허가권자는 비단 건축법상의 허가요건만이 아니라 자기소관의 다른 법률상의 허가요건도 충족하는 경우에 한하여 허가를 발해야 한다고 본 것(대법원 2015두39590판결)은 당연하다.[214] 그리고 **의제된 인허가는 신뢰보호의 원칙에 터 잡은 강한 존속보호를 누리지 못한다**(후술). 의제된 인허가와 관련해서는 낮은 존속보호를 감수해야 한다. 개별적으로 직접적으로 인허가를 받은 경우와 비교하면 수범자에게 그다지 유리하지 않은 상황이 빚어질 수 있다. 인허가의제는 신청자에게 유리한 제도이므로, 당연히 반드시 관련 인허가 의제 처리를 신청할 의무가 있는 것은 아니다(대법원 2022두31143판결).

3. 현행 행정법제상의 인허가의제의 방식 및 양상

(1) 인허가의제의 방식

현행 행정법제가 취하는 인허가의제의 방식은 크게 2가지이다. 하나는 허가, 신고 등

211) 대법원 92누1162판결: 건설부장관이 구 주택건설촉진법 제33조에 따라 관계기관의 장과의 협의를 거쳐 사업계획승인을 한 이상 같은 조 제4항의 허가·인가·결정·승인 등이 있는 것으로 볼 것이고, 그 절차와 별도로 도시계획법 제12조 등 소정의 중앙도시계획위원회의 의결이나 주민의 의견청취 등 절차를 거칠 필요는 없다.

212) 그런데 주된 인허가의 주무관청과 의제된 인허가의 주무관청이 동일한 경우에는 단순한 절차의 생략을 넘어 본질적으로 통합심사로 복수의 인허가를 발한 것이어서 단순히 의제의 차원에서만 접근하는 것은 문제가 있다.

213) Stelkens/Bonk/Sachs, §42a Rn.14.

214) 심사의무를 판례를 통해 설정하는 것은 문제가 있다. 입법적 근거를 마련하는 것이 바람직하다.

과 같은 선행행위의 존재를 바탕으로 의제효과를 연결시킨다(일종의 동반적 · 확장적 의제효과의 방식). 가령 건축법 제11조 제1항에 따라 건축허가를 받으면, 국토계획법 제86조 제5항에 따른 시행자의 지정과 같은 법 제88조 제2항에 따른 실시계획의 인가를 포함하여 총 21개의 다른 법률상의 허가 등을 받거나 신고를 한 것으로 본다(동조 5항). 다른 하나는 소정의 처리기간의 경과에 의제효과를 연결시킨다(일종의 기간경과적 의제효과의 방식). 가령 부동산거래신고법 제11조 제5항에 의하면, 토지거래계약허가에 대해 행정청이 소정의 처리기간이 지나도록 인용여부에 관해 아무런 조치가 없을 때는 그 처리기간이 끝난 날의 다음 날에 토지거래계약허가가 있는 것으로 보며, 이 경우 시장 · 군수 또는 구청장은 지체 없이 신청인에게 허가증을 발급해야 한다.

이상의 의제방식 가운데 기간경과적 의제방식이 진정한 의제방식에 해당하고, 확장적 의제방식은 부진정한 의제방식에 해당한다. 독일에서는 기간경과적 의제방식만이 존재하는데, 우리의 경우 양자의 방식이 존재함에 따라 정연한 접근이 어렵다.[215]

(2) 실정법상의 인허가의제의 구체적인 양상

현행 법제상의 의제의 양상을 보면, 의제의 효과가 다양하게 전개된다. 크게 단순의제, 복수의제 그리고 증폭의제로 나눌 수 있다. 건축법상의 착공신고는 신고수리 여부 통지기간이 지나면 그 기간이 끝난 날의 다음 날에 신고를 수리한 것으로 보는데(21조 4항), 이처럼 의제의 효과가 단일한 경우가 단순의제이다. 복수의제는 하나의 주된 인허가로 복수의 개별법상의 인허가 등이 의제되는 양상을 나타낸다. 가령 도시정비법상 사업시행자가 사업시행계획인가를 받으면 주택법을 비롯한 18개의 개별법상의 인가 · 허가 · 승인 · 신고 · 등록 · 협의 · 동의 · 심사 · 지정 또는 해제가 있은 것으로 본다(57조 1항). 증폭의제는 이중의제를 통해 의제의 법상황을 증폭시킨다. 대표적으로 건축신고의 경우이다. 건축법 제14조 제1항에 의해 건축신고를 하면 건축허가를 받은 것으로 보이며, 그에 따라 동조 제2항에 따라 23개의 의제적 법상황을 규정한 동법 제11조 제5항이 준용된다. 중소기업창업법도 사업계획의 승인에서 기간경과적 의제와 확장적 의제를 결합시킨다(45조, 47조).

단순의제의 양상에 그치는 기간경과적 의제방식과는 달리 확장적 의제방식은 복수의제와 증폭의제의 양상을 보여서, 행정청의 사물관할과 개별수권의 원칙과 관련해서 그 자

215) 인허가의제와 관련해서 대부분 문헌에서 집중효란 용어를 사용하여 혼란을 야기한다. 본래 집중효란 행정계획에서 계획결정으로 인해 행정청의 다른 결정이 필요 없게 된 상황을 나타낸 것이다. 의제의 본질을 두고서 전개되는 절차집중효인지 실체집중효인지에 관한 논의 역시 집중효의 본질과는 거리가 있다. 집중효에 관해서는 본서 533면 참조.

체가 문제되고, 행정법도그마틱의 심각한 물음을 제기한다. 특히 판례의 입장을 검토하는 데 있어서 주된 인허가 및 의제된 관련 인허가의 관할 행정청이 동일한 것인지 여부에 대한 고민이 필요하다.

4. 행정기본법상의 인허가의제 규정

행정기본법은 제도의 통일성을 기하기 위하여 인허가의제에 관해 여러 규정을 두고 있다. 개별법에서 달리 규정하지 않는 한, 이들 규정은 일반규정으로 통용된다.

(1) 절차적 요청

법 제24조에 의하면, 인허가의제를 받으려면 주된 인허가를 신청할 때 관련 인허가에 필요한 서류를 함께 제출해야 한다.[216] 다만, 불가피한 사유로 함께 제출할 수 없는 경우에는 주된 인허가행정청이 별도로 정하는 기한까지 제출할 수 있다(2항). 주된 인허가행정청은 주된 인허가를 하기 전에 관련 인허가에 관하여 미리 관련 인허가행정청과 협의하여야 한다(3항). 관련 인허가행정청은 제3항에 따른 협의를 요청받으면 그 요청을 받은 날부터 20일 이내(제5항 단서에 따른 절차에 걸리는 기간은 제외한다)에 의견을 제출하여야 한다. 이 경우 전단에서 정한 기간(민원 처리 관련 법령에 따라 의견을 제출하여야 하는 기간을 연장한 경우에는 그 연장한 기간을 말한다) 내에 협의 여부에 관하여 의견을 제출하지 아니하면 협의가 된 것으로 본다(4항). 제3항에 따라 협의를 요청받은 관련 인허가행정청은 해당 법령을 위반하여 협의에 응해서는 아니 된다. 다만, 관련 인허가에 필요한 심의, 의견 청취 등 절차에 관하여는 법률에 인허가의제 시에도 해당 절차를 거친다는 명시적인 규정이 있는 경우에만 이를 거친다(5항).[217]

(2) 인허가의제의 효과와 사후관리

협의가 된 사항에 대해서는 주된 인허가를 받았을 때 관련 인허가를 받은 것으로

---

216) 유의할 점은 함께 제출해야 하는 서류는 받고자 하는 관련 인허가의제와 관련해서이다. 만약 어떤 인허가의제를 받지 않으려는 경우에는 이들 서류를 함께 제출할 의무는 없다(대법원 2019두31839판결). 다만 건축법상의 건축허가는 관할 행정청이 전체 협의를 거쳐서 비로소 발해야 하므로(후술), 자신에게 의미 있는 의제되는 관련 인허가와 관련해서 모든 서류를 함께 제출해야 한다.

217) 예: 국토계획법 제59조 ① 관계 행정기관의 장은 제56조제1항제1호부터 제3호까지의 행위 중 어느 하나에 해당하는 행위로서 대통령령으로 정하는 행위를 이 법에 따라 허가 또는 변경허가를 하거나 다른 법률에 따라 인가·허가·승인 또는 협의를 하려면 대통령령으로 정하는 바에 따라 중앙도시계획위원회나 지방도시계획위원회의 심의를 거쳐야 한다.

본다(25조 1항).[218] 여기서 협의는 의제효과의 발생을 위한 법정조건이 된다. 따라서 협의 없으면 의제효과가 발생하지 않는다. 인허가의제의 효과는 주된 인허가의 해당 법률에 규정된 관련 인허가에 한정된다(2항). 여기서 관련 인허가의 근거법률이 해당 인허가에 대해 의제효과를 규정한 경우에 주된 인허가의 의제효과가 그것에까지 미치는지(일종의 도미노 의제)가 문제될 수 있다. 관련 인허가가 해당 법률에서 주된 인허가로 행해지지 않은 이상, 재차 의제의 효과는 생길 수 없으며, 관할존중과 행위수권의 원칙에서 도미노 의제는 당연히 허용되지 않는다. 한편 건축법은 건축허가에 수반된 의제효과와 관련해서 단지 협의절차만을 규정하고, 행정기본법과는 달리 협의에 의제효과의 발생을 직접 연계시키지 않고 있다(11조 5항). 이는 중대한 입법적 결함이므로 하루속히 행정기본법에 맞춰 수정되어야 한다.

인허가의제의 경우 관련 인허가 행정청은 관련 인허가를 직접 한 것으로 보아 관계 법령에 따른 관리·감독 등 필요한 조치를 하여야 한다(26조 1항). 관련 인허가와 관련하여 문제가 있거나 있게 되면, 그것의 취소나 폐지는 관련 인허가 행정청만이 할 수 있고,[219] 주된 인허가 행정청은 할 수 없다. 물론 주된 인허가 행정청이 주된 인허가를 폐지하는 것은 별개이다.[220] 주된 인허가가 있은 후 이를 변경하는 경우에는 제24조·제25조 및 이 조 제1항을 준용한다(2항).[221] 한편 주된 인허가의 처분서에 의제된 관련 인허가와 관련한 요구사항을 명료하게 담게 하는 제도정비가 필요하다.

5. 인허가의제와 관련한 개개의 검토사항

(1) 절차법적, 실체법적 차원

i) 의제적 행정행위의 성립 문제: 행정행위의 징표에서 보자면, 의제적 행정행위의 성질이 의문스러운 것은 당연하다. 행정청이 아무런 행위도 하지 않은 채 있는 상태를, 처분개념상의 '법집행으로서의 공권력의 행사'로 파악하기란 곤란하다. 통상의 행정행위가 지닌 개별화·구체화의 징표가 여기에는 없다. 오로지 법률에 의거하여(qua legem) 행정행위가 발급된 것으로 보아야 하며, 실제 행해진 인허가의 효력과 동

218) 개별법상으로 다른 행정기관의 장과 협의를 한 사항에 대하여는 그 허가 등을 받은 것으로 본다는 중소기업창업법 제47조 제2항도 동일하다.
219) 관련 인허가 행정청이 그 관련 인허가를 취소나 폐지를 한 다음 주된 인허가 행정청에 통지하여야 한다(시행령 제5조 제3항 참조).
220) 건축법처럼 단지 협의절차만을 규정할 뿐인 경우에도 마찬가지이다.
221) 관련 인허가 행정청에 그 사실을 통지하여야 한다(시행령 제5조 제2항).

일하게 보아야 한다(의제의 자동성).[222] 의제적 행정행위로서 자리매김하여 행정행위와 관련한 규정(특히 폐지규정)이나 법리가 유추적용되어야 한다.

ii) **기간경과적 의제방식에서 처리기간연장 문제**: 민원처리법과 행정절차법에 의하면 처리기간을 1회 연장할 수 있어서, 기간경과적 의제를 담은 개별법의 규정의 적용이 문제된다. 판례는 기간경과적 의제 규정을 민원처리법의 적용을 배제하는 특별규정으로 보아, 민원처리법에 의한 처리기간의 연장이 통용되지 않는다고 본다(대법원 2020두42569판결).

iii) **확장적 의제방식에서 행정청의 심사 문제**: 확장적 의제방식에서 주된 인허가의 관할 행정청이 주된 인허가 사항만을 심사해야 하는지 아니면 의제되는 인허가의 사항도 나름의 심사를 할 수 있는지가 문제된다. 여기서 전제는 의제되는 인허가의 사항이 주된 인허가의 관할 행정청의 소관이어야 한다. 자기 관할이 아닌 사항은 문제되지 않는다. 적법하게 법집행을 해야 하는 행정청은 자신의 관할 사항과 관련해서는 당연히 함께 심사해야 하며, 의제되는 인허가가 허용되지 않을 상황이면 주된 인허가 자체를 거부해야 하고,[223] 주된 인허가를 하면서 문제의 인허가의 의제효과는 제외하는 식으로 처리해서는 아니 된다.[224] 행정청은 나름의 부관의 부가를 통해 문제의 인허가의 의제효과를 효과적으로 제어할 수 있다.

iv) **확장적 의제방식에서 주된 인허가와 의제된 인허가의 관계**: 단순히 의제적 행정행위(의제된 인허가)만 존재하는 기간경과적 의제방식과는 달리 확장적 의제방식에선, 주된 인허가와 의제된 인허가와의 관계가 문제된다. 의제의 메커니즘에 비추어 의제적 행정행위는 주된 인허가에 대해 부종성(附從性)을 지니되, 의제 이후에는 양자가 병존하여 존재한다(竝存性).

v) **확장적 의제방식에서 협의시스템의 의의**: 복수의제와 증폭의제의 양상을 보이는 확장적 의제방식의 경우 행정청의 사물관할과 개별수권의 원칙과 관련해서 그 자체가 문제이므로, **의제효과와 관련되는 행정청과의 협의제도가 확장적 의제방식의 법치**

222) 유의할 점은 이런 의제의 자동성은 주된 인허가를 시발로 발생한다. 따라서 의제되는 인허가상의 법적 문제점은 주된 인허가의 효력에 영향을 미치지 않는다. 판례가 구 주택법 제17조 제1항에 따라 인허가 의제대상이 되는 처분의 공시방법에 관한 하자가 있다는 사정이 주택건설사업계획 승인처분 자체의 위법사유가 될 수 없다고 본 것(대법원 2017두45131판결)은 타당하다.

223) 대법원 2016두35762판결; 2019두31839판결. 이런 접근은 인허가의제적 신고에서도 그대로 통용된다(대법원 2017두50188판결; 2018두49079판결). 건축신고 수리처분 당시 건축주가 장래에도 토지형질변경허가를 받지 않거나 받지 못할 것이 명백하였다면, 그 건축신고 수리처분은 '부지확보'라는 수리요건이 갖추어지지 않았음이 확정된 상태에서 이루어진 처분으로서 적법하다고 볼 수 없다(대법원 2022두31143판결).

224) 만약 대법원 2019두31839판결의 사안에서 거부되지 않고 주된 인허가가 내려짐으로써 일단 법률에 의해 의제의 효과가 발생하여 관련된 인허가(개발행위허가)가 성립하게 되는데, 그것에 대한 심사의 결여로 관련 인허가는 위법한 것이 된다. 나아가 건축허가 자체도 위법한 것이 된다.

국가원리적 의문점을 다소나마 해소하는 기제이다.[225] 여기서의 협의의 성격을 두고서 논란이 될 수 있다. 인허가의제의 신속화취지를 감안하여 의견청취나 견해표명 등과 같은 비구속적 의미를 부여할 수도 있지만, 판례상 의제되는 인허가상의 요건충족도 요구되므로, 관계 행정청이 명백히 법적용을 잘못하지 않는 이상, -설령 신속화취지에 배치될 수도 있지만- 그의 의사를 따르는 것이 바람직하다(협의의 구속성).

vi) **확장적 의제방식에서 주된 인허가와 협의의 관계:** 단순의제의 양상을 보이는 기간경과적 의제방식에서는 의제된 인허가, 즉 의제적 행정행위에 대해 기왕의 행정행위론을 대입할 수 있다. 하지만 확장적 의제방식의 경우, 주된 인허가와 의제된 법상황(의제적 행정행위)이 결합된 관계이기에 문제가 된다. 주된 인허가가 법률상의 의제대상과 관련하여 반드시 모든 협의를 거쳐서 내려져야 하는가? 의제의 모토인 절차의 신속화의 차원에서 완결된 모든 협의의 요구는 맞지 않는다. **확장적 의제방식에서 요구되는 협의는 개별적이다.** 명문으로 협의가 의제효과의 발생을 위한 출발점이 된 경우(25조 1항)에는 개별적 협의가 허용되나, 건축법처럼 그저 협의절차만을 규정한 경우에는 관할 행정청은 전체 협의를 거쳐서 비로소 건축허가를 발해야 하고, 만약 어느 한 협의에서라도 부정적인 의견이 개진되면 허가를 해서는 아니 된다. 개별적 협의가 가능한 경우에는 특정 인허가와 관련한 협의절차의 불이행은 해당 행정청이 관할하는 인·허가에 대해서만 의제의 효과가 생기지 않을 뿐이다. 당연히 사후협의절차를 이행하여 원래의 의제효과를 사후에 확대시키는 것은 문제되지 않는다.[226]

vii) **확장적 의제방식에서 의제된 인허가의 효력 문제:** 의제규정은 허가나 신고의 발급절차를 대체시키는 데 국한되어 의제된 인허가의 효력은 객관적 법과의 일치성에 관계없이 발생한다. 주된 인허가의 효력을 전제로 하지만, 의제된 인허가 역시 공정력이 인정된다. 따라서 **확장적 의제방식에서 설령 행정청의 주된 인허가가 위법하더라도, 인허가의제의 효과가 발생한다.** 다만 의제적 행정행위의 부종성에 따라 주된 인허가가 무효이면 의제의 효과가 발생하지 않아 당연히 의제된 인허가도 무효가 된다. 또한 주된 인허가를 주무 행정청이 폐지하면, 의제의 자동성으로 당연히 기왕의 의제된 인허가는 모두 실효하게 된다. 주된 인허가에 대한 취소판결 역시 의제된 인허가

225) 인허가의제에 관해 처음으로 규정하였던 산업기지개발촉진법 제21조는 협의절차를 고려하지 않았지만, 동법을 대체한 산업입지법 제21조는 협의에 의제효과의 발생을 연계시킨다.

226) 대법원 2009두16305판결: 구 주한미군 공여구역주변지역 등 지원 특별법 제11조에 의한 사업시행승인을 하는 경우 같은 법 제29조 제1항에 규정된 사업 관련 모든 인허가의제 사항에 관하여 관계 행정기관의 장과 일괄하여 사전협의를 거칠 것을 요건으로 하는 것은 아니고, 사업시행승인 후 인허가의제 사항에 관하여 관계 행정기관의 장과 협의를 거치면 그때 해당 인허가가 의제된다고 보는 것이 타당하다.

의 실효를 낳는다(대법원 2017두33978판결).[227]

viii) **확장적 의제방식에서 의제된 인허가의 독립된 폐지 문제:** 확장적 의제방식에서 주된 인허가와 별도로 의제된 인허가를 그것의 관할 행정청이 폐지(취소·철회)할 수 있는지가 문제된다. 의제의 취지가 절차간소화이고, 적법성의 의제는 배제되며, 행정청의 사물관할의 존중과 개별수권의 원칙을 고려할 때, 긍정할 수 있다. **주된 인허가와 의제된 인허가가 병존하여 성립하는 이상, 양자의 분리적 접근은 자연스럽고**(대법원 2017두48734판결), **의제된 인허가의 독립된 폐지는 문제되지 않는다.** 주된 인허가 행정청이라 하더라도 자신의 관할에 속하지 않는 의제된 인허가를 폐지할 수는 없다. **의제적 행정행위를 폐지할 때 유의할 점은 결코 통상의 명시적 행정행위보다 더 나은 법적 지위가 주어져서는 곤란하다.** 따라서 관할 행정청이 해당 의제된 인허가를 취소나 철회하는 데 통상의 경우보다 신뢰보호의 원칙이 약하게 통용되어야 한다.[228] 의제된 인허가에 해당하는 의제적 행정행위를 폐지하면, 주된 인허가에 대해 법률이 부여한 의제효과가 축소되는 결과가 발생한다.

⑵ 쟁송법적 차원

i) **확장적 의제방식에서 문제상황:** 원래의 신청자(수범자)는 확장적 의제방식에서 주된 인허가의 거부만을 다툴 뿐이다. 의제적 행정행위가 문제되는 상황은 기본적으로 제3자와 관련된다. -의제방식에 불문하고- 의제된 인허가를 주무 행정청이 제대로 심사하였더라면 허용되지 않았을 상황이다. 주된 인허가가 그것의 근거법령 등을 위반한 경우 제3자는 당연히 주된 인허가를 소송대상으로 취소소송을 제기할 수 있다. 문제는 주된 인허가의 위법과는 별개로 의제된 인허가와 관련하여 그것의 근거법령상의 위법이 발생한 경우이다. 제3자의 소송제기와 관련해서 쟁점은 제소기간, 소송대상, 피고적격의 물음이다.

ii) **제3자의 제소기간 문제:** 행정행위는 상대방에게 통지되어야 존재하고 효력을 발생시키기에, 제3자 통지제도가 없는 이상, 의제된 인허가는 -제3자효 행정행위처럼- 관련 제3자에 대해 -존재하긴 해도- 아무런 효력을 발휘하지 않는다. 제소기간의 문제는 제3자효 행정행위에서의 논의가 그대로 통용된다(본서 817면 이하).

iii) **소송대상의 문제:** 의제적 행정행위가 성립하는 이상, 의제된 인허가를 문제삼

---

227) 이런 실효 메커니즘으로 인허가의제의 역효과인 법적 안정성의 상실이 심각하게 문제될 수 있다.
228) 신뢰보호의 원칙의 완화된 적용은 기간경과적 의제방식에서도 동일하다. 확장적 의제는 협의를 거친다는 점에서 기간경과적 의제보다는 신뢰보호의 원칙이 더 주효할 수 있다.

을 경우 자신의 권리를 침해하는 위법한 의제된 인허가를 소송대상으로 삼아야 한다.[229] 주된 인허가 자체를 삼는 것이 매우 편하긴 하지만, 자신의 권리침해와 무관한 개별법의 사안까지도 영향을 주기에 곤란하다. 다만 주된 인허가와 의제된 인허가의 소관 행정청이 동일하면 실용적 이유에서 주된 인허가를 삼는 것도 수긍할 만하다.

iv) 피고적격의 문제: 의제된 인허가를 소송대상으로 삼으면 현행법이 처분청을 피고적격자로 규정한 체제와의 불일치가 문제된다. 법률에 의해 의제적 행정행위의 존재가 긍정한 이상, 그에 따라 의제된 인허가와 관련한 개별법상의 관할 행정청이 피고가 되어야 한다.[230]

6. 인허가의제의 확대의 문제점

의제는 절차의 생략을 통한 시간의 절약을 목표로 하기에, 일각에선 간소화차원에서 의제제도를 확대하고자 한다. **인허가의제 규정의 확대는 법률구속 및 행정청에 의한 통제를 극도로 완화시켜 자칫 권력분립주의와 법치국가원리를 심각하게 훼손할 수 있다.** 아울러 법률에 합치하지 않고 투명하지도 않은 행정현실이 가일층 촉진될 우려가 있다. 신뢰보호의 원칙과 절차적 보호장치가 제대로 실현되지 못하는 인허가의제로 인한 부정적인 결과에 견주어, 절차신속화의 목적을 달성하는 데 과연 인허가의제가 적합한지도 논란이 된다. 인허가의제에 대한 비판은 특히 다극적 법관계와 복잡한 행정절차에서 전개된다. 개인의 생명·신체의 안전이나 환경의 사전배려와 관련이 있는, 약사법·원자력법·환경법 등에서 규정하고 있는 핵심적인 허가사항에 대해 의제적 방식을 도입하는 것은 과소보호금지의 원칙에 배치될 수 있다. 차제에 동일한 관할에 들어가는 복수의 인허가는 의제의 방식이 아니라 일종의 집중효를 낳는 'one stop service'인 일괄결정이 내려지는 법제도가 마련될 필요가 있다.

입법정책의 차원에서 인허가의제는 2극적 법관계에서, 실체적으로 법적으로 단순하고 예방적 통제가 중요하지 않은 범주에서만 도입될 필요가 있다.[231] **의제(擬制)를 더 이상 의심(疑心)스러운 제도(制度)로 두어선 곤란하다.**[232]

---

229) 필자의 주장을 수긍하여 판례 역시 －원심과는 달리－ 주택건설사업계획승인처분에 따라 의제된 지구단위계획결정에 하자가 있음을 이해관계인이 다투고자 하는 경우, 의제된 인·허가(지구단위계획결정)를 항고소송의 대상으로 삼아야 한다고 판시하였다(대법원 2016두38792판결).

230) 처분청원칙의 예외가능성을 시인한 행정소송법의 피고적격 규정인 제13조 제1항의 '다른 법률에 특별한 규정이 없는 한'을 적극적으로 접근할 필요가 있다.

231) Jäde, UPR 2009, 169(172f.).

232) 김중권, 법조 제731호(2018.10.28.); 법제연구 제54호(2018.6.30.).; 행정법기본연구 I, 340면 이하.

Ⅲ. 행정결정에 대한 국민의 참여: 행정파트너로서의 사인

1. 사인의 공법행위

(1) 의의와 성질

사인(私人)은 행정법관계에서 독립된 권리주체로서 활동하여 법적 행위를 한다. **사인의 공법행위란 행정법관계에서 사인이 행하는, 그리고 공법적 효과를 발생시키는 모든 행위를 말한다.** 사인이 행정의 사법관계에서 행하는 것(조달계약체결)은 공법행위의 범주에서 제외된다. 사인의 공법행위는 사인이 행한 것이어서, 행정행위와는 당연히 다르고, 행정행위의 구속력(공정력, 집행력 등) 등 특수한 효력이 인정되지 않는다.

과거 사인이 단순히 행정객체의 지위를 가질 때와는 달리 오늘날에는 사인은 행정의 의사결정에 참여하거나 영향을 미치고 있다. 신고제를 둘러싼 활발한 논의상황은 이런 변화를 웅변한다.

(2) 종 류

사인의 공법행위는 나눔의 기준에 따라 여러 가지로 분류할 수 있다. 이런 분류는 사인의 공법행위의 전체 현황을 체계적으로 파악하기 위함이다.

i) 사인의 지위를 두고서 행정주체의 구성자로서의 행위와 행정주체의 상대방으로서의 행위로 나눌 수 있다. 전자에는 공직선거에서의 투표·서명행위가, 후자에는 각종의 신고·신청 등의 제출이나 이의신청·행정심판의 제기 등이 해당한다. ii) 공법행위를 구성하는 의사표시의 수와 방향을 두고선, 단독행위와 쌍방행위(행정계약과 합동행위)로 나눌 수 있는데, 일체의 행정계약과 도시재개발조합의 설립과 같은 합동행위를 제외하고선 사인의 공법행위는 단독행위에 해당한다. iii) 법효과성립과정상의 차이에 의거하여 사인의 공법행위 그 자체로 법효과가 발생하는 경우(자기완결적 행위)와 그에 대응한 행정의 행위가 있어야 법효과가 발생하는 경우(행정요건적 행위)로 나눌 수 있다. 가령 출입국신고서의 작성 등이 전자에 해당하고, 허가신청 등은 후자에 해당한다. 특히 마지막의 분류가 행정법상의 신고제에 그대로 접목되어 신고유형을 자기완결적 신고와 행정요건적(수리를 요하는) 신고로 구분하도록 만들었다. 이런 신고유형의 설정은 국가개입모델에 관한 이해가 배제되어 바람직하지 않다(후술).[233]

---

233) 최근에는 자기완결적 신고와 수리를 요하는 신고에 관한 논의가 역으로 사인의 공법행위에 관한 종

(3) 사인의 공법행위에 대한 적용법규

> 甲이 뇌물수수범죄와 관련하여 검찰청에 조사를 받으러 가기 직전에, A시장이 그에게 "사직원을 제출하면 형사기소됨이 없이 명예로운 퇴직을 보장하겠다. 검찰수사는 내사종결될 것이다."라며 사직원의 제출을 권유하였다. 이를 믿고 甲은 그 날 사직원을 제출하였는데 조사를 받은 다음 날 甲은 뇌물수수죄로 기소되었다. 이에 甲은 즉시 구두로 사직의사를 철회할 뜻을 밝히고 며칠 뒤에 사직원철회요청서를 A시장에게 제출하였다. 사직원의 철회를 허용하지 않는 것이 신의칙에 반하는가? (서울고법 2002누4022판결).

사법관계와 구별되는 공법관계의 특성 −정형성, 획일성 등− 을 감안하여, 사법행위에 관한 규정은 사인의 공법행위에 당연히 적용되지는 않는다. 관련 법령 역시 사인의 공법행위에 대해 법적 안정성 및 법률관계의 명확성을 기하는 식으로 규정하고 있다. 그런 공법규정이 없을 때는, 부득불 민법의 의사표시 및 법률행위에 관한 규정 또는 법원칙이 적용될 수밖에 없다. 문제는 사인의 공법행위의 특성을 감안해 어느 정도로 수정이 가해질 수 있는지 여부이다.

i) 사인의 공법행위에도 의사능력과 행위능력이 필요하다. 의사능력이 없는 자의 공법행위는 민법상의 법률행위와 마찬가지로 무효이다. 행위능력의 경우 개별법에 특별한 규정(우편법 10조 등)을 두고 있지 않는 한, 재산과 관련한 행위에 대해서는 일반적으로 민법규정이 유추적용된다고 본다. ii) 사인의 공법행위에서의 대리의 허용성 여부는 우선 그것을 금하거나(대리투표금지: 공직선거법 146조 2항), 또는 허용하는 규정(행정심판법 14조)에 의하고, 관련 규정이 없는 경우에는 그 행위가 일신전속적 성격을 갖는지 여부에 따른다. 본인의 진의가 중요하여 다른 사람이 대신할 수 없는 응시행위·사직원의 작성은 대리가 허용될 수 없다. iii) 효력발생시기와 관련해선, 발신주의를 규정하고 있는 것(국세기본법 5조의 2)처럼 달리 규정하지 않았다면, 민법상의 도달주의가 그대로 통용된다. iv) 의사의 흠결·하자있는 의사표시와 관련해서는, 대체로 민법의 규정이 유추될 수 있는데, 다만 공법행위의 성질을 고려하여 그렇지 않을 수도 있다. 행정법관계의 안정성을 위해 민법의 비진의 의사표시 무효에 관한 규정(107조 1항 단서)은 사인의 공법행위에 적용되지 않는다(대법원 99두9971판결 등). v) 행정법관계의 안정성과 정형성을 위해 사인의 공법행위에는 부관을 붙일 수 없다.[234] vi) 사인의 공법행위의 철회·보정과 관련해서는 개별법에 특별한 규

래의 논의에 접목되어 혼란스럽다.

234) 판례가 단기복무하사관이 복무연장지원서와 함께 전역지원서를 동시에 제출한 경우 전역지원 의사를 조건부 의사표시로 보는데(대법원 93누10057판결), 사인의 공법행위에서의 부관가능성을 인정한 것으로 오해해서는 아니 된다. 복무연장지원의 의사표시를 우선으로 하되, 그것이 받아들여지지 않

정을 두거나 집단성·형식성으로 제한받을 수밖에 없는 합동행위(투표)가 아닌 한, 사인의 공법행위 역시 그에 의해 어떤 법효과가 완성될 때까지 자유로이 철회·보정할 수 있다(대법원 2013두7025판결). 공무원이 한 사직의 의사표시의 경우 그에 터 잡은 의원면직처분이 있을 때까지는 원칙적으로 이를 철회할 수 있는데, 다만 의원면직처분이 있기 전이라도 사직의 의사표시를 철회하는 것이 신의칙에 반한다고 인정되는 특별한 사정이 있는 경우에는 그 철회가 허용되지 아니한다(대법원 92누16942판결; 서울고법 2002누4022판결).

(4) 사인의 공법행위의 효과

국가유공자법상으로 국가유공자가 지원대상자보다 더 수익적이고 요건에서 더 엄격하다. 국가유공자등록신청에 대해서는 국가유공자 또는 지원대상자 등 그 요건에 해당하는 지위를 인정하는 결정을 하도록 규정하고 있다. 甲이 국가유공자신청을 한, 즉 그 요건은 충족되지 않았지만 지원대상자에는 해당하였음에도 불구하고 국가보훈처장이 등록신청을 전부 배척하는 단순 거부처분을 하였다. 이 거부처분은 어떤 판단이 내려지는가? (대법원 2011두26589판결)

자기완결적 공법행위의 경우 궁극적으로 법령에 의해 그것의 법효과가 발생하기에, 후속행위는 법적 의미를 갖지 않는다. 그러나 행정요건적 공법행위의 경우 그에 대응한 행정의 행위가 있어야 하기에, 행정청은 우선 접수의무를 지며(행정절차법 17조 4항), 당연히 소정의 처리기간내에 처리할 의무를 진다(행정절차법 19조 1항). 여기서 처리는 신청을 받아들이는 것(인용처분)을 의미하지 않고, 처리의무는 신청에 대한 일종의 응답의무이다. 따라서 신청에 대한 인용여부가 재량이라 하더라도 처리의무는 인정된다. 만약 처리의무를 제대로 이행하지 않거나(부작위) 원하는 대로 처리하지 않을(거부처분) 경우, 그에 따른 권리구제(의무이행심판, 거부처분취소소송, 부작위법확인소송)를 도모할 수 있다.

상대방이 신청한 것을 행정이 받아들이는 것이 인용처분이다. 전부를 받아들이는 것이 전부인용처분이고, −신청보다 짧은 기간의 도로점용허가처럼− 부분을 받아들이는 것이 부분인용처분이다. 부분인용처분은 일종의 수정인용처분인 동시에 일종의 부분거부처분이다. 한편 전부거부처분이 내려져야 할 법상황이 아닌 한, 행정청은 신청자에게 유리하게 부분인용처분이라도 해야 하고, 전부거부처분을 해서는 아니 된다. 이 경우 전부거부처분은 위법하게 된다(대법원 2013두2402판결; 2011두26589판결).

는 경우에 대비하여 원에 의하여 전역하겠다는 의사에 불과하다.

(5) 사인의 공법행위의 흠(하자)과 행정행위의 효력

(가) 행정행위 하자론과의 관계

먼저 확인해야 할 점은 사인의 공법행위의 하자를 행정행위하자론에 견줘 논의할 수 있는지 여부이다. 일부 문헌은 수긍한다. 행정행위하자론은 행정법관계의 안정을 위해 −공정력의 메커니즘을 매개로− 단순위법(취소가능한)과 무효를 병존시키는 시스템이다(본서 322면 이하). **사인의 공법행위와 행정행위의 기초가 각기 다른 이상, 사인의 공법행위의 하자 문제는 행정행위하자론의 차원이 아니라, 독립되게 접근해야 한다.**

(나) 구체적 논의

사인의 공법행위에 흠(하자)이 있는 앞에서 본대로 민법의 규정이 유추적용되는데, 자기완결적 공법행위의 경우 법령에 반하면 −보완되지 않는 한− 자체로 무효가 되어 버려 법률상의 효과는 당연히 발생하지 않는다. 행정법규는 강행규정이기 때문이다.

행정요건적 공법행위에서 특히 문제된다. 행정행위의 신청 또는 행정행위에 대한 동의 등과 같은 의사표시에 흠(하자)이 있는 경우 그에 의거한 행정행위의 효력은 어떻게 되는가? 이 물음에 대해 크게 2가지 대응이 있다(상론: 이일세, 115면 이하). 다수 문헌은, 사인의 공법행위(신청, 동의)가 후속 행정행위에 대해 동기인지 전제요건(필요적 요건)인지로 나누어, 전자에 해당하는 경우에는 행정행위의 효력은 영향을 받지 않지만, 후자에 해당하는 경우에는 그 행정행위는 무효가 된다고 한다. 반면 '원칙 · 예외의 체계'에서 단순위법(취소가능성)의 원칙을 제시하는 입장이 있다(김남진/김연태, 157면). 그 논거로 사인의 의사표시에 있어서의 단순한 희망표시와 필요적 요건의 구별 및 단순위법과 무효의 구분이 명확치 않다는 점을 든다. **이 문제는 후술할 상대방의 협력의 결여 등에 따른 행정행위하자론에 관한 논의**(본서 338면 이하)**가 그대로 통용될 수 있다.**

2. 행정법상의 신고제

甲은 낙찰받은 토지 위에 연면적 합계 29.15㎡인 건물 2동을 건축한다는 내용의 건축신고를 하였으나, A구청장은 "이 사건 토지는 인접토지에 건축물 신축허가시 당시 소유자로부터 토지의 사용승낙을 득하여 현재까지 현황도로로 사용하고 있는 토지이며, 타 부지로 진입이 불가한 상태로서 건축법 제2조 제1항 제12호 규정에 의한 현황도로로 인정된 부지에 건축물이 건축될 경우 기존 건축물로의 진출입이 차단된 다는 것"을 이유로 건축신고 수리가 불가하다고 통보하였다. 이에 甲은 해당 건축물은 '연면적의 합계가 100㎡ 이하의 건축물'로서 건축법상 건축허가를 받을 필요 없이 단순한 건축신고의 대상에 불과하고, 건축신고의 경우 그 실체적인 요건을 심사함이 없이 당연히 수리해야 함에도 이 사건 토지가 인근 주민의 통행로로 사용되는 사실상의 도로라는 이유로 건축신고를 수리거부한 것은 위법하다고 주장하였다. 이 신고의 법적 성격은 무엇인가? 수리거부를 소송을 통해 다툴 수 있는가? (2010두14954전합판결)

(1) 신고의 의의

신고(Anzeige od. Anmeldung)란, 행정청에 대해서 보통 문서로써 행하는 요식적·명시적 통지를 말한다. 자연적 자유의 회복을 지향하는 허가제에 대응하여, 개시통제로서의 신고제가 문제된다. 허가제에 대비된 **신고제의 본질은, 행정법관계의 형성에서 행정은 일단 뒤로 빠지고 私人에게 먼저 이니셔티브를 인정한 것(私人主導)이다.** 허가제를 대체하는 (금지해제적) 신고제는 2가지의 의미를 갖는다. 행정의 신속·간소화라는 차원에서 절차적, 기능적 민간화의 성격을 지닌다. 그리고 종래 허가제와 같은 국가중심적인 일방적인 개입모델과 비교해서 公·私의 협력적 임무수행의 의미를 가진다.

국가통제의 근간을 개시통제의 수단으로서 신고와 허가 가운데 어느 것을 우선해야 하는지의 물음은, 국가임무의 본질과 관련해서 전 행정영역에서 논란이 되고 있다. 신고제가 행정법, 행정작용법에서 새로운 이정표가 될 것인지, 아니면 독일 Korioth 교수의 지적대로 트로이목마처럼 불행을 가져다 줄 선물이 될 것인지 논란이 분분하다. 독일의 많은 문헌은 건축신고와 관련해선 후자의 입장에서, 특히 본래 예상하지 않은 인인의 보호문제에 초점을 맞추고 있다. 우리는 申告制가 행정법상의 새로운 고민, 즉 新苦制로 치부될 정도로 그것의 법체계적 위상을 두고 논의가 분분하다.[235] 이하에서는 국가개입모델을 전제로 새로운 패러다임을 모색하고자 한다.

(2) 기왕의 신고유형: 자기완결적 신고와 행정요건적 신고

대부분 문헌과 판례는 기본적으로 신고를 자기완결적(자체완성적) 공법행위로서의 신고(수리를 요하지 않는 신고, 전형적 신고)와 행정요건적 공법행위로서의 신고(수리를 요하는 신고, 변형적 신고)로 나눈다. 전자의 경우에는 －보완요구를 받지 않는 한－ 신고의 효과가 발생하고 신고의무를 다한 것이 되고, 후자의 경우에는 행정청의 적극적인 수리가

235) 참고문헌: 김남진, 법률신문 제3910호(2011.2.); 김명길, 법학연구 제47권 제9호(2006.8.); 홍정선, 지방자치법연구 제10권 제4호(2010.12.); 김향기, 고시계 2011.7.; 홍준형, 공법연구 제40집 제4호(2010.2.); 조만형, 공법연구 제39집 제2호(2010.12.); 정훈, 동아법학 제58호(2013.2.); 조성규, 자치행정 제274호(2011.1.); 정남철, 법조 제645호(2010.6.); 송시강, 홍익법학 제13권 제4호(2012.12.); 최계영, 행정법연구 제25호(2009.12.); 김중권, 행정법학 제11호(2016.9.30.).

있어야 비로소 신고효과가 발생하여 신고대상행위를 적법하게 할 수 있게 된다. 이런 이해에 의하면 '자기완결적 신고'는, 그것의 수리와 수리거부 모두 법적 구속력을 발휘하지 않아서 행정처분이 될 수 없다. 왜냐하면 적법한 요건을 갖춘 신고를 한 이상, 수리거부, 즉 반려가 있더라도 그에 구애받지 않고 신고대상행위를 할 수 있어서(대법원 2004도3908판결 등), 수리 및 수리거부가 아무런 법적 의미를 지니지 않기 때문이다. 반면 '수리를 요하는 신고'의 경우엔 정반대로 그것의 수리와 수리거부 모두 행정처분이 된다. 그리고 수리가 있어야 비로소 신고의무를 이행한 셈이 된다. 당연히 그것의 폐지에는 수익적 행정행위의 폐지의 요건과 한계가 그대로 통용된다(용도변경신고수리의 취소: 대법원 2007두17427판결).

이들 신고유형을 구별하는 가늠잣대에 관한 논의는 통일되지 못한다. 신고제에 관한 기왕의 논의는 아쉽게도 제도적 본질보다는 심사의 성격에 따른 차원에서 행해지고 있다. 가령 일부 문헌은 등록제와 수리를 요하는 신고를 동렬에 놓고서 이 경우 형식적 심사만이 허용되며, 자기완결적 신고의 경우에는 형식적 심사조차 행해지지 않는다고 주장한다. 반면 일부 문헌은 전자의 경우에는 형식적 심사에 국한하지만, 후자의 경우에는 형식적 심사만이 아니라, 실체적 심사까지도 할 수 있다고 본다.

행정기본법은 -바람직하지 않게도- 기왕의 신고유형을 전제로 법령등으로 정하는 바에 따라 행정청에 일정한 사항을 통지하여야 하는 신고로서 법률에 신고의 수리가 필요하다고 명시되어 있는 경우(행정기관의 내부 업무 처리 절차로서 수리를 규정한 경우는 제외한다)에는 행정청이 수리하여야 효력이 발생한다고 규정한다(34조).

(3) 행정절차법상의 관련 규정

행정절차법 제40조가 규정한 신고의 유형이 문제된다. 이른바 자기완결적(자체완성적) 신고(수리를 요하지 않는 신고)와 행정요건적 신고(수리를 요하는 신고)를 함께 포함하는지 여부가 논의된다. 수리를 요하는 신고에 동조 제3항과 제4항이 적용될 수 있는지 여부의 물음이다. 일부는 개별법률에서 신고란 표현이 사용되더라도 만약 그것이 수리를 요하는 신고라면, 행정절차법 제40조가 통용되지 않는다고 보지만, 일부는 동조 제3항과 제4항이 수리를 요하는 신고에도 유추(준용)된다고 본다. 기왕의 신고유형에 갈음하여 이하에서처럼 새로운 유형을 정립하더라도 행정절차법 제40조의 적용 그 자체로서는 아무런 문제가 생기지 않는다.

(4) 신고필증의 의미

신고의 경우 어떤 식으로든 국가의 확인절차에 해당하는 신고필증의 교부로 종결된다. **일반적으로 기왕의 신고의 유형에 따라 신고필증의 의미를 다르게 접근한다.** 수리를 요하지 않는 신고의 경우엔 그 신고필증이 사인이 일정한 사실을 행정기관에 알렸다는 사실을 사실로서 확인해 주는 의미(사실적 의미)만을 가지지만, 수리를 요하는 신고의 경우엔 그것이 비록 신고수리를 증명하는 서면이긴 하지만, 서면상의 수리가 사인에게 새로운 법적 효과를 발생시키는 직접적인 원인행위가 되기에, 그것은 법적 의미를 가진다고 한다.

그러나 **신고유형에 견줘 신고필증의 의미를 달리 보는 것은 재고되어야 한다.** 신고필증은 공히 해당 신고를 하였다는 점을 법적으로 확인한다는 차원에서 의미를 가진다. 그런데 판례는 —자기완결적 신고이든(대법원 84도2953판결) 수리를 요하는 신고이든(대법원 2009두6766판결)— 수리란 신고를 유효한 것으로 판단하고 법령에 의하여 처리할 의사로 이를 수령하는 수동적 행위이므로, 신고필증교부 등 행위가 꼭 필요한 것은 아니라고 본다.

(5) 기왕의 신고유형의 문제점

(가) 수리를 요하는 신고 자체의 문제점

신고어업에 대해 대법원 99다37382판결이 이른바 '수리를 요하는 신고'의 존재를 처음으로 명시적으로 인정하였다. 종래 판례는 건축법 제14조의 건축신고를 전적으로 자기완결적 신고로 보아왔는데, 대법원 2010두14954전합판결은 —건축법 제11조 제5항에 의해— **인·허가의제 효과를 수반하는 건축신고와 일반적인 건축신고로 나누어 전자가 수리를 요하는 신고에 해당한다고 명시적으로 판시하였다.** 그리고 판례에 의하면, 납골당설치신고(대법원 2009두6766판결), 사회복지사업법상의 법인의 정식이사임면의 보고(대법원 2017다269152판결). 악취방지법상의 악취배출시설 설치·운영신고(대법원 2020두40327판결) 역시 수리를 요하는 신고에 해당한다.

수리를 요하는 신고에 대해 문헌에서 여러 접근이 행해지고 있다: 등록제적 접근의 입장(대표적으로 홍정선, 235면), 허가제적 접근의 입장(대표적으로 김남진/김연태, 153면), (허가제와 등록제와 구별되는) 고유한 신고유형적 접근의 입장(대표적으로 박균성, 131면). 신고제가 허가제에 대비된 제도인 점에서 수리 그 자체가 관련 법관계의 형성을 좌우한다면, 그것은 본연의 신고제가 아니라, 변형된 허가제이다. 수리에 비중을 두는 한, 결코 그것은 신고제가 될 수 없다. 대법원 2010두14954전합판결의 반대의견이 지적하듯이, **수리를 요하는 신고의 정체는 다름 아닌 허가라 하겠다.** 역설적으로 수리취소나 수리거부에서의 일련의 판례(대법원 2007두17427판결; 2008두22631판결 등)을 통해 수리를 요하는 신고제가 과연 허가제와 어떤 차이가 있는지 더욱 혼란스럽게 되었다. 등록제를 '수리를 요하는 신고'로 바로 등치한 대법원 2015두295전합판결로 인해 더욱 그러하다.

수리를 요하는 신고와 같은 명실불부(名實不副)한 법제도는, 일반인은 물론 전문가조차도 그것의 존재를 쉽게 이해할 수 없거니와, 그 해당성 여부가 전적으로 판례에 맡겨져 있다는 것은 다른 차원의 규제장벽인 동시에 법치국가원리적 문제이다. 나아가 대법원 2010두14954전합판결의 다수의견은 건축신고의 인·허가의제효과와 결부시켜 그것을 수리를 요하는 신고로 접근하였는데,[236] 이는 증폭의제와 중복의제와 같은 법치국가원리적 문제점과는 별도로 법관의 법형성기능을 넘어서고 법관의 법(률)구속의 원칙에 반한다. 그리고 건축법상으로 의제효과를 수반하지 않는 일반적인 건축신고는 존재하지 않기에 출발점 자체가 타당하지 않다.[237]

기왕의 신고유형의 틀은 신고제가 허가제의 대체제도인 점을 전혀 인식하지 못한 채, 사인의 공법행위에 관한 논의와 전거(典據)가 의심스런 −이른바 준법률행위적 행정행위로서의− 수리에 관한 논의를 단순 결합시킨 잘못된 결과물이다. 결론적으로 **전거가 의심스런 '수리를 요하는 신고'에서 하루바삐 벗어나야 한다.**

(나) 자기완결적 신고의 정체성 문제

> 전통 민간요법인 침·뜸행위를 온라인을 통해 교육할 목적으로 인터넷 침·뜸 학습센터를 설립한 甲이 구 평생교육법 제22조 제2항 등에 따라 평생교육시설로 신고하였으나 관할 행정청이 교육 내용이 의료법에 저촉될 우려가 있다는 등의 사유로 이를 반려하였다. 여기서의 반려(거부)에 대해 취소소송을 제기할 수 있는가? (대법원 2005두11784판결)

이른바 자기완결적 신고와 관련해서, 판례의 대응은 통일적이지 않다. 일부는 수리 및 수리거부의 무의미성을 견지한다. 즉, 적법한 요건을 갖춘 신고의 경우에는 행정청의 수리처분 등 별단의 조처를 기다릴 필요 없이 그 접수시에 신고로서의 효력이 발생하는 것이므로 그 수리가 거부되었다고 하여 무신고 영업이 되는 것은 아니다(대법원 98다57419판결; 97도3121판결 등). 반면 일부는 수리거부의 위법성을 추가하여 적극적으로 논증하거나(대법원 97누6780판결), 수리거부의 위법성만을 적극적으로 논증하기도 한다(대법원 96누6646판결 등).

특히 평생교육시설설치신고의 반려 건에서, 이른바 자기완결적 신고에서 수리 및 수리거부의 무의미성을 견지하기 위해선, 법원은 애써 수리거부의 처분성을 부인하

236) 인·허가의제효과와 결부시켜 건축신고를 처음으로 수리를 요하는 신고로 접근한 서울행법 2009구합1693판결에 대해 필자는 일찍이 비판을 가하였는데(법률신문 제3837호(2010.5.3.)), 사실 오래 전에 건축허가의제적 건축신고와 일반적인 건축신고의 차이를 지적하였다(판례월보 2001.5.).

237) 이 판결의 문제점으로 특히 김중권, 특별법연구 제9권(2011.7.), 273면 이하 참조.

고, 신고 그 자체로 대상평생교육의 적법한 실시라는 형성적 효과가 발생한다고 판시했어야 하며, 또한 대상적격의 부인에 따라 각하했어야 했는데, 그렇게 하지 않았다. 마치 그것이 이른바 수리를 요하는 신고인 양 수리거부의 처분성을 전제로 위법성을 적극적으로 논증하였다(대법원 2005두11784판결).[238] 건축착공신고의 반려에 대해서도 이런 식으로 처분성을 인정한다(대법원 2010두7321판결). 그리고 2017.4.18.에 신설된 건축법 제14조 제3항에 의해 건축신고에 대해 신고수리 여부 등을 통지하도록 되어 있는 이상, 과거 건축신고에 대한 논증(적법한 요건을 갖춘 신고하면, 별도의 조치를 기다릴 필요 없이 건축행위를 할 수 있다) 자체가 이제는 통용될 수 없다.

판례의 이런 식의 접근은 신고의 기왕의 구별도식(수리의 비처분성 ⇒수리의 거부의 비처분성, 수리의 처분성⇒수리거부의 처분성)을 무색케 한다. 이제 기왕의 유형 자체를 고민할 때이다. 수리거부의 처분성이 거듭 확인된 이상, 그것의 처분성 여부에 착안한 기왕의 신고유형은 정당화될 수 없다. 신고법제의 체계적 이해와 정립을 저해하는 기왕의 유형을 조속히 버려야 한다.

⑹ 새로운 유형: 금지해제적 신고와 정보제공적 신고

전교조 제361차 임시중앙집행위원회 의결에 따라 전교조 간부 20여 명이 2009.6.29. 14:05경부터 청운동사무소 앞 인도에서 '표현과 양심의 자유 징계, 법적 징계 없다'라고 적힌 플래카드 1개 등을 들고, "표현의 자유 보장하라."는 등의 구호를 제창하는 등 미신고집회를 주최하였다. 집회신고의 성질에 비추어 미신고집회를 개최한 것만으로 집시법 제20조 제1항 제2호에 의거하여 집회해산명령을 할 수 있는지? 나아가 동법 제22조 제2항에 의거하여 처벌할 수 있는지? (대법원 2010도6388전합판결)

(가) 의 의

신고유보부 금지를 상정하여 허가제(및 특허제, 예외승인제)와 대비시켜 금지해제적 신고와 정보제공적 신고로 나눈다. 금지해제적 신고는 전제되는 예방적 금지를 마치 허가마냥 신고를 통해 해제시키고 소정의 행위를 적법하게 할 수 있게 한다. 정보제공적 신고는 행정청이 지속적인 감시를 원활히 할 수 있도록, 즉 행정의 효과적인 관리를 위하여 협력의무의 차원에서 일정한 사실을 행정청에 대해 알려주는 것이다.

저자는 일찍부터 이상의 새로운 신고유형으로 기왕의 신고유형을 전면적으로 대체할 것으로 주장하였다.[239] 문헌에서 이런 새로운 유형을 병렬적으로 추가하거나 금

238) 비판으로 김중권, 법률신문 제3984호(2011.11.17.).

지해제적 신고를 수리를 요하는 신고로 접근하는 등 기왕의 유형에 접목하려고 하지만, 이런 식의 접근은 전혀 사리에 맞지 않는다. DNA가 완전히 다른 유형을 혼입하면, 행정법도그마틱의 존재이유가 의문스러울 정도로 심각한 혼란이 생겨날 뿐이다.

(나) 양자의 차이점

양자의 차이점은 먼저 의무위반의 효과에서 찾을 수 있다. 금지해제적 신고를 불이행하면 가령 건축신고 없이 건축을 착공하면 위법하게 되어 일단 원칙적으로 공사중지명령이 내려질 수 있다. 반면 정보제공적 신고의무는 예방적·형식적 금지와는 결합되어 있지 않기에, 이들 신고의무의 위반만으로 관련 영업행위 등을 금지시킬 순 없다. 미신고집회에 대한 판례의 태도(후술)가 보여주듯이, 정보제공적 신고의무는 집회시위신고처럼 기본적으로 협력의무에 해당하기 때문이다.

양자의 차이점은 신고의 반려(수리거부)의 법적 성질에서도 인정할 수 있다. 금지해제적 신고의 경우 예방적 금지가 전제되어 있기에 그것의 반려(이른바 수리거부)는 당연히 금지하명에 해당하나,[240] 정보제공적 신고의 경우엔 단순히 알림에 지나지 않기에 그 반려(및 그 말소)는 사실행위에 지나지 않는다.[241]

(다) 양자의 구별기준

(예방적) 금지해제적 신고의무와 정보제공적 신고의무를 구별함에 있어선, 이른바 규제완화로 종래의 허가를 신고로 바꾼 것인지, 법문상으로, 입법연혁상으로 대상행위의 금지가 전제되면서 사전통제(심사)가 예정되어 있는지, -가령 의료법처럼 의원개설은 신고, 병원개설은 허가로 규정하듯이- 개시통제의 수단으로 허가와 병렬적으로 규정되어 있는지,[242] 신고의무불이행의 제재에 대상행위 자체(즉, 금지)에 대한 것까지 담고 있는지 등을 고려해야 한다. 따라서 공중위생관리법 제3조 제2항의 폐업신고 등은 순전히 정보제공적 의미만을 지닌다. 그리고 부동산거래신고법에 의한 부동산거래신고 역시 정보제공적 신고로 보아야 한다. **대법원 2010도6388전합판결은 집회신고가 허가대체적, 즉 금지해제적 신고로 변질되어서는 아니 되고, 그것이 정보제공의 의미를**

239) 김중권, 저스티스 제61호(2001.6.), 150면 이하.
240) 유의할 점은 여기서의 반려는 수리거부라 일컫더라도 통상의 거부처분에 해당하지 않는다.
241) 부가가치세법상의 사업자등록은 단순한 사업사실의 신고이어서 과세관청의 사업자등록 직권말소행위는 불복의 대상이 되는 행정처분으로 볼 수 없다(대법원 99두6903판결).
242) 건축법 제19조 제3항상의 건축물대장상의 용도기재변경신청제의 법적 성질이 문제되는데, 대법원 2010두8072판결 등은 그것을 마치 수리를 요하는 신고인 양 접근하는데, 용도변경신고제와 대비시켜 보자면 그것은 정보제공적 신고로 봄직하다(김중권/이은희, 부동산법제, 2012, 201면).

가짐을 강조한다(동지: 대법원 2011도2393판결). 집회신고는 다름 아닌 정보제공적 신고이다(후술).

다만 신고의무불이행의 제재규정 여하에 전적으로 의거하여 가늠하는 것은 곤란하다. 가령 건축법 제21조의 착공신고와 관련해서 무신고에 대해 허가취소가 가능하기에 그것을 금지해제적 신고로 볼 수 있지만, 건축행위에 대한 처음의 개입이 금지해제적인데(건축허가, 금지해제적 건축신고), 그 후에도 계속 금지해제적 개입의 틀을 유지하는 것은 바람직하지 않다. 따라서 여기서의 신고는 정보제공적 신고로 보는 것이 바람직하다.[243] 비슷한 맥락에서 판례가 자기완결적 신고로 접근한(대법원 99두10292판결) 등록체육시설의 착공계획서제출 역시 일종의 정보제공적 신고로 봄직하다.

(7) 신고제와 관련한 검토사항

(가) 신고제에서의 행정청의 심사의 본질

> 고용노동부장관이 구 전국공무원노동조합 소속 조합원이었던 해직자 82명이 (신설) 전국공무원노동조합 조합원에 포함되어 있다는 등의 사유로 공무원노조법 및 노동조합법에 위반된다고 노동조합설립신고서를 반려하는 처분을 하였다. 이에 대해 전국공무원노동조합은 노동조합 설립신고에 대한 형식적 심사권한을 넘어 실질적 심사를 한 반려처분은 노동조합법에 규정된 노동조합 설립신고 심사방식에 위배되어 위법하다고 주장하였다. 이 주장은 주효하는지? (대법원 2011두6998판결)

1) 판례의 기조

종래 논의에서는 자기완결적 신고의 경우 수리 및 수리거부의 처분성이 부인된다는 점에서 행정청의 심사를 당연히 상정하지 않았다. 그런데 대법원 2010두14954전합판결이 실질적 심사에 기하여 수리를 요하는 신고를 정립함으로써 새로운 국면에 들어섰다. 나아가 대법원 2011두6998판결은 반려의 대상적격을 문제 삼지 않으면서, 행정관청은 해당 단체가 노동조합법 제2조 제4호 각 목에 해당하는지 여부를 실질적으로 심사할 수 있다고 판시하였다.[244]

243) 한편 착공신고의 반려와 관련해서 하급심(서울고법 2009누16819판결)은 착공신고를 자기완결적 신고로 보아 그 반려의 처분성을 부인하였지만, 대법원 2010두7321판결은 수리를 요하는 신고인 양 처분성을 인정하였다. 착공신고를 수리를 요하는 신고로 보는 것은 이미 허가를 받거나 신고를 한 사안임에도 불구하고 다시 사전 확인을 받도록 하는 불필요한 중복규제이다.

244) 이 점에서 -판례와 다수설이 취하는 논증에 의하면- 노동조합설립신고는 이른바 수리를 요하는 신고에 해당한다고 하겠다. 그런데 동 판결의 문제점은, 행정관청이 설립신고서를 접수할 당시 그 해당 여부가 문제된다고 볼 만한 객관적인 사정이 있는 경우에 한하여 설립신고서와 규약 내용 외의 사항에 대해서 실질적인 심사를 거쳐 반려 여부를 결정할 수 있다고 판시한 데서 극명하다. 상론: 김

2) 관견(管見)

사실 신고(제)에 대한 오해의 출발은 −수리거부의 전제가 되는− 행정청의 심사를 완전히 배제시킨 데서 비롯되었다. 필자는 일찍부터 신고유보부 예방적 금지의 경우, "개시통제(심사)를 행정청이 허가를 통해 행한다는 것이 아니라 사인 스스로가 행한다는 것이며, 결코 행정청의 심사가 배제되는 것은 아니다."고 주장하였다. 신고제에서의 행정청의 심사배제는 공법관계의 형성을 개인에게 전적으로 맡긴다는 의미이다. 이는 궁극적으로 국가로 하여금 최소한의 개입근거마저 외면하게 만들어 사실상 행정통제의 공백을 초래한다.

그런데 **신고제에서의 행정청의 심사는 가능성이지 의무가 아니다.** 허가제와 대비하여 보건대, 신고의 형식적 요건과 관련해선, 당연히 행정청의 심사의무가 성립하나, −의제대상규정을 포함한− 그 밖의 공법규정과의 위배에 대해서는 허가제처럼 심사의무는 성립하진 않지만, 심사가능성이 전혀 배제되진 않는다. 즉, 행정청의 재량에 그친다(이른바 심사선택).[245] 만약 행정청의 실질적 심사가 필요하다고 하면, 즉 심사의무를 설정하려면, 입법적으로 그에 맞는 제도, 즉 허가제로 전환을 해야 한다(名實相符).[246] 대법원 2010두14954전합판결이 인허가의제적 신고제에 대해 허가제와 구별되지 않게 실질적 심사의무를 요구한 것은 법제시스템과는 맞지 않다. 인허가의제적 신고와 그렇지 않은 신고를 구별한 결과, 판례는 전자의 경우에는 의제되는 법령에 의거하여 수리를 거부할 수 있는 것으로(대법원 2017두50188판결; 2018두49079판결). 후자의 경우에는 수리를 거부할 수 없는 것으로(대법원 2017두75606판결) 본다. 사실 대법원 2010두14954전합판결은, 건축신고에서 행정청의 심사를 완전히 배제하고, 수리거부의 법적 의미를 부정한 그간의 판례의 태도에 대한 바람직하지 않은 반작용이다.[247]

(나) 법정외 사유로 수리거부하는 것의 문제점

1) 상충된 판결

판례는 납골시설의 설치신고 등에서 −건축허가나 산림훼손허가마냥− 중대한 공익상 필요가 있는 경우에는 법령이 정한 요건 이외의 사유를 들어 수리를 거부할 수 있

중권, 안암법학 제47호(2015.5.31.), 7면 이하.

245) Erbguth, Öffentliches Baurecht, 2009, §13 Rn.11.

246) 한편 외국환거래법 제18조(자본거래의 신고 등), 산지관리법 제15조(산지전용신고)와 같이 신고수리결정을 별도로 명문화한 경우 이들을 당연히 수리를 요하는 신고로 보지만, 양자 공히 실질적 심사의무를 전제로 한다는 점에서 하루바삐 그 본질에 맞춰 허가제로 改名되어야 한다.

247) 심사가능성을 전제로 하여 금지하명으로서 수리거부(반려)를 인정하는 식으로 신고제를 이해하였다면, 수리를 요하는 신고제를 동원할 필요가 없다.

다고 판시하였다.[248] 그런데 주민등록전입신고에서는 주민등록법상의 사유(전입신고자가 30일 이상 생활의 근거로 거주할 목적으로 거주지를 옮기는지 여부)만으로 제한되었다(대법원 2008두10997전합판결).[249] 그런데 대법원 2018두44302판결에 의하면, 의료법이 의료기관의 종류에 따라 허가제와 신고제를 구분하여 규정하고 있는 취지는, 신고 대상인 의원급 의료기관 개설의 경우 행정청이 법령에서 정하고 있는 요건 이외의 사유를 들어 그 신고 수리를 반려하는 것을 원칙적으로 배제함으로써 개설 주체가 신속하게 해당 의료기관을 개설할 수 있도록 하기 위함이라고 한다(무도학원업신고 역시 동일하다: 대법원 2015다48655전합판결).

2) 관견(管見)

허가제와 신고제의 구별의 의미를 법정외 거부사유의 인정에 두는 대법원 2018두44302판결의 인식은 신고제에서 그것을 용인한 기왕의 판례와는 명백하게 충돌한다. 이런 충돌상황에 즈음하여 기왕의 신고에는 허가적 측면이 배어있는 것으로 애써 접근할 우려가 있는데, 이는 사리에 맞지 않는 매우 부자연스러운 접근이고 모순을 심화시킨다. **기왕의 판례의 입장은 과연 수리를 요하는 신고가 허가와 구별된 독립된 법제도라고 할 수 있는지 심각한 의문을 자아낸다.** 신고제의 바른 정립이 시급하다.

(다) 수리여부 통지제도의 도입 문제

1) 도입 법제

판례와 대다수 문헌이 인정하는 이른바 수리를 요하는 신고는 수리여부 자체가 불확실하여 신고자를 법적으로 불안하게 한다. 이에 최근 수리를 요하는 신고에 해당하다고 봄 직한 경우에 수리여부의 통지를 의무화하였다. 건축법 제14조 제3항에 의하면, 특별자치시장 등은 신고를 받은 날부터 5일 이내에 신고수리 여부 또는 민원 처리 관련 법령에 따른 처리기간의 연장 여부를 신고인에게 통지해야 한다. 다만, 이 법 또는 다른 법령에 따라 심의, 동의, 협의, 확인 등이 필요한 경우에는 20일 이내에 통지해야 한다. 그리고 착공신고는 이에 더해 수리의제를 규정하고 있다. 즉, 허가권자가 정한 기간 내에 신고수리 여부 또는 민원 처리 관련 법령에 따른 처리기간의 연

---

248) 대법원 2008두22631판결은 납골시설의 설치신고에서, 대법원 2017두34087판결은 숙박업신고에서 이런 접근을 하였다. 반면 대법원 2015두35116판결에 의하면, 법령에서 요구하지 않은 '대지사용승낙서' 등의 서류가 제출되지 아니하였거나, 대지소유권자의 사용승낙이 없다는 등의 사유를 들어 가설건축물 존치기간 연장신고의 수리를 거부하는 것은 허용되지 아니한다. 그런데 이 판결은 가설건축물 존치기간이 만료되어 실효되었음에도 불구하고 단순한 연장신고로 접근한 결정인 문제가 있다.

249) 동지: 대법원 2022두50588판결: 산지일시사용신고는 신고서 또는 첨부서류에 흠이 있거나 거짓 또는 그 밖의 부정한 방법으로 신고를 한 것이 아닌 한, 법령에서 정한 사유 외의 다른 사유를 들어 신고수리를 거부할 수는 없다.

장 여부를 신고인에게 통지하지 아니하면 그 기간이 끝난 날의 다음 날에 신고를 수리한 것으로 본다(건축법 21조 4항). 반면 수산제조업의 신고를 자기완결적 신고로 보는(대법원 98다57419, 57426판결) 맥락에서 수산가공업의 신고(수산식품산업법 16조)에는 수리여부 통지제도가 없다.

2) 관견(管見)

수리여부의 통지제도를 도입한다고 하여 이른바 '수리를 요하는 신고'의 근원적인 문제점이 해소되지 않는다. 자칫 수리여부의 통지제도의 존부로 '수리를 요하는 신고'로 판단하는 식으로 본말이 전도된다. **수리여부의 통지제도는 신고제의 혼란을 해소할 해결책이 되기보다는 일회용 앰플주사마냥 순간적 대응수단에 불과하다.**

(라) 영업양도에서의 신고 문제

1) 판례 및 논의현황

판례는 영업양도에 따른 지위승계신고의 수리를 행정처분으로 본다(시원적 판례: 대법원 91누11544판결). 이른바 '수리를 요하는 신고'로 파악한다.[250] 일부 문헌은 이를 단지 신고의 차원에서 바라보아선 아니 되고, 허가 등의 새로운 신청의 일종으로 보아야 한다고 하면서, 영업양도에 따른 지위승계신고는 양도대상 영업의 종류에 따라 그 성질이 가늠된, 즉 허가영업에서는 허가신청의 일종으로, 등록영업에서는 등록신청의 일종으로, 자체완성적 신고의 영업에서는 자체완성적 신고로 이해되어야 한다고 주장한다(홍정선, 242면). **판례는 이런 맥락에서 영업양도에 따른 지위승계신고의 수리를 실질에 있어서 양도자의 사업허가를 취소함과 아울러 양수자에게 적법히 사업을 할 수 있는 권리를 설정하여 주는 행위로서 사업허가자의 변경이라는 법률효과를 발생시키는 행위로 본다**(대법원 2000도2050판결; 2019두38830판결).

한편 영업양도의 지위승계신고를 '수리를 요하는 신고'로 파악하면 그 수리는 종전 영업자에 대해 침익적 처분이 되어 행정절차상의 문제를 야기한다. 판례는 영업자 지위승계신고를 수리하는 처분은 종전의 영업자의 권익을 제한하는 처분이고 당연히 그를 상대로 사전통지 등의 절차를 밟아야 한다고 판시하였다(대법원 2001두7015판결; 2011두29144판결).[251]

250) 여기서 판례는 사업의 양도·양수가 존재하지 아니하거나 무효인 때에는 수리하였다 하더라도 대상이 없으므로 그 수리행위는 당연 무효라 본다. 그리하여 사업의 양도행위가 무효라고 주장하는 양도자가 양도·양수행위의 무효를 구함이 없이 사업양도·양수에 따른 허가관청의 지위승계 신고수리처분의 무효확인을 구할 법률상 이익이 있다고 본다(대법원 2005두3554판결). 한편 판례는 장기요양기관의 폐업신고 및 노인의료복지시설의 폐지신고를 수리를 요하는 신고로 접근하여 신고서 위조 등의 사유가 있으면 신고행위가 무효이고, 당연히 수리행위 역시 무효로 된다고 보는데(대법원 2018두33593판결), 수리를 요하는 신고와는 맞지 않는다. 위법한 신고에 대한 수리취소가 타당하다.

251) 판례의 이런 입장은 영업양도에 따른 지위승계신고의 수리를 실질에서 양도자의 사업허가를 취소함과 아울러 양수자에게 적법히 사업을 할 수 있는 권리를 설정하여 주는 행위로서 사업허가자의 변경이라는 법률효과를 발생시키는 행위로 보는 판례의 기왕의 인식과 맥을 같이한다.

2) 관견(管見)

영업양도에 따른 지위승계신고를 이른바 '수리를 요하는 신고'로 파악하여, 그 수리행위를 수리처분으로 보는 판례의 태도가 관련 법령의 규정의 어의(語義)에 합치한지 여부가 우선 검토되어야 한다. 구 액화석유가스법 제7조 제2항은 '지위를 승계한 자'에게 신고의무를 부과한다. 이 점을 주목한즉 여기서의 신고는 다름 아닌, 정보제공적 신고에 해당한다. 그리고 식품위생법상의 사업자의 지위승계의 신고(39조 3항), 도시가스사업법상의 도시가스사업자의 지위승계의 신고(7조 3항)의 경우에도 동일하다.

반면 여객자동차운수사업법상의 사업의 양도·양수의 신고(14조 1항)나 화물자동차운수사업법상의 사업의 양도·양수의 신고(16조 1항)는 (예방적) 금지해제적 신고에 해당한다. 관련 법문이 관련 사업을 '양도·양수하려는 경우'에 신고하도록 규정하고 있기 때문이다. 양법의 구법(舊法)인 구 자동차운수사업법이 자동차운수사업의 양도·양수가 교통부장관의 인가를 얻어야 하게끔 규정한 점도 고려해야 한다. 이런 금지해제적 신고에 대해 반려되지 않으면, 기왕의 양도인을 상대로 한 허가나 신고가 마치 양수인에게 동일하게 행해진 것과 다를 바 없게 된다.

영업양도의 지위승계신고수리에서 종전 영업자에 대한 사전통지 요부와 관련한 판례의 태도는 법문이 당사자를 처분에 대해 직접 그 상대가 되는 자로 규정한 것에 반한다. '수리를 요하는 신고'의 인정에 따른 또 하나의 타당하지 않는 결과이다(본서 621면).

(마) 건축주명의변경신고의 문제

1) 판례의 기조

대법원 91누4911판결은 허가대상건축물의 양수인이 건축법시행규칙 제3조의2의 규정에 규정되어 있는 형식적 요건을 갖추어 적법하게 건축주의 명의변경을 신고한 때에는 그 신고를 수리해야지 실체적인 이유를 내세워 그 신고의 수리를 거부할 수는 없다고 판시하였다. 이를 착안점으로 삼아 대법원 2014두37658판결은 건축주명의변경신고수리의 적법성을 확인하였다. **대법원 91누4911판결은 건축주명의변경신고를 수리를 요하는 신고로 접근하였고,** 수리 역시 처분에 해당한다. 대법원 2014두37658판결 역시 이를 확인하였다.

2) 관견(管見)

이상의 판례 논증은, 건축신고의 실체적 요건에 관한 심사가 요구되어서 그 신고가 수리를 요하는 신고에 해당한다고 논증한 대법원 2010두14954전합판결과는 완전히 배치(背馳)된다. 이런 배치상황은 기왕의 신고유형, 특히 수리를 요하는 신고의 문제점을 극명하게 증명한다. 수리거부의 처분성을 갖고서 수리 자체의 처분성을 인정한 기왕의 접근방식이 문제이다. 건축주명의변경은 궁극적으로 새로운 건축주명의의 변경된 건축허가를 성립시킨다. 따라서 다투어야 할 소송대상은 건축주명의변경신고의 수리가 아니라, 바뀐 명의의 변경된 건축허가이다.[252]

(바) 주민등록전입신고의 문제

1) 판례의 기조

주민등록전입신고와 관련해서, 판례(대법원 2006다17850판결 등)에 의하면 그 신고는 행정청에 도달하기만 하면 신고로 효력이 발생하는 것이 아니라 행정청이 수리한 경우에 비로소 그 신고의 효력이 발생한다. 그리하여 **판례(대법원 2008두10997전합판결 등)와 대다수 문헌은 수리를 요하는 신고의 차원에서 접근하여 수리거부(반려)의 위법성을 검토한다.** 이는 마치 혼인신고의 수리를 독립된 수리처분으로 보는 것과 맥을 같이 한다.

2) 관견(管見)

이런 접근은 실정법에 명백히 반한다. 주민등록법에 의하면, 시장 등은 30일 이상 거주할 목적으로 그 관할 구역에 거주지를 가진 주민을 법의 규정에 따라 등록해야 하고(6조 1항), 주민의 등록 또는 그 등록사항의 정정, 말소 또는 거주불명 등록은 주민의 신고에 따라 한다(등록의 신고주의 원칙)(8조). **주민등록전입신고의 수리는 결국 주민등록의 결과를 낳는다는 점에서, 이를 신고제의 차원에서 접근하는 것은 타당하지 않다.** 주민등록전입신고는 주민등록표상의 등록을 위한 요건에 불과하다. **주민등록전입신고의 본질은 등재적 행정행위(공증)을 위한 신청이다.** 즉, 주민등록전입신고는 전입에 따른 주민등록신청이다. 따라서 주민등록전입신고의 '수리거부'가 아니라, 주민등록신청에 따른 '등록거부'가 소송대상이 되어야 한다. 해당 실정법의 내용을 검토하지 않은 채, '신고'에 항상 '수리'나 '수리거부'를 결부시켜 사고하는 통념에서 벗어나야 한다.[253]

(사) 집회 · 시위신고의 문제[254]

1) 집회 · 시위신고의 성격 및 의의

앞에서 본대로 수리를 요하는 신고는 그 본질이 허가제이다. **집회 · 시위의 자유의**

252) 상론: 김중권, 안암법학 제47호(2015.5.31.), 43면 이하.
253) 상론: 김중권, 저스티스 제74호(2003.8.), 269면 이하.
254) 상론: 김중권, 행정법기본연구V, 679면 이하; 법률신문 제4248호(2014.8.21.).

헌법적 가치와[255] 기능 및 헌법상 집회허가제의 금지를 감안하면, 집회시위신고를 판례(대법원 2010도6386전합판결)가 정보제공적 신고를 보는 것은 지극히 당연하다. 일찍부터 판례는 명문의 실정법(집시법 22조 2항)과 맞지 않게 미신고 옥외집회 또는 시위를 한 것만으로는 옥외집회 또는 시위의 주최자를 처벌할 수 없다고 보았다(대법원 2011도6294판결 등). 집회·시위의 자유의 헌법적 의의를 반영하여 허용된 법형성기능을 발휘한 것이다. **집회·시위의 신고는 집시법에서 협력원칙의 근거이자 요건이며, 행정청과 집회개최자간에 상호협력을 위한 출발점이다.** 집회시위신고를 계기로, 행정청은 집회·시위가 가능한 장애 없이 진행되도록 무엇이 행해져야 할지, 제3자의 이익이나 공동체이익을 위해 무엇이 필요한지, 이들 이익이 어떻게 상호간에 조응할 수 있는지에 관해 나름의 형상을 설정할 수 있다.

집회·시위의 자유의 헌법적 의의에서 집회·시위허가제의 금지를 다른 법률상의 허가의무로 우회하는 것은 허용되지 않는다. 따라서 신고가 행해진 이상, 집회·시위의 자유의 견지에서 -타인의 도로에 관한 보통사용을 심각하게 저해하지 않는 한, 마치 일종의 집중효가 인정되는 양- 도로교통법 등의 특별사용허가가 필요하지 않으며, 교통방해죄의 성립 역시 부인된다.[256]

2) 정보제공적 신고로서의 집회·시위의 신고와 관련한 판례의 쟁점

판례는 집회미신고만으로 해산명령의 사유로 삼지 않고, 해산명령을 위해 '타인의 법익이나 공공의 안녕질서에 대한 직접적인 위험이 명백하게 초래될 것'을 추가적으로 정당하게 요구한다(대법원 2011도6294판결; 2018다288631판결).[257] 또한 당초 옥외집회를 개최하겠다고 신고하였지만 신고 내용과 달리 아예 옥외집회는 개최하지 않고, 신고한 장소와 인접한 건물에서 옥내집회만을 개최한 경우, 신고범위를 일탈한 행위로 집시법 위반죄로 처벌할 수 없다(대법원 2010도14545판결). 판례의 이런 태도는 집회시위신고를 정보제공적 신고로 보는 데 따른 당연한 귀결이다. 반면 미신고집회에 대해 행정형벌(2년 이하의 징역이나 200만 원 이하의 벌금형)에 처하게 한 집시법 제22조 제2항과 관련해서 헌법재판소는 위헌이 아니라고 판시하였지만(헌재 91헌바14), 협력의무의 위반은 과태료부과가 정당하다.[258] 한편 집회시위의 신고를 정보제공적 신고로 보는 이상, **집회금지의 통고가 명시적으로 내려지지 않는 한, 집회신고의 반려는 집회금지의 효과를 직접적으로 발생시키지 않는 사실행위에**

255) 헌재 2003.10.30. 2000헌바67 등: 집회의 자유는 개인의 인격발현의 요소이자 민주주의를 구성하는 요소라는 이중적 헌법적 기능을 가지고 있다.

256) 대법원 2018도11349판결: 집회 또는 시위가 신고된 범위 내에서 행해졌거나 신고된 내용과 다소 다르게 행해졌어도 신고된 범위를 현저히 일탈하지 않는 경우에는, 그로 인하여 도로의 교통이 방해를 받았다고 하더라도 특별한 사정이 없는 한 형법 제185조의 일반교통방해죄가 성립하지 않는다.

257) 이제 더 이상의 소모적인 논란을 불식하기 위해 판례의 입장을 성문화할 필요가 있다.

258) 참고: 독일 바이에른 주 경찰법 제21조 ① 제7호.

불과하다. 헌법재판소는 집회금지의 통고가 내려지지 않는 상황에서 동일한 경위로 여러 번 집회신고를 반려한 것은 집회금지의 통고로 여겨질 수 있다 하여 보충성의 원칙의 예외를 인정하여 그에 대한 헌법소원 심판청구를 허용한다(헌재 2007 헌마712).[259]

(8) 신고제, 특히 건축신고에서의 신고인 및 인인의 권리보호 문제

기능적 민간화 내지 절차민간화의 일종인 신고제의 본연에 부합하려면, 특히 금지해제적 신고에서 신고수리의 반려는 처분성이 인정되나, 신고수리 그 자체는 처분성이 인정되어서는 아니 된다. 그런데 **신고인 및 인인과 같은 제3자의 권리보호 문제가 사소하지 않다.** 신고인은 국가적 개입이 없다는 점이 편리하나, (허가를 통해 얻는) 자신의 행위에 대한 국가적 확인 내지 합법화의 단계가 없기에 국가의 사후적 개입에 무방비하게 노출되어 존속보호를 강하게 누리지 못한다. **신고인의 측면에선 신고제의 도입에는 신속화와 약화된 존속보호라는 양면이 존재한다.**

의제적일 망정 허가와 같은 국가의 적극적인 통제수단이 없는 상황(예: 구 주택건설촉진법 38조 2항 단서상의 건축신고)에서는 제3자인 인인(隣人)이 취소소송처럼 간단히 국가책임을 추궁할 연결고리가 없다. 행정개입청구권을 통한 해결책을 강구할 수밖에 없는데, 개입수권상의 재량으로 말미암아 극히 예외적 상황에서만 그것이 인정될 수 있다. 그리하여 독일의 경우 신고제하에서 효과적인 인인보호를 담보하기 위해 절차의 차원에선 신고인으로 하여금 인인에게 그 사실을 먼저 알리도록 한다거나 쟁송의 차원에선 원칙적인 재량의 영으로의 축소를 인정하여 행정개입청구권이 어려움 없이 성립하게 한다. 하지만 우리의 경우 대법원 97누17568판결로 인해 행정개입청구권의 실현은 애초에 기대할 수 없는 상황이다. 결국 여기서 공법적 인인보호는 사라지고, 단지 민사적 그것만이 남을 뿐이어서 **결국 신고제의 최대의 수혜자는 다름 아닌 행정당국이 되어 버린다.**

그런데 **신고인과 인인에 대한 신고제의 이런 마이너스효과를 효과적으로 상쇄할 수 있는 것이 바로 건축허가의제적 신고이다.** 신고인은 비록 절차적 의미를 지녀 통상의 행정행위에 비하면 미약하긴 해도 존속보호나 신뢰보호를 주장할 근거가 존재한다는 점이 고무적이다. 제3자효 행정행위가 통상의 행정행위인지 의제적 행정행위인지는 전혀 중요하지 않다. 따라서 건축법 제14조상의 건축신고의 경우 인인은 굳이 판례상 인정도 되지 않는 행정개입청구권을 강구할 필요도 없이 취소소송을 통해 의제적 허가를 소송대상으로 삼아 손쉽게 다툴 수 있다. 여기서 소송대상이 문제될 수 있다. 손

---

259) 이는 일종의 묵시적 집회금지의 통고로 접근한 것이다.

쉽게 신고수리를 소송대상으로 삼을 수 있지만, 신고가 반려되지 않은 이상, 이론적으로 의제적 건축허가가 소송대상이 되어야 한다(본서 300면).

이젠 신고제 전반에 대한 검토가 필요하다. 심사와 관련해서 독일처럼 대기기간을 둘 필요가 있다. 독일에서 건축신고절차상으로 예방적 금지를 해제하는 연결점은 건축신고가 아니라, 공사금지처분을 하지 않은 것과 (혹은) 대기기간의 경과이다.

제 3 절 행정행위의 성립과 행정행위의 하자론

Ⅰ. 행정행위의 성립요건과 적법요건

1. 개념상의 사전규명

개념짝인 적법성·위법성과 (법효과발생의 의미인) 유효·(법효과불발생의 의미인) 무효는 엄격히 구분해야 한다. 전자는 현행법과의 일치여부와 관련이 있고, 후자는 의도한 법효과의 발생여부와 관련이 있다. 행정행위가 발해짐으로써 그것에 담겨진 내용에 기하여 행정주체가 의도한 법효과가 발생할 때, 즉 행정행위에 담겨진 규율의 효과(명령, 금지, 법형성, 법확인)가 통용되게 될 때, 행정행위는 유효하게 된다.

적법과 위법의 개념은 행위가 바르게 성립하였는지 여부의 물음인 반면, 유효와 무효의 개념은 법효과의 발생여부의 물음이다. 법적 행위는 위법하면 무효가 되는 것이 통례인데(가령 위법한 법규범이나 위법한 계약), 법제도를 통해 이런 도식을 수정할 수 있다. 위법한 데도 유효하게 존치시키되, 차후 권한이 있는 기관이 적극적으로 효력을 부인하게 하는 것이다. 이에 해당하는 것이 공정력 제도가 이에 해당한다(본서 353면 이하).

2. 행정행위에서 법효과발생의 경과

행정행위는 중대하고 명백한 법위반으로 무효가 아닌 한, 원칙적으로 통지와 더불어 성립하고 유효하게 되어 그에 따른 법효과가 발생한다. 행정행위의 적법성은 그것의 유효성 및 효과발생요건이 아니다. 공정력의 존재로 인해, 행정행위의 통지와 중대·명백한 하자의 부재만이 행정행위의 효과발생요건이다. 따라서 시민과 행정청은 비록 행정행위의 적법성이 의아스럽거나 부인되더라도, 우선은 행정행위를 따라야 한다. 그리고 스스로 실효되지 않는 한, 행정행위는 철회나 취소(직권취소와 쟁송취소)에 의해서 폐지될 때까지, 발생한 법효과에 변함이 없다. 다만 행정심판과 행정소송에서의 집행정지를 통해 저지될 순 있다. 행정행위는 통상 성립(통지)에 따라 즉시 유효하게 되나, 부관을 통해 시간적 편차를 둘 수 있다. 즉. 행정청은 나중 시점이나 일정한 사건의 발생 이후에 행정행위가 유효하게 또는 유효성이 상실되게 명할 수 있다.

3. 행정행위의 성립요건

일부 문헌은 행정행위가 적법 · 유효하게 성립하기 위해선 법치행정의 원리가 요구하는 일정한 요건을 갖추어야 한다고 하여, 이와 같은 요건을 '행정행위의 성립요건'으로 본다. 그리하여 행정행위의 성립요건과 관련해서는, 「행정행위가 유효하게 성립하기 위해서는 먼저 그 주체 · 내용 · 형식 · 절차의 모든 점에서 법정요건에 적합해야 할 뿐만 아니라(적법) 공익에 적합해야 한다(타당)(내부적 성립요건)」고 하면서 주체 · 절차 · 형식 · 내용에 관한 요건으로 구별하여 자세히 논하고 있다. 일반적으로 행정행위의 통지를 행정행위의 효력발생요건으로 든다. 판례는 "일반적으로 행정처분이 주체 · 내용 · 절차와 형식이라는 내부적 성립요건과 외부에 대한 표시라는 외부적 성립요건을 모두 갖춘 경우에는 행정처분이 존재한다고 할 수 있다."고 판시하여 통지(표시)를 성립요건으로 접근한다(대법원 2016두35120판결 등).[260]

그러나 행정행위의 (내부적)**성립요건으로 논해지고 있는 내용은 당해 행정행위가 본래 행정청이 의도한 바대로 적법하게 효력을 발생하기 위한 요건, 즉 적법요건에 해당한다고 여겨진다.** 왜냐하면 행정행위는 비록 그것이 주체 등과 관련하여 하자가 있더라도, 행정행위의 공정력으로 말미암아 무효가 아닌 한 행정쟁송을 통해서 그 효력을 부인하기까지는 내용적 구속력이 상대방에게 미치기 때문이다.

행정행위의 성립요건은 어떠한 것이며 과연 언제 행정행위가 성립하게 된다고 볼 수 있는가? **행정행위의 개념적 징표가 충족됨으로써 행정행위는 완성되고, 통지하여 도달함으로써 성립되며. −중대명백한 하자가 없는 한− 그 효력이 발생한다**(동지: 홍준형, 행정법, 200면). 행정행

260) 그런데 병무청장의 병역의무기피자인적사항의 공개에서 공개결정(처분)의 존재를 도출한 판결(대법원 2018두49130판결)은 모순된 판시를 하였다: 행정결정을 공개 대상자에게 미리 통보하지 않은 것이 적절한지는 본안에서 해당 처분의 적법성 판단의 단계에서 고려할 요소이며, 병무청장이 그러한 결정을 공개 대상자에게 미리 통보하지 않았다거나 처분서를 작성 · 교부하지 않았다는 점만으로 항고소송의 대상적격을 부정하여서는 아니 된다. 김중권, 행정판례연구 제25집 제1호(2020. 6.30.).

위의 성립시점은 불복기간의 기산점인 '처분이 있은 날'이 된다(본서 815면 이하).

4. 행정행위의 적법요건

(1) 일반적 규준

법질서에 의해 요구되는 주체 등과 관련한 모든 요청에 합치할 때, 행정행위는 적법하게 된다. 우선 구체적 사건에서 행정청이 행정행위를 통해 활동할 권능이 있어야 한다(행정행위의 허용성). 그리고 앞서 행정절차에서 상론한, 규준이 되는 소관(관할)규정, 절차규정, 형식규정이 고려되어 그에 부합해야 한다(절차·형식적 적법성). 행정행위에 나타난 규율이 법적 요청에 일치해야 한다(실체적 적법성). 마지막으로 법논리와 사실적 한계에서 추가적인 적법성요건이 인정되는, 즉 행정행위는 사실적으로도 법적으로도 가능한 효과를 지향해야 한다.

이상의 적법성 요건 가운데 행정행위의 내용과 관련이 있는 실체적(내용적) 적법성의 측면을 구체적으로 살펴보면, 우선 '법구체화행위'로서의 행정행위는 집행에 이바지하는 직접적 법규범과 일치해야 하며, 이를 넘어 그것은 헌법을 포함한 모든 해당 법령과 법원칙과 일치해야 한다(법률우위). 부담적 행정행위의 경우에는 여기에 추가로 법령상 수권근거가 있어야 한다(법률유보). 나아가 재량하자가 없어야 하고. 행정법의 일반원칙(비례원칙과 명확성의 원칙 등)에 부합해야 한다. 주의해야 할 점은 행정행위의 위법성은 법규범의 그릇된 해석·적용에서만 생겨나지 않고, 결정에 중요한 사실에 관한 불충분한 조사나 하자 있는 평가에도 기인한다. 부적당한 사안포착에서 출발하면 당연히 위법한 결론에 도달한다.

(2) 판단시점

> 甲은 도로부지와 접도구역에 송유관을 매설하기 위하여 도로관리권을 위임받은 A와 매설에 관한 협약을 1991.10.8. 체결하였다. 협약에는 '고속국도의 유지관리 및 도로확장 등의 사유로 도로부지 및 접도구역에 매설한 송유시설의 전부 또는 일부의 이설이 불가피할 경우에는 그로 인하여 발생되는 이설비용은 甲이 부담한다.'는 내용이 있었다. 甲이 A의 허가에 따라 송유관매설에 착수하여 1995.3.31. 매설을 완료하였는데, 매설완료 전인 1994.2.1. 도로법시행규칙이 개정되어 접도구역에는 관리청의 허가 없이 송유관을 매설할 수 있게 되었다. 이에 甲은 협약 중 접도구역 내 송유관 이설비용을 피고가 부담키로 한 조항의 근거규정이 소멸되었으므로, 협약부분은 실효되었다고 주장을 하였다. 이 주장은 주효할까? (대법원 2005다65500판결)

적법성의 판단의 규준시점은 행정행위의 발급시점(처분시)이다. 행정행위의 기초가 되는 사실과 법상황의 -행정행위가 발급된 이후로- 추후의 변경은 행정행위의 적법성이나 위법성에 영향을 미치지 않고, 단지 철회사유가 될 뿐이다. 일회적 집행으로 행해진 행정행위의 경우에 이 점은 자명하다. 문제는 지속효를 지닌 계속적 행정행위의 경우이다. 고찰방식에 좌우된다. 절차법적 관점에서는 발급시점이 규준인 반면, 실체법적 관점에선 그것의 내용적 규율이 법·사실상황의 변경으로 더 이상 현행법과 일치하지 않는 행정행위란 위법하게 되어버렸다고 말할 수 있다(위법판단기준시점에 관한 상론은 본서 861면 이하).

신청에 따른 행정처분에서 신청한 뒤에 법령이 바뀌었다면 처분시설의 견지에서 바뀐 법령에 의거하여 인용여부를 판단한다(행기법 14조2항). 다만 행정청이 신청을 수리하고도 정당한 이유 없이 처리를 지연하여 그 사이에 법령 및 보상 기준이 바뀐 경우에는 신청시의 법령 및 보상기준에 따라야 하고, 변경된 것에 따른 처분은 위법하다(대법원 2012두23501판결).

처음부터 위법한 행정행위와 '위법하게 되어버린' 행정행위는 구분해야 한다. 행정행위의 하자론은 처음부터 위법인 행정행위만을 대상으로 하기에, 위법하게 되어버린 행정행위는 사정변경의 의미에서 철회의 차원에서 접근해야 한다. 부관인 부담부가의 경우는 물론 나아가 그 부담형식의 협약의 경우에도 발급시점에서의 위법판단은 견지된다. 즉, 근거 법령이 개정됨으로써 행정청이 더 이상 부관을 붙일 수 없게 되었다 하더라도 곧바로 위법하게 되거나 그 효력이 소멸하게 되는 것은 아니다(대법원 2005다65500판결; 2008다56262판결).[261]

Ⅱ. 행정행위의 하자론

1. 행정행위하자의 의의

(1) 행정행위하자의 양태: 단순위법과 무효

행정행위하자의 결과, 즉 위법한 행정행위에 대한 법적 평가의 문제는 민사법에서의 법률행위하자의 결과와 동일하게 설정할 것인지 아니면 그것과 구별되게 설정할 것인지의 물음이다. 행정법학은 단순위법과 무효의 이원적 체계를 구성하였다. 행정과 행정청의 특권인 셈인 공정력은 -비록 일부에서 비난이 가해지긴 해도- 행정법 및 행정행위를 민사법 및 법률행위와 다르게 만든, 행정법의 핵심적 도그마틱이다. **행정행위가 위**

261) 판례는 해당사안에서 당해 협약에 대해 부담적 접근을 하였는데 오히려 행정계약적 접근을 강구할 필요가 있다(본서 442면). 김중권, 행정법기본연구Ⅰ, 463면 이하.

법함에도 불구하고 잠정적 통용이 인정되는 특권인 이런 공정력이 부인되는 경우가 바로 행정행위의 무효이고, 공정력이 있는 상황이 바로 단순 위법인 행정행위이다. 무효는 하자(違法性)로 말미암아 이미 발해진 행정행위가 처음부터(ex tunc) ―외적으로나 내적으로나― 효력이 발생하지 않는다는 것(Unwirksamkeit)을 의미한다. 따라서 그것의 유효성(효력발생)에 관한 선의의 믿음조차 보호를 받지 못한다.

무효인 행정행위의 경우 법효과가 애초에 발생하지 않기에, 설령 그것이 소송상으로 폐지되거나 그것의 무효가 확인되지 않더라도, 누구도 그것을 따르거나 준수할 필요가 없으며, 또한 집행되지 않을 수 있다. 무효는 처분청, 수범자(상대방)와 제3자는 물론, 다른 행정청과 법원에 대해서도 미친다. 따라서 처분청이나 수소법원 이외의 행정청이나 법원 역시 선결문제로서 언제든 부수적으로 무효를 확인할 수 있다. 무효란 처분 당시부터 성립하지만, 경우에 따라 예외적으로 추후에 발생한 무효원인의 결과로 성립할 수 있다. 가령 급부가 추후에 불가능하게 되어 버린 경우의 무효가 그것이다.[262][263]

⑵ 하자 있는 행정행위와 구별되는 개념

(가) 오류가 있는 행정행위

행정행위의 위법상태를 초래하는 하자(Fehler)는 정정(訂正)의 대상인 오류와 구별된다. 행정행위에 있어서 행정청이 의욕한 것과 다르게 표현되어 있거나, 행정청이 의욕하지 않은 것이 표현되어 있는 경우에 정정의 대상인 오류가 존재하게 된다. 누구에게 착오의 책임이 있는가는 여기에서 문제가 되지 않는다. 한편 정정의 대상인 오류는 행정행위의 외부적인 형상과 관련이 있을 뿐, 절차상의 하자, 형식상의 하자나 내용상의 하자처럼 행정행위의 성립이나 내용과는 관련이 없다. 행정청이 의사형성을 할 때 착오를 범했다면 오류가 존재한다고 볼 수 없다. 또한 법률상의 착오의 경우에도 취소사유에 해당하기 때문에 오류의 정정은 배제된다. 신청자가 신청한 것 이상이 실수로 그에게 주어진 경우는 법률상의 착오에 해당한다. 오류가 존재하는지 아니면 사실상의 착오나 법률상의 착오가 존재하는지 여부는 개개사건의 관계에 의해서 판

262) 그런데 무효인 행정행위에 대해서는 무효확인소송 이외에도 취소소송을 제기하여 다툴 수 있다. 이런 취소소송의 경우에도 무효주장이 ―공정력의 인정에 따른 복종의무를 처음부터 배제하기 위하여― 궁극적인 종착점이 된다. Vgl. Kopp/Ramsauer, §43 Rn.48.

263) 한편 유럽연합법 역시 무효와 단순 위법의 이원적 체계를 취하고 있다. 즉, 행정행위하자론 자체는 독일법이 광범하게 준용되어 행정행위의 ―당연무효에 해당하는― 절대적 무효를 특별히 중대하고 명백한 하자에 연계시키고 있다. 유럽최고재판소(EuGH)의 대부분 판례는 가중된 하자 있는 행정행위가 (법적으로) 존재하지 않는다고 판시한다. Vgl. EuGHE 2004, I-8923 Rn.19.

단되어야 한다. 그러나 명백한 오류가 계속적으로 받아들여졌다는 사실만으로 그것이 결코 사실상의 착오나 법률상의 착오로 되지는 않는다.

(나) 비행정행위(행정행위의 부존재), 실효한 행정행위

무효인 행정행위는, −설령 의도한 효과를 발생시키진 않지만− 어떤 고권행위가 존재하며 그것이 행정행위적 외관을 지닌다는 점을 전제로 한다. 반면 공무원이 아닌 자가 공무원 옷을 입고서 행정행위에 해당하는 일정한 행위를 한 경우처럼, **행정행위적 성격이 결여되어 외관상으로 처음부터 어떤 관점에서도 고권주체에게 그 책임을 귀속시킬 수 없는 경우가 비행정행위**(Nicht-VAe)**에 해당한다. 무효인 행정행위와 엄연히 구분된다**(비판적 입장으로 김동희/최계영, 336면). 대부분의 문헌은 −독일 대부분의 문헌이 취하는− 비행정행위란 개념보다는 '행정행위의 부존재' 개념을 사용하고 있다.

일반적으로 행정행위로 볼 수 있는 외형상의 존재 자체가 없다는 점을 그 징표로 내세우는데, 여기에는 유의해야 할 점이 있다. 행정행위적 외형의 부정은 법적 판단의 결과이지 그것의 출발점은 아니다. 즉, 실체적 차원에서 행정행위로 볼 만한 구석이 전혀 없기에, 행정행위적 접근 자체를 부정하기 위함이다. 따라서 비행정행위라 하더라도 경우에 따라서는 행정행위적 외관을 지닐 수 있으며 −오히려 문제되는 상황이 바로 이것이다−, 그에 대한 행정구제 역시 도모할 수 있다.[264] 독일 문헌에 의하면, i) 의욕자(행정청)의 진정성의 결여, 공권력과의 관련성의 결여 또는 행정청에로의 귀속가능성의 결여로 일체의 공법적 성질이 없는 경우,[265] ii) 수범자(내지 관련자)에 대한 유효한 통지가 없어서 행정행위가 존재하기 위한 본질적 요건이 없는 경우에 비행정행위가 인정된다.[266] 공무적 상태를 나타내는 외관을 지닐 수 있는 비행정행위는 효과의 측면에서는 사실행위보다는 무효인 행정행위에 가깝다. 따라서 관련자는 무효인 행정행위에 대한 것과 동일한 권리구제방도의 차원에서 처분의 부존재확인의 소와 더불어 −무효선언을 구하는− 취소의 소도 제기할 수 있다.

그리고 −유기시설을 모두 철거하여 매각하여 유기장업을 폐업하였을 때의 당초의 유기장영업허가처럼(대법원 90누2284판결)− **대상이 없어져버리거나 기능이 없거나 또는 목적이 달성된 행정행위, 즉 失效한 행정행위 역시 무효인 행정행위와 구분되어야 한다.** 해제조건이 성취되

264) 이 점에서 오히려 가장적 행정행위(Scheinverwaltungsakt) 개념이 더 낫다고 한다. Blunk/Schroeder, JuS 2005, 602(604).

265) 보조금 지급 사무 자체가 분명히 경기도에 속하지 않으므로, 경기도지사가 甲 회사와 광명시장에게 한 "甲 회사의 보조금 지급신청을 받아들일 수 없음은 기존에 회신한 바와 같고, 광명시에서는 적의 조치하여 주기 바란다."는 통보는 甲 회사에 대해 행정처분이 될 수 없다(대법원 2021두44548판결).

266) Kopp/Ramsauer, §43 Rn.49.

거나 종기에 도달한 경우도 마찬가지이다. 이들의 경우 그 효력은 외적 사건에 의거해서 당연히 상실하고, 행정행위의 하자(위법상태)와는 무관하다. 당연히 다툴 소(법률상)의 이익이 부정된다. 다만 행정행위의 집행 그 자체로 당연히 실효의 효과는 생기지 않는다.[267] 공사 완료된 이후에도 여전히 건축허가는 존재하여 위법건축물이라는 주장으로부터 수허가자를 보호한다. 물론 병역처분에 따라 병역의무를 이행한 경우처럼, 나름의 목적달성이 있으면 그 행정행위는 실효한다. 그러나 개발사업 승인처분상의 개발기간이 경과하더라도, 개발사업 승인처분이 실효하지 않는다(대법원 2021두44944판결).

2. 현행의 행정행위무효론 및 그에 대한 평가

(1) 행정행위의 무효기준에 관한 국내문헌상의 제 논의

행정행위의 무효기준을 두고서 학설의 대립이 있다. 특히 무효기준을 둘러싼 공방은, 법률에 근거하여 행정처분이 발하여진 후에 헌법재판소가 그 행정처분의 근거가 된 법률을 위헌으로 결정하였을 때 이미 존재하는 행정처분의 효력을 여하히 볼 것이냐이다. 전통적인 통설과 판례는 하자가 중대하고 명백해야 한다는 중대명백성설이다. 이를 가운데 두고 그와 궤를 달리하는 여러 입장이 제시된다.[268]

중대명백성이란 기존틀을 고수할 것인지 여부가 논쟁대상이다: ⅰ) 하자의 중대명백성을 견지하되, 그 하자가 일반국민에게 명백한 경우뿐만 아니라 관계공무원이 조사해 보았다면 명백할 경우도 명백한 것으로 보는 조사의무위반설,[269] ⅱ) 처음부터 하자의 중대성만을 문제로 삼는 중대성설, ⅲ) 하자의 중대성만을 필수적 요건으로 보되, 다만 행정의 법적 안정성이나 제3자의 신뢰보호의 요청이 있는 경우에만 명백성 요청을 보충적으로 추가하는 명백성보충요건설, ⅳ) 구체적인 사안마다 권리구제의 요청과 행정의 법적 안정성의 요청 및 제3자의 이익 등을 구체적·개별적으로 이익형량하여 무효·취소여부를 결정해야 한다는 구체적 가치형량설로[270] 나뉜다.[271]

---

267) Kopp/Ramsauer, §43 Rn.41b.

268) 현재 논의상황에 비추어 중대명백성설을 통설로 칭하기가 어색하다. 다수의 행정법 문헌이 중대명백성설에 대해 의문을 표하기 때문이다. 독일과 일본에서의 통설을 아무런 검증없이 우리 통설로 설정하는 것은 재고해야 한다.

269) 조사의무위반설은 객관적 명백설로도 불리는데, 중대명백성설 역시 평균인을 기준으로 객관적 명백성을 지향하기에 자칫 오해를 낳는다. 객관적 명백설의 용어사용은 피하는 것이 좋다.

270) 천병태/김명길 교수가 이런 입장이라고 소개되고 있지만, 오히려 구체적 가치형량설이 중대명백성설에 포함되는 것으로 보고 있다(320면).

271) 주요 행정법문헌상의 입장은 대체적으로 중대명백성설을 견지하는 입장(김동희/최계영, 338면; 김철용, 337면; 천병태/김명길, 320면; 석종현/송동수, 327면; 홍정선, 472면; 장태주, 275면; 유지태/박종

(2) 행정행위의 무효기준에 관한 판례의 태도

甲이 A자치구청장으로부터 건설업 영업정지처분을 받았다. 여기서 건설업 영업정지처분권한은 본래 지방자치단체의 장(기관)으로서의 서울특별시장이 (구) 건설부장관으로부터 위임받은 것을 자치구청장에게 조례로 재위임한 것이다. 「행정권한의 위임 및 위탁에 관한 규정(대통령령)」 제4조에 의하여 수임권한을 재위임할 경우 규칙에 의하여 정할 수 있을 뿐 조례에 의하여 정할 수는 없다. 이에 甲이 A자치구청장의 영업정지처분은 무효인 재위임조례에 근거해서 권한 없는 자에 의하여 행해진 것이라 하여 당연무효라고 주장한다. 甲의 주장이 판례상 받아들여질까? (대법원 94누4615전합판결)

(가) 판례의 기조: 중대명백성설

판례는 시종 중대명백성설의 입장에서 무효와 단순 위법을 가늠한다.[272] **판례는 '법규의 중요한 부분', '행정처분의 중요한 부분에 해당하는 규정'을 위반한 것을 '하자의 중대성'으로, 하자가 통상인의 평균적 인식능력에 비추어 외관상으로 객관적으로 명백한 것을 '하자의 명백성'으로 받아들이고 있다.** 나아가 판례는 법령규정의 문언상 처분요건의 의미가 분명함에도 불구하고 합리적 근거 없이 그 의미를 잘못 해석하여 내린 처분의 하자는 명백한 것으로 보지만(대법원 2011두27094판결), 해당 법률관계나 사실관계에 법률규정을 적용할 수 없다는 법리가 명백히 밝혀지지 않아 해석에 다툼의 여지가 있는 경우에는 잘못 해석하여 내린 처분의 하자는 명백하지 않은 것으로(대법원 2005다31828판결), 또한 행정처분의 대상이 되지 아니하는 법률관계나 사실관계에 대해 처분의 대상이 되는 것으로 오인할 만한 객관적인 사정이 있으면 그 오인의 하자는 명백하지 않은 것으로(대법원 2010두9358판결) 본다.

(나) 특히 명백성 기준에 대한 판례의 대응

근거 법령의 위헌, 위법에 따라 행정처분의 하자가 다투어진 일련의 판례에서 무효기준이 다투어졌다.[273] 여기서는 명백성의 기준이 매우 중요하게, 다시 말해 중대성 기준을 능가할 정도로 의미를 갖는다. 대법원 93다41860판결 이래로, 판례는 중대명백성설의 기조에서 행정처분의 근거가 된 법률이 후에 위헌으로 결정되면 그 행정처분은 법률의 근거가 없이 행하여진 것과 마찬가지가 되어 하자가 있는 것이 되나, 그

수, 236면; 한견우, 495면 이하; 최정일, 234면; 김남철, 247면)과 명백성요건보충설을 취하는 입장(김남진/김연태, 344면; 홍준형, 228면; 박균성, 465면)으로 나뉜다. 특이하게도 김성수 교수는 중대하거나 또는 명백한 하자 양자 공히 무효사유가 된다고 주장한다(305면).

272) 바탕이 된 판례가 대법원 4294행상6판결; 65누83판결이고, 일본의 경우 最高裁 昭和 31.7.17. 大法廷判決(民集 10권 7호 890頁)이다.

273) 참고문헌: 김성태, 행정법연구 창간호(1997.6.); 김유환, 행정판례연구 제5집(2000.10.).

하자는 행정처분의 취소사유에 해당할 뿐 당연무효사유는 아니라고 본다(동지: 대법원 94누4615전합판결). 이에 대해 **대법원 94누4615전합판결에서의 소수의견은 이른바 명백성보충요건설을 취하였고, 헌법재판소 역시 중대명백성설에 대한 예외의 가능성**("행정처분을 무효로 하더라도 법적 안정성을 크게 해치지 않는 반면에 그 하자가 중대하여 그 구제가 필요한 경우")**을 제시하기도 하였다**(헌재 92헌바23).[274]

최근 판례는 객관적 명백성을 적극적으로 탐문한다. 즉, 해당 법령 규정의 위헌 여부 및 그 범위, 법령이 정한 처분요건의 구체적 의미 등에 관하여 법원이나 헌법재판소의 분명한 판단이 있고, 행정청이 그러한 판단 내용에 따라 법령 규정을 해석·적용하는 데에 아무런 법률상 장애가 없는 데도 합리적 근거 없이 사법적 판단과 어긋나게 행정처분을 하였다면 그 하자는 객관적으로 명백하다고 본다(대법원 2017두30122판결). 나아가 대법원 2017다242409전합판결의 반대의견은 −비록 과세처분의 경우이고 현재의 중대명백성설을 여전히 전제로 하긴 하나− 하자가 중대한 경우 명백성의 요구를 배척할 필요가 있다고 지적하였다. 향후 중대명백성설에서 벗어날 수 있게 할 귀한 싹이다.

(3) 대법원 2009.2.12. 선고 2008두11716판결의 이해

대법원이 "취득세 신고행위가 '특별한 사정이 있는 경우'에는 중대한 하자만으로도 당연무효로 볼 수 있다"는 내용의 판결을 내렸는데(대법원 2008두11716판결), 많은 문헌에서 이것이 중대명백성설에 대한 예외를 인정한 것으로 비춰지고 있다. 하지만 그 후의 일련의 판례(대법원 2006다81257판결)를 보면 명백성기준을 해당사안에서만 완화한 것이다.[275] 대법원 94다31419판결 이래로 판례는 신고납세방식의 조세에서 신고행위의 하자와 관련해서 행정행위의 하자와 동일하게 그 하자가 중대하고 명백해야 무효로 본다. 원칙적으로 납세의무자가 스스로 과세표준과 세액을 정하여 신고하는 행위에 의하여 조세채무가 구체적으로 확정되는 신고납세방식의 메커니즘에 착안하여 그런 논증을 하였다. 이런 특수한 메커니즘을 상정하지 않은 채 **사인의 공법행위인 취득세 신고행위를 그대로 행정행위로 설정하고서 행정행위의 하자문제로 접근한 것은 바람직하지 않다**. 그 사안은 취득세 신고행위를 매개로 하여 성립한 의제적 행정행위(부과처분의 의제)의 문제이다.

274) 그런데 헌재 2003헌바113은 헌재 92헌바23과는 달리 예외인정의 가능성에 대해 전혀 언급을 하지 않고 있기에, 과연 헌법재판소의 입장이 무엇인지 의구심을 자아낸다.

275) 동지: 양시복, 인권과 정의 제406호(2010.6.), 141-142면.

(4) 관견(管見): 현행 논의의 문제점

문헌상의 이상의 논의현황은 일본의 판례와 문헌상의 그것에서 비롯되었기에, 그에 대한 문제점 역시 일본의 논의에 맞추어져 있으며 문헌에서도 상세히 소개되었다. 우선 구체적 가치형량설은 무효기준을 일의적으로 제시하기보다는 무효기준의 적용에서의 태도를 주안점으로 두기에 그 자체를 구별기준의 학설로 삼기 어렵다(동지: 홍정선, 472면). 판례의 공식화된 기술("하자가 중대하고 명백한지 여부를 판별함에 있어서는 그 법규의 목적, 의미, 기능 등을 목적론적으로 고찰함과 동시에 구체적 사안 자체의 특수성에 관하여도 합리적으로 고찰함을 요한다.")은 법적 판단의 당연한 기조를 확인한 것이기에, 판례의 태도를 중대명백성설에 구체적 가치형량설이 가미된 것으로 보아선 곤란하다.

통상 문헌에서는 일본 문헌의 예를 쫓아 중대명백성설에서의 명백성을 외관상 일견명백설로 접근하고, 조사의무위반설을 그 대척에 놓는다. 그러나 조사의무위반설은 전통적인 중대명백성설에서 인식주체상의 의문점을 다소간 약화시킨 데 불과하고, 또한 독일의 경우 마치 일본의 객관적 명백설을 연상시킬 정도로 명백성 기준을 다소간 탄력적으로 보는 것이 일반적 경향인 점에서, 양자를 엄별하여 논하는 것은 지나치다. 그리고 명백성기준의 필요를 부인하고 (가중된) 중대성만을 유일한 척도로 삼는 저자의 입장에서는 조사의무위반설로는 종래 중대명백성설이 지닌 문제점을 해소할 순 없다고 본다. 분명 명백성보충요건설이 전통적인 중대명백성설을 극복하려고 하는 취지는 공감하지만, 명백성기준을 보충적으로 요구하는 이유(행정의 법적안정성이나 제3자의 신뢰보호의 요청) 자체가 전통적인 중대명백성설에서 명백성기준을 요구할 때 제시된 것인 점에서 설득력이 약하다.

대부분의 문헌은 중대성설의 경우 중대성판단기준, 즉 무효기준을 행정법규의 성질에 초점을 맞추어 명령규정이나 비강행규정에 위반한 행위는 단순 위법으로, 능력규정이나 강행규정에 위반한 행위는 무효로 본다고 기술한다.[276] 그러나 행정법규는 모두 강행규정인 점에서, 또한 이런 식의 규정분류는 私法의 차원에서만 의미를 갖는다는 점에서 기왕의 중대성설의 내용 역시 설득력이 전혀 없다.

3. 행정행위하자론의 개혁: 신중대성설

육군 A 부대장은 1998.4.경 김화읍 도창리 산 246 외 인근 부지에 박격포 사격장을 설치하기로 하는 '도창리 백골종합훈련장 피탄지조성사업계획'을 수립하여 사업실시계획을 국방부장

276) 이런 주장이 어디에서 연유하였는지 매우 궁금할 따름이다.

관에게 제출하였고, 이에 국방부장관은 1999.12.4. 국방시설사업법 제4조에 따라 사업계획에 대한 승인을 한 후 국방부고시로 이를 고시하였다. 이에 따라 A 부대장은 1999.12.경부터 2000.11.경까지 약 13억원의 예산으로 사업부지에 대한 협의 및 보상 절차를 마친 후 표적 및 방화지대 설치작업을 실시하여 2001. 8.경 설치공사를 완료하였다. 사업부지 인근인 도창리 마을에 거주하는 주민들로선 사격장이 설치되어 사격훈련이 실시될 경우 인근 식수원에 대한 수질오염 등 여러 가지 환경오염에 노출될 위험성이 크다는 등의 이유로 사업계획에 반대하였는데, 2001.1.경에 사업계획이 구 환경영향평가법상의 환경영향평가대상사업에 해당함에도 환경영향평가를 전혀 실시하지 않은 채 국방부장관이 이 사건 승인처분을 하였다는 점을 발견하였다. 여기서의 하자가 무효사유인가 단순 위법사유인가? (대법원 2005두14363판결)

(1) 논의의 출발점-독일에서의 중대명백성설의 전개

무효인 행정행위는 독일 행정법의 전형적인 법적 모습이다. 일찍이 O. Mayer가 '무효인(nichtig) 행정행위'의 법형상을 도입하였다. 그는 무효와 취소의 구분을 일차적으로 귀속문제로 바라보았다.[277] W. Jellinek 역시 하자의 명백성에 대해 전혀 언급하지 않았다.[278] 행정행위가 금방 알아차릴 수 있게 조직권의 남용을 지니고 있을 때 그 행정행위가 무효가 된다는 Hatschek의 기술이[279] 중대명백성설의 시발점으로 여겨지고 있다. 해서 바이마르시대 이후엔 중대명백성설이 일반적으로 문헌상으로 성립하였으며, 특히 1945년 이후 일련의 학자들이 중대명백성설을 받아들여 이미 1950년대에 통설의 위치를 점하였다고 한다. 그 결과 1970년대가 시작되면서부터 비로소 연방행정법원과 연방사회법원의 판례상으로도 그것이 공식적으로 출현하였다. 이런 흐름에서 중대명백성설의 공식은 70년대 중반의 행정절차법의 제정에 그대로 반영되었다. 한편 유럽연합법은 행정행위의 하자를 그것의 무효사유로 보지만(유럽연합운영조약(AEUV) 제264조), 행정행위하자론 자체는 독일법이 광범하게 준용되어 행정행위의 -당연무효에 해당하는- 절대적 무효를[280] 특별히 중대하고 명백한 하자에 연계하고 있다.[281]

독일의 무효사례를 보더라도, 관심의 중심은 (중대한 하자의) 명백성이 아니라, 하자의 중대성에 있었다. 명백성 기준은 오래 전부터 더 이상 관심거리가 되진 않았지만, 계속적으로 공식처럼 적용되고 있다. 사실 행정절차법의 시행 이후 문헌상으로도 무효문제가 극히 드물게 다루어지며 별반 의문이 제기되지 않았는데, 최근에 매우 비판적인 주장이 제기되었다.[282]

277) ders., Deutsches Verwaltungsrecht Bd. I , 3.Aufl., 1923, S.95.
278) ders., Verwaltungsrecht, 1928, S.260ff.
279) ders., Lehrbuch des deutschen und preußischen Verwaltungsrecht, 7.Aufl., 1931, S.102.
280) 유럽최고재판소(EuGH)의 일부 판례가 이런 표현을 사용하긴 하나 대부분의 판례는 가중된 하자 있는 행정행위가 (법적으로) 존재하지 않는다고 언급한다. Vgl. EuGHE 2004, I -8923 Rn.19.
281) Vgl. EuGH, RS.15/85, EuGHE 1987, 1005 Rn.10=NJW 1987, 3074.
282) Leisner, DÖV 2007, 669ff. 한편 Leisner의 글에 대해, Knack/Henneke, VwVfG, 9.Aufl. 2010, §44 Rn.9 Fn.15는 덮여져 있었던 문제를 발굴하였다고 호평하였다.

(2) 중대명백성설, 특히 명백성 기준에 대한 비판 개관

Wolff는 우선 명백성기준과 관련해선 관련자의 매우 다른 인식을 너무 강하게 목표로 삼는 단점을 지적한 다음, 오늘날 법률이 매우 많고 개관할 수 없기에 -개인과 公衆을 상대로 한- 객관적인 행정법의 인식이란 허구라는 점을 강조하였다. 아울러 명백성 기준을 목표로 삼은 결과, 국가적 행위의 存否에 대한 선택권이 수범자에게 부여되는, 국가권위의 근거에서 도저히 용납될 수 없는 일이 빚어질 수 있다고 강력하게 공박하였다.[283] 이와 비슷하게 Forsthoff는 통상의 평균적 시민은 결코 행정을 알지 못하기에 명백성 기준이 상이한 판단가능성을 지녀 그다지 유용하지 않다고 지적하였다. 그리고 그는 행정행위의 무효를 필연적으로 가져다주기엔 그 하자상태가 그다지 충분하지 않을 때, 그 하자상태를 보충하기 위해서만 명백성요소가 고려될 수 있다고 주장하였다.[284] 그리고 Martens는 평균관찰자가 실제로 유용할 수 있는지 여부는 그런 인조인간의 정신능력한계로 여전히 의문스러울 수밖에 없다고 1990년에 주장하였다.[285] 앞서 Huber, Bettermann을 비롯하여 그 당시의 대표적 주석서의 저자인 Eyermann/Fröhler 역시 명백성의 요구를 부인하였다.[286]

(3) 하자의 명백성 요구에 대한 구체적 문제점

i) 인식주체의 불확정성의 문제점: 명백성은 법적으로 포착가능한 인식자를 요구한다. 우리 판례가 통상인의 평균적 인식능력을 출발점으로 하듯이, 독일 역시 편견이 없는 판단능력이 있는 평균적인 관찰자를 명백성의 척도로 삼는다. 그런데 행정내부자나 관련자가 아니고선 평균적 관찰자는 행정행위의 발급의 제반 고려상황을 알 수 없다는 점에서 중대명백성설은 현실과 현저히 동떨어져 있다.

ii) 명백성의 의미에 대한 의문: 명백성에 대해, 판례는 그 하자가 객관적으로 일견 명백해야 한다. 독일 판례 역시 관례적으로 "중대한 하자상태(위법성)가 곧바로 떠올라야(나타나야) 한다.", "행정행위를 보면 위법성(하자상태)을 금방 알아 챌 수 있어야 한다."고 판시한다. 특별한 조사 없이도 하자의 존재를 인식할 수 있는 상태이어야 한다는 것인데, 이 자체가 불분명할 수도 있다는 점에서 법정책적으론 강구될 수 있지만, 법도그마틱적으론 공감하기 힘들다.

iii) 명백성 기준의 필요성에 대한 의문: 명백성의 요구는 일반적으로 법적 안정성을 위하여, 구체적으론 행정의 집행적 이익과 시민의 신뢰보호를 위하여 도입되었다. 전자의 이익은 주로 부담적 행정행위가 문제되는 상황에서 강구될 수 있는데, 그런데 이 경우 명백성의 요구는 일종의 행정청의 특권(特權)인 셈이어서 그것의 정당성이 검토되어야 한다. 하자가 법치국

---

283) H.J. Wolff, Verwaltungsrecht I, 4.Aufl., 1961, 270ff.

284) Vgl. Forsthoff, ZMR 1952, 54. 한편 Forsthoff의 행정법 교과서를 보면, 1973년에 출간된 10판에선 중대명백성설이 판례에 의해 일반적으로 인정되는 것으로 여겨질 수 있음을 지적하였고(S.226, Fn.6), 그 이전에 출간본(2판, 1951; 8판, 1961)에선 중대명백성설에 관해 언급이 전혀 없다.

285) Martens, NVwZ 1990, 624(625).

286) Eyermann/Fröhler, VwGO, 1960, §42 Anh I.1.

가원리를 무색할 정도로 중대함에도 불구하고 일방적으로 국가행위, 즉 행정청의 보호에 이바지하는 명백성 기준을 추가로 요구한다는 것은 법치국가원리를 도외시한 것이나 다름없다. 부담적 행정행위의 수범자로선 명백성기준의 장애가 그를 곤경에 처하게 만들 뿐이다. 수익적 행정행위에서 수범자의 신뢰보호나 제3자의 신뢰보호를 내세워 명백성기준을 근거지우려는 시도 역시 오늘날에는 주효하지 않는다. 왜냐하면 이런 문제상황은 이미 헌법상으로 근거지워진 일반법원칙으로서 신뢰보호의 원칙에 의해서도 충분히 커버되기 때문이다.

iv) **명백성기준의 헌법적 문제점:** 법치국가원리에서 기인한 명확성의 원칙은 법적 안정성의 기본전제를 보장한다. 이로부터 비롯된 규율의 명료성 요구는 입법자는 물론 －행정행위를 통해 결정을 내리는－ 행정에 대해서도 미친다. 명백성기준으로 인해 관련인은 중대한 하자가 있는 경우에도 그 행정행위를 처음부터 무시하기가 매우 어려운데 반면 행정행위의 공정력으로 인해 행정은 오히려 명료성의 결여를 정당하게 주장할 수 있게 되었다. 행정은 당연히 불명료성을 핑계로 삼을 수 있다. 그러나 명확성의 원칙 및 행정에 대한 명료성의 요구에 비추어 처분청 자신이 명료성의 결여, 즉 명백성기준의 불충족을 주장한다는 것은 합당하지 않다. 명백성 기준의 추가는 관련인에 대해 추가적인 입증책임과 그 리스크를 과한 셈인데, 이를 넘어 행정의 법률적합성의 원칙의 측면에서도 심각한 문제가 야기된다. **법치국가원리를 무색하게 하는 중대한 하자가 있는 행정행위가 명백성의 결여를 이유로 －비록 잠정적이지만－ 통용된다는 것은 행정의 법률적합성의 원칙을 훼손하는 것이다. 이런 역설적 상황의 조성 자체가 명백히 법치국가원리에 배치된다. 행정의 법률적합성의 원칙이 국가행위의 존속에 관한 공익보다는 중요하다는 것이 자명한 이상, 중대한 위법상태(하자상태)에 대해선 의당 법치국가원리적 제재(즉, 무효)가 주효해야 한다.**

(4) 관견(管見): 신중대성설

국토계획법령상 도시계획시설인 유원지는 '주로 주민의 복지향상에 기여하기 위하여 설치하는 오락과 휴양을 위한 시설'에 해당한다. A국제자유도시개발센터가 주거·레저·의료기능이 통합된 휴양형 주거단지 개발사업을 추진할 수 있도록, 행정청이 여래유원지설치를 내용으로 한 도시계획시설사업에 관한 실시계획을 인가하였고, 이에 기초하여 A특별자치도 지방토지수용위원회가 수용재결을 내렸다. －수용재결을 무효화시키기 위해－ 해당 유원지가 국내외 관광객, 특히 고소득 노년층을 유치하여 중장기 체재하도록 함으로써 관광수익을 창출하는 것을 주된 목적으로 하는 점을 들어, 요건불충족을 이유로 실시계획인가처분이 무효라는 주민들의 주장은 판례상 주효하는가? (대법원 2011두3746판결)

기왕의 논의에서는 하자의 명백성만 주목하였을 뿐, 중대성의 의미에 대해선 상대적으로 소홀히 다루었다. **판례는 '법규의 중요한 부분',**[287] **'행정처분의 중요한 부분에 해**

당하는 규정'을 위반한 것을 하자의 중대성으로 받아들이고 있다. 이런 판례의 중대성인 정공식 —법규의 중요한 부분— 은 너무나 막연하여 과연 그것이 가늠자가 될 수 있을지 심히 의문스럽다. **대안으로 명백성 기준을 부인하고 오로지 하자의 중대성만으로 무효기준을 삼을 것을 제안한다(신중대성설). 또한 하자의 중대성을 새롭게 접근해야 한다.**

독일의 경우 현행 법질서와 그것의 바탕이 되는 공동체적 가치관과의 불일치(하자)가 존재하되, 행정행위가 (그것으로써) 의도한 법효과를 지녀서 그 불일치가 받아들일 수 없을 정도일 때, 비로소 그 하자가 (심히) 중대하게 된다.[288] 행정행위에 대해 유효한 외관이나 잠정적인 통용이나마 용인하는 것이 법치국가원리적 질서 및 요청과 심각하게 불일치하다고 여겨질 정도가 되어야 비로소 그 하자가 (심히) 중대하다.[289] 하자의 중대성 판단에 있어서 중요한 헌법원리나 법질서의 내재적인 가치표상과의 심각한 불일치를 요구하는 독일 판례의 경향은 너무 엄격할 순 있지만 매우 시사적이다.[290]

판례상의 논증이 한층 설득력을 가질 수 있도록 독일의 중대성 공식마냥 엄격성을 모색할 필요가 있다. **행정행위의 유효성을 도저히 받아들일 수 없을 정도로, 즉 법치국가원리를 무색하게 만들 정도로 법위반이 그 종류와 범위에서 심대해야 한다.** 판단규준과 관련해서는, 일정한 법규정 그 자체의 위반이 우선되진 않고, 전체적으로나 일정한 측면에서 법질서의 바탕이 되고 이를 지지하는 목적과 가치에 대한 위반 —특히 중요한 헌법원칙에 대한 위반— 및 이들에 대한 불일치의 정도가 결정적인 기준이 되어야 한다. 법률적 수권이 없는 행정행위라 하더라도 곧바로 하자의 중대성을 인정해서는 아니 된다(법률유보원칙의 위배≠하자중대성).

하자의 중대성의 판단이 위반법규정의 위계에 전적으로 좌우되어선 아니 된다. 헌법위반만이 무효를 초래하는 것은 아니며, 아울러 헌법위반 모두를 필연적으로 무효가 초래될 수밖에 없는 중대한 것인 양 여기는 것도 곤란하다.[291] 하자의 치유가능성여부를 적극적으로 모색하여, 그것이 시인될 경우에는 하자의 중대성을 인정해서는 아니 된다.[292]

287) 대법원 2011두3746판결이 실시계획 인가요건을 갖추지 못한 인가처분은 공공성을 가지는 도시계획시설사업의 시행을 위하여 필요한 수용 등의 특별한 권한을 부여하는 데 정당성을 갖추지 못한 것으로서 법규의 중요한 부분을 위반한 중대한 하자가 있다고 하면서 실시계획인가가 무효이므로 그에 기초한 수용재결도 무효로 보았는데, 법적 안정성의 차원에서 너무 단선적인 접근이다(본서 369면).

288) BVerwG NVwZ 1984, 578; NJW 1985, 2658.

289) 이런 독일식의 공식은 유럽공동체법에서도 반영되고 있다. EuGHE 1994, I-2555, Rn.71ff.

290) 사실 독일은 하자의 중대성을 판단함에 절대적 무효사유와 절대적 비무효사유를 규정한 행정절차법 제44조 제2항과 제3항상의 규율은 물론, 제45조 제1항의 하자치유 규율이 근거점을 제공하기에, 하자의 중대성 판단에 그처럼 엄격한 입장을 견지하는 것이 나름 설득력이 있다.

291) 독일의 경우 법치국가원리를 표방하는 그들 기본법 제20조 제3항과 같은 헌법규정의 위반 그 자체만으로 바로 무효가 도출되지는 않는다. BVerwG NJW 1984, 2113. 또한 동일한 맥락에서 유럽연합법의 우위원칙이 통용됨에도 불구하고 유럽연합법의 위반이 필연적으로 무효사유로 되지 않는다.

292) Kopp/Ramsauer, §44 Rn.9.

향상된 인식에서 보면, 중대명백성설에서 신중대성설로의 방향전환은 더 이상 미룰 수 없는 과제이다. 힘들지도 않다. **중대명백성설을 폐기하기 위한 법개정이 불가능한 독일의 경우와는 달리, 우리는 그리 어렵지 않게 방향을 선회할 수 있다(後發의 利點).** 종래의 관련 논의가 시종 일본에서의 그것을 중심으로 전개된 나머지, 정작 그것의 원형인 독일에서의 논의가 전혀 소개되지 않았다. 그 결과 기왕의 논의수준을 벗어나지 못하여 지금의 정체상황이 빚어졌다.[293] **대법원 2017다242409전합판결의 반대의견을 계기로 하루바삐 법치국가원리와 조화되지 않는 중대명백성설을 벗어나길 기대한다.**

4. 행정행위의 일부위법의 문제

정당한 금액을 초과한 과세처분이나 단지 몇 가지 점에서 위법한 설비허가와 같이, 행정행위의 일부에 대해서만 위법성이 생길 수 있다. 이 경우 법위반의 효과(단순위법이든 무효이든)가 위법한 부분에 한정되어서 적법한 나머지 부분은 여전히 견지될 수 있는지 여부가 문제된다. 이는 행정행위의 일부폐지 및 일부취소판결과 관련해서 문제된다(본서 396면 이하, 865면 이하).

민법에서는 법률행위의 일부가 무효이면 원칙적으로 전부 무효이고, 예외적으로 부분 무효가 된다(137조). 하지만 ―비록 독일 행정절차법처럼 민법의 기조를 수정한 명문의 규정(44조 4항)은 없지만― **행정법에서는 법적 안정성과 수범자의 이익을 위해 부분위법의 원칙이 통용되어야 한다. 판례 역시 그러하다(대법원 95누8850전합판결; 2011두9263판결).**[294] 다만 부분위법의 원칙이 통용되기 위해서는, ⅰ) 행정행위의 전체규율이 가분성을 지녀서, 위법한 부분이 분리되더라도 전체 규율의 남은 적법한 부분이 독립된 의미를 지녀야 한다. ⅱ) 행정청이 위법한 부분이 없더라도 남은 적법한 부분의 행정행위를 하였을 것(또는 심지어 할 수밖에 없었을 것)이라고 인정되어야 한다.

Ⅲ. 행정행위의 구체적 위법사유의 분석

대다수의 행정법 문헌에서 행정행위하자론은 다른 영역과 비교하여 극히 소홀히

293) 더군다나 최근 환경영향평가의 결여와 인사교류계획의 결여와 관련해서 무효사유를 확대하려는 일련의 판례는 중대성의 의미마저도 저하시킨다(본서 341면).

294) 대법원 2016두56721, 56738판결: 도로점용허가 중 특별사용의 필요가 없는 부분을 직권취소할 수 있음이 원칙이다.

다루어지고 있다.[295] 이하에서는 기왕의 중대명백성설에 의거하여 논의되어 온 사례를 중심으로 비판적으로 살펴본다.[296]

1. 주체상의 하자

(1) 무권한적 행위

(가) 판례의 기조

문헌상으론 사물적 무권한의 경우에는 원칙적으로 무효인 데 대하여, 지역적 무권한의 경우에는 반드시 무효가 아니라고 하는 것이 일반론이라고 지적한다. **하지만 판례는 기본적으로 사항적, 지역적 무권한을 구별하지 않은 채, 권한유월의 행위를 무권한적 행위로 원칙적으로 무효라고 보면서도**(예: 대법원 96누4374판결; 2002두10704판결 등),[297] **개별사정을 고려하여 무효 원칙에서 벗어나 일반적 기준(중대명백성기준)을 적용할 수 있다는 입장을 견지한다.** 관건은 해당 처분을 할 권한이 있다고 객관적으로 오인할 여지가 있는지 여부이다. 그리하여 납세지를 관할하는 세무서장이 아닌 다른 세무서장이 소득세 부과·징수처분을 한 경우(대법원 99다1260판결)와 구청장이 서울특별시 조례에 의한 적법한 위임 없이 택시운전자격정지처분을 한 경우(대법원 2001두4566판결)에도 일반적 기준을 적용하여 단순 위법사유로 보았다. 특히 권한의 유월이 주로 문제가 되는 권한의 위임사례에서도 판례는 기왕의 위임규정 및 권한규정에 터 잡아 명백성의 기준을 적극적으로 대입하여 단순 위법으로 본다(대법원 2005두11937판결).[298] 나아가 행정청의 공무원에 대한 의원면직처분의 경우 그것의 소극성과 확인적 행정행위로서의 성격을 내세워 그 경우에서의 행정청의 권한유월을 다른 일반적인 행정행위에서의 그것과 반드시 같이 보아야 할 것은 아니라고 하면서, 5급 이상의 국가정보원직원에 대해 임면권자인 대통령이 아닌 국가정보원장이 행한 의원면

295) 1990년 중반에 나온 논문(박홍대, 재판자료 제68집(1995.5.), 181면 이하)을 제외하고서는 행정행위의 하자 전반을 다룬 문헌을 찾을 수가 없다.

296) 상론: 김중권, 행정법기본연구Ⅲ, 133면 이하. 행정기본법의 제정에서 구체적인 무효사유와 단순위법사유의 명문화를 강력히 주장하였지만, 차후 과제로 넘겨졌다. 판례에서 확립된 내용 정도는 조속히 명문화할 필요가 있다.

297) 일본 大正시대에 이미 주체상의 하자에서 무권한무효의 원칙은 판례에 의해 확립되었는데(大判 大正3.7.13 行錄25号1011頁), 이것이 우리에게도 그대로 이어지고 있다.

298) 대법원 2005두11937판결: 교육장의 공립유치원 교사에 대한 직권면직처분은 적법한 위임 없이 권한 없는 자가 행한 처분으로서 그 하자가 중대하지만 객관적으로 명백하다고는 할 수 없다. 대법원 94누4615전합판결에 의하여 기관위임사무와 관련한 권한이 법령이 아니라 조례로 위임의 경우에도 그러하다(본서 469면).

직처분은 당연무효가 아니라고 판시하였다(대법원 2005두15748판결).[299]

무권한적 행위와 관련해서 유의할 점은 -권한자인 대통령이 재가한 서훈취소를 보훈처장의 이름으로 한 경우처럼- 권한을 실질적으로 행사하지 않은 경우에는 무권한무효의 원칙은 통용되지 않는다. 한편 무권한의 하자의 경우 피고적격이 문제되는데, 실제 행정행위를 발한 행정청이 피고가 된다(대법원 94누1197판결).

(나) 내부위임 및 임용결격자의 행위의 문제

> 원자력안전위원회가 '월성1호기에 대하여 2022.11.20.까지 10년간 계속운전을 허가'하기로 의결하여, 그런 내용의 운영변경허가를 하였다. 운영변경허가에 대해 행정소송을 제기한 원고가 원자력안전위원회 위원장인 甲이 2012.12.경 원자력이용자인 ㈜한국수력원자력이 만든 협의체인 원자력정책자문위원회 위원으로 활동한 점을 들어 결격자가 참여하여 이루어진 원안위 의결은 당연 무효이므로, 이를 전제로 한 운영변경허가도 무효라고 주장하였다. 원안위법 제10조 제1항 제5호에 따르면 '최근 3년 이내 원자력이용자로부터 연구개발과제를 수탁하는 등 원자력이용자가 수행하는 사업에 관여하였거나 관여하고 있는 사람'은 피고의 위원이 될 수 없고, 이에 해당하게 되는 때에는 위원직에서 당연 퇴직한다. 원고의 주장은 주효하는가? (서울행법 2015구합5876판결)

내부위임(전결)을 받은 자가 법령상의 처분권자의 이름이 아닌 자신의 이름으로 권한을 행사하면, 판례는 일반적 기준의 적용여부를 고민하지 않고 곧바로 '無權限無效의 原則'을 적용한다(대법원 94누6475판결; 97누2313판결).[300] 그런데 사물관할의 실질적인 측면에서 보자면, 여기서의 하자는 중대하지도 않을 뿐더러 명백하지도 않다. 사실 외부에서 행정조직상의 권한분배를 알기도 매우 어렵다. 한편 -행정관청 내부의 사무처리규정에 불과한- 전결(내부위임)규정에 위반하여 원래의 전결권자 아닌 보조기관이 처분권자인 행정관청의 이름으로 행정처분을 한 경우에는 무권한 무효원칙이 적용되지 않는다(대법원 97누1105판결).

임용결격자에 대한 당연퇴직통보를 규정한 국가공무원법 제33조와 제69조에 의거하여 임용결격자의 임용은 무효가 된다. 이 경우 당연퇴직(임용결격)사유의 존재를 확인하기 전에 그 공무원이 행한 직무행위의 위법성 여부가 문제된다. '無權限無效의 原則'을 그대로 적용하면 결격사유의 존재가 확인되기 전에 행한 모든 직무행위가 무효로 되어 버린다. 행정법관계의 안정 및 직무행위의 존속에 관한 국민적 신뢰를 보

299) 시·도지사가 직행형 시외버스운송사업 면허를 부여한 후 장관의 소관인 고속형 시외버스운송사업을 사실상 할 수 있게 사업계획변경을 인가한 것은 권한을 넘어 위법하다(대법원 2015두53824판결).
300) 이에 대한 평석으로 김민호, 행정판례평선, 983면 이하.

호하기 위하여 '사실상의 공무원 이론'을 적극적으로 반영하여 다른 위법사유가 없는 한 유효한 것으로 보아야 한다.[301] **'사실상의 공무원 이론'은 본래 '無權限無效의 原則'을 제어하는 기능을 하여 일종의 무효인 행정행위의 전환과 같은 결과를 낳는다.**[302] 이처럼 '사실상의 공무원 이론'은 결격 공무원의 대외적 행위의 효력의 문제이어서 엄격히 보면 그런 공무원의 기 수령급여의 반환이나 연금수급권의 문제와는 직접적 관련성이 없다. 외관주의가 지배하는 국가배상책임 역시 굳이 그것을 동원할 필요가 없다.

(2) 행정기관(담당 공무원)의 의사형성상의 하자

(가) 의사가 없는 행위

공무원의 심신상실 중의 행위 및 저항할 수 없을 정도의 강박에 의한 행위는 무효이다. 가령 명백히 정신질환자인 공무원이 행한 행정행위는 −비행정행위로 보기 어려운 이상− 무효가 되어야 한다. 그리고 직접적인 강박에 의해 초래된 행정행위나 형법상의 협박에서 빚어진 행정행위의 경우에도 무효가 인정된다. 반면 기망이나 증뢰에 따른 행정행위의 경우, 예컨대 전과(前科)를 의식적으로 묵비(黙秘)하여 사취(詐取)된 귀화허가의 경우는 무효가 아니다. 관계자가 아무런 문제없이(당장) 간파할 수 있는 경우를 제외하고선, 명백하지 않다고 보아야 하기 때문이다. 이 경우 신중대성설에 의하더라도 무효에 이를 정도의 중대함을 인정하기는 어렵다.

(나) 의사결정에 흠이 있는 행위

법률관계의 착오든 사실관계의 착오든 착오 그 자체는 행정행위의 하자사유가 되지 않고, 착오로 인해 행정행위 그 자체에 절차나 내용상의 하자(위법)가 있어야 한다. 그런데 행정행위와 관련한 착오는 내용적인 측면에서 보면 행정행위의 발급요건의 충족여부에 관한 착오에 해당한다. 발급대상이 아님에도 사실관계나 법률관계를 오인하여 발한 침익적 처분이 주로 문제가 된다. 명백성기준을 인정하는 입장에 서면, 관건은 그런 착오성립이 하자의 명백성기준에 견줘 정당화될 수 있는지 여부이다. 그러나 명백

301) '사실상의 공무원 이론'(de facto Beamter, de facto officer)은 미국과 일본, 프랑스에서는 판례상으로 인정되는 데 대해서 독일은 명문의 규정(연방공무원법 15조)을 두고 있다. 일본의 경우 田中二郎이 1906년에 '행정행위의 하자'라는 글에서 당시 프랑스 Jèze의 사실상의 공무원론을 소개한 이래 통설은 그것을 채용하였고, 판례 역시 그러하다(最判 昭35.12.7 民集14巻13号2972頁). 우리의 경우 문헌에서는 주장되나 행위의 적법성을 위해 작접 적용한 판례는 아직 없다.

302) 서울행법 2015구합5876판결은 결격사유가 있는 위원이 관여한 원자력안전위원회 의결 및 계속운전허가는 위법하다고 판시하였는데, −바람직하지 않게도− 사실상의 공무원 이론이 전혀 반영되지 않았다. 상론: 김중권, 저스티스 제169호(2018.12.1.).

성기준을 부정하는 입장에서는, 착오의 정당화가능성 여부를 중대성판단의 고려사항의 하나로 설정할 수 있다. 판례의 경향을 보면,[303] 오인할 만한 객관적인 사실에 천착하여 사실오인의 경우 대개 단순 위법으로 판단하는 경향을 보인다(대표적으로 대법원 95누10464판결).

2. 절차상의 하자

종래 문헌상으로 절차의 취지·목적에 따른 일반적 기준이 제시된다. 즉, 절차의 취지·목적이 상호 대립하는 당사자 사이의 이해를 조정하거나 이해관계인의 권리·이익을 보호하는 데 있을 때는 절차결여가 무효원인이 되며, 그 취지·목적이 단순히 행정의 적정·원활한 운영을 위하는 등 행정상의 편의에 있을 때에는 그 절차결여가 반드시 무효로 되지는 않는다고 본다. 그러나 **판례는 문헌상의 이런 기준을 따르지 않는다.** 오히려 주로 전자의 경우를 문제 삼아 취소를 원칙으로 하되 예외적으로 무효로 인정하며, 후자의 경우에는 대상 행위의 효력 자체를 문제 삼지 않는다. 문헌과 판례상의 이런 간극은 상호 조화되기 어려울 정도로 현저한데 별반 지적이 없다.[304]

(1) 처분의 사전통지(불복고지)나 의견청취의무의 위반

문헌상의 일반적 기준에 의하면 이런 절차하자는 당연히 무효사유에 해당하며 일반적으로 그렇게 보고 있다. 행정절차법의 제정이전에 판례는 법정청문절차의 결여와 비법정청문절차의 결여를 구분하여, 전자의 경우엔 행정행위가 위법하게 된다고 보면서 아울러 단순위법(취소사유)으로 접근하였지만(대법원 68누179판결 등), 후자의 경우에는 위법성을 인정하지 않았다(대법원 93누18969판결). 판례가 그 자신이 법규성을 인정하지 않는 훈령(건축사사무소의 등록취소 및 폐쇄처분에 관한 규정: 건설부훈령 제447호)에서 요구된 청문절차의 결여를 취소사유로 여긴 破格을 드러내긴 하였지만(대법원 82누166판결), 이는 일회적 사건이었다.[305] **행정절차법의 제정 후에는 법정청문절차의 결여와 비법정 청문절차의 결여의 구별은 의미가 없다.** 판례는 사전통지(불복고지)나 의견청취의 결여를 단순 위법으로 접근하고(대법원 2008두16155판결 등),[306] 의견청취의 배제·생략에 대해 정당하게 엄격한 입장을 견지한다(본서 607면 이하).

303) 박홍대, 앞의 논문, 206-208면 참조.

304) 이런 간극을 지적한 것으로 하명호, 조해현(편집대표), 행정소송(II), 2008, 132면.

305) 이 판결에 대해 상반된 문제인식이 있다. 훈령위반을 위법으로 판시하여 법정청문절차의 결여를 위법으로 본 기왕의 입장과 배치되어 의문스럽다는 입장(김남진/김연태, 474면)과 청문절차를 불문법원리로 인식하여 위법을 판단한 것으로 보는 입장(김동희/최계영, 410면)이 맞선다.

306) 경찰공무원에 대한 징계위원회의 심의과정에 감경사유에 해당하는 공적 사항이 제시되지 아니한 것을 관계 법령이 정한 징계절차를 지키지 않은 것으로 위법하다고 보았다(대법원 2012두13245판결).

(2) 신청 등 상대방의 협력이 결여되거나 (결여가 아닌) 하자가 있는 경우

(가) 상대방의 협력이 결여된 경우

일반적으로 문헌은 신청이 필요요건이면 신청이 없는 행정행위는 무효가 되고 신청과 다른 수정행정행위(허가 등)도 허용되지 않지만, 필요요건이 아니라면 그 신청이 없는 행정행위나 신청과 다른 행정행위는 당연무효가 되지 않는다고 본다. 이런 구별이 허가와 특허의 구별기준이 되기도 한다. 판례는 신청과 다른 내용의 허가가 당연무효로 되는 것은 아니라고 하면서(대법원 85누382판결 등), 동시에 "행정관청에 대하여 특정사항에 관한 허가신청을 하도록 위임받은 자가 위임자명의의 서류를 위조하여 위임받지 아니한 하자있는 허가신청에 기하여 이루어진 허가처분은 무효다."(대법원 74누168판결),[307] "분배신청을 한 바 없고 분배받은 사실조차 알지 못하고 있는 자에 대한 농지분배는 허무인에게 분배한 것이나 다름이 없는 당연무효의 처분이라고 할 것이다."(대법원 70다1750판결)고[308] 판시하였다.

무신청에 따른 법효과를 부인하는 명문의 규정이 없을 때, 신청의 필요요건 여부를 판단하기란 매우 힘들다. 법률이 행정행위를 위하여 관련자의 신청과 같은 협력이 필요하다고 규정하더라도, 그 자체로 그 신청을 강제성을 띈 필요요건으로 보아야 할지 적잖이 의문스럽다. **논증의 안정성을 기하기 위해서는, 효력부인의 명문의 규정이 없는 한, 신청을 필요요건으로 보지 않는 것이 바람직하다.** 그리고 대상행위의 성질, 즉 수익적 행정행위의 수령자에 대한 영향도 감안할 필요가 있다. 따라서 **협력이 필요한 행정행위에서 관련자의 협력이 결여되면, 규준이 되는 해당 실체규범의 내용에 의거하여 (가령 시험불응시생에 대한 합격처분이나 불합격처분에선) 무효, 유동적 효력불발생 또는 단순위법의 상황이 존재할 수 있되, 우선 신청자에 대해선 유동적 효력불발생의 관점에서, 제3자에 대해선 단순위법의 관점에서 접근해야 한다.** 사실 치유의 가능성에 대해 개방적 태도를 취하면, 신청의 결여는 그리 중요하지 않다.

대법원 2008두5759판결은 동의가 없는 공무원의 전출결정을[309] 무효가 아니라 단순위법으로 본다.[310] 이러면, 행정행위의 공정력으로 인해 전입 행정주체가 정당한 인

---

307) 신청절차상의 하자인데 이것이 과연 허가처분의 법적 효력을 부인할 수 있는지 의문스럽다. 신청 등이 착오나 기망이나 협박으로 취소된 경우 일단 단순위법으로 보아야 한다.

308) 이를 절차상의 하자만이 아닌 내용상의 하자, 즉 사실상의 객관적 불능의 차원에서 함께 검토할 순 없는지 의문이 든다. 존재하지 않는 사람과 관련해서는 이미 그 행정행위는 무효일 수밖에 없다.

309) 공무원의 전입과 인사교류와 관련한 법규정(지방공무원법 제29조의3, 제30조의2)은 당사자인 공무원의 동의에 관해 아무런 언급이 없는데, 판례는 당사자의 동의를 전제로 한다고 본다(헌재 98헌바101; 대법원 99두1823판결; 2008두5759판결).

310) 대법원 99두1823판결 역시 마찬가지로 단순위법이라 보면서 전출결정의 불응을 이유로 한 징계처분은 징계양정에 있어 재량권을 일탈하여 위법하다고 판시하였다.

사권자로 되어 해당 공무원에 대해 전입결정 등 권한을 적법하게 행사할 수 있다. 공무원관계의 창설인 임용에서 동의나 신청의 결여로 그 임용이 무효가 되듯이, 동의가 없는 이상 공무원의 전출결정과 후속 전입결정은 무효가 되어야 한다.[311)]

(나) 상대방의 협력에 (결여가 아닌) 하자가 있는 경우

먼저 논의되어야 할 점은 사인의 공법행위에 대해 민법의 규정이 통용될 수 있는지 여부이다. 일반적으로 사인의 공법행위에서의 표의자의 의사의 흠결(의사와 표시의 불일치) 또는 의사결정상의 하자(사기 · 강박 등)가 있는 경우에는 그 공법행위의 성질에 반하지 않는 한, 민법의 규정(107조-110조)이 준용될 수 있다고 본다.

하자가 있는 협력의 문제는 주로 사직신청에 의한 의원면직의 경우에 제기된다. 판례가 확인하였듯이, 민법 제107조의 비진의 의사표시에 관한 규정은 공법관계의 정형성 · 획일성으로 인해 사인의 공법행위에 적용되지 않는다. 판례는 강박에 의한 사인의 의사표시(가령 사직신청)에 대해서, "그 정도가 의사결정의 자유를 박탈할 정도에 이른 것이라면 그 의사표시가 무효로 될 것이고 그렇지 않고 의사결정의 자유를 제한하는 정도에 그친 경우라면 그 성질에 반하지 아니하는 한 의사표시에 관한 민법 제110조의 규정을 준용하여 그 효력을 따져보아야 할 것이다."라고 판시하였다(대법원 97누13962판결; 99두9971판결). 관건은 고강도의 강박이 존재하는지 여부이다.[312)]

그런데 -면직처분이 발하기 전에- 사직의 의사표시가 취소되었음에도 불구하고 발해진 면직처분은 무효인가, 아니면 단순위법인가? 의원면직처분 자체가 성립할 수 없는 이상, 무효로 보아야 한다.[313)]

(다) 다른 기관의 협력이 결여된 경우

과천시와 부천시의 소속공무원에 대한 상호 인사교류 협의에 의하여, 과천시장이 2002.9.17. 부천시장에게 '지방공무원인사기록및인사사무처리규칙 제14조'에 의하여 甲을 부천시로 전출(인사교류)시키려 하니 그에 대한 동의 여부를 통보하여 줄 것을 요청하는 공문을 발송하였고, 이에 부천시장이 2002.9.18. 동조에 의하여 甲을 부천시 지방공무원으로 전입하는 데 동의한다는 내용의 공문을 발송하자, 그 다음날인 2002.9.19. 甲을 부천시 지방공무원으로 전출하

311) 공무원의 전출 · 전입의 본질에서, 전자는 일종의 의원면직, 후자는 일종의 특별임용으로 볼 수 있다. 상론: 김중권, 공무원의 전출 · 전입과 관련한 법적 문제점에 관한 소고, 저스티스 제79호, 2004.6.
312) 인정: 대법원 67누164판결. 부정: 대법원 97누13962판결; 99두5481판결; 99두9971판결; 97누13962판결.
313) 한편 대법원 89누7061판결은, 정당한 사유 없이 행한 변경처분에 대하여 한 원고의 동의가 처분청의 기망과 강박에 의한 의사표시라는 이유로 적법하게 취소되었다면 이 동의는 처음부터 무효인 것으로 되므로 변경처분은 위법하게 된다고 판시하였다.

는 처분을 하였다. 1982.6.14.부터 과천시에서 근무하여 온 甲은 전출명령을 받고서, 도지사의 인사교류계획 없이 이루어진 점과 자신의 동의 없이 이루어진 점을 들어 전출명령이 무효라고 주장하였다. 제1심은 지방공무원법 제30조의2 제2항에 의한 인사교류가 아닌 동법 제29조의 3에 초점을 맞춰 전출 대상자 본인의 동의부재만을 문제로 삼아 전출처분이 단순위법이라고 판시하였지만, 제2심은 반대로 동법 제30조의2 제2항에 의한 인사교류만을 문제로 삼아 전출처분이 무효라고 판시하였다. 최종심은 어떤 입장을 취하였는가? (대법원 2004두10968판결)

국방부는 제주도 강정마을 일대에 항만시설을 건설하는 내용의 사업계획에 따라 환경부장관과의 사전환경성검토서에 대한 협의를 거쳐 2009.1.21. 국방시설사업법 제4조에 따라 국방·군사시설 실시계획 승인을 하여 고시하였다. 그 이후 해군본부와 국방부는 2009년 상반기 이 사건 사업부지에 대하여 환경영향평가법에 따른 환경영향평가를 실시하여 환경영향평가서 초안에 대한 주민의견수렴절차를 거쳐 작성한 다음 제주도지사와의 협의절차를 밟았고, 해군참모총장은 2009.12. 말경 환경영향평가 협의절차가 종료되자, 2010.1.27. 국방부장관에게 이 사건 실시계획의 변경승인을 신청하였고, 국방부장관는 2010.3.15. 이 사건 실시계획에 대한 변경승인을 하였다. 지역주민들이 실시계획승인처분 및 변경승인처분에 대해 무효확인을 구하였는데, 이 주장은 판례상으로 주효하였는가? (대법원 2011두19239전합판결)

다른 행정청의 필수적인 협력을 전제로 한 소위 다단계적 행정행위에서 그 협력이 없을 경우 행정행위의 효력이 문제된다. **협력의 결여의 효과에 대해선 문헌은 다음과 같이 다양한 입장을 취한다.**[314)]

판례는 우선 협력의 성격을 단순한 자문적 협의와 구속적 의미를 갖는 동의적 협의를 구분한다. 그리하여 전자의 경우에는 그 협의를 거친 이상 관계기관의 의사를 반영하지 않았다 하더라도 반영하지 않은 점을 행정행위의 위법사유로 주장할 수 없다고 본다(대법원 99두5092판결).[315)] 반면 구 '군사시설보호법' 제7조 제3호, 제6호, 제7호상의 '관할 부대장과의 협의'나 문화재보호법 제74조 제2항 및 같은 법 시행령 제43조의2 제1항에서 정한 '문화재청장과 협의'에 대해서는 동의로 본다(대법원 94누12739판결; 2004추119판결). 이런 협의 결여 그 자체를 판례는 취소사유로 보는 경향이다(대법원 95누9730판결; 2005두14363판결). 물론 전적으로 내부적 행정규칙에 의해 규정된 다른 행정청의 참여와 관련해서는 그것의, 부재 즉 행정규칙의 위반

314) 하자의 정도에 따라 무효 또는 취소의 원인이 된다는 견해, 행정행위의 발급에 필수적인 협력의 경우에는 그 결여가 원칙적으로 취소사유로 되나 단순히 자문적 성격이면 아무런 영향을 미치지 않는다는 견해, 협력이 법률상 관계인의 권익보호를 위함이면 무효원인으로 되고 그렇지 않으면 취소원인에 불과하다는 견해, 필요적인 협력의 경우라 하더라도 행정내부적인 협력행위에 그치는 한 그것을 거치지 않은 행정행위는 원칙적으로 취소가능한 행정행위에 불과하다는 견해가 제시된다.

315) 비슷한 맥락에서 대법원 2021도13197판결은 지방공무원법령이 승진임용에 관해서 인사위원회의 사전심의를 거치도록 규정하였을 뿐 그 심의·의결 결과에 따라야 한다고 규정하고 있지 않으므로, 임용권자는 인사위원회의 심의·의결 결과와는 다른 내용으로 승진대상자를 결정하여 승진임용을 할 수 있다고 본다.

은 행정행위의 위법성과는 아무런 관련이 없다.[316]

그러나 법원은 환경영향평가(대법원 2005두14363판결)와 인사교류계획(대법원 2004두10968판결)과 같은 다른 기관의 협력의 결여에 대해 무효사유로 보아 매우 엄격한 태도를 보인다. 전자의 경우 아무리 환경적 가치를 앞세우더라도 절차로서의 환경영향평가의 본질에 비추어 환경영향평가의 결여를 독립된 무효사유로 삼는 것은 지나치다. 그리고 후자의 경우에는 기본적으로 다른 기관의 협력이란 절차의 문제가 아니라, 전출대상 공무원의 동의가 없다는 것이 쟁점거리이다. 이들 판결은 제도의 본질을 간과하고 관련 법제의 구성을 무시하며 나아가 치유가능성을 원천배제한 데서 치명적인 문제점을 안고 있다.[317]

제주도 강정마을 사건에서 하급심은 공히 실시계획승인처분 이전에 환경영향평가가 전혀 행해지지 않은 점을 들어 위법성(무효)을 논증하였는데, 구 환경영향평가법령이 군사시설의 설치사업의 경우 환경영향평가가 '기본설계의 승인 전'에 있어야 한다고 규정한 것에 착안하여 다수의견은 환경영향평가가 실시계획승인처분 이전에 행해지지는 않았지만, '기본설계의 승인 전'에 행해졌음을 들어 실시계획승인처분의 위법성을 부인하였다(대법원 2011두19239전합판결).[318]

(라) 필요한 공고나 통지가 결여되거나 절차상의 하자가 있는 경우

> 국세기본법 제81조의15 제1항에 의해 과세예고 통지를 받은 자는 통지를 한 세무서장 등에게 통지 내용의 적법성에 관한 심사(과세전적부심사)를 청구할 수 있으며, 동법 시행령 제63조의14 제4항에 의해 과세전적부심사 청구를 받은 세무서장 등은 그 청구부분에 대한 결정이 있을 때까지 과세표준 및 세액의 결정이나 경정결정을 유보해야 한다. 과세관청이 과세예고 통지를 하지 아니하고 과세처분을 한 경우와 과세예고 통지 후 과세전적부심사 청구나 그에 대한 결정이 있기도 전에 과세처분을 한 경우에 판례는 어떻게 판단하였는가? (대법원 2015두52326판결; 2016두49228판결)

법령이 행정행위를 함에 있어 이해관계인으로 하여금 그의 권리를 주장하고 이의

316) 자동차운수사업법시행규칙 중 협의에 관한 규정의 위반에 대해 위법으로 접근하지 않은 대법원 91누4928판결은 이런 차원에서 접근이 가능하다.

317) 이런 문제점에 관해서는 김중권, 행정법기본연구 III, 272면, 435면 이하 참조

318) 반면 반대의견은 모법률이 규정한, '실시계획승인 이전'의 시점에 의거하여 반론을 제기하였다. 다수의견은 실시계획승인→기본설계의 승인으로의 경과를 예정하는 셈인데, 이것은 모법률의 문언에 배치된다. 적용당시의 근거법률이 사업계획승인과 실시계획승인을 나누지 않는 이상, 사업계획승인에 실시계획승인까지 포함된 것으로 보아야 한다. 그런데 기실 환경영향평가의 결여의 효과에 대해 무효사유로 보는 판례(대법원 2005두14363판결)의 입장에서 이런 난맥이 빚어졌다고 할 수 있다. 상론: 김중권, 안암법학 제42호(2013.9.30.), 55면 이하.

신청 등을 할 기회를 부여하기 위하여 행정행위에 앞서 일정한 공고 또는 통지를 하도록 규정하고 있는데, 그 공고나 통지를 결하여 행해진 행정행위는 무효인가 아니면 단순위법인가? 행정행위의 구성요소이자 성립요건으로서의 통지는 단순한 절차적 차원을 넘어서기에, 그것의 결여는 행정행위의 부존재나 내용상의 하자의 차원에서 접근할 필요가 있다.

문헌상으론 일반적으로 무효로 보지만, 판례는 공고절차상의 결여(대법원 94누3223판결; 2000두5142판결 등)**와 하자**(대법원 98두2768판결 등)**를 공히 취소원인으로 접근하는 경향이다.** 그런데 판례는 납세자의 절차적 권리의 보장을 강조하여 사전구제절차로서 과세전적부심사 제도에 높은 의의를 부여하여, 과세관청이 과세예고 통지를 하지 아니하여 과세전적부심사의 기회를 부여하지 아니한 과세처분은 위법하다고 본(대법원 2015두52326판결) 반면, 과세예고 통지 후 과세전적부심사 청구나 그에 대한 결정이 있기도 전에 과세처분을 한 것(대법원 2016두49228판결)과 세무조사결과 통지 후 과세전적부심사 청구 또는 그에 대한 결정이 있기 전에 그 익금 등의 소득처분에 따라 소득금액변동 통지를 한 것(대법원 2017두51174판결)은 무효라고 보았다.[319)]

그리고 판례는 당초의 환지계획에 대한 공람과정에서 토지소유자 등 이해관계인이 제시한 의견에 따라 수정하고자 하는 내용에 대하여 다시 공람절차 등을 밟지 아니한 채 수정된 내용에 따라 한 환지예정지지정처분에 대해 당연무효로 판시하였다(대법원 97누6889판결). 해당 판결에서 환지계획의 처분성을 부인하였음에도 불구하고, 환지계획에 따르지 아니하거나 환지계획을 적법하게 변경하지 아니한 채 이루어진 환지예정지지정처분을 당연무효로 본 것이 부조화스럽게 여겨질 수 있다. 이는 일찍이 환지처분의 성질에 의거하여 환지계획에도 없는 사항을 내용으로 하는 환지처분이란 효력을 발생할 수 없다고 판시한 대법원 78누170판결에서 연유한 것이다(대법원 97누5534판결 등). 따라서 자칫 공고절차의 문제로만 접근하면 오해를 빚을 수 있다. 환지계획과 환지예정지지정처분·환지처분의 관계를 염두에 두면 78누170판결은 사안을 환지처분을 전제하고서 일종의 법적 불능의 차원에서 접근하였다고 볼 수도 있는데, 그렇다면 여기서의 하자가 과연 －명백성은 차치하고서－ 중대하다고 할 수 있을지 매우 의문스럽다.[320)]

---

319) 대법원 2016두49228판결은 치유의 가능성을 원천 봉쇄한 점에서 절차적 권리를 지나치게 부당하게 강조하였다. 과세전적부심사제도의 형해화의 차원에서 엄격한 입장을 취한 것이라면 처음부터 과세전적부심사청구의 기회를 주지 않은 셈이 된 과세예고통지의 결여를 위법으로 본 대법원 2015두52326판결과도 어울리지 않는다. 상론: 김중권, 안암법학 제53호(2017.5.30.).

320) 독일에서도 법적인 불능은 절대적 무효사유로 인정하는 데 원칙적으로 충분하지 않다.

(마) 필요한 이해관계인의 참여(공람), 입회나 협의를 거치지 않은 경우

대부분의 문헌은 이해관계인의 이익의 보호 또는 조정을 목적으로 한 이해관계인의 입회(재산압류의 입회) **또는 협의**(토지수용의 협의) **등을 결한 행정행위를 원칙적으로 무효로 보지만, 판례는 시종 취소원인으로 접근한다**(대법원 2003두12349, 12356판결).[321] 행정소송에서와는 달리, 필수적인 입회의 경우에도 마찬가지이다. 하지만 **결정이 명백히 불공정한 의사결정의 구조에서 내려져서 결정 그 자체도 명백히 편향성을 띠고 있으면 무효사유가 될 수 있다.**

판례는 폐기물처리시설입지선정위원회의 구성방법 및 절차에 관한 폐기물시설촉진법령상의 규정에 반하여 군수와 주민대표가 선정·추천한 전문가를 포함시키지 않은 채 임의로 구성된 폐기물처리시설입지선정위원회가 행한 의결에 터 잡아 이루어진 폐기물처리시설 입지결정처분은 무효로 본다(대법원 2006두20150판결).[322] 반면 민원 1회방문 처리제를 시행하는 절차의 일환으로 민원사항의 심의·조정 등을 위한 민원조정위원회를 개최하면서 민원인에게 회의일정 등을 사전에 통지하지 않은 경우, 미통지 자체로 민원사항에 대한 거부처분이 위법하게 되지는 않는다(대법원 2013두1560판결).

(바) 결격사유나 제척사유가 있는 자가 위원회에 심의나 의결에 참여한 경우

결격제도와 제척제도는 법치국가원리에서 비롯된 공정무사의 원칙(Unbefangenheitsgebot)을 실현하기 위한 제도이다. 이를 통해 결격사유나 제척사유가 있는 자가 합의제 행정청, 심의기관이나 자문기관 등에 의결에 참여한 것이 저지된다. 처음부터 참여자격이 없는 자가 참여하여 내려진 의결의 효력이 문제된다. **참여자격이 없는 자가 의사결정에 참여한 것은 절차적 하자에 해당한다. 무자격자의 표결참여 그 자체로 위원회의 결의 자체가 무효로 되지는 않는다**(대법원 96다23375판결). 결격위원의 참여 그 자체가 공정무사의 원칙에 반하는 편견의 존재가능성을 낳지만, 허용되지 않는 절차참여와 절차결과간의 인과관계까지 추정되지는 않는다. 결정과정을 재구성할 때 결격사유가 있는 위원이 전체 결정과정에서 명백히 결정적인 영향을 미쳤다는 점과 위원회의 의사결정이 명백히 편향되게 진행되었다는 점이 드러나지 않는 한, 그런 (결격자의) 참여만으로 위원회의 의사결정에 본질적으로 영향을 미쳤다고 볼 수 없다. 그런 참여만으로 위원회의 의결이 위법하다고 할 수는 없고, 결격자의 참여와 위원회의 의결간에 인과

---

321) 독일의 경우에도 관련인을 입회시키지 않는 것이 원칙적으로 무효사유는 아니다.

322) 법의 취지에 반하게 군수와 주민대표가 추천한 전문가를 전혀 참여시키지 않았기에 절차의 공정성을 심각하게 훼손하여 결정 자체도 명백히 편향성을 지니기에 무효로 본 것은 타당하다. 독일의 경우에도 명백한 편향성을 무효사유로 본다. Stelkens/Bonk/Sachs, §44 Rn.178.

관계가 인정되어야 절차적 하자가 인정되어 그 의결 및 그에 따른 대외적 결정이 위법하게 된다. 이런 절차적 하자는 원칙적으로 단순위법에 그치되, 명백히 편향성을 드러내면 무효사유가 될 수 있다. 다만 결격사유의 존재가 확인되기 전에 행한 직무행위의 경우 '사실상의 공무원 이론'이 적용되어야 한다(본서 336면).

3. 형식상의 하자

행정행위가 정당한 권한이 있는 행정청의 행위임을 분명히 하기 위하여 행정청의 서명과 날인을 필요로 하는 경우가 많다. 이와 같이 행정행위의 형식을 요구하는 이유는 권한을 가진 행정청에 의하여 그 행위가 행하여졌음을 표시하고 그 내용을 명확하게 하며 이해관계인이 그 내용을 용이하게 인식하게 하고 그에 관한 증거확보로 장래의 분쟁발생을 방지하여 법적 안정성을 기하기 위한 것이다.

(1) 서면형식의 요청의 위반

소방공무원 A가 2010.3.30. 당시 건물의 방화관리자인 B(당시 입주자대표회의 회장)의 입회하에 이 사건 건물에 대하여 정기소방점검을 실시하여 그중 甲 소유의 4층 부분을 비롯한 여러 곳에서 소방시설 불량사항을 적발하였다. A는 점검을 마친 후 B와 甲에게 '적발사항에 관하여 시정보완명령서가 발부될 것이고 이를 기간 내에 이행해야 하며 이를 이행하지 않을 경우 벌을 받을 수 있다'는 내용을 설명하였다. A는 2010.4.1. '이 사건 건물의 방화관리자 외 소유자일동'을 수신자로 하여 B에게 2010.4.2.부터 2010.4.22.까지 사이에 건물의 각 소방시설 불량사항을 시정하라는 내용의 시정보완명령서를 발송하였다 이에 B가 甲을 비롯한 건물의 각 구분소유자들에게 구두 및 내용증명우편 등으로 시정보완명령서의 내용을 알렸지만, 甲은 내용증명우편의 수령을 거부하였다. A는 2010.4.10.경 B로부터 甲이 내용증명우편의 수령을 거부하는 등 시정보완명령을 이행하는 데 협조하지 않고 있다는 소식을 듣고, 甲에게 전화를 걸어 시정보완명령상의 지적사항을 알려주며 이를 보완할 것을 통보하였고 또한 직접 이 사건 건물 1층에 있는 그의 사무실을 방문하여 지적사항을 알려주고 이를 보완할 것을 통보하였다. 그럼에도 甲은 시정보완기간의 말일인 2010.4.22.까지 지적사항을 보완하지 않았다. 시정보완명령에 불응한 것을 이유로 甲에게 행정벌에 과할 수 있는가? (대법원 2011도11109판결)

공법행위에서는 달리 규정하지 않는 한, 서면형식의 요청이 원칙이다(행정절차법 24조). 이 요청은 법적 명료성, 증명용이, 행정청의 규정에 맞는 문서기록의 이유에서 요구된다. **일반적으로 법령상 서면에 의하도록 되어 있는 행정행위(행정심판법 35조 1항 등)를 서면에 의하지 않는**

경우는 무효라고 본다. 판례 역시 그러하다. 무효로 본 사례를 보면(대법원 69도724판결; 90누3409판결; 95누17823판결 등), 납세고지서나 소집통지서, 자동차운전면허 취소·정지 통지서 역시 법률이 그것을 명시적으로 규정하고 있기에 그것을 대신하여 구술로 한 것이 문제되었다.[323]

그리고 일반문서나 전자문서에 의한 행정행위에서 그것을 발한 행정청이 분명해야 한다는 요청은, 서면형식의 요청에 따른 행정행위의 최소한의 형식요청이다. 따라서 처분문서에는 처분행정청 및 담당자의 소속·성명과 연락처(전화번호·모사전송번호·전자우편주소 등)를 기재하여야 한다(행정절차법 24조 2항). 처분청이 알려지지 않으면, 행정행위에 대한 권리구제가 -설령 불가능하진 않더라도- 곤란하다는 점에서 처분청의 불분명함은, 서면형식의 요청의 위반과 마찬가지로 무효원인으로 보아야 한다.[324] 서류의 맨 위에 처분청의 적시(거명)가 반드시 요구되지는 않으며, 처분청의 명칭이 결정에서 대체로 언급되면 족하다. 나아가 처분상대방이 어떤 행정청이 활동을 하였는지를 결정으로부터 전체적으로 도출할 수 있다거나, 행정행위의 본문에서, 경우에 따라선 해석의 방법으로, 혹은 겉봉, 우편소인, 송달서류 등으로부터 처분청을 별의문 없이 확인할 수 있다면, 무효가 인정되지 않는다. 반면 행정청이 표시되긴 했지만, 상황에 비추어 분명히 그 행정청이 교부(발부)하는 행정청일 수가 없는 경우, 혹은 존재하지 않는 행정청이 표시된 경우에는, 불분명함이 인정된다.

그런데 소방시설법 제9조 제2항은 시정보완명령의 발동만을 언급하지 시정보완명령서 등과 같이 처분방식에 대한 시사를 전혀 하지 않았다. 대법원 2011도11109판결이 서면형식의 요청이 행정의 공정성·투명성 및 신뢰성을 확보하고 국민의 권익을 보호하기 위한 것임을 들어 그 위반을 중대명백한 하자로 본 것은 문제가 있다. **명시적으로 서면으로 행정행위를 하게 규정하지 않은 실정법의 예가 많다는 점에서, 행정절차법이 구술의 처분방식도 규정하고 있는 점(24조 2항)에서 판례의 태도는 지나치다.** 무효는 기왕의 법질서를 無로 돌리기에 그것의 판단에는 늘 신중해야 한다. 사안에서 甲을 비롯하여 건물의 각 구분소유자들에게 구두 및 내용증명우편 등으로 시정보완명령서의 내용을 알렸으나 甲이 내용증명우편의 수령을 거부한 점에서 그 하자가 과연 중대하다고 할 수 있을지 그리고 과연 하자 자체가 있다고 할 수 있을지 의문스럽다.[325]

323) 독일의 경우에도 법률이 서면형식을 규정한 것에 반하여 구술로 발해진 행정행위는 무효이다.

324) 독일 행정절차법 제46조 제2항 제1호는 이를 명문화하였다.

325) 참고: 대법원 2019두34630판결: 상대방이 부당하게 등기취급 우편물의 수취를 거부함으로써 우편물의 내용을 알 수 있는 객관적 상태의 형성을 방해한 경우 그러한 상태가 형성되지 아니하였다는 사정만으로 발송인의 의사표시의 효력을 부정하는 것은 신의성실의 원칙에 반한다.

(2) 이유제시의무의 위반

(가) 위반효과의 다른 기조

이유제시상의 하자는 이유제시가 결여되거나 불충분한 경우가 해당한다. 현대행정의 효과적인 통제장치로서 이유제시의 원칙이 수립되었다(본서 634면 이하). 판례는 행정절차법의 제정(1996.12.31.) 이전에도 이유제시에 관한 특별한 법령상의 요구가 없는데도 법형성 기능을 발휘하여 이유제시상의 하자를 위법사유로 보았다(대법원 82누551판결 등). 이런 맥락에서 **통상 행정법문헌에서는 법령에 의해 이유제시가 필요적 기재사항일 때**(가령 국가공무원법 75조, 지방공무원법 67조, 국세징수법 9조 1항 등), **그것의 결여는 원칙적으로 무효라 보면서, 그것의 불비는 취소원인으로 본다. 하지만 판례는 이유제시상의 하자에 대해, 즉 그것의 결여**(가령 변상금산출근거를 명시하지 않은 납부고지서에 의한 변상금부과처분)**나 불비**(가령 기재사항 일부를 누락시킨 납세고지서에 의한 부과처분), **양자 공히 정당하게 취소원인의 차원에서 접근을 한다.**[326] 특히 공무원에 대한 징계처분이나 직위해제처분 등에서 처분사유설명서의 교부를 효력요건으로 보지 않음으로써 그것의 결여를 단순 위법의 차원에서 접근한다(대법원 2012두25552판결 등).

행정법 문헌상 논의는 비판적 검토가 필요하다. 행정절차법의 제정에 따라 불이익한 처분에 대해 제외사유가 없는 한 이유제시가 일반적으로 요구되기에, 법령에서의 필요기재의 요구 여부는 중요하지 않다. 국가공무원법 제75조에 따른 처분사유설명서의 교부는 상대방의 인지와 관련해서 당해 처분의 성립이나 효력의 차원에선 문제되지만, 절차형식상의 하자의 차원에선 크게 문제되지 않는다. 특히 여기서의 처분사유설명서의 결여를 무효를 가져다 줄 중대명백한 하자로 접근하는 것은 임명을 –사령장의 교부에 의해 비로소 성립・완성되는 의미에서의– 요식행위로 보지 않는 것과는 어울리지 않는다. 이유를 붙이지 않은 행정심판재결의 경우에도 그것이 사법작용이 아니라 행정작용인 이상, 당연히 무효원인이 아니라 취소원인으로 접근해야 한다.[327]

(나) 이유제시의 정도

이유제시상의 하자와 관련해선 궁극적으로 하자여부를 판단하는 이유제시의 정도가 문제된다. 이유제시의 요구에 관한 리딩판결인 대법원 82누551판결[328] 및 86누788판결은[329] 판례상으로 이제까지도 주효한 몇 가지 점을 담고 있다: i) 이유제시에 관한 주관

326) 대법원 2000두86판결; 96누12634판결.
327) 독일에서도 규정되어 있거나 기타 필요한 이유제시가 결여되더라도, 이는 단순한 위법이다.
328) 허가의 취소처분에는 그 근거가 되는 법령과 처분을 받은 자가 어떠한 위반사실에 대하여 당해처분이 있었는지를 알 수 있을 정도의 위 법령에 해당하는 사실의 적시를 요한다고 할 것이고 이러한 사실의 적시를 흠결한 하자는 그 처분후 적시되어도 이에 의하여 치유될 수는 없다.

적 차원에서의 정도는 궁극적으로 수범자의 인식가능성 여하에 귀착된다는 점, ii) 이유제시의 시간적 기준이 처분시점이라는 점, iii) 수범자가 처분당시 처분의 취지를 알고 있었다거나 그 후 알게 되었다고 하더라도 이유제시상의 하자는 치유될 수 없다는 점. 다만 객관적 차원에서의 이유제시의 정도와 관련해서, 대법원 2000두8912판결은, "일반적으로 당사자가 근거규정 등을 명시하여 신청하는 인·허가 등을 거부하는 처분을 함에 있어 당사자가 그 근거를 알 수 있을 정도로 상당한 이유를 제시한 경우에는 당해 처분의 근거 및 이유를 구체적 조항 및 내용까지 명시하지 않았더라도 그로 말미암아 그 처분이 위법한 것이 된다고 할 수 없다."고 판시하였다.

처분의 근거가 된 당해 법령 및 조항과 함께 법률요건의 해당사실 및 그것의 포섭과정을 –수범자가 처분경위를 알 수 있을 정도로– 들면 족하다. 처분상대방이 처분의 존재와 그 근거와 경위를 –비록 구체적이고 상세하지 않다 하더라도– 이해할 수 있을 정도가 되어야 한다. 요컨대 **요구된 이유제시가 충분한지 여부는 궁극적으로 이유제시의 기능 가운데 특히 설득기능과 권리구제기능이 제대로 발휘되었는지 여부에 좌우된다.**

(다) 이유제시상의 하자의 모습

이유제시상의 하자원인에 관한 판례를 보면,[330] 판례는 법률적 근거와 사실적 이유 공히 결여되어 있을 때는 의당 위법하게 보며(대법원 86누788판결), 양자 가운데 하나가 결여되어 있을 때도 우선 위법하게 보되, 경우에 따라서는 맥락적 접근을 강구한다. 즉, 제시된 법률적 근거나 사실적 이유로써 결여된 부분(사실적 이유나 법률적 근거)을 가늠할 수 있다면, 위법성을 인정하지 않는다(대법원 2001두7138판결; 2004두13219판결).[331] 불비로 인한 이유제시상의 하자와 관련해서는 처분의 법률적 근거와 이유에 관한 인식가능성을 가늠자로 하여 다소간 엄격하게 접근하여 위법성을 인정하거나(대법원 90누1786판결) 맥락적 접근이 강구되어 위법성을 부인하기도 한다(대법원 2000두8912판결). 나아가 판례는 이유제시상의 하자유무를 절차적 권리보장 전체의 맥락에서 접근하기도 한다(대법원 2004두13219판결).

이유제시상의 하자여부를 판단함에서 있어 판례의 최근 흐름에서 파악할 수 있는 경향은 바로 맥락적 접근이다. 이런 흐름을 결정적으로 저해하는 것이 과거 대법원 86누

329) 취소처분의 근거와 위반사실의 적시를 빠뜨린 하자는 피처분자가 처분당시 그 취지를 알고 있었다거나 그 후 알게 되었다고 하여도 이로써 치유될 수는 없다.

330) 상론: 하명호, 앞의 논문, 105면 이하.

331) 대법원 2017두51174판결: 과세처분에 앞서 납세자에게 보낸 세무조사결과통지 등에 납세고지서의 필요적 기재사항이 제대로 기재되어 있어 납세의무자가 처분에 대한 불복여부의 결정 및 불복신청에 전혀 지장을 받지 않았음이 명백하다면, 이로써 납세고지서의 하자가 보완, 치유될 수 있다.

788판결의 판시이다: "피처분자가 처분당시 처분의 취지를 알고 있었다거나 그 후 알게 되었다고 하더라도 이유제시상의 하자는 치유될 수 없다." **하루바삐 치유가능성에 관한 완고한 판례 입장이 바뀌어야 한다.**

(3) 서명 · 날인을 결한 행위

서명의 요청은 다음과 같은 입증기능과 보장기능을 수행한다.[332] 행정내부에서 행해진 결정과정의 명백한 종결을 수범자와 제3자가 인식할 수 있도록 표시하게끔 함으로써, 완성되지 않은 것 특히 초안은 원칙적으로 행정행위로 발송되지 못한다는 점을 확고히 한다(서명의 입증기능). 또한 서명의 요청은 수범자 등을 위하여 행정조직내부의 소관 행정청의 장과 같은 직무담당자의 책임성을 명시하게끔 함으로써, 오로지 조직법상 대외적으로 표시할 권한이 있는 자에 의해서만 행정행위가 발해진다는 점을 확고히 한다(서명의 보장기능). **일반적으로 정당한 권한있는 행정청에 의한 행정행위 발급을 명백히 하기 위하여 행정청의 서명 · 날인이 특히 요구된다고 인정되는 경우에, 그것을 결한 행정행위는 원칙적으로 무효에 해당한다고 본다.**

4. 내용상의 하자

사실오인이든, 해석적용의 잘못이든 행정의 법률적합성(법률우위, 법률유보)은 물론, 행정법의 일반원칙에 위배되거나 재량하자가 있을 때 행정행위는 내용적으로 위법하게 된다.[333] 객관적으로 합리성이 결여된 경우에도 그러하다.

판례는 법정 동의요건을 충족하지 않음에도 내려진 조합설립인가처분은 당연무효로(대법원 2011두27094판결), 근거법령을 잘못 해석하여 대상이 아닌 자에게 내린 부과금부과처분은 그 위법이 중대하나 명백하지는 않은 것으로(대법원 2005두31828판결), 변상금부과처분을 해야 하는데 사용료부과처분을 한 경우 및 그 반대의 경우에는 중대한 하자가 아니라고(대법원 2012두20663판결) 보았다.[334] 그리고 국토계획법상의 도시계획시설사업의 대상 토지의 소유와 동의 요건을[335] 갖추지 못한 자에 대한 사업시행자지정처분은 당연무효가 되나, 동법상 도시계

332) Vgl. v. Mutius, VerwArch 67(1976), S.120f.

333) 대법원 2016두56721, 56738판결: 도로점용허가를 하면서 특별사용의 필요가 없는 부분을 점용장소 및 점용면적에 포함하는 것은 사실인정에 잘못이 있는 경우에 해당하므로 그 도로점용허가 중 특별사용의 필요가 없는 부분은 위법하다.

334) 그런데 판례는 점유나 사용·수익을 정당화할 법적 지위에 있는 자에 대한 변상금부과처분(대법원 2023다210991판결; 2023두42584판결) 및 납부의무자가 아닌 자에 대한 상수도원인자부담금 부과처분(대법원 2019두30140판결)은 당연무효로 본다. 판례의 임기응변적 대응을 잘 보여준다.

획시설사업의 기본원칙에 반하여 허용되지 않는 내용의[336] 실시계획을 인가하는 처분은 하자가 중대하긴 해도 명백하지는 않다고 판시하였다(대법원 2016두35120판결).[337] 그리고 과세관청이 조사방법 등을 완전히 무시하고 아무런 근거도 없이 막연한 방법으로 과세표준과 세액을 결정, 부과하였다면 이는 하자가 중대하고도 명백하여 당연무효라 하겠지만, 조사결정절차에 단순한 과세대상의 오인, 조사방법의 잘못된 선택, 세액산출의 잘못 등의 위법이 있음에 그치는 경우에는 취소사유로 될 뿐이다(대법원 2021다224408판결 등). 부담금 이중부과금지 원칙(부담금관리법 5조)을 위반한 시설분담금부과처분은 무효이다(대법원 2023다268686판결). 이하에서는 별도로 실체법적 요청에 따른 하자의 모습을 간략히 살펴본다.

(1) 내용이 실현불능인 행위

사실적 불능인 경우와 법적 불능인 경우로 나뉜다. 죽은 사람을 상대방으로 하는 행위, 존재하지 않는 물건을 대상으로 하는 행위는 전자의 예이며, 법률상 인정되지 않는 권리를 부여하거나 혹은 의무를 과하는 행위는 후자의 예이다. 행정행위의 내용의 위법 외에 불능의 개념을 특별히 인정하는 것이 타당한지 이론(異論)이 있지만, **보통 사실적 불능과 법적 불능에 대해 명백성유무를 논함이 없이 공히 무효원인으로 본다.**

현재의 과학, 기술 등의 수준에 비추어 누구도 행정행위를 시행할 수 없는 상황, 즉 객관적인 사실적 불능에 대해서만 무효원칙이 통용된다. 이는 누구도 객관적으로 불가능한 급부를 할 의무를 지지 않거나 질 수 없다는 일반법원칙에 부합한 것이다. 여기서의 불능개념은 절대적 의미에 한하지 않는다. 따라서 가령 급부가 기술적으로 가능하긴 하지만, -누구라도 합리적 방법으론 고려하지 않을 정도로- 높은 비용이나 커다란 어려움이 결부될 경우에도, 무효원칙은 유추적용될 수 있다.[338] 다만 시행이나 실행이 기대가능성이 없거나 수인한도를 넘어선 경우에 국한한다면 원칙적으로 무효를 초래하지는 않는다. 한편 불능과 같은 무효원인은 하자의 명백성과는 무관하고 그에 좌우되지 않는다. 따라서 불능의 상태는 행정행위의 시행이나 집행의 과정에서 추

335) 여기서 토지소유자의 동의는 도시계획시설결정 이후에 받는 것이 원칙이지만, 동의를 받을 당시 앞으로 설치될 도시계획시설의 종류·명칭·위치·규모 등에 관한 정보가 토지소유자에게 제공되었고, 이후의 도시계획시설결정 내용이 사전에 제공된 정보와 중요한 부분에서 동일성을 상실하였다고 볼 정도로 달라진 경우가 아닌 이상, 도시계획시설결정 이전에 받은 사업시행자 지정에 관한 동의라고 하여 무효라고 볼 수는 없다(대법원 2016두48416판결).

336) 私人인 사업시행자가 도시계획사업대상토지를 사업시행기간 중에 제3자에게 매각하고 그로 하여금 해당 시설을 설치하게 하는 것.

337) 동 판결은 도시계획시설사업 실시계획인가의 무효가 수용재결의 무효를 낳는다고 판시한 대법원 2011두3746판결처럼 사업시행자지정처분이 무효이면 실시계획인가처분도 무효가 된다고 판시하였다.

338) Kopp/Ramsauer, §44 Rn.39.

후에도 비로소 조성될 수 있다.

그런데 주관적 불능상태에 대해서는 무효원칙이 통용되지 않는다. 주관적 불능상태란, 행정행위의 수범자나 기타 관계자로서는, 경제적, 재정적 사유 또는 자신의 사람에게 존재한 기타 사유로 (행정행위로 그에게 과해진) 급부 등을 제공할 순 없지만, 그 급부가 객관적으론 가능하고 제3자에 의해 제공될 수 있을 때, 인정된다.

우리의 경우 법적 불능의 구별에 대해 별반 언급을 하지 않는다. 대표적으로 체납자 아닌 제3자 소유물건에 대한 압류처분에서, 판례는 하자가 객관적으로 명백한 것인지 여부와는 관계없이 처분의 내용이 법률상 실현될 수 없는 것이어서 당연무효라고 판시하였고, 이것이 계속된다(대법원 92누12117판결; 2005두15151판결 등).[339][340]

(2) 내용이 불명확한 행위

행정절차법 제5조에 따라, 행정행위는 반드시 내용적으로 충분히 명확해야 한다(행정행위의 명확성의 원칙). **충분한 명확성이 담보되지 않아 명확성의 원칙에 위반하였다 하더라도 그 자체론 무효가 아니라 단순위법에 그친다.** 따라서 우리는 물론 독일의 경우에도 현존의 불명확성이 명백하고, 이것이 해석을 통해서도 제거될 수 없을 때, 즉 **완전히 불명확한 행정행위가 무효로 된다.** 행정청의 영역을 떠나긴 했지만, 실은 분명한 통지가 결여됨으로 인해 알 수 없는 행정행위 또는 누가 의무를 지는지가 전혀 불분명한 행정행위가 이에 포함된다. 또한 중요한(본질적인) 사항에서 전혀 불분명하거나, 모순이거나, 터무니없거나 不可解한 모든 행정행위 역시 무효가 된다. 행정행위가 설명가능한 규율내용을 담고 있는지 여부는 궁극적으로 그것의 객관적 설명(해명)정도 –경우에 따라서는 상관관계가 있는 다른 규율까지도 고려하면서– 에 좌우된다.

(3) 공서양속에 반하는 행위

공서양속에 반하는 행정행위의 효력에 대해, 독일 행정절차법은 법제정이전의 통설을 반영하여 절대적 무효사유로 규정하고 있다(동법 44조 2항 6호). 우리의 경우 의견이 분분하다. 민법(103조)에서와는 달리 취소의 원인이 된다고 보는 견해가 유력하다. 하지만 양속위반인 법적 행위는 아무런 법효과를 갖지 못한다는 민법 제103조는 공법에도 통용되어야 할 일반원칙이라 하겠다. 비록 독일과 같은 명문의 규정은 없지만, 행정통제를

339) 이미 전역하여 민간인이 된 자에 대한 명예전역선발취소처분은 법적 불능이어서 무효가 될 수밖에 없다(대법원 2016두49808판결).

340) 그런데 독일의 경우 법적인 불능은 원칙적으로 무효원칙의 적용을 위해 충분하지 않은 것으로 본다. Stelkens/Bonk/Sachs, §44 Rn.146.

강화한다는 측면에서 양속위반(반사회질서)의 효과를 적극적으로 모색할 필요가 있다.

독일의 경우를 보면, 내용과 목적 그 자체에 비추어 양속을 위반한 행정행위만이 아니라, 시민에게 양속위반의 행위를 명하거나 허용하는 행정행위 또는 양속위반의 방법으로 초래된, 특히 사취된 행정행위도 무효로 여겨야 한다고 주장된다. 여기서 양속위반이라 함은, 행정행위가 모든 공정하고 정당한 思考者의 예의심을 위반한 것을 의미한다.[341] 이때 양속에 합치한 행위에 관한 사회지배적인 입장만이 아니라, 특히 기본법의 가치시스템도 목표로 삼는다.[342]

⑷ 적합성의 결여

행정행위상의 규율이 소기의 목적달성에 적합하지 않다는 것은, –'바른 방향으로 나가는 것'이 결코 문제가 되지 않는 한– 무효가 아니라, 위법을 초래한다. 그러나 규율이 소기의 목표를 달성하는 데, 명백히 절대적으로 부적합하다면, 달리 보아야 한다. 다만 규율이 전적으로 부적합하여 목적달성을 위해서는, 실제로 논외라는 것이 누구에게나 곧바로 분명한 경우에 한하여, 이런 무효상황이 인정되어야 한다.

5. 위헌 · 위법인 법령에 근거한 행정행위 및 후속집행행위의 효력 문제

甲 주식회사의 체납국세에 관하여, 과세관청이 甲 주식회사 최대주주와 생계를 함께 하는 직계비속 乙을 구 국세기본법 제39조 제1항 제2호 (다)목의 제2차 납세의무자로 보아 乙에게 과세처분을 하고 그 처분이 확정되었지만, 이후 위 규정에 대해 헌법재판소의 위헌결정이 있었는데, 과세관청은 조세채권의 집행을 위해 乙의 예금채권에 대해 압류처분을 하였다. 과세관청은 과세처분과 압류처분은 동일한 목적효과를 지향하지 않으며, 종래의 판례에 따르면 근거법률이 위헌이라 하더라도 과세처분은 무효가 되지 않기에, 과세처분의 위법이 압류처분에 승계되지 않음을 주장한다. 관세관청의 주장은 주효하는가? (대법원 2010두10907전합판결)

판례는 일단 행정처분의 근거가 된 법률이 후에 위헌으로 결정되면 그 법률에 의거한 행정행위는 단순위법에 그치고 당연무효는 아니라고 본다. 법원이 부수적 규범통제를 통해 법규명령의 위헌위법성을 확인한 경우에도 동일하다(대법원 94누4615전합판결). 하지만 **위헌결정 이후에 체납처분과 같은 일련의 후속절차가 진행될 수 있는지 여부의 물음이 제기된다.** 기왕의 하자승계론의 차원에서 행정행위의 집행력의 차원에서 후속집행행위의

341) BGH NJW 1990, 1356.
342) Knack/Henneke, §44 Rn.42.

효력에 아무런 영향을 미치지 않는 것으로 보는 입장과 후속집행행위의 출발점인 행정행위의 근거법령에 관한 판단을 존중하여 영향을 미치는 것으로 보는 입장이 있을 수 있다. **판례는 후자의 입장에서 후속절차의 집행에 대해서는 매우 부정적이다.** 별도의 행정처분인 매각처분, 분배처분 등 후속 체납처분절차를 진행할 수 없으며, 압류해제에 관한 국세징수법 53조 1항을 유추적용하여 압류를 해제해야 한다고 판시하였다(대법원 2001두2959판결). 나아가 체납처분을 당연무효로 판시하며(대법원 2001다60873판결), 대법원 2010두10907전합판결(다수의견) 역시 새로운 위헌적 법률관계를 생성·확대하는 것은 허용할 수 없다고 강조하면서 동일한 입장이다.[343]

제4절 행정행위의 구속효

I. 종래의 이해와 접근방식으로부터의 전환

행정법에서 행정행위의 구속효(구속력)에 관한 논의는 대표적인 미로상황(迷路狀況)이다.[344] 종래 일본에서의 틀인, 공정력, 불가쟁력, 불가변력, 집행력을 바탕으로 한 접근에 별반 변화가 없다. 비록 구성요건적 효력과 기결력의 차원에서 새로운 모색이 강구되긴 하나, 적극적으로 수용되지 못한 채, 문제제기 자체가 억제되는 분위기이다. 그리고 용어의 혼란함[345]에 더해 그 의미 역시 바른 이해를 가로막는다. 접미사로 사용된 '력(힘)'은 塩野 宏 교수의 지적처럼[346] 물리적인 것을 연상케 하여 마치 그것이 우월적 공권력을 바탕으로 하여 행정행위 그 자체에 내재되어 있는 양 비춰진다.

이들은 공권력작용으로서의 행정행위의 속성에서 당연히 비롯된 것이 아니라, 행정행위와 관련한 법제도와 판례에 의해 구축된 행정법도그마틱의 결과물이자 행정법

343) 다수의견의 논증처럼 새로운 위헌적 법률관계의 생성·확대가 저지되어야 한다면 기왕의 위헌적 법률관계의 문제는 어떻게 대처해야 할지 당연한 물음이 제기된다. 체납하지 않은 성실한 납세자와 그렇지 않음에도 불구하고 법의 혜택을 입은 납세자간의 형평이 문제된다. 여기서 일종의 재심사제도에 해당하는 경정청구제도(국세기본법 45조의2)가 적극적으로 강구될 이유가 있다.

344) Vgl. Forsthoff, S.252.

345) 행정행위가 유효하게 성립하는 것을 행정행위의 효력으로 설정하고 그 밖의 것(공정력, 구성요건적 효력, 존속력, 집행력 등)은 구속력으로 설정하는가 하면(김남진/김연태, 312면), 이들 모두를 행정행위의 효력으로 설정하기도 한다.

346) 塩野 宏, 行政法 I, 2009, 138頁 이하.

도그마틱 그 자체이다. 행정행위가 실재함에 따라 초래된 여러 양상의 문제이다.[347] 그런데 관련 논의의 빈곤으로 새로이 제기되는 행정법적 현상에 대한 체계적 접근이 강구되지 못하고 있다. 행정법의 학문성을 제고하기 위해 **행정행위의 일체의 효력을 구속효의 범주에서 새롭게 접근하고자 한다.**[348]

Ⅱ. 공정력(공적 안정화효)

1. 의 의

행정행위의 공정력의 존재를 통해서 행정행위의 적법성과 유효성은 일치하지 않게 된다. 공정력(公定力)이 인정되기에, 가령 하명처분의 경우 설령 그것이 위법하더라도 수범자가 그것을 불이행하면 행정은 강제집행절차를 밟을 수 있다. 일반적으로 공정력을「행정행위가 위법하더라도 무효가 아닌 한, 상대방 또는 이해관계인은, 그 행정행위가 권한있는 기관(처분청, 재결청 또는 법원 등)에 의해 취소되기까지는 그 행정행위의 효력을 부인할 수 없다는 것」으로 정의한다. 판례 역시 비슷하게 "행정행위가 위법하더라도 취소되지 않는 한 유효한 것으로 통용되는 효력"으로 정의한다(대법원 93누21088판결). 과거에는 적법성의 추정까지 포함시켰지만 공정력과 증명책임의 문제는 별개라는 인식이 보편화되어 오늘날에는 적법성의 추정은 배제된다. **행정기본법은 공정력에 관한 명문의 근거를 마련하였다**: 처분은 권한이 있는 기관이 취소 또는 철회하거나 기간의 경과 등으로 소멸되기 전까지는 유효한 것으로 통용된다. 다만, 무효인 처분은 처음부터 그 효력이 발생하지 아니한다(15조).

공정력의 인정은 위법한 행정행위에 대해 일종의 통용상의 특권 또는 존속상의 특권을 부여한 것이다. 다만 공정력이 인정된다고 하여 행정행위의 존재만으로 일정한 위법한 요건사실이 정당화되지는 않는다.[349]

347) 한편 일본과 독일에서 논의의 주안점이 다르다. 일본의 경우에는 공정력이, 독일의 경우에는 존속력이 주된 논의대상이다.

348) 상론: 김중권, 행정법기본연구Ⅳ, 99면 이하.

349) 대법원 2011두30465판결: 건축물에 대하여 사용검사처분이 내려졌다는 사정만으로는 건축물에 있는 하자나 건축법 등 관계 법령에 위반되는 사실이 정당화되지는 않는다.

2. 공정력의 본질 등을 둘러싼 논의: 절차적 차원의 효력인가 실체적 차원의 효력인가?

甲이 자동차 운전면허취소처분을 받은 후 처분청을 상대로 운전면허취소처분의 취소소송을 제기하였다. 이에 대한 대법원의 확정판결이 내려지기 전에 甲이 자동차를 운전하다가 적발되어 도로교통법에 규정된 무면허운전의 죄로 처벌받았다. 만약 대법원에서 운전면허취소처분에 대해 취소판결이 내려지면, 무면허운전의 죄는 어떻게 되는가? (대법원 98도4239판결)

甲 소유의 토지를 임차한 乙이 토지형질을 무단 변경하였는데, 행정청은 토지의 소유자인 甲에 대해 원상복구의 시정명령을 발하였다. 자기가 형질변경을 하지 않음을 들어 甲은 불응하였고, 시정명령의 불응을 이유로 甲은 도시계획위반죄에 처해졌다. 이에 대해 甲은 위법한 시정명령을 따르지 않았다고 하여 구 도시계획법 제92조 제4호에 정한 조치명령 등의 위반죄로 처벌할 수 없다고 주장하였다. 도시계획위반죄는 어떻게 되는가? (대법원 90도1709판결)

(1) 논의현황

공정력이 절차적 차원의 효력인지 실체적 차원의 효력인지가 문제된다. 독일의 경우 행정절차법 제43조 제2항이 「행정행위는 직권취소·철회 또는 다른 방법으로 폐지되지 않거나, 시간의 경과나 다른 방법으로 실효되지 않는 한, 유효함에 변함이 없다」고 규정하고 있지만, 우리는 과거 그 같은 조항이 없어서 위법한 행정행위에 대한 취소쟁송제도에서 공정력의 실정법적 근거를 찾으려 한다. 그리하여 실체법적 효과를 발휘하는 행정행위의 (내용적) 구속력에 빗대 그것을 절차적 잠정적 효력이라 표현하기도 한다. 아울러 －취소판결에 의해 공정력이 부인되는 결과를 빚은－ 대법원 98도4239판결과 대법원 93도277판결 등과 관련하여, 독일 행정절차법 제43조 제2항과 같은 조항이 없는 이상, 우리의 공정력은 절차적 공정력이며, 취소소송의 성격이 －일반적 이해인 형성소송적 성격과 배치되게－ 확인소송적 성격이라고 주장되었다.[350)]

(2) 판례의 태도

대법원 90도1709판결 이래로, 판례는 처분이나 시정명령의 위반을 이유로 처벌(행정형벌)을 과하기 위해서는 그 처분(조치명령)이 적법할 것을 요구한다. 그리하여 그 처분이 당연무효가 아니라 하더라도 위법한 것으로 인정되는 한 위반죄가 성립될 수 없다(동지: 대법원 2006도6845 판결; 2006도7689판결 등). 운전면허취소처분의 원인이 된 교통사범에 대해 무죄판결이 확

350) 박정훈, 행정법의 체계와 방법론, 2005, 105면 이하 참조.

정되면, 그 취소처분이 취소되지 않았더라도 무면허운전의 죄로 처벌할 수 없다(대법원 2019도11826판결). 그러나 단순위법에 그치는 처분의 위반까지도 포함되어 공정력의 존재가 무색하게 되었다. 또한 발해진 처분에 대한 위반을 이유로 형사벌이 내려진다는 점에서 이상의 사례는 궁극적으로 후술할 구성요건적 효력의 차원에서도 문제가 있다.[351)]

(3) 관견(管見)

공정력은 그 본질이 "하자(또는 적법성)와 무관한 행정행위의 효력"의 문제이다. 궁극적으로 그것은 상대방이 위법하다고 여길 법 한 (부담적) 행정행위에 대한 복종의무의 문제이다.[352)] 따라서 당연히 공정력은 그 자체가 실체적 성격을 지닐 수밖에 없다. 대부분의 문헌이 공정력을 취소쟁송제도의 반사적 효과라고 강조하더라도, 이는 그것의 실정법적 근거를 찾기 위한 모색의 일환이지, 그것의 본질이 절차적 차원에 그친다는 점을 내세운 것은 아니다. 그리고 **이제 공정력에 관한 실정법적 근거가 마련된 이상, 절차적 공정력으로 접근하는 것은 설득력이 없다.** 공정력에 대한 개념부터 수정하고, 나아가 이상의 일련의 판례로 인한 난맥상황에 관한 문제인식이 시급하다.

혹시 행정기본법 제15조가 기왕의 판례를 본보기로 삼았기에, 대법원 90도1709판결 등의 기조는 무관하다고 주장할 법하나, 이는 행정기본법이 궁극적으로 행정법의 진화를 모색한다는 취지와는 배치된다. 판례가 향상된 인식에 터 잡아 「행정기본법」 제정의 취지에 맞는 건강한 자기부정을 할 것을 기대한다.[353)]

3. 인정의 근거

하자(위법)와 무관한 효력발생(및 법효과발생)의 인정 그 자체가 법치국가원리에 대한 도발이기에,[354)] 공정력의 인정근거 및 그에 따른 내용이 문제된다. 과거 실정법상의 명시적 근거가 없다는 점이 결정적인 걸림돌이었는데, 실정법적 근거가 마련된 이상 새로운 국면의 전개가 기대된다.

351) 이는 행정행위와 형벌, 즉 형벌의 행정행위종속성의 문제이기도 하다(후술 본서 375면 이하 참조).
352) 이런 취지를 더욱 극명하게 나타내는 것이 바로 프랑스에서의 공정력에 대응한 개념, 즉 예선적 특권의 개념이다. 이에 의하면, 집행력이 있는 행정결정은 사법행위(私法行爲)와는 달리 법원에 의한 확인이 있기 전에 적법성의 추정을 받으며, 상대방에 대해 구속력을 갖는다고 한다.
353) 혹시 독일 행정절차법 제43조 제2항의 규정 표현이 우리 행정절차법 제15조와 다름을 들어 독일에서의 논의가 우리네에 그대로 반영될 수 없다고 주장할 수 있는데, 그 자체가 공히 '하자와 무관한 효력'(이른바 공정력)에 관한 것이어서 그 주장은 설득력이 없다. 공정력에 관한 실정법적 근거가 마련된 현실적 변화를 있는 그 자체로 온전히 받아들여야 한다.
354) Ruffert, in: Ehlers/Pünder, §22 Rn.1.

(1) 독일에서의 논의상황

과거 그들의 초기 입헌주의시대에 국법학은 사소한 형식상 하자까지도 고권적 행위를 무효로 만든다고 보았다(무효원칙). 하지만 v. Mohl이 회고적 관점에서 미래적 관점에로의 관점상의 변화를 개진한 다음, 법규범과 행정행위의 하자효과에서의 차별적 접근은 18세기 중반 이후에 이미 독일 공법학의 지배적 도그마틱이 되었다. 이런 맥락에서 Otto Mayer는 "개개 시민의 법률행위(권리창설행위)는 적법성을 입증하지 못하면 효력이 없는 반면, 관헌(Obrigkeit; 국가)이 자신의 일반적인 권한 안에서 결정을 내리면, 이로써 관헌은 그의 행위의 통용됨을 위한 특별한 요건이 주어져 있다는 점을 동시에 확인한다. 이러한 자기확인과 그로 인한 행위의 유효성은 상위의 관할에 의해서만 극복될 수 있다."고 하였다(자기확인설).[355]

행정행위의 이러한 존속력은 후대에 와서 심지어 독일 기본법하에서도 의문시되지 않았다. 그리하여 행정절차법의 제정이전에 이미 -마치 행정법의 일반원칙의 하나인 양- 행정행위의 효력과 그것의 적법성은 무관하다고 판례에서 전개되었다. Forsthoff는, "행정행위는 그것의 적법성이나 하자있음에도 불구하고 언제나 국가권위의 표명이고, 그 자체로서 준수에 관한 청구권을 갖는다. … 행정행위는 그것이 규범의 放射이어서 통용되는 것이 아니라, 국가적 권위가 그것에 통용을 부여하였기 때문이다. 따라서 법률과 합치하지 않는 행정행위 역시 하자가 있긴 해도 반드시 무효는 아니다"고 기술하였다(국가권위설).[356] 특히 J. Ipsen은 행정절차법이전에 공정력을 아무런 의문 없이 긍정한 판례와 문헌의 일반적 태도를 두고서, 과거 O. Mayer가 주장한 자기확인설을 기저에 두고 있다는 점과 그런 상황이 심지어 불문법적으로 인정되어 왔다는 점을 지적하고 있다.[357]

한편 Wolff/Bachof는 법치국가원리의 발현인 법적 안정성에서 공정력을 도출하였다: "행정행위는 객관적인 법의 해석과 적용에 관한 권위있는 결정을 포함한다. 이런 결정이 형식상으로 현존하는 한, 누구든 법적 안정성을 위하여 그것의 신빙성을 신뢰해야 한다. 위법한 행정행위의 (잠정적인) 유효성의 원칙은 법치국가에선 이런 점에 근거를 둔다."(법적 안정성설)[358]

(2) 우리의 경우

민사법은 강행규정에서 법률행위의 적법성과 유효성을 연계시킨다(민법 103조, 104조). 그런데 명문의 근거규정이 없음에도 불구하고, 판례와 문헌은 행정행위의 공정력의 존재를 인정해 왔다. **공정력은 공법관계를 안정시키는 것, 즉 공적 안정력(공적 안정화효)이기에, 행정행위의 규율적 성격에서 공정력의 인정은 당연하다.**[359] 종래 대부분의 문헌들은 취

355) ders., Deutsches Verwaltungsrecht I, 1895, S.94ff., S.100 Anm.7.
356) ders., S.224.
357) ders., Allg. VerwR, 2005, Rn.666ff.
358) Wolff/Bachof, VerwR I, 9.Auf., 1974, S.414. 한편 Forsthoff가 주장한 국가권위설과 Wolff/Bachof가 주장한 법적 안정성설은 전체적으로 비슷한 맥락에 있다고 한다(홍정선, 450면).
359) Pilving, DV 2008, 571(573f.). 그리하여 행정결정의 위법이 무효로 여겨지는 영국에서조차 무효가

소쟁송제도를 뒷받침하는 실정법상의 규정(행정심판법 4조, 행정소송법 4조)을 간접적인 근거로 들며, 나아가 행정행위의 직권취소를 인정하는 규정은 물론, 심지어 현행법상의 집행부정지의 원칙을 들기도 하였다.

원래 공정력이론은 실정법적 근거와는 무관하게 전개되어 온 것이어서 실정법상의 규정을 공정력의 근거로 삼는 것은 기교적 해석으로 비춰진다(김성수, 286면). 독일과 비견한 명문규정이 없는 상황에서는, 법치국가원리의 발현인 법적 안정성은 물론, 효과적인 법률집행의 요청에 그것의 법적 근거를 둘 수밖에 없었다. 그런데 **이제 실정법적 근거가 마련된 이상, 인정의 근거에 관한 기왕의 논의는 이론적 의미를 지닌다. 공정력의 법치국가원리적 의문점을 소송법상의 집행정지의 원칙이 완화시킨다는 점에서, 공정력의 인정에 대응하여 대응기제로 집행정지의 원칙의 채용에 적극적으로 나서야 한다**(본서 839면 이하).

4. 공정력과 취소판결의 소급효와의 상관관계

이상에서 본 대로 가령 운전면허취소처분이 내려졌음에도 불구하고 이를 무시하고 운전하여 무면허운전으로 처벌받은 경우처럼, **행정행위의 공정력이 문제되는 상황은 중간에 일정한 법사실이 생긴 경우이다.** 일찍이 대법원 93도277판결과 대법원 98도4239판결은 행정행위의 공정력에 취소판결의 소급효를 곧바로 대입하여 당초의 행정행위(영업허가취소와 운전면허취소)가 행위시점에 소급하여 효력을 잃게 되어 그것에 복종할 의무가 원래부터 없었기에 당연히 무허가영업·무면허운전이 성립하지 않는다고 판시하였다(동지: 대법원 98도4239판결; 2007도9220판결). 취소판결의 소급효를 행정행위의 공정력에 관한 논의에 그대로 대입한 것이다.

판례의 이런 기조는 핵심적인 행정법도그마틱을 전도(顚倒)시킨다. 행정행위론의 근간인 공정력의 본질, 행정행위의 규율적 성격 및 그 존재이유를 훼손하거니와, 자칫 취소소송의 성질까지도 통설에서 벗어나 확인소송으로 보는 것을 정당화시킬 수도 있다. 또한 공권력행사에 대한 개인의 대응양상에 따른 법질서의 왜곡이 빚어질 수 있다. 가령 부담적 처분을 따르면서 그것의 위법성을 다툰 자에 비해, 부담적 처분을 무시하고 범법행위를 저지르며 그것의 위법성을 다툰 자가 결과적으로 이익을 누린다. 취소판결의 효력을 독일처럼 원칙/예외의 관계로 설정하면, 이런 불합리한 결과는 피할 수 있지만, **근원적으로 공정력 인정에 대응하여 집행정지의 원칙이 채용되었으**

사법적으로 확고히 되지 않는 한, 일정한 상황하에 결정의 통용이 받아들여지고 있다(Craig, Administrative Law, 5th, 2003, p.693, 698).

면 이런 설득력이 없는 논증은 처음부터 생기지 않았을 것이다. 한편 이례적으로 대법원 2008다95885판결은 취소판결소급효의 예외인정의 가능성을 시사하였다(본서 873면).

5. 공정력의 한계 및 그것의 증명책임과의 관계

행정행위가 위법함에도 유효하게 법효과를 발생시키는 상황을 공정력으로 포착하면, 처음부터 법효과가 발생하지 않는 무효인 경우에는 공정력은 인정되지 않는다.[360] 행정행위의 하자효과에 터 잡아 취소쟁송과 연관시켜 공정력을 바라보아야 한다는 점에서 취소쟁송의 대상이 될 수 없는 행정작용(가령 행정입법, 행정계약(공법계약), 단순한 사실행위, 사법행위)의 경우 공정력이 인정되지 않는다.

과거 공정력을 적법성의 추정으로 이해하였던 입장에서는, 행정행위의 위법성에 대해 원고가 증명책임을 부담하는 것으로 보았다. 하지만 오늘날에는 공정력의 존재와 증명책임의 소재는 전혀 무관한 것으로 보는 것이 일치된 견해이다.

Ⅲ. 구 속 효

이하에서는 존속력의 문제를 포함한 의미로 구속효의 차원에서 그것의 구체적 양상에 초점을 맞추어 관련 문제에 접근하고자 한다.[361]

1. 논의현황

(1) 독일에서의 논의

독일에선 1886년에 출간된 Bernatziks의 "Rechtsprechung und materielle Rechtskraft"가 행정행위의 구속효의 도그마틱적 취급을 유발하였다고 한다. 행정행위의 구속효 도그마틱은 발달사적으로 특히 민사판결의 구속효(구속력)에 의거하여 만들어졌다. 행정행위의 발견자인 Otto Mayer는 판결을 행정행위를 위한 본보기로 삼았다. 판결의 이런 본보기기능은 행정행위

---

360) 대법원 90도1709판결의 사안에서 실제로 무단 형질변경을 하지 않은 토지소유자를 상대로 하였기에 처음부터 일종의 법적 불능의 문제로 접근하면 그 시정명령은 무효가 되어 공정력이 부인되어 어려움 없이 위반죄가 성립하지 않을 수 있었다. 섬세한 접근의 결여로 후속 판례에서 공정력의 존재가 무색하게 되어 버렸다.

361) 참고문헌: Schroeder, DÖV 2009, 217ff.; 정하중, 공법연구 제26집 제3호(1998.6.).

의 구상에서 끝나지 않고, 이후에는 구속의 차원으로 연장된다. 원칙적으로 소송법상의 제도인 확정력(기판력)을 이용하여, 행정법적 대응물(짝)이 만들어졌다. 판결과 행정행위 사이에는 기본적인 구조적 차이점이 있다고 인식하고 있지만, 독일의 전통적 견해는 소송법적 제도인 판결의 확정력(기판력)에 대해 항상 본보기기능을 부여한다. 판결과 행정행위 사이에 차이점이 엄존하기에, 판결로 인한 구속과 행정행위로 인한 구속을 성급하게 대비시키거나 심지어 동일시하는 것은 배제된다. 원래 Wolff가 '확정력'에 갈음하여 도입한 '존속력'(Bestandskraft)의 개념은 이런 맥락에서 판결로 인한 구속과 거리를 두기 위함이다.

(2) 국내 문헌상의 논의

존속력에 관한 국내 논의는 단순하다. 일부 문헌은 존속력을 내세우지 않고 -그에 상응한 내용을- 불가쟁력과 불가변력을 논의하고, 일부 문헌은 절차적 존속력과 실체적 존속력으로 나누어 전자에 불가쟁력을, 후자에 불가변력을 논의하며, 일부 문헌은 불가변력과 별도로 규준력에 해당하는 내용을 실체적 존속력으로 보기도 한다.[362] 특히 불가변력의 인정대상을 두고 다툼이 있다. 행정심판의 재결 등과 같이 일정한 쟁송절차를 거쳐 행해지는 확인판단적·준사법적 행정행위에 국한할 것인지 아니면 이것에 일반적인 취소·철회권의 제한의 경우와 법률이 일정한 행위에 대하여 소송법적 확정력을 인정하고 있는 경우[363]까지를 포함할 것인지에 관한 다툼이다. 다수 문헌은 전자의 입장을 취하지만, 판례는 후자의 입장을 취한다(대법원 97누11089판결).

(3) 관견(管見)

이런 논의가 과연 의미가 있는지 곱씹어 볼 필요가 있다. 확인판단적 준사법적 행정행위 역시 그것의 결정주체와 성립절차상의 특수성이 취소철회의 제한사유로 작동한다. 불가변력을 행정행위의 특유한 속성이 아닌 취소철회의 제한의 결과이자 양상으로 접근하면, 사실 논란대상이 되지 않는다. 행정행위의 실체적 존속력의 문제와 관련해서, 독일에서는 행정행위와 판결 간에 차이점은 전제하면서도, 판결의 기판력을 벤치마킹하여 새롭게 접근하는 것이 일반화된 지 오래이다. **반면 우리의 경우 일부 문헌을 제외하고 대부분 문헌은 실체적 존속력에 대해 기존의 불가변력적 이해를 고수하고 있다. 이런 논의부족이 현재의 요령부득의 상황을 초래하였다.**

---

362) 특히 불가변력을 둘러싼 논의현황은 이현수, 행정법연구 제14호(2005년 하반기).

363) 예: 토지수용위원회의 재결의 이의신청에 대한 중앙토지수용위원회의 재결(토지보상법 제86조 제1항). 과거에는 국가배상청구사건에서 배상심의회의 배상결정이 법률이 일정한 행위에 대하여 소송법적 확정력을 인정하고 있는 경우에 해당하였지만 헌법재판소결정(헌재 91헌가7)으로 필요적 전치주의가 폐지되었기에 지금은 문제가 되지 않는다.

2. 새로운 접근의 기초

(1) 존속력의 의의

행정행위가 성립당시 그대로 견지되는 형상을 행정행위의 존속력으로 포착할 수 있다. 공정력에 연계되어 존속력의 기본사상은 일반적으로 인정될 수 있다. 고권적 규율인 이상, 행정행위의 법효과는 구속적이고 지속적이어야 한다. 만약 (절차적 존속력의 차원에서) 수범자이든 (실체적 존속력의 차원에서) 행정이든 행정행위의 존립이 이들의 임의로운 판단과 결정에 맡겨진다면, 행정행위가 지향하는 법적 규율이란 이치에 맞지 않을 뿐 더러, 아무런 가치도 없게 된다. 행정에 의한 구속적인 규율적 행위, 즉 행정행위가 원칙적으로 법적 존속성(지속성)을 갖는다는 것은 그 본질에 해당하고 정당화된다. 다른 한편 존속력은 －법적 안정으로 귀결될－ 행정행위의 특유한 명확화기능과 안정화기능으로부터 당연히 생겨난다. **공정력과 작용형식의 특별한 효과성을 확고히 하기에, 결국 존속력은 행정행위란 작용형식에 내재한다고 하겠다.**

(2) 존속력 및 그에 따른 구속의 헌법적 근거

존속력에 따른 행정행위의 구속은 행정행위의 존속성과 신뢰성을, 그리고 궁극적으로 법관계에 질서를 제공한다. **헌법적 근거를 찾자면, 존속력은 법치국가원리의 요소인 법적 안정성의 원칙과 법적 평화의 원칙에 기인한다.** 그러나 법적 안정성과 법적 평화의 원칙은 절대적이지 않다. 이들은 오히려 법치국가원리에 터 잡은 다른 기본적인 원칙(실질적 정의의 요구 및 행정과 司法의 법률적합성)과 충돌한다. 즉, 존속력에 따른 행정행위의 구속이란 한편으론 법관계의 존속성, －이를 통해－ 법질서의 신뢰성, 법적 안정성을 제공하지만, 다른 한편으론 실질적 정의가 실현되지 않게 또는 법률의 우위가 붕괴되게 만든다. 무효인 행정행위에 대해서는 당연히 존속력이 인정되지 않는다.

(3) 존속력에 따른 구속의 양태

존속력에 따른 구속은 2가지 측면, 즉 행정행위의 존속(현존)과 내용에 연관된다. 존속과 관련해서 구속의 의미는, 결정주체가 자신이 또는 다른 결정주체가 내린 행정행위를 폐지해선 아니 되거나 일정한 요건에서만 폐지, 즉 존속상의 그것을 제거할 수 있다는 것을 의미한다. 이 구속에 대해선 폐지금지(Aufhebungsverbot)의 효력이 부여된다. 반면 내용과 관련해서 결정주체를 위한 구속은 행정행위의 내용을 이미 주어진 것으로 수용할 의무, 자신의 다른 활동의 근거로 삼아야 할 의무, 그리하여 기왕에 발한 규율대상을 새롭게 다룸에 있어서 기왕의 규율에서 벗어나지 않고 모순되지 않을 의무를 의미한다. 여기서의 구속은 모순금지(Abweichungsverbot)로서 효력을 발휘한다.

존재와 관련한 구속효로서의 폐지금지는, 행정행위의 제거(폐지)**시도에 대해 행정행위의 존속(존립)을 확고히 하는 데 이바지한다. 반면 내용과 관련한 구속효로서의 모순금지는 모순되지 않는 법적 행위를 보장하기 위한 것인데, 현존한 행정행위의 내용을 확고히 한다.** 상이한 연관대상 및 구별된 목적을 고려한 즉, 폐지금지와 모순금지는 한편으론 상호 독립적으로 존재하고, 다른 한편으로는 완전히 무관하게 존재하지는 않고, -행정행위가 존속하는 경우에만 모순금지를 생각할 수 있다는 점에서, 모순금지가 동시에 존재해야만 폐지금지가 의미를 갖는다는 점에서- 상호 연관되어 있다.

폐지금지와 모순금지의 차원에서의 접근은 민사소송법에서의 판결의 기판력에 비견될 수 있다. 물론 이들 간의 엄연한 차이를 배제해선 아니 된다. 아울러 여기서의 구속효의 양상은 경계와 내용에서 확고히 획정될 수 있는 성격은 아니며, 다소간의 겹침은 불가피하다.

3. 폐지금지의 효력

(1) 절차적 존속력(불가쟁력)

(가) 의 의

절차적 존속력은 행정행위의 불가쟁력(불가쟁성)을 의미한다. 행정쟁송의 제기기간(행정소송에서는 행정행위를 안 날 90일, 그것이 있은 날 1년)이 경과하거나 쟁송수단을 다 거친 경우에는, 수범자로서는 더 이상 다툴 수 없다. 이는 판결의 형식적 확정력에 비견된다.[364] 무효인 행정행위는 시간의 제약 없이 무효확인소송(심판)을 통해 다툴 수 있어서 불가쟁력이 인정되지 않는다. 행정행위의 상대방이나 이해관계인만이 행정행위에 대해 쟁송을 제기할 수 있기 때문에, 불가쟁력은 이들에게만 미친다. 따라서 위법한 행정행위의 폐지권능(권한)을 갖는 결정주체, 즉 법원, 처분청, 행정심판위원회의 경우 구속효로서의 절차적 존속력 그 자체와는 실은 무관하다.

하지만 절차적 존속력이 발생하면서 생긴, 행정행위의 존속에 대한 수범자 등의

364) 판결의 절차적 확정력과의 차이 역시 존재한다. 행정행위의 경우 그것이 다수의 관련인에게 부담적 효과를 발휘하면 각 개인을 기준으로 하여 불가쟁력이 발생할 때 그에 대해 절차적 존속력이 인정된다(소위 상대적 절차적 존속력). 유의할 점은 실체적 존속력이 인정되기 위해서는, 행정행위가 전방위적으로 불가쟁적이어야 한다(소위 절대적 절차적 존속력).

구속이, 폐지권능(권한)을 갖는 결정주체에 대해 아무런 의미가 없다곤 할 수 없다. 불가쟁력으로 행정행위는 종국적으로 법질서의 구성요소가 된다. 이를 통해 기왕에 성립한 행정법관계는 법적 안정성과 법적 평화를 위하여 법적 존속성을 얻게 되며, 이는 폐지권능(권한)이 있는 결정주체의 쪽에도 즉시 영향을 미친다. **행정행위의 불가쟁성은 실체적 존속력에 따른 모순금지를 성립시키기 위한 '유발모멘트'에 해당한다. 그리하여 특히 후행 행정행위와 관련해서 하자승계의 물음이 던져진다**(본서 368면 이하).

(나) 본 질

폐지권능(권한)을 갖는 결정주체의 구속과 관련한 절차적 존속력의 성립과 존속은, 직접적으로 구속을 받는 관련인의 구속에 의존한다. 불가쟁력이란 직접적으로 수범자 등에게 미치며, 절차적 의미를 갖는다는 점에서, 그것의 발생이 처분청(감독청을 포함한)을 상대로, 실체적 폐지불가를 결코 의미하진 않는다.[365] 따라서 **처분청(감독청)은 쟁송절차에서는 물론 불가쟁성이 발생하였더라도 행정행위를 아무런 문제없이** -새로운 행정행위를 발한다는 차원에서- **직권으로 취소·철회(변경)할 수 있다**(대법원 2016두 56721, 56738판결). 물론 직권취소·철회가 재량인 이상, 취소·철회의 제한이 통용된다.

(다) 절차적 존속력과 국가배상청구

> 과징금납부하명에 대해 제소기간내에 제소하지 않은 채 해당 확정금액을 납부한 다음 나중에 국가배상청구소송을 통해 직무위반에 따른 손해배상을 청구할 수 있는가?

관련 논의가 활발하지 않은데, 국가배상청구는 행정행위의 효력을 다투는 것이 아니어서 불가쟁력이 발생하더라도 국가배상청구가 가능하다는 주장(홍정선, 460면; 박균성, 171면)이 우세하다. 독일의 판례와 문헌상의 통설은, 국가배상청구사건에서 법원의 심사의무가 피해자가 행정행위에 대한 제소를 해태한 경우에도 존재하며, 존속력은 (선결문제에 해당하는) 행정행위의 적법성과는 무관하다고 한다. 또한 위법한 행정행위의 제거와 배상책임간에는 본질적인 차이점이 존재하되, 다만 피해자가 행정행위에 대한 행정쟁송을 비난가능하게, 즉 유책하게 지연하여 제기한 경우에만 상계의 법리에 의해 손해배상청구권이 배제된다고 한다.[366] 이에 대해 행정재판에 우선적 심사권한을 인정하는 제1차적 권리보호의 우위를 바탕에 두고서, 불가쟁력의 근거인 법적 안정성의 원칙을 전혀 고려하지 않았다고 비판이 가해진다(소수설).

365) 이 점이 판결의 절차적 확정력과 구별된다.
366) BGHZ 113, 17=NJW 1991, 1168.

(라) 불가쟁적 행정행위의 재심사

행정청이 甲에게 주택건설사업계획에 대한 사업계획승인을 하면서, 사업부지에 포함되어 있는 국·공유지는 착공신고 전까지 소유권을 확보할 것을 승인조건으로 부가하였다. 그런데 이 사업계획승인을 통보 받은 지 7개월이나 지나 甲이 이 승인조건과 관련하여, 행정청에게 사업시행지에 속해 있는 행정청 소유의 토지를 무상으로 양도하여 달라는 신청을 하였는데, 행정청은 이를 거부하였다. 이런 거부를 쟁송으로 다툴 수 있는가? (대법원 2005두11104판결)

불가쟁력이 발생하더라도, 행정청이 직권으로 취소·철회하는 데 아무런 장애가 없다. 그런데 나아가 관련인이 그 같은 취소·철회를 요구할 수 있느냐가 문제된다. 독일 행정절차법 제51조는 불가쟁적 행정행위의 재심사(재개)를 규정하고 있다(협의의 재심사). 그에 따르면, 행정절차법 제51조의 재심사요건[367]이 충족되면 행정청은 절차를 재개하여 재심할 의무를 지며, 그에 대응하여 관계인은 (절차)재개청구권 및 새로운 결정에 관한 청구권을 갖는다. 물론 이 청구권이 당초결정의 폐지 및 새로운 결정에 의한 대체에 관한 청구권을 뜻하진 않는다.[368] 우리의 경우 1987년의 행정절차법안은 행정처분의 재심사를 규정하였으나(33조), 현행 행정절차법이 그에 관한 규정을 두고 있지 않다. **판결의 경우에도 재심이 허용되는데, 행정절차에 그것이 없다는 것은 입법의 치명적인 결함이었는데, 행정기본법은 재심사제도를 명문화하였다**(37조). 이에 관한 상론은 뒤에서 종합적으로 살펴본다(본서 404면 이하).

(2) 자유로운 직권폐지의 배제(불가변력)

국세기본법에 의하면 과세처분에 대해 행정소송을 제기하기 위해서는 사전에 국세청장에 심사청구나 조세심판원에 심판청구를 제기해야 하며, 이 밖에 임의적 불복제도로 세무서장 등에 이의신청을 제기할 수 있다. 과세처분에 관한 이의신청 절차에서 과세관청이 이의신청 사유가 옳다고 인정하여 과세처분에 관한 불복절차과정에서 과세관청이 그 불복사유가 옳다고 인정하여 과세처분을 직권으로 취소한 후, 특별한 사유 없이 이를 번복하여 종전 처분과 동일한 내용의 처분을 되풀이할 수 있는가? (대법원 2009두1020판결)

---

367) i) 당해 행정행위의 기초가 된 사실상태 또는 법상태가 사후에 관계자에게 유리하게 변경된 경우, ii) 관계자에게 유리한 새로운 증거가 존재하는 경우, iii) 민사소송법 제508조에 준하는 재심사유가 발생한 경우.

368) 독일의 경우 일찍이 연방행정법원이 행정행위(계획확정결정)에 불가쟁력이 발생하더라도 관련인은 사정변경시에 새로운 실체결정에 관한 청구권을 갖는다고(BVerwGE 19, 153), 절차재개의 가능성이 헌법상 요구될 뿐만 아니라 행정법의 불문의 원칙이라고(BVerwGE 39, 197) 판시하였다.

(가) 의 의

처분청은 행정행위의 존속에 따른 구속에서 벗어날 수 없거나 단지 일정한 요건하[369] 에서만 벗어날 수 있는데, 이런 경우에 처분청은 폐지금지의 지배를 받는다. 행정행위가 성립한 후 행정청은 자유로이 그것을 폐지(취소·철회)할 순 없고 신뢰보호의 원칙에 따른 강한 제한을 받는다. 처분청을 상대로 발휘하는 이런 구속효가 불가변력(불가변성)이다. 대부분 문헌은 이를 실체적 존속력의 문제로 보는데, 그것의 인정대상을 두고 다툼이 있다. 다수 문헌은 행정행위 일반에 대해 불가변력이 인정된다고 보지는 않고, 준사법작용과 같은 특별한 행정행위(가령 행정심판의 재결, 징계위원회의 징계의결, 국가인권위원회의 진정의 각하 및 기각 등)에 국한하여 인정하고자 한다.[370] 한편 토지수용위원회의 당초재결의 경우 그 자체로 준사법작용은 아니지만, 그로 인해 소유권의 귀속효과가 발생하기에 법적 안정성의 이유에서 불가변력의 차원에서 직권폐지가 원칙적으로 허용되지 않는다. 행정행위의 불가변력은 해당 행정행위에 대해서만 인정되고, 동종의 행정행위라 하더라도 그 대상을 달리하면 인정될 수 없다(대법원 73누129판결).[371]

(나) 불가쟁력과의 비교

불가쟁력과 비교하여 불가변력은 처분청 등 행정기관에 대한 구속력인 점에서 차이가 있는 등, 양자는 항상 동반하여 발생하지는 않는다. 추후의 존속폐지가 허용되는지 여부는 원칙적으로 처분청의 재량에 해당한다는 점에서 불가변력의 발생은 행정행위의 불가쟁력이 발생하였는지 여부와는 무관하다.[372] 다만 불가쟁력이 발생하면, -행정청 스스로 폐지에 나서길 주저한다는 점에서- 불가변력이 현실적으로 더욱 강화되는 것은 사실이다. 취소·철회권의 행사에 대한 시간적 제약(실권의 법리) 역시 불가변력을 더욱더 결정적으로 공고히 한다.

(3) 잠정적 행정행위의 폐지가능성

잠정적 행정행위 그 자체에 대해선 불가쟁력과 관련한 일반론이 그대로 통용된다. 하지만 잠정적 행정행위에 불가쟁력이 발생하였을 때 종국적 행정행위에 대한 쟁송가

369) 판례상의 취소·철회요건이나 독일 행정절차법의 취소·철회규정(제48조 이하)이 이에 해당한다.
370) 불복절차에서의 결정을 번복하는 것은 판례상 허용되지 않는다(대법원 2009두1020판결). 임의적 불복절차인 이의신청에서의 결정에까지 불가변력을 인정하는 것은 문제가 있다(본서 712면 주3).
371) 유의할 점은 여기서의 행정행위는 준사법작용이 아닌 일반 행정행위(과세처분)이다.
372) 다만 (중앙 및 지방)토지수용위원회의 재결의 이의신청에 대한 중앙토지수용위원회의 재결의 경우에는 제소기간의 경과와 같은 불가쟁력의 발생을 전제로 한다(토지보상법 제86조 ①).

능성의 내용적 제한이 어느 정도로 발생할지의 물음은 실체적 존속력의 물음이다. 그런데 종국적 행정행위가 내려진 상황에선 논의가 필요하다. 우선 종국적 행정행위가 잠정적 행정행위의 결정적인 요소를 터치하지 않는 한, 종국적 행정행위가 내려졌다 하여 잠정적 행정행위와 관련하여 직권폐지가 발생한 것은 아니다. 잠정적 행정행위가 실효된 셈이다. **이 경우 행정행위의 취소철회의 제한 법리가 통용되지 않는다.**

4. 모순금지의 효력

(1) 모순금지의 의의와 근거

이는 어떤 결정을 함에 있어서 행정청은 종전의 행정결정의 내용과 위배되어선 아니 된다는 것이다. 이것은 모순된 결정이 내려지는 것을 저지하며(법적 명료성의 의미), 동시에 후행 행정청으로 하여금 –다른 행정청에 의해 내려진– 구속적 결정이 내려진 물음에 대해 그 자신이 새롭게 자체 심사할 필요가 없게 만든다(절차경제의 의미). 다만 기왕의 행정행위가 위법하면, 모순금지가 행정의 법률 구속을 후퇴하게 만들 수 있다.

명문의 근거규정이 없어서 모순금지의 효력의 범위는 논란이 될 수 있지만, 국가활동에서 모순을 가능한 배제하는 것 자체는 행정청 및 법원에 대해 공히 요구된다. 절차적 존속력처럼 실체적 존속력 역시 법적 안정성과 법적 평화를 위하여 존재하기에, 그 자체가 항구성을 지향한다. 행정행위의 존속력은 행정행위 자체에 내재한다.373) 왜냐하면 그것이 행정행위의 공정력 및 작용형식의 특별한 효과성을 공고히 하기 때문이다. 특별한 근거규정이 없더라도, 모순금지의 효력 자체는 행정행위에 대해 일반적으로 받아들여질 수 있다. 궁극적으로 모순금지를 낳는 실체적 존속력은 판결의 확정력마냥 원칙적으로 법치국가원리의 구성요소인 법적 안정성에 바탕을 둔다.374)

(2) 실체적 존속력에 따른 모순금지의 효력

(가) 의의와 판례의 태도

근로복지공단이 피재해자 甲에게 요양승인처분을 하여 보험급여를 지급한 다음, 산재보험관계 성립신고를 게을리한 점을 이유로 사업주 乙에 대해 보험급여액 징수처분을 발하였다. 甲이 자신의 근로자가 아니라는 점을 들어 보험급여액 징수처분이 위법하다는 사업주 乙의 주

373) Ruffert, in: Ehlers/Pünder, §22 Rn.24.
374) BVerwGE 60, 253(269ff.).

장에 대해, 근로복지공단은 요양승인처분이 불복기간의 경과로 확정된 이상, 재해발생 당시 사업주와 피재해자 사이에 산재보험관계가 성립하였기에, 甲의 주장은 허용될 수 없다고 반론하였다. 근로복지공단의 반론은 판례상 주효하는지? (대법원 2006두20808판결)

모순금지의 핵심이 실체적 존속력이다. **실체적 존속력에 따른 구속효 문제는, 행정청이 어떤 행정행위를 내린 다음 추후에 그와 유관한 행정행위를 내릴 경우에 그 행정청이 기왕의 행정행위에 구속되는지 여부와 어느 정도의 범위에서 구속되는지의 물음이다.** 판결의 실체적 확정력, 즉 기판력에 대비되는 행정행위의 실체적 존속력의 윤곽을 정함에 있어 －행정행위와 판결의 차이점을 인정하면서－ 소송법적 본보기에 의거하는 것은 불가피하다. 하지만 판례가 시종 행정행위의 실체적 존속력을 부인하는 듯한 입장을 견지하고 있어서(대법원 2006두20808판결 등),[375] 그에 관한 논의가 발전적으로 전개되지 않고 있다.

실체적 존속력은 내용(규율, 법효과)과 연관된 구속이다. 실체적 존속력은 유효한 행정행위에서 발해진 규율의 종국적인 구속성이라는 의미에서의 규준성(규준성, Maßgeblichkeit)을 의미한다.[376] 존속력이 발생한 행정행위의 내용은 추후시점에 더 이상 문제될 수가 없다는 것이다. 여기서 실체적 존속력에 의거한 모순금지는 기결적 효력(präjudizielle Wirkung)을 발휘한다. 즉, 당초의 행정행위에 의해 판단된 선결문제는 －그것의 폐지를 유보하여－ 법률요건에 의거하여 새로이 심사될 수 없다(소위 결정대상의 기결성). 오히려 당초에 발해진 규율은 －그것의 적법성에 무관하게－ 제2차 행정행위의 바탕이 되어야 한다는 것이다. 규준력(기결적 효력)을 일체의 새로운 결정이 아니라 일탈한 결정만을 배제하는 것으로 설정하면, 그것은 실체적 존속력과 관련해서는 반복금지로서의 의의를 갖는다.[377] 그런데 반복된 절차에서 벗어나게 결정할 가능성은 인정된다. 이 점에서 규준력은 완전한 의미가 아니라, 부분적인 의미를 갖는다.

선행결정의 후행결정에 대한 '기결력'이나 '규준력'의 문제로서의 실체적 존속력의 문제는 사전결정(예비결정)이나 부분인허와 같은 단계적 행정절차상의 부분결정이 갖는 －단지 넓은 의미상의－ '선취적' 의의와는 구별되어야 한다. 이들 결정은 입지선정과 같은 개개의 허가요건에 관해 또는 시설의 일부 설치에 관해 사전에, 즉 전체허가

375) 일반적으로 행정처분이나 행정심판 재결이 불복기간의 경과로 확정될 경우 그 확정력은, 처분으로 법률상 이익을 침해받은 자가 당해 처분이나 재결의 효력을 더 이상 다툴 수 없다는 의미일 뿐, 더 나아가 판결과 같은 기판력이 인정되는 것은 아니어서 그 처분의 기초가 된 사실관계나 법률적 판단이 확정되고 당사자들이나 법원이 이에 기속되어 모순되는 주장이나 판단을 할 수 없게 되는 것은 아니다.

376) Vgl. BVerwGE 60, 253(267ff.).

377) 반복금지는 존속력이 발생한 행정행위와 후행 행정행위의 대상이 동일한 경우에 존재한다(소위 결정대상의 동일성).

의 발급이전에 결정을 내리는 것이다. 이런 방식으로 처리되거나 분할된 (전체 프로젝트의) 부분은 후속절차의 단계에서 다시 새롭게 심사・결정할 필요가 없다(후술한 자기구속적 효력).

(나) 본질과 요건

존속력에 의존한 모순금지는 불가쟁적 행정행위의 내용(규율, 법효과)**에 처분청이 항구적으로 구속되는 것을 대상으로 한다.** 절차적 존속력에 의존한 폐지금지처럼, 모순금지는 실체적 존속력에 의해 반사적으로 유발된다. 도그마틱적으로 보자면, 처분청은 실체적 존속력으로 인해 유발된 관련인의 직접적 구속을 통해 그 내용에 간접적으로 구속된다. 모순금지의 성립, 존속 그리고 범위는 부차적인 구속효에 의해 실체적 존속력에 의존한다. 이런 의존성은 결과와 관련해서도 마찬가지이다. 규준력은 실체적 존속력의 발로이다. 그리고 실체적 존속력은 절차적 존속력에 의해 직접적으로 야기되기 때문에, 그것은 절차적 존속력에 의존한다. **실체적 존속력의 발생은 절차적 존속력(불가쟁력)의 발생을 전제로 한다.**[378]

(다) 모순금지에 따른 구속의 범위: 실체적 존속력의 한계 및 추가적 제한

1) 실체적 존속력의 한계(범위)

선행결정의 규준력의 문제는 선행 행정행위의 규율본지가 후행 행정행위의 규율에 어느 정도로 수용되어야 하는지의 물음이다. 기결적 효력에 따른 규준력은 기껏해야 실체적 존속력의 한계 안에서 주어질 수 있다. 이처럼 내용과 관련한 구속으로서의 실체적 존속력에서 자연스럽게 제기되는 물음은, 존속력이 발생한 행정행위가 그 내용에서 후행 행정행위를 어느 정도로 구속하는지이다.

판결의 실체적 확정력(기판력)**의 한계에 의거하여 실체적 존속력의 범위는 전통적으로 사물적, 대인적, 시간적 범위의 차원에서 논의된다.**[379]

사물적 측면에선 행정행위는 단지 그의 규율과 관련해서 후행 행정행위를 구속시킨다. 원칙적으로 단지 포섭결론, 즉 행정행위의 '법효과'만이 후행 행정행위의 구속대상이다. 이에 따라 행정행위의 이유제시를 위해 언급한 사실상의 확인과 법적 평가는 후행 행정행위를 구속하지 않는다.[380] 예외적으로 이에 벗어나 법효과를 뒷받침하

378) Bader/Rollenfitsch, §43 Rn.21.
379) Erichsen/Knoke, NVwZ 1983, 185(191).
380) 판례가 불가쟁력이 발생하더라도 그 처분의 기초가 된 사실관계나 법률적 판단이 확정되고 당사자들이나 법원이 이에 기속되어 모순되는 주장이나 판단을 할 수 없게 되는 것은 아니라고 지적한 것(대법원 2006두20808판결 등)은 당연하다. 이 점에서 판례가 비록 불가쟁력의 발생에 판결과 같은 기판력을 결부시키지는 않지만 그것이 실체적 존속력의 부인인지 여부는 의문스럽다.

는 법적 확인이 동시에 행정행위의 규율의 구성요소가 될 수 있는데, 독일 판례에서 전개된 이런 예외가 후술할 확인적 효력이다. 대인적 범위에는 사물(실체)적으로 관련된 자 모두가 포함되는데, 여기에는 사물적으로 참가한 관련인의 지위를 갖는 처분청을 포함한다. 시간적 측면에서 행정행위는 발급시점에 규준이 된 사실·법상황과 관련하여 후행 행정행위를 구속한다. 따라서 처분시점 이후에 발생한 사실·법상황의 변화는 더 이상 구속에 의해 포착되지 않는다. 하지만 처분청이 사실·법상황의 사후적 변화를 존속력이 발생한 행정행위를 심사하고 –허용되는 한– 반대행위의 수단으로 폐지하거나 변경할 계기로 삼는 것은 배제되지 않는다.

2) 추가적 제한

–이상의 실체적 존속력의 한계가 유지되는 것을 전제로– 선행결정의 규준력을 인정하는 데 있어서는, 수범자 등 관련인의 권리보호가 수인할 수 없을 정도로 축소되지 않기 위해 추가적인 제한요건이 요구된다. 규율이 선결문제로서도 후행의 다른 결정에 대해 영향을 미침으로써 이미 종국적 성격을 지님을 관련인이 전혀 간취할 수 없었던 경우에는 취소소송을 제기하지 않음에 따른 부담을 그에게 지우기란 곤란하다. 행정행위가 후행결정에 대한 사전효과를 불충분하게 인식하게 한 경우에는, 그 행정행위는 실체적 존속력에 의해 강구된 법상황의 안정화를 가져다줄 수 없다. 즉, **추가적 요건으로 관련인이 (선행) 행정행위의 후속효과에 관해 분명하게 인식할 수 있는지 여부가 요구된다**. 이런 인식가능성을 판단함에 있어선 규율밀도, 법적 형성, 절차진행순서의 조망가능성이 특히 중요하다.[381)]

(라) 모순금지에 따른 구속으로서의 규준력(기결력)과 관련한 하자승계의 문제

수용대상 토지 가격 산정의 기초가 된 비교표준지공시지가결정을 수용재결과 이의재결의 선행처분으로 삼아 그것의 위법을 수용보상금의 증액을 구하는 소송에서 독립된 사유로 주장할 수 있는가? (대법원 2007두13845판결)

친일반민족행위진상규명위원회가 甲을 친일반민족행위자로 결정하고 발표함에 따라 지방보훈지청장이 독립유공자법 적용대상자로 보상금 등의 예우를 받던 甲의 유가족인 乙에 대해 독립유공자법 적용배제자결정을 하였다. 동 위원회가 친일반민족행위자결정 사실을 통지하지 않아 乙은 적용배제자결정이 있기 전까지는 그 사실을 알지 못하였다. 친일반민족행위자결정의 위법을 이유로 乙은 적용배제자결정의 효력을 다툴 수 있는가? (대법원 2012두6964판결)

주거·레저·의료기능이 통합된 휴양형 주거단지 개발사업을 내용으로 한 도시계획시설사

381) 여기에 판례가 추가한 예측가능성과 수인가능성을 가미하면, 판례(대법원 84누191판결)가 하자승계를 부인한 직위해제처분과 면직처분 사이에는 다른 접근이 가능하다(동지: 김남진/김연태, 365면).

업 실시계획의 인가에 터 잡아 A특별자치도 지방토지수용위원회가 수용재결을 내린 경우, 실시계획인가와 수용재결 사이에 하자가 승계되는가? 실시계획인가가 무효이면 수용재결은 어떻게 되는가? (대법원 2011두3746판결)

1) 논의의 전제

하자승계의 문제는 둘 이상의 행정행위가 연속적으로 행해진 경우, 선행 행정행위에 대해 불가쟁성(불가쟁력)이 발생하였을 때, 선행 행정행위의 하자의 존재가 후행 행정행위에 어떠한 효과를 미치는가의 물음이다. 논의의 전제는 이상의 상황에 더해서 선행 행정행위의 하자가 무효사유가 아닌 단순 위법사유에 해당해야 한다. 유의할 점은 양 행정행위가 독립되게 존재해야 한다. 만약 감액경정처분이나 증액경정처분처럼 양자 간에 흡수상황이 발생하는 경우에는 하자승계가 논의되지 않는다.[382]

한편 **선행 행정행위가 무효이면 후행처분의 무효나 단순위법여부가 문제될 수 있는데,** 종래 판례는 선행 행정행위가 무효이면 후행 행정행위를 다툴 수 있다는 것만을 지적하거나(대법원 97누20502 판결; 99두9889판결), 선행행위가 부존재하거나 무효인 경우에는 그 하자가 당연히 후행행위에 승계되어 후행행위도 무효가 된다고(대법원 96누4374판결) 판시하였다. 최근 판례는 후자의 입장을 분명히 하는데,[383] 이처럼 바로 무효로 접근하는 것은 너무 단선적이다(후술).

2) 논의의 현황

행정법에서 대표적인 난제(難題)인 하자승계 문제는 다음의 2가지의 대립된 접근방식이 있다: 하자승계의 차원에서 접근하는 전통적인 입장(선행행위·후행행위일체화론)**과 '행정행위의 구속력**(선행행위의 후행행위에 대한 구속력, 기결력, 규준력)**'의 시각에서 접근하는 입장.**[384] 전자의 방식은 일본에서 건너온 것이고,[385] 후자의 방식은 독일의 실체적 존속력에 터 잡은 규준력에 초점을 맞춘 것이다.

전자의 방식에 의하면, 선행행위와 후행행위가 결합하여 하나의 효과를 완성하는

---

382) 증액경정처분이 있는 경우 당초처분은 증액경정처분에 흡수되어 소멸하고, 소멸한 당초처분의 절차적 하자는 존속하는 증액경정처분에 승계되지 않지만(대법원 2007두16493판결), 이는 본래의 하자승계의 문제가 아니다.

383) 대법원 2011두3746판결은 도시계획시설사업 실시계획인가가 무효이면 그에 기초한 수용재결도 무효로, 대법원 2016두35120판결은 사업시행자지정처분의 무효이면 실시계획인가처분도 무효로, 대법원 2016두35144판결은 사업시행자지정처분의 무효이면 실시계획인가처분도 무효이고, 실시계획인가처분이 무효이므로 그에 터 잡은 수용재결도 무효가 된다고 판시하였다.

384) 참고문헌: 김남진, 법률신문 제2543호(1996.10.21.); 임영호, 대법원판례해설 제78호(2008 하반기)(2009.07); 선정원, 행정판례연구 제10집(2005), 170면 이하.

385) 美濃部達吉, 日本行政法上巻 (第三版) 1941, 940頁 이하: 동지: 田中二郎, 行政法総論, 1957, 324頁 이하. 열거주의하에서 권리구제가 여의치 않아 하자승계를 통해 권리구제의 폭을 넓히는 데 하자승계의 역사적 의의가 있다는 지적으로 岡田春男, 行政法理の研究, 2008, 88頁 참조.

경우에는 선행행위에 불가쟁력이 발생하였더라도 선행행위의 흠이 후행행위에 승계되나, 선행행위와 후행행위가 서로 독립하여 별개의 효과를 발생하는 경우에는 선행행위가 당연무효가 되지 않는 한 흠이 승계되지 않는다. 구속력의 관점(예측가능성과 수인가능성)을 가미하지만,[386] 판례는 기본적으로 이런 기조에서 접근하고 있다.[387] 이런 접근방식이 간단한 틀을 제공한다는 점에서는 편리하나, 결합과 독립의 여부 및 발생효과가 하나인지 별개인지 여부가 관점에 따라 달리 판단될 수 있다는 점에서 법적 기준의 확실성이 떨어진다.[388] 나아가 모순된 판단도 있다.[389] 기원이 된 일본에서도 비판이 상당하다.[390]

반면 후자의 방식에 의하면, 선행 행정행위에 불가쟁력이 발생하면 선행 행정행위가 후행 행정행위에 대해 기결적 효력(규준력)을 발휘하는, 즉 후행 행정행위는 선행

386) 대법원 93누8542판결이 개별공시지가결정과 과세처분 사이에서 이런 접근을 처음 강구하여 하자승계를 인정하였고, 친일반민족행위자결정과 유가족에 대한 독립유공자법 적용배제결정 사이에도 동일하게 접근하였다(대법원 2012두6964판결). 개별토지가격결정에 대한 재조사청구에 따른 감액조정에 대하여 더 이상 불복하지 아니한 경우, 이를 기초로 한 양도소득세 부과처분 취소소송에서 다시 개별토지가격결정의 위법을 당해 과세처분의 위법사유로 주장할 수 없다는 대법원 96누6059판결은, 예측가능성의 차원에서 수긍할 만하다.

387) * 흠의 승계를 긍정한 사례: 암매장분묘개장명령과 후행계고처분(대법원 4293행상31판결); 귀속재산의 임대처분과 후행매각처분(대법원 62누215판결); 기준지가고시처분과 토지수용처분(대법원 78누227판결); 독촉과 가산금·중가산금징수처분(대법원 86누147판결); 안경사시험합격처분과 안경사면허처분(대법원 92누4567판결); 계고처분과 대집행에 있어서의 비용납부명령(대법원 93누14271판결); 개별공시지가결정과 과세처분(대법원 93누8542판결); 계고처분과 대집행영장발급통지행위(대법원 95누12507판결); 표준공시지가결정과 수용재결(대법원 2007두13845판결), 법학전문대학원의 예비인가와 최종설치인가(서울고법 2008누26857판결).

* 흠의 승계를 부정한 사례: 과세처분과 체납처분(대법원 76누51판결); 직위해제처분과 면직처분(대법원 84누191판결); 구 토지수용법상의 사업인정과 토지수용재결처분(대법원 87누395판결); 액화석유가스판매사업허가와 사업개시신고반려처분(대법원 90누8756판결); 도시계획사업의 실시계획인가고시와 수용재결처분(대법원 90누9971판결); 재개발사업시행인가처분과 토지수용재결처분(대법원 92누5584판결); 수강거부처분과 수료처분(대법원 94누477판결); 토목공사업면허·건축공사업면허와 이에 기초한 새로운 토목건축공사업면허(대법원 94누11637판결); 토지등급의 설정 또는 수정처분과 과세처분(대법원 93누23565판결); 택지개발계획의 승인과 수용재결처분(대법원 95누13241판결); 건물철거명령과 대집행계고처분(대법원 97누20502판결); 주택건설사업계획승인처분과 도시계획시설변경 및 지적승인고시처분(대법원 99두9889판결); 택지개발예정지구의 지정과 택지개발계획의 승인(대법원 99두653판결); 보충역편입처분과 공익근무요원소집처분(대법원 2001두5422판결); 농지전용부담금부과처분과 압류처분(헌재 2002헌바73); 도시·군계획시설결정과 실시계획인가(대법원 2016두49938판결); 업무정지처분과 개설등록취소처분(대법원 2017두40372판결); 근로복지공단이 사업종류 변경결정과 산재보험료 부과처분(대법원 2019두61137판결).

388) 하자승계를 긍정한 개별공시지가결정과 과세처분간의 경우(대법원 93누8542판결)와 이를 부인한 토지등급의 설정 또는 수정처분과 과세처분간의 경우(대법원 93누23565판결)가 여실히 보여준다.

389) 가령 사실상 동일한 것임에도 달리 판단하여 하자승계를 긍정한 경우(암매장분묘개장명령과 후행계고처분사이)와 하자승계를 부정한 경우(건물철거명령과 대집행계고처분사이)가 잘 보여준다. 하자승계인정의 예인 안경사시험합격처분과 안경사면허처분은 엄밀히 보아 별개의 목적을 지향한다.

390) 가령 美濃部達吉 주장을 그대로 승계한 田中二郎 교수의 기념논문집에서 "기준으로서 불명확하다는 비판이 당연히 있을 수 있다."는 小早川光郎 교수의 지적(「先決問題と行政行為」 田中二郎先生古希記念論文集『公法の理論(上)』, 1976, 385頁)은 이채롭다.

행정행위에 위배되어선 아니 되며 그 결과 선행 행정행위의 하자를 후행 행정행위의 단계에서는 주장할 수 없다고 본다. 그리고 이런 규준력이 유지되기 위해서는, 선행 행정행위와 후행 행정행위의 규율대상 내지는 법적 효과에 있어서 일치성이 있어야 하고, 양 행정행위의 수범자(상대방)가 일치해야 하며, 선행 행정행위의 기초를 이루는 사실·법상태가 유지되어야 한다. 그리고 추가적 요건으로 예측가능성과 수인가능성이 요구된다.

3) 하자승계의 관점의 무분별한 투영의 문제점

종래 논의에서 단순히 복수의 행정행위가 연이어 행해졌다는 점만이 부각되어 이들간의 법적 의미가 있는 상관관계에 관한 모색이 부족하다. 결정주체가 다르거나 내용적 관련성이 없는 경우에는 애초에 하자승계가 문제되지 않음에도 불구하고 판례는 하자승계의 관점을 무분별하게 투영시키고 있다.[391] 대법원 2012두6964판결의 경우 처음부터 친일반민족행위자결정이 유가족에게 통지되지 않았고 유가족이 동 결정의 상대방이 아니므로, 굳이 예측가능성과 수인가능성을 언급할 필요가 없었다. 처분청이 동일하지 않는 이상, 하자승계의 문제가 아니다. 친일반민족행위자결정의 존재를 처분의 근거로 보면 유가족이 적용배제자결정을 다투는 데 아무런 문제가 없다. 오도된 하자승계론의 실례이다.

4) 행정행위의 구속력의 시각에서 판례분석

판례가 하자승계를 부정한 사례 가운데, 과세처분과 체납처분 사이, 건물철거명령과 대집행계고처분 사이, 보충역편입처분과 공익근무요원소집처분 사이, 농지전용부담금부과처분과 압류처분 사이에는 선행결정이 후행결정에 바탕이 되어야 하기에 그 선행결정에 기결적 효력이 인정될 수 있다. 따라서 관련인은 선행결정에 불가쟁력이 발생한 이상, 그것의 실체적 존속력에 어긋난 모순된 주장을 할 수는 없다. 즉, 여기서는 판례마냥 하자가 승계되지 않는 것과 마찬가지 상황이다.

하자승계가 긍정된 사례 가운데, 독촉과 가산금·중가산금징수처분 사이, 계고처분과 대집행에 있어서의 비용납부명령 사이, 계고처분과 대집행영장발급통지행위 사이에도 선행결정에 대해 기결적 효력을 −하나의 절차에서 행해진다는 점에서 위의 경우보다 오히려 더욱더− 인정할 수 있다. 판례의 입장과 정반대의 결론에 도달한다.[392]

391) 가령 판례가 하자의 승계를 부정한 사례 가운데 구 토지수용법상의 사업인정과 토지수용재결처분사이, 도시계획사업의 실시계획인가고시와 수용재결처분사이, 재개발사업시행인가처분과 토지수용재결처분사이, 수강거부처분과 수료처분사이, 토목공사업면허·건축공사업면허와 이에 기초한 새로운 토목건축공사업면허사이, 택지개발계획의 승인과 수용재결처분사이, 주택건설사업계획승인처분과 도시계획시설변경 및 지적승인고시처분사이, 택지개발예정지구의 지정과 택지개발계획의 승인사이가 그렇다고 볼 수 있다.

반면 하자승계가 긍정된 사례 가운데, 기준지가고시처분과 토지수용처분사이, 개별공시지가결정과 과세처분 사이, 개별공시지가결정과 개발부담금부과처분 사이, 표준공시지가결정과 수용재결 사이에는 후행결정에 바탕이 된다는 점에서 선행결정 그 자체에 규준력을 어려움 없이 인정할 수 있지만, 선행결정의 단계에서 과연 후행결정의 가능성을 확실히 간취할 수 있다고 보기는 어렵다. 추가적 요건차원에서 규준력이 배제될 수 있기에, 결과적으로 하자승계를 인정하는 판례와 동일하게 된다. 사실 성급하게 선행결정(가령 공시지가결정)의 처분성을 인정하지 않았더라면, 하자승계론을 동원할 필요 없이 선행결정의 위법성을 후행결정의 위법사유로 주장할 수 있었다.

그런데 비교표준지공시지가결정과 수용재결 사이의 하자승계를 인정한 대법원 2007두13845판결로 인해 비교표준지공시지가결정 및 개별공시지가결정의 처분성이 결과적으로 무의미하게 되어버렸다.[393]

5) 관견(管見)

행정행위에 의해 정해진 법효과가 후속 행정행위와의 관계에서 규준적 효력을 발휘하는지, 그리고 어느 정도로 발휘하는지의 물음은 분명한 답이 내려지지 않지만, **법적 안정성과 법적 평화에 무게중심을 두는 모순금지의 효력의 차원에서 접근한다. 추가적 요건으로 제시되는 후속효과에 관한 사전인식가능성이 특별한 의미를 갖는다.** 따라서 **결정주체가 동일하고 내용적 관련성이 있는 사안을 대상으로 하여, 실체적 존속력의 한계와 추가적 제한요건을 대입하여 선행행위의 규준력여부를 판단할 수 있다.**

한편 **하자승계가 부인되는 사안에서 선행 행정행위의 무효를 바로 후행 행정행위의 무효로 연결시키는 판례의 태도는 문제가 있다.** 무효는 원상회복의 상황을 낳는다. 후행 행정행위의 시점에서 선행 행정행위의 무효가 객관적으로 명백하지 않는 이상, 단지 선후의 관계에 있다는 것으로 선행 행정행위의 무효를 후행 행정행위의 무효로 연결시키는 것은 문제가 있다. 상당한 시간이 지난 경우에도 그동안의 기성사실 모두를 無로 돌리는 것은 법적 안정성의 차원에서 문제가 있다. 따라서 선행 행정행위가 무효라 하더라도 무권한 무효의 원칙에서 출발하는 사안이 아닌 한 원칙적으로 후행 행정행위는 단순 위법에 그치되,[394] 다만 선행 행정행위의 무효가 명백한 경우나 -대법

392) 하지만 대집행영장통지와 대집행실행은 처분성이 의문스럽고, 비용납부명령은 별개의 절차로 봄직하다(본서 662면 참조).

393) 김중권, 법률신문 제3871호(2010.9.9.). 그런데 정반대로 대법원 2018두50147판결은 재산세부과처분의 취소를 구하는 소송에서 표준지공시지가결정의 위법성을 다툴 수 없다고 본다.

394) 여기서 사업시행자지정처분의 무효를 기점으로 후속 행위(실시계획인가 및 수용재결)의 무효를 논증한 대법원 2016두35120판결; 2016두35144판결과 실시계획인가의 무효에 의거하여 수용재결의 무효를 논증한 대법원 2011두3746판결을 차별적으로 접근할 필요가 있다. 즉, 전자는 수긍할 수 있지

원 96누4374판결처럼 – 선행행위가 후행행위의 요건에 해당하고 선행행위가 행한 후 오랜 시간이 경과하지 않은 경우에는 무효로 접근하는 것이 바람직하다.

(3) 존속력과 무관한 모순금지의 효력

행정행위는 불가쟁력의 발생과 무관하게 처분청은 물론, 다른 국가기관을 아래와 같이 모순금지의 범주에서 구속한다.

(가) 자기구속적 효력

먼저 처분청 및 그것의 기능적 승계인에 대해 미치는 것을 보면, 처분청 등은 불가쟁력이 발생하기 전이라도 모순금지의 차원에서, 특히 신뢰보호의 차원에서 당초의 규율과 다른 2차 규율을 해서는 아니 된다. 즉, **존속력에 의거한 모순금지의 발생이 전이라도, 처분청 등은 결정주체로서의 지위에서, 수범자 등을 상대로 유효하고 구속적인 행정행위의 내용에 구속된다.** 처분청은 여기서 소위 자기구속적 효력의 지배를 받는다.[395] 판결의 자박력에 상응할 수 있는 행정행위의 자기구속적 효력은 결코 법률적 근거를 필요로 하지 않는다.[396]

자기구속적 효력은 특히 단계적 행정행위가 행해지는 단계적 행정절차에서 중요하다. 처분청은 예비결정과 부분인허에 담겨진 규율을 간과해선 아니 되고, 동일한 사실상황에서 개별 허가요건이나 사업부분을 새로이 심사, 변경해서도 아니 된다. 나아가 잠정적이긴 하나 긍정적인 전체 판단이 제1차 부분허가의 구속효에 의해 포함된다.

행정행위가 대외적으로 유효함을 전제로 하여, 그것의 내부적 효과가 발생하고 그에 따라 처분청 역시 그것에 구속된다. 따라서 자기구속적 효력은 불가쟁력이 발생하지 않는 경우에만 의미가 있고, –전방위적– 불가쟁력이 발생하면 그것은 실체적 존속력으로 전화(轉化)한다. 이 점에서 독일의 판례와 다수 문헌은 자기구속적 효력을 단지 일시적인 통용이 요구되는 구속효로 본다. 불가쟁력이 발생하기까지 단지 잠정적으로 구속효를 발휘하는 자기구속적 효력은 존속력에 의존한 모순금지처럼 처분청이 모순적인 제2차 행정행위를 발하는 것을 저지한다. 따라서 그것의 범위는 처분청이 존속력에 의존한 모순금지에 의거하여 지배를 받는 범위와 일치한다.

만, 후자는 기성사실의 존중의 차원에서 문제가 있다.

395) 이는 재량준칙에서 평등원칙에 의거하여 성립한 행정의 자기구속과는 구별된다(본서 86면 이하).

396) BVerwGE 60, 111(117).

(나) 구성요건적 효력

1) 의 의

행정행위의 존재가 처분청을 제외한 다른 행정기관의 판단과 결정에 영향을 미치는 양상을 구성요건적 효력의 차원에서 접근할 수 있다. 즉, **국가의 모든 결정주체가 이미 존재하는 행정행위에 원칙적으로 구속되는 것이 구성요건적 효력(Tatbestandswirkung)이다.** 처분청을 제외한 다른 행정기관과 법원은 행정행위가 유효하게 존재하는 이상, 사안을 법적으로 판단함에 있어서 그 행정행위를 구성요건으로 존중해야 한다. 그리하여 이미 내려진 행정행위가 위법할 수 있다고 생각되더라도, −그 행정행위가 폐지되지 않는 한− 행정청 등은 그 행정행위에 저축되게 독자적으로 판단을 내려선 아니 된다.[397] 이런 구속력은 행정행위가 무효라 여겨지는 경우에는 당연히 인정되지 않는다. 즉, 이런 경우에 행정행위의 유효한 존재를 전제로 접근해서는 아니 된다.[398]

공정력과 구성요건적 효력의 관계에 대해 문헌에선 상이하게 접근한다. 일부 문헌은 구성요건적 효력을 광의의 공정력의 내용으로 보아 그 구분에 부정적이지만(대표적 문헌으로 김동희/최계영, 327면 이하), 다수 문헌은 공정력은 수범자 또는 제3자를 대상으로 한다는 점에서 양자를 구분한다(김남진/김연태, 309면 이하; 정하중/김광수, 242면 이하; 홍정선, 448면 이하; 박균성, 158면 이하). 공정력은 법적 안정성에서, 구성요건적 효력은 관할존중에서 비롯된다는 점에서 양자는 이론적 근거의 차원에서도 구분된다. 하지만 판례는 광의의 공정력의 이해를 바탕으로 한다(대법원 94다28000판결).[399]

2) 근 거

행정행위를 발하지 않은 행정기관은 건축허가가 존재하면 건축계획안이 허가된 것으로 여겨야 하고, 어떤 사인이 공무원으로 임용되면 그의 공무원신분을 인정해야 한다. 이처럼 구성요건적 효력은 다른 행정기관을 상대로 관할분배와 사무분장을 존중하는 데서 비롯된 것이다. 그리고 처분청 자신도 자기구속에 따라 기왕의 행정행위의 존재를 존중해야 한다. 아울러 법원을 상대로 한 −관련 행정행위에 대한 사법심사가 요청되지 않는 한− 구성요건적 효력은 권력분립원리, 특히 행정행위의 법률적 인정과 형성에 따른 자명한 요구이다.

---

397) 행정쟁송에 의해 사업인정이 취소되지 않는 한 토지수용위원회는 기능상 사업인정 자체를 무의미하게 하는, 즉 사업시행이 불가능하게 되는 것과 같은 재결을 할 수는 없다(대법원 93누19375판결).

398) 조합설립인가처분이 무효여서 처음부터 조합이 성립되었다 할 수 없는 경우 조합설립을 전제로 한 임원의 법위반행위로 형사처벌할 수 없다(대법원 2012도7190전합판결).

399) 행정처분이 아무리 위법하다고 하여도 그 하자가 중대하고 명백하여 당연무효라고 보아야 할 사유가 있는 경우를 제외하고는 아무도 그 하자를 이유로 무단히 그 효과를 부정하지 못한다.

3) 행정기관에 대한 구성요건적 효력

행정행위의 존재가 처분청은 물론, 다른 행정기관의 판단과 결정에 영향을 미치는 양상은 구성요건적 효력의 차원에서 다음과 같이 접근할 수 있다.[400] 행정행위의 합법화효과로 인해 행정행위가 내려져 그것이 존속하는 한, 그 행정행위와 관련한 법상황은 적법한 것이 되어, 처분청이 아닌 다른 행정당국은 자신의 결정에서 그런 법상황을 판단의 기초로 삼아야 한다(타자구속효적 양상). 입국금지조치가 여전히 존재한 이상, 이를 이유로 한 재외공관장의 사증발급거부는 적법하다.[401] 나아가 그 수범자에 대해 질서법적 책임을 과할 수 없다(합법화효적 양상). 가령 도로법상 도로점용허가가 내려지면 도로교통법상의 조치를 취하는 것은 제한된다. 그리고 건축법 제11조 제5항처럼, 어떤 한 행정청의 인허가결정에 다른 행정청이 행할 인허가가 포함되기도 한다(의제에 의한 일종의 확장적 양상).

4) 법원에 대한 구성요건적 효력: 선결문제

연령미달로 운전면허를 받을 수 없는 자가 신청하여 면허를 교부받고서 운전을 하다가 적발되었다. 무면허운전죄로 처벌할 수 있는가? (대법원 80도2646판결)

불량사항에 관한 시정보완명령을 구술로 받은 자가 그 명령을 이행하지 않았을 때 명령 위반을 이유로 행정형벌을 부과할 수 있는가? (대법원 2011도11109판결)

① 선결문제에서의 쟁점

법원에 대해서도 구성요건적 효력이 원칙적으로 통용되기에, 사법적 판단을 통해 행정행위의 존재를 왜곡시킬 순 없다. 그러나 재판청구권, 사법권독립과 －사법부적 관점에서의－ 권력분립원리에서, 행정행위를 심사하기 위해 재판이 요청될 경우엔, 구성요건적 효력으로부터의 구속은 당연히 배제된다. 행정행위를 직접 대상으로 하는 처분대상 행정소송(취소소송)에서는 이런 배제가 아무런 문제가 되지 않는다. 그렇지만 행정행위의 적법성 여부가 다투어지나 그것을 직접 대상으로 하지 않는 상황(가령 국가배상청구소송)에서는 선결문제의 이름으로 논의가 분분하다. **선결문제에서 쟁점은, 민·형사사건에 있어서 어떤 행정행위의 위법 여부 또는 존재 여부(무효여부)가 그 사건에**

400) Ruffert, in: Ehlers/Pünder, §22 Rn.17ff.

401) 하지만 대법원은 이른바 '스티브 유 사건'에서 입국금지조치의 부재를 바탕으로 사증발급거부의 위법성을 논증하였다. 그가 입국을 시도한 2002.2.2.에 이미 입국이 불허된 이상, 이런 접근은 문제가 있다. 1심인 서울행법 2015구합77189판결이 입국금지조치가 적법·유효한 것을 전제로 전개하였는데, 위법하다 하더라도 취소되지 않는 한 유효하기에 입국금지조치의 존재를 위하여 적법성의 요청은 불필요하다. 본서 110면 사례참조. 상론: 김중권 법조 제738호(2019.12.28.); 법률신문 제4716호(2019.7.15.). 입국금지사증발급의 효력에 관한 상론은 송시강, 경제규제와 법 제12권 제1호(2019).

있어서의 선결문제가 되는 경우에, 해당 사건을 맡은 법원에 그에 관해 스스로 심리 · 판단할 수 있느냐 하는 것이다.

② 문헌상의 논의현황

대다수 문헌은 -공정력의 차원에서 접근하든 구성요건적 효력의 차원에서 접근하든- **긍정한다.** 국가배상청구소송에서 선결문제를 긍정하더라도 행정행위의 효력 자체를 부인하는 것이 아니라 단지 그 위법성을 심사하는 것이어서 아무런 문제가 없으며, -판례가 문헌상의 경향과는 달리 민사소송으로 접근하는- 부당이득반환청구소송에서 법원은 대상처분(가령 과세처분)의 무효가 확인되는 경우에만 청구를 인용할 수 있을 뿐 단순 위법에 그칠 때는 그렇게 할 수가 없기에 이 역시 문제가 되지 않는다고 한다.

반면 **부정설은 행정행위가 당연무효가 아닌 한, 민사소송에 있어서 수소법원은 그것의 위법성 여부를 스스로 심리 · 판단할 수 없다고 본다.** 논거로 공정력으로 권한있는 기관에 의하여 취소될 때까지 모든 국가기관이 그 효력에 구속되어야 한다는 점, 취소소송의 배타적 관할제도로 민사법원은 행정행위를 취소할 수 없다는 점, '처분 등의 효력 유무 또는 존재 여부'가 민사소송의 선결문제로 되는 경우만을 규정하고 있다는 점(법 11조 1항)을 제시한다. 부정하는 입장에 의하면, 관련청구병합의 형태를 취하여 수소법원이 행정행위의 위법성을 심사할 수 있다고 한다.

③ 판례의 태도

판례는 민사사건에서 광의의 공정력의 차원에서 접근하면서 긍정한다(국가배상청구소송: 대법원 72다337판결. 부당이득반환청구소송: 대법원 94다28000판결). 민사소송에 있어서 행정처분의 당연무효 여부가 선결문제로 되는 경우에 법원은 이를 스스로 판단하여 -당연무효에 해당하면- 당연무효임을 전제로 판결할 수 있고, 반드시 행정소송 등의 절차에 의하여 그 취소나 무효확인을 받아야 하는 것은 아니다(대법원 2009다90092판결).[402] 형사사건에서도 행정형벌의 경우에 출발점이 된 그 행정행위의 위법성을 당연히 심사할 수 있는데, 위법할망정 행정행위가 존재하는 한, 그 존재를 무시할 수가 없다(대법원 80도2646판결).[403] 판례는 무효인 행정행위의 경우(대법원 2011도11109판결)는 물론, 단순위법에 불과한 하자를 지닌 행정행위의 경우에도(대법원 90도1709판결 등), 행정행위를 따르지 않았다는 이유로 행정형벌을 과할 수 없다고 본다.

그런데 단순위법에 불과한 경우까지 행정형벌을 과할 수 없다는 것은 -공정력의 차원

402) 물론 당연무효로 보아야 할 위법사유가 인정되지 않는 한, 법원이 스스로 그 처분의 효력을 부인하여 법률상의 부당이득이 성립하게 할 수는 없다(대법원 94다28000판결).

403) 이 운전면허는 당연무효가 아니고 도로교통법 제65조 제3호의 사유에 해당함에 불과하여 취소되지 않는 한 유효하므로 피고인의 운전행위는 무면허운전에 해당하지 아니한다.

에서는 물론- **구성요건적 효력의 차원에서도 문제가 있다.**

④ 관견(管見)

과거 선결문제는 대표적인 행정법문헌의 논쟁대상이었지만, 지금에는 그 비중이 격감하였다. 최근 부정입장을 취하는 문헌을 보기 어려우며, 행정소송법개정에서 지금 민사소송으로 다루는 국가배상청구소송과 부당이득반환청구소송을 당사자소송으로 행정소송사건으로 만들려고 한다. 국가배상청구소송이 취소소송에 대해 독립적이고, 독일처럼 독립된 행정재판제도를 갖지 않는 우리로서는 사실 선결문제가 심각하게 문제되지 않는다. **선결문제에 관한 과도한 논의를 정리할 필요가 있다.** 다만 국가배상청구사건에서의 선결문제는 행정행위에 불가쟁력이 발생한 경우에 새로운 국면을 맞는다(본서 361면). 긍정설과 무관하게, 국가배상사건은 이론적으로 공법사건이므로 행정재판의 관할로 하는 것이 당연하다. 나아가 행정벌에 해당하는 형사사건도 행정재판의 관할로 하는 것도 입법정책적으로 강구할 만하다.

(다) 확인적 효력

원칙적으로 이상의 구성요건적 효력은 행정행위상의 법적 규율만을 그 대상으로 하기에, 그 법적 규율의 바탕이 된 사실은 구성요건적 효력을 발생시키지 않는다. 즉, 다른 국가기관은 그런 사실에 구속되지 않는다. 반면 **확인적 효력에선 행정행위상의 법적 규율만이 아니라 행정행위의 사유상의 중요한 법적, 사실적 확인에도 구속된다.** 이런 확인적 효력은 법효과발생의 출발점에 해당하는 확인적 행정행위에서 인정될 수 있거니와, 추가로 이 점이 법률적으로 규정되어 있어야 한다.[404]

Ⅳ. 집행력의 문제

일반적으로 행정행위의 집행력을, '행정행위에 의해 부과된 행정상 의무를 상대방이 이행하지 않는 경우에 행정청이 스스로의 강제력을 발동하여 그 의무를 실현시키는 힘'으로 정의한다. 여기서 제기될 수 있는 물음은 하명처분만이 아니라 모든 행정행위에 인정되는 것인지? 하명처분 그 자체만으로 의무불이행에 대해선 곧바로, 즉 강제집행절차에 관한 별도의 법률적 근거가 없어도 그 강제집행절차를 밟을 수 있는가? 전자의

404) 가령 독일 연방피난법 제15조 제1항은 난민증명서에 국적당국은 물론, 다른 모든 국가기관이 구속되게끔 규정하고 있다.

물음과 관련해서는 일반적으로 하명처분을 제외한 다른 행정행위는 집행력과 무관한 것으로 본다. 후자의 물음과 관련해서도 일반적으로 하명처분과는 별도로 강제집행에 관한 근거법률이 요구된다고 본다. 그리고 행정대집행법과 국세징수법이 마련된 이상, 사실상 논의대상이 되지 않는다고 본다.

그래서 일반적으로 집행력은 행정행위의 본래의 속성이 아니라고 본다. 판례 역시 단순한 부작위의무의 위반, 즉 관계 법령에 정하고 있는 절대적 금지나 허가를 유보한 상대적 금지를 위반한 경우, 위반에 관한 조치에 관한 특별규정(가령 건축법 79조 등)이 없는 한, 의무위반을 분명히 하는 하명처분이 새로이 내려지지 않는 한, 강제집행절차로 나아갈 수 없다고 본다(대법원 2009도11523판결 등). 집행력에 관한 지금의 이해는 바뀌어야 한다. **집행력을 구속효력 차원에서 별도로 논할 만큼 그 의미가 크지 않다. 하루바삐 논의를 대폭 축소해야 한다.** 우리와는 달리 불가쟁력의 발생이 강제집행의 요건인 독일(행정강제집행법 6조 1항)의 예를 참고할 필요가 있다. 일부에서 행정의무의 위반에 가해지는 행정벌의 존재로 제재력의 범주를 드는데, 이 역시 피해야 한다.

제 5 절 행정행위의 폐지(취소·철회)

Ⅰ. 행정행위의 폐지(취소와 철회)에 관한 일반론

1. 의의와 개념상의 명확화

甲 학교와 乙 고등학교를 운영하는 학교법인 A는 甲 학교 이전비용을 마련하기 위하여 甲 학교 부지를 담보로 금융기관으로부터 금원을 차입할 수 있다는 내용의 교육용기본재산의 처분 등의 허가를 받았다. 관할청이 학교법인 A가 허가에 따라 차입한 자금을 법인회계에 수입조치하지 아니하고 본래의 허가 용도가 아닌 다른 용도에 사용하였다는 것을 이유로 허가를 취소하였다. 여기서의 취소의 성격은 무엇인가? (대법원 2003다37969판결)

(1) 의 의

행정행위의 폐지는 행정행위의 법적 효력을 (처분청은 물론 감독청을 포함한) **행정청이나 법원의 특별한 언급**(직권폐지, 취소판결)**을 통해서 제거하는 것을 의미한다.** 상위개념인 폐지의 하위경우가 행정행위의 취소와 철회이다. 여기서 행정행위의 취소란 –비록 위법하더라도– 유효하게 성립한 행정행위를 성립당시의 위법을 이유로 소멸시키는, 즉 그것의 법적 효력을 제거하는 행정행위를 의미한다. 행정행위의 철회란 적법하게 성립한 행정행위를 성립이후의 사실·법상황의 변화 등을 이유로 소멸시키는 행정행위를 의미한다. 과거 양자의 차이점(사유와 효과 등)이 마치 절대적인 양 강조되었지만, 오늘날에는 성립 당시의 하자인지 아니면 새로운 사정의 발생인지에 관한 제도의 본질은 변함이 없지만, –취소의 효과가 미래효적일 수 있는 등– 다른 차이점은 상대적이다. **취소나 철회는 행정행위 전체를 대상으로 하거나 부분에 국한될 수도 있다(일부취소·철회).** 행정행위는 처음부터, 현재부터 또는 다른 시점에 취소나 철회될 수 있다.

취소와 철회는 개념과 그 실행구조가 분명히 구별됨에도 불구하고 현실의 실정법제도에선 그렇지 않아 혼란을 자아내고, 불필요한 수고를 낳는다. 특히 철회를 포함한 폐지의 의미에서 취소를 규정한 경우가 많아서, **항상 그것의 본질을 먼저 밝힌 다음 해당 논증과 접근을 강구해야 한다.** 다행히 행정기본법은 정명(正名)의 차원에서 양자를 구별한다(18조, 19조). 이를 계기로 개별법에서 하루바삐 용어가 정리되어야 한다.

(2) 특히 직권취소와 쟁송취소의 구별

현실적으로 취소는 다양하게 사용되며 그에 따라 여러 종류로 나뉠 수 있다. 즉, 주체에 따라 행정청에 의한 취소와 법원에 의한 취소, 계기에 따라 직권취소와 쟁송취소, 대상에 따라 수익적 행정행위의 취소와 부담적 행정행위의 취소, 범위에 따라 전부취소와 일부취소로 나뉜다. 이 가운데 **직권취소와** –행정소송과 행정심판에서의– **쟁송취소의 구별이 의미를 지니며, 유의해야 한다.**[405]

먼저 출발상황이 다르다. 쟁송취소의 경우 위법한(또는 부당한) 행정행위에 대해 취소소송(또는 취소심판)을 제기함으로써 비롯되며, 그 절차는 쟁송절차에 의해 진행되고 그 형식 역시 그에 따른다. 반면 직권취소는 비록 수범자의 의견이 단초가 될 순 있지만, 기본적으로 행정청 스스로, 즉 주도적으로 전혀 법정화되지 않은 소정의 절차를 진행시킨다. 쟁송절차의 결과물인 쟁송취소에선 적법성(또는 합목적성)회복만이 주안점이 되기에, 주장된 위법사유(또는 부당사유)가 존재하는지 여부만이 판단기준이 된다. 즉, 사정판결(재결)의 경우를 제외하고선 이익형량의 관점이 배제된다(대법원 2018두104판결).

405) 쟁송취소와 바르게 대비시키기 위해서는 직권취소보다는 '행정취소'가 타당한데, 현실을 따른다. 사실 행정취소와 쟁송취소에 해당하는 용어를 본래 독일에서는 다르게(Rückmahme, Aufhebung) 사용하는데 그것을 구별하지 않고 취소로 옮겼기 때문에, 양자 구별을 구태여 논의해야 한다.

반면 직권취소의 경우 새로운 행정행위로서 당연히 행정목적을 함께 포함시켜야 하므로 시종 이익형량의 관점이 지배한다.

주관적 피침자소송으로서의 행정소송의 원고적격의 물음에서는 보호규범설의 차원에서 권리침해와 행정처분의 위법성간에 견련관계(관련성)가 존재할 것이 요구된다. 그렇지만 직권취소를 가능하게 하는 행정행위의 위법성은 주관적 권리침해를 필요로 하지 않는다. 즉, 객관적 위법성만으로 충분하다.

취소의 모습 역시 구별된다. 쟁송취소의 경우 취소의 소급효를 원칙으로 하며 소극적 형태(가령 일부취소로서의 소극적 변경)를 띄는 반면, 직권취소는 취소의 효과가 고정되지 않으며, 일부취소는 물론, 적극적 형태(가령 적극적 변경)까지도 강구할 수 있다. 그리고 취소의 범위는 쟁송취소에서는 일부취소판결마냥 취소범위는 위법의 범위에 의해 정해지는 데 대해서, 직권취소에서는 행정행위가 어느 정도로 취소될는지는 행정청의 재량에 맡겨져 있다.

2. 관련인에 대한 법효과에 따른 폐지의 구별

행정행위의 폐지는 수익적인 행정행위일 수도 부담적 행정행위일 수도 있다. 관련 시민의 입장에서 이익상황을 다음과 같이 쉽게 나눌 수 있다: 수익적 행정행위의 취소/부담적 행정행위의 취소/수익적 행정행위의 철회/부담적 행정행위의 철회. 수익적 영향이나 부담적 영향에 따른 이런 구별은 수익적 행정행위와 부담적 행정행위 전체가 취소나 철회되는 통상의 예에 근거를 두는데, 행정행위의 변경(일부취소나 철회)의 경우에는 정반대의 영향을 가질 수 있다(가령 수수료부과결정상의 금액이 법령에 맞지 않아 증액되는 변경이 행해진 경우).

관련인의 입장에서는 변경되는 행정행위 자체가 수익적이든 부담적이든 여부가 중요하지 않고, 그 변경으로 인해 수익적 영향이나 부담적 영향을 미치는지 여부가 중요하다. 따라서 부담적 행정행위를 더욱 불이익하게 변경하는 경우에는 수익적 행정행위의 취소와 철회의 관점에서 접근해야 하고, 반면 수익적 행정행위를 더욱 이익이 되게 변경하는 경우에는 부담적 행정행위의 취소와 철회의 관점에서 접근해야 한다.

3. 행정행위의 폐지의 대상 및 불가쟁력의 문제

(1) 행정행위의 폐지의 대상

행정행위의 폐지는 법효력이 발생한, 즉 유효하게 성립한 행정행위에 대해서만 고려된다. 이는 법효력의 제거가 폐지인 데서 비롯한 것이다. 행정행위가 무효이면, 행정청이나 법원에 의한 무효확인만으로 충분하고, 행정행위의 실효의 경우에도 마찬가지이다. 다만 행정청은 행정행위가 무효인지 여부의 물음을 의심스러운 경우에도 내버려두어선 아니 되기에, 그것이 위법하다는 확인을 통해 취소할 수 있다(후술).

취소는 행정행위의 위법성(및 부당성)을 전제로 한다. 위법한 행정행위가 치유되거나 전환된 때에는 위법성이 결여되기에, 취소의 문제가 되지 않는다. 철회는 적법한 행정행위를 대상으로 한다. 그런데 철회가 반드시 적법한 행정행위를 전제로 하는 것은 아니다. 즉, 철회사유가 존재하면 행정행위가 위법하더라도 철회가 강구될 수 있다. 여기서 위법성은 폐지가능성의 축소가 아니라, 확대를 초래한다.

(2) 불가쟁력과의 관계

행정행위의 폐지에 있어서 그것에 대한 쟁송제기가능성여부는 중요하지 않다. 불가쟁력은 직접적으로 수범자 등에게 미치며, 그것이 절차적 의미를 가진다. 불가쟁력의 발생이 처분청(감독청을 포함한)을 상대로 한, 실체적 폐지불가를 결코 의미하지는 않는다.[406] 따라서 처분청(감독청)은 불가쟁력이 발생하였더라도 행정행위를 아무런 문제없이 -새로운 행정행위를 발한다는 차원에서- 직권으로 취소·철회(변경)할 수 있다. 오히려 **취소와 철회는 불가쟁적 행정행위의 경우에 중요하기에, 불가쟁적 행정행위의 재심을 긍정하는 인식변화가 필요하다.** 다만 이 경우 불가쟁력이 취소와 철회시의 이익형량에서 중요한 역할을 할 수 있다. 왜냐하면 그것이 행정행위에 대해 존속력을 부여하여 법적 안정성과 신뢰보호의 관점을 공고히 하기 때문이다.

4. 행정행위의 폐지의 주체 문제

처분청은 물론 그것의 감독청이 행정행위를 폐지하는 것과 관련해서는, 폐지에 관한 법령상의 근거가 필요한지 여부와 결부하여 -특히 직권취소와 관련해서- **문헌에서 다음과 같이 다투어진다:** i) 처분청과 감독청을 구분하지 않고 공히 근거가 요구된다는

406) 이 점이 판결의 형식적 확정력(본서 869면)과 구별되는 점이다.

입장, ii) 공히 근거가 요구되지 않는다는 입장, iii) 처분청과 감독청을 구분하여 전자에서는 근거가 불필요하지만, 후자에서는 근거가 필요하다는 입장.

−수익적 행정행위의 취소에 한하긴 해도− 행정행위의 직권취소 자체가 새로운 권익침해라는 것이 근거요구설의 결정적인 논거이다. 행정행위의 폐지는 처분청이 자신이 행한 행정행위를 스스로 부정하는 것이어서, 명문의 근거가 없더라도 법치국가적 의문은 없다. 판례도 처분청은 별도의 법적 근거가 없더라도 스스로 취소할 수 있다고 본다(대법원 2009두14934판결). 반면 감독청의 폐지는 대집행적 성격을 지녀서 권한(관할)존중의 차원에서 명문의 근거가 필요하다고 할 수 있지만, 개별법적 근거 외에 정부조직법(11조, 18조) 및 지방자치법(188조)에 일반규정이 있기에 문제가 되지 않다. **행정행위의 폐지에서 논의의 중심은 그것의 행사제한인 점에서, 별도의 법령상의 근거를 요구하는 것은 지나치게 엄격하거니와 그다지 논의의 실익도 없다.** 물론 감독청의 경우 감독권의 차원에서 폐지권이 인정되어도 −관할존중의 원칙에 의해− 그것은 보충적으로 행사되어야 한다. 처분청에 폐지를 명한 다음 그것이 이행되지 않았을 때 비로소 폐지에 나서야 한다.

Ⅱ. 수익적 행정행위의 취소

1. 취소사유

행정행위에 요구되는 적법요건을 충족하지 않아 처음부터 위법한 행정행위가 대상이다. 당연히 취소사유는 행정행위의 하자 일반이 된다. 주체상의 하자, 절차상의 하자, 형식상의 하자 그리고 내용상의 하자에 관한 논의가 그대로 통용되며, 명문의 근거규정이 없더라도 −일부 문헌과는 달리− 아무런 문제없이 취소권을 행사할 수 있다. 그런데 대부분의 문헌은 여기서의 하자를 단순위법사유에 국한하는데, 이는 타당하지 않다. 단순위법인 경우와 무효인 경우의 구분은 취소권의 행사와는 직접적 관계가 없다. 설령 무효에 해당하더라도 수범자는 그 법관계에 신뢰를 가질 수 있다. 따라서 **처분청 등은 법관계를 구속적으로 해소한다는 의미에서 무효인 행정행위 역시 취소할 필요가 있다.** 성립당시의 하자에 초점을 맞추기에, 성립 이후에 발생한 하자, 즉 '위법하게 되어버린' 행정행위는 사정변경의 의미에서 철회의 차원에서 접근해야 한다.

또 하나의 취소사유가 행정처분의 부당성이다. 독일 행정절차법의 취소규정(제48조 제1항)은 '위법성'만을 문제삼는데, 우리는 부당성을 취소사유로 추가하였다. 여기서의 부당성은 행정심판에서의 행정처분의 부당성과 기본적으로 동일하다(본서 735면).

2. 취소권행사

(1) 취소권행사에서의 상반된 원칙

위법한 행정행위는 언제든지 전부나 일부를 취소할 수 있다. 취소는 원칙적으로 재량이다. 종전에는 위법한 행정행위는 행정의 법률적합성의 원칙에 따라 원칙적으로 언제든지 취소될 수 있다고 보았다(취소자유의 원칙). 심지어 행정의 법률적합성의 원칙에 대해 절대적 우위를 두는 대표적 학자인 Forsthoff는 취소의무를 주장하였다. 그러나 -특히 독일에서 50년대 중반에- 행정의 법률적합성의 원칙에 대한 대응기저인 신뢰보호의 사고가 행정법에 들어오면서 상황이 바뀌었다. 수익적 행정행위의 취소 가능성이 현저히 제한되었다(취소제한의 원칙). **수익적 행정행위의 취소의 물음은 상반된 양 원칙(행정의 법률적합성의 원칙, 신뢰보호의 원칙)의 지배를 받는다.**

(2) 상반된 원칙의 구체적 형량의 모습

개인택시 운송사업의 양도·양수에 대한 인가를 한 후 그 이전에 있었던 음주운전 사실로 양도인의 운전면허가 취소되었다. 행정청은 양도인의 운전면허 취소가 운송사업면허의 취소사유에 해당한다는 이유로 양수인에 대해 운송사업면허를 취소할 수 있는가? (대법원 2009두17018판결)

근로복지공단이 장해등급 14급 9호에 해당할 甲에 대해 착오로 12급 6호의 결정을 내린 다음 1년 7개월 뒤에 착오로 장애등급이 잘못 산정됨에 따라 장해급여 중 일부가 과오급되었음을 이유로 그 과오급된 부분에 해당하는 금액을 징수하는 징수처분을 발하였다. 기왕의 등급결정의 (취소)변경을 전제로 한 이런 징수처분은 적법한가? (대법원 2011두31697판결)

일반적인 취소권규정이 없는 상황에서, 개별법상의 관련 법규정(예: 수산업법 35조 등)은 물론 행정법도그마틱에 의거할 수밖에 없는데, 행정기본법상의 일반 규정(18조)의 마련을 계기로 새로운 국면이 전개될 것이다. 여기서는 기왕의 논의를 살펴본다. 위법한 수익적 행정행위에서 행정의 법률적합성의 원칙과 신뢰보호의 원칙은 서로 상충되기 때문에, 형량의 방법으로 어떤 원칙에게 구체적인 개별사건에서 가중치가 주어지는지 여부를 심사하고 어느 것이 우위인지 여부에 비추어 취소를 시인하거나 부정해야 한다. 즉, **취소해야 할 공익상의 필요가 당사자가 입을 불이익을 정당화할 만큼 강한 경우에 한하여 취소할**

수 있다(대법원 2009두14934판결 등). 개인택시운송사업과 같이 사업성격에 공익성이 큰 경우엔 상대적으로 공익을 앞세운다(대법원 2009두17018판결). 한편 행정기본법은 행정청에 대해 당사자가 입게 될 불이익을 취소로 달성되는 공익과 비교·형량할 의무를 지운다(18조 2항).

위법한 수익적 행정행위는 신뢰보호의 원칙에 배치되지 않아야만 취소될 수 있다. 신뢰보호원칙의 성립요건의 차원(수익자가 행정행위의 존속을 신뢰하였는지 여부, 그 신뢰가 보호가치가 있는지 여부, 신뢰보호가 적법성회복의 공익보다 우월한지 여부)에서 접근해야 한다. 으뜸의 국가임무인 위험방지에 대해서는 언제나 우월적 공익을 인정해야 한다. 행정행위 위법에 대해 수익자에게 책임을 귀속시킬 수 있는 경우에는 신뢰의 보호가치성은 부인된다. 수익자가 사기·강박·증뢰 등 부정한 방법을 취한 경우는 물론, 사실을 은폐하거나 잘못된 또는 불완전한 자료를 제시한 경우(대법원 94누4882판결 등)가 이에 해당한다. 행정기본법은 거짓이나 그 밖의 부정한 방법으로 처분을 받은 경우와 당사자가 처분의 위법성을 알고 있었거나 중대한 과실로 알지 못한 경우에는 당사자가 입게 될 불이익과 취소로 달성되는 공익의 비교·형량 자체를 불허한다(18조 2항).

그런데 인가와 같은 사권형성적 행위의 경우 그로 인해 형성된 사법질서를 감안한 즉, 취소가능성이 원천 배제되진 않으나 허가에 비해 더 강한 제한이 통용된다. 나아가 연금지급과 같은 금전급부의 제공이나 자금조성에서의 물적 제공과 같은 급부결정의 경우에, 보호가치성이 인정되면 취소해선 아니 된다(일종의 존속보호).[407] **판례는 사회보장 행정영역에서 신뢰보호의 원칙의 차원에서 수익적 행정처분 취소의 특수성을 강조한다.** 즉, 대법원 2011두31697판결은 부당이득징수(환수)처분의 근거규정이 기속규정임에도 불구하고, 신뢰보호의 원칙에 의거하여 공익과 사익의 형량의 요청을 강조하여 부당이득징수처분의 위법성을 논증하였다. 또한 수익적 행정처분에 존재하는 하자에 관하여 수익자에게 고의 또는 중과실의 귀책사유가 없는 한, 그 공익상 필요가 수익자가 입게 될 불이익보다 중요하거나 크다고 함부로 단정할 수는 없다고 하면서, 부당이득징수처분의 위법성을 적극적으로 논증하였다(대법원 2013두27159판결; 2012두17186판결 등)(본서 73면 이하).[408]

실권의 법리 역시 신뢰보호의 원칙의 차원에서 취소권행사에 대한 강력한 제한이 된

407) 독일처럼 존속보호의 명문규정은 없지만, 급부결정의 성격에서 존속보호를 인정해야 한다.

408) 대법원 2013두27159판결: 보험급여의 수급에 관하여 당사자에게 고의 또는 중과실의 귀책사유가 있는지, 잘못 지급된 보험급여액을 쉽게 원상회복할 수 있는지, 잘못 지급된 보험급여액에 해당하는 금액을 징수하는 처분을 통하여 달성하고자 하는 공익상 필요의 구체적 내용과 처분으로 말미암아 당사자가 입게 될 불이익의 내용 및 정도와 같은 여러 사정을 두루 살펴, 잘못 지급된 보험급여액에 해당하는 금액을 징수하는 처분을 해야 할 공익상 필요와 그로 말미암아 당사자가 입게 될 기득권과 신뢰의 보호 및 법률생활 안정의 침해 등의 불이익을 비교·교량한 후, 공익상 필요가 당사자가 입게 될 불이익을 정당화할 만큼 강한 경우에 한하여 보험급여를 받은 당사자로부터 잘못 지급된 보험급여액에 해당하는 금액을 징수하는 처분을 해야 한다.

다. 가령 운전면허정지기간중의 운전행위를 하다가 적발되어 형사처벌을 받았으나 행정청이 장기간 아무런 후속조치를 하지 않은 채 방치하고 있다가 3년여가 지나서 이를 이유로 행정제재를 하면서 가장 무거운 운전면허를 취소하는 행정처분을 한 것은 신뢰보호의 원칙과 비례원칙의 차원에서 문제가 있다(대법원 87누373판결 참조). 독일 행정절차법과는[409] 달리 명문의 기간규정을 두지 않은 것이 너무 아쉬운데,[410] 실권의 법리를 명문화한 행정기본법 제12조 제2항에 의거하여 적극적으로 모색해야 한다.

(3) 취소권행사의 절차와 그 효과

직권취소가 독립적이며 부담적 행정행위인 이상, 행정절차법에서 요구되는 절차규정(사전통지, 의견청취, 이유제시)이 그대로 통용된다.

취소의 효과는 원래 소급효가 원칙이다. 독일과는 달리 취소권행사에서 취소의 효과(소급효나 미래효)를 선택할 수 있는 명문의 규정이 없음에도 불구하고, **대부분의 문헌은 취소의 효과를 일률적으로 말할 수 없으며, 구체적인 이익형량에 따라 결정되어야 한다고 지적한다.** 즉, 행정청이 나름의 판단에 의거하여 취소의 효과를 선택할 수 있다. 그 선택의 당부는 위에서 본 상반된 원칙의 형량에 의거하여 판단될 수 있다. 기본적으로 수익적 행정행위의 경우 법적 안정성의 차원에서 취소의 효과를 미래효로 보되, 신뢰가 보호가치가 없거나 과거에 완결한 법률관계 또는 법률사실을 제거하지 않으면 취소의 목적을 달성할 수 없는 경우에는 소급효를 인정할 수 있다(김남진/김연태, 380면). 물론 취소결정에서 효과발생시점을 특별히 정해 놓지 않으면 소급효의 원칙이 통용된다. 그런데 판례는 취소와 철회의 효과를 소급효와 미래효로 단선적으로 대비시켜서(대법원 2003다37969판결 등), 취소의 경우 소급효만이 인정되는 양 오해를 빚는다. 행정기본법은 바람직하게 명문으로 취소의 소급효과 미래효의 가능성을 규정하였다.[411]

−존속보호를 인정하여 취소가 불허되는 급부결정을 제외한− **수익적 행정행위의 경우 그것의 취소가 수범자(수익자)에게 귀책될 수 없는 하자에 기인할 때에는 그로 인한 상대방의 손실보상이 문제된다.** 과거 1987년의 행정절차법안과 같은 명문규정이 없는 이상, 이론적 해결책을 강구할 수밖에 없다. 즉, 손실보상을 인정하기 위해선, 수익자가 행

---

409) 제48조 ④ 행정청이 위법한 행정행위의 취소를 정당화하는 사실(취소사유)을 알게 된 경우에, 그 취소는 알게 된 후 1년 이내에만 허용된다. …

410) 1987년에 입법예고되었던 행정절차법안은 행정청이 위법한 수익처분을 안 날로부터 1년, 처분이 있는 날로부터 2년내에 취소할 수 있는 것으로 규정하면서도 사기, 강박, 증·수뢰 기타 당사자 등에 책임이 있는 경우에는 그에 대한 예외를 인정하는 규정을 두었다(제31조 ②).

411) 제18조 ① 행정청은 위법 또는 부당한 처분의 전부나 일부를 소급하여 취소할 수 있다. 다만, 당사자의 신뢰를 보호할 가치가 있는 등 정당한 사유가 있는 경우에는 장래를 향하여 취소할 수 있다.

정행위의 존속을 신뢰하고 그의 신뢰가 취소공익의 형량에서 보호가치성을 지녀야 한다. 만약 수익자가 행정행위의 위법성을 알았거나 중과실로 알지 못한 경우는 그렇지 아니 한다. 궁극적으로 이 문제는 보상규정의 결여에 따른 과도한 재산권의 내용한계결정이나 준공용개입(수용유사적 침해)의 문제가 되어 버린다(본서 1015면 이하).

Ⅲ. 수익적 행정행위의 철회

1. 철회사유와 그것의 근거문제

(1) 철회사유

행정행위가 적법·유효하게 성립한 이후에 생긴 새로운 사정이되, 행정행위의 효력을 존속시킬 수 없는 사유가 철회사유가 된다. 일반적으로 ⅰ) 행정행위의 기초가 된 사실관계의 변경, ⅱ) 행정행위의 기초가 된 법상황의 변경, ⅲ) 철회(권)유보사유의 발생, ⅳ) 부담불이행, ⅴ) 법령상의 의무의 위반, ⅵ) 그 밖에 우월한 공익상의 필요를 철회사유로 드는데, 행정기본법은 철회사유를 명문으로 규정하였다(19조 1항).[412] 공유수면매립면허 이후에 공유수면과 직접 관련된 상황이 변경된 것과 같이 행정행위를 발한 후에 그 행정행위의 요건에 변화가 생긴 경우가 사실관계의 변경이고, 법령의 요건이나 기준이 바뀌거나 기존의 법제도와 맞지 않는 새로운 법제도의 도입 등이 법상황의 변경이다. 중대한 공익상의 필요란 철회사유는 다른 철회사유가 동원될 수 없는 경우를 위한 흡사 포괄적 철회사유에 해당한다. 여기선 더욱 세심한 고려가 요구된다(후술).

(2) 철회사유의 근거문제

(가) 논의의 현황

이상의 철회사유를 일부 법령(예: 공유수면법 52조)에선 규정하고 있지만, 그렇지 않은 경우에 **철회사유만으로도 철회권을 행사할 수 있는지가 다투어진다.** 불충분한 입법현실을 감안하고 행정현실과 행정편의를 앞세우는 근거불요설(소극설)과 수익적 행정행위의 기본권구체화적 성격을 감안하여 법치국가원리를 강조하는 근거필요설(적극설)로 나뉜다.

412) 1. 법률에서 정한 철회 사유에 해당하게 된 경우, 2. 법령등의 변경이나 사정변경으로 처분을 더 이상 존속시킬 필요가 없게 된 경우, 3. 중대한 공익을 위하여 필요한 경우.

판례는 전자의 입장을 취한다(대법원 2003두7606판결 등).

(나) 관견(管見)

미흡한 입법현실을 무시할 순 없지만 그것으로 법적 당위명제를 판단하여서는 곤란하다. 수익적 행정행위의 기본권구체화적 성격, 철회사유의 후발성과 (취소와 비교해서) 고양된 신뢰보호 등에 비추어 근거필요성이 이론적으로 타당하다. 그런데 철회사유 가운데 이들 견해대립의 충돌지점이 어디인지 상론이 필요하다. ⅰ) 행정행위의 기초가 된 사실관계의 변경, ⅱ) 행정행위의 기초가 된 법상황의 변경, ⅲ) 철회유보사유의 발생, ⅳ) 부담불이행의 경우에는 이미 그 자체에서 변경가능성이 유보되어 있다. 따라서 법령상의 의무의 위반의 경우와 그 밖에 우월한 공익상의 필요의 경우가 문제지점이다. 그런데 이런 경우도 −공유수면매립면허의 취소(·철회)에 관한 공유수면법 제52조 제1항이 보여주듯이− 많은 법령에서 철회가능성을 규정하고 있다. **이처럼 철회사유의 근거 문제는 현실적으로 생각만큼이나 심각하지 않다. 행정기본법에서 철회사유가 규정되어 있는 이상, 근거를 둘러싼 논의는 이제 의미가 없다.** 철회유보사유의 발생과 부담불이행의 경우에는 법률적 근거가 없더라도 철회사유가 된다.

2. 철회권행사

(1) 판례의 기본입장

수익적 행정행위의 철회 역시 취소마냥 자유롭지 않고 제한을 받는다. 판례는 취소와 철회에 공히 다음의 입장을 견지한다: 취소권 등의 행사는 기득권의 침해를 정당화할 만한 중대한 공익상의 필요 또는 제3자의 이익보호의 필요가 있는 때에 한하여 상대방이 받는 불이익과 비교·교량하여 결정해야 하고, 그 처분으로 인하여 공익상의 필요보다 상대방이 받게 되는 불이익 등이 막대한 경우에는 재량권의 한계를 일탈한 것으로서 그 자체가 위법하게 된다(대법원 2009두17018판결; 2003두10251, 10268판결). 행정기본법 역시 이를 명문화하였다.[413] 다만 음주운전으로 인한 운전면허의 취소(철회)에서는 일반의 수익적 행정행위의 취소와는 달리 취소로 인하여 입게 될 당사자의 불이익보다는 이를 방지해야 하는 일반예방적 측면이 더욱 강조되고 있다(대법원 2017두67476판결; 2017두59949).

413) 제19조 ② 행정청은 제1항에 따라 처분을 철회하려는 경우에는 철회로 인하여 당사자가 입게 될 불이익을 철회로 달성되는 공익과 비교·형량하여야 한다.

⑵ 제한의 구체적 모습

원칙적으로 **수익적 행정행위의 취소보다 수익적 행정행위의 철회에 신뢰보호원칙이 더욱 강하게 중요하다.** 왜냐하면 여기서는 동 원칙이 법률적합성의 원칙과 처음부터 충돌하지 않기 때문이다. 따라서 판례처럼 취소에서의 제한법리가 그대로 통용되는 것은 문제가 있다. 또한 대부분의 문헌이 공익과 사익의 비교형량의 관점에서 접근하는데, 이는 자칫 상투적인 해결기준을 공고히 하고 극단적인 경우에만 철회가 제한되는 결과를 낳을 수 있다. 그리하여 일부 문헌에서는 "신뢰보호의 원칙을 취소에서보다 더 존중되어야 한다.", "비례원칙이 더욱 준수되어야 한다.", "철회권행사는 보충성을 지닌다."고 지적한다.

취소에서의 형량적 접근은 철회에는 맞지 않기에, 개개의 철회사유에 의거하여 구체적 접근을 강구해야 한다. 먼저 행정행위의 기초가 된 사실관계와 법상황의 변경의 경우, 사후에 발생한 사실이나 바뀐 법규정에 의할 것같으면 행정청이 행정행위를 발하지 않았을 것이며, 철회하지 않으면 공익이 위태롭게 되어야 그 철회가 정당화될 수 있다. 철회유보의 경우 그 철회유보가 적법하고, 철회 자체가 실체적 근거에 의해 정당화되어야 비로소 철회가 행해질 수 있다. 부담불이행의 경우에는 필요성(최소개입)의 원칙과 상당성의 원칙을 특별히 유의해야 한다. 상대적으로 중요하지 않은 부담의 불이행만으로 기왕의 설비허가를 철회하는 것은 정당화될 수 없다. 법령상의 의무의 위반의 경우에도 마찬가지이다. 마지막으로 중대한 공익상의 필요의 경우, 최후수단으로 엄격히 해석되어야 한다. 따라서 그것에 의거한 철회는 공공복리에 대한 중대한 불이익을 제지하거나 제거하기 위해서만 허용될 수 있다. 수익적 행정행위의 취소의 제한에서 본 사권형성적 행정행위의 경우나 실권의 법리는 여기서도 그대로 통용된다.

⑶ 철회권행사의 절차와 그 효과

직권취소와 마찬가지로 행정절차법에서 요구되는 절차규정(사전통지, 의견청취, 이유제시)이 그대로 통용된다.

철회의 효과는 철회시점부터 앞으로 발생한다(미래효). 그런데 이런 미래효를 철회결정에서 수정할 수 있는지가 문제된다. 가령 보조금을 목적에 위반되게 사용한 경우 철회효과를 철회사유의 발생시점에 소급시킬 수 있는지 여부이다. 철회의 미래효를 예외없는 원칙으로 접근하는 것은 문제가 있다. 철회사유인 사정변경의 상황을 세세히 검토하지 않고, 철회의 미래효를 고집하는 것은 무차별적 접근에 해당할 수 있다.[414] 비록

414) 법령의 사후변경이나, 우월한 공익상의 필요와 같은 철회사유에선 신뢰보호의 원칙에서 철회의 미

독일처럼 명문(행정절차법 49조 3항)으로 인정하지 않더라도, 철회의 목적달성에 필요하면, 즉 철회의 의미가 무의미할 수 있는 경우엔 철회의 소급효 역시 긍정할 수 있다(김남진/김연태, 394면; 김동희/최계영, 368면). 하지만 행정기본법은 —바람직하지 않게— 미래효만을 규정하며,[415] 판례 역시 철회의 소급효에 대해 매우 엄격한 태도를 보인다.[416] 철회의 부수적 효과로서 —법령상의 근거에 의거하여— 원상회복하명, 개수하명 등이 수반될 수 있다.

신뢰보호의 원칙이 상대적으로 강하게 통용되기에 철회에 따른 손실보상 문제 역시 같은 맥락에서 접근해야 한다. 개별법상의 보상규정(도로법 99조, 하천법 77조, 수산업법 81조 등)이 마련되어 있다는 점이 이를 웅변하다.[417] 수익자에게 귀책책임을 묻는 것인, 철회권유보사유의 발생이나 부담불이행의 경우에는 신뢰보호의 원칙이 통용될 수 없지만, 행정행위의 기초가 된 사실관계나 법상황의 변경이나 중대한 공익의 필요의 경우에는 신뢰가 보호가치성이 있는 한 적극적으로 손실보상을 인정해야 한다. 수익적 행정행위의 취소처럼 여기서도 궁극적으로 보상규정의 결여가 문제된다.

(4) —특히 운전면허에서의— 일괄철회의 문제

125cc를 초과하는 오토바이는 제2종 소형면허를 별도로 필요로 하지만 125cc이하의 오토바이는 제1종 대형・보통・특수면허는 물론, 제2종 보통・소형・원동기장치자전거면허에 의해서도 운전할 수 있다. 제2종 소형면허를 별도로 가진 甲이 혈중알콜 농도 0.15%의 주취상태에서 자기 소유의 250cc 오토바이를 운전하다가 봉고버스를 들이받는 교통사고를 일으킨 데에 대해 지방경찰청장이 제1종 대형・보통면허를 모두 취소하였다(대법원 91누8289판결). 한편 제2종 소형면허를 지닌 乙이 혈중알코올농도 0.140%의 주취상태로 배기량 125cc 이륜자동차를 운전하였다는 이유로 지방경찰청장이 제1종 대형, 제1종 보통, 제1종 특수(대형견인・구난), 제2종 소형면허를 취소하였다(대법원 2017두67476판결). 이상의 일괄적 철회에 대한 법원의 판단은 어떠한가?

래효를 수정하는 것은 곤란하지만, 수범자의 귀책사유가 인정될 수 있는 법령상의 의무위반, 부담불이행이나 철회권유보사유의 발생의 경우에는 철회의 미래효를 수정하는 것이 과연 신뢰보호의 원칙에 반하는지 물음이 던져진다.

415) 제19조 ① 행정청은 적법한 처분이 다음 각 호의 어느 하나에 해당하는 경우에는 그 처분의 전부 또는 일부를 장래를 향하여 철회할 수 있다.

416) 행정청이 평가인증이 이루어진 이후에 새로이 발생한 사유를 들어 영유아보육법 규정에 따라 평가인증을 철회하는 처분을 하면서도, 평가인증의 효력을 과거로 소급하여 상실시키기 위해서는, 특별한 사정이 없는 한 철회근거규정과는 별도의 법적 근거가 필요하다(대법원 2015두58195판결).

417) 여기서 실현방법이 문제되는데, 토지보상법을 준용하면 손실보상청구권은 당연히 공법적 절차(행정소송)가 적용되나, 그렇지 않으면 가령 수산업법상의 손실보상청구권은 민사소송의 방식으로 실현된다(대법원 2013두12478판결).

(가) 원 칙

기본내용이 동일한 허가나 면허가 허용된 범위와 정도에 따라 여러 종류로 나누어지기도 한다. 운전면허가 그 대표이다.[418] 복합면허의 발급, 취소나 철회 등의 법적 취급은 개별적 접근이 원칙인데,[419] 도로교통법이 운전면허의 철회(취소)·정지사유에 해당하면 운전자가 받은 모든 면허를 철회(취소)·정지할 수 있게 규정하고 있어서(93조), 복수의 운전면허가 있는 상황에서 일괄철회가 문제가 된다. 철회(취소)사유가 여러 면허에 공통되는 경우나 운전면허를 받은 사람과 관련이 되는 경우에는 해당 여러 면허를 전부 철회(취소)할 수 있다(대법원 2012두1891판결 등). 따라서 오토바이를 훔쳤다는 사유만으로는 제1종 대형면허나 보통면허를 취소할 수는 없지만(대법원 2012두1891판결), 다른 운전면허 없이 주취상태에서 승용자동차를 운전하였다는 이유로 제2종 원동기장치자전거면허를 취소(철회)할 수 있다(대법원 2011두358판결).

(나) 문제상황 및 판례의 태도

운전면허의 일괄철회는 철회사유의 공통성이나 운전자일신전속성을 전제로 하는데, 운전자일신전속성과 관련해서는 제1종 보통면허로 운전할 수 있는 차량을 운전면허정지기간 중에 운전한 경우 원동기장치자전거면허(대법원 97누2313판결) 및 제1종 보통면허(대법원 2004두12452판결)까지 철회(취소)할 수 있다. 철회사유의 공통성과 관련해서는 음주운전이 문제된다. 제1종 보통면허로 운전할 수 있는 차량을 음주운전한 경우에 이와 관련된 면허인 제1종 대형면허와 원동기장치자전거면허까지 철회(취소)할 수 있는 것으로 본다(대법원 94누9672판결). 그런데 이륜자동차(오토바이)의 음주운전을 이유로 생업에 중요한 제1종 대형면허 등을 철회할 수 있는지가 문제된다. -125cc이상의 이륜자동차를 위한 제2종 소형운전면허를 별도로 가진 자가 250cc 오토바이를 운전한 경우에- 종래 판례는 해당(125cc이상의) 이륜자동차의 운전은 제1종 대형면허나 보통면허와 아무런 관련이 없으므로 이륜자동차를 음주운전한 사유만으로는 제1종 대형면허나 보통면허를 철회(취소)나 정지할 수 없다고 판시하였다(대법원 91누8289판결). 그런데 대법원 2017두67476판결은 125cc이하의 오토바이는 별도의 제2종 소형운전면허가 없더라도 제1종 모든 면허 및 제2종 보

418) 도로교통법 제80조 제2항은 운전면허를 제1종 운전면허, 제2종 운전면허, 연습운전면허로 구분하고, 제1종 운전면허는 다시 대형면허, 보통면허, 소형면허, 특수면허로 구분하며, 특수면허는 또다시 대형견인차면허, 소형견인차면허, 구난차면허로 구분하며, 제2종 운전면허는 보통면허, 소형면허, 원동기장치자전거면허로 구분하며, 연습운전면허는 제1종과 제2종으로 구분한다.

419) 대법원 98두1031판결: 제1종보통이나 제1종대형자동차운전면허의 취소에 제1종특수자동차운전면허로 운전할 수 있는 자동차의 운전까지 금지하는 취지가 당연히 포함되어 있는 것은 아니다.

통・원동기장치자전거면허만으로도 운전할 수 있다는 점을 감안하여, 125cc 오토바이를 음주 운전한 데 대해 －제2종 소형운전면허과 별도로－ 제1종 대형, 제1종 보통, 제1종 특수 운전면허까지 철회(취소)할 수 있다고 판시하였다.

(다) 관견(管見)

대법원 2017두67476판결 등이 음주운전에 따른 운전면허의 일괄철회에서 일반예방적 측면을 강조한 점에서 타당하다. 그런데 대법원 91누8289판결에 의하면, 제2종 소형운전면허를 가진 자가 운전한 오토바이의 수준(125cc의 초과여부)에 따라 법적 판단이 다를 수 있는데, 바람직하지 않다. 모든 운전면허에 공통된 위반사유인 음주운전에 따른 운전면허의 철회에서 가분적 접근을 한 것은 타당하지 않다. 대법원 2017두67476판결과 대법원 91누8289판결 사이에는 체계상 심각한 부조화가 존재한다.[420]

현행법상 일괄적 철회가 가능하고, 부당결부금지의 원칙에 반하지도 않지만 과잉금지의 원칙에서 고려할 점이 있다. 특히 제1종 운전면허는 생업에 결정적인 영향을 미친다. 비록 운전면허의 철회(취소)나 정지에서 나름 재량을 행사하여 개개의 사정을 고려할 수 있지만, 입법적 기준이 없는 이상, 그것은 쉽지 않다. 운전면허의 일괄철회제도 자체가 정당하더라도 지나치지 않도록, 개별상황에 맞춰 기한부 정지처분을 규정하는 등 합리적인 제재처분기준이 입법적으로 마련될 필요가 있다.

Ⅳ. 부담적 행정행위의 취소와 철회

1. 부담적 행정행위의 취소

기본적으로 수익적 행정행위의 취소와 동일한 구조인데(행정의 법률적합성의 원칙 vs. 법적 안정성의 원칙), 대치상황이 정반대이다. 수익적 행정행위의 취소에서와는 달리, 시민은 행정의 법률적합성의 원칙을, 행정은 법적 안정성의 원칙을 주장할 수 있다. 일반적인 취소의 법리에 따라 위법한 부담적 행정행위의 취소는 재량이고 자유롭다.

그런데 **이런 취소자유의 원칙은 경우에 따라서는 시민에게 유리하게 수정되며, 취소재량의 축소가 문제된다.** 독일의 경우 불가쟁력 행정행위의 재심사가 제도화된 경우에

420) 이처럼 실질적으로 부조화되거나 심지어 모순되는 판례를 의식적, 무의식적으로 병존시키는 것은 심각한 문제이다. 판례에 대한 비판적 성찰만이 이를 해소할 수 있다.

는, 절차재개에서 위법성이 확인되면 취소의무가 성립할 수 있다. 우리의 경우 이런 재심제도가 마련되어 있지 않지만, 광의의 재심사차원에서 취소재량의 축소에 접근할 수 있다. 하자의 중대성, 관련인에 대한 부담, 일반공중에 대한 영향 등과 같은 취소근거가 행정의 법적 안정성을 압도할 경우에는 재량여지가 취소의무로 응축될 수 있다. 재심사에 대해 부정적인 기왕의 판례의 기조에 의하면, 부담적 행정행위의 취소에 관한 신청권이 없음을 이유로 각하판결이 내려져서 권리구제를 받을 수가 없겠지만, 행정기본법에서 재심사제도가 명문화된 이상(37조), 변화가 기대된다. 소송요건에서의 저지상황은 하루바삐 수정되어야 한다(본서 399면 이하). **부담적 행정행위의 취소는 행정의 법률적합성의 원칙을 회복시키는 것임을 인식해야 한다.**

2. 부담적 행정행위의 철회

부담적 행정행위의 철회 역시 재량이다(철회자유의 원칙). 다만 다음의 경우 철회는 허용되지 않는다: i) 동일한 내용의 부담적 행정행위를 새로이 발할 수밖에 없는, 즉 그 부담적 행정행위가 기속행위이고 그것의 요건이 충족한 경우, ii) 행정선례에 의한 행정의 자기구속, 법률규정의 의미와 목적, 행정행위의 특성, 일반적 법원칙 등에 배치될 경우.

그런데 부담적 행정행위의 취소에서와 마찬가지로, **철회자유의 원칙은 경우에 따라서는 수정되어 철회의무를 성립시킬 수 있다.** 특히 계속효를 갖는 부담적 행정행위에서 기초가 되는 사실과 법상황이 바뀌었을 때 철회가 고려된다. 즉, 사실적 법적 관계가 바뀌어서 현재의 시점에서는 그 행정행위의 발함이 허용되지 않을 경우에는 철회가 반드시 행해져야 한다. 이는 특히 행정행위가 기본권제한을 초래하고 사실과 법상황의 변경으로 기본권제한의 요건 역시 소멸한 경우에 그러하다. 행정의 법률적합성의 원칙은 그런 '위법하게 되어버린' 행정행위의 철회를 요구하며, 여기서 법적 안정성의 원칙은 반대논거가 될 수 없다. 왜냐하면 폐지금지를 낳는 존속력은 행정행위의 발급시점과 관련을 가질 뿐, 그 이후의 변경까지 포함하지 않기 때문이다. 문제는 우리의 경우 행정행위의 재심사의 의미를 갖는, 행정행위의 폐지(취소·철회) 및 변경에 관해 조리상의 신청권을 인정하는 데 극히 소극적인 판례의 입장에 의하면,[421] 부담적 행

421) 이례적으로 대법원 2013두2938판결은 현행 개발이익환수법상의 개발비용의 산정 메커니즘의 흠결에 따른 권리보호의 공백과 같은 문제상황을 지적한 다음, 개발부담금 부과처분의 취소나 변경에 관한 조리상의 신청권을 인정하였다. 상론: 이상덕, 사법논집 제63집(2016.12.), 91면 이하; 김중권, 안암법학 제53호(2017.5.30.), 143면 이하.

정행위의 철회를 신청한 것을 거부한 것(또는 부작위)을 소송으로 다툴 수 없다는 점이다. 요컨대 **부담적 행정행위의 취소와 철회의 문제는 궁극적으로 재량축소, 즉 취소·철회의 의무의 문제이다.**

Ⅴ. 행정행위의 폐지의 폐지

1. 문제의 소재

행정행위가 취소되면 설령 그 취소가 위법하더라도 행정행위의 효력은 소멸된다. 다만 행정행위의 취소가 무효인 경우에는 그 취소는 폐지효과를 낳을 수 없다. 즉, 취소한 원래 행정행위는 여전히 유효한 채 변함이 없다. 그런데 **행정행위의 취소나 철회가 독립된 행정행위인 이상, 이들에 대한 취소나 철회의 문제가 자연스럽게 제기된다.** 일찍이 엘리네크가 철회의 철회의 불허용성은 굳이 그 이유를 들 필요 없이 이중부정에 대한 사람마음의 거부의사에서 기인한다고 지적한[422] 이래로, 독일의 경우에 철회의 철회에 대해선 대다수 문헌이 부정적이다.[423] 우리 역시 이 문제는 별반 논의가 되지 않고, **취소나 철회의 취소만이 문제된다.**

일종의 이중부정의 상황인 이와 관련해서 크게 2가지의 물음이 던져진다. 원래의 취소·철회의 취소나 철회를 어느 한도로 허용할 것인지 여부와 취소·철회의 취소나 철회하였을 때 원래의 행정행위가 그대로 소생하는지 아니면 새로이 행정행위가 내려져야 하는지 여부이다.[424]

2. 이중부정의 한계와 쟁송취소의 경우

연쇄적 취소나 철회의 난맥을 저지하고 행정법관계의 명확화와 안정화를 도모하기 위해 원래의 취소·철회에 대한 1회적 취소나 철회만을 허용하고 더 이상의 취소나 철회는 불허하는 것이 바람직하다. 쟁송취소의 경우를 보면, 행정행위의 취소에 대해 취소판결이 내려지면 취소판결의 소급효와 취소소송의 형성소송적 성격으로 행정행위의 취

422) Jellinek, VerwR, 1928, §11 Ⅳ 3a, S.273.
423) 다른 입장으로 Ibler, NVwZ 1993, 451(452ff.).
424) 참고문헌: 유지태, 행정법의 이해, 2006, 94면 이하; 김동희, 판례회고 제8호(1980.12.), 7면 이하; 박해식, 대법원판례해설 제41호(2002.12.), 130면 이하 참조.

소는 행위당시부터 없었던 것이 되어버린다. 원래의 행정행위가 소생한다. 위법한 철회에 대한 쟁송취소의 경우에도 마찬가지이다.

3. 취소나 철회의 직권취소의 경우

판례는 당초 행정행위 및 그것에 의거한 행정법관계가 도로 소생하는 것으로 보거나(대법원 96누3401판결) **그렇지 않고 처음의 취소나 철회로 기왕의 행정행위가 소멸된 이상 새로이 행정행위가 발해져야 하는 것으로 보기도 한다**(대법원 2001두9653판결 등). 판례상의 차이점은 사안의 다름에 있다. 전자의 경우 원래의 행정행위가 수익적 행정행위(이사취임승인처분)인 반면, 후자의 경우엔 그것이 부담적 행정행위(병역처분, 과세처분)이다.

행정청은 폐지를 재차 폐지할 수 없다는 이른바 소극설은 불가쟁력적 행정행위는 폐지될 수 없다는 것에 연계되어 주장되었는데, 이는 오늘날 수긍될 수 없다. **관건은 선행폐지에 대한 후행취소의 효과의 문제이다.** 기왕의 취소를 통해 행정행위의 존재가 없어졌기에, 추가로 새로이 행정행위가 있어야 한다고 보는 것은 지양해야 할 형식논리적 논증이다. 위법성을 시정하는 직권취소의 본질에 비추어 특별한 사정이 없는 한, 여기서의 후행취소에 대해서는 소급효를 인정해야 한다. 그에 따라 **행정법관계의 명확화와 안정화를 위해** —당초의 행정행위의 수익적 성격이나 부담적 성격을 불문하고— **선행취소나 철회는 없었던 것으로 볼 필요가 있다.** 이런 이중부정의 상황에서는 특히 제3자효행정행위의 경우 소송대상이 무엇인지 혼란스러울 수 있다. 일종의 오컴의 면도날적 접근에서 당초의 행정행위가 소송대상이 되어야 한다.

Ⅵ. 행정행위의 변경

A구청장이 甲이 운영하는 A구 내 대형마트의 영업제한 시간을 오전 0시부터 오전 8시까지로 정하고 매월 둘째 주와 넷째 주 일요일을 의무휴업일로 지정하는 내용의 (종전)처분을 하였다. 이 처분의 취소를 구하는 소송이 계속 중일 때 A구청장이 甲을 상대로 영업시간 제한 부분의 시간을 '오전 0시부터 오전 10시'까지로 변경하되, 의무휴업일은 종전과 동일하게 유지하는 내용의 (변경)처분을 한 다음, 종전처분이 소멸하여서 그 효력을 다툴 법률상 이익이 없게 되었으므로 종전처분을 대상으로 한 기왕의 취소소송은 각하되어야 한다고 주장하였다. 甲의 주장은 주효하는가? (대법원 2015두295전합판결)

A장관이 2003.12.12. 甲지역난방공사에게 열병합발전소의 설치를 내용으로 하는 집단에너

지사업허가를 해 준 다음, 2006.1.11. 최대열부하 규모와 전기 및 열 공급용량 등을 확대하는 내용의 사업변경허가(제1차변경허가)를 하고 다시 2008.8.19. 최대열부하 규모와 열공급시설의 설치 대수와 장소 등을 변경하는 내용의 사업변경허가(제2차변경허가)를 하였다. 제2차변경허가와 제1차변경허가의 관계가 어떻게 되는가? (대법원 2010두20782, 20799판결)

A 재건축정비사업조합은 2002.7.24. 설립인가를 받은 다음 제1차 변경인가처분 당시는 물론 제7차 변경인가처분 당시(2007.7.31.)까지도 구 도시정비법 16조 3항에 규정된 동의요건을 갖추지 못하였다. 그런데 서울특별시장은 2007.10.11. 서울특별시 고시 제2007-356호로 정비사업해당구역을 확장하는 내용으로 B아파트지구 개발기본계획·정비계획을 변경·고시하였고 이에 조합은 기왕의 변경인가처분 당시에 받은 동의서를 포함해서 확대변경된 전체 구역과 관련해서 법정 동의율을 충족하여 제8차 변경인가처분을 받았다(2008.1.14.). 그런데 조합의 조합원들 중 일부가 서울행정법원에 선행 제1차 변경인가처분에 대해 무효확인소송을 제기하여 2011.3.30. 인용판결이 내려졌다. 후속 변경인가처분, 특히 제8차 변경인가처분은 유효한가? (대법원 2011다46128, 2013다69057판결)

1. 문제의 소재

기존의 행정처분을 변경하는 내용의 행정처분이 뒤따르는 경우, 즉 후속처분이 종전처분을 완전히 대체하거나 주요 부분을 실질적으로 변경하는 내용인 경우에는 특별한 사정이 없는 한 종전처분은 효력을 상실하고 후속변경처분만이 항고소송의 대상이 된다. 하지만 **후속변경처분의 내용이 종전처분의 유효를 전제로 내용 중 일부만을 추가·철회·변경하는 경우**, 다시 말해 A를 내용으로 하는 선행처분(종전처분)이 내려진 다음 기왕의 선행처분을 전체로 취소나 철회하지 않고, 즉 선행처분의 기본틀은 유지한 채 그것의 A내용을 전체적으로나 부분적으로 B로 바꾸는 것을 내용을 하는 후속변경처분이 내려진 경우에 **종전(당초)처분과 후속변경처분과의 관계에서 제소대상 및 제소기간이 문제된다.**

2. 행정행위의 변경의 의의 및 접근방식

행정행위의 변경은 수익적 행정행위든 부담적 행정행위이든 공히 가능하다. 여기서 변경은 당초(종전)처분의 내용이 추가, 폐지(취소와 철회) 및 변경의 방식으로 후속처분에 의해 바뀌는 것을 말한다. **행정행위의 변경은 소극적 변경과 적극적 변경으로 나눌 수 있다.** 소극적 변경은 행정행위의 핵심적 규율부분(가령 금액이나 기간)을 축소시키는 부분폐지(일부취소)를 말하며, 적극적 변경은 이런 축소를 넘어 행정행위의 핵심적 규율부분을 질적으로 바꾸는 것이다.[425] 하지만 후속변경처분은 당초의 제재적 행정처분의 효력이 유지되는 동안에만 인정된다.[426]

다음의 3가지의 접근방식이 있을 수 있다: 종전처분이 후속변경처분에 흡수되는 구조로 B를 내용으로 하는 새로운 처분이 내려진 것으로 볼 것인지(흡수적 · 소멸적 접근), 후속변경처분이 종전처분에 흡수되는 구조로 종전처분이 B를 내용으로 변경되어 존재하는 것으로 볼 것인지(역흡수적 접근), A를 내용으로 하는 종전처분과 B를 내용으로 하는 후속변경처분이 병존하는 것으로 볼 것인지(병존적 접근) 여부이다.

3. 행정행위의 소극적 변경의 경우

소극적 변경은 기본적으로 행정행위의 부분폐지에 관한 논의이다. 소극적 변경은 해당 변경된 부분이 전체 내용과의 관계에서 가분성을 지녀야 한다는 것이 전제이다. 결국 **행정행위의 내용 가운데 계량적 부분**(금액, 기간, 일자)**의 문제이다**. 소극적 변경은 사물적 구분이나 시간적 구분이 가능하다. 사물적 부분폐지의 경우 규율대상과 관련이 있는데, 가령 1억원의 과징금부과처분에서 5천만원 금액부분을 취소나 철회하거나(감경처분) 영업제한시간을 원래보다 축소하는 것이다. 시간적 부분폐지는 영업정지처분에서 정지기간을 원래보다 축소하는 것처럼 행정행위의 통용(효력)지속과 관련이 있다. 이는 계속적 행정행위의 경우(가령 정례적인 연금결정이나 기한부 허가나 특허, 영업정지처분 등)에만 고려된다.

감액(경정)처분은 당초처분의 일부 취소로서 당초처분의 하자를 시정하는 것이다(대법원 2003두2861판결). 하지만 감액처분 자체는 법적 취급에서 독립된 행정처분으로서의 의의를 갖지 못하여 쟁송취소의 대상이 되지 못하고, 제소기간의 산정기점도 되지 못한다(대법원 2011두27247판결).[427] 그리하여 당초처분은 원래의 형태로는 소멸하고(대법원 2013두987판결), 잔존형태(가령 5

---

425) 소극적 변경과 적극적 변경의 구분이 모호함이 정당하게 제기될 수 있는데, 후자와 비교하여 전자의 경우 변경된 내용의 특징, 즉 가분성을 바탕으로 한다는 점이 강조될 필요가 있다. 따라서 가분적 대상을 추가하거나 변경하는 것 역시 비록 취소는 아니지만 소극적 변경의 차원에서 논할 수 있다.

426) 당초의 제재적 행정처분에서 정한 효력기간이 경과하면 그로써 처분의 집행은 종료되어 처분의 효력이 소멸하는 것이므로, 그 후 동일한 사유로 다시 제재적 행정처분을 하는 것은 위법한 이중처분에 해당한다(대법원 2021두40720판결).

427) 조세소송의 특징은 심판전치주의의 지배이다. 심판청구결정에 따라 감액경정처분이 내려진 경우 감액경정처분 자체가 취소소송의 대상이 되면, 다시 조세심판절차를 밟아야 하는 곤란한 상황이 빚어진다. 그러나 당초의 부과처분에 대해 전심절차를 밟은 이상, 감액경정처분 역시 당초의 부과처분에 이어진 것이어서 사실 감액경정처분 자체를 소송대상으로 설정하더라도 문제가 없다.

천만원 과징금부과처분이나 축소된 기간의 영업정지처분)로 존재양상이 바뀌어 그것이 소송의 대상이 되고 제소기간의 산정기점이 된다(이것의 문제점은 본서 818면).[428] 한편 세법상의 증액경정처분의 경우에 당초처분이 증액경정처분에 흡수되어 소멸한다고 보는데(대법원 2007두16493판결 등), 규율의 가분적 부분이 새로 추가되거나 (금액이 증액되거나 기간이 연장되는 식으로) 확대 변경되면, 종전처분은 소멸하고 후속변경처분이 남는다.[429]

4. 행정행위의 적극적 변경의 경우

판례의 기조는 확실하지 않다. 선행처분을 완전히 대체하거나 주요 부분을 실질적으로 변경하는 내용으로 후행처분을 한 경우에 선행처분이 그 효력을 상실하는 것으로 보지만, 일부는 선행처분의 내용 중 일부만을 소폭 변경하는 정도이면 선행처분이 소멸하지 않는 것으로 즉, 그것만을 소송의 대상으로 보나(대법원 2010두20782, 20799판결), 일부는 선행처분의 내용 중 일부만을 소폭 변경하는 경우이나 성질상 나머지 부분과 불가분적인 것이 아닌 경우에는 선행처분이 소멸하지 않고 후행처분과 병존하는 것으로 본다(대법원 2015두295전합판결).[430] 사업시행계획인가에서도 실질적 변경인지 여부에 초점을 맞추어 실질적 변경의 경우 변경인가처분이 당초 인가처분을 대체하는 것으로 본다(대법원 2011두25173판결. 동지: 대법원 2015두295전합판결).[431] 반면 당초 조합설립인가처분에서 이미 인가받은 사항의 일부를 수정 또는 취소·철회하거나 새로운 사항을 추가하는 조합설립변경인가처분의 경우, 당초 조합설립인가처분과 병존하되, 법적으로 운명공동체로 접근한다. 당초 조합설립인가처분이 쟁송취소되거나 무효가 되면, 조합설립변경인가처분은 원칙적으로 효력을 상실하거

428) 그런데 대법원 2013두987판결은 공정거래법상 과징금부과처분을 한 뒤 자진신고 등을 이유로 과징금 감면처분을 하면, 선행처분이 실효하고 후행처분이 새롭게 성립하는 것으로 판시하였는데, 기왕의 감액경정처분에서의 입장과 정면으로 배치된다.

429) 후속처분을 통해 영업제한시간을 연장시킨 사안에서 대법원 2015두295전합판결은 후속처분으로 종전처분이 소멸하였다고 볼 수는 없고, 종전처분과 그 유효를 전제로 한 후속처분이 병존하면서 규제 내용을 형성한다고 봄으로써, 후속처분에 따라 종전처분이 소멸하여 그 효력을 다툴 법률상 이익이 없게 되었다는 취지의 피고의 주장을 배척하였다.

430) 선행처분의 내용(참여제한기간 및 환수금 납부기한)을 변경하여 후행처분을 한 경우 선행처분은 그 효력을 상실하고 후행처분이 대상적격 및 제소기간의 기준이 된다(대법원 2021두60748판결).

431) 인가받은 사업시행계획의 내용 중 경미한 사항을 변경하여 이를 신고한 경우는 물론, 그 밖의 사항을 변경하여 그 인가를 받은 경우에도 종전에 인가받은 사업시행계획 중 변경되지 아니한 부분은 여전히 존재하여 그 효력을 유지함이 원칙이지만, 주택재개발정비사업조합이 당초 사업시행계획의 흠을 바로 잡기 위하여 당초 사업시행계획과 동일한 요건, 절차를 거쳐 새로운 사업시행계획을 수립하여 시장·군수로부터 인가받은 경우 또는 당초 사업시행계획의 주요 부분을 실질적으로 변경하는 내용으로 새로운 사업시행계획을 수립하여 시장·군수의 인가를 받음으로써 새로운 사업시행계획이 당초 사업시행계획을 대체하였다고 평가할 수 있는 경우에는 그 효력을 상실한다.

나 무효가 된다. 그런데 판례는 후행 조합설립변경인가처분이 선행처분에 의해 변경된 사항을 포함하여 새로운 조합설립변경인가처분에 해당하면, 선행처분이 쟁송취소되거나 무효가 되더라도 후행 (새로운) 조합설립변경인가처분은 유효하게 존재할 수 있다고 본다(대법원 2011다46128; 2013다69057판결).

5. 행정행위의 변경에서 문제점과 새로운 접근

행정행위의 변경은 당초처분을 발한 이후에 변화된 상황에 대처하거나 좀더 타당한 결정을 내리기 위한 노력의 일환이어서 그 자체가 문제되지 않는다. 너무 빈번한 변경처분은 법적 안정성의 차원에서 특히 수범자의 신뢰보호의 측면에서 문제가 있다. 경우에 따라서는 본래 허용되지 않을 수 있는 당초처분을 법왜곡적으로 용인하는 우회수단으로 변경처분제도가 악용될 우려도 있다. 특히 **행정행위의 변경과 관련한 혼란스러운 판례의 상황은, 행정법도그마틱은 가능한 간단하게 설정되어야 한다는 요청에 반한다.** 당사자에게 유리하게 변화된 사정이 도리어 제소기간의 산정에서는 결정적으로 불리한 결과가 빚는 역설적 상황이다.

행정행위의 변경과 관련하여 행정법도그마틱 및 입법차원의 고민이 필요하다. 기본적으로 최종적인 법률관계가 확정되는 후속변경처분이 존재하는 이상, -수익적이든 더 침익적이든- 그것 자체가 소송대상이 되며 이를 토대로 제소기간이 진행되게 하고, 후속변경처분 이전에 당초처분에 대해 제소한 경우에는 소의 변경 절차를 밟도록 할 필요가 있다. 선행처분과 후행처분의 관계는 선행처분을 완전히 대체하거나 주요 부분을 실질적으로 변경하는 내용으로 후행처분을 한 경우에는 -선행처분은 실효하고- 후행처분이 새로이 독립되게,[432] 그렇지 않은 경우에는 후행처분이 '바뀐 원처분'으로 존재하는 것으로 볼 필요가 있다.

Ⅶ. 복효적 행정행위, 특히 제3자효 행정행위의 폐지

제3자효 행정행위의 폐지는 원래의 수범자를 기준으로 하여 수익적 행정행위의 폐지의 차원에서 접근해야 한다. 여기서도 수범자를 상대로 하여 신뢰보호의 원칙에 기하여

432) 그럼으로써 무분별한 하자승계의 논리가 동원되지 않는다.

제한이 가해진다. 그렇지만 여기서의 이익형량에선 수범자의 이익과 공익만이 아니라 제3자의 이익도 함께 포함시켜야 한다. 일종의 트릴레마(trilemma)와 같은 상황이다. 관건은 수범자보호에 이바지하는 신뢰보호의 원칙을 이런 3극관계에서도 앞서의 2극관계와 마찬가지 정도로 적용할 수 있는지 여부이다. **대립된 사익의 충돌상황을 해소하기 위해서는 신뢰보호의 원칙을 2극관계에서보다** —상대적으로— **덜 고려하는 것이 바람직하다.** 다만 **제3자효 행정행위에 불가쟁력이 발생하면 수범자와 관련해서 신뢰보호의 원칙이 강하게 주효할 수 있다**(본서 872면). 3극관계의 이런 곤란함을 해소하기 위해 입법정책차원에서(de lege ferenda) 절차적 요청(제3자에 대한 통지 등)이 강구되어야 한다.

Ⅷ. 행정행위의 폐지 · 변경의 신청(요청)의 문제: 행정행위의 재심사의 문제

A구청장이 甲건설회사에 대해 "이 사건 신축공사와 관련 인근 청암빌라트 건물에 공사로 인한 피해를 주지 않는 공법 선정을 하고 그에 대해 안전하다는 전문가의 검토의견서 제출시까지 위 신축공사를 중지하라."는 처분('이 사건 공사중지명령')을 하였다. 그 이후 甲은 공신력 있는 구조안전진단기관인 사단법인 한국건설안전기술협회로부터 신축건물의 지하층을 지하 3층에서 지하 2층으로 바꾸는 등의 조치를 취하면 문제가 없다는 내용의 안전진단보고서를 제출받아 A구청장에게 제출하였고, 그에 따라 설계를 변경하여 건축허가변경을 받았다. 그 후 甲이 A구청장에게 이 사건 공사중지명령의 해제요구를 하였는데, 거부되었다. 하급심은 이 거부를 재량권을 일탈한 것으로 위법하다고 판단하였다. 이 거부를 소송을 통해 다툴 수 있는가? (대법원 96누17745판결)

"주민들과 종전 협의된 우회도로 개설 건에 대한 협의사항 불이행 및 그 이행완료시까지 공사중지"를 내용으로 하는 군수의 공사중지명령에 대해 취소소송을 제기하여 패소한 甲이 허가조건에 따른 협의를 충분히 이행하였음을 들어 그 중지명령의 해제신청을 하였지만, 거부되었다. 하급심은 甲의 주장을 수긍하여 거부처분이 위법하다고 판시하였는데, 이 거부를 소송을 통해 다툴 수 있는가? (대법원 2014두37665판결)

서울 A구청장이 「서울특별시 토지의 형질변경 등 행위허가 사무취급요령」(이하 '취급요령')에 따라 甲 등에 대해 그들 공유인 이 사건 토지 일부를 공공용지로 기부채납하는 내용의 부담부 토지형질변경행위허가를 하였는데, 부담불이행을 이유로 준공검사가 내려지지 못하고 있는 사이에 이 사건 토지에 대하여는 기부채납의 부담을 붙이지 아니하도록 취급요령이 개정되었다(1994.5.6.). 이에 甲 등은 개정된 취급요령에 따라 기부채납 및 금전납부의 부담을 없애 달라는 내용의 토지형질변경행위 변경허가신청을 하였으나(1994.5.21.) A구청장은 甲 등이 그 부담을 이행하지 아니함으로써 아직 준공검사를 마치지 않고 있다는 이유로 그 변경허가신청서를 반려하였다(1994.9.22.). 하급심은 본안에 들어가서 반려처분이 적법하다고 판시하였는데,

하급심의 이런 판단은 판례의 입장에서 어떤 문제점이 있는가? (대법원 96누6219판결)

공유수면매립면허처분과 사업시행인가처분을 근거로 새만금간척종합개발사업이 진행되어 오든 차에, 새만금사업의 환경영향평가 대상지역에 거주하는 甲 등이 구 공유수면매립법 제32조 제3호(공유수면의 상황 변경 등 예상하지 못한 사정변경으로 인하여 공익상 특히 필요한 경우)를 들어 농림부장관에게 공유수면매립면허처분의 취소·변경의 조치를 취해 줄 것을 요청하였지만, 거부되었다. 이 거부를 소송을 통해 다툴 수 있는가? (대법원 2006두330전합판결)

甲소유의 산림에 관해 그로부터 채석허가를 넘겨받은 乙에 대해 A군수가 산림법에 따라 산림복구명령(적지복구명령)을 내렸는데, 乙로부터 적지복구시행자의 지정을 받은 丙이 복구사업을 완료한 다음, A군수로부터 적지복구준공통보를 받았다. 하지만 甲은 당초 乙에 대한 적지복구명령상의 부분이 포함되지 않았음에도 승인을 받았고, 복구설계서에 따른 시공 또한 제대로 이루어지지 않았음에도 복구준공통보가 되었다며 A군수에게 丙에 대한 복구설계서의 승인 및 복구준공통보를 취소하여 줄 것을 요구하였으나, 거부하는 내용의 회신을 받았다. 이 거부를 소송을 통해 다툴 수 있는가? (대법원 2004두701판결)

甲이 乙에게 토지를 매도하였고, 乙은 甲으로부터 토지사용승낙서를 받아 첨부하여 A시장으로부터 공동주택신축허가를 받았다. 그런데 乙은 기일까지 잔금을 지급하지 않아 甲은 매매계약을 해제하고 A시장에게 '사용승낙서의 실효로 이에 기초한 건축허가 역시 더 이상 존속시킬 필요가 없는 사정변경이 생겼다.'는 등의 사유로 건축허가철회를 신청하였다. 그러나 A시장은 "건축허가 취소는 건축주 본인의 신청 또는 건축법 제11조 제7항 규정에 해당할 경우 취소가 가능하나, 이해당사자간의 협의 또는 소송 등에 의한 결정이 우선 필요하다."라는 이유로 철회신청을 거부하였다. 이 거부를 소송을 통해 다툴 수 있는가? (대법원 2014두41190판결)

甲이 "인터넷 포털사이트 또는 온라인 장터의 개인정보 유출 또는 침해 사고로 인하여 주민등록번호가 불법 유출되었다."는 이유로 구청장에게 주민등록번호를 변경해 줄 것을 신청하였으나, 당시 현행 주민등록법령상 주민등록번호 불법 유출을 원인으로 한 주민등록번호 변경(정정)은 허용되지 않는다는 이유로 주민등록번호 변경을 거부하는 취지의 통지를 받았다. 이 거부를 소송을 통해 다툴 수 있는가? (대법원 2013두2945판결)

甲이 광업권에 의거하여 노천채굴 방식으로 고령토를 채굴해 왔다. 국가철도공단이 시행한 복선전철화사업에 따라 개통된 터널의 1,700m 부분이 이 사건 광산의 직하부 85.21m에서 95m까지의 지점을 관통하고 있어서 발파작업을 통한 채굴을 할 수 없게 된 甲이 광업법 제34조 제3항에 의한 보상을 받기 위하여 동조 제2항에 따른 광업권의 취소(철회)를 신청하였는데, 거부되었다. 이 거부를 소송을 통해 다툴 수 있는가? (대법원 2022두59592판결)

1. 독일에서의 논의

독일의 경우 행정행위의 재심사를 재심규정(불가쟁적 행정행위의 재심사에 관한 독일 행정절차법 51조)에[433] 의거한 것에 국한하지

433) ① 행정청은 다음 각 호의 어느 하나에 해당하는 경우에는 관계인의 신청에 기하여, 불가쟁력이 발

않고 광의로 새기면, 행정행위의 폐지 −직권취소와 철회를 포괄하는− 까지도 그에 포함될 수 있다. 이 경우에 명문의 재심규정에 의한 것(협의의 재심사)과 행정행위의 폐지상의 그것(광의의 재심사)과의 관계가 문제되는데, 독일의 지배적 입장은 양자를 분리하여 고찰하여, 통상의 취소나 철회의 신청에 따른 재심사, 즉, 광의의 재심사는 협의의 재심사와는 달리 원칙적으로 행정청의 재량에 속한다. 과거 독일의 다수설은 이런 재심사에서 무하자재량행사청구권 및 (재량축소의 경우에는) 재심사청구권이 관계인에게 인정되지 않는다고 보았으나, 오늘날의 다수 경향은 주관적 공권과 그것의 요건에 관한 논의에 바탕을 두고서 그러한 청구권의 성립을 인정한다. 즉, 원고적격의 단계에서는 문제가 되지 않는다.

2. 우리의 기왕의 논의상황

(1) 판례의 기조

재심의 명문규정이 없는 이상, 독일에서의 광의의 재심사에 착안하여 행정행위의 취소와 철회의 일반론에 의거하여 접근할 수 있다. 문제는 폐지・변경의 신청인 재심사신청을 거부(또는 부작위)할 때 이를 소송을 통해 다툴 수 있느냐 여부이다. 우리의 경우 거부처분을 본안에서 다투기 위해서는 신청권이 먼저 인정되어야 한다. 하지만 판례는 불가쟁력이 생긴 행정처분에 대해 −개별 법규에서 그 변경을 요구할 신청권을 규정하고 있거나[434] 관계 법령의 해석상 그러한 신청권이 인정될 수 있는 등− 특별한 사정이 없는 한, 행정처분의 변경에 관한 신청권을 인정하지 않는다. 그리고 실제로 시종 법규상 또는 조리상으로 행정행위의 폐지(취소・철회) 및 변경에 관한 신청권의 인정에서 소극적인 입장을 견지한다.[435] 다만 공사중지명령의 경우에는 그것의 잠정성을 전제로,

---

생한 행정행위의 폐지・변경에 관하여 결정을 하여야 한다: 1. 행정행위의 기초가 되는 사실적・법적 상황이 추후에 관계인에게 유리하도록 바뀐 경우, 2. 관계인에게 유리한 결정을 가져다주었을 새로운 증거가 존재하는 경우, 3. 민사소송법 제580조에 준하는 재심의 사유가 주어져 있는 경우. ② 관계인이 중대한 유책 없이 절차재개사유를 종전의 절차에서 특히, 권리구제에 의하여 주장할 수 없었던 경우에만, (재개)신청이 허용된다. ③ 신청은 3월내에 제기하여야 한다. 이 기간은 관계인이 절차재개사유를 알게 된 날로부터 시작한다. ④ 제3조의 규정에 따른 관할행정청이 신청에 관해 결정을 한다; 그 폐지・변경이 강구되는 행정행위가 다른 행정청에 의하여 발급되어진 경우에도 역시 그러하다. ⑤ 제48조 제1항 제1문과 제49조 제1항의 규정은 영향을 받지 아니한다.

434) 공무원연금법 재직기간 합산제도를 두고 있는데, 그 신청은 재직 중인 공무원에 대해서만 허용하고 있는 것으로 해석되어서(헌재 2015헌바18), 재직중에는 재직기간 합산신청권이 인정되지만, 퇴직 후에는 인정되지 않는다(대법원 2014두43264판결).

435) 대법원 96누6219판결: "도시계획법령이 토지형질변경행위허가의 변경신청 및 변경허가에 관하여 아무런 규정을 두지 않고 있을 뿐 아니라, 처분청이 처분 후에 원래의 처분을 그대로 존속시킬 필요가 없게 된 사정변경이 생겼거나 중대한 공익상의 필요가 발생한 경우에는 별도의 법적 근거가 없어도 별개의 행정행위로 이를 철회・변경할 수 있지만 이는 그러한 철회・변경의 권한을 처분청에게 부여하는 데 그치는 것일 뿐 상대방 등에게 그 철회・변경을 요구할 신청권까지를 부여하는 것은 아니라 할 것이므로, 이와 같이 법규상 또는 조리상의 신청권이 없이 한 국민들의 토지형질변경행위 변

공사중지명령의 원인사유가 그 명령 이후에 해소되었을 때에는 공사중지명령해제요구권(및 거부처분)이 인정되었다(대법원 96누17745판결).[436] 판례에 따르면, ―공사중지명령의 경우를 제외한― 일반적인 행정행위의 폐지·변경의 신청(재심사신청)의 거부(반려)는 거부처분에 해당하지 않아서, 소송을 통해 그것을 다툴 수가 없다.

한편 행정행위의 폐지를 제3자가 주장하기도 하는데, 이 상황은 행정행위의 수범자에 대해 행정으로 하여금 부담적 조치를 취할 것을 요구하는 상황이어서 재심사의 차원은 물론, 행정개입청구권의 차원의 문제이기도 하다. 일찍이 판례상으로 새만금사건(대법원 2006두330전합판결)에서 각하판결이 내려지지 않고 본안판결인 기각판결이 내려졌다는 점에서 일보 전진한 면도 있지만, 기본적으로 그것은 일회적이고 일탈케이스이었다(본서 199면).[437]

한편 대법원 2022두59592판결이 하급심과 마찬가지로 광업권의 취소(철회)를 명문화한 광업법 제34조 제2항에 의거하여 신청권을 전제로 취소(철회)의 거부를 거부처분으로 보면서 동항의 취소요건인 '광업권이나 광물의 채굴이 국가중요건설사업에 지장을 주는지 여부'에 대한 판단을 달리하였다. 여기서 유의할 점은 보통의 재심사건은 부담적 행정행위를 대상으로 하는데, 수익적 행정행위가 대상이다.

(2) 판례의 중대한 변화

최근 판례상 중대한 변화가 있었다. 현행 개발이익환수법상의 개발비용의 산정 메커니즘의 흠결에 따른 권리보호의 공백에 대응하여, 대법원 2013두2938판결이 이례적으로 개발부담금 부과처분의 취소나 변경에 관한 조리상의 신청권을 인정하였다. 그리고 대법원 2014두41190판결은 건축허가의 요건에 착안하여 제3자의 건축허가철회신청에 대한 거부와 관련해서 조리상의 철회신청권을 인정하였고 거부처분의 위법성을 확인하였다. 여기서의 허가철회요청은 일종의 행정개입요청이어서 여기서의 신청권 문제는 행정개입청구권의 문제로 귀결된다(본서 97면 이하). 그리고 대법원 2013두2945판결은 피해자의 의사와 무관하게 주민등록번호가 유출된 경우에 조리상 주민등록번호의

경허가신청을 반려한 당해 반려처분은 항고소송의 대상이 되는 처분에 해당되지 않는다." 대법원 2005두11104판결: "불가쟁력이 생긴 행정처분에 대하여는 개별 법규에서 그 변경을 요구할 신청권을 규정하고 있거나 관계 법령의 해석상 그러한 신청권이 인정될 수 있는 등 특별한 사정이 없는 한 국민에게 그 행정처분의 변경을 구할 신청권이 있다 할 수 없다."

436) 공사중지명령의 경우 그 명령의 내용 자체로 또는 그 성질상으로 명령 이후에 그 원인사유가 해소되었는지 여부가 해제요구권(신청권)의 인정여부를 가늠한다. 대법원 96누17745판결은 수긍하였지만, 대법원 2014두37665판결은 수긍하지 않았다.

437) 취소신청에 관한 명문의 조리상의 신청권이 없음을 들어 거부처분이 존재하지 않음을 들어 소의 허용성을 부인한 대법원 2004두701판결이 이를 웅변한다. 동 판결의 문제점에 관해서는 김중권, 법률신문 제3563호(2007.6.18.).

변경을 요구할 신청권을 인정하였다.[438]

(3) 관견(管見)

신청권은 소송요건의 차원에서 넘기 힘든 허들이다(대법원 2007두18284판결).[439] 재심사를 행정법의 불문의 원칙으로 본 독일의 예를 참조하여, 조리상의 신청권으로 접근하는 데 그다지 문제가 되지 않는다.[440] **부담적 행정행위로 인해 제한된 기본권을 특히 사정변경시에 철회(제거·변경)를 통해 회복할 수 있는 길이 없다면, 이는 법치국가원리의 중핵에 해당하는 재판청구권을 통한 국민의 권리보호의 보장에도 배치된다.** 부담적 행정행위의 폐지(취소와 철회)가 궁극적으로 시민에게 수익적 효과를 발생함에도 불구하고, 그것의 재개(재심사)가능성이 소송요건적 물음에 연계되어 원천적으로 봉쇄된다는 것은 우리 행정법이 여전히 국민(시민)을 공권력의 객체로 인식하는 관헌국가적 틀에서 벗어나지 못하였다는 점을 시사한다. 불가쟁적 **행정행위의 재심사가 행정기본법상으로 명문으로 규정되어 있는(37조) 이상, 이제는 더 이상 신청권의 부재를 이유로 소송요건의 차원에서 봉쇄되지 않는다. 사법심사의 무게중심이 본안판단으로 이동된다. 특히 이상에 본 대법원 2013두2938판결과 대법원 2014두41190판결을 기화로 앞으로 판례의 변화가 기대된다.**

한편 광업법 제34조 제2항은 기본적으로 표제처럼 '공익상 이유'에 따른 취소를 규정한 것이어서 대법원 2022두59592판결 및 하급심이 원고가 겪는 채굴상의 곤란함이 어떻게 '광업권이나 광물의 채굴이 국가중요건설사업에 지장을 주는지'에 연결되는지 전혀 논증하지 않은 채 본안판단을 한 것은 타당하지 않다.[441] 손실보상 규정인 광업법 제34조 제3항이 동조 제2항을 전제로 하기에 그것을 중심으로 논의가 전개되었는데, 동조 제2항이 동원될 수 있는 상황이 아니고, 광의의 재심사의 차원에서 철회의 일반론에서 사정변경의 상황을 내세울 수 있긴 하나, 굳이 그렇게 하지 않고 후술

---

438) 대법원의 판결이 내려질 시점의 현행법에는 주민등록변경신청제도를 명문화되어 있음에도 거부처분의 위법판단시점이 처분시점으로 인해 조리상의 신청권이 있다고 판시하였다. 개인의 정보자기결정권이 기본권으로 확립된 이상, －직접적인 근거규정이 없음에도 불구하고 성전환자에 대한 호적정정을 허락한 대법원 2004스42전합결정처럼－ 하급심에서도 주민등록번호변경신청권을 조리상으로 충분히 도출할 수 있었다. 본서 795면; 김중권, 법률신문 제4545호 2017.9.25.(2017.9.25.).

439) 대법원 2007두18284판결: 국세기본법 또는 개별 세법에 경정청구권을 인정하는 명문의 규정이 없는 이상 조리에 의한 경정청구권을 인정할 수 없으므로, 납부의무자의 세법에 근거하지 아니한 경정청구에 대하여 과세관청이 이를 거부하는 회신을 하였다고 하더라도 이를 가리켜 항고소송의 대상이 되는 거부처분으로 볼 수 없다.

440) 참고문헌: 김남진, 행정법의 기본문제, 275면 이하; 노경필, 대법원판례해설 68호(2007.12), 415면 이하; 김중권, 행정법기본연구Ⅰ, 100-102, 242-245, 506-510; 행정법기본연구Ⅲ, 338면 이하.

441) 송시강 교수는 대법원 2022두59592판결이 광업권의 사실상 박탈로 인한 손실보상을 위해서 광업권의 철회의무발생을 인정한 것을 호평한다. 동인, 한국행정판례연구회 제396차 월례발표회 발표문.

할 '기타의 재산권제한에 따른 보상'의 차원에서 접근할 수 있다(본서 1017면).

3. 행정기본법 제37조에 따른 재심사

(1) 법 제37조의 내용

처분(제재처분 및 행정상 강제는 제외한다)이 행정심판, 행정소송 및 그 밖의 쟁송을 통하여 다툴 수 없게 된 경우(법원의 확정판결이 있는 경우는 제외한다)라도 일정한 경우(재심사 사유)에는[442] 당사자는 해당 처분을 한 행정청에 대하여 처분을 취소·철회하거나 변경할 것을 신청할 수 있다(1항).[443] **이제 동조에 따른 재심사신청의 경우 더 이상 신청권은 문제되지 않고, 그에 대한 인용인지 아니면 기각인지가 쟁점이다.** 다만 재심사신청은 당사자등이 중대한 과실 없이 해당 처분의 절차, 행정심판, 행정소송 및 그 밖의 쟁송에서 재심사신청의 사유를 주장하지 못한 경우에만 할 수 있다(2항).

재심사신청은 당사자가 재심사사유를 안 날부터 60일 이내에 하여야 한다. 다만, 처분이 있은 날부터 5년이 지나면 신청할 수 없다(3항). 재심사신청을 받은 행정청은 특별한 사정이 없으면 신청을 받은 날부터 90일(합의제행정기관은 180일) 이내에 처분의 재심사 결과(재심사 여부와 처분의 유지·취소·철회·변경 등에 대한 결정을 포함한다)를 신청인에게 통지하여야 한다. 다만, 부득이한 사유로 90일(합의제행정기관은 180일) 이내에 통지할 수 없는 경우에는 그 기간을 만료일 다음 날부터 기산하여 90일(합의제행정기관은 180일)의 범위에서 한 차례 연장할 수 있으며, 연장 사유를 신청인에게 통지하여야 한다(4항).

처분의 재심사 결과 중 처분을 유지하는 결과에 대해서는 행정심판, 행정소송 및 그 밖의 쟁송수단을 통하여 불복할 수 없는데(5항), **이는 금번 행정기본법의 제정에서 옥의 티로, 재판청구권의 차원에서 위헌시비를 낳는다.** 하루바삐 수정되어야 한다. 행정청의 직권취소와 철회는 처분의 재심사에 의하여 영향을 받지 아니하므로(6항), 후술할 광의의 행정행위 재심사적 접근은 여전히 주효할 수 있다.[444]

---

442) i) 처분의 근거가 된 사실관계 또는 법률관계가 추후에 당사자등에게 유리하게 바뀐 경우, ii) 당사자등에게 유리한 결정을 가져다주었을 새로운 증거가 있는 경우, iii) 「민사소송법」 제451조에 따른 재심사유에 준하는 사유가 발생한 경우 등 대통령령으로 정하는 경우.

443) 다만 다음의 어느 하나에 해당하는 사항에 관하여는 재심사규정이 적용되지 아니한다(8항): 1. 공무원 인사 관계 법령에 따른 징계 등 처분에 관한 사항, 2. 「노동위원회법」 제2조의2에 따라 노동위원회의 의결을 거쳐 행하는 사항, 3. 형사, 행형 및 보안처분 관계 법령에 따라 행하는 사항, 4. 외국인의 출입국·난민인정·귀화·국적회복에 관한 사항, 5. 과태료 부과 및 징수에 관한 사항, 6. 개별 법률에서 그 적용을 배제하고 있는 경우.

444) 상론: 김중권, 행정법기본연구Ⅲ, 338면 이하.

⑵ 제37조의 내용에 관한 개별적 검토

i) **재심사의 대상:** 먼저 당연히 부담적 행정행위가 재심사의 대상인데, 법은 제재처분과 －입법예고안과는 달리－ 行政上 强制(제30조)를 재심사의 대상에서 제외시켰다. 부처의견수렴의 과정에서 일선에서 강한 문제점이 제기되어 지금과 같이 축소되었는데, 제재처분의 스펙트럼이 매우 넓다는 점에서, 재심사제도의 도입의 긍정적인 효과가 반감될 수 있다.

ii) **재심사의 허용:** 법원의 최종판결이 확정된 경우가 제외되었기에, 제소기간이나 －필요적 전치주의가 통용되는 경우에는－ 행정심판의 청구기간이 경과하여 행정행위에 不可爭力이 발생한 경우만이 재심사신청이 가능한 이상, 그에 맞춰 제2항 역시 재심사신청의 사유를 주장하지 못한 경우에 '행정소송'을 제외하는 식으로 다듬어졌어야 한다. 한편 제37조에 따른 재심사는 개별법에서 동조의 적용을 배제하는 특별규정을 둔 경우(동법 제5조 제1항)에는 행해질 수 없는데, 그 밖에 사물의 본성에 비추어 실체법으로부터도 적용배제가 생겨날 수 있다. 따라서 행정행위가 권리형성적 효과를 지닌 사안을 일회적으로 완결적으로 규율하는 경우나 완결적으로 발해진 행정결정이 사후적 법변경과 무관하게 존속하는 경우가 그러하다.445)

iii) **재심사의 진행과정:** 재심사의 신청은 단순히 절차재개에 국한된 신청이 아니라, 본질에서 새로운 결정에 관한 신청까지 포함한다. 즉, 재심사신청은 2중적 신청인 셈이다. 신청 이후 그 신청이 허용되지 않은 사유가 없으면, 재심사의 사유가 인정되면 일단 절차를 재개하는 결정이 내려지고, 그 다음에 새로운 2차결정인 본안결정으로 나아간다. 따라서 **1단계에서는 신청이 허용되는지가, 2단계에서는 그 신청이 이유가 있는지가, 3단계에서는 어떤 결정을 새로이 내려야 하는지가 다루어진다.**446) 구체적으로 1단계에서는 不可爭力이 발생하였는지, 신청이 신청기한을 준수하였는지, 해당 처분의 절차 등에서 중대한 귀책사유 없이 재심사의 사유를 주장할 수 없었는지를 심사한다. 2단계에서는 재심사요건에 해당하는 법 제37조 제1항의 재심사사유가 존재하는지가 관건이다. 3단계에서 새로이 심사한 다음에 새로운 본안결정이 내려지는데, 당초절차와 일치하는 절차를 밟아서 행해진다. 다만 유의할 점은 여기서 '새로이'라는 의미가 당초결정의 폐지 즉, 인용결정을 내려야 한다는 것을 의미하지는 않는다.

iv) **재심사사유: 제37조 제1항의 재심사사유는 열거적이다.** 당초결정 이후에 발생한

---

445) 협의의 재심사가 허용될 수 없는 이런 경우에는 광의의 재심사 역시 배제된다. 독일의 판례 역시 동일하다. BVerwG BeckRS 2020, 15393; NVwZ 2016, 1325.

446) 이런 3단계를 독일 다수 문헌이 취한다. Stelkens/Bonk/Sachs, §51 Rn.22ff.

법상황과 사실상황의 변경(1호)과 관련해서는 임박한 변경의 기대만으로는 충분하지 않다. 여기서의 변경은 객관적으로 존재해야 한다. 처분 당시에 존재하였던 사안이 나중에 알려지거나 다르게 평가되는 경우에는 변경(바뀐 것)이 존재한다고 볼 수 없다. 처분 당시에 예상가능했다는 것으로는 충분하지 않다. 하지만 행정행위가 지속적 효과를 지니지 않으면 법상황과 사실상황이 변경되더라도 절차재개는 굳이 필요하지 않고, 새로운 신청으로 그 새로운 상황에 대처할 수 있다. **판례의 변경은 여기서의 변경에 해당하지 않는다.**[447] 법상황이 소급적으로 변경된 경우에도 재심사의 사유로서의 사후적 변경이 존재하는 것으로 인정된다. 새로운 자연과학적 지식의 획득도 사실관계의 변경에 포함될 수 있다. 반면 추후(追後)에 발급된 전문가의견서는 사실관계의 변경이 될 수 없으며, 행정실무에서 발생한 변화 역시 그러하다. 재심사사유로서의 새로운 유리한 증거(2호)는 증명의 곤란함으로 불이익을 입은 경우에 대응하기 위한 것인데, 증거가 행정절차의 종료 이후에 알게 되거나 종료된 다음에 제출할 수 있있던 경우에 그 증거가 새로운 것이 된다. 유리한 증거가 새로운지 여부는 행정청의 관점이 아니라, 신청자의 관점에서 판단되어야 한다. 즉, 당초처분절차에서 제시되었더라면 실제로 신청자에게 이익이 되는 결정이 내려졌을 것이어야 한다. 전문가감정서의 경우 당초처분절차 이후에 작성되었고, 당초처분절차에서 알지 못한 새로운 사실을 평가해야만 새로운 증거가 될 수 있다. 재심사사유 가운데 제3호는 재심사가 명문화된 이상 그다지 의미가 없을 것으로 예상된다.

v) 재심사신청의 배제: **여기서의 '중대한 과실'에 '고의'가 포함되는지 여부가 문제된다.** 엄격히 본문만으로 보면, 고의로 주장하지 못한 경우가 배제되는 결과를 낳는다. 물론해석의 차원에서 고의로 주장하지 않은 것이 포함된다고 볼 수 있지만, 불필요한 공방을 없애기 위해 독일처럼 고의적인 해태를 포함하는 법문으로 개정해야 한다. 즉, 행정청이 증거를 의무에 위반하게 사용하지 않더라도, 신청자에게 '고의 및 중대한 과실'이 없어야 한다. 당초처분 당시에는 중요한지가 명백하지 않은 사정을 제시하지 않았던 경우에는 중대한 과실이 인정되지 않는다. 행정청이 필요한 정보수집을 하지 않은 이상, 신청자가 당초처분절차에서 자신에게 유리한 사유를 중대하게 의무에 반하게 제시하지 않았다고 공박할 수 없다. 물론 신청자의 대리인의 '고의 및 중대한 과실'은 본인의 그것으로 여겨진다.

vi) 재심사신청에 따른 결정: 재심사의 진행과정을 3단계로 구성하면 재심사의 신

447) 이 경우에는 광의의 재심사를 통해 소기의 목적을 거둘 수 있다.

청에 대응하여 행정청은 결정에서 다음의 세 가지 선택이 가능하다: 재심사절차에 들어가지 않는다는 결정(각하결정), 재심사에 들어가서 당초결정을 그대로 유지하거나(기각결정) -변경과 폐지를 포함한 의미로- 수정하는 결정(인용결정). 이들 결정은 모두 행정행위에 해당하는데,[448] 본안결정은 2차결정으로서 새로운 독립된 결정이다. **2차결정 자체는 법 제37조가 아니라 당초결정을 위한 해당 실체법을 목표로 해야 한다. 다만 주장된 재심사의 사유에 국한하여 2차결정을 내려야 한다.**[449] 기각결정과 당초결정과의 관계가 문제될 수 있는데, -내용을 동일하게 한 새로운 규율으로 보든, 당초결정의 폐지를 거부한 것으로 보든 그에 관계없이- 당초결정을 대체하는 것으로 보아야 한다. -기왕의 부관을 폐지하는 것을 내용으로도 할 수 있는- 인용결정은 당연히 당초결정을 대체한 것이다. 여기서 문제는 당초결정보다 더 불이익한 결정도 가능한지 여부이다. 신청의존성 및 불이익변경금지(不利益變更禁止)의 차원에서 부정적이다.[450]

4. 광의의 재심사의 문제

(1) 광의의 재심사에서 먼저 고려할 사항

법 제37조의 재심사에 해당하지 않는 이상, 절차재개의 차원에서 행해지는 행정행위의 폐지(취소와 철회)는 광의의 재심사의 범주에서 접근할 수 있다. 법 제37조에 의해 재심사의 신청자는 행정행위의 상대방으로 국한되지만, **광의의 재심사의 차원에서는 제3자가 재심사를 신청할 수 있다.** 이 점에서 광의의 재심사제도는 제3자효 행정행위의 경우에 많이 활성화될 것으로 예상된다. 여기서 먼저 규명되어야 하는 것이 행정행위의 폐지신청을 들어주지 않아 그것을 거부처분취소소송 및 부작위위법확인소송으로 다툴 수 있는지가 먼저 검토되어야 하는데, 이는 신청권의 문제이기도 하다. 제37조의 도입을 계기로 전향적으로 접근할 필요가 있다.[451]

448) 다만 각하결정은 절차법적 결정으로서의 특수성을 지닌다. BVerwGE 44, 333(335).
449) 이 점은 후술할 광의의 재심사에서는 주장된 재심사유에 국한하지 않고 2차결정을 내리는 것과는 구별된다.
450) 독일의 대부분 문헌과는 달리 일부는 행정행위의 폐지의 차원에서 당초결정보다 더 侵益的인 행정행위를 발할 가능성이 행정법도그마틱의 차원에서 부인하기 어렵다고 한다. Stelkens/Bonk/Sachs, §51 Rn.42
451) 행정행위의 취소와 철회의 근거규정인 행정기본법 제18조 제1항과 제19조 제1항에서 무하자재량행사청구권을 도출하면 신청권의 문제가 생기지 않는다.

⑵ 어떤 경우에 재심사에 들어가야 하는가?

관련인이 행정행위의 취소·철회사유를 단지 개괄적으로 주장하는 경우나 권리구제절차에서 이미 받아들여지지 않은 이의제기를 할 뿐인 경우에는 곤란하다. 관련인이 당초절차나 그 이후에(재심사의 신청 이전에) 전혀 또는 충분하게 고려되지 않은 사실상의, 법적인 관점을 제기한다면, 행정청은 자세히 심사하여 절차재개여부의 찬반 이유를 면밀히 형량해야 한다. **예외적으로 절차재개의무나 절차재개청구권을 성립시키는 재량 영으로의 축소를 낳는 상황은 그 의의와 중요성에서 법 제37조 제1항의 재심사사유에 비견될 수 있어야 한다.**[452] 한편 제3자효 행정행위에서 제3자가 광의의 재심사를 신청한 경우에는 원래의 수범자의 신뢰보호가 문제된다.

⑶ 재심사절차에 들어가서 어떤 결정을 내릴 수 있는가?

절차재개에 들어가면 실체적 결정을 내려야 한다. 즉, 당초결정에서 벗어나 새로이 본안판단을 해야 한다. **여기서 문제는 부담적 행정행위의 취소와 철회의 문제이어서 궁극적으로 재량 영으로의 축소, 즉 취소·철회의 의무의 문제이다.** 따라서 하자의 중대성, 관련인에 대한 부담, 일반공중에 대한 영향 등과 같은 취소근거가 행정의 법적 안정성을 압도할 경우에는 재량여지가 취소의무로 응축될 수 있다. 철회의 경우 특히 계속효를 갖는 부담적 행정행위에서 기초가 되는 사실과 법상황이 바뀌었을 때 고려되는데, 사실적 법적 관계가 바뀌어서 현재의 시점에서는 그 행정행위를 발하는 것이 허용되지 않을 경우에는 철회가 반드시 행해져야 한다.

제 6 절 하자 있는 행정행위의 치유와 전환

Ⅰ. 전제적 논의

하자 있는 행정행위의 치유와 전환의 법리는 기왕에 행한 행정행위의 존재를 무화(無

452) 참고로 독일에서는 행정청이 동일한 상황에서 절차를 재개하였던 경우(BVerwGE 26, 153(155).), 당초의 행정행위를 유지하는 것이 전적으로 수인될 수 없는 경우(BVerwGE 28, 122(127f.).), 행정청이 당초결정의 불가쟁력을 주장하는 것이 신의성실의 원칙에 위배되는 것이 명백한 경우(BVerwGE 44, 333(336))에 그러하다.

化)시키지 않은 채 그것의 위법성(하자)을 제거하거나(치유) 그것의 위법성으로부터 자유로운 새로운 법관계를 형성하는(전환) 것이다. 민법은 흠있는 법률행위의 추인(143조·145조) 및 전환(138조)을 규정하고 있다. 이들 법제도는 법률행위상의 흠의 존재에도 불구하고 기왕에 형성된 법관계를 가능한 유지하려 하거나 새로운 법관계를 발생시키려 한다. 이런 법제도는 비단 민사법만이 아니라 행정법관계에서도 당연히 필요하다. 그것이 하자있는 행정행위의 치유와 전환의 문제이다. 행정행위의 폐지 특히 취소의 제한 역시 결과적으로 현존상태의 유지에 이바지한다는 점에서 치유(및 전환)와 비슷한 구석이 있는데, 하지만 취소제한의 경우에는 치유의 경우와는 달리 대상이 되는 행정행위의 위법성(하자)은 여전히 제거되지 않았다.

사실 법에 맞고 실행가능한 행정법도그마틱의 생성에서, 행정법학은 법률과 판례에 천착하면서 나름 주도적인 역할을 수행해 왔다. 그 산물의 하나가 치유와 전환의 법리이다. **절차경제를 도모하기 위해, 하자 있는 행정행위의 치유와 전환을 행정의 법(법률)구속의 大前提하에서 어떻게 자리매김할 것인지가 관건이다.**[453] 이들을 소송경제와 절차경제의 측면에서 전향적으로 접근할 필요가 있다. 무엇보다도 법치국가원리와 대립된 법제도로 바라보아서는 곤란하고, 아울러 민법적 관점에서도 벗어나야 한다.

Ⅱ. 하자 있는 행정행위의 치유

A세무서장이 1978.7.5., 7.8., 8.17. 세 차례에 걸쳐 甲에 대해 과세처분을 하면서 그 납세고지서에 과세표준, 세율, 세액의 산출근거 등을 기재하지 않았다. 甲이 심사청구 심판청구등 불복절차를 거쳐 이 사건 과세처분의 취소를 구하는 행정소송을 제기하여 소송계속중인 1982.5.22에 이르러 A세무서장은 이 사건 과세처분의 각 과세표준, 세율, 세액의 산출근거를 기재한 납세고지서를 다시 甲에게 송달하였다. A세무서장의 하자치유의 주장은 주효하는지? (대법원 82누420판결)

A구청장으로 조합설립인가를 받아 주택재개발정비사업조합이 설립되었는데, 일부 주민이 조합설립인가가 위법하다고 주장하고 나섰다. 이에 제1심법원은 조합설립인가신청시 A구청장에게 제출된 동의서 중 적어도 97장의 동의서가 진정성에서 의심을 든다고 하여 구 도시 및 주거환경정비법 제16조 제1항에서 정한 토지 등 소유자 4분의 3 이상의 동의를 얻어야 한다는 요건을 충족하지 못함을 들어 조합설립인가가 위법하다고 판시하였다. 그 후 조합과 A구청장

453) 참고문헌: 이강국, 행정판례연구 제3집(1996.4.), 91면 이하; 소순무, 대법원판례해설 제24호(1996.5.), 395면 이하.

은 제1심판결 이후 이 사건 정비구역 내 토지 등 소유자 318명 중 그 4분의 3을 초과하는 247명으로부터 새로이 조합설립동의서를 받았으니 조합설립인가처분의 흠은 치유되었다고 주장하였다. 이런 치유의 주장에 대해 법원은 어떻게 판단했는가? (대법원 2010두2579판결)

1. 의의, 인정이유 및 근거

하자 있는 행정행위의 치유(治癒)는 하자(위법성)를 제거하여 적법한 행정행위로 만드는 것이다. 인정이유로 보통 상대방의 신뢰보호, 행정법관계의 안정성, 불필요한 반복의 배제를 든다. **판례는 대법원 82누420판결 이래로 하자의 치유와 전환을 원칙적으로 허용될 수 없는 것으로 보며, 설령 인정되더라도 극히 예외적으로만 허용된다고 한다.**[454)]

독일 행정절차법 제45조와 같은 명문의 근거규정이 없기에, **하자의 치유와 전환의 인정근거를 두고서 논란이 되고 있다.** 법치국가원리, 특히 행정의 법률적합성의 원칙을 철저히 고수하면, 행정행위가 위법한 이상 그로 인한 행정법관계는 어떤 식으로든 유지되어선 아니 된다. 인정이유를 인정근거로 삼을 수 없다는 점에서, 좀더 세심한 고찰이 필요하다. 법치국가원리에 따라 행정행위의 위법여부는 처분시를 기준으로 판단한다. 그런데 하자가 내용상의 하자, 즉 실체상의 위법성이냐 절차·형식상의 하자이냐에 따라 취소판결의 기속력은 다르게 전개된다. 후자의 경우에는 절차·형식상의 요청을 적법하게 충족한 다음에는 아무런 문제없이 이전과 동일한 내용의 처분을 행할 수 있다(대법원 86누91판결). 따라서 지금과 같이 위법판단기준시가 처분시점이 되면 절차·형식상의 하자의 경우 당연히 사법심사의 의미가 반감될 수 있다. 따라서 실정법적 근거가 없음에도 불구하고, 실효성 있는 사법통제를 유지하기 위해 법원은 치유의 법제도를 수용할 수밖에 없다. 그리고 행정법의 일반원칙으로 새롭게 인식되는 행정활동의 능률성 역시 인정근거로 삼을 수 있다(본서 56면).

위법판단의 기준시점(처분시점)과 절차·형식상의 하자의 특수성이 어우러져 만들어진 산물이, 치유의 법리이다. 따라서 비록 실정법적 근거는 없지만, 굳이 민법의 관련규정을 들지 않더라도 어려움 없이 치유의 법리는 행정법제도의 목록에 들어간다.[455)] 그것의 구조식에 비추어 **치유의 인정과 관련해서 행정법관계의 안정성보다는 무익한 절차**

454) 대법원 2001두10684판결: 하자 있는 행정행위의 치유는 행정행위의 성질이나 법치주의의 관점에서 볼 때 원칙적으로 허용될 수 없는 것이고, 예외적으로 행정행위의 무용한 반복을 피하고 당사자의 법적 안정성을 위해 이를 허용하는 때에도 국민의 권리나 이익을 침해하지 않는 범위에서 구체적 사정에 따라 합목적적으로 인정하여야 한다(동지: 대법원 99두11592판결).

455) 하자의 치유와 전환이 활성화되기 위해서는 행정절차법에서 실정법적 근거를 마련하는 것이 요망된다.

의 반복을 차단시켜 절차경제나 소송경제를 도모하는 것이 강조될 필요가 있다. 그런데 유의할 점은 판례상으로 치유에 대한 접근은 다소간 일관되지 못한다. 가령 허가요건의 사후충족의 문제인데, 행정행위의 치유로 접근한 것이(대법원 2010두2579판결) 그 예이다.

2. 하자의 치유가 인정되는 범주와 그 대상

(1) 치유의 인정범주

먼저 치유의 인정범주와 관련해서, 과거에는 i) 흠결된 요건의 사후추·보완(예컨대 무권대리행위의 추인, 타기관 또는 상대방의 필요적 협력이 결여된 경우의 추인, 요식행위의 형식보완), ii) 장기간 방치로 인한 법률관계의 확정, iii) 취소를 불허하는 공익상의 요구의 발생이 예시되곤 하였지만, 현재 **대부분의 문헌은 ii)와 iii)은 취소의 제한사유로 접근하고 i)의 경우만을 치유의 범주에 넣는다.** 여기서도 치유의 경우 절차·형식상의 하자에 대한 권리보호메커니즘과 연계시켜 바라보아야 한다. 즉, 신청, 이유제시, 청문이나 위원회나 다른 행정청의 협력을 사후에 한다든지 하는 것에 국한된다. 해서 대부분의 문헌에서 드는 무권대리의 추인은 여기서의 치유에 들어가지 않는다. 행정법에서의 '무권한무효의 원칙' 역시 이런 배제를 뒷받침한다.

(2) 치유가능한 하자의 범위

이와 관련해서, **절차와 형식상의 하자에 국한하는 입장과 그와 함께 실체적(내용적)인 하자 역시 치유대상이 될 수 있다고 보는 입장으로 나뉜다.** 판례는 전자의 입장을 취하면서도(대법원 90누1359판결), 실체상의 하자에 대해서도 치유여부를 검토하기도 한다(대법원 88누8869판결).[456] 입법적으로 독일 행정절차법 제45조처럼 전자의 입장을 표방하지 않는 한, 이 물음은 법치국가원리와 관계에서 치유의 위상과 인정근거로부터 답을 도출해야 하는데, 위법판단(취소판결)의 효과가 시사적이다. 하자가 내용상의 하자, 즉 실체상의 위법성이냐 절차·형식상의 하자이냐에 따라 취소판결의 기속력은 다르게 전개된다. 후자의 경우에는 절차·형식상의 요청을 적법하게 충족한 다음 이전과 동일한 처분을 아무런 문제없이 행할 수 있다(대법원 86누91판결). 하자의 법적 취급에서의 이런 구별은 치유에서도 그대로 대입할 수 있다. **치유의 대상은 절차와 형식상의 하자이고, 실체상의 하자는 취소**

456) 판례는 재개발(재건축)조합설인가처분에서 토지소유자의 동의율의 문제는 인가요건의 문제, 즉 실체상의 문제임에도 추가동의서제출을 -바람직하지 않게도- 하자치유의 문제로 접근하여 부인하였다(대법원 2010두2579판결; 2011두27544판결).

의 문제로 접근하는 것이 바람직하다.

(3) 무효인 행정행위의 치유가능성 여부

무효·취소의 구별의 상대화를 내세워 가능하다는 입장도 있을 수 있지만, **치유인정은 법치국가원리와 마찰을 일으키기에 무효인 경우까지 인정하는 것은 곤란하다.** 무효란 처음부터 효력이 발생하지 않는다는 점에서 법논리적으로도 치유는 허용되지 않는다(동지: 김남진/김연태, 355면). 판례는 절차상의 무효사유는(대법원 96누5308판결; 87누986판결) 물론, 실체상의 무효사유에(대법원 88누8869판결) 대해서도 치유를 인정하지 않는다.457) 치유가능성의 원천배제라는 점에서 무효인정은 엄격해야 하는데, 판례는 환경영향평가와 서면형식의 요청과 관련해서 −바람직스럽지 않게− 적극적으로 무효를 인정하는 태도를 보였다(본서 341면, 344면 이하).

3. 자연치유의 인정여부

하자치유는 행정행위의 위법판단기준시점과 연계된다. 가령 위법한 처분이후에 법령상황이나 사실상황이 처분당시와 다르게 변경되어 처분당시의 위법성이 사실상 제거될 경우, 판결시점을 취하면 치유의 사안이 될 수 있는 반면, 처분시점을 취하면 당연히 치유의 접근은 배제된다. 따라서 **행정처분의 위법 여부는 처분 후 법령의 개폐나 사실상태의 변동에 의하여 영향을 받지는 않는다**(대법원 2001두10684판결). 따라서 **치유가 인정되기 위해서는 원칙적으로 처분청에 의한 적극적인 치유작용이 있어야 한다.** 하지만 −후술하듯이− 청문서 도달기간의 준수와 관련해서는 실제적 치유가 인정된다(대법원 92누2844판결). 치유가능성의 차원에서 이유제시요구에 관한 리딩판결인 대법원 86누788판결이 "피처분자가 처분당시 처분의 취지를 알고 있었다거나 그 후 알게 되었다고 하더라도 이유제시상의 하자는 치유될 수 없다."고 판시한 것(동지: 대법원 90누1786판결)은 너무 엄격하다(본서 348면).

4. 하자치유의 방법

처분당시에 실행하지 않은 절차·형식상의 요청을 사후에 행해야 한다(사후추·보완).458) 납세고지서상의 근거누락과 같은 하자의 경우 그것의 치유는 서면으로만 허용되지,

457) 한편 납세의무자의 표시가 그 동일성을 식별할 수 없을 정도로 불분명한 납세고지서에 의한 송달에서 판례는 적법한 납세고지로서의 효력을 갖지 못한다고 하여 치유가능성을 불허하는데(대법원 92누14083판결), 실은 그 납세고지는 무효에 해당한다.

458) 이것과 처분사유(근거)의 추가변경(보완)은 명백히 구분되는데, 그에 관해서는 행정소송에서 살핀다.

사전에 구술의 방법으로 알려주었다 하더라도 그 치유의 효과가 발생하지 않는다(대법원 90누3409판결; 83누404판결). 반면 납세고지서에 과세표준과 세액의 계산명세가 기재되어 있지 않았더라도 앞서 보낸 과세예고통지서 등에 필요적 기재사항이 제대로 기재된 경우에는, 그 하자의 치유는 인정되었다(대법원 2010두12347전합판결; 99두8039판결).

청문절차의 이행 특히 청문서 도달기간의 준수와 관련하여 과거 판례는 다소 상반된 태도를 보였다. 즉, 행정청이 식품위생법상의 청문절차를 이행함에 있어 청문서 도달기간을 다소 어겼지만 영업자가 이의하지 아니한 채 청문일에 출석하여 의견을 진술하고 변명하는 등 방어의 기회를 충분히 가진 경우에는, 하자의 치유를 인정하였다(대법원 92누2844판결). 반면 청문서 도달기간인 7일을 준수하지 아니한 채 청문서를 청문일로부터 5일 전에야 발송하였다면 처분을 함에 있어서 취한 청문절차는 위법하며, 위법한 청문절차를 거쳐 내린 영업정지처분 역시 위법하다고 판시하였다(대법원 91누11575판결).

5. 하자치유의 한계 및 효과발생시점

⑴ 하자치유의 한계

하자치유는 시간적, 실체적(내용적) 한계를 갖는다. 시간적 한계에서 사후추완의 가능시점과 관련해서 쟁송제기이전에만 허용해야 한다는 입장과 쟁송제기 이후에도 가능하다는 입장으로 나뉜다. 판례는 이유제시상의 하자와 관련해서 늦어도 대상처분에 대한 불복여부의 결정 및 불복신청에 편의를 줄 수 있는 상당한 기간내에 보정행위를 해야 그 하자가 치유된다고 하였다(대법원 82누420판결; 83누393판결). **그런데 치유의 대상을 절차·형식상의 하자로 설정하면 취소판결의 기속력의 의미를 고려하여** -독일마냥- **치유의 가능시점 역시 사실심종결시까지 연장하는 것이 바람직하다.** 그리고 실체적 한계로 하자치유로 인해 국민의 권리나 이익(특히 제3자의 권익)이 침해되지 않아야 한다(대법원 91누13274판결).

⑵ 하자치유의 효과발생시점

언제 행정행위가 적법하게 되는지, 즉 하자의 치유가 소급적으로(원래 처분당시로) 발생하느냐 아니면 장래적으로(치유한 시점부터) 발생하느냐가 문제된다. 절차경제의 관점을 앞세워 하자의 치유를 활성화하기 위해서는 당연히 소급적으로 발생하는 것으로 보아야 한다.

Ⅲ. 하자 있는 행정행위의 전환

1. 의의, 인정이유 및 근거

하자 있는 행정행위의 전환(轉換)이란 원래의 위법한 행정행위를 -행정청이 본래의 행정행위의 위법성을 알았더라면 발했을- **다른 적법한 행정행위로 바꾸는 것이다.** 전환과 오류의 정정 및 이유(처분사유)의 보완(추가ㆍ변경)은 구별된다. 민법의 경우 과거에는 명문의 규정 없이 무효인 법률행위의 전환의 법리가 인정되었지만 독일 민법 제140조를 참조하여 지금과 같은 명문의 규정을 두고 있다(138조).

전환의 인정이유는 치유에서와 동일하게 볼 수 있지만, 인정근거와 관련해서는 절차ㆍ형식상의 하자의 특별한 법적 취급과 같은 치유에서의 논거가 통하지 않는다. 행정청이 처음에 의도한 타입의 행정행위로서는 하자가 있지만 그것을 다른 타입의 행정행위로 접근하여 하자가 없게 된다면, **전환의 경우 처음부터 행정의 법(법률)구속의 문제는 없다고 할 수 있다.**[459] 특히 전환요건 가운데 '당사자가 그 전환을 의욕하는 것으로 인정될 것'은 전환의 정당성을 제고한다. 따라서 비록 대법원 82누420판결이 전환의 인정가능성을 단지 시사하는 데 지나지 않고, 그에 관한 명문의 규정도 없지만, 전환의 인정근거는 전혀 문제가 되지 않는다.

독일의 경우 비록 실제사례는 많지 않으나 명문의 규정(행정절차법 47조)에 터 잡아 비교적 활발히 논의가 전개되지만 우리는 판례상으로 전환의 예를 찾기 힘들 뿐더러, 전환여부를 두고서도 다툼이 있다.[460] 전혀 다른 상황이다. 법적 행위는 가능한 견지되어야 한다는 것이 일반법원칙이다. 일단 발해진 법적 규율을 무용하지 않게 하여 절차경제에 이바지하는 법제도가 전환이다. **앞에서의 치유가 절차ㆍ형식상의 하자를 대상으로 한다면, 전환은 실체적 하자에 초점을 맞춰 지금의 소극적 인식을 바꿀 필요가 있다.**[461]

459) Kopp/Ramsauer, §47 Rn.1a.

460) 종래 전환의 예로 소개된 대법원 68누190판결을 두고 행정행위의 전환이 아니라 행정행위의 해석을 한 것으로 보아야 한다는 반론이 제기된다(박정훈, 행정소송의 구조와 기능, 543면 이하).

461) 그러나 주체상의 하자는 처음부터 전환이 배제된다. 행정행위와 사법행위간의 전환이 다투어진 서울고법 82나4295판결 참조.

2. 전환이 인정되는 대상 및 그 요건

민법에서의 전환이 무효인 법률행위에 국한하듯이, 행정법에서도 일반적으로 무효인 행정행위에 대해서만 전환을 인정하고 있다. 그러나 이런 접근은 전환의 가능성을 저하시킨다. 강행규정에 반하는 법률행위가 무효가 되는 민법에서의 하자론과는 달리 행정행위에서는 단순 위법이 출발점이다. **법역(法域)의 차이점을 바탕으로 절차경제를 도모하기 위해 무효인 행정행위에 한정하지 않고 위법한 행정행위 일반에 대해 전환가능성을 인정할 필요가 있다**(김남진/김연태, 358면). 독일의 경우 무효인 법률행위에 국한하는 민법과는 달리 −무효인 경우까지 포함하는− 하자 있는 행정행위의 전환이 가능하다.

위법한 행정행위의 전환은 다음의 경우에 허용된다: i) 새로운 행정행위의 규율가능성이 본래의 행정행위에 담겨져 있어야 하고, ii) 새로운 행정행위가 본래의 행정행위와 동일한 목표를 지향하며, iii) 새로운 행정행위 그 자체로서도 형식적으로 실체적으로 적법해야 하며, iv) 행정청이 본래의 행정행위의 위법성을 알았더라면 새로운 행정행위를 발할 수 있었을 것이며, v) 새로운 행정행위의 법효과가 관련인에게 불이익하지 않아야 한다.[462]

아울러 다음의 경우에는 전환은 허용되지 않는다. 먼저 의견청취 없이 행한 행정행위를 의견청취를 한 다음에만 행할 수 있는 행정행위로 전환하는 것, 기속행위에 해당하는 행정행위를 재량행위에 해당하는 행정행위로 전환하는 것. 또한 실권의 법리가 적용될 수 있는 상황과 같이 신뢰보호 등의 차원에서 취소가 허용될 수 없는 경우에도 전환은 허용되지 않는다.

3. 전환의 법적 성질에 관한 논의

전환이 하나의 행정행위이나 기타의 창설적 행위인지 아니면 그것이 법률에 의해서 발생하고 그래서 단지 확인될 필요가 있는지 여부가 논쟁거리이다. 전자의 입장에서 전환이 새로운 행정행위라면 그것은 행정청이나 행정심판위원회만이 할 수 있지만, 후자의 입장이라면 그것은 인식행위에 지나지 않기에, 법원에 의해서도 확인가능하다. **전환이란 본래 법률행위의 해석의 문제인 점에서, 그리고 활성화를 도모하기 위해**

462) 일반적으로 전환의 요건으로서 i) 흠있는 행정행위와 전환하려는 행위와의 사이에 요건·목적·효과에 있어 실질적 공통성이 있을 것, ii) 전환될 행위의 성립·효력요건을 갖추고 있을 것, iii) 당사자가 그 전환을 의욕하는 것으로 인정될 것, iv) 제3자의 이익을 침해하지 않을 것, v) 행위의 중복을 회피하는 의미가 있을 것 등을 열거하고 있다.

그것을 인식행위로 보는 것이 바람직하다.[463] 따라서 시민 역시 전환요건의 충족에 의거하여 새로운 행정행위를 주장할 수 있다.

제7절 행정행위의 부관론

I. 부관에 관한 일반론

1. 부관의 개념과 의의

부관은 개념정의에서부터 논란이 있다. 과거에는 행정행위의 부관을 「행정행위의 효과를 제한하기 위하여 주된 의사표시에 부과된 종된 의사표시」로 정의하곤 하였다. 이 입장에 의하면, 당연히 '의사표시'를 요소로 하지 않는 이른바 '준법률행위적 행정행위'에는 부관을 붙일 수 없게 된다. 그리고 부관의 대표격인 부담이 효과를 제한하는 것이 아니어서 그것의 부관성이 의문에 처하게 된다. 그리하여 오늘날에는 많은 문헌에서 다소간의 차이는 있지만, 대체로 '의사표시'를 제거하고 '효과보충'을 추가하여 정의한다. 여기선 행정행위의 부관을 **「행정행위의 본래의 주된 규율(법효과)을 제한(수정) 또는 보충하기 위하여 행정청이 덧붙인 부가적 규율」**로 정의한다.

여기서의 부관은 그것의 본래 의미인 행정청에 의한 부가결정이기에, 법령이 행정행위의 조건, 기한 등을 직접 규정한 경우인 법정부관(광업권의 존속기간에 관한 광업법 12조)과는 구별해야 한다. 법정부관에 대해선 여기서의 부관론이 통용되지 않는다. 법정부관의 하자는 단지 법규범상의 하자의 차원에서 문제가 된다. 그리고 -후술할 법률효과의 일부배제에서 보듯이- 본체인 행정행위(**주된 규율**)의 규율내용 및 그것의 수정인 행정행위의 내용결정과도 구별해야 한다. 행정기본법 제17조로 부관의 여러 쟁점사항이 일단락되어 소모적 논의가 일부 해소된 것을 계기로 새로운 논의의 전개가 필요하다.[464]

463) 독일의 경우 과거 행정절차법의 제정이전에는 통설은 전환을 인식행위로 보았는데, 행정절차법이 그것을 행정행위로 볼 여지를 제공하여 법적 성질을 두고서 다투어진다.
464) 상론: 김중권, 「행정기본법」에 의한 부관의 명문화에 따른 후속과제, 저스티스 제200호, 2024.2.1.

2. 부관의 기능

법령이 효과적으로 집행되도록, 행정행위는 구체적인 법관계를 상황에 맞게 규율함으로써 섬세하게 제어하는 기능을 수행한다. **규율내용과 관련하여 행정행위를 섬세하게, 완성되게 또는 보충되게 확정하는 것이 부관이다.**[465] 구체적으로 보면,[466] i) 행정행위의 발급요건을 보장한다: 허가절차의 범주에서 부관은 전면 거부와 인용처분간에 중도적 방도를 제시한다.[467] 법률상 요건을 충족하지 않은 신청을 일거에 즉 全部나 全無(all or nothing)로 접근하는 것은 피하고 적절한 대응을 하여 허가절차를 신속화시킨다. ii) 존속력을 제한한다: 부관은 행정행위의 존속력을 축소시킴으로써 행정의 형성여지를 확대하는 데 이바지한다. 즉, 탄력성과 상응적합성의 측면에서 미래의 전개를 위한 사전대비(사전배려)를 목표로 하기도 한다. 가령 철회(권)유보는 손실보상이 없는 철회를 가능케 하며, 부담유보는 행정으로 하여금 행정행위를 변화된 여건에 상응하게 한다. iii) 반대급부를 보장한다: −일종의 무상증여에 해당하는− 기부채납의 조건으로 공물의 특별사용을 허용하는 것처럼, 행정행위의 발급이 반대급부에 의존하도록 부관이 동원된다. 부관에 일종의 이익조절의 사고가 내재되어 있다.

전체적으로 부관은 탄력적이고 유연한 행정을 가능케 하고 제3자의 이익의 보호를 도모하게 한다. 반면 근거가 없고 부적합한 부관은 시민에게 고통을 주는 딴지이거나 과잉규제에 해당하기에, 부관은 조건에 대한 곱지 않은 인식마냥 부정적인 측면도 내포한다.

3. 부관부가의 재량성 문제

부관의 부가 여부 및 어떤 부관을 부가할지 여부는 본체인 행정행위를 발할 행정청의 재량이다. 행정청은 의무에 적합하게 재량을 행사하는 차원에서 부관을 부가할 수 있다. 즉, 본체인 행정행위의 재량성 여부와 무관하게,[468] 부관의 부가 자체는 명문으로 의무화되어 있지 않는 한, 재량이다. 본체인 행정행위의 발급과 부관의 부가가

---

465) 이하는 Bumke, in: GVwR Ⅱ, §34 Rn.125ff. 여기서 일부 부관(조건, 기한과 철회유보)은 본체인 규율과 어우러져 전체 행정행위를 성립시키는 구성적 부관이고, 다른 일부 부관(부담과 부담유보)은 본체인 행정행위(본체인 규율)에 대해 보완적 기능을 발휘하는 보족적 부관이다.

466) 이하는 Bumke, in: GVwR Ⅱ, §34 Rn.125ff.

467) 가령 건축법상으로 건축행정청은 하나 이상의 필지의 일부를 하나의 대지로 삼아 건축공사를 완료한 후 사용승인을 신청할 때까지 토지분할절차를 완료할 것을 조건으로 건축허가(토지분할 조건부 건축허가)를 할 수 있다.

468) 본체인 행정행위의 재량성 여부에 따른 결과는 부관부가의 허용성 여부의 물음이지 부관부가의 재량성 여부의 물음은 아니다.

공히 재량에 속하면, 통일적 재량결정이 존재하는 셈이 되어 행정기본법 제15조(재량행사의 기준)와 동법 제17조 제4항의 부관의 한계가 고려되어야 한다. 부관의 속성을 감안하여 부관 가운데 가장 마일드한 부관이 선택되어야 한다.

4. 「행정기본법」 제17조가 부관부가의 법적 근거가 되는가?

부관부가의 권능은 재량행위에 해당하는 본체인 행정행위에 관한 법률적 근거에서 직접 도출될 수 있다.[469] 본체인 행정행위가 재량행위인 경우를 규율한 행정기본법 제17조 제1항은 개별법상으로 부여된 권능의 행사를 규율할 뿐이지, 결코 고유한 법률적 근거가 될 수 없다.[470] 기속행위의 경우 동조 제2항에 따라 부관부가에 법률적 근거가 있어야 하기에, 동항 자체가 부관부가의 법률적 근거가 될 수 없다.

한편 급부행정에서의 자금조성결정처럼 실체적 수권이 없더라도 본체인 행정행위를 발할 수 있는 경우에는 부관부가의 수권근거가 문제가 될 수 있다. 자금조성의 제공에 아무런 수권근거가 요구되지도 않는데, (자금조성에 당연히 수반되는) 부관이라는 '부차적 전쟁터'에 이런 문제를 새로이 전개한다는 것은 모순이다. 독립된 추가적 하명처분인 셈인 부담 역시 고유한 법률적 수권이 없더라도 부가할 수 있다. 부관부가의 법적 근거를 둘러싼 논의가 대폭 정리된 것은 사실이지만, 개별법(예: 주세면허법 6조)에 부관부가의 법률적 근거를 직접 마련하는 것이 바람직하다.

5. 부관과 본체인 행정행위와의 관계

부관이 본체인 행정행위에 대해 어떤 관계에 있는지는 종류에 따라 다르다. 양자의 관계는 부관이 본체인 행정행위의 규율과 조건부로 어우러져 전체 행정행위를 성립시키는지(구성적 부관), 본체인 규율로서의 행정행위에 연계되어 보완적 기능을 발휘하는지(보족적 부관)에 따른다. 구성적(비독립적) 부관에 해당하는 것이 조건, 기한 철회권의 유보이고, 보족적(독립적) 부관에 해당하는 것이 부담과 부담유보이다.[471]

부관의 효력이 본체인 행정행위의 효력에 좌우되는 것이, 주된 규율의 구성요소가 되는 구성적 부관에서는 당연하고, 보족적 부관의 경우는 본체인 행정행위에 대한 부

469) 후술할 대법원 96다49650판결은 그 취지를 담고 있다. 독일 역시 사정은 동일하다.
470) 독일의 다수설 역시 그러하다. Schoch/Schneider, Verwaltungsrecht-VwVfG, §36 Rn.90.
471) 독일 행정절차법 제36조 제2항 자체가 조건, 기한과 철회유보는 본체인 행정행위와 조건부로,, 부담과 부담유보는 본체인 행정행위와 결합부로 연계되는 것으로 명문화하였다.

종성(附從性)에서 그러하다. 부관은 본체인 행정행위의 운명을 함께하므로, 본체인 행정행위의 위법성은 그에 따른 부관을 -부관의 성질에 관계없이- 필연적으로 위법하게 만든다. 가령 본체인 행정행위가 무효이면 부관 역시 무효이고, 단순위법이면 역시 단순위법이고, 실효되면 역시 실효된다.

반면 본체인 행정행위에 대한 부관의 부종성은 역으로는 통용되지 않는다. 즉, 부관이 효력을 발생하지 않더라도 본체인 행정행위의 효력과는 무관하다. 부관의 분리적 폐지는 자명하게도 본체인 행정행위의 효력과 무관하다. 위법한 부관이나 무효인 부관이 본체인 행정행위를 자동적으로 위법하거나 무효로 만들지 않는다. 그러나 본체인 행정행위의 발급 및 부관의 부가를 통일적인 재량의 관점에서 접근하면, 부관의 위법성이 전체 규율에 영향을 미칠 수 있다.

Ⅱ. 부관의 종류

1. 기한(Befristung)

甲이 1995.11.23. A시장으로부터 사업기간을 1995.11.23.부터 1996.11.22.까지로 정하여 이 사건 보전임지전용허가를 받았는데, 그 후 위 사업기간이 경과하도록 이 사건 보전임지전용허가에 대한 기한연장신청을 하지 아니하였다. 그 후에 A시장이 '甲이 현재까지 공사에 착수하지 않았고 착수할 의사도 없다'는 이유로 2001.7.18. 이 사건 사업승인을 취소하였는데, 이를 甲은 다툴 수 있는가? (대법원 2005두12404판결)

(1) 개 념

기한은 조건처럼 행정행위의 시간적 통용범주를 정하는 부관이다. 행정행위의 효과의 발생·소멸 또는 계속을 시간적으로 정한다. 행정행위의 효과의 발생에 관한 기한을 '시기'라, 소멸에 관한 기한을 '종기'라, 계속기한을 '기간'이라 한다. 민법에서처럼 시기의 도래 또는 사건의 발생이 확실한 경우가 기한이고, 사건의 발생 자체가 불확실한 경우가 조건이다. 다만 기한설정은 반드시 날짜로 표시되어야 하는 것은 아니다. -'죽을 때'처럼- 발생자체는 확실하되 다만 그 시기를 확정할 수 없는 경우 역시 기한이 될 수 있다('불확정기한').

기한부관의 목적은 행정행위의 수범자에게 시간적으로 수익을 부여하거나 부담을 과

하는 것에 있다. 행정의 관점에서 기한의 기능을 보면, 수익적 활동과 관련해서 기한의 사전설정을 통해 행정은 허가요건 등을 차후에 새로이 확정할 가능성을 갖는다. 그리고 바뀐 수요와 사실관계에 항상 적응할 수 있다. 반면 부담적 행정행위의 경우에는 그로 인한 침익을 비례원칙에 의거하여 제한하는 데 기한의 기능이 있다.

(2) 문제상황

기한에서 문제되는 것은 종기의 도래나 기간의 만료에 따른 법상황이다. 일단 종기가 도래하거나 기간이 만료하면 대상 행정행위는 당연히 효력이 소멸한다. 그런데 갱신을 전제로 할 때, 갱신을 신청한 다음 그에 관한 가부결정이 내려지지 않은 와중에 종기가 도래하거나 기간이 만료된 경우에는 불법상황으로 보기는 어렵다.

이상의 상황은 갱신제도의 존부와 연계된다. 문제는 명문으로 갱신제도를 두지 않은 경우이다. 이런 법상황을 갱신이 불허된 의미로 존속기간을 설정한 것으로 보는 입장도 있지만, 이는 지나친 문리해석의 입장이다. 행정법관계의 안정성의 측면에서 입법상의 불찰을 염두에 두어 해당 행위의 시간적 계속성과 설정기간의 단기성 등을 고려하여 판단하는 것이 바람직하다. 오랜 시간이 소요되는 사업의 성격과 맞지 않게 법령이 짧은 기간을 규정하고 있다면, 해당사업의 본질에서 갱신이 불허되지 않는 이상, 묵시적인 갱신제도를 둔 것으로 보아야 한다. 판례는 허가에 붙은 기한이 그 허가된 사업의 성질상 부당하게 짧은 경우, 이를 그 허가 자체의 존속기간이 아니라 그 허가조건의 존속기간(갱신기간)으로 본다(대법원 2004두7023판결). 물론 당사자의 갱신신청이 없으면, 당연히 기간의 경과로 행정행위의 효력은 소멸한다(대법원 2005두12404판결).

(종기를 포함한) 기간의 경과 이후에 재차 그 기간을 연장하는 것은 변경행위에 의해 가능한데, 이 변경행위는 종전처분의 연장이 아니라 새로운 처분이기에, 종전처분에 구속되지 않는다(대법원 94누11866판결 등). 기한의 사후단축 역시 종전 행정행위를 폐지하는 새로운 행정행위이기에, 행정행위 취소의 논의가 통용되어야 한다.

2. 조 건

(1) 개 념

장래 사건의 불확실한 발생에 의거하게 하는 부관인 조건은 정지조건과 해제조건으로 나뉜다. 행정행위의 효과의 발생에 관한 조건이 전자이고, 소멸에 관한 조건이 후자이다. 달리 말하면, 조건의 성취로 수익적 효과가 발생하면 전자이고, 부담적 효과가 발생하면 후자이다. 가령 허가를 발급하면서 미비된 특정요건의 사후충족을 그 허가효력의 발생시점으로 한 경우가 전자이고, 사후미충족을 그것의 소멸시점으로 한 경우는 후자이다. 한편 해제조건에서 그로 인한 행정행위의 효력이 소급적으로 소멸하는 것도 가능한데, 이 경우에는 기왕의 행정행위에 의거하여 제공된 급부가 법적 근거가 없게 되어 공법상의 부당이득반환청구가 문제된다.

한편 조건에서는 사건의 발생이, 즉 그 불확실성이 규율상대방의 의사에 좌우되는 경우도 있다(부진정한 조건). 조건은 오로지 미래의 사건발생과 연계되기에, 과거나 현재의 사안에 법효과를 연계하는 것은 조건에 해당하지 않는다. **기한과 조건은 결코 나름의 실체적 규율을 지니지 못하고 단지 행정행위의 주된 규율을 시간적 측면에서 제한할 따름이다.** 따라서 양자는 행정행위의 비독립적 구성부분이며, -부담과는 달리- 특히 조건만을 강제집행할 수는 없다.

(2) 기능과 적용

허가와 같은 행정행위의 요건충족여부가 현재 불확실한 데도 불구하고 인용처분을 내릴 경우에 2가지 선택방법이 있다. 잠정적 행정행위를 발하거나 현재의 불확실성을 미래에 제거하는 것을 조건으로 본체인 행정행위를 발할 수 있다. 후자의 경우에 조건부관의 목적과 기능은 특히 법률상의 행정행위의 성립요건의 충족을 확고히 하는 데 있다. 조건은 충분히 명확해야 한다. 특히 우리의 경우 부관일반이 조건으로 불리우기에 본래의 조건에 해당하는지를 세심히 검토해야 한다. 그런데 행정행위의 발급시점에 그것의 효력소멸을 가져다 줄 사안이 충분히 구체적으로 포착이 되지 않을 때는, 조건은 고려되어선 아니 되고 철회유보의 차원(후술)에서 접근해야 한다. 행정청이 수익적 행정행위의 효력을 발생케 하는 조건의 충족을 신의에 반하게 방해한 경우가 문제되는데, 조건이 충족된 것으로 보아야 한다.[472]

3. 철회(권)유보

甲이 호텔 내의 영업허가증을 다시 받으면서 "호텔건물의 가사용기간 만료시까지 기부채납 의무를 이행하지 아니하고 따라서 위 호텔건물의 준공검사필증을 교부받지 못하면 영업허가를 취소한다."는 부관을 받았다. 이 부관의 특징은 무엇인가? (대법원 92누1308판결)

472) 독일 소수설은 이를 부인하고 국가배상을 청구할 수 있다고 본다. Bader/Ronellenfitsch, §36 Rn.49.

(1) 개 념

행정청이 일정한 경우에 행정행위를 철회하여 그의 효력을 소멸시킬 수 있음을 정한 부관이 철회(권)유보이다.[473] 행정청에게 사후 철회의 권능을 부여한 것이다. 즉, 행정행위의 존속성과 가변성의 관계를 전자에 불리하게 바꾼 것이다. 해제조건의 경우 조건성취에 따라 본체인 행정행위의 효력이 자동적으로 소멸하나, 철회유보의 경우에는 철회행위를 통해 비로소 그 본체인 행정행위가 효력이 소멸한다는 점에서 양자가 다른 면이 있지만, 부관이 행정행위의 효력소멸의 원인이 되는 점에서 유사한 면도 있다. 철회유보의 부관은 특수한 해제조건의 일종으로서 행정행위의 비독립적인 구성부분이다. 후술할 부담유보와 함께 -전통적인 민사법적 도그마틱이 지배하는 조건, 기한 및 부담과는 달리- 순수한 행정법적 부관에 해당한다.

철회유보의 부관에 대해 통상의 철회에 견줘 독자적 존재의의가 있는지 의문이 제기되지만, **사전에 철회가능성을 알려주어서 통상의 철회와는 달리 상대방의 신뢰보호가 제한된다는 점에서, 즉 철회권의 행사에 따른 손실보상의무를 면제시킨다는 점에서 대부분 독립된 의의를 긍정한다.** 철회유보의 부관이 신뢰보호를 배제하는 근거가 되어선 아니 되기에, 그것에 의해 유보된 사실(상대방의 의무위반 등)이 발생하더라도 철회가 항상 자유로운 것은 아니고 철회의 일반원칙을 따라야 한다.[474] 다만 통상의 철회와 차이를 두어 이익형량에서 철회를 통한 공익실현에 비중을 더 두어야 한다.

(2) 철회유보의 부관의 허용성

장래에 자유로워지기 위할 목표만으로 철회유보와 부담유보를 부가하는 것은 허용되지 않는다. **통상의 철회와 대비하여 철회유보의 부관을 어떻게 설정해야 할지가 문제된다. 그것을 독립된 부관으로 자리매김하기 위해선 철회유보의 의미가 창설적이어야 한다.** 따라서 철회유보의 요건이 분명히 언급되어야 한다.[475] 즉, 철회의 허용성이 이미 법률 규정으로부터 직접 생겨날 경우에는, 철회행사에 본체인 행정행위에 대한 부관

473) 예: 종교단체에 대하여 기본재산전환인가를 함에 있어 인가조건을 부가하고 그 불이행시 인가를 취소할 수 있도록 한 경우(대법원 2003다6422판결)와 종합주류도매업면허조건으로 무자료판매 및 위장거래의 금액이 부가가치세 과세기간별 총주류판매금액의 100분의 20이상인 때에는 면허를 취소한다는 부관을 부가한 경우(대법원 92누6020판결).

474) 대전고법 2020누10775판결: 행정행위의 부관으로 철회권이 유보되어 있는 등 철회의 사유가 있다고 하더라도, 그 철회권의 행사는 상대방의 기득권과 행정행위에 대한 신뢰 및 법률생활의 안정성 침해를 정당화할 만한 중대한 공익상의 필요 또는 제3자의 이익을 보호할 필요가 있는 때에 한하여 허용된다.

475) 독일의 경우 법률에 의해 또한 특별한 철회권의 유보가 없더라도 철회가능하거나 그 밖에 폐지나 수정가능한 행정행위의 경우에는 철회유보의 부관이 통용될 수 없다. Kopp/Ramsauer, §36 Rn.64.

이 필요하지 않다. 이런 경우에 철회유보의 부관이 있다면, 그것은 앞으로의 철회행사가능성을 예고하는 선언에 불과할 뿐, 결코 직접적인 법적 의의를 갖지 않는다.[476]

철회유보의 부관의 인정에 종전보다 더 엄격할 필요가 있다. 왜냐하면 행정기본법 제19조의 **철회사유로 제시되는 것들이 그대로 철회유보의 사유로 이행될 수 있다면, 그 자체가 신뢰보호의 원칙을 무색하게 만들기 때문이다.** 일반적인 부관부가 규정(예: 주세면허법 6조)이 아니라, 법률이 철회유보의 부관을 명시적으로 요구하는 경우에[477] 한하여 인정하는 것도 하나의 방안이 된다.

4. 부담, 부담유보, 수정부담

甲이 국토이용관리법상 농림지역 또는 준농림지역에 위치한 이 사건 각 부동산에서 사업장일반폐기물, 건설폐기물 최종처리업을 영위하기 위해 해당 A군수에게 폐기물처리사업계획서를 제출하였다. A군수는 甲에게 사업계획적정통보를 하면서, 다음의 이행조건을 붙였다. ① 국토이용관리법 제15조 및 동법시행령 제14조에 의거 사업시행 전 사업계획대상지역을 준도시지역, 시설용지지구로 입안해야만 한다. 산림법 제18조 제1항의 보전임지 중 생산임지에서의 규제사항을 상기 국토이용관리법 관련 법률이 정하는 바에 따라 사업시행 전 완료해야만 한다. ② 기타 사업개시 전 및 사업추진 중 주민의 반대 및 기타 이로 인하여 발생되는 문제에 대하여는 원만하게 사업시행주체에서 해결해야 한다. 이들 이행조건의 특징은 무엇인가? (대법원 2001두10936판결)

(1) 부담의 의의

부담이란 수익적 행정행위의 상대방에게 작위·부작위·급부 등의 의무를 추가적으로 부과하는 부관을 말한다. 영업허가를 행하면서 법령에 의거하여 일정한 시설의무를 추가로 과하는 것 등이 예이다. 그리고 어업면허기간연장에서 개발사업의 시행으로 인한 일체의 보상청구를 포기하겠다는 취지의 부관(대법원 2011다57692판결)과 "새만금간척종합개발사업지구 내에서는 조업할 수 없습니다."라는 부관(대법원 98다57419, 57426판결)은 부작위의 부담이다. 한편 일부 문헌은 부관의 개념정의와 그것이 독립되게 취소대상이 됨을 근거로 부담의 부관성에 의문을 표하기도 하나, 부담이야말로 가장 효과적으로 부관의 기능을 다하

476) 물론 철회권의 유보를 통해서 법률 규정이 정한 것 이상으로 특별한, 엄격하거나 완화된 요건에 철회가 결부된다면 평가는 다르다. Vgl. BVerwGE 95, 224.

477) "고등학교 이하 각급 학교 설립·운영 규정 시행규칙" 제7조(취소권의 유보) 시·도교육감이 학교설립을 인가할 때에는 인가후 보충할 시설의 연도별 보충계획에 따른 시설보충을 이행하지 아니할 경우에는 설립인가를 취소한다는 부관을 붙여야 한다.

여 가장 중요한 부관이며, 실제로도 가장 많이 활용되고 있다.

부담의 법적 성질에 대해 분분하지만, 그것은 추가적인 하명처분이자 (쟁송대상의 차원에서) **독립된 행정행위이다.**[478] 그렇지만 부관으로서의 성격에는 아무런 변화가 없다. 이유는 그것이 본체인 행정행위와 관련이 있고, 그것의 존속과 관철가능성이 본체인 행정행위에 의거하기 때문이다. 주된(본체인) 행정행위와 무관하게 부담이 존재할 순 없다. 부관의 본질인 부종성(附從性)은 여전하다. 결국 **부담은 본체인 행정행위와의 관계에서 부차적 행정행위이며, 주된 규율로부터 독립된 추가적 하명처분이다.** 부담의 쟁송상의 독립적 취급은 그것의 독립된 강제집행가능성에 연계된다. 부담의 승계가능성은 원칙적으로 본체인 행정행위에 의해 가늠된다. 공법상의 하명처분인 셈인 부담에 대해 실무는 종종 사법형식의 의무이행을 결부시키곤 하는데(기부채납부관), 이는 형식·수단의 혼합의 문제이다(본서 442면 이하).[479]

⑵ 조건과 부담의 차이점

조건은 비독립적 부관으로서 본체인 행정행위의 구성요소가 되는 반면, 부담은 본체인 행정행위와 결부되긴 하나 독립적 부관이다. 조건의 경우 그에 따른 본체인 행정행위의 효과의 발생·소멸은 자동적으로 일어난다. 하지만 해제조건의 경우와 비교하면, 부담의 경우 부담불이행은 본체인 행정행위의 철회의 원인이 되는 데 그치고, 철회제한의 일반론이 여전히 통용된다. 이 점에서 부담과 조건은 다르다. 하지만 부담과 정지조건은 서로 경합해서 일어날 수 있다. 정지조건의 '사실'이 관련인의 일정한 행위인 때 그러하다. 그럼에도 불구하고 양자는 주된 규율의 효력발생, 부관의 관철가능성, 권리보호에서 다른 모습을 나타내기에, 구분되어야 한다. 즉, 부담부 행정행위는 부담이행과 무관하게 즉시 효력이 발생하지만, 정지조건부 행정행위는 조건발생과 더불어 비로소 효력이 발생한다.

부담은 그 이행이 의무여서 강제적으로 관철이 가능하지만,[480] 정지조건은 의무적이지 않기에 결코 관철될 수가 없다. 이런 차이점은 19세기 독일의 사비니 시대까지 거슬러 올라가는 매우 고전적인 내용이다.[481] 나아가 권리보호와 관련해서 부담은 독립적으로 쟁송취소의 대상이 될 수 있지만, 정지조건의 경우 쟁송방법에 논란이 많은

478) 독일에서도 부담의 행정행위성에 관한 논란은 의미가 없다고 여긴다.
479) 김중권, 행정법기본연구Ⅳ, 126면 이하; Michael, in: GVwR Ⅱ, §40.
480) 그 의무이행은 당연히 수범자의 지배영역에 속해야 한다. 하지만 대법원 2001두10936판결은 이를 간과하고 이행조건 모두를 부담으로 접근하였다. 이행조건 ①은 정지조건으로 보아야 한다.
481) Savigny가 제시한 공식: "조건은 연기시키나 강제하진 않고, 부담은 강제하나 연기시키진 아니한다."에서 유래한다(System des heutigen römischen Rechts, Bd. Ⅲ, 1840, S.231).

데 독립되게 다투는 것은 판례상으로 허용되지 않는다.

(3) 조건과 부담의 구분의 물음

조건과 부담은 이상과 같이 개념적, 이론적으로는 서로 구분되나, 실제적으로는 매우 어렵다. 다음과 같은 방도를 강구한다. i) 먼저 개개 부관의 그때 그때의 표현을 목표로 삼아야 한다. 그러나 이는 첫 번째 증빙이지 결코 결정적인 기준은 되지 못한다. 입법과 행정실무에서의 용어사용이 명확하지 않기 때문이다. ii) 결정적으론 구체적인 상관관계에서 표현에서 탐구되는 행정청의 의사에 좌우되는데, 이때 어떤 부관이 행정청의 의도에 부합하는지가 매우 중요하다. 어림법칙으로 말하자면, 행정청이 부관의 준수를 행정행위의 유효(효력발생)에 좌우케 하고자 할 정도로 중요하게 여길 경우에는 조건이 의욕되었다고 봄 직하다.[482] 법률상의 행정행위의 허용요건에 해당하는 사항은 일단 조건으로 여겨야 한다. iii) 그 밖의 증빙은 그때그때 부관의 허용성이다. 왜냐하면 의심스러우면 행정청이 위법한 명령을 발하려고 한다는 점을 인정할 수 없기 때문이다. 가령 구체적 사건에서 조건이 아니라 부담이 법률상으로 행해질 수 있는 경우에는, 부담이 존재한다. iv) 구분이 **여전히 의문스러우면, 상대방에게 유리하게끔 부담으로 여겨야 한다(부담추정의 원칙).**

(4) 부담유보

A시장은 구 주택건설촉진법 제33조에 따라 甲에게 주택건설사업계획의 승인을 하면서 "경전철 분담금 부과시 이를 사용검사 전까지 납부할 것"이라는 승인조건을 부가하였고, 그 후에 이 승인조건에 근거하여 경전철 분담금과 광역전철 및 도로기반시설 분담금을 부과하였다. 부관의 이런 사후부가는 문제가 없는가? (대법원 2005다72300판결)

부담은 독립된 행정행위이기에, 그 자체 사후적으로도 발해질 수 있으며, 기존부담의 사후변경 또는 보충 역시 아무런 문제가 없다. 따라서 **행정청은 행정행위를 발하면서 이런 기존부담의 사후부가·변경 또는 보충을 유보시킬 수 있다. 이런 사후변경의 유보가 부담유보이다.** 행정행위를 발할 시점에 일정한 영향(가령 이웃에 대한 소음피해)을 확실히 확인할 수 없는 경우나 행정청이 사실관계의 추후 변화(이웃에 대한 점증하는

482) 가령 건축법상으로 건축행정청이 하나 이상의 필지의 일부를 하나의 대지로 삼아 건축공사를 완료한 후 사용승인을 신청할 때까지 토지분할절차를 완료할 것을 조건으로 건축허가(토지분할 조건부 건축허가)를 한 경우 이 조건은 건축허가 자체의 효력여부와는 무관하다. 부담으로 볼 수밖에 없다. 동지: 대법원 2015두47737판결.

소음피해)에 대처할 여지를 두고자 하는 경우에, 부담유보 부관의 기능이 발휘된다. 철회유보의 부관처럼 부담유보 역시 신뢰보호의 성립을 제약할 것이다.[483)]

부담유보를 일종의 부담적 행정행위로 설정하면, 당연히 법적 근거가 문제된다. 관련인이나 제3자에게 불이익하게 부담을 추가·변경하는 것을 유보할 경우에는 법률적 수권이 필요하다. **판례는 사후부담과 관련해서, '법률에 명문의 규정이 있거나 그것이 미리 유보되어 있는 경우 또는 상대방의 동의가 있는 경우'에 허용된다고 본다**(대법원 2008다98006판결; 2005다72300판결 등). 그런데 부담유보의 부가문제는 -후술하듯이- 부관의 시간적 한계의 차원에서 행정기본법 제17조 제3항이 마련되어 이제는 일단락되었다.

(5) 수정부담이 부관인가?

가령 A국가로부터의 물자반입허가를 신청하였는데 B국가로부터의 물자반입허가가 내려진 경우와 같이 원래의 신청과는 다른 허가를 발하여 그것을 질적으로 변경(수정)시키는 경우처럼, 보통의 부담처럼 추가적인 급부의무를 성립시키지 않고, 본체인 행정행위의 내용에 영향을 미치는 경우를, 과거 독일 연방행정법원판례가 수정부담이라 표현하였다.[484)] 이는 부담의 독립가쟁성을 원용하기 위한 모색이었다. 자세히 고찰한 즉, 부담처럼 독립되게 관철가능한 보충규율의 문제가 아니라, 내용상의 제한 또는 신청에 대한 행정행위의 변경(예: 수정허가)에 관한 문제이다. 따라서 독일에서는 압도적으로 수정부담의 형상은 거부되며, 해당 규율은 행정행위의 내용적 제한(변경)이라 여긴다. **실은 수정부담이란 명칭 자체가 잘못된 표현이다.**

그런데 **신청과 다른 내용의 수정허가 등의 경우, 본래의 신청의 측면에서 검토할 점이 있다.** 수정허가는 일종의 거부처분이기에, 그에 수긍하지 않으면 당연히 거부처분에 대해 권리구제를 도모할 수 있다. 한편 수정허가 등의 유효성은 다른 문제이다. 만약 신청이 필수적으로 요구되는 경우라면 그것은 무효가 되나 그렇지 않은 대부분의 경우에는 비가역적 결과를 낳는 무효로 보아선 아니 된다. 신청인의 명시·묵시적인 동의를 유보하되 일단 잠정적으로 유효하게 되는 것으로 보아야 한다. 그런데 만약 수범자가 수정허가를 받아들여 행사하면, 필수적인 신청이 요구되는 경우라고 하더라도 묵시적으로 수범자의 사후 신청이 있는 셈이 된다.

483) 부담유보의 도그마틱적 분류와 성질은 독일에서도 아직 문제되고 있다. 일부 문헌은 그것이 철회유보의 하위경우에 해당한다고 하여 독립된 부관으로 설정하는 것은 과도하다고 비판하지만, 대부분 문헌은 그것을 부담마냥 독립된 부관으로 본다.

484) BVerwG DÖV 1974, 380.

5. 법률효과의 일부배제가 부관인가?

법률이 행정행위에 부여하는 효과의 일부를 배제하는 내용의 부관을 법률효과의 일부배제라고 한다. 문헌에서는 택시의 영업허가를 부여하면서 격일제운행을 부관으로 정하는 것과 주류판매업을 면허하면서 구 주세법 제9조를 근거로 그 소속가맹점 또는 지부에 한하여 주류를 중개해야 한다고 그 사업범위를 제한하는 것을 법률효과의 일부배제의 예로 든다.485) 판례는 매립지의 일부는 매립면허권자에게, 그 일부는 국가 또는 지방자치단체로 귀속한다는 내용의 공유수면매립준공인가에서 국가 등에 귀속시킨 것을 매립지에 대한 소유권취득을 규정한 (구) 공유수면매립법 제14조의 효과 일부를 배제하는 부관으로 본다(대법원 93누2032판결; 90누8503판결).

일반적으로 부관으로서의 법률효과의 일부배제는, 법률의 근거가 있는 경우에 한하여 허용될 수 있다고 본다. 그런데 **법률효과의 일부배제가 과연 부가적 규율로서의 부관인지 재고가 필요하다.** 행정행위의 규율내용(수익적 법효과나 부담적 법효과)을 확정한다는 것은 동시에 그것의 한계를 정하는 것이다. 법률효과의 일부배제는 법효과의 일부제한이라는 점에서는 －조건의 차원에서－ 본체인 행정행위의 효력의 발생여부와 관련이 없으며, 또한 법효과와 직접 관련되지 －부담의 차원에서－ 추가적 의무부가에 해당하지도 않는다. **법률효과의 일부배제는 부관이 아니라, 행정행위의 내용결정에 해당한다.**486) 만약 신청에 대해 다른 내용의 행정행위가 발해지면 이상의 수정부담에서의 논의가 통용된다. 판례가 매립준공인가에서 일부 매립지를 제외한 것을 법률효과의 일부배제의 부관으로 접근하여 불필요한 법제도가 존재하게 한 것은 타당하지 않다.487)

6. 부관 종류의 예시에 따른 신종 부관의 확대

행정기본법 제17조 제1항은 부관을 별도로 개념정의를 하지 않고서 그 종류로 조건, 기한, 부담 그리고 철회권의 유보를 예시한다. 따라서 익숙한 기왕의 부관과 다른, 무명의 부관의 출현 자체가 불허되지 않는다.488) 부관의 종류에 관한 스테레오 타입

485) 개별소비세법 제18조의 조건부면세는 부관의 문제가 아니라 실은 면세의 성립요건의 문제이다.
486) 동지: 김용섭, 행정법연구 제2호(1998.4.), 188면.
487) 사안에서 매립지 일부를 제외하여 국가 등에 귀속시킨 것을 귀속처분으로 다툰 이유에 주목할 필요가 있는데, 기왕의 매립준공인가에 영향을 받지 않기 위함이다. 그런데 공사 매립지 전체에 대한 매립준공인가의 신청에 대해서 일부가 제외된 것이어서 본질은 부분 인용·거부처분이다.
488) 독일의 통설 역시 그들 행정절차법 제36조 제2항상의 부관의 목록이 완결적이지 않은 것으로 본다.

에서 벗어나 행정행위에 대한 일련의 덧붙임(부가, 추가, 부대)을 무명의 부관이나 기타 부관으로 분류할 필요가 있다. 무명의 부관이라 하더라도 무분별하게 인정하면 부관론 자체가 혼란스러울 수 있으므로, 다음의 경우에만 무명의 신종부관을 인정해야 한다: i) 그 효력이 본체인 행정행위에 좌우되며, ii) 그 내용이 유형화될 수 있어서 그로부터 행정행위와 전체규율을 위한 결과가 도출되어 신종부관으로서 기존 부관의 저장기능에 비견될 수 있는 저장기능이 인정되고, iii) 현행 부관규정상의 허용요건이 그것에 이전될 수 있는 경우. 기한과 조건의 사후부가를 유보한 것(조건유보와 기한유보)에 이런 점이 분명하다. 종국적 사후심사의 유보의 경우 역시 그러하다. 반면 대집행의 계고에 대해 잠정적인 비용산정을 덧붙이더라도 그것은 부관이 되지 않는다. −결과적으로 잠정적인 행정행위가 되어 버리는− 행정행위를 하면서 부가한, 종국적 규율의 유보 역시 특유의 무명 부관으로 여겨진다.[489]

7. 부관유형의 판단 문제

법령이 부관보다는 조건이란 용어로 규정한 경우가 많으며, 실제의 허가발급에도 부관에 해당하지 않는 것까지 조건의 이름을 붙이곤 하여 매우 혼란스럽다. **조건이 우산개념(umbrella term)으로서의 전체 부관을 의미하는지, 부관 가운데 조건이나 부담만을 의미하는지, 또한 법령상의 요건 · 요구를 확인한 것에 불과한지를 탐문해야 한다.** 부관 일반을 의미하는 경우가 일반적이나, 궁극적으로 부관인지 여부와 부관의 종류는 '객관적인 설명가치'에 좌우된다. 수범자가 해당 규율을 그가 인식할 수 있는 상황을 고려하고 객관적으로 평가하여 어떻게 이해할 수밖에 없는지가 규준이 된다. 불명료성의 부담은 행정이 진다.[490] 규율이 어떤 표현으로 행해졌는지는 결정적이지 않다. 실정법에서 종종 부관부가를 단지 규정하고 있을 뿐이다(예: 공유수면법 29조). 행정쟁송을 구하는 데 부관의 종류가 매우 중요하다는 점에서(본서 438면 이하), 하루바삐 용어를 정비해야 한다. 행정기본법이 종류를 예시한 데 맞추어[491] 실정법상으로 정비가 강구되어야 한다.

489) Stelkens/Bonk/Sachs, a.a.O., §36 Rn.65.
490) BVerwGE 99, 101(103).
491) 제17조 ① 행정청은 처분에 재량이 있는 경우에는 부관(조건, 기한, 부담, 철회권의 유보 등을 말한다. 이하 이 조에서 같다)을 붙일 수 있다.

Ⅲ. 부관의 종류의 법정화에 따른 처분서상의 요구

실제의 허가발급에도 부관에 해당하지 않는 것까지 조건의 이름을 붙이곤 하여 매우 혼란스럽다. 행정청이 처분서에 막연하게 조건의 이름으로 여러 부관을 부가하는 데 대해서 아무런 비판이 제기되지 않아서 그렇게 조건을 붙이는 것이 일종의 행정관행이 되었다.[492] 행정기본법이 부관의 종류를 직접 예시한 이상, 이들에 대한 권리구제가 원활하게 강구되도록 이제는 처분서에 막연하게 이행조건으로 부관을 부가하는 행정관행은 타파되어야 한다. 처분서에 부관을 부가하는 경우에, 단순히 주의를 주는 데 그치는 내용을 조건이라 이름을 붙여서는 아니 되고, 조건이 실질적으로 어떤 부관에 해당하는지를 검토하느라 전개된 소모적이고 불필요한 논의를 예방하기 위해 이제는 부관의 이름을 붙여야 한다. 또한 그 부관이 어떤 부관인지를 분명하게 나타내야 한다(예: 부관1(조건), 부관2(부담) 등). 이상에서 본 신종의 무명부관은 '기타 부관'이라는 이름을 붙이면 좋을 듯하다. 분별없는 조건부가의 관행이 절차적 요청의 핵심인 이유제시의 원칙의 차원에서 판례에 의해 타파되길 기대한다(본서 634면 이하).

Ⅳ. 부관의 허용성과 그 심사단계

A시가 다세대주택의 건축허가를 하면서, 다세대주택의 준공시까지 토지의 30% 상당 부분에 관하여 A 시장 명의의 소유권이전등기를 마쳐 청산금에 상당한 토지를 선납하고 준공신고서 제출시에 소유권이전등기가 끝난 등기부등본을 소요서류로 첨부해야 한다는 내용의 부담을 허가조건으로 붙였다. 여기서 부관을 부가할 수 있는가? (대법원 94다56883판결)

1. 논의현황과 문제제기

행정행위의 부관의 허용성 및 가능성에 관한 논의는 준법률행위적(준권리설정행위적) 행정행위와 기속행위의 경우와 관련하여 행해지고 있다. 종래의 통설적 이해 ―"부관은 행정청의 주된 '의사표시'의 효과를 제한하기 위해 붙이는 것이므로 의사표시를 요소로 하지

---

492) 가령 대법원 2001두10936판결의 사안에서 행정청은 최종처리업사업허가의 발급에 무려 9개의 이행조건을 붙였다. 상론: 김중권, 행정판례연구 제10집, 2005.6.10., 21면 이하.

않는 준법률행위적 행정행위에는 붙일 수 없다.", "재량행위에만 부관을 붙일 수 있고 기속행위(또는 기속재량행위에)에는 붙이지 못한다."- 를 두고서 논의가 분분하다. 그동안 이에 대한 비판이 지속적으로 제기되어 온 결과,[493] 지금은 정반대의 입장이 문헌상 다수의 입장이 되어 버렸다고 평해진다. 물론 개개 입장에 다소의 차이가 있음은 사실이다. 가령 준법률행위적(준권리설정행위적) 행정행위의 경우에 법률적 근거가 필요하다는 입장이 있는 반면, 특별히 법률적 근거를 거론하지 않는 입장도 있다.[494]

판례상 부관의 허용성 물음은 준법률행위적(준권리설정행위적) 행정행위와 관련해선 해당 판례를 찾을 수 없고, 대법원 94다56883판결처럼 기속행위와 재량행위에 견줘 제기되었다. 재량행위에만 부관을 붙일 수 있다는 것이다. 그런데 대법원 96다49650판결은 수익적 행정행위에 대한 일반적인 부관의 허용성을 인정하였다. 판례의 이런 입장을 평면적으로 고찰하면, 본체인 행정행위(주된 규율)가 수익적 행정행위에 해당하면, 구태여 기속행위, 재량행위인지 여부를 검토할 필요가 없지 않느냐 라는 결과가 빚어진다. 부관의 허용성과 관련하여 이제까지의 논의를 무화(無化)시킬 수 있음에도 불구하고, 문제의식이 거의 없다. **판례는 사안에 따라서는 여전히 기속행위, 재량행위 여부로 부관의 허용성을 가늠하곤 한다.** -대법원 2004다50044판결처럼- 대상행위의 특수성(가령 보충행위이자 완성행위로서의 인가)을 전혀 고려하지 않은 채, 오로지 그것의 재량행위성 여부의 물음으로 접근한다. 종래 논의에서 법률적 수권의 문제를 간과된 데 따른 소산이다. 이하에서는 부관의 허용성 물음을 수권근거의 차원에서 검토한다.

2. 심사단계의 개관

부관의 부가는 제한 없는 규율에 대한 '차감(마이너스)'에 해당하여 그 자체가 **침익(부담)적인 점에서, 본체인 행정행위의 수권의 범주에 포함된다.** 따라서 원칙적으로 부관부가에 별도로 특별한 수권은 요구되지 않는다. 이런 맥락에서 **부관의 허용성의 심사는 다음과 같이 3단계로 진행될 수 있다.**[495] 제1단계에서는 특별한 법규정(예: 식품위생법 37조 2항) 및 행정행위의 본질에 의거하여 허용성여부가 심사된다. 문제는 그런 규율이 없는 상황이다. 수익적 행정행위에 대한 침익(부담)적 부관의 허용성은, 수익적 행정행위의 발급에 관한 청구권이 성립하는지 아니면 발급이 행정청의 재량에 속하는지 여부에 결정

493) 특히 김남진, 한태연 박사 회갑기념논문집(1977.9.), 472면 이하 참조.

494) 이런 다수 경향에 대해, 김동희 교수님은 기본적으로 종래의 통설적 입장을 견지하면서, 법률요건충족적 부관은 준법률행위적 행정행위의 경우에도 가능하다고 본다(306면).

495) Ruffert, in: Ehlers/Pünder, §23 Rn.12.

적으로 좌우된다(제2단계: 본체인 행정행위의 기속행위, 재량행위여부에 따른 심사단계). 마지막으로 세 번째 단계로 '부관부가의 재량행사에 관한 심사'가 행해지는데, 이는 부관의 구체적 형성과 관련한 것으로 후술할 부관의 내용적 한계에 관한 것이다.

3. 제1단계심사

재단의 주무관청이 재단의 기본재산인 부동산을 주식회사 선주개발에게 처분하는 것을 허가하면서, 그 유효기간을 6개월로 정하여 그 기간 내에 기본재산을 매도하고 그 매매대금 등 합계 3,189,475,200원 이상을 현금으로 지급받아 확보하는 등의 조치의 이행을 허가의 유효조건으로 정하였다. 여기서 부관의 허용성은 문제가 없는가? (대법원 2004다50044판결)

기본재산 일부를 수익사업으로 전환하는 것을 내용으로 한 사회복지법인의 정관변경허가 신청에 대해, A시장은 "현금 350,000,000원을 목적사업용 기본재산으로 출연하고, 정관변경허가일로부터 1년 이내에 동 재산에 상당하는 부동산을 취득할 것" 등을 조건으로 하여 정관변경을 허가하였다. 여기서 부관의 허용성은 문제가 없는가? (대법원 2000두5661판결)

제1단계는 개별법상의 허용한계를 검토하는 것인데, 대부분 개별법이 부관 일반을 조건이란 명칭하에 붙일 수 있는 것으로 규정하고 있어 입법차원의 문제가 있다. 그런데 **법률이 부관의 부가를 특별히 규정하지 않은 경우, 부관의 불허용성은 일반적인 법원칙, 특히 법규정의 상관관계와 목적, 수권된 행정행위의 본질로부터도 생겨난다.** 귀화허가와 같은 신분변경, 정년보장공무원의 임명, 성명변경의 경우에는 조건과 친하지 않다. 개별법이 취소사유나 철회사유나 정지조건과 기한을 완결적으로 규율하면, 행정청은 행정행위에 철회유보를 덧붙여서 무효화의 근거를 스스로 만들어선 아니 된다.

공동적 사권형성적 행정행위로서의 인가 역시 부관과 친하지 않는데, 판례상으로는 매우 혼란스럽다. 부산고법 99누3294판결은, 사회복지법인의 정관변경허가의 법적 성격을 인가로 보고서, 인가의 기속재량행위성에서 부관의 불허용성을 논증하였다. 하지만 상고심인 대법원 2000두5661판결은 사회복지법인의 정관변경허가를 인가로 보지 않고, 시종 법규정상의 표현 그대로 허가로 보면서 원심과 정반대의 논증을 하였다. 나아가 대법원 2004다50044판결은 인가의 기속행위, 재량행위를 논하지 않은 채, 곧바로 부관의 부가 자체가 문제되지 않는다는 입장을 취한다(인가에서의 부관부가 문제는 인가론 참조). 그런데 판례가 관리처분계획인가의 경우 부관을 붙일 수 없다고 봄으로써(대법원 2010두24951판결), 혼란스러운 상황이다. **대법원은 부관의 허용성 문제를 궁극적으로 대상행위의 기속성, 재량성 여부에 의거하여 바라본다.**

4. 제2단계심사

(1) 수익적 기속행위의 경우

기속행위에서 부관의 부가는 다름 아닌 청구권의 제한이기에 당연히 법률적 수권이 요구된다(예: 국토계획법 88조 3항). **기속적 행정행위에서 법률요건충족적 부관의 부가를 명문으로 허용하는 독일 행정절차법 제36조 제1항과 같은 법규정이 없는 이상, 기속행위에서의 부관부가는 전적으로 행정법도그마틱에 맡겨져 있다.** "일반적으로 기속행위나 기속적 재량행위에는 부관을 붙일 수 없고 가사 부관을 붙였다 하더라도 무효이다."라는 대법원 94다56883판결이 보여주듯이, **판례는 기속행위에 대한 부관부가가 절대적으로 불가하다는 입장을 취하고 있다. 원칙적 입장에선 타당하지만, 그것의 수정가능성, 즉 법률요건충족적 부관의 부가가능성을 원천 봉쇄한 것은 문제이다.** 기속행위가 법치국가원리상의 법적 안정성의 요청에 부합하는 측면을 분명히 갖지만, 그것의 負의 효과인 기계적 법집행에 따른 부작용 역시 사소하지 않다. 사안에 따라선 기속행위임에도 불구하고 부관부가의 필요성이 시인될 수도 있는데, 행위시점에 완전한 요건충족을 요구하는 도식적 입장을 고집하면, (추후에 요건을 충족한) 절차의 무익한 반복이 초래될 수밖에 없다. 이는 절차경제적 차원에서 수범자는 물론 행정에 대해서도 그다지 바람직스럽지 않다. 판례가 기속행위와 재량행위의 구분을 궁극적으로 해당행위의 성질에 의거하여 행한다는 점에서 특히 그러하다.

행정기본법의 입법예고안은 기속행위에서 요건충족적 부관을 명문화하였지만(20조),[496] **최종적으로 제외되었다. 이상의 문제상황은 바람직하지 않게도 여전하다.**[497] 기속행위라 하더라도 법률요건충족적 부관이 예외적으로 허용되는 이유는, 그것이 요건불비에 따른 거부행위에 비하면 완화된 수단인 셈이고, 청구권성립을 저지하는 거부사유가 부관을 통해 미연에 제거될 수 있기 때문이다. **입법적 근거가 없더라도 법률요건충족적 부관의 허용성(가능성)을 시인하는 데 전혀 문제가 없다. 입법적 근거가 있어야 허용된다는 것은 행정법도그마틱을 포기한 것이나 다르지 않다.**

결론적으로 우리의 경우 법률이 명시적으로 법률요건충족적 부관의 부가가능성을 언급하지 않는 한, 이를 관철하기란 어렵다. 왜냐하면 판례가 기속행위에 부가된 부관 자체를 무효로 보기 때문이다. 따라서 대법원 87누1106판결에서 처음 등장한, "기속행위에

496) ② 행정청은 처분에 재량이 없는 경우에는 법률에 근거가 있거나 처분의 요건을 충족시키기 위한 경우에 부관을 붙일 수 있다.

497) ② 행정청은 처분에 재량이 없는 경우에는 법률에 근거가 있는 경우에 부관을 붙일 수 있다.

부가된 부관의 무효 원칙"을 수정하지 않고선, 한 걸음도 나아갈 수 없다. 허용성의 물음과 하자(위법)효과의 물음이 분명 구분됨에도 불구하고, 전자에 의거하여 무효도그마원칙을 도출한 판례의 입장은 부당하다.[498] 본래 대법원 87누1106판결이 사안(이사회의 소집승인)을 부관과 친하지 않는 인가의 문제로 보아서 인가의 기속행위적 성질에 의거하여 접근하였는데, 그 이래로 후속판례가 이를 오해하여 기속행위와 관련한 부분에 초점을 맞추어 일반화함으로써 지금의 난맥상이 빚어졌다. 과거 일본의 통설이었지만, 지금은 강력한 비판을 받는 田中二郎 교수의 문헌(행정법총론, 1957, 317-318頁)에서 유래한 듯한 판례의 태도가 하루바삐 바뀌어야 한다.

(2) 수익적 재량행위인 경우

행정기본법 제17조 제1항이나 독일 행정절차법 제36조 제2항과 같은 규정이 없었던 때, 수익적 재량행위인 경우의 부관부가 문제는 기속행위에서처럼 전적으로 행정법도그마틱의 몫이었다. 대부분의 문헌에서 그 자체에 대한 별다른 문제점이 제기되지 않지만, 앞에서 본 것처럼, **재량적인 본체인 행정행위에 관한 법률적 수권규범은, 그것에 부가된 부관을 위해서도 법률유보의 요청을 충족한다.** "수익적 행정행위에 있어서는 법령에 특별한 근거규정이 없다고 하더라도 그 부관으로서 부담을 붙일 수 있다"는 대법원 96다49650판결의 경우 수익적 행정행위가 재량행위라는 것을 생략하고, 바로 수익적 행정행위성에서 부관부가가능성을 논증한 것으로 봄 직하다.

한편 급부행정에서의 자금조성결정처럼 본체인 행정행위에 실체적 수권이 없어도 되는 경우엔, 수권근거의 문제가 특별한 의의를 갖는다. 하지만 자금조성의 제공에 아무런 수권근거가 요구되지도 않는데, (자금조성에 당연히 결부되는) 부관이라는 '부차적 전쟁터'에 이런 문제를 새로이 전개한다는 것은 모순이다. 나아가 독립된 집행가능성을 지닌 작위의무를 성립시키는 부담의 경우에도, 자금조성영역에서 아무런 법률적 수권이 없더라도 부가할 수 있다. 그러나 행정기본법 제17조 제1항이[499] 재량행위에 대한 부관부가의 허용성을 확인하여 논의가 정리되었다.

(3) 침익(부담)적 행정행위의 경우

판례는 궁극적으로 행위의 성질에 의거하여 기속행위와 재량행위의 구분을 행한

498) 동지: 김남진, 행정법의 기본문제, 983면 이하; 이영무, 민사법연구 제9집(2001), 125면 이하.
499) 행정청은 처분에 재량이 있는 경우에는 부관(조건, 기한, 부담, 철회권의 유보 등을 말한다. 이하 이 조에서 같다)을 붙일 수 있다.

다. **침익행위는 판례상 원칙적으로 기속행위에 해당할진데, 여기에 수익적 행정행위를 대상으로 한 이상의 논의를 그대로 대입할 수 있는지 검토가 필요하다.** -경우에 따라- 침익행위가 재량행위에 해당할 경우에는, 부관 자체가 일종의 침익의 차감이기도 하여 허용성에 따른 문제는 별반 생기지 않는다.500) 반면 기속적 침익행위의 경우, 문제되는 것이 수익적 기속행위에서처럼 법률요건충족적 부관을 부가할 수 있는지 여부이다. 법치국가원리 및 법적 안정성의 원칙에 비추어, 기속적 침익행위의 경우 -명시적 규정이 없는 한- 법률요건충족적 부관의 부가는 허용되지 않는다.

한편 제3자효 행정행위인 경우에 수익, 침익 여부의 판단척도를 누구로 삼을 것인지에 따라 법률요건충족적 부관의 부가가능성이 문제될 수 있다. '진정한 제3자효 행정행위(제3자에 대한 침익적 효과를 지닌 수익적 행정행위)'의 경우에는 문제가 되지 않지만, '역(逆) 제3자효 행정행위(제3자에 대한 수익적 효과를 지닌 침익적 행정행위)'의 경우에는 당연히 부정적으로 보아야 한다.

V. 부관의 한계

> 甲의 소유 토지 일부가 자동차전용도로로 도시계획시설결정이 된 광1류6호선에 편입되었는데, A 시장이 甲에게 주택사업계획승인을 하면서 주택사업과는 아무런 관련이 없는 위 토지를 기부채납하도록 하는 부관을 붙였다. 이 부관은 문제가 없는가? (대법원 96다49650판결)

1. 내용적 한계

i) 우선 부관은 법령에 위배되지 않아야 한다. 즉, 내용과 발함이 각각 법률우위의 원칙과 -이상에서 본 것처럼 요구되는 경우에는- 법률유보의 원칙에 위배되어선 아니 된다(대법원 83누625판결). ii) 행정청이 객관적으로 처분상대방이 이행할 가능성이 없는 조건을 붙여 행정처분을 하는 것은 법치행정의 원칙상 허용될 수 없다(대법원 2015두47737판결).501) iii) 주된

500) 참고로 독일의 경우 행정절차법 제36조 제2항이 재량행위 일반을 대상으로 하기에, 조건, 기한과 철회권유보가 침익행위에도 부가될 수 있으되, 다만 동항 제4, 5호상의 부담과 부담유보의 경우엔 규정본문에서 수익자(受益者)를 결부시키기 때문에, 이들은 당연히 침익행위엔 부가될 수가 없다.

501) 따라서 행정청은 신청인의 건축계획상 하나의 대지로 삼으려고 하는 '하나 이상의 필지의 일부'가 관계 법령상 토지분할이 가능한 경우인지를 심사하여 토지분할이 관계 법령상 제한에 해당되어 명백히 불가능하다고 판단되는 경우에는 토지분할 조건부 건축허가를 거부하여야 한다.

규율과 실체적 상관관계에 있어야 한다. 즉, 부당결부금지원칙에 위배되지 않아야 한다(대법원 96다49650판결). 또한 비례원칙에 합치해야 하고,[502] 부관의 본질에 비추어 행정행위의 목적에 배치되지 않아야 한다. 즉, 행정처분의 본질적 효력을 해하지 아니하는 한도의 것이어야 한다(대법원 96누16698판결; 89누6808판결). iv) 아울러 재량행사와 관련한 일반적인 원칙(법률목적의 고려, 실질적 정당성(정의)에 부합, 상이한 이익의 성실한 형량 등)이 여기에도 통용된다. 더불어 평등원칙 등 일반원칙에 위배되지 않아야 한다. 행정기본법 제17조 제4항이 이상의 부관의 내용적 한계를 명문화하였다.[503] 기한과 조건은 법률규정하에서 기능하는 점에서 내용적 한계는 대체적으로 부담과 철회유보에 대해 의미가 있다. 한편 도로관리청이 도로점용을 허가하면서 부가한 조건을 그 점용허가 대상 도로가 아닌 다른 도로의 관리청이 원용할 수 없다(대법원 2022다250626판결).

2. 시간적 한계

부관의 사후부가를 부정하는 입장은 보이지 않는다. 대상을 부담의 특수성에 의거하여 그것에 한하여 인정하려는 입장(부담한정인정설)도 있지만, 대부분 문헌과 판례는 일정한 전제(법규나 행정행위가 예상하였거나 상대방의 동의가 있을 때)하에 부관일반에 대해 가능하다는 입장(이른바 제한적 가능설)이다(대법원 2008다98006판결; 2005다72300판결 등).[504] 하지만 부관의 사후부가는 본체인 행정행위의 부분적 폐지와 다를 바 없다는 점에서 행정행위의 폐지의 관점에서 억제적으로 바라볼 필요가 있다(김남진/김연태, 296면). 여기서의 부관의 사후부가의 문제와 부담유보로서의 부담의 사후변경유보의 허용성의 문제는 다르지만, 전자에 준하여 접근할 수 있다. 행정기본법 제17조 제3항이 판례의 내용을 명문화하였다.[505]

502) 대법원 93누13537판결: 주택건설사업계획승인처분에 부가한 부담(사업부지 면적의 무려 3분의1에 해당하는 토지를 매수할 것)이 그로써 달성하려는 공익(교통난 해소)의 내용이나 정도에 비하여 그로 인해 입게 되는 사업자의 불이익의 내용 및 정도가 훨씬 심대하여 그 부담 부가행위는 재량권을 일탈하거나 남용하였다.

503) 1. 해당 처분의 목적에 위배되지 아니할 것, 2. 해당 처분과 실질적인 관련이 있을 것, 3. 해당 처분의 목적을 달성하기 위하여 필요한 최소한의 범위일 것.

504) 한편 일부 문헌에서 대법원 97누2627판결과 2006두7973판결에 의거하여 예외적으로 사정변경으로 인하여 당초에 부담을 부가한 목적을 달성할 수 없게 된 경우에도 −목적달성의 필요한 범위 내에서− 부관의 사후부가를 가능한 것으로 기술하고 있다. 유의할 점은 그 사안은 당초의 부담부가를 전제로 한 부담변경에 해당하기에, 순수한 부관의 사후부가의 경우와는 다르다. 따라서 사정변경에서 부관의 사후부가가능성을 이런 특수한 상황을 전제로 하지 않고서 인정하는 것은 바람직하지 않다.

505) 행정청은 부관을 붙일 수 있는 처분이 다음 각 호의 어느 하나에 해당하는 경우에는 그 처분 후에도 부관을 새로 붙이거나 종전의 부관을 변경할 수 있다. 1. 법률에 근거가 있는 경우, 2. 당사자가 동의하는 경우, 3. 사정이 변경되어 부관을 새로 붙이거나 종전의 부관을 변경하지 않으면 해당 처분의 목적을 달성할 수 없다고 인정되는 경우.

한편 성립한 의제된 인허가(의제적 행정행위) 역시 그 자체가 부관비친화성을 띠지 않는 한, 그 관할청은 사후적으로 부관을 부가할 수 있다.

Ⅵ. 흠이 있는 부관의 본체인 행정행위에 대한 영향

1. 통설 및 판례의 접근

위법한 부관이 어떤 효과를 가질지의 물음과 관련해서 일반적으로 행정행위의 하자론에 견줘 통상 단순위법이되, 하자가 중대하고, 명백하면 무효로 본다. 그리고 판례는 도로점용허가의 점용기간은 도로점용허가처분의 본질적인 요소에 해당하기에, 점용기간의 위법은 도로점용허가처분 전부를 위법하게 만든다고 판시하였고(대법원 84누604판결), 비슷한 맥락에서 **통설은 부관이 무효일 때 그 부관이 본체인 행정행위의 중요요건을 이루는 경우(부관이 없게 되면, 주된 행위를 하지 않았을 것이라고 판단되는 경우)에 한하여 부관의 무효성이 본체인 행정행위를 무효로 만든다고 본다.**

2. 기존 논의의 문제점

먼저 행정행위의 하자론에 견줘 부관의 위법성을 논의하는 것은 추가적인 하명처분인 부담(및 부담유보)의 경우에는 통용되나, 다른 부관의 경우에는 통용될 수 없다. 부담이나 부담유보를 제외한 부관의 경우 위법하면 그 자체로 일단 위법할 뿐이고, 본체인 행정행위에 대해 어떤 영향을 미칠지가 관건이다.

그리고 본질적 요소를 내세운 통설의 논증은 사리에 맞지 않는다. 부관부 수익적 행정행위가 있는 경우 그것의 존속을 원하는 수범자로서는, 본질적인 요소에 해당하는 부관의 무효주장을 할 것같으면 본체인 수익적 행정행위까지도 무효가 초래되어 자신이 원하지 않는 불리한 상황이 조성되어 버린다. 과연 그런 일이 일어날 수 있는지 의문이다. 조건, 해제조건의 변형인 철회유보는 물론, 부담 및 부담유보 역시 행정행위의 발급의 요건인 이상, 이들도 행정행위의 본질적인 요소인 점에서 사실상 모든 부관에 대한 무효 주장이 본체인 수익적 행정행위까지도 무효로 만들 수 있는 매우 이상한 상황을 만든다.

대법원 84누604판결에 착안하여 전개된 통설의 문제점은, 설득력 있는 근거가 제시되지 않은 점에 있다. 요컨대 이상에서 본 사리에 어긋나고, 대법원 84누604판결은 전혀 다른 차원에서 전개된 것이라는 점에서, 통설의 입장은 전혀 타당하지 않다. **일체의 부관상의 흠은 무효든 단순위법이든 구분 없이** －부담처럼 직접적 영향을 미치든, 조건 등처럼 그 자체로서든－ **본체인 행정행위를 위법하게 만들 수 있다.**[506] 수익적 행정행위는 처분청이 그것을 스스로 폐지하는 것이 문제될 뿐이다. 침익적 행정행위는 취소소송에서 원고가 본체인 행정행위의 위법사유로 주장할 수 있다.

3. 관견(管見): 본체인 행정행위의 성질에 맞춰 3가지의 상황을 바탕으로

부관의 위법성이 본체인 행정행위의 위법성도 초래할 수 있긴 하나, 행정청이 본체인 행정행위 전부나 일부를 취소할 수 있는지 여부 및 그 정도는 아직 불분명하다. 사안을 본체인 행정행위의 성질에 맞춰 3가지의 상황으로 나눌 수 있다.[507] 먼저 본체인 행정행위가 기속행위이어서 행정청이 부관 없이 행정행위를 발할 의무가 있음에도 불구하고 부관을 부가한 경우 그 부관 자체의 위법성은 본체인 행정행위의 적법성과는 무관하다. 본체인 행정행위 자체가 적법하면, 부관의 위법성을 이유로 본체인 행정행위를 취소하는 것은 허용되지 않는다. 왜냐하면 동일한 내용의 행정행위를 즉시 새로이 발할 수 있는 경우에는 행정행위의 폐지가 의미가 없기 때문이다. 두 번째로 본체인 행정행위가 재량행위이어서 행정청이 부관의 부가 여부와 부가의 방법과 관련해서 재량을 갖는 경우에는 －종류에 관계없이－ 부관만의 위법성이 －본체인 행정행위와 부가된 부관을 아우른－ 전체 행정행위에 영향을 미쳐서 전체 규율이 전체적으로 위법한 것으로 여겨져야 한다. 부관이 위법한 것으로 밝혀지면 행정청은 전체 행정행위를 전부나 일부 취소하거나 위법한 부관을 적법한 부관으로 대체할 수 있다. 부관의 교체에서 새로운 부관이 종전의 부관보다 덜 침익적이면 신뢰보호의 원칙의 문제가 제기되지 않는다. 세 번째로 본체인 행정행위는 기속행위로 규정하면서 부관의 부가를 허용하는 경우에도 부관의 위법성은 마찬가지로 전체 행정행위에 영향을 미친다. 다만 전체 행정행위 가운데 부관과 관련한 부분에만 국한해서 위법성을 인정해야 하므로, 처분청은 기왕의 전체 행정행위를 기왕의 본체인 행정행위와 새로운 －덜 침익적이거나 다른－ 부관을 아우른 새로운 전체 행정행위로 변경하거나, 본체인

---

506) 부담의 경우 그것이 무효에 해당하면 본체인 행정행위는 부관이 없는 행정행위로 성립하는데, 부담이 존재해야 비로소 본체인 행정행위가 발해질 수 있다고 여겨지는 사안에서는 부담의 위법성으로 인해 본체인 행정행위도 위법하게 될 수 있다.

507) Stelkens/Bonk/Sachs, §36 Rn.19ff.

행정행위는 유지하면서도 해당 부관만을 취소하여 새로운 —덜 침익적이거나 다른— 부관으로 대체하여야 한다.

Ⅶ. 흠이 있는 부관에 대한 행정쟁송

1. 논의의 현황

부관에 대한 행정쟁송의 문제는 행정법의 대표적인 난맥이다.[508] 독립적 부관인 부담 및 부담유보는 추가의 독립된 행정행위이기에 취소소송을 제기하는 데 아무런 문제가 없으며, 판례 역시 그것을 바로 독립된 소송대상이 된다고 본다(대법원 91누1264판결 등). 반면 —조건, 기한, 철회권유보와 같은— 비독립적 부관의 경우에는 사정이 다르다. **부관에 대한 행정쟁송의 문제는 실은 비독립적 부관의 경우에 집중된다.**

종래 이에 관한 문헌상의 논의가 분리(독립)쟁송가능성(가쟁성, 쟁송의 허용성)과 (본안에서의) 분리취소가능성의 차원에서 정리가 힘들 정도로 매우 다양하게 전개되고 있다. 전자의 물음과 관련해서는, 모든 부관에 대해 취소쟁송을 인정하는 견해, 부담만을 인정하고 여타 부관은 전체 행정행위를 다투어야 한다는 견해, 분리가능한 부관에 대해서만 독립하여 다툴 수 있되 그 부관이 본체인 행정행위의 본질적 요소에 해당하면 부관부 행정행위 그 전체를 다투어야 한다는 견해 등이 개진된다. 여기에는 취소소송의 형식을 둘러싼 논의가 어우러진다. 즉, 부담은 그것을 직접 소송대상으로 삼아 취소를 구하는 진정 일부취소소송의 형식으로 어려움 없이 다툴 수 있는 반면, 기타 부관은 본체인 행정행위를 소송대상으로 하면서 그 부관만의 취소를 구하는 부진정 일부취소소송의 형식으로 다툴 수 있는지 여부가 쟁점이다. 그리고 후자의 물음에서는, 부관만의 독립된 취소가능성을 기속행위나 재량의 영으로의 축소의 경우에 한하여 인정하는 견해, 부관이 취소되더라도 본체인 행정행위가 적법하게 존속할 수 있어야 인정하는 견해, 일부취소의 차원에서 제한 없이 인정하는 견해로 나뉜다.

508) 참고문헌: 김향기, 성신법학 제3호(2004.2.), 5면 이하; 이일세, 행정법논단, 2007, 52면 이하; 박재윤, 행정법연구 제38호(2014.2.).

2. 판례의 태도

판례는 분리제소가능성(가쟁성)을 부담에는 인정하지만, 다른 부관에는 부인한다(대법원 99두509판결 등). 또한 부관(가령 점용기간)이 본체인 행정행위(예: 도로점용허가처분)의 본질적인 요소에 해당하면, 위법한 부관으로 인해 그 본체인 행정행위 전부가 위법하게 된다고 판시하여 부관의 분리쟁송가능성은 물론 분리취소가능성까지 원천봉쇄하였다(대법원 84누604판결). 그런데 판례는 수익적 행정행위의 신청에 따른 조건부 인용처분을 거부처분으로 삼아 그것을 다투는 것은 허용하고 있다(대법원 99두509판결). 부관을 부진정 일부취소의 형식이든 그 자체를 직접 다툴 수는 없지만, 우회적 방법으로는 다툴 수 있다는 것이다.[509)]

3. 독일의 논의

부관에 대한 쟁송방법상의 물음은 비단 우리만이 아니라 독일 역시 매우 혼란스러웠다. 종래 문헌상으로 4가지의 기본입장이 전개되었다: 부담 및 부담유보는 취소소송으로, 여타 부관은 의무이행소송으로 해야 한다는 견해, 기속행위의 모든 부관의 경우엔 독립적 취소소송을, 재량행위의 모든 부관의 경우엔 부관없는 행정행위의 발급에 관한 의무화소송을 해야 한다는 견해, 모든 부관에 대해서 취소소송을 인정하려는 견해, 모든 부관 심지어 부담의 경우에도 의무화소송을 취해야 한다는 견해. 하지만 **최근 독일 연방행정법원은 부관에 대한 권리보호는 항상 (전부 또는 일부의) 취소소송으로 행해져야 한다고 판시함으로써, 소모적인 논란을 종식시켰다.**[510)] 종래 본안에서의 인용가능성의 관점에 연계하여 접근한 것을 타파하였다. 그리고 본안에서 **독일 연방행정법원** 제4재판부는 실체법적 가분성에 기하여 위법한 부관 없이도 잔존행정행위가 적법할 것 같으면 부관만을 (분리)취소할 수 있다고 본다.[511)]

4. 관견(管見): '오컴의 면도날'(Ockham's Razor)의 명제에 입각한 접근

i) **논의의 전제**: 판례가 기초한 부정적 인식에 대응한 논의상황이 너무나 혼란스러워 부관론 전체가 기피대상이 될 정도이다. '오컴의 면도날'(Ockham's Razor)의 명제에[512)] 입각하여 접근할 필요가 있다. 먼저 용어 문제로 통상 독립쟁송가능성과 독립

---

509) 행정행위의 폐지(취소와 철회)와 쟁송취소에서도 처분의 가분성을 전제로 부분적 취소가 원칙이다(본서 396면 이하, 865면 이하 참조).

510) BVerwGE 112, 221.

511) BVerwG NVwZ 2022, 1798,

512) 많은 것들을 필요 없이 가정해서는 아니 된다(Pluralitas non est ponenda sine neccesitate.). 더 적은

취소가능성의 용어를 사용하는데, 고민이 필요하다. 일부취소소송이 문제되는 상황인 점에서 이들 용어보다는 분리쟁송가능성(solierte Anfechtbarkeit)과 분리취소가능성(isolierte Aufhebbarkeit)의 용어를 사용하는 것이 바람직하다. 부담 및 부담유보는 독립된 추가적 하명처분에 해당하는 이상, **처음부터 분리쟁송가능성 및 분리취소가능성이 문제되지 않는다. 따라서 이들을** 일부취소소송의 차원에서 접근하는 것은 타당하지 않다. 조건, 기한, 철회유보와 같은 비독립적 부관만을 일부취소소송의 차원에서 접근해야 한다. 부관과 관련하여 **일부취소소송을 진정과 부진정으로 나누어 논의를 전개하는 것 자체가 논의를 혼란에 빠뜨린다.**

ii) **분리쟁송가능성의 문제:** 부담 및 부담유보와는 달리 다른 부관의 경우, 그것이 본체인 행정행위의 비독립적 구성부분이 된다는 인식이 −설령 부진정 일부취소의 형식이더라도− 부관에 대한 제소를 부정적으로 보게 하였다. **부관은 비록 부가적 규율이긴 하나, 쟁송의 차원에선** −본체인 행정행위의 구성부분이 되는 것과는 무관하게− **그 자체 독립된 규율로 분리적 취급이 가능하다.** 요컨대 **부담 및 부담유보는 그것에 대한 독립된 취소소송의 형식을, 다른 부관은 전체인 행정행위를 대상으로 삼아 그 부관만을 취소를 구하는 일부취소소송의 형식을 취하면 된다.**[513]

iii) **분리취소가능성의 문제:** 분리취소가능성의 물음에서 제기되는 곤혹스러운 문제가 위법한 부관이 취소된 이후에 남은 부분, 즉 '잔존행정행위'의 위법성 여부 및 그에 따른 존속가능성 여부의 문제이다. 여기서는 '잔존행정행위'의 위법성 여부 및 그에 따른 존속가능성 여부에 연계하여 접근하는 입장과 그렇지 않은 입장이 전개될 수 있다. 후자에 의하면, 위법한 부관만을 취소할 수 있는지의 물음은 잔존행정행위의 문제와는 별개라는 것이다. 청구취지의 차원에서 법원은 기본적으로 잔여행정행위가 행정청이 의도한 것이 아니라거나 위법이라거나 하는 문제를 터치할 수 없기에, 비독립적인 기타의 부관만을 분리시켜 취소판결·재결을 내릴 수 있다고 본다. 그런데 비독립적 부관은 행정행위의 구성요소가 되는데, 이런 부관을 잔존행정행위와 완전히 무관하게 접근하면 자칫 부관이 없었더라면 행해지지 않았을 위법한 행정행위가 존속하는 셈이 되어 법원이 위법한 상황을 초래하는 결과를 낳는다. 따라서 부관 없이도 잔존 행정행위가 여전히 적법한 경우에만[514] 분리취소가능성을 인정하는 것이

수의 논리로 설명이 가능한 경우, 많은 수의 논리를 세우지 말라(Frustra fit per plura quod potest fieri per pauciora.).

513) 한편 일각에서는 조건부 인용처분에서 신청자가 원하는 인용처분을 다시 신청하여 그 거부를 다툴 수 있다는 식으로 설명하는데, 원래의 조건부 인용처분을 거부처분으로 다투는 데 아무런 문제점이 없기에 이런 추가적 시도는 재심요청의 의미는 있겠지만 전적으로 무익한 시도에 불과하다.

514) 이런 경우는 가령 허가요건이 충족되었음에도 불구하고 요건충족을 조건으로 설정한 경우나 기한설

바람직하다. **취소판결·취소재결이 내려진 후의 상황은 행정청이 다시금 알맞은 부관을 부가하거나 잔존행정행위를 폐지하면 된다**(동지: 정하중/김광수, 227면).[515] 부담 및 부담유보에 대한 경우도 마찬가지이다. ―후술할― 일부 인용판결에 관한 논의(본서 866면 이하)에 비추어 부관의 분리취소가능성 자체도 크게 문제되지 않는다. 하루바삐 바른 인식에 터 잡아 부관의 분리쟁송가능성 및 분리취소가능성에 관한 정체된 논의상황에서 벗어나야 한다.

Ⅷ. 부관과 관련한 특별한 문제

1. 부관부 '교섭적 행정행위'의 문제

甲 주식회사가 도로부지와 접도구역에 송유관을 매설하기 위하여 1991.10.8. 관할청인 A와 그 매설에 관한 협약을 체결하였는데, 주요 내용이, 도로확장 등의 사유로 도로부지 및 접도구역에 매설한 송유시설의 전부 또는 일부의 이설이 불가피할 경우에는 A는 甲에게 송유관시설의 이전을 요구할 수 있고 그로 인하여 발생되는 이설비용은 甲이 부담한다는 것이다. 그 이후 A가 1992. 5. 18. 甲에게 "도로점용 및 접도구역 내 공작물 설치허가"를 하면서, 허가조건 중의 하나로 甲이 이 협약을 위반하였을 때에는 A가 임의로 허가를 취소할 수 있다는 조항을 부가하였다. 甲이 위 허가에 따라 송유관매설에 착수하여 매설을 완료한 다음 오래 시간이 지나서 도로확장공사계획에 따라 그 구간에 매설되어 있던 송유관의 이설이 불가피하게 되자, A는 송유관시설의 이전을 요구하였다. 이 협약의 법적 성질은 무엇인가? (대법원 2005다65500판결)

부관을 오로지 보조수단인 양 여기는 것은 바람직하지 않거니와, 행정청이 일방적으로 붙이는 것으로 생각하는 것도 지양해야 한다. 협력적 행정법에서 부관은 규율상대방과의 협력에서 세심한 조종(제어)을 위해 동원될 수 있다. 실제로는, 규모가 큰 사업(지하도의 건설, 아파트의 건축 등)에 있어서는 더욱이 행정청과 상대방(허가의 신청자 등)과의 협의·협상(비공식 행정작용)을 통해, 혹은 정식의 계약을 통해 정해지는 예가 많이 있다.[516] 판례는 송유관이설협약과 관련하여, "부담을 부가하기 이전에 상대방과 협의하여 부담의 내용을 협약의 형식으로 미리 정한 다음 행정처분을 하면서 이를 부가할 수도 있다."고 판시하여 그것을 부담으로 접근하였다(대법원 2005다65500판결).

정이 불필요한 데도 불구하고 기한을 설정한 경우를 들 수 있다.

515) Hufen, §25 Rn.24; Ruffert, in: Ehlers/Pünder, §23 Rn.20.

516) 일찍이 교섭과 합의에 의한 부관의 문제를 교섭에 의한 행정행위(der ausgehandelte VA)의 차원에서 김남진 교수님이 효시적으로 전개하였다(법률신문(1995.11.); 법률신문(1999.6.)).

하지만 공법적 구속을 면하기 위한 수단으로 남용될 수 있기에, 협력적 행정법에서 협력은 한계가 있다. 이런 한계는 부관의 수단으로부터 생겨나지는 않고, 행정협력법의 차원에서 법치국가원리적, 민주적 틀이 설정한 범주로부터 생겨난다. 따라서 **부관부 '교섭적 행정행위'는 극히 제한적으로 행정계약에 대신하여 허용되어야 한다. 즉, 계약적 규율이 허용되지 않는 경우에만 허용되는 것으로 보아야 한다.**[517] 이 점에서 판례가 '택시를 일정 숫자를 3년간 순차적으로 감차하고 감차대수에 따라 감차보상금을 지급하며, 만일 택시회사들이 합의한 바대로 자발적인 감차조치를 이행하지 않을 경우 시장이 직권감차명령을 할 수 있다'는 내용의 시장과 택시회사간의 합의를 사후부관으로 접근한 것은(대법원 2016다45028판결) 문제가 있다.[518]

2. 사법형식의 부담이행행위의 문제

甲이 A시로부터 24홀 골프장을 건설하는 내용의 등록체육시설업(골프장업)사업계획에 대한 승인을 받았다. 甲은 사업계획승인과 관련하여 25억 원을 지역발전협력기금 명목으로 행정청에 기부하되, 그중 5억 원은 골프장 착공시, 나머지 20억 원은 골프장 회원모집시에 각 지급할 것을 약정하였다. 甲은 골프장 공사에 착수하여 골프장회원 모집을 시작하면서, 이 증여계약의 무효를 주장하였다. 이유로 법적 근거가 없고 A시의 강요에 의한 것이고, 반사회질서의 법률행위에 해당한다는 점과 법에서 금지하고 있는 기부금품의 모집행위에 해당하여 강행법규에 위반된다는 점을 제시한다. 이 증여계약이 사적자치에서 문제가 없다는 A시의 항변이 주효하는지? (대법원 2007다63966판결) ('상황 i')

재건축조합에 대해 A구청장이 조합설립인가와 주택건설사업계획승인을 하면서, 사업부지에 포함되어 있는 A구 소유 공유지를 착공신고 전까지 매매계약을 체결할 것 등을 부관으로 붙였다. 그 후 재건축조합은 A구와 매매계약을 체결하고, 계약금과 잔금을 지급하였다. 이 매매계약체결의 부관의 특징은 무엇인가? (대법원 2006다18174판결) ('상황ii')

행정실무상 명시적으로 나타내진 않지만 허가를 함에 있어서 **실제로 허가조건인 셈인 사법상 증여계약을 결부시키는 경우('상황 i')나 허가조건으로** -기부채납부관의 형식으로- **사법상 증여계약이나 무상양도를 내용으로 하는 부담을 부가하는 경우('상황ii')가 종종 있다.** 전자는 실질은 공법적 이슈이나 사안의 존재형식은 사법적 차원인 상황인

517) Ruffert, in: Ehlers/Pünder, §23 Rn.2.

518) 왜냐하면 대법원 2005다65500판결의 경우와는 달리 급부와 반대급부가 서로 조응하고 있기 때문이다. 합의의 내용이 행정청과 사인의 상호간의 급부의무로 형성되어 있는 이상, 그 자체를 부관으로 접근하는 것은 타당하지 않다. 김중권, 법률신문 제4508호(2017.5.8.) 참조.

반면, 후자의 경우는 행정법적 의의를 갖는 행정행위의 부관에 사법적 성질의 내용이 병존하는 공·사법관계가 중첩되는 상황이다. 일종의 형식·수단의 혼합의 상황으로, 존재형식과 본질간의 불일치 및 −공법적− 근거점과 −사법적− 형성간의 괴리에 따라 법적 문제에서 어떤 접근을 강구해야 할지가 논란이 된다.

그런데 전자의 상황('상황 i')은 일종의 형식남용의 문제이다. 행정의 행위선택의 자유는 인정되나, 공법적 구속을 면탈하기 위한 형식의 선택까지 허용되는 것은 아니다. 사법에로의 도피를 막기 위한 행정사법론이 이를 웅변한다. 지방자치단체가 골프장사업계획승인과 관련하여 사업자로부터 기부금을 지급받기로 한 증여계약과 관련하여, 판례는 실질이 부관인 점에 착안하여 부관의 한계에 관한 논의를 사법계약에 그대로 대입하여 논증하였다(대법원 2007다63966판결; 2007도9331판결). 즉, 행정처분과 부관 사이에 실제적 관련성이 있다고 볼 수 없는 경우 공무원이 위와 같은 공법상의 제한을 회피할 목적으로 행정처분의 상대방과 사이에 사법상 계약을 체결하는 형식을 취하였다면 법치행정의 원리에 반하는 것으로서 위법(무효)하다.

후자의 상황('상황 ii')에서 판례는 사법적 형성(사법상의 의무이행관계)을 공법적 근거의 연장, 즉 부담이행의 차원에서 바라보지 않고, 별개로 바라본다(대법원 98다53134판결). 즉, 부담은 그것의 사법적 이행행위에 대해 동기 내지 연유에 그친다고 본다(이른바 독립설: 대법원 2006다18174판결). 반면 몇몇 문헌은 이를 부담이행의 차원에서 접근하여 부담의 무효나 취소는 곧바로 사법관계의 무효를 가져다주며 그리하여 일종의 부당이득의 상황이 발생한다고 본다(이른바 종속설: 홍정선, 534면; 박정훈, 317면; 정하중/김광수, 220면; 박균성, 404면). 양 입장은 각기 취약점이 있다. 독립설의 경우 이런 식의 부담은 소위 사법에로의 해방을 가져다줄 우려가 있어서 공법적 구속을 면탈하기 위해 그런 접근이 악용될 여지가 있으며, 종속설의 경우 기왕의 형성된 사법관계를 도외시하여 법적 안정성을 훼손시킬 수 있다. 이원적 법관계를 단순화한다는 차원에서는 독립설이 나름 이점(利點)이 있지만, 순전히 사법적 논리로 접근하기 위해 부담을 단순한 동기 등으로 포착하는 것은 바람직하지 않다. **권리구제의 용이함을 위해 최종의 법관계를 대상으로 다투되, 즉 민사사건으로 다루되, 서로 교호적인 공사법관계를 감안하여 공법적 관점을 강하게 투영하는 것이 바람직하다.**

03 행정입법: 행정에 의한 법규범제정

제 1 절 행정입법에 관한 일반론

Ⅰ. 행정입법의 의의와 종류

'고권적인 일반적 · 추상적 규율'이 '법규범'이다. 법규범은 의회입법과 행정입법으로 크게 나뉜다. **행정입법은 행정에 의해 제정된 법규범 및 그 제 · 개정작용을 말한다.** 여기에서 '일반적'이란 수범자(규율상대방)가 불특정다수인 경우를 말하고, '추상적'이란 불특정다수의 사안에 반복적으로 적용되는 것을 말한다. 일반적 · 추상적 규율의 성질을 가진다는 점에서, 행정입법은 보통 개별적 · 구체적 규율로서의 성질을 갖는 행정행위(처분)와는 구별된다. 그리고 행정입법은 일반적으로 법규성(대외적 구속성, 재판규범성)을 가지는지 여부에 따라 크게 법규명령과 행정규칙으로 나누어진다. 즉, 통상적으로 행정기관이 정립한 법규범 중에서 법규의 성질을 가지는 것을 법규명령이라 하고, 법규의 성질을 가지지 않는 것을 행정규칙 또는 행정명령이라 한다.

그런데 오늘날 우리의 경우 독일과는 달리 －비록 아직 판례의 태도가 완전히 바뀌지는 않았지만－ 많은 행정규칙에 대해 법규적 성질을 광범하게 인정하고 있기에, 이처럼 법규성 유무로 행정입법을 구분하는 것이 과연 유용한 틀인지 매우 깊은 고민이 필요하다.

Ⅱ. 행정입법의 인정근거

「입법권은 국회에 속한다」는 헌법규정(40조)은 의회입법의 원칙을 표방한다. 권력분립원리에 의거한 법치국가원리에서 의회입법의 원칙은 자명하다. 따라서 행정입법은 과거에는 의회입법의 원칙과 권력분립원리에 배치되는 것으로 여겼다. 그리하여 19세기엔 국민에 의하여 위임받은 입법권은 타기관에 재위임될 수 없다는 복위임금지의 원칙(delegata potestas non potest delegari)이 통용되었다. 그런데 개별사례의 결정을 위한 법적 원칙(규율)과 규준의 수요는 엄청나다. 이는 비단 오늘날에야 비로소 그런 것은 아니다. **20세기에 들어와 국가의 기능과 임무가 확대되고 그에 따라 행정의 전문화·기술화경향이 심화되면서 행정입법은 불가피하게 되었다.** 즉, 우선적으로 의회의 부담경감에 기여하고, 변화하는 관계에 신속한 적응을 가능케 하며, 특히 종종 전문적이고 기술적인 개별물음에 즈음하여 행정입법은 불가피하게 되었다. 나아가 행정입법은 현대국가에서 불가결하게 되었다. 과거보다 월등 넓은 범위에서 행해지나, 법률은 규범과 규율의 수요의 적은 부분만을 충족할 뿐이고, 숫자상으론 법규범의 두 번째 층으로서 법규명령이 월등하다.[1] 그리하여 많은 국가에서 헌법이 행정입법 특히 법규명령의 제정근거를 명문으로 규정하고 있다(헌법 75조, 76조, 95조, 114조 6항; 독일 기본법 80조 등).

Ⅲ. 현대 행정국가에서 행정입법의 새로운 위상의 정립

행정입법은 개념적으로는 집행기관이 발한 법규범이지만, 동시에 행정수단이다(형식적 법집행(행정)작용, 실질적 입법작용). 행정입법은 흡사 입법과 집행의 교차점에 위치하며, 그리하여 법률집행인 동시에 입법이다. 자연과학기술시대에 법은 상대가 되지 않는 기술과의 경주, 법의 조종능력에 관한 의심의 대두, 과학기술관의 근본적 이견상황 등으로 인해, 입법자로선 전문적 물음에 대한 대처가 곤혹스럽기 짝이 없다. 당연히 **입법의 무게중심은 의회의결에 의한 형식적인 법률에서 법규명령과 그 하위에 놓인 규범(행정규칙)의 차원으로 이행하였다.**[2]

과거의 의회입법의 원칙에서 요구된 복위임금지의 원칙에서 벗어난 지 오래되었음에도 불구하고, 행정입법에 대한 의구심(疑懼心)은 완전히 가시지 않았다. 사실 모든 법질서에서는 예외 없이 법규범의 세 번째 층으로서 행정규칙, 지침, 고시와 같은 행정부에 의한 규범이 존재한다. 복잡하고 중층적인 사실관계에 즈음하여, 모든 국가는 세 단계의 규율 피라미드를 갖고 있다. 법률과 법규명령보다 훨씬 광범하고 상세한 규정이기에, 행정규칙은 일반적 법률개념에서 개개사례상의 구체적 결정에 이르

1) 독일의 경우 거의 4-5배에 달한다고 한다. H. Schneider, Gesetzgebung, 3.Aufl. 2002, Rn.231.
2) Ossenbühl, Die Not des Gesetzgebers im naturwissenschaftlich-technischen Zeitalter, 2000, S.21, 31.

는 긴 도정(道程)에서 중요한 역할을 한다. 그럼에도 불구하고 행정규칙은 정당하게 행정입법의 중심에 서지 못하였다. 행정규칙의 태생적 낙인-비법규성-이 아직 가시지 않았기 때문이다. **의원내각제국가이고, 행정이 입법자와 법원 사이에 꽉 끼인 독일과는 우리의 상황이 완전히 다름에도 불구하고, 행정규칙을 여전히 법규로 보지 않는다거나 비법(非法)으로 보는 독일식의 기조가 바람직스럽지 않게도 여전히 지배하고 있다.**

행정규칙의 법적, 실제적 중요성과 그 법적 성질간에 엄청난 괴리와 모순이 존재하는 이런 현실을 어떻게 포착하고 구조적으로 다루어야 할지, 행정법도그마틱은 심각한 곤경에 봉착해 있다. 폭넓은 설득력이 담보되는 답을 내리기가 극히 어려운 항시적 주제이다.[3] **이제 법령보충적 규칙을 기화로 행정규칙에 관한 새로운 인식에 바탕을 두고서, 법치국가원리의 틀에서 행정입법에 관해 새로운 패러다임을 구축할 때이다.** 우리의 법제가 독일과 다른 존재지평에 있기에, 큰 어려움 없이 기왕의 틀에서 벗어날 수 있다(後發의 利點). 먼저 행정입법을 의회입법에 대립하는 위치에 설정하여 예외로 접근하는 기존태도를 버려야 한다. 아울러 **'입법'을 더 이상 의회중심적인 '법률정립'(Gesetzgebung)의 차원이 아니라, 의회와 행정부에 의한 분업적(分業的)·공관적(共管的) 법정립(Rechtssetzung)의 차원에서 바라보아야 한다.**[4]

제 2 절 법규명령

Ⅰ. 법규명령의 의의

법규명령이란 행정부가 법령상의 개별적 수권에 바탕으로 두고서 제정한, 일반적(대외적) 직접적 구속성(재판규범성)을 지닌 법규범을 말한다. 광의로는 대법원규칙, 헌법재판소규칙 등도 포함된다. 우리의 경우 독일과는 달리 법규명령 개념은 법률에서 사용되지 않으며 강학상의 개념이다. **법규의 성질을 가지는 명령만이 법규명령인 점에서, 일반적으로 법규의 성질을 가지지 않는 일반적 추상적 명령인 행정규칙과는 구분된다.**

3) 관련 문헌을 일별해 보면, 70년 말에서 80년 초엽에 행정규칙의 성질(법규성)의 문제는 우리 행정법학계의 중심화두로 다루어졌다. 행정법학에게는 백가쟁명의 소중한 역사일 뿐더러, 그 당시 先學들의 치열한 논쟁이 오늘의 우리 행정법학의 자양분이 되었다. 새삼 학문이 당대에 그치지 않고, 축적과 숙성의 과정임을 여실히 느낀다. 아쉽게도 후속 논의에 획기적인 변화가 없다.

4) 상론: 김중권, 행정법기본연구 I, 409면 이하.

법규명령은 통상 법규범의 형식(대통령령, 총리령 등)**을 취한 법정의 법규명령과 그렇지 않은 비법정의 법규명령으로 나눌 수 있다.**

법규명령을, 즉 법규범의 법규성을 인정하기 위한 출발점은 상위법령상의 개별수권에 있다. 법령상의 수권이 동반되지 않는 한 그것은 내부적 준칙에 불과하다(대법원 2006두3049판결). 다만 유의할 점은 가령 직제처럼 법규명령의 형식으로 존재한다고 하여 당연히 대외적 구속력을 가져야 하는 것은 아니다(동지: 김남진/김연태, 168면).

Ⅱ. 법규명령의 종류

1. 수권의 범위 · 효력에 의한 분류

(1) 헌법대위명령(비상명령)과 법률대위명령

헌법대위명령(憲法代位命令)이란 행정권이 발하는 명령이면서도 헌법의 일부규정의 효력을 정지시키는 등 헌법적 위계를 갖는 명령을 말한다. 일반적으로 국가비상시에 발해지므로 일명 '비상명령'이라도 한다. 이른바 유신헌법하에서의 대통령의 긴급조치가 그 예이다.[5] **긴급조치의 법적 성질은 그것에 관한 사법심사(통제)관할의 문제이다. 심사주체에 따라 달리 평가되고 있다.** 대법원은, 헌법재판소에 의한 위헌심사의 대상이 되는 '법률'이란 '국회의 의결을 거친 이른바 형식적 의미의 법률'을 의미하고, 위헌심사의 대상이 되는 규범이 형식적 의미의 법률이 아닌 때에는 그와 동일한 효력을 갖는 데에 국회의 승인이나 동의를 요하는 등 국회의 입법권 행사라고 평가할 수 있는 실질을 갖춘 것이어야 한다고 전제한 다음, 유신헌법에 근거한 긴급조치는 국회의 입법권 행사라는 실질을 전혀 가지지 못한 것으로서, 헌법재판소의 위헌심판대상이 되는 '법률'에 해당한다고 할 수 없고, 긴급조치의 위헌 여부에 대한 심사권은 최종적으로 대법원에 속한다고 판시하였다(대법원 2010도5986전합판결). 하지만 헌법재판소는, 대통령의 긴급조치도 법률과 동일한 효력을 가지므로 이에 대한 위헌심사권한은 헌법재판소에

5) 유신헌법 제53조 ① 대통령은 천재 · 지변 또는 중대한 재정 · 경제상의 위기에 처하거나, 국가의 안전보장 또는 공공의 안녕질서가 중대한 위협을 받거나 받을 우려가 있어, 신속한 조치를 할 필요가 있다고 판단할 때에는 내정 · 외교 · 국방 · 경제 · 재정 · 사법등 국정전반에 걸쳐 필요한 긴급조치를 할 수 있다. ② 대통령은 제1항의 경우에 필요하다고 인정할 때에는 이 헌법에 규정되어 있는 국민의 자유와 권리를 잠정적으로 정지하는 긴급조치를 할 수 있고, 정부나 법원의 권한에 관하여 긴급조치를 할 수 있다. ③ 제1항과 제2항의 긴급조치를 한 때에는 대통령은 지체 없이 국회에 통고하여야 한다. ④ 제1항과 제2항의 긴급조치는 사법적 심사의 대상이 되지 아니한다. …

전속한다고 천명하였다(헌재 2010 헌바132).[6]

법률대위명령(法律代位命令)이란 형식적 법률의 위계를 갖는 법규명령을 말한다. 의회입법의 원칙에 반하는 것으로 이는 당연히 원칙적으로 허용되지 않으므로, 예외적으로 헌법이 긴급재정·경제명령 및 긴급명령(헌법 76조)을 규정하고 있다.

⑵ 법률종속명령(위임명령·집행명령)

본래 법률로써 정할 수 있는 사항(입법사항)을 법률이 위임한 범위 안에서 정할 수 있는 명령을 '위임명령'이라고 하고, 단순히 법률을 집행하는 내용을 정할 수 있을 뿐, 새로운 법규사항을 담을 수 없는 명령을 '집행명령'이라고 한다.

어떤 규범제정자에게 닫혀져 있는 규율영역을 다른 규범제정자가 열어 주었을 경우에 위임(Delegation)이 존재한다. 위임명령상의 위임이란, 다른 곳에서 이미 성립한 규율내용을 안으로 끌어들여 편입시킨 것이 아니라, 고유한 규율권한을 외부로 보낸, 즉 넘겨준 것(수권)이다. 수권은 힘의 분배이다.[7] 위임의 경우 규범의 규율내용을 종국적으로 확정하는 것은 수임자의 몫이어서, 수임된 규범제정자(가령 대통령이나 장관)가 직접 수범자와 관련인을 상대한다.

2. 권한의 소재·법형식에 의한 분류

⑴ 헌법이 명시하고 있는 법규명령

헌법은 대통령령(76조, 75조), 총리령·부령(95조), 중앙선거관리위원회규칙(114조 6항)을 두고 있다. 대통령령, 총리령 및 부령에는 위임명령과 집행명령이 있을 수 있으며, 보통 대통령령은 시행령의, 부령은 시행규칙의 이름을 붙인다.

⑵ 헌법 이외의 법령에 근거한 법규명령의 문제

(가) 감사원규칙 등

감사원법은 「감사원은 감사에 관한 절차, 감사원의 내부규율과 감사사무처리에 관한 규칙을 제정할 수 있다」(52조)라고 정하고 있다. 헌법이 아니라 법률에 근거하여

6) 긴급조치에 관한 사법심사 등의 문제에 관한 상론은 김선택, 공법연구 제36집 제1호(2007); 김성수, 공법학연구 제12권 제3호(2011); 김연주, 헌법학연구 제20권 제3호(2014).
7) 반면 다른 규범의 적용·준용(지시)은 힘의 접합이다. Karpen, in: Rödig(Hrsg.), Studien zu einer Theorie der Gesetzgebung, 1976, S.221(233).

제정된 감사원규칙이 '법규명령'인가 '행정규칙'인가에 대해서는 의견이 분분하다. 행정규칙설은 감사원법과 같은 법률은 '법률내용의 구체적 한정적 위임'은 할 수 있어도 '입법의 형식' 자체는 창설할 수 없다는 것을 그 근거로 삼으며(대표적으로 김도창, 311면), 헌법에 명시되어 있는 명령만이 법규명령의 성질을 가진다고 본다.[8] 법규명령설은 법률 역시 민주적 정당성을 가진다는 점, 헌법상의 법규명령은 열거가 아니라 예시된 것이라는 점, 법률에 종속하는 하위규범으로서의 법규명령의 창설도 가능하다는 점을 든다.

우리의 경우 독일과는 달리 강학상의 법규명령 개념이 명문상 사용되지 않고, 수임자를 중심으로 대통령령 등의 명칭이 사용되기에, 의회입법원칙의 예외인 셈인 법규명령의 목록은 그 자체로서 개방적이다. 이 점에서 헌법상 위임입법의 형식의 예시성은 당연히 도출된다(헌재 99헌바91; 대법원 2014다61340판결). 헌법에 규정된 것만이 법규명령으로 보는 것은 행정입법의 역사적 흐름에 맞지 않다. 행정규칙설을 견지하면 행정규칙이 대외적 구속력을 발휘하여 법규적 성질을 갖는 경우를 커버하지 못한다. 법령보충적 규칙 자체가 전면 부인되어 위헌이 되어야 하는 돌이킬 수 없는 상황이 빚어진다. 행정규칙설은 19세기적 이론적 순수성을 극명하게 나타낼 뿐이다.

공정거래법 등 개별법에 각기 근거를 두고 있는 **공정거래위원회규칙(규정), 금융감독위원회규칙(규정), 중앙노동위원회규칙(규정), 방송위원회규칙(규정)은 당연히 법규명령이다.** 이들이 법규명령에 해당된다고 하면 그에 따른 절차적 형식적 요청이 강구되어야 한다. 하지만 현실은 그렇지 않다. 법제업무운영규정(대통령령)에 의하면 진정한 법규명령인 대통령령, 총리령, 부령만이 입법절차 등의 통제를 받을 뿐이다. 따라서 이들과 관련해서 법제업무운영체제가 그 기능을 발휘하지 못한다. 행정입법의 격상된 위상에 걸맞게 그것을 효과적으로 관리하기 위한 법제개선이 병행되어야 한다.

(나) 법령보충적 규칙의 문제

유의할 점은 독일과는 달리 우리의 경우 법규명령과 행정규칙의 개념은 법률에서 사용되지 않으며 강학상의 개념이다. 독일은 그 존재형식에 의거하여 법규명령=법규, 행정규칙=비법규라는 원칙적인 도식이 주효할 수 있지만, 우리는 그렇지 않고 전적으로 법규성여부만이 관건이다. 특히 독일과는 달리 ―반론은 있지만― 대부분의 문헌과 판례는 위임입법의 형식이 예시적이라고 보며, 법규성이 인정된 법령보충적 행정규칙의 존재가 일찍부터 광범하게 인정되어 왔거니와, 제도화되었으며(행정규제기본법 4조 2항 단서), 헌법

8) 그리하여 '법규명령'만 행정입법으로 보아야 한다고 주장하기도 한다(홍준형, 228면 이하).

재판소에 의해서도 용인되었다(헌재 2001헌라1 등). 법형식이자 법적 성질로서의 법규명령의 문제는 법적 효력으로서의 법규적 성질의 문제와는 다른 점이 있다. **법령보충적 규칙의 경우 법규성을 가진다고 하여, 그것을 바로 법규명령이라 부르는 것은 적절하지 않다. 하지만 법규명령으로서의 효력을 갖기에, 실질적 법규명령의 범주에 넣을 수는 있다.**[9] 여기서도 공정거래위원회규칙 등과 같이 법제운영상의 개선책이 강구되어야 한다.

(다) 비법정의 법규명령의 문제

판례는 이상의 법률보충적 규칙의 접근을 통해 구 계엄법 제13조상의 계엄사령관의 특별한 조치로 행한, **일체의 집회·시위·기타 단체활동을 금지하는 등의 내용을 하는 계엄포고를 법규명령으로 보았다**(대법원 2016도14781판결; 2016도1397판결). 법규명령적 성질을 갖는 것으로 본 셈인데, **결과적으로 비법정의 법규명령을 공인한 셈이다**. 여기서는 위임입법의 법리가 통용되지 않고, 법률우위의 원칙에 의거하여 위헌, 위법 여부를 판단해야 한다.

Ⅲ. 위임명령의 출발점으로서의 입법위임(위임법리)에 관한 논의

1. 위임(수권)근거규정의 존재

> 甲이 乙을 강간죄 등으로 고소하였다. A지방검찰청 검사는 사건을 수사한 후, 乙을 기소하면서, 고소인인 甲에게 고소사건 처분결과에 관한 통보를 하였다. 이에 甲은 A지방검찰청 검사장에 대하여 공소사실의 내용을 알려달라고 청구하였지만, A지방검찰청 검사장은 거부하였다. A지방검찰청 검사장은 검찰보존사무규칙 제22조가 기록의 열람·등사의 제한을 정하고 있음을 들어, 사안이 정보공개법 제9조 제1항 제1호의 '다른 법률 또는 법률에 의한 명령에 의하여 비공개사항으로 규정된 경우'에 해당한다고 주장하였다. 그러나 甲은 동 규칙 제22조가 법률상의 위임근거가 없어 행정기관 내부의 사무처리준칙으로서 행정규칙에 불과하다고 반박하였다. 동 규칙은 검찰청법 제11조에 기하여 제정된 법무부령이다. 위임이 있는 이상 동 규칙은 그 전체가 법규적 효력을 갖는가? (대법원 2006두3049판결)

위임명령으로서의 법규명령은 충분한 법률상의 위임(수권)을 필요로 한다. 그런데 **법률적 수권이 존재한다는 것만으로는 충분하지 않다. 오히려 그 수권규정이 헌법 제75조**

9) 만약 법령보충적 규칙을 바로 (형식적 의미의) 법규명령이라고 하면, 일반 법규명령에 대해 요구되는 제 요청(특히 공포절차)이 관철되어야 할 구속을 받기에, 그렇지 못한 지금의 입법현실이 문제될 수 있다.

1항에 따라 구체적 범위를 정하여 위임해야 한다. 그렇지 않으면 그 수권근거규정은 위헌이고 무효가 되며, 그 규정은 위임명령을 위한 효과적인 근거가 결코 되지 못한다. 따라서 비록 법규명령의 형식으로 존재하더라도 법률상의 위임근거가 없는 이상, 법규성을 갖지 못하고 행정기관 내부의 사무처리준칙에 불과하다(대법원 2006두3049판결).[10] 즉, 법규성의 인정은 일반적 위임이 아니라 법률상의 개별적 위임에 의거한다.

위임(수권)법령은 법규명령의 발급시점에 이미 시행되어야 한다. 충분한 위임근거규정이 없는 데도 불구하고 발한 법규명령을 추후의 법률에 의하여 '치유하는 것'은 명확성의 원칙에서 배제된다. 마찬가지로 위임근거인 법규정이 추후에 변경이나 소멸된 경우에 종전의 근거규정에 의거하여 발해진 법규명령의 효력이 문제된다. **판례는 현재시점에서 위임의 근거가 있는지 여부에만 초점을 맞추어 접근하여 위임근거의 치유까지도 인정한다.**[11] 하지만 **법개정에 따라 법규명령의 유효성이 가변적이게 된다는 점에서 판례의 태도는 바람직하지 않다**(후술).[12]

2. 위임(수권)의 허용범위와 한계

구 도시정비법 제11조 제1항에 의하면, 조합은 조합총회에서 국토부장관이 정하는 경쟁입찰방법으로 건설업자 또는 등록사업자를 시공자로 선정해야 한다. 이에 조합이 조합총회를 개최하여 시공자 선정 입찰에 참여한 A와 B 중 다수표를 얻은 A를 재개발사업의 시공자로 선정하였는데, 이에 불만을 품은 일부 조합원이 동 규정이 낙찰자 선정 기준을 전혀 규정하지 않고 국토부장관에 위임한 것은 법률유보의 원칙과 포괄위임금지의 원칙에 반하여 위헌무효이므로 그 선정 역시 위법무효라고 주장하였다. 이 주장은 주효하는가? (대법원 2014다61340판결)

(1) 법률유보의 원칙의 논증과정에 따른 위임입법의 전개

본질성이론에 의거하여 법률유보 및 위임입법과 관련한 논증을 단계적으로 행할 경우, 우선 대상인 행정작용이 본질적인지 여부를 검토하여 그다지 본질적이지 않다

10) 헌법재판소 역시 법률상의 위임근거가 없음을 들어 검찰보존사무규칙 제22조의 법규성을 부인하고 그에 연계하여 헌법소원의 대상성을 부정하였다(헌재 2008헌마496).

11) 대법원 93추83판결: 일반적으로 법률의 위임에 의하여 효력을 갖는 법규명령의 경우, 구법에 위임의 근거가 없어 무효였더라도 사후에 법개정으로 위임의 근거가 부여되면 그 때부터는 유효한 법규명령이 되나, 반대로 구법의 위임에 의한 유효한 법규명령이 법개정으로 위임의 근거가 없어지게 되면 그 때부터 무효인 법규명령이 되므로, 어떤 법령의 위임 근거 유무에 따른 유효 여부를 심사하려면 법개정의 전·후에 걸쳐 모두 심사하여야만 그 법규명령의 시기에 따른 유효·무효를 판단할 수 있다.

12) 판례는 종전의 치유인정의 입장을 견지하면서도 다음과 같이 약간의 수정을 가한다: 법규명령이 개정된 법률에 규정된 내용을 함부로 유추·확장하는 내용의 해석규정이어서 위임의 한계를 벗어난 것으로 인정될 경우에는 법규명령은 여전히 무효이다(대법원 2015두45700전합판결).

면 행정입법 심지어 행정규칙에 의해 규율하더라도 문제가 되지 않고, 본질적이라고 하면 그 다음 수순으로 매우 본질적인 사항인지 상대적으로 덜 본질적인 사항인지를 따져본다. 전자의 경우라면 위임금지가 통용되어 입법자가 반드시 법률의 형식으로 규율해야 하고, 후자의 경우라면 위임법리에 의거하여 위임하더라도 무방하다(본서 97면 이하). 후자의 경우에 비로소 포괄위임금지의 법리가 통용된다. 헌법재판소 역시 대체적으로 먼저 의회유보(법률유보) 차원의 접근을 한 다음, 포괄위임금지 차원의 접근을 강구하며(반론: 한수웅 1286면 이하), 대법원도 이런 단계적 논증을 한다(대법원 2014다61340판결).[13] **매우 본질적인 사항임에도 불구하고 위임금지원칙에 반하게 수권한 법규정은 그 자체로 위헌이고 무효이다.**

(2) 국회전속사항(본질적 사항)의 위임금지

국회가 형식적 의미의 법률에 의해 정할 사항이 입법사항이다. 입법사항은 헌법이 형성적 법률유보의 차원에서 규정한 것과 법률유보의 원칙에 의해 법률이 요구되는 것으로 나눌 수 있다. 전자의 경우, 헌법은 대한민국의 국민이 되는 요건(2조 1항), 통신·방송의 시설기준(21조 3항), 재산권의 수용·사용·제한 및 그에 대한 보상(23조 3항), 국회의원의 수와 선거구(41조 2항·3항), 국군의 조직과 편성(74조 2항), 행정각부의 설치·조직(96조), 법관의 자격(101조 3항), 지방자치단체의 종류(2조)에 관해 규정하고 있다.

입법사항이라 하더라도 반드시 법률에 의해 규율하도록 요구되지는 않는다. 헌법이 규정한 입법사항도 포괄위임의 금지에 위반되지 않는 식으로 행정입법에 위임할 수 있다. 다만 **본질성이론에 의해 국민의 기본권과 매우 관련되는 사항, 즉 아주 본질적인 사항은 위임하여서는 아니 된다**(본질적 사항의 위임금지의 원칙).

(3) 행정입법형성의 자유(행정입법재량, 명령재량)

행정은 법규명령이나 조례를 정립함에 있어서, 수권의 법률상의 범위, 공포 등의 절차규정, 그리고 헌법상의 규준을 준수해야 하되, 허용된 범위 안에서 입법재량 마냥 나름의 광범한 형성의 자유 즉, 이른바 행정입법(명령)재량을 갖는다. 보통의 행정재량에서의 심사관점을 여기에 대입할 수 있는지 여부가 쟁점이다. 명령이 (상위법의) 단순한 법적용을 넘어서는 경우, 즉 그것이 의무를 규정하는 식으로 독립된 법효과를 설정하는 경우에는 행정재량의 관점에서 접근할 수 있지만, 유의할 점은 행정재량론은 개별적 정의를 목표로 구축된 반면 명령은 일반적, 추상적 규율을 정하는 것이어

13) 대법원 2014다61340판결은 법규정에서 경쟁입찰방법을 규정하고 있는 이상, 낙찰자선정기준을 제시한 것으로 보아 법률유보의 원칙 및 포괄위임금지의 원칙에 위배하지 않는다고 판시하였다.

서 양자는 구조적 기초가 상이하다. 행정재량의 하자에 관한 논의가 그대로 행정입법 형성의 자유에 대해 통용되지 않는다. 그리고 권력분립주의 및 의회입법의 원칙 등에 의해 매우 광범한 형성의 자유가 인정되는 입법형성의 자유(입법재량)과 동일 수준에서 접근해서는 아니 된다. 행정작용인 행정입법은 형성의 자유, 즉 평가여지와 예측여지가 입법자에 대해서보다 더 작게 인정된다. 명령제정자는 입법자보다 수권 법률에 의해 더 강한 사전적 프로그래밍의 지배를 받는다. 명령의 내용이 법률에 의해 주어진 활동범주와 심각하게 불일치하여야 명령재량의 하자가 있을 수 있다. 즉, 명령의 내용이 상위법에 설정된 한계에서 유지되는지 여부가 관건이다. 상위법에는 해당 명령의 수권 법률만이 아니라, 비례원칙과 일반적 평등원칙 등도 속한다.

(4) 포괄위임금지

(가) 법률의 명확성 원칙과의 관계

위임입법의 법리에서 가장 핵심적이며, 실제로도 가장 논란이 되는 것이 바로 '포괄위임(포괄적인 위임입법)의 금지'에 관한 것이다. 헌법 제75조는 "대통령은 법률에서 구체적으로 범위를 정하여 위임받은 사항에 관하여 대통령령을 발할 수 있다."라고 규정하여 위임입법의 헌법상 근거를 마련함과 동시에 위임은 구체적으로 범위를 정하여 하도록 하여 그 한계를 제시하고 있다. **이는 궁극적으로 행정부에 입법을 위임하는 수권법률의 명확성 원칙에 관한 것으로서 법률의 명확성의 원칙이 행정입법에 관해 구체화된 특별규정이라고 할 수 있다**(헌재 2004 헌가29 등). 유의할 점은 이런 포괄위임금지의 메커니즘은 매우 본질적이지 않는 사항을 위임할 경우에만 전적으로 동원된다. 그리고 후술하는 자치조례의 경우는 물론, 법률이 공법적 단체 등의 정관에 자치법적 사항을 위임한 경우에도 포괄위임의 금지가 원칙적으로 적용되지 않는다.[14)]

(나) 판례의 접근태도

헌법에 의하여 위임입법이 용인되는 한계인 '법률에서 구체적으로 범위를 정하여 위임받은 사항'이라 함은 법률에 이미 대통령령으로 규정될 내용 및 범위의 기본사항이 구체적이고 명확하게 규정되어 있어서 누구라도 당해 법률 그 자체로부터 대통령령에 규정될 내용의 대강을 예측할 수 있어야 한다는 것을 의미한다(헌재 2012 헌바54 등). 국민은

14) 하지만 그 사항이 국민의 권리·의무에 관련되는 것일 경우에는 적어도 국민의 권리·의무에 관한 기본적이고 본질적인 사항은 국회가 정해야 한다(대법원 2006두14476판결).

위임(수권)법률 그 자체로부터 "어떤 경우에 어떤 경향으로 위임(수권)이 행해지며, 아울러 그 위임에 의거한 명령이 어떤 내용을 가질 것인지를" 충분히 명백하게 알 수 있어야 한다. 결국 **위임입법의 경우 그 한계는 예측가능성이다.** 즉, 향후 행정입법의 사항을 위임(수권)법률로부터 사전에 예측할 수 있어야 한다. 이런 예측가능성의 문제는 수권법률의 명확성 원칙과 관련한 물음이다.

예측가능성은 법률에 이미 대통령령으로 규정될 내용 및 범위의 기본사항이 구체적으로 규정되어 있어서 누구라도 당해 법률로부터 대통령령 등에 규정될 내용의 대강을 예측할 수 있어야 함을 의미한다.[15] 판례는 포괄적 위임의 존부의 물음에서 -일반적인 법률해석의 차원에서- 목적론적, 체계적 접근을 한다. 즉, 예측가능성의 유무는 당해 특정조항 하나만을 가지고 판단할 것은 아니고 관련 법조항 전체를 유기적·체계적으로 종합 판단하여야 하며 각 대상법률의 성질에 따라 구체적·개별적으로 검토하여 법률조항과 법률의 입법 취지를 종합적으로 고찰할 때 합리적으로 그 대강이 예측될 수 있는 것이라면 위임의 한계를 일탈하지 아니한 것이다(헌재 2004헌바8: 대법원 2004두14793판결; 2007'두9884결정 등).

한편 상위법령이 위임의 구체적 범위를 정하지 않은 입법상황에서는 이런 일반적인 법률해석의 차원에서의 접근 자체가 자칫 위임입법의 법리를 왜곡시킬 우려가 있다. 따라서 판례는 규율의 특성과 효과를 반영하여 명확성의 요구치를 차별하는 나름의 방법으로 그 우려를 해소한다. **국민의 기본권을 제한하거나 침해할 소지가 있는 사항에 관한 위임에 있어서는 그 구체성 내지 명확성을 보다 엄격하게 요구하고**(대법원 98두6265전합판결), **다양한 사실관계를 규율하거나 사실관계가 수시로 변화될 것이 예상되는 분야에서는 다른 분야에 비하여 상대적으로 위임의 명확성·구체성을 완화시킨다**(대법원 2007다70100판결). 비슷한 맥락에서 헌법재판소 역시 개입(침해)행정의 영역과 급부행정의 영역을 구분하여 후자에 대해서는 완화된 심사강도를 취하고, 위임에서의 구체성, 명확성 및 예측가능성에 대해 덜 엄격한 태도를 보인다.[16] 나아가 해당사항의 특수성을 감안하여 포괄위임금지의 원칙을 완화시킨다. 즉, 군인의 복무에 관한 사항에 관해서 아무런 특정 없이 규율권한을 대통령령에 위임한 군인사법 제47조의2에 대해, 다소 개괄적으로 위임하였다고 하여 그것이 포괄위임금지원칙에 어긋난다고 보기 어렵다고 보았다(헌재 2007헌마890 등).

15) 가령 공직선거법 제112조 제2항 제5호처럼 규율대상을 제1호부터 제4호로부터 도출할 수 있는 경우가 그 예이다(헌재 2009헌바201).

16) 하지만 헌법재판소는 처벌법규나 조세법규와 같은 직접적 기본권 제한과 결부되는 경우에는 급부행정의 영역이라 하더라도 엄격한 심사강도를 견지한다. 한편 급부행정 특히 사회보장행정의 영역에 대한 헌법재판소의 차별적 접근이 시정되어야 한다는 지적으로, 김진곤, 사회보장법학 제3권 제1호(2014.6.), 37면 이하 참조.

(5) 벌칙위임의 경우

벌칙과 관련한 사항을 명령에 위임하는 것 그 자체는 문제되지 않는다. **판례는 포괄위임금지를 표방한 위임독트린(헌법 75조)이 처벌법규에도 적용된다고 전제하면서, 나름의 한계를 설정하였다.** 즉, 처벌법규의 위임은 특히 긴급한 필요가 있거나 미리 법률로써 자세히 정할 수 없는 부득이한 사정이 있는 경우에 한정되어야 하고 이 경우에도 법률에서 범죄의 구성요건은 처벌대상인 행위가 어떠한 것일 것이라고 이를 예측할 수 있을 정도로 구체적으로 정하고, 형벌의 종류 및 그 상한과 폭을 명백히 규정하여야 한다고 한다(헌재 91헌가4 등).

(6) 재위임의 문제

재위임의 경우에도 헌법재판소는 1차 위임상의 요구(포괄위임금지)가 그대로 견지되어야 한다고 판시하였고(헌재 94헌마213), 법원 역시 그런 입장을 따른다(대법원 2004두14793판결).[17] 문헌에서 아무런 의문이 제기되지 않는다. 그런데 "법률에서 위임받은 사항을 전혀 규정하지 않고 재위임하는 것은 복위임금지(復委任禁止)의 법리에 반할 뿐 아니라 수권법의 내용변경을 초래하는 것이 되므로 허용되지 아니한다.."는 것은 의원내각제국가에서 의회입법의 원칙을 절대적으로 고수하기 위한 논리이다. 위임독트린(포괄위임금지)은 의회입법의 원칙상 1차 위임(수권)에는 당연히 요구되지만, **이미 대통령령이든 총리령이든 부령이든 법률로부터 1차 위임이 행해진 다음에는 후속적 규범정립은 이미 행정부의 내부사(內部事)일 뿐이다.** 당연히 그 후의 위임은 행정부의 고유한 권한행사에 속하기에, 그것에 의회입법의 원칙을 유지하기 위한 수단인 위임독트린을 대입하는 것은 도그마틱의 과잉이다. 다만 재위임이 −동일한 행정주체라 하더라도− 독립된 기관사이에 행해지는 경우(지방의회의 조례 → 지방자치단체장의 규칙)에는 기왕의 재위임법리(포괄위임금지)가 통용될 수 있다(대법원 2013두14238판결; 2020추5169판결).

이런 관점은 특히 행정규제기본법 제4조 제2항 단서상의 위임고시(규칙)와 관련하여 중요하다. 기왕의 재위임법리를 여기에 그대로 도입하면, 사실상 위임고시의 기능영역이 매우 좁아지기 때문이다. 법률이 직접 고시 등에 위임한 경우가 아니라면, 행정규제기본법 제4조 제2항 단서상의 한계(제한)가 그대로 적용되어선 아니 된다(본서 481면).

---

17) 대법원 2004두14793판결: 법률에서 위임받은 사항을 전혀 규정하지 않고 재위임하는 것은 복위임금지의 법리에 반할 뿐 아니라 수권법의 내용변경을 초래하는 것이 되므로 허용되지 아니한다 할 것이나 위임받은 사항에 관하여 대강을 정하고 그중의 특정사항을 범위를 정하여 하위법령에 다시 위임하는 경우에는 재위임이 허용된다 할 것이다. 동지: 대법원 2012도16383판결.

(7) 조례와 위임법리[18]

(가) 자치조례의 경우

본래 조례는 자치조례이다. 조례의 규율대상은 본래 지방자치단체의 사무(자치사무와 법령에 의하여 그 지방자치단체에 속하는 단체위임사무)에 한하고, 지방자치단체의 사무가 아닌 기관위임사무는 당연히 배제된다. **자치조례의 경우 일반적, 포괄적 위임규정인 지방자치법 제28조에 터 잡아 제정된다.** 개별적 위임에 요구되는, 헌법 제75조상의 위임독트린은 통용되지 않는다(대법원 2000추29판결). 다만 지방자치법 제28조에 의해, 상위법령의 우위의 원칙이 통용되어 조례는 법령의 범위 안에서만 제정할 수 있다.[19] 법령을 위반하는 경우에는 효력이 없다(무효)(대법원 2007추42판결). 판례는 조례가 규율하는 특정사항에 관하여 그것을 규율하는 국가의 법령이 이미 존재하더라도 조례가 법령과 별도의 목적에 기하여 규율함을 의도하는 것으로서 그 적용에 의하여 법령의 규정이 의도하는 목적과 효과를 전혀 저해하는 바가 없는 때에는 그 조례가 국가의 법령에 위배되는 것은 아니라고 본다(대법원 2012두15005판결). 한편 지방자치권의 확대를 위하여 일각에서 지방자치법 제28조의 '법령의 범위 안에서'를 '법령에 위반되지 아니하는 범위내에서'로 바꾸거나 삭제할 것이 주장되지만, 판례는 그 의미가 '법령에 위반되지 아니하는 범위에서'라고 계속 확인하고 있다(대법원 2003추51판결 등).

다만 자치사무라 하더라도 지방자치법 제28조 단서에 의해, 주민의 권리를 제한하거나 의무를 부과하는 사항이나 벌칙을 정할 때는 법률의 위임(수권)이 요구된다. 주민의 권리제한 또는 의무부과에 관한 사항이나 벌칙에 해당하는 조례를 제정할 경우에는 자치조례이든 위임조례이든 관계없이 법률의 위임이 있어야 하고, 그러한 위임 없이 제정된 조례는 무효이다(대법원 2006추52판결).[20] 하지만 주민의 권리의무에 관한 -조례에 대

18) 지방자치행정은 전체로 국가조직 내에서 집행부에 속하고, 지방의회의 활동 역시 행정기능의 차원에서 접근해야 한다. 하지만 지방의회가 주민을 대표하는 기관이어서 마치 국회와 법률의 관계처럼 조례에 대해 법률차원의 위상을 부여하려는 경향이 있다. 법률우위 및 법률유보의 차원에서 자치조례를 둘러싼 논의는 궁극적으로 이런 경향에서 비롯된 것이다.

19) 상위법령위배사례: 시·도지사의 승인을 받을 필요 없는 경미한 조성계획의 변경을 신설하는 내용의 조례안은 관광진흥법 시행령 제47조 제1항에 없는 내용을 규정하여 상위 법령에 위배된다(대법원 2011추94판결). 지방자치단체가 조례를 통해 공유재산법에 반하는 내용으로 행정재산의 제3자 사용·수익을 허용하는 것은 위법하므로 기왕의 임차인을 보호하기 위한 유예기간을 더 연장하는 것은 위법하다(대법원 2022추5026판결).

20) 대법원 2016두35229판결에 의하면, 폐기물처리시설치촉진법상의 폐기물처리시설에는 주민편익시설이 포함되지 않고, 폐기물처리시설 설치비용 해당 금액에도 주민편익시설 설치비용이 포함되지 않으므로, 폐기물처리시설 설치비용 산정의 기준이 되는 부지면적에 주민편익시설의 면적을 포함시킨 '서울특별시 서초구 폐기물처리시설 설치비용 징수와 기금설치 및 운용에 관한 조례' 규정은 무효이다.

한- 법률의 위임은 법규명령에 대한 법률의 위임과 같이 반드시 구체적으로 범위를 정하여 할 필요가 없으며 포괄적인 것으로 족하다(헌재 92헌마264 등).[21] 여기서 유의할 점은, 자치사무에 해당하지 않는 사안에서는 당연히 법률유보의 원칙이 통용되기에 조례가 그것을 규율하는 것은 허용되지 않는다.[22]

(나) 위임조례의 경우

기관위임사무를 대상으로 한 이른바 '위임조례'가 문제된다. 판례는 위임조례의 예외성을 전제로 하여, "기관위임사무가 원칙적으론 자치조례의 제정범위에 속하지 않지만, 기관위임사무에 있어서도 그에 관한 개별법령에서 일정한 사항을 조례로 정하도록 위임하고 있는 경우에는 위임받은 사항에 관하여 개별법령의 취지에 부합하는 범위 내에서 이른바 위임조례를 정할 수 있다.."고 판시하였다(대법원 99추85판결; 2006추52판결). 즉, 위임조례의 허용성을 인정한다. 다만 국가사무로서의 기관위임사무와 관련한 권한의 위임의 경우 조례는 허용되지 않는다(대법원 94누4615 전합판결).[23]

한편 위임명령으로서의 위임조례의 본질로 말미암아, 위임조례는 조례이되, 조례가 아닌 이중성(二重性)을 지닌다. **위임조례의 이런 이중성이 관련 논의(특히 제정범위에 관한 것)에서 난맥이 초래되곤 한다.** 가령 판례는 위임조례를 일반 행정법규범(행정입법)상의 위임한계와 관련하여, 자치조례와 마찬가지로 포괄위임의 전제하에 상위법령의 제한범위를 초과하였는지 여부와 같은 법령우위의 문제만을 그저 거론하곤 한다(가령 대법원 96추251판결). 위임조례의 위헌성 시비는 실은 기관위임사무의 문제이기도 하다.[24] 기관위임사무의 시스템을 폐지하고 그것을 단체위임사무의 시스템으로 바꾸면, 위임조례제도의 위헌성을 손쉽게 없앨 수 있다.[25]

---

21) 동지(대법원 2018두40744 판결): 해당 법령 규정의 입법 목적과 규정 내용, 규정의 체계, 다른 규정과의 관계 등을 종합적으로 살펴야 하고, 위임 규정의 문언에서 그 의미를 명확하게 알 수 있는 용어를 사용하여 위임의 범위를 분명히 하고 있는데도 그 의미의 한계를 벗어났는지, 수권 규정에서 사용하고 있는 용어의 의미를 넘어 그 범위를 확장하거나 축소함으로써 위임 내용을 구체화하는 데에서 벗어나 새로운 입법을 한 것으로 볼 수 있는지 등도 아울러 고려해야 한다.

22) 대법원 2023추5177판결: 정당 현수막에 대한 규율을 통하여 정당활동의 자유를 제한할 필요성이 있더라도 그 제한은 원칙적으로 국민의 대표자인 입법자가 스스로 형식적 법률로써 규정하여야 할 사항이다. 조례로 정당 현수막의 표시·설치 등에 관하여 정할 수 있다고 해석하는 것은 정당활동의 자유에 대한 제한에 있어 고려되어야 할 헌법 원리에 부합하지 않는다.

23) 정부조직법 제5조 제1항과 이에 기한 행정권한의위임및위탁에관한규정 제4조에 의하여 위임기관의 장의 승인을 얻은 후 지방자치단체의 장이 제정한 규칙이 정하는 바에 따라 재위임하는 것만이 가능하고, 조례에 의해서는 재위임할 수는 없다.

24) 하지만 양자의 엄격한 구분은 실제로 행해지지 않는다. 가령 지방자치단체의 위임사무나 자치사무의 구별 없이 합법성 감사뿐만 아니라 합목적성 감사도 허용하고 있는 감사원법 규정(24조 ① 2호)이 지방자치단체의 자기책임성의 원칙에 반하는 데도 헌법재판소는 합헌으로 판시하였다(헌재 2005헌라3).

(다) 초과조례 및 추가조례의 문제

법령우위의 원칙과 관련하여 문제가 되는 것이 법령의 내용을 초과 또는 추가하는 내용의 조례, 즉 이른바 초과조례나 추가조례이다. 이는 조례가 국가 법령에서 정하지 아니하는 사항을 규정한 것인데, 법령우위의 원칙을 단선적으로 적용하면 이런 조례는 허용되지 않지만, 판례는 일찍부터 세심한 논증을 통해 일정한 요건하에 적법한 것으로 본다.[26] 또한 —개발행위허가에서의— 지방자치단체장의 광범한 재량을 세부기준의 조례 제정에 연계시킨다(대법원 2018두40744판결). 이들 조례뿐만 아니라 미달조례(?)까지 법적 의문이 없도록 하루바삐 지방자치법에 근거규정을 마련하는 것이 바람직하다.

(8) 위임명령이 위법하게 되는 문제상황

위임(수권)의 모델에서 위임 측과 수임 측이 서로 자기의 소임을 저버릴 때, 하자 있는 위임명령이 생겨난다. 위임명령이 위법하게 되는 문제의 상황은 다음처럼 나눌 수 있다: 모법률이 명확한 요건을 적시하지 않거나 범위와 대상을 명확하게 위임(수권)하지 않았기에, 행정이 부득불 나름의 기준에 의거하여 제정할 수밖에 없어서 그 결과가 위임명령이 하자를 갖게 되는 경우와 위임(수권) 자체는 아무런 문제가 없는데 그것을 구체화하는 위임명령 자체가 하자를 갖게 되는 경우. 위임명령의 하자에 즈음하여, 수범자는 —헌법재판소를 통해— 수권(위임)법률을 직접 다툴 수도 있거니와 —법원을 통해— 위임명령 역시 다툴 수 있다. 권리구제의 이런 2원성이 위임과 관련한 권리구제를 어렵게 만든다. **포괄위임금지에 위반되게 명령에 위임한 입법자의 잘못이 더 크다. 본질성이론에 의거하여 입법자의 입법(위임)책임이 더욱 강조되어야 한다.**

---

25) 상론: 김중권, 행정법기본연구Ⅱ, 304면 이하.

26) 대법원 2017추10판결: 조례가 규율하는 특정사항에 관하여 그것을 규율하는 국가의 법령이 이미 존재하는 경우에도 조례가 법령과 별도의 규율목적에 기하여 제정된 것으로서 그 적용에 의하여 법령이 의도하는 목적과 효과를 전혀 저해하는 바가 없는 때, 또는 양자가 동일한 목적에서 출발한 것이라고 할지라도 국가의 법령이 반드시 그 규정에 의하여 전국에 걸쳐 일률적으로 동일한 내용을 규율하려는 취지가 아니고 각 지방자치단체가 그 지방의 실정에 맞게 별도로 규율하는 것을 용인하는 취지라고 해석되는 때에는 그 조례가 국가의 법령에 위반되는 것은 아니다.

Ⅳ. 법규명령의 법적 요건 및 소멸

1. 형식적 적법성 요건

i) **관할**: 헌법 또는 법률에 의하여 수권받은 기관(대통령, 국무총리, 각부 장관 등)만이 법규명령을 제정할 수 있다.

ii) **절차**: 제정과정을 보면, 대통령령은 법제처의 심사와 국무회의의 심의를 거쳐야 하며, 총리령과 부령은 법제처의 심사를 거쳐야 한다(헌법 89조 3호, 정부조직법 27조 1항 참조). 그리고 행정절차법은 행정상 입법예고를 규정하고 있다(41조). 법령 등을 제정 · 개정 또는 폐지(이하 '입법')하려는 경우에 ―일정한 경우를[27] 제외하고는― 당해 입법안을 마련한 행정청은 이를 예고하여야 한다(행정절차법 41조 1항).[28] 그리고 행정청은 입법안의 취지, 주요내용 또는 전문을 관보 · 공보나 인터넷 · 신문 · 방송 등의 방법으로 널리 공고하여야 하는데(42조 1항),[29] 입법예고기간은 예고할 때 정하되, 특별한 사정이 없는 한 40일(자치법규는 20일) 이상으로 한다(43조). 입법안에 관하여 공청회를 개최할 수 있다(45조 1항). 누구든지 예고된 입법안에 대하여 그 의견을 제출할 수 있으며(44조 1항), 행정청은 해당 입법안에 대한 의견이 제출된 경우 특별한 사유가 없는 한 이를 존중하여 처리해야 한다(3항).

iii) **형식**: 조문형식을 취하면서, 법령공포법에서 요구되는 일자명기, 서명, 부서 등의 형식적 요건을 충족해야 한다.

iv) **공포**: 법규명령은 그 내용을 외부에 표시함으로써, 즉 공포됨으로써 유효하게

---

27) 1. 신속한 국민의 권리 보호 또는 예측 곤란한 특별한 사정의 발생 등으로 입법이 긴급을 요하는 경우, 2. 상위 법령등의 단순한 집행을 위한 경우, 3. 입법내용이 국민의 권리 · 의무 또는 일상생활과 관련이 없는 경우, 4. 단순한 표현 · 자구를 변경하는 경우 등 입법내용의 성질상 예고의 필요가 없거나 곤란하다고 판단되는 경우, 5. 예고함이 공공의 안전 또는 복리를 현저히 해칠 우려가 있는 경우.

28) 제41조 ② 삭제 ③ 법제처장은 입법예고를 하지 아니한 법령안의 심사 요청을 받은 경우에 입법예고를 하는 것이 적당하다고 판단할 때에는 해당 행정청에 입법예고를 권고하거나 직접 예고할 수 있다. ④ 입법안을 마련한 행정청은 입법예고 후 예고내용에 국민생활과 직접 관련된 내용이 추가되는 등 대통령령으로 정하는 중요한 변경이 발생하는 경우에는 해당 부분에 대한 입법예고를 다시 하여야 한다. 다만, 제1항 각 호의 어느 하나에 해당하는 경우에는 예고를 하지 아니할 수 있다. ⑤ 입법예고의 기준 · 절차 등에 관하여 필요한 사항은 대통령령으로 정한다.

29) 제42조 ② 행정청은 대통령령을 입법예고할 경우에는 국회 소관 상임위원회에 제출하여야 한다. ③ 행정청은 입법예고를 할 때에 입법안과 관련이 있다고 인정되는 중앙행정기관, 지방자치단체, 그 밖의 단체 등이 예고사항을 알 수 있도록 예고사항을 통지하거나 그 밖의 방법으로 알려야 한다. ④ 행정청은 제1항에 따라 예고된 입법안에 대하여 온라인공청회 등을 통하여 널리 의견을 수렴할 수 있다. 이 경우 제38조의2 제2항부터 제4항까지의 규정을 준용한다. ⑤ 행정청은 예고된 입법안의 전문에 대한 열람 또는 복사를 요청받았을 때에는 특별한 사유가 없으면 그 요청에 따라야 한다. ⑥ 행정청은 제5항에 따른 복사에 드는 비용을 복사를 요청한 자에게 부담시킬 수 있다.

성립한다. 법률을 포함한 국가의 추상적 명령을 공포하는 것은 입법을 비롯한 법제정 절차의 완결점이어서, 그 이후에 비로소 법규의 구속력과 효력이 국민에게 발생한다. 이런 공포원칙은 소위 법치국가원리의 표현상의 요청을 구체화한 것이다. 공포는 관보에 게재하여 행해야 하는데, 공포일은 그 법규명령을 게재한 관보가 발행된 날이 된다(법령공포법 11조·12조 및 대법원 69누129판결). 그리고 법규명령은 특별한 규정이 없는 한 공포된 날로부터 20일을 경과함으로써 효력을 발생하는데(13조), 국민의 권리제한 또는 의무부과와 직접 관련되는 법규명령은 특별한 사유가 있는 경우를 제외하고는 공포일부터 적어도 30일이 경과한 날로부터 시행되도록 해야 한다(13조의2).

2. 실체적 적법성 요건

법률의 구체적 내용이 합리성과 정당성을 갖춘 실체적인 적법성이 있어야 하듯이(헌재92 헌가8), 법규명령은 이하의 내용에 더해 실체적 적법성요건의 차원에서 구체적 내용에서 합리성을 갖추어야 한다.

(1) 긴급재정·경제명령, 긴급명령의 경우

대통령은 내우·외환·천재·지변 또는 중대한 재정·경제상의 위기에 있어서 국가의 안전보장 또는 공공의 안녕질서를 유지하기 위하여 긴급한 조치가 필요하고 국회의 집회를 기다릴 여유가 없을 때에 한하여 최소한으로 필요한 재정·경제상의 처분을 하거나 이에 관하여 법률의 효력을 가지는 명령(긴급재정·경제명령)을 발할 수 있다(헌법 76조 1항). 국가의 안위에 관계되는 중대한 교전상태에 있어서 국가를 보위하기 위하여 긴급한 조치가 필요하고 국회의 집회가 불가능한 때에 한하여 법률의 효력을 가지는 명령(긴급명령)을 발할 수 있다(2항). 대통령이 긴급재정·경제명령과 긴급명령을 한 때에는 지체 없이 국회에 보고하여 승인을 얻어야 한다(3항).

(2) 위임명령의 경우

구 화물자동차 운수사업법 제19조 제1항에 의하면 "중대한 교통사고 또는 빈번한 교통사고로 많은 사상자를 발생하게 한 경우" 국토교통부장관은 운송사업자에 대해 허가취소나 6개월 이내의 기간을 정하여 그 사업의 전부 또는 일부의 정지를 명령하거나 감차조치를 명할 수 있다. 동법, 제19조 제2항은 "제1항 제11호에 따른 중대한 교통사고와 빈번한 교통사고의 범위는 대통령령으로 정한다."고 규정하고 있다. 그런데 동법 시행령(2010.11.24. 대통령령 제22502호로 개정되기 전의 것) 제6조 [별표 1] 제12호는 '1건의 교통사고로 인하여 2인 이하가 중상을 입은 때'도 '중대한 교통사고로 인하여 많은 사상자를 발생하게 한 때'에 포함시켜 해당 운송사업자에 대하여 5일의 위반차량 운행정지처분이 가능하도록 규정하고 있다. 시행령에 의하면 1인이 중상을 입은 경우도 '중대한 교통사고로 인하여 많은 사상자를 발생하게 한 때'가 될 수 있다. 이에 대한 법원의 판단은 어떠한가? (대법원 2011두30878전합판결)

먼저 위임(수권)의 차원에서, 법규명령이 충분한 법령상의 수권근거를 가졌는지, 그 수권근거가 포괄위임금지의 법리 등의 요청에 부합하는지 여부만이 아니라, 그것이 헌법의 다른 규정 특히 기본권과 일치하는지 여부도 심사되어야 한다. 그리고 법규명령의 차원에서 아래의 문제가 없어야 한다.

(가) 상위법령에 위배되지 않을 것

법률우위의 원칙에 따라 법규명령은 헌법과 —수권법률을 포함한— **법률 그리고 상위의 법규명령에 위배해서도 아니 되고,**[30] **또한 비례원칙 및 평등원칙 등 법의 일반원칙에 반해서도 아니 된다.** 지방자치법은 '시・군 및 자치구의 조례나 규칙'에 대해 법률우위의 원칙을 명문화하였다.[31] 다만 모법이 대상과 범위를 구체적으로 위임하지 않은 경우에는 부진정 행정입법부작위의 문제에서 대법원 2019두53464전합판결의 예가 보여준 것(본서 471면)처럼, 위임범위의 유월의 물음은 상위법령의 위배의 물음이 될 수 있다. 가령 장애인등편의법 제4조는 장애인등의 이동접근권을 규정하고 있는데, 동법 시행령 별표1이 편의시설을 설치해야 할 대상시설의 범위를 전국 편의점 1.8%, 서울특별시내 편의점 1.4%에 그치게 규정한 것은 동법 제4조의 이동접근권을 유명무실하게 하여 수권 법률에 반한다고 할 수 있다.[32]

하위규범이 상위규범에 저촉되어 무효라고 선언되는 경우, 그로 인한 법적 혼란과 법적 불안정은 물론, 대체되는 새로운 규범의 제정까지의 법적 공백 역시 상당히 심

30) 대법원 96추251판결: 차고지확보 대상을 자동차운수사업법령이 정한 기준보다 확대하고, 자동차관리법령이 정한 자동차 등록기준보다 더 높은 수준의 기준을 부가하고 있는 차고지확보제도에 관한 조례안은 차고지 확보기준 및 자동차등록기준에 관한 상위법령의 제한범위를 초과하여 무효이다.

31) 第30조(조례와 규칙의 입법한계) 시・군 및 자치구의 조례나 규칙은 시・도의 조례나 규칙을 위반해서는 아니 된다. 한편 시・군 및 자치구의 조례 등이 규율하는 특정사항에 관하여 그것을 규율하는 시・도의 조례 등이 이미 존재하는 경우에도 시・군 및 자치구의 조례 등이 시・도의 조례 등과 별도의 목적에 기하여 규율함을 의도하는 것으로서 그 규정을 적용하더라도 시・도의 조례 등의 규정이 의도하는 목적과 효과를 저해하는 바가 없는 때에는 그 조례 등이 시・도의 조례 등에 위반되지 않는다(대법원 2022추5132판결).

32) 대법원 2022다289051전합판결은 차별금지법 및 UN 장애인권리위원회의 개선권고 등에 의해 개선입법의무의 성립을 통해 부진정 행정입법부작위의 위법성을 논증하였다(본서 949면).

각하다. **판례는 국가의 법체계는 그 자체 통일체를 이루고 있어서 상·하규범 사이의 충돌은 최대한 배제되어야 한다는 원칙과 더불어, 민주법치국가에서의 규범은 일반적으로 상위규범에 합치할 것이라는 추정원칙에 근거하여 상위법령과의 위배 여부에 대해 신중한 접근을 한다.** 즉, 어느 시행령의 규정이 모법에 저촉되는지의 여부가 명백하지 아니하는 경우에는 모법과 시행령의 다른 규정들과 그 입법 취지, 연혁 등을 종합적으로 살펴 모법에 합치된다는 해석도 가능한 경우라면 그 규정을 모법위반으로 무효라고 선언해서는 안 된다(대법원 2000두2716판결; 동지: 대법원 2011두6264판결; 2016두61051판결).

(나) 위임범위를 넘지 않을 것

의회입법자는 규율의 대강과 범위를 확정할 뿐이고, 관련 규율의 구체화와 지속적 전개는 명령제정자에게 맡겨진다. **위임(수권)근거의 문제가 없으면, 제정범위와 한계의 차원에서, 법규명령은 수권규정(근거)이 제시한 대강과 범위를 지켜야 하고, 수권법규범의 규준을 유의해야 한다.** 모법률의 위임범위를 벗어난 것인지를 판단할 때 궁극적인 기준은 예측가능성이다(대법원 2020두39655판결).[33] 그리하여 법률의 위임규정 자체가 그 의미 내용을 정확하게 알 수 있는 용어를 사용하여 위임의 한계를 분명히 하고 있는데도 시행령이 그 문언적 의미의 한계를 벗어났다든지, 위임규정에서 사용하고 있는 용어의 의미를 넘어 그 범위를 확장하거나 축소함으로써 위임 내용을 구체화하는 단계를 벗어나 새로운 입법을 한 것으로 평가할 수 있다면, 이는 위임의 한계를 일탈한 것으로서 허용되지 아니한다(대법원 2009두17797판결 참조).[34] 반면 법률의 위임규정 자체가 포괄위임금지에 저촉되지는 않지만 위임의 내용을 충분히 분명히 하고 있지 않는 경우에는, 법률의 시행령이나 시행규칙의 내용이 모법의 입법 취지와 관련 조항 전체를 유기적·체계적으로 살펴보아 모법의 해석상 가능한 것을 명시한 것에 지나지 아니하거나 모법 조항의 취지에 근거하여 이를 구체화하기 위한 것인 때에는 모법의 규율 범위를 벗어난 것으로 볼 수 없으므로, 모법에 이에 관하여 직접 위임하는 규정을 두지 아니하였다고 하더라도 이를 무효라고 볼 수는 없다(대법원 2012두19526판결).[35]

---

33) 이는 해당 시행령의 내용이 이미 모법에서 구체적으로 위임되어 있는 사항을 규정한 것으로서 누구라도 모법 자체로부터 위임된 내용의 대강을 예측할 수 있는 범위에 속한다는 것을 뜻한다.

34) 입찰참가자격의 제한을 받은 자가 법인이나 단체인 경우에는 그 대표자에 대해서도 입찰참가자격을 제한하도록 규정한 시행령 규정은 모법의 위임범위를 벗어나지 않는다(대법원 2022두37141판결). 법무법인을 조정반 지정 대상으로 규정하고 있지 않은 법인세법 시행령 규정은 모법조항의 위임목적 및 취지와 달리 모법조항에서 세무조정 업무를 수행할 수 있는 주체로 규정된 자에 대하여 세무조정 업무수행 자체를 못하게 하거나 그 수행 범위를 제한하는 것으로, 모법 조항의 위임범위를 벗어난 것으로 무효이다(대법원 2019두53464전합판결). 후자는 후술할 부진정 행정입법부작위의 문제이다.

35) 위임명령이 위임조항이 예정하고 있는 범위 내에서 기존 허가의 철회 또는 취소사유를 구체화한 것

법규명령이 위임의 한계를 준수하고 있는지 여부를 판단할 때는 해당 위임법률 규정의 입법 목적과 규정 내용, 규정의 체계, 다른 규정과의 관계 등을 종합적으로 살펴야 한다. 부수적 규범통제일 망정 법원의 적극적 접근이[36] 요망된다.

(3) 집행명령의 경우

집행명령은 상위법령을 집행하기 위하여 필요한 세부적·구체적 사항만을 정하는 것이다. 그것은 시행대상인 상위법령의 범위내에서 그 시행에 필요한 구체적인 절차·형식 등을 규정하는 데 그친다. 가령 허가의 요건이나 허가신청의 자격 등과 같은, 기본권과 관련한 중요한(본질적인) 실체사항(입법사항)을 집행명령의 형식으로 새로이 규율할 수는 없다.

3. 법규명령의 소멸

법규명령은 동위의 법규명령이나 상위의 법령에 의해 폐지될 수 있다. 그 방식에서 적극적인(명시적인) 폐지와 −상위법우선의 원칙이나 신법우선의 원칙에 따른− 묵시적인 폐지가 있다. 한시적 명령의 경우 그 시한이 도래하여, 해제조건부 명령은 그 조건의 성취로 소멸한다.

위임근거인 상위의 법률(령)규정이 추후에 변경이나 소멸된 경우에 종전의 법령에 터잡은 법규명령의 효력이 문제된다. 일부에서는 당연히 법규명령의 효력이 소멸하는 것으로 보고, 판례 역시 그렇게 본다(대법원 93추83판결).[37] 그러나 법적 안정성의 차원에서 −직접적으로 폐지되거나 간접적으로 다른 충돌하는 법규명령에 의해 사실상 효력을 상실하는 상황(묵시적 폐지)이 일어나기 전에는− 계속적 통용을 부정하지 않는 것이 바람직하다.[38]

이거나 모법의 해석이나 행정행위의 철회 또는 취소이론상 가능한 것을 명시한 것에 지나지 않으면, 모법의 위임없이 법이 예정하고 있지 아니한 기존 허가의 철회 또는 취소사유를 국민에게 불리하게 변경하는 규정은 아니어서 모법에 위반된다고 할 수 없다(대법원 2003두7606판결; 94누8266판결 등).

36) 예: 대법원 2011두30878전합판결: 구 화물자동차법 시행령 제6조 제1항 [별표 1] 제12호 (가)목이 결과적으로 1인의 중상자가 발생한 경우도 제재 대상으로 삼을 수 있게 한 것이 법률상의 '많은'의 문언적 의미에 반하여 무효이다.

37) 한편 판례는 법령을 일부 개정하면서 개정 법령에 경과규정을 두지 않은 경우에, 기존 법령 부칙의 경과규정이 당연히 실효되는 것으로 보지 않았다(대법원 2011두18229판결). 또한 개정법의 위임에 따른 구체적인 요건을 정한 새로운 대통령령이 아직 시행되기 전에는 다른 특별한 사정이 없는 한 종전 시행령은 신법인 개정법의 취지에 반하지 않는 범위 내에서 새로운 대통령령이 시행될 때까지 여전히 그 효력을 유지한다(대법원 2001다84824판결).

38) 이는 독일에서의 통설의 입장인데, Maurer/Waldhoff 교수는 바뀐 수권근거가 종전의 법규명령을 커버하는 경우에만 견지할 수 있다고 주장한다. Maurer/Waldhoff, §13 Rn.7.

물론 집행명령은 상위(근거)법령이 폐지되면 특별한 규정이 없는 이상, 실효된다. 하지만 상위법령이 개정됨에 그친 경우에는 개정법령과 성질상 모순, 저촉되지 아니하고 개정된 상위법령의 시행에 필요한 사항을 규정하고 있는 이상, 그 집행명령은 상위법령의 개정에도 불구하고 당연히 실효되지 아니하고 개정법령의 시행을 위한 집행명령이 제정, 발효될 때까지는 여전히 그 효력을 유지한다(대법원 88누6962판결).

V. 법규명령에 대한 비사법적(非司法的) 통제

1. 국회에 의한 통제

법규명령에 대한 국회의 통제는, 그것의 성립과 발효의 과정에 국회가 직접적으로 개입할 수 있는 직접적 통제와 그렇지 못한 간접적 통제로 나뉜다.

(1) 직접적 통제

독일에서의 의회의 동의권유보나 영국에서의 의회에의 제출절차와 같은 메커니즘이 직접적 통제인데, 이는 의회입법의 원칙을 견지하기 위해 인정된다. 우리 역시 비슷한 제도를 두고 있다. 전자와 관련해서, 긴급재정·경제명령이나 긴급명령을 발한 때에는 지체 없이 국회에 보고하여 그 승인을 얻도록 하고 만일 승인을 얻지 못한 때에는 그 때부터 효력을 상실하도록 하고 있다(헌법 76조 3항·4항). 후자와 관련해서, 중앙행정기관의 장은 법률에서 위임한 사항이나 법률을 집행하기 위하여 필요한 사항을 규정한 대통령령·총리령·부령·훈령·예규·고시등이 제정·개정 또는 폐지된 때에는 10일 이내에 이를 국회 소관상임위원회에 제출하여야 한다(국회법 98조의2 1항).

그리고 상임위원회는 위원회 또는 상설소위원회를 정기적으로 개회하여 그 소관 중앙행정기관이 제출한 대통령령·총리령 및 부령에 대하여 법률에의 위반여부 등을 검토하여 당해 대통령령 등이 법률의 취지 또는 내용에 합치되지 아니하다고 판단되는 경우에는 소관중앙행정기관의 장에게 그 내용을 통보할 수 있다. 이 경우 중앙행정기관의 장은 통보받은 내용에 대한 처리 계획과 그 결과를 지체 없이 소관상임위원회에 보고하여야 한다(3항).[39] 한편 행정절차법의 행정상 입법예고의 차원에서 대통령

39) 현행의 통보제도를 수정·변경요구권으로 개정한 국회법개정과 관련하여 의회입법의 원칙을 내세운 합헌론과 권력분립주의를 내세운 위헌론이 맞섰고, 결국 대통령의 거부권이 행사되었다(2015.6.25.). 행정입법의 존재근거가 수권법률에 있기에 수권한 측이 수정·변경요구를 하는 것 자체는 문제되지

령을 입법예고할 경우에는 국회 소관 상임위원회에 제출하여야 한다(법 42조 2항).

(2) 간접적 통제

국회는 행정부를 상대로 한 국정감시권의 일환으로 간접적으로 통제를 할 수 있다. 국정감사·조사(헌법 61조), 국무총리 등에 대한 질문(62조), 국무총리 또는 국무위원의 해임건의(63조) 및 대통령 등에 대한 탄핵소추(65조)의 수단이 동원될 수 있다. 또한 국회는 위임메커니즘의 차원에서도 통제를 할 수 있다. 즉, 수권법률 자체 개정한다거나[40] 법규명령과 내용상 상충되는 법률을 제정하는 것이 그것이다.

2. 행정적 통제

이는 행정감독권에 의한 통제와 절차적 통제로 나뉜다. 먼저 전자를 본다. 상·하의 계층구조에서 상급행정청은 하급행정청에 대해 적법·타당한 권한행사와 통일적 행정을 위하여 당연히 지휘·감독권을 행사할 수 있다. 이에 상급행정청은 하급행정청이 행하는 행정입법에 대해서도 통제를 할 수 있다. 가령 재위임에서 기준과 범위를 정하거나 재위임을 철회하거나, 위법한 법규명령의 폐지를 명할 수 있으며, 행정입법을 둘러싼 행정청간의 분쟁이 있을 때 주관행정청을 결정할 수 있다. 후자는 앞에서 본 성립과정에서의 논의 그것이다.

한편 중앙행정심판위원회 역시 일종의 행정감독권 차원의 통제를 할 수 있다. 즉, 중앙행정심판위원회는 심판청구를 심리·재결할 때에 처분 또는 부작위의 근거가 되는 명령 등이 법령에 근거가 없거나 상위 법령에 위배되거나 국민에게 과도한 부담을 주는 등 크게 불합리하면 관계 행정기관에 그 명령 등의 개정·폐지 등 적절한 시정조치를 요청할 수 있고(행정심판법 59조 1항), 이 요청을 받은 관계 행정기관은 정당한 사유가 없으면 이에 따라야 한다(2항).

않는다. 수정·변경요구가 해당 규정의 수정·변경의 효과를 직접적으로 발생시키지 않는 이상, 사안을 권력분립주의의 차원에서 문제 삼을 수는 없다. 언어적 의미에서 요청과 요구가 다르지만, 그 다름이 법적으로 제도화되어 있지 않는 이상, 양자의 구별은 별 의미가 없다.

40) 전술한 것처럼 판례의 입장은 수권의 근거규정이 개정되거나 없어지면 그 자체로 해당 법규명령이 실효하는 것으로 보는데, 이는 바람직하지 않다.

3. 국민에 의한 통제

이는 앞에서 본 입법예고제를 통해 법규명령의 제정에 국민의 의사를 반영하는 것이다. 공청회·청문 등은 물론 매스컴이나 시민단체의 활동 역시 반영수단이 된다.

Ⅵ. 법규명령에 대한 사법적 통제

1. 규범통제의 종류 및 현행의 통제메커니즘

법규명령을 포함한 법규범에 대한 권리보호의 문제는 ─법원이든 헌법재판소이든─ 규범통제(Normkontrolle)의 차원에서 전개되어야 한다. **규범통제는 상위법의 규준에 맞춰서 법규범의 효력(통용)을 심사하는 것이다.** 일반적으로 통용되는 구체적, 추상적 규범통제의 나눔은 규범통제의 실질을 제대로 반영하지 못한다. 규범통제에서 관건은 선결물음의 소재 여부보다는 대상규범에 대한 직접적인 심판을 할 수 있는지 여부이다. 따라서 **본안적(직접적) 규범통제와 부수적 규범통제로 나누는 것이 바람직하다.** 전자의 경우 직접 대상 법규범의 무효를 지향하며 그 판단은 일반구속력, 즉 대세적 효력(inter omnes)을 갖는다. 반면 후자의 경우 규범의 유효·무효를 객관적으로 정하는 것은 허용되지 않고 단지 해당규범의 당해사건에 대한 적용배제만이 문제된다.

본안적 규범통제에는 선결물음의 소재여부에 따라 구체적 규범통제의 모습을 띤 것과 추상적 규범통제의 모습을 띤 것으로 나눌 수 있지만, 부수적 규범통제는 시종 구체적 규범통제의 모습만을 띨 것이다. 즉, 구체적 규범통제는 구체적 소송사건을 심리·판단함에 있어 법령의 위헌·위법 여부가 문제되는 경우에, 선결문제로서 적용법령의 헌법·법률적합성을 심사하고 위헌·위법이라고 판단될 경우 그 법령의 효력을 상실시키거나 그것을 적용하지 아니하는 것을 말한다. 반면 추상적 규범통제란 구체적 소송사건과는 관계없이 법령 그 자체의 위헌·위법 여부를 추상적으로 심사하고, 위헌·위법으로 판단되면 법령의 효력을 상실시키는 것을 말한다. 대법원의 명령·규칙심사권이 부수적 구체적 규범통제의 예이다. 그런데 헌법재판소는 국민이 법률 또는 법률조항에 의하여 직접 자신의 기본권을 현재 침해받고 있는 경우에는 바로 헌법소원심판을 통해 권리구제를 도모할 수 있다고 보고 있다(헌재 98헌마372 등). 나아가 법원에게 심사권이 있는 명령·규칙의 경우에도 이런 입장을 견지하고 있다(헌재 90헌마214 등). 이런 헌법소원심

판은 추상적 규범통제처럼 기능한다고 볼 수 있다.[41)]

현재 시행되는 규범통제 가운데 헌법재판소의 위헌법률심판은 본안적 · 구체적 규범통제이고, 일정한 법령에 대한 헌법소원심판은 본안적 · 추상적 규범통제적 기능을 하며, 법원의 명령 · 규칙심사는 부수적 · 구체적 규범통제이다.

2. 법규범에 대한 사법적 통제의 이원화 양상

일찍이 헌법재판소가 법무사법시행규칙에 대한 헌법소원심판을 허용하였고(헌재 89헌마178), 나아가 「법령에 따른 집행행위가 존재하는 경우에도 그 집행행위를 대상으로 하는 구제절차가 없거나 구제절차가 있다고 하더라도 권리구제의 기대가능성이 없고 단지 기본권 침해를 당한 청구인에게 불필요한 우회절차를 강요하는 것밖에 되지 않는 경우」에는 사실상 헌법소원의 보충성의 요건을 배제하곤 하였다(헌재 2000 헌마372 등). **그 결과 헌법소원심판이 행정입법에 대한 통상적인 권리구제수단이 되기에 이르렀다**(본서 896면).

이에 대응하여 법원은 "집행행위의 개입 없이도 그 자체로서 직접 국민의 구체적인 권리의무나 법적 이익에 영향을 미치는 등의 법률상 효과를 발생하는 경우 그 조례는 항고소송의 대상이 되는 행정처분에 해당한다"고 판시하였으며(대법원 95누8003 · 95누7994판결), 일련의 판결(서울행법 2004 구합5911판결)을 통해 '조치적(이른바 처분적) 명령'이 공인된 법형식이 되었다(본서 211면 이하). 따라서 **부수적 구체적 규범통제의 방도를 취하지 않고, '직접성'의 인정을 전제로 법규범을 처분으로 전화(轉化)시켜 항고소송을 도모할 수 있다.** 결국 헌법재판소에 의한 법규헌법소원심판과 더불어 법원에 의한 통제가 가능하기에, **법규범에 대한 사법적(司法的) 통제의 메커니즘은 이원적 양상을 보인다.**

3. 부수적 · 구체적 규범통제에서 하자 있는 법규범의 효과

(1) 문헌과 판례의 태도

부수적 규범통제의 메커니즘에서는 해당 명령을 직접적으로 효력을 소멸시키지 못한다. 그리하여 선결문제로서 심사한 결과 명령의 하자(위법성)가 확인될 때, 그 하자가 후행 행정처분의 위법사유에 불과한 것인지 아니면 명령 자체의 효력을 좌우할 것인지 여부가 문제된다. 즉, 그 명령이 당해 사건에 한하여 적용되지 않을 뿐 폐지되기 전까지는 여전히

---

41) 본래 규범통제와 헌법소원은 구별되어야 한다. 전자가 우선 법질서의 통일성 유지를 위한 것이라면, 후자는 우선 개인의 주관적 권리구제를 위한 것으로 이해된다.

유효한지 아니면 일반적으로 무효가 되는지 여부의 물음이다.[42] 다수 문헌은 현행법상 법규명령에 대한 취소쟁송제도의 부재를 이유로 하자 있는 법규명령은 무효가 된다고 주장한다(이른바 무효설). 반면 박윤흔/정형근 교수는 선결문제로서 법규명령의 무효를 다툴 수 있을 뿐인데, 다만 그 흠이 중대하고 명백한 경우에는 '적어도 법이론적으로는' (규범통제에 의한) 쟁송절차에 따른 법원의 효력유무의 판단을 거치지 않더라도 이해관계인은 물론 법원을 포함한 모든 국가기관은 그 법규명령을 스스로 무효로 인정하고 복종이나 적용을 거부할 수 있다고 주장한다(244면). 한편 박균성 교수는 선결문제로서 법원에 의해 위헌 또는 위법이 확인되면 그 명령은 효력을 상실하기보다는 당해 사건에 한하여 적용되지 않는다고 주장한다(239면). 그런데 **대법원은 하자 있는 법규명령에 대해 무효로 판시하며, 아울러 이를 근거로 한 행정처분이 위법임을 판시하고 있다**(대법원 85초13판결 등). **다만 상위법령의 위임에 반하는 부령형식의 경우에는 무효로 접근하지 않고 법규성을 부인정하는 식으로 접근한다.**[43] 유의할 점은 이 물음은 부수적 규범통제에서 제기될 뿐, 본안적(직접적) 통제에서는 제기되지 않는다.

(2) 관견(管見)

논의는 기본적으로 규범통제제도를 바탕으로 해야 한다. 본래 부수적 · 구체적 규범통제에서는 위헌위법인 명령은 당해 사건에서 적용되지 않는 데 그쳐야 한다. 이 점에서 그런 법규명령을 무효로 판시한 판례를 위헌적으로 평가내린 입장(권영성, 헌법학원론, 2009, 1091면 주1)도 있다. 그런데 명령 · 규칙의 위헌 · 위법판단 이후 대법원이 지체 없이 그 사유를 행정안전부장관에게 통보하기에(행정소송법 6조), 대상 명령 · 규칙은 그 이후 적용가능성이 배제된다. "공식절차에 의하여 폐지되지 않는 한 이 규정은 형식적으로는 여전히 유효하다."는 지적은 통용되기 어렵다. 부수적 구체적 규범통제이라 하여 오로지 당해 사건의 차원에서만 접근하는 것은 바람직하지 않다. **대상 명령 · 규칙이 추후에 적용될 수 없는 상황은 결과적으로 무효의 상황이다.** 다만 처음부터의 무효를 의미하는 통상의 무효와는 달리 법원의 판결 이후부터 효력을 상실하게 된다. **판례가 위법인 법규명령에 대해 시종 무효로 판시한 것(무효원칙)은 바람직하다.**[44]

---

42) 이 물음은 부수적 규범통제에서 제기될 뿐, 본안적(직접적) 통제에서는 제기되지 않는다.

43) 즉, 법령의 위임이 없음에도 법령에 규정된 처분 요건에 해당하는 사항을 부령에서 완화 · 확대하는 식으로 변경하여 규정한 경우에 그 부령을 무효로 접근하지 않고, 행정규칙(행정명령)으로 대외적 구속력을 부인하는 식으로 접근한다(대법원 2011두10584판결). 이는 부령형식의 위임재량준칙의 법규성을 부인한 자신의 입장을 그대로 대입한 것이다.

44) 일각에서 판례가 적용배제설의 입장이라면서 대법원 93부32결정을 드는데, 동 판결은 현행법상 행정입법에 대한 본안적 사법통제가 허용되지 않는다는 것을 판시하였다.

한편 무효로 접근할 때 문제될 수 있는 것이 점용료산정과 같이 일정한 산정기준과 관련해서 명령규칙이 상위법령에 저촉될 때 해당 규정 전체를 무효화시킬 것인지 아니면 상위법령의 기준하에서 하위 명령규칙을 유지시킬 것인지 논란이 있을 수 있다. 판례는 후자의 입장을 취한다.[45]

(3) 위법한 법규명령에 의거한 행정행위의 효력 문제

−사후에 확인된− 위법한 법규명령에 의거한 행정행위의 효력이 문제된다. 중대명백성설을 취하는 판례의 입장에 의하면, 법규명령의 위헌・위법성은 처분당시에 자명하지 않는 이상, 사후에 확인되고, 처분당시의 시점에는 명백성의 기준이 충족되지 않아서 통상 단순위법에 그친다(대법원 94누4615전합판결; 2004두619판결 등). 반면 판결에 의해 위헌・위법이 (이미) 확인된 명령・규칙을 근거로 행해진 행정행위는 당연히 무효가 되어야 한다.[46]

4. 법규범에 대한 본안적 통제의 도입의 문제

법규명령을 비롯한 법규범에 대한 직접적 통제가 현행 헌법상으로 허용되는지 여부는 치열하게 다투어지는 주제이다.[47] 2006년의 대법원 행정소송법개정의견은 (행정)처분과 명령을 함께 취소소송의 대상으로 삼았지만, 2007년의, 2013년의 법무부 개정시안은 규범통제에 대해서 아무런 언급을 하지 않았다.

현행 공법질서 속에서 본안적 규범통제가 허용되는지 여부를 판단하는데, 우선 헌법 제107조 제2항의 '재판의 전제'의 의미를 살펴보아야 한다. 부수적 규범통제는 항상 구체적 통제의 모습을 띠지만, 구체적 규범통제가 언제나 부수적이지는 않다. 하지만 동항이 '심판' 대신에 '심사'를 규정하고 있기에, 헌법 제107조 제2항의 규범통제는 부수적・구체적 통제메커니즘을 예정하고 있다고 강력히 주장할 법하다. **결국 헌법이 예정한 부수적・구체적 규범통제와는 별도로, 독일 행정법원법 제47조와 같은 본안적・추상적 규범통제**[48]**나 위헌법률심판과 같은 본안적・구체적 규범통제를 행정소송법에서 규정할 수 있는지 여부의 문제이다.** 그런데 위법한 명령의 효과(무효)를 감안하면, 본안적・구체적 규범통제나 부수적・구체적 규범통제나 별반 차이가 없고, 본안적・

45) 도로법시행령 개정에 맞추어 개정되지 않아 도로법시행령과 불일치하게 된 조례규정은 구 도로법시행령이 정한 산정기준에 따른 점용료 상한이 적용된다는 취지에서 유효하다(대법원 2012두15234판결).
46) 대법원 2019두53464전합핀결의 다수의견에 대한 보충의견.
47) 참고문헌: 박정훈, 행정법연구 제11호(2004.5.); 박균성, 특별법연구 제9권(2011.7.); 김남철, 공법학연구 제6권 제1호(2006.9.); 서보국, 행정판례연구 제16집 제1호(2011.12.).
48) 상론: 김중권, 행정법기본연구Ⅱ, 105면 이하.

구체적 규범통제는 본래 심판기관과 제청기관이 다를 때 의미가 있다는 점에서, 본안적·구체적 규범통제는 논의할 필요성이 적다. 초점은 본안적·추상적 규범통제의 허용성이다. 사실 부수적 규범통제는 명문규정이 없더라도 가능하기에, 헌법 제107조 제2항의 흠결여부를 검토하는 것이 논의의 출발점이다. 그런데 동 조항을 헌법이 법원에 의한 추상적 규범통제를 허용하지 않는 것으로 보는 헌법문헌의 지적(권영성, 1090면)이 보여주듯이, 이 문제는 헌법재판소와 대법원의 관할의 문제와 결부되어 공법학계에서 의견통일을 기대하기란 거의 불가능에 가깝다.

행정입법에 대한 법원의 일원적 통제가 바람직하긴 해도 그것의 실현이 쉽지 않은 이상, 본안소송의 활성화를 통해 부수적 규범통제나마 활발히 행사되도록 지혜를 모으는 것이 바람직하다. 항고소송만이 효과적인 소송유형으로 바라보는 입장이 바뀌어야 하고, 소송종류의 개괄주의가 채택되어야 한다(본서 756면).

5. 행정입법부작위에 대한 권리구제의 문제

> 甲은 2015.7.22. A군수에게 틱 장애(투렛증후군)를 이유로 구 장애인복지법 제32조에 따른 장애인등록 신청을 하였는데, A군수는 국민연금공단의 장애정도심사에 의거하여 2015.7.28. "틱 장애는 장애인복지법 시행령 제2조 제1항 [별표 1]에서 정한 장애의 종류 및 기준에 해당하지 아니한다."는 이유로 신청을 반려하였다. 이에 甲은 장애인등록신청 거부처분 취소소송을 제기하였다. 사안에서 본질적으로 무엇이 문제되는가? 법원은 어떻게 접근하였는가? (대법원 2016두50907판결)

(1) 행정입법부작위가 문제되는 상황

행정입법(법규명령)부작위가 문제되는 상황은 규범적 불법의 상황이어서 당연히 국가배상책임이 성립할 수 있는데(본서 923면), 그와 별개로 행정소송을 통해 그것을 다툴 수 있는지가 논란이 될 수 있다. 행정입법(법규명령)부작위가 문제되는 상황은 2가지 경우이다: i) 명령제정자가 제정의무가 있는 어떤 사항을 전혀 제정하지 아니하여 명령제정의 흠결이 있는 경우(진정 행정입법부작위)와 ii) —틱 장애가 등록장애종류에서 제외된 장애인복지법 시행령 제2조 제1항 [별표 1]과 같이— 명령제정자가 어떤 사항에 관하여 제정하였으나 그 명령의 내용이 해당 사항을 불완전, 불충분 또는 불공정하게 규율함으로써 명령제정에 평등원칙의 위반이나 과잉금지원칙 등의 위반의 하자가 있는 경우(부진정 행정입법부작위). 그런데 대법원 2016두50907판결은 틱 장애를 법정 장애로 규정하지 않는 법규정을 부진정 행정입법부작위의 차원에서 검토하지 않고 바람직하지 않게 예시규정으로 접근하여 문제를 해결하였다.[49] 다만 저자가 부진정 행정입법부작위의 차원에서 비판한 것을 계기로 후술할 대법원 2019두53464전합판결을 통해 부진정 행정입법부작위 문제가 판례상으로 처음으로 부각된 것은 고무적이다.

⑵ 진정 행정입법부작위에 대한 권리구제

입법부작위, 특히 진정 입법부작위는 쉽지는 않으나 일정한 요건하에서 국가배상책임이 인정될 수 있다(대법원 2006다3561판결; 본서 949면). 그리고 행정입법을 포함한 진정 입법부작위를 대상으로 한 헌법소원이 인정된다(헌재 96헌마246). 이와 별개로 행정소송을 통해 권리구제를 강구할 수 있는지가 논란이 된다. 행정소송인 부작위위법확인소송은 행정처분의 부작위를 다투는 것이어서(대법원 91누11261판결)[50] 진정 행정입법부작위에 대한 권리구제는 행정소송의 차원에서는 우회적인 방법으로 다툴 수 있다. 즉, 당사자소송을 독일에서의 일반이행소송에 견줄 수 있는 포괄소송으로 보고서, 그것을 통해 행정입법의 제정 그 자체를 목적으로 하는 행정입법제정소송(진정 규범제정소송)을 강구하는 것이다. 유의할 점은 명령제정자의 형성의 자유가 인정되기에 명령제정 그 자체만을 목적으로 하고, 그 구체적인 내용까지는 요구할 수 없다. 여기서의 인용판결은 부작위위법확인소송에서의 그것과 동일하다. 한편 하위 행정입법의 제정 없이 상위 법령의 규정만으로도 집행이 이루어질 수 있는 경우라면 하위 행정입법을 하여야 할 헌법적 작위의무는 인정되지 아니한다(대법원 2004두10432판결; 헌재 2004헌마66).

⑶ 부진정 행정입법부작위에 대한 권리구제

부진정 입법부작위의 경우 불완전한 해당 입법 그 자체가 문제이어서(헌재 2002헌마358), 그 입법 자체를 헌법소원으로 다투어야 한다(헌재 2019헌마1234; 본서 85면). 진정 행정입법부작위의 상황과는 달리 당사자소송을 동원할 수 없고, 행정소송의 차원에서는 부수적 규범통제의 방식으로 다툴 수밖에 없다. 즉, 그 부작위에 직접 연계된 행정처분이 존재하면 그것을 대상으로 취소소송을 통해 다투면서 그것의 위법성을 불완전한 해당 행정입법의 위법성에서 도출하는 방식으로 권리구제를 강구할 수 있다. 가령 대법원 2019두53464전합

49) 이런 접근은 법원이 허용되지 않는 입법을 한 것이어서 문제가 심각하다. 현재는 개정을 통해 틱장애가 등록장애에 속하는데, 신종의 희귀 장애가 쉽게 등록장애가 될 수 있는 메커니즘이 만들어져야 한다. 상론: 김중권, 판결에 의한 등록장애종류의 확장의 문제, 사법 제55호(2021.3.15.), 955면 이하.

50) 그런데 조례제정의 부작위에 대해 부작위위법확인소송을 제기할 수 있다고 보고서 확인의 이익을 부인한 판례(대법원 2000두4750판결)가 있어 다소간 혼란스럽다.

판결이 법무법인을 조정반 지정 대상으로 규정하고 있지 않은 법인세법 시행령 규정이 모법 조항의 위임범위를 벗어나고, 비례의 원칙 및 평등의 원칙에 위반하여 무효이어서 조정반 지정 대상에서 제외한 처분이 위법하다고 판시하였다. 일련의 헌법재판소의 결정을[51] 본보기 삼아 불완전한 해당 행정입법의 위법성을 평등원칙, 과잉금지의 원칙, 과소보호금지의 원칙 및 기본권에 의거하여 적극적으로 논증할 필요가 있다. 그런데 부작위에 직접 연계된 행정처분이 존재하지 않으면, 부수적 규범통제도 동원될 수 없는 한계가 있다.[52] 행정구제를 통한 권리구제가 여의치 않은 이상, 규범적 불법에 대한 국가배상책임이 적극적으로 강구되어야 한다(본서 923면).

제 3 절 행정규칙

Ⅰ. 전제적 논의

1. 행정규칙의 의의와 새로운 인식

행정규칙이란 법령의 수권이 없더라도 행정이 자신의 임무수행의 차원에서 제정하는 법규범을 말한다. 행정규칙에 관한 논의의 출발점이 '법규'의 이해에 있다. 그러나 행정규칙의 법원성 내지 법규성의 문제는 법원개념의 광협(廣狹)을 둘러싼 용어상의 일이기 때문에, 문제원인은 결코 법규의 정의에 있지 않다. 행정규칙이 내부적으로는 직접적 구속효를 발생시킴에도 불구하고, '법적 규율'로서의 징표가 제거된 개념정의로 인해 관련 논의가 무익한 소모와 불필요한 오해를 겪고 있다. 이 점에서 법규성의 유무에 착안한 개념정의는 지양될 필요가 있다. 하지만 판례는 여전히 존재형식보다는 행정규칙의 실질에 초점을 맞추어 법규성을 논증한다. 그 결과 행정규칙의 성질을

51) 예로 헌재 2018헌바927: 가정폭력 가해자에 대한 별도의 제한 없이 직계혈족이기만 하면 사실상 자유롭게 그 자녀의 가족관계증명서와 기본증명서의 교부를 청구하여 발급받을 수 있도록 함으로써, 그로 인하여 가정폭력 피해자인 청구인의 개인정보가 가정폭력 가해자인 전 배우자에게 무단으로 유출될 수 있는 가능성을 열어놓고 있으므로, 이 사건 법률조항은 과잉금지원칙에 위배되어 청구인의 개인정보자기결정권을 침해한다.

52) 아쉽게도 행정입법제·개정소송에 관한 논의는 여전히 문헌상의 논의수준에 그친다. 참고문헌: 정남철, 행정판례연구 제22집 제2호(2017). 행정입법부작위에 대한 행정소송과 관련한 참고문헌: 박균성, 행정법연구 제7호(2001.9); 정남철, 저스티스 제110호(2009); 서보국, 법학연구 제25권 제2호(2017).

둘러싼 그다지 생산적이지 않은 논의가 행정입법의 주된 테마가 되고 있다. 위임(수권)에 초점을 맞추어 그것의 법규성여부를 검토하는 것이 바람직하다. 국민의 기본권과 관련한 사항을 법률의 위임 없이 제정한 규정을 법규로 설정하면 법률유보의 물음이 제기되지만, 그것을 내부준칙으로 설정하면 그런 시비로부터 벗어날 수 있다.[53]

행정규칙은 법률과 법규명령의 구조적 미완성된 법을 개인을 위하여 보충하거나, 구체화하거나 해석함으로써, 법률개념과 개별결정 간의 넓은 간격을 메우고 구조화한다. 당연히 개인에 대하여 엄청난 효과를 발생시킨다. 행정규칙의 법적, 실제적 중요성과 그 법적 성질간에 괴리와 모순이 존재하는 이런 현실을 어떻게 포착하고 체계적으로 다루어야 할지, 행정규칙의 (대외적) 구속효 물음을 어떻게 답해야 할지, 이런 물음에 즈음하여 행정법도그마틱은 심각한 곤경에 봉착해 있다. **이제 행정입법 전반을 의회와 행정의 분업적 차원에서 접근하여 행정규칙도 정식의 법규범으로 설정할 필요가 있다.**

2. 행정규칙의 성립역사

독일 19세기 입헌주의의 주된 관심사는 군주와 행정부의 독립된 규범정립권을 억누르는 것이었다. 명령도그마틱의 고전적 토대를 구축한 G. Jellinek가 "신민의 권리와 의무는 행정의 행위에 의해서 독립되게 창설되어선 아니 된다"고 주장하였고, 동일한 시기에 P. Laband가 법이론적 근거로서 불침투설(不侵透說)을 제시하였다. 이에 따라 법으로부터 자유로운 일종의 해방구인 국가내부영역에서 발해진 행정규칙은 법규가 아니다. 여기에 O. Mayer에 의해 창시된 이른바 특별권력관계의 법형상은 (침투불가한) 국가의 내부영역과 외부영역간의 구분에 연계될 뿐만 아니라, 행정규칙의 법규성의 결여를 성립시켰다.[54] 그런데 특히 특별권력관계의 토대인 불침투설과는 이미 결별하였다. 행정규칙의 전통적인 적용영역이 특별권력관계와 급부행정이었는데, 그동안에 이들 영역에서도 의회의 법률유보가 실현되었다. 행정규칙의 법규성 인정에 관계없이 의회법률의 행정입법에 대한 우위는 특히 본질사항유보설에 의거하여 절대적이고, 전혀 훼손되지 않았으며, 司法的으로도 담보된다. **행정규칙의 비법규성을 고수하는 전통적 이해는 다름 아닌 특별권력관계와 불침투설의 잔흔(殘痕)일 따름이다**(본서 153면 이하).

53) 이 점에서 법령에 근거가 없는 '2006년 교육공무원 보수업무 등 편람'을 업무처리지침으로 보고 법규명령의 성질을 부인한 대법원 2010두16349판결은 타당하다. 참고로 법률적 근거가 없었음에도 불구하고 법령처럼 기능하였던 독일 공무원부조규정에 대해 독일연방행정법원은 법률유보원칙에 위배된다고 판시하였다(BVerwGE 121, 103).

54) ders., Deutsches Vewaltungsrecht, Bd. I, 3.Aufl., 1924, S.74.

3. 행정규칙에 관한 스탠다드공식

우리는 물론 독일에서의 판례와 통설에 의해 정립된, 행정규칙에 관한 스탠다드공식은 다음과 같다: i) 행정규칙이 결코 非法은 아니다. 즉, 그것은 내부법(규범)이긴 하나 결코 외부법(법규)은 아니다. ii) 행정규칙은 결코 '객관적 법'을 제공하지 않고, 개인에 대해서 구속효를 갖지 않는다. iii) 행정규칙은 하위 행정청만을 구속하지, 결코 법원을 구속하지는 않는다.[55] iv) 행정규칙은 '실질적 법'에 속하지 않고, 법원에 의해서도 외부법(법규)과 동일하게 해석될 수는 없다. v) 행정규칙은 사법통제의 규준이 아니라, 그 대상이다. vi) 행정규칙은 개인에 대해서 직접적으로 효과를 발휘하지 않고, 행정관례와 평등원칙에 의거하여 간접적으로 효과를 발휘한다(자기구속설). vii) (독일에서 거듭 주장되는 것으로) 이형적인 개별사례를 위하여 행정규칙에는 항상 不文의 留保(일탈가능성)가 내재하여 있다고 한다.[56]

Ⅱ. 행정규칙의 종류

1. 내용에 의한 구분

통상 행정규칙은 전통적으로 조직규칙, 근무규칙(행위통제규칙과 규범해석규칙), 영조물규칙으로 나뉜다. 여기에 규범구체화행정규칙, 간소화규칙, 법률대위적 규칙이 소개되고 있다. 조직규칙과 규범해석규칙을 제외하고서는 분명 과거와는 다른 법적 조명이 비춰지고 있다.

(1) 전통적인 구분

i) 조직규칙이란 행정기관의 설치, 내부적인 권한분배 등에 관한 행정규칙(직제, 위임전결규정 등)이 이에 해당한다. 그런데 중앙행정기관 및 보조기관 등의 설치·조직과 직무범위가 법률과 대통령령에 의해 정해져 있기에(헌법 96조, 정부조직법 2조), 조직규칙은 크게 기능하지 못한다.

---

55) 다만 법원은 행정규칙에서의 기준을 나름의 확신에서 그것에 의거하여 위법여부를 판단하곤 하지만 (대법원 93누5635판결), 이는 행정규칙의 재판규범성을 인정해서가 아니고, 참고의 결과일 뿐이다.

56) 제재처분기준에 관한 재량준칙의 경우, 설정한 기준에 의해 포착될 수 없는 이형적인 상황에서는 그 기준에 구속되지 않고 행정이 나름대로 판단할 수 있는 가능성을 규정하고 있다(본서 118면).

ii) 근무규칙이란 상급기관이 하급기관 및 그의 구성원의 근무에 관해 규율하는 행정규칙이다. 이는 행정기관(및 공무원)을 그 행위면에서 통제·지도하는 규칙인 행위통제규칙과 규범해석규칙으로 나뉜다. 행정청 내부의 사무처리준칙 및 재량권행사의 기준을 정해 놓은 재량준칙이 행위통제규칙의 대표적인 예인데, 대국민관계에서 그것의 대외적 효력, 위반한 처분의 위법성 등에서 쟁점거리이다(조세기본통칙과 같은). 규범해석규칙은 법규 내지 법령상의 불확정개념의 해석지침을 정해주는데, 최종적인 법해석권한을 갖는 법원은 당연히 그것에 구속되지 않는다.[57]

iii) 영조물규칙이란 학교·병원·도서관 등 공공 영조물의 이용규칙을 말하며, 특별권력관계를 상정한 특별규칙의 일종이다. 하지만 –특별권력관계의 범주에 속하는 부분사회의 목적·기능이 제대로 실현될 수 있게 하는– 나름의 특수성이 인정되는 수준과 범위를 넘는 경우에는 법치국가원리에 따라 영조물규칙 역시 법령의 위임(수권)에 의거하여 발해져야 하는데, 이 경우 영조물규칙은 법규이다.

(2) 새로이 등장한 행정규칙

i) 규범구체화행정규칙은 상위규범(법률·법규명령 등)을 구체화하는 내용의 행정규칙을 의미한다. 이는 일반 행정규칙과는 달리 대외적 효과와 재판규범성을 직접적으로 갖는다. 독일 연방행정법원이 이른바 빌(Whyl) 원전판결에서 '방사선보호령' 제45조에 따른 연방내무부장관의 지침(배출공기나 지표수를 통한 방사성물질유출과 관련된 방사선노출의 일반적 산정기준)을 '규범구체화 행정규칙'으로 부르며, 그 존재를 인정한 데서 유래한다. 행정의 판단여지의 차원에서 제정된 규범구체화행정규칙의 존재로 인해, 법원은 그것에 바로 구속됨으로써, 그것의 실체적 정당성을 평가하는 데 따른 자신의 부담과 책임을 면하게 되었다.[58]

ii) 간소화규칙이란 대량적 행정행위(과세처분 등)를 발하는 경우에 그 지침을 정해주는 것으로서, 행위통제규칙의 일종으로 볼 수 있다.

iii) 법률대위적 규칙은 규범이 필요한 일정한 분야에 법률적 규율이 없거나(不在) 불충분할 때 발해진다. 성전환자에 대한 호적상 성별기재의 정정을 허용한 대법원 2004스42전합결정에 따라 제정된 「성전환자의 성별정정허가신청사건 등 사무처리지

57) 대법원 97누3668판결: 소득세법 기본통칙은 행정청 내부를 규율하는 규정일 뿐 국가와 국민 사이에 효력을 가지는 법규가 아니므로, 법원이나 일반 개인에 대한 법적 구속력은 없다.

58) 유럽최고재판소(EuGH)는 유럽법상의 지침의 전환형식이 규범구체화규칙이 되어서는 아니 되고 법규명령이어야 한다고 판시하였다(EuGH JZ 1991, 1081(1084ff.). 규범구체화규칙에 대해 부정적인 입장은 이 판결을 호평을 하나, 대부분은 독일 규범체제를 대한 몰이해에서 비롯되었다고 공박한다.

침」(대법원 가족관계등록 예규)이 이에 해당한다. 법률적 규율의 不在란 아예 그것이 전혀 없는 경우는 물론, 법률적 규정이 있으되 구체화규정이 요구될 정도로 매우 개괄적인 경우도 의미한다. 여기서의 '법률대위'를 법률과 동등한 효력을 갖는 것으로 오해해선 아니 된다(김남진/김연태, 194면). 그것은 관계법령이 제정되기까지 나름의 행정통제규칙으로 기능할 뿐이고, 재판규범성을 갖지 않는다. 본래 법률대위적 규칙은 독일의 경우 과거 자금조성과 같은 급부행정영역에서 입법不備의 상황에서 행정이 나름의 지침에 의거하기 위해 고안된 것인데, 급부행정의 영역에서도 법률적 규율이 대폭 증가하여 오늘날에는 그 의의가 많이 가시었다. **본질성이론에 따라 본질적인 사항은 법률대위적 규칙으로 규율해서는 아니 된다**(본서 107면). 「성전환자의 성별정정허가신청사건 등 사무처리지침」은 성별기재 정정을 허용하는 근거로 기능하면, 법률유보의 원칙에 반한다.

2. 「행정업무의 운영 및 혁신에 관한 규정」에 따른 구분의 문제

행정업무규정(대통령령) 제4조 제2호·제3호에 의하면, 지시문서는 훈령·지시·예규 및 일일명령 등 행정기관이 그 하급기관 또는 소속공무원에 대하여 일정한 사항을 지시하는 문서를 말하고, 공고문서는 고시·공고 등 행정기관이 일정한 사항을 일반에게 알리는 문서를 말한다. 종래 사무관리규정이 대체되면서 혼란스러운 상황이 생겨났다. 동 규정의 시행규칙에는 현행법상 훈령, 예규 및 일일명령에 관한 언급이 없는 것이 문제이다. 부득불 종전의 개념정의를 동원할 수밖에 없다. 여기서 훈령이란 상급기관이 하급기관에 대하여 장기간에 걸쳐 그 권한의 행사를 일반적으로 지시하기 위하여 발하는 명령으로서 조문형식 또는 시행문형식에 의하여 작성한다. 예규란 행정사무의 통일을 기하기 위하여 반복적 행정사무의 처리기준을 제시하는 법규문서외의 문서로서 조문형식 또는 시행문형식에 의하여 작성한다. 일일명령이란 당직·출장·시간외근무·휴가등 일일업무에 관한 명령으로서 시행문형식 또는 회보형식 등에 의하여 작성한다(구 규정 시행규칙 제3조). 훈령 및 예규는 당연히 행정규칙에 속하며, 지시는 당연히 행정규칙에 해당하지 않고, 일일명령은 일반적 추상적 성격을 지닌 경우에만 행정규칙에 해당한다.

Ⅲ. 행정규칙의 법적 요건

1. 절차·형식적 요건

행정기관은 자신의 권한의 범위 내에서 행정규칙을 제정할 수 있는데, 법제처의 사전 심사를 거쳐 발해야 하며,[59] 통상 일반추상적 규율에 맞게 조문형식으로 발해져야 한다. 한편 일반적으로 구술에 의한 행정규칙의 발령도 가능하다고 보는데, 과연 그럴 수 있을지 의문스럽다.

행정규칙은 -법규적 효력을 갖는 법령보충적 규칙이라 하더라도- **법령공포법의 적용대상이 아니어서 적당한 방법으로 일반인 또는 관계인에게 표시 또는 통보함으로써 그 효력이 발생한다**(대법원 93도662판결). 종래 공포원칙의 비적용이 법규명령과의 차이점으로 제시되었다. 그런데 행정규칙의 경우에도 「행정업무의 효율적 운영에 관한 규정」의 시행규칙에 의해 대외적으로 알려야 하며, 특히 민원사무처리기준의 고시에 관한 민원처리법의 규정(20조)과 처분기준의 공표에 관한 행정절차법의 규정(20조)에 의해 나름 공지되어야 한다. 각 부처의 홈페이지상으로 고시를 비롯한 소관 행정규칙을 바로 알 수 있다. 공포의 의미를 수범자가 법규범의 존재를 인식하는 모멘트로, 즉 실질적으로 접근하면, 행정규칙 역시 사실상 공포된다고 보아야 한다.[60] 단순히 법령공포법에 따른 형식적 공포의 유무를 법규명령과 행정규칙의 차이로 드는 것은 비현실적이다. 행정규칙이 법외적 존재일 경우에는 표명 정도로 충분하지만, 법규적 효력을 지닐 때는 그것의 직접적 외부효를 담보하는 첫 단추가 공포 문제이다. **이제 법규성 행정규칙은 물론, 행정규칙 일반을 정식의 규범으로 제도화하기 위한 일환으로 법령공포법을 개정하여 이들도 공포대상이 되게 하는 것이 바람직하다. 나아가 관보가 아닌 '법보'를 통해 공포하는 식으로 제도가 바뀔 필요가 있다.**

2. 실체적 적법성 요건

먼저 앞에서의 법규명령처럼 구체적 내용이 합리성을 갖추어야 하고, 법령우위의 원칙에 따라 행정규칙 역시 상위법령에 위배해서는 아니 된다. 그리고 비록 법령의 위임(수권)이 없더라도 행정규칙을 제정할 수 있지만, 그 **제정범위는 법률유보의 원칙에 따라 본질적이지 않은 사항에 그쳐야 한다.** 상위법령의 위임이 없는 데도 본질적인 사항을 규율하거나 상위법령에 위반될 경우 당연히 그 행정규칙은 하자가 있어서 무효가 된다(대법원 79누382판결).[61] 그것의 법규성 여부와 하자의 결과(무효이냐, 단순 위법이냐)는 상관관계가

59) 특히 법규성이 인정되는 행정규칙은 법규명령에 비견되는 사전·사후의 통제가 마련될 필요가 있다.

60) 이 점에서 법령의 게재지를 관보로 하는 우리의 상황이 문제가 없는지 검토할 필요가 있다. 과거와는 달리 무수한 법령이 제정·개정·폐지되는데 언제까지 행정의 일상사항과 더불어 동일 장소에서 게재되어야 하는가? 이제 관보가 아닌 이른바 '법령보' 또는 '법보'가 발간되어야 한다.

61) 동지: 대법원 93다16819판결: 구속, 기소 중에 있는 현역병에 대하여는 전역명령을 발할 수 없도록 규

없다. 문제는 이를 어떻게 다투느냐 하는 것이다(본서 487면).

Ⅳ. 행정규칙의 효력, 특히 직접적 외부효의 문제

1. 논의현황

과거에는 행정규칙에 대해 규율적 성격을 완전히 부인하였기에 그것이 공무원을 상대로 한 효력, 즉 내부적 효력을 갖는 것까지 부인되었지만, **오늘날에는 행정규칙의 내부적 효력은 문제되지 않고, 대국민적 효과 및 그것의 재판규범성여부가 문제된다.**

과거에는 행정규칙의 외부효 자체를 부인하였지만, 오늘날에는 조직규칙을 제외하고선 행정규칙은 대외적으로 영향을 미친다. 가령 재량준칙과 같은 근무규칙은 국민일반에게 영향을 미치며, 특히 영조물규칙은 그 이용자에게 직접적으로 영향을 미친다. 따라서 **오늘날에는 현실적으로 엄존한 외부효는 더 이상 부인되지 않는다. 관건은 이 외부효를 어떻게 접근하느냐이다.**

독일의 통설과 판례는 그 외부효를 직접적인 것으로 보지 않고 그저 사실적인 것으로 보는 식으로 접근한다. 그리하여 여전히 행정규칙의 직접적 외부효를 부인하는 (비법규성) 기조를 견지하면서도, 곤혹스런 현실, 즉 행정규칙의 사실적 외부효의 문제는 자기구속의 법리를 매개로 하여 대처하였다. 다시 말해, 평등원칙이나 신뢰보호원칙을 전환규범으로 삼아 행정관례에 터 잡아 행정규칙에 위반한 행위의 위법을 논증하였다. **우리 문헌상의 지배적 입장 역시 행정규칙의 직접적 외부효를 부인하면서 전환규범과 같은 우회적 방도를 통해 위법성을 논증한다.**[62]

2. 판례의 태도

법원은 본래 문헌상의 지배적 입장과는 다른 접근을 하였다. 즉, 시종 행정규칙의 비법규성에 바탕을 둔 전환규범적 이론구성을 수긍하지 않고, 처음부터 관련 규정의 법적 성질이 법규인지, 법규가 아닌지를 가늠하는 방식으로 접근하였다. 당연히 형식적 기준이 아닌 실질적 기준에 의거하여, 처음부터 법적 성질을 재단하였다. 그 결과

정하고 있는 (구) 병인사관리규정은 입법사항에 속하는 현역병의 복무기간을 법률의 근거도 없이 연장한 것으로서 위 병역법 및 그 시행령의 각 규정에 위반된 무효의 규정이다.

62) 간접적 구속력설과 직접적 구속력설의 상세는 서원우, 전환기의 행정법이론, 335면 이하.

물이 법령보충적 규칙의 법규성인정이며, 위임재량준칙의 경우에도 간접적인 대외적 효력을 인정하기보다는 처음부터 대상 규범의 법적 성질을 가늠하여 그것의 법규성을 부인하였다. 그런데 헌법재판소는 일찍부터 행정법문헌상의 지배적인 입장처럼 전환규범적 논증을 추가하였다.[63] 법원 역시 최근 **대법원 2009두7967판결을 시작으로 대법원 2007다88828, 88835판결에 즈음하여, 자기구속의 법리, 평등원칙, 신뢰보호원칙과 같은 전환규범을 매개로 행정규칙의 대외적 구속력을 논증한 접근방식을 추가하였다.**[64] 결과적으로 바람직하지 않게 독일식의 접근을 따른다.

3. 관견(管見)

먼저 **독일의 통설적 접근을 비판적으로 조망할 필요가 있다.** 독일법상 행정의 상대적으로 낮은 위상과 약한 독립성과, 독일법의 법원지향적 통제(심사)관점과 밀접한 상관관계가 있다. 독일법에서는 통제(심사)사고가 작용사고보다 앞서고, 의회와 법원의 우월적 권한이 행정을 압박한다. 나찌시대의 수권법의 아픈 경험에 따른 독일 공법학의 행정입법에 대한 공포(恐怖)는, 행정규칙이 고유한 힘을 갖지 못하게 하면서, 동시에 그것을 법령과 법원판결 사이에 꽉 끼게 만들었다.[65][66]

독일과 완전히 다른 대통령제 국가인 우리는 이상의 지적을 새로운 인식의 단초로 삼아야 한다. 종전의 법원의 태도에 의하면, 독일의 통설적 기조(사실적, 간접적 구속력설)를 손쉽게 떨칠 수 있다. **법령보충적 규칙의 존재는 독일의 통설적 접근과는 다른 접근을 강구할 수 있게 하는 결정적인 착안점이다. 하지만 이제 불필요한 전환규범적 논증이 추가됨으로써, 방향전환을 모색하기가 곤란하게 되었고, 체계정합적인 논의 역시 더욱 어렵게 되었다.**

한편 이하에서 보듯이 법령보충적 규칙이 공인되고 있고, 위임재량준칙 역시 -비록 판례가 아직 수긍하지 않지만- 대세는 법규성의 인정이다. 그렇다면 **행정규칙 가운데**

---

63) 헌재 90헌마13: 행정규칙이 법령의 규정에 의하여 행정관청에 법령의 구체적 내용을 보충할 권한을 부여한 경우, 또는 재량권행사의 준칙인 규칙이 그 정한 바에 따라 되풀이 시행되어 행정관행이 이룩되게 되면, 평등의 원칙이나 신뢰보호의 원칙에 따라 행정기관은 그 상대방에 대한 관계에서 그 규칙에 따라야 할 자기구속을 당하게 되고, 그러한 경우에는 대외적인 구속력을 가지게 된다 할 것이다.

64) 그런데 대법원 2009두7967판결에서의 논의대상인 농림사업시행지침서는 법령보충적 규칙에 해당하기에, 사실 전환규범적 접근을 할 필요가 없었다. 김중권, 법률신문 제3961호(2011.8.22.) 참조.

65) R. Wahl, in: Festgabe 50 Jahre Bundesverwaltungsgericht, 2003, S.571(596).

66) 일찍이 Ossenbühl은 헌법이론상으로 독일 공법학이 의회에 대해 독점적으로 부여하는 민주적 정당성의 원리의 비현실적인 과도함과는 결별해야 한다고 지적하였다. Ders., Die Not des Gesetzgebers im naturwissenschaftlich-technischen Zeitalter, S.34.

조직규칙과 규범해석규칙을 제외하고서는 실은 모두 법규성이 인정되는 셈이다. 또한 조직규칙 역시 상당 부분이 법령에 의해 정해져 있다. **차제에 행정규칙의 효력에 관한 논의 전반을 새롭게 정리해야 한다.**

V. 법령보충적 규칙의 문제: 이른바 '행정규칙형식의 법규명령'의 문제

1. 효시적 판결

'법령의 규정이 특정 행정기관에게 그 법령내용의 구체적 사항을 정할 수 있는 권한을 부여하면서 그 권한행사의 절차나 방법을 특정하고 있지 아니한 관계로 수임행정기관이 행정규칙의 형식으로 그 법령의 내용이 될 사항을 구체적으로 정한 것'이 문제되었다. 일찍이 대법원 86누484판결은 이런 행정규칙에 대해 해당 법령의 위임한계를 벗어나지 아니하는 한 그것들과 결합하여 대외적인 구속력이 있는 법규명령으로서의 효력을 갖는다고 판시하였다. 다만 행정규칙이나 규정의 내용이 상위법령의 위임범위를 벗어난 경우나 -가령 상위법령에서 세부사항 등을 시행규칙으로 정하도록 위임하였음에도 이를 고시 등 행정규칙으로 정한 경우처럼- 상위법령의 위임규정에서 특정하여 정한 권한행사의 '절차'나 '방식'에 위배되는 경우에는 법규명령으로서의 대외적 구속력이 인정되지 않는다(대법원 2010다72076판결).[67]

2. 논의현황

법률보충적 규칙(法令補充的 規則)**이 판례상으로 공인되었음에도 불구하고,**[68] **그것의 법적 성격을 두고서 대부분의 문헌에서 '행정규칙형식의 법규명령'의 문제로 다투어지고 있다.**[69] 결론이 모아지기 힘들 정도로 입장차이가 엄청나다.[70] 가령 법령의 수권에 착

67) 법령보충적 고시가 행정규제기본법에 의해 제도화된 이상, 판례의 이런 입장은 지나친 형식론이다.
68) 최근의 예: 산업입지 및 개발에 관한 법률 제40조 제1항, 제3항 등의 위임에 따라 제정된 국토교통부와 환경부 고시 '산업입지의 개발에 관한 통합지침' 제36조 제1항 제10호(대법원 2011두24101판결); 산지관리법 제18조 제1항, 제4항, 같은 법 시행령 제20조 제4항에 따라 산림청장이 정한 '산지전용허가기준의 세부검토기준에 관한 규정' 제2조 [별표 3] (바)목 가.의 규정(대법원 2007두4841판결); 구 택지개발촉진법 제3조 제4항, 제31조, 같은 법 시행령 제7조 제1항 및 제5항에 따라 건설교통부장관이 정한 '택지개발업무처리지침' 제11조(대법원 2006두3742, 3759판결); '청소년유해매체물의 표시방법'에 관한 정보통신부고시(헌재 2001헌마894); 농약관리법의 위임에 따른 농약 및 원제의 등록기준 고시(대법원 2019두53389판결).

안하여 법규명령으로서의 효력을 갖는 것으로 보는 법규명령설, 의회입법의 원칙상 법규명령은 헌법에 규정된 것에 국한해야 하기에 행정규칙에 불과하다고 보는 행정규칙설, 이런 행정규칙은 헌법이 예정하지 않은 위임입법이므로 위헌무효라고 보는 위헌무효설이 주장된다. 이들과 다른 차원에서 주장되는 것이 규범구체화행정규칙설이다. 이는 법률보충적 규칙의 존재가 판례에 의해 인정되고 있음을 전제로 독일에서의 규범구체화행정규칙에 관한 논의를 빌려 그것의 직접적 구속효를 인정하려고 한다.

3. 행정규제기본법 제4조 제2항 단서의 문제

1997년에 제정된 行政規制基本法 제4조 제2항 단서가 "법령이 전문적·기술적 사항이나 경미한 사항으로서 업무의 성질상 위임이 불가피한 사항에 관하여 구체적으로 범위를 정하여 위임한 경우에는 고시 등으로 정할 수 있다"고 규정함으로써, 고시를 비롯한 행정규칙에의 위임을 일반적으로 인정하였다. 이 단서조항을 두고서 '행정규칙형식의 법규명령'을 명문으로 인정한 것으로 보는 다수 문헌의 입장이 있는 반면에, 위헌설이 강력히 제기되기도 한다. 하지만 헌법재판소는 법률이 입법사항을 대통령령이나 부령이 아닌 고시와 같은 행정규칙의 형식으로 위임하는 것과 관련하여, 이 단서조항 역시 근거점으로 삼아 논증을 전개하였다(헌재 99 헌바91).

4. 관견(管見)

수질오염물질을 측정하는 경우 시료채취의 방법, 오염물질 측정의 방법 등을 정한 구 수질오염공정시험기준(국립환경과학원고시)가 정한 절차를 위반한 것만으로 시료채취에 기초하여 내려진 행정처분이 위법하다는 주장은 주효하는가? (대법원 2021두58912판결)

모법률이 구체적 권한행사를 행정청에게 수권(위임)한 이상, 그것의 구현메커니즘의 형식은 법적으로 아무런 문제가 되지 않는다. 모법률이 특히 부령으로 정하도록 규정하지

69) 여기서 '법규명령형식의 행정규칙', '행정규칙형식의 법규명령'과 같은 용어의 사용이 과연 문제의 본질이나 법규명령과 행정규칙의 근본이해에 부합하는지 숙고해야 한다. 우리의 경우 양자가 강학상의 개념이고, 형식 자체가 제도적으로 확고하지 않은 점에서, 그로 인해 바른 접근이 저해되고 논의가 매우 혼란스럽게 되었다. 법규적 효력의 인정이 행정규칙의 법규명령화를 의미한다고 오해할 수 있다. 사실 법규적 효력이 있는 행정규칙을 바로 법규명령이라 불러, 정연한 사고를 방해한다. 판례는 대개 "법규명령으로서의(과 같은) 효력(성질)"이란 표현을 사용하여 조심스러운 입장을 견지하고 있다.

70) 관련 학설상의 현황과 논의내용에 관해서는 정남철, 헌법논총 제16집(2005), 459면 이하 참조.

않는 한, 행정청은 나름의 선택에 따라 구현할 수 있다. 행정규칙의 형식으로 구현하더라도, 하등의 문제가 되지 않는다. 그것은 당연히 직접적인 법적 효과를 발생시킨다. 왜냐하면 그것은 기본적으로 모법률이 수권한 행정권한을 행사한 것이기 때문이다. 결국 **그런 행정규칙은 모법률을 비롯한 상위법령의 수권의 결과일 따름이고, 당연히 상위법령과 결합하여 법규적 성질을 가진다.**

독일의 규범구체화행정규칙이 법률이 직접 행정규칙에 구체화를 위임한 경우에 비로소 존재한다는 점에서, 행정규제기본법 제4조 제2항 단서조항으로 인해 법령보충적 규칙에 관한 논의가 독일의 규범구체화행정규칙과 비슷하게 진행될 수 있다. **독일의 경우와 비슷하게 법령보충적 규칙이 예외적으로 인정되긴 하나 대통령제 국가이기에 독일과 다른 행정규칙론을 전개할 필요가 있다.** 그런데 동 단서조항에 기왕의 위임독트린을 그대로 대입시켜 위임의 허용요건을 엄격히 요구하여, 도리어 법령보충적 규칙의 성립가능성을 대폭 축소시킬 우려가 있다. 동 단서조항의 취지를 기왕의 법령보충적 규칙 전반에 통용시키는 것은 곤란하다.

최근 판례는 자신들이 만든 법령보충적 규칙의 존재를 불편하게 여겨 가능한 그것으로 보지 않고 애써 -자신에게 유리한- **행정규칙으로 접근하려는 경향을 보인다.**[71)72)] 과거와 다른 새로운 난맥상이 빚어지고 있다.

Ⅵ. 재량준칙의 문제: 이른바 '법규명령형식의 행정규칙'의 문제

1. 재량준칙의 의의

비록 재량이 우선 개별사건을 목표로 삼더라도(개별적 재량행사의 원칙) 행정청은 소속 공무원은 물론 하급행정청의 통일적 재량행사를 위해 재량지침(재량준칙)을 정할 수 있다. 통상 법률은 허가취소 등을 규정함에 있어서 처분사유와 함께 불이익처

71) 가령 대법원 2020두43722판결은 시행령에 의거하여 국토교통부 훈령으로 정한 '개발행위허가운영지침'을 행정규칙으로 보았으며, 대법원 2020두57042판결은 국립환경과학원고시로 제정된 악취공정시험기준을 행정규칙으로 보아 법규성을 부인하면서 동 기준위반 자체로 절차하자로 보지 않았다. 대법원 2021두58912판결 역시 동일한 기조에서 접근한다. 절차하자 여부에 대해 엄격한 태도를 취한 것은 바람직하나, 그 논거는 결코 타당하지 않다. 왜냐하면 이들 고시는 환경시험검사법 제6조에 의거하여 제정된 법령보충적 고시이므로 법규적 성질을 지니기 때문이다.

72) 가령 대법원 2020두39297판결이 산업재해보상보험법 시행령 제34조 제3항 및 [별표 3]이 규정하고 있는 '업무상 질병에 대한 구체적인 인정기준'을 특별한 논거를 제시하지 않은 채 예시규정으로, 관련 고시를 자신에게 유리하게 행정규칙으로 보았다(동지: 대법원 2012두24214판결; 2022두47391판결). 타당하지 않은 이 문제점에 관한 상론: 김중권, 법조 제750호, 2021.12.28.; 사법 제55호, 2021.3.15.

분을 세분화하지 않고, 그 사유만을 일반적으로 규정할 뿐이다. 행정은 법집행의 통일을 기하기 위해 당연히 처분사유와 그에 따른 불이익처분(침익처분)을 세분화하려 한다. 그것이 바로 제재처분의 기준과 같은 재량준칙이다.

2. 논의현황

(1) 법규명령인지 여부의 물음

재량준칙이 법령의 위임(수권)에 의거하여 법규명령의 형식으로 발해질 때 문제가 생긴다. 일반적으로 '법규명령형식의 행정규칙'이라는 명칭으로 다투어진다. 내용에 초점을 맞추어 법적 성질을 가늠하면 자연 행정규칙설을 취하고, 그 반대로 존재형식에 초점을 맞추면 당연히 법규명령에 해당한다(법규명령설).[73]

판례는 과거에는 실질에 초점을 맞추어 설령 처분기준이 부령으로 되어 있더라도 그것을 무시하고 법규명령으로 보려 하지 않았는데,[74] **지금은 대통령령의 형식으로 존재하는 경우에는 그것을 법규명령으로 보지만**(대법원 97누15418판결), **부령형식으로 존재하는 경우에는 종래의 입장을 견지한다.** 그리하여 부령형식의 경우에는 비법규성을 내세워 상위법령의 규정과 입법목적 등에 따라 판단한다. 이 경우 법원은 재량준칙상의 기준에 그 자신이 원천적으로 구속되는 것을 피할 수 있다. 하지만 규정 내용이 객관적 합리성을 결여하였다는 특별한 사정이 없는 한 법원이 재량준칙을 존중하는 것은 바람직하다고 여기고, 그에 의거하여 재량하자를 판단하곤 한다.[75] 하지만 법원은 행정규칙의 내용이 상위법령에 반한다고 여기는 경우에는 -비구속성에 의거하여- 행정규칙이 부존재한 것으로 취급하여 조치의 당부를 상위법령의 규정과 입법목적 등에 따라 판단한다(대법원 2013두20011판결; 2017두66541판결). 법원에게는 이런 비법규성 논증방식이 규범통제를 통해 해당 법규범의 위헌위법성을 확인하여 그것을 무효화하는 방식보다는 매우 편리하다.

73) 이 논의는 당연히 위임(수권)이 전제된 것이어서 새삼 수권여부를 기준으로 삼을 필요는 없다. 한편 법규명령과 행정규칙도 아닌 독자적 법형식이라는 주장이 있는데, 이는 제3의 행정입법을 용인하자는 것인데, 학설로 보기는 어렵다.

74) 대법원 82누304판결: 1965.9.15자 교통부훈령 제142호, 1981.1.1자 같은령 제680호(자동차운수사업법 제31조 등에 관한 처분요령)는 법규의 성질을 가지는 것으로는 볼 수 없고, 상급행정기관인 교통부장관이 관계 하급기관인 직원에 대하여 직무권한의 행사를 지휘하고 직무에 관하여 명령하기 위하여 발한 것으로서 행정조직내부에 있어서의 명령에 지나지 아니한다.

75) 대법원 2013두963판결: 당해 처분의 적법 여부는 위 처분기준만이 아니라 관계 법령의 규정 내용과 취지에 따라 판단하여야 한다. 따라서 그 처분기준에 부합한다 하여 곧바로 당해 처분이 적법한 것이라고 할 수는 없지만, 위 처분기준이 그 자체로 헌법 또는 법률에 합치되지 않거나 그 기준을 적용한 결과가 처분사유인 위반행위의 내용 및 관계 법령의 규정과 취지에 비추어 현저히 부당하다고 인정할 만한 합리적인 이유가 없는 한, 섣불리 그 기준에 따른 처분이 재량권의 범위를 일탈하였다거나 재량권을 남용한 것이라고 판단해서는 안 된다. 동지: 대법원 2015두40248판결; 2016두57984판결 등.

최근 판례의 입장에 다소의 변화가 강구된다. 대법원 2003두4355판결은 '시외버스 운송사업의 사업계획변경 기준 등에 관한 구 여객자동차 운수사업법 시행규칙 제31조 제2항 제1호, 제2호, 제6호'가 동법 제11조 제4항의 위임에 따라 규정된 것임을 들어 법규명령에 해당한다고 판시하였다. 그런데 동 판결은 문제의 시행규칙 규정이 제재적 처분의 기준에 해당하지 않는다는 것을 전제로 하였다.[76)]

⑵ 재량준칙의 구속의 의미

대통령령 형식의 위임재량준칙을 법규명령으로 보는 것과는 별개로 그 구속의 의미를 두고서 논란이 있다. 과거 대법원 97누15418판결은 규정된 제재처분기준(영업정지기간)에 전적으로 행정청이 구속되어 정지기간의 정함에 재량의 여지가 없다고 보았지만, 대법원 99두5207판결은 청소년보호법에서 위반행위의 종별에 따른 시행령상의 과징금처분기준(과징금액수)을 법규명령으로 접근하면서도 최고한도액으로 접근하여 행정청이 사안에 따라 적정한 액수를 정해야 한다고 판시하였다. 즉, 재량의 여지가 있다고 보았다. 반면 대법원 2013두8653판결은 국토계획법시행령상의 이행강제금부과기준은 상한을 정한 것이 아니라, 위반행위 유형별로 계산된 특정 금액을 규정한 것이므로 이행강제금액을 결정할 재량이 없다고 판시하였다.

계쟁처분이 기속행위인지 재량행위인지에 따라 구속의 의미가 다르다. 기속행위라면 기준금액이나 법정기간과 다른 판단은 허용되지 않지만, 재량행위라면 기준금액은 최고상한의 의미를 갖는다.[77)] 이런 구분은 법원에 의한 일부 취소판결의 허용성의 물음으로 귀착되는데, 기속행위라면 허용되고, 재량행위라면 허용되지 않는다(본서 866면).

3. 관견(管見)

⑴ 법규명령인지 여부의 물음과 관련해서

법에서 판단의 일차적 기준은 형식이되, 그것이 여의치 않을 때 가령 형식의 남용이 있으면 실질의 관점을 투영시킬 수 있다. 따라서 **법규범의 존재형식이 법규명령에 해당하는 형식을 취하는 이상, 형식남용이 없는 한 법형식이 바로 법적 성질이다.** 법령의 수권에 의거한 재량준칙(처분기준)은 대통령령이든 부령이든 판례와는 다르게 법규명

76) 동 판결을 법규명령·행정규칙 구별에 관한 대법원의 실질적 판례변경으로 보는 입장으로 김남진, 법률신문 제3568호(2007.7.5.).
77) 대법원 97누15418판결과 대법원 2013두8653판결의 사안은 기속행위의 문제이고, 대법원 99두5207판결의 사안은 재량행위의 문제이다.

령으로 보아야 한다. 물론 개별적 위임(수권) 없이 제정되면 내부적 준칙에 그친다(대법원 2006두3049판결).[78] 그런데 법률이 재량준칙의 제정을 직접 수권하지 않더라도, 재량수권 그 자체로부터 재량준칙의 제정은 자연적으로 도출된다. 특히 비록 일반적 수권이긴 해도 처분기준과 관련하여 구체화와 공표의 의무를 과한 행정절차법 제20조의 존재는 재량준칙의 법규성을 강화시키는 데 결정적으로 이바지한다(본서 613면).

(2) 대법원 2003두1684전합판결의 의의와 그 후과(後果)

한편 대법원 94누14148전합판결이 취한 기조(부령인 제재처분기준⇒행정규칙⇒사실상 불이익의 인정)가 대법원 2003두1684전합판결에 의해 바뀌었다. 여기서 비록 별개의견처럼 제재적 행정처분기준을 곧바로 법규명령으로 보지 않은 점은 아쉽지만, 다수의견이 행정규칙에 의거해서도 법적 불이익이 생겨날 수 있다고 함으로써 자연스럽게 후속적 물음을 야기하였다. 법적 불이익을 낳는 근거규정이 법규가 아니라면 그 자체가 법률유보차원의 문제를 낳는다. 따라서 이런 문제를 해소하기 위해서는 원하든 원하지 않든 부령형식의 제재적 행정처분기준은 법규명령으로 볼 수밖에 없다.

대법원 2003두1684전합판결로 인해 비가역적(非可逆的)인 결과가 생겼기에, 재량준칙에 대해 불원간 근본적인 변화가 예상된다. 이제 법원은 자신의 재량심사권을 온존시켜주는 매우 이로운 틀인 행정규칙의 비법규성의 기조를 버리고,[79] 재량행사기준의 내용이 문제된다면 오히려 적극적인 규범통제를 강구할 필요가 있다. 식품의약품안전처의 출범에 따라 종래 부령형식의 제재처분의 기준이 총리령형식으로 대체되었다. 이 경우에도 판례가 비법규로 접근할지 궁금하다.

(3) 재량준칙의 구속의 의미와 관련해서

재량준칙의 구속의 의미와 관련해서 법규성을 인정하는 이상, 행정재량의 존재를 전제로 사법통제를 하는 것은 자칫 법관의 법(률)구속의 원칙에 반할 수 있다. 그런데 이행강제금의 경우 시정명령의 후속적 집행수단이자 간접강제로서의 본질에 비추어 행정재량을 인정하는 자체가 곤란하다. 이 점에서 이행강제금액결정의 재량을 부인한 대법원 2013두8653판결은 타당하다. 반면 과징금부과처분의 경우 부담적 행정행위를 대체하면서도 법위반에 대한 직접적인 제재수단으로서의 성격이 강하다. 따라

---

78) 예: 법무부장관이 2013.10.1. 제정한 「집행증서작성사무지침」(대법원 2020두42262판결).

79) 사실 독일에서 통설인 자기구속설이 엉터리라는 맹비난을 받음에도 불구하고 여전히 유지되는 데는 법원은 자기에게 유리한 그 기조를 굳이 버릴 이유가 없기 때문이다.

서 이행강제금의 경우보다 개별적 정당성의 요구에 더욱 부합해야 하는데, 일체의 법위반에 대해 이런 요구를 섬세하게 반영하기란 -가중감경규정을 둔다 하더라도- 법현실에서 매우 어렵다. 시행령상의 과징금처분기준을 최고 상한으로 접근한 대법원 99두5207판결의 태도는 기준 자체를 문제 삼기보다는 나름 개별적 정의를 실현하기 위한 법형성작용의 일환으로 봄직하다.

한편 **재량준칙은 기본적으로** -불문의 일탈가능성을 전제로- **재량행사의 제한의 의미를 지니기에, 그것이 재량이 지향하는 개별적 정의의 실현과 배치될 경우에는 재량준칙을 기계적으로 적용하기보다는 나름의 판단에 의거하여 상황에 알맞은 결정을 내려야 한다.**[80)]

Ⅶ. 행정규칙에 대한 통제

1. 비사법적(非司法的) 통제

행정규칙의 제정 역시 행정활동이므로 앞에서 법규명령에 관한 국회에 의한 통제가 그대로 통용된다. 직접적 통제와 관련해서는 국회법은 대통령령과 같은 법규명령과는 달리 소관 상임위원회에 대한 제출의무만을 규정할 뿐, 상임위원회에 의한 검토등에 대해서는 아무런 언급을 하지 않는다(국회법 98조의2 1항, 3항). 간접적 통제는 법규명령에서와 마찬가지로 통용된다. 행정적 통제와 관련해서는 우선 각급 행정기관의 훈령·예규·고시는 그 내용이 적법하고 현실에 적합하게 발령·유지·관리되어야 한다(법제업무운영규정 25조 1항). 각 중앙행정기관의 장은 훈령·예규등이 제정·개정 또는 폐지되었을 때에는 발령 후 10일 이내에 해당 훈령·예규 등을 법제처장이 정하는 정부입법 관련 전산시스템에 등재하여야 하며, 법제처장은 등재된 훈령·예규 등을 수시로 심사·검토하고, 법령으로 정하여야 할 사항을 훈령·예규 등으로 정하고 있거나 법령에 저촉되는 사항 또는 불합리한 사항을 정한 훈령·예규 등이 있는 경우에는 심사의견을 작성하여 소관 중앙행정기관의 장에게 통보하여야 한다(2항, 3항). 국민에 의한 통제와 관련해서는 행정예고의 차원(행정절차법 46조)에서 행해질 수 있다.

80) 대법원 2017두51501판결: 설정된 (재량)기준이 그 자체로 객관적으로 합리적이지 않거나 타당하지 않음에도 행정청이 만연히 그에 따라 처분한 경우 또는 기준을 설정하였던 때와 처분 당시를 비교하여 수송 수요와 공급상황이 달라졌는지 등을 전혀 고려하지 않은 채 설정된 기준만을 기계적으로 적용함으로써 휴업을 허가할 것인지를 결정하기 위하여 마땅히 고려하여야 할 사항을 제대로 살피지 아니한 경우 등에까지 단지 행정청의 재량에 속하는 사항이라는 이유만으로 행정청의 의사를 존중하여야 하는 것은 아니며, 이러한 경우의 처분은 재량권을 남용하거나 그 범위를 일탈한 조치로서 위법하다.

2. 사법적(司法的) 통제

행정규칙 가운데 법규성이 인정되는 것은 직접적 법효과를 발생시키며, 행정의 법구속의 대상이기도 하다. 그런 행정규칙의 하자는 앞에서 본 법규명령의 하자와 동일하다. 따라서 **위법한 법규성 행정규칙은 법규명령의 통제의 차원에서 법규헌법소원심판이나 부수적 구체적 규범통제의 일환으로서 다툴 수 있다.** 반면 상위법령의 위임이 없음에도 불구하고 본질적 사항을 규율하는 경우처럼, **법규성이 인정되지 않는 행정규칙이 문제될 때에는 세심한 검토가 필요하다.**

법원에 의한 부수적 구체적 규범통제의 차원에서는 2가지의 방도가 있을 수 있다. 그런 행정규칙의 비구속성을 내세워, 즉 재판규범성을 부인하면서, 집행행위의 위법성을 상위 법령에 의거해서 판단하는 방도(현재의 판례의 경향)와 근거규정인 행정규칙의 하자여부에 연동시켜 집행행위의 위법성을 판단하는 방도가 있다. 전자에 의하면, 행정규칙에 대해 법규가 아니라는 이유로 사법통제가 배제될 수 있는 이상한 결과가 빚어진다. 또한 자칫 상위법령에 의해 집행행위가 부당하게 정당화될 가능성도 있다. 따라서 법률유보의 원칙 및 본질성이론에 비추어 효과적인 규범통제를 강구하기 위해서는 후자를 취하는 것이 바람직하다.[81] 그러나 －앞에서 보았듯이－ 판례는 바람직하지 않게도 자신에게 유리한 전자를 취한다(대법원 2003마715결정 등). 그리하여 행정각부의 장이 정하는 고시의 규정 내용이 근거 법령의 위임 범위를 벗어난 경우, 벗어난 부분에 대해 법규명령으로서 대외적 구속력을 인정하지 않는 식으로(대법원 2021두39362결정 등) 대처한다.

한편 헌법재판소는 행정규칙이 일반적으로 행정조직 내부에서만 효력을 가지는 것이고 대외적인 구속력을 갖는 것이 아님을 들어 원칙적으로 헌법소원의 대상이 되지 않지만, 그것이 －법령보충적 성격을 갖거나 전환규범을 매개로 하여－ 대외적인 구속력을 가지는 경우에는 헌법소원의 대상이 된다고 판시하였다(헌재 2008헌마496; 2012헌마767 등). 그리고 부정당업자 제재 처분을 받은 자를 일정 기간 수의계약의 계약상대자에서 배제하도록 규정한 행정자치부예규 조항은 헌법소원의 대상이 된다(헌재 2015헌마853).

81) 한편 오래 전에 대법원 79누382판결은 상위법령에 근거가 없음을 들어 행정규칙의 무효를 논증한 다음 그 집행행위의 하자 역시 중대명백하다고 하여 그것을 무효로 판시하였다.

04 행정(공법)계약과 행정사실행위

제 1 절 행정계약

Ⅰ. 행정계약의 행정법적 위상

1. 행정계약의 유용성과 적용범위

새롭게 등장하는 문제가 행정의 계약적 활동이다. 계약적 활동은 사법에만 유보되어 있지 않고, 공법에서도 인정되고 있다.[1] 행정행위가 실무에서 가장 빈번한 법형식이긴 해도 행정청은 합의에 의한 규율의 방법도 택할 수 있으며 시민과 계약을 체결할 수 있다. **협력적 행정작용의 일환인 행정계약의 유용성은 행정행위의 징표인 일방성과 대비하여 존재한다.** 즉, 행정청의 우월적 지위가 전제되지 않으며, 원칙적으로 당사자간에 합의에 의한 규율이기에 서로간에 의사를 조율할 수 있어서 탄력적 규율이 가능하며, 그리하여 분쟁이 미연에 방지될 수 있다.

행정계약의 적용범위는 행정행위도 포착되는 영역에 국한하지 않고, 그것을 넘어선다. 행정계약은 고평가되고 있으며 덩달아 그 숫자와 의의가 더욱 증대되고 있다. 민간화와 '행정법적 공사협력관계'(Public Private Partnership, PPP)가 행정의 트렌드가 되면서 등장한 제휴(협력)계약이 그 예이다.[2]

1) 유럽연합법의 차원에서도 공인된 작용형식이다(유럽연합운영조약 제272조).
2) 독일 연방정부는 "현대국가-현대행정"이란 정부프로그램안에 행정과 사인간의 파트너적 공동작업의 주제를 포섭하였다. 그 프로그램의 하나로서, 2005.6.30.에 "공사협력관계의 전환촉진과 법률적 대강조건(한정조건)의 향상을 위한 법률"(PPP-Beschleunigungsgesetz, PPP촉진법)이 제정되었다. 이와 더불어 '행정법적 공사협력관계'에 관한 규율을 행정계약을 바탕으로 행정절차법상으로 채용하는 것도 논의되고 있다. Vgl. Reicherzer, DÖV 2005, S.603ff.; Häfner, LKV 2005, S.340ff.

2. 행정계약에 제기되는 문제점

법률유보의 확대, 재량의 규범화, 주관적 권리의 인정, 사법적 권리보호가 제시하듯이, 행정에 관한 법적인 네트워크는 특히 시민과의 관계에서 한층 조밀하게 연결되어 있는데, 이런 네트워크가 조밀하면 할수록, 계약적인 형성을 위한 여지는 더욱더 적어진다. 더군다나 **행정계약이 광범하게 유포되면 될수록, 그것은 개인적 계약형성의 양상에는 더욱더 덜 적합하게 된다.** 그것이 행정의 일상적 작용수단이 되어버리면, 한층 더 사전 인쇄되고 정형화된 양식을 취할 것이고, 그 결과 행정계약과 행정행위간의 차이점은 행정계약이 처음 등장한 때만큼이나 그리 크지 않다. 행정행위와 구분되는 점은, 오로지 이런 종류의 정형화된 계약양식에, 즉 행정이 의도한 규율에 시민이 서명함으로써 더 강한 구속을 받는다는 것에만 있을 뿐이다.

나아가 행정계약은 2가지의 고민을 안고 있다. 행정작용의 수단이라는 점에서 사법계약과 구별되는 특수성이 담보되어야 하고, 당사자간의 합의에 기초한 점에서 행정행위와 구별되는 특수성을 지녀야 한다. **오늘날에는 더 이상 행정계약의 원칙적인 허용성은 문제되지 않는다. 행정계약법을 법적 요건, 법적 형상, 하자결과 등에서 도그마틱적으로 완성시키는 것이 관건이다.** 따라서 행정계약의 특수성에 관한 논의가 행정계약론의 주제이다.[3] 하지만 활발한 논의의 결과물로 독일처럼 자세한 성문의 틀이 마련되지 않는 한, 행정기본법 제27조에도 불구하고 행정계약과 관련한 논의는 단지 쟁송방법의 차원에서 당사자소송의 대상이라는 수준에 그친다.[4]

Ⅱ. 행정계약과 행정의 법률적합성의 원칙

과거 관헌국가적 이해에 입각하여 국가(군주)와 국민을 신민관계(臣民關係)로 설정하여 복종관계를 부정하는 행정계약이란 행정법관계에서 성립할 수 없다고 보기도 하였지만, 이는 19세기적 사고이다. **오늘날 행정계약의 허용성은 전혀 문제되지 않고,**

3) 참고문헌: 김남진, 고시계, 2007.7.; 김해룡, 고시계 2001.8.; 정하중, 서강법학연구 제11권 제1호(2009.6.); 김호정, 외법논집 제34권 제4호(2010.11.); 유지태, 고시연구 2004.3.; 조성규, 자치행정 제288호(2012.3.); 이상해, 법학연구 제45권 제1호(2004.12.); 김대인, 행정계약법의 이해, 2007; 동인, 특별법연구 제9권(2011.7.); 김효연, 오토・마이어의 공법상계약 이론에 관한 연구, 2012.

4) 반면 일본에서는 1999부터 행해진 '사회복지기초구조개혁'의 차원에서 사회복지서비스제공에서 행정계약론이 활발히 논의되고 있다. 大橋洋一, 行政法Ⅰ, 2009, 363頁.

법치국가원리에 비춰 그것의 자유성이 문제될 뿐이다.

법률우위의 원칙은 당연히 통용된다. 계약을 요구하는 행정이익을 위해서는 때로 법률우위의 원칙이 후퇴할 수도 있다는 극단론도 없지 않으나, 행정계약이 원칙적으로 법률우위의 원칙에 위반될 수 없음은 다른 행정작용에서와 마찬가지이다. 행정이 법률적으로 확정된 자신의 활동여지를 계약적 합의를 통해 확대하는 것은 허용되지 않는다. 행정기본법 제27조 제1항 역시 행정계약이 법령 등을 위반하지 않는 범위에서 허용됨을 분명히 한다.

여전히 **관건이 되는 첫 번째 물음은 행정행위에 의해 확정되어서는 아니 될 규율을 계약의 방법으로 발해질 수 있는지 여부이다. 그리고 두 번째 물음은 위법한 계약도 −행정행위와 마찬가지로 공정력이 인정되는 양− 여전히 유효한지 여부와 어느 정도로 유효한지이다.** 법률유보원칙과 관련해서는, 특히 **'행정행위에 갈음하는 행정계약'을 법률의 수권없이 체결할 수 있는가 하는 것이 문제가 된다**(김남진/김연태, 424면). 독일처럼 그것을 허용하는 명문의 규정이 없는 이상, 이론적 해결방안을 모색해야 한다. 행정의 형식선택의 자유가 인정되는 이상, 과세처분처럼 행정계약이 동원될 수 없는 경우가 아닌 한, 재량행위에 해당하면 행정은 행정행위에 갈음하거나 준비하기 위하여 행정계약을 체결할 수 있다고 보아야 한다.[5] 행정계약체결의 가능성을 규정한 행정기본법 제27조 제1항의 의미를 적극적으로 접근할 필요가 있다. 다만 상대방이 그에 응하지 않으면 행정계약은 성립할 수 없으며, 상대방의 동의를 강제해서는 아니 된다. 이런 행정행위대체적 행정계약의 경우 법적 규율을 어떻게 해야 할지가 문제된다.

Ⅲ. 행정계약의 의의 및 다른 법적 행위와의 구별

1. 행정계약의 의의

행정계약이란 행정의 법적으로 포착된, 법구속적인 협력적 행정작용이다. 그 효과가 상대방의 임의로운 복종에 의존하는 비공식적인 협상과 대비하여, 행정계약의 법구속성은 본질적인 특징이다. 행정법을 광의의 행정법으로 이해하여 '행정의 법'으로 접근하면 행정계약은 공법계약으로서의 행정계약과 함께 행정상의 사법계약을 포함한다. 행정계약을 좁게 공법계약으로 국한하여 설정할 것인지 아니면 행정의 일체의 계

5) 기속행위의 경우에는 행정계약의 동원가능성이 법률상으로 규정되어야 가능하기에 의미가 없다.

약으로 행정의 사법계약까지 포함시킬 것인지 여부를 두고서 논란이 있지만, 여기서는 공법계약을 의미하는 좁은 의미의 행정계약을 취하기로 한다. **행정계약이란 행정주체 상호간에, 행정과 시민간에 행정법적 권리와 의무에 관해서 체결한 공법적 효과의 발생을 목적으로 한** (공법)**계약을 말한다.** 행정기본법은 공법상 법률관계에 관한 계약을 공법상 계약(행정계약)이라 한다(27조 1항).

2. 다른 법적 행위와의 구별

(1) 행정계약과 사법계약과의 구별

국책사업인 '한국형 헬기 개발사업'에 개발주관사업자 중 하나로 참여하여 국가 산하 중앙행정기관인 방위사업청과 '한국형헬기 민군겸용 핵심구성품 개발협약'을 체결한 甲 주식회사가 협약을 이행하는 과정에서 환율변동 및 물가상승 등 외부적 요인 때문에 협약금액을 초과하는 비용이 발생하였다고 주장하면서 국가를 상대로 초과비용의 지급을 구하는 민사소송을 제기하였다. 여기서의 협약은 사법계약인가? (대법원 2015다215526판결)

공법계약으로서의 행정계약과 행정의 사법계약의 구별은 매우 중요하다. 어떤 계약법이 적용되어야 하는지, 어떤 책임규율이 적용되는지, 어떤 집행가능성이 존재하는지, 분쟁에서 어떤 구제방법이 열려있는지가 정해지기 때문이다. 행정계약에 관한 일반법이 없는 우리의 경우 특히 마지막 물음과 관련해서만 그러하다. 공법과 사법의 구별에 관한 논의(구별기준 등)가 그대로 통용된다(본서 21면 이하).

계약 당사자의 법적 지위가 계약의 법적 성질을 바로 정하지는 않는다. 당사자 일방 또는 양방이 행정주체라고 하여 곧바로 행정계약의 인정으로 귀결되지 않으며(후술),[6] 사인도 공무수탁사인의 지위에서 행정계약의 당사자가 될 수 있다. **양자의 구분은 계약대상에 의해 가늠하되, 계약목적을 포함한 계약의 전체성격을 목표로 삼아야 한다.** 계약의 대상이 공법적 사건으로 판단되어야 할 사안과 관련이 있는지 여부, 즉 계약으로 져야 할 의무나 집행된 처분이 공법적 성격을 갖는지 여부에 좌우된다. 가령 공법적 법규범의 집행에 이바지할 경우,[7] 행정행위나 기타 고권적 행정작용을 발하기 위한 의무를 담고 있을 경우,[8] −부역·현품과 같은 인적 공용부담을 계약체결을 통해 새롭게

6) 심지어 행정주체간의 계약조차 경우에 따라서는 가령 일반(잡종)재산 매각은 사법적 성질을 갖는다.
7) 토지보상법의 협의취득의 법적 성질이 문제될 수 있는데, 판례는 사법계약으로 본다(대법원 91누3871판결; 2006두7096판결). 반면 토지수용의 한 단계로 보아 공법계약으로 보기도 하며(김동희/최계영, 228면), 공권적 강제력이 배경된다는 점을 근거로 공법계약으로 보기도 한다(박균성, 571면).

설정한 것처럼- 시민의 공법적 권리·의무와 관련이 있을 경우에는 행정계약에 해당한다(김남진/김연태, 426면). 국가연구개발사업규정에 근거하여 체결한 협약은 공법계약에 해당하여 당사자소송으로 다투어야 한다(대법원 2015다215526; 2021다250025판결). 그러나 국가나 지방자치단체가 사인과 체결한 공공조달계약이나 공사도급계약, 건물임대차계약은 사법계약이다. 국가계약법에 따라 체결하는 공공계약(국가를 당사자로 하는 계약이나 공기업이 일방 당사자가 되는 계약)도 당연히 사법계약이며(대법원 2006마117결정; 2012다74076전합판결), 국·공유 일반재산의 대부·매각 등의 행위 역시 사법행위에 해당한다(대법원 99다61675판결; 2010다59646판결).[9]

⑵ 행정계약과 행정행위와의 구별

(가) 동의(신청)를 필요로 하는 행정행위와의 구별

행정행위는 법효과의 일방적인 설정을 목표로 한다. 반면 계약은 존재요건으로서 법효과의 발생에 관해 두 권리주체간에 의사합치를 요구한다.[10] 그런데 **행정행위 가운데 동의에 의한 행정행위의 경우가 문제된다.** 그런데 동의(신청)를 필요로 하는 행정행위는 여전히 행정청이 일방적으로 발한 규율인 점에는 하등의 다른 점이 없다. 여기서 동의의 요청은 시민으로 하여금 공동결정하면서 규율과정에 참여시키려는 목적을 위한 것이 아니라, 시민에게 원하지 않는 행정행위가 시민에게 닥치지 않게 하는 점을 확고히 할 뿐이다. 반면 행정계약에서 시민의 의사(동의)는 규율형성에 참여하는 모습이다. **시민의 의사표시가 계약에서는 존재요건인 반면, 동의에 의한 행정행위에는 적법요건(이나 종종 효력요건)에 해당한다.** 따라서 후자에서 동의가 결여된 경우 행정행위가 존재하되, -무효로 보는 입장도 있지만- 유동적 효력불발생이 된다(본서 288면).

개별사건에서 행정계약이나 동의부 행정행위를 받아들일 것인지 여부가 의문스러울 수 있다. 표시행위와 전체 상관관계에 의해 탐문될 수 있는 관계자 특히 행정청의 의사가 결정적이다. 여기서 **시민이 규율의 내용형성에 영향을 미칠 수 있는지 아니면 단지 동의거부를 통해 규율을 발하는 것을 저지할 수 있을 뿐인지 여부가 중요하다.**[11]

8) 그러나 판례는 사법형식의 부담이행행위에 대해 순전히 사법적 차원에서 접근한다(대법원 2007다63966판결; 2006다18174판결 등). 본서 442면 이하 참조.

9) 그리하여 일반재산의 대부료(사용료) 납부(납입)고지는 행정처분이 아니라, 사법상의 이행청구에 해당한다. 그러나 판례는 대부료의 징수는 공법관계로 접근하여 민사소송의 방법으로 관철하는 것을 불허한다(대법원 2014다203588판결; 2013다207941판결 등).

10) 여기서 유의할 점은 의사합치에 중점을 두어야 한다. 자칫 '대등한 지위'에 초점을 맞추면 행정행위와 관련이 있는 행정계약의 성립여지가 부당하게 매우 좁아진다.

11) 행정청과 시민이 각기 다른 생각을 지닐 수 있다. 행정청은 계약을 체결하고자 하나 시민은 자신의 표시행위가 행정행위에 대한 신청으로 이해되길 원할 경우, 의사합치가 없기에 계약은 존재하지 않고

(나) 부관부 행정행위와의 구별

행정행위의 발급에 배치될 수 있는 의문점과 장애를 제거하기 위해 시민에게 추가적 의무를 과할 수 있는데, 그것은 일방적으로(부관의 형식으로) 과하거나 합의에(행정계약) 의할 수 있다. 이들 추가적인 의무에 대해 시민은 수익적 효과를 동시에 포기하는 것을 전제로 다음과 같이 대처할 수 있다. 즉, 계약의 경우 합의를 거부함으로써, 부담의 경우 본체인 행정행위를 행사하지 않음으로써, 정지조건의 경우 조건을 이행하지 않음으로써 대처할 수 있다.

Ⅳ. 행정계약의 종류

1. 주체에 의한 구분

(1) 행정주체 상호간의 행정계약

행정주체 상호간에 사무위탁, 도로 등 공공시설의 관리 및 비용부담에 관한 합의가 이에 해당하는데, 통상 공법상의 협정이나 협약이라 부른다. 다만 행정주체 상호간의 계약이라도 모두가 공법계약으로서의 행정계약은 아니다. 가령 일반재산(잡종재산)의 매각은 사법적 성질을 가진다.

(2) 행정주체와 사인간의 행정계약

甲은 1990.7.24. 서울특별시의 경찰국 산하 서울대공전술연구소 소장과 지방전문직공무원 채용계약을 체결하여 연구소의 연구위원으로 근무하여 오던 중, 서울특별시가 채용기간 중 1990.9.25. 甲의 업무태만 및 복무상 의무의 위반을 이유로 지방전문직공무원규정 제7조 제1호 및 제4호에 의거하여 채용계약을 해지하였다. 채용계약 해지의 의사표시는 아무런 계약해지의 사유가 없을 뿐만 아니라 지방공무원법 소정의 징계절차를 거치지 않고 이루어진 것이어서 무효라 여기는 甲은 어떤 쟁송방법을 취해야 하는가? (대법원 92누4611판결)

대표적으로 전문직공무원의 채용은 행정계약에 의해 이루어진다.[12)13)] 현행 보조금

행정행위도 존재하지 않는다. 반면에 행정청은 행정행위를 발하고자 하나 시민은 자신의 표시행위를 계약의 구성요소로 여긴 경우에는 마찬가지로 계약은 존재하지 않으나, 행정행위는 존재할 수 있다(물론 무효나 유동적 효력불발생의 형태로).

12) 같은 맥락에서 시립무용단원 위촉(대법원 95누4636판결); 공중보건의사의 채용(95누10617판결); 시립합창단원 위촉(2001두7794판결); 국방홍보원장의 채용(2002두5948판결; 지방계약직채용(2006두16328

법은 보조금지급을 행정행위적 메커니즘으로 규정하고 있는데, 이를 갈음하여 계약으로 형성된다면, 그 보조금지급계약 역시 행정계약이 될 수 있다.[14]

업무의 위수탁관계의 경우 −민영교도소법상의 교정업무의 위탁계약처럼− 공무수탁사인의 경우 어려움 없이 행정계약에 해당하는데, 행정보조인의 경우에는 논란이 될 수 있는데, 사법관계로 접근하는 것이 바람직하다.[15] 이런 맥락에서 공공하수처리시설 운영관리 위・수탁 협약과 자원회수시설과 부대시설에 관한 위・수탁 운영 협약은 사법상의 계약이다(대법원 2015다205796; 2018두60588판결). 따라서 행정대집행에서 대집행의 위탁을 사법계약으로 보는 것은 문제가 없다.[16] 하지만 그렇다고 하여 수탁받은 제3자의 행정보조인적 지위와 이들의 대집행실행의 공무집행적 성격이 부인되지는 아니 한다.

한편 판례(대법원 2014두11328판결)에 의하면, 폐기물처리업허가를 받은 자에게 음식물류 폐기물의 수집・운반, 가로청소, 재활용품의 수집・운반 업무를 대행할 것을 위탁한 계약은 사법계약이며,[17] 분뇨수집・운반의 대행계약 역시 마찬가지이다(서울고법 2017누75585판결). 이런 대행계약의 체결에 선행한 대행업자 및 우선협상대상자의 선정의 법적 성질이 문제되는데, 폐기물처리업허가나 분뇨수집・운반업허가를 전제로 대행계약의 체결이 진행되기에 행정처분으로 볼 수 있고,[18] 대행계약대상의 제외 역시 그러하다(대법원 2019두60394판결).

(3) 공무수탁사인과 사인간의 행정계약

일각에서는 토지보상법 제16조, 제26조상의 사업시행자와 토지소유자간의 협의(취득)를 예로 드는데, 판례는 협의취득을 사법계약으로 본다(대법원 91누3871판결; 2006두7096판결).

판결). 반면 국・공립병원의 전공의(인턴, 레지던트)는 전문직 공무원에 해당하지 않는다.

13) 채용계약상 특별한 약정이 없는 한, 지방계약직공무원에 대하여 지방공무원법, 지방공무원징계및소청규정에 정한 징계절차에 의하지 않고서는 보수를 삭감할 수 없다(대법원 2006두16328판결).

14) 가령 중소기업기술정보진흥원장이 민간 주식회사와 중소기업 정보화지원사업 지원대상 사업의 지원에 관하여 체결한 협약이 그 예이고, 그 협약의 해지 및 그에 따른 환수통보는 당연히 행정처분에 해당하지 않는다(대법원 2015두41449판결).

15) 독일에서는 행정보조인계약을 일반적으로 사법적 성질로 주장하는 입장이 상대적으로 우세하다. Ehlers, in: Ehlers/Pünder, §1 Rn.23.

16) 독일의 경우 고권적 임무의 사실적 수행과 대규모도살장의 운영의 위탁은 행정계약으로 보는 반면, 대집행의 범위에서 행한 견인업체에 대한 위탁, 경제성심사의 위탁이나 공공시설의 운영의 위탁에 대해선 사법계약적 접근을 한다. Vgl. U. Stelkens, JZ 2004, S.656(657) Fn.16, 17.

17) 그런데 원심(부산고법 2013누836판결)은 수탁기관에 처리권한을 위탁한 것으로 보아 위탁계약을 설권적 행정처분을 한 것으로 보아 공법상 계약으로 보았다.

18) 하지만 서울고법 2017누75585판결은 처분으로 본 서울행법 2016구합68083판결의 입장을 배척하였고, 대법원 2018두54583판결도 바람직하지 않게 같은 입장이다. 김중권, 저스티스 제182-1호(2021.2.1.).

2. 성질과 내용에 의한 구분

주식회사 대한송유관공사가 고속국도법과 도로법에서 정하고 있는 도로부지와 접도구역에 송유관을 매설하기 위하여 1991.10.8. 고속도로관리주체인 한국도로공사와 송유관이전의 비용부담 등 매설에 관한 협약을 체결하였고, 한국도로공사는 1992.5.18. 대한송유관공사에 대해 '도로점용 및 접도구역 내 공작물 설치허가'를 하였다. 여기서 이런 송유관이설에 관한 이 협약의 법적 성질은 무엇인가? (대법원 2005다65500판결)

대부분의 문헌은 주체에 의한 구분에 국한하여 논하지만, 여기서는 행정계약론의 심화를 위해 독일에서의 논의를 빌려서 간략히 기술한다(김남진, 행정법 I, 2001, 400면 이하 참조).

계약체결당사자의 관계에 착안하여 등위(等位)계약(대등계약)과 비등위(非等位)계약(종속계약)으로 나눌 수 있다.[19] 등위계약은 원칙적으로 동위(同位)의 당사자 특히 행정주체 상호간에 체결된 계약이다. 이는 행정행위로 규율될 수 없는 법관계에 관한 것인데, 시(市)경계를 따라 흐르는 하천의 유지에 관한 관계 시(市)간의 협정이 예이다. 반면 비등위계약은 상하의 관계인 당사자 사이에, 가령 한쪽은 행정이고, 다른 한쪽은 시민이나 행정에 복속하는 기타의 법인인 경우에 체결된 계약이다. 이런 성격의 계약에 관한 독일의 예로 조기퇴직공무원의 교육비의 상환에 관한 계약, 경찰청과 경찰의 무자간의 경찰의무이행에 관한 계약, 대집행비용의 지급에 관한 계약, 도로의 특별사용에 관한 계약, 하수도공사의 추가비용지불에 관한 계약 등이 있다. 이런 계약은 대개 행정행위의 준비행위(의무부담계약)[20]나 행정행위의 대체행위(처분계약)의[21] 일환으로 행해지며, 일부는 행정행위와 전혀 무관하게 행해지기도 한다. **양자의 구분은 특히 행정행위와 관련이 있는 비등위계약의 경우 계약의 파트너인 시민에 대해 고양된 보호를 강구할 필요가 있다는 점에 있다.**[22] 아울러 비대등계약의 하자와 관련해서 비단 계약 그 자체만이 아니라 관련 행정행위의 무효사유까지도 고려할 수 있다.[23]

19) 독일 행정절차법은 사인과 행정주체 사이 서로 급부와 반대급부를 약속하는 교환계약과 법률문제나 사실문제에 관하여 불확실한 부분을 상호 타협하여 제거하기 위해 체결하는 화해계약에 관해 특별히 규정하고 있다(55조, 56조). 그런데 행정행위와 관련된 비등위계약의 경우 일방의 주된 급부만을 규율하고 타방의 반대급부는 명시하지 않는 '불완전 교환계약'(hinkende Austauschverträge)도 가능하다.

20) 그러나 판례는 행정행위의 준비행위(의무부담계약)의 일환으로 행해진 협약을 '허가에 붙일 附款案에 대한 협약'으로 보면서, 동시에 부관으로서 부담에 해당한다고 판시하였다(대법원 2005다65500판결).

21) 민간투자법에 의해 주무관청은 협상대상자와 총사업비 및 사용기간 등 사업시행의 조건 등이 포함된 실시협약을 체결함으로써 사업시행자를 지정하기에(13조 3항), 이 실시협약은 행정행위대체적 행정(공법)계약이다. 동지: 대법원 2017다273441전합판결; 2020다270121판결.

22) Gurlit, in: Ehlers/Pünder, §29 Rn.8.

23) 이 점을 독일 행정절차법은 명문으로 규정하고 있다(제59조②). 그런 특별규정이 없더라도 행정계약

한편 **제휴(협력)계약은 공임무의 수행에서 행정과 사기업간의 협력을 규율한 비교적 새로운 형상이다.**[24] 행정과 사주체가 임무와 프로젝트를 공익을 위해 공동으로 시행하는 데 의견일치를 본 것이 이에 해당한다. 민간투자법에 의해 주무관청과 민간투자사업을 시행하려는 자 간에 사업시행의 조건 등에 관하여 체결하는 계약인 실시협약이 그 예이다.[25] 행정계약의 일종으로서의 제휴계약의 주된 적용영역은 기능적 민간화의 경우이다. 즉, 계약을 통해 사인은 공임무의 수행에 직접적으로 참여하는데, 임무수행을 위한 공권력의 이전은 법률적 수권이 있어야만 허용된다. 여기서 행정청은 임무규정에 맞는 수행에 대해 －감독권을 통해－ 여전히 충분히 영향을 미칠 수 있어야 하며, 또한 전문지식이 있고 능력이 있으며 신뢰성이 있는 계약파트너를 선정해야 한다.

Ⅴ. 행정계약의 법적 요건

1. 계약형식의 허용성

행정은 법규정에 배치되지 않는 한 계약을 통한 행정작용의 권능을 갖는다. 행정계약을 배제하는 규정은 드문 명시적 금지규정뿐만 아니라, 의미와 목적에 비추어 계약에 의한 규율이 배제되는 경우도 해당한다. 행정행위의 형식이 명시적으로나 입법상황에 비추어 요구되는 경우에는 행정계약은 허용되지 않는다. 전문직 공무원이 아닌 일반 공무원의 임명은 행정행위에 의해서 행해져야 한다. 징집명령, 과세처분, 시험결정 역시 행정행위에 의해 행해져야 한다. 결국 앞에서 본 것처럼, **행정행위와 관련된 규율이 계약적 활동의 경우에도 고려될 수 있어야만 행정계약은 허용될 수 있다.**[26]

2. 행정계약의 형식적 · 절차적 적법성

지방자치단체가 민간투자사업을 민간투자법 제4조 제1호에서 정한 '사회기반시설의 준공과 동시에 당해 시설의 소유권이 국가 또는 지방자치단체에 귀속되며 사업시행자에게 일정기간의 시설관리운영권을 인정하는 방식(이른바 BTO 방식)'으로 추진하면서 지방의회의 사전

의 도그마틱을 대입할 수 있다고 여겨진다.

24) Maurer/Waldhoff, §14 Rn.23.

25) 이에 관해서는 김광수, 토지공법연구 제43집 제2호(2009.2.).

26) 독일에서는 건축법상의, 영업법상의, 직업법상의 허가가 행정계약으로 부여될 수 있는지가 문제된다.

의결 없이 실시협약을 체결하였다. 이 실시협약은 유효한가? (서울고법 2009나96474판결)

사법계약처럼 행정계약 역시 대립된 방향의 의사표시의 합치, 즉 청약과 승낙에 의해 성립한다. 달리 규정하지 않는 한, 서면형식의 원칙(행정절차법 24조 1항 참조)에 따라서 **행정계약 역시 서면형식을 필요로 하며, 법령이 문서형식에 관해 특별한 요청을 규정한 경우에는 당연히 그에 따라야 한다.** 하지만 가령 공공시설인 수영장의 이용계약을 입장권교부에 의해 체결하는 경우처럼 일상적인 대량적 계약에서는 서면형식의 포기가 고려된다.

제3자효행정행위처럼 행정계약 역시 제3자의 권리에 개입할 수 있다. 제3자에게 부담을 끼치는 합의란 원칙적으로 허용되지 않는 것은 자명하다. 따라서 비록 독일의 행정절차법의 명문규정(58조 1항)과 같은 규정은 없지만, **제3자의 권리에 개입하는 행정계약은 제3자의 동의를 필요로 한다.** 아울러 발급에 다른 행정청의 동의가 필요한 행정행위(다단계적 행정행위)를 행정계약이 대체할 경우에는 해당 다른 행정청의 동의가 있어야 한다. 법원은 구 지방재정법 제77조 제1항에 따라 공유재산 관리계획의 수립에 지방의회의 의결이 필요한 점을 근거로 실시협약의 체결은 지방의회의 의결을 받아야 하며, 그 의결을 거치지 않고 체결한 실시협약은 무효가 된다고 보았다(서울고법 2009나96474판결).

3. 행정계약의 실체적 적법성

법률우위의 원칙에 의해 행정계약은 내용적으로 현행법과 일치해야 하고,[27] **행정법의 일반원칙(특히 부당결부금지의 원칙)에 부합해야 하며, 급부(및 반대급부)의 내용 역시 명확하고 이행가능해야 한다.** 행정계약의 고유한 적용영역은 바로 행정이 재량에 따라 활동할 수 있는 경우이다. 따라서 행정행위를 대체하거나 준비하는 경우에 해당하는 비등위계약(종속계약)의 체결과 관련해서는 통상 재량행위에서와 마찬가지로 재량구속을 고려해야 한다. 한편 시민의 동의에 의해 법구속을 완화시킬 수 있는지가 문제된다. 시민은 국가의 개입에 동의하거나 자신의 법적 지위를 포기하거나 법률상 요구되지 않는 급부를 임의로 제공할 수 있다. 즉, 시민은 일방적 의사표시로 혹은 합의에 의해 자신의 권리를 포기할 수 있다. 다만 포기하는 법적 지위를 시민 자신이 행사할 수 있어야 하며, 포기가 부당결부금지원칙에 위배되지 않아야 그 포기가 허용된다.

---

27) 국가사무 및 하천의 비용에 관한 지방자치법과 하천법의 규정에서 국가하천의 하천공사나 유지·보수로 이익을 받는 지방자치단체에게 그 비용의 일부를 부담시킨 협약이 위법하다고 보기 어렵다(대법원 2020두37406판결).

4. 행정계약성립상의 승낙거절 의사표시의 법적 성질

'서울특별시 시민감사옴부즈만 운영 및 주민감사청구에 관한 조례'에 의한 옴부즈만 공개채용 과정에서 甲이 지원자 중 최종합격자로 공고되었는데, 그에 대해 서울특별시가 인사위원회의 심의 결과에 따라 임용을 하지 아니하겠다고 통보하였다. 이 불채용통보에 대해 甲은 취소소송을 제기할 수 있는가? (대법원 2013두6244판결)

여기서 승낙거부, 즉 승낙을 거절하는 의사표시의 법적 성질이 문제된다. 대법원 2013두6244판결은 '서울특별시 시민감사옴부즈만' 채용행위가 공법상 계약에 해당하는 이상, 채용계약의 청약에 대응한 '승낙의 의사표시' 및 '승낙을 거절하는 의사표시' 역시 행정청이 대등한 당사자의 지위에서 하는 의사표시라고 보아 불채용통보의 처분성을 정당하게 부인하였다.[28] 시립합창단원에 대한 위촉이 공법상 근로계약인 이상, 재위촉거부는 당연히 처분에 해당하지 않는다(대법원 2001두7794판결).

Ⅵ. 위법한 행정계약의 효과

1. 무효의 원칙

행정계약에 관한 일반규정이 없는 이상, 도그마틱에 의해 접근할 수밖에 없다. 행정소송상 공법계약을 다툴 수 있는 방법은, 항고소송인 취소소송이 아니라 당사자소송이다. 이처럼 취소소송의 대상이 되지 못한다는 것은 '취소가능한' 행정계약의 존재를 결정적으로 부정하는 셈이다. 행정계약의 하자효과는 단 하나 무효만이 존재한다. 문제는 법위반 모두가 무효사유가 되는지 여부이다.[29]

행정계약에 관한 법규정이 없는 이상, 강행규정위반을 비롯한 민법상의 법률행위의 무효에 관한 논의를 중심으로 살펴야 한다. 판례는 구 도시정비법 제65조 제2항 후단 규정을 위반하여 사업시행자와 국가 또는 지방자치단체 간에 체결된 매매계약 등은 무효라고 판시하였다(대법원 2008다20751판결). 즉, **판례와 대부분의 문헌은 위법한 행정계약을 무**

---

28) 후술할 대법원 2010두23859판결과 비슷한 착안점에 의거하여 대법원 2013두6244판결의 원심(서울고법 2012누16482판결)은 처분성을 인정하였다. 상론: 김중권, 안암법학 제47호(2015.5.31.).

29) 독일의 경우 모든 법위반이 무효가 되지 않으며, 그들 행정절차법 제59조에서 든 무효사유가 주어져야만 무효가 되는 것으로 본다.

효로 본다.[30] 행정계약의 위법성과 무효가 계약의 일부에 대해서만 관련이 있을 경우, 사법계약에서의 일부무효의 논증은 행정계약에 그대로 통용된다. 즉, 계약의 일부분이 무효일 때에는 그 전부를 무효로 한다. 다만, 그 무효 부분이 없더라도 계약을 체결하였을 것이라고 인정되는 경우에는 나머지 부분은 무효로 하지 아니한다.

2. 무효에 따른 후속결과

행정계약이 무효가 되면 기왕의 제공된 급부는 법적 근거가 없는 부당이득이 되므로 원칙적으로 반환되어야 한다. 따라서 급부를 제공한 계약당사자는 공법적 부당이득반환청구권을 갖는다. 그러나 반대급부가 더 이상 되돌려 줄 수 없거나 더 이상 전보될 수 없는 경우에는 반환청구는 권리남용에 해당할 수 있다. 한편 행정행위의 준비행위의 일환으로 행해진 행정계약이 무효가 될 때 그 행정계약에 의거하여 발해진 행정행위의 효력이 문제되는데, 원칙적으로 단순 위법사유로 보아야 한다. 물론 행정행위의 직권취소 역시 신뢰보호에 의해 제한을 받는다.

Ⅶ. 행정계약관계의 청산

1. 사정변경에 따른 해지의 문제

(1) 행정계약해지의 인정요건

> 국방일보의 발행책임자인 국방홍보원장은 계약의 형식으로 채용된다. 국방홍보원장으로 채용된 甲에 대해 그가 부하직원에 대한 지휘·감독을 소홀히 함으로써 북한의 혁명가극인 '피바다'에 관한 기사가 국방일보에 게재되어 사회적 물의를 야기하였음을 이유로 그의 채용계약을 바로 해지하였다. 채용계약 해지의 의사표시는 정당한가? (대법원 2002두5948판결)

모든 법적 행위에서 제기되는 물음이 기초가 된 사실적 법적 관계가 사후에 변할 때 어떠한 법효과가 발생하는지 여부이다. 사정변경으로 인한 계약해지는, 계약 성립 당시 당사자가 예견할 수 없었던 현저한 사정변경이 발생하였고 그러한 사정변경이 해제권을 취득하는 당사자에게 책임 없는 사유로 생긴 것으로서, 계약 내용대로 구속

30) '위법하지만 무효는 아닌 행정계약'의 존재는 전적으로 판례의 태도에 좌우된다.

력을 인정한다면 신의칙에 현저히 반하는 결과가 생기는 경우에는 계약준수의 원칙의 예외로서 인정된다(대법원 2008다44368판결).

민법의 계약해지·해제 규정이 공법계약에는 적용되지 않는다는 지적(김동희/최계영, 231면)도 있지만, **사정변경에 따른 해지는 행정계약에서도 가능하다.** 계속적 계약은 당사자 상호간의 신뢰관계를 그 기초로 하는 것이므로, 당사자의 일방이 그 계약상의 의무를 위반함으로써 그로 인하여 계약의 기초가 되는 신뢰관계가 파괴되어 계약관계를 그대로 유지하기 어려운 정도에 이르게 된 경우에는 상대방은 그 계약관계를 바로 해지함으로써 그 효력을 장래에 향하여 소멸시킬 수 있다. 이런 맥락에서 국방홍보원장의 사안에서 판례는 채용계약 해지의 의사표시가 무효가 아니라고 보았다(대법원 2002두5948판결). 해지의 보충적 성격을 감안하여 사정변경시에는 계약의 수정이 우선 강구되어야 한다.

행정계약의 해지를 명문화한 행정기본법안 제30조가 아쉽게도 국회의 입법과정에서 삭제되었다.[31] 행정계약을 당당히 법제도화하기 위해서는 독일 행정절차법(제60조①)과 같은 규정이 마련되어야 한다.

(2) 행정계약해지의 법적 성질

> 국가산업단지의 관리업무를 위탁받은 공법인인 반월공업공단이 甲과 입주계약을 체결하였는데, 공단의 동의 없이 그 사용계획과 상위한 용지의 사용이나 수익행위를 할 수 없고, 용지 및 건물을 생산활동 이외의 목적으로 사용하거나 수익할 수 없으며 그 위반시에는 피고가 계약을 해지하기로 약정하였다. 공단이 甲이 공장에서 할 수 없는 서비스업(세탁업)을 영위하였다는 이유로 계약을 해지하였다. 이 계약해지에 대해 甲은 취소소송을 제기할 수 있는가? (대법원 2010두23859판결)

판례는 공중보건의사와 같은 전문직 공무원근무관계에서의 채용계약해지에 대해 시종 처분성을 부인하였다(대법원 95누10617판결 등).[32] 그런데 대법원 2010두23859판결은 산업집적법이 해지통보에 수반되는 법적 의무 및 그 의무를 불이행한 경우의 형사적 내지 행정

31) 동조 제1항에 의하면, 행정청 또는 계약 상대방은 공법상 계약이 체결된 후 중대한 사정이 변경되어 계속하여 계약 내용을 이행하는 것이 신의성실의 원칙에 반하는 경우에는 계약 내용의 변경을 요구할 수 있다. 긴급한 경우에 공공복리에 대한 중대한 불이익을 저지나 제거하기 위해 해지권을 행정청에 대해서 인정할 것인지가 문제되는데, 제2항에 의하면, 행정청은 계약 내용의 변경이 불가능하거나 변경시 계약당사자 어느 한쪽에게 매우 불공정할 경우나 계약을 이행하면 공공복리에 중대한 영향을 미칠 것이 명백한 경우에 계약을 해지할 수 있다. 다만 이런 해지의 경우 사인에게 귀책사유가 없을 때는 -수범자의 귀책사유가 없는 직권취소에서처럼- 손실보상이 강구되어야 한다.

32) 읍·면장에 의한 이장의 임명 및 면직 역시 행정처분이 아니라 공법상 계약 및 그 계약을 해지하는 의사표시이다(대법원 2010두18963판결).

적 제재를 규정하고 있음에 착안하여 입주계약해지를 행정처분으로 보았다.[33] 산업집적법상의 입주계약의 변경계약의 취소(해지)를 처분으로 본 대법원 2014두46843판결도 마찬가지이다.[34] 반면 대법원 2015두41449판결은 보조금지급계약(정보화지원사업지원협약)을 공법계약으로 보면서 그것의 해지 및 환수통보의 처분성을 부인하였다.

종래 저자는 산업집적법상의 이들 규정이 공법계약으로서의 입주계약을 설정하는 데 이바지하는 특별규정일 뿐인 점을 들어 대법원 2010두23859판결과 2014두46843판결이 행정계약의 기조를 훼손할 우려가 있다고 비판하였다. 그런데 산업집적법 제13조 제2항 제1호에 의해 입주계약 및 변경계약의 체결이 공장설립등의 승인을 의제하는 효과를 낳는다는 점을 주목하면, 이들 계약은 단순한 행정계약이 아니라, 승인처분의제적·행정행위대체적 행정계약이다. 공법적 효과의 해소를 가져다주는 이상, - **저자의 종전의 입장을 바꾸어**- 이들 계약의 해지(취소)는 당연히 행정행위에 해당한다. 관련 법령에 특별한 규정이 없는 이상, 단순한 지원프로그램의 문제인 대법원 2015두41449판결이 대법원 2010두23859판결 등과 다른 결론을 내린 것은 당연하다.

2. 청구권의 관철 및 권리보호

甲은 1990.7.24. 서울특별시의 경찰국 산하 서울대공전술연구소 소장과 지방전문직공무원 채용계약을 체결하여 연구소의 연구위원으로 근무하여 오던 중, 서울특별시가 채용기간 중 1990.9.25. 甲의 업무태만 및 복무상 의무의 위반을 이유로 지방전문직공무원규정 제7조 제1호 및 제4호에 의거하여 채용계약을 해지하였다. 채용계약 해지의 의사표시는 아무런 계약해지의 사유가 없을 뿐만 아니라 지방공무원법 소정의 징계절차를 거치지 않고 이루어진 것이어서 무효라 여기는 甲은 어떤 쟁송방법을 취해야 하는가? (대법원 92누4611판결)

행정계약을 선택한 이상, 그것의 강제집행적 관철 역시 행정계약의 내용 및 방식을 따라야 한다. 행정청은 행정계약상의 청구권을 행정행위로 확정하고 그것을 강제적으로 관철할 권능을 갖지 못한다. 자력집행을 위해 하명처분을 동원할 수는 없다.[35] 민간해

33) 동지: 대법원 2012두28704판결; 안철상, 법조 제616호(2008.1.), 333면.

34) 마찬가지로 한국환경산업기술원장이 환경기술개발사업 협약을 체결한 자에게 연차평가 실시 결과 절대평가 60점 미만으로 평가되었다는 이유로 취한 연구개발 중단 조치 및 연구비 집행중지 조치를 행정처분으로 보았다(대법원 2015두264판결).

35) 한편 독일 행정절차법은 비등위계약과 관련하여 사전의 합의가 있는 경우, 재판을 거치지 않고 계약내용의 즉시집행을 할 수 있게 규정하고 있다(제61조). 행정행위가 관련된 사안인 점에서 입법정책적으로 고려할 만하다. 물론 사법계약의 경우에는 당연히 행정대집행의 메커니즘을 동원할 수 없다(대법원 2006두7096판결). 본서 659면.

외취업알선 지원 사업계약 종료 후 제재기준과 달리 환불 요구를 거치지 않고 한 -행정처분이 아닌- 지원금 환수통지는 위법하다(대법원 2024두41816판결).

행정계약에 관한 소송은 당사자소송의 방식을 취해야 한다. 전문직 공무원의 채용계약의 해지의 의사표시는 행정처분이 아니어서 항고소송을 통해 다툴 수 없고, 당사자소송의 형식으로 그 의사표시의 무효확인을 구해야 한다(대법원 92누4611판결). 판례는 공법관계의 사건을 적극적으로 당사자소송으로 접근한다. 민간투자사업 실시협약을 체결한 당사자가 공법상 당사자소송에 의하여 그 실시협약에 따른 재정지원금의 지급을 구하는 경우가(대법원 2017두46455판결) 좋은 예이다. 그리하여 행정소송규칙이 행정계약에 따른 권리·의무의 확인 또는 이행청구 소송이 당사자소송의 대상임을 명문화하였다(제19조 제4호).

또한 **계약위반이나 무효인 계약으로 인해 발생한 손해에 대해 국가배상청구도 강구할 수 있다.**[36] 행정행위의 준비행위의 일환인 비등위계약에서 행정주체가 행정행위(허가 등)를 발급하지 않을 때는 굳이 당사자소송을 동원하기보다는 거부처분취소소송이나 부작위위법확인소송과 같은 항고소송을 동원할 수 있다(동지: 김남진/김연태, 431면).

제 2 절 행정사실행위

Ⅰ. 행정사실행위에 관한 일반론

1. 개 념

금전지불, 관용차의 운전, 보건소에서의 예방접종, 도로청소, 관청건축 등과 같이 행정실무에서 수많은 다양한 사실행위가 존재한다. 이들은 법효과를 직접적으로 목적하지 않는 점에서 법적 행위와 구별된다. 행정활동 가운데 법효과를 직접 목적으로 하여 그것을 발생시키는 법적 행위는 행정행위, 행정입법 및 행정계약의 범주에 속한다. 따라서 **행정상의 사실행위는 행정활동 가운데 이들 법적 행위에 들어갈 수 없는 것 일**

36) 지방의회의 의결 없이 실시계약을 체결한 지방자치단체 소속 공무원들은 실시협약 체결시 특히 주의를 기울여 무효인 계약에 의하여 상대방인 사업시행자에게 불의의 손해를 주지 않도록 하여야 할 의무에 위반하였다고 할 것이므로, 지방자치단체는 국가배상법 제2조 제1항 및 계약체결상의 과실 책임을 규정한 민법 제535조 제1항에 따라 사업시행자가 실시협약이 유효한 것으로 믿고 실시계획에 필요한 준비절차를 진행하며 지출한 비용 상당 손해를 배상할 책임이 있다(서울고법 2009나96474판결).

체이다. 잔존범주이자 집합개념에 해당하는 행정사실행위를 정의하기란 다양한 용어 사용의 예가 보여주듯이 간단하지 않다.[37] 정보결정이기도 한 정보행위를 관용차운전과 같은 순수한 사실작용과 동일한 범주에 넣는 것이 부자연스럽지만, 여기서는 일반적인 용례를 따라 사실행위란 용어를 사용한다. **행정사실행위란 법효과가 아니라 사실적 효과를 지향하는 또는 사실적 효과가 초래되는 모든 행정조치를 의미한다.**

2. 제4의 행정작용으로의 의의

사실행위의 특수성은 앞서의 3가지 작용형식과는 달리 아무런 규율적 성격을 갖지 못한다는 점에 있다. 하자효과란 위법한 법적 행위의 운명에 관한 것이다. 즉, 무효인지 아니면 단순 위법으로 취소가능성에 불과한지에 관한 것이다. 이런 하자효과의 틀은 사실행위에 통용되지 않는다. 왜냐하면 사실행위는 본질에 비추어 대개 아무런 법효과를 가져다주지 않기 때문이다. 하지만 사실행위라도 그것의 하자(위법)가 아무런 효과(결과)를 낳지 않는다고 할 수는 없다. 행정청은 위법한 사실행위로 만들어진 현상을 제거하고, –가능하고 기대가능한 한– 적법한 상태로 원상복구시킬 의무를 진다. 따라서 개인적 권리를 침해하는 사실행위에 대응으로 청구권(결과제거청구권, 철회청구권, 부작위청구권)이 성립할 수 있다. **사실행위의 경우 결과제거청구권, (결과제거청구권의 하위경우인) 철회청구권, 부작위청구권이 하자(위법)의 효과인 셈이다.**[38] 따라서 **행정사실행위 또한 하자지향적인 작용형식체계에서 나름의 위치(제4의 행정작용)를 차지한다.**

3. 변화된 위상

종래 행정사실행위에 관해 활발한 논의가 이루어지지 않은 결정적인 이유는, 그것에 대한 효과적인 권리구제를 강구하기 어려운 점에 있다. 왜냐하면 위법한 행정사실행위에 대한 효과적인 대응기제인 결과제거청구권은 이행소송을 통해 실현되는데, 이행소송이 구현되는 당사자소송이 적극적으로 활용되지 않기 때문이다. 종래 관련 논의가 단지 행정지도에 그친 것은 이 점에서 자연스럽다.

---

37) 널리 사용되는 '사실행위'이외에도 '단순 고권적 행정활동'이 사용되고 있는데, 독일에서는 근자에 점차 '비공식적(비정식적) 행정활동'이란 용어가 대체하고 있다. J. Ipsen은 사실행위가 사실적 행정활동 전반에 알맞긴 하나, 행정행위와의 근사성으로 문제가 없지 않을뿐더러, '행위'란 일정시점에 고정될 수밖에 없기에 시간적 경과를 충분히 반영하지 못한다는 점을 지적하였다. Ders., Rn.822.

38) Morlok, Die Folge von Verfahrensfehler am Beispiel von kommunalen Satzungen, 1988. S.140f.

행정의 일상사 가운데 상당수를 차지하는 사실행위에 대해 과거보다 행정법적 조명이 강하게 비춰진다. 권리구제와 관련해서는 당사자소송의 적극적 활용을 주장하는 입장이 우세하여 사실행위에 대한 권리구제의 가능성이 확대되고 있다는 점을 들 수 있다. 일련의 행정소송법개정작업에서 당사자소송의 적극적 활용이 강구되고 있다. 법무부의 개정안이 개정시안과는 달리 당사자소송에 일반이행(급부)소송을 명문화하지 않았지만, 당사자소송이 활성화되면 행정사실행위의 법적 의미는 더욱 증대될 것이다. 여기에 더해 오늘날 정보행위가 행정법적으로 부각되고 있다(후술). **행정사실행위는 더 이상 행정작용론의 주변부적 주제가 아니다.** 관련 논의 역시 제4의 행정작용에 합당하게 심화되어야 한다.

4. 내용과 종류

다양한 행정사실행위를 분류함으로써, 그 전체양상을 쉽게 접근할 수 있다. 문서처리나 준비행위 등과 같이 행정조직내부에서 행해지는 것(내부적 행위)은 큰 의미를 갖지 못하고 국민과의 관계에서 행해지는 것(외부적 행위)이 논의대상이다. 행정사실행위는 행정법에 귀속될 사실행위이다. 그것은 공법적 사실행위이다. 어떤 사실행위가 공법이나 사법에 귀속되어야 할지 여부는 그것의 바탕이 된 법규범에 의해서 정해진다. 만약 그런 법규범이 없으면 그것의 실체적 상관관계에 의해서 정해진다(본서 33면).

행정사실행위는 단순한 사실적 업무와 지식표시로 나뉘는데, 전자(물리적 사실행위)는 금전지불, 관용차의 운전 등이 해당하고, 후자(정신적 사실행위)는 행정지도, 정보제공, 경고, 대민홍보, 협상 등이 해당한다. 행정사실행위는 행정행위 등의 법적 행위를 집행차원에서 하는 집행적 사실행위와 그 자체 독립된 것, 즉 독립적 사실행위로 나뉘는데, 행정조사나 정보제공 등이 후자를 대표한다.

5. 권력적 사실행위의 문제

대통령의 지시를 받아 재무부장관이 제일은행장에 대하여 국제그룹의 해체준비에 착수할 것과 그에 관한 언론발표를 할 것을 지시한 것에 대해 항고소송을 제기할 수 있는가? (헌재 89헌마31; 대법원 94다34432판결)

A교도소장은 수형자 甲을 형집행법 41조 2항에 의거하여 '접견내용 녹음·녹화 및 접견 시 교도관 참여대상자'로 지정하였고, 이에 따라 甲에 대해서는 첫 접견이 있었던 때부터 A교도

소장의 별도 지시 없이도 접견 시에 항상 교도관이 참여하여 그 접견내용을 청취·기록하고, 녹음·녹화하였다. 이 지정행위에 대해 甲은 취소소송을 제기할 수 있는가? (대법원 2013두20899판결)

(1) 논의현황

대부분 문헌은 행정주체의 지위가 사인에 대해 우월성을 갖는지 여부에 따라 취소소송의 대상으로서의 권력적 사실행위와 비권력적 사실행위로 나눈다. 이는 처분을 대상으로 한 취소소송을 강구할 수 있는지 여부에 연계한 것이다. 권력적 사실행위는 본질이 사실행위이어서 그 자체가 불필요한데, 판례는 비권력적 권고, 조언등의 단순한 행정지도로서의 한계를 넘어서는 공권력개입적 측면이 있는 경우에 그것을 인정한다. 그리하여 재무부장관이 제일은행장에 대하여 한 국제그룹의 해체준비착수지시와 언론발표지시를 권력적 사실행위로 보면서 법치국가원리에 반한다고 보았다(헌재 89헌마31; 대법원 94다34432판결). 그런데 여기서의 지시라는 관헌국가적 개념을 기왕의 법제도에 포섭하기가 쉽지 않아서 권력적 사실행위로 보는 것이 나름 수긍되지만, 당시의 관치금융체제를 감안하면 지시의 상대방은 그에 복종할 수밖에 없기에, 이 지시는 하명처분으로 봄직하다.[39]

헌법재판소와 법원은 권력적 사실행위에 대한 권리구제를 적극적으로 허용한다. 헌법재판소가 권력적 사실행위에 대해 공권력성을 인정하면서 보충성의 원칙을 엄격히 적용하지 않은 결과, 그것에 대한 권리보호수단으로 헌법소원심판이 적극 강구되고 있다(헌재 2009헌마527 등).[40] 법원 역시 권력적 사실행위의 존재를 인정하면서(대법원 2007도9794판결), 나아가 명시적으로 취소소송의 대상으로 권력적 사실행위를 적극적으로 인정하고 있다. 즉, 대법원 2013두20899판결이 '접견내용 녹음·녹화 및 접견 시 교도관 참여대상자'의 지정행위를 권력적 사실행위로 본 원심(대전고법 2013누527판결)의 판단을 정당한 것으로 수긍하였다.

(2) 관견(管見)

권력적 사실행위의 존재와 정당성에 성찰이 필요하다. 그 정체가 분명하지 않다. 권력적 사실행위로 드는 것들에 대한 세심한 분석이 따라야 하는데, **앞에서 본 대로(217면 이하) 그 대부분은 권력적 사실행위라 볼 수도 없다.** 대법원 2013두20899판결의 경우에도 사안의 지정행위가 '포괄적 접견제한처분'임을 정당하게 명시하였는데, 권력적 사

39) 여기서 지시의 수범자가 아닌 대상기업이 그것을 다툴 수 있는지가 문제되는데, 사실상 자유여지가 없는 이상 지시의 수범자는 단순한 매개자에 불과하고, 그 지시가 곧바로 대상기업에 대해 직접 영향을 미치기에, 대상기업은 이해관계자로서 그 지시를 다툴 수 있다고 봄직하다. 본서 804면 이하.

40) 이에 대한 비판으로 권배근, 한양법학 제24권 제2집(2013.5.), 3면 이하.

실행위적 논증을 강구할 필요가 없다. 엄밀히 말하면 사안의 지정행위의 본질은 수인하명처분이다. 개성공단전면중단조치를 타당하지 않게도 권력적 사실행위로 접근한 헌재 2016헌마364가 보여주듯이(본서 231면, 1017면), 출처와 정당성에서 의문스러운 권력적 사실행위의 존재가 행정법도그마틱의 발전을 저해한다. 권력적 사실행위의 처분성 인정에는 청문과 같은 절차적 요청의 준수와 같은 곤혹스러운 문제가 제기된다. **당사자소송의 활성화에 즈음하여 권력적 사실행위의 정체성을 바르게 정립해야 한다.**

6. 적법성 요청

행정사실행위 역시 그것을 위한 그때그때의 법적 요청에 부합해야 한다. 비록 행정사실행위에 대한 법적 구속이 통상 매우 완화되어 그것의 상당부분이 소위 법률로부터 자유로운 여지에서 발해지더라도, 원칙적으로 행정사실행위에 대해서도 법적행위에서와 마찬가지로 법적 요청이 적용된다. 우선 상위법령에 위배되어서는 아니된다. 임무수행을 위하여 행정행위 등의 다른 작용형식이 법률상 규정되어 있을 때는, 법령우위의 원칙에 의해 사실행위를 취하지 않아야 한다.[41] 아울러 사실행위에 의해 기본권을 제한하거나 그 사실행위가 기본권과 매우 밀접한 관련성을 지닐 때는 법률유보의 원칙이 준수되어야 한다.[42] 기타 작용형식과 무관한 적법성요청 역시 준수되어야 한다. 특히 행정법의 일반원칙이 준수되어야 하며, 가령 사실행위가 권한이 없는 행정청에 의해서 행해졌거나 재산권을 침해한 경우에는 그것은 위법하게 된다.

7. 권리보호

위법한 사실행위로 인해 권리침해가 있는 경우, 그것의 처분성결여로 인해 항고소송은 동원될 수 없고, 단지 권력적 사실행위에 대해서만 항고소송이나 헌법소원심판이 강구될 수 있다. 하지만 **사실행위에 대한 효과적인 정도(正道)의 권리구제는** 먼저 —계속적인 권리침해의 요건하에— **위법한 사실행위로 인한 현상을 제거하고 원상회복을 구하는 결과제거청구권에 의해 강구될 수 있다.** 가령 재산에 손상이 발생하면, 수선을 요구할 수 있으며, 경찰이 공무집행을 위해 甲 소유의 물건을 위법하게 점유하고 있

41) Remmert, in: Ehlers/Pünder, §36 Rn.2.

42) 규율 없는 결정인 셈인 정보행위의 경우에는 법률유보원칙의 적용여부를 판단하기가 어렵지만(후술), 보통의 사실행위에서는 크게 문제되지 않는다.

을 때 甲은 그 물건의 반환을 요구할 수 있다. 국가의 정보제공이나 표명의 결과를 제거하는 경우에는 (결과제거청구권의 하위경우인) 철회청구권이 성립할 수 있다. 가령 공무원이 乙에 대해 명예훼손적 견해를 표했을 때, 乙은 그것의 철회를 요구할 수 있다. 이 밖에 지속적이거나 가까운 장래에 예상되는 권리침해에 대해서는 부작위청구권이 성립할 수 있다.[43] **이들 청구권을 실현하기 위해서는 당사자소송의 차원에서 이행소송을 제기해야 한다.** 하루바삐 권력적 사실행위에 대해서는 행정상 결과제거청구의 견지에서 항고소송이 아닌 당사자소송으로 권리구제를 강구해야 한다(본서 1024면). 이처럼 바른 소송형태가 강구되면, 굳이 권력적 사실행위가 필요하지 않다.

만약 위법상태의 제거, 즉 원상회복만으로는 여전히 보전되지 않는 손해가 있을 때는 동시에 또는 2차적으로 국가배상을 청구할 수 있다. 한편 적법한 사실행위로 인해 예측하지 못한 재산상의 손실이 발생하면 경우에 따라서는 결과적 공용개입(수용적 침해)에 따른 손실보상청구권을 주장할 수 있다(본서 1018면).

Ⅱ. 행정지도

1. 개　념

행정지도라 함은 행정주체가 일정한 행정목적을 실현하기 위하여 권고 등과 같은 비강제적인 수단을 사용하여 상대방의 자발적 협력 내지 동의를 얻어내어 행정상 바람직한 결과를 이끌어내는 행정활동이다(대법원 93다49482판결). 형식과 정식을 앞세우는 독일식의 풍토에서는 일종의 비공식적이고 비법적인 의미를 갖는 행정지도와 같은 행정현상은 법치국가원리에 위배되는 것으로 비춰진다. 행정지도는 행정법의 다른 법제도와는 달리 일본에서 유래하였다.[44] 그리하여 우리와 일본에서는 종래 행정사실행위 가운데 유독 행정지도만이 관심의 대상이 되었고, 그 결과 행정절차법을 통해 제도화되었다.[45] 이에 의하면, **'행정지도'란 행정기관이 그 소관 사무의 범위에서 일정한 행정목적을 실현하기 위하여 특정인에게 일정한 행위를 하거나 하지 아니하도록 지도, 권고, 조언 등을 하는 행정**

43) 한편 행정행위를 대상으로 한 부작위청구소송은 판례상 허용되지 않는다(대법원 86누182판결). 그런데 당사자소송의 경우에는 항고소송과는 달리 소송유형에 관한 언급이 전혀 없기에, 부작위청구소송이 인정될 소지가 있다.
44) 행정지도를 낳은 일본특유의 사회문화적 배경에 관해서는 김남진/김연태, 439면.
45) 참고문헌: 김도승, 가천법학 제5권 제1호(2012.4.); 정태호, 헌법학연구 제17권 제2호(2011.6.); 박효근, 한양법학 제35집(2011.8.); 유진식, 행정판례평선, 346면 이하.

작용을 말한다(행정절차법 2조 3호).

일종의 원망(願望)의 의사표시에 불과하고 법효과를 목적으로 하지 않는 점에서 행정지도의 법적 성질은 사실행위이다.[46] 다만 상급행정청이 하급행정청에 대한 감독권의 차원에서 행하는 지도·감독은 사실행위에 해당하지 않는다. 한편 금융산업구조개선법상의 적기시정조치(10조)의 일환으로 행하는 경영개선권고의 경우, 경영개선요구·명령의 출발점이자 가장 약한 제재조치가 될 수 있어서, 보통의 행정지도와는 달리 처분성이 인정될 수 있다.

2. 적법성의 요청: 행정지도의 원칙과 방식·절차

행정사실행위에 대해 요구되는 법적 요청은 행정지도에도 그대로 통용된다. 특히 행정절차법에 일반적 근거규정을 두고 있기에, 개별법상의 근거가 없더라도 그다지 문제가 되지 않는다. 다만 이하의 행정절차법상의 요구는 물론, 법령의 우위의 원칙 및 법형식과 무관한 제 요청을 준수해야 한다.

(1) 행정지도의 원칙: 행정지도의 한계

행정지도는 그 목적 달성에 필요한 최소한도에 그쳐야 하며, 행정지도의 상대방의 의사에 반하여 부당하게 강요하여서는 아니 된다. 행정기관은 행정지도의 상대방이 행정지도에 따르지 아니하였다는 것을 이유로 불이익한 조치를 하여서는 아니 된다(48조 1항, 2항). 즉. 행정지도는 비례원칙을 준수해야 할 뿐만 아니라. 행정지도의 임의성 및 불이익조치금지의 원칙과 같은 한계를 일탈해서는 아니 된다.

(2) 행정지도의 방식·절차

행정지도를 하는 자는 그 상대방에게 그 행정지도의 취지 및 내용과 신분을 밝혀야 한다. 행정지도는 구술로든 서면으로든 가능하다. 행정지도가 말로 이루어지는 경우에 상대방이 제1항의 사항을 적은 서면의 교부를 요구하면 그 행정지도를 하는 자는 직무 수행에 특별한 지장이 없으면 이를 교부하여야 한다(49조 1항, 2항).

행정지도의 상대방은 해당 행정지도의 방식·내용 등에 관하여 행정기관에 의견제출을 할 수 있다(50조). 행정기관이 같은 행정목적을 실현하기 위하여 많은 상대방에게 행정지도를 하려는 경우에는 특별한 사정이 없으면 행정지도에 공통적인 내용이

46) 일본의 행정수속법은 처분에 해당하지 않음을 명문으로 표한다(제2조 6호).

되는 사항을 공표하여야 한다(51조).

3. 행정지도의 유형

행정지도는 근거규정의 유무, 기능 등에 따라 나눌 수 있는데, 이런 분류는 전체 행정지도를 파악하는 데 도움을 준다. 먼저 법령의 근거에 따른 분류를 생각할 수 있는데, 가축분뇨법(21조)처럼 행정지도를 규정한 것말고도 많은 실정법이 사적 활동에 대한 국가통제의 메커니즘을 '지도·감독'의 표제하에 규정하고 있다. 그리고 가축전염병예방법 제21조 '도태의 권고'처럼, 권고에 관해서도 많은 법률에서 명문으로 인정하고 있다. 일반적으로 기능과 관련해서는 규제적(억제적) 행정지도, 조정적 행정지도 그리고 조성적(촉진적) 행정지도로 나눈다.

4. 행정지도에 대한 권리보호

과거 1978년에 쌀증산에만 급급한 나머지 충분한 병리시험도 거치지 않은 채 통일벼 계통의 새 육종벼 노풍(魯豊)을 심도록 정부가 권장하였는데, 목도열병 만연으로 30만여호의 농가가 추수기의 춘궁기(春窮期)를 겪게 됐었다. 정부의 노풍권고에 대해 피해농가가 취소소송을 도모할 수 있는가?

교육부장관이 전국 교육대학교 총장들에게 '학칙시정요구' 등의 제목으로 공문을 보내 "법령에 근거가 없음에도 교수회를 (학칙 제개정에 관한) 의결기구로 규정하는 것은 대학의 장의 고유권한인 교무통할권 및 학칙 제개정권 등 대학의 중요한 정책에 대한 의사결정권을 제한하는 것으로 위법하여 효력이 없으므로 시정"할 것을 요구하면서 "만약 이러한 시정요구사항을 이행하지 않을 경우 행정·재정상의 불이익을 가할 것"임을 통보하였다. 이 요구에 대해 A 교육대학교 교수협의회장인 甲이 제기한 헌법소원심판은 주효하였는가? (헌재 2002헌마337 등)

甲이 1993.5.19. A군으로부터 양식어업면허를 받고 1993.10.경 시설공사에 착수하여 공사중에 A군으로부터 양식어업면허 지역이 공유수면매립사업지구 내에 편입되었음을 이유로 공사중단 요구와 적절한 보상약속을 행정지도의 형식을 받았다. 甲이 행정지도를 신뢰하여 공사를 중단하고 적절한 보상을 기대하던 중, A군으로부터 다시 양식장시설공사 재개 요구를 받아서 그에 따라 시설공사를 재개하여 진행하였는데, 또다시 양식장 시설공사 중단을 요구하는 행정지도를 받았다. 따르지 않고 계속 공사를 진행하자, A군은 1995.1.3.경 다시 甲에게 공사 중단 행정지도에 따르지 아니할 경우에는 불이익한 조치를 할 수도 있다는 취지의 공문을 보냈다. 이에 甲은 시설공사를 중단하였다. 그런데 1998.4.30. A군이 甲의 어업권은 현재 유효하고 향후 어장시설공사를 재개할 수 있으나 어업권 및 시설보상은 할 수 없다는 취지의 통보를 하였다. 이에 甲은 1995.1.3.의 행정지도를 포함한 그 이전의 행정지도 전반을 문제 삼아 어업권불행사에 따른 손해배상책임을 구하였다. 甲의 주장은 주효하는지? (대법원 2006다18228판결)

금융위원회가 2017. 12. 28. 시중 은행들을 상대로 가상통화 거래를 위한 가상계좌의 신규제공을 중단하도록 요청한 조치' 및 '금융위원회가 2018. 1. 23. 가상통화 거래 실명제를 2018. 1. 30.부터 시행하도록 한 조치'에 의해 가상통화 거래소 이용자 甲은 거래자금 입금에 있어 실명확인과 연계되지 않은 가상계좌 서비스를 이용할 수 없게 되었다. 甲은 이 사건 조치가 가상통화의 교환가치를 떨어뜨리고 재산적 권리관계를 자유롭고 창의적으로 형성할 수 없도록 하여 재산권 및 경제상 자유와 창의권, 직업의 자유를 침해하고, 자유롭게 원하는 방식에 따라 거래할 수 있는 일반적인 상품들과는 달리 거래방식을 규제하여 평등권 및 행복추구권을 침해하며, 금융실명법 등과 같은 법률에 의하지 아니하여 법률유보원칙에 위반된다고 주장한다. 甲의 주장은 주효하는지? (헌재 2017헌마1384 등)

(1) 행정소송 및 헌법소원의 차원

사실행위로서 처분성을 갖지 않는 이상, 행정지도는 항고소송을 통해 다툴 수 없다.[47] 한편 헌법재판소는, -사안의 학칙시정요구처럼- 따르지 않을 때 일정한 불이익조치를 예정하고 있어 사실상 상대방에게 따를 의무를 부과하는 것과 다를 바 없는 행정지도의 경우, 단순한 행정지도로서의 한계를 넘어 규제적·구속적 성격을 상당히 강하게 갖는다고 하여 헌법소원의 대상성을 인정한다(헌재 2002헌마337등).[48] 반면 헌법재판소는 금융위원회의 가상통화 거래와 관련한 일련의 조치를 소위 '실명확인 가상계좌 시스템'을 제도화하기 위한 전제로 이루어지는 단계적 가이드라인의 일환으로 접근하여, 당국의 우월적인 지위에 따라 일방적으로 강제된 것이라 볼 수 없어서 공권력의 행사에 해당하지 않는다고 본다.[49]

그런데 행정지도의 경우 권리보호에서 특수성이 있다. 왜냐하면 그것은 직접적으로 효과를 발생시키는 것이 아니라 수범자의 일정한 행위를 하게끔 하는 모멘트에 해당하기 때문이다. 즉, 수범자의 의사형성에 영향을 미치는 데 그친다. 따라서 행정지도에서의 권리보호와 관련해서는 1차적 권리보호방도인 항고소송은 의미가 없을 수 있

47) 그런데 행정지도와 같은 비권력적 사실행위도 국민의 권리 의무에 사실상 강제력을 미치고 있는 제3자효 행정지도는 처분으로 볼 수 있다고 주장되기도 한다(박균성, 592면).
48) 하지만 헌법재판소는 시정요구의 상대방이 대학총장인 점에서 대학의 교수회나 그 소속 교수의 자기관련성은 부인했다. 과연 학칙시정요구가 행정지도인지 의문이다. 오히려 하명처분으로 접근할 만하다. 대상적격인정에서의 논증이 자기관련성인정에서는 행해지지 않은 점도 의문스럽다.
49) 하지만 반대의견은 이 사건 조치는 단순한 행정지도로서의 한계를 넘어 규제적·구속적 성격을 상당히 강하게 가지므로 공권력의 행사에 해당하며, 법률유보원칙에 위반하여 청구인들의 기본권을 침해한다고 본다. 시장에 즉각적인 영향을 미치는 조치를 단계적 가이드라인의 일환으로 접근하는 것은 타당하지 않다. 문제의 원인은 은행법 등에 금융위원회의 긴급조치 규정이 없다는 데 있다.

다. 행정지도의 처분성 여부를 따질 계제가 아니다. 헌법소원심판 역시 그러하다.

(2) 국가책임법의 차원

처분성의 결여로 항고소송이 불허되고, 헌법소원심판이 이례적으로 강구될 수 있는 이상, 결국 손해보전의 방법으로 대처해야 한다. 사경제작용을 제외한 일체의 공법행위(권력작용+관리작용)에 대해 국가배상책임을 강구할 수 있어서(대법원 98다39060판결 등), 그 자체로는 문제되지 않는다. 그리하여 행정지도의 임의성 및 불이익조치금지의 원칙에 위반하여 행해진 위법한 행정지도에 대해선 국가배상책임을 쉽게 물을 수 있다. 판례 역시 "행정지도가 강제성을 띠지 않은 비권력적 작용으로서 행정지도의 한계를 일탈하지 아니하였다면, 그로 인해 상대방에게 어떤 손해가 발생하였더라도 행정기관은 그에 대한 손해배상책임이 없다."고 판시하였다(대법원 2006다18228판결).[50] 하지만 적법한 행정지도가 행해졌는데 손실이 발생하였다면, 명문의 보상규정(예: 특정농작물의 경작권고에 따른 손실보상: 수질수생태법 19조 2항)이 없는 한 국가책임을 묻기가 여의치 않다. 그런데 행정지도가 수범자의 협력을 전제로 하여 강제성이 결여된다는 점에 초점을 맞추면 논의를 진전시킬 수가 없다. 결과적 공용개입(수용적 침해)의 보상의 차원에서 적극적으로 접근하되, 상계적 상황을 고려할 필요가 있다.

Ⅲ. 행정의 정보행위

1. 행정의 정보행위로 인한 사건

> 전국에 불량만두소동이 일어나, 행정청이 2004년 6월 10일에 만두의 유통, 제조와 관련된 업체 18곳의 명단을 전격 공개하였고, 명단에 포함된 식품업체의 사장이 한강에 투신하여 목숨을 끊었다. 당시 식품위생법은 영업자로 하여금 위해발생사실을 공표하도록 명하는 규정은 두고 있지만(56조의2), 행정청의 명단공개 자체를 규정하고 있지는 않았다. 국민의 빗발치는 요구에 명단공개를 하지 않을 수 없었다고 하지만, 법치국가원리상 어떤 문제가 있는가?

국가가 정보를 다룬 것은 국가만큼이나 오래되었다. 경고, 추천이나 계몽(홍보)과 같은 형태의, 행위유도를 위해 정보를 의도적으로 제공하는 것은 국가적으로 이슈가 된 사건에서 행해졌다. 위 사안과 같은 명단공개가 지닌 엄청난 파괴력은 지난 시절

50) 대법원 2006다18228판결은 1995.1.3.의 행정지도는 임의성 및 불이익조치금지에 위반하여 위법한 것으로, 그 이전의 행정지도는 적법한 것으로 판시하였다.

해당 업계의 기업순위를 뒤바꾼 '우지라면 사건'과 많은 통조림회사를 부도로 몬 '포르말린골뱅이 사건'나 국민의 공분을 자아낸 '쓰레기만두 사건'에서도 확인되었다.

정략적 기조에서 횡행하는 폭로저널리즘의 목적론적, 비이성적 보도가 초래한 전체사회의 흥분의 파고를 불식하기 위해서는 관련 법문제를 냉정하게 바라보아야 한다. 과거 독일의 경우 1980년대는 리스크에 민감한 일반대중의 반향에 따른 떠들썩한 사건들로 점철되었는데, 어느 정도 안정을 찾으면서, 국가적 정보행위에 관해 법치국가적 윤곽이 뚜렷해졌다. 그리하여 이 주제는 법학적인 종말빙퇴석(終末氷堆石)이 된 지 오래되었다. 하지만 우리는 아직도 그렇지 않다.[51] 여기서는 공론화를 제기하고자 법률유보의 문제점만을 다루기로 한다.

2. 고권적 형성수단으로서의 정보행위의 개념

국가의 정보행위는 교시, 경고, 권고(추천),[52] 보고, 감정, 행정의 기타의 정보활동을 포함한다. 여기서 **정보의 기능과 가능한 영향의 정도에 비추어, 단순계몽(정보제공)은 개입강도와 관련해서 영점이고, 추천은 중간치, 경고는 최고치가 부여된다.**[53] 이들 정보활동은 법적 성질에서 보자면 사실행위에 속하는데, 우리의 법제에 아직 제도화된 공식적인 수단이 아닌 점에서[54] 비공식행정작용에 해당한다.[55] 한편 일부 문헌은 고액·상습체납자의 명단공개(국세기본법 85조의5)와 같은 법위반사실의 공표제도를 정보행위와 함께 다룬다. 법위반사실의 공표제도는 행정의 실효성확보의 차원에서 강구된 것인(본서 697면) 반면 정보행위는 본래 리스크행정의 특유한 행정활동인 점에서 서로 지향점이 다르다.

3. 리스크행정에서의 정보행위의 의의

생명신체에 관한 구체적인 위험이나 법위반사실의 발생이 확인되지 않는 한, 제조

51) 교과서상으로 김남진/김연태, 440면 이하를 제외하고 특별히 언급하지 않고 있다. 참고문헌: 김남진, 월간고시 1994.7; 오준근, 성균관법학 제3호(1990); 조태제, 토지공법연구 제43집 제1호(2009.2.); 이세정, 법학연구 제62호(2009); 김중권, 행정법기본연구Ⅰ, 469면 이하.
52) 가령 구 식품의약안전청이 2013.1.31. 여드름 치료제 '다이안느 35정'에 대한 사용자제를 당부하였다.
53) Gröschner, DVBl. 1990, S.619(621).
54) 하지만 권고의 경우 우리의 행정지도의 범주에 넣을 수도 있다.
55) 비공식 행정작용이란 정형화된 입법·행정절차에 앞서서 그리고 그 주위에서 규범대체적·규범집행적인 실행방식을 의미한다. 참고문헌: 김남진, 고시계 1989.9.; 서원우, 고시연구 1989.9.; 김연태, 공법연구 제23집 제3호(1995); 김창규, 토지공법 제9집(2000.2.); 김병기, 토지공법 제32집(2006.9.); 이세정, 비공식적 행정작용에서의 공법적 책임에 관한 연구, 2006; 이중호, 중앙법학 제47호(2010.5.).

허가취소나 하명처분과 같은 전통적인 질서법상의 수단은 전혀 또는 충분히 효과적으로 동원될 수 없다. 이런 경우 국가는 경고 등의 정보활동을 통해 소비자의 행위를 조종함으로써, 더욱더 넓어진 범위에서 위험의 사전예방, 환경사전배려, 소비자보호를 실현하고자 한다. 그리하여 **오늘날 리스크 행정의 전형적인 특징은 '부드러운 것'으로 강조되는 새로운 작용형식의 성립이다.** '협력국가'는 '곧 바로(vis directa)' 행하는 것에서 '우회적으로(vis indirecta)' 행하는 것으로 이행(移行)한 국가활동의 변화를 나타낸다.[56] 리스크형성적 국가와 정보제공적 국가는 새로운 현상으로서 흡사하게 느껴지며, 가끔 동일시되고, 여하튼 상관관계가 있는 것으로 여겨진다. 행정의 새로운 모습은 사전배려적인 보호와 리스크에 대한 계몽을 특징적으로 나타낸다. Di Fabio 교수는 일련의 현상을 사회학적 개념을 빌려서 훈육국가(präzeptoraler Staat)란 개념으로 표현함으로써, 국가의 리스크 조종과 정보활동의 측면을 연계시켰다.[57]

4. 정보행위와 법률유보의 원칙

정보행위와 관련하여 다음의 물음이 제기된다: i) 누가 정보행위의 권한이 있는가?, ii) 어떠한 요건하의 정보행위가 기본권에 대한 개입이 되는가?, iii) 어떠한 요건하에서 그러한 개입이 헌법적으로 정당화되는가? **제기된 공법의 주제는 먼저 법치국가의 보편도그마틱인 법률유보의 차원에서 문제되어야 한다.** 고권적 정보활동의 매력은 바로 통상 법적으로 규율되어 있지 않는 수단의 비공식성(비정형성)에 있다. 그러나 법률이 없을 경우, 일정한 정보행위가 법률유보의 지배를 받는다고 하는 주장은 이미 그 정보행위의 위법성판단을 가져다 준다.

사안을 간접적인 기본권개입의 차원에서 접근해야 한다.[58] 따라서 일정한 사람・제품・행위방식이 위험스럽다고 표현하는 경고는 당연히 법률유보의 지배를 받는 기본권개입이다. 일정한 제품・사람・행동방식에 유리하게 권고하는 것은, 그것이 구체화되거나 구체화될 수 있는 대상과 관련이 있을 때는 기본권개입이지만, 일반적인 것으

56) Ossenbühl, Umweltpflege durch behördlich Warnungen und Empfehlungen, 1986, S.8f.
57) ders., JZ1993, S.689ff.
58) 독일 연방행정법원은 문헌에서 압도적으로 주장되고 있는 간접적인 기본권개입에 관한 견해를 따랐다. 즉, 일찍이 투명리스트사건에서 연방관보에 의약품리스트를 공표한 것을 직업자유에 대한 개입으로 평가하였다(BVerwGE 71, 183). 또한 글리콜사건에서 연방보건성장관이 와인양조자를 거명하면서 디에칠렌 글리콜을 함유한 와인의 리스트를 공표한 것을, 영업자유에 대한 개입으로 여겼다(BVerwGE 87, 37). 나아가 1989.5.23.자 신흥종교결정에서 기본권개입으로 인정하기 위한 세 가지 기준(국가권위의 동원, 중대한 결과(현저성), 목적성)을 전개하였다(BVerwGE 82, 76).

로 여겨졌거나 전적으로 작용·효과·원인의 상관관계에 관한 정보에 이바지하는 경우에는 기본권개입이 아니다. 일정한 정보대상과 관련하여 지식표시에 불과한 단순계몽(정보제공)은 -구체적 권고의 한계를 넘지 않는 한- 기본권개입이 아니다. 정부정책에 관한 사실(정보)과 정치적 평가를 알려주는 식이 되는 대민홍보는 기본권개입에 해당하지 않는다. **정보행위의 내용적 타당성의 물음을 던지기 전에 이런 법률유보의 물음이 먼저 해소되어야 한다.** 하지만 일련의 명단공개사건에서 아쉽게도 법률유보적 문제점이 전혀 제기되지 않았다.[59] 공법적 문제인식의 박약함을 확인할 수 있다.

59) 식품위생법은 명단공개는 직접 규정하지 않고, 단지 정보공개노력을 규정할 뿐이다(제90조의2).

Chapter 05 법형식이 아닌 행정활동과 행정의 사법적 작용

제 1 절 행정상의 확약

Ⅰ. 의 의

확언은 행정이 스스로 장래 어떤 활동에 대해 작위나 부작위의 의사표시를 한 것을 일컫는다. 즉, 행정의 일체의 자기의무화이자 개별·구체적인 자기구속을 의미한다. 확언의 대상 가운데 행정행위에 국한한 것이 확약이다. 다시 말해 확약은 일정한 행정행위의 장래의 발급이나 불발급에 관한 확언이다. 즉, 확언의 변형이 확약이고, 확언의 진부분집합이 확약이다(확약⊂확언).

이상의 확언과 확약은 독일의 'Zusage'과 'Zusicherung'을 옮긴 것인데, 이들을 각기 확약과 확언으로 옮기기도 하지만(김동희/최계영, 233면), 행정절차법이 행정행위에 관한 약속으로서의 확약을 명문화하여(40조의2) 이제 용어상 문제는 일단락되었다. 양자의 구별은 강조되어야 한다. 왜냐하면 이들을 독립된 법적 행위로 여겨 특히 확약에 대해 행정행위처럼 법적 구속력을 인정하면, 확약에 대해서는 행정행위와 같은 권리구제를 도모할 수 있기 때문이다. 그러나 기왕의 판례처럼 확약의 자기구속성을 부인하거나, 확약의 행정행위성(또는 행정행위유사적 성격)을 부인하면, 양자의 구별은 의미가 없게 된다. 행정절차법상의 확약 규정을 계기로 본격적인 확약론의 전개가 기대된다.

Ⅱ. 법적 성질 및 그에 따른 다른 행위와의 구별

도지사는 1993.1.12. 6개의 어업권의 대상어장에 대하여 乙 등을 제1순위자로, 甲을 제2순위자로 하는 우선순위결정을 하고, 같은 해 4.30. 우선순위결정에 따라 乙 등에게 6개의 신어업권 면허처분을 하였다. 이에 甲은 같은 해 5.6. 우선순위결정의 취소를 구하는 소를 제기하였다가, 같은 해 6.18. 우선순위결정의 취소를 구하는 부분을 위 6개의 신어업권면허처분의 취소를 구하는 소로 변경하였다. 우선순위결정의 법적 성질은 무엇인가? (대법원 94누6529판결)

공원녹지법에 의하면, 민간공원추진자는 국토계획법에 따른 도시·군계획시설사업 시행자의 지정과 실시계획의 인가를 받아 도시공원을 설치·관리할 수 있다. 천안시장이 복수의 민간공원추진자(甲, 乙, 丙)로부터 자기의 비용과 책임으로 공원을 조성하는 내용의 공원조성계획 입안제안을 받은 후 도시·군계획시설사업 시행자지정 및 협약체결 등을 위한 우선협상자로 甲을 지정한 데 대해 乙은 취소소송으로 다툴 수 있는가? (대법원 2017두43319판결)

1. 법적 성질

확언·확약이 특별한 공법적 작용형식인지 여부가 다투어지는데, 특히 행정행위의 발급 여부와 관련이 있는 확약의 법적 성질이 문제된다. 종국적 규율의 부재를 이유로, 즉 비록 행정행위와 유사성을 지니긴 해도 약속인 이상 그것의 행정행위성을 바로 인정하기보다는 독립된 작용형식으로 보려는 입장과 행정청에 대한 구속적 효과의 존재를 이유로 행정행위성을 바로 인정하려는 입장으로 나뉜다.[1)]

후술할 판례의 입장과는 달리 먼저 확약의 구속력은 인정되어야 한다. 법형식으로서의 행정작용에 초점을 맞추어 독자적 작용형식에로의 격상에 대해 엄격한 태도를 견지하는 이상, 확약을 행정활동의 하나로 볼 수는 있지만, 독립된 법형식이자 작용형식을 설정하는 것은 곤란하다. 기존의 작용형식의 차원에서 보면, 확약은 행정행위적 성질을 가지며, 확언은 –확약적 사항이 아니 한– 사실행위적 성질을 가진다고 볼 수 있다. 즉, **확약은 행정행위의 일종이되, 실효메커니즘은 물론 약속의 숙명인 잠재적 파기가능성으로 인해 보통의 행정행위에 비해 존속력이 상대적으로 약한 것이 그 특징이다.**

1) 독일에서도 상반된 접근이 강구되고 있다. Ossenbühl 교수는 '규율'의 부재를 이유로 확언의 법적 성질을 행정행위로 보는 데 부정적이다(JuS 1979, S.681(684)). 나아가 그는 '확언'을 고유한 작용형식에 해당한다고 주장하였다. 반면 Di Fabio 교수는 독일 행정절차법 제38조에 확약과 행정행위를 실제론 동일하게 놓음으로써, 간단성과 개관가능성의 이유에서 (확약 나아가 확언의) 도그마틱적 독자성을 부인하는 것이 타당하다고 여긴다(in: Becker–Schwarze(Hrsg.), S.53, Fn.18)).

2. 판례의 입장

대법원 94누6529판결은 '어업면허우선순위결정'을 확약으로 보아 강학상의 '확약'의 존재를 인정하되, 그것의 처분성을 부인하였다. 그런데 동 판결을 계기로 행정법문헌상의 확약에 관한 논의와 행정실무상의 그것과의 괴리가 지적되고 있지만,[2] 확약의 처분성부정을 확약의 법적 무의미로 확대해서는 아니 된다. 확약의 법적 무의미는 확약의 핵심인 행정의 자기구속의 근거인 신뢰보호가 전혀 고려되지 않는 상황을 낳는다. 확약의 문제는 신뢰보호의 문제이다. 판례상으로 신뢰보호가 공고하지 않은 현재의 상황이 변하지 않는 한, 확약은 행정행위를 발하기 위한 내부적 작용이나 일종의 구두선(口頭禪)에 불과하며, 행정법상의 확약론 자체도 공허하게 된다. **확약론이 심화되지 못한 까닭은 대법원 94누6529판결에 대한 비판적 극복이 강구되지 않은 데 있다.**[3]

그런데 도시·군계획시설사업 시행자지정과 관련한 우선협상자지정은 '어업면허우선순위결정'과 본질이 동일한데, 판례는 구체적인 법적 성질을 밝히지 않고, 행정처분성을 전제로 본안판단을 하였다(대법원 2017두43319판결). 같은 맥락에서 대법원 2017두31064판결은 공유재산의 사용·수익허가를 우선적으로 부여받을 수 있는 지위를 설정하거나 이미 설정한 지위를 박탈하는 것을 행정처분으로 본다. 결국 판례상 상이한 입장이 병존하는 양상이어서 행정상의 확약은 더욱더 혼란스러운 법제도가 되어 버렸다. **행정절차법상의 확약 규정이 마련된 이상, 확약을 보통의 행정처분과는 다른 점(약한 구속효)이 있는 특수한 행정처분으로 보는 식으로 판례가 입장을 수정해야 한다. 확약을 행정처분으로 보면, 행정처분과 관련한 행정기본법의 규정이 그대로 통용되어야 한다.**

3. 다른 행위와의 구별

관련 메커니즘을 오해하지 않도록, 확약과 다른 행위를 구별할 필요가 있다. –판례의 입장과는 달리– 확약에 대해 법적 구속력을 인정하면 이는 당연히 법효과를 시킨다. 한편 가령 허가가 가능한지 여부에 관한 시민의 문의에 대해 긍정적인 답을 주더라도 그것은 신뢰조성행위로서의 공적 견해표명과 구별되는 단순한 정보제공과 같은 일반론적 견해표명에 불과하다. 일반론적 견해표명은 원칙적으로 비구속성을 지닌다는

2) 윤홍식, 고시연구, 2001.11, 172면 이하 참조.
3) 참고문헌: 김남진, 법률신문 제2412호(1995.6.); 신봉기, 행정판례평선, 328면 이하; 김남욱, 법학논총 제7집(2001.11.).

점에서, 확약과는 구별된다. 단계적 행정행위 가운데 부분적 행정행위에 속하는 사전(예비)결정의 경우에는 전체 사업안의 잠정적, 긍정적 전체판단이 그것의 발급요건이 아니며, 설령 발급요건이라 하더라, 결코 본허가에 관한 추단적 확약(推斷的 確約)이 수반되지 않는다.[4] 반면 확약은 본처분의 전체 요건에 관한 긍정적인 판단을 전제로 한, 본처분에 대한 약속이다. 따라서 사전결정과는 달리, 확약은 신뢰보호를 수반한다. 나아가 신뢰보호의 차원에서 확약은 신뢰보호를 주장할 수 없는 잠정적 행정행위와도 구별된다. **실무상 내인가란 용어가 많이 사용되는데, 그것의 정체는 이상의 개념적 징표에 의거하여 확약이나 사전결정으로 판단해야 한다.**

Ⅲ. 근거와 요건

'어업면허우선순위결정'은 수산업법에 그 명시적 근거를 두고 있어서 문제가 되지 않지만, 일반론의 차원에서 확약에 법령상의 근거가 필요한지 여부가 논의된다. 하지만 본처분에 대한 약속이 확약인 이상, **본처분에 관한 법령상의 근거가 있으면 특별한 별도의 법령상의 근거가 없더라도 아무런 문제없이 확약을 행할 수 있다.** 행정절차법 역시 확약의 허용성을 천명한다. 즉, 법령등에서 당사자가 신청할 수 있는 처분을 규정하고 있는 경우 행정청은 당사자의 신청에 따라 장래에 어떤 처분을 하거나 하지 아니할 것을 내용으로 하는 의사표시(확약)를 할 수 있다(40조의2 1항). 이제 근거문제는 완전히 해소되었다. 비단 본처분이 재량행위에 국한하지 않고, 기속행위라 하더라도 확약을 하는 데 지장을 받지 않는다.

확약을 행정행위로 보면 행정행위에 관한 성립요건 및 적법요건은 물론, 행정행위의 하자론 역시 그대로 통용될 수 있다. 그런데 형식과 관련해서 원칙적으로 행정행위는 문서만이 아니라 구술의 형식으로도 가능하지만, 상대방의 보호차원에서 행정절차법 제40조의2 제2항에 의해 확약은 문서형식을 취해야 한다.

4) 사전결정인 폐기물처리업의 적정통보에 대해, 대법원 2001두10936판결이 본허가인 폐기물처리업허가에 관한 신뢰를 제공하는 것은 아니라고 타당하게 보았다. 반면 대법원 95누10877판결이 건축법상의 사전결정을 장차 건축법상의 건축허가처분을 하겠다는 의사표시로 본 것은 타당하지 않다. 이 사전결정은 건축허용성에 대한 긍정적인 판단에 불과한 강학상의 사전(예비)결정이다.

Ⅳ. 효 과

계약은 이행되어야 하고 약속은 지켜져야 한다(pacta sunt servanda). 따라서 **확약의 효과는 행정의 자기구속이다.** 그리고 그 자기구속은 재량준칙에서의 일반·추상적 자기구속과는 달리 개별·구체적 자기구속이고, 평등원칙이 아닌 신뢰보호원칙에 그 근거를 둘 수 있다. 당연히 확약한 대로 이행되지 않은 때, 그리고 확약을 취소나 철회하였을 때는 신뢰보호의 차원에서 문제가 된다. 그런데 여기서 유의할 점이 있다. 비록 확약이 신뢰조성의 출발점이긴 해도, 수익적 행정행위가 행해졌는데 그것이 폐지(취소나 철회)되었을 때의 상황과는 엄연히 다르다.

Ⅴ. 실효제도

약속은 사실 위반가능성을 안고 있다(상대적으로 약한 신뢰보호). **사실적·법률적 상태가 변경되었을 때 특별한 별도의 행위(철회) 없이 그 효력이 소멸하는 실효제도는 확약의 본질상 당연하다.**[5] **이 점에서 확약은 보통의 행정행위와 구별된다.** 행정절차법 제40조의2 제4항은 비구속 메커니즘을 통해 실효의 법리를 부분적으로 제도화하였다. 즉, 확약을 한 후에 그 내용을 이행할 수 없을 정도로 법령등이나 사정이 변경된 경우와 확약이 위법한 경우에는 행정청은 확약에 기속되지 아니한다. 행정청은 이같이 확약을 이행할 수 없는 경우에는 지체 없이 당사자에게 그 사실을 통지하여야 한다(5항).

여기서 문제되는 것은 두 번째 실효사유이다. 실효의 법리는 사정변경의 원칙(Clausula rebus sic stantibus)을 구현한 것인데, 두 번째 실효사유는 사정변경을 전제로 하지 않고, 단지 확약 자체의 위법성을 내세운 것이어서 문제가 있다. 사정변경에 따라 기왕의 확약이 위법하게 되어 버린 즉, 사정변경을 알았더라면 확약을 하지 않았거나 확약을 해서는 아니 될 경우에는 실효의 법리가 당연히 통용될 수 있지만, 사정변경 없이 확약이 위법한 경우는 전혀 그렇지 않다. 이런 경우까지 실효의 법리가 통

5) 대법원 95누10877판결: 행정청이 상대방에게 장차 어떤 처분을 하겠다고 확약 또는 공적인 의사표명을 하였다고 하더라도, 그 자체에서 상대방으로 하여금 언제까지 처분의 발령을 신청을 하도록 유효기간을 두었는데도 그 기간 내에 상대방의 신청이 없었다거나 확약 또는 공적인 의사표명이 있은 후에 사실적·법률적 상태가 변경되었다면, 그와 같은 확약 또는 공적인 의사표명은 행정청의 별다른 의사표시를 기다리지 않고 실효된다.

용되면 위법한 확약의 상대방은 그 자신에게 귀책사유가 없는 경우에도 완전히 보호를 받지 못하는 신뢰보호의 공백상황이 빚어질 수 있다.[6]

VI. 권리구제

확약과 관련한 법적 다툼은 약속이 지켜지지 않을 때에 생긴다. 수익적 행정행위를 신청한 경우에 행해진 확약의 불이행은 일종의 거부처분이다. 확약의 상대방은 당연히 거부처분의 취소소송을 제기할 수 있다. 물론 의무이행소송이 도입된다면 당연히 의무이행소송을 제기할 수 있다. 그런데 확약의 문제는 수범자를 상대로 한 확약불이행의 경우에 국한하지 않는다. 건축허가와 같은 제3자효 행정행위에서 제3자는 자신에게 부담적인 확약을 문제삼을 수 있다. 그는 본처분이 내려지는 것을 저지하기 위해 확약에 대해 직접 취소소송을 제기한다든지, –비록 판례상으로 허용되지 않지만– 예방적 부작위청구소송을 제기할 수 있다. 나아가 행정청이 제3자효 행정행위인 건축허가를 하지 않겠다고 확약하였음에도 불구하고 그 뒤에 확약에 배치되게 건축허가 발해진 경우에는 당연히 제3자인 인인(隣人)은 취소소송의 방법으로 그 건축허가를 다툴 수 있다. 확약의 불이행에 따른 국가배상이나 확약의 철회에 따른 손실보상 역시 행정행위 일반에서의 그것이 그대로 통용된다. **이제 확약이 정식의 행정활동에 해당하는 이상, 확약을 둘러싼 권리구제의 본격적인 논의가 기대된다.**

제 2 절 행정계획

춘해대학의 이전에 맞춰 울산광역시장은 곡천리 산 72-10 일대 175,566㎡의 토지에 관하여 공공시설입지승인을 하고 이를 고시하였다. 그 후 국토이용계획변경결정에 따라 이 사건 토지가 도시지역에 편입되자, 울주군수는 이 사건 토지에 공공시설입지승인과 같은 내용의 도시계획시설인 춘해대학의 설치를 위한 울산도시계획시설(학교)결정을 하는 데에 대하여 주민들의 의견을 청취하고 공람을 실시하고, 울주군의회의 의견을 들은 다음에, 울산광역시장에게 도시

6) 이런 사정은 오로지 확약을 교부한 후 사실적·법률적 상황이 변화한 경우만을 실효인정의 출발점으로 삼은 독일 행정절차법 제38조 ③과 극단적으로 대비된다.

계획시설결정신청을 하였다. 이에 울산광역시장은 울산광역시 도시계획위원회의 심의의결을 거쳐, 구 도시계획법 제12조(현: 국토계획법 제30조)에 따라 이 사건 토지에 관하여 울산도시계획시설(학교)결정을 하고, 이를 고시하였다. 자신의 토지가 이 사건토지에 들어간 甲등은 다음의 이유로 울산도시계획시설(학교)결정의 위법을 주장하였다: 이 사건토지에는 춘해학원 토지 전체가 우선 들어가고 그 잔여부분에 한하여 타인소유 토지를 대상으로 해야 하는데, 춘해학원 토지의 일부인 53,105㎡만이 포함되어 있다는 점, 춘해대학의 장기발전계획에 비추어 이 사건 토지 전부에 관하여 도시계획시설(학교)결정을 하여야 할 필요성이 전혀 없다는 점. 도시계획시설결정은 법적 성질은 무엇이며, 어떤 특징을 가지며, 그 특징이 인정되는 이유는 무엇인가? 사안에서 甲 등의 주장은 주효하는지? (춘해학원사건: 대법원 2003두5426판결)

Ⅰ. 계획의 행정법상의 위상

공무의 수행은 계획에 의한 준비를 요구한다. **현대국가에서 행정은 적지 않은 부분에서 계획행정에 해당하여, 계획은 인프라행정(Infrastrukturverwaltung)의 핵심수단이다.** 국가의 기획과 계획은 현시대의 현상만은 아니고, 종전에도 존재하였다. 미래에 대한 불확실성이 날로 커지기 때문에, '위기의 아들'로서의 계획은 과거보다 더한층 증대하였다. 계획의 범위와 강도는 국가활동의 적극성에 좌우된다. 오로지 위험방지의 질서국가를 의미하는 19세기 자유적 법치국가에서는 국가의 주도권을 제도화하려는 계획은 당연히 뒤에 놓인다. 반면 -위험방지이외에 급부활동과 사회형성의 임무를 갖는- **사회적 법치국가에서 계획은 국가활동의 본질적 수단이 되었고 보장국가에서도 그러하다.**[7]

국가적 계획의 필요성은 오늘날에는 논란이 되지 않는다. 계획의 필요성은 법적인 차원에서는 헌법상의 사회적 법치국가로서의 임무에서 시인되며, 내용적인 차원에서는 국가분야에서의 증대된 분업, 가용재원과 국가능력의 한정, 그리고 다원적 공동체에서의 종종 정반대인 상이한 이익상황에 의해 시인된다. 국가적 계획의 목적은 미래의 사전대비(사전배려)를 조직화하여, 리스크를 축소시키는 것이다. 따라서 국가적 제조치가 계획을 통해 정렬되고 목표지향적으로 조정될 뿐만 아니라, 경제와 사회를 위한 자극 역시 계획을 통해 주어질 것이다. 특히 우리의 경우 1960년대부터의 경제개발계획이 지금의 산업화를 가져다준 원동력으로 여겨지는 등 '계획의 만족감'이 남다르게 매우 높다. 하지만 **계획 및 그것의 시행을 도그마틱적으로 처리하는 데 있어서 행정법은 큰 곤란함을 겪는다. 계획으로 인해 다극적인 법관계가 형성되기 때문이다.**

7) KöcK, in: GVwR Ⅱ, §36 Rn.2, 5.

Ⅱ. 계획의 의의

1. 행정의 작용형식이 아닌 활동양상으로서의 계획

행정행위, 행정입법, 행정계약 이외의 독자적인 행정의 작용(행위)형식으로 행정계획이 존재하는지 여부가 행정법적으로 흥미롭다.[8] 과거 학설상으로 종종 그러한 견해가 주장되었다.[9] 계획이 다른 작용형식에 대해 이질적인 요소(aliud)를 지닌 것으로 전개하는 것이 가능하지만, '새로운 작용형식의 전개'는 단순한 명칭부여의 문제가 아니다. 행정의 작용형식은 일정한 도그마틱적, 법치국가적 기능을 지니기에, 어떤 행정활동을 주조(鑄造)된 작용형식의 하나로 설정한다는 것은 다름 아닌 그 행정활동을 지배하는 특별한 법제도를 정하는 것을 의미한다. 계획을 새로운 작용형식으로 전개하려면, 그것에 독특한 법적 프로필을 부여할, 기존의 작용형식과 구별된 특별한 법제도(예: 권한, 절차, 권리구제, 구속력, 책임)를 만들어 내야 한다. 여러 종류의 계획에 관한 세분화된 유형론이 있긴 하나, 결코 고유한 범주를 만들 만한 논거를 담고 있지 않다. 확실한 점은 판례와 문헌이 계획행위(기획)의 결과, 즉 계획을 전통적인 작용형식의 범주란 오래된 관(管)에 집어넣고 있다는 점이다. 따라서 계획은 형식적 법률로서뿐만 아니라, 법규명령, 조례, 행정규칙, 행정행위, 합의로서도 나타난다. 요컨대 **계획은 결코 행정의 고유한 작용형식이 아니며, 오히려 여러 계획들은 전통적인 작용범주의 옷을 입고 출현한다.**[10]

2. 행정절차법과 사법통제의 연결점이자 대상으로서의 계획

도시·군관리계획과 같이 관련인에 대해 직접적인 법구속적 의의를 가질 중요한 계획의 경우 법률에 의해 그 절차가 규정되어 있다. 문제가 되는 계획의 법형식이 규준이 된다. 그리하여 계획이 행정행위에 해당하는 한, 일반 행정절차법이 원칙적으로 적용된다(김남진/김연태, 413면). 다만 개별법(대표적으로 국토계획법)이 해당 계획에 대해 나름의 절차를 규정하고 있으면 당연히 그에 따른다. 이런 제 규율의 목표는 관련된 모든 공익사항과 사익사항을 정당하게 형량하는 테두리 안에서 관련인을 보호하기 위함이다.

8) 계획행위로서의 기획(Planung)과 그 결과물인 계획(Plan)은 개념상 구별되지만, 여기서는 공히 계획으로 파악한다.
9) Vgl. W. Thieme, in: FS für Schack, 1966, S.166.
10) Maurer/Waldhoff, §16 Rn.13; Siegel, Allge. VerwR, §11 Rn.268.

계획이 행해지고 구속력을 갖게 되는 법형식에 맞춰 법원에 의한 권리보호가 달라진다. 특히 항고소송중심의 현행 권리구제시스템에서는 행정행위형식의 계획의 경우에는 효과적인 권리보호가 보장되지만, 다른 법형식의 계획의 경우에는 효과적인 권리보호가 실현될 가능성이 낮다.

Ⅲ. 계획의 개념정의

경제개발계획이나 예산계획에서부터 도시계획까지 계획과 계획행위는 매우 다양하다. 그것의 법적 성질을 통일적으로 확정한다는 것은 애당초 불가능하거니와 통일적인 개념정의 역시 거의 불가능에 가깝다.[11] 독립된 행정법적 작용형식인 계획이란 존재하지 않고, 그것이 천차만별인 현상의 집합개념에 해당한다는 점에서 더욱 그러하다. 그런데 **계획이란 관련된 공익과 사익간에 정당하게 형량하기 위해, 그리고 사익들의 균형을 실현하기 위해 꼭 필요한 수단이다.** 이와 동시에 계획은 설정된 임무와 목표를 최적으로 처리할 목적의 조치를 정렬하기 위해서도 필요한 수단이 된다.

이런 수단적 성격을 감안하여, 여기서는 계획행위를 '**목표를 예견하여 설정하며, 또한 그 목표실현을 위해 필요한 행위방식을 상정하여 앞당기는 것**'으로 새긴다.[12] 판례는 **"행정계획이라 함은 행정에 관한 전문적·기술적 판단을 기초로 하여 특정한 행정목표를 달성하기 위하여 서로 관련되는 행정수단을 종합·조정함으로써 장래의 일정한 시점에 있어서 일정한 질서를 실현하기 위한 활동기준으로 설정된 것"**으로 새긴다(대법원 2010두21464판결 등). 이런 계획행위에서 중요한 것은, 주어진 상황을 분석하는 것, 목표를 확정하는 것, 설정된 임무를 최적으로 이행할 목표를 갖고서 관련된 모든 공익사항과 사익사항을 정당하게 형량하는 것, 그리고 해결할 문제를 최적으로 처리하는 것이다.

---

11) 문헌상의 현황: "상호 관련된 정합적 수단을 통하여 일정한 목표를 실현하는 것을 내용으로 하는 행정의 행위형식"(김남진/김연태); "행정계획이란 행정권이 장래 달성하고자 하는 일정한 행정목표를 미리 설정하고 그 목표를 달성하기 위한 여러 수단들을 조정·종합함으로써 구체적 활동의 기준을 제시하는 행위"(김철용); "행정주체가 장래 일정기간 내에 도달하고자 하는 목표를 설정하고, 그를 위하여 필요한 수단들을 조정하고 통합하는 작용(Planung), 또는 그 결과로 설정된 활동기준(Plan)"(김동희); "행정주체가 일정한 행정활동을 위한 목표를 설정하고, 서로 관련되는 행정수단의 종합·조정을 통하여 목표로 제시된 장래의 일정한 시점에 있어서의 일정한 질서를 실현하기 위한 구상 또는 활동기준의 설정행위"(이상규).

12) Wolff/Bachof/Stober/Kluth, §56 Rn.1.

Ⅳ. 계획의 종류

행정계획은 여러 가지 기준에 의해 다양하게 종류를 나눌 수 있다. 가령 대상에 의한 분류, 대상지역에 의한 분류, 계획기간에 의한 분류, 정책수준에 의한 분류, 구체화의 정도에 의한 분류, 법형식에 의한 분류, 대상범위에 의한 분류 등이 행해진다. 하지만 이런 분류는 행정작용법의 차원에서는 그다지 의미가 없다.

구속력(구속효)에 따른 분류가 중요하다. 이에 의하면, **계획은 하명적 계획, 정보제공적(지침적) 계획, 유도적 계획으로 나뉜다.**

i) 하명적(명령적) 계획은 일정한 측면에서 시민에 대해 법적 구속효를 미치는 계획을 말한다. 한편 일정한 행정청이나 기관에 대해서만 구속력을 발휘하는 계획까지도 명령적 계획에 포함시키기도 한다(광의의 하명적 계획).

ii) 정보제공적 계획은 데이터와 미래전망을 담고 있는 것을 의미한다. 이런 계획은 특별한 목표설정 없이 단지 발전경향, 데이터와 예측을 알림으로써, 관련된 상황의 전개양상을 투명하게 만들며, 동시에 수범자로 하여금 나름 미래를 설계하는 데 신뢰할 만한 데이터를 제공한다. 경제개발전망을 담은 백서가 이런 계획에 해당하는데, 과연 이를 '계획'이라 할 수 있는지 의문스러운 점이 있다.

iii) 유도적 계획은 명령적 계획마냥 구속력을 갖지 않고 권리나 의무를 발생시키지도 않지만 그럼에도 불구하고 수범자의 행위를 간접적으로 조종하고 영향을 미치는 것을 의미한다. 이런 계획은 흡사 명령적 계획과 정보제공적 계획의 중간에 위치하는데, －신재생에너지종합계획과 같이－ 조세혜택이나 자금지원 등과 같은 유인책을 제공하거나 계획에 반할 행위에 대해 불이익(조세부담)을 알리는 식으로 행한다. 사적 행위에 대한 영향의 강도가 제각기 다를 수 있는 유도적 계획은 사회적 법치국가에 적합한 형성수단이다. 즉, 그것은 강제하지 않거니와, 사회형성적 영향미침을 포기하지도 않으면서, 반면 전방위적 조종을 이용하여 사인(私人)의 자기주도(이니셔티브)와 자기책임을 제고시키려 한다.

Ⅴ. 계획의 법적 성질

1. 계획의 분류에 따른 논의

계획의 법적 성질이 무엇인지를 특별히 심사해야 한다. 정보제공적 계획은 일종의 정보제공이어서 사실행위에 해당한다. 그러나 유도적 계획은 법적으로 파악하기가 극히 어렵다. 동기의 제공이나 불이익의 알림이 구속의사를 갖고서 행해졌는지 여부가 관건인데, 단순한 의도표시의 경우에는 그것이 부인되나, 조세특혜가 법률적으로 확정되어 있는 경우에는 시인된다. 후자에 해당할 경우에는 명령적 계획과 다를 바 없다. 법적 분석에서 중요한 것은 명령적 계획이다. 우선 입법자가 법형식을 미리 정해 놓은 경우에는 그에 의거하여 법적 성질을 가늠되나. 그렇지 않은 경우에는 계획의 법적 성질은 그때그때의 상황, 계획수립자, 내용 그리고 구속효에 의거하여 결정되어야 한다. 시민에게 의무를 지우는 그래서 자유와 재산권에 개입하는 조치는 반드시 법률에 의하거나 법률에 의거하여 발해져야 한다. **계획이 시민의 권리와 의무를 발생시키는 한, 즉 (협의의) 하명적 계획은** −법률을 포함한− **법규범(법규하명)이나 행정행위(처분하명), 둘 중 하나에 속한다.**

독일처럼 많은 계획이 명문으로 법률이나 조례 또는 법규명령의 형식을 취하도록 규정되어 있는 법제에서는 계획의 법적 성질은 법형식이 명문화되지 않은 예외적 경우에만 다투어진다. 우리의 입법상황은 정반대이다. **문제가 되는 하명적 계획의 법형식을 거의 규정하고 있지 않기에, 그것의 법적 성질은 항시적으로 다투어진다.** 아울러 일정한 '사업안'에 대해서도 계획이란 용어를 사용하여 더욱 혼란스럽다. 불필요하고 과도한 수고를 덜기 위해서라도 입법정책의 차원에서 계획확정의 형식을 법률이나 조례 또는 법규명령으로 규정하거나 처분형식의 계획확정절차를 두는 것이 필요하다.[13]

13) 동지: 석종현, 행정판례연구 제2집(1996), 168면.

2. 법적 성질이 문제되는 계획

(1) 국토계획법상의 제 계획

(가) 광역도시계획과 도시·군기본계획

'광역도시계획'은 지정된 광역계획권의 장기발전방향을 제시하는 계획을 말하며(2조 1호), '도시·군기본계획'은 특별시·광역시·시 또는 군의 관할 구역에 대하여 기본적인 공간구조와 장기발전방향을 제시하는 종합계획으로서 도시·군관리계획 수립의 지침이 되는 계획을 말한다(2조 3호). **이들 계획은 국민에 대해 직접적인 구속효를 갖지 않고 단지 앞으로의 계획, 특히** 도시·군관리계획**의 수립에서 기초·지침이 될 뿐이다**(대법원 2005두1893판결). 따라서 당연히 행정소송과 행정심판을 통해 다툴 수 없고 단지 정책적인 차원에서 문제제기만 할 수 있다.

'4대강 살리기 마스터플랜' 역시 4대강 정비사업과 주변 지역의 관련 사업을 체계적으로 추진하기 위하여 수립한 종합계획이자 '4대강 살리기사업'의 기본방향을 제시하는 계획으로서, 행정기관 내부에서 사업의 기본방향을 제시하는 것일 뿐, 행정처분에 해당하지 않는다(대법원 2010무111전합결정).

(나) 도시·군관리계획

'도시·군관리계획'은 특별시·광역시·시 또는 군의 개발·정비 및 보전을 위하여 수립하는 토지 이용, 교통, 환경, 경관, 안전, 산업, 정보통신, 보건, 후생, 안보, 문화 등에 관한 계획을 말한다(2조 4호). 도시·군관리계획은 용도지역·용도지구의 지정 또는 변경에 관한 계획. 개발제한구역, 도시자연공원구역, 시가화조정구역(市街化調整區域), 수산자원보호구역의 지정 또는 변경에 관한 계획, 기반시설의 설치·정비 또는 개량에 관한 계획, 도시개발사업이나 정비사업에 관한 계획 그리고 지구단위계획구역의 지정 또는 변경에 관한 계획과 지구단위계획을 망라한 것이다.

도시·군관리계획은 과거 구 도시계획법 제12조상의 도시계획(결정)에 해당하는 것인데, **종래 판례는 도시계획결정의 처분성을 인정하였다**(대법원 80누105판결 등). **이 기조는 지금의** 도시·군관리계획**에 대해서도 그대로 통용된다.** 국토계획법 역시 도시·군관리계획의 처분성을 전제로 하여 그에 대응한 법제를 마련해 놓았다. 즉, 그것의 효력 및 실효에 관한 규정(법 31조, 33조)이 그것이다.

그런데 **입법정책의 차원에서 도시·군관리계획결정을 이처럼 행정행위로 접근하는 것이 바람직한지 숙고가 필요하다.** 단순히 부문계획에 그치지 않고 용도지역이나 도시개발사업 등 매우 광범한 내용을 포함하고 있는데, 구체성과 종국성을 특징으로 하는 행정행위로 이런 내용을 커버한다는 것은 체계에 맞지 않는다. 과거 도시계획의 법적 성질에 대해서 서울고등법원은 행정입법의 성질을 갖는다고 보았다(서울고법 79누416판결).

⑵ 그 밖의 계획

대법원 94다31235전합판결 이래로 판례는 도시정비법상의 관리처분계획을 행정처분으로 보고 있으며, 동시에 관리처분계획인가를 보충행위로서의 인가로 본다. 그러나 원래 인가가 私人간의 법적 행위를 기본행위로 한다는 점에서 행정처분에 대한 인가론적 접근은 바람직하지 않다. 만약 인가론을 고수하려면, 관리처분계획은 조합구성원들의 합의의 산물로서 총회에서 의결된 자치규약의 일종이며, 그 실질은 조합설립행위처럼 私法的 行爲에 해당한다고 보아야 한다. 한편 주택재개발사업의 관리처분계획 수립에서 구체적인 내용의 수립에 관하여는 이른바 계획재량행위로서 상당한 재량이 인정되어, 토지 등 소유자들 사이에 다소 불균형이 초래되더라도 그것이 특정 토지 등 소유자의 재산권을 본질적으로 침해하지 않는 한, 위법하게 되지 않는다(대법원 2022두56142판결).

도시개발법상 도시개발구역지정권자는 도시개발구역 지정을 위해서는 먼저 해당 도시개발구역에 대한 도시개발사업계획(개발계획)을 수립하여야 한다(동법 4조 1항). 이 개발계획은 일종의 대물적 행정행위인 도시개발구역지정의 기초로서의 의미를 가질 뿐 독립된 법적 의의를 갖지는 않는다. 그리고 사업시행자는 도시개발사업에 관한 실시계획에 관하여 지정권자의 인가를 받아야 하는데(법 17조 2항), 도시정비법상의 사업시행계획처럼, 이 실시계획은 사업계획안을 의미하지 대국민적인 계획을 의미하지는 않는다.[14]

도시개발사업의 전부 또는 일부를 환지방식으로 시행하려면 사업시행자는 환지설계 등이 포함된 환지계획을 작성하여 인가를 받아야 하는데(법 28조, 29조), **환지계획의 법적 성질에 대해서 판례는 처분성을 정당하게 부인하고 있다(대법원 97누6889판결).**[15]

14) 실시계획인가의 법효과에 비추어, 여기서의 인가를 강학상의 인가로 보아선 아니 된다. 판례는 설권적 처분(형성행위)로 본다(대법원 2016두48416판결). 나아가 단순 허가나 특허인지 아니면 융합적 성격인지 여부가 문제된다. 도시정비법상의 사업시행인가, 주택법상의 사업계획승인마냥 여기서의 인가 역시 사업시행허가적 측면과 설권적(특허적) 측면을 함께 지닌 허용행위로 보는 것이 바람직하다. 김중권/이은희, 75면.

15) 반론: 김종보, 공법연구 제28집 제3호(2000.3.).

Ⅵ. 계획, 특히 도시·군관리계획의 수립절차

처분적 계획에 대해서는 일반법인 행정절차법상의 처분과 관련한 제 규정(제2장)이 적용되는데, 개별법상 특별히 절차가 규정되어 있으면 그에 따른다. 이하에서는 대표적인 하명적 계획인 국토계획법상의 도시·군관리계획의 수립절차를 살펴본다.

1. 도시·군관리계획의 입안권자 및 결정권자

(1) 입안권자

특별시장·광역시장·특별자치시장·특별자치도지사·시장 또는 군수는 관할 구역에 대하여 도시·군관리계획을 입안하여야 한다. 그런데 일정한 경우[16] 인접한 특별시·광역시·특별자치시·특별자치도·시 또는 군의 관할 구역 전부 또는 일부를 포함하여 도시·군관리계획을 입안할 수 있다(24조 1항, 2항). 그런데 일정한 경우에는[17] 국토교통부장관은 직접 또는 관계 중앙행정기관의 장의 요청에 의하여 도시·군관리계획을 입안할 수 있는데, 이 때 관할 시·도지사 및 시장·군수의 의견을 들어야 한다(5항). 마찬가지로 도지사 역시 예외적으로 입안할 수 있다(6항). 한편 도시·군관리계획의 입안이 의무라 하더라도, 도시·군관리계획결정을 기속행위로 접근하여선 곤란하다.

(2) 결정권자

도시·군관리계획은 특별시장·광역시장·특별자치시장·도지사·특별자치도지사('시·도지사')가 직접 또는 시장·군수의 신청에 따라 결정한다. 다만, 「지방자치법」 제198조에 따른 서울특별시와 광역시를 제외한 인구 50만 이상의 대도시(대도시)의 경우에는 해당 시장(대도시시장)이 직접 결정한다(29조 1항). 이 점에서 광역자치단체의 수준에서는 계획고권이 어느 정도 인정되고 있는 셈이다. 하지만 일정한 도시·군관리계획은[18] 국토교통부장관이 결정한다(29조 2항).

16) 1. 지역여건상 필요하다고 인정하여 미리 인접한 특별시장·광역시장·특별자치시장·특별자치도지사·시장 또는 군수와 협의한 경우. 2. 제18조제2항에 따라 인접한 특별시·광역시·특별자치시·특별자치도·시 또는 군의 관할 구역을 포함하여 도시·군기본계획을 수립한 경우.

17) 1. 국가계획과 관련된 경우. 2. 둘 이상의 시·도에 걸쳐 지정되는 용도지역·용도지구 또는 용도구역과 둘 이상의 시·도에 걸쳐 이루어지는 사업의 계획 중 도시·군관리계획으로 결정하여야 할 사항이 있는 경우. 3. 특별시장·광역시장·시장 또는 군수가 법 제138조에 따른 기한까지 국토교통부장관의 도시·군관리계획 조정 요구에 따라 도시·군관리계획을 정비하지 아니하는 경우.

18) 1. 국토교통부장관이 입안한 도시·군관리계획. 2. 개발제한구역의 지정 및 변경에 관한 도시·군관리계획. 3. 시가화조정구역의 지정 및 변경에 관한 도시·군관리계획. 그러나 수산자원보호구역의 지정 및 변경에 관한 도시·군관리계획은 해양수산부장관이 결정한다.

2. 도시 · 군관리계획의 수립과 결정

(1) 입안을 위한 기초조사

도시 · 군관리계획을 입안하는 경우에는 광역도시계획수립의 경우(13조)를 준용하여 기초조사를 하여야 한다. 다만 단위 도시계획시설부지 면적의 5퍼센트 미만의 변경인 경우 등의 사항을 입안하는 경우에는 기초조사를 생략할 수 있다(27조 1항).

국토교통부장관(수산자원보호구역의 경우 해양수산부장관을 말한다), 시 · 도지사, 시장 또는 군수는 기초조사의 내용에 도시 · 군관리계획이 환경에 미치는 영향 등에 대한 환경성 검토를 포함하여야 하며, 국토교통부장관이 정하는 바에 따라 실시하는 토지의 토양, 입지, 활용가능성 등 토지의 적성에 대한 평가를 포함하여야 한다(27조 2항, 3항).

(2) 주민과 지방의회의 의견청취

국토교통부장관(수산자원보호구역의 경우 해양수산부장관을 말한다), 시 · 도지사, 시장 또는 군수는 도시 · 군관리계획을 입안할 때에는 주민의 의견을 들어야 하며, 그 의견이 타당하다고 인정되면 도시 · 군관리계획안에 반영하여야 한다. 다만, 국방상 또는 국가안전보장상 기밀을 지켜야 할 필요가 있는 사항(관계 중앙행정기관의 장이 요청하는 것만 해당한다)이거나 대통령령으로 정하는 경미한 사항인 경우에는 그러하지 아니하다(28조 1항). 국토교통부장관이나 도지사는 도시 · 군관리계획을 입안하려면 주민의 의견 청취 기한을 밝혀 도시 · 군관리계획안을 관계 특별시장 등 · 시장 또는 군수에게 송부하여야 하고, 송부받은 특별시장 등 · 시장 또는 군수는 명시된 기한까지 그 도시 · 군관리계획안에 대한 주민의 의견을 들어 그 결과를 국토교통부장관이나 도지사에게 제출하여야 한다(2항, 3항).[19] 그리고 국토교통부장관, 시 · 도지사, 시장 또는 군수는 도시 · 군관리계획을 입안하려면 대통령령으로 정하는 사항에 대하여 해당 지방의회의 의견을 들어야 한다(5항).

(3) 도시 · 군관리계획입안의 제안

주민(이해관계자를 포함한다. 이하 같다)은 일정한 사항에[20] 대하여 도시 · 군관리계획입안권자에게 도시 · 군관리계획의 입안을 제안할 수 있다. 이 경우 제안서에는 도시 · 군관리계획도서와 계획설명서를 첨부하여야 한다(26조 1항). 제안받은 자는 그 처리 결과를 제안자에게 알려

19) 도지사가 관계 행정기관의 협의 등을 반영하여 신청받은 당초의 도시 · 군관리계획안을 변경하고자 하는 경우 내용이 해당 시 또는 군의 도시계획조례가 정하는 중요한 사항인 때에는 다른 특별한 사정이 없는 한 법 제28조 제2항, 시행령 제22조 제5항을 준용하여 그 내용을 관계 시장 또는 군수에게 송부하여 주민의 의견을 청취하는 절차를 거쳐야 한다(대법원 2012두11164판결).

20) 1. 기반시설의 설치 · 정비 또는 개량에 관한 사항. 2. 지구단위계획구역의 지정 및 변경과 지구단위계획의 수립 및 변경에 관한 사항.

야 하고(2항),[21] 도시·군관리계획의 입안을 제안받은 자는 제안자와 협의하여 제안된 도시·군관리계획의 입안 및 결정에 필요한 비용의 전부 또는 일부를 제안자에게 부담시킬 수 있다(3항).

(4) 도시·군관리계획의 결정

(가) 도시·군관리계획의 입안

도시·군관리계획은 광역도시계획과 도시·군기본계획에 부합되어야 한다(25조 1항). 국토교통부장관(수산자원보호구역의 경우 해양수산부장관을 말한다). 시·도지사, 시장 또는 군수는 도시·군관리계획을 입안할 때에는 대통령령으로 정하는 바에 따라 도시·군관리계획도서(계획도와 계획조서를 말한다)와 이를 보조하는 계획설명서(기초조사결과·재원조달방안 및 경관계획 등을 포함한다)를 작성하여야 한다(2항). 도시·군관리계획은 계획의 상세 정도, 도시·군관리계획으로 결정하여야 하는 기반시설의 종류[22] 등에 대하여 도시 및 농·산·어촌 지역의 인구밀도, 토지 이용의 특성 및 주변 환경 등을 종합적으로 고려하여 차등을 두어 입안하여야 한다(3항).

(나) 결정사전절차

i) **다른 기관과의 협의절차:** 시·도지사는 도시·군관리계획을 결정하려면 관계 행정기관의 장과 미리 협의하여야 하며, 국토교통부장관(수산자원보호구역의 경우 해양수산부장관을 말한다)이 도시·군관리계획을 결정하려면 관계 중앙행정기관의 장과 미리 협의하여야 한다. 이 경우 협의 요청을 받은 기관의 장은 특별한 사유가 없으면 그 요청을 받은 날부터 30일 이내에 의견을 제시하여야 한다(30조 1항).

ii) **도시계획위원회의 사전심의절차:** 국토교통부장관은 도시·군관리계획을 결정하려면 중앙도시계획위원회의 심의를 거쳐야 하며, 시·도지사가 도시·군관리계획을 결정하려면 법 제113조 제1항에 따른 시·도도시계획위원회의 심의를 거쳐야 한다. 다만, 시·도지사는 지구단위계획 중 일정한 사항에 대하여는 대통령령으로 정하는 바에 따라 건축법 제4조에 따라 시·도에 두는 건축위원회와 도시계획위원회가 공동으로 하는 심의를 거쳐야 한다(3항).

iii) **절차생략과 계획변경의 경우:** 국토교통부장관이나 시·도지사는 국방상 또는 국가안전보장상 기밀을 지켜야 할 필요가 있다고 인정되면(관계 중앙행정기관의 장이 요청할 때만

21) 한편 대법원 2003두1806판결이 '도시계획시설변경입안제안의 거부'를 거부처분으로 본 이래로 그 기조가 이어지고 있다(대법원 2010두5745판결). 그러나 일종의 준비행위이자 절차행위인 '입안결정'의 거부를 처분으로 접근함으로써, 법리적으로 심대한 문제가 야기된다.

22) 교통시설, 공간시설, 유통·공급시설, 공공·문화체육시설, 방재시설, 보건위생시설, 환경기초시설.

해당된다) 그 도시·군관리계획의 전부 또는 일부에 대하여 이상의 협의 및 사전심의절차를 생략할 수 있다(4항). 결정된 도시·군관리계획을 변경하려는 경우에는 이상의 협의 및 사전심의절차 그리고 그것의 생략에 관한 규정을 준용한다. 다만, 대통령령으로 정하는 경미한 사항을 변경하는 경우에는 그러하지 아니하다(5항).

(다) 결정고시절차

국토교통부장관이나 시·도지사는 도시·군관리계획을 결정하면 대통령령으로 정하는 바에 따라 그 결정을 고시하고, 국토교통부장관이나 도지사는 관계 서류를 관계 특별시장·광역시장·시장 또는 군수에게 송부하여 일반이 열람할 수 있도록 하여야 하며, 특별시장·광역시장은 관계 서류를 일반이 열람할 수 있도록 하여야 한다(6항).

(5) 결정고시 이후의 후속절차

(가) 지형도면의 고시절차

특별시장·광역시장·특별자치시장·특별자치도지사·시장 또는 군수는 도시·군관리계획결정이 고시되면 지적(地籍)이 표시된 지형도에 도시·군관리계획에 관한 사항을 자세히 밝힌 도면을 작성하여야 한다(32조 1항). 시장(대도시시장은 제외한다)이나 군수는 지형도에 도시·군관리계획(지구단위계획구역의 지정·변경과 지구단위계획의 수립·변경에 관한 도시·군관리계획은 제외한다)에 관한 사항을 자세히 밝힌 지형도면을 작성하면 도지사의 승인을 받아야 하는데, 이 경우 도지사는 그 지형도면과 결정·고시된 도시·군관리계획을 대조하여 착오가 없다고 인정되면 대통령령으로 정하는 기간에 그 지형도면을 승인하여야 한다(2항). 국토교통부장관(수산자원보호구역의 경우 농림수산식품부장관을 말한다)이나 도지사는 도시·군관리계획을 직접 입안한 경우에는 관계 특별시장·광역시장·특별자치시장·특별자치도지사·시장 또는 군수의 의견을 들어 직접 지형도면을 작성할 수 있다(3항).국토교통부장관, 시·도지사, 시장 또는 군수는 직접 지형도면을 작성하거나 지형도면을 승인한 경우에는 이를 고시하여야 한다(4항).[23] 소정의 적법한 도시계획 변경절차를 거치지 아니한 채 실질적으로 도시계획결정의 변경을 가져오는 내용의 지적고시도면에 대한 지적승인은 무효가 된다(대법원 99두 11851판결).

23) 대법원 2017다218246판결: 지형도면 자체를 관보·공보에 수록하지 않고, 그것이 일정한 장소에 비치한 사실을 관보·공보에 고시하고 그와 동시에 지형도면을 그 장소에 비치하여 일반인이 직접 열람할 수 있는 상태에 놓아두었다면 지형도면 고시가 적법하게 이루어 진 것이다; 동지: 대법원 2020두46769판결.

(나) 도시관리계획결정의 효력발생

도시·군관리계획결정의 효력은 지형도면을 고시한 된 날부터 발생하는데(31조 1항), 행정업무규정 제6조 제3항에 의해 고시 또는 공고가 있은 후 5일이 경과한 날부터 그것은 효력을 발생한다.[24] 유의할 점은 도시계획결정의 효력은 도시계획결정고시로 인하여 생기고 지적고시도면의 승인고시로 인하여 생기지는 않는다. 하지만 일반적으로 도시계획결정고시의 도면만으로는 구체적인 범위나 개별토지의 도시계획선을 특정할 수 없으므로 결국 도시계획결정 효력의 구체적·개별적인 범위는 지적고시도면에 의하여 확정된다(대법원 99두11851판결).

도시·군관리계획결정 당시 이미 사업이나 공사에 착수한 자(이 법 또는 다른 법률에 따라 허가·인가·승인 등을 받아야 하는 경우에는 그 허가·인가·승인 등을 받아 사업이나 공사에 착수한 자를 말한다)는 그 도시·군관리계획결정에 관계없이 그 사업이나 공사를 계속할 수 있다. 다만, 시가화조정구역 또는 수산자원보호구역의 지정에 관한 도시·군관리계획결정이 있는 경우에는 대통령령으로 정하는 바에 따라 특별시장·광역시장·특별자치시장·특별자치도지사·시장 또는 군수에게 신고하고 그 사업이나 공사를 계속할 수 있다(2항).

Ⅶ. 계획의 효력

하명적 계획의 경우 당연히 법령에 의해 인정된 법효과(구속효)가 발생한다. 이와는 별도로 계획의 형성효, 집중효가 문제된다. 여기서는 대표적인 명령적 계획인 도시·군관리계획을 중심으로 살펴본다.

1. 계획의 형성효

용도지역·용도지구 및 용도구역의 지정 또는 변경이 도시·군관리계획으로 정해지며, 그에 따른 용도지역·용도지구 및 용도구역에서의 행위제한이 생겨난다. **이처럼 계획결정에 의해 계획결정주체 및 계획과 관련한 자의 모든 공법관계를 형성적으로 규율하는 것이 계획의 형성효이다.** 이런 형성효에 의거하여 차후의 결정을 위해서는 계

24) 과거에는 도시·군관리계획결정이 그것이 고시가 된 날부터 5일 후에 그 효력이 발생하도록 하였는데, 2013.7.16. 법개정을 통해 토지이용규제기본법 8조 3항에 맞춰 현재와 같이 바뀌었다. 과거 결정고시에 따른 효력발생에 즈음하여 판례는 지적고시도면(지형도면)에 의해 도시계획결정의 구체적, 개별적인 범위가 확정된다고 판시하였는데(대법원 98두13195판결). 현행법에서는 도시·군관리계획결정의 효력발생과 내용확정이 동시에 이루어지는 셈이지만, 실은 행정업무규정으로 변함이 없다.

획결정으로부터의 법상황이 기준이 된다. 가령 지상·수상·공중·수중 또는 지하에 기반시설을 설치하려면 그 시설의 종류·명칭·위치·규모 등을 미리 도시·군관리계획으로 결정(확정)하여야 한다(국토계획법 43조 1항). 기반시설 중 도시·군관리계획으로 결정된 시설을 도시계획시설이라 하고, 그 도시·군관리계획결정을 도시계획시설결정이라고도 한다. 도시계획시설사업을 시행하기 위해서는 도시계획시설사업의 시행자(국토교통부장관, 시·도지사와 대도시 시장은 제외한다)는 도시계획시설사업에 관한 실시계획을 작성하면 국토교통부장관, 시·도지사 또는 대도시 시장의 인가를 받아야 한다(국토계획법 88조 2항). 도시계획시설사업 실시계획인가에 대해 수용권을 발생시키는 토지보상법상의 사업인정이 준용되도록 되어 있기에(국토계획법 96조), 강학상의 인가가 아니라, 설권적 처분(형성행위)에 해당한다(대법원 2011두3746판결; 2016두48416판결).[25] 또한 재산권보장의 차원에서 토지보상법상의 사업인정에 대해 요구되는 공공필요의 요청 및 비례원칙이 여기서의 실시계획인가에 그대로 통용될 필요가 있다(본서 988면 이하).[26]

2. 계획의 집중효 문제

계획결정이 내려지면 그것과 관련된 사항에 대해 행정청의 다른 결정 가령 허가, 인가, 특허 등이 더 이상 불필요하게 될 때, 계획결정이 집중효를 갖는다고 말할 수 있다. 집중효는 절차적 성격을 갖는 데 불과하다. 따라서 계획행정청은 계획확정을 함에 있어서 대체대상인 행정결정을 위한 실체적 규준을 유의해야 한다. 우리 계획법제상으로 이런 내용의 집중효제도가 명문으로 채용되고 있지 않다. 문헌상으로 사업실시계획의 인·허가에 따른 의제제도가 집중효제도로 환치되곤 하는데, 인·허가의 대상인 사업실시계획은 여기서의 행정계획결정이 아니기에, 양자는 엄연히 다른 제도이다.[27]

25) 엄밀히 보아 이들 승인(인가)처분은 허가적 측면과 특허적 측면을 함께 지니고 있다(김중권, 행정법기본연구Ⅰ, 314면 이하).

26) 사업인정에 대해 판례는 재량행위로 보아 −계획형성의 자유에서의 형량명령처럼− 사업인정에 관련된 자들의 이익을 공익과 사익 사이에서는 물론, 공익 상호간 및 사익 상호간에도 정당하게 비교교량해야 한다고 강조한다(대법원 2009두1051판결). 이런 맥락에서 설권적 성격을 지니는 이상, 재량행위로서 사업인정에서의 형량원칙이 통용될 필요가 있다. 그런데 도시계획시설사업 실시계획의 인가는 법문상으로는 기속행위로 되어 있다(도시계획법 제88조 ③). 상론: 본서 291면.

27) 동지: 강현호, 토지공법연구 제41집(2008.8.), 36면.

Ⅷ. 계획형성의 자유와 그것의 법적 구속

1. 계획형성의 자유의 의의 및 그 근거

계획행위는 목표설정은 물론 수단선택과 관련해서 어느 정도의 자율성을 지닌다. "형성의 자유가 없는 계획은 그 자체가 모순이다."[28] 따라서 계획결정주체가 자기책임껏 계획을 확정할 수 있는 것이 불가결하다. **입법형성의 자유처럼 행정은 목표를 실현하는 수단의 선택에서 보통의 재량과는 다르게 매우 광범한 형성의 자유를 누린다(계획형성의 자유 또는 계획재량).**[29] **계획형성의 자유 또는 계획재량은 도로나 산업단지와 같은 인프라시설의 장점과 단점을 형성적으로 합리화(최적화)하는 것이다.**

그런데 계획행위의 본질 그 자체로부터 이런 형성권능이 도출되지 않는 한, 계획법규범의 구조로부터 도출되는 규범적 수권이 필요하다. 보통의 행정법제는 조건명제적(가언명제적) 프로그램이다(예: 거짓이나 그 밖의 부정한 방법으로 허가를 받거나 신고한 것이 판명된 경우에 허가를 취소한다). 이런 조건명제적 프로그램의 기본컨셉은 행정을 투입(input)과 관련하여 조종하고, 일정한 요건(법률상의 성립요건)의 존재시에 일정한 조치(법효과)를 행정에 대해 부여한다. 이에 반해 목적프로그램의 기본컨셉은 법규범에 의해 행정에 대해 목표는 제시하지만 목표실현의 수단은 제시하지 않는 방식으로 행정을 산출결과(out-put)와 관련하여 조종한다.

계획법제는 성립요건(구성요건)과 법효과의 구성을 갖지 않고, 일반적인 계획목적(목표)을 설정할 뿐이고, 행정은 그 목표를 실현하기 위한 여러 수단을 종합적으로 동원한다. 목표와 수단의 틀 또는 목적프로그램의 구성이 특징이다. 이처럼 조건명제적 프로그램과 목적프로그램을 대비시키는 것은 행정재량과 계획형성의 자유(계획재량)를 구분하기 위함이다. 하지만 계획재량과 통상의 재량 간에 질적 차이점은 없다.[30] **계획결정은 보통의 행정재량보다 더한 고도의 형량결정인 셈이다.**[31]

---

28) BVerwGE 34, 301(304); 48, 56(59).

29) 계획재량에 관한 참고문헌: 김남진, 법률신문 제2565호(1997.1); 석종현, 고시계 1982.10·11; 박종국, 안암법학 제7호(1998.8.); 조홍식, 판례환경법(2012), 218면 이하.

30) KöcK, in: GVwR Ⅱ, §36 Rn.110.

31) 판례는 법률이 행위요건에 관해 전혀 언급하지 않는 등 포괄적인 재량의 경우도 계획법제의 논의를 접목시킨다. 즉, 구 지방자치법 4조 3항에 의해 행정자치부장관이 매립지 등의 관할 지방자치단체를 결정하는 것에 대해 계획재량의 차원에서 형량명령의 법리를 대입시켰다(대법원 2010추73판결).

2. 계획형성의 자유의 법적 구속

(1) 외적 한계

甲 소유 임야 등을 A 근린공원에 편입시키는 내용의 도시관리계획 변경결정 · 고시에 대해 취소판결이 내려진 다음, 서울특별시장은 그 임야를 A 근린공원에서 제외하는 내용의 도시관리계획 변경결정 · 고시를 하였다. 하지만 도시관리계획에 터 잡은 서울특별시장의 A 근린공원 조성계획 변경결정 · 고시에는 여전히 그 임야가 '진입광장'으로서 A 근린공원에 포함된 것으로 표시되어 있다. A 근린공원 조성계획 변경결정 · 고시는 당연무효인가? 단순위법에 그치는가? (대법원 2018두47783판결)

계획형성의 자유(계획재량)는 2가지의 구별된 법적 구속(외적 한계와 내적 한계)을 받는다. 먼저 강행적인 법률상의 규준이 그것의 외적 한계가 되는데, 이는 형량에 의하더라도 극복될 수가 없다. 이런 규준은 계획법에 직접 규정될 수 있거나(예: 가령 도시 · 군관리계획은 광역도시계획과 도시기본계획에 부합되어야 한다)(국토계획법 25조 1항) 다른 법령에도 규정될 수 있다.

바탕이 되는 계획에 반하는 내용을 담은 후속 계획의 하자가 문제되는데, 판례는 무효로 본다.[32] 판례의 논증은 마치 실정법에서 규정하지 않은 내용의 행정행위를 발한 경우 이는 근거 법률을 실질적으로 변경하는 것이고 법률개정의 절차를 거치지 않는 한 당연무효라는 식인데, 납득하기 힘들다.

(2) 내적 한계

(가) 형량명령의 의의

형량명령이란 계획형성의 자유의 내적 한계와 관련해서 관련 이익에 대해 정당하게(합당하게) 형량할 것을 요구하는 것인데,[33] 계획형성의 자유와 법구속 사이의 갈등관계를 조정하는 것을 목적으로 한다. 따라서 **행정계획을 확정(결정)함에 있어서는 그것에 관련되는 자들의 이익을 공익과 사익 사이에서는 물론이고** −공익과 사익을 형량하는 가운데서도− **공익 상호간에도 사익 상호간에도 정당하게 형량해야 한다.**[34] 노외주차장을

32) 대법원 2018두47783 판결: 도시관리계획결정 · 고시와 그 도면에 특정 토지가 도시관리계획에 포함되지 않았음이 명백한데도 도시관리계획을 집행하기 위한 후속 계획이나 처분에서 그 토지가 도시관리계획에 포함된 것처럼 표시되어 있는 경우가 있다. 이것은 실질적으로 도시관리계획결정을 변경하는 것에 해당하여 구 국토계획법 제30조 제5항에서 정한 도시관리계획 변경절차를 거치지 않는 한 당연무효이다.

33) 형량명령에 관한 참고문헌: 김연태, 안암법학 제3호(1995.11.); 신봉기, 행정판례연구 제13집(2008.6.); 임영호, 대법원판례해설 제64호(2007.7.); 정남철, 법조 제624호(2008.9.).

설치하여 달성하려는 공익이 그로써 제한받는 다른 공익이나 침해받는 사익보다 우월한 경우에 한하여 그 주차장 설치계획이 정당하다(대법원 2018두35490, 35506판결).

(나) 형량명령의 근거

독일과는(연방건설법전 1조 7항) 달리 우리는 실정법적 근거가 없다. 그러나 판례는 오래 전부터 계획법제의 이상의 구조적 특수성에 바탕을 두고서 행정의 광범한 계획형성의 자유를 인정하였으며, 또한 이를 전제로 형량명령의 법리를 인정해 왔다. 모든 중요사항을 남김없이 고려해야 한다는 형량명령은 계획형성의 자유를 정당화시키거니와, 계획결정이 지닌 법률상의 축소된 결정인자의 결핍을 법치국가원리의 차원에서 메우기도 한다. 이 점에서 **형량명령은 법치국가원리의 표현인 동시에 헌법적으로 주어진 것으로 볼 수 있다.**[35] 그리고 형량명령은 형량을 위해 중요한 사적 중요사항(사익)과 관련해서 제3자(인인)보호적 성격을 가지며, 건설과 관련한 사익을 하자 없이 형량할 것에 관한 주관적 권리가 그것으로부터 도출된다.[36] 계획결정을 형량명령의 위반을 이유로 소송을 통해 다투는 데 문제가 없다.

한편 행정절차법 제40조의4가 국민의 권리·의무에 직접 영향을 미치는 (하명적) 계획을 수립하거나 변경·폐지할 때에는 관련된 여러 이익을 정당하게 형량해야 한다고 규정하여, 이제 형량명령의 근거가 마련된 것으로 볼 여지가 있다. 하지만 동 규정이 재량행사의 기준 규정인 행정기본법 제21조와 완전히 동일하기에, 과연 계획확정결정에서 요구되는 형량명량의 법리를 온전히 담보하는지 의문스럽다.

(다) 형량의 구조

계획상의 형량명령은 우선 형량결과를 목표로 한다. 따라서 계획은 실체적으로 타당해야 한다. 다시 말해, **계획은 그 자체 설득력이 있고, 합사실적이어야 하며, 또한 모든 해당 중요사항을 상당하게·정당하게 조정해야 한다.** 이런 실체적 타당성은 형량과정이 고도로 실체에 합당하였는지에 좌우된다. 형량과정은 다음의 여러 국면에서 행해진다. 즉, 형량과정은 해당 중요사항을 조사하여 그것을 형량대상에 포함시키는 것을 출발점으로 하여, 그 다음 계획목표와 관련하여 중요사항을 평가하고 가늠하고, 마지

34) 주민의 입안 제안 또는 변경신청을 받아들여 도시관리계획결정을 하거나 도시계획시설을 변경할 것인지를 결정할 때에도 동일하게 적용된다(대법원 2010두5806판결).
35) Oldiges, in: Steiner(Hrsg.), Besonderes Verwaltungsrecht, 8.Aufl., 2006, Ⅲ B, Rn.42. 참고로 독일 연방행정법원은 법치국가원리로부터 형량명령을 도출하기도 한다((BVerwGE 41, 67ff.).
36) BVerwGE 107, 215.

막으로 어떤 중요사항을 우선하고 어떤 것을 후위에 둘 것인지에 관한 결정을 통해 중요사항들을 조정하는 것으로 끝을 맺는다.

(라) 형량하자

판례에 의하면, 행정주체가 행정계획을 입안·결정함에 있어서 이익형량을 전혀 행하지 아니하거나(형량해태) 이익형량의 고려대상에 마땅히 포함해야 할 사항을 누락한 경우(형량흠결) 또는 이익형량을 하였으나 정당성과 객관성이 결여된 경우(형량남용)에는 그 행정계획결정은 형량에 하자가 있어 위법하게 된다. 포함해서는 안될 사항을 포함시킨 경우(**오형량**)도 일단 형량남용에 견줄 수 있다. 여기서 형량해태와 형량흠결은 절차적 하자로, 형량남용은 실체적 하자로 접근할 수 있다.[37] 다만 여러 중요사항의 충돌에서 결정주체가 어떤 중요사항을 우선하고 다른 중요사항은 후위에 두고서 결정을 내렸다고 하여 형량명령에 위배한 것으로 볼 수는 없다.

한편 **과거에는 판례가 형량명령의 위반을 통상의 재량하자의 차원에서 접근하였는데**(대법원 96누8567판결), **최근에는 대법원 2003두5426판결**(춘해학원사건) **이래로 형량하자의 차원에서 접근하는 모습을 보인다**(대법원 2011두31093판결; 2010두5806판결; 2005두1893판결). 이 차이는 통상의 행정재량과 계획형성의 자유(계획재량)에 관한 사법통제를 구별한 것을 의미한다(동지: 김남진/김연태, 417면; 정남철, 213면).

IX. 계획에 대한 권리보호

1. 행정쟁송의 차원

우선 유의해야 할 점은, 하명적 계획만이 문제되고, 그것의 법적 성질(법형식)에 따라 위법의 효과가 다르다는 점이다. 행정행위적 계획에 해당하면 단순 위법이 원칙이고 하자가 중대·명백해야 무효가 되지만, 법규범적 계획에 해당하면 당연히 무효가 된다. 그리고 전자는 항고소송이, 후자는 규범통제가 강구된다. 비록 형량명령이 요구된다 하더라도, 비단 법규범형식의 계획만이 아니라 처분형식의 그것까지도 형량명령에 대한 위반을 이유로 위법하다고 판단내리는 것은 매우 어렵다. 그리하여 사법심사는 자연스럽게 당해 계획이 소정의 절차를 제대로 이행하였는지 여부에 초점을 맞춘다.[38] 한편 계획결정의 위법성이 확인되더라도 그 계획에 따라 집행되어 기성사실이

37) Schlacke, in: HVwR Ⅰ, §20 Rn.68.

조성된 경우에는 사정판결이 내려질 가능성이 높다. **사후통제의 이런 취약점으로 인해, 계획법제상으로 절차와 참여를 통한 조종메커니즘이 제 기능을 발휘될 수 있어야 한다.**

도시계획시설결정이 고시되면 그 구역 안의 토지나 건물 소유자의 토지형질변경, 건축물의 신축, 개축 또는 증축 등 권리행사는 일정한 제한을 받지만, 사업시행자는 법령에 의하여 그 구역 안의 토지, 건축물 등을 수용 또는 사용할 수 있으므로, 그 소유자는 현저한 불이익을 입는 상황이다. 이상의 춘해대학사건은 학교법인이 대학시설을 확장할 수 있는 기존의 공공시설입지승인에 대하여 토지소유자가 반발하자, 대학시설을 유치하기 위해 광역시장이 그 토지를 도시지역에 편입시켜 도시계획시설결정을 함으로써, 학교법인으로 하여금 토지취득을 용이하게 만든 사건이다. 여기서 대법원 2003두5426판결은, 이익형량을 하였으나 정당성과 객관성이 결여되어(형량남용) 형량하자가 있음을 이유로 행정계획결정이 위법하다고 판시하였다. **대법원 2003두5426판결은 계획결정의 사법심사의 기조의 측면에서 일반 재량하자에서 고유한 형량하자로의 전환을 가져다주었고 또한 형량명령을 실질적 심사규준으로 적용하기도 함으로써 획기적인 의의를 갖는다.**[39)40)] 그리고 대법원 2020두34346판결은 계획형성의 여지와 미래 예측판단의 존중의 차원에서 행정의 광범한 재량권을 인정하여,[41)] 사법심사의 한계를 정당하게 나타낸다. 결국 원고가 원하는 대로 되지 않음으로 인해 입을 불이익을 정당화할 만한 충분한 공익상의 필요가 있는지 여부가 관건이 된다(대법원 2021두34732판결).

한편 헌법재판소는 비구속적 행정계획안이나 행정지침이라도 국민의 기본권에 직접적으로 영향을 끼치고, 앞으로 법령에 의해 실시가 확실시될 때에는, 공권력행위로

38) 한편 판례에 의하면, 공청회를 개최하지 않고 행한 도시계획수립행위(대법원 87누947판결)와 구 도시계획법 제16조의2 제2항상의 공고 및 공람 절차에 하자가 있는 도시계획결정(대법원 98두2768판결)은 단순위법에 해당한다.

39) 대법원 2004두12063판결 역시 청계산 도시자연공원 인근에 휴게광장을 조성하기 위한 구청장의 도시계획결정이 인구·교통·환경·토지이용 등에 대한 기초조사를 거치지 않고 입안된 점을 지적하여 형량흠결과 형량남용의 차원에서 위법성을 논증하였다.

40) 대법원 2018두35490, 35506판결은 공용개입에서 공익사업에 중대한 공익상 필요가 분명하게 인정되어야 한다고 견지에서, 공영주차장건물 신축을 위해 주택 25개동(주로 다세대·다가구 주택임)을 수용·철거하겠다는 내용의 도시·군계획시설결정 및 실시계획인가가 위법하다고 판시하였는데, 비용편익분석을 하여 타당성조사의 당부를 판단한 것이 이채롭다. 김유환, 공법연구 제48집 제2호(2020).

41) 어떤 개발사업이 '자연환경·생활환경에 미치는 영향'과 같이 장래에 발생할 불확실한 상황과 파급효과에 대한 예측이 필요한 요건에 관한 행정청의 재량적 판단은 그 내용이 현저히 합리적이지 않다거나 상반되는 이익이나 가치를 대비해 볼 때 형평이나 비례의 원칙에 뚜렷하게 배치되는 등의 사정이 없는 한 폭넓게 존중되어야 한다. 그리고 이 경우 행정청의 당초 예측이나 평가와 일부 다른 내용의 감정의견이 제시되었다는 등의 사정만으로 쉽게 행정청의 판단이 위법하다고 단정할 것은 아니다. 또한 이때 해당 개발사업 자체가 독자적으로 생활환경과 자연환경에 미칠 수 있는 영향을 분리하여 심사대상으로 삼을 것이 아니라, 기존의 주변 생활환경과 자연환경 상태를 기반으로 그에 더하여 해당 개발사업까지 실현될 경우 주변 환경에 총량적·누적적으로 어떠한 악영향을 초래할 우려가 있는지를 심사대상으로 삼아야 한다. 동지: 대법원 2021두33593판결; 2022두61816판결.

서 예외적으로 헌법소원의 대상이 될 수 있다고 보고 있다(헌재 99헌마538 등).

2. 국가책임법의 차원

계획에 대한 행정소송이 위법성의 입증이 어려워 그다지 효과적이지 못한 것처럼, 불법행위를 대상으로 한 국가배상 역시 효과적인 권리구제수단은 되지 못한다. 반면 적법한 계획으로 인해 일정한 행위제한이 수반될 때 그 계획제한이 재산권의 사회적 구속을 넘는 특별희생을 유발한 경우에는 손실보상이 강구될 수 있다. 손실보상에 의한 권리보호의 문제는, 특별희생을 발생시켜 보상이 필요한 상황임에도 불구하고 입법자가 보상규정을 마련하지 않은 경우에 제기된다(본서 1015면 이하).

X. 계획의 변경 및 보장

1. 계획에서의 갈등상황

계획은 본질적으로 안정성과 탄력성의 갈등관계에 놓인다. 전자는 시민의 계획존속에 대한 신뢰보호문제이고, 후자는 사정변경에 따른 계획변경의 문제이다. 이런 갈등관계에 놓인 것이 바로 계획보장의 물음이다. **여기서는 계획주체와 계획수범자간에 계획의 폐지, 변경, 불이행에 있어서의 리스크배분이 문제된다**(김남진/김연태, 415면). 여기서 문제가 되는 것은 시민이 신뢰훼손을 이유로 한 손해배상이나 손실보상청구권을 갖는지 여부의 물음뿐만 아니라, 계획존속, 계획준수, 경과규율·적응원조에 관한 청구권이 주장될 수 있는지 여부의 물음이다. 다만 여기서 유의할 점으로, '계획보장'이란 확고한 윤곽이 설정된 법제도가 아니라, 다양한 여러 청구권과 관련된 것이다. 상대적으로 성립가능성이 지극히 낮은 계획준수, 경과규율·적응원조에 관한 청구권에 관한 논의는 생략하고 계획존속청구권과 계획변경(폐지)청구권에 관해서만 살펴본다.

2. 계획존속청구권

계획이 변경될 경우에 손실을 입게 될 자가 그것의 존속을 구할 수 있는가? **계획존속청구권은 일반적으로 인정되지 않는다.** 그것의 인정은 계획의 가변성에 부합하지 않을 뿐만 아니라, 계획의 존속을 구하는 개인의 이익은 계획변경에 대한 공익에 대해 후위에 서기 때문이다. 계획주체의 계획개폐에 대한 권한은 계획에 관한 수권규정에 이미 포함되어 있다. 다만 계획변경에 따른 신뢰보호와 관련한 후속문제는 일차적으로 관계 법률이 규정한 바에 따라 해결될 문제이다. 법률에 그에 관한 규정이 없을 때에는 계획의 법적 성질에 따라 접근할 수 있다. 법률형식의 계획의 경우 앞에서 본 신뢰보호의 원칙에서의 법률개정에서의 논의(본서 72면)를 대입할 수 있다. 진정소급효를 가지는 계획변경의 경우란 현실적으로 있을 수 없다. 반면 부진정소급효를 발생시키는 계획변경에서는 부진정소급입법의 경우처럼 이해관계인의 계획존속에 대한 신뢰보호가 계획변경에 따르는 공익보다 우월할 때에, 신뢰보호에 의거하여 계획존속에 대한 청구권이 인정될 수 있다. 한편 처분적 계획의 경우에는 행정행위의 철회에 관한 법리가 적용될 수 있다. 물론 계획존속청구권이 현실적으로 인정되기란 극히 드물다.

3. 계획변경(폐지)청구권

甲이 국토이용관리법상 농림지역 또는 준농림지역에 위치한 부동산에서 폐기물처리업을 하기 위해 A군수에게 폐기물처리사업계획서를 제출하였고, A군수로부터 폐기물처리사업계획의 적정통보를 받았다. 그 후 甲이 해당 부동산에 대한 용도지역을 준도시지역(시설용지지구)으로 변경하여 달라는 국토이용계획변경승인요청을 하자, A군수는 관계 법령에 기하여 사업장 일반폐기물 최종처리시설 조성계획에 따라 용도지역변경절차를 밟았다. 하지만 그 뒤 새로이 바뀐 B군수는 주민들의 집단민원이 해소되기까지는 국토이용계획변경요청을 승인할 수 없다고 통보하였다. 甲은 이를 취소소송을 통해 다툴 수 있는가? (대법원 2001두10936판결)

처분적 계획에서 계획변경(폐지)을 요청하였는데, 불응한 경우에 그 거부를 다툴 수 있는지 여부가 문제된다.[42] 일찍이 대법원 84누227판결은 일반적인 계획변경신청권을 원칙적으로 부정하였고, 따라서 계획변경신청의 거부는 거부처분이 되지 않아 권리구제를 도모할 수 없었다. 하지만 대법원 2001두10936판결은 폐기물처리사업계획의 적정통보를 착안점으로 삼아 국토이용계획변경신청권을 예외적으로 인정함으로써, 불응에 대해 거부처분취소송의 제기가능성을 인정하였다.

대법원 2003두1806판결은 명문상의 입안제안규정(구 도시계획법 20조)에 의거하여 '도시계획시설변경입안제안의 거부'를 거부처분으로 보았다(동지: 대법원 22014두42742판결). 판결의 취지를 따르면,

42) 참고문헌: 정준헌, 법조 제502호(1998.7.); 송동수, 헌법판례연구 제6집(2004.11); 정남철, 토지공법연구 제48집(2010).

도시계획변경입안의 '제안'에 관해 신청권이 인정되기에, 비록 명문의 규정은 없더라도 도시(관리)계획변경에 관해서도 당연히 조리상의 신청권이 인정될 수 있어야 한다.[43] 판례는 산업단지개발계획상 산업단지 안의 토지소유자로서 산업단지개발계획에 적합한 시설을 설치하여 입주하려는 자에 대해 산업단지개발계획의 변경에 관한 신청권을 인정하였다(대법원 2016두44186판결). **행정계획의 변경 문제는 그것의 법적 성질이 행정행위에 해당하면 행정행위의 재심사의 차원에서 본안에서의 문제로 접근할 필요가 있다**(본서 407면 이하).

제 3 절 행정의 사법적 활동

I. 논의의 전제: 형식선택의 자유

행정은 '형식선택의 자유'를 갖는다. 따라서 행정은 원칙적으로 사법적(私法的)으로 활동할 권능을 가지며, 사실 예전부터 사법의 조직형식과 작용형식을 사용해 왔다. **형식선택의 자유는 중층적 성격을 지닌다.** 즉, 행정은 조직형식의 선택에서, 또한 법률관계(가령 이용관계)형성의 선택에서 자유를 누린다. 가령 공적 급부행정의 주체로서 지방자치단체는 급부주체의 조직형식을 형성할 수 있을 뿐만 아니라, 급부수령자와의 법(률)관계를 일정한 범위에서 자신의 '자유로운 선택'에 따라 공법적으로 또는 사법적으로 형성할 수 있다. 공재단법인인 '예술의 전당'의 이용관계가 보여주듯이, 공법적 조직형식이라 하여 반드시 공법적 이용관계를 취해야 하는 것은 아니다.[44] 그러나 조직형식이 가령 주식회사와 같은 사법적 형식이라면, 급부제공의 법(률)관계 역시 자명하게 원칙적으로 —즉, 특별규정에 의해 예외를 두지 않는 한— 사법관계이다. 여기선 조직형식의 선택이 다름 아닌 작용형식의 물음까지 결정을 내린 셈이다.[45]

형식선택의 자유(Formenwahlfreiheit)로 인해 출현한 법도그마적 산물이 이단계이론,[46] 행정사법론과 행정회사법론이다. 조직민간화와 '공·사협력관계'(Public Private

43) 한편 도시계획시설결정에 이해관계가 있는 주민은 도시시설계획의 입안권자 내지 결정권자에게 도시시설계획의 입안 내지 변경을 요구할 수 있는 법규상 또는 조리상의 신청권이 있다고 판시한 대법원 2014두42742판결과 관련해서 유의할 점이 있다. 계획의 입안권자와 결정권자가 동일한 경우 결정권자가 입안권자인 셈이고, 변경도 계획의 입안과 관련해서이다.
44) Vgl. BVerwG NJW 1986, 2387; BGH DVBl. 1984, 1118f.
45) Schmidt-Aßmann(Hrsg.), 1.Kap. Rn.113.

Partnership, PPP)과 같은, 행정조직법의 개혁과 관련한 전개상황에 직면하여, 사법형식의 행정(사법적 행정)의 문제는 더 이상 주변부적 테제가 아니다. 작용법의 차원을 넘어, 행정조직법은 물론 공·사법관계에 획기적인 변화가 일어났다.[47] 이하에서는 행정의 사법적 활동의 공법적·사법적 구속을 중심으로 간략히 살펴본다.[48]

Ⅱ. 바른 이해의 장해물인 국고개념의 문제

행정의 사법작용은 독일에서 연유한 국고작용(國庫行政, Fiskusverwaltung)이라 일컫는다. 그들 국고개념은 시간의 경과로 다양하게 이해되고 있다. 전통적으로 ⅰ) 관헌적(고권적)으로 활동하는 국가에 병립하여 스스로 활동하는 법적 사람(Rechtsperson)으로서, ⅱ) 私權主體로서의 지위에 있는 국가로서, 또는 ⅲ) 경제활동의 참여자로서의 지위에 있는 국가로서 여겨졌다. 이는 오늘날에도 그러하다. 첫 번째 개념은 독일에서 19세기의 상반기에 전성기를 맞았다. 이 시기 시민은 고권적 개입(경찰처분)에 대해, "왕은 불법을 저지르지 않는다"는 모토에 따라 권리보호를 받지 못한 채, 그것을 수용할 수밖에 없었다. 따라서 국가의 잘못에 대해 국가를 적어도 재판상으로 다룰 수 있도록, 국고(國庫)개념을 통해 국가를 공권력주체로서의 국가와 구별된 의미에서의 권리주체로 인정하였다. 그런데 마치 '지킬박사와 하이드씨'를 연상케 하는 국가의 이중인격설은 이미 19세기 후반에 독일에서도 국가권력에 대한 1차적 권리보호메커니즘(행정쟁송제도)이 보장됨으로써 낡아빠진 것이 되어 버렸다. 오늘날에는 국가를 단일한 '법적 사람'으로 파악하는 데 아무런 의문이 없다. **당연히 고권적으로 활동하는 행정과 사경제적으로 활동하는 행정을 구분하는 것 자체가 의미를 상실하였다.**

국고개념은 '특정 사무에서의 행정'과 다르지 않다. 그것은 국가가 제복(制服) 대신 평상복으로 출현한 것[49]을 표현하는, 단지 용어상의 일이다. 법효과와는 무관하다. 그

46) 이단계이론(二段階理論)이란 해당 법률관계가 사법관계일 때, 그것의 성립여부결정을 따로 공법행위(행정행위)로 구성하는 것이다. 이것은 과거 독일에서 50년대 초에 '이브닝드레스의 에바'란 제명의 영화제작지원(채무보증)을 거부한 사건에서 H.P. Ipsen이 감정의견에서 주장한 것이다. 이는 권리구제확대를 위해 사법관계에 어떤 식으로 든 공법적 통제를 개재시키기 위한 고심의 소산이었다. 법치국가적 구속과 함께 사법관계의 유지를 강구할 수 있다는 점에서 이단계이론은 이상적 해결방안으로 여겨져 급속히 공감대를 형성하였지만, 얼마 지나지 않아 의제적인 이원적 구성에 따른, 법리상의 태생적 취약점이 지적되면서, 그것은 급속히 지지기반을 상실하여 지금에는 일원적 구성이 지배적으로 선호되고 있다.

47) 상론: 정남철, 환경법연구 제32권 제2호(2010); 최승필, 외법논집 제34권 제1호(2010.2.).

48) 참고문헌: 김남진, 고시연구 2000.10.; 정하중, 서강법학연구 제2권(2000.3.); 황선훈, 독일통일과정에서 국유재산처리에 관한 공법적 연구, 2016.

런데 과거 국고개념이 국가무책임사상(國家無責任思想)을 극복하기 위한 한 방편으로 기능하였지만, 효과적인 공법적 권리보호가 제도화된 오늘날에는 도리어 국가가 시민의 권리보호 주장을 私的自治를 내세워 효과적으로 제지할 수 있는 무기(핑계거리)가 되고 있다. 그 결과 사적자치에 대한 대응기제로서 행정사법론이 등장하였다. 오늘날 행정의 영리활동과 조달작용 역시 그것의 법질서와 사회경제상의 위상이 고조됨에 따라 강력한 공법적 구속에서 자유롭지 않다. 우리의 경우 국가와 사회의 나눔의 인식이 철저하지 않은 탓도 있지만 국고개념 자체가 적잖이 생경하다. 특히 행정사법의 적용영역의 문제와 같은 불필요한 학문적 논의를 피하기 위해, −광의의 것은 사법형식의 행정활동 전체를 의미할 수 있지만− **국고개념은 포기하는 것이 바람직하다.**[50]

Ⅲ. 행정의 사법적 활동의 범위

1. 조달활동

행정에 필요한 물자(사무집기, 자동차, 토지, 관사)의 조달은 사법계약 가령 매매계약, 임대계약, 도급계약 등에 의해서 이루어진다. 사법상의 보조작용인 조달작용에서 행정은 사기업과 다를 바 없는 지위를 갖는다. 따라서 규준이 되는 것은 사법규정이고, 분쟁은 일반법원의 관할이다.

그 밖에 도로 등과 같은 국가인프라의 구축과 관련한 공공발주 역시 전통적으로 사법적인 것으로 본다.[51] 그리하여 판례는 "지방재정법에 의하여 준용되는 國家契約法에 따라 지방자치단체가 당사자가 되는 이른바 공공계약은 사경제의 주체로서 상대방과 대등한 위치에서 체결하는 사법상의 계약으로서 그 본질적인 내용은 사인간의 계약과 다를 바가 없으므로, 그에 관한 법령에 특별한 정함이 있는 경우를 제외하고는 사적자치와 계약자유의 원칙 등 사법의 원리가 그대로 적용된다 할 것이다."고 판시하였다(대법원 2001다33604판결; 2014두12328판결).[52]

---

49) W. Jellinek VerwR, 3.Aufl., 1931, S.25.

50) 이는 독일에서도 강력히 주장되고 있다. Ehlers, Verwaltung in Privatrechtsform, 1984, S.77f.

51) 참고로 독일의 경우에도 우리의 공공계약 및 입찰참가제한에 해당하는 공공발주 및 발주제한을 비롯한 전체 과정을, 유럽공동체법에 따라 관련 법규정에 공법적 요소가 가미되었음에도 불구하고, 여전히 사법적 견지에서 바라보는 것이 지배적이다. 공공조달법에 관한 참고문헌: 김대인, 행정법연구 제31호(2011.12.); 박재윤, 공법연구 제39집 제3호(2011).

52) 공법적 관점에서의 비판으로 박정훈, 행정법의 체계와 방법론, 163면 이하.

2. 영리경제활동

국가와 지방자치단체는 일종의 기업체로서 경제생활에 참여한다. 즉, 고유한 기업체적 활동이나 (공기관이 전부 또는 일부에 지분을 갖는) 회사 －주주로서의 국가－ 를 통하여 그렇게 한다. 과거 담배나 인삼에 관한 국가의 전매는 물론, 국가경영의 광산업이나 금융업이 이에 해당하였는데 지금은 대부분이 민간에 넘어 갔다(재산민간화). 하지만 최근 지방자치단체는 과거보다 적극적으로 영리활동에 나선다. 영리경제활동은 사기업체와 마찬가지로 경제원칙에 따라 행해지고 이윤획득을 의도한다. 그것에는 사법 가령, 민법, 회사법, 공정거래법 등이 적용된다.

3. 행정임무의 사법형식에 의한 수행

직접적인 행정임무 역시 사법형식으로 행해질 수 있다. 그렇지만 이는 제한된 범위에서만 가능하고 허용된다. 강제수단에 의존하는 질서행정과 조세행정에서는 공법적 고권적 권능을 포기하고 사법적 형식을 동원하는 것이 허용되지 않는다. 원칙적으로 강제의 매커니즘을 필요로 하지 않는 급부행정의 경우 비록 많은 부분이 공법규정에 의해 특별히 규율되어 있지만, 그런 특별규정이 없는 경우에는 행정은 급부를 공법이나 사법의 법형식에 의거하여 제공할 자유를 갖는다.

가령 수도공급과 관련해서 지방자치단체는 그것을 자신의 고유한 감독하에 수행하거나(행정청형 공기업의 방식) 그가 지배하는 주식회사를 통해(법인체형 공기업의 방식) 수행할 수 있다. 주식회사는 사법적 조직이다. 따라서 그와 이용자의 관계는 전적으로 사법적일 수 있다. 반면 행정이 수도공급을 스스로 경영하는 경우(시수도사업소)에는 행정이 그 이용관계를 나름의 근거에 의거하여 공법적이든 사법적이든 형성할 수 있다. 후자의 경우에는 공법적 조직형식과 사법적 급부관계가 결합되는 셈이다. **종래 이런 법상황이 이른바 관리관계의 차원으로 다루어졌다고 할 수 있는데, 앞에서 본대로 이제 관리관계 개념은 불필요하거니와 오해를 낳기에 철폐되어야 한다**(본서 152면).

Ⅳ. 행정의 사법적 활동의 사법적 구속

행정이 사법적 작용형식을 사용하면, 행정은 원칙적으로 성립요건의 충족시에 사법(私

法)에 구속된다. 행정은 국가적 지위라는 이유만으로 자신을 우대하는(특권을 주는) 특별한 지위를 요구할 수 없다.[53] 자신의 임무를 사법적 수단으로 수행하도록 결정을 내렸다면, 행정은 이로부터 비롯된 결과가 혹시 원하지 않은 것이라도 받아들여야 한다. 특히 私法的 債權을 행정행위를 발하는 방법으로 관철하는 것은 부인된다. 또한 사법적 성격의 의무를 행정에게 유리한 행정대집행의 메커니즘을 동원하여 실현할 수는 없다(대법원 2006두7096판결).[54] 분명한 형식선택을 한 이상, 선택된 법체제가 일관되게 통용되어야 한다. 선택된 형식의 행위가 형식남용을 이유로 부인되어 위법하더라도, 그것을 다투는 소송방도는 실제로 행한 형식에 따른다. 사법적 채권을 위법하게 행정행위를 발하여 관철하려는 것에 대해 민사소송이 아닌 행정소송으로 다투어야 한다(본서 221면).

Ⅴ. 행정의 사법적 활동의 공법적 구속: 행정사법론[55]

1. 행정사법의 의의

형식선택의 자유가 인정됨으로 인해 '국가와 자치단체가 私法으로 도피할 위험'이[56] 빚어졌고, 그리하여 공법적 구속을 사법형식의 활동에도 대입시킬 필연성이 생겨났다. 이것이 이른바 '행정사법'으로 변성(變性)하였다. 즉, 행정이 사법을 사용한다고 해서, 그것이 이 경우 오로지 사법만이 통용되고, 행정주체는 공법법규의 귀속주체로서 운위되는 자격을 상실한다고 의미하지는 않는다. 오히려 사법적 행정이 공법적 추가구속의 지배를 받는다는 데 오늘날 의견이 일치한다. **행정사법의 특징은 사법규범이 공법규정에 의해 보충, 중첩, 수정되는 것이다**.[57] 행정사법 개념은 행정에 대해 사법적 법규범은

53) Ehlers, in: Ehlers/Pünder, §3 Rn.77.

54) 그렇다고 하여 이것이 사법의 (실체적인) '국고적 특권(특전)'을 배제하는 것은 아니다(본서 34면).

55) 여기서는 공법적으로 조직화된 행정이 사법적 활동할 때의 구속에 국한한다. 전적으로(100%) 행정주체에 의해 출자되고, 사법적으로 조직화된 회사(가령 행정의 자기회사)와 같은 사법적으로 조직화된 행정이 행정주체성을 갖는지 여부의 물음은 궁극적으로 행정사법에 따른 공법적 구속의 적용여부로 귀결된다. 독일에서 다수 입장은 이런 자기회사를 행정의 私法的 '人工衛星'으로 간주하여 공법적으로 조직화된 私法的 行政과 마찬가지로 기본권구속의 지배를 받는다고 한다(행정주체성의 인정). 그것을 '사법형식의 행정부서'로도 표현한다. 독일에서는 PPP(공사협력관계)의 확대에 즈음하여, 행정의 자기회사의 행정사법적 구속에 터 잡은 이른바 '행정회사법론'(Lehre vom Verwaltungsgesellschaftsrecht)에 관한 논의가 활발하다. 상론: 김중권, 행정법기본연구Ⅱ, 391면 이하.

56) F. Fleiner, Institutionen des deutschen Verwaltungsrechts, 8. Aufl., 1928, S.326.

57) 참고로 독일 대법원(BGH)은 행정사법의 특수한 임무와 의의를 다음과 같이 요약하였다: "공임무의 이행에서 행정 그 자체에 대해서는 사법적 법형식만이 주어지지, 결코 사적자치의 자유여지와 가능성은 주어지지 않는다. 행정이 사법형식으로 공행정의 임무를 수행하면, 사법규범은 공법의 규정에 의

물론 공법적 법규범도 적용된다는 것을 단지 나타낼 뿐, 공법과 사법 이외에 제3의 법을 의미하지는 않는다. 행정사법의 구조를 이단계이론과 비교하면, 후자는 권리관계(법률관계)를 수직적으로 층을 가르는 것인 반면, 전자는 사법적 작용방식과 공법적 보호메카니즘을 수평적으로 통합하는 것이다.[58] 즉, 공법과 사법이 융합되어 하나의 수정된 사법, 행정주체를 위한 특별사법(特別私法)이 만들어진다.

2. 적용영역의 문제

독일에서 전통적인 행정사법의 이해는 (조달활동과 영리경제활동을 포함한 의미에서의) 국고적 행정과 급부행정을 구분하여, 전자에는 오로지 사법이 통용되고, 후자에 대해서만 행정사법이 통용된다고 하였다.[59] 그러나 그런 범주적 준별은 가능하지도 않고, 허용되지도 않는다. 사법을 사용하였다고 하여, 행정이 私人으로 되지는 않고, 국가는 여전히 국가로, 행정은 여전히 행정이다. 오늘날의 공·사법의 맞물림 현상에 즈음하여, 행정사법의 적용영역에서 (협의의) 국고작용을 배제하는 것은 그것의 존재이유에 부합하지 않는다. 국가는 변함없이 국가권력의 모든 행사의 귀속주체이고, 그것의 권리주체성이 공적 특별법(공법)에서 연유한다. 따라서 -독일의 다수입장처럼- **국가권력의 원칙적인 헌법적 구속(헌법적 기본결단이나 기본권구속)은 사법적 행정 전반에 당연히 통용되어야 한다**(동지: 김남진/김연태, 451면).

3. 공법적 규범의 중첩의 문제

행정사법론에 따라 사법활동에서 행정은 私的 自治를 누리지 못한다. 사법형식의 행정은 공권력행사와 마찬가지로 기본권과 '행정권한의 위임 및 위탁에 관한 규정'은 물론 기본권적 법률유보와 과잉금지에 -일반적으로 사법의 일반원칙을 매개로 하여 간접적으로 통용되는 것으로 보는 기본권의 대사인적 효력과는 달리- 직접 구속된다.[60] 특히

해 보충, 중첩, 수정된다. 행정은 행정사법의 영역에서 기본권만을 유의해야 할 뿐만 아니라, 광범한 구속을 받는다. 비록 행정법의 모든 원칙의 구속을 받지 않더라도, 사법형식으로 행하는 행정은 아무튼 공적 재무관리의 기본 원리를 유의하지 않으면 아니 된다는 점을 출발점으로 삼아야 한다. '사법에로의 도피'가 결코 '불법적 재무관리를 전개하기 위한 수단'이 되어서는 아니 된다." BGHZ 91, 84(96f.); 65, 284(287); 53, 325(328).

58) Schmidt-Aßmann, Das allgemeine Verwaltungsrecht, S.291.

59) Vgl. Wolff/Bachof, Verwaltungsrecht, 1, 9. Aufl., 1974, §23 II b), S.108.

60) 그렇지만 기본권개입이 존재하는 경우에만 기본권적 법률유보와 (주관법적) 과잉금지가 통용된다. 개인이 허용된 방법으로 자신의 기본권을 사용하거나 기본권을 포기한 경우에는 이에 해당하지 않는다.

중요한 것이 평등원칙에 의한 구속이다. 이유는 이로부터 가령 체약강제가 생길 수 있기 때문이다. 가령 독일의 예로, 시가 전액 출자한 전철주식회사는 평등원칙에 직접 구속을 받기에 학생할인의 요금을 책정할 때 평등의 원칙을 준수하여야 하며(BGHZ 52, 325), 기초자치단체인 게마인데가 공임무를 수행하기 위한 사법적 계약을 체결함에 있어, 행정계약체결상의 부당결부금지의 원칙(행정절차법 59조 2항 4호)에 구속을 받는다(BVerwGE 92, 56(65)).

(독일의) 전통적인 지배적 입장에 따르면, 행정절차법과 행정소송법은 행정사법에서 공법적 구속의 근거로 전혀 기능하지 못한다. 즉, 사법적 행정활동에 대한 공법적 구속은 모든 법치국가원리의 차원이 아닌 실체법적 차원(특히 평등원칙)에 국한된다. 이런 입장을 견지하면, 실제로 행정사법은 (행정주체에게 승인된) 선택자유에 대응한 완전한 보전책이 결코 될 수가 없다. 그리하여 독일에서는 사법형식의 행정이 행정절차에 구속되는지 여부가 문제된다. 그들 행정절차법의 규정이 행정청의 공법적 행정활동에만 적용된다는 동법 제11조에도 불구하고, 헌법원칙이나 일반적인 법원칙을 나타낸 셈인 절차법규정은 사법적 행정에 연장될 수 있다고 주장된다.[61] 그런데 원칙적으로 모든 행정절차법규정이 사법형식의 행정에 적용된다는 식으로, 상대방(급부수령자 등)에게 유리하게 행정법적 구속이 널리 확대되면 될수록, 사법형식 자체가 자칫 빈껍데기로 전락할 우려도 있다.

이런 상반된 측면과 아울러 그 자체가 분명한 윤곽이 없다는 비판에도 불구하고, **행정의 사법적 활동에 대한 공법적 구속의 불가피성 자체에 대해서는 의문의 여지가 없다. 다만 행정사법의 법적 의미를 과대평가하지 않기 위해서,** −보호에서 전통적인 행정법도그마틱보다 더 적합할 수 있는− **소비자보호법, 약관법이나 공정거래법상의 제 규정에 의해 커버되는지 여부를 세심하게 검토할 필요가 있다.**[62] 이제는 행정사법의 능부(能否)를 넘어서, 특히 비판론에서의 문제제기를 중심으로 공법적 구속에 관한 실질적(내용적) 고찰이 강구되어야 한다.

Ⅵ. 행정의, 특히 (지방)공기업의 영리경제활동의 문제

지방자치단체의 영리경제활동이 붐을 이루며, 지방자치단체는 최근 자신의 경영

사법적 행정이 계약형식을 사용할 때는, 이런 가능성이 다양하게 존재한다.

61) BGHZ 155, S.166(175). 이에 해당하는 규정으로 그들 행정절차법 제14조, 제20조, 제21조, 제28조, 제30조, 제40조가 운위된다.

62) Schmidt-Aßmann, Das allgemeine Verwaltungsrecht, S.291f.

활동을 고유한 업무분야와 다른 분야로 확장하였다. 공기업의 존재이유를 오로지 수익성에만 두고자 하는 경향이 날로 강해지기에, 자유경쟁을 모토로 한 사경제부문 역시 과거와는 다른 환경에 놓인다. 이런 변화된 입법상황과 사실상황에 즈음하여, 행정회사법론이 보여주듯이, **공기업법제는 행정법일반이론의 변혁(變革)의 場이 되었다.**

경제적으로 경쟁하는 상황에서, 공기업의 활동과 관련하여 중요한 것이 私的 경쟁자와의 관계이다. 이 관계는 한편으로는 지방자치법에서의 보충성조항을 통해서 조종되며, 다른 한편으로는 경쟁법에 대해 특별한 의의를 부여한다. 2002.3.25.에 신설된 지방공기업법 제3조 제2항은 "지방자치단체는 지방공기업을 설치·설립 또는 경영함에 있어서 민간경제를 위축시키거나 공정하고 자유로운 경제질서를 저해하거나 환경을 훼손시키지 아니하도록 노력하여야 한다."고 규정하고 있다. 비록 이 조항을 독일 각주의 지방자치법상의 보충성조항과[63] 동일시하는 데는 의구심이 들 수 있지만, 시장경제질서를 근간으로 하는 이상, 약간의 우회적 논증이 필요하긴 해도 보충성원칙이 마련되었다고 하겠다. 보충성원칙에 따른 정당성요청은 사경제주체를 쓸데없는 경쟁으로부터 보호하는 것을 목표로 한다.

행정법적 차원에서 보충성조항이 제3자(사익)보호성를 갖는지 여부가 문제된다. 독일 판례는 이들 규정은 지자체의 과도한 경영활동으로부터 지자체를 보호하는 것을 목적으로 하지, 제3자(사적 경쟁자)를 보호하는 것을 목적으로 하지는 않는다고 본다.[64] 판례의 이런 입장은 대부분의 문헌에서 강한 비판을 받고 있다.[65]

Ⅶ. 행정의 사법적 활동의 공법적 구속에 따른 소송방도의 문제

사법적 행정의 공법적 구속이 어떤 법원에서 주장될 수 있는지의 물음이 쟁송법적으로 제기된다. 독일의 경우, 소수설은 사법에 중첩된 공법규범의 적용과 해석에 관한 다툼(가령 사법계약체결에 관한 주관적 공권에 관한 다툼)은 행정법원에 속한다고 보지만, 통설과 판례는 다른 입장을 취한다. 즉, 분쟁결정적인 규율이 아니라, '법(권

63) 독일 각주의 지방자치법은 보충성원칙을 (공적 목적이 다른 기업에 의해서) '더 좋게 또는 더 경제적으로' 이행될 수 없다거나 '동일하게 좋게 또는 경제적으로' 이행될 수 없다는 식으로 규정하고 있다.
64) BVerwGE 39, 329(336); BVerwG NJW 1995, 2938.
65) 한편 독일의 경우 자치법상의 보충성조항을 통한 보호의 정도가 전반적으로 낮은 관계로, 지방공기업과 사기업(사경제) 간의 논의의 장은 일반적인 경제법의 차원으로 이전하였다. 지자체의 경영활동의 공법적 문제점에 관해서는 강현호, 토지공법연구 제57집(2012.5.); 김중권, 행정법기본연구Ⅱ, 414면 이하.

리)관계'나 '바탕법'(Basisrecht)을 목표로 하고, 사법통제를 작용형식에 연계시킨다. 이에 따라 그들 일반법원이 그들 법원법 제13조의 관할 범위 안에서 사법적 행정활동의 공법적 구속에 관해 함께 결정을 내려야 한다. 공법적 구속으로부터 비롯된 사법적 행정활동의 기본권구속이 결코 재판방식(권리구제방도)을 결정하지는 않는다.[66]

우리의 경우 독일과는 달리 단일 법원시스템이기에, 소송방도의 물음은 독립된 법원간의 사물관할의 물음이 아니라, 준거소송법의 물음에 불과하다. **현행 행정소송법의 체계상 행정의 사법적 활동의 공법적 구속 역시 민사분쟁에서 다루어야 한다**(동지: 홍정선, 599면). **관건은 소송방도의 물음이 아니라, 공법적 구속의 내용·범위에 관한 구체적 전개이다.**

66) BVerwG NVwZ 1991, 59; BVerwGE 35, 103(106).

제 5 편

정보와 관련한 행정활동

01 논의의 전제: 정보처리로서의 행정

모든 행동에 불확실성은 피할 수 없다. 사정을 충분히 아는 자만이 책임이 있게 활동에 나설 수 있다. 이런 사정은 행정은 물론 私人에 대해 공히 통용된다. 행정이 실은 정보처리라는 점에서 정보처리가 행정의 일상에서 결코 새삼스러운 것은 아니다. 하지만 20세기 후반기에 정보개념이 핵심적인 경제·사회·문화의 범주로 변형됨으로써 그것의 결정적인 중요성이 행정의 차원에서도 인식되게 되었다. 정보처리 그 자체와 관련한 법적 관찰이 정보행정법을 낳는다. 오늘날 비할 수 없는 의의가 주어지는 정보행정법의 전제는, 행정의 모든 활동이란 전적으로 정보처리의 작동이라는 것이다. 정보처리는 행정법의 새로운 토대를 구축하게 한다. 정보, 커뮤니케이션(소통), 앎(Wissen)과 같은 개념이 새로운 행정법학의 기본범주가 됨으로써,[1] 이들은 전통적인 행정법의 '작용'이나 '결정'과 같은 개념과 동일한 차원에 놓여 있다. **전통적 행정법의 주안점은 행정작용의 적법성을 보장하는 데, 특히 행정의 작용형식을 법적으로 구축하는 데 있는 반면, 정보행정법은 행정작용의 정보적 토대에 주목한다.** 따라서 절차와 절차법이 매우 중요하게 된다. 정보론적 관점에서 보면, 절차는 정보생산과정의 규범적 주체이자, 결정의 결정적인 구성요소이지, 실질적 타당성을 담보하기 위한 단순한 보조수단은 결코 아니다. 행정절차는 정보를 획득하고 처리하는 정연된 과정이다. 사실 절차개념은 행정과 국민간에 일종의 정보교환 관계가 심화되는 현상에 대응한 것이다. 절차는 국민의 사전적 권익보호에 이바지하는 것과 아울러, 행정으로 하여금 합리적 방법으로 활동할 수 있게 한다. 정보처리와 행정결정간의 긴밀한 연계와 상호의존은 더욱 강조되어야 한다.[2]

정보행정법은 조직법, 절차법, 작용형식론 등과 같은 행정법 전반에 환류적으로 영향을 미친다.[3] 또한 정보행정법은 고도화된 불확실성을 다루는 데서 비롯된 일련의

1) Voßkuhle, in: GVwR Ⅰ, §1 Rn.11.
2) Schmidt-Aßmann/Ann-Katrin Kaufhold, in: GVwR Ⅱ, §27 Rn.1f.
3) 정보화법제의 법치주의적 수용에 관해서 방동희, 공법연구 제41집 제2호(2012.12.), 545면 이하.

새로운 현상을 변증법론적 관점에서 파악하려고 한다. 따라서 당연히 정보행정법의 구체적 범주를 두고선 논란이 있다. 우선 사인을 위해 결정적인 것은 그 사인이 행정정보에 대한 접근권을 가지는지 여부이다. 반대로 행정으로서도 사인의 정보에 관해 획득·수집권을 갖는지 여부의 물음이 제기된다. 또한 행정의 정보제공작용은 물론, 행정의 비밀유지의무 및 행정에서의 전자적 정보통신기술의 사용(가령 전자적 행정행위 등) 역시 정보행정의 규율대상이다. 이하에서는 정보행정법 가운데 행정조사법, 행정정보법, 행정절차법을 중심으로 우리 실정법의 체계와 내용을 살펴본다.

02 행정조사법

Ⅰ. 행정조사의 위상과 근거

1. 행정조사의 변화된 위상

행정이 본연을 업무를 할 수 있기 위해선 정보에 통달해야 한다. **종래 행정조사를 즉시강제의 차원에서 논의하였으나 오늘날은 행정과정의 차원에서 독립적으로 접근하는 것이 일반적인 경향이다.** 그 결과로 행정조사활동 전반을 체계화하기 위해 2007.5.17. 행정조사기본법이 제정되었다.[1] 행정결정의 전체 흐름에서 보면, 행정조사는 행정판단과 결정을 위한 정보수집이라는 보조적, 절차적 의미를 갖는다. 권력적 조사작용을 포함시킬 것인지를 둘러싼 논의가 보여주듯이, 행정조사개념의 포섭과 관련하여 논란이 분분한데, 기본법제정에 맞춰 관련 논의를 정리할 필요가 있다.[2]

2. 법적 근거: 행정조사법정주의

조사대상자의 자발적 협조를 얻어 실시하는 행정조사를 제외하고선, 법령 등이 행정조사를 규정하고 있는 경우에 한하여 행정조사를 실시할 수 있다(5조). 즉, 자발적 협조의 경우가 아니면 반드시 개별법률에서 행정조사에 관해 규정하여야 한다. 행정조사는 기본권영역에 대한 협력의무를 발생시킨다. 법률이 행정조사의 법정주의를 천명한 것은 당연하고, 이에 따라 개별법에서 규율하고 있다(경찰관직무집행법 3조(불심검문), 국세기본법 81조의4 이하, 소득세법 170조, 토지보상법 27조, 식품위생법 22조·70조, 약사법 69조 등).[3]

기본법으로서의 행정조사기본법은 개별법에 조사의 근거가 있을 때 그 세부규정을 보완 내지 마련하는 데 그 의미가 있다(3조 1항). 개별법에 근거규정이 없다면, 행정조사기본법

---

1) 한편 독일의 경우 행정절차법에 직권으로 사안을 조사할 수 있는 규정을 두었다.
2) 참고문헌: 선정원, 조해현(편집대표), 행정소송(Ⅰ), 665면 이하.
3) 특별사법경찰관리의 수사가 행정조사의 형식으로 행해질 때의 문제점은 김용주, 경찰학연구 제14권 제4호(2014), 77면 이하 참조.

에 의거하여 조사로 나아갈 수 없다. 한편 일정한 경우[4]에는 행정조사법의 적용이 배제되나(2항), 제4조(행정조사의 기본원칙), 제5조(행정조사의 근거) 및 제28조(정보통신수단을 통한 행정조사)는 이와 무관하게, 즉 이들 규정은 행정조사법의 적용이 배제되는 행정조사에 그대로 통용된다.

Ⅱ. 행정조사의 의의, 성질과 종류

1. 행정조사의 의의

행정조사란 행정에 필요한 정보를 획득하고 수집하는 일체의 행정활동을 의미한다. 즉, 행정조사기본법에 의하면, "행정조사"란 행정기관이 정책을 결정하거나 직무를 수행하는 데 필요한 정보나 자료를 수집하기 위하여 현장조사·문서열람·시료채취 등을 하거나 조사대상자에게 보고요구·자료제출요구 및 출석·진술요구를 행하는 활동을 말한다(2조 1호). 여기서 유의할 점은 행정조사란 그 자체가 법형식이자 법적 성질을 나타내는 행정의 행위(작용)형식은 아니기에, 일단 법적 성질을 내포하지 않은 의미에서 행정활동으로 이해해야 한다. 그리고 **통상 행정조사란 개념은 조사여부의 결정에서 실제의 조사행위에 이르는 모든 과정을 총괄하고 있다.**

2. 행정조사의 법적 성질

A 세무서장이 세금탈루에 관한 제보를 받고 甲에 대해 세무조사를 하여, 종합소득세 및 부가가치세를 추징하였다. 그 후 최초의 세무조사에서 수입이 누락되었다는 추가 제보가 있어, 2007.3. 초경 甲에게 '조사기간 2007.3.5.부터 2007.3.23.까지(15일간), 조사대상 세목 소득세, 부가가치세 등, 조사대상 기간 2001.1.1.부터 2004.12.31.까지'인 세무조사(이 사건 세무조사라 한

4) 1. 행정조사를 한다는 사실이나 조사내용이 공개될 경우 국가의 존립을 위태롭게 하거나 국가의 중대한 이익을 현저히 해칠 우려가 있는 국가안전보장·통일 및 외교에 관한 사항. 2. 국방 및 안전에 관한 사항 중 다음 각 목의 어느 하나에 해당하는 사항(가. 군사시설·군사기밀보호 또는 방위사업에 관한 사항. 나. 「병역법」·「향토예비군설치법」·「민방위기본법」·「비상대비자원 관리법」에 따른 징집·소집·동원 및 훈련에 관한 사항). 3. 「공공기관의 정보공개에 관한 법률」 제4조제3항의 정보에 관한 사항. 4. 「근로기준법」 제101조에 따른 근로감독관의 직무에 관한 사항. 5. 조세·형사·행형 및 보안처분에 관한 사항. 6. 금융감독기관의 감독·검사·조사 및 감리에 관한 사항. 7. 공정거래법, 「표시·광고의 공정화에 관한 법률」, 「하도급거래 공정화에 관한 법률」, 「가맹사업거래의 공정화에 관한 법률」, 「방문판매 등에 관한 법률」, 「전자상거래 등에서의 소비자보호에 관한 법률」, 「약관의 규제에 관한 법률」 및 「할부거래에 관한 법률」에 따른 공정거래위원회의 법률위반행위 조사에 관한 사항.

다)를 추가로 실시하겠다고 통지하였다. 甲은 세무조사가 국민의 구체적인 권리를 침해하는 행정청의 공권력적 행위이므로, 행정소송으로 다툴 수 있는 처분에 해당한다고 주장하지만, A 세무서장은 세무조사란 세법에 규정된 질문・조사권에 근거하여 앞으로 있을 처분에 필요한 구체적인 사실관계에 대한 자료를 수집하여 처분의 적정을 도모하기 위한 예비적 행위에 불과할 뿐 소송의 대상인 처분이 아니라고 반박한다. 여기서의 세무조사결정은 항고소송의 대상이 되는가? (대법원 2009두23617, 23624판결)

(1) 논의현황과 문제점

행정조사의 법적 성질과 관련한 논의는 혼란스럽다. 성질과 관련하여 대부분의 문헌은 사실행위로 설정하지만, 일부 문헌은 행정조사실행의 성질에 착안하여 행정행위적 형식과 사실행위적 형식으로 나누어 접근하기도 한다(박균성, 599면). 그런데 현재 논의는 행정조사 여부의 결정과 그에 따른 실시(집행)행위를 구분하지 않고 있으며, 총괄개념으로 행정조사를 인식하고 있지도 않다. 나아가 조사실시행위의 다양성도 간과한다. 그것의 법적 성질을 일회적으로 설정하는 것은 타당하지 않거니와 논증에 있어 불편하다. 나아가 그로 인해 행정조사에 대한 이해가 저해되기도 한다.

(2) 관견(管見)

행정활동의 법적 성질은 권리구제방법에 연계되어 있다. **우선 행정조사결정과 그것의 구체적 실행행위를 구분해야 한다.** 특히 전자와 관련해선, **세무조사결정의 처분성을 인정한 대법원 2009두23617, 23624판결을 계기로 새로운 국면에 들어갔다.** 하급심은 종래 문헌과 같은 맥락에서 조사행위(조사실시) 그 자체를 대상으로 논의를 전개한 데 대해서, 대법원은 조사행위를 근거지우는 결정(조사결정)을 문제로 삼았다. 종래 조사실시에 사로잡힌 나머지 그것을 곧바로 사실행위로 접근하여 조사결정에 대해 권리보호를 강구하는 것이 여의치 않았다. 관건은 행정처분의 개념적 징표 가운데 법적 효과를 발생시키는 규율이 존재하는지 여부이다. 대법원은 세무조사가 갖는 함의에 착안하여 그로부터 법효과의 발생을 적극적으로 논증함으로써, 기왕의 스테레오적 사고에서 벗어났다. **세무조사에는 행정조사기본법이 적용되지 않지만**(3조 2항 5호), **세무조사결정의 처분성은 일반 행정조사에 그대로 이전될 수 있다. 대법원 2009두6513판결도 친일반민족행위자재산조사위원회의 재산조사개시결정을 행정처분으로 보았다. 행정조사결정이 행정행위인 반면 행정조사행위, 즉 행정조사의 실행행위는 조사방법으로 내용에 의거하여 가늠할 수 있다.** 출석・진술요구 및 보고요구와 자료제출의 요구는 하명처분적 성질로, 현장조사 및 시료채취와 자료등의 영치는 사실행위적 성질로 보아야 한다.

3. 행정조사의 종류

행정조사는 조사개시가 자발적 협조에 의하는지 여부에 따라 일방적 조사와 협조적 조사로 나눌 수 있으며, 또한 조사행위에서 실력행사가 수반되는지 여하에 따라 권력적 조사와 비권력적 조사로 나눌 수 있다. 나아가 조사대상에 의거하여 대인적, 대물적, 대가택적 조사로, 조사범주에 의거하여 개별조사와 집단조사로, 방식에 의거하여 구두조사와 서면조사로 구분할 수 있다.

Ⅲ. 현행 행정조사기본법의 주요 내용

1. 행정조사의 기본원칙

행정조사의 기본원칙은 다음과 같은데, 이는 행정조사의 실체법적 한계로도 기능한다 (4조): ① 행정조사는 조사목적을 달성하는데 필요한 최소한의 범위 안에서 실시하여야 하며, 다른 목적 등을 위하여 조사권을 남용하여서는 아니 된다. ② 행정기관은 조사목적에 적합하도록 조사대상자를 선정하여 행정조사를 실시하여야 한다. ③ 행정기관은 유사하거나 동일한 사안에 대하여는 공동조사 등을 실시함으로써 행정조사가 중복되지 아니하도록 하여야 한다. ④ 행정조사는 법령등의 위반에 대한 처벌보다는 법령등을 준수하도록 유도하는 데 중점을 두어야 한다. ⑤ 다른 법률에 따르지 아니하고는 행정조사의 대상자 또는 행정조사의 내용을 공표하거나 직무상 알게 된 비밀을 누설하여서는 아니 된다. ⑥ 행정기관은 행정조사를 통하여 알게 된 정보를 다른 법률에 따라 내부에서 이용하거나 다른 기관에 제공하는 경우를 제외하고는 원래의 조사목적 이외의 용도로 이용하거나 타인에게 제공하여서는 아니 된다.

2. 조사계획의 수립

행정기관의 장은 매년 12월말까지 다음 연도의 행정조사운영계획을 수립하여 국무총리실장에게 제출하여야 한다. 다만, 행정조사운영계획을 제출해야 하는 행정기관의 구체적인 범위는 대통령령으로 정한다(6조 1항). 이 행정조사운영계획에는 조사의 종류 · 조사방법 · 공동조사 실시계획 · 중복조사 방지계획, 그 밖에 대통령령으로 정하는 사항이 포함되어야 하고(3항), 국무총리실장은 행정기관의 장이 제출한 행정조사운영계획을 검토한 후 그에 대한 보완을 요청할 수 있다. 이 경우 행정기관의 장은 특별한 사정이 없는 한 이에 응하여야 한다(4항).

3. 조사시기, 중복조사 제한 및 사전확인, 및 조사대상의 선정

행정조사는 법령등 또는 행정조사운영계획으로 정하는 바에 따라 정기적으로 실시함을 원칙으로 하되, 일정한 경우에는[5] 수시조사를 할 수 있다(7조). 정기조사 또는 수시조사를 실시한 행정기관의 장은 동일한 사안에 대하여 동일한 조사대상자를 재조사하여서는 아니 된다.[6] 다만, 당해 행정기관이 이미 조사를 받은 조사대상자에 대하여 위법행위가 의심되는 새로운 증거를 확보한 경우에는 그러하지 아니하다. 행정조사를 실시할 행정기관의 장은 행정조사를 실시하기 전에 다른 행정기관에서 동일한 조사대상자에게 동일하거나 유사한 사안에 대하여 행정조사를 실시하였는지 여부를 확인할 수 있다. 행정조사를 실시할 행정기관의 장이 위 사실을 확인하기 위하여 행정조사의 결과에 대한 자료를 요청하는 경우 요청받은 행정기관의 장은 특별한 사유가 없는 한 관련 자료를 제공해야 한다(15조). 행정기관의 장은 행정조사의 목적, 법령준수의 실적, 자율적인 준수를 위한 노력, 규모와 업종 등을 고려하여 명백하고 객관적인 기준에 따라 행정조사의 대상을 선정하여야 한다(8조 1항). 조사대상자는 조사대상 선정기준에 대한 열람을 행정기관의 장에게 신청할 수 있는데, 행정기관의 장은 일정한 경우를[7] 제외하고선 그것을 열람할 수 있도록 하여야 한다(2항, 3항).

한편 **세무조사결정은 다름 아닌 조사대상의 선정이다.** 대법원 2009두23617, 23624판결을 계기로 이제 행정조사대상의 선정결정은 처분성을 지니며 통지됨으로써 행정행위로서 성립하게 되는데, 문제는 언제 통지되어 성립하는지 여부이다(후술).

4. 조사실시의 절차

(1) 개별조사계획의 수립

행정조사를 실시하고자 하는 행정기관의 장은 조사의 사전통지를 하기 전에 개별조사계획

5) 1. 법률에서 수시조사를 규정하고 있는 경우, 2. 법령등의 위반에 대하여 혐의가 있는 경우, 3. 다른 행정기관으로부터 법령등의 위반에 관한 혐의를 통보 또는 이첩받은 경우, 4. 법령등의 위반에 대한 신고를 받거나 민원이 접수된 경우, 5. 그 밖에 행정조사의 필요성이 인정되는 사항으로서 대통령령으로 정하는 경우.

6) 종전 세무조사와 실질적으로 같은 과세요건사실에 대한 것에 불과할 경우에는, 구 국세기본법에 따라 금지되는 재조사에 해당한다(대법원 2016두1240판결).

7) 1. 행정기관이 당해 행정조사업무를 수행할 수 없을 정도로 조사활동에 지장을 초래하는 경우. 2. 내부고발자 등 제3자에 대한 보호가 필요한 경우.

을 수립하여야 한다. 다만, 행정조사의 시급성으로 행정조사계획을 수립할 수 없는 경우에는 행정조사에 대한 결과보고서로 개별조사계획을 갈음할 수 있다(16조).

⑵ 조사의 사전통지 및 그에 대한 의견제출

행정조사를 실시하고자 하는 행정기관의 장은 출석요구서, 보고요구서·자료제출요구서 및 현장출입조사서(이하 '출석요구서등'이라 한다)를 조사개시 7일 전까지 조사대상자에게 서면으로 통지하여야 한다. 다만, 일정한 경우에는[8] 행정조사의 개시와 동시에 출석요구서등을 조사대상자에게 제시하거나 행정조사의 목적 등을 조사대상자에게 구두로 통지할 수 있다. 행정기관의 장이 출석요구서등을 조사대상자에게 발송하는 경우 출석요구서등의 내용이 외부에 공개되지 아니하도록 필요한 조치를 하여야 한다(17조). 조사대상자는 조사의 사전통지의 내용에 대하여 행정기관의 장에게 의견을 제출할 수 있으며, 행정기관의 장은 조사대상자가 제출한 의견이 상당한 이유가 있다고 인정하는 경우에는 이를 행정조사에 반영하여야 한다(21조).

행정조사결정인 행정조사대상의 선정결정을 행정행위로 볼 경우, 여기서의 조사의 사전통지시점을 그 선정결정이 행정행위로 성립하는 시점으로 보아야 한다. 결과적으로 행정조사기본법의 의견제출규정은 행정조사결정의 처분성을 논증하는 데 이바지한다. 다만 처분의 이유제시 문제는 행정절차법차원의 문제가 되어버린다.

⑶ 조사의 연기신청

출석요구서등을 통지받은 자가 천재지변이나 그 밖에 대통령령으로 정하는 사유로 인하여 행정조사를 받을 수 없는 때에는 당해 행정조사를 연기해 줄 것을 행정기관의 장에게 요청할 수 있다. 연기요청을 하고자 하는 자는 연기하고자 하는 기간과 사유가 포함된 연기신청서를 행정기관의 장에게 제출해야 한다. 행정기관의 장은 행정조사의 연기요청을 받은 때에는 연기요청을 받은 날부터 7일 이내에 조사의 연기 여부를 결정하여 조사대상자에게 통지해야 한다(18조).

⑷ 제3자에 대한 보충조사

행정기관의 장은 조사대상자에 대한 조사만으로는 당해 행정조사의 목적을 달성할 수 없거나 조사대상이 되는 행위에 대한 사실 여부 등을 입증하는 데 과도한 비용 등이 소요되는 경우로서 일정한 경우에는[9] 제3자에 대하여 보충조사를 할 수 있다. 행정기관의 장은 제3자에

8) 1. 행정조사를 실시하기 전에 관련 사항을 미리 통지하는 때에는 증거인멸 등으로 행정조사의 목적을 달성할 수 없다고 판단되는 경우, 2. 「통계법」 제3조 제2호에 따른 지정통계의 작성을 위하여 조사하는 경우, 3. 제5조 단서에 따라 조사대상자의 자발적인 협조를 얻어 실시하는 행정조사의 경우.
9) 1. 다른 법률에서 제3자에 대한 조사를 허용하고 있는 경우, 2. 제3자의 동의가 있는 경우.

대한 보충조사를 실시하는 경우에는 조사개시 7일 전까지 보충조사의 일시·장소 및 보충조사의 취지 등을 제3자에게 서면으로 통지하여야 한다. 행정기관의 장은 제3자에 대한 보충조사를 하기 전에 그 사실을 원래의 조사대상자에게 통지하여야 한다. 다만, 제3자에 대한 보충조사를 사전에 통지하여서는 조사목적을 달성할 수 없거나 조사목적의 달성이 현저히 곤란한 경우에는 제3자에 대한 조사결과를 확정하기 전에 그 사실을 통지하여야 한다. 원래의 조사대상자는 제3자에 대한 보충조사에 따른 통지에 대하여 의견을 제출할 수 있다(19조).

⑸ 조사권 행사의 제한

조사원은 사전에 발송된 사항(9조부터 11조까지의 사항)에 한하여 조사대상자를 조사하되, 사전통지한 사항과 관련된 추가적인 행정조사가 필요할 경우에는 조사대상자에게 추가조사의 필요성과 조사내용 등에 관한 사항을 서면이나 구두로 통보한 후 추가조사를 실시할 수 있다. 조사대상자는 법률·회계 등에 대하여 전문지식이 있는 관계 전문가로 하여금 행정조사를 받는 과정에 입회하게 하거나 의견을 진술하게 할 수 있다. 조사대상자와 조사원은 조사과정을 방해하지 아니하는 범위 안에서 행정조사의 과정을 녹음하거나 녹화할 수 있다. 이 경우 녹음·녹화의 범위 등은 상호 협의하여 정하여야 한다. 조사대상자와 조사원이 녹음이나 녹화를 하는 경우에는 사전에 이를 당해 행정기관의 장에게 통지하여야 한다(23조).

⑹ 자발적인 협조에 따라 실시하는 행정조사

행정기관의 장이 조사대상자의 자발적인 협조를 얻어 행정조사를 실시하고자 하는 경우 조사대상자는 문서·전화·구두 등의 방법으로 당해 행정조사를 거부할 수 있으며, 조사대상자가 조사에 응할 것인지에 대한 응답을 하지 아니하는 경우에는 법령등에 특별한 규정이 없는 한 그 조사를 거부한 것으로 본다. 한편 행정기관의 장은 여기서의 조사거부자의 인적 사항 등에 관한 기초자료는 특정 개인을 식별할 수 없는 형태로 통계를 작성하는 경우에 한하여 이를 이용할 수 있다(20조).

⑺ 조사결과의 통지

행정기관의 장은 법령등에 특별한 규정이 있는 경우를 제외하고는 행정조사의 결과를 확정한 날부터 7일 이내에 그 결과를 조사대상자에게 통지하여야 한다(24조).

5. 조사방법: 구체적인 조사행위

(1) 출석·진술요구 및 보고요구와 자료제출의 요구(9조, 10조, 28조)

행정기관의 장은 조사대상자의 출석·진술을 요구하기 위해선 일정 사항이[10] 기재된 출석요구서를 발송하여야 한다. 조사대상자는 지정된 출석일시에 출석하는 경우 업무 또는 생활에 지장이 있는 때에는 행정기관의 장에게 출석일시를 변경하여 줄 것을 신청할 수 있으며, 변경신청을 받은 행정기관의 장은 행정조사의 목적을 달성할 수 있는 범위 안에서 출석일시를 변경할 수 있다. 출석한 조사대상자가 출석요구서에 기재된 내용을 이행하지 아니하여 행정조사의 목적을 달성할 수 없는 경우를 제외하고는 조사원은 조사대상자의 1회 출석으로 당해 조사를 종결하여야 한다.

조사대상자에게 조사사항에 대하여 보고를 요구하는 때에는 일정 사항이[11] 포함된 보고요구서를 행정기관의 장은 발송하여야 한다. 그리고 조사대상자에게 장부·서류나 그 밖의 자료를 제출하도록 요구하는 때에는 일정 사항이[12] 기재된 자료제출요구서를 행정기관의 장은 발송하여야 하는데, 행정기관의 장은 인터넷 등 정보통신망을 통하여 조사대상자로 하여금 자료의 제출 등을 하게 할 수 있다. 그리고 행정기관의 장은 정보통신망을 통하여 자료의 제출 등을 받은 경우에는 조사대상자의 신상이나 사업비밀 등이 유출되지 아니하도록 제도적·기술적 보안조치를 강구하여야 한다.

(2) 현장조사(11조)

가택·사무실 또는 사업장 등에 출입하여 현장조사를 실시하는 경우에는 조사원은 행정기관의 장은 일정 사항이[13] 기재된 현장출입조사서 또는 법령등에서 현장조사시 제시하도록 규정하고 있는 문서를 조사대상자에게 발송하여야 한다. 현장조사는 해가 뜨기 전이나 해가 진 뒤에는 할 수 없는데, 일정한 경우에는[14] 허용된다. 한편 현장조사를 하는 조사원은 그 권한을 나타내는 증표를 지니고 이를 조사대상자에게 내보여야 한다.

---

10) 1. 일시와 장소, 2. 출석요구의 취지, 3. 출석하여 진술하여야 하는 내용, 4. 제출자료, 5. 출석거부에 대한 제재(근거 법령 및 조항 포함), 6. 그 밖에 당해 행정조사와 관련하여 필요한 사항.

11) 1. 일시와 장소, 2. 조사의 목적과 범위, 3. 보고하여야 하는 내용, 4. 보고거부에 대한 제재(근거법령 및 조항 포함), 5. 그 밖에 당해 행정조사와 관련하여 필요한 사항.

12) 1. 제출기간, 2. 제출요청사유, 3. 제출서류, 4. 제출서류의 반환 여부, 5. 제출거부에 대한 제재(근거 법령 및 조항 포함), 6. 그 밖에 당해 행정조사와 관련하여 필요한 사항.

13) 1. 조사목적,2. 조사기간과 장소, 3. 조사원의 성명과 직위, 4. 조사범위와 내용, 5. 제출자료, 6. 조사거부에 대한 제재(근거 법령 및 조항 포함), 7. 그 밖에 당해 행정조사와 관련하여 필요한 사항.

14) 1. 조사대상자(대리인 및 관리책임이 있는 자를 포함한다)가 동의한 경우, 2. 사무실 또는 사업장 등의 업무시간에 행정조사를 실시하는 경우, 3. 해가 뜬 후부터 해가 지기 전까지 행정조사를 실시하는 경우에는 조사목적의 달성이 불가능하거나 증거인멸로 인하여 조사대상자의 법령등의 위반 여부를 확인할 수 없는 경우.

(3) 시료채취(12조)

조사목적의 달성을 위하여 시료채취를 하는 경우에는 조사원은 그 시료의 소유자 및 관리자의 정상적인 경제활동을 방해하지 아니하는 범위 안에서 최소한도로 하여야 하고, 행정기관의 장은 이 시료채취로 조사대상자에게 손실을 입힌 때에는 대통령령으로 정하는 절차와 방법에 따라 그 손실을 보상하여야 한다. 여기서의 시료채취는 보상의무를 발생시키는 공용개입(공용침해)인 셈이다.

(4) 자료 등의 영치(13조)

현장조사 중에 자료·서류·물건 등("자료등")을 영치하는 때에는 조사원은 조사대상자 또는 그 대리인을 입회시켜야 한다. 자료등을 영치하는 경우에 조사대상자의 생활이나 영업이 사실상 불가능하게 될 우려가 있는 때에는 조사원은 자료등을 사진으로 촬영하거나 사본을 작성하는 등의 방법으로 영치에 갈음할 수 있다. 다만, 증거인멸의 우려가 있는 자료등을 영치하는 경우에는 그러하지 아니하다. 영치를 완료한 때에는 조사원은 영치조서 2부를 작성하여 입회인과 함께 서명날인하고 그중 1부를 입회인에게 교부하여야 한다. 한편 행정기관의 장은 영치한 자료 등이 일정한 경우에는[15] 이를 즉시 반환하여야 한다.

(5) 공동조사(14조)

행정기관의 장은 공동조사가 필요한 일정 사항에[16] 해당하는 행정조사를 하는 경우에는 공동조사를 하여야 한다. 그리고 공동조사가 필요한 일정 사항에 대하여 행정조사의 사전통지를 받은 조사대상자는 관계 행정기관의 장에게 공동조사를 실시하여 줄 것을 신청할 수 있다. 이 경우 조사대상자는 신청인의 성명·조사일시·신청이유 등이 기재된 공동조사신청서를 관계 행정기관의 장에게 제출하여야 한다. 이 공동조사를 요청받은 행정기관의 장은 이에 응하여야 한다. 한편 국무총리실장은 행정기관의 장이 제출한 행정조사운영계획의 내용을 검토한 후 관계 부처의 장에게 공동조사의 실시를 요청할 수 있다.

6. 자율관리체제의 구축(25조, 26조, 27조)

행정기관의 장은 법령등에서 규정하고 있는 조사사항을 조사대상자로 하여금 스스로 신고하도록 하는 제도를 운영할 수 있는데, 이때 행정기관의 장은 조사대상자가 제1항에 따라 신고

15) 1. 영치한 자료등을 검토한 결과 당해 행정조사와 관련이 없다고 인정되는 경우, 2. 당해 행정조사의 목적의 달성 등으로 자료등에 대한 영치의 필요성이 없게 된 경우.

16) 1. 당해 행정기관 내의 2 이상의 부서가 동일하거나 유사한 업무분야에 대하여 동일한 조사대상자에게 행정조사를 실시하는 경우, 2. 서로 다른 행정기관이 대통령령으로 정하는 분야에 대하여 동일한 조사대상자에게 행정조사를 실시하는 경우.

한 내용이 거짓의 신고라고 인정할 만한 근거가 있거나 신고내용을 신뢰할 수 없는 경우를 제외하고는 그 신고내용을 행정조사에 갈음할 수 있다(25조). 여기서의 신고는 행정의 효과적인 정보관리를 목적으로 하는 정보제공적 신고이다. 한편 행정기관의 장은 조사대상자가 자율적으로 행정조사사항을 신고·관리하고, 스스로 법령준수사항을 통제하도록 하는 체제(이하 '자율관리체제'라 한다)의 기준을 마련하여 고시할 수 있다. 일정한 자는[17] 이 기준에 따라 자율관리체제를 구축하여 대통령령으로 정하는 절차와 방법에 따라 행정기관의 장에게 신고할 수 있다. 국가와 지방자치단체는 행정사무의 효율적인 집행과 법령등의 준수를 위하여 조사대상자의 자율관리체제 구축을 지원하여야 한다(26조). 행정기관의 장은 자율신고를 하는 자와 자율관리체제를 구축하고 자율관리체제의 기준을 준수한 자에 대하여는 법령등으로 규정한 바에 따라 행정조사의 감면 또는 행정·세제상의 지원을 하는 등 필요한 혜택을 부여할 수 있다(27조).

Ⅳ. 행정조사에서의 특별한 법적 문제

1. 영장주의의 문제

인천공항 우편검사과 공무원 甲이 국제특급우편물에 대한 엑스선 검사를 하다가 이상한 우편물을 발견하여 관세법 246조 1항에 의거하여 우편물을 열어 검사하였다. 당초 칼슘약통으로 신고가 되어 있었던 약통속에 메트암페타민(마약)으로 보이는 물질이 은닉되어 있었다. 甲이 우편물 속 물품 중 0.1g의 시료를 채취하여, 성분분석을 의뢰하였는데, 성분분석결과 메트암페타민으로 확인되었다. 바로 이 사실이 인천지검에 보고되었고, 이를 바탕으로 乙이 마약밀수범으로 검거되었다. 한편 乙의 소송대리인은 수사기관이 국제특급우편물을 개봉하거나 성분분석을 함에 있어서 사전 압수영장을 받지 않았고, 성분분석 후에도 사후 압수영장을 받지 않았으므로 이 사건 우편물에 관한 샘플채취와 성분분석, 필로폰 전체에 대한 압수 등의 수사는 영장주의에 위반한 것으로 위법하다고 주장한다. 이런 주장은 주효할 수 있는가? (대법원 2013도7718판결) 만약 이런 조사가 '마약거래방지법' 제4조 제1항에 따라 검사의 요청으로 행해진 경우는 영장이 필요한가? (대법원 2014도8719판결)

권력적 조사의 경우 압수와 수색이 동반되는 것이 통상이다. 개별법에서 그에 관한 영장주의를 요구하는 경우(예: 조세범처벌절차법 3조, 관세법 296조)는 논외이고, 그런 명문규정이 없을 때, 행정조사에도 영장주의가 적용되어야 할지 여부가 논란이 된다. 영장필요설, 영장불요설, 절충설 등의 논의가 분분하다. **먼저 형사소추를 위한 경우에는 행정조사의 차원을**

17) 1. 조사대상자, 2. 조사대상자가 법령등에 따라 설립하거나 자율적으로 설립한 단체 또는 협회.

넘어서기에 영장주의가 당연히 적용되어야 하기에,[18] 논외이다. 문제는 적정한 통관과 같이 그에 이르지 않는 차원의 경우이다. **판례는**[19] **우편물품통관검사절차와 수출물품통관검사절차와 같은 행정조사에는 압수수색영장이 요구되지 않는다고 판시하였다.**

우선 해당 개별법적 상황(예: 관세법 246조 1항)을 출발점으로 삼아야 한다. 만약 행정조사를 명시적으로 언급한 개별법이 이에 대해 특별히 규율하지 않았거나 불충분하게 규율한 경우에는, 행정은 행정조사기본법상의 현장조사, 시료채취와 영치의 방법을 동원할 수 있다. **이런 방법이 아닌 다른 방법으로 압수·수색으로 나아갈 경우에 비로소 영장주의의 적용여부가 다투어질 수 있는데, 과연 실제로 이런 경우가 있을 수 있는지 의문스럽다.** 지금의 문헌상의 논의는 개별법적 상황, 행정조사의 기본성격, 행정조사기본법의 제정의미, 개별법과 행정조사기본법과의 관계를 반영하지 않은 채 접근하고 있다고 여겨진다. 특히 관련하여 제시되는 이른바 절충설을 세분한 '원칙적 긍정설'과 '개별적 결정설'의 경우 이들을 학설로 보기 어려울뿐더러 그 구분의 경계마저 불분명하다. -형법에서의 교과서범죄마냥- **여기서의 논의가 과연 필요한지 심히 의문스럽다.**

2. 조사불응에 따른 실력행사의 문제

상대방이 행정조사의 실시를 거부하거나 방해하는 등 협력하지 않은 때, 관계공무원이 피조사자의 신체나 재산에 대한 실력행사의 방법으로 그 행정조사의 목적을 관철할 수 있는지가 문제된다. 물론 개별법이 그 실력행사를 규율한 경우는 논외이고, 공무집행방해에 따른 제재를(예: 허가철회나 행정벌) 규정한 것 역시 별개이다. 여기서 명문의 근거규정이 없는 데도 실력행사로 제압할 수 있는지를 두고서 긍정 입장(홍정선, 789면), 부정 입장(김남진/김연태, 522면; 김동희/최계영, 491면; 유지태/박종수, 438면) 그리고 부정하되 예외적으로 긍정하는 입장[20]로 나뉜다. 이 물음 역시 행정조사기본법이 현장조사, 시료채취와 영치의 방법을 명문으

18) 대법원 2014도8719판결: 마약거래방지법 4조 1항에 따른 조치의 일환으로 특정한 수출입물품을 개봉하여 검사하고 그 내용물의 점유를 취득한 행위는 수출입물품에 대한 적정한 통관 등을 목적으로 조사를 하는 경우와는 달리, 범죄수사인 압수 또는 수색에 해당하여 사전 또는 사후에 영장을 받아야 한다. 행정조사에서의 행정영장제도에 관한 상론은 김재선, 공법연구 제48집 제4호(2020) 참조.

19) 대법원 2013도7718판결: 우편물통관검사절차에서 이루어지는 우편물의 개봉, 시료채취, 성분분석 등의 검사는 수출입물품에 대한 적정한 통관 등을 목적으로 한 행정조사의 성격을 가지는 것으로서 수사기관의 강제처분이라고 할 수 없으므로, 압수·수색영장 없이 우편물의 개봉, 시료채취, 성분분석 등 검사가 진행되었다 하더라도 특별한 사정이 없는 한 위법하다고 볼 수 없다.

20) 김영조, 행정조사에 관한 연구, 1998, 45면. 예외인정요건으로 행정조사의 필요성이 급박하고, 조사강행하지 않으면 일반공공의 생명신체에 위험을 초래할 가능성이 많고, 다른 조사수단이 없을 것을 제시한다.

로 규정한 데서 접근하여야 한다. **조사의 실제 메커니즘에 비추어 이들 조사방법은 조사 불응에 따른 실력행사의 가능성도 포함한다 하겠다.** 다만 행정조사의 기본원칙상 그 실력행사는 조사목적을 달성하는데 필요한 최소한의 범위 안에서 실시하여야 하며, 다른 목적 등을 위해 남용해서는 아니 된다.

3. 위법한 행정조사의 효과 문제

甲이 양도소득세를 신고하면서, 이 사건 부동산 중 건물에 대한 리모델링 공사비 등을 필요경비로 신고하였다. 그 후 A세무서장이 甲에 대하여 세무조사를 하여, 甲이 공사계약서 및 공사내역서, 금융거래내역서, 甲의 양수인이 부동산을 임차할 당시 리모델링 공사가 되어 있었다는 취지의 확인서를 제출하자, 이 사건 공사비에 한하여 필요경비로 인정하는 것으로 세무조사를 종결하였다. 그 후 국세청이 업무감사를 실시하여, 세금계산서의 불발급과 공사비 지급내역의 신빙성결여를 이유로, 甲에 대한 양도소득세를 재경정하도록 시정지시를 하였다. 이에 현장방문을 통해 양수인으로부터 자신의 확인서가 위조되었고, 이 사건 공사가 실제로 이루어지지 않았다는 것을 확인한 다음, 이 사건 공사비를 필요경비로 인정하지 않고 과세처분을 하였다. 이 과세처분은 중복재조사금지의 원칙에 반하는가? (대법원 2016두55421판결)

악취방지법에 따라 악취검사를 위한 시료를 채취하여 내려진 개선권고 및 신고대상시설 지정고시처분에 대해서, 乙은 시료를 채취하면서 작성한 악취시료채취기록표에 날씨, 기온만 기재되어 있고 풍향, 풍속은 공란으로 되어 있어서, 시료채취지점의 선정 및 시료채취 방법과 관련한 고시(악취공정시험기준)가 정한 절차를 중대하게 위반한 점을 들어 위법하다고 주장한다. 이 주장은 주효하는가? (대법원 2020두57042판결)

(1) 접근기조 및 문헌상의 논의

유의할 점은 위법한 행정조사의 결과물인 정보가 잘못된 것이라면 행정결정 그 자체가 위법으로 되기에 하등의 문제가 되지 않는다. 논의상황은 위법한 행정조사를 통해 수집한 타당한 정보에 의거하여 어떤 행정결정이 내려진 경우이다. 행정조사를 순전히 절차적, 보조적 의미만을 둔다면 그것의 위법성과 그것을 기초로 한 행정결정의 위법성은 별개라 여길 법하다. 그러나 **행정조사가 행정과정 전체에서 수행하는 기능의 측면에서 행정조사상의 하자는 절차하자로 접근할 수 있다.** 일부는 절차하자마냥 조사상의 위법은 당연히 본체인 행정결정의 위법성을 가져다준다고 본다(홍정선, 791면; 박균성, 614면). 반면, 일부는 약간의 가중적 요건(예: 행정조사가 법이 요구하는 요건을 무시하여 조사로 볼 수 없을 정도도 위법한 경우)을 전제로 행정결정의 위법성을 논증한다(대표적으로 김남진/김연태, 522면).[21]

⑵ 판례의 태도

판례 역시 이 문제를 절차하자의 차원에서 접근하여 결정의 위법성을 인정하는데 대체로 2가지의 흐름을 나타낸다. 곧바로 위법성을 인정하거나 약간의 여지를 두고서 위법성을 인정한다. 가령 세무조사대상의 선정사유가 없음에도 세무조사대상으로 선정하여 과세자료를 수집하고 그에 의거한 과세처분 역시 위법성을 인정하였다(대법원 2012두911판결). 그리고 음주운전 여부에 대한 조사 과정에서 운전자 본인의 동의를 받지 아니하고 또한 법원의 영장도 없이 채혈조사를 한 결과를 근거로 한 운전면허 정지·취소 처분도 위법성을 인정하였다(대법원 2014두46850판결). 특히 판례는 국세기본법 제81조의4상의 중복세무조사 금지의 원칙에 대해 매우 엄격한 입장을 견지하여, 중복하여 실시되어 위법하게 된 세무조사에 기초하여 이루어진 부가가치세부과처분에 대해 특별한 논거 없이 곧바로 위법성을 인정하였는데(대법원 2004두12070판결), 심지어 재조사로 얻은 과세자료를 과세처분의 근거로 삼지 않았다거나 이를 배제하고서도 동일한 과세처분이 가능한 경우라고 하여도 달리 보지 않았다(대법원 2016두55421판결).[22]

그러나 판례는 토양오염실태조사와 관련해선, 시료채취의 방식상의 위반 사정만으론 본처분이 위법하게 되진 않고, 채취된 시료의 대상지역 토양에 대한 대표성을 전혀 인정할 수 없을 정도로 그 위반의 정도가 중대해야 비로소 위법을 가져다줄 절차하자가 존재하는 것으로 본다(대법원 2006두9498판결). 마찬가지로 시료채취의 방법 등이 악취공정시험기준(고시)에서 정한 절차에 위반된다고 하여 그러한 사정만으로 곧바로 그에 기초하여 내려진 행정처분이 위법하다고 볼 수는 없고, 관계 법령의 규정 내용과 취지 등에 비추어 그 절차상 하자가 채취된 시료를 객관적인 자료로 활용할 수 없을 정도로 중대한지에 따라 판단되어야 한다(대법원 2020두57042판결).[23] 다만 시료의 채취와 보존, 검사방법의 적법성 또는 적절성이 담보되어 시료를 객관적인 자료로 활용할 수 있고 그에 따른 실험결과를 믿을 수 있다는 사정은 행정청이 그 증명책임을 부담하는 것이 원칙이다(대법원 22021두58912판결).

---

21) 위법한 행정조사의 유형별로 분석한 문헌으로 이희정, 행정판례평선, 465면 이하 참조.

22) 동지: 대법원 2015두745판결. 그런데 대법원 2016두55421판결의 사안에서 과연 법률이 금지하는 중복세무조사가 성립하는지 의문의 여지가 있다.

23) 그런데 판례는 고시에 구속되지 않으려 바람직하지 않게도 이 고시를 행정규칙으로 전제하고서 논증하였다. 하지만 이 고시는 환경시험검사법 제6조에 의거하여 제정된 법령보충적 고시이므로 법규적 성질을 지닌다(본서 481면). 한편 대법원 2021두58912판결 역시 동일한 기조에서 시료 채취 후 일정량의 질산을 첨가하여 시료를 보존하도록 규정한 수질오염공정시험기준(고시)을 비법규로 보면서 그에 위반한 것을 채취된 시료를 객관적인 자료로 활용할 수 없을 정도로 중대한 절차상의 하자로 보았다.

Ⅴ. 행정조사에 대한 구제

1. 적법한 행정조사의 경우

적법한 행정조사로 인해 재산상의 특별한 희생을 발생시킨 경우에는 헌법 제23조 제3항에 의해 보상규정을 두어야 한다. 그리하여 공익사업의 준비나 수용 등의 절차에서 타인이 점유하는 토지에 출입하여 측량·조사함으로써 발생하는 손실은 보상해야 한다(토지보상법 9조 4항, 27조 3항). **행정조사로 인해 재산권의 사회적 제약을 넘거나 비례원칙에 위배될 정도로 손실이 발생함에도 불구하고, 개별적 보상규정이 없을 때가 문제된다.** 이는 재산권의 내용·한계결정이나 준공용개입(수용유사적 침해)의 문제이다(본서 1015면 이하). 행정조사기본법은 행정조사 가운데 시료채취로 인한 손실에 관해서는 보상할 것을 규정하고 있다(12조). 여기서 행정기관의 장은 시료채취로 발생한 손실을 시료채취 당시의 시장가격으로 보상하여야 하며, 시료를 채취할 때에 조사대상자에게 손실보상 청구에 관한 정보를 알려 주어야 하고(시행령 7조 1항), 손실보상을 받으려는 조사대상자는 손실보상청구서를 관계 행정기관의 장에게 제출하여야 하며(2항), 결정된 손실보상금액에 대해서는 이의를 제기할 수 있다(4항). 최종적인 보상금액결정에 대해서는 당연히 행정소송을 제기할 수 있다. 한편 시료채취가 아닌 경우에는 보상유무가 문제될 수 있다.

2. 위법한 행정조사의 경우

통상 문헌에서는 권력적 사실행위의 범주에서 위법한 행정조사 일반을 취소소송의 대상으로 삼는다. 하지만 **세무조사결정의 처분성을 계기로 행정조사결정과 그것의 실행행위인 행정조사행위는 구별하여야 한다.** 행정조사결정의 경우 위법하면 당연히 항고소송을 통해 권리구제를 도모할 수 있다. 문제는 행정조사행위인데, 여기서도 하명처분인 셈인 출석·진술요구 및 보고요구와 자료제출의 요구의 경우는 문제가 되지 않지만, 법효과가 직접적으로 발생하지 않는, **그 밖의 행정조사행위(현장조사 및 시료채취와 자료 등의 영치, 불심검문)의 경우가 문제된다.** 대부분 문헌은 이를 권력적 사실행위로 포착하여 별다른 이의를 제기하지 않은 채 그것의 처분성을 인정하고 있다. 하지만 앞에서 보았듯이(본서 504면 이하), 쟁송수단이 불실(不實)하다고 하여 권리보호를 위해 부득이하게 인정된 것이 권력적 사실행위 개념이며, 이 범주는 하루바삐 버려야 한다. 이들은 사실행위 그 자체이기에 당사자소송에서 금지할 것을 구하거나 반환을 구하는 것이 정도(正道)이다. 물론 그것이 단기간에 실행되어 실효됨으로써 협의의 소의 이익이 부인되는 것이 보통이어서 사실상 국가배상책임의 국면으로 들어갈 것이다.

03 정보공개법

Ⅰ. 제도적 기초

1. 행정정보공개제도의 의의

행정정보공개제도의 취지는 「공공기관의 정보공개에 관한 법률」(이하 정보공개법)의 입법목적이 시사하듯이, **국민의 알권리를 보장하고 국정에 대한 국민의 참여와 국정운영의 투명성을 확보하는 데 있다.** 전통적으로 행정법관계에서 행정과 시민은 수평적이지 않는 수직적 관계에 있다. 시민은 행정 너머에 행정이 자신에 대해 어떤 정보를 갖고 있는지를 알 수 없었고, 그것의 공개요구는 생각하지도 못하였다. 행정의 민주화는 행정의 투명성에 비례한다. 그리하여 사회 전반의 민주화의 요구에 연동하여 행정의 민주성과 투명성에 대한 요구 역시 비례해서 높아졌다. 또한 강력하고 잘 조직화된 이익집단이 행정청의 결정발견에 자신들에게 유리하게 일방적으로 영향을 미치고 그래서 합당한 결정을 방해할 위험이 있다(포획이론). 이런 위험에 대응하기 위한 장치가 정보공개제도이다. 더욱이 행정은 물론, 사회 전체의 가속화된 정보화로 행정정보공개는 자연스럽게 시대과제가 되었다. 그 결과물이 바로 1996년에 제정된(시행: 1998. 1.1.) 정보공개법이다.

권위주의 정부가 오랜 기간 지속된 우리에게 밀실행정, 일방행정 등의 용어가 낯설지 않고 도리어 공개행정이 어색하다. **유리알 행정이 상징하는 행정의 투명성은 행정의 정당성을 제고시키는 동시에 행정의 대국민적 신뢰를 굳건하게 만들며, 나아가 이를 통해 공동체 전체의 반칙과 특권 역시 효과적으로 저지될 수 있다**(Open government leads to better government).[1)]

---

1) 참고문헌: 손재영, 법학논고 제49집(2015.2.); 임현, 토지공법연구 제69집(2015); 유진식, 행정판례연구 제19집 제1호(2014); 정하영, 공법연구 제42집 제3호(2014); 최철호, 고시계 제59권 제1호(2013); 김재광, 행정법학 제2호(2012.3.); 현준원, 아주법학 제6권 제1호(2012.6.); 소병천, 외법논집 제35권 제2호(2011.5.).

2. 행정정보공개제도의 변천

행정정보공개제도는 이해관계자인 당사자를 대상으로 한 행정절차법상의 정보공개로부터 모든 사람에게 정보공개청구를 허용한 개별법으로 진화되었다. 1946년 미국 행정절차법 제3조와는 달리 만인의 권리로 정보공개청구권을 인정한 미국의 정보자유법(Freedom of Information Act, FOIA)이 1966년에 제정된 것이 그 예이다. 비록 연혁적으로 스웨덴의 1766년의 출판자유법이 가장 오래된 법제이긴 하나, 미국의 정보자유법을 기화로 전 세계로 전파되었다. 행정의 투명성에 대해 억제적 태도를 취하여 오랫동안 행정절차법상의 정보제공과 문서열람에 만족하여 온 독일의 경우에도 연방(과 몇몇 주)에 의해 정보자유법이 제정되어 2006.1.1.부터 시행되고 있다. 유럽연합운용방식조약(AEUV) 제15조 제3항(구 유럽공동체 조약 255조) 역시 유럽연합시민에게 연합기관의 문서에 대한 접근권을 인정하고 있다.

Ⅱ. 정보공개청구권의 전제로서의 알권리

1. 헌법적 기능 및 근거

정보공개법의 입법목적에서 국민의 알권리의 보장을 표방하듯이, **행정정보공개의 출발점은 국민의 알권리에 대한 모색이다.** 비록 독일처럼[2] 그것이 명문화되어 있지 않음에도 불구하고, 헌법재판소는 초기부터 그것을 헌법상의 기본권으로 인정하여 왔다(헌재 88헌마22 등). 정보에의 접근·수집·처리의 자유로 이해되는 **'알권리'는 2가지의 헌법적 기능을 갖는다.** 표현의 자유를 제대로 행사하자면 개인이 다양한 정보원으로부터 충분한 정보를 가지고 있어야 한다. 따라서 알권리는 우선 헌법 제21조의 표현의 자유의 전제조건이라 하겠다. 비단 표현의 자유의 차원이 아니라, 나름의 인격발현은 물론 행동에 나섬 역시 충분한 정보를 통해 무엇을 제대로 알아야 가능하다. 헌법 제10조상의 행복추구권에서 비롯된 일반적 인격권의 내용으로 개인정보자기결정권이 인정되고 있다. 따라서 알권리는 자기결정 및 인격발현의 전제조건이기도 하다. 알권리

2) 독일 기본법 제5조 제1항 후단에서 "일반적으로 접근가능한 정보원으로부터 정보를 수집할 수 있는 권리"로 규정하고 있다. 그러나 이것이 행정에 대한 사인의 공법적 정보청구권을 헌법적으로 인정한 것은 아니다.

의 이런 기능은 그것의 헌법적 근거를 가늠하는 경우는 물론, 정보공개법에서 공개대상청구정보의 공개여부를 판단하는 경우(후술)에 방향추가 된다.

알권리의 헌법적 근거와 관련해서 다양한 견해가 주장된다. 일부는 헌법 제10조(인간의 존엄과 가치 및 행복추구권)나 헌법 제21조(표현의 자유)를 각각 독립되게 접근하는 반면, 일부는 이들을 포함하여 헌법 제1조와 제34조 제1항까지도 근거로 삼는다. 판례는 공히 알권리 전체에 대해 헌법 제21조를 근거로 삼는다(헌재 88헌마22; 90헌마133 등; 대법원 2009두12785판결 등). 하지만 이상에서 본 알권리의 기능에 착안한다면 그것의 근거로 헌법 제21조와 −보충적 의미를 갖는− 헌법 제10조를 삼을 수 있다(동지: 한수웅, 805면).

2. 성질 및 내용

알권리를 헌법상 기본권으로 처음 인정한 판례에서 헌법재판소는 그것의 핵심이 정부가 보유하고 있는 정보에 대한 국민의 알권리, 즉 국민의 정부에 대한 일반적 정보공개를 구할 권리(청구권적 기본권)라고 판시하였지만(헌재 88헌마22), 그 후에는 자유권적 성질과 청구권적 성질이 공유되고 있다고 본다(헌재 90헌마133). 법원 역시 알권리의 이원적 성질을 수긍한다(대법원 2009두12785판결 등). 알권리의 청구권적 성질에 연계하여, 자연스럽게 공공기관이 보유하는 모든 정보에 대하여 국민 일반이 그 공개를 요구할 수 있는, 일반적 정보공개청구권이 국민의 기본권으로서 인정되었다. 그런데 개별법률에 의거한 구체적 형성이 마련되기 전에 일반적 정보공개청구권을 기본권차원에서 인정하는 것은 자유권적 기본권이 청구권적 기본권으로 전화(轉化)되는 셈이어서 자칫 기본권이론의 체계를 허물 수 있다. 그런데 **역설적으로 헌법재판소의 문제가 있는 이런 판례가 결과적으로 정보공개법의 제정을 가져다주었다.**

3. 일반적 정보공개청구권의 인정에 따른 문제

일반적 정보공개청구권을 인정한 정보공개법이 제정된 이상, 근거의 문제가 더 이상 쟁점거리가 되지 못한다고 여길 법하나, 그렇지 않다. 왜냐하면 헌법과 행정법의 관계설정의 물음과 행정법상의 주관적 공권을 기본권으로 대체하는 것의 물음은 여전하기 때문이다. 비록 행정법적 사건이 잠재적 헌법사건이긴 해도 헌법의 효력우위를 행정법의 적용우위와 혼동하여선 곤란하다. 일반적 정보공개청구권을 인정한 것 자체가 문제가 아니라, 헌재 88헌마22의 다수의견처럼, 관련 법령근거가 없음을 이유로 그것을 헌법해석을 통해 인정한 것이 문제이다. 그런데 일반인에게 문서열람・복사의 요청권을 인정한 사무관리규정(36조 2항)은 비록 그것이 대통령령이긴 해도 일반적 정보공개청구권의 근거로 삼는 데 아무런 문제가 없다. 따라서 헌재 88헌마22의 사안의 경우 -최광률 재판관의 반대의견처럼- 임야조사서 및 토지조사부의 열람・복사신청에 대한 행정청의 부작위는 행정쟁송을 통해 다툴 수 있다는 점에서, 헌법소원심판청구의 보충성의 원칙에 대한 예외사유가 될 수 없기에, 부적법각하결정이 내렸졌어야 한다.[3] 청주시의회에서 의결한 청주시행정정보공개조례안과 관련해서 지방자치단체가 각 지역의 특성을 고려하여 자기 고유사무와 관련된 행정정보의 공개사무에 관하여 독자적으로 규율할 수 있다고 판시한 것이(대법원 92추17판결), 정보공개법 제정의 결정적인 계기이긴 하나, 일련의 헌법재판소 결정 역시 긍정적인 영향을 미쳤다.

Ⅲ. 행정정보공개법제의 체계

1. 현 황

문서열람이나 정보공개청구의 방식으로 행해지는 행정정보의 공개에 관해 개별법(예: 광역도시계획의 공고와 열람: 국토계획법 16조 4항, 재결신청후 관계서류의 열람: 토지보상법 31조 1항)과 행정절차법(37조 1항 등)은 물론, 정보공개법이 마련되어 있다. 특히 **정보공개법은 일반법으로서 일반적 공개청구권의 인정을 그 출발점으로 한다.**

2. 행정절차법상의 행정정보공개

행정절차법은 행정처분과 관련하여 처분기준의 공표(20조)와 같이 일반적 공표의무를 규정하며, 또한 청문절차에서의 문서열람・복사의 요청권(37조)을 규정하고 있다. 처분기준은 특히 제재적 재량처분에서의 기준이다. 그것이 통상 법률하위적 법규(시행령이나 시행규칙)의 형식으로 성립하기에, 과거 재량준칙의 공표가 법문제가 될 때면 모르지만, 지금은 공표 그 자체가 문제되지 않는다. 청문과 관련해서는 당사자등은 청문의 통지가 있는 날부터 청문이 끝날 때까지 행정청에 대하여 당해 사안의 조사결

---

3) 정부공문서규정 제36조 제2항의 규정에 의거하여 국가기관이 보관하는 문서에 대한 국민의 열람 및 복사신청권을 인정한 대법원 88누9312판결의 원심인 서울고법 88구1334판결이 별다른 논증없이 서류복사신청거부처분을 위법하다고 판시한 것을 헌법재판소는 확인했어야 한다.

과에 관한 문서 기타 당해 처분과 관련되는 문서의 열람 또는 복사를 요청할 수 있으며, 이 경우 행정청은 다른 법령에 의하여 공개가 제한되는 경우를 제외하고는 이를 거부할 수 없다(37조 1항). 그리고 청문주재자는 청문조서를 작성한 후 지체 없이 청문조서의 열람 · 확인의 장소 및 기간을 정하여 당사자등에게 통지하여야 한다(동법 시행령 19조 1항).

행정절차상의 문서열람 · 복사요청은 개별적 정보공개청구권적 성격을 갖기에, 정보공개법상의 일반적 정보공개청구제도와 대비된다. 정보공개법상의 일반적 정보공개청구권의 보장은 국정에 대한 국민의 참여와 국정운영의 투명성을 확보하는 데 주안점을 두지만, 청문절차상의 정보공개제도는 절차적 정의와 무기대등의 원칙을 구현하기 위한 것이다. 공개대상정보의 범위, 공개청구권자의 범위 등에서, **청문절차상의 정보공개청구제도는 정보공개법상의 그것에 대해 특별법적 지위를 갖는다.**

3. 정보공개법의 적용범위

A대학교가 부당한 적립금 집행으로 과도하게 등록금을 인상하고 있다는 학생과 학부모의 문제제기가 잇따르자 NGO인 甲이 2003년부터 2008.11.3.까지 동 대학교 자금운용위원회의 회의록에 관한 정보와 동 대학교 총장에게 보고된 2003년부터 2008년경까지 각 연도의 인상률 산정근거가 기재된 등록금 인상률 정보와 관련해서 동 대학교에 대해 정보공개법에 의거해서 정보공개를 청구하였다. 동 대학교는 이를 거부하면서, 2007년에 제정되어 2008년부터 시행중인 교육기관정보공개법이 정보공개법에 대한 특별법인 이상, 정보공개법에 따른 공개의무가 생기지 않으며, 교육기관정보공개법의 시행으로 사립학교를 공개의무기관으로 규정한 정보공개법 시행령 제2조 제1호는 묵시적으로 폐지되었다고 주장한다. A대학교의 주장은 주효하는지? (대법원 2011두5049판결)

정보공개법은 행정정보공개에 관한 일반법이어서, 다른 법률에 특별한 규정이 있는 경우를 제외하고는 동법이 정하는 바에 의한다(4조 1항). 가령 소송기록의 열람 · 복사 등의 신청에 관한 민사소송법 제162조가 여기서의 다른 법률상 특별한 규정에 해당한다(대법원 2012두17384판결). 군사기밀의 공개(7조 9조)를 규정한 군사기밀보호법.[4] 및 군검사가 보관하고 있는 서류 또는 물건의 공개(309조의3)를 규정한 군사법원법(대법원 2022두65559판결) 역시 그러하다 교육기관정보공개법은 교육관련기관이 학교교육과 관련하여 직무상 작성 또는 취득하여 관리하고 있는 정보의 공개에 관하여 특별히 규율하는 법률이므로, 그것에 한해서는 정

4) 따라서 정보공개법에 의한 정보공개청구는 군사기밀보호법에 의한 군사기밀 공개요청과 동일한 것으로 보거나 그 공개요청이 포함되어 있는 것으로 볼 수 없다(대법원 2006두9351판결).

보공개법이 적용될 수 없지만, 그 밖의 사항과 관련해서는 학교에 대하여 정보공개법이 적용될 수 있다(대법원 2011두5049판결). 지방자치제의 전권한성과 자기책임성에 따라, 지방자치단체의 경우 그 소관사무(자치사무와 단체위임사무)에 관하여 법령의 범위 안에서 정보공개에 관한 조례를 정할 수 있다(2항). 여기서의 법령은 정보공개법령을 당연히 포함한다. 국가안전보장에 관련되는 정보 및 보안업무를 관장하는 기관에서 국가안전보장과 관련된 정보분석을 목적으로 수집되거나 작성된 정보에 대하여는 정보공개법이 적용되지 않는다. 다만, 당해 기관이 보유·관리하는 정보에 대한 정보목록의 작성·비치 및 공개는 정보공개법이 적용된다(3항).

Ⅳ. 정보공개법의 주요 내용

1. 정보공개의 원칙: 일반적 정보공개청구권의 인정 및 그 한계

교도소에 복역 중인 甲이 지방검찰청 검사장에게 자신에 대한 불기소사건 수사기록 중 타인의 개인정보를 제외한 부분의 공개를 청구하였으나 검사장이 비공개 결정을 하였다. 甲은 복역중에 수백 회에 걸쳐 여러 국가기관을 상대로 다양한 내용의 정보공개청구를 하였고, 아울러 전국의 각 법원에 정보공개청구소송을 제기하였다. 사실을 알아보니 정보공개청구소송에서 승소하여 소송비용 확정절차를 거쳐 변호사보수를 지급받으면, 변호사와 그 자신이 배분하기로 약정을 하였고, 다수의 사건에서 행정청이 공개 또는 부분공개의 결정을 하였음에도 불구하고 甲은 해당 정보를 수령하지 아니하였다. 甲의 정보공개청구는 허용될 수 있는가? (대법원 2014두9349판결)

공공기관은 보유·관리하는 정보를 정보공개법이 정하는 바에 따라 공개하여야 한다(3조). **정보공개의 원칙을 이처럼 천명하였기에, 모든 국민은 정보의 공개를 청구할 권리를 가진다**(5조 1항). 정보의 자기결정권은 국민에 국한할 성격이 아니어서 국내에 일정한 주소를 두고 거주하는 자 등과 같은 외국인의 경우도 정보공개청구권을 갖는다(2항). 정보공개청구권은 萬人의 권리이어서 통상의 주관소송의 원칙에서 요구되는 자기관련성이 요구되지 않는다.

여기서의 국민에는 자연인은 물론 법인, 권리능력이 없는 사단·재단이 당연히 포함된다(대법원 2003두8050판결). **문제는 통상 공개의무자적 지위를 갖는 지방자치단체가 다른 공공기관을 상대로 정보공개를 청구할 수 있는지 여부이다.** 판례는 정보공개제도의 취지와 명문의 규정에 의거하여 정당하게 부인하였다(서울행법 2005구합10484 판결; 반론: 이일세, 433면). 사안의 본질이 행정청간의 정보교환의 상황인 점에서, 정보공개법의 차원이 아니라 행정절차법상의 행정응원의 차원(8조)에서 접근하여야 한다.[5]

그런데 정보공개청구권이 국민에게 일반적으로 인정된다고 하여 그것의 행사, 즉 **정보공개청구에 아무런 한계가 없다고 할 수 없다.** 즉, 오로지 상대방을 괴롭힐 목적으로 정보공개를 구하는 경우에는 그 정보공개의 청구는 신의칙에 반하거나 권리남용에 해당한다(대법원 2004두2783판결(계명대정보공개사건)). 또한 실제로는 해당 정보를 취득 또는 활용할 의사가 전혀 없이 정보공개 제도를 이용하여 사회통념상 용인될 수 없는 부당한 이득을 얻으려 하는 경우 역시 그러하다(대법원 2014두9349판결). 또한 무분별하게 반복하여 청구한 경우에는 바로 종결처리할 수 있다(11조의2).

2. 공공기관의 범위와 그 의무

(1) 공공기관의 범위

'공공기관'이란 국가기관,[6] 지방자치단체, 공공기관운영법 제2조에 따른 공공기관 그 밖에 대통령령이 정하는 기관[7]을 말한다(2조 3호). 정보공개청구권이 일반적으로 인정되기에, **공개의무 공공기관에 해당하는지 여부가 종종 문제된다.** 시행령이 사립학교를 망라하여 규율하고 있는 점이 문제되나, 판례는 교육의 공공성, 공사립학교의 동질성, 사학에 대한 국가지원 등을 이유로 위임법리에 반하지 않는다고 보며, 아울러 공공기

---

5) 행정청내부의 정보관계에 관해서는 Wischmeyer, in: GVwR Ⅰ, §24.

6) 국회, 법원, 헌법재판소, 중앙선거관리위원회; 중앙행정기관(대통령 소속 기관과 국무총리 소속 기관을 포함한다) 및 그 소속 기관; 행정기관위원회법에 따른 위원회.

7) 영 제2조: 1. 초·중등교육법 및 고등교육법 그 밖에 다른 법률에 의하여 설치된 각급학교, 2.「지방공기업법」에 따른 지방공사 및 지방공단과 다음 각 목의 어느 하나에 해당하는 기관 중 지방자치단체의 조례로 정하는 기관. 가. 지방자치단체의 조례로 설립되고 해당 지방자치단체가 출연한 기관, 나. 지방자치단체의 지원액(조례 또는 규칙에 따라 직접 지방자치단체의 업무를 위탁받거나 독점적 사업권을 부여받은 기관의 경우에는 그 위탁업무나 독점적 사업으로 인한 수입액을 포함한다)이 총수입액의 2분의 1을 초과하는 기관, 다. 지방자치단체가 100분의 50 이상의 지분을 가지고 있거나 100분의 30 이상의 지분을 가지고 임원 임명권한 행사 등을 통하여 해당 기관의 정책 결정에 사실상 지배력을 확보하고 있는 기관, 라. 지방자치단체와 가목부터 다목까지의 어느 하나에 해당하는 기관이 합하여 100분의 50 이상의 지분을 가지고 있거나 100분의 30 이상의 지분을 가지고 임원 임명권한 행사 등을 통하여 해당 기관의 정책 결정에 사실상 지배력을 확보하고 있는 기관, 마. 가목부터 라목까지의 어느 하나에 해당하는 기관이 단독으로 또는 두개 이상의 기관이 합하여 100분의 50 이상의 지분을 가지고 있거나 100분의 30 이상의 지분을 가지고 임원 임명권한 행사 등을 통하여 해당 기관의 정책 결정에 사실상 지배력을 확보하고 있는 기관, 바. 가목부터 라목까지의 어느 하나에 해당하는 기관이 설립하고, 지방자치단체 또는 설립 기관이 출연한 기관. 3.「공공기관의 운영에 관한 법률」제4조에 따른 공기관. 4. 특별법에 의하여 설립된 특수법인. 5. 사회복지사업법 제42조제1항의 규정에 의하여 국가 또는 지방자치단체로부터 보조금을 받는 사회복지법인과 사회복지사업을 하는 비영리법인.

관의 성격 및 그 공개범위를 국비지원의 범위에 한정하지 않는다(대법원 2004두2783판결 (계명대정보공개사건)).

한편 '특별법에 의하여 설립된 특수법인'의 경우에도 그 자체로 정보공개의무를 인정하지 않고, 다시금 그 법인의 역할과 기능에서 정보공개의무를 지는 공공기관에 해당하는지 여부를 판단한다. 즉, **판례는 기본적으로 공동체 전체의 이익에 중요한 역할이나 기능을 수행하는지 여부를 결정적 잣대로 삼는다**(대법원 2008두5643판결). 그리하여 한국방송공사(KBS)의 경우엔 긍정하였지만(대법원 2008두13101판결(황우석 교수의 논문조작 사건에 관한 '추적 60분' 사건)), 한국증권업협회의 경우엔 부인하였다(대법원 2008두5643판결). 한국증권업협회(지금은 한국금융투자협회)는 법개정으로 이제는 공무수탁사인이 아니라, 단순한 사기관에 해당하므로(본서 181면), 판례의 태도는 이런 변화에 합치하여 당연하고 바람직하다.

(2) 공공기관의 의무의 내용

정보공개법상 공공기관은 정보공개청구에 대응하여 공개여부결정을 거쳐 **공개할 의무를 기본적으로 가지며,** 이와 더불어 **부수적으로 다음의 3가지 의무를** 진다: i) 일반적 직무의무의 차원,[8] ii) 행정정보의 공표의무의 차원,[9] 그리고 iii) 정보목록의 작성・비치의무의 차원.[10]

3. 정보공개의 청구

(1) 공개대상

공공기관이 보유・관리하는 정보가 공개대상이 된다(9조 1항). 여기서 '정보'라 함은 공공기관이 직무상 작성 또는 취득하여 관리하고 있는 문서(전자문서를 포함한다) 및 전자매체를 비롯한 모든 형태의 매체 등에 기록된 사항을 말한다(2조 1호). 공개청구의 대상정

8) 제6조(공공기관의 의무) ① 공공기관은 정보의 공개를 청구하는 국민의 권리가 존중될 수 있도록 법을 운영하고 소관 관계 법령을 정비하며, 정보를 투명하고 적극적으로 공개하는 조직문화 형성에 노력하여야 한다. ②-⑤

9) 제7조(정보의 사전적 공개 등) ① 공공기관은 국민생활에 매우 큰 영향을 미치는 정책에 관한 정보 등과 같은 정보에 대하여는 공개의 구체적 범위, 공개의 주기・시기 및 방법 등을 미리 정하여 공표하고, 이에 따라 정기적으로 공개하여야 한다. 다만 비공개대상정보는 그러하지 아니하다. ② 공표의무대상이 아닌 경우에도 공공기관은 국민이 알아야 할 필요가 있는 정보를 국민에게 공개하도록 적극적으로 노력하여야 한다

10) 제8조(정보목록의 작성・비치 등) ① 공공기관은 당해기관이 보유・관리하는 정보에 대하여 국민이 쉽게 알 수 있도록 정보목록을 작성・비치하고, 그 목록을 정보통신망을 활용한 정보공개시스템 등을 통하여 공개하여야 한다. 다만, 정보목록중 비공개대상정보가 포함되어 있는 경우에는 당해 부분을 비치 및 공개하지 아니할 수 있다. ② 공공기관은 정보의 공개에 관한 사무를 신속하고 원활하게 수행하기 위하여 정보공개장소를 확보하고 공개에 필요한 시설을 갖추어야 한다.

보는 반드시 원본일 필요가 없으며(대법원 2006두3049판결), 전자적 형태로 보유·관리되는 정보라 하더라도 일정한 요건하에 통상의 것과 동일하게 취급된다(대법원 2009두6001판결).

보유·관리하는 정보는 당해 공공기관의 직무와 관련된 일체의 정보가 해당되기에, 국가 등이 사경제작용의 일환으로 행한 사업과 관련이 있는 정보 역시 공개대상이 될 수 있다(대법원 2006두20587판결). 청구대상정보가 이미 다른 사람에게 공개하여 널리 알려져 있다거나 인터넷이나 관보 등을 통하여 공개하여 인터넷검색이나 도서관에서의 열람 등을 통하여 쉽게 알 수 있더라도, -소의 이익이 있으면- 공개해야 한다(대법원 2008두13392판결; 2005두15694판결).[11] 그런 사정만으로 소의 이익이 없다거나 비공개결정이 정당화될 수 없다(대법원 2022두34562판결).[12] 다만 이미 정보통신망을 통해 공개된 정보의 청구의 경우에는 공공기관은 해당 정보의 소재를 안내하고 종결처리할 수 있다(11조의2 2항).

(2) 비공개대상정보

(가) 판단의 기조

정보공개법의 입법목적과 취지 및 정보공개의 원칙에서, **공개의 예외로서 비공개사유에 해당하는지 여부는 당연히 엄격하게 해석해야 한다**(대법원 2006두20587판결). 또한 해당하는지 여부는 비공개에 의하여 보호되는 업무수행의 공정성 등의 이익과 공개에 의하여 보호되는 국민의 알권리의 보장과 국정에 대한 국민의 참여 및 국정운영의 투명성 확보 등의 이익을 비교·교량하여 구체적인 사안에 따라 개별적으로 판단해야 한다(대법원 2009두12785판결).

(나) 청구대상정보의 가분과 해당성의 추가(변경) 문제

청구대상정보가 가분적(可分的)인 한, 비공개대상정보여부에 판단은 공개청구의 취지에 어긋나지 않는 범위에서 분리하여 행해질 수 있다(대법원 2009두12785판결). 한편 비공개대상정보간의 처분사유의 추가·변경이 문제되는데, 판례는 아래의 ④ 및 ⑥의 (당초)사유와 새로이 추가된 ⑤의 사유간에는(대법원 2001두8827판결), ②, ④ 및 ⑥의 (당초)사유와 새로이 추가된 ①호의 사유간에는(대법원 2004두12629판결), ⑤의 (당초)사유와 새로이 추가된 ④의 사유간에는

11) 비슷한 맥락에서, 개인정보자기결정권의 보호대상이 되는 개인정보 역시 반드시 개인의 내밀한 영역에 속하는 정보에 국한되지 않고 공적 생활에서 형성되었거나 이미 공개된 개인정보까지 포함한다. 그러한 개인정보를 대상으로 한 조사·수집·보관·처리·이용 등의 행위는 모두 원칙적으로 개인정보자기결정권에 대한 제한에 해당한다(대법원 2012다49933판결: 전교조가입현황 및 실명자료 공개).

12) 징계처분에 대한 항고절차에서 원고가 징계위원회 구성에 절차상 하자가 있다는 점을 알게 되었다거나 이 사건 징계처분이 취소되었다고 하더라도, 그와 같은 사정들만으로 이 사건 처분의 취소를 구할 법률상 이익이 없다고 볼 수 없다.

(부산고법 2010누5615판결), ⑦의 (당초)사유와 새로이 추가된 ①의 사유간에는(대법원 2007두1798판결) 기본적 사실관계의 동일성이 없다고 판시하였다.[13)]

(다) 구체적인 비공개대상정보

정보공개법은 비공개대상정보를 아래와 같이 상세히 규정하고 있다(9조 1항 단서). 그런데 공공기관은 비공개대상에 해당하는 정보가 기간의 경과 등으로 인하여 비공개의 필요성이 없어진 경우에는 당해 정보를 공개대상으로 하여야 하며, 또한 비공개대상의 범위 안에서 당해 공공기관의 업무의 성격을 고려하여 비공개대상정보의 범위에 관한 세부기준을 수립하고 이를 공개하여야 한다(2항, 3항).

① 다른 법률 또는 법률이 위임한 명령(국회규칙 · 대법원규칙 · 헌법재판소규칙 · 중앙선거관리위원회규칙 · 대통령령 및 조례에 한한다)에 의하여 비밀 또는 비공개 사항으로 규정된 정보: 판례상 '국가정보원에서 특정직원에게 지급하는 현금급여 및 월초수당 등의 정보(대법원 2010두14800판결) 및 국가정보원의 조직 · 소재지 및 정원에 관한 정보(대법원 2010두18918판결)가 이에 해당한다. 반면 법률의 개별적 위임에 의거하지 않은 검찰보존사무규칙(법무부령)은 행정규칙에 불과함을 들어, 불기소사건기록의 열람 · 등사의 제한에 관한 동 규칙 제22조는 여기서의 명령에 해당하지 않는다(대법원 2011두16735판결). 그리고 여기서의 법률의 위임에 대해 정보공개에 관한 사항이 위임되어야 한다는 것을 요구한다.[14)] 한편 여기서의 '다른 법률'에 공무원의 비밀준수의무를 규정한 국가공무원법 제60조 등이 해당하는지 여부가 문헌상으로 다투어진다(긍정 입장으로 정하중/김광수, 398면. 부정 입장으로 박균성, 812면).

② 국가안전보장 · 국방 · 통일 · 외교관계 등에 관한 사항으로서 공개될 경우 국가의 중대한 이익을 현저히 해할 우려가 있다고 인정되는 정보: 판례상으로 비공개대상이 된 예는 국방부의 한국형 다목적 헬기(KMH) 도입사업에 대한 감사원장의 감사결과보고서(대법원 2006두9351판결), 한 · 일 군사정보보호협정 및 한 · 일 상호군수지원협정과 관련하여 각종 회의자료 및 회의록 등의 정보(대법원 2015두46512판결)이다. 반면 판례상으로 공개대상이 된 예는 주한미군기지에 대한 환경오염조사와 관련한 정보(대법원 2007두14596판결)이다. 나아가 법원은 과거 정보공개법의 시행전에, 우리 정부가 1996.3.경 미국정부로부터 당시 미국 정보공개법에 따라 비밀이 해제된 바 있는 1979년 및 1980년의 우리나라 정치상황과 관련한 미국정부 보유의 문서사본을 제공받아 보관한 것에 대한 공개청구사건에서 매우 전

---

13) 참고문헌: 박해식, 대법원판례해설 제47호(2004.7.); 정남철, 행정판례연구 제18집 제1호(2013.6.).

14) 대법원 2006두11910판결은 비록 구 교육공무원승진규정이 교육공무원법의 위임에 의거하여 제정된 것이긴 해도 교육공무원법이 동규정에 대해 정보공개에 관한 사항을 직접 위임하지 않은 이상, 동 규정 제26조에 의거하여 근무성적평정의 결과를 공개하지 않은 것은 위법하다고 보았다.

향적인 입장을 취하였다. 즉, 당시 행정정보공개운영지침(국무총리훈령)이 '공개할 경우 외교관계를 해한다고 인정되는 정보', '비공개를 전제로 제3자로부터 취득한 정보' 등을 정보공개의 예외로 규정하고 있음에도 불구하고, 법원은 동지침의 비법규성에 의거하여 정보공개거부처분이 위법이라 판시하였다(대법원 97누5114판결).[15]

③ 공개될 경우 국민의 생명·신체 및 재산의 보호에 현저한 지장을 초래할 우려가 있다고 인정되는 정보: 보안관찰법상의 보안관찰 관련 통계자료(대법원 2002두6583판결; 2001두8254전합판결).

④ 진행중인 재판에 관련된 정보와 범죄의 예방, 수사, 공소의 제기 및 유지, 형의 집행, 교정, 보안처분에 관한 사항으로서 공개될 경우 그 직무수행을 현저히 곤란하게 하거나 형사피고인의 공정한 재판을 받을 권리를 침해한다고 인정할 만한 상당한 이유가 있는 정보: 여기서 '진행 중인 재판에 관련된 정보'와 관련해선, 반드시 그 정보가 진행 중인 재판의 소송기록 자체에 포함된 내용일 필요는 없지만, 재판에 관련된 일체의 정보가 그에 해당하는 것은 아니고 진행 중인 재판의 심리 또는 재판결과에 구체적으로 영향을 미칠 위험이 있는 정보에 한정된다(대법원 2009두19021판결('론스타'사건)). 또한 '공개될 경우 그 직무수행을 현저히 곤란하게 한다고 인정할 만한 상당한 이유가 있는 정보'는 당해 정보가 공개될 경우 범죄의 예방 및 수사 등에 관한 직무의 공정하고 효율적인 수행에 직접적이고 구체적으로 장애를 줄 고도의 개연성이 있고, 그 정도가 현저한 경우에 인정된다(대법원 2005두15694판결). 형의 집행, 교정에 관한 사항 역시 동일하다(대법원 2009두12785판결). 판례는 교도소에 수용 중이던 재소자가 담당 교도관들을 상대로 가혹행위를 이유로 형사고소 및 민사소송을 제기하면서 그 증명자료 확보를 위해 정보공개를 요청한 '근무보고서'에 대해, 공개대상정보로 판시하였다(대법원 2009두12785판결).

⑤ 감사·감독·검사·시험·규제·입찰계약·기술개발·인사관리·의사결정과정 또는 내부검토과정에 있는 사항 등으로서 공개될 경우 업무의 공정한 수행이나 연구·개발에 현저한 지장을 초래한다고 인정할 만한 상당한 이유가 있는 정보: 여기서 '공개될 경우 업무의 공정한 수행에 현저한 지장을 초래한다고 인정할 만한 상당한 이유가 있는 경우'라 함은 공개될 경우 업무의 공정한 수행이 객관적으로 현저하게 지장을 받을 것이라는 고도의 개연성이 존재하는 경우를 의미한다(대법원 2002두12946판결). 이에 해당하는지 여부는 비공개함으로써 보호되는 업무수행의 공정성 등 이익과 공개로 보호되는 국민의 알권리 보장과 국정에 대한 국민의 참여 및 국정운영의 투명성 확보 등 이익을 비교·교량하여 구체적인 사안에 따라 신중하게 판단하여야 하고, 그 판단

15) 이에 대한 평석으로 경건, 행정판례평선, 395면 이하.

을 할 때에는 공개청구의 대상이 된 당해 정보의 내용뿐 아니라 그것을 공개함으로써 장래 동종 업무의 공정한 수행에 현저한 지장을 초래할지 여부도 아울러 고려해야 한다(대법원 2012두12303판결). 외국 또는 외국 기관으로부터 비공개를 전제로 정보를 입수하였다는 이유만으로 공개할 경우 업무의 공정한 수행에 현저한 지장을 받을 것이라고 단정할 수는 없다(대법원 2017두69892판결). 시험과 관련해서는, 입법 취지, 당해 시험 및 그에 대한 평가행위의 성격과 내용, 공개의 내용과 공개로 인한 업무의 증가, 공개로 인한 파급효과 등을 종합하여 개별적으로 판단되어야 한다(대법원 2006두15936판결; 2000두6114판결).

판례상으로 비공개대상이 된 예는 검찰21세기연구기획단의 1993년도 연구결과종합보고서(대법원 2005두15694판결), 문제은행 출제방식을 채택하고 있는 치과의사 국가시험의 문제지와 정답지(대법원 2006두15936판결), 금융감독원이 보유하는, 삼성생명보험주식회사가 삼성경제연구소에 의뢰한 용역제안서(대법원 2012두12303판결), 감사관이 작성한 민원사항 조사결과 보고서(대법원 2014두38033판결)이다. 반면 공개대상이 된 예는 사법시험 제2차 시험의 답안지열람(대법원 2000두6114판결), 2002학년도부터 2005학년도까지의 대학수학능력시험 원데이터이다(대법원 2007두9877판결).

한편 의사결정과정에 제공된 회의관련 자료나 의사결정과정이 기록된 회의록의 경우 공표 이전에는 비공개대상정보이나 공표 이후에는 공개대상이 되는데(대법원 99추85판결), 궁극적으로 비공개대상여부는 '공개될 경우 업무의 공정한 수행에 현저한 지장을 초래한다고 인정할 만한 상당한 이유가 있는 경우'인지 여부이다. 그리하여 판례는 징벌위원회 회의록에서 비공개 심사·의결 부분(대법원 2009두12785판결), 학교환경위생구역 내 금지행위(숙박시설) 해제결정에 관한 학교환경위생정화위원회의 회의록에 기재된 발언내용에 대한 해당 발언자의 인적사항 부분에 관한 정보(대법원 2002두12946판결), 학교폭력대책자치위원회 회의록(대법원 2010두2913판결), 독립유공자서훈 공적심사위원회의 심의·의결 과정 및 그 내용을 기재한 회의록(대법원 2013두20301판결)은 비공개대상으로 본다.

⑥ 당해 정보에 포함되어 있는 이름·주민등록번호 등 개인에 관한 사항으로서 공개될 경우 개인의 사생활의 비밀 또는 자유를 침해할 우려가 있다고 인정되는 정보. 다만, 개인에 관한 일정한 정보는[16] 제외한다: 여기서의 비공개대상정보에는 이름·주민등록번호 등과 같은 '개인식별정보'뿐만 아니라, 그 외에 '개인에 관한 사항의 공개로 개인의 내밀한 내용의 비밀 등이 알려지게 되고, 그 결과 인격적·정신적

16) ⅰ) 법령에서 정하는 바에 따라 열람할 수 있는 정보, ⅱ) 공공기관이 공표를 목적으로 작성하거나 취득한 정보로서 사생활의 비밀 또는 자유를 부당하게 침해하지 아니하는 정보, ⅲ) 공공기관이 작성하거나 취득한 정보로서 공개하는 것이 공익이나 개인의 권리 구제를 위하여 필요하다고 인정되는 정보, ⅳ) 직무를 수행한 공무원의 성명·직위, ⅴ) 공개하는 것이 공익을 위하여 필요한 경우로서 법령에 따라 국가 또는 지방자치단체가 업무의 일부를 위탁 또는 위촉한 개인의 성명·직업.

내면생활에 지장을 초래하거나 자유로운 사생활을 영위할 수 없게 될 위험성이 있는 정보'(가령 피의자신문조서 등에 기재된 피의자 등의 진술내용)도 포함된다(대법원 2011두2361전합판결).

주로 문제되는 것은 단서의 '공개하는 것이 공익을 위하여 필요하다고 인정되는 정보' 이다. 그에 해당하는지 여부는 비공개에 의하여 보호되는 개인의 사생활의 비밀 등 이익과 공개에 의하여 보호되는 국정운영의 투명성 확보 등의 공익 또는 개인의 권리구제 등 이익을 비교·교량하여 구체적 사안에 따라 신중히 판단해야 한다(대법원 2009두14224판결; 2001두6425판결 등 참조). 한편 공공기관이 보유·관리하고 있는 개인정보의 공개와 관련해서 개인정보보호법의 적용이 문제되는데, 정보공개법 규정이 우선하여 적용되기에, 공개필요성이 인정되는 개인정보에 대해서는 개인정보보호법이 적용되지 아니한다.[17]

판례상으로 공개대상이 된 예는 사면대상자들의 사면실시건의서와 그와 관련된 국무회의 안건자료에 관한 정보(대법원 2005두241판결), 접대비 등 사용내역 중 '적요란의 사용인' 부분(대법원 2014두41114판결)이고, 비공개대상이 된 예는 공무원이 직무와 관련 없이 개인적인 자격으로 간담회·연찬회 등 행사에 참석하고 금품을 수령한 정보(대법원 2003두8050판결), 공직자윤리법상의 등록의무자가 구 공직자윤리법 시행규칙 제12조 관련 [별지 14호 서식]에 따라 정부공직자윤리위원회에 제출한 문서에 포함되어 있는 고지거부자의 인적사항(대법원 2005두13117판결), 지방자치단체의 업무추진비 세부항목별 집행내역 및 그에 관한 증빙서류에 포함된 개인에 관한 정보(대법원 2001두6425판결), 고속철도 역의 유치위원회가 지방자치단체로부터 지급받은 보조금의 사용 내용에 관한 서류 일체(대법원 2009두14224판결), 접대비 등 사용내역 중'적요란의 거래처 담당자의 성명' 부분(대법원 2014두41114판결)이다. 기관이 아닌 개인이 타인에 관한 정보의 공개를 청구하는 경우에는 구 공공기관개인정보보호법이 아니라, 정보공개법 제9조 제1항 제6호에 따라 개인에 관한 정보의 공개 여부를 판단해야 한다(대법원 2007두9877판결).

⑦ 법인·단체 또는 개인(이하 '법인 등'이라 한다)의 경영·영업상 비밀에 관한 사항으로서 공개될 경우 법인 등의 정당한 이익을 현저히 해할 우려가 있다고 인정되는 정보. 다만 일정한 정보[18]는 제외한다: 여기서의 '법인 등의 경영·영업상 비밀'은 '타인에게 알려지지 아니함이 유리한 사업활동에 관한 일체의 정보' 또는 '사업활동에 관한 일체의 비밀사항'을 의미하며, 공개를 거부할 만한 정당한 이익이 있는지 여부

17) 대법원 2015두53770판결: 지방변호사회의 변호사시험 합격자명단 공개청구를 거부한 경우 그 정보는 개인정보보호법 18조 1항에 의하여 공개가 금지된 정보에 해당하지 아니하고 구 정보공개법 9조 1항 6호 단서 다목에 따라서 공개함이 타당하다.

18) ⅰ) 사업활동에 의하여 발생하는 위해로부터 사람의 생명·신체 또는 건강을 보호하기 위하여 공개할 필요가 있는 정보, ⅱ) 위법·부당한 사업활동으로부터 국민의 재산 또는 생활을 보호하기 위하여 공개할 필요가 있는 정보.

는 입법취지에 비추어 이를 엄격하게 판단하여야 할 뿐만 아니라, 국민에 의한 감시의 필요성이 크고 이를 감수하여야 하는 면이 강한 공익법인에 대하여는 보다 소극적으로 판단해야 한다(대법원 2008두13392판결(황우석 교수의 논문조작 사건에 관한 '추적 60분' 사건)). 이 비공개사유와 관련해서는 해당 법인 등에게 공개청구사실을 통지하여 의견을 청취해야 하는데(후술), 이들 법인 등의 비공개 요청이 있다고 하여 바로 비공개사유에 해당하지는 않는다(대법원 2008두8680판결).

판례상으로 비공개대상이 된 예는 방송프로그램의 기획 · 편성 · 제작 등에 관한 정보(대법원 2008두13392판결(황우석 교수의 논문조작 사건에 관한 '추적 60분' 사건)), 금융감독원이 보유하는, 삼성생명보험주식회사가 삼성경제연구소에 의뢰한 용역제안서(대법원 2012두12303판결)이다. 반면 공개대상이 된 예는 아파트재건축주택조합의 조합원들에게 제공될 무상보상평수의 사업수익성 등을 검토한 자료(대법원 2003두9459판결), 한국방송공사의 '수시집행 접대성 경비의 건별 집행서류 일체'(대법원 2007두1798판결), '론스타'와 관련한 광범한 자료(대법원 2009두19021판결), 연세대학교 자금운용위원회의 '자금운용 회의록 정보' 및 '등록금 인상률 정보'(대법원 2011두5049판결), 접대비 등 사용내역 중 '사용처' 부분(대법원 2014두41114판결), 국민연금공단의 주식매매계약서의 내용 중 매도인들의 계좌번호에 관한 정보를 제외한 나머지 정보(대법원 2016두45165판결), 미래창조과학부가 보유하는, 이동통신사업자와 관련한 약관 및 요금 관련 정보, 원가 관련 정보의 영업보고서 중 영업통계, 영업통계명세서의 이동통신서비스 항목 부분(대법원 2014두5477판결)이다.[19]

⑧ 공개될 경우 부동산 투기 · 매점매석 등으로 특정인에게 이익 또는 불이익을 줄 우려가 있다고 인정되는 정보.

⑶ 청구방법

정보의 공개를 청구하는 자('청구인')는 당해 정보를 보유하거나 관리하고 있는 공공기관에 대하여 청구인의 성명과 공개를 청구하는 정보의 내용 및 공개방법 등과 같은 사항을 기재한 정보공개청구서를 제출하거나 말로써 정보의 공개를 청구할 수 있다. 이 경우 구술로써 정보의 공개를 청구하는 때에는 담당공무원 또는 담당임 · 직원("담당공무원등")의 면전에서 진술하여야 하고, 담당공무원등은 정보공개청구 조서를 작성하고 이에 청구인과 함께 기명날인하여야 한다(10조 1항, 2항).

공개청구에서 대상정보의 특정이 문제된다. 사회일반인의 관점에서 청구대상정보의 내용과 범위를 확정할 수 있을 정도로 특정함을 요한다(대법원 2007두2555판결). 만일 공개를 청구한 정보의 내용 중 너무 포괄적이거나 막연하여서 사회일반인의 관점에서 그 내용과 범

19) 대전고법이 삼성전자 온양공장이 고용노동부에 제출한 작업환경 측정결과 보고서의 공개를 판시하였다(대전고법 2017누10874판결).

위를 확정할 수 있을 정도로 특정되었다고 볼 수 없는 부분이 포함되어 있다면, 이를 심리하는 법원은 비공개로 열람·심사하는 등의 방법으로 공개청구정보의 내용과 범위를 적극적으로 특정해야 한다(대법원 2014두5477판결).

4. 정보공개여부의 결정

(1) 공개여부 결정 및 기간

공공기관은 정보공개의 청구가 있는 때에는 청구를 받은 날부터 10일 이내에 공개여부를 결정하여야 하는데, 일시에 많은 정보공개가 청구되어 정하여진 기간내에 공개여부의 결정이 곤란한 경우처럼 부득이한 사유로(영 7조) 이 기간 이내에 공개여부를 결정할 수 없는 때에는 그 기간의 만료일 다음 날부터 기산하여 10일 이내의 범위에서 공개여부 결정기간을 연장할 수 있다. 이 경우 공공기관은 연장된 사실과 연장사유를 청구인에게 지체 없이 문서로 통지하여야 한다(11조 1항, 2항). 정보공개를 청구한 날부터 20일 이내에 공공기관이 공개여부를 결정하지 아니한 때에는 비공개의 결정이 있는 것으로 본다(5항).

한편 공공기관은 무분별하게 반복하여 청구한 경우에는 바로 종결처리할 수 있으며, 일정한 경우(이미 정보통신망을 통해 공개된 정보를 청구의 경우와 수령할 수 없는 방법으로 정보공개 청구를 하는 경우)에는 안내하고 종결처리할 수 있다(11조 의2).[20] 하지만 법령 등에 의하여 공개를 목적으로 작성된 정보나 각종 홍보자료 등에 해당하고, 즉시 또는 구술처리가 가능한 정보에 대하여는 제11조의 규정에 의한 절차를 거치지 아니하고 공개하여야 한다(16조). 이 경우에는 기간연장도 불가하다.

---

20) 제11조의2(반복 청구 등의 처리) ① 공공기관은 제11조에도 불구하고 제10조 제1항 및 제2항에 따른 정보공개 청구가 다음 각 호의 어느 하나에 해당하는 경우에는 정보공개 청구 대상 정보의 성격, 종전 청구와의 내용적 유사성·관련성, 종전 청구와 동일한 답변을 할 수밖에 없는 사정 등을 종합적으로 고려하여 해당 청구를 종결 처리할 수 있다. 이 경우 종결 처리 사실을 청구인에게 알려야 한다: 1. 정보공개를 청구하여 정보공개 여부에 대한 결정의 통지를 받은 자가 정당한 사유 없이 해당 정보의 공개를 다시 청구하는 경우, 2. 정보공개 청구가 제11조 제5항에 따라 민원으로 처리되었으나 다시 같은 청구를 하는 경우 ② 공공기관은 제11조에도 불구하고 제10조 제1항 및 제2항에 따른 정보공개 청구가 다음 각 호의 어느 하나에 해당하는 경우에는 다음 각 호의 구분에 따라 안내하고, 해당 청구를 종결 처리할 수 있다: 1. 제7조 제1항에 따른 정보 등 공개를 목적으로 작성되어 이미 정보통신망 등을 통하여 공개된 정보를 청구하는 경우: 해당 정보의 소재(所在)를 안내, 2. 다른 법령이나 사회통념상 청구인의 여건 등에 비추어 수령할 수 없는 방법으로 정보공개 청구를 하는 경우: 수령이 가능한 방법으로 청구하도록 안내.

⑵ 정보공개심의위원회의 설치 · 운영

국가기관, 지방자치단체 및 「공공기관운영법」 제5조에 따른 공기업은 제11조에 따른 정보공개 여부 등을 심의하기 위하여 정보공개심의회를 설치 · 운영한다. 심의회의 위원장을 제외한 위원은 소속 공무원, 임직원 또는 외부 전문가로 지명하거나 위촉하되, 그중 2분의 1은 해당 국가기관등의 업무 또는 정보공개의 업무에 관한 지식을 가진 외부 전문가로 위촉하여야 한다(12조). 심의위원에 대해서는 제척 · 기피제도가 운용된다(12조의2).

⑶ 공개청구사실의 제3자통지 및 다른 공공기관에로의 이송

공공기관은 공개청구된 공개대상정보의 전부 또는 일부가 제3자와 관련이 있다고 인정되는 때에는 그 사실을 제3자에게 지체 없이 통지하여야 하며,[21] 필요한 경우에는 그의 의견을 청취할 수 있다(11조 3항). 제3자의 의견청취는 문서에 의하는데, 다만, 공공기관이 필요하다고 인정하는 때와 제3자가 원하는 때에는 구술로 할 수 있다(영 8조 1항). 여기서 제3자의 의견청취는 참작될 뿐 그에 구속되지 않는다. 그리고 공공기관은 다른 공공기관이 보유 · 관리하는 정보의 공개청구를 받은 때에는 지체 없이 이를 소관기관으로 이송하여야 하며, 이송을 한 공공기관은 지체 없이 소관기관 및 이송사유 등을 명시하여 청구인에게 문서로 통지하여야 한다(11조 4항).

⑷ 결정 및 그 통지

공공기관은 정보의 공개를 결정한 때에는 공개일시 · 공개장소 등을 명시하여 청구인에게 통지하여야 하며, 정보의 비공개결정을 한 때에는 그 사실을 청구인에게 지체없이 문서로 통지하여야 하되, 이 경우 비공개이유 · 불복방법 및 불복절차를 구체적으로 명시하여야 한다(13조 1항, 4항). 비공개결정의 경우 근거규정의 몇 호 소정의 비공개사유에 해당하는지를 주장 · 입증하지 아니한 채 개괄적인 사유만을 들어 그 공개를 거부할 순 없다(대법원 2001두8827판결; 2014두5477판결). 비공개결정의 경우 행정절차법상의 사전통지가 문제된다. 그것의 법적 성질이 거부처분이어서 수익적 행정행위의 거부처분에 대해 사전통지를 요구하지 않는 판례의 입장이 통용될 수 있긴 하나, 일반적 정보공개청구권이 인정되는 이상, 다르게 접근할 필요가 있다.

21) 제3자 통지제도는 행정심판법도 규정하고 있지만(제24조 ②), 행정소송법은 그렇지 않다.

5. 정보공개의 방법

(1) 일반적 방법

정보공개방법에는 정보의 열람, 그 사본·복제물의 교부 또는 전자정부법 제2조 제10호의 규정에 의한 정보통신망을 통한 제공이 있다(2조 2호). **공개청구자가 선택한 공개방법에 따라 정보를 공개해야 한다. 공공기관은 그 공개방법을 선택할 재량권을 가지지 않는다**(대법원 2003 두8050판결). 청구인이 신청한 공개방법 이외의 방법으로 공개하기로 하는 결정은 일종의 일부거부처분으로 항고소송으로 다툴 수 있다(대법원 2016 두44674판결). 그런데 공공기관은 대상정보의 양이 과다하여 정상적인 업무수행에 현저한 지장을 초래할 우려가 있는 경우에는 정보의 사본·복제물을 일정 기간별로 나누어 교부하거나 열람과 병행하여 교부할 수 있다(13조 2항). 그리고 정보를 공개함에 있어 당해 정보의 원본이 오손 또는 파손될 우려가 있거나 그 밖에 상당한 이유가 있다고 인정될 때에는 당해 정보의 사본·복제물을 공개할 수 있다(3항). 청구인이 다른 법령이나 사회통념상 청구인의 여건 등에 비추어 수령할 수 없는 방법으로 정보공개청구를 하는 경우에는 수령이 가능한 방법으로 청구하도록 안내하고 종결처리할 수 있다(11조의2 2항).

(2) 부분공개와 전자적 공개

공개청구한 정보가 비공개대상정보에 해당하는 부분과 공개가능한 부분이 혼합되어 있는 경우로서 공개청구의 취지에 어긋나지 아니하는 범위 안에서 두 부분을 분리할 수 있는 때에는 비공개대상정보에 해당하는 부분을 제외하고 공개하여야 한다(14조). 이 경우 전부를 공개거부한 처분에 대해선 공개가 가능한 정보에 국한하여 일부취소를 명할 수 있다(대법원 2009 두12785판결). 공공기관은 전자적 형태로 보유·관리하는 정보에 대하여 청구인이 전자적 형태로 공개해 줄 것을 요청하는 경우에는 당해 정보의 성질상 현저히 곤란한 경우를 제외하고는 청구인의 요청에 응해야 한다. 공공기관은 전자적 형태로 보유·관리하지 아니하는 정보에 대하여 청구인이 전자적 형태로 공개해 줄 것을 요청한 경우에는 정상적인 업무수행에 현저한 지장을 초래하거나 당해 정보의 성질이 훼손될 우려가 없으면, 그 정보를 전자적 형태로 변환하여 공개할 수 있다(15조 1항, 2항).

(3) 비용부담

정보의 공개 및 우송 등에 소요되는 비용은 실비의 범위 안에서 청구인의 부담으로 하는데, 공개를 청구하는 정보의 사용목적이 공공복리의 유지·증진을 위하여 필요하다고 인정되는 경우에는 제1항의 규정에 의한 비용을 감면할 수 있다(17조 1항, 2항).

6. 정보공개와 권리구제

(1) 정보공개청구인의 권리보호

정보공개청구권이 일반적으로 인정되기에 당연히 (일부거부인 셈인 일부공개를 포함한) 공개거부는 행정쟁송을 통해 다툴 수 있는 거부처분이 된다. 따라서 공개거부에 따른 권리구제 역시 특별하지 않다. 그럼에도 정보공개법은 이의신청(18조)을 비롯해 행정심판과 행정소송에 관해 약간 특별히 규정하고 있는데, 이의신청은 임의적 절차이어서 당연히 그와 무관하게 행정쟁송으로 나아갈 수 있다. 행정씸판청구기간 및 제소기간의 입법적 정비가 필요하다.[22]

행정쟁송에서는 쟁송방법이 문제되나, 전부공개거부결정이든 일부공개결정이든 그 본질은 거부처분인 점에서 행정심판에선 의무이행심판을, 행정소송에선 취소소송을 제기할 수 있다. 물론 차후 행정소송법개정을 통해 의무이행소송이 마련되는 것이 바람직하다. **행정쟁송에서 거론되는 원고적격이나 청구인적격상의, 대상적격상의 문제는 결코 생기지 않는다. 다만 협의의 소이익의 차원에서 권리남용여부는 문제될 수 있다.** 즉, 권리남용이 아닌 한, 공개거부처분을 받은 청구인은 공개거부처분의 취소를 구할 법률상 이익이 인정되고, 그 밖에 추가로 어떤 이익이 있어야 하는 것은 아니다.[23] 소송의 심리에서는 비공개열람·심사가 허용된다(20조). 재판장은 피고에게 공개 청구된 정보의 원본 또는 사본·복제물의 제출을 명할 수 있다(소송규칙 11조).

공공기관이 보유·관리하는 정보인지 여부와 청구대상정보가 비공개정보인지 여부에 관한 증명(입증)**책임이 문제된다.** 전자와 관련하여 정보공개를 구하는 자에게 증명책임이 있다 할 것이지만, 그 입증의 정도는 그러한 정보를 공공기관이 보유·관리하고 있을 상당한 개연성이 있다는 점을 증명하면 족하다(대법원 2006두20587판결; 2002두12854판결 등). 그러나 공개를 구하는 정보를 공공기관이 한 때 보유·관리하였으나 후에 그 정보가 담긴 문서 등이 폐기되어 존재하지 않게 된 것이라면 그 정보를 더 이상 보유·관리하고 있지 아니하

22) 대법원 2022두52980판결이 이의신청에 대한 결과를 통지받은 후 취소소송을 제기하는 경우 그 제소기간은 이의신청에 대한 결과를 통지받은 날부터 기산한다고 본 것은 이의신청 당시의 법상황에는 타당하지 않는데, 행정기본법 제36조 제4항으로 이제는 일단락되었다.

23) 징계처분 취소사건에서 원고 청구를 기각하는 판결이 확정되었더라도 이러한 사정만으로 징계와 관련한 정보공개청구를 거부한 것의 취소를 구할 이익이 없어지지 않는다. 대법원 2022두33439판결.

다는 점에 대한 증명책임은 공공기관에게 있다(대법원 2003두12707판결; 2010두18918판결). 후자와 관련해서는, 당연히 공공기관이 비공개사유의 존재에 관해 증명책임을 진다(대법원 2001두8827판결).

(2) 제3자의 권리보호

정보공개법은 공개청구사실의 제3자에 대한 통지를 규정하고 있다(11조 3항). 이에 공개청구된 사실을 통지받은 제3자는 통지받은 날부터 3일 이내에 당해 공공기관에 대하여 자신과 관련된 정보를 공개하지 아니할 것을 요청할 수 있다(21조 1항). 그러나 그 요청은 비구속적이다. 그리하여 비공개요청에도 불구하고 공공기관이 공개결정을 하는 때에는 공개결정이유와 공개실시일을 명시하여 지체 없이 문서로 통지하여야 하며, 제3자는 －이 공개결정에 대해－ 당해 공공기관에 문서로 이의신청을 하거나 행정심판 또는 행정소송을 제기할 수 있다(2항).

제3자효 행정행위로 인해 제3자의 권리(법률상 이익)의 침해가 있는 한, 그 제3자는 별 어려움 없이 소를 제기할 수 있듯이, 정보공개결정으로 인해 자기정보결정권이나 사생활 비밀 등에 침해를 입은 제3자 역시 마찬가지이다. 다만 공개결정의 취소를 구하는 것은 사후약방문이 될 수 있어서, 예방적 부작위청구소송의 유용성이 주장될 법하다. 한편 제3자 통지제도를 통해 행정소송법의 개혁을 위한 소중한 착안점을 발견할 수 있다. 즉, 제3자에게 중요한 영향을 미칠 사안의 경우 그 제3자에게 사전통지를 하도록 하는 것이다.[24]

24) 참고로 독일의 일부 주 건축법은 제3자효 행정행위에 해당하는 건축허가절차에서 그런 절차적 방비책을 마련해 놓고 있다.

04 개인정보보호법

Ⅰ. 개인정보보호법의 의의 및 개인정보보호의 새로운 국면

1. 개인정보보호법의 의의

정보처리로서 행정을 설정하면 행정이 개인정보를 수집하고 관리하는 것은 자명하고 그에 따라 개인정보의 보호 역시 당연한 요청이다. 그 결과물이 미국의 프라이버시보호법(Privacy Act), 독일의 연방데이터보호법(Bundesdatenschutzrecht)이며, 우리의 「공공기관의 개인정보보호에 관한 법률」이다.

종전의 「공공기관의 개인정보보호에 관한 법률」은 보호의 주체가 공공기관이었기에, 공법적 차원에서만 다루어졌지만, 이를 대체하여 2011년에 제정된 **개인정보보호법은 공공기관은 물론 사주체에 의한 개인정보보호 전반을 규율대상으로 한다.** 즉, 행정법의 일부가 국가의 특별법으로부터 모든 조직이나 기관에 대한 일반적인 요구로 응축됨으로써 예전의 고유한 범주를 넘어섰다. 이제 개인정보보호법은 횡단적 법분야에서 다루어야 하고, 행정법 및 공법의 차원에서 전속적으로 논할 수는 없다.[1] 개인**정보보호법의 임무는 정보의 자기결정과 법적으로 보호되는 비밀 특히 통신비밀을 보장하는 것, 개인의 정보보호와 일반공중의 정당한 이익간의 균형 및 국가적 정보처리와 민간의 정보처리간의 균형을 조성하는 것이다.**

2. 개인정보보호의 새로운 국면: 디지털 우선의 원칙 vs 디지털 전용의 원칙

종래 망각의 은총을 모르는 컴퓨터의 사용과 개인의 유리알 인간화 경향에 대한

1) 이런 공표와 투명성과 같은 요청이 행정에 대해서와 똑같은 방법으로 민간조직체(정보제공자)에 대해 과해짐으로써, 보통 행정조직과 민간 사이에 행해온 분업의 시스템이 통일적인 동종의 요청의 모습으로 변모한다. 이는 다름 아닌 공법과 사법의 맞물림 현상에 해당한다. Möllers, in: GVwR Ⅰ, §2 Rn.9.

정당한 우려가 제기되곤 하였지만, 지금은 클라우드서비스와 소셜네트워크서비스(SNS)의 등장으로 '잊힐 권리'(Recht auf Vergessenwerden; right to be forgotten)가 운위될 정도로 개인정보의 보호는 새로운 국면을 맞이하고 있다. 광폭한 디지털화는 대표적인 아날로그 질서인 법질서를 근본적으로 변화시킨다. 알고크라시, 즉 알고리즘의 지배(Algocracy; Algokratie) 개념은 AI의 시대를 맞이하여 그것에 대한 불안과 우려가 응축된 개념이다. 알고리즘의 지배는 디지털의 지배인데, 여기서 자유권적 기본권, 행복추구권, 평등의 원칙에 의거하여 아날로그적 접근에 관한 권리가 인정될 수 있다. 이에 바탕을 두고 법 제37조의2가 '자동화된 결정에 대한 정보주체의 권리'를 규정한 것이다. '디지털 우선의 원칙'(Prinzip des Digital First)을 넘어 전면적 '디지털 전용의 원칙'(Prinzip des Digital Only)을 강구하는 것은 헌법상의 문제가 있다. 전면적 디지털 국가에 진입하기 전 단계에서는 '두 채널의 원칙'을 견지하여, 질서의 교체에 따른 마찰을 극소화하면서 디지털적 접근의 신속한 확대를 강구해야 한다. 향후 디지털 우선의 원칙'을 내세워 전자적 서비스가 더 이상 추가 서비스가 아니고 일상사가 되면, 다음 단계가 디지털 국가의 방향에서 '디지털 전용'으로 나아갈 수 있다.

Ⅱ. 개인정보보호법의 주요 내용

개인정보의 보호에 관하여는 다른 법률에 특별한 규정이 있는 경우를 제외하고는 개인정보보호법에서 정하는 바에 따른다(6조 1항). 개인정보의 처리 및 보호에 관한 다른 법률을 제정하거나 개정하는 경우에는 이 법의 목적과 원칙에 맞도록 하여야 한.다(2항). 후자와 관련해서는 개별 행정법에 의한 헌법보완적 기능이라 말할 수 있다. 이하에서는 일반법인 개인정보보호법의 기본적인 내용만을 간략히 살펴보는 데 그친다.[2)]

1. 용어와 개념정의

이 법에서 사용하는 용어의 뜻은 다음과 같다(2조).

i. "개인정보"란 살아 있는 개인에 관한 정보로서 성명, 주민등록번호 및 영상 등을 통하

2) 참고문헌: 정준현, 성균관법학 제22권 제3호(2010.12.); 김일환, 토지공법연구 제52집(2011); 길준규, 토지공법연구 제57집(2012.5.); 김재광, 강원법학 제36권(2012.6.); 이인호, 사법 제8호(2009.6.); 김지훈, 법제연구 제46호(2014.6.).

여 개인을 알아볼 수 있는 정보(해당 정보만으로는 특정 개인을 알아볼 수 없더라도 다른 정보와 쉽게 결합하여 알아볼 수 있는 것을 포함한다)를 말한다.[3)]

ii. "처리"란 개인정보의 수집, 생성, 기록, 저장, 보유, 가공, 편집, 검색, 출력, 정정(訂正), 복구, 이용, 제공, 공개, 파기(破棄), 그 밖에 이와 유사한 행위를 말한다.

iii. "정보주체"란 처리되는 정보에 의하여 알아볼 수 있는 사람으로서 그 정보의 주체가 되는 사람을 말한다.

iv. "개인정보파일"이란 개인정보를 쉽게 검색할 수 있도록 일정한 규칙에 따라 체계적으로 배열하거나 구성한 개인정보의 집합물(集合物)을 말한다.

v. "개인정보처리자"란 업무를 목적으로 개인정보파일을 운용하기 위하여 스스로 또는 다른 사람을 통하여 개인정보를 처리하는 공공기관, 법인, 단체 및 개인 등을 말한다.

vi. "공공기관"이란 다음 각 목의 기관을 말한다.

가. 국회, 법원, 헌법재판소, 중앙선거관리위원회의 행정사무를 처리하는 기관, 중앙행정기관(대통령 소속 기관과 국무총리 소속 기관을 포함한다) 및 그 소속 기관, 지방자치단체

나. 그 밖의 국가기관 및 공공단체 중 대통령령으로 정하는 기관

vii. "고정형 영상정보처리기기"란 일정한 공간에 설치되어 지속적 또는 주기적으로 사람 또는 사물의 영상 등을 촬영하거나 이를 유·무선망을 통하여 전송하는 장치로서 대통령령으로 정하는 장치를 말한다.

viii. 이동형 영상정보처리기기"란 사람이 신체에 착용 또는 휴대하거나 이동 가능한 물체에 부착 또는 거치(据置)하여 사람 또는 사물의 영상 등을 촬영하거나 이를 유·무선망을 통하여 전송하는 장치로서 대통령령으로 정하는 장치를 말한다.

ix. "과학적 연구"란 기술의 개발과 실증, 기초연구, 응용연구 및 민간 투자 연구 등 과학적 방법을 적용하는 연구를 말한다.

2. 개인정보보호의 원칙

개인정보보호법은 다음을 개인정보보호상의 원칙으로 천명한다(3조).

① 개인정보처리자는 개인정보의 처리 목적을 명확하게 하여야 하고 그 목적에 필요한 범위에서 최소한의 개인정보만을 적법하고 정당하게 수집하여야 한다. ② 개인정보처리자는 개인정보의 처리 목적에 필요한 범위에서 적합하게 개인정보를 처리하여야 하며, 그 목적 외의 용도로 활용하여서는 아니 된다. ③ 개인정보처리자는 개인정보의 처리 목적에 필요한 범위에서 개인정보의 정확성, 완전성 및 최신성이 보장되도록 하여야 한다. ④ 개인정보처리자는 개인정보의 처리 방법 및 종류 등에 따라 정보주체의 권리가 침해받을 가능성과 그 위험 정도를

3) 반드시 개인의 내밀한 영역에 속하는 정보에 국한되지 아니하며, 공적 생활에서 형성되었거나 이미 공개된 개인정보까지 포함한다(대법원 2014다235080판결).

고려하여 개인정보를 안전하게 관리하여야 한다. ⑤ 개인정보처리자는 제30조에 따른 개인정보 처리방침 등 개인정보의 처리에 관한 사항을 공개하여야 하며, 열람청구권 등 정보주체의 권리를 보장하여야 한다. ⑥ 개인정보처리자는 정보주체의 사생활 침해를 최소화하는 방법으로 개인정보를 처리하여야 한다. ⑦ 개인정보처리자는 개인정보의 익명처리가 가능한 경우에는 익명에 의하여 처리될 수 있도록 하여야 한다. ⑧ 개인정보처리자는 이 법 및 관계 법령에서 규정하고 있는 책임과 의무를 준수하고 실천함으로써 정보주체의 신뢰를 얻기 위하여 노력해야 한다.

3. 정보주체의 권리와 그것의 보장

(1) 정보주체의 권리

정보주체는 자신의 개인정보처리와 관련하여 다음의 권리를 가진다(4조).

i. 개인정보처리에 관한 정보를 제공받을 권리, ii. 개인정보처리에 관한 동의 여부, 동의 범위 등을 선택하고 결정할 권리, iii. 개인정보의 처리 여부를 확인하고 개인정보에 대한 열람(사본의 발급을 포함한다. 이하 같다) 및 전송을 요구할 권리, iv. 개인정보의 처리정지, 정정·삭제 및 파기를 요구할 권리, v. 개인정보처리로 인하여 발생한 피해를 신속하고 공정한 절차에 따라 구제받을 권리. vi. 완전히 자동화된 개인정보 처리에 따른 결정을 거부하거나 그에 대한 설명 등을 요구할 권리.

(2) 정보주체의 권리를 보장하기 위한 제도

(가) 개인정보의 열람

정보주체는 개인정보처리자가 처리하는 자신의 개인정보에 대한 열람을 해당 개인정보처리자에게 요구할 수 있다(35조 1항). 정보주체가 자신의 개인정보에 대한 열람을 공공기관에 요구하고자 할 때에는 공공기관에 직접 열람을 요구하거나 대통령령으로 정하는 바에 따라 행정안전부장관을 통하여 열람을 요구할 수 있다(2항).

개인정보처리자는 이상의 열람을 요구받았을 때에는 대통령령으로 정하는 기간 내에 정보주체가 해당 개인정보를 열람할 수 있도록 하여야 한다. 이 경우 해당 기간 내에 열람할 수 없는 정당한 사유가 있을 때에는 정보주체에게 그 사유를 알리고 열람을 연기할 수 있으며, 그 사유가 소멸하면 지체 없이 열람하게 하여야 한다(3항).

개인정보처리자는 일정한 경우[4]에는 정보주체에게 그 사유를 알리고 열람을 제한하거나

4) 1. 법률에 따라 열람이 금지되거나 제한되는 경우, 2. 다른 사람의 생명·신체를 해할 우려가 있거나

거절할 수 있다(4항).

(나) 개인정보의 전송요구(시행일미지정)

정보주체는 일정한 기준에 해당하는 개인정보처리자에 대하여 일정한 요건을 모두 충족하는 개인정보를 자신에게로 또는 개인정보관리 전문기관 등에 전송할 것을 요구할 수 있다(35조의2 1항, 2항). 개인정보처리자는 이 전송 요구를 받은 경우에는 시간, 비용, 기술적으로 허용되는 합리적인 범위에서 해당 정보를 컴퓨터 등 정보처리장치로 처리 가능한 형태로 전송하여야 하고, 정보주체의 본인 여부가 확인되지 아니하는 경우 등 대통령령으로 정하는 경우에는 제1항 및 제2항에 따른 전송 요구를 거절하거나 전송을 중단할 수 있다.한다(3항, 6항). 정보주체의 본인 여부가 확인되지 아니하는 경우 등 대통령령으로 정하는 경우에는 제1항 및 제2항에 따른 전송 요구를 거절하거나 전송을 중단할 수 있다.한다(3항, 6항). 정보주체는 제1항 및 제2항에 따른 전송 요구로 인하여 타인의 권리나 정당한 이익을 침해하여서는 아니 된다(7항).

(다) 개인정보의 정정·삭제

법 제35조에 따라 자신의 개인정보를 열람한 정보주체는 개인정보처리자에게 그 개인정보의 정정 또는 삭제를 요구할 수 있다. 다만, 다른 법령에서 그 개인정보가 수집대상으로 명시되어 있는 경우에는 그 삭제를 요구할 수 없다(36조 1항).

개인정보처리자는 정보주체의 정정 또는 삭제의 요구를 받았을 때에는 개인정보의 정정 또는 삭제에 관하여 다른 법령에 특별한 절차가 규정되어 있는 경우를 제외하고는 지체 없이 그 개인정보를 조사하여 정보주체의 요구에 따라 정정·삭제 등 필요한 조치를 한 후 그 결과를 정보주체에게 알려야 한다(2항).

개인정보처리자가 개인정보를 삭제할 때에는 복구 또는 재생되지 아니하도록 조치하여야 하고(3항), 또한 개인정보처리자는 정보주체의 삭제요구가 삭제요구할 수 없는 개인정보(1항 단서)를 대상으로 할 때에는 지체 없이 그 내용을 정보주체에게 알려야 하며(4항), 제2항에 따른 조사를 할 때 필요하면 해당 정보주체에게 정정·삭제 요구사항의 확인에 필요한 증거자료를 제출하게 할 수 있다(5항).

다른 사람의 재산과 그 밖의 이익을 부당하게 침해할 우려가 있는 경우, 3. 공공기관이 다음 각 목의 어느 하나에 해당하는 업무를 수행할 때 중대한 지장을 초래하는 경우: 가. 조세의 부과·징수 또는 환급에 관한 업무, 나. 「초·중등교육법」 및 「고등교육법」에 따른 각급 학교, 「평생교육법」에 따른 평생교육시설, 그 밖의 다른 법률에 따라 설치된 고등교육기관에서의 성적 평가 또는 입학자 선발에 관한 업무, 다. 학력·기능 및 채용에 관한 시험, 자격 심사에 관한 업무, 라. 보상금·급부금 산정 등에 대하여 진행 중인 평가 또는 판단에 관한 업무, 마. 다른 법률에 따라 진행 중인 감사 및 조사에 관한 업무.

(라) 개인정보의 처리정지, 유출통지

정보주체는 개인정보처리자에 대하여 자신의 개인정보 처리의 정지를 요구하거나 개인정보 처리에 대한 동의를 철회할 수 있다.. 이 경우 공공기관에 대하여는 법 제32조에 따라 등록대상이 되는 개인정보파일 중 자신의 개인정보에 대한 처리의 정지를 요구하거나 개인정보 처리에 대한 동의를 철회할 수 있다(37조 1항). 개인정보처리자는 정보주체가 제1항에 따라 동의를 철회한 때에는 지체 없이 수집된 개인정보를 복구·재생할 수 없도록 파기하는 등 필요한 조치를 하여야 한다. 다만, 제2항 각 호의[5] 어느 하나에 해당하는 경우에는 동의 철회에 따른 조치를 하지 아니할 수 있다(2항). 개인정보처리자는 이상의 처리정지의 요구를 받았을 때에는 지체없이 정보주체의 요구에 따라 개인정보 처리의 전부를 정지하거나 일부를 정지하여야 한다. 다만, 일정한 경우[6]에는 정보주체의 처리정지 요구를 거절할 수 있다(3항). 개인정보처리자는 처리정지 요구를 거절하였을 때에는 정보주체에게 지체 없이 그 사유를 알려야 하며(4항), 또한 정보주체의 요구에 따라 처리가 정지된 개인정보에 대하여 지체 없이 해당 개인정보의 파기 등 필요한 조치를 하여야 한다(5항).

개인정보처리자는 개인정보가 유출되었음을 알게 되었을 때에는 지체 없이 해당 정보주체에게 일정한 사실을[7] 알려야 한다(34조 1항). 따라서 정보주체에게 자신의 정보유출의 통지를 받을 권리가 인정된다.

(마) 자동화된 결정에 대한 정보주체의 권리 등

디지털 우선의 원칙 및 아날로그적 접근에 관한 권리의 차원에서 법 제37조의2가 자동화된 결정과 관련한 정보주체의 권리를 명문화하였다. 즉, 정보주체는 완전히 자동화된 시스템(인공지능 기술을 적용한 시스템을 포함한다)으로 개인정보를 처리하여 이루어지는 결정이 자신의 권리 또는 의무에 중대한 영향을 미치는 경우에는 해당 개인정보처리자에 대하여 해당 결정을 거부할 수 있는 권리를 가진다. 다만, 자동화된 결정이 일정한 경우[8] 따라 이루어지는

---

5) 1. 개인정보관리 전문기관 현황 및 전송 가능한 개인정보 항목 목록, 2. 정보주체의 개인정보 전송 요구·철회 내역, 3. 개인정보의 전송 이력 관리 등 지원 기능, 4. 그 밖에 개인정보 전송을 위하여 필요한 사항..

6) 1. 법률에 특별한 규정이 있거나 법령상 의무를 준수하기 위하여 불가피한 경우, 2. 다른 사람의 생명·신체를 해할 우려가 있거나 다른 사람의 재산과 그 밖의 이익을 부당하게 침해할 우려가 있는 경우, 3. 공공기관이 개인정보를 처리하지 아니하면 다른 법률에서 정하는 소관 업무를 수행할 수 없는 경우, 4. 개인정보를 처리하지 아니하면 정보주체와 약정한 서비스를 제공하지 못하는 등 계약의 이행이 곤란한 경우로서 정보주체가 그 계약의 해지 의사를 명확하게 밝히지 아니한 경우.

7) 1. 유출된 개인정보의 항목, 2. 유출된 시점과 그 경위, 3. 유출로 인하여 발생할 수 있는 피해를 최소화하기 위하여 정보주체가 할 수 있는 방법 등에 관한 정보, 4. 개인정보처리자의 대응조치 및 피해 구제절차.

8) 제15조 제1항제1호(정보주체의 동의를 받은 경우,). 제15조 제1항제2호(법률에 특별한 규정이 있거나 법령상 의무를 준수하기 위하여 불가피한 경우), 제15조 제1항제4호(정보주체와 체결한 계약을 이행

경우에는 그러하지 아니하다(1항). 정보주체는 개인정보처리자가 자동화된 결정을 한 경우에는 그 결정에 대하여 설명 등을 요구할 수 있다(2항). 개인정보처리자는 제1항 또는 제2항에 따라 정보주체가 자동화된 결정을 거부하거나 이에 대한 설명 등을 요구한 경우에는 정당한 사유가 없는 한 자동화된 결정을 적용하지 아니하거나 인적 개입에 의한 재처리·설명 등 필요한 조치를 하여야 하며(3항), 개인정보처리자는 자동화된 결정의 기준과 절차, 개인정보가 처리되는 방식 등을 정보주체가 쉽게 확인할 수 있도록 공개하여야 한다(4항). 이상의 정보주체의 권리는 행정기본」 제20조에 따른 행정청의 자동적 처분에서는 배제되는데, 권리보호의 원칙에서 문제가 있다.

(3) 정보주체의 권리구제 제도

(가) 손해배상책임

정보주체는 개인정보처리자가 이 법을 위반한 행위로 손해를 입으면 개인정보처리자에게 손해배상을 청구할 수 있다. 이 경우 그 개인정보처리자는 고의 또는 과실이 없음을 입증하지 아니하면 책임을 면할 수 없다(39조 1항). 개인정보처리자가 이 법에 따른 의무를 준수하고 상당한 주의와 감독을 게을리하지 아니한 경우에는 개인정보의 분실·도난·유출·변조 또는 훼손으로 인한 손해배상책임을 감경받을 수 있다(2항).

개인정보처리자가 국가 및 지방자치단체인 경우 개인정보보호법상의 손해배상책임과 국가배상책임의 관계가 문제되는데, 전자가 특별법적 의미를 지니기에, 국가배상법은 적용되지 아니한다. 따라서 국가배상책임에서 고의 또는 과실의 존재에 대해 원고가 증명책임을 지는 것은 개인정보보호법에서는 통용되지 아니한다.

(나) 분쟁조정

개인정보와 관련한 분쟁의 조정을 원하는 자는 분쟁조정위원회에 분쟁조정을 신청할 수 있다. 분쟁조정위원회는 당사자 일방으로부터 분쟁조정 신청을 받았을 때에는 그 신청내용을 상대방에게 알려야 하고, 공공기관이 이 분쟁조정의 통지를 받은 경우에는 특별한 사유가 없으면 분쟁조정에 응하여야 한다(43조). 그리고 국가 및 지방자치단체, 개인정보 보호단체 및 기관, 정보주체, 개인정보처리자는 정보주체의 피해 또는 권리침해가 다수의 정보주체에게 같거나 비슷한 유형으로 발생하는 경우로서 대통령령으로 정하는 사건에 대하여는 분쟁조정위원회에 일괄적인 분쟁조정(집단분쟁조정)을 의뢰 또는 신청할 수 있다(49조 1항).

하거나 계약을 체결하는 과정에서 정보주체의 요청에 따른 조치를 이행하기 위하여 필요한 경우).

(다) 개인정보 단체소송

개인정보처리자가 집단분쟁조정을 거부하거나 집단분쟁조정의 결과를 수락하지 아니한 경우에는 일정한 단체가[9] 법원에 권리침해 행위의 금지·중지를 구하는 소송(단체소송)을 제기할 수 있다(51조 1항). **여기서의 단체소송은 이타적 단체소송으로서 일종의 객관소송에 해당한다.** 단체소송의 소는 피고인 개인정보처리자의 주된 사무소가 있는 곳 등의 지방법원 본원합의부의 관할에 전속하도록 규정하여(52조 1항), 행정소송의 경우와 다르다. 단체소송에 관하여는 개인정보보호법에 특별한 규정이 없는 경우에 민사소송법과 민사집행법을 적용한다(57조 1항).

(라) 행정쟁송

개인정보처리자가 국가 및 지방자치단체인 경우 앞에서의 정보주체의 권리행사가 제한을 받으면, 구체적으로 정보주체의 요구가 거부되면 거부처분에 대한 일반적인 행정쟁송의 메커니즘(행정심판, 행정소송)이 통용된다. 통상 행정소송은 주관소송의 원칙이 지배하기에, 객관소송에 해당하는 이기적 단체소송은 물론, 이타적 단체소송은 허용되지 않는다. 그런데 개인정보보호법이 개인정보 단체소송을 규정함으로써, 개인정보처리자가 국가 및 지방자치단체인 경우에는 이타적 단체소송이 인정된 셈이다. 유의할 점은 **여기서의 단체소송은 비록 성격은 공법소송임에도 불구하고 개인정보보호법에 의해 행정법원의 관할이 통용되지 않거니와,[10] 행정소송법이 통용되지 않는다.**

---

9) 1. 「소비자기본법」 제29조에 따라 공정거래위원회에 등록한 소비자단체로서 다음 각 목의 요건을 모두 갖춘 단체(가. 정관에 따라 상시적으로 정보주체의 권익증진을 주된 목적으로 하는 단체일 것. 나. 단체의 정회원수가 1천명 이상일 것. 다. 「소비자기본법」 제29조에 따른 등록 후 3년이 경과하였을 것), 2. 「비영리민간단체 지원법」 제2조에 따른 비영리민간단체로서 다음 각 목의 요건을 모두 갖춘 단체(가. 법률상 또는 사실상 동일한 침해를 입은 100명 이상의 정보주체로부터 단체소송의 제기를 요청받을 것, 나. 정관에 개인정보 보호를 단체의 목적으로 명시한 후 최근 3년 이상 이를 위한 활동실적이 있을 것, 다. 단체의 상시 구성원수가 5천명 이상일 것, 라. 중앙행정기관에 등록되어 있을 것).

10) 현재 행정법원이 서울에만 설치되어 있어서 행정법원이 설치되지 않은 지역의 경우 법원조직법 부칙 2조에 의해 해당 지방법원본원 및 춘천지방법원 강릉지원이 관할하기에, 서울과 강릉을 제외하고 문제가 되지 않는다.

05 행정절차법

제 1 절 행정절차에 관한 기초적 이해

Ⅰ. 행정절차의 개념

행정절차란 넓은 의미로는 행정의사의 결정과 집행에 관련된 일체의 과정을 의미한다. 여기에는 사전절차로서의 행정입법·행정행위·행정계획·공법계약에 관한 절차와 사후절차로서의 행정심판절차, 행정상 의무이행확보절차까지 포함된다. 이에 대해 좁은 의미의 행정절차란 제1차적 행정의사결정에 관한 사전절차, 즉 행정입법·행정행위·행정계획·공법계약 등을 함에 있어서 밟아야 할 사전절차를 의미한다. 후자가 가장 보편적인 행정절차개념으로 사용된다. 행정절차법 역시 이에 맞춰 행정활동의 준비와 시작부터 결정 그 자체와 그 집행에 이르기까지의 행정의 의사형성의 일정한 방도와 형식을 정한다.

행정절차법의 효시는 1948년에 제정된 미국 행정절차법(APA)이다. 우리의 경우 오래 전부터 행정절차의 필요성은 널리 공감대가 형성되었으며, 도로법·하천법 등 개별법에서도 청문제도가 도입되었다. 통일적인 행정절차법을 제정하기 위한 노력의 결과로서 1987년 행정절차법안이 입법예고까지 되었지만, 부처간의 이견과 미약한 주도력으로 좌초되었다. 그 후 일본이 '행정수속법'을 1993년 11월에 제정하여 1994년 10월부터 시행한 것이 계기가 되어 1996년 12월 '행정절차법'이 제정되어 1998년부터 시행되어 왔다. 현행법은 독일 행정절차법 및 1987년의 법안과 비교하여 오로지 절차적 내용만을 목표로 삼았기에 아쉬움이 크다. 행정법총칙에 해당하는 실체적 내용을 담아 새롭게 upgrade할 필요가 있다.[1] 궁극적으로 공공법제를 21세기에 맞춰 현대화

1) 행정절차의 비교법적 특히 유럽법적 논의에 관해서는 김중권, 유럽화된 독일행정절차법에 관한 연구, 79면 이하.

한다는 차원에서 행정절차법을 행정활동 전반에 관한 규준을 담은 행정기본법의 제정을 계기로 새롭게 완전히 탈바꿈할 때가 되었다.

Ⅱ. 행정법에서의 절차적 사고의 전개

절차란 행정과 시민간에, 행정단위간에, 그리고 행정단위 안에 존재하는 작용구조와 상호작용의 전형을 형성한다. 그것은 법적으로 조종된 實體로서 그리고 질서모델로서 여겨질 수 있다. 실체를 위해서는 권한·참가·통지 등의 규정과 같은 절차법칙의 바른 적용이 중요하다. 이들 규정은 일상의 실제적 행정업무를 조종하고, 항상 사법적(司法的) 논의의 대상이 된다. **행정절차를 질서모델로 고찰하는 것이 시스템적으로 역시 중요하다.** -매 국면에서 나름의 특유한 모습을 띈 과정으로서- 절차는 정보처리의 절점(節點)을 나타내고, 이런 과정에 대해 영향을 미치기 위한 착안점적 위치를 형성하며, 또한 -행정적 활동의 필요한 합리성, 적법성, 중립성 그리고 능률성을 보장하기 위한- 규율필요에 대한 주의를 환기시킨다. 절차란 반드시 구체적인 법형식의 결정으로 종결될 필요는 없다. 단순한 비법적 행정활동, 행정내부의 의견조율, 보고의무 역시 절차대상과 절차목표에 해당할 수 있다. 특히 행정법적 시스템형성을 위하여 정보와 소통(커뮤니케이션)의 의의를 강조하면,[2] 과정과 결정의 사이에 중간멈춤(中間休止)이 없어진다. 즉, 제 결정이 과정화된다.

Ⅲ. 행정절차의 기능: 절차에 대한 헌법적 규준

교과서의 이념적 편향성 여부가 사회적으로 논란이 되어, 관할행정청이 교과서 발행사들에 대해 검정교과서들의 일부 내용을 수정할 것을 명하는 처분을 하였다. 집필자 甲이 수정에 동의하지 않았음에도 불구하고, A 출판사는 수정명령을 이행하였다. 이에 甲은 수정명령의 내용이 표현상의 잘못 등을 바로잡는 정도를 넘어 이미 검정을 거친 내용을 실질적으로 변경하는 결과를 가져오기에 새로운 검정절차를 취하는 것과 마찬가지라 할 수 있으므로, 검정절차상의 심의에 준하는 절차를 거치지 않았음을 들어 위법을 주장하였다. 반면 관할행정청은 수정명령의 상대방이 발행사이기에, 집필자 甲은 그것을 다툴 자격이 없다고 반론을 편다. 판례상으로

2) Vesting, in: GVwR Ⅱ, §20 Rn.6.

어떤 주장이 주효하였는가? (대법원 2011두21485판결)

입법자가 행정절차법을 만드는 데, 그리고 행정이 절차규정을 적용하는 데 있어서, 다음과 같은 절차의 기능을 염두에 두어야 한다. 이런 절차기능은 헌법에 타당을 두고 있어서 절차에 대한 헌법적 규준이라 하겠다.[3]

1. 절차를 통한 민주적 정당성의 고양

모든 국민은 인간으로서의 존엄과 가치를 가진다(헌법 10조). 민주공화국에서는 국가가 그 정점에 있는 것이 아니라 주체적 개인이 정점에 있다. 따라서 모든 국민은 행정과의 관계에서도 행정사건과 행정활동의 대상에 해당하는 객체가 아니라, 주체로서 대우받을 것이 요구된다. **행정절차는 행정결정의 민주적 정당성을 고양하는 데 이바지한다.** 선출과 같은 민주적 정당화의 전통적인 형식은 행정결정의 수용가능성을 제공하는 데 있어서 종종 불충분하다. 민주주의에서는 행정청이 바르게 활동한다는 것만으로는 충분하지 않다. 행정결정은 비단 관련자만이 아니라, 다수의 '바르게 공정하게 사고하는 시민'도 설득해야 하는데, 이를 위해서는 행정결정의 탁월함만을 내세우기보다는 민주주의원리의 요구도 수용하고 증진하는 절차형성이 필요하다.[4]

한편으로는 시민의 청문권, 문서열람권, 정보제공요구권이, 다른 한편으로는 행정의 통지의무와 이유제시의무가 절차적 민주적 정당성에 이바지한다. **입법자가 규율문제의 복잡성으로 인해 본질적인 내용적 결정을 효과적으로 하지 못하여 제도적 · 인적 · 실체적 민주적 정당성이 결여되면 될수록, 절차를 통한 정당성이 그런 결여상황을 보완해야 한다.**[5] 따라서 행정절차의 이념과 헌법적 근거는 첫째로 민주적 정당성의 고양에서 찾을 수 있다. 국민을 더 이상 단순한 행정객체로 보아서는 아니 되고, 행정의 협력파트너로 인식해야 한다.

---

3) Pünder, in: Ehlers/Pünder, §13 Rn.12ff. 한편 이들을 행정절차의 이념 내지 필요성으로 다음의 것을 들기도 한다. i) 인간의 존엄과 가치의 존중, ii) 민주주의의 실현, iii) 법치주의의 보장, iv) 행정의 능률화에의 기여, v) 재판적 통제의 보완(김남진/김연태, 467면 이하).

4) 대법원 2011두21485판결은 교원이나 학부모를 비롯한 이해관계 있는 자나 관련 전문가 등의 절차적 관여가 보장된 검정제도의 본질에 의거하여 甲의 주장을 수긍하였고, 甲의 원고적격 역시 인정하였다.

5) 이런 맥락에서 2014.1.28. 행정절차법은 국민참여 확대 규정(52조, 53조)을 마련하였다(후술).

2. 절차를 통한 효과적인 임무이행

행정절차법은 행정으로 하여금 합당한 임무이행을 할 수 있게 하는 임무를 갖는다. 행정절차법은 '행정법의 실현방식'으로 여겨진다. 효과성의 관점에서 보장되어야 할 점은, 행정활동의 아웃풋이 그 목표에 가능한 널리 합치하게 만드는 것이다. 행정의 시각에서 보자면, 직권탐지(조사)원칙은 효과적인 임무이행에 이바지한다. 더불어 사안의 조사에 협력해야 할 책무가 참여자에게 있다. 더해서 효과적 임무이행을 위해 직무수행상의 불편부당성이 중요하고, 특히 이유제시의무는 행정청으로 하여금 행정결정의 사실적, 법적 요건을 면밀히 심사하게 한다. Max Weber가 극찬한 관료적 메커니즘이 항상 공권력 행사의 합리적인 형태는 아니다. 그래서 참여자에게 부여하는 절차적 권리 역시 효과적인 임무이행에 이바지한다. 이것이 미국 행정절차법에서도 바탕이 되는 사고이다. 특히 청문이 바른 결정을 위한 전제이다.

3. 절차를 통한 권리보호

사전적 권리구제를 도모함으로써 법의 지배를 실질적으로 보장하기 위하여 행정절차가 요구된다. 이는 특히 미국 행정절차법이 강조하는 인식이다. 독일 연방헌법재판소 역시 기본권보호는 절차의 형성에 의해서도 실현되어야 하고, 기본권은 −절차법이 효과적인 기본권보호를 위하여 중요하는 한− 그에 맞춰 실체법만이 아니라 절차법에 의해서도 영향을 받는다고 강조하였다. 법치국가원리 역시 국가로 하여금 시민에게 자신의 실체적 권리를 효과적으로 관철하고 지킬 수 있는 수단을 제공할 것을 요구한다. 행정청이 행하는 모든 절차상의 관계인에 대해서는 법치국가원리에 의하여 자신의 권리를 주장·변호할 수 있는 기회가 제공되지 않으면 아니 된다. **행정절차는 관련자에게 권리보호를 제공하는 임무를 갖는다.** 나아가 행정절차는 행정의 예측가능성과 가시성을 제공함으로써 법치국가원리의 구현에도 이바지한다.

특히 행정의 재량여지와 판단여지로 인해 법률의 내용적 규준이 극히 낮은 제어력을 발휘하고 있으며, 사법적(司法的) 보호 역시 그에 따라 제한적일 경우에는, 기본권의 방어적, 보호적, 급부제공적 기능은 절차규율에 의해 비로소 실현될 수밖에 없다. 절차적 권리보호는 사전에 행해진다는 점에서, 사후적인 司法的 권리보호보다는 훨씬 효과적이다. 하지만 **절차규준이 사법통제에 관한 요청을 완전히 대체할 수는 없고, 기껏해야 개별경우에 그것을 보완할 수 있을 뿐이다.**

4. 절차를 통한 능률성의 제고

절차로 인해 모든 참여자에게 발생할 비용(지출)은 줄고 아울러 결과적으로 행정의 능률성이 제고된다. 주제를 둘러싼 찬반 공방이 오해를 신속히 해소하고 불확실한 물음을 명료하게 할 수 있다. 단기적으로 보아 짜증스럽게 발생한 절차비용이라 하더라도, 절차비용을 압도하는 하자가 있을 수 있는 결정이 절차진행으로 인해 사전에 저지될 것 같으면, 장기적 측면에서 절차 역시 이로운 면이 있다. 특히 **절차참여는 권리보호에서도 감면기능을 지닌다.** 왜냐하면 행정절차에서의 조기의 권리보호가 행정소송에서의 사후적 권리보호를 부분적으로 면하게 하기 때문이다. 절차권에 의해 조기의 적법성통제가 행해지므로, 행정결정이 나중에 사법적(司法的)으로 폐지될 위험이 저하된다. 끝으로 공청회와 같은 공개절차를 거치고 자세히 이유제시가 있게 되면, 행정결정은 향상된 수용 역시 기대하게 한다. 이는 그만큼 정책관철의 비용을 줄인다.

그런데 이상의 순기능과는 별도로 행정절차에는 많은 비용이 소요된다. 즉, 시간, 인력, 물적 수단, 금전을 필요로 한다. 그리하여 고속철도노선의 지정 등과 같은 국책사업에서 참여권이 궁극적으로 행정의 효율적인 임무이행을 방해한다고 주장되곤 한다. 달성한 '아웃풋'과 투입한 '인풋'간의 관계가 문제된다. 그리하여 일부에서는 행정절차를 과대 평가절상하여 과도한 절차권을 부여하면, 절차진행이 필요이상으로 지체되고, 나아가 '절차법적 철조망'으로 실체결정이 하자에 취약하게 된다고 우려를 제기한다. 이런 이의(異議)제기는 단지 입법정책적 차원에 머물지 않는다.

앞에서 본 대로, 행정활동의 능률성 역시 행정법의 일반원칙으로 헌법적으로 요구되고 있다. 따라서 **입법자가 한편으로는 효과성, 권리보호와 민주적 정당성이란 헌법적 가치와, 다른 한편으로는 능률성의 헌법적 가치간에 '실제적 조화'를 만드는 것이 요구된다.** 소위 기회비용이 행정절차의 효용에 대비되어야 한다. 이때 직접적인 관련인은 물론 기타 관련자의 참여가 정보획득에 소요될 행정비용을 절감하는 데 도움을 줄 수 있다는 점도 고려해야 한다.

Ⅳ. 행정절차의 헌법적 근거

행정절차와 관련한 규정을 해석하고 그 당부를 논하기 위해서는 그것의 헌법적 근거에 관한 논의의 출발점이다.

1. 독일의 경우

일찍이 F. Werner의 친구인 Ule는 행정절차법을 '구체화된 헌법'이라 명명하였다.[6] Ule는 행정절차법의 형성에서 법치국가원리가 무엇보다도 중요하다고 여겼다. 그리하여 청문권, 문서열람권, 이유제시의 강제, 직권탐지주의를 법치국가원리로부터 도출하였으며, 더욱이 앞의 3가지 법제도는 민주적 질서에도 근거를 두었으며, 특히 이유제시와 관련해서는 그 밖에도 권리보호의 보장(기본법 제19조 제4항)에도 근거를 두었다.[7] 하지만 **절차권을 실체적인 기본권(예: 생명권과 신체를 훼손당하지 않을 권리, 직업의 자유, 재산권 등)으로부터 도출하려는 것이 독일의 다수견해이고, 판례의 경향이다.** 여기에는 효과적인 기본권보호를 위하여 적합한 조직형태, 절차규정 및 절차권의 기본권합치적 적용이 중요시되는 한, 기본권은 그러한 것을 필요로 한다고 하는 생각이 깔려 있다. 일찍이 Häberle가 1971년 독일 법률가대회에서 '능동적인 절차적 지위'(status activus processualis)란 관념을 제시함으로써, 계기를 제공하였다.[8] 독일 연방헌법재판소는 처음에는 기본권의 절차법적 중요성을 사법절차와 관련하여 전개하였으나, 얼마 지나지 않아 행정절차의 경우에도 이를 인정하였다. 특히 1979년 12월 20일에 행한 Mülheim-Kärlich 판결에서 연방헌법재판소는, 기본법 제2조 제2항의 보호의무로 인해 국가는 원자력발전소와 관련한 허가의 발급을 실체적. 절차적 요건과 결부시켜야 한다고 판시함으로써, 효과적인 기본권보호를 위해서라면 기본권이 실체적 권리뿐만 아니라 절차적 권리에 대해서도 영향을 미친다고 주장하였다.[9] 이러한 태도는 오늘날에도 여전히 유지되고 있다.

2. 우리의 경우

헌법재판소는 헌법 제12조 제3항 본문이 동조 제1항과 함께 적법절차의 원칙의 일반조항에 해당하는 것으로 보고서, 적법절차의 원칙이란 헌법의 기본원리로서 형사절차상의 영역에 한정되지 않고 입법, 행정 등 국가의 모든 공권력의 작용에는 절차상의 적법성뿐만 아니라 법률의 구체적 내용도 합리성과 정당성을 갖춘 실체적인 적법성이 있어야 한다는 것으로 이해한다(헌재92 헌가8). 이에 따라 **문헌상으로 적법절차조항근거설이 주장된다.**

그런데 헌법재판소가 적법절차의 원리를 정의한 것이 과연 그에 맞는 것인지 의

---

6) Ule/Becker, Verwaltungsverfahren im Rechtsstaat, 1964, S.4.
7) Ule, in: Recht im Wandel, Festschrift 150 Jahre Carl Heymans Verlag, 1965, S.393ff.
8) ders., VVDStRL 30(1972), S.80ff. 이에 대한 비판으로 vgl. Ossenbühl, NJW 1976, S. 2106ff.
9) BVerfGE 53, 30ff. 그런데 지진위험을 감안하여 건설허가와는 달리 원래 예정한 부지로부터 70미터 떨어진 곳에 원자로가 건설된 점이 드러나 정상가동 100일 만에 가동중단에 처해졌다(BVerwG, 9.9.1988-7 C 3.86).

문이 든다. 오히려 그것은 마치 실질적 법치주의에 대한 것으로 여겨질 정도로 너무 넓다.[10] 그리고 헌법 제12조가 기본적으로 신체의 자유를 그 대상으로 하기에, 과연 국가작용 일반에 대한 절차적 요청을 적법절차의 원칙으로 커버할 수 있는지 의문이다. 앞에서 보았듯이(본서 67면 이하), 독일의 경우 가령 신뢰보호의 원칙을 과거에는 법치국가원리에서 바로 도출하곤 했지만, 오늘날에는 개별 기본권에 의거하여 이끌어 냄으로써 그것의 통용력을 제고하고 동시에 심도 있는 논증의 전개가능성을 제시하였다. 행정절차의 경우도 마찬가지이다. **상대적으로 막연한 적법절차의 원리보다는 기본권 및 법치국가원리에 행정절차의 착안점을 두는 것이 바람직하다.**[11]

V. 적법절차의 요청의 과도함의 문제

집회의 참가자들이 집회종료 후에 원래의 집회장소를 벗어나 인근 8개 차선을 모두 점거하면서 국회까지 진출을 시도하였다. 그러자 관할 경찰서장은 집회가 당초 신고한 범위를 뚜렷이 벗어난 집회로서 일반교통을 방해하고 있다고 판단하여 집회주최자에게 자진해산을 요청한 다음, 방송차를 이용하여 시간적 간격을 두고서 3차례의 해산명령을 하였으나 일부 시위참가자가 해산명령에 불응하였다. 이에 소속 경찰관은 15:46경 1회의 경고살수 후 분산살수 1회, 곡사살수 1회, 직사살수 3회 등 총 5회에 걸쳐 살수하였는데, 직사살수로 인해 일부 참가자들이 상해를 입었다. 해산명령은 절차법적으로 문제가 없는가? (대법원 2015다236196판결)

판례는 집시법상의 해산명령에 대해 적법절차의 원칙에 의거하여 높은 절차적 요청을 설정한다. 즉, 해산명령시에 해산사유가 집시법 제20조 제1항 각 호 중 어느 사유에 해당하는지에 관하여 구체적으로 고지해야만 한다고 본다(대법원 2011도7193판결). 그리하여 해산명령이 적법한 절차로 발해지지 않은 이상, 위법한 해산명령에 따른 경찰의 직사살수는 위법하여 국가배상책임이 인정되었다(대법원 2015다236196판결). 해산명령에서의 해산사유의 고지는 일종의 처분의 이유제시에 해당한다. 행정절차법 제23조 제1항에 의하면 긴급을 요하는 경우에는 이유제시의무가 면제된다. 긴급을 요하는 상황에 해당하는지 여부에 관한 검토 없이 해산명령에 대해 법률상의 구체적 해산사유의 고지를 요구하는 것은 문제가 있다. **판례가 요구하는 해산명령에 대한 높은 절차적 요청은 절차적 철조망에**

---

10) 기존 이해에 대한 비판으로 이준일, 헌법학강의, 470면 이하.

11) 대법원 2011두21485판결은 검정제도가 국민의 교육을 받을 권리를 실질적으로 보장하고 교육의 자주성·전문성·정치적 중립성을 구현하고자 하는 데에 있음을 강조하여 설득력이 있는 논증을 하였다.

다름 아니다. 적법절차의 요청에 대한 과도한 인식에 근본적인 문제가 있다.[12]

Ⅵ. 행정절차의 본질 및 행정절차법의 위상

1. 행정절차의 본질에 관한 상이한 이해

행정절차의 본질의 물음이 제기된다. 즉, 행정절차가 고유가치 또는 독립된 의의(가령 권리보호)를 갖는지 아니면 봉사적 의의를 갖는지? **절차의 본질에 관해서는 상반된 접근이 강구된다.** 즉, 한 입장은 절차가 봉사적 기능을 가지며, 이를 위해 전형적으로 실체법을 출발점으로 삼는다(이를테면 節次奉仕說). 이런 입장의 법제에서 법에 대해 기대하는 것은 바른 내용적 결론을 실현하는 것이다. 이는 결과지향적 사고를 특징으로 한다. 그 반대의 입장에서는 절차에 대해 고유가치를 부여한다(이를테면 節次固有價値說). 이런 사고의 핵심구상은 바른 결론이 아니라, 공정한(fair) 절차이다. 이런 사고는 '바른'(richtig) 혹은 적합한 결론의 실현가능성에 대한 현저한 회의(懷疑)를 전제로 한다. 여기서 법의 임무와 가능수단은, 가능한 한 바른, 즉 공정한 절차형성을 통해 간접적인 방법이나마 결정발견을 위한 최선을 다한다는 점에 있다.[13]

2. 행정절차법의 행정소송법 및 행정실체법에 대한 관계

행정절차법은 고립되게 고찰되어선 아니 된다.[14] 그 이유는 그것이 전체 행정법의 결정적인 구성요소이기 때문이다. 그래서 일련의 내적 상관관계를 유의할 필요가 있다. **행정절차법은 홀로 존재하는 것이 아니라, 행정소송법과 체계적 상관관계에 선다.** 양자는 절차법이라는 공통점을 가지기에, 체계상의 측면에서 행정절차와 사법적 권리

12) 한편 과거 헌재 2011헌마815는 물포발사행위와 관련하여 권리보호의 이익은 물론 심판의 이익까지도 부인하였지만, 헌재 2015헌마1149는 물포의 반복사용이 예상되며, 이에 대한 헌법적 해명의 필요성을 들어 심판의 이익을 인정하고, 직사살수행위가 과잉금지의 원칙에 반한다고 위헌성을 적극적으로 논증하였다. 그런데 경찰장비의 일환의 살수차의 사용에 따른 살수행위 역시 권력적 사실행위에 해당할 수도 있어서 심각한 재판관할의 문제가 제기될 수 있다. 상론: 김중권, 행정상의 강제수단으로서의 살수행위와 관련한 판례의 문제점, 헌법과 양심의 길을 따라(김이수 헌법재판관 고희기념 헌정논문집), 2022.5.11., 201면 이하.

13) 그런데 독일법의 경우 정의를 '내용적으로 타당한 결정'에서 찾고자 하지만, 미국법의 경우 무기대등의 분쟁에서의 절차상의 공정'에서 찾고자 한다. 미국에서의 권리보호는 행정부의 결정권능의 행사와 관련한 절차적 요청에 의해 실현된다. 미국류의 법치주의의 특징은 본서 94면 참조.

14) Wahl, DVBl. 2003, S.1285ff.

보호를 내용으로 한 전체시스템을 바탕으로 삼아야 한다. 그리고 **행정결정을 위해서든 후속 판결을 위해서든 절차법과 실체법간에는 보충적 상관관계가 존재한다.** 행정결정에 관해 법적 판단을 함에 있어서, 즉 절차하자를 이유로 취소판결을 내리는 것과 관련해서 이런 상관관계를 나름 고려해야 한다.

3. 행정절차법의 위상 정립

다음과 같은 근본적 물음이 제기된다. **법질서가 결정의 올바름의 보장을 무엇에 의존시키는가? 바른 절차이냐? 바른 결론을 위한 노력이냐?** 어떤 법질서도 결정적이고 유일한 답을 주지 않기에, 절차와 절차권의 형성에 의해서 또는 실체법과 그것의 통제를 향한 노력에 의해서 타당성의 보장이 어느 정도로 추구되는지가 관건이 된다.

절차규정을 행정법의 총체에 어떻게 편입시킬지의 문제는 선택가능성을 전제로 답이 내려질 수 있는 물음이다. 절차법과 실체법의 보완/보충의 관계를 유의하지 않고서는 종국적으로 판단이 내려질 수 없다. 절차에 관한 이해만이 아니라, 실체법의 의의와 행정재판에서의 실체법의 심사의 강도에 관한 이해도 고려해야 한다. 절차법과 실체법에서의 통제밀도를 함께 바라보고, 소위 합산해야 한다. **행정결정에 관한 통제의 총체가 상당한지 아니면 극히 미흡한지 여부의 물음을 제기할 때, 절차법과 실체법의 보충적 상관관계를 전제하고서 접근해야 한다.**[15] 이 물음은 구체적으로 하자치유 및 절차하자와 관련한 논의에서 제기된다(후술).

제 2 절 현행 행정절차법의 적용범위 · 적용원칙 · 절차주체 등

Ⅰ. 적용범위

육군참모총장은 국방부장관에게, 甲이 대령진급 선발 이전의 군납업자로부터의 금품수수 등에 기하여 기소유예처분 및 감봉 3월의 징계처분을 받았다는 이유로 진급낙천을 건의하였

15) 그리하여 독일의 경우 상대적으로 실체법의 통제밀도가 높기에 상대적으로 절차의 비중이 낮다. 어느 나라도 실체와 절차에서 공히 강한 통제밀도를 유지하지는 않는다. 특히 최근 규제완화의 차원에서 행정의 신속성과 탄력성이 강조된다.

고, 이 건의에 따라 국방부장관은 2004.11.30. 군인사법 제31조 등에 기하여 甲에 대한 대령진급선발 취소처분을 하였다. 이에 대해 甲은 이 처분을 하는 과정에서 따로 의견제출 기회나 소명기회 등을 전혀 부여받지 못한 사실을 들어 위법을 주장했다. 하급심은 이 처분이 침해적 행정처분임을 인정하면서도, 그것이 행정절차법 제3조 제2항 제9호에 의해 동법이 적용되지 않는 대상의 하나인 '공무원 인사관계 법령에 의한 징계 기타 처분'에 해당함을 들어 이 취소처분에 절차상 하자는 없다고 판시하였다. 행정절차법 제3조 제2항 제9호에 대해 법원의 어떻게 접근하는가? (대법원 2006두20631판결)

1. 행정절차법의 적용이 배제되는 경우

법은 우선 처분·신고·행정상 입법예고·행정예고 및 행정지도의 절차를 망라하여 "행정절차"라 일컫는데, 이들 절차에 관하여 다른 법률에 특별한 규정이 있는 경우를 제외하고는 행정절차법이 정하는 바에 의한다(3조 1항). 즉, 행정절차법은 행정절차에 관한 일반법이다. 그러나 '국회 또는 지방의회의 의결을 거치거나 동의 또는 승인을 얻어 행하는 사항' 등에 대하여는 행정절차법의 적용이 배제된다(3조 2항).[16]

한편 어떤 행정작용에 대해 재판을 통해 비로소 행정처분적 성질이 확인되는 경우에는 행정절차법의 절차적 요청을 그대로 적용해서는 아니 된다. 즉, 이런 경우에 절차하자를 문제 삼아서는 곤란하다. 물론 공식적으로 처분성이 인정된 이후에는 행정처분에 합당한 요청을 충족하여야 한다.

다만 -한국전력공사가 원고(대한민국) 산하 군부대 수상기를 대상으로 수신료부과처분을 한 것처럼- 국가 역시 자신을 상대로 다른 국가기관이 발한 행정행위의 상대방이 되므로, 국가에 대해 행정처분을 할 때에도 사전통지, 의견청취, 이유제시와 관련한 행정절차법이 그대로 적용된다(대법원 2023두39724판결).

16) 1. 국회 또는 지방의회의 의결을 거치거나 동의 또는 승인을 얻어 행하는 사항, 2. 법원 또는 군사법원의 재판에 의하거나 그 집행으로 행하는 사항, 3. 헌법재판소의 심판을 거쳐 행하는 사항, 4. 각급 선거관리위원회의 의결을 거쳐 행하는 사항, 5. 감사원이 감사위원회의의 결정을 거쳐 행하는 사항, 6. 형사·행형 및 보안처분 관계법령에 의하여 행하는 사항, 7. 국가안전보장·국방·외교 또는 통일에 관한 사항 중 행정절차를 거칠 경우 국가의 중대한 이익을 현저히 해할 우려가 있는 사항, 8. 심사청구·해양안전심판·조세심판·특허심판·행정심판 기타 불복절차에 의한 사항, 9. 병역법에 의한 징집·소집, 외국인의 출입국·난민인정·귀화, 공무원 인사관계 법령에 의한 징계 기타 처분 또는 이해조정을 목적으로 법령에 의한 알선·조정·중재·재정 기타 처분 등 당해 행정작용의 성질상 행정절차를 거치기 곤란하거나 불필요하다고 인정되는 사항과 행정절차에 준하는 절차를 거친 사항으로서 대통령령으로 정하는 사항.

2. 행정절차법의 적용여부와 관련하여 제기되는 문제

행정절차법의 적용여부와 관련하여 다음과 같은 문제가 제기된다. 먼저 행정절차법의 적용이 배제되는 다른 법률을 적용하면서 그 법률이 규정하지 않은 제도적 장치를 행정절차법의 규정을 동원할 수 있는지가 문제되며, 그 다음 법 제3조 제2항 제9호의 경우 추가적으로 '대통령령으로 정하는 사항'을 규정하고 있기에, 해석의 문제가 생긴다.

전자의 물음에서 법원은 행정절차법의 적용이 배제되는 이상, 설령 행정절차법상의 의견청취생략사유가 존재하더라도 동 규정을 적용할 수 없다고 본다(대법원 2000두10212판결). 후자의 물음에서 법원은 '공무원 인사관계 법령에 의한 징계 기타 처분에 관한 사항' 전부에 대하여 행정절차법의 적용이 배제되는 것이 아니라 성질상 행정절차를 거치기 곤란하거나 불필요하다고 인정되는 처분이나 행정절차에 준하는 절차를 거치도록 하고 있는 처분의 경우에만 행정절차법의 적용이 배제된다고 하면서, 행정절차법상의 의견제출의 기회를 부여하지 아니한 진급선발 취소처분(진급낙천처분)은 위법하다고 판시하였다(대법원 2006두20631판결). 동일한 맥락에서 판례는 별정직 공무원에 대한 직권면직처분에서도 절차하자를 인정하였고(대법원 2011두30687판결), 육군3사관학교 사관생도에 대한 징계절차에서도 징계심의대상자가 대리인으로 선임한 변호사가 징계위원회 심의에 출석하여 진술하는 것을 막은 후에 내려진 징계처분은 위법하다고 판시하였다(대법원 2016두33339판결). 반면 대법원 2012두26180판결은 잠정성을 지닌 공무원직위해제처분에 대해서는 사전통지 등에 관한 행정절차법 규정이 적용되지 않는다고 보았다.

3. 관견(管見)

행정과정에 대한 국민의 참여와 행정의 공정성·투명성·신뢰성을 확보하고 국민의 권익을 보호하는 것을 목적으로 하는 동법의 입법목적에 비추어, 적용배제의 물음에 대해서는 엄격한 태도를 취해야 한다. 따라서 '공무원 인사관계 법령에 의한 처분에 관한 사항'과 관련하여 추가적 요건을 설정한 대법원 2006두20631판결 등은 법문에 위배된다. 그리고 직위해제처분은 진급낙천처분보다 부담이 더 심대한 점에서 대법원 2012두26180판결은 대법원 2006두20631판결과 비교해서 정당화되기 어렵다. 궁극적으로 이 문제는 절차를 통한 권리보호의 견지에서 공무원의 기본권 및 직업공무원제의 차원에서 접근해야 한다. 그리하여 일체의 공무원에 대한 신분상 불이익한 일체의 조치 가운데 국가공무원법 제75조 이하의 권익보장제도에 의해 커버되지 않는 것까지 포함하여 규정한 행정절차법 제3조 제2항 제9호 및 동법 시행령 제2조 제3호의 위헌·위법의 차원의 문제로 접근할 필요가 있다.

Ⅱ. 적용원칙

1. 신의성실(·신뢰보호)과 투명성

행정절차법은 신의성실 및 신뢰보호(4조)와 투명성(5조)을 명시적으로 규정하고 있다. 전자와 관련해서는, 「① 행정청은 직무를 수행함에 있어서 신의에 따라 성실히 하여야 한다. ② 행정청은 법령등의 해석 또는 행정청의 관행이 일반적으로 국민들에게 받아들여진 때에는 공익 또는 제3자의 정당한 이익을 현저히 해할 우려가 있는 경우를 제외하고는 새로운 해석 또는 관행에 의하여 소급하여 불리하게 처리하여서는 아니된다」. 후자와 관련해서는, 「행정청이 행하는 행정작용은 그 내용이 구체적이고 명확하여야 하며, 행정작용의 근거가 되는 법령등의 내용이 명확하지 아니한 경우 상대방은 당해 행정청에 대하여 그 해석을 요청할 수 있다. 이 경우 당해 행정청은 특별한 사유가 없는 한 이에 응하여야 한다.」

행정법의 일반원칙은 아무런 의문 없이 그대로 통용되는데, 행정절차법은 그 가운데 일부를 명문화하여 강조하였다.

2. 절차진행의 간단성과 합목적성: 절차의 절차적 목표

절차진행의 간단성과 합목적성이란, 행정청은 업무의 중요성과 관계이익을 비교하여 상당하지 아니하거나 필요하지 않은 조치를 취해서는 아니 된다는 것을 의미한다. 개개의 절차행위는 효과적으로 행해져야 할 뿐만 아니라, 상호 관련이 있어야 한다.

행정절차법은 이런 절차적 목표에 초점을 맞춘 절차자체의 원칙을 규정하고 있지 않다. 그러나 독일의 경우 그들 행정절차법 제10조를 통해 행정절차의 무형식성과 절차의 간단성·합목적성을 규정하고 있다. 하지만 **이유제시 등과 같은 요구된 절차제도를 나름의 근거에서 생략할 수 있는 절차재량이 인정되는 이상(후술), 절차재량의 출발점이 되는 절차자체의 원칙은 규정여부와 무관하게 당연히 인정된다.** 이러한 절차적 목표는 한편으로는 행정의 급부능력과 유효성의 원칙으로부터, 다른 한편으로는 비례성의 원칙으로부터 필연적으로 파생된다. **우리의 경우에도 절차의 절차적 목표의 존재를 긍정해야 할 것이다.** 독일의 경우에도 행정절차법이 제정·시행되기 전에 이미 판례상으로 절차적 목표가 절차재량과 관련하여 긍정되었다.

3. 절차적 목표에 따른 절차재량의 문제

(1) 절차재량의 의의

행정절차의 무형식성의 원칙 및 절차진행의 간단성・합목적성의 원칙을 관철하기 위해서는 행정절차의 시행과 형성이 행정청의 재량에 속해야 한다.[17] 절차재량(Verfahrensermessen)을 인정한다고 함은, 청문이나 이유부기의 생략여부를 개개경우의 사정과 특수성에 맞춰서 행사되어야 하는 행정의 성실한 재량에 맡겼음을 의미한다. 이를 통해 행정작용을 위해 필수적인 탄력성이 확고하게 되었다. 하지만 결코 절차를 자의적으로 형성하기 위한 수권이 마련된 것은 아니다.

(2) 절차재량과 실체적 재량의 구별 및 그것의 행사

절차재량의 적용범위・요건・한계와 관련해서는 전통적인 실체적 재량을 유추하면 될 것이나, 양자 사이에 본질적 차이점은 분명히 존재한다. 이는 법원이 재량의 하자의 존부를 확정할 경우에 명백히 드러나게 된다. 실체적 재량의 경우 재량의 하자가 인정되면, 법원은 예외적으로 사정판결을 내리지 않는 한, 당해 행정행위를 (쟁송)취소하게 된다(취소소송의 경우). 이에 반하여 절차재량의 경우에는 절차상의 하자가 인정된다 하더라도 무조건 위법한 것으로 판단되지는 않는다.[18] 절차하자의 치유 메커니즘이 통용될 수 있다.

절차재량을 행사할 때, 즉 절차의 여러 목표를 고려할 때에는 개개의 경우에 있어서 형량이 요구된다. 그렇지만 간단성・신속성・합목적성・경제성을 내세워 절차상의 요청을 축소하는 것을 정당화시켜선 아니 된다. 이런 절차적 목표는 절차의 실체적 목표(객관적인 실체법을 관철하는 것은 물론, 특히 주관적인 권리・의무를 설정・주장・관철하는 것)와 더불어 형량과정에서 고려되어야 한다. 다만 형량과정에서 실체적 목표와 절차적 목표 가운데 어떤 것이 우위에 있는지가 문제되나, 절차법의 봉사적 기능에 비추어, 실체적 목표가 절차적 목표에 대해서 우위에 있다. 따라서 **행정은 절차의 시행・형성과 관련하여 부여된 절차재량을, 절차적 목표(합목적성 등)를 고려하여 행사**

17) 하지만 개별법에 정해져 있는 행정절차의 경우에는 복수의 절차가 규정되어 있는 예가 거의 없기 때문에 선택재량에 관해 논할 실익은 없는 것으로 보인다.
18) 이를 극명하게 명문으로 표방한 것이 독일 행정절차법 제46조이다.

하되 본질적으로 실체적 목표가 가급적 실현될 수 있도록 행사해야 한다.

Ⅲ. 행정절차의 참여주체

전체 행정과정을 행정절차로 인식하고 설정하는 것은 종래 행정법관계의 당사자인 행정주체와 행정파트너(행정객체)의 위상에도 변화를 끼친다. **절차법관계에 관여하고 참여하는 모든 주체가 공히 행정절차의 참여주체의 범주에 들어간다.**

1. 관할 행정청

행정절차는 절차대상에 관한 결정을 할 수 있는 행정청에 의해 시행된다. 여기서 "행정청"은 통상의 행정청 개념에 따른다(2조 1호). 경우에 따라선 다른 행정청이 협력하기도 한다. 행정청은 법률에 의거한 자신의 사물관할과 지역관할에서 권한을 행사한다. 관할(권한)이란 행정활동의 토대이자 한계이다. 유의할 점은 관할(권한)에는 임무수행에 필요하거나 합목적적이라 여겨지는 모든 수단을 동원할 권능을 포함하지 않는다. 시민의 권리에 대해 개입하기 위해서는 (추가적인) 법률상의 수권이 필요하다. 즉, 관할(권한)규정은 임무규범이기에 그것과 사적 영역에 대한 개입근거가 되는 수권규범과는 엄연히 구분된다. 가령 경찰청은 위험방지란 자신의 임무(권한)를 갖지만, 이 권한의 범위 안에서 법률적으로 수권된 개입과 강제수단을 행하고 적용할 수 있다.

만약 행정청이 그 관할에 속하지 아니하는 사안을 접수하였거나 이송받은 경우에는 지체 없이 이를 관할 행정청에 이송하여야 하고 그 사실을 신청인에게 통지하여야 한다. 행정청이 접수 또는 이송받은 후 관할이 변경된 경우에도 또한 같다(6조 1항). 그리고 행정청의 관할이 분명하지 아니하는 경우에는 당해 행정청을 공통으로 감독하는 상급행정청이 그 관할을 결정하며, 공통으로 감독하는 상급행정청이 없는 경우에는 각 상급행정청의 협의로 그 관할을 결정한다(2항). 행정청의 장이 권한을 행사하는 독임제가 원칙이나, 합의제행정청의 경우 위원회에 의해 개시된다.

2. 절차참여자

절차참여자는 절차에 참여하는 자 일반을 그 범주로 하는데, 다만 결정권이나 협력권을 갖거나 협력을 구하는 행정청은 제외한다. 절차참여자의 범주에는, 행정청의 처분에 대하여 직접 그 상대가 되는 당사자, 행정청이 직권 또는 신청에 의하여 행정절차에 참여하게 한 이해관계인 그리고 공청회 등에 참여하는 국민일반이 포함된다. 행정절차법에서 '당사자등'의 범주는 당사자와 이해관계인을 포괄한 것이다(2조 4호).

문제는 이해관계인의 범위이다. 그런데 법은 '당사자'란 표현과 '당사자등'의 표현을 혼란스럽게 사용하고 있다. 가령 당사자에게 의무를 과하거나 권익을 제한하는 처분에 대해, 당사자등을 대상으로 한 의견제출을 허용한다(22조 3항, 27조 1항). 하루바삐 정리되어야 한다. 이해관계인이란 절차의 결과로 자신의 나름의 법적 이익에 저촉될 수 있는 자를 의미한다. 이해관계성을 인정하기 위해선 단지 경제적, 이념적, 사회적 흥미로는 불충분하다. 절차로 인해 자신이 주관적 권리가 관련될 수 있다는 구체적 가능성이 충분요건이다. 이해관계인에 대한 참여결정은 당연히 행정청의 재량이나, 여기선 특히 평등원칙이 고려되어야 한다. 나아가 절차의 결과가 제3자에게 법(권리)형성적 효과를 미칠 경우엔 신청에 기하여 그 제3자를 참여시켜야 한다(일종의 재량축소).[19]

3. 청문주재자

(1) 선정과 그 지위

청문은 행정청이 소속직원 또는 대통령령이 정하는 자격을 가진 자중에서 선정하는 자가 주재하되, 행정청은 청문주재자의 선정이 공정하게 이루어지도록 노력하여야 한다(28조 1항). 행정청은 일정한[20] 처분을 하려는 경우에는 청문 주재자를 2명 이상으로 선정할 수 있다. 이 경우 선정된 청문주재자 중 1명이 청문주재자를 대표한다(2항). 행정청은 청문이 시작되는 날부터 7일 전까지 청문 주재자에게 청문과 관련한 필요한 자료를 미리 통지하여야 한다(3항). 청문주재자는 독립하여 공정하게 직무를 수행하며, 그 직무수행상의 이유로 본인의 의사에 반하여 신분상 어떠한 불이익도 받지 아니한다(4항). 선정된 청문주재자는 형법 기타 다른 법률에 의한 벌칙의 적용에 있어서 공무원으로 본다(5항).

(2) 청문주재자의 제척 · 기피 · 회피

청문주재자가 일정한 경우[21]에는 청문을 주재할 수 없다. 그리고 청문주재자에게 공정한

19) 참조: 독일 행정절차법 제13조 제2항 제2문.

20) 1. 다수 국민의 이해가 상충되는 처분, 2. 다수 국민에게 불편이나 부담을 주는 처분, 3. 그 밖에 전문적이고 공정한 청문을 위하여 행정청이 청문 주재자를 2명 이상으로 선정할 필요가 있다고 인정하는 처분.

청문진행을 할 수 없는 사정이 있는 경우 당사자등은 행정청에 기피신청을 할 수 있으며, 이 경우 행정청은 청문을 정지하고 그 신청이 이유가 있다고 인정하는 때에는 당해 청문주재자를 지체 없이 교체하여야 한다. 청문주재자는 이상의 사유에 해당하는 경우에는 행정청의 승인을 얻어 스스로 청문의 주재를 회피할 수 있다(29조).

4. 절차참여자(당사자등)의 자격, 지위승계, 대표자선정 및 대리인선임

자연인, 법인 또는 법인 아닌 사단이나 재단(이하 '법인등'이라 한다), 기타 다른 법령 등에 의하여 권리의무의 주체가 될 수 있는 자는 권리의무의 주체로서 행정절차에 참여할 일반적인 자격을 갖는다(9조). 법률은 당사자등이 사망하였을 때와 당사자등인 법인등이 합병한 때에는 지위승계를 규정하고 있는데(10조 1항, 2항, 3항, 5항), 처분에 관한 권리 또는 이익을 사실상 양수한 자의 경우도 행정청의 승인을 얻어 당사자등의 지위를 승계할 수 있다(4항).

다수의 당사자등은 공동으로 행정절차에 관한 행위를 하는 때에는 대표자를 선정할 수 있다(11조 1항). 당사자등이 대표자를 선정하지 아니하거나 대표자가 지나치게 많아 행정절차가 지연될 우려가 있는 경우에는 행정청은 그 이유를 들어 상당한 기간내에 3인이내의 대표자를 선정하여 줄 것을 요청할 수 있는데, 이 경우 당사자등이 대표자의 선정요청에 응하지 아니한 때에는 행정청이 직접 선정할 수 있다(2항). 당사자등은 그의 배우자 등[22]을 대리인으로 선임할 수 있다(12조 1항).

당사자등이 대표자 또는 대리인을 선정하거나 선임하였을 때에는 지체 없이 그 사실을 행정청에 통지하여야 한다. 대표자 또는 대리인을 변경하거나 해임하였을 때에도 또한 같다(13조 1항). 청문 주재자가 대리인의 선임을 허가한 경우에는 청문 주재자가 그 사실을 행정청에 통지하여야 한다(2항).

---

21) 1. 자신이 당사자등이거나 당사자등과 민법 제777조 각호의 1에 해당하는 친족관계에 있거나 있었던 경우, 2. 자신이 당해 처분과 관련하여 증언이나 감정을 한 경우, 3. 자신이 당해 처분의 당사자등의 대리인으로 관여하거나 관여하였던 경우, 4. 자신이 당해 처분업무를 직접 처리하거나 하였던 경우.

22) 1. 당사자등의 배우자, 직계 존속·비속 또는 형제자매, 2. 당사자등이 법인등인 경우 그 임원 또는 직원, 3. 변호사, 4. 행정청 또는 청문 주재자(청문의 경우만 해당한다)의 허가를 받은 자, 5. 법령등에 따라 해당 사안에 대하여 대리인이 될 수 있는 자

제 3 절 행정절차의 기본모델로서의 처분절차[23]

Ⅰ. 행정절차의 개시이전

1. 처리기간의 설정·공표

행정청은 신청인의 편의를 위하여 처분의 처리기간을 미리 정하여 공표하여야 한다. 행정청은 부득이한 사유로 처리기간 내에 처리하기 곤란한 경우에는 당해 처분의 처리기간의 범위 내에서 1회에 한하여 그 기간을 연장할 수 있다. 행정청이 정당한 처리기간 내에 처리하지 아니한 때에는 신청인은 당해 행정청 또는 그 감독행정청에 대하여 신속한 처리를 요청할 수 있다(19조).

처리기간을 정하는 것은 신청에 따른 사무를 가능한 한 조속히 처리하도록 하기 위한 것이다(대법원 2018두41907판결). 이 처리기간은 행정쟁송에 있어서 부작위의 존재 여부를 판단하는 데 일단의 기준이 될 수 있는데, 처리기간을 지나 내려진 처분이 곧바로 위법하다고 볼 수는 없다. 즉, 처리기간의 미준수는 절차상의 하자로 볼 수 없다(대법원 2018두41907판결).[24] 행정당국이 신청에 따른 처리를 부당하게 지연하여 그 사이에 법·상황이 바뀌면 신뢰보호의 원칙상 바뀐 법·상황이 아닌 종전의 법·상황이 판단기준이 된다(행기법 14조 2항참조).

2. 처분기준의 설정·공표

문화체육관광부장관이 2016.3.23.경 행정제재이력사항의 신설 등 갱신처분기준을 상향시키는 것으로 '중국 단체관광객 유치 전담여행사 업무 시행지침'을 변경하여, 이를 미리 공표하지 않은 채 갱신심사에 적용하였다. 이에 따라 甲은 당초 2016.3.28.에 갱신기준점수인 70점을 상회하는 77점을 받아 전담여행사 재지정을 받았는데, 나중에 갱신제 평가기간인 2014.1.경부터 2015.10.경 사이에 행정제재이력이 탈락기준인 6점을 상회한 8점을 받았다는 것이 확인되어 2016.11.4.에 재지정이 취소되었다. 갱신처분기준이 공표되지 않아서 그에 따른 재지정의 취소

---

23) 이하의 내용은 행정절차법을 바탕으로 민원처리법까지 덧붙여 행정처분의 전체 흐름을 중심으로 살펴본다. 한편 소송을 통해 비로소 행정처분에 해당하는 것으로 인정되는 작용에 대해 절차적 요청을 그대로 대입해서는 곤란하다. 물론 그 이후에는 절차적 요청이 관철되어야 한다.

24) 민원처리법 시행령 제23조에 따른 민원처리진행상황의 통지 역시 하지 않았더라도 이를 절차상 하자로 볼 수 없다(대법원 2018두41907판결).

즉 갱신거부는 위법하다는 甲의 주장은 주효하는가? (대법원 2018두45633판결)

행정청은 처분의 기준을 당해 처분의 성질에 비추어 될 수 있는 한 구체적으로 정하여 공표해야 한다. 처분기준을 변경하는 경우에도 또한 같다(20조 1항). 인허가의제의 경우 관련 인허가 행정청은 관련 인허가의 처분기준을 주된 인허가 행정청에 제출하여야 하고, 주된 인허가 행정청은 제출받은 관련 인허가의 처분기준을 통합하여 공표하여야 한다. 처분기준을 변경하는 경우에도 또한 같다(2항). 처분기준을 공표하는 것이 당해 처분의 성질상 현저히 곤란하거나 공공의 안전 또는 복리를 현저히 해하는 것으로 인정될 만한 상당한 이유가 있는 경우에는 이를 공표하지 아니할 수 있다(3항). 당사자 등은 공표된 처분기준이 불명확한 경우 당해 행정청에 대하여 그 해석 또는 설명을 요청할 수 있으며, 이 경우 당해 행정청은 특별한 사정이 없는 한 그 요청에 따라야 한다(4항).

처분기준의 설정·공표는 처분상대방의 결과에 대한 예측가능성을 높이고 이를 통하여 행정의 공정성, 투명성, 신뢰성을 확보하며 행정청의 자의적인 권한행사를 방지하기 위한 것이다(대법원 2018두41907판결). 갱신제를 무색하게 심사기준이 중대하게 변경되어서는 아니되므로, 심사기간이 이미 경과하였거나 상당 부분 경과한 시점에서 갱신 여부를 좌우할 정도로 중대하게 변경하는 것은 갱신제의 본질과 공정한 심사 요청에 바로 위배된다. 따라서 -행정규칙의 비법규성의 전제에서- 판례는 사전공표 의무를 위반하여 미리 공표하지 아니한 기준을 적용하여 처분을 하였다고 하여 그 자체로 해당 처분이 위법하지 않는다고 보면서도,[25] 사후 (중대하게) 변경된 처분기준에 따라 갱신거부를 결정한 것은 처분기준 사전공표 제도의 취지에 반하고, 갱신제의 본질 및 적법절차원칙에서 도출되는 공정한 심사 요청에도 반하여 위법하다고 본다(대법원 2018두45633판결).[26]

여기서의 처분기준은 특히 재량처분에서의 기준, 즉 재량준칙이다. 그것의 구속의 물음은 위임재량준칙의 구속의 물음이다(본서 484면 이하). 비록 판례는 근거법령에서 구체적인 위임을 받아 제정되지 않는 한, 처분기준을 행정규칙으로 보지만(대법원 2018두45633판결), 처분기준은 통상 법률하위적 법규(시행령이나 시행규칙)의 형식으로 성립하며, 처분기준의 설정·공표의무가 제도화된 이상,[27] 시행규칙형식의 재량준칙의 법적 성질과 관련한 판례의

25) 다만 해당 처분에 적용한 기준이 상위법령의 규정이나 신뢰보호의 원칙 등과 같은 법의 일반원칙을 위반하였거나 객관적으로 합리성이 없다고 볼 수 있는 구체적인 사정이 있다면 해당 처분은 위법하다고 평가할 수 있다.

26) 매우 부조화스러운 이런 논증은 재량준칙에 대한 비법규성에서 비롯된 것이다. 대상판결이 과거의 평가기간의 상황에 대해 변경된 처분기준을 적용한 것을 제재처분의 차원에서 접근하였는데, 제재처분의 본질에 비추어(본서 700면 이하) 이는 타당하지 않다. 진정소급효의 문제이다.

27) 통상 위임법리는 법률상의 개별수권과 관련되는데, 그 개별수권의 결여가 법규성 부인의 착안점이 된다. 비록 일반적 수권이긴 해도 처분기준과 관련하여 구체화와 공표의 의무를 과하였다는 점에서, 그

입장(비법규성)은 하루속히 바뀔 필요가 있다.

Ⅱ. 행정절차의 개시

1. 직권에 의한 절차개시

독일과는(행정절차법 22조) 달리 우리 행정절차법은 절차개시에 관해 행정청이 결정을 내려야 한다는 원칙을 규정하고 있지 않다. 하지만 행정심판과 행정소송의 경우 청구인이나 원고의 요구에 의해 시작되고 처분권주의의 지배를 받는 반면, 국가의 일방적 공권력행사의 전통에서 행정절차에는 원칙적으로 기본적으로 직권주의가 지배한다. 당연히 행정청은 통상 나름의 동인(動因)으로부터, 즉 직권으로(ex officio) 그 자신이 행정절차를 시행할 것인지 여부 및 언제 시행할 것인지를 결정을 내린다. 직권주의는 행정절차가 우선은 사익이 아니라 공익에 이바지하게 되어 있는 데서 비롯된 것이다. 직권에 의거한 절차는 특히 −가령 하명처분이나 허가취소처럼− 행정이 개입적으로 활동하는 경우에 존재한다. 물론 **행정청이 행정절차를 개시할 것인지 여부, 언제 개시할 것인지, 어떤 대상으로 개시할 것인지는 행정의 재량이다**(행정편의주의). 여기서 행정절차의 필요성은 대개 개별사례의 상황(성립요건충족과 제반 이익의 형량 등)에 좌우된다.

2. 신청에 의한 절차개시[28)]

(1) 처분권주의의 의의

행정이 수익적(授益的)으로 활동에 나설 때, 신청절차가 통용된다. 즉, **행정절차가 개시될 것인지 여부와 언제 개시될지는 시민 스스로가 결정할 수 있다**(처분권주의). 여기서 신청이 없다면 행정은 나설 수가 없다. 법률적 규율이 없이는 반드시 신청하도록 의무를 지우지 못한다. 관련인의 협력의무인 셈인 신청이 없음에도 불구하고 행정행

리고 처분기준해명청구권까지 인정되고 있는 점에서, 법률상의 개별수권에 터 잡은 엄격한 위임독트린을 벗어날 근거가 마련된 것으로 봄직하다. 참고문헌: 박재윤, 특별법연구 제17권(2020).

28) 신청과 관련해서는 민원처리법 역시 근거법이 된다. 이하의 내용은 비단 시민이 하는 민원적 신청을 넘어 지방자치단체 등 행정기관이 행하는 신청의 경우에도 준용될 수 있다. 한편 대법원 2015추528판결은 매립면허관청이나 관련 지방자치단체의 장이 구 지방자치법 제4조 제4항에 어긋나게 준공검사전까지 매립지의 관할귀속결정을 신청하지 않은 것이 행정안전부장관의 관할귀속결정을 취소해야 할 위법사유에 해당하지 않는다고 판시하였다.

위가 내려진 경우, 그 행정행위는 곧바로 위법하게 되지 않으며, 위법하더라도 치유 가능하다. 신청권이 항상 명문으로 규정되어 있는 것은 아니기에, 신청절차의 존재 여부는 법률적 근거의 해석을 통해 탐문되어야 한다. 즉, 행정절차가 공익에 이바지할 것 같으면 직권주의가 지배하는 반면, 절차를 위한 동인(動因)이 개인의 기본권적 보호이익인 경우에는 처분권주의가 통용된다. 따라서 사적 활동에 허가가 필요한 경우나 행정이 급부를 제공하는 경우에는 사인의 신청이 필요하다.

(2) 신청의 내용과 형식

신청은 절차작용이다. 이를 통해 시민은 행정에 대해 -요건심사, 행정행위의 준비 및 그것의 발동을 목표로 하는- 절차의 개시를 요구한다. 그런데 공무원의 임용 등과 같은 소위 동의에 의한 행정행위에서는 본안결정을 위해 필수적인 실체법적 동의작용이 신청에 존재한다. 신청의 기능은 절차대상을 분명히 확정하는 것이기에, 행정으로 하여금 어떤 사안을 어떤 내용으로 규율해야 할지가 분명해지도록 그 신청이 명확해야 한다. 보호조치 신청사유가 여러 개인 경우에 신청사유마다 수 개의 보호조치 신청이 있는 것으로 보아야 한다(대법원 2022두66576판결). 소송활동은 조건과 친하지 않다는 소송법의 원칙을 감안한 즉, 조건부 신청은 허용되지 아니한다.[29] 행정절차법에 의하면 신청은 반드시 문서의 형식으로 하되, 다른 법령등에 특별한 규정이 있는 경우와 행정청이 미리 다른 방법을 정하여 공시한 경우에는 그러하지 아니할 수 있다(17조 1항).[30] 도달주의의 원칙에서 신청은 행정청에 도달한 시점에 성립한다. 다만 신청함에 있어 전자문서로 하는 경우에는 행정청의 컴퓨터 등에 입력된 때에 신청한 것으로 본다(2항).

(3) 신청의 취하・변경

신청은 행정청에 도달하기 전에는 당연히 자유로이 철회나 변경될 수 있다. 이는 처분권주의 및 민법 제111조 제1항(상대방이 있는 의사표시의 효력발생시기)의 준용에서 비롯된 것이다. 그리고 도달 이후에는 신청이 이미 효력을 발생하기에, 행정행위가 발해지기 전에 한해서 그것을 취소・변경할 수 있다. 즉, 법에 의하면, 신청인은 처분이 있기 전에는 그 신청의 내용을 보완하거나 변경 또는 취하할 수 있다. 다만, 다른 법령등에 특별한 규정이 있거나 당해 신청의 성질상 보완・변경 또는 취하할 수 없는

29) Kopp/Ramsauer, §22 Rn.60.
30) 독일의 경우 절차의 불요식성에 의해 신청이 문서형식은 물론 구술형식이나 추단의 형식으로도 제기될 수 있다고 본다. Pünder, in: Ehlers/Pünder, §14 Rn.31.

경우에는 그러하지 아니하다(8항). 그러나 행정처분이 통지된 다음에는 이미 행정절차가 완료되었기에 당연히 취하와 변경은 배제되고, 행정당국의 행정행위의 폐지(취소·철회)가 기대될 뿐이다. 여기서의 폐지는 원래 행정청의 재량이긴 하나, 신청자의 신청취하 등의 의사를 존중하여 통상 영으로 축소된다고 보아야 하되, 다만 제3자의 권리가 관계되는 경우에는 그렇지 않다.[31]

(4) 신청에 따른 처리

신청에 따른 처리는 행정소송마냥 허용되지 않는 신청과 이유없는 신청을 구분해야 한다. 형식적 요건을 전혀 갖추지 않은 신청의 경우에는 각하결정을 내려야 하되, 행정청은 신청에 구비서류의 미비 등 흠이 있는 경우에는 보완에 필요한 상당한 기간을 정하여 지체 없이 신청인에게 보완을 요구하여야 한다(17조 5항). 다만 이런 보완요구규정이 행정청으로 하여금 신청에 대하여 거부처분을 하기 전에 반드시 신청인에게 신청의 내용이나 처분의 실체적 발급요건에 관한 사항까지 보완할 기회를 부여하여야 할 의무를 정한 것은 아니다(대법원 2020 두36007판결). 행정청의 관할, 당사자자격, 신청적격 및 인용결정에 대한 정당한 이익은 본안결정의 요건에 속하기에,[32] 현저한 의문을 자아내지 않는 한, 이를 이유로 각하결정을 내려서는 아니 된다. 신청기간을 도과하였는지는 본안에서 거부처분이 적법한가를 판단하는 단계에서 고려할 요소이므로, 대상적격의 문제를 낳지 않는다(대법원 2020 두50324판결).

처분권주의의 범주에서도 다음의 2가지 상황을 구분해야 한다. 즉, 기본권적으로 보장된 이익이 부여되는 절차의 경우에는 신청이 있을 때 행정은 반드시 활동에 나서야 한다. 반면 그렇지 않은 경우에는 활동에 나서는 것에 관해 재량을 행사할 수 있는데, 이는 예외적인 경우이다. 행정절차법은 전자의 경우만을 상정한다. 즉, 행정청은 신청이 있는 때에는 다른 법령등에 특별한 규정이 있는 경우를 제외하고는 그 접수를 보류 또는 거부하거나 부당하게 되돌려 보내서는 아니 되며, 신청을 접수한 경우에는 신청인에게 접수증을 주어야 한다(17조 4항). 신청이 접수되면 행정청은 그 신청을 심사하여 처리할 의무를 진다. 처리기간이 문제되는데, 민원사무처리기준표(민원처리법 20조)에 의거하여 가늠된다(19조 1항). 행정청이 처리기간이 지나 처분을 하더라도 −행정행위의 불고지와 오고지의 경우처럼(본서 746면)− 그것은 처분을 취소할 절차하자에 해당하지 않는다(대법원 2022 두66576판결).[33]

31) Pünder, in: Ehlers/Pünder, §14 Rn.25.
32) Pünder, in: Ehlers/Pünder, §14 Rn.27.
33) 판례가 처리기간 규정을 강행규정이 아닌 훈시규정으로 본 것은 타당하지 않다.

Ⅲ. 행정절차의 진행

1. 직권탐지의 원칙 및 절차참여자의 협력책무

법치국가원리 특히 행정의 법(법률)구속에 따라 행정은 관련 실체영역과 당해 법적 규준으로부터 도출되는 제 요청을 준수해야 한다. 당연히 **행정청은 결정에 중요한 사안을 직권으로** 나아가 절차참여자의 주장과 증거신청에 구속되지 않고 조사(탐지)해야 하고, 개별경우에 중요한 모든 사정을 심지어 참여자에게도 유리한 것까지도 고려해야 한다. 이런 직권탐지의 원칙(직권탐지주의)은 비단 행정절차법상의 행정절차만을 특징지우는 것이 아니라, 행정입법, 사실행위 및 행정사법적 활동 역시 그 대상으로 한다.[34] 직권탐지의 원칙의 파생으로 행정청은 조사의 방법과 범위를 스스로 정할 수 있으며, 의무에 합당한 재량에 비춰 필요하다고 여기는 증명수단을 사용할 수 있다.

직권탐지의 원칙에도 불구하고 **참여자는 행정절차의 진행에 공동으로 책임을 진다.** 사안의 조사에 협력해야 하고, 자신이 아는 사실과 증거를 제공해야 한다. 그렇지만 이런 협력은 강제될 수 없다. 즉, 법적 의무가 아니라 책무이다.

2. 처분의 사전통지

(1) 의의와 내용

행정청이 관내 모든 학원의 수강료를 일률적으로 4.9% 인상하기로 결정한 다음, 수강료 조정의 대상이 되는 학원의 수가 많기에 사전통지 및 의견제출 기회부여의 절차를 거치지 않고 개별학원에 대해 수강료조정명령을 발하였다. 학원들이 문제로 삼은 절차하자에 대해 법원은 어떤 입장을 보였는가? (서울행법 2009구합3248판결)

처분의 사전통지제도는 부담적 행정처분(의무를 과하거나 권익을 제한하는 처분)에서 당사자에게 원인된 사실 등과 (의견제출과 같은) 나름의 대응방도의 가능성을 먼저 알려주는 것이다. 행정처분이 발급되기 전에 의사소통의 장을 제공하는 처분의 사전통지는 궁극적으론 의견청취(의견제출 및 청문)의 출발점이기에, 이들과 연계하여 접근해야 한다.

34) 행정절차의 출발점인 점에서 직권탐지의 원칙을 조속히 명문화해야 한다. 참고: 독일 행정절차법 제24조 제1항.

사전통지를 통해 미리 알려야 할 사항은 처분의 제목 등이고,[35] 행정청이 청문을 실시하고자 하는 경우에는 청문이 시작되는 날부터 10일전까지 이들 사전통지사항을 －청문에 필요한 사항으로 바꾸어－ 당사자등에게 통지하여야 한다(21조 1항, 2항). 그런데 부담적 처분이라 하더라도 다음의 경우에는 사전통지를 아니 할 수 있다: ⅰ) 공공의 안전 또는 복리를 위하여 긴급히 처분을 할 필요가 있는 경우, ⅱ) 법령 등에서 요구된 자격이 없거나 없어지게 되면 반드시 일정한 처분을 하여야 하는 경우에 그 자격이 없거나 없어지게 된 사실이 법원의 재판 등에 의하여 객관적으로 증명된 때, ⅲ) 당해 처분의 성질상 의견청취가 현저히 곤란하거나 명백히 불필요하다고 인정될 만한 상당한 이유가 있는 경우(4항). 그리고 시행령이 사전통지를 하지 아니할 수 있는 구체적인 사항(사전통지의 생략사유)을 정해 놓고 있다(5항).[36][37]

이 가운데 주로 문제되는 상황은 제4항 제3호와 관련이 있는데, 그 여부는 해당 행정처분의 성질에 비추어 판단하여야 하며, 처분상대방이 이미 행정청에 위반사실을 시인하였다거나 처분의 사전통지 이전에 의견을 진술할 기회가 있었다는 사정을 고려하여 판단할 것은 아니다(대법원 2016두41811판결). 유의할 점은 **사전통지의 생략은 청문이 실시될 경우에는 통용되지 아니한다.** 따라서 법률에서 청문의 실시를 규정한 경우에는 청문의 실시를 위하여 사전통지를 반드시 해야 한다.

한편 법원은 조정명령의 대상이 되는 학원의 수가 많다는 사정만으로는 사전통지 등의 절차를 거치지 않아도 될 사유가 되지 않는다고 보았으며(서울행법 2009구합3248판결), 아울러 건축법상의 공사중지명령에 대한 사전통지를 하고 의견제출의 기회를 준다면 많은 액수의 손실보상금을 기대하여 공사를 강행할 우려가 있다는 사정은 사전통지 및 의견제출절차의 예외사유에 해당하지 않는다고 보았다(대법원 2004두1254판결). 하지만 퇴직연금 환수결

35) 법 제21조 ① 1. 처분의 제목, 2. 당사자의 성명 또는 명칭과 주소, 3. 처분하고자 하는 원인이 되는 사실과 처분의 내용 및 법적 근거, 4. 제3호에 대하여 의견을 제출할 수 있다는 뜻과 의견을 제출하지 아니하는 경우의 처리방법, 5. 의견제출기관의 명칭과 주소, 6. 의견제출기한, 7. 기타 필요한 사항.

36) 시행령 제13조: 1. 급박한 위해의 방지 및 제거 등 공공의 안전 또는 복리를 위하여 긴급한 처분이 필요한 경우, 2. 법원의 재판 또는 준사법적 절차를 거치는 행정기관의 결정 등에 따라 처분의 전제가 되는 사실이 객관적으로 증명되어 처분에 따른 의견청취가 불필요하다고 인정되는 경우, 3. 의견청취의 기회를 줌으로써 처분의 내용이 미리 알려져 현저히 공익을 해치는 행위를 유발할 우려가 예상되는 등 해당 처분의 성질상 의견청취가 현저하게 곤란한 경우, 4. 법령 또는 자치법규에서 준수하여야 할 기술적 기준이 명확하게 규정되고, 그 기준에 현저히 미치지 못하는 사실을 이유로 처분을 하려는 경우로서 그 사실이 실험, 계측, 그 밖에 객관적인 방법에 의하여 명확히 입증된 경우, 5. 법령등에서 일정한 요건에 해당하는 자에 대하여 점용료·사용료 등 금전급부를 명하는 경우 법령등에서 규정하는 요건에 해당함이 명백하고, 행정청의 금액산정에 재량의 여지가 없거나 요율이 명확하게 정하여져 있는 경우 등 해당 처분의 성질상 의견청취가 명백히 불필요하다고 인정될 만한 상당한 이유가 있는 경우.

37) 시행령 제19조 제2호와 관련해서 처분의 전제가 되는 '일부' 사실만 증명된 경우이거나 의견청취에 따라 행정청의 처분 여부나 처분 수위가 달라질 수 있는 경우라면 생략사유에 해당하지 않는다(대법원 2017두66602판결).

정의 경우 법령에 따라 당연히 환수금액이 정해짐을 이유로 의견진술의 기회를 주지 않아도 무방하다(대법원 99두5443판결). 이와는 배치되게, 대법원 2008두16155판결은 임용결격자에 대한 정규임용취소처분에서 사전통지를 하지 않거나 의견제출의 기회를 부여하지 않은 것을 위법이라고 하였는데, 이는 임용결격자임용의 당연무효의 법리와는 전혀 맞지 않는다. 한편 '대법원 2016두41729판결이 국민건강보험공단이 행한 '직장가입자 자격상실 및 자격변동 안내' 통보 및 '사업장 직권탈퇴에 따른 가입자 자격상실 안내' 통보를 처분으로 보지 않았지만, 대법원 2023두36800전합판결은 건강보험 직장가입자의 피부양자 인정요건 미충족'을 이유로 건강보험 지역가입자 건강보험료 납입할 것을 고지한 경우에 사전통지 요청이 통용된다고 보았다.[38]

사전통지를 하지 아니하는 경우 행정청은 처분을 할 때 당사자등에게 통지를 하지 아니한 사유를 ―법 제24조의 처분방식을 준용하여― 알려야 한다. 다만, 신속한 처분이 필요한 경우에는 처분 후 그 사유를 알릴 수 있다(21조 6항, 7항).

⑵ 처분의 사전통지와 관련한 문제

(가) 거부처분의 경우

거부처분 그 자체는 부담적 행정처분의 일종이기에 사전통지제의 적용이 다투어진다. 우선 부정설은 i) 거부처분상황을 ―무에서 무가 확인된다는 의미에서― 권익이 제한된 상황으로 볼 수 없으며, ii) 신청행위 그 자체가 이미 의견진술의 기회를 준 것으로 볼 수 있다는 점을 논거로 내세운다.[39] **판례는 부정설을 취하면서도 '특별한 사정이 있는 경우'에는 원칙수정의 가능성을 시사한다**(대법원 2003두674판결).

그런데 부정설의 논거 ii)는 신청의 상황과 신청거부의 상황을 동일하게 설정한 오류가 있으며, 그리고 신청거부의 상황은 자신의 처음의사가 반영되지 않은 경우라는 점을 간과하여서 설득력이 약하다. 그리고 '권익을 제한하는 처분'이라는 법문에 의거한 논거 i)은 법해석의 차원에서 문제가 있다. 법해석에서 문리적 해석이 출발점이나 그 자체가 전부는 아니다. 거부처분의 경우에는 사전통지를 배제한다는 입법자의 의사가 분명히 확인되지 않는 한, 목적론적, 체계적 해석의 관점을 숙고해야 한다. 허가와 같은 수익적 처분의 거부는 그 자체가 자연적 자유의 회복을 저지한 것이다.

38) '기왕의 수급의 기초가 된 자격의 변동 효과에서 대법원 2023두36800전합판결이 타당한데, 추단적 행정행위의 법제도가 논증의 정당성을 제고할 수 있다. 다만 조화되지 않은 대법원 2016두41729판결의 병존상황은 중대한 문제이다. 상론: 법률신문 제5197호, 2024.7.25.

39) 한편 박균성 교수는 원칙적으로 부정하되 허가갱신의 경우에는 인정한다(698면).

사실 문리적 해석에 의하더라도, 여기서의 '권익의 제한'의 의미를 권익부여의 전제하에 접근해야 할 논리필연성은 없다. 제한의 의미에선 기왕의 권익을 축소한다는 의미만이 아니라, 권익행사가 부정된다는 의미도 충분히 도출할 수 있기 때문이다. 부정설의 요령부득의 상황은 신청에 대한 일부거부인 셈인 일부인용에서 극명하다.

사전통지의 생략은 의견청취의 가능성을 배제한다. 오늘날 실현되고 있는 법의 타당근거는 과거에 있지 않고, 현재에 있다.[40] **행정절차의 기능인 권리보호와 입법취지를 고려할 때, 해석론의 차원에서도 권익제한의 결과를 초래하는 거부처분의 메커니즘에서도 거부처분 역시 아무런 문제없이 법문상의 '권익을 제한하는 처분'에 포함시킬 수 있다.**[41]

(나) 제3자효 행정행위의 경우

> 甲이 유흥주점을 하여 온 그 소유의 건물부분을 乙이 지방세법에 의한 압류재산 매각절차에서 낙찰을 받아, 그 자신의 명의로 소유권이전등기를 경료하고, A구청장에게 유흥주점의 영업자지위승계신고를 하여 A구청장이 이 신고를 수리하였다. 한편 甲은 자신에게 불이익을 가져다주는 신고수리를 함에 있어서 자신에게 사전통지 등의 절차를 밟지 않았음을 들어 절차하자를 주장하였다. 참고로 식품위생법에 의하면, 지방세법에 의한 압류재산 매각절차에 따라 영업시설의 전부를 인수함으로써 그 영업자의 지위를 승계한 자가 관계 행정청에 이를 신고하여 행정청이 이를 수리하는 경우에는 종전의 영업자에 대한 영업허가 등은 그 효력을 상실한다. 甲의 주장은 주효할까? (대법원 2001두7015판결)

제3자효 행정행위에서 그 제3자는 당사자로 당연히 되지 못하지만, 이해관계인은 될 수 있기에, 그에 대해 사전통지가 있어야 하는지 여부가 다투어진다. 부정설은 명문에 사전통지는 당사자를 대상으로 한다는 점을 내세우는 반면, 긍정설은 사전통지의 인적 대상에 이해관계인에게 포함시키는 것이 행정절차법의 이념에 부합된다고 주장한다. 긍정설의 취지는 충분히 공감할 만하나, 현행의 법문에서 그것의 실현은 쉽지 않다. 비록 사전통지가 의견청취의 전단계이며 양자가 연계되긴 하나, 기본적으로 양자는 그 메커니즘과 지향범위에서 다르다. 즉, **해석을 통해 이해관계인에게까지 사전통지를 확대할 수는 없다.** 입법정책적 차원(de lege ferenda)에서 정보공개법에서의 청구사실의 제3자에 대한 통지(21조 1항)와 같은 제도가 마련되어야 한다(본서 585면).

40) 김형배, 법학방법론, 1981, 41면.

41) 한편 독일 행정절차법 제28조가 청문대상으로 부담적 처분을 규정함에 따라 거부처분이 청문대상인지 여부를 둘러싸고 우리와 동일한 상황이 전개되는데, 판례는 부정설을 취하지만 통설은 긍정설을 취한다. 참고문헌: 윤형한, 행정판례연구 제10집(2005.6.), 213면 이하; 최계영, 행정법연구 제18호(2007.8.), 269면 이하.

한편 판례는 행정청이 신규영업자에 대해 영업자지위승계신고를 수리하면, 종전의 영업자에 대한 영업허가 등이 그 효력을 잃는다는 점에서, 식품위생법 규정에 의해 영업자지위승계신고를 수리하는 처분은 종전의 영업자의 권익을 제한하는 처분이고 당연히 그를 상대로 사전통지 등의 절차를 밟아야 한다고 판시하였다(대법원 2001두7015판결; 2011두29144판결). 마찬가지로 처분청이 담보신탁을 근거로 한 공매 절차를 통해 골프장의 체육필수시설을 매수한 자에 대해 사업계획변경승인을 할 때에는 골프장영업을 하던 기존 체육시설업자의 파산관재인에게 사전통지를 해야 한다(대법원 2016두45158판결). **판례의 이런 태도는 법문이 당사자를 처분에 대해 직접 그 상대가 되는 자로 규정한 것에 반한다.** 영업자지위승계신고의 수리와 관련해서 종전 영업자는 이해관계인일 뿐이다.

(다) 사물관련적 일반처분 등의 경우

현행법은 당사자에 대한 부담적 처분을 대상으로 삼기에, 구체적 당사자를 정하지 않은 –일반구체적 규율로서의– 사물관련적 일반처분이나 고시의 방법으로 불특정 다수를 상대로 발하는 처분의 경우가 문제된다. 판례는 부담적 처분에 대해 직접 그 상대가 되는 자를 당사자로 본다. 따라서 도로법상의 도로구역의 (결정)변경처분의 경우 고시와 열람의 절차를 밟기에, 사전통지나 의견청취의 대상이 되지 않으며(대법원 2007두1767판결),[42] 요양급여의 상대가치점수를 인한한 보건복지부장관의 고시(처분)도 동일하다(대법원 2012두7745판결).

3. 의견청취

(1) 의의와 헌법적 근거

(가) 의 의

의견청취(광의의 청문)라 함은 넓은 의미로는 행정명령의 제정, 행정에 관한 정책이나 구체적인 조치의 결정 등에 의하여 영향을 받거나 불이익을 입게 될 당사자 또는 이해관계인에게 자기의 의견을 표명하거나 또는 스스로를 방어할 수 있는 기회를 제공하는 것을 말한다. 이에는 의견제출, (협의의) 청문, 공청회 등이 포함된다. 이러한 의견청취제도의 맹아(萌芽)는 “아담을 에덴동산으로부터 내쫓는 경우에도 우선 그에게 변명의 기회를 주었다.”는 말속에도 싹터 있다고 할 수 있다. 그것의 본질 또한 이로부터 엿볼 수 있다. 법적 심문(청문)의 원칙은 사법절차는 물론 행정절차에도 통용된다. **관계인의 청문**

42) 이에 대한 평석으로 김국현, 대법원판례해설 제75호(2008.12.), 650면 이하.

청구권은 법적으로 규정된 절차의 포기할 수 없는 구성요소이다.[43)]

(나) 헌법적 근거

A시장이 甲에 대해 실질이 사업시행자지정의 취소처분인 사업시행자지정의 거부처분을 함에 있어서 청문이나 공청회를 거치지 않았기에, 甲은 절차하자를 주장하고 나섰다. 일찍이 A시장과 甲이 도시계획사업의 시행과 관련하여 체결한 협약에 의하면, 소정의 사유가 발생한 경우에는 그 사유의 발생통지 및 시정기회의 부여 없이 곧바로 위 협약을 해지하고 사업시행자 지정을 취소할 수 있도록 규정하고 있다. 한편 하급심은 협약상의 이 규정을 들어 법 제22조 제4항 소정의 '당사자가 의견진술의 기회를 포기한다는 뜻을 명백히 표시한 경우'에 해당하기에, 청문의 실시 등 의견진술의 기회를 부여할 필요가 없다고 보았는데, 이처럼 협약을 통해 청문을 배제할 수 있는가? (대법원 2002두8350판결)

의견청취(광의의 청문)**의 헌법적 근거는 일반적인 헌법원리로부터 연역하여 검토하는 것이 바람직하다.** 청문권은 국가에 대하여 인간의 존엄을 존중하고 보호할 의무를 지우는 것의 당연한 방사(放射)에 해당한다. 나아가 행정의 예측가능성과 가시성을 제공함으로써 법치주의의 구현에도 이바지한다. 행정절차상의 청문이란 법치국가원리의 필연적인 결과에 해당한다. 결국 **실질적 정의를 지향하는 법치국가에서 의견청취는 실체적으로 타당한 결정을 발하기 위한 조건을 형성하는 데 기여한다. 그리하여 사안에 대한 완전하고 객관적인 조사를 통하여 타당한 결정을 발견케 함으로써, 절차관계인의 기본권을 실현하고 보호하는 데도 이바지한다.** 관련 법제도를 운용함에 있어 이런 헌법적 의의가 최대한 실현되도록 해야 한다. 판례 역시 의견청취의 배제·생략에 대해 정당하게 엄격한 입장을 견지한다. 행정청이 침해적 행정처분을 함에 즈음하여 청문을 실시하지 않아도 되는 예외적인 경우에 해당하지 않는 한 반드시 청문을 실시해야 한다(대법원 2000두3337판결; 2005두15700판결). 그리고 의견청취절차를 배제하는 내용의 협약이 체결되었다고 하여 청문실시에 관한 규정의 적용이 배제된다거나 청문실시하지 않아도 되는 예외적인 경우에 해당한다고 할 수 없다(대법원 2002두8350판결).

(2) 현행법상의 제도

(가) 제도의 체계

행정청이 처분을 함에 있어서 법이 정한 사유가 있는 경우에는 당사자등에게서

43) Forsthoff, S.228.

의견을 청취해야 하는데, **현행법상 의견청취의 방법으로는 청문, 공청회, 의견제출의 3가지가 있다.** 청문은 행정청이 어떠한 처분을 하기에 앞서 당사자등의 의견을 직접 듣고 증거를 조사하는 절차를, 공청회는 행정청이 공개적인 토론을 통하여 어떠한 행정작용에 대하여 당사자등, 전문지식과 경험을 가진 자 기타 일반인으로부터 의견을 널리 수렴하는 절차를, 의견제출은 행정청이 어떠한 행정작용을 하기에 앞서 당사자등이 의견을 제시하는 절차로서 청문이나 공청회에 해당하지 아니하는 절차를 말한다.

의견청취의 대상과 관련하여 논의할 점이 있다. 청문과 공청회의 경우 그 대상을 처분이라고 규정한 반면, 의견청취의 경우 대상은 당사자에 대한 부담적 처분으로 하면서 청취의 인적 범주는 이해관계인을 포함한 의미의 '당사자등'으로 규정하고 있기 때문이다. 후자에서의 '당사자등'의 규정이 입법상 과오인지 아니면 대상에서 벗어나 널리 이해관계인으로부터 의견을 구하기 위한 입법취지가 있는지가 밝혀져야 한다. 관련 자료의 미비로 역사적 해석을 강구하기 힘든 이상, 부득불 문언적, 목적론적, 체계적 해석을 통해 접근할 수밖에 없는데, 의견청취가 갖는 제도취지를 감안한 즉, 후자로 보는 것이 합리적이다. 다만 앞에서 본 대로, 이처럼 의견청취의 인적 범주를 확대한다고 하여 당연히 사전통지의 인적 범주의 확대로 나아갈 수 있는 것은 아니다.

(나) 청문절차의 주요 내용

i) **청문실시사유와 사전절차:** 다른 법령 등에서 청문을 실시하도록 규정하고 있는 경우와 행정청이 필요하다고 인정하는 경우에 청문을 한다(22조 1항 1호, 2호). 법개정(2022.1.12.)으로 인허가 등의 취소, 신분·자격의 박탈, 법인이나 조합 등의 설립허가의 취소의 경우에도 그러하다(22조 1항 3호). 과거와는 달리 청문신청이 요구되지 않는다. 청문을 실시하고자 할 때에는 청문이 시작되는 날부터 10일 전까지 청문의 일시·장소 등을 당사자 등에게 통지하여야 한다(21조 2항).

ii) **청문의 공개와 진행:** 당사자의 공개신청이 있거나 청문주재자가 필요하다고 인정하는 경우에는 청문을 공개할 수 있다. 다만 공익 또는 제3자의 정당한 이익을 현저히 해할 우려가 있는 경우에는 공개해서는 안 된다(30조). 청문은 청문주재자가 진행하는데. 당사자 등은 청문의 기일에 출석하여 의견을 진술하고 증거를 제출할 수 있으며, 참고인·감정인 등에 대하여 질문할 수 있다. 당사자 등이 의견서를 제출한 경우에는 그 내용을 출석하여 진술한 것으로 본다. 청문주재자는 청문의 신속한 진행과 질서유지를 위하여 필요한 조치를 할 수 있다(31조). 청문주재자는 신청 또는 직권에 의하여 필요한 조사를 할 수 있으며, 당사자 등이 주장하지 아니한 사실에 대하여도 조사할 수 있다. 또한 필요하다고 인정하는 때에는 관계행정청에 대하여 필요한 문서의 제출 또는 의견의 진술을 요구할 수 있으며, 이 경우 관계행정청은 직무수행상 특별한 지장이 없는 한 이에 응하여야 한다(33조).

iii) **청문조서의 작성 및 청문의 종결:** 청문주재자는 조사가 끝나면 일정한 사항이 기재된 청문조서를 작성하여야 한다. 당사자 등은 청문조서의 기재내용을 열람·확인할 수 있으며 이의가 있는 때에는 그 정정을 요구할 수 있다(34조). 청문주재자는 당해 사안에 대하여 당사자 등의 의견진술·증거조사가 충분히 이루어졌다고 인정되는 경우에는 청문을 마칠 수 있다. 청문주재자는 당사자 등의 전부 도는 일부가 정당한 사유 없이 청문기일에 출석하지 아니하거나 의견서를 제출하지 아니한 경우에는 이들에게 다시 의견진술 및 증거제출의 기회를 주지 아니하고 청문을 마칠 수 있다. 청문주재자는 당사자 등의 전부 또는 일부가 정당한 사유로 인하여 청문기일에 출석하지 못하거나 의견서를 제출하지 못한 경우에는 상당한 기간을 정하여 이들에게 의견진술 및 증거제출을 요구하여야 하며, 당해 기간이 경과한 때에 청문을 마칠 수 있다. 청문주재자는 청문을 마친 때에는 지체 없이 청문조서 기타 관계서류 등을 행정청에 제출하여야 한다(35조).

iv) **청문결과의 반영, 청문의 재개 및 비밀유지:** 행정청은 제출받은 청문조서 기타 관계서류 등을 충분히 검토하고 상당한 이유가 있다고 인정하는 경우에는 처분을 함에 있어서 청문결과를 반영하여야 한다(35조의2). 행정청은 청문을 마친 후 처분을 하기까지 새로운 사정이 발견되어 청문을 재개할 필요가 있다고 인정하는 때에는 제출받은 청문조서 등을 되돌려 보내고 청문의 재개를 명할 수 있다(36조). 누구든지 청문을 통하여 알게 된 사생활 또는 경영상이나 거래상의 비밀을 정당한 이유 없이 누설하거나 다른 목적으로 사용하여서는 아니 된다(37조 6항).

(다) 공청회의 주요 내용

i) **공청회실시요건 및 사전절차:** 행정청이 처분을 함에 있어서, 다른 법령 등에서 공청회를 개최하도록 규정하고 있는 경우와 당해 처분의 영향이 광범위하여 널리 의견을 수렴할 필요가 있다고 행정청이 인정하는 경우에 공청회를 개최한다(22조 2항). 공청회를 개최하고자 할 때에는 공청회 개최 14일 전까지 일정한 사항을 당사자 등에게 통지하고, 관보·공보 또는 일간신문 등에 공고하는 등의 방법으로 널리 알려야 한다(38조).

ii) **온라인공청회의 실시:** 행정청은 이상의 공청회와 병행하여서만 정보통신망을 이용한 공청회를 실시할 수 있다. 일정한 경우에는[44] 온라인공청회를 단독으로 개최할 수 있다. 행정청은 의견제출 및 토론 참여가 가능하도록 적절한 전자적 처리능력을 갖춘 정보통신망을 구

44) 1. 국민의 생명·신체·재산의 보호 등 국민의 안전 또는 권익보호 등의 이유로 제38조에 따른 공청회를 개최하기 어려운 경우, 2. 제38조에 따른 공청회가 행정청이 책임질 수 없는 사유로 개최되지 못하거나 개최는 되었으나 정상적으로 진행되지 못하고 무산된 횟수가 3회 이상인 경우, 3. 행정청이 널리 의견을 수렴하기 위하여 온라인공청회를 단독으로 개최할 필요가 있다고 인정하는 경우. 다만, 제22조 제2항 제1호 또는 제3호에 따라 공청회를 실시하는 경우는 제외한다.

축·운영하여야 하며, 또한 누구든지 정보통신망을 이용하여 의견을 제출하거나 제출된 의견 등에 대한 토론에 참여할 수 있다(38조의2).

iii) **공청회의 주재자 및 발표자의 선정:** 공청회의 주재자는 당해 공청회의 사안과 관련된 분야에 전문적 지식이 있거나 그 분야에서 종사한 경험이 있는 자 중에서 행정청이 지명 또는 위촉하는 자로 하며, 공청회의 발표자는 발표를 신청한 자 중에서 행정청이 선정한다. 다만 발표신청자가 없거나 공청회의 공정성 확보를 위하여 필요하다고 인정하는 경우에는 당해 공청회의 사안과 관련된 당사자등·관련된 분야에 전문적 지식이 있는 자·관련된 분야에서 종사한 경험이 있는 자 중에서 지명 또는 위촉할 수 있다(38조의3 1항, 2항). 행정청은 공청회의 주재자 및 발표자를 지명 또는 위촉하거나 선정함에 있어서 공정성이 확보될 수 있도록 해야 한다(3항).

iv) **공청회의 진행 및 결과의 반영:** 공청회의 주재자는 공청회를 공정하게 진행하여야 하며, 공청회의 원활한 진행을 위하여 발표내용을 제한할 수 있고, 질서유지를 위하여 발언중지, 퇴장명령 등 행정안전부장관이 정하는 필요한 조치를 할 수 있다. 발표자는 공청회의 내용과 직접 관련된 사항에 한하여 발표하여야 한다(39조). 행정청은 처분을 함에 있어서 공청회·온라인공청회 및 정보통신망 등을 통하여 제시된 사실 및 의견이 상당한 이유가 있다고 인정하는 경우에는 이를 반영하여야 한다(39조의2).

(라) 의견제출의 주요 내용

행정청이 당사자에게 의무를 과하거나 권익을 침해하는 처분을 함에 있어서 청문이나 공청회를 하지 않는 경우에는 당사자 등에게 의견제출의 기회를 주어야 한다(22조 3항). **일종의 약식의 청문절차인 셈인 의견제출은 의견청취제도의 최소한의 보장책이다.** 당사자등은 처분전에 서면·구술로 또는 정보통신망을 이용하여 의견제출을 할 수 있는데, 행정청은 당사자등이 구술로 의견제출을 한 때에는 서면으로 그 진술의 요지와 진술자를 기록하여야 한다. 당사자 등이 정당한 이유없이 의견제출기한 내에 의견제출을 하지 않은 경우에는 의견이 없는 것으로 본다(27조 1항, 3항, 4항). 행정청은 처분을 함에 있어서 당사자 등이 제출한 의견이 상당한 이유가 있다고 인정하는 경우에는 이를 반영하여야 한다(27조의2). **여기서의 반영은 참작의 의미이지 기속의 의미는 아니다**(대법원 95누30판결).

(3) 의견청취의 불실시사유 및 그것의 결정과정

유기장업을 운영하면서 손님에게 유기기구를 이용하여 사행행위를 하게 하였다고 하여, A 구청장이 1998. 12월경 甲에게 그 주소지 및 유기장업소로 두 차례에 걸쳐 청문통지서를 발송하였다. 수취인 부재 및 수취인 미거주를 이유로 청문통지서가 모두 반송되어 오자, A 구청장은 같은 해 12.28. 행정절차법 제14조 제4항의 규정에 따라 청문통지(예정된 청문일시: 1999.1.

21. 11:00)를 공고하였는데, 甲이 그 청문일시에 출석하지 아니하자, 청문을 실시하지 않은 채 1999.1.25. 甲에 대해 유기장업허가를 취소하는 처분을 하였다. 甲이 청문불실시를 문제 삼았지만, 하급심은 청문통지서가 두 차례에 걸쳐 반송되어 온 것은 피고가 청문을 실시하지 않아도 되는 행정절차법 제21조 제4항 제3호의 사유에 해당한다고 판단하였다. 판례상으로 최종적으로 어떤 판단이 내려졌는가? (대법원 2000두3337판결)

(가) 의견청취의 불실시사유

법령에 의해 의견청취가 요구되거나 행정청이 그것의 실시가 필요하다고 인정하더라도, i) 공공의 안전 또는 복리를 위하여 긴급히 처분을 할 필요가 있는 경우, ii) 법령 등에서 요구된 자격이 없거나 없어지게 되면 반드시 일정한 처분을 하여야 하는 경우에 그 자격이 없거나 없어지게 된 사실이 법원의 재판 등에 의하여 객관적으로 증명된 때, iii) 당해 처분의 성질상 의견청취가 현저히 곤란하거나 명백히 불필요하다고 인정될만한 상당한 이유가 있는 경우, iv) 당사자가 의견진술의 기회를 포기한다는 뜻을 명백히 표시한 경우에는 의견청취를 하지 않을 수 있다(22조 4항).

(나) 의견청취실시여부결정의 논증과정

현행법상 의견청취의 실시 여부는 절차재량에 속한다. 절차재량행사의 과정이 매우 중요하다. 왜냐하면 법령등이 청문이나 공청회의 실시를 규정하더라도 이상의 의견청취 불실시사유에 해당하면 행정청은 나름의 판단으로 의견청취를 생략할 수 있기 때문이다. 따라서 당사자의 의견존중의 관점에서 규정된 iv)를 제외한 다른 불실시사유와 관련해서는 절차재량행사의 관점에서 세심한 논증이 필요하다.[45] 우선 1단계에서는 의견청취가 없어도 무방한 구성요건적 징표(이상의 i), ii), iii)의 사유)나 그에 비견될 수 있는 사정이 제시되어 있는지 여부를 심사해야 한다. 그 다음 2단계에서는 그럼에도 불구하고 구체적 사건의 특수한 사정에 비추어 청문이 전체적으로나 종국적으로 필요하지는 않는지 여부를 심사해야 한다.[46] 따라서 비록 법정의 불실시사유가 존재한다 하더라도 2단계에서 청문의 필요성이 시인된다면, 다시 말해 청문을 실시하지 않는 것이 정당화되지 못한다면, 행정청은 의견청취를 해야 할 것이다. 이상과 같이 양 단계로 구분하여 심사한 결과 소정의 불실시사유에 해당됨으로써 일반적으로는

45) 행정청이 청문이 필요하다고 인정하여 절차를 개시한 경우 불실시사유 가운데 i), ii), iii)은 통용되지 않고, 오로지 iv)만이 통용될 수 있다. 하지만 실은 그 필요성여부의 판단에 i), ii), iii)이 포함된다.

46) 두 번째 단계를 생략하여 첫 번째 단계나 세 번째 단계에 합쳐 논증하는 것도 무방하다. 여기선 의견청취제도의 본지를 최대한 유지하기 위해 애써 구분하고자 한다. 이에 대한 상세는 김중권, 행정자동절차에 관한 법적 고찰, 226면 이하.

물론 구체적인 개개사건의 사정하에서 청문이 필요하지 않다면, 행정청은 성실한 재량에 따라 모든 사정, 특히 의견청취의 목적 및 그것과 관련하여 대립할 수 있는 公益과 私益을 고려하여, 그럼에도 불구하고 청문이 행해져야 하는지 아니면 청문을 제외해도 무방한지 여부에 대해서 결정을 내려야 한다. 이것이 3단계에 해당하는데, 여기서는 결국 절차재량이 문제된다. 실체법의 영역에서와 마찬가지로 절차형성적인 재량을 행사할 경우에도 재량의 한계를 넘어서는 아니 된다. 행정은 수권의 목적에 적합하도록 재량을 행사해야 한다. 따라서 담당공무원이 개인적 동기에 이끌려서 의견청취불실시를 결정해서는 아니 된다. **의견청취의 헌법적 근거에 비추어 불실시사유는 좁게 해석되어야 하고, 재량 역시 제한적으로 행사되어야 한다.**

(다) 침해적 행정처분에 대한 원칙적인 청문강제의 반대측면

침해적 행정처분에 대한 원칙적인 청문강제를 표방한 판례의 태도(대법원 2000두3337판결; 2005두15700판결)**는 바람직하다.** 이런 청문강제의 반대 측면을 주목할 필요가 있다. 의견청취불실시사유의 iii)의 사유와 관련해서, 판례는 "여기에서 말하는 '의견청취가 현저히 곤란하거나 명백히 불필요하다고 인정될 만한 상당한 이유가 있는지 여부'는 당해 행정처분의 성질에 비추어 판단해야 하는 것이지, 청문통지서의 반송 여부, 청문통지의 방법 등에 의하여 판단할 것은 아니며, 또한 행정처분의 상대방이 통지된 청문일시에 불출석하였다는 이유만으로 행정청이 관계 법령상 그 실시가 요구되는 청문을 실시하지 아니한 채 침해적 행정처분을 할 수는 없다."고 판시하였다(대법원 2000두3337판결). 현행법해석의 차원(de lege lata)에서 보면 판례의 태도는 타당하지만, 절차참여자의 협력책무의 차원에서 보면 다른 평가가 내려질 수 있다. 입법정책의 차원(de lege ferenda)에서 절차참여자가 청문불출석과 같은 협력책무를 저버릴 경우나 사정상 의견청취가 현저히 곤란하거나 명백히 불필요한 경우에는 의견청취를 생략할 수 있는 제도적 개선이 필요하다.

(4) 의견청취적용대상의 문제

(가) 거부처분, 비처분적 행정작용 등의 문제

거부처분과 제3자효 행정행위에서의 의견청취 문제는 앞에서의 사전통지에서의 논의가 접목될 수 있다. 다만 공청회의 개최에는 당사자성의 문제가 제기되지 않기에, 제3자효 행정행위의 경우엔 상황에 따라서는 전향적으로 나아갈 수 있다. 그런데 **법률이 처분을 의견청취대상으로 규정하기에, 행정처분이 아닌 (행정상 입법예고, 행정예고,**

행정지도를 제외한) 행정작용, 가령 기타의 고권적 조치의 경우에 그것이 유추적용될 수 있는지가 문제된다. 의견청취제도가 일반법원칙에 바탕을 둔 것인 점에서 적극적으로 보아야 한다. 따라서 기본권개입이 인정될 수 있는 경우에는 -의견청취의무를 성립시키는- 의견청취청구권이 성립하는 것으로 볼 수 있다. 가령 정보제공작용인 경고가 이에 해당한다.[47] 행정의 사법적 활동과 관련해서, 급부행정의 범주에서 행하는 일방적인 형성권(해지, 취소, 해제)은 행정사법론에 따라 공법적 구속의 지배를 받는데, 여기서도 청문을 하는 것이 바람직하다(본서 547면). 하지만 순전히 국고적 활동이나 공법계약의 체결의 경우에는 당사자가 계약협상의 방법으로 자신의 관심사를 반영시킬 수 있기에 청문요구를 인정하는 것은 바람직하지 않다.

(나) 특히 법령에서 청문이 요구되지 않는 경우의 문제

구 건축사법 제28조 및 같은법시행령(대통령령 제9183호, 1980.5.26 같은령 제9878호로 개정된 것까지) 제30조에 의하면 건축사사무소의 개설자가 건축사법 또는 건축법에 의한 명령이나 처분에 위반한 때에는 건축사사무소의 등록을 취소하거나 일정한 기간을 정하여 사무소의 폐쇄를 명할 수 있고, 건축사사무소의 등록취소 및 폐쇄처분에 관한 규정(1979.9.6 건설부훈령 제447호) 제9조에 의하면 건축사사무소의 등록을 취소하고자 할 때에는 미리 당해 건축사에 대하여 청문을 하거나 필요한 경우에 참고인의 의견을 들어야 한다. 그런데 청문절차를 거치지 않고 내린 건축사 사무소등록 취소처분에 대해 법원은 어떤 판단을 내렸는가? (대법원 82누166판결)

현행법상 법령에서 청문이 요구되지 않는 경우에 청문실시여부는 실시필요성에 관한 행정청의 인정에 전적으로 따른다. 이런 맥락에서 판례는 청문을 규정한 구 건축법 제86조가 동법 제79조에 따른 허가 등의 취소만을 규정한 점을 들어 동법 제11조 제7항 규정에 의한 허가취소의 경우에는 허가권자는 청문을 반드시 실시할 필요는 없다고 판시하였다(대법원 2003두13090판결). 판례의 이런 태도는 청문실시필요성에 관해 행정청의 나름의 판단여지를 인정하는 셈이긴 하나, 청문실시필요성에 관한 행정청의 판단을 무비판적으로 수긍할 것 같으면 자칫 청문실시여부가 전적으로 법령상의 규정여하에 좌우될 우려가 있다. 사실상 절차보호의 공백이 존재하게 된다. 청문요부를 사실상 법령의 근거규정에 전적으로 의거하게 한 종전의 입장이(대법원 93누18969판결 등) 행정절차법제정의 의미를 간과한 채 변함없이 유지된 것이다. 그런데 이제 **법개정을 통해 인·허가의 취소 등과**

47) Pünder, in: Ehlers/Pünder, §14 Rn.34.

같은 침익적 처분에 청문이 강제되기에 이상의 판례의 태도는 더 이상 유지될 수 없다.

침익적 행정처분에 대한 원칙적인 청문강제를 표방한 판례의 태도(대법원 2000두3337판결; 2005두15700판결)가 청문실시여부의 재량의 차원을 넘어 청문실시필요성의 차원에서도 관철될 필요가 있다.[48] 특히 청문생략사유(21조 4항 3호; 22조 4항 3호)와 관련해서 그것에 대한 이유제시가 요구되지 않는 이상, 행정청의 적극적인 소명이 요구된다(서울고법 2020누38579판결). 판례도 정당하게 엄격한 태도를 보인다. 즉, 처분상대방이 이미 행정청에 위반사실을 시인하였다거나 처분의 사전통지 이전에 의견을 진술할 기회가 있었다는 사정을 고려하여 판단할 것은 아니다(대법원 2002두8350판결 등).

4. 의견제출 · 청문절차에서의 문서열람

(1) 의 의

당사자 등은 의견제출의 경우에는 처분의 사전 통지가 있는 날부터 의견제출기한까지, 청문의 경우에는 청문의 통지가 있은 날로부터 청문이 끝날 때까지 행정청에 대하여 당해 사안의 조사결과에 관한 문서 기타 당해 처분과 관련되는 문서의 열람 또는 복사를 요청할 수 있다. 그리고 이 경우 행정청은 다른 법령에 의하여 공개가 제한되는 경우를 제외하고는 이를 거부할 수 없다(37조 1항).

즉, 당사자는 의견청취절차에서 문서열람(복사)권을 갖는다. 이 문서열람은 의견청취절차(의견제출 · 청문)를 시행하기 위한 전제조건이다. **문서열람은 행정절차법이 아닌 개별법(예: 국토계획법 16조 4항 등)은 물론, 일반법격인 행정정보공개법에서도 규율되고 있다(본서 586면). 정보공개법에 따른 정보공개청구권이 일반적 성격을 갖는 것과는 달리, 의견청취를 전제로 한 여기서의 문서열람은 개별적 정보공개청구권이다. 문서열람 규정은 알권리를 매개로 헌법적 토대를 갖는 법원칙을 구체화한 것이다.** 따라서 기본권개입이 문제되는 경우에는 행정행위의 발급을 목표로 하지 않는 절차에도 유추적용되어야 한다.[49] 청문의 경우처럼 문서열람권은 행정의 행정사법작용에 나설 경우에도 성립한다고 볼 수 있으며, 다만 단순한 경제적 활동의 경우에는 그렇지 않다, 왜냐하면 여기서는 행정청이 기본권적 지위에 개입한다고 볼 수 없기 때문이다.

---

48) 그런데 과거 판례는 개별법률이 아닌 행정규칙의 차원에서 규정된 청문절차를 거치지 않은 행정행위에 대해, 훈령위반의 효과에 관한 논증을 하지 않은 채 위법이라 판단하였다(대법원 82누166판결). 그러나 이와 모순되게 대법원 84누350판결은, 구 자동차운수사업법 제31조 등의 규정에 의한 면허취소규칙(부령)의 경우에는 동 규칙의 성질이 행정청 내부의 사무처리준칙을 규정한 것에 불과하여 동 규칙상의 청문을 하지 않았더라도 처분이 이에 위반되는 것이라고 하더라도 위법의 문제는 생기지 않는다고 판시하였다. 상론: 김남진, 행정판례연구 제1집(1992), 87면 이하.

49) Pünder, in: Ehlers/Pünder, §14 Rn.42.

(2) 문서열람의 요건, 대상과 방식

의견청취절차를 전제로 하는 이상, 이 절차에 참여한 자에게만 문서열람(복사)권이 인정된다. 열람복사의 대상은 당해 사안의 조사결과에 관한 문서 기타 당해 처분과 관련되는 문서이다. 여기서의 문서는 「행정업무의 효율적 운영에 관한 규정」 제3조 제1호의 공문서를 말한다(시행령 20조 3항).[50] 처분과 관련성이 있는 한, 다른 행정청의 문서 역시 행정응원의 방법을 통해 열람이 가능하다. 하지만 오로지 문서열람의 목적을 위해 다른 행정청의 일정한 문서의 송부에 관한 청구권은 존재하지 않는다. 한편 처분의 초안이나 준비작업문건 등은 효과적이고 능률적인 임무이행을 위해 열람대상이 되지 않는다. 하지만 행정청 스스로 이들의 열람을 허용하는 것은 당연히 가능하다. 한편 문서열람은 시간적으로 절차진행중에만 허용되는데, 절차진행이 생략이 되어 문서열람이 전혀 불가한 자동적 처분에서는 문서열람제도가 아무런 기능을 하지 못한다. 자동적 처분의 도입에 따라 정보공개법에 따른 정보공개의 대응과는 별도로 불가쟁력이 발생하기 전에 사후적 문서열람이 가능하도록 법개정이 필요하다.[51]

열람·복사의 요청은 문서로 하여야 하되, 전자적 형태로 열람을 요청하는 경우 행정청은 당사자등의 요청에 응하는 것이 현저히 곤란한 경우가 아닌 한 전자적 형태로 열람할 수 있도록 하여야 한다. 다만, 청문일에 필요에 의하여 문서를 열람 또는 복사하고자 하는 경우에는 구술로 요청할 수 있다(시행령 20조 1항). 문서열람은 열람권자에게 기대가능한 조건하에 문서채비를 통해 문서에 대한 접견의 기회를 줌으로써 이루어진다. 여기에 설명에 관한 청구권은 성립하지 않는다. 한편 행정청은 복사에 따른 비용을 요청한 자에게 부담시킬 수 있다(법 37조 5항). 그리고 누구든지 의견제출 또는 청문을 통하여 알게 된 사생활이나 경영상 또는 거래상의 비밀을 정당한 이유 없이 누설하거나 다른 목적으로 사용하여서는 아니 된다(법 37조 6항).

(3) 문서열람복사거부

행정청은 다른 법령에 의하여 공개가 제한되는 경우에는 열람복사를 거부할 수 있는데, 정보공개법상의 비공개대상정보(9조 1항 단서)가 이에 해당한다. 열람복사거부에는 반드시 그 이유의 소명이 따라야 한다. 거부요건은 당연히 司法的으로 완전한 심사의 대상이 된다. 거부요건에 해당하는 경우에도, 열람복사가 금지되는 것은 아니며, 행정

---

50) 공문서란 행정기관에서 공무상 작성하거나 시행하는 문서(도면·사진·디스크·테이프·필름·슬라이드·전자문서 등의 특수매체기록을 포함한다)와 행정기관이 접수한 모든 문서를 말한다.

51) Siegel, DVBl 2020, 557.

청 스스로 열람복사를 허용할 수 있다. 행정절차법은 정보공개법과는 달리 부분공개에 관해 언급하지 않지만, 당연히 분리시켜 열람시킬 수 있으되, 공개제한에 대한 이유를 소명하여야 한다(3항). 그런데 분리열람의 인정은 문서열람제도에서 매우 중요하다. 비공개사유가 전체 문서내용에 관계해야만 비로소 열람이 완전히 거부된다고 하면, 당사자의 문서열람요청이 완전히 좌절되는 경우란 매우 드물게 된다. 문서열람복사의 거부는 절차적 하자이다(대법원 2015두44028판결). 이 거부는 정보공개의 거부와는 달리 독립된 처분이 될 수 없고 본안처분의 위법성을 공박하는 데 동원될 수 있을 뿐이다.[52]

5. 다른 행정청의 협력

(1) 다른 행정청의 협력권

행정절차법은 다수의 행정청이 관여하는 처분을 구하는 신청을 접수한 경우에 행정청으로 하여금 관계 행정청과의 신속한 협조를 통하여 당해 처분이 지연되지 아니하도록 하여야 한다고 규정할 뿐이다(18조). 결정권을 갖는 소관 행정청 이외에 다른 행정청이나 행정주체가 행정절차에 참여할 수 있는지 여부 및 어느 범위에서 참여할 수 있는지는 개별법에 의해 정해진다. 다른 행정청의 미약한 형태의 협력인, 협조, 조언, 의견청취, 견해표명은 그 자체가 비구속적이고 조언적(자문적) 영향을 미친다.

다수의 행정청이 함께 협력한 가운데 발급되는 다단계적 행정행위는 다른 행정청의 동의를 필요로 하는 경우에 국한해서 인정해야 한다. 구속성을 지닌 여기서 동의는 위계관계를 전제로 하여 사용하는 본래의 동의만이 아니라, 대등한 관계에서의 협력을 의미하는 의견일치(합의)도 포함한다. 다른 행정청의 의사표명을 배척할 수 없다. 설령 다른 행정청의 동의거절이 위법이라 여겨지더라도 소관 행정청은 그 不同意에 구속된다. 만약 소관 행정청이 다른 부서의 제시된 협력(부동의)을 무시하고 발한 행정행위는 당연히 절차하자로 위법하게 된다. 물론 그 필요한 협력은 −협력의 목적이 결정이전에 게재시켜야 비로소 달성될 수 있는 경우가 아니라면− 추완될 수 있다. 한편 개별법에서 구체적인 동의나 허가에 갈음하여 포괄적인 협력을 뜻하는 '협의'가 많이 사용되기에 그것의 의미를 파악하는 것이 관건이 되고 있다(본서 259면 이하).

52) Stelkens/Bonk/Sachs, §29 Rn.86ff.

(2) 행정응원의 범주에서의 협력

행정청은 행정의 원활한 수행을 위하여 서로 협조해야 하며, 업무의 효율성을 높이고 행정서비스에 대한 국민의 만족도를 높이기 위하여 필요한 경우 행정협업의 방식으로 적극적으로 협조해야 한다(10조 1항, 2항). 행정청은 일정한 경우[53]에는 다른 행정청에 행정응원을 요청할 수 있다(8조 1항).[54] 행정의 조직상의 분화와 세분화로 인해 행정임무가 비경제적으로 수행되는 것을 저지하기 위해, 직무응원은 의무이다. 즉, 다른 행정청이 더 능률적이거나 경제적으로 응원할 수 있는 명백한 이유가 있는 경우나 행정응원으로 인하여 고유의 직무수행이 현저히 지장받을 것으로 인정되는 명백한 이유가 있는 경우에 해당하지 않는 이상, 행정응원을 요청받은 행정청은 요청에 응해야 한다(2항). 명문규정은 없지만, 요청받은 행정청이 법적 이유(특히 비밀유지의무)에서 보조할 수 없거나 공공복리에 현저한 불이익이 초래될 법한 경우에는 요청을 거절해야 한다.[55]

여기서의 행정응원은 가령 정보제공, 문서의 전달, 증명서의 발급이나 법집행·강제집행의 원조 등이 해당된다. 하지만 행정임무의 완전한 인수, 지시관계에서의 보조지원, 요청을 받은 행정청에 대해 고유한 임무로 과해진 것은 행정응원에 해당하지 않는다. 행정응원을 위하여 파견된 직원은 응원을 요청한 행정청의 지휘·감독을 받는다. 다만, 당해 직원의 복무에 관하여 다른 법령등에 특별한 규정이 있는 경우에는 그에 의한다(5항). 행정응원에 소요되는 비용은 응원을 요청한 행정청이 부담하며, 그 부담금액 및 부담방법은 응원을 요청한 행정청과 응원을 행하는 행정청이 협의하여 결정한다(6항).

Ⅳ. 행정절차의 종료

1. 처분의 방식

효과적이고 능률적인 임무이행에 맞춰 행정행위는 문서로, 전자식으로, 구술 기타의 방식으로 발해질 수 있다. **법적 명료성, 증명용이, 행정청의 규정에 맞는 문서기록의**

53) 1. 법령등의 이유로 독자적인 직무수행이 어려운 경우, 2. 인원·장비의 부족등 사실상의 이유로 독자적인 직무수행이 어려운 경우, 3. 다른 행정청에 소속되어 있는 전문기관의 협조가 필요한 경우, 4. 다른 행정청이 관리하고 있는 문서(전자문서를 포함한다. 이하 같다)·통계 등 행정자료가 직무수행을 위하여 필요한 경우, 5. 다른 행정청의 응원을 받아 처리하는 것이 보다 능률적이고 경제적인 경우.
54) 행정응원에 관한 상론은 김수진, 공법연구 제36집 제2호(2007.12.), 187면 이하.
55) Pünder, in: Ehlers/Pünder, §14 Rn.62.

이유에서 서면형식의 요청이 비롯되는데, 공법행위에선 달리 규정하지 않는 한, 서면형식의 요청이 원칙이다. 즉, 행정청이 처분을 하는 때에는 다른 법령등에 특별한 규정이 있는 경우를 제외하고는 문서로 하여야 하며, 당사자등의 동의가 있는 경우나 당사자가 전자문서로 처분을 신청한 경우에는 전자문서로 할 수 있다(24조 1항). 공공의 안전 또는 복리를 위하여 긴급히 처분을 할 필요가 있거나 사안이 경미한 경우에는 말, 전화, 휴대전화를 이용한 문자 전송, 팩스 또는 전자우편 등 문서가 아닌 방법으로 처분을 할 수 있다. 이 경우 당사자가 요청하면 지체 없이 처분에 관한 문서를 주어야 한다(2항). **소방서장의 구술의 시정보완명령을 무효로 판시하였듯이(대법원 2011도11109판결), 판례상으로 서면형식의 요청은 매우 엄격히 견지되고 있다.**

일반문서나 전자문서에 의한 행정행위에서 그것을 발한 행정청이 분명해야 한다는 요청은, 서면형식의 요청에 따른 행정행위의 최소한의 형식요청이다. 처분을 하는 문서에는 처분행정청 및 담당자의 소속·성명과 연락처(전화번호·팩스번호·전자우편주소 등을 말한다)를 기재하여야 한다(3항). 전자문서가 나타내듯이, 전자식 행정행위는 구술에 의한 행정행위보다는 문서에 의한 행정행위의 일종이다. **음성정보서비스(ARS)가 일상화되어, 구술에 의한 행정행위가 자동응답장치를 활용하여 행해질 수 있거니와, 스마트폰시대에는 문면의 제공까지 가능하기에, 종래의 처분방식은 급격히 탈바꿈하고 있다.**

2. 처분의 이유제시

행정청이 1978.12.11 제4종 복합비료에 대한 생산판매업의 허가를 받은 甲에 대해, 변경된 비료공정규격에 따른 비료생산허가를 받도록 지시하였는데 그 허가를 받지 아니한 점, 휴업기간만료 이후 무단으로 휴업한 점, 바뀐 비료공정규격에 따른 허가를 받지 아니하고 비료를 생산 판매한 점을 들어 구 비료관리법상의 허가를 취소하였다. 그런데 허가취소처분통보서에는 비료관리법 제14조 제1호(이 법 또는 이 법에 의한 명령에 위반한 때) 및 제3호(1년 이상 그 영업을 휴업한 때)에 의하여 이 사건 비료생산업허가를 취소한다고 되어 있을 뿐 구체적인 허가취소사유를 적시하지 않았다. 이 허가취소처분은 어떤 문제가 있는가? 당시 비료관리법 제14조는 허가취소사유만을 규정하고 있다. (대법원 82누551판결)

(1) 의 의

이유제시의 원칙이라는 용어는, 그것이 오늘날에 있어 요식행위의 일반적인 범주라는 점을 여실히 나타내고 있다. 역사적으로 보면, 이유제시의 강제는 사법분쟁에 대한 법원의 판결에서 먼저 실시되었다. 그러나 행정법학적 견지에서는 동 원칙은 독일의 경우에도 기본법시행 직후에는 입법적으로 크게 고려되지 않았다. 가령 W. Jellinek는 행정법적으로 동원칙을 실시할 아무런 이유가 없다고 지적하였다. 반면 Forsthoff는 이유제시가 현대행정의 가장 중요한 도구의 하나라고 보았는데, 결국 그의 관점이 하나의 원칙으로 완성되어 독일 행정절차법에 수용되었다.

이유제시에 관한 특별한 법령상의 요구가 없음에도 불구하고, **대법원 82누551판결이**[56] **행정절차법의 제정**(1996.12.31.)**보다 훨씬 이전에**(1984.7.10.) **이유제시원칙을 수립한 것은 큰 의미를 갖는다.** 판례의 법형성기능을 실증적으로 보여준다. 나아가 설령 부가가치세법과 같이 개별 세법에서 납세고지에 관한 별도의 규정을 두지 않은 경우라 하더라도 해당 본세의 납세고지서에 국세징수법 제9조 제1항이 규정한 것과 같은 세액의 산출근거 등이 기재되어 있지 않다면 그 과세처분은 위법하다고 본다(대법원 2010두12347전합판결).

(2) 이유제시의 기능

관련규정을 적용. 해석하기 위해서는 다음과 같은 이유제시의 여러 기능을 명확히 인식해야 한다. i) 분쟁제거기능: 수범자 등은 이유제시를 통해서 당해 행정행위의 사실적. 법적 이유의 정당성을 용이하게 알 수 있다. 행정행위가 납득할 수 있게 발해졌다면 수범자는 그것을 그대로 받아들일 것이고(당사자만족기능, 설득기능), 결과적으로 쟁송의 가능성이 경감된다. ii) 권리보호기능: 이유제시가 분쟁제거기능을 다하지 못하여 수범자가 당해 행정행위에 대하여 의문을 품을 경우, 그는 이유제시를 통해 행정쟁송에 의해 자신의 권리보호를 관철할 수 있는 가망성이 있는지 여부와 가망성의 정도를 명확히 알게 된다. 그리하여 그는 권리구제를 실효성있게 강구할 수 있다. iii) 명확화기능: 이유제시는 당해 행정행위의 기초가 되는 사실적. 법적 이유를 신뢰할 수 있도록 확실히 제시함으로써, 후일에 발생할지 모르는 분쟁에서 쟁점거리를 제한·확정한다. 아울러 법학적으로 중요한 사고과정이 간격이 없이 행해진다. iv) 자율적 통제기능: 이유제시가 강제되면, 처분청은 실정법을 심사숙고하여 그에 바탕을 두지 않을 수 없다. 따라서 제반사정을 충분히 고려하지 않고서 행한 적당한 결정이나 상급기관이나 법원에 전가하는 식의 감정에 사로잡힌 결정은 이유제시에 의해서 방지될 수 있다.[57]

56) 대법원 82누551판결: 허가의 취소처분에는 그 근거가 되는 법령과 처분을 받은 자가 어떠한 위반사실에 대하여 당해처분이 있었는지를 알 수 있을 정도의 위 법령에 해당하는 사실의 적시를 요한다고 할 것이고 이러한 사실의 적시를 흠결한 하자는 그 처분 후 적시되어도 이에 의하여 치유될 수는 없다.

57) Lücke는 이런 기능 말고도 기본법을 바탕으로 하여 내용의 정확성담보기능, 결정명령기능, 부담경감

(3) 이유제시의무 및 그 면제

법률은 -부담적 처분에 국한하지 않고- 일단 처분 전반에 대한 이유제시의무를 전제하면서, 면제사유로 i) 신청내용을 모두 그대로 인정하는 처분인 경우, ii) 단순 반복적인 처분 또는 경미한 처분으로서 당사자가 그 이유를 명백히 알 수 있는 경우, iii) 긴급을 요하는 경우를 든다(23조 1항).

일반처분이나 시험결정에서의 이유제시가 문제될 수 있다. 입법정책적 차원의 물음과는 별도로 현행법하에서 면제사유란 제한적으로 다뤄져야 하기에 적극적으로 볼 수밖에 없다. 면제사유에 해당하더라도, 행정당국은 필요하다고 여겨서 이유제시를 할 수도 있다. 법률은 이유제시면제의 일정한 경우에 이유제시청구권을 인정한다. 단순 반복적인 처분 또는 경미한 처분으로서 당사자가 그 이유를 명백히 알 수 있는 경우와 긴급을 요하는 경우에는 처분 후 당사자가 요청하면 그 근거와 이유를 제시하여야 한다(2항).58)

(4) 이유제시의 내용 및 정도

> A세무서장이 증여세 초과환급금의 반환을 청구하기 위해 국세징수법의 규정에 따른 납세고지서를 甲에게 발부하였는데, 납세고지서에는 '세액산출근거'란에 "과다환급"이라고 기재되어 있고, '안내말씀'란에 "국세청 종합감사 지적사항으로 물납 비상장주식 현금 환급시 1주당 가액 적용 오류로 인하여 과다환급된 부분의 회수결정, 고지 건입니다."라고 기재되어 있다. 甲은 납세고지서에 국세기본법 제51조 제7항과 같은 근거규정을 적시하지 아니한 점과 초과환급금 액수의 구체적 계산내역을 기재하지 아니한 점을 들어 이유제시상의 하자를 주장한다. 이 주장은 주효하는지? (대법원 2013두17305판결)

(가) 내 용

결정을 뒷받침하는 중요한 사실적 이유와 법적 근거를 알려야 한다. 행정기본법 제21조에 견주어 재량결정에서의 이유제시는 행정청이 재량행사시에 근거로 삼았던 관점 역시 알 수 있게 해야 한다. 이것은 판단여지를 행사하는 경우에도 마찬가지이다. 이유제시는 형식에 사로잡힌 일반적 서술로 끝나선 아니 되고, 구체적 경우를 목표로 삼아야 한다. 법적, 사실적 근거가 서술되어야 하기에, 결정에 중요한 사안이 설명되어야 하고 법적으로 평가되어야 한다. 그리고 부관의 부가와 관련해서 행정청은 어떤 이유에

기능, 합의기능 등을 든다. Lücke, Begründungszwang und Verfassung 1987, 50ff.

58) 특기할 점은 독일의 경우 일반행정절차법에는 이런 이유제시청구권을 두고 있지 않지만, 생존배려의 의미를 반영한 독일 사회행정절차법은 두고 있다(제35조 ③).

서 그것이 필요한지, 왜 해당 부관이 선택되었는지를 설득력 있게 설명해야 한다. 그 전제로 어떤 부관인지를 분명히 나타낼 필요가 있다(본서 429면).

(나) 정 도

이유제시 요청의 이행여부는 사안과 법상황의 복잡성에 특히, 행정행위가 보호되는 법적 지위(가령 기본권)를 제약하는지 여부 및 그 정도에 좌우된다. **처분의 근거가 된 당해 법령 및 조항과 함께 법률요건의 해당사실 및 그것의 포섭과정을 수범자가 처분경위를 알 수 있을 정도로 들면 족하다.** 즉, 처분상대방이 처분의 존재와 그 근거와 경위를 −비록 구체적이고 상세하지 않더라도− 불복하여 행정구제절차로 나아가는 데 별다른 지장이 없다고 인정될 정도로 충분히 알 수 있을 정도가 되어야 한다.[59] **요구된 이유제시가 충분한지 여부는 궁극적으로 이유제시의 기능 가운데 특히 설득기능과 권리구제기능이 제대로 발휘되었는지 여부에 좌우된다.**[60]

(다) 판례의 태도

이유제시 요청에 관한 리딩판결인 대법원 82누551판결; 86누788판결은[61] **판례상으로 이제까지도 통용되는 몇 가지 점을 담고 있다:** i) 이유제시에 관한 주관적 차원에서의 정도는 궁극적으로 수범자의 인식가능성여하에 귀착된다는 점, ii) 이유제시의 시간적 기준이 처분시점이라는 점, iii) 수범자가 처분당시 처분의 취지를 알고 있었다거나 그 후 알게 되었다고 하더라도 이유제시상의 하자는 치유될 수 없다는 점. 다만 객관적 차원에서의 이유제시의 정도를 판단하기도 한다. 즉, "일반적으로 당사자가 근거규정 등을 명시하여 신청하는 인허가 등을 거부하는 처분을 함에 있어 당사자가 그 근거를 알 수 있을 정도로 상당한 이유를 제시한 경우에는 당해 처분의 근거 및 이유를 구체적 조항 및 내용까지 명시하지 않았더라도 그로 말미암아 그 처분이 위법한 것이 된다고 할 수 없다."(대법원 2000두8912판결).[62] 그리고 행정처분에 있어 수개의 처분사유 중 일

59) 계획변경신청에 대한 거부처분의 경우, 인용처분이 법령 위반이라거나 종전 계획을 변경할 사정변경이 인정되지 않는다는 등 거부의 실질적인 이유를 당사자가 알 수 있도록 했어야 하고, 아무런 실질적인 내용 없이 단순히 신청을 불허한다는 결과만을 통보한 것은 위법하다(대법원 2016두44186판결). 어떠한 거래행위로 인하여 면허취소처분을 받았는지 알 수 없게 되어 있다면 그 처분은 위법하다(대법원 90누1786판결).

60) 참고문헌: 조해현, 행정판례연구 제8집(2003.12.), 123면 이하.

61) 취소처분의 근거와 위반사실의 적시를 빠뜨린 하자는 피처분자가 처분당시 그 취지를 알고 있었다거나 그 후 알게 되었다고 하여도 이로써 치유될 수는 없다.

62) 동지: 대법원 2013두17305판결: 납세고지서에 기재된 문언 내용 등에 비추어 납세의무자가 개별 세법에 근거한 부과처분이나 그 세액의 징수에 관한 징수처분과 구별되는 초과환급금의 환수처분이라는 점과 환수를 요하는 구체적인 사유 등을 알 수 있을 정도라면, 초과환급금의 반환을 구하는 납세고지

부가 적법하지 않다고 하더라도 다른 처분사유로 처분의 정당성이 인정되는 경우에는 처분을 위법하다고 할 수 없다(대법원 2013두963판결). 하지만 하나의 납세고지서에 의하여 복수의 과세처분을 함께 하는 경우에는 과세처분별로 그 세액과 산출근거 등을 구분하여 기재함으로써 납세의무자가 각 과세처분의 내용을 알 수 있도록 해야 한다(대법원 2011두12347전합판결).

이유제시상의 하자여부를 판단함에 있어 판례는 바람직하게도 맥락적 접근을 강구한다(본서 346면 이하).[63] 처분서에 불확정개념으로 규정된 법령상의 허가기준 등을 충족하지 못하였다는 취지만을 간략히 기재한 경우, 소송절차에서 행정청은 구체적인 처분사유를 분명히 해야 한다(대법원 2019두45579판결; 2018두49796판결).

(5) 절차행위(가령 의견청취불실시)에서의 이유제시 문제

열람복사요청에 대한 거부의 경우 반드시 그 이유를 소명하여야 한다(37조 3항). 반면 청문을 비롯한 의견청취와 관련해서는 그것의 불실시의 이유제시에 대해 아무런 언급이 없다. 따라서 이유제시 요청의 대상이 실체작용에 국한하는지 아니면 절차작용도 포함하는지가 다투어질 수 있다. 근거규정의 표제가 '처분의 이유제시'이고 본문에서도 '처분을 하는 때'라고 규정하고 있기에, 문언적 해석만으론 전자의 입장이 타당하다. 하지만 의견청취를 하지 않으면서 그에 대한 이유제시가 없다면, 관계인은 의견청취의 불실시가 과연 옳은지 여부를 더 이상 검토할 수 없으며, 나아가 과연 쟁송을 제기해야 할지 확신할 수 없다. **국민에게 친숙한 의사전달적인 사전절차의 필요성이 강조되어야 한다는 점에서, 그리고 의견청취의 헌법적 근거에서 보자면, 의견청취의 불실시의 경우에도 이유제시의 원칙이 유추적으로 통용되어야 할 것이다.**[64]

3. 불복고지

불가쟁력을 발생시키는 쟁송기간설정에 대한 대응제도가 불복고지(不服告知)제도이다. 따라서 행정청이 처분을 하는 때에는 당사자에게 그 처분에 관하여 행정심판을 제기할 수 있는지 여부 기타 불복을 제기할 수 있는지 여부와 청구절차 및 청구기간

서에 구 국세기본법 51조 7항과 같은 근거규정을 적시하지 아니하였다거나 초과환급금 액수의 구체적 계산내역을 기재하지 아니하였다는 사정만으로 그에 관한 환수처분을 위법하다고 볼 것은 아니다.

63) 대법원 2016두64975판결: '이유를 제시한 경우'는 처분서에 기재된 내용과 관계 법령 및 당해 처분에 이르기까지의 전체적인 과정 등을 종합적으로 고려하여, 처분 당시 당사자가 어떠한 근거와 이유로 처분이 이루어진 것인지를 충분히 알 수 있어서 그에 불복하여 행정구제절차로 나아가는 데 별다른 지장이 없었다고 인정되는 경우를 뜻한다.

64) Pünder, in: Ehlers/Pünder, §14 Rn.40. 독일 연방행정법원은 부정적이다(BVerwG, DVBl. 1983, 997ff.).

기타 필요한 사항을 알려야 한다(26조). 잘못 고지하거나 고지를 하지 않은 경우의 법효과는 행정심판제기기간의 기산시점에 영향을 미친다(행정심판법 27조, 5항, 6항). 행정심판전치주의를 전제로 하여 행정심판법에 마련된 불복고지제도(58조)를 하루바삐 폐지하고 행정절차법의 차원에서 일원적으로 규율하는 것이 바람직하다. 또한 행정기본법이 이의신청을 제도한 이상, 이의신청도 고지에 포함하는 법개정이 필요하다.

4. 통지: 처분의 발령

(1) 통지의 의의

행정행위는 통상 수령이 필요한 공법적 의사표시라 할 수 있다. 행정행위는 발함과 동시에 유효하게 되지 않고, 그것에 의해 정해져 있거나 관련이 되는 자를 상대로 통지됨으로써 유효하게 성립하게 된다. 상대방이 있는 행정처분은 상대방에 통지가 되지 않는 한, 설령 다른 경로를 통해 행정처분의 내용을 알게 되었다고 하더라도 성립하지 않아서 효력을 발생시키지 않는다(대법원 2019두38656판결). **행정행위의 통지란 행정행위를 발한 행정청이 규준이 되는 법령에 따라서 의욕적으로 행한 행정행위의 개시를 의미한다.**

행정행위의 통지는 상대방 등에게 행정행위를 개시하고자 하는 행정청의 의사(通知意思)를 요건으로 한다. 이러한 通知意思는 행정청(이나 그 장의)의 서명이나 성명표기로부터 추단된다. 따라서 만약 권한이 없는 행정청이 다른 행정청의 권한에 속하는 행정행위의 사본(寫本)을 교부하였다면, 비록 당해 행정청이 당해 행정행위에 관하여 자신의 권한을 포함한 일체를 단념하였다 하더라도, 행정행위의 통지는 존재하지 않는다. 따라서 상대방에게 행정행위의 통지가 도달했더라도, 해당 행정청의 통지의사가 없으면 당해 행정행위는 존재하지 않으며, 당연히 그 효력은 발생하지 않는다.

(2) 행정행위의 성립에서의 통지의 위상

행정행위의 통지(엄밀히 말하면 도달)가 성립요건이라면 행정행위의 효력을 주장하는 자가 통지의 주장·입증책임을 부담하는 데 대해서, 효력요건이라면 행정행위의 무효를 주장하는 자가 통지의 주장·입증책임을 부담한다. 그러나 행정행위는 성립과 동시에 효력을 발생하는 것이 원칙이며, 행정행위는 통지, 즉 상대방에게 도달됨으로써 비로소 법적으로 존재하게 되며 완성되게 된다. 전혀 통지되지 않은 행정행위란 상대방에 대해서 결코 법적으로 존재한다고 말할 수 없다. 그러므로 **행정행위의 통지는 행정행위의 적법요건일 뿐만 아니라 존재요건, 다시 말해 성립요건으로 보아야 한다.**

하지만 여전히 일반적으로 행정행위의 통지를 행정행위의 효력발생요건으로 보고 있으며, 판례는 내부적 성립요건과 외부적 성립요건을 나누어 통지(표시)를 외부적 성립요건으로 접근하거나(대법원 2016두35120판결) 효력요건으로 접근하곤 한다(대법원 2019두38656판결).

(3) 통지의 방식

행정행위의 통지란 그 행정행위의 내용을 상대방에게 알리는 행위이기 때문에, 그 방식은 행정행위의 형식에 따른다. 예컨대 문서로 행정행위를 발할 경우에는 문서로, 구술로 행정행위를 발할 경우에는 구술로, 신호로 행정행위를 발할 경우에는 신호로 당해 행정행위가 통지된다.

즉, 행정청이 처분을 할 때에는 다른 법령등에 특별한 규정이 있는 경우를 제외하고는 문서로 하여야 하며, 당사자등의 동의가 있거나 당사자가 전자문서로 처분을 신청한 경우에는 전자문서로 할 수 있다(24조 1항).[65] 공공의 안전 또는 복리를 위하여 긴급히 처분을 할 필요가 있거나 사안이 경미한 경우에는 말, 전화, 휴대전화를 이용한 문자 전송, 팩스 또는 전자우편 등 문서가 아닌 방법으로 처분을 할 수 있다. 이 경우 당사자가 요청하면 지체 없이 처분에 관한 문서를 주어야 한다(2항). 그리고 처분을 하는 문서에는 그 처분 행정청과 담당자의 소속·성명 및 연락처(전화번호, 팩스번호, 전자우편주소 등을 말한다)를 적어야 한다(3항).

이상의 법규정에 비추어, 통지방식이 법령에 규정되어 있지 않다면 통지방식에 관한 결정은 기본적으로 행정청의 재량에 속한다. 그러나 행정청이 통지하고자 하는 행정행위의 양태에 비추어 그 내용을 알기에 충분한 기회를 제공하는 방식을 택하지 않았다면, 절차재량의 하자가 있을 수 있다.[66] 또한 문서에 의한 행정행위를 단지 구술로만 통지함으로써 당해 통지의 규준이 되는 형식규정을 위반하였다면, 행정행위의 내용을 알린다는 통지 그 자체의 의미는 충족되었기 때문에 당해 행정행위가 법적으로 존재하긴 하지만, 위법하게 될 것이다. 물론 이러한 형식상의 하자는 가급적 사후추완·보완을 통하여 치유시키는 것이 바람직하다. 구술로 통지한 행정행위를 무효로 판시한 대법원 2011도11109판결에서 드러나듯이, 서면형식의 요청을 너무 엄격하게 요구하면 수긍하기 힘든 결론이 생길 수 있다(본서 345면). 가령 대법원 2011도11109판결은 이른바 스티브 유 사건(대법원 2017두38874판결)에서 입국금지처분의 부존재 무효를 논증하기 위해 -바람직하지 않게도- 동원되었다.[67]

65) 대법원 2023도3914판결: 전자우편은 물론 휴대전화 문자메시지도 전자문서에 해당한다
66) 임용에서와 마찬가지로 명예전역선발취소처분 역시 문서로 해야 한다(대법원 2016두49808판결).
67) 사실 추단적 행정행위의 차원에서 출입국관리소에서의 입국불허를 통해 입국금지결정이 존재하는 것으로 보아야 한다(본서 237면). 상론: 김중권, 법조 제738호(2019.12.28.).

(4) 문서에 의한 행정행위에서 구체적인 통지방법(문서의 송달)

문서의 송달은 우편・교부 또는 정보통신망 이용 등의 방법에 의하되 송달받을 자(대표자 또는 대리인을 포함한다. 이하 같다)의 주소・거소・영업소・사무소 또는 전자우편주소(이하 '주소등'이라 한다)로 한다. 다만, 송달받을 자가 동의하는 경우에는 그를 만나는 장소에서 송달할 수 있다(14조 1항). 여기서 교부에 의한 송달은 수령확인서를 받고 문서를 교부함으로써 행하며, 송달하는 장소에서 송달받을 자를 만나지 못한 때에는 그 사무원・피용자(被用者) 또는 동거자로서 사리를 분별할 지능이 있는 자에게 이를 교부할 수 있다. 다만 문서를 송달받을 자 또는 그 사무원등이 정당한 사유 없이 송달받기를 거부하는 때에는 그 사실을 수령확인서에 적고, 문서를 송달할 장소에 놓아둘 수 있다(유치송달제도)(14조 2항). 정보통신망을 이용한 송달은 송달받을 자가 동의하는 경우에 한한다. 이 경우 송달받을 자는 송달받을 전자우편주소 등을 지정하여야 한다(14조 3항). 다만 송달받을 자의 주소등을 통상의 방법으로 확인할 수 없는 경우나 송달이 불가능한 경우에는 공시(공고)송달의 방도에 의한다. 즉, 송달받을 자가 알기 쉽도록 관보・공보・게시판・일간신문 중 하나 이상에 공고하고 인터넷에도 공고하여야 한다(4항). 이런 공고를 할 때에는 민감정보 및 고유식별정보 등 송달받을 자의 개인정보를 「개인정보 보호법」에 따라 보호하여야 하고(5항), 행정청은 송달하는 문서의 명칭, 송달받는 자의 성명 또는 명칭, 발송방법 및 발송 연월일을 확인할 수 있는 기록을 보존하여야 한다(6항).

전자적 행정절차란 전자서명과 같은 전자적 방식으로 진행되는 행정절차이고, 그에 따른 행정행위가 전자적 행정행위이다(본서 266면). 행정과 시민과의 커뮤니케이션이 전자적 방식으로 행해지더라도, 그것의 법효과와 결과에서 종래의 문서의 방식에 의한 경우와 하등 다를 바 없다. 그런데 전자문서가 허용된다 하여 모든 문서에 의한 행정행위를 전송의 방법으로 통지할 수 있는가? 공무원의 임용장 또는 임용통지서, 귀화허가통지서, 사증이나 외국인입국허가서 등이 문제될 수 있다. 이들은 공통적으로 관계인의 직접 출석하에 교부되며, 명문상으로도 문서의 송부가 직접 교부 또는 우송의 방법에 의하도록 규정하고 있으므로(출입국관리법 91조 등), 현재에는 이들 증서를 전송방식에 의해 통지하는 것은 어렵다고 여겨진다.

(5) 통지의 효력발생시점

'문서에 의한 통지'는 그 문서가 송달되어서 상대방에게 도달함으로써 통지의 요구가 충족되며, 따라서 당해 행정행위가 성립하며 효력을 발생하게 된다. 행정절차법 역시 "송달은 다른 법령 등에 특별한 규정이 있는 경우를 제외하고는 송달받은 자에게 도달함으로써 그 효력이 발생한다."고 규정하고 있다(15조 1항). 여기에서 도달이란 반드시 상대방이 그 문서를 직접 수령하여 그 내용을 완전히 아는 것(了知)은 아니며, 상대방의 영역에 진입하여서 사회통념상 상대방이 그 내용을 알 수 있는 상태에 놓이는 것을 의미한다(도달주의).[68] 다만 정보통신망을 이용하여 전자문서로 송달하는 경우에는 송달받을 자가 지정한 컴퓨터 등에 입력된 때에 도달된 것으로 보며(2항), 공시송달의 경우에는 다른 법령등에 특별한 규정이 있는 경우를 제외하고는 공고일부터 14일이 경과한 때에 그 효력이 발생한다. 다만, 긴급히 시행하여야 할 특별한 사유가 있어 효력발생시기를 달리 정하여 공고한 경우에는 그에 의한다(3항). 천재지변 기타 당사자등의 책임없는 사유로 기간 및 기한을 지킬 수 없는 경우에는 그 사유가 끝나는 날까지 기간의 진행이 정지되며(16조 1항), 외국에 거주 또는 체류하는 자에 대한 기간 및 기한은 행정청이 그 우편이나 통신에 소요되는 일수를 감안하여 정하여야 한다(2항).

'구술에 의한 통지'의 경우 보통 행정행위의 성립과 통지, 즉 효력발생시기가 사실상 동일한 시점에 합치된다. 현행 민법이 대화자간의 의사표시에 관하여 아무런 규정을 두고 있지 않듯이(異論있음), 행정절차법 등도 전화 등 구술에 의한 통지의 효력발생에 관하여 규정하고 있지 않다. 앞으로 도래할 고도정보사회에 대비하여 그에 관한 규정을 마련하는 것이 요망된다. 차제에 체계정합성을 제고하기 위하여 송달 규정과 별도로 통지 규정을 마련할 필요가 있다.

(6) 행정청의 침묵의 문제

행정청이 법효과를 목적적으로 지향하는 의사를 표시할 때 비로소 고권적 조치가 존재하며, 앞에서 본 대로 그 형식은 개방적이다. '행위'로서의 고권적 조치는 (행정청의) 의사형성(결정발견)과 의사표시(결정표시) 두 요소로 이루어진다. 행정청의 조치는 항상 적극적인 행위를 전제로 하기에, 행정청의 부작위나 단순 무위는 -거부처분 등으로 전화(轉化)되지 않는 한- 의사형성의 결여로 행정행위가 되지 못한다. 반면 의사형성이 있긴 하나 그것이 대외적으로 표시되지 않은 침묵의 경우, 원칙적으로 의사표시가 존재하지 않기에, 법률상의 관련 규정을 통해 특별하게 법효과의 발생이 확인될 수 있는데, 이런 경우 추단적(묵시적) 행정행위가 인정될 수 있다(본서 237면).

---

68) 한편 내용증명우편이나 등기우편과는 달리, 보통우편의 방법으로 발송되었다는 사실만으로는 그 우편물이 상당한 기간 내에 도달하였다고 추정할 수 없고, 송달의 효력을 주장하는 측에서 증거에 의하여 이를 입증해야 한다(대법원 2007두20140판결).

V. 행정절차의 하자의 효과

1. 논의의 전제-행정절차의 본질에 따른 상이한 영향

행정절차의 본질은 하자효과(결과)론에서 가장 강하게 드러난다. 여기서 법질서가 절차규정을 얼마나 중요하게 여기는지에 관한 태도가 형성된다. 절차에 대해 고유가치를 부여하는 입장을 출발점으로 삼으면, 하자는 원칙적으로 실체결정의 위법성에 영향을 미치고, 그 하자는 원칙적으로 치유불가능하다. 반면 실체법의 우위에 출발점을 두는, 즉 절차가 실체에 대한 봉사적 성격을 갖는 것으로 보는 입장에서는, 절차하자의 효과를 달리 규율한다. 결론(실체적 내용)이 바른 것으로 심사된 경우에는 절차하자를 논외로 취급하고자 한다. 가령 독일 행정절차법 제46조에[69] 담겨진 독일적 사고에 의하면, 규율의 전체목표는 우선 목표·목적에 적합한 결과의 실현에 있다. 동조와 관련해서는 '법률의 자살기도'를 의미한다고 혹평하는 견해도 있으나, 다수는 행정능률과 권리구제라는 요청을 조화시키고 있음을 이유로 긍정한다.

Wahl 등에 의하면, 독일과 같은 법질서가 다른 법질서에 비해 절차권에 대해 상대적으로 낮은 의의를 둔다는 점만을 이유로, 그런 법질서를 부정적으로 평가하려는 것은 성급하다고 한다. 즉, 실체법과 단순한 절차법과의 상관관계의 의미에서, 독일의 경우 -다른 나라에 비해 상대적으로- 법원에 의해 집중적인(심도 있는) 실체적 통제가 행해진다는 점을 강조한다. 사실 **독일에서의 절차하자의 낮은 비중은 이런 강력한 실체적 통제에 대해 일종의 균형을 맞춘 것이다.**

2. 논의현황

절차하자의 효과에 관해서는 문헌과 판례상의 논의가 일치되지 않는데,[70] 행정행위의 하자론에서의 논의로 대신한다(본서 337면 이하). 여기서는 절차하자의 독립쟁송가능성을 중심으로 검토한다. **절차하자를 독립된 위법(취소)사유로 인정할 것인지 여부를 두고서**

69) 제46조(절차·형식하자의 효과): 제44조의 규정에 의하여 무효로 되지 아니하는 행정행위의 경우, (절차규정 등의) 위반이 결정에 대해 실체적으로 아무런 영향을 미치지 아니하였다는 점이 명백한 때에는, 절차나 형식 또는 토지관할에 관한 규정을 위반하여 성립되었다는 이유만으로 그것의 폐지를 요구할 수 없다.

70) 가령 처분의 사전통지나 의견청취의무의 위반에 대해 판례는 단순위법으로 보지만(대법원 99두5870 판결), 일부문헌은 무효설을 취한다.

소극설과 적극설이 다투어진다.[71] **판례와 다수의 문헌은 절차고유가치설의 기조에서 절차하자를 적극적인 독립된 위법사유로 인정한다(적극설).** 이에 대해 절차의 실체에 대한 봉사적 기능에 터 잡아 소송경제를 강조하는 소극설은 절차봉사설의 기조에서 행정결정의 내용(실체)에 영향을 미치지 않을 절차하자의 경우에는 권리구제가 제한되는 것이 바람직하다고 본다(대표적 문헌으로 김남진, 기본문제, 946면, 961면 이하). 논거로, 절차형식상의 하자를 이유로 한 취소판결의 기판력이 그 뒤 절차와 형식을 밟아 내용적으로 동일한 처분을 하는 것을 저지하지 못하기에(대법원 86누91판결) 적극설이 내세우는 효과적인 권리보호의 보장이 결과적으로 공허하다는 점을 지적한다.

한편 **대법원 2015다221668판결은 기왕의 판례의 기조와 정면으로 배치되게 절차봉사설의 입장을 표방하여**[72] **기왕의 절차고유가치설에 동요를 가져다줄 수 있는 점에서 긍정적인 발전양상으로 평가할만하다.** 하지만 절차하자에 대한 국가배상책임의 문제를 바람직하지 않게도 소극적으로 접근하였다(본서 946면).[73]

3. 관견(管見)

절차적 정의의 강조는 바람직하지만, 자칫 국가작용에 대한 무분별한 불복의 출발점이 될 수 있다. 절차의 철조망으로 국가가 피투성이 되는 것은 결코 바람직하지 않다. 위법한 절차하자가 존재하는지 여부를 판단하는 데 있어서 지나치게 엄격한 태도를 취하는 것은 지양해야 한다. 절차진행상의 다소간 미흡한 점 모두를 바로 절차하자로 연결하는 것은 곤란하다. 여기서 소소한 하자는 논외로 하는 하자용인(결함감내)의 법리(Fault Tolerance, fehlertoleranz)와 '무해한 실수의 법리'(harmless error doctrine)를 적극적으로 채용할 필요가 있다.

종래 절차고유가치설의 입장은 절차 그 자체에 초점을 맞춘 나머지 전체 법질서에서의 행정절차의 위상은 크게 고려하지 않았다. 그런데 적극설과는 달리 실체하자가 동반하지 않는 경우에 절차하자만을 염두에 두어서는 곤란하다는 것이 소극설이기에, 그것을 절차하자를 완전히 무시한 것으로 이해해서는 곤란하다. 법원도 이제는 –자칫 쟁

71) 참고문헌: 하명호, 조해현(편집대표), 행정소송(II), 128면 이하.
72) "행정절차는 그 자체가 독립적으로 의미를 가지는 것이라기보다는 행정의 공정성과 적정성을 보장하는 공법적 수단으로서의 의미가 크므로, 관련 행정처분의 성립이나 무효·취소 여부 등을 따지지 않은 채 주민들이 일시적으로 행정절차에 참여할 권리를 침해받았다는 사정만으로 곧바로 국가나 지방자치단체가 주민들에게 정신적 손해에 대한 배상의무를 부담한다고 단정할 수 없다."
73) 상론: 김중권, 위법한 행정절차에 대한 국가배상책임에 관한 소고, 법조 제751호, 2022.2.28.

송이 결과적으로 공허할 수도 있다는 점에서― 실질적인 권리구제의 실현의 측면과 아울러 소송경제적 측면도 진지하게 고민해야 한다. 실체적 통제와 절차적 통제, 이 2가지 요소를 동시에 극대화시킬 수 없다. 사법구제의 경험에서, 엄격한 절대적인 하자효과 체제와 행정결정에 관한 밀도 있는 실체적 통제, 이 양자를 결합시킬 수도 없다. **체계의 측면에서 행정절차와 사법적 권리보호를 내용으로 한 전체시스템을 기본지평으로 삼아야 한다.** 사실 판례 역시 절차하자를 극대화시켜 사소한 절차하자까지 문제 삼지는 않으며, 절차결여 및 절차하자의 정도에 초점을 맞춘다. 가령 부실(不實)한 환경영향평가에서 당해 승인처분 등의 위법성을 논증하는 데 있어서 비교적 엄격한(?) 태도를 취하고 있으며,[74] 위법한 행정조사의 효과 역시 그러하다(본서 566면 이하).

한편 **절차 그 자체에 대해 과도한 비중을 부여하는 것은 탈규제화 경향과도 상치(相馳)된다.**[75] 행정절차의 하자를 둘러싼 현재의 논의상황에 효과적으로 대응하기 위해 비교법적 차원의 논의에 관심을 가져야 한다. 더 이상 내부적 시야로 내국법만을 고수해서는 곤란하다. 독일의 경우 절차간소화의 경향에 맞춰 이미 1996년 행정절차법 개정을 통해 절차완화와 불고려·치유·배제규정의 확대를 통해서 행정절차를 신속화하고 절차하자의 법효과를 축소시켰다. 세계화시대에 법사고의 외부지향성(外部指向性)은 자명한 요청이다.

행정절차는 더 이상 독립하여 존재하지 않는다. 지금은 과거 미란다원칙이 매혹적으로 비쳤던, 적법절차의 원칙이 무색하였던 암울한 그 때가 아니다. 신속화와 효율성과 같은 시대흐름을 절차적 요청과 조화하면서 적극적으로 반영하여야 한다. **행정절차에서 원칙적인 관점을 절차고유가치설에서 절차봉사설로 교체하고, 하자의 치유를 적극적으로 활용하는 것이 바람직하다**(본서 408면 이하). 나아가 독일 행정절차법 제46조와 같은 규정을 두더라도 염려할 필요가 없다. 실체적 의미 있는 절차하자가 있는지 여부는 본안에서 판단되기 때문이다.[76] ―절차하자를 권리구제 밖에 놓는 결과를 낳은 문제점은 차치하고서(본서 946면 이하)― 절차고유가치설을 배격하고 절차봉사설을 표방한 대법원 2015다

74) 대법원 99두9902판결: 「환경영향평가를 거쳤다면, 비록 그 환경영향평가의 내용이 다소 부실하다 하더라도, 그 부실의 정도가 환경영향평가제도를 둔 입법 취지를 달성할 수 없을 정도이어서 환경영향평가를 하지 아니한 것과 다를 바 없는 정도의 것이 아닌 이상 그 부실은 당해 승인 등 처분에 재량권 일탈·남용의 위법이 있는지 여부를 판단하는 하나의 요소로 됨에 그칠 뿐, 그 부실로 인하여 당연히 당해 승인 등 처분이 위법하게 되는 것이 아니다」. 환경영향평가의 불실에 대한 법적 평가가 엄격하다는 반론으로 박균성, 행정판례연구 제7집(2002), 380면.

75) Vgl. Dolde, NVwZ 2006, S.857ff.

76) 대법원 2020두48772판결: 처분에 법령상 근거가 있는지, 행정절차법에서 정한 처분절차를 준수하였는지는 본안에서 해당 처분이 적법한가를 판단하는 단계에서 고려할 요소이지, 소송요건 심사단계에서 고려할 요소가 아니다.

221668판결이 변화의 시발이 되길 희망한다.

제4절 그 밖의 행정절차

Ⅰ. 신고절차

법령 등에서 행정청에 대하여 일정한 사항을 통지함으로써 의무가 끝나는 신고, 즉 수리를 요하지 않는 신고를 규정하고 있는 경우에는 신고를 관장하는 행정청은 신고에 필요한 구비서류와 접수기관 기타 신고에 필요한 사항을 게시하거나 이에 대한 편람을 비치하여 누구나 열람할 수 있도록 하여야 한다(40조 1항).

이상의 신고가 신고서의 기재사항에 흠이 없고, 필요한 구비서류가 첨부되어 있으며, 기타 법령 등에 규정된 형식상의 요건에 적합할 경우에는 신고서가 접수기관에 도달된 때에 신고의 무가 이행된 것으로 본다(2항). 만일 형식상 하자가 있는 신고서가 제출된 경우에는 행정청은 지체 없이 상당한 기간을 정하여 신고인에게 보완을 요구하여야 하며, 기간 내에 보완하지 않는 경우에는 그 이유를 명시하여 당해 신고서를 되돌려 보내야 한다(3항·4항).[77]

Ⅱ. 행정상 입법예고절차

국민의 권리·의무 또는 일상생활과 밀접한 관련이 있는 법령 등을 제정·개정 또는 폐지(이하 '입법')하려는 경우에는 당해 입법안을 마련한 행정청은 이를 예고하여야 한다. 다만 일정한 경우에는[78] 아니할 수 있다(41조 1항). 법제처장은 입법예고를 하지 아니한 법령안의 심사 요청을 받은 경우에 입법예고를 하는 것이 적당하다고 판단할 때에는 해당 행정청에 입법예고를 권고하거나 직접 예고할 수 있다(3항). 입법안을 마련한 행정청은 입법예고 후 예고내용에 국민생활과 직접 관련된 내용이 추가되는 등 대통령령으로 정하는 중요한 변경이 발생하는 경우에

77) 여기서의 신고절차가 이른바 자기완결적 신고만을 의미하는지 아니면 수리를 요하는 신고의 경우까지 포함하는지 논란이 있다(본서 306면).

78) 1. 신속한 국민의 권리 보호 또는 예측 곤란한 특별한 사정의 발생 등으로 입법이 긴급을 요하는 경우, 2. 상위 법령등의 단순한 집행을 위한 경우, 3. 입법내용이 국민의 권리·의무 또는 일상생활과 관련이 없는 경우, 4. 단순한 표현·자구를 변경하는 경우 등 입법내용의 성질상 예고의 필요가 없거나 곤란하다고 판단되는 경우, 5. 예고함이 공공의 안전 또는 복리를 현저히 해칠 우려가 있는 경우.

는 해당 부분에 대한 입법예고를 다시 하여야 한다. 다만, 제1항 각 호의 어느 하나에 해당하는 경우에는 예고를 하지 아니할 수 있다(4항). 입법예고한 다음 제정에 이르지 않은 데 따른 신뢰보호가 문제되나, 판례는 소극적 입장을 취한다.[79]

행정청은 입법안의 취지, 주요내용 또는 전문을 관보·공보나 인터넷·신문·방송 등을 통하여 널리 공고하여야 하는데(42조 1항), 대통령령을 입법예고할 경우에는 국회 소관 상임위원회에 제출하여야 한다(2항). 행정청은 입법예고를 할 때에 입법안과 관련이 있다고 인정되는 중앙행정기관, 지방자치단체, 그 밖의 단체 등이 예고사항을 알 수 있도록 예고사항을 통지하거나 그 밖의 방법으로 알려야 한다(3항). 행정청은 제1항에 따라 예고된 입법안에 대하여 온라인공청회 등을 통하여 널리 의견을 수렴할 수 있다. 이 경우 법 제38조의2 제2항부터 제4항까지의 규정을 준용한다(4항). 행정청은 예고된 입법안의 전문에 대한 열람 또는 복사를 요청받았을 때에는 특별한 사유가 없으면 그 요청에 따라야 한다(5항). 행정청은 제5항에 따른 복사에 드는 비용을 복사를 요청한 자에게 부담시킬 수 있다(6항).

입법예고기간은 예고할 때 정하되, 특별한 사정이 없는 한 40일(자치법규는 20일) 이상으로 한다(43조). 누구든지 예고된 입법안에 대하여 의견을 제출할 수 있다(44조 1항). 행정청은 의견접수기관, 의견제출기간, 그 밖에 필요한 사항을 해당 입법안을 예고할 때 함께 공고하여야 한다(2항). 행정청은 해당 입법안에 대한 의견이 제출된 경우 특별한 사유가 없는 한 이를 존중하여 처리해야 한다(3항). 행정청은 의견을 제출한 자에게 그 제출된 의견의 처리결과를 통지하여야 한다(4항). 행정청은 입법안에 관하여 공청회를 개최할 수 있는데(45조 1항), 공청회에 관하여는 법 제38조, 제38조의2, 제38조의3, 제39조 및 제39조의2를 준용한다(2항).

Ⅲ. 행정예고절차 및 국민참여확대

행정청은 ⅰ) 국민생활에 매우 큰 영향을 주는 사항, ⅱ) 많은 국민의 이해가 상충되는 사항, ⅲ) 많은 국민에게 불편이나 부담을 주는 사항, ⅳ) 그 밖에 널리 국민의 의견수렴이 필요한 사항에 대한 정책·제도 및 계획을 수립·시행하거나 변경하고자 하는 때에는 이를 예고하여야 한다(46조 1항). 제1항에도 불구하고 법령등의 입법을 포함하는 행정예고는 입법예고로 갈음할 수 있다(2항). 행정예고기간은 예고 내용의 성격 등을 고려하여 정하되, 20일 이상으로 하는데, 행정목적을 달성하기 위하여 긴급한 필요가 있는 경우에는 단축(10일 이상)할 수 있다(3항, 4항).

79) 대법원 2017다249769판결: 입법예고를 통해 법령안의 내용을 국민에게 예고한 적이 있다고 하더라도 그것이 법령으로 확정되지 아니한 이상 국가가 이해관계자들에게 위 법령안에 관련된 사항을 약속하였다고 볼 수 없으며, 이러한 사정만으로 어떠한 신뢰를 부여하였다고 볼 수도 없다.

행정청은 매년 자신이 행한 행정예고의 실시 현황과 그 결과에 관한 통계를 작성하고, 이를 관보·공보 또는 인터넷 등의 방법으로 널리 공고하여야 한다(46조의2). 행정예고의 방법·기간, 의견제출 및 처리, 공청회 및 온라인공청회에 관하여는 법 제42조(제4항은 제외한다), 제44조 제1항부터 제3항까지 및 제45조를 준용한다(47조).

행정청은 행정과정에서 국민의 의견을 적극적으로 청취하고 이를 반영하도록 노력하여야 하고, 행정청은 국민에게 다양한 참여방법과 협력의 기회를 제공하도록 노력하여야 하며, 구체적인 참여방법을 공표하여야 한다(52조). 그리고 국민에게 영향을 미치는 주요 정책 등에 대하여 국민의 다양하고 창의적인 의견을 널리 수렴하기 위하여 정보통신망을 이용한 정책토론(온라인정책토론)을 실시할 수 있다(53조 1항).

Ⅳ. 행정지도

i) 행정지도는 그 목적달성에 필요한 최소한도에 그쳐야 하며, 행정지도의 상대방의 의사에 반하여 부당하게 강요하여서는 안 된다(48조 1항). ii) 행정기관은 행정지도의 상대방이 행정지도에 따르지 아니하였다는 것을 이유로 불이익한 조치를 하여서는 안 된다(2항).

행정지도를 하는 자는 그 상대방에게 그 행정지도의 취지 및 내용과 신분을 밝혀야 하고(48조 2항), 행정지도가 말로 이루어지는 경우에 상대방이 제1항의 사항을 적은 서면의 교부를 요구하면 그 행정지도를 하는 자는 직무 수행에 특별한 지장이 없으면 이를 교부하여야 한다(2항).

행정지도의 상대방은 당해 행정지도의 방식·내용 등에 관하여 행정기관에 의견제출을 할 수 있다(50조). 행정기관이 같은 행정목적을 실현하기 위하여 많은 상대방에게 행정지도를 하고자 하는 때에는 특별한 사정이 없는 한 행정지도에 공통적인 내용이 되는 사항을 공표하여야 한다(51조).

Ⅳ. 위반사실 등의 공표

i) 행정청은 법령에 따른 의무를 위반한 자의 성명·법인명, 위반사실, 의무 위반을 이유로 한 처분사실 등(이하 "위반사실등"이라 한다)을 법률로 정하는 바에 따라 일반에게 공표할 수 있다.(40조의3 1항). ii) 행정청은 위반사실등의 공표를 하기 전에 사실과 다른 공표로 인하여 당사자의 명예·신용 등이 훼손되지 아니하도록 객관적이고 타당한 증거와 근거가 있는지를 확인하여야 한다(2항). iii) 행정청은 위반사실등의 공표를 할 때에는 미리 당사자에게 그 사실을 통

지하고 의견제출의 기회를 주어야 한다. 다만, 어느 하나에[80] 해당하는 경우에는 그러하지 아니하다:(3항). iv) 제3항에 따라 의견제출의 기회를 받은 당사자는 공표 전에 관할 행정청에 서면이나 말 또는 정보통신망을 이용하여 의견을 제출할 수 있다(4항). v) 제4항에 따른 의견제출의 방법과 제출 의견의 반영 등에 관하여는 제27조 및 제27조의2를 준용한다. 이 경우 "처분"은 "위반사실등의 공표"로 본다(5항). vi) 위반사실등의 공표는 관보, 공보 또는 인터넷 홈페이지 등을 통하여 한다(6항). vii) 행정청은 위반사실등의 공표를 하기 전에 당사자가 공표와 관련된 의무의 이행, 원상회복, 손해배상 등의 조치를 마친 경우에는 위반사실등의 공표를 하지 아니할 수 있다(7항). viii) 행정청은 공표된 내용이 사실과 다른 것으로 밝혀지거나 공표에 포함된 처분이 취소된 경우에는 그 내용을 정정하여, 정정한 내용을 지체 없이 해당 공표와 같은 방법으로 공표된 기간 이상 공표하여야 한다. 다만, 당사자가 원하지 아니하면 공표하지 아니할 수 있다(8항).

80) 1. 공공의 안전 또는 복리를 위하여 긴급히 공표를 할 필요가 있는 경우. 2. 해당 공표의 성질상 의견청취가 현저히 곤란하거나 명백히 불필요하다고 인정될 만한 타당한 이유가 있는 경우. 3. 당사자가 의견진술의 기회를 포기한다는 뜻을 명백히 밝힌 경우.

제 6 편

행정의 실효성확보수단

01 행정의 실효성확보수단의 개관

Ⅰ. 전통적인 수단

타지 않는 불처럼 강제(强制)가 없는 명령은 의미가 없거니와 모순이다. **행정의 가장 고전적 모습은 국민에 대해 의무를 과하는 것이다. 그에 따라 의무이행을 담보하는 나름의 메커니즘이 형성되었다.** 전통적인 수단으로 크게 행정강제와 행정벌로 대별된다. 전자는 행정이 의무자의 신체 또는 재산에 실력(물리력)을 가하여 행정상 필요한 상태를 실현하는 것인 반면, 후자는 의무위반에 대한 제재로서 가해지는 과벌을 총칭한다. 행정강제는 하명처분을 전제로 하여 전개되는 행정상 강제집행(대집행, 이행강제금, 직접강제, 강제징수)과 그렇지 않은 행정상 즉시강제로 나뉘며, 행정벌 역시 과벌의 내용에 따라 행정형벌과 행정질서벌로 나뉜다.

행정기본법 제30조 제1항은 행정상의 강제에서 비례원칙의 적용을 전면에 내세운다: 행정청은 행정목적을 달성하기 위하여 필요한 경우에는 법률로 정하는 바에 따라 필요한 최소한의 범위에서 대집행 등에 해당하는 조치를 할 수 있다.

Ⅱ. 새로운 수단의 등장

이상의 전통적인 수단은 기능상 한계로 지니며, 전체를 체계적으로 아우르는 법제가 없기에, 개별법에서 나름의 효과적인 새로운 수단이 강구되곤 한다. 공공서비스의 공급중단, 관허사업의 제한, 법위반사실의 공표 등이 그 예이다. **행정은 목적의 효과적인 달성을 위해 국민이 그 실현에 이바지하게 하는 수단을 늘 결부시키려 강구한다.** 그리하여 입법차원에서도 이런 결부를 뒷받침한다. 그러나 목적의 정당성만을 내세워 수단을 무한결부(결합)시키는 것은 법치국가원리에서 정당화될 수 없다. **여기서 행정권한의 부당결부금지의 원칙이 새로운 수단의 허용한계로서 효과적으로 기능할 수 있다**(본서 81면 이하).

02 전통적인 제 수단

Ⅰ. 행정상 강제집행

1. 행정상 강제집행에 관한 일반론

(1) 행정상의 강제집행의 의의와 근거

행정상 강제집행(強制執行)이란 법령 또는 이에 의거한 행정행위에 의하여 과하여진 행정법상의 의무를 의무자가 이행하지 아니한 경우에, 행정청이 의무자의 신체 또는 재산에 실력을 가하여 장래에 향하여 그것을 이행시키거나 이행이 있었던 것과 동일한 상태를 실현하는 작용을 말한다.

하명처분을 전제로 하는 행정상 강제집행이 행정강제의 원칙적 수단이다. 과거에는 하명처분(下命處分)의 경우 그로 인한 의무를 관철하는 것 역시 포함하고 있다고 하여 별다른 법률적 근거가 없더라도 하명처분에 기하여 당연히 강제집행에 나설 수 있다고 보았지만, 지금은 독립된 법률적 근거가 요구된다. 그러나 법률적 근거는 문제되지 않는다. 가령 대집행을 위해서는 행정대집행법이 있고, 행정상 강제징수를 위해서는 국세징수법이 실질적으로 일반법의 역할을 하며, 이행강제금과 직접강제는 건축법 등 개별법에서 규정하고 있다.

(2) 다른 수단과의 구별

i) 민사상 강제집행과의 구별: 민사상의 강제집행은 집행될 청구권의 존재가 법원 등의 국가기관에 의하여 확인되어 판결이나 집행증서 등의 채무명의에 따라 채권자가 국가의 집행기관에 집행을 청구해야 하는 타력집행(他力執行)의 제도이다. 반면 행정상 강제집행은 하명처분을 한 처분청이 법원의 개입 없이 스스로 집행에 나설 수 있는 자력집행의 제도이다.

ii) 행정상 즉시강제와의 구별: 즉시강제는 의무의 존재와 불이행을 전제로 하지 않는 데 대해서 행정상 강제집행은 의무의 존재와 불이행을 전제로 한다. 즉, 양자의 구별점은 하명처분의 생략·결여에 있다.

iii) **행정벌과의 구별:** 행정상 강제집행은 하명처분을 존재를 전제로 하여 장래에 향하여 그것의 의무이행을 강제하려는 것을 직접적으로 목적한다. 반면 행정벌은 기본적으로 과거의 의무위반에 대한 제재에 주안점을 둔다.

⑶ 현행 행정상 강제집행제도의 불충분성

대집행의 일반법인 행정대집행법이 1954년에 제정되어 지금까지 지속되고 있다. 금전급부의무와 관련해서는 국세징수법의 준용에 맡겨져 있다. 이행강제금과 직접강제는 개별법상의 것으로 치부되고 있다. 후술할 가옥양도에 대한 대집행 문제, 대집행실행에 대한 저항 문제 역시 현행 대집행제도가 불충분하다는 점을 여실히 드러낸다. 그동안 **행정절차법이 제정·시행되고 있거니와, 행정실체법 역시 매우 진화되었기에, 이에 상응하도록 자족적이고 완결적인 행정집행법을 시급히 마련할 때이다.** 행정기본법에서 행정강제 일반은 물론, 이행강제금, 직접강제, 즉시강제에 관한 기본틀이 정립되었기에(제30조부터 제33조까지), 앞으로 제도정비가 기대된다.

⑷ 행정상 강제집행과 민사집행과의 관계

자족적이고 일반법격인 행정집행법이 만들어지지 않은 현실에서 일각에서 미흡한 측면을 민사상의 강제집행제도를 동원하여 메우려 하는 것은 자연스럽다. 하지만 판례는 공법의 특별성 및 명문의 규정에 입각하여 엄격한 입장을 견지한다. 즉, 설령 공유 일반재산의 대부료의 지급과 같이 본질이 사법적 성질을 갖더라도, 법률에 의해 행정대집행의 절차가 인정되는 경우에는 따로 민사소송의 방법으로 시설물의 철거를 구하는 것은 허용되지 않는다(대법원 2013다207941판결; 2009다1122판결:).[1] 법령에 의하여 대집행권한을 위탁받아 공무인 대집행을 실시하기 위하여 지출한 비용을 민사소송절차에 의하여 그 비용의 상환을 청구하는 것 역시 부적법하다(대법원 2010다48240판결). 마찬가지로 보조금의 반환명령 및 국세체납처분의 예에 의한 강제징수를 보조금법이 규정하여서, 민사소송의 방법으로는 보조금의 반환청구를 할 수 없다(대법원 2011다17328판결).

1) 대법원 2009다1122판결과 관련해서는 행정청의 대집행불이행의 문제가 있다(후술). 대법원 99다18909판결에 대한 평석으로 이상덕, 행정판례평선, 419면 이하.

2. 대 집 행

(1) 대집행(代執行)의 의의

대집행제도는 대체적 작위의무에 대한 강제수단이다. 그것은 의무자가 행정상 의무(법령등에서 직접 부과하거나 행정청이 법령등에 따라 부과한 의무를 말한다. 이하 이 절에서 같다)로서 타인이 대신하여 행할 수 있는 의무를 이행하지 아니하는 경우 법률로 정하는 다른 수단으로는 그 이행을 확보하기 곤란하고 그 불이행을 방치하면 공익을 크게 해칠 것으로 인정될 때에 행정청이 의무자가 하여야 할 행위를 스스로 하거나 제3자에게 하게 하고 그 비용을 의무자로부터 징수하는 것을 말한다(행기법 30조 1항 1호).[2]

우리나라와 일본은 행정청이 직접 집행에 나선 '자기집행'과 제3자를 이용하는 '타자집행'을 함께 대집행에서 아우르지만, 독일의 경우 연방행정집행법은 프로이센의 전통을 좇아 타자집행의 경우만을 대집행에 포함시키고 자기집행은 직접강제의 일종으로 보고 있다(10조). 그런데 '자기집행'의 경우에는 직접강제와의 구별이 명확하지 않거니와, 대집행에서의 법률관계를 굳이 이원적으로 구성할 필요가 있을지 의문이 제기된다. 그리하여 입법론적으로는 독일처럼 '자기집행'적 대집행은 직접강제의 체제에 편입시키는 것이 바람직하다고 지적된다(김남진/김연태, 582면).[3]

(2) 대집행에 따른 법률관계

'자기집행'의 경우, 비용징수를 포함한 모든 과정이나 법률관계가 공법작용 내지 공법관계로서의 성질을 가지기에 아무런 문제가 없다. 반면 '타자집행'의 경우 私人인 제3자가 중간에 개재하기에 그의 법률관계를 중심으로 검토할 사항이 있다. '타자집행'의 법률관계는 i) 행정청과 제3자와의 관계, ii) 제3자와 의무자와의 관계로 나눌 수 있다. **여기서 우선 검토되어야 할 점은 제3자의 법적 지위이다.** 공임무의 수행에 사인(私人)이 참여할 때 그 사인은 공무수탁사인, 행정보조인 그리고 공의무부담사인 가운데 어느 하나에 해당할 수 있다(본서 169면 이하). 행정청에 대신하여 대집행에 나서는 제3자는 자신의 이름으로 나름의 책임을 지면서 임무를 수행할 권한을 가지지 않는다. 따라서 행정청의 확장된 팔인 셈인 행정보조인에 해당한다.[4] 비록 의무자의 법적 파트너는

2) 참고문헌: 김아름, 국민의 권익보장을 위한 행정대집행에 관한 연구, 2014.

3) 한편 독일의 경우 베를린이나 바이에른 등을 제외한 많은 주 행정집행법은 연방의 그것과는 달리 우리처럼 자기집행과 타자집행을 함께 대집행에 포함시키는데, 이처럼 대집행을 확대하는 결정적인 이유는 재정적인 이유에 있다. 즉, 대집행의 비용은 의무자가 부담하지만, 직접강제의 경우 그 소요비용을 원칙적으로 행정이 부담하기 때문이다.

행정청이고, 제3자와 의무자간에는 직접적 법률관계가 성립하지는 않지만, 제3자는 의무자를 상대로 해서는 공무원이나 다를 바 없는 지위를 갖는다. 당연히 의무자는 제3자의 업무집행에 대해 협조해야 한다. 물론 제3자는 의무자를 상대로 비용징수를 도모할 수 없다.

한편 행정청과 제3자와의 관계는 업무집행을 보조하여 실행하는 사법상의 도급계약에 따른 관계이다. 따라서 제3자는 계약체결에 자유를 갖는다. 그런데 경찰위험의 상황에서 위험제거에 달리 다른 방도가 없어서 경찰이 위험방지의 차원에서 대집행에 나서도록 하명한 경우에는(경찰관직무집행법 5조 1항 3호) 제3자가 강제로 동원되기도 한다. 이 경우의 제3자의 소요비용은 일종의 공법상의 부당이득의 의미를 갖기에 그것을 둘러싼 관계는 공법관계가 되고, 제3자는 당연히 행정청을 상대로 비용상환을 강구할 수 있다.

(3) 대집행의 요건

대집행의 요건으로 i) 대체적 작위의무를 불이행할 것, ii) 다른 수단으로서 이행을 확보하기가 곤란할 것, iii) 그 불이행을 방치함이 심히 공익을 해치는 것으로 인정될 것을 규정하고 있다.[5] 그런데 이하의 대집행의 요건은 사실 계고처분의 요건이기도 하며, 그 주장・증명(입증)책임은 처분청이 진다(대법원 96누8086판결).

(가) 대체적 작위의무의 불이행

대집행의 대상이 되는 의무는 타인이 대신하여 행할 수 있는 대체적 작위의무이다. 따라서 일신전속적이거나 전문기술적이어서 대체성이 없는 작위의무, 부작위의무 및 수인의무 등은 대집행의 대상이 되지 않는다. 가령 관계 법령에 위반하여 장례식장 영업을 하고 있는 자에 대한 장례식장 사용중지의무는 비대체적 부작위의무이어서 대집행이 불가능하다(대법원 2005두7464판결). 한편 현행법은 대집행의 대상이 되는 의무가 법령에 의하여 직접 명하여질 수도 있으며, 법령에 의거한 행정행위에 의하여 명해질 수도 있다고 규정하고 있는데, 전자의 경우에도 대집행이 가능하다는 것은 자칫 대집행의 남용을 가져다줄 우려가 있으며, 자칫 법규범과 법집행행위간의 구분을 무색하게 만들 위험도 있다. 입법적 개선이 필요하다(동지: 김남진/김연태, 583면).

---

4) 만약 제3자가 대집행의 주체가 될 수 있으면, 그는 공무수탁사인에 해당한다.
5) 상론: 이일세, 행정법논단, 98면 이하 참조. 한편 독일의 경우 우리와는 달리 하명처분의 불가쟁력의 발생이 강제집행의 요건에 해당한다. 취소쟁송의 집행정지효를 원칙으로 하는 메커니즘이어서 이런 구성은 당연하다. 비록 집행정지효가 원칙으로 채택되지 않고 있지만, 공정력을 전제로 하여 법적 안정성을 위해 독일의 논의를 적극적으로 반영할 필요가 있다.

대체가능한 작위의무와 관련해서 검토할 사항은 법령상의 부작위의무위반의 문제, 토지 · 가옥 등의 인도의 문제, 사법상의 의무의 대집행가능성 문제이다.

유치원을 경영하는 甲은 유치원의 남쪽에 접하고 아파트단지 내 도로에 둘러쌓인 삼각형 모양의 토지(당초 아파트 주민들의 휴식공간으로 사용하기 위하여 설치된 조경시설이다)의 수목을 임의로 제거하고 그 곳에 어린이 놀이시설을 설치한 다음 단지 내 도로와 위 유치원을 차단하는 철제울타리를 설치하였다. 이에 광역시사무를 위임받은 구청장이 甲에 대하여 주택건설촉진법 제38조 제2항 등 위반을 이유로 원상복구를 지시하였는데, 甲은 이에 응하지 아니하였다. 그리하여 구청장은 동일한 이유로 원상복구할 것을 명하고 만일 소정의 기한까지 이행하지 않을 때에는 구청장이 이를 집행하거나 제3자로 하여금 집행하게 하고 이에 따른 비용은 원고로부터 징수하겠다는 내용의 계고처분을 하였다. 주택건설촉진법이 원상복구명령을 규정하지 않고 있는 점을 들어, 권한 없는 구청장이 원상복구명령을 발한 이상, 원상복구명령은 무효이고, 따라서 계고처분 역시 무효라는 甲의 주장이 주효하는가? (대법원 96누4374판결)

관계 법령에 정하고 있는 절대적 금지나 허가를 유보한 상대적 금지를 위반한 경우가 일종의 법령상의 부작위의무위반의 경우이다. 법령상의 부작위의무위반은 위법상태제거의무를 당연히 성립시키지 않기에 그 위반자체를 갖고서 바로 대집행에 나설 수 없다. 또한 건축법 제79조 등과 같은 위무위반에 대한 시정조치 등의 수권규정이 없는 한, 법령위반인 부작위의무위반으로부터 시정명령의 권능이 당연히 생겨나는 것도 아니다.[6] 이런 관점에서 대법원 96누4374판결은 －원상복구명령을 무권한무효의 원칙에 의거하여 무효로 논증한 다음 하자승계를 대입하여 계고처분 역시 무효로 판시하고, 아울러－ 하명처분을 발하지 않은 채 (법령상의) 부작위의무위반을 이유로 대집행에 나선 것을 위법이라 정당하게 판시하였다(동지: 대법원 2009도11523판결).

A시가 추진한 관광개발사업으로 인해 甲은 공유수면 위에 설치한 무허가건축물이 철거될 사정이 생겼다. A시가 甲에게 2년 기간의 공유수면 점 · 사용을 허가하면서 '관광개발사업 완료 시에는 반드시 원상복구(건축물 철거) 후 이주해야 함'을 조건으로 명시하였다. 허가기간이 만료되어, A군수는 甲에 대해 법령에 따라 원상회복명령을 하였는데, 甲은 응하지 않았다. 이에 A군수는 '2013. 6. 15.까지 이 사건 건물을 철거하라'며 종전 원상회복명령의 이행을 촉구하면서 위 기한 내 이행하지 않을 경우 행정대집행법 제2조에 따라 행정대집행을 실시할 예정임을 통보하였다. 그러자 甲은 철거하명으로 당연히 퇴거의무가 생기지 않기에 퇴거조치를 위한

6) 유의할 점은 건축법 79조 등은 위무위반에 대한 시정조치를 위한 수권규정일 뿐이어서 이런 규정의 존재만으로 대집행에 들어갈 수 있는 것은 아니고, 그것에 의거하여 직접 시정조치를 취해야 한다.

특별한 법적 근거가 있어야 한다고 주장하며 반발하였다. 甲의 주장은 타당한가? 사안에서 A 군수는 행정대집행의 방법으로 행정목적을 달성할 수 있는가? (대법원 2016다213916판결)

건물점유자가 철거의무자인 경우 건물철거의무에는 퇴거의무도 포함되는 것이어서 별도로 퇴거를 명하는 집행권원은 필요하지 않다(대법원 2016두213916판결). 하지만 토지·가옥 등의 퇴거 및 인도는 의무자가 스스로 점유이전을 하지 않는 한, 다른 사람이 대신할 수 없는 성격이어서 대집행을 통해 실현할 수 없다(대법원 97누157판결; 2004다2809판결 등). 이 문제는 공용수용에 불응할 경우에 제기되는데, 본질적으로 대집행제도를 취할 수 없고, 토지보상법에도 직접강제적인 대응방책이 마련되어 있지 않기에, 과거 일본 나리타비행장건설에서 취하였듯이, 우회적 방법(경찰관직무집행법상의 조치(위험발생의 방지 등), 형법상의 공무집행방해죄의 범행방지나 현행범체포)에 의해 경찰의 도움으로 목적을 실현할 수밖에 없다(대법원 2016두213916판결). 이 점에서도 자족적 행정집행법에 대한 전향적 태도가 요구된다.

울산시는 철도이설사업시행을 위하여 구 「공공용지의 취득 및 손실보상에 관한 특례법」에 의하여 甲 소유의 토지를 협의취득을 하고서 甲에게 토지에 대한 보상금 등을 전액 지급하였다. 甲은 보상금을 청구할 당시 울산시가 지장물 등에 대한 철거를 요구하는 때에는 아무런 이의 없이 요구에 응하겠다는 내용의 서약서를 제출하였는데, 그렇게 하지 않았다. 이에 울산시는 甲에게 계고서 송달일로부터 10일 이내에 이 사건 주택 등을 자진철거하지 아니하면 강제철거하거나 제3자로 하여금 이를 집행하게 하고 그 비용을 징수하겠다는 내용의 대집행계고처분을 하였다. 그런데 甲은 자신이 부담하는 철거의무는 계약상의 작위의무에 불과할 뿐 행정대집행의 전제가 되는 법률의 규정 또는 하명에 의한 의무가 아니므로, 이 계고처분이 위법하다고 주장하였다. 이 철거의무를 행정대집행으로 실현할 수 있는가? (대법원 2006두7096판결)

행정이 대집행의 자력집행적 이점(利點)을 이용하기 위해 -행정을 상대로 한- 국민의 사법상의 의무를 대집행을 동원하여 실현하는 것은 당연히 허용되지 않는다(대법원 2006두7096판결).[7] 왜냐하면 행정의 사법적 활동에는 특별규정이 없는 한 원칙적으로 사법적 구속이 통용되어야 하기 때문이다(본서 544면). 나아가 대집행을 동원하기 위해 행정계약상의 의무를 하명처분으로 확정하는 것 역시 허용되지 않는다(본서 501면).

7) 임대차계약관계로 국유지상에 건물을 소유하는 자에 대하여 한 건물철거계고처분은 당연무효이다(대법원 73누215판결).

(나) 다른 수단으로서 이행을 확보하기가 곤란할 것

이는 대집행이 기대가능성의 문제이자 보충성의 문제임을 분명히 한다. 강제집행이 다른 행정작용에 비할 수 없는 강제력을 지닌다는 점에서 좀 더 완화된 수단으로써 행정목적을 달성할 수 있으면 대집행에 나아가서는 곤란하다. 실정법상 '다른 수단'을 거의 찾아볼 수 없다는 점에서, 강제집행에서 비례원칙을 더욱 강조하기 위한 취지로 봄직하다.

(다) 불이행을 방치함이 심히 공익을 해치는 것으로 인정될 것

위의 두 번째 요건은 그다지 의미를 갖지 않지만, 이 요건은 대집행의 위법성 여부를 판단할 때 결정적인 기준이 된다. 판례상으로 문제되는 것도 이것이다. 먼저 심히 공익을 해치는지 여부는 불확정법개념의 문제인데, 판례는 불확정법개념의 적용에 관한 판단여지의 문제를 기본적으로 재량의 문제로 인식하고 있다. 전체적으로 판례는 극히 미미한 위반사유(건축허가면적보다 0.02m² 정도 초과한 위반의 경우: 대법원 90누10070판결)를 제외하고는 요건충족에 관한 행정의 판단과 결정을 수긍하는 경향이다.[8]

⑷ 대집행결정

행정대집행법 제2조는 문언상으로는 가능규정(可能規定)이다. 따라서 소정의 대집행요건이 충족되었다고 판단되는 경우에도 대집행할 것인지 여부가 재량인지가 다투어진다. 크게 여기서의 대집행은 기속행위에 해당한다고 보는 입장(김남진/김연태, 588면; 홍준형, 592면)과 재량적 판단으로 보되, 생명·신체에 대한 중대한 침해가 야기된 예외적인 경우에는 재량수축이 일어날 수 있다고 보는 입장(김동희/최계영, 457면)으로 대별된다.

이 문제는 앞에서 본 결합규정과 재량소멸에서 파악해야 한다(본서 131면). 즉, 대집행요건이 충족되었다고 판단되면, 보통의 재량에서 요구되는 이익형량은 무의미하며, 대집행하는 것만이 적법한 재량행사가 된다.

8) 허가기간이 이미 도과하였고 기간만료 당시나 현행 옥외광고물등관리법 등의 설치기준에도 적합하지 아니한 광고물의 철거를 부정하는 것은 위법한 광고물을 무한정 방치하는 결과가 되어 행정기관의 위법광고물 단속기능을 무력화시키고 광고물관리행정의 원활한 수행을 위태롭게 함은 물론 다른 위법광고물 단속과의 형평을 깨뜨리는 등 공익을 심히 해하는 결과를 초래한다(대법원 94누7126판결). 건축법위반의 불법건축물을 그것이 완공 후에 단순히 도시미관상 월등히 좋아졌다 하여 소관기관의 사전철거명령에도 불구하고 그대로 방치한다면 불법건축물을 단속하는 당국의 권능을 무력화하여 건축행정의 원활한 수행이 위태롭게 되고, 법에 의한 허가 및 그 준공검사시에 소방시설, 주차시설, 교통소통의 원활화, 건물의 높이 등 인접건물과의 조화, 적정한 생활환경의 보호를 위한 건폐율, 용적율 기타 건축법 소정의 제한규정을 회피하는 것을 사전 예방한다는 더 큰 공익을 해칠 우려가 있으므로 위 건축법위반건축물에 대한 철거명령 및 대집행계고처분은 적법하다(대법원 87누714판결).

⑸ 대집행의 절차

㈎ 행정대집행법상의 내용

일반적으로 대집행의 절차는 계고(戒告), 대집행영장에 의한 통지(通知), 대집행실행, 비용징수의 4단계로 나누어진다.

i) **계고**: 상당한 이행기한을 정해 그 기한까지 이행하지 않을 때에는 대집행을 한다는 뜻을 문서로써 계고한다. 이 경우 행정청은 상당한 이행기한을 정함에 있어 의무의 성질·내용 등을 고려하여 사회통념상 해당 의무를 이행하는 데 필요한 기간이 확보되도록 하여야 한다(3조 1항). 다만 법률에 다른 규정이 있거나(예: 도로법 65조 1항), 비상시 또는 위험이 절박한 경우에 있어서 대집행의 급속한 실시를 요하며 계고를 할 여유가 없을 때에는 계고절차를 거치지 아니하고 대집행을 할 수 있다(3조 3항). 계고시에는 이행해야 할 행위와 그 의무불이행시 대집행할 행위의 내용과 범위가 구체적으로 특정되어야 하고, 계고 이전에 선행의 행정행위가 존재해야 하며, 대집행의 요건은 계고를 할 때에 충족되어야 한다. 하지만 **판례는 계고에 대해 완화된 입장을 취한다.** 즉, 그 행위의 내용 및 범위는 반드시 대집행계고서에 의하여서만 특정되어야 하는 것이 아니고 계고처분 전후에 송달된 문서나 기타 사정을 종합하여 행위의 내용이 특정되거나 대집행 의무자가 그 이행의무의 범위를 알 수 있으면 족하고(대법원 96누15428판결), 하명처분과 함께 계고하는 것 역시 긍정한다(대법원 92누8279판결). 한편 제2차, 제3차 계고처분은 처분성이 부인되는 단순한 반복결정이고 대집행기한의 연기통지에 불과하다(대법원 94누5144판결; 98두4665판결).[9)]

ii) **대집행영장에 의한 통지**: 의무자가 계고를 받고도 지정된 기한까지 그 의무를 이행하지 않을 때에는 당해 행정청은 행정대집행영장으로써 대집행을 할 시기, 대집행책임자의 성명 및 대집행비용의 개산액을 의무자에게 통지하여야 한다(3조 2항). 다만, 계고와 마찬가지로 일정한 경우 생략할 수 있다(3조 3항).

iii) **대집행실행**: 행정청(및 제3자)은 일정한 경우를[10)] 제외하고는 해가 뜨기 전이나 해가 진 후에는 대집행을 해서는 아니 되고(4조 1항), 대집행을 할 때 대집행 과정에서의 안전 확보를 위하여 필요하다고 인정하는 경우 현장에 긴급 의료장비나 시설을 갖추는 등 필요한 조치를 하여야 한다(2항). 그리고 대집행을 위해 현장에 파견되는 집행

---

9) 대법원 94누5144판결에 대한 평석으로 한견우, 행정판례평선, 429면 이하.

10) 1. 의무자가 동의한 경우, 2. 해가 지기 전에 대집행을 착수한 경우, 3. 해가 뜬 후부터 해가 지기 전까지 대집행을 하는 경우에는 대집행의 목적 달성이 불가능한 경우, 4. 그 밖에 비상시 또는 위험이 절박한 경우.

책임자는 그가 집행책임자라는 것을 표시한 증표를 휴대하여 이해관계인에게 제시하여야 한다(3항). 비록 도로법과 같은 명문의 규정은[11] 없지만, 행정기본법 제30조 제1항에 의거하여 비례원칙에 따라 대집행실행에서 가능한 가장 약한 조치를 취해야 한다.

iv) 비용의 징수: 대집행에 소요된 비용은 납기일을 정하여 의무자에게 문서로써 납부를 명하고, 납부하지 않을 때에는 국세징수법의 예에 의하여 징수할 수 있다(5조, 6조).

(나) 관견(管見)

i) 기본인식의 전환: **이들 각각의 단계가 어떤 독립된 의미를 갖는지 세심한 검토가 필요하다.** 행정대집행법 제2조·제3조·제7조 등에 비추어 동법상의 '대집행'이란 '당해 행정청이 스스로 의무자가 해야 할 행위를 한 것과 제3자로 하여금 이를 하게 한 것'이다. 여기서 법적 의미를 갖는 것은 행정청에 의한 자기집행적 대집행이다. 따라서 대집행실행 자체만이 대집행일 뿐이다. 그렇다면 대집행영장의 통지는 대집행의 사전절차에 지나지 않고 결코 통지(통보)처분에 해당하지 않는다. 비용징수 역시 대집행의 후속절차에 지나지 않는다. 따라서 **대집행은 대집행실행에 한정할 필요가 있다. 대집행영장의 통지는 그 자체 독립된 의미를 인정하기는 곤란하다. 비용징수절차는 금전급부의무의 독립된 절차로 보아야 한다.**

ii) 대집행의 계고의 법적 성질: '대집행의 계고'의 경우 그 효과에 의거하여 (재)하명으로 볼 것과 이를 계기로 '준법률행위적 행정행위'라는 개념에 대한 근본적인 재검토가 필요하다고 지적되곤 한다(본서 249면). 당사자 등을 보호하는 특별한 단계적 의미를 독립된 통보처분에 둘 때, '대집행의 계고'는 대집행실행의 통보처분이면서도 본래 의무에 대한 재하명의 성격도 갖는다(본서 255면).[12]

iii) 대집행실행의 법적 성질: 일반적으로 권력적 사실행위로 보아 처분성을 인정한다.[13] 그러나 행정행위종속적 권리구제관에 사로잡혀 무리하게 처분성을 논증한 태도는 재고되어야 한다. 독일의 경우 과거와는 달리, 다수입장과 판례는 대집행실행에 대해 자기집행이든 타자집행이든 사실행위로 본다.

iv) 대집행실행에 대한 저항 문제: 독일의 경우 행정집행법 제15조에서 실력으로

---

11) 제74조 ② 제1항에 따른 적치물 등의 제거나 그 밖에 필요한 조치는 도로관리를 위하여 필요한 최소 한도에 그쳐야 한다.

12) 독일의 행정집행법이 우리의 계고에 해당하는 'Androhung'에 대해 행정행위를 대상으로 한 허용된 권리구제수단이 주어진다고 규정하고 있는데(제18조 ①), 그곳에서의 계고는 비단 대집행만이 아니라, 이행강제금과 직접강제를 포함한 강제수단의 선택에 따른 후속절차의 시발점에 해당한다.

13) 다만 구체적으로 그것의 처분성을 논증하면서 권력적 사실행위 그 자체로 처분성을 인정하는 입장, 합성처분적 논증에 의거하여 처분성을 인정하는 입장 등 각각의 입장이 매우 다양하다.

저항을 배제할 수 있는 규정을 두고 있으나, 일본과 우리의 경우 그에 관한 명문규정이 없다. 따라서 공무집행방해죄를 구성하는 것과는 별도로 대집행실행 자체에서 실력행사를 할 수 있는지 여부가 논란이 된다. 필요한 한도를 전제로 하여 최소한의 한계를 설정하면서 부득이 한 것으로 받아들이는 입장과 대집행에는 그런 권능이 포함되지 않는다고 엄격한 태도를 취하는 입장으로 크게 나뉜다.

⑹ 대집행에 대한 불복

일반적으로 계고, 대집행영장에 의한 통지, 실행, 비용징수의 4단계 모두를 대상으로 하여 처분성을 인정하고 행정심판과 행정소송을 제기할 수 있다고 본다. 그리고 이들 상호관계에 하자승계론을 대입시킨다(본서 368면 이하).

기왕의 인식을 새롭게 검토할 필요가 있다. 이들 모두가 과연 처분으로서 규율적 효과를 갖는지 의문스럽거니와, 이른바 하자승계와 관련해서는 마치 이들이 동일한 목적과 효과를 갖고 수렴되는 것인 양 오해하게 한다.

그렇지만 이상에서 본 것처럼, 대집행영장에 의한 통지는 독립된 의미를 갖지 못하고, 비용징수는 별개의 절차이다. 그리하여 대집행에 대한 불복(不服)은 계고처분과 대집행실행에 모아지는데, 계고처분은 취소소송을 제기하는 데 아무런 문제가 없고, 쟁점은 대집행실행이다. 그것의 본질이 사실행위이기에 취소소송을 제기할 수 없고, 행정상의 결과제거청구에 의해 원상회복을 도모해야 한다. 한편 권력적 사실행위적 접근으로 대집행실행의 처분성을 인정하는 문헌들 역시 대집행실행이 통상 단기간 내에 종료되어버리기에 소이익이 없어서 사실상 취소소송을 강구할 수 없다고 본다.[14] **결국 대집행에 대한 권리구제는 우선** −당사자소송을 통한− **행정상의 결과제거청구를 강구하고, 그것이 여의치 않거나 불충분할 때 손해배상을 강구해야 한다.**

한편 기왕의 하자승계론에 의하면 계고처분 등의 하자가 비용납부명령에 그대로 승계되는 것으로 본다. 그런데 계고처분이나 대집행실행이 위법한 경우 하자승계의 방식을 취하지 않으면 비용납부명령의 위법을 주장할 수 없는지 곰씹어 볼 필요가 있다. 대집행에 소요된 비용의 징수는 그 대집행이 적법하게 행해진 것을 전제로 한다. 비용납부명령에 선행하는 계고처분이나 대집행실행의 위법성이 확인된 다음(또는 동시에) 그 비용납부명령의 위법성을 다투는 데 아무런 문제가 없다. **이제 대집행에서 기왕의 하자승계론을 적용하는 것을 새롭게 접근할 필요가 있다.**

---

14) 실행행위가 장기간 계속되는 예외적인 경우에는 취소소송을 생각해 볼 수 있다지만, 이는 현실적이지 않을 뿐더러, 대집행실행의 본질과도 어울리지 않는다.

⑺ 대집행의 불이행과 관련한 문제

국공유재산인 일반(잡종)재산에 관해 사용허가를 받았지만, 이미 오래 전부터 그 토지를 권원이 없이 제3자가 점유한 상태에서 행정청이 국유재산법 등에 의해 허용된 행정대집행절차를 이행하지 않은 경우 그 토지 사용허가를 받은 자가 민사소송의 방법으로 자신의 권리를 실현할 수 있는지가 문제된다. 판례는 국가에 대한 토지사용청구권을 보전하기 위하여 국가를 대위하여 민사소송의 방법으로 시설물의 철거를 구하는 이외에는 실현할 수 있는 다른 절차와 방법이 없음을 들어 민사소송의 방법으로 시설물의 철거를 구하는 것을 허용한다(대법원 2009다1122판결).

3. 이행강제금

⑴ 이행강제금의 의의 및 특징

이행강제금(履行强制金)의 부과는 의무자가 행정상 의무를 이행하지 아니하는 경우 행정청이 적절한 이행기간을 부여하고, 그 기한까지 행정상 의무를 이행하지 아니하면 금전급부의무를 부과하는 것을 말한다(행기법 30조 1항 2호). 즉, **일정한 기한까지 의무를 이행하지 않으면 금전급부의무를 과함으로써 의무자에게 심리적 압박을 가하여 차후에 의무이행을 하게끔 -간접적으로- 강제하는 제도이다.**

간접강제의 일종인 이행강제금은 과거의 집행벌을 수정하여 대체한 것이다. 이행강제금은 의무위반에 가한 제재에 주안점을 두지 않고, 의무이행의 확보에 주안점을 둔다. 이런 특징에서 의무자가 의무를 이행하지 않으면, 반복할 수 있거니와, 증액할 수도 있다. 행정벌이 함께 과해지더라도 문제가 되지 않는다(헌재 2001헌바80 등). 이행강제금 납부의무는 상속인 기타의 사람에게 승계될 수 없는 일신전속적인 성질의 것이고, 이미 사망한 사람에게 이행강제금을 부과하는 내용의 처분은 당연무효이다(대법원 2006마470결정).

⑵ 실정법상의 예

전통적으로 집행벌은 대집행이 동원될 수 없는 상황, 즉 비대체적 작위의무 또는 부작위의무의 이행을 확보하기 위한 것인데, 독일 연방 행정집행법은 대체적 작위의무의 불이행에서도 이행강제금제가 활용된다(11조).[15] **독일 법제의 영향으로 우리 역시 집행벌의 후신인 이행강제금제는 대체적 작위의무까지도 커버하여 시행하고 있다.** 건축법

---

15) 대집행(타자집행)에서 제3자를 동원한 타자집행이 유용하지 않을 때, 특히 의무자가 대집행비용을 부담할 수 없는 경우에 강제금을 부과할 수 있다.

(현행 80조)이 이행강제금제를 도입한 이래로, 농지법 제62조, 다중이용업소법 제26조, 개발제한구역법 제30조의2, 국토계획법 제124조의2 등에서 이행강제금제를 도입하였다. 대부분의 문헌은 이런 변화를 환영한다. 결국 **이행강제금은 사실상 행정청이 행하는 일체의 시정명령이나 조치에 대한 후속적 집행수단이 되었다.**

(3) 대집행과 이행강제금과의 관계

독일과 비교해서 우리 법제는 차이점이 있다. 독일 연방행정집행법에서의 이행강제금이 기본적으로 대집행에 대한 보충적 2차적 강제수단으로서 의의를 가지는 데 대해서, 우리는 이행강제금이 대집행에 대한 부차적 수단으로 규정되어 있지 않다. 판례 역시 대체적 작위의무를 이행강제금의 대상으로 하는 것이 이행강제금의 본질에 반하지 않음을 전제로, 행정청은 대집행과 이행강제금의 양자의 선택에 있어서 재량을 갖는다고 본다(헌재 2001헌바80 등; 2009헌바140). 따라서 이행강제금절차를 강구한 것과 별도로 대집행절차를 강구하는 것이 현행법(de lege lata)하에서는 용인될 수 있다. 하지만 이는 법집행의 불필요한 이원화 문제가 있다. 입법론의 차원(de lege ferenda)에서 대집행에 대한 이행강제금의 보충적 2차적 성격을 명문화할 필요가 있다.

(4) 행정기본법상의 규정

행정청은 일정한 사항을[16] 고려하여 이행강제금의 부과 금액을 가중하거나 감경할 수 있다(31조 2항). 행정청은 이행강제금을 부과하기 전에 미리 의무자에게 적절한 이행기간을 정하여 그 기한까지 행정상 의무를 이행하지 아니하면 이행강제금을 부과한다는 뜻을 문서로 계고(戒告)하여야 한다(3항). 행정청은 의무자가 제3항에 따른 계고에서 정한 기한까지 행정상 의무를 이행하지 아니한 경우 이행강제금의 부과 금액·사유·시기를 문서로 명확하게 적어 의무자에게 통지하여야 한다(4항). 행정청은 의무자가 행정상 의무를 이행할 때까지 이행강제금을 반복하여 부과할 수 있다.[17] 다만, 의무자가 의무를 이행하면 새로운 이행강제금의 부과를 즉시 중지하되, 이미 부과한 이행강제금은 징수하여야 한다(5항). 행정청은 이행강제금을 부과받은 자가 납부기한까지 이행강제금을 내지 아니하면 국세 체납처분의 예 또는 「지방행정제재·부과금의 징수 등에 관한 법률」에 따라 징수한다(6항).

---

16) 1. 의무 불이행의 동기, 목적 및 결과, 2. 의무 불이행의 정도 및 상습성, 3. 그 밖에 행정목적을 달성하는 데 필요하다고 인정되는 사유.

17) 동 규정을 반복부과 여부의 재량으로 보는 것은 타당하지 않고, 반복부과가 허용된다는 의미이다.

(5) 대표적인 건축법상의 이행강제금의 주요 내용

甲이 공동주택으로 무단용도 변경한 것에 대해 A구청장이 2008. 6.30.까지 시정할 것을 명하였는데, 甲이 따르지 않을 듯한 태도를 보여 A구청장은 기왕의 시정기간이 지나기도 전인 2008.6.12.에 2008.6.20.까지 시정하도록 시정명령을 다시 내린 다음, 시정되지 않았음을 이유로 이행강제금을 부과하였다. 이 부과처분은 적법한가? (대법원 2010두3978판결)

B구청장은 乙이 건물 전체를 무단 신축했다는 이유로 시정명령을 거쳐 2007.11.에 이행강제금을 부과하였는데, 乙은 납부의무를 이행하지 않은 채 시정명령과 이행강제금부과처분 각각에 취소소송을 제기하였다. B구청장은 소송이 진행되는 동안 이행강제금을 부과하지 않고 있다가 대법원에서 원고패소판결이 확정되자 자진철거명령(2011.3.)과 두 차례의 시정명령(2011.6., 9.)을 발한 다음, 2011.12.에 2011년에 부과하는 이행강제금 외에 2008년, 2009년, 2010년에 부과했어야 할 이행강제금까지 포함하여 총 4회분에 해당하는 이행강제금을 부과하였다. 이에 대해 乙은 건축법상의 이행강제금은 1회분씩 부과해야 하고 또한 부과 시마다 별도의 시정명령을 해야 함에도, 피고는 그렇게 하지 않고 소급적으로 4년분의 이행강제금을 한꺼번에 부과함으로써 원고의 '시정기한의 이익'을 박탈하였다는 점을 내세워 이행강제금부과처분이 무효라고 주장하였다. 乙의 주장은 주효하는지? (대법원 2015두46598판결)

(가) 이행강제금부과의 내용

허가권자는 -건축법 제79조 제1항에 따른- (제1차)시정명령을 받은 후 시정기간 내에 시정명령을 이행하지 아니한 건축주 등에 대해 시정명령의 이행에 필요한 상당한 이행기한을 정하여 그 기한까지 시정명령을 이행하지 아니하면 소정의 이행강제금을 부과한다. 다만, 연면적이 85제곱미터 이하인 주거용 건축물 등의 경우에는 소정 금액의 2분의 1의 범위에서 해당 지방자치단체의 조례로 정하는 금액을 부과한다(80조 1항).

(나) 이행강제금부과의 절차

이행강제금을 부과하기 전에 이행강제금을 부과·징수한다는 뜻을 미리 문서로써 계고하여야 한다(2항). 이행강제금을 부과·징수할 때마다 그에 앞서 시정명령 절차를 다시 거쳐야 할 필요는 없다(대법원 2012두20397판결). 그런데 법규정상으로, 제1차 시정명령을 시정기간 내에 이행하지 않은 경우에 이행기한을 정해 다시 제2차 시정명령을 발한 다음에 이행강제금부과절차를 진행할 수 있는지 아니면 이행기한만을 연장시켜서 이행강제금부과절차를 진행할 수 있는지가 불분명하다. 판례는 엄격한 태도를 견지하여 두 차례 시정명령을 발하여 2중의 시정기간을 주지 않으면 부과처분이 위법하다고 판시하였다(대법원 2010두3978판결). 나아가 제2차 시정명령을 발하지 않은 절차상의 하자를 무효사유로 판시하였다(대법원 2015두46598판결).[18] 그런데 하나의 문서로 (제2차) 시정명령과 계고를 함께한 것은 대집행절차에서와 마찬가지로, 상당한 제2차 시정기간이 주어지고, 계고의 특정성요구에 문제가 없는 한, 용인될 수 있다. 시정명령의 불이행이 정당화될 수 없는 경우에만 이행강제금부과가 정당화된다. 즉, 시정명령을 받은 의무자가 시정명령의 취지에 부합하는 의무를 이행하기 위한 정당한 방법으로 행정청에 신청 또는 신고를 하였으나 행정청이 위법하게 이를 거부 또는 반려하여 그 거부처분이 소송을 통해 취소된 경우, 기왕의 시정명령의 불이행을 이유로 한 이행강제금부과처분은 위법하다(대법원 2015두35116판결).

최초의 시정명령이 있었던 날을 기준으로 하여 1년에 2회 이내의 범위에서 해당 지방자치단체의 조례로 정하는 횟수만큼 그 시정명령이 이행될 때까지 반복하여 이행강제금을 부과·징수할 수 있다(4항). 다만 −건축법 제79조 제1항의− (제1차)시정명령을 이행하면 새로운 이행강제금의 부과는 즉시 중지하되, 이미 부과된 이행강제금은 징수하여야 한다(5항). 여기서 시정명령에서 정한 기간을 지나서 시정명령을 이행한 경우가 문제되는데, 판례는 이행강제금의 본질이 이행확보에 있는 이상, 반복 부과되는 이행강제금뿐만 아니라, 이행명령불이행에 따른 최초의 이행강제금도 부과할 수 없다고 본다.[19] 이행강제금 부과처분을 받은 자가 이행강제금을 납부기한까지 내지 아니하면 지방세 체납처분의 예에 따라 징수한다(6항).[20]

(다) 이행강제금부과에 대한 불복절차

이행강제금부과에 대한 불복은 −비송사건절차법에 의한다고 하는− 특별한 규정이[21] 없는 한 행정행위에 대한 일반적인 권리구제(행정쟁송)가 통용된다. 예전에는 건

---

18) 그리하여 사안 2에서 2011년분의 이행강제금부과는 유효하지만, 2008년, 2009년, 2010년분의 일괄적 이행강제금부과는 무효로 확정되었다. 그런데 소급적, 일괄적 부과가 정당한 법집행이 원고의 재판청구권행사를 통해 저지된 데서 비롯되었다는 점과 이런 상황이 근원적으로 원고가 2007년에 시정명령을 불이행한 데서 비롯되었다는 점에서 대법원 2015두46598판결은 문제가 있다. 상론: 김중권, 법조 제720호(2016.12.28.), 402면 이하. 그리고 2차 시정명령의 결여를 무효사유로 본 것은 하자치유의 가능성을 원천 봉쇄한다는 점에서도 문제가 있다. 한편 이처럼 두 차례의 시정명령을 요구하는 것은 기왕의 판례(대법원 2012두20397판결)와 조화되지 않는다.

19) 대법원 2013두15750판결; 2015두36454판결. 그런데 비록 이행강제금이 과거 비행에 대한 제재로서의 처벌이 아니라, 앞으로의 예방적인 강제조치에 해당한다 하더라도, 궁극적으로 의무이행이 있었다는 이유로 소정기간내에 그 의무를 이행하지 않은 점이 완전히 무시되는 식의 논증은 문제가 있다. 판례의 입장에 의하면, 의무이행의 기한이 경과한 때 그 즉시 부과조치를 취하지 않는 이상, 그 기한의 설정 자체가 무의미해질 우려가 있다

20) 반면 독일의 경우 대체구류가 마련되어 있다.

21) 가령 농지법 제67조 ⑦에 따라 농지처분명령에 대한 이행강제금 부과처분에 불복하는 경우에는 비송사건절차법에 따른 재판절차가 적용되어야 하고, 따라서 이행강제금부과처분은 항고소송의 대상이 될 수 없다(대법원 2018두42955판결). 과태료재판처럼 비송사건절차법에 따른 재판절차의 경우 여기서의 이행강제금부과여부 및 이행강제금액의 정도가 전적으로 법관의 재량에 속한다.

축법상의 이행강제금과 관련해서는 재판을 비송사건절차법에 의해 하도록 하고 있어(구 건축법 83조 6항) 문제가 있었는데, 그것이 삭제되었다.

4. 직접강제

(1) 직접강제의 의의

직접강제는 의무자가 행정상 의무를 이행하지 아니하는 경우 행정청이 의무자의 신체나 재산 또는 이 양자에 실력을 행사하여 그 행정상 의무의 이행이 있었던 것과 같은 상태를 실현하는 것을 말한다(행기법 30조 1항 3호). 영업소 폐쇄명령을 받은 후에도 계속하여 영업을 하는 경우에 그 영업소를 폐쇄하기 위하여 행하는 조치(간판 등 영업 표지물의 제거나 삭제 등)가 해당한다(식품위생법 79조 1항). 법적 성질은 대집행실행과 같이 사실행위에 해당한다. 경찰관직무집행법 제10조 제1항에 의거한 살수차에 의한 경찰의 살수행위 역시 법적 성질은 사실행위이고, 제도적 본질은 직접강제에 해당한다.[22]

안전관리분야·식품제조분야·의약품제조분야·환경보전분야 기타 사회질서와 관련된 분야에서 직접강제(直接强制)는 확대되고 있다. 하지만 **직접강제는 다른 강제수단과는 달리 의무자의 신체나 재산에 직접 물리력을 행사하기에, 가장 강력한 강제수단이다.** 따라서 식품위생법 제79조 제4항이 규정하듯이, 폐쇄조치는 그 영업을 할 수 없게 하는 데에 필요한 최소한의 범위에 그쳐야 한다. 이런 명문의 규정이 없더라도 당연히 최후 수단으로 동원되어야 하며, 비례원칙이 엄격히 적용되어야 한다.

(2) 다른 강제수단과의 차이점

대체적 작위의무의 강제수단인 대집행과는 달리 직접강제는 대체적 작위의무뿐만 아니라 비대체적 작위의무 부작위의무·수인의무 등 일체의 불이행에 대해 행할 수 있다. 직접적인 물리력의 행사라는 점에서 즉시강제와 비슷한 면이 있는데, 후자는 기본적으로 하명처분 및 '의무의 불이행'이 없다는 점에서 차이가 있다. 직접강제는 행정법위반상태를 초래하고 있는 재산 자체를 배제하는 점에서, 금전적 급부의무의 강제수단인 재산의 압류·공매 등의 강제징수와도 구별된다.

22) 경찰청 훈령인 '물포운용지침'에 의하면, 살수는 '도로 등을 무단점거하여 일반인의 통행 또는 교통소통을 방해하고 경찰의 해산명령에 따르지 아니하는 경우'에 허용되기에, 그것은 하명처분 및 그 불이행의 존재를 전제로 성립한다.

⑶ 현행 직접강제제도의 문제점

일반법이 없고 개별법(예: 공중위생관리법 제11조의 공중위생영업소의 폐쇄)에 맡겨져 있어서 체계적 정리가 쉽지 않다.[23] 직접강제의 대표적인 수단이고 실정법상으로 매우 광범하게 규정하고 있는 폐쇄조치(閉鎖措置)를 보면, 하명처분을 전제로 하는 직접강제의 기본틀이 견지되지 않는다. 가령 식품위생법 제79조를 보면, 무허가나 무신고로 영업한 경우는 물론, 등록취소에도 불구하고 영업을 한 경우에도 폐쇄명령을 하지 않은 채 곧바로 폐쇄조치에 들어갈 수 있다. 이는 직접강제가 아니라 즉시강제(또는 직접시행)에 해당한다. 유의할 점은 폐쇄조치의 근거규정이 폐쇄명령의 근거가 될 수는 없다(대법원 99두6002판결).

⑷ 행정기본법에 따른 직접강제의 실행 메커니즘 및 남겨진 문제점

일반법의 제정이 여의치 않다면, 개별법의 차원에서라도 직접강제의 본질에 맞게 그리고 남용을 막도록 체계적으로 정비될 필요가 있는데, 다행히 행정기본법을 통해 다소 정비되었다. 먼저 **직접강제의 보충성이 성문화되었다.** 즉, 직접강제는 행정대집행이나 이행강제금 부과의 방법으로는 행정상 의무 이행을 확보할 수 없거나 그 실현이 불가능한 경우에 실시하여야 한다(33조 1항). 종래 직접강제의 절차가 공백상황이어서, 행정대집행의 경우와 비교해서 행정은 바람직하지 않은 이점을 누렸다. **행정기본법은 독일의 입법례처럼 직접강제의 절차를 마련하였다.** 즉, 이행강제금의 부과에서의 계고 및 통지가 준용된다(3항). 그리고 직접강제를 실시하기 위하여 현장에 파견되는 집행책임자는 그가 집행책임자임을 표시하는 증표를 보여 주어야 한다(2항). 이런 절차적 요청은 국민의 권리보호를 위하여 매우 중요하다. 이제 개별법에서 직접강제에 해당하는 조치를 할 때 이런 절차적 요청을 따라야 하고 병행해서 입법적 개선도 있어야 한다. **아쉬운 점은 직접강제에서 신체에 대한 실력행사와 재산에 대한 실력행사의 우열이 규정되지 않은 점이다. 비례원칙의 차원에서 신체에 대한 실력행사는 재산에 대한 실력행사로 목적을 달성할 수 없을 때 비로소 정당화될 수 있다.**[24]

---

23) 독일의 경우 공권력의 행사에서의 직접강제에 관한 일반법(UZWG)에서 직접강제의 종류와 행사원칙 및 방법을 상세히 규정하고 있다.

24) 참고로 독일의 경우 신체에 대한 실력행사의 보충성이 명문화되어 있다(BW LVwVG §26 ③).

5. 행정상 강제징수

(1) 행정상 강제징수의 의의

강제징수는 의무자가 행정상 의무 중 금전급부의무를 이행하지 아니하는 경우 행정청이 의무자의 재산에 실력을 행사하여 그 행정상 의무가 실현된 것과 같은 상태를 실현하는 것을 말한다(행기법 30조 1항 4호). 다른 강제수단이 실현하는 의무가 행위에 관한 것인 반면, 강제징수는 금전급부의무의 불이행을 대상으로 한다. 다만 강제징수의 대상은 당연히 공법적 성격의 금전급부의무이다.

(2) 행정상 강제징수의 근거

행정상의 강제징수(强制徵收)에 관한 일반법은 없다. 하지만 개별법(가령 행정대집행법 6조 등)에서 행정상의 금전급부의무의 불이행에 대해 통상적으로 국세징수법이 준용하도록 규정하고 있기에 행정상의 강제징수에 관한 근거가 그다지 문제 되지 않는다.[25] 다만 **행정상의 금전급부의무의 불이행과 관련하여 개별법에서 국세징수법의 준용을 언급하고 있지 않을 때가 문제된다.** 법률유보원칙을 엄격히 적용하면 입법부재이기에 민사절차에 의해야 하겠지만, 공법적 성질을 갖기에 국세징수법의 것을 유추적용하는 것이 바람직하다. 물론 입법적 개선이 당연하다.

(3) 행정상 강제징수의 절차

국세징수법상의 강제징수절차는 독촉 및 독촉 및 (좁은 의미의) 강제징수(종전의 체납처분)으로 나누어지며, 후자는 다시 재산의 압류, 압류재산의 매각・추심, 청산의 3단계로 나누어진다.[26]

i) 독촉: 세무서장은 금전급부의무를 납부기한까지 완납하지 아니하였을 때에는 납부기한이 지난 후 10일 내에 독촉장을 발급하여야 한다. 다만, 체납액이 대통령령으로 정하는 금액 미만이면 독촉장을 발급하지 아니한다(10조 1항). 독촉장 또는 납부최고서를 발급할 때에는 납부기한을 발급일부터 20일 내로 한다(2항).

ii) 압류: 세무서장은 납부의무가 독촉장(납부최고서를 포함한다)을 받고 지정된 기한까지 국세와 가산금을 완납하지 아니한 경우, 기타 법정사유가 있을 경우에 납부의무자의 재산을 압류한다(31조 1항). 하지만 일정한 경우 재산의 압류를 즉시 해제하여야 한

25) 그런데 국세징수법은 조세와 관련한 고유한 법률인 점에서 동법이 행정 일반의 금전급부의무에 대해 적용되는 것에 관한 문제인식이 필요하다.

26) 그런데 지방세징수법은 여전히 체납처분 용어를 사용하며, 국유재산법 등도 그러하다(73조②).

다(4항). 하지만 징수하기 위하여 필요한 재산 외의 재산을 원칙적으로 압류할 수 없다(32조). 세무공무원은 체납자의 재산을 압류할 때에는 압류조서를 작성하여야 한다(34조 1항). 압류조서의 작성은 과세관청 내부에서 당해 재산을 압류하였다는 사실을 기록·증명하는 것에 불과하여 이를 재산압류의 효력발생요건이라고 할 수 없다.[27]

iii) **매각**: 세무서장은 압류한 동산, 유가증권, 부동산, 무체재산권등과 체납자를 대위하여 받은 물건[통화(通貨)는 제외한다]을 대통령령으로 정하는 바에 따라 공매한다(66조 1항). 압류재산이 수의계약으로 매각하지 아니하면 매각대금이 체납처분비에 충당하고 남을 여지가 없는 경우 등에는 수의계약으로 매각할 수 있다(67조 1항). 과세관청이나 성업공사(현 한국자산공사)가 체납처분으로 행한 공매는 처분성을 지니나(대법원 84누201판결), 공매통지는 공매의 절차적 요건에 해당하고 독립된 처분은 아니다(대법원 2006두8464판결; 2010두25527판결). 공매통지의 결여나 하자는 단순 위법사유이다(대법원 2010다50625판결).[28]

iv) **청산**: 청산은 매각을 통해 수령한 금전을 원래의 납부금과 가산금 그리고 미납자에게 배분하는 것이다. 배분하거나 충당하고 남은 금액이 있을 때에는 체납자에게 지급하여야 한다(96조 3항). 결손처분의 법적 성질이 문제되는데, 국세징수법이 개정되어 법령개정으로 결손처분이 납세의무의 소멸사유에 해당하지 않게 되어 결손처분은 체납처분절차의 종료로서의, 결손처분의 취소는 종료된 체납처분절차의 재개절차로서의 의미만을 가질 뿐이어서 행정처분에 해당하지 않는다(대법원 2010두25527판결).

(4) 행정상 강제징수에 대한 불복

독촉 등의 강제징수조치가 위법 또는 부당하다고 인정되는 경우에 의무자는 행정쟁송절차에 의하여 그 취소 또는 변경을 청구할 수 있다.

Ⅱ. 행정상 즉시강제

1. 행정상 즉시강제의 의의

개념정의를 두고서 다소간 다른 입장이 개진된다. 일반적으로 목전의 긴급한 장애를

27) 그리하여 압류조서가 작성되지 않았다고 하여 채권압류 자체가 무효라고 할 수 없으나, 제3채무자에 대한 채권압류통지서에 피압류채권이 특정되지 않거나 체납자에 대한 채무이행을 금지하는 문언이 기재되어 있지 않다면 그 채권압류는 효력이 없다(대법원 2017다213678판결).

28) 법령상 규정되어 있지 않은 공매예고통지의 결여는 위법사유가 아니다(대법원 2011무18304판결).

제거하기 위하여 필요한 경우 또는 미리 의무를 명하는 것으로는 행정목적을 달성할 수 없는 경우에, 행정청이 하명처분을 하지 않고서 직접 상대방의 신체·재산에 실력을 가함으로써 행정상 필요한 상태를 실현시키는 행정작용으로 본다. 반면 이런 개념정의가 너무 포괄적이라는 점에서 이를 협의의 즉시강제와 직접시행으로 구분하려고 한다(김남진, 기본문제, 393면 이하). 이에 의하면, '목전에 급박한 위해를 제거하기 위하여' 행하는 경우만을 즉시강제(협의의 즉시강제)로 보고, '미리 의무를 명하는 것으로는 행정목적을 달성할 수 없는 경우'는 직접시행으로 본다. 즉시강제 개념을 광의의 것과 협의의 것으로 나누는 이러한 입장에 서면 즉시강제가 강제집행의 약식절차라는 점이 부각된다.

행정기본법에 의하면, 즉시강제는 현재의 급박한 행정상의 장해를 제거하기 위한 경우로서 행정청이 미리 행정상 의무 이행을 명할 시간적 여유가 없는 경우나 그 성질상 행정상 의무의 이행을 명하는 것만으로는 행정목적 달성이 곤란한 경우에 행정청이 곧바로 국민의 신체 또는 재산에 실력을 행사하여 행정목적을 달성하는 것을 말한다(행기법 30조 1항 5호).

즉시강제(즉시집행)는 행정형벌을 성립시키는 위법한 행위를 저지하기 위해 또는 목전에 임박한 위험을 방지하기 위해 필요할 때 행정청이 하명처분을 하지 않고서 강구하는 일종의 비상조치이다.[29] 즉, 즉시강제는 다른 수단으로는 행정 목적을 달성할 수 없는 경우에만 허용되며, 이 경우에도 최소한으로만 실시하여야 한다(행기법 33조 1항).

2. 다른 수단과의 구별

즉시강제(卽時强制)는 의무의 존재와 불이행을 전제로 하지 않는 데 대해서 행정상 강제집행은 의무의 존재와 불이행을 전제로 한다. 즉, 양자의 구별점은 하명처분의 생략·결여에 있다. 한편 과거에는 행정조사를 즉시강제의 차원에서 논의하였으나 오늘날은 행정과정적 차원에서 독립적으로 접근하는 것이 일반적인 경향이다. 이 점에서 불심검문이나 수거는 행위의 양상은 즉시강제에 해당하지만, 그 목적에 비중을 두어 행정조사의 차원에서 접근하는 것이 바람직하다.

3. 행정상 즉시강제의 근거와 법적 성질

즉시강제의 시급성에 착안하여 개별법적 근거가 없더라도 즉시강제가 가능하다고

29) 참고문헌: 김남진, 고시계(1988.3.); 이기춘, 공법연구 제39집 제4호(2011).

주장할 법하지만, 국민의 권리를 중대하게 개입하는 점에서 당연히 법률유보의 요청이 통용된다. 시급성의 문제는 개괄적 수권의 방법으로도 어렵지 않게 해결할 수 있다. 실정법상으로는 마약류관리법(42조: 폐기명령), 검역법(15조: 검역조치), 가축전염병예방법(44조: 불합격품 등의 처분), 식품위생법(79조: 폐쇄조치)의 규정 및 일반법으로서의 경찰관직무집행법이 있다.

즉시강제이든 직접시행이든 공히 궁극적으로 결과의 차원에서는 직접강제와 다르지 않다. 사실행위에 해당한다. 판례는 경찰관직무집행법 제6조 제1항상의 범죄예방을 위한 경찰관 제지행위를 즉시강제이자 권력적 사실행위로 본다(대법원 2007도9794판결; 2017다219218판결 등).

4. 행정상 즉시강제의 수단

경찰관직무집행법상의 수단과 개별법상의 수단으로 나눌 수 있으며, 그들 수단은 대상에 따라 대인적 강제, 대물적 강제, 대가택적 강제로 구별된다. 그런데 유의할 점은 가령 경찰관직무집행법상의 수단에서 일반적으로 즉시강제라고 하는 것 가운데 엄밀히 말해 행정조사(불심검문, 검사), 하명(경고등), 직접강제(무기사용) 등 여러 가지가 섞여 있다는 점이다.

i) **대인적 즉시강제:** 신체에 물리력을 가하여 행정상 필요한 상태를 실현시키는 경우를 말한다. 여기에는 경찰관직무집행법상 인정되는 수단(위험발생방지조치 · 범죄예방제지행위 · 보호조치 · 무기사용 등)과[30] 개별법상의 수단(물건의 폐기 · 강제수용 · 강제격리 · 교통차단 등) 등이 있다.

ii) **대물적 즉시강제:** 물건에 실력을 가하여 행정상 필요한 상태를 실현시키는 경우를 말한다. 여기에는 경찰관직무집행법상 인정되는 수단(임시조치 · 위험발생방지조치)과 각 개별법상의 수단(물건의 폐기 · 압수, 몰수물건 · 시설의 이전 · 분산) 등이 있다.

iii) **대가택적 강제:** 일반적으로 타인의 가택 · 영엽소 등에 출입 또는 수색하는 행정작용을 말한다. 다만 수색은 행정조사의 차원에서도 접근이 가능하다.

---

30) 대법원 2015다236196판결에 의하면, 경찰관이 직사살수의 방법으로 집회나 시위 참가자들을 해산시키려면, 먼저 집시법 제20조 제1항 각호에서 정한 해산사유를 구체적으로 고지하는 적법한 절차에 따른 해산명령을 시행하여야 한다. 따라서 직사살수를 즉시강제가 아닌 직접강제의 차원에서 접근해야 한다. 대법원 2015다236196판결의 문제점은 김중권, 법률신문 제4819호(2020.8.18.).

5. 행정상 즉시강제의 한계

(1) 실체법적 한계

행정상 즉시강제는 사인의 신체 또는 재산에 대해 물리력(실력)에 의해 중대한 개입을 가하며, 사실상 직접강제와 마찬가지로 시민의 자유에 대해 심대한 영향을 미친다. 특히 선행 하명처분 없이 곧바로 행해진다는 점이 중요하다. **즉시강제는 어디까지나 예외적인 강제수단이다**(헌재 2000 헌가12). 따라서 그 발동에 있어서는 법규의 범위 안에서도 다시 행정상의 장해가 목전에 급박하고, 다른 수단으로는 행정목적을 달성할 수 없는 경우이어야 하며, 이러한 경우에도 그 행사는 필요 최소한도에 그쳐야 함을 내용으로 하는 조리상의 한계에 기속된다. 요컨대 최후보충적 수단으로서의 성격이 직접강제에서보다 더 강조되어야 하고, 그에 따라 더 엄격하게 비례원칙이 적용되어야 한다.

(2) 절차법적 한계

즉시강제를 실시하기 위하여 현장에 파견되는 집행책임자는 그가 집행책임자임을 표시하는 증표를 보여 주어야 하며, 즉시강제의 이유와 내용을 고지하여야 한다(행기법 33조 2항). 다만 **헌법상의 영장주의가 행정상 즉시강제에도 그대로 적용되는지에 관해서는 견해가 나뉜다.** 헌법상의 영장주의란 연혁적으로 형사사법권의 행사인 강제조치로부터 국민의 기본권을 보장하기 위한 것이므로, 원칙적으로 헌법상의 영장주의가 행정상 즉시강제에 적용되지 않는다고 보는 입장(영장불요설)에 대해, 영장주의가 형사관계에만 적용된다는 제한이 없고, 또한 국민의 기본권보장이라는 그것의 취지를 감안할 때 영장주의가 행정상 즉시강제를 포함한 어느 경우에도 적용되어야 한다는 입장(영장필요설)이 맞선다.[31]

다수의 입장은 절충의 입장이다. 즉, 영장주의가 행정상 즉시강제에도 당연히 존중되어야 할 것으로 보되 행정상 즉시강제의 특수성으로 말미암아 행정목적의 달성을 위하여 불가피한 경우에는 영장을 필요로 하지 않는다고 주장한다. 그리하여 목적의 급박한 장해를 제거하기 위하여 행해지는 경우에는 원칙적으로 영장이 요구되지 않는다. 판례 역시 마찬가지로 예외인정의 입장이다(대법원 96다 56115판결).

한편 **다만 성질상 미리 의무를 명하는 것으로 행정목적을 달성할 수 없는 경우와 즉시강제상의 강제조치가 형사책임의 추급과 직접적 관련성을 띠고 있는 경우에는 헌법상의**

31) 행정상 즉시강제마다 개별적으로 논해야 한다는 입장(개별결정설)으로 박균성, 행정판례평선, 457면.

영장주의에 관한 규정이 직접적으로 적용된다.

6. 행정상 즉시강제에 대한 구제

(1) 적법한 즉시강제에 대한 구제수단

행정상 즉시강제가 법률에 근거하여 적법하게 행해졌을 때, 상대방에게 수인한도를 넘는 특별한 희생이 발생한 것으로 인정될 경우 손실보상의 문제가 생긴다. 손실보상에 관해 규정하고 있는 입법례(소방법, 방조제관리법)도 있으나 일반법인 경찰관직무집행법에는 그에 관한 규정이 있다.[32] 이처럼 보상이 필요함에도 불구하고 보상규정이 없는 경우에는 준공용개입이 문제된다.

(2) 위법한 즉시강제에 대한 구제수단

먼저 즉시강제의 법적 성질이 문제되는데, 대부분 문헌은 권력적 사실행위의 차원에서 처분성을 긍정하되, 그것의 속성상 단기에 완성되기에 일반적으로 소의 이익은 없되, 장기에 걸쳐 즉시강제가 행해지면 가능하다고 한다. 비록 판례도 권력적 사실행위의 존재를 인정하지만, 앞에서 본대로 권력적 사실행위 개념은 빨리 버리는 것이 바람직하다. 그저 당사자소송으로 다툴 수 있는 사실행위에 불과하다.

즉시강제가 국가배상법상의 공무원의 직무상 불법행위에 해당하는 경우 당연히 손해배상을 청구할 수 있다. 성질상 단발성인 즉시강제에서 이것이 가장 적절한 구제수단일 수 있다. 한편 즉시강제의 수단이 급박한 상황에서 발해지기에, 판례는 그것의 위법성을 확인하는 데 있어 현실을 감안하여 엄격한 입장을 취한다.[33]

---

32) 경찰관직무집행법 제11조의2(손실보상) ① 국가는 경찰관의 적법한 직무집행으로 인하여 다음 각 호의 어느 하나에 해당하는 손실을 입은 자에 대하여 정당한 보상을 하여야 한다. 1. 손실발생의 원인에 대하여 책임이 없는 자가 재산상의 손실을 입은 경우(손실발생의 원인에 대하여 책임이 없는 자가 경찰관의 직무집행에 자발적으로 협조하거나 물건을 제공하여 재산상의 손실을 입은 경우를 포함한다) 2. 손실발생의 원인에 대하여 책임이 있는 자가 자신의 책임에 상응하는 정도를 초과하는 재산상의 손실을 입은 경우.

33) 가령 검문하는 사람이 경찰관이고 검문하는 이유가 범죄행위에 관한 것임을 피고인이 충분히 알고 있었다고 보이는 경우에는 신분증을 제시하지 않은 불심검문을 위법으로 보지 않으며(대법원 2014도7976판결), 불심검문 대상자에게 형사소송법상 체포나 구속에 이를 정도의 혐의가 있을 것을 요하지 않고, 목적 달성에 필요한 최소한의 범위 내에서 사회통념상 용인될 수 있는 상당한 방법으로 대상자를 정지시킬 수 있고 질문에 수반하여 흉기의 소지 여부도 조사할 수 있다고 본다(대법원 2011도13999판결).

⑶ 인신보호법상의 구제방법

인신보호법은 위법한 행정처분 또는 사인(私人)에 의한 시설에의 수용으로 인하여 부당하게 인신의 자유를 제한당하고 있는 개인의 구제절차를 규정하고 있다. 동법 제3조에 의해, 피수용자에 대한 수용이 위법하게 개시되거나 적법하게 수용된 후 그 사유가 소멸되었음에도 불구하고 계속 수용되어 있는 때에는 피수용자, 그 법정대리인, 후견인, 배우자, 직계혈족, 형제자매, 동거인, 고용주 또는 수용시설 종사자는 법원에 구제를 청구할 수 있다. 다만, 다른 법률에 구제절차가 있는 경우에는 상당한 기간 내에 그 법률에 따른 구제를 받을 수 없음이 명백해야 한다.[34]

Ⅲ. 행 정 벌

1. 행정벌의 의의

행정벌이란 행정법상 의무위반에 대하여 일반통치권에 의거하여 과하는 제재로서의 처벌을 말한다. 행정벌(行政罰)은 직접적으로는 과거의 의무위반에 대하여 제재를 가함으로써 행정법규의 실효성을 확보함을 목적으로 하지만, 간접적으로는 이를 통하여 의무자에게 심리적 압박을 가하여 행정법상의 의무의 이행을 확보하는 기능도 아울러 갖는다.

2. 다른 벌과의 구별

ⅰ) 징계벌과의 구별: 행정벌은 일반통치권에 기초를 두고 일반사인에 대한 통치권의 발동으로서 과하는 제재이다. 반면 징계벌은 특별권력에 기초를 두고 행정조직 내부질서·특별신분관계의 내부질서를 유지하기 위하여 발동되는 것이다. 따라서 양자는 그 목적·대상·권력의 기초가 다르므로, 병과하더라도 일사부재리의 원칙에 저촉되지 않는다.

ⅱ) 이행강제금과의 구별: 행정벌은 과거의 행정법상의 의무위반 행위에 대한 제재인 반면, 집행벌은 장래의 의무이행을 확보하기 위한 강제집행의 수단이다.

ⅲ) 형사벌과의 구별: 특히 행정형벌(行政刑罰)과 형사벌(刑事罰)과의 구별을 두고

34) 참고문헌: 정형근, 인권과 정의 제390호(2009.2.), 82면 이하.

서 입장이 대립한다. 구별부정설은 죄형법정주의에 입각하여 양자 모두 형식적으로 형벌을 제재로 과한다는 점에서, 양자간에는 질적인 차이는 없고 양적인 차이밖에 없다고 한다. 반면 다수의 입장은 구별긍정설을 취하고, 구별근거를 차이를 윤리·도덕과의 관계에서 구하고 있다. 즉, 형사사범은 그 행위가 기본적으로 법규의 규정여하를 기다리지 않고도 그 자체가 반도덕성·반사회성을 가지고 있는 데 대하여, 행정범은 우선 법규정이 정한 명령·금지에 위반함으로써 비로소 반도덕성·반사회성을 띠게 된다는 것이다. 그러나 성문법체제에서 양자의 구별은 상대적이다.

3. 행정벌의 근거 및 질서위반행위규제법의 의의

행정벌 역시 죄형법정주의의 원칙이 통용되기에, 당연히 근거법률이 요구되거니와, 명령에 의하지 아니하고는 행정벌을 과할 수 없다. 그리고 법률이 벌칙제정권을 명령에 위임할 수 있으나, 이 경우에도 법률에서 범죄의 구성요건은 처벌대상인 행위가 어떠한 것일 것이라고 이를 예측할 수 있을 정도로 구체적으로 정하고, 형벌의 종류 및 그 상한과 폭을 명백히 규정해야 한다. 지방자치단체는 조례로써 조례위반행위에 대하여 1천만원 이하의 과태료를 부과할 수 있다(지방자치법 34조).

전과자의 양산을 방지하고 범칙금의 징수를 용이하게 하기 위하여 **행정형벌로 과하던 것을 행정질서벌로 대치하는 작업이 진행되었고, 결과물이 2007년 질서위반행위규제법의 제정이다.** 그러나 성립요건상의 고의·과실의 요구와 같이 질서위반행위규제법으로 인해 행정질서벌이 사실상 행정형벌에 근사하게 되어 버린 반대의 측면도 있다.

4. 행정벌의 종류

행정분야에 따라 경찰벌, 규제벌, 공기업벌, 재정벌, 군정벌 등으로 나눌 수 있는데, 이들은 성질에 의거하여 행정형벌과 행정질서벌로 분류할 수 있다.

일반적으로 행정형벌은 직접적으로 행정목적을 침해함으로써 행정법규에 의하여 유지되는 사회법익을 침해하는 경우에 과하는데, 형법에 형명이 있는 형벌을 과하는 행정벌이다. 원칙적으로 형법총칙이 적용되고, 형사소송법의 절차에 따라 과한다.

행정질서벌은 간접적으로 행정목적의 달성에 장애를 가져올 위험성이 있는 데 그치는 경우(신고·등록 등)에 과한다. 행정질서벌은 행정형벌과는 달리 형법에 없는 과태료를 과하는 경우를 말한다. 행정질서벌은 행정상의 질서위반행위에 대하여 금전으로써 제재를 가하지만 형식적으로는 형벌이 아니므로 형법총칙이 적용되지 않으며, 과벌절차도 형사소송법에 의하지 않는다.

5. 행정벌의 종류를 정하는 것의 문제

행정형벌을 과할 것인지, 행정질서벌인 과태료를 과할 것인지 여부 및 과태료의 상한을 정하는 것은 당연히 입법형성의 여지(입법재량)에 속한다(헌재 96헌바83). 하지만 행정형벌과 구별되는 과태료의 제도적 본질은 유지되어야 한다. 금액상한과 관련해서 동종이거나 유사한 위반사유에서의 벌금보다 최대한 동일하거나 그것보다 하회해야 체계정당성에 문제가 없다. 그런데 실정법에서는 그렇지 않은 경우가 있다. 가령 도시가스법의 경우 법 제54조 제1호에 의해 3천만원 이하의 과태료를 부과할 수 있는 부과사유인 법 제10조의5 제2항(천연가스의 수입계약 등의 신고)은 동조 제1항(천연가스의 수입계약 등의 승인)을 완화하여 2014.12.30.에 도입된 것인데, 동조 제1항의 위반의 처벌이 2년 이하의 징역 또는 2천만원 이하의 벌금인 것과 비교하면, 징역형부가의 가능성이 더해지긴 하나, 체계위반에서 자유로울 수 없다. 일종의 규제완화의 대가로 과중한 처벌을 규정한 셈인데, 법제도의 차원에서 합리적이라 할 수 없다.

6. 행정벌에서의 병과 문제

행정형벌과 행정질서벌의 병과와 관련해서, 대법원과 헌법재판소는 다른 입장을 나타낸다. 대법원은 "행정법상의 질서벌인 과태료의 부과처분과 형사처벌은 그 성질이나 목적을 달리하는 별개의 것이므로 행정법상의 질서벌인 과태료를 납부한 후에 형사처벌을 한다고 하여 이를 일사부재리의 원칙에 반하는 것이라고 할 수는 없다"고 본다(대법원 96도158판결). 반면 헌법재판소는 "동일한 행위를 대상으로 하여 형벌을 부과하면서 아울러 행정질서벌로서의 과태료까지 부과한다면 그것은 이중처벌금지의 기본정신에 배치되어 국가 입법권의 남용으로 인정될 여지가 있음을 부정할 수 없다."고 판시하였다(헌재 92헌바38). 그런데 이중처벌금지의 원칙은 처벌 또는 제재가 '동일한 행위'를 대상으로 행해질 때에 적용될 수 있는 것이고, 대상이 동일한 행위인지의 여부는 기본적 사실관계가 동일한지 여부에 의하여 가려야 할 것이다. **기본적 사실관계가 동일하지 않다면 이중처벌의 금지가 문제되지 않는다.**[35]

행정형벌과 행정처분의 병과의 경우, 권력적 기초, 대상, 목적이 다르기에 문제가 되지 않는다. 동일한 사유로 인하여 형사처벌을 받은 자에 대한 운행정지처분은 일사부재리의 원칙에 위배되지 않는다(대법원 82누439판결). 그리고 법규가 예외적으로 형사소추 선행원칙을 규정하고 있지 않은 이상, 형사판결 확정에 앞서 일정한 위반사실을 들어 행정처분을 하였다고 하여 절차적 위반이 있다고 할 수 없다(대법원 2015두59808판결 등). 행정질서벌과 행정처분의 병과 역시 마찬가지로 일사부재리의 원칙이 통용되지 않는다.

7. 행정형벌의 특수성

(1) 형법총칙의 적용

형법 제8조는 「본법 총칙은 타법령에 정한 죄에 적용한다. 단, 그 법령에 특별한 규정이 있는 때에는 예외로 한다」고 규정하고 있다. 따라서 다른 법령이 특별한 규정을 두고 있지 않는 한, 행정범에 대해서도 형법총칙을 적용해야 한다.

죄형법정주의의 원칙 역시 당연히 적용된다. 따라서 형벌법규의 해석·적용은 엄밀해야 하며, 행위자에게 불이익하게 해석하는 것은 허용되지 않는다. 하지만 형벌의 범위를 축소한다든가 형벌을 감경하는 것은 허용되므로, 명문의 특별규정이 없더라도 규정의 성질을 고려하여 형법총칙의 규정을 배제·제한할 수 있다.

(2) 행정형벌에 관한 특별규정

행정형벌은 특별한 규정 및 규정의 성질에 의해 형법총칙의 적용이 배제, 제한될 수 있다.

i) **고의(범의)·위법성의 인식**: 형사범의 성립과 마찬가지로, 행정범인 경우에도 범죄성립을 위해서는 고의가 있어야 하며, 과실인 경우에는 명문규정이 있거나 과실범도 벌한다는 취지가 명백해야만 범죄가 성립한다. 다만 위법성의 인식과 관련해서는 형법 제16조는 행정범에 대하여 언제나 타당하다고 할 수는 없고, 개별법에서 명문으로 배제하기도 한다(담배사업법 16조 등).

ii) **책임능력**: 개별법에서 책임능력과 관련한 형법 규정(9조·10조·11조)에 대한 예외가 인정되기도 한다(담배사업법 31조 등).

35) 대법원 96도158판결의 사안에서 임시운행허가기간을 넘어 운행한 것과 무등록 차량을 운행한 것은 동일한 행위가 아니어서, 후자의 경우에 과태료와 별도로 형사처벌을 과하더라도 이중처벌금지의 원칙에 반하지 않는다. 즉, 기본적 사실관계가 동일한지 여부에 초점을 맞춰 논증했어야 한다. 헌재 92헌바38은 무허가건축행위와 위법건축물에 대한 시정명령의 불응을 정당하게 기본적 사실관계가 동일하지 않은 것으로 보았다.

iii) 법인의 책임: 형사범에 있어서 법인은 범죄능력을 가지지 않는다고 보는 데 대하여, 행정범에 있어서는 양벌주의를 규정하는 예(소방기본법 55조, 매장유산법 37조 등)가 많다. 법인에 대해서는 당연히 벌금 등과 같은 금전벌이 처해진다. 행정범에서 법인의 범죄능력을 부인하는 입장이 있긴 하나, 다수의 입장은 행정범에 있어서 법인을 처벌하는 특별한 규정이 있는 경우에는 법인도 범죄능력을 갖는다고 본다. 한편 양벌규정과 관련해서 법인 등의 면책가능성이 없는 것에 대해 헌법재판소에 의해 지속적으로 위헌판단이 내려지고 있으며,[36] 이에 따라 많은 법률이 상당한 주의와 감독을 게을리 하지 아니한 경우에는 면책되도록 규정하고 있다(폐기물관리법 67조 등).

(3) 행정형벌의 양벌주의와 지방자치단체의 가벌성

부산광역시 항만관리소에서 근무하는 부산광역시 지방직 6급 공무원 甲이 관할 관청의 승인을 받지 아니하고 차량 상판에 적색의 불빛을 발산하는 경광등 및 실내 앰프 장치가 설치된 식으로 개조한 승합차를 2007.9.4.부터 2007.9.12.까지 항만순찰 업무를 위해 운행하였다, 이를 이유로 부산광역시에 대해 자동차관리법 위반죄에 처해졌는데, 하급심은 벌금 1,000,000원에 처하되, 형의 선고를 유예한다는 판결을 하였다. 최종적으로 어떤 판단이 내려졌는가? (대법원 2008도6530판결)

양벌규정은 법인이나 영업주의 대표이사나 직원이 법위반행위를 한 경우 법인이나 영업주까지 책임을 묻는 제도이다. 법인이나 영업주의 과벌은 위반행위자의 직접적 처벌을 전제로 하지 않는다. 양벌규정의 운영은 개별법의 상황에 의하는데, 지방자치단체도 법인에 포함되는지 여부가 문제된다. **지방자치단체 소속 직원의 불법행위를 이유로 한 도로교통법상의 양벌조항의 적용이 문제가 된다.** 판례는 기관위임사무인 경우와 자치사무인 경우를 구분하여 접근한다. 기관위임사무의 경우 지방자치단체는 국가기관의 일부로 볼 수 있지만, 고유한 자치사무를 처리하는 경우 지방자치단체는 국가기관과는 별도의 독립한 공법인으로서 양벌규정에 의한 처벌대상이 되는 법인에 해당한다고 본다. 그리하여 소속 공무원이 압축트럭 청소차를 운전하여 고속도로를 운행하던 중 제한축중을 초과 적재 운행함으로써 도로관리청의 차량운행제한을 위반한 사안에서, 해당 지방자치단체가 도로법 제86조의 양벌규정에 따른 처벌대상이 된다(대법원 2004도2657판결).[37] 반면 사안과 관련해서는 항만순찰 등의 업무가 지방자치단체의 장이 국

36) 헌재 2016헌가10: 선임·감독상 주의의무를 다하여 아무런 잘못이 없는 법인도 형사처벌되게 되었는바, 이는 다른 사람의 범죄에 대하여 그 책임 유무를 묻지 않고 형사처벌하는 것이므로 헌법상 법치국가원리 및 죄형법정주의로부터 도출되는 책임주의원칙에 위배된다.

가로부터 위임받은 기관위임사무에 해당하여, 해당 지방자치단체가 구 자동차관리법 제83조의 양벌규정에 따른 처벌대상이 될 수 없다고 판시하였다(대법원 2008도6530판결).

그런데 **기관위임사무이든 자치사무이든 지방자치단체로서는 다르지 않다는 점에서 판례의 태도는 동의하기 어렵다.** 또한 다른 사법인과 행정주체를 동일하게 논할 수는 없다. 양벌규정에 따른 처벌이 벌금과 과료와 같은 형벌인 이상, 이를 행정주체이기도 한 지방자치단체에게 과한다는 것은 허용되지 않는다.[38] 만약 처벌을 행정질서벌인 과태료 등을 규정한 경우에는 사정이 다르다.[39]

(4) 행정형벌의 과벌절차

형사소송법상의 절차에 따라 과벌하는 것이 원칙이나, 예외적으로 즉결심판, 통고처분 등의 과벌상의 특별절차가 인정되고 있다.

i) 즉결심판: 20만원 이하의 벌금, 과료의 행정형벌에 대한 특별과벌절차로 즉결심판절차가 진행되는데, 다만 이것은 비단 행정형벌에 국한된 것은 아니다.

ii) 통고처분: 도로교통법위반범, 조세범, 관세범, 경미한 출입국관리사범 등에 대한 벌금, 과료(범칙금)의 행정형벌에서 특별과벌절차로 통고처분이 행해진다. 벌금 등에 상당하는 금액의 납부를 명하는 통고처분제도는 형벌의 비범죄화 정신에 접근하는 제도로 여겨지고 있다. 통고된 대로 이행하면 다시 소추할 수 없다(일사부재리의 원칙).[40] 하지만 법정기간 내에 통고된 내용을 이행하지 않으면 통고처분 자체는 효력을 상실하고 일반형사소송절차에 의해 진행된다. 통고처분은 명칭에도 불구하고 구속력을 갖지 않기에 행정소송의 대상이 될 수 없다(대법원 95누4674판결).

8. 행정질서벌의 특수성

(1) 행정질서벌과 형법총칙

행정질서벌인 과태료는 금전벌이긴 하나 형식적으로는 형벌이 아니므로 형법총칙이 적용되지 않는다. 종래 행정질서벌은 전적으로 개별법의 상황에 의해 규율되었지만,

---

37) 이에 대한 평석으로 전훈, 행정판례평선, 476면 이하.

38) 한편 구 도로법(법률 제8819호, 시행 2007.3.29) 제86조의 양벌규정에 대해 헌법재판소는 책임주의에 저촉되어 위헌이라 판시하였다(헌재 2008헌가17).

39) 독일의 경우에도 게마인데의 경우 범죄능력은 부인되나, 질서위반법에 따른 과태료는 과해질 수 있다고 한다. Vgl. Gern, Kommunalrecht, 7.Aufl. 1998, Rn.84.

40) 안전운전의무 위반죄로 범칙금의 통고처분을 받아 범칙금을 납부한 자를 중앙선침범사고를 이유로 교통사고처리특례법위반죄로 처벌하는 것은 이중처벌에 해당하지는 않는다(대법원 2001도849판결).

질서위반행위규제법이 제정되어 통일적 체계하에서 규율되고 있다. 동법은 일반법적 지위를 가져서 과태료에 관한 다른 개별법률에 우선하여 적용된다(5조). 그리고 종래 과태료부과절차가 이원적이었는데(행정청의 통보→비송사건절차, 행정청의 부과→이의신청→행정청의 통보→비송사건절차), 질서위반행위규제법에 의해 후자의 방식으로 통일되었다. 다만 질서위반행위규제법에 따른 '질서위반행위'는 법률(지방자치단체의 조례를 포함한다)상의 의무를 위반하여 과태료가 부과되는 행위를 말하고, 일정한 행위(영 2조)41)는 제외된다(2조 1호).

⑵ 질서위반행위의 성립 등

i) 고의 또는 과실: 고의 또는 과실이 없는 질서위반행위는 과태료를 부과하지 아니한다(7조). 질서위반행위규제법 제정 전에는 판례가 행위자의 고의·과실이 없더라도 객관적 법규위반이 있으면 과할 수 있다고 보았다(대법원 94누6949판결 등).

ii) 위법성의 인식: 자신의 행위가 위법하지 아니한 것으로 오인하고 행한 질서위반행위는 오인에 정당한 이유가 있는 때에 한하여 과태료를 부과하지 아니한다(8조).

iii) 책임능력: 14세가 되지 아니한 자의 질서위반행위는 과태료를 부과하지 아니한다. 다만, 다른 법률에 특별한 규정이 있는 경우에는 그러하지 아니하다(9조). 심신(心神)장애로 인하여 행위의 옳고 그름을 판단할 능력이 없거나 그 판단에 따른 행위를 할 능력이 없는 자의 질서위반행위는 과태료를 부과하지 아니한다(10조 1항). 심신장애로 인하여 제1항에 따른 능력이 미약한 자의 질서위반행위는 과태료를 감경한다(2항). 스스로 심신장애 상태를 일으켜 질서위반행위를 한 자에 대하여는 제1항 및 제2항을 적용하지 아니한다(3항).

iv) 법인 등 사용자의 책임: 법인의 대표자, 법인 또는 개인의 대리인·사용인 및 그 밖의 종업원이 업무에 관하여 법인 또는 그 개인에게 부과된 법률상의 의무를 위반한 때에는 법인 또는 그 개인에게 과태료를 부과한다(11조 1항). 제7조부터 제10조까지의 규정은 「도로교통법」 제56조 제1항에 따른 고용주등을 같은 법 제160조 제3항에 따라 과태료를 부과하는 경우에는 적용하지 아니한다(2항).

41) 가. 대통령령으로 정하는 사법(私法)상·소송법상 의무를 위반하여 과태료를 부과하는 행위: 민법, 상법 등 사인(私人) 간의 법률관계를 규율하는 법 또는 민사소송법, 가사소송법, 민사집행법, 형사소송법, 민사조정법 등 분쟁 해결에 관한 절차를 규율하는 법률상의 의무를 위반하여 과태료를 부과하는 행위를 말한다. 나. 대통령령으로 정하는 법률에 따른 징계사유에 해당하여 과태료를 부과하는 행위: 공증인법·법무사법·변리사법·변호사법 등 기관·단체 등이 질서 유지를 목적으로 구성원의 의무 위반에 대하여 제재를 할 수 있도록 규정하는 법률에 따른 징계사유에 해당하여 과태료를 부과하는 행위를 말한다.

v) **다수인의 질서위반행위 가담**: 2인 이상이 질서위반행위에 가담한 때에는 각자가 질서위반행위를 한 것으로 본다(12조 1항). 신분에 의하여 성립하는 질서위반행위에 신분이 없는 자가 가담한 때에는 신분이 없는 자에 대하여도 질서위반행위가 성립한다(2항). 신분에 의하여 과태료를 감경 또는 가중하거나 과태료를 부과하지 아니하는 때에는 그 신분의 효과는 신분이 없는 자에게는 미치지 아니한다(3항).

vi) **수개의 질서위반행위의 처리**: 하나의 행위가 2 이상의 질서위반행위에 해당하는 경우에는 각 질서위반행위에 대하여 정한 과태료 중 가장 중한 과태료를 부과한다(13조 1항). 제1항의 경우를 제외하고 2 이상의 질서위반행위가 경합하는 경우에는 각 질서위반행위에 대하여 정한 과태료를 각각 부과한다. 다만, 다른 법령(지방자치단체의 조례를 포함한다)에 특별한 규정이 있는 경우에는 그 법령으로 정하는 바에 따른다(2항).

vii) **과태료의 시효**: 과태료는 행정청의 과태료 부과처분이나 법원의 과태료 재판이 확정된 후 5년간 징수하지 아니하거나 집행하지 아니하면 시효로 인하여 소멸한다(15조 1항). 소멸시효의 중단·정지 등에 관하여는 국세기본법 제28조를 준용한다(2항).

(3) 행정청의 과태료 부과 및 징수

i) **사전통지 및 의견 제출 등**: 행정청이 질서위반행위에 대하여 과태료를 부과하고자 하는 때에는 미리 당사자(11조 2항에 따른 고용주등을 포함한다. 이하 같다)에게 대통령령으로 정하는 사항을 통지하고, 10일 이상의 기간을 정하여 의견을 제출할 기회를 주어야 한다. 이 경우 지정된 기일까지 의견제출이 없는 경우에는 의견이 없는 것으로 본다(16조 1항). 행정청은 당사자가 제출한 의견에 상당한 이유가 있는 경우에는 과태료를 부과하지 아니하거나 통지한 내용을 변경할 수 있다(3항).

ii) **과태료의 부과**: 행정청은 의견 제출 절차를 마친 후에 서면(당사자가 동의하는 경우에는 전자문서를 포함한다)으로 과태료를 부과하여야 한다(17조 1항). 서면에는 질서위반행위, 과태료 금액, 그 밖에 대통령령으로 정하는 사항을 명시하여야 한다(2항).

iii) 행정청은 질서위반행위가 종료된 날(다수인이 질서위반행위에 가담한 경우에는 최종행위가 종료된 날을 말한다)부터 5년이 경과한 경우에는 해당 질서위반행위에 대하여 과태료를 부과할 수 없다(19조 1항). 행정청은 제36조 또는 제44조에 따른 법원의 결정이 있는 경우에는 그 결정이 확정된 날부터 1년이 경과하기 전까지는 과태료를 정정부과 하는 등 해당 결정에 따라 필요한 처분을 할 수 있다(2항).

iv) **이의제기**: 행정청의 과태료 부과에 불복하는 당사자는 과태료 부과 통지를 받은 날부터 60일 이내에 해당 행정청에 서면으로 이의제기를 할 수 있다(20조 1항). 이의제기가 있는 경우에는 행정청의 과태료부과처분은 그 효력을 상실한다(2항). 앞에서 본 통고처분이 이행하지 않으면 소멸되는 데 대해서 과태료부과처분은 이의제기하면 소멸되는 점이 다르다. 이의제기에 따라 과태료부과처분이 소멸하고, 과태료재판이 진행된다는 점에서 판례는 질서행위규제법상의 과태료부과처분이 행정소송의 대상이 되는 행정처분에 해당하지 않는 것으로 본다(대법원 2011 두19369판결). 하지만 이의제기하지 않으면 과태료부과처분의 존재에 바탕을 두고서 후속절차가 진행된다는 점에서 과태료부과처분은 행정행위로 봄직하다.

(4) 과태료재판(비송사건절차) 및 집행

i) 법원에의 통보: 이의제기를 받은 행정청은 이의제기를 받은 날부터 14일 이내에 이에 대한 의견 및 증빙서류를 첨부하여 관할 법원에 통보하여야 한다. 다만, 당사자가 이의제기를 철회한 경우나 당사자의 이의제기에 이유가 있어 과태료를 부과할 필요가 없는 것으로 인정되는 경우에는 그러하지 아니하다(21조 1항).

ii) 관할법원: 과태료 사건은 다른 법령에 특별한 규정이 있는 경우를 제외하고는 당사자의 주소지의 지방법원 또는 그 지원의 관할로 한다(25조).

iii) 재판: 과태료 재판은 이유를 붙인 결정으로써 한다(36조 1항).[42]

iv) 결정의 고지와 항고: 결정은 당사자와 검사에게 고지함으로써 효력이 생긴다(37조 1항). 당사자와 검사는 과태료 재판에 대하여 즉시항고를 할 수 있다. 이 경우 항고는 집행정지의 효력이 있다(38조 1항).

(5) 과태료집행의 실효성확보수단

i) 가산금 징수 및 체납처분 등: 행정청은 당사자가 납부기한까지 과태료를 납부하지 아니한 때에는 납부기한을 경과한 날부터 체납된 과태료에 대하여 100분의 3에 상당하는 가산금을 징수한다(24조 1항). 체납된 과태료를 납부하지 아니한 때에는 납부기한이 경과한 날부터 매 1개월이 경과할 때마다 체납된 과태료의 1천분의 12에 상당하는 가산금(이하 이 조에서 "중가산금"이라 한다)을 제1항에 따른 가산금에 가산하여 징수한다. 이 경우 중가산금을 가산하여 징수하는 기간은 60개월을 초과하지 못한다(2항). 행정청은 당사자가 제20조 제1항에 따른 기한 이내에 이의를 제기하지 아니하고 제1항

42) 과태료재판에서 과태료부과여부 및 과태료금액의 정도가 전적으로 법관의 재량에 속한다.

에 따른 가산금을 납부하지 아니한 때에는 국세 또는 지방세 체납처분의 예에 따라 징수한다(3항). 행정청의 과태료 결손처분에 관하여는 국세징수법 제86조를 준용한다(4항).

ii) **관허사업의 제한:** 행정청은 허가·인가·면허·등록 및 갱신(이하 '허가등')을 요하는 사업을 경영하는 자로서 일정한 사유[43]에 모두 해당하는 체납자에 대하여는 사업의 정지 또는 허가 등의 취소를 할 수 있다(52조 1항). 허가등을 요하는 사업의 주무관청이 따로 있는 경우에는 행정청은 당해 주무관청에 대하여 사업의 정지 또는 허가등의 취소를 요구할 수 있다(2항). 행정청은 사업의 정지 또는 허가등을 취소하거나 주무관청에 대하여 그 요구를 한 후 당해 과태료를 징수한 때에는 지체 없이 사업의 정지 또는 허가등의 취소나 그 요구를 철회하여야 한다(3항). 행정청의 요구가 있는 때에는 당해 주무관청은 정당한 사유가 없는 한 이에 응하여야 한다(4항).

iii) **고액·상습체납자에 대한 제재:** 법원은 검사의 청구에 따라 결정으로 30일의 범위 이내에서 과태료의 납부가 있을 때까지 일정한 사유[44]에 모두 해당하는 경우 체납자(법인인 경우에는 대표자를 말한다)를 감치(監置)에 처할 수 있다(54조 1항). 행정청은 과태료 체납자가 이상의 일정한 사유에 모두 해당하는 경우에는 관할 지방검찰청 또는 지청의 검사에게 체납자의 감치를 신청할 수 있다(2항). 감치결정에 대하여는 즉시항고를 할 수 있으며(3항), 감치결정에 처하여진 과태료 체납자는 동일한 체납사실로 인하여 재차 감치되지 아니한다(4항).

iv) **자동차 관련 과태료 체납자에 대한 자동차 등록번호판의 영치:** 행정청은 자동차관리법 제2조 제1호에 따른 자동차의 운행·관리 등에 관한 질서위반행위 중 대통령령으로 정하는 질서위반행위로 부과받은 과태료를 납부하지 아니한 자에 대하여 체납된 자동차 관련 과태료와 관계된 그 소유의 자동차의 등록번호판을 영치할 수 있다(55조 1항). 자동차 등록업무를 담당하는 주무관청이 아닌 행정청이 제1항에 따라 등록번호판을 영치한 경우에는 지체 없이 주무관청에 등록번호판을 영치한 사실을 통지하여야 한다(2항). 자동차 관련 과태료를 납부하지 아니한 자가 체납된 자동차 관련 과태

43) 1. 해당 사업과 관련된 질서위반행위로 부과받은 과태료를 3회 이상 체납하고 있고, 체납발생일부터 각 1년이 경과하였으며, 체납금액의 합계가 500만원 이상인 체납자 중 대통령령으로 정하는 횟수와 금액 이상을 체납한 자. 2. 천재지변이나 그 밖의 중대한 재난 등 대통령령으로 정하는 특별한 사유 없이 과태료를 체납한 자.

44) 1. 과태료를 3회 이상 체납하고 있고, 체납발생일부터 각 1년이 경과하였으며, 체납금액의 합계가 1천만원 이상인 체납자 중 대통령령으로 정하는 횟수와 금액 이상을 체납한 경우. 2. 과태료 납부능력이 있음에도 불구하고 정당한 사유 없이 체납한 경우.

료를 납부한 경우 행정청은 영치한 자동차 등록번호판을 즉시 내주어야 한다(3항).

9. 질서위반행위규제법의 근본적인 개혁 문제

현행 질서위반행위규제법은 기본적으로 형사법적 기초에 입각한 독일의 질서위반행위법(OwiG)을 모델로 제정되었다. 과태료부과가 일반 행정청에 의해 행해짐에도 불구하고, 그것의 처분성이 부인되고, 검사가 과태료재판을 수행하는 것처럼 행정법과의 부조화가 심각하다. 신분확인을 위한 신분증 제시요구 규정의 부재처럼 행정질서벌에 관한 자족적 일반법으로서도 여러 가지가 미흡하다. 본래 사법(私法)상 · 소송법상의 의무위반에 대한 제재인 과태료와 관련한, **비송사건절차법에 의한 과태료재판이 아무런 여과 없이 행정과태료에 대해서도 통용되는 것이 근본적인 문제이다.** 질서위반행위규제법을 형사법적 관점이 아닌 행정법적 관점에서 전면적으로 개혁할 필요가 있다. 행정과태료재판을 행정소송으로 진행되도록 하는 것이 그 출발점이다.

03 그 밖의 행정의 실효성확보수단

Ⅰ. 새로운 수단의 등장배경

행정의 실효성확보수단으로 새로운 것이 등장하여 동원되고 있다. 그 이유는 행정상의 강제집행, 즉시강제, 행정벌의 단순한 기왕의 체제가 갖는 필연적인 한계에서 비롯된다. 즉, **전통적인 수단만으로는 오늘의 행정수요에 충분히 대응할 수 없다는 점에 있다.** 가령 대집행은 위법건축물의 철거·개축 및 시정 등에 효과을 발휘하지만, 오늘날 건축물의 대형화추세에 비추어 국민자산의 효율적 활용이라는 측면이나 행정력 또는 비용이라는 측면에서 그 기능을 제대로 발휘하기 어렵다. 또한 행정상 강제징수의 경우에도 수많은 조세체납에 대하여 행정력이 뒤따르지 못할 뿐만 아니라, 체납자의 영업상의 신용이나 명예를 고려하여 강제권을 발동하기가 쉽지 않은 실정이다. 그리고 행정벌의 경우에도 위반행위가 있다고 하여 벌칙을 빠짐없이 과하는 것이 사실상 불가능하고, 하명처분을 발하는 기관과 행정벌을 종국적으로 과하는 기관이 분리되어 행정적 판단을 관철하기가 어렵다. 아울러 일반법에 의한 자족적 행정강제시스템이 형성되어 있지 않아서 실효성확보의 수요에 적절하게 대응하지 못하고 있는 것도 새로운 수단의 또 하나의 등장이유이기도 하다.

한편 **새로운 수단의 성격에 관하여는 그것을 행정상의 제재수단의 일종으로 접근하는 입장과 새로운 의무이행확보수단으로서 접근하는 입장으로 나누어지는데, 양자간에 근본적인 차이가 있는 것은 아니다. 접근하는 관점에서 차이가 있을 뿐이다.**

Ⅱ. 실효성확보를 위한 제 수단[1]

1. 제재처분으로서의 수익적 행정행위의 폐지(취소 · 철회)

일련의 수익적 행정행위(허가, 특허, 인가 및 등록 등)를 발한 이후에 그것의 수범자가 관련 행정법규를 위반한 경우, 행정청은 후술할 제재처분의 일환으로 해당 수익적 행정행위를 철회(실정법상 취소)할 수 있다. 해당 영업의 정지를 명하는 영업정지 역시 부분적 철회에 해당한다. 행정법규 위반에 대한 제재조치는 행정목적의 달성을 위하여 행정법규 위반이라는 객관적 사실에 착안하여 가하는 제재이다. 판례에 의하면, 제재조치는 의무위반을 탓할 수 없는 정당한 사유가 없는 한, 의무위반자에 대해 고의 · 과실이 요구되지 않고(대법원 2002두5177판결), 반드시 현실적인 행위자가 아니라도 법령상 책임자로 규정된 자에게도 부과된다(대법원 2010두6700; 2012두1297; 2014두8773판결). 다만 앞에서 본 행정행위의 철회의 논의(법률적 근거, 철회제한 등)가 그대로 통용된다. 제재처분으로 행하는 수익적 행정행위의 취소의 경우에도 마찬가지이다.

한편 **판례는 의무위반을 탓할 수 없는 정당한 사유가 있으면 제재처분을 부과할 수 없다고 보는데**(대법원 2019두63515판결), **이는 문제가 있다.** 의무위반을 탓할 수 없는 정당한 사유의 존부와 제재처분의 부과의 허용성을 연계하는 것은 제도의 본질을 훼손할 수 있다. 의무위반을 탓할 수 없는 정당한 사유는 제재처분의 양정에서 고려하는 것이 바람직하다.

2. 금전상의 제재

행정법규의 위반자에게 금전의 납부라는 불이익을 과함으로써 간접적으로 행정상의 의무를 이행하게끔 한다.

(1) 가산금 · 가산세

법정기간내에 조세 등 금전을 납부하지 않은 경우에 불이행에 대한 제재로서 과하는 금전적 부담이 가산금이고(국세징수법 21조), 불성실하게 신고하는 경우 등과 같이 납세의 무자가 과세권의 행사 및 조세채권의 실현을 용이하게 하기 위해 부담하는 세법상의 협력의무를 이행하지 아니한 경우에 제재로서 과하는 금전적 부담이 가산세이다

1) 차량 등의 사용금지, 국외여행의 제한, 취업의 제한 등도 부차적으로 실효성확보수단의 기능을 한다.

(국세기본법 2조 4호, 지방세기본법 2조 23호).[2] **가산세의 부과에서 납세의무자의 고의, 과실은 고려되지 않는데, 납세의무자가 그 의무를 게을리한 점을 탓할 수 없는 정당한 사유가 있는 경우에는 가산세를 부과할 수 없다**(대법원 2009두23747판결; 2006두11750판결 등).

일종의 행정상의 제재로서의 가산세부과처분은 세법이 정하는 바에 의하여 성립확정되는 국세(지방세)와 본질적으로 그 성질이 다른 것이므로, **가산세부과처분은 본세의 부과처분과 별개의 과세처분이다**(대법원 2000두7520판결; 91누9596판결). 다만 가산세 부과의 근거가 되는 법률규정에서 본세의 세액이 유효하게 확정되어 있을 것을 전제로 하는 경우에는 신고·납부할 본세의 납세의무가 인정되지 아니하는 경우 따로 가산세를 부과할 수 없다(대법원 2015두56120판결). 종래 가산세부과처분은 징수절차의 편의상 당해 세법에 의하여 산출한 본세의 세액에 가산하여 본세와 함께 부과하면서 그 세액만 병기하고, 가산세의 종류가 여러 가지인 경우에도 그 합계액만 표시하는 것이 오랜 관행처럼 되어 있었는데, 대법원 2010두12347전합판결에 의해 이 오랜 관행은 정당하게 타파되었다.[3]

⑵ 과징금

㈎ 의 의

과징금이란 행정청이 일정한 행정법상의 의무위반자에게 그 위반으로 인해 경제적 이익이 발생한 경우 그에게서 그 이익을 박탈하여 경제적 불이익을 과하는 제도이다. 공정거래법상의 과징금(6조, 24조의2)이 대표적이다. 과징금제도는 원래 불법적 이익을 박탈함으로써 간접적으로 행정법상의 의무이행을 강제하기 위하여 도입되었다. 가령 대기환경보전법 제35조상의 부과금처럼, 일반적으로 어떤 사업을 수행하기 위하여 필요한 경비를 다수의 관계자로부터 징수하는 금전적 부담을 의미하는 부과금과는 구별된다. **근자에는 정지과징금처럼 부담적 행정행위를 대신한 대체적 제재수단으로 활용되고 있다.**

㈏ 과징금의 종류

과징금은 기본적으로 행정상 의무위반에 대한 제재로서의 성격을 가진다. 그것의 중요한 성격에 의거하여 **일반적으로 부당이득 환수적(원래의) 과징금, 영업정지처분을**

2) 본질이 조세가 아님에도 본세를 기준으로 가산된다 하여 붙인 가산세란 명칭은 오해를 낳는다. 가령 '제재금'과 같은 용어로 바꿀 필요가 있다.

3) 하나의 납세고지서에 의하여 본세와 가산세를 함께 부과할 때에는 납세고지서에 본세와 가산세 각각의 세액과 산출근거 등을 구분하여 기재해야 하는 것이고, 또 여러 종류의 가산세를 함께 부과하는 경우에는 그 가산세 상호간에도 종류별로 세액과 산출근거 등을 구분하여 기재함으로써 납세의무자가 납세고지서 자체로 각 과세처분의 내용을 알 수 있도록 하여야 한다.

대체한(변형적) 과징금, 질서위반에 대한 금전적 제재로서의 과징금 및 유사 과징금이 인정되고 있다. 현실적으로 매우 광범하게 다양한 의미를 지닌 과징금이 규정되어 있어서 그것의 법적 성질을 정연하게 논하기 매우 힘들다.[4] 우선 과징금의 현황을 체계화하는 것이 우선 되어야 한다.

i) **부당이득 환수적**(원래의) **과징금**: 행정법상의 의무를 위반하여 부당한 경제적 이득을 취한 경우에 그 위반행위에 대해 형사적 책임이나 민사상의 손해배상책임을 묻는 방법으로는 이미 획득한 부당이득 전부를 환수할 수 없다. 이에 부당이득을 환수하여 박탈할 필요성이 제기되어 그 수단으로 과징금제도가 일본의 독점금지법이 1977년에 도입하였고, 우리 역시 1980년에 제정된 공정거래법에 그것을 도입하였다. 1980년 공정거래법 제6조 제2항은 가격인하의 명령에 불응하여 얻은 수익의 차액을 과징금의 산정기준으로 삼았다. 기본적으로 시장의 공정성과 투명성을 극대화하기 위한 제도이다. 그런데 공정거래법은 시장지배적 사업자의 남용행위에 대해 매출액에 100분의 3을 곱한 금액을 최고액으로 과징금을 부과할 수 있게 함으로써(6조), 정책적 고려에서 과징금의 부당이득환수적 성격이 다소 약화된 면이 있다. 반면 법률은 행정상의 의무위반의 비난정도가 매우 강한 성격에 비추어 부당이득의 단순한 환수를 넘어서 더 강하게 제재를 과하는 성격을 지닌 과징금을 규정하기도 한다. 대표적인 예가 환경범죄단속법 제12조 제1항에 의한 과징금이다. 불법배출이익의 2배 이상 10배 이하에 해당하는 금액과 정화비용을 과징금으로 과할 수 있는데, 이는 기왕의 불법배출이익의 환수를 넘어 강한 징벌적 성격을 갖는다.

ii) **영업정지처분을 대체한 과징금**(변형적 과징금, 정지과징금): 국민의 일상생활이 당해 사업에 크게 의존하고 있어 사업자가 의무를 위반한 때에도 사업을 정지·취소하는 것이 곤란한 경우에 정지·취소에 갈음하여 제재를 가하는 수단으로 변형되어 이용되고 있다. 가령 사업정지처분에 갈음하여 과징금을 부과징수할 수 있게 한 여객자동차운수사업법상의 과징금(88조 1항)을[5] 비롯한, 대기환경보전법 제37조의 과징금, 전기사업법 제12조 제4항의 과징금, 건강기능식품법 제37조의 과징금 등이 이에 해당한

---

4) 참고문헌: 배영길, 공법학연구 제3권 제2호(2002.3.); 김호정, 외법논집 제9집(2000.12.); 박영도, 과징금제도의 운용실태 및 개선방안, 2002; 박해식, 독점규제 및 공정거래에 관한 법률상의 과징금에 관한 연구 2001; 김연태, 행정판례연구 제10집(2005.6.); 채우석, 토지공법연구 제22집(2004.7.); 홍대식, 공정거래법상 과징금 제도에 관한 연구, 2006; 이황, 고려법학 제53호(2009.6.); 최봉석, 행정판례연구 제16-2집(2011.12.); 조성규, 행정법연구 제20호(2008.4.).

5) 국토교통부장관 또는 시·도지사는 여객자동차 운수사업자가 면허의 정지·취소의 사유에 해당할 때 사업정지 처분을 하여야 하는 경우에 그 사업정지처분이 그 여객자동차 운수사업을 이용하는 사람들에게 심한 불편을 주거나 공익을 해칠 우려가 있는 때에는 그 사업정지처분을 갈음하여 5천만원 이하의 과징금을 부과·징수할 수 있다.

다.[6] 산정기준을 삼을 때 공정거래법과는 달리 부당이득에 해당하는 전년도의 매출액 등을 삼을 수가 없다. 이런 과징금은 공적 기금에 제공되는 등 일정한 용도에 사용하도록 규정되어 있다. 이런 과징금의 도입취지는 공공서비스를 제공하는 업종의 특성에서 국민이 입는 불편을 줄이기 위함인데, 입법례가 보여주듯이 최근에는 공공적 사업에 국한하지 않고 영업정지와 허가취소와 같은 일체의 부담적 행정행위에 갈음하는 대체적 수단으로 확대되었다. 현행법상황에서 부당이득환수적 과징금이 아니라, 이런 변형적 과징금이 일반적 모델로 여겨질 정도이다.

이런 정지과징금은 일종의 속죄금으로서의 성격도 가지나(헌재 99헌가18 등), **아무런 제약을 두지 않고 영업제재를 과징금으로 대체할 수 있게 한 것은 법치국가원리에서 문제가 있다.** 과징금액이 영업정지기간의 영업손실에 미치지 못하여 제재의 효과 역시 미흡하다. 입법론적으로 이런 과징금제도는 다른 국가에서 보기 어려운 우리의 특유한 제도라 할 수 있다. 공중위생관리법 제11조의2 제1항과[7] 같이 대체허용요건과 대체불가한 경우를 규정하는 것이 법치국가원리의 의문점을 다소 완화시킨다. **정지과징금을 납부하지 않은 경우에 강제징수절차인 체납처분절차로 나아가지 않고 본래의 영업정지처분을 새로이 발할 수 있는지가 논란이 된다.** 명문의 규정이 없는 한, 경로의존성의 차원에서 허용될 수 없다.[8] 시급한 입법정비가 요구된다.

iii) **질서위반에 대한 금전적 제재로서의 과징금:** 부당이득환수적 성격은 물론, 영업정지처분대체적 성격을 지닌다고 보기 어려운 과징금도 존재한다. 가령 전기사업법 제24조 제1항에 의하면, 산업통상자원부장관은 전기사업자가 전력시장에서의 공정한 경쟁을 해치거나 전기사용자의 이익을 해칠 우려가 있는 행위를 한 경우에는 과징금을 부과·징수할 수 있다. 공정거래법 제17조 제1항에 의하면, 공정거래위원회는 제9조(상호출자의 금지 등), 제9조의2(순환출자의 금지)를 위반하여 주식을 취득 또는 소유한 회사에 대하여 과징금을 부과할 수 있다. 이런 성격의 과징금을 부동산실명법(5조), 금융지주회사법(64조), 대외무역법(33조의2) 등에서 규정하고 있다.[9]

6) 법령에 '과징금을 부과하는 위반행위의 종류와 과징금의 금액'에 열거되지 않은 위반행위의 종류에 대해서는 사업정지처분을 갈음하여 과징금을 부과할 수 없다(대법원 2017두73693판결).

7) 시장·군수·구청장은 제11조 제1항의 규정에 의한 영업정지가 이용자에게 심한 불편을 주거나 그 밖에 공익을 해할 우려가 있는 경우에는 영업정지 처분에 갈음하여 3천만원 이하의 과징금을 부과할 수 있다. 다만, 성매매처벌법, 풍속영업규제법 제3조 각호의 1 또는 이에 상응하는 위반행위로 인하여 처분을 받게 되는 경우를 제외한다.

8) 나아가 정지과징금의 미납에 대해 본래의 영업정지처분과 체납처분절차 간에 선택할 수 있게 한 국민건강보험법 99조5항 역시 경로의존성의 차원에서 문제가 있다.

9) 헌재는 법령에서 과징금이라는 용어를 사용하고 있지 않더라도 그 제도적 취지·성격 등에 비추어 과징금과 유사한 제도를 인정하여 환경법상의 배출부과금을 들고 있다(헌재 99헌가18 등).

(다) 행정벌과의 병과 문제

위반행위에 대한 제재로서의 기본적 성격에 따라 행정벌의 이중처벌의 문제가 제기되는 것은 자연적이다. 과징금은 행정법상 의무위반에 대한 금전적 제재라는 점에서는 벌금·과태료와 다를 것이 없으나, 형식상 행정벌에 속하지 않는 점에서 벌금·과태료와 구별된다. 따라서 일반적으로 **실질적으로는 이중처벌로 여겨진다고 하더라도, 이론상으로는 동일한 위반행위에 대하여 벌금과 과징금을 병과하는 것이 가능하고 법률상으로도 허용된다고 본다. 판례 역시 이 점을 확인하였다.**[10] 헌법재판소 역시 행정질서벌인 과태료부과와 형벌부과에 대해 법원과는 달리 이중처벌금지의 차원에서 문제를 제기하면서도(본서 678면) 과징금과 벌금의 관계에 대해서는 이중처벌금지의 원칙이 적용될 여지가 없다고 본다(헌재 2009 헌바55).

그런데 과징금과 벌금의 병과와는 달리 과징금과 과태료의 병과는 다르게 접근할 필요가 있다. 본래 독일 경쟁법상의 과징금이 행정질서벌인 과태료에 해당하는 점에서, 단순히 행정벌의 차원에서 접근하여 별다른 문제가 없다고 보는 것은 재고될 필요가 있다. 참고로 전기사업법의 경우 제24조 제1항의 과징금대상행위는 제108조의 과태료부과대상에서 제외되어 있다.

(라) 의무위반자의 주관적 책임요소

행정법규위반에 대한 제재적 조치의 경우 의무위반자의 고의·과실이 요구되지 않는다. 마찬가지로, 판례는 제재적 행정처분으로서의 과징금부과처분은 행정목적의 달성을 위하여 행정법규 위반이라는 객관적 사실에 착안하여 가하는 제재이므로 반드시 현실적인 행위자가 아니라도 법령상 책임자로 규정된 자에게 부과되고 원칙적으로 위반자의 고의·과실을 요하지 아니하나, 위반자의 의무 해태를 탓할 수 없는 정당한 사유가 있는 등의 특별한 사정이 있는 경우에는 이를 부과할 수 없다고 본다(대법원 2013 두5005판결). 그런데 판례의 논증은 검토할 점이 있다. 과징금부과처분은 제재적 행정처분이긴 하나 금전벌적 성격을 지녀서 등록취소나 영업정지와 같은 제제조치와는 다른 점이 있다.[11] 요컨대 과태료부과에 위반자의 고의·과실을 요하는 이상, 과징금부

10) 대법원 2001두6197판결: 부당지원행위를 한 지원주체에 대한 과징금은 그 취지와 기능, 부과의 주체와 절차 등을 종합할 때 부당지원행위의 억지라는 행정목적을 실현하기 위한 입법자의 정책적 판단에 기하여 그 위반행위에 대하여 제재를 가하는 행정상의 제재금으로서의 기본적 성격에 부당이득환수적 요소도 부가되어 있는 것이라고 할 것이어서 그것이 헌법 제13조 제1항에서 금지하는 국가형벌권 행사로서의 처벌에 해당한다고 할 수 없으므로 구 공정거래법에서 형사처벌과 아울러 과징금의 부과처분을 할 수 있도록 규정하고 있다 하더라도 이중처벌금지원칙에 위반된다고 할 수 없다.

과 역시 같은 기조를 채택하는 것이 체계에 맞다는 주장이 가능하다.

(마) 부과처분의 법적 성질 및 부과기준금액의 성격

과징금부과처분의 성질은 시행령상의 부과기준금액의 성격을 좌우한다. 그것이 기속행위에 해당하면 그 부과기준금액은 특정 금액에 해당하여 하회할 수 없지만, 재량행위에 해당하면 그 부과기준금액은 일종의 최고 상한으로서 사정을 고려하여 하회할 수 있다.

과징금부과처분이 기속행위인지 재량행위인지는 우선 법문에 의거하여 판단된다. 판례는 부동산실명법상의 과징금부과의 경우, "과징금을 부과한다."고 규정한 동법 제5조 제1항에 의거하여 기속행위로 판단하지만(대법원 2005두17287판결), "과징금을 부과할 수 있다."고 규정한 공정거래법에서의 과징금부과는 재량행위로 본다(대법원 2008두15176판결; 2020두48857판결). 따라서 행정청은 부동산실명법이 금지하는 명의신탁행위에 해당함이 분명한 이상, 법령에 의거하여 감경할 수는 있지만 처음부터 전액 감면하거나 부과하지 않을 권한은 없다. 반면 공정거래법에서는 과징금부과 여부 및 과징금 액수에서 행정청이 재량을 발휘할 수 있다.

(바) 쟁송취소에서 일부 취소판결의 문제

부과처분의 법적 성질은 일부 취소판결의 허용성 여부로 귀결된다. 기속행위인 과세처분이나 개발부담금부과처분의 경우와는 달리, **부과여부 및 금액산정에서 재량이 인정되는 과징금의 경우, 법원은 법이 정한 한도액을 초과한 부분만을 또는 법원이 적정하다고 인정되는 부분을 초과한 부분만을 취소할 수는 없고, 과징금부과처분 전부를 취소해야 한다**(대법원 2010두7031판결; 98두2270판결). 금액산정에서 행정청의 재량이 인정되기에, 법원은 당연히 일부 취소판결을 내릴 수 없다.

(사) 여러 위반행위가 존재할 경우에 정지과징금부과의 문제

하나의 위반행위에 대해 영업정지처분과 정지과징금부과를 병존시키는 것은 법집행의 통일성의 차원에서 허용되지 않는다. 그런데 다수의 영업정지사유가 즉, 여러 위반행위가 존재하는 경우에 정지과징금을 어떻게 부과할 것인지가 현실적으로 다음

11) 대법원 2013두5005판결이 참조한 대법원 98두5972판결은 행정질서벌인 과태료부과와 관련된 것인데, 주관적 책임요소를 요구하는 질서위반행위규제법이 시행되고 있어서 종전 판례가 통용될 수 없다는 점이 전혀 고려되지 않았다.

의 2가지 상황에서 문제될 수 있다: i) 일부는 영업정지처분으로, 일부는 정지과징금 부과로, 양자를 병행할 수 있는지, ii) 과징금액을 분리시킬 수 있는지 여부이다.

이들 문제는 경로의존성의 차원에서 접근할 필요가 있다. 전자의 물음에서 영업정지처분과 정지과징금부과처분을 병존시키는 것은 허용될 수 없다.[12] 후자의 물음에서 판례(대법원 2020두48390판결)는 일종의 경로의존성의 차원에서 접근한다. 즉, 여러 가지 위반행위를 인지하였다면 전부에 대하여 일괄하여 최고한도 내에서 하나의 과징금 부과처분을 하는 것이 원칙이고, 인지한 여러 가지 위반행위 중 일부에 대해서만 우선 과징금 부과처분을 하고 나머지에 대해서는 차후에 별도의 과징금 부과처분을 하는 것은 다른 특별한 사정이 없는 한 허용되지 않는다. 그리고 범한 여러 가지 위반행위 중 일부만 인지하여 과징금 부과처분을 하였는데 그 후 과징금 부과처분 시점 이전에 이루어진 다른 위반행위를 인지하여 이에 대하여 별도의 과징금 부과처분을 하게 되는 경우에는 전체 위반행위에 대하여 하나의 과징금 부과처분을 할 경우에 산정되었을 정당한 과징금액에서 이미 부과된 과징금액을 뺀 나머지 금액을 한도로 하여서만 추가 과징금 부과처분을 할 수 있다.

⑶ 부가금

고용노동부장관은 고용조정의 지원을 거짓이나 그 밖의 부정한 방법으로 받은 경우에 받은 금액의 전액반환에 추가하여 그 거짓이나 그 밖의 부정한 방법으로 지급받은 금액의 5배 이하의 금액을 징수할 수 있다(고용보험법 35조 2항). 이처럼 추가적인 금전급부의무를 과하는 제도가 부가금이다. **이는 악의의 부당이득 수익자에 대한 일종의 제재적 성격을 지닌다.** 부가금징수처분은 법위반에 대한 제재의 차원에서 행해지는 -후술할- 제재처분의 일종이다. 부가금은 국가재원으로 무상이나 매우 유리한 조건으로 금전적 지원이 강구되는 자금조성법(보조금법)의 영역에서 부정수급자에 대한 제재수단으로 활용되고 있다. 그리하여 개별법에서는 제재부가금으로 명문화되어 있기도 한다(산업기술혁신법 11조의3). 통상 부가금은 부당이득과 관련이 있는데, 국가공무원법 제78조의2 '징계부가금'은 불법적 이득만이 아니라 공적 재원의 불법적 운용까지 사정거리에 두는 점에서 통상의 제재부가금보다는 넓은 면이 있다.[13]

부가금제도의 문제는 부정수급의 기준금액의 문제와 그 배수이다. 전자는 부정행위로

---

12) 하나의 위반행위에 대해 영업정지처분과 정지과징금부과를 병존시키는 것은 더할 나위 없이 허용되지 않는다.

13) 한편 재화 또는 용역의 제공과 관계없이 특정 공익사업과 관련하여 조세 외의 금전지급의무는 부담금에 해당한다(부담금관리법 3조).

지급받은 모든 금액을 대상으로 할 것인지 부정과 직접 관련이 있는 것으로 할 것인지가 문제된다.[14] 공공재정환수법은 5배를 상한으로 규정하고 있다(9조 1항). 국가공무원법의 징계부가금도 그렇다. 부가금이 추가제재인 점에서 5배를 상한으로 하는 것은 비례원칙의 차원에서도 문제가 될 수 있다.[15]

3. 공공서비스의 공급중단

(1) 의 의

일반적으로 공급거부란 행정법상의 의무를 위반하거나 불이행한 자에 대하여 일정한 행정상의 서비스나 재화의 공급을 거부하는 행정조치를 말한다. 여기서는 내용은 비슷하지만, 개념을 '공공서비스의 공급중단'으로 달리 설정하여, 그것을 **행정법상의 의무를 위반하거나 불이행한 자에 대하여 일정한 공공서비스(예컨대 수도·전기·전화·가스 등)를 공급하지 않기 위한 행정조치를 말한다**고 정의한다. 여기서의 공공서비스는 비단 수도처럼 행정이 직접 제공하는 것에 국한하지 않는다. 가스나 전화처럼 널리 사기업에 의해서도 공중(公衆)에 대해 제공되는 일체의 서비스를 의미한다. 로빈슨 크루소처럼 살지 못하는 현대인에게 공공서비스의 중단은 생활이나 영업의 문제를 넘어서 생존의 문제이기도 한다. 따라서 그것은 간단하면서도 매우 강력한 행정상 의무이행확보수단이 된다.

(2) 법적 문제점

공급중단은 국민의 권익에 중대한 영향을 미치는 것이므로 법률적 근거를 요한다. 그러나 생존의 기본을 위태롭게 하는 공공서비스의 공급중단이 법률적 근거만으로 정당화될 수는 없다. 따라서 **대표적인 과잉조치의 하나로 위헌성이 지속적으로 제기되어 많은 법률에서 거의 사라졌다.**[16] 그런데 **공공서비스의 공급중단에서 행정법적으로 문제가 되는 것은 이에 대한 권리보호를 어떻게 강구하느냐의 물음이다.** 행정이 직접 제공하는 수도의 경우 단수처분으로 포착할 수 있다. 하지만 전기 등의 서비스는 다른 사주

---

14) 대법원 2014두12697전합판결은 부정수령한 농업직불금 사건에서 2배의 추가징수와 관련해서 부정수령된 부분을 근거로 삼아야 한다고 판시하였다. 판결 이후 해당 법률(농업농촌공익직불법)은 부정수급 부분만을 기준으로 하되, 상한을 5배 이내로 확대하였다(제20조 ②).

15) 상론: 김중권, 독일의 징계금(징계부가금)에 관한 소고, 최신외국법제정보 2014년 제6호, 2014.9.30. 아쉽게도 지방공무원법상의 징계부가금에 대해 헌법재판소는 합헌이라 판시하였다(헌재 2012헌바435). 참고문헌: 김지영, 행정법상 부가금에 관한 고찰, 법과 정책연구 제17집 제3호(2017).

16) 구 건축법 69조 2항, 구 「공업배치 및 공장설립에 관한 법률」 27조 1항, 구 대기환경보전법 21조 2항 등.

체가 제공하는 것이어서 중단의 요청만을 그나마 다툴 수 있는데, 일찍이 판례는 행정청의 공급중단요청을 내부행위적 차원으로 보아서 처분성을 부인하였다(대법원 96누433판결 등).[17] 하지만 그런 요청을 받은 자로서는 특별한 이유가 없는 한 응해야 하고 자신의 독자적인 의사결정의 자유를 갖지 않는다. 공급중단요청은 공급중단결정이나 다를 바 없다. 마치 수범자와 제3자에게 공히 부(負)의 효과를 발생시키는 변종의 제3자효 행정행위마냥 공급중단요청은 행정소송을 통해 다툴 수 있다고 보아야 한다(동지: 김남진/김연태, 641면).

4. 관허사업의 제한

(1) 의 의

행정법관계에서 해제유보부 금지의 상황에서 국민이 어떤 행위를 하기 위해서는 먼저 국가의 사전 허용결정(허가, 특허 등)을 받아야 한다. 그리하여 행정은 전통적으로 국민으로 하여금 일정한 법령상의 의무를 준수하도록 하기 위해 국가개입의 메커니즘을 활용한다. 즉, **관허사업의 제한은 일정한 법령상의 의무위반에 대해 해당사업의 주무 행정청으로 하여금 일체의 허용행위를 사전에는 하지 않도록 하고, 사후에는 취소(철회)·정지하도록 하는 제도이다.**

(2) 관허사업의 제한의 종류

관허사업의 제한은 일체의 의무위반을 전제로 한 일반 관허사업의 제한과 의무위반된 관련된 것에 국한한 특정관허사업의 제한으로 나눌 수 있다. 일반적인 관허사업의 제한의 대표적인 예가 구 국세징수법 제7조인데, 지금은 허가 등을 받은 사업과 관련된 국세를 체납한 경우로 제한하는 식으로(112조) 개정되었다(2020.12.29.). 하지만 지방세징수법 제7조는 여전히 일반 관허사업의 제한을 규정하고 있다.

관련된 특정관허사업의 제한의 대표적인 예가 건축법 제79조 제2항, 제3항이다. 즉, 허가권자는 허가나 승인이 취소된 건축물 또는 시정명령을 받고 이행하지 아니한 건축물에 대하여는 다른 법령에 따른 영업이나 그 밖의 행위를 허가하지 아니하도록 요청할 수 있다. 다만, 허가권자가 기간을 정하여 그 사용 또는 영업, 그 밖의 행위를 허용한 주택과 대통령령으로 정하는 경우에는 그러하지 아니하다(2항). 이 요청을 받은 자는 특별한 이유가 없으면 요청에 따라야 한다(3항).

17) 그러나 공정거래위원회의 입찰참가자격제한 등 요청은 처분성이 인정된다(대법원 2020두47892판결; 대법원 2020두48260판결).

(3) 법적 문제점

법률차원의 문제는 일반적인 관허사업의 제한에서 제기된다. 즉, 해당 관허사업과는 무관하고 납세자의 체납사실만에 의거해서 그의 사업 일반에 대한 제한가능성을 제시하는 것은 부당결부금지의 원칙과 관련해서 보면 지나치다. 그리고 **행정법차원의 물음은 공공서비스의 공급중단에서와 마찬가지로 관허사업의 제한의 요구(요청)에 대한 독립된 쟁송가능성 여부이다.** 단순한 행정내부적인 일로 보면 당연히 처분성이 부인되지만, 주무관서는 행정보조인마냥 확장된 팔과 같으며, 요구한 행정청에게 책임을 지우기 위해서라도 처분성을 인정할 필요가 있다.

5. 법위반사실의 공표

(1) 의의와 근거

법위반사실의 공표(公表)라 함은 행정법상의 의무위반 또는 의무불이행이 있는 경우에 그의 성명·위반사실 등을 일반에게 공개하여 명예 또는 신용의 침해를 위협함으로써 행정법상의 의무이행을 간접적으로 강제하는 수단을 말한다. 유의할 점은 경고 등과 같은 행정의 정보행위는 원칙적으로 법위반사실을 전제로 하지 않는 점에서 여기서의 공표제도와는 구별되어야 한다.

법위반사실의 공표는 직접적으로는 아무런 법적 효과를 목적으로 하지 않는다. 그 자체 사실행위에 해당한다. 그러나 병역의무기피자의 인적사항 공개와 관련한 대법원 2018두49130판결(후술)을 계기로 행정행위로서의 공표결정을 인정하는 것을 전제로 공표 자체는 공표결정의 집행의 차원에서 접근할 것으로 예상된다. 이처럼 법위반사실의 공표가 법적 행위가 된 것을 계기로 그것에 관한 절차적 통제가 필요하여 행정절차법 제40조의3이 마련되었다(본서 648면).

(2 법적 근거

한국소비자보호원이 제품의 유통경로에 대한 조사 없이 제조자의 직접 공급지역 외에서 일반적인 거래가격보다 저렴한 가격으로 단지 외관만을 보고 구입한 시료를 바탕으로 '이동쌀막걸리'에서 유해물질이 검출되었다는 검사 결과를 언론에 공표한 경우에, 법치국가원리상 어떤 문제가 있는가? (대법원 97다57689 판결)

-익명화 시대에서 자신의 이름과 명예를 대수롭지 않게 여기는 자에게는 그 실효성이 반감되겠지만- 법위반사실의 공표는 당사자에게는 단순한 이미지 손상을 넘어 명예와 신용의 추락과 함께 엄청난 재산상 손실을 유발하기도 한다. 사생활의 비밀과 자유의 차원에서 법위반사실의 공표를 위해서는 당연히 실정법적 근거가 필요하다. 개별법의 차원에서 고액·상습체납자의 명단공개(국세기본법 85조의5), 폐기처분 등의 처분과 관련한 영업정보의 공표(식품위생법 84조), 시정명령을 받은 사실의 공표(공정거래법 21조), 국민건강보험법의 부당이득 징수금 체납자의 인적사항등 공개(국민건강보험법 57조의2), 요양급여비용을 거짓으로 청구를 받은 요양기관의 공표(국민건강보험법 100조), 양육비 채무 불이행자의 명단공개(양육비이행법 21조의5) 등이 그 예이다.

여기서 문제되는 것이 개별법적 근거 없이, 행정절차법 제40조의3 제1항만으로 법위반사실의 공표가 정당화될 수 있는지 여부이다. 행정조사법정주의(본서 555면)마냥 법위반사실의 공표의 법정주의가 통용된다. 그러나 대법원 97다57689판결은 법률유보의 문제를 전혀 인식하지 못한 채, 명예훼손의 법리에 터 잡아 공표 내용의 진실성을 오신한 데 상당한 이유가 있는지의 물음에 초점을 맞추었다.[18]

(3) 위법한 공표에 대한 권리보호

> 서울지방병무청장은 현역 입영 또는 소집 통지를 받고도 정한 기간 이내에 입영하지 아니하거나 소집에 응하지 아니한 甲을 병역의무기피공개심의위원회의 심의와 사전통지절차를 거쳐 2016.12.12. 병역의무 기피자로서 인적사항 등을 공개할 최종 대상자를 확정하였고, 이를 甲에게 통지하였다. 그 뒤 병무청장이 2016.12.20. 甲 인적사항을 병무청 홈페이지에 게시하였다. 甲은 이 공개에 대해 취소소송을 제기할 수 있는가? (대법원 2018두49130판결)

의무위반과 관계없는 사항을 공표하는 것처럼 법위반사실의 공표가 위법한 경우 직무상의 불법행위의 차원에서 당연히 국가배상청구가 강구될 수 있다. **다투어지는 것은 공표의 법적 성질에 따른 취소소송의 가능성 여부이다.** 권력적 사실행위로 포착하여 취소소송을 동원할 수 있다는 입장과 단순한 사실행위로서 처분성을 부인하고 행정상의 결과제거청구를 통해 다투어야 한다는 입장으로 크게 나뉜다.[19] 이제 권력적 사실행위를 포함한 사실행위 일반에 대한 이해를 수정할 때가 되었다. 그것의 이론적,

---

18) 국가배상사건임에도 참조조문에 국가배상법을 적시하지 않은 데서도 대법원 2014다230535판결처럼(본서 915면) 낮은 공법적 인식수준이 여실히 드러난다.

19) 여기에 절충적 입장이 소개된다. 즉, 공표결정이 당사자에게 통보된 경우와 통보되지 않은 경우를 나누어 공표결정이 통보되지 않은 경우는 권력적 사실행위로, 공표결정이 통보된 경우는 통보행위는 행정행위로, 공표행위는 비권력적 사실행위로 분류한다.

본질적 측면을 주안점에 두고서 판단해야 한다. 그런데 병역의무기피자의 인적 사항의 공개와 관련해서 판례는 병무청장의 공개시점에 이미 행정처분으로서의 공개결정이 성립하였다는 점을 들어 취소소송을 통해 다툴 수 있다고 보았다(대법원 2018두 49130판결).[20] 이를 계기로 법위반사실의 공표 일반 역시 그 공표의 시점에 이미 행정행위로서의 공표결정이 존재하며, 그것의 집행행위로 공표 자체를 접근할 것으로 예상된다.[21]

법위반사실의 공표가 위법하면 그로 인해 위법한 명예훼손의 상황이 조성된다. 공표이전의 상황으로 돌아가게 하는 것(원상회복)이 관건이다. 하지만 이미 발생한 위법한 명예훼손의 상황은 취소소송의 취소판결이 내려진들 그 자체 없어지지 않는다. 따라서 공표에 대해 취소판결이 내려지면 취소판결의 기속력의 차원에서 결과제거의무가 성립하고, 행정절차법 제40조의3 제8항에 의해 내용정정이 요구되므로, 공표의 삭제를 포함한 내용정정을 당사자소송을 통해 행정상의 결과제거청구의 방법으로 권리구제를 강구할 수 있다(본서 890면).

6. 시정명령

시정명령은 법위반상태를 제거하기 위해 작위, 부작위, 급부 등의 의무를 발하는 하명처분이다. 시정조치라고도 한다. 시정명령은 그것의 불이행에 대한, 이행강제금, 영업취소 등과 같은 영업제재는 물론, 형사처벌(공정거래법 67조 6호)이 진행되는 출발점이 된다. 시정명령은 당연히 법률유보의 원칙에 따라 법률에 명시적 근거가 있어야 하는데, 여러 개별법률(건축법 79조 1항 등)에서 규정하고 있다. 법위반상태를 제거하기 위한 행정제재로서의 성격을 지니기에 당연히 위반자의 고의나 과실을 요건으로 하지 않는다.

대부분 법률이 시정명령의 발급요건으로 법위반사실을 들며, 구체적인 시정명령의 내용은 매우 다양하게 규정하고 있다.[22] 법위반행위의 결과가 더 이상 존재하지 않는다면 시정명령은 할 수 없다(대법원 2013두 35013판결). 근거법률에 의거하여 현재의 법위법상태

---

20) 동 판결은 취소판결의 기속력의 차원에서 결과제거의무를 공식화하였지만 처분성 논증에서 문제가 있고(본서 878면), 기피자가 게시된 상황에서는 직접적 삭제를 구하는 당사자소송으로서의 결과제거청구소송이 취소소송보다 더 효과적이다(본서 890면). 상론: 김중권, 병역의무기피자인적사항의 공개의 법적 성질과 관련한 문제점, 행정판례연구 제25집 제1호(2020.6.30.).

21) 설득력 있는 착안점이 제시될 필요가 있다. 이런 연결고리에 해당할 수 있는 것이 바로 추단적(묵시적)행정행위의 존재이다(본서 237면).

22) 가령 건강기능식품법은 식품의약품안전처장 등은 이 법을 지키지 아니하는 자에 대하여 필요하다고 인정할 때에는 시정을 명할 수 있다고 규정하고(제29조), 하도급법은 규정을 위반한 발주자와 원사업자에 대하여 하도급대금 등의 지급, 법 위반행위의 중지, 특약의 삭제나 수정, 향후 재발방지, 그 밖에 시정에 필요한 조치를 명할 수 있다고 규정하고 있다(제25조 제1항).

의 제거만이 아니라 위법상태의 반복적 출현까지도 제지할 수 있어서, 시정명령은 앞으로의 부작위(금지)도 내용으로 할 수 있다.[23)]

그런데 **유의할 점은 비록 시정명령이라는 표현을 사용하더라도 그 내용에서 종국적인 하명처분에 해당하지 않고 단지 촉구적 의미에 그친다면, 하명처분으로 접근해서는 아니 된다.** 판례는 법문구조에 의거하여 구 지방자치법 제169조(현 제188조) 제1항상의 시정명령은 제소대상이 될 수 없음을 판시하였다(대법원 2016추5148판결)(본서 904면).

7. 제재처분

제재처분이란 법령등에 따른 의무를 위반하거나 이행하지 아니하였음을 이유로 당사자에게 의무를 과하거나 권익을 제한하는 처분을 총괄한 것인데, 행정상의 강제는 제외된다(행기법 2조 5호). 허가의 취소·철회나 정지와 아울러, 과징금·부가금 등의 부과처분, 입찰참가제한 등의 제한처분, 파면 등의 신분상의 불이익처분, 법위반사실의 공표, 영업폐쇄 등이 망라된다. 행정의 실효성확보수단으로서의 제재처분은 일종의 포괄적 침익처분이어서 부당결부금지의 원칙 등의 차원에서 문제가 있다.[24)] 판례는 폐기물처리업자에 대해 그의 직접적 처리만이 아니라, 그로부터 재활용폐기물을 구입한 자의 행위까지도 책임지도록 하는데(대법원 2019두63515판결; 97도2214판결). 자기책임의 원리에 어긋난다고 할 수 있다.

제재처분의 발령은 개별법에 근거를 두어야 한다. 행정기본법에 의하면, 제재처분의 근거가 되는 법률에는 제재처분의 주체, 사유, 유형 및 상한을 명확하게 규정하여야 한다. 이 경우 제재처분의 유형 및 상한을 정할 때에는 해당 위반행위의 특수성 및 유사한 위반행위와의 형평성을 고려하여야 한다(22조 1항). 그리고 행정청은 재량이 있는 제재처분을 할 때에는 일정 사항을[25)] 고려하여야 한다(2항).

제재처분의 부과에서 2가지의 쟁점이 있다. 먼저 제척기간은 개별법상의 규율상황에 의하는데, 달리 규정하지 아니하면 법령 등의 의무의 위반행위나 불이행이 종료된 날로부터 5년이다(23조 1항).[26)] 행정청은 제1항에도 불구하고 행정심판의 재결이나 법원의

23) 대법원 2001두5347전합판결이 공정거래법상의 시정조치로 가까운 장래에 반복될 우려가 있는 동일한 유형의 행위의 반복금지까지 명할 수 있다고 본 것은 광범한 시정조치의 가능성을 규정한 동법의 시정조치 규정에서 정당화될 수 있다.

24) 참고문헌: 김형섭, 의무이행확보수단으로서의 제재적 행정처분에 관한 소고, 한양법학 제52집(2015).

25) 1. 위반행위의 동기, 목적 및 방법, 2. 위반행위의 결과, 3. 위반행위의 횟수, 4. 그 밖에 제1호부터 제3호까지에 준하는 사항으로서 대통령령으로 정하는 사항.

26) ② 다음의 어느 하나에 해당하는 경우에는 제1항을 적용하지 아니한다. 1. 거짓이나 그 밖의 부정한 방법으로 인허가를 받거나 신고를 한 경우, 2. 당사자가 인허가나 신고의 위법성을 알고 있었거나 중대한 과실로 알지 못한 경우, 3. 정당한 사유 없이 행정청의 조사·출입·검사를 기피·방해·거부하

판결에 따라 제재처분이 취소·철회된 경우에는[27] 재결이나 판결이 확정된 날부터 1년(합의제행정기관은 2년)이 지나기 전까지는 그 취지에 따른 새로운 제재처분을 할 수 있다(3항). 다른 법률에서 제1항 및 제3항의 기간보다 짧거나 긴 기간을 규정하고 있으면 그 법률에서 정하는 바에 따른다(4항).

제재처분 전체에서 문제되는 것이 위법판단기준이 되는 근거법령의 문제이다. 일반적인 기준인 처분시설과는(본서 861면 이하) 달리, 마치 죄형법정주의마냥 달리 특별한 규정을 두지 않는 한 법위반행위 당시에 시행되었던 법령에 의해야 한다(대법원 2016두33292 판결; 86누63판결). 행정기본법 제14조 제3항은 이를 명문화하였다. 한편 법위반행위 이후에 관련 법령이 위반자에게 유리하게 바뀌면 죄형법정주의의 취지에서 그에 따라야 하는데, 판례는 바람직하지 않게도 법위반행위 당시의 법령을 여전히 고수하였다.[28] 그러나 이런 판례는 행정기본법 제14조 제3항 단서로 이제 더 이상 통용되지 않게 되었다(본서 109면).

여 제척기간이 지난 경우, 4. 제재처분을 하지 아니하면 국민의 안전·생명 또는 환경을 심각하게 해치거나 해칠 우려가 있는 경우.

27) 철회는 쟁송취소와 어울리지 않으므로, 차후 철회 부분은 삭제되어야 한다.

28) 대법원 82누1판결이 명문의 다른 규정이나 특별한 사정이 없는 한 변경 전의 구 법령이 적용되어야 함을 강조하여 바뀐 시행령에 의해 면허취소사유에 해당하지 않게 되었다 하더라도 위반행위 당시의 법령을 적용하여 면허를 취소하여야 한다고 판시하였다(동지: 대법원 83누383판결).

제 7 편

행정구제법

01 행정구제의 위상과 체계

Ⅰ. 행정구제의 위상: 민주적 법치국가원리와 행정구제와의 관계

법치국가원리는 국가에 대해, 그의 위법한 행위의 결과를 가능한 광범하게 제거할 것과 위법하게 행사된 공권력으로 인해 손해를 입은 국민에게 효과적인 상당한 손해보전을 행할 것을 명한다.[1] 따라서 **행정구제는 행정소송과 국가책임제도를 통해 민주적 법치국가원리의 구체화를 담보하는 기능을 한다.** 행정구제에서는 권리보호친화적 해석이 원칙으로 강구되어야 한다. 그리고 현행의 행정구제의 문제점과 미비점은 민주적 법치국가원리의 관점에서 늘 성찰해야 한다. 이런 성찰을 통해 현행 법제의 한계를 적극적으로 메워야, 민주적 법치국가원리의 구체화로서의 행정법의 위상이 본질에 맞게 유지될 수 있다. 하지만 법치국가를 법관(법조)국가로 오해해서는 아니 된다.

소송의 결과가 당사자 차원에 머물지 않고 제도개선의 원동력이 되는 것이 제도개혁소송이다. 환경법과 사회보장행정(법)은 행정법 및 공법의 실험장이듯이, 환경보호나 장애인보호를 위한 소송에서 종종 등장한다. 제도개혁소송은 공법 및 행정법을 혁신하는 원동력이 될 수 있기에, 제도개혁소송에 관한 고양된 인식이 필요하다.

Ⅱ. 민주적 법치국가원리를 구체화하는 행정구제의 체계와 권리구제의 수순

1. 행정구제의 체계-1차적 권리보호와 2차적 권리보호

위법한 국가활동에 대한 권리보호의 형식은 1차적 보호(Primärrechtsschutz)와 2차적 보호(Sekundärrechtsschutz)로 나뉜다. 전자가 공권력의 위법한 행위의 적법성을 심사하고 그에 따라 위법한 국가행위의 폐지·제거를 목표로 하는 적법성통제의 메커니

1) Vgl. BVerfGE 94, 100(103); BGHZ 11, 197(218); 22, 383(388).

즘을 나타내는 반면, 후자는 국가활동으로 인해 빚어진 (손실을 포함한 넓은 의미로) 손해에 대한 보상과 배상을 목표로 한다. 전자는 존속보호 및 적법성의 회복을 그 목적으로 하고, 후자는 —비록 국가활동의 적법성통제와 적법성의 관철에 이바지하긴 하지만— 위법한 국가적 조치의 파기(Kassation)가 아닌 재정적 보전(補塡)을 그 목적으로 한다.

위법한 행위로부터 비롯된 손해는 행정소송(특히 취소소송)을 통해 전혀 메워질 수 없거나 단지 —결과제거의무의 방식처럼— 국소적으로만 메워질 수 있다. 1차적 권리보호의 법체계상의 한계를 국가책임제도(국가배상책임과 손실보상책임)가 메운다. **2차적 권리보호로서의 국가책임제도가 1차적 권리보호를 필수적으로 보충한다**(후술).

2. 1차적 권리보호의 우위

(1) 1차적 권리보호의 우위에 관한 독일에서의 논의

2차적 권리보호에 대한 1차적 권리보호의 우위는 일찍이 공용개입유사적 개입(수용유사적 침해, 위법한 공용개입, 준공용개입)을 축소시킨 독일 연방헌법재판소의 1981.7.15.자 소위 자갈채취에 관한 결정(BVerfGE 58, 300ff.)에서 비롯되었다. 법치국가원리는 법률적합성을 요구하고, 이로써 국가활동의 적법성을 요구한다. 법위반상황을 제거할 의무는 법치국가원리에 부합한다. 그래서 위법한 활동을 내버려두고 손해보전(손해배상, 손실보상)을 통해 보전하기보다는 그 위법한 활동을 제거하는 것, 즉 **1차적 권리보호의 우위는 법치국가원리에 따른 당연한 명제이다.**[2] 그 결과 권리구제방도에서 행정법원에 의한 방어와 민사법원에 의한 재정적 보전(補塡)간에 선택가능성이 사라지게 된다. 아울러 1차적 권리보호의 우위에 따라, "수인(受忍)하라 그리고 청산(보상)을 청구하라"(dulde und liquidiere)는 명제가 허용되지 않고, 그 대신 "청산을 청구하기 전에, 방어하라"(wehre dich, bevor du liquidiere)는 명제가 통용된다. 결국 법치국가란 실은 전제주의적인 명제를 존속보호적 명제(조치의 적법성에 대한 의문을 독립된 법관에 제기한 다음에 비로소 수인하라)로 대체한 것이다.[3]

1차적 권리보호의 우위를 인정하면, 행정법원에게 우선적 심사권한이 인정됨으로써, 공법활동의 적법성판단에서 민사법원보다 행정법원이 우위에 선다. 더욱이 우위의 의미를 전면에 내세우면 권리구제방도상의 선택가능성이 부인되기에, 국민이 취소소송제기를 해태하는 경우에는, 이 점이 손해배상·손실보상청구권의 주장까지도 봉쇄할 수 있다. 그리하여 독일의 경우 1차적 권리보호의 우위를 어느 정도로 견지해야 할지, 특히 본래의 문제영역-공용개입유사적, 공용개입적 개입-을 넘어 국가배상·보상에까지 확대될 수 있는지 의견이 분분하다. 특히 1차

2) 그런데 1차적 권리보호의 우위를 유럽최고재판소 역시 받아들였다(EuGH, Slg.1996, I-1029, Rn.84).
3) Hufen, §31 Rn.3.

적 권리보호의 우위에 따라 행정행위의 존속력에 고양된 의의가 인정됨으로써, 종래 민사소송에서의 선결문제가 긍정된다 하더라도, 새로운 국면이 전개되기 때문이다.[4)]

(2) 1차적 권리보호의 우위에 따른 문제점

공법에서의 1차적, 2차적 권리보호의 문제가 독일에선 이미 지난 2001년의 국법학자대회의 주제가 되었지만 국내에선 그다지 논의가 없다. 다만 '법관의 재판'에 대한 국가배상책임의 인정과 관련해서, 판례는 재판에 대하여 따로 불복절차 또는 시정절차가 마련되어 있는 경우에 그 같은 구제절차가 국가배상의 구제보다 원칙적으로 우선한다는 입장이다. 즉, 법관이나 다른 공무원의 귀책사유로 불복에 의한 시정을 구할 수 없었다거나 그와 같은 시정을 구할 수 없었던 부득이한 사정이 없는 한, 그와 같은 시정을 구하지 아니한 사람은 원칙적으로 국가배상에 의한 권리구제를 받을 수 없다고 판시하였다(대법원 99다24218판결; 2014다215499판결). 판례상으로 1차적 권리보호의 우위가 사법(司法)상의 불법을 넘어 다른 경우에도 견지될지 판단하기란 어렵지만, **1차적, 2차적 권리보호의 나눔 및 1차적 권리보호의 우위는 기본권의 방어적 성격에서 당연하다.** 한편 권리구제에서 항고소송의 보충성에 의거하여 항고소송의 대상성을 확대시키는 판례의 경향[5)] 역시 1차적 권리보호의 우위의 차원에서 이해될 수 있다.

이미 다툼의 대상(행정처분)의 위법성이 행정소송에서 확인된 이상, 그 위법의 결과는 국가배상제도에서 굴절 없이 그대로 실현되어야 한다.[6)] 만약 현행 국가배상법의 구조에 기인하여 상반된 법적 평가가 내려진다면, 동법은 헌법 제29조 제1항의 참뜻(本旨)은 물론, 국가배상책임제도의 근거인 법치국가원리에도 역행할 수 있다. 이에 **국가배상법상의 위법성의 의미도 다시금 가다듬어야 한다**(본서 929면 이하).

Ⅲ. 현행 행정구제의 체계상의 미비점을 보완하는 방법

현행 국가책임법체계에서 국가배상은 -대부분의 문헌에 의하면- 기본적으로 가해공무원의 고의·과실을 바탕으로 하는 반면, 손실보상의 경우는 처음부터 적법한 고

4) Schoch/Schneider, Bd. VwGO, Einl. Rn.232.

5) 대법원 2018두49130판결: 항고소송의 대상이 되는 처분으로 보지 않는다면 국가배상청구 외에는 침해된 권리 또는 법률상 이익을 구제받을 적절한 방법이 없다.

6) 독일의 경우에도 동일한 접근이 강구된다. 즉, 행정조치의 적법성이나 위법성을 실질적 확정력있게 확인한 행정법원의 판결, 즉 인용·기각판결의 기판력에 민사법원은 구속된다(BGHZ 9, 129, 132 = NJW 1953, 862, 863).

권적 개입을 전제로 한다. 그리하여 법집행공무원의 고의나 과실을 확인할 수 없는 경우에는 권리보호의 공백이 생긴다. 특히 헌법재판소가 재산권손실보상 문제에서 분리이론적 입장을 취하여 보상규정의 광범한 유추가 억제되기에 그 공백은 더욱 클 수 있다. 이런 공백을 메우기 위한 법제도가 **독일에서 전개된 준공용개입(수용유사적 침해), 결과적 공용개입(수용적 침해)의 법리이고, 더불어 결과제거청구권의 법리 역시 동일한 기능을 한다.** 독일의 경우 여기에 희생보상청구권이 더해지고 있다.

우리 역시 독일과 같은 유사한 권리보호의 공백이 존재한다. 그렇지만 이런 공백을 체계적으로 메우기보다는 기왕의 틀을 그대로 대입하는 데 그치고 있다. 특히 실정법상의 미비를 현행법 특히 헌법의 해석을 통해 가능한 한 적극적으로 해결하려 하기보다는 입법의 문제로 치부하는 식으로 매우 손쉽게 대처하곤 한다. 좋은 예가 헌법상의 재판청구권(27조)의 의의를 제대로 인식하지 않은 채, 행정소송의 종류의 법정화를 소송종류의 '정원제'(numerus clausus)로 여겨 '예방적 금지소송'의 허용성 여부를 깊이 검토하지 않은 것이다(본서 756면).

02 행정심판법: 사후적 행정절차

제 1 절 행정심판의 의의

Ⅰ. 행정심판제도에 관한 개관

1. 행정심판법의 연혁

1951년에 제정되어 (실제론 1965년부터) 시행되어 온 과거의 소원제도는, 소원전치주의를 바탕으로 하면서 소원심의회가 단순한 자문기관적 성격을 가지며, 위원 전원이 공무원으로 구성되는 점이 그 특징이었다. 그리하여 소원전치주의에 따른 재판청구권의 형해화(形骸化)로 그것의 위헌성이 부단히 제기되었기에, 위헌성시비를 불식하기 위한 한 방편으로 보기 드물게 1980년 헌법에서 행정심판의 근거가 마련되었다(제108조 제3항; 현행 제107조 제3항).[1] 헌법적 존재근거가 마련된 다음에, 소원법이 폐지되고 행정심판전치주의를 배경으로 하여 행정심판법이 제정·시행되었다. 그리하여 심판기관의 객관성을 보장하기 위해, 재결청에 속하지만 독립성을 견지하는 의결기관으로서의 행정심판위원회를 두었으며, 청구인과 피청구인간의 대심(對審)구조를 골간으로 하여 사법절차적 요소를 대폭 반영하였다. 행정심판법은 제정 이후 현재까지 크고 작은 개정이 행해졌는데, 개정의 주된 지향점은 행정심판의 권리구제기능을 신장하기 위함이다. 특히 1994년의 행정소송법의 개정에서 (필요적) 행정심판전치주의가 폐지된 제도적 환경에 따라, 1995년 개정에서 종전 중앙행정기관소속의 각 행정심판위원회를 모두 (국무총리소속기관인 법제처장이 위원장이 되는) 국무총리 행정심판위원회로 통합하는 등 제도적 변화를 가하였으며, 이후 행정심판의 준사법화를 강화하기 위하여 국무총리행정심판위원회의 권한과 기능을 확대하는 데 개선의 주안점을 두었다.

---

1) 그런데 행정심판절차는 고유한 행정활동인 점에 변함이 없기에 권력분립의 원칙에 위배하지 않을 뿐더러, 최종적인 사법통제가 보장되는 한에 있어선 그것 자체가 헌법적 문제를 야기하지 않는다. 독일에선 행정심판전치주의에 따른 전심절차가 헌법상으로 보호되지도 않을 뿐더러 요구되지도 않는다 (BVerfGE 35, 65(72f.).

2. 최근의 법률개정의 주요 내용 및 그 함의

(1) 주요 내용

이명박 정부 출범에 따른 정부조직법의 개정에 맞물려, 2008.2.29.의 행정심판법 개정에서 재결청제도가 폐지되고, 기왕의 국무총리행정심판위원회가 「부패방지 및 국민권익위원회의 설치와 운영에 관한 법률」에 따른 국민권익위원회에 속하게 되었다. 그리하여 이제는 독립된 합의제 행정기관이자 재결기관에 해당하여, 행정심판소(administrative tribunal)로서의 성격을 지닐 수 있는 행정심판위원회가 등장하였다. 공식적인 개정이유로, 행정심판위원회가 행정심판사건에 대하여 직접 재결을 하도록 하는 등 절차간소화를 통하여 사건 처리기간을 대폭 단축함으로써 창구 일원화의 효과를 극대화하고 행정심판제도의 본래 취지인 신속한 권리구제에 기여하고자 한다는 것을 든다. 그런데 종래 재결청제도가 감독관계를 바탕으로 한다는 점에서, 조직법적인 행정결정의 구조와 행정심판제도는 나름대로 조화를 이루었지만, 이제는 전혀 다른 법률상황이 펼쳐졌다.

그리고 2010.1.25. 개정을 통해, 임시처분, 이의신청, 전자정보처리조직을 통한 행정심판제도 등이 도입되었으며, 국무총리행정심판위원회의 명칭을 중앙행정심판위원회로 변경하였으며, 상임위원의 수를 3명에서 4명으로 늘렸고, 자동차운전면허 관련 사건은 소위원회가 심리·의결할 수 있게 하였다. 개정에서 눈에 띄는 부분이 특별행정심판 자체와 특례규정의 신설에 대한 통제이다. 즉, 특별행정심판 및 심판절차상의 특례규정의 신설은 사안(事案)의 전문성과 특수성을 살리기 위하여 특히 필요한 경우에 허용되며, 아울러 중앙행정심판위원회와의 사전 협의를 의무화하였다(4조). 이로 인해 특히 중앙행정심판위원회는 행정심판소로서의 성격을 더욱 강하게 지닐 수 있다.

2017.4.18. 개정을 통해, 재결에 의하여 취소되거나 무효 또는 부존재로 확인되는 처분이 당사자의 신청을 거부하는 것을 내용으로 하는 경우에는 그 처분을 한 행정청은 재결의 취지에 따라 다시 이전의 신청에 대한 처분을 하도록 하는 한편, 행정소송법에서와 마찬가지로 간접강제제도를 마련하였다(50조의2). 2017.10.31. 개정을 통해, 행정심판위원회가 당사자의 권리 및 권한의 범위에서 당사자의 동의를 받아 심판청구의 신속하고 공정한 해결을 위하여 조정을 할 수 있도록 조정제도가 마련되었다(43조의2).

(2) 개정의 함의 및 문제점

일련의 개정의 초점은 행정심판의 준사법절차화의 가속화이다. 환영할 만한 일이 아니다. 행정심판을 사법통제의 아종(亞種)으로 상정하여 그것을 준사법화하려는 모색은, 행정심판의 사법유사성이라는 긍정적 측면을 넘어서 그것의 고유한 존재이유를 부인할 우려가 있다. **행정소송적 프레임을 투영시키려는 그간의 자세가 바뀌어야 한다.**

간접강제 제도를 도입한 2017.4.18. 개정은 법이 거부처분에 대해 의무이행심판을 도입한 기조를 허무는 셈이다. 간접강제 제도는 거부처분취소심판을 의무이행심판과 병행해 심판종류를 사실상 창설한 셈인데 이는 현행법의 체계와 맞지 않는다(후술). 그리고 조정규정을 도입한 2017.10.31. 개정 역시 법치행정의 근간을 훼손할 우려가 있다(후술). 요컨대 이들 개정 역시 행정심판을 타당하지 않게 과도하게 준사법화하였다.

3. 행정심판현황

2011년 통계에 의하면, 총 28,059건이 접수되고 28,923 건이 심리의결되었는데 이 중 4,840 건이 인용되었다(인용률 16.6%). 2011년에 접수된 사건을 보면, 운전면허관련 사건이 22,981건(81.9 %), 보훈관련 사건이 1,913건(6.8%), 일반사건이 3,164건(11.2%)에 달하였다. 특히 1994년의 행정소송법개정에서 (필요적) 행정심판전치주의가 폐지되었지만, 행정심판 건수는 생각만큼이나 늘지 않았다. 특히 도로교통법이 1999.1.29.에 행정심판전치주의를 채택하기 전 1998년 통계를 보면, 총 6835 건 가운데 운전면허관련 사건이 5,687건(82%)에 달하여 일반사건에서의 행정심판 건은 지금과 마찬가지로 극히 미미하였다. **1984년 행정심판법의 제정 이래로 개정의 목표를 활성화를 위해 행정심판의 준사법화를 강화하는 데 두었지만, 실제 현실은 정반대의 모습을 보이고 있다.**[2)]

4. 이의신청과의 구별

甲의 주택건설사업계획승인신청에 대해 A는 2008. 7. 31. 불허가하였다('이 사건 제1처분'이라고 한다.). 甲은 2008.10.27. A에게 민원법에 따라 이 사건 제1처분의 취소와 함께 위 주택건설사업계획의 승인을 구하는 내용의 이의신청을 하였고, 이에 대하여 A는 2008.11.25. 甲에게 이 사건 이의신청을 수용할 수 없다는 취지의 결정을 통지하였다('이 사건 제2처분'이라고 한다). 이 사건 제2처분은 독립된 항고소송의 대상이 될 수 있는가? (대법원 2010두8676판결)

B시장이 乙소유 토지의 경계확정으로 공부상 면적이 감소되었다는 이유로 지적재조사위원회의 의결을 거쳐 2018.1.9.에 乙에게 조정금수령을 통지하자(1차 통지), 乙이 신청사유와 소명자료를 첨부하여 이의를 신청하였으나, B시장이 지적재조사위원회의 재산정심의·의결을 거쳐 종전과 동일한 액수의 조정금수령을 2018.6.12.에 통지하였다(2차 통지). 1차 통지와 별도로 새로운 처분으로서 2차 통지가 행정쟁송의 대상이 될 수 있는가? (대법원 2021두53894판결)

丙이 2019.4.22. 정보 비공개결정을 통지받고, 불복하여 2019.4.25. C에게 이의신청을 하였는

2) 자료에 의하면 2012-2016년 5년간 연평균 중앙행심위가 25,138건을(인용률 16.7%), 각 시·도행심위가 407 건을(인용률 34.6%) 처리하였다. 인용률의 현저한 차이가 문제될 수 있다.

데, C가 2019.5.2. 이의신청을 각하하는 결정을 하였고, 같은 날 이의신청에 대한 결과가 丙에게 통지되었다. 丙이 2019.7.26. 비공개결정의 취소를 구하는 소를 제기하였는데, 이 경우 제소기간의 기산일은 2019.4.22.과 2019.7.26. 가운데 언제인가? (대법원 2022두52980판결)

(1) 이의신청 제도에 관한 개관

통상 행정심판 및 그 전신인 소원은 -비록 처분청을 경유하긴 하나- **처분청의 상급감독청(재결청)에 대해 제기하는 것이고, 이의신청은 처분청에 대해 직접 제기하는 것이다.** 모두 일종의 'one more time please'인데, 그 상대방이 다르다. 특히 과거의 재결청시스템을 버린 행정심판에서는 제3자로서의 행정심판위원회가 그 절차를 주관한다.

일반적으로 행정심판절차는 행정소송의 전심절차이자 준사법절차로, 이의신청절차는 순전히 행정절차로 여긴다. 하지만 후술하듯이, 행정심판절차의 본질은 사전적인 행정절차에 이은 제2차적 행정절차에 해당한다. **절차종료와 관련해서 행정심판의 재결과 이의신청에서의 결정(재결)은 기본적으로 행정행위로서의 성격은 동일하나, 그 메커니즘에 따른 차이가 있다.** 즉, 행정심판의 재결은 일종의 준사법적 작용으로 여겨지며, 함부로 직권으로 취소할 수 없다(불가변력). 반면 이의신청에 대한 결정은 당초의 결정과 다르지 않다. 다만 당초의 결정을 대체하면 새로운 결정을 내린 셈이 되고, 당초의 결정을 확인하면 기왕의 당초의 결정이 그대로 존속하는 셈이 된다. 다만 **이의신청이란 용어를 사용하더라도 그것이 감독청 등을 상대로 하여 기왕의 행정심판의 메커니즘과 흡사하다면 그것은 실질적으로 행정심판이라 하겠다**(예: 토지보상법 83조의 이의신청).[3)]

(2) 행정심판과의 관계 및 이의신청기각의 법적 성질

이의신청과 행정심판과의 관계상황은 이의신청에 관해 개별법에서 규율한 데 따른다. 이의신청과 관계없이 행정심판을 제기할 수 있거나(정보공개법 19조 2항), 이의신청을 거쳐 심판을 제기할 수 있다(국민건강보험법 88조). 민원처리법 제35조 제1항에 의하면, 민원사항에 대한 행정기관의 장의 거부처분에 불복하는 민원인은 그 거부처분을 받은 날부터 60일 이내에 그 행정기관의 장에게 문서로 이의신청을 할 수 있다. 여기서의 이의신청은 행정심판과 다르고 그와 관계없이 거부처분에 대해 행정심판을 제기할 수 있다. 이의신청을 받아들이지 아니하는 취지의 기각결정 내지는 그 취지의 통지는, 종전의 거부처

3) 이 점에서 판례가 과세처분에 관한 이의신청 절차에서 과세관청이 이의신청 사유가 옳다고 인정하여 과세처분을 직권으로 취소한 후, 특별한 사유 없이 이를 번복하여 종전 처분과 동일한 내용의 처분을 할 수 없다고 보는 것(대법원 2009두1020판결)은 임의적 불복절차인 국세기본법상의 이의신청의 경우에도 일종의 불가변력을 인정한 셈이 되는데, 이는 타당하지 않다.

분을 유지함을 전제로 한 것에 불과하여서, 당연히 독자적인 항고소송의 대상이 되지 아니한다(대법원 2010두8676판결). 그런데 최근 판례는 바람직하지 않게도 기왕의 입장과 정면 배치되게 접근한다. 이의신청을 받아들이지 않은 것 즉, 당초의 것과 동일한 내용의 처분을 한 것에 대해서, 대법원 2020두50324판결은 불복고지의 존재를 근거로,[4] 대법원 2021두53894판결은 이의신청절차가 법률상 절차로 변경되어 이의신청권이 법률상의 권리가 된 점을 근거로, 독립된 새로운 거부처분으로 접근하였다(본서 230면). 이런 맥락에서 대법원 2022두52980판결은 바람직하지 않게도 제소기간의 기산점을 이의신청에 대한 결과(각하)를 통지를 받은 날로 보았다.

(3) 행정기본법 제36조의 일반적인 이의신청제도

행정기본법이 일반적인 이의신청제도를 규정하고 있어서,[5] 개별법에 근거가 없더라도 이의신청권이 인정된다.[6] 행정구제로서의 이의신청이 제도화되었다. 이의가 있는 당사자는 처분을 받은 날부터 30일 이내에 해당 행정청에 이의신청을 할 수 있으며(1항), 행정청은 제1항에 따른 이의신청을 받으면 그 신청을 받은 날부터 14일 이내에 그 이의신청에 대한 결과를 신청인에게 통지하여야 한다. 다만, 부득이한 사유로 14일 이내에 통지할 수 없는 경우에는 그 기간을 만료일 다음 날부터 기산하여 10일의 범위에서 한 차례 연장할 수 있으며, 연장 사유를 신청인에게 통지하여야 한다(2항).

이의신청을 한 경우에도 그것과 관계없이 「행정심판법」에 따른 행정심판 또는 「행정소송법」에 따른 행정소송을 제기할 수 있는데(3항), 이의신청에 대한 결과를 통지받은 후 행정심판 또는 행정소송을 제기하려는 자는 그 결과를 통지받은 날(제2항에 따른 통지기간 내에 결과를 통지받지 못한 경우에는 같은 항에 따른 통지기간이 만료되는 날의 다음 날을 말한다)부터 90일 이내에 행정심판 또는 행정소송을 제기할 수 있다(4항). **이로써 행정심판 청구기간과 행정소송 제소기간의 기산점과 관련한 규정(행심법 27조; 행소법 18조)이 사실상 수정되어 최대 54일이 연장되는 −바람직하지 않은− 결과를 낳았다.**[7]

---

4) 동지: 대법원 2021두60748판결. 다만 여기서는 선행처분의 내용(참여제한기간 및 환수금 납부기한)이 후행처분에 의해 변경되어 선행처분이 소멸했다. 상론: 김중권, 법률신문 제5034호(2022.11.17.).

5) 즉, 다른 법률에서 이의신청과 이에 준하는 절차에 대하여 정하고 있는 경우에도 그 법률에서 규정하지 아니한 사항에 관하여는 이 조에서 정하는 바에 따른다(5항).

6) 다만 다음의 사항에 관하여는 동조가 적용되지 아니한다: 1. 공무원 인사 관계 법령에 따른 징계 등 처분에 관한 사항, 2. 「국가인권위원회법」 제30조에 따른 진정에 대한 국가인권위원회의 결정, 3. 「노동위원회법」 제2조의2에 따라 노동위원회의 의결을 거쳐 행하는 사항, 4. 형사, 행형 및 보안처분 관계 법령에 따라 행하는 사항, 5. 외국인의 출입국·난민인정·귀화·국적회복에 관한 사항, 6. 과태료 부과 및 징수에 관한 사항.

7) 과거와는 다른 시간관념에 맞춰 법제상의 시간의 문제를 새롭게 인식할 필요가 있다. 쟁송제기기간을

5. 특별행정심판

일반행정심판은 행정심판법이 적용되는 행정상의 불복메커니즘을, 특별행정심판은 개별법이 적용되는 행정상의 불복메커니즘을 말한다. 특허심판, 조세심판, 공무원징계에 대한 소청심사, 교원소청심사가 특별행정심판에 해당한다. 특별행정심판은 영역의 전문성과 특별성 등에 의해 그 정당성이 수긍되는데, 자칫 부처가 자신의 고유한 영역을 온존시키기 위해 특별행정심판을 도입할 우려가 있다. 행정심판법은 행정심판제도의 통일적 운용을 확보하기 위해 동법의 규정이 일반적으로 적용될 수 있다는 점과 아울러 특별행정심판의 도입에 대해 일정한 제약을 가하고 있다.[8]

6. 해양안전심판의 문제점

해양사고심판법에 의해, 해양사고시에 조사관의 심판청구에 의해 심판절차가 개시되며(40조), 심판원이 원인규명과 사고관련자에 대한 징계를 재결의 이름으로 행하고(5조). 제1심인 지방심판원이 행한 재결에 대해서는 조사관 또는 사고관련자가 제2심인 중앙심판원에 불복할 수 있으며(58조), 중앙심판원의 재결에 관한 소송은 행정소송으로 고등법원에 전속한다(74조). 해양안전심판 전체를 특별행정심판으로 설정할 수 없고, ─후술할─ 중앙토지수용위원회처럼 중앙심판원의 재결만이 행정심판재결에 해당할 수 있다. 유의할 점은 토지수용에서는 지방토지수용위원회의 재결을 곧바로 행정소송을 통해 다툴 수 있지만, 해양안전심판에서는 지방심판원의 재결애 대한 소송은 허용되지 않는다(74조). 중앙심판원의 재결에는 일종의 재결전치주의가 통용되는 셈이다.

현행 해양안전심판과 관련해 검토할 사항이 여럿 있다. 원인규명재결과 관련해서 징계재결에 대한 취소소송에서 전제로 그것을 다툴 수 있는 것(대법원 2005추93판결 등)과는 별도로 독립되게 취소소송으로 다툴 수 있는지 여부가 논란이 되는데, 판례는 사고관련자는

길게 하는 것만이 능사가 아니다. 법집행의 신속성 역시 간과할 수 없는 가치이다. 글로벌 스탠다드에 해당하는 재판지연보상법과 같은 촉진제도 역시 긍정적으로 받아들여야 한다. 상론: 김중권, 재판지연에 대한 국가책임에 관한 소고, 공법연구 제47집 제2호(2018.12.31.).

8) 법 제4조(특별행정심판 등) ① 사안(事案)의 전문성과 특수성을 살리기 위하여 특히 필요한 경우 외에는 이 법에 따른 행정심판을 갈음하는 특별한 행정불복절차(이하 '특별행정심판'이라 한다)나 이 법에 따른 행정심판 절차에 대한 특례를 다른 법률로 정할 수 없다. ② 다른 법률에서 특별행정심판이나 이 법에 따른 행정심판 절차에 대한 특례를 정한 경우에도 그 법률에서 규정하지 아니한 사항에 관하여는 이 법에서 정하는 바에 따른다. ③ 관계 행정기관의 장이 특별행정심판 또는 이 법에 따른 행정심판 절차에 대한 특례를 신설하거나 변경하는 법령을 제정·개정할 때에는 미리 중앙행정심판위원회와 협의하여야 한다.

(대법원 2012추244판결) 물론 부보 보험회사(대법원 2002추61판결)에 대해서도 부인한다. 심판원의 재결이 공식적인 준사법적 판단인 이상, 원인규명재결의 처분성을 부인하는 것은 설득력이 없다. 일찍이 시원인 대법원 76후16판결이 취소소송의 대상으로 국민의 권리의무를 형성하고 제한하는 효력을 갖는 내용을 지닌 행정청의 권력적 행정행위를 설정하고서 논증한 데서 벗어나야 한다.[9] 비록 3심제가 아닌 2심제가 통용되는 것에 재판청구권의 차원에서 의문이 제기될 수 있지만, 3심제의 관철이 재판청구권의 본질에 해당하지 않는(헌재 90헌바25) 이상, 사건의 특성 및 규모, 사전 심판절차의 충실성에 비추어 2심제의 채택은 수긍할 만하다.[10] 마지막으로 현행법이 원인조사와 사고와 관련한 선원 등에 대한 징계 등을 함께 규정한 것은 제도적으로 바람직하지 않다. 체계정합적이지 않으며, 우리보다 앞서가는 국가에서의 경향과도 맞지 않는다. 해양안전사고의 조사에 관한 특별법을 마련하고, 징계 등은 선박직원법 등에서 규율할 필요가 있다.

Ⅱ. 행정심판제도의 발본적 개혁을 위한 사고의 전환[11]

1. 행정심판의 위상에 관한 재고(再考)

오늘날 독일의 대부분 문헌은 행정심판의 본질을 행정절차로 보면서 소송요건으로서의 전심절차적 의미를 갖는 것으로, 즉 이중적 성질을 인정한다. 반면 우리의 경우 압도적으로 행정심판을 순전히 전심절차로서 행정쟁송적 의미로만 접근한다. 단지 드물게 행정절차의 관점에서 접근하는 입장이[12] 있다. 그리하여 일반적으로 행정쟁송의 범주에 행정심판과 행정소송을 포함시켜, 행정심판을 행정소송에 대한 전심(前審)절차(Vorverfahren)로 통칭하여 자리매김하고, 그것을 가능한 행정소송에 흡사하게 구성하고자 한다. 이런 맥락에서 양자간에 존재하는 차이점보다는 동질성이 전면에 부각되어 행정심판의 독립된 존재이유가 심각하게 무시되곤 하며, 행정심판제도를 더욱더 행정소송제도와 비슷하게 만들려고 시도되고 있다.

그런데 1994년 행정소송법 개정으로 행정심판전치주의가 원칙적으로 폐지되고 예외적으로 개별법상 인정될 뿐인 **현재의 상황에서, 행정심판을 더 이상 쟁송적 관점에서**

9) 김중권, 법률신문 제5224호, 2024.11.11.: 동지: 이승훈, 해사법연구 제36권 제1호, 2024, 31면 주) 39.
10) 과거 대법원에서만 다툴 수 있게 한 단심제에 대해 대법원 98아51결정이 위헌이 아니라고 보았다.
11) 상론: 김중권, 행정심판법의 개혁을 위한 소고, 법률신문 제4629호(2018.8.20.).
12) 박정훈, 행정법연구 제12호(2004.10.), 245면 이하.

행정소송에 대한 단순한 '전심절차'로 파악해서는 곤란하다.[13] 비록 많은 부분(대심구조, 재결의 기속력 등)에서 행정소송절차와 흡사하지만, 독립된 행정청으로서의 행정심판위원회(과거엔 재결청)가 절차를 주관하고, 최종적 판단결정이 행정행위로 귀결된다는 점에서, **행정심판은 형식적으로나 실질적으로나 분명히 행정절차이다.** 그런데 이런 접근이 -행정절차와 행정소송처럼- 행정심판과 행정소송, 양자가 밀접한 기능적 상관관계에 있음을 부정하는 것은 아니다. 이들은 중요한 허용요건과 법적 규준을 공유할 뿐만 아니라, 행정의 적법성통제와 공적 분쟁의 해소란 공통의 목표에도 이바지한다. 양자의 상관관계를 부인한다거나, 행정심판을 완전히 행정소송과 절연시키는 것은 타당하지 않다. **쟁송의 개념은 사법을 기초로 한 것인 점에서 행정심판을 행정쟁송의 당연한 일원으로 다루는 것은 타당하지 않다.**

행정심판전치주의가 원칙적으로 폐지된 이상, 독일의 통설(행정심판의 이중성)과는 달리 전적으로 행정절차로 접근해야 한다. 그리고 행정심판전치주의가 통용되어 행정심판의 전심절차(소송요건)적 성격이 부여되더라도, 그것의 행정절차적 기본성격에는 변함이 없다.[14] 행정심판에는 행정소송에 견줘 권리구제적 요소와 사후적 행정절차의 요소가 함께 어우러져 있지만, 고유함을 견지하기 위해서는, 상대적으로 후자의 측면이 더욱더 부각되어야 한다. 특히 우리의 경우에는 현행 행정절차제도의 부족함을 특유의 후속절차의 차원에서 메운다는 견지에서 행정심판을 접근해야 한다. **통상의 행정절차가 제1차적(사전적) 행정절차라면, 행정심판절차는 제2차적(사후적) 행정절차라고 할 수 있다. 다만 행정심판전치주의가 통용되는 경우에는 행정절차로서의 성질과 전심절차로서의 성질을 갖는다(이중성).** 행정쟁송이 아닌 이상, 위법부당성의 판단시점 등 행정소송에서의 논의를 그대로 행정심판에 이식하는 것은 바람직하지 않다(본서 738면).

2. 행정심판의 기능에 관한 재고(再考)

행정심판의 존재이유로 일반적으로 권력분립 · 자율적 행정통제(행정청의 전문지식의 활용, 행정의 자율적 통제), 사법기능의 보충(간이 · 신속한 구제), 법원의 부담경감, 행정능률의 보장 등을 든다(헌재 2001헌바40). 이를 기능차원으로 전환하면, 권리구제기능, 행정의 자기통제기능, 법원의 부담경감기능으로 정리된다. 종래 행정심판의 기능(존재이유)에 관한

---

13) 사법기능보완을 넘어 대안적 분쟁해결제도로서의 기능을 강조하는 입장으로 최영규, 현대공법학의 과제(최송화 교수 화갑기념논문집), 2002, 454면 이하 참조.

14) 한편 행정심판을 행정절차로 접근하면 위법부당의 판단시점과 처분사유의 추가변경의 법리에 대해 판례와는 다르게 행정소송에서와는 다른 모색을 할 수 있다.

논의는 행정심판전치주의가 통용될 때를 바탕으로 한 것이다. 따라서 행정심판전치주의가 예외로 통용될 때는 당연히 다른 접근을 강구해야 한다.

공법상 법률관계상의 분쟁해결절차로서 행정심판은 당연히 권리구제기능을 갖는다. 그런데 행정심판절차의 권리구제기능을 오해하여선 아니 된다. 여기선 적법성(適法性)과 합목적성(合目的性)에 의거하여 행정처분에 관하여 재차 추가적으로 －비록 불이익변경금지의 원칙을 전제로 하지만－ 완전하게 심사를 행한다. 이 점에서 행정소송상의 권리보호와는 －비록 결과에선 동일할지언정－ 질적인 차이가 분명히 있다. 행정심판절차의 두 번째 기능은 행정의 자기통제이다. 이를 통해서 (설령 스스로든, 행정심판위원회의 재결에 구속되어서든) 처분청을 비롯한 행정심판위원회는 다시금 행정결정의 사실적, 법적 근거를 심사할 기회를 갖고, 위법하거나 비합목적인 행정결정을 수정할 기회를 갖는다. 행정심판청구인은 행정심판을 제기함으로써 행정통제절차를 개시하는 셈이다. **한편 재결청제도의 폐지와 결부시켜 행정심판의 자기통제기능을 곱씹어 보아야 한다.** 감독청인 재결청에 의한 처분청에 대한 심사는 통일된 행정실무를 담보하는 피드백효과를 가져다주는데, 행정조직에서 벗어난 행정심판기관의 경우에 과연 그것을 기대할 수 있을지 의문스럽다. 법원의 부담경감기능 역시 실제론 낮게 평가된다.

현행 행정심판제도는 권리구제기능을 과도하게 우선시하고 있으며, 동법 개정의 목표점 또한 권리구제기능의 강화에 두고 있다. 그것의 자기통제의 의의는 상대적으로 비중이 낮아서 단순한 구두선(口頭禪)에 불과할 지경이다. 2008.2.29.자 개정으로 이제 행정심판위원회가 독립된 재결기관으로 출범하는 이상, **행정심판절차에서 사법적 기능을 지나치게 강조하고 지향하는 것은 스스로 자신의 존재이유를 반감시킬 수 있다.** 행정소송에 대한 나름의 스탠스(不可近 不可遠)를 유지하면서, 행정심판의 고유한 존재이유를 극대화해야 한다.[15]

3. 예외적인 행정심판전치주의에 따른 헌법 제107조 제3항의 문제

1994년 행정소송법개정으로 행정심판전치주의가 원칙적으로 폐지되고 예외적으로 개별법상 인정될 뿐이다. 가령 도로교통법은 동법상의 처분에 대한 행정소송은 행정심판의 재결(裁決)을 거치지 아니하면 제기할 수 없도록(47조). 국세기본법은 동법에 따른 －세무서장이나 지방국세청장에 대해 제기하는－ 심사청구 또는 －국세청장에 대해

15) 행정심판이 행정소송의 아류로 전락할 위험에 대해서는, 정태용, 한국행정심판제도의 특성과 전망, 2015년 국제 행정심판 심포지엄(2015.11.4.) 발표문 참조.

제기하는- 심판청구와 그에 대한 결정을 거치지 아니하면 행정소송을 제기할 수 없도록(47조 2항). 규정하고 있다. 이처럼 행정심판전치주의를 채택할 때에는 사법절차의 준용을 규정한 헌법 제107조 제3항이 의미가 있다. 동 조항은 과거 행정심판전치주의에 따라 효과적인 사법통제가 실현되지 않는 상황을 타개하기 위해 마련되었다. 행정심판전치주의가 통용되는 경우에만 그 의의가 있을 뿐이다. 헌법재판소 역시 동 조항에 대해 필요적 전심절차로서의 행정심판절차에서 사법절차준용의 의미를 강조한다(헌재 98 헌바8).[16] 이런 제도적, 역사적 측면을 고려하면, 행정심판전치주의가 예외가 된 현재 상황에서 헌법 제107조 제3항이 과연 필요한지 지극히 의문스럽다. **행정심판절차의 본질에 관한 전심절차로서의 기존의 이해를 수정할 필요가 있고,**[17] **행정심판절차를 그 본연에서 벗어나게 하는 헌법 제107조 제3항을 과감하게 삭제할 필요가 있다.**

4. 통합행정심판소 설치의 헌법적 문제점

행정심판의 확충을 위해 영국의 행정심판소와 같이 독립된 하나의 기관에 일체의 행정심판기능을 통합시키는 것이 주장되기도 하는데, 이 문제는 전체 행정구제 및 국가 전체 시스템의 차원에서 접근해야 한다. 행정소송과 헌법소송이 헌법상의 사법심사로 확립된 우리의 경우 영국과 같은 통합행정심판소의 설치는 국가통치구조의 변화를 수반한다는 점에서 국가 전체 시스템의 차원에서 심각한 헌법상의 문제를 야기한다. 그리하여 그간 지속적으로 조세심판과 같은 특별행정심판까지 중앙행정심판위원회를 통해 관장하려는 모색이 있었지만, 그다지 호응을 얻지 못하고 좌초되었다. **오히려 행정심판의 기능에 맞게 현행법을 전면 재정비할 필요가 있다.**[18]

16) 그리하여 사법절차적 요소를 엄격히 갖춰야 할 필요는 없다고 할지라도, 적어도 -판단기관의 독립성·공정성, 대심적(대심적) 심리구조, 당사자의 절차적 권리보장 등과 같은- 사법절차의 본질적 요소를 전혀 구비하지 아니하고 있다면 '준용'의 요구마저 위반된다고 보았다. 이런 기조에서 헌법재판소가 도로교통법상의 행정심판전치주의에 대해서는 합헌을(헌재 2001헌바40), 지방세법상의 이의신청·심사청구 전치주의에 대해서는 위헌을(헌재 2000헌바30) 판시하였다.

17) 여기서 필요적 전치주의를 표방하는 독일의 법제에 대한 바른 이해가 요구된다. 그들 행정법원법 제68조 제1항은 필요적 전치주의를 원칙으로 표방하면서도 예외가능성을 제시하는데, 그에 따라 최근 주법의 차원에서 행정의 신속화를 위해 행정심판절차의 이행을 배제하는 주 법률이 제정되고 있다. 필요적 전치주의가 축소되는 경향이다. 상론: vgl. Rüssel, NVwZ 2006, 523ff.

18) 행정심판법 제정 40년에 따른 정비방안 -不惑의 현행「행정심판법」, 전면 개정이 필요하다-. 권익 제1권 제1호, 2024.11.11., 114면-139면.

제 2 절 행정심판의 제도적 기초

Ⅰ. 행정심판의 대상

1. 심판대상의 개괄주의와 처분개념

행정심판법은 행정소송법과 마찬가지로 심판대상의 개괄주의를 채택하며, 여기서 행정청의 "처분"이라 함은 행정청이 행하는 구체적 사실에 관한 법집행으로서의 공권력의 행사 또는 그 거부와 그 밖에 이에 준하는 행정작용을 말한다(2조 1호).

행정행위의 존재는 취소심판 및 취소소송의 대상으로서 권리구제·보호의 출발점으로 여겨진다(행정행위의 쟁송법적 기능). 항고소송 특히 처분에 대한 取消訴訟中心主義가 지배하고, 여기에 취소소송대상의 개괄주의가 통용될 때, 일부 문헌은 언필칭 권리구제확대를 기치로 내세워 二元說을 취함으로써, 쟁송상의 처분개념을 새롭게 정립·이해하고자 시도하곤 한다. 즉, 행정처분개념이 권리구제·보호의 출발점이어서 자칫 권리구제·보호의 장애가 될 수 있기에, 당연히 최근 행정소송법과 행정심판법의 개정논의에서도 행정처분개념이 논란의 대상이 된다.

여기에는 몇 가지 곱씹어 볼 점이 있다. 먼저 독일의 행정행위 개념은 물론, 우리의 처분개념은 그동안 진화되어 온 최협의의 행정행위개념을 입법화한 것이다. 그리고 행정행위(처분)의 개념적 징표는 그 자체가 해석을 통해 −한계를 넘지 않되− '수범자(수명자)에게 有利하게' 확장될 수 있다는 점이다.[19] 더군다나 우리 처분개념의 "그 밖에 이에 준하는 행정작용" 부분은 처분성확대의 가능성을 제도화하였다. 그리고 현재 행정소송법을 개정함에 있어선, 종래 휴면상태나 다를 바 없었던 당사자소송을 활성화하는 데 의견의 일치를 보고 있다. 이젠 항고소송만이 유효한 권리보호수단은 아니며, 그에 따라 이른바 형식적 행정행위론에 바탕을 둔 이원설이 제시하는 권리보호가능성의 확대의 근거는 결정적으로 약화되었다. 지금까지 당사자소송의 존재를 무시하였을 따름이다. **더 이상 행정행위를 권리구제·보호의 이유에서 필요 이상으로 과도**

19) 이 점에서 원고적격의 심사와 마찬가지로 대상적격의 심사에서 엄격한 태도를 견지하는 것은 문제가 있다. 독일에서처럼 요건심사단계에서는 '가능성 정도'로 접근하는 것이 바람직하다.

하게, 즉 체계파괴적으로 넓게 해석할 이유가 없다(본서 216면 이하).

2. 행정청의 부작위와 거부처분

행정심판법상 "부작위"라 함은 행정청이 당사자의 신청에 대하여 상당한 기간내에 일정한 처분을 하여야 할 법률상 의무가 있음에도 불구하고 이를 하지 아니하는 것을 말한다(2조 2호). 부작위의 성립에는 '일정한 처분을 하여야 할 법률상 의무'를 전제로 하는데, 그 기조는 거부처분의 경우에도 그대로 투영된다. 그리하여 일찍이 대법원 84누227판결은 거부처분의 성립요건으로서 '국민이 행정청에 대하여 그 신청에 따른 행정행위를 해줄 것을 요구할 수 있는 법규상 또는 조리상의 권리', 즉 '신청권'의 존재를 요구하였고,[20] 이로부터 비롯된 거부처분 인정 공식은 지금껏 후속 판결은 물론 행정심판에서도 그대로 전승되고 있다. 이런 접근에 대해서는, "법률상의 처분 개념 정의에서 거부처분의 인정과 관련해서 신청권에 관한 요구가 없다.", "처분성인정(대상적격)의 물음에 원고적격의 물음을 혼입시켰다."고 비판이 가해지지만, 판례는 기조를 변함없이 유지하면서 신청권의 인정범위를 확대하고 있다. 이런 맥락에서 대법원의 행정소송법개정의견과 2006.12.15.의 행정심판법개정시안은 '부작위'의 개념정의에서 '일정한 처분을 하여야 할 법률상 의무'란 표현을 삭제하였고, 2012년 법무부 행정소송개정시안 역시 그러하였다. 하지만 입법예고된 개정안은 현행과 같다.

3. 행정심판의 대상조항의 정비 문제

확대의 움직임이 대세이다. 행정소송법의 개정과 연동해서 확대를 주장하는 동조론(同調論)과 그와 무관하게 확대를 도모하는 비동조론(非同調論)으로 크게 나뉜다. 그런데 처분개념조항의 개정은 단순히 행정쟁송법의 차원에서만 그치는 것이 아니라, 행정실체법에도 중대한 영향을 미친다. 나아가 행정심판의 종류까지도 연동되어야 한다. 특히 후자의 문제는 권리구제(보호)체제 전반을 놓고서 행정소송과 대비하여 행정심판을 어떻게 디자인할 것인지의 물음에 이어진다. **행정심판의 권리구제기능 강화를 내세워, 처분개념(정의)을** -행정소송법 및 행정절차법의 차원을 도외시하고- **전적으로 행정심판의 차원에에서 확대하는 것은 곤란하다.** 처분성의 확대를 추구하는 판례의 경향에

20) 이에 대한 비판적 입장으로 李鴻薰, 행정판례연구 제1집(1992), 115면 이하 참조.

비추어 —행정작용법론의 기능부전을 초래할— 강학상의 행정행위로부터 벗어난 처분개념을 별도로 설정할 필요가 있는지 의문스럽다.

Ⅱ. 행정심판의 종류

1. 현행법상의 종류와 성질

(1) 현행법상의 종류

행정심판법은 행정심판을 다음의 3가지로 규정하고 있다(5조).

ⅰ) **취소심판:** 행정청의 위법 또는 부당한 처분의 취소 또는 변경을 하는 심판,

ⅱ) **무효등확인심판:** 행정청의 처분의 효력 유무 또는 존재 여부에 대한 확인을 하는 심판.

ⅲ) **의무이행심판:** 행정청의 위법 또는 부당한 거부처분이나 부작위에 대하여 일정한 처분을 하도록 하는 심판.

(2) 성 질

취소심판의 성질에 관하여는 형성적 쟁송으로 보는 견해와 확인적 쟁송으로 보는 견해가 대립하고 있다. 전설에 의하면, 취소심판이란 일정한 법률관계를 성립시킨 행정처분을 취소·변경함으로써 그 법률관계를 변경·소멸시키는 점에서 형성적 성질을 갖는다고 한다. 이에 대해 후설에 의하면, 취소심판은 그 행정처분 당시에 있어서의 처분의 위법·부당성을 확인하는 것이라고 한다. **형성적 쟁송으로 보는 견해가 통설·판례의 입장이다.**

무효등확인심판의 성질에 관하여는 형성적 쟁송설, 준형성적 쟁송설, 확인적 쟁송설이 대립하고 있다. 이 중에서, 무효등확인심판은 행정행위의 무효 등을 확인·선언하는 점에서 실질적으로 확인적 쟁송의 성질을 갖지만, 형식적으로는 처분의 효력 유무를 직접 심판의 대상으로 하는 점에서 형성적 쟁송의 성질도 아울러 갖는 것으로 보는 준형성적 쟁송설이 통설적 견해이다. 의무이행심판은 행정청에 대하여 일정한 처분을 할 것을 명하는 재결을 구하는 것이므로 이행쟁송의 성질을 갖는다. 한편 현재의 이행쟁송만이 인정되고, 장래의 이행쟁송(예방적 금지심판)은 허용되지 않는다.

(3) 취소심판에서의 변경의 의미

취소심판에서의 변경의 의미를 두고서 일부취소를 나타내는 소극적 변경인지 아니면 내용적인 적극적 변경인지 다투어질 수 있는데, 일반적으로 취소소송에서 변경의 의미는 소극적 변경으로, 취소심판에서의 변경의 의미는 적극적 변경으로 본다. 이런 주장은 과거 행정심판위원회가 감독청으로서의 재결청에 속하던 시스템에서는 통용될 수 있지만, 기본적으로 지금과 같이 제3자적 기관에 해당하는 이상 통용될 수 없다. **적극적 변경으로 본다면 행정심판위원회의 변경재결은 처분청의 관할을 심각하게 훼손할 우려가 있다**(본서 741면).

2. 개편논의

행정소송법의 개정논의에 견줘 논의가 진행된다. 현행 행정소송법이 의무이행소송을 정면으로 인정하지 않고 거부처분취소소송이나 부작위위법확인소송을 인정한 상황이 영향을 미친다. 그리하여 **실제로 거부처분의 경우에 제도적 취지에 역행하여 의무이행심판이 아닌, 거부처분취소심판이 제기되곤 하여, 의무이행재결에서의 재처분의무가 발생하는지 여부가 논란이 된다.** 입법의도가 거부처분에 대해서는 의무이행심판을 제기하도록 한 점에서 소극적으로 보아야 한다. 청구변경(법 20조)을 적극적으로 활용하여 소모적 논의를 미연에 방지하는 것이 요망된다. 그런데 **거부처분취소심판(및 무효확인심판·부존재확인심판)재결의 기속력**(49조 2항) **및 간접강제제도**(법 50조의2)**의 도입은 거부처분취소심판을 사실상 제도화시켰는데**(홍정선, 965면), **이는 중대한 체계위반이다.**

행정심판제도를 완결적인 권리구제체제로 만들기 위한 노력의 일환으로 당사자심판이나 예방적 금지심판의 도입이 주장되기도 한다. 하지만 여기엔 일종의 비용편익적(費用便益的) 분석이 뒤따라야 한다. 비법률가도 행정심판위원회의 위원이 될 수 있는 한, 기본적으로 법률관계가 대상인 당사자심판의 경우에는 자칫 곤혹스러운 상황에 봉착할 수 있다. 예방적 금지심판은 독립된 행정심판위원회의 출현으로 실현되기가 더욱 어렵다. 권리구제적 기능이나마 충분히 발휘되도록 지혜를 모은다는 점에서 **행정심판은 행정처분만을 심판대상으로 하는 것이 바람직하다.**

Ⅲ. 행정심판기관

종래 행정심판법은 심판의 공정성과 권리구제의 실효성을 확보하기 위하여 심리·의결기능과 재결기능을 분리하였다. 즉, 재결청과 (재결청소속하의) 행정심판위원회의 이원적 구조이었다. 그러나 **현행 행정심판법은 심리·의결기능과 재결기능을 통합하여 독립된 합의제 행정기관이자 재결청인 행정심판위원회를 설치하였다.** 1984년의 행정심판법 제정 이후 견지하여 온 이원적 구조를 버렸다.

1. 다양한 행정심판위원회

행정심판법은 행정심판위원회를 처분청의 위상에 맞춰 여러 소속으로 나눈다.

(1) 해당 국가 행정청 소속의 행정심판위원회

다음의 행정청 또는 그 소속 행정청(행정기관의 계층구조와 관계없이 그 감독을 받거나 위탁을 받은 모든 행정청을 말하되, 위탁을 받은 행정청은 그 위탁받은 사무에 관하여는 위탁한 행정청의 소속 행정청으로 본다. 이하 같다)의 처분 또는 부작위의 경우, 그 행정청에 두는 행정심판위원회에서 심리·재결한다(6조 1항).

i. 감사원, 국가정보원장, 그 밖에 대통령령으로 정하는 대통령 소속기관의 장

ii. 국회사무총장·법원행정처장·헌법재판소사무처장 및 중앙선거관리위원회사무총장

iii. 국가인권위원회, 진실·화해를 위한 과거사정리위원회, 그 밖에 지위·성격의 독립성과 특수성 등이 인정되어 대통령령으로 정하는 행정청

(2) 국민권익위원회 소속의 중앙행정심판위원회

다음의 행정청의 처분 또는 부작위의 경우, 중앙행정심판위원회에서 심리·재결한다(2항).

i. 위 (1)에 따른 행정청 외의 국가행정기관의 장 또는 그 소속 행정청

ii. 특별시장·광역시장·도지사·특별자치도지사(특별시·광역시·도 또는 특별자치도의 교육감을 포함한다. 이하 '시·도지사'라 한다) 또는 특별시·광역시·도·특별자치도(이하 '시·도'라 한다)의 의회(의장, 위원회의 위원장, 사무처장 등 의회 소속 모든 행정

청을 포함한다)

iii. 「지방자치법」에 따른 지방자치단체조합 등 관계 법률에 따라 국가·지방자치단체·공공법인 등이 공동으로 설립한 행정청. 다만, 시·도의 관할구역에 있는 둘 이상의 지방자치단체(시·군·자치구를 말한다)·공공법인 등이 공동으로 설립한 행정청은 제외한다.

(3) 시·도지사 소속의 행정심판위원회

다음의 행정청의 처분 또는 부작위의 경우, 시·도지사 소속으로 두는 행정심판위원회에서 심리·재결한다(3항).

i. 시·도 소속 행정청

ii. 시·도의 관할구역에 있는 시·군·자치구의 장, 소속 행정청 또는 시·군·자치구의 의회(의장, 위원회의 위원장, 사무국장, 사무과장 등 의회 소속 모든 행정청을 포함한다)

iii. 시·도의 관할구역에 있는 둘 이상의 지방자치단체(시·군·자치구를 말한다)·공공법인 등이 공동으로 설립한 행정청

(4) 해당 행정청의 직근 상급행정기관에 두는 행정심판위원회

법무부 및 대검찰청 소속 특별지방행정기관(직근 상급행정기관이나 소관 감독행정기관이 중앙행정기관인 경우는 제외한다)의 장의 처분 또는 부작위의 경우 해당 행정청의 직근 상급행정기관에 두는 행정심판위원회에서 심리·재결한다(4항, 영 6조).

2. 국민권익위원회 소속의 독립된 행정심판위원회의 설치의 문제점

현행법은 심리·의결기능과 재결기능을 통합하여 독립된 합의제 행정기관이자 재결청인 행정심판위원회를 설치하였다. 복잡한 행정감독체제에서 무엇이 재결청인지가 불분명하여 비롯된 곤란함을 제거하였다는 긍정적인 측면이 있다고 한다. 행정심판의 권리구제기능을 강화하여 그것의 준사법화를 도모하기 위해 행정심판위원회의 제3의 기관성을 제고하려는 입장에서는 긍정적으로 접근할 수 있다. 그리하여 행정심판위원회를 행정법원에 견줄 수 있는 행정심판소로 나아가는 전기가 마련되었다고 주장될 법하다. 하지만 **행정심판의 행정통제적 기능의 심각한 저하는 물론, 행정책임과 행정감독의 체제상의 균열 등의 문제점이 있다.**

3. 행정심판위원회, 특히 중앙행정심판위원회의 구성

중앙행정심판위원회는 위원장 1인을 포함한 50인 이내의 위원으로 구성하되, 위원중 상임위원은 4명 이내로 한다(8조 1항). 중앙행정심판위원회의 회의는 위원장, 상임위원과 위원장이 매 회의마다 지정하는 위원을 포함하여 총 9인으로 구성하되, 민간인 위원이 5人이상 포함되어야 한다(8조 5항). 다만 중앙행정심판위원회는 심판청구사건 중 「도로교통법」에 따른 자동차운전면허 행정처분에 관한 사건(소위원회가 중앙행정심판위원회에서 심리·의결하도록 결정한 사건은 제외한다)을 심리·의결하게 하기 위하여 4명의 위원으로 구성하는 소위원회를 둘 수 있다(6항). 중앙행정심판위원회 및 소위원회는 구성원 과반수의 출석과 출석위원 과반수의 찬성으로 의결한다(7항). 그리고 위원장이 지정하는 심판청구사건을 미리 검토하게 하기 위하여 필요한 경우에는 전문위원회를 둘 수 있다(8항).

제 3 절 행정심판의 청구

Ⅰ. 행정심판청구의 당사자

1. 행정심판의 청구인적격

(1) 청구인적격규정의 기본구조

취소소송은 처분 등의 취소를 구할 법률상 이익이 있는 자가 제기할 수 있다(법 12조). **주관적 소송의 원칙에 의거하여 보호규범설(保護規範說)을 표방하는 이런 기조는 행정심판에도 그대로 반영되고 있다.** 즉, 취소심판청구는 처분의 취소 또는 변경을 구할 법률상 이익이 있는 자가 제기할 수 있으며, 무효등확인심판청구는 처분의 효력 유무 또는 존재 여부에 대한 확인을 구할 법률상 이익이 있는 자가 제기할 수 있고, 의무이행심판청구는 행정청의 거부처분 또는 부작위에 대하여 일정한 처분을 구할 법률상 이익이 있는 자가 제기할 수 있다(13조).

(2) 상반된 시각

행정심판의 청구인적격을 항고소송의 원고적격과 동일하게 설정한 것을 두고서,

이른바 **입법과오설과 입법비과오설이 첨예하게 맞선다.**[21] 그 중간에 (엄밀히 보면, 비과오설에 동조하는) **양시론적(兩是論的) 입장인 입법미비설도 주장된다**(홍정선, 1023면).

입법과오설에서는 행정심판의 대상이 행정소송과는 달리 처분의 적법성은 물론 합목적성(부당성)까지 미치는 점을 들어, 이를 전혀 반영하지 않은 것은 사실상 처분의 합목적성에 관한 심판을 배제하는 결과를 초래한다고 논증한다(대표적으로 김남진/김연태, 812면 이하). 반대의 입장(입법비과오설)에서는 청구인적격은 '入口'의 문제(심판제기단계)이고 '위법'의 문제는 '出口'(본안심리)의 문제이므로 양자를 필연적 관계에서 일치시킬 필요가 없기에 입법과오라고는 할 수 없다고 본다(서원우, 고시연구 1997.6. 88면 이하; 김철용, 고시연구 1999.7., 61면 이하; 김동희, 고시계 1993.6., 128면 이하). 일부에서는 취소소송에서와 마찬가지로 청구인적격과 '부당'(본안요건)의 견련성이 인정될 수 없다는 점을 들어 본안요건이 부당까지 확대된다고 해서 청구인적격도 당연히 확대되어야 한다는 논리는 성립할 수 없다고 한다(박정훈, 앞의 글, 254면).

양 입장에서의 다름은 결국 '부당성통제'에 대한 인식상의 차이를 낳는다. 입법과오설에서는 당연히 행정심판의 고유한 의미를 내세워서 논증을 한다. 한편 입법미비설은 침해가 부당한 처분에서도 가능한 점을 들어 이론적으론 비과오설에 동조하되, 다만 행정심판법이 반사적 이익의 침해를 다툴 수 있는 가능성을 완전히 배제한 것은 입법정책적 차원에서 문제라고 한다.

(3) 관견(管見)

(가) 논의의 전제

여기서 우선 확인해야 할 점은, **심판대상(부당한 처분), 즉 심사규준(합목적성)의 확대가 권리구제의 기조인 청구인적격상의 피침적(被侵的) 구조에 변화를 가져다주진 않는다**는 것이다. 왜냐하면 법적 분쟁은 자신의 주관적 권리가 침해(또는 방해, 지장)를 받았다는 주장에서 비롯되기 때문이다. 과거 독일의 역사가 보여주듯이, 행정재판이 조직상으로나 기능상으로나 사법에 속한다고 하면, 당연히 행정재판의 주된 기능은 객관적 법의 유지를 목표로 삼은 행정통제가 아니라, 개개 시민의 주관적 공권의 보호에 있다. 행정심판의 경우엔 －입법자의 특별한 입법의도가 없는 한－ 그것이 행정재판(소송)과 어떤 관계에 놓여 있는가가 관건이다. 행정심판법의 목적 및 심판청구인적격의 기본골격에서, 행정심판의 권리구제 역시 주관적 시스템일 따름이다.

21) 이 문제를 최초로 제기한 문헌으로 김남진, 고시연구, 1990.10.

또한 유의해야 할 점은, **청구인적격과 위법성·부당성의 견련성(牽聯性)여부의 물음은, 청구인적격의 확대의 當否의 문제가 아니라, 취소소송의 주관소송/객관소송여부의 물음처럼 행정심판의 성질의 문제라는 것**이다. 행정심판법 제13조와 행정소송법 제12조 -엄밀히 보면 제1문- 상의 청구인적격과 원고적격에 관한 규정이 독일처럼 주관적 권리침해를 담고 있지 않으며, 원고적격과 위법성의 견련성을 명문으로 요구하고 있지 않기에, 이들의 주관적 권리보호(구제)적 성격에 의문을 가질 법하다. 그렇지만 행정심판법 제1조와 행정소송법 제1조에서 이들 법률의 목적이 주관적 권익침해의 구제(배제)에 있음을 분명히 한 이상, 현재의 법률상황 그 자체로서도 주관적 권리침해의 요소와, 청구인적격/원고적격과 위법성의 견련성을 충분히 도출해 낼 수 있다(본서 785면 이하). 권리침해(방해, 지장)와 위법성(부당성)과 관련하여, 전자는 원고적격(청구인적격)의 문제로, 후자는 본안의 문제로 전혀 별개로 인식할 것 같으면, 자칫 항고소송과 행정심판을 객관소송으로 자리매김할 우려도 있다. 항고소송(행정소송)과 행정심판을 객관적 권리보호로 보지 않는 한, 행정소송법 제12조와 행정심판법 제13조의 해석은 마땅히 이들 법률 제1조(목적)와 연계하여 행해져야 한다.

(나) 행정심판의 활성화와 청구인적격규정의 문제점

행정심판의 청구인적격이나 항고소송의 원고적격은 그것의 여과기능에 비추어, 동일한 성질의 물질을 여과시키는 점, 즉 피침적 구조에선 공통되고, 다만 눈의 크기(mesh)가 다를 뿐이다. 독일 행정법원법 제68조와 제69조는 심판청구인적격을 구체적으로 규정하지 않고, 필요적 전치주의를 채용함을 전제로 "전심절차는 행정심판의 제기로써 시작된다."(69조)라고 간단히 규정할 뿐이다. 이처럼 심판청구인적격을 구태여 규정하기보다는 전심절차차원에서 간단히 언급하면 족한데, **행정심판의 독립성을 전제로 하면서도 행정소송의 것을 그대로 답습하여 문제가 불거졌다.** 대부분이 위법성을 다투는 현실만을 염두에 둔다면, 이상의 논의는 이론적 흥미에 불과할 뿐 그다지 실제적 의미를 갖지 못한다고 치부할 수 있다. 그러나 실증적으로 판명되듯이, 입법비과오설의 입장에서는 부당성의 통제가 다소 중요하지 않게 받아들여지곤 한다. **이제 독립된 심판기관으로서 행정심판위원회의 출범에 즈음하여 행정심판의 활성화가 예상된다는 점에서, 기왕의 청구인적격규정은 체계정합성에서도 문제가 있다.** 사실 입법비과오설을 취하는 입장에서도 입법적 개선에 대해선 공감을 표하기도 하는데, 이는 현행 법률상황이 문제점을 내포하고 있다는 점을 반증한다.

(다) 구체적 해결방도

현행법에서(de lege lata) 해결책을 찾자면, 양자에 대한 차별적 접근이 모색되어야 한다. 주관적 권리구제시스템에 따른 피침적 구조를 바탕에 두고서, 행정소송법 제12조상의 '법률상 이익'에 대해서는 위법한 처분에 의한 '권리침해'(Rechtsverletzung)를, 행정심판법 제9조상의 '법률상 이익'에 대해서는 (위법한 처분에 의한 '권리침해'는 물론) 부당한 처분에 의한 '권리방해(지장)'(Rechtsbeeinträchtigung)까지 전제하고서 바라보아야 한다. 그러나 철저한 피침적 구조를 받아들이지 않고서는, 해석을 통한 노력은 한계가 있기 마련이다.

행정절차로서의 행정심판의 본질에 비추어 다른 눈의 크기를 반영할 수 있는 제도의 마련에 지혜를 모아야 한다. **입법정책적으로(de lege ferenda) 현행의 행정심판청구인적격규정을 "취소심판은 위법하거나 부당한 행정행위로 인해 권리를 침해받거나 방해(간섭)받은 자가 제기할 수 있다."고 바꾸는 것을 조심스럽게 제안한다.**[22)]

2. 피청구인적격

행정심판은 처분을 한 행정청(의무이행심판의 경우에는 청구인의 신청을 받은 행정청)을 피청구인으로 하여 청구하여야 한다. 다만, 심판청구의 대상과 관계되는 권한이 다른 행정청에 승계된 경우에는 권한을 승계한 행정청을 피청구인으로 하여야 한다(17조 1항). 청구인이 피청구인을 잘못 지정한 경우에는 행정심판위원회는 직권으로 또는 당사자의 신청에 의하여 결정으로써 피청구인을 경정(更正)할 수 있는데, 이 경우 종전의 피청구인에 대한 심판청구는 취하되고 종전의 피청구인에 대한 행정심판이 청구된 때에 새로운 피청구인에 대한 행정심판이 청구된 것으로 본다(17조 2항, 4항). 위원회는 행정심판이 청구된 후에 권한승계가 발생하면 직권으로 또는 당사자의 신청에 의하여 결정으로써 피청구인을 경정한다(17조 5항). 한편 당사자는 피청구인의 경정과 관련한 행정심판위원회의 결정에 대하여 결정서 정본을 받은 날부터 7일 이내에 행정심판위원회에 이의신청을 할 수 있다(17조 6항).

피청구인 적격이 없는 자를 상대로 한 심판청구는 부적법하게 되기에, 통상 처분서상의 명의를 처분청으로 삼는 현실에서 피청구인 적격 규정이 국민의 권리구제를 방해할 수 있다. 행정소송에서와 마찬가지로(본서 809면), 행정심판위원회가 직권의 피청구인 경정을 적극적으로 시행할 필요가 있다.

---

22) 일본 행정불복심사법 제2조는 '행정청의 처분에 불복이 있는 자'는 심사청구(행정심판)을 제기할 수 있다고 간단히 규정하고 있다.

Ⅱ. 행정심판청구의 관계인

행정심판의 결과에 이해관계가 있는 제3자나 행정청은 해당 심판청구에 대한 위원회의 허가를 받아 행정심판위원회나 소위원회의 의결이 있기 전까지 그 사건에 대하여 심판참가를 할 수 있다(20조 1항, 5항). 심판참가를 하려는 자는 참가의 취지와 이유를 적은 참가신청서를 위원회에 제출하여야 하고, 행정심판위원회는 참가신청서를 받으면 참가신청서 부본을 당사자에게 송달하여야 한다(20조 2항, 3항). 행정심판위원회는 기간을 정하여 당사자와 다른 참가인에게 제3자의 참가신청에 대한 의견을 제출하도록 할 수 있으며, 당사자와 다른 참가인이 그 기간에 의견을 제출하지 아니하면 의견이 없는 것으로 본다(20조 4항). 행정심판위원회의 참가불허에 대해선 신청인은 결정서 정본의 송달을 받은 날부터 7일 이내에 행정심판위원회에 이의신청을 할 수 있다(20조 6항).

행정심판위원회는 필요하다고 인정하면 그 행정심판 결과에 이해관계가 있는 제3자나 행정청에 그 사건 심판에 참가할 것을 요구할 수 있는데, 이 요구를 받은 제3자나 행정청은 지체 없이 그 사건 심판에 참가할 것인지 여부를 행정심판위원회에 통지하여야 한다(21조). 참가인은 행정심판 절차에서 당사자가 할 수 있는 심판절차상의 행위를 할 수 있다(22조 1항).

Ⅲ. 행정심판청구의 제출과 기간

행정심판을 청구하려는 자는 심판청구서를 작성하여 피청구인이나 행정심판위원회에 제출하여야 한다(23조 1항). 행정청이 불복고지를 하지 아니하거나 잘못 고지하여 청구인이 심판청구서를 다른 행정기관에 제출한 경우에는 그 행정기관은 그 심판청구서를 지체 없이 정당한 권한이 있는 피청구인에게 보내야 하며(2항), 심판청구서를 보낸 행정기관은 지체 없이 그 사실을 청구인에게 알려야 한다(3항). 행정심판청구의 제출기관을 과거 행정심판전치주의와 재결청주의가 통용되는 경우와 동일하게 규정하고 있는 것이 과연 바람직한지 의문스럽다. 현실적으로도 처분청에 제출하는 경우가 많지 않다. 제도운영에서 행정심판위원회만을 제출기관으로 하는 것이 바람직하다.

심판청구는 처분이 있음을 안 날부터 90일 이내에 제기하여야 하는데, 청구인이 천재 · 지변 · 전쟁 · 사변 그 밖에 불가항력으로 인하여 제1항에 정한 기간내에 심판청구를 할 수 없었을 때에는 그 사유가 소멸한 날로부터 14일(다만, 국외에서의 심판청구에선 그 기간을 30일)

이내에 심판청구를 제기할 수 있다. 이들 기간은 불변기간으로 한다(27조 1항, 2항, 4항). 그런데 심판청구는 처분이 있은 날로부터 180일을 경과하면 제기하지 못한다. 다만, 정당한 사유가 있는 경우에는 그러하지 아니하다(3항).[23] 한편 행정청이 심판청구기간을 이상의 불변기간보다 긴 기간으로 잘못 알린(誤告知) 경우에 그 잘못 알린 기간이 심판청구기간이 되며, 행정청이 심판청구기간을 알리지 아니한(不告知) 때에는 청구인이 처분이 있음을 알았는지의 여부와 관계없이 오로지 처분이 있은 날로부터 180일이 심판청구기간이 된다(5항, 6항). 한편 이런 심판청구기간의 규정은 무효확인심판청구와 부작위에 대한 의무이행심판청구에는 적용되지 않는다(7항).[24] 거부처분에 대한 의무이행심판청구의 경우 당연히 이상의 청구기간의 제한을 받는다.

그런데 행정기본법 제36조 제4항에 의해 이의신청을 한 경우에는 이의신청에 대한 결과를 통지받은 날(동조 2항에 따른 통지기간 내에 결과를 통지받지 못한 경우에는 같은 항에 따른 통지기간이 만료되는 날의 다음 날을 말한다)부터 90일 이내에 행정심판을 제기할 수 있어서, 행정심판의 청구기간 기산점 규정이 수정되는 결과를 낳는다.

Ⅳ. 행정심판청구의 변경 · 취하

1. 행정심판청구의 변경

청구인은 청구의 기초에 변경이 없는 범위에서 청구의 취지나 이유를 변경할 수 있는데(29조 1항), 행정심판이 청구된 후에 피청구인이 새로운 처분을 하거나 심판청구의 대상인 처분을 변경한 경우에는 청구인은 새로운 처분이나 변경된 처분에 맞추어 청구의 취지나 이유를 변경할 수 있다(2항). 이 청구의 변경은 －피청구인과 참가인의 수만큼 청구변경신청서 부본을 함께 하여－ 서면으로 신청해야 하는데(3항), 이 경우 행정심판위원회는 청구변경신청서 부본을 피청구인과 참가인에게 송달해야 하며(4항), 아울러 기간을 정하여 피청구인과 참가인에게 청구변경신청에 대한 의견을 제출하도록 할 수 있으며, 피청구인과 참가인이 그 기간에 의견을 제출하지 아니하면 의견이 없는 것으로 본다(5항).

행정심판위원회는 청구변경 신청에 대하여 허가할 것인지 여부를 결정하고, 지체 없이 신청인에게는 결정서 정본을, 당사자 및 참가인에게는 결정서 등본을 송달하여야 한다(6항). 신청

23) 대법원은 제3자효 행정행위에서의 제3자에 대해서는 처분이 있은 날로부터 180일 이내에 심판청구가 가능하였다는 특별한 사정이 없는 한, 행정심판법 제18조(현 제27조) 제3항 단서가 적용된다고 판시하였다(대법원 2000두3641판결 등).

24) 반면 행정소송법에서는 취소소송의 제소기간 규정이 그대로 부작위위법확인소송에 준용되도록 하고 있어서 문제가 있다.

인은 송달을 받은 날부터 7일 이내에 행정심판위원회에 이의신청을 할 수 있다(7항). 청구의 변경결정이 있으면 처음 행정심판이 청구되었을 때부터 변경된 청구의 취지나 이유로 행정심판이 청구된 것으로 본다(8항).

2. 행정심판청구의 취하

청구인은 심판청구에 대하여 행정심판위원회의 의결이 있을 때까지 서면으로 심판청구를 취하할 수 있다(42조 1항). 청구인이 서명하거나 날인한 취하서를 피청구인 또는 행정심판위원회에 제출하여야 한다(3항, 4항). 피청구인 또는 행정심판위원회는 계속 중인 사건에 대하여 취하서를 받으면 지체 없이 다른 관계 기관, 청구인, 참가인에게 취하 사실을 알려야 한다(5항).

V. 행정심판청구의 효과

1. 피청구인과 중앙행정심판위원회에 대한 효과

(1) 피청구인에 대한 효과

피청구인이 심판청구서를 접수하거나 송부받으면 10일 이내에 심판청구서와 답변서를 위원회에 보내야 한다. 다만, 청구인이 심판청구를 취하한 경우에는 그러하지 아니하다(24조 1항). 피청구인은 답변서를 보낼 때에는 청구인의 수만큼 답변서 부본을 함께 보내되, 답변서에는 '처분이나 부작위의 근거와 이유' 등과 같은 일정사항을 명확하게 적어야 한다(4항). 중앙행정심판위원회에서 심리·재결하는 사건인 경우 피청구인은 중앙행정심판위원회에 심판청구서 또는 답변서를 보낼 때에는 소관 중앙행정기관의 장에게도 그 심판청구·답변의 내용을 알려야 한다(6항). 피청구인은 처분의 상대방이 아닌 제3자가 심판청구를 한 경우에는 지체 없이 처분의 상대방에게 그 사실을 알려야 한다. 이 경우 심판청구서 사본을 함께 송달해야 한다(2항). 이것은 제3자 취소소송에서 처분의 상대방에 대한 배려가 없는 행정소송과 결정적으로 구별된다.

심판청구서를 받은 피청구인은 그 심판청구가 이유 있다고 인정하면 심판청구의 취지에 따라 직권으로 처분을 취소·변경하거나 확인을 하거나 신청에 따른 처분("직권취소 등")을 할 수 있다. 이 경우 서면으로 청구인에게 알려야 한다(25조 1항). 피청구인은 직권취소 등을 하였을 때에는 청구인이 심판청구를 취하한 경우가 아니면 심판청구서·답변서를 보낼 때 직권취소 등의 사실을 증명하는 서류를 행정심판위원회에 함께 제출하여야 한다(2항).

(2) 중앙행정심판위원회에 대한 효과

행정심판위원회는 심판청구서를 받으면 지체 없이 피청구인에게 심판청구서 부본을 보내야 하고(26조 1항), 피청구인으로부터 답변서가 제출되면 답변서 부본을 청구인에게 송달하여야 한다(2항). 이후에 행정심판위원회는 심리하여 재결해야 한다.

2. 처분에 대한 효과

(1) 집행부정지의 원칙의 채택

행정심판법은 행정소송법과 마찬가지로 집행부정지원칙(執行不停止原則)을 기조로 예외적으로 집행정지를 허용하고 있다.

심판청구는 처분의 효력이나 그 집행 또는 절차의 속행에 영향을 주지 아니하되, 위원회는 처분이나 그 집행 또는 절차의 속행으로 인하여 중대한 손해가 생기는 것을 예방할 필요성이 긴급하다고 인정할 때(적극적 요건)에는 직권 또는 당사자의 신청에 의하여 처분의 효력이나 그 집행 또는 절차의 속행의 전부 또는 일부의 정지를 결정할 수 있다(다만, 처분의 효력정지는 처분의 집행 또는 절차의 속행을 정지함으로써 그 목적을 달성할 수 있는 때에는 허용되지 아니한다). 하지만 집행정지는 공공복리에 중대한 영향을 미칠 우려가 있을 때(소극적 요건)에는 허용되지 아니한다(30조 1항, 2항, 3항). 위원회는 집행정지를 결정한 후에 집행정지가 공공복리에 중대한 영향을 미치거나 그 정지사유가 없어진 경우에는 직권으로 또는 당사자의 신청에 의하여 집행정지 결정을 취소할 수 있다(4항). 그런데 위원회의 심리·결정을 기다려서는 중대한 손해가 생길 우려가 있다고 인정될 때에는 위원장은 직권으로 심리·결정에 갈음하는 결정을 할 수 있다. 이 경우 위원장은 위원회에 그 사실을 보고하고 추인을 받아야 하며, 추인을 받지 못한 때에는 위원장은 집행정지(또는 집행정지의 취소)에 관한 결정을 취소하여야 한다(6항). 집행정지 신청은 심판청구와 동시에 또는 심판청구에 대한 위원회나 소위원회의 의결이 있기 전까지, 집행정지 결정의 취소신청은 심판청구에 대한 위원회나 소위원회의 의결이 있기 전까지 신청의 취지와 원인을 적은 서면을 위원회에 제출하여야 한다. 다만, 심판청구서를 피청구인에게 제출한 경우로서 심판청구와 동시에 집행정지 신청을 할 때에는 심판청구서 사본과 접수증명서를 함께 제출하여야 한다(5항).

한편 영업정지처분에 대한 집행정지결정이 내려진 다음에 본안에서 기각재결이 내려지면 집행정지로 진행되지 않은 영업정지의 기간이 문제되는데, 대법원 2021두40720판결에 의하면 행정소송에서와 마찬가지로 기각재결이 내려진 그때부터 영업정지의 기간이 다시 진행한다.[25]

---

25) 이는 소송에서와 마찬가지로 재결로 영업정지처분을 변경한 셈이 되어 바람직하지 않다. 본서 847면.

(2) 임시처분 제도

이상의 집행정지는 소극적 대응이기에 그 자체가 한계가 있을 수밖에 없다. 따라서 사안에 따라서는 일종의 가처분과 같은 예방적, 적극적 조치가 요구되곤 한다. 그리하여 2010.1.25. 개정을 통해, 임시처분제도가 마련되었다. 즉, 위원회는 처분 또는 부작위가 위법・부당하다고 상당히 의심되는 경우로서 처분 또는 부작위 때문에 당사자가 받을 우려가 있는 중대한 불이익이나 당사자에게 생길 급박한 위험을 막기 위하여 임시지위를 정하여야 할 필요가 있는 경우에는 직권으로 또는 당사자의 신청에 의하여 임시처분을 결정할 수 있다(31조 1항).

그러나 임시처분은 집행정지의 소극적 요건처럼 공공복리에 중대한 영향을 미칠 우려가 없어야 가능하다(2항). 또한 집행정지로 목적을 달성할 수 있는 경우에는 허용되지 아니한다(3항)(임시처분의 보충성). 그리고 임시처분에 관하여는 법 제30조 제3항부터 제7항까지를 준용한다. 이 경우 같은 조 제6항 전단 중 '중대한 손해가 생길 우려'는 '중대한 불이익이나 급박한 위험이 생길 우려'로 본다(2항).

(3) 현행 집행부정지의 원칙의 문제

이 문제는 행정심판법의 차원을 넘는다. 행정소송법의 개정논의에서도 집행정지의 허용요건을 완화하려 한다. 그러나 집행정지원칙의 채택여부를 입법정책적 차원의 문제로 보는 것은 재고되어야 한다. 헌법상의 재판청구권(27조)의 기능이란 포괄적인 사법적 권리보호의 보장에 있은 즉, 그것을 통해(독일 기본법 19조 4항과 같은) 효과적인 권리보호의 보장이 강구되어야 한다. 독일 통설은 그들 행정법원법 제80조 제1항상의 집행정지의 원칙을 그들 기본법 제19조 제4항 제1문상의 권리보호목표의 기능적 등가로 여긴다. 그리하여 **독일 연방헌법재판소는 동 규정을 효과적인 권리보호의 기본법적 보장의 개별법적 표현으로, 또한 정지효원칙(Grundsatz der aufschiebenden Wirkung)을 공법쟁송의 근본원칙으로 본다.**[26] 사정이 이렇다면, **만약 행정심판에서 행정소송에서와는 달리 집행정지의 원칙을 받아들인다면, 행정심판의 권리구제기능은 물론 자기통제기능까지도 새롭게 정립될 수 있다.** 그리고 이를 통해서 행정심판이 행정소송법과 다르면서도 국민에게 그것의 독립된 존재이유를 각인시킬 수 있다. 집행정지의 원칙을 바탕으로 할 때, 의무이행심판의 경우에 임시처분제도가 무리 없이 수용될 수 있다.

26) BVerfGE 80, 244(252)=NJW 1990, 37f.

제 4 절 행정심판의 심리

Ⅰ. 심리의 내용과 범위

1. 심리의 내용

현행 행정심판은 사법절차를 벤치마킹하고 있기에, 행정소송에서의 요건심리와 본안심리에 관한 논의가 그대로 주효할 수 있다. 즉, 요건심리는 행정심판청구의 형식적 요건(대상적격, 청구인적격, 행정심판위원회에 대한 심판청구, 심판청구기간, 심판청구의 기재사항)의 구비에, 본안심리는 심판청구의 이유있음(당부)에 초점을 맞춘다.

2. 심리의 범위

(1) 불고불리 및 불이익변경금지의 원칙

행정심판은 순수한 권리구제절차가 아니라, 행정절차이기 때문에, 불고불리원칙(不告不理原則)이 적용되더라도 그것을 불이익변경금지로 바로 연결시킬 순 없다. 그리하여 독일의 경우 불이익변경의 허용여부에 관한 명문규정이 없기에[27] －비록 그것에 의문이 비등하더라도－ 판례와 다수입장은 행정의 법률적합성의 원칙 등을 근거로 그것이 허용된다고 본다. 우리는 명문으로 불고불리의 원칙(47조 1항: 위원회는 심판청구의 대상이 되는 처분 또는 부작위 외의 사항에 대하여는 재결하지 못한다) 및 불이익변경금지(不利益變更禁止)의 원칙(2항: 위원회는 심판청구의 대상이 되는 처분보다 청구인에게 불리한 재결을 하지 못한다)을 채택하였다. 이런 입법태도로 **현행 법제상 행정심판의 권리구제적 기능이 행정의 자기통제적 기능보다 강조되고 있다.**

(2) 합목적성(부당성여부)의 심사

행정심판의 대상이 위법 · 부당한 처분이기에, 심리범위에 연계된 심사규준은 적

27) 반면 독일 조세기본법(AO)은 이의신청의 경우에는 명문으로 불이익변경을 허용하는(동법 제367조 제2항 제2문) 반면 심판청구의 경우에는 그에 관해서 특별히 규정하고 있지 않다. 그리하여 반대해석으로 심판청구의 경우에는 불이익변경이 허용되지 않는다고 한다. Tipke/Lang, Steuerrecht, 12. Aufl., 1989, S.708f. 우리 국세기본법은 이런 취지를 반대방향의 규정방식으로, 즉 심판청구에 대해서만 명문의 금지를 규정하는 식으로 반영하고 있다(동법 제79조).

법성과 합목적성이다. 특히 후자가 문제된다. 합목적성(부당성여부)심사는 내용적으로 완전한 재량심사를 의미하기에, **부당성의 문제는 재량차원에서 제기된다.** 그런데 합목적적이지 않은 개입(간섭)은 대개 비례적이지도 않다. 그리고 재량수권목적에 대한 위반은 재량남용으로서 위법한 재량하자에 해당한다. 이 경우 심판청구인적격은 권리침해에 의거하지, 목적위배적 활동에 의거하지 않는다. 독일의 경우 통설은 -비록 합목적성의 의미 등을 둘러싸고 분분하지만- 행정심판에서 적법성심사와 합목적성심사를 엄격히 구분하고 있다. 우리의 경우 행정심판절차가 전심절차가 아니며, 독립된 심판기관이 출범한 점에서 **독일보다 행정의 자기통제기능이 더 우세하다. 따라서 합목적성의 통제를 더욱 강조할 필요가 있다.**[28)]

적극적인 합목적성심사의 자세를 견지할 필요가 있다. 구별의 곤란성을 구별의 무의미로 등치해선 아니 된다. 그런데 적법성과 합목적성을 대립된 관계로 보아선 곤란하다. 양자는 대립되거나 모순되면 서로 공존할 수 없는 실체적으로 분리된 범주가 결코 아니다. 대상행위가 적어도 적법해야 비로소 합목적성이 문제된다. 따라서 만약 대상처분이 재량하자로 위법할 것 같으면, 그것으로 심판청구의 인용에 충분하고 굳이 부당성까지 검토할 필요는 없다. **합목적성(부당성)을 판단하는 데 동원될 수 있는 잣대는** 경제성, 대민접근, 지속(유지)가능성, 수용성, 효과성, 능률성, 신빙성, 실용성, 혁신개방성, 시대합당성, 친환경성과 같은 비법적인 타당성목표·규준이다.[29)]

한편 다른 행정주체(특별시장 등 지방자치단체장)나 다른 행정주체에 속한 행정기관이 자치사무(및 국가사무)와 관련하여 행한 처분 등의 경우에도 해당 행정심판위원회가 합목적성심사를 할 수 있는지가 문제된다. 지방자치단체의 사무구분에 따른 감독형태에 관한 논의가 행정심판에도 그대로 주효할지가 관건이다. 행정심판의 권리구제기능만을 앞세운다면 긍정적인 접근이 가능하겠지만, 행정책임과 행정조직의 체계에서 자치사무에 대해서는 합법성감독을 분명히 한 지방자치법 제188조(구 제169조) 제1항과의 조화를 기하기 위해, **자치사무와 관련해서는 적법성심사에 그쳐야 한다.**

---

28) 동지: 오준근, 공법학연구 제14권 제4호(2013).

29) Jestaedt, in: Ehlers/Pünder, §11 Rn.1.

Ⅱ. 심리의 절차

1. 심리절차의 구조와 원칙

심판청구의 당사자인 청구인과 피청구인이 제출한 공격·방어방법을 바탕으로 행정심판위원회가 제3자적 입장에서 심리를 진행하도록 함으로써, **대심주의(당사자주의적 구조)를 채택하고 있다.** 종래에는 서면심리의 원칙을 취하였으나, "행정심판의 심리는 구술심리나 서면심리로 한다. 다만, 당사자가 구술심리를 신청한 때에는 서면심리만으로 결정할 수 있다고 인정되는 경우 외에는 구술심리를 하여야 한다."고 규정함으로써(40조 1항), 오히려 **구술심리가 우선시되고 있다.** 심리공개와 관련해서 명문의 규정을 두고 있지 않아, 문헌상으로 구술심리를 우선시한 것이 공개주의에 입각함을 시사한 것으로 보는 입장과 행정심판법의 전체 구조로 비공개주의에 입각하고 있다고 보는 입장으로 나뉜다. 한편 행정심판위원회는 사건의 심리를 위하여 필요하다고 인정할 때에는 직권에 의하여 증거조사를 할 수 있으며, 당사자가 주장하지 아니한 사실에 대하여도 심리 할 수 있다(36조 1항, 39조). 법 제35조가 '자료의 제출 요구'를 규정하고 있어서 행정심판에서는 행정소송에서와 달리 직권탐지주의가 강하게 배어 있다.[30]

2. 당사자의 절차적 권리

행정심판위원회의 위원에게 심리·의결의 공정을 기대하기 어려운 사정이 있는 때에는 위원장에게 그 위원 등에 대한 기피신청을 할 수 있다(10조 2항). 행정심판위원회에 구술심리를 신청할 수 있는 권리를 갖는다(40조). 심판청구서·보정서·답변서 또는 참가신청서에서 주장한 사실을 보충하고 다른 당사자의 주장을 다시 반박하기 위하여 필요하다고 인정할 때에는 보충서면을 제출할 수 있다(33조 1항). 심판청구서·보정서·답변서 또는 참가신청서에 덧붙여 그 주장을 뒷받침하는 증거서류 또는 증거물을 제출할 수 있다(34조 1항). 행정심판위원회에 참고인신문, 증거자료의 제출요구, 감정·검증 등 증거조사를 신청할 수 있는 권리를 가진다(36조 1항).

30) 일본 行政不服審査法의 경우 매우 단출하게 서류 기타의 물건의 제출을 요구할 뿐이다(동법 제33조).

3. 심리의 병합과 분리

행정심판위원회는 필요하다고 인정할 때에는 관련되는 심판청구를 병합하여 심리하거나 병합된 관련청구를 분리하여 심리할 수 있다(37조). 이는 심리의 신속성 · 경제성 · 능률성을 위한 것이다.

제 5 절 행정심판의 재결 등

Ⅰ. 재결의 의의 및 절차와 형식

1. 재결의 의의

재결이란 심판청구사건에 대해 행정심판위원회가 그것의 당부를 판단하여 내리는 결정이다. 행정행위적 성질을 가지기에, 아무런 문제없이 행정소송의 대상이 될 수 있다. 그것이 행해지는 기본구조가 재판절차와 흡사하다 하여 재결은 준사법적 작용으로 여겨지는데, 그 본질은 확인적 성질이다. 이런 특성으로 인해 보통의 행정행위와는 달리 함부로 직권으로 취소할 수 없다는 의미의 불가변성이 인정된다. 다만 여기서의 재결은 행정심판에서의 그것을 의미한다. 토지보상법상으로 토지수용위원회가 내린 수용재결처럼, 개별법에서 행정청의 판단결정을 재결이라 이름을 붙였다 하더라도, 그것을 여기서의 재결마냥 준사법적 작용으로 설정해서는 아니 된다.

한편 과세처분에 대한 불복수단인 이의신청, 심사청구 및 심판청구와 관련하여 국세기본법은 이의신청 등이 이유가 있는 경우 취소 · 경정 또는 필요한 처분을 하기 위하여 사실관계 확인 등 추가적으로 조사가 필요한 경우에는 처분청으로 하여금 이를 재조사하여 그 결과에 따라 취소 · 경정하거나 필요한 처분을 하도록 하는 재조사결정을 규정하고 있는데(65조 1항 3호 단서), 이 재조사결정는 일종의 변형된 재결에 해당한다.

2. 재결의 절차와 형식

재결은 피청구인 또는 위원회가 심판청구서를 받은 날부터 60일 이내에 하여야 한다. 다만,

부득이한 사정이 있는 경우에는 위원장이 직권으로 30일을 연장할 수 있는데, 이 경우 재결 기간이 끝나기 7일 전까지 당사자에게 알려야 한다(45조). 재결은 서면으로 하며, 재결서에는 일정한 사항(사건번호와 사건명 등)이 포함되어야 하고, 재결서에 적는 이유에는 주문 내용이 정당하다는 것을 인정할 수 있는 정도의 판단을 표시하여야 한다(46조).

위원회는 지체 없이 당사자에게 재결서의 정본을 송달해야 하고, 중앙행정심판위원회는 재결 결과를 소관 중앙행정기관의 장에게도 알려야 한다(48조 1항). 재결은 청구인에게 송달되었을 때 그 효력이 생긴다(2항). 위원회는 재결서의 등본을 지체 없이 참가인에게 송달해야 하며, 처분의 상대방이 아닌 제3자가 심판청구를 한 경우 위원회는 재결서의 등본을 지체 없이 피청구인을 거쳐 처분의 상대방에게 송달해야 한다(3항, 4항).

Ⅱ. 행정심판의 위법 · 부당판단의 기준시점

시장정비사업추진계획승인의 신청에 대해 A도지사는 상가활성화계획 및 임차상인보상의 미흡 등과 같이 시장정비사업계획의 내용이 적정하지 않다는 사유('당초 처분사유')로 들어 승인을 거부하였다. 이에 대한 행정심판절차에서 A도지사는 '당초 처분사유' 이외에 개정 재래시장법의 신설 규정(시장정비사업 대상이 되기 위해서는 그 사업구역 안의 국·공유지 면적이 전체 토지 면적의 1/2 이상이어야 한다)에 의거하여 그것을 충족하지 못하였음을 추가로 주장하였고, 행정심판위원회는 이 추가처분사유에 의거하여 기각재결을 내렸다. 이에 추진위원회는 행정심판위원회가 당초처분 이후에 발생한 추가처분사유를 들어 위법·부당을 판단한 것은 잘못이라 주장한다. 판례상 이런 주장은 주효하는지? (대법원 2013두26118판결)

1. 판례(처분시설)의 문제점

행정처분의 위법성의 판단기준시점에 대해서 취소소송과 관련해서, **판례는 일률적으로 처분시설(處分時說)을 취하고 있으며, 행정심판에 대해서도 동일한 취지를 언명하고 있다**(대법원 99두5092판결; 2013두26118판결). 특히 우리의 경우 독일의 의무이행소송의 경우에서와는 달리, 거부처분취소소송의 경우에도 처분시(및 처분이 내려져야 할 시점)를 고수하고 있다. 판례의 이 같은 태도는 행정심판을 오로지 행정소송의 전심절차로만 이해하면 수긍할 구석도 있지만, 재결은 또 다른 행정행위이거니와, 행정절차로서의 그것의 본연을 강조하면 문제점을 발견할 수 있다. 가령 취소심판의 인용재결로 취소·변경재결과 함께 취소·변경명령재결이 가능한데, 당초처분시와 재결시 사이에 법적, 사실적 상황이 바뀌었음에도 불구하고 위법·부당판단시점으로 당초처분시점을 고수한다면, 자칫 취소·변경명령재결의 경우에는 처분청에 대해서 위법·부당한 취소처분을 발급하도록 명령하는 셈이 되어 버린다.

2. 관견(管見)

행정심판을 전심절차로서 구제기능을 강조하더라도, 행정소송과 마찬가지로 당초처분시를 기준점으로 삼는 것이 필연적이지 않다. 가령 필요적 전치주의를 취하는 독일에서도 통설과 판례는 원칙적으로 재결시점을 기준으로 삼는다.[31)]

2008.2.29.자 개정으로 행정심판위원회가 행정책임에서 물러나게 된 점에서, 그리고 행정심판이 행정소송과 달리 합목적성까지 심리할 수 있는 점에서, 위법·부당판단시점을 당초처분시점으로 삼는 것은 타당하지 않다. 독일의 예가 보여주듯이, 차별적 접근에 따른 혼란은 생겨나지 않는다. 행정심판과 행정소송이 분명히 다름에도 불구하고, 후자에서의 논의를 그대로 전자에 대입한 기왕의 입장은 하루바삐 바뀌어야 한다.[32)] 위법·부당판단시점을 재결시점으로 삼으면, 행정소송에서 논란이 되는 처분사유의 추가·변경의 문제도 큰 어려움 없이 대처할 수 있다.[33)] 하지만 바람직스럽지 않게도 판례는 처분사유의 추가·변경의 법리가 행정심판 단계에서도 그대로 적용된다고 본다(대법원 2013두26118판결). 그런데 이처럼 위법·부당판단시점을 재결시점으로 취하면, 제3자효 행정행위의 경우에 당초처분시점과 재결시점 사이에 발생한 법률변경이 문제된다.[34)]

Ⅲ. 재결의 종류와 인용재결의 문제점

1. 재결의 종류

심판청구가 제기요건을 충족하지 않아 부적법하다고 인정될 때에는 각하재결이,

31) Kopp/Schenke, VwGO, 22.Aufl., 2016, §68 Rn.15.
32) 박정훈 교수는 사실상태의 변경은 처분시점으로, 법령의 변경은 재결시점으로 기준을 삼는 방안을 제시한다. 동인, 앞의 글, 260면.
33) 상론: 김중권, 안암법학 제47호(2015.5.31.), 17면 이하 참조.
34) 독일의 판례경향은 기왕의 수범자의 법적 지위를 고려하여 예외를 인정하지만(BVerwG NJW 1970, 263f.; NJW 1979, 995f.), 인인행정심판(隣人行政審判)의 경우에도 원칙(재결시점)이 통용되어야 한다는 반론도 있다.

심판청구가 이유가 없다고 인정할 때에는 기각재결이 내려지며(43조 1항, 2항), 본안심리결과 심판청구가 이유가 있는 경우에 청구취지를 받아들이는 인용재결은 심판청구의 내용에 맞춰 취소심판의 경우엔 취소・변경재결/취소・변경명령재결이, 무효등확인심판의 경우엔 무효등확인재결(처분무효확인재결/처분유효확인재결/처분부존재확인재결/처분존재확인재결/처분실효확인재결)이, 의무이행심판의 경우엔 의무이행재결(처분재결)/의무이행명령재결(처분명령재결)로 나뉜다(3항, 4항, 5항).

한편 행정심판위원회는 심판청구가 이유가 있다고 인정하는 경우에도 이를 인용(認容)하는 것이 공공복리에 크게 위배된다고 인정하면 그 심판청구를 기각하는 사정재결을 할 수 있는데, 이 경우 행정심판위원회는 재결의 주문(主文)에서 그 처분 또는 부작위가 위법하거나 부당하다는 것을 구체적으로 밝혀야 한다(44조 1항). 사정재결을 할 때에는 행정심판위원회는 청구인에 대하여 상당한 구제방법을 취하거나 상당한 구제방법을 취할 것을 피청구인에게 명할 수 있다(2항). 현행법상 사정재결이 무효등확인심판의 경우에 명시적으로 불허되고 있다.(3항). 비록 법치국가원리의 차원에서 사정재결제도가 문제가 있지만, 사정판결제도의 취지와 자칫 그것이 불허되므로 인해 행정행위의 무효론이 왜곡될 우려가 있다는 점에서 과감하게 수정이 필요하다.

2. 인용재결에서의 문제점

현행법상 형성적 재결(취소심판에서의 취소・변경재결, 의무이행심판에서의 처분재결)**과 명령적 재결**(취소심판에서의 변경명령재결, 의무이행심판에서의 처분명령재결)**이 선택적으로 가능하다.** 양자의 관계를 문언 그대로 선택의 문제로 보는 입장과 후자를 원칙으로 전자를 예외로 보는 입장(김병기, 행정법연구 제8호, 385면)으로 나뉜다. 재결청제도하에서도 처분청의 관할존중이 문제되었는데, 재결청제도의 폐지에 따라 행정심판위원회가 종래의 재결청의 역할을 대신하더라도 문제점은 매우 심각하다. 행정심판위원회가 일반 행정조직에서 벗어나서 그것이 행한 대집행의 정당성이 약하기 때문이다. 더욱이 다른 행정주체(또는 그것에 속한 기관)의 처분・부작위까지도 심판대상이 된다. 따라서 **형성적 재결은 극히 예외적 상황에만 내려져야 한다. 다른 행정주체(또는 그것에 속한 기관)의 자치사무(또는 국가사무)와 관련한 처분・부작위가 심판대상인 경우엔 명령적 재결만이 허용되어야 한다.** 이 경우에 형성적 재결을 내리는 것은 지방자치단체의 자치권은 물론, 사물관할과도 마찰을 빚을 수 있기 때문이다. 그리고 취소심판에서의 변경재결을 원처분을 내용적으로 적극적 변경하는 것으로 본다면, 가령 개별법에서 영업정지 등의 제재조치를 갈음하여 과징금부과처분을 과할 수 있게 한 경우 행정심판위원회는 처분청이 내린 영업정지처분 등에 갈음하여 과징금부과처분을 직접 발할 수 있다. 이는 처분청의 관할을 심대하게 저촉한다. 따라서 **여기서의 변경은 소극적 변경으로 보아야 한다.**

또한 의무이행재결의 명령적 재결과 관련해선 적극적 처분의무 및 (행정소송법상의 간접강제와는 달리) 직접처분제도가 규정되어 있는데(50조), **재결청제도의 폐지로 말미암아 직접처분제도의 운용과 관련해서도 동일한 문제상황이 빚어진다.** 그리하여 그 처분의 성질이나 그 밖의 불가피한 사유로 행정심판위원회가 직접 처분을 할 수 없는 경우에는 직접 처분을 할 수가 없다(50조 1항). 행정현실에서 이런 적극적 변경재결을 비롯한 형성적 재결(처분재결)이 거의 행해지지 않는다는 점에서 적극적인 입법적 정비가 필요하다.

Ⅳ. 재결의 효력-재결의 기속력 등

1. 재결의 효력: 구속효 일반

재결은 재결서의 정본이 당사자에게 송달될 때 효력을 발생하며(48조 1항), 또한 그에 따라 특유의 효력(구속효)이 인정된다. 재결적 행정행위에 해당하는 이상, 행정심판의 재결에 대해서는 앞에서의 행정행위의 구속효에 관한 논의(본서 352면 이하)가 그대로 통용될 수 있으며, 준사법적 성격에서 판결의 효력에서의 논의(본서 869면 이하)가 참조될 수 있다. 다만 행정심판 재결이 불복기간의 경과로 인하여 확정될 경우 그 확정력은, 그 처분으로 인하여 법률상 이익을 침해받은 자가 당해 처분이나 재결의 효력을 더 이상 다툴 수 없다는 의미일 뿐, 더 나아가 판결에 있어서와 같은 기판력이 인정되는 것은 아니어서 그 처분의 기초가 된 사실관계나 법률적 판단이 확정되고 당사자들이나 법원이 이에 기속되어 모순되는 주장이나 판단을 할 수 없게 되는 것은 아니다(대법원 2002두11288판결).

구체적으로 인용재결은 인용에 따른 효과를 발생시키는데, 특히 형성적 재결의 경우에는 형성력이 인정된다. 즉, 재결에 의거하여 행정처분의 취소·변경의 효과 또는 행정처분의 성립의 효과가 발생한다.[35] 다만 신청에 따른 처분에 대해 절차의 위법·부당을 이유로 취소재결이 내려진 경우에는 의무이행명령재결의 경우처럼 적극적 처

35) 형성적 취소재결이 확정된 후 처분청이 다시 원처분을 취소하더라도 이 취소는 항고소송의 대상이 되지 않는다(대법원 97누17131판결).

분의무가 발생한다(49조 3항). 그리고 일종의 폐지금지의 효력과 관련해서 재결이 있으면 불가쟁력의 차원에서 다시 행정심판을 청구할 수 없으며(51조),[36] 또한 불가변력의 차원에서 행정심판위원회가 이를 자유로이 폐지하지 못한다.

2. 인용재결의 기속력

(1) 내 용

인용재결은 피청구인인 행정청과 그 밖의 관계행정청을 기속한다(49조 1항). 따라서 일종의 모순금지의 효력과 관련해서 처분청 등은 인용재결에 저촉되는 행위를 해서는 아니 되며(대법원 2017두75873판결)(반복금지), 또한 인용재결에 반하여 조성된 기왕의 상태를 제거해야 한다(결과제거의무). 나아가 의무이행명령재결의 경우에는 기속력과 관련해서 우선 적극적 처분의무가 성립한다. 즉, 당사자의 신청을 거부하거나 부작위로 방치한 처분의 이행을 명하는 재결이 있는 경우에는 행정청은 지체 없이 그 재결의 취지에 따라 다시 이전의 신청에 대한 처분을 하여야 한다(49조 3항). 또한 재결에 의하여 취소되거나 무효 또는 부존재로 확인되는 처분이 당사자의 신청을 거부하는 것을 내용으로 하는 경우에는 그 처분을 한 행정청은 재결의 취지에 따라 다시 이전의 신청에 대한 처분을 하여야 한다(49조 2항).

재결의 기속력은 재결의 주문 및 그 전제가 된 요건사실의 인정과 판단, 즉 처분 등의 구체적 위법사유에 관한 판단에만 미친다, 종전 처분이 재결에 의하여 취소되었다 하더라도 종전 처분시와는 다른 사유를 들어서 처분을 하는 것은 기속력에 저촉되지 않는다. 여기에서 동일 사유인지 다른 사유인지는 종전 처분에 관하여 위법한 것으로 재결에서 판단된 사유와 기본적 사실관계에 있어 동일성이 인정되는 사유인지 여부에 따라 판단되어야 한다. 새로운 처분의 처분사유와 종전 처분에 관하여 위법한 것으로 재결에서 판단된 사유가 기본적 사실관계에 있어 동일성이 없으므로 새로운 처분이 종전 처분에 대한 재결의 기속력에 저촉되지 않는다(대법원 2003두7705판결). 법령의 규정에 따라 처분의 상대방 외의 이해관계인에게 통지된 처분이 재결로써 취소되거나 변경되면 처분을 한 행정청은 지체 없이 그 이해관계인에게 그 처분이 취소 또는 변경되었다는 것을 알려야 한다(49조 6항).

36) 국세기본법에 따른 불복절차(이의신청 · 심사청구 또는 심판청구)를 거친 재결 역시 다시 심판청구 등을 할 수 없다(제55조 ⑤).

⑵ 직접처분제도

피청구인인 처분청이 신청대상 처분을 하지 아니한 경우에 대응하여, 행정소송법상의 간접강제방식(34조)이 아니라 직접처분제도가 규정되어 있다. 즉, 의무이행명령재결의 취지에 따라 이전의 신청에 대한 처분을 지체 없이 다시 하지 아니하는 경우 위원회는 당사자의 신청에 따라 기간을 정하여 서면으로 시정을 명하고 그 기간내에 이행하지 아니하는 경우에는 당해 처분을 직접 할 수 있다. 다만, 그 처분의 성질이나 그 밖의 불가피한 사유로 위원회가 직접 처분을 할 수 없는 경우에는 그러하지 아니하다(50조 1항). 이때 위원회는 그 사실을 당해 행정청에 통보하여야 하며, 그 통보를 받은 행정청은 위원회가 행한 처분을 당해 행정청이 행한 처분으로 보아 관계법령에 따라 관리·감독 등 필요한 조치를 하여야 한다(2항). 행정청이 어떠한 처분을 하였다면 그 처분이 재결의 내용에 따르지 아니하였다고 하더라도 재결청은 직접처분을 할 수 없다(대법원 2000두9151판결). 나아가 처분청이 일반적인 변경명령재결을 따르지 않을 경우에도 위원회가 직접처분을 할 수 없다.

현행 직접처분제도 규정은 의무이행명령재결의 경우(49조 3항)만을 규정하고, 거부처분취소심판(및 무효확인심판·부존재확인심판)**재결에 따른 명령의 경우(49조 2항)는 제외하고 있는데, 정당화될 수 없는 중대한 입법적 과오이다. 간접강제제도가 도입된 2017.4.18. 개정의 문제점이 더욱 도드라진다.**

⑶ 간접강제제도의 도입 및 그 문제점

2017.4.18. 개정으로 행정소송법상의 간접강제제도가 행정심판법에 도입되었다. 즉, 의무이행명령재결과 거부처분취소재결, 부작위무효 및 부존재의 확인재결에 따른 처분을 하지 않으면, 행정심판위원회는 청구인의 신청에 의하여 결정으로 상당한 기간을 정하고 피청구인이 그 기간 내에 이행하지 아니하는 경우에는 그 지연기간에 따라 일정한 배상을 하도록 명하거나 즉시 배상을 할 것을 명할 수 있다(50조의2 1항). 행정심판위원회는 사정의 변경이 있는 경우에는 당사자의 신청에 의하여 이상의 결정의 내용을 변경할 수 있는데(2항), 원래의 결정 및 변경결정을 하기 전에 신청 상대방의 의견을 들어야 한다(3항). 청구인은 이들 결정에 불복하는 경우 그 결정에 대하여 행정소송을 제기할 수 있다(4항). 그런데 **간접강제제도의 도입은 의무이행심판과는 제도적으로 모순된다.** 재결의 효력으로 행정심판의 종류를 체계위반적으로 사실상 창설한 것이다.

3. 인용재결에 대한 불복 문제

(1) 논의현황 및 불복 불허에 따른 문제점

인용재결의 기속력으로 인해 처분청 등이 인용재결에 대해 항고소송을 제기할 수 있는지 여부가 문제된다. **다수문헌과 판례**(대법원 97누15432판결)**는 재결의 기속력 규정에 의거하여 불복제소가 허용되지 않는 것으로 본다.** 일부 문헌은 불복가능성의 일반적인 불허용성에는 찬동하면서도, 자치사무에 속하는 처분의 경우에는 자치권의 차원에서 지방자치단체의 장이 불복할 수 있다는 반론(제한적 긍정설: 박균성, 262면)을 제기한다. 기왕의 재결청 제도에서 행정심판위원회가 속한 재결청이 처분청의 감독청이기에, 처분청의 불복이 허용되지 않은 것은 당연하지만, 재결청제도가 폐지된 현상황에서 행정소송에서는 적법하다고 판단될 수 있는 사안이 행정심판절차에서 위법이나 부당하다고 판단된 데 대해서 행정이 이를 최종적으로 다툴 수 없다는 것은 행정의 법률적합성 및 법치국가원리를 무색하게 만든다. 이런 제도적 공백이 소송전략의 차원에서 활용될 우려가 있다.

(2) 관견: 입법적 해결책의 모색(de lege lata)

재결청제도가 폐지된 법률상황 및 위법에 관한 법원의 최종판단권을 감안하면, 인용재결과 관련한 취소소송의 제기의 허용성은 자치사무에 국한하지 않고 전면적으로 긍정될 필요가 있다. 그런데 항고소송의 제기에서 처분청의 소송상의 당사자능력 및 원고적격이 문제된다. 입법을 통한(de lege ferenda) 해결책을 강구하는 것이 바람직하지만, 건축법 제29조상 건축협의 취소에 대한 지방자치단체의 취소소송을 허용한 대법원 2012두22980판결의 함의를 살린다면 입법이전이라도 나름 적극적으로 강구할 수 있다고 여겨진다(본서 782면).

4. 재결에 따른 후속조치

(1) 법령 등의 개선

중앙행정심판위원회는 심판청구를 심리·재결할 때에 처분 또는 부작위의 근거가 되는 명령 등(대통령령·총리령·부령·훈령·예규·고시·조례·규칙 등을 말한다)이 법령에 근거가 없거나 상위 법령에 위배되거나 국민에게 과도한 부담을 주는 등 크게 불합리하면 관계 행정기관에 그 명령 등의 개정·폐지 등 적절한 시정조치를 요청할 수 있다. 이 경우 중앙행정심판위원회는 시정조치를 요청한 사실을 법제처장에게 통보하여야 한다(59조 1항). 이런 요청을 받은 관계 행정기관은 정당한 사유가 없으면 이에 따라야 한다(59조 2항).

(2) 취소·변경의 공고 및 이해관계인에의 통지

법령의 규정에 따라 공고하거나 고시한 처분이 재결로써 취소되거나 변경되면 처분을 한 행정청은 지체 없이 그 처분이 취소 또는 변경되었다는 것을 공고하거나 고시해야 한다(49조 5항). 법령의 규정에 따라 처분의 상대방 외의 이해관계인에게 통지된 처분이 재결로써 취소되거나 변경되면 처분을 한 행정청은 지체 없이 그 이해관계인에게 그 처분이 취소 또는 변경되었다는 것을 알려야 한다(49조 6항).

Ⅴ. 조 정

행정심판위원회는 당사자의 권리 및 권한의 범위에서 당사자의 동의를 받아 심판청구의 신속하고 공정한 해결을 위하여 조정을 할 수 있다. 다만, 그 조정이 공공복리에 적합하지 아니하거나 해당 처분의 성질에 반하는 경우에는 그러하지 아니하다(43조의2 1항). 조정을 함에 있어서 심판청구된 사건의 법적·사실적 상태와 당사자 및 이해관계자의 이익 등 모든 사정을 참작하고, 조정의 이유와 취지를 설명하여야 한다(2항). 조정은 당사자가 합의한 사항을 조정서에 기재한 후 당사자가 서명 또는 날인하고 위원회가 이를 확인함으로써 성립한다(3항). 조정에 대하여는 재결의 송달과 효력발생(48조), 재결의 기속력 등(49조), 위원회의 직접처분(50조), 위원회의 간접강제(50조의 2), 행정심판재청구의 금지(51조)의 규정이 준용된다(4항).

제6절 행정심판의 불복고지 제도

1. 고지제도의 의의

고지제도라 함은 행정청이 행정처분을 함에 있어 그 상대방 또는 이해관계인에게 행정심판을 제기할 수 있는지 여부 및 행정심판 제기시에 있어서의 필요사항(심판청구기간·절차 등)을 알려 주는 것을 말한다(58조). 이는 국민이 법률의 부지로 말미암아 권리구제수단을 행사하지 못하는 것을 막기 위한 것이다. 행정절차법에도 규정되어 있는(26조) 이상, 행정심판법상의 그것은 삭제하는 것이 바람직하다(동지: 이일세, 741면).

2. 불복고지의 성질

ⅰ) 비권력적 사실행위 여부: 불복고지는 상대방에게 일정한 사실을 알려 줄 뿐, 그 자체는 직접적으로 아무런 법적 효력이 없는 점에서 비권력적 사실행위의 성질을 갖는다고 보는 것이 통설적 견해이다. 즉, 고지 그 자체는 처분이 아니므로 취소쟁송의 대상이 될 수 없다.

ⅱ) 강행규정 여부: 일부 문헌은 행정청이 고지를 하지 아니하거나 잘못한 경우에도 당해 처분의 효력에 영향을 미치지 아니하는 점에서 행정심판법상의 불복고지규정은 훈시규정에 지나지 않는다고 하나(박윤흔/정형근, 743면), 다수 문헌은 행정심판법은 고지를 하지 않거나 잘못 고지한 경우 일정한 제재적 효과를 부과하고 있는 점에서 불복고지규정은 강행규정 내지 의무규정으로 보아야 한다고 한다. 판례에 의하면 불고지나 오고지로 인해 심판대상인 처분에 하자가 수반되는 것은 아니다(대법원 87누529판결).

3. 불복고지의 종류

⑴ 직권에 의한 고지

행정청이 처분을 하는 경우에는 그 상대방에게 처분에 관하여 행정심판을 제기할 수 있는지의 여부, 제기하는 경우의 심판청구절차 및 청구기간을 알려야 한다(58조 1항). 종전에는 명시적으로 그 대상을 서면에 의한 처분에 국한하였지만 현행법은 그런 제한이 없다. 이에 따라 구두에 의한 처분의 경우 그것의 고지의 형식이 문제된다. 처분의 형식과 불복고지의 형식은 동일하게 설정하는 것이 바람직하다. 물론 구두에 의한 처분의 경우에 청구에 의한 고지에서와 같이 문서형식의 고지를 청구할 수 있다. 고지는 처분시에 하는 것이 원칙이나, 처분시에 하지 않았더라도 사후에 고지를 하면 불고지의 하자는 치유된다고 할 것이다.

⑵ 청구에 의한 고지

행정청은 이해관계인으로부터 당해 처분이 행정심판의 대상이 되는 처분인지의 여부와 행정심판의 대상이 되는 경우에 재결청 및 청구기간에 관하여 알려 줄 것을 요구받은 때에는 지체 없이 이를 알려 주어야 한다. 고지의 방법에는 특별한 제한이 없으나, 고지를 신청한 자가 서면으로 알려 줄 것을 요구한 때에는 서면으로 알려 주어야 한다(58조 2항). 여기서의 이해관계인은 문언 그대로 행정처분의 당사자를 포함한 그것과 직접 관련이 있는 제3자를 의미한다.

4. 불고지 또는 오고지의 효과

i) **불고지의 효과**: ① 심판청구절차의 불고지: 만일 행정청이 이러한 심판청구절차를 고지해 주지 않아서 청구인이 심판청구서를 다른 행정기관에 제출한 때에는 당해 행정기관은 그 심판청구서를 지체 없이 정당한 권한 있는 행정청에 송부하여야 한다(23조 2항). 이 경우에 심판청구기간을 계산함에 있어서는 최초의 행정기관에 심판청구서가 제출된 때에 심판청구가 제기된 것으로 본다. ② 심판청구기간의 불고지: 행정청이 심판청구기간을 고지하지 아니한 때에는 청구인이 처분이 있음을 알았는지의 여부를 묻지 아니하고 '처분이 있은 날로부터 180일 이내'에 행정심판을 청구하면 된다(27조 6항).

ii) **오고지의 효과**: ① 심판청구절차의 오고지: 행정청이 심판청구절차를 잘못 알려 주어서 청구인이 심판청구서를 다른 행정기관에 제출한 때에는 불고지에 있어서와 마찬가지로 당해 행정기관은 그 심판청구서를 지체 없이 정당한 권한 있는 행정청에 송부하여야 한다(23조 2항). ② 심판청구기간의 오고지: 행정청이 심판청구 기간을 법에 규정된 기간(처분이 있음을 알게 된 날부터 90일 이내에)보다 긴 기간으로 잘못 알린 경우 그 잘못 알린 기간에 심판청구가 있으면 그 행정심판은 제1항에 규정된 기간에 청구된 것으로 본다.

03 행정소송법

제 1 절 행정소송의 기본구조

Ⅰ. 소송법의 위상에 관한 기초적 이해

1. 실체법과 소송법의 관계

통용되는 법체계는 여러 상이한 관점에서 나뉠 수 있다. 통상 실체법(materrielles Recht)과 절차법(formelles Recht, Verfahresrecht)간의 구분이 중요하다. 소송법(Prozeßrecht)은 후자를 대표한다. 실체법과 소송법은 각기 구별되는 목표설정으로 말미암아 체계상으로 규율방식상으로 명확히 구분되고 나름의 특유한 구조원칙을 그 특징으로 한다. 소송법은 일차적으로 실체법의 관철에 기여하고, 그래서 실체법의 구조와 여건을 기준으로 삼아야 한다. 즉, **소송법은 결코 목적 그 자체를 의미하는 것이 아니라, 실체법의 실현을 목표로 삼는다**(소송법의 봉사적 기능). 반면 실체법은 그것의 보호를 위하여 제공된 해당 소송법질서에게 결정적인 영향을 미친다. 물론 일방적으로 영향을 미치지는 않는다. 왜냐하면 실체법은 다양하게 소송법에 의하여 비로소 성립하거나 형상을 갖추기 때문이다. 요컨대 **실체법과 소송법은 상호 밀접한 관련을 갖으며, 이들간에는 교호작용(交互作用, Wechselwirkung)이 존재한다.**

2. 소송법의 목적과 법치국가원리

구 교원지위법 제10조 제2항은 재심위원회의 결정은 처분권자를 기속한다고. 제3항은 교원은 재심위원회의 결정에 대하여 그 결정서의 송달을 받은 날부터 60일 이내에 행정소송법이 정하는 바에 의하여 소송을 제기할 수 있다고 규정하고 있다. A대학교를 설치 · 운영하는 A학교법인이 산하에 설치된 교원인사위원회가 동대학교 소속 甲조교수를 교수로서의 품위와 명예를 실추시켰다는 이유로 재임용을 하지 않기로 의결하고 학교법인의 이름으로 이를 그에게 통지하였다. 재임용거부행위에 대해 甲 조교수가 구 교원지위법에 따라 재심을 청구하였고 인용결정이 내려졌는데, 이에 A학교법인이 구 교원지위법 제10조 제3항이 재심위원회의 재심결정에 대한 행정소송의 제기권한을 교원으로 한정함으로써 처분권자인 학교법인이 재심결정의 위법 여부에 대하여 다툴 수 있는 길을 봉쇄하고 있다는 이유로 동항의 위헌을 주장하였다. 이 주장은 헌법재판에서 주효하였는지? 그리고 과연 학교법인은 재심위원회의 결정에 불복하여 행정소송을 제기할 수 없는가? (헌재 2005헌가7 등)

소송법은 그때그때 추구하는 목적인 주관적 권리보호, 객관적 법질서의 보전, 확정력있는 재판에 의한 법적 평화의 회복, 개별사건에서 법에 관한 구속적 확인에 의한 법적 안정성의 보장, 법적 통일성의 확보, 최고법원에 의한 법의 지속적 형성 등에 의하여 그 특징이 지워진다. 이들 여러 소송법의 목적은 대립하여 서로 배타적이지 않고 상보(相補)적이다. 가령 개인적 권리보호는 객관적 법의 보전에도 이바지하고, 역으로 객관적 법통제가 주관적 권리의 보호에 유용할 수 있다. 그럼에도 불구하고 소송법의 모습과 형태를 가다듬는 데 있어서는, 어떤 소송법의 목적이 토대가 될지 그리고 어떤 소송법의 목적에 따라 소송법의 골간을 정할지가 결정적으로 중요하다. 그 물음에 대한 답은 바로 법치국가원리(法治國家原理)이다. 다시 말해, **소송법이 자신의 기능에 적합하려면 민주적 법치국가원리적 요청을 충족해야 한다.**

법치국가에서 국가는 사인의 자력집행의 부인에 대한 보전수단으로써, 효과적인 권리보호체계를 마련하고 적합한 결정을 위한 합절차적 요건을 만들어야 한다. 헌법상의 재판청구권은 법적 분쟁의 해결을 가능하게 하는 권리구제절차가 개설될 것을 요청할 뿐만 아니라, 이를 넘어서 소송절차의 형성에 있어서도 실효성 있는 권리보호를 제공하기 위하여 필요한 절차적 요건을 갖출 것을 요청한다.[1] 이로써 재판청구권은 기본권을 보장하기 위한 토대가 되기에 '기본권 중의 기본권' 내지 '황제기본권'으로서의 위상을 지닌다. 이 점을 입법자는 물론, 법관 역시 소송법 규정을 해석·적용함에 있어서 인식해야 한다.

1) 헌재 2005헌가7 등: 재판절차가 국민에게 개설되어 있다 하더라도 절차적 규정들에 의하여 법원에의 접근이 합리적인 이유로 정당화될 수 없는 방법으로 어렵게 된다면 재판청구권은 사실상 형해화될 수 있으므로 바로 여기에 입법형성권의 한계가 있다. 그런데 과연 학교법인이 재심위원회의 인용결정에 대해 다툴 수 없는지 원고적격의 차원에서 검토되어야 한다(본서 805면).

Ⅱ. 행정재판의 임무와 기능

1. 행정재판의 임무

(1) 무기대등의 원칙의 차원

권력분립의 헌법적 시스템의 범주에서 행정소송 및 행정재판(행정법원)은 집행권을 법적으로 저지시키는 임무를 이행한다. 제3의 권력으로서 사법부는 원칙적으로 행정수범자인 시민을 법적 분쟁에서 대등한 분쟁당사자로 만들기 위해, 즉 시민에 대해 다른 국가권력을 상대로 한 무기대등의 원칙(武器對等의 原則; Waffengleiheiten)을 매개하기 위해 설립되었다. 법치국가에서 시민이 국가에 대해 자신의 권리를 정당하게 주장할 수 있게 하는 고유한 제도가 행정재판이다. 행정소송 및 행정재판의 제1차적 정당성과 핵심임무는 무기대등의 원칙을 실현하는 데 있다. 다만 과거 관헌국가적 전통에서 국가우월적·중심적으로 만들어진 행정실체법의 상황이 여전한 이상, 민사소송의 법리를 행정소송에 그대로 적용하려는 태도는 지양해야 한다.[2)]

(2) 행정법적 통제의 차원

행정소송 및 행정재판은 행정법적 통제에서 특화된 권력이다. 국가활동에 많은 실수와 자의는 행정의 책임과 심사(통제)의 책임을 나눔으로써 저하될 수 있다. 행정은 법률의 제1차 해석자이고 종종 광범한 판단여지와 재량여지를 나름 메워야 한다. 행정재판은 법률의 제2차적 해석자로서 행정이 법률을 준수하였는지 여부만을 심사한다. 예정된 법률규준을 행정이 준수하도록 보장하고 통제할 임무가 행정재판에 대해 부여된다.

2. 행정재판의 기능

(1) 독일의 경우

과거 독일에서는 행정재판의 기능에 관련해서 2가지 상이한 근본입장이 성립하였는데, 이는 지금까지도 영향을 미치고 있다.[3)] 소위 프로이센적 시스템은 객관적 법의 유지를 목표로 삼아

2) 동지: 대법원 2018두67전합판결의 보충의견(안철상 대법관)
3) 이에 관해서는 특히 김연태, 고려법학 제38호(2002), 211면 이하 참조.

행정통제를 행정재판의 기능으로 보았다. 반면 남독일의 주들은 개개 시민의 주관적 공권의 보호를 전면에 두었다.[4] 물론 양 기능이 서로 절대적으로 맞서는 것은 아니다. 즉, 행정의 객관적 법률적합성에 관한 통제는 개인의 보호에도 이바지하고, 법원에 의한 개인적 권리보호는 동시에 일반적인 법통제의 기능을 수행한다. 하지만 상이한 근본입장은 행정재판소의 조직, 행정법관의 지위, 가령 재량영역에서 권한의 범위, 행정소송에 관해 상이한 결과를 초래할 수 있다. 객관적 행정통제의 지도이념이 지배하는 프로이센적 시스템에서는 행정법원이 행정에 접목되더라도 아무런 의문이 제기되지 않는다. 그리고 소를 제기하는 시민은 공익의 대변인이상으로 여겨졌으며, 그래서 제소권을 개인적 권리의 침해와 결부시킬 필요가 없었다. 반면 남독일적 구상에 의하면, 행정재판은 개인적 권리보호를 목적으로 하기에, 제소권은 나름의 주관적 권리의 침해를 제시하느냐에 엄격히 좌우되었다. 독일 기본법 제19조 제4항 제1문이 "공권력에 의하여 자신의 권리가 침해된 자에게는 소송의 길이 열려 있다."고 규정함으로써, 행정재판의 주관적 권리구제 기능이 초석으로 자리매김하였다. 이런 헌법적 바탕에 부응하여 독일 행정법원법 제42조 제2항은 "법률에 달리 정하지 않는 한, 원고가 행정행위 또는 그 거부나 부작위에 의해 자신의 권리가 침해되었음을 주장하는 때에만 소가 허용된다."고 규정하고 있다.

(2) 우리의 경우

우리 행정재판이 주관적 권리구제를 바탕으로 하는지 아니면 객관적인 적법성통제를 바탕으로 하는가? 헌법 제27조 제1항은 단지 "모든 국민은 헌법과 법률이 정한 법관에 의하여 법률에 의한 재판을 받을 권리를 가진다."고 규정하였기에, 독일 기본법 제19조 제4항에 비견될 수 없다고 볼 법하다. 그러나 헌법 제27조 제1항과 관련하여 재판을 청구하기 위해서는, i) 구체적이고 현실적인 권리침해가 있거나 권리에 관한 분쟁이 있어야 하며(사건성 내지 쟁송성), ii) 자기의 권리나 이익이 현재 직접적으로 침해되거나 관련되어야 하며(당사자적격 또는 자기관련성), iii) 그 재판을 통하여 당사자의 권리가 보호되는 이익이 있어야 한다(권리보호의 이익)(계희열, 헌법학(중), 2002, 581면).

헌법상의 재판청구권은 일단 소송의 성격을 객관적인 것으로 파악하는 것을 차단한다. 따라서 재판이 필요한 상황, 즉 자신의 권리에 침해를 입거나 의무를 지거나 자신의 권리와 의무를 둘러싸고 다툼이 존재해야 한다. 문제는 그 시발점이 법률상 보호받는 이익으로서의 권리가 되는지 아니면 그에 미치지 못하는 이익이 되는지에 있을 뿐이다. 또한 행정소송법 제1조는 동법의 목적이 "행정소송절차를 통하여 행정청의 위법한 처분 그 밖에 공권력의 행사·불행사 등으로 인한 국민의 권리 또는 이익

4) 과거 Rudolf v. Gneist(1816-1895)와 Otto Bähr(1817-1895)가 두 방향성을 대변·정립하였다. 독일의 현재의 행정재판의 모습은 이들 2가지 입장을 함께 수용하되 기본적으로 전자의 입장에 주안점이 주어졌다(주관적 소송의 원칙).

의 침해를 구제하는데 있음"을 분명히 함으로써, 행정소송의 주관적 권리구제의 바탕을 확인한 동시에 공고히 하였다. 따라서 **기본적으로 주관소송의 원칙에 따라 행정소송에 관한 객관소송적 이해는 어울리지 않는다.**[5)]

3. 이제 행정소송 84년 체제를 넘어 자족적 「행정소송법」을 만들어야 한다.

1951년에 제정되어 (실제론 1965년부터) 시행되어 온 행정소송법은 단 14개 조문이 보여주듯이 법치행정의 구현이란 본연의 목적 달성을 처음부터 기대할 수 없었다. 전면 개정된 행정소송법은 같은 날(1984.12.15.)에 제정된 행정심판법과 더불어 민주적 법치국가원리를 구현하는 행정구제의 핵심적 법제도이다. 역설적으로 비민주적으로 역사에 등장한 당시 정부 그 자신을 민주적 법치국가원리의 시험대에 올리는 基幹 행정구제 법제도가 만들어진 것이다. 1984년의 행정심판법의 제정 및 행정소송법의 전면 개정은 실로 진정한 민주적 법치국가가 등장하는 첫걸음이다. 여기에 1988년에 헌법재판소가 출범하여 전체 공법구제 시스템이 완성되었다. 법은 제정과 동시에 개정이 기다리는 것처럼, 이제까지 2006년(대법원), 2007년(법무부), 그리고 2013년(법무부) 세 차례에 개정작업이 모색되었지만 무산되었다. 비록 2024.3.1.부터 행정소송규칙이 시행되지만, 현행법의 태생적 한계로 정체상황이 우려될 정도이다. **행정기본법의 제정을 계기로, 개정의 차원을 넘어 자족적 행정소송법을 마련하는 것이 시대적 과제이다.**[6)]

Ⅲ. 행정소송의 종류 및 그 개편논의

1. 소송의 종류의 의의

국민의 주관적 권리(법률상 이익)가 일련의 행정조치에 의해 위협을 받는데, 이런 행정조치가 일정한 형식과 유형의 지배를 받기에, **행정의 작용형식과 행정소송의 소송종류간에는 어느 정도의 일치성(부합성)이 존재한다.**[7)] 이런 기능적 일치가 권리구제(권리보호)와 행정에 대한 사법통제의 효과성에 이바지한다. 소송형태(유형)와 소송종류는 구별해야 한다. 전자는 소송종류의 기본형식을 나타내고 가능한 판시를 지시한다.

5) 반면 박정훈 교수는 실정법·판례·실무상으로 우리 행정소송의 구조가 독일의 제도와 상당한 거리가 있다는 점을 강조하면서, 항고소송은 주관소송으로, 취소소송은 형성소송으로 파악해 온 통설을 정면으로 반박하면서, 취소소송이 객관소송적 성격을, 취소소송은 확인소송적 성격을 갖는다고 지적한다(행정소송의 구조와 기능, 2006, 152면 이하).
6) Schoch, in: GVwR Ⅲ(2013), §50 Rn.182.
7) 김중권, 不惑의 현행 「행정소송법」, 전면 개정이 필요하다. 법조 제767호, 2024.10.28., 100면-127면.

그것은 형성의 소, 이행의 소, 확인의 소로 나뉜다. 실정법상으로 소의 기본유형의 이런 삼분(三分)은 중요하게 표현된다(독일 행정법원법 43조와 재정법원법 41조). 반면 후자는 권리보호(권리구제)의 구체적인 제도적 형식인데, 여기선 원고의 소구가 일정한 신청과 함께 표현된다.

2. 현행법상의 행정소송의 성질과 종류

(1) 행정소송의 성질

현행법은 주관소송적 기반하에 객관소송적인 유형을 가미한다. 전자와 관련해서는 항고소송과 당사자소송의 이원주의를 택하고, 후자와 관련해서는 기관소송과 민중소송을 설정하였다. 그런데 항고소송의 성질이 문제되는데, 물론 동법 제12조-엄밀히 보자면 제1문-상의 원고적격에 관한 규정이 주관적 권리침해를 명시적으로 담고 있지 않으며, 원고적격과 위법성의 견련성을 명문으로 요구하고 있지 않기에, 항고소송의 주관소송적 위상에 의문을 가질 법하다. 하지만 **현재의 법상황에서도 주관적 권리침해의 요소와, 원고적격과 위법성의 견련성을 충분히 도출해낼 수 있다.** 즉, 행정소송법 제12조의 원고적격 규정의 해석의 출발점은 바로 동법 제1조의 목적이기에, 취소가 구해질 처분 등은 '당연히' 위법한 것이고, 원고적격에는 '당연히' 권리침해를 전제로 한다.

(2) 행정소송의 종류

행정소송은 다음의 4가지로 구분된다(3조). i) 항고소송: 행정청의 처분등이나 부작위에 대하여 제기하는 소송. ii) 당사자소송: 행정청의 처분등을 원인으로 하는 법률관계에 관한 소송 그 밖에 공법상의 법률관계에 관한 소송으로서 그 법률관계의 한쪽 당사자를 피고로 하는 소송. iii) 민중소송: 국가 또는 공공단체의 기관이 법률에 위반되는 행위를 한 때에 직접 자기의 법률상 이익과 관계없이 그 시정을 구하기 위하여 제기하는 소송.[8] iv) 기관소송: 국가 또는 공공단체의 기관상호간에 있어서의 권한의 존부 또는 그 행사에 관한 다툼이 있을 때에 이에 대하여 제기하는 소송. 다만, 헌법재판소법 제2조의 규정에 의하여 헌법재판소의 관장사항으로 되는 소송은 제외한다.

그리고 **항고소송은 다시 다음과 같이 구분된다**(4조). i) 취소소송: 행정청의 위법한 처분등을 취소 또는 변경하는 소송. ii) 무효등 확인소송: 행정청의 처분등의 효력 유무 또는 존재여부를 확인하는 소송. iii) 부작위위법확인소송: 행정청의 부작위가 위

8) 민중소송을 법무부 개정안에서는 공익소송으로 명칭변경을 하였다(제3조 제3호). 이로써 항고소송이 주관소송에 해당한다는 것이 확고하게 되었다.

법하다는 것을 확인하는 소송.

한편 **행정처분의 무효를 선언하는 의미에서 취소를 구하는 소송은 일종의 변형된 취소소송으로서, 판례상 오래 전부터 인정되고 있다.** 존재이유는 인용판결에서 -판례상 일반 취소판결에서도 가능하지만- 복종의무를 성립시키는 공정력을 부인할 수 있게 하며, 나아가 선행처분의 후행처분에로의 하자승계를 용인하게 한다는 점에 있다. 하지만 그것의 법적 취급은 취소소송의 형식에 따른다. 취소소송의 제기에 필요한 소송요건, 가령 제소기간이나 요구되는 필요적 전치절차의 이행 등을 충족해야 한다(대법원 85누838판결).

3. 행정소송의 종류와 관련하여 제기되는 문제

(1) 현행법에서 의무이행소송과 예방적 금지(부작위청구)소송의 허용여부

> 보건복지부장관은 국민건강보험법시행령 제24조 제2항 등에 의하여 건강보험심의조정위원회의 심의를 거쳐 2001.6.27. 종전에 고시된 '건강보험요양급여행위 및 그상대가치점수'(보건복지부고시 제2000-67호, 2000.12.8.)를 개정하는 내용의 보건복지부고시 제2001-32호 '건강보험요양급여 및 그 상대가치점수개정(안)'을 고시하고, 이를 2001.7.1.부터 시행하도록 하였다. 이에 사단법인인 대한의사협회는 국민건강보험공단을 피고로 개정고시를 적용하여 요양급여비용을 결정해서는 아니 된다는 내용의 청구를 행정소송으로 구하였다. 이런 소송은 본안판단을 받을 수 있는가? (대법원 2003두11988판결)

의무이행소송이란 행정청의 위법한 거부처분이나 부작위에 대하여 일정한 처분을 하도록 하는 소송을 말하고, 예방적 금지(부작위)소송이란 행정청으로 하여금 일정한 처분이나 행위를 하지 않게 하는 소송을 말한다. 현행법이 명시적으로 규정하지 않은 이들 소송의 허용을 둘러싸고 논란이 있다. 일부 문헌은 항고소송의 종류를 예시로 보고서 이들을 무명항고소송(법정외항고소송)의 차원에서 적극적으로 수용하고자 하지만, **판례는 소송종류의 정원제를 고수하고, 현행 종류를 열거적(한정적)인 것으로 이해한다.** 당연히 항고소송의 종류의 예시적 접근은 거부되며, 무명항고소송의 범주자체가 판례상으로 통용되지 않는다. 따라서 의무이행소송과(대법원 97누3200판결) 예방적 금지소송은(대법원 86누182판결; 2003두11988판결) 공히 판례상 허용되지 않는다. 즉, 부적격(부적법)하여 각하된다.

(2) 명령(법률하위적 법규범)에 대한 사법적 통제의 문제

(법규)명령에 대한 통제의 체계는 1988년 헌법재판소가 발족한 이후에 이원화되어

있다. 헌법재판소는 법규헌법소원심판의 방식으로 행하며, 법원은 부수적 규범통제의 방식과 더불어 '조치적(이른바 처분) 명령 · 조례'(예: 두밀분교폐지조례)처럼 항고소송의 방식을 병행한다(규범통제는 본서 442면 이하). 명령에 대한 법원에 의한 직접적 규범통제의 허용여부가 행정소송개정의 화두가 되었다. 이와 관련해서는 대립된 흐름이 있다. 과거 대법원의 행정소송법의 개정작업은 우선 처분과 규범을 포괄하는 (새로운) 행정행위개념을 중심으로 항고소송을 설정한 다음, 명령(법률하위적 법규범)에 대한 직접적 폐지를 구하는 소송을 항고소송의 특례로 바로 인정하였다. 반면 법무부의 개정안은 이에 대한 별도의 소송유형을 따로 만들지 않고 지금과 같은 방식을 취하였다.

4. 효과적인 권리구제에 부응하는 행정소송의 종류의 정립

(1) 행정소송의 종류와 재판청구권의 문제

비록 우리 헌법이 독일 기본법 제19조 제4항과 같은 효과적인 권리보호의 보장을 규정하고 있지 않지만,[9] 법치국가원리를 구현하기 위해선 헌법상의 재판청구권의 기능을 포괄적인 사법적 권리보호의 보장에서 바라보아야 한다(동지: 홍성방, 헌법학, 2003, 625면; 홍준형, 행정구제법, 2012, 400면). 왜냐하면 '적격인'(statthaft) 소가 항상 소의 허용성에서 심사되기 때문이다. 따라서 행정소송법 제4조에 대해 열거적 성격을 부여하는 것은 이에 위배된다. **헌법상의 재판청구권이 실은 소송의 방도를 보장하는 것이기에, 법조항의 열거적 또는 예시적 성격에만 초점을 맞춰 논의하는 것은 바람직하지 않다.**

오히려 소송의 방도를 보장하는 재판청구권의 함의(含意)를 제대로 구현하지 못하는 현재의 입법상황에 눈을 돌려야 한다. 우선 종전의 스트레오타입적 분류로부터 한 걸음 떨어져서 법현상을 바라보아야 한다. 먼저 용어사용의 문제로서 '항고소송'이란 용어는 과거 행정재판을 行政的 司法(Administrativjustiz)으로 구성한 것의 잔흔(殘痕)으로 봄직하다. 왜냐하면 통상 소송절차에 관한 신청을 기각한 결정이나 명령에 대한 불복이 항고이기 때문이다. 행정심판이 행정재판의 한 내용이 되지 않고, 이미 행정심판에 대해 선택적 전치주의가 통용되는 점에서, **행정소송을 완전한 사법절차로 자리매김하기 위해선 하루바삐 '항고소송'이란 용어는 사용하지 않는 것이 바람직하다.**

---

9) 독일 기본법 제19조 제4항은 "법치국가의 절정"(Krönung des Rechtsstaat) 또는 "법치국가란 궁륭의 宗石"(Schlußstein im Gewölbe des Rechtsstaates)이라 일컫는다.

(2) 행정소송의 종류와 관련한 개괄조항의 도입 문제

한편 헌법상의 재판청구권에 비추어 **행정소송의 종류의 법정화를 일종의 소송종류의 정원제(定員制: numerus clausus)로 이해하는 데 문제가 없는가?** 취소소송의 대상에서 받아들여진, 열기주의의 극복이 왜 소송의 종류에서는 통용되지 않는가? 독일 행정법원법 제40조는 법률상으로 다른 재판권이 정해져 있지 않는 한에 있어서 비헌법적 종류의 모든 공법적 다툼에서 행정소송의 길이 주어진다고 규정한다. 입법자가 정한 소송방도에 의해 권리보호의 실현여부가 좌우된다는 것은 법치국가원리 및 재판청구권에 반한다. **공권력에 대한 흠결 없는 개인적 권리보호의 원칙을 실현하기 위해서는 행정소송의 종류상의 개괄조항이 반드시 마련되어야 한다. 그리고 이런 개괄규정이 행정소송법의 중심규범으로서 행정소송법의 발전을 견인해야 한다.** 물론 이것이 소송유형의 무의미를 초래하는 전면적인 개괄주의로 나가는 것을 의미하지는 않는다. 개괄조항이 도입되더라도, 잘못 선택된 소송에 대한 각하는 당연하다.

(3) 행정소송의 종류의 구성의 착안점

소송종류상의 개괄조항만으로 효과적인 권리보호의 길이 보장되지 않는다. 가령 부작위청구소송을 법정외항고소송의 일종으로 인정한다 하더라도, 그것을 어떻게 구체적으로 실현할 것인가가 현실적인 문제이다. 개괄조항의 존재나 법정외항고소송의 인정만으로 당사자에게 실제적인 권리보호가 제공되지 않는다.

기존의 항고소송과 당사자소송의 이원적 구조는 전자에서의 상하복종관계와 후자에서의 대등관계를 골간으로 구축되었기에, 국가와 국민과의 관계가 협력적 성격을 바뀐 오늘날에는 법문제에 대해 효과적으로 대처하기가 곤란하다. 비록 2013년 법무부의 개정시안에 따라 당사자소송의 적용범위를 확대한다고 하여 항고소송의 사각지대가 충분히 해소되지 않을 가능성이 크다. 왜냐하면 그것의 적용영역으로 적시된 것이 기왕에 행정법 문헌에서 줄기차게 요망된 것을 수용하는 데 불과하기 때문이다. 오히려 일반이행소송을 통한 적절한 문제해결의 단초가 원천적으로 봉쇄된다. 이젠 대증적(對症的)인 처방이 아니라, 미래지향적이고 발전개방적인 제도를 마련하기 위하여, **행정소송법 역시 일반 소송법의 논의를 적극 수용하여, 형성의 소, 이행의 소, 확인의 소의 형식을 골간으로 세로이 구성하는 것이 바람직하다.**

(4) '예방적 금지소송'의 도입의 문제점

일련의 행정소송법의 개정논의에서 의무이행소송과 함께 예방적 금지소송을 항고소송의 일종으로 신설하려고 했다. 2013년 법무부 개정에서도 도입이 강구되었지만,[10] 부처의견의 수렴과정에서 차후과제로 돌려졌다. 이와 별도로 **몇 가지 선결물음이 충분히 해명되어야 한다.** 사후적 권리보호만으로는 효과적인 권리보호의 목적이 달성되기 곤란한 극히 예외적인 상황에서 예방적 권리보호가 인정된다. 그런데 예방적 금지(부작위)소송은 기왕 발해진 행정결정에 관한 진압적 사법통제를 넘어서 그 행정결정의 제지를 목표로 삼기에, 행정의 기능영역에 대해 광범한 사법적 개입이 초래될 수 있다. 따라서 권력분립적 문제제기의 함의(含意)를 간과해선 아니 된다. 이 점에서 그것의 성립요건이 현행 행정소송법 제23조의 집행정지의 요건에 흡사해서는 곤란하다.

독일의 경우 집행정지의 원칙을 취하기에, 그것의 제한적인 예방적 효과가 효과적인 권리보호를 매개하는 한에 있어서, —예방적 금지소송을 통한— 예방적인 권리보호의 요청이 낮아진다. 계속적 확인소송의 가능성 역시 예방적 권리보호에 대한 우선적 대안으로서 고려된다. 그래서 **독일에서 그것은 판례상으로 충분한 고려를 거친 다음에 공인되었지만, 여전히 법정화되진 않고, 최후보충성으로 극히 이례적으로 인정되고 있다.**

우리의 경우 집행부정지가 원칙이고 예외적으로 집행정지가 허용된다. 예방적 권리구제를 위한 여러 수단간의 상호관계나 제도도입에 따른 비용편익분석의 측면에서 보자면, 예방적 금지소송을 법정소송으로 도입하는 데 주저된다. 개정시안에 의하면 예방적 금지소송의 대상행위를 행정행위에 국한하는데, 이는 그것의 존재이유를 반감시킨다. 독일의 경우 그것이 행정행위뿐만 아니라, 경고와 같은 정보제공행위나 오염물배출 등과 같은 행정사실행위는 물론 법규범에 대해서도 통용된다. 독일에선 그것이 통상적으로 일반이행소송을 통해 실현되고 있다. 발급된 또는 발급되어야 할 '행정행위' 자체를 문제삼는 것과 행정행위의 '발급'을 문제삼는 것은 분명히 다르다.

요컨대 법치국가원리를 행정소송법의 차원에서 구현하는 데 있어서, **진압적 권리보호에 대한 예방적 보완책으로 집행정지의 원칙을 택하는 것이 예방적 금지소송의 도입보다 더 시급하고 더 효과적이다.**

10) 법무부개정시안: 제44조(원고적격) 의무이행소송은 처분을 신청한 자로서 행정청의 거부 처분 또는 부작위에 대하여 처분을 할 것을 구할 법적 이익이 있는 자가 제기할 수 있다. 제51조(원고적격) 예방적 금지소송은 행정청이 장래에 위법한 처분을 할 것이 임박한 경우에 그 처분의 금지를 구할 법적 이익이 있는 자가 사후에 그 처분의 효력을 다투는 방법으로는 회복하기 어려운 중대 한 손해가 발생할 것이 명백한 경우에 한하여 제기할 수 있다.

Ⅳ. 행정소송의 한계에 관한 논의

행정소송은 소송인 이상 당연히 사법 일반에 통용되는 한계를 지닌다. 그리고 대상이 행정사건이어서 일반민사소송과는 다른 지평에서 나름 한계를 지닌다. 즉, 권력분립상의 한계를 갖는다. 이들에 관한 전체 내용은 대부분의 행정법 문헌에서 비슷하게 다루어지는데, 일부 사항이 문헌에 따라 '사법의 본질에 따른 한계'에 속하거나 '권력분립상의 한계'에 속하기도 한다. 그런데 행정소송의 한계에서 다루는 내용은 실은 현행 행정소송이 작동하는 기본 메커니즘에 관한 개괄적 설명에 해당한다.

1. 사법의 본질에 따른 한계

참모총장이 2008.2.21. 甲에게 보병에서 법무로 병과전과를 명하였다가, 그 다음날 이 전과처분을 무효로 하는 인사명령을 하였는데, 그 이후 2008.8.1. 다시 甲에게 법무로 전과를 명하였다. 이 전과처분으로 인해 보직관계, 명령복종관계 등에서 매우 불편한 상황에 처하게 된 甲이 전과처분에 대해 제기한 취소소송은 어떤 판단이 내려졌는가? (대법원 2010두27615판결)

甲이 국유재산법시행규칙(1980.4.29 재무부령 제1432호) 제58조 제1항은 국유재산법시행령(1977.6.13 대통령령 제8598호) 제58조 제2항에 위반하여 무효하다는 것을 이유로 그것의 무효확인을 구하였다. 이런 청구는 허용되는가? (대법원 86누656판결)

장래 있을지도 모를 완도군수의 물량배정처분에 대비하기 위하여 甲이 완도군수에게 대일수출 염장미역 가공물량 배정권한이 없다는 것의 확인을 구하는 소를 제기하였다. 이런 소송은 가능한가? (대법원 82누528판결)

(1) 처분권주의 및 주관소송의 원칙

'사법의 본질에 따른 한계'와 관련해서 보면, 행정소송은 일반소송과 마찬가지로 원고의 소제기와 더불어 개시한다. 직권주의(Offizialmaxime)가 지배하는 형사소송과는 달리 처분권주의(Dispositionsmaxime)가 지배한다. 주관소송의 원칙이 적용되기에, 권리(법률상 이익)를 침해받지 않고 단지 반사적 이익의 실현에 지장을 받는 데 불과한 경우에는 행정소송이 기능할 수 없다.[11] 아울러 객관소송에 해당하는 기관소송이

11) 판례는 전과처분으로 인한 보직관계, 명령복종관계 등에서 원고들에게 미치는 영향들은 간접적, 사실적이고 반사적인 이해관계에 불과할 뿐, 그로 인하여 원고들의 법률상 지위에 어떤 직접적인 변화가 생긴다고 보기 어렵다고 본다(대법원 2010두27615판결). 그런데 전보명령의 경우 본질이 같은 보직변

나 (진정한) 단체소송 역시 인정하는 특별규정이 있어야 비로소 허용될 수 있다.

(2) 구체적 사건성

소를 통해 원고는 법원에 대해 판결을 통한 권리보호의 부여를 구한다. 소송은 구체적인 법(률)관계에 관한 다툼(분쟁)이 전제되어야 하기에, 행정소송 역시 구체적 사건성이 있어야 비로소 제기될 수 있다. **구체적 사건성과 관련하여 문제되는 것은 법규명령과 같은 행정입법(법규범)과 사실행위이다.**

(가) 법규범의 경우

행정소송 특히 항고소송을 통해서 다툴 수 있는 대상은 구체적인 법집행행위인 행정처분에 국한된다. 법관계에 대해 직접적으로 구체적으로 영향을 미치지 않는 법규범은 일단 구체적 사건성의 차원에서 소송의 대상이 되지 못한다. 따라서 법규범이 법관계에 대해 직접적으로 구체적으로 영향을 미치는, 즉 그것에 나름의 구체적 사건성이 인정될 경우가 문제된다. 여기서는 현행법상 허용되는 규범통제방식을 연계시켜야 한다. 헌법재판의 차원에서는 일종의 본안적(직접적)·추상적 규범통제를 강구할 수 있지만, 행정소송의 차원에서는 부수적·구체적 규범통제만을 강구할 수 있다. 따라서 행정소송의 차원에서는 대상 법규범을 직접 대상으로 삼아 그것의 무효를 구하는 본안적인 규범통제를 강구할 수는 없고(대법원 86누656판결; 91누1738판결; 91누12639판결),[12] 단지 법집행행위를 소송대상으로 삼아 대상 법규범의 위법성을 부수적으로 다투어야 한다.

한편 법원은 이런 부수적·구체적 규범통제의 틀을 이른바 조치적(처분적) 명령을 인정하는 방식으로 타개하였다. 그리하여 범규범이 구체적인 권리의무나 법적 이익에 대해 —별도의 전환(법집행)행위가 필요하지 않을 정도로— 직접적으로 영향을 미치는 경우에는 그 법규범에 대해 항고소송을 제기할 수 있다고 하였다(대법원 95누8003·95누7994판결). 그러나 법규범에 대해 직접 다툴 수 있는지 여부가 전적으로 법관의 판단에 좌우된다는 것은 그 자체가 법적 불안정이어서 타당하지 않다(본서 209면 이하).

(나) 사실행위의 경우

장래 있을지도 모를 부담적 처분에 대비하기 위하여 행정청의 일반적 추상적인 권한의 유무를 가려달라는 것은 당연히 구체적 사건성을 갖추지 못하였다(대법원 82누528판결). 그

경에 해당함에도 불구하고 하급심이지만 처분성이 인정된다(서울고법 97구6200판결).

12) 그런데 이들 판례가 명령을 직접 다투는 소송을 민중소송의 일종으로 본 것은 바람직하지 않다.

런데 일련의 판례가 전개하는, "그 자체로서 국민의 구체적인 권리의무에 직접적인 변동을 초래케 하는 것이 아닌 것은 행정소송의 대상이 될 수 없다."는 논증은 섬세한 검토가 필요하다. 위법하면 국가배상청구권과 같은 법효과가 부수적으로 발생할 수 있지만, 사실행위는 기본적으로 그 자체가 직접적으로 법효과(권리·의무)를 발생시키지 않는다. 따라서 **행정처분의 논증에서 동원되는 '직접적인 법효과의 발생'에 대해 구체적 사건성을 연계시키면, 사실행위는 행정소송의 대상에서 제외되어 버리는 망외(望外)의 바람직하지 않는 결과를 낳는다.**

권력적 사실행위라는 다분히 목적지향적인 법제도를 통해 나름 권리보호를 강구하고자 한 지배적 경향이 보여주듯이(본서 504면 이하), 이제까지 사실행위에 대한 효과적인 소송수단인 당사자소송이 제 기능을 발휘하지 못하였다. 그리하여 사실행위가 법외적 존재로 여겨졌다. 행정소송법이 개정되어 당사자소송이 활성화되면, 사실행위 역시 행정행위마냥 별다른 어려움 없이 다툴 수 있을 것이지만, 그 이전이라도 당사자소송을 적극적으로 강구할 필요가 있다.

2. 권력분립상의 한계

일반민사소송은 원칙적으로 사적자치를 전제로 대등한 당사자간에 권리의무상의 다툼이다. 그런데 행정주체는 인간적 자유의 행사가 아니라, 권한의 행사로 활동을 하며, 법치국가원리에 의해 담보되는 정당성에 바탕을 둔다. 따라서 행정소송 역시 권력분립주의의 영향을 받을 수밖에 없다. 여기서 결정적인 착안점은 행정의 자유 및 고유성이다.

(1) 행정의 자유

다양한 현실에 효과적으로 대응하기 위해 재량과 자유는 행정의 본질적 징표이다. 행정의 법(률)구속이 지배하고, 사법적 통제가 진압적 통제이긴 해도, 사법심사가 행정의 고유함을 무시하는 식으로 진행되어서는 아니 된다. 제도적으로 사후적 행정절차인 행정심판의 경우 재량행사의 부당성까지 심사할 수 있는 반면, 행정소송의 경우 재량의 위법성만을 다툴 수 있다. 나아가 법원은 행정재량 및 행정의 형성의 자유를 상정하면서, –행정청의 결정에 대한 공감가능성여하에 초점을 맞추어– 추체험적 심사의 태도를 견지해야 한다. 하지만 앞에서 본 대로 비례원칙이 지나치게 광범하게 동원되어 재량영역이 급격히 축소됨으로써, 사법심사의 지나친 확대가 비판되고 있다(본서 62면).

⑵ 통치행위(고도의 정치행위)

甲이 1974.5.22. 주변사람들에게 정부를 비방하면서 "이와 같이 우리나라가 부패되어 있으니 이것이 무슨 민주체제냐, 유신헌법 체제하에서는 민주주의가 발전할 수 없으니 이와 같은 사회는 차라리 일본에 팔아넘기든가 이북과 합쳐서 나라가 없어지더라도 배불리 먹었으면 좋겠다."고 하는 등 대한민국헌법을 비방하며 반국가단체인 북괴의 활동을 찬양·고무·동조하여 북괴를 이롭게 하였다고 하여, 유신헌법 제53조에 기한 대통령 긴급조치(1974.1.8.) 제1호 제5항 등을 적용하여 유죄를 선고받았다. 그 후 2009년에 甲이 재심청구를 하였는데, 긴급조치 제1호가 위헌·무효이므로 유언비어 날조·유포로 인한 긴급조치 위반의 점에 대하여 면소가 아닌 무죄가 선고되어야 한다고 주장하였다. 문제가 된 긴급조치의 법적 성질은 무엇이며, 법원이 사법심사를 할 수 있는가? 그런데 유신헌법 제53조 제4항은 긴급조치가 사법적 심사의 대상이 되지 않는다고 규정하였다. (대법원 2010도5986전합판결)

(가) 통치행위(고도의 정치행위)의 의의

통치행위는 '고도의 정치적 결정', '국가적 중요성을 띤 결정', '고도의 정치성을 지닌 국가행위'를 말한다.[13] **이는 '고도의 정치적 성격을 지녀서 행정에 속하지 않으며 사법심사 역시 제약을 받는 일체의 활동'으로 정의할 수 있다.** 본래 통치는 일체의 고권적 권력의 행사라는 의미에서 사용되었으며, 당연히 전제적 관헌국가에서는 이런 광의의 통치개념이 통용되었다. 하지만 근대국가의 성립, 권력분립주의 및 법치국가원리의 통용에 맞춰 비로소 통치와 행정은 분리되게 되었다. 집행권을 처음으로 통치와 행정으로 나누었다고 하는, Karl Salomo Zachariä는 '법률집행에 관한 상위의 명령'을 통치로, '이런 상위명령에 맞춰 법률을 집행하는 것'을 행정으로 보았다.[14] '고도의 정치성을 띤 국가행위'인 통치행위는 당연히 통상의 행정에 속하지 않으며, 민주적 법치국가에서 의의 역시 대폭 축소되었다. **유의할 점은 통치행위는 기본적으로 사법심사의 차원의 문제이고, 그것의 행정작용법상의 법적 성질은 별개이다.**

본래 전제군주로부터 비롯된 통치 개념은 그 자체가 초사법적(超司法的) 성격을 내포하고, 관헌국가적 뉘앙스를 시사하기에, 부적절하다. **과거 일본의 입헌군주제하에서 독일의 'Regierungsakt'을 통치행위로 옮긴 사정을 감안하면, 민주적 법치국가에 맞춰 '고도의 정치행위(결정)'로 대체하는 것이 바람직하다.**

13) 통치 및 통치행위는 어원적으로 '통치(지배)하다'의 의미인 라틴어인 동사 'regere'에서 기원하였다. 이 'regere'는 본래 배를 조종하는 것과 관련이 있는데, 이것을 키케로가 국가의 조종(향도)에 연관시켰다고 한다. 그리하여 통치 및 통치행위에는 향도기능이 중요하다. 한편 영어의 'government'는 라틴어 'gubernatio'에서 유래하였는데, 동사 'regere'과 동사 'guberare'는 동의어이다.

14) Vierzig Bücher vom Staate, Bd.1, 1820, S.125(Bader/Ronellenfitsch, §1 Rn.17.3.에서 재인용).

(나) 통치행위(고도의 정치행위)의 인정여부와 그 인정근거

1) 논의현황

통치행위의 인정문제는 본래 그것에 관한 사법심사가능성 여부이다. 행정소송의 개괄주의와 법치주의를 내세워 사법심사가 배제나 제약되는 통치행위를 인정하여서는 아니 된다는 엄격한 입장(부정설)도 있지만, 대부분은 통치행위 자체를 긍정한다. 다만 그 인정논거에 의거하여 다음과 같이 사법권내재적 한계설(권력분립설), 자유재량행위설, 사법자제설이 주장된다.

사법권내재적 한계설은 권력분립주의의 취지에 비추어 민주적 정당성이 상대적으로 약한 사법부는 정치적 이슈에 대해 개입하는 것은 타당하지 않다고 하여 사법권 자체에 내재하는 한계가 존재함을 이유로 통치행위의 사법심사의 제약을 정당화하려 한다. 자유재량행위설은 통치행위는 고도의 정치적 재량행위인 이상 위법성판단으로부터 자유롭다고 본다. 사법자제설은 통치행위 역시 사법심사의 대상이긴 하나 사법의 정치화를 막기 위해 사법부 스스로가 자제하는 데서 그것의 인정근거가 있다고 본다.

2) 관견(管見)

그런데 사법심사로부터 완전히 자유로운 영역을 자유재량행위로 설정하지 않는 한, 자유재량행위설은 학설로서 존재의미가 없다. 그리고 통치행위에 대한 사법심사 가능성을 원천적으로 배제하는 데서 출발하지 않는 한, 사법권내재적 한계설이 사법자제설과 과연 엄격히 구별될 수 있는지 의문스럽다. 사법이 자제한다는 것 역시 권력분립주의에 따른 그 자체의 한계를 수긍하는 것이기 때문이다. 판례도 통치행위의 인정에서 이들 두 입장의 논거를 함께 제시한다.[15] **사법권내재적 한계설과 사법자제설은 통치행위의 정당화근거를 각각 제공하고 있다. 기왕의 논의상황은 재고될 필요가 있다.**

(다) 통치행위(고도의 정치행위)의 예

헌법이 규정하고 있는 대통령의 일련의 권한사항이 통치행위에 해당할 수 있다. 가령 외교행위, 전쟁개시결정, 파병결정(헌재 2003 헌마814), 사면(헌재 97 헌마74)과 영전수여와 같은 국가원수의 지위에서 하는 일련의 행위는 물론, 국무총리를 비롯한 정무직공무원의 임면행위와, 법률안거부, 국민투표회부, 비상계엄의 선포나 확대(대법원 96도 3376전합판결), 긴급명령, 긴급재정·경제명령(헌재 93 헌마186) 등을 들 수 있다. 가령 남북정상회담의 개최결정과 같이 헌법에서

15) 대법원 2003도7878판결: 국가행위 중에는 고도의 정치성을 띤 것이 있고, 그러한 고도의 정치행위에 대하여 정치적 책임을 지지 않는 법원이 정치의 합목적성이나 정당성을 도외시한 채 합법성의 심사를 감행함으로써 정책결정이 좌우되는 일은 결코 바람직한 일이 아니며, 법원이 정치문제에 개입되어 그 중립성과 독립성을 침해당할 위험성도 부인할 수 없으므로, 고도의 정치성을 띤 국가행위에 대하여는 이른바 통치행위라 하여 법원 스스로 사법심사권의 행사를 억제하여 그 심사대상에서 제외하는 영역이 있으나, …

규정하지 않은 것이라도 고도의 정치적 성격을 띤 것은 통치행위에 해당할 수 있는데(대법원 2003도7878판결), 이 경우 국민의 기본권을 제한하는 등 침익적 성격이라면 법률유보의 문제가 되어 버린다.[16] 통치행위는 비단 대통령만이 아니라 국회 역시 국무총리 등의 해임건의나 국회의원의 징계와 같이 일련의 정치적 행위를 한다.[17] 그런데 이런 행위를 본래 군주를 전제로 한 통치행위에 포섭하는 것은 자연스럽지 않다. 이 점에서도 통치행위 개념의 사용은 재고할 필요가 있다.

(라) 통치행위(고도의 정치행위)에 대한 사법심사의 기조

통치행위의 경우에도 법치국가원리와 재판청구권의 견지에서 우선 완전한 사법심사의 원칙에서 출발해야 한다. 통치행위를 범주적 차원에서 사법심사배제의 대상으로 설정하여 이해하는 것은 곤란하다. 그것이 사법심사의 제약의 결과물이라는 인식을 가져야 한다. 종래 통치행위=사법심사의 배제라는 등식을 전제로 하여 무리한 주장과 논증이 행해진 점이 있다. 따라서 아무리 고도의 정치적 행위라 하더라도 헌법의 기본질서, 민주적 법치국가원리, 기본권존중 등과 같은 헌법적 가치와 배치되어서는 아니된다. 따라서 법원은 과도한 사법심사의 자제가 기본권을 보장하고 법치주의 이념을 구현해야 할 자신의 책무를 태만히 하거나 포기하는 것이 되지 않도록 통치행위의 인정에서 지극히 신중해야 한다(대법원 2010도5986전합판결; 2003도7878판결).

통치행위의 인정에 엄격한 입장을 취하는 이상, 통치행위에 부수하는 행위는 당연히 구분하여 접근해야 한다.[18] 비상계엄의 선포나 확대가 설령 그 자체 통치행위에 해당하더라도 국헌문란의 목적을 달성하기 위하여 행해진 경우에는 법원은 그 자체가 범죄행위에 해당하는지의 여부에 관하여 심사할 수 있다(대법원 96도3376전합판결). 한편 법원은 서훈취소는 서훈수여의 경우와는 달리 이미 발생된 서훈대상자 등의 권리 등에 영향을 미치

16) 독일에서 문제된 것이 바로 경고와 같은 정보제공행위에 대해 법률적 근거가 요구되는지의 물음이다. 그것이 일반적으로 인정되는 사실적 기본권제한에 분명히 해당하는 이상 법률유보의 원칙을 충족해야 하는데, 독일 연방헌법재판소는 일종의 통치행위로 보아 특별한 법률적 수권이 필요하지 않다고 판시하였다(BVerfGE 105, 252). 물론 그것의 내용적 타당성의 물음은 당연히 면제되지 않는다.

17) 그러나 지방의회가 행하는 일련의 행위는 처분성이 인정되어 행정소송으로 다툴 수 있다: 소속의원 제명(대법원 93누7341판결), 의장선임의결(대법원 94누2602판결), 의장에 대한 불신임의결(대법원 94두23결정). 이는 지방의회가 비록 주민대표기관이긴 해도 기본적으로 국회와는 다르며, 조례 역시 행정입법일 뿐이라는 점을 시사한다.

18) 대법원 2003도7878판결: 남북정상회담의 개최는 고도의 정치적 성격을 지니고 있는 행위라 할 것이므로 특별한 사정이 없는 한 그 당부를 심판하는 것은 사법권의 내재적·본질적 한계를 넘어서는 것이 되어 적절하지 못하지만, 남북정상회담의 개최과정에서 위 피고인들이 공모하여 재정경제부장관에게 신고하지 아니하거나 통일부장관의 협력사업 승인을 얻지 아니한 채 위와 같이 북한측에 사업권의 대가 명목으로 4억 5,000만 달러를 송금한 행위 자체는 헌법상 법치국가의 원리와 법 앞에 평등원칙 등에 비추어 볼 때 사법심사의 대상이 된다.

는 행위로서 관련 당사자에게 미치는 불이익의 내용과 그 정도 등을 고려하면 사법심사의 필요성이 크다는 점을 근거로 바람직하게 통치행위로 보지 않고, 행정행위로 보았다(대법원 2012두26920판결).[19] 한편 헌재 2016헌마364는 개성공단전면중단과 관련하여 대통령 및 통일부장관을 함께 아울러서 행한 중단조치를 타당하지 않게 권력적 사실행위로서 심판대상으로 삼았다(본서 231면).

(마) 통치행위의 인정여부가 문제가 된 사건

통치행위의 인정여부는 우리 근대사의 질곡의 역사를 웅변한다. 대통령의 계엄선포(대법원 64초3판결; 79초70재정)[20]와 긴급조치(대법원 78도813판결)가 통치행위로 인정되었다. 일찍이 대법원은 유신헌법 아래서, 긴급조치는 유신헌법에 근거한 것으로서 사법적 심사의 대상이 되지 아니하므로 그 위헌 여부를 다툴 수 없다고 판시하였다(대법원 74도3501전합판결; 77모19전합결정 등). 그러나 재심소송에서 적용될 절차에 관한 법령은 재심판결 당시의 법령이므로, 대법원 2010도5986전합판결에서 대법원은 당시의 유신헌법 및 현행 헌법에 기하여 긴급조치 제1호의 위헌·위법성을 판단하였는데, 그것의 구체적 법적 성질을 직접적으로 논하지 않고 단지 형식적, 실질적 법률에 해당하지 않다고 전제한 다음, 그것을 위헌·무효로 판시하였다. 긴급조치 제9호 역시 동일하다(대법원 2011초기689전합결정).[21] 한편 대법원 2012다48824판결이 긴급조치의 발령행위를 고도의 정치적 행위로 보아 국가배상책임이 성립할 수 없다고 판시하였는데, 대법원 2018다212610전합판결은 긴급조치의 발령행위·집행행위와 관련해서 국가배상책임을 인정하였다.[22]

지난 참여정부시절 국정운영 전반이 사법적(司法的) 쟁점이 되곤 하였다.[23] 대표적 사건인 신행정수도이전결정이 헌법재판소에 의해 사법심사의 대상성이 인정되었다(헌재 2004헌마554·556). 재판자체가 다른 차원의 정치적 행위라는 점에서 고도의 정치적 성격을 지닌 사안과 관련하여 '정치의 사법화'나 '사법의 과잉'이 제기되는 것은 지극히 자연스럽

19) 법적 판단에서 어떤 행위 및 그것의 반대행위의 법적 성질은 동일해야 한다. 서훈을 대통령의 판단이 절대적으로 존중되어서 사법심사가 제약되는 행정행위로 보는 것이 바람직하다.

20) 이에 대한 평석으로 이계수, 행정판례평선, 14면 이하; 참고문헌: 김남진, 행정법의 기본문제, 596면 이하; 김철용, 법정 제168호(1964.6.); 김철수, 헌법과 정치, 2012, 814면 이하; 이광윤, 고시연구 2004.4.; 김선택, 고시연구 2005.1.; 고문현, 헌법학연구 제10권 제3호(2004.9.); 박승호, 헌법학연구 제16권 제3호(2010.9.).

21) 하지만 헌법재판소는 대통령긴급조치도 법률과 동일한 효력을 가지므로 이에 대한 위헌심사권한은 헌법재판소에 전속한다고 천명하였다(헌재 2010헌바132).

22) 그러나 핵심문제인 재판상의 불법 문제가 크게 쟁점이 되지 않았다. 본서 927면, 942면.

23) 일각에서는 "법치국가가 우리시대의 새 유령이 되고 있다."고 지적하지만, 참여정부에서의 치열한 법적 고민은, 분명 민주적 법치국가의 기본과 그 명제를 새삼 온몸으로 성찰하는 계기를 제공하였다(갈등의 순기능).

다. 과거에는 통치행위가 인정되어서 문제이고, 오늘날에는 특히 참여정부에서는 그것이 부정되어서 문제인 상황이다. 민주주의원리가 굴절 없이 실현되는 메커니즘인 정치제도가 제 역할을 하지 못할 때, 정치적 결정의 사법적 쟁점화는 바람직하지는 않지만 피할 수가 없다. **법학적 형식주의와 정치적 실질주의 사이에서 균형을 찾기 위해서는 지나간 역사와 현재의 문제상황에 대해 반복적 물음을 제기해야 한다.**

(3) 의무이행소송과 예방적 금지소송

앞에서 본 대로 현행법상 이들은 허용되지 않는다. **종래 그것의 도입을 둘러싸고 긍정설(및 한정적 긍정설)과 부정설이 주장되었으며, 판례는 시종 부인한다.** 부정설은 이론적으로는 권력분립주의를 바탕으로 구체적으로 항고소송의 종류를 열거적으로 보는 것을 논거로 제시하는 반면, 긍정설 내지 한정적 긍정설은 공히 이들의 도입이 권력분립주의에 반하지 않을 뿐더러 오히려 그에 이바지한다는 점을 강조하며, 항고소송의 종류를 예시로 보아 이들을 무명(법정외)항고소송의 차원에서 인정하려 하였다.

일련의 행정소송법개정에서 양자의 도입은 단골메뉴이어서 그것의 도입여부를 둘러싼 논의는 무의미한 면이 있지만,[24] 몇 가지 점을 지적한다. 먼저 행정소송법 제4조의 종류의 예시성을 논증하려면, 재판청구권에 기하여 소송종류의 법정화가 타파되어야 한다. 종래 어떤 근거에서 그것이 예시적인지를 논증하지 않고 다분히 목적지향적으로 주장된 듯하다. 그 다음 입법의 흠결의 차원에서 추가적인 해명이 있어야 한다. 입법의 흠결이 입법자가 의도한 것인지 아니면 예상하지 않은 것인지에 따라 해결책이 다르기 때문이다. 전자의 경우라면 현행법해석으로는(de lege lata) 해결책을 강구할 수 없고 단지 입법정책의 차원에서(de lege ferenda) 해결방안을 제안할 수 있을 뿐이다. −비록 인용판결의 효과의 차원에서 다소간의 간극은 있지만− 의무이행소송을 통해 얻을 수 있는 결과가 거부처분취소소송과 부작위위법확인소송에 의해서도 얻어질 수 있다. 따라서 **입법자의 의도하지 않은 흠결이 존재한다고 볼 수는 없기에, 예방적 금지소송과는 달리, 의무이행소송을 인정하기란 매우 어렵다. 반면 예방적 금지소송의 경우 입법상의 흠결의 차원에서는 인정가능성이 상대적으로 높지만, 그것의 구체적 실행이 결정적으로 문제된다.** 긍정설의 입장에서 독일에서의 논의에 착안하여 그것의 성립요건을 제시하지만, 중요한 점이 빠져 있다. 예방적 금지소송은 일종의 의무이행소송이다. 그

24) 2013년 행정소송법개정에서 시안에서는 의무이행소송과 예방적 금지소송을 도입하고 부작위위법확인소송은 폐지하였지만, 개정안에서는 예방적 금지소송은 채택하지 않고, 의무이행소송은 도입하되 부작위위법확인소송도 존치하게 하였다. 체계와 운용상의 혼란상황이 당연히 문제될 수 있다.

래서 독일에서는 성문화되어 있지 않음에도 불구하고, 의무이행소송에 견줘 예방적 금지소송의 나름의 성립요건이 판례법적으로 구축된 것이다. 의무이행소송이 인정되지 않는 우리로서는 실행가능성의 차원에서 예방적 금지소송의 문제 역시 전적으로 입법정책의 물음이다.

V. 판례상의 행정사건과 민사사건의 사례

공·사법의 구별과 귀속의 물음은(본서 21면 이하). **재판방식(쟁송형태)의 물음으로 귀착된다.** 법원이 종전과는 달리 행정처분성의 확대를 도모함으로써 항고소송의 적용례가 증가하였다. 판례상의 변화(대법원 2004다6207전합판결)와 행정소송법개정의 움직임에 힘입어, 하천법상의 손실보상청구사건은 물론, 종래 사법상 권리의 문제로 보아 민사소송으로 다루었던 많은 경우가 바뀌었다. 처분성의 확대와 공법관계의 확대가 병행되고 있다.

1. 항고소송의 사례

> 甲은 공무원으로 임용되어 근무하다가 퇴직하여 퇴직연금을 받아 왔는데, 근로복지공단 직원으로 다시 임용되어 근무하면서도 퇴직연금을 받아왔다. 그런데 바뀐 구 공무원연금법에 의하여 근로복지공단이 연금지급정지 대상기관으로 지정됨에 따라, 공무원연금관리공단은 甲에 대해 매월마다 퇴직연금 중 2분의 1에 해당하는 금액의 지급이 정지된다는 것을 통보하고, 퇴직연금 중 일부 금액을 지급하지 아니하였다. 甲이 퇴직연금 중 일부 미지급된 금액의 지급을 청구한 데 대하여, 공무원연금관리공단은 甲이 근무하는 근로복지공단이 앞서 본 구 공무원연금법령에 의하여 퇴직연금 중 2분의 1에 해당하는 연금일부 지급정지 대상기관으로 지정되었다는 이유로 이를 지급할 수 없다는 취지로 회신하였다. 이 사안에서 甲이 미지급 퇴직연금의 직접 지급을 구하기 위해서는 어떤 소송방식을 취해야 하는가? (대법원 2003두15195판결)

문제가 되는 사안은 법률관계의 창설여부와 존속이다. 연금지급, 보조금지급, 사회보장급여지급, 손실보상금지급에서 다투어진다. 결과물(존속하는 법률관계)에 초점을 맞추어 순전히 민사관계(민사소송)나 공법관계(당사자소송)로 볼 것인지, 아니면 법률관계의 개시에 초점을 맞추어 행정행위를 개재시킬 것인지가 관건이다.

판례는 연금지급에 관한 결정은 공법상의 권리인 수급권을 구체적으로 성립시키는 행정처분에 해당하고,[25] 그것의 구체적인 지급여부는 공법상의 법률관계에 관한 당사자소송의 대상이 된다(일종의 이단계적 구조). 즉, **행정행위에 의해 수급권이 발생한 다음에는 그 급부관계를 당사자소송으로 다툴 수 있고, 행정행위에 의해 수급권이 발생하지 않으면 급부관계를 직접 다툴 수는 없다**(대법원 93누18532판결; 2002두3522판결 등).[26][27] 선순위 유족이 유족연금수급권을 상실한 데 따라 동순위 또는 차순위 유족이 한 유족연금수급권 이전청구가 거부되면 확인적 행정행위로서의 거부결정을 다투어야 한다(대법원 2018두46780판결). 일부 금액만 인정하는 연금급여지급결정의 경우에도 그 결정을 대상으로 항고소송을 제기하여 구체적인 권리가 발생하지 않은 상태에서 당사자소송으로 (인정되지 않은 나머지) 급여의 지급을 소구하는 것은 허용되지 않는다(대법원 2019두45944판결). 다만 수급권(공법상 법률관계)이 확정된 다음에 법령에 따라 금액상의 변동이 있을 때는 급부관계를 직접 다툴 수 있다. 따라서 연금을 받아 오다가 법령개정으로 일부를 받지 못하게 된 경우에는 곧바로 당사자소송을 통해 미지급분을 다툴 수 있다(대법원 2003두15195판결).[28] 마찬가지로 명예퇴직하여 퇴직수당을 수령한 후에 그 금액이 규정에서의 규정에서 정한 정당한 명예퇴직수당액에 미치지 못한다고 주장하는 경우 당사자소송을 통해 미지급분을 다툴 수 있다(대법원 2013두14863판결).[29]

재개발조합을 상대로 한 조합원자격 또는 수분양권 등의 확인은 종전에는 민사소송에 의하여 구할 수 있었지만(대법원 94다37431판결 등), 현재는 대법원 94다31235전합판결 이래로 공법상의 당사자소송에 의하여 확인을 구할 수 있다. 공공사업시행자가 구 '공공용지취득 및 손실보상에 관한 특례법'의 규정에 따른 이주대책자신청에 대해 이를 제외하거나 거부조치를 하여 그 수분양권의 존부를 다툴 경우, 과거(대법원 92다14908판결)와는 달리 우선 제외/거부처분의 취소를 구해야 한다(대법원 92다35783전합판결).[30] 또한 구 농촌근대화촉진법 제156조 소정의 농지개량사업 또는 농가주택개량사업의 시행으로 인하여 손실을 받은 이해관

25) 여기서 법정 수급권자의 (보험)급여청구는 행정청(근로복지공단)을 상대로 보험급여 지급결정을 구하는 공법상 의사표시이어서 민법상 최고와는 법적 성격이 다르다(대법원 2017두49119판결).

26) 조세범처벌법상의 교부금지급의 경우도 마찬가지이다(대법원 95다53775판결).

27) 급부지급을 법정기간에 신청하지 않았을 때 급부지급청구권이 소멸하는지가 다투어지는데, 대법원 2018두47264전합판결은 별도의 소멸시효규정이 있으면 신청기간은 추상적 권리의 행사에 관한 제척기간이며, 그 규정은 강행규정으로 본다. 즉. 고용보험법상 육아휴직급여를 법정기간에 신청하지 않았을 때 그 급여청구권은 소멸한다. 고용보험법상의 육아휴직급여의 재원이 당사자로부터 출연된다는 점에서 신청기간이 충분한지 숙고가 필요하다.

28) 대법원 2003두15195판결이 정당하게 판시하듯이, 지급정지대상자통보, 지급거부의사표시, 미지급통보, 미지급회신은 종국성이 없기에 행정처분에 해당하지 않는다.

29) 대법원 2013두14863판결이 정당하게 판시하듯이, 차액의 지급을 신청한 것에 대하여 법원행정처장이 거부하는 의사는 행정처분에 해당하지 않는다.

30) 아울러 대법원 92다35783전합판결은 수분양권을 공법상의 권리로 설정하여 특별한 상황(신청기간을 도과한 경우, 사업시행자가 미리 수분양권을 부정하거나 이주대책에 따른 분양절차가 종료되어 분양신청을 하더라도 거부당할 것이 명백한 경우, 또는 분양신청을 묵살당한 경우)에서는 당사자소송으로 수분양권 또는 그 법률상의 지위의 확인을 구하는 것을 허용한다(본서 888면). 이에 대한 평석으로 김남진, 판례월보 제291호(1994.12.), 22면 이하.

계인은, 곧바로 민사소송으로 농지개량사업 또는 농가주택개량사업의 시행자를 상대로 하여 손실보상금청구를 할 수가 없다(대법원 93다55296판결).

일찍이 법원은 특별법으로서의 귀속재산관리법의 성격을 반영하여, 관재당국의 소관 귀속재산에 관하여 임대 및 불하에 관한 계약을 체결하거나 혹은 동 각 계약을 취소하는 행위는 행정처분이므로 일반 민사소송으로 그 효력을 다툴 수 없다고 판시하였다(대법원 4292민상398판결). 또한 국·공유재산의 사용·수익허가를 순전히 사경제주체로서 행하는 사법상의 행위가 아니라, 관리청이 공권력을 가진 우월적 지위에서 행하여 항고소송의 대상이 되는 행정처분이자 특허로 판시하였다(대법원 2004다31074판결).[31] 또한 (구)국유재산법 제51조 제1항에 의한 국유재산의 무단점유자에 대한 변상금부과는 관리청이 공권력을 가진 우월적 지위에서 행하는 것으로서 행정처분이라고 보아야 하고, 그 부과처분에 의한 변상금징수권은 공법상의 권리로서 사법상의 채권과는 그 성질을 달리한다고 판시하였다(대법원 91다42197판결 등). 판례는 국유 일반(잡종)재산과 공유 일반재산의 대부료 등의 징수 역시 국세징수법상의 체납처분 규정을 준용하여 간이하게 징수할 수 있음을 들어 민사소송의 방법으로 관철하는 것은 허용되지 않는다고 본다(대법원 2014다203588판결; 2013다207941판결).[32] 그런데 행정처분에 관한 실정법적 근거를 이유로 민사적 접근을 불허하는 판례의 입장은 일관되지 않는다. 판례는 국유재산의 무단점유자에 대해서 변상금부과·징수권의 행사가 명문상(구 국유재산법 제51조 제1항, 제4항, 제5항) 인정됨에도 불구하고, 이와 별도로 행정청은 민사상 부당이득반환청구의 소를 제기할 수 있다고 본다(대법원 2011다76402전합판결; 2012두5688판결).[33] 한편 국공유 일반재산의 대부료(사용료)의 납입(납부)고지의 경우, 대부행위는 국가가 사경제 주체로서 상대방과 대등한 위치에서 행하는 사법상의 계약에 의거한 사법상의 이행청구에 해당하여서 행정소송의 대상이 되지 못한다(대법원 99다61675판결; 2010다59646판결).

한편 판례는 특별한 계약의 방법이 아닌 임용의 방식으로 정원외의 일종의 임시직 공무원을 임용한 경우 그 법률관계를 공법상의 근무관계로 본다. 그리하여 공립교육기관의 장에 의하여 공립유치원의 임용기간을 정한 전임강사로 임용되어 지방자치단체로부터 보수를 지급받으면서 공무원복무규정을 적용받고 사실상 유치원 교사의 업무를 담당하여 온 유치원 교사의 자격이 있는 자의 경우(대법원 90다10766판결)나 국가나 지방자

31) 이에 대한 평석으로 이주원, 대법원판례해설 제61호(2006.12.), 186면 이하. 반론: 이상규, 신행정법론(하), 1994, 429면.

32) 보조금교부결정의 취소에 따른 반환관계 역시 동일하다(대법원 2011다17328판결).

33) 그리하여 판례는 당연히 변상금 부과·징수권을 행사하더라도 민사상 부당이득반환청구권의 소멸시효가 중단되지 않는다고 본다. 이런 논증은 입법자의 의사를 부정하고 체계를 허무는 접근방식이다. 김중권, 안암법학 제47호(2015.5.), 제37면 이하 참조.

치단체에 근무하는 청원경찰의 경우(대법원 92다47564판결)가 이에 해당하여, 이들에 대한 징계나 해임은 항고소송으로 다투어야 한다.

2. 당사자소송의 사례

甲의 남편인 망인 乙은 1970년 7월경 대학재학 중에 권위주의 정권에 항거하여 교련반대시위를 주동하여 수배를 받다가 1972년경 경찰에 체포되어 조사를 받는 과정에서 집단구타 등 고문을 당하여 치아 4개가 상실되었다. 甲은 망인이 위와 같이 고문으로 인하여 치아 4개가 상실되었을 뿐만 아니라 고문후유증으로 인하여 전신마비와 전신경련 증세를 보였고, 이는 민주화관련자보상법 제2조 제2호 나, 다목 소정의 민주화운동관련자의 상이질병 혹은 그 후유증에 해당한다고 주장하면서 민주화운동관련자명예회복및보상심의위원회에 대해 보상금의 지급을 신청하였다. 하지만 동 위원회는 망인의 치아상실 부분은 민주화운동과 관련하여 입은 상이로 인정하였으나, 고문의 후유증으로 전신마비와 전신경련의 증세가 발생하였다는 부분에 대하여는 신청을 기각하였다. 신청기각결정과 관련하여 어떤 소송방도를 취해야 하는가? 본안전 항변에서 피고인 동 위원회는 보상금 등의 지급에 관한 소송은 민주화관련자보상법이 특별히 인정하고 있는 공법상의 권리이므로 그에 관한 소송은 행정소송법 제3조 제2호 소정의 당사자소송에 의하여 해야 하며 따라서 보상금 등의 지급에 관한 보상금의 주체인 대한민국을 피고로 삼아야 함에도 불구하고 甲이 동 위원회를 피고로 삼아 소를 제기하였으므로, 이 사건 소는 부적법하다고 주장한다. 이 주장은 주효하는지? (대법원 2005두16185전합판결)

판례는 관리처분계획에 대한 인가·고시가 있기 전에 행정주체인 재건축조합을 상대로 사업시행계획 또는 관리처분계획에 관한 조합 총회결의의 효력 등을 다투는 소송은 행정처분에 이르는 절차적 요건의 존부나 효력 유무에 관한 소송으로서 그 소송결과에 따라 행정처분의 위법 여부에 직접 영향을 미치는 공법상 법률관계에 관한 것이므로, 이는 행정소송법상의 당사자소송에 해당한다고 판시하였다(대법원 2007다2428전합판결 등).[34] 그리고 일찍이 판례는 구 5·18보상법에 의한 보상 등에 관한 권리는 법률이 특별히 인정하고 있는 공법상의 권리이어서, 광주민주화운동관련자보상심의위원회의 결정은 취소소송의 대상이 되는 행정처분이 될 수 없으며, 보상금지급에 관한 소송으로 곧바로 당사자소송에 의거할 수 있다고 판시하였다(대법원 92누3335판결). 마찬가지로 석탄광업자가 석탄산업합리화사업단에 대하여 갖는 석탄가격안정지원금지급청구권은 석탄사업법령에 의하여 정책적으로 당연히 부여되는 공법상의 권리이므로 이를 구하는 소송은 공

34) 같은 맥락에서 주택재건축정비사업조합에 대한 행정청의 조합설립인가처분이 있은 후에 조합설립결의의 하자를 이유로 그 결의만의 무효확인을 구한 소송은 허용되지 않는다(대법원 2008다60568판결).

법상의 법률관계에 관한 소송인 공법상의 당사자소송에 해당한다(대법원 95다28960판결).[35] 공히 여기서는 앞에서의 연금지급결정 건과는 다르게, 법령으로부터 직접적으로 공권이 성립한다는 논증을 하였다.[36]

한편 민주화보상법은 관련자성인정결정과 보상금등지급결정을 분리하고 있다(4조 2항). 전자는 확인적 행정행위이어서 관련자성부인결정은 일종의 기각결정으로서 당연히 거부처분취소소송으로 다투어야 한다. 대법원 2005두16185전합판결의 다수의견 역시 그런 입장을 취한다.[37]

판례상으로 지방전문직공무원의 채용(대법원 92누4611판결), 시립합창단원의 위촉(대법원 2001두7794판결), 공중보건의사의 채용계약(대법원 95누10617판결)과, 서울특별시립무용단 단원의 위촉(대법원 95누4636판결)은 공법상의 근로계약에 해당하고, 그것에 관한 다툼은 공법상의 당사자소송이 주효한다. 공무원의 근무관계의 중요한 내용 중 하나인 공무원의 보수에 관한 법률관계에 관한 다툼(초과근무수당의 지급) 역시 그러하다(대법원 2012다102629판결). 한편 논란이 되는 것은 공법인과 그 직원과의 관계이다. 판례는 공공조합인 농지개량조합과 그 직원과의 관계를 공법상의 특별권력관계로 보는(대법원 94누10870판결 등)[38] 반면 공무원및사립학교교직원의료보험관리공단 직원의 근무관계는 공법관계가 아니라 사법관계로 본다(대법원 93누15212판결).[39] 공법단체는 간접적인 국가조직이긴 하나, 그에게 맡겨진 공권력발동에 관해서만 행정주체일 뿐이다. 그 내부적 관계까지 법률의 위임 없이 공법관계로 받아들일 수는 없다. 이 점에서 대법원 94누10870판결은 문제가 있다.

구 토지수용법 제75조의2 제2항에 의하여 사업시행자가 환매권자를 상대로 하는 환매가격의 증감에 관한 소송은 물론, 동조항에 의한 보상금증감청구의 소송은 공법상 당사자소송에 해당한다(대법원 99두3416판결 등). 토지보상법 제77조에 따른 농업손실보상청구권은

35) 고용산재보험료징수법에 따른 고용산재보험료의 납부의무 역시 법령 그 자체에서 성립하므로 그것의 부존재확인의 소 역시 공법상 당사자소송이다(대법원 2016다221658판결). 판례의 논증을 적극 찬동하는 입장으로 백윤기, 행정판례연구 제4집(1999.8.), 354면 이하.

36) 그런데 양자의 근거법령의 구조가 다르다. 석탄가격안정지원금 지급요령이 시사하듯이, 여기서는 법령에 의해 석탄광업자에 해당하면 급부관계(지원금지급의무와 수급권)의 성립에는 하등 문제가 없다. 그러나 5·18보상법에 의한 보상구조는 그렇지 않다. 여기서는 보상심의위원회의 결정을 통해서 보상금지급관계가 먼저 성립해야 한다. 따라서 동결정은 대법원 92누3335판결과는 달리 행정처분이 되어야 한다.

37) 문제는 관련자성인정결정에 따른 보상금등지급결정이 내려졌을 때이다. 여기서는 지급결정 자체보다는 그로 인해 형성된 구체적인 급부관계(지급의무와 수급권)에 초점을 맞추어야 한다. 인용결정에 따른 보상금증액을 다투는데 곧바로 당사자소송을 동원할 수 있다고 보아야 한다(동지: 조해현, 행정판례연구 제11집(2006), 315면 이하). 참고문헌: 이현수, 공법연구 제34집 제1호(2005.11.); 김동석, 인권과 정의 제307호(2002.3.).

38) 이에 대한 평석으로 조용호, 법조 제470호(1995.11.), 155면 이하.

39) 종합유선방송위원회 소속 직원의 근로관계의 성질 역시 私法 계약관계이다(대법원 2001다54038판결).

손실보상의 일종으로 공법상의 권리임이 분명하므로 당사자소송에 의한다(대법원 2009다43461판결). 토지보상법 제78조에 따른 세입자의 주거이전비 보상청구권 역시 그 요건을 충족하는 경우에 당연히 발생하는 것이므로 −세입자의 주거이전비 보상에 관하여 재결이 없으면− 당사자소송에 의한다(대법원 2007다8129판결).[40] 국책사업인 '한국형 헬기 개발사업'의 일환으로 체결한 '한국형 헬기 민군겸용 핵심구성품 개발협약'의 법률관계는 공법관계에 해당하므로 당사자소송을 통해 다투어야 한다(대법원 2015다215526판결).

판례는 기왕의 소극적 인식에서 벗어나 사안을 공법적 차원에서 접근하여 당사자소송의 대상을 확대하고 있다. 특히 이상에서 본 판례를 반영하여 행정소송규칙 제19조는 당사자소송의 예를 명문화시켰다(본서 889면). 이제 공법관계와 사법관계의 구분에서 체계정합성을 더욱 강구할 수 있으며, 당사자소송을 사례를 확대할 수 있다.

3. 민사소송의 사례

국세기본법 제51조 제1항에 의하면, 세무서장은 납세의무자가 국세·가산금 또는 체납처분비로서 납부한 금액 중 잘못 납부하거나 초과하여 납부한 금액이 있거나 세법에 따라 환급해야 할 환급세액(세법에 따라 환급세액에서 공제해야 할 세액이 있을 때에는 공제한 후에 남은 금액을 말한다)이 있을 때에는 즉시 그 잘못 납부한 금액, 초과하여 납부한 금액 또는 환급세액을 국세환급금으로 결정해야 한다. 여기서의 국세환급금결정 및 그 거부결정에 대해 행정소송을 제기할 수 있는가? (대법원 88누6436전합판결)

A회사 소속 크레인선과 B회사 소속 유조선이 충돌하여 대형 기름 유출 사고가 발생하였다. 유례를 찾아보기 어려운 해양오염사고이어서, 국가는 피해예상 지역을 특별재난지역으로 선포하고 조직적으로 사고처리에 나섰는데, 유조선 선박회사의 조치만으로는 해양오염을 방지하기 곤란하다고 여겨 해상방제업체인 甲 회사에 대해 방제작업을 보조하도록 요청하였다. 이에 甲 회사는 해양경찰의 직접적인 지휘를 받아 방제작업을 보조한 다음, 방제작업비용을 국가에 청구하였는데, 국가는 이 사건 해양오염의 방제사무는 오염야기자인 B회사의 사무이지 보충적 지위에 있는 국가의 사무라 할 수 없다는 이유로 방제작업비용의 지급을 거절하였다. 국가는 책임이 없는가? (대법원 2012다15602판결)

당연무효인 조세부과에 의해 기 납부세금에 관한 (부당이득)반환청구사건(대법원 94다55019판결 등)과 개발부담금부과처분의 직권취소를 이유로 한 부당이득반환청구사건(대법원 94다51253판결)에서

40) 세입자의 주거이전비 보상에 관하여 재결이 이루어진 다음에는 세입자가 보상금의 증감 부분을 다투는 경우에는 공익사업법 제85조 제2항에 규정된 행정소송에 따라, 보상금의 증감 이외의 부분을 다투는 경우에는 같은 조 제1항에 규정된 행정소송에 따라 권리구제를 받을 수 있다.

법원은 시종 민사상의 부당이득반환사건으로 접근한다. **이런 입장은 일찍이 독립된 의의를 갖는 공법적 부당이득반환청구제도를 상정하지 않은 대법원 69다1700판결에서 연유한다.** 같은 맥락에서 대법원은 국세기본법 제51조 및 제52조의 국세환급금 및 국세가산금 결정이나 환급 거부 결정에 대해서 행정처분성을 부인하고, 민사소송인 부당이득반환청구의 소에 의해야 한다고 판시하였다(대법원 88누6436전합판결; 2007두18284판결 등).[41)42)] 아울러 국세환급금의 충당에 대해서도 동일하게 판시하였다(대법원 92누14250판결; 2005다15482판결; 2003다64435판결). 외부법인 당해 규정을 내부적 사무처리절차규정에 불과하다고 판시한 것이 보여주듯이, 목전의 결과에 너무 몰입한 나머지 전체 법률관계의 이해가 왜곡될 수 있음을 증명하는 대표적인 사례이다. **이 모든 것의 출발점인 대법원 69다1700판결의 기조를 수정할 필요가 있다.**[43)]

국가계약법에 따른 일련의 법적 행위의 성질이 문제된다. 판례는 국가 등이 당사자가 되는 이른바 공공계약을 사경제의 주체로서 상대방과 대등한 위치에서 체결하는 사법(사법)상의 계약으로 보고서, 그 본질적인 내용은 사인간의 계약과 다를 바가 없으므로, 그에 관한 법령에 특별한 정함이 있는 경우를 제외하고는 사적자치와 계약자유의 원칙 등 사법의 원리가 그대로 적용된다고 판시한다. 또한 동 법령상의 입찰절차나 낙찰자 결정기준에 관한 규정을, 국가가 사인과의 사이의 계약관계를 공정하고 합리적·효율적으로 처리할 수 있도록 관계 공무원이 지켜야 할 계약사무처리에 관한 필요한 사항을 규정한 것으로, 국가의 내부규정에 불과하다고 판시한다(대법원 2001다33604판결; 2006마117결정).[44)] 일찍이 예산회계법에 따라 체결되는 계약을 사법상의 계약으로 보고서, 동법상의 입찰보증금의 국고귀속조치를 사권주체로서 국가가 행한 사법적 행위로 판시하였다(대법원 81누366판결). 이처럼 예산회계법 또는 지방재정법에 따라 지방자치단체가 당사자가 되어 체결하는 계약에 관한 분쟁은 행정소송의 대상이 될 수 없다고 보면(대법원 96누14708판결), 동법 제27조에 따른 행정청의 입찰참가제한조치를 행정처분으로 보는 판례의 입장(대법원 98두18565판결 등)은 정당화될 수가 없다. 이처럼 공공계약을 사법상 계약을 볼 때, -명문으로 취소소송

---

41) 이에 대한 평석으로 조헌수, 행정판례연구 제1집(1992); 소순무, 조세판례백선, 2005, 109면 이하.
42) 그런데 판례는 국가에 대한 납세의무자의 부가가치세 환급세액 지급청구는 민사소송이 아니라 당사자소송의 절차에 따라야 한다고 본다(대법원 2011다95564전합판결). 사안을 부당이득반환의 차원에서 접근하지 않고, 법정의무의 차원에서 접근하였다. 아런 입장에서 행정소송규칙은 당사자소송의 대상으로 명문화하였다(19조 2호 나). 또한 기반시설부담금 납부의무자의 환급신청에 대한 행정청의 환급거부결정(통보)은 행정처분에 해당한다고 본다(대법원 2016두50990판결).
43) 한편 법인세 환급받은 법인이 후에 결손금 소급공제 대상 법인이 아닌 것으로 밝혀진 경우에 과세관청은 착오환급한 환급세액을 구 국세기본법 제51조 제7항에 따라 강제징수할 수 있을 뿐이고, 민사소송의 방법으로 부당이득반환을 구할 수는 없다. 그리하여 결손금 소급공제 환급결정을 직권으로 취소한 이후에야 비로소 납세자를 상대로 착오환급 내지 과다환급한 환급세액을 강제징수할 수 있다(대법원 2013다206610판결).
44) 이에 대한 공법적 관점에서의 비판으로 박정훈, 행정법의 체계와 방법론, 163면 이하 참조.

의 대상이 됨을 규정하는 식으로 구태여 이단계이론(二段階理論)의 성립을 규정하지 않는 한- 낙찰자결정(국가계약법 10조)은 물론 입찰의 참가배제(제한) 역시 공공계약의 사법적 준비행위에 불과하다. 이 점에서 국가계약법상의 행정청에 의한 입찰참가제한을 처분으로 보는 판례의 태도는 再考되어야 한다(본서 222면 이하).[45]

한편 판례상으로 국가배상법상의 국가배상청구권(대법원 69다701판결), 어업권상실로 인한 수산업법 제81조 제1항 제1호에 따른 손실보상청구권(대법원 99다37382판결 등), 징발보상청구권(대법원 69다9판결 등), 특정다목적댐법 제41조 소정의 요건에 해당하여 청구하는 손실보상사건(대법원 96누1597판결), 간접손실보상청구사건(대법원 97다56150판결), 토지구획정리사업에 의한 토지수용에 따른 보상청구사건(대법원 67다2038판결)은 민사소송절차가 지배한다. 하지만 불원간 행정소송법을 중심으로 한 변화로 인해 행정소송절차(당사자소송)로 이행할 것이다. 토지보상 등의 환매권에 대해 판례는 사권으로 접근하지만(대법원 92다4673판결), 그러나 공익사업변환제도를 통해 환매권행사가 제한되는 점을 감안할 뿐만 아니라, 실체적 상관관계이론 및 (수정된) 주체이론에 의하면 공권에 해당할 수 있다(동지: 김남진, 기본문제, 1179면).

한편 판례는 과거 서해안 기름유출사고와 관련하여 민간회사가 방제작업에 참여한 사안에서 국가가 최종적으로 방제조치를 취할 법률상의 의무가 있음을 전제로 국가의 방제비용지급의무를 민법상의 사무관리의 차원에서 접근하였는데(대법원 2012다15602판결), 국가의 방제조치임무의 공적 성격에 비추어 사건을 민사사건으로 다룬 것은 바람직하지 않다. 공법상의 사무관리의 차원에서 당사자소송이 강구되었어야 한다.[46]

---

45) 동지: 이상규, 행정판례연구 제1집(1992), 127면 이하.

46) 협조의 마음에서 다른 사람을 위해 임의적으로 행동에 나서는 데에 따른 법제도인 민법상의 사무관리는 사적 자치와 행동의 자유에서 비롯되지만, 공법상의 사무관리의 경우, 구하지 않음에도 불구하고 임의로 공임무를 수행한 것을 법치국가원리의 차원에서 어떻게 정당화할 것인지의 문제가 관건이다. 따라서 민사상의 사무관리와 공법상의 그것은 구별되어야 하고, 구별의 결과로 후자의 경우에는 민법의 사무관리 규정이 '준용'되어야 한다. 상론: 김중권, 법률신문 제4357호(2015.5.4.).

제2절 취소소송

Ⅰ. 취소소송의 기초적 이해

1. 취소소송의 의의와 성질

취소소송이란 행정청의 위법한 처분 등을 취소 또는 변경하는 소송을 의미한다. 취소는 어의대로 법적 효력을 없애는 것(消效)이다. 취소판결이 내려지면 별다른 추가적 조치가 없이 원래의 상태가 회복된다. 그리하여 **취소소송은 형성소송적 성질을 갖는다**(통설과 판례: 대법원 95누14978판결 등). 여기서의 변경이 적극적 변경을 의미하는 것인지 소극적 변경, 즉 일부 취소를 의미하는 것인지가 논란이 되는데, 적극적 변경이 실은 이행소송인 점에서, 소극적 변경으로 보아야 한다.

한편 박정훈 교수는 취소소송이 형성소송적 성격이 아니라 확인소송적 성격을 갖는다고 주장한다.[47] 하지만 항고소송의 객관소송적 성격이 부인되기에, 취소소송의 확인소송적 이해는 이미 그 기저가 멸실(滅失)되었다.[48] 한편 행정소송법 제12조의 제2문과 관련해서는, -그것의 성격과 위상이 문헌상으로 계속적으로 다투어지기에, 오해를 불식시키기 위해 동문을 독일에서의 계속적 확인소송과 같이 하루바삐 바르게 정비해야 하는 것과는 별도로- 만약 취소소송이 확인소송이라면, 행정소송법 제12조 제1문만으로 충분하지 굳이 제2문의 존재가 필요할까 하는 의문이 든다. 왜냐하면 처분 당시에 갖고 있었던 위법성을 확인한다는 것은 처분의 효과가 소멸된 이후에도 아무런 문제없이 가능하기 때문이다. 그리고 권력적 사실행위 나아가 심지어 사실행위에 대해서도 처분성을 인정하는 문헌의 일반적 경향은 여러 번 강조하듯이 문제가 있다.

47) 주요논거: ⅰ) 우리 실정법상 위법한 처분이라 하더라도 취소될 때까지 효력을 발생·유지한다고 하는 독일 행정절차법 제43조 제2항과 같은 규정이 없다. ⅱ) 우리 판례는 행정처분은 처분시에 소급하여 효력을 잃게 되고 따라서 "처분에 복종할 의무가 원래부터 없었음이 확정되었다"는 이유로 무죄를 선고하고 있다(대법원 93도277판결; 98도4239판결). ⅲ) 행정소송법 제12조 제2문이 문제상황에 대한 대처의 방식을 취소소송을 취한 것은, 취소소송의 본질이 처분의 -처분당시 갖고 있었던- 위법성을 확인하는 데 있기 때문이다. ⅳ) 통설은 권력적 사실행위에 대해 처분성을 인정하며, 비권력적 사실행위까지 처분성을 인정하고자 하는 것이 학설의 일반적 경향인데, 이러한 사실행위에 대한 '취소'는 그 위법성의 확인을 의미하는 것이다(행정소송의 구조와 기능, 165면 이하).

48) 한편 확인소송적 이해를 위해 제시된 논거 ⅰ)과 ⅱ)과 관련해서는 공정력에 관한 논의(본서 353면 이하)에서 검토되어야 한다.

2. 취소소송의 소송물

(1) 무엇이 취소소송에서의 소송물인가?-논의현황

소송물이라 함은 소송의 객체, 즉 분쟁의 대상이자 법원의 심판의 대상이다. 소송물은 원고의 소송상의 청구를 가리키는데, 판결의 기판력 및 기속력에 따른 구속의 규준이 된다. **취소소송에서의 소송물이 무엇인지를 두고서 문헌상 크게 세 입장이 있다:** i) '행정처분으로 인하여 생긴 위법상태의 배제'를 취소소송의 소송물로 보는 입장(김도창, 일반행정법론(상), 1993, 745면), ii) '처분 등의 위법성' 내지 '처분의 위법성 일반'을 취소소송의 소송물로 보는 입장(대표적으로 김동희/최계영, 760면; 박균성/정형근, 767면),[49] iii) 취소소송의 소송물을 「위법한 처분 등에 의하여 자기의 법률상 이익이 침해되었거나 필연적으로 침해될 것이라는 원고의 주장」으로 새기는 입장(대표적으로 김남진, 고시연구 2010.12). 특히 박정훈 교수는 항고소송을 객관소송으로 설정하면서, 판례가 언급한 '처분의 위법성 일반'을 권리침해와 무관한 것으로 본다.[50] 권리침해와 행정처분의 위법성의 견련관계(위법성의 권리침해견련성)를 부인한 것인데, 이에 의하면 원고는 본안에서 자신의 권리를 침해하지 않은 위법사유를 주장할 수 있다.

(2) 판례의 태도

대부분 문헌은 판례가 처분의 '위법성 일반'을 소송물로 보고 있다고 하면서, 그 논거로 특히 대법원 87누647판결을 든다. 동 판결은 「과세처분취소소송의 소송물은 그 취소원인이 되는 위법성 일반이다」라고 설시하였는데, 이를 계기로 「조세소송의 목적물은 과세관청이 결정한 소득금액의 존부이다」(대법원 88누7255판결; 91누13205판결), 「과세처분취소소송의 소송물은 그 취소원인이 되는 위법성 일반이고 그 심판의 대상은 과세처분에 의하여 확인된 조세채무인 과세표준 및 세액의 객관적 존부이다」(대법원 89누5386판결), 「과세처분취소소송의 소송물은 과세관청이 결정한 세액의 객관적 존부이다」(대법원 96누8796판결; 97누2429판결), 「객관적인 조세채무의 존부확인이다」(대법원 2020두46073판결)라고 설시되었다. 한편 일부 문헌은 판례가 일반적인 취소소송에서 소송물이 계쟁처분의 위법성 일반인지 아니면 개개의 위법사유를 말하는 것인지는 불분명하다고 지적한다(김철용, 576면).[51]

---

49) 한편 이들 문헌들은 판례와 마찬가지로 소송물이 '처분의 위법성 일반'이라고 기술할 뿐, 그 의미를 객관적 위법성으로 표현하지는 않는다. 가령 김동희 교수님은, 여기서의 위법성일반을 당해 처분이 적법한 것으로 청구기각을 하기 위하여는 모든 적법요건이 구비되어 있어야 하고, 그중의 하나라도 결여되면, 즉 위법사유의 어느 하나라도 인정되면 청구인용판결을 하게 된다는 의미로 본다(760면).

50) 한편 박정훈, 행정소송의 구조와 기능, 394면.

51) 반면 위법성 일반이 판례의 입장이라는 지적으로 하명호, 행정쟁송법, 62면.

(3) 판례에 대한 분석

판례에서 나타난 '위법성 일반'이나 '객관적 존부'란 표현들은, 취소소송의 소송물이 '위법성일반'이고 항고소송이 객관소송적 성격이라는 주장의 착안점을 제공한다고 여겨질 만하다. 그런데 관련 판례를 세심하게 분석해야 한다. 특히 87누647판결이전에 나온 판례(대법원 78누345판결; 84누2판결; 85누418판결; 86누491판결)를 함께 고찰해야 한다. 이런 판례들을 살펴본, 즉 여기서 '위법성 일반'이란 표현은 「과세처분의 취소소송에서 과세처분의 실체적, 절차적 위법이 그 취소원인으로 되는 것」을, 즉 과세처분의 위법사유 일반을 나타낸 것이다.[52] 아울러 여기서의 '객관적 존부'란 표현은 과세처분의 적법여부를 가늠하는 정당한(적법한) 세액의 초과여부가 관련 법규정에 의거하여 '객관적'(sachlich)으로 가늠된다는 것을 의미한다. 판례가 과세처분취소소송의 소송물의 범위, 즉 심판의 범위에 관해서 쟁점주의가 아닌 총액주의를 취한 것에 따른 것이다(대법원 88누6504판결). 여기서의 '객관적'이라는 표현은 주관적(subjektiv) 권리보호에 대한 반대 의미에서의 '객관적'(objektiv)인 것과는 전혀 무관하다. 이 점에서 **87누647판결이 오해의 근원이라고 비판할 수 있으며, 하루바삐 그것에서 벗어나야 한다.**[53] **판례의 바른 이해가 시급하다.**

(4) 관견(管見)

위법성일반론에 의하면 개별의 위법사유는 소송물이 아니고 공격방어방법의 하나에 불과하다. 그런데 이와는 별도로, **판례나 문헌상의 위법성 일반이 결코 객관소송의 출발점인 객관적 위법성을 의미하지 않는 것은 분명하다.** 계쟁처분의 위법성(및 위법성 일반)을 소송물로 보는 **판례의 태도를 두고서,** -항고소송의 객관소송화를 근거지우는- **객관적 위법성을 취소소송의 소송물로 보는 것이라 평가하는 것은 결코 바람직하지 않다.** 사실 원고적격여부를 판단함에 있어서 권리침해를 전제로 하면, 소송물의 이해에 관한 위의 ii)와 iii)의 입장이 현격히 다른 것은 아니다.

52) 조세소송연구(사법연수원), 2009, 67면.

53) 한편 처분의 이유제시의무가 행정절차법을 통해 일반원칙이 된 현행법 아래에서는 취소소송의 소송물을 처분의 위법성 일반으로 이해하는 것은 적절하지 않다고 한다(김철용(2011), 614면).

Ⅱ. 취소소송의 관할

1. 재판관할

(1) 관할법원

취소소송의 제1심 관할법원은 피고의 소재지를 관할하는 행정법원으로 한다(9조 1항).[54] 그런데 ⅰ) 중앙행정기관, 중앙행정기관의 부속기관과 합의제행정기관 또는 그 장, ⅱ) 국가의 사무를 위임 또는 위탁받은 공공단체 또는 그 장이 피고인 경우에는 대법원소재지를 관할하는 행정법원에 제기할 수 있다(2항). 토지의 수용 기타 부동산 또는 특정의 장소에 관계되는 처분 등에 대한 취소소송은 그 부동산 또는 장소의 소재지를 관할하는 행정법원에 이를 제기할 수 있다(3항).

여기서 '기타 부동산 또는 특정의 장소에 관계되는 처분'이란 부동산에 관한 권리의 설정, 변경 등을 목적으로 하는 처분, 부동산에 관한 권리행사의 강제, 제한, 금지 등을 명령하거나 직접 실현하는 처분, 특정구역에서 일정한 행위를 할 수 있는 권리나 자유를 부여하는 처분, 특정구역을 정하여 일정한 행위의 제한·금지를 하는 처분 등을 말한다(소송규칙 5조 2항).[55] 한편 공법인을 피고로 하는 취소소송의 토지관할은 주된 사무소 소재지뿐만 아니라 그 업무를 처리한 지사의 소재지 관할법원에게도 있다. 또한 행정소송의 토지관할은 전속관할이 아니므로 당사자의 합의에 의한 합의관할이 가능하고, 관할의 합의는 제소 전은 물론이고 제소 후도 가능하다(부산고법 98루2결정). **그리고 법률이 비송사건절차법에 따른 재판절차를 규정한 경우(농지법 63조 ⑦) 설령 관할청이나 관할 행정심판위원회가 행정소송을 제기할 수 있다고 잘못 안내하였다 하더라도 항고소송의 재판관할이 생기지 않는다(대법원 2018무42955판결).**

(2) 관할이송 및 관할위반의 문제

원고가 고의 또는 중대한 과실 없이 행정소송을 심급을 달리하는 법원에 잘못 제기한 경우 다른 모든 소송요건을 충족하면 민사소송법 제34조 제1항의 이송규정이 적용된다(7조). 따라서 수소법원은 소송의 전부 또는 일부에 대하여 관할권이 없다고 인정하는 경우에는 결정으로 이를 관할법원에 이송한다. 그런데 이런 관할이송은 심

54) 현재 행정법원이 서울에만 설치되어 있다. 행정법원이 설치되지 않은 지역은 법원조직법 부칙(법률 제4765호, 1994.7.27.) 제2조에 의해 해당 지방법원의 본원 및 춘천지방법원 강릉지원이 관할한다.
55) 이는 대법원 2003무56결정을 그대로 옮긴 것이다.

급위반의 경우에 해당하고, 항고소송을 민사사건으로 오해하여 서울행정법원이나 지방법원 본원이 아닌 다른 법원에 제기한 데 따른 관할위반의 경우에는 사정이 다르다. 취소소송을 비롯한 행정소송은 행정법원을 관할로 하는 전속관할이 통용되기에, 행정소송과 민사소송간의 혼동에 따른 관할위반이 문제된다. 항고소송을 민사사건으로 오해하여 서울행정법원이나 지방법원 본원이 아닌 다른 법원에 제기한 경우에는 관할위반으로 소가 부적법하여 각하된다(당사자소송과 민사소송사이의 관할위반은 본서 891면 참조).

한편 원고가 고의 또는 중대한 과실 없이 지방법원 본원에 행정소송(항고소송)으로 제기해야 할 사건을 민사소송으로 제기한 경우에는 관할위반의 문제가 아니고, 궁극적으로 후술할 소의 변경의 문제이다(본서 832면).

2. 관련청구소송의 이송과 병합

(1) 관련청구소송의 이송

(본래의) 취소소송과 관련청구소송(당해 처분등과 관련되는 손해배상・부당이득반환・원상회복등 청구소송/ 당해 처분등과 관련되는 취소소송)이 각각 다른 법원에 계속되고 있는 경우에 관련청구소송이 계속된 법원이 상당하다고 인정하는 때에는 당사자의 신청 또는 직권에 의하여 이를 취소소송이 계속된 법원으로 이송할 수 있다(10조 1항).[56] 관련청구소송의 이송과 병합은 본체인 소송이 다른 항고소송은 물론 당사자소송, 기관소송 및 민중소송에도 준용된다(38조, 44조, 46조).

(2) 관련청구소송의 병합

(본래의) 취소소송에는 사실심의 변론종결시까지 관련청구소송을 병합하거나 피고외의 자를 상대로 한 관련청구소송을 취소소송이 계속된 법원에 병합하여 제기할 수 있다(10조 2항).

관련청구소송의 병합요건으로 i) 본래의 소송이 적법할 것과 ii) 본래의 행정소송과 관련성이 있을 것이 요구된다. 전자의 요구와 관련해서, 본래의 취소소송이 부적법하여 각하되면 그에 병합된 청구도 소송요건을 흠결한 부적합한 것으로서 각하된다(대법원 95누13708판결). 후자의 요구는 병합가능한 청구의 범위를 한정함으로써 사건의 심리범위가 확대・복잡화되는 것을 방지하여 그 심판의 신속을 도모하려는 취지이다. 그리하여 손해배상청구 등의 민사소송이 행정소송에 관련청구로 병합되기 위해서는 그 청구의 내용 또는 발생원인이 행정소송의 대상인 처분 등과 법률상 또는 사실상 공통되거나,

56) 여기서 본래 민사법원의 관할에 속하는 사건과 관련해서는 재판관할이 다르기에 이송이 아니라 이관이라 해야 타당하다. 상론: 박병대, 공법상 소송의 재판권과 관할 및 소송형태 등에 관한 실무상 쟁점과 과제, 공법학회 제223회 학술대회(2018.5.18.) 발표문.

그 처분의 효력이나 존부 유무가 선결문제로 되는 등의 관계에 있어야 함이 원칙이다. 판례는 사업인정 전의 사업시행으로 인하여 재산권이 침해되었음을 원인으로 한 손해배상청구가 토지수용사건에 관련청구로서 병합될 수 있는 것으로 본다(대법원 99두561판결). 심급관할을 위배한 이송결정의 기속력은 이송받은 상급심 법원에는 미치지 아니하므로, 이송받은 상급심 법원은 사건을 관할 법원에 이송해야 한다(대법원 99두9735판결).

Ⅲ. 취소소송의 당사자

1. 당사자능력

(1) 당사자능력의 의의

원고의 당사자능력이 존재하지 않으면, -소의 종류나 권리의 침해여하에 좌우될 것 없이- **소는 허용되지 않는다.**[57] 피고차원의 당사자능력은 이론적 문제에 불과하다. 왜냐하면 행정청의 활동뒤에는 당사자능력이 있는 단체적 지위(국가, 지방자치단체 등)가 존재하기 때문이다. 판례도 특히 입학사정(대법원 89누8255판결)이나 징계와 관련해서 피고적격의 물음에 대해서는 별다른 의문이 당연하게 제기되지 않았다. 원고의 당사자능력과 관련해서 독일과는 달리(행정법원법 61조), 행정소송법에는 이에 관한 특별한 규정이 없다. 부득불 민사소송법상의 그것을 준용할 수밖에 없다. 자연인과 법인이 행정소송에서 당사자능력을 가지며, 법인격 없는 사단이나 재단의 경우도 대표자나 관리인이 있으면 그 사단이나 재단이 당사자가 될 수 있다(8조 2항, 민소법 51조·52조).

한편 소송의 당사자능력이 사람을 전제로 법제도이기에 환경소송에서 종종 사람이 아니라 자연물이나 동식물이 소송주체로 등장하곤 한다.[58]

(2) 국가의 당사자능력의 문제

국가가 1989.9.30. 서울특별시 관악구청장에게 서울대학교 총장을 개설자로, 진료과목을 내과 등 8개 과목으로 하여 위 보건진료소를 의원으로 개설하겠다는 취지의 의료기관 개설신고

57) 물론 다툼에서 당사자능력의 존부가 관건이 될 경우에는 일단 당사자능력이 있다고 전제된다.

58) 천성산도룡뇽사건(대법원 2004마1148, 1149결정)이 대표적인데, 비슷한 사건이 일본은 토끼소송, 독일은 물개소송, 미국은 계곡소송이다. 이들 소송은 생태주의적 관점에서 법을 재구성하지 않는 한, 주의를 환기하는 데 의미가 있을 뿐이다. 하지만 장차 법의 생태주의적 형성을 촉발할 수 있다. 미국의 계곡소송의 의의에 관해서는 본서 798면 주) 104 참조.

를 하였고, 관악구보건소장은 신고를 수리한 다음 의료기관 개설신고필증을 교부하였다. 그 후 관악구보건소장은 이 보건진료소는 당초부터 의료기관 신고대상이 아님에도 착오로 인하여 의원으로 등록된 것이라는 이유로 보건진료소 직권폐업결정을 2008.11.25.경 통보하였다. 이 직권폐업결정을 국가가 다툴 수 있는가? (서울행법 2009구합6391판결)

A 국립대학교 총장이 2002.10.9. B군수에게 국토이용계획상 농림지역 또는 준농림지역으로 지정되어 있는 이 사건 신청지의 용도를 준도시지역 중 시설용지지구로 변경하여 달라는 취지의 국토이용계획변경승인신청을 하였는데, B군수가 국토이용계획 변경이 이루어질 경우 기존의 양호한 생활환경과 생활권에 피해를 주며, 축산폐수를 액비자원화하여 살포하는 경우 이에 따른 환경오염 및 민원발생의 우려가 있으며, 상수원 오염에 따른 지역주민의 반대 등이 있다는 이유로 국토이용계획변경승인신청을 반려하였다. 이 반려에 대해 국가가 다툴 수 있는가? 국토이용계획사무는 기관위임사무이다. (대법원 2005두6935판결; 대전고법 2004누2125판결)

종래 판례는 국가의 당사자능력의 인정에 소극적이었다. 아파트 건축으로 인접 대학교 구내에 설치계획중인 관측장비가 제대로 작동되지 못하는 결과 연구·수업에 지장이 생기게 된다는 사정이 인정된다 하여 그 대학교 총장이 개인 명의로 건축허가처분의 집행정지신청을 구한 사건(대법원 94두34결정)에서 그 원심(부산고법 94부131결정)은 국가는 항고소송의 원고가 될 수 없음을 분명히 하였다. 국가를 비롯한 행정주체의 당사자능력 및 원고적격이 인정되어야 한다는 反論이 제기되었지만,[59] 대부분 문헌들은 이 문제에 대해 무관심하였다. 그러나 국가가 국토이용계획과 관련한 기관위임사무의 처리에 관하여 지방자치단체의 장을 상대로 취소소송을 제기한 사건에서 하급심은 국가의 당사자능력의 결여를 문제 삼은 피고의 항변을 수용하지 않았고(대전고법 2004누2125판결),[60] 보건소장의 보건진료소직권폐업결정사건에서 서울행법 2009구합6391판결 및 그 상고심인 **대법원 2009두23129판결 등은 국가의 당사자능력을 분명히 인정하고, 원고적격까지 인정하였다.**

(3) (국립)대학의 당사자능력의 문제

대학은 국가나 대학법인으로부터 권한을 위임받은 한에 있어서 당사자로서 소송주체가 될 수 있다. 그런데 대학이 국가나 대학법인을 상대로 하여 소송주체가 될 수 있는지가 문제된다. 판례에서는 부인된다(서울행법 2009구합6391판결; 2011구합32485판결). 그런데 학문의 자유와 대학자율권과 관련해서 대학은 기본권의 주체적 지위를 갖는다(헌재 92헌마68 등). 비록 국가나 대

59) 대표적으로 박정훈, 주석행정소송법(대표: 김철용/최광률), 2004, 390-391면.
60) 그러나 상고심인 대법원 2005두6935판결은 당사자능력의 물음을 다루지 않고, 지방자치법상 기관위임사무와 관련하여 국가가 적절한 조치를 취할 수 있어서(구 157조의2) 지방자치단체의 장을 상대로 취소소송을 제기하는 것이 허용되지 않는다고 판시하였다. 즉, 권리보호의 필요차원에서 접근하였다.

학법인의 존재로 인해 국립대학교나 사립대학은 재산의 귀속 등에서 완전한 권리능력을 갖지는 못하지만, 독일에서의 단과대학에 비견하여 부분적 권리능력은 인정될 수 있다. 따라서 **대학이 국가나 대학법인을 상대로 해서 학문의 자유와 대학자율권과 관련하여** -행정소송이든 민사소송이든- **다툴 수 있는 당사자능력은 인정된다**(본서 161면 이하).[61]

최근 미미하지만 그 의미가 결코 사소하지 않은 변화가 있다. -교원소청심사위원회가 내린- 재임용거부처분취소처분에 대한 취소소송에서 학교법인의 기관에 불과한 대학총장에 대해 대법원은 법인의 위임을 전제로 나름 독자적인 기능을 수행한다는 점에서 원심과는 달리 적극적으로 당사자능력을 인정하였다(대법원 2008두9317판결).

한편 강원대학교 법학전문대학원에 대한 교육부장관의 모집정지처분과 관련해서 헌법재판소가 강원대학교의 헌법소원심판의 청구인능력을 -저자의 주장과 같이- 정당하게 인정하였다(헌재 2014헌마1149).[62] 이는 종래 법원이 법인화되지 않은 국립대학 및 국립대총장의 -국가를 상대로 한- 당사자능력을 부인한 후과로서 향후 내부소송에 관한 논의를 촉발할 것이다.

(4) 국가기관의 당사자능력의 문제

> 하남시선관위 소속 甲은 하남시선관위가 주민투표법을 위반하여 서명부심사를 제대로 하지 아니한 결과 하남시에 2억여 원의 재산상 손해가 발생하였다며 국민권익위원회에 대해 「부패방지권익위법」에 따라 부패행위신고를 하는 한편, 경기도선관위 위원장 乙이 자신에게 내린 전보명령은 자신이 중앙선관위 사무총장에게 제보한 데 따른 보복 차원에서 행하여진 것이라며 동법 제62조에 따라 전보명령의 취소와 관련자 처벌을 구하는 신분보장조치를 요구하였다. 이에 국민권익위원회는 乙에게 '甲에 대한 중징계요구를 취소하고 향후 신고로 인한 신분상 불이익처분 및 근무조건상의 차별을 하지 말 것을 요구'하는 내용의 조치요구를 하였다. 여기서 乙은 국민권익위원회의 이런 조치요구를 다툴 수 있는가? (대법원 2011두1214판결)

제1심(서울행법 2008구합50506판결)은 경기도선관위원장이 국가의 산하기관에 불과할 뿐 항고소송의 원고가 될 수 있는 당사자능력이 없음을 이유로 각하하였지만, 항소심은 당사자능력을 예외적 상황에 근거하여 긍정한 다음, 본안에서 인용판결을 내렸다(서울고법 2009누38963판결). 상고심 역시 국민권익위원회법상의 제재규정과 같은 중대한 불이익을 직접적으로 규정한 다른 법령의 사례를 찾아보기 어렵고 국민권익위원회의 조치요구를 다툴 별다른 방법이 없기에, 처분성이 인정되는 조치요구에 불복하고자 하는 기관장은 조치요구의 취소

61) 상론: 이일세, 강원법학 제57권(2019), 99면 이하; 김중권, 강원법학 제36권(2012.6.), 69면 이하.
62) 상론: 승이도, 저스티스 제155호, 2016, 381면 이하.

를 구하는 항고소송을 제기하는 것이 유효·적절한 수단이므로 비록 국가기관이더라도 당사자능력 및 원고적격을 가진다고 보는 것이 타당하다고 판시하였다(대법원 2011두1214판결).[63]

비록 사안이 본질적으로 권한쟁의에 해당하더라도, 법률상으로 국민권익위원회의 조치요구는 해당 기관이 아니라, 그 기관의 장에게 행해진다. 기관의 행위는 기관의 장의 이름으로 하는 것이 원칙이긴 해도, 이런 메커니즘은 특별한 법적 의미를 갖는다. 왜냐하면 국민권익위원회법에 의하면(90조, 91조 1항), 정당한 사유 없이 조치요구를 이행하지 아니한 기관의 장은 처벌될 수 있기 때문이다. 기관의 장의 입장에서는 －상고심이 시사하듯이－[64] 자신과 관련해서 주관소송의 차원에서 접근할 수 있다. 국민권익위원회의 조치요구를 다툴 당사자능력과 원고적격이 어렵지 않게 해당 기관의 장에게 인정된다.

그런데 이처럼 국가기관의 장이 제기한 취소소송을 일련의 판례(대법원 2023두35623판결)**가 허용되더라도, 국가기관의 당사자능력이 행정소송에서 당연히 일반적으로 인정되는 것으로 오해해서는 곤란하다. 당사자능력이 기본적으로 권리능력을 출발점으로 한다는 점에서, 법효과의 귀속주체가 될 수 없는 기관이 당사자능력을 갖기 위해서는 특별한 법률적 근거가 요구된다**(예: 독일 행정법원법 61조 3호). 그리고 국민권익위원회의 조치요구는 그 조치요구를 받은 국가기관의 자주인사권(징계권)과 마찰을 낳기에, 그것의 다툼은 기본적으로 국가의 소속기관 상호간의 다툼이어서 본질적으로 권한쟁의에 해당한다.

(5) 지방자치단체의 당사자능력의 문제

> 서울시가 국립공원에 장애인을 주된 이용자로 하는 숙박시설을 건축하고자 건축법 29조에 따라 관할 A군수와 협의했는데, 공식적으로 동의를 한 다음 A군수가 협의취소를 했다. 여기서의 협의취소에 대해 서울시는 다툴 수 있는가? (대법원 2012두22980판결)

지방자치단체의 자치사무에 관한 명령·처분에 대해 주무부장관 등이 행한 취소·정지에 대해서 해당 지방자치단체는 대법원에 소를 제기할 수 있다(지방자치법 188조 2항). 행정주체(및 그에 속한 기관)간의 다툼에서 이런 법규정이 없을 때가 문제되는데, **대법원 2012두22980판결은** 자치단체의 장이 다른 지방자치단체를 상대로 한 건축협의 취소

63) 동지: 대법원 2014두35379판결(소방청장). 참고문헌: 김춘환, 법학논총 제21집 제3호(2014), 395면 이하; 정남철, 저스티스 제140호(2014.2.); 박정훈, 경희법학 제49권 제3호(2014.9.), 334면 이하.

64) “이러한 제반 규정에 의하면 피고 위원회의 조치요구의 상대방으로서 조치요구에 따라야 할 의무의 주체는 ‘소속기관 등의 장’임이 분명하므로, 그러한 조치요구에 불복하고자 하는 ‘소속기관 등의 장’에게는 조치요구를 다툴 수 있는 소송상의 지위를 인정해야 할 것이다.”

에 관하여 다툼이 있는 경우에 법적 분쟁을 실효적으로 해결할 구제수단을 찾기 어렵다는 점에서 **항고소송을 행정소송에서 일종의 보충적 소송으로 설정하고서 권리보호의 공백을 메우려 하였다**. 비록 동 판결이 지방자치단체의 당사자능력에 관해 특별히 언급하지 않았지만, 원고적격의 인정은 당사자능력의 인정을 포함한다. 사실 대표적인 공법인인 국가에 대해 당사자능력이 인정되는 이상, 지방자치단체 역시 별 어려움 없이 인정될 수 있기에, **굳이 항고소송의 보충성을 내세우지 않더라도 원고적격 및 당사자능력이 인정되어 자신의 권리침해를 주장할 수 있다.**[65]

한편 **동 판결은 기왕의 입장과 부조화를 드러낸다.** 가령 도지사가 도내 특정시를 공공기관 이전 혁신도시의 최종입지로 선정한 행위를 다툰 사건에서, 판례는 선정되지 않은 시의 원고적격 및 대상적격상의 물음에 대해 부정적인 태도를 보였다(대법원 2007두10198판결).[66]

2. 원고적격

(1) 일반론

(가) 원고적격의 의의

취소소송은 처분 등의 취소를 구할 법률상 이익이 있는 자가 취소소송을 제기할 수 있다(12조 1문).[67] (광의의) 소이익은 법원을 정당하지 않은 소구(訴求)로부터 벗어나게 하는 법제도이다. 일종의 소권남용을 제어하는 장치이다(소익이 없으면 소권이 없다). 그것은 원고적격, 대상적격 그리고 권리보호의 필요성(협의의 소의 익)의 3가지 차원에서 모색된다. **원고적격(Klagebefugnis)은 누가 소송을 제기할 자격이 있느냐의 물음이다.** 소송에서의 일종의 주체적 필터링으로서의 원고적격은 소송요건적 의미를 지닌다. 그리하여 부적격자가 제기하는 소는 허용되지 않아 각하된다. 공법시스템에서는 국가가 －법률상으로－ 객관적인 법준수의무를 진다고 하여 그것에 의거해서 관련인

65) 하지만 공권력의 단일성 및 내부소송의 범위에 관한 오해, 주관적 권리의 억제적 귀속, 국가와 구분된 민간주체만이 주관적 권리의 주체가 될 수 있다는 낙후된 관념이 간단히 결론에 도달하는 것을 방해하였다. Hufen, §14. Rn.94. 참고문헌: 강기홍, 공법연구 제39집 제4호(2011).

66) 이에 관한 비판적 평석으로 김남진, 법률신문 제3629호(2008.2).

67) 2013년 법무부 행정소송법개정안에서 '법률상 이익'을 '법적 이익'으로 바꾸었다. 이를 두고서 자칫 '법적 이익'이 기존의 '법률상의 이익'과 본질에서 다르다는 그릇된 인식이나 오해가 야기될 우려가 있는데, 양자는 결코 다르지 않다. 원고적격의 인정가능성을 대폭적으로 제고시키고자 하는 것이 개정의 취지이다. 객관소송적 접근이 가능할 수 있다는 일각의 예상은 주관소송의 기본적 틀과는 전혀 부합하지 않는다. 오히려 주관적 공권을 정함에 있어서 기본권의 기능에 관한 인식이 고양되어야 함에도 불구하고, 그렇지 않은 현실을 적극적으로 극복할 수 있는 단초가 마련된 것이다. 사실 법개정에 관계없이 치밀하고 개방적인 논증을 통해 원고적격의 확대는 어렵지 않게 강구될 수 있다.

이 해당 규범의 집행에 관한 주관적 권리를 갖는다고 단정할 수 없다. 즉, 행정의 법위반 모두를 권리침해를 전제로 사법적으로 다툴 수 없다(일체의 법위반≠권리침해). 따라서 항상 실체적 권리가 토대가 되기에 당사자적격 규정이 필요하지 않은 민사소송과는 달리 행정소송에서는 그 규정이 필연적이다.

행정소송을 주관적 피침자소송(individuelle Verletztenklage)으로 만드는 축이 원고적격이다. 원고는 －법률에 의하거나 기본권에 의거하여 그에게 직접 귀속된－ 자신의 권리의 침해를 주장할 수 있지, 다른 사람이나 집단의 권리의 침해를 주장할 수 없다. 개인이 행정소송을 통해 공공복리의 담당자가 될 수 없다. 원고적격의 필요성은 만인소송(萬人訴訟)의 저지에 있다. 원고적격은 정치적, 경제적 이익과 법적 권리의 분명한 구분에 이바지한다. 그러나 권리와 단지 사실상의 이해(반사적 이익을 누리는 자)와의 구분은 쉽지 않다. 경업자에게 불리한 내용의 행정처분에 대해 유리한 자의 원고적격은 당연히 부인된다(대법원 2019두49953판결).

원고적격의 물음은 궁극적으로 행정법에서의 개인의 주관적 공권에 관한 것이다(본서 83면 이하). 소송대상에서의 개괄주의는 제소권을 다수의 관련인에게로 확대하였다. 그런데 계획확정결정, 원전시설의 허가, 일반처분 등과 같은 타입의 현대의 대규모결정으로 인해, 이해상관관계가 개인의 가중적인 직접적 부담으로부터 현대산업국가에서 수인할 수밖에 없는 괴로움과 불편함에 이르기까지 매우 다양하게 성립한다. 다양하게 연계된 권리, 이익, 리스크와 기회의 착종(錯綜)의 상황에서, 입법자가 누가 －소송을 통해 권리보호를 구할 수 없는－ 일반공중에 속하는지, 누가 개인적으로 관련이 있어 원고적격이 있어야 할지를 추상적·일반적으로 확정하기란 결코 간단하지 않다.[68]

(나) 행정소송에서의 원고적격에 관한 논증-판례의 접근상의 문제점

원고적격은 소송물과 관련해서 불가분적으로 통일적으로 바라보아야 한다.[69] **판례는 원고적격 단계에서는 계쟁처분의 '권리침해' 또는 '권리침해우려(개연성)'의 유무를 판단하고, 본안단계에서는 계쟁처분의 위법성만을 문제로 삼는다. 이처럼 원고적격상의 물음과 본안에서의 물음을 엄격히 분리시킨 것은 여러 문제점을 안고 있다.** 원고적격과 위법성의 견련성(牽聯性)을 간과하게 한다. 나아가 여기서의 위법성을 소송물의 차원에서 객관적 의미로 인식하게 한다. 이런 상황이 항고소송을 객관소송으로 주장할 수 있는 근거로 기능하곤 한다. 그러나 행정소송법 제12조 제1문을 제1조와 연계하여 접

68) 여기서 주관적 공권을 정함에 있어 기본권의 기능에 관한 인식이 고양되어야 한다(본서 794면 이하).
69) Eyermann, VwGO Kommentar, 2006, §42 Rn.71a.

근할 때, 원고적격에서의 권리침해와 계쟁처분의 위법성의 견련성은 당연하다. 설령 판례의 구별된 접근을 수긍하더라도, **여기서의 '위법성'은 권리침해를 전제로 한 '주관적 위법성'이지, 결코 객관소송의 빌미를 제공하는 '객관적 위법성'이 결코 아니다.**

원고적격의 높은 문턱은 사법심사의 가능성을 처음부터 소멸시킨다. 이는 헌법상의 재판청구권의 차원에서 검토되어야 한다. 권리침해의 유무, 즉 원고적격여부의 확실한 판단은 본안에서의 심리과정에서 내려질 수 있다. 소의 제기단계인 원고적격의 물음에서 확실한 권리침해의 존재를 요구하는 것은 바람직하지 않다.[70]

하루바삐 원고적격의 물음과 본안의 물음을 엄별하는 판례의 입장에서 벗어나, 권리침해의 가능성만으로 원고적격여부를 판단해야 한다. 독일에서는 원고적격상의 물음의 비중을 낮추기 위해 수범자이론과 함께 '가능성설'이 통용되고 있다. 계쟁처분이 원고의 권리를 어쩌면 침해할 수도 있다는 점이 드러나도록 원고가 충분한 실증적 사실을 진술하면, 그 가능성이 시인된다. 심지어 독일에서는 권리침해가능성의 판단에서 권리침해가 어떤 식으로 고찰하든 명백하게 그리고 일의적으로 불가능한 경우에만 원고적격이 부인된다는 '명백성공식'(Evidenzformel)이 통용되고 있다.[71] **가능성이론 및 명백성공식을 전향적으로 도입하면 법률개정과 무관하게 원고적격의 문턱을 획기적으로 낮출 수 있다. 주관소송의 원칙을 견지하면서도 소송요건에서 원고친화적 해석을 적극적으로 강구할 필요가 있다.**[72]

(2) 행정소송법 제12조 제1문의 구조분석

국토교통부 등 4개부는 2009.6.8. '4대강 살리기 마스터플랜'을 발표하였고, 이에 따라 '낙동강 살리기' 사업이 낙동강의 이용 및 개발에 관한 사업으로서 시행되었다. 이 사업에 참여한 한국수자원공사가 일부 공구 사업에 대한 실시계획을 작성하여 승인을 요청하였고, 국토교통부장관은 각 사업에 대한 실시계획(및 실시계획변경)을 승인·고시하였다. 해당사업의 일부 지역주민들이 각 사업에 대한 실시계획 및 실시계획변경에 관한 승인·고시를 대상으로 하여, 하천법, 국가재정법, 건설기술관리법, 문화재관리법, 수자원공사법, 환경영향평가법 등 관련 법률에 위배될 뿐만 아니라, 재량권을 일탈·남용한 위법이 있음을 주장하였다. 제1심은 원고의 주장을 전혀 받아들이지 않았지만, 항소심은 하천법, 건설기술관리법, 문화재관리법, 수자원공

70) 일본 최고재판소의 판례는 원래 본안심리의 가능성을 저하시키기 위해 의도적으로 원고적격의 엄격한 인정과 같이 소송요건을 강화시켰다. 岡田正則/박기주 譯, "日本 行政訴訟制度의 形成史와 改革의 課題", 司法 제22호, 2012, 432면 이하 참조. 일본의 경우 위법성견련성은 당연한 것으로 여겨지고 있다.
71) BVerwGE 44, 1(3).
72) 대법원 2003두1684전합판결이 국민의 권익이 실제로 침해되고 있는 경우는 물론 권익침해의 구체적·현실적 위험이 있는 경우에도 행정소송이 허용되어야 한다는 요청을 강조하는데, 가능성의 관점에서 접근하는 획기적인 인식의 변화가 절실하다.

사법, 환경영향평가법상의 위법성은 수긍하지 않되, 국가재정법상의 예비타당성조사의 결여를 위법사유로 보아 각 처분의 위법성을 확인한 다음 사정판결을 내렸다. 항소심의 판단과 관련해서 어떤 쟁점이 검토되어야 하는가? (부산고법 2011누228판결; 대법원 2012두6322판결 등)

(가) 구조분석: 피침적 구조

처분 등의 취소를 구할 법률상 이익이 있는 자가 취소소송을 제기할 수 있다는 것은 위법한 처분 등으로 인해 법률상 이익의 침해(권리침해)를 입은 자만이 취소의 소를 구할 수 있다는 것이다. 비록 독일과 같은[73] 분명한 피침적 구조(被侵的 構造)를 우리 법문이 드러내진 않지만, 형성소송으로서의 취소소송의 성질, 적법성회복으로서의 쟁송취소의 본질 및 후술할 권리침해와 행정처분의 위법성간의 견련관계(위법성의 권리침해견련성)에 비추어 피침적 구조는 당연하다.

(나) (계쟁처분의) 위법성의 권리침해견련성의 요청 문제

(계쟁처분의) 위법성의 권리침해견련성이란 권리침해와 행정처분의 위법성간의 견련관계(관련성)를 의미한다. 독일[74] 및 일본과는[75] 다르게 실정법상으로 위법성의 권리침해견련성이 명시적으로 규정되어 있지 않다. 그렇지만 행정소송법 제1조가 동법의 목적이 "행정청의 위법한 처분 그 밖에 공권력의 행사·불행사 등으로 인한 국민의 권리 또는 이익의 침해를 구제하는 데" 있음을 명시함으로써, 소송을 통해 배제되어야 할 권익침해가 행정청의 위법한 처분에서 비롯된 것임을 분명히 한다. 독일과 일본과 마찬가지로 처분의 위법성이 권리침해의 조건이다. 따라서 원고적격의 물음은 당해 처분의 위법성과 권리침해의 인과관계를 전제로 한다. **현재의 법상황 그 자체로서도 주관적 권리침해의 요소, 즉 피침적 구조 및 원고적격과 위법성의 견련성을 충분히 도출해낼 수 있다. 요컨대 원고적격상의 권리침해와 위법성의 권리침해견련성은 당연하다.**

먼저 **위법성의 권리침해견련성의 부정이 확립된 판례이자 학계의 오래된 통설이라는 기술은 전혀 사실과 다르다. 자칫 치명적인 오해를 유발한다는 점에서 재고가 필요하다.** 원고적격의 물음과 본안상의 이유구비성의 물음에 대해 판례가 분리하여 접근하긴 하나, 결코 양자관계가 고립분산적 관계는 아니다. 본안판단은 원고적격의 인정을 전

73) 제42조 ② 법률상 별도의 규정이 없는 한, 원고가 행정행위 또는 행정행위의 거부나 부작위로 인하여 자기의 권리가 침해되었음을 주장하는 경우에 한하여 소를 제기할 수 있다.
74) 독일 행정법원법 제113조 ① 제1문: 행정행위가 위법하고 원고가 그로 인해(dadurch) 자기의 권리를 침해받은 경우에, 법원은 행정행위 및 행정심판재결을 취소한다.
75) 일본 행정사건소송법 제10조 ① 취소소송에 있어서는 자기의 법률상의 이익과 관계가 없는 위법을 이유로 취소를 구할 수 없다.

제로 한다. 양자의 물음이 각기 별개라는 식으로 절연된 것으로 보는 것은 사리에 맞지 않는다. 판례의 입장은 원고적격의 물음을 전제로 하면서 본안에서의 물음을 검토한 것이다. 분리적 접근방식 그 자체를 양자의 견련성을 부인하는 것으로 보아서는 아니 된다. 본안에서 자기의 법률상의 이익과 관계없는 주장을 할 수 있다는 것은 주관소송으로서의 취소소송의 본질에 반하는 것이다.[76] 형성소송으로서의 취소소송의 본질 및 취소판결의 효과에 비추어 원고적격의 법제도를 인정하는 이상, 위법성의 권리침해견련성은 당연히 전제적으로 인정된다.[77] **위법성의 권리침해견련성의 부정은 궁극적으로 항고소송의 객관소송화로 귀착된다는 점에서, 기왕의 공법체제의 붕괴를 가져다 줄 트로이목마라 할 수 있다.**

(다) 위법성의 권리침해견련성의 부정이 초래할 공법적, 행정법적 문제점[78]

i) **항고소송의 객관소송화의 문제점**: 행정소송법 제1조에 의해 행정소송에 관한 객관소송적 이해는 허용될 수 없다. 일반적으로 기관소송이나 민중소송과 같은 객관소송은 법원조직법 제2조 제1항상의 법률상의 쟁송에 해당하지 않는 것으로 본다.[79]

ii) **보호규범설 및 원고적격의 차원에서의 문제점**: 취소소송에서 위법성의 권리침해견련성의 부정은 기왕에 토대를 둔 보호규범설 자체를 부정한 것과 다를 바 없다. 또한 여과장치로서의 원고적격의 존재의미 역시 근본적으로 변화시킨다.

iii) **사법시스템의 임무의 차원에서의 문제점**: 객관적 법통제의 방향으로 권리보호의 기조를 바꾸는 것은, －현재의 사법통제의 강도가 유지되는 한－ 행정부와 법원간의 비중을 전자에게 부담되게 바꾸는 것이 되고, 이는 권력분립의 원리와 마찰을 유발할 것이다. 나아가 판례가 자칫 전적으로 이익형량의 관점에서 법문제를 해결하려는 경향으로 나아갈 우려가 있다.

iv) **공법체제상의 문제점**: 司法的 권리보호는 주관적 법적 지위의 관철에 제한된다. 법치국가원리의 정당성은, 개인이 자신의 고유한 권리범주를 벗어나서 국가에 대해 영향을 미치는 것은 정책적, 정치적 차원으로, 즉 민주주의원리의 차원으로 이전시킨 데 있다.[80] 행정이 권

---

76) 대법원 2007두18154전합판결: 체납자 등은 자신에 대한 공매통지의 하자만을 공매처분의 위법사유로 주장할 수 있을 뿐 다른 권리자에 대한 공매통지의 하자를 들어 공매처분의 위법사유로 주장하는 것은 허용되지 않는다.

77) 납골당설치신고의 수리를 다툰 대법원 2009두6766판결과 관련해서, 일각에서 "본안판단 단계에서는 원고적격의 인정근거가 된 원고들의 생활환경상의 이익과 관계없는 사유가 위법사유로 주장되고 되었다."고 지적하면서, 동판결은 우리 판례가 원고의 이익과 직접적으로 관계가 없는 위법사유라도 이를 심리하는 데 전혀 제한을 두지 않았음을 보여주는 사건으로 소개하는데, 장사시설의 설치·조성 및 관리 등에 관한 사항 전부는 모법률차원에서 환경오염 내지 지역주민들의 보건위생상의 위해 등을 예방한다는 점에서 그 자체로 인근주민의 법률상 이익과 직접 관련된다고 하겠다.

78) 처분사유의 추가변경 및 국가배상법상의 손해인정 등의 문제 역시 사소하지 않다. 상론: 김중권, 취소소송에서 계쟁처분의 위법성의 권리침해견련성에 관한 소고, 행정판례연구 제20집 제2호(2015.12.31.).

79) 宇賀克也, 改正行政事件訴訟法, 2006, 15頁.

리침해가능성이 부인되는 법질서를 준수하는지 여부(객관적 법준수)의 문제는 사법의 문제가 아니고, 정치나 정책의 문제이다. 위법성의 권리침해견련성의 부정을 통해 객관소송으로 사법의 본질을 바꾸는 것으로 헌법상의 문제이다.

(라) 부산고등법원 2012.2.10. 선고 2011누228판결의 문제점

동 판결은 하천법, 건설기술관리법, 문화재관리법, 수자원공사법, 환경영향평가법상의 위법성은 수긍하지 않되, 단지 국가재정법상의 예비타당성조사의 결여는 처분의 위법사유로 보면서 사정판결을 내렸다. 재정운용에 초점을 맞추는 국가재정법은 기본적으로 행정쟁송의 주체격인 권리주체로서의 국민을 상정하고 있지 않다. 국가재정법이 요구하는 예비타당성조사의 결여는 원고적격을 인정케 하는 출발점인 권리침해를 동반하지 않는다. 동법상의 위법은 의회에 의한 정치적 통제의 대상이지 사법통제의 대상은 될 수가 없다. 사정판결을 내린 것은 또 다른 문제를 발생시킨다. 사정판결은 손해배상 등 대상적 조치(代償的 措置: 행정소송법 28조 3항)를 수반하는데, 이것은 권리침해를 전제로 한다는 점에서 사정판결에 있어서 계쟁처분의 위법성을 확인하는 데는 먼저 위법성의 권리침해견련성을 검토했어야 한다.

그런데 부산고법 2011누228판결의 상고심인 **대법원 2012두6322판결** 및 **대법원 2011두32515판결은 국가재정법상의 예비타당성조사의 근거규정이 일반국민과 무관한 것임을 강조함으로써, 원고적격 및 위법성여부의 논증에서 일각에서의 주장과는 달리 판례가 기본적으로 위법성의 권리침해견련성을 전제로 하고 있음을 분명히 하였다.**[81)]

(3) 행정소송법 제12조 제1문상의 법률상 이익의 의미

(가) 문헌상의 논의현황

여기서의 '법률상 이익'이 무엇을 의미하는지에 관해 일반적으로 문헌에서 다음과 같이 4가지 학설이 소개된다: ⅰ) **권리구제설**(권리향수회복설): 위법한 처분 등으로 인하여 권리를 침해당한 자만이 취소소송을 제기할 수 있는 원고적격을 갖는다. ⅱ) **법이 보호하는 이익**

80) Vgl. Sodann/Ziekow, VwGO 3.Aufl. 2010, §113 Rn.17.
81) 대법원 2011두32515판결: 예산은 관련 국가 행정기관만을 구속할 뿐 국민에 대한 직접적인 구속력을 발생한다고 보기 어려운 사정 등을 종합하여 보면, 국가재정법령에 규정된 예비타당성조사는 이 사건 각 처분과 형식상 전혀 별개의 행정계획인 예산의 편성을 위한 절차일 뿐 이 사건 각 처분에 앞서 거쳐야 하거나 그 근거 법규 자체에서 규정한 절차가 아니므로, 예비타당성조사를 실시하지 아니한 하자는 원칙적으로 예산 자체의 하자일 뿐, 그로써 곧바로 이 사건 각 처분의 하자가 된다고 할 수 없다. 상론: 김중권, 행정판례연구 제20집 제2호(2015.12.31.).

구제설(법률상 이익구제설): 취소소송은 법률이 개인을 위하여 보호하고 있는 이익을 구제하기 위한 수단이며, '법률상 이익'이란 법률상 보호된 이익을 의미한다. iii) **보호할 가치있는 이익구제설**(이익구제설): 법률상 이익의 유무에 관한 기준을 실정법의 규정에서 찾고자 하지 않고, 위법한 처분 등에 의하여 침해된 이익이 재판상 보호할 가치가 있는지 여부에서 찾고자 한다. 이에 의하면 피침이익이 법률상 보호되지 않는 사실상의 이익이라 하더라도 －법관이 보기에－ 그것이 실질적으로 보호할 가치가 있다면 원고적격이 인정되어야 한다(대표적 주창자로서 천병태, 고시연구, 1990.6; 서원우, 고시연구, 1990.9 참조). iv) **처분의 적법성보장설**: 행정소송의 적법성보장 내지 행정통제기능을 행정소송의 주관소송적 성격보다 앞세워, 이상의 학설과는 달리 원고의 주장이익의 성질에 초점을 맞추지 않는다. 그리하여 궁극적으로 원고적격은 당해 처분의 성질상 당해 처분을 다툴 가장 적합한 이익상태에 있는 자에게 인정된다.

(나) 논의현황에 대한 비판

이상의 논의상황과 그 가늠기준은 기본적으로 청구권을 행정법상의 권리로 파악한 과거의 인식에서 벗어나지 못한다. 권리는 다름 아닌 법률상 이익(법률상 보호되는 이익)이다. 사실 권리구제설과 법률상 이익구제설은 동일하다. '보호할 가치있는 이익구제설'의 경우 그 인정근거 자체가 의문스럽다(후술). 그리고 처분의 적법성보장설은 법률적 쟁송의 원칙상 이론적 차원이나 입법정책적 차원(de lege ferenda)에서나 강구될 수 있는데도 불구하고, 다른 학설과 함께 동일 평면에서 논하여 더욱 혼란스럽다. **기왕의 논의의 낙후성은 이들 4가지 기준이 본래 일본학계로부터 전래된 것을 그대로 옮긴 데서도 확인된다.**[82] 일본에서의 비판적 인식은 우리에게도 그대로 타당하다.

바른 이해를 방해한다는 점에서, 일종의 스테레오타입과 같은 기왕의 논의는 하루바삐 버리는 것이 바람직하다(일종의 논증경제적 관점). **사실상 보호규범설에 기조를 두고 있는 기왕의 논의는 기본권에 의한 공권의 확대화, 절차적 권리의 인정 등을 체계적으로 반영하지 못하고 있다.** 규범집행에 관한 권리로 주관적 공권을 새롭게 이해하여 접근할 필요가 있다(본서 186면).

(다) 행정소송법 제12조의 제1문의 정비

항고소송의 객관소송적 이해와 취소소송의 확인소송적 이해가 수용될 수 없다 하

82) 原田尚彦, 訴えの利益, 1973, 4頁 이하. 일본 塩野 宏 교수 역시 권리향수회복설과 처분의 적법성보장설이 그들 현행법의 해석론의 기준으로서의 의의를 갖지 않는다고 본다(행정법 II, 106頁). 한견우 교수 역시 프랑스행정법에도 처분의 적법성보장설과 같은 것은 존재하지 않으며, 그 자체가 행정소송을 민중소송화시킬 수 있음을 들어 폐기해야 한다고 강조한다(동인/최진수, 현대행정법, 2009, 984면).

더라도, 관련하여 제시되는 논거들은 새삼 곱씹어 보아야 한다. 오히려 현행 행정소송법 제12조는 이런 문제점을 처음부터 배태하고 있었다고 할 수 있다. 즉, 이런 상황의 우선적 원인은 바로 동조 그 자체에서 찾아야 한다. 우선 **처음부터 오해유발원(誤解誘發源)인 '법률상 이익'보다는 '권리'란 용어를 규정하였다면, 둘러싼 소모적 논의가 없었을 것이다.** 그런데 이런 용어상의 사용에 못지않게 중요한 것이 바로 그 서술표현이다. 동조는 '원고적격'이란 표제하에 "취소소송은 처분등의 취소를 구할 법률상의 이익이 있는 자가 제기할 수 있다."고 규정하기에 여기서의 법률상 이익(권리)이 일체의 '대응권'을 의미하는지 아니면 권리침해행위의 대상이자 전제인 보호법익으로서의 '1차적 법적 지위'를 의미하는지 여부가 불분명하다. 물론 판례의 일반적인 서술에 비추어 보면 분명 후자를 의미하지만, 협의의 소이익인 '권리보호필요성'까지도 포함되어 있다고도 볼 수 있다. 이 점에서 독일 행정법원법 제42조 제2항이 "취소소송과 의무이행소송이 원고가 행정행위 또는 행정행위의 거부나 부작위로 인하여 자신의 권리가 침해되었음을 주장하는 경우에만 허용된다."고 규정하여 피침적 구조를 분명히 한 것은 좋은 본보기가 된다.

(4) 원고적격의 문제상황과 그 가늠잣대

(가) 행정법적 문제상황의 개관

여기서는 우선 행정법관계에서 행정상의 다툼, 즉 행정법적 문제상황을 일별하고자 한다. 관련 당사자의 측면에서 행정법관계는 −행정청과 수범자간의− 2극관계와 −행정청, (현재의 또는 장래의) 수범자, 제3자간의− 3극관계로 나눌 수 있다. 전자에서는 행정청이 일방적으로 침익적 처분을 한 상황과 수익적 처분에 대해 거부·부작위가 일어난 상황을 생각할 수 있다. 후자에서는 (수범자에 대해) 수익적 처분을 제3자가 취소를 구한 상황과 一人이 행정청에게 他人(제3자: 현재나 미래의 수범자)에 대해 개입할 것을 구하였는데 그것이 거부·부작위된 상황으로 나뉜다. 이들 행정법적 문제상황을 편의상 각기 '상황Ⅰ', '상황Ⅱ', '상황Ⅲ', '상황Ⅳ'으로 나눈다.[83] 이론적으로 '상황Ⅱ'와 '상황Ⅳ'는 의무이행소송의 차원에서 다루는 것이 바람직하다.

(나) 수범자이론: 상황Ⅰ

수범자이론(상대방이론)은 불이익처분의 직접적 상대방은 특별한 논거를 들지 않더라

83) 이 상황을 설정하여 구체적으로 기술한 문헌으로 박정훈, 행정소송의 구조와 기능, 63-99면 참조.

도 그것을 다툴 수 있다는 것, 즉 그에게 원고적격이 당연히 인정된다는 것이다. 불이익처분은 적어도 일반적 행동의 자유와 관련이 있다는 점, 헌법상으로 자유가 포괄적으로 보호되고 있다는 점, 자유권은 기본으로 국가에 대한 방어권적 성격을 갖는다는 점을 수범자이론의 인정근거로 들 수 있다.[84] 개인은 물론 법원에게도 논증상의 편함을 가져다 줄 동 이론이 —그 필요성은 차치하고— 우리 네 판례에 통용되는지 여부는 논란이 있을 수 있지만, 대법원 94누8129판결을 계기로 긍정적으로 봄직한데(동지: 정하중/김광수, 780면), 일련의 판례가 확인하였다(대법원 2013두27517판결; 2015두47492판결).[85] 다만 동 이론의 통용범주가 문제되는데, 그것은 행정행위를 상대로 한 취소소송의 경우('상황 I')에만 바로 통용되고, 나머지 문제상황('상황II', '상황III', '상황IV')에서는 그렇지 않다. 다만 할당적 허가처럼 한정된 자리를 두고 다투는 배타적 경쟁자소송의 경우(후술)에는 예외가 인정된다. 따라서 **원고적격여부는 수범자이론이 통용되지 않는 상황에서만 문제를 삼아야 한다.**

(다) 원고적격의 가늠잣대

i) **반사적 이익과의 구별: 반사적 이익은 법의 보호를 받지 못한다.** 반사적 이익과 관련되는 한 행정처분이 —주관적 권리침해를 동반하지 않은 채 전적으로 객관적 법질서위반만을 상정한 것을 의미하는 것으로서— 위법하더라도, 쟁송을 통한 구제의 가능성은 불허된다. 본래 행정법규가 행정법관계의 당사자(행정주체와 행정파트너)를 상정하지 않고 행정주체의 일방적 권능을 중심으로 형성되었기에, 행정법에서 반사적 이익의 존재는 숙명적이다. 그리하여 —가령 정보공개청구권처럼— 법령이 사인에게 구체적으로 특정 권리를 부여하지 않는 한, **위법근거(위반대상)규범의 성질에서 앞에서 본(본서 191면), 권리의 인정근거의 존부(보호목표, 관철하명, 법상의 힘 부여)를 규명해야 한다.**

ii) **판례의 입장**: 판례는 위반대상인 법규정이 사익보호성을 추구하는지 여부에 초점을 맞춤으로써, **기본적으로 보호규범설에 의거하여 원고적격여부를 가늠하고 있다.** 여기서 논란의 대상이 대법원 75누12판결이다.[86] 대부분 문헌이 이 판결을 '보호할 가치있는 이익구제설'을 뒷받침하는 것으로 기술하지만, 여기서의 '마땅히 보호되어야 할 이익'은 '법이 보호하고 있는 이익이므로 마땅히 보호되어야 할 이익'으로 새겨야

84) Vgl. Hufen, §14 Rn.60.

85) 대법원 2015두47492판결: 불이익처분의 상대방은 직접 개인적 이익의 침해를 받은 자로서 원고적격이 인정된다.

86) 시외버스 공동정류장에서 불과 70m밖에 떨어져 있지 않은 인접골목에 따로 갑 회사에게 이 건 직행버스 정류장의 설치를 인가하여 원고회사를 비롯한 업자들이 영업상 막대한 손실을 입게 된 것은 사실상의 이익을 침해하는 것만이 아니고 마땅히 보호되어야 할 이익도 침해받는 것이다.

한다는 반론도 있다(김남진/김연태, 888면). 실제로 대법원 75누12판결 이외의 다른 판례에서 그런 표현이 나타난 적이 없다. 보호규범설을 취하는 한, 현행법해석의 차원(de lege lata)에서 법관의 법(률)구속의 원칙을 무색하게 만들 우려가 있는 '보호할 가치있는 이익구제설'은 통용될 수가 없다.

(5) 거부처분에서의 신청권의 문제

丙은 B 도의 초등학교 병설유치원에 임시강사로 채용되어 3년 이상 근무하였고 정교사 자격증을 가지고 있어 교육공무원법에 의한 특별채용 대상자의 자격을 갖추고 있다. B 도 교육청의 교사 특별채용 공고를 보고 丙이 교사 특별채용의 신청을 하였지만 거부되었다. 丙은 이 거부에 대해 취소소송을 제기할 수 있는가? (대법원 2004두11626판결)

(가) 판례입장과 그 비판

대법원 84누227판결의 의의는, -계획변경신청권의 존부의 물음을 넘어서- **거부처분의 성립요건으로서 '국민이 행정청에 대하여 그 신청에 따른 행정행위를 해줄 것을 요구할 수 있는 법규상 또는 조리상의 권리', 즉 '신청권'의 존재를 요구한 점에 있다.**[87] 이로부터 비롯된 거부처분 인정 공식은 지금껏 후속 판결은 물론, 행정심판에서도 그대로 전승되고 있다. 다만 거부행위의 규율성을 인정하기 위해 요구되는, '신청권에 바탕을 둔 신청인의 법률관계상의 변동'과 관련해서는 완화된 입장을 취하고 있다(대법원 2000두9229판결 등). 요컨대 판례는 소송요건의 차원에서 신청권을 전제로 거부처분의 존재를 인정하고,[88] 본안에서는 구체적으로 그 신청이 인용될 수 있는지 여부를 판단한다.

처분성인정(대상적격)의 물음에 원고적격의 물음을 혼입시키는 것이, 즉 원고적격의 물음에 연계시켜 대상적격의 물음으로 접근하는 것이 문제의 시발이고, 비판이 비등하다. 주요 논거는 실정법상의 처분 개념정의에서 거부처분의 인정과 관련해서 신청권에 관한 요구가 없다는 것이다.[89] 그럼에도 불구하고, 판례는 기조를 변함없이 유지하면서 신청권의 인정범위를 확대하고 있다. 이 점에서 특히 신청권의 의미를 실체적 청구권의 인정과 동격에 놓아선 아니 된다는 대법원 95누12460판결은 매우 의미심장하다.[90] 나아가 판례가 최근에는 원고적격이 문제되는 특별한 상황이 아니면, 신청권의

87) 이 판결에 대한 비판적 입장으로 이홍훈, 행정판례연구 제1집(1992), 115면 이하 참조.
88) 국세기본법상의 경정청구기간이 도과한 후에 제기된 경정청구를 거절하였다고 하더라도 이를 항고소송의 대상이 되는 거부처분으로 볼 수 없다(대법원 2017두38812판결).
89) 대표적 문헌으로 김남진, 법률신문 제2844호(1999.12.13.).
90) 그런데 판례는 가끔 신청권과 실체적 권리를 혼동한다. 대법원 2004두11626판결은 교육공무원법 제

문제를 특별히 논의하지 않고, 바로 본안에 들어가곤 한다.

(나) 관견(管見)

판례의 입장에 대한 비판처럼 원고적격의 물음과 대상적격의 물음을 독립적으로 접근하는 것이 체계적이다. 하지만 소송요건의 차원에서 合一的으로 접근하는 것이, 다른 문제점(소송요건에 대한 가능성 견지에서의 접근의 결여)보다 권리구제가능성의 측면에서 치명적이라고 할 순 없다. 왜냐하면 법원은 원고적격의 물음을 따로 논하지 않기 때문이다.

기왕의 논의를 한 차원 높여 새롭게 다듬을 필요가 있다. 나름의 개선책을 강구해야 한다. 즉, 실체적 권리의 침해가능성을 신청권인정에 반영시키는 것이다. 그리하여 권리침해의 가능성에 높은 요청을 설정하여선 아니 되고, 여기서도 독일에서의 '명백성 공식'이 통용되어야 한다. 다만 신청권을 실체적 권리의 인정가능성과 완전히 무관하게 접근하여선 아니 된다. 왜냐하면 순전히 절차적 의미만을 갖고서 신청권에 접근하는 것은 남소의 우려와 함께 자칫 법률관계의 왜곡을 가져다준다. 가령 법정자격을 전혀 갖추지 못하여 다툼의 여지가 없는 임용결격자가 행한 임용신청에 대해 거부한 경우가 좋은 예이다.

총장임용제청을 하지 않은 것과 관련해서 대법원 2016두57564판결은 임용제청의 제외가 대통령으로부터 임용을 받을 기회를 박탈하는 효과가 있다는 점을 지적하여 처분성을 인정하였다.[91] 이를 계기로 신청권의 절차적 이해 및 판례상의 신청권의 요청을 정당하게 불식시킬 필요가 있다.

(6) 유럽연합법상의 관련 논의

프랑스는 독일과는 달리 제소권의 성부가 개인적 이익의 관련성에 좌우되기에, 독일과 비교해 상대적으로 다소 강한 객관적 통제를 특징으로 한다. 유럽연합법상 권리보호체계가 프랑스법의 영향을 많이 받았기에, 독일의 보호규범설 및 그에 의거한 원고적격 논의 역시 영향을 받고 있다. 하지만 이로 인해 독일의 권리보호체계가 피침자소송에서 이익관련자소송으로 바뀔지 여부는 불투명하다. 유럽최고재판소(EuGH)는 공동체법상의 규정이 시민을 '보호'해야 한

12조에 따른 특별채용에서 임용지원자가 임용권자에게 자신의 임용을 요구할 법규상 또는 조리상 권리가 없다고 하여 특별채용신청의 거부는 처분성이 없다고 부당하게 부인하였다. 대법원 2004두11626판결은 검사임용거부에 대한 취소소송을 허용한 대법원 90누5825판결과 배치된다.

91) 본질에서 지원절차를 밟은 이상, 추단적 거부처분이다. 그런 절차가 없는 교장승진임용제외는 본질이 추단적 제외처분이다(대법원 2015두47492판결: 본서 238면). 그런데 이들 판결은 신청권 접근을 하지 않으면서도, 후보자가 임용권자에 의한 정당한 심사에 관한 절차적 기대를 한다고 전제하였다.

다는 점을 명시적으로 강조하고 있거니와,[92] 우리의 취소소송인 셈인 무효화소송에서 개인적 관련성이 요구된다. 실제로 **여기서도 사실상 독일의 보호규범설에 근접한다**(본서 203면).

(7) 공권의 확대화 문제

(가) 공권과 기본권

국세청장이 특별소비세법 및 주세법 관련규정상 납세증명표지의 첩부와 동일한 효력이 인정되는 납세병마개의 제조자로 甲 주식회사와 乙 주식회사의 두 회사만을 지정하였다. 이에 따라 국세청장에 의하여 납세병마개 제조자로 지정을 받지 못한 다른 병마개 제조업자들은 기업의 활동을 크게 제한받게 되었다. 이에 플라스틱 병마개 제조업체인 丙이 특정업체를 납세병마개 제조자로 지정한 처분을 다투고자 하는데, 甲 등은 관련 법규정이 사익보호성이 없기에 원고적격이 부인된다고 주장한다. 관련법규정의 사익보호성이 인정되지 못한 경우에 행정소송의 제기가능성이 완전히 부인되는가? (헌재 97헌마141)

丁이 "인터넷 포털사이트 또는 온라인 장터의 개인정보 유출 또는 침해 사고로 인하여 주민등록번호가 불법 유출되었다."는 이유로 관할 지방자치단체장에게 주민등록번호를 변경해 줄 것을 신청하였으나, 당시 구 주민등록법령상 주민등록번호 불법 유출을 원인으로 한 주민등록번호 변경(정정)이 허용되지 않는다는 이유로 거부를 받았다. 丁이 주민등록번호 변경신청 거부처분 취소의 소를 제기하였으나 변경신청권이 없다는 이유로 각하판결을 받았다. 이 각하판결은 어떤 문제점이 있는가? (대법원 2013두2945판결)

주관적 공권을 강구함에 기본권을 동원할 수 있는지 여부와 어떤 요건에서 기본권을 동원할 수 있는지가 문제된다. 헌법 기본권이 주관적 공권에 해당한다는 것은 다툼의 여지가 없지만, 그것이 행정법적 법관계에 어느 정도로 적용되는지는 문제된다.

i) **규범내부적 영향**: 기본권의 구체화와 제한에 대해 입법자가 의무를 진다. 그래서 주관적 공권을 강구함에 있어서 법률 및 하위명령의 적용상의 우위(소위 개별법의 우위)를 유의해야 한다. 관련 법령이 주관적 공권을 성립시키는지 여부가 우선적으로 탐문되어야 한다. 여기서 **'헌법합치적 혹은 헌법지향적 해석'이 강구되며, 이를 통해 기본권은 규범내부적으로(normintern) 효과를 미친다.** 후술할 소극적 경쟁자소송에서 판례가 원고적격을 확대하여 인정하는 경향을 예로 들 수 있다. 즉, 판례는 일찍부터 판례는 관련 법규가 기존업자의 기득경영권을 보호하는지 여부를 가늠잣대로 삼는다. 일종의 특허인 양 기존업자간의 과당경쟁으로 인한 경영의 불합리를 방지하는 것을 해당

92) EuGH, EuZW 1995, 636.

법률 및 근거규정이 목적으로 하는지 여부가 관건이 된다.[93] 이는 일종의 기본권의 규범내부적 영향의 관점에서 포착할 수 있다. 최근 낙동강취수장판결처럼 법원이 환경과 관련 조치(처분)에 대해 매우 광범하게 원고적격을 인정하는 경향 역시 이런 관점에서 포착할 수도 있다.[94]

ii) **규범외부적 영향:** 해당 개별법상의 규범화가 없을 경우에 또는 이것(규범화)이 헌법적으로 요구된 주관화를 규정하지 않을 경우에 주관적 공권을 기본권으로부터 직접 도출할 수 있는지 여부, 즉 기본권이 규범외적으로(normextern) 영향을 미치는지 여부가 다투어지고 있다.[95] 우선 기본권의 규범내부적 효과가 개별법상으로나 판례법상으로 충분히 발휘되는 한, 굳이 주관적 권리를 추가적으로 기본권으로부터 직접적으로 도출할 필요는 없다. 그런데 행정법제가 그런 헌법합치적 해석이 가능하도록 나름 정연하게 구조화되어 있지 않을 경우, 즉 **실체적으로 꼭 필요한 이익균형이 심각하게 도외시된 경우에는 보호규범의 틀에서 벗어나 기본권에 의거하여 주관적 권리를 인정할 수 있다. 이런 상황에서 기본권은 예외적으로 규범외부적 효과도 발휘한다.**[96]

병마개제조업자가 경쟁하는 시장에서 국세청장이 특정업체를 납세병마개제조자로 지정하였을 때 그 지정을 받지 못한 경쟁 병마개제조업자가 납세병마개제조자 지정처분을 다툰 사건에서 헌법재판소는 경쟁의 자유에 의거하여 원고적격을 인정하였다(헌재 97헌마141).[97] 기본권의 규범외부적 영향을 확인할 수 있다.[98] 한편 명문의 주민등록번호 변경신청권이 규정된(2015. 12.23.) 이후에 내려진 대법원 2013두2945판결은 위법판단의 기준시점에서 기왕의 처분시설에 입각하여 조리상의 변경신청권을 인정하여 본안판단을 하였다. 그런데 기본권의 규범외부적 영향을 고려할 때, 개인의 정보자기결정권이 기

93) 대법원 2004두6716판결(분뇨등관련영업허가); 91누9107판결(화물자동차증차인가처분).

94) 개발행위가 시행될 지역이나 주변지역의 주민 외에 '개발행위로 자신의 생활환경상의 개별적 이익이 수인한도를 넘어 침해되거나 침해될 우려가 있음을 증명한 자'에게 개발행위허가 처분을 다툴 법률상 이익이 있다고 본 대법원 2013두6824판결 역시 같은 맥락에 있다. 하지만 아직 판례는 헌법상의 환경권을 직접적 착안점으로 삼는 것은 인정하지 않는다(대법원 2006두330전합판결: 새만금판결).

95) 독일의 경우 판례와 통설은 －대부분 가중적인 기본권제한의 요건하에서－ 자유권적 기본권과 재산권과 같은 방어권의 경우에 이를 시인하지만, 일부는 기본권은 개인적으로 활성화되어야 할 법적 지위로 여기지 않고, 단지 입법자에 대한 지침으로 여긴다. Vgl. Schoch/Schneider, Bd. VwGO, Vorb §42 II Rn.85ff.

96) Schmidt-Aßmann, Das allgemeine Verwaltungsrecht, S.78.

97) 헌재 97헌마141: 설사 국세청장의 지정행위의 근거규범인 이 사건 조항들이 단지 공익만을 추구할 뿐 청구인 개인의 이익을 보호하려는 것이 아니라는 이유로 청구인에게 취소소송을 제기할 법률상 이익을 부정한다고 하더라도, 청구인의 기본권인 경쟁의 자유가 바로 행정청의 지정행위의 취소를 구할 법률상 이익이 된다 할 것이다.

98) 헌재 97헌마141이 기본권에 의거한 원고적격의 인정으로 소개되고 있지만, 경쟁상황에서 어느 일방을 위해 기본권에 의거하여 개인적 보호를 모색하는 것은 정당화되기 힘들다. 행정법의 적용우위의 차원에서 관련 법령에서 권리침해 여부를 모색하는 데 경쟁의 자유가 동원된 것으로 보아야 한다.

본권으로 확립된 이상, 명문화 이전이라도 자기의사와 무관하게 주민등록번호가 유출된 경우에는 변경신청권을 조리상으로 충분히 도출할 수 있었다.[99] 기본권의 규범외부적 영향을 보여주는 예가 종교적 이유로 한 법전원 면접일정 변경의 이의신청을 거부하고 불합격처분을 한 것은 위법하다고 판시한 대법원 2022두56661판결이다.[100]

(나) 절차적 권리의 문제

절차의 의의(본질)와 관련하여 절차봉사설(節次奉仕說)과 절차고유가치설(節次固有價値說)이 대립한다. 전자에서는 절차적 권리가 기본적으로 독립되게 성립하지 않기에 절차상의 하자는 실체적 하자와 결부되어 다툴 수 있는 반면, 후자에서는 그것이 독립된 의미를 갖기에 실체적 하자와 무관하게 침해의 대상이 될 수 있다. 단순히 절차하자만을 갖고선 제소할 수 없게 한 독일 행정절차법 제46조가 전자를 대표한다. 우리의 경우 일찍부터 절차하자의 독립가쟁성(獨立加爭性)을 긍정하여 절차적 권리를 전폭적으로 인정하였고, 그 연장에서 절차하자의 치유에 대해 엄격한 태도를 견지하고 있다. 하지만 절차하자에 대한 취소판결의 기판력이 절차하자에만 미치는 결과, 절차적 권리가 그다지 강고하지 않다. 이제 절차적 정의에 대해 신축적이고 현실적인 새로운 인식이 필요하다(본서 643면 이하). 한편 대법원 2015다221668판결이 기왕의 판례의 기조와 정면으로 배치되게 절차봉사설의 입장을 표방하여 권리구제상의 문제점과는 별개로 새로운 국면의 전개가 기대된다.[101]

(다) 객관소송으로서의 단체소송의 문제

보건복지부장관이 '건강보험요양급여행위및그상대가치점수'(보건복지부고시 제2000-67호, 2000.12.8.)를 개정하는 내용의 고시를 발하였다. 사단법인인 대한의사협회가 보건복지부장관을 피고로 하여 새 고시에 대해 취소소송을 제기할 수 있는가? (대법원 2003두11988판결)

99) 대법원 2013두2945판결의 문제점은 김중권, 법률신문 제4545호(2017.9.25.) 참조.
100) 원고적격의 차원에서 그런 면접일정변경신청권(이의신청권)을 신앙의 자유 등에 의거하여 조리상의 신청권을 인정하더라도, 그와 별개로 신청권인정의 근거가 과연 인용이유로 작동할 수 있는지는 의문이다. 면접일시는 무작위로 설정되는데, 인위적인 요소가 가미되지 않는 한 애초에 그것에 차별 자체가 존재할 수 없다. 학교 측이 문제가 되는 토요일 오전의 배정을 처음부터 의도하지 않은 이상, 그 결과를 두고서 평등의 원칙을 거론하는 것은 문제가 있다. 판례의 입장대로 라면 처음부터 그런 사정을 조사하여 면접일시를 설정했어야 한다는 주장도 가능한데, 그 자체가 종교를 내세워 이의를 제기하지 않고 학교 결정을 따른 지원자에 대한 차별이 될 수도 있다. 다른 지원자들이 입을 불이익의 정도가 낮다고 하는 이익형량적 접근에 의거하여 적극적인 조치의무를 정당화시키는 논증은 문제의 핵심을 타당하지 않게 탈색시킬 우려가 있다. 이슈의 사회성에 비례하여 법적 논증에서는 더욱 더 정연성이 요구된다. 그런데 조리상의 신청권이라도 그것의 인정은 사법시험계획공고가 종교의 자유를 침해하지 않는 것으로 보는 헌재 2010헌마41과는 조화되지 않는다.
101) 상론: 김중권, 법조 제751호(2022.2.28.).

A시장이 임대아파트에 대해 임대주택의 분양전환승인처분을 하였는데, 구 임대주택법상 임차인대표회의가 이 처분을 대상으로 취소소송을 제기하였다. 임차인 개개인의 원고적격여부와는 별도로 임차인대표회의가 원고적격을 갖는가? (대법원 2009두19168판결)

국방부 민·군 복합형 관광미항 사업시행을 위한 해군본부 요청에 따라 제주특별자치도지사가 절대보존지역이던 서귀포시 강정동 해안변지역에 대해 절대보존지역을 변경(축소)하고 고시하였다. 지역주민회가 이 처분을 다툴 수 있는가? (대법원 2011두13187판결)

사회단체가 등록거부를 다투는 것과 같은 부진정 단체소송의 경우 主觀訴訟의 原則과 관련하여 아무런 법적 문제가 없다. 객관소송에 해당하는 진정 단체소송에는 단체회원의 이익을 도모하는 이기적 단체소송과 단체회원과 직접 관련성이 적은 공익을 추구하는 이타적 단체소송이 있다. 주관소송의 원칙의 차원에서 **객관소송에 해당하는 이들 진정 단체소송이 문제되고 공히 허용되지 않으며, 법률에 의해 예외적으로 허용된다.** 가령 국민건강보험법상 요양급여행위, 요양급여비용의 청구 및 지급과 관련하여 직접적인 법률관계를 갖지 않는 대한의사협회가 제기한 소송은 이기적 단체소송으로서 원고적격의 결여로 각하되었다(대법원 2003두11988판결). 그런데 **대법원 2009두19168판결에서 대법원은 하급심과는 달리 임차인대표회의의 원고적격을 인정하였다.** 구 임대주택법이 임차인대표회의에 대해 일정한 자격과 권한을 부여하고 있으며(21조 9항 및 34조), 특히 개개의 임차인과는 별도로 임차인대표회의에 대해 이의신청권과 조정신청권을 인정할 뿐만 아니라, 나아가 조정효력의 당사자로 인정하였다는 점(35조)에서 대한의사협회의 건과는 다르다. 판례상 이기적 단체소송이 인정된 흔치 않은 예로 봄직하다. 판례는 일종의 이타적 단체소송인 강정마을사건에서 지역주민회의 원고적격을 부인하였다(대법원 2011두13187판결).

특별한 영역에서 변화가 있는데, 이타적 단체소송인 소비자단체소송제도가 도입되어 2008.1.1.부터 시행되고 있다.[102] 개인정보보호법이 개인정보 단체소송을 규정함으로써(51조), 개인정보처리자가 국가 및 지방자치단체인 경우에는 이타적 단체소송이 인정된 셈이다. 다만 여기서의 단체소송은 비록 성격은 공법소송임에도 불구하고, 개인정보보호법에 의해 행정법원의 관할이 통용되지 않거니와, 행정소송법이 통용되지 않는다. 독일의 몇몇 주의 자연보호법에서 이타적 단체소송제도를 채용하고 있는 것을 기화로 환경법에서 도입에 관한 논의가 활발하다.[103] 관건은 어떻게 체계정합성이

102) 소비자단체소송제도는 독일에서는 이미 1965년 부정경쟁방지법(UWG)의 개정을 통해 부정경쟁법의 영역에서 도입되었으며, 일본의 경우에도 2006년에 그들 소비자계약법의 개정을 통해 도입되었다. 전병서, 한국과 일본에서의 소비자단체소송제도의 도입, 법조 제607호(2004.7.).

103) 참고문헌: 김해룡, 공법연구 제33집 제5호(2005.6.); 조태제, 토지공법연구 제15집(2002.4.).

있게 우리 공법질서에 편입시킬 것인지의 물음이다.[104]

3. 원고적격에 관한 판례의 구체적 양상

(1) 입장의 기조

개개의 위법사유에 대응하여 '근거규정'의 사익보호성을 탐구하는 독일과는 약간 다르게, 우리의 경우에는 '근거규정' 하나하나에서 사익보호성을 탐구하거나(특히 대법원 97누19588판결 참조) '근거법령' 일반에서도 사익보호성을 탐구하고 있다(대법원 97누3286판결). 이러한 간극은 '국민의 권익구제의 확대'란 기치에서 판단을 내린 선의(善意)의 결과의 소산으로 받아들여야 한다. 이 점은 인인소송과 공권확대화의 시발인 '연탄공장설치허가사건'(대법원 73누96·97판결)에서도 여실히 확인될 수 있다. 따라서 **현재의 판례의 태도는 그 기본방향성에서 독일에서 주창된 보호규범설과 궤를 같이 한다.**

(2) 상황II: 2극관계에서 적극적 문제상황(수익처분의 신청에 대한 거부 건)

A 군수로부터 폐기물처리사업계획적정통보를 받은 후에, 甲이 A 군수에게 이 사건 부동산에 대한 용도지역을 '농림지역 또는 준농림지역'에서 '준도시지역(시설용지지구)'로 변경하여 달라는 국토이용계획변경승인요청을 하였고, 이에 A 군수는 변경계획을 수립하여 공람공고를 하였다. 그런데 인근에 거주하는 주민들이 폐기물처리시설의 설치를 반대하는 집단민원을 계속적으로 제기하자, 새로이 바뀐 B 군수가 주민들의 집단민원이 해소되기까지는 국토이용계획변경요청을 승인할 수 없다고 甲에게 통보(계획변경승인거부처분)하였다. 甲은 이 통보에 대해 취소소송을 제기할 수 있는가? (대법원 2001두10936판결)

'학력인정 학교형태의 평생교육시설'인 A고등학교의 설치자인 甲으로부터 그 설치자의 지위를 인계받은 乙이 교육감에게 설치자변경승인신청을 하였지만, 교육감은 관련 법규정이 학력인정시설 지정기준의 하나로 그 교사 및 교지가 설치·운영자의 소유이어야 한다고 규정하고 있으므로, 소유자가 아닌 乙에로의 설치자변경은 허용할 수 없다는 사유를 들어 신청을 반려하였다. 乙은 이 반려에 대해 취소소송을 제기할 수 있는가? (대법원 2001두9929판결)

초등학교 때부터 십여년간 틱 장애를 갖은 丙이 장애인등록신청을 하였으나 '장애인의 종류 및 기준'을 정한 장애인복지법 시행령 [별표1]은 틱 장애를 대상에서 제외하고 있어서 이를 이유로 등록거부되었다. 丙에 대한 이 등록거부처분은 정당한가? (대법원 2016두50907판결)

104) 미국의 대표적인 환경단체소송사건인 Sierra Club v. Morton 사건(Sierra Club v. Morton 405 U.S. 727(1972))에서 미국 연방대법원은 단체는 실제적 침해가 없기에 그 자체 원고적격이 부인되지만, 그 계곡을 수시로 하이킹을 하여 자연을 즐겨오던 차에 정부조치로 심미나 휴양의 이익에 침해를 입은 회원을 위해서는 단체가 대신 소를 제기할 수 있다고 보았다. 한편 이 사건에서 반대의견을 개진한 Douglas 대법관은 자연자원(여기선 미네랄 킹 계곡) 그 자체의 당사자능력 및 원고적격이 시인되어야 한다고 하여 생태주의적 관점을 제시하였다. 본서 779면 참조.

명문규정의 부재에도 불구하고 설치자명의변경의 요구권을 인정한 대법원 2001두9929판결과, 폐기물처리사업계획의 적정통보를 착안점으로 삼아 國土利用計劃變更申請權을 예외적으로 인정한 대법원 2001두10936판결과,[105] 지목변경신청반려행위의 처분성을 인정한 대법원 2003두9015전합판결과, 임용기간이 만료된 기간제임용교수에 대하여 재임용거부의 처분성을 인정한 대법원 2000두7735전합판결(이른바 서울대 미대 '김민수 교수사건')을 통해 거부처분인정에 획기적인 전환을 가져왔다. '도시계획시설변경입안제안의 거부'를 거부처분으로 본 대법원 2003두1806판결 역시 남다른 의의를 갖는다(그것의 문제점은 본서 243면).[106] 산업단지개발계획상 산업단지 안의 토지소유자로서 산업단지개발계획에 적합한 시설을 설치하여 입주하려는 자에 대해 산업단지개발계획의 변경에 관한 신청권이 인정된다(대법원 2016두44186판결). 보험가입자인 사업주는 보험료율의 산정기초가 되는 사업종류변경에 대한 조리상 신청권을 가진다(대법원 2007두10488판결).

그런데 대법원 2000두7735전합판결과 관련해서는 재임용기간만료후에 재임용거부를 다툴 수 있는 원고적격을 인정하였다는 호평을 무색하게 만드는 것이 동 판례상의 기술부분 －임용기간만료의 통지－ 이다. 자칫 이 같은 설시가 소송대상을 통보처분으로 보았다는 오해를 유발하기에 충분한데, 실제 일부 문헌에서 그렇게 소개되기도 한다. 여기서 사안은 동 판례의 표제 －교수재임용거부처분취소－ 처럼 거부처분사건이다. 만약 단순한 임용기간 만료의 통지가 소송대상이라면, 신청권의 존부를 원고적격 여부에 결부시켜 논증한 판례의 설시부분과 부합하지 않는다. 요컨대 여기서의 재임용거부의 취지로 한 임용기간 만료의 통지를 통보처분으로 보아서는 곤란하다.[107]

한편 후술할 경쟁자소송에서도 로스쿨선정(대법원 2009두8359판결)이나 검사임용(대법원 90누5825판결)처럼, 할당적 허가에서 허가를 받지 못한 허가신청자는 당연히 자신에 대한 거부처분을 다툴 수 있다(일종의 배타적 경쟁자소송: 경합(원)자소송). 반면 외국인은 국내 체류자격이 없으므로 사증발급신청권이 인정되지 않아 사증발급 거부처분을 다툴 수 없다(대법원 2014두42506판결). 다만 해외동포인 외국인

105) 동 판결이 그동안 계획변경신청권을 원천 배제한 태도를 버리고, 예외적일 망정 국토이용계획변경신청권의 존재를 인정한 것은, 일종의 진보이고 호평을 받을 만하다. 그러나 사전결정으로서의 적정통보의 본질에 관한 이해의 결여와, 강한 설득력이 전제되지 않는 귀납적 논증에 따른 취약점 말고도, 당해계획의 처분성을 전제로 한 '부담적 행정행위의 철회적 접근'이 전혀 모색되고 있지 않은 점에서, 대상판결의 의의는 한정적일 수밖에 없다. 상론: 김중권, 행정법기본연구 I, 486면 이하. 참고문헌: 김남진, 법률신문 제3237호(2004.1.26.).

106) 그런데 유의할 점이 있다. 소송요건단계에서의 거부처분의 인정과 거부처분의 위법성의 인정은 별개이다. 대법원 2001두9929판결, 대법원 2001두10936판결, 대법원 2003두1806판결은 거부처분이 위법하지 않다고 판시하였고, 대법원 2003두9015전합판결과 대법원 2000두7735전합판결은 본안판단을 하지 않았다. 또한 도시관리계획의 입안제안과 그 결정은 구분되는 것으로 원고가 이후 도시관리계획결정의 목적을 이루지 못하더라도 소의 이익 유무와는 무관하다(대법원 2010두5745판결).

107) 동지: 이경운, 행정판례연구 제10집(2005), 69면 이하.

은 재외동포법에 의해 국내 체류자격이 있으므로 사증발급 거부처분을 다툴 수 있다(대법원 2017두38874판결). 한편 대법원 2016두50907판결은 관련 규정을 예시규정으로 본 것을 출발점으로 삼아, 기존 규정을 유추하여 등록처분을 하여야 한다는 이유에서 등록거부의 위법성을 논증하였는데, 이는 타당하지 않게도 판결로 등록장애의 종류를 확장하여 허용되지 않는 입법을 한 셈이다.[108]

(3) 상황III: 3극관계에서 방어적 문제상황

행정처분의 직접 상대방이 아닌 제3자라도 당해 처분의 취소를 구할 법률상 이익이 있는 경우에는 취소소송의 원고적격이 인정된다.[109] 이하에서는 구체적인 상황에 비추어 경쟁자소송과 인인소송으로 나누어 살펴본다.

(가) 경쟁자소송

> A구청장이 A구 전역을 세 구역으로 나누어 수익성이 낮은 제2구역을 책임구역으로 甲에게 배정하였다. 과거 A 구 전역에서 단독으로 분뇨등관련영업을 해왔던 甲은 다른 구역을 배정받은 乙과 丙이 근거법률(당시: 「오수 · 분뇨 및 축산폐수의 처리에 관한 법률」) 소정의 시설 및 장비, 기술능력 등을 갖추지 못하고 있었음을 들어 허가기준에 맞지 않는 乙과 丙에 대한 분뇨등관련영업허가처분은 위법하므로 취소되어야 한다고 소를 제기하였다. 甲의 소송은 소송요건상 문제가 없는가? (대법원 2004두6716판결)
>
> 구 특별소비세법 시행령에 의하면, 국세청장이 지정한 과세물품을 제조하고자 하는 자는 납세 또는 면세사실을 표시하는 증지를 붙여야 하되, 국세청장이 지정한 업체가 제조한 병마개를 사용하는 경우에는 증지를 붙인 것으로 본다. 국세청장이 신청절차를 거치지 않고 병마개제조업자 가운데 甲을 납세증명표지의 첩부와 동일한 효력이 인정되는 납세병마개의 제조자로 지정한 것을 지정받지 못한 병마개제조업자 乙이 다툴 수 있는가? (헌재 97헌마141)
>
> 甲대학교는 법학전문대학원인가를 신청하였지만 예비인가를 받지 못하였다. 그런데 같은 지역의 乙대학교 법과대학 교수가 법학교육위원회의 위원으로 선임되어 甲대학교를 포함하여 신청 대학 전부를 대상으로 법학전문대학원 예비인가대학과 그 정원을 심의 · 의결한 법학교육위원회의 회의에 관여하였다. 甲대학교가 법학전문대학원법 제13조 위반 등을 들어 乙대학교에 대한 법학전문대학원 예비인가처분을 다툴 수 있는가? (대법원 2009두8359판결)

1) 유 형

경쟁자소송(Konkurrentenklage)은 기본적으로 경쟁저해적 수익처분, 시장에의 신규진

108) 대상판결은 적극적으로 인용처분이 내려져야 한다는 전제에서 거부처분의 위법성을 논증하였는데, 이런 논증방식은 허용될 수 없다(본서 875면). 상론: 김중권, 안암법학 제60호(2020.5.30.), 112면 이하.
109) 효시적인 판결로 대법원 65누88전합판결. 참고문헌: 최철호, 동아법학 제62호(2014.2.).

입이나 공무원의 임명을 둘러싼 다툼이다.[110] 이는 **소송유형에 따라 소극적 경쟁자소송, 적극적 경쟁자소송 그리고 –적극적 경쟁자소송의 특별한 양태로서의– 배타적 경쟁자소송으로**[111] **나눌 수 있다.** 경쟁자가 자신의 권리를 위해 방어적으로 다투는 소극적 경쟁자소송은 여럿이 경쟁하는 시장에서 행정이 직권으로 특정 경쟁자에게 유리한 수익처분을 하였기에, 다른 경쟁자가 이를 다투는 경우(헌재 97 헌마141)와 시장진입에서 기존업자가 제3자의 신규진입을 다투는 경우(대법원 2004 두6716판결)이다.[112] 적극적 경쟁자소송은 기왕의 경쟁상황에서 추가적인 신규면허를 신청하였는데 거부되어 다투는 경우이고, 배타적 경쟁자소송은 제한된 사업권이나 허가를 수인이 경합하여 신청하는(일종의 경합관계) 식으로 *受益的* 지위를 얻고자 하였는데 그렇지 못하여 다투는 경우(대법원 2009 두8359판결)이다. 여러 대상자 가운데 공무원의 임명이나 승진을 둘러싼 분쟁 역시 배타적 경쟁자소송의 상황이다. 다른 경쟁자소송과 달리 배타적 경쟁자소송의 경우 –자격 등 요건에 문제가 없는 한– 원고적격이 당연히 인정될 수 있다.

소극적 경쟁자소송의 경우에는 경쟁자 및 신규진입자에 대한 수익적 처분을 직접 대상으로 삼아 다투는 '상황Ⅲ'을, 적극적 경쟁자소송의 경우에는 자신에 대한 거부를 직접 대상으로 삼아 다투는 '상황Ⅱ'을 상정할 수 있다. 반면 배타적 경쟁자소송의 경우에는 '상황Ⅱ'나 '상황Ⅲ'은 물론, 경합자에 대한 행정청의 새로운 조치(수익처분취소)를 구한 데 대한 그 거부(부작위)를 직접 대상으로 삼아 다투는 '상황Ⅳ'까지도 상정할 수 있다. 배타적 경쟁관계에서 원고가 그나마 다툼의 여지가 없는 지위 그 자체를 얻고자 한다면 원칙적으로 자신에 대한 수익처분의 거부를 대상으로 한 취소소송이 바른 소송방식이다('상황Ⅱ').[113] 하지만 판례상으로는 경쟁자에 대한 수익처분을 다투는 '상황Ⅲ'도 전개되고 있다(법전원예비인가취소소송: 대법원 2009두8359판결).

2) 판례의 기조

소극적 경쟁자소송에서 경쟁저해적 수익처분에 대해서는 기본권인 경쟁의 자유에 의해 원고적격이 인정된다(헌재 97 헌마141). 그리고 신규진입과 관련해서 **판례는 관련 법규가 기존업자의 기득경영권을 보호하는지 여부를 가늠잣대로 삼는다.** 즉, 일종의 특허인 양 기존업자간의 과당경쟁으로 인한 경영의 불합리를 방지하는 것을 해당 법률 및 근거규정이

110) 복수의 응모자 가운데 절대평가로 대상자를 선정한 경우는 경쟁자소송의 상황이 아니지만, 배타적 경쟁자소송처럼 선정에서 제외된 것만을 독립하여 다투어야 한다.

111) 배타적 경쟁자소송을 경합자(경원자)소송(Mitbewerberklage)이라고 명명하기도 한다.

112) 비슷하게 기존 신문사는 동일한 명칭을 사용하는 신문사를 운영하게 하는 신문사업자지위승계신고 수리 및 신문사업변경등록처분을 다툴 수 있다(대법원 2018두47189판결).

113) 가령 공무원임용에서 공직안정의 이유에서 다른 사람의 임용이나 승진을 다투기보다는 자신에 대한 임용거부나 승진임용제외를 다투어야 한다. 참고문헌: 이은상, 행정판례연구 제21집 제2호(2017).

목적으로 하는지 여부가 관건이 된다(대법원 2004두6716판결(분뇨등관련영업허가); 91누9107판결(화물자동차증차인가처분)). 그런데 시장진입이 제도적으로 제한되는 경우를[114] 제외하고서는 경제행정법에서 경쟁자에 대한 수익(授益)을 두고서 경쟁자의 권리침해가능성 여부를 논증하기란 매우 어렵다. 이런 사정은 독일의 경우도 마찬가지이다. 의도적으로 경쟁의 질이 떨어지거나 원고의 존립의 토대가 직접적으로 위태롭게 되는 경우에만 권리침해의 가능성이 시인된다.[115] 그런데 권리침해가능성은 원고적격의 차원이라는 점에서, 본안에서의 인용여부는 궁극적으로 실제적인 권리침해의 인정여부에 좌우된다. －허용 허가개수를 확정한 것과 같이－ 시장진입에 대한 제도적 제한이 명문화되지 않는 이상, 신규진입허용결정의 재량남용을 논증하기란 쉽지 않다.

한편 **배타적 경쟁자소송의 경합(경원)관계에서는**[116] **일방에 대한 허가 등의 처분이 타방에 대한 불허가 등으로 귀결될 수밖에 없다. 일방에 대한 수익(授益)이 타방에 대한 침익(侵益)이기에 큰 어려움 없이 원고적격이 인정된다.** 수익처분을 받지 못한 자는 타인에 대한 수익처분을 문제 없이 다툴 수 있다.[117]

(나) 인인소송

乙의 공장설립승인신청과 관련해서 낙동강유역환경청장은 그 신청지가 물금취수장으로부터 2.4km, 양산취수장으로부터 2.4km 떨어진 곳이어서 사전환경성검토협의에서 不同意를 하였다. 그럼에도 김해시장은 이를 무시하고 공장설립승인처분을 하였다. 이에 부산광역시에 거주하면서 물금취수장에서 취수한 물을 식수로 공급받고 있는 甲 등이 공장설립승인처분취소소송을 제기하였다. 甲 등의 소송은 소송요건상으로 문제가 없는가? (낙동강취수장판결: 대법원 2007두16127판결)

114) 허가지역제한제가 통용되는 약종상(한약업사)허가(대법원 87누873판결): 거리기준제가 통용되는 담배일반소매인의 지정(대법원 2007두23811판결).

115) Hufen, §14 Rn.112. 기존고속형시외버스운송사업자가 직행형시외버스운송사업자에 대한 사업계획변경인가처분의 취소를 구한 경우(대법원 2010두4179판결), 기존시내버스운송사업자가 시외버스운송사업계획변경인가처분의 취소를 구한 경우(대법원 2001두4450판결), 경쟁의 자유에 의거하여 특정업자 지정행위의 취소를 구한 경우(헌재 97헌마141)는 이 관점에서 새롭게 볼 수 있다.

116) 경원관계에서의 제척제도에 관해서는 김치환, 법률신문 제3846호(2010.6.) 참조.

117) 고시에 의하여 군내에 1개소에 한하여 L.P.G. 충전사업의 신규허가가 가능한 경우(대법원 91누13274판결): 마을버스운송사업면허가 한정된 상황에서 잠재적 경쟁자인 면허신청자가 농어촌버스운송사업계획변경인가처분의 취소를 구한 경우(대법원 99두6026판결): 법학전문대학원 설치인가 신청을 한 41개 대학들이 2,000명이라는 총 입학정원을 두고 그 설치인가 여부 및 개별 입학정원의 배정에 관하여 서로 경쟁관계에 있는 경우(대법원 2009두8359판결: 평석으로 김국현, 대법원판례해설 제82호(2010); 이은기, 고려법학 제58호(2010.9.), 41면 이하 참조).

1) 판례의 기조

인인소송은 주로 건축법과 환경법 등에서 문제되는데, 나름 보호규범설에 바탕을 둔 셈인 '청주연탄공장설치허가사건'(대법원 73누96·97판결)**이 효시이다**(본서 189면). 공설화장장을 설치하기 위해 상수원보호구역을 변경하고, 공설화장장을 설치하기로 도시계획결정을 한 것과 관련해서, 판례는 상수원보호구역설정과 관련 규정은 오로지 상수원의 확보와 수질 보전을 목적으로 할 뿐 그 상수원으로부터 양질의 급수를 받을 이익을 직접 구체적으로 보호하지 않음을 들어 인근주민에게 상수원보호구역변경처분의 취소를 구할 법률상 이익이 없다고 보면서, 반면 도시계획법 등에 의해 일정 지역에 공설화장장의 설치가 금지되어 보호되는 주민의 이익은 법률상의 이익에 해당함을 들어 인근주민에게 도시계획결정처분의 취소를 구할 법률상 이익은 있다고 판시하였다(대법원 94누14544판결).

오늘날 인인소송은 대개 환경과 관련하여 제기된다. 법원은 환경과 관련 조치(처분)에 대해 환경영향평가대상지역안의 주민은 원고적격이 있는 것으로 추정되고, 그 지역 밖의 주민은 환경상 이익에 대한 침해 또는 침해우려가 있다는 것을 입증하면 원고적격을 인정받을 수 있다고 본다.[118] 또한 판례는 환경정책기본법령상의 사전환경성검토와 관련해서도 원고적격을 확대 인정하였다. 즉, 협의대상지역 내에 포함될 개연성이 충분하다고 보이는 주민들은 그 협의대상에 해당하는 창업사업계획승인처분과 공장설립승인처분의 취소를 구할 원고적격이 인정되었다(대법원 2006두14001판결). **결국 환경에 영향을 미치는 처분 전과 비교하여 수인한도를 넘는 환경피해를 받거나 받을 우려가 있는지 여부가 원고적격의 가늠추가 된다.**

2) 이른바 '낙동강취수장 판결'의 의의

이상의 맥락에서 대법원은 '공장설립으로 수질오염 등이 발생할 우려가 있는 물금취수장에서 **취수된 물을 공급받는 부산광역시 또는 양산시에 거주하는 주민들**'에 대해 법령에 의해 개별적·구체적·직접적으로 보호되는 환경상 이익, 즉 법률상 보호되는 이익이 침해되거나 침해될 우려가 있음을 이유로, 원고적격을 인정하였다(대법원 2007두16127판결). 이들 관련 규정의 제3자보호성이 판례상 시인된 이상, 특정 취수장으로부터 수돗물을 공급받아 이를 마시거나 이용하는 주민의 경우 취수장 근처에 설치될 환경유해시설로 인해 환경상 이익의 침해 내지 침해 우려가 있음을 증명하면 원고적격을 인정받게 될 것이다.[119] 종래 환경법에서의 원고적격 문제가 유해시설과 근접한 지역에서의 주

118) 대법원 2006두330전합판결(새만금사건); 2005두11500판결 등. 환경영향평가대상지역 밖의 주민에 대한 원고적격의 인정가능성은 새만금사건이 시발이고, 환경영향평가대상지역안의 주민에 대한 원고적격의 원칙적인 인정은 남대천양수발전소건설사건(대법원 97누19571판결)을 시발로, 용화온천사건(대법원 97누3286판결)에 이어진다.

민과 관련이 있었다면, 낙동강취수장판결은 공간적 차원을 넘어 환경피해의 실질성이나 종국성에 초점을 맞추었다.[120] 이는 종래 환경소송에서 제기된 법적 문제의 하나인 원고적격의 물음과 관련하여 매우 획기적인 것임에는 분명하지만, -법적 차원은 물론 정책적 차원(가령 취수장에 위치한 지역과 수돗물의 소비지간의 상황인식의 간극)에서도- 후속적 물음 역시 사소하지 않다.

(다) 기타 이해관계자소송[121]

A 대학교 의과대학 전임강사인 甲이 재임용이 거부된 다음, 임용탈락구제법에 의거하여 교원소청심사특별위원회에 A 대학교총장(乙)이 행한 재임용거부의 취소를 구하는 재심을 신청하여 인용결정이 내려졌다. 이에 대해 乙이 취소소송을 제기할 수 있는가? 교원소청심사위원회의 결정에 대하여 행정소송을 제기할 수 있는 자로 교원지위법 제10조 제3항은 교원, 사립학교법 2조에 의한 학교법인, 사립학교 경영자만을 규정하고 있다. (대법원 2008두9317판결)

경영권과 관련해서 분규가 발생한 A학교법인을 정상화시키기 위해 서울특별시교육감이 사학분쟁조정위원회의 심의를 거쳐 기왕에 선임된 임시이사들을 해임하고 甲을 정이사로 선임하였다. A학교법인이 자신으로부터 나왔다고 주장하는 B학교법인은 사립학교법 제25조 제1항에 따라 임시이사 선임을 청구할 수 있는 '이해관계인'으로서 이들 조치에 대해 취소소송을 제기할 수 있는가? (대법원 2012두6629판결)

1) 긍정된 사례

법인의 주주는 법인에 대한 행정처분을 원칙적으로 다툴 수 없지만, 예외적인 경우(처분으로 인하여 법인이 더 이상 영업 전부를 행할 수 없게 되고, 영업에 대한 인·허가의 취소 등을 거쳐 해산·청산되는 절차 또한 처분 당시 이미 예정되어 있으며, 그 후속절차가 취소되더라도 그 처분의 효력이 유지되는 한 당해 법인이 종전에 하던 영업을 다시 행할 수 없는 경우)에는 다툴 원고적격이 있다(대법원 2002두5313판결). 일종의 일반처분인 보건복지부 고시('약제급여·비급여 목록 및 급여 상한금액표')의 경우 해당 약제를 제조·공급하는 제약회사는 의당 제3자효 행정행위로 여긴다. 따라서 제약회사는 이 '약제급여·비급여 목록 및 급여 상한금액표' 중 약제의 상한금액 인하 부분에 대하여 취소를 구할 수 있다

---

119) 그런데 일찍이 '국가 또는 지방자치단체가 법령이 정하는 상수원수 수질기준 유지의무를 다하지 못하고, 법령이 정하는 고도의 정수처리방법이 아닌 일반적 정수처리방법으로 수돗물을 생산·공급하였다는 사유만으로 그 수돗물을 마신 개인에 대하여 손해배상책임을 부담하는지 여부'의 물음에서, 대법원 99다36280판결은 관련규정의 사익보호성을 부정하였다. 또한 판례는 인근주민인 제3자에게 상수원보호구역변경처분의 취소를 구할 법률상 이익이 없다고 보았다(대법원 94누14544판결).

120) 참고문헌: 이준서, 한양법학 제31집(2010.8.), 61면 이하.

121) 이것은 경쟁자소송과 인인소송에 포섭되지 않는 상황을 포괄하여 설정한 범주이다. 여기서의 이해관계자는 권리에 영향을 받는 자를 의미한다.

(대법원 2005두16161판결).[122] 일반적인 시민생활에 있어 도로를 이용만 하는 사람의 경우에는 도로의 용도폐지를 다툴 법률상의 이익이 없지만,[123] 도로에 인접하여 고양된 일반사용권이 인정되는 사람의 경우에는 도로의 용도폐지를 다툴 법률상의 이익이 인정될 수 있다(대법원 91누13212판결). 출판사에 대한 교과서수정명령에 대해 집필자 역시 다툴 수 있다(대법원 2011두21485판결). 실정법상 제소권이 인정되고 있지 않음에도 불구하고 사립대학의 총장 역시 교원소청심사위원회의 인용결정을 다툴 수 있다(대법원 2008두9317판결).[124] 교육부장관이 대학교를 설치·운영하는 학교법인의 이사 8인과 임시이사 1인을 선임한 데 대하여 그 대학교 교수협의회와 총학생회는 이사선임처분의 취소를 구할 수 있지만, 직원으로 구성된 노동조합은 구할 수 없다(대법원 2012두19496판결). 골프장영업을 하던 기존 체육시설업자의 파산관재인은 담보신탁을 근거로 한 공매 절차를 통해 골프장의 체육필수시설을 매수한 자에 대한 사업계획변경 승인을 다툴 수 있다(대법원 2016두45158판결). 지방법무사회의 사무원 채용승인 거부처분 또는 채용승인 취소처분에 대해서 처분 상대방인 법무사뿐만 아니라 그 때문에 사무원이 될 수 없게 된 사람도 원고적격이 인정된다(대법원 2015다34444판결). 성희롱 행위임을 전제로 한 국가인권위원회의 인사조치권고처분에 대해서 당사자는 다툴 수 있다(대법원 2008두7854판결). 사립학교법인의 이사장 및 학교장에게 직원들의 호봉정정에 따른 급여를 환수하도록 하고 미이행 시 해당 직원들에 대한 재정결함 보조금 지원을 중단하겠다는 내용의 교육감의 시정명령을 사립학교 직원은 다툴 수 있다(대법원 2022두56630판결). 망인에게 수여된 서훈의 취소를 그 유족이 다툴 수 있는지에 대해서 결이 다른 판례가 혼재하고 있다(본서 234면).

2) 부정된 사례[125]

판례는 학생들이 전공이 다른 교수를 임용함으로써 학습권을 침해당하였다는 이유를 들어 교수임용처분의 취소를 구한 경우(대법원 93누8139판결), 침몰선박의 부보 보험회사가 중앙해양안전심판원의 원인규명재결의 취소를 구한 경우(대법원 2002추61판결),[126] 망인에 대한 서

---

122) 여기서의 고시를 행정입법으로 취급해서는 아니 된다. 김중권, 행정법기본연구 Ⅲ, 165면 이하.

123) 대법원 99다35300판결 역시 공공용물에 대한 일반사용이 적법한 개발행위로 제한됨으로 인한 불이익은 손실보상의 대상이 되는 특별한 손실에 해당하지 않는 것으로 본다.

124) 그런데 동 판결은 교원지위법 제10조 제3항이 학교법인과 사립학교경영자 등이 결정에 대해 행정소송을 제기할 수 있다고 규정한 것에 의거하여 사립대학교 총장의 당사자능력과 원고적격을 인정하였다. 과거 교원만이 교원소청심사위원회의 결정에 대하여 행정소송을 제기할 수 있도록 한, 구 교원지위법 규정이 학교법인의 재판청구권을 침해한다고 판시한 헌법재판소결정(헌재 2005헌가7 등) 자체가 문제가 있다. 교원소청심사위원회의 결정은 사립학교법인에 대해서는 행정처분과 다를 바 없어서 원고적격에 관한 일반론에 의거해서 아무런 문제없이 다툴 수 있다. 헌법재판소가 이를 간과하고 법률차원의 문제로 접근하였다.

125) 유의할 점은 이하의 사례는 원고적격의 물음과 협의의 소의 이익의 물음이 섞여 있다.

126) 참고: 김의환, 대법원판례해설 제43호(2003.7.), 230면 이하. 그런데 해양사고가 고의침몰인지 여부는 보험회사에 대해 사실적, 경제적 이익을 넘어 법적 영향을 미친다. 원인규명재결의 처분성을 부인한

훈의 취소를 재단법인 망인 기념회가 다툰 경우(대법원 2021두47219판결),[127] 입주자나 입주예정자가 주택사용검사처분의 무효확인 또는 취소를 구한 경우(대법원 2013두24976판결) 법률상 이익을 부정한다. 또한 임시이사 선임을 청구할 수 있는 '이해관계인'에 해당하더라도, 임시이사 해임 및 이사 선임에 관해 −다투는 데 있어서− 사립학교법에 의해 보호받는 법률상 이익이 없다(대법원 2012두6629판결).[128]

(4) 상황Ⅳ: 3극관계에서 적극적 문제상황(제3자에 대한 개입청구에 대한 거부 건)

甲은 화학공장을 운영하고 있는데, 공장의 인근에 A시장이 공동주택에 대한 건축허가를 발하였다. 관련 법규정상 자신이 운영하는 공장의 경우 공동주택으로부터 일정한 거리(이격거리)를 확보해야 한다. 차후에 있을 수 있는 분쟁을 미연에 방지하기 위해, 甲은 이격규정 등을 들어 A시장에게 공동주택건축허가 및 준공검사를 취소하여 줄 것과 철거명령을 하여 줄 것을 요구하였는데, A시장은 불응하였다. 이에 甲이 제기한 거부처분취소송에 대해 판례는 어떤 태도를 취하는가? (대법원 97누17568판결)

甲이 乙에게 토지를 매도하였고, 乙은 甲으로부터 토지사용승낙서를 받아 첨부하여 A시장으로부터 공동주택신축허가를 받았다. 그런데 乙이 잔금지급을 하지 않아 문제가 되어 잔금지급기일을 연장하면서 다시 정한 기한까지 잔금을 모두 지급하지 못하면 甲은 별도의 최고 절차 없이 매매계약을 해제할 수 있고 이 경우 사용승낙서는 그 즉시 효력을 잃고 乙은 건축허가를 포기·철회하기로 약정하였다. 그러나 乙은 기일까지 잔금을 지급하지 않았고, 甲은 매매계약을 해제하고 A시장에게 '사용승낙서의 실효로 이에 기초한 건축허가 역시 더 이상 존속시킬 필요가 없는 사정변경이 생겼다.'는 등의 사유로 건축허가의 철회를 구하는 신청을 하였다. 그러나 A시장은 "건축허가 취소는 건축주 본인의 신청 또는 건축법 제11조 제7항 규정에 해당할 경우 취소가 가능하나, 이해당사자간의 협의 또는 소송 등에 의한 결정이 우선 필요하다."라는 이유로 위 철회신청을 거부하였다. 이 거부에 대해 甲은 소송을 통해 다툴 수 있는가? (대법원 2014두41190판결)

(가) 대법원 1999.12.7. 선고 97누17568판결의 의의

제3자에 대한 '행정개입청구권'의 법리는 대법원 97누17568판결로[129] 인해 명백히 문

대법원 76후16판결이 문제의 근원이다. 참고문헌: 김중권, 법률신문 제5224호, 2024.11.11.

127) 그러나 망인에 대한 친일반민족행위결정처분은 망인기념회가 다툴 수 있다(대법원 2016두346판결).

128) 대법원 2012두6629판결이 사립학교법 25조의3 제1항이 학교법인을 정상화하기 위하여 임시이사를 해임하고 이사를 선임하는 절차에서 이해관계인에게 어떠한 청구권 또는 의견진술권을 부여하고 있지 않음을 논거로 든 것은 선임절차에 관한 입법현실에 비추어 설득력이 약하다.

129) 「구 건축법 및 기타 관계 법령에 국민이 행정청에 대하여 제3자에 대한 건축허가의 취소나 준공검사의 취소 또는 제3자 소유의 건축물에 대한 철거 등의 조치를 요구할 수 있다는 취지의 규정이 없고, 같은 법 제69조 제1항 및 제70조 제1항은 각 조항 소정의 사유가 있는 경우에 시장·군수·구청장에게 건축허가 등을 취소하거나 건축물의 철거 등 필요한 조치를 명할 수 있는 권한 내지 권능을 부여

헌상의 일반적인 논의와는 달리 건축법을 넘어 전 행정영역에서 수용되기 어렵다(본서 197면 이하). 그런데 이른바 대법원 2006두330전합판결(새만금사건)은 행정개입청구권의 법리를 명시적으로 언급하지는 않았지만, 개입수권규정(공유수면매립법 32조)에 대한 접근에서 신청권을 전제로 거부처분을 인정한 셈이 되어 결과적으로 대법원 97누17568판결에서 벗어났다(본서 199면).[130] 그런데 다툼의 대상인 1991년의 최초의 공유수면매립면허처분은 不可爭力이 발생하였고, 원고로선 제소기간제약을 받지 않는 무효확인소송 역시 주효하지 않으리라 판단한 나머지, 동처분에 대한 취소(철회)를 구한 다음 이것의 거부를 문제 삼았다. **이는 다름 아닌 앞에서 본 불가쟁적(不可爭的) 행정행위의 재심의 문제이다**(본서 399면 이하).

그러나 대법원 2004두701판결은 이들 법리(法理)를 원천 부정하는 셈인 대법원 97누17568판결을 적시하면서, 신청권의 결여를 들어 거부처분의 존재를 부인하였다. 우리의 경우 제3자에 대한 행정개입청구권의 인정은 아직은 요원하다. 개입수권규정에 관한 판례의 이해가 바뀌지 않는 한, 장차 의무이행소송이 도입되더라도, 도입취지는 행정행위발급청구권에 대해서만, 가령 허가신청에 대한 거부의 경우에만 주효하고, (제3자를 상대로 한) 행정개입청구권의 실현에는 별반 이바지하지 못할 것이다.

(나) 대법원 2017.3.15. 선고 2014두41190판결의 의의

그런데 대법원 2014두41190판결은 제3자의 건축허가철회의 신청에 대한 거부와 관련해서 조리상의 신청권의 인정을 전제로 하여 거부처분의 존재를 인정하고 본안에서 거부처분이 위법하다고 판시하였다. 일종의 행정행위의 광의의 재심사의 문제이기도 한데, 판례상으로 행정개입청구권의 법리가 실현된 것으로 볼 수 있다(본서 199면). 사안의 본질은 건축주를 위한 법적 안정성의 요청과 토지소유자를 위한 적법성의 요청이 충돌하는 상황이다. 아직 공사에 착수하지 않은 이상, 법적 안정성의 요청은 상대적으로 크지 않고, 적법성의 요청이 우위에 있다 하겠다. 만약 건축공사에 착수한 경우에는 선행 행정행위의 위법성만으론 기왕의 행정행위를 취소·철회할 의무를 성립시키는 데 충분하지 않다. 당초 행정행위를 유지하는 것이 전적으로 수인될 수 없다거나, 불가역적인 결과가 아직 조성되지 않았다거나 하는 상황이 관건이다(본서 407면 이하).[131]

한 것에 불과할 뿐, 시장·군수·구청장에게 그러한 의무가 있음을 규정한 것은 아니므로 위 조항들도 그 근거 규정이 될 수 없으며, 그 밖에 조리상 이러한 권리가 인정된다고 볼 수도 없다.」

130) 이미 관련 하급심의 판례(서울고법 2005누4412판결, 서울행법 2001구합33563판결)가 신청권의 부존재를 근거로 거부처분의 부존재를 들어 각하판결을 내리지 않음으로써, 행정법의 주관적 권리화의 '싹'을 마련하였는데, 상고심은 이를 확인하여 공인한 셈이다.

131) 만약 위법한 결과의 제거가 기대가능성이 없다면 민사적 구제의 방도를 취하는 것이 바람직하다. 상론: 김중권, 법조 제728호(2018.4.28.), 455면 이하.

4. 피고적격

(1) 원칙: 처분청주의

국가보훈처장은 甲의 조부인 망 乙의 독립운동 공적은 인정되나 친일신문에 일제식민정책을 미화·장려하는 글을 기고하는 등의 친일행적을 이유로 망인에 대한 독립유공자 서훈을 취소한다는 통보를 甲에게 하였다. 이 서훈취소는 국무회의의 의결을 거쳐 대통령이 전자결재를 하였다. 이에 甲은 국가보훈처장을 피고로 하여 서훈취소통보에 대한 무효확인소송을 제기하면서 서훈수여 및 그 취소가 대통령의 권한임을 들어 국가보훈처장의 서훈취소통보가 무효라고 주장하였다. 甲의 주장은 주효하는지? (대법원 2013두2518판결)

취소소송의 피고는 원칙적으로 '처분 등을 위한 행정청'이 된다(13조). 원래 당사자능력을 갖는 법주체인 국가와 지방자치단체가 피고로 되어야 하는데, 소송편의상 그것의 기관인 행정청을 피고로 삼았다(처분청주의: Behördenprinzip). 여기서 행정청은 국가 또는 공동단체 등 행정주체의 의사를 외부에 대하여 결정·표시할 수 있는 권한(이른바 처분권한)을 가진 기관을 말한다. 행정조직법상의 기관장이 일반적으로 이에 해당하며,[132] 합의제행정청(방송통신위원회, 토지수용위원회, 공정거래위원회, 공무원소청심사위원회 등)의 경우 그 자체가 처분청이 된다. 그런데 **언제나 조직법상의 그것(기관장)과 일치하는 것은 아니다.** 가령 지방의회가 행한 의장불신임의결이나 선임의결 및 의원징계의결의 경우에 이들은 행정처분이 되며, 지방의회가 피고가 된다(대법원 94두23결정 등).

(2) 특 칙

공무원징계처분에서 대통령이 처분청인 경우에는 소속장관이, 중앙선관위원장이 처분청인 경우에는 사무총장이 된다(국가공무원법 16조 2항).[133] 국회의장이 처분을 한 경우에는 국회사무총장이(국회사무처법 4조 3항), 대법원장이 처분을 한 경우에는 법원행정처장이(법원조직법 70조), 헌법재판소장이 처분을 한 경우에는 헌법재판소 사무처장이(헌법재판소법 17조 5항) 된다.

(3) 권한의 위임위탁/대리의 경우

행정청의 권한이 위임·위탁된 경우에는 그 수임·수탁청이 피고가 됨이 원칙이

132) 처분적 조례의 경우에 지방의회가 아니라, 지방자치단체의 장을 피고로 삼아야 하고, 처분적 교육조례의 경우, 교육감이 교육·학예의 소관사무로 인한 소송에서 시·도를 대표하기에(교육자치법 18조 2항), 시·도의 교육감이 피고가 된다(대법원 95누6009판결).

133) 공무원징계처분이 아닌 처분의 경우 그것을 행한 대통령이나 중앙선관위원장이 피고가 된다.

다. 행정소송법은 동법을 적용함에 있어서는 「법령에 의하여 행정권한의 위임 또는 위탁을 받은 행정기관·공공단체 및 그 기관 또는 사인」이 행정청에 포함됨을 명시하고 있다(2조 2항). '공무수탁사인'을 행정청에 포함시키고 있음이 특히 주목된다. 그러나 **권한의 '내부위임'을 받은 자는 여기에 포함되지 않는다.** 왜냐하면 '권한의 내부위임'의 경우에는 대외적으로는 위임행정청의 명의로 권한을 행사해야 하기 때문이다. 대리기관이 대리관계를 표시하고 피대리 행정청을 대리하여 행정처분을 한 때에는 피대리 행정청이 피고로 되어야 한다(대법원 2018두43095판결).

(4) 피고경정

원고가 피고를 잘못 지정한 때에는 법원은 원고의 신청에 의하여 결정으로써 피고의 경정(更正)을 허가할 수 있는데, 법원은 결정의 정본을 새로운 피고에게 송달해야 하며, 신청을 각하한 결정에 대하여는 즉시항고를 할 수 있다. 피고경정의 결정이 있은 때에는 새로운 피고에 대한 소송은 처음에 소를 제기한 때에 제기된 것으로 보며, 종전의 피고에 대한 소송은 취하된 것으로 본다. 취소소송이 제기된 후에 권한의 승계가 발생하거나 행정청이 소멸한 경우에는 법원은 당사자의 신청 또는 직권에 의하여 피고를 경정한다(14조). 사실심 변론을 종결할 때까지 피고경정이 가능한데(소송규칙 11조) **행정심판절차에서와는 달리 법원이 직권으로 피고경정을 할 수는 없다.** 따라서 법원은 석명권을 적극적으로 행사하여 원고가 정당한 피고로 경정하게 하여 소송을 진행해야 한다(대법원 2013두2518판결).[134] 행정심판절차처럼 직권 피고경정이 가능하게 개정할 필요가 있다.

(5) 피고적격 여부에서 정당한 권한의 소재 문제

정당한 권한을 가진 자가 피고가 되어야 하는지 문제가 될 수 있다. 처분서에서 자신의 이름으로 행정처분을 한 자가 피고가 된다. 처분서상의 표현된 자가 실체법상 정당한 권한을 갖는지 여부는 피고적격의 차원에서는 문제되지 않고, 본안에서 판단될 사항이다. 내부위임을 받은 행정청이 자신의 이름으로 행정처분을 한 경우, 무권한 무효의 원칙에 따라 그 행정처분이 무효가 되는 것과 관계없이, 실제로 행한 행정청을 상대로 소를 제기해야 한다(대법원 94누1197판결 등). 대리권을 수여받은 데 불과하여 대리관계를 밝히지 아니하고는 자신의 명의로 행정처분을 할 권한이 없음에도 불구하고 자신

134) 사안에서 원심(서울고법 2012누5369판결)은 원고적격과 대상적격을 인정하여 무권한무효의 원칙에서 입각하여 인용판결을 내렸지만, 대법원 2013두2518판결은 서훈취소통보의 처분권자는 대통령임을 전제로 원심이 무권한무효의 원칙을 적용하기보다는 대통령으로의 피고경정의 절차를 밟았어야 한다고 지적하였고, 망인의 유가족의 원고적격 역시 부인하였다.

의 명의로 행정처분을 한 경우에도, 피고는 권한이 없이 행정처분을 한 행정청이 된다(대법원 94누 1197판결 등). 다만 판례는 특별한 경우에 명의자원칙의 예외를 인정하여, 비록 대리관계를 명시적으로 밝히지는 아니하였다 하더라도 처분명의자가 피대리 행정청 산하의 행정기관으로서 실제로 피대리 행정청으로부터 대리권한을 수여받아 피대리 행정청을 대리한다는 의사로 행정처분을 하였고 처분명의자는 물론 그 상대방도 그 행정처분이 피대리 행정청을 대리하여 한 것임을 알고서 이를 받아들인 예외적인 경우에는 피대리 행정청이 피고가 되어야 한다고 지적하였다(대법원 2004부4결정).

권한의 위임이나 대리관계는 물론, 행정의 의사결정 메커니즘을 국민은 잘 알지 못한다. 피고적격이 없는 자를 상대로 한 소는 부적법하게 되는 점에서(대법원 90누 233판결 등), 처분청 특정의 부담을 국민에게 지우는 것은 바람직하지 않다. 이 점에서 현행 피고적격 규정은 조속히 개혁되어야 한다. 그 이전이라도 차선책으로 법원은 피고적격 규정을 엄격히 적용하기보다는 —직권으로 피고경정을 할 수 없기에— **석명권을 적극적으로 행사하여 원고로 하여금 정당한 피고로 경정하게 하여 소송을 진행해야 한다**(대법원 2013두2518판결).[135]

⑹ 피고적격규정의 근본적인 개혁: 처분청주의의 타파

과거 일본의 미노베 교수가 입헌군주제하에서 주창한 항고소송의 틀에서 비롯된 피고적격에서 처분청의 구조를 버려야 할 때이다. 행정법의 법관계와 행정규범의 특성이 일반 민사법관계와 민사법과는 다르기에, 일반 민사소송법에서 언급하지 않는 원고적격을 행정소송에서 특별히 논하는 것은 당연하다. 그러나 피고적격은 그렇지 않다. 국가나 지방자치단체의 기관으로 역할을 한다는 점에서 처분청을 피고로 삼아 소송당사자로 만드는 것은 행정법관계 및 행정주체와 관련하여 오해를 가져다줄 수 있다. 행정소송에서 한 당사자는 국민이고, 다른 한 당사자는 국가나 지방자치단체이다. 굳이 그 기관인 처분청을 소송당사자로서 소송의 무대에 올릴 필요가 없다. 처분청은 국가나 지방자치단체를 위한 소송수행자일 뿐이다. 피고특정의 부담을 국민에게 지우는 것이 타당하지 않거니와, 국민과 국가의 진검승부인 행정소송을 통해 국가책임을 분명히 진작시킬 필요가 있다. **지금의 처분청주의는 행정법에서 견지되어야 할 법(권리)주체의 원칙(Rechtsträgerprinzip)에 정면으로 반한다.** 상당수의 행정부처가 세종특별자치시로 이전하여서 피고적격규정의 정비가 시급하다.[136]

---

135) 통상 처분서상의 명의를 처분청으로 삼는 현실에서 피고적격 규정이 국민의 재판청구권 행사를 방해할 수 있다. 행정심판처럼(행정심판법 제17조 제2항) 직권의 피고경정을 허용할 필요가 있다.

136) 독일의 경우 명문으로 행정주체인 연방, 주, 공공단체 및 —주법이 명시한 경우에— 그들의 행정청을 피고로 규정하고 있다(행정법원법 78조). 일본도 종전에는 우리와 마찬가지로 처분청을 대상으로

5. 소송의 참가

행정소송법 제8조에 의해 민사소송법에 의한 소송참가의 유형(보조참가, 독립당사자참가, 공동소송참가, 공동소송적 보조참가)은 행정소송에도 그대로 통용될 수 있다.[137] 행정소송법이 특별히 규정한 제3자의 소송참가와 행정청의 소송참가를 살펴본다.

(1) 제3자의 소송참가

해양수산부장관은 부산광역시 강서구 가덕도 북안과 창원시 진해구 용원동 안골동 웅동 제덕만 일원을 지정항만인 부산항의 하위항만으로 두면서 공식명칭을 '부산신항'으로 결정하여 공표하였다. 이에 창원시 진해구 안골동 웅동에 거주하는 주민이 이 항만명칭결정에 대해 취소소송을 제기하면서 경상남도를 제3자로 소송참가를 신청하였다. (대법원 2007두23873판결)

(가) 제도의 의의

취소소송에 있어서 원고승소의 판결은 제3자에 대하여도 효력이 있다(29조 1항). 따라서 **판결의 영향을 입는 제3자로 하여금 소송단계에서 나름의 대책을 강구하도록 공격·방어방법을 제출할 수 있는 기회를 제공할 필요가 있다.** 제3자의 소송참가제도는 제3자효 행정행위가 직접 발해진 경우(소극적 경쟁자소송이나 인인소송)는 물론, -한정된 수의 허가만이 가능하여 탈락자가 자신에 대한 불허가처분을 다투는 배타적 경쟁자소송을 포함하여- 행정행위를 매개로 가능한 일체의 3극관계에서도 통용될 수 있다. 따라서 제3자효 행정행위에서 -제3자 다툴 경우에는- 원래의 수범자만이 아니라, -원래의 수범자가 다툴 경우에는- 제3자도 해당할 수 있다. 제3자에 의한 재심청구(31조)를 미연에 저지하는 효과도 거둘 수 있는 제3자의 소송참가제도는 취소소송 이외의 항고소송, 당사자소송, 민중소송 및 기관소송에도 준용된다(38조 1항·44조·16조).

(나) 참가요건

우선 -소송이 어느 심급에 있는가는 불문하지만- 소가 적법하게 제기되어 계속되고

한 피고적격 규정을 두었지만, 2005년부터 시행되고 있는 현행법은 처분청 메커니즘을 버리고 독일처럼 국가와 지방자치단체를 피고로 규정하였다.

137) 행정소송사건에서 참가인이 한 보조참가가 행정소송법 제16조가 규정한 제3자의 소송참가에 해당하지 않는 경우에도, 판결의 효력이 참가인에게까지 미치는 점 등 행정소송의 성질에 비추어 보면 그 참가는 민사소송법 제78조에 규정된 공동소송적 보조참가이다(대법원 2011두13729판결; 2012무84결정).

있어야 하고, 참가이유로 소송의 결과에 의하여 권리 또는 이익의 침해를 받을 것이 요구된다. 여기에서 '제3자'라고 함은 소송당사자 이외의 자를 말하며, 국가·공공단체도 그에 포함될 수 있다. **여기서 '소송의 결과'는** -소극적 경쟁자소송이나 인인소송에서처럼- **본래 판결주문에 의한 직접적으로 발생한 결과를 의미한다.** 나아가 한정된 수의 허가만이 가능하여 탈락한 경합자가 제기한 배타적 경쟁자소송이 인용될 경우처럼, 기왕의 법상황이 판결에 의해 영향을 받는 것도 포함한다. 그런데 **법률이 '권리 또는 이익'의 침해를 요구하는 것과 관련해서는 재고가 필요하다.** 분명 반사적 이익이나 사실적 이익의 침해는 배제되는 데도 불구하고 자칫 오해를 자아낼 수 있다. 일본과 마찬가지로 권리의 침해만을 규정하는 것이 바람직하다. 한편 위의 사안에서 법원은 '부산신항'은 호칭이어서 관할구역 편입의 법적 효력이 생기지 않거니와 관련 자치단체인 참가인 역시 그 지리적 명칭으로 권리관계나 법적 지위에 어떠한 영향을 받지도 않는다고 보았다.

(다) 참가절차와 참가인의 법적 지위

법원이 당사자 또는 제3자의 신청 또는 직권에 의하여 결정으로써 제3자를 참가시킬 수 있는데, 참가결정을 하고자 할 때에는 미리 당사자 및 제3자의 의견을 들어야 한다(16조 1항, 2항). 각하결정에 대하여 신청을 한 제3자는 즉시 항고할 수 있는데(3항), 소송당사자의 경우에는 제3자의 보호와 공익의 보장이라는 제도의 취지에서 소극적으로 보기도 한다(김남진/김연태, 915면). 참가결정으로 제3자는 참가인이 된다. 참가인의 구체적인 법적 지위와 관련해선 민사소송법 제67조의 규정이 '준용'되므로(4항), 참가인은 필수적 공동소송에 있어서의 공동소송인의 지위를 갖기보다는 공동소송적 보조참가인의 지위를 갖는다(다수입장).

여기서 참가인의 의사를 무시하고 피참가인이 소송행위를 할 수 있는지가 다투어지는데, 판례는 재판의 효력에 따른 불이익의 발생 여하에 의거하여 구분하여, (통상의) 소의 취하는 (보조)참가인의 동의를 받을 필요가 없지만(대법원 2011두13729판결)., 재심의 소는 (보조)참가인의 동의 없이 취하할 수 없으며(대법원 2014다13044판결), 상소취하나 상소포기는 (보조)참가인이 상소를 할 경우에는 할 수 없다(대법원 2015두36836판결).[138]

138) 이런 구분에 대한 비판으로 전병서, 인권과 정의 제493호(2020.11.); 한충수, 법조 제718호(2016.8.).

⑵ 행정청의 소송참가

행정청이 처음부터 끝까지 자신이 직접 행정행위를 하는 경우는 몰라도 그렇지 않는 경우, 즉 **다단계적 행정행위에서처럼 다수의 행정청이 결정에 관여하거나 상급행정청이 지시를 내린 경우에는 수소법원(受訴法院)은 사실관계를 정확하게 파악하기 위해 관련 행정청을 심리과정에 참여시킬 필요가 있다.** 이를 위한 것이 행정청참가제도이다.

즉, 법원은 다른 행정청을 소송에 참가시킬 필요가 있다고 인정할 때에는 당사자 또는 당해 행정청의 신청 또는 직권에 의하여 결정으로써 그 행정청을 소송에 참가시킬 수 있으며, 참가결정을 하고자 할 때에는 당사자 및 당해 행정청의 의견을 들어야 한다(17조 1항, 2항). 참가의 필요성은 관계되는 다른 행정청을 소송에 참가시킴으로써 소송자료 및 증거자료가 풍부하게 되어 그 결과 사건의 적정한 심리와 재판을 하기 위하여 필요한 경우를 가리킨다(대법원 99두1519판결). 참가행정청은 당연히 보조참가인의 지위를 갖는다.

Ⅳ. 취소소송의 제기

1. 소송요건에 관한 논의

소송법은 소가 이유 있는지 여부에 관한 판단과 소가 허용되는지 여부에 관한 판단을 구별하여 후자를 소송요건이란 범주에서 다룬다. 이런 구별은 행정소송에도 그대로 통용되고 있다. 통상 취소소송의 소송요건으로 처분이 존재할 것, 당사자적격이 있을 것, (협의의) 소의 이익이 있을 것, 소정의 제소기간 내에 제기할 것, 일정한 형식의 소장을 작성할 것, (필요적) 전심절차가 요구되면 이를 거칠 것, 관할법원에 제기할 것 등이 요구된다.

소송요건의 충족 여부는 법원의 직권조사사항이고, 자백의 대상이 될 수 없는 것이므로, 설사 그 존재를 당사자들이 다투지 않더라도 그 존부에 관하여 의심이 있는 경우에는 이를 직권으로 밝혀야 한다.[139] **소송요건은 사실심변론종결시는 물론, 상고심에서도 존속해야 하고 흠결하면 부적법한 소가 되어 각하된다.** 그리고 본안의 심리에 들어갔다 하여 소송요건의 흠결은 덮어둘 수 없으며(대법원 86누490판결), 치유도 되지 않는다. 남소

139) 해당 처분을 다툴 법률상 이익이 있는지 여부는 직권조사사항으로 이에 관한 당사자의 주장은 직권발동을 촉구하는 의미밖에 없으므로, 원심법원이 이에 관하여 판단하지 않았다고 하여 판단유탈의 상고이유로 삼을 수 없다(대법원 2013두16852판결).

방지를 위해 소송요건의 충족을 요구하는 것은 당연하지만, **지나치게 엄격한 태도를 취해 본안에서의 판단가능성 자체를 봉쇄하는 것은 재판청구권의 차원에서 문제가 있다.** 원고적격에서는 '권리침해의 가능성'의 관점에서 접근한다든지, 처분의 존재나 제소기간의 산정에서 원고에게 유리하게 접근한다든지 하는 것이 바람직하다.

2. 제소기간

> 근로복지공단이 산업재해보상보험법에 의한 보험급여 수급자 甲에 대하여 기지급된 휴업급여 및 장해급여액 중 1,080만원 부분이 부당이득에 해당한다고 판단하여 2006.2.20. 부당이득 징수결정을 한 후, 국민권익위원회의 권고를 받아들여 2009.11.2. 부당이득액을 당초의 징수결정 금액 1,080만 원에서 4,271,750원을 감액하는 처분을 하였다. 이 감액처분 고지서에는 '이의가 있는 경우 고지서를 받은 날부터 90일 이내에 행정심판법 제17조 및 제19조의 규정에 따라 행정심판을 청구하거나 행정소송법 제19조에 따른 행정소송을 제기할 수 있습니다'라고 기재되어 있었는데, 이에 따라 甲은 행정심판을 거쳐 소를 제기하면서 청구취지로써 감액처분의 취소를 구하였는데, 제소기간과 관련해서 문제가 없는가? (대법원 2011두27247판결)

(1) 처분 등이 있음을 안 날을 기점으로 할 경우

취소소송은 처분 등이 있음을 안 날부터 90일 이내에 제기해야 한다. 다만, 행정심판의 필요적 전치의 경우(18조 1항 단서)와 그 밖에 행정심판청구를 할 수 있는 경우 또는 행정청이 행정심판청구를 할 수 있다고 잘못 알린 경우에 행정심판청구가 있은 때의 기간은 재결서의 정본을 송달받은 날부터 기산하며(19조 1항). 이 기간은 불변기간으로 한다(2항).

여기서 '처분이 있음을 안 날'이란 통지, 공고 기타의 방법에 의하여 당해 처분이 있었다는 사실을 현실적으로 안 날을 의미하므로, 행정처분이 상대방에게 고지되어 상대방이 이러한 사실을 인식함으로써 행정처분이 있다는 사실을 현실적으로 알았을 때 제소기간이 진행한다(대법원 95누11535판결 등).[140] '처분이 있음을 안 날'의 의미는 '처분이 있음'을 전제로 한다. 즉, 후술할 **'처분이 있은', 즉 '처분이 성립하여 효력이 발생한' 뒤에 행정처분의 상대방이 실제로 그 처분을 안 것을 의미한다.**[141]

140) 처분서가 처분상대방의 주소지에 송달되는 등 사회통념상 처분이 있음을 처분상대방이 알 수 있는 상태에 놓인 때에는 반증이 없는 한 처분상대방이 처분이 있음을 알았다고 추정할 수 있다(대법원 2016두60577판결). 처분통보서 송달받기 전에 자신의 의무기록 정보공개를 청구하여 처분통보서를 비롯한 일체의 서류를 교부받더라도, 기산점은 처분통보서 송달일이다(대법원 2014두8254판결).

141) 부과처분의 대상으로 된 사항에 관하여 원고를 대신하여 처리할 권한까지 위임한 것으로 볼 수 없는 한, 원고를 대신하여 아파트 경비원이 납부고지서를 수령하여 부과처분이 있음을 알았다고 하더라도 이로써 원고 자신이 부과처분이 있음을 안 것과 동일하게 볼 수는 없다(대법원 2002두3850판결).

'행정청이 행정심판청구를 할 수 있다고 잘못 알린 경우'에 따른 예외규정의 취지에 대해, 판례는 아직 불가쟁력이 발생하지 않아 적법하게 불복청구를 할 수 있었던 처분상대방에 대하여 행정청이 법령상 행정심판청구가 허용되지 않음에도 행정심판청구를 할 수 있다고 잘못 알린 경우를 상정한다.[142] 한편 거부처분에 불복하여 민원처리법에 따라 이의신청을 한 경우, 이의신청에 대한 결과를 통지받은 날부터 취소소송의 제소기간이 기산되지 아니한다(대법원 2010두8676판결).

⑵ 처분 등이 있은 날을 기점으로 할 경우

처분 등이 있은 날부터 1년(제1항 단서의 경우는 재결이 있은 날부터 1년)을 경과하면 이를 제기하지 못한다. 다만, 정당한 사유가 있는 때에는 그러하지 아니하다(19조 2항). 상대방이 있는 행정처분의 경우 특별한 규정이 없는 한 의사표시의 일반적 법리에 따라 그 행정처분이 상대방에게 고지되어야 효력을 발생하는 것처럼(대법원 2009두11706판결), 여기서의 '처분이 있은 날'은 상대방이 있는 행정처분의 경우는 특별한 규정이 없는 한 의사표시의 일반적 법리에 따라 그 행정처분이 상대방에게 고지되어 효력이 발생한 날을 말한다(대법원 90누2284판결). 즉, **'처분 등이 있은 날'은 처분이 통지되어 성립하여 효력을 발생한 날이다.**[143] 문서에 의한 통지는 도달주의가 지배하는데, 도달이란 반드시 상대방이 그 문서를 직접 수령하여 그 내용을 완전히 아는 것(了知)은 아니며, 상대방의 영역에 진입하여서 사회통념상 상대방이 그 내용을 알 수 있는 상태에 놓이는 것을 의미한다. '처분이 있음을 안 날'과 '처분이 있은 날'의 차이는, 전자는 처분의 존재를 실제로 안 날이고, 후자는 처분의 존재를 실제로 알지 못한 상황에서 그것을 알 수 있는 날인 셈이다.

그리고 '정당한 사유'와 관련해서는 '당사자가 그 책임을 질 수 없는 사유'(민사소송법 173조 1항)나 '천재지변, 전쟁, 사변 그 밖에 불가항력적인 사유'(행정심판법 27조 2항)보다는 넓은 개념이라고 볼 수 있으므로, 제소기간도과의 원인 등 여러 사정을 종합하여 지연된 제소를 허용하는 것이 사회통념상 상당하다고 할 수 있는지 여하에 의해 판단해야 한다(대법원 90누6521판결).

---

142) 그리하여 불가쟁력이 발생하여 더 이상 불복청구를 할 수 없는 처분에 대해서는 예외규정이 적용되지 아니한다. 즉, 이미 제소기간이 경과하였다면 행정청의 잘못된 안내가 있었다고 하여 잘못된 안내에 따라 청구된 행정심판의 경우에도 행정심판 재결서 정본을 송달받은 날부터 다시 취소소송의 제소기간이 기산되는 것은 아니다(대법원 2011두27247판결).

143) 상대방이 있는 행정처분은 상대방에 통지가 되지 않는 한, 설령 다른 경로를 통해 행정처분의 내용을 알게 되었다고 하더라도 성립하지 않은 것이 된다(참조: 대법원 2019두38656판결).

(3) 행정기본법에 따른 변화상황과 그 문제점

그런데 행정기본법 제36조 제4항에 의해 이의신청을 한 경우에는 이의신청에 대한 결과를 통지받은 날(동조 2항에 따른 통지기간 내에 결과를 통지받지 못한 경우에는 같은 항에 따른 통지기간이 만료되는 날의 다음 날을 말한다)부터 90일 이내에 행정소송을 제기할 수 있다. 이로써 행정소송의 제소기간의 기산점과 관련한 규정이 수정되는 결과를 낳는다. 이의신청을 제기한 경우 기존의 안 날부터의 90일에 최장 54일이 연장되는데,[144] 이런 불복기간의 연장이 행정법관계의 조속한 안정의 차원에서 좋지만은 않다. 차후에 행정심판법과 행정소송법에서의 기간을 그에 맞춰서 비례적으로 단축하는 것이 바람직하다. 나아가 불복기간 전반을 소통수단의 기술적 발전에 맞춰 대폭 정비하는 것이 바람직하다(본서 713면).

(4) 제소기간이 문제되는 경우

1) 공고나 고시된 경우

판례는 송달의 방법의 원인에 따라 구분한다. 고시 · 공고에 의한 행정처분의 경우에는, 처분의 상대방이 불특정 다수인이고, 처분의 효력이 불특정 다수인에게 일률적으로 적용되기에, 그것에 이해관계를 갖는 자가 고시가 있었다는 사실을 현실적으로 알았는지 여부에 관계없이 그 고시가 효력을 발생한 날에 행정처분이 있음을 알았다고 보아야 하는데, 특별한 규정이 있는 경우를 제외하고는 그 고시 또는 공고가 있은 후 5일이 경과한 날부터 그 고시 등은 효력을 발생한다(행정효율과 협업촉진에 관한 규정 6조 3항)(대법원 2015두38573판결; 2012다57231판결; 2010두2623판결; 2004두619판결 등). 결국 고시나 공고가 있은 후 원칙적으로 5일이 경과한 날로부터 90일 이내에 제기해야 한다. 반면 공시송달의 경우 특정인에 대한 행정처분을 주소불명 등의 이유로 송달할 수 없어서 관보 · 공보 · 게시판 · 일간신문 등에 공고한 경우에는, 공고가 효력을 발생하는 날이 아니라, 상대방이 당해 처분이 있었다는 사실을 현실적으로 안 날이 '처분이 있음을 안 날'이다(대법원 2005두14851판결).

2) 제3자효 행정행위의 경우

일련의 판례(대법원 96누14661판결; 2000두3641판결)에 따라 **행정행위의 존재를 알 수 없는 제3자는 통상 '정당한 사유'에 의거하여 그 제3자효 행정행위가 있은 날로부터 1년이 경과하더라도 행정소송을 제기할 수 있다.** 만약 그 제3자가 어떤 경위로든 행정처분이 있음을 알았거나 쉽게 알 수 있는 등 행정소송의 제기가 가능하였다는 사정이 있는 경우라 하더라도 제3자

---

144) 한편 거부처분에 불복하여 민원처리법에 따라 이의신청한 경우, 이의신청 결과를 통지받은 날부터 취소소송의 제소기간이 기산되지 아니한다는 대법원 2010두8676판결은 향후 통용되지 않을 것이다.

는 행정행위의 상대방이 아니므로, 90일 제소기간을 적용해서는 아니 된다.[145)]

3) 제소기간을 알리지 않거나 잘못 알린 경우

행정심판법과는 달리 행정소송법에 특별히 규정되어 있지 않아 문제가 된다. 법적 공백을 메우고 절차적 요청을 부응하기 위해, 행정심판법에서의 내용을 적극적으로 반영할 필요가 있다. 따라서 불고지의 경우에는 제3자효 행정행위의 경우와 마찬가지로 접근해야 한다. 오고지의 경우에는 90일보다 짧게 알렸다면 그 처분 등이 있음을 안 날로부터 90일 이내에, 90일보다 길게 알렸다면 알린 기간 이내에 제기해야 한다. 하지만 판례는 행정심판법상의 불고지와 관련한 규율의 취지를 행정소송제기에 유추하는 것에 대해 소극적이다(대법원 2007두16875판결).

4) 감액처분이나 감액경정처분과 같은 변경처분의 경우

판례는 당초의 금액을 축소하는 후행변경처분(감액처분, 감액경정처분)의 독립성을 부인하여 그것의 대상적격을 부인하고, 그것을 제소기간기산의 출발점으로 삼지 않는다. 즉, **(변경된) 당초처분을 대상으로 다투어야 하고, 제소기간의 준수 여부도 감액처분이 아닌 당초처분을 기준으로 판단한다**(대법원 2011두27247판결). 심지어 국세심판소가 양도소득세부과처분심판청구를 일부 인용하면서 정당한 세액을 명시하여 취소하지 아니하고 나름의 경정기준을 제시하여 세액을 결정하도록 하는 재결을 내렸고 이에 따라 감액경정결정이 이루어진 경우에도 당초처분만이 전적으로 전심절차 및 취소소송의 바로미터이다(대법원 96누10768판결). 이런 기조는 3월의 영업정지처분을 2월의 영업정지에 갈음하는 과징금부과처분으로 변경한 경우처럼 실체적 내용상의 변경처분에도 그대로 통용된다(대법원 2004두9302판결). 판례의 이런 태도는 일찍이 판례가 과세처분에서 증액경정처분의 경우에는 당초처분이 후행처분에 흡수되는 식으로 소멸하여 후행처분만이 존재하며, 감액경정처분의 경우에는 당초처분 자체가 일부취소되는 식으로 변경된 형태로 존재하는 것으로 본데(대법원 85누599판결) 따른 것이다.

감액처분과 같은 변경처분의 경우 당사자에게 유리하게 변화된 사정이 도리어 제소기간의 산정에서는 결정적으로 불리한 결과를 빚는다. 역설적 상황이다. 생각건대 법관계의 간명 및 국민의 효과적인 권리보호의 차원에서 행정심판재결에 해당하지 않는 한, (변경된) 당초처분이 아니라, 변경처분(후행처분) 그 자체를 소송대상 및 제소기간기산의 출발점으로 삼을 필요가 있다.[146)]

---

145) 제3판까지 90일 제소기간이 적용되어야 한다고 보았는데, 수정한다.
146) 참고문헌: 류광해, 홍익법학 제14권 제3호(2013.9.), 737면 이하.

5) 소의 변경의 경우

청구취지를 변경하여 구 소가 취하되고 새로운 소가 제기된 것으로 변경되었을 때에 새로운 소에 대한 제소기간의 준수 등은 원칙적으로 소의 변경이 있은 때를 기준으로 하여야 한다. 그러나 다음의 경우에는 그러하지 아니한다. 선행처분에 대하여 제소기간 내에 취소소송이 적법하게 제기되어 계속 중에 행정청이 선행 처분서 문언에 일부 오기가 있어 이를 정정할 수 있음에도 선행처분을 직권으로 취소하고 실질적으로 동일한 내용의 후행처분을 함으로써 선행처분과 후행처분 사이에 밀접한 관련성이 있고 선행처분에 존재한다고 주장되는 위법사유가 후행처분에도 마찬가지로 존재할 수 있는 관계인 경우에는 후행처분의 취소를 구하는 소변경의 제소기간 준수 여부는 따로 따질 필요가 없다(대법원 2018두58431판결). 그리고 선행처분이 종국적 처분을 예정하고 있는 일종의 잠정적 처분으로서 후행처분이 있을 경우 선행처분은 후행처분에 흡수되어 소멸되는 관계에 있고, 당초 선행처분에 존재한다고 주장되는 위법사유가 후행처분에도 마찬가지로 존재할 수 있는 관계여서 선행처분의 취소를 구하는 소에 후행처분의 취소를 구하는 취지도 포함되어 있다고 볼 수 있다면, 후행처분의 취소를 구하는 소의 제소기간은 선행처분의 취소를 구하는 최초의 소가 제기된 때를 기준으로 정해야 한다(대법원 2016두48737판결).[147] 즉, 제소기간의 준수가 문제되지 않는다.

(5) 제소기간 경과의 효과

산업재해요양보상급여취소처분에 대해 다투지 않아 불복기간이 경과되어 그것이 확정된 이후, 甲이 산업재해보상보험법상으로 보험급여청구권의 소멸시효(3년)가 완성되지 않음을 확인하여 다시 요양급여를 청구하였지만, 관계행정청은 이를 거부하였다. 甲이 제기한 거부처분 취소소송에 대해, 하급심은 행정소송을 제기치 아니하여 재요양급여청구권이 없다는 내용의 재요양승인취소처분이 확정되었으므로 甲은 동일한 사유를 원인으로 하는 재요양급여관계에 대하여는 더 이상 다툴 수 없다는 이유로 이 사건 소를 부적법하다 하여 각하하였다. 하급심의 판단은 어떤 문제가 있는가? (대법원 92누17181판결)

행정처분이나 행정심판재결이 불복기간의 경과로 인하여 확정되면, 처분으로 인하여 법률상 이익을 침해받은 자가 처분이나 재결의 효력을 더 이상 다툴 수 없다(불가쟁력). **불가쟁력이 발생하더라도 판결에 있어서와 같은 기판력이 인정되는 것은 아니어서 처분의 기초가 된 사실관계나 법률적 판단이 확정되고 당사자들이나 법원이 이에 기속**

147) 이는 당초 과세처분과 증액경정처분 사이에도 동일하다(대법원 2010두7796판결; 2011두25005판결).

되어 모순되는 주장이나 판단을 할 수 없게 되는 것은 아니다. 따라서 종전의 산업재해요양보상급여취소처분이 불복기간의 경과로 인하여 확정되었더라도 요양급여청구권이 없다는 내용의 법률관계까지 확정된 것은 아니며, 소멸시효에 걸리지 아니한 이상, 다시 요양급여를 청구할 수 있고 그것이 거부된 경우 이는 새로운 거부처분으로서 위법 여부를 소구할 수 있다(대법원 92누17181판결).

한편 제소기간의 경과와 관련해서는 하자승계의 문제와 행정행위의 재심사의 문제가 제기될 수 있는데, 행정기본법 제37조가 불가쟁적 행정행위의 재심사를 명문화한 이상, 후자에 관한 새로운 논의전개가 기대된다(본서 399면 이하).

3. 행정심판과의 관계

(1) 필요적 전치에서 임의적 전치로

과거와는 달리 행정심판은 임의절차로 되어 거치지 않고도 행정소송을 제기할 수 있다. 다만 다른 법률에 당해 처분에 대한 행정심판의 재결을 거치지 아니하면 취소소송을 제기할 수 없다는 규정이 있을 때에는 여전히 필요적 전치주의(前置主義)가 통용된다(18조 1항). **대표적인 필요전치는 도로교통법상의 처분(운전면허정지나 취소 등)(동법 142조), 국가공무원법(16조 1항), 교육공무원법(53조 1항) 및 지방공무원법(20조의2)상의 징계처분 기타 그의 의사에 반하는 불리한 처분이나 부작위의 경우이다.**[148]

(2) 필요적 전치주의에서도 완화되는 경우(2항, 3항)

필요적 전치주의가 적용되는 경우에도 다음의 사유가 있는 때에는 행정심판의 재결을 거치지 아니하고 취소소송을 제기할 수 있다: ⅰ) 행정심판청구가 있은 날로부터 60일이 지나도 재결이 없는 때, ⅱ) 처분의 집행 또는 절차의 속행으로 생길 중대한 손해를 예방해야 할 긴급한 필요가 있는 때, ⅲ) 법령의 규정에 의한 행정심판기관이 의결 또는 재결을 하지 못할 사유가 있는 때, ⅳ) 그 밖의 정당한 사유가 있는 때.

그리고 다음의 사유가 있는 때에는 행정심판을 제기함이 없이 취소소송을 제기할 수 있다: ⅰ) 동종사건에 관하여 이미 행정심판의 기각재결이 있은 때,[149] ⅱ) 서로 내용상 관련되는 처분 또는 같은 목적을 위하여 단계적으로 진행되는 처분중 어느 하나가 이미 행정심판의 재결

148) 그런데 특정직 공무원인 검사의 경우 검찰청법 자체에서 징계 검사의 소청에 관하여 규정하고 있지 않아 소청전치주의가 실현될 수 없어서 바로 행정소송을 제기할 수 있다.

149) 여기서 '동종사건'이라 함은 당해 사건은 물론 당해 사건과 기본적인 점에서 동질성이 인정되는 사건을 가리킨다(대법원 92누8972판결).

을 거친 때, iii) 행정청이 사실심의 변론종결후 소송의 대상인 처분을 변경하여 당해 변경된 처분에 관하여 소를 제기하는 때, iv) 처분을 행한 행정청이 행정심판을 거칠 필요가 없다고 잘못 알린 때.

4. 취소소송의 대상

(1) 처분 등의 존재

> 우수하고 건실한 업체에 보조금을 지급하는 사업에 응모한 20개 업체를 대상으로 A군수는. 절대평가제를 적용하여 평가한 다음, 16개 업체를 선정하고, 4개 업체는 선정에서 제외하는 결정을 하고, 그 결과를 공고('이 사건 선정결과 공고')하였다. 제외된 甲은 '이 사건 선정결과 공고'를 다투어야 하는가? 자신에 대한 제외결정을 다투어야 하는가? (대법원 2020두48772판결)

취소소송은 처분 등을 대상으로 한다(법 19조). 따라서 취소소송을 제기하기 위해서는 '처분 등'이 존재해야 한다. 즉, 행정소송에 있어서 쟁송의 대상이 되는 행정처분의 존부는 소송요건으로서 직권조사사항이라 할 것이고 자백의 대상이 될 수는 없다고 할 것이므로 설사 그 존재를 당사자들이 다투지 아니한다고 하더라도 그 존부에 관하여 의심이 있는 경우에는 이를 직권으로 밝혀야 한다(대법원 2003두15195판결). **여기서의 처분은 앞에서 본 행정행위에서의 논의가 그대로 통용된다. 쟁송법상의 처분개념이나, 형식적 행정행위 등을 내세워 무리하게 처분성의 확대를 도모하는 것은 지양되어야 한다**(본서 215면 이하).

처분의 존재는 행정소송의 차원에서는 대상적격의 물음이다. 단순히 행정처분이 객관적으로 존재한다는 사실만으로는 부족하고, 법효과가 원고에게 직접적으로 발생해야 한다. 행정행위가 직접적인 법효과를 발생시키지 않으면, 원고적격은 물론, 대상적격도 문제가 될 수 있다.[150] 따라서 응모에 따른 전체 결과의 공고 가운데 자신의 제외결정만을 독립되게 다투어야 한다(대법원 2020두48772판결 등).[151] 한편 망인(亡人)의 서훈취소와 관련해서, 종전 판례(대법원 2013두2518판결)는 그것이 대통령이 국무회의를 거쳐 행함으로써 객관적으로 성립한 것으로 보고, 일종의 상대방이 없는 행정행위에 해당하여 유족이 그것의 직접적 상대방이 아니라고 보았는데,[152] 정반대로 일부 판결은 소송요건의 문제를 거론하지 않고 —마치 제3자 소송처럼— 곧바로 본안판단을 하였다(본서 234면 이하).

150) 그런데 제3자효 행정조치의 경우 사실 대상적격과 원고적격의 물음이 쉽게 구분되지 않는다.
151) 만약 제외된 업체를 따로 명시하지 않고 선정된 업체만을 공고하면, 그것을 추단적인 제외처분을 간주하여 그것을 소송대상으로 해야 한다(본서 237면).
152) 판례가 망인의 서훈취소에서 유족의 제3자성을 논증하지 않는 것은 타당하지 않다(본서 234면).

그런데 처분성의 인정이 언제나 대상적격의 인정이 되지는 않는다. 대상적격의 물음은 처분의 존재여부를 넘어 소의 이익의 차원에서 다루어진다. 그리하여 행정소송법 제2조 소정의 행정처분이라고 하더라도, 그 처분의 근거 법률에서 행정소송 이외의 다른 절차에 의하여 불복할 것을 예정하고 있는 처분(검사의 기소나 불기소 등)은 항고소송의 대상이 될 수 없다(대법원 2017두47465판결 등).

(2) 재결취소소송의 경우

국립대학교 교원이 총장의 징계처분에 대하여 불복하여 교원소청심사위원회에 소청심사를 청구하였으나 기각된 경우에, 행정소송으로 징계처분을 다투는 것과 별도로 사실오인이나 재량권 남용·일탈 등의 위법이 있다는 사유로 기각 소청심사결정을 다툴 수 있는가? (대법원 2009두11829판결)

A장관이 甲의 신청에 따라 속리산국립공원 용화집단시설지구 내 시설물기본설계를 승인하는 처분(당초처분)하였는데, 그 후 기본설계변경승인처분(변경처분)한 후 국립공원관리공단이사장이 당초처분의 조건 및 환경부와의 환경영향평가협의내용의 이행 등을 조건으로 甲에게 용화집단시설지구기반조성 공원사업시행을 허가(허가처분)하였다. 주민들이 변경처분과 공단이사장의 허가처분의 각 취소를 구하는 행정심판에 대해, (당시 재결청인) A장관은 공단이사장의 허가처분에 대해서는 취소재결을 하였지만, 변경처분에 대해서는 변경처분이 취소되면 당초처분의 효력이 살아나게 되어 행정심판청구인들에게 더욱 불리한 결과를 초래하게 되고, 또한 허가처분 취소재결로 공원사업시행을 막으려는 청구인들의 목적이 실질적으로 대부분 달성되었으므로 변경처분의 취소를 구할 이익도 없다는 등의 이유로, 각하재결을 하였다. 주민들은 항고소송으로 무엇을 다투어야 하는가? (대법원 99두2970판결)

(가) 원처분주의의 채택

이와 관련하여 2가지 대립된 입장이 있다.[153] 문헌상 원처분주의에 의하면 원처분과 재결이 공히 소송대상이 될 수 있되, 각기 그것의 위법사유만을 주장할 수 있는 것으로 보고, 재결주의에 의하면 재결을 대상으로 하면서 재결만이 아니라 원처분의 위법사유도 주장할 수 있다. 일반적으로 "재결취소소송의 경우 재결 자체에 고유한 위법이 있음을 이유로 하는 경우에 한하다."(19조 단서)에 근거하여 원처분주의가 채택된 것으로 본다. 가령 토지보상법 제85조 제1항에 의거하여 수용재결에 불복하여 취소소송을 제기하는 때에는 이의신청을 거친 경우에도 원처분(당초처분)인 수용재결을 한 중앙토지수용위원회 또는 지방토지수용위원회를 피고로 하여 수용재결의 취소를 구해야

153) 상론: 이일세, 행정심판의 재결에 대한 행정소송, 강원법학 제44권(2015.2), 563면 이하.

한다(대법원 2008두1504판결).[154] 원처분주의에 따라 부분인용재결의 경우 원처분을 다투어야 한다. 감봉 1월의 징계처분을 견책으로 변경한 소청결정(訴請決定)의 경우 견책의 징계처분을 다투어야 한다.[155] 3월의 영업정지처분을 2월의 영업정지에 갈음하는 과징금부과처분으로 변경하라는 일부기각(일부인용)의 변경명령재결에 따라 변경된 경우에도 그러하다(대법원 2004두9302판결).[156]

다만 개별법에 의해 원처분주의를 수정하여 재결주의를 택할 수도 있다: 중앙노동위원회의 재심처분(노동위원회법 27조 1항), 감사원의 재심의판정(감사원법 40조), 특허심판원의 심결(특허법 186조 등).

(나) 재결취소소송에서 검토사항

i) **대상이 되는 재결**: 형성적 재결과 명령적 재결, 공히 대상이 될 수 있다. 다만 행정심판의 재결은 물론, 행정심판과 같은 기능을 하는 일체의 불복제도에서의 심판도 해당한다. 용어상으로 재결이라 하더라도 토지수용위원회의 수용재결처럼 불복제도가 전제되지 않은 경우에 그 재결을 다투더라도 여기서의 재결취소소송에 해당하지 않는다(본서 1013면). 인용재결, 각하재결 및 기각재결(대법원 88누3314판결) 모든 재결에 대해 취소소송이 가능하다.

ii) **'재결 자체에 고유한 위법'에 관한 해명**: 원처분을 다투는 것과는 별개로, 재결을 다투기 위해서는 결국 **'재결 자체에 고유한 위법'이 인정될 수 있는 경우 즉,** 재결이 원처분과 별개로 독립된 법적 의의를 지니는 경우**이다.** 판례에 의하면, 원처분에는 없고 재결에만 있는 재결청의 권한 또는 구성의 위법, 재결의 절차나 형식의 위법, 내용의 위법 등을 뜻하고, 그중 내용의 위법에는 위법·부당하게 인용재결을 한 경우가 해당한다(대법원 96누14661판결).[157] 그리하여 행정심판청구가 부적법하지 않는 데도 행한 각하재결은(대법원 99두2970판결) 물론, 행정심판의 대상이 되지 아니하여 각하해야 함에도 행한 인용재결(대법원 99두10292판결)은 재결 자체에 고유한 하자가 있다. 재결 자체에 고유한 위법이 없으면, 원처분의 당부와는 상관없이 해당 재결취소소송은 기각된다(대법원 93누16901판결). 다만 사실오인이

154) 그런데 구 토지수용법하에서 헌법재판소는, 중앙토지수용위원회의 이의신청에 대한 재결이 아닌 중앙토지수용위원회의 수용재결은 행정소송의 대상으로 삼을 수 없다는 대법원 77누164판결; 81누420판결 등에 의거하여 행정소송의 대상이 원처분인 수용재결이 아니라 행정심판에 대한 재결로서의 이의재결이라고 판시하였다(헌재 2000헌바77).

155) 한편 양적 취소(6개월정지처분→3개월정지처분)를 일부취소재결로, 질적 취소(파면처분→해임처분)를 적극적 변경재결로 나누어 후자의 경우에는 적극적 변경재결을 대상으로 삼아야 한다고 주장되는데(박균성, 1363면), 양자 공히 부담적 효과가 당초처분에 비해 당사자에게 유리하게 축소된 것이어서 본질에서 다르지 않다.

156) 여기서 행정소송의 제소기간은 당초처분이 아니라, 재결서의 정본을 송달받은 날부터 기산한다.

157) 여기서 유의할 점은 3자효 행정행위에서 제3자가 행정심판을 제기한 경우이다.

나 재량권 남용·일탈 등의 위법이 있다는 사유는 기각재결 자체에 고유한 위법이 될 수 없다(대법원 2009두11829판결). 그리고 원처분상의 위법사유와 다른 위법사유가 재결에 있더라도, 불이익변경금지의 원칙에 따라 원처분보다 더 침익적 재결은 존재할 수 없다.

iii) **재결취소소송이 의미가 있는 경우:** 모든 재결에 대한 취소소송이 가능하지만, (수익적) 계쟁처분의 원래 상대방에게 최초의 불이익을 초래하는 재결, 즉 **제3자효 행정행위를 대상으로 제3자가 제기한 행정심판에서 인용재결이 내려진 경우에 그 행정행위의 원래의** 상대방이 제기하는 **재결취소소송이 큰 의미를 갖는다.** 여기서 인용재결은 원처분의 상대방에게는 새로운 부담적 처분이다.[158]

제3자효 행정행위에 해당할 행정행위를 신청하였는데 거부되어 신청자가 취소심판을 제기하여 인용재결 및 인용처분이 내려진 경우, 제3자는 인용재결이 아니라 인용처분에 의해 직접 권리침해를 입는다. 여기서 제3자가 인용재결을 다툴 소의 이익은 인정되지 않아서(대법원 2015두45045판결), 원처분주의에 따라 후속 인용처분을 다투어야 한다.[159]

iv) **원처분주의하에서 재결취소소송에 관한 바른 이해의 필요:** 원처분주의 자체에서 모든 재결에 대한 취소소송의 제기가 가능하여, 비록 '재결 자체에 고유한 위법'이라는 제한에도 불구하고, 재결취소소송 자체가 소송시스템 자체를 혼란스럽게 한다. 굳이 재결취소소송을 강구하지 않더라도 원처분 취소소송을 통해 목적을 쉽게 달성할 수 있다는 점에서, 권리보호의 필요의 차원에서 재결취소소송을 이상의 **제3자효 행정행위의 경우에 한정할 필요가 있다.**[160]

(다) 특히 교원소청심사위원회의 결정의 문제

교원지위법 제10조 제3항에 의하면, 교원소청심사위원회의 결정에 대하여 교원은 물론, 사립학교법인 또는 사립학교 경영자가 행정소송을 제기할 수 있다. 따라서 사립학교 교원의 경우 종래 민사소송으로만 권리구제를 도모할 수 있었지만, 현재는 공법소송의 메커니즘을 통해서 징계처분 등을 우회적으로 다툴 수 있다. 그런데 동 법률은 국공립학교의 교원까지 포함하여 적용되며, 사립학교법인과 교원간의 법률관계는 판례에 의하면 사법관계이기에, 동항과 관련해서 원처분주의와 인용판결의 기속력의 차원에서 검토할 사항이 있다.

---

158) 이를 시원적으로 인정한 것이 대법원 94누15592판결이다.

159) 여기서 상대방이 의무이행심판을 제기하여 처분재결이 내려져서 이를 제3자가 다툴 경우, 소송의 대상은 원신청에 대한 인용처분이 되지만, 피고 특정이 문제가 된다. 부분인용처분을 신청자가 다투는 경우에도 마찬가지이다. 피고적격에서 처분청주의가 빚은 제도적 흠결의 하나이다(본서 810면).

160) 독일 행정법원법 제79조 제1항을 참조하여, "재결취소소송의 경우 재결 자체가 제3자에게 처음으로 법적 불이익을 주는 경우에 한하다."로 바꿀 필요가 있다.

교원소청심사위원회의 결정의 법적 성질은 학교의 성격에 따라 다르다. 국공립학교의 경우 그것은 행정심판의 재결로서의 성질을 갖지만, 사립학교의 경우에는 새로운 행정처분에 해당한다. 따라서 국공립학교의 교원은 원처분주의에 따라 동항에도 불구하고 (수정된 것을 포함한) 원처분을 다투어야 하고, 사립학교의 교원과 법인 등은 동항에 따라 교원소청심사위원회의 결정을 다투어야 한다.[161)]

교원소청심사위원회의 결정은 징계조치를 내린 국공립학교나 사립학교법인 등에 대하여 기속력을 발생시키는데, 그 기속력은 결정의 주문에 포함된 사항뿐 아니라 그 전제가 된 요건사실의 인정과 판단, 즉 조치 등의 구체적 위법사유에 관한 판단에까지 미친다(대법원 2003두7705판결 참조). 사립학교법인이 내린 징계조치에 대해 교원소청심사위원회가 징계사유의 존부에 대해 부정적인 판단을 하여 징계조치의 양정을 고려하지 않고 곧바로 그 징계조치의 위법성을 확인하는 인용결정을 한 경우에, 수소법원이 보아 비록 징계조치가 과하여 위법하긴 하지만 일부 징계사유의 정당성이 시인되어 재징계의 가능성이 수긍된다면, –원처분이 아니라 재결이 다투어지는 사안의 특수성과 사립학교법인의 재징계의 구조를 감안하여– 취소판결을 내려야 한다(대법원 2012두12297판결; 2017두65821판결).

5. 권리보호의 필요성(협의의 소의 이익)

(1) 일반론

환지처분(공용환지)이란 도시개발사업이 완료된 다음 도시개발구역에 있는 토지의 소유권 또는 기타의 권리를 권리자의 의사여하에 관계없이 환지계획에 의거하여 강제적으로 교환·분합하는 것을 말한다. 환지처분이 공고되어 효력이 발생한 이후, 甲이 소유 종전 토지의 위치·형상 등에 비추어 등급 및 감보율이 현저하게 불합리하게 결정되었다는 이유로 환지처분에 대해 주위적으로 무효확인을, 예비적으로 취소를 구하였다. 항소심은 주위적 청구는 중대한 하자가 있다고 할 수 없다고 기각하고, 예비적 청구는 법률상 이익이 없다고 부적법하다고 판시하였다. 항소심의 판단은 문제가 없는가? (대법원 2010두2289판결)

甲소유주택에 인접하여 신축한 건물이 무단증평, 이격거리위반, 베란다돌출, 무단구조변경 등 건축법에 위반하여 시공됨으로써 甲은 사생활과 일조권을 심각하게 침해 받고 있다. 甲은

161) 여기서 헌재 2005헌가7 등을 계기로 교원지위법 제10조 제3항을 개정하여(2007.5.11.) 교원만이 아니라, 학교법인 및 사립학교경영자까지 행정소송을 제기할 수 있게 한 것이 의문점 해소와 별도로 바람직한지 성찰이 필요하다. 종래 교원에 대해 행정소송제기가능성을 규정한 것이 학교법인 등은 소청심사결정에 대해 행정소송을 제기할 수 없다는 것이 아니다. 교원에게 유리한 인용결정에 대해 학교법인이 재결취소소송을 제기하는 데 아무런 문제가 없다. 명문으로 '교원만'이 행정소송을 제기할 수 있다고 규정하지 않았음에도 불구하고, 그렇게 해석하여 전개한 것이 오해의 시작이었다.

건물준공처분(사용승인처분)을 소송을 통해 다툴 수 있는가? (대법원 93누13988판결) 한편 아파트의 입주자 및 입주예정자들은 완공된 아파트에 기계환기설비, 실내공기질관리 등 승인조건 미이행, 감리자의 허위 감리의견서 등과 관련한 위법사항이 있음을 이유로 아파트의 사용검사처분을 소송을 통해 다툴 수 있는가? (대법원 2013두24976판결)

다른 모든 권리구제마냥 행정법적 권리보호 역시, 자신의 권리를 실현하는 데 법원의 도움이 실제로 필요한 경우에만, 그리고 권리보호의 강구가 권리남용이 아닌 경우에만 성립한다. 즉, 비록 명문의 규정은 없지만, 취소소송에 대해서도 권리보호의 필요성이 통용된다. 소의 이익이 없는 소송은 부적법하여 각하된다.

권리보호의 필요성은 일반적으로 다음의 3가지의 측면에서 검토된다.

i) 소송이 권리보호를 위한 최후수단(ultima ratio)이라는 점에서, 원고가 소송에 의하지 않더라도 또는 다른 소송방법을 통해 자신의 목적을 쉽게 달성할 수 있거나 이미 그 목적을 달성한 경우에는 권리보호의 필요성은 부인된다.

ii) 소송을 통한 목적달성의 전망이 없을 때도 권리보호의 필요성이 부인된다. 원고의 청구취지는 이론적인 의미만을 가져서는 아니 되고, 실제적인 효용 내지 실익이 있어야 한다. 따라서 목적이 사실적, 법적 이유에서 실현불가능하거나 소송의 결과가 실제적 의의가 없어서 소송을 이용하더라도 원상회복이 불가능한 경우처럼 목적을 달성할 수 없는 경우에는 그 소송은 의미가 없다(대법원 95누17403판결; 2004두8538판결 등 참조).[162] 판례는 대개 이런 차원에서 권리보호의 필요가 부인된다. 가령 −소제기이전이든 사실심변론종결이전이든− 건축허가에 기하여 이미 건축공사를 완료한 경우, 그 건축허가처분에 대하여(대법원 2006두18409판결),[163] 절차상 또는 형식상 하자로 무효인 행정처분에 대하여 행정청이 적법한 절차 또는 형식을 갖추어 동일한 행정처분을 한 경우, 종전의 무효인 행정처분에 대하여(대법원 2009두16879판결), 집회 및 시위 금지의 통고가 기간의 경과로 효과가 소멸되었는데 그 금지통고에 대하여(대법원 2017두67834판결) 다툴 법률상 이익이 없다. 환지처분이 일단 공고되어 효력을 발생하게 된 이후에는 환지처분의 절차를 처음부터 다시 밟지 않는 한 그 일부만을 따로 떼어 환지처분을 변경할 길이 없으므로, 그 환지처분의 일부에 대하여 취소나 무효확인을 구할 법률상 이익은 없다. 따라서 환지처분의 일부에 대한 소송은 −무효확인소송이든 취소소송이든− 부적법하여 각하된다(대법원 2010두2289판결). 의료원폐지조례가 제정되기 전에 행한 의료원폐업결정은 그 자

162) 이런 이유에서 독일에서는 공무원법상의 경쟁자소송에서 이미 경쟁자가 임명되면, 다른 경쟁자가 제기한 임용처분취소소송은 공직안정성의 원칙에서 권리보호의 필요성이 부인되었다(BVerwGE 80, 127; 132, 102). 그러나 신속한 임용처분을 통해 제소의 가능성이 미연에 봉쇄된다는 점에서 비판이 비등하여, 새로운 판례에(BVerwGE 138, 102) 의해 잠정적 권리구제가 여의치 않으면 탈락자의 임용처분취소소송의 제기가 허용되었다.

163) 그런데 공장설립승인처분에 기하여 발해진 공장건축허가와 관련해서 공장설립승인처분에 대해 취소판결이 내려진 뒤에 공장이 완공되었는 데도 불구하고 공장건축허가에 대한 취소소송의 소이익이 인정되었다(대법원 2015두3485판결). 그러나 이미 완공된 이상 권리보호의 필요성이 없다.

체로 위법하지만, 그 이후에 폐지조례가 제정·시행되었다면 그 폐업결정에 대해 취소를 구할 소의 이익은 인정되기 어렵다(대법원 2015두60617판결).[164] 한편 판례는 확인적 행정행위에 해당하는 건물의 준공처분(사용승인처분; 사용검사처분)의 경우, 그것을 취소하더라도 해당 건축물의 하자가 제거되지 않는다는 점, 쟁송취소하지 않고서도 인근주민은 물론 입주자(및 입주예정자)는 민사소송을 통하여 소정의 권리구제를 받을 수 있다는 점을 들어 시종 소의 이익을 부인한다(대법원 93누13988판결; 2013두24976판결 등).[165] 그런데 대법원 2022두56661판결은 종교적 이유로 법전원 면접 일정을 변경해 달라는 취지의 이의신청을 국립대 총장이 거부하고 불합격처분을 한 것에 대해 적극적으로 소의 이익을 인정하였다.[166]

iii) 소권(訴權)의 남용이나 실권(실효)이 인정될 경우에도 권리보호의 필요성이 부인된다. 따라서 원고가 소를 통해 자신의 권리를 관철하려고 하지 않고, 단지 제3자나 상대방에게 손해를 끼치려고 하는 경우는 권리보호의 필요성은 부인된다(생트집금지의 원칙: Schikaneverbot). 이처럼 원고는 소를 통해 특별히 비난받을 목적을 추구해서도 아니 된다. 아울러 자신이 수긍한 피해를 한참 지나서 소를 제기하면, 소권은 시간의 경과와 방치에 의해서도 실효된다.

(2) 법 제12조 제2문의 문제

개인택시를 운전하고 있는 甲에 대해 승차거부행위를 이유로 구 자동차운수사업법 제31조, 자동차운수사업법제31조등의규정에의한사업면허의취소등의처분에관한규칙 제3조 제2항 및 [별표 2]에 의하여 1993.11.15.부터 개인택시의 운행을 15일간 정지한다는 행정처분이 내려졌다. 그런데 이 규칙의 관계 조항에서 위반회수에 따라 가중처분을 하도록 되어 있다. 정지기간이 지나서 甲이 이 정지처분에 대해 소를 제기할 법률상 이익이 있는가? (대법원 94누14148전합판결; 2003두1684전합판결) 그런데 가중적 행정행위가 발해질 수 있는 메커니즘이 법률과 시행령에 규율되어 있다면 사정은 어떠한가? (대법원 98두10080판결)

조합설립인가 후 사업시행계획인가를 받은 주택재개발사업조합이 적법한 총회 의결을 거치지 아니하고 조합원 4분의 3 이상의 동의서를 받아 '건축물의 철거 및 신축 비용'을 844억여원에서 1,422억여원으로 68% 증액하는 것을 내용으로 하는 제1차 조합설립변경인가를 2010.5.11. 받고서 이에 기초하여 사업시행계획변경인가를 받았다. 그 후 총회의결과 같은 적법한 절차를 거쳐 위 금액을 1,786억여 원으로 증액하는 것을 내용으로 하는 제2차 조합설립변경인

164) 폐지조례에 의해 의료원이 폐업하는 현행 메커니즘에서 그 이전에 행정당국이 내린 의료원폐업결정을 법원이 처분으로 본 것은 타당하지 않다. 그것은 폐업방침을 공표한 행정사실행위에 불과하다. 대상판결은 국가배상책임의 성립까지 배제함으로 사실상 위법한 행위에 면죄부를 주었다(후술). 상론: 김중권, '진주의료원 폐업조치'의 행정법적 문제점, 법조 제719호(2016.10.28.), 464면 이하.

165) 이런 태도는 문제가 있다. 준공처분에 대한 취소소송은 위법사유만으로 충분하여 인인이나 입주자가 용이하게 자신의 이익보호를 도모할 수 있음에도 불구하고, 이처럼 본안심리에 들어가는 것조차 원천적으로 봉쇄하는 것은 민사구제가능성의 존재로 공법적 권리보호를 무시하는 셈이 된다.

166) 원고가 장래에 법전원 입학시험에 다시 응시할 경우 1단계 평가를 별도로 거치지 않고 곧바로 면접평가와 논술평가만을 받을 여지가 있어 이 사건 불합격처분의 취소를 통해 원고에게 회복되는 이익이 없다고 단정할 수 없다.

가를 2011.11.10. 받았다. 이런 변경에 동의하지 않는 조합원 甲은 제1차 조합설립변경인가가 소정의 법정절차를 거치지 않았음을 들어 그것의 취소를 구하였는데, 이에 대해 조합은 적법한 절차를 거쳐 제1차 조합설립변경인가의 내용을 모두 포함하여 이를 변경하는 취지의 제2차 조합설립변경인가를 받았음을 들어 조합설립인가와 제1차 조합설립변경인가가 제2차 조합설립변경인가에 흡수되었다고 항변하였다. 누구의 주장이 판례상으로 주효하는가? (대법원 2012두12853판결) 한편 문제가 된 이상의 사실이 다투어지지 않은 채 재개발사업이 완료되어 구청장으로부터 준공인가가 내려지고 소정의 절차에 따라 이전고시가 행해져서 그 효력이 발생하였을 경우, 조합원 乙이 관리처분계획의 취소를 구할 수 있는가? (대법원 2011두6400전합판결)

사립학교법 및 학교법인 A학원 정관의 중대한 위반을 이유로 교육부가 A학원 정이사 丙을 임원취임승인을 취소하고 임시이사로 丁을 선임하였다. 이에 정이사 丙은 丁의 임시이사선임에 대해 취소소송을 제기하였는데, 소송의 계속중에 임기만료 등의 사유로 새로운 임시이사들로 교체되었다. 피고 소송대리인은 丙이 제기한 기왕의 임시이사선임 취소소송은 소의 이익이 없어졌으므로 부적합하여 각하되어야 한다고 주장한다. 이에 대한 법원의 판단은 어떠한가? 판례에 의하면, 임기가 만료된 이사들의 참여 없이 후임 정식이사들을 선임할 수 없는 경우 임기가 만료되거나 임원취임취소처분을 받았다 하더라도 정이사들은 긴급처리권에 의하여 후임 정식이사들을 선임할 권한을 보유한다. (대법원 2006두19297전합판결)

금융위원회가 2017.4.5.에 외부감사법 및 회계감사기준 위반'을 이유로 丁에 대하여 '12개월(2017.4.5.-2018.4.4.)의 업무정지처분'을 하였다. 丁은 2017.6.30.에 이 사건 업무정지 처분에 대해서만 취소를 구하는 소를 제기하였고, 별도로 집행정지신청을 하지 않았다. 1심(서울행정 2017구합68875판결)은 2018.11.2.에 비례원칙위반을 들어 인용판결을 내렸지만, 2심(서울고등 2018누74473판결)은 2019.11.14.에 소송계속 중 이 사건 업무정지 처분에서 정한 업무정지기간이 만료됨에 따라 이 사건 업무정지 처분의 취소를 구할 소의 이익이 인정되지 않는다고 판단하였다. 원고와 피고 사이에서 동일한 사유로 위법한 처분이 반복될 위험성이 있어 행정처분의 위법성 확인 내지 불분명한 법률문제에 대한 해명이 필요한 경우로 볼 수 없다는 2심의 판단에 대해 상고심은 어떻게 판단하였는가? (대법원 2020두30450판결)

(가) 문제의 제기

행정행위가 실효되거나 취소로 효력이 소멸한 이상, 소송을 통해 그것을 다툴 아무런 실익이 없다. 행정행위가 존재하지 않는 이상, 권리보호의 필요성(협의의 소의 이익)은 당연히 부인된다(대법원 2009두16879판결). 하지만 특별한 경우 즉, '완전한 원상회복이 이루어지지 않아 무효확인 또는 취소로써 회복할 수 있는 다른 권리나 이익이 남아 있거나 또는 동일한 소송 당사자 사이에서 그 행정처분과 동일한 사유로 위법한 처분이 반복될 위험성이 있어 행정처분의 위법성 확인 내지 불분명한 법률문제에 대한 해명이 필요한 경우'에는[167] 이례적으로 시인될 수 있다.[168]

"처분등의 집행 그 밖의 사유로 인하여 소멸된 뒤에도 그 처분등의 취소로 인하여 회복되는 법률상 이익이 있는 자의 경우에는 또한 같다."는 행정소송법 제12조 제2문은 이런 예외적 취지를 제도적으로 반영한 것이다. 처분의 소멸에 따라 그 처분에 대한 취소소송에서 권리보호의 필요성이 문제되는 상황은 다음의 2가지 경우이다: 소를 제기하기 전에 이미 처분이 소멸한 경우와 취소소송의 계속중에 계쟁처분이 소멸한 경우. 여기서 전자는 후술할 독일의 '부진정 계속적 확인소송'에, 후자는 '진정 계속적 확인소송'에 해당한다. 문제가 되는 대부분의 상황은 전자의 경우인데, 후자의 경우에도 행정소송법 제12조 제2문에 의해 포착될 수 있다.[169] 대법원 2020두30450판결이 후자의 경우에 이를 확인하였다.[170]

(나) 독일에서의 계속적 확인소송에 관한 논의

독일 행정법원법 제113조 제1항 제4문상의 (진정한) 계속적 확인소송은, 취소소송을 제기

---

167) 대법원 2018두49130판결. 여기서 '그 행정처분과 동일한 사유로 위법한 처분이 반복될 위험성이 있는 경우'란 반드시 '해당 사건의 동일한 소송 당사자 사이에서' 반복될 위험이 있는 경우만을 의미하는 것은 아니다(대법원 2020두30450판결; 2022두57138판결).

168) * 시인 예: 대법원 2012두12853판결(주택재개발사업조합이 당초 조합설립변경인가 이후 적법한 절차를 거쳐 당초 변경인가를 받은 내용을 모두 포함하여 이를 변경하는 취지의 조합설립변경인가를 받은 경우, 당초 조합설립변경인가는 취소·철회되고 변경된 조합설립변경인가가 새로운 조합설립변경인가가 된다. 이 경우 당초 조합설립변경인가는 더 이상 존재하지 않는 처분이거나 과거의 법률관계가 되므로 특별한 사정이 없는 한 그 취소를 구할 소의 이익이 없다. 다만 당해 주택재개발사업조합이 당초 조합설립변경인가에 기초하여 사업시행계획의 수립 등의 후속 행위를 하였다면 당초 조합설립변경인가가 무효로 확인되거나 취소될 경우 그 유효를 전제로 이루어진 후속 행위 역시 소급하여 효력을 상실하게 되므로, 위와 같은 형태의 변경된 조합설립변경인가가 있다고 하여 당초 조합설립변경인가의 취소를 구할 소의 이익이 소멸된다고 볼 수는 없다). 동지: 대법원 2011두30199판결.
* 부인 예: 대법원 2011두6400전합판결(이전고시의 효력 발생으로 이미 대다수 조합원 등에 대하여 획일적·일률적으로 처리된 권리귀속 관계를 모두 무효화하고 다시 처음부터 관리처분계획을 수립하여 이전고시 절차를 거치도록 하는 것은 정비사업의 공익적·단체법적 성격에 배치되므로, 이전고시가 효력을 발생하게 된 이후에는 조합원 등이 관리처분계획의 취소 또는 무효확인을 구할 법률상 이익이 없다); 대법원 2000두2457판결(배출시설 설치허가가 취소된 후 그 배출시설이 철거된 경우, 설령 원고가 이 사건 처분이 위법하다는 점에 대한 판결을 받아 피고에 대한 손해배상청구소송에서 이를 원용할 수 있다거나 위 배출시설을 다른 지역으로 이전하는 경우 행정상의 편의를 제공받을 수 있는 이익이 있다 하더라도, 그러한 이익은 사실적·경제적 이익에 불과하여 이 사건 처분의 취소를 구할 법률상 이익에 해당하지 않는다); 대법원 2013두987판결(공정거래법상 과징금부과처분을 한 뒤 자진신고 등을 이유로 과징금 감면처분을 하였다면, 선행처분의 취소를 구하는 소는 이미 효력을 잃은 처분의 취소를 구하는 것으로 부적법하다).

169) 한편 대법원 2008두20765판결은 교원소청심사위원회의 파면처분 취소결정에 대한 취소소송 계속 중 학교법인이 교원에 대한 징계처분을 파면에서 해임으로 변경한 경우, 종전의 파면처분이 소급하여 실효되었음을 이유로 교원소청심사결정(파면처분취소결정)의 취소를 구하는 것은 법률상 이익이 없다고 판시하였다. 여기서는 소송대상인 부담적 처분(교원소청심사결정)의 대상이 되는 행위(파면 등)를 원고가 행하였다는 점을 유의해야 한다.

170) 이 사건 업무정지처분을 하면서 채택·적용한 법령해석에 관한 의견이나 처분의 기준을 앞으로도 그대로 반복·적용할 것이 예상되어 업무정지기간이 만료되었다고 하더라도 이 사건 업무정지처분의 위법성 확인 내지 불분명한 법률문제의 해명은 여전히 필요하다.

한 후 행정행위가 소멸한 경우에 신청에 기하여 소멸한 행정행위의 위법성을 확인하는 것이다. 당초의 취소소송이 계속된다는 의미이다. 그것의 본질을 두고서, '절단된 취소소송', '단축된 취소소송' 등으로 파악하는 것이 지배적이지만, 특별한 확인소송이나 일반확인소송으로 보기도 한다. 한편 소제기 전에 행정행위가 소멸한 경우, 그것의 위법성 확인을 구하는 소송은, 명문규정이 없음에도 불구하고 당연히 인정되되, 그 방법, 즉 그것의 성질이 문제되었다. 종래 통설과 판례는 이른바 '부진정 계속적 확인소송'이어서 계속적 확인소송의 규정이 유추적용된다고 보았지만, 1999년 연방행정법원은 해당 소송을 계속적 확인소송으로 유추적용하는 것을 의문스럽게 여겼을 뿐만 아니라, 제소기간의 구속을 부인하였다.[171] 이에 따라 해당소송은 (특별한) 확인소송에 해당하게 되었다.[172]

(다) 논의현황 및 관견(管見)

법 제12조 제2문의 기본성격, 그것상의 '법률상 이익'의 이해, 그것상의 소송의 성격의 해석을 두고서, 입법론과 해석론의 관점이 중첩되어 논의가 분분하다.[173] 즉, **제2문상의 '법률상 이익'과 제1문상의 그것을 동일하게 볼 것인지, 달리 보아 전자를 후자에 비해 확대해석할 것인지가 논란이 되고 있다. 이 소송을 취소소송에서 바라볼 것인지, 독일에서의 계속적 확인소송에서 바라볼 것인지도 논란이 된다.**

제1문과 마찬가지로 원고적격의 차원에서 접근하는 입장도 있지만, 다수문헌은 권리보호의 필요의 문제로 접근한다. **제2문은 제1문상의 원고적격의 피침적 구조(被侵的 構造)를 더욱 공고히 하면서도, 독일과는 달리 권리보호의 필요성에 관한 특별한 고려를 명문화하였다.**[174] 실효한(不在인) 행정행위를 대상으로 한 것이 어울리지 않지만, 법문상 실효한 행정처분에 대한 소송은 취소소송에 해당한다. 그 본질 내지 특이함은, 현재의 시점에서 미래를 위해 과거의 것을 문제삼는 것이다. 여기서의 취소를 위법성의 확인으로 볼 수도 있지만, 이는 '취소로 인하여 회복되는' 표현과 부합하지 않는다. 그것이 위법성의 확인에 그치면, 국가배상청구를 위해서는 문제가 없지만, 대법원 2003두1684판결의 사안처럼 기왕의 행정처분의 존재를 전제로 차후에 행해질 가중적 행정처분을 저지할 수 없다. 따라서 독일과는 달리 집행정지원칙이 도입되지 않은 이상, 후행처분의 근거점을 없애기 위해서는 당초행위를 취소해야 한다(소급적 취소).

171) BVerwGE 109, 203.
172) Fechner, NVwZ 2000, S.121ff.
173) 참고문헌: 김해룡, 고시계 2006.12.; 정하중, 저스티스 제107호(2008.10.); 정남철, 행정판례연구 제14집(2009.); 김중권, 법률신문 3507호(2006.11.).
174) 2013년 법무부 행정소송법 개정안이 비록 조항을 달리하여 규정하지는 않았지만, 그 표제를 '원고적격 등'으로 하였기에 사실상 제2문이 원고적격이 아닌 '권리보호의 필요성'의 문제임을 시사한다.

많은 문헌이 제2문상의 '법률상의 이익'에 확인이익(정당한 이익)을 대입하는데, 再考되어야 한다. 여기서의 취소소송이 자칫 후행처분에 대한 예방적 소송으로 변환되지 않도록, 또한 '취소로 인하여 회복되는' 표현에 비추어, **제2문상의 '법률상 이익'은 당연히 제1문상의 그것과 동일하며 처분으로 인해 침해받은 권리를 뜻한다.**

이미 소멸한 처분에 대한 취소소송에서 관건은, 이미 실효한 것을 다툴 수 있게 하는, 권리보호필요적 모멘트이다. '소멸된 뒤에도'란 표현이 이 점을 함축한다. **현실적으로 권리보호의 필요성(실익)이 있는지 여부는 반복위험, 명예회복이익, 국가배상절차 등의 준비, 지속적인 사실상의 기본권제한 등에 의해 판단할 수 있다.**[175] 권리보호의 필요성에 관한 법원의 과도한 전향적 입장으로, 자칫 그것과 대립된 가치 -법적 안정성, 남소의 우려 등- 가 과도하게 압도될 우려가 있다. 입법정책의 차원에서도 균형추기능을 하는 집행정치원칙을 받아들이는 것이 바람직하다.

한편 소송계속 중에 계쟁처분이 실효한 경우와 소송제기 전에 이미 계쟁처분이 실효한 경우는 본질이 다르다는 점에서 차별적 접근을 강구할만하다. 처분의 취소를 구할 법률상 이익을 인정할 특별한 사정의 존재 여부를 기왕의 심사기조에서 접근하기보다는 원고의 의사를 확인하는 절차를 전제로 하면서, 기왕의 원칙과 예외의 관계를 역전시켜서 권리보호의 필요성이 명백히 부인되는 경우에 비로소 기각판결을 하는 것이 바람직하다.

(라) 대법원 2006.6.22. 선고 2003두1684전원합의체판결의 의의

대상사안과 같이 후행가중처분이 문제되는 경우에는 지속적인 사실상의 기본권제한이라는 측면에서 비록 정지처분의 정지기간이 경과하였다 하더라도 사후에라도 그것을 다툴 권리보호의 필요성은 당연히 인정된다. 그런데 대부분 문헌의 비판에도 불구하고 법원은 대통령령이 아닌 위임재량준칙의 비법규성(비구속성)을 견지하고 있다. 그리하여 대법원 94누14148판결에서 다수의견은 제재처분기준의 비법규성에 의거하여 그 기준에 의거한 행위로 인해 법적 불이익이 생기지 않는다고 하면서, 실효한 행정처분을 다툴 수 없다고 보았다. 저자는 일찍부터 근거규정의 성질과 처분성여부(법

---

175) 대법원 2006두19297전합판결: 동일한 소송 당사자 사이에서 동일한 사유로 위법한 처분이 반복될 위험성이 있어 행정처분의 위법성 확인 내지 불분명한 법률문제에 대한 해명이 필요하다고 판단되는 경우, 그리고 선행처분과 후행처분이 단계적인 일련의 절차로 연속하여 행하여져 후행처분이 선행처분의 적법함을 전제로 이루어짐에 따라 선행처분의 하자가 후행처분에 승계된다고 볼 수 있어 이미 소를 제기하여 다투고 있는 선행처분의 위법성을 확인하여 줄 필요가 있는 경우 등에는 행정의 적법성 확보와 그에 대한 사법통제, 국민의 권리구제의 확대 등의 측면에서 여전히 그 처분의 취소를 구할 법률상 이익이 있다.

적 불이익의 존부)의 상관관계를 부인하여, 관련 법규정 전체에서 비롯된 효과 일반에 의거하여 법적 불이익의 존부를 판단해야 한다고 지적하였다(본서 232면 이하). 이를 반영하여 **대법원 2003두1684전합판결은 기왕의 제재처분기준의 비법규성은 견지하면서 후행가중처분의 성립가능성을 법적 불이익으로 판단하여 이전에 실효한 정지처분을 다툴 수 있다고 판시하였다.** 이는 대법원 94누14148전합판결에서 반대의견의 논조였다.[176)]

그런데 가중적 행정행위가 발해질 수 있는 메커니즘이 대상사안과는 달리 법률과 시행령에 규율되어 있는 경우(건축사법 28조 1항 5호)에는 사정이 다르다. 판례는 기왕의 업무정지명령의 존재가 고려될 수 있는 기간이 지나지 않아, 그것이 추후 가중적 제재의 기초가 될 수 있는 경우에는 정지기간이 지났더라도 업무정지명령의 취소를 구할 법률상의 이익이 있다고 보았다(대법원 998두10080판결).

6. 소제기의 효과와 소의 변경

(1) 소제기의 효과

소의 제기로 인해 소송법상 및 실체법상의 효과가 발생한다. 전자의 경우 먼저 소송계속이 발생하여 법원, 당사자 및 소송물이 일단 특정되고, 아울러 중복제소가 금지되며, 소송참가과 관련청구의 이송이 가능하게 된다. 실체법상으로는 법 제20조의 제소기간의 준수효과가 발생한다.

(2) 소의 변경

(가) 소변경의 의의

소의 변경이란 소송의 계속 후에 원고가 소송물인 청구를 변경하는 것을 말한다. 소변경제도를 인정하는 취지는 소송으로서 요구받고 있는 당사자 쌍방의 분쟁에 합리적 해결을 실질적으로 달성시키고 동시에 소송경제에 적합하도록 함에 있다

176) 그런데 대법원 2003두14765판결 및 2003두1684전합판결의 논증에는 법률유보원칙과 결부된 후속적 물음이 뒤따른다. 제재처분기준의 법규성을 부인하면, 그에 의거한 처분은 설령 모법상의 규정내용에 들어간다 하더라도 그 자체로 위법이다. 왜냐하면 법률상 요구되는 재량행사를 전혀 하지 않은 셈(裁量懈怠)이 되기 때문이다. 이런 하자는 법원이 동기준을 행정규칙으로 삼아 위법판단의 참고잣대로 활용한다 하더라도 치유되지 않는다. 결국 법원은 동 기준에 의거하여 가늠된 처분 전체를 위법으로 돌리느냐 아니면, 동기준을 법규명령으로 보아 규범통제의 여지를 둘 것인지 선택에 놓인다. 따라서 근거규정의 성질과 유리시켜 처분성을 논증한 결과가, 다름 아닌 처분근거규정의 법규성인정에로의 귀착이 될 수밖에 없다(不可逆的 結果). 본서 485면 이하 참조.

(대법원 87다 카225판결). 민사소송법상으로 '청구의 변경'(262조 등)이 이에 해당한다. 민사소송에서의 그것과의 차이점은, **민사소송절차의 경우 청구의 변경만을 규정하지만, 행정소송절차에서는 소의 종류의 변경과 처분변경으로 인한 소의 변경을 인정한다.** 소의 변경이 있더라도 당초의 소송절차는 계속 유지되고, 소송의 계속 중에 나타난 기존의 소송자료가 그대로 승계된다. 소의 변경은 기왕의 청구에 새로이 별개의 청구를 추가하는 추가적 변경과 기왕의 것을 새로운 별개의 것으로 대체하는 교환적 변경으로 나뉜다. 다만 공격방법의 변경은 소의 변경에 해당하지 않는다.

(나) 행정소송법상의 소의 변경

1) 소의 종류의 변경(21조)

법원은 취소소송을 당해 처분등에 관계되는 사무가 귀속하는 국가 또는 공공단체에 대한 당사자소송 또는 취소소송외의 항고소송으로 변경하는 것이 상당하다고 인정할 때에는 청구의 기초에 변경이 없는 한[177] 사실심의 변론종결시까지 원고의 신청에 의하여 결정으로써 소의 변경을 허가할 수 있다.

허가결정을 하는 경우 피고를 달리하게 될 때에는 법원은 새로이 피고로 될 자의 의견을 들어야 하고, 허가결정의 정본을 새로운 피고에게 송달해야 한다. 허가결정이 있은 때에는 새로운 피고에 대한 소송은 처음에 소를 제기한 때에 제기된 것으로 보고, -교환적 변경의 경우에는- 종전의 피고에 대한 소송은 취하된 것으로 본다. 허가결정에 대하여는 즉시항고를 할 수 있다.

2) 처분변경으로 인한 소의 변경(22조)

법원은 행정청이 소송의 대상인 처분을 소가 제기된 후 변경한 때에는 원고의 신청에 의하여 결정으로써 청구의 취지 또는 원인의 변경을 허가할 수 있다. 이 신청은 처분의 변경이 있음을 안 날로부터 60일 이내에 해야 하고, 허가를 통해 변경되는 청구는 행정심판전치주의를 충족한 것으로 본다.

한편 통상 민사소송에서 소의 변경은 전소취하의 방식으로 행해지는데, 소의 변경의 원인이 행정청에 의해 야기된 경우 그런 방식을 취할 필요가 있는지 의문스럽다. 재소금지의 원칙이 거론되지 않게 법 제22조가 적극적으로 동원될 필요가 있다.[178]

177) 여기서 청구의 기초에 변경이 없다는 것은 동일한 생활사실 또는 동일한 경제적 이익에 관한 분쟁에 있어서 그 해결방법에 차이가 있음에 불과한 것을 의미한다(대법원 88다카24622판결).

178) 업무정지처분을 과징금부과처분으로 대체한 데 따른 전소취하와 신소제기와 관련해서 대법원 2022두58599판결이 재소금지의 원칙의 위배 여부를 넘어서, 소의 변경의 원인이 전적으로 행정에 의해 야기된 점에 착안하여 민사소송과 다른 행정소송 특유의 방안을 제시하지 않은 점이 아쉽다.

(다) 민사소송법상의 청구변경에 의거한 청구취지 또는 청구원인의 변경

A장관이 2003.12.12. 甲지역난방공사에게 열병합발전소의 설치를 내용으로 하는 집단에너지사업허가를 해 준 다음, 2006.1.11. 최대열부하 규모와 전기 및 열 공급용량 등을 확대하는 내용의 사업변경허가(제1차변경허가)를 하였다. 甲지역난방공사는 제1차 변경허가에 대해 2008.4.14. 취소소송을 제기하였고, 소송계속 중에 다시 2008.8.19. 최대열부하 규모와 열공급시설의 설치 대수와 장소 등을 변경하는 내용의 사업변경허가(제2차변경허가)가 내려졌다. 甲지역난방공사는 민사소송법 제262조에 의거하여 2010.6.9.에 제2차 변경허가의 취소를 구하는 청구를 추가하는 내용의 청구취지변경신청을 하였다. 원고는 이 사건 각 변경허가에 환경영향평가의 불실시 등의 하자가 있다고 주장하면서, 주위적으로는, 이러한 하자가 중대하고도 명백하여 이 사건 각 변경허가가 당연무효이고, 예비적으로는, 이 사건 각 변경허가가 위법하여 취소되어야 한다고 주장하였다. 여기서 청구취지변경신청은 어떤 문제가 있는가? 원고의 청구는 제소기간의 차원에서 문제가 없는가? (대법원 2010두20782, 20799판결)

행정소송법이 정한 소의 변경은 그 법조에 의하여 특별히 인정되는 것으로서 민사소송법상의 소의 변경을 배척하는 것이 아니므로, 행정소송의 원고는 행정소송법 제8조 제2항에 의하여 준용되는 민사소송법 제262조에 따라 청구의 기초가 바뀌지 아니하는 한도 안에서 사실심 변론종결 때까지 청구의 취지 또는 원인을 변경할 수 있다. 판례는 과세처분에서 민사소송법상의 청구의 변경을 적극적으로 용인하고 있다. 가령 하나의 행정처분인 택지초과소유부담금 부과처분 중 일부의 액수에 대하여만 불복하여 전심절차를 거친 후 행정소송에서 위 액수에 관하여만 부과처분의 취소를 구하였다가 그 청구취지를 부과처분 전부의 취소를 구하는 것으로 확장한 것과 관련해서, 동일한 처분의 범위 내에서 청구의 기초에 변경이 없이 이루어진 소의 변경에 해당하여 적법하다고 보았다(대법원 99두9407판결).

판례의 이런 태도는 필요적 전심절차의 이행이 요구되는 과세소송에서 나름 정당화될 수 있다. 관건은 청구의 기초가 바뀌지 않는 것인데, 계쟁처분들이 독립된 의미를 지녀서 병존하면 기본적으로 청구변경의 효과가 인정되지 않는다.[179]

(라) 항고소송과 민사소송간의 소의 변경

현행 행정소송법은 항고소송과 민사소송간의 소의 변경에 관해 직접 규정하고 있

179) 대법원 2010두20782, 20799판결: 선행처분이 후행처분에 의하여 변경되지 아니한 범위 내에서 존속하고 후행처분은 선행처분의 내용 중 일부를 변경하는 범위 내에서 효력을 가지는 경우에, 선행처분의 취소를 구하는 소를 제기한 후 후행처분의 취소를 구하는 청구를 추가하여 청구를 변경하였다면 후행처분에 관한 제소기간 준수 여부는 청구변경 당시를 기준으로 판단해야 하나, 선행처분에만 존재하는 취소사유를 이유로 후행처분의 취소를 청구할 수는 없다.

지 않다. 따라서 동법 제8조 제2항에 따라 민사소송법의 관련규정(262조, 263조)에 의거하여 항고소송과 민사소송간에 소의 변경이 허용되는지 여부가 문제되곤 한다.

피고의 차이(행정청/국가)와 관할법원의 차이에 초점을 맞추어 부정하는 입장과 이런 차이를 실질적 접근을 통해 해소시킬 수 있음을 들어 긍정하는 입장으로 나뉜다. 원고가 ―항고소송을 관할하는― 행정법원이나 지방법원 본원에 항고소송으로 제기해야 할 사건을 고의 또는 중대한 과실 없이 민사소송으로 제기한 경우에 판례는 적극적인 석명권의 행사를 통한 실용적 접근을 강구한다.[180] 다만 수소법원이 관할법원에 이송하는 결정을 하였고, 그 이송결정이 확정된 후 원고가 항고소송으로 소변경을 하였다면, 그 항고소송에 대한 제소기간의 준수 여부는 원칙적으로 처음에 소를 제기한 때를 기준으로 판단해야 한다(대법원 2021두44425판결). 2013년 법무부 행정소송법 개정안은 양자간의 변경까지도 인정하였다.[181]

7. 처분사유의 추가 · 변경

(1) 의 의

근로복지공단이 '우측 감각신경성 난청'으로 장해보상청구를 한 甲에 대하여 소멸시효 완성을 이유로 장해보상급여부(不)지급결정을 하였다가, 甲이 불복하여 심사청구를 하자 甲의 이 질병이 업무상 재해인 소음성 난청으로 보기 어렵다는 처분사유를 추가하여 심사청구를 기각하였다. 이에 甲은 장해보상급여부지급결정에 대해 취소소송을 제기하면서 허용되지 않는 처분사유의 추가가 있음을 주장하였다. 甲의 주장은 주효하는가? (대법원 2012두3859판결)

처분을 내린 기초가 된 사실과 법적 근거를 구성하는 처분사유는 이유제시를 통해 처분상대방에게 제공되는데, 제시되지 않은 처분사유가 재판중에 주장되는 경우

180) 대법원 2015다34444판결: 항고소송으로 제기하여야 할 사건을 민사소송으로 잘못 제기한 경우에 수소법원이 항고소송에 대한 관할도 동시에 가지고 있다면, 전심절차를 거치지 않았거나 제소기간을 도과하는 등 항고소송으로서의 소송요건을 갖추지 못했음이 명백하여 항고소송으로 제기되었더라도 어차피 부적법하게 되는 경우가 아닌 이상, 원고로 하여금 항고소송으로 소 변경을 하도록 석명권을 행사하여 행정소송법이 정하는 절차에 따라 심리 · 판단하여야 한다(동지: 대법원 2019다264700판결; 97다42250판결).

181) 제22조(소의 변경) ① 법원은 취소소송을 취소소송 외의 항고소송이나 해당 처분등에 관계되는 사무가 귀속하는 국가 또는 공공단체에 대한 당사자소송 또는 민사소송으로 변경하는 것이 상당하다고 인정할 때에는, 청구의 기초에 변경이 없는 한 사실심의 변론종결시까지 원고의 신청에 따라 결정으로써 소의 변경을 허가할 수 있다. ② 법원은 국가 또는 공공단체에 대한 민사소송을 해당 청구에 관계되는 처분등에 대한 취소소송으로 변경하는 것이 상당하다고 인정할 때에는, 청구의 기초에 변경이 없는 한 사실심의 변론종결시까지 원고의 신청에 따라 결정으로써 소의 변경을 허가할 수 있다.

가 문제된다. **'처분사유의 추가 · 변경' 이란 행정청이 처분 이후 처분의 법률적 근거와 사실적 근거(이유)를 추가 · 대체 · 변경 또는 보완하는 것을 의미한다.** 이것은 피고인 처분청이 취소소송의 심리단계에서 처분시에 처분사유로 내세우지 않은 새로운 이유 또는 근거를 내세워 처분의 적법성을 주장할 수 있는가의 물음이다.[182] 다만 처분사유를 전혀 제시하지 않은 상태에서 사후에 처분사유를 제시하는 것은 하자의 치유의 문제이지, 여기서의 '처분사유의 추가 · 변경'에 해당하지 않는다. **하자치유를 적극 활성화시켜 차제에 처분사유의 추가 · 변경이 다투어지는 상황을 대폭 축소시킬 필요가 있다.**

한편 처분청이 처분 당시에 적시한 구체적 사실을 변경하지 아니하는 범위 내에서 단지 그 처분의 근거법령만을 추가 · 변경한 경우,[183] 당초의 처분사유를 구체적으로 표시하는 것에 불과한 경우[184] 및 당초의 처분사유의 근거가 되는 기초사실 내지 평가요소를 주장한 경우[185]에는 새로운 처분사유의 추가 · 변경에 해당하지 않는다. 또한 판례는 처분의 적법성의 근거가 되는 것으로서 취소소송에서 처음부터 판단대상이 되는 처분사유는 사유들간에 기본적 사실관계의 동일성이 있는지 여부와 무관하게 인정된다고 보았다(대법원 2012두3859판결).[186]

(2) 허용성여부에 관한 논의

이것의 허용성은 절차하자의 치유, 취소소송의 소송물, 행정절차상의 이유제시제도의 차원에서 논의되는데, **궁극적으로 절차경제의 관점(긍정설)과 국민의 권리보호의 관점(부정설)이 충돌한다. 대부분의 문헌 및 판례는 일정한 한계를 전제로 하여 인정하는 제한적 긍정설의 입장에 선다.** 절차하자의 치유가능성을 배제하는 입장을 취하지 않는

182) 참고문헌: 김남진, 고시계 2000.8, 100면 이하; 석호철, 행정판례연구 제5권(2000), 258면 이하; 유지태, 주석행정소송법, 634면 이하; 박정훈, 행정소송의 구조와 기능, 474면 이하; 정하중, 행정법의 이론과 실제, 2012, 639면 이하.

183) 이 경우 처분청이 처분 당시 적시한 구체적 사실에 대하여 처분 후 추가 · 변경한 법령을 적용하여 처분의 적법 여부를 판단하여도 무방하다. 그러나 처분의 근거 법령을 변경하는 것이 종전 처분과 동일성을 인정할 수 없는 별개의 처분을 하는 것과 다름이 없는 경우에는 허용될 수 없다(대법원 2010두28106판결).

184) 허가받은 내용과 달리 물리적으로 무단 증설하거나 물리적 증설 없이 1일 가동시간을 늘리는 등의 방법으로 허가받은 처분능력의 100분의 30을 초과하여 폐기물을 과다소각하였다는 이유로 과징금 부과처분을 한 다음에, 행정청이 변경허가를 받지 않은 채 소각시설을 무단 증설하여 과다소각하여 법령 위반이라는 주장을 한 경우, 이 주장은 '당초 처분사유'를 좀 더 구체적으로 설명한 데 불과하다(대법원 2019두49359판결).

185) 불법체류의 전력은 귀화불허결정의 사유인 '품행 미단정'의 근거가 되는 기초사실 내지 평가요소에 지나지 않는다(대법원 2016두31616판결).

186) 아울러 판례는 산업재해보상보험법상 심사청구에 관한 절차는 근로복지공단 내부의 시정절차이며, 내부 시정절차에서는 당초 처분의 근거로 삼은 사유와 기본적 사실관계의 동일성이 인정되지 않는 사유라고 하더라도 이를 처분의 적법성과 합목적성을 뒷받침하는 처분사유로 추가 · 변경할 수 있다고 판시하였다.

한, 처분사유의 추가·변경은 허용된다. 취소소송의 소송물(訴訟物)과 관련해서 일각에서 취소소송의 소송물이 위법성 일반임을 들어 처분사유의 추가·변경의 허용성을 논증하지만, 이는 자칫 처분사유의 무한적인 추가·변경을 시인하게 한다는 점에서 바람직하지 않다. 권리보호의 관점을 절대적으로 앞세우지 않는 한, 처분사유의 추가·변경은 허용성의 차원에서는 큰 문제가 되지 않고 단지 그 한계가 문제된다. 행정소송규칙 제9조가[187] 기왕의 판례를 명문화하여 허용성 자체는 문제되지 않는다.

(3) 한 계

(가) 사물적 한계(객관적 범위)

'처분사유의 추가·변경'으로 인해 계쟁처분의 본질이 변경되어서는 아니 되고, 원고가 권리방어에 제한되어서는 아니 된다. 이런 맥락에서 판례에 의하면, "처분청은 당초 처분의 근거로 삼은 사유와 기본적 사실관계가 동일성이 있다고 인정되는 한도 내에서만 다른 사유를 추가 또는 변경할 수 있고, 이러한 기본적 사실관계의 동일성 유무는 처분사유를 법률적으로 평가하기 이전의 구체적 사실에 착안하여 그 기초인 사회적 사실관계가 기본적인 점에서 동일한지 여부에 따라 결정되므로, 추가 또는 변경된 사유가 처분 당시에 이미 존재하고 있었다거나 당사자가 그 사실을 알고 있었다고 하여 당초의 처분사유와 동일성이 있다고 할 수 없다."(대법원 2015두37389; 2006두4899판결 등). 따라서 **기본적 사실관계와 동일성이 없는 별개의 사실을 들어 처분사유로서 주장하는 것은 허용되지 아니한다.** 공소장변경에서의 형사소송적 접근을 강구한 것의 이론적 문제점과는 별개로, 어떤 경우가 '기본적 사실관계의 동일성이 인정되는 경우인가'를 분명히 판단하기란 쉽지 않다(정보공개청구와 관련해서는 본서 578면 참조). 한편 대법원 2019두38465판결은 근거 법령을 당초의 기속행위에 관한 규정에서 재량행위에 관한 규정으로 변경·추가하면서 든 처분사유의 추가·변경은 동일성을 부인하였는데, 나아가 대법원 2023두61349판결은[188] 기본적 사실관계의 동일성이 인정되더라도 당초 처분의 내용을 변경할 필요성이 제기되는 경우에는 추가·변경을 불허한다.

187) 행정청은 사실심 변론을 종결할 때까지 당초의 처분사유와 기본적 사실관계가 동일한 범위 내에서 처분사유를 추가 또는 변경할 수 있다.

188) 기본적 동일성이 인정되는 경우라고 하더라도 그에 대한 규범적 평가와 처분의 근거법령의 변경으로, 예를 들어 기속행위가 재량행위로 변경되는 경우와 같이, 당초 처분의 내용을 변경할 필요성이 제기되는 경우에는 해당 처분을 취소한 후 처분청으로 하여금 다시 처분절차를 거쳐 새로운 처분을 하도록 하여야 할 것이지 당초 처분의 내용을 그대로 유지한 채 근거법령만 추가·변경하는 것은 허용될 수 없다.

그런데 거부처분취소소송에서 기본적 사실관계에서 동일성이 없다고 판단되어 추가변경이 불허된 거부사유가 거부처분취소판결 이후 재처분 단계에서는 동일성이 없다는 이유로 아무런 문제없이 새로운 것으로 받아들여질 수 있다. **처분사유의 추가·변경의 불허이유가 새로운 거부사유의 인정이유가 되는 모순상황이 빚어질 수 있다**(본서 874면). 이런 문제상황에 즈음하여, 소송경제에 유리하도록 대법원 2023두61349판결은 처분상대방의 명시적 동의를 전제로 기본적 사실관계가 동일하지 않은 추가·변경된 처분사유의 실체적 당부를 심사할 수 있다고 판시하였다.

ⅰ) **판례상 기본적 사실관계의 동일성이 인정된 최근 사례:** 「석유판매업허가신청에 대하여 "주유소 건축 예정토지에 관하여 도시계획법 제4조 및 그 토지의 형질변경 등 행위허가기준에 관한 규칙에 의거하여 행위제한을 추진하고 있다."라는 당초의 불허가처분사유와 그 후 소송에서 피고가 내세우는 사유인 "토지형질변경허가 요건 불비 및 도심환경보전의 공익상 필요"라는 사유」(대법원 97누14378판결), 「토지형질불허가처분의 당초의 처분사유인 국립공원에 인접한 미개발지의 합리적인 이용대책 수립시까지 그 허가를 유보한다는 사유와 그 처분의 취소소송에서 추가하여 주장한 처분사유인 국립공원 주변의 환경·풍치·미관 등을 크게 손상시킬 우려가 있으므로 공공목적상 원형유지의 필요가 있는 곳으로서 형질변경허가가 금지대상이라는 사유」(대법원 2000두8684판결), 「주택신축을 위한 산림형질변경허가신청에 대하여 행정청이 거부처분을 하면서 당초 거부처분의 근거로 삼은 준농림지역에서의 행위제한이라는 사유와 나중에 거부처분의 근거로 추가한 자연경관 및 생태계의 교란, 국토 및 자연의 유지와 환경보전 등 중대한 공익상의 필요라는 사유」(대법원 2004두4482판결), 「증여세 부과처분에서, 구 상속세 및 증여세법 제45조 제1항에 의해 취득자금을 증여받은 것으로 추정된다는 사유와 명의신탁으로 같은 법 제41조의2에 의해 주식을 증여받은 것으로 의제된다는 사유」(대법원 2010두7277판결), 「행정청이 폐기물처리사업계획 부적정 통보처분에서, 사업예정지에 폐기물처리시설을 설치할 경우 인근 농지의 농업경영과 농어촌 생활유지에 피해를 줄 것이 예상되어 농지법에 의한 농지전용이 불가능하다는 사유와 사업예정지에 폐기물처리시설을 설치할 경우 인근 주민의 생활이나 주변 농업활동에 피해를 줄 것이 예상되어 폐기물처리시설 부지로 적절하지 않다는 사유」(대법원 2005두364판결), 「해당 토지가 건축법상 도로에 해당하여 건축을 허용할 수 없다는 건축신고수리 거부사유와 해당 토지가 사실상 도로에 해당하여 건축이 공익에 부합하지 않아 허용할 수 없다는 건축신고수리 거부사유」(대법원 2017두74320판결)

ⅱ) **판례상 기본적 사실관계의 동일성이 불인정된 최근 사례:** 「입찰참가자격을 제한시킨 당초의 처분 사유인 정당한 이유 없이 계약을 이행하지 않은 사실과 항고소송에서 새로 주장한 계약의 이행과 관련하여 관계 공무원에게 뇌물을 준 사실」(대법원 98두18565판결), 「의료보험요양기관 지정취소처분에서, 당초의 처분사유인 구 의료보험법 제33조 제1항이 정하는 본인부담금 수납대장을 비치하지 아니한 사실과 항고소송에서 새로 주장한 처분사유인 같은 법 제33조 제

2항이 정하는 보건복지부장관의 관계서류 제출명령에 위반하였다는 사실」(대법원 99두6392판결), 「거부처분 당시의 처분사유인 '개발제한구역의 지정 및 관리에 관한 특별조치법 시행령 제13조의 규정에 의한 배치계획이 수립되어 있지 않다'는 사유와 새로이 추가한 처분사유인 '당해 개발제한구역 또는 동일권역으로 볼 수 있는 개발제한구역 안에 개발제한구역 지정 당시나 허가 신청일 당시 거주하였다고 볼 수 없다'는 사유」(대법원 2007두9365판결), 「행정청이 점용허가를 받지 않고 도로를 점용한 사람에 대하여 도로법 제94조에 의한 변상금 부과처분을 하였다가 해당 도로가 도로법의 적용을 받는 도로에 해당하지 않을 경우를 대비하여 변상금 부과처분의 근거 법령을 도로의 소유자가 국가인 부분은 구 국유재산법령 등으로, 소유자가 서울특별시 종로구인 부분은 구 공유재산 및 물품관리법령 등으로 변경하여 주장한 사안」(대법원 2010두28106판결), 「국가유공자비해당결정에서 공무수행과 상이 사이에 인과관계가 없다는 것과 본인 과실이 경합되어 있어 (국가유공자가 아닌) 지원대상자에 해당할 뿐이라는 것」(대법원 2011두26589판결), 「'인근 주민의 환경상 이익 침해 우려'의 사유와 '원고가 선행 행정절차인 입주계약 체결을 하지 아니한 상태이어서 공장변경등록을 신청할 자격을 갖추지 못했다'는 사유」(대법원 2015두37389판결), 「처분사유에 기존 '건축법 제11조 위반'에서 '건축법 제20조 제3항 위반'을 추가하는 것」(대법원 2021두34756판결).

(나) 시간적 한계(시간적 범위)

원처분의 당시에 제시하지 않은 사유를 추가·변경하여 원처분의 적법성을 뒷받침할 수 있게 한다는 점에서 추가변경이 어떤 시점까지 허용될 수 있는지, 그리고 추가·변경이 가능한 사유는 −기본적 사실관계의 동일성이 견지되는 한− 어떤 시점을 기준으로 잡아야 하는지가 논란이 된다.

전자의 물음과 관련해서는 절차하자의 치유의 시간적 한계에 관한 논의가 참고가 된다. 판례는 세액산출근거가 누락된 납세고지서에 의한 과세처분의 경우, 그 보정행위(補正行爲)가 이른바 추완이 늦어도 대상처분에 대한 불복여부의 결정 및 불복신청에 편의를 줄 수 있는 상당한 기간내에 보정행위를 해야 그 하자가 치유된다고 하였다(대법원 82누420판결; 83누393판결). 반면 처분사유의 추가·변경은 사실심 변론종결시까지는 허용된다(대법원 98두47043판결).[189]

후자의 물음은 처분 이후에 발생한 법률적, 사실적 변화를 반영할 수 있는지에 관한 것이다. 처분의 위법성은 처분당시를 기준으로 하기에, 추가변경대상이 되는 사유(근거와 이유) 역시 처분 당시를 기준으로 포착해야 한다. 즉, 처분 당시에 존재해야 한다. 처분 이후에 발생한 사유는 당연히 철회의 차원에서 별도로 강구해야 한다.

189) 참고로 독일의 경우 과거에는 이유제시의 보완은 사실심변론종결시까지 허용되지만, 사후적 이유제시인 이유제시의 추완은 행정쟁송의 제기 이전까지만 가능하다고 보았지만, 지금은 공히 사실심변론종결시까지 허용되고 있다.

V. 취소소송과 잠정적 구제

1. 법치국가원리와 잠정적 구제: 집행부정지의 원칙의 위헌성 여부

(1) 잠정적 권리보호의 요청과 그 기능

사법통제가 사후적, 진압적 권리구제인 까닭에, 권리보호의 실효성이 의문시될 수 있다. 행정행위의 집행으로 인해 발생할 우려가 있는 회복불능의 결과는 가능한 배제되어야 한다. 법원이 적법성심사를 하기 전에 이미 행정청이 돌이킬 수 없는 조치를 집행했다고 하면, 재판청구권의 실현을 통한 '포괄적이고 효과적인 권리보호'는 구두선(口頭禪)일 수밖에 없기 때문이다. **잠정적 권리보호**(Vorläufiger Rechtsschutz)**는 헌법상의 재판청구권이 표방하는 효과적인 권리보호를 위한 기본요소이다.**[190]

잠정적 권리보호는 먼저 소송계속중에 결정의 집행이나 그 후속결과에 대해 보호를 가져다주거나 일정한 권리나 사실적 상태를 소송의 종결까지 보전하는 데 이바지한다(보전기능). 재판청구권을 통해 이런 보전기능은 헌법적으로 자리매김이 되어 있다.[191] 아울러 행정소송이 종료되기 전에 불법이 집행되지 않도록 행정의 법구속이란 통제의 객관적 기능을 지닌다(행정통제기능).

(2) 집행부정지의 원칙의 채택 및 그것의 헌법적 문제점

잠정적 권리보호가 부인되면, 그것은 헌법상의 재판청구권에 반할 뿐만 아니라, 관련 기본권에 대한 개입이기도 하다. 따라서 잠정적 권리보호는 원칙적으로 헌법상의 위상을 갖는다. 현행 행정소송법은「취소소송의 제기는 처분 등의 효력이나 그 집행 또는 절차의 속행에 영향을 주지 아니한다」(23조 1항)라고 규정하여 집행부정지(執行不停止)의 원칙을 천명하고 있다. **통상 행정소송법상 임시구제제도에서 집행정지를 원칙으로 할 것인지 아니면 집행부정지를 원칙으로 할 것인지 여부의 물음에 대해서 일반적으로 입법정책의 문제로 본다.** 그런데 법치국가원리적 의문점과는 별개로 집행부정지의 원칙은, 특히 공정력과 관련해서 법치국가원리에 입각한 행정법도그마틱의 전개를 결정적으로 방해한다(본서 353면 이하). 독일 연방헌법재판소는 집행정지의 원칙을 규정한 행정법

190) 여기서 행정소송사건 평균처리기간이 제1심은 평균 271.1일이고, 항소심은 247.6일, 상고심은 135.7일인 점(사법연감 2023, 1078면)도 주목할 필요가 있다.

191) 아쉽게도 잠정적 권리보호의 보전기능의 헌법적 의의가 비단 공법소송만이 아니라, 소송법 문헌에서 적극적으로 기술되고 있지 않다.

원법 제80조 제1항을 효과적인 권리보호의 기본법적 보장의 개별법적 표현으로, 또한 정지효의 원칙을 공법쟁송의 근본원칙으로 본다.[192] 그러나 헌법재판소는 입법정책의 차원의 문제로 접근하여 행정행위에 공정력을 부여하는 취지를 감안할 때 현재의 법상황이 위헌이 아니라고 본다(헌재 2016헌바208).

행정법원에 의한 잠정적 권리보호는 입법자가 임의로 부여하거나 제한하거나 빼앗을 수 있는 선물이 아니라, 헌법상의 명령(원칙)이다.[193] 제1차적 권리보호의 우위가 집행정지의 원칙의 바탕이 된다. 잠정적 권리구제가 현행 공법소송상으로 매우 낮은 위상을 차지하고 있는 점에서,[194] **입법정책적 차원에서 접근하는 기왕의 태도가 획기적으로 바뀌어야 한다.** 아쉽게도 행정소송법개정에서도 종래의 집행부정지의 원칙은 여전히 고수되고 있다. 2013년 **법무부 개정안에서 집행정지요건의 완화가 강구된 점은 호평할 만하나, 법치국가원리에 기하여 근원적인 해결책을 도모하는 것이 바람직하다.**[195]

(3) 집행정지의 원천배제 문제

현행 행정소송법은 집행정지의 가능성을 원천 배제하는 것에 대해 직접 언급하지 않는데, 유일하게 광업법 제34조 제6항이 '공익상 이유에 따른 광업권의 취소처분이나 광구 감소처분에 대해 **집행정지의 가능성을 원천 배제한다.**[196] 현행법이 집행부정지를 원칙으로 하는 것과는 별개로, 즉시집행의 이익이 매우 강하거나 법원의 가중한 부담을 제거하기 위하여 집행정지의 가능성을 원천 배제하는 입법이 강구되어야 한다.[197] 그 전제로 독일처럼[198] 행정소송법 자체에서 개별법에 의한 집행정지의 원천 배제 가능

192) 그리고 집행정지와 집행부정지가 원칙과 예외의 관계에 놓이며, 만약 이런 관계를 역전시키는 행정실무는 위헌이라고 한다(BVerfGE 35, 382(402). 일본에서도 집행부정지원칙의 위헌성이 주장된다. 松井茂記, 『裁判を受ける権利』(日本評論社, 1993), 186頁 以下.

193) Finkelnburg/Dombert/Külpmann, Vorläufiger Rechtsschutz im Verwaltungsstreitverfahren, 6. Aufl. 2011, Rn.1.

194) 30년이 넘은 헌법재판의 역사에서 이제껏 가처분 인용 건수가 극소수에 불과하고, 행정소송에서 가처분(가명령)은 대부분의 문헌상의 주장과는 반대로 판례상으로는 여전히 부인되고 있다.

195) 그런데 행정재판은 물론, 헌법재판에서도 민사소송법 및 민사집행법상의 가처분규정이 준용되기에 민사가처분적 관점이 공법적 잠정적 권리보호를 압도적으로 지배하고 있다. 공법소송에 기왕의 대심구조 및 민법상의 법률관계에 바탕을 둔 민사가처분의 기조가 그대로 투영되는 것은 사물의 본성에 반한다. 상론: 김중권, 공법재판에서 잠정적 권리구제시스템의 개혁에 관한 소고, 국가와 헌법 I (성낙인 총장퇴임기념논문집), 2018, 1519면 이하.

196) 종전에는 행정소송법 제23조 제1항이 적용되지 않는다고 규정하였는데, 2010. 1. 27. 제2항이 적용되지 않는다고 개정되었다.

197) 집행정지를 원칙으로 하는 독일에서도 외국인·난민법, 건축법, 개획법과 환경법 등 여러 개별법에서 집행정지의 원천배제를 명문으로 규정하고 있다. Vgl. Schoch/Schneider, Bd. VwGO, §80 Rn.156ff.

198) 제80조 (집행정지효) ② 집행정지효는 오로지 다음 각호의 어느 하나에 해당하는 경우에는 고려되지 않는다. 1.2. 3. 연방법률에 의해 또는 州법상으로는 州법률에 의해 규정된, 그 밖의 경우, 특히 투자

성을 규정할 필요가 있다.

2. 집행정지의 요건과 절차

취소소송이 제기된 경우에 처분 등이나 그 집행 또는 절차의 속행으로 인하여 생길 회복하기 어려운 손해를 예방하기 위하여 긴급한 필요가 있다고 인정할 때 법원은 당사자의 신청이나 직권에 의하여 집행정지결정을 할 수 있으되, 공공복리에 중대한 영향을 미칠 우려가 있는 경우에는 허용되지 않는다(23조 2항, 3항). 이는 본안소송이 무효등확인소송인 경우에도 준용된다(38조 1항). **집행정지의 요건과 관련한 논증은 궁극적으로 적극적 요건인 정지(연기)이익과 소극적 요건인 즉시집행이익간의 이익형량의 문제이다.**

(1) 전제적 논의: 요건과 관련한 논증구조의 문제

(가) 본안에서의 승소가능성 여부의 문제

여기서 문제되는 것이 본안에서의 승소(성공)가능성 여부이다. 신청인의 본안청구가 이유 없음이 명백하지 않아야 집행정지가 허용된다. 종종 그것의 타당성이 문제되나, 판례는 본안소송에서 처분의 취소가능성이 없음에도 처분의 효력이나 집행의 정지를 인정한다는 것은 제도의 취지에 반한다는 점을 들어 시종 그것을 고수한다(대법원 2007무147결정 등). 그런데 판례는 이와는 배치되게, 행정처분 자체의 위법 여부는 궁극적으로 본안재판에서 심리를 거쳐 판단할 성질의 것이므로 원칙적으로는 판단할 것이 아니고 행정소송법 제23조 제2항, 제3항에 정해진 요건의 존부만이 판단의 대상이 된다고 판시하여(대법원 2008무51결정),[199] 심각한 논란이 빚어지고 있다.[200] 이처럼 판례상으로 종종 상이한 접근이 행해져서 체계적 접근이 쉽지 않다는 점에서 하루바삐 정리될 필요가 있다. **잠정적 권리보호가 보전소송인 이상, 본안과의 연계해서 접근하는 것은 당연하다.** 2013년 법무부개정안은 종전의 개정작업과 마찬가지로 일본과 마찬가지로 소극적 요건으로 함께 성문화하였다.[201]

나 일자리의 제공과 관련한 행정행위에 대한 제3자의 행정심판청구와 소송의 경우.

199) 그리하여 로스쿨 예비인가처분의 효력정지를 구하는 신청사건에서, 처분 자체의 적법 여부에 관하여 판단하지 않은 채 집행정지요건을 판단한 것이 위법하지 않다고 판시하였다.

200) 가령 4대강과 관련한 대법원 2010무111전합결정에서 반대의견은 본안의 승소가능성에 관한 검토를 전제로 재항고의 이유가 적법하기에 재항고 이유의 당부를 판단해야 한다고 보았지만, 다수의견은 계쟁처분 자체의 적법여부(본안의 승소가능성)가 집행정지사건의 판단대상이 아님을 시사하고, '환경 및 생태계 훼손 등으로 인한 손해'와 관련된 재항고이유의 당부를 판단하지 않았다.

(나) 이단계적 논증구조의 정립

전술하듯이, 신청인의 본안청구가 이유 없음이 명백하지 않아야 집행정지가 허용된다. 본안의 승소가능성(전망)과 관련한 계쟁처분의 위법성에 관한 약식심사와 −적극적 요건과 소극적 요건을 대상으로 한− 이익형량간의 관계가 불분명하다. 계쟁처분의 위법성이나 적법성에 관한 판단이 포괄적인 이익형량에 반영되면 자칫 계쟁처분의 명백한 위법성과 본안에서의 승소전망에도 불구하고 집행정지신청이 거부될 수 있다. 즉시집행의 이익과 같은 반대의 이익이 계정처분의 위법성을 압도할 우려가 있다. 따라서 **먼저 계쟁처분의 명백한 적법성이나 위법성을 심사한 다음, 결과예측이 불확실할 때**(본안에서의 이유 없음이 명백하지 않은 경우나 이유 있음이 명백하지 않은 경우) **비로소 정지**(연기)**이익과 즉시집행이익간의 이익형량을 행해야 한다**(2단계적 논증구조).[202)]

이단계적 논증구조에서 본안에서의 승소전망에 관한 제1단계는 일종의 동적 시스템으로 제2단계의 이익형량에 대해 영향을 미친다(후술). 여기서 유의할 점은 가해지는 부담이 중하면 중할수록, 행정조치가 불가변적 상황을 많이 야기하면 야기할 수록, 적법성의 심사의 강도는 높아져야 한다. 따라서 집회금지처분과 관련해서는 집회자유의 고양된 의의에 비추어, 그리고 집회금지가 지닌 심각하고 불가역적인 결과(재현불가능)를 감안할 때 설령 긴급절차라 하더라도 법원은 사안과 계쟁처분의 적법성을 매우 심도 있게 심사해야 한다.

(2) 적극적 요건

방송통신위원회가 A 주식회사의 신청으로 2G PCS 사업폐지 승인처분을 하였다. 이에 A 회사와 이용계약을 체결하여 2G 이동통신 서비스를 이용하던 甲이 2G 서비스에 의한 이동통신 서비스를 더 이상 제공받지 못하게 되어 회복하기 어려운 손해를 입었다고 하여, 사업폐지 승인처분의 효력정지를 구하였다. 甲의 주장이 주효하는가? (대법원 2012무2결정)

보건복지부장관이 의대정원 증원 신청을 받아 2025학년도 전체 의대정원을 2,000명 증원하여 각 대학별로 배정하자, 의대 재학생, 의과대학 교수, 전공의 수험생들이 보건복지부장관의 증원발표 및 교육부장관의 증원배정에 대해 취소소송을 제기하면서 이들에 대한 효력정지 및 집행정지를 신청하였다. 집행정지의 신청은 주효하는가? (대법원 2024무689결정)

---

201) 개정안: 제24조(집행정지) ③ 집행정지는 공공복리에 중대한 영향을 미칠 우려가 있거나 신청인의 본안 청구가 이유 없음이 명백한 경우에는 허용되지 아니한다. 그런데 이렇게 함께 규정하면 이익형량에 본안에서의 승소가능성여부가 함께 어울려져 자칫 집행정지제도의 활성화가 저해될 우려가 있다.

202) 이는 독일의 통설과 판례가 집행정지결정과 관련하여 취하는 논증구조이다. 그들은 본안에서의 승소가능성과 관련해서 바로 확인될 수준에 의거해서 판단을 내리는 명백성통제를 통해 집행정지에 적극적으로 나선다.

다음의 요건하에 집행정지가 인정된다. 이들 적극적 요건의 존재는 신청자가 소명해야 한다(23조 4항).

i) **적법한 본안소송의 계속:** 취소소송이 적법하게 제기된 경우에 비로소 집행정지를 구할 수 있다. 이 점에서 본안소송의 제기 이전에도 신청이 가능한 민사소송에 있어서의 가처분과 다르다. 본안소송을 제기하면서 동시에 신청할 수 있으되, 본안소송이 기간의 경과 등으로 허용되지 않으면 그에 따라 집행정지신청 역시 불허된다. 또한 집행정지결정을 한 후에라도 본안소송이 취하되어 소송이 계속되지 아니한 것으로 되면 집행정지결정은 당연히 실효하고 별도의 취소조치가 필요하지 않다(대법원 2005무75결정).

ii) **처분 등의 존재:** 집행정지의 본질상 대상이 되는 처분 등이 존재하지 않는 경우(가령 처분 등이 아직 불성립한 경우, 그것이 실효한 경우 그리고 부작위인 경우)에는 당연히 집행정지를 구할 수 없다. 본안소송이 부작위위법확인소송이면 당연히 집행정지 제도가 동원될 수 없다. 대법원 2024무689결정은 보건복지부장관의 증원발표는 처분성을 부인하였지만, 교육부장관의 증원배정은 처분으로 볼 여지가 크다고 판단하면서 접근하였다.[203]

iii) **회복하기 어려운 손해를 예방하기 위하여 긴급한 필요:** '회복하기 어려운 손해'란 특별한 사정이 없는 한 금전으로 보상할 수 없는 손해로서 이는 금전보상이 불능인 경우 내지는 금전보상으로는 사회관념상 행정처분을 받은 당사자가 참고 견딜 수 없거나 또는 참고 견디기가 현저히 곤란한 경우의 유형, 무형의 손해를 일컫는다. 이처럼 '회복하기 어려운 손해'의 초점을 금전보상의 불능에 맞추면, 금전보상이 어떤 식으로 가능하면 당연히 집행정지는 불허된다(대법원 2012무2결정 등). 舊 법률하의 대법원 75그2결정에서 비롯된 이런 이해로 말미암아, 과세처분과 같이 금전급부의무를 성립시키는 경우에는 집행정지의 가능성이 오랫동안 부정되었다.[204] 무엇보다도 이런 가치보장적 관점은 잠정적 권리구제의 기능을 무색하게 하여 집행정지제도의 본질에 어긋날 뿐만 아니라 제1차적 권리보호수단으로서 존속보호를 지향하는 행정소송의 본질과도 치명적으로 배치된다. **2013년 법무부 개정안은 기왕의 개정안에서 모색한 것처럼 '회복하기 어려운 손해'를 '중대한 손해'로 정당하게 바꾸었다.** 일본 역시 그렇다(행정사건소송법 25조 2항).[205]

---

203) 대법원은 의대 재학생에 대해서만 자신의 대학의 증원과 관련하여 적절하게 교육받을 권리의 차원에서 신청인적격을 인정하면서, 의대 재학생이 입을 수 있는 손해에 비하여 증원배정의 집행이 정지됨으로써 공공복리에 중대한 영향이 발생할 우려가 크다고 판시하였다.

204) 하지만 과징금납부명령에 대해 집행정지가 인용되곤 한다(대법원 2001무29결정).

205) 사실 현행 법제는 물론 민사집행법상의 가처분(제300조 ②)과 관련한 '손해'는 일본의 법제의 그것을 옮긴 것이다. 참고로 독일의 경우 그에 해당하는 용어가 '불이익'이어서 금전보상의 가능성여부가 결정적인 잣대로 기능하지 않는다.

행정심판법은 2010.1.25. 개정을 통해 '중대한 손해'로 바꾸었다(30조 2항). '긴급한 필요'는 회복하기 어려운 손해의 발생이 절박하여 본안판결을 기다릴 여유가 없다는, 즉 집행정지의 필요성이 절박하다는 것을 의미한다. 회복하기 어려운 손해를 예방할 긴급한 필요성 여부는 처분의 성질·태양·내용, 처분상대방 손해의 성질·내용 및 정도, 원상회복·금전배상의 방법 및 난이 등은 물론 본안청구의 승소가능성의 정도 등을 종합적으로 고려하여 구체적·개별적으로 판단해야 한다(대법원 2010무48결정 등).

(3) 소극적 요건

공공복리에 중대한 영향을 미칠 우려가 있을 경우에 **집행정지가 허용되지 않는다.** 여기서 '우려'는 일반적·추상적인 공익에 대한 침해의 가능성이 아니라, 당해 처분의 집행과 관련된 구체적·개별적인 공익에 중대한 해를 입힐 개연성(蓋然性)을 말한다(대법원 2007무147결정).[206] 소극적 요건은 −적극적 요건에서와는 달리− 그 해당성을 피고 행정청이 주장·소명해야 한다(대법원 2007무147결정). 한국문화예술위원회 위원장 해임처분의 집행정지 신청을 한 사안에서, 법원은 그 효력을 정지할 경우 공공복리에 중대한 영향을 미칠 우려가 있다는 이유로 효력정지신청을 기각하였다(대법원 2000무48결정).

(4) 집행정지의 절차

집행정지는 당사자의 신청 또는 법원의 직권에 의하여 행해진다. 신청자는 신청인 적격을 가져야 하는데, 본안소송에서의 원고적격이 그대로 통용된다. 관할법원은 당연히 본안소송이 계속된 법원이다. 학교폭력예방법 제17조의4에 따른 집행정지 시에는 피해학생 또는 그 보호자의 의견을 청취하여야 한다(소송규칙 10조의2).

3. 집행정지결정 및 그것의 내용

甲 시민단체가 2016.11.5. 오후에 광화문광장에서 문화제를 벌이고 종로·을지로 등을 행진한다고 신고한 데 대해, 서울특별시 지방경찰청장이 집시법 제12조 제1항 및 제2항에 의거하여, 2016.11.5.에 16:00-23:59까지 광화문우체국→종각→종로2가→종로3가→을지로3가→을지로입구역→서울광장→대한문 앞→일민미술관 앞에 이르는 옥외집회(시위·행진)하는 것을 금지하는 것을 내용으로 하는 통고처분을 2016.11.5.에 하였다. 이런 집회금지처분에 대한

206) 일찍이 독일 법제상의 '개연성'을 일본이 '우려'로 옮겼고, 이것이 우리 법제에 그대로 이식되었다. '개연성'이 있는 상태는 상당히 확실한 것(probable/likely)이, 간단히 십중팔구가 그에 해당한다.

甲의 집행정지신청이 주효하는가? (서울행법 2016아12248결정)

(1) 심사기조 및 판단태도

보전의 필요성은 궁극적으로 집행정지가 공공복리(公共福利)에 미칠 중대한 영향(즉시 집행의 이익)과 회복하기 어려운 손해를 예방할 긴급한 필요성(정지이익)간에 형량에 의해 판단이 내려진다. 명백히 위법한 행정행위의 경우 즉시집행에 대한 우월적 공익은 존재하지 않는다.[207] 원고의 청구가 명백한 이유가 있거나 계쟁처분의 적법성에 심각한 의문이 있을 때는 행정행위의 집행이익은 존재하지 않고, 집행정지가 내려져야 한다. **따라서 본안에서의 이유없음이 명백하지 않은 경우나 이유있음이 명백하지 않은 경우에 비로소 즉시집행이익과 정지이익간의 형량결정이 내려질 수 있다.** 본안의 승소전망이 높으면 높을수록, 정지이익을 더욱더 고려하고, 반대로 본안의 승소전망이 낮으면 낮아질수록 집행정지를 정당화시키는 정지이익을 더 엄격히 사정해야 한다.

정지이익과 즉시집행이익간의 이익형량에서는 법률목적 역시 고려해야 하며, 법원은 원칙적으로 신청자와 처분청의 이익만이 아니라, 본안과 관련한 모든 공익과 사익을 고려해야 한다. **유의할 점은 추상적으로 공익의 우위와 사익의 후퇴를 판단의 출발점으로 삼아서는 아니 된다.** 집회자유와 같은 관련인의 기본권적 중요사항이 형량에 포괄적으로 반영되어야 한다. 여기서 법관은 이중가설의 공식(Doppelhypothese)의 방법으로, 행정처분이 즉시 집행되었는데 만약 나중에 그 소송이 인용될 경우에 일어날 상황은 어떠하며, 행정처분의 집행이 정지되었는데 만약 그 소송이 궁극적으로 이유가 없다고 판명될 경우에 일어날 상황은 어떠한지에 관해 물음을 제기해야 한다.

잠정적 권리보호의 목표는 본안오판의 리스크를 최소화하고 가능한 방지하는 것이기 때문에, **비록 현행 행정소송법이 집행부정지의 원칙을 취하지만, 재판청구권의 차원에서 집행정지에 유리하게 결정을 내릴 필요가 있다**('집행이익과 정지이익이 비등하면 집행정지에 유리하게'). **공공복리에 대한 중대한 영향에 대해서는 엄격한 태도를, 반면 긴급한 필요성에 대해서는 덜 엄격한 태도를 취하는 것이 바람직하다.**

한편 집행정지결정을 위한 사실과 법상황의 규준이 되는 시점은 처분의 위법기준시점과는 달리 집행정지결정을 내리는 시점(재판시점)이 되어야 한다. 상충하는 이익 가운데 어느 것이 재판시점에 우위에 있는지가 결정적으로 중요하다. 후술할 위법판단의 근거자료의 기준시점의 문제이기도 하다.

207) 하지만 행정행위가 명백히 적법하다고 하여 그 자체가 즉시집행의 이익을 성립시킨다고 결론을 내려서는 아니 된다.

(2) 집행정지결정의 성질, 내용 그리고 효력 등

(가) 집행정지결정의 성질

계쟁처분의 효력 내지 집행을 정지시키는 것이어서 집행정지는 당연히 소극적인 가처분적 성질을 갖는다. 한편 대부분의 문헌상으로 집행정지결정의 법적 성질을 두고서, 행정작용설과 사법작용설이 다루어진다. 이는 과거 행정소송이 일반법원이 아니라 행정부에서 강구되었던 독일의 프로이센시대에서나 논란거리가 될 뿐, 행정사건을 일반법원이 관할하는 한, 전혀 문제가 되지 않는다.

한편 정지이익이 즉시집행이익보다 우위에 있다고 할 때 집행정지결정의 재량적 성격이 문제되는데, 이익형량에서 그런 결론에 도달하면, 법원은 효과적인 사법적 권리보호를 지향하는 헌법상의 재판청구권에서 집행정지결정 여부와 관련해서는 재량을 행사할 수 없고, 단지 방법에서 가령 기한설정 등에서 일정한 재량을 행사할 수 있다.

(나) 집행정지결정의 내용

집행정지결정을 통해 처분등의 '효력'이나 그 '집행' 또는 '절차'의 속행의 전부 또는 일부의 정지를 정할 수 있다. 다만, 처분의 효력정지는 처분등의 집행 또는 절차의 속행을 정지함으로써 목적을 달성할 수 있는 경우에는 허용되지 아니한다(효력정지결정의 보충성).[208] 가령 산업기능요원의 편입취소처분의 경우 취소처분으로 인하여 입게 될 회복할 수 없는 손해는 그 후속절차인 현역병 입영처분이나 공익근무요원 소집처분 절차의 속행을 정지함으로써 달성할 수 있기에, 편입취소처분 자체에 대한 효력정지는 허용되지 않는다(대법원 2000무35결정).

일련의 서울행정법원의 집행정지결정(서울행법 2016아12386결정; 2016아12523결정)을 통해 집회허용장소의 한계치를 점차 확대시켜 종내 집시법상 허용된 최근접한 거리에서, 즉 청와대의 경계지점으로부터 100미터 떨어진 곳에까지 촛불집회가 허용되었다.[209] 이들 집행정지 결정으로 집회시위가 허용되는 시간과 장소의 범위를 정한 것이 드문 사례라 의문이 제기될 수 있지만, 집회금지처분에 대해 일부 집행정지결정을 내린 것이다.

---

208) 집행정지결정의 3가지 양상에 관하여는 김연태, 공법연구 제33집 제1호(2004.11.), 626면 이하 참조.
209) 집회금지구역을 일률적으로 대상시설로부터 100미터를 설정하는 현행 체제는 불합리하다. 우리도 독일처럼 도로명 주소시스템을 채택하기에, 그들처럼 금지구역을 도로명으로 직접 설정하는 것이 합리적이다. 상론: 김중권, 법률신문 제4635호(2018.9.10.) 참조.

(다) 집행정지결정의 효력

집행정지결정이 내려지면 그에 따라 효력이 정지되거나, 처분의 집행이나 절차의 속행이 정지된다(형성력). 특히 효력정지결정은 후속집행(後續執行)이나 절차 전반을 제지한다. 가령 과징금부과처분에 집행정지결정이 내려지면 행정청에 의하여 과징금부과처분이 집행되거나 관계 행정청 또는 제3자에 의하여 과징금부과처분의 실현을 위한 조치가 행해져서는 아니 된다. 또한 과징금의 납부기간은 더 이상 진행되지 아니하기에, 부수적인 결과인 가산금 등은 발생하지 아니한다. 따라서 집행정지결정에 반하여 행한 후속 행정처분은 무효로 된다(대법원 2002다48023판결).

집행정지결정의 효력은 당사자, 즉 신청인과 피신청인은 물론, 관계행정청에 대해서도 효력이 미친다(23조 1항, 30조 1항). 집행정지결정 및 집행정지의 취소결정의 효력은 제3자에 대하여도 효력이 있다(29조 2항).

법원은 주문에서 "당해 법원에 계속중인 본안소송의 판결선고시까지 정지한다." 라고 판시하는데, 행정소송규칙 제10조가 집행정지의 종기를 특별히 규정하고 있다.[210] 집행정지결정의 효력은 주문에 표시된 시기까지 존속하다가 시기의 도래와 동시에 당연히 소멸한다(대법원 2002다48023판결). 집행정지결정은 원칙적으로 장래에 향하여 효력을 발생하고, 본안소송에서 패소확정판결이 내려졌더라도 소급하여 소멸하지 않는다(대법원 2020두34070판결). 영업정지처분과 같이 효력기간이 정해져 있는 행정처분의 경우 본안에서 원고패소판결이 내려지면 집행정지로 진행되지 않은 영업정지의 기간이 문제되는데, 본안소송의 판결 그때부터 영업정지의 기간이 다시 진행한다(대법원 99두14471판결).[211]

(라) 집행정지결정의 취소 및 집행정지결정에 대한 불복

집행정지결정이 확정된 후 집행정지가 공공복리에 중대한 영향을 미치거나 그 정지사유가 없어진 때에는 당해 집행정지결정을 한 법원은 당사자의 신청 또는 직권에 의하여 결정으로써 집행정지의 결정을 취소할 수 있다(24조 1항). 당사자가 집행정지결정의 취소를 신청하는 때에는 그 사유를 소명하여야 한다(2항). 법원의 집행정지결정이나 집행정지신청기각의 결정 또는 집행정지결정의 취소결정에 대하여는 즉시항고할 수 있

210) 제10조: 법원이 법 제23조제2항에 따른 집행정지를 결정하는 경우 그 종기는 본안판결 선고일부터 30일 이내의 범위에서 정한다. 다만, 법원은 당사자의 의사, 회복하기 어려운 손해의 내용 및 그 성질, 본안 청구의 승소가능성 등을 고려하여 달리 정할 수 있다. 한편 종기설정에서 이처럼 광범한 재량을 부여하는 것은 집행부정지의 원칙의 바람직하지 않은 파생으로 여겨진다.

211) 동지: 대법원 2013두25498판결; 2021두40720판결. 이런 접근은 판결로 영업정지처분을 변경한 셈이 되어 바람직하지 않다. 상론: 류광해, 인권과 정의 제466호(2014).

다. 다만 즉시항고는 그 즉시항고의 대상인 결정의 집행을 정지하지 아니한다(23조 5항, 24조 2항).

(3) 집행정지결정 이후 본안 확정판결에 따른 처분청의 대처

본안 확정판결로 해당 제재처분이 적법하다고 확인되었다면 제재처분의 상대방이 잠정적 집행정지를 통해 집행정지가 이루어지지 않은 경우와 비교하여 제재를 덜 받게 되는 결과가 초래되도록 해서는 안 된다. 반대로 처분상대방이 집행정지결정을 받지 못했으나 본안소송에서 해당 제재처분이 위법하다는 것이 확인되어 취소하는 판결이 확정되면, 처분청은 그 제재처분으로 처분상대방에게 초래된 불이익한 결과를 제거하기 위하여 필요한 조치를 취해야 한다(대법원 2020두34070판결).[212]

(4) 집회금지처분에서의 특별한 검토사항

일시와 장소가 특별한 의미를 갖는 집회금지처분의 경우 집행정지가 특별한 의의를 가진다. 집회금지처분의 즉시집행은 결과적으로 집회를 종국적으로 저지한다. 제1심에서의 잠정적 권리보호가 사실상 종국적 권리보호인 셈이다. 당연히 집회금지를 정당화시키는 공익상의 위험예측에 대해서는 높은 기준요청을 설정해야 한다. 집회 및 시위의 자유의 의의 및 잠정적 권리보호의 헌법적 근거에 비추어, 결과선취라는 불가피한 측면이 있지만 기본적으로 정지이익을 즉시집행이익보다 -상대적인- 우위에 두고서 접근해야 한다. 2016년 말의 촛불집회금지에 대해 일련의 집행정지결정을 내린 서울행법 2016아12248결정 등은 이런 관점에서 접근하였다고 할 수 있다.[213]

4. 집행정지결정의 대상과 관련한 쟁점-거부처분과 제3자효 행정행위의 문제

(1) 거부처분의 문제

A고등학교 졸업예정자 甲이 2003학년도 B대학교 신입생 정시모집전형의 공과대학 공학계열에 응시하였지만, 1단계 전형합격자에 들어가지 못하였다. 이에 甲은 불합격처분의 취소를 구하면서 그 처분의 집행정지신청을 하였다. 이 신청은 허용되는가? (서울행법 2003아95결정)

212) 참고문헌: 박재윤, 행정법연구 제71호(2025.2.).

213) 상론: 김중권, 법조 제725호(2017.10.28.), 541면 이하. 한편 코로나 팬데믹에서 일련의 집회금지에 대한 집행정지신청이 때로는 인용결정이 때로는 기각결정이 내려지곤 하는데, '의심스러우면 자유에 유리하게'(in dubio pro libertate)의 명제와 '의심스러우면 안전에 유리하게'(in dubio pro securitate)의 명제의 충돌상황이다. 두 명제를 상호 배척의 차원이 아닌 실체적 조화의 차원에서 접근할 필요가 있는데, 물론 이런 노력은 우리 공동체의 자유와 안전이 상당한 수준에 도달하였다는 것을 전제로 한다. 이런 시각에서 관련 판례를 분석하는 것이 코로나 팬데믹이후 행정법의 숙제이다.

거부처분이 존재하는 데도 불구하고, 그것에 대한 집행정지가 자칫 인용처분을 선취(先取)하는 결과를 빚을 수 있다는 점에서 일찍부터 거부처분에 대해 집행정지가 가능한지가 논란되었다. 일반적으로 행정처분의 집행정지는 그것의 존재를 ―잠정적으로나마― 부정하는 것이어서, 이런 소극적 차원을 넘어서 어떤 법상황(가령 인용처분)을 적극적으로 형성해서는 않된다고 보았다. 판례도 기본적으로 그러하다. 국립대학불합격처분에 관하여 당해 처분을 집행정지를 하더라도 이로 인하여 소관 행정청에 입학을 명하는 것이 되는 것이 아니고 또 당연히 입학이 되는 것도 아니므로, 집행정지의 대상이 되지 않는다고 판시하였다(대법원 62두9결정). 부정적 기조는 일련의 사건에서도 유지된다.[214)]

그런데 대법원은 투전기업소갱신허가불허처분 사건을 계기로 논증을 다음과 같이 바꾸었다. "신청에 대한 거부처분의 효력을 정지하더라도 거부처분이 없었던 것과 같은 상태 즉 거부처분이 있기 전의 신청시의 상태로 되돌아가는 데에 불과하고 행정청에게 신청에 따른 처분을 하여야 할 의무가 생기는 것이 아니므로, 거부처분의 효력정지는 그 거부처분으로 인하여 신청인에게 생길 손해를 방지하는 데에 아무런 소용이 없어 그 효력정지를 구할 이익이 없다." 그리하여 판례의 이런 논증의 변화를 두고서 과거의 판례처럼 거부처분 자체가 집행정지의 대상이 될 수 없는 것은 아니기에, 손해방지를 위해 소용이 되는 효력정지의 이익이 존재하는지에 초점을 맞추어 적극적으로 해결책을 모색할 수도 있다.

거부처분에 대한 집행정지의 문제는, 의무이행소송이 도입되지 않고 간접적이고 우회적인 방책인 거부처분취소소송이 허용되며 가처분제도도 인정되지 않는 현행 메커니즘에서 파생된 결과물이다. 신청을 필요로 하는 행정행위에서 거부처분의 효력정지가 사실상 인용처분이라는 점은 충분히 공감할 수 있다. 하지만 특정 시점이 매우 중요한 사안인 경우, 가령 외국인체류(갱신)허가, 입학허가, 시험응시 등의 경우에는 일정 시간이 지나면 그 결정이 위법하다고 판결이 내려지더라도 원하는 상황을 재현할 수가 없다. 따라서 **이런 시간적 구속을 받는 상황인 경우에는 거부처분에 대해서도 효력정지의 이익을 충분히 강구할 만하다.** 비록 하급심이지만 법원은 종종 이런 종류의 거부처분에 대해 집행정지를 인정하곤 하였다(서울행법 2000아120결정(한약사 응시원서 접수거부처분): 서울행법 2003아95결정(신입생 정시모집 1단계 전형 불합격처분)).

그런데 효력정지의 이익을 구체적으로 논증하는 식의 해결책은 절반의 성공이다. 왜냐하면 부작위위법확인소송의 경우에는 애당초 처분이 부재하여 처분의 존재를 전

214) 투전기업소갱신허가 불허처분 사건(대법원 91두47결정), 교도소장의 접견허가신청에 대한 거부처분 사건(대법원 91두15결정), 사단법인 한국컴퓨터 게임산업중앙회가 행한 점검필증교부거부처분 사건(대법원 95두26결정), 당초의 신기술 보호기간 만료 후에 신기술 보호기간 연장신청에 대한 거부처분 사건(대법원 2004무48결정).

제로 한 집행정지메커니즘이 동원될 수 없기 때문이다. **근본적인 해결책은 바로 후술할 가처분(가명령)제도의 도입이다.**

(2) 제3자효 행정행위의 문제

제3자효행정행위에서 제3자의 권리구제의 활성화는 바로 집행정지의 문제를 낳는다. 집행정지결정의 제3자효가 인정되고(29조 2항), 제3자효 행정행위라 하여 집행정지의 신청에 아무런 문제가 없으며, 대부분의 문헌에서도 그 가능성이 적극적으로 모색되고 있다. 하지만 원래의 수범자의 이익까지도 고려되어야 할 상황이어서 현실적으로 제3자효 행정행위에서 집행정지신청이 받아들여진 경우란 극히 드물다(드문 예로 대전고법 2005루9결정). 배타적 경쟁자소송(경원자소송)의 경우 경쟁자에 대한 허가가 정지더라도 자신에게 그 허가가 당연히 행해지지 않기에 집행정지를 구할 이익이 없다.[215] 반면 인인소송의 경우에는 인정될 여지가 상대적으로 더 크다고 할 수 있다. 그리고 제3자효행정행위에서의 집행정지신청의 궁극적인 대상은 그 수범자가 행정행위를 기화로 행할 행위(건축행위의 진행 등)이기에, 집행정지결정의 실효성 확보 역시 고민거리이다.

그런데 여기에서의 집행정지신청은 궁극적으로 행정행위의 수범자(상대방)인 수익자의 이익과 원고이자 집행정지신청인인 피침익자의 사익(私益)이 충돌하는 상황이다. **제3자효 행정행위와 관련한 집행정지결정의 상황은 공익, 원고의 사익, 행정행위의 수범자(상대방)의 사익의 트라이 앵글, 즉 일종의 트릴레마(trilemma)와 같은 상황이다.** 사실 '공공복리에 대한 중대한 영향'과 같은 소극적 요건만으로는 이런 사익충돌상황을 대처하기란 쉽지가 않으며, 그것이 오히려 집행부정지의 기각결정의 빌미가 될 수도 있다. 나름 집행정지가 활성화되도록 보완적 수단의 도입을 강구하기 위해, 2013년 법무부 행정소송법개정안은 담보제공을 규정고 있다.[216] 하지만 이것이 결코 담보부(擔保附) 집행정지제도의 일반화를 의미하는 것은 아니다.

현행 집행정지의 메커니즘에서 법원은 조정자 역할을 제대로 수행하기가 어렵다. **오늘날 다극적 행정법관계에서 제3자효 행정행위는 유별난 존재가 아니고 행정의 통상적 모습이다. 입법정책적 차원에서 특별규정을 두는 것이 바람직하다.**[217]

215) 그리하여 경쟁항공사에 대한 국제항공노선면허처분의 효력정지를 구할 법률상의 이익이 없다고 보았다(대법원 2000무17결정). 반면 민간투자사업 탈락처분을 다투는 사이 제3자를 우선협상대상자로 지정한 처분을 한 경우에 그 지정처분에 대한 집행정지신청은 인용하였다(대법원 2010무190결정).

216) 법무부 개정안: 제24조(집행정지) ⑤ 법원은 제2항의 규정에 의한 집행정지결정을 함에 있어서 소송의 대상이 된 처분 등의 상대방에게 재산상 손해가 생길 우려가 있는 때에는 권리자를 지정하여 그 손해에 대한 담보를 제공하게 할 수 있다. 이 경우 권리자로 지정된 자는 그 담보물에 대하여 질권자와 동일한 권리를 가진다.

5. 행정소송과 가처분(가명령)제도-민사집행법상의 가처분규정의 준용여부

채권자 甲이 채무자 乙에게 2,000만원을 대여하면서 그의 대여금채권을 담보하기 위해 乙 소유의 개인택시에 대한 근저당권을 설정하고 乙에게서 '여객자동차운송사업면허 불처분각서'를 받았다. 하지만 위 개인택시와 더불어 면허를 처분할 우려가 있어서 乙에 대하여 면허의 처분금지가처분을 구함과 아울러 관할 행정청을 제3채무자로 하여 위 면허의 채무자명의 변경금지가처분을 구하였다. 이런 내용의 가처분은 허용되는가? (대법원 2010마1576결정)

수익처분의 신청에 대한 위법한 거부의 경우, 집행정지메커니즘은 그다지 효과적이지 않고, 더욱이 행정청의 부작위에 대해서는 처음부터 집행정지가 동원될 수가 없다. 소극적 문제해결방식인 집행정지메커니즘으로선 당연한 한계이기에, 실정법제도로 인한 필연적인 권익구제의 공백을 어떻게 메울 것인지가 관건이다. 그리하여 국민의 권익침해를 효과적으로 구제하기 위해 가처분(假處分)제도의 도입이 논의된다.

(1) 논의현황

특별한 명문의 규정이 없는 이상, 그 논의의 출발점은 민사집행법의 가처분규정이 행정소송에 준용될 수 있는지 여부이다. 대부분의 문헌이 취하는 적극설은 다음의 논거를 제시한다: 현행 행정소송법은 가처분에 관하여 아무런 규정도 두지 않고 있으므로 동법 제8조 제2항에 의하여 민사집행법상의 가처분규정을 준용할 수 있으며, 이러한 해석은 위법한 행정작용으로부터 국민의 권익구제를 목적으로 하고 동시에 법치행정의 확보를 도모하려는 사법의 본질에 반하지 아니한다. 반면 소극설은 다음의 논거를 제시한다: 법원이 행정처분의 적법 여부를 판단하기 전에 행정처분에 대해 가처분을 하는 것은 사법권의 범위를 벗어나는 것이고, 집행정지제도(23조 2항)가 민사집행법상의 가처분에 대한 **특별규정이기 때문에 민사집행법상의 규정은 준용될 수 없다. 구법하에서 법원은 부정적으로 판단을 내렸고**(대법원 80두5결정)**, 현행법하에서도 이런 기조는 변함없이 견지되고 있으며**(대법원 92마54결정)**, 최근에도 거듭 확인되곤 한다**(대법원 2010마1576결정)**.**[218] **물론 당사자소송의 경우에는 당연히**

---

217) 참조: 독일 행정법원법 제80조a(복효적 행정행위에서의 잠정적 권리보호) ① 제3자가 타인에게 행해진 수익적 행정행위에 대하여 권리구제를 제기하면, 행정청은 다음 각호의 1에 해당하는 행위를 할 수 있다. 1. 수익자의 신청에 의해 제80조 제2항 제4호에 따라 즉시집행을 명하는 것. 2. 제3자의 신청에 의해 제80조 제4항에 따라 집행을 정지하고 제3자의 권리를 보호하기 위한 잠정적 조치를 취하는 것. ② 제3자에게는 수익적이지만 자신에게는 부담적인 효과를 가진 행정행위에 대해 그 관련자가 권리구제를 제기하면, 행정청은 제3자의 신청에 의해 제80조 제2항 제4호에 따라 즉시집행을 명할 수 있다. ③ 법원은 신청에 의해 제1항 및 제2항에 따른 조치를 변경·폐지 또는 그러한 조치를 발할 수 있다. 제80조 제5항 내지 제8항이 준용된다.

행정소송법 제8조 제2항에 따라 민사집행법의 가처분규정이 준용된다(대법원 2015무26결정; 2016다262550판결).

(2) 관견(管見)

현행 집행정지제도는 소극적 수단이기에 태생적 한계를 지닌다. 집행정지결정의 예외적 성격은 이런 소극성의 한계를 두드러지게 한다. **가처분제도는 의무이행소송과 동반되어야 할 것이어서, 도입되지 않은 이상, 판례상 가처분적 접근의 강구는 어렵고, 체계위반의 비판에서 자유롭지 않다.** 현행 집행정지메커니즘의 태생적 한계를 분명히 인식한다면, 좀더 설득력이 있는 해결책을 나름 탄력적으로 모색할 수 있었다. '효과적인 권리보호'의 관점에서 헌법상의 재판청구권으로부터 가처분제도가 요청된다(한수웅, 936면)는[219] 점에서 현행 행정소송법의 상황은 위헌적 상황이다. **가처분제도를 명문으로 도입한 행정소송법의 개정안이[220] 과연 언제 실현될지, 참으로 우려할 정체상황이다.**

Ⅵ. 취소소송의 심리

1. 심리의 내용

소송의 심리(審理)는 법원이 소에 대한 판결을 하기 위하여 그 기초가 되는 소송자료(주로 사실과 증거)를 수집하는 것을 말한다. 그 내용에 따라 일단 요건심리와 본안심리로 나뉜다. 요건심리는 소송요건(예: 관할권 · 제소기간 · 전심절차 · 당사자능력 등)에 대한 심리를 말한다. 소송요건은 소의 허용성요건이자, 본안심리의 요건이며 본안판결의 요건이다.[221] 소송요건의 충족 여부는 법원의 직권조사사항이며, 소송요건은 사

218) 한편 여기서의 소송은 예방적 소송이기도 한다.

219) 법원과 대비되게 헌법재판소는 헌법재판소법에서 명문으로 규정하지 않은 헌법소원심판의 경우에도 가처분을 확대 적용하였다(헌재 2000헌사471결정 등). 다만 아쉽게도 그것의 보전기능에 착안하여 적극적으로 헌법적 근거를 모색하지 않고, 금지할 이유가 발견되지 않는다는 것을 근거로 내세웠다.

220) 제26조(가처분) ① 처분등이나 부작위가 위법하다는 현저한 의심이 있는 경우로서 다음 각 호의 어느 하나에 해당하는 때에는 본안이 계속되고 있는 법원은 당사자의 신청에 따라 결정으로써 가처분을 할 수 있다. 1. 다툼의 대상에 관하여 현상이 바뀌면 당사자가 권리를 실행하지 못하거나 그 권리를 실행하는 것이 매우 곤란할 염려가 있어 다툼의 대상에 관한 현상을 유지할 긴급한 필요가 있는 경우. 2. 다툼이 있는 법률관계에 관하여 당사자의 중대한 손해를 피하거나 급박한 위험을 피하기 위하여 임시의 지위를 정하여야 할 긴급한 필요가 있는 경우. ② 제1항에 따른 가처분에 대하여는 제24조 제3항부터 제7항까지, 제25조, 제33조, 제34조 제1항을 준용한다. ③ 제1항에 따른 가처분은 제24조 제2항에 따른 집행정지로 목적을 달성할 수 있는 경우에는 허용되지 아니한다.

221) 대법원 2020두48772판결: 처분에 법령상 근거가 있는지, 행정절차법에서 정한 처분 절차를 준수하였는지는 본안에서 해당 처분이 적법한가를 판단하는 단계에서 고려할 요소이지, 소송요건 심사단계

실심 변론종결시는 물론, 상고심에서도 존속해야 한다. 따라서 이를 흠결하면 부적법한 소가 되며, 그 보정이 불가능하면 법원은 그 소를 각하해야 한다(민사소송법 254조). 본안심리는 소송요건을 구비한 적법한 소에 대해 법원이 그 청구의 당부에 관하여 심리하는 것을 말한다. 즉, 사건의 본안을 실체적으로 심리하는 과정이다. **재판청구권의 차원에서 요건심리가 지나치게 엄격하면 곤란하다.**

2. 심리범위

행정심판법처럼 명문의 규정을 두고 있지 않지만, 일반 민사소송과 같이 취소소송에도 불고불리(不告不理)의 원칙이 적용된다. 법원은 소의 제기가 없으면 사건을 심리·재판할 수 없고, 소제기의 경우에도 당사자의 청구범위를 넘어서 심리·재판할 수 없다. 다만 행정소송법은 직권탐지주의를 가미함으로써 예외를 규정하고 있다(26조).

법원은 당해 소송의 대상이 된 처분의 실체적, 절차적 측면의 모든 법률문제·사실문제를 심리하고 심판한다. 행정심판과는 달리 심리범위에 연계된 심사규준은 적법성이다. 취소소송의 심리범위는 궁극적으로 법원의 심사밀도의 물음에 이어진다. 따라서 앞에서 본 행정의 자유와 구속의 문제이기도 하다. 재판청구권에 기하여 완전한 사법심사의 원칙은 당연하고, 더욱이 비례원칙의 적용으로 사법심사가 더한층 강화되는 것은 자연스럽다. 하지만 **현대행정의 전문성, 복합성과 복잡성이 날로 증가하기에, 사법통제의 강화가 언제나 바람직한 것은 아니다.** 이런 상황의 결과물이 독일에서의 판단여지론과 −이와 흡사한− 미국에서의 실질적 증거의 법칙이다(본서 113면 이하).

3. 특히 재량하자와 관련한 사법심사 문제

(1) 사법심사의 기본태도

재량의 핵심은 법적 규준에 의거하여 관련 이익을 합사실적으로(실체에 맞게) 즉, 정당하게 형량하는 것이다(합사실적 형량의 원칙). 행정기본법은 이 원칙을 '재량행사의 기준'의 이름으로 명문화하였다(21조). 권력분립주의에 따라 법원은 재량적 행정결정 자체의 위법성을 확정할 수 없어서, 재량행사와 관련하여 사법심사는 형량과정에 바탕을 둔다. 여기서 규준이 되는 것은 행정청이 찬반의 논거를 하자 없이 고려하였는지, 중요

에서 고려할 요소가 아니다.

사항을 하자 없이 형량을 하였는지, 상황을 하자 없이 평가·판단하였는지 여부이다.[222] 합사실적 형량의 원칙에 위배한 것이 해당 재량결정을 위법하게 만든다. 다만 법원이 적극적으로 개선책을 강구하는 것은 권력분립주의 및 행정의 1차적 특권의 차원에서 허용되지 않는다. 즉, 법원이 합목적성의 차원에서 타당성의 통제를 하는 것은 허용되지 않는다. 여기서 **재량에 관한 사법심사의 태도는 그 행정결정에 대해 추체험적으로(nachvollziehbar), 즉 공감가능한지 여부에 초점을 맞추어야 한다.** 법원은 스스로를 행정결정을 내리는 주체로 설정하여서는 아니 된다. 법원은 자신의 독자적 결론을 준거점으로 삼을 수 없고, 단지 재량의 한계를 넘었는지 여부에 심사의 초점을 맞출 수밖에 없다.[223] 특히 미래예측판단과 관련해서 더욱 그러하다.[224]

(2) 재량하자 여부의 궁극적인 잣대

재량행사에서의 형량하자는 실체법에 대한 위반이어서 원칙적으로 취소판결을 낳는다. 하지만 형량하자가 있더라도, 위법성의 권리침해견련성이 부정되는 경우나 개개 잘못이 최종적으로 발해진 결정에 대해 인과관계가 전혀 없을 경우에는 그것이 중요하지 않고 취소판결 역시 내려지지 않는다. 형량에 중요한 다수의 사실 가운데 개별적 사실이 그릇된 것이거나 잘못 가늠된 것으로 판명되더라도 필연적으로 형량하자가 초래되지는 않는다. **특별한 사정을 고려한즉 행정청이 재량을 합사실적으로 행사하면 다른 결론에 도달할 수 있었을 경우에, 비로소 그 재량의 일탈과 남용을 이유로 관련 행정행위에 대해 취소판결이 내려질 수 있다. 결국 당초에 내린 것과 다른 결정의 '구체적인 가능성', 즉 대안가능성의 명백한 존재여부가 인용판결을 위한 관건이 된다.**[225]

앞에서 보았듯이(본서 115면 이하), 판례는 –재량으로 접근하지만 판단여지의 함의를 반영한 것처럼– 시험결정, 임용결정, 교과서감정, 미래예측판단, 정성적 평가, 계획결정과 같은 특수한 상황에서 광범한 재량여지를 정당하게 인정한다. 다만 과도한 형량적 접근의 문제를 고려한 즉, 여러 이익이 복합적으로 상호 충돌하는 양상의 사안에서 실체법의

222) 여기서 재량행사기준의 마련에 따라 이유제시가 중요하여 심화된 논의가 시급하다.

223) 대법원 2014두37702판결: …재량행위 내지 자유재량행위의 경우 행정청의 재량에 기한 공익판단의 여지를 감안하여 법원은 독자의 결론을 도출함이 없이 당해 행위에 재량권의 일탈·남용이 있는지 여부만을 심사하게 되고, 이러한 재량권의 일탈·남용 여부에 대한 심사는 사실오인, 비례·평등의 원칙 위배, 당해 행위의 목적 위반이나 동기의 부정 유무 등을 그 판단대상으로 한다.

224) 대법원 2020두36007판결: '자연환경·생활환경에 미치는 영향'과 같이 장래에 발생할 불확실한 상황과 파급효과에 대한 예측이 필요한 요건에 관한 행정청의 재량적 판단은 내용이 현저히 합리적이지 않다거나 상반되는 이익이나 가치를 대비해 볼 때 형평이나 비례의 원칙에 뚜렷하게 배치되는 등의 사정이 없는 한 폭넓게 존중될 필요가 있다. 동지: 대법원 2020두51280판결.

225) 여기서 형량결정에 대해 하자용인(결함감내)(Fault Tolerance, fehlertoleranz)을 수긍할 필요가 있다.

중대한 위반이 확인되지 않는 한, 법원은 형량하자에 대해 −더 나은 결정의 가능성을 탐문하는 듯한− 엄격한 자세를 견지하는 것은 지양해야 한다.[226] 재량하자가 있다는 것에 관한 원고의 증명책임이 인정되더라도 그 하자가 결론에 영향을 주었다는 점까지 원고가 증명해야 한다는 식으로 증명책임이 강화되어서는 아니 된다(본서 859면 이하).

4. 심리상의 제 원칙

(1) 처분권주의, 변론주의 및 직권탐지주의

(가) 의 의

처분권주의(處分權主義)는 소송의 개시, 심판대상(소송물)의 결정, 소송의 종결 등을 당사자(특히 원고)의 의사에 맡기는 것을 말한다. 변론주의(辯論主義)는 재판의 기초가 되는 소송자료의 수집·제출책임을 당사자에게 지우는 것을 말하고, '직권탐지주의'는 그 책임을 법원이 지는 것을 말한다.

행정소송법이 민사소송법을 준용하는 이상(8조 2항), 변론주의가 기본이다. 따라서 변론주의의 3가지 핵심내용이 통용된다: i) 원칙적으로 당사자가 주장하지 않은 사실을 판결의 기초로 삼아서는 아니 된다. ii) 당사자간에 다툼이 없는 사실(자백한 사실)은 그대로 판결의 기초로 하지 않으면 아니 된다. iii) 당사자간에 다툼이 있는 사실을 인정함에 있어서는 반드시 당사자가 제출한 증거에 의하지 않으면 아니 된다.

(나) 행정소송법 제26조의 문제: 변론주의와의 관계설정

법원은 필요하다고 인정할 때에는 직권으로 증거조사를 할 수 있고, 당사자가 주장하지 아니한 사실에 대하여도 판단할 수 있다(26조). '직권심리'의 표제가 붙은 동 규정의 성격을 두고서 학설의 다툼이 있다. **이는 변론주의의 원칙과 관련하여 동규정은 어떤 의미를 가지며, 또한 그 체계를 어떻게 설정할 것인지의 물음이다.**

여기서 변론주의보충설과 직권탐지주의가미설로 나뉜다. 문헌상 다수입장인 변론주의보충설은 당사자의 주장이나 주장하는 사실에 대한 입증활동이 충분하지 않는 경우에 법관이 직권으로 증거조사를 할 수 있다고 본다. 반면 직권탐지주의가미설은 전자에 비해 법원의 적극적 역할을 강조한다. 일본의 행정사건소송법과는 달리, 우리는

---

226) 대법원 2020두34346판결은 계획형성의 여지와 미래예측판단의 존중의 차원에서 행정의 광범한 재량권을 인정하여 사법심사의 한계를 정당하게 나타낸다(본서 538면).

행정소송의 나름 공익소송적 측면을 감안하여 '당사자가 주장하지 아니한 사실'에 대한 부분을 의도적으로 규정한 것임을 내세운다.

판례는 동 규정을 변론주의에 대한 일부 예외규정이라고 보는 기조에서(대표적으로 대법원 85누321판결),[227] 당사자주의나 변론주의의 기본구도는 여전히 유지된다고 본다. 법원은 기록상 현출되어 있는 사항에 관하여(서만) 직권으로 증거조사를 하고 이를 기초로 하여 판단할 수 있다. 즉, 당사자가 주장하지 않은 사실 역시 기록상 현출되어 있는 사항에 관한 것이어야 한다. 그리고 처분사유의 추가변경사안에서 당초의 처분사유와 기본적 사실관계에 있어서 동일성이 없는 사유를 직권으로 인정하여 판단하는 것은 허용되지 않는 것으로 위법하다고 판시하였다(대법원 2011두26589판결). 반면 당사자가 주장하지 않았더라도 계쟁처분의 적법성에 관해 합리적 의심을 가질 상황에서는 제 당사자가 제출한 소송자료에 대한 적극적인 접근을 일종의 의무로 파악함으로써 동 규정의 재량적 성격을 탈색시켰다(대법원 2006두7430판결). 대법원 2009두18035판결 역시 같은 맥락이다.[228]

(다) 공법구제에서는 직권탐지주의의 채택이 요구된다.

논의를 새롭게 전개할 필요가 있다.[229] 변론주의에서 법원은 단지 증거수집만 할 수 있는데, **민주적 법치국가원리의 구체화를 담보하는 행정재판에서의 법원의 역할에 변론주의는 미흡하다.** 직권탐지주의(직권조사주의)가 공권력에 대한 효과적인 권리보호의 보장을 담보한다. 아울러 법칙국가원리 및 행정의 법률적합성의 원칙에 의해서 그것이 요구된다. 직권탐지주의(직권조사주의)의 채택이 헌법에 의해 요구된다.[230] 헌법재판에서는 −행정소송법 제26조를 비교하면 내용이 상대적으로 약함에도 불구하고− 헌재법 제31조 제1항과 관련해서 행정소송에서와는 달리 직권탐지주의가 원칙으로 채택된 것으로 본다.[231] 이제 행정소송에서도 민사소송적 인식과 자세에서 벗어나 행정소송법 제26조를 정면으로 직권탐지주의를 표방한 것으로 보는 자세의 전환이 필요하고,[232] 아울러 그에 맞춰 사실인정과 증거조사에서 과감한 변화가 필요하다.

227) 대법원 85누321판결: 행정소송의 특수성에서 연유하는 당사자주의, 변론주의에 대한 일부 예외규정일 뿐 법원이 아무런 제한 없이 당사자가 주장하지도 않은 사실을 판단할 수 있다는 것은 아니다
228) 대법원 2009두18035판결: 당사자가 제출한 소송자료에 의하여 법원이 처분의 적법 여부에 관한 합리적인 의심을 품을 수 있음에도 단지 구체적 사실에 관한 주장을 하지 아니하였다는 이유만으로 당사자에게 석명을 하거나 직권으로 심리·판단하지 아니함으로써 구체적 타당성이 없는 판결을 하는 것은 행정소송법 제26조의 규정과 행정소송의 특수성에 반하므로 허용될 수 없다.
229) 참고문헌: 배병호, 공법연구 제43집 제3호(2015), 329면 이하.
230) Schoch/Schneider/Dawin/Panzer, 45. EL Januar 2024, VwGO § 86 Rn.15-18
231) 헌재 91헌마190: 헌법재판소는 청구인의 심판청구서에 기재된 피청구인이나 청구취지에 구애됨이 없이 청구인의 주장요지를 종합적으로 판단하여야 하며 …

(2) 행정심판기록제출명령

법원은 당사자의 신청이 있는 때에는 결정으로써 재결을 행한 행정청에 대하여 행정심판에 관한 기록의 제출을 명할 수 있다. 이러한 제출명령을 받은 행정청은 지체없이 당해 행정심판에 관한 기록을 법원에 제출해야 한다(25조).

(3) 주장책임과 증명(입증)책임

(가) 주장책임의 의의

변론주의에 따라 당사자가 변론에서 주장하지 않은 주요사실을 판결의 기초를 삼을 수 없다. **주장책임(主張責任)이란 자기에게 유리한 주요사실을 주장하지 않음으로써 그 사실이 없는 것으로 취급되어 당사자 일방이 소송상의 불이익을 받게 하는 것을 말한다.** 즉, 직권조사사항을 제외하고는 그 취소를 구하는 자가 위법사유에 해당하는 구체적인 사실을 먼저 주장해야 한다(대법원 98두2768판결 등). 변론주의하에서 당사자가 주장책임을 지는 기본구조에 변화는 없지만, 앞에서 본 것처럼 최근 법원은 당사자가 주장하지 않았더라도 당사자가 제출한 소송자료에 대한 적극적인 접근을 강구하고 있다.

(나) 증명책임의 의의

(증명책임을 지는) 당사자는 어떤 사실을 자신에게 유리하게 증명하지 못하면 소송상의 불이익을 입는다. **증명책임(證明責任)이란 소송상의 일정한 사실의 존부가 확정되지 않을 때, 불리한 법적 판단을 받게 되어 소송상의 불이익을 받게 하는 것을 말한다.** 행정소송에서 어떠한 기준에 의해 증명책임을 분배할 것인지의 물음은 일반 민사소송법과 다르게 접근해야 할지 여부의 물음이다.[233]

(다) 증명책임분배에 관한 논의현황

이와 관련해서는 원고부담설, 피고부담설, 일반원칙설, 행정법독자분배설(특수성인정설) 등이 논의되고 있다. 원고부담설은 공정력을 행정행위의 적법성추정으로 보는 데 의거하여 증명책임이 원고에게 있다고 본다. 행정청이 처분의 적법성을 증명해야 한다는 피고부담설은 원고부담설의 정반대 주장인데, 법치행정의 원리를 그 근거로 내세운다. 일반원칙설은 규범상 유리한 자가 증명해야 한다는 민사소송법상의 일반원칙을 적용하여 각 당사자는 자기에게 유리한

232) 차제에 "법원은 소송관계인의 주장 및 증거신청에 구속되지 아니한다."는 독일 행정법원법 제68조 제1항처럼 변론주의가 원천 배제되는 법개정이 필요하다.
233) 참고문헌: 정하중, 고려법학 제64호(2012.3.); 김창조, 법학논고 제48집(2014.11.).

법규범의 모든 요건사실의 존재에 관하여 증명책임을 진다고 본다. 행정법독자분배설은 행정소송과 민사소송의 목적과 성질의 차이, 행위규범과 재판규범과의 차이 등을 이유로 행정소송에서의 증명책임분배는 독자적으로 행해져야 한다고 본다. 그리하여 행정소송의 특수성을 감안하여, 당사자간의 공정·사안의 성질·입증의 난이 등에 의하여 구체적 사안에 따라 증명책임이 결정된다. 비록 행정법독자분배설의 내용 자체를 두고서 논의가 분분하지만, 일반적으로 다음과 같이 주장된다: 부담적 처분의 취소소송에서는 피고인 행정청이 그 적법성에 대한 증명책임을, 자기의 권리·이익영역의 확장을 구하는 소송에서는 원고가 그 청구권을 뒷받침하는 사실에 대한 증명책임을, 재량행위에 대한 취소소송에서는 원고가 일탈·남용사실에 대한 증명책임을, 무효확인소송에서는 원고가 무효사유에 대한 증명책임을 진다.

(라) 판례의 입장

판례는 민사소송법의 규정이 준용되기에 행정소송에서의 증명책임은 원칙적으로 민사소송의 일반원칙에 따라 당사자 간에 분배된다는 입장을 취한다. 그리하여 당해 처분의 적법을 주장하는 피고에게 그 적법사유에 대한 증명책임이 있다(대법원 2006두12937 판결; 84누124판결). 그리하여 수익적 행정행위의 직권취소에서 하자나 취소해야 할 필요성에 관한 증명책임은 기존 이익과 권리를 침해하는 처분을 한 행정청에 있다(대법원 2014두9226판결; 2014두46843판결). 반면 과세대상이 된 토지가 비과세 혹은 면제대상이라는 점은 이를 주장하는 납세의무자에게 증명책임이 있다고 본다(대법원 94누12708판결). 그리고 미래예측판단이나 정성적 평가 등과 같이 광범한 재량권이 인정되는 사안에서는 행정청의 판단을 존중하여 원고가 재량권을 일탈·남용한 특별한 사정이 있다는 점을 증명해야 한다(대법원 2017두39785판결 등).

한편 자유재량행사와 관련해서는 판례(대법원 87누861판결)는 원칙적으로 행정청이 스스로의 처분을 부당화할 필요가 없기에 그 위법사유에 대한 증명책임이 원고에게 있다고 보는데, 이런 기조는 재량권행사에 그대로 투영되고 있다(대법원 2012두19571판결 등).[234] 다수 문헌 역시 그런 입장을 취하지만, 반대의 입장에서는 재량행위에 대한 사법심사제도 자체가 형해화(形骸化)할 우려가 내세워 행정청이 입증책임을 진다고 주장한다(김철용, 746면).

(마) 관견(管見)

원고부담설의 경우 그 이론적 근거가 행정행위의 적법성추정에 있기에, 오늘날에는 전혀 타당하지 않고 단지 역사적 의미만을 갖는다. 그 반대인 피고부담설 역시 대

234) 대법원 2019두45579판결: 재량행위인 폐기물처리사업계획서 부적합 통보의 효력을 다투는 원고가 구체적인 불허가사유에 관한 판단과 근거에 재량권 일탈·남용의 위법이 있음을 밝히기 위하여 소송절차에서 추가적인 주장을 하고 자료를 제출할 필요가 있다.

비이상의 의미를 갖지 않는다. 따라서 **일반원칙설이나 행정법독자분배설 정도가 논의할 가치가 있다.** 그런데 이들의 각각의 내용이 문헌에 따라 다소간 다르기에 통일된 이해가 어렵다. 일반원칙설이 기조인 수익(授益)원칙(Günstigkeitsprinzip)을 견지하되, 적절한 나름의 수정을 가한다는 점에서, 행정법독자분배설은 일반원칙을 행정의 유형 또는 행정소송의 형태에 맞추어 구체적으로 적용한 결과 또는 수정사항에 해당할 수 있다(김남진/김연태, 998면). 양자의 입장이 근원적으로 대립된다고 보기 어렵다. **양자를 평면적으로 구별하는 것은 논의의 발전에 그다지 유익하지 않다.**

구체적인 개별사안에 초점을 맞추어 나름의 기준을 제시한다.

i) 소송요건과 관련해서는 그것이 소의 허용성 물음이라는 점에서 원고 측이 증명책임을 지는 것이 바람직하다. ii) 많은 문헌이 재량행위에서의 논의와 적극적 처분과 −거부처분의 차원에서의− 소극적 처분에서의 논의를 단지 나열하여 전개하고 있는데, 구체적 문제해결에는 곤란함이 있다. 적극적인 부담적 처분의 경우(예: 허가취소나 하명처분)에는 기속행위이든 재량행위든 피고가 그것의 적법성을 증명해야 한다. iii) 허가신청의 거부처럼 사안이 금지해제의 문제인 경우엔 금지해제행위가 기속행위이면 원고가 거부처분의 위법성을 증명해야 하되, 재량행위이면 금지의 유형(성격)을 고려하여 판단해야 한다. 즉, (통상의 허가와 같은) 예방적 금지해제의 사안이면 그것의 거부와 관련해서는 행정청이 거부처분의 적법성(재량의 하자가 없음)을 증명해야 하고, 반면 (특허나 예외승인과 같은) 억제적 금지해제의 사안의 경우에는 원고가 거부처분의 위법성(재량의 하자가 있음)을 증명해야 한다. 물론 금지해제의 의미가 아니라 일정한 급부신청에 대한 거부의 경우에는 원칙적으로 원고가 급부거부처분의 위법성을 증명해야 한다. iv) 재량행위와 관련해서 판례처럼 원고가 재량권을 일탈·남용한 특별한 사정이 있다는 점을 증명해야 하더라도, 형량상의 하자가 결론에 영향을 주었다는 점까지 원고가 증명해야 하는 것으로 보아서는 아니 된다.

그런데 공법규범은 증명책임분배가 완연히 드러나는 구조를 갖지 않으며, 국가활동의 측면에서 '수익(授益)성'을 확실히 도출할 수가 없다. 상반된 이익을 갖는 다수의 참가자가 행정법관계에 포함될 경우나 예방적 허가절차의 기본틀로부터 멀리 벗어난 리스크법률관계의 경우 종래의 증명책임의 원칙은 그 나름의 명료성을 상실한다. 그리하여 증명책임분배의 착안점을 규범구조가 아닌 규범평가에서 추구해야 하며, 궁극적으로 법효과의 형량, 즉 실체적인 이익평가에 의거하여 대처한다고 주장된다.[235]

---

235) Berg, Die verwaltungsrechtliche Entscheidung bei ungewissem Sachverhalt, 1980, S.218ff.; Peschau, Die Bewislast im Verwaltungsrecht, 1983, S.38ff.

(4) 법관의 석명의무 및 구술심리주의·직접심리주의

> 주택건설사업의 양수인이 사업주체의 변경승인신청을 한 이후에 행정청이 양도인에 대한 사업계획승인을 취소하면서 양수인에게 그 사실을 통지하고 변경승인신청서를 반려한 것에 대하여 양수인이 행정소송을 제기하면서 청구취지에 처분성이 결여된 위 통지를 소송의 대상으로 기재한 경우 법원은 청구원인에 비추어 어떻게 대처해야 하는가? (대법원 99두646 판결)

직접 규정되어 있지 않더라도 일반법인 민사소송법상의 심리절차에 관한 사항을 준용할 수 있다. 그리하여 민사소송법에 규정된 법관의 석명(민사소송법 136조 1항), 구술심리주의(134조 1항) 및 직접심리주의(204조 1항·2항)가 그대로 행정소송의 심리에도 통용된다.

한편 당사자의 진술에 불명·모순·결함이 있거나 또는 입증을 다하지 못하여 소송관계가 불분명한 경우에 재판장이 행하는 석명권(釋明權)행사와 관련하여, 법문은 "재판장이 질문하거나 증명을 촉구할 수 있다."는 식으로 가능규정을 나타내기에, 석명권행사가 전적으로 재량사항인지 여부가 문제된다. 일반적으로 석명은 판사의 재량사항이 아니라 의무의 성질을 가진다고 본다. 행정소송은 궁극적으로 공익이 문제된다는 점에서, 그리고 행정소송법 제26조의 취지를 살리기 위해서 행정소송에선 석명권의 행사가 일반 민사소송에서보다 더욱 적극적으로 강구되어야 한다(대법원 89누1032판결 참조). 직권탐지주의에 어울리게 '석명의무'로 명문화할 필요가 있다.[236]

피고를 잘못 지정한 사건에서 법원은 석명권을 적극적으로 행사하여 정당한 피고로 경정하게 하여 소송을 진행해야 하며(대법원 2013두2518판결), 처분성이 결여된 사실의 통지를 소송대상으로 기재하였지만 그것과 동시에 행해진 승인취소처분을 대상으로 정정해야 한다(대법원 99두646판결). 보건복지부장관의 형성재결과 처분성이 결여된 취소처분 중 어느 쪽을 당해 소의 대상으로 삼은 것인지 여부가 불분명한 경우, 원고에게 석명을 구하여 그가 취소를 구하는 행위가 어느 것인지를 확정한 후 심리를 하였어야 할 것인 데도 이런 조치를 취하지 아니한 원심판결에는 석명권을 불행사한 위법이 있다(대법원 97누17131판결).

(5) 공개심리주의·쌍방심리주의

공개심리주의는 비록 민사소송법이 아닌 법원조직법에 규정되어 있긴 해도(57조), 헌법상의 요청(109조)이기에, 그대로 행정소송에 통용된다. 소송심리에 있어 당사자 쌍방에 주장을 진술할 기회를 평등하게 부여하는 것을 내용으로 하는 쌍방심리주의 역시 실

236) 참고: 독일 행정법원법 제68조 제3조.

정법에 전혀 규정되어 있지 않더라도 당사자대등의 원칙이나 무기대등의 원칙에서 당연히 행정소송에도 통용된다. 향후 이들 사항을 명문으로 규정하여 행정소송법을 자족적 수준으로 격상할 필요가 있다. 더불어 "모든 국민은 법원에서 법적 심문의 청구권을 가진다."는 법적 심문(청문)의 원칙(독일 기본법 103조 1항)의 성문화 역시 고려할 만하다.

(6) 위법판단의 기준시

근로복지공단은 조선소에서 취부업무에 종사하다가 급성심근염으로 사망한 근로자의 유족 甲에 대하여 업무와 사망 사이에 상당인과관계가 인정되지 않는다는 이유로 유족급여 및 장의비 부지급처분을 하였다. 관련 고시(뇌혈관 질병 또는 심장 질병 및 근골격계 질병의 업무상 질병 인정 여부 결정에 필요한 사항)가 처분 이후에 바뀌어 해당 업무와 사망 사이에 상당인과관계가 인정될 수 있는 점을 들어 甲은 일종의 거부처분인 부지급처분의 위법을 주장하였다. 하급심과는 달리 대법원은 바뀐 고시에 입각하여 이 주장을 수긍하였는데, 그 논거가 무엇인지? 그런데 대법원의 입장은 어떤 문제가 있는가? (대법원 2020두39297판결)

행정절차와 그에 이은 행정소송의 진행중에 사실상태와 법상태가 결정적으로 바뀔 수 있다. 다른 행정청이 소관 행정청이 될 수 있으며, 새로운 법적 근거가 발효될 수 있으며, 새로운 관점이 처분 이후에 알려질 수 있으며, 과학기술수준에 따라 요구된 안전수준이 지속적으로 바뀐다. 여기서 행정결정의 적법성판단은 항상 순간포착에 불과하기에, 법원은 어떤 시점의 사실상태 내지 법상태를 기준으로 처분의 위법성을 판단해야 하는가? **행정처분 등이 행하여진 뒤에 당해 처분 등의 근거가 된 법령이 개폐되거나 사실상태가 변동된 경우에, 법원은 어느 시점을 기준으로 처분 등의 위법성을 판단해야 하는가의 문제이다.**[237] 크게 판결시설과 처분시설로 나누어져 있다.

(가) 판결시설

행정소송의 목적은 당해 처분이 현행법규에 비추어 유지될 수 있는가 여부를 판단·선언하는 데 있으므로 「항고소송에 있어서는 구체적인 행정처분의 법규에 대한 적법여부를 판단의 대상으로 하는 것이므로 이 경우의 법규는 물론 판결시의 법규라야 하며 과거의 법규나 사실관계를 기준으로 할 수 없는 것이다. 다만 소송의 목적이 일정한 시기에 행한 처분의 판정에 있을 때에는 그 처분시가 기준이 될 것이다. 예를 들면 선거당선의 효력에 관한 소송이 그것이다」라고 한다.[238]

237) 참고문헌: 정하중, 행정법의 이론과 실제, 614면 이하.
238) 과거에 이러한 주장이 있었으나, 현재는 발견하기 어렵다.

(나) 처분시설

이는 처분시의 법령 및 사실을 기준으로 행정처분의 위법 여부를 판단해야 한다는 것이다. 취소소송에서 원고는 행정처분시점에서의 그 위법성을 주장하여 그의 효력을 소멸시켜 줄 것을 요구하고 있는데, 만일 판결시를 기준으로 처분의 위법성을 판단하면 법원은 원고가 요구하지 않은 소송물을 판단하는 것이 된다. 현재 **통설과 판례의 입장이며**(대법원 2007두1811판결 등), **거부처분취소소송의 경우에도 그러하다**(대법원 2007두3930판결 등).[239] 한편 제재처분의 경우 판례는 죄형법정주의마냥 달리 특별한 규정을 두지 않는 한 법위반행위 당시에 시행되었던 법령을 기준으로 삼는데(대법원 2016두33292판결; 86누63판결), 행정기본법 제14조 제3항은 이를 명문화하였다.[240]

(다) 관견(管見)

법치국가원리와 형성소송의 취소소송의 본질에 비추어 처분시설이 타당하다. 법원이 처분 후의 변화한 입법상황과 사실사정을 참작하여 위법성 여부를 판단하면, 법적 안정성을 해칠 우려가 있거니와 자칫 사법의 기능을 넘어 일종의 행정감독적 기능을 수행하여 권력분립원칙에 반할 수 있다.

처분시설을 원칙으로 하면서, 경우에 따라서는 다음과 같이 예외를 인정하는 등 탄력성을 기할 필요가 있다.

i) 비록 위법판단기준을 처분시로 보더라도, 하자치유에 대해 엄격한 지금의 판례태도는 바뀔 필요가 있다. ii) 계속효(繼續效)를 가지는 처분(미집행처분을 포함)에 대한 소송에서는 소송경제적 이유에서 판결시설의 가능성을 인정할 필요가 있다. 왜냐하면 계속효를 가지는 처분은 사후의 사실 또는 법상태의 변동의 결과 그의 유지가 더 이상 허용되지 않는 경우가 있을 수 있기 때문이다. iii) 거부처분취소소송의 경우에 소송경제적 측면에서 판결시점을 취할 필요가 있다(동지: 정하중/김광수, 795면).[241] 이 경우에 인용판결이 내려지더라도 새로운 사실에 의거하여 새로이 거부처분을 할 수 있다는 점에서, 처분시설은 적절하지 않다. 대법원 2020두39297판결은 관련 규정의 예시성과 해당 고시의 비법규성을 내세워 처분 이후 바뀐 고시에 의거하여 위법여부를 판단하였다. 이는 결과적으로 기왕의 입장을 판례변경의 절차를 밟지 않고 재판시설을 취한 셈이다.[242] 한편 부작위위법확인소송의 경우에는 비록 같은 항고소송이지만 그 성질상

239) 한편 시원인 대법원 83누692판결은 '특별한 사정이 없는 한'이라는 예외가능성을 공식화하였는데, 처분시설을 원칙으로 하더라도 특별한 사정이 있는 경우에는 이를 적극적으로 적용할 필요가 있다.
240) 그런데 대법원 82누1판결; 83누383판결에 의하면, 법위반행위 이후에 관련 법령이 위반자에게 유리하게 바뀌더라도 위반행위 당시의 법령을 적용해야 한다. 이는 죄형법정주의의 차원에서 바람직하지 않다. 그러나 행정기본법 제14조 제3항 단서로 이들 판례는 더 이상 통용되지 않는다.
241) 박균성 교수는 위법판단의 기준시는 처분시로, 취소판결의 기준시는 판결시로 본다(1573면).

판결시를 기준으로 처분 등의 위법성을 판단하고 있다(대법원 89누4758판결). ⅳ) 제3자효 행정행위의 경우에 추가적인 분쟁을 미연에 방지하고 사법의 대국민신뢰를 제고한다는 의미에서 원래 상대방에게 최대한 유리하게 접근하는 것**(최대수익의 원칙)**이 바람직하다. 즉, 그에게 유리한 변경이 발생한 경우에는 판결시점을, 불리한 변경이 발생한 경우에는 처분시점을 취하는 것이 바람직하다.[243] ⅴ) 한편 행정청이 신청을 수리하고도 정당한 이유 없이 처리를 지연하여 그 사이에 법령 및 보상 기준이 변경된 경우에는 변경된 법령 및 보상 기준에 따라서 한 처분은 위법하다. 즉, 이 경우 이례적으로 신청시가 기준시점이 된다(대법원 2012두23501판결).

(라) 위법판단의 근거자료의 기준시점 문제

위법판단의 기준시점의 물음과 위법판단을 함에 있어서 언제까지 제시된 근거자료에 의거할 것인지의 물음은 구별된다. **판례 역시 위법판단의 처분시가 처분 당시 존재하였던 자료나 행정청에 제출되었던 자료만으로 위법 여부를 판단한다는 것을 의미하지는 않는다고 분명히 한다.** 즉, 처분 당시의 사실상태 등에 관한 증명은 사실심 변론종결 당시까지 할 수 있고, 법원은 행정처분 당시 행정청이 알고 있었던 자료뿐만 아니라 사실심 변론종결 당시까지 제출된 모든 자료를 종합하여 처분 당시 존재하였던 객관적 사실을 확정하고 그 사실에 기초하여 처분의 위법 여부를 판단할 수 있다(대법원 2012두25125판결). 집행정지결정에서도 마찬가지이다. 같은 맥락에서 교원소청심사위원회결정의 취소소송에서 결정의 적부는 결정시점을 기준으로 판단해야 하지만, 그 결정후에 생긴 사유가 아닌 이상 소청심사단계에서 주장하지 않은 사유도 소송에서 주장할 수 있고 법원도 심리판단할 수 있다(대법원 2017두65821판결).

Ⅶ. 판결에 의한 취소소송의 종료

1. 판결의 의의와 종류

취소소송의 판결이란 취소소송사건에 대해 법원이 원칙적으로 변론을 거쳐서 그

242) 공적 재원이 소요되는 사안에서 분명한 근거가 없음에도 불구하고 법원이 규정의 예시성을 인정하는 것은 타당하지 않고, 예시성에 의거하여 해당 고시의 비법규성을 인정하는 것 역시 전혀 설득력이 없다. '특별한 사정'에 착안하여 처분시설을 수정하는 매우 손쉬운 방법이 있는데, 그렇게 하지 않은 것이 이해가 되지 않는다. 상론: 김중권, 거부처분취소소송에서 위법판단의 기준시점의 문제, 법조 제750호(2021.12.28.).

243) BVerwGE 4, 161; BVerwG, NVwZ-RR 1996, 628. 반론: Hufen, §24 Rn.12.

에 대한 법적 판단을 선언하는 행위를 말한다. 취소소송의 판결 역시 민사소송에서와 마찬가지로 구분할 수 있다. 즉, 종국판결과 중간판결, 소송판결과 본안판결, 전부판결과 일부판결, 기각판결(棄却判決)과 인용판결(認容判決)로 나누어지는데, 아울러 기각판결의 일종인 사정판결이 인정된다.

2. 종국판결의 내용

(1) 소송판결

앞에서 본 소송요건(전심절차·당사자적격·관할권 등)을 결하고 있는 경우에 제기된 소송을 부적법한 것으로 각하하는 것을 말한다. 원칙적으로 소가 제기되었을 때 행해지는데, －대상처분의 실효에 따른 권리보호의 필요성이 없어진 경우처럼－ 소의 제기 후에 소송이 진행 중에 소송요건을 결하게 된 경우에도 가능하다. 다만 재판청구권(裁判請求權)의 차원에서 소송요건과 관련해서 지나치게 엄격하게 접근하는 것은 지양하는 것이 바람직하다.

(2) 본안판결

(가) 청구인용의 판결

> 만기 전역한 후, 군복무 중 선임하사로부터 구타를 당한 이후 좌측 귀는 전혀 듣지 못하고, 우측 귀에도 심한 난청 증상이 있다는 내용으로 국가유공자등록을 신청하였다. 그러나 광주보훈청장은 주장하는 구타 사실을 확인할 수 없고, 주장의 구타시점으로부터 2년이나 지나 비로소 만성중이염 등으로 입원치료를 받은 점 등을 종합할 때 증상의 공무관련성을 인정할 수 없다는 이유로 국가유공자요건비해당처분을 하였다. 하급심이 우측 귀의 난청 증상과는 달리 좌측 귀의 난청 증상은 직무수행과 상당인과관계를 인정하여 처분 전부를 취소하였는데, 이 전부 취소판결은 타당한가? (대법원 2011두9263판결)

1) 인용판결의 의의

행정처분의 취소·변경을 구하는 청구가 이유가 있으면, 즉 대상처분의 위법성이 인정되면, 원고의 청구의 전부 또는 일부를 인용하는 판결을 내린다. 형성판결로서의 취소판결은 처분의 위법성을 확인하고 그 처분의 효력을 소멸시킨다. 다만 확인을 구하는 의미에서의 취소를 구하는 취소소송의 경우, 취소판결의 형식을 취하면서도 그의 실질은 처분의 위법(무효) 등을 확인하는 효과만을 지닌다.

2) 일부 인용판결의 의의

소송실무상으로 문제가 되는 것은 일부 인용판결의 경우이다. **권리침해를 초래하여 위법한 한도에서 계쟁처분을 취소해야 하고, 그것을 넘어서 취소하는 것은 허용되지 않는다.** 즉, 취소의 범위에서 법원의 재량은 존재하지 않는다. 따라서 행정행위가 가분적이면, 원고는 그에게 부담을 지우는 부분의 취소만을 요구할 수 있고, 불가분적이라면 −설령 자신의 보호목표를 표면적으로 초과하더라도− 전부 취소를 요구해야 한다. 즉, 처분의 일부 인용과 관련하여 외형상 하나의 행정처분이라 하더라도 가분성이 있거나 그 처분대상의 일부가 특정될 수 있다면 그 일부만의 취소도 가능하고 그 일부의 취소는 당해 취소부분에 관하여 효력이 생긴다(대법원 95누8850전합판결)(부분위법의 원칙). 일부 인용판결의 전제가 되는 가분성이 인정되기 위해서는 법적 의미의 행정행위의 가분성이 존재하면서, 가분금지가 없어야 한다. 잔존**행정행위가 위법한 부분규율 없이도 온전히 의미롭게 적법하게 여전히 성립할 수 있는 경우에 비로소 가분성이 인정된다.**

부분위법의 원칙에 따라, 처분 자체가 성질상 불가분적이어서 일부 취소가 불가능한 경우가 아니라면, 가령 과세처분의 세액 일부가 위법한 경우처럼 **청구의 일부만 이유가 있는 때에는 일부취소의 판결을 해야 하고, 전부를 취소해서는 아니 된다**(행정소송의 이론과 실무, 247면). 따라서 여러 필지 토지 중 일부에 대한 변상금 부과만이 위법한 경우에는 변상금부과처분 중 위법한 토지에 대한 부분만을 취소하여야 하고, 그 부과처분 전부를 취소할 수는 없다(대법원 2024두38025판결; 2013두14726판결). 여러 개의 상이에 대한 국가유공자요건비해당처분에 대한 취소소송에서 일부 상이는 국가유공자요건이 인정되는 상이에 해당하고 나머지 상이는 그에 해당하지 않는 경우, 비해당처분 전부를 취소(판결)해서는 아니 되고 국가유공자요건이 인정되는 상이에 대한 부분만을 취소(판결)해야 한다(대법원 2011두9263판결; 2019두63515판결). 하지만 A에 속하는 A1을 신청한, 즉 A1의 요건은 충족되지 않았지만 A1보다 덜 수익적인 A2의 요건은 충족하였는 데도 불구하고 A1을 거부하는 거부처분은 전부 위법하게 되어 전부 취소된다(대법원 2011두26589판결; 2013두2402판결).[244]

이상에서 논의한 부분위법의 원칙과 실체법적 가분성의 견지에서, 기한이나 조건과 같은 비독립적 부관이 없더라도 행정행위가 적법하면 위법한 이들 부관에 대한 (일부)**취소가 인정될 수 있다.** 독립적 부관인 부담 및 부담유보는 일부취소가 아니라 그 자체로 취소될 수 있다. 하루바삐 부관의 분리쟁송가능성과 분리취소가능성에 대한 판례의 부

244) 다만 이 전부취소판결이 원신청에 대한 당연한 인용을 의미하지는 않는다.

정적인 입장이 바뀌어야 한다(본서 438면 이하).

3) 재량행위에서의 일부 인용판결의 문제

기속행위와는 달리 재량행위의 경우 부분 취소가 허용되지 않는데, 행정이 위법한 부분이 없으면 그 행정행위를 전체적으로 발하지 않았을 것이라는 추정이 성립하기 때문이다. 그리하여 **판례는 기본적으로 기속행위에 대해 일부 인용을 인정하고, 재량행위에 대해서는 부정적이다.** 즉, 처분 전체를 취소해야 하고, 법원이 부적정하다고 인정하는 부분만의 일부 취소는 허용되지 않는다. 다시 말해, 재량권을 일탈하였을 경우 법원은 재량권의 일탈 여부만 판단할 수 있을 뿐이지 재량권의 범위 내에서 어느 정도가 적정한 것인지에 관하여는 판단할 수 없어 그 전부를 취소할 수밖에 없고, 법원이 적정하다고 인정되는 부분을 초과한 부분만 취소할 수는 없다고 판시하였다(대법원 2007두18062판결). 기속행위에 해당하는 과세처분이나 개발부담금부과처분의 경우와는 달리, 부과여부 및 금액산정에서 재량이 인정되는 과징금부과처분의 경우에는 위법하면 언제나 전부를 취소해야 하고, 법정한도를 초과한 부분만을 또는 법원이 적정하다고 판단한 것을 초과한 부분만을 취소해서는 아니 된다(대법원 2010두7031판결 등). 그런데 행정청이 부분적인 법적 하자를 알고서도 잔존한 적법한 부분에 의거하여 일정한 규율을 발하였을 것이라는 확실한 근거가 존재하면, 설령 재량행위라 하더라도 비례원칙의 차원에서 부분적 취소를 적극적으로 고려할 만하다.[245]

(나) 청구기각의 판결

행정처분의 취소·변경을 구하는 청구가 이유가 없다고 하면 원고의 청구를 배척하는 판결을 내린다. 당연히 행정처분에 원고가 주장하는 바와 같은 위법성이 없는 경우에 내려진다. 한편 소의 이익이 없는 경우 다수의 문헌은 청구기각판결을 행해야 한다고 보지만, 반대의 입장에서는 소송요건으로서 청구각하판결을 해야 한다(대표적으로 김남진/김연태, 1010면).

(다) 사정판결

1) 사정판결의 의의

계쟁처분이 위법하면 법치국가원리에 비추어 반드시 그것을 취소해야 한다(위법한 행정행위의 취소(폐지)원칙). 이런 원칙의 예외적인 제도가 **행정의 법률적합성의 원칙에**

245) 가령 이웃주민의 땅을 침범한 주차장건축허가와 관련해서 일찍이 독일 연방행정법원은 그것의 불가분성을 천명하였지만, 다수의 주 고등행정법원은 가분성을 전제로 제3자의 권리를 침해한 부분만의 취소판결을 하였다(OVG Berlin NVwZ 1993, 593).

대해서 행정의 사정을 우선 고려하는 사정판결(事情判決)**이다.** 즉, 「원고의 청구가 이유 있다고 인정하는 경우에도 처분 등을 취소하는 것이 현저히 공공복리에 적합하지 아니하다고 인정하는 때에는 법원은 원고의 청구를 기각」할 수 있다(28조 1항). 공법제도의 많은 내용이 독일이나 프랑스에서 연유하였는데, 사정판결제도는 이들 나라에 없는 우리, 일본 및 대만의 특유한 제도이다.[246]

2) 위헌성시비 및 대립된 관점

사정판결제도를 둘러싸고 먼저 제기되는 물음은 그것의 위헌성 시비이다. 판례는 이 제도가 위법한 처분으로 법률상의 이익을 침해당한 자의 기본권을 침해하고 법치행정에 반하는 위헌적인 제도가 아님을 분명히 하였다(대법원 2009두8359판결). **운용과 관련해서 대립된 관점이 충돌한다.** 그것을 법치국가원리를 약화시키는 것으로 보는 입장과 공공복리와 기성사실의 존중의 차원에서 접근하는 입장으로 나뉜다. 이런 대립된 인식은 무효등확인소송에서 사정판결의 가능성을 인정할 것인지의 물음에 이어진다. 즉, 후자의 입장에서는 무효등확인소송에서의 사정판결의 가능성에 대해 긍정적이다. 유의할 점은 무효등확인소송의 경우와는 달리, 행정처분의 무효를 선언하는 의미에서 취소를 구하는 소송은 형식이 취소소송이기에 사정판결은 당연히 허용될 수 있다.

3) 사정판결의 요건 및 그것의 주장·증명책임

사정판결이 내려지기 위해서는 원고의 청구가 이유가 있어야 하고, 또한 처분등을 취소하는 것(청구인용판결)이 현저히 공공복리에 적합하지 아니하여야 한다.

사정판결제도는 아무튼 법치국가원리를 후퇴시킨다. 따라서 **판례는 사정판결을 인정하는 데 당연히 매우 엄격한 입장을 취한다.** 즉, 「사정판결의 적용은 극히 엄격한 요건 아래 제한적으로 해야 하고, 그 요건인 현저히 공공복리에 적합하지 아니한가의 여부를 판단함에 있어서는 위법·부당한 행정처분을 취소·변경해야 할 필요성과 그로 인하여 발생할 수 있는 공공복리에 반하는 사태 등을 비교·교량하여 그 적용 여부를 판단하여야 한다」(대법원 2009두8359판결 등).[247] 구체적으로 여러 사정을[248] 종합적으로 고려해야

246) 일찍이 Ule 교수가 "(사정판결제도) 일반적으로 규정하는 것은 법치국가의 제도로서는 생각되지 않는 권력국가의 제도"라 혹평하였다고 한다(ジュリスト 210号(60年) 30頁).

247) 따라서 법원은 이른바 '심재륜 사건'에서의 징계면직된 검사의 복직이 검찰조직의 안정과 인화를 저해할 우려가 있다는 등의 사정은 검찰 내부에서 조정·극복하여야 할 문제일 뿐이고 준사법기관인 검사에 대한 위법한 면직처분의 취소 필요성을 부정할 만큼 현저히 공공복리에 반하는 사유라고 볼 수 없다는 이유로, 사정판결을 할 경우에 해당하지 않는다고 판시하였다(대법원 2000두7704판결).

248) i) 해당 처분에 이르기까지의 경과 및 처분 상대방의 관여 정도, ii) 위법사유의 내용과 발생원인 및 전체 처분에서 위법사유가 관련된 부분이 차지하는 비중, iii) 해당 처분을 취소할 경우 예상되는 결과, 특히 해당 처분을 기초로 새로운 법률관계나 사실상태가 형성되어 다수 이해관계인의 신뢰 보호 등 처분의 효력을 존속시킬 공익적 필요성이 있는지 여부 및 그 정도, iv) 해당 처분의 위법으로

한다(대법원 2015두4167판결).

사정판결의 필요성은 그 자체의 본질에 비추어 처분시를 기준하는 것은 타당하지 않은데, 행정소송규칙 제14조가 사실심 변론 종결시를 규정하고 있지만 사정판결의 제도적 취지에 비추어 판결시점을 기준으로 판단해야 하며, 성립요건에 대한 주장·증명의 책임은 사정판결의 예외성 및 그것이 행정에 이익을 준다는 점에서 당연히 피고인 행정청이 부담한다.

4) 사정판결의 효과 등

사정판결은 청구기각의 판결에 속한다. 다만 법원은 판결의 주문에서 그 처분 등이 위법함을 명시해야 하며(28조 1항 후단), 처분 등의 위법성에 대하여 기판력이 발생하며, 소송비용은 당연히 피고가 부담한다(32조).

한편 원고는 피고인 행정청이 속하는 국가 또는 공공단체를 상대로 손해배상, 재해시설의 설치 그 밖에 적당한 구제방법의 청구를 당해 취소소송 등이 계속된 법원에 병합하여 제기할 수 있다(28조 3항). 그런데 이런 병합제기가 현실적으로 가능한지 의문스럽다. 사정판결이 내려지기 전에 적당한 구제방법의 청구를 원고가 강구한다는 것은 있을 수 없다. 불필요한 규정이어서 하루바삐 삭제해야 한다.[249]

3. 판결의 효력

(1) 자박력

판결이 일단 내려지면 판결을 내린 법원은 그 자신 이를 취소, 변경할 수 없다. 이를 판결의 자박력(自縛力), 기속력 또는 불가변력이라고 부른다. 다만 판결의 제목이나 내용에 명백한 오류가 있는 경우에는 법원은 직권 또는 당사자의 신청에 의하여 결정을 통해 경정할 수 있다(민사소송법 211조).

(2) 확정력

(가) 형식적 확정력

행정행위의 불가쟁력과 같이, 상소기간의 도과 기타 사유로 상소할 수 없는 때에

인해 처분 상대방이 입게 된 손해 등 권익 침해의 내용, v) 행정청의 보완조치 등으로 위법상태의 해소 및 처분 상대방의 피해 전보가 가능한지 여부, vi) 해당 처분 이후 처분청이 위법상태의 해소를 위해 취한 조치 및 적극성의 정도와 처분 상대방의 태도 등.

249) 참고로 일본 행정사건소송법은 이런 규정을 두고 있지 않다.

판결은 형식적 확정력을 갖는다. 더 이상 다툴 수 없다.

(나) 실질적 확정력(기판력)

1) 의 의

기판력(旣判力)이라 함은 확정판결이 당사자(승계인 포함)는 물론, 법원을 구속하는 것을 말한다. **후일의 재판에 있어서 동일사항에 대하여 당사자(승계인 포함)는 판결의 내용과 모순되는 주장을 할 수 없으며, 법원도 그와 모순·저촉되는 판단을 할 수 없다는 것이다.** 일종의 소송법상의 금반언(禁反言)이다. 여기서 구속의 규준이 되는 것은 소송물이다. 따라서 취소판결의 기판력은 소송물로 된 행정처분의 위법성 존부에 관한 판단 그 자체에만 미치는 것이므로 전소와 후소가 그 소송물을 달리하는 경우에는 전소 확정판결의 기판력이 후소에 미치지 않는다(대법원 95누5820판결).[250]

독일 행정법원법은 기판력에 관한 명문규정(121조)을 두고 있지만, 우리는 그렇지 않다. 그렇지만 행정소송에도 준용되는 민사소송법에 그에 관해 규정하고 있으므로,[251] 행정소송의 판결에도 기판력은 인정된다. 다만 후술할 '처분청을 비롯한 행정기관에 대한 구속효'에 해당하는 기속력은 일정 부분 기판력과 겹친다.

2) 범위: 주관적 범위, 객관적 범위 및 시간적 범위

i) 주관적 범위: 기판력은 당해 소송의 당사자 및 그 당사자의 승계인에게만 미친다. 제3자에게는 미치지 않는다. 취소소송의 피고는 원래 국가 등의 행정주체가 되어야 함에도 불구하고 편의상 처분청으로 한 것이기에, 기판력은 처분청이 속하는 국가나 공공단체에 대해서도 미친다.

ii) 객관적 범위: 기판력은 판결주문 중에 표시된 소송물에 관한 판단에 대해서만 발생하는 것이 원칙이다. 그러므로 판결이유 중에서 설시된 사실인정, 선결적 법률관계, 항변 등에는 기판력이 미치지 않음이 원칙이다. 기판력은 동일한 소송물에 관한 새로운 소송은 허용되지 않거니와, 판결이 본질적인 내용에서 당사자(및 승계인)간의 법관계에 대해서도 장차 규준이 된다는 것을 의미한다.[252]

---

250) 다만 후소의 소송물이 전소의 소송물과 동일하지 않더라도 전소의 소송물에 관한 판단이 후소의 선결문제가 되거나 모순관계에 있을 때에는 후소에서 전소 확정판결의 판단과 다른 주장을 하는 것도 허용되지 않기에(대법원 94다46114판결; 2000다47361판결 등), 친생자관계부존재확인심판이 확정된 경우 국가유공자자녀 비해당결정에 대한 취소소송의 수소법원은 앞선 심판주문에서 이루어진 판단과 저촉되는 판단을 할 수 없다(대법원 2021두38635판결).

251) 「확정판결은 주문에 포함한 것에 한하여 기판력이 있다」(제216조 ①), 「확정판결은 당사자, 변론을 종결한 뒤 승계인(변론없이 한 판결의 경우에는 판결을 선고한 뒤의 승계인) 또는 그를 위하여 청구의 목적물을 소지한 사람에 대하여 효력이 미친다」(제218조 ①).

252) 문제되는 것이 취소판결이 국가배상청구에 대한 영향이다. 이는 결국 국가배상법상의 위법성의 문

iii) 시간적 범위: 기판력은 당사자의 변론종결시를 표준시로 하여 발생한다.

(3) 형성력

(가) 형성력의 의의

취소소송에 기하여 행정행위를 취소하는 인용판결은 형성판결이다. 따라서 **취소판결에 의해 당연히 행정행위가 소멸하게 되는 것이 형성력(形成力)이다. 취소판결에 따른 취소의 효과는 소급효가 원칙이다.** 따라서 영업허가취소처분에 대해 취소판결이 내려지면 행정청이 별다른 추가적인 영업허가를 하지 않더라도 곧바로 영업을 적법하게 할 수 있다. 이런 소급효의 원칙은 취소소송에 대해 개별법에 의거하여 집행정지효가 (예외적으로) 인정된다 하더라도 견지된다.

계쟁처분이 소급적으로 소멸하게 되면, 계쟁처분에 바탕을 두고서 구축된 기왕의 법률관계는 해소된다. 가령 당초 조합설립인가처분이 쟁송에 의하여 취소되었거나 무효인 경우에는 이에 터 잡아 이루어진 조합설립변경인가처분도 원칙적으로 효력을 상실하거나 무효가 된다(대법원 2011다46128판결 등).[253] 그러나 조합설립인가이전 단계에 존재하였던 추진위원회승인처분까지 소멸하는 것은 아니어서 추진위원회가 다시 조합설립인가를 모색할 수 있다(이른바 추진위원회부활설)(대법원 2013두17473판결).[254] 물론 계쟁처분에 기초하긴 하나 독립되게 존재하는 행정처분에 대해서는 형성력이 당연히 미치지 아니한다.[255]

(나) 취소판결의 제3자효 문제

1) 의 의

행정소송법은「처분 등을 취소하는 확정판결은 제3자에 대하여도 효력이 있다」(29조 1항)라고 하여 처분취소판결의 제3자에 대한 구속력을 명문화하였다. 취소판결의 제3자효의 본질을 어떻게 접근할 것인지가 문제되는데, 일반적으로 취소판결의 대세적 효력의 차원에서 긍정한다. 일찍이 법원은 "행정처분 취소청구소송의 취소판결의 형

제인데, 합하게 공정하게 사고하며, 건전한 상식을 가지고 있는 시민들의 견해와 기대감을 고려할 필요가 있다. 독일에서도 당연히 행정법원의 선취적 판결은 국가배상청구소송에 대해 구속적 영향을 미친다. Grzeszick, in: Ehlers/Pünder, §44 Rn.17.

253) 다만 후행 조합설립변경인가처분이 선행 그것에 의해 변경된 사항을 포함하여 새로운 조합설립변경인가처분의 요건을 갖추고 있으면 그 후행 조합설립변경인가처분을 무효라고 할 수는 없다.

254) 상론: 김중권, 법조 제721호(2017.2.28.).

255) 공장설립승인처분의 쟁송취소에도 불구하고, 승인처분에 기초한 공장건축허가처분이 잔존하는 이상, 주민들은 여전히 공장건축허가처분의 취소를 구할 법률상 이익이 있다(대법원 2015두3485판결). 그러나 이미 완공된 이상 권리보호의 필요성이 없다고 보는 것이 타당하다.

성력은 당연히 제3자에게도 미친다."고 판시하였다(대법원 68다1087판결). 현행법의 규정은 그와 같은 판례의 경향을 성문화한 것이다. 명문으로 취소판결만을 규정하고 있어서, 제3자효는 취소판결의 경우에만 인정되고 기각판결의 경우에는 부인된다.[256]

2) 필요성

일종의 기판력의 확장의 의미를 갖는 취소판결의 제3자효는 일반화된 3극관계소송에서 효과적인 권리구제의 실현에 이바지한다. 가령 체납처분절차상의 공매처분에 취소판결이 내려진 경우, 기판력의 상대성의 원칙을 고수하여 취소판결의 효력이 제3자인 재산경락인에게 미치지 않게 된다면, 청구인용의 판결은 사실상 의미가 없게 된다(김남진/김연태, 1018면). **굳이 제3자효 행정행위가 아니더라도, 잠재적 3극관계에서 분쟁을 효과적으로 해결한다는 차원에서 취소판결의 제3자효는 당연히 요구된다.** 유의할 점은 가령 체납처분절차상의 공매처분에 의해 이미 소유권이 제3자에게 넘어간 것과 같이 기성사실의 존재하면 취소판결의 제3자효는 주효하지 못한다(후술할 결과제거청구권의 한계 참조). 제3자효 행정행위의 경우에는 문제가 없지만, 그렇지 않은 경우에는 취소판결이 영향을 미치는 제3자의 범위를 획정하는 것이 간단하지 않다. 현행법상의 제3자의 소송참가에서의 요건인 '소송의 결과에 따라 권리 또는 이익의 침해를 받을 것'이 바로미터가 될 것이다.

3) 제3자를 보호하기 위한 절차적 보완장치

판결의 효력이 확장된다는 점에서, 취소판결의 제3자효의 인정은 그 제3자에게 예측하지 못한 불이익을 가져다 줄 수 있다. 따라서 **제3자를 나름 보호할 수 있는 방어장치가 강구되어야 한다.** 현행법은 제3자의 소송참가(16조)와 재심청구(31조)를[257] 통해서 제3자가 나름 방어할 수 있도록 만들었다. 그런데 이런 수단은 판결이 내려지고 난 뒤에 동원할 수 있다. 제3자가 미리 소제기 사실을 알 필요가 있는데, 행정심판법(24조 2항)과는 달리 현행법은 제3자 통지제도를 두고 있지 않다. 따라서 행정소송법개정안은 소송통지 제도를 마련하였다.[258]

256) 따라서 처분청은 기각판결이 내려졌더라도 제3자효 행정행위를 나름의 이유에서 폐지할 수 있다.

257) 제31조(제3자에 의한 재심청구) ① 처분 등을 취소하는 판결에 의하여 권리 또는 이익의 침해를 받은 제3자는 자기에게 책임없는 사유로 소송에 참가하지 못함으로써 판결의 결과에 영향을 미칠 공격 또는 방어방법을 제출하지 못한 때에는 이를 이유로 확정된 종국판결에 대하여 재심의 청구를 할 수 있다. ② 제1항의 규정에 의한 청구는 확정판결이 있음을 안 날로부터 30일 이내, 판결이 확정된 날로부터 1년 이내에 제기하여야 한다. ③ 제2항의 규정에 의한 기간은 불변기간으로 한다.

258) 제16조(행정청 및 제3자에 대한 소송통지 등) ① 법원은 당사자 외의 관계 행정청 또는 소송결과에 이해관계가 있는 제3자에게 소 제기 사실을 통지하거나, 관보·공보·인터넷 홈페이지 또는 일간신문 등에 공고할 수 있다. ② 제1항에 따른 행정청 또는 제3자는 법원에 의견서를 제출할 수 있다.

4) 제3자 취소소송에서 특히 원래의 수범자의 신뢰보호 문제[259]

제3자 취소소송의 상황은 결국 원래의 수범자의 이익과 제3자의 이익이 충돌하는 상황이다. 이런 구조적 특별함에서 행정법의 여러 상이한 원칙이 상충하는 양상이 빚어진다. 원래의 상대방인 수범자는 수익적 행정행위에 대한 법적 안정성 및 신뢰보호의 원칙이 자신에게 유리하게 작용할 것을 요구할 수 있는 데 대해서, 피고인 행정청에 대해서는 행정의 법률적합성의 원칙에 의해 위법한 행정행위의 폐지가 요구된다. 그리고 소를 제기한 제3자는 자신의 법률상 이익을 위하여, 위법한 상태로부터 벗어날 것에 관한 권리 및 위법한 행정행위를 폐지할 것에 관해 재판청구권을 행사할 수 있다. 최근 판례는 사회보장행정에서 부당이득징수처분 사건에서 신뢰보호의 원칙을 두드러지게 강조하여 부당이득징수처분의 위법성을 적극적으로 확인하고 있다(본서 73면 이하).

이런 차원에서 보면 제3자 취소소송에서도 고양된 신뢰보호의 원칙에 의거하여 수범자의 권리보호를 강구할 필요가 있다. 그리하여 사소한 절차하자나 재량형량하자는 배제하는 식으로 위법성판단에서 엄격성을 견지할 필요가 있다. 아울러 원래의 수범자가 이미 계쟁처분에 의거하여 기성사실을 조성한 경우에는 취소판결로써 소송목표가 달성될 수 없으므로 권리보호의 필요성을 적극 반영할 필요가 있다.

(다) 취소판결의 소급효원칙과 관련한 검토사항

취소판결의 소급효는 검토할 점이 있다. 대법원 93도277판결 등에서 확인할 수 있듯이, 부담적 처분 이후에 그것을 무시하는 법사실이 발생하여 그에 따른 추가적인 부담적 처분이 있었을 때, 원래의 부담적 처분에 대해 취소판결이 내려져서 그 취소판결의 소급효를 곧바로 대입하면, 부담적 처분의 무효화가 발생하고 당연히 추가적 부담적 처분의 무효화로 이어진다. 이는 행정행위론의 근간인 공정력의 본질, 행정행위의 규율적 성격 및 그 존재이유를 훼손하거니와, 자칫 취소소송의 성질까지도 통설에서 벗어나 확인소송으로 봄직한 전조(前兆)가 되기도 한다(본서 354면). 다시 강조하건대, **취소판결의 소급효 역시 원칙과 예외의 관계로 접근하여 탄력적인 접근을 가능하게 할 필요가 있다**(본서 357면). 이례적으로 대법원 2008다95885판결이 예외인정의 가능성을('특별한 사정이 없는 한') 시사하였다. 물론 취소소송이 무효확인의 의미인 경우에는 당연히 소급효의 원칙이 관철된다.

259) 상론: 김중권, 제3자취소소송에서 처분상대방의 권리보호에 관한 소고, 사법 제43호(2018.3.15.).

(4) 기속력

(가) 의의와 성질

취소판결의 기속력이란 당사자인 행정청과 관계행정청이 확정판결의 취지에 따라 행동해야 하는 의무를 발생시키는 효력(구속력)을 말한다. 행정소송법은 「처분 등을 취소하는 확정판결은 그 사건에 관하여 당사자인 행정청과 그 밖의 관계행정청을 기속(羈束)한다」(30조 1항)라고 하여 이것을 명시하고 있다.[260]

주로 판결의 실효성 확보를 위하여 인정되는 효력인 기속력(구속력)의 본질과 관련해서는 기판력설과 특수효력설이 다투어진다. 기판력의 본질을 모순금지까지 포함한다고도 보기 때문에, 여기서의 기속력 역시 기판력의 일종으로 봄직하다. 하지만 이미 행정소송법은 앞에서 본 '취소판결의 제3자효'마냥 취소소송의 상황에 따른 나름의 체계를 설정하였고, 문헌에서도 일반적으로 특수효력설을 취한다.

(나) 내용: 부작위의무, 적극적 처분의무, 결과제거의무

> 甲이 공동주택건립을 위한 주택건설사업계획승인신청을 하였는데. A시장은 미디어밸리 조성을 위한 시가화예정지역이라는 이유로 거부처분을 하였고(제1차 거부처분), 이에 甲은 거부처분 취소소송을 제기하였다. A시장이 소송 도중 '원고의 신청지는 경기도 제1종 지구단위계획 수립지침상 준공업지역으로 지정되어 있는데, 준공업지역은 용도지역의 특성상 공동주택건설을 승인할 수 없다'는 내용을 거부처분의 사유로 추가하였지만, 제1차 거부처분의 사유와 기본적 사실관계에서 동일성이 인정되지 않고, 상고심에서 제1차 거부처분에 대한 취소판결이 확정되었다. 그 후 A시장은 제1차 거부처분 이후에 이 사건 토지 일대가 국토계획법 제63조에 따라 개발행위허가 제한지역으로 지정되어 개발행위허가가 불가하다는 이유로 다시 거부하는 처분을 하였다(제2차 거부처분). 제2차 거부처분은 적법한가? (대법원 2011두14401판결)

1) 부작위의무(반복금지효)

취소판결이 확정되면, 처분청을 비롯한 관계행정청은 우선 소송상 동일한 소송물에 관해 다시 결정을 내리는 것이 저지된다. 그리고 사실·법상황의 변화가 없는 한, 내용적으로도 판결에 구속된다. 즉, **행정청은 동일한 사실·법상황 아래에서 동일한 당사자에 대하여 동일한 내용의 처분 등을 반복해서는 아니 된다**(일종의 반복금지). 일찍이 판례 역시 "행정처분을 취소하는 판결이 선고되어 확정된 경우에는 처분행정청은 동

260) 일본 행정사건소송법 제33조 ① 처분 또는 재결을 취소하는 판결은 그 사건에 대하여 처분 또는 재결을 한 행정청 그 밖의 관계 행정청을 구속한다.

행정소송의 사실심 변론종결 이전의 사유를 내세워 다시 확정판결에 저촉되는 행정처분을 하는 것은 확정판결의 기판력(지금의 기속력)에 저촉되는 것으로 허용될 수 없다."고 보았다(대법원 79누152판결).

이런 부작위의무의 취지가 기각판결에도 인정되는지 여부가 문제인데, 취소판결의 제3자효에서처럼 인용(취소)판결에 국한하여 인정된다. 그리고 반복금지이기도 한 부작위의무에 위배하여 새로이 행해진 동일한 내용의 처분의 효력이 문제된다(후술).

2) 거부처분에서의 적극적 처분의무(재처분의무)

판결로 취소되는 처분이 당사자의 신청에 대한 거부인 경우에는, 그 처분을 행한 행정청은 판결의 취지에 따라 다시 이전의 신청에 대한 처분을 하여야 한다(30조 2항). 여기서 유의할 점은, 거부처분취소소송에서의 인용판결은 거부처분의 위법성을 확인하는 데 그치고, 그 이상을 넘어 신청대상행위를 당사자의 의사에 맞춰 반드시 행할 의무를 낳지는 않는다.[261][262] **의무이행판결을 전제로 한 의무이행소송과는 달리 이처럼 행정청의 결정여지가 잔존하고 있는 점이 거부처분취소소송의 특징이자 그 한계이다.**[263] 하지만 '틱장애사건'에서 대법원 2016두50907판결은 현재의 법상황에서 본처분의 인용여부가 재량인데도 불구하고 적극적으로 인용처분이 내려져야 한다는 전제에서 거부처분의 위법성을 논증하였는데(본서 800면), 이는 허용될 수 없는 판결방식이다.[264]

따라서 **행정청은 판결의 취지를 존중하여 그것을 자신의 판단 및 조치의 기초로 삼긴 하겠지만, 당초의 거부처분에서와는 다른 이유로 다시 거부할 수도 있다.**[265] 여기서 논의는 재거부처분의 사유가 종전의 거부처분의 사유와 동일한지 여부에 모아진다. 즉, 판례에 의하면, "확정판결의 당사자인 처분 행정청은 종전 처분 후에 발생한 새로운 사유를 내세워 다시 거부처분을 할 수 있다, 여기에서 '새로운 사유'인지는 종전 처분에 관하여 위법한 것으로 판결에서 판단된 사유와 기본적 사실관계의 동일성이 인정되는 사유인지에 따라 판단되어야 한다. 기본적 사실관계의 동일성 유무는 처분사유를 법률적으로 평가하기 이전의 구체적인 사실에 착안하여 그 기초인 사회적 사실관

261) 그러므로 재임용거부처분 취소판결을 거쳐 재임용된 교원이라 하더라도 임용기간 만료로 교원으로서의 신분을 상실한 후 재임용되기 전까지의 기간은 공무원연금법상의 재직기간에 산입할 수 없다(대법원 2009두416판결).

262) 그러므로 주민 등의 도시관리계획 입안 제안을 거부한 처분에 대한 취소판결이 확정된 이후 행정청이 새로운 이익형량을 하여 주민 등의 입안 제안된 내용과는 달리 도시관리계획을 수립하더라도 취소판결의 기속력에 위반되지 않는다(대법원 2019두56135판결).

263) 하지만 실무상으로 거부처분취소판결이 내려진 이후 인용처분이 많이 내려진다고 한다.

264) 상론: 김중권, 안암법학 제60호(2020.5.30.), 112면 이하.

265) 물론 거부처분의 위법사유가 절차・형식상의 하자라면 새로이 절차・형식을 밟아 동일하게 거부하더라도 문제되지 않는다(대법원 2003두13045판결).

계가 기본적인 점에서 동일한지에 따라 결정된다. 추가 또는 변경된 사유가 처분 당시에 그 사유를 명기하지 않았을 뿐 이미 존재하고 있었고 당사자도 그 사실을 알고 있었다고 하여 그것만으로 당초 처분사유와 동일성이 있는 것이라고 할 수는 없다."(대법원 2011두14401판결).[266] 또한 거부처분 이후에 법령이 개정·시행되면 바뀐 법령과 허가기준을 새로운 사유로 들어 신청을 다시 거부할 수 있다(대법원 97두22결정).[267] 그리하여 **역설적으로 행정청이 처분사유의 추가·변경으로 용인되지 않을 사유를 새로운 거부사유로 적극 활용할 가능성이 있다.**[268] 그런데 용인되는 새로운 사유의 발생시점이 언제인지가 불확실하다. 한편으로는 종전 거부처분 이후로(대법원 2011두14401판결), 다른 한편으로는 전심의 사실심 변론종결 이후로(대법원 2002무30결정) 본다.

3) 절차형식상의 하자에 의한 취소판결에서의 적극적 처분의무(재처분의무)

한편 이상의 내용은 행정소송법 제30조 제3항에 의해 신청에 따른 처분이 절차위법을 이유로 취소되는 경우에 준용되는데, 일체의 처분에 대해 절차·형식상의 하자를 이유로 취소판결이 내려진 경우에도 그러하다. 여기서 취소판결의 기판력은 적시된 절차 및 형식의 위법사유에 한하여 미치므로, 행정청이 적법한 절차나 형식을 갖춘 다음에 동일한 내용의 처분을 다시 하더라도 문제 되지 않으며, 이런 후행처분은 선행처분과는 별개의 것이다(대법원 91누5242판결 등). 따라서 한편 신청에 따른 제3자효 행정행위에서 제3자가 절차·형식상의 하자를 이유로 제기한 취소소송에 대해 취소판결이 내려진 경우에도 동일하다(30조 2·3항). 즉, 절차와 형식을 밟아서 다시 동일한 인용처분을 할 수 있거니와, 다른 사유를 들어 거부처분을 할 수도 있다. 여러 번 강조하지만, 절차·형식상의 하자에 대한 소송법적 평가가 이처럼 확고한 이상, 실체에 대해 영향을 결정적으로 미치지 않는 절차하자까지 다투는 상황을 비판적으로 접근해야 한다(본서 643면 이하).

특히 제3자 취소소송에서 원고는 대개 절차하자에 의거하여 소를 제기하는 현실에 비추어, 절차하자가 실체적 하자에 대해 아무런 인과관계가 없다는 것이 분명하고 곧바로 알 수 있는 경우에는 절차하자만으로 인용판결을 내리기보다는 기각판결을 하는 것이 바람직하다. 이는 절차하자를 이유로 국가배상책임을 청구한 경우 −적법한 대체행위의 법리가 통용되어− 절차하자가 없었더라도 다른 대안가능성이 인정되지 않으면 손해발생이 부인되는 것과 동일하다(본서 948면).

---

266) 대법원 2011두14401판결에 의하면, 새로운 사실로서의 제2차 거부처분의 사유는 제1차 거부처분의 사유와 내용상 기초가 되는 구체적인 사실관계가 달라서 기본적 사실관계가 동일하다고 볼 수 없다.

267) 물론 경과규정을 통해 종전 법령의 허가기준이 적용될 수 있다(대법원 2002무22결정).

268) 여기서 거부처분취소소송에서 위법판단기준시점이 −판례나 일반적 견해와는 달리− 재판시가 되어야 함을 다시 확인할 수 있다.

4) 결과제거의무(원상회복의무)

한편 취소판결이 내려졌는데 그 전에 이미 행정행위가 집행되었다고 하면 어떻게 되는가? 행정행위가 집행된 이후의 상태는 취소판결로 인해 위법상태가 되어 버린다. 취소판결의 취지를 따르면 위법한 상태를 처분이 내려지기 전의 상태로 되돌려야 한다. 행정청이 스스로 행정행위가 내려지기 전의 상태, 즉 원래의 상태로 되돌리면 문제 없지만, 그렇지 않을 경우가 논란이 된다. 취소판결에 의거하여 그것을 구할 수 있는지 여부이다. 2013년 법무부 개정안은 기속력의 일환으로 결과제거의무를 명문화하였는데,[269] 대법원 2018두49130판결에 의해 취소판결의 기속력의 차원에서 결과제거의무가 공식적으로 인정되었다.[270]

대법원 2018두49130판결 · 2018두104판결로 이제는 취소판결이 내려지면 결과제거청구권이 당연히 인정되므로 신청권의 어려움 없이 결과제거가 강구될 수 있다. 그리하여 **처분청이 적극적으로 결과제거에 나서지 않을 경우 결과제거의무(結果除去義務)를 실현할 수 있는 소송방도가 문제된다.** 이는 -후술할- 결과제거청구권의 실현방도의 문제이다(본서 1024면). 즉, 관련 법률상의 개입조치를 구하고 그것의 불응에 대해 -구한 개입조치가 행정행위이면- 거부처분취소소송(또는 의무이행소송)이나 부작위위법확인소송을, -구한 개입조치가 사실행위이면- 당사자소송을 강구해야 한다. 따라서 대법원 2018두49130판결에 의하여 병무청장의 병역의무기피자의 인적사항의 공개에는 행정행위로서 공개결정이 먼저 존재하는 이상, 여기서는 2가지 방도가 모두 가능하다. 즉, 행정행위로서의 공개결정에 맞추어, 삭제(공개폐지)결정을 구한 다음에 그것의 거부나 부작위에 대해 거부처분취소소송이나 부작위위법확인소송을 제기하거나, 공개된 사실에 맞추어 삭제를 구하는 것을 내용으로 하는 당사자소송을 제기할 수 있다.[271]

그런데 **결과제거의무가 특히 문제되는 상황은 제3자의 행위가 위법한 상태의 형성에 개입한 경우이다.** 즉, 제3자효 행정행위에 해당하는 환경 관련시설의 설치허가에 대해 취소판결이 내려졌지만, 취소판결 전에 이미 그 환경 관련시설이 설치된 경우처럼, 제3자의 행위가 위법한 상태의 형성에 개입한 경우이다. 판례에서 인정되는 결과제거의무가 여기서도 통용될 수 있는지 여부가 논란이 될 것인데, 행정개입청구권의 인정

269) 제32조 ④ 판결에 따라 취소되는 처분등이 이미 집행된 경우에는 당사자인 행정청과 그 밖의 관계행정청은 그 집행으로 인하여 직접 원고에게 발생한 위법한 결과를 제거하기 위하여 필요한 조치를 해야 한다.

270) 동지: 대법원 2019두49953판결. 상론: 김중권, 행정판례연구 제25집 제1호(2020.6.30.), 209면 이하.

271) 이 가운데 어떤 소송이 더 효과적으로 목적을 달성할 수 있는지가 다투어질 수 있는데, 곧바로 제거를 목표로 하는 당사자소송이 더 효과적이다.

여부에 새로운 의미를 가져다줄 것이다(본서 1023면).

(다) 범위: 주관적, 객관적, 시간적 범위

1) 주관적 범위

기속력은 당사자인 처분청뿐만 아니라, 그 밖의 모든 관계행정청에도 미친다. '관계행정청'의 범위가 문제된다. 소송대상인 계쟁처분을 중심으로 접근할 필요가 있다. 대부분의 문헌과 같이 '취소된 처분 등을 기초로 하여 그와 관련되는 처분 또는 부수되는 행위를 행하는 행정청'을 말한다. 다만 국가와 지방자치단체가 엄연히 다른 법인격의 주체이기에 처분청과 동일한 행정주체에 속해야 하되, 동일한 행정사무계통을 이루는 상·하의 행정청인지 여부는 상관이 없다. 기속력의 주관적 범위와 관련해서 가장 문제되는 상황은 인·허가의제에서의 상황이다. 주된 인·허가에 대한 취소판결은 의제된 인·허가의 실효를 낳는다(대법원 2017두33978판결).

2) 객관적 범위

기속력은 판결주문뿐만 아니라, 그 전제가 되는 처분 등의 구체적 위법사유에 관한 이유 중의 판단에도 미친다(대법원 99두5238판결; 2003두7705판결). 하지만 판결의 결론과 직접 관계가 없는 방론이나 간접사실의 판단에는 미치지 아니한다. 따라서 종전 처분과 다른 사유를 들어서 새로이 처분을 하는 것은 기속력에 저촉되지 않는다. 동일 사유인지 다른 사유인지는 확정판결에서 위법한 것으로 판단된 종전 처분사유와 기본적 사실관계에서 동일성이 인정되는지 여부에 따라 판단되어야 한다(대법원 2015두48235판결).

3) 시간적 범위

기속력은 처분 당시까지 존재하였던 사유에 대해서만 미친다(대법원 97두22결정). 종전 처분 후에 발생한 새로운 사유를 내세워 다시 처분을 할 수 있고, 새로운 처분의 처분사유가 종전 처분의 처분사유와 기본적 사실관계에서 동일하지 않은 다른 사유에 해당하는 이상, 처분사유가 종전처분 당시 이미 존재하였고 당사자가 이를 알고 있었더라도 이를 내세워 새로이 처분하는 것은 확정판결의 기속력에 저촉되지 않는다(대법원 2015두48235판결).

(라) 기속력위반의 효과

판례는 처분행정청이 그 행정소송의 사실심변론종결 이전의 사유를 내세워 다시 확정판결에 저촉되는 행정처분을 한 경우 그 행정처분은 하자가 명백하고 중대하여 당연무효라고 본다(대법원 89누985판결 등). 문헌 역시 일반적으로 그렇게 본다.[272]

(5) 집행력: 간접강제제도

거부처분에 대한 취소판결 및 부작위위법확인판결이 확정되면 판결의 기속력에 의하여 행정청은 당해 판결의 취지에 따르는 처분을 해야 한다. 행정청이 적극적 처분의무를 이행하지 않는 경우에는 그 인용판결의 집행력(執行力)이 문제된다. **행정소송법은 행정심판에서의 직접처분제도에 비견되는 간접강제제도를 통해 판결의 실효성을 확보하고 있다.**「행정청이 제30조 제2항의 규정에 의한 처분을 하지 아니하는 때에는, 제1심 수소법원은 당사자의 신청에 의하여 결정으로써 상당한 기간을 정하고, 행정청이 그 기간 내에 이행하지 아니하는 때에는 그 지연기간에 따라 일정한 배상을 할 것을 명하거나, 즉시 손해배상을 할 것을 명할 수 있다」(34조 1항).

한편 법원은 간접강제제도에서의 배상금은 −앞에서 본 이행강제금처럼− 확정판결의 취지에 따른 재처분의 지연에 대한 제재나 손해배상이 아니고 재처분의 이행에 관한 심리적 강제수단에 불과한 것으로 본다. 그리하여 간접강제결정에서 정한 의무이행기한이 경과한 후에라도 확정판결의 취지에 따른 재처분이 행하여지면 배상금을 추심함으로써 심리적 강제를 꾀한다는 당초의 목적이 소멸하여 처분상대방이 더 이상 배상금을 추심하는 것은 허용되지 않는다고 판시하였다(대법원 2009다37725판결 등).

Ⅷ. 조정권고

행정소송규칙 제15조는 조정권고제를 규정한다: 재판장은 신속하고 공정한 분쟁 해결과 국민의 권익구제를 위하여 필요하다고 인정하는 경우에는 소송계속 중인 사건에 대하여 직권으로 소의 취하, 처분등의 취소 또는 변경, 그 밖에 다툼을 적정하게 해결하기 위해 필요한 사항을 서면으로 권고할 수 있다(①). 재판장은 권고를 할 때에는 권고의 이유나 필요성 등을 기재할 수 있고, 권고를 위하여 필요한 경우에는 당사자, 이해관계인, 그 밖의 참고인을 심문할 수 있다(②, ③).

공권력의 행사를 다투는 행정소송에서 조정권고제의 도입은 민사에서의 상황과는 다르기에, 그것은 법률의 차원에서 강구되어야 한다. 법률개정이 난망하여 불가피한 측면이 있더라도, 소송규칙으로 그것을 창설하는 것은 문제가 있다.

272) 독일은 단순위법으로 보는 경향이다. Hufen, §38 Rn.30.

제 3 절 그 밖의 행정소송

Ⅰ. 무효등확인소송

1. 의의와 성질

무효등확인소송이란 「**행정청의 처분 등의 효력유무 또는 존재 여부를 확인하는 소송**」을 말한다(4조 2호). 규정에 의해 처분의 무효확인소송, 처분존재확인소송, 부존재확인소송, 유효확인소송, 실효확인소송이 이에 포함될 수 있다. 그것의 법적 성질을 두고서 확인소송설, 항고소송설, 준항고소송설이 운위되나, 별반 의미가 없다 당연히 확인소송(確認訴訟)이다.

2. 취소소송에서의 제 규정의 준용

앞에서 본 재판관할, 관련청구소송의 이송 및 병합, 피고적격, 피고경정, 공동소송, 제3자의 소송참가, 행정청의 소송참가, 취소소송의 대상, 처분변경으로 인한 소의 변경, 집행정지, 집행정지의 취소, 행정심판기록의 제출명령, 직권심리, 취소판결등의 효력, 취소판결등의 기속력, 제3자에 의한 재심청구, 소송비용에 관한 재판의 효력이 무효등 확인소송의 경우에 준용된다(38조 1항). 반면 **제소기간의 적용은 당연히 배제되며,**[273] **행정심판의 전치 역시 그렇다. 그리고 사정판결과 간접강제 역시 준용대상에서 배제된다.**

3. 무효등확인소송에서 특별한 논의대상

(1) 확인이익의 문제

무효등확인소송은 처분 등의 효력유무 또는 존재 여부의 확인을 구할 법률상 이익이 있는 자만이 제기할 수 있다(35조). 여기서 문제는 '확인의 이익'이 즉시확정의 이

273) 한편 행정소송규칙 제18조에 의하면, 재판장은 무효확인소송이 법 제20조에 따른 기간 내에 제기된 경우에는 원고에게 처분등의 취소를 구하지 아니하는 취지인지를 명확히 하도록 촉구할 수 있다. 다만, 원고가 처분등의 취소를 구하지 아니함을 밝힌 경우에는 그러하지 아니하다.

익을 의미하여 무효등확인소송이 다른 소송(항고소송이나 민사소송)을 통한 권리구제가 여의치 않을 때 보충적 수단으로만 강구할 수 있는지 여부이다. 왜냐하면 소송법상으로 확인의 소에는 권리보호요건으로서 확인의 이익이 있어야 하고, 확인의 이익은 확인판결을 받는 것이 원고의 권리 또는 법률상의 지위에 현존하는 불안·위험을 제거하는 가장 유효적절한 수단일 때에 인정되기 때문이다(대법원 2016다275679판결 등). 종래 판례는 소송법의 일반원칙을 항고소송에도 그대로 적용해 이를 시인하였지만, 대법원 2007두6342전합판결에 의해 무효확인소송의 보충성원칙을 배격하였다.[274] 유의할 점은 이런 보충성원칙의 배제가 당사자소송에서의 무효확인소송에서는 통용되지 않는다.

⑵ 소송의 대상의 문제

이는 궁극적으로 무효인 행정행위의 문제이다.[275] 여기서 문제가 되는 것은 앞에서 본 대로 행정행위의 무효기준이다. 통설과 판례의 중대명백성설은 하자가 중대하고 명백할 것을 요구하는데, 다시 강조하지만, 출처가 불분명하고 법치국가원리상의 취약점을 지니는 중대명백성설에서 벗어나, 중대성의 의미를 새롭게 정립한 것을 전제로 하자의 중대성만으로 무효를 판단할 필요가 있다(신중대성설)(본서 331면 이하).

⑶ 주장책임 및 증명책임의 문제

무효사유의 주장과 증명을 두고서 피고책임설과 원고책임설로 나뉠 수 있지만, 무효의 예외성을 감안하여 원고가 주장·증명해야 한다(대법원 2020두46073판결). 무효확인을 구하는 뜻에서 제기하는 취소소송에서도 마찬가지이다.

⑷ 사정판결의 허용성의 문제

취소소송에서의 사정판결에 관한 규정(28조)은 준용대상에 들어가지 않는다. 그리하여 무

274) 입법례를 보면 일본은 명문으로 무효등확인소송의 보충성을 요구한다(행정사건소송법 제36조「무효등확인의 소는 당해처분 또는 재결에 이어지는 처분에 의하여 손해를 받을 우려가 있는 자 기타 당해처분 또는 무효 등의 확인을 구할 법률상의 이익을 가지는 자로서 당해 처분 또는 재결의 존부 또는 그 효력의 유무를 전제로 하는 현재의 법률관계에 관한 소에 의하여 목적을 달성할 수 없는 경우에 한하여 제기할 수 있다」). 반면 독일은 일반확인소송의 경우에는 보충성을 명문으로 인정하지만, 행정행위의 무효확인의 경우에는 명문으로 그것을 배제한다(행정법원법 제43조「① 원고가 즉시확정의 정당한 이익(berechtigtes Interesse an der baldigen Feststellung)을 가지는 경우에는 소(Klage)를 통하여 법률관계의 존부 또는 행정행위의 무효의 확인을 청구할 수 있다. ② 확인은 원고가 형성의 소 또는 이행의 소를 통해 그의 권리를 추구할 수 있는 경우에는 구할 수 없다. 다만 행정행위의 무효확인을 구하는 경우에는 그러하지 아니하다」).

275) 대법원 92누9463판결: 행정처분의 근거가 된 법률이 위헌이라는 이유로 무효확인청구의 소가 제기된 경우에는 다른 특별한 사정이 없는 한 법원은 무효확인청구를 기각하여야 한다.

효등확인소송에서의 사정판결의 가능성이 논란이 된다. 다수 문헌과 판례(대법원 84누380판결 등)는 부정한다. 준용대상에서 명시적으로 배제되어 있다는 점이 결정적인 근거이나, 실은 사정판결제도의 반법치국가적 성격을 바탕으로 한다. 즉, 법치국가원리에 배치되는 예외적 제도인데, 그것을 무효인 경우에까지 확대적용하는 것은 타당하지 않다는 것이다.

그런데 법적 안정성 역시 법치국가원리의 핵심요소인 점에서 기본적으로 사정판결(事情判決)을 법치국가원리에 반한 것으로 보려는 태도는 너무 완고하다. **사정판결의 본질은 기성사실의 존중에 있다**(김남진, 기본문제, 1139면). 무효와 단순 위법이 쉽게 구별되지 않는 점도 고려해야 한다. 무효에 해당할 사안도 사정판결의 필요성이 충분히 긍정될 수 있는데, 사정판결의 원천적 불능은 자칫 무효사안을 단순위법의 사안으로 정당하지 않게 보게 만들어 법도그마틱의 왜곡을 야기할 수도 있다.

한편 사정판결규정의 준용이 명문으로 제외된 현행의 법상황에서 이런 적극적 입장을 관철하기 위해서는 필요성을 제시하는 것만으론 충분하지 않다. 유추를 인정하기 위해서는 현행의 법상황이 법률흠결에 해당하고 그것이 입법자가 의도하지 않은 것이어야 한다. 그런데 법해석방법론에 비추어 무효등확인소송에서의 사정판결과 관련하여 입법자가 의도하지 않는 법률흠결이 존재한다고 보기는 어렵다. 따라서 **현행법의 해석상으로는(de lege lata) ―그 필요성이 시인되더라도― 무효등확인소송에서 사정판결은 허용되지 않는다. 입법적 해결(de lege ferenda)이 정도(正道)이다.** 아쉽게도 2013년 법무부 개정에서 실현되지 않았다.

⑸ 간접강제의 허용성의 문제

법 제38조 제1항은 사정판결과 같이 거부처분취소판결의 간접강제 규정(34조) 역시 준용하고 있지 않다. 그리하여 **거부처분에 대해 무효확인판결이 내려진 경우에 거부처분취소판결에서의 간접강제 규정의 준용여부가 논란이 된다.** 판례는 명시적인 준용대상이 아님을 들어 부정적이다(대법원 98무37결정). 이상의 사정판결에서의 상황과 비슷하기도 하나, 본질적으로 다르다. 간접강제제도의 취지는 거부처분취소판결의 집행력을 확보하기 위함이다. 거부처분취소판결에서 가능한 집행력의 확보가 거부처분의 무효확인판결의 경우에는 허용되지 않는다는 것은 이치에 맞지 않는다. 대(大)가 소(小)를 포함한다는 점에서, 물론해석의 차원에서도 판례의 태도는 타당하지 않다. 입법의 중대한 흠결로 봄직하다. 따라서 입법적 개선이 마련되기 전이라도, 입법자의 의도하지 않은 법률흠결이 존재한다는 점을 논증하여 유추를 통해 그 흠결을 메우는 것이 바람직하다.

(6) 취소소송과의 관계

(가) 원칙적 기조

무효확인소송과 취소소송은 종류를 달리하는 별개의 소송이다. 따라서 행정처분의 무효확인과 **취소의 청구는 서로 양립할 수 없는 청구로서 주위적, 예비적 청구로서만 병합할 수 있고, 선택적 청구로서의 병합이나 단순병합은 허용되지 않는다**(대법원 97누6889판결). 통상 취소소송은 주위적 청구로, 무효확인소송을 예비적 청구로 병합제기하는데, 소송요건의 구비가 문제되는 상황에서는 주위적 청구로 무효확인소송을, 예비적 청구로 취소소송을 병합제기하기도 한다. 다만 양 소송이 계쟁처분의 위법여부를 다투기에, 계쟁처분이 적법하다는, **취소소송 기각판결의 기판력은 무효확인소송에 당연히 미친다**(대법원 92누6891판결; 2002두3669판결). 기각판결이 확정되면 원고가 다시 계쟁처분의 무효확인을 소구할 수는 없다.

(나) 상호 포용성의 인정

양 소송이 단지 계쟁처분의 위법의 정도에 차이가 있을 뿐 계쟁처분의 위법여부가 주된 대상인 점에서 상호 배척성이 아니라 포용성을 가진다. 먼저 취소소송에서 무효확인소송을 보면, 가령 취소소송을 제기하였는데, 위법성이 단순 위법을 넘어 무효에 이를 경우 당연히 인용판결이 내려져야 한다. 다음 무효확인소송에서 취소소송을 보면, 행정처분의 무효확인을 구하는 소에는 특단의 사정이 없는 한, 즉 원고가 그 처분의 취소를 구하지 아니한다고 밝히지 아니한 이상, 그 처분이 당연무효가 아니라면 그 취소를 구하는 취지도 포함되어 있다. 무효확인을 구하는 뜻에서 제기하는 취소소송에서 무효사유가 증명되지 아니한 때에 법원은 취소사유에 해당하는 위법이 있는지 여부까지 심리하여야 한다(대법원 2020두46073판결). 다만 무효확인소송에서 취소청구를 인용하려면, 취소를 구하는 항고소송으로서의 제소요건이 구비되어야 하고(대법원 85누838판결; 2015두38856판결 등), 아울러 취소의 소로 변경하도록 해야 한다.[276] 아울러 동일한 행정처분에 대하여 무효확인의 소를 제기하였다가 그 후 처분의 취소를 구하는 소를 추가적으로 병합한 경우, 주된 청구인 무효확인의 소가 적법한 제소기간 내에 제기되었다면 추가로 병합된 취소청구의 소도 적법하게 제기된 것이다(대법원 2012두3743판결 등).

276) 소변경의 절차 없이 곧바로 취소판결을 할 수 있다는 주장도 있지만, 소송종류를 달리하는 별개의 소송이므로 소의 변경이 필요하다(법원실무제요 행정, 2016, 24면). 제소요건을 충족하지 못하면 기각판결이 내려진다.

Ⅱ. 부작위위법확인소송

1. 의의와 성질

부작위위법확인소송(不作爲違法確認訴訟)은 「**행정청의 부작위가 위법하다는 것을 확인하는 소송**」(4조 3호)을 말한다. 이 확인소송은 신청을 인용하거나 각하 또는 기각하는 등의 법률상의 응답의무가 있음에도 불구하고 이를 하지 아니한 것(부작위 내지 무응답), 즉 소극적인 위법상태를 문제 삼으며, 그 부작위 내지 무응답의 위법을 확인함으로써 소극적인 위법상태를 제거하는 것을 목적으로 한다(대법원 2000두4750판결). 소극적인 위법상태의 소극적 제거가 그 본질이다. 이는 심리범위 및 인용판결의 효력에 대해 영향을 미친다.

2. 취소소송에서의 제 규정의 준용

앞에서 본 재판관할, 관련청구소송의 이송 및 병합, 피고적격, 피고경정, 공동소송, 제3자의 소송참가, 행정청의 소송참가, 행정심판, 취소소송의 대상, 제소기간, 행정심판기록의 제출명령, 직권심리, 재량처분의 취소, 취소판결의 효력, 취소판결의 기속력, 제3자에 의한 재심청구, 소송비용에 관한 재판의 효력, 거부처분취소판결의 간접강제가 부작위위법확인소송에 준용된다. 반면 **집행정지 및 사정판결의 적용은 배제된다.**

3. 부작위위법확인소송에서 특별한 논의대상

구 지방공무원법 제58조 제2항은 노동운동이 허용되는 사실상의 노무에 종사하는 공무원의 범위를 조례로 정하도록 규정하고 있다. A자치구 교통행정과 소속 지방지도원으로서 버스전용차로 통행위반 단속업무에 종사하던 甲은 자신이 사실상 노무에 종사하는 공무원이라고 주장하면서 A구가 조례를 통하여 '사실상 노무에 종사하는 공무원'의 구체적 범위를 규정하지 않고 있는 것이 위법한 부작위에 해당한다는 이유로 그 확인을 구하는 부작위확인소송을 제기하였다. 그런데 甲은 이 사건 소가 상고심에 계속중이던 때 이미 정년퇴직을 하였다. 甲의 이 사건 소는 소송요건의 차원에서 어떤 문제가 있는가? (대법원 2000두4750판결)

(1) 원고적격과 소의 이익

부작위위법확인소송은 처분의 신청을 한 자로서 부작위의 위법의 확인을 구할 법률상 이익이 있는 자만이 제기할 수 있다(36조). 당사자의 신청이 있은 이후 당사자에게 생긴 사정의 변화로 인하여 부작위가 위법하다는 확인을 받는다고 하더라도 종국적으로 침해되거나 방해받은 권리와 이익을 보호 · 구제받는 것이 불가능하게 된 경우, 그 부작위가 위법하다는 확인을 구할 이익은 없다(대법원 2000두4750판결).

(2) 소송의 대상의 문제

소송의 대상인 부작위가 성립하기 위해선, i) 당사자의 신청이 존재해야 하고, ii) 행정청이 상당한 기간 내에, iii) 일정한 처분을 해야 할 법률상 의무가 있음에도 불구하고, iv) 그 처분을 하지 아니할 것이 요구된다(2조 1항 2호).

우선 문제가 되는 것은 신청권이다. 판례는 거부처분에서와 마찬가지로 당사자에게 일정한 처분을 구할 법규상 · 조리상의 신청권을 요구한다. 2013년 법무부 개정시안은 신청권을 둘러싼 논란을 없애기 위해 '일정한 처분을 해야 할 법률상 의무가 있음에도 불구하고'를 삭제하였지만, 개정안은 현행과 동일하였다.

부작위는 행정처분(행정행위)**의 부작위이다.** 판례는 검사의 기소 · 불기소결정을 항고소송의 대상이 될 수 없다고 보는데, 불기소처분의 통지(형사소송법 258조 1항)는 독립된 처분이 아니므로, 제기된 범죄사실에 관한 통지상의 일부 누락 역시 거부처분취소소송 및 부작위위법확인소송의 대상이 될 수 없다(대법원 2017두47465판결).[277] **행정처분이 아닌 행정작용, 특히 행정입법이 부작위의 대상이 될 수 있는지 여부가 문제된다.** 법문이 분명 행정처분을 신청대상이라 규정하고, 판례 역시 법령의 제정의 여부는 그 자체로 국민의 구체적인 권리의무에 직접적인 변동을 초래하는 것이 아니어서 부작위위법확인소송의 대상이 될 수 없다고 판시하였다(대법원 91누11261판결). 그런데 조례제정의 부작위에 대해 부작위위법확인소송을 제기할 수 있는 것으로 본 듯한 판례(대법원 2000두4750판결)가 있어 다소간 혼란스럽다.[278]

(3) 제소기간의 문제

취소소송에서의 제소기간 규정(20조)이 부작위위법확인소송에 그대로 준용된다(38조 2항). 예외적으로 행정심판전치주의가 적용되는 사안에서는 재결서정본을 송달받은 날로부터

277) 법무행정행위(Justizverwaltungsakt)의 법적 취급이 문제될 수 있다. 독일은 그것은 행정절차법 제2조 제3항 제1호에 의해 행정법원의 통제를 받지 않고, 일반법원의 통제를 받는다(본서 222면).
278) 이것의 문제점은 김남진, 법률신문 제3174호(2003.5.) 참조.

90일의 제소기간이 통용될 수 있지만, 그렇지 않은 일반적인 사안에서는 제소기간의 문제가 제기된다. 사실상 제소기간의 제한을 받지 아니 할 수 있는데, 판례 역시 원칙적으로 제소기간의 제한을 받지 않는 것으로 본다(대법원 2008두10560판결). **부작위는 일정한 상태가 계속되는 것을 의미하기에, 처분발급의 시점을 기준으로 한 취소소송에서의 제소기간 규정과는 조화되지 않는다.** 이런 입법상의 흠결은 행정법관계의 안정을 저해할 수 있는데, 향후 의무이행소송이 도입되면 더욱 심각해질 수 있다. 따라서 부작위의 경우 －독일 행정법원법 제75조처럼－ 기산점을 원래의 신청시를 기준으로 별도로 명시적으로 정하는 것이 바람직하다.[279] 한편 행정심판에서 취소심판에서의 청구기간의 규정은 부작위에 대한 의무이행심판청구에는 적용되지 않는다(27조 7항).

⑷ 심리의 범위의 문제

부작위위법확인소송에서 심리의 범위를 두고서, 절차적 심리설과 실체적 심리설이 다투어진다. 전자가 신청에 대해 아무런 대응을 전혀 하지 않은 단지 부작위인 것만을 염두에 두는 반면, 후자는 신청의 실체적 내용이 이유가 있는지 여부도 포함시켜 심리해야 한다는 것이다. 양자의 차이점은 부작위위법확인소송에서 인용판결이 내려진 다음의 상황에 있다. 전자의 경우에는 피고 행정청이 인용처분이나 거부처분, 어느 하나를 취하더라도 그 자체가 문제되지 않지만, 후자의 경우에는 피고 행정청은 인용처분만을 할 수 있다. 실체적 심리설은 부작위위법확인소송을 통해 일종의 의무이행소송의 결과를 추구하는 셈이다. 하지만 의무이행소송이 허용되지 않으며, 거부처분취소소송에서의 인용판결도 신청에 대한 인용처분을 강제하지 않는다는 점에서, 적어도 현행법상으로는 절차적 심리설을 취할 수밖에 없다. 판례 역시 그러하다(대법원 89누4758판결 등).

⑸ 위법판단의 기준시의 문제

앞에서 보았듯이, 판례는 거부처분취소소송의 경우에도 위법판단기준시점을 처분시점으로 본다(대법원 2007두3930판결 등). 이것은 소송경제적 차원에서, 실제적인 권리구제의 차원에서 바람직하지 않다. 그러나 **판례는 부작위위법확인소송의 경우에는 판결시를 기준으로 처분 등의 위법성을 판단하고 있다**(대법원 89누4758판결). 여기서 유의할 것은 판례가 명시적으로 위법판단시점을 표명한 것은 아니고, 기본적으로 부작위위법확인소송이 소극적인 위법상태의 소극적 제거가 그 본질인 점에 착안하여 소의 이익의 차원에서 접근하였다.[280]

---

279) 따라서 2013년 개정안은 의무이행소송에서 부작위의 경우 명문의 제소기간을 두었다(제42조 ②).
280) 대법원 89누4758판결: 소제기의 전후를 통하여 판결시까지 행정청이 그 신청에 대하여 적극 또는 소

(6) 판결의 효력: 판결의 기속력의 문제

인용판결의 경우 적극적 처분의 내용이 문제된다. 신청을 인용하거나 각하 또는 기각하는 등의 법률상의 응답의무가 있음에도 불구하고 이를 하지 아니한 것(부작위 내지 무응답)이 다툼의 대상인 이상, 인용판결이 내려졌다 하더라도 나름의 이유를 제시하여 거부처분을 하는 데 아무런 지장을 받지 않는다. 신청자는 이런 거부처분에 대해 새로이 다툴 수 있다. 물론 인용판결이 내려진 다음 새로이 인용처분이든 거부처분이든 하지 않았으면 당연히 간접강제 규정이 적용된다(34조, 38조 2항).

4. 의무이행소송의 도입의 문제

현행법은 독일처럼 의무이행소송을 도입하기보다는 거부처분취소소송과 함께 부작위위법확인소송을 규정하고 있다. 1984년 당시 의무이행소송을 바로 도입하는 것이 여의치 않아서 차선책을 택한 것이다. 인용판결이 있더라도 거부처분이 가능하다는 점에서 부작위위법확인소송은 의무이행소송과 비교하면 소극적 우회적 수단에 그친다. 당연히 **매번 행정소송법개정에서 의무이행판결에 의해 직접적인 처분의무가 생기는 의무이행소송의 도입이 강구되고 있다. 2013년 법무부 개정안은 그간의 노력을 결실로서 의무이행소송을 도입한다.**[281] 그런데 의무이행소송보다 손쉽게 원하는 것을 실현할 수 있게 한다는 이유로 개정안에서 부작위위법확인소송을 존치하였다. 기왕의 거부처분취소소송까지도 가능하기에, 개정안의 이런 복잡한 법상황에 대해서는 체계의 측면에서의 비판이 충분히 제기될 법하고, 지극히 당연하다.

Ⅲ. 당사자소송

1. 의의 및 민사소송과의 차이점

(1) 의 의

당사자소송이란 「**행정청의 처분 등을 원인으로 하는 법률관계에 관한 소송 그 밖에**

극의 처분을 함으로써 부작위상태가 해소된 때에는 소의 이익을 상실하게 되어 당해 소는 각하를 면할 수가 없는 것이다.

281) 개정안 제4조 제3호: 의무이행소송: 당사자의 신청에 대한 행정청의 위법한 거부처분 또는 부작위에 대하여 처분을 하도록 하는 소송.

공법상의 법률관계에 관한 소송으로서 그 법률관계의 한쪽 당사자를 피고로 하는 소송」을 말한다(3조 2호). 행정처분을 대상으로 한 항고소송과 대비하여, 당사자소송(當事者訴訟)은 기본적으로 소송당사자간의 공법상의 법률관계, 즉 공법상의 권리·의무관계를 두고서 당사자가 다툴 경우를 대상으로 한다. 당사자소송의 경우 항고소송과 달리 '행정청'이 아닌 '권리주체'에게 피고적격이 있음을 규정하는데, 유의할 점은 피고적격이 인정되는 권리주체를 행정주체로 한정한다는 취지가 아니다. 따라서 사인(私人)을 피고로 하는 당사자소송도 허용된다(대법원 2016다262550판결).[282)]

⑵ 민사소송과의 차이점

현행 행정소송법상으로 양자간에는 소변경 등에서 몇 가지 결정적인 중요한 차이가 있다: i) 행정소송인이상, 당사자소송 역시 행정법원의 전속관할에 해당한다. ii) 항고소송으로 심리중 그것을 당사자소송으로는 소변경을 할 순 있지만, 민사소송으로는 할 수 없다. iii) 당사자소송에는 관련 민사소송청구를 병합할 수 있지만, 민사소송에는 관련 당사자소송을 병합할 수 없다. iv) 행정청이 당사자소송의 경우에는 소송참가의 길이 있지만, 민사소송의 경우에는 허용되지 않는다. v) 당사자소송의 경우 직권탐지주의가 통용되나, 민사소송의 경우에는 시종 변론주의가 지배한다. vi) 당사자소송의 경우 판결의 기속력이 당해 행정주체 산하의 행정청에게도 미치지만, 민사소송의 경우에는 당사자에게만 미친다. vii) 당사자소송에서는 소의 변경, 피고경정의 경우에 제소기간준수의 소급효가 인정된다. viii) 당사자소송에서는 행정심판기록의 제출명령제가 통용된다.[283)]

2. 당사자소송의 위상

⑴ 논의현황

일본의 경우 공·사법일원론이 지배적이어서 자연 당사자소송무용론이 팽배하지만(동지: 천병태, 고시연구 1987.10., 113면 이하), **우리의 경우에는 당사자소송활용론이 다수입장이고 그것이 현실화되는 과정이다.**[284)] **그렇지만 판례는 관련 사건을 민사사건으로 다루어 당사자소송의 인정에 소극적인 태도를 취하여 왔다.** 이는 소송물(청구권의 근거조항)을 중심으로 민사소송과 당

282) 대법원 2017두41771판결: 국가 등 과세주체가 당해 확정된 조세채권의 소멸시효 중단을 위하여 납세의무자를 상대로 제기한 조세채권존재확인의 소는 공법상 당사자소송에 해당한다.

283) 상론: 백윤기, 행정판례연구 제4집(1999), 359면.

284) 대표문헌으로 김남진, 고시연구 2005.3., 15면 이하; 안철상, 공법상 당사자소송에 관한 연구, 2004; 정선균, 공법상 당사자소송의 활성화에 대한 연구, 2015; 이은상, 공법상 당사자소송에 관한 소송실무상 난점과 해결방안, 행정판례연구 제23집 제1호(2018).

사자소송의 경계를 정하려 한 데서 비롯된 것이다. 이런 접근은 자연 청구권의 근거가 되는 법조문을 통상 민사법으로 취급하게 한다. 그러나 국가배상법의 성질에 관한 논의가 보여주듯이, 이는 법체계와 전혀 맞지 않는 결과를 빚고 있다.[285]

(2) 변화의 모습

종래 당사자소송은 그 예가 많지 않고, 그 자체도 민사소송지향적으로 운영되었지만, 행정사건의 처리에 전문성을 갖추고 있는 행정법원이 출범한 이래로, 공법관계 및 공법사건에 관한 정당한 이해가 확산되었다. 그리하여 최근 판례는 −비록 전면적이지는 않지만− 기왕의 소극적 인식에서 벗어나 사안을 공법적 차원에서 접근하여 당사자소송의 대상을 확대하고 있다(예: 하천법상의 손실보상청구권과 관련한 대법원 2004다6207전합판결; 공무원 초과근무수당의 지급과 관련한 대법원 2012다102629판결; 도시정비법상의 용도폐지된 정비기반시설의 사업시행자에 대한 무상양도와 관련한 대법원 2015다221569판결)(본서 769면 이하). 그리고 법률상으로 또는 부관에 의해 성립한 공법상의 의무의 실현에도 당사자소송이 활용된다.[286] 나아가 확인판결을 얻음으로써 분쟁이 해결되고 권리구제가 가능하여 그 확인소송이 권리구제에 유효 적절한 수단이 될 수 있는 특별한 사정이 있는 경우에는, 즉 확인의 이익이 인정되면 당사자소송으로 공법상의 권리 또는 그 법률상의 지위의 확인을 구할 수 있다(대법원 전합판결 92다35783). 그리고 당사자소송을 밟는 사안과 관련해서 민사법적 접근이 수정되기도 한다. 즉, 토지보상법에 따른 토지소유자 등의 사업시행자에 대한 손실보상금채권에 관하여 압류 및 추심명령이 있더라도, 토지소유자 등은 민사소송의 법리와는 달리 보상금증액청구의 소송을 수행할 당사자적격을 상실하지 않는다(대법원 전합판결 2018두67).[287]

한편 행정소송규칙 제19조가 기왕에 판례에 의해 당사자소송에 해당하는 사안을 과감하게 명문화하였다.[288] 소송방도를 둘러싼 다툼이 대거 축소될 것으로 기대된다.

285) 예를 들면, 독일의 경우 국가배상규정이 일반 민법전에 편제되어 있고, 기본법에 의해 국가배상사건이 민사사건에 속하지만 공법적 관점이 강하게 지배한다. 반면 우리의 경우 국가배상법의 성질에 견줘 그것이 공법사건 또는 민사사건인지 여부가 다투어질 뿐, 독일의 경우와는 달리 민사법적 관점이 강하게 지배한다.

286) 국토계획법 제130조에 따른 사업시행자의 일시 사용에 대한 토지소유자 등의 동의의무의 존부를 다투는 소송(대법원 2016다262550판결); 보조금지급결정에 부관으로 부가된 보조금반환의무와 관련한 지방자치단체의 보조금반환청구소송(대법원 2011다2951판결).

287) 이는 채무자인 토지소유자 등의 당사자적격을 부인한 대법원 2013두9526판결을 변경한 것이다.

288) 1. 다음 각 목의 손실보상금에 관한 소송: 가. 「공익사업을 위한 토지 등의 취득 및 보상에 관한 법률」 제78조제1항 및 제6항에 따른 이주정착금, 주거이전비 등에 관한 소송, 나. 「공익사업을 위한 토지 등의 취득 및 보상에 관한 법률」 제85조제2항에 따른 보상금의 증감(增減)에 관한 소송, 다. 「하천편입토지 보상 등에 관한 특별조치법」 제2조에 따른 보상금에 관한 소송. 2. 그 존부 또는 범위가 구체

3. 당사자소송의 종류

(1) 실질적 당사자소송

甲이 태극무공훈장을 수여받았는데 국가의 훈기부(훈장등 수여대장)상으로는 화랑무공훈장을 수여받은 것으로 기재되어 있었다. 국가유공자로서 보상 등 합당한 예우를 받는 데에 필요한 훈격을 확인하기 위해 甲은 어떤 소송방법을 취해야 하는가? (대법원 90누4440판결)

당사자소송은 크게 실질적 당사자소송과 형식적 당사자소송으로 나뉜다. **실질적 당사자소송은 다음과 같이 공법상 법률관계에 관한 일체의 다툼을 대상으로 한다:** ① 손실보상청구소송(형식적 당사자소송에 의하는 경우는 제외), ② 공법상의 채권관계(공법상의 임치·부당이득·사무관리 등)에 관한 소송, ③ 봉급·재해보상금·생계급여 등 공법상의 금전급부청구소송, ④ 공법상의 지위나 신분(공무원·학생 등)의 확인을 구하는 소송,[289] ⑤ 공법상의 결과제거청구소송, ⑥ 공법상의 계약에 관한 소송, ⑦ 국가배상청구소송, ⑧ 배상주체(국가 및 지방자치단체) 상호간에 있어서의 구상청구소송 등.

물론 민사소송으로 다루어지는 국가배상청구소송의 예처럼, 이들 모두를 판례가 공법사건으로, 즉 행정사건으로 다루지는 않는다. 또한 유의할 점은 다툼의 대상인 법률관계가 법률이나 행정행위에 의해 성립한 것을 전제로 당사자소송이 강구된다. 구체적인 권리가 발생하지 않은 상태에서 곧바로 행정청이 속한 국가나 지방자치단체 등을 상대로 한 당사자소송(이나 민사소송)으로 급부의 지급을 소구하는 것은 허용되지 않는다(대법원 2017다2777986, 2777993판결).[290] 앞에서 보았듯이(본서 767면), 공무원연금법령상 급여의 경우

적으로 확정된 공법상 법률관계 그 자체에 관한 다음 각 목의 소송: 가. 납세의무 존부의 확인, 나. 「부가가치세법」 제59조에 따른 환급청구, 다. 「석탄산업법」 제39조의3제1항 및 같은 법 시행령 제41조제4항제5호에 따른 재해위로금 지급청구, 라. 「5·18민주화운동 관련자 보상 등에 관한 법률」 제5조, 제6조 및 제7조에 따른 관련자 또는 유족의 보상금 등 지급청구, 마. 공무원의 보수·퇴직금·연금 등 지급청구, 바. 공법상 신분·지위의 확인. 3. 처분에 이르는 절차적 요건의 존부나 효력 유무에 관한 다음 각 목의 소송: 가. 「도시 및 주거환경정비법」 제35조제5항에 따른 인가 이전 조합설립변경에 대한 총회결의의 효력 등을 다투는 소송, 나. 「도시 및 주거환경정비법」 제50조제1항에 따른 인가 이전 사업시행계획에 대한 총회결의의 효력 등을 다투는 소송, 다. 「도시 및 주거환경정비법」 제74조제1항에 따른 인가 이전 관리처분계획에 대한 총회결의의 효력 등을 다투는 소송. 4. 공법상 계약에 따른 권리·의무의 확인 또는 이행청구 소송.

289) 대법원 90누4440판결은 국가유공자로서 보상 등 예우를 받는 데에 필요한 훈격을 확인받는 것은 당사자소송의 방법에 의해야 한다고 판시하였다. 국가유공자등록이 수급자를 위한 권원이 된다는 점에서 새로이 훈격을 수정하기 위해서는 확인적 행정행위의 차원에서 항고소송을 강구해야 하지만, 국가공부상의 훈격과는 다르게 지급된 것이 문제가 되는 경우에는 -연금의 미지급분을 다투는 것처럼- 확인의 의미를 넘어 합당한 예우의 지급을 목적으로 한 당사자소송도 제기할 수 있다.

290) 우선협상대상자 지정 취소처분에 따른 민간투자사업 제안비용 보상금은 먼저 지급을 청구한 다음, 지급결정을 받아야 하고, 비로소 구체적인 권리가 발생한다(대법원 2020다222382판결).

급여지급결정을 통해 구체적인 권리(수급권)가 발생하지 않은 상태에서 곧바로 한 당사자소송으로 권리의 확인이나 급여의 지급을 소구하는 것은 허용되지 아니한다(대법원 2014두43264판결). 반면 명예퇴직하여 퇴직수당을 수령한 후에 그 금액이 규정에서의 규정에서 정한 정당한 명예퇴직수당액에 미치지 못한다고 주장한 데 따른 미지급 명예퇴직수당액에 대한 권리는 지급대상자결정 절차를 거쳐 명예퇴직수당규칙에 의하여 확정된 공법상 법률관계에 관한 권리이어서 당사자소송으로 지급을 구해야 한다(대법원 2013두14863판결). 환지처분과 청산금부과처분에 따라 확정된 청산금의 지급을 구하는 것 역시 당사자소송의 대상이다(대법원 2013다1211판결). 한편 대법원 2018두49130판결이 병무청장의 병역의무기피 공개와 관련해서 행정처분으로서의 공개결정의 존재를 도출하였는데, 게시된 상황의 직접 삭제를 구하는 결과제거청구의 차원에서 당사자소송이 더 효과적이다(본서 699면 참조).

(2) 형식적 당사자소송

형식적 당사자소송이란 실질은 처분을 다투지만 그 소송형식은 당사자소송을 취한 것을 말한다. 당사자소송의 개념정의상의 '행정청의 처분 등을 원인으로 하는 법률관계에 관한 소송'이 이에 해당한다. 항고소송적 관점에서 보자면 법률관계를 발생시킨 원인행위인 행정처분을 대상으로 다투는 것이 원칙인데도 불구하고, 그 결과물인 법률관계에 관해 다투게 한 것이 형식적 당사자소송이다. 사안에 따라서는 계쟁처분보다는 그것의 결과물을 다투는 것이 법적 분쟁을 간단히 종식시킬 수 있다. (가령 보상재결과 같은) 행정처분으로 인해 성립한 (가령 보상금지급관계) 법률관계가 제3자와 직접적 관련이 있을 경우에 바로 그 제3자를 직접 소송당사자로 하여 다툴 수 있다면, 쟁송상의 복잡성이 덜 수 있다. 여기에 형식적 당사자소송의 존재이유가 있다.

한편 **형식적 당사자소송의 인정 필요성과는 별도로 인정의 근거가 문제된다.** 조직법상의 권한존중에 의거하여 구성요건적 효력이 인정되며, 설령 광의의 공정력개념을 취하더라도 그 본지에서는 다르지 않다. 따라서 행정행위로부터 비롯된 법률관계를 다투어 (유효한) 행정행위를 없애기 위해서는 당연히 개별법적 근거가 요구된다(김남진/김연태, 1060면). 행정소송법상의 개념정의만으로는 형식적 당사자소송의 인정근거가 되지 못한다. 토지보상법 제85조 제2항에 따른 보상금증감소송이 대표적인 예이다.[291]

291) 대법원 2018두67전합판결: 보상금 증액 청구의 소는 토지소유자 등이 사업시행자를 상대로 제기하는 당사자소송의 형식을 취하고 있지만, 토지수용위원회의 재결 중 보상금 산정에 관한 부분에 불복하여 그 증액을 구하는 소이므로 실질적으로는 재결을 다투는 항고소송의 성질을 가진다.

4. 취소소송에서의 제 규정의 준용

피고적격, 피고경정, 공동소송, 제3자의 소송참가, 행정청의 소송참가, 처분변경으로 인한 소의 변경, 행정심판기록의 제출명령, 직권심리, 취소판결등의 기속력, 소송비용의 부담, 소송비용에 관한 재판의 효력의 규정은 당사자소송에 준용된다(44조 1항).

아울러 재판관할이 준용되며(40조), 소의 종류의 변경은 당사자소송을 항고소송으로 변경하는 경우에 준용되며(42조), 관련청구소송의 이송 및 병합은 당사자소송과 관련청구소송이 각각 다른 법원에 계속되고 있는 경우의 이송과 이들 소송의 병합의 경우에 준용된다(44조 2항). 반면 제소기간은 취소소송에서의 그것이 준용되지 않고 법령에 정해진 데 따르되, 그 기간은 불변기간으로 한다(41조). 법률관계의 당사자인 이상 아무런 어려움 없이 다툴 수 있기에 **취소소송의 원고적격 규정은 당연히 배제된다.**

한편 원고가 고의 또는 중대한 과실 없이 당사자소송으로 제기해야 할 것을 항고소송으로 잘못 제기한 경우와 관련해서, 관련규정이 없음에도 불구하고 판례는 지방법원 본원에 행정소송(항고소송)으로 제기해야 할 사건을 민사소송으로 제기한 경우처럼(대법원 97다42250판결), 실용적 접근을 강구하였다.[292]

5. 당사자소송의 관할 및 그 위반의 문제

국책사업인 '한국형 헬기 개발사업'에 개발주관사업자 중 하나로 참여하여 국가 산하 중앙행정기관인 방위사업청과 '한국형헬기 민군겸용 핵심구성품 개발협약'을 체결한 甲 주식회사가 협약을 이행하는 과정에서 환율변동 및 물가상승 등 외부적 요인 때문에 협약금액을 초과하는 비용이 발생하였다고 주장하면서 국가를 상대로 초과비용의 지급을 구하는 민사소송을 제기하여 제1심과 제2심에서 원고가 승소하였는데, 피고는 위 협약의 법률관계는 공법관계에 해당하므로 제1심과 제2심의 판결은 관할위반이라 주장하였다. 피고의 주장을 수긍할 때 상고심은 어떻게 대응하는가? (대법원 2015다215526판결)

당사자소송 역시 앞에서 본(본서 777면) **취소소송에서의 관할 논의가 그대로 통용된다.** 행정사건에 대해서는 행정법원의 전속적 관할이 통용되므로, 당사자소송의 대상의 문제는 궁극적으로 법원의 관할의 문제로 귀착한다.[293] 따라서 원고가 고의 또는 중대한

292) 대법원 2013두14863판결: 당사자소송으로서의 소송요건을 결하고 있음이 명백하여 당사자소송으로 제기되었더라도 어차피 부적법하게 되는 경우가 아닌 이상, 법원은 원고가 당사자소송으로 소 변경을 하도록 하여 심리·판단하여야 한다,

과실 없이 행정소송을 심급을 달리하는 법원에 잘못 제기한 경우 민사소송법 제34조 제1항의 이송규정이 적용된다(7조). **관할위반과 관련해서 문제되는 것은 당사자소송과 민사소송간의 혼동이다.** 판례는 민사사건에 해당하여 민사소송으로 제기해야 하는데 당사자소송으로 서울행정법원에 제기하여 관할위반이 생겼으나 피고가 관할위반을 항변하지 않아 본안에서 변론을 한 경우에는 1심 행정법원에 변론관할이 생겼다고 본다(대법원 2010두22368판결). 특별한 사정이 없는 한 민사사건을 행정소송 절차로 진행한 것 자체가 위법하다고 볼 수도 없다(대법원 2014두11328판결). 반대로 당사자소송으로 서울행정법원에 제기해야할 것을 민사소송으로 지방법원에 제기하여 판결이 내려진 경우에는 관할위반이고, 소송절차위반이어서 대법원은 원심판결을 파기하고, 아울러 제1심판결을 취소하여 사건을 다시 심리판단할 수 있도록 관할법원인 행정법원에 이송하였다(대법원 2004다6207전합판결).[294] 또한 당사자소송으로 지방법원 본원에 제기할 것을 민사소송으로 그 지방법원 본원에 제기한 경우에는 관할위반은 아니지만 소송절차위반이기에 이와 동일하다.

판례가 이상과 같이 다른 접근을 한 것은 전속관할에 해당하는 소에 대해서는 합의관할과 변론관할에 관한 규정의 적용을 배제하는 민사소송법 제31조에서 비롯되었다. 아울러 민사사건에 관한 사법판단은 재판의 기본이라는 인식도 기저에 있다고 할 수 있다. 실용적 접근을 강구하여 대법원 2004다6207전합판결의 태도를 수정하는 것이 나름 정당화될 수 있지만, 민사소송법 제31조가 결정적인 장애물이다. 그런데 민사재판부가 행정사건을 다룰 경우 오로지 민사적 차원에서 접근하여 자칫 공법적 도그마틱에 혼란이 야기될 우려가 있다.[295] 한편 민사사건인 데 당사자소송으로 제기한 사건에서 판례는 소 변경을 적극적으로 강구한다.[296]

6. 민사소송법의 준용에 따라 당사자소송에서 특별한 논의대상

당사자소송에 대해 현행법이 특별히 규정하지 않은 것은 민사소송법의 그것이 준용될 수 있다. 입법기술적으로 준용은 적용과는 달리 유추의 차원에서 수정이 유보된다. 이제까지 당사자소송의 대상이 된 사안 대부분이 민사소송으로 다루어져 왔기에, 당사자소송에서의 그 밖의 물음(가구제, 증명책임분배, 판단기준시점 등)에 대해 민사소송에

293) 일반법원과 행정법원이 각기 독립된 사법기관으로 기능하는 독일과 다르지만 결과적으로 동일하다.
294) 동지: 대법원 2015다215526판결; 2015다221569판결.
295) 독일(법원조직법 제17조 이하)처럼 이에 관한 명문의 제도적 장치를 마련할 필요가 있다.
296) 대법원 2022두44262판결: 공법상 당사자소송에 대하여도 그 청구의 기초가 바뀌지 아니하는 한도 안에서 민사소송으로 소 변경이 가능하다고 해석하는 것이 타당하다.

서의 논의가 그대로 통용될 것이다. 그리하여 항고소송에서와는 달리 가처분이 가능하며, 확인소송으로서의 당사자소송에서는 무효등확인소송과는 달리 일반 민사소송 마냥 즉시확인의 이익이 요구된다. 국가를 상대로 하는 당사자소송의 경우 가집행선고가 허용되지 않는다는 제43조는 위헌결정이 내려졌다(헌재 2020 헌가12).

7. 포괄소송으로서의 당사자소송의 활성화

2013년 법무부 행정소송법개정에서는 당사자소송의 범위를 과거보다 확대하여 구체적으로 확정하였다.[297] 실체적 상관관계이론의 맥락에서 공법사건이 되어야 할 일체의 사안이 당사자소송의 대상이 되었다. 당사자소송이 당당히 행정소송의 일원으로 자리매김하게 될 것이다. **당사자소송을 포괄소송**(포용소송, Auffangsklage)**으로 설정하여 그것을 활성화하는 것이, 기왕의 민사관계적 접근으로 인해 빚어진 공법에서의 왜곡상황을 교정하고 공법적 관점을 법학 일반에 반영시킬 수 있는 계기이기도 하다.**[298] 더불어 권리구제의 사각지대 특히 사실행위에 대한 효과적인 권리구제수단(행정상 급부이행소송)이 마련됨으로써 가령 권력적 사실행위에 대해 무리하게 체계파괴적인 처분성확대를 도모할 필요가 없을 것이다.

한편 실무에서는 민사소송이라면 큰 어려움 없이 대처할 수 있는 관할문제가 당사자소송의 확대인정으로 말미암아 도리어 복잡해질 뿐만 아니라, 결과적으로 권리구제가능성을 저해한다고 지적되곤 한다. 종전에 민사사건으로 치부하여 그것의 소송상의 관할정도만 논의될 뿐 내용에 관한 심도 있는 논의를 하지 않았다.

당사자소송의 대상을 확대하는 식으로 판례의 기조가 바뀌었고, 행정소송규칙의 제정을 기화로, 종래 사법관계로 설정한 곤혹스러운 상황이 상당히 교정될 것이다. **이론적 정합성을 견지하면서 국민의 권익구제에 이바지하는 당사자소송의 구축이 행정법학의 과제인데,**[299] 확립된 사안을 적극적으로 행정소송규칙에 확대하여 명문화할 필요

297) 개정시안 제3조 제2호: 행정청의 처분등을 원인으로 하는 법률관계에 관한 소송 그 밖에 공법상의 법률관계에 관한 소송으로서 그 법률관계의 한쪽 당사자를 피고로 하는 소송으로 다음 각 목에 규정된 것을 포함한다. 가. 공법상 신분·지위 등 그 법률관계의 존부에 관한 확인소송, 나. 행정상 손해배상청구소송(단, 자동차손해배상보장법의 적용을 받는 것은 제외한다), 다. 행정상 손실보상·부당이득반환·원상회복 등 청구소송, 라. 기타 행정상 급부이행청구소송.
개정안 제3조 제2호: 행정상 손실보상·손해배상·부당이득반환이나 그 밖의 공법상 원인으로 발생하는 법률관계에 관한 소송으로서 그 법률관계의 한쪽 당사자를 피고로 하는 소송.

298) 일본 최고재판소가 재외국민투표와 관련한 입법부작위의 국가배상책임을 인정한 것과 더불어 선거권 행사의 지위를 (미리) 확인하는 것을 당사자소송으로 강구한 것을 인용한 것 역시 의미가 크다. 상론: 김중권, 당사자소송의 활성화에 즈음한 행정법의 개혁에 관한 소고, 이강국헌법재판소장 퇴임기념논문집(2013.1.19.).

가 있다. 나아가 당사자소송을 포괄적 소송으로 자리매김하여 행정입법부작위 등과 관련해서도 적극적으로 활용될 필요가 있다(본서 470면 이하 참조).

Ⅳ. 객관소송

1. 의 의

객관소송은 주관적 쟁송의 원칙의 적용을 받지 않는 소송을 말하며, 객관적 법질서의 유지확보를 직접적으로 목적으로 한다. 소송메커니즘에서 객관소송(客觀訴訟)은 기본적으로 원고적격에서 피침적 구조를 취하는 항고소송과 당사자소송과는 다르다. 객관소송의 경우 권리침해의 존부가 소송개시여부를 가늠하지 못한다. 소송에서 주관적 권리침해를 전제로 하지 않으면서 객관적 위법만으로 다툴 수 있게 하기 위해선 개별법에서 그것의 허용성을 규정해야 한다. 행정소송법은 객관소송으로 민중소송과 기관소송을 규정하고 있다. 2013년 법무부 행정소송법개정에서 현행의 민중소송을 공익소송이라 개칭함으로써(3조 3호), 기왕의 항고소송이 주관소송에 해당함을 확고히 하였다.

2. 민중소송

민중소송이란 국가 또는 공공단체의 기관이 법률에 위반되는 행위를 한 때에 직접 자기의 법률상 이익과 관계없이 그 시정을 구하기 위하여 제기하는 소송을 말한다(3조 3호). 2013년 법무부 개정안은 지금의 '민중소송'의 명칭을 '공익소송'으로 바꾸었다. 민중소송(民衆訴訟)은 법률이 정한 경우에 법률에 정한 자에 한하여 제기할 수 있다(45조). 그리고 민중소송으로써 처분 등의 취소를 구하는 소송에는 그 성질에 반하지 아니하는 한 취소소송에 관한 규정을 준용하는데, 마찬가지로 −그에 해당할 경우− 무효등확인소송 또는 부작위위법확인소송에 관한 규정과 당사자소송에 관한 규정을 준용한다(46조).

현행법상 민중소송의 사례는 국민투표상의 국민투표무효소송(92조 등), 공직선거법상의 선거무효소송(222조 1항 등)과 당선무효소송(223조 1항 등), 지방교육자치법상의 선거무효소송(49조 1항 등)과 당선무효소송(49조 1항 등), 주민소환법상의 주민소환투표소송(24조) 그리고 지방차지법상의

299) 특히 개정안에 따른 '공법상 원인으로 발생하는 법률관계'에 대해 어느 정도의 공법적 조명을 비출 것인지가 관건이다.

주민소송(17조 등)이다.

3. 기관소송

(1) 의 의

기관소송이란 국가 또는 공공단체의 기관상호간에 있어서의 권한의 존부 또는 그 행사에 관한 다툼이 있을 때에 이에 대하여 제기하는 소송을 말한다(3조 4호). 다만, 헌법재판소법 제2조의 규정에 의하여 헌법재판소의 관장사항으로 되는 소송은 제외한다. 즉, 국가기관 상호간, 국가기관과 지방자치단체 간 및 지방자치단체 상호간의 권한쟁의에 관한 심판은 기관소송으로 행할 수 없다.

기관소송(機關訴訟)의 범위를 둘러싸고 논란이 있다. 동일한 법주체 내부의 기관간에만 허용되는지 아니면 다른 법주체 간에도 가능하는지 여부이다. 문제가 되는 것은 국가와 지방자치단체 간의 다툼이다. '국가 또는 공공단체의 기관상호간'이란 표현과 헌법재판소법 제2조에 따른 헌법재판소의 관할에 비추어 동일한 권리주체 내부의 기관에 한정하는 입장(한정설)과, 이에 국한할 필요가 없다는 반론(비한정설)이 있다. 기관소송의 확대를 도모하는 후자의 입장은 지방자치단체를 국가의 내부기관으로 구성하거나 처음부터 법주체 내부보다는 기관 상호간의 다툼에 초점에 맞춘다.

(2) 현행법상 인정되는 기관소송

한정설에 서면 현행법상 행정소송법상 기관소송이 동원될 수 있는 경우는 지방자치단체의 기관 상호간, 즉 지방자치단체의 장과 지방의회간의 다툼의 경우에 국한된다. 지방의회의 의결에 대해 지방자치단체의 장이 대법원에 제기하는 경우(지방자치법 120조 3항, 192조 4항)와 교육위원회의 의결 등에 대해 교육감이 대법원에 제기하는 경우(지방교육자치법 28조 3항)가 그것이다.

(3) 준용규정

기관소송은 법률이 정한 경우에 법률에 정한 자에 한하여 제기할 수 있다(45조). 기관소송으로써 처분등의 취소를 구하는 소송에는 그 성질에 반하지 아니하는 한 취소소송에 관한 규정을 준용하는데, 마찬가지로 −그에 해당할 경우− 무효등확인소송 또는 부작위위법확인소송에 관한 규정과 당사자소송에 관한 규정을 준용한다(46조).

제 4 절 행정작용과 관련한 그 밖의 공법소송

Ⅰ. 헌법재판에 의한 행정구제

헌법재판에 의한 행정구제는 헌법소원심판에 의한다. 행정작용에 대한 헌법소원심판은 행정입법 및 권력적 사실행위를 대상으로 한다. 이들에 대한 헌법소원심판은 보충성의 원칙에(헌법재판소법 68조 1항 단서)의해 행정소송이 불가능한 경우에 가능하다. 따라서 행정입법의 경우, 국민이 명령·규칙에 의하여 직접 자신의 기본권을 현재 침해받고 있으면 비록 법원에게 명령·규칙심사권이 있더라도 바로 헌법소원심판을 통해 권리구제를 도모할 수 있다(헌재 90헌마214 등). 여기서 헌법소원심판은 (본안적)추상적 규범통제처럼 기능한다고 볼 수 있다.[300] 한편 행정규칙의 경우 비법규성에서 원칙적으로 헌법소원의 대상이 되지 않지만, 그것이 -법령보충적 성격을 갖거나 전환규범을 매개로 하여- 대외적인 구속력을 가지면 헌법소원의 대상이 된다(헌재 2008헌마496; 2012헌마767 등).

헌법재판소는 권력적 사실행위에 대해 공권력성을 인정하면서도 보충성의 원칙을 엄격히 적용하지 않으면서, 그것에 대한 헌법소원심판을 적극적으로 강구하고 있다(헌재 2009헌마527 등).[301] 이에 대해 대법원은 취소소송의 대상으로 권력적 사실행위를 적극적으로 인정하고 있는데(대법원 2013두20899판결), -엄밀히 당사자소송이 바른 소송방도인 점과는 별개로- 이는 결과적으로 권력적 사실행위에 대한 헌법소원심판에서 보충성의 원칙을 강제하게 하여 헌법소원심판의 가능성을 대폭 축소시킨다. **헌법재판이 제 궤도에 오른 이상, 이제 권력적 사실행위에 대한 헌법소원심판은 재고될 필요가 있다**(동지: 한수웅, 1497면). 이와는 별도로 **권력적 사실행위에 대한 항고소송 역시 재고되어야 한다**(본서 504면 이하).

행정처분에 대한 헌법소원심판은 허용되지 않는다. 다만 행정소송으로 행정처분의 취소를 구한 청구인의 청구를 받아들이지 아니한 법원의 판결에 대한 헌법소원심판의 청구가 예외적으로 허용되어 그 재판이 헌법재판소법 제75조 제3항에 따라 취소되는 경우에는 원래의 행정처분에 대한 헌법소원심판의 청구도 인용될 수 있다(헌재 96헌마172).

300) 본래 규범통제와 헌법소원은 구별되어야 한다. 전자가 우선 법질서의 통일성 유지를 위한 것이라면, 후자는 우선 개인의 주관적 권리구제를 위한 것으로 이해된다. 참고문헌: 정호경, 사법 제38호(2016).
301) 이에 대한 비판으로 권배근, 한양법학 제24권 제2집(2013.5.), 3면 이하.

Ⅱ. 지방자치법상의 공법소송

1. 주민소송: 지방자치법 제22조

(1) 의의와 성질

주민소송이란, 공금의 지출에 관한 사항이나 재산의 취득·관리·처분에 관한 사항 등을 게을리한 것을 감사청구한 주민이 감사청구한 사항과 관련이 있는 위법한 행위나 업무를 게을리한 사실에 대하여 해당 지방자치단체의 장을 상대방으로 하여 제기하는 소송을 말한다(법 22조 1항).

주민소송 제도는 지방자치단체 주민이 지방자치단체의 위법한 재무회계행위의 방지 또는 시정을 구하거나 그로 인한 손해의 회복 청구를 요구할 수 있도록 함으로써 지방자치단체의 재무행정의 적법성과 지방재정의 건전하고 적정한 운영을 확보하려는 데 목적이 있다(대법원 2014 두8490판결). **주민참여를 통해 공정하고 투명한 재무행정이 구현되도록 하기 위함이다.** 일본에서 유래한 주민소송제도는 기대와 예상과는 다르게 그다지 활발하지 않다. 지방분권이 가속화되는 상황에서 지방의 책임성이 강조된다. 주민의 직접적 참정의 수단으로서 주민소송을 활성화하기 위한 제도적 보완이 시급하다.[302)]

주민소송은 지방자치법(22조)에서 규정하지 않은 사항은 행정소송법을 따르기에(동조 18항) 행정소송의 일종이다. 또한 **공익소송의 성격을 지니기에, 주관소송의 원칙의 예외에 해당하는 민중소송이자 객관소송의 성질을 가진다.** 유의할 점은 주민소송은 지방자치법 제21조에 의한 감사청구를 전제로 하여 제기할 수 있다(주민감사전치주의). 다만 주민소송의 대상은 주민감사를 청구한 사항과 관련이 있는 것으로 충분하고, 주민감사를 청구한 사항과 반드시 동일할 필요는 없고, 관련성이 있는지 여부는 주민감사청구사항의 기초인 사회적 사실관계와 기본적인 점에서 동일한지 여부에 따라 결정된다(대법원 2017 두63467판결). 감사청구에 대해 각하결정이 내려지면 각하결정 자체를 별도의 항고소송으로 다툴 필요 없이, 주민소송을 제기할 수 있다(대법원 2018 두67251판결).

---

302) 참고문헌: 김남진, 고시연구 2006.6.; 홍정선, 자치행정 193호(2004); 함인선, 공법연구 42집 4호(2014); 주민소송, 2012; 선정원, 행정판례연구 22-2집(2017); 김용찬/선정원/변성완, 주민소송, 2005; 문상덕, 지방자치법연구 10권 3호(2010); 조성규, 지방자치법연구 7권 4호(2007); 최봉석, 자치행정 292호(2012); 최우용, 지방자치법연구 10권 4호(2010); 강현호, 지방자치법연구 16권 3호(2016); 최환용, 법제 590호(2007); 박효근, 한양법학 제23권 제4집(2012); 김상태, 한양법학 14집(2003).

(2) 구체적인 내용

A구청장이 S교회에 대하여 구 도로법령에 따라 신축 교회건물 중 남측 지하 1층 325㎡를 A구에게 기부채납할 것을 조건으로 하여 공도로의 지하 부분 일부를 점용하는 것을 허용하는 도로점용허가를 하였다. 이에 A구 주민 293명이 서울특별시장에게 지방자치법에 따라 감사청구를 하였고, 서울특별시장은 이를 받아들였지만, A구청장은 이 조치요구에 불복하며 주민소송의 결과를 기다려보겠다는 의사를 표시하였고, 이에 원고들은 도로점용허가의 취소를 내용으로 한 주민소송을 제기하였다. A구청장과 S교회는 도로점용허가는 재무회계행위가 아니어서 '재산의 관리·처분에 관한 사항'에 해당하지 않으므로 주민소송의 대상이 될 수 없다고 주장하는데, 이 주장이 주효하는가? (대법원 2014두8490판결)

여기서 위법성 판단이 항고소송의 경우와 비교해서 어떻게 진행되어야 하는지? 수익적 행정처분의 취소·철회 제한에 관한 법리가 쟁송취소의 경우에도 적용되어야 하므로, 도로점용허가의 취소와 관련하여 기득권의 침해를 정당화할 만한 중대한 공익상의 필요 또는 제3자의 이익보호의 필요가 있는 때에 한하여 취소판결이 허용된다는 A구청장의 주장은 주효하는가? 그리고 이미 건물이 완공되었기에 원상회복하는 것은 공공복리에 위배되어 사정판결이 내려져야 한다는 S교회의 주장은 주효하는가? (대법원 2018두104판결)

(가) 소송의 대상 및 제소사유

공금의 지출에 관한 사항, 재산의 취득·관리·처분에 관한 사항, 해당 지방자치단체를 당사자로 하는 매매·임차·도급 계약이나 그 밖의 계약의 체결·이행에 관한 사항 또는 지방세·사용료·수수료·과태료 등 공금의 부과·징수와 관련이 있는 위법한 행위나 업무를 게을리한 사실이 소송의 대상이 된다(1항).

주민소송의 대상적격과 관련한 판례를 보면, 점용허가가 도로 등의 본래 기능 및 목적과 무관하게 그 사용가치를 실현·활용하기 위한 것으로 평가되는 경우에는 주민소송의 대상이 되는 재산의 관리·처분에 해당한다(대법원 2014두8490판결).[303] 이행강제금의 부과·징수를 게을리한 행위는 주민소송의 대상이 되는 공금의 부과·징수를 게을리한 사항에 해당한다(대법원 2013두16746판결). 특별한 사정이 없는 한 지출원인행위 등에 선행하여 그러한 지출원인행위를 수반하게 하는 당해 지방자치단체의 장 및 직원, 지방의회 의원의 결정 등과 같은 행위는 공금의 지출에 관한 사항에 포함되지 않는다(대법원 2009두14309판결). 다음의 경우에 소를 제기할 수 있다(1항): i) 주무부장관이나 시·도지사가 감사청구를 수리한 날부터 60일(법 제21조 제9항 단서에 따라 감사기간이 연장된 경우에

303) 사안의 도로점용허가는 실은 공용폐지이다. 이 판결에 대해서는 항고소송의 보완과 행정의 사법통제에 있어 민주주의적 요소가 강화된 점이 호평된다(최계영, 법조 제720호(2016. 12.)). 보통사용이 허용된 도로에 대한 점용허가와 같은 특별사용은 필연적으로 그 도로의 보통사용을 제한한다는 점에서, 지하공간이 문제되는 사안과는 달리 일반적인 교통이 가능한 공간이 문제될 때는 굳이 주민소송의 방법이 아닌 항고소송의 방법으로도 다툴 수 있다. 김중권, 안암법학 제53호(2017.5.30.) 참조.

는 연장기간이 끝난 날을 말한다)이 지나도 감사를 끝내지 아니한 경우, ii) 법 제21조 제9항 및 제10항에 따른 감사결과 또는 제12항에 따른 조치요구에 불복하는 경우, iii) 법 제21조 제12항에 따른 주무부장관이나 시・도지사의 조치요구를 지방자치단체의 장이 이행하지 아니한 경우, iv) 법 제21조 제12항에 따른 지방자치단체의 장의 이행 조치에 불복하는 경우.

(나) 주민소송의 종류

주민소송은 다음의 4가지 종류가 있다(2항): i) 해당 행위를 계속하면 회복하기 곤란한 손해를 발생시킬 우려가 있는 경우에는 그 행위의 전부나 일부를 중지할 것을 요구하는 소송(2항 1호), ii) 행정처분인 해당 행위의 취소 또는 변경을 요구하거나 그 행위의 효력 유무 또는 존재 여부의 확인을 요구하는 소송(2항 2호), iii) 게을리한 사실의 위법 확인을 요구하는 소송(2항 3호), iv) 해당 지방자치단체의 장 및 직원, 지방의회의원, 해당 행위와 관련이 있는 상대방에게 손해배상청구 또는 부당이득반환청구를 할 것을 요구하는 소송. 다만, 그 지방자치단체의 직원이 「회계관계직원 등의 책임에 관한 법률」 제4조에 따른 변상책임을 져야 하는 경우에는 변상명령을 할 것을 요구하는 소송을 말한다(2항 4호). 주민소송이 진행 중이면 다른 주민은 같은 사항에 대하여 별도의 소송을 제기할 수 없다(중복제소금지)(3항).

(다) 당사자 및 이해관계자

주민소송의 대상이 되는 사항에 대해 감사청구를 한 주민이 주민소송의 원고가 될 수 있다. 반드시 여러 명이 될 필요는 없어서 1인의 주민이라도 무방하고, 주민소송의 대상이 되는 행위가 자신의 법률상 이익과 직접적 관련성이 없어도 문제되지 않는다. 피고는 해당 지방자치단체의 장이 되고, 해당 사항의 사무처리에 관한 권한을 소속 기관의 장에게 위임한 경우에는 그 소속 기관의 장이 된다.

해당 지방자치단체의 장은 제2항 제1호부터 제3호까지의 규정에 따른 소송이 제기된 경우 그 소송 결과에 따라 권리나 이익의 침해를 받을 제3자가 있으면 그 제3자에 대하여, 제2항 제4호에 따른 소송이 제기된 경우 그 직원, 지방의회의원 또는 상대방에 대하여 소송고지를 하여 줄 것을 법원에 신청하여야 한다(10항). 그리고 국가, 상급 지방자치단체 및 감사청구에 연서한 다른 주민과 소송고지를 받은 자는 법원에서 계속 중인 소송에 참가할 수 있다(13항).

(라) 제소기간 및 관할법원

주민소송은 다음의 기산일부터 90일 이내에 제기하여야 한다(4항): i) 제1항 제1호의 경우에는 해당 60일이 끝난 날(제21조 제9항 단서에 따라 감사기간이 연장된 경우에는 연장기간이 끝난 날을 말한다), ii) 제1항 제2호의 경우에는 해당 감사결과나 조치요구내용에 대한 통지를 받은 날, iii) 제1항 제3호의 경우의 경우에는 해당 조치를 요구할 때에 지정한 처리기간이 끝난 날, iv) 제1항 제4호의 경우에는 해당 이행 조치결과에 대한 통지를 받은 날.

주민소송은 해당 지방자치단체의 사무소 소재지를 관할하는 행정법원(행정법원이 설치되지 아니한 지역에서는 행정법원의 권한에 속하는 사건을 관할하는 지방법원본원을 말한다)의 관할로 한다(9항).

(마) 소의 취하 등의 억제 및 실비의 보상

주민소송은 공익소송으로서의 성격을 지니기에, 당사자는 법원의 허가를 받지 아니하고는 소의 취하, 소송의 화해 또는 청구의 포기를 할 수 없다(14항). 이 경우 법원은 허가하기 전에 감사청구에 연서한 다른 주민에게 이를 알려야 하며, 알린 때부터 1개월 이내에 허가 여부를 결정하여야 한다(15항). 객관소송이어서 인용판결에서의 소송비용이 문제될 수 있다. 특별규정을 두고 있다. 즉. 소송을 제기한 주민은 승소(일부 승소를 포함한다)한 경우 그 지방자치단체에 대하여 변호사 보수 등의 소송비용, 감사청구절차의 진행 등을 위하여 사용된 여비, 그 밖에 실제로 든 비용을 보상할 것을 청구할 수 있다. 이 경우 지방자치단체는 청구된 금액의 범위에서 그 소송을 진행하는 데에 객관적으로 사용된 것으로 인정되는 금액을 지급하여야 한다(17항).

(3) 개개의 주민소송에서 고려할 점

이상의 개개의 주민소송은 행정소송에서의 일반적인 내용과 비교해서 몇 가지 고려할 점이 있다. 먼저 주민소송의 다툼의 대상인 행정처분의 위법성 문제인데, 행정소송법상 항고소송에서와 마찬가지로 헌법, 법률, 그 하위의 법규명령, 법의 일반원칙 등 객관적 법질서를 구성하는 모든 법규범에 위반되는지 여부를 기준으로 판단해야 하는 것이지, 해당 처분으로 지방자치단체의 재정에 손실이 발생하였는지만을 기준으로 판단할 것은 아니다(대법원 2018두104판결).[304] 법 제22조 제18항이 “제1항에 따른 소송에 관하여는 이 법에 규정된 것 외에는 행정소송법에 따른다.” 규정하고 있어서 일반적으로 주민소송에 대해서도 사정판결이 허용된다고 본다.[305] 사정판결이 주관소송에서 계쟁처분의 위법성 및 권리침해와 공공복리 사이에 조화를 기하기 위한 제도인 점에서,

304) 대법원 2018두104판결: 수익적 행정처분의 취소·철회 제한에 관한 법리는 쟁송취소의 경우에는 적용되지 않는다.

305) 대법원 2018두104판결: 이 사건 도로점용허가는 그 효력을 존속시킬 공익적 필요성이 있다고 보이지 않고, 도로관리청인 피고의 보완조치로써 그 위법상태를 해소하기도 어려울 것이라는 등의 사정을 들어 이 사건 도로점용허가에 사정판결을 할 당위성이 인정되지 않는다.

객관소송이자 민중소송인 주민소송에 그것의 성립을 논하는 것은 체계에 반한다.

제1호의 주민소송의 경우 일종의 부작위(금지)청구소송이며, 그 대상은 공권력의 행사만이 아니라, 비권력적 행위(계약의 체결의 중지)이나 사실행위(공금지출의 중지)도 포함한다. 제2호의 주민소송의 경우 행정처분의 취소에 더해 행정처분의 변경을 구하는 이행소송까지 포함하며, 여기서의 무효등확인소송은 행정소송에서의 그것과는 달리 제소기간의 적용을 받는다. 제3호의 주민소송의 경우 부작위위법확인소송의 성격을 지니는데, 행정소송에서의 그것과는 달리 처분의 부작위만이 아니라, 일체의 공법상의, 사법상의 부작위 및 행정내부의 부작위까지도 포함한다.

제2호의 주민소송은 항고소송의 종류에서 부작위위법확인소송을 제외하고 취소소송과 무효등확인소송과 흡사하다. 주민소송에 대해 나름의 제소기간이 적용되기에(4항), 처분의 취소를 구하더라도 행정소송법(20조 1항)에서 정한 일반 취소소송의 제소기간은 적용되지 않는데(대법원 2018두104판결), 현행 행정소송법이 포괄적으로 적용되므로(17항), 처분의 취소를 구하는 주민소송에서 취소판결이 확정되면, 취소판결의 기속력에 따라 결과제거의무가 생긴다.[306] 문제는 행정처분의 변경이 적극적 변경을 의미하는지 일부 취소에 해당하는 소극적 변경인지 여부이다. 취소소송에서의 기왕의 논의(본서 774면)를 감안하여 입법자가 후자를 강구했다고 볼 수도 있겠지만, 주민소송에 대한 행정소송법의 포괄적 적용의 차원(17항)에서 전자로 보는 것이 바람직하다.

제4호의 주민소송은 본문의 소송과 단서의 소송, 2가지가 있다. 전자의 경우는 지방자치단체의 장은 인용판결이 확정된 날부터 60일 이내를 기한으로 하여 당사자에게 그 판결에 따라 결정된 손해배상금이나 부당이득반환금의 지불을 청구해야 한다.[307] 다만, 손해배상금이나 부당이득반환금을 지불해야 할 당사자가 지방자치단체의 장이면 지방의회 의장이 지불을 청구해야 한다(23조 1항). 후자의 경우에도 지방자치단체의 장은 인용판결이 확정된 날부터 60일 이내를 기한으로 하여 당사자에게 그 판결에 따라 결정된 금액을 변상할 것을 명령해야 한다(24조 1항). 제4호의 본문의 소송과 단서의 소송은 당사자가 지방자치단체의 장의 청구에 불응한 경우 후속절차에서 완전히 다르다. 전자의 경우는 지방자치단체의 장이 손해배상·부당이득반환의 청구를 목적

306) 대법원 2018두104판결: 피고는 위법한 결과를 제거하는 조치의 일환으로서 피고 보조참가인에 대하여 도로법 제73조, 제96조, 제100조 등에 의하여 이 사건 도로의 점용을 중지하고 원상회복할 것을 명령하고, 이를 이행하지 않을 경우 행정대집행이나 이행강제금 부과 조치를 하는 등 이 사건 도로 점용허가로 인한 위법상태를 제거하는 것이 가능하게 된다.

307) 여기서 지방자치단체의 장이나 공무원은 국가배상법 제2조 제2항, 회계직원책임법 제4조 제1항의 각 규정 내용 및 취지 등에 비추어 볼 때, 그 위법행위에 대하여 고의 또는 중대한 과실이 있는 경우에 제4호 주민소송의 손해배상책임을 부담한다(대법원 2017두63467판결).

으로 하는 소송을 제기해야 하지만(23조 2항), 후자의 경우는 지방세 체납처분의 예에 따라 징수할 수 있다(24조 2항). 공익소송의 본질에 비추어 후자의 방식으로 일원화가 필요하다.

2. 지방자치법 제188조상의 공법소송

> A시 B구청장이 전국공무원노동조합 파업에 참가한 공무원인 7급 공무원 甲을 6급 공무원으로 승진임용을 한 데 대해서 A시장이 승진처분을 취소하도록 지시하였으나, 효과가 없었다. 이에 A시장은 파업참가행위는 지방공무원법의 집단행위금지의무 위반 등에 의하여 징계의결 요구되어야 함에도 B구청장이 이를 이행하지 않은 채 오히려 징계의결요구 대상자들을 승진임용한 것은 B구청장의 재량권의 범위를 일탈하였고, 관계 법령을 위반하여 징계의결 요구를 하지 않음으로써 지방공무원임용령 제34조의 승진임용 제한요건이 발생되지 않게 하여 승진임용한 것은 위법을 기초로 한 무효행위에 해당한다는 이유로 지방자치법 제157조(현 제169조) 제1항에 의하여 승진처분을 취소하였다. 이에 대해 B구청장은 소속 공무원의 승진임용은 자신의 자치사무인 점에서 단지 재량의 하자를 이유로 A시장이 승진처분을 취소한 것은 위법이라고 주장하였다. 이 주장은 주효하는가? (대법원 2005추62전합판결)

(1) 실정법 규정

지방자치단체의 사무에 관한 지방자치단체의 장(제103조 제2항에 따른 사무의 경우에는 지방의회의 의장을 말한다. 이하 이 조에서 같다)의 명령이나 처분이 법령에 위반되거나 현저히 부당하여 공익을 해친다고 인정되면 시·도에 대해서는 주무부장관이, 시·군 및 자치구에 대해서는 시·도지사가 기간을 정하여 서면으로 시정할 것을 명하고, 그 기간에 이행하지 아니하면 이를 취소하거나 정지할 수 있다(1항). 주무부장관은 지방자치단체의 사무에 관한 시장·군수 및 자치구의 구청장의 명령이나 처분이 법령에 위반되거나 현저히 부당하여 공익을 해침에도 불구하고 시·도지사가 제1항에 따른 시정명령을 하지 아니하면 시·도지사에게 기간을 정하여 시정명령을 하도록 명할 수 있다(2항). 주무부장관은 시·도지사가 제2항에 따른 기간에 시정명령을 하지 아니하면 제2항에 따른 기간이 지난 날부터 7일 이내에 직접 시장·군수 및 자치구의 구청장에게 기간을 정하여 서면으로 시정할 것을 명하고, 그 기간에 이행하지 아니하면 주무부장관이 시장·군수 및 자치구의 구청장의 명령이나 처분을 취소하거나 정지할 수 있다(3항). 주무부장관은 시·도지사가 시장·군수 및 자치구의 구청장에게 제1항에 따라 시정명령을 하였으나 이를 이행하지 아니한 데 따른 취소·정지를 하지 아니하는 경우에는 시·도지사에게 기간을 정하여 시장·군수 및 자치구의 구청장의 명령이나 처분을 취소하거나 정지할 것을 명하고, 그 기간에 이행하지 아니하면 주무부장관이 이를 직접 취소하거나 정지할 수 있다(4항). 제1항부터 제4항까지의 규정에 따른 자치사무에 관한 명령이나 처분에 대한 주무부장관 또는 시 · 도지사의 시정명령, 취소 또는 정지는 법령을 위반한 것에 한정한다(5항). 지방자치단체의 장은 제1항, 제3항 또는 제4항에 따른 자치사무에 관한 명령이나 처분의 취소 또는 정지에 대하여 이의가 있으면 그 취소처분 또는 정지처분을 통보받은 날부터 15일 이내에 대법원에 소를 제기할 수 있다(61항).

(2) 제소대상 및 소송의 성질 등

여기서의 시정명령의 대상이 되는 지방자치단체의 사무는 자치사무와 단체위임사무이고, 기관위임사무는 제외된다.[308] 기관위임사무의 경우 그것이 위법하거나 부당하게 처리되는 경우 주무부장관이나 시 · 도지사는 위임기관으로서 지방자치법 제188조 및 「행정권한의 위임 및 위탁에 관한 규정」에 의해 당연히 시정명령 및 취소나 정지의 감독권을 행사할 수 있다. 이에 대한 수임기관의 불복은 당연히 허용되지 아니한다. 여기서의 소의 법적 성격을 두고서 논란이 있다. 이를 일부는 기관소송이나 권한쟁의심판의 차원에서 접근하기도 하지만, 동일한 행정주체내의 기관간의 다툼이 아니고, 그 대상이 기본적으로 자치사무인 점에서 특별한 항고소송의 일종으로 보는 것이 바람직하다.[309]

여기서 자치사무와 관련한 시정명령의 사유인 '법령에 위반하는 경우'에는 명시적인 법령의 규정을 구체적으로 위반한 경우뿐만 아니라 그러한 사무의 집행이 재량권을 일탈 · 남용하여 위법하게 되는 경우까지 포함하고, '현저히 부당하여 공익을 해친 경우', 즉 '합목적성을 현저히 결하는 경우'는 해당하지 않는다(대법원 2005추62전합판결; 2014추33판결).[310] 여기서의 시정명령은 제소대상이 될 수 없는데(대법원 2016추5148판결 등), 시정명령의 대상인 처분이 행정소송법 등의 처분과 동일한지 여부가 논란이 된다. 대법원 2016추5087판결은 취소정지의 대상인 처분이 항고소송의 대상인 행정처분에 제한할 이유가 없다고 하면서 채용공고가 취소의 대상이 될 수 있다고 보았다. 이런 접근은 행정처분에 관한 일반적인 이해를 훼손할 뿐더러, 자칫 행정법상의 엄청난 혼란을 자아낼 수 있다(본서 217면).[311]

308) 대법원 2012추190판결: 학교의 장이 행하는 학교생활기록의 작성에 관한 사무의 성질 및 교육감의 학교생활기록부 작성에 관한 지도 · 감독 사무가 국가사무로서 교육감에게 위임된 기관위임사무이다.

309) 동조상의 소송과 관련하여 유지태 교수와 박정훈 교수는 입법론적으로 공히 폐지를 주장하는데, 그 귀결점은 정반대이다. 유지태 교수는 권한쟁의심판의 영역으로(동인/박종수, 1003면), 박정훈 교수는 일반적인 행정소송의 영역으로 나아갈 것을 주장한다(동인, 지방자치법연구 제1권 제2호(2001.12.), 18면). 참고문헌: 임현, 공법연구 제47집 제3호(2019).

310) 대법원 2005추62전합판결의 다수의견은 전국공무원노동조합의 불법 총파업에 참가한 소속 지방공무원들에 대하여 징계의결을 요구하지 않은 채 승진임용하는 처분을 한 것이 재량권의 범위를 현저히 일탈한 것으로서 위법한 처분으로 보고서, 상급 지방자치단체장이 승진임용처분을 취소한 것은 적법하다고 판시하였다. 그러나 반대의견은 제1항의 전문과 후문의 규정의 차이를 근거로 재량의 일탈 · 남용을 포함시키는 것은 곤란하다고 지적하였다.

3. 지방자치법 제189조상의 공법소송

(1) 실정법 규정

지방자치단체의 장이 법령에 따라 그 의무에 속하는 국가위임사무나 시·도위임사무의 관리와 집행을 명백히 게을리하고 있다고 인정되면 시·도에 대해서는 주무부장관이, 시·군 및 자치구에 대해서는 시·도지사가 기간을 정하여 서면으로 이행할 사항을 명령할 수 있다(1항). 주무부장관이나 시·도지사는 해당 지방자치단체의 장이 제1항의 기간에 이행명령을 이행하지 아니하면 그 지방자치단체의 비용부담으로 대집행 또는 행정상·재정상 필요한 조치(이하 이 조에서 "대집행등"이라 한다)를 할 수 있다. 이 경우 행정대집행에 관하여는 「행정대집행법」을 준용한다.(2항). 주무부장관은 시장·군수 및 자치구의 구청장이 법령에 따라 그 의무에 속하는 국가위임사무의 관리와 집행을 명백히 게을리하고 있다고 인정됨에도 불구하고 시·도지사가 제1항에 따른 이행명령을 하지 아니하는 경우 시·도지사에게 기간을 정하여 이행명령을 하도록 명할 수 있다(3항). 주무부장관은 시·도지사가 제3항에 따른 기간에 이행명령을 하지 아니하면 제3항에 따른 기간이 지난 날부터 7일 이내에 직접 시장·군수 및 자치구의 구청장에게 기간을 정하여 이행명령을 하고, 그 기간에 이행하지 아니하면 주무부장관이 직접 대집행등을 할 수 있다(4항). 주무부장관은 시·도지사가 시장·군수 및 자치구의 구청장에게 제1항에 따라 이행명령을 하였으나 이를 이행하지 아니한 데 따른 대집행등을 하지 아니하는 경우에는 시·도지사에게 기간을 정하여 대집행등을 하도록 명하고, 그 기간에 대집행등을 하지 아니하면 주무부장관이 직접 대집행등을 할 수 있다(5항). 지방자치단체의 장은 제1항 또는 제4항에 따른 이행명령에 이의가 있으면 이행명령서를 접수한 날부터 15일 이내에 대법원에 소를 제기할 수 있다. 이 경우 지방자치단체의 장은 이행명령의 집행을 정지하게 하는 집행정지결정을 신청할 수 있다(61항).

(2) 제소대상 및 소송의 성질

직무이행명령의 대상이 되는 사무는 국가위임사무나 시·도위임사무, 즉 기관위임사무이다(대법원 2009추206판결). 직무이행명령의 요건 중 '법령의 규정에 따라 지방자치단체의 장에게 특정 국가위임사무나 시·도위임사무를 관리·집행할 의무가 있는지' 여부의 판단대상은 문언대로 법령상 의무의 존부이지, 지방자치단체의 장이 사무의 관리·집행을 하지 아니한 데 합리적 이유가 있는지 여부가 아니다. 법령상 의무의 존부는

311) 이와 비슷하게 대법원 2020두58427판결은 구법 제188조(현 제155조)에 따른 분담금 납부의무자인 주민을 명문에 어긋나게 구 지방세법에서 정한 균등분 주민세의 납부의무자인 '주민'과 기본적으로 동일한 의미이므로, 법인이 해당 지방자치단체의 구역 안에 주된 사무소 또는 본점을 두고 있지 않더라도 '사업소'를 두고 있다면 분담금납부의무자인 '주민'에 해당한다고 보았다.

원칙적으로 직무이행명령 당시의 사실관계에 관련 법령을 해석・적용하여 판단하되, 직무이행명령 이후의 정황도 고려할 수 있다(대법원 2017추 5060판결 등).

여기서의 소송의 법적 성격을 두고서 논란이 있다. 일부는 기관소송, 권한쟁의심판이나 항고소송의 차원에서 접근하기도 하지만, 동일한 행정주체내의 기관간의 다툼이 아니고, 그 대상이 기관위임사무인 점에서 수긍하기 힘들다. 여기서의 직무이행명령은 본질적으로 위임자와 -위임자의 기관에 불과한- 수임자간의 내부적 성격을 지닌다. 지방자치단체의 장은 자신의 본래적 사무가 아닌 위임받은 사무와 관련해서 제소한다. 여기서의 소송은 법률이 특별히 인정한 내부소송으로 보는 것이 바람직하다.

4. 지방자치법 제192조 등의 공법소송

(1) 실정법 규정

법 제192조에 의하면, 지방의회의 의결이 법령에 위반되거나 공익을 현저히 해친다고 판단되면 시・도에 대하여는 주무부장관이, 시・군 및 자치구에 대하여는 시・도지사가 재의를 요구하게 할 수 있고, 재의요구를 받은 지방자치단체의 장은 의결사항을 이송받은 날부터 20일 이내에 지방의회에 이유를 붙여 재의를 요구하여야 한다(1항). 시・군 및 자치구의회의 의결이 법령에 위반된다고 판단됨에도 불구하고 시・도지사가 제1항에 따라 재의를 요구하게 하지 아니한 경우 주무부장관이 직접 시장・군수 및 자치구의 구청장에게 재의를 요구하게 할 수 있고, 재의 요구 지시를 받은 시장・군수 및 자치구의 구청장은 의결사항을 이송받은 날부터 20일 이내에 지방의회에 이유를 붙여 재의를 요구하여야 한다(2항). 제1항 또는 제2항의 요구에 대하여 재의의 결과 재적의원 과반수의 출석과 출석의원 3분의 2 이상의 찬성으로 전과 같은 의결을 하면 그 의결사항은 확정된다(3항). 지방자치단체의 장은 제3항에 따라 재의결된 사항이 법령에 위반된다고 판단되면 재의결된 날부터 20일 이내에 대법원에 소를 제기할 수 있다. 이 경우 필요하다고 인정되면 그 의결의 집행을 정지하게 하는 집행정지결정을 신청할 수 있다(4항). 주무부장관이나 시・도지사는 재의결된 사항이 법령에 위반된다고 판단됨에도 불구하고 해당 지방자치단체의 장이 소(訴)를 제기하지 아니하면 그 지방자치단체의 장에게 제소를 지시하거나 직접 제소 및 집행정지결정을 신청할 수 있다(5항). 제5항에 따른 제소의 지시는 제3항의 기간이 지난 날부터 7일 이내에 하고, 해당 지방자치단체의 장은 제소지시를 받은 날부터 7일 이내에 제소하여야 한다(6항). 주무부장관이나 시・도지사는 제6항의 기간이 지난 날부터 7일 이내에 직접 제소할 수 있다(7항). 제1항 또는 제2항에 따라 지방의회의 의결이 법령에 위반된다고 판단되어 주무부장관이나 시・도지사로부터 재의요구지시를 받은 지방자치단체의 장이 재의를 요구하지 아니하는 경우(법령에 위반되는 지방의회의 의결사항이 조례안인 경우로서 재의 요구지시를 받기 전에 그 조례안을 공포한 경우를 포함한다)에는 주무부장관이나 시·도지사는 제1항 또는 제2항에 따른 기간이 지난 날부터 7일 이내에 대법원에 직접 제소 및 집행정지결정을 신청할 수 있다(8항). 제1항 또는 제2항에 따른 지방의회의 의결이나 제3항에 따라 재의결된 사항이 둘 이상의 부처와 관련되거나 주무부장관이 불분명하면 행정안전부장관이 재의요구 또는 제소를 지시하거나 직접 제소 및 집행정지결정을 신청할 수 있다(9항).

(2) 소송의 성질 등

지방자치단체의 장이나 주무부장관이 제기한 조례안의결 무효확인의 소의 심리대상은 지방자치단체의 장이나 주무부장관이 재의요구 요청에서 이의사항으로 지적한 것에 한정된다(대법원 2013추98판결). 논란이 된 학생인권조례안에 대해 판례는 전체적으로 헌법과 법률의 테두리 안에서 이미 관련 법령에 의하여 인정되는 학생의 권리를 열거하여 확인하는 것 등을 이유로 법률유보와 법률우위에 반하지 않는다고 본다(대법원 2013추98판결).

지방자치단체의 장이 제소한 경우(4항)와 주무부장관이나 시·도지사가 제소한 경우(5항)가 다르다. 전자는 동일한 법주체내의 기관간의 다툼이라는 점에서 의문 없이 기관소송에 해당한다. 반면 후자는 그 법적 성격을 두고서 논란이 있다. 기관소송으로 보는 견해, 항고소송의 일종으로 보는 견해, 특수한 규범통제소송으로 보는 견해 등등 분분하다. 그런데 지방의회의 의결사항은 법률에서 규정되어 있다는 점(지방자치법 47조)에서 비록 지방자치단체의 장이 제소를 해태한 데 따른 감독차원에서 행하는 것이긴 해도 지방의회의 의결 및 재의결을 다투는 것은 기본적으로 권한쟁의에 해당한다. 현행법상 권한쟁의심판은 기본적으로 헌법재판소의 관장사항인데 지방자치법 제192조 제8항이 단심으로 대법원에 대한 제소를 규정한 셈이다. 이 소송은 특별한 권한쟁의심판의 성격을 지닌다. 아울러 추상적 규범통제에 해당하고, 변론종결 당시 규범적 효력을 갖는 법령을 기준으로 해야 한다(대법원 2023추5177판결).

한편 재의결된 사항이 법령에 위반된다고 판단되어 주무부장관이나 시·도지사가 직접 제소할 경우(5항)에 문제되는 것이 군의회의 의결에 대해 시·도지사가 재의요구를 하지 않은 때 주무부장관이 곧바로 제소할 수 있는지 여부이다. 구(舊) 지방자치법하에서 판례는 재의요구지시권자와 제소권자를 일치시켜 군의회의 의결에 대해 주무부장관은 제소할 수 없다고 보았는데(대법원 2014추521전합판결). 현행법하에서는 제2항과 제5항에 의해 가능하다.[312] 그런데 제5항에도 불구하고 여전히 법의 흠결이 존재한다. 시·도지

312) 필자는 대법원 2014추521전합판결의 반대의견처럼 동조항의 취지가 국가가 지방자치행정의 합법성을 감독하고 국가법질서의 통일성을 유지하려는 데 있다는 점 등에 입각하여 법규정의 흠결을 메우

사의 제의요구에 따라 재의결절차가 진행되어 재의결이 된 상황에서 재의결사항이 법령에 위반된다고 판단됨에도 불구하고 시장·군수 및 자치구의 구청장이 제4항에 따른 제소를 하지 않고, 시·도지사 역시 제5항에 따른 조치를 취하지 않은 경우에는 현행 제5항의 구조상 주무부장관은 직접 나서 대처할 수 없다. 재의요구지시권자와 제소권자의 일치를 수정하는 특별규정이 필요하다.

그리고 지방자치법 제120조에 따라 지방자치단체의 장은 그 스스로 지방의회의 의결이 월권이거나 법령에 위반되거나 공익을 현저히 해친다고 인정되면 재의를 요구할 수 있고, 재의결된 사항이 법령에 위반된다고 인정되면 대법원에 소(訴)를 제기할 수 있으며, 이 경우에는 이상의 제192조 제4항이 준용된다.

Ⅲ. 지방자치단체에 의한 공법소송

지방자치단체가 행정소송을 제기하는 것은 앞에서 보았듯이(본서 782면), 판례상으로 인정되고 있다. 그런데 헌법소송에서는 사정이 다르다. 헌법재판소에 의하면, 공권력의 행사자인 국가, 지방자치단체나 그 기관 또는 국가조직의 일부나 공법인은 기본권의 주체가 아니라 단지 국민의 기본권을 보호 내지 실현해야 할 책임과 의무를 지는 지위에 있을 뿐이다(헌재 2004헌바50; 2013헌바122 등). 따라서 지방자치단체가 위헌법률심판에서 재산권 및 재판청구권의 침해를 주장하는 것은 허용되지 않는다(헌재 2004헌바50; 2007헌바80).

는 것이 바람직하다고 지적하였는데(4판 839면), 필자의 지적처럼 입법개선이 이루어졌다.

04 국가책임법

제1절 개 관

Ⅰ. 국가책임제도의 양대축

국가책임법은 국가의 행위로 인해 시민의 권리가 침해되었을 때 그 시민이 갖는 여러 청구권(손해배상청구권, 손실보상청구권, 원상회복청구권)을 포괄하고 있다. 그것은 그 자체로서 완결된 체계를 의미하지 않는다. 오히려 국가책임법의 구성내용은 역사적으로 다른 연원에서 성립하였고, 구별되는 법률적, 관습법적, 판례법적 틀에 바탕을 두고 있을 뿐만 아니라, 상호 동조되지 않는 상이한 성립요건을 목표로 삼고 있다.

국가책임법의 첫 번째 핵심은 공무원의 위법하고 유책한 행위를 위한 국가배상책임이고, 두 번째 핵심은 재산권의 적법한 제한을 위한 손실보상책임이다. 국가배상책임과 손실보상책임은 국가를 상대로 한 손해나 손실의 보전이라는 점에서는 공통되나, 연혁, 성질과 성립요건에서 전혀 다른 모습을 보인다. 국가배상책임은 －오늘날에 극복의 대상이 되는－ 민사불법행위론이 그 원형이고, 개인주의적 사상을 그 바탕으로 한다. 반면 손실보상책임은 재산권보장을 전제로 하여 공평부담의 원칙에 의해 형성되었는데, 기본적으로 단체주의적 사상을 바탕으로 한다.

오늘날 불법행위이론 자체가 수정되었다는 점과 －감염병예방법 제71조에 따라 과실유무에 관계없는 예방접종피해보상의 경우처럼(대법원 2017두52764판결) 국가의 위험책임 내지 위법·무과실책임과 같이－ 이들의 중간적 영역이 존재한다는 점을 근거로 이들을 융합시키려 한다. 양자는 연혁, 요건, 모습, 목표에서 매우 다르다. 가령 손실보상의 경우 현재의 재산적 가치의 상실에 대한 것이어서 기회상실의 수익은 포함되지 않는데, 국가배상에는 그것이 배상금에 포함된다. 양자를 그 본질을 왜곡하지 않고 법도그마틱적으로 완결되고 조화로운 체계로 만든다는 것이 쉽지 않고, 여전히 밝혀야 할 구석이 많다. 양자를 하나의 틀에서 모색하는 것은 아직은 얻음보다 잃음이 더 크다.

Ⅱ. 국가책임제도의 미비점과 그 보완제도

금전상의 손해배상이나 손실보상을 목표로 한 청구권을 내용으로 하는 현행 체계는 권리보호에 충분하지 않다. 먼저 기왕의 손실보상책임은 재산권에 관한 적법한 개입을 대상으로 한다. 여기에 포함되지 않는 재산권개입의 양상(재산권의 위법한 제한이 인정되는 경우 또는 적법한 행정활동의 의도하지 않는 수용적 효과가 인정되는 경우)에 대응하여 나름의 보상방도가 강구된다. 그것이 후술할 재산권의 내용·한계결정 및 소위 준공용개입(수용유사적 침해)과 소위 결과적 공용개입(수용적 침해)에 의한 손실보상이다. 그리고 위법한 개입의 사실상의 결과를 제거하여 이전 상태의 원상회복을 목표로 삼는 결과제거청구권 역시 현행 체계의 미비점을 메우는 기능을 한다.

제 2 절 행정상의 손해배상(국가배상)

Ⅰ. 국가배상책임제도의 의의와 권리보호(구제)체계상의 위상

국가배상제도의 기능으로 피해자구제기능, 손해분산기능, 제재기능과 위법행위억제기능이 운위되지만, 그것의 법체계상의 의의에 관해선 별반 논의가 없다. 국가배상책임제도는 법치국가원리와 (재판청구권을 통한) 권리보호보장을 보충하고 구체화한다. 국가배상책임제도는 법치국가원리에서 필수불가결한 요소이다. **제도적인 국가배상책임을 보장하는 헌법 제29조 제1항은 입법자가 넘을 수 없는 책임요건과 책임의 최소한의 보장이다.** 위법한 행위로부터 비롯된 손해는, 행정소송을 통해 전적으로 메워질 수 없거나 단지 −결과제거의무의 방식처럼− 국소적으로만 메워질 수 있다. 이런 법체계상의 흠결을 권리구제의 마지막 보루로서 헌법 제29조의 국가배상책임제도가 메운다. 즉, **2차적 권리보호수단으로서의 국가배상책임제도는 1차적 권리보호를 필수적으로**

보충한다. 이하에서는 헌법 제29조 제1항의 의의를 토대로 국가배상법제를 새롭게 접근하고자 한다.[1)]

Ⅱ. 각국, 특히 일본과 독일의 국가배상책임제도

1. 일본의 경우

일본 헌법(1947.5.3. 시행) 제17조와 국가배상법(1947.10.27. 시행) 제1조는, -국가배상법이 배상책임자를 국가와 지방자치단체가 아닌 국가와 공공단체로 한 것을 제외하고서는- 우리와 동일하다. 즉, 헌법차원에서는 고의와 과실을 언급하지 않고 불법행위만을 들고, 국가배상법차원에선 고의와 과실을 명시적으로 든다. 일본의 경우 동법 제정이전에는 王政에 터 잡은 國家無責任의 기조에서 공무원 개인에게 민사적으로 책임을 추궁할 수 있었다. 우리 현행 법제는 일본의 것을 그대로 차용한 것이다. 일본의 경우에도 자기책임적 접근을 강구하는 견해가 있지만, 통설과 판례는 국가배상법에 의거하여 대위책임적 기조에서 접근한다.[2)] 塩野 宏 교수 역시 입법제안에서부터 독일식 모델인 대위책임형을 채용하였음이 분명하며, 또한 비록 '공무원을 대신하여'란 문헌은 없지만 공무원의 개인적 주관적 요소가 청구권성립의 요건인 점을 자기책임설로서는 설명하기 어렵다고 지적한다.[3)] 천황제가 존치하는 일본의 경우 국가배상책임에 관한 논의는 태생적 한계를 전제하고서 진행되었으며, 그 전개양상 역시 근본을 애써 비껴가는 매우 기교적인 모습을 띄곤 한다. 자기책임설의 입장을 취하면서도 공무원개인책임을 일반적으로 긍정하는 주장이 좋은 예이다.[4)] 따라서 현행 국가배상법에 관한 논의에서 그들의 논의를 수용할 때 세심한 주의를 해야 한다.

2. 독일의 경우

독일 현행법(민법 839조 등)은 고권적 영역을 위해선 대위책임(직무책임)을, 사법적 영역을 위해선 중첩적 책임을 규정하고 있는데, 전자는 연혁적으로만 설명될 수 있다.[5)] 19세기에 공무원의 위법·유책한 행위를 위한 국가의 책임은 일치되지 않고 미완성으로 규율되었다. 이른바 특별권

1) 상론: 김중권, 행정법학 제2호(2012.3.31.), 69면 이하; 현대행정법의 이해(유지태 교수 10주기 추도논문집), 2018, 267면 이하.
2) 자기책임설이 압도하는 우리의 헌법문헌과 대비된다. 吉田善明, 日本國憲法論, 2003, 467頁 이하.
3) 塩野 宏, 行政法 Ⅱ, 2005, 270頁.
4) 일본의 논의상황은 芝池義一, 行政救濟法講義, 2006, 228頁 이하.
5) 상론: 이일세, 행정법논단, 123면 이하.

력관계로서 공무원관계 자체의 법적 성질이 문제되었기 때문이었다. 그래서 당시 판례와 문헌은 대립되었는데, 압도적 견해가 소위 위임이론에 의거해서 공무원의 일신적(개인적) 책임을 인정하였다. 이런 태도가 당시 입법에 반영되었다(§§89-91 II10 Preuß. ALR). 특히 1900년에 시행된 독일 민법(BGB)은 이런 견해에 찬동하여 '직무의무위반에서의 책임'의 표제로 한 특별규정(민법 823 조이하의) "불법행위"편에 편재시켰다.[6] 그러나 민법 제839조 규정은 임시방편에 불과하였다. 이미 그 당시 공무원의 비행에 대한 －피해자를 상대로 한－ 국가책임의 요구가 광범하게 인정되었다. 그렇지만 제국의회의 입법자(Reichsgesetzgeber)로선 포괄적인 주행정의 영역을 포함한 국가책임과 관련한 권한을 갖지 못하였다. 그래서 민법도입을 위한 법률 제77조가 주입법자로 하여금 참조를 지시하고, 이에 따라 대부분의 주들이 －가령 남독일에서는 민법도입법률을, 프로이센에선 1900년의 州책임법을, 나아가 帝國은 그의 공무원을 위하여 (부분적으로 오늘날 연방공무원에도 통용되는) 제국공무원법(RBHG)을 통해서－ 상응규정을 발하였다. 그 결과 민법 제839조의 요건이 존재하면 공무원 개인의 책임이 국가에게 이전되도록 규율되었다. 이렇게 대위책임의 구상이 관철된 다음, 바이마르 헌법 제131조가 전국의 모든 공무원을 위한 책임인수를 구속적으로 확정하였다. 현행 기본법 제34조의 경우, 비록 "대신하여"란 문언은 없지만 공무원개인책임을 수정하는 취지에서 국가와 공공단체가 원칙적으로 배상책임자가 됨을 적시함으로써, 바이마르 헌법 제131조를 그대로 전승하였다.[7] 그리하여 통설은 기본법 제34조의 구조를 공무원개인책임적 구조인 민법(BGB)에 대위책임적 구조인 연방공무원법(舊 제국공무원법)을 결합시켜 바라본다. 이론적으론 민법 제839조와 헌법 제34조의 관계가 문제될 수 있다. 法史的으로 논증을 하면, 민법 제839조는 손해배상청구권을 성립시키는 규범이고, 헌법 제34조는 동 청구권을 이전시키는 규범으로 접근한다(독일의 통설적 이해).[8] 1900년에 시행된 이래 기조에 변함이 없는 법상황이 현재의 법치국가원가원리적 요청에 더 이상 부합하지 않는다. 따라서 비록 －국가의 자기책임을 기조로 한－ 그들 1981년 국가책임법이 연방헌법재판소에 의해 입법권한의 결여를 이유로 위헌판시를 받았음에도 불구하고,국가책임에 관한 연방의 통일적 규율의 필요성은 여전하다.[9]

6) 第839조 ①「공무원이 자기에게 과해진 제3자에 대한 (자기의) 직무의무를 고의나 과실로 위반할 경우, 그는(공무원 스스로) 제3자에게 그로 인한 손해를 배상하여야 한다. 공무원에게 과실만이 있는 경우에는 피해자가 다른 방법으로 배상을 받을 수 없는 때에 한하여 공무원에 대하여 배상을 청구할 수 있다.」 동조는 공법적 활동과 사법적 활동의 구별 없이 공무원의 개인적 책임을 규정한다.

7) 제34조(직무위반에서의 책임): 어떤 이가 그에게 맡겨진 공무를 수행함에 있어서 제3자를 상대로 하여 그에게 과해진 직무의무를 위반하면, 책임은 그가 근무한 국가나 공공단체가 원칙적으로 진다. 고의나 중과실의 경우에는 구상이 유보된다. 손해배상과 구상에 관한 청구권을 위해선 보통의 재판방도가 배제되어선 아니 된다.

8) 반면 법도그마틱적으로 논증을 하면, 후자는 고유한 청구권규범을 나타내며, 단지 전자를 통해서 필요한 구체화를 얻는 셈이 된다. Jarass/Pieroth, GG Kommentar, 8.Aufl., 2006, §34 Rn.1.

9) 직접적 국가책임을 규정한 구 동독 국가책임법이 일부 구 동독지역에선 부분 수정되어 州法으로 계속 통용되고 있다. 이런 주법상의 차이와 시대낙후한 국가책임을 수정하기 위해, 독일은 1994.10.27. 개헌을 통해 연방참의원의 동의하여 국가책임에 관한 연방법적 규율을 가능케 하는 기본법 제74조 제1항, 제2항을 마련하였다. 이에 1982년에 문제가 된 권한법적 다툼은 일단락되었다. 특히 우파연립

한편 통일 이후에도 일부 동독 지역에선 여전히 통용되는 구 동독 국가책임법(1조 1항)과[10] 스위스 국가책임법(3조 1항)[11]은 주관적 책임요소를 명시적으로 배제하고 있다. 이를 범례로 삼아, 국가배상법제를 민사불법행위론의 연장이 아닌 공법제도로 개혁할 필요가 있다.

Ⅲ. 헌법상의 국가배상청구권의 의의 및 관련 문제

1. 현행 국가배상법제의 출발점으로서의 의의

국가배상법에 대한 헌법 제29조 제1항의[12] **의의를 새롭게 인식해야 한다. 청구권적 기본권으로서의 그 기조가 국가배상법의 해석·적용에 투영되어야 한다.** 국가배상책임제도는 우선적으로 피해자를 상대로 법치국가적 보호 -기본권훼손의 경우엔 기본권적 보호-를 이행하며, 그와 함께 2차적으로 가해 공무원의 직접적 면책을 통해서 업무담당자를 활력 상실의 리스크로부터 보호한다. 특히 후자는 직업공무원제와 연관하여 생각해야 한다.[13] 헌법에서 규율한 법제도를 개별법차원에서 더 상세히 형성하는 것이 입법자의 소임이며, 국가배상법제는 그런 구체화·형성화기능을 수행한다. 하지만 입법자가 자신의 형성임무를 충실히 이행하지 않은 경우엔, 즉 **현행법제가 법치국가원리를 구현하는 데 불충분하다면, 판례는** -판례의 법형성기능을 발휘하여- **국가배상법을 헌법적 규준을 고려하면서 헌법합치적으로 계속 발전시켜 나가야 한다.**

정부는 출범당시에 제17기 연립정부협정(2009)에서 국가책임법을 성문화하고 적합하게 만들겠다고 명시적으로 선언하였다(112면).

10) 제1조 ① 국가나 지방자치단체의 기관의 직원이나 수임자가 국가활동의 수행에서 재산과 권리와 관련해서 자연인과 법인에 대해 위법하게 가한 손해에 대해서, 국가나 지방자치단체의 기관이 책임을 진다.

11) 공무원이 직무활동에서 제3자에게 위법하게 가한 손해에 대해 연방은 공무원의 유책성을 고려함이 없이 책임을 진다.

12) 헌법 제29조 ① 공무원의 직무상 불법행위로 손해를 받은 국민은 법률이 정하는 바에 의하여 국가 또는 공공단체에 정당한 배상을 청구할 수 있다. 이 경우 공무원 자신의 책임은 면제되지 아니한다.

13) 우리와는 달리 처음부터 민법상의 공무원개인책임(민법 제839조)에서 출발한 독일의 경우에도 우리 헌법 제29조 제1항에 상응한 그들 기본법 제34조는 책임이전규범으로서의 역사적 측면과 기능을 넘어 독립된 헌법적 책임규범을 의미한다. 따라서 헌법적 측면에서 그것은 민법 제839조의 부속물에 불과한 것이 아니라, 반대로 민법규정을 지배하는 규정으로 기능하고 있다.

2. 군인 등의 국가배상청구권의 부인의 문제

(1) 일종의 개헌대망론적 접근의 문제

헌법 제29조 제2항은[14] 군인 등의 국가배상청구권을 부인, 즉 박탈하고 있으며, 이를 구체화한 것이 국가배상법 제2조 제1항 단서이다.[15] 이들 조항의 변천사는 우리 헌정사는 물론 현대사의 질곡의 양상을 그대로 웅변한다.[16] 국가배상법차원에서 국가배상청구권의 배제를 둘러싼 헌법적 문제점은 유신헌법의 개헌을 통해 헌법적으로 일단락된 것으로(?) 여겨진다. 헌법조항의 위계에 터 잡은 실질적 위헌론이 주창되나,[17] 헌법 제29조 제2항 자체는 물론 국가배상법 제2조 제1항 단서에 대한 위헌여부에 관한 일련의 헌법재판소결정이 잘 보여주듯이(헌재 95헌마3 등), 논의는 그곳에서 머물고 있다. 그 결과 이 문제는 —실현되기 쉽지 않은— **개헌만이 유일한 해결책인 양 운위될 뿐, 헌법의 본지를 훼손하지 않고 우회적으로 이 문제를 해결하려는 시도마저 강구되지 않는다.** 기왕의 논의는 일종의 개헌대망론(改憲待望論)일 뿐이다.

(2) '헌법존중적 헌법침훼'에 의한 해결책 모색

헌법규정상의 위계질서 여부에 관한 의견의 통일을 보기 힘든 이상, 실질적 위헌론은 재판을 통해 관철되기란 기대하기 어렵다. 다만 실질적 위헌론 등의 논의를 통해 당해 규정의 비정상성(非正常性)이 극명하게 노정됨으로써, 향후 해당 규정의 삭제의 가능성 및 정당성이 사전에 주지되는 측면은 있다. 국가배상청구권과 같은 청구권적 기본권을 바탕으로 한 국가배상책임제도는 국가배상법과 같은 개별법에 의해 구체화·형성화되기에, 입법자는 그의 구체화·형성화기능을 통해 법치국가원리를 구현시켜야 한다. 그렇다면 **법치국가원리 및 국가책임제도의 본지(本旨)와는 어울릴 수 없는 헌법 제29조 제2항의 경우, 입법자는 굳이 그것의 개별법적 구체화를 강구할 필요가 없다. 즉, 개헌을 통한 정도의 해결책이 실현되기 어려운 이상, 국가배상법 제2조 제1항 단**

14) 헌법 제29조 ② 군인·군무원·경찰공무원 기타 법률이 정하는 자가 전투·훈련등 직무집행과 관련하여 받은 손해에 대하여는 법률이 정하는 보상외에 국가 또는 공공단체에 공무원의 직무상 불법행위로 인한 배상은 청구할 수 없다.

15) 다만 군인·군무원·경찰공무원 또는 예비군대원이 전투·훈련 등 직무 집행과 관련하여 전사(戰死)·순직(殉職)하거나 공상(公傷)을 입은 경우에 본인이나 그 유족이 다른 법령에 따라 재해보상금·유족연금·상이연금 등의 보상을 지급받을 수 있을 때에는 이 법 및 「민법」에 따른 손해배상을 청구할 수 없다.

16) 특칙이 신설된 직접적 동기는 월남전참전으로 배상금의 지출이 급격히 증가한 데 있다(1963년의 1억원이 1966년에는 10억원이상). 그 당시 사법부가 정치적 자유권 분야에선 소극적이었지만 재산권 분야에선 적극적인 자세를 보인 결과로 평가되기도 한다(이상돈, 미국의 헌법과 대통령제, 2012, 40면).

17) 이상철, 안암법학 창간호(1993.9.), 274면 이하 참조.

서를 삭제하여 우회적으로 헌법 제29조 제2항을 무력화시키는 것이다.

헌법침훼(憲法侵毁)(Verfassungsdurchbrechung)란, 헌법개정 및 헌법변천[18]과 구별되게, 아무런 변화 없이 헌법규정에 반하는 조치를 취하는 것을 말한다.[19] 통상 헌법침훼적 조치들은 당연히 위헌이다. 하지만 일찍이 C. Schmitt는 헌법침훼를 헌법무시적인 것과 헌법존중적인 것으로 나누어 후자의 경우 예외적으로 헌법상 인정된다고 주장하였다.[20] 새로운 문제상황을 유발하는 여기서의 접근은 일종의 '헌법존중적 헌법침훼'로 궁극적으로 선의의 헌법변천(憲法變遷)을 야기할 수 있다.

3. 배상책임주체의 축소의 문제

甲이 선고유예 판결의 확정으로 변호사등록이 취소되었다가 선고유예기간이 경과한 후 대한변협에 변호사등록신청을 하였는데, 변호사 등록거부사유가 없음에도 대한변협 회장 乙이 위법하게 등록심사위원회에 회부하여 변호사등록이 2개월간 지연되었다. 대한변협 및 협회장 乙에 대해 국가배상책임을 지울 수 있는가? (대법원 2019다260197판결)

배상책임주체와 관련해서, 헌법은 국가와 공공단체를 규정하고 있지만, 국가배상법은 국가와 지방자치단체만을 규정하고 있다. 국가배상법의 제정 당시에는 배상책임자로 국가와 공공단체를 규정하였는데, 그 뒤 1967년 개정법에서 바뀌었다.[21][22] 국가배상법이 헌법과 달리 배상책임주체를 제한한 것과 관련하여 위헌성이 제기되나, 민법에 의한 배상가능성이 배제되지 않기에 위헌성여부에 대해 의견의 일치를 보기가 어렵다. 현행법상으로(de lege lata) 공공단체가 국가배상법상의 배상책임의 주체가 될 수 없는 이상, 공공단체의 배상책임의 문제는 민법의 차원에서 접근해야 한다. 그러나 대법원 2019다260197판결은 바람직하지 않게도 국가배상법에 의거하여 대한변호사협회의 손해배상책임은 인정하고 협회장에 대해서는 고의나 중과실이 없음을 들

18) 헌법변천(변질)이란 조문상 변화는 없지만 실제에 있어 헌법규정의 내용이 변하는 것을 말한다.
19) 계희열, 헌법학(상), 2005, 109면. 헌법침훼를 헌법침식(憲法侵蝕)이라고도 한다(허영, 헌법이론과 헌법, 2015, 130면).
20) Ders., Verfassungslehre, 8.Aufl., 1993, S.100. 그는 바이마르헌법 제42조 제2항에 따른 대통령의 비상조치 같은 것을 '헌법존중적 헌법침훼'의 예로 들었다.
21) 1967년 개정법의 해설에 의하면, 공공조합이나 영조물법인은 공무원을 구성원으로 하지 않기 때문에 사실상 국가배상법의 적용이 없고 구성원의 불법행위 등에는 민법에 의한 배상책임을 인정하였다고 한다(김정렬, 새 국가배상법해설).
22) 독일의 경우 민법 제839조는 특별히 거명하지 않지만, 기본법 제34조는 국가와 공공단체가 원칙적으로 배상책임자가 된다고 규정하며, 일본의 경우 헌법 제17조와 국가배상법 제1조 공히 공공단체를 배상책임의 주체로 규정한다.

어 손해배상책임을 부인하였다.[23)]

그런데 국가나 지방자치단체를 제외한 행정주체의 고권적 활동을 국가책임법 차원에서 커버하는 데는 여러 장애가 있다. 파생적 행정주체와 관련한 일관되지 않는 판례의 입장(예: 대법원 94누10870판결이나 대법원 2009마168, 169결정) 역시 그 가운데 하나이다. 요컨대 –공공조합, 영조물법인, 공재단처럼– **간접적인 국가행정의 일환인 파생적 행정주체가 공권력주체로서 고권적 활동을 하는 한, 민사법상의 불법행위책임이 아닌 국가배상책임의 차원에서 전개되는 것이 바람직하다.**

4. 국가배상법의 법적 성격: 민법 제750조의2가 아니며, 특별민법도 아니다.

국가배상법의 법적 성격은 국가배상책임은 물론, 그에 의거한 국가배상청구권의 성질까지도 연계된다. 공법설과 사법설이 주장된다. 사법설은 특히 국가배상법에 규정된 사항 외에는 민법에 따른다는 동법 제8조를 결정적인 근거로 삼았다. 즉, 국가배상법은 민법의 특별법적 성격을 갖는다고 보았다. 판례 역시 이런 입장이며(대법원 69다701판결), 재판실무상으로도 국가배상청구사건은 민사사건으로 다루어진다. 그런데 국가배상청구권이 헌법상 인정된 다음 이를 바탕으로 국가배상법이 마련된 이상, 그것은 공법제도로 출발하였다. 이런 연혁적 논거 말고도 이론적으로도 앞서 본 실체적 상관관계론에(본서 33면) 의하면 국가배상사건은 공법체제의 이슈이다. 당연히 공법설이 타당하다.

그런데 이제 이상의 논의는 의미가 없다. 하천구역 편입토지에 대한 손실보상청구의 사건(대법원 2004다6207전합판결)이 보여주듯이, 종래 국가를 상대로 한 금전급부청구를 민사적 시각에서 접근한 태도가 수정되고 있으며, 행정소송법의 개정논의에서 국가배상사건을 공법상 법률관계를 대상으로 한 당사자소송에 포함시키는 데 광범한 의견일치를 보고 있기 때문이다. **공법구제 시스템이 구축된 지금 시대에 국가배상법은 더 이상 민법 제750조의2가 아니며, 특별민법도 아니다. 범주론차원의 논의는 그만하고, 과연 현행 법제상의 제도를 어떻게 공법제도로서의 본연에 충실하게 정립할 것인지를 숙고해야 한다.**[24)]

---

23) 가해 공무원에 대한 선택적 청구권의 법리에 입각하여 대한변호사협회장의 손해배상책임의 성립여부를 검토한 것은 그의 업무수행이 손해발생의 직접적인 원인이 아닌 점에서 치명적인 문제이 있다. 상론: 김중권, 법조신문 제895호, 2024.3.25.

24) 하지만 대법원 2014다230535판결은 국립 소록도병원 등에 소속된 의사 등이 한센인들에게 시행한 정관절제수술과 임신중절수술이 위법한 공권력의 행사로서 민사상 불법행위가 성립한다고 판시하였다. 판례가 국가배상책임을 민사상의 불법행위책임의 차원에서 접근하는 것을 잘 보여준다.

Ⅳ. 국가배상책임의 성질에 관한 논의

1. 국가배상책임의 모델의 개관

국가배상책임의 모델은 공무원개인책임형, -공무원은 책임을 지지 않는- **국가자기책임형과 책임결합형으로 대별된다. 또한 책임결합형은 책임중첩(병존)형과** -**공무원은 책임 귀속의 주체이긴 하나 그의 개인적 책임이 국가에게 이전되는**- **대위책임형으로 나뉜다.** 시원적 모델인 국가무책임에 따른 공무원개인책임형은 다음의 두 가지 점을 토대로 하였다: 사상적으론 "왕은 악을 행하지 않는다."는 봉건사상과 이론적으론 소위 위임이론. 위임이론(委任理論)은 공무원은 적법한 활동의 위임(수권)만을 받았기에 위법한 활동은 더 이상 국가에게 귀속되어선 아니 되고 공무원 개인에게 귀속되어야 하고, 이 (가해) 공무원은 다른 사인과 마찬가지로 일반적인 불법행위책임규정에 의해서 책임을 져야 한다는 것이다. 18세기 당시에도 "정말 터무니없다."고 표현되었던[25] 위임이론이 후술할 대법원 95다38677판결로 아직도 우리 국가배상법제를 휩싸고 있다.

국가배상책임의 성질 여하에 따라, 가해공무원의 고의와 과실과 같은 주관적 책임요소의 평가가 갈린다. 국가배상책임이 대위책임적 성질이라면 그 주관적 책임요소는 국가의 책임인수를 위한 출발점이 되지만, 자기책임적 성질이라면 구태여 그것이 요구되지 않거니와 규정할 필요도 없으며, 혹시 명시적으로 규정되어 있다 하더라도 그 의미는 -일종의 무과실책임을 성립시킬 정도로- 축소되어야 한다.

그런데 문헌상으로 대위책임과 자기책임에 관한 기본인식에서 다소간 차이가 있으며, 가해 공무원에 대한 직접적 청구권(즉, 선택적 청구권)의 인정과 국가의 구상권행사의 양태가 함께 어우러져 논의가 진행되고 있어서 관련 논의상황이 매우 혼란스럽다.[26] 위험책임의 법리의 관점에서 접근하며 동시에 가해 공무원에 대한 직접적인 배상청구를 일반적으로 긍정하는 일본에서의 자기책임설이 무비판적으로 국내 문헌에 그대로 반영되고 있으며, 대법원 95다38677판결에 의해 주관적 책임요소의 구분에 따른 책임모형이 제시되었기 때문이다. **기왕의 학설에 관한 체계적인 정리가 요구된다.**

---

25) Zoepfl, Grundsätze des allgemeinen und des consitutionell-monarchischen StaatsR, 1. Aufl.(1841), S.252(Windthorst, Staatshaftungsrecht, JuS 1995, S.791에서 재인용).

26) 가령 대위책임설을 취하면서도 공무원개인의 배상책임을 긍정하는 문헌(김철수, 학설 판례 헌법학(상), 2009, 551면)도 있고, 국가의 자기책임설을 취하면서도, 공무원개인에 대한 선택적 청구권이 경과실의 경우에도 인정되어야 한다는 문헌(유지태/박종수, 522면 이하)도 있다.

2. 논의의 출발점: 대법원 1996.2.15. 선고 95다38677전원합의체판결의 문제점

(1) 내 용

종전의 입장(대법원 93다11807판결)을 바꿔, 판례는 공무원의 비난가능성의 정도(고의, 중과실, 경과실)에 따라 상이한 법효과를 전개하였다(대법원 95다38677 전합판결).27) 즉, **고의와 중과실의 경우에는 전적으로 가해공무원 개인 자신이 책임을 져야 하되, 외관주의에 따라 국민을 두텁게 보호하기 위하여 국가가 중첩적으로 책임을 지는 것으로 하는 반면, 경과실의 경우에는 직무수행상의 통상적으로 예기할 수 있는 흠이기에 국가 자신이 전적으로 책임을 진다는 것이다.** 보통 절충설(또는 신자기책임설)이라 불리는 입장에서(김동희/최계영, 555면 이하; 박균성, 930면 이하).28) 주장하였던 것을 판례가 취한 셈이다. 기본적으로 현행법상의 구상조항(2조 2항)을 기저에 둔 판례 입장은, 궁극적으로 가해 공무원에 대한 직접적인 배상청구의 가능성의 문제로 귀착된다.29) 가해 공무원에게 고의나 중과실이 있다고 인정될 경우, 그의 공무원적 지위 및 행위의 직무행위성을 원칙적으로 하등에 고려하거나 인정하지 않겠다는 것이 동 판례의 다수견해의 기저에 있다.

(2) 문제점

대법원 95다38677판결에 대해서는 논의가 불필요할 정도로 다각도로 조명되었다. 배상책임의 본질의 문제가 논의핵심이다. 배상책임의 성질은 공무원 자신의 책임이나 구상에 관한 법상황에 의거하여 가늠할 수 없는 제도의 본질에 해당하기에, 이 문제는 전체의 체계와 그 역사적 연원에 의거하여 판단해야 한다.

국가배상시스템은 국가무책임의 체제가 극복되는 과정이자 결과이다. 비록 국가의 자기책임까진 가진 않더라도 국가의 책임인수를 바탕으로 한 대위책임에 이르렀다면, 가해 공무원의 개인적 책임 문제는 이미 돌이킬 수 없는 단계에 진입한 것이다. 즉, 대위책임의 인정은 책임인수를 통해 배상책임자를 바꾼 것이어서 그 자체가 가해 공

---

27) 최근 가해공무원에 대해 직접적인 책임을 인정한 대법원 2011다34521판결의 문제점에 관해서는 김중권, 법률신문 제4002호(2012.1.26.).

28) 그런데 기관행위적 관점에서 접근한 절충설의 입장은 종래의 중간설(대표적으로 이상규, 신행정법론(상), 612-613면)과는 다른 점이 있다. 전자가 −경과실의 경우의− 국가자기책임과 −중과실, 고의의 경우의− 공무원개인책임을 원칙으로 하되, 국가자기책임에 의한 대체가능성을 결합시킨 반면, 후자는 −경과실의 경우의− 국가자기책임과 −중과실, 고의의 경우의− 국가대위책임을 결합시킨다. 양자의 기본적 차이는 가행공무원에 대한 선택적 청구권의 인정여부에 있다. 후자에서는 이것이 전면 부정되는 반면, 전자에서는 중과실, 고의의 경우에는 당연히 인정된다.

29) 한편 홍준형 교수는 헌법 제29조 제1항의 단서를, 공무원에 대한 직접적 배상청구권의 인정에 관한 직접적이고 결정적인 근거로 본다(658면 이하).

무원에 대한 직접적인 책임추궁의 가능성을 배제한 것이다.[30] 개인적 주관적 책임요소를 탈색시킨 자기책임설의 입장을 취하면서도, 선택적 청구권을 인정한 동 판례의 다수견해의 기조를 수긍한다는 것은 어울리지 않는다. 그리고 **이렇게 선택적 청구권을 인정하면 피해자는 국가배상책임을 제기하지 않고 직접 가해 공무원을 상대로 민사소송을 제기하는 쉬운 방법을 취한다.** 여기서 가해 공무원은 일단 민사책임을 진 다음, 고의나 중과실이 없음을 내세워 국가를 상대로 구상을 구한다(본서 964면). 결국 국가배상책임이 공무원 개인의 책임으로 그 본질이 훼손된다.

배상책임의 성질은 구상(求償)에 관한 입법상황에 좌우될 수 없는 본질의 문제이다. 더군다나 동 판례의 다수견해는 공무원의 고의나 중과실의 직무행위의 경우 그 본질이 기관행위로서의 품격을 상실하여 국가에게 귀속시킬 수 없어 전적으로 공무원 개인의 불법행위책임이 성립하되, 다만 외관주의에 따라 국가책임이 중첩적으로 성립될 수도 있다고 하였는데, 이런 접근은 공무원관계를 사법적(私法的) 위임계약으로 이해한 과거의 위임이론을 연상하게 한다. 그런데 여기서 중대한 의문은 과연 자기책임설을 연결하여 절충적 입장을 논할 수 있는지 여부이다. 왜냐하면 자기책임설은 기본적으로 가해공무원의 고의나 과실을 문제 삼지 않기 때문이다.

국가배상제도와 결부된 법치국가원리의 의의에 비추어, 국가가 고권적 불법에 대한 책임 전체를 원칙적으로 부인하는 것 또는 그것을 공무원의 개인적, 민사적 책임의 경우에만 맡기는 것은 저지된다. 왜냐하면 공무집행상 공무원의 위법한 활동은 기관 자체의 직접적 활동이며, 책임상으로도 국가 자신의 잘못된 행위로서 국가에게 귀속되어야 하기 때문이다. 이 점에서 국가는 배상책임의 주체일 뿐만 아니라, 직접적인 귀속주체이기도 하다. 종전에 국가의 불법행위상의 무능력의 테제에서 비롯된, 국가자기책임에 대한 의구심(疑懼心)은 이제 전혀 근거가 없다.

동 판례의 다수견해는 국가배상법제를 이전 시대로, 과장하면 위임이론이 주효하였던 국가무책임의 시대로 되돌렸다.[31] 더군다나 해당 사건이 군인·군무원에 관한 특례를 규정한 과거 유신헌법의 잔영이 현현(顯現)된 사건인 점에서 또 다른 문제인식을 불

30) 이런 의미에서 대위책임설을 취하는 일본의 통설과 판례(最判1955(昭和30)·4·19民集 九巻五号五三四頁)는 공무원개인책임을 인정할 필요가 없다고 본다. 한편 프랑스의 경우 국가책임과 공무원 개인책임이 병존하는데, 여기서의 국가책임을 자기책임설의 차원에서 이해하는 것은 문제가 있다. 왜냐하면 국가의 자기책임설은 기본적으로 공무원의 개인책임을 상정하지 않는다.

31) 국가배상제도의 기능 가운데 제재기능·위법행위억제기능에 의거하여 동 판례의 다수견해를 지지할 수도 있지만, 이는 접근의 선후가 뒤바뀐 것이다. 연혁에 비추어 국가배상제도의 주된 기능은 피해자의 관점에서 국가를 상대로 한 데서 찾아야 하지, 가해 공무원을 상대로 한 데서 찾아서는 곤란하다. 국가배상제도의 제재기능·위법행위억제기능은 국가배상제도의 후속적 또는 부수적 기능의 차원에서 접근해야 한다.

러일으킨다.[32] 대법원 2022다289051전합판결의 별개의견이[33] 국가자기책임의 입장에서 대법원 95다38677전합판결의 변경을 제시한 것(판결문 27면)은 의미심장하다.

3. 현행 국가배상법상의 배상책임의 성질

국가배상책임의 성질에 관해 문헌의 대세가 종전과는 달리 자기책임설인 것으로 지적되곤 하는데, 이처럼 국가의 자기책임으로 본다면, －또한 절충설에 의해 자기책임을 성립시키는 공무원의 경과실이 인정될 경우에도－ 주관적 요소와 관련한 전개상황은 완전히 다르다. 그러나 현행법이 명문으로 공무원의 고의와 과실을 규정하고 있는 점에서, 본래 공무원 개인의 주관적 요소를 전제로 하지 않는 자기책임설은 매우 취약한 근거를 바탕으로 한다. 명시적으로 대위책임을 천명한 독일의 법상황("공무원에 대신하여")과 분명히 다른 우리의 법상황이 대위책임설에 대한 비판논거로 작동함과 동시에 자기책임설이나 중간설(및 절충설)의 착안점이 되긴 하나, **공무원 개인의 주관적 요소는 대위책임적 구조를 위한 결정적 착안점이다.** 채무인수를 본질로 하는 대위책임적 구조가 아니라면, 구태여 공무원의 주관적 책임요소를 배상책임의 성립요건으로 설정할 필요가 없다. 자기책임설을 표방한 문헌들이 주관적 책임요소를 전제로 하여 논의를 전개한 것은 －비록 과실의 객관화 차원에서 극복하려고 여러 가지를 모색하긴 해도－ 문제가 있다. **현행 국가배상법상의 배상책임시스템은 분명 대위책임적 구조이다.**

4. 관견(管見): 헌법상의 국가자기책임에 의거한 접근

국가배상법의 구체적 법상황이 어떤 시스템의 본질을 파악하는 데 중요한 착안점이긴 해도, 그것이 헌법상의 본질을 전적으로 좌우할 순 없다. 헌법학의 문헌에서는 헌법상의 국가배상책임시스템이 자기책임이라는 입장이 다수이다.[34] 국가배상에서 헌법이 자기책임적 기조를 지향할 경우, 하위법인 국가배상법의 대위책임적 구조는 조화되지 않는다. 이런 괴리는 자칫 국가배상법에 대해 위헌시비를 야기할 수 있다. 여기서 헌법상

32) 참고로 구 동독의 국가책임법은 공무원에 대한 직접적인 손해배상청구권을 명시적으로 배제하였다(1조 ②), 스위스 역시 그러하다.

33) 김상환 대법관, 노태악 대법관 권영준 대법관, 노경필 대법관.

34) 가해공무원에 대한 선택적 청구권의 인정여부와 관련해서, 자기책임설의 입장에선 당연히 부인하는 입장을 취하는데, 대위책임설을 취하는 김철수 교수님은 국민권리구제의 효율성을 위한 정책적 문제로 보아 긍정한다(헌법학신론, 2013. 1050면). 그리고 장영수 교수는 사용자책임으로서의 국가의 자기책임성을 인정하면서, 선택적 청구를 원칙적으로 인정한다(헌법학, 925면).

의 배상책임시스템이 국가배상법상의 그것과 동일한지 검토가 필요하다.

우리는 1948.7.17.에 -지금의 제29조와 기본적으로 동일한- 제헌헌법 제27조가 마련된 다음, 국가배상법이 1951.9.8.에 제정・시행되었다. 국가배상법이 마련되기 전에는 민법의 불법행위론이 주효하였다. 국가배상법의 형성에서 민법에서 출발한 독일과 왕정(王政)의 전통에서 구축한 일본과 다른 역사는 중요한 착안점을 제공하다. 우리의 경우 헌법상의 배상책임구조를 대위책임으로 전개할 필연적 이유가 없다. 그것을 구체적으로 형성한 국가배상법이 -바람직하지 않게도- 대위책임형을 표방한 것이었다. 더군다나 우리는 국가무책임설의 모태인 왕정(王政)과 절연한 역사에서 출발하였다.

헌법상의 배상책임의 성질을 독일과는 달리 국가배상법상의 그것과 분리시켜 검토할 수 있다. 따라서 헌법 제29조 제1항상의 불법행위를 고의나 과실이 전제된 위법행위를 의미하는 것으로 주장할 수도 있지만, 이는 명문에 반한다.[35)36)] 독일의 경우에도 기본법의 차원에서 -설령 원칙적이자 중립적 의미를 갖긴 하나- 국가책임의 무책성을 그대로 받아들여지고 있다.[37)]

결론적으로 우리의 경우에는 헌법이 무책적(無責的) 국가배상책임을 분명히 표방하기에, **국가배상법 제2조에 의거하여 가해 공무원의 개인적 책임을 전제로 하여 국가책임의 성립을 부정한다든지, 국가가 아닌 공무원 개인에게 책임을 묻는다든지 하는 것은 그 자체로 위헌을 면하지 못한다.**[38)] 대법원 2022다289051전합판결의 별개의견이 국가자기책임을 바탕으로 국가배상제도를 민사제도가 아닌 공법제도로 새롭게 구축하려는 데(판결문 20면 이하)서 앞으로의 변화에 대한 희망과 기대를 갖는다.

V. 공무원의 위법한 직무행위로 인한 배상책임의 성립요건

배상책임의 성립요건과 관련하여 국가배상법 제2조 제1항은 「국가 또는 지방자치

35) 일본에서는 공무원의 고의와 과실이 전제되지 않는 '영조물의 설치관리하자'(국가배상법 제2조)를 견줘, 헌법상의 배상책임의 성격에 관해 자기책임설을 논증하기도 한다(芝池, 行政救濟法講義, 194頁).
36) 정태호 교수는 국가배상법 제2조 제1항상의 고의・과실의 요건이 법치국가원리를 실현하는 데 최선의 헌법정책적 수단이라고는 할 수 없지만, 헌법상의 '불법행위' 개념이 이런 주관적 책임요소를 전제로 하고 있다고 해석할 수 있어서 위헌이라고는 할 수 없다고 한다. 법학연구(충남대) 제30권 제1호(2019), 77면 이하. 참고문헌: 박현정, 사법 제42호(2017).
37) 기본법 제34조의 현재의 법상황이 국가의 직접책임(자기책임)의 도입을 배척하진 않는다. BVerfGE 61, 149(198ff.); Bonk, in: Sachs, GG Kommentar, §34 Rn.3.
38) 유진오 박사님은 일찍이 공무원 비면책 조항(제헌헌법 제27조 제2항 단서: 현행 제29조 제1항 단서))에 대해 선택적 손해배상청구권을 인정한 것으로 기술하였다(헌법해의, 명세당판, 단기 4282년, 65면). 이는 일종의 역사적 헌법해석이지만, 이상에서의 접근을 통해 극복될 수 있다.

단체는 공무원 또는 공무를 위탁받은 사인이 직무를 집행하면서 고의 또는 과실로 법령에 위반하여 타인에게 손해를 입히거나, 자동차손해배상보장법에 따라 손해배상의 책임이 있는 때에는 그 손해를 배상하여야 한다」라고 규정하고 있다.[39] 이를 바탕으로 국가배상책임의 구체적인 성립요건에 관해 고찰하기로 한다.[40]

한편 국가배상법 제8조에 의하여, 국가 또는 지방자치단체의 손해배상의 책임에 관하여 같은 법의 규정에 의한 것을 제외하고는 민법 규정에 의하고, 민법 이외의 법률에 다른 규정이 있을 때에는 그 규정에 의한다. 후자와 관련해서 공무원이 직무를 수행함에 있어 실화로 인하여 타인에게 손해를 가함으로써 그에 따른 국가나 지방자치단체의 손해배상책임이 문제된 경우에 있어서도 —중대한 과실이 아니면 배상액경감청구가 허용되는— 「실화책임에 관한 법률」의 적용을 배제할 수는 없다(대법원 97다36613판결).

1. 공무원의 행위

지방자치단체 A구가 甲을 '교통할아버지' 봉사원으로 선정하여 어린이 보호, 교통안내, 거리질서 확립 등의 업무를 맡겼다. 그리고 활동시간과 장소까지 지정해 주고, 활동시간에 비례한 수당을 지급하고 그 활동에 필요한 모자, 완장 등 물품을 공급하였다. 그런데 甲이 위탁받은 업무범위를 넘어 교차로 중앙에서 교통정리를 하다가 교통사고를 발생시켰다. 지방자치단체 A구는 甲이 공무원이 아니며, 업무범위를 넘었다는 것을 이유로 배상책임이 없다고 주장한다. 피해자는 A구에 대해 국가배상책임을 묻을 수 없는가? (대법원 98다39060판결)

(1) 공무원의 개념

국가 등의 배상책임이 성립하기 위해서는 먼저 '공무원'이 위법한 활동을 하여 손해를 가해야 한다. 국가책임법상의 공무원개념은 기능적 차원의 것이다. 신분법상의 그것을 넘는 넓은 개념이다. 그리하여 여기에서의 공무원은 국가공무원법이나 지방공무원법에 의하여 공무원으로서의 신분을 가진 자에 국한하지 않고, —공무수탁사인과 행정보조인 등— 널리 공무를 위탁받아 실질적으로 공무에 종사하고 있는 일체의 자를 가리키는

39) 국가배상법이 적용되지 않고, 자동차손배법이 적용되기 위해서는 그 전제가 자동차가 자동차관리법의 적용을 받아야 한다. 미합중국 군대의 공용 차량에 대해서 자동차관리법이 규정을 두고 있지 않으므로 자동차손배법의 적용이 배제되고 국가배상법이 적용된다(대법원 2023다205968판결).

40) 이들 성립요건의 논증에서 유의할 점이 있다. 단순히 모든 요건을 나열하는 것은 바람직하지 않다. 특히 고의나 과실을 직무상의 불법과 분리시켜 선행적으로 논의하는 것은 바람직하지 않다. 고의나 과실은 직무상의 불법과 관련해서 의미가 있으며, 직무상의 불법이 인정되지 않으면 굳이 고의나 과실을 논의할 필요가 없다.

것으로서, 공무의 위탁이 일시적이고 한정적인 사항에 관한 활동을 위한 것이어도 달리 볼 것은 아니다(대법원 98다39060판결). 당연히 기관의 구성원을 의미하나, 기관 그 자체(특히 합의제행정기관)도 국가배상법상의 공무원에 포함될 수 있다.

(2) 공무수탁사인과 행정보조인의 경우

판례에 의해 소집중인 향토예비군, 미군부대의 카튜사, 시청소차운전수, 집행관, 통장 등은 공무원에 해당하나, 의용소방대원은 부인된다. 의용소방대원의 법적 지위가 무엇인가? 소방법 제87조에[41] 의해 의용소방대원은 행정보조인이다. 행정보조인으로서 교통할아버지까지도 공무원성이 인정되는 마당에 판례가 의용소방대원을 배제시킨 것(대법원 78다584판결)은 그것의 근거규정에 반하거니와 어떤 이유로도 정당화되지 않는다. 2009.10.21. **개정으로 공무수탁사인은 국가책임법의 차원에선 공무원의 지위를 확고히 갖는다.** 법개정과 무관하게 공무수탁사인은 원래 공무원적, 즉 행정기관적 지위를 갖는다. 법개정을 계기로 공무수탁사인을 배상책임과 관련해서 국가나 지방자치단체마냥 행정주체 및 배상책임의 주체로 접근하는 태도는 수정되어야 한다.[42]

2. 직무행위

(1) 직무행위의 범위

공무원의 활동 가운데 어떤 범위까지 국가배상법이 커버할 것인지의 문제인데, 국가배상법의 성질과 연계된다. 문헌상으론 직무를 공권력작용에 국한시키는 협의설, 공권력작용 이외에 비권력적 공행정작용, 즉 관리작용(영조물의 설치·관리작용은 국가배상법 제5조에 별도의 규정이 있으므로 제외된다)도 포함된다는 광의설, 사경제작용까지도 포함한 모든 행정작용(영조물의 설치·관리작용은 국가배상법 제5조에 별도 규정이 있으므로 제외된다)이 해당된다고 보는 최광의설이 전개된다. 국가배상법을 공법으로 보는 입장은 광의설을, 사법으로 보는 입장은 최광의설을 취한다. 과거 사경제작용을 포함하여 최광의설을 취한 것인양 여겨지는 경우(대법원 4290민상118판결)도 있었지만, 사경제작용을 분명히 배제하고 있어(대법원 2002다10691판결 등), 판례는 광의설을 취하고 있다.

우리 국가배상법제의 유래가 된 법제(독일과 일본)가 공권력행사의 문제임을 표방

41) "의용소방대원은 비상근으로서 소방상 필요에 의하여 소집된 때에는 출동하여 소방본부장 또는 소방서장의 소방업무를 보조한다."

42) 대법원 2007다82950, 82967판결이 공무수탁사인격인 토지공사를 국가배상법상의 단순한 공무원이 아닌 행정주체로 보았는데, 이는 타당하지 않다. 대법원 2007다82950, 82967판결을 참조하는 것은 바뀐 법상황에 맞지 않는다.

한 데 대해서, 우리는 단순히 '직무'만으로 표현하기에 논란이 생긴 것이다. 앞에서 보았듯이 비권력작용(관리작용)의 정체가 의문시되고 있다는 점에서, 권력작용을 포함한 의미에서의 기왕의 광의설을 그대로 받아들이기는 주저된다. 협의설에서 표방하는 권력작용이라는 용어 역시 바른 이해를 저해한다는 점에서 적절하지 않다. 그것은 고권적·공법적 활동으로 순화되어야 한다. **국가배상법의 공법적 성격에 비추어 그것이 커버하는 활동은 사경제작용을 배제한 공무원의 공법적 활동이어야 한다.**[43] 여기서 공무원이 사경제활동에서 위법한 행위를 한 경우에 어떤 구제방식을 취해야 하고, 국가책임은 어떻게 되는가의 문제가 제기된다(후술).

(2) 직무행위의 내용

국가의 입법·행정·사법의 일체 공법작용이 직무행위에 포함된다. 아울러 비단 법적 행위만이 아니라, 관용차운전과 같은 사실행위는 물론 이와 관련한 부작위까지 당연히 포함된다. 그리하여 특히 문제되는 것은 규범정립작용(입법작용)과 사법작용이다.

(가) 규범정립작용(입법작용)의 문제

거창사건 희생자와 유족에 대하여 보상금 등을 지급하는 것을 주요 내용으로 하는 거창특별법 개정법률안이 2004.3.2. 국회 본회의를 통과하였으나, 고건 대통령 권한대행이 2004.3.23. 전쟁 중에 일어난 민간인 희생의 보상에 대해 아직 사회적 공감대가 폭 넓게 형성되지 않았고, 거창사건에 대한 보상이 향후 국가재정에 커다란 부담으로 적용할 것이 예상된다는 점 등을 이유로 이 개정안에 대해 거부권을 행사하였다. 개정법률안을 재의결하지 않은 것이 입법의무에 반하는가? (대법원 2004다33469판결)

장애인등편의법 제4조는 장애인등의 접근권을 규정하고 있는데, 동법 시행령 별표1이 편의시설을 설치해야 할 대상시설의 범위를 전국 편의점 1.8%, 서울특별시 내 편의점 1.4%에 그치게 규정하였다. 2008.4.11.부터 장애인차별금지법이 발효하였고, UN장애인권리위원회가 UN장애인권리협약에 대한 법령의 위배를 확인하여 2014.10.2. 개선권고를 하였다. 일종의 부진정 행정입법부작위의 상황에서 국가배상책임이 인정될 수 있는가? (대법원 2022다289051전합판결)

위법한 규범정립작용이나[44] 위법한 그것의 부작위에 의한 국가배상책임이 존재할

---

43) 결과적으로 기왕의 광의설과 동일하다.

44) 입법적 불법은 위헌적 법률의 문제이고, 규범적 불법은 상위법에 위반된 −법규명령, 조례와 행정규칙과 같은− 법률하위적 규범의 문제이다. 유의할 점은 입법을 포함한 법규범정립은 제·개정된 결과물인 법률 및 규범과 아울러 그것의 제·개정행위를 망라하여 사용된다. 즉, 법규범정립의 불법은 위법인 법률 및 규범과 아울러 그것의 위법한 제·개정행위를 의미한다. 규범에 대한 공법구제에서 무엇을 대상으로 하느냐에 맞춰 규범정립행위를 대상으로 하거나 규범 그 자체를 대상으로 한다. 즉, 진정 입

수 있는지 여부는 논란의 여지가 있다.[45] 넓은 공무원개념으로 행위주체상의 문제는 없지만, 고의·과실, 위법성, 손해발생 등의 여타 성립요건은 충족되기 어렵다. **판례는 국회의원은 입법에 관하여 원칙적으로 국민 전체에 대한 관계에서 정치적 책임을 질 뿐 국민 개개인의 권리에 대응하여 법적 의무를 지는 것은 아니라고 본다.**[46] 일찍이 독일 일반대법원(BGH) 역시 입법의무란 원칙적으로 오로지 일반공중을 위해 성립하기에 그것의 제3자직무성이 결여되었다고 주장하여 국가배상책임의 인정에 소극적 입장을 보였다.[47] 한편 독일 일반대법원은 위헌인 조치적 법률(이른바 처분적 법률)과 개별사례법률에 대한 배상책임은 가능하다고 여긴다.[48]

그런데 입법을 포함한 규범정립작용이 당연히 지닌 일반추상적 성격에 바탕을 둔 이런 접근은 문제가 있다. 결정적인 잣대는 규범정립에서 준수해야 할 상위법이다. 즉, 의회입법자는 당연히 개인보호적 성격을 갖는 헌법의 기본권에, 행정입법자는 궁극적으로 개인보호적 성격을 갖는 상위법령에 구속된다. 재판으로 국가재정에 예상치 못한 결과를 빚을 수 있으며, 입법작용에서 국가배상책임의 성립요건이 충족되기 힘든 것이 사실이다. 하지만 **적어도 입법의무가 개개 국민을 보호하는 것을 지향하지 않는다는 기본인식이 바뀌어야 한다.** 법률이 군법무관의 보수의 구체적 내용을 시행령에 위임했음에도 불구하고 행정부가 정당한 이유 없이 시행령을 제정하지 않은 진정 행정입법부작위가 문제된 대법원 2006다3561판결을 제외하고서[49] 우리의 경우 거창사건보상의 건에서 보듯이 입법상 불법을 이유로 국가배상책임이 인정된 적이 없다.[50] 대조적으로 일본 최고재판소는 재외국민투표와 관련한 법안이 의회에 제출되어 10년 이상 아무런 조치가 없어 폐기되어버린 사건에서 입법부작위의 국가배상책임을 인정하는 획기적인 변화를 보였다.[51]

법(규범정립)부작위의 상황은 법령이 없기에 당연히 입법(규범정립)행위를, 부진정 입법부작위의 상황은 문제의 입법(법규범) 그 자체가 다툼의 대상이 된다.

45) 주요문헌: 김남진, 고시계 1989.3; 정하중, 사법행정 1993.3.; 이덕연, 사법행정 1995.6; 정남철, 공법연구 제33집 제1호(2004.11); 서기석, 행정판례연구 제14권 제2호(2009.12).

46) 그리하여 국회의원의 입법행위는 그 입법 내용이 헌법의 문언에 명백히 위배됨에도 불구하고 국회가 굳이 당해 입법을 한 것과 같은 특수한 경우가 아닌 한 국가배상법 제2조 제1항 소정의 위법행위에 해당한다고 볼 수 없다고 본다(대법원 2004다33469판결). 이를 참조하여 대법원 2012다48824판결은 대통령의 직무행위 즉, 긴급조치의 사익보호성을 부인하는 맥락에서 긴급조치에 대한 국가배상책임의 성립을 부정하였다.

47) BGHZ 56, 40(44ff.); BGH DVBl 1993, 718; Ossenbühl, StHR, 104ff.

48) 특히 조례에 의한 건축상세계획과 관련해서는 판례상으로 국가배상책임의 성립가능성이 일반적으로 시인되어 요건충족여부가 문제될 뿐이다(BGHZ 142, 259(263f.)).

49) 행정입법부작위에 대한 행정소송 문제에 관해서는 본서 470면 이하.

50) 국가보위입법회의법 부칙 제4항의 위헌성에 따른 국가배상책임도 그것의 집행행위인 면직처분을 원인으로 성립된 것이지 결코 동 규정 자체가 원인이 아니다. 서울민사지법 91가합84035판결 등이 입법상 불법에 대한 국가배상책임을 인정한 것은 아니다. 동지: 정남철, 앞의 책, 374면.

근거법령이 법원·헌법재판소에 의해 위헌·위법하여 무효로 판단된 경우에 이미 그 근거법령에 의거하여 행해진 행위에 대해 국가배상책임이 인정되는가? 행위시에 위법성이 확인되지 않는 이상,[52] 소극적일 수밖에 없는데, 법원은 일종의 조치적 법률(또는 엄밀히는 집행법률)로서의 성질을 가지는 국가보위입법회의법 부칙 제4항의 위헌성에 의거하여 관련 면직처분의 무효에 바탕을 두고서 국가배상책임을 적극적으로 인정하였다(서울민사지법 91가합84035판결).

그런데 **이처럼 규범집행행위에 초점을 맞추면 모순적 상황이 빚어진다.** 판례에 의하면, 위헌 무효로 판시된 대통령긴급조치(9호)에 바탕을 둔 수사기관이나 법관의 직무행위는 국가배상법상의 공무원의 고의 또는 과실에 의한 불법행위에 해당하지 아니한다(대법원 2013다217962판결). 이런 결론은 근거인 긴급조치(9조)를 위헌, 무효로 판시한 사법적 판단을 사실상 무색하게 만든다. **개별법의 차원이 아닌 전체 국법질서의 차원에서 논란이 되는 사안에서 입법상의 불법을 직접 논증하는 식으로 국가책임을 적극적으로 인정하는 것이 바람직하다.**[53] **전제로 입법의무가 개개 국민을 보호하는 것을 지향하지 않는다는 기본인식은 바뀌어야 한다.** 입법사항을 법률의 근거 없이 규정하여 무효인 병인사관리규정에 의거한 전역보류명령을 다룬 대법원 93다16819판결이 고무적이다. 전체 법질서의 관점에서 접근하여 그 규정을 집행한 부대장이 아니라, 그 규정을 제정·유지 시킨 육군참모총장을 기준으로 과실을 인정하여 국가배상책임을 인정하였다.[54] 특히 대법원 2018다212610전합판결 역시 긴급조치의 발령행위의 사익보호성 문제를 검토하지 않은 채, 그 발령과 집행행위를 망라하여 전체적으로 접근하여 국가배상책임을 인정함으로써, -묵시적으로 대법원 2004다33469판결의 기조가 극복되어- 입법(규범)상 불법에 따른 국가배상책임의 문제는 성립요건의 충족 여부에 좌우되게 되었다.

규범적 불법에 대한 제1차적 권리보호가 사실 불가능하다는 점에서, 최후 보루로 국가배상책임을 적극적으로 강구해야 한다. 규범적 불법이 확인되면, '의심스러우면 피해자에게 유리하게'(in dubio pro victima)의 명제가 통용되는 것이 바람직하다.

---

51) 最判 平成17(2005)·9·14 民集59卷7号2087頁. 상론: 서기석, 221면 이하 참조. 선거권 행사의 지위를 (미리) 확인하는 것을 당사자소송으로 강구한 것을 인용한 것 역시 의미가 크다.

52) 판례(대법원 92누9463판결)는 그런 경우에 단순위법의 정도로 본다.

53) 김중권, 개헌논의에 따른 國家賠償시스템의 拔本的 改革에 관한 小考, 유지태 교수 10주기 추도논문집(2018.3.23.); 법률신문 제4580호(2018.2.8.).

54) 반면 소속 부대장은 그 병인사관리규정의 적용을 거부할 수는 없는 것이므로, 소속 부대장이 이를 적용한 행위는 과실로 법령을 위반한 행위에 해당한다고 할 수 없다.

(나) 사법작용(재판)의 문제

법관이 채권압류 및 추심명령에 기재된 제3채무자의 주소가 잘못되어 있음을 간과하고 추심명령을 발함으로써 송달불능이 되었고 뒤늦게 보정하여 추심명령이 송달되었지만, 제3채무자에 대한 송달이 지체되어 채권자인 甲이 제3채무자로부터 지급받았을 추심금을 받지 못하는 손해가 발생하였다. 국가배상책임이 성립하는가? (의정부지법 2004가단10275판결)

전역예정일이 1988.3.18.이었던 甲이 폭행치사 사건으로 구속되어 재판 계속중에 있었는데, 구속, 기소 중에 있는 현역병에 대하여는 전역명령을 발할 수 없도록 규정하고 있는 (구) 병인사관리규정에 의해 재판종결시까지 전역이 보류되었다가 판결 확정 후인 1990.5.31. 전역명령을 받았다. 전역보류의 위법을 이유로 국가배상청구가 주효하는가? (대법원 93다16819판결)

법관의 재판활동 역시 주체 등에서 일반 행정작용과 다르지 않기에 별다른 점이 없다고 할 수 있지만, 재판 및 불복제도의 본질에서 논의할 점이 있다.[55] 판결에 대해 기판력이 인정되고, 불복절차가 제도화되어 있다는 점에서 재판작용을 일반 행정작용과 동일한 궤에 놓고 접근하는 것은 자칫 법적 안정성과 법적 평화를 저해할 수 있다. 재판작용을 법적으로 다르게 취급하는 것이 정당화될 수 있지만, 독일과 같은 특별규정이[56] 없는 이상, 이 문제는 순전히 도그마틱적으로 해결방안을 모색할 수밖에 없다.

판례는 배상책임의 성립요건인 위법성과 유책성의 정도를 일반적인 경우보다 상향시켜 설정하고[57] 또한 재판에 대하여 따로 불복절차 또는 시정절차가 마련되어 있는 경우에는 그 같은 구제절차가 국가배상의 구제에 대해 원칙적으로 우선함을 판시하였다(대법원 99다24218판결 등).[58] **판례는 다음과 같이 요건을 추가한 셈이다**: 적극요건적 측면(위법하거나 부당한 목적을 가지고 있었다거나 법이 법관의 직무수행상 준수할 것을 요구하고 있는 기준을 현저히 위반할 것), 소극요건적 측면(재판에 대하여 따로 불복절차 또는 시정절차가 마련되어 있지 않을 것).[59] 결국 재판상 불법에서 국가배상책임은 성립되기 매우 어렵다.

---

55) 참고문헌: 이일세, 저스티스 제32권 제1호(1993.3.); 황정근, 민사판례연구 제26권(2004.2.); 이승영, 판례실무연구Ⅴ 2001.12.

56) 민법 제839조 ② 공무원이 소송사건에서의 판결에서 그의 직무의무를 위반한 경우, 공무원은 해당 직무위반이 형법상의 죄를 구성하는 경우에 한하여 그로부터 비롯된 손해에 대해서 책임을 진다. 직무행사를 위무에 반하게 거부하거나 지연한 경우에는 이 조항은 적용되지 않는다.

57) 효시적 판결: 대법원 2000다29905판결. 동지: 대법원 99다24218판결.

58) 효시적인 판결(대법원 99다24218판결): 불복에 의한 시정을 구할 수 없었던 것 자체가 법관이나 다른 공무원의 귀책사유로 인한 것이라거나 그와 같은 시정을 구할 수 없었던 부득이한 사정이 있었다는 등의 특별한 사정이 없는 한, 스스로 그와 같은 시정을 구하지 아니한 결과 권리 내지 이익을 회복하지 못한 사람은 원칙적으로 국가배상에 의한 권리구제를 받을 수 없다. 동지: 대법원 2014다215499판결; 2019다226975판결.

59) 헌법재판관이 헌법소원심판청구 사건에서 청구기간을 오인하여 각하결정을 한 경우, 이에 대한 불복절차 내지 시정절차가 없기에, 국가배상책임이 인정되었다(대법원 99다24218판결).

사법상의 불법 문제는 재판상의 불법에 한한다. 따라서 법관이 재판작용 이외의 사법작용을 행한 경우에는 가중된 성립요건을 설정해서는 아니 된다. 법적 취급의 다름은 재판 그 자체에서 비롯된 것이지, 결코 법관의 지위에서 비롯된 것은 아니다. 즉, 판결의 특권이지 법관의 특권은 아니다. 그럼에도 불구하고, 판례는 임의경매절차에서 경매담당 법관의 오인에 의해 배당표 원안이 잘못 작성되고 그에 대해 불복절차가 제기되지 않아 실체적 권리관계와 다른 배당표가 확정된 경우에 이를 재판상 불법의 문제로 접근하였다(대법원 2000다16114판결). 효시적 판결인 대법원 2000다29905판결 역시 판사의 경매절차상의 위법행위에 대해 타당하지 않게 그렇게 접근하였다.

결과적으로 재판의 불법 문제가 아니라 '법관'의 직무상의 불법 문제로 바람직하지 않게 바뀌었다. 이런 변모는 법관이 행하던 업무 중 일부 업무를 위임받아 처리하는 사법보좌관이 잘못된 사법적 판단한 경우에 대해서도 동일한 접근을 강구한 판례에서 극명히 나타난다(대법원 2021다202224판결).[60] 경매 담당 공무원의 위법한 직무행위는 당연히 아무런 제한 없이 국가책임이 인정된다(대법원 2006다23664판결).

한편 긴급조치에 의거한 재판과 관련하여 대법원 2018다212610전합판결의 다수의견은 침묵하였지만, 별개의견(김선수, 오경미 대법관)은 긴급조치 제9호를 적용하여 유죄판결을 선고한 법관의 재판상 직무행위에 대해 독립적 재판상의 불법을 인정하였다. 당시 사법부가 −엄혹한 시대상황을 배제하고 판단하는 것이 저어되긴 하나− 민주적 법치국가원리에 정면으로 반하는 不法을 외면한 것을 통렬하게 반성한 셈이다.[61]

(다) 공무수행상의 교통사고의 경우

자동차손해배상보장법 제3조에 의하면, 자기를 위하여 자동차를 운행하는 자는 그 운행으로 다른 사람을 사망하게 하거나 부상하게 한 경우에는 그 손해를 배상할 책임을 진다. 공무원이 공무수행하면서 교통사고를 일으킨 경우 배상책임주체의 물음에서 판례는 차량의 소유귀속에 따라 구분한다. 즉, 국가 또는 지방자치단체 소유의 관용차인 경우, 그 자동차에 대한 운행지배나 운행이익은 그 공무원이 소속한 국가 또는 지방자치단체에 귀속되기에, 국가 등이 책임을 지지만(대법원 91다12356판결), 공무원의 자기소유 자동차인 경우에는 −그 사고가 운전한 공무원의 경과실에 의한 것인지 중과실 또는 고의에 의한 것인지를 가리지 않고− 그 공무원이 '자기를 위하여 자동차를 운행하는

60) 하지만 기왕의 판례기조를 견지하면서도 국가배상책임을 정당하게 적극적으로 논증한 의정부지법 2004가단10275판결도 있었다

61) 상론: 김중권, 시대의 해원(解冤)을 넘어 국가배상법 개혁을 위한 모색, 법률신문 제5015호, 2022.9.5.; 긴급조치와 관련한 재판상의 불법에 따른 국가배상책임의 문제, 인권과 정의 제510호, 2022.12.1.

자'로서 손해배상책임을 부담한다(대법원 94다15271판결).

(3) 직무행위의 판단기준

울산세관의 통관지원과에서 인사업무를 담당하면서 울산세관 공무원들의 공무원증 및 재직증명서 발급업무를 하는 공무원인 甲이 울산세관의 다른 공무원의 공무원증 등을 위조하여 금융기관으로부터 부당하게 대출을 받았다. 이에 해당 금융기관은 국가를 상대로 국가배상책임을 주장하였다. 여기서 "공무원증 등 위조행위가 상대방 없이 자기 혼자 밀실에서 저지른 범죄행위이므로 직무행위를 수행하는 것과 같은 외관 자체가 전혀 없었다."고 하는 국가의 반론은 주효하는가? (대법원 2004다26805판결)

'직무를 집행하면서' 손해를 발생시켜야 한다. −가령 공무수행중 절도를 하거나, 자가용차로 출근하다가 사고를 일으킨 경우(대법원 94다15271판결)처럼− 직무집행에 해당하지 않는 경우에는 국가배상책임이 아니라 가해공무원이 개인 민사상 책임을 진다. 따라서 **직무행위여부는 국가책임과 공무원의 개인적 민사책임을 구별하는 경계선이다.**

공무원이 행한 활동은 직무행사와 내외적 상관관계에 있어야 한다. 공무원의 직접적인 직무집행행위이거나 그와 밀접한 관계에 있는 행위를 포함한다. 단지 "우연히" 행해진 경우에는 해당되지 않는다. 가령 경찰관이 교통법규 등을 위반하고 도주하는 차량을 순찰차로 추적하는 경우 비록 그 도주차량의 주행에 의하여 제3자가 손해를 입었더라도 그 추적이 당해 직무 목적을 수행하는 데에 불필요하다거나 또는 도주차량의 도주의 태양 및 도로교통의 상황 등으로부터 예측되는 피해발생의 구체적 위험성의 유무 및 내용에 비추어 추적의 개시·계속 혹은 추적의 방법이 상당하지 않다는 등의 특별한 사정이 없는 한, 추적행위를 위법하다고 할 수는 없다(대법원 2000다26807, 26814판결).

직무행위인지 여부의 판단은 전적으로 외관주의의 지배를 받는다.[62] 즉, 행위 자체의 외관을 객관적으로 관찰하여 공무원의 직무행위로 보여질 때에는 비록 그것이 실질적으로 직무행위가 아니거나 또는 행위자로서는 주관적으로 공무집행의 의사가 없었다고 하더라도 그 행위는 직무행위에 해당한다(대법원 2004다26805판결). 나아가 이러한 행위가 실질적으로 공무집행행위가 아니라는 사정을 피해자가 알았다 하더라도 그것만으로 직무행위의 존재를 부인할 수 없다(대법원 66다781판결).

한편 행정보조인의 경우 기본적으로 독자적인 판단능력이 전제되지 않는 단순한 행정도구로 인식되는데, 이런 전통적인 입장을 고수하면 행정기관이 맡긴 내용에서

62) 판례 현황은 유남석, 행정판례평선, 545면 이하; 서정범/박상희, 행정법총론, 2012, 448면.

조금이라도 벗어나 위법을 저지를 경우 그 책임이 행정주체에 귀속되지 않고 전적으로 그 행정보조인에게 민사상으로 지워지는 결과가 빚어진다. 행정보조인의 행위의 국가책임법적 귀속물음에서 국가와 행정보조인간의 내부관계가 아니라 피해자에 대한 외부관계를 목표로 하면, 관건은 이상의 외관주의에 입각하여 시민의 관점에서 행정보조인의 활동이 고권주체의 그것으로 여겨지는지 여부이다.[63]

3. 직무상의 불법

해군본부는 해군의 정책과 활동을 홍보하고 해군 관련 정보를 공개하려는 목적에서 해군 홈페이지를 개설·운영하고 있는데, 이 홈페이지의 자유게시판에 제주해군기지 건설사업에 반대하는 취지의 항의글 100여 건이 집단적으로 게시되자, 이들을 삭제하는 조치를 취하였다. 이 삭제조치에 대해 국가배상책임이 인정되는가? (대법원 2015다233807판결)

(1) 논의현황

국가배상책임을 낳는 직무행위의 위법성과 관련하여 문헌에서 전개되는 논의현황은 나름 논리적 연결을 바탕으로 하나, 매우 복잡하다. 즉, 국가배상법상의 위법개념의 문제와 관련해선 결과불법설, 행위위법설, 상대적위법성설이 운위되고, 취소소송의 위법성과 국가배상책임성립요건상의 위법성이 동일한지의 물음과 관련해선 동일위법성설과 상대적 위법성설이 운위되며, 이것의 연장에서 취소소송의 취소판결의 기판력이 후소(後訴)인 국가배상청구소송에 미치는지의 물음과 관련해선 기판력부정설, 일부기판력긍정설, 전부기판력긍정설이 운위된다.[64] 비록 마지막의 물음과 직결되긴 하나, 판례는 기본적으로 행정소송상의 위법성판단과 국가배상청구상의 (직무행위의) 위법성의 판단은 별개라는 입장을 견지하고 있다(대법원 2005다31828판결 등). 일본에서의 논의에 터 잡은 현하의 논의에 대해 정연한 이해와 체계적 접근을 하기란 거의 불가능하다. 특히 그것의 위치가 의문스러운 것이 상대적 위법성설이다. 이하에선 관련 논의를 새롭게 정리하는 차원에서 접근한다.

(2) 논의의 전제: 직무의무위반적 접근의 문제점

독일의 경우 국가책임성립의 출발점은 공무원의 직무의무 및 그것의 위반이다. 독

63) 교통할아버지 사건처럼 독일에서도 사설 견인업자의 실수로 인한 차량파손이 문제되었다(BGHZ 121, 161(164ff.)).

64) 참고문헌: 김남진, 고시연구, 2000.12.; 김철용, 고시계 1985.7.; 이홍훈, 김도창 박사 팔순기념논문집, 2005; 이일세, 안암법학 제43호(2014.1.); 박균성, 고시계 1995.7.; 서정범, 행정판례연구 제7집(2002.6.); 신봉기, 토지공법연구 제57집(2012.5.).

일에서 공무원은 근로자마냥 그의 고용주인 고권주체에 대해 복무의무(服務義務)를 지며, 이런 복무의무의 일부가 외부의 제3자를 상대로 한 직무의무(職務義務)로서 공무원에게 지워진다. 여기서 직무의무는 공무원의 직무수행과 관련하여 -책임법적 의미의- 공무원의 개인적인 행위의무를 말한다.[65] 그리하여 국가배상책임은 공무원의 직무의무위반 행위를 출발점으로 하는데, 본래 -공무원이 행정주체를 상대로 한- 내부관계에서 직무의무를 설정하였기에 그 직무의무의 제3자성이 명시적으로 요구된다.[66]

우리의 경우 관련 법규정이 명문으로 직무수행상의 위법만을 언급하고 직무의무 및 그것의 위반은 직접 언급하지 않는다. 후술하겠지만, **직무수행상의 위법은 비단 직무수행의 직접적 근거규정 말고도 행정법의 일반원칙에 의거하여 나아가** -공무원법이 광범하게 규정하고 있는- **직무수행상의 일반적인 의무에 의거해서도 판단되고 있다.** 독일에서의 논의와 본질적인 차이는 없다고 보아야 한다. 다만 독일과 다르게 우리의 경우 명시적인 근거점이 직무의무가 아니기에 그것의 제3자성을 굳이 명문으로 규정할 필요가 없고, 손해발생의 인정을 위해 관련 규정의 사익보호성을 탐문하면 족하다(후술). 더욱이 행정규칙의 비법규성에 엄격히 바탕을 둔 독일과는 달리, 우리의 경우 광범한 범위에서 그것의 법규성이 인정되고 있다(본서 479면). 그리고 국가배상법제의 출발점을 국가자기책임설에 두면 더욱더 직무의무론적 접근에서 벗어나기가 쉽다. **국가배상법상의 위법성 문제에서 굳이 직무의무위반의 기조에서 출발할 필요는 없다.**[67]

(3) 판례의 기조

판례는 '법령을 위반하였다 함은 엄격한 의미의 법령 위반뿐 아니라 인권존중, 권력남용금지, 신의성실과 같이 공무원으로서 마땅히 지켜야 할 준칙이나 규범을 지키지 아니하고 위반한 경우를 포함하여 널리 그 행위가 객관적인 정당성을 결여하고 있음을 뜻하는 것'으로 판시하여 '객관적 정당성의 결여'를 국가배상법상의 '위법의 의미'로 바라본다(대법원 2007다64365판결 등).[68] 그리고 -후술할- 상대적 위법성설의 입장을 취한다고 평가된다. **종종 위법판단에서 궁극적으로 혹은 단독적으로 '객관적 정당성의 결여'나** -대법원 94다2480판결처럼- **'합리성의 현저한 결여'가 운위되고 있다.** 특히 대법원 99다64278 판결처럼 위법판단기준으로 '합리성의 현저한 결여'와 '객관적 정당성의 결여' 모두를

65) Windthorst, in: Detterbeck/Windthorst/Sproll, Staatshaftungrecht, 2000, §9 Rn.56.
66) 물론 여기서의 제3자성은 보호규범론에서의 사익보호성과 일치한다. 국가배상책임에서의 위법대상규정의 사익보호성은 유럽연합법의 차원에서도 당연히 요구된다.
67) 참고로 1981년의 서독 국가책임법 역시 직무의무를 법적 의무로 바꾸었다.
68) 그런데 대법원 2009다70180판결은 공서양속의 위반도 언급하였다.

들고 있는 경우에는 논증의 혼란이 조성된다. 그리고 판례는 객관적 주의의무에 대한 위반과 '객관적 정당성의 결여'를 결부시켜 위법성과 과실유무를 연동시키는데,[69] **최근 적극적으로 헌법, 기본권 및 법의 일반원칙에 의거하여 위법성을 논증한다.**

한편 수익적 행정행위가 내려진 다음에 그에 따른 절차를 밟는 중에 처분 당시에 잘 살피지 못한 사정이 드러나 더 이상 후속절차를 진행할 수 없게 되어 손해를 입은 경우에 그 수익적 행정행위가 신청인에 대한 관계에서 국가배상법상의 위법성이 있는 것으로 평가되기 위하여는, 객관적으로 보아 그 행위로 인하여 신청인이 손해를 입게 될 것임이 분명하다고 할 수 있어 신청인을 위하여도 당해 행정처분을 거부할 것이 요구되는 경우이어야 한다(대법원 99다37047판결). 공무원의 직무집행이 법령이 정한 요건과 절차에 따라 이루어진 것이라면 특별한 사정이 없는 한 이는 법령에 적합한 것이고 그 과정에서 개인의 권리가 침해되는 일이 생긴다고 하여 그 법령적합성이 곧바로 부정되는 것은 아니다(대법원 2000다26807, 26814판결). 담당공무원 등이 그 직무상 의무에 위반하여 현저하게 불합리한 개별공시지가가 결정되도록 함으로써 국민 개개인의 재산권을 침해한 경우에는 담당공무원 등이 소속된 지방자치단체가 배상책임을 진다(대법원 2010다13527판결). 불법적인 농성의 진압은 그 진압이 불필요하거나 또는 불법농성의 태양 및 농성 장소의 상황 등에서 예측되는 피해 발생의 구체적 위험성의 내용 등에 비추어 볼 때 농성진압의 계속 수행 내지 그 방법 등이 현저히 합리성을 결하면 위법하다(대법원 2010도7621판결). 교육부장관이 국·공립학교 기간제 교원을 구 공무원수당 등에 관한 규정에 따른 성과상여금 지급대상에서 제외하는 내용의 '교육공무원 성과상여금 지급 지침'을 발표한 것은 구 공무원수당 등에 관한 규정의 조항(7조의2 1항)의 해석에 관한 법리에 따른 것이므로, 불법행위로 인한 손해배상책임이 성립하지 않는다(대법원 2013다205778판결). 일반적으로 국가기관이 자신이 관리·운영하는 홈페이지에 게시된 글에 대하여 정부의 정책에 찬성하는 내용인지, 반대하는 내용인지에 따라 선별적으로 삭제 여부를 결정하는 것은 특별한 사정이 없는 한 국민의 기본권인 표현의 자유와 자유민주적 기본질서에 배치되므로 허용되지 않지만, 해군 홈페이지 자유게시판이 정치적 논쟁의 장이 되어서는 안 되는 점 등에서 삭제 조치가 객관적 정당성을 상실한 위법한 직무집행에 해당한다고 보기 어렵다(대법원 2015다233807판결). 고의 또는 과실로 직무상 의무를 위반하여 피의자신문조서를 작성함으로써 피의자의 방어권이 실질적으로 침해되었다고 인정된다면, 국가는 그로 인하여 피의자가 입은 손해를 배상해야 한다(대법원 2015다224797판결). 경찰헬기를 이용하여 최루액을 공중 살포하거나 헬기 하강풍을 옥외에 있는 사람에게 직접 노출시키는 방법으로 불법적인 점거파업을 진압한 것은 경찰장비를 위법하게 사용함으로써 적법한 직무수행의 범위를 벗어났다(대법원 2016다26662등 판결). 교정시설 수용행위로 인하여 수용자의 인간으로서의 존엄과 가치가 침해되었다면 그 수용행위는 공무원의 법령을 위반한 가해행위가 될 수 있다(대법원 2017다266771판결). 헌법상 과잉금지의 원칙 내지 비례의 원칙을 위

69) 모성준, 민사법연구 제16집(2008.12.), 11면.

반하여 국민의 기본권을 침해한 국가작용은 법령을 위반한 가해행위가 된다(대법원 2018다224408판결). '과소보호 금지원칙'의 위반 여부를 기준으로 삼아, 국가의 보호의무 위반을 인정한다(서울고등 2017나2017700판결).

(4) 행위불법설과 결과불법설의 병렬적 논의의 문제점

행위불법설과 결과불법설의 병렬적 논의와 관련해서, 결과불법설에 의하면 권리침해의 존재만으로 직무행위의 위법성까지 확인된다고 보면 굳이 직무행위의 위법성을 다시 검토할 필요가 없고 그 침해에 따른 손해의 수인가능성이 관건이 된다. **현행법상 행위의 불법성이** -사후구제가 가능한- **손해발생 인정의 전제인 점에서 결과불법설은 일종의 도치적 논증이며, 판례는 당연히 배척하고 있다**(대법원 2000다26807, 26814판결). 우리 민법 제750조는 "고의 또는 과실로 인한 위법행위로 타인에게 손해를 가한 자는 …"고 규정하고 있는 데 대해서, 일본 민법 제709조는 "고의 또는 과실에 의하고 타인의 권리 또는 법률상 보호받는 이익을 침해한 자는 …"고 규정하고 있다. 즉, 일본 민법과는 달리 우리 민법의 경우 처음부터 권리침해가 아닌 행위의 위법성에 터 잡은 위법성이론에 서 있다. 문헌에선 결과불법설이 국가배상법상의 위법성을 민사불법행위법상의 위법성과 동일시하고 있다고 지적하는데, 권리침해에 입각한 일본 민법의 경우에 견줘 이 지적은 전적으로 일본에서 통용되어 온 것이다.[70] 따라서 현행법상 결과불법설은 그 존립근거가 약하다. **국가배상법에서 굳이 행위불법설과 결과불법설을 병렬적으로 논하는 것은 재고되어야 한다.**

현행법상 결과불법설은 그 존립근거가 약하기에 행위불법설에 의해 접근해야 하지만, 기왕의 결과불법설과는 다른 차원에서, 즉 결과책임의 차원에서 국가책임확대를 강구할 수 있다. 그 범례가 명백히 결과책임의 입장을 취하는 구 동독의 국가책임법이다. 국가책임법의 개혁의 차원, 즉 입법정책적(de lege ferenda) 차원에서 구 동독의 국가책임법적 구조를 전향적으로 수용할 필요가 있다.

(5) 취소소송의 위법성과 국가배상청구상의 위법성의 동일성 여부의 문제점

병원을 경영하는 甲이 퇴근할 때 응급환자(丙)가 병원에 와서 다른 병원에 갈 것을 권해도 응하지 않고 바로 응급조치를 해줄 것을 요구한다는 사정을 듣고서 甲은 부득이 간호보조원 자격을 가진 숙직자 乙로 하여금 丙에 대해 혈압측정, 엑스선 촬영, 지시한 주사의 시주행위를 하게 하였다. 甲은 그 다음 날 4:30 병원에 나와 환자의 용태가 양호함을 확인하고 그 후에 환

70) 상론: 이일세, 국가배상에 관한 주요 판례분석: "법령위반(위법성)"을 중심으로, 안암법학 통권 제43호(2014.01), 450면 이하; 宇賀克也, 行政法概説II 2015, 428頁 이하; 潮見佳男, 不法行爲法 I, 2011, 66頁 이하.

자를 완치시켰다. 그런데 乙의 응급조치를 문제 삼아 적법한 진료보조행위의 한계를 넘어 무면허 의료행위에 해당한다고 판단하여 A시장이 甲에게 4개월간의 의료기관 업무정지처분을 하였다. 甲이 업무정지처분에 대한 취소소송에서 승소한 다음에, 국가배상청구소송을 제기하였는데, 국가배상책임이 당연히 인정되어야 하는가? (대법원 84다카597판결)

(가) 논의현황

취소소송의 위법성과 국가배상책임의 성립요건상의 위법성이 동일한지 여부의 물음에서,[71] 동일위법성설의 경우 특히 협의의 행위위법성설은 양자에서 위법성을 동일한 것으로 본다. 반면 광의의 행위위법성설은, 국가배상법상의 위법을 엄격한 의미의 법령 위반뿐만 아니라 명문의 규정이 없더라도 인권존중, 신의성실, 사회질서 등의 원칙 위반도 포함하는 것으로 보아, 배상책임요건으로서의 위법 개념이 취소소송에서의 위법보다 넓다고 본다, 아울러 상대적 위법성설의 경우 취소소송과 국가배상소송이 목적과 역할에서 다름을 이유로 양자에서의 위법성의 범위 역시 달리 획정되어야 하며, 그리하여 후자에서의 위법성의 범위가 전자에서의 그것보다 넓어야 한다고 본다. 즉, 국가배상법상의 위법 개념을 행위 자체의 위법뿐만 아니라 피침해이익의 성격과 침해의 정도 및 가해행위의 태양 등을 종합적으로 고려하여 행위가 객관적으로 정당성을 결한 경우를 의미한다고 본다. 이에 의하면 취소소송에서 처분이 위법하지 않더라도 국가배상차원에선 그 처분이 위법할 수 있다고 한다. **대법원 84다카597판결 이래로 판례는 행정소송상의 위법성의 판단과 국가배상청구상의 위법성의 판단이 별개이고, 전자의 판단이 곧바로 후자의 판단이 되는 것은 아니라는 입장을 견지하고 있다.**

(나) 관견(管見)

먼저 행위위법성설을 협의와 광의로 나눈 것과 관련해서, 과연 이런 구별이 오늘날의 행정법학의 논의수준에 부합하는지 여부가 의문스럽다. 특히 광의의 행위위법성설에서 제시하는 위법판단의 기준은 행정의 법(률)구속의 차원에서 별스러운 것이 아니다. 이들은 통상의 행정법의 일반원칙에 직접 들어갈 뿐만 아니라 경우에 따라선 관련 법률규정에 헌법적 관점을 대입하여 도출할 수도 있다. 행위위법성설은 광의와 협의로 나누어 설정하는 그 자체가 오늘의 논의수준에 걸맞지 않거니와 나아가 관련 논의를 더욱 복잡하게 만들거나 왜곡을 가져다준다. **상대적 위법성설은 관련 논의에서 특히 행위위법성설과의 관계에서 그것의 위치는 물론 내용도 혼란스럽다.**

법해석은 어느 경우에서나 결코 법률가의 의견에만 좌우되진 않기에, 적합하게 공정하

71) 유의할 점은 국가배상에서의 위법성 문제에 대해 판례는 고의, 과실과 같은 주관적 책임요소를 전제로 하여 바라본다.

게 사고하는 시민들의, 건전한 상식을 가지고 있는 시민들의 견해와 기대감도 고려해야 한다.[72] 행정소송을 통해서 원고가 바라는 행정행위의 위법성이 확인되었는데, 비록 담당 재판부가 다르지만 같은 사법부에서 원고의 바램이 국가배상의 차원에서 실현되지 않는다는 것이 과연 법감정상 받아들여질 수 있을지 심히 의아스럽다. 국가배상책임의 성립에 고의나 과실이 있어야 한다고 하여 위법성 자체의 판단이 달라질 수 있다는 것은 국가배상법의 법치국가원리 담보기능을 저해한다.[73] 취소소송의 위법성과 국가배상청구상의 위법성은 당연히 동일해야 한다.[74] 권익구제를 확대하기 위한 이유로 국가배상청구상의 위법성이 취소소송의 위법성보다 크다는 것인데, 현실에서는 역설적으로 정반대의 효과가 빚어졌다.

(6) 취소소송의 취소판결의 기판력의 후속효과의 문제점

(가) 논의현황

상대적 위법성설은 취소소송의 취소판결의 기판력이 후수(後訴)인 국가배상청구소송에 미치는지의 물음(기판력부정설, 일부기판력긍정설, 전부기판력긍정설)과 연계된 것이다. 기판력 부정을 근거지우는 차원에서 전개되었다. 문헌의 일반적 기술에 의하면, ⅰ) 기판력 부정설에 의하면 전소인 취소소송판결의 기판력은 후소인 국가배상청구소송에 미치지 아니한다. 취소소송에서의 위법성과 국가배상소송에서의 위법성은 그 범위가 다르며, 후자의 범위가 전자의 범위보다 넓다는 것이 그 논거이다. ⅱ) 일부기판력긍정설에 의하면 전소인 취소소송판결이 청구인용판결인 경우를 제외하고는 전소인 취소소송판결의 기판력은 후소인 국가배상청구소송에 미치지 아니한다. 취소소송에서의 위법성과 국가배상청구소송에서의 위법성이 다르다고 본다. ⅲ) 전부기판력긍정설에 의하면 취소소송에서의 인용여부에 관계없이 전소인 취소소송판결의 기판력이 후소인 국가배상청구소송에 미친다고 본다. **판례는 어떠한 행정처분이 후에 항고소송에서 취소되었다 할지라도 그 기판력에 의하여 해당 행정처분이 곧바로 공무원의 고의 또는 과실로 인한 것으로서 불법행위를 구성한다고 단정할 수는 없다고 본다**(대법원 2005다31828판결 등).

(나) 관견(管見)

독일에서는 행정사건은 행정법원이, 민사사건은 일반법원이 관할하지만, 우리는

---

72) Mayer/Kopp, S.116.

73) 宇賀克也, 行政法概説 Ⅱ, 2015, 4481頁.

74) 塩野 宏 교수 역시 행정행위 자체의 위법과 별도로 국가배상법상의 위법개념을 설정하는 것에 의문을 표한다. 그는 위법을 동일하게 이해하는 것이 법률에 의한 행정의 원리가 지배하는 행정과정과 국가배상제도를 정합적으로 결합시키는 것이고, 이것이 국가배상제도가 갖는 위법행위억지기능을 효과적으로 작동시키는 데 적합하다고 강조한다(行政法 Ⅱ, 2005, 320-321頁).

일원적 법원체제를 취한다. 더군다나 최근 행정소송법개정의 움직임에서, 지금껏 민사사건으로 다루어 온 국가배상청구사건이나 손실보상청구사건을 당사자소송의 대상으로 삼으려 한다. -지금도 그렇지만- 특히 이런 법개정이 실현된 후에는, 동일한 행정소송의 테두리 안에서 한쪽에서는 원고의 바람이 수긍되고, 다른 한쪽에서는 이미 한쪽에서 수긍되었던 원고의 바램이 결과적으로 좌초되는 요령부득의 상황이 일어날 수 있다. 특히 재량행위의 경우 행정소송에 의한 사법통제가 사실상 유명무실하게 될 우려가 있다. **효과적인 권리구제를 담보로 한 법치국가원리, 1차적 권리보호의 우위, 헌법상의 국가배상책임구조에 비추어, 관련 논의가 과연 바람직한지 곱씹어 볼 때가 되었다.**

이상과 같이 행정소송상의 위법과 국가배상청구상의 위법을 동일하게 보면 이 문제 역시 쉽게 해결할 수 있다. 난관은 국가배상법상으로 요구된 주관적 책임요소(고의, 과실)의 존재이다. 헌법 제29조 제1항의 본지(本旨)가 국가의 자기책임임을 분명히 하여, 권리보호친화적 입장에서 과실추정의 입장을 취하되, 매우 예외적으로 책임을 조각시키는 것이 바람직하다. 즉, **다툼의 대상(행정처분)의 위법성이 행정소송에서 이미 확인된 이상, 그 위법의 결과는 특별한 사정이 없는 한, 국가배상에서도 그대로 실현되어야 한다.** 다만 부작위위법확인소송과 거부처분취소소송에서는 인용판결이 내려지더라도 새로이 또는 다시 거부처분을 할 수 있기에(본서 886, 874면), 인용판결 그 자체로 법익침해인 손해의 발생이 인정되지는 않는다. 여기서는 인용판결의 결과를 곧바로 국가배상청구의 인용에 대입시킬 수는 없다.[75)]

(7) 행정규칙위반과 위법성 문제

행정규칙위반이 '법령위반'에 포함되는지가 문제된다. 그리하여 행정작용의 객관적 기준을 설정하고 있는 행정규칙을 합리적 이유 없이 위반하여 특정인에게 불리한 처분을 한 행위는 법령위반에 해당한다고 보기도 하며(김도창, 629면). 국가배상법상의 위법개념을 넓게 이해하여 행정규칙위반을 바로 '법령위반'으로 보기도 한다(김동희/최계영, 554면).[76)]

여기서의 논의는 사실 행정규칙의 비법규성을 전제로 하는 데서 비롯된 결과물이다. **행정규칙의 비법규성의 전제에 사로잡히지 않으면 사실 크게 문제되지 않는다.** 즉, -공무원의 근무와 관련해서 오로지 행정내부에만 미치는 일부 경우를 제외하고는- 법령보충적 규칙을 통해 행정규칙의 법규성을 광범하게 인정한다든지, -그렇지 않을 때- 직

75) 향후 의무이행소송이 도입되면, 의무이행판결이 내려지면 바로 국가배상청구에 대입할 수 있지만, 재결정판결(지령판결)의 경우에는 그렇지 않다.

76) 독일의 경우 배상책임인정의 근거인 직무의무가 단순한 행정규칙이나 개별지시로부터도 생겨날 수 있다. BGH VersR 1961, 512; NJW 2001, 3054, 3056.

무행위가 신뢰를 조성한 기성케이스에 의거하여 접근한다든지, 또는 행정규칙과 관련한 상위법령에 전적으로 초점을 맞춘다든지(대법원 2007다64365판결) 하면 여기서의 논의가 사실 그다지 중요하지 않다. 나아가 완전히 새롭게 접근할 수 있다. 그 전제는 의원내각제인 독일과는 달리 대통령제인 우리의 권력구조의 의미를 되새겨, 일종의 낙인(烙印)과 같은 행정규칙에 대한 비법규로서의 이해에서 벗어나는 것이다(본서 479면 참조).

(8) 민사법의 상관관계설에 기초한 판례의 기조에서 벗어나기

가습기살균제 사건에서 판례는 원료인 PGH, PHMG가 유독물에 해당하지 않는다고 한 환경부 및 국립환경연구원의 고시가 현저하게 합리성을 잃어 사회적 타당성이 없거나 객관적 정당성을 상실한 것을 이유로 위법하다고 논증하였다. 이런 식으로 고시의 위법성을 논증한 것은 어떤 문제가 있는가? (서울고법 2016나2086563판결: 대법원 2024다226887판결)

(가) 문제의 제기

대법원 99다70600판결 등에 의해 객관적 주의의무의 결여가 (행정처분의) 객관적 정당성의 상실로 이어진다. 그리고 긴급조치 제9호와 관련해서 대법원 2018다212610 전합판결은 '객관적 정당성' 테제를 제기하여 마치 직무의 위법성이 전적으로 '객관적 정당성' 여부에 좌우되는 양 오해가 조성되었다. 법관의 전속적인 판단에 좌우되는 인자(因子)로 여겨지는 이들 가늠자를 굳이 내세울 필요가 있는가?

(나) 관견

위법성 판단의 기준으로 '인권존중, 권력남용금지, 신의성실 및 객관적 정당성'을 드는 판례의 기조는 본래 민법의 통설인 상관관계설에서 비롯되었다.[77] **위법성 판단의 기준으로 제시되는 것들이 과연 오늘날 타당한지 의문스럽다**, 오늘날 법치국가원리는 비단 엄격한 의미의 법령만이 아니라 —오히려 더욱더— 이미 확고히 정립된 법의 일반원칙을 통해 구현되고 있다.[78] 행정법의 일반원칙은 법치국가원리와 기본권으로부터

77) 민법의 상관관계설은 결과불법설과 행위불법설을 절충한 것으로서, 위법성의 유무를 피침해이익의 종류와 침해행위의 태양을 상관적으로 판단해야 한다는 것인데, 피침해이익의 종류로는 물권 기타 지배적 재산권, 인격권 기타 인격적 이익, 채권 등이, 침해행위의 태양으로는 형벌법규위반, 금지법규 또는 단속법규 위반, 공서양속위반, 권리남용 등이 생각되고 있다(我妻榮, 事務管理·不當利得·不法行爲, 1937, 144頁.). 이 입장은 우리는 물론 일본에서 민법에 도입되어 행정법에까지 자리를 잡았다. 일본의 경우 국가배상법 제1조에서 그들 민법과 달리 '권리침해' 대신에 '위법'이 핵심 징표가 되었고, 대표적인 행정법 교수의 "여기서 위법이란 엄밀한 법규위반을 가리키는 것이 아니라 오히려 민법의 권리침해보다 넓고, 공서양속위반이라든가 不正이라든가를 포함하여 그 행위가 객관적 정당성을 가지지 않는 것"이라는 서술(田中二朗, 行政上の損害賠償及び損失補償, 1954, 155頁)이 공식이 되었다.

도출되어, 행정기본법 등 실정법을 통해 성문화되었다. 굳이 공무원으로서 마땅히 지켜야 할 준칙이나 규범으로 인권존중, 권력남용금지, 신의성실을 적시할 필요가 없다. 이런 논의가 국가배상법제를 혼란스럽게 만들고, 행정법의 위법성 논증도 왜곡한다.

국가배상책임에서 대위책임적 책임구조를 전제하면, 일단 가해 공무원의 주관적 책임요소의 충족을 출발점으로 삼는 것은 자연스러우며, 여기서 성실한 평균적 공무원을 잣대로 삼아 궁극적으로 객관적 주의의무의 차원에서 접근하는 것 역시 당연하다. 객관적 주의의무의 위반에 기하여 객관적 정당성의 상실을 매개로 행위의 위법성을 판단하는 것은 국가배상책임제도가 법치국가원리를 실현하지 않고 도리어 훼손하는 단초가 될 수 있어서, 심각한 체계파괴적 결과를 빚을 수 있다. 위법성을 피침해법익의 성질과 침해행위의 모습의 상관관계로부터 판단하면 자연 이익형량적 접근이 강구되는데, 법치국가원리를 담보하는 국가배상의 억제기능이 훼손될 수 있다.

판례는 기본권침해의 사안에서[79] −비록 여전히 객관적인 정당성의 결여를 법령위반의 근거로 내세웠지만− 비례원칙 위반 및 인간으로서의 존엄과 가치의 침해를 위법의 근거로 삼았다. 또한 국가의 의뢰로 도라산역사 내 벽면 및 기둥들에 제작·설치한 벽화작품을 철거하여 소각한 행위의 위법성은, 굳이 판례(대법원 2012다204587판결)처럼 행위의 합리성의 현저한 결여나 객관적 정당성의 결여를 거론할 필요가 없고, 저작자의 일반적 인격권을 침해한 것으로 충분하다. 가습기살균제 사건의 경우 원료인 PGH, PHMG에 관한 유해성심사를 과학적 수준에 맞게 충분하게 하지 않고서 이들이 유독물에 해당하지 않는다고 고시한 데서 해당 고시의 위법성이 존재한다.[80]

'객관적 정당성의 결여'에 의거한 접근은 재고되어야 한다.[81] **국가배상책임을 행위자의 주의의무에서 출발하는 민사불법행위론의 연장에서 접근하는 것은 본질에 어긋난다.** 요컨대 주관적 책임요소를 전적으로 분리시켜 위법성 여부를 논증해야 한다.

78) 고도의 추상성과 일반성으로 인해, 법의 일반원칙은 법규범을 해석·적용하는 데 있어서의 방향지시기일 뿐 그 자체 직접 적용가능한 규범은 아니다. 본서 54면.

79) 대법원 2013다44720판결: 구 군인복무규율이 규정하는 불온도서에 해당하지 않는 서적들까지 일괄하여 '불온도서'로 지정한 조치. 대법원 2017다266771판결: 교정시설 수용자 1인당 도면상 면적이 2㎡ 미만인 거실에 수용한 행위. 그런데 사안의 과밀수용은 법무시설기준규칙에 어긋나게 수용한 문제인 점에서 대법원 2017다266771판결의 논증은 행정법의 적용우위와는 조화되지 않는다.

80) 사안은 규범적 불법에 따른 국가배상책임의 문제이다. 상위법령 위배가 관건이다. 본서 461면.

81) 대법원 2022다289051전합판결의 별개의견이 기왕의 '객관적 정당성'의 기준의 문제점을 지적하여(판결문 26면 이하) 필자의 그간의 학문적 도전이자 투쟁이 결코 허사가 아니었음을 느낀다. 상론: 김중권, 법률신문 제5241호, 2025.1.13.

4. 공무원의 고의 · 과실

(1) 국가배상책임상의 과실책임주의

(가) 주관적 책임요소로서의 고의 · 과실의 의의

대위책임설에서는 공무원의 고의 · 과실은 주관적 책임요소이다. 대위책임적 구조인 국가배상법은 이를 명시한다. 다만 국가자기책임설의 입장에선 국가 등에 책임을 귀속시키기 위한 공무운영상의 객관적인 흠으로 이해한다. '고의'란 일정한 결과가 발생하리라는 것을 알면서 이를 행하는 심리상태를 말하며, '과실'이란 일정한 결과가 발생한다는 것을 알고 있어야 함에도 불구하고 부주의로 그것을 알지 못하였음을 의미하며, 그 정도에 따라 중과실과 경과실로 나뉜다. 국가배상책임상의 고의는 직무행위의 위법성을 알고 있는 상태이고, 과실은 주의를 다하지 못해 직무행위의 위법성을 알지 못한 상태이다. 민법에서의 사용자책임(756조)과는 달리 국가 등에 의한 공무원의 선임 · 감독상의 고의 · 과실이 요구되지 않는다. 해당 공무원을 기준으로 고의 · 과실의 존부를 판단한다. 다만 입법사항을 법률의 근거 없이 규정하여 무효인 병인사관리규정에 의거한 전역보류명령을 다룬 대법원 93다16819판결이 취하듯이, 위법한 입법의 집행의 경우 집행자가 아니라, 입법자를 기준으로 고의 · 과실 여부를 판단한다.

판례와 문헌은 가해 공무원의 주관적 책임요소의 비중을 나름 저하시킨다(과실의 객관화). 판단척도는 구체적으로 활동하는 직무담당자가 아니라, '객관적 주의의무'의 차원에서 '해당 직무를 담당하는 평균적 공무원'을 목표로 삼는다(대법원 87다카1164판결). 책임있는 직무담당자의 이름을 적시하는 것이 언제나 필요한 것은 아니다(광주지법 87가합909판결 등: 가해공무원특정의 완화).

고의 · 과실의 증명책임은 원고인 피해자에게 있다(대법원 2012다100395판결). 다만 과실의 객관화의 추세에 발맞추어 민법상의 일단(일응)의 추정(prima facie) 법리를 원용하여 위법한 직무행위로 인한 손해의 발생을 입증하면 과실이 추정되는 식으로 완화되어야 한다고 주장되고 있다.

그런데 규범적 불법이 확인되면, 국가배상책임의 성립 여부에서 공무원의 주관적 책임요소는 특별한 사정이 없는 한 고려할 필요가 없다. 규범의 불법성 자체에 이미 주관적 책임요소가 배여 있기 때문이다. 부작위로 인한 국가배상책임의 경우에도 주관적 책임요소의 요구를 관철하여야 하는지가 문제될 수 있는데, 부작위의 인정은 우선 작위의무를 전제로 한다는 점에서 이미 부작위의 성립 그 자체에 고의과실의 주관적 요소가 개재되어 있다.[82] 판례 역시 권한의 불행사(거부나 부작위)가 현저하게 합리성을 잃어 사회적 타당성이 없어 직무상 의무를 위반한 것이 되어 위법하게 되면, -특별한 사정이 없는 한- 과실도 인정된다고 본다(대법원 2008다77795판결; 2017다211559판결).

(나) 과실여부의 판단

甲의 신호위반 여부가 문제된 형사사건의 수사 및 재판과정에서 乙 등이 교통사고가 발생한 직후 횡단보도의 신호등이 녹색등인 것을 목격하였다고 진술함으로써, 그것이 甲의 신호위반 사실에 대한 결정적 증거가 되어 甲은 제1심에서 유죄판결을 선고받았다. 그 후 항소심은 乙이 수사기관 및 법정에서 한 진술의 신빙성을 배척하고 甲의 신호위반 사실을 인정할 증거가 없다는 이유로 무죄판결을 선고하였다. 이에 甲은 수사관과 검사의 불공정하고 편파적인 행위로 인하여 피해자인 자신이 오히려 가해자로 몰려 기소되었고 제1심에서 유죄판결을 선고받는 등 심한 정신적 고통을 당하였다고 국가배상을 구하였다. (대법원 2004다46366판결)

구 한국철도공사법 부칙 제7조는 철도청장은 소속 공무원 중 공무원 신분을 계속 유지하고자 하는 자와 철도공사의 직원으로 신분이 전환될 자를 확정하여 철도공사가 직원을 임용할 수 있도록 조치해야 하고(1항), 철도공사 설립 당시 공무원 신분을 계속 유지하는 자와 한국철도시설공단법에 의하여 시설공단 직원으로 임용된 자를 제외한 철도청 직원은 철도공사의 직원으로 임용하며(2항), 철도공사의 직원으로 임용된 때에는 공무원 신분에서 퇴직한 것으로 본다(4항)고 규정하고 있다. 공무원 잔류를 희망하는 甲의 의사에 반하여 철도청장이 그를 한국철도공사 직원으로 임용할 예정임을 밝히고 공무원 신분에서 당연퇴직한다고 통지하였다. 이에 대해 甲은 철도청장의 조치가 법률에 반한다고 국가배상을 청구하였는데, 철도청장은 자신의 조치가 관련 법해석에서 어긋나지 않는다고 반론을 편다. (대법원 2010다83298판결)

긴급조치 제9호 위반혐의로 국가 수사관들에 의해 체포되어 기소되었고, 유죄판결을 선고받아 그 판결이 확정되어, 형을 복역하다가 형 집행정지로 석방되었던 甲이 긴급조치 제9호 발령행위 또는 긴급조치 제9호에 근거한 수사 및 재판이 불법행위에 해당한다고 주장하면서 국가배상을 구하였다. 주관적 책임요소가 인정될 수 있는가? (대법원 2018다212610전합판결)

과실여부의 판단의 규준이 되는 것은 그때그때 직무를 수행하기 위하여 평균적으로 요구되는 지식과 능력이다.

구체적 사례에서 행정청의 위법한 행위가 객관적으로 고찰한, 즉 필요한 주의에 부합하지 않으면 충분하다. 가령 객관적으로 보아 사법경찰관이나 검사가 당해 피의자에 대하여 유죄의 판결을 받을 가능성이 있다는 혐의를 가지게 된 데에 상당한 이유가 있는 때에는, 수사기관의 판단이 경험칙이나 논리칙에 비추어 도저히 그 합리성을 긍정할 수 없는 정도가 되어야 한다

82) 동지: 鹽野 宏, 行政法 II, 315頁. 그리하여 권한불행사의 위법성이 확인되면, 과실도 쉽게 推認되는 식으로, 다시 판단할 여지가 없는 식으로 된다고 지적한다. 동일한 입장으로 宇賀克也, 『行政法概說II(第5版)』, 2015, 451頁.

(대법원 2004다46366판결). 공무원은 잘못된 법지식을 주장할 수 없다. 그는 자신의 업무를 위한 규준이 되는 법규정은 물론, 판결과 학설에 의한 규정의 해석까지 알아야 한다. 공무원이 관계법규를 알지 못하거나 필요한 지식을 갖추지 못하고 법규의 해석을 그르쳐 행정처분을 하였다면 그가 법률전문가 아닌 행정직 공무원이라고 하여 과실이 없다고는 할 수 없다(대법원 80다1598판결 등). 그리고 확립된 법령의 해석에 어긋나는 견해를 고집하여 계속하여 위법한 행정처분을 하거나 이에 준하는 행위로 평가될 수 있는 불이익을 처분상대방에게 주게 된다면, 공무원의 고의·과실은 긍정된다(대법원 2005다31828판결). 수사기관이 법령에 의하지 않고는 변호인의 접견교통권을 제한할 수 없다는 것은 대법원이 오래전부터 선언해 온 확고한 법리로서 변호인의 접견신청에 대하여 그 허용 여부를 결정하는 수사기관으로서는 마땅히 이를 숙지해야 한다. 이러한 법리에 반하여 변호인의 접견신청을 허용하지 않고 변호인의 접견교통권을 침해한 경우에는 접견 불허결정을 한 공무원에게 고의나 과실이 있다고 볼 수 있다(대법원 2016다266736판결). 국세가 확정되기 전에 보전압류를 한 후 보전압류에 의하여 징수하려는 국세의 전부 또는 일부가 확정되지 못하였다면 보전압류로 인하여 납세자가 입은 손해에 대하여 특별한 반증이 없는 한 과세관청의 담당공무원에게 고의 또는 과실이 있다고 사실상 추정된다(대법원 2013다209534판결).

그런데 관계 법령의 해석이 확립되기 전에 어느 한 설을 취하여 업무를 처리한 것이 결과적으로 위법하게 되어 그 법령의 부당집행이라는 결과를 빚었다고 하더라도 처분 당시 그와 같은 처리방법 이상의 것을 성실한 평균적 공무원에게 기대하기 어려웠던 경우라면 특별한 사정이 없는 한 이를 두고 공무원의 과실로 인한 것이라고는 볼 수 없다(대법원 2000다20731판결). 법령에 대한 해석이 복잡, 미묘하여 워낙 어렵고, 이에 대한 학설, 판례조차 귀일되어 있지 않는 등의 특별한 사정이 있을 땐 책임을 물을 수 없다(대법원 2010다83298판결 등). 또한 입법 당시의 상황에서 다양한 요소를 고려하여 나름대로 합리적인 근거를 찾아 어느 하나의 견해에 따라 경과규정을 두는 등의 조치 없이 새 법령을 그대로 시행하거나 적용하였다면, 공무원의 판단이 나중에 대법원이 내린 판단과 같지 아니하여 결과적으로 시행령 등이 신뢰보호의 원칙 등에 위배되는 결과가 되었다고 하더라도, 공무원의 과실이 있다고 할 수는 없다(대법원 2011다14428판결). (편의재량에서) 공무원이 공익성, 합목적성의 인정·판단을 잘못하여 그 재량권의 범위를 넘어선 행정행위를 한 경우가 있다 하더라도 공익성 및 합목적성의 적절 여부의 판단 기준은 구체적 사안에 따라 각각 동일하다 할 수 없을 뿐만 아니라, 구체적인 경우 어느 행정처분을 할 것인가에 관하여 행정청 내부에 일응의 기준을 정해 둔 경우 그 기준에 따른 행정처분을 하였다면 이에 관여한 공무원에게 그 직무상의 과실이 있다고 할 수 없다(대법원 2001다62312판결).

판례는 전체적으로 과실책임주의를 강조하는 경향을 나타낸다. 이는 행위가 위법하게 되었다고 하더라도 그것만으로 곧바로 담당공무원에게 과실이 있다고 할 수 없으며, 어떠한 행정처분이 항고소송에서 취소되었음에도 불구하고 다시금 새로이 고의·과실의 유무를 엄격히 검토하여 국가배상책임을 부인한 데서도 극명히 확인할 수 있다(대법원 2005다31828판결 등). 이런 태도로 인해 행정소송상의 위법성 판단과 국가배상의 (직무행위의) 위법성 판단은 별개라는 결론에 다다른다. 그러나 행정소송에서 위법성판단이 내려진 이상, 주관적 책임요소를 새삼스럽게 검토하는 것은 바람직하지 않다. 권리보호친화적 입장에서 대위책임적 구조의 한계를 극복하기 위하여, 직무행위가 위법하다고 판단되면, 과실의 추정을 통해 특별한 책임조각사유가 없는 한 바로 국가배상책임을 인정하는 것이 바람직하다(후술).

긴급조치의 위헌·무효에 따른 국가배상책임의 인정에서 대법원 2013다217962판결은 집행행위 자체에 초점을 맞추어 공무원의 주관적 책임요소에 의거하여 국가배상책임을 부정하였다. 조직과실의 차원에서 접근하면 주관적 책임요소가 문제되지 않는데, **대법원 2018다212610전합판결(다수의견)은 조직과실을 명시적으로 내세우지 않고, 광범위한 다수 공무원(대통령, 수사기관, 법관)이 관여한 일련의 국가작용에 의한 기본권침해에 대해서는 전체적으로 보아 객관적 주의의무 위반이 인정되면 충분하다고 보아 국가배상책임을 인정하였다.** 동 판결로 대법원 2013다217962판결이 극복되었지만, 앞에서 본 대로 바람직하지 않게도 재판상의 불법 문제가 제외되었다.[83]

(2) 판례에 의한 주관적 책임요소의 제도적 안락사

대위책임에 철저한 독일의 경우에도 대부분의 문헌들이 과실책임주의를 수정하는 과실의 객관화, 조직과실과 과실의 추정 등을 강구하고 있다. 이런 시도가 판례상으로도 실제적으로 주효하게 됨으로써, 그들 민법 제839조상의 유책성의 요청을 객관화하고 탈개인화하였다고 평해진다.[84] 즉, 필요한 주의에 관해 엄격한 요청을 설정함으로써, 공무원의 유책성의 결여를 이유로 국가배상청구가 실현되지 않는 경우란 행정실무에서 극히 드물게 되었다. 그리하여 독일에서는 가해 공무원의 과실책임은 이미 객관적 책임에 근접하였다고 하고, 더불어 유책성의 요청의 실제적 의의를 과대평가해서는 아니 된다고 한다. 유럽법의 차원에서도 유책성이 폐기되었다.

우리 역시 과실책임주의의 한계를 극복하기 위한 방안으로 과실의 객관화, 공역무과실, 과실의 추정 등이 활발히 논의되고 있지만 그런 움직임과는 별개로, 판례는 때때로 이해하기 힘든 과실관(過失觀)을 드러낸다. 따라서 과실책임주의의 한계를 극복하기 위해, －과실이 쉽게 인정되도록－ **동일한 업무의 평균적 공무원을 대상으로 한 객관**

83) 榮辱의 역사에서 긴급조치와 관련한 재판상의 불법 문제는 이제 본격적인 논의가 필요하다.
84) v. Danwitz, in: v. Mangoldt/Klein/Starck(Hrsg.), GG Kommentar Ⅱ, 2000, Art.34 Rn.95.

적 주의의무의 요구치를 의도적으로, 즉 헌법합치적으로 매우 높여야 한다. 궁극적으로 판례를 통해 주관적 책임요소를 제도적으로 안락사시킬 필요가 있다.

(3) 헌법상의 국가자기책임에 따른 고의·과실에 관한 새로운 이해의 모색

헌법상의 자기책임을 관철하는 데 결정적인 장애가 국가배상법 제2조 제1항상의 명시적인 주관적 책임요소의 존재이다. 그것의 비중을 낮추려는 시도와는 별개로 또는 선행하여 그것의 의미를 새롭게 정립할 필요가 있다. 대부분의 문헌이 소개하는 일본 今村成和 교수가 제시한 고전적인 접근 -국가 등에 책임을 귀속시키기 위한 공무운영상의 객관적인 흠의 존재로서의 고의·과실- 만으론 그 어의적 의미를 불식시킬 수 없다. 재정립만이 그것의 비중저하 및 입법적 개선책을 가져다 줄 수 있다.

헌법 제29조 제2문은 국가의 배상책임(자기책임이든 대위책임이든)에 따른 구상을 전제로 한 것이다. 이 점은 제헌헌법의 규정 및 독일 기본법의 규정을 통해서도 확인할 수 있다.[85] 국가의 자기책임설의 입장을 취하면, 가해 공무원의 주관적 책임요소는 국가책임을 성립시키는 데 의미가 있지 않다. 오히려 구상권발동요건의 차원에서 접근을 강구할 수 있다. **국가배상법 제2조 제1항상의 고의와 과실은, 제2항상의 구상권행사요건의 상관관계에 그 의미를 둘 수 있다.** 이런 모색은 -법률개정을 통해서 그것의 존재가 없어지기 전이라도- 주관적 책임요소를 탈색시키기 위한 모색의 일환이다.

(4) 헌법의 국가자기책임에 따른 근본적인 해결책: 주관적 책임요소의 삭제

국가배상법상의 주관적 책임요소의 존재는 행정소송상의 위법성판단과 국가배상법상의 (직무행위의) 위법성판단이 다르게 만들고(대법원 2008다30703판결), 가해공무원의 고의나 과실의 존부가 국가책임인정의 궁극적인 기준이 되게 한다(대법원 2010다83298판결). 주관적 책임요소가 건재한 이상, 이상에서 제시한 합헌적 법률해석은 모색의 일환에 그칠 우려가 있다.

긴급조치를 위헌·무효라고 판시한 대법원 2011초기689전합결정 이후에 국가배상책임의 인정이 지체된 상황, 즉 국가적 불법에 대한 실효적인 사법적 단죄가 불가능한 이유도 주관적 책임요소의 존재이다. **이제 국가배상법제에서 주관적 책임요소를 삭제하는 문제를 숙고할 필요가 있다.** 구 동독의 국가책임법 제1조 제1항은 "국가나 지방자치단체의 기관의 직원이나 수임자가 국가활동의 수행에서 재산과 권리와 관련해서 자연인과 법인에 대해 위법하게 가한 손해에 대해서, 국가나 지방자치단체의 기관이

85) 그럼에도 대법원 95다38677판결에서 구상조항이 선택적 청구권을 인정하는 계기가 된 점은 이해하기 어렵다. 여기서 '이 경우'란 국가책임을 전제로 한 것이지, 병존을 의미하지는 않는다.

책임을 진다."고 규정하고 있다. 여기서 결정적으로 중요한 것은 위법한 손해의 발생이지 활동의 위법성이 아니다. 스위스 국가배상법 제3조 제1항 역시 "공무원이 직무활동에서 제3자에게 위법하게 가한 손해에 대해 연방은 공무원의 유책성을 고려함이 없이 책임을 진다."고 규정하고 있다. 나아가 유럽연합법의 배상책임 역시 행위자의 유책성은 요구되지 않고, 직접적 자기책임에 해당한다(유럽연합운영조약 340조 2항).

국가책임법 개혁의 차원, 즉 de lege ferenda적 차원에서, 주관적 책임요소를 두지 않은 구 동독과 스위스의 국가책임법적 구조를 전향적으로 수용할 필요가 있다.[86] 아쉽게도 헌재 2013헌바395 등이 국가배상법에서 공무원의 고의와 과실을 규정한 것이 입법형성의 범위를 벗어나 헌법 제29조의 국가배상청구권을 침해한다고 보기는 어렵다고 판단하였는데(동지: 2016헌바55 등; 2020헌바1), 헌법 및 개별법상의 적극적 결단이 빨리 실현되길 기대한다.

5. 타인(국민)에 대한 손해발생

(1) 타인(국민)

여기서 타인(국민)은 위법한 직무행위로 인해 손해를 입은 자를 의미하며, 가해공무원과 그에 가담한 자를 제외한 모든 국민이 해당할 수 있다.[87] 공무원신분을 가진 자 역시 경우에 따라선 피해자가 된다. 다만, 군인·군무원·경찰공무원 또는 향토예비군대원이 전투·훈련 등 직무집행과 관련하여 전사·순직하거나 공상을 입은 경우에 본인 또는 그 유족이 다른 법령의 규정에 따라 재해보상금·유족연금·상이연금 등의 보상을 지급받을 수 있을 때에는 여기에서의 '타인'에서 제외된다(2조 1항 단서).

(2) 손해발생

(가) 손해의 의미

국가 또는 지방자치단체가 법령이 정하는 상수원수 수질기준 유지의무를 다하지 못하고, 법령이 정하는 고도의 정수처리방법이 아닌 일반적 정수처리방법으로 수돗물을 생산·공급하였다는 사유만으로 국가배상을 청구할 수 있는가? (대법원 99다36280판결)

---

86) 이런 접근이 수용유사적 개입(준공용개입)보다 훨씬 더 좋고 완전하게 국가책임법상의 흠결을 메울 수 있다고 한다. Grzeszick, in: Ehlers/Pünder, §46 Rn.32.

87) 여기서의 명칭이 왜 '타인'인지 의문이 들 수 있다. 본래 독일의 경우 국가를 상대로 한 공무원의 직무의무에 기초하여 그 직무의무에 위반하여 제3자(일반 국민)에게 손해를 끼친 상황을 포착하였다. 그리하여 헌법에서조차 제3자 개념을 사용하는데, 이것이 일본에선 타인으로 옮겨진 것이다. 하루바삐 헌법처럼 국민이란 바른 용어로 바꾸어야 한다.

하천부지의 노상주차장에 차량을 주차하였던 甲이 집중호우로 피해를 입었다. 담당공무원들이 안양천의 적정한 유지·관리를 도모하며, 점용허가로 공공의 피해가 발생하지 아니하도록 점용허가를 받은 자가 허가조건을 준수하도록 해야 하고, 정기적으로 하천점용상황에 대한 점검을 실시하여 불법적인 점용실태가 적발될 경우에는 그 시정을 위한 필요한 조치를 취해야 할 직무상 의무가 있다는 甲의 주장이 주효하는가? (대법원 2003다41746판결)

산업기술혁신촉진법상의 공공기관 의무구매규정에 반하여 자사제품을 구매하지 않음을 들어 국가를 상대로 손해배상책임을 주장한 데 대해서, 국가는 동 의무규정은 강행규정이 아니라 단순한 수혜적 권고규정이어서 그에 구속되지 아니한다는 점과 설령 구속된다고 하더라도 그 규정은 공공의 이익을 그 보호법익으로 하고 있을 뿐이라는 점을 내세워 항변한다. 국가배상책임이 인정될 수 있는가? (대법원 2013다85448판결)

A의료원폐업사건에서, 법원은 그 폐쇄가 조례의 형식으로 행해져야 한다는 전제에서 2013. 2. 26.자 폐업방침발표(결정)의 위법성 및 그에 따른 후속조치(퇴원·전원 등의 종용행위)의 위법성을 적극적으로 논증하였지만, 입원환자 등의 생명과 건강에 대한 어떤 구체적인 손상이나 침해가 있었다고 인정할 증거가 없음을 이유로 손해발생을 부인하고 그에 따라 국가배상책임의 성립을 부인하였다. 어떤 문제가 있는가? (대법원 2015두60617판결)

㈜부산2저축은행의 후순위사채를 취득한 자들이, ㈜부산2저축은행 재무상태가 분식회계된 것임을 이유로, ㈜부산2저축은행을 비롯하여 금융감독원과 대한민국을 상대로 후순위사채에 투자함으로써 입은 손해에 대하여 책임을 구하였다. 금융위원회법은 금융기관의 감독 및 검사·제재에 관한 사항을 금융위원회의 소관 사무로 정하면서(17조 2호), 금융감독원은 이 법 또는 다른 법령에 따라 상호저축은행 등 금융기관의 업무 및 재산상황에 대한 검사, 그 검사결과와 관련한 이 법과 또는 다른 법령에 따른 제재 등의 업무를 수행하는 것으로 정하고 있다(37조). 국가배상책임이 인정될 수 있는가? (대법원 2015다210194판결)

국가배상법상의 손해를 달리 보지 않는 한, 민법에서의 그것을 그대로 대입할 수 있다.[88] **여기서의 손해는 법익침해, 즉 주관적 권리의 침해로 인한 법적 불이익이다.** 여기서의 손해에 정신적 손해도 포함되는 것으로 본다. 가령 판례는 헌법재판관의 잘못된 각하결정으로 말미암아 본안판단의 기회를 상실한 원고의 정신적 고통에 대한 위자료지급의무가 국가에게 있음을 인정하였다(대법원 99다24218판결).[89] 그런데 손해의 발생에 중요한 것은 법익침해이고, 정신적 고통 및 손해는 법익침해의 결과양상에 불과하다.[90] 손해

88) 일각에서 국가배상법상 손해의 개념을 민법상 손해와 별도로 해석하여야 한다고 주장되는데(김혜진, "공법상 개념으로서의 국가배상법상 '손해'", 공법연구 제52집 제2호, 2023.12., 594면 이하). 여기서의 손해를 법익침해, 즉 법적 불이익으로 이해하면 굳이 개념을 달리 설정하지 않더라도 무방하다.

89) 다만 의료원폐업이 문제된 대법원 2015두60617판결에서 위법한 폐업방침발표(결정)에 대해 의료원폐지조례의 제정으로 그것의 취소를 구할 소의 이익이 부인되는 상황에서 정신적 손해에 관한 적극적 모색이 없었던 것은 아쉽다. 상론: 김중권, 법조 제719호(2016.10.28.), 464면 이하.

90) 대법원 2022다204708판결.은 사립초등학교를 무단으로 폐교한 학교법인에 대해 재학생과 학부모의 학습권 등의 침해를 이유로 위자료지급의무를 인정하였다.

배상책임이 성립하려면 그 손해가 현실적으로 발생하여야 한다. 현실적으로 손해가 발생하였는지 여부는 사회통념에 비추어 객관적이고 합리적으로 판단하여야 한다.[91]

단순한 반사적 이익이나 공공일반의 이익이 제한되는 상황은 법익침해에 해당하지 않아서 국가배상책임을 성립시키는 손해가 되지 않는다. 일찍이 대법원 91다43466판결('극동호사건')이 손해발생과 관련하여 직무행위(직무상의 의무)의 사익보호성(제3자성)여부를 효시적으로 논증하였다.[92] 직무행위의 사익보호성여부는 국가배상책임의 성립요건에서 손해의 발생 그 자체와 직결된 문제이다. 따라서 공무원의 직무상 의무가 순전히 행정기관 내부의 질서를 유지하기 위한 것이거나 전체적으로 공공 일반의 이익을 도모하기 위한 것인 경우 손해배상책임이 인정되지 않는다(대법원 2013다85448판결).

(나) 직무행위의 사익보호성 요구에 관한 再論

직무행위(직무상의 의무)의 사익보호성 여부는 특히 직무행위가 제3자와 관련성을 가질 경우와 직무행위의 부작위나 거부처분이 존재하는 경우에 문제가 된다.[93]

판례는 상수원수 수질기준 유지 및 정수처리방법 등과 관련한 규정의(대법원 99다36280판결), 구 산업기술혁신촉진법상의 공공기관 의무구매규정의(대법원 2013다85448판결),[94] 금융위원회법상의 금융기관에 대한 금융감독원의 검사·감독의무를 부과한 법규정의(대법원 2015다210194판결)[95] 사익보호성은 부정하였다. 하지만 소방법의 제 규정의(대법원 97다36613판결), 토지형질변경허가에 있어 허가지 인근 지역에 토사붕괴나 낙석 등으로 인한 피해가 발생하지 않도록 허가를 받은 자에게 옹벽이나 방책을 설치하게 하거나 그가 이를 이행하지 아니할 때에는 스스로 필요한 조치를 취하는 직무상 의무의(대법원 99다64278판결),

---

91) 대법원 2022다289051전합판결은 시행령 규정이 장애인등편의법상의 '장애인의 이동접근권'을 사실상 유명무실하게 만들어 그것을 침해함으로써, 손해가 발생한 것으로 보았다.

92) 동 판결은 규제권능의 불행사로 인한 국가배상책임에서 관련 규정의 사익보호성을 모색한 점에 획기적인 의의를 갖지만(손지열, 민사판례연구 제16권(1994.5.), 218면), 직무상의 의무와 해당 직무행위의 재량성을 구별하지 않고 사안을 전적으로 상당인과관계의 차원에서 전개한 논증의 취약점도 있다(김남진, 행정법의 기본문제, 1045면).

93) 항고소송에서 수범자이론이 원고적격 논의를 용이하게 한다. 따라서 －대법원 2011다34521판결과는 달리－ 직무행위가 그것의 직접 상대방과의 관련성만을 지닐 땐 굳이 직무의무(및 그 근거규정)의 사익보호성을 탐문할 필요가 없다.

94) 대법원 2013다41431판결에 의하면, 공공기관이 산업기술혁신 촉진법상의 인증신제품 구매의무를 이행하지 아니하였더라도, 신제품 인증을 받은 자에 대하여 손해배상책임을 지지는 않는다.

95) 금융감독해태에 따른 국가책임의 문제에서 독일의 경우 과거에는 판례가 관련 업무의 사익보호성을 인정하였는데(BGHZ 74, 144, 152), 법률로 사익보호성을 부인하여 입법적으로 봉쇄하였다(현행 금융서비스감독법 제4조 ③). 판례가 금융기관에 대한 국가기관의 감독과 관련해서 감독해태에 대해 국가배상책임이 원천적으로 성립할 수 없다는 것을 처음으로 공언하여 사실상 금융감독의 해태와 관련해서 소송을 통해 다툴 수 없다는 면죄부를 준 셈이어서 그 의의가 매우 의미심장하다. 참고문헌: 김남진, 기본문제, 447면 이하; 정순섭, "금융감독기관의 감독배상책임에 관한 연구", 상사법연구 제31권 제4호(2013); 김중권, 법조 제718호(2016.8.28.).

개명으로 인한 주민등록상 성명정정을 본적지 관할관청에 통보할 의무 규정의(대법원 2001다59842판결), 하천의 유지·관리 및 점용허가 등과 관련한 하천법 규정의(대법원 2003다41746판결) 사익보호성은 인정하였다.

그런데 그것의 접근방식에서 다툼이 있다. 판례는 대법원 93다30877판결 이래로 사익보호성의 문제를 전적으로 손해발생에 견줘 상당인과관계의 차원에서 접근하고 있다. 반면 이를 위법성의 문제로 접근한 판결(대법원 99다64278판결)도 있으며, 일부 문헌은 그렇게 접근해야 한다고 강조한다. 그런데 직무행위의 위법성은 손해발생을 전제로 한 점에서, 이런 논의가 어떤 실익이 있는지 의문스럽다.

한편 배상책임제한적 기능을 갖는 사익보호성 요구에 대해서, 일부에선 -독일과는 달리- 근거가 없음을 이유로 부정적으로 보지만, 반사적 이익에 대한 보호배제를 목적으로 하는 이 요구는 모든 국가책임의 본질적 요소이다.[96] 왜냐하면 이 요구는 행정소송에서의 원고적격마냥 주관적 쟁송의 원칙에서는 당연하기 때문이다.[97] **국가배상법상의 이런 주관적 권리침해적 기조는 행정소송에서의 주관소송의 원칙과 상통한다.**

다만 부작위나 거부처분이 -부작위확인소송이나 취소소송을 통해- 위법하다고 판시되더라도 곧바로 손해발생의 인정으로 받아들여서는 아니 된다. 왜냐하면 의무이행소송이 인정되지 않은 현행 행정소송법에서는 부작위확인소송이나 거부처분취소소송에서 인용판결이 내려졌다 하더라도 행정청은 이유를 들어 거부하거나 -처음에 들지 않은- 다른 이유로 거부하는 데 아무런 문제가 없기 때문이다.

(다) 특히 중대한 절차하자로 인한 정신적 고통의 문제

A군이 입지선정위원회 구성과 입지선정 등에 관한 절차를 전혀 밟지 않은 채 2008. 1. 2. 'A군 농어촌폐기물 종합처리시설 입지 결정·고시'를 한 다음에 2008. 2. 14.경 B도지사에게 위조된 '주민대표들의 추천서', '농어촌폐기물 종합처리시설 입지선정위원회 회의 알림' 등의 서류를 제출하면서 폐기물 매립장의 설치 승인을 신청하였다. B도지사는 2008. 2. 20.경 A군에 대해 폐기물 매립장의 설치계획을 승인한다는 통보와 함께 폐기물 매립장의 설치를 승인하였다. 그런데 폐기물 매립장이 설치된 후인 2018.5.31. 하급심이 폐기물시설촉진법을 비롯한 관련 법령에 따라 입지선정위원회를 구성하지 않은 하자를 중대하고, 명백하다는 이유로 폐기물 매립장 입지 결정·고시처분과 폐기물 매립장의 설치계획 승인처분의 무효를 확인하는 판결이 선고되었고, 확정되었다. A군의 담당공무원이 폐기물 매립장 설치와 관련하여 관련 법령에서 정한 주민의견 수렴절차를 거치지 않은 위법행위를 했다는 이유 등으로 국가배상법 제2조에

96) Ossenbühl/Cornils, Staatshaftungsrecht, 6.Aufl. 2013, S.60.
97) 독일의 경우에도 개인보호인정의 기준에서 국가책임법과 행정소송법은 동일한 기조에 있으며, 유럽연합법 역시 -공익만이 아니라- 원고의 이익을 보호하도록 되어 있는 규범을 위반한 경우에 한하여 배상책임을 인정하고 있다. Vgl. EuGH Slg. 2000, I-5291 Rn.42-Bergadem.

따라 정신적 손해에 대한 배상책임을 A군에 대해 지울 수 있는가? (대법원 2015다221668판결)

절차하자와 관련해서 대법원 2015다221668판결은 절차권의 침해를 정신적 고통에 대한 배상으로 곧바로 귀결하는 것은 부정하되, 정신적 고통이 여전히 남아 있다고 볼 특별한 사정이 있을 경우에는 절차권의 침해가 정신적 고통에 대한 배상을 성립시킬 수 있다고 본다.[98] 이런 원칙부정, 예외인정의 입장이 결과적으로 절차하자를 행정구제밖에 놓이게 한 문제점이 있다(본서 644면 참조). 그런데 대법원 2015다208320판결은 오히려 이런 예외인정의 가능성에 착안하여 변경된 사업부지 인근 주민들의 의견을 수렴하는 절차를 거치지 않은 채 송전선로사업을 진행하여 주민들의 환경상 이익의 침해를 최소화할 수 있는 의견제출의 기회를 박탈하여 정신적 고통을 가하였다고 보아 정신적 손해를 배상할 의무가 있다고 인정하였다. 이들 판결은 논증에서 공히 치명적인 결함이 있다. 과연 어떤 경우가 정신적 고통이 여전히 남아 있다고 볼 특별한 사정이 있는 경우에 해당하는지 논란이 야기된다. 예외인정의 가능성을 제시한 대법원 2015다221668판결의 긍정적인 측면을[99] 증폭시키기 위해, 무효사유에 해당하는 절차하자를 예외인정의 '특별한 사정'으로 삼아 적극적으로 나설 필요가 있다.[100]

(3) 손해발생 및 그것과 위법한 직무행위와의 인과관계

배상하여야 할 손해는 현실로 입은 확실한 손해에 한하고, 현실적으로 손해가 발생하였는지 여부는 사회통념에 비추어 객관적이고 합리적으로 판단해야 하는데,[101]

---

98) 국가나 지방자치단체가 행정절차를 진행하는 과정에서 주민들의 의견제출 등 절차적 권리를 보장하지 않은 위법이 있다고 하더라도 그 후 이를 시정하여 절차를 다시 진행한 경우, 종국적으로 행정처분 단계까지 이르지 않거나 처분을 직권으로 취소하거나 철회한 경우, 행정소송을 통하여 처분이 취소되거나 처분의 무효를 확인하는 판결이 확정된 경우 등에는 주민들이 절차적 권리의 행사를 통하여 환경권이나 재산권 등 사적 이익을 보호하려던 목적이 실질적으로 달성된 것이므로 특별한 사정이 없는 한 절차적 권리 침해로 인한 정신적 고통에 대한 배상은 인정되지 않는다. 다만 이러한 조치로도 주민들의 절차적 권리 침해로 인한 정신적 고통이 여전히 남아 있다고 볼 특별한 사정이 있는 경우에 국가나 지방자치단체는 그 정신적 고통으로 인한 손해를 배상할 책임이 있다.

99) 절차·형식상의 하자를 이유로 한 취소판결의 기판력은 적시된 절차 및 형식의 위법사유에 한하여 미친다는 대법원 91누5242판결 등은 공무원이 책임면탈의 출구로 제한적으로 기능한다. 상론: 김중권, 위법한 행정절차에 대한 국가배상책임에 관한 소고, 법조 제751호(2022.2.28.), 418면 이하.

100) 상론: 김중권, 위법한 행정절차에 대한 국가배상책임에 관한 소고, 법조 제751호(2022.2.28.).

101) 행정처분의 이행에 비용이 발생하는 경우에는 특별한 사정이 없는 한 행정처분 당시에 그 비용 상당의 손해가 현실적으로 발생한 것으로 볼 수 있다. 그러나 행정처분이 있은 이후 행정처분을 이행하기 어려운 장애사유가 있어 오랫동안 이행이 이루어지지 않았고, 해당 행정관청에서도 이러한 사정을 참작하여 그 이행을 강제하기 위한 조치를 취하지 않고 불이행된 상태를 방치하는 등 특별한 사정이 있는 경우에는 손해가 현실화되었다고 인정하는 데 보다 신중할 필요가 있다(대법원 2017다278446판결).

손해발생의 사실은 피해자가 이를 증명해야 한다.

위법한 직무행위가 손해발생의 원인이어야 하는데, 여기에는 상당성이론에 의해 양자간에 상당인과관계가 인정되어야 한다. 상당인과관계의 유무를 판단함에 있어서는 일반적인 결과 발생의 개연성은 물론 직무상 의무를 부과하는 법령 기타 행동규범의 목적이나 가해행위의 태양 및 피해의 정도 등을 종합적으로 고려해야 한다(대법원 2002다62678판결).

절차하자와 재량하자의 경우 문제가 있다. 재량하자의 경우에는 구체적 상황으로부터 담당공무원이 성실하게 재량을 행사하면 다른 결정을 내렸을 것이라는 사실(대안가능성)이 인정되어야만, 인과관계가 시인될 수 있다. 절차하자의 경우에도 절차하자가 없더라도 그 결정이 발해질 수밖에 없다면 인과관계가 부인되는데, 다만 적법한 대체행위의 법리를 전적으로 인과관계 및 국가배상책임의 부정의 근거로 작동하는 것은 바람직하지 않다.[102] −전술하듯이− 절차하자가 중대한 경우에는 정신적 고통만은 적극적으로 인정할 필요가 있다.

판례는 소방공무원들이 소방점검의무를 일부분 소홀히 한 점만 가지고 일반적으로 화재발생 및 건물의 붕괴가 쉽사리 예견된다고 할 수는 없다고 하여 소방공무원들의 직무상 의무위반행위와 사고 사이에 상당인과관계가 있다고 단정할 수 없다고 보았고(대법원 97다36613판결), 자살한 초임하사가 근무한 부대의 지휘관 등이 육군규정에 규정된 기간을 초과하여 망인으로 하여금 영내거주를 하도록 한 과실과 망인의 사망간에는 상당인과관계를 부인하였지만(대법원 2010다74416판결), 헌병대 영창에서 탈주한 군인들이 민가에 침입하여 저지른 범죄행위에 대해서는 긍정하였다(대법원 2002다62678판결).

6. 부작위(거부행위)에 의한 국가배상책임의 문제

2004.2.1.과 2.에 '미니컵젤리 질식사 사고'가 연이어 일어났다. 유럽연합이 2004.4.23. 미니컵젤리의 제조에 곤약, 글루코만난 외에도 광범위한 첨가물의 사용을 잠정적으로 금지하였고, 2004.7.12. 미니컵젤리로 인한 질식 위험성을 경고하는 취지의 발표를 하였다. 그런데 초등학교 1학년에 재학중이던 어린이가 2004.7.18. 친구의 부모가 운영하는 식당에 가서 놀던 중, 그 친구 아버지가 준 미니컵젤리를 먹다가 기도가 막히는 바람에 호흡이 곤란하게 되어 병원으로 옮겨졌으나 2004.10.10. 사망하였다. 이 질식사고에서 부작위에 의한 국가배상책임을 인정할 수 있는가? (대법원 2008다67828판결)

102) 판례 역시 손해발생 여부를 판단하는 데 적법한 대체행위의 법리를 적용하되, 절차의 엄격한 준수가 요구되는 중대한 법령위반에 해당한다는 등의 특별한 사정이 있을 경우에는 동 법리가 통용되지 않는다는 것을 표방하였다(대법원 2009다30762판결).

(1) 전제: 행정의 작위의무의 존재, 수권규정의 문제

부작위에 의한 국가배상책임을 인정하는 전제는 우선 행정의 작위의무가 인정되어야 하는데, 이는 궁극적으로 수권규정의 존부가 문제된다. 허가신청에 대한 부작위의 경우와 같은 2극관계에선 문제되지 않지만, 어떤 사인에 대해 개입(규제)조치를 하지 않아 다른 사인에게 손해가 발생한 3극관계에선 문제된다. 판례가 국민의 생명, 신체, 재산 등에 대하여 절박하고 중대한 위험상태가 발생하였거나 발생할 우려가 있을 때 마치 개괄적 수권조항을 암묵적으로 전제하여 국가의 일반적 위험방지의무를 인정하여(대표적으로 대법원 98다18520판결), 수권규정의 문제는 심각하지 않다. 그리고 관련 규정의 사익보호성 여부의 물음 역시 그 규정이 국민의 생명, 신체 및 재산을 보호하는 한, 문제되지 않는다.

한편 **입법부작위의 경우 국가배상책임의 인정가능성 자체는 문제없이 시인되지만, 현실적으로 인정되기란 매우 어렵다.** 판례에 의하면, 국가가 일정한 사항에 관하여 헌법에 의하여 부과되는 구체적인 입법의무를 부담하고 있음에도 불구하고 그 입법에 필요한 상당한 기간이 경과하도록 고의 또는 과실로 이러한 입법의무를 이행하지 아니하는 등 극히 예외적인 사정이 인정되는 사안에 한정하여 국가배상법 소정의 배상책임이 인정될 수 있다. 이와 같은 구체적인 입법의무 자체가 인정되지 않는 경우에는 애당초 부작위로 인한 불법행위가 성립할 여지가 없다(대법원 2004다33469판결).[103] 행정입법의 경우에도 진정입법부작위는 원칙적으로 기본권을 침해한다(헌재 2001헌마718). 가령 법률이 군법무관의 보수의 구체적 내용을 시행령에 위임했음에도 불구하고 행정부가 정당한 이유 없이 시행령을 제정하지 않은 것은 불법행위에 해당한다(대법원 2006다3561판결).[104] 법률상의 권리를 실현하는 데 불충분한 시행령 규정으로 인한 부진정 행정입법부작위가 문제된 사안에서(본서 923면 이하) 대법원 2022다289051전합판결은 개선입법의무에 의거하여 위법성을 확인하여 국가배상책임을 인정하였다.

(2) 위법성 여부를 판단하기 위한 판례에서의 접근방식

판례는 합리성의 차원에서의 접근방식(≒수권규정을 전제로 한 경우)과 재량축소론적 접근방식(≒수권규정을 전제로 하지 않은 경우)을 병행하고 있다. 여기서의 합리성의 차원에서의 접근은 재량축소론적 접근과 비교한 것이다. 즉, 권한부여의 취지와 목적에 의

103) 그리하여 치과전문의 관련 법령에서 기존 전문의수련자에 대해 특별히 언급하지 않은 이상, 관련 법령에서 이들을 위한 경과규정을 마련할 행정입법의무가 곧바로 도출된다고 보기는 어렵고, 국민권익위원회가 보건복지부장관에게 그러한 경과조치를 마련할 것을 의견 표명하였다는 사정만으로 달리 볼 것은 아니다(대법원 2017다249769판결).

104) 행정입법부작위에 대한 행정소송 문제에 관해서는 본서 470면 이하.

거하여 구체적인 사정에 따라 판단한다고 대략적으로 기술한 다음 바로 합리성의 결여 여부를 판단하는 논증의 방식이다. 반면 재량축소론적 접근은 판단기준으로 위험의 존재, 예견가능성, 회피가능성 등을 적시하면서 작위의무의 성립을 논증하는 방식이다. 차이점은 특히 작위의무의 성립여부에 관해 구체적으로 적극적으로 논증하였는지 여부에 두고자 한다. 사실 이런 구분은 일본에서의 논의에서 비롯되었다.[105] 전술한 대로, 판례는 부작위의 위법성이 확인되면, 과실이 인정되는 것으로 본다.

(가) 합리성의 차원에서의 접근

합리성의 차원에서의 접근은 경찰관직무집행법상의 개별수권규정 및 일반적인 임무규정에 터 잡은 것이다. 효시인 대법원 95다45927판결은, 「긴급구호권한과 같은 경찰관의 조치권한은 일반적으로 경찰관의 전문적 판단에 기한 합리적인 재량에 위임되어 있는 것이나, 그렇다고 하더라도 **구체적 상황하에서 경찰관에게 그러한 조치권한을 부여한 취지와 목적에 비추어 볼 때 그 불행사가 현저하게 불합리하다고 인정되는 경우에는**, 그러한 불행사는 법령에 위반하는 행위에 해당하게 되어 국가배상법상의 다른 요건이 충족되는 한, 국가는 그로 인하여 피해를 입은 자에 대하여 국가배상책임을 부담한다」고 판시하였다.[106][107] 대법원 2004다759판결도 그렇다. 그런데 허가 및 감독규정과 관련해서 대법원 99다64278판결은 여기에 '객관적 정당성의 결여'를 추가하였다.

(나) 재량축소론적 접근

수권규정이 전제되지 않은 경우로 일찍이 대법원 79다2341판결은, 「자치단체로서는 의당 주민들의 복리를 위하여 주택가 내에 돌출하여 위험이 예견되는 자연암벽을 사전에 제거하여야 할 의무도 부담한다 할 것인데 그 의무를 해태한 부작위로 인하여 붕괴 사고가 일어나서 주민들이 손해를 입었다면 그 자치단체로서는 국가배상법 제2

105) 상론: 김중권, 인권과 정의 제419호(2011.8.), 100면 이하.

106) 경찰권발동과 관련해서 대법원 97다54482판결; 98다16890판결; 2003다49009판결(속칭 군산 윤락업소 화재 사건); 2017다228083판결(이전의 다른 신고와 동일한 것으로 오인하여 사건신고 시각으로부터 24분이 지나도록 아무런 조치를 취하지 아니하여 신고자가 사망한 경우) 역시 마찬가지였다.

107) 군대 내에서의 의문사 사건에서, 철저히 현장을 보존하는 등 필요한 조치를 취하지 않았거나 초동수사가 조사활동 내지 수사의 기본원칙조차 지켜지지 않은 채 행하여진 것(대법원 2013다73957판결; 2004다14932판결)과 다수의 성범죄 실형 전과가 있고 위치추적 전자장치를 부착한 상태로 보호관찰을 받던 甲이 1차 강간 범행 후 13일 만에 2차 강간 범행을 하여 살해한 사건에서, 1차 범행의 수사를 담당하던 경찰관이 그 범행의 특수성과 위험성을 고려하지 않은 채 통상적인 조치만 하고 전자장치 위치정보를 수사에 활용하지 않았던 것과 담당 보호관찰관이 甲에게 높은 재범의 위험성과 반사회성이 있음을 인식하였음에도 적극적 대면조치 등 이를 억제할 실질적인 조치를 하지 않은 것(대법원 2017다290538판결)에 대한 국가배상책임에서도 역시 동일하다.

조에 의한 책임을 면할 수 없다고 봄이 상당하다」고 판시하였다.[108] 달리 볼 수도 있겠지만, 굳이 어떤 접근을 하였는지 설정하자면 재량축소론적 접근을 한 것으로 봄직하다. 그리고 이를 더욱 진전시켜 대법원 98다18520판결(에이즈양성판정의 불통지 사건)은, 「국민의 생명, 신체, 재산 등에 대하여 절박하고 중대한 위험상태가 발생하였거나 발생할 우려가 있어서 국민의 생명, 신체, 재산 등을 보호하는 것을 본래적 사명으로 하는 국가가 초법규적, 일차적으로 그 위험 배제에 나서지 아니하면 국민의 생명, 신체, 재산 등을 보호할 수 없는 경우에는 형식적 의미의 법령에 근거가 없더라도 국가나 관련 공무원에 대하여 그러한 위험을 배제할 작위의무를 인정할 수 있을 것이지만, 그와 같은 절박하고 중대한 위험상태가 발생하였거나 발생할 우려가 있는 경우가 아니라면 원칙적으로 공무원이 관련 법령을 준수하여 직무를 수행하였다면 그와 같은 공무원의 부작위를 가지고 '고의 또는 과실로 법령에 위반'하였다고 할 수는 없을 것이므로, 공무원의 부작위로 인한 국가배상책임을 인정할 것인지 여부가 문제되는 경우에 **관련 공무원에 대하여 작위의무를 명하는 법령의 규정이 없다면 공무원의 부작위로 인하여 침해된 국민의 법익 또는 국민에게 발생한 손해가 어느 정도 심각하고 절박한 것인지, 관련 공무원이 그와 같은 결과를 예견하여 그 결과를 회피하기 위한 조치를 취할 수 있는 가능성이 있는지 등을 종합적으로 고려하여 판단하여야 할 것이다**」 판시하였다.[109] 한편 허가 및 감독규정과 관련한 대법원 99다64278판결은 특별한 수권규정이 없는 위험관리(의무)와 관련해서는 그것의 해태를 객관적 정당성의 관점에서 검토되어야 한다고 판시하였다.

(다) 절충적 접근

이상의 두 가지 접근방식이 결합된 경우가 생겨났다. 대법원 2005다23438판결(경찰관들이 인질의 구출 및 납치범의 검거 직무를 수행하는 과정에서 범인에게 돈을 전달하기로 한 인질의 아버지가 피살된 사건)은, 「범죄의 예방・진압 및 수사는 경찰관의 직무에 해당하며(경찰관직무집행법 2조 1호 참조), 그 직무행위의 구체적 내용이나 방법 등이 경찰관의 전문적 판단에 기한 합리적인 재량에 위임되어 있으므로, 경찰관이 구체적 상황하에서 그 인적・물적 능력의 범위 내에서의 적절한 조치라는 판단에 따라 범죄의 진압 및 수사에 관한 직무를 수행한 경우, **경찰관에게 그와 같은 권한을 부여한 취지와 목적, 경찰관이 다른**

108) 비슷한 일본 판례: 大阪地判 昭和49 4.19.下級民集25卷1-4号 315頁.

109) 대법원 2000다57856판결: 2002다53995판결; 2006다82649판결; 2017다211559판결(소속 장병의 자살사고); 2021두33838판결 역시 그와 동일한 기조를 취하였다.

조치를 취하지 아니함으로 인하여 침해된 국민의 법익 또는 국민에게 발생한 손해의 심각성 내지 그 절박한 정도, 경찰관이 그와 같은 결과를 예견하여 그 결과를 회피하기 위한 조치를 취할 수 있는 가능성이 있는지 여부 등을 종합적으로 고려하여 볼 때, 그것이 객관적 정당성을 상실하여 현저하게 불합리하다고 인정되지 않는다면 그와 다른 조치를 취하지 아니한 부작위를 내세워 국가배상책임의 요건인 법령위반에 해당한다고 할 수 없다」고 판시하였다.[110] 대법원 2008다77795판결과 2008다67828판결 역시 우선 미니컵 젤리의 위험성의 존부와 그에 대한 행정청의 인식·예견가능성을 전제로 하여 제반사정을 최종적으로 합리성의 차원에서 판단하였다.[111]

(3) 관견(管見)

(가) 합리성의 차원에서의 접근에서 재량축소론적 접근으로

일본의 경우 하급심에서는 재량축소론적 접근을 강구하곤 하였으나, 최고재판소는 시종 합리성의 차원에서 접근을 하여 '허용되는 범위를 넘어서 현저히 합리성이 결여된 것'을 그 기준으로 삼는다.[112] **우리의 경우 최종심자체가 투 트랙의 접근이 행해지고 있기에 매우 혼란스럽다.** 먼저 합리성 차원의 접근에 대한 근본적인 물음을 제기하고자 한다. 법치국가원리의 구현에 있어서 합리성을 결여한지 여부는 법적 논거를 통해 필터링되어야 하고, 위법성의 여하는 법질서에 의거해서 판단되어야 한다. 그러나 '-사회적 타당성이 없을 정도의- **합리성의 현저한 결여'라는 권한불행사의 위법성의 논거는 구체적인 판단기준으로 삼기에는 너무나 추상적이다.** 재량행사에서 요구되는 이익형량에는 합리성요청이 내재되어 있기에, 합리성의 차원의 접근 역시 나름 충분히 타당할 수 있다. 그러나 작위의무의 성립여부에 관한 논거를 충분히 적시하지 않은 채 결론차원에서 행해지는 합리성의 차원의 접근에 대해서는, -일정한 정도의 사고방식을 지시하는 셈인 재량축소론적 접근과 비교해서- 국가배상책임성립에 관한 판단을 법

110) 대법원 2006다32132판결(음주운전 단속시 운전자의 요구에 따라 곧바로 채혈을 실시하지 않은 사건)과 대법원 2013다20427판결(인질납치범인 소외인이 운전하는 것으로 의심되는 승용차를 발견하고 검문하려는 과정에서 용의자의 도주 위험에 대하여 최소한의 조치를 취하지 않은 사건) 역시 동일한 기조를 취하였다.

111) 대법원 2008다67828판결의 사안에서 원심이 부작위에 의한 국가배상책임을 인정한 것은 'in dubio pro securitate'(의심스러우면 안전에 유리하게)의 관점에서 호평할 만한데 관철되지 않은 것이 너무나 아쉽다. 참고문헌: 김중권, 인권과 정의 제419호(2011.8.); 김종천, 법학논문집 제35집 제2호(2011).

112) 最判 平成元(1989) 11.24 民集43巻10号 1169頁; 最判 平成7(1995) 6.23. 民集49巻6号 1600頁. 문헌상으론 鹽野 宏 교수나 藤田 宙靖 전 최고재판소재판관은 재량수축론에 대해 소극적인 입장을 취하지만, 阿部泰隆 교수는 합리성차원에서의 접근(裁量權消極的 濫用論)이 실은 기준이 없는 사례해결에 지나지 않는다고 혹평을 한다.

관의 그것에 전면적으로 맡기는 것이나 다를 바 없다.

합리성의 결여의 문제가 과연 국가배상책임요건의 성립에서 위법성판단의 문제인지 의문스럽다. 합리성결여는 상당인과관계의 차원에서 바라볼 필요가 있다. 그리고 현저한 합리성의 결여만으로 곧바로 재량하자의 바로미터로 삼는 것 역시 지양할 필요가 있다. 왜냐하면 직무행위의 위법근거는 입법목적, 수권목적은 물론, 특히 행정법의 일반원칙을 통해 설득력 있게 제시할 수 있기 때문이다.

(나) 재량축소론적 접근에서의 유의사항

운위되는 재량축소론적 접근 역시 유의할 점이 있다. 재량축소론은 본래 제3자에 대한 경찰개입청구권의 인정여부가 문제된 상황에서 비롯되었기 때문이다.[113] 제시된 그 논거들(위험의 존재, 예견가능성, 회피가능성 등)은 제3자(피규제자 또는 규제대상자)에 의해 조성된 경찰위험의 경우에만 주효할 수 있다. 따라서 2극관계에서의 상황에 이상의 제시논거를 그대로 대입하는 것은 곤란하다.

재량규범의 목적은 개별적 정의의 실현에 있기에 재량축소를 인정하는 것은 그 자체론 당연하다. 따라서 **경찰의 위험방지를 넘는 차원에서 재량축소론적 접근이 강구되어야 한다.** 다만 판례상으로 제시된 기준(중요법익에 대한 침해의 중대성과 절박성, 결과의 예견가능성, 결과의 회피가능성 등)에 관해 국가책임법적 차원의 성찰이 당연히 필요하다. 가령 위험의 존재와 관련해서 그에 대한 지나친 고도화요청은 극단적 상황만을 상정하게 한다. 특히 절박성 요구는 자칫 규제권한의 불행사를 부당하게 정당화시킬 수 있는 구실이 될 수 있다.

(4) 규제권능(권한)불행사와 관련한 일본의 대표적 사건

일본 구마모도 현의 미나마타(水俣) 만에서 잡힌 어패류를 먹은 사람들이 신경손상, 사지마비나 언어장애를 겪거나 눈귀의 기능이 상실되었으며, 1984년 말까지 2,732명의 환자가 발생하여 799명이 사망했다. 이에 미나마타(水俣)병에 걸린 사람들이 국가와 현을 상대로 미나마타병의 발생 내지 피해확대를 방지하기 위해 규제권한을 행사하는 것을 해태한 것을 들어 국가배상을 청구하였다. 1957.1.에 국가와 현도 참가한 연구발표회에서 魚介(바다에 사는 동물 전체를 말함)類의 섭취가 원인이라는 일응의 결론에 도달하였고, 1959.11.에 식품위생조사회는 후생대신에게 미나마타病의 주원인을 이루는 것은 어떤 유기수은화합물이라는 답신을 하였다. 어획과 어개류의 섭취를 자숙하길 촉구하는 행정지도가 행해졌지만, 메틸수은화합물의 배출은

113) 부작위의 위법성은 재량의 영으로의 축소에까지 이르지 않더라도 결정재량의 축소, 즉 재량축소만으로도 주장할 수 있다.

1968.5.까지 계속되다가, 그해 9월에 국가는 미나마타병의 원인은 질소 미나마타 공장의 아세트 알데히드 제조시설에서 만들어진 메틸수은화합물이라고 정부견해를 공식발표하였다. 그 다음해에 미나마타 만과 그 주변해역에 대해 2개 수질법(공공용수역의 수질보전에 관한 법률, 공장배출등의 규제에 관한 법률)에 의거하여 지정수역의 지정 등을 실시하였다.

쟁점은 미나마타병의 원인이 어느 정도 규명된 이후 정부 공식발표를 거쳐 지정수역의 지정이 있기 전 11년간의 규제공백상황에 대한 법적 평가이다. 1심은 국가와 현의 규제권한불행사의 위법을 인정하지 않아 배상책임을 부정하였지만(大阪地判 平成6.7.11. 判時1506号5頁), 2심은 원고청구의 일부를 인용하였고(大阪高判 平成13.4.27. 判時1761号3頁), 최고재판소 역시 동일하였다(最判 平成16(2004) 10.15. 民集58卷7号 1802頁). 즉, 1956.5.의 미나마타병의 공식발표 이후 3년반이 경과한 시점에 중대한 피해사례가 속출하였다는 점, 1959.11.말 시점에서 보면, 미나마타 만과 그 주변해역을 지정수역으로 지정하는 것, 당해지정수역에 배출되는 공장배수로부터 수은 또는 그 화합물이 검출되지 않는다고 하는 수질기준을 정하는 것, 아세트알데히드 제조시설을 특정시설로 정하는 것을 위해 규제권한을 행사하는 데 필요한 (2개의) 수질법 소정의 절차를 바로 취할 수 있다는 점, 1959.12.말에는 주무대신이 규제권한을 행사하여, 메틸에 대해선 공장배수의 처리방법의 개선, 당해시설사용의 일시정지 기타 필요한 조치를 취하도록 명할 수 있었다는 점, 미나마타병으로 인한 건강피해가 심각하게 되면 바로 권한을 행사해야 할 상황에 있다는 점, 이 시점에 규제권한을 행사하였으면 그 이후에 초래된 방지할 수 있었는데, 실제로 그런 행사를 하지 않아 피해가 확대되었다는 점 등을 종합적으로 고려한 즉 1960.1. 이후엔 수질법에 의거하여 규제권한을 행사하지 않은 것은 동법률들의 취지, 목적, 그 권한의 성질 등에 비추어 현저히 합리성을 결하였기에 위법이라 판시하였다.

Ⅵ. 영조물의 설치 · 관리상의 하자로 인한 배상책임의 성립요건

1. 국가배상법 제5조와 민법 제758조의 비교

국가배상법 제5조에 의하면, 「① 도로 · 하천 기타 공공의 영조물의 설치 또는 관리에 하자가 있기 때문에 타인에게 손해를 발생하게 하였을 때에는 국가 또는 지방자치단체는 그 손해를 배상하여야 한다. 이 경우에는 제2조 1항 단서, 제3조 및 제3조의 2의 규정을 준용한다. ② 제1항의 경우에 손해의 원인에 대하여 책임을 질 자가 따로 있을 때에는 국가 또는 지방자치단체는 그 자에 대하여 구상할 수 있다」. 이는 공작물의 설치 · 관리상의 하자에 대한 배상책임에 관한 민법 제758조에 상응하는 것이다. 하지만 ⅰ) 점유자의 면책조항이 없다는 점과, ⅱ) 여기서의 영조물은 민법상의 공작물보다 넓은 개념이라는 점에서 차이가 있다. 후술하겠지만, **일본의 국가배상법 제2조**

를 본딴 국가배상법 제5조의 존재이유를 숙고할 필요가 있다.

2. 배상책임의 성립요건

(1) 도로 · 하천 기타의 공공의 영조물

행정법에서 '영조물'이란, 공적 목적을 달성하기 위한 인적 · 물적 시설의 총합체를 의미한다. 그러데 국가배상법상의 공공의 영조물은 도로 · 하천과 같은 예가 보여주듯이, 학문적 의미의 공물에 가깝다. 다만 공물의 개념상의 차이는 감안하여야 한다. 이 책에서는 공물을 "행정주체가 직접 공적 목적을 달성하기 위해 제공한 유체물 및 관리할 수 있는 자연력"을 의미하는 것으로 보지만, 판례와 일부문헌에서는 자연력을 배제하면서, 국가 또는 지방자치단체에 의하여 특정 공공의 목적에 공여된 유체물 내지 물적 설비로 설정한다(대법원 98다17381판결). 개개의 물건만이 아니라 물건의 집합체인 공공시설도 당연히 영조물(공물)에 포함된다. 물건인 이상 부동산, 동산, 자연공물(예: 소방자동차), 인공공물(예: 도로 · 상하수도 · 관공청사 · 교량 등), 자연공물, 동물(예: 경찰견) 등도 이에 포함된다. 과거 법조문에 명기되어 있음에도 불구하고 자연공물인 하천의 영조물 여부를 두고 논란이 있었지만, 지금은 별다른 논란거리가 되지 않는다.

공물의 성립에 그것의 소유권의 존재는 절대적이지 않기에, 소유권은 사인을 포함한 타인에 속하는 타유공물(他有公物)의 경우도 아무런 문제가 없다. 즉, 국가 또는 지방자치단체가 임차권 그 밖의 권원에 기하여 관리하고 있는 경우뿐만 아니라 사실상의 관리를 하고 있는 경우도 포함된다(대법원 99다24201판결).[114] 역으로 국유재산 · 공유재산일지라도 공적 목적에 제공되지 않는 것, 즉 국 · 공유의 사물(국유재산법 6조상의 일반재산)은 그에 포함되지 않는다. 따라서 이런 사물의 설치관리상의 하자로 인해 손해가 발생하면 민법 제758조에 의한 배상책임이 문제된다.

그런데 가령 도로공사가 완료되었지만 아직 도로구역의 결정고시가 내려지지 않은 경우처럼, 공물로서의 형체적 요소는 구비하였으나 아직 공용지정은 행해지지 않은 상태에서 사고가 발생한 경우가 문제된다. 어떤 물건이 공물로서의 성격을 갖는 시점은 공용지정(공용개시행위)이 행해진 시점이다. 따라서 법률상의 예정공물(예: 도로법 25조 등의 도로구역 예정지)에 해당하지 않는 한, 공용지정이 아직 행해지지 않은 경우에는 민법 제758조가

114) 토지 소유자가 그 소유 토지를 일반 공중 등의 통행로로 무상 제공하거나 그에 대한 통행을 용인하면 그 토지에 대한 독점적 · 배타적 사용 · 수익권의 행사가 제한되는 것이지 대세적 · 확정적으로 상실하는 것은 아니다(대법원 2023다295442판결).

통용된다. 마찬가지로 공사 중이며 아직 완성되지 않아 일반 공중의 이용에 제공되지 않는 옹벽은 여기서의 영조물에 해당하지 않는다(대법원 98다17381판결).

판례상 배상원인이 되었던 영조물에는 맨홀(대법원 71다1952판결), 철도건널목(대법원 97다57528판결), 공중변소(대법원 71다1331판결), 도로(대법원 93다11678판결), 철도대합실승강장(대법원 99다7008판결), 교통신호기(대법원 99다11120판결)가 있다.

(2) 설치·관리의 하자

> 가변차로에 설치된 두 개의 신호기에서 서로 모순되는 신호가 들어오는 고장으로 인해 교통사고가 발생하였다. 사고 당시까지 이 사건 신호등이나 제어기의 고장신고는 접수된 일이 없고 또한 그것이 오작동하거나 고장이라고 판단되어 수선한 일도 없었다. 신호등에 모순되는 신호가 동시에 작동하는 경우가 현재의 기술수준에 비추어 피할 수 없는 부득이하다면, 신호등의 설치·관리에 하자가 없다고 볼 수 있는가? (대법원 2000다56822판결)

(가) 하자의 의미

여기서의 하자의 의미가 밝혀져야 한다. **판례는 물론 대부분의 문헌은 별다른 이론(異論)없이 '영조물이 그 용도에 따라 통상 갖추어야 할 안전성의 결여'로 이해한다**(대법원 2005다62235판결). 영조물이 완전무결한 상태에 있지 아니하고 그 기능상 어떤 결함이 있다는 것만으로 영조물의 설치 또는 관리에 하자가 있다고 할 수는 없고, 당해 영조물의 용도, 그 설치장소의 현황 및 이용 상황 등 제반 사정을 종합적으로 고려하여 설치·관리주체가 그 영조물의 위험성에 비례하여 사회통념상 일반적으로 요구되는 정도의 방호조치의무를 다하였는지를 기준으로 판단한다(대법원 2012다203133판결).

가령 도로의 경우 도로의 위치 등 장소적인 조건, 도로의 구조, 교통량, 사고시에 있어서의 교통 사정 등 도로의 이용 상황과 그 본래의 이용 목적 등 여러 사정과 물적 결함의 위치, 형상 등을 종합적으로 고려하여 사회통념에 따라 구체적으로 판단한다(대법원 2007다29287, 29294판결). 객관적으로 보아 도로의 안전상의 결함이 시간적·장소적으로 그 점유·관리자의 관리행위가 미칠 수 없는 상황 아래 있는 경우에는 관리상의 하자를 인정할 수 없지만 그렇지 않다면 관리상의 하자를 인정한다(대법원 2017다223538판결). 그리하여 강설 및 폭설과 관련하여 일반도로의 경우에 비해 고속도로의 경우에는 신속한 제설작업과 교통통제를 통한 안전성확보가 요구된다(대법원 99다54998판결; 2007다29287, 29294판결).[115] 유의할 점은, 다른 자연적 사실이나 제3자의 행위 또는 피해자의 행위와 경합하여 손해가 발생하더라도 영조물의 설치 또는 관리상의 하자가 공동원인의 하나가 되는 이상, 그 손해는 영조

115) 한편 판례는 고속도로의 교통망상의 위상과 경제적 효용을 감안하여 고속도로소음의 경우 수인 한도 초과여부를 엄격히 판단한다(대법원 2011다91784판결).

물의 설치 또는 관리상의 하자에 의하여 발생한 것이라고 여겨진다(대법원 94다32924판결).

그런데 판례는 매향리사격장판결(대법원 2002다14242판결)을 계기로 영조물로부터의 오염에 의한 이용자나 주민의 손해배상의 문제에서 영조물의 하자에 관해 전혀 다른 접근을 강구한다. 즉, "여기서 안전성을 갖추지 못한 상태, 즉 타인에게 위해를 끼칠 위험성이 있는 상태라 함은 당해 영조물을 구성하는 물적 시설 그 자체에 있는 물리적·외형적 흠결이나 불비로 인하여 그 이용자에게 위해를 끼칠 위험성이 있는 경우뿐만 아니라, 그 영조물이 공공의 목적에 이용됨에 있어 그 이용상태 및 정도가 일정한 한도를 초과하여 제3자에게 사회통념상 수인할 것이 기대되는 한도를 넘는 피해를 입히는 경우까지 포함된다고 할 것이다. 그리고 수인한도의 기준을 결정함에 있어서는 일반적으로 침해되는 권리나 이익의 성질과 침해의 정도뿐만 아니라 침해행위가 갖는 공공성의 내용과 정도, 그 지역환경의 특수성, 공법적인 규제에 의하여 확보하려는 환경기준, 침해를 방지 또는 경감시키거나 손해를 회피할 방안의 유무 및 그 난이 정도 등 여러 사정을 종합적으로 고려하여 구체적 사건에 따라 개별적으로 결정하여야 할 것이다." 고 지속적으로 판시하였다(대법원 2009다10928,10935,10942,10959 판결 등). **요컨대 수인한도기준을 가미하였다.**[116)]

(나) 하자유무의 판단과 관련한 논의현황

하자유무를 판단함에 있어서 주관적 관점을 가미하여 접근할 것인지 아니면 오로지 객관적(상태책임적) 관점에서 접근할 것인지 여부를 축으로 하여 다음과 같이 다양한 논의(주관설, 객관설, 절충설, 관리의무위반설, 위법·무과실책임설)가 전개된다.

객관설은 하자의 유무는 영조물이 객관적으로 안전성을 결여하였는지 여부에 의하여 판단해야 하므로, 그것이 설치·관리자의 작위 또는 부작위 의무의 위반으로 생긴 것인지는 전혀 문제되지 않는다고 보는 견해이다. 이는 제5조상의 배상책임을 상태책임으로 접근하며, 당연히 무과실책임으로 본다. 주관설은 프랑스 행정법상의 과실개념을 원용하여 제5조상의 배상책임에 대해 제2조상의 그것과 마찬가지로 본질적으로 과실책임 또는 완화된 과실책임으로 파악하고자 한다. 그리하여 제5조의 하자를 제2조의 과실과 동일하게 보면서, 그것을 설치·관리상의 주의의무의 위반 내지 안전확보의무의 위반으로 본다(의무위반설). 절충설은 하자의 유무를 판단함에 있어서 영조물 자체의 객관적 하자만이 아니라 관리자의 안전관리의무의 위반이라는 주관적 요소도 아울러 고려해야 한다는 것인데, 이를 뚜렷이 내세우는 문헌은 보이지 않는다. 마지막으로 위법·무과실책임설의 경우, 일단 제5조상의 책임을 행위책임에서 접근하여,

116) 한편 비행장의 항공기소음을 원인으로 한 손해배상 사건에서, 판례는 농촌지역에 위치한 서산·충주·군산·평택공군비행장의 경우에는 그 주변지역의 소음도가 80웨클(WECPNL) 이상인 경우에, 도시지역에 위치한 대구·김포공항의 경우에는 그 주변지역의 소음도가 85웨클(WECPNL) 이상인 경우에 사회생활상 통상의 수인한도를 넘어 위법하다고 보았다(대법원 2013다23914판결).

제5조상의 배상책임을 제2조상의 배상책임과 마찬가지로 과실책임으로 본다는 것은 법의 명문규정에 반한다고 보고 그의 성질을 위법·무과실책임으로 본다. 관리의무위반설은 안전확보의무를 전제로 그것의 위반을 여기서의 하자로 본다(일부 문헌에서는 관리의무위반설이 위법·무과실책임설에 속한다고 본다).

(다) 하자유무의 판단과 관련한 판례의 태도

일찍이 판례는 제5조상의 책임을 무과실책임이라고 명시적으로 전제하면서 영조물의 설치·관리상의 하자로 인하여 타인에게 손해를 가한 경우에 그 손해의 방지에 필요한 주의를 해태하지 아니하였다 하여 면책을 주장할 수 없다고 판시하였다(대법원 94다32924판결). 하지만 **판례는 대법원 92다3243판결 이래로, 안전확보의무(방호조치의무)를 다하였는지 여부를 기준으로 삼아, 상대적 안전성을 기준으로 삼아 손해발생의 예견가능성과 회피가능성이 없는 경우, 즉 그 영조물의 결함이 영조물의 설치관리자의 관리행위가 미칠 수 없는 상황 아래에 있는 경우에는 영조물의 설치·관리상의 하자를 인정할 수 없다고 판시하였다**(대법원 2005다51235판결 등). 특히 판례는 가변차로에 설치된 두 개의 신호기에서 서로 모순되는 신호가 들어오는 고장을 예방할 방법이 없음에도 그런 신호기를 설치하여 고장을 발생하게 한 것은, 그 자체로 설치·관리자의 방호조치의무를 다하지 못하여 신호등이 그 용도에 따라 통상 갖추어야 할 안전성을 갖추지 못한 상태에 있었다고 판시하였다(대법원 2000다56822판결). **판례가 행위책임적 기조에서 일종의 의무위반설에 의거하고 있음은 분명하나 문헌상의 평가는 분분하다.**

(라) 기왕의 논의의 문제점

문헌상의 혼란의 원인은 판례의 태도를 어느 하나의 학설에 의거하여 일관되게 전개하기가 곤란한 데 있다. 의무위반설이 주관적 책임요소를 내포하긴 하나, 제5조가 제2조와는 달리 고의·과실을 들고 있지 않기에 동설을 관철하기에는 석연찮은 구석이 있다. 그리고 판례가 분명히 주관적 요소를 고려하고 있으며 나아가 객관설의 기조인 상태책임적 논증을 하기보다는 행위책임적 논증을 하고 있다는 점에서(대법원 97다32536판결), 객관설 역시 나름의 한계에 봉착한다.

민법 제217조상의 공해(임미치온)에 대한 책임에서 그것의 위법성은 궁극적으로 그 공해가 인용의무의 범위 내의 것인지 여부에 좌우된다. 수인한도의 유월여부가 위법성의 판단기준이다(대법원 96다56153판결 등). 이런 민사불법행위적 기조가 특히 매향리사격장의 소음피해사건에 관한 대법원 2002다14242판결 등을 계기로 국가배상법 제5조의 하자논의에 유입됨으로써,[117] 동조의 하자의 의미를 둘러싼 혼란은 새로운 국면을 맞는다.

그럼에도 불구하고 관련 논의는 지금의 현상을 그대로 전달할 뿐 구체적인 방향을 제시하지 못한다. 이런 난맥을 정리하기 위해 현행법 해석의(de lege lata) 차원이 아니라 입법정책적(de lege ferenda) 차원에서 해결책을 강구할 필요가 있다. **동조의 존재이유에 관한 근본적인 재고가 필요하다**(후술).

(마) 하자의 입증책임

원고책임설(다수설)과 피고책임설의 양 입장이 있다. 전자는 하자의 입증책임이 원고인 피해자에게 있다고 전제하면서, 아울러 과실의 입증책임에서와 마찬가지로 일단(일응)의 추정의 법리가 원용된다고 하여, 피해자가 영조물로 인하여 손해가 발생하였음을 입증하면 그 하자가 있는 것으로 일단(일응) 추정된다고 한다. 반면 후자는 손해의 발생은 원고에게, 그 하자 없음은 피고에게 입증책임을 둔다. 결과적으로 양 입장은 현저한 차이가 없다. 참고로 판례는 편도 2차선 도로의 1차선 상에 교통사고의 원인이 될 수 있는 크기의 돌멩이가 방치되어 있는 경우, 도로의 점유·관리자가 그에 대한 관리 가능성이 없다는 입증을 하지 못하는 한 이는 도로의 관리·보존상의 하자에 해당한다고 하였다(대법원 97다32536판결).

(바) 자연공물과 관련한 설치·관리의 하자, 특히 하천범람 및 하천안전사고의 문제

1997.8.3. 23:00경 지방자치단체 A군이 관리하는 제방도로가 그날 내린 집중호우로 인하여 불어난 강물의 수압을 견디지 못하고 유실되면서 당시 그 곳을 걸어가던 甲이 강물에 휩쓸려 익사하였다. 이 사건 제방도로의 유실 부분은 1980년 여름 집중호우가 내린 때에도 강물이 넘치면서 유실되어 복구한 부분이었고, 1980년의 수해 발생 이후 1995년과 1997년 집중호우가 내린 때에도 사고당시와 같은 정도까지 강물이 넘쳤다. 사고 당일 50년 빈도의 최대강우량에 해당하는 집중호우가 내렸음을 들어 익사사고가 예상할 수 없는 불가항력에 기인한 것이라고 하는 A군의 주장이 판례상으로 주효하는가? (대법원 99다53247판결)

수련회에 참석한 미성년자 甲이 유원지 옆 작은 하천을 가로질러 수심이 깊은 맞은 편 바위 쪽으로 이동한 다음 바위 위에서 하천으로 다이빙을 하며 놀다가 익사하였다. 하천 관리자인 지방자치단체가 유원지 입구나 유원지를 거쳐 하천에 접근하는 길에는 수영금지의 경고표지판과 현수막을 설치하였지만, 사고지점에 각별한 주의를 촉구하는 내용의 위험표지나 부표를 설치하지는 않았다. 甲의 유족들이 방호조치가 충분치 않음을 들어 국가배상을 구하였는데, 이는 주효하는가? (대법원 2013다211865판결)

---

117) 塩野 宏 교수 역시 그들 국가책임법 제2조상의 영조물의 설치·관리의 하자에 민법 제709조의 일반불법행위의 대상이 되는 소음 등의 공해가 포함된다고 지적한다(行政法 Ⅱ, 336頁).

자연공물은 제5조상의 영조물에 당연히 해당한다. **대부분의 문헌은 인공공물과 자연공물 사이에는, 동일평면에 놓고 안전성 여부를 논할 수 없는 차이점이 있다고 지적하나, 여기에는 유의할 점이 있다.** 제5조상의 배상책임을 무과실 상태책임으로 보면 그것으로부터 벗어날 근거를 찾는다는 차원에서 자연공물의 특성을 모색하는 것은 나름 의미가 있다. 하지만 그 배상책임이 영조물의 상태책임이 아니라 설치·관리의 행위책임이고 판례가 다소간 안전확보의무나 관리의무에 바탕을 두고 있다는 점에서 **인공공물과 자연공물의 차이는 그다지 본질적이지 않다.**

물론 **하천범람과 관련해서 하자유무를 판단함에 있어, 자연공물의 특유의 사정을 고려하지 않을 수 없다.** 하천관리상의 특수성으로, i) 하천의 경우 결국 과거의 홍수 경험을 토대로 하천관리를 할 수밖에 없다는 점, ii) 하천의 개수작업을 완성함에 있어서는 막대한 예산을 필요로 한다는 점, iii) 대규모 공사가 되어 이를 완공하는 데 장기간이 소요된다는 점, iv) 치수의 수단은 강우의 특성과 하천 유역의 특성에 의하여 정해지는 것이므로 그 특성에 맞는 방법을 찾아내는 것은 오랜 경험이 필요하고 또 기상의 변화에 따라 최신의 과학기술에 의한 방법이 효용이 없을 수도 있다는 점을 고려해야 한다(대법원 2005다65678판결). 그러므로 하천관리의 하자 유무는, 과거에 발생한 수해의 규모, 발생의 빈도, 발생원인, 피해의 성질, 강우상황, 유역의 지형 기타 자연적 조건, 토지의 이용 상황 기타 사회적 조건, 개수를 요하는 긴급성의 유무 및 그 정도 등 여러 사정을 종합적으로 고려하고, **하천관리에 관한 위와 같은 재정적·시간적·기술적 제약 하에서 같은 종류, 같은 규모의 하천에 대한 하천관리의 일반적인 수준 및 사회통념에 비추어 시인될 수 있는 안전성을 구비하고 있다고 인정할 수 있는지를 기준으로 판단해야 한다**(대법원 2014다205829, 205836판결).[118] 일본 최고재판소 역시 대동수해소송에서, 방재시설의 불충분을 바로 영조물의 하자로 연결시키지 않았다. 물론 방재시설 자체에 흠이 있어서 이것이 위험을 증폭하여 수해를 초래한 경우는 당연히 다르다(대법원 94다32924판결).

하천익사사고와 관련해서도 판례는 하천 관리주체가 익사사고의 위험성이 있는 모든 하천구역에 대해 위험관리를 하는 것은 불가능하다는 것을 전제하고서, 당해 하천의 현황과 이용 상황, 과거에 발생한 사고 이력 등을 종합적으로 고려하여 하천구

118) 관리청이 하천법 등 관련 규정과 하천시설기준에 의해 책정한 하천정비기본계획 등에 따라 개수를 완료한 하천 또는 아직 개수 중이라 하더라도 개수를 완료한 부분의 경우에는, 위 하천정비기본계획 등에서 정한 계획홍수량 및 계획홍수위를 충족하여 하천이 관리되고 있다면 당초부터 계획홍수량 및 계획홍수위를 잘못 책정하였다거나 그 후 이를 시급히 변경해야 할 사정이 생겼음에도 불구하고 이를 게을리하였다는 등의 특별한 사정이 없는 한, 그 하천은 용도에 따라 통상 갖추어야 할 안전성을 갖추고 있다고 봄이 타당하다(대법원 2014다205829, 205836판결).

역의 위험성에 비례하여 사회통념상 일반적으로 요구되는 정도의 방호조치의무를 다 하였다면 하천의 설치·관리상의 하자를 인정할 수 없다고 본다(대법원 2013다211865판결).

⑶ 하자로 인한 타인(국민)에 대한 손해발생

영조물의 설치·관리의 하자로 국민에게 손해가 발생해야 하며, 그 하자와 손해발생과의 사이에는 상당인과관계가 있어야 한다. 여기서 '손해'는 위법한 직무행위로 인한 손해의 경우와 마찬가지로, 법익(권리)침해에 의한 불이익을 의미하며, 당연히 재산적 손해·정신적 손해 또는 적극적 손해·소극적 손해를 망라한다. 손해발생 및 하자와 손해발생간에 상당인과관계가 있음을 원고가 입증해야 한다.

이례적인 집중폭우나 강풍이나 쓰나미와 같은 불가항력에 의한 손해발생의 경우에는 당연히 상당인과관계가 인정되지 않는다(대법원 2001다48057판결). 그러나 **천재를 주장하기 위해선 그 전제로 통상적으로 갖추어야 할, 즉 당시의 과학기술수준에 상응한 안전성을 갖추어야 한다.** 만약 엄청난 천재적 상황이라 하더라도 영조물이 수준에 상응한 안전성을 갖추지 못하여 그 피해가 발생·확대되었다면, 그 한도에서 책임을 져야 할 것이다. 과거에 경험한 재해상황의 규모에 맞춰 그에 대처할 수준의 안정성을 확보해야 한다(대법원 99다53247판결). 다만 국가의 재정사정은 안전성을 결정지을 절대적 요건은 당연히 되지 못하지만, 안전성을 요구하는 데 대한 정도의 문제로서 참작사유는 될 수 있다(대법원 66다1723판결).

3. 국가배상법 제5조의 존재이유에 대한 의문

먼저 여기서의 '설치·관리의 하자'를 순전히 '통상 갖추어야 할 안전성의 결여'로 보는데 숙고가 필요하다. 민법 제758조의 공작물책임(工作物責任)에서의 공작물의 설치 또는 보존의 '하자' 역시 그렇게 해석하고 있으며, 일본의 판례 역시 그러하다. '하자'의 이런 이해가 시사하는 일종의 결과책임적이고 상태책임적 인식은, 주관적 요소가 가미됨으로써 판례상으로 관철되지 못하며, 그에 따라 혼란이 조성된다. 궁극적으로 주관적 요소가 가늠추가됨으로써, 더욱이 동조의 하자가 영조물의 하자가 아니라 '설치·관리의 하자'이어서 그 책임이 물적 책임이 아니라 행위책임인지라, 주관설이 더 어필한다. 나아가 방호조치와 같은 안전확보행위의 주효여부가 책임인정의 관건이 되기에, 무과실책임적 성격 역시 확고하지 않다.[119] 사정이 이렇다면, **동조상의 하자의**

119) 가령 낙뢰로 신호기에 고장이 발생하여 보행자신호기와 차량신호기에 동시에 녹색등이 표시되어 발생한 교통사고에서, 판례는 낙뢰로 인한 신호기의 고장을 피고 소속 경찰관들이 순찰 등을 통하여

의미를 새롭게 정립할 필요가 있다. 통상 행정법에서 하자란 '위법'을 의미하는 점에 착안하여, 법 제5조상의 책임을 완전한 행위책임으로 나아가기 위해 여기서의 '하자'를 '위법'으로 접근함으로써 논란을 줄일 수 있다.

영조물로부터의 환경오염과 관련하여 수인한도기준의 가미에 대해서는, 사안을 불법행위에 터 잡은 손해배상의 차원에서 접근한 것에 대해 이의를 제기하고 싶다. 관련 사안에서 문제가 된 것은 공공시설(비행장, 사격장 등)로부터 비롯된 공해로 인해 재산권 등의 권리에 대해 수인할 수 없는 피해, 즉 특별희생이 발생한 것이다. 즉, 사회적 구속을 넘어 재산권의 사적 효용성을 저해함으로써 보상부특별희생의 존부가 문제되는 상황이다. 따라서 본질은 손실보상의 문제이지 손해배상의 문제가 아니다.[120]

이제 국가배상법 제5조가 국가배상책임의 체계에서 과연 필요한지 곱씹어 볼 필요가 있다. 동조를 통한 소기의 목적은 제2조에 의해서도 충분히 커버될 수 있다.[121] 제5조를 행위책임적 인식에서 파악하면 제2조와 관련해서 별도의 존재이유가 있는지 의문스럽다. 발상의 전환이 필요하다. **하루바삐 제2조의 대위책임적 기본구조와 함께 제5조 자체를 폐지하는 것이 입법정책적으로 바람직하다.**[122]

Ⅶ. 배상책임자, 선택적 청구권, 구상 및 군인·군무원 등의 특례규정의 문제

1. 배상책임자

구 농지확대개발촉진법에 의해 개간허가(및 취소)사무가 국가에서 도지사로 위임되고, 다시 도지사에서 군수에게 재위임되어 있는 상황에서 군수의 위법한 개관허가취소에 대해 본래 사무의 귀속 주체인 국가가 손해배상책임을 지는가? (대법원 99다70600판결)

한국농어촌공사가 농업생산기반 정비사업을 통하여 국가 소유의 토지에 농업생산기반시설로서 설치한 도로가 붕괴되면서 덤프트럭 전복 사고가 발생한 경우, 국가는 배상책임을 지는

스스로 발견하지 못하고, 고장사실이 3차례에 걸쳐 신고가 되었음에도 불구하고 사고를 방지하기 위한 아무런 조치가 취해지지 않은 채 위 신호기가 고장상태로 장시간 방치된 점에서 과실을 근거지웠다(대법원 99다11120판결).

120) 독일의 경우 유사사안을 소위 결과적 공용개입(수용적 침해)의 차원에서(본서 1017면) 접근한다.

121) 일반적으로 공무수행한 관용차의 사고에서 차의 결함과 운전자의 과실이 경합한 경우에 국가배상법 제2조와 제5조의 경합을 긍정한다. 하지만 후자에 대한 배상인정의 가능성이 더 높다는 편익적 측면을 배제하고 이론적으로 보자면 결국 제2조의 문제이다. 그리고 대법원 99다11120판결이 보여주듯이, 하자가 발생된 후 어느 정도의 시간이 지나면 결국 제2조의 문제가 되어버린다.

122) 필자는 오래 전부터 주장하여 왔다. 김중권, 행정자동결정에 대한 사법심사, 현대법학의 과제와 전망(김윤구 박사 화갑기념논문집), 1999.11., 559면-582면.

가? (대법원 2012다200622판결)

공무원의 위법한 직무행위로 인한 손해의 배상책임자는 국가 또는 지방자치단체이다(2조 1항). 즉, 그 공무원을 임명한 자가 책임을 진다. 그런데 배상책임주체와 관련해 다음의 여러 문제가 제기된다.[123]

i) 먼저 -공공조합, 영조물법인, 공재단처럼- 간접적인 국가행정의 일환인 파생적 행정주체가 공권력주체로서 고권적 활동을 하면서 위법을 저질러 손해를 발생시킨 경우가 문제된다. **헌법과는 달리 국가배상법의 차원에서 이들을 포함하고 있지 않기에, 공공조합 등은 동법상의 배상책임주체가 될 수 없다.** 따라서 피해자는 민사법상의 방도로 구제를 도모할 수밖에 없다. 이는 법체계상으로 바람직하지 않다.

ii) 해당 사무의 귀속과 가해공무원의 소속이 동일하지 않은 경우와 영조물의 설치·관리를 맡은 자와 비용을 부담하는 자가 동일하지 않은 경우가 문제된다. 본래 해당 사무의 귀속주체와 영조물의 설치·관리자가 책임을 져야 하는데 피해자는 대개 그 관계를 알기 힘들다. 법률은 이런 불일치한 경우에 피해자가 가해공무원의 소속주체나 영조물의 설치·관리비용을 부담하는 자에 대해 배상청구를 하더라도 아무런 문제가 없게 하였다. 즉, 공무원의 선임·감독 또는 영조물의 설치·관리를 맡은 자와 공무원의 봉급·급여 기타의 비용 또는 영조물의 설치·관리비용을 부담하는 자가 동일하지 아니하는 경우에는 그 비용을 부담하는 자도 손해를 배상하여야 한다(6조 1항). 여기서 '공무원의 봉급·급여 기타의 비용'이란 공무원의 인건비만을 가리키는 것이 아니라 당해 사무에 필요한 일체의 경비를 의미한다(대법원 94다38137판결). 이런 기관위임적 상황은 국가와 지방자치단체장 간, 지방자치단체장 상호간(대법원 2017다223538; 91다21331판결)에서 문제되는데, 기관위임의 재위임의 경우(대법원 99다70600판결)에도 마찬가지이다. 즉, 사무귀속주체가 배상책임을 지되, 사무처리의 주체 역시 비용부담의 경우에 한해서 배상책임을 진다. 이는 후술할 내부관계에서의 구상 물음에 이어진다(본서 966면 이하). 다만 이 논의는 행정주체 및 행정청 간의 위임에서 주효하고, 행정주체와 공법인 간의 위임에서는 그렇지 않다.[124]

한편 **이 규정과 관련해서 일반적으로 배상책임자(공무원의 선임·감독자와 공무원의 봉급·급여 기타의 비용부담자/영조물의 설치·관리자와 영조물의 설치·관리비용부담자)의 선택**

123) 참고문헌: 김기진, 연세법학연구 제9집 제2권(2003.2.).

124) 따라서 농어촌정비법상의 관련 규정에 따라 한국농어촌공사만이 인수한 농업생산기반시설의 관리사무의 귀속주체에 해당하는 이상, 한국농어촌공사가 설치한 농업생산기반시설의 관리사무는 한국농어촌공사에게만 귀속되므로 국가는 배상책임주체가 되지 않는다(대법원 2012다200622판결).

가능성에 의미를 부여하는데, 재고되어야 한다. 그런 시각에서는 피해자가 애써 그 업무의 귀속관계를 따져 그 귀속주체를 상대로 배상청구를 한다고 상상하여 피고선택의 위험이 남아 있는 것으로 볼 수 있지만, 이는 일반적 인식에 맞지 않는다. 피해자로서는 직접 맞닥친 가해공무원의 소속(국가나 지방자치단체)을 배상책임자로 여긴다.

iii) 공무수탁사인이 배상책임주체가 될 수 있는지가 문제된다(본서 177면 이하). 대법원 2007다82950, 82967판결은 공무수탁사인격인 토지공사를 국가배상법상의 단순한 공무원이 아닌 행정주체로 봄으로써, 고의나 중과실과 같은 귀책사유의 제한을 고려할 필요 없이 곧바로, 즉 경과실만으로도 배상책임을 물을 수 있다고 본다.[125] 배상책임은 공무위탁적 고권주체와 관련이 있다. **배상책임주체가 국가와 지방자치단체로 명문화된 이상, 공무수탁사인을 배상책임주체차원에서 전개한 것은 문제가 있다.** 그런데 2009.10.21.의 국가배상법개정에서 공무수탁사인이 명시적으로 공무원과 병렬적으로 규정됨으로써 **개정 이후의 사건에서는 공무수탁사인은 결코 행정주체로서 배상책임을 질 수 없다.** −가해공무원에 대한 선택적 청구권이 인정된다는 것을 전제로 하면− 단지 가해공무원의 차원에서 고의·중과실에 한하여 그에게 배상책임을 물을 수 있다.

2. 가해 공무원에 대한 선택적 청구권의 문제

> 계약직(임기제) 공무원인 공중보건의인 甲에게 치료를 받던 乙이 사망하자 그 유족들이 甲을 상대로 손해배상청구의 소를 제기하였다. 의료과실을 이유로 甲의 손해배상책임을 인정한 확정판결에 따라 甲은 손해배상금을 지급하였다. 그 후 甲은 자신의 과실이 경과실에 해당함을 들어 국가에 대하여 변제금액에 관하여 구상을 구하였다. 이에 대해 국가 측은 선행사건에서 공무원이라는 주장을 하지 아니함에 따라 손해배상책임을 인정하는 판결을 받은 것이라면, 이 판결은 민사상 불법행위책임을 인정한 것일 뿐, 공무원의 불법행위에 기한 책임을 인정한 것이 아니므로 甲은 국가의 채무가 아닌 자신의 채무를 변제한 것에 지나지 아니한다고 반론을 개진하였다. 甲의 구상주장은 판례상 주효하는지? (대법원 2012다54478판결)

전술한 대로 **판례의 입장에 의하면 가해 공무원에게 고의나 중과실이 있다고 인정될 경우 피해자는 그 공무원에게 직접적으로 민사불법행위책임을 물을 수 있다.** 이 경우 국가와 가해 공무원은 공동불법행위의 책임, 즉 부진정연대채무자로서 각자 전부 책임을 지는 셈이 된다. 한편 공무원이 피해자에게 직접 손해를 배상한 경우에 경과실에

125) 반면 독일은 통설과 판례가 그들 판례에서 전개된 위탁이론과 그들 기본법상 배상책임주체로 국가와 공공단체만이 규정된 것에 의거해, 공무수탁사인에게 위탁한 이들이 배상책임을 진다고 본다.

해당하면 그는 국가에 대해 변제금액에 관하여 구상을 구할 수 있다(대법원 2012다54478판결).

이 물음은 궁극적으로 배상책임의 본질에 관한 것이다. **헌법상의 국가자기책임적 구조는 물론, 국가배상법상의 대위책임적 구조에 의하더라도 가해 공무원에 대한 직접적 책임을 허용하는 것은 바람직하지 않다.**[126] 나아가 피해자가 국가배상청구를 하기보다는 가해 공무원을 상대로 손쉽게 민사소송을 제기할 가능성이 바람직하지 않게도 높아진다. 결국 국가배상책임의 본질이 훼손되어 버린다.[127]

3. 구　상

(1) 구상유보 및 구상의 본질

피해자를 상대로 오로지 국가 등이 배상책임자가 될 수 있고, 가해 공무원은 배상책임에서 물러나 있다고 하면, 자칫 국가 등에 대한 (공무원으로서의) 가해 공무원의 책임까지 면제된다고 여겨질 수 있다. 가해 공무원의 책임인수 형태인 대위책임은 물론 국가자기책임에서도 이런 상황을 피할 수 없다. **헌법 제29조 제1항 단서는 가해 공무원의 국가에 대한 책임이 국가의 직접적 자기책임의 도입과는 별개라는 점을 분명히 하면서, 동시에 개별법을 통한 후자의 구체화를 위한 근거를 규정한 것이다(이른바 구상유보).**

구상의 본질은 위법한 행위로 인해 국가에게 금전적 손해를 끼친 공무원에게 그것을 벌충하게 하는 변상책임의 일종이다. 헌법에서 고의와 중과실의 경우에 한정하여 구상가능성(求償可能性)을 유보한 독일과는 달리 우리 헌법은 그 요건에 대해 별 다른 언급을 하지 않았기에, 입법자로선 어떤 경우에 구상권이 행사될 수 있을지 더 광범한 입법형성의 자유를 가진다. 그리하여 국가배상법 제2조 제2항에서 고의와 중과실의 2가지 상황으로 구체화되었는데, 입법정책적 차원에서 제외된 경과실의 경우까지도 상황에 따라선 포함될 수 있다. 공무원의 사기저하나 위축의 우려와는 별개로, 구상가능성의 확대 그 자체가 직업공무원제의 본질을 훼손하는 것은 아니다. 현실적으로 구상권의 행사가 활발하지 않은데,[128] '제 식구 감싸기'라는 비판을 받을 수 있다.

판례는 구상권의 행사에 대해 기속행위로 보지 않고 광범한 재량여지를 인정하여 손해

---

126) 소방공무원의 직무수행상의 손해발생과 관련하여 국회에서 면책규정을 소방기본법에 마련하려는 시도가 있는데, 고의와 중과실의 경우에 면책이 배제되는 이상, 그런 개정안은 현행 법질서와 판례를 확인한 데 불과하고 새삼스러운 것이 결코 아니다.

127) 참고로 구 동독 국가책임법은 공무원에 대한 직접적 손해배상청구권을 명시적으로 배제하였고(1조 2항), 스위스 역시 1958.3.14.의 그들 국가배상법에서 이를 명문화하였다(3조 3항).

128) 과거 5년간(2013-2017.8.) 국가소송 사건 중 패소에 따른 국가배상판결 지급건 1,737건 중 구상권 청구가 2%인 37건에 불과하다고 한다.

의 공평한 분담이라는 견지에서 신의칙상 상당하다고 인정되는 한도에서만 허용된다고 본다(대법원 91다6764판결). 이런 맥락에서, 국가배상청구권의 소멸시효 기간이 지났으나 국가가 소멸시효 완성을 주장하는 것이 신의성실의 원칙에 반하는 권리남용으로 허용될 수 없어 배상책임을 이행한 경우에는, 그 소멸시효 완성 주장이 권리남용에 해당하게 된 원인행위와 관련하여 해당 공무원이 그 원인이 되는 행위를 적극적으로 주도하였다는 등의 특별한 사정이 없는 한, 국가가 해당 공무원에게 구상권을 행사하는 것은 신의칙상 허용되지 않는다고 판시하였다(대법원 2015다217843판결).

(2) 내부관계상의 구상

대전광역시에서 도로에 횡단보도와 신호기를 설치하였고, 신호기의 관리권한은 관계 법령에 의하여 충남지방경찰청장에게 위임되어 있다. 낙뢰로 신호기에 고장이 발생하여 보행자신호기와 차량신호기에 동시에 녹색등이 표시되는 고장이 1996.10.2.에 발생하여 고장사실이 그 다음날 12:13경, 15:56경, 15:29경 3차례에 충남지방경찰청 교통정보센터에 신고되었다. 교통정보센터에서 수리업체에 연락하여 수리하도록 하였으나 수리업체 직원이 고장난 신호등을 찾지 못하여 신호기가 고장난 채 방치되어 있던 중 1996.10.3. 15:40경 보행자신호기의 녹색등을 보고 횡단보도를 건너던 甲이 녹색등을 보고 도로를 주행하던 승용차에 치여 상해를 입었다. 국가배상법 제2조 또는 제5조에 의하면 충남지방경찰청장이 소속된 국가가 책임을 지는가? 그 권한을 위임한 대전광역시가 지는가? (대법원 99다11120판결)

전북 순창읍 유등면에 있는 섬진강의 지류 하천에서 발생한 사망사고와 관련하여 전라북도는 이 사건 하천이 국가하천인 이상, 국가가 사무의 귀속주체로서 궁극적인 손해배상책임자라로 주장한다. 하천법에 의하면, 국가하천은 주무 장관이 관리하고, 국가하천의 유지·보수는 시·도지사가 시행하며 이에 필요한 비용은 해당 시·도가 부담하되, 주무 장관은 그 비용의 일부를 시·도에 보조할 수 있다. 이 주장이 주효하는가? (대법원 2013다211834판결)

손해를 배상한 자는 내부관계에서 그 손해를 배상할 책임이 있는 자에게 구상할 수 있다(6조 2항). 누가 '내부관계에서 손해를 배상할 책임이 있는 자'가 되는지의 물음과 관련해서 문헌에서 관리주체설(선임감독자설), 비용부담주체설(비용부담자설), 기여도설이 상세히 논의되고 있다.[129] **법 제6조의 원형인 일본 국가배상법 제3조를 둘러싼 논의를 그대로 옮겨온 이들 논의는 속히 정리할 필요가 있다.** 판례(대법원 94다38137판결 등)와 일부 문헌처럼 비용부담자와 관련하여 실질적, 형식적 구분을 강구할 필요는 없으며, 기여도설의 경우 규준으로 삼기에는 부적합한 유동적 요소가 있다.

129) 참고문헌: 유지태, 판례연구 제9집(1998); 박균성, 판례실무연구 제2권(1998); 설계경, 공법연구 제31집 제2호(2002.12.); 이은상, 행정판례평선, 553면 이하.

그런데 **법률 제6조의 적용과 권한위임법리의 관계가 불분명하다.** 권한위임의 법리에 비추어 단체위임이 있는 경우에는 수임자가 전적으로 책임을 지기에 선임감독자와 비용부담자를 논하는 것 자체가 맞지 않는다. 결국 여기서의 사안은 기관위임적 상황에 국한하여 접근해야 한다. 그렇다면 해당 사무의 귀속주체이자 그 사무처리와 관련해서 공무원의 선임・감독자가 '내부관계에서 손해를 배상할 책임이 있는 자'가 된다(대법원 99다11120판결). 즉, 지방자치단체의 장이 국가의 기관위임사무를 잘못 처리한 데 대한 배상의 책임은 궁극적으로 위임자인, 즉 사무귀속주체인 국가가 지며(대법원 92다29528판결), 역으로 국가기관이 지방자치단체로부터 사무를 위임받아 처리한 경우에는 궁극적으로 위임자, 즉 사무귀속주체인 지방자치단체가 진다(대법원 99다11120판결).[130] 물론 여기서 실제업무수행자의 원래 임명주체 역시 봉급지급의 차원에서 일종의 비용부담자로서 책임을 진다.[131]

영조물의 설치・관리상의 하자와 관련해서도 이상의 논의는 그대로 통용된다. 문제는 여기에서의 '내부관계에서 손해를 배상할 자'가 누구인가 하는 점인데, 의당 '영조물의 설치・관리자'가 된다. 그러나 하천법에 따른 시・도지사가 관리하는 국가하천에서 발생한 사망사고와[132] 원래 광역시가 점유・관리하던 일반국도 중 일부 구간의 포장공사를 국가가 대행하여 광역시에 도로의 관리를 이관하기 전에 도로관리상의 하자로 발생한 교통사고의 경우, 국가와 해당 시・도 모두가 각각 책임을 중첩적으로 지고, 국가배상법 제6조 제2항 소정의 궁극적으로 손해를 배상할 책임이 있는 자에 해당한다(대법원 96다42819판결).[133] 그리고 국가와 자치단체가 영조물의 설치・관리자와 비용부담자로서가 중첩적으로 책임을 져야 할 상황에서 이들의 내부적인 부담 부분은, 그 도로의 인계・인수 경위, 사고의 발생 경위, 광역시와 국가의 그 도로에 관한 분담비용 등 제반 사정을 종합하여 가늠된다(대법원 96다42819판결).[134]

130) 이에 대한 평석으로 금태환, 행정판례평선, 990면 이하.

131) 한편 경기도지사가 행하는 공유수면매립에 관한 사무는 국가행정기관으로서의 사무라고 할 것이니 경기도는 그 직무상의 위법행위에 대한 책임이 없다고 판시한 대법원 80다2303판결은 법 제6조를 전혀 고려하지 않은 것이어서 유의해야 한다.

132) 대법원 2013다211834판결: 국가는 사무의 귀속주체이자 영조물의 설치・관리 비용을 부담하는 자로서, 해당 시・도는 법령상 비용부담자로서 모두가 국가배상법 제6조 제2항에서 정한 '손해를 배상할 책임이 있는 자'에 해당한다.

133) 구 국토해양부장관이 하천공사를 대행하던 중 지방하천의 관리상 하자로 손해가 발생한 경우에도 비록 판례(대법원 2011다85413판결)가 분명히 하지 않았지만, 당연히 국가와 지방자치단체가 공히 중첩적으로 손해배상책임을 진다.

134) 내부관계상의 구상문제는 배상책임주체간의 문제이므로, 다른 공동불법행위자의 구상청구와 관련해서 선임감독자(설치관리자)와 비용부담자가 다를 경우에 이들은 부진정연대채무자로서 그들 전체의 부담부분에 관해 구상에 응해야 한다(대법원 97다42502, 42519판결).

(3) 손해원인의 책임자에 대한 구상

영조물의 설치·관리의 하자로 인한 손해에 대해 국가 등이 배상하였을 때, 손해의 원인에 대하여 책임을 져야 하는 자(예: 공사의 수급인, 영조물의 파손자 등)가 따로 있을 때에는 국가 등은 이들에게 구상할 수 있다(5조 2항).

4. 군인·군무원 등의 특례규정의 문제

> 망인은 당직 사관으로 근무하던 중 상관이 과도한 업무를 부과하고 욕설과 폭언을 일삼자 부대 인근 공원에서 스스로 목을 매 자살하였다. 망인의 유족이 국가배상을 청구하는 소를 제기하여 일부승소 판결이 내려졌다. 그 이후 유족이 국가유공자유족 등록을 신청을 하였는데, 이에 보훈처는 '망인은 국가유공자의 요건에 해당하지는 않으나, 보훈보상대상자의 요건에 해당한다.'는 이유로 보훈보상자법상의 재해사망군경의 유족으로 보훈급여금을 지급하여 왔다. 그런데 보훈처가 국가배상법 제2조 제1항에 의하면 국가배상법에 의한 손해배상금과 국가보훈처에서 지급하는 보훈급여금은 중복하여 수령할 수 없음에도 중복하여 지급하였다.'는 이유로 보훈급여금 지급을 정지하는 결정을 하였고, 이에 대해 유족은 반발하였다. 산정기준 등의 차이로 통상 보훈급여금의 규모가 국가배상의 경우보다 크다. 유족의 반발에 대한 법원의 판단은 어떠한가? (대법원 2015두60075판결)

국가배상청구를 배제시키는 군인·군무원 등의 특례규정(2조 1항 단서의 면책조항)의[135] 적용과 관련하여 검토할 점이 있다.[136]

i) 우선 그것의 적용범위이다. 대법원 96다42420판결 등은 전투·훈련 또는 이에 준하는 직무집행뿐만 아니라 일반의 직무집행에 관하여도 종전 면책조항의 적용을 긍정하였다. 그런데 동 면책조항의 '전투·훈련·기타 직무집행과 관련하거나'의 부분이 2005.7.13.의 개정(법률 제7584호)을 통해 '전투·훈련 등 직무집행과 관련하여'로 바뀌었다. 그럼에도 불구하고, 대법원 2010다85942판결은 바람직하지 않게도 이런 변화를 종전의 입장을 바꾸는 데 동원하지 않았다. 군인의 일반 직무집행에 대해서도 특례규정을 적용한 것은 동 규정의 위헌성을 전제로 동 규정을 개정한 입법자의 의사에 명

135) 다만 군인·군무원·경찰공무원 또는 예비군대원이 전투·훈련 등 직무 집행과 관련하여 전사(전사)·순직(순직)하거나 공상(공상)을 입은 경우에 본인이나 그 유족이 다른 법령에 따라 재해보상금·유족연금·상이연금 등의 보상을 지급받을 수 있을 때에는 이 법 및 「민법」에 따른 손해배상을 청구할 수 없다.

136) 대법원 2017다16174판결: 업무용 자동차종합보험계약의 보험약관 중 일부인 관용차 면책약관은 군인 등의 피해자가 다른 법령에 의하여 보상을 지급받을 수 있어 국가나 지방자치단체가 국가배상법 2조 1항 단서에 의해 손해배상책임을 부담하지 않는 경우에 한하여 적용된다.

백히 반하다. 앞에서 본 국가면책조항 그 자체가 문제이다. 한편 공익근무요원은 여기서의 군인·군무원 등에 해당하지 않는다(대법원 97다4036판결).

ii) 재해보상금·유족연금·상이연금 등의 보상을 지급받을 수 있게 하는 다른 법령의 존재이다. 군인 등이 직무집행과 관련하여 공상을 입는 등의 이유로 구 국가유공자법이 정한 국가유공자 요건에 해당하여 보상금 등 보훈급여금을 지급받을 수 있는 경우, 국가를 상대로 국가배상을 청구할 수 없다(대법원 2014두40012판결). 따라서 공상을 입은 군인 등이 재해보상금 등 별도의 보상을 받을 수 없는 경우에는 특례규정의 적용대상에서 제외되어야 한다(대법원 96다28066판결). 경찰공무원인 피해자가 구 공무원연금법의 규정에 따라 공무상 요양비를 지급받는 것은 국가배상법 제2조 제1항 단서에서 정한 '다른 법령의 규정'에 따라 보상을 지급받는 것에 해당하지 않는다(대법원 2017다16174판결).

그런데 판례는 군인·군무원 등의 특례규정상의 재해보상·유족연금·상이연금 등에 관한 청구권이 실제로 행사하였는지 또는 행사하고 있는지 여부에 관계없이, 또한 시효로 소멸되었다 하더라도 국가배상청구권은 배제된다고 본다(대법원 2000다39735판결; 2015다226137판결). 한편 판례는 군인 등이 먼저 국가배상법에 따라 손해배상금을 지급받은 다음에 보훈보상자법상의 보훈급여금지급청구를 하여 이중수령을 하여 온 것과 관련해서, 양자가 본질적으로 다르며 보훈보상자법에 국가배상법과는 달리 국가배상청구를 배제하는 명시적 규정이 없음을 들어 이중수령의 가능성을 긍정한다(대법원 2015두60075판결). 그런데 판례의 이런 태도가 설령 관련 특례규정의 위헌성을 다소나마 해소하는 의미를 지닌다 하더라도, 특례 규정을 군인 등의 국가에 대한 국가배상법 또는 민법상의 손해배상청구권 자체를 절대적으로 배제하는 것으로 접근한 대법원 2000다39735판결과는 명백히 어울리지 않는다. 이중배상의 금지를 규정한 헌법 제29조 제2항과 국가배상법 제2조 제1항 단서를 새롭게 살펴볼 필요가 있다. 대상사안이 전투 훈련 등 직무집행과 관련된 것에 국한되기에, 직무집행과 무관한 가혹행위로 인한 자살은[137] 이중배상금지의 논리가 적용될 사안이 아니다.

iii) 그리고 민간인이 직무집행중인 군인 등과 공동불법행위로 직무집행중인 다른 군인 등에게 공상을 입힌 다음 피해자에게 자신의 귀책부분을 넘어 손해 전체를 배상한 경우에 공동불법행위자인 군인 등의 부담부분에 대해 국가를 상대로 구상할 수 있는지가 문제된다. 종래 대법원 94다6741판결은 국가배상법 제2조 제1항 단서를 근거로 부정하였지만, 헌재 93헌바21은 공동불법행위자인 군인의 부담부분에 관하여 국

137) 판례는 군인자살사건의 경우 국가배상책임을 인정하여 왔다(대법원 2011다36091판결).

가에 대하여 구상권을 행사하는 것을 허용하지 아니한다고 해석하는 한, 헌법에 위반된다고 판시하였다. 그런데 대법원 96다42420전합판결(다수의견)은 공동불법행위자 등이 부진정연대채무자로서 각자 피해자의 손해 전부를 배상할 의무를 부담하는 공동불법행위의 일반적인 경우와 달리 예외적으로 민간인은 피해 군인에 대하여 손해 상의 자신의 부담부분에 한하여 손해배상의무를 부담하고, 만약 손해 전부를 배상하였더라도 국가에 대해 국가의 귀책부분(국민의 부담부분)의 구상을 청구할 수 없다는 식으로 판시하였다.[138] 종래의 대법원 94다6741판결의 기조를 유지하면서도 민간인의 책임한도를 설정하는 식으로 수정한 셈이다. 헌법재판소의 한정위헌결정의 기속력의 차원의 문제가 제기된다.

Ⅷ. 배상범위·방법, 배상청구권의 양도금지와 소멸시효, 배상청구절차

1. 배상범위·방법

(1) 정당배상의 원칙과 그것의 구체화

헌법 제29조 제1항에 의해 배상은 정당한 배상이어야 한다(정당배상의 원칙). **정당한 배상이란 위법한 직무행위나 영조물의 설치·관리의 하자로 인해 발생한 모든 손해를 배상한다는 것을 의미한다.** 그것은 손해를 끼친 사고가 발생하지 않았더라면 피해자가 처해 있을 상황을 상정한다. 그리하여 당연히 정신적 고통에 대한 위자료만이 아니라, 사고로 인해 상실된 수익의 기회 역시 손실보상의 경우와는 달리 포함된다. 국가배상법은 정당배상의 원칙을 구체화하기 위해, 생명을 해한 때, 신체를 해한 때 그리고 물건을 멸실·훼손한 때에 맞춰 배상기준을 규정하고 있다(3조 1항부터 3항). 그리고 과실상계의 법리는 형평의 원칙상 그리고 민법의 적용가능성(8조)에 따라 당연히 인정된다(대법원 2008다57975판결).

(2) 배상기준의 법적 성질

헌법상의 정당배상의 원칙이 국가배상법상의 배상기준에 의해 충분히 커버되지 않을 때 법관이 나름의 판단을 할 수 있는지가 문제된다. 이는 궁극적으로 이 배상기준의 법적 성질 내지 구속력의 물음이다. 다수입장은 그것이 단순한 기준에 불과하며, 구체적 사안에 따라선 배상액을 증감하는 것도 가능하다고 본다(단순기준액설). 한정액설

---

138) 이에 대한 평석으로 임성훈, 행정판례평선, 517면 이하.

에 따라 제한규정으로 보면 자칫 민법상의 불법행위책임에서의 배상보다 피해자에게 불리하게 되어 헌법상의 정당배상의 원칙에 위배될 수 있다는 점이 결정적인 논거이다. 반면 소수입장인 한정액설에 의하면, 이 배상기준은 손해배상액의 상한에 해당한다. 그 논거로서, i) 배상의 범위를 객관적으로 명백히 하여 당사자 사이의 분쟁의 여지를 없앴다는 점, ii) 배상의 범위를 법정화한 것은 곧 그에 의한 배상액의 산정을 요구한 것이라고 할 수 있다는 점 등을 든다(이상규, 608면 이하). 판례는 배상청구에서 결정전치주의가 지배하던 시절에 단순기준액설의 입장을 취하였다(대법원 80다1820판결 등).

생각건대 **현행법상의 배상기준이 정당배상의 원칙에 미달하면, 규범통제를 통해 그 입법의 문제점을 직접 다루는 것이 정도이다.** 법규정의 존재를 도외시하는 식으로 접근하는 것은 곤란하다. 의회의 예산특권에 비추어 다수입장은 판례의 법형성기능을 넘어서 ―허용되지 않는― 새로운 입법을 하는 것을 용인한 셈이 된다.

(3) 공제와 배상방법

피해자가 손해를 입은 동시에 이익을 얻은 경우에는 손해배상액에서 그 이익에 상당하는 금액을 공제해야 한다. 또한, 유족배상과 장해배상 및 장래에 필요한 요양비 등을 일시에 신청하는 경우에는 중간이자를 공제하여야 한다(3조의2). 국가배상법이 배상방법에 관해 특별히 규정하고 있지 않기에, 민법 제394조에 의거하여 금전으로 배상해야 한다.

2. 외국인에 대한 배상책임

외국인이 피해자인 경우에는 해당 국가와 상호 보증이 있을 때에만 국가배상법이 적용됨으로(7조), 관건은 상호보증의 존재여부이다. 판례(대법원 2013다208388판결)에 의하면, 우리나라와 외국 사이에 국가배상청구권의 발생요건이 현저히 균형을 상실하지 아니하고 외국에서 정한 요건이 우리나라에서 정한 그것보다 전체로서 과중하지 아니하여 중요한 점에서 실질적으로 거의 차이가 없는 정도라면 상호보증의 요건을 구비하였다고 본다. 상호보증의 존재여부의 물음과 관련해서, 외국의 법령, 판례 및 관례 등에 의하여 발생요건을 비교하여 인정되면 충분하고 반드시 당사국과의 조약이 체결되어 있을 필요는 없으며, 당해 외국에서 구체적으로 우리나라 국민에게 국가배상청구를 인정한 사례가 없더라도 실제로 인정될 것이라고 기대할 수 있는 상태이면 충분하다.[139]

139) 일본 국가배상법 제6조 역시 우리와 동일한데, 그리하여 판례는 우리나라와 일본 사이에 제7조의 상

3. 배상청구권의 양도금지와 소멸시효

신병훈련을 마치고 부대에 배치된 군인이 선임병들에게서 온갖 구타와 가혹행위 및 끊임없는 욕설과 폭언에 시달리다가 전입한 지 채 열흘도 지나지 않은 1991. 2. 3. 부대 철조망 인근 소나무에 목을 매어 자살을 하였는데, 유족들이 망인이 사망한 날로부터 5년의 소멸시효 기간이 훨씬 경과한 2009. 12. 10.에야 국가를 상대로 손해배상을 구하는 소를 제기하자 국가가 소멸시효 완성을 항변하였다. 국가의 항변은 주효하는가? (대법원 2011다36091판결)

(1) 관련 규정의 내용

손해배상청구권은 본질이 재산권이어서 양도나 압류에 아무런 문제가 없는데, 법률은 피해자나 그 유족을 보호하기 위해, "공무원의 직무상 불법행위로 인한 손해배상청구권 중 생명 · 신체상의 손해로 인한 것은 양도 또는 압류할 수 없다."(동법 4조)고 규정한다. 그리고 국가배상청구권은 피해자나 그 법정대리인이 손해 및 가해자를 안 날로부터 3년간, 불법행위가 있은 날로부터 5년간 이를 행사하지 아니하면 시효로 인하여 소멸한다(국가배상법 8조, 민법 766조, 국가재정법 96조). 3년의 단기소멸시효에는 민법 제766조 제1항과 함께 소멸시효 기산점에 관한 일반규정인 민법 제166조 제1항이 적용되어 단기소멸시효는 '손해 및 가해자를 안 날'에 더하여 '권리를 행사할 수 있는 때'가 도래해야 비로소 진행한다(대법원 2019다 279788판결). 여기서 '안 날'이란 불법행위의 요건사실에 대한 인식으로서 위법한 가해행위의 존재, 손해의 발생 및 가해행위와 손해 사이의 인과관계 등이 있다는 사실을 현실적으로도 구체적으로 인식한 날을 의미하고, 이를 원인으로 손해배상을 소로써 청구할 수 있다는 사실까지 안 날을 의미한다(대법원 2019다 241455판결).[140]

(2) 현행 소멸시효제의 문제점

국가배상청구권의 소멸시효에서 중요한 것은 손해 및 가해자를 안 날이 언제인지이다. 우리 현대사의 시대적 아픔(이른바 반국가사범과 민간인학살 건 등)은 물론, 군의문사사건에서 소멸시효의 완성이 다투어졌다. 판례는 기산점의 설정에서 나름 탄력성을 기하거나 피고의 소멸시효 완성의 항변을 권리남용이나 신의칙의 차원에서 배격하는 식으로 대처하곤 한다.

호보증이 있는 것으로 본다(대법원 2013다208388판결).

140) 그리하여 전역처분무효확인소송의 승소판결이 확정되었을 때 비로소 전역처분과 관련하여 이루어진 가혹행위 및 무효인 전역처분이라는 불법행위의 요건사실을 현실적이고도 구체적으로 인식하였다고 보는 것이 타당하고, 가혹행위 및 전역처분으로 인한 국가배상청구권의 단기 소멸시효는 그때부터 기산된다.

이른바 ‘거창사건’으로 인한 희생자와 그 유족들이 국가를 상대로 제기한 손해배상청구소송에서는, 국가가 소멸시효 완성의 항변을 하는 것이 신의칙에 반하지 않는다고 보았지만(대법원 2004다33469판결), 군인이 복무 중에 군 내부의 불법행위로 인하여 사망한 사건에서는, 국가의 소멸시효 완성 항변은 신의성실의 원칙에 반하는 권리남용으로서 허용될 수 없다고 판시하였다(대법원 2011다36091판결). 특히 판례는 1949년 공비소탕작전을 수행하던 군인들이 문경군 석달마을 주민들을 무차별 사살한 이른바 ‘문경학살 사건’ 희생자들의 유족들이 국가를 상대로 손해배상을 구한 사안(대법원 2009다66969판결)을 비롯, 일련의 과거사정리법에 따른 진실규명결정과 관련해서 권리남용의 법리를 적극적으로 동원하여 소멸시효의 완성을 부인한다.[141] 그리고 이른바 간첩조작사건과 관련해서 재심에서 무죄판결이 확정된 때로부터 소멸시효가 기산한다고 판시하였다(대법원 2020다206564판결).

지난 시절 국가적 불행에서 국가의 소멸시효 완성 항변을 신의성실의 원칙에 반하는 권리남용으로 배척하는 판례의 태도가 판례의 법형성기능을 통해 나름 치유의 사법으로 호평할 만하나, 언제까지 케이스 바이 케이스로 대처할 것인지가 문제된다.

헌법재판소는 민법상의 소멸시효제도의 존재이유가 그대로 국가배상책임에도 적용되는 것이 합헌이라 보면서도(헌재 2010헌바116 등),[142] 이와는 별개로 -필자의 문제제기와 같은 맥락에서- 과거사정리법 제2조 제1항 제3호에 규정된 ‘민간인 집단희생사건’, 제4호에 규정된 ‘중대한 인권침해 · 조작의혹사건’의 특수성을 고려하지 아니한 채 민법 제166조 제1항, 제766조 제2항의 ‘객관적 기산점’이 그대로 적용되도록 규정하는 것은 국가배상청구권에 관한 입법형성의 한계를 일탈한 것으로 판시하였다(헌재 2014헌바148 등). 이러한 위헌결정의 효력은 과거사정리법 제2조 제1항 제3호의 ‘민간인 집단희생사건’이나 같은 항 4호의 ‘중대한 인권침해사건 · 조작의혹사건’에서 공무원의 위법한 직무집행으로 입은 손해에 대한 배상을 청구하는 소송이 위헌결정 당시까지 법원에 계속되어 있는 경우에도 미친다. 따라서 그러한 손해배상청구권에 대해서는 민법 제766조 제2항에 따른 10년의 소멸시효 또는 국가재정법 제96조 제2항 제71조 제2항에 따른 5년의 소멸시효가 적용되지 않고, 민법 제766조 제1항이 정한 주관적 기산점과 이를 기초로 한 단기소멸시효만이 적용될 수 있을 뿐이다[143] 긴급조치의 적용 · 집행으로 강제수사

141) 과거사정리위원회가 진실규명신청에 따라 또는 직권조사를 개시하여 대상자를 희생자로 확인 또는 추정하는 진실규명결정을 한 경우 원고가 그 결정에 기초하여 상당한 기간 내에 권리를 행사할 경우 국가가 적어도 소멸시효의 완성을 들어 권리소멸을 주장하지는 않을 것이라는 데 대한 신뢰를 가질 만한 특별한 사정이 있다고 봄이 상당하다(대법원 2012다202819전합판결; 동지: 대법원 2013다16602; 대법원 2013다217467,217474판결). 마찬가지로 대법원 2014다230535판결은 한센인들에게 시행한 정관절제수술과 임신중절수술과 관련한 사건에서 국가 측의 소멸시효완성주장을 배격하였다.

142) 이 문제를 본격적으로 다룬 문헌으로 김진곤, 헌법학연구 제18권 제1호(2012.3.) 115면 이하 참조.

143) 대법원 2019다276307판결; 2018다224408판결; 2018다247715판결; 2019다216879판결; 2018다247715판결.

를 받거나 유죄판결을 선고받고 복역함으로써 개별 국민이 입은 손해에 대해 국가배상책임이 인정된 경우도 그러하다(대법원 2020다270633 판결; 2021다201184). 이에 과거사정리법에 따른 진실규명결정이 이루어지지 않은 거창사건에 대해 장기소멸시효의 적용이 배제된다(대법원 2011다36091판결). 긴급조치의 적용·집행으로 강제수사를 받거나 유죄판결을 선고받고 복역함으로써 개별 국민이 입은 손해(대법원 2020다270633 판결; 2021다201184). 및 '부산민주항쟁'에서 고초를 겪은 가족들의 정신적 고통(대법원 2019다279788판결)에 대해 국가배상책임이 인정된 경우도 그러하다.

국가배상제도가 위법한 국가작용을 질책하는 것인 점에서 소멸시효제도 전반이 헌법적 차원에서 검토될 필요가 있다. **국가배상사건에서 소멸시효기간을 민사상의 손해배상사건(민법 766조)과 −안 날에서는− 동일하게(3년) 그리고 −불법행위를 한 날에서는− 그(10년)보다 더 짧게(5년) 두는 것이 바람직한지 재고되어야 한다. 지난 시절 국가적 불행은 개별적 해결보다는 국민적 의사를 확인하는 특별법의 제정으로 대처하는 것이 바람직하다.**

4. 배상청구절차

국가배상법 제9조에 의해 국가배상소송은 배상심의회에 배상신청을 하지 아니하고도 밟을 수 있다. 즉, 법률개정(2000. 12.29.)을 통해 종래의 결정전치주의가 임의적 결정전치제도로 변경되었기에, 배상청구절차는 과거보다 법적 의의가 적다. 간략히 보자면, 여기서 배상심의회는 국가배상에 관하여 심의·결정하고 이를 신청인에게 송달하는 권한을 가진 합의체 행정관청(행정위원회)이다(10조). 배상결정을 받은 신청인은 지체없이 그 결정에 대한 동의서를 첨부하여 국가 또는 지방자치단체에 대하여 배상금지급을 신청하여야 한다(15조 1항). 배상결정을 받은 신청인이 배상금지급의 신청을 아니하거나 지방자치단체가 대통령령이 정한 기간 내에 배상금을 지급하지 아니한 때에는 그 결정에 동의하지 아니한 것으로 본다(3항). 과거 배상심의회의 배상결정은 신청인이 동의하거나, 지방자치단체가 신청인의 청구에 따라 배상금을 지급한 때에는, 민사소송법에 의한 재판상 화해가 성립된 것으로 간주되었는데(16조), 헌재 91헌가7에 의해 위헌판결을 받아 삭제되었다. 다만 신청인의 동의가 있는 배상결정은 민법상 화해와 같은 효력은 인정된다.

Ⅸ. 행정의 사법적 작용에서 공무원의 위법한 행위로 인한 손해발생 문제

국가배상법의 공법적 성격에 비추어 국가배상책임으로 커버하는 활동은 공무원의 고권적·공법적 활동이다. 행정의 사법작용(사경제활동)에서 공무원이 위법한 행위를 한 경우 어떤 구제방식을 취해야 하고, 국가책임은 어떻게 되는가? 일단 전적으로 민법의 책임규정이 적용된다. 따라서 공무원은 사법적(私法的) 위법행위에 대해 민법 제750조 등에 의해 스스로 책임을 질 수 있으며(공무원의 고유책임), 국가 역시 공무원과 병립하여 민법 제756조에 의하여 책임을 질 수 있으되, 제1항 제2문의 면책가능성이 동반된다. **이들 공무원과 국가의 책임은 민법의 부진정연대채무에 해당한다.**

그런데 이처럼 민법규정을 단순히 대입하면 치명적인 불합리한 점이 생겨난다. 민법 제756조 제1항 제2문상의 면책주장이 주효하면, 궁극적으로 가해공무원이 책임을 지는 결과가 된다. 자신의 행위가 공법적 영역이나 사법적 영역에 귀속하는지가 결코 중요하지 않음에도 불구하고, 공무원은 전혀 다른 법상황에 놓인다.

손해배상을 한 국가는 위법한 행위를 한 공무원에게 구상할 수 있다. 그런데 **민법상의 구상규정(756조 3항)을 그대로 적용할 때 문제가 있다.** 국가배상법과는 달리 경과실의 경우에도 구상이 가능하여서 현행의 구상유보체계에 저촉될 수 있기 때문이다. 그런데 독일의 경우 그들 민법 제839조 제1항 제2문과 연방공무원법 제78조 제1항에 의해 경과실이 있는 경우에는 공무원은 처음부터 책임을 지지 않으며, 구상 역시 허용되지 않는다. 행정의 사경제활동에 대해 전적으로 민법이 통용된다고 보는 일반적 태도를 취하면, 우리의 경우 민법상의 구상과 다르게 취급하는 것은 애초에 허용되지 않는다. **입법정책적으로 스위스 국가책임법 제11조처럼 국가가 민사법주체로서 활동할 경우에는 배상책임자 및 구상과 관련하여 민법규정의 적용을 배제하고 국가배상법 규정의 적용을 명문화하는 것이 바람직하다.** 결론적으로 공법과 사법의 협력체제에서의 행정법의 위상에 걸맞게 국가책임법제를 새롭게 구축할 때이다.

제 3 절 행정상의 손실보상

Ⅰ. 손실보상제도의 의의

1. 헌법상의 재산권제한의 양태

국가책임법(國家責任法)의 두 번째 핵심내용은 재산권에 대한 공권적 개입에 대한 손실보상책임이다. 헌법은 국민의 재산권을 보장하는 한편 그에 대한 공법적 제 개입(내용·한계결정 및 수용·사용·제한)을 규정하고 있다(23조 1항, 3항). 현행법상 재산권에 대한 국가적 제한 및 개입의 양태는 다음과 같이 3가지로 나눌 수 있다: 헌법 제23조 제1항의 재산권의 내용·한계결정, 제23조 제3항의 공용개입(공용침해), 그리고 –헌법 제23조 제1항의 재산권의 내용·한계도 아니고 헌법 제23조 제3항의 공용개입도 아닌– 제3자 즉, 기타의 재산권제한(개입).[144)]

공용개입이란 일정한 공적 과제를 수행할 목적으로 개인의 재산적 가치가 있는 법적 지위에 대해 공법적(고권적) 법적 행위에 의하여 완전히 혹은 부분적으로 개입하는 것을 말한다.[145)] 즉, 헌법 제23조 제3항상의 '공공필요에 의한 재산권의 수용·사용 또는 제한'이 이에 해당한다. –국토계획법에 따른 개발제한구역제처럼– 보상규정을 두지 않은 채 법률로 재산권에 대해 일련의 제한을 가하는 경우는 헌법 제23조 제1항상의 재산권의 내용·한계결정에 해당한다. –개성공단 전면중단조치로 인한 재산권행사가 사실상 금지되는 경우처럼– 행정행위나 사실행위에 의해 재산권의 행사가 매우 어렵게 되는 경우가 기타의 재산권제한(개입)에 해당할 수 있다(본서 1016면 이하).[146)]

이상의 **공용개입(公用介入) 개념은 처음부터 그리고 나중에도 아무런 위헌·위법적인 재산권제한의 상황이 발생하지 않은 경우에 통용된다.** 따라서 보상규정이 요구됨에도

144) Vgl. Jarass, NJW 2000, 2841.

145) 헌법상의 '공공필요에 의한 재산권의 수용·사용 또는 제한'이 독일의 경우 'Enteignung' 하나에 포착된다. 재산권에 대한 일체의 공권적 제한에 해당하는 'Enteignung'을 단순히 수용이라 옮기면 논증의 부조화가 빚어진다. 헌법재판소 판례와 많은 문헌에서 '공용수용', '공용제한' 그리고 '공용사용'을 망라하여 '공용침해'란 용어를 사용하고 있다(최초 제시한 문헌으로 김남진, 고시연구 1982.11.).

146) 기타의 재산권제한을 재산권의 내용·한계결정에 포함시킬 수도 있지만, 헌법 제23조가 재산권의 내용·한계결정을 법률로 정하도록 규정하고 있기에, 분리시켜 논의를 전개한다.

그것을 두지 않은 것처럼 처음부터 재산권에 대한 위법한 제한이 발생한 경우와 행위 당시에는 적법하였는데, 나중에 비전형적이고 예측하지 못한 부차적인 결과로 재산권에 대해 과도한 제한이 발생한 경우는 여기서의 공용개입에 포섭되지 않는다. 전자의 경우를 준공용개입(수용유사적 침해)이라 하고, 후자의 경우를 결과적 공용개입(수용적 침해)라고 한다.

2. 손실보상의 의의

행정상의 손실보상(損失補償)이란, 공적 과제를 수행할 목적으로 개인의 재산적 가치가 있는 법적 지위에 대해 개입함으로써 개인이 입은 재산상의 특별한 희생에 대하여, **사유재산권의 보장과 공평부담이라는 견지에서 행정주체가 행하는 조절적인 재산적 보전(補塡)을 말한다.** 여기서의 손실보상은 공용개입의 허용성의 차원에서 또는 공용개입의 적법성의 차원에서 행해진다. 손실보상의 기본 메커니즘은 금전보상의 원칙에서 통상 금전을 지급하는 것이다. 하지만 **국가가 금전을 지급하는 다른 법제도와는 분명히 다른 점이 있다.** 먼저 위법한 직무에 따른 손해를 배상하는 국가배상과는 구별된다.[147] 그런데 손실보상이라는 명칭이 사용되더라도 재산권에 대한 개입이 공법적 법적 행위에 의해 행해지지 않는 이상, 그것은 특별희생에 대한 보전으로서의 본래의 손실보상에는 해당하지 않는다. 따라서 토지보상법상의 협의매수에 수반된 보상은 본래의 손실보상과는 분명히 구별된다. 행정상의 손실보상은 '재산상의 손실'을 보전하는 것인 점에서 사람의 생명 또는 신체에 대한 침해의 경우 동원될 수 없다. 한편 재산권개입으로 특별희생이 발생하지 않음에도 불구하고, 즉 그 개입이 재산권의 사회적 제약에서 인정되어 이론적으로는 손실보상이 요구되지 않음에도 불구하고, -가축전염병예방법 제48조 제1항에 의한 살(殺)처분가축의 소유자에 대한 보상금지급처럼- 정책차원에서 보상이 주어지기도 한다.

한편 여기서의 손실보상(Entschädigung)은 보전(Ausgleich)과는 구분되어야 한다. 보전은 광범한 구제방안을 담는다. 손실보상 이외에 경과규율과 대체수단의 제공 등이 보전에는 포함된다(헌재 89헌마214). 즉, 손실보상은 보전의 부분집합이다.

---

147) 손해배상은 가해결과가 일어나지 않았던 원래의 상태를 지향한다. 구분은 특히 일실한 수익에서 나타나는데, 손해배상에서는 그것이 배상되어야 하나, 손실보상에서는 그렇지 않다.

Ⅱ. 공용개입(공용침해)과 관련하여 대립된 기조

1. 가치보장 vs. 존속보장

행정상의 손실보상과 관련해서 대립된 인식이 존재한다. 재산권의 가치보장의 논리는 "수인(受忍)하라 그리고 청산하라."(dulde und liquidiere)는 법언에 잘 나타나 있으며, 재산권의 존속보장의 논리는 "방어하라, 그리고 청산하라."(wehre dich und liquidere) 또는 "조치의 적법성에 대한 의문을 독립된 법관에 제기한 다음에 비로소 수인하라." 라는 법언에 잘 표현되어 있다.

자신이 -특히 오랫동안- 거주한 집이나 영업을 해온 장소는 단순히 시장가격만으로 책정할 수 없는 의미를 지닌다(home≠house). 재산 또는 재산권의 참다운 가치는 그것이 인격발현의 수단과 장소라는 점에 있다. 경계이론적 접근의 이론적 출발점인 가치보장은 기실 전제주의적 발상에 닿아있다. 보상만 해주면 그것도 만족할 만큼 충분히 해 주면 문제가 없지 않느냐는 것은 지극히 금전만능적 사고이다. **법치국가는 이런 전제주의적 명제를 존속보장적 명제로 대체한 것이다.**148) '1차적 권리보호의 우위'와 마찬가지로, **재산권의 존속보장이 가치보장에 우선한**다(헌재 2010헌바341, 2011헌바248(병합)).149) 존속보호가 상위의 이익을 위하여 후퇴해야 하거나 불가역(不可逆的)으로 훼손되는 경우에 비로소 가치보호가 전면에 나선다. 존속보호는 항상 동시에 가치보호이기도 하다.

재산권의 가치보장을 중시하느냐 존속보장을 중시하느냐의 입장에 따라서 재산권의 보장과 그 제한을 접근하는 기조 역시 다르다. 전자의 입장에서는 손실보상의 요건 가운데서 '특별한 희생'의 문제에 대해서만 주로 고찰하지만, 후자의 입장에서는 '보상의 요건', 즉 공용개입의 여러 요건(특히 '공공필요')을 함께 중시하면서 접근한다.150) 그리고 준공용개입(수용유사적 개입)과 결과적 공용개입(수용적 침해)의 문제와 관련해서도, 전자의 입장에서는 경계이론의 관점에서 접근하는 경향이지만, 후자의 입장에서는 분리이론의 관점에서 1차적 권리보호의 우위에 바탕을 두고서 위헌·위법적 상태에 대한 적극적인 해명과 해소를 강구한다.

판례의 입장이 가치보장이냐 존속보장이냐의 물음이 제기될 수 있다. 비록 대법원이

148) Hufen, §31 Rn.3.

149) 환매권의 인정(토지보상법 제91조 이하) 역시 존속보장의 일환이며, 그것의 헌법적 근거는 바로 재산권보장(헌법 제23조 ①)이라 하겠다.

150) 이런 문제인식이 처음으로 제시된 문헌으로 김남진, 월간고시 1989.5.

준공용개입(수용유사적 개입)에서 ―후술하듯이― 경계이론의 접근을 하긴해도, 공공필요성 여부에 대해 엄격한 심사를 견지하고, 아울러 공용개입에 대해 비례원칙을 강하게 적용하는 것(본서 988면)에 비추어 전제적으로 가치보장보다는 존속보장의 입장이라고 할 수 있다. 즉, 존속보장의 입장에서 판례의 경향이 설득력 있게 수긍된다.

2. (독일에서의) 경계이론적 접근 vs. 분리이론적 접근[151]

(1) 경계이론적 접근의 내용

준공용개입(수용유사적 개입)과 결과적 공용개입(수용적 침해)의 법리는 경계이론을 낳았다. 그것의 이론적 바탕은 가치보장이다. 경계이론에 의하면, ―우리 헌법 제23조 제1항과 독일 기본법 제14조 제1항 제2문의― 재산권의 내용·한계의 결정과 ―우리 헌법 동조 제3항과 독일 기본법 동조 제3항의― 보상부(補償附) 공용개입은 재산권제한의 정도상의 차이에 따라 나누어 질 뿐 기본적으로 동질적이다. 그리하여 재산권에 대해 사회적 제약을 넘어서는 ―즉, 특별희생을 낳는― 제한을 가하였음에도 불구하고 그에 상응한 보상이 없을 때는 곧바로 보상부 공용개입으로 변환(變換)된다는 것이다. 여기서 특별희생이론 내지 실질적 기준이론은, 그때그때의 변환이 일어나는 경계선(임계값)을 정하는 기능을 갖는다. 보상규정의 결여는 당연히 다른 보상규정의 유추를 통해 해결한다. 경계이론적 접근의 결과, ―우리 헌법 동조 제3항과 독일 기본법 동조 제3항의― 공용개입은 원래의 보상부 공용개입은 물론, 보상규정이 없지만 보상이 요구되는 재산권에 대한 공권적 개입까지도 포함하게 된다. 결국 공용개입개념이 매우 넓게 획정된다(광의의 공용개입개념).

(2) 분리이론적 접근의 내용

독일의 헌법재판소는 준공용개입(공용개입유사적 개입)과 결과적 공용개입(공용개입적 개입)의 법리가 궁극적으로 자신의 위헌법률심판권에 저촉된다는 점을 뒤늦게 인식하고서 동 법리를 공박하였다. 1981.7.14.자 소위 의무납본제에 관한 결정[152]과 1981.7.15.자 소위 자갈채취에 관한 결정을[153] 시발점으로 하여, ―특히 보전의무부 내용결정을 정립하여 재산권의 내용·한계결정을 향도(嚮導)한― 1999.3.2.자 소위 사적보호(史蹟保護)에 관한 결정을[154] 통해 다음의 점이 확고히 정립되었다. 즉, ⅰ) 기본법 제14조 제3항상의 보상부 공용개입만이 공용개입으로 인정된다(협의의 공용개입개념). ⅱ) 기본법 제14조 제3항상의 공용개입과 동조 제1항 제2문상의 재산권의 내용·한계의 결정은 개념상으로 엄격히 구분된다. ⅲ) 재산권의 내

151) 이하에 관한 상론: 한수웅, 887면 이하; 김중권, 행정법기본연구Ⅱ, 177면 이하.
152) BVerfGE 58, 137ff.
153) BVerfGE 58, 300ff.
154) BVerfGE 100, 226ff.

용·한계의 결정에 해당하는 법률규정은, 비록 그것이 헌법적 한계를 일탈한다 하더라도, 보상부 공용개입을 성립시키는 규범으로 전화(轉化)되지 않고, 그 자체가 위헌이며 무효이다. 그리고 그런 법률규정에 의거한 조치 역시 당연히 위법하게 된다. iv) 재산권개입적 법률이 비례원칙의 위반이나 보상규정의 결여로 위헌이고 무효라 여길 경우에, 일반(민사)법원은 기본법 제14조 제3항에 직접 의거하여 손실보상을 제공해서는 아니 되고, 대신 법률의 위헌성에 관한 종국적 판단을 위해 연방헌법재판소에 제청을 해야 한다. v) 재산권적 개입이 위법하면, 관련자는 취소소송을 제기해야 하고, 이 경우에 손실보상청구권은 성립하지 않는다. 보충적 권리보호(2차적 권리보호)에 대해 우선적(1차적) 권리보호의 우위가 통용된다.

Ⅲ. 헌법적 변천사

i) **제헌헌법상의 규정:** 공공필요에 의하여 국민의 재산권을 수용 또는 제한함은 법률이 정하는 바에 의하여 상당한 보상을 지급함으로써 행한다(15조 3항).

ii) **제3공화국헌법상의 규정:** 공공필요에 의한 재산권의 수용·사용 또는 제한은 법률로써 하되 정당한 보상을 지급하여야 한다(20조 3항). 이와 관련하여 판례는 직접 헌법에 근거하여 손실보상을 청구할 수 있다고 보았다(대법원 72다 1597판결).

iii) **1972년 헌법(유신헌법)상의 규정:** 공공필요에 의한 재산권의 수용·사용 또는 제한 및 그 보상의 기준과 방법은 법률로 정한다(20조 3항). 이에 따라 판례는 헌법의 명문상으로 손실보상의 기준과 방법을 정한 법률이 없다면 법원이 손실보상을 정할 수 없다고 판시하였다(대법원 76다 1443판결).

iv) **현행헌법상의 보상규정:** 공공필요에 의한 재산권의 수용·사용 또는 제한 및 그에 대한 보상은 법률로써 하되, 정당한 보상을 지급하여야 한다(23조 3항).

Ⅳ. 헌법 제23조 제1항과 제3항과의 관계 및 구조

하천법 개정법률(제2292호) 제2조 제1항 제2호 (나)목 및 (다)목, 제3조에 의하면, 제방부지 및 제외지는 법률 규정에 의하여 당연히 하천구역이 되어 국유로 된다. 그런데 「하천편입토지 보상 등에 관한 특별조치법」이 개정법률(제2292호) 시행일인 1971.7.20.부터 하천법 중 개정법률(제3782호) 시행일인 1984.12.31. 전에 국유로 된 제방부지 및 제외지에 대해서 명시적인 보상규정을 두고 있지 않다. 개정법률(제2292호) 시행일인 1971.7.20.부터 하천법 중 개정법률(제3782호) 시행일 전에 국유로 된 제방부지 및 제외지에 대하여도 그 소유자가 특별조치법 제2

조를 유추적용하여 손실보상을 청구할 수 있는가? (대법원 2011두16636판결)

여기서 먼저 검토되어야 할 점은, 재산권행사에서 제약을 당한 자에 대해 –사회적 제약을 넘어서는– 특별희생이 발생하였음에도 불구하고 관련 법률이 손실보상을 규정하지 아니한 경우에, 그 제약을 당한 자가 헌법상의 공용개입규정에 의거하여 직접 손실보상을 청구할 수 있는지 여부이다. 이 물음은 헌법상의 공용개입조항의 법적 효력과 연관되지만, 궁극적으로 헌법상의 재산권보장과 공용개입의 구조, 즉 헌법 제23조 제1항과 제3항과의 관계에 관한 논의가 된다.

1. 헌법 제23조 제3항의 법적 효력에 관한 논의현황

문헌상으로 입법자에 대한 직접효력설(위헌무효설), 직접효력설, 유추적용설(간접효력설)이 다투어진다.

i) **입법자에 대한 직접효력설(위헌무효설):** 이는 헌법상의 보상규정을 국민에 대한 직접효력규정으로 보지 않고, 다만 입법자로 하여금 국민의 재산권을 침해할 경우에 보상에 관한 규정도 두게끔 구속하는 효력을 갖는다고 본다. 사실상 헌법규정을 직접 의거하여 보상을 도모할 순 없는 셈이 되어 부득불 국가배상책임상의 방법을 강구할 수밖에 없다. 그 결과 공용개입에 따르는 보상규정이 없는 법률은 위헌무효이고 그에 근거한 재산권침해행위는 위법한 직무행위가 되므로, 그 경우 국가배상법에 의거한 손해배상청구가 가능하다고 본다. 이는 준공용개입(수용유사적 침해) 및 결과적 공용개입(수용적 침해)에 의한 보상의 법리를 부인하는 것으로 귀착된다.

ii) **직접효력설:** 이는 헌법상의 보상규정을 국민에 대해 직접적 효력이 있는 규정으로 보며, 따라서 만일 법률에 당연히 있어야 할 보상규정이 없는 경우에는 직접 헌법상의 보상규정(23조 3항)에 근거하여 보상을 청구할 수 있다고 본다.

iii) **유추적용설(간접효력설):** 이는 공용개입에 따른 보상규정이 없는 경우에는, 헌법 제23조 제1항(재산권보장조항) 및 제11조(평등원칙)에 근거하며, 헌법 제23조 제3항 및 관계규정의 유추적용을 통하여 보상을 청구할 수 있다고 본다. 이는 준공용개입 및 결과적 공용개입의 법리를 받아 들여 문제를 해결하려고 한다.

2. 판례의 입장

보상규정이 필요한 데도 불구하고 그것을 갖추지 않아서 위법한 상황에 즈음하여 독일 연방대법원(BGH)은 적법한 공권적 개입도 보상이 행해지는데 하물며 위법한 것은 더할 나위 없이 당연하다는 물론해석에 터 잡아 유추(類推)에 기하여 이런 공백을 메웠다. 그 소산이 바로 준공용개입(수용유사적 침해), 결과적 공용개입(수용적 침해)의 법리이다. 대법원 역시 보상규정이 결여된 위헌적 문제상황을 유추의 방법으로 타개하였다(대법원 2011두16636판결; 2011두2743판결). -후술할- 간접손실보상에서 보듯이(본서 1010), 이런 기조는 확고하다.[155] 그렇다면 **비록 법원이 스스로 의식하지 않았고 이제까지 문헌에서도 지적하지 않았지만, 결과적으로 판례상으로 준공용개입**(수용유사적 침해)**이 인정됨으로써, 법원은 독일 연방대법원이 과거에 취한 입장과 동일한 맥락에서 접근한다고 하겠다.**

그런데 개발제한구역과 장기미집행도시계획시설에 관해서, 헌법재판소가 헌법 제23조 제1항과 제2항에 바탕을 두고서 1998년과 1999년에 내린 헌법불합치결정(헌재 89헌마214, 90헌바16; 97헌바78(병합); 97헌바26)을 계기로, '분리이론'의 도입이 화두가 되었다. 이를 계기로 분리이론적 접근의 도입가능성 여부가 격렬히 논쟁되었다. **헌법재판소가 보상규정이 없는 상황을 헌법 제23조 제3항이 아닌 제1항(및 제2항)의 차원에서 접근함으로써,[156] 분리이론적 접근을 분명히 강구하였다.** 상당수 문헌들이 그것의 도입을 찬동하지만(대표적으로 한수웅, 880면 이하), 그에 못지 않은 상당수 문헌 역시 반대한다. 반대론은 재산권에 대한 개입의 유형으로 독일 기본법(14조 3항)은 단지 수용만을 들고 우리 헌법은 수용·사용·제한을 든다는 점을 들어 그들의 분리이론적 접근이 우리 법제에 통용되지 않는다고 주장한다.[157] 독일 연방헌법재판소가 그들의 수용개념을 우리의 수용·사용·제한을 포괄하여 이해하고 있다는 점에서 분리이론반대의 이런 논거는 수긍하기 힘들다.

---

155) 대법원 2014두11601판결: 물건 또는 권리 등에 대한 손실보상액 산정의 기준이나 방법에 관하여 구체적으로 정하고 있는 법령의 규정이 없는 경우에는, 그 성질상 유사한 물건 또는 권리 등에 대한 관련 법령상의 손실보상액 산정의 기준이나 방법에 관한 규정을 유추적용할 수 있다.

156) 헌재 89헌마214: 입법자가 도시계획법 제21조를 통하여 국민의 재산권을 비례의 원칙에 부합하게 합헌적으로 제한하기 위해서는, 수인의 한계를 넘어 가혹한 부담이 발생하는 예외적인 경우에는 이를 완화하는 보상규정을 두어야 한다. 이러한 보상규정은 입법자가 헌법 제23조 제1항 및 제2항에 의하여 재산권의 내용을 구체적으로 형성하고 공공의 이익을 위하여 재산권을 제한하는 과정에서 이를 합헌적으로 규율하기 위하여 두어야 하는 규정이다. 재산권의 침해와 공익간의 비례성을 다시 회복하기 위한 방법은 헌법상 반드시 금전보상만을 해야 하는 것은 아니다. 입법자는 지정의 해제 또는 토지매수청구권 제도와 같이 금전보상에 갈음하거나 기타 손실을 완화할 수 있는 제도를 보완하는 등 여러 가지 다른 방법을 사용할 수 있다.

157) 사안을 헌법 제23조 제1항과 제2항에 의거하여 논증한 데 대해서 비판이 제기된다(김동희/최계영, 623면). 아울러 적극적 입장(정남철, 공법연구 제32집 제3호(2004.2.))과 소극적 입장(정하중, 서강법학연구 제5권(2003.5.))이 대비된다. 국내의 논의현황과 문헌은 특히 정혜영, 인권과 정의 제357호(2006.5.), 주 7) 참조.

3. 관견(管見)

분리이론(分離理論)의 근거점은 재산권의 내용 · 한계의 결정과 공용개입이 문제되는 경우를 엄별하고 있는지 여부이다. 분명 헌법재판소는 이상의 결정을 비롯한 후속적 결정을 통해 양자를 구별하면서, 보상규정 등과 같은 상당한 보전수단을 강구하지 않은 재산권의 내용 · 한계의 결정에 대해 적극적으로 위헌성의 판단에 나섬으로써, 유추를 통한 손실보상청구권의 행사가능성을 원천적으로 봉쇄하는 결과를 가져다주었다. 따라서 **비록 독일처럼 행정소송을 통한 1차적 권리보호를 우선적으로 강구하게 하지는 않았지만, 헌법재판소는 분명 나름 분리이론적 접근을 하고 있다.** 여기서 경계이론적 접근을 한, 이상의 대법원의 판례는 결정적으로 문제가 된다.[158]

헌법재판소의 입장을 따르면, 헌법 제23조 제1항과 제3항과의 관계와 구조를 분리이론의 관점에서 분명히 정립해야 한다. 분리이론을 수긍하고 아울러 제3항을 후술할 동시조항(불가분조항)으로 보면, 우선 공용개입(공용침해)은 엄격한, 즉 좁은 의미의 것이 되어야 한다. 즉, 법률에 의해 보상이 주어진 경우에 공용개입에 해당한다. 반면 **특별희생이 인정되어 보상규정이 요구됨에 불구하고 그렇지 않은 경우는 제23조 제3항의 차원이 아니라, 제1항의 재산권의 내용 · 한계결정**의 **차원에서의 문제가 된다**(본서 1015면 이하).

V. 공용개입(공용침해)의 성립요건

공용개입(공용침해)이란 일정한 공적 과제를 수행할 목적으로 고권적 법적 행위에 의하여 헌법 제23조 제1항의 재산적 가치가 있는 법적 지위에 대해 완전히 혹은 부분적으로 개입하는 것이다. 이에 따라 그것의 성립요건적 징표로, i) 재산권으로서 보호받는 법적 지위가 존재할 것, ii) 이런 법적 지위에 대한 완전한 혹은 부분적 개입이 존재할 것, iii) 의도한 공법적 법적 행위에 의할 것, iv) 공적 과제의 이행을 목표로 지향할 것을 들 수 있다.

1. 공용개입의 대상으로서의 재산권

보령시가 관광지조성계획에 따라 개발사업을 시행함에 따라 대천해수욕장의 백사장을 통

158) 상론: 김중권, 법률신문 제4031호(2012.5.14.).

과하는 해안도로 및 해변도로가 개설되고 녹지공간이 조성됨으로써 어선어업자들은 −오랫동안 보령시의 특별한 허락 없이 해왔던− 대천해수욕장의 백사장 등에서 어선을 양육·정박시키거나 어구의 수리·보관 등을 하는 것이 쉽지 않게 되었다. 재산권침해를 이유로 손실보상을 요구하는 어선어업자들의 주장은 주효하는가? (대법원 99다35300판결)

입법자가 사전에 법률로써 재산권으로 인정한 것만이 헌법상의 재산권에 해당하고 헌법상으로 재산권보장의 보호를 받는다. **헌법상의 재산권개념은 민법의 소유권 개념보다 훨씬 넓다.** 여기서의 재산권에는 사법상의 모든 재산적 가치있는 권리(물권, 채권, 회원권, 저작권 등)는 물론, 이를 넘어 재산적 가치를 지니는 공법상의 권리(공유수면매립권, 군인연금법상의 연금수급권, 공무원연금법상의 연금수급권, 국가유공자의 보상수급권 등)나 법적 지위[159] 역시 포함한다.

헌법재판소는 헌법상 보장된 재산권이란 사적 유용성 및 그에 대한 원칙적인 처분권을 내포하는 재산가치가 있는 구체적인 권리에 해당한다고 본다(헌재 99헌마574). 즉, 헌법 제23조는 이미 획득된 것을 보호하고, 앞으로의 획득을 보장하지는 않는다. 그것은 존속보호를 제공하고, 획득보호를 제공하지는 않는다. 현존하는 구체적인 재산적 가치를 지닌 것이어야 하므로, 구체적 권리가 아닌 −지가(땅값) 상승의 기대감과 같은− 단순한 이익이나 재화획득의 기회(단순한 기대이익·반사적 이익 또는 경제적 기회)와 같은 것은 여기서의 보상대상이 되지 않는다(헌재 99헌마112 등).

헌법재판소가 개성공단 전면중단조치를 재산권에 대한 개입의 차원에서 접근하여(헌재 2016헌마364). 그 조치 이전의 상황이 재산권적 상황인 것을 전제로 한 것으로 볼 수 있는 이상, '개시되어 행사된 영업에 대한 권리'(das Recht am eingerichteten und ausgeübten Gewerbebetrieb) 역시 재산적 가치가 있는 구체적인 권리로서 재산권의 보장에 포함된다.[160] 그러나 현존한 실현가능한 가치적 요소라 하더라도 전적으로 보호되지는 않고, 이들이 입법자에 의해 헌법 제23조 제1항의 재산권보장의 보호를 받는 대상에 해당되는 경우에만 고려된다. 즉, 지하수는 토지의 일부가 아니고 그래서 토지소유권의 일부가 아니다. 소매상점이나 주유소의 인접도로상의 유리한 위치(상황)는 사실적 이점(利點)에 불과하고, 재산권적으로 보호받지는 못한다.

한편 공용해수욕장의 백사장과 같은 공공용물에 대한 일반사용으로 향유하는 법

159) 따라서 수익적 행정행위의 철회의 경우 일부 개별법은 손실보상을 특별히 규정하고 있다(공유재산법 제25조, 도로법 제93조, 하천법 제77조 등).

160) 독일 연방헌법재판소는 '개시되어 행사된 영업에 대한 권리'이란 법형상이 재산권의 보장에 의해 보호되는지 여부에 대해 아직 확실한 입장을 표명하지 않았지만(BVerfG, NVwZ-RR 2021, 177 Rn.86.), 독일의 다수 문헌과 일부 판례는 코로나 팬데믹 조치와 관련해서 긍정하는 입장을 취한다.

적 이익은 재산권적으로 보호받지 못하므로, 그 사용이 개발행위로 제한을 받더라도 손실보상이 주어지지 않는다.[161] 대법원 99다35300판결 역시 공공용물에 대한 일반사용이 적법한 개발행위로 제한됨으로 인한 불이익은 손실보상의 대상이 되는 특별한 손실에 해당하지 않는 것으로 본다.[162]

2. 재산권에 대한 개입

공용개입은 재산권으로서 보호받는 재산적 가치가 있는 법적 지위에 대해 완전히 혹은 부분적으로 개입하는 것이다. 행정의 상대방에게는 일체의 재산적 가치의 감소를 가져다주는 것을 의미한다. 헌법이 규정한 재산권에 대한 수용·사용·제한이 재산권에 대한 고권적 개입에 해당한다.[163] 여기에서 수용(收用)이란 재산권의 박탈을, 사용(使用)이란 재산권의 박탈에 이르지 아니하는 일시적 사용을, 제한(制限)이란 소유권자 기타 권리자에 의한 사용·수익의 제한을 의미한다.[164] 이러한 3가지만이 공법적 개입의 전부는 아니며, 재산적 가치를 박탈·감소시키는 일체의 공권력의 발동(가령 행정조사기본법 12조상의 시료채취)이 여기서의 공권적 개입에 해당한다. 그리하여 법적 귀속관계는 유지되지만, 실은 재산권과 전형적으로 결부된 모든 이용·처분의 권능이 잘려 나가서 재산권이 속빈 강정이 되어 버린 경우에도, 재산권의 박탈이 존재한다고 보아야 한다.[165]

3. 의도한 공법적 법적 행위에 의한 개입

재산적 가치가 있는 법적 지위에 대한 개입(박탈)에 해당하는 이상, 공용개입은 공적 과제를 이행할 목적으로 의도한 공법적 법적 행위에 의해 행해져야 한다. ─토지보상법상의 협의매수처럼─ 사법(私法)계약의 형식으로 재산권을 취득한 경우에는 공법적 법적 행위에 해당하지 않기에, 손실보상과는 다른 문제이다. 여기서 법적 행위는 (사

161) 비록 공공용물의 일반사용으로 누리는 이익이 반사적 이익이 아니라 공권적 성질을 갖지만, 그것의 공권적 성질은 현재의 침해를 배제할 수 있는 방어적, 소극적 차원에서 인정되고, 결코 향후에도 일반사용을 향유할 것을 요구할 수 있는 것은 아니기 때문이다.

162) 사안에서 어선어업자들의 백사장사용을 손실보상이 주어지는 관행어업권으로도 보지 않았다.

163) 사실 토지재산권의 경우에 공용개입은 민사법적 효과를 지닌 공법적 법제도이다.

164) 이들 모두는 국민의 입장에서 보자면 박탈의 개념으로도 포착할 수 있다. 즉, 수용이 완전한 박탈이라면, 사용과 제한은 부분적 박탈인 셈이다.

165) 다만 재산권의 사용과 제한의 경우 그에 합당한 보상규정이 있으면 모르되, 그렇지 않을 때는 분리이론의 차원에서 보자면 여기서의 공용개입이 아니라 헌법 제23조 제1항상의 내용과 한계의 결정의 범주에 속한다.

실행위와는 대조적으로) 법적으로 의미가 있고 구속력이 있는 조치를 의미한다. 따라서 공용개입은 형식적 의미의 법률에 의거한 행정행위에 의해서(행정적 공용개입) 또는 직접적으로 형식적 법률에 의해서(법률적 공용개입: 입법적 수용)[166] 일어난다. 공용개입 결정에 해당하는 사업인정처럼 행정행위에 의한 공용개입이 중요하다.[167]

처음에는 적법하였는데, 우연히 혹시 심지어 행정활동의 부차적 결과로서 재산적 가치가 있는 법적 지위의 상실을 초래할 경우(결과적 공용개입)에 그 조치는 여기서의 공용개입에 해당하지 않는다. 왜냐하면 재산권에 대한 공용개입은 공권력의 주체에 의하여 의욕되고 지향되었거나 아니면 최소한 상대방의 재산상의 손실에 대한 직접적인 원인이 되어야 하기 때문이다(김남진/김연태, 749면). 따라서 **보상부 공용개입은 입법자가 처음부터 의식적이고 의욕적으로 재산적 가치있는 법적 지위의 박탈을 목표로 한 경우에 인정된다(개입의 목적성).** 공용개입의 목적성은 여기서의 본래의 공용개입과 결과적 공용개입(수용적 침해)을 구별하는 징표가 된다.

4. 공용개입의 목적으로서 공적 과제의 이행

甲 지방자치단체가 전통시장에 공영주차장을 설치하는 사업을 시행하였는데, 일정 면적 이하의 주차장의 경우 도시·군계획시설로 지정하지 않고도 설치가 가능하다는 구 국토계획법령을 이유로 토지보상법에 따른 사업인정절차를 거치지 않고 사업부지를 매매로 취득하였고, 이 사업이 토지보상법상 공익사업에 해당하지 않는다는 이유로 사업부지 지상 각 건물의 임차인들에게 영업손실보상금을 지급하지 않은 채 공사에 착수하였다. 이들 임차인은 토지보상법에 따른 영업손실보상을 받을 수 없는가? (대법원 2018다204022판결)

공용개입은 그것의 목적방향에 의해 결정된다. 즉, 그것은 공적 과제와 공공복리의 이행에 이바지해야 한다. **재산권에 대한 공권적 개입은 '공공필요'를 위하여 행해져야 한다.** 이 점에 관해 헌법은 '공공필요를 위하여' 재산권의 수용 등을 할 수 있음을 규정하고 있으며(23조 3항), 그에 따라 토지보상법은 동법이 적용될 수 있는 공익사업을 자세히 규정하고 있다(4조). 공공의 이익에 도움이 되는 사업이라도 '공익사업'으로 실정법에 열거되어 있지 않은 사업은 공용수용이 허용될 수 없다(헌재 2011헌바129 등). 반면 토지보상법상의 공익사업에 해당하면, 설령 토지보상법의 협의절차나 사업인정의 절차를 밟지

166) 예: 1971.1.19. 법률 제2292호로 전문 개정된 하천법이 이른바 '하천구역 법정주의'를 채택하여 유수지나 제외지 등은 관리청의 별도의 지정행위가 없더라도 당연히 하천구역으로 되어 국유화된 경우.
167) 민간투자법 제47조상의 '공익을 위한 처분' 역시 행정적 공용개입에 해당한다.

않았다 하더라도 토지보상법의 보상이 주어져야 한다(대법원 2018다204022판결).168)

'공공필요' 개념은 의미와 내용은 적극적으로 정의하기 어려우며, 또한 고정된 내용을 가지고 있는 것도 아닌 대표적인 불확정법개념(不確定法槪念)이다. 입법자는 토지보상법에서의 공익사업의 적시와 같이 공공필요의 요청을 공용개입적 법률에서 더 한층 자세히 결정하고 한정해야 한다. 다만 **공익사업에 관한 토지보상법의 규정은 범주의 차원이고, 실제 사업 자체가 공공필요성을 충족해야 한다**. 즉, 법이 공용수용 할 수 있는 공익사업을 열거하고 있더라도, 이는 공공성 유무를 판단하는 일응의 기준을 제시한 것에 불과하므로, 사업인정의 단계에서 개별적·구체적으로 공공성에 관한 심사를 해야 한다(헌재 2011헌바172 등). 하지만 구체적 조치가 실제로 공적 과제의 수행에 이바지하고 공공복리를 위하여 존재하는지 여부는 결코 공용개입의 개념의 물음이 아니라, 후술할 공용개입의 허용성과 적법성의 물음이다. 공용개입의 이런 목적으로 인해 −가령 조세체납절차에 따라 행하는 매각(공매)처럼− 국가가 다른 목적으로 행하는 재산권박탈적 조치는 공용개입에 해당하지 않는다. 반면 조사목적의 달성을 위한 시료채취(행정조사기본법 12조)는 보상의무를 발생시키는 공용개입이다.

Ⅵ. 공용개입(공용침해)의 허용·적법요건

'공공필요'와 같은 헌법과 법률의 요건에 부합되고, 또한 −헌법 제23조 제3항 및 이에 의거하여 발해진 법률상의 보상규율에 의거한− 손실보상청구권이 성립할 경우에 공용개입은 허용되고 적법하게 된다.169) 한편 공용개입적 상황에 해당함에도 불구하고, 법률상 보상규율이 없다면 그것은 허용되지 않는다. 다만 이 경우 분리이론적 접근을 하면, 논의는 헌법 제23조 제3항이 아니라, 제1항의 재산권의 내용·한계결정에서 행해져야 한다. 헌법재판소는 비록 재산권의 존속보장을 명시적으로 전제하지는 않았지만, 공용개입(공용침해)의 허용요건과 관련해서 엄격한 태도를 견지한다.170)

168) 그런데 판결의 이런 접근은 그릇된 실질적 접근을 보여주는데, 더해서 공익사업시행자인 지방자치단체가 사전보상의 원칙을 저버린 것을 국가배상법의 직무상 불법행위가 아닌 일반 민사불법행위의 차원에서 다룬 치명적인 문제점을 지닌다.

169) 손실보상은 적법한 공용개입의 요건이 되지만, 공용개입의 개념에는 재산권에 대한 개입의 적법성이 포함되지 않는다.

170) 헌재 92헌가15: 공용수용은 헌법 제23조 제3항에 명시되어 있는 대로 국민의 재산권을 그 의사에 반하여 강제적으로라도 취득해야 할 공익적 필요성이 있을 것, 법률에 의할 것, 정당한 보상을 지급할 것의 요건을 갖추어야 하므로 …

1. 법률적 근거

공용개입은 기본권에 대한 모든 개입처럼 법률상으로 성립해야 한다. 공용개입적 조치는 직접적으로 법률에 의하거나(입법적 공용개입) 법률에 의거하여 행정행위나 기타의 (행정의) 법적 행위에 의해서(행정적 공용개입) 일어날 수 있다. 여기서의 법률은 전적으로 형식적 의미의 법률을 의미한다. 그 이유는 법률유보(法律留保)의 원칙에 맞춰서 의회입법자가 어떤 요건에서 어느 정도로 재산권에 개입될 수 있는지를 결정해야 하기 때문이다. 토지보상법이 공용개입에 관한 대표적인 법률이라 할 수 있는데, 이는 토지재산권의 문제이다. 그 밖에도 개별법이 재산권의 사회적 구속을 넘는 특별희생을 낳는 공권적 개입을 규정하고 있다(예: 방조제관리법 10조에 의한 긴급사태시의 응급조치, 행정조사기본법 12조의 시료채취, 감염병예방법에 따른 예방관리조치 등).

2. 공공필요와 비례원칙

A군수가. 골프장 및 리조트 건설을 목적으로 한 'CC클럽' 조성사업을 위하여 C를 지역균형개발법의 개발촉진지구에서 시행되는 지역개발사업의 시행자로 지정·고시하였고, 실시계획을 승인·고시함에 따라 C는 동법에 따라 토지수용절차를 밟고 있다. 이에 대해 주민 甲이 행정소송과 아울러 "행정기관이 개발촉진지구 지역개발사업으로 실시계획을 승인하고 이를 고시하기만 하면 골프장 사업과 같이 공익성이 낮은 사업에 대해서까지도 시행자인 민간개발자에게 수용권한을 부여하는 것이 위헌이다."라고 하여 관련 법규정의 위헌을 구하였다. 이 주장은 주효하는가? (헌재 2011헌바129, 172(병합))

(1) 공공필요의 의의

재산권에 대한 공권적 개입은 '공공필요'를 위하여 행해져야 한다.[171] 공용개입개념을 정하는 데는 공공필요란 목표지향성이 관건이 되는 반면에, 공용개입의 적법성(허용성)의 범주에서는 공용개입적 조치가 실제로 공공의 필요에 이바지하는지 여부가 심사되어야 한다. 공익사업에 중대한 공익상 필요가 분명하게 인정되어야 한다(대법원 2018두35490, 35506판결). 당연히 특정인에게 유리하도록 토지수용이 동원되어서는 아니 되거니와, 국가의 세수증대나 국고적 이익이나 '단순한' 공적 이익만으로도 충분하지 않다. 특별한 공공의 필요성(공익적 필요성)이 존재해야 한다. **공공필요는 공용개입의 근거이**

171) 여기서 '공공필요'와 '공공복리'의 비교가 필요하다. 공익사업의 범위가 확대되는 경향에 대응하여 재산권의 존속보장과의 조화를 위해서는, '공공필요'를 기본권 일반의 제한사유인 '공공복리'보다 좁게 보는 것이 타당하다(헌재 2011헌바129, 172(병합)).

자 한계이다. 공익상의 필요가 사후에 소멸한 때 원소유자의 의사에 따라 그 토지 등의 소유권을 회복시켜 주는 환매권제도는(토지보상법 91조 등) 존속보장 및 재산권보장에서 당연히 도출된다(헌재 92헌가15 등; 법원 역시 원소유자의사존중 및 공평원칙에 바탕을 둔다: 대법원 93다34701판결). 사업이 공공필요에 실제로 합당한지 여부를 법률적 공용개입에서는 입법자가, 행정적 공용개입에서는 행정기관이 검토해야 한다.

헌법재판소는 헌법 제23조 제3항상의 '공공필요'와 관련한 심사의 규준을 정립하였다. 즉, 그것의 의미를 "국민의 재산권을 그 의사에 반하여 강제적으로라도 취득해야 할 공익적 필요성"으로 해석하여, **'공공필요'의 개념을 '공익성'과 '필요성'이라는 요소로 구성하여 접근한다.** 이에 의하면, 공익성의 정도를 판단함에 있어서는 공용수용을 허용하고 있는 개별법의 입법목적, 사업내용, 사업이 입법목적에 이바지 하는 정도는 물론, 특히 그 사업이 대중을 상대로 하는 영업인 경우에는 그 사업 시설에 대한 대중의 이용·접근가능성도 아울러 고려해야 한다. 그리고 공익적 '필요성'이 인정되기 위해서는 공용수용을 통하여 달성하려는 공익과 그로 인하여 재산권을 침해당하는 사인의 이익 사이의 형량에서 사인의 재산권침해를 정당화할 정도의 공익의 우월성이 인정되어야 한다. 특히 사업시행자가 사인인 경우에는 공익의 우월성에 더해 사업시행으로 획득할 수 있는 공익이 현저히 해태되지 않도록 보장하는 제도적 규율도 갖추어져 있어야 한다(헌재 2011헌바129, 172(병합)).[172] 헌법재판소의 이런 접근은 후술하는 비례원칙의 적용의 모습이기도 하다.

⑵ 비례원칙의 적용

비례원칙의 요구는 일반적인 법치국가적 원칙 및 행정기본법(10조)으로부터 비롯된다. 따라서 비록 헌법 제23조 제3항이 명시적으로 비례원칙을 언급하지는 않았지만, **공용개입은 비례원칙에 부합해야 한다.** 존속보장의 차원에서도 당연히 그러하다. 헌법재판소와 법원의 판례 역시 공용수용은 헌법상의 재산권 보장의 요청상 불가피한 최소한에 그쳐야 한다는 것이 헌법 제23조의 근본취지임을 표방하였다.[173] 헌법재판소는 사인을 위한 공용개입이 문제된 사안에서 적극적으로 비례성 심사를 하였다(헌재 2007헌바114). 이에 따라 공용개입은 그것이 정당한 공용개입의 목적과 관련해서 적합하며, 필요하고, 상당한(협의의 비례적) 경우에만 허용된다.[174] 공용개입적 법률은 물론, 구체

172) 사안에서 헌재는 고급골프장 대중의 이용·접근가능성이 작아 공익성이 낮으며, 그 공익성 역시 주민의 기본권침해를 정당화할 정도로 우월하다고 볼 수 없다는 이유로 관련 법규정이 헌법에 합치하지 않는다고 판시하였다.

173) 헌재 2011헌바129, 172(병합): 재산권의 공권력적, 강제적 박탈을 의미하는 공용수용은 헌법상의 재산권 보장의 요청상 불가피한 최소한에 그쳐야 한다. 대법원 2009두1051판결: 공용수용은 헌법상의 재산권 보장의 요청상 불가피한 최소한에 그쳐야 한다는 헌법 제23조의 근본취지에 비추어 볼 때, ….

적인 공용개입적 조치 역시 이런 요청을 충족해야 한다. 따라서 수용권을 설정하는 사업인정 역시 공익성의 요청을 충족할 뿐만 아니라, 관련 이익의 비교·교량에서 비례의 원칙에 적합하도록 해야 한다(대법원 2009두1051판결). 따라서 공용개입의 목적이 덜 부담적인 다른 방법으로 달성될 수 있는, 가령 필요한 토지가 사법적 매매계약을 통해 취득될 수 있는 경우에는 공용수용의 방식을 취해서는 아니 된다. 그리고 가령 노외주차장을 설치하여 달성하려는 공익이 그로써 제한받는 다른 공익이나 침해받는 사익보다 우월한 경우에 한하여 수용권발동이 예정된 주차장설치계획이 정당하다(대법원 2018두35490, 35506판결).

3. 손실보상규정

분리이론에 따라 엄격한 의미의 공용개입개념을 취하는 이상, 공용개입이 인정되고 허용되기 위해서는 손실보상규정이 동반되어야 한다. 현재 이러한 손실보상의 근거법규정은 토지보상법(61조 이하)을 비롯한 다수의 개별법에 꽤 많이 존재한다.[175] **손실보상규정과 관련해서는 다음의 2가지 물음이 제기된다.** 먼저 공용개입의 경우에는 재산권에 대한 개입과 손실보상이 동일한 법률에 있어야 한다는 독일에서의 동시조항(부대·불가분조항)의 기조가 우리 법제에서도 통용될지 여부가 다투어진다. 그리고 어떤 기준에 의해서 보상규정의 필요성을 판단할 것인지가 다투어진다.

(1) 동시조항의 문제

동시조항의 요청은 하나의 법률에서의 공용개입과 손실보상간의 견련(연계)에 대한 요구이다. 동시조항은 보호기능, 경고기능 그리고 관할적 기능을 수행한다.[176] 헌법 제23

---

174) "공익사업에 수용되거나 사용되고 있는 토지 등은 특별히 필요한 경우가 아니면 다른 공익사업을 위하여 수용하거나 사용할 수 없다."는 토지보상법 제19조 제2항은 이 취지를 반영한 셈이다.

175) 방조제관리법 11조 ① 농림축산식품부장관 등은 제10조에 따른 행위로 인하여 손실을 입은 자에게 정당한 보상을 하여야 한다. 경찰관직무집행법 11조의2 ① 국가는 경찰관의 적법한 직무집행으로 인하여 다음 각 호의 어느 하나에 해당하는 손실을 입은 자에 대하여 정당한 보상을 하여야 한다. 1. 손실발생의 원인에 대하여 책임이 없는 자가 재산상의 손실을 입은 경우(손실발생의 원인에 대하여 책임이 없는 자가 경찰관의 직무집행에 자발적으로 협조하거나 물건을 제공하여 재산상의 손실을 입은 경우를 포함한다) 2. 손실발생의 원인에 대하여 책임이 있는 자가 자신의 책임에 상응하는 정도를 초과하는 재산상의 손실을 입은 경우. 감염병예방법 제70조 ① 보건복지부장관 등은 다음 각 호의 어느 하나에 해당하는 손실을 입은 자에게 … 그 손실을 보상하여야 한다. 1. … 감염병관리기관의 지정 또는 격리소 등의 설치·운영으로 발생한 손실, 1의2. … 감염병의심자 격리시설의 설치·운영으로 발생한 손실, 2. …, 5. ….

176) 손실보상을 공용개입의 요건으로 만들고 법률적으로 확고히 함으로써, 시민보호에 이바지한다(보호기능). 입법자로 하여금 그가 허용하거나 심지어 행한 개입이 공용개입적 성격을 지니고 재정에 의해 보상되어야 한다는 점을 의식하게 한다(경고기능). 끝으로 행정청과 특히 법원이 독자적으로 손실보상을 확정하는 것을 배제함으로써, 의회의 결정권한과 예산고권을 공고히 한다(관할적 기능).

조 제3항이 "공공필요에 의한 재산권의 수용·사용 또는 제한 및 그에 대한 보상은 법률로써 하되"라고 규정하고 있어서, 여기서의 보상은 수용 등에 연계되어 있다(不可分的 關係). 헌법 제23조 제3항은 동시조항(불가분조항)을 명시적으로 규정한 것이다(동지: 한수웅 896면). 반면 부정적인 입장은 우리 헌법 제23조 제3항이 보상부 재산권개입과 관련해서 독일과는 달리 공용수용은 물론, 공용사용과 공용제한까지 규정하고 있으며, 보상여부가 입법자의 형성에 맡겨져 있다는 점을 근거로 든다. 하지만 **분리이론적 관점에서 보면, 동시조항의 엄격한 적용은 당연하다.** 정책적 관점에서 보면, 공용개입으로 인해 특별희생이 생긴다고 인정할 경우 입법자로 하여금 그에 합당한 보상규정을 두도록 강제하기 위해서라도 동시조항의 요청을 엄격히 적용할 필요성이 있다.

이처럼 하나의 법률에서의 공용개입과 손실보상간의 견련(연계)에 대한 요구인 동시조항의 요청을 긍정하면, 손실보상규정이 공용개입의 법률에 없거나 정당보상의 원칙에 합치하지 않을 경우에, 그 공용개입적 법규정은 동시조항의 위반으로 위헌이고 무효가 된다. 행정청과 특히 법원은 동시조항의 요청에 부합하지 않는 법상황을 나름 '사후수정'시켜 헌법 제23조 제3항에 직접 의거하여 손실보상을 강구해서도 아니 된다.[177] 왜냐하면 일정한 조치가 공용개입적 성격을 갖는지 여부는 조치가 행해진 이후에 비로소 확인하는 것이 아니라, 처음부터 확인해야 하는 것이기 때문이다.

⑵ 손실보상필요성의 판단척도

재산권에 대한 개입의 효과가 재산권의 사회적 구속성에 따라 보상이 없더라도 용인이 될 정도를 넘어선 경우에 손실보상이 행해져야 한다. 종래 '사회적 제약을 넘어서는 손실'을 특별한 희생으로 이해하여 그것으로 손실보상의 필요성을 판단하였다.[178] 이런 특별희생론은 본래 독일 일반법원이 전개한 것이다. 보상이 필요한 특별희생과 보상이 필요 없는 사회적 제약간의 구분과 관련해서 다양한 기준이 제시된다. 처음에 주장된 개별행위이론(형식적 기준이론)은 재산권에 대한 개입이 특정인 또는 특정집단에게 가해짐으로써 일반인에게는 예기되지 않는 희생을 과한 셈이 되어 그것이 평등원칙에 위배되는지 여부에 초점을 맞추어 구분의 기준을 찾고자 하였다. 그런데 상대방

---

177) 동시조항의 요청이 인정되면, 공용개입이 인정될 것을 대비하여 미리 사전에 일반적인 보상규율을 담는 식으로 보상규정을 두는, 이른바 구제적(salvatorisch) 보상의 규정을 두는 것은 당연히 허용되지 않는다.

178) 일반공중의 통행에 공용되는 도로, 즉 공로가 되면 그 부지의 소유권행사가 제약을 받게 되는 것은 소유자가 수인하여야 하는 재산권의 사회적 제약에 해당하여, 그 소유자가 공로로 제공된 도로의 철거, 점유 이전 또는 통행금지를 청구하는 것은 법질서상 원칙적으로 허용될 수 없는 권리남용이다(대법원 2020다229239판결).

의 특정성 여부에 초점을 맞추는 셈인 형식적 기준이론이 지닌 취약점을 극복하기 위해, 문헌에서는 재산권개입의 실질적 영향에 초점을 맞추어 보호가치성, 수인한도성, 사적효용성, 목적위배성 및 중대성 등 실질적 기준을 설정하고자 한다(상론: 김남진, 기본문제, 458면 이하).

결국 **입법자는 이상의 형식적, 실질적 기준을 참고하여 보상규정을 마련할 것인지 여부를 판단할 것인데,** ―이른바 상황구속성이론에 따라― 공용개입의 대상이 놓여 있는 상황까지도 염두에 두어야 한다. 여기서의 기준은 비단 헌법 제23조 제3항상의 공용개입의 경우만이 아니라, 제1항상의 재산권의 내용·한계결정과 관련하여 보전부 내용·한계결정과 무(無)보전부 내용·한계결정으로 나누는 데도 동원될 수 있다.

한편 헌법재판소는 토지재산권과 관련해서, '예외적으로 종래의 용도대로도 토지를 사용할 수 없거나 아니면 사적으로 사용할 수 있는 가능성이 완전히 배제되는 것'을 판단척도로 삼는다(헌재 2009헌바328 등).[179] 그리하여 개발제한구역 지정으로 인하여 실질적으로 토지의 사용·수익의 길이 없는 경우에는 사회적 제약의 한계를 넘는 것이나, 개발가능성의 소멸과 그에 따른 지가의 하락이나 지가상승률의 상대적 감소는 사회적 제약의 범주에 속한다(헌재 89헌마214).

4. 사인을 위한 공용개입의 문제

> S 주식회사는 산업입지법에 의하여 해당지역에 대하여 '산업단지 지정승인 요청서'를 제출하였고, A도지사는 S를 사업시행자로 하여 해당지역을 '○○ 제2 일반지방산업단지'로 지정승인한 후, 고시하였고, 이에 따라 S는 동법에 따라 토지수용절차를 밟고 있다. 이에 대해 주민 甲이 산업단지개발의 명목으로 민간기업에게 수용권을 부여하고 있는 해당 법률조항은 위헌이라고 주장하는데, 이 주장은 주효하는가? (헌재 2007헌바114)

공용개입은 사기업과 같은 사적 권리주체에 유리하게도 행해질 수 있다. 결정적인 잣대는 수익을 얻는 자의 신분(행정주체이냐 사기업체이냐)이 아니라, 공용개입으로 추구하는 목표(공용개입의 목적)이다. 따라서 **공공의 필요를 위해 공용개입이 요구될 경우에는, 비록 특정 사기업체에 유리한 결과가 유발되더라도 그 자체는 허용된다. 다만 좀 더 구분된 접근이 강구되어야 한다.** 가령 공공의 필요성을 근거지우는 효용이 전기공급과

179) 동지: 대법원 2018두40744판결: 공익목적을 위한 토지이용·개발의 제한은, 그로 인해 토지를 종래의 목적으로 사용할 수 없거나 더 이상 법적으로 허용된 토지이용방법이 없기 때문에 실질적으로 토지의 사용·수익이 불가능한 경우가 아닌 한, 원칙적으로 토지소유자가 수인해야 하는 재산권 행사의 사회적 제약에 해당한다.

같은 공적 서비스를 제공하는 기업체활동으로부터 직접적으로 비롯되는 것인 경우에는, 비록 결과적으로 사기업인 에너지공급회사에게 유리하더라도 큰 어려움 없이 공용개입은 허용될 수 있다.[180] 그러나 −가령 지역경제의 활성화나 고용증대와 같은 공익을 위하기도 하지만 우선적으로는 사기업 자체의 이익을 추구하는 기업의 공장설비의 확장과 같이− 공공의 필요성을 근거지우는 효용이 사기업활동의 간접적 결과에 불과한 경우에는 공용개입을 수권한 법률이 고양된 요청에 합치되어야 한다.[181]

수용권(收用權)을 행사할 수 있는 산업입지법상의 사업시행자로 공익사업을 표방하지 않는 민간기업도 될 수 있게 한 것이 다투어졌다. 쟁점은 공익사업을 표방하지 않는 민간이 공무위탁의 메커니즘을 취하지 않으면서 수용권의 주체가 될 수 있는지 여부였다. 헌법재판소의 다수의견은 "민간기업을 수용의 주체로 규정한 자체를 두고 위헌이라고 할 수 없으며, 나아가 이 사건 수용조항을 통해 민간기업에게 사업시행에 필요한 토지를 수용할 수 있도록 규정할 필요가 있다는 입법자의 인식에도 합리적인 이유가 있다"고 판시하였다(헌재 2007헌바114). 그렇지만 반대의견은 −독일 연방헌법재판소와 비슷한 견지에서− 사인에 의한 수용이 정당화되기 위해서는 (국가에 의한 수용의 경우보다) 당해 수용의 공공필요성을 보장하고 수용을 통한 이익을 공공적으로 귀속시킬 수 있는 더욱 심화된 입법적 조치가 수반되어야 한다고 지적하였다.

사인에 대하여 수용권을 부여하는 개별 법률이 증가하는 현실에서 관건은 공공적 사용수용(私用收用)의 정당성을 담보하는 요건을 어떻게 설정하느냐이다.[182] 특히 공익적 필요성과 관련해서 공익의 우월성에 더해, 사업시행으로 획득할 수 있는 공익이 현저히 해태되지 않도록 보장하는 제도적 규율도 갖추어져 있어야 한다(헌재 2011헌바129, 172(병합)).[183]

180) Vgl. BVerfGE 66, 248(257f.); BVerwGE 116, 365(371f.).

181) 독일에서 문제가 된 벤츠의 자동차주행시험장이 문제가 된 Boxberg사건에서 독일연방헌법재판소는 그들 연방건설법전이 일자리제공과 지역경제향상을 목적으로 한 공용개입은 허용하지 않는다고 전제하면서, 관련 법률이 ⅰ) 간접적으로만 구현된 공용개입의 목적을 자세히 기술해야 하고, ⅱ) 기본적인 공용개입의 요건과 절차를 확정해야 하고, ⅲ) 추구되는 공공복리의 지속적인 보장을 위한 충분한 사전대비를 해야 한다고 판시하였다(BVerfGE 74, 264, 285f.).

182) 일찍이 GM의 CEO이었던 찰리 윌슨은 "미국에 좋은 것은 GM에게도 좋고, GM에 좋은 것은 미국과 미국민에게도 좋다."고 하였다.

183) 헌재 2007헌바114에서 요구되지 않은 추가적 요청이 헌재 2011헌바129, 172(병합)에 의해 요구된 것인데, 헌재 2007헌바114에서의 반대의견이 다소간 반영된 것으로 볼 수 있다.

Ⅶ. 공용개입(공용침해)의 절차

1. 출발점으로서의 사업인정

(1) 의의 및 성질

토지보상법에 따른 '수용에 의한 취득 · 사용'의 절차를 살펴본다. 먼저 사업시행자가 토지 등을 수용하거나 사용하려면 국토교통부장관의 사업인정을 받아야 한다(20조 1항). **공용개입결정인 사업인정은 토지보상법상에 따른 공용개입(수용 등)절차의 출발점이다.**

사업인정의 법적 성격을 둘러싸고 다툼이 있다. 그 자체로 수용 · 사용권을 성립(형성)시키는지, 아니면 형성효를 부여하지 않고 공익사업의 확인에 불과한지 여부가 다투어진다. 사업인정을 받음으로써 수용할 목적물의 범위가 확정되고, 사업시행자가 목적물에 관한 현재 및 장래의 권리자에게 대항할 수 있는 일종의 공법상의 권리로서의 효력을 발생시킨다. 그리하여 다수 문헌과 판례의 입장은 사업인정을 (그 후 일정한 절차(수용재결절차)를 거칠 것을 조건으로 하여) 수용권을 설정하여 주는 형성행위로, 즉 조건부 설권적 처분(일종의 특허)으로 본다(대법원 87누395판결).[184] 물론 수용의 직접적 효과는 －후술할－ 협의나 재결의 절차를 통해 발생한다.

설권적 처분으로서의 성질을 갖는 한, 사업인정은 재량행위에 해당한다. 그리하여 사업인정이 사유재산권에 대해 심각한 영향을 미친다는 점에서, 판례(대법원 2009두1051판결)는 사업인정을 결정함에 있어서 인정기관은 －계획형성의 자유에서의 형량명령처럼－ 사업인정에 관련된 자들의 이익을 공익과 사익 사이에서는 물론, 공익 상호간 및 사익 상호간에도 정당하게 비교교량해야 하고, 그 비교 · 교량은 비례의 원칙에 적합하도록 해야 한다고 강조하였다.

그런데 **실제로 사업인정(고시)의 독자적 의의는 크지 않다.** 왜냐하면 개별법에서 보상비용을 줄이기 위해 실시계획인가(승인)(예: 국토계획법 95조), 사업시행인가(예: 도시정비법 40조) 또는 산업단지 지정 · 고시(산업입지법 22조)에 의해 사업인정이 의제되기 때문이다.

---

184) 반론: 수용권이 궁극적으로 수용재결에 의해 성립한다는 점에서 사업인정을 조건부이긴 해도 설권처분으로 접근하기보다는 해당 사업의 공공필요성 여부에 관한 확인적 행위로 접근할 필요가 있다(김해룡, 법률신문 2016.1.7.).

(2) 요건과 절차

관련 규정에서 직접 요건을 규정하지 않지만, 전체 체제에서 먼저 해당사업이 토지보상법상의 공익사업에 해당할 뿐만 아니라, 실질적으로도 공공필요성을 충족해야 한다. 그리고 사업시행자에게 해당 공익사업을 수행할 의사와 능력이 있어야 한다는 것도 사업인정의 한 요건이다(대법원 2009두1051판결).[185]

국토교통부장관은 관계 중앙행정기관의 장 및 특별시장·광역시장·도지사·특별자치도지사와 협의하여야 하며, 대통령령으로 정하는 바에 따라 미리 중앙토지수용위원회 및 사업인정에 이해관계가 있는 자의 의견을 들어야 한다(20조 1항). 그리고 사업인정을 하였을 때에는 지체 없이 그 뜻을 사업시행자, 토지소유자 및 관계인, 관계 시·도지사에게 통지하고 사업시행자의 성명이나 명칭, 사업의 종류, 사업지역 및 수용하거나 사용할 토지의 세목을 관보에 고시하여야 하고(22조 1항) 사업인정은 고시한 날부터 효력을 발생한다(22조 3항).[186] 사업인정을 받은 사업시행자는 토지조서 및 물건조서의 작성, 보상계획의 공고·통지 및 열람, 보상액의 산정과 토지소유자 및 관계인과의 협의 절차를 거쳐야 한다(26조 1항).

(3) 효과 및 후속절차

사업인정의 주된 효과는 고시로써 수용할 목적물의 범위가 확정된다. 그리고 다음과 같은 부수적 효과를 발생시킨다. 지상권 등을 가져서 손실보상을 요구할 수 있는 '관계인'의 범위(2조 5호 단서)를 정한다. 사업인정고시가 된 후에는 누구든지 고시된 토지에 대하여 사업에 지장을 줄 우려가 있는 형질의 변경이나 일정한 물건을[187] 손괴하거나 수거하는 행위를 하지 못한다. 사업인정고시가 된 후에 고시된 토지에 건축물의 건축·대수선, 공작물(工作物)의 설치 또는 물건의 부가(附加)·증치(增置)를 하려는 자는 특별자치도지사, 시장·군수 또는 구청장의 허가를 받아야 한다. 이 경우 특별자치도지사, 시장·군수 또는 구청장은 미리 사업시행자의 의견을 들어야 한다(25조 1항, 2항). 사업인정의 고시가 된 후에는 사업시행자 또는 의뢰받은 감정평가업자는 사업의 준비나 토지조서 및 물건조서를 작성하기 위하여 또는 의뢰받은 토지등의 감정평가를 위하여 필요한 경우에는 해당 토지나 물건에 출입하여 측량하거나 조사할 수 있다(27조 1항).

---

185) 대법원 2017두71031판결에 의하면, 국가지정문화재에 대하여 관리단체로 지정된 지방자치단체의 장이 문화재보호법 제83조 제1항 및 토지보상법에 따라 국가지정문화재나 그 보호구역에 있는 토지 등을 수용할 수 있다. 그러나 국가지정문화재인 사적에 대해 지방자치단체의 장이 사업인정을 통해 사업시행자가 된다는 것은 공물법의 원리 및 그 체계에 정면으로 반한다. 상론: 김중권, 안암법학 제60호(2020.5.30.), 96면 이하.

186) 여기서 고시는 독자적 의미를 갖지 못하고, 사업인정(결정)의 존재요건이자 성립요건이다.

187) 토지와 함께 공익사업을 위하여 필요한 입목(立木), 건물, 그 밖에 토지에 정착된 물건 및 이에 관한 소유권 외의 권리, 토지에 속한 흙·돌·모래 또는 자갈에 관한 권리(제3조 2호, 4호).

(4) 실 효

사업인정은 토지소유자 등의 재산권행사를 심대하게 제한한다. 법률은 존속보장의 차원에서 재산권제한의 상황을 종식시키기 위해 재결신청의 해태와 사업의 폐지·변경의 경우에 사업인정의 실효를 규정하고 있다. 먼저 사업시행자가 사업인정고시가 된 날부터 1년 이내에 토지수용위원회에 재결신청을 하지 아니한 경우에는 사업인정고시가 된 날부터 1년이 되는 날의 다음 날에 사업인정은 그 효력을 상실하고, 이 경우 사업시행자는 사업인정이 실효됨으로 인하여 토지소유자나 관계인이 입은 손실을 보상하여야 한다(23조 1항, 2항). 그리고 사업인정고시가 된 후 사업의 전부 또는 일부를 폐지하거나 변경함으로 인하여 토지등의 전부 또는 일부를 수용하거나 사용할 필요가 없게 되었을 때에는 사업시행자는 지체 없이 사업지역을 관할하는 시·도지사에게 신고하고, 토지소유자 및 관계인에게 이를 통지하여야 한다(24조 1항). 시·도지사는 이 신고를 받으면 사업의 전부 또는 일부가 폐지되거나 변경된 내용을 관보에 고시하여야 하며, 신고가 없는 경우에도 사업시행자가 사업의 전부 또는 일부를 폐지하거나 변경함으로 인하여 토지를 수용하거나 사용할 필요가 없게 된 것을 알았을 때에는 미리 사업시행자의 의견을 듣고 고시하여야 한다(24조 2항, 3항). 고시가 된 날부터 그 고시된 내용에 따라 사업인정의 전부 또는 일부는 그 효력을 상실하며, 사업시행자는 그로 인하여 토지소유자 또는 관계인이 입은 손실을 보상하여야 한다(24조 5항, 6항).

2. 협의에 의한 절차

(1) 종 류

협의에 의한 절차는 사업인정 전에 행하는 것과 사업인정에 따른 후속으로 행하는 것으로 나뉜다. 먼저 전자의 경우에 사업시행자는 공익사업의 수행을 위하여 법 제20조에 따른 사업인정 전에 협의에 의한 토지등의 취득 또는 사용이 필요할 때에는 토지조서와 물건조서의 작성 및 보상계획의 열람 등 일정한 절차를 밟고서, 보상에 관하여 토지소유자 및 관계인과 성실하게 협의를 한 다음에, 이들과 계약을 체결하여야 한다(14조부터 17조). 그리고 후자의 경우에 사업인정을 받은 다음에 토지수용위원회에 재결을 신청하기 전에 사업시행자는 대상토지의 취득과 사용에 관해서 사업인정전의 '협의에 의한 취득·사용'의 절차를 준용하여 토지소유자 및 관계인과 협의절차에 들어가야 한다(26조). **협의절차이행은 의무적이고, 여기서의** (본래의) **협의취득은 사법상의 매매계약의 실질을 가지며,** -수용재결이 원시취득인 것과는 달리- **승계취득에 해당한다.**

(2) 간이한 절차에 의한 협의취득

사업시행자와 토지소유자 및 관계인 간에 협의가 성립되었을 때에는 사업시행자는 사업인정고시가 된 날부터 1년 이내에 해당 토지소유자[188] 및 관계인의 동의를 받아 대통령령으로 정하는 바에 따라 관할 토지수용위원회에 협의성립의 확인을 신청할 수 있다(29조 1항). 사업시행자가 협의가 성립된 토지의 소재지·지번·지목 및 면적 등 대통령령으로 정하는 사항에 대하여 「공증인법」에 따른 공증을 받아 제1항에 따른 협의성립의 확인을 신청하였을 때에는 관할 토지수용위원회가 이를 수리함으로써 협의성립이 확인된 것으로 본다(3항).

이 확인은 토지수용위원회의 재결로 보며, 사업시행자, 토지소유자 및 관계인은 확인된 협의의 성립이나 내용을 다툴 수 없다(4항).[189] 간이한 절차에 의한 협의취득은 이중의 의제과정을 거친다(수리를 통한 협의성립의 확인 의제 및 확인의 재결의제). **이 협의취득은** —이상의 본래의 협의취득과는 달리— **확인대상 토지를 수용재결의 경우와 동일하게 원시취득하는 셈이 된다**(대법원 2016두51719판결).

3. 토지수용위원회의 재결에 의한 절차

(1) 관련 규정

만약 보상액의 산정 등에서 협의가 성립되지 아니하거나 협의를 할 수 없을 때에는 사업시행자는 사업인정고시가 된 날부터 1년 이내에 관할 토지수용위원회에 재결을 신청할 수 있다(28조). 그런데 사업인정고시가 된 후 협의가 성립되지 아니하였을 때 토지소유자와 관계인은 사업시행자에게 서면으로 재결을 신청할 것을 청구할 수 있으며, 이 경우 사업시행자는 그 청구를 받은 날부터 60일 이내에 관할 토지수용위원회에 재결을 신청해야 한다(30조 1항, 2항).

'협의가 성립되지 아니한 때'에는 토지소유자 등이 손실보상대상에 해당한다고 주장하며 보상을 요구하는데도 사업시행자가 손실보상대상에 해당하지 않는다며 보상대상에서 이를 제외한 채 협의를 하지 않아 결국 협의가 성립하지 않은 경우도 포함한다(대법원 2011두2309판결). 재결신청권이 사업시행자에게만 인정되므로, 토지소유자 등의 이익을 보호하고 수용 당사자 간의 공평을 기하기 위해 재결신청청구권이 인정되는데(대법원 98두18381판결). 재결신청의 청구에 따른 재결신청은 기속행위이다. 따라서 토지소유자 등의

188) 여기서의 토지소유자는 협의 대상이 되는 '토지의 진정한 소유자'를 의미하고, 단순히 등기부상 소유명의자는 해당하지 않는다(대법원 2016두51719판결).

189) 따라서 손실보상금에 관한 당사자 간의 합의내용이 토지보상법에서 정하는 손실보상 기준에 맞지 않더라도 그 기준에 따른 손실보상금청구를 추가로 할 수 없다(대법원 2012다3517판결).

재결신청청구에 대해 사업시행자가 손실보상대상에 해당하지 않아 재결신청대상이 아니라는 이유로 수용재결의 신청을 거부하면 그것은 위법이다(대법원 2011두2309판결).[190)]

이상의 신청에 대해 관할 토지수용위회원회는 서면으로 일정의 사항에[191)] 관해 재결한다(34조 1항).[192)] 재결을 함에 있어서 토지수용위원회는 사업시행자, 토지소유자 또는 관계인이 신청한 범위에서 재결하여야 한다. 다만, 손실보상의 경우(보상재결부분)에는 증액재결(增額裁決)을 할 수 있다(50조 2항). 재결이 있으면, 수용절차는 종료하고 보상금의 지급 또는 공탁을 조건으로 수용개시일에 사업시행자는 토지나 물건에 대한 소유권이나 사용권을 원시취득하고(40조, 45조),[193)] 사업시행자가 수용 또는 사용의 개시일까지 관할 토지수용위원회가 재결한 보상금을 지급·공탁하지 아니하였을 때에는 해당 토지수용위원회의 재결은 효력을 상실한다(42조 1항).

토지수용위원회의 재결은 소유권을 사업시행자에게 귀속시키는 행정행위로서의 성격을 갖는다. 준사법적 행위이자 확인적 행위인 행정심판재결과는 다른 창설적, 독립된 행정행위에 해당한다. 이 재결은 수용재결부분과 보상재결부분으로 구성되어 있어, 법적으로 분리하여 취급할 수 있고, 보상금액만을 별도로 다툴 수 있다.

⑵ 사업인정과 수용재결과의 관계

A 도지사가 산업입지법에 따라 B국가산업단지개발계획변경을 고시하면서 주요기반시설 중의 하나인 체육시설로서 B시 두대동에 골프연습장을 설치하는 내용을 추가하였고, 乙을 골프연습장 조성사업의 시행자로 지정하면서 사업실시계획에 대한 승인을 하여 고시하였다. 그이 따라 乙은 골프연습장 조성사업을 시행하기 위하여 사업구역 내에 있는 甲소유의 토지에 관하여 중앙토지수용위원회에게 수용재결을 신청하였고, 이 토지에 대하여 수용재결이 내려졌다. 이에 대해 甲은 이 토지를 제외하더라도 인접한 乙 소유의 토지만으로 충분히 골프연습장을 설치할 수 있었던 점, 이 토지는 본래 공익목적인 학교교육용에 제공될 토지로서 그 공익적 용도가 골프연습장조성 용도보다 우선되어야 하는 점, 乙 소유의 인근 토지는 경매절차에 의하여 타인에게 매각되었고 그 지상건물은 불법건물로서 철거되어야 할 처지이므로 수용재결이 있더라도 골프연습장 조성사업은 사실상 실현 불가능한 점 등을 들어 수용재결이 토지수용권의 남용으로 위법하다고 주장하였다. 이 주장은 주효하는가? (대법원 2009두1051판결)

---

190) 물론 수용절차를 개시한 바 없다면 당연히 재결신청청구권이 인정되지 않아 응하지 않더라도 거부처분에 해당하지 않는다(대법원 2012두22966판결).

191) 1. 수용하거나 사용할 토지의 구역 및 사용방법, 2. 손실보상, 3. 수용 또는 사용의 개시일과 기간, 4. 그 밖에 이 법 및 다른 법률에서 규정한 사항(제50조 ①)

192) 국유림법상 절차를 거칠 필요 없이 토지보상법에 의한 사용재결로도 요존국유림이나 불요존국유림의 소유권이나 사용권을 취득하는 것은 허용되지 아니한다(대법원 2018두51904판결).

193) 따라서 토지소유자 등은 수용 또는 사용의 개시일까지 그 토지나 물건을 사업시행자에게 인도하거나 이전하여야 한다(토지보상법 제43조).

토지보상법은 수용·사용의 일차 단계인 사업인정 부분은 사업의 공익성 판단으로 사업인정기관에 일임하고, 그 이후의 구체적인 수용·사용의 결정(수용재결)은 토지수용위원회에 맡기고 있다(토지수용절차의 2분화). 여기서 공용개입결정으로서의 사업인정과 수용재결의 관계가 문제되는데, 수용재결에 의해 비로소 수용의 효과인 소유권이전 등이 성립한다는 점에서(45조 1항), 수용재결은 조건부 설권적 처분인 사업인정의 내용과 효과를 구체적으로 실현시키는 실행(시행, 실시)처분으로서의 의미를 갖는다. 종전의 권리상황을 새로운 권리상황으로 대체시킨다. 수용재결을 통해 사업시행자는 소유권 및 사용권을 취득하여 소유권이전등기를 위한 등기청구권을 갖는다.

토지수용절차의 2분화로 인해 수용재결의 허용성은 사업인정이 존중되면서도 그와 별도로 다루어져야 한다. 이런 2분화는 양자가 독립된 것임을 전제로 하므로, **사업인정(결정)과 수용재결 사이에는 하자승계가 부인된다**(대법원 87누395판결; 91누4324판결).[194] 다만 수용재결에 대한 사업인정의 강한 구속효가 인정된다. 즉, 토지수용위원회는 행정쟁송에 의하여 사업인정이 취소되지 않는 한 그 기능상 사업인정 자체를 무의미하게 하는, 즉 사업시행이 불가능하게 되는 것과 같은 재결을 할 수는 없다(대법원 93누19375판결). 한편 판례는 사업인정과 수용재결과의 관계에서 사업인정의 무효를 그대로 수용재결에 대입한다.[195] 하자승계를 부인하면서도 이처럼 바로 무효로 접근하는 것은 너무 단선적이다(본서 331면, 369면).

⑶ 사업인정 이후 사정의 변화에도 불구하고 내려진 수용재결의 문제

토지수용절차의 2분화로 인해 사업인정에 관한 사법판단의 기조가 수용재결의 단계에서 어떻게 작용하는지의 물음이 제기된다. **수용재결이 사업인정의 실행처분에 해당하는 이상, 사업인정상의 기조(형량명령적 요구와 주체상의 요구)는 수용재결의 단계에서도 그대로 통용되어야 한다.** 재산권보장에서 존속보장의 원칙을 견지하는 이상, 수용재결의 허용성은 더욱 엄격하게 접근할 필요가 있다. 한편 판례는 사업인정의 요건충족이 사업인정 이후에 문제되는 상황을 수용권 남용의 차원에서 접근한다.[196]

---

194) 사업인정을 의제시키는 실시계획인가 역시 당연히 수용재결에 대해 하자승계가 부인된다(대법원 90누9971판결).

195) 대법원 2011두3746판결은 도시계획시설사업 실시계획인가의 무효를 수용재결에, 대법원 2016두35120판결은 사업시행자지정처분의 무효를 실시계획인가처분에 대입시키고, 대법원 2016두35144판결은 사업시행자지정처분이 무효이면 실시계획인가처분도 무효이고, 실시계획인가처분이 무효이므로 그에 터 잡은 수용재결도 무효가 된다고 판시하였다.

196) 대법원 2009두1051판결: 공용수용은 헌법상의 재산권 보장의 요청상 불가피한 최소한에 그쳐야 한다는 헌법 제23조의 근본취지에 비추어 볼 때, 사업시행자가 사업인정을 받은 후 그 사업이 공용수용을 할 만한 공익성을 상실하거나 사업인정에 관련된 자들의 이익이 현저히 비례의 원칙에 어긋나게 된 경우 또는 사업시행자가 해당 공익사업을 수행할 의사나 능력을 상실하였음에도 여전히 그 사

그런데 수용재결이 사업인정의 실행처분에 불과하고, 이상의 대법원 93누19375판결의 취지를 감안할 때, 설령 수용재결의 단계에서 사업인정 요건상의 문제가 있더라도 사업인정결정이 유효하게 존재하는 이상, 수용재결을 신청하여 그 수용재결을 받은 것이 과연 수용권의 남용으로 볼 수 있는지 의문이 제기될 수 있다. 문제되는 것이 대법원 93누19375판결의 취지 및 행정행위의 구성요건적 효력과의 마찰이다. 수용재결의 성격과 토지수용절차의 2분화에 비추어 대법원 2009두1051판결의 접근은 대법원 93누19375판결의 취지 및 행정행위의 구성요건적 효력에 저촉되지 않는다.

Ⅷ. 손실보상

1. 손실보상의 기준

(1) 기준을 둘러싼 다른 기조: 완전보상설 vs. 상당보상설

보상기준을 두고서 완전보상설과 상당보상설이 대비하여 논의되고 있다. 완전보상설(完全補償說)에 의하면, 손실보상은 공용개입의 대상이 된 재산이 가지는 완전한 가치를 보상해야 한다. 나아가 대상재산이 갖는 객관적 시장가치만을 고려하는 입장과 그것과 함께 부대적 손실(영업손실 · 이전비용 등)을 포함시키는 입장으로 세분될 수 있다. 완전보상의 관념은 미국헌법 수정 제5조의 정당한 보상(just compensation) 조항의 해석을 중심으로, 주로 미국에서 발전되어 왔다.

한편 상당보상설(相當補償說)에 의하면, 손실보상은 재산권의 사회적 구속성과 공용개입의 공공성에 비추어 사회국가원리에 따른 적정한 보상이면 족하다. 여기서도 하회가능성을 인정하는 입장과 상회나 하회, 양자의 가능성을 인정하는 입장으로 세분될 수 있다. 상당보상의 관념은 재산권의 사회적 구속성을 규정한 바이마르헌법 제153조에서 유래하며, 공익과 관계자의 이익을 정당하게 형량할 것을 원칙으로 규정한 독일 기본법 제14조 제3항 역시 이를 계승하고 있다.

(2) 정당보상의 원칙의 의의 및 검토

공용침해 및 보상은 법률로써 하되, 정당한 보상을 지급하여야 한다(헌법 23조 3항). 일반적

업인정에 기하여 수용권을 행사하는 것은 수용권의 공익목적에 반하는 수용권의 남용에 해당하여 허용되지 않는다.

으로 **여기서의 정당한 보상은 원칙적으로 '피수용재산의 객관적인 재산가치'를 완전하게 보상해야 한다는 '완전보상'을 뜻한다**(헌재 89헌마107; 대법원 2000두2426판결). 따라서 문화적, 학술적 가치는 특별한 사정이 없는 한 손실보상의 대상이 될 수 없다(대법원 88누11216판결).

여기서의 정당한 보상 및 완전보상을 미국식의 완전보상으로 등치(等値)할 수 있는지는 검토가 필요하다. 본래 완전보상이란 대물보상을 의미하는데, 우리 보상법제는 광범하게 부대적 손실을 포함한 생활보상적 장치를 두고 있다.[197] 그리고 사회적 법치국가원리 및 재산권의 사회적 구속이라는 대전제에서 보면, 전적으로 완전한 가치보전만을 전제하여 보상을 접근하는 것은 문제가 있다. 사회적 구속의 정도를 보상에서 공제할 필요가 있다.[198]

보상의 원칙은 완전보상이다. 하지만 이는 원칙이어서, 이례적 상황의 경우에는 '대상재산의 객관적인 재산가치'보다 하회할 수 있다. 따라서 그런 하회의 상황을 곧바로 위헌으로 논증하는 것은 곤란하다.

(3) 개발이익배제의 원칙

(가) 개발이익배제의 원칙과 정당보상의 원칙의 관계

공익사업의 시행으로 개발이익의 발생은 당연하다. 사업인정에서 재결까지의 기간이 경과하면서 개발이익 역시 점증한다. 부당이득적 성격인 개발이익까지 손실보상에 포함하는 것은 공평의 관점에서도 문제가 된다. 자신의 노력과는 전혀 무관한 개발이익은 완전보상의 범주에 들어가는 피수용토지의 객관적 가치 내지 피수용자의 손실에 해당하지 않는다(헌재 89헌마107). 따라서 **개발이익을 배제하는 것은 정당보상의 원칙에 반하지 않거니와, 공시지가제를 통한 개발이익의 배제 역시 헌법에 반하지 않는다**(헌재 98헌마13 등).

(나) 토지보상법상의 구체적 내용

토지보상법은 보상액의 산정은 협의에 의한 경우에는 협의 성립 당시의 가격을, 재결에 의한 경우에는 수용 또는 사용의 재결 당시의 가격을 기준으로 한다고 규정하여(67조 1항), 완전보상의 원칙을 표방하면서도 개발이익의 배제 역시 천명한다. 즉, 보상액을 산정할 경우에 해당 공익사업으로 인하여 토지등의 가격이 변동되었을 때에는 이

---

197) 따라서 완전보상설과 상당보상설을 단선적으로 대립되게 접근하면서 정당보상의 원칙을 논의하는 것은 바람직하지 않다.
198) 독일 연방헌법재판소 역시 이 점을 확인하였다(BVerfG, NVwZ 2010, 512(514f.).

를 고려하지 아니한다(동조 2항). 한편 배제되는 개발이익의 범주와 관련해서 해당 공익사업과는 관계없는 다른 사업의 시행으로 인한 개발이익은 당연히 보상대상에 포함시켜야 하고, (무관한) 그 개발이익이 해당 공익사업의 사업인정고시일 후에 발생한 경우에도 마찬가지이다(대법원 2013두21182판결).

토지보상법은 개발이익배제의 수단으로 공시지가를 기준으로 한 보상시스템을 채택하였다. 즉, 토지의 경우 부동산공시법에 따른 공시지가를 기준으로 하여 보상한다(70조 1항). 그리고 효과적인 개발이익배제를 위해 공시지가 기준일을 세분화하였다.[199]

⑷ 생활보상의 문제

서울특별시장과 SH공사는 2002.11.20. 강북뉴타운 개발사업의 이주대책 기준일을 그 날로 하여 공고하였다. 그 후 2004.10.19.에 SH공사는 생활근거 등을 상실하는 주민들을 위한 주거대책 및 생활대책으로 '은평뉴타운 도시개발구역 이주대책'을 공고하였다. 화훼영업자를 위한 생활대책은 다음과 같다: 기준일 3개월 이전부터 사업구역내에서 관계법령에 의한 허가·등록·신고 및 사업자등록을 하고 협의계약 체결일까지 계속 영업을 하여 영업손실보상을 받고 보상에 협의하여 자진 이주한 화훼영업자에게는 사업구역내 화훼용지 82㎡ 이하 지분을 공급하되, 사업자등록 미필 영업자는 영업손실 보상자의 생활대책기준(이 사업구역내 분양상가 또는 상가용지(준주거) 16.5m^2 이하의 지분 공급)에 의한다. 이에 동생의 명의를 빌려 화훼도매업을 영위하여 온 甲이 화훼용지 82m^2 이하 지분의 공급을 신청하였는데, SH공사는 요건미비를 이유로 거부하고, 대신 상가용지 16.5m^2 이하를 공급받을 수 있는 대상자 중 공급순위 3순위 적격자로 선정되었음을 통보하였다. SH공사의 이 조치에 대해 甲은 항고소송을 통해 다툴 수 있는가? (대법원 2008두17905판결)

(가) 생활보상의 의의

재산 또는 재산권의 참다운 가치는 그것이 인격발현의 수단과 장소라는 점에 있다. **생활보상이란 본래의 취지에 있어 관련자들에 대하여 종전의 생활상태를 원상으로 회복시키면서 동시에 인간다운 생활을 보장하여 주기 위한 것이다.** 기왕의 보상논의는 개

199) 제70조 ③ 사업인정 전 협의에 의한 취득의 경우에 제1항에 따른 공시지가는 해당 토지의 가격시점 당시 공시된 공시지가 중 가격시점과 가장 가까운 시점에 공시된 공시지가로 한다. ④ 사업인정 후의 취득의 경우에 제1항에 따른 공시지가는 사업인정고시일 전의 시점을 공시기준일로 하는 공시지가로서, 해당 토지에 관한 협의의 성립 또는 재결 당시 공시된 공시지가 중 그 사업인정고시일과 가장 가까운 시점에 공시된 공시지가로 한다. ⑤ 제3항 및 제4항에도 불구하고 공익사업의 계획 또는 시행이 공고되거나 고시됨으로 인하여 취득하여야 할 토지의 가격이 변동되었다고 인정되는 경우에는 제1항에 따른 공시지가는 해당 공고일 또는 고시일 전의 시점을 공시기준일로 하는 공시지가로서 그 토지의 가격시점 당시 공시된 공시지가 중 그 공익사업의 공고일 또는 고시일과 가장 가까운 시점에 공시된 공시지가로 한다.

입대상인 재산권을 중심으로 그것의 시장가격에 바탕을 두고 있다.[200] 생활보상은 이런 내재적 한계를 극복하기 위한 모색이다. 그렇지만 생활보상을 둘러싸고 그것의 개념과 내용은 물론 심지어 근거까지도 어느 하나 의견이 모아지지 않는다. 행정법의 대표적인 미로상황(迷路狀況)이다.[201] 여기서는 여러 쟁점을 상론하기보다는 간략히 소개하는 데 그치고자 한다.

(나) 생활보상의 헌법적 근거

비단 재산권적 차원에 국한하지 않더라도, 존속보장적 기조는 당연히 공용개입이전의 원래의 생활관계에 초점을 맞춘다. 이 점에서 생활보상의 헌법적 근거로 "모든 국민은 인간다운 생활을 할 권리를 가진다."는 헌법 제34조 제1항을 별 의문 없이 들 수 있다. 한편 다수의 문헌은 추가로 헌법 제23조 제3항을 근거로 본다. 그런데 비록 헌법 제23조 제3항이 정당보상의 원칙을 표방하지만 기본적으로 재산의 객관적 시장가치에서 출발한다는 점에서 생활보상의 근거로 삼기에는 한계가 있다. **일찍이 헌법재판소는 이주대책이 헌법 제23조 제3항의 정당보상의 범주에 들어가지 않는 시혜적인 조치에 불과하다고 판시하였다**(헌재 92헌마30: 2004헌마19).

(다) 생활보상의 범주

이 문제는 보상범위를 정함에 있어 공용개입대상재산이 갖는 객관적 시장가치만을 고려하는 입장과 그것과 함께 부대적 손실(영업손실 · 이전비용 등)을 포함하는 입장에 따라 달라진다. 전자의 경우에는 대상재산의 객관적 시장가치를 넘어서는 모든 것이 생활보상의 대상이 될 수 있지만, 후자의 경우에는 대상재산과 관련한 재산적 손실에 해당하지 않는 것이 생활보상이 된다. **생활보상은 정당보상의 범주에 들어가지 않는다.** 대법원 역시 헌법재판소와 마찬가지로 이주대책이 생활보상의 일환으로 국가의 적극적이고 정책적인 배려에 의하여 마련된 제도라고 판시하였다(대법원 92다35783전합판결: 2001다57778판결).

이주대책과는 별도로 생활대책에 관해 특별히 규정하고 있지 않다. 따라서 생업의 근거를 상실하게 된 자에 대하여 일정 규모의 상업용지 또는 상가분양권 등을 공급하는 생활대책의 수립이 토지보상법의 이주대책규정에 없다는 것만으로 재산권을 침해한다고 볼 수 없다(헌재 2012헌바71).[202] 또한 법령에서 정한 이주대책대상자가 아닌 미거주소유

200) 토지보상법 제70조 ② 토지에 대한 보상액은 가격시점에서의 현실적인 이용상황과 일반적인 이용방법에 의한 객관적 상황을 고려하여 산정하되, 일시적인 이용상황과 토지소유자나 관계인이 갖는 주관적 가치 및 특별한 용도에 사용할 것을 전제로 한 경우 등은 고려하지 아니한다.

201) 상론은 정남철, 저스티스 제134-1호(2013.2.), 136면 이하.

자를 위한 이주대책의 수립은 의무가 아니라 시혜적 조치이다(대법원 2014다14641판결). 사업시행자는 사정을 고려하여 법이 정한 이주대책대상자를 포함하여 그 밖의 이해관계인에게까지 -시혜의 차원에서- 넓혀 이주대책 수립 등을 시행할 수 있다(대법원 2012두22911판결).

결국 **생활보상의 제공여부는 입법자에 맡겨져 있고, 넓은 입법형성의 여지가 인정된다.** 이 점에서 생활보상의 범주를 넓게 설정하는 것은 재고할 필요가 있다. 여기서는 일단 기왕의 생활을 재건하는 차원에서 제공되는 보상책으로 생활보상을 이해하고자 한다. 대표적으로 간접보상(사업손실보상)(토지보상법시행규칙 59조 이하)과 이주대책(토지보상법 78조 이하)을 들 수 있다.

(5) 보상액산정에서 공법상의 제한의 문제

공법상 제한을 받는 토지에 대한 보상액을 산정할 때에 해당 공법상 제한이 도시계획법 등에 따른 용도지역·지구·구역의 지정 또는 변경과 같이 그 자체로 제한목적이 달성되는 일반적 계획제한으로서 구체적 도시계획사업과 직접 관련되지 아니한 경우에는 그러한 제한을 받는 상태 그대로 평가해야 한다.[203] 반면 도로·공원 등 특정 도시계획시설의 설치를 위한 계획결정과 같이 구체적 사업이 따르는 개별적 계획제한이거나, 일반적 계획제한에 해당하는 용도지역 등의 지정 또는 변경에 따른 제한이더라도 그 용도지역 등의 지정 또는 변경이 특정 공익사업의 시행을 위한 것일 때에는, 그 공익사업의 시행을 직접 목적으로 하는 제한으로 보아 그 제한을 받지 아니하는 상태를 상정하여 평가해야 한다(대법원 2017두61799판결; 2019두34982판결).[204]

2. 손실보상청구권의 성질

(1) 논의상황: 공권설 vs. 사권설

행정상의 손실보상청구권의 성질에 관해서는 공권설과 사권설의 다툼이 있다. 다수문헌이 취하는 공권설은 손실보상이 공법적 개입과 일체를 이루며 그것의 결과이기도

202) 그런데 대법원 2008두17905판결은 SH공사의 생활대책규정의 법적 성질을 구체적으로 논하지 않은 채, 생활대책이 헌법 제23조 제3항에 따른 정당한 보상에 포함되는 것으로 보아야 한다고 전제한 다음, 생활대책대상자 선정기준에 해당하는 자의 신청권을 적극적으로 논증하였다. 이는 논리비약적인 논증이다. 본서 1009면 참조. 상론: 김중권, 법률신문 제4098호(2013.1.24.).

203) 그와 같은 제한이 당해 공공사업의 시행 이후에 가하여진 경우라고 하여 달리 볼 것은 아니다(대법원 2003두14222판결).

204) 여기서 어느 수용대상 토지에 관하여 특정 시점에서 용도지역·지구·구역(이하 '용도지역 등'이라고 한다)을 지정 또는 변경하지 않은 것이 특정 공익사업의 시행을 위한 것일 경우 이는 해당 공익사업의 시행을 직접 목적으로 하는 제한이라고 보아 용도지역 등의 지정 또는 변경이 이루어진 상태를 상정하여 토지가격을 평가하여야 한다.

한 점에서 손실보상청구권은 공법상의 권리라고 본다. 앞에서 본 실체적 상관관계이론과 맥을 같이 하는 공권설에 의하면, 그에 관한 소송은 특별한 규정이 없는 한 당연히 행정소송인 당사자소송에 의한다. 반면 사권설은 일단 원인과 결과를 분리시켜 손실보상의 원인행위가 공법적인 것이라 하더라도, 그에 대한 손실보상까지 공법관계에 속한다고 볼 수는 없다고 한다. 그리하여 금전지급을 내용으로 한 사법상의 채권·채무관계의 차원에서 손실보상청구권을 사법상의 권리로 본다. 그에 관한 소송은 당연히 민사소송에 의한다.

(2) 판례의 입장

종래 판례는 사권설의 입장을 취하였지만,[205] **최근에는 사안을 공법적 차원에서 접근하려 한다.** 예가 하천법 본칙뿐만 아니라 부칙과 특별조치법에 의한 손실보상청구권을 공권으로 본 것이다(대법원 2004다6207 전합판결 등).[206] 그리고 토지보상법 제79조 제2항에 따른 사업폐지 등에 대한 보상청구권 역시 공법상 권리이어서 그에 관한 쟁송은 민사소송이 아닌 -토지보상법상의 공법적 구제절차인- 행정소송절차에 의해야 한다(대법원 2010다23210판결). **그러나 변화가 전면적이지는 않다.** 가령 토지보상법 등의 환매권에 대해서 판례는 문헌의 일반적 입장과는 달리 사권으로 접근한다(헌재 2005헌가20; 대법원 92다4673판결).

판례상으로 공권적 차원의 접근을 위한 결정적인 착안점은 토지보상법의 적용여부, 즉 토지수용위원회의 재결의 메커니즘이 가동될 수 있는지 여부이다. 그리하여 가령 면허어업의 제한으로 인한 손실보상을 규정하면서 토지보상법의 관련 규정의 준용·적용을 언급하지 않은 수산업법 제81조의 규정에 의한 손실보상청구권은 민사소송의 방법에 의하여 행사해야 하는 반면, 토지보상법의 관련 규정에 의하여 취득하는 어업피해에 관한 손실보상청구권은 민사소송의 방법으로 행사할 수는 없고, 재결절차를 거친 다음 그 재결에 대하여 불복이 있는 때에 비로소 토지보상법(83조-85조)에 따른 (공법적) 권리구제를 받아야 한다(대법원 2013두12478판결; 99다56468판결).

205) 가령 수산업법 제81조에 의한 손실보상청구권이 대표적이다. 판례(대법원 99다37382판결)에 의하면, 공익의 필요에 의한 면허어업의 제한에 의한 손실보상청구(수산업법 제81조)는 민사소송으로 할 수 있으며, 농업을 목적으로 하는 매립 또는 간척사업을 시행함으로 인하여 어업신고를 한 자가 더 이상 신고한 어업에 종사하지 못하게 되어 손실을 입은 경우에도 같다.

206) 나아가 판례에 의하면, 이런 손실보상청구권은 토지가 하천구역으로 됨으로써 당연히 발생하고, 관리청의 보상금지급결정에 의하여 비로소 발생하지 않기 때문에, 손실보상금의 지급을 구하거나 손실보상청구권의 확인을 구하는 소송은 행정소송법 제3조 제2호 소정의 당사자소송에 의해야 한다.

3. 손실보상청구권의 인정시점 및 소멸시효

(1) 손실보상청구권의 인정시점

공용개입의 절차의 출발점이 사업인정(고시)이다. 따라서 손실보상청구권을 인정할 것인지 여부를 판단함에 있어서 당연히 사업인정(고시)의 시점을 기준으로 삼는다. 그런데 **실정법상 사업인정이 실시계획승인 등에 의해 의제되는 것이 상례이어서, 실시계획승인**(고시) **등이 실제적인 기준시점이 된다**(대법원 2004다65978판결).[207] 따라서 실시계획승인과 그에 따른 고시 이후에 허가를 받거나 신고한 영업의 경우에는 설령 사업시행으로 인해 손실을 입더라도 그 손실은 손실보상의 대상이 되는 특별한 희생이라 할 수 없다. 다만 사업인정고시일 당시 보상대상에 해당한다면 그 후 사업지구 내 다른 토지로 영업장소가 이전되었더라도 그것은 손실보상의 대상이 된다(대법원 2011두27827판결; 2011다57692판결).[208] 한편 사업인정제도가 통용되지 않은 경우, 가령 공유수면법상 간척사업의 시행으로 인하여 관행어업권이 상실된 데 따른 손실보상청구권의 경우(공유수면법 55조)에는 −해당 공공사업이 시행됨에 따라− 실질적이고 현실적인 손실이 발생한 때 손실보상청구권이 발생한다(대법원 2007두6571판결).

(2) 손실보상청구권의 소멸시효

국가재정법 제96조 제2항 및 지방재정법 제8조 제2항에 의하면, 금전의 급부를 목적으로 하는 국가에 대한 권리는 다른 법률에 규정이 없는 한 5년 동안 행사하지 아니하면 시효로 인하여 소멸한다. 이에 손실보상청구권의 소멸시효기간은 5년이다. 그러나 판례는 사법상의 손실보상청구이든 공법상 손실보상청구이든 관계없이 달리 정함이 없으면 민법에서 정하는 소멸시효규정이 유추적용될 수 있다고 전제하면서, 공유수면법상 간척사업의 시행으로 인한 관행어업권의 상실에 따른 손실보상청구권의 경우 그 소멸시효기간은 민법 제162조 제1항에 따라 10년이라고 판시하였다(대법원 2007두6571판결). 판례의 이런 태도는 공법제도로서의 손실보상청구권의 본질을 부인하는 셈이 된다.

---

207) 대법원 2004다65978판결: 보상을 받을 권리를 가졌는지의 여부는 해당 공공사업의 시행 당시를 기준으로 판단하여야 하고, 그와 같은 공공사업의 시행에 관한 실시계획 승인과 그에 따른 고시가 된 이상 그 이후에 영업을 위하여 이루어진 각종 허가나 신고는 위와 같은 공공사업의 시행에 따른 제한이 이미 확정되어 있는 상태에서 이루어진 것이므로 그 이후의 공공사업 시행으로 그 허가나 신고권자가 특별한 손실을 입게 되었다고는 볼 수 없다.

208) 한편 대법원 2011두27827판결이 사업인정(고시)을 손실보상청구권의 인정기준시점으로 판시하는데, 산업입지법 22조가 산업단지지정·고시에 의해 사업인정이 의제되도록 규정하고 있다.

4. 손실보상의 구체적 내용

토지보상법은 손실보상을 구체적으로 다음과 같이 규정하고 있다: 취득하는 토지의 보상(70조), 사용하는 토지의 보상(71조), 잔여지의 손실과 공사비의 보상(73조), 건축물 등의 이전비보상(75조), 잔여건축물의 손실에 대한 보상(75조의2), 권리(광업권 등)에 대한 보상(76조), 영업의 손실 등에 대한 보상(77조), 이주대책의 수립(78조), 간접손실보상(79조). 이하에서는 생활보상의 차원에서 도입된 잔여지 등의 손실보상, 이주대책 및 간접손실보상에 관해 살펴본다.

(1) 잔여지, 잔여건축물 및 잔여 영업시설의 손실보상

헌법상 정당보상원칙을 구현하기 위해, 사업시행자가 공익사업의 시행을 위해 일단의 토지 · 건축물 · 영업시설 중 일부를 분할하여 취득, 사용하는 경우, 그로 인하여 잔여지(잔여 건축물)의 가격이 감소하거나 그 밖의 손실이 있어서 잔여 토지 · 건축물 · 영업시설(시행규칙 47조 3항)에 발생한 손실까지 함께 보상한다(73조 1항, 75조의2 1항).[209]

보상해야 하는 잔여지의 손실은, 동일한 소유자에게 속하는 일단의 토지 중 일부를 사업시행자가 그 공익사업을 위하여 취득하거나 사용함으로 인하여 잔여지에 발생하는 것임을 전제로 한다. 잔여지를 종래의 목적으로 사용하는 것이 가능하더라도 -법규정상의- 잔여지의 가격의 감소나 그 밖의 손실이 존재하면 충분하고, 잔여지를 종래의 목적에 사용하는 것이 불가능하거나 현저히 곤란한 경우까지 요구되지는 않는다(대법원 97누4623판결). 그리고 잔여지에 대하여 현실적 이용상황 변경 또는 사용가치 및 교환가치의 하락 등이 발생하였더라도, 그 손실이 토지의 일부가 공익사업에 취득되거나 사용됨으로 인하여 발생하는 것이 아니라면 특별한 사정이 없는 한 잔여지 손실보상 대상에 해당한다고 볼 수 없다(대법원 2017두40860판결).

잔여 영업시설의 손실보상은 “공익사업에 영업시설의 일부가 편입됨으로 인하여 잔여시설에 그 시설을 새로이 설치하거나 잔여시설을 보수하지 아니하고는 그 영업을 계속할 수 없는 경우”(시행규칙 47조 3항 1호)에 허용된다. 여기서 영업을 계속할 수 없다는 것은 시설을 보수하지 아니하고는 그 영업이 전부 불가능하거나 곤란하게 되는 경우만을 의미하는 것이 아니라, 공익사업에 영업시설 일부가 편입됨으로써 잔여영업시설의 운영에 일정한 지장이 초래되고, 이에 따라 종전처럼 정상적인 영업을 계속하기 위해

---

209) 그리고 잔여지에 통로 · 도랑 · 담장 등의 신설이나 그 밖의 공사가 필요할 때에는 국토교통부령으로 정하는 바에 따라 그 손실이나 공사의 비용을 보상하여야 한다(제73조 ①).

서는 잔여영업시설에 시설을 새로 설치하거나 잔여 영업시설을 보수할 필요가 있는 경우도 포함된다(대법원 2015두4044판결). 그리고 시설의 새로운 설치나 보수가 실제로 없더라도 영업지장의 정도가 시설의 새로운 설치나 보수를 필요로 하는 수준이면 충분하다. 따라서 보수공사를 하지 않고 기왕의 영업을 계속하고 있다는 사정만으로 잔여 영업시설의 손실보상을 부정할 수는 없다.

(2) 이주대책

(가) 관련규정

사업시행자는 공익사업의 시행으로 인하여 주거용 건축물을 제공함에 따라 생활의 근거를 상실하게 되는 자를 위하여 대통령령으로 정하는 바에 따라 이주대책을 수립·실시하거나 이주정착금을 지급하여야 한다(78조 1항). 이주대책의 내용에는 이주정착지(이주대책의 실시로 건설하는 주택단지를 포함한다)에 대한 도로, 급수시설, 배수시설, 그 밖의 공공시설 등 통상적인 수준의 생활기본시설이 포함되어야 하며, 이에 필요한 비용은 사업시행자가 부담한다. 다만, 행정청이 아닌 사업시행자가 이주대책을 수립·실시하는 경우에 지방자치단체는 비용의 일부를 보조할 수 있다(4항). 주거용 건물의 거주자에 대하여는 주거이전에 필요한 비용과 가재도구 등 동산의 운반에 필요한 비용을 산정하여 보상하여야 한다(5항). 대통령령으로 정하는 공익사업의 시행으로 인하여 공장부지가 협의 양도되거나 수용됨에 따라 더 이상 해당 지역에서 공장을 가동할 수 없게 된 자가 희망하는 경우 산업입지법에 따라 지정·개발된 인근 산업단지에 입주하게 하는 등 대통령령으로 정하는 이주대책에 관한 계획을 수립하여야 한다(78조 의2).

(나) 이주대책의 수립의 법적 성격

이주대책의 수립은 사업시행자의 의무사항이다(대법원 2008두5124판결). 이주대책 수립·실시의무 및 이주대책의 내용에 관한 법규정은 당연히 당사자의 합의 또는 사업시행자의 재량에 의하여 그 적용을 배제할 수 없는 강행법규이다(대법원 2009다16834판결). 다만 공급할 택지나 주택의 내용이나 수량 등과 같은 구체적인 내용결정에서는 사업시행자의 재량이 있다(대법원 2004두7481판결; 2008두12610판결). 따라서 이주대책의 내용에 법령상의 이주대책대상자가 아닌 자(가령 미거주소유자)를 시혜적 차원에서 포함시킬 수 있다(대법원 2014다14641판결; 2012두22911판결). 세입자의 보호가 문제된다. 법이 이주대책대상자에서는 제외하면서 주거이전비보상을 규정하고 있으므로 그 차원에서 배려될 수 있다.[210] 물론 시혜적 차원에서 세입자를 이주대책에 포

210) 판례(대법원 2007다8129판결)에 의하면, 세입자이전보상청구권은 법률에 의해 성립하므로 재결이

함시킬 수는 있다.

(다) 이주대책과 관련 법적 문제

법은 이주대책의 실시와 관련하여 메커니즘을 규정하고 있지 않아서 이주대책대상자에서 제외된 자의 권리구제방도가 문제된다. 이는 이주대책에 따른 수분양권의 취득에 연결된다. 판례(대법원 94다14391판결)에 의하면, 이주대책과 관련해서 수립실시에 관한 법규정만으로 이주자에게 이주대책상의 택지분양권이나 아파트입주권 등을 분양받을 수 있는 구체적인 권리(수분양권)가 직접 발생하는 것은 아니고, 이주자가 이주대책에 정한 절차에 따라 사업시행자에게 이주대책 대상자 선정신청을 하고 사업시행자가 그 신청을 받아들여 이주대책 대상자로 확인·결정을 해야만 비로소 구체적인 수분양권이 발생하게 된다. 따라서 이주대책대상자 확인·결정은 연금지급결정과 같이(본서 767면) 행정처분에 해당하여 이주대책 대상자로 확인·결정을 받지 못한 데(이주대책대상자 제외) 대해 항고소송을 제기할 수 있다(대법원 2013두10885판결; 92다35783전합판결). 그런데 사업시행자가 설정한 기준은 객관적으로 합리적이 아니라거나 타당하지 않다고 볼 만한 다른 특별한 사정이 없는 한 존중된다(대법원 2016두37218판결).

이주대책의 일환으로 체결한 택지 또는 주택에 관한 특별공급계약에서 법상 사업시행자가 부담하는 생활기본시설 설치비용을 분양대금에 포함시킴으로써 이주대책대상자들이 그 비용까지 사업시행자 등에게 지급한 경우, 사업시행자는 그 비용 상당액을 부당이득으로 이주대책대상자들에게 반환해야 한다(대법원 2007다63089, 63096전합판결).

(라) 법률에서 규정하지 않은 생활대책의 문제

한편 법률에서 규정하지 않은 생활대책용지의 공급과 같은 생활대책과 관련하여, 대법원 2008두17905판결은 그와 같은 생활대책이 헌법 제23조 제3항에 따른 정당한 보상에 포함된다고 전제한 다음, 사업시행자가 스스로 만든 생활대책대상자 선정기준에 해당하는 자는 사업시행자에게 생활대책대상자 선정 여부의 확인·결정을 신청할 수 있는 권리를 가지며, 따라서 그 선정거부를 항고소송으로 다툴 수 있다고 판시하였다. 대법원 2015두58645판결도 생활대책대상자로 선정되지 않았다는 부적격통보를 독립된 처분으로 인정하여 취소소송의 대상성을 긍정하였다. 이런 접근은 이상의 헌법재판소결정만이 아니라. 기왕의 대법원 92다35783전합판결의 기조를 번복하여

없으면 당사자소송에 의해 실현할 수 있다.

바람직하지 않다. 이들 판결을 기화로 생활대책용지의 공급과 같은 생활대책이 마련되어 있지 않은 법상황에 대해 위헌성시비가 제기될 우려가 있다.[211]

(3) 간접손실보상

(가) 관련규정

사업시행자는 공익사업의 시행으로 인하여 취득하거나 사용하는 토지(잔여지를 포함한다) 외의 토지에 통로·도랑·담장 등의 신설이나 그 밖의 공사가 필요할 때에는 그 비용의 전부 또는 일부를 보상하여야 한다. 다만, 그 토지에 대한 공사의 비용이 그 토지의 가격보다 큰 경우에는 사업시행자는 그 토지를 매수할 수 있다(79조 1항). 공익사업이 시행되는 지역 밖에 있는 토지등이 공익사업의 시행으로 인하여 본래의 기능을 다할 수 없게 되는 경우에는 국토교통부령으로 정하는 바에 따라 그 손실을 보상하여야 한다(79조 2항).

(나) 간접손실보상의 의의

간접보상 및 간접손실보상이란 공익사업이 시행되는 지역 밖에 있는 토지등이 공익사업의 시행으로 인하여 본래의 기능을 다할 수 없게 되어 발생한 특별손실을 보상하는 것을 말한다.[212] 간접손실보상은 공익사업의 직접적 대상은 아니더라도 그에 의해서 유발된 특별한 희생을 보전하는 제도적 장치이다. 그것의 법적 성격이 문제되는데, 일부 문헌은 간접손실이 수용적 침해(결과적 공용개입)에 해당한다고 보는데, 수용적 침해(결과적 공용개입)의 법리는 본래 보상규정이 없는 상황을 전제로 하므로 입법자가 간접손실보상을 규정한 이상, 간접손실을 바로 수용적 침해(결과적 공용개입)로 등치(等値)할 수는 없다.

(다) 법령상 규정되지 않은 상황에서의 간접손실보상 문제

토지보상법 관련 규정 및 동법 시행규칙(59조 이하)에[213] 간접손실보상이 규정되어 있는데, 쟁점거리는 법령상 규정되지 않은 상황에서 간접손실보상을 유추의 방법으로 인

211) 김중권, 법률신문 제4098호(2013.1.24.).

212) 엄밀히 보면 잔여지 등의 손실보상 역시 간접손실보상에 포함시킬 수 있지만, 법률에 맞춰 대상 토지나 공익사업시행지역 밖의 것에 국한한다.

213) 제59조(공익사업시행지구 밖의 대지 등에 대한 보상), 제60조(공익사업시행지구 밖의 건축물에 대한 보상), 제61조(소수잔존자에 대한 보상), 제62조(공익사업시행지구 밖의 공작물등에 대한 보상), 제63조(공익사업시행지구 밖의 어업의 피해에 대한 보상), 제64조(공익사업시행지구 밖의 영업손실에 대한 보상), 제65조(공익사업시행지구 밖의 농업의 손실에 대한 보상).

정할 수 있는지 여부이다. 손실발생이 쉽게 예견할 수 있다는 점에서 사안은 수용적 침해(결과적 공용개입)의 문제가 아니라, 수용유사적 침해(준공용개입)이다. 경계이론과 분리이론의 충돌지점이 되는데, 판례는 공공사업의 시행으로 인하여 그러한 손실이 발생하리라는 것을 쉽게 예견할 수 있고, 그 손실의 범위도 구체적으로 이를 특정할 수 있는 경우에는 관련 규정 등을 유추적용하여 보상을 해야 한다고 본다.[214] 경계이론의 입장을 견지하는 판례의 태도가 여기서도 확인된다(본서 981면 이하).

5. 손실보상의 유형과 방법

(1) 손실보상의 유형

(가) 금전보상의 원칙

금전보상의 원칙이 출발점이다. 따라서 손실보상은 다른 법률에 특별한 규정이 있는 경우를 제외하고는 현금으로 지급해야 한다(63조 1항). **금전보상의 원칙의 예외로 법은 채권보상, 현물보상 그리고 매수보상을 두고 있다.**

(나) 채권보상

채권보상은 다음의 경우에 가능하다: i) 토지소유자나 관계인이 원하는 경우나 사업인정을 받은 사업에서 대통령령으로 정하는 부재부동산 소유자의 토지에 대한 보상금이 대통령령으로 정하는 일정 금액을 초과하는 경우로서 그 초과하는 금액에 대하여 보상하는 경우(7항). ii) 토지투기가 우려되는 지역으로서 대통령령으로 정하는 지역에서 다음 각 호의 어느 하나에 해당하는 공익사업을 시행하는 자 중 대통령령으로 정하는 공공기관운영법에 따라 지정·고시된 공공기관 및 공공단체는 부재부동산 소유자의 토지에 대한 보상금 중 대통령령으로 정하는 1억원 이상의 일정 금액을 초과하는 부분에 대하여(8항).

(다) 현물보상

대토(代土)적 성격인 현물보상과 관련해서는, 토지소유자가 원하는 경우로서 사업시행자가 해당 공익사업의 합리적인 토지이용계획과 사업계획 등을 고려하여 토지로 보상이 가능한 경우에는 토지소유자가 받을 보상금 중 본문에 따른 현금 또는 채권으로 보상받는 금액을

214) 대부분의 판례가 간접손실의 인정에 소극인데(대법원 98다57419, 57426판결; 2001다44352판결; 2004다25581판결 등), 드물게 공유수면매립사업으로 인하여 수산업협동조합이 위탁판매사업을 중단하게 됨으로 인한 위탁판매수수료 수입상실이 간접손실로 인정되었다(대법원 99다27231판결).

제외한 부분에 대하여 소정의 기준과 절차에 따라 그 공익사업의 시행으로 조성한 토지로 보상할 수 있다(63조 1항 단서).

(라) 매수보상 및 수용청구

매수(買收)보상과 수용청구는 사용하는 토지 및 잔여지의 경우에 인정된다.

i) 사용하는 토지의 경우: 사업인정고시가 된 후 i) 토지를 사용하는 기간이 3년 이상인 경우, ii) 토지의 사용으로 인하여 토지의 형질이 변경되는 경우, iii) 사용하려는 토지에 그 토지소유자의 건축물이 있는 경우에 해당할 때에는 해당 토지소유자는 사업시행자에게 해당 토지의 매수를 청구하거나 관할 토지수용위원회에 그 토지의 수용을 청구할 수 있다. 이 경우 관계인은 사업시행자나 관할 토지수용위원회에 그 권리의 존속(存續)을 청구할 수 있다(72조).

ii) 잔여지의 경우: 동일한 소유자에게 속하는 일단의 토지의 일부가 협의에 의하여 매수되거나 수용됨으로 인하여 잔여지를 종래의 목적에 사용하는 것이 현저히 곤란할 때에는[215] 해당 토지소유자는 사업시행자에게 잔여지를 매수하여 줄 것을 청구할 수 있으며, 사업인정 이후에는 관할 토지수용위원회에 수용을 청구할 수 있다. 이 경우 수용의 청구는 매수에 관한 협의가 성립되지 아니한 경우에만 할 수 있으며, 그 사업의 공사완료일까지 하여야 한다(74조 1항).

iii) 수용청구권의 성질과 그에 대한 불복: 매수보상과 관련한 수용청구권은 손실보상의 일환으로 토지소유자에게 부여되는 권리로서, 수용하는 토지수용위원회의 재결이 없더라도 그 청구에 의하여 수용효과가 생기는 형성권의 성질을 지닌다(대법원 2014두46669 판결; 2008두822판결). 따라서 토지소유자의 토지 및 잔여지의 수용청구를 받아들이지 아니한 토지수용위원회의 재결은 법적 의미를 지니지 않아서, 토지소유자가 불복하여 제기하는 소송은 재결 자체를 대상으로 삼지 않고 '보상금의 증감'에 초점을 맞추어야 한다(후술).

(2) 보상의 지급방법

i) 사전·전액보상: 사업시행자는 해당 공익사업을 위한 공사에 착수하기 이전에 토지소유자와 관계인에게 보상액 전액(全額)을 지급하여야 한다. 다만, 천재지변 시의 토지 사용과 시급한 토지 사용의 경우 또는 토지소유자 및 관계인의 승낙이 있는 경우에는 그러하지 아니하다(62조).[216]

215) 여기서 '종래의 목적'이라 함은 수용재결 당시에 당해 잔여지가 현실적으로 사용되고 있는 구체적인 용도를 의미하고, '사용하는 것이 현저히 곤란한 때'라고 함은 물리적으로 사용하는 것이 곤란하게 된 경우는 물론 사회적, 경제적으로 사용하는 것이 곤란하게 된 경우, 즉 절대적으로 이용 불가능한 경우만이 아니라 이용은 가능하나 많은 비용이 소요되는 경우를 포함한다(대법원 2002두4679판결).

216) 대법원 2018다204022판결: 공익사업의 시행자가 토지소유자와 관계인에게 보상액을 지급하지 않고 승낙도 받지 않은 채 공사에 착수함으로써 토지소유자와 관계인이 손해를 입은 경우, 토지소유자와 관계인에 대하여 불법행위가 성립할 수 있고, 사업시행자는 그로 인한 손해를 배상할 책임을 진다.

ii) **개인별보상**: 손실보상은 토지소유자나 관계인에게 개인별로 하여야 한다. 다만, 개인별로 보상액을 산정할 수 없을 때에는 그러하지 아니하다(64조).

iii) **일괄보상**: 사업시행자는 동일한 사업지역에 보상시기를 달리하는 동일인 소유의 토지 등이 여러 개 있는 경우 토지소유자나 관계인이 요구할 때에는 한꺼번에 보상금을 지급하도록 하여야 한다(65조).

6. 손실보상에 대한 불복

(1) 재결전치주의의 채택

손실보상에 대한 불복은 이의신청과 행정소송을 통해 행해진다. 유의할 점은 이하의 불복절차는 토지보상법 제34조 및 제50조에 따른 토지수용위원회에 의한 재결절차를 거친 다음에, 즉 -창설적, 독립적 행정행위에 해당하는- 수용·보상재결에 대하여 불복이 있을 때 비로소 강구할 수 있다(재결전치주의: 대법원 2009두10963판결; 2012두24092판결 등)(83조 1항, 2항). 유의할 점은 재결전치주의와 관련해서 여기서의 재결은 행정심판재결과 같은 불복절차상의 재결이 아니라, 실제로 원처분이다.

재결절차를 거치지 않은 채 곧바로 사업시행자를 상대로 손실보상을 청구하는 것은 허용되지 않는다(대법원 2018두57865판결). 이런 단계적 절차는 잔여영업시설 및 잔여건축물의 보상에서도 밟아야 한다(대법원 2015두4044판결; 2015두2963판결). 수용대상토지·건축물에 대하여 재결절차를 거친 경우는 물론, 잔여지·잔여건축물 수용청구에 대한 재결절차를 거친 경우에도 그러하다.

재결절차를 거쳤는지 여부는 보상항목별로 판단해야 한다. 편입토지·물건 보상, 지장물 보상, 잔여토지·건축물 손실보상 또는 수용청구의 경우에는 원칙적으로 개별물건별로 하나의 보상항목이 되지만, 잔여영업시설 손실보상을 포함하는 영업손실보상의 경우에는 '전체적으로 단일한 시설 일체로서의 영업' 자체가 보상항목이 되고, 세부 영업시설이나 영업이익, 휴업기간 등은 영업손실보상금의 산정에서 고려하는 요소에 불과하다(대법원 2015두4044판결).[217]

배상해야 할 손해액은 원칙적으로 손실보상금이다. 다만 그 과정에서 토지소유자와 관계인에게 손실보상금에 해당하는 손해 외에 별도의 손해가 발생하였다면, 이와 같은 손해배상책임의 발생과 범위는 이를 주장하는 사람에게 증명책임이 있다.

217) 따라서 영업의 단일성·동일성이 인정되는 범위에서 보상금 산정의 세부요소를 추가로 주장하는 것은 하나의 보상항목 내에서 허용되는 공격방법일 뿐이므로, 별도로 재결절차를 거쳐야 하는 것은 아니다(대법원 2015두4044판결).

(2) 이의신청

중앙토지수용위원회의 재결에 이의가 있는 자는 중앙토지수용위원회에 이의를 신청할 수 있으며, 관할 지방토지수용위원회의 재결에 이의가 있는 자는 해당 지방토지수용위원회를 거쳐 중앙토지수용위원회에 이의를 신청할 수 있다(83조 1항, 2항). 이런 이의신청에 대해 중앙토지수용위원회는 그 재결이 위법하거나 부당하다고 인정할 때에는 그 재결의 전부 또는 일부를 취소하거나 보상액을 변경할 수 있다(84조 1항). 당초의 수용재결과 이의신청재결의 관계는, 전자는 원처분에, 후자는 일종의 행정심판재결에 해당한다. 여기서의 이의신청절차는 행정소송과의 관계에서 임의적 전심절차이지만, 행정심판에 통용되는 -불이익변경금지와 같은- 일반적 기조가 그대로 통용된다.

(3) 행정소송

사업시행자, 토지소유자 또는 관계인은 당초의 재결에 대하여 불복할 때에는 재결서를 받은 날부터 60일 이내에, 이의신청을 거쳤을 때에는 이의신청에 대한 재결서를 받은 날부터 30일 이내에 각각 행정소송을 제기할 수 있다. 이 경우 사업시행자는 행정소송을 제기하기 전에 이의신청재결에 따라 늘어난 보상금을 공탁하여야 하며, 보상금을 받을 자는 공탁된 보상금을 소송이 종결될 때까지 수령할 수 없다(85조 1항).

행정소송은 재결 자체나 보상금증감(增減)을 다투는 2가지의 상황이 있는데, 여러 보상항목들 중 일부에 대해서만 개별적으로 행정소송을 제기할 수도 있다(대법원 2017두41221판결).[218][219]

i) 재결에 대한 취소소송(무효확인소송): 문제가 되는 것이 이의신청재결이 행해졌을 때 소송대상이 당초의 수용재결(수용재결 자체이나 보상재결부분)인지 아니면 이의신청재결인지 여부이다. 당초의 수용재결이 일종의 원처분이므로, 원처분주의에 따라 당초의 수용재결에 의거하여 피고적격과 소송대상을 정한다. 즉, 이의신청을 거친 경우에도 이의신청을 한 자는 원처분(당초처분)인 수용재결을 한 중앙토지수용위원회

218) 이런 보상금증감소송에서 문제되는 것이 법원의 심판범위와 보상항목 상호간의 유용이다. 판례(대법원 2017다41221판결)에 의하면, 법원의 심판범위는 하나의 재결 내에서 소송당사자가 구체적으로 불복신청을 한 보상항목들로 제한된다. 그리고 법원이 구체적인 불복신청이 있는 보상항목들에 관해서 감정을 실시하는 등 심리한 결과, 재결에서 정한 보상금액이 일부 보상항목의 경우 과소하고 다른 보상항목의 경우 과다한 것으로 판명되었다면, 법원은 보상항목 상호간의 유용을 허용하여 항목별로 과다 부분과 과소 부분을 합산하여 보상금의 합계액을 정당한 보상금으로 결정할 수 있다.

219) 여기서 유의할 것이 생활보상의 일원으로 인정되는 세입자이전보상청구권 문제이다. 판례(대법원 2007다8129판결)에 의하면, 세입자이전보상청구권은 법률에 의해 성립하므로 재결이 없으면 당사자소송에 의해 실현할 수 있고, 재결이 이루어진 다음에는 세입자가 보상금의 증감 부분을 다투는 경우에는 공익사업법 제85조 제2항에 규정된 행정소송에 따라, 보상금의 증감 이외의 부분을 다투는 경우에는 같은 조 제1항에 규정된 행정소송에 따라 권리구제를 받을 수 있다.

또는 지방토지수용위원회를 피고로 하여 수용재결의 취소를 구해야 한다(대법원 2008두1504판결). 그런데 보상액을 당초의 수용재결보다 증액이나 감액하는 이의신청재결(일종의 인용재결)의 경우 이의신청을 하지 않은 다른 당사자는 일종의 제3자로서 그로 인해 법적 불이익을 입게 되어 중앙토지수용위원회를 피고로 하여 이의신청재결을 다툴 수 있다.[220]

ii) 보상금증감소송: **제기하려는 행정소송이 보상금의 증감(增減)에 관한 소송인 경우 그 소송을 제기하는 자가 토지소유자 또는 관계인일 때에는 사업시행자를, 사업시행자일 때에는 토지소유자 또는 관계인을 각각 피고로 한다**(85조 2항).[221] 보상금증감소송의 법적 성질이 문제되는데, 형식적 당사자소송의 예에 해당한다(본서 890면). 구체적으로 보상금증액청구소송은 확인소송과 이행소송(급부소송)의 성격을, 보상금감액청구소송은 확인소송의 성격을 지닌다. 한편 토지소유자 등의 사업시행자에 대한 손실보상금채권에 관하여 압류 및 추심명령이 있더라도, 토지소유자 등은 보상금증액청구의 소를 제기하고 그 소송을 수행할 당사자적격을 상실하지 않는다(대법원 2018두67전합판결).

그리고 토지소유자의 매수보상에서의 토지수용청구 또는 잔여지수용청구를 받아들이지 아니한 토지수용위원회의 재결에 대하여 토지소유자가 불복하여 제기하는 소송 역시 '보상금의 증감에 관한 소송'에 해당하며, 피고는 토지수용위원회가 아니라 사업시행자로 해야 한다(대법원 2014두46669판결; 2008두822판결). 수용청구권이 형성권적 성질을 지녀서 토지수용위원회의 재결이 없더라도 청구에 의해 수용의 효과가 발생하기 때문이다.

한편 도로법 제99조 제3항·4항의 경우처럼, 공용부담에서의 손실보상과 관련해서 토지수용위원회에 의한 재결의 시스템이 동원되도록 규정하면서도 특별히 보상금의 증감에 관한 소송에 대해 토지보상법 제85조 제2항과 같은 특별한 규정을 두지 않거나 그것의 준용을 언급하지 않은 경우에는 토지수용위원회를 상대로 하여 그 재결의 취소를 구해야 한다(참조: 대법원 94누14100판결).[222]

---

220) 대법원 2008두1504판결은 "이의신청에 대한 재결 자체에 고유한 위법이 있음을 이유로 하는 경우에는 그 이의재결을 한 중앙토지수용위원회를 피고로 하여 이의재결의 취소를 구할 수 있다."고 판시하는데, 행정소송법 제19조 단서의 이해처럼(본서 821면) 이의신청을 한 자가 아니라 일종의 제3자에 해당하는 다른 당사자가 다투는 상황을 상정해야 한다.

221) 구법에서는 토지수용위원회도 소송당사자가 될 수 있었지만, 현행법은 보상금지급관계에 맞춰 그것을 정당하게 배제시켰다.

222) 유의할 점은 사안 근거규정인 하천법이 지금은 토지보상법을 준용하도록 하고 있다(제76조 ④).

Ⅸ. 재산권의 내용·한계결정에 따른 보상 문제

감염병예방법 제70조 제1항은 감염병관리기관의 지정 또는 격리소 등의 설치·운영으로 발생한 손실(제1호)은 물론, 감염병 전파의 위험성이 있는 음식물의 판매·수령을 금지하거나 그 음식물의 폐기나 그 밖에 필요한 처분을 명하는 것으로 인한 손실(제4호) 등에 대한 손실보상을 규정하고 있지만, 동법 제49조 제1항 제2호 및 제2호의2의 조치에 의거한 '사회적 거리두기'의 지침에 따라 시행된 일련의 조치로 인해 음식점이나 숙박업소 등이 입은 손실은 제70조의 보상에서 제외되어 있다. 코로나 팬데믹으로 음식점 등의 영업주들이 입은 손실은 재산권의 사회적 구속에 따른 부담에 그치는가, 아니면 보상이 필요한 특별희생인가?

분리이론에 의하면, 특별희생이 인정되어 보상규정이 요구되는 데도 불구하고 그렇지 않은 경우에는 헌법 제23조 제3항의 차원이 아니라, 제1항의 차원의 문제가 된다. **재산권의 내용·한계결정은 2가지 상황이 있을 수 있다.** 기본권제한의 차원에서 비례원칙 등에 비추어 사회적 제약을 넘는 등 과도한 제약이 재산권에 대해 가해져서 나름의 보전책이 필요한 경우(보전의무부 내용·한계결정)와 그에 미치지 못하여 보전이 필요하지 않아 수인해야 하는 경우(무보전부 내용·한계결정)로 나뉜다. 기본권제한이 과도한지 여부를 판단하는 데, 기왕의 특별희생기준이 통용될 수 있는데, 결정적인 잣대가 상당성의 원칙이다. 전자의 재산권의 내용·한계결정은 보전조치의 마련을 조건으로 합헌이므로, 입법자는 과도한 부담을 해소하는 보전조치를 마련해야 한다(헌재 89 헌마214). 여기서 입법자는 경과규율, 예외규율, 면제규율이나 기타 행정적, 기술적 예방대책을 강구할 수 있다. 경과규율 등과 같은 예방대책이 불가능하거나 과도한 대가를 치루어야 할 상황의 경우에는 최후수단으로 금전적 보전(손실보상)이 강구된다.[223]

팬데믹으로 인한 ―전부나 일부의― 영업폐쇄나 사실상의 영업중단을 초래하는 조치가 오래되면 오래될수록, 영업주 등의 재산권에 대한 중대한 그리고 예상가능한 개입의 상황은 시인되어야 한다. 그리하여 입법자는 '코로나 19'에 의한 재산권개입의 상황을 특별희생의 발생을 전제로 조절적으로 보전할 필요가 있다. 즉, 입법자는 감염병예방법상으로 합당한 보전규율을 마련할 의무를 진다. 다만 재산권의 사회적 구속에 따른 부담을 넘어서는 것만을 보전한다.[224]

---

223) 상론: 박상희, 법제연구 제7호(1994.12), 193면 이하.
224) 감염병예방법상으로 합당한 보전규율을 마련할 것을 주장한 필자의 바램과는 달리 소상공인법에 코로나 손실보상 규정(제12조의2부터 제12조의7)이 마련되었다(2021.7.7.). 상론: 김중권, 코로나 19시

X. 기타의 재산권제한(개입)에 따른 보상 문제

북한의 4차 핵실험단행과 장거리미사일발사 때문에, 2016.2.10. 대통령이 개성공단운영을 즉시 전면중단하기로 결정하였고, 통일부장관은 이를 발표함에 따라, 투자기업인들은 개성공단 내에 남아 있던 원·부자재, 완제품, 기계설비 등 유동자산을 남한으로 반출하지 못하였고, 이후 협력사업이 모두 중단되었다. 대통령과 통일부장관의 개성공단 전면중단결정 및 집행이 자신들의 재산권 등을 침해하였다고 투자기업인들이 청구한 헌법소원심판에 대해 어떤 판단이 내려졌는가? (헌재 2016헌마364)

기타의 재산권제한이 특별희생을 낳는지 여부가 관건이다. 이상의 재산권의 내용·한계결정에 비견하여 접근할 수 있다. 즉, 재산권제한이 비례원칙에 의거하여 과도한지 여부가 관건이다. 시민의 부담이 추구된 결과에 대해 맞지 않는지 즉, 비례적이지 않는지 여부를 탐문해야 한다. 특히 상당성의 원칙(법익균형성)의 차원에서의 사법통제는 수인한도의 한계가 유지되었는지 여부의 물음으로 국한된다. 재산권은 재산과 활용가능성에 대한 투자의 근거로서 법상황의 존속에 대한 정당한 신뢰를 보호한다. 영업재산의 활용이 중단되거나 현저히 제한되고, 행한 투자가 지속적인 수입으로 회수될 수 없게 되면, 즉 －행정행위이든 사실행위이든－ 어떤 조치에 따른 영업중단의 상황이 장기화되면 심대한 재산권제한(개입)이 존재한다. 이런 재산권제한(개입)의 상황은 수인할 수 없는 부담이 되고, 이런 과다한 부담을 해소하기 위해 －재산권의 내용·한계결정의 경우에 비견한－ 보전이 강구되어야 한다. 여기서 구체적 보상기준이 논란이 되는데, 유사한 보상규정을 적극적으로 유추 적용할 필요가 있다.[225]

그러나 헌재 2016헌마364에 의하면, 개성공단전면중단 조치는 과잉금지원칙을 위반하여 개성공단 투자기업인 청구인들의 영업의 자유와 재산권을 침해하지 아니한다.[226] 같은 맥락에서 북한에 대한 신규투자 불허 및 진행 중인 사업의 투자확대 금지 등을 내용으로 하는 대북조치('2010. 5. 24.자 대북조치')는 재산권의 공용제한에 해당하

대 영업제한·금지에 따른 손실보상의 문제, 공법학연구 제23집 제1호(2022.2.28.); 코로나 팬데믹에서 사람은 사람에게 바이러스인가?, 법률신문 제4900호(2021.6.21.).

225) 가령 앞에서(400면) 본 대법원 2022두59592판결의 사안에서 광업법 제34조 제2항이 동원되지 않더라도 광업권의 취소를 전제로 동조 제4항 및 제5항을 유추하여 나름의 보상을 강구할 수 있다. 그 전제는 나중에 시행된 공익사업의 결과로 노천채굴의 방식이 전면 금지되어서 수인할 수 없는 부담이 초래되었는지 여부이다. 대법원은 동조 제2항에 터 잡아 이런 채굴제한을 광업권에 내재하는 한계로 보고서, 국가중요건설사업에 지장을 주지 않는다고 판시하였다.

226) 이에 대한 비판으로 김중권, 개성공단 전면중단 조치의 공법적 문제점, 저스티스 제193호(2022. 12).

지 않아 손실보상이 필요하지 않아서 보상입법의무가 없다고 한다(헌재 2016 헌마95).[227]

XI. 준공용개입과 결과적 공용개입에 따른 보상의 문제

일찍이 4반세기 전에 수용유사적 침해(준공용개입)와 수용적 침해(결과적 공용개입)에 관한 독일논의가 소개되었고,[228] 다수의 관련 문헌도 출현하였다. 이들 법제도가 우리 법제상으로 통용되는지 여부는 행정법학 전체의 뜨거운 감자이기도 하다. 특히 앞에서 본 대로 그것은 헌법 제23조 제3항의 법적 효력에 관한 다툼으로 이어져, 위헌무효설, 직접효력설, 유추적용설 등이 전개되고 있다.

이들 법제도는 현행 국가배상법시스템과 손실보상메커니즘이 갖고 있는 제도적 흠결을 메우기 위한 일환으로 재산권보장의 차원에서 전개되었다. 하지만 소위 독일 연방헌법재판소의 자갈채취결정 이래로 이들의 바탕이었던 '경계이론'(변환이론)을 대신하여 '분리이론'이 등장하였다. 그리하여 독일에서는 이들은 변화된 상황에서 1차적 권리보호의 우위와 헌법재판소의 위헌법률심판권을 전제로 하여 -비록 대폭 축소되긴 했지만- 나름의 영역에서 여전히 존속하거니와 오히려 과거보다 더 높은 체계정합성을 지니게 되었다.[229]

이들을 우리의 학문적 자산으로 만들려면 더욱 섬세한 숙고가 필요하다. 특히 법적 근거의 물음은 매우 중요하다. 왜냐하면 독일의 통설이 취하는 관습법적 근거가 희생보상적 사고의 법전통이 없는 우리에게는 원천적으로 주효할 수 없기 때문이다. 법적 근거를 설득력이 있게 설정할 수 없다면, 통용여부의 문제는 더 이상 나아갈 수가 없다. 이 점에서 -우리의 헌법 제23조 제1항에 비견되는- 그들 기본법 제14조 제1항의 재산권보장에 근거를 두는 독일에서의 소수의 입장이 우리로서는 매우 시사적이다. 과거 -독일에서- 경계이론에 터 잡아 만들어졌지만 오늘날에는 분리이론하에서 새롭게 정립된 이들 법제도를 우리 법제에서 체계정합적으로 구현하기 위해서는 매우 정교한 논의를 바탕으로 하여, 재산권에 관한 내용·한계결정을 비롯한 재산권개입의 시스템을 바르게 구축할 필요가 있다.[230]

227) 이를 공용제한으로 보아 적극적으로 보상이 강구되어야 한다는 반론으로 권은민, 법률신문 2022.8.2.
228) 김남진, 고시연구, 1982.11., 39면 이하.
229) 하지만 Lege 교수는 논문('자갈채취결정 30년' JZ, 2011, 1084ff.)의 말미에서 "연방헌법재판소가 완전히 승리하였다고 믿는 사람은 매우 잘못 생각하고 있다."고 지적하였다.
230) 상론: 김중권, 행정법기본연구Ⅱ, 177면 이하.

한편 지방자치단체가 사유지에 토지보상법의 절차를 받지 않고서 사방시설을 설치한 건에서, 대법원 2023다275530판결은 부당이득반환의 차원에서 접근하였는데, 사업이 공공필요를 위한 것인 점에서 손실보상의 차원에서 접근하는 것이 바람직하다.

제 4 절 행정상의 결과제거청구

Ⅰ. 행정상의 결과제거청구의 의의

행정상의 결과제거청구라고 함은 행정작용의 결과로서 남아있는 위법한 상태로 인해 자기의 권리(법률상의 이익)을 침해받고 있는 자가 행정주체를 상대로 그 위법한 상태를 제거해 줄 것을 청구하는 것을 말한다.[231] 기본적으로 불법행위에 대한 금전배상책임을 기조로 하는 국가배상청구에 의해서는 원상회복을 도모할 수 없다. 공용개입 및 준공용개입에 따른 손실보상 역시 처음부터 금전급부를 목표로 한다. 따라서 행정활동으로 인해 빚어진 위법한 결과(상태)로 말미암아 국민이 심각한 곤란함을 겪는 경우에 이들 법제도는 동원될 수가 없다. **이런 국가책임법상의 흠결을 메우기 위한 방책 가운데 하나가 행정상의 결과제거청구이다.** 처음에는 행정행위가 즉시 집행되었지만 위법하여 뒤에 폐지되었음에도 불구하고 그 행정행위로부터 비롯된, 여전히 남아 있는 결과를 제거하는 경우에 행정상의 결과제거청구가 문제되었다(소위 위법한 집행결과의 제거청구).[232] 그 후에 위법한 사실행위로 인한 결과의 제거까지도 포함하였다.

행정에 의해 조성된 위법한 상태가 존속할 수 없게 하는 것이 법치국가원리에 부합하고 당연하지만, 이제까지 행정상의 결과제거청구는 그저 문헌상의 논의에 그쳤다. 그 이유는 행정상의 결과제거청구와 관련해서 논의된 대상인 목적물반환 및 방해배제 그리고 공직자의 명예훼손적 발언 등은 민사소송의 방식으로도 충분히 대응할 수 있었기에 때문이다.

---

231) 참고문헌: 김남진, 월간고시, 1986.3.; 정하중, 고시연구, 1993.11.; 조태제, 공법연구 제25집 제4호(1997.6.); 박종국, 공법연구 제31집 제3호(2003.3.).

232) 독일에서 전후시기에 주택에 대해 압류처분이 내려져 즉시 집행이 된 뒤에 그 압류처분이 폐지된 데 따른 결과상황을 대처하기 위해 일찍이 Bachof가 전개하였는데, 그는 법치국가원리에서 도출하였다. Ders., Die verwaltungsgerichtliche Klage auf Vornahme einer Amtshandlung, 1951, S. 98ff., 126ff.

Ⅱ. 행정상의 결과제거청구의 근거

결과제거청구의 법리는 독일에서 판례법적으로 발전되어 관습법적으로 강고히 되었다. 비록 행정상의 결과제거청구가 민법상의 방해배제청구권에서 연유하여 어렵지 않게 그것으로부터 유추하여 인정할 수 있긴 하나, 공법적 제도로 널리 활용되기 위해서는 공법 나름의 강력한 근거가 모색되어야 한다. 독일에서는 전통적으로 민법상의 방해배제청구권(802조, 1004조 등), 정의의 원칙, 법치국가원리, 행정의 법률적합성, 법률유보, 자유권, 기본법 제19조 제4항의 권리보호보장 등이 근거로 언급되었는데, 오늘날에는 문제가 되는 개별기본권에 근거를 두려는 입장이 우세한다. 비록 확고하지는 않지만 판례 역시 그런 입장을 취하기도 한다.[233] 이는 행정상의 결과제거청구에서 기본권에 의거한 접근이 판례법적, 관습법적 관점을 넘어선 것을 의미한다. 이런 흐름은 청문이나 이유제시 등과 관련해서 최근 독일에서는 우선 개별기본권에서 그 근거를 찾으려 하는 것과도 상통(相通)한다.

방어적 성격의 자유권적 기본권은 개입에 앞서 상태를 보호하거니와, 아울러 개입 이후에 초래된 결과를 제거함으로써 원래상태의 회복을 구할 권리 역시 당연히 제공한다. 따라서 **비록 명문의 인정규정이 없더라도, 행정상의 결과제거청구를 기본권적 방어청구권의 파생으로서 어렵지 않게 도출할 수 있다.** 2013년 행정소송법개정안에서 독일 행정법원법 제113조 제1항 제2문처럼[234] 취소판결의 기속력의 일환으로 결과제거의무를 명문화하였는데,[235] 최근 판례가 취소판결의 기속력의 차원에서 결과제거의무를 공식적으로 인정하였다(본서 875면 이하).[236] 조만간 바뀔 법상황에 대비한 준비가 시급히 필요하며, 그에 앞서 이제까지의 소극적 대응에 대한 성찰이 있어야 한다.

233) BVerwGE 82, 76(95); 94, 100(103).
234) 그러나 동 규정을 결과제거청구권의 근거로 보기보다는 그것의 소송상의 관철을 간편하게 하는 규율 정도로 여기기도 한다(Maurer/Waldhoff, §30 Rn.4).
235) 제32조 ④ 판결에 따라 취소되는 처분 등이 이미 집행된 경우에는 당사자인 행정청과 그 밖의 관계 행정청은 그 집행으로 인하여 직접 원고에게 발생한 위법한 결과를 제거하기 위하여 필요한 조치를 하여야 한다.
236) 대법원 2018두49130판결; 상론: 김중권, 행정판례연구 제25집 제1호(2020.6.30.), 209면 이하.

Ⅲ. 행정상의 결과제거청구의 행정구제상의 위상

행정상의 결과제거청구는 1차적 권리보호의 수단이다. 행정상의 결과제거청구는 기본권적 방어청구권과 손실보상청구권과도 밀접히 관계한다. 법치국가원리를 구체화하는 행정구제의 체계에서 1차적 권리보호가 2차적 권리보호보다 앞선다. 재산권보장 역시 존속보장을 가치보장보다 우선적으로 지향한다. 따라서 재산권적 개입에 대해서는 방어청구권(금지청구권)이 먼저 부여된다. 그리하여 위법한 재산권적 개입에 즈음하여, 먼저 행정소송을 제기하여 방해상태의 제거를 도모하고 ―그것이 주효하지 않거나 그와 함께― 가령 위법한 처분에 의해 자신의 재산이 압류된 경우에는 재산권의 대상을 반환하는 식으로 원상회복을 강구할 수 있다. 만약 반환가능성이 결여되어서 결과제거청구가 주효하지 않게 될 경우에는 준공용개입에 따른 손실보상이나 손해배상을 도모할 수 있다.

Ⅳ. 행정상의 결과제거청구권의 성질

이 법리는 민법에 있어서의 소유권에 기한 방해제거청구권(동법 214조)과 유사하다는 점에서 그것의 법적 성질을 두고서 공권인지 사권인지 여부와 물권적 청구권에 한정되는지 여부가 다투어진다. 전자의 물음은 앞에서의 국가배상청구권의 성질을 둘러싼 논의와 동일하게 접근할 수 있다. 실체적 상관관계이론에서 보자면 원인행위가 공법적 성질을 갖기에 결과제거청구권은 당연히 공권이다. 2013년 행정소송법개정안에 행정상 급부이행청구소송이 당사자소송의 내용으로 명문화되었기에 머지않아 이 물음은 사라질 것이다. 행정상의 결과제거청구는 비단 재산권만이 아니라, 다른 기본권의 행사가 방해되는 상태(예: 공무원의 명예훼손적인 견해표명)를 원래의 상태로 돌리는 것을 한다는 점에서, 그것을 물권적 청구권적 성질만을 갖는다고 볼 수는 없다.

Ⅴ. 행정상의 결과제거청구권의 성립요건

결과제거청구의 바탕인 행정상의 결과제거청구권이 성립하기 위해서는, **공법적 활동에 의해 유발된 그래서 행정주체에게 귀속될 수 있는 위법한 상태가 계속 존재함으로써 개인이 법률상의 이익(주관적 권리)에 침해를 받고 있어야 한다.**

i) 공법적 활동에 의해 유발된 그래서 행정주체에게 귀속될 수 있는 상태가 조성되어야 한다: 결과의 원인행위가 공법행위에 한하기에, 행정의 사법활동으로 빚어진 위법상태는 행정상의 결과제거청구가 아니라 민사적 방도를 취해야 한다.

ii) 위법한 상태가 계속 존재해야 한다: 위법한 상태는 작위(作爲)에 의해 만들어진다. 반면 부작위의 경우에는 원상회복해야 할 것이 전혀 없기에, 그것만으로는 원칙적으로 충분하지 않다. 다만 처음에 적법하였던 상태가 시간의 경과, 해제조건의 성취나 실체적 개입요건의 소멸로 인해 사후에 위법하게 되어 버린 경우는 다르다. 가령 적법하게 압류한 물건을 압류처분의 폐지 이후에 반환하지 않은 것처럼 여기서는 작위적 요소가 연계될 수 있다. 그리고 원인행위의 위법성이 아니라 상태의 위법성이 결과제거청구권을 성립시킨다(홍준형, 행정구제법, 2012, 272면). 따라서 원인행위인 공법적 활동이 위법할 것이 요구되지는 않는다. 한편 원인행위가 행정행위인 경우에는 행정행위의 공정력으로 말미암아 행정행위가 폐지되거나 처음부터 무효이어야 비로소 행정상의 결과제거청구권을 행사할 수 있다. 따라서 위법한 행정행위로 인해 위법한 결과가 빚어진 경우, 그 행정행위가 존재하는 한 결과제거를 구할 수 없다.

iii) 법률상의 이익(주관적 권리)의 침해가 있어야 한다.

Ⅵ. 행정상의 결과제거청구의 내용

행정상의 결과제거청구는 위법한 상태의 제거를 통해 원래상태의 회복을 목표로 한다. 원상회복 그 이상 그 이하도 아니다. 공법적 활동으로부터 빚어진 직접적인 결과의 제거를 도모한다. 원래상태와 비견될 수 있는 상태를 만들어서 종전의 법적 상황을 복구시키는 것이다. 그리하여 행정상의 결과제거청구는 ―사유지에 설치한 공공시설의 철거나 공무원의 명예훼손적인 견해표명에 대한 철회처럼― 종전상태를 회복하기 위해 적극적으로 행동에 나설 것을 요구한다. 다른 한편 행정상의 결과제거청구는 예방적인 방지(방어)청구권과는 구분해야 한다. 방어청구권은 −가령 공공기관이 운영하는 설비에 의한 오염물배출의 중지처럼− 장해유발과 훼손발생을 하지 않을 것을 목표로 한다. 다만 이들 양 청구권은 종종 함께 행해지곤 하는데, 법도그마틱적으로 이들 양 청구권은 서로 긴밀히 연관되어 있다.

Ⅶ. 행정상의 결과제거청구의 한계

행정상의 결과제거청구는 일반적 법원칙의 차원에서 한계를 갖는다. 다만 종종 요건과도 결합하여 기술되곤 한다. 즉, **결과제거청구권은 원상회복이 사실적으로 가능하고, 법적으로 허용되며, 행정에 대해 결과제거를 기대할 수 있어야 비로소 목표를 달성할 수 있다. 다만 위법한 상태가 합법화되면 결과제거청구권은 소멸한다.**

i) **원상회복의 불가능성**: 결과제거청구는 행정청에 의한 그것이 가능하다는 것을 전제요건으로 한다. 사실적으로 원상회복이 가능해야 한다는 것은 "가능한 것 이상을 의무지울 수 없다."(ultra posse nemo obligatur)는 법원칙에 합치한다. 따라서 결과제거가 사실상 불가능하면 금전배상을 목표로 한 국가배상에 만족할 수밖에 없다.

ii) **원상회복의 법적 불허용성**: 여기서는 행정청이 결과제거를 위한 법적 근거를 마음대로 동원할 수 없을 때 존재하는 법적 불능의 경우가 문제이다. 가령 −아래 사안처럼 허가취소판결에 따라 기왕의 허가에 바탕을 두고 형성된 현재상태가 위법하게 되어 버린 것과 같이− 위법상태가 행정이 아닌 제3자(처분의 수범자)에 의해 만들어져서 결과제거조치가 그 제3자를 지향해야 할 때가 그런 경우이다. 이런 제3자참여케이스에서 행정상의 결과제거청구가 동원될 수 있는지 문헌상으로 가능하다는 입장과 불허된다는 입장으로 나뉜다. 여기서 제3자가 스스로 제거할 의무를 지거나 제거조치를 수인할 의무를 지지 않는 한, 결과제거는 법적 불능에 해당한다. 그런데 원칙적으로 행정청은 위법한 상태를 어려움 없이 적법하게 제거할 수 있기에, 이런 불능은 행정행위에 의해 쉽게 해소될 수 있다. 하지만 이런 행정행위가 제3자에 대해 부담적 성격을 지닌다는 점에서, 우선 법률유보의 차원에서 근거가 문제되고, 아울러 그 행정행위가 재량이라면 재량축소가 문제된다(후술). 다만 고양된 신뢰보호의 차원에서 제3자의 신뢰가 보호가치가 있을 때는 결과제거에서 소극적인 태도를 취하는 것이 바람직하다.[237]

iii) **기대가능성**: 원상회복에 과도하게 비용이 드는 경우에는 기대가능성이 부인될

237) 이런 경우 위법한 상태를 초래시킨 국가를 상대로 배상책임을 묻는 것이 바람직하다.

것이다. 기대가능성의 관점은 과도한 확산을 저지하기 위한 일종의 안전밸브이다. 따라서 그것은 생트집을 잡기 위해 권리를 남용하는 것을 저지할 수 있는 포괄적인 한계로서 극히 예외적인 경우에만 적용된다.

iv) 위법한 상태의 합법화: 가령 위법하여 폐지된 행정행위가 새로운 적법한 행정행위에 의해 대체되었던 경우나 도로확장에 필요하여 위법하게 점유된 사유지가 수용된 경우에 위법상태가 합법화된다. 이런 경우에는 합법화된 지금의 상태를 위법하다고 할 수 없기에, 비록 그 이전 시점에는 위법하였다고 하더라도 지금을 기준으로 결과제거청구권은 성립하지 않는다. 하지만 합법화가 실현되지 않고, 단지 그것의 가능성이 인정되는 것만으로는 결과제거청구권의 성립을 저지하는 데 충분하지 않다.

Ⅷ. 쟁송절차

甲이 인근에 공사중인 공장시설허가에 대해 취소소송을 제기하였다. 주민의 건강과 주거환경과 관련한 허가요건을 충족하지 못하였음을 이유로 최종적으로 인용판결이 내려졌다. 그렇지만 이미 공사가 상당히 진척되었다. 이에 甲은 취소판결의 제3자효와 기속력에 의거하여 관할 행정청에 대해 공사중단된 공장시설물에 대해 철거명령을 해 줄 것을 요구하였는데, 관할 행정청은 반려하였다. 이 거부에 대해 소송을 통해 다툴 수 있는가?

행정상의 결과제거청구권을 실현하는 소송방도는 위법한 상태의 제거가 가능한 방법에 의거하여 가늠된다. 결과제거청구가 사실행위를 목표로 하는 경우에는 그것의 이행을 구하는 당사자소송을 취한다. 가령 공무원의 명예훼손적인 견해표명에 대해서는 철회를, (압류처분에 따른) 불법점유에 대해서는 반환을 구하는 것을 내용으로 하는 당사자소송을 어렵지 않게 제기할 수 있다. 다만 후자의 경우처럼 위법상태가 행정행위로부터 비롯되었다면 그것에 대한 취소소송을 선행 또는 병합해서 제기해야 한다.

반면 사안처럼 위법한 결과가 행정행위에 의해서만 제거될 수 있는 경우에는 사정이 다르다. 우선 행정행위의 발동을 요구하는 것이 문제된다. 따라서 취소판결에 제3자를 상대로 한 행정청의 결과제거의무까지도 포함한다고 보지 않는 한, 개별법상의 철거명령 등의 개입수권규정이나 경찰법상의 개괄조항에 의거하여 철거명령을 요구할 수 있다. 이런 요구에 대한 불응은 거부처분취소소송이나 부작위위법확인소송을 통해 다툴 수 있다. 그런데 이런 요구에 대한 불응의 상황은 일종의 행정개입청구권의 상황이다. 그런데 행정개입청구권을 부인하는 대법원 97누17568판결이 존속하는 한(본서 198면 이하), 사안에서 신청권의 결여로 거부처분취소소송 등의 제기가 허용되지 않을 것이다.[238] 따라서 **취소판결의 기속력의 일환으로 결과제거의무가 판례에 의해 인정되더라도**(대법원 2018두49130판결), **더욱이 앞으로 행정소송법 개정을 통해 의무이행소송이 도입된다 하더라도, 개입수권규정에 관한 기본인식이 바뀌지 않는 한, 행정상의 결과제거청구는 행정과 피침익자의 2극(二極)관계에서나 효과를 거둘 것이다.**

238) 신청권이 인정되어 원고적격이 인정된다 하더라도 철거명령을 반드시 내려야 하는 것은 아니다. 위법상태가 인근 주민에게 심각한 오염을 발생시키는 극단의 경우에는 재량의 영으로의 축소가 인정되어 철거명령이 반드시 내려져야 하겠지만, 반면 위법상태로 인한 불편이 미미한 경우에는 철거명령을 내리지 않을 수 있으며, 이 경우에는 그저 민사적 권리구제를 도모할 수 있을 뿐이다. 상론: 김중권, 행정법기본연구 I, 222면 이하 참조.

참고문헌

강의중 등, 행정법, 2008.
강현호, 국가경영행정법(상), 2012; (하), 2013; 행정소송법(역), 2018.
계희열, 헌법학(상), 2005.
권영성, 헌법학원론, 2010.
고영훈, 행정법총론, 2022.
길준규, 행정법개론, 2018.
김남진, 행정법의 기본문제, 1994.
김남진/김연태, 행정법Ⅰ, Ⅱ, 2024.
김남철, 행정법강론, 2024.
김도균/최병조/최종고, 법치주의의 기초, 2005.
김동희/최계영, 행정법 Ⅰ, 2023; 김동희, 행정법 Ⅱ, 2022..
김민호, 행정법, 2022.
김병기, 쟁점 행정법특강, 2023.
김선택, 헌법사례연습, 2004.
김성수, 일반행정법, 2021.
김성수, 신사조행정법, 2023.
김용섭, 행정법이론과 판례평석, 2020.
김용섭/신봉기/김광수/이희정, 법학전문대학원 판례교재 행정법, 2018.
김유환, 현대행정법강의, 2024.
김종보, 건설법의 입문, 2021; 행정법입문, 2022..
김중권, 행정법기본연구Ⅰ, 2008; Ⅱ, 2009; Ⅲ, 2010; Ⅳ, 2013; Ⅴ(행정판례의 분석과 비판), 2019; Ⅵ(행정법의 현대화와 개혁, 2021; Ⅶ(행정판례의 분석과 비판Ⅱ), 2024.
김중권, 유럽화된 독일행정절차법에 관한 연구, 2008.
김중권, EU행정법연구, 2018.
김중권/이은희, 부동산법제, 2012
김철수, 학설판례 헌법학(상), 2009
김철수, 헌법학신론, 2013.
김철용, 행정법, 2024; 특별행정법, 2022; 행정절차와 행정소송(편), 2017
김춘환, 행정법강의 1, 2004.
김하열, 헌법강의, 2024; 헌법소송법, 2023.
김향기, 행정법연습, 2015.
김현준, 행정법도그마틱(역), 2020; 행정법관계의 사인의 권리와 의무, 2012.

문병효, 행정법방법론, 2020.

박균성, 행정법론(상)(하), 2024; 정책, 규제와 입법, 2022; 박균성/김재광, 경찰행정법, 2024; 환경법, 박균성/함태성, 2023.

박윤흔/정형근, 최신행정법강의(상)(하), 2009.

박정훈, 행정법의 체계와 방법론, 2005; 행정소송의 구조와 기능, 2006; 행정법 개혁의 과제, 2023.

박정훈, 행정법통합연습(상)(하), 2015; .행정법판례라인, 2017.

서정범/박상희, 행정법총론, 2022.

석종현/송동수, 일반행정법총론, 2022.

선정원, 행정법의 개혁, 2020; 행정법의 작용형식, 2019.

성낙인, 헌법학, 2024.

신봉기, 행정법개론, 2016; 신봉기/정성균, 판례행정법, 2024.

신우철, 헌법(기본권), 2018; 헌법(국가조직(2017).

유지태/박종수, 행정법신론, 2021.

이경운, 행정법의 기초이론, 2013.

이광윤/김철우, 일반행정법, 2024.

이동식/전훈/김성배/권세훈, 행정법총론, 2024.

이비안, 현대행정법의 이해, 2013.

이상규, 신행정법론(상), 1993; 신행정법론(하), 1994.

이원우, 기술혁신과 규제정책, 2019; 경제규제법론, 2010.

이일세, 행정법총론, 2024; 행정법논단, 2007.

이준일, 헌법학강의, 2023.

이철환, 행정구제법강의, 2015.

장경원, 행정법의 기본쟁점, 2018.

장영수, 헌법학, 2024.

장태주, 행정법개론, 2011.

전광석, 한국헌법론, 2023.

정남철, 한국행정법론, 2024; 행정구제의 기본원리, 2015; 현대행정의 작용형식, 2016; 행정법의 특수문제, 2018; 헌법재판과 행정소송, 2022.

정승윤, 행정쟁송법, 2017.

정재황, 신헌법입문, 2024.

정종섭, 헌법학원론, 2022.

정주백, 평등정명론, 2019.

정하중, 행정법의 이론과 실제, 2012,

정하중/김광수, 행정법개론, 2024.

정형근, 행정법, 2024.

조만형, 행정법의 이론과 판례, 2015.

조인성, 행정법강의, 2018.

천병태/김명길, 행정법총론, 2011.

최봉석, 행정법총론, 2018.

최선웅, 행정소송세미나, 2011; 재량과 행정쟁송, 2021.

최송화, 공익론, 2002.

최우용, 행정법총론, 2019; 최우용/정해영, 행정법 I, 2021.

최정일, 행정법개론, 2019.

하명호, 행정법, 2024; 행정쟁송법, 2024

한견우, 현대행정법신론 Ⅰ, Ⅱ, 2014.

한수웅, 헌법학, 2024.

허영, 헌법이론과 헌법, 2021.

홍성방, 헌법학(상), 2013; (중), 2015; (하), 2014.

홍정선, 행정법원론(상)(하), 2024; 행정기본법 해설, 2022; 신지방자치법, 2022; 민간위탁의 법리와 행정실무, 2015.

홍준형, 행정법, 2017; 행정쟁송법, 2017; 지방자치법, 2022; 환경법의 성공과 실패, 2022; 한국행정법의 쟁점: 한국행정법학의 주요 논제, 2018.

한국행정판례연구회 편, 행정판례평선, 2016.

妻榮, 事務管理·不當利得·不法行爲, 1937.

田中二朗, 行政上の損害賠償及び損失補償, 1954.

鹽野 宏, 行政法 I, 2009; 行政法 Ⅱ, 2005.

大橋洋一, 行政法 I, 2009.

宇賀克也, 改正行政事件訴訟法, 2006; 宇賀克也, 行政法概説II 2015.

潮見佳男, 不法行爲法 Ⅰ, 2011.

Bader/Ronellenfitsch, BeckOK VwVfG, 2022.

Brohm, Baurecht, 2.Aufl., 2006.

Erbguth, Öffentliches Baurecht, 2009.

Ehlers/Pünder(Hrsg.), Allgemeines Verwaltungrecht, 16.Aufl., 2022.

Ehlers/Schoch(Hrsg.), Rechtsschutz im Öffentlichen Recht, 2021

Erichsen/Ehlers, Allgemeines Verwaltungrecht, 12.Aufl., 2002.

Finkelnburg/Dombert/Külpmann, Vorläufiger Rechtsschutz im Verwaltungsstreitverfahren, 6.Aufl., 2011.

Forsthoff, Lehrbuch des Verwaltungrechts, 10.Aufl., 1973.

Fuhrmanns, Vertrauensschutz im deutschen oesterreichischen öffentlichen Recht, 2004.

Hoffmann-Riem/Schmidt-Aßmann/Voßkuhle(Hrsg.), Grundlagen des Verwaltungsrechts, Bd. I, 2.Aufl., 2012; Bd. Ⅱ, 2.Aufl., 2012; Bd. Ⅲ, 2.Aufl., 2013.

Hufen, Verwaltungsprozessrecht, 12.Aufl., 2021.

Isensee/Kirchhof(Hrsg.) Handbuch des Staatsrechts, Bd. Ⅰ, Ⅴ, 2000.
Kloepfer, Umweltrecht, 3.Aufl., 2004.
Knack/Henneke, Verwaltungverfahrensgesetz, 9.Aufl., 2010.
Kopp/Ramsauer, Verwaltungverfahrensgesetz, 17.Aufl., 2016.
Kopp/Schenke, Verwaltungsgerichtsordnung, 22.Aufl., 2016.
Lücke, Begründungszwang und Verfassung, 1987.
Maurer/Waldhoff, Allgemeines Verwaltungrecht, 19.Aufl., 2017.
O. Mayer, Deutsches Verwaltungsrecht, Bd. Ⅰ, 1.Aufl., 1895; 3.Aufl., 1924.
Mayer/Kopp, Allgemeines Verwaltungrecht, 5.Aufl., 1985.
J. Ipsen, Allgemeines Verwaltungrecht, 7.Aufl., 2011.
Kunig, Das Rechtsstaat, 1986.
Ossenbühl/Cornils, Staatshaftungsrecht, 6.Aufl., 2013.
Schmidt-Aßmann(Hrsg.), Besonderes Verwaltungrecht, 13.Aufl., 2005.
Schoch/Hoffmann-Riem/Schmidt-Aßmann(Hrsg.), Innovation und Flexibilität des Verwaltungshandelens, 1994.
Schoch/Schmidt-Aßmann/Bier, VwGO Kommentar, 20.Aufl., 2010.
Schoch/Schneider, Verwaltungsrecht-VwVfG Kommentar, 2022.
Siegel, Allgemeines Verwaltungrecht, 14.Aufl., 2022.
Stelkens, Verwaltungsprivatrecht, 2005.
Stelkens/Bonk/Sachs, Verwaltungverfahrensgesetz, 10.Aufl., 2022.
Tipke/Lang, Steuerrecht, 18.Aufl., 2005.
Wolff/Bachof/Stober/Kluth, Verwaltungrecht Ⅰ, 13.Aufl., 2017.
Festgabe 50 Jahre Bundesverwaltungsgericht, 2003.
Voßkuhle/Eifert/Möllers(Hrsg.), Grundlagen des Verwaltungsrechts, Bd. Ⅰ,Ⅱ, 3.Aufl., 2022.

사항색인

ㄱ

ㅅ

ㅊ

판례색인

저술연보(2025.2. 현재)

Ⅰ. 단독저서: 12권

행정법 제5판, 법문사, 2023.2. 제4판; 2021.2., 제3판: 2019.2.28., 제2판: 2016.2.20., 제1판: 2013.4.30.

행정판례의 분석과 비판 Ⅱ(행정법기본연구Ⅶ) 법문사, 2024.3.1.

행정법의 현대화와 개혁(행정법기본연구Ⅵ(2021), 법문사, 2021.5.31.

행정판례의 분석과 비판(행정법기본연구Ⅴ) 법문사, 2019.4.30.(대한민국 학술원 2020년 우수도서)

EU행정법연구, 법문사. 2018.2.20.(대한민국 학술원 2018년 우수도서)

행정법기본연구Ⅳ, 법문사, 2013.12.20.(대한민국 학술원 2014년 우수도서)

행정법기본연구Ⅲ, 법문사, 2010.12.30.(대한민국 학술원 2011년 우수도서)

행정법기본연구Ⅱ, 법문사, 2009.12.30.

유럽화된 독일행정절차법에 관한 연구, 한국법제연구원, 2008.9.30.

행정법기본연구Ⅰ, 법문사, 2008.6.25.

행정자동절차에 관한 법적 고찰, 고려대학교(박사학위논문), 1993.8.

자금조성에 관한 법적 연구, 고려대학교(석사학위논문), 1988.2.

Ⅱ. 공편저: 10권

인공지능 윤리규범학(공저: 6인), 태학사, 2024.5.31.

(변호사시험의 자격시험을 위한) 행정법 표준판례연구(공저: 26인), 법학전문대학원협의회, 2021.3.

인공지능과 미래사회, 미래는 AI의 것일까? (공저: 14인), 사이언스북스, 2020.7.30.

공법 사례형 (공저: 공법교수 8인), 법문사, 2016.9.20.

부동산법제 (공저: 김중권·이은희), 한국방송통신대출판부, 2011.1.25./2012.1.25.

행정소송(Ⅰ)(Ⅱ) (편집대표 조해현), 한국사법행정학회, 2008.9.10.

지방자치법주해 (공저: 홍정선 등), 박영사, 2004.9.1.

조선시대의 규범이론과 규범체계 (공저: 이재룡 외), 한국학술정보, 2006.1.12

세법 (공저: 유지태·김연태·김중권), 법문사, 1998.2.20.

주관식 행정법 (공저: 김남진·김중권), 경세원, 1994.4.30.

III. 편저 수록 논문: 10건

인공지능의 등장으로 인한 공적 영역에서의 법과 제도의 변화, 인공지능과 미래사회, 미래는 AI의 것일까? 2020.7.30., 245-258면.

환경영향평가가 결여된 행정행위의 효력, 환경판례평선, 한국환경법학회/대법원환경법연구회, 2019.12.5.,, 82면-85면.

행정법과 행정판례상의 現下의 쟁점, 학문연구의 동향과 쟁점(법학) 제3편 행정법학 (김남진·김중권), 대한민국 학술원, 2018.12.31., 283-300면.

두밀분교폐지조례의 처분성, 행정판례평선, 한국행정판례연구회, 2011.6., 690-700면.

행정행위의 공정력, 행정판례평선, 한국행정판례연구회, 2011.6., 280-288면.

신고의 법적 성질, 행정판례평선, 한국행정판례연구회, 2011.6., 106-118면.

2000년대의 행정법학, 한국의 학술연구 법학Ⅱ 제3편 행정법학(김남진/김중권), 대한민국 학술원, 2010.12.30., 251-270면.

행정법상의 신고와 통보, 행정소송(I), 2008.9.10., 683-714면.

행정처분의 의의와 종류, 행정소송(I), 2008.9.10., 481-534면.

행정법의 대상과 범위(공법과 사법의 구별), 행정소송(I), 2008.9.10., 449-480면.

IV. 기념논문집 수록 논문: 18건

제3자에 의한 건축허가철회청구권의 행정법적 의의, 자율과 공정(김재형 대법관 재임기념논문집), 2022.8.25., 465-477면.

행정상의 강제수단으로서의 살수행위와 관련한 판례의 문제점, 헌법과 양심의 길을 따라(김이수 헌법재판관 고희기념 헌정논문집), 2022.5.11., 201-224면.

행정소송에서 대학의 당사자능력과 원고적격에 관한 小考 및 에필로그, 행정법의 시대적 과제(이일세 교수 정년기념논문집), 2021.10.14., 482-498면.

공사완료후에 제기한 건축허가취소소송의 권리보호의 필요성의 문제점, 規範과 現實 의 調和-合理性과 實效性-(崔光律 名譽會長 獻呈論文集), 2020.12.15., 315-326면.

한국행정판례연구회의 판례연구의 역사적 고찰, 행정판례와 공익: 청담 최송화 교수 희수 기념논문집, 2018.7.5., 275-300면.

공법재판에서 잠정적 권리구제시스템의 개혁에 관한 소고, 국가와 헌법Ⅰ(성낙인 총 장퇴임기념논문집), 2018.6.20., 1519-1541면.

개헌논의에 따른 國家賠償시스템의 拔本的 改革에 관한 小考, 현대행정법의 이해(유지태 교수 10주기 추도논문집), 2018.3.23. 267-284면.

헌법재판에서 가처분제도의 활성화 방안, 아시아의 항구적인 평화와 번영의 길(박한철 헌법재판소장 기념논문집), 2017.1., 356-390면.

유럽행정법의 작용형식에 관한 小考, 지방자치와 행정법(홍정선 교수 정년기념논문집), 2016.

2., 624-649면.

當事者訴訟의 活性化에 즈음한 行政法의 改革에 관한 小考, 헌법재판의 새로운 지평: 이강국 헌법재판소장 퇴임기념논문집, 2013.1.19., 379-397면.

미니컵 젤리로 인한 질식사와 국가배상책임의 문제, 특별법연구 제10권(전수안 대법관 퇴임기념논문집), 2012.6.28., 90-148면.

건축법 제14조상의 건축신고가 과연 수리를 요하는 신고인가?, 특별법연구 제9권(이홍훈 대법관 퇴임기념논문집), 2011.5.13., 273-289면.

의약품법의 제 결정에서의 판단여지에 관한 소고(역), 한국 공법학의 발견: 현안과 쟁점: 강구철교수 화갑기념논문집, 2007.3.22., 499-534면.

자동적 행정행위(컴퓨터 행정행위)에 관한 소고, 행정작용법: 김동희 교수 정년기념논문집, 2005.5., 163-208면.

행정소송의 종류의 체계에 관한 소고, 현대공법이론의 제문제: 석종현교수 화갑기념논문집 2003.10., 659-679면.

행정자동결정에 대한 사법심사, 현대법학의 과제와 전망: 김윤구 박사 화갑기념논문집, 1999.11., 559-582면.

행정법상의 금지와 그것의 해제에 관한 소고, 헌법규범과 헌법현실: 권영성교수 정년기념논 문집, 1999.1., 547-572면.

행정재량의 축소에 관한 고찰, 현대공법학의 재조명(김남진 교수 정년기념논문문집), 법학논집(고려대학교 법학연구소) 특별호, 1997.8., 57-107면.

V. 전문학술지 수록 논문: 177건

망인에 대한 서훈에서 상반된 역사적 평가와 관련한 행정소송법적 문제점, 사법 제70호, 2024.12.15., 452면-473면.

디지털 대전환 시대의 공법적 논리, 청촌논총 제26집, 2024.11., 9면-50면.

행정심판법 제정 40년에 따른 정비방안－不惑의 현행「행정심판법」, 전면 개정이 필요하다－. 권익 제1권 제1호, 2024.11.11., 114면-139면.

사람이 없는(人空) 人工知能 시대에 공법적 대응－人空知能·人倥知能 시대로 되지 않기 위해 디지털 대전환 시대의 논리가 시급하다, 공법연구 제53집 제1호, 2024.10.31., 47-74면.

不惑의 현행「행정소송법」, 전면 개정이 필요하다. 법조 제767호, 2024.10.28., 100면-127면.

「가축전염병예방법」상의 이동제한명령의 위반에 따른 지방자치단체의 손해배상청구, 인권과 정의 제522호, 2024.5.31., 59면-73면.

2023년도 主要 行政法(行政)判決의 分析과 批判에 관한 小考, 안암법학 제68호 (2024.5.30.), 105면-140면.

EU의회의 인공지능법안의 주요 내용에 관한 소고－EU집행이사회의 인공지능법안과 비교해서－, 공법연구 제51집 제3호, 2024.2.28., 257-285.169.

「행정기본법」에 의한 부관의 명문화에 따른 후속과제, 저스티스 제200호, 2024.2.1., 156면-175

면.

임용결격자 임용의 취소와 행정절차, 행정판례연구 제28집 제2호, 2023.12.31. 273면-296면.

'철회권의 유보'의 부관에 대한 권리보호의 문제, 법조 제762호, 2023.12.28., 585면-609면.

민주적 헌법국가에서 교호(상호)작용의 관계로서의 헌법과 행정법의 관계, 헌법논총 제34집, 2023.12.22., 141면-200면: **헌법논총 제34집 우수논문상**(2023.12.11.).

디지털화에 대한 독일 행정절차법의 대응과 그 시사점, 공법연구 제52집 제1호, 2023.10.31., 339면-368면.

요양기관 영업정지처분이 과연 소위 대물적 행정처분인가?, 사법 제65호, 2023.9.15. 511면-535면.

행정법이론의 발전과 행정판례의 동향에 관한 비판적 고찰, 인권과 정의, 제515호, 2023.8.1., 73면-88면.

'행동하는 헌법'으로서의 「행정기본법」의 개정은 언제나 현재진행형이 되어야 한다. 공법연구 제51집 제4호, 2023.6.30., 171면-199면.

2022년도 主要 行政法(行政)判決의 分析과 批判에 관한 小考, 안암법학 제66호(2023.5.30.), 101면-138면.

개성공단 전면중단 조치의 공법적 문제점, 저스티스 제193호, 2022.12.15., 501면-521면.

긴급조치와 관련한 국가배상책임에서 재판상의 불법의 문제, 인권과 정의 제510호, 2022.12.1., 109-124면.

인공지능시대에 자동적 처분의 법제도화(「행정기본법」 제20조)에 따른 후속과제, 공법연 구 제51집 제1호, 2022.10.30., 311-338면.

행정행위의 재심사의 법제도화(「행정기본법」 제37조)에 따른 후속과제, 법제 제698호, 2022.9.15., 1-28면.

공기업의 공급자등록취소·제한(거래제한조치)의 법적 성질, 사법 제61호, 2022.9.15., 429-460면.

2021년도 主要 行政法(行政)判決의 分析과 批判에 관한 小考, 안암법학 제64호(2022.5.30.), 105-138면.

코로나 19시대 영업제한·금지에 따른 손실보상의 문제, 공법학연구 제23집 제1호, 2022.2.28., 99-129면.

위법한 행정절차에 대한 국가배상책임에 관한 소고, 법조 제751호, 2022.2.28., 418-441면.

인공지능시대에 자동화에 적합한 입법의 문제, 공법연구 제50집 제3호, 2022.2.28., 189-212면.

EU 인공지능명령안의 주요 내용과 그 시사점, 헌법재판연구 제8권 제2호, 2021.12.31. 65-100면.

대전환의 시대에 국가의 역할과 행정법(공법)의 개혁 및 현대화, 공법연구 제50집 제2호, 2021.12.31., 85-110면.

거부처분취소소송에서 위법판단의 기준시점의 문제, 법조 제750호, 2021.12.28., 7-27면.

행정상의 강제수단으로서 살수행위와 관련한 판례의 문제점, 인권과 정의, 제502호, 2021.12.1.,

144-160면.

독일 제16차 개정 원자력법에 관한 독일 연방헌법재판소 결정의 公法的 意義, 환경법 연구 제43권 제2호, 2021.8.31. 63-93면.

국민건강보험법의 부당이득징수처분의 법적 성질, 행정판례연구 제26집 제1호, 2021.6.30., 3-45면.

「행정기본법」의 보통명사 시대에 행정법학의 과제 Ⅲ:「행정소송법」 등의 개혁을 중심으로, 공법연구 제49집 제4호, 2021.6.30., 111-137면.

「행정기본법」의 보통명사 시대에 행정법학의 과제 Ⅱ: 행정의 법원칙 등을 중심으로, 법 제693호, 2021.6.15. 9-44면.

「행정기본법」의 보통명사 시대에 행정법학의 과제 Ⅰ: 처분관련 규정을 중심으로, 공법학연구 제22권 제2호, 2021.5.31., 3-63면.

2020년도 主要 行政法(行政)判決의 分析과 批判에 관한 小考, 안암법학 제62호 (2021.5.30.), 79-119면.

코로나 팬데믹 시대에 행정법적 위기모드와 관련한 문제점, 법조 제746호, 2021.4.28., 194-227면.

판결에 의한 장애종류의 확장의 문제, 사법 제55호, 2021.3.15., 955-982면.

인공지능(지능형) 시스템의 도입을 위한 법적 규율의 문제, 공법학연구 제22권 제1호, 2021.2.28., 263-292면.

분뇨수집운반 대행계약과 관련한 행정법적 문제점, 저스티스 통권 제182-1호, 2021.2.1., 551-566면.

전교조 법외노조통보 판결의 문제점, 인권과 정의 제495호, 2021.2.1., 165-184면.

행정법이 헌법에 있고, 헌법이 행정법에 있기 위한 모색, 헌법학연구 제26권 제4호, 2020.12.31., 207-253면.

공법의 탈속지주의화에 따른 국제적 행정법에 관한 연구, 공법연구 제49집 제1호, 2020.10.31., 93-115면.

인공지능시대 알고크라시(Algocracy)에서의 민주적 정당화의 문제, 법조 제743호, 2020.10.28., 181-207면.

김중권/김영수, 독일 연방헌법재판소의 원전폐쇄판결에 따른 후속 입법상황에 관한 고찰, 환경법연구 제42권 제2호, 2020.8.31., 237-266면.

병역의무기피자인적사항의 공개의 법적 성질과 관련한 문제점, 행정판례연구 제25집 제1호, 2020.6.30., 209-237면.

2019년도 主要 行政法(行政)判決의 分析과 批判에 관한 小考, 안암법학 제60호, 2020.5.30., 75-122면.

행정에 인공지능시스템 도입의 공법적 문제점, 법조 제740호, 2020.4.28., 53-77면.

인공지능시대에 알고리즘에 의한 행위조종과 가상적 행정행위에 관한 소고, 공법연구 제48집 제3호, 2020.2.28., 287-312면. 2021년 '교육부 학술·연구지원사업 우수 성과 공사완료후에 제기한 건축허가취소소송의 권리보호의 필요성의 문제점, 행정판례연구 제24집 제2호, 2019.12.31., 341-362면.

재미동포에 대한 사증발급거부와 관련한 판결의 문제점, 법조 제738호, 2019.12.28., 355-376면.

21세기 국가모델을 위한 행정법의 현대화와 개혁, 공법연구 제48집 제1호, 2019.10.31., 387-419면.

행정법의 危機이냐, 행정법학의 委棄이냐? 행정법학 제17호, 2019.6.30., 183-213면.

군인의 복종의무와 기본권행사의 충돌에 관한 소고, 행정판례연구 제24집 제1호 2019.6.30. 277-315면.

도시계획시설사업 실시계획인가의 무효와 관련한 문제점, 법조 제735호, 2019.6.28. 581-599면.

2018년도 主要 行政法(行政)判決의 分析과 批判에 관한 小考, 안암법학 제58호 2019.5.30., 1-43면.

유럽국가의 국가배상책임법제에 관한 개관, 「法學硏究」(충남대 법학연구소) 제30권 제1호, 2019.2.28., 11-43면.

총장임용제청거부와 배타적 경쟁자소송, 법조 제733호, 2019.2.28. 459-477면.

재판지연에 대한 국가책임에 관한 소고, 공법연구 제47집 제2호, 2018.12.31. 199-220면.

사회보장분야에서 행정재판의 의의와 역할, 행정판례연구 제23집 제2호, 2018.12.31. 3-42면.

건강기능식품의 표시·광고의 사전심의제와 관련한 문제점, 식품과학과 산업(한국식품과 학회) 제51권 제4호, 2018.12.31., 325-333면.

결격자가 참여한 원자력안전위원회 의결의 법적 효력에 관한 소고, 저스티스 제169호 2018.12.1., 208-229면.

의제된 인·허가의 취소와 관련한 문제점, 법조 제731호, 2018.10.28., 509-534면.

국가배상법에 따른 국가배상책임을 통한 조세구제의 고찰, 조세논총(한국조세법학회) 제3권 제3호, 2018.9.28., 97-123면.

사회보장급부지급취소처분과 환수처분간의 관계, 법조 제730호, 2018.8.28., 341-365면.

독일 행정절차법상의 허가의제제도와 그 시사점, 법제연구 제54호, 2018.6.30., 39-69면.

2017년도 主要 行政法(行政)判決의 分析과 批判에 관한 小考, 안암법학 제56호, 2018.5.30., 1-48면.

제3자에 의한 건축허가철회청구권의 행정법적 의의, 법조 제728호, 2018.4.28., 455-478면.

제3자 취소소송에서 처분상대방의 권리보호에 관한 소고, 사법 제43호, 2018.3.15., 187-218면.

한국행정판례연구회의 판례연구의 역사적 고찰, 행정판례연구 제22집 제2호, 2017.12.31., 231-275면.

독일 제2차 원전폐쇄법에 관한 독일 연방헌법재판소 판결의 公法的 意義, 헌법논총 제28집, 2017.11.30., 193-251면.

집회금지처분에 대한 잠정적 권리구제에 관한 소고, 법조 제725호, 2017.10.28., 541-579면.

인공지능시대에 완전자동적 행정행위에 관한 소고, 법조 제723호, 2017.6.28., 146-182면.

2016년도 主要 行政法(行政)判決의 分析과 批判에 관한 小考, 안암법학 제53호, 2017.5.30.,

141-177면.
행정의 국제화에 따른 범국가적 행정작용, 법조 제722호, 2017.4.28., 193-224면.
조합설립인가취소판결과 기왕의 추진위원회의 관계, 법조 제721호, 2017.2.28., 1-19면.
'소급적·일괄적 이행강제금부과처분의 무효'의 행정법적 문제점, 법조 제720호, 2016.12.28., 402-421면.
이른바 입법아웃소싱의 공법적 문제점에 관한 소고, 입법평가연구 제10-2호, 2016.10.30., 15-40면.
'진주의료원 폐업조치'의 행정법적 문제점, 법조 제719호, 2016.10.28., 464-486면.
신고제의 발본적 개혁에 관한 소고, 행정법학 제11호, 2016.9.30., 25-67면.
국가의 금융기관감독과 국가배상책임, 법조 제718호, 2016.8.28., 483-500면.
公法契約의 解止의 處分性 與否에 관한 小考, 행정판례연구 제21집 제1호, 2016.6.30., 57-77면..
독일 행정소송법에 대한 EU행정법의 영향에 관한 小考, 공법학연구 제17권 제2호, 2016.5.31., 3-33면.
2015년도 主要 行政法(行政)判決의 分析과 批判에 관한 小考. 안암법학 제50호, 2016.5.30., 90-125면.
取消訴訟에서 係爭處分의 違法性의 權利侵害 牽聯性에 관한 小考, 행정판례연구 제20 집 제2호, 2015.12.31., 83-127면.
法治國家原理를 具現하기 위한 行政訴訟法의 改正, 동아법학 제63호, 2015.8.31., 1-24면.
2014년도 主要 行政法(行政)判決의 分析과 批判에 관한 小考, 안암법학 제47호 2015.5.31., 1-59면.
補償評價의 事前統制의 問題點과 改善方向, 토지보상법연구 제15집, 2015.2., 31-52면.
행정소송과 행정법, 저스티스 제146권 제2호, 2015.2.5., 114-153면.
行政判例 30년의 回顧와 展望, 행정판례연구 제19집 제2호, 2014.12.31., 439-485면.
조합설립인가취소판결에 따른 추진위원회의 법적 지위에 관한 소고, 공법학연구 제15권 제4호, 2014.11.30., 243-266면.
공법(행정법)의 현대화를 통한 규제개혁, 안암법학 제45호, 2014.9.30., 71-115면.
위험방지와 행정구제, 국가법연구 제10집 제2호, 2014.8.31., 31-58면.
지방자치단체의 구역관할결정의 제 문제에 관한 소고, 행정판례연구 제19집 제1호, 2014.6.30., 359-386면.
이른바 處分的 行政立法의 問題點에 관한 小考, 공법연구 제42집 제4호, 2014.6.20., 285-311면.
2013년도 主要 行政法(行政)判決의 分析과 批判에 관한 小考, 안암법학 제44호 2014.5.31., 81-137면.
獨逸 原電閉鎖의 公法的 問題點, 행정법학 제6호, 2014.3.31., 89-124면.
情報提供的 申告로서의 集會申告의 公法的 意義에 관한 小考, 안암법학 제43호 2014.1.31., 77-108면.
憲法裁判所의 判例가 行政法에 미친 影響에 관한 小考, 헌법논총 제24집, 2013.10.29., 393-434

면.

行政節次法의 改革을 위한 行政處分(行政行爲) 規定의 整備, 행정법학 제5호, 2013.9., 219-238면.

2012년도 主要 行政法(行政)判決의 分析과 批判에 관한 小考, 안암법학 제42호 2013.9.30., 55-97면.

김중권·최종권, 「도시 및 주거환경정비법」상의 각종 인가의 법적 성질에 관한 소고, 법학논문집 제37집 제1호, 2013.4., 271-320면.

行政法上 行爲形式·手段의 混合에 관한 硏究, 행정법연구 제35호, 2013.4.30., 29-56면.

김중권/김영수, 21세기 국가모델을 위한 가칭 행정기본법의 제정을 통한 행정법과 행정 법제의 개혁, 공법연구 제41집 제3호, 2013.2.28., 29-49면.

법무부 행정소송법개정시안의 주요 내용에 관한 소고, 공법학연구 제14권 제1호, 2013.2.28., 379-404면.

法律的 根據가 없는 生活對策에 관한 申請拒否의 問題, 토지보상법연구 제13집, 2013.2.25., 149-168면.

유럽행정법상 행정소송을 통한 권리보호시스템에 관한 연구, 공법연구 제41집 제1호, 2012.10.31., 311-346면..

行政訴訟에서 大學의 當事者能力과 原告適格에 관한 小考, 강원법학 제36권, 2012.6., 69-93면.

規範執行에 관한 權利로서의 行政法上의 主觀的 公權論에 관한 小考, 공법연구 제40집 제4호, 2012.6.20., 159-190면.

2011년도 主要 行政法(行政)判決의 分析과 批判에 관한 小考, 안암법학 제38호 2012.5.31., 27-96면.

行政行爲의 效力과 拘束效의 體系에 관한 小考, 공법학연구 제13권 제2호 2012.5.31., 345-379면.

國家賠償法改革을 통한 法治國家原理의 具體化, 행정법학 제2호, 2012.3.31., 69-114면.

행정법집행에 있어서의 민간전문가의 참여, 공법연구 제40집 제1호, 2011.10.31., 389-432면.

로스쿨에서의 行政法判例敎育, 행정법학 창간호, 2011.9.30., 119면 이하.

미니컵 젤리로 인한 질식사와 국가배상책임의 문제, 인권과 정의 제419호, 2011.8., 100-131면.

民間投資事業者指定의 節次法的 問題點, 행정판례연구 제16집 제1호, 2011.6.30., 149-186면.

2010년도 주요 행정법(행정)판결의 분석과 비판에 관한 소고, 안암법학 제35호, 2011.5.31., 45-114면.

行政行爲의 違法事由의 批判的 分析에 관한 小考, 법조 제650호, 2010.11.1., 173면-222면.

行政行爲瑕疵論의 改革에 관한 小考, 공법연구 제39집 제1호, 2010.10.31., 319-338면.

김중권·김영수, 行政法에서의 학문현상으로서의 學說, 그에 대한 適正性 評價에 관한 小考, 안암법학 제33호, 2010.10., 1-64면.

人事交流計劃이 결여된 轉出決定(命令)의 效力에 관한 小考, 행정판례연구 제15집 제1호, 2010.6.30., 273-300면.

환경영향평가가 결여된 행정행위의 효력에 관한 소고, 저스티스 제114호, 2009.12.1., 363-383면.

私權形成的 行政行爲-行政行爲에 의한 直接的 私權形成, 공법학연구 제10권 제3호, 2009.8.31., 229-258면.

國家賠償法上의 過失責任主義의 理解轉換을 위한 小考, 법조 제635호, 2009.8.1., 45-90면.

獨逸의 規範統制制度에 관한 槪觀과 그 示唆點에 관한 小考, 중앙법학 제11권 제1호, 2009.4., 345-378면.

公用介入類似的(收用類似的), 公用介入的(收用的) 介入의 適用領域에 관한 小考, 토지 공법연구 제43집 제2호, 2009.2.25., 1-29면.

독일 행정절차법상의 행정행위의 무효의 체계에 관한 소고, 중앙법학 제10집 제4호, 2008.12.31., 137-172면.

독일 행정절차법의 유럽화에 관한 소고, 법조 제626호, 2008.11., 154-198면.

민간화와 국가유보(역), 지방자치법연구 제8권 제3호(통권 제19호), 2008.9.20., 295-312면.

행정심판을 활성화하기 위한 선결과제에 관한 소고, 법제 제608호, 2008.8., 56-68면.

최근의 법률개정에 따른 행정심판제도의 문제점에 관한 소고, 공법연구 제36집 제4호, 2008.6.20., 490-513면.

행정규칙과 헌법소원심판, 헌법실무연구 제8권, 2007.12., 482-516면.

지방공기업의 육성과 경쟁력강화를 위한 법제지원방안-선결문제로서, 지자체의 경영활 동의 공법적 문제점, 지방자치법연구 제7권 제3호(통권 제15호), 2007.9.20., 27-47면.

민주적 법치국가에서 의회와 행정의 공관적 법정립에 따른 법제처의 역할에 관한 소고, 행정판례연구 제12집, 2007.6.30., 59-99면.

의약품 및 화장품 관련고시의 문제점 및 개선방향, 의약품법규학회지 제2집 제1호, 2007.6.30., 13-19면.

참여정부에서의 법치주의의 발전-행정법적 평가와 전망, 공법연구 제35집 제4호, 2007.6.20., 337-376면.

사법적으로 형성된 지방공기업과 관련한 행정회사법론에 관한 논의, 지방자치법연구 제7권 제2호(통권 제14호), 2007.6.20., 59-87면.

조문형식을 띤 고시의 처분성 인정에 따른 문제점에 관한 소고, 저스티스 제98호, 2007.6.6., 272-291면.

약사법상의 신약의 허가와 재심사에 관한 연구, 중앙법학 제8권 제3호, 2006.10.31., 31-80면.

리스크사회에서의 약사법의 위상, 의약품법규학회지 제1호, 2006.6.30., 15-20면.

사권형성적 행정행위와 그 폐지의 문제점에 관한 소고, 행정판례연구 제11집, 2006.6.10., 151-183면.

리스크행정에서 행정행위에 의한 개별사건규율에 관한 소고(역), 지방자치법연구 제6권 제1호, 2006.6.25., 549-575면.

행정법상 인가의 인정여부와 관련한 문제점에 관한 소고, 저스티스 제91호, 2006.6.5., 127-150

면.

도시계획조례의 규율(규정)의 범위의 문제점에 관한 소고, 법제 제576호, 2005.12., 23-36면.

고권적 형성수단으로서의 정보(역), 법학논문집(중앙대학교 법학연구소) 제29집 제1호, 2005.8. 31., 269-287면.

현행 공연법의 문제점에 관한 소고, 법제 572호, 2005.8., 5-23면.

행정개입청구권의 인정과 관련한 법적 문제점에 관한 소고, 저스티스 제86호, 2005.8.5., 226-240면.

지방분권정책의 공법적 과제, 공법연구 제33집 제5호, 2005.6.30., 379-430면.

국토이용계획변경신청권의 예외적 인정의 문제점에 관한 소고, 행정판례연구 제10집, 2005.6. 10., 21-60면.

리스크행정법으로서의 약사법의 의의에 관한 소고, 중앙법학 제7권 제1호, 2005.2.28., 139-158면.

위험개념과 시판후통제(역), 중앙법학 제6권 제4호, 2004.12.31., 409-435면.

조선조 공무원(관리)임용제에 관한 행정법적(공무원법적) 고찰, 법제연구 제27호, 2004.12., 173-207면.

공법상의 리스크 조종(역), 중앙법학 제6권 제3호, 2004.10., 457-482면.

불문경고조치의 법적 성질과 관련한 문제점에 관한 소고, 인권과 정의 제336호, 2004.8.1., 125-140면.

공무원의 전출전입과 관련한 법적 문제점에 관한 소고, 저스티스 제79호, 2004.6.28, 200-215면.

주민투표법안의 문제점에 관한 소고, 공법연구 제32집 제3호, 2004.2.28., 87-133면.

이른바 수리를 요하는 신고의 문제점에 관한 소고, 행정판례연구 제8집, 2003.12,31 63-92면.

조선조의 행정법제 특히 공무원법제에 관한 소고, 토지공법연구 제19집, 2003.9,30 555-579면.

주민등록전입신고거부의 법적 문제점에 관한 소고, 저스티스 제74호, 2003.8.31. 269-283면.

행정소송제도의 개편방향에 관한 소고, 공법연구 제31집 제3호, 2003.3.1., 643-661면.

국무총리궐위의 공법적 문제점에 관한 소고, 인권과 정의 제316호, 2002.12.1., 77-95면.

조치적 명령 내지 개별사건규율적 명령에 대한 권리보호에 관한 소고, 법조 제554호, 2002.11. 30., 90-130면.

행정의 작용형식의 체계에 관한 소고, 공법연구 제30집 제4호, 2002.6., 297-320면.

행정법상의 신고와 관련한 판례의 문제점에 관한 소고, 인권과 정의 제307호, 2002.3.1., 101-122면.

리스크결정과 법치국가적 행정법(역), 법학연구(충북대법학연구소) 제12권, 2001.12., 97면 이하.

위법건축물에 대한 인인보호의 문제점에 관한 소고, 인권과 정의 제299호, 2001.7., 112-122면.

건축법상의 건축신고의 문제점에 관한 소고, 저스티스 제61호, 2001.6., 150-169면.

다른 법규범의 적용 준용(지시)의 공법적 문제점에 관한 소고, 법제연구 제20호, 2001.6., 137-169면.

建築法上 鎭壓的 介入手段을 통한 隣人保護에 관한 小考, 공법연구 제29집 제3호, 2001.5., 347-364면.

의제적 행정행위에 관한 소고, 법제 제520호, 2001.4., 53-63면.

행정자동결정(자동적 행정행위)의 실체적 문제점에 관한 소고, 공법연구 제28집 제4호, 2000.6., 225-250면.

약사법상의 의약품(특히 신약)제조허가의 특질과 입증책임에 관한 소고, 공법연구 제27집 제2호, 1999.6., 493-518면.

행정법상 억제적 금지에 대한 예외적 승인, 저스티스 제31권 제1호, 1998.3., 133-151면.

리스크행정의 대표인 의약품법에 관한 소고(역), 법학연구(충북대법학연구소) 제8권, 1997.9., 215-236면.

행정자동화와 행정절차, 법제연구 제11호, 1996.9., 37-76면.

공의무, 특히 철거의무 및 이행강제금납부의무의 승계에 관한 고찰, 공법연구 제23집 제2호, 1995.6., 285-315면.

행정자동기계결정의 법적 성질 및 그의 능부, 공법연구 제22집 제3호, 1994.6., 371-394면.

행정자동절차상 오류의 정정에 관한 소고, 안암법학 창간호, 1993.9.4., 229-258면.

VI. 법률전문지 수록 소고: 113건

위법한 행정입법부작위에 의한 국가배상책임의 인정, 법률신문 제5241호, 2025.1.13.

AI 시대, 법학·공법 교육 어떻게 해야 하는가?, 법률신문 제5228호, 2024.11.25.

해양사고심판법상 원인규명재결의 법적 성질, 법률신문 제5224호, 2024.11.11.

국민건강보험법상의 피부양자인 '배우자' 개념, 법률신문 제5197호, 2024.7.25.

망인에 대한 서훈취소와 관련한 법적 문제, 법률신문 제5182호, 2024.6.3.

집회금지구역제에 관한 헌법재판소 결정의 含意, 법조신문 제895호, 2024.3.25.

「화물자동차 운수사업법」상의 안전운임고시의 법적 성질에 관한 소고, 법률신문 제5148호, 2024.1.22.

개인을 국가보다 앞세우는 헌법의 개혁이 필요하다, 법률신문 제5125호, 2023.10.30.

변호사등록지연에 대한 손해배상책임과 관련한 법적 문제점, 법조신문 제879호, 2023.7.24.

행정기본법의 제정에 따른 행정구제법의 과제, 법률신문 제5068호, 2023.3.23.

성전환에 따른 성별정정허가가 과연 판례법적 사항인가?, 법률신문 제5040호, 2022.12.8.

이의신청기각결정의 법적 성질 문제, 법률신문 제5034호, 2022.11.17.

시대의 해원(解冤)을 넘어 국가배상법 개혁을 위한 모색, 법률신문 제5015호, 2022.9.5.

포스트 코로나 시대에 행정법 및 공법은 어떤 역할을 해야 하는가? 법률신문 제4987호, 2022.5.17.

행정절차법 일부개정의 주요 내용 및 몇 가지 문제점, 법률신문 제4972호, 2022.3.21.

공정의 차원에서 행정구제법의 개혁에 관한 소고, 법률신문 제4951호, 2022.1.3.

언제까지 "지체된 정의는 정의가 아니다." 라는 법언에 머물 것인가? 법률신문 제4945호,

2021.12.9.

국민건강보험법 부당이득의 징수규정이 과연 재량규정인가? 법률신문 제4926호, 2021.9.30.

복종과 상명하복이 언급되는 국가와 사회가 근대적인가? 법률신문 제4919호, 2021.9.2.

코로나 팬데믹에서 사람은 사람에게 바이러스인가?, 법률신문 제4900호, 2021.6.21.

이제는 행정기본법 시대, 법률신문 제4876호, 2021.3.22.

행정의 현대화와 행정법개혁을 위한 행정기본법 제정, 법률신문 2020.10.26.

전교조법외노조통보의 법적 성질과 문제, 법률신문 제4829호 2020.9.20.

직사살수와 관련한 최근 판례의 문제점, 법률신문 제4819호, 2020.8.18.

재판지연에 대한 입법적 대응의 필요, 법률신문 제4798호, 2020.5.25.

공직자의 신체는 온전히 자신의 것인가? 법률신문 제4773호, 2020.2.20.

비전업 시간강사에 대한 차등강사료지급의 법적 문제점, 법률신문 제4749호, 2019.11.21.

유승준에 대한 대법원 판결 문제점에 관한 管見, 법률신문 제4716호, 2019.7.15.

國家再構造化와 再造山下의 출발로서의 行政基本法의 制定, 법연 2019년 여름호(통권 제63호), 2019.6.1., 28-31면.

사법상 계약에 의거한 행정처분의 성립가능성 문제, 법률신문 제4702호, 2019.5.27.

교장승진임용제외의 처분성 문제, 법률신문 제4681호, 2019.3.4.

현행 집시법의 발본적 개혁에 관한 소고, 법률신문 제4635호, 2018.9.10.

행정심판법의 개혁을 위한 소고, 법률신문 제4629호, 2018.8.20.

독립유공자 망인에 대한 법적 평가의 변경에 따른 그 유족에 대한 법효과 문제, 법률신문 제4620호, 2018.7.12.

개헌논의에 따른 국가배상시스템의 발본적 개혁에 관한 소고, 법률신문 제4580호, 2018.2.8.

행정소송법상의 집행정지결정의 논증과 관련한 문제점, 법률신문 제4560호, 2017.11.27.

주민등록번호변경신청권이 과연 조리상의 그것인지?, 법률신문 제4545호, 2017.9.25.

직권감차 통보의 처분성 여부에 관한 소고, 법률신문 제4508호, 2017.5.8.

제2차 원전폐쇄에 관한 독일 연방헌법재판소 판결의 의의, 법률신문 제4476호, 2017.1.5.

인공지능시스템에 의한 행정행위의 허용성에 관한 小考, 법제 제673호, 2016.9.15., 5-7면.

법무법인에 대한 세무조정반지정거부처분의 위법성, 법률신문 제4433호, 2016.7.25.

위법한 과세처분에 대한 국가배상법적 대응에 관한 소고, 법률신문 제4398호 2016.3.14., 11면.

취소소송에서 계쟁처분의 위법성과 원고적격상의 권리침해의 관련성에 관한 소고, 법률신문 제4384호, 2016.1.21.

국가배상책임상의 주관적 책임요소와 법치국가원리적 문제점, 법률신문 제4357호, 2015.10.12.

'자동차관리법'상 사업자단체인 조합의 설립인가의 법적 성질에 관한 소고, 법률신문 제4343호 2015.8.17.

私人의 방제보조작업에 대한 事務管理的 接近의 問題點, 법률신문 2015.5.4.

독일의 징계금(징계부가금)에 관한 소고, 최신외국법제정보(한국법제연구원) 2014년 제6호, 2014.9.30., 2-16면.

集會申告의 法的 性質에 관한 小考, 법률신문 제4248호, 2014.8.21.
도시정비법상의 사업시행인가처분의 법적 성질에 관한 소고, 법률신문 제4161호, 2013.9.26.
法律的 根據가 없는 생활대책의 신청에 대한 拒否에 관한 小考, 법률신문 제4098호, 2013.1.24.
21세기 국가모델을 위한 행정기본법의 제정에 관한 소고, 법률신문 제4078호, 2012.11.8.
行政法上 信賴保護의 原則의 信賴度提高에 관한 小考, 법률신문 제4066호 2012.9.24.
行政訴訟에서 大學의 當事者能力에 관한 小考, 법률신문 제4042호, 2012.6.25.
分離理論下에서 공용개입유사적 개입의 인정의 問題點, 법률신문 제4031호 2012.5.14.
일본 원전비극에 따른 원자력법개정에 관한 小考, 법률신문 제4015호, 2012.3.15.
공무원의 個人的 賠償責任認定의 문제점에 관한 小考, 법률신문 제4002호 2012.1.26.
공무수탁사인의 행정주체적 지위의 문제점에 관한 小考, 법률신문 제3989호, 2011.12.5.
이른바 자기완결적 신고가 과연 존재하는가?, 법률신문 제3984호, 2011.11.17.
전환규범을 매개로 한 행정규칙의 법규성인정의 문제점, 법률신문 제3961호, 2011.8.22.
민법개정시안상의 법인설립 등에 대한 국가개입에 관한 소고, 법률신문 제3944호, 2011.6.20.
Quo vadis-申告制?, 법률신문 제3916호, 2011.3.7.
도시정비법상의 조합설립변경인가처분 관련 문제점, 법률신문 제3902호, 2011.1.6.
申告制와 관련한 코페르니쿠스적 轉換에 관한 小考, 법률신문 제3896호, 2010.12.6.
重大明白性說의 墨守로부터 벗어나기 위한 小考, 법률신문. 제3886호, 2010.11.8.
轉入申告에 따른 登錄拒否處分의 問題點에 관한 小考, 법률신문 제3876호, 2010.9.30.
표준지공시지가결정과 수용재결간의 하자승계인정의 의의, 법률신문 제3871호, 2010.9.9.
인사교류계획에 의한 전출명령의 문제점에 관한 소고, 법률신문 제3852호, 2010.6.28.
건축신고의 허가擬制 효과에 관한 소고, 법률신문 제3837호, 2010.5.3.
개정 행정심판법의 문제점에 관한 小考, 법률신문 제3820호, 2010.2.25.
1차적 권리보호의 우위에 따른 민사법원에서의 선결문제와 후결문제, 법률신문 제3788호, 2009.10.26.
관리처분계획에 관한 총회결의의 쟁송방법, 법률신문 제3775호, 2009.9.7.
용도폐지공공시설의 무상양도신청의 거부에 관한 소고, 법률신문 제3761호, 2009.7.13.
주택재건축정비사업시행인가의 법적 성질에 관한 소고, 법률신문 제3737호 2009.4.13.
公物의 成立·廢止의 問題點에 관한 小考, 법률신문 제3677호, 2008.8.28.
行政行爲의 公定力과 取消判決의 遡及效간의 衝突에 관한 小考, 법률신문 제3634호, 2008.3.17.
行政法上의 告示의 法的 性質에 관한 小考, 고시계 2008년 2월호, 45-55면.
송유관이설협약의 법적 성질에 관한 소고, 법률신문 제3613호, 2007.12.24.
채석허가에 따른 적지복구상의 산림소유자의 법적 지위, 법률신문 제3563호, 2007.6.18.
사법적 형식의 행정(사법적 행정)의 공법적 사법적 구속에 관한 소고, 고시계, 2007.3., 25-35면.
경품상품권지정의 민간위탁의 문제점에 관한 소고, 법률신문 제3517호, 2006.12.25.

행정행위의 부관의 허용성 문제에 관한 소고, 고시연구 2006년 11월호, 87-98면.
실효한 행정처분에 대한 권리구제에 관한 소고, 법률신문 제3507호, 2006.11.20.
성전환자의 성별정정허가신청사건 등 사무처리지침의 문제점에 관한 소고, 법률신문 제3493호, 2006.9.25.
통보처분의 독립된 인정여부에 관한 소고, 고시연구 2006년 9월호, 95-108면.
정부투자기관의 입찰참가제한행위의 법적 성질에 관한 소고, 법률신문 제3486호, 2006.8.31.
이른바 처분적 시행규칙의 문제점에 관한 소고, 법률신문 제3478호, 2006.7.27.
이른바 새만금판결의 행정법적 의의에 관한 소고, 고시연구 2006.6., 63-75면.
새만금판결의 행정법적 의의에 관한 소고, 법률신문 제3459호, 2006.5.18.
지방자치법상의 사무구분과 조례제정의 문제점, 자치행정 2006.3.10., 13-18면.
도시계획변경입안제안에 대한 거부의 처분성여부, 법률신문 제3446호, 2006.3.27.
정부법무공단의 설립에 관한 소고, 법률신문 제3416호, 2005.12.5.
안전사고에 대처하기 위한 공연법의 정비에 관한 소고, 법률신문 제3401호, 2005.10.10.
지방자치법상 단체위임사무제도의 재인식에 관한 소고, 고시연구 2005.9., 14-28면.
근거규정의 성질과 처분성여부의 상관관계에 관한 소고, 법률신문 제3375호, 2005.7.4.
새만금간척사업판결의 문제점에 관한 소고, 법률신문 제3338호, 2005.2.14.
행정소송법개정안의 문제점에 관한 관견, 법률신문 제3315호, 2004.11.18.
公務員法制의 革新手段으로서의 轉出·轉入制度의 마련에 관한 小考, 고시연구 2004년 9월호, 52-66면.
'의심스러우면 안전에 유리하게' 법률신문 제3290호, 2004.8.16.
국가적 정보행위의 법률유보적 문제점에 관한 소고, 법률신문 제3276호, 2004.6.21.
명령(법률하위적 법규범)에 대한 사법통제에 관한 소고, 고시연구 2004.6., 160-173면.
임용결격자 임용행위의 문제점에 관한 소고, 법률신문 제3248호, 2004.3.8.
주민투표법안의 문제점에 관한 소고, 법률신문 제3228호, 2003.12.18.
이른바 준법률행위적(준권리설정행위적) 행정행위와의 결별에 관한 소고, 고시연구 2003.10., 14면 이하.
방사성폐기물관리시설 부지선정의 법적 문제점에 관한 소고, 법률신문 제3194호, 2003.8.14.
행정소송상 항고소송과 취소소송의 법적 성격에 관한 소고, JURIST 제390호, 2003.3., 61-67면.
행정소송법 개정 소고, 법률신문 제3142호, 2003.1.27.
행정작용의 가늠잣대에 관한 소고-형식인가 실질인가?, 고시연구 2002.12., 14-24면.
국무총리 부서없는 대통령령의 효력, 법률신문 제3103호, 2002.9.2.
공법의 작용형식으로서의 국가정보행위(역), Juris Forum(충북대 법학연구소) 제2호, 2002, 457면 이하.
행정법상의 신고의 법도그마적 위상에 관한 소고, 고시연구 2002.2., 26-36면.
Quo vadis 행정개입청구권(행정개입에 관한 인인의 보호청구권)?, 고시연구 2001년 7월호, 42-49면.

建築許可擬制的 建築申告와 一般的인 建築申告의 差異點에 관한 小考, 판례월보 2001년 5월호, 13-20면.

산림훼손허가의 법적 성질, 판례월보 1998년 9월호, 34-41면.

Ⅶ. 일간 신문기사: 11건

느린 법원의 시계를 어떻게 수리할 것인가? 동아일보 동아시론 2023.5.30.

뛰어가는 AI시대 기어가는 법제도, 서울신문 2020.1.14.

행정기본법의 제정이 적극행정 첫걸음, 경향신문 2019.6.11.

민주주의 결핍 우려되는 'AI 입법', 한국경제신문 2019.4.16.

언제까지 일본식 관헌국가적 전통을 따를 것인가, 경향신문 2019.3.6.

지체된 정의와 신속한 재판 받을 권리, 경향신문 2018.12.4.

제4차 산업혁명 시대, 국가는 무엇을 준비해야 할까? 경향신문 2018.1.23.

현행 헌법은 억울하다, 한겨레, 2017.3.10.

감사원 개혁 시 간과하면 안 될 논의들, 한국경제신문, 2017.3.7.

누구를 위한 재정제도 개편인가, 서울신문 2017.3.3.

공공법제, 21세기에 맞게 현대화해야, 매일경제신문 2017.2.10.

[저자 약력]

부산 출생
부산 해동고등학교 졸업
고려대학교 법과대학 졸업, 동 대학원 수료(법학박사)
충북대학교 법과대학 조교수, 부교수
독일 München 대학교 법과대학 방문연구
미국 Indiana 대학교(Bloomington) 법과대학원 방문연구
헌법재판소 헌법연구위원, 대한변협 변호사징계위원회 위원
법무부 행정소송법개정위원회 위원, 교육부 사학분쟁조정위원회 위원
대법원 행정재판발전위원회 위원
대통령직속 정책기획위원회 국민헌법자문특별위원회 위원
지방자치단체중앙분쟁조정위원회 위원장(제7기)
국민권익위원회 중앙행정심판위원회 비상임위원
중앙대학교 법학전문대학원장 · 법과대학장
(사)한국공법학회 제35대 회장(2016년)
(사)한국행정판례연구회 부회장
한국공법학회 (신진)학술장려상 수상(2002), 충북대학교 학술연구상 수상(2002)
중앙대학교 교원학술상 수상(2007), 제1회 KFDC법제연구상 수상(2009)
제14회 법학논문상 수상(한국법학원, 2010)
헌법논총 제28집 최우수논문상 수상(헌법재판소, 2017), 제34집 우수논문상 수상(2023)
홍조근정훈장 수훈(제56회 법의 날, 2019)
교육부총리 표창: 2021년 교육부 학술·연구지원사업 우수성과(2021), 법무부장관 표창(2022)
현재: 중앙대학교 법학전문대학원 교수
(사)한국공법학회 고문
(사)한국행정법학회 법정이사
헌법재판소 헌법 및 헌법재판연구위원회 위원
법무부 법무자문위원회 위원
국가인권위원회 행정심판위원회 위원
법제처 국가행정법제위원회 및 법령해석심의위원회 위원

행정법 [제6판]

2013년 4월 20일 초판 발행
2016년 2월 20일 제2판 발행
2019년 2월 28일 제3판 발행
2021년 2월 28일 제4판 발행
2023년 2월 28일 제5판 발행
2025년 2월 28일 제6판 1쇄발행

저 자 金 重 權
발행인 裵 孝 善
발행처 도서출판 法 文 社

주 소 10881 경기도 파주시 회동길 37-29
등 록 1957년 12월 12일/제2-76호(윤)
전 화 (031)955-6500~6 FAX (031)955-6525
E-mail (영업) bms@bobmunsa.co.kr
(편집) edit66@bobmunsa.co.kr
홈페이지 http://www.bobmunsa.co.kr

조 판 (주) 성 지 이 디 피

정가 50,000원 ISBN 978-89-18-91584-5